中国企业文化研究会
CHINA CORPORATE CULTURE INSTITUTE

事业宗旨：方向正确、学术领先、行为规范

名誉理事长王大明同志在“企业文化创新论坛”上讲话

理事长胡平同志在“中国企业文化百人学术论坛”上讲话

中宣部原常务副部长徐惟诚同志在“中外企业文化峰会”上讲话

常务副理事长张同舟同志在“中国企业文化百人学术论坛”上讲话

国务院国资委原副主任王瑞祥同志在“中外企业文化峰会”上讲话

常务副理事长、秘书长孟凡驰教授在首届“保险文化与品牌创新论坛”上演讲

中国企业文化研究会

工作准则：规范化、程序化、精细化

常务副理事长黄新惠出席“中外企业文化南宁峰会”

常务副理事长韩旭在悉尼召开的“澳中企业文化高端论坛”上演讲

常务副理事长华锐在“全国企业文化社团联席会”上演讲

副理事长李世华在“中国企业文化百人学术论坛”上演讲

副秘书长王建在“企业文化创新论坛”上演讲

每年一届的中外企业文化峰会——“2008南宁峰会”会场

首钢集团

首钢始建于1919年，是一家以钢铁业为主，跨行业、跨地区、跨所有制、跨国经营的大型企业集团。首钢2009年销售收入1320亿元，在中国制造业500强中列第12位，在中国企业500强中列第39位。

90年自强不息，90年励精图治，首钢人谱写了一部中国钢铁工业发展的辉煌史诗。进入新世纪，首钢以科学发展观为指导，以“创新创优创业，建设二十一世纪新首钢”为价值追求，率先进行搬迁调整，成为我国科学发展的重要示范。

近年来，通过对首钢京唐、迁钢、首秦、顺义冷轧的建设，通过对水钢、长治钢厂、贵阳钢厂等企业的联合重组，首钢钢铁业将形成强大的核心竞争力；采矿、机械、电子等非钢产业将做大做强，成为首钢的支柱产业；北京地区将大力发展高端产业、生产性服务业、文化创意产业等总部经济。

“潮平两岸阔，风正一帆悬”。走过90年峥嵘岁月的首钢人，正以昂扬饱满的斗志、奋发进取的精神，努力把新首钢建成一个具有世界先进水平的特大型国际企业集团！

2004年6月6日竣工投产的首秦公司

新世纪　新首钢

首钢京唐公司于2007年3月12日正式开工建设，2009年5月21日，第一步工程投入试生产，新一代可循环钢铁工艺流程全线贯通

2004年10月15日竣工投产的首钢迁钢公司

2007年11月8日，首钢冷轧项目酸洗生产线第一卷冷轧板试轧顺利通过

燕山石化贯彻生态治河理念，于2009年建成“两湖一河”区域水源循环系统

燕山石化

环保理念

建设清洁工厂

创造绿色文明

燕山石化领导在海尔公司了解洗衣机专用料使用情况

燕山石化是国内率先进行空气质量监测的企业之一

推进绿色转型　奉献环保产品

燕山石化公司是中国石化集团下属的特大型石油化工联合企业之一，成立于1970年7月20日。公司成立40年来，始终坚持以技术进步为先导，以服务客户为宗旨，不断强化管理，推进管理创新，坚持科学发展观，注重人与自然和谐发展。燕山石化先后获得“全国企业文化示范基地”、“中国能源绿色企业50佳”、“2008年中国节能减排十大功勋企业”和“中华环境友好企业”等多项荣誉称号。

2009年与2004年比，燕山石化原油加工量提高33.32%，而万元产值能耗下降38.81%，工业用新鲜水总量下降46.13%，万元产值水耗下降59.06%，外排污水总量、外排污水化学耗氧量分别下降76.90%和87.45%。节能减排的显著成绩，有效改善了地区环境质量，燕山地区空气质量二级和好于二级的天数连续三年高于北京城区，2008年奥运会期间，是北京地区特许运转的大型工业企业。

2009年，中国石化集团公司与北京市政府着眼于建设较为完善的低能耗、低排放、环境友好型“绿色”石化产业新格局，建设北京石化新材料科技产业基地。基地依托燕山石化公司的基础、资源和人才优势，以石油化工产业为基础，按照发展循环经济的要求，引进高技术含量、高附加值、高效益、低污染的企业，发展涵盖橡塑深加工、特种化学品和化工新材料等具有纵深潜力的高科技产品集群，成为国家工信部批准的首批“国家新型工业化产业示范基地”。到2020年，基地将实现工业总产值2000亿元，成为壮大首都实体经济，推动区域发展的新引擎。

燕山石化生产欧四标准汽柴油的1000万吨炼油装置

2008年1月28日，燕山石化提供聚丙烯专用料生产的奥运座椅在“鸟巢”安装完毕

燕山石化牛口峪污水处理生态中心

中国石化胜利油田

从胜利走向胜利

中石化集团公司总经理苏树林在胜利油田检查指导工作

胜利油田是我国特大型石油生产基地和中国石化上游的龙头企业，自1961年发现以来，已累计探明石油地质储量48亿吨，生产原油10亿吨，实现利税5000亿元。在为国家创造巨大物质财富的同时，胜利油田也创造了宝贵的精神财富，构建形成了富有活力、催人奋进的胜利文化，主要包括“从创业走向创新，从胜利走向胜利”新时期胜利精神，“百年创新，百年胜利”的共同愿景，“共创百年胜利，共建和谐油田，共享美好生活”的共建共享理念。2010年以来，胜利油田以中国石化集团公司企业文化建设纲要为指导，坚持“油田与心田共建，文化与文明共创”，大力实施“胜利心田工程”，进一步凝心聚力,建设百年油田。

学习贯彻中国石化集团公司企业文化建设纲要

新时期胜利人的楷模代旭升

原油产量连续10年稳中有升

黄河入海口处的和谐油田

胜利油田基层建设十面红旗

走向海外市场的胜利钻井工人

共建温馨和谐的家文化

胜利文化广场

云天化集团是以云天化集团有限责任公司为母公司，控股一批生产经营型企业的产业集团。拥有化肥、有机化工、玻纤新材料、盐及盐化工、磷矿采选和磷化工六大主要产业，三家上市公司及一批控股子公司。近年来，集团连续跻身中国石化行业前十强，中国化工行业前三强。2009年，位居中国企业500强第219位。

集团氮肥装置的生产规模在国内单套装置中名列前茅，高浓度磷复肥、聚甲醛、黄磷的产能在国内乃至亚洲和全球位居前列，玻纤新材料生产规模和磷矿采选规模在国内领先。

盐和盐化工产品生产基地

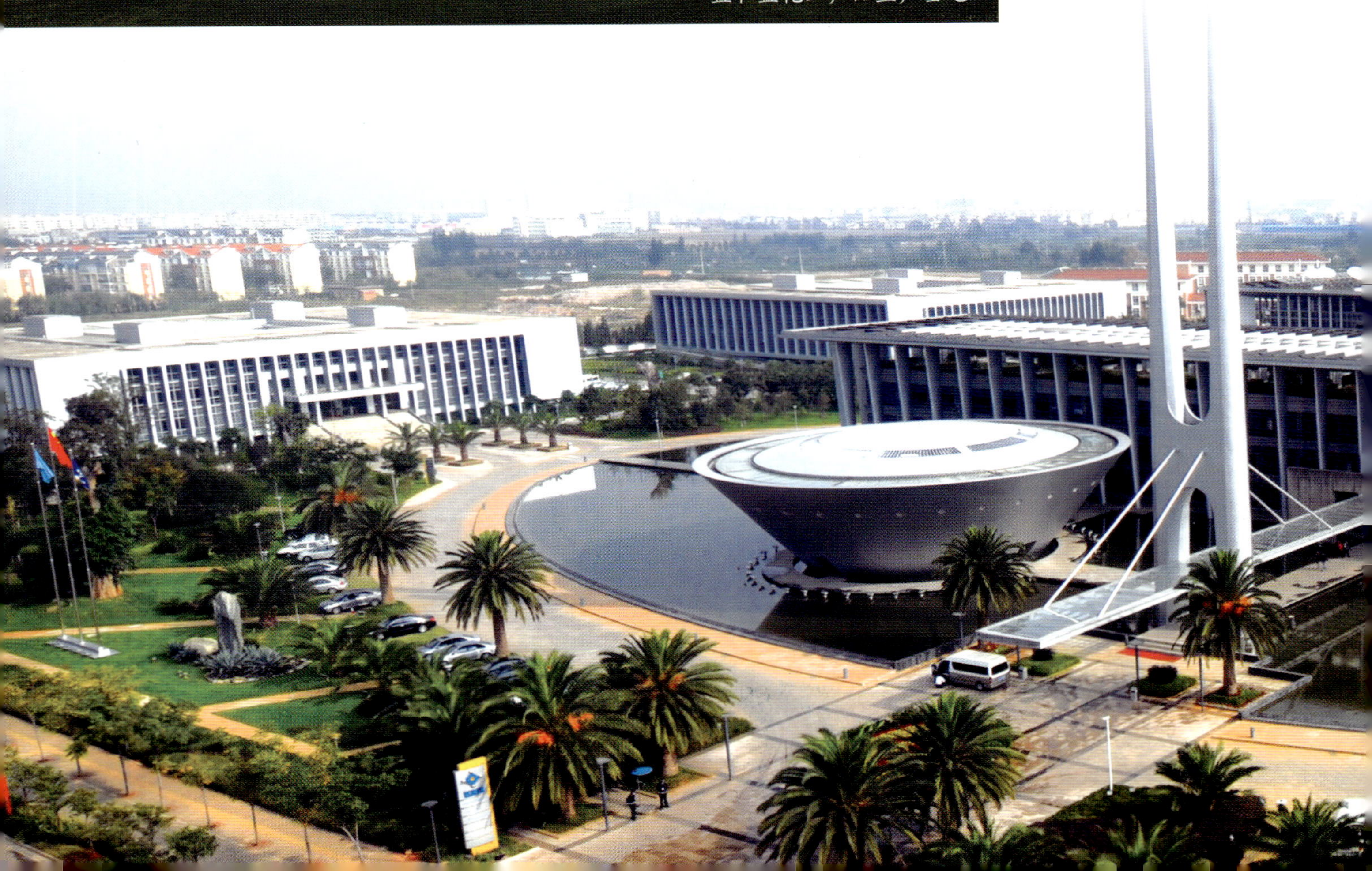

规模化 集约化 集团化 国际化 和谐化

氮肥基地夜景

高浓度磷复肥生产基地

有机化工生产装置

玻纤生产线

磷矿采选

磷化工产品生产线

集团总部

建设海西　责任烟草

福建烟草商业下属有13个子公司和9个多元化经营合资子公司，从产业特征上看，有加工型、贸易型、服务型、技术型、开发型等；从产权形式上看，有烟草国有法人资本，有烟草控股、参股、合资等形式；从发展历史上看，不同的企业处于生命周期的不同阶段，有较大差异。在构建“母子融合”文化体系中，我们尊重下属企业的个性差异，让下属企业自觉地以母文化的相同基因为基础凸显各自企业个性。在省局“责任烟草”主旨的引领下，下属子公司认真总结提炼了各自企业文化

福建省烟草专卖局　中国烟草总公司福建省公司

第五届全国“四实”企业文化暨福建烟草商业“母子文化”创新研讨会现场

“建设海西，责任烟草”大型文艺晚会在福州演出

福建省局、福州、龙岩、莆田市局、长乐县局在“中外企业文化2009南昌峰会”上荣获“企业文化建设先进单位”、“先进个人”称号

个性特征为：德、诚、实、宁、容、融、和、正、方、勤、智、精、严，以各自企业不同个性丰富母文化内涵，彰显了福建烟草商业“一株烟草不同叶，不同叶片皆属烟”的企业文化魅力。在“母子文化”融合中，母公司提出了“相同基因，不同个性，深度融合，兼容并蓄”的融合方法，让13个子文化具有“特征凸显”的文化符号，纵向相融，横向相依，使福建烟草商业“母子文化”达到了深度的融合，实现了相同基因、不同个性、和而不同、兼容并蓄。

中国企业文化研究会常务副理事长孟凡驰（右）和国家烟草专卖局人劳司司长邢万里（左）共同揭牌，授予福建省局（公司）“全国企业文化建设示范基地”称号

著名理论家贾春峰（右）代表中国企业文化研究会向福建省烟草专卖局（公司）颁发“示范基地”证书

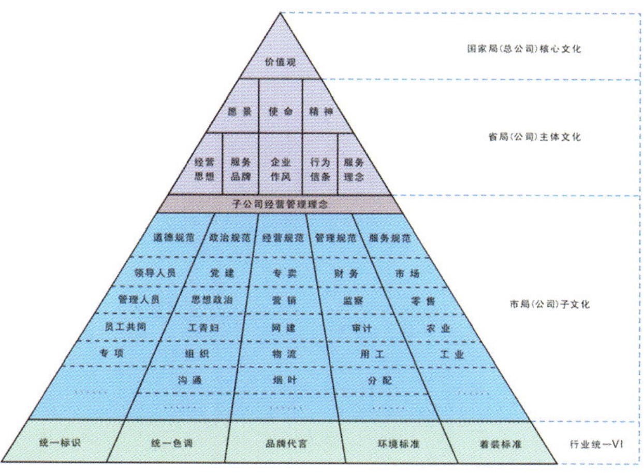

福建烟草商业责任文化架构体系图

（大统一，小自主；统一架构，分层表述）

共同价值观：国家利益至上、消费者利益至上

企业精神：依法治企，惟国惟民；以德达人，重信重义

企业使命：益国利民，成就员工

企业愿景：尽责诚信，和谐烟草

经营思想：创新、规范、奉献、廉洁、和谐

企业作风：精实服务，严谨高效

企业信条：潜心做事，低调做人

服务理念：至诚至信，全心全意

华砚矿外景

华亭煤业集团有限责任公司（简称华亭煤业集团）位于陕甘宁3省交汇处甘肃省平凉市的华亭县、崇信县境内。华亭矿区煤田总面积134平方公里，煤炭地质储量33.7亿吨，是国家规划的13个大型煤炭基地黄陇基地的骨干矿区之一。煤炭品质优良，具有高发热量、高挥发分、高化学活性及低灰、低硫、低磷等“三高三低”的特点，是优质的动力、化工和气化用煤。已注册的“桦亭”、“砚北”牌天然洁净煤享誉全国，深受广大用户青睐。企业先后荣获“全国文明单位”、“全国煤炭工业优秀企业”、“全国煤炭工业科技创新先进企业”、“全国重合同守信誉先进企业”、“全国企业文化建设优秀单位”等荣誉称号。

“聚力”企业文化塑造工程启动仪式

文化活动蓬勃发展

华能集团领导视察工作

华亭煤业集团

所有矿井实现了采掘机械化、运输皮带化、支护锚网化、检测监控信息化、安全管理网络化、管理手段现代化

井下综采设备

基层单位举办企业文化知识竞赛

风景如画的职工住宅小区——梅苑小区一角

自创舞蹈《煤海情深》

坚持以人为本，改善职工生产生活条件，井下餐车使一线职工每天都能喝上热腾腾的开水、吃上香喷喷的饭菜

国家电网
STATE GRID

河北沧州供电公司
HEBEI CANGZHOU POWER SUPPLY COMPANY

公开承诺调度“三公”

电力抢修队伍过硬

优质服务进社区

三下乡服务新农村建设

沧州供电公司是河北省电力公司直属的国家大型一类企业，地处冀中南区域发展的增长极和隆起带位置，担负着沧州地区三区、四市、十县和渤海新区的供电任务，供电面积1.4万平方公里，供电区域人口700万。公司现有职工1729人，拥有固定资产原值69.04亿元。截至2009年年底，沧州境内运行着500千伏变电站2座。直辖220千伏变电站 18座、110千伏变电站60座、35 千伏变电站15座，110千伏及以上总容量9868MVA；拥有220千伏线路47条、110千伏线路121条，总长度共计3226.67km。公司下设12部1室1会3中心、5个生产单位、3个营销单位和渤海新区供电分公司、沧南输变电工区2个驻外单位。2006年实现售电量“过百亿”的历史性突破，2009年完成售电量135.63亿千瓦时，同比增长12.68％，增幅位居河北省电力公司第二位。

多年来，沧州供电公司秉承“努力超越、追求卓越”的企业精神，在河北省电力公司和沧州市委、市政府的正确领导下，在企业发展和三个文明建设中屡创佳绩：连续20年保持河北省“文明单位”称号；连续14年夺得沧州市“便民利民杯竞赛”优胜单位，连续7年蝉联沧州市行风民主评议活动第一名。1998年被全国总工会命名为“模范职工之家”；2000年9月被国家电力公司命名为“全国一流供电企业”；2005年喜获全国首批“全国文明单位”、“全国学习型组织优秀单位”、“河北省学习型组织标兵单位”等荣誉称号；2006年荣获“全国电力行业企业文化优秀奖”、“全国企业文化建设优秀单位奖”；2007年公司荣获“全国五一劳动奖状”；2009年公司获“全国文明单位”荣誉称号。

快乐工作　珍爱生活

国家电网
STATE GRID

沧州孟村供电公司
CANGZHOU MENGCUN POWER SUPPLY COMPANY

团结奋进的领导班子

科学规划 稳步发展

孟村回族自治县电力局是沧州供电公司代管的趸售县局，国家中二型企业。全局有正式职工269人，农电工220人，2009年全年购电量5.1亿千瓦时，售电量4.8亿千瓦时，综合线损率为6.4 %。营业区面积387平方公里，下辖12个管理部门、6个供电所。县域内有220KV变电站1座，容量24万千伏安；110KV变电站3座，容量19.15万千伏安；35KV变电站7座，总容量7.39万千伏安；35KV线路11条，80公里；10KV开闭所3座，10KV线路73条，707公里；配电变压器3094台，容量32.37万千伏安；低压线路1550公里。

2002年以来先后被评为国电公司双文明单位、河北省文明单位、全国电力系统“电力市场整顿和优质服务年活动先进集体”、河北省服务质量奖、河北省思想政治工作先进单位等荣誉。牛进庄供电所和辛店供电所相继被国网公司命名为规范化管理供电所。2005年10月份我局被中央精神文明建设委员会授予“全国精神文明建设工作先进单位”荣誉称号。2006年在全国中西部地区率先建成“新农村电气化县”，被国网公司授予“新农村电气化建设先进单位”，成为河北省电力公司一流县供电企业，并获得河北省电力公司先进集体、河北省电力公司文明单位等荣誉。2007年被授予“中国电力行业企业文化建设工作先进单位”，被评为河北省电力公司“农电优质服务先进单位”。2008年我局被河北省总工会授予“模范职工之家”及“河北省劳动关系和谐企业”称号，被河北省档案局授予河北省档案管理工作省一级单位，光荣地跨入了“国网公司一流县供电企业”行列。2009年1月被中央精神文明建设委员会命名为“全国文明单位”，连续13年获得全县行风评比第一名。

李国祥局长耐心解答客户用电问题

情系客户阳光服务大型宣传活动

建设坚强电网 提高供电质量

抗震救灾捐款 彰显社会责任

爱心赢得百姓情

稻盛和夫（北京）管理顾问有限公司
Kazuo Inamori (Beijing) Management Consultants Ltd.

稻盛和夫（北京）管理顾问有限公司是稻盛和夫提议设立，直接投资并亲自担任名誉董事长的中日合资企业。

公司使命：传播稻盛经营哲学，促进企业健康发展

经营理念：在追求全体员工物质与精神两方面幸福的同时，为人类社会的进步发展作出贡献

做事原则：将正确的事情以正确的方式贯彻到底

企业精神：持续付出不亚于任何人的努力

稻盛和夫经营哲学报告会——提高心性 拓展经营

成功拯救日航的日本经营之圣
—— 稻盛和夫

日本京瓷公司名誉董事长

日本KDDI公司最高顾问

日本航空公司董事长兼CEO

日本盛和塾会长

被中国中日友好协会授予

——中日友好使者

稻盛和夫2004年在中央党校演讲时说——我之所以取得今天的成就，是因为我具有正确和明确的经营哲学，并为全体员工所共有。

成功方程式

成功 =人格　理念 X 努力 X 能力

　　–100～+100　0～100　0～100

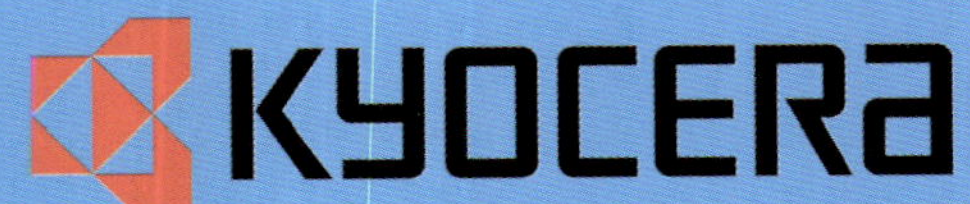

京瓷

京瓷株式会社（以下简称“京瓷”）成立于1959年4月1日，总社位于日本古都京都，创始人是现任名誉会长——稻盛和夫，现任代表取缔役社长是久芳彻夫。

京瓷创立之初，从事应用于电视机等特殊陶瓷绝缘部件的生产制造。如今，公司的生产制造范围已经延伸至办公信息设备、半导体零部件、太阳能发电系统、精密陶瓷刀具、切削工具、精密陶瓷零部件等诸多领域，发展成为一家实力雄厚的上市集团公司。

截至2010年3月底，京瓷集团资本金为115,703百万日元，国内外集团公司共计213家，集团员工共计63,876名。

从京瓷在中国的业务开展情况来看，早在1974年，为开拓东南亚地区的市场和销售，京瓷在香港设立了当地法人企业。并于1987年在广东省东莞市开始以来料加工的形式生产照相机。其后，先后以北京、天津、上海、东莞为中心，在众多领域内开展业务。截至2010年3月，在中国设立31个当地法人、总员工人数超过16,000名。

并且，为响应中国政府提出的“西部大开发”号召，京瓷及创始人稻盛和夫于2001年设立“稻盛京瓷西部开发奖学金”每年向中国12所大学捐赠奖学金，截至2009年，共有2436名大学生获得了此项奖学金。

京瓷在不断提高生产技术及产品质量的同时，通过各种公益活动积极地回报社会。

稻盛京瓷西部开发奖学基金的设立与运作

京瓷在中国开展的环保教育巡回讲座

名誉会长稻盛和夫

代表取缔役社长久芳彻夫

打印机 复合机

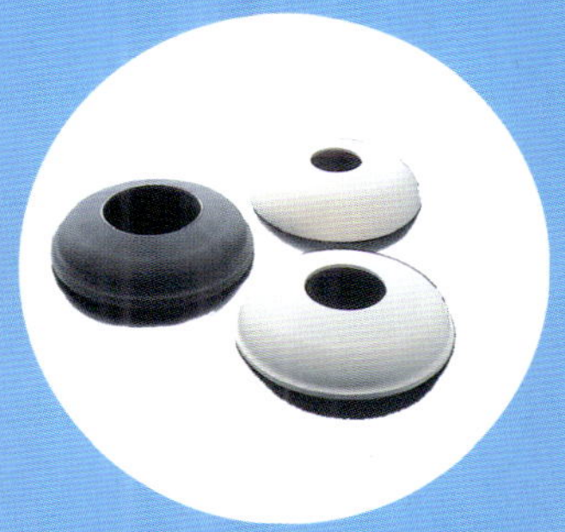

半导体制造装置用零部件

切削工具

晶体振子

陶瓷厨房用刀

装饰材料 人工欧珀

京瓷（天津）太阳能有限公司

上海京瓷电子有限公司

超大规模太阳能发电设施（西班牙）

石家庄印钞有限公司

Shijiazhuang Banknote Printing Co., Ltd

中华全国总工会副主席孙春兰到公司视察

石家庄印钞有限公司位于河北省石家庄市翟营南大街37号，占地面积10.64万平方米。公司是隶属中国印钞造币总公司的国家印钞企业。二十多年来，企业始终围绕“为央行履行职责服务”这一中心，坚持“优质安全保发行，科学高效谋发展”的行业宗旨，不断拓展改革与发展的新思路，大胆引进和实践现代管理模式、管理技法和管理理念，创造性地开展各项工作，取得了良好的经济效益和社会效益，获得了精神与物质上的双赢。

公司接连获得全国文明单位、全国五一劳动奖状、全国模范职工之家、改革开放30年全国企业文化优秀单位、全国企业文化建设先进单位等荣誉，充分展现了负责任、讲诚信、重信誉的国有企业风范，赢得了社会各界的广泛好评。

河北省委书记张云川为公司颁发五一劳动奖状

中国人民银行副行长苏宁和河北省副省长柳宝全到公司视察

全国文明单位
中央精神文明建设指导委员会
2009年1月

中华全国总工会决定
授予石家庄印钞厂全国五一劳动奖状
全国五一劳动奖状
证书

授予
模范职工之家
中华全国总工会
二〇〇五年五月

改革开放30年
全国企业文化优秀单位
中国企业文化研究会
二〇〇八年十一月

黑龙江省鹤岗市人民医院

党委书记、院长　崔子平

鹤岗市人民医院始建于1948年，经过半个多世纪的开拓与发展，现已建设成为一所技术先进、设备精良、专科齐全，集医疗、教学、科研为一体的综合性医疗服务中心，承担着市区及绥滨、萝北两县120万人口的医疗、预防、保健、康复和急诊急救等工作任务，综合实力在本地区同行业中处于领先地位。经国家评审，1995年晋升为国家三级乙等医院。

医院坐落于鹤岗市中心繁华地带，占地面积2.4万平方米，建筑面积5万平方米。开放床位658张，临床医技科室28个，年门诊量30万人次，出入院患者近两万人次。医院现有职工852人，其中副高级职称人员323人，硕士研究生15人；配备螺旋CT、西门子0.35T永磁核磁共振、彩色多普勒、日立7180大生化分析仪、X光C型臂、实时四维彩超等具有国际先进水平的大型医疗设备，使医院万元以上大型医疗设备增至220余台（件），医疗设备总价值达到6000余万元，医院的各项诊断、检查设备达到和超过了周边地市同级医院的先进水平。

医院相继荣获省卫生系统先进单位、省文明单位、省先进基层党组织、省“五一”劳动奖状、省级文明单位标兵、省卫生系统思想政治工作先进单位、市先进集体标兵、市党风廉政建设先进集体等荣誉称号，2006年院党委被评为全国先进基层党组织。2008年被评为全国卫生系统先进集体、2009年被授予全国精神文明创建先进单位和全国“五一”劳动奖状。

中航工业西安航空计算技术研究所

努力成为国内领先、国际知名的机载嵌入式计算机研究所，成为世界军用IT企业。

环境优美的家属园

奥运迎火距

交纳"特殊党费"

抗震救灾献爱心

用文化凝聚人心

用文化改革管理

用文化规范行为

用文化打造品牌

国庆职工演出

建设中的新区

整洁的工作环境

★三大中心

中国航空工业机载计算机发展中心

计算机软件西安测评中心

航空专用集成电路设计中心

★三大专业技术

机弹载计算机研制和小批量生产

航空专用集成电路研制

航空信息化支撑技术（含计算流体力学）

中航工业沈阳飞机设计研究所

AVIC SHENYANG AIRCRAFT DESIGN & RESEARCH INSTITUTE

所长 赵民

党委书记 褚晓文

中航工业沈阳飞机设计研究所（六O一所）始建于1961年，是新中国组建最早的飞机设计研究所，主要从事战斗机的总体设计与研究工作。现有职工2100余人，其中工程技术人员1300余名，拥有54个专业领域，具有25座配套设施齐全的专业试验室。建所近50年来，研制的两大系列多种型号飞机成为空、海军的主力机种，培养出以五位院士为杰出代表的一大批技术专家和科技管理人才，被誉为中国“战斗机设计研究的基地，航空英才的摇篮”。

飞行器仿真中心

中国化工企业文化建设协会

中国化工职工思想政治工作研究会（以下简称中化政研会），又称：中国化工企业文化建设协会，成立于1984年6月，是经国家民政部批准注册的全国性一级行业社团法人单位。名誉会长为原全国人大常委会副委员长、原化学工业部部长顾秀莲、中华全国总工会原副主席李奇生，现任会长为原化学工业部副部长、现中国石油和化学工业联合会名誉会长谭竹洲，法人代表为中化政研会副会长兼秘书长温洪。以全国化工企业、事业单位为团体会员，现有三个分支机构（涂料染料分会、化工高校分会、化学矿山分会），四个网络组织（华东东北网、中南西南网、华北西北网、大型企业网），282家团体会员。各分会和各网络所属会员单位约2000多家。

中化政研会自成立以来，在历任会长秦仲达、顾秀莲、谢中毓、谭竹洲及理事会的正确领导下，坚持以服务化工企业生产经营，引领化工企业职工思想政治工作和文化建设，促进化工企业持续发展为宗旨，在各会员单位的大力支持下，围绕深入基层调查研究，及时了解、提供思想政治工作和企业文化建设的有关信息；向主管部门提出加强改进思想政治工作和精神文明建设及企业文化建设的意见和建议；总结、交流、宣传、推广化工行业思想政治工作、精神文明建设、企业文化建设的先进典型经验；参与开展行业和全国性评比（全国化工思想政治工作先进单位、企业文化建设先进单位、全国化工劳模、文明单位、政工"双优"等），开展思想政治工作、创建文明单位、企业文化等领域的调查研究、理论研讨和业务咨询；组织政工干部和企业文化从业人员的业务培训，开展境内外企业文化的考察与学术交流；组织思想政治工作和企业文化的优秀研究成果鉴定、评选和推广；创办刊物，编辑出版思想政治工作、精神文明建设、企业文化建设的信息、论著及研究资料；组织开展精神文明、企业文化建设成果的展览、展示活动及承担政府和有关机构委托的其它相关任务。为全国化工行业的改革、发展和稳定做出了不懈的努力，发挥了重要的作用，取得了许多丰硕成果，多次受到中国思想政治工作研究会及各上级主管部门的表彰和企业的好评。

中化政研会目前拥有一批咨询专家，思想政治工作、企业文化建设及化工专业和化工企业管理方面的专家，并和国内多家化工高等院校、权威专业媒体、知名咨询机构和资深咨询顾问保持着密切联系和良好的合作关系，具有了解化工行业走势，熟悉化工企业特点，实战作用明显等优势。协会致力于行业思想政治工作和企业文化理论的研究探讨，以服务为根本，努力建设具有鲜明时代特征和显著个性特色的行业思想政治工作和企业文化建设，提高化工企业整体素质和现代化管理水平，造就化工企业品牌形象和综合竞争能力。

地 址：北京朝阳区安慧里四区16号楼（100723） 邮箱：bjzhzyh02@163.com
电 话：010-82032530（兼传真） 010-84885715

首届中国石油和化学工业企业文化促进大会于2009年11月上旬在北京举行，图为十届全国人大常委会副委员长、中化政研会名誉会长顾秀莲同志会前接见与会代表

首批10家企业文化示范单位在会上获奖，顾秀莲向他们颁发奖牌

中国石油和化学工业联合会李勇武会长在会上讲话

中化政研会会长谭竹洲在会上做主旨报告

中化政研会领导亲自到石油和化工企业生产一线进行企业文化调研，近三年来，共走访17个省区市70多家企事业单位

全国石油物探政研会

石油物探政研会注重队伍建设和人才培养，每两年举办一次骨干培训班

石油物探政研会推出师带徒活动，培养新骨干和后备人才
图为表彰优秀师徒

每年一度的政工研讨会，汇集了全国石油物探系统的思想政治工作者，交流思想，分享经验

全国石油物探政研会成立于1991年，20年来，在全国政研会、石油政研会和各会员单位上级党政组织的领导下，在相关油田及省市政研会的关心支持下，石油物探政研会始终坚持以党的基本理论为指导，在研究会创业、探索、完善、提高的各个阶段，认真贯彻“研究内容以当前为主、研究目的以应用为主、研究活动以基层为主”的原则；坚持“科学、管用、创新”的方针，始终立足企业和员工现时需求，保持和发展思想探索前沿的研究品质，融入中心、进入管理、服务大局，与时俱进，取得了丰硕成果。完成85个课题成果，47个推广应用成果，21个小课题及13个应用完善成果，261篇优秀论文和调查报告，67篇领导干部工作研讨等研究成果的积累，其中10个成果获全国政研会奖励，46个获省部级奖励，24个会员单位先后被评为全国思想政治工作或企业文化建设先进单位，大多数会员单位在所在油田探区走在政研工作前列。

福建省企业文化建设协会

福建省企业文化协会成立于1990年是具有法人资格的社会团体，主管部门是中共福建省委宣传部，现由分管部长马照南兼任协会会长，秘书长薛光挺。在学术方面，由福建省社科联托管，是中国企业文化研究会的团体会员。在机构方面，协会设秘书处，与福建省思想政治工作研究会秘书处合署办公，设专职秘书长1名和副秘书长5名，聘有60名企业单位特约研究员、信息员、联络员，并与本省著名专家学者保持经常性联系。成立近20年来，得到省领导、省委宣传部的关怀和支持。

福建省企业文化研究会坚决贯彻党中央一系列关于企业文化建设的指示精神，联系本省企业文明建设的实际，为企业深化改革、扩大开放、加快发展海西建设服务。通过总结经验、宣传典型、研讨交流、培训考察、评选表彰、编印书籍等，推动全省各行业、企业搞好企业文化建设，增强企业核心竞争力，适应了社会主义市场经济发展的需要，受到广大企业的欢迎和支持。协会还积极打造平台，形成合力，夯实基础，规范管理。协会着力培育和推广企业文化典型，从2003年在全省建立了首批15个省级企业文化建设示范单位，编印了《福建省企业文化建设新硕果》。到2009年，经过开展组织第三批企业文化示范单位评选活动，目前全省省级企业文化示范单位总数达到31个，地市（行业）一级企业文化示范（先进）单位已达到85个。省、市（行业）协会近年还积极协助中国企业文化研究会，组织全省各地企业参加全国企业文化学术活动，获得省委宣传部和有关部门的好评。

高立胜会长在沈阳造币有限公司"推进企业文化建设"会议上讲话

会长高立胜教授原系辽宁社会科学院研究员、国务院政府特殊津贴专家、沈阳市优秀专家暨杰出专业技术人才，现任中国企业文化研究会副理事长、辽宁省营销文化研究会会长、沈阳市企业文化研究会会长。

我会在沈煤集团红阳三矿召开沈阳市安全文化建设现场会

CORPORATE CULTURE

沈阳市企业文化研究会

沈阳市企业文化研究会成立于1996年6月，是市民政局批准成立的学术性群众团体，与全国各省市企业文化学会以及诸多知名企业等都具有广泛的资讯交往联系。

学会的宗旨是以邓小平理论和"三个代表"重要思想及科学发展观为指导思想，以理论联系实际为原则，组织指导会员学习、研究和交流企业文化建设的经验，为沈阳市经济社会发展服务。

学会的主要活动内容和方式是：举办各种形式的企业文化研讨活动，组织交流、学习和考察企业文化建设先进经验；为会员单位企业文化建设提供理论咨询与策划服务；学会主办的《辽宁营销文化通讯》、《沈阳企业文化通讯》和创办的沈阳企业文化网站，受到了会员单位的好评，已成为指导会员单位开展企业文化建设的重要载体。

学会自成立以来，充分发挥自身优势，不断总结推广企业文化建设活动新经验新成果，在辽宁省和沈阳市的企业文化建设中取得了显著的成绩，为东北老工业基地的振兴和发展作出了积极的贡献，多年来连续被评为全国、省、市优秀社团。

我会在沈阳协合集团举办2010辽沈企业健康沙龙活动

我会与辽宁省营销文化研究会在铁岭华晨橡塑制品有限公司联合举办辽宁省企业文化建设暨7S管理现场研讨会

学会宗旨：全心全意为企业服务
学会定位：学习的平台 交流的园地 结友的沙龙
学会精神：诚信 合作 学习 创新
学会口号：志同道合 携手共进

学会地址：沈阳市和平区14纬路7号 邮编：110003
电话：024-23228895 网址：www.syqw.com.cn 信箱：1nyxwh@163.com

我会在中航沈阳发动机设计研究所召开企业文化热词征集表彰大会暨企业内刊研讨会与会领导为获奖单位颁奖

成都企业文化协会

始建于1986年的成都市工业交通职工思想政治工作研究会，2002年9月更名为成都企业文化协会。工交政研会建立以来，始终致力于推进成都企业文化建设，改进企业思想政治工作，加强企业精神文明建设，是全国和四川省的优秀政研会，并连续多年评为成都市优秀社团组织。

顺应经济全球化的发展和经济文化融合发展的趋势，2006年成都企业文化协会与成都企业联合会、成都企业家协会“三会合一”。通过深入调查研究，广泛发动，培育典型，总结经验，成都兴起新一轮企业文化热，逐步形成了一支热心企业文化建设的企业经营者和企业文化工作者队伍，理论与实践结合，取得不少重要的研究成果，在实践中走出一条建设成都企业文化的路子。几年中，成都企业文化协会和17个企业先后荣获“全国企业文化建设先进单位”称号，其中中国人民解放军第五七一九工厂、中航集团成都飞机设计研究所被中国企业文化研究会授予“全国企业文化建设示范基地”，中航集团成都飞机工业（集团）有限责任公司被国防科工委授予“全国军工企业文化建设示范基地”。

协会在建设成都企业文化的实践中，逐步形成“突出企业个性，分类指导；突出重点（企业文化与战略融合）；抓住关键（推进企业家文化、领导班子团队文化建设）；推进三个延伸（精神文化向管理文化延伸，企业管理向文化管理延伸，领导机制由党委主导向党政共同主导延伸），实现企业文化“落地””的工作路子。“三会合一”的成都企业文化协会，不仅仅只是为了减轻企业负担，更重要的是整合社会资源，按照协会工作思路，从经济文化融合上更好地为企业、企业家服务，促进企业发展。

“三会合一”后的成都企业文化协会，工作覆盖面大大拓展。隆重表彰了一批为成都企业文化建设作出突出贡献的企业经营者和企业文化工作者，适时召开全市企业文化工作会议，交流企业在企业文化建设、学习型企业建设、企业思想政治工作等方面的经验。

协会利用会刊《企业文化》、《成都工业与企业家》，刊载企业家文化征文，介绍质量文化、制度文化、服务文化建设等方面的研究成果和实践经验，交流一批企业文化与战略融合，推进企业又好又快发展的做法和经验；组织常务理事单位联合发布《建设和谐企业倡议书》，开展了企业和谐文化研究，推进劳动关系和谐企业建设。几年来，我市184个企业荣获成都市劳动关系和谐企业，3个企业还荣获全国劳动关系和谐企业称号。

为推进企业文化“落地”，协会先后召开质量文化交流研讨座谈会，形成建设质量文化的指导性意见。举办成都市企业文化与管理创新研讨会，交流了一批企业文化与管理融合，实现企业流程再造，培育创新文化、建设创新型企业，推进管理现代化等方面的做法与经验。

发扬抗震救灾精神，促进企业文化建设。在震惊世界的“512”地震中，“三会”不仅组织对受灾企业的慰问，还组织企业进行抗震救灾斗争经验交流和发扬抗震救灾精神的专题研讨。在“5.12”抗震救灾一周年之际，“三会”组织企业考察东汽集团和宁江集团抗震救灾和灾后重建经验的专题研讨，加深了对企业文化重要性的认识。协会在2008年还荣获了四川省“5.12”抗震救灾先进社会组织。

在纪念改革开放30周年之际，“三会”组织了企业家征文、企业职工书法、摄影、绘画作品展览和成都市企业纪念改革开放30周年大会。成都市经济委员会、成都市国资委和成都企业联合会、成都企业家协会、成都企业文化协会隆重表彰了为改革开放和成都经济发展有突出贡献的97户企业和91名企业家。为庆祝国庆60周年，“三会”集中力量编辑了《成都工业60年》这部历史性大型画册，其中，也反映了成都企业文化建设的成就。成都企业文化协会荣获中国企业文化研究会颁发的“改革开放30年全国企业文化建设先进单位”奖。

大连市企业文化研究会，于1986年成立筹委会，1994年11月1日经市社科联批准，市民政局登记成立的社团组织，是我国成立最早的企业文化研究会之一。

本会秉承中华文化企业文化化的理念，专门从事企业文化理论研究和组建企业文化建设网络，组织企业文化研讨活动，创建企业文化活动体系、学术体系和理论框架，开展企业文化设计，企业文化基本理论和基本知识的咨询和宣传，企业文化培训，企业管理咨询，编辑书刊、报纸、画册，总结企业文化管理经验，发挥社会组织优势，整合资源，促进企业间交流与合作。

研究会成立以后，建立了大连船舶重工集团有限公司、大连电瓷集团、大连老虎滩海洋公园、大连市供水有限公司、大连三洋制冷有限公司等八个企业文化示范基地，开展了一系列卓有成效的工作和活动，取得了辉煌的业绩，钟祥斌会长出版了《企业文化探索》、《企业文化模式》、《企业文化设计》、《道德也是推动力——国学中的36个管理理念》等三十五部著作，在全国产生了重要而深远的影响。

大连市企业文化研究会

名誉会长：于学祥　原中共大连市委书记

徐毅东　原大连市经委副书记

汤　闯　原大连市商委常务副主任

会　　长：钟祥斌，系中国企业文化研究会研究员、大连市社会科学院研究员、2004年，被评为“中国最具影响力策划专家”。几十年来，他潜心弘扬中华文化，在北京、贵州、珠海、浙江、江苏、山东等地宣讲中华文化与企业文化百余场，他将中华文化理念与现代社会、现代经营管理相结合及自身经历相结合，化解心灵危机、开启智慧、获得人生新境界，契入人心。2007年9月，东方出版社将其多年的讲学录音整理出版，形成《道德也是推动力——国学中的36个管理理念》。

钟祥斌会长在“繁荣城市文化、培育城市精神”研讨会上发言

1988年7月8日–10日，在大连虎滩宾馆，钟祥斌和他的同仁们成功策划举办了中国首届企业文化研讨会

1999年8月26日，全国首届企业文化与环境保护研讨会在大连成园山庄召开。原国家商业部部长、国务院特区办主任、全国政协常委、中国企业文化研究会理事长胡平（右二）到会发表主旨演讲，来自四川、山东、江苏、北京等地代表参加了会议，会后发表了《企业界环境保护大连宣言》

2010年1月28日，中华文化企业文化化研讨会在成园山庄召开

2010年4月16日，中华文化经典读书研讨会召开

连云港市企业文化学会

连云港市企业文化学会成立于1994年4月，是我国成立较早的企业文化社团之一。学会是由江苏省知名企业家李万来教授于20世纪80年代在当时自己经营的企业中大力创建新型企业文化实践的基础上发展起来的，并一直主持学会工作。20年来，在连云港市有80%以上的大中型企业一直是学会的会员单位，截止2010年，共有400余家会员企业、500余位理事作为学会组织成员，市委、市政府、市人大、市政协都有领导担任学会的名誉会长。

连云港市企业文化学会长期坚持“动文化之力、活企业之脉、献至诚至爱、创卓越社团”的学会理念，全心全意服务于企业，屡次被评为连云港市和全国优秀社团，成为当地乃至全国有活力、有影响的民间社团。

李万来教授曾经在新加坡国立大学、美国特拉华大学修学企业文化理论，最早作品《企业文化新论》由中国工人出版社在1991年出版发行。20余年来，撰写近300万字关于企业文化的文章和专著。

2000年以来，李万来教授应邀在青岛作“海尔企业文化”专题演讲70余场，在全国各地作300余场演讲，深受各界人士欢迎。从1999年主编的《企业文化》月刊，已连续编印140余期，每期印数达3000册，在全国颇有影响。

学会从2000年以来应邀在企业作300余场“企业文化报告会”
上图为李万来会长应邀在长沙三一重工集团演讲

通讯地址：江苏省连云港市新浦区海连中路145号中恒大厦718　电子邮箱：lygqywhxh@sina.com
电　　话：0518-85526995 85515692　　邮　编：222003

中外企业文化杂志社另一个平台：

全国企业文化深化与推进历届研修班欢迎新老朋友——

共创新亮点　共享新成果

第一届陕西咸阳　第二届湖南张家界　第三届新疆乌鲁木齐　第四届贵州贵阳

第五届海南海口

第六届湖南张家界

第七届北京

第八届内蒙古

第九届上海

企业文化建设的工具书
锻造企业软实力的参考书
企业管理人员的必备书

中央企业党建思想政治工作研究会
（中央企业企业文化建设协会）
会 刊

企业文明

责任媒体 品牌杂志

热烈祝贺
企业文明杂志
创刊25周年
1986~2010

企事业中上层管理者的首选读物

- □国务院国资委中央企业党建政研会会刊
- □中国期刊方阵·双效期刊
- □中国精神文明建设百家期刊阅览室赠建单位
- □全国抗震救灾宣传报道先进期刊
- □万方数据库收录期刊
- □中国知网收录期刊
- □中国核心期刊遴选数据库收录期刊
- □中国学术期刊(光盘版)电子杂志社收录期刊
- □龙源期刊网收录期刊
- □中外500家大型图书馆购、藏期刊

直接订购

经济发展部
电话: 023-68770504 68770832
传真: 023-68770735
E-mail: fxbxcm@126.com
联系人: 徐昌木 王 莉 朱丽娟

市场开发部
电话: 023-68770646
传真: 023-68770871
E-mail: zsl0315@163.com
联系人: 张胜利 赵 欣

邮局汇款
邮发代码: 78-105
邮编: 400042
地址: 重庆市渝中区大坪长江二路77号
收款人: 企业文明杂志社

网上订阅
订阅网址: http://www.enpctn.com.cn

银行汇款
户名: 企业文明杂志社
账号: 3100024309026412781

咨询电话
023-68770646 68770504
010-64471606

以人为本 以文化人

欢迎订阅《企业文化通讯》

1989年8月开始编辑发行的《企业文化通讯》，是中国企业文化研究会的会刊之一，她见证了中国企业文化研究会的发展与成长。《企业文化通讯》以研究、探索、形成、传播企业文化理论，推进企业文化建设实践，提升企业的文化管理为己任，是中国所有致力于企业文化事业的理论和实践工作者了解动态、交流经验、获取真知灼见、探索实践方法、发表理论观点的平台。

《通讯》发行赠送覆盖了国家相关部委司局、大部分省地市级国资委、中国500强、重点大学图书馆。

《通讯》为大16开本52页，收取工本费用10元/本，全年12期，其中有1期为公开出版发行，其他11期为内部发行，全年工本费用为120元。

地　址：北京市丰台区南三环东路6号嘉业大厦A座1302
　　　　中国企业文化研究会学术部

邮　编：100079

电　话：010-67671611

联系人：吴晓敏

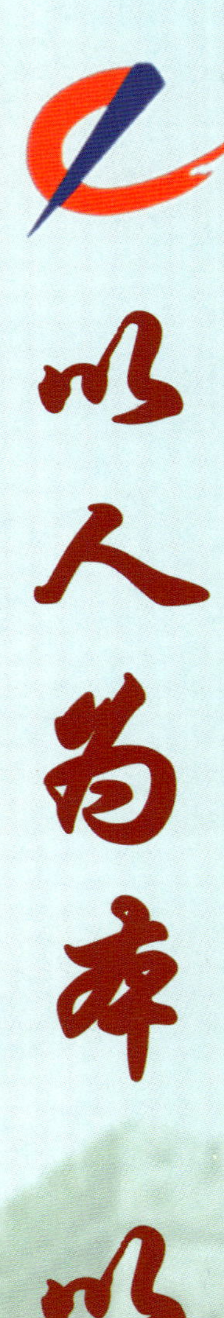

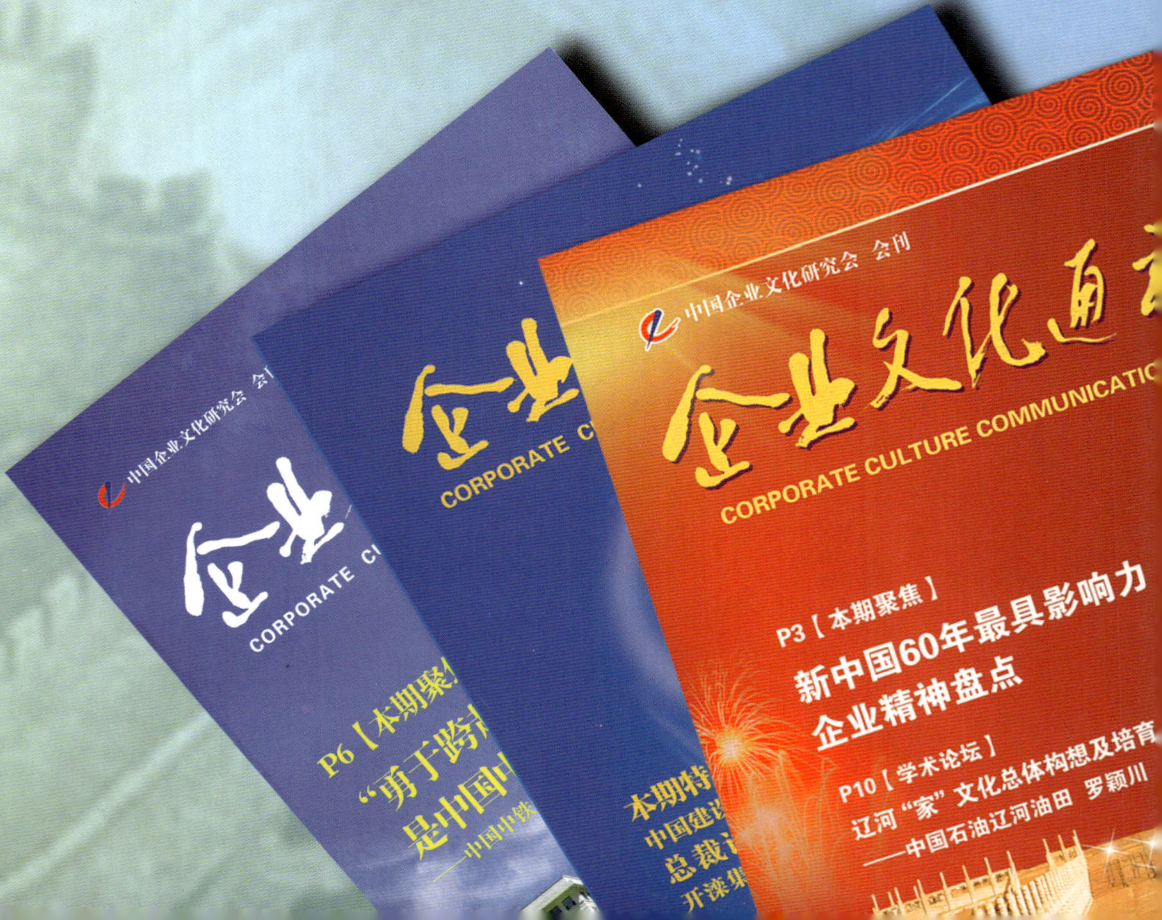

中国企业文化年鉴

袁宝华题

ZHONGGUO QIYE WENHUA NIANJIAN

（2009—2010）

中 国 企 业 文 化 研 究 会　编

吉林出版集团有限责任公司

图书在版编目（CIP）数据

中国企业文化年鉴 / 中国企业文化研究会编. -- 长春:吉林出版集团有限责任公司,
2010.12
ISBN 978-7-5463-3998-6

Ⅰ.①中… Ⅱ.①中… Ⅲ.①企业文化-中国-年鉴
Ⅳ.①F279.23-54

中国版本图书馆 CIP 数据核字(2010)第 209782 号

中国企业文化年鉴

ZHONGGUO QIYE WENHUA NIANJIAN

主　　编：中国企业文化研究会
出 版 人：周殿富
责任编辑：肖爱兵　李　刚
封面设计：何　宁
出　　版：吉林出版集团有限责任公司
发　　行：吉林出版集团北京乐知信达图书有限公司
电　　话：010-63101362　63104212
印　　刷：廊坊市飞腾彩印制版有限公司
开　　本：787mm×1092mm　16 开
字　　数：1300 千字
印　　张：45.75 印张
版　　次：2010 年 11 月 第 1 版
印　　次：2010 年 11 月 第 1 次印刷
书　　号：ISBN 978-7-5463-3998-6
定　　价：280.00 元

如发现印装质量问题，影响阅读，请与印刷厂联系调换。

《中国企业文化年鉴》 编辑委员会

中国企业文化建设的历史贡献

孟凡驰

中国企业文化的研究和建设在三十多年改革开放中经历了一个由自发到自觉、由盲目到理性的过程。三十年来，企业文化的理论研究、实践的开展，对中国的社会发展和企业进步都起到了举足轻重的作用，其历史贡献不可磨灭。

一、企业文化对社会文化的重要贡献

1、企业文化成为社会文化的重要生长点、组成部分和实践路径。

其一，企业文化的理论研究和建设为中国社会现代化发展和现代文明实践提供了重要的实践证明和理论支持。

企业文化建设包括两个必要体系，即本质体系和载体体系。本质体系指企业价值观的确立，企业精神的打造，企业信仰的形成，企业领导班子经营哲学的深化，企业家经营思维方式和观念的变革，以及企业道德伦理的培育等。与本质内容相匹配的是企业文化建设的载体部分，即企业文化的环境培育，行为规范的建设，制度模式的设置，企业文化队伍的组织，文化设施的建设，企业礼仪的形成，企业文化活动的开展，企业标识系统的设计等。这两个体系与我国精神文明和物质文明建设的总方向一致，而且为两个文明建设提供了抓手和操作途径，成为两个文明建设的纽带。

其二，企业文化使抽象的文化理论、文化命题和文化规律空前地为社会基层成员所认识和掌握。中国五千多年文化延续到现在，一直在进行文化教化活动、文化建设活动，五四运动开始的现代文化建设，也将近一百年时间了，但是一直缺乏文化实践的方式和转化成大众自觉行为模式的渠道和手段，这几乎成了一个世纪性难题。近百年的文化建设史，理论研究很丰富，但大多限于象牙塔之中，学者们激烈的文化争论对社会基层大众的实践影响甚微。一大批文化名人，提出了文化改造的广泛问题，文化对社会大众的武装问题，但没有收到理想效果。八十年代初企业文化理论和建设方式诞生以后，才提供了文化由抽象到具体，由清谈到操作的转换途径，文化理论、文化命题和文化规律空前为社会大众广泛接受，企业家的文化自觉使文化成为社会发展的具体“文化力”。

其三，企业文化对文化作用和功能进行了科学的验证。有一种文化观认为，文化只是人们心灵的依托，是人们精神世界的家园和情绪慰藉的场所，没有任何现代化功用，中国实现社会现代化只能寄希望于现代的技术、设备和制度来完成，而文化起不到这种作用。企业文化的研究实践对这个问题有了一个全面的解答，因为企业文化的功用是目的价值合理性和工具价值合理性的统一。

文化一方面是为了人的精神世界、为了追求终极价值和人文关怀、为了人本身，另一方面，文化在现实生活中，对实际的工作起到一种指导、约束的具体手段作用。企业文化从文化价值角度讲，目的价值合理性是“本”，工具价值合理性是“末”，企业文化效果是“本、末”兼具的。从文化哲学角度讲，企业文化具有形而上的功效，它要解决企业员工和干部的信仰追求、道德观念、伦理意识、企业精神和核心价值观的问题;它也具有形而下的功用,就是用文化的手段和方式来管理企业,要摆脱传统的、粗放的制度化、物质化、行政命令型的管理方式,实现文化型管理,文化既能当形而上的理念内容来抓,也能够当办法、手段、工具来用,所以它是形而上与形而下的统一。

"形而上者之道,托于器而行"。道必须依托于载体之中,它才能够实行。没有载体只有抽象理念,企业文化难于操作实践。"形而下者之器,得于道而无弊"。器是形而下的方法、手段,它必须在大道引领之下,在正确的价值理念指导之下,行动起来才不会产生弊端,企业文化建设要"道、器"合一。

企业文化的研究和实践证明,文化既有人们心灵依托信仰理念提升的作用,建设人们的精神世界家园的作用,又有对管理中的手段、方式、方法的改革作用。这既是对文化争论史中文化功用的世纪性命题的解答,也是对文化何以成为"软实力"的理解。

2、企业文化研究和实践的开展,理论和概念使用的推广,冲破了人们文化观念上路径依赖的陈旧心理,助推了观念变革和思想解放。

企业文化理论研究和自觉实践从八十年代初在中国开始,就强调两个本质特征,即以人为本和以文化人,当时还有很多陈旧的文化观念障碍着对这一命题的理解。近年来我国提出的治国方略是科学发展观,强调第一要义是发展,核心是以人为本,基本要求是全面协调可持续,根本方法是统筹兼顾。把以人为本放在举足轻重的核心地位是观念上的巨大突破。中国古代认为"人者民也",民即是人,人即为民,后来在历史发展沿革中,民和官形成两个对应的概念。民是对官而言,形成官民两个社会阶层。现代话语表述中,人本或民本都是对人本思想的一种本质回归,二者没有根本差异。企业文化中的以人为本强调的是在组织管理中,不要只把精力集中在技术制度层面,而应该以人作为管理的主导因素,而不是以物作为管理的主导因素,强调尊重人的主体地位,启发人的内在自觉,使组织管理更具人性化。

以文化人,是指管理方式方法上刚柔并济,制度和文化相结合,以文化为主导,情感和体制相协调,以情感为基础,反对和鄙视的是被动管卡压,只用物质杠杆拨动人的积极性,简单地把人只看作生物意义和物理意义上的人,而应更重视人的文化主体地位。"以人为本"和"以文化人"两大本质特征冲破了人们狭隘的文化视野,丰富了现代文化意识,使中国文化参与到世界文化重塑的潮流中。

3、企业文化的基本属性为文化由虚而实、由玄妙而通俗的发展提供了一个实践路径。

对文化的理解存在两种片面性,一种认为文化是象牙塔中的"阳春白雪",只能是学者把玩之物,不能为社会基层实践普遍应用。二是把文化的丰富内容局限于世俗文化中的文体形式,只是乡俗民约中的礼仪形象而已。前者畏惧的是文化抽象内涵,后者局限于文化表征及外显载体。实际上,文化的本质是隐含在载体形式之中的,体现为价值观、精神、道德、伦理、信仰、哲学、思维方式等,是看不见的。看得见的文化都是形式和载体,比如企业的制度、行为习惯、旗帜、环境、厂房、设备、服装、礼仪标语口号等。有些单位的企业文化建设往往被片面化为活动形式,很难和企业的管理、经营、战略相结合。

企业文化有两个基本属性。从亚文化角度说,企业文化属于微观经济文化、微观管理文化、微观经营文化,它是社会主流文化的一个分支、一个组成部分和生长点。

企业文化的另外一个属性是管理学属性。这种属性体现了文化与社会基层组织业务工作的融合性,是文化功能实现的一种有效的途径和载体,它通过使管理方法和手段不断人性化的方式,使文化和管理工作结合起来,为文化由虚而实,提供了一个实践的路径。

二、企业文化对企业管理的重要贡献

1、企业文化使中国企业现代化的内涵更科学、更全面、更具有本质意义。

企业文化对企业管理进行系统的文化思辨，提升了企业家的文化自觉意识。在中国半殖民地半封建社会，一些民族工商企业并没有真正意义上系统的现代企业管理理论，新中国成立以后，企业的管理基本上是沿袭行政管理模式，也不是现代市场经济的经营管理。在社会主义市场经济出现以后，我们才开始接受并逐渐实行现代管理。可是，我们多数接受的是管理中的手段、方式和技术，很少考虑企业管理中的深层文化内涵。

管理历来是艺术和科学两个方面的结合。在改革开放的初期，我国的企业引进国外管理科学内容很多，而没有重视管理艺术的应用，管理艺术的本质就是企业文化。在中国人面前，管理的科学手段不是走向现代化国际化之难点，难点在于管理文化的理解和应用。因此对管理进行文化思辨，注入文化元素，运用文化手段和规律，应用文化的方式管理企业对提高企业现代管理品位，唤醒人的文化自觉，提升人的文化主体意识，都会起到空前的作用，这是一个历史性的进步。

企业文化实践有助于我们认识和处理文化与制度的关系。有些企管人员认为制度是刚性的，是不可或缺的规范，文化是软性的，不是规范，是倡导的东西，是可有可无的。这种观点没有认识到，制度是刚性约束，是底线性的规范，文化是内在约束，是引领性的规范，是一种企业软实力。一个企业制度即使现代到完美无缺，但是没有文化的自觉引领，那么这个企业也是维持会式的组织，员工充其量做到不违反制度，没有企业文化理念和文化灵魂的引导，没有自觉的文化建设，企业员工想要创造性工作，想要到达优秀或卓越的境界，就没有方向遵循，因为优秀和卓越是价值观高度认同基础上的文化承诺。

2、企业文化成为企业内生性动力和再生性资源。

企业文化不是外在于生产经营、管理方法、制度设计和战略规划的附加物和添加剂，不是单纯的形象宣传，它是企业内生性的动力，是可再生性的资源，它决定着企业战略方向，产品质量、经营方法、管理水平、员工素质。因此，企业文化内容不断丰富，文化形象不断重塑，文化基因不断再造，使企业文化成为企业可持续发展的根本性保障。

当今世界经济和文化的一体化发展特点和趋势，给企业竞争和发展提出了新的要求：一是要求产品必须要有丰富的文化含量，二是服务必须要具备高层次文化品位，三是经营必须要有突出的文化特色，四是管理者要有全面的文化素质，五是战略规划必须要有深厚的文化基础。这些方面的水平决定着企业能否成为文化型的组织，进而决定企业现代竞争的实力。

3、企业文化为中国企业参与国际化竞争，提供了跨文化障碍的解决方案。

世界经济发展和竞争的全球化趋势，使中国企业的国际化道路成为历史性的必然选择。中国企业在国际化进程中，深层障碍在于文化差异。

经济全球化的本质是企业全球化，在各国企业竞争与合作的博弈过程中，有形的宪章契约和无形的文化理念共同起作用。中国企业家具有积极进取的商业精神，也有勤奋敬业的智慧，再加上全球信息化的飞速发展，在经营管理的制度手段等技术层面，与国际优秀企业快速接轨，有些行业的产品质量水平和现代化程度已与世界先进企业接近或持平。可是中国企业对企业发展的根本理念、终极价值、人文内涵等文化意蕴普遍缺乏文化自觉，在运用文化规律管理企业，培育核心价值体系方面更是一片空白。中国企业与国际接轨时，浅层次如技术手段制度借鉴等方面接轨，迅速甚至完美，而在企业价值观培养、战略确定、经营哲学等方面接轨时，则显得力不从心，文化障碍是根本原因。在国际化进程中，中国企业对国际优秀企业所展现的文化的接纳方式应遵循直面、尊重、解析、融合的规律。文化相融相通相互借鉴，既能解决中国企业国际化进程中的障碍，消解跨文化冲突，使中国企业在国际竞争中根基更稳，也能使中国企业在国际社会的经济、管理、乃至文化的话语权力更大。

4、企业文化建设丰富了品牌的现代内涵。

传统的品牌观念，将品牌的公众诉求点限定在产品的真与善，认为产品只要持久地秉承原料好、价格低、经久耐用、货真价实的经营理念，就能成就品牌形象。殊不知，这种品牌理念忽视了产品的文化附加值，忽视了品牌的现代意义，忽视了真善与美的统一。产品美和经营之美，不是简单地指产品外形包装和经营的形式美，更重要的是指产品体现的人性化内涵，服务中的以人为本，经营中的哲学思辨，企业存在与发展的终极价值等内在的文化指向。

现代社会改变了人们的消费理念，决定消费者对商品购买的欲望因素，已经不仅仅限于生理感官方面的物质层面需求，不仅仅满足于一买一卖的狭隘的营销关系。人们开始更多地追求体现在商品载体中的文化内涵，更多地体味商家在经营行为中的人文关怀及消费者自身被尊重的上帝感觉。人们在消费品牌产品享受品牌服务时，要感受品牌对消费时尚的引领，要通过消费品牌的不同风格张扬自己的个性风采。现代品牌要能够为消费者提供新的生活理念和生活方式，诸如德国产品的严谨庄重、法国时装和化妆品的浪漫时尚、日本电器的精巧、美国夹克衫的潇洒随意，无不如此。企业文化在产品生产和经营服务中担当了这些文化责任。

5、企业文化建设突显人力资源开发的关键环节。

企业核心竞争力体现为企业的创造能力和比较优势，文化的核心在于创造，文化的个性彰显引导着企业比较优势的形成，文化是企业提升企业核心竞争力的基础和理论元点。人是自然和文化双重因素的产物，文化是人类的独有财富，人的文化素质比生物本能和物理本能更重要，它决定人的创造潜能发挥水平。文化素质水平决定的创造力是人之所以为人的本质特征，也是人与其它动物的根本区别。文化素质决定创造力的强弱进而决定比较优势的多寡与核心竞争力的水平。

传统的人力资源开发集中在人的体能、技能和智能三个方面的内容，很少思考人的文化开发方面的意义和内容。作为人力资源的文化开发，企业经营哲学和愿景的确立，企业核心价值观的培养，企业精神和企业伦理的提炼，企业作风和文化环境的形成等，不仅制约着人力资源体能、技能和智能的开发力度和使用方向，也制约着企业的社会形象和当下效益，更制约着企业基业长青的长久战略能否实现，是企业全面协调可持续发展的保障。

企业家文化自觉的开启，运用文化于经营管理的能力提升，企业员工文化素质的培养，对企业组织文化的高度认同与自觉追求，是文化开发的重点所在。如果企业家精英文化与员工大众文化高度融合为企业组织的主流文化，那么企业在激烈市场中的核心竞争力就能迅速提升和持续增长。

（作者系中国企业文化研究会常务副理事长、秘书长、教授）

目 录

特 载 篇

有关领导谈企业文化

知名专家谈企业文化

中国企业文化建设重要会议

高峰论坛

专题会议

理 论 篇

实 践 篇

中国企业文化建设示范基地巡礼

部分行业和省市企业文化社团工作成果展示

企业文化建设经验选编

企业形象策划成果选编

综 合 篇

他山之石——国外企业文化建设借鉴

中国企业文化建设大事记

企业文化建设表彰决定

后　记

特载篇

有关领导谈企业文化

重视企业文化建设 着力打造企业软实力

王忠禹

当前，我们正面临着前所未有的困难和挑战，企业面临着比以往更加复杂多变的市场环境。国际金融危机，全球经济动荡，国内经济运行中存在着一系列突出的矛盾和问题。对此，广大企业既要有忧患意识、危机意识，又要增强信心、鼓舞士气，要化压力为动力，变挑战为机遇，切实树立科学发展的理念，继续推进体制机制创新，提升管理水平，提高发展质量，立足自主创新，增强企业的核心竞争力。尤其要重视企业文化建设，着力打造企业软实力，把企业文化作为企业凝聚力和创造力的重要源泉。越是在困难的时候，企业越要坚定必胜的信念，团结广大职工齐心协力度过难关，构建和谐、稳定、健康的发展环境，深入探讨在新形势下如何规范经营、文明经商、公平竞争、履行责任，用企业文化引领企业走上持续健康的发展轨道。

弘扬传统美德，推进企业诚信道德建设

市场经济是自由平等的竞争经济，同时也是建立在法制和道德基础上的信用经济。随着我国市场化改革的深入推进和市场开放程度的不断加深，诚信不仅成为市场经济发展的重要基石和社会和谐稳定发展的重要保障，而且成为企业提升商誉、树立品牌形象和增强市场竞争力的必备条件。

从当前情况看，我国的诚信体系建设仍滞后于市场经济的发展，失信行为依然比较普遍，各种商业欺诈、假冒伪劣商品损害着用户和消费者的利益，对市场经济秩序的正常运行造成了极大的干扰和破坏。“三鹿”奶粉事件让我们看到了诚信危机给社会、人民生活以及企业自身和所在行业带来的严重影响，值得我们警醒和深刻反思。造成这一危机的原因是复杂的和多方面的，既有社会不良风气的影响，也有市场治理结构不完善、监管不力、执法不严、社会信用管理不完善等方面的原因，但更主要的是企业诚信的缺失。因此，企业要以“三鹿”奶粉事件为鉴，切实加强诚信道德建设，规范自身行为，自觉维护市场经济秩序。

中国是一个讲信义、重道德的国度，素有文明礼仪之邦的美誉。自古以来，中华民族就把诚实守信作为人的最重要的品德，诚信成为人们遵循的普适价值观。古人云：“人无信不立，业无信不兴”。无论是做人还是经商，都必须做到公平公正、以诚相待、信守承诺、童叟无欺。在我国古代，有一种 16 两秤杆上常常刻有 3 颗星，分别叫做“福、禄、寿”。意思是：缺人一两就会“缺福”，缺人二两就要“短禄”，缺人三两则要“折寿”。这种把诚信与人的命运联系起来的做法，反映了我国古人对诚信的重视程度。“诚招天下客，誉从信中来”。千百年来，正是这种以诚信为信条和强调道德约束的商业文化谱写了中国商业文明的辉煌历史，直至进入现代商业文明时代，依然历久弥新、影响深远，并得到发扬光大，像我们所熟悉的许多国内知名企业都秉承了这一优良传统，海尔以“真诚到永远”赢得了无数消费者的信赖；联想把“诚实做人、注重信誉、坦诚相待、开诚布公”作为做人和做企业的准则，为企业做强做大积累了深厚的道德底蕴。

温家宝总理在去年夏季天津达沃斯论坛上说：“我希望每个企业家、每个企业，在他们的身上都流着道德的血液。生产经营与道德的结合才能使一个企业成为社会所需要的企业。”在当前经济结构调整过程中，企业要实现产业优化升级、完成战略转型、增强企业的市场竞争力，保持持续健康发展的良好势头，必须采取有力措施推进企业诚信道德建设。

首先，要继续弘扬中华民族的优秀传统，将传统的诚信思想和优良品德与现代商业文明相结合，大力倡导和学习实践“以诚实守信为荣、以见利忘义为耻”的社会主义荣辱观，在企业精神文明和企业文化建设中树立诚实守信的价值观，通过打造诚信文化，不断强化企业诚信意识，形成“有信者荣、无信者忧、失信者耻”的商业文化氛围，使诚实守信真正成为企业的立业之本、兴业之道。

其次，要按照现代企业制度要求，建立健全诚信管理体系，把诚信管理与生产经营活动紧密结合，明确企业诚信建设目标，完善责任制度和诚信行为准则，加强质量、安全管理，严格各项检查、保障制度与措施，防止不合格产品流入市场，增强服务意识，提高商品信誉，树立良好的品牌形象。

最后，要加强企业职业道德建设，制定职业道德行为准则，通过开展全面、持久的职业道德教育，培养良好的职业操守，提升职业素质；通过规范商业行为，遵守商业道德，依

法经营,信守合同、公平竞争、友好合作,切实做到文明经商、诚信经营、规范运作,不断为消费者提供满意的产品和服务;积极维护市场经济秩序,自觉接受社会监督,不谋取不正当利益,不做损害、侵害他人利益的事情,坚决抵制弄虚作假、相互欺诈、行贿受贿等不道德的和非法的商业行为,努力塑造良好的社会形象,做"阳光"型的企业。

总之,无论市场竞争有多么激烈,经营环境有多么复杂,企业都应坚守道德底线,永远让消费者享受到安全、可靠、优质的产品和服务,使诚信道德建设始终成为企业取得竞争优势和立于不败之地的重要因素。

积极承担社会责任,努力实现可持续发展

进入21世纪以来,社会责任问题越来越受到世界各国的高度关注。2000年7月,联合国在安南的倡议下正式启动了"全球契约"计划,号召各国工商界行动起来,担负起社会的责任,遵守在人权、劳工标准、环境保护和反贪污方面的十项基本原则,以"保证全球市场处于反映全球社会需求的共同价值"。中国作为一个发展中的大国和负责任的大国,在保持快速发展的同时,更要注重发展的协调性与可持续性,着力解决发展不平衡、贫富差距、失业、自然资源破坏、生态环境恶化等社会问题和矛盾。为此,我国还在中企联成立了经联合国认可的"全球契约办公室",专门负责推进中国企业执行"全球契约"、履行社会责任的工作。

企业作为推动经济社会发展的重要力量,在不断发展壮大的同时,还肩负着促进社会进步的历史重任。企业承担社会责任是当代中国企业面临的新课题,是企业理性发展和走向成熟的重要标志,它不仅是企业生存与发展的内在需要和企业的使命与价值追求,而且是全球化时代企业实现持续健康发展的重要途径和社会对企业的普遍期望。企业和企业家既要追求利润最大化,又要兼顾人与人、人与社会、人与自然之间的协调发展;既要关注企业的经济效益指标,又要关注资源、环境、人文等社会效益指标;既要带头致富,又要寻求社会共同富裕。这不仅关系到现代社会的发展与进步,更直接关系到企业的健康成长。

"责任"本身虽然带有强制性的一面,是必须履行的职责,但在承担社会责任方面,更多的体现为自觉自愿和自主自律的行为。因此,在承担社会责任时,企业要以一种强烈的社会责任感对社会的要求和公众的期望作出积极主动的响应。在新形势下,企业一方面要坚持把发展作为第一要务,积极投身于改革创新和社会主义现代化建设的伟大事业,通过发展生产、提高经济效益,为社会创造更多的财富,承担为经济发展作贡献的责任;另一方面,要以构建和谐社会为出发点和落脚点,依法诚信经营、维护市场经济秩序,建设生态文明,促进节能减排、清洁生产,大力发展循环经济等方面负起应有的责任;同时要在改善职工待遇,提高就业水平,保护劳动者权益、建立新型劳动关系,支持帮助和带动周边地区和经济不发达地区的发展,扶助困难群众和弱势群体、服务社会公益事业等方面尽到应尽的义务,为建设资源节约型、环境友好型社会,实现速度与效益相统一、经济发展与人口资源环境相协调的可持续发展贡献力量。

近年来,我国企业在承担社会责任方面取得了明显的成效,一些企业已经走在了前头,发挥了表率和带头作用。2006年3月,国家电网公司发布了我国中央企业首份社会责任报告,提出了"发展公司、服务社会,以人为本、共同成长"的社会责任观,到2007年底,已有60多家企业发布了社会责任报告或可持续发展报告,向社会传达和展示了企业社会责任理念与实际行动。在四川汶川大地震刚刚发生不久,很多企业响应国家号召,以最快的速度采取救援行动,捐款捐物支援灾区,据资料显示,在灾情发生的第八天,中国企业的人道主义援助已合计超过50亿元,充分体现了企业对党、对国家、对人民高度负责的精神,闪耀出中国企业"厚生爱民、行善济世"的人性光辉,受到了社会的尊重。实践证明,在建设小康社会和实现又好又快发展的今天,积极承担社会责任、认真履行社会义务,不仅有利于党和国家事业的全面发展,有利于改善民生、改善环境,促进社会和谐;而且有助于树立良好的"企业公民"形象,提升企业的社会知名度,有助于企业在市场竞争中赢得客户信赖、建立长期友好的合作关系和打造企业的品牌优势与信誉优势。

社会责任是企业重要的无形资产,是企业发展能力和综合素质的体现,反映了企业的社会价值观和战略选择。因此,企业要把承担社会责任纳入企业的可持续发展战略,并作为一项系统工程来抓,要在组织、制度和管理决策上建立保障体系,在人、财、物方面进行有效配置。尤其要注重发挥企业文化的影响和推动作用,通过价值观的引导和企业使命感与责任感的培育,强化企业履行社会责任的意愿和自觉性,形成全员主动承担社会责任的良好氛围,把承担社会责任作为建立先进企业文化的重要内容和打造企业软实力的有效途径,使其成为增强员工自信心和企业凝聚力、战斗力的内在驱动力。

企业要树立科学发展观,建立紧扣时代发展脉搏、符合市场发展规律和顺应国内外形势变化的企业文化管理体系,把企业的核心价值观、经营思想和使命愿景凝聚成企业发展的精神动力,统一到企业的发展战略上,贯穿于企业的生产管理实践中,转化为每个员工的实际行动。21世纪的经济发展与社会进步呼唤品德高尚、有强烈责任感的高素质企业和企业家,需要勇于变革、敢于超越、不断创新的企业精神。希望广大企业和企业家以全面建设小康社会为目标,以产业报国、振兴国家经济、回报社会为己任,坚持解放思想、深化改革,通过苦练内功、强化管理、优化结构、积蓄力量,不断提升企业的发展质量和可持续发展能力,通过大力倡导和谐文化、责任文化、创新文化,使企业真正走上生产发展、生活富裕、生态良好的文明发展道路,把我们的国家建设得更加和谐美好。

(作者系原国务委员、原全国政协副主席,本文根据《企业文化》杂志2009年2期节选)

企业文化建设的五个重要课题

王大明

一、在企业文化建设中如何真正贯彻以人为本的指导思想

在社会物质生产的提高和发展中，对人的作用，特别是人的思想观念的作用，究竟摆在什么地位？在推动社会物质生产的过程中，如何调动人的积极性，如何提高人的素质，如何关心员工自身的发展，这些问题已经成了世界上相当多的企业，在经营管理过程和企业文化建设中研究和探讨的主题。基本的思路就是，从过去在泰勒制度的基础上，靠定额、靠奖金、靠制度来管人，从过去纯重制度、重技术、重物质的管理，走向更加重视人的作用，重视激发员工的自觉性和创造性，重视提高员工的素质，有些地方甚至提出要重视人们的激情，要重视人的情商。现在看来，整个世界，企业管理、企业发展中研究的这个问题，这个方向，其实都是马克思当年早就提出的问题。马克思设想的共产主义，最重要的思想就是"人的全面发展"，过去在这方面有很多论述，现在实际上很多企业包括资本主义的企业也在学习。马克思曾经批评过去的国民经济学不考察不劳动时的劳动者，不把劳动者当人来考察，马克思很早就批评过这种观点，他批评相当一批经济组织只关心劳动者给他们创造的财富，而不关心人，不关心劳动者自身的发展和尊严。现代的管理学逐步地在扭转这种倾向，在改变过去马克思曾经批判的观念，不把人单纯看作是生物意义上或物理意义上的人，认识人的文化意义，在管理手段上从过去只重制度、奖金等发展到注重文化，注重人性化内涵，使员工要有尊严，要有激情，要有情感。重人性，从这个角度调动人的积极性，而不是把他当作一个被奴役的工具，只重物不重人，重物不重人在过去相当长的时期，特别是资本主义的企业，在泰勒制度以后的一个时期是相当盛行、相当厉害的。但是现在几乎世界上很多企业都在扭转这个问题，这是不是就是现代企业所讲的"以人为本"，提出这个问题来，希望大家探讨，这个是不是就是当年马克思提出的"人的全面发展"问题。

同煤集团的"制度管企，文化管人"、"精细化加人性化管理"的成功实践，给我们创造了一些经验，实际上现在发达国家的一些优秀企业也都在努力实践"以人为本"的这种管理思想，也都有所成效，也都有些经验，这种现象是不是可以说明符合生产发展规律的这种管理理念，马克思主义的这种理念，实际上是我们人类文明的共同财富，在一定意义上说，资本主义企业的管理者也是借鉴了马克思主义的一些管理理论，也借鉴了社会主义企业的一些管理经验，虽然现在很多国家，他们的资本主义制度并没有改变，但是在管理企业上借鉴了马克思主义和社会主义的一些东西，注意缓和劳资矛盾，使企业的管理能够适应今天这种科技高度发展、对人的素质要求越来越高的这样一种客观形势。我们中国作为一个社会主义国家，很早就强调我们的指导思想是马克思主义，强调要依靠工人阶级，要坚持历史唯物主义的观点，这都是我们过去学习和强调的东西，所以我们在接受这一管理理念的时候，应该更加自觉，更容易接受。怎样在企业管理和企业文化建设当中，真正把"以人为本"的思想融会贯通到工作中。

二、企业如何承担社会责任

企业如何承担社会责任就是怎么样处理好、协调好企业和社会的关系，这也是在企业管理和企业文化建设中经常碰到的问题。

作为一个企业，一方面，要重视自身发展，要满足自己的物质欲望。但同时，对整个人类的需求，对国家的需求、社会的需求，把它放在什么地位？和企业利益之间是什么关系？这是在学习科学发展观，研究企业文化方面应该探讨的问题。政府提倡企业要做大做强，不仅关心自己的物质需求，也要注意整个国家社会的需求，要有博大的社会胸怀，企业要有作为，要立足于企业，心系国家，做社会责任的承担着，应当立足局部，着眼全局，做发展经济，奉献于民族的先锋和精英，要做一个负责任的、关心社会的企业。在企业发展处于低谷的时候，不要靠伤害社会利益去谋求自己的出路；在经营情况好的时候，也不要忘乎所以的过度消费，浪费资源。这样就把企业放在整个社会的集体当中，去搞好企业建设。在国家的现有情况下，应提倡企业应当关注弱势群体，关心公益事业。我们的企业处在社会主义和改革开放向前发展这样一种历史条件下，企业管理者应该成为有责任的、对社会利益非常关心的经营者和企业家。

三、如何重建企业的诚信

诚信是企业的经营者长时期必须重视的重要问题。从国家历史上来看，过去的晋商，是很讲诚信的。如果一个企业诚信度高，就会形成全社会的信赖，和谐发展这样一种氛围；相反如果人人自危，相互提防，这样社会必然是矛盾百出，冲突不断，甚至于出现种种群体性事件。这是我们应该注意警惕的问题，也是贯彻科学发展观应该重视的问题。

美国的金融危机就是它的企业进行欺诈造成的结果，这是一个很明显的案例。我们既然要讲科学发展，就得讲诚信，诚信和企业发展的客观规律是一致的。讲诚信，一个企业更能发展；恰恰你搞欺诈，企业从长远来看并不能发展下去。所以把诚信放到科学发展观的高度去看，建立一个相互信任，童叟无欺的社会，建立这样一种经济环境，应该是我们企业家的责任，是企业文化建设的一个重要的任务。

四、如何坚定共同发展的理念，建立全面协调的利益关系

企业是个经济组织，就要有利益问题。企业的合作者、

股东、供应商、同行、员工,各方面的人都要发生种种的利益关系,这种多元的利益关系,形成多元文化,也会形成各式各样的矛盾。作为企业来讲,在关心企业经营者自身利益的同时,怎么样又兼顾多方的利益,各方面的利益都能够关照,而且关照的比较好,这是一个问题。过去中国常讲的一句话叫"己所不欲,勿施于人",就是你不仅要考虑到自己,特别在当前这种信息高度发达、经济实现全球化的情况下,损害别人利益的同时,自己也会受损,在现实的经济活动中都会有这种客观现象。

企业要科学发展,企业的经营者在考虑自身利益的同时,在处理各种利益关系的时候,不仅要考虑到自己的利益,也要考虑到合作者、供应商,周围的人包括员工、股东,要考虑你做的事情有没有损害他们的利益,当你损害了他们的利益的时候,也会损害你的利益。所以聪明的、会经营的经营者,要善于在众多的关系当中,树立一个共同的理念,共同的理想,把大家凝聚起来。我们强调双赢就是在处理国际事务中不能只考虑我们一方的利益,要是损害了另外一个国家的利益的时候,你要想到另外那个国家会不会反过来伤害你的国家利益,所以提倡要双赢,就是不能够损人利己。所以在处理多元经济,多元的利益矛盾和利益关系时,要把这个问题放在科学发展的这个高度去看。

经营者和员工的关系,在众多的关系当中是一个更重要的关系,这个关系处理的好坏对企业影响非常大。应当说在改革开放之前,我们企业最大的弊病是平均主义,平均主义曾经极大地影响了我们国家的经济发展。在改革开放、拨乱反正过程中,费了很大力气解决这个问题。在打破平均主义,改革分配制度的过程中,现在有相当多的企业又走向了另一个极端,片面强调拉开收入差距,失去了应有的公正、公平,造成了紧张的劳动关系,出现严重的失去平衡的状态,这种状况和科学发展是背道而驰的。当年小平同志确实提出来允许一部分人先富起来,这种观点是针对我们国家长期的平均主义的状况提出来的,经过改革开放30年,现在我们应该注意另外一种倾向,当年小平同志讲了一部分人先富起来后,到一定时候,要强调共同富裕,整个社会要强调共同富裕,对企业来讲要处理好经营者和工人的关系。如果违反了客观规律必然对社会的经济发展起很坏的作用,必然不利于经济的发展。

五、如何强化企业的使命和战略意识,使企业可持续发展

在研究科学发展的时候,企业的经营者要有使命感,要有战略的设计,要有战略的意识,要想到使企业可持续发展。企业领导者有战略意识,企业才能够长久发展。成功的企业家最注重的是企业的发展战略,对很多具体的管理制度,他们并不具体去管。恰恰是那些懂战略的企业家,他们的企业都能够长寿,像那些百年老店等都有很成功的战略。所以我们在研究科学发展观的时候,要注意立足于国家民族的长远利益去考虑问题,而尽量避免急功近利,避免短期行为,不要被短期的利益诱惑而伤害长远的利益。在利益诱惑的时候,有的企业家能够站在长远的利益上,有的企业家就禁不住短期的诱惑,这就考验企业家的战略意识和水平,在研究科学发展的时候,就要强调企业的战略意识。

(作者系中宣部原常务副部长,北京市原政协主席,中国企业文化研究会名誉理事长,本文摘自《中国企业文化研究》2009年5期)

发挥企业文化的保障作用 应对金融危机的挑战

胡 平

如何应对金融危机的挑战,我们要从企业内部封闭的状态走出来,变成一个更大视野的网络化开放状态。各种会议、论坛,都在讲世界的金融危机,看到中国有很大的希望,实际上我们面临着很多问题。比如,我们中国早已进入到世贸组织了,但很多国家不承认我们是市场经济国家,承认的有80多个,主要原因在于西方、欧洲国家的500年来的海洋文明。海洋文化,我们没有经历过,当年英国国王的特使来朝见我们的乾隆皇帝,乾隆皇帝说"我们中国地大博富,不需要跟外国做生意。"这个特使回国的时候,经过运河奔江西九江到广州,当年这个特使所留下的日记,记录了当时江西的情况,说明当年我们江西也是开放的。西方市场经济的游戏规则都是那时候定下来的,以后修修补补发展起来,比如说企业法、会计法、专利法等等中国没有参与,所以就没有话语权,都是按照人家的规则办。我们进口铁矿石,占到世界的60%,可是我们没有话语权,价格不是我们决定的,明年我们要争取到中国式的话语权,还有,我们出口的稀土比较多,我们的稀土资源占到世界的96%以上,可是我们也没有话语权,价格不是中国人定的,那是因为我们内部多渠道,经营多渠道,没有很好的协调管理,价格不是我们说了算,是外国人说了算。这就说明,我们出口也好,进口也好,我们没有话语权。

我们现在要走出去,到外面去投资,发达国家和不发达国家都要文化融合。就是因为我们不了解外国的文化,不懂外国的法律,过去都是靠政府,现在人家有议会,议会不通过你也进不去。投资到不发达国家去,搞资源性的投资,也有说我们侵略,等等问题非常多,这些事情如果企业不跟上来,那么中央的一盘棋就没有办法实现。我建议,企业要重视企业文化,要把企业文化搞上去,参加裁判,好去讨论价格,企业文化是保障,企业文化就是起到这个作用。我们搞开放,我们要走出去,还要请进来。现在我们的开放度很大,外国的企业进来,这是理所当然的。可是我们如何应对他,这是两种企业文化的碰撞,怎么融合,这

是我们要讨论的。我们有的品牌，在改革开放的中间，消失了许多，没有从文化的角度去考虑，中国的品牌，知名的品牌，不光是企业的，也是公众的，公众感觉到没有了，心里不安，诸如此类，还要给买回来，要花代价，你说可惜不可惜，比如牙膏、饮料、香波等，我们知道的名牌饮料，要卖十几个亿，企业当然是高兴的，可是老百姓不高兴了，后来这个事情没有卖成。可是中国的企业呢，要走出去，买人家的品牌，比如说，我们四川的企业，买美国的品牌“悍马”，这可了不得啊，这个我们连想都没有想过，居然有这样的事情出来了，那么外国的品牌买来以后，怎么消化？这两种文化怎么融合。从我们自己国内来说，重组、结构调整、做强做大，这里面有企业文化的整合问题。大企业与小企业之间，小企业也有它的文化，你财大气粗把他并过来，人家不理解想不通，民营企业兼并我们国有企业，像通钢工会不同意，稀里糊涂就卖给民营企业了，矛盾很大，这说明企业兼并重组里面有文化问题。这也是一个企业不能封闭式的自我完善，要面向世界、面向社会来解决这个问题。王大明理事长讲到企业家的文化，现在企业要组合，我建议要重视民营企业，民营企业发展壮大以后，家族式的企业只能把他的产业转嫁出去。我们能不能定出一套机制保护民营企业，民营企业面大面广，他的社会贡献大，占了70%的劳动就业，60%的税收，有很大的贡献。我们应该总结民营企业文化，他是本土文化。

还有一个人才问题。过去有海归派，大家知道，出国留学回来了，就是海归，现在海归变成海鸥，出去留学回来以后，工作了一段，然后又出去了，这样好不好？有个银行培养了30多个40岁左右的人，回来以后，干了一段后又出去了，这是人才流失吗？也是。但对中国的经济走向世界有好处，比喻他们是海鸥，飞来飞去，对中国的经济是没有坏处。我们企业不能两只眼睛就盯着本企业，把眼光要扩大到全球，全社会，这样，我们的企业文化，我认为就到了一个新的阶段了。新的历史，新的阶段创造新的企业文化，企业文化又不脱离传统文化，我们传统文化在世界的竞争中有强大的生命力。我们的传统文化有两个主要理念，一个叫作自强不息，孔老夫子也这样讲的；二是以柔克刚，来自于道家的思想。以柔克刚的思想在企业里面也大量存在。中国在很多情况下经常运用以柔克刚的思想，这是中国文化宝贵的遗产，许多都要我们企业文化继承、融合、创新、超越，中国的企业文化应该是大有希望的。我们再过20年，中国的经济可能总量接近美国，我们中国特色的企业文化再过20年、30年，能够在世界上有重要的影响。我们的企业文化里面应当有中国文化的元素，这个中国文化的元素应该从哪里找，应该在中国的传统文化里面。不是去扮个孔夫子，前两天广告里面孔子曰，人们不能没手机，手机不能无彩铃，把孔子搬来做广告，那是不行的。现在米老鼠已经到中国来落户了，我20年前说过，米老鼠与孙悟空比较，那个资格老，当然是孙悟空，孙悟空要有一千多岁，米老鼠是1928年出生的，米老鼠有什么本领？知道孙悟空的人世界上有多少？知道米老鼠的人远远超过孙悟空。其原因，中国的文化跟经济是两张皮，西方500年前，文艺复兴以后，他们就解决了经济文化一体化的问题，中国还没有解决，我们的孙悟空还要“二上火焰山”，孙悟空要走出去。我建议大家很好的运用中国的传统文化，与我们的企业文化建设结合起来，创造符合市场经济需要、符合国际形势需要，符合企业发展需要的优秀企业文化。

（作者系国务院特区办原主任、中国企业文化研究会理事长）

抓住进一步提升文化软实力的契机

徐惟诚

20多年来，中国的企业文化有了长足的发展。企业文化的发展适应了企业发展的需要，适应了企业做大做强的需要，适应了提升企业市场竞争力的需要。

在20年的发展过程中，产生了各种不同的企业文化发展的经验，也形成了许多不同的理论概括，但是有一点却是大多数人的共识，这就是企业的文化建设必须从企业的实际出发。

企业的实际，不仅指企业的内部状况，也包括企业的外部条件。企业在市场中生存，企业的内部状况能否和市场所提供的外部条件相适应，决定着企业的命运。

当前，许多企业面临的外部条件发生了许多值得注意的新情况。

美国次贷危机的影响还在发展，有人说美国经济会开始衰退，至少经济发展速度放慢是可以肯定的。美国老百姓的购买力下降，必然会影响我们的产品出口。

美元持续贬值，人民币升值，必然使许多出口企业的利润下降，有的甚至可能会难以保本。

国际市场初级产品价格大幅度上升。原油价格已经突破每桶117美元。国内依靠进口原油炼油的企业炼的每一吨油都亏损。接下来，以石油为原料的化工企业也不可能不受影响。铁矿石的价格今年比去年涨了60%，钢铁企业以及以钢铁为原材料的制造业都必须面对这严峻的形势。粮价上升幅度也很大，目前国内粮价主要靠限制出口保持稳定，但是大豆要依靠进口，食用油就不得不涨价。

工资上升，各种劳保福利进一步规范，许多企业的劳动力成本比去年有所上升。环保的要求更加严格规范，这也可能会使若干企业因此增加开支。国际的贸易保护主义必然会抬头，各种非关税壁垒，各种知识产权纠纷必然增加。在这种情况下，一些企业会感到经营的困难加大了。

这些困难是客观存在的。我们只能面对，不能回避。有些事不是我们自己能做主的。有些事是必然要发生的。廉价劳动力的供应不可能源源不断。继续对环境破坏，企业自己也会生存不下去。要想在种种不利的环境下生存、发展,重要的是提升我们自己。在这一方面我们还有许多有利条件。

许多企业劳动者的素质比过去提高了。文化程度、知识结构都和过去不同了。互联网和各种现代传媒的发展,使劳动者的眼界扩大了,人们的思想更加活跃,创造能力有所加强。许多企业经过过去一段时间的发展,实际上的利益共同体已在企业内部形成。企业文化的框架体系已在一部分企业建成,社会主义的价值观、中华文化的优秀传统在人心中有深厚的影响。重要的是,大多数企业都存在着巨大的潜力。无论是劳动生产率、原料材料、能源消耗水平都有进一步提高的空间。企业的自主知识产权还很少,产品升级、提高附加值的余地也很大。充分发挥这些潜在的优势,正是提高企业市场竞争力的必由之路。而这些正是企业文化的用武之地。

当前,在企业文化建设中更加需要关注的是:使企业在市场中竞争的态势信息传递给企业的全体成员,激发全体成员共同应对的创造能力。下大力气构筑应对新的市场态势所需要的共同价值,团结、互助、责任、扎实、创新等等。加大企业文化中的知识含量,在企业中努力形成尊重知识、崇尚知识、热爱知识的氛围。关注企业中各种不同层次的人群,特别是容易被忽视的人群。例如帮助新入企业的青年更快更顺利地融入企业集体,安排好退休职工的生活,充分发挥老职工的能力和示范作用。通过这些措施,扎扎实实地构建企业内部和谐的精神家园。

“艰难困苦玉汝于成”。优秀的企业总是在克服一个又一个困难的历程中成长起来的。越是困难的时候,越是要重视精神力量的作用、文化的作用。在战胜困难的过程中,企业的队伍得到磨炼,企业的管理更加精细,企业的凝聚力进一步加强,企业上升到一个新的层面,不愁不能创造新的辉煌。

(作者系中宣部原常务副部长、中国大百科全书出版社总编辑、中国企业文化研究会顾问,本文摘自《改革开放30年中国企业文化成果大典》)

认真学习研究国企社会责任问题

李融荣

国有企业社会责任建设问题既是一个重要的理论问题,也是一个重大的实践问题。企业社会责任建设涉及内容广泛,要着重研究以下几个问题:

要深入学习研究国有企业社会责任建设的时代背景

企业社会责任运动的兴起和发展有着深刻的国际国内背景。从国际上看,20世纪末企业社会责任运动在西方发达国家悄然兴起,并逐步成为一种社会潮流,对于我国企业的发展产生了很大的影响。跨国公司越来越重视企业社会责任,纷纷要求合作方必须严格遵守劳工、环保等一系列标准。我国企业在实施国际化发展的战略中,也适应客观形势的要求,采取积极的应对措施,但是要进一步推进我国企业走出去战略,必须更加重视我国企业在国际社会中履行责任,并且通过积极履行社会责任树立我国企业在国际上的良好形象。从国内看,我国国有企业历来就有重视社会责任的优良传统。长期以来,国有企业在自身发展壮大的同时,通过履行社会责任,为我国改革开放和社会主义现代化建设作出了突出的贡献。但也必须看到,在经济社会全面协调可持续发展的过程中,我们在环境保护、劳动者权益保护等方面,还面临着不少困难和问题。解决好这些问题与企业履行社会责任密切相关。在学习研讨中,大家要充分认识国有企业社会责任建设的重要性,研讨分析国有企业社会责任建设中遇到的新情况、新问题,不断探索国有企业履行社会责任的内容和方式,推动我国企业社会责任建设健康发展。

要深入学习研究国有企业社会责任建设与贯彻落实科学发展观、构建社会主义和谐社会的关系问题

这是加强国有企业社会责任建设必须解决的首要问题。一方面,党中央提出了科学发展观、构建社会主义和谐社会等一系列重大战略思想,为加强企业社会责任建设明确了指导思想、工作目标和基本要求。我们加强企业社会责任建设,最终目的就是要切实发挥国有企业在构建社会主义和谐社会中的重要作用。另一方面,加强企业社会责任建设,为贯彻落实科学发展观、构建社会主义和谐社会,奠定了重要基础,提供了有力支撑。在学习研讨中,大家要把加强企业社会责任建设,与贯彻落实科学发展观、构建社会主义和谐社会的关系作为重大问题来研究,从理论和实践的结合上搞清楚它们之间的辩证关系,进一步增强政治意识、大局意识和责任意识,从而站在全局战略高度,切实推进我国企业社会责任建设。

要深入学习研究构建中国特色的企业社会责任体系问题

构建中国特色的企业社会责任体系,既要遵循国际通行的惯例和准则,学习借鉴国内外企业社会责任建设的先进理念和成熟经验,也要继承和弘扬我国国有企业的优良传统,立足我国国情,落实党和国家对国有企业的基本要求。要从我国国情出发,认真研究国有企业应当履行哪些方面的社会责任。根据我国国有企业的特点、地位、作用,国有企业首先要履行政治责任,同时也要履行经济责任、道德责任、法律责任、环境资源责任、慈善责任等社会责任。要认真研究国有企业怎样履行好社会责任的问题。国有企业履行社会责任,就是要认真贯彻落实党和国家对企业履行社会责任的基本要求，同时要把企业对社会、对资源、对环境的关注融入到企业发展战略，体现在企业日常经营管理中。要认真研究企业履行社会责任的考核和评价问题，要研究制订考核评价企业履行社会责任的标准、指标体系和评估办法，并善于用考核结果来推动企业社会责任建设。要深入学习研究企业社会责任建设和加强国有企业领导班子建设的关系问题。从2004年青岛会议开始，在国有企业广泛开展"四好"领导班子创建活动，2006年12月，中组部和党委召开了全国国有企业创建"四好"领导班子先进集体表彰和经验交流大会，曾庆红同志作了重要批示，贺国强同志出席了会议并作了重要讲话，各地各企业认真贯彻落实会议精神，国有企业"四好"领导班子创建活动不断深化。要把企业社会责任作为"四好"领导班子创建活动的重要内容，使两者有机结合、相互促进，在深化"四好"领导班子创建活动过程中，来提高企业社会责任建设水平。

（作者系原国务院国资委主任，本文摘自《企业文明》2008年2期）

加强企业文化建设是落实科学发展观的需要

顾秀莲

当前，我国正处在重要的战略转型期，如何抓住机遇，利用经济结构调整、转型升级，带来的有利因素，积极转变发展方式，立足自主创新和自主品牌建设，以科学管理和科技进步，带动产业优化升级；如何提高企业的核心竞争力，提高企业的可持续发展水平，应对国际金融危机过后更高水平、更高层次、更加激烈的市场竞争，已成为摆在企业的面前的重要课题。

加强企业文化建设是后危机时代应对金融危机所带来损失的一项重要措施。在经济全球化背景下，企业竞争不但体现在技术上的竞争，也体现在企业文化的竞争。纵观世界上成功的跨国公司，能够在全球范围内多种文化环境下深层次发展，一个重要因素，是其强大的文化沟通及融合能力，企业文化整合已经成为其资源整合的重要手段。经济全球化条件下的企业文化，不仅是企业自身发展的动力，是企业竞争的重要资本，也是提高国家形象与国家竞争力的重要途径。

当今时代，文化越来越成为民族凝聚力和创造力的重要源泉，越来越成为综合国力竞争的重要因素，企业要想做大做强做久，就必须建立和不断创新适合自身发展特点和要求的制度文化、管理文化和环境文化，通过树立核心价值观，形成员工共同的信念和精神动力，使企业始终保持旺盛的发展活力。大力倡导先进的企业文化，建立有助于强化企业内生性增长的企业文化管理体系，对企业提高管理效益，改善经营环境，增强企业核心竞争力和促进企业和谐稳定发展具有不可替代的重要作用。

加强企业文化建设是落实科学发展观的需要。一个企业的发展，主要是依赖高素质的人才队伍。而人才素质中思想素质和行为素质无疑是最重要的部分。先进的思想观念和优秀的精神品质，是中国共产党克敌制胜的法宝，也是一个企业在激烈的市场竞争中永远保持领先地位的决定性因素。从这个意义上说，抓好企业文化建设，形成自觉的文化意识和文化氛围，形成良好的企业精神和企业作风，就是抓住了企业发展的关键因素，是符合企业发展规律和市场竞争规律的。相反，违背了这个规律，便将受到市场的惩罚。这一点，已为许多国际国内著名跨国集团的发展实践所证明，也在金融危机的考验中得到了新的例证。

（作者系全国人大原副委员长、原化工部部长、中国化工企业文化建设协会名誉会长，本文是在中国石油和化学工业首届企业文化促进大会上的讲话）

中央企业企业文化建设的回顾与展望

王瑞祥

一、国资委高度重视企业文化建设，切实加强领导和指导，初步探索形成了企业文化建设的管理体系

国资委是国务院授权，代表国家对中央企业履行出资人职责的特设机构。自2003年成立以来，国资委从实现国有资产保值增值、发展壮大国有经济的历史使命和历史责任出发，坚持把加强企业文化建设作为正确履行出资人职责的一项重点工作，作为提升中央企业核心竞争力的重要途径，摆在国有资产管理体制改革和中央企业改革发展的总体工作中加以谋划，有计划、有步骤地采取一系列有效措施，开展企业文化建设的理论研究和实践探索，切实加强对中央企业开展企业文化建设工作的领导和指导，推动中央企业企业文化建设扎实开展。

（一）设立工作机构，为指导企业文化建设提供了组织保障。国资委成立之初，就在"三定"方案中明确赋予了宣传工作局企业文化建设的工作职责，并在宣传局设立了企业文化处。这也是国家部委当中设立的第一个企业文化建设的工作机构。机构的设立，为国资委推进企业文化建设提供了重要的组织保障。

（二）开展调研和课题研究，为指导企业文化建设提供了实践依据和理论支撑。2003－2004年间，我们组织力量，深入企业开展企业文化建设的调研工作，摸清了中央企业企业文化建设的基本情况，了解和掌握了企业文化建设的基本状况，发现和分析了中央企业在企业文化建设中存在的问题。在调研的基础上，我们又设立了由国家财政资助的《中央企业企业文化建设研究》软科学课题，在深入学习、

广泛借鉴国内外先进理论和成功经验的基础上,对中央企业企业文化建设的指导思想、实施原则以及内容和方法等重大问题进行认真研究,形成了课题研究报告。调查研究和课题研究成果为国资委指导开展企业文化建设工作奠定了坚实基础。

(三)召开研讨交流会,全面启动企业文化建设工作。2004年7月,国资委在大庆油田召开了企业文化建设研讨交流会,深入总结和研讨了中央企业企业文化建设的基本经验和基本要求,对企业文化建设进行了动员和部署。这次研讨交流会是国资委就企业文化建设组织召开的第一次会议,虽然名为研讨交流,但实际上具有工作部署的性质,标志着国资委指导中央企业开展企业文化建设的工作全面启动,也标志着中央企业的企业文化建设开始进入了由国资委统一组织推动的新的发展时期。

(四)制定下发《指导意见》,为企业文化建设提供了重要的指南。2005年3月,国资委制定并正式下发了《关于加强中央企业企业文化建设的指导意见》,明确中央企业开展企业文化建设的重要意义、指导思想、总体目标与基本内容,提出了企业文化建设组织实施的基本原则和工作要求。《意见》明确提出,要力争用三年左右的时间,基本建立起适应世界经济发展趋势和我国社会主义市场经济要求,遵循文化发展规律,符合企业发展战略,反映企业特色的企业文化体系。这个文件是国家部委第一份指导企业文化建设工作的文件,对中央企业开展企业文化建设起到了巨大的推动作用,受到了中央企业的普遍欢迎和高度重视,在社会上也产生了良好的反响。

(五)提出企业文化建设体系框架,指导企业文化建设规范发展。2006年,我们先后召开企业文化建设研讨会和工作推进会,推出了中国石油、航天科技、南方电网等一批企业文化建设先进经验,提出了企业文化建设的体系框架,进一步明确了企业文化建设的基本要求。这个体系框架包括企业文化建设的三个基本内容和推进企业文化建设的三个工作机制。三个基本内容就是建立健全企业文化建设的精神文化(文化理念)、制度文化(行为规范)和物质文化(形象识别系统)。三个工作机制就是建立健全企业文化建设的组织保障机制、工作指导和载体支撑机制、考核评价机制。企业文化建设体系框架的提出,对中央企业开展企业文化建设工作起到了有效的指导和规范作用。

(六)积极探索企业文化建设评价工作,取得初步成果,为开展企业文化建设评价奠定了扎实的基础。为进一步推动中央企业完善企业文化建设的体系框架,促进企业文化建设深入发展,2007年以来,我们组织开展了企业文化建设评价体系软科学课题研究,初步提出了具有中央企业特色的企业文化建设评价体系,得到了专家评审组的高度评价。为提高检验评价体系的科学性和可操作性,以便进一步修改完善,同时也为在中央企业全面开展评价工作积累经验,今年6、7月份选择了不同行业的8个企业开展了企业文化建设评价试点工作,取得了很好的效果。试点企业普遍反映,通过试点,进一步明确了企业文化建设的基本内容、工作要求和工作方法,解决了企业文化建设"做什么"、"怎么做"、"做到什么样"等问题。通过评价,各试点企业全面系统地回顾了过去的工作,总结了成绩和经验,发现了问题和不足,明确了今后的努力方向,提出了改进工作的具体措施。评价体系的建立和试点工作积累的经验,为在中央企业开展企业文化建设评价工作,更好地引导、规范、推动企业文化建设深入发展打下了一个很好的基础。

回顾近六年来的工作历程,我们可以欣喜地看到,在国资委的工作布局中,企业文化建设与国资监管的其他工作同进步共发展,每年都有新举措,工作扎实、有序进行,一步一个脚印,一年一个台阶,工作思路在探索实践中进一步清晰明确。经过近六年的努力,我们已经初步探索形成了中央企业的企业文化建设管理体系。这个体系既有企业文化建设的基本内容、工作要求、实施原则、分类指导,又有对企业文化建设工作开展情况、企业文化建设状况和效果进行检查评价的标准和办法,是一个闭环的管理体系。这个闭环管理体系的建立和继续完善,是企业文化建设健康运行和规范发展的重要保证。

二、中央企业积极推进企业文化建设,取得了显著进展和成效,走在了全国企业文化建设的前列

中央企业是国有企业的中坚和骨干,在长期的实践中,培育了以大庆精神、铁人精神、两弹一星精神为代表的企业精神,形成了以爱国奉献、艰苦奋斗、创新图强的优良传统,始终鼓舞激励着广大职工投身改革、致力发展。2003年以来,随着国有资产管理体制的改革,中央企业在国资委的统一部署下,紧密结合自身实际,大力加强企业文化建设。中央企业的企业文化建设已经由过去各企业自发、独立、浅层次、分散进行的发展阶段,进入到了有统一的组织领导、有明确的目标导向,体现企业特色、与企业改革发展相适应相促进的整体深化阶段。

(一)从工作开展情况来看,进展是显著的。主要表现在五个方面。

一是认识不断深化,企业文化建设在企业发展中的战略地位进一步确立。中央企业充分认识到企业要可持续发展,不仅要有良好的公司治理结构、核心技术和产品市场,更需要有优秀的企业文化。充分认识到企业文化是企业核心竞争力的重要内容和形成要素,是企业最为重要的软实力。自觉地把企业文化建设作为改革发展的助推器,作为凝聚职工力量、激发职工积极性和创造性的更高层次管理,从发展战略的高度谋划企业文化建设,普遍制定了总体规划或纲要,并纳入"十一五"发展规划。企业文化建设在许多企业中已经成为了企业总体发展战略的重要组成部分和重点工作,企业文化建设在企业发展中的战略地位得到了切实提升和巩固,为企业文化建设扎实推进和发挥作用提供了可靠的保证。

二是加大宣传发动力度,营造了企业文化建设的浓厚

氛围。各企业充分利用所属报刊、电视、广播、网站等各种媒体,积极传播企业文化知识,大力宣传企业文化建设重要意义和工作部署,形成了较大的舆论声势,营造了良好的舆论氛围。同时,通过结合生产经营,开展形式多样、内容丰富的主题活动,引导干部职工参与企业文化建设,极大地提高了广大干部职工的思想认识,调动和发挥了广大干部职工积极投身企业文化建设的积极性和创造性。干部职工更广泛地参与到企业文化建设中来,为开展企业文化建设打下了扎实的群众基础。

三是建立健全体制机制,形成了推进企业文化建设的工作格局。各企业加强对企业文化建设的组织领导,明确了领导机构,许多企业党政一把手亲自抓企业文化建设,同时进一步明确了企业文化主管部门、人员及职责,明确了相关部门在企业文化建设中的任务,逐步形成了企业党委(党组)统一领导,企业文化主管部门与各职能部门分工协作、责任落实、密切配合,党政工团齐抓共管的工作格局。调查资料显示,2003 年时,中央企业明确了企业文化建设领导机构和办事机构的只有 55 家,占当时中央企业总数的三分之一不到。而现在,则有超过 90% 的企业明确了领导机构和工作机构。

四是探索方式方法,企业文化建设的工作路数基本形成。各企业结合企业的工作安排,把企业文化建设规划细化分解为年度工作计划,做到推进企业文化建设既有总体规划、系统设计,又有计划、分步骤,逐项推进落实。坚持选树典型,用以指导、推进工作,许多企业都总结推广了一批典型案例和经验,对实际工作发挥示范带动作用。注重与企业党建思想政治工作有机结合,发挥党建思想政治工作的优势,从政治上、思想上、组织上为推进企业文化建设提供了有力保证。加强督促检查,注重考核评价,实施过程管理。有的企业将企业文化建设情况纳入领导人员绩效考核评价指标体系,作为党群工作、思想政治工作考核或文明单位创建活动考核的重要内容。中国电信集团公司和国家电网公司等部分企业结合自身实际,建立评价指标体系,从定性与定量的结合上开展评价工作,在实际工作中起到了比较好的作用。为保证企业文化建设的必要投入,许多企业设立专项经费并纳入预算管理,加大对企业文化建设的软硬件投入,企业文化载体和设施建设不断完善。如,大庆油田十分重视文化设施建设,近年来,新建改建 35 个文化广场,278 个基层图书馆和文化站、1244 个体育场所,每个住宅小区都建有娱乐健身设施,对推进企业文化建设发挥了重要的作用。

五是紧密结合企业生产经营实践,与经营管理相适应的企业文化体系不断完善。中央企业遵循企业文化建设规律,根据企业文化建设的三个基本内容,推进企业精神文化、制度文化和行为物质文化建设,建立健全符合企业发展需要的企业价值理念体系、行为规范体系和形象识别体系,并使之相辅相成,成为一个有机整体,确保了企业文化整体功能的发挥。目前,已有近 90% 的中央企业确立了企业精神、核心价值观和经营管理理念,建立了比较完整的价值理念体系。80% 多的企业基本建立了价值理念体系、行为规范体系和形象识别体系,形成了比较健全的企业文化体系。而在 2003 年的时候,这一比例都不到 40%。在不断完善价值理念体系、行为规范体系和形象识别体系的同时,各企业把企业文化建设贯穿于生产经营管理全过程,在与企业经营管理实践紧密结合中,逐步形成了以廉洁文化、安全文化、服务文化、质量文化、营销文化、品牌文化等为构成的企业文化的子文化体系,丰富和发展企业文化建设的内容和形式,为企业文化与经营管理的深度融合开辟了广阔的领域和途径。

(二)从企业文化建设产生的效果来看,成效也是显著的。突出表现在四个方面。

一是企业价值理念体系的进一步完善,使员工团结奋斗的共同思想基础得到了不断巩固。中央企业准确把握其在国民经济中的重要地位和国有企业的性质,继承和弘扬报国奉献的优良传统,以民族振兴为己任,把实现国有资产保值增值、发展壮大国有经济、促进社会和谐等内容融入企业使命。着眼于建设具有较强国际竞争力的大公司大集团,以做强做大为追求,描绘美好的企业愿景,鼓舞、激励广大员工自觉把个人发展与企业发展有机结合起来,保持昂扬向上的奋斗精神和创业激情。大力弘扬以爱国主义为核心的民族精神和以改革创新为核心的时代精神,挖掘整合企业长期积累形成的精神文化财富,以民族精神和时代精神为灵魂,铸造企业精神,培育形成了以“特别能吃苦、特别能战斗、特别能攻关、特别能奉献”载人航天精神和“挑战极限、勇创一流”青藏铁路建设精神为代表的中央企业精神和以爱国奉献、艰苦奋斗、创新图强等为基本内容的核心价值观。适应经济全球化发展趋势和我国社会主义市场经济发展要求,牢固树立以诚信经营为核心的企业道德观,强化企业社会责任与和谐发展的理念,大力弘扬劳动光荣、知识崇高、人才宝贵、创造伟大的时代新风,提炼形成具有丰富管理内涵的经营管理理念。价值理念体系建设符合时代发展的要求和企业发展的需要、体现了中央企业的特点、反映广大干部职工的愿望和要求,成为了引领企业发展的灵魂、凝聚职工力量的强大精神支柱。

二是企业文化建设促进广大干部职工思想观念、精神面貌和整体素质发生了深刻变化。高素质的职工队伍是企业持续、稳定发展的根本所在,是企业管理水平和竞争力的重要体现,也是企业不断提升整体管理水平和竞争力的基础。在企业文化建设中,中央企业始终牢牢把握职工队伍建设这个根本,坚持以人为本、文化育人,通过把企业文化理念内化于心、固化于制、外化于行等工作,促进广大职工对价值理念的自觉认同,使先进的价值理念转化为职工的思想认识和价值追求。职工的职业道德和职业行为进一步改进规范,自尊、自信、自立、自强的精神成为职工意识的主导,爱岗敬业、致力发展、做强做大、为国奉献成为职工的职业追求。同时，通过实施人才强企战略，创建学习型企业，建设创新型团队，推进职工素质工程，促进了员工的全面发展。广大干部职工积极适应企业发展的要求，不断提高学习创新能力和业务技能，整体素质有了较大的提升。

三是有效地提升了企业的管理水平和品牌形象，增强了企业的软实力。通过开展各种子文化建设，把价值理念融入企业规章制度、工作流程和行为规范之中，促进价值理念与经营管理深度融合，使企业文化建设与企业的经营管理工作有机结合起来，极大地提升了企业的管理水平，树立了良好的品牌形象。南方电网坚持对中央负责、为五省区服务的宗旨，打造责任南网，树立了责任文化品牌。三峡总公司坚持“建好一座电站、改善一片环境、致富一批移民、带动一方经济”的新型水电开发理念，注重生态保护，维护移民利益，实现了经济效益、社会效益、环境效益的有机统一。华侨城集团结合文化产业的经营特点，建设形成了高品质的品牌文化。同时，中央企业把履行社会责任融入企业文化建设中，不断强化诚信经营、服务社会、报效国家的理念，强化回馈社会、回报股东、关爱职工的意识，忠实履行肩负的政治责任、经济责任和社会责任，在落实国家宏观调控政策、保障国家安全、完成国家重点工程、抗击“非典”和雨雪冰冻、地震等重大自然灾害等方面，都发挥了作为“共和国长子”的不可替代的重要作用。在节能减排、保护生态和环境，在扶贫开发、帮贫济困、助学兴教，中央企业都始终走在前列，作出表率。通过企业文化建设，中央企业富有责任感、道德感和正义感的企业形象得到不断强化，赢得了广泛的社会赞誉，成为全社会企业的榜样，也进一步提升了企业品牌形象，增强了企业的软实力。

四是保证和促进了企业的改革发展和经济效益持续增长。国资委成立近六年来，伴随着国有资产管理体制改革扎实深入推进，中央企业建立现代企业制度、完善公司治理结构、推进董事会试点，以及完善内部三项制度改革、规范薪酬激励约束机制、推进主辅分离辅业改制、分离企业办社会职能、加强企业管理、加快企业重组改制等各项改革进展顺利，国有资产布局结构得到了战略性调整，经济增长方式得到明显改进，国有资产保值增值的基础性工作得到切实加强，企业发展的可持续性得到进一步增强。中央企业各项经济指标持续增长，主要指标连创历史新高。2002 年－2007 年，国务院国资委监管的中央企业平均每年资产总额增加 1.5 万亿元，销售收入增加 1.3 万亿元，实现利润增加 1500 亿元。中央企业的规模和实力不断增强，涌现出了一批具有较强国际竞争力的大公司大集团。2007 年，中央企业资产总额超过千亿元 43 家，销售收入超过千亿元 26 家，利润超过百亿元 19 家，分别比 2002 年增加 32 家、20 家和 13 家。目前，我国内地跻身世界 500 强的 25 家企业中，中央企业占 19 家，比 2002 年增加 13 家。中央企业之所以发生如此深刻的变化，取得这样大的成绩，是党中央、国务院推进国有资产管理体制改革、深化国有企业改革的结果，也是中央企业广大干部职工勤奋工作、努力拼搏的结果，很大程度上也得益于坚持不懈地推进企业文化建设。企业文化建设带来了企业经营管理理念和发展方式的创新，带来了干部职工思想观念的转变、精神面貌的变化和整体素质的提升，企业干部职工的凝聚力、战斗力得到了进一步的增强。企业文化建设带来的这些深层次的实质性的变化，保证和促进了企业各项改革措施的顺利推进落实，进一步增强了企业在市场上的竞争力，使企业可持续发展和维护稳定的基础得到了切实的巩固。中国大唐集团翟若愚总经理总结大唐集团获得巨大发展的原因归结为“三大法宝”，即：一个好的发展战略，一个好的组织构架体系（三级责任主体）和一个先进的企业文化。企业文化已经日益成为一种重要力量，为我们深化改革、加快发展、保持稳定提供了有力支撑和坚强保证。

三、在新的历史起点上，进一步开拓创新，不断提升中央企业企业文化建设水平

回顾过去，我们从企业文化建设的实践中，看到了企业文化的巨大力量，更加深切地认识到，企业文化是企业之魂。在现代市场经济条件和经济全球化的大背景下，大力加强企业文化建设，不断提高企业文化软实力，事关企业改革发展，对企业做强作大、实现可持续发展至关重要。

（一）从建设社会主义先进文化、增强国家文化软实力的高度，更加紧密地把企业文化建设与党和国家的工作大局和要求联系起来，在社会主义文化大发展大繁荣的进程中，实现企业文化建设新提升。

第一，要把社会主义核心价值体系融入企业文化建设全过程，努力构建企业价值理念体系并转化为广大员工的自觉追求。

第二，要把构建社会主义和谐社会的要求融入企业文化建设，深入开展企业和谐文化建设，打造和谐企业，促进社会和谐。

（二）深入学习实践科学发展观，全面把握科学发展观的本质要求和精神实质，切实把科学发展观贯穿于企业文化建设全过程，推动企业文化建设科学发展。

第一，要贯彻“发展”这个第一要义，把企业文化建设与企业改革发展的要求统一起来，推动发展理念的创新和发展方式的转变，使企业文化真正成为推动企业深化改革、实现科学发展的强大动力。第二，要贯彻“以人为本”这个核心，牢固树立职工群众主体地位的意识，把实现好、维护好、发展好职工群众的根本利益作为企业文化建设的出发点和落脚点，做到为了更好地推动企业又好又快发展、实现广大职工的利益而建设企业文化，依靠广大职工积极参与、发挥广大职工的智慧和力量来建设企业文化，从而使企业文化建设既符合企业改革发展的需要，又源于职工自身发展的需要，实现企业发展与职工发展的和谐统一。第三，要贯彻全面协调可持续这个基本要求，科学统筹、协调推进企业文化建设各项工作。要进一步健全完善企业文化建设的组织

保障机制、工作指导和载体支撑机制，以及考核评价与激励机制，努力形成领导高度重视、各部门分工协作推进、员工广泛参与的企业文化建设工作格局和保障支撑有力、运转协调高效的企业文化建设长效机制。第四，要贯彻统筹兼顾这个根本方法，正确认识和处理企业与国家与社会公众的利益关系，正确认识和处理企业发展与职工发展的关系，形成企业、职工与社会和谐发展的局面。

（三）紧密联系国有资产管理体制改革和中央企业改革发展的新实践，找准切入点和结合点，积极推动企业文化建设在深化国有资产管理体制改革、促进企业又好又快发展中发挥更大的作用。

一是要围绕中央企业并购重组工作，加强文化融合问题的探索与实践。

二是要围绕提高企业自主创新能力，推进创新文化建设。要把建设创新文化作为一个重要内容和任务，通过树立创新的理念，培育创新的精神，完善创新的机制，充分发挥文化引导创新的导向和激励功能。

三是要围绕推进企业社会责任工作，创新企业价值理念。

企业文化建设在推动社会主义文化大发展大繁荣中大有作为，在促进企业又好又快发展、做强做大中大有作为。我们要始终高举中国特色社会主义伟大旗帜，深入贯彻落实科学发展观，以改革创新精神，开拓奋进，扎实工作，努力开创中央企业企业文化建设新局面，为促进企业又好又快发展，推动社会主义文化大繁荣做出新的贡献。

（作者系全国政协委员、中国机械工业联合会会长，本文根据作者在“创新企业文化提升企业软实力研讨会暨中央企业企业文化建设培训班”上的报告节选）

知名专家谈企业文化

全球公司的跨文化协调

张国有

全球公司的董事会成员、管理人员、工作人员来自许多国家。不同的人带着原有制度体系下形成的行为惯力,当重组成新的团队时,多种规则和机制就会相互碰撞,造成不协调,影响企业的效率和竞争优势。如何使来自不同理念、规则和机制下的人员跨越文化差异,在一起和谐相处,这是全球公司面临的共同问题。联想集团经过国际并购和五年的成长,已经成为全球性公司,其在文化螺旋机制中的经历和在跨文化协调方面的经验,都值得我们去体会与借鉴。

文化的螺旋:像在盘山道行走中往下看时的情景

大家都知道螺旋的状态。公司的理念、规则、机制,以至积淀成的传统习惯,并不是直线变化,而是螺旋变化。因为文化总会有它的基础,以此为根基,螺旋地"升华"或螺旋地"倒退"。在一个阶段上,文化总会找到与以前相似的地方,却又不完全是以前的文化。新生成的文化应该更加适应新的情势,如同在盘山道行走,往下看时,那里是曾经走上过的地方。或者往上看时,那里曾经是走下过的地方。看似回归,却又不在一个阶台。因为这个阶台有这个阶台的情势和要求,那个阶台有那个阶台的情势和要求。而人行走的路径、速度、与周围条件的关系等,都会因权衡利弊而有所选择,但人仍然按基本传统行走,只是行走的机制和水平与以前不一样了。螺旋机制可以使公司行走在螺旋的这一面,或行走在螺旋的那一面。但无论在哪一面,只是结构的差异,文化之根的约束长久存在。

我在研究联想集团国际并购(联想集团并购 IBM 的全球个人电脑业务)后的变化,发现 5 年的历程,联想集团文化出现螺旋性的回归,这个机制很有意思。国际并购以前,柳传志任联想集团董事会主席,杨元庆为 CEO,这个结构当然是坚持多年沉淀下来的联想集团的机制和文化,坚持"责任心、进取心、事业心"的基本理念。并购后,考虑到全球运作及平稳过渡,集团聘任 IBM 公司的史蒂芬．沃德为联想集团的 CEO,杨元庆为董事会主席。由于沃德的背景,他力求使公司趋于 IBM 机制与文化的导向,但改革不力。2005 年底,联想集团聘任 DELL 公司的阿梅里奥替换沃德而成为联想集团的 CEO,杨元庆仍为董事会主席。阿梅里奥将 DELL 机制与文化带到联想集团里来。3 年中推动集团发展,但 2008 年集团亏损,面临困境。2009 年初,柳传志替换杨元庆出任董事会主席,杨元庆改任集团 CEO。柳传志开始改造集团文化,扭转公司的"打工"风气,回归到"责任心、进取心、事业心"的基本理念,重力推行"说到做到,尽心尽力"的机制与文化。

现在,经过 5 年的文化磨合及业务成长,联想集团已经成为具有世界性的企业规模、国际化的人才、全球性的品牌、多国的研发能力和全球运作能力的全球公司。正如杨元庆所说,5 年实现了从土生土长的中国品牌到全球知名的世界品牌,从一个只会管理中国市场的企业到全球运营的跨国公司的跨越。从联想集团 2009/2010 财年年报来看,5 年来,集团总体势头良好,说明跨文化协调很有成效。国际并购后,联想集团经历了 5 个财年度、三任 CEO、两任董事会主席,转了一圈,又回归到了董事长柳传志、CEO 杨元庆的结构状态。这是个螺旋式的升华。

国际并购后,考虑到联想集团原来的国内背景和未来全球化运作的需要,连续选聘了两任外国人 CEO 来进行业务操作。决策层多数是外国高管,一些中国高管出了决策圈,游离在外,心理上有些失落。但他(她)们没有散去,甘心地、踏实地、一丝不苟地在不同层面跟随学习、见习、研究,经过 4 年多的潜心磨练,人还是同一个人,但素质和并购前大不一样了。长了许多全球意识和全球运作的能力。所以,柳传志回归董事会主席后,就敢于重新启用中国高管,这些游离于外的中国高管,到需要组建新的决策层时又重新回到圈内,和经过几年接触交往的外国高管一起担负重任。

随着决策层的变化,机制和文化也会随着发生一些变化:似联想非联想,但这个状态更加适应现在的环境。有点像在盘山道行走中往下看时的情景。2009 年新组成的最高决策层 16 人中,中国籍高管有 7 人(2005 年 9 月重组后的最高层这个比例是 16:5)。在 9 人组成集团执委会中,中国籍高管有 5 人,占 55%。全球运作的决策责任更多地压在中国高管的肩上。以后,这种结构将继续考验中国高管的素质与水平,将继续检验螺旋机制的方向。不管螺旋机制如何发挥作用,也不管螺旋转到哪一面,我都希望联想集团能够在螺旋道上继续上升。

并购后的文化差异、冲突经常出现，协调不当，就会造成竞争优势上的损失。协调得当，就会减少差异、冲突，推动集团的和谐发展。今年 8 月，我在 2010 年第 15 期《IT 经理世界》杂志上，看到李国刚、许明华二位合写的“联想并购整合纪实”等文章，很有兴味。他们二位都在联想集团工作过。我引摘其中的一些和文化差异与协调相关的资料，经过整理，用来集中说明联想集团并购后遇到的全球性公司文化问题及协调的方式，体验全球公司跨文化协调时的复杂与艰难。

中国人的接待“热情”与美国人的程序“冷淡”

理念不同，行为就不一样。联想集团并购 IBM 个人电脑业务之后，双方进入整合阶段。美国方面的高层管理人员到中国来开会，联想中国公司对此进行了周到的安排，并进行全程接待，细致入微。例如，事先安排好住宿酒店，派人到机场举牌迎接，安排专车与司机。会议之后，还特别安排专人，陪同去游览长城、故宫、颐和园等。在中国人看来，热情接待，理所当然。因为美国人是“客人”，联想人要充分体现出中国人特有的好客与热忱。美国人很感动，联想人也很满意。

并购后的联想集团董事长杨元庆先生到美国出差，接触到情形却大不一样。杨元庆到美国出机场，找了好久，连个举牌接他的人都没有。无奈，只好打电话再联系。按情理，中国人到美国去，都会有些人生地不熟，美方至少派个向导引路、指点迷津，减少彷徨。另外，杨元庆不是一般人，作为新联想集团的董事长，到联想美国公司视察工作，按中国情理，应该有个欢迎程序或接待程序，以示重视。联想人或许也会想，你们美国人到中国，我们有这么好的接待，我们到美国，至少应该对等回报。事实上美国方面没有这么做。

在公司迎来送往的事情上，中国人的观念是：东道主应该热情接待外地客人。而美国人的观念是：集团内部出差这是个人的事情，除非你有特别要求，否则都是自理。如果不了解这种价值观的差异而出了上面的事情，中国高管就不愉快，憋在心里，而美国高管并不知道你为什么不痛快。一方觉得这样做欠妥，生气；一方并未感到有什么不妥的地方，该怎么做还怎么做。这种事情一件一件地多了，长期积累，就会产生猜疑、隔阂、矛盾。如果波及关键事项，就会导致合作失败。

杨元庆董事长当时也很生气。因为在中国，出这样的事是一个严重的工作失误。杨元庆不是讲排场，他在中国去各大区视察时，总是说要轻装简行，有个车来接就可以了，别弄的跟接待总统似的前呼后拥。但没想到他的美国员工简行低调到连个车都没来的程度。杨元庆坚持整合时提出的“坦诚、尊重、妥协”的原则，没有批评美国员工，倒是把中国方面的高管批评了一顿。以后，为并购整合工作的顺利进行，联想中国在美国设立了接待组，负责中方高管到美国的接待事宜，避免跨国出现的不必要的费时与周折。

中国人的美德与美国人的不可思议

加薪是个敏感问题。中国管理者，跟领导谈给自己加薪的事情，总是难以启齿。并购整合之后，中国管理者发现，美国管理者如果想要加薪，就会非常理直气壮地去找自己的领导，谈出给自己加薪的具体理由。只要理由充分合理，一般就会得到满足。在中国管理者的价值体系里，你只管埋头干活，至于给多少薪水，领导会公平考虑，不需要你主动提出。所以，很多联想的管理者从来没有主动跟领导提过加薪的事情，他们认为“世间自有公道，付出就有回报”。而美国管理者认为，多劳多得，自己有权争取自己应得的利益。这样一来，中国管理者心理就不平衡了：不能只是任劳任怨地工作，还要找美国老板考虑我们的薪水问题。默默工作，不问报酬的“美德”也就慢慢淡化了。

美国人假期不接电话。有一次，美方的一位高级副总裁休假两周，他给所有下属和相关人员发了一个信息，通知大家休假的时间，并且非常认真告诉大家，我在休假期间，除了董事长和 CEO 的电话，我不会接听任何电话。而中国的高级副总裁，无论休假与否，都会接听电话处理公司事务。甚至在美国开会期间，晚上休息时也少睡觉，要求下属抽时间汇报工作，甚至开电话会议。在这件事情上，美国高管的理念是：成熟的公司不能依赖老板，应该有个机制让公司正常运转。而中国高管的理念是：我们应该利用好更多的时间，多为公司做些事情，多解决一些问题。

“主人翁意识”并非都认同。并购前的联想提倡“主人翁意识”，但美国人比较困惑：我不是企业的老板，又不是企业的股东，为什么我要有主人翁意识？美国人倒欣赏“职业经理人”理念。“职业经理人”的理念是非常“职业”地看待在联想的这份工作，到点下班，到时间休假，付出与回报是等价交换。这个理念天经地义。我们常说的“与企业一起成长”的主人翁“美德”和干活拿钱的理念就发生了冲突，造成理念分裂。2009 年，柳传志重新担任董事会主席。他首先关注的就是集团文化的建设。他认为过去四年的整合过程中，从高管到员工，普遍存在责任心不强的现象，高管更是事业心不够，打工文化浓重。所以，他针对联想的文化问题，重提联想的“责任心、进取心、事业心”精神，并确定新的联想原则：说到做到、尽心尽力。“说到做到”就是想清楚再承诺、承诺就要兑现。“尽心尽力”就是公司利益至上、每一天我们都在进步。柳传志、杨元庆重新提倡关心公司的美德和公平合理的原则。

互致问候都有可能发生误解。在并购整合中，联想集团的中国、美国的同事经常一起工作。有一次，一位美国同事生病了，中国的同事看到后非常关心，问候美国同事，有下面一段对话：你看起来脸色不好，怎么了？我感觉生病了，也许是伤风感冒。你赶紧去看医生，多喝水，多穿衣服，多休息。中国的药很有效，你要不要试一下？美国同事最后说,你不会是我的妈妈吧?中国同事的好心却成了美国人的尴尬。美国人对别人生病的反应,通常是“好好照顾自己,希望你很快就好起来”。不必教人怎么做,尤其不能以长辈般的关怀来教他该怎么做。美国人比较看重个人的独立性,受人照顾往往被视为弱者。给对方出主意或提建议时,不要使对方认为你小看他的能力。所以,中国人认为是美德的行为,在美国人看来却不可思议。如果双方都能了解对方文化的形成过程,就会减少习惯差异带来的冲突和尴尬。

中国人的礼貌“沉默”与美国人的积极“表达”

美国人崇尚表达和争议。联想集团的全球人力资源部邀请国际咨询公司针对联想集团高管文化融合问题,从中美社会文化差异人手,讲述企业文化的差异,并寻求双方共同的文化融合之道。讲师是一个中国人(曾在美国生活20年)和一个美国人(对中国也很了解)。讲课中,经常出现这样的场景:当老师讲的时候,中国学员频频点头,表示认同,但并不提问。老师如果提问,美国学员会经常抢先发言,互相争论。你会发现在美国人那里没有权威,也缺少共同的真理,而中国学员通常谦逊有礼,让别人先说。

开会不发言,有可能被辞掉。中国外国同事经常开会讨论问题。有一次,中国的高管发现某位美国高管在参加完一个会议后,就把自己的一个亚裔手下辞退了,理由是他在一天的会议中没有任何发言,对会议乃至公司没有任何贡献。又过了几个月,一位新加坡的员工也被辞退了,主要的原因也是在会上没有发表言论,没有主动贡献自己的想法。后来找到这位员工了解情况,她说之前已经把自己的想法都表达清楚了,在有高层管理人员出席的会上,出于礼貌,自己是不该随便说话的。结合这种情况,我们看,中国人的会议,先是大领导,再是中领导,然后才轮到自己。不按上下长幼的规矩说话,会被领导反感。但美国人不讲这样的规矩,凡是出席会议的人都应当发表自己的意见,否则让你来干什么。中国人的谦让、礼貌、不说话等,在美国人那里会被看作无能,反而会被辞掉。

有话要说在当面。当中国同事参加公司国际项目会议讨论时,美国同事在报告后通常会征询与会人员的意见,这时候美国同事都会很活跃地参与并表达意见,而中国同事表现的比较迟缓,有时可能会因为语言原因跟不上会议速度,来不及表达,或不知道该如何委婉表示反对意见而错过发言的机会,但无论什么原因,表现出来的都是沉默。会后,中国同事再向美国同事表达反对意见的时候,美国同事就感到很纳闷:为什么你不在会上提出来?如果没有合理的解释,美国同事还会以为有什么不可告人的原因而不能在会上表白。猜疑就可能产生。

看到上述种种情形,杨元庆和当时的CEO在整个公司的高管层共同倡导和实行“有话直说”(Straight Talk)坦诚沟通的文化要求,并将这个要求落实到每一位新联想的成员身上。对于工作会议和研讨,根据美国高管说话快、中国高管有时候跟不上、听不懂、索性不发言的状况,就制定一个规矩,以后会议,美国高管发言时,要把语速降下来,并要经常与大家确认是否能跟上。同时给中国高管发言时间提高一倍,让中国高管有机会从容地表达观点。大家知道了双方的背景原因,增加相互的理解和共识,减少误会,反而可以轻松愉快地进行交流。

中国人擅长的“团队决策”与美国人擅长的“单对单决策”

不同的文化有不同的决策模式。并购整合之后,发现双方的决策风格截然不同。在联想公司的决策沟通习惯中,提倡“把问题摆在桌面上说”,这是柳传志多年要求联想内部“无宗派”的主要的沟通习惯。并购前联想作决策,就把议题提出来,通过大家发言讨论,然后集中决策。所以,联想的很多决策,都是通过会议、通过班子成员的集体研讨来确定的。但这个很中国化的沟通决策方式,在外国人那里却有另外的理念和做法。他们的观点是尽量少开大会,涉及到业务问题,一对一直接沟通解决比开大会效果好。所以,他们对中国人经常开会不大理解。中国人喜欢团队决策,外国人喜欢单对单决策。当然,全球化的企业因办公地点分布在世界各地,办公时间也是无时不在,如果决策都用会议的方式,其成本会非常高。“单对单”的决策方式希望有问题就直接发邮件给相关负责人,和相关事件的负责人直接商定。两种决策方式各有利弊,单对单决策的好处是速度快,尊重专业的意见。但不好的地方是缺少团队认同,在具体执行过程里容易出现曲折。而团队决策方式,会把相关的成员汇合在一起参加讨论,每个人从不同角度看问题,有利于做出共同的承诺,保证决策执行的一致性,但缺点是决策效率没有单对单的方式高。在并购整合过程中,对于不跨部门、单一系统内的决策,联想集团鼓励单对单的决策方式,保证决策效率。对跨部门、跨组织的决策,联想集团更倾向于用团队决策的方式。例如,根据环境的变化和全球运营的需要,联想集团在不同的时期建立了不同形式的决策团队。2005年成立了并购整合团队(Transition and Transformation Team),中外双方各50个高层管理者加入其中,负责整合中各样决策问题。2007年成立全球高管团队(Lenovo Leaders Committee),负责全球经营决策。2009年成立了执委会(Lenovo Executive Committee),履行联想集团最高层决策职责。这样的团队决策效果就比较好。

“告状”行为,引起反感。中国管理人员之间有了矛盾,通常会找上级领导,让上级做个了断。上级领导也会做双方的工作,沟通、平衡,能化解就尽可能化解,以显示领导的权威和水平。社会也是这样,企业之间有问题不找市场找市长,而中国的孩子在学校,如果打架了,就会去找老师,希望做个公正的裁决。但在美国不是这样,市场、市长各自做好自己的事情。孩子打架了,家长让孩子自己去解决。他们认为这不是一个需要通过权力来解决的事情。所以,在美国，如果两位管理人员遇到矛盾，他们的老板倾向于让下属先自己协商解决，实在解决不了，再一起同上级研究。并购整合之初，中国的管理人员和美国的管理人员，如果出现了分歧，互相达不成一致，中国管理人员就习惯性地把问题反映到上一级领导，希望领导出面干预，督促对方尽快解决问题。这样就被美国人看成“告状”行为，美国管理人员就非常不高兴。他们认为这是对他的最大的不信任。如果双方能够知道各自的习惯，双方就不会产生这样的误解，而会共同制定一个规则，在出现问题时如何协商解决。

建立 Two in one box 机制。杨元庆为了减少误会，倡导经常性沟通，决定实行一种办法：两人共在同一岗位（Two in one box），即在国外的一个管理岗位上，中方一人、外方一人，在同一岗位实行双重负责机制。这一机制最初的背景是联想中国成功地实施了交易型业务模式之后，就想把这个模式推广到全球。但在复制过程中，发现很难推动，原因是在外国主管的管理者对此不完全理解，而中国的管理者出于国际化经验不足，也不能越俎代庖的情况下，最好中外两人结合，取长补短，共同推动。这种情况下，联想推出了“Two in one box”工作模式，旨在促进沟通和相互学习。这个机制很大程度上缓解了由于沟通不够、了解不多而产生的误会，也促进了集团业务的顺利推进。例如，当年推进亚太交易型模式时，其渠道负责人就同时安排中国高管陈旭东和另外一个外国高管共谋一事。在推进欧洲区的交易型模式时，该渠道负责人就同时安排中国高管刘旦和一个欧洲高管共谋一事。在推进美洲区的交易型模式时，该渠道负责人就同时安排中国高管贾朝晖和一个美国高管共谋一事。事实证明，这种机制有力地推进了交易型模式的国际化扩张，确实有效，应该坚持和推广。当然，开始时，中国人处于比较弱势的角色，还出现了决策和责任不明确等情况，但这种机制，有利于当面沟通，有利于缺少国际化视野和国际化管理能力的中国人有机会和外国人一样在国外市场显示能力，直接了解当地的渠道和政策，积累经验，直接培养中国高管的能力。后来，在 2009 年重新构筑全球化高层决策团队时，中国高管就非常有信心地担当起运作全球化业务的重任，其基础就在于曾经受过的“two in one box”训练。

协调文化差异，形成有效的和谐文化来主导全球化运作

联想集团以前曾经进行过多次并购，但在 2004 年之前几乎没有成功的业绩。当初主要的问题在于收购后联想集团将自己的管理班子和工作模式硬性搬入被并购的公司，结果出现形形色色的文化冲突，并购整合的效果很不理想。联想集团这次并购 IBM PC 业务，就十分注意在全球性公司中的跨文化协调问题，把这个问题作为并购整合成功与否的头等大事，积极协调，取得了比较和谐的效果。

国际并购希望通过重组形成新的和谐的竞争力团队。但事实上，双方的规则机制的差异容易产生文化冲突。这是因为规则和机制都是人们在一定理念指导下的行为准则。单个的人在原有的组织中通过组织的文化和人们之间的相互影响会形成一定的行为方式，不同的人带着原有制度文化体系下形成的行为惯力，重组成新的部门、新的团队时，两种规则和机制就会相互碰撞、摩擦，造成不理解、不适应、不协调，影响企业的效率和业绩。如果能够通过使原来在不同理念、规则和机制下工作的人组合在一起工作，经过教育、示范、训练、磨合，达到理念和行为的基本协调，就不会因跨文化冲突而影响公司效率，反而会因此逐步形成新的理念、规则和机制，形成新的文化，这种文化更加适应新的环境，进而为公司的长远发展带来稳定的竞争优势。

并购后的联想集团是个全球公司，其业务范围遍及 160 个国家和地区，其文化必须保证能够融合中外团队的运作经验，形成一个有效的和谐文化来主导制定全球化战略，进而运营规模庞大的全球业务。现在看来，5 年的公司整合，确实经历了文化的冲突与妥协，但目前的结果是增强了联想的全球竞争力，做成了好事情。当初的联想中国和 IBM PC 在文化差异与协调上要面对两个问题：一是中国文化和美国文化的差异。中国文化比较讲究自我控制而不推崇主动沟通和积极表达，而美国文化注重主动表达，讲究流程、标准和逻辑。问题在于当这两个团队的人员各自带着本民族的社会文化组合在一起时，如何处理跨社会文化的冲突。二是联想文化、IBM 文化和 DELL 文化等企业文化的差异。联想文化秉持“正直、务实和进取”的基本宗旨和“主人翁”的精神；IBM 的文化有三个基本点：精益求精、高品质的客户服务、尊重个人；DELL 文化强调“速度、效率和流程”。问题在于当多个不同企业的人员组合在一起时，如何处理跨企业文化的冲突。从联想集团并购后的发展来看，联想文化仍在差异与协调的过程中。在并购后的初期，引入 IBM 等外国文化，原有的联想文化改变了很多，但 IBM 文化也不完全适合于新的联想，无法全部吸收。随之，DELL 文化也学习和引进了一部分，事实上也不能全部照搬。现在，联想集团推行“说到做到、尽心尽力”的“联想之道”。并在考虑建设一种包容新世界、新思维、新客户、新选择、新网络等方面内容的“新世界文化”，以适应全球定位和全球 PC 市场的发展需要。将来，新联想文化的形成取决于集团全球化的发展程度，集团越全球化，集团文化就越多元化，跨文化协调就越加具有挑战性。将来，集团文化的发展可能会在“中国式的国际化文化”和“多国式的全球化文化”中进行沉淀和选择，或者从前一种状态向后一种状态过渡。只要是中国的联想集团，其根基，我想还是中国文化的根基，但其趋势仍会沿着螺旋机制升华。

（作者系北京大学校务委员会副主任、北大光华管理学院教授、经济学博士、北大国际经营管理研究所所长、中国企业文化研究会学术委员会委员）

我们一起创建“中国企业文化学”

贾春峰

一、要深入研究在企业文化建设中如何贯彻科学发展观,研究科学发展观与探索企业文化自身发展规律的内在关系,把二者紧密结合起来

这里有两个关键词:一个是科学发展观;一个是企业文化自身的发展规律。为什么要提出二者的紧密结合?因为现在各行各业都在提出要深入贯彻科学发展观。整个经济工作、城市发展、农村建设、机关学校、社区工作、科技与文化领域都在深入全面贯彻科学发展观。那么,企业文化建设如何贯彻科学发展观呢?这就要把科学发展观的要求,把“以人为本”的理念体现到、落实到、渗透到企业文化建设的各个方面,体现到准确把握和遵循企业文化发展的规律之中。

为此,要分析研究行业特点和企业个性,分析这个行业的企业文化必须具有的内涵要素以及各要素的组合和相互关系,还有它的历史、文化背景及其未来发展趋势。

贯彻科学发展观,创造性地研究中国特色企业文化自身的发展规律,意义重大。从学科建设来说,我们应当在企业文化“中国化”的几十年的丰富实践基础上创建“中国企业文化学”,突出中国风格,中国气派。加上从这次国际金融危机中应引出什么样的新思考,这都是在创建中国企业文化学中要研究的课题。我们应为此做出不懈的努力,以共同担当起历史赋予的责任。

二、要深入研究企业文化的“落地生根”

这里有以下几点需要说明:

第一,讲企业文化“落地”并非这几年才有的新提法。这个问题,就其实质来说,在20多年以前,企业文化理论创立之初就是这样讲了的。当时讲企业文化的五大要素讲到价值观的重要性,认为“价值是任何企业文化的基石,作为赢得成功的企业哲学的实质,价值为所有的员工提供了共同的方向,并指导着他们的日常工作”,“成功的企业经常是因为它们的职工对组织价值的确认、信奉和实践”。这里所讲的“指导员工的日常工作”,“价值观为员工确认、信奉和实践”,就是讲的文化落地、落地生根的问题。落到哪里?就是在员工心中扎根,落到员工的行为实践中。

第二,对于“落地”,演化了几种说法:“落地”、“落地生根”、“深植”、“落地生根、开花结果”。这都是一种形象的说法,并无实质上的差别。

第三,讲文化“落地”的真实、确切含义是什么?就是化文本为行动,化理念为实践,让文化理念扎根于员工心灵,变成思维方式、行为方式、行为习惯、行为自觉,从而转化为经营业绩。

三、要深入研究企业文化建设中的基本功

这里所讲的“基本功”,包括对企业文化的基本内涵、定位和要素及各要素相互关系的准确把握,包括分析研究行业特点和企业个性,包括形成理念与行为相统一的文化体系,等等。对这样的基本功是不可忽视的。

为什么要讲理念与行为相统一的文化体系?

我感到这个问题还是突出存在着,而且并没有引起足够的重视。

最近看到王建同志主编的《企业文化通讯》登了一篇文章,作者为上海百联集团企业文化部长黄岩,讲到企业理念与员工行为的脱节、理念与执行力的脱节,理念未能形成执行力。这个问题提得好。恐怕不少企业的文化建设中存在这个问题,解决这样的问题就是基本功。如果这样的问题解决不好,其它的方面就无从谈起。我想,这涉及到知和行的关系问题,毛主席在《实践论》的开头标题和结尾都讲到了这个问题。我们应当坚持辩证唯物论的知行统一观。

我们可以回顾一下,为什么我们今天的企业文化手册要突出理念系统和行为系统这两个方面?这是20多年来企业文化在“中国化”道路上取得的一个重要成果。1983、1984年我刚接触企业文化时感到新鲜、很重要,但在中国的企业究竟如何建设企业文化,有些茫然。能形成今天这样的认识,这是多少人多年一起摸索出来的呀!最初往往搞一些精神理念口号,后来感到必须加上行为自觉、行为文化。没有行为文化不行。而把行为文化与理念文化搞成截然分割、互不联系、孤立的两个板块也不行。这两者是密不可分、相互应和的内在统一关系。这里一定要注意两者相互应和。解决好这个问题才能使我们常讲的“文化管理”得以实现,而且不断得到提升。

四、要深入研究文化与战略、管理、品牌的“四位一体”

企业文化与企业战略、企业管理必须紧紧地融为一体,这是企业文化建设成功的一个基本经验。可以想一想,如果企业文化与企业战略相脱节、企业文化与企业管理相脱节,都变成“两张皮”、“两脱离”,那在企业发展中将会成为一种什么样子?!但真正做到“融为一体”,很不容易。这是一个大基本功,必须加以强调。而且战略是一个动态的发展过程,这就更加不易!

至于说到品牌,企业的无品牌战略肯定是必然带来许多麻烦并最终导致失败的战略。在国际金融危机的新形势下,品牌的国际化、品牌发展、品牌管理与品牌保护又都出现了一系列新的情况和问题。在企业文化设计和建设中,应当提升对品牌认识的自觉性,加大品牌的份量。

五、要深入研究企业文化如何体现优秀传统文化的根脉

现在已有一些企业在这方面进行了很有益的实践探

索。比如北方重工的“以和为基石的接力文化”,中电国际的“静水深流”文化,中国国际航空公司的凤凰标识,辽宁本溪中心医院提出的“心文化”,受到了普遍好评,等等。

在这个文化根脉、文化底蕴问题上有三个层次需要把握:一是几千年来中华民族悠久的传统文化与美德;二是近现代以来中国共产党领导人民形成的先进文化;三是具有地域特色的区域文化。

这里的关键点是现代管理理念,现代经营理念与优秀传统文化的有机结合。这个问题并不是那么好解决的,这也是“基本功”啊!

六、要深入研究企业文化如何做到“四好”:好识好记好用好传播

这也可叫理论的深刻性、准确性与通俗化、大众化的有机统一,不能搞玄虚化,不能搞繁琐化,不能搞书斋化。

什么叫深刻?深刻并不是玄虚,深刻并不是繁杂,深刻也不是深不可测,不是贴大标签,不是变成套语。越是深刻的东西就越是简洁、简明、透明、透亮,让人一看就懂,一听就明白。

七、要深入研究企业文化发展史,研究企业文化的中国特色,努力创建“中国企业文化学”

企业文化学应该是一门综合学科,在对各行各业的企业文化建设实践进行分析、概括的基础上,应有哲学、经济学、管理学、社会学、文化学、美学等多学科知识的综合交叉运用。我认为,大家共同创建中国企业文化学,是包括在座各位在内的广大企业界人士和学术理论界人士的一项共同使命和历史责任,时至今日,该提出这个课题了。当然这不是轻而易举的事情,需要大家共同付出心血和智慧。

创建中国企业文化学,离不开马克思主义的辩证唯物主义、历史唯物主义的世界观、方法论的指导,离不开遵循建设有中国特色社会主义的总目标,离不开深入贯彻科学发展观与建设和谐社会的要求,离不开中华民族优秀传统文化的深厚底蕴,也离不开对这次国际金融危机应当引出的科学思考,当然更要大力研究中国特色的企业文化自身的发展规律,立足于深入总结多姿多彩的企业文化实践经验。从学科建设上、从学理上研究企业文化的定位、内涵、要素及其功能,研究各要素的组合及其相互关系,研究各种不同的多种多样的表现形态等等重要问题,这都是很必要的。我们所追求的,应当是一个具有国际视野、扎根于中国大地、立足于中国企业实际、集中了中国广大企业界人士与学术理论界人士集体智慧、具有科学理论价值与实践意义的企业文化学科创建之作。

(作者系中国企业文化研究会副理事长、学术委员会委员)

基础理论与企业文化的关系

王锐生

我想从“改革开放30周年研究会该做点什么”说起,我想,很重要的工作还是要总结经验。30年的改革开放,企业文化和改革开放是什么关系?应该说,企业文化就是改革开放的产物,而且改革开放只有基本成功了,就是说它解决了经济体制问题了,企业文化才能够名正言顺,否则的话,就是名不正言不顺。

过去,日本人认为,旧体制下的中国有工厂,但没有现代企业,即没有市场经济的企业。有了市场经济企业,才有所谓现代的企业文化。因为企业文化都是市场经济的企业文化。

所以中国的企业文化是要比改革开放理论落后一步。改革开放是30年,企业文化是20年,为什么有个30年与20年的关系?就是上面所说的这个关系。企业文化就是改革开放的产物,改革开放如果做不到,或者说,还没有走到公开的承认市场经济体制是我们经济体制改革的目标,只要这一点还不能确立下来,企业文化就是“名不正言不顺”的。这个道理很清楚。因此,企业文化的理论本身,它总是相对来说要落后于整个改革开放的理论。在上世纪80年代上半叶(80-85年之间),那个时候经济学界争论什么问题呢,“企业本位论”的问题,那是蒋一苇研究员提出来的。他提出以企业为“本位”——而不能继续以企业为行政单位的附属物。这是市场经济体制“题中应有之义”。企业要争它的权利(那个时候据说是,工厂修个小厕所都在往上报,工厂本身没有权利),最后中央决定:对企业“放权让利”。

那个时候,在企业这个层面上,核心问题还轮不到如何在企业管理中引入文化的问题。而是首先要解决企业定性的问题,以企业为本位的问题。这个问题都不解决,企业文化无从谈起。因为这个缘故,学术界某些刊物对企业文化不熟悉,甚至有戒心。大概就是在80年代末,我写的第一篇企业文化的文章《哲学与企业文化》,送给了南方一个杂志,它退回来不敢登。后来又转到辽宁《社会科学辑刊》,登出来了,然后新华文摘又转载了。同一篇文章,一个杂志退稿,到了另一个杂志又是另一种命运,这里头反映一个什么问题呢?观念上不同啊!

那是一个刚刚开始面对“接受还是不接受企业文化”的年代,在理论上来说,企业文化起来的比较晚,原因就是在这“30年和20年”的关系。

这个20多年,中国的企业文化理论是有很大的发展。而我始终只是从基础理论的这个角度来关注企业文化。中国企业文化研究会有学术委员机构,这是个优势,它应该有分工,应当有一部分人专门从某个角度某个学科来关注企业文化,比如,基础理论方面。我们的企业文化理论研究,大量的是从企业文化实践中总结经验,构造出一种适合中国企业需要的企业文化理论,但是也要有一些人专门从基础理论的角度来关注企业文化的发展。比如以人为本这么个问题,有人说,讲以人为本与西方人本主义划不清界限。这就是一个基础理论和企业文化的关系。后来十六大以后,再讲就没有问题了。是不是就一定没问题呢,也不见得。

现在以人为本,就有几种说法:一种是:以人为本就是"以人民为本";第二种是:只能讲以人为本,"人民"只是人的一部分,不是全部。换成以人民为本,概念就变了;还有一种说法是:以人为本,以人民为本都可以讲,根据语境不同都可以讲;

还有一种观点是,说以人民为本,和以人为本根本是两条对立的路线,以人为本是否定阶级斗争为纲的,以人民为本是以阶级斗争,立足以阶级斗争为纲理论基础上的……

总之,理论界还在争论,但是争论总是跟企业文化有关系的,因此需要有人来从基础理论上继续关注这些问题。

再比如说,企业文化好像是微观经济的理论,其实不然,它和全球化理论是有关系的。有本书叫《世界是平的》(弗雷德曼著),书很走红。世界是平的,意思说,世界是没有边界的,任何国家、什么边界都可以冲破,甚至有人说,全球化就是国家的坟墓,全球化不承认国家界限,不承认什么经济爱国主义。最近我看到一篇文章(加拿大的一位教授写的)向弗雷德曼《世界是平的》提出挑战了,说世界真的是平的吗?他举了一个很重要的数据:现在世界上电话通讯、网络交流、投资等等90%还是在地区领域里的(这里指的地区比较大,北美的一个地区,欧盟一个地区,亚太一个地区),都是在这个地区范围里,都是地方性的,只有10%是真正全球性的。他说,如果地球真正是平的,完全是没有边界的,这个不应该是10%,应该远远超过10%,因此它的结论就是:世界是半平的,甚至是半全球化的,那就是说,全球一体化是漫长的过程。因此,国家民族利益,经济爱国主义这些观点远远没有过时。这些概念之争和企业文化理论是有关系的,不是没有关系的,所以应该在基础理论方面不断关注这些东西,作为我们企业文化基础理论方面的研究。

创建中国特色企业文化理论是很必要的,中国传统文化里确有很多思想可以成为今天企业文化理论的一种宝贵资源。但是也有不适合企业文化的老子的《道德经》,有些东西和现代市场经济观是完全相反的,老子说:"圣人执左契而不责于人",就是:借贷双方,借贷成立了,钱借出去,借钱这一方拿是左契,债务人拿的是右契,债权人拿着左契,却不责于人——你别追债。这种观念当然是否定市场经济的。"有德司契,无德司彻(彻,指追债)",就是说追债是没有道德的人才干的,有德的人是不追债的。所以这些东西应该把它清理一下,老子《道德经》哪些东西对我们今天市场经济理论是有用处的,可以借鉴的;哪些东西是带有一些时代性的,应该承认文化是有时代性和民族性之分,带有时代性的那些成份,我们不能照单全收。中国古代一些重要的经典,从企业文化的角度,哪一些可以作为我们的资源的,哪些是应当扬弃的,做一点这些工作。比如说《易经》、《道德经》,从今天发展企业文化角度来看,哪些观念我们是要扬弃的,哪些观念是我们要接受的。西方后现代主义对《道德经》是很感兴趣的,所以对中国的传统文化应该做一些扎扎实实的理论整理工作。

(作者系中国社会科学院博士生导师、中国企业文化研究会学术委员会委员。)

企业文化要学贯中西 博古通今

潘承烈

2008年,中国人民迎来了改革开放的三十周年。2008年,也是我们专门从事研究企业文化的民间团体,中国企业文化研究会创建的二十周年。在中国特色社会主义旗帜的指引下,现在需要回顾过去二十年研究会所经历的历程,同时需要瞻望企业文化的前进方向。

企业文化这一名词,是在对外开放以后才盛行起来的。可以说,它也是改革开放的产物。

做思想政治工作历来是我们共产党的传统优势。企业文化就其实质和作用来说是在一个地方、一个单位,形成团结力、凝聚力,在人群中形成共识,形成共同的语言,共同的价值观,以便使员工都齐心协力地为一个共同目标而奋斗。从这一点而言,我们党的思想政治工作早已这样做了。所以听起来,企业文化虽然是个新名词,但其实质却早在我们党的长期实践中为人们所熟知了。

但现在的企业文化也不完全等同于党以往传统的思想政治工作。过去做思想政治工作往往是单向的,是灌输式的。你有思想问题,找党组织或行政领导,打开心扉向他们汇报。他们通过推心置腹的开导,解开你的思想疙瘩。那时是教育人者与被教育者的关系。生活在上世纪五、六十年代的年青人,在吃忆苦饭,听学习焦裕禄、雷锋的动人故事时,会感动得热泪盈眶。但现在时代变了,出生于八、九十年代的年青一代,再运用原来一套方法去进行教育,就难以像几十年前那样奏效了。而企业文化正是适应时代的变化凝聚人心的一种科学方法和文化氛围。把思想教育贯彻到人们生产经营和日常生活之中,使人在无形中感染并自觉接受共同价值观,这正是起到了"润物细无声"的作用。

企业文化成为世界各国的热门话题是从八十年代初出现的。1982年在美国出版的《公司文化》一书成为国际畅销书有其历史原因。西方1973年经历了石油危机导致长达10年之久的经济衰退后,到了八十年代初,人们发现一个企业要能生存发展,关键在于企业内部在全体员工中要有共同的信念,共同的努力方向与奋斗目标,而这正是企业文化产生的客观需要。该书中有这样一段描述:企业文化不是写在纸上的东西,而是存在于人们心目中的共同意识,人们正是围绕着这一意识和信念为核心而运转。

很有意思的是，西方这一最现代化的理念，我们在2500年前《论语》中早有过类似的说法，孔老夫子说："为政以德，譬如北辰，居其所，而众星拱之"。他说，北极星（北辰）在天上是不动的，所有星星都围绕着北极星旋转。

好的领导、好的领导德行，所示范和体现出来的企业文化，"为政以德"，正是使全体员工产生团结力、凝聚力的重要源泉。由此可见，今天我们讲企业文化，既是改革开放以来出现的新事物，又是早就植根于我党传统优势与中华民族传统文化的沃土之中的理念，正如我们早就重视厂风、店风、校风这些由来已久的理念一样，对我们十分熟悉。现在主要是适应了时代发展所表现的新的形式与方法而已。

企业文化是为了使一个单位的员工能形成共识，以便心往一处想，劲往一处使。所以必须使每个人能认同企业文化，并且能自觉付诸行动。因此既不能流于口号式的空话，又不能是学院式高不可攀的理论。它必须深入浅出，易于理解。例如深圳康佳公司，需要进行简单操作的装配工人。他们从山区招来很多年青女工，这些人一直生活在小农经济的环境中，如何使之适应现代化大生产要求？当时提出的企业文化理念是："你为我，我为他，大家为康佳，康佳为国家"。这几句话讲起来朗朗上口，通俗易懂，把个人、企业、国家的三者关系都清楚地表达了，而且也使员工明白了自己在这三者之间的定位。

从三十年改革开放的长期实践中，人们，特别是广大企业，从自己和别人的成败得失中领悟出一个道理，就是不能就经营论经营，就经济论经济，而要使企业经营和经济发展久盛不衰，经济必须扎根于文化之中。这些年来，凡是能持续成长，能抵御市场风浪冲击的企业，都是有其深厚的文化功底的。国际经验也表明，一些好的企业，在企业文化上真正下功夫加以巩固深化的，即便领导班子换了，环境变了，但企业的一套优良传统不变，能代代相传，这个企业就不会突然倒下。企业文化所体现的风气，既不是一朝一夕所能形成，也不是一朝一夕就会"一风吹"。

党的十七大指出："当今时代，文化越来越成为民族凝聚力和创造力的重要源泉，越来越成为综合国力竞争的重要因素。"对企业来说，企业文化就正起着这样的作用。经过二、三十年的创建发展，我们企业文化将如何深入发展，使之在中国特色社会主义建设中发挥更大作用呢？瞻望前景，企业文化要在"文化"上下功夫，关键要致力于两个方面，一是要"学贯中西"，二是要"博古通今"。

我们现在生活在全球化时代，中国已成为全球经济发展中的重要成员。企业文化要反映时代特点，要有助于推动企业走向世界，就首先要做到"知己知彼"。既要了解"中"，也要了解"西"。要是只知道我们自己，不了解外部世界，不了解世界潮流及其发展趋势，还是像过去那样闭目塞听，固步自封，则很快会被时代淘汰。但也不能只知道人家，不真正熟悉自己，生搬硬套人家的经验和做法也同样不能成功。现在一些管理方面的高等教育，很多都只采用国外的先进教材，而不同时提倡了解国情民情，不是着眼于立足当地，放眼世界，去解决我们的实际问题，那么再好的管理理念、企业文化，也无法落脚到我国的企业。因此，现代的企业文化，既要博采众长，更要使之中国化、本土化，做到洋为中用。

企业文化要培植文化功底，还需要博古通今。具有五千年文明史的中华民族，祖先留给我们丰富的文化遗产和精神财富，是我们得天独厚，外人难以仿效的文化优势。这应充分体现在我们的企业文化中。而这正是我国的企业文化具有的中国特色。我们需要"博古"，从古人丰富的论述、案例、哲理中去找寻和不断完善我们企业文化的根，但"博古"不是为古而古，更不是食古不化。"博古"是为了"通今"，做到古为今用。只有扎根于我们博大精深的优秀传统文化之中，才能使我们的企业文化独树一帜，更具魅力。

学贯中西，要求放眼世界，着眼于洋为中用，以体现中国特色企业文化的时代性；博古通今，要求融合古今，着眼于古为今用，以保持中国特色企业文化的民族性。这正是企业文化深入发展的两大文化支柱。

（作者系中国企业联合会副理事长、中国企业管理科学基金会副会长、教授、中国企业文化研究会学术委员会委员）

道德缺失探因 传统文化寻方

赵春福

"三鹿奶粉事件"后，温总理在纽约华裔人士座谈会上指出：企业家身上应该流动着道德的血液。企业家的活动要求利、挣钱是天经地义的事；不能挣钱甚至资不抵债，只能破产，那是失败的企业家。但是求利、挣钱并不是不择手段，企业和企业家的求利活动要受法律和道德的制约。

亚当·斯密写过两本书，一本是《财富论》，一本是《道德情操论》。我们不能只读第一本，不读第二本。

改革开放三十年，中国财富增长很快，已位居世界第四位。但是在道德方面问题我们必须重视。怎么看道德问题？一方面，我们实现了道德的历史性进步，这就是以人为本原则的确立和人的个性的解放。从不能讲以人为本，到以人为本成为科学发展观的核心，并在各项工作中得到贯彻，这是一次历史性的飞跃。我们看到，人的个性在经济社会持续发展中、在人的流动与垂直流动中不断得到解放。另一方面，官德缺失、权力寻租、腐败严重、诚信破败、假冒伪劣产品满天飞等等。我们的道德病是怎么产生的、怎么医治？原因是多面的，药方也有很多。

道德病因之一——传统普世价值的丢弃

世界有三大文明圈：基督教文明圈、伊斯兰教文明圈、儒家文化文明圈。孔子是儒家学派创始人,但是他的名字代表的已不仅仅是儒家,而是中国传统文化的代名词。

古代中国人们的意识中有天、有圣人,古人畏天、畏圣人之言,人们都有敬畏意识、感恩意识,你做了坏事要遭天谴,天打五雷轰,不听圣人之言,你就是个野蛮人。

中国几千年形成的文明观和做人准则,而这些准则往往具有普世价值,是人之所以为人的准则。我们把这些普世价值,把这些做人的基本准则当作封建垃圾全部抛弃了。所以,现在很多中国人无所畏惧,也不懂得感恩。

当然,中国传统文化中的等级观念、人身依附观念、人治观念等封建糟粕要努力清除,但是,中国传统文化绝不都是糟粕。中华民族五千年发展的智慧的结晶,内容博大精深、源远流长,已流动在中华民族的血液里。黑格尔说:"我们之所以是我们,乃是由于我们有历史。"黑格尔讲的历史,就是传统。一个民族的历史和文化传统就如同影子一样,始终尾随于现实的脚后,这是任何人为的努力都甩不掉的,我们只能正视它、分析它、改进它、完善它,从而超越它。因此,按照毛泽东倡导的"取其精华,去其糟粕"的精神,运用辩证的方法揭示其一般规律性的东西、对有普遍价值的东西,予以继承、升华、创新,形成有中国特色的现代文化,这是现代中国必须承担的历史重任。

去糟粕,取精华——传统文化不失强企良方

20多年来,中国的企业文化经历了一个引进、学习、消化、探索、创建的过程,取得了很大成就。其不足之处是:照搬照抄、堆积辞藻、体系庞杂,与本土文化、中国传统文化结合不紧密。

中国传统文化有很多精华思想。比如道家讲的"无为而治",这是管理的最高境界。"无为"不是什么都不干,"无为"的含义是"道法自然",是顺应自然规律。"无为而治"在现代管理中表现为:领导者不置身于琐事,不费力于细节,要多考虑宏观战略,所属部门各司其职,给部下更大的发展空间,给部下施展才能的舞台;领导者遵循自然规律,按规律办事,善于因势利导,顺其自然,为当为之事,不为不当为之事。

道家讲的"无为"与儒家讲的"有为"是互补的。"有为"是要干事,是对所有人讲的。"无为而治"更多是针对领导讲的,领导者做事要因势利导、顺其自然,考虑宏观,不为琐事。

又如法家的"法不阿责"、"刑过不避大臣,赏善不遗匹夫"的思想,其现代意义是:法律面前人人平等,只要犯了法,都应受到惩罚;只要立了功,都要受到奖赏。这在企业管理中很重要,这就是制度公平,而执行制度的公平性比制度内容合理性更重要。法家的这种思想对企业制度建设和企业管理很重要。

法家认为"事异则治变"。意思是说,事情发生了变化,治理国家的原则也要跟着变化,这样才能适应社会。在韩非子思想中"变"是主线。满清政府面对世界现代化进程不思进取、不愿变革,只能落后挨打,最后被推翻。苏联共产党面对世界的新变化,不研究新政策,造成苏联的崩溃。中国共产党与时俱进,有了适应新的历史条件的邓小平理论。企业要实现可持续发展,不能抱残守缺,只有锐意进取、不断创新,才能不断提高核心竞争力。

再如兵家孙子讲的"知己知彼,百战不殆",运用到现代管理上,要求企业要随时关注市场最新变化,了解竞争对手的战略,挖掘自己的竞争优势。

在中国传统文化中,儒家思想自汉武帝后一直占据主导地位。

比如仁爱思想。在儒家看来,伦理最高标准就是"仁",就是"忠恕"。"仁"就是"爱人",就是以"爱"来对待他人。"忠恕",就是"将心比心"、"设身处地"、"推己及人",就是"己所不欲,勿施于人",就是"己欲立而立人,己欲达而达人"。孟子讲"老吾老以及人之老,幼吾幼以及人之幼"。儒家伦理的仁爱思想促进了人们之间的友好相处,增强了中华民族的凝聚力,促使中华民族形成谦和礼让的道德风貌。

儒家以诚信为修身立业、处世待人的根本。孔子认为:"人而无信,不知其可"。孟子说:"诚者,天之道也,思诚者,人之道也。"在儒家看来,诚信不仅是一切道德行为的基础,而且是一个人做学问、干事业的根本。一个国家、一个社会,乃至全人类,只有讲诚信,才能和谐运行。现在"诚信"危机已经成为制约中国市场经济发展的"瓶颈"。因此,弘扬崇尚诚信优良道德传统,打造"诚信企业、诚信社会"已经成为规范市场经济秩序和企业文化建设中最为迫切的问题。

再如,和谐意识。儒家的和谐意识包括两个方面的思想。儒家一方面认为"天地万物为一体",主张"天人合一"。张载提出人与天地万物不是主人与奴仆、征服者与被征服者的关系,而是同胞、同伴、朋友的平等和谐的关系。儒家主张"爱物"、"取物不尽物"、"取物以顺时",极力反对人类对动植物生态资源的掠夺,造成动植物的灭绝,以保证生物的持续发展。在中国大力发展市场经济的今天,儒家的这种"天人说"对政府、企业、个人都是有着重要指导意义的。

儒家和谐意识的另一方面是主张"人和"。孟子提出"天时不如地利,地利不如人和"的思想,认为和谐是处理人与人之间和各种社会关系的基本原则。儒家讲的"和"是有原则的,不是简单地相同。孔子指出,"君子和而不同,小人同而不和"。他把对"和"与"同"的不同取舍作为区分"君子"和"小人"的标准。儒家主张的"和"是容纳不同意识的"和",是海纳百川的和,从哲学上说是肯定事物多样性的统一。儒家这种"和而不同"的文化观,对中国古代民族文化融合起到重要的推动作用,对今天我们建设企业伦理、和谐企业、和谐社会是有很积极意义的。

承中贯西——中国文化建设的历史性担当

我们强调中国传统文化,不是否认西方文化。西方

文化的重要特征是理性主义。所谓理性主义,就是尊重客观事实,遵循客观标准,主张概念、标准精确。西方人善于逻辑思维,特别是演绎推理。与理性主义相伴而生的是科学精神、创新精神,这种精神归纳起来可以说是一种思维方式,即人对终极知识的追求兴趣,以及随之而来的怀疑能力。没有怀疑能力的人当不了科学家。西方强调实证,而非感觉。中国人善于整体思维、辩证思想,重视情感力量。中国教育方式、思维方式的培养注重服从和守成,这不利于创新。要由中国制造变为中国创新,要打造创新型企业,必须有创新型人才,创新型人才又来自于创新型的教育和文化。中国企业一定要注重创新型人才的培养。

只有把西方文化的精华和中国本土文化,即与中国传统文化有机结合,才能创造出优秀的中国企业文化。2002年,我去台湾参加海峡两岸儒家伦理学术研讨会。我们去中兴大学参观时,一进校门见一块巨石上刻着孔子的话:"志于道,据于德,依于仁,游于艺"。而在内地,大学、中学、小学的门口都没有孔子的话。现在,全世界建了一百多所孔子学院,可是中国很多受过高等教育的人没有读过《论语》,我们的教育有很大的缺失,中国人自己丢了自己的"圣经"。

我们的学校,只教学生学习中国古代纯文学作品,只学"飞流直下三千尺",不学古人讲的做人、做官的道理。由于传统文化教育的缺失,造成了中国几代人的传统文化断层,这是中华民族巨大的精神创伤!中国古代文化是儒家为主干,儒、道互补,只读《论语》不够,还要读一下老子的《道德经》。我们大家共同努力,吸收西方管理文化的精华,弘扬中华文化的优良传统,紧密结合现时代,创建真正有中国特色的当代企业文化!

(作者系中国企业文化研究会副理事长、学术委员会副主任)

以十七大精神指导企业文化建设

周叔莲

一、认真总结改革开放以来企业文化建设的经验

可以从以下几个方面总结:

1. 取得了哪些成绩(当然成绩是很大的)。

2. 存在什么问题。不要只看到成绩看不到问题,或重视成绩忽视问题。发现存在的问题才能够明确今后的任务,有的放矢地开展工作。

3. 企业文化促进了企业管理、技术进步、企业发展的机制完善,那么企业文化是怎么样促进企业管理、企业发展的,通过一些什么机制起作用。

4. 企业文化受哪些因素制约,为什么有的企业的企业文化建设搞得好,有的企业就搞得不好。客观原因是什么?客观原因是企业外部的原因,企业掌握不了。主观原因是什么,就是企业本身的原因,包括企业体制、领导、职工、企业所处阶段、企业经营业绩等等。

5. 企业业绩好坏,除了决定于企业文化还决定于哪些因素?这些因素与企业文化是什么关系?例如决定于企业的外部环境,那么外部环境与企业文化又是什么关系?企业经营的好坏还决定于经营管理,是不是经营管理又都决定于企业文化?决定企业经营管理的也许还有其他因素,它们之间是什么关系,也值得研究。

6. 企业文化除了对企业发展发生作用,对人的素质的提高,对人的全面发展,是不是也发生作用?作为文化也应该在人的素质的提高,在人的全面素质发展起到作用。现在这种作用是不是受到重视,应该怎样进一步在这方面发挥作用?

7. 企业文化和社会文化、家庭文化的关系。企业职工在企业工作生活,受企业文化的熏陶,但是也在社会中活动,在家庭中生活,因此也受到社会文化和家庭文化的影响,这些文化的作用是相互配合相互促进还是相互排斥的,也值得研究。企业文化离不开社会文化、家庭文化,如何使它们步调一致,相互促进,这些文化层次的关系也很值得研究,这样才能使企业文化建设发挥更大的作用。

8. 如何使企业更加重视企业文化建设?现在有些企业对企业文化很重视,但有些企业不够重视或很不重视,要设法使大家更加重视。

9. 企业文化建设的主要经验教训。企业文化建设是长期的工作,好的企业文化不是短期可以形成的。既要有领导的倡导,又应该变成一种职工自觉甚至自发的理念、道德规范和行为准则,只有到这种程度,这个企业文化才是真正的企业文化。

二、如何以十七大精神指导建设企业文化建设

中国进入了新时期、新阶段,十七大报告是新时期、新阶段的纲领性文件,我们要以十七大精神来指导一切工作,企业文化建设也要以十七大精神为指导。如何以十七大精神为指导企业文化建设,如何在企业文化建设中学习和贯彻十七大精神,是当前需要认真研究的课题。

1. 要认真领会十七大的主题。十七大报告提出:高举中国特色社会主义伟大旗帜,以邓小平理论和三个代表重要思想为指导,深入贯彻落实科学发展观,继续解放思想,坚持改革开放,推动科学发展,促进社会和谐,为夺取全面建设小康社会而奋斗。报告中还指出:中国特色社会主义伟大旗帜,是当代中国发展进步的旗帜,是全党全国人民团结奋斗的旗帜。解放思想是发展中国特色社会主义的一大法宝。改革开放是发展中国特色社会主义的强大动力。科学发展、社会和谐是发展中国特色社会主义的基本要求。全面建设小康社会是党和国家到2020年的奋斗目标,是全

国各族人民的根本利益所在。

这些提法很全面很深刻很精辟。企业文化建设是否有成效,有多大成效,就要看是否贯彻了十七大精神,是否很好地完成了十七大提出的要求。

2. 要认真学习十七大提出的新观点、新概括、新论断。十七大在经济、政治、社会文化等各方面都提出了一系列新观念,这是总结经验教训的结论,是抓好机遇,应对挑战,指导实践的需要。有些理论观点超出了企业文化领域的范围,但是对于领导企业文化建设、对于广大企业职工提高认识水平、理论水平,学习这些新观点、新概括、新论断都有必要。

十七大提出新观点、新概括、新论断很多,我学习后的初步体会是:

(1)提出在当代中国,坚持中国特色社会主义道路就是坚持社会主义。

(2)提出在当代中国,坚持中国特色社会主义理论体系,就是坚持马克思主义。

(3)对全面建设小康社会奋斗目标提出了新要求,包括扩大社会主义民主,更好保障人民权益和社会公平正义,加强文化建设,明显提高全民族文明素质,建设生态文明,在全社会牢固树立生态文明观念。

(4)要求把科学发展观贯彻落实到经济社会发展各个方面。

(5)对国民经济发展从要求又快又好到又好又快。

(6)把转变经济增长方式发展为转变经济发展方式。

(7)提出走中国特色农业现代化道路,形成城乡经济社会一体化的新局面。

(8)要求提高自主创新能力,建设创新型国家。

(9)要求把建设资源节约型、环境友好型社会放在工业化、现代化发展战略的突出位置。

(10)对发展社会主义民主政治提出了具体措施,强调发展基层民主,建设服务型政府。

(11)提出优先发展教育,建设人力资源强国。

(12)提出实施扩大就业的发展战略,促进以创业带动就业。

(13)对深化收入的分配制度改革提出了具体要求。

(14)提出加快建立覆盖城乡居民的社会保障体系,保障人民基本生活。

(15)提出建设基本医疗卫生制度,提高全民健康水平。

十七大的这些新的理论观点对我们建设企业文化都有重要的指导意义。

3. 十七大报告专门有一部分讲"推动社会主义文化大发展大繁荣",这跟我们企业文化建设工作更有直接关系,因此也要认真学习和贯彻。

这一部分提到要建设和谐文化、培养文明风尚,企业文化建设也要担当起这个任务。其中说到要以增强诚信意识为重点,加强社会公德,职业道德,家庭美德,个人品德建设,发挥道德模范榜样作用,引导人民自觉履行法定义务、社会责任、家庭责任。我认为这个非常有针对性,非常重要,这一部分还讲要"积极探索用社会主义核心价值体系引领社会思潮的有效途径,主动做好意识形态工作,既尊重差异、包容多样,又有力抵制各种错误腐朽思想的影响"。还提出"要坚持为人民服务,为社会主义服务的方向和百花齐放,百家争鸣的方针,贴近实际,贴近生活,贴近群众。始终把社会效益放在首位,做到经济利益和社会效益相统一"。这些也都是企业文化建设的指导思想和主要任务。

(作者系中国社科院工业经济所原所长、教授、中国企业文化研究会学术委员会委员)

企业文化要有哲学基础

司马云杰

听了项行长的报告,我觉得他作为一个经济工作者,一个银行管理干部,对中国文化有这么深的思考,是非常可贵的。报告涉及到中国文化哲学最高本体论与根本精神问题,也涉及到企业文化建设的根本理论问题,值得重视。听了项行长报告以后,总的感觉是,在企业文化实践上,在银行企业管理上,见诸政道与治道,还是有很多创意、很多新见解的,但在治理上,还是有许多值得讨论的地方。比如从语言学上看,"零文化"就是无文化。无文化,还搞什么企业文化建设呢? 这在语言学上似乎还存在问题。另外,我体会项行长所说的"零",似乎就是《易传》所说"无极"的存在。但整个听下来,给人的感觉还是停留在象数上的,也就是刚才葛教授所说的,还是在"形而下"讲问题的。停留在象数上,"形而下"讲问题,而不是在形上本体论高度看问题,讲"零"生万物,这在哲学上是讲不通的。今天的会议,是"零文化"的研讨会。我也就本着"研讨"的精神,对"零文化"讲几点看法,目的是希望在理论上讲通。

中西文化的差别,可以讲很多条,其实,中西文化最根本的差别,是思维方式上的差别。这种思维方式差别,从哲学上讲,主要两个方面:第一,西方人讲宇宙万物的存在,只讲"有",不讲"无",即使讲上帝的存在,也是讲"有""永有",而不是"无"。对西方人来说,他们怎么也想不通,"无"怎么能生出"有"来? 西方古代希腊罗马哲学没有"无"的概念。直到近代黑格尔的哲学,讲辩证法,才把"无"作为"有"的相对范畴概念提出来。但他说的"无",也不是中国文化"无"的概念。海德格尔讲"存在与虚无"。他说的"虚无",更不是中国文化"无"的概念。

第二,是西方文化讲事物存在,总是不断是往下分割的。比如,最早他们认为原子是事物存在的最小单位。古代希腊罗马时期,古典物理学,就是这样看的。这发展到现代物理学、量子力学,则由原子再往下分成质子、中子、电子、光子等,还在一直往下分。这样分的好处,就是把科学精细化了。但是它有一个局限，就是不能从根本上说明事物的根本性质及其终极存在，因为“一尺之锤，日取其半，万世不竭”，是无法穷尽的。因此，这种分法，这种思维方式，并没有真正解决万物生化的哲学本体论问题。西方讲上帝创造一切，创造宇宙万物，原本只是神话传说。现代神学虽然对上帝存在作了各种本体论解释，但它在哲学上还是讲不通的，因为它在理论上最终不能说明上帝是如何创造一切的。

中国文化的思维方式则不是这样的。中国文化看待宇宙万物的存在，不是从下面看问题，不是无有穷尽地往下分析，而是由下往上提高升腾。中国人看问题，提神太虚，站在“廖天一”的高处，俯瞰宇宙万物，透视其生生化化的宇宙奥秘，把它提高升腾为一个最高、最纯粹的存在，然后去此去彼、去杂去芜，去掉一切具体时间、空间的存在，去尧之誉与桀之毁，去掉一切世俗价值判断，去掉从不同视野看问题所获得的各种观点、观念、偏见、边执，“参万岁而一纯成，万物尽然而以是相蕴”，看那个存在，看那个最高、最纯粹的法则是什么？那就是中国文化哲学所说“阴阳五行”的存在、“无极而太极”的存在。

什么是“阴阳五行”？阴阳，就是《易传》讲的“一阴一阳之谓道”存在。刚才，项行长报告也提到这句话。这句话下面，还有一句话，就是“继之者善，成之者性”。因此，这里的“一阴一阳”，不是在形而下讲的，而是在形而上讲的，在宇宙本体论上讲的。若在形而下讲，也就不能“继之者善，成之者性”了。形而下讲，宇宙万物，无处不阴，无处不阳，两两而立，相对而出，有阴就有阳，有阳就有阴，无处不“负阴而抱阳”。但这并不能成为宇宙万物的本体，不能成为哲学本体论存在。只有将“一阴一阳”的存在，将“负阴而抱阳”的存在，向上提高升腾，提升为纯粹的阴阳，提升为“一阴一阳”的纯粹法则，提升为“无极而太极”的存在，才是本体存在，才是生化宇宙万物的法则。

什么是“五行”？五行，就是金、木、水、火、土。有人把金木水火土看成五种物质元素。不对。这是对中国文化的误会。中国文化的五行，金、木、水、火、土，不是指五种物质元素，而是指事物的五种常性。它也就是说，宇宙万物，无论是人还是其它事物，都具有这五种常性。比如说五行中的“木”，它不只是指木头，而是指万物皆具有“木”的常性。什么常性呢？它在时间上代表着早晨，在方位代表着东方，在四季上代表着春天，在事物发展上代表着生机勃勃的存在。其它四种常性，金水火土的存在也是这样。

“一阴一阳之谓道”的存在，或“负阴而抱阳”的存在，在《太极图》里就是那个“阴阳鱼”的图像，而在周子《太极图说》所画《太极图》中，就是《坎》《离》图。这还不是最高本体。因为它仍然有形有象，仍然还不是无形无象、纯粹至极的存在。只有将宇宙万物的存在，将阴阳五行的存在，继续向上提高升腾，上升为“无极而太极”的存在，抽象“无”的存在，无形无象的存在，那才是最高本体。《太极图》“阴阳鱼”中间那个小圆圈，周子《太极图说》所画《太极图》最上面的空白圆圈，就是这样的存在。讲宇宙万物的存在，讲阴阳五行的存在，上升到“无”的存在，上升到无形无象存在，才是宇宙万物的本体，才是中国文化哲学最高本体论存在。故朱子说：“中？者，其本体也。”这个“无极而太极”的存在，这个“无”的存在，无形无象存在，应该说才是项行长所说“零”的图象。

“无”怎么生有呢？怎么能生出万物呢？中国文化哲学讲“无”能生“有”，生出万物，不是变魔术，而真实无妄之理。中国文化哲学的形上之“道”，或“无极而太极”，不是彼岸世界存在，而是周流宇宙、贯通万物者，是可以向下贯通落实的。为什么呢？因为，不论是《太极图》“阴阳鱼”中间小圆圈，还是周子《太极图说》所画《太极图》上面的圆圈，它作为“无”的存在，作为“无极而太极”的存在，虽然无形无象，看不见，摸不着，但并是什么也没有，什么都不存在，而是无形实有是理的存在。它虽然“寂然不动”，然却包含着阴阳，包含着动静，包含着纯粹至极之道，包含着大道本体至精至神存在的。因此，它虽然“寂然不动”，然却“动而生阳，静而生阴，一动一静，互为其根”。它一旦动静，分阴分阳，两仪立焉；阳变阴合，而为五行之常性；“五行，一阴阳也；阴阳，一太极也”。阴阳之道，五行之性，周流一切，贯通一切，阳变阴合，即可以生化出宇宙万物。“无”之生“有”，生万物，就是这样一个宇宙本体论存在。它虽然“寂然不动”，然而其动也，“叁伍以变，错综其数”，通其变，可以成天下之文；极其数，可以定天下之象。这就像中医根据阴阳五行的变化可以开出无限的处方，和量子构成加入一个新的量子，就可以改变整个量子结构一样。

这种由“无”生“有”的过程，是非常微妙的。中国文化里有一个字作为范畴概念，是西方文化没有的，只有中国文化才有这个范畴概念。这个字，这个范畴概念，就是“几”，几何的“几”。什么是“几”的存在？就是由“无”生“有”的那一刹那存在。“无”的存在，不是“几”；“有”的存在，也不是“几”。只有由“无”到“有”，那种非有非无、亦有亦无的存在，才称之为“几”。“几”的范畴概念，不仅用来说明宇宙万物生化的极其精微变化，也用来说明人内心的几微之动。人心几微之动，即有善恶，即包含着吉凶祸福悔吝。治国平天者，不在于税收钱粮多少，不在于修几条路，盖多少房子，而在于贞正人心。人性正，天下定。因此，中国几千年来治国平天下者，未有不把贞正人心放到第一位的。要这样，就要知道人民想什么，需要什么，追求什么，就要真正听到人内心的声音，哪怕是乱糟糟的，哪怕是骂人的话，也要认真听、仔细听，然后制定出政道与治策，才能平治天下。此即《易传》所说“圣人见天下之动而观其会通，以行典礼”者也。

由上也就不难看出，形上之“道”的存在，“无极而太极”存在，虽然无形无象，它怎样生化出宇宙万物了，可以说“范围天地之化而不过，曲成万物而不遗”，无不出于此理。形上之“道”，“无极而太极”，乃是大道本体的存在，是万物生化本原的存在,是中国文化哲学阴阳大化、生生不息的宇宙原理。中华民族的性命之理,中国文化的历史哲学及其政道与治道,中国整个自然科学和人文科学,皆是由此引出的。发挥此道,不仅可以开物成务,进行经济管理,而且可以"知周乎万物而道济天下"。你要想平治天下,要想获得治道,要进行经济管理,要想企业文化建设,包括银行的金融管理,就要懂得这个最高原理。我们民族几千年靠什么?就靠这个原理,靠这个大道本体的最高存在。

由上可以看出,"零文化"管理模式是怎样涉及到中国文化最高本体论及其根本精神问题了。但要使这个文化管理模式管用,就要在本体论上讲通。能不能建立文化体系,就看其本体论能贯通多少、旁通多少?只有本体论贯通一切、旁通一切,才能建立庞大的哲学体系。企业文化也是这样。要想使它成为一个完整体系,也必须用本体论贯通之、旁通之。未有哲学本体论上不通而能成为思想体系的。如果只是把企业文化看成是企业管理的工具,没有本体论作根据,那样,企业文化也就失去了哲学基础,就不可能建立企业文化思想体系了。这是我们建立中国企业文化理论应该注意的。

(作者系中国社科院社会学所教授、中国企业文化研究会学术委员会委员)

中国企业文化研究会要成为企业文化建设的工作母机

李燕杰

今年,是《共产党宣言》发表160周年。今年又是改革开放30周年。同时,今年又是中国企业文化研究会成立20周年。

中国企业文化研究会该干什么?从整体来讲,要成为企业文化建设的工作母机。

一、要做好企业文化的培训工作

目前研究企业文化的单位很多,研究会创建最早,影响最大,我们应进一步对全国的企业开展培训工作。

目前,各种企业的培训,多受外国影响,比如卡耐基、拿破仑、希尔、日本魔鬼训练营、德国信息中心,还有博恩·崔西、彼德·圣吉,他们的培训内容都挺好,但群众反映"水土不服"。我们要形成具有中国新时代特色的企业文化培训,如北京的孟昭春、翟杰、黄海平,上海的易发久,天津的程社明,西安的姜岚昕,哈尔滨的洪玮,深圳的安子,合肥的李书琴等。这些人在培训事业中既是教授,又是教练,企业文化需要这种类型的人,应是企业文化研究会团结的力量。易发久组织了全国大企业的培训师,编写一部新时期企业与企业文化教材108卷,现已编完,在图书交易会上亮相后,很受企业家们欢迎。此书强调中国特性,有前瞻性、前导性、实用性。

企业文化研究要重视:一要有社会效益;二要有经济效益;三要有信誉度、美誉度。总之,要积极占领市场。

另外,他们还进行了国际市场调研,据说,世界各国十分重视培训工作。IBM公司每年培训投入20亿美元。摩托罗拉每年培训费10亿美元。西门子成立了500个培训中心,培训有50种业务,接受培训的人已逾56万人次。这些给我们一个启示,企业文化研究会也应抓好培训工作,包括形成信息网络,并编写更系统的中国式培训教材。

二、要研究一些大问题

1986年我在欧洲访问,认识了菲利普公司总经理狄若毅。他在中国台湾呆了八年,在内地工作了四年,对中国及欧洲企业情况较为了解。我请他在北京举办培训班,参加学习的都是北京大型企业老板,狄若毅说,今后企业文化既讲国际化,又要讲本土化;讲全球化,更讲民族化。今天的社会,人们都较为浮躁,研究任何问题都难以深入,如果研究企业文化,必须从根本上研究,当人们在讲器与术时,我们要研究魂与道,无术,无器固然不行,如不研究魂与道更不行,今后必须有一些智者,研究事物之大本大元,大智大慧,大爱与大美,企业文化研究要想起到铸魂明道的作用,必须研究几个带本源性的问题。

我认为企业应当认真研究"三大":大爱、大智、大美。

大爱,大爱无外;大爱无内;大爱无私;大爱无畏;大爱无怨;大爱无悔。

大智,大智有慧;大智有谋;大智有德;大智有识;大智有才;大智有学。

大美,大美至真;大美至善;大美至柔;大美至刚;大美至纯;大美至伟。

研究企业文化,不仅要研究文化力、思想力、执行力、影响力……更要形成上述"三大"。

大爱中,要强调以人为本;大智中,要强调科学发展观;大美中,要强调和平和谐和美。

企业要讲大爱,要以人为本,要爱人的生命,要反对战争。一个西方人士专门研究了人类的战争学,它说公元前3200年到上世纪60年代人类的战争14513次,只有329年没有大战,战争中死亡的人数是36.4亿,财产的损失折合黄金可以铸造10条10米厚,150公里宽的黄金巨带,围绕地球一周。今日的企业家该不该做些认真的思考?

大智中,要把视野搞得宽些,要讲宇宙全息论,要研究大成智慧论,要研究羲黄文化论,要研究神州谋略论,还应研究铸魂艺术论……让人们从宇宙角度,增强大智大慧,珍爱地球,不要破坏它、损害它、污染它。企业家们口口声声讲企业文化,却污染地球,那无疑是对人类的犯罪。

在大美中,要从全人类的高度,去研究各国的优点,取长补短,中国要走中国特色的社会主义道路,更要讲和平、和谐、和美。美国的、俄国的、英国的、日本的各种优点都应进行学习。

今天我想讲讲瑞士。瑞士人生活在美的环境中，美的环境造就了美的人，美的人又美化了瑞士。瑞士有1484个湖，70%湖水可直接饮用。瑞士很重视教育，他们认为人才金字塔中，最宝贵的决不是尖顶的少数白领，而是基层的广大工人。瑞士是一个富裕的国家，又是一个节约的国家，既开源节流。瑞士又是一个爱和平，不参战的国家。如果每个国家都能做到这几点该多好。人们说瑞士能做到天人合一，天人合德，天人合美。我讲瑞士不是说它最好，最美，而是说我们要善于取人之长补己之短。

我们企业文化的研究要达到一个新的高度，然而，做的宣传工作还不够。希望有关方面既要重视党团工会，也应重视各种群众性社会团体，犹如战争期间，既要重视野战部队，也要重视民兵及人民群众中的积极分子。

（作者系首都师范大学教授、中国企业文化研究会学术委员会委员）

改革开放三十年的中国企业文化

张 德

自从1769年第一家现代企业在英国诞生，至今239年间，企业管理大体上经历了三个阶段：1769年至1910年，经验管理阶段，其特点是“人治”，即主要经营者靠个人的直觉和经验进行决策和管理；1911年至1980年，科学管理阶段，其特点是“法制”，即主要靠科学的制度体系实现高效率；1981年以来，发达国家的优秀公司率先进入了文化管理阶段，其特点是“文治”，即靠企业文化建设带动企业经营管理达到更高的境界。我赞成这样的说法：21世纪是“文化管理”的时代，也是“文化致胜”的时代。

7年前，美国海氏咨询公司在对《财富》500强评选的总结中指出：“公司出类拔萃的关键在于文化”。被称作世界头号CEO的杰克·韦尔奇就是文化管理的大师。他有一个著名的论断：“文化是G E不可替代的一个资本。”中国海尔公司CEO张瑞敏在回答记者提问时强调：“海尔的核心竞争力，就是海尔文化。海尔的什么东西别人都可以复制，惟独海尔文化是别人无法复制的。”

企业文化的理论，大体上诞生于1979至1982年的美国，很快便传到了刚刚改革开放的中国。中国企业于1984年至1988年期间，经历了第一次企业文化建设热潮。当时，许多中国企业对西方的企业文化理论进行热烈的研讨，并结合中国企业情况，完善了自己企业的企业精神、企业作风等等。诸如大庆、二汽、鞍钢、长钢、北汽、吉化、南京无线电厂、青岛电冰箱总厂（海尔的前身）、上海嘉丰棉纺织厂、北京第四制药厂、齐齐哈尔第二机床厂、云南玉溪卷烟厂、北京王府井百货大楼等国有企业，是当时企业文化建设的先进单位。与第一次企业文化热潮相伴随的是第一次思想解放运动，企业初步从计划体制的羁绊中解脱出来，开始树立商品经济观念、顾客至上观念、开拓创新观念；同时，中国国有企业以极大的热情学习西方18种现代管理理念，在管理上推进变革。这是第一次企业文化建设的热潮，以国有企业为主角，极大地推动了中国的改革开放。

1989年“六四风波”后，至1992年，中国的企业文化建设陷入低潮。在批判“全盘西化”思潮过程中，把企业文化理论与实践，也看成是“全盘西化”的表现，说企业文化这种西方的理论，冲击了中国的思想政治工作。关于企业文化的研讨停顿了，企业文化建设的实践也陷入迷茫。1991年，我的专著——《中国企业文化——现在与未来》即将出版，一位部长曾答应为这本书题词，这时却食言了，可见当时的政治压力有多大。非常感谢袁宝华和陈清泰同志，他们的题词使这本书增色不少。袁宝华同志的题词是：“艰苦奋斗，爱厂如家，开拓创新，振兴中华”。陈清泰同志的题词是：“建设企业文化，开发精神力量”。

1992年，党的十四大作出了建设社会主义市场经济的重要决策，中国的改革开放进入了更深入的阶 段。1993年至2000年，中国的企业文化建设，也进入了恢复、创新和变革阶段。一大批国有企业、民营企业改制为股份公司，其企业文化也进一步与市场经济相匹配，与此相伴的是一次更大、更深刻的观念变革。经过市场经济的洗礼，像青岛海尔、联想集团、中兴通讯、华为、同仁堂集团、宝钢集团等企业，不仅成为制度变革的排头兵，而且成为观念变革和文化创新的佼佼者。他们的企业文化不仅进一步与市场经济合拍，而且渗透到企业经营管理的各个方面，形成了一个完整的体系；他们的企业文化不仅对内发挥了凝聚人心的作用，而且对外发挥了塑造形象的作用，有力地推动了企业品牌建设。

2001年，中国加入了WTO，中国经济的国际化进程大大加快。中国企业以联想、海尔、中石油、中石化为代表，走出国门，参与国际竞争。与此同时，东北、西北、西南、中部地区加快了改革开放的步伐。中央又提出了“以人为本”、“建设和谐社会、环境友好型社会、创新型国家”，以及追求可持续发展的“科学发展观”等一系列崭新的观念。2001年以来，第二次企业文化建设的热潮已经如火如荼。越来越多的企业管理者学习企业文化的理论，越来越多的企业把企业文化策划和企业文化更新列上议事日程，越来越多的学术团体和政府部门召开了丰富多彩的企业文化研讨会。这标志着中国企业的第二次思想解放运动已经开始，它所解决的课题是：中国企业如何走上国际化经营之路，如何面对全球化的竞争，如何应对知识经济，如何为建设小康社会作贡献，如何进一步改革和完善企业经营和管理。诸如“企业追求的是经济效益最大化”、“企业间的竞争是你死我活的竞争”等观念将被淘汰，而“企业应追求合理的利润”、“建立企业联盟，实现多赢局面”等崭新观念被更多的中国企业所接受。现有的“利益导向的文化”，将向“诚信导向的文化”演变。一个内聚人心、外塑形象的业文化修炼热潮，必将推动一批又一批中国企业走向世界，成为中国经济的航空母舰和高效的潜水艇。

笔者认为,在第二次企业文化热潮中,值得我们思考和解决的课题有:1. 企业文化与企业竞争力;2. 企业核心价值观与企业持续发展;3. 加入 WTO 与中外企业的文化较量;4. 现代企业制度与现代企业文化的同步建设;5. 企业文化与名牌战略;6. 企业文化与企业凝聚力;7. 中国企业面临的思想道德课题;8. 中国企业文化的操作艺术;9. 企业重组与文化融合;10. 企业改制与观念更新;11. 知识经济与文化管理;12. 加入 WTO 与企业经营理念的创新;13. 加入 WTO 与企业管理理念的变革;14. 在跨国经营中的文化冲突与文化融合;15. 企业经营者素质与企业核心价值观;16. 构建学习型组织与企业文化建设;17. 集团企业文化建设的特殊问题;18. 环境保护与企业社会伦理;19. 和谐社会与企业文化;20 企业文化与自主创新。

中国的第二次企业文化热潮要想取得实效,有赖于管理学界、企业界、政界的密切结合,有赖于中国改革开放的进一步深化,有赖于整个社会价值取向和社会风尚的进一步改善,虽然困难不少,但我们没有理由悲观。

"无边落木萧萧下,不尽长江滚滚来"。历史的车轮将推动中国企业驶向未来,成为2 1 世纪的骄子。

(作者系清华大学教授、博士生导师,中国企业文化研究会学术委员会委员,本文摘自《中外企业文化》2008 年 1 期)

学习实践科学发展观 推动企业创新发展

高立胜

一、科学发展观为企业文化建设指出了新的发展理念和深植路径

企业文化作为一种现代企业管理理论和管理方式,自 20 世纪 80 年代中期引进我国以后,30 多年来,在众多先进企业中经过中国化的改造,其提升企业经营管理绩效、提高员工素质、增强企业对内凝聚力和对外竞争力等方面的成效,已为实践所证实,因此也为愈来愈多的企业经营管理者所接受和认同。然而不能不看到,在其历经高潮迭起、大浪淘沙的发展过程中,既涌现出了海尔、联想和宝钢等一批各自拥有独具特色的先进企业文化的典型,也出现了一些空谈华丽口号、徒有其表的"做秀"现象。还有些企业在企业文化建设上作了大量的工作,也取得了一定的成绩,但是对于如何进一步将企业文化建设引向深入则感到困惑,怎样使"企业文化落地",是一个相当普遍的问题。这些问题性质不尽相同,解决的途径与方法也就大相径庭。但是从总体而言,我认为,当前要搞企业文化建设,必须认真学习贯彻党中央提出的科学发展观,并以此指引来深入开展企业文化建设。具体说来,在企业文化建设的发展理念、发展方向、发展道路和发展模式上,需要重新审视我们的发展有没有走弯路?是否需要重新设计我们的发展模式和路径。找出我们的差距,分析产生这些差距的原因,并且制定出整改措施,从而将企业文化建设推向一个科学发展的新境界。

二、怎样以科学发展观来指导企业文化建设科学发展

胡锦涛总书记指出,"科学发展观,第一要义是发展,核心是以人为本,基本要求是全面协调可持续,根本方法是统筹兼顾。"我们运用科学发展观来指导企业文化建设,就要紧紧地抓住这 40 个字,深刻准确地理解地它的含义,并且逐条地贯彻落实。

(一)落实科学发展观,首先要解决怎样正确地看待企业和企业发展的根本问题

科学发展观是全党全国人民的行动纲领,这是根据我国国情和 30 年来改革开放的发展实际提出来的。在企业中,我们要落实科学发展观,首先就要根据科学发展观的要求,科学地分析企业的性质和实际,正确科学地认识企业的宗旨使命,全面科学地把握企业发展的目标愿景。这是企业文化建设需要回答的根本问题、首要问题。

企业是经济组织,因此要把科学发展观的"第一要义是发展"落实在企业,就要牢牢扭住经济建设这个中心,要以创造经济效益为基本责任和发展目标。具体说来,即企业要以盈利为基本目的和基本尺度,但是盈利并非企业的全部目的和尺度。也就是说,从企业发展的目的性来看,它应从经济、政治、文化、社会和生态环境等方面全面统筹规划、协调持续发展才是符合科学发展观的。因此,企业文化建设理所当然地应纳入到企业整体发展目标之中。

把企业的使命、愿景纳入到企业文化理念体系中来,并且作为企业文化建设的首要问题来看待,在我国是于上世纪末学习型组织理论引进我国之后伊始的。美国管理学家德鲁克也曾提出,任何一个企业都要回答生存发展的三个基本问题,即,"我是谁,我从哪里来,我向哪里去"的的问题。这些论述都是从管理理论来认识和阐述企业生存发展的基本问题的。它们从一般方法论上对于我们的企业生存发展的认识产生了积极的影响,但是,现今我们从科学发展观的高度来看,就需要重新审视和进一步提升了。

(二)科学发展观把企业文化管理的"以人为本"主旨,提升到了一个更高的境界

以前我们谈到企业文化的"以人为本"时,通常总是说要"理解人,尊重人,关心人,信任人"等,但是从其实践着眼点来看,却都是为了调动人的积极性,去搞好工作。然而,从科学发展观来看,这也是有失偏颇的,至少是不全面的。因为它只是看到了人在生产经营中的手段性(依靠人)一面,而没有看到人的目的性(为了人)一面。当我们在谈到作为具体的人——企业员工时,应该是目的性和手段性的统一体。就是说,如果我们讲"理解人,尊重人,关心人",只

是为了调动员工的积极性，那就是只看到了员工的手段性一面，亦即把员工看作是完成工作任务的一种工具了。然而，党中央提出的科学发展观的出发点和落脚点则是“促进经济社会和人的全面发展”，也就是说我们还要看到人的目的性一面，即除了企业经济的发展之外，还要关注人的发展。因此，我们讲“以人为本”，应是“理解人，尊重人，关心人，发展人（提高人、成就人）”，即把“发展人”作为“以人为本”的基本内涵之一。“发展人”的根本意义在于使人的生命价值的实现，即使每个人的个性全面健康的发展，人的潜能充分发挥和释放。实际上只有把“发展人”纳入到其中，才体现了企业文化管理的“一切为了人，一切依靠人”的真谛。而这也正是我党“一切为了人民群众，一切依靠人民群众”的群众观点和群众路线的要求和体现。

（三）全面把握企业文化的三个层面，统筹兼顾、协调发展，并且把企业文化与经营管理结合起来

1. 当前有一种现象值得注意，即有些企业搞企业文化建设，他们的重点不是放在企业文化三个层面的协调发展上，而总是片面地强调文化理念的宣贯（传统说法即灌输），却忽视了物质层面和制度层面建设的协调运作，因此难以达到预期效果。实践表明，在进行企业精神文化宣贯过程中，必须同时关注企业员工们在企业中的地位、作用以及员工们的物质利益等各层面问题的解决，才能使那些先进的文化理念深入到员工们的心中。否则，如果只是让员工树立主人翁精神，而不去关注员工们的主人翁地位和主人翁利益，那么员工们是不可能树立起主人翁精神的。因为这不符合马克思主义的社会存在决定社会意识的基本原理。从学习实践科学发展观来看，科学发展观提出了一个重要观点，坚持发展为了人民、发展依靠人民、发展成果由人民共享。

2. 企业文化与其他管理方式相结合的问题。企业文化作为一种现代企业管理方式，它曾局限于狭义的企业管理，例如，80年代的“以人为本”的就是“以员工为本”，它是从“以物为本”变革发展而来的。而今已经普遍地把它视为一种经营管理理论了。当然管理的概念有广义和狭义之分，广义的管理概念是包含着经营的，因此我们说企业文化是一种管理理论和管理方式也是可以的。企业文化管理并非是游离于其他管理方式之外的，而恰恰是它将企业文化精神理念融入这些管理方式之中，而这正是它的生命力之所在。企业文化与企业经营管理相结合为一体，方式方法很多，例如，在企业对内管理上，企业文化建设与创建学习型组织相结合，与其他管理方式性相结合；在企业对外经营上，与营销文化、服务文化、品牌文化建设及其相关策略相结合，而这正是当前企业文化建设深入发展的趋势性要求。

（四）企业文化建设具有其特殊的运行规律。应当根据它的内在规律，科学地把握运作程序和阶段性发展的特征

过去曾流行一种提法，企业文化就是老板文化，现在受到了普遍的反对。我认为，笼统地说企业文化就是老板文化很不准确，但是有条件地说，即在一定条件下，老板文化就是企业文化，却是可以的。例如，在规模较小的民营企业，老板的文化就是企业的主宰文化、主流文化。但是当企业发展规模越来越大，分公司和员工队伍越来越多，这时候我们还说企业文化就是老板文化，就不合适了，问题矛盾就很突出了。在这种情况下，提倡“大家建设企业文化，建设大家的企业文化”，就很符合实际了，也就能够适应企业文化建设发展的需要了。

当前，仍有许多企业仍处于企业文化建设初期，这时候强调企业家文化、企业领导班子文化或者“老板文化”的决定作用是完全必要的，也是非常重要的。因为企业文化建设是一个过程，而企业家文化的提出，往往就是这个过程的起点和发端。换言之，只有企业家具有了这种文化自觉，才可能在企业中引进企业文化管理。如果把它比喻为打球，那么企业家就是第一发球人。然而要使这场球赛运作起来，还必须让广大员工们投入其中。这实际上就是如何把企业家文化转化为企业全体员工文化的问题。从企业文化发展过程来看，这是企业文化的主体工程建设阶段。实践表明，这是相当艰巨和复杂的工作任务，然而我们又无法回避而必须解决。如果企业家文化不能转化为全员文化，那就只能是企业家个人的文化，而不能成为企业文化，因为企业文化是企业全体员工接受和认同的主流文化。在这个阶段上，当前有许多具体问题需要予以探讨和解决。

三、当前企业文化建设中应注意的几个问题

1. 全面系统化运作。企业文化建设要着眼于精神文化、制度行为文化和物质文化三个层面统筹兼顾、协调运作、共同发展，其中精神文化建设是核心与关键。此外，还应注意将企业管理文化与营销文化、服务文化、品牌文化等结合起来，内外系统协调运作，才会收到预期效果。因为营销文化、服务文化与品牌文化都是企业内部管理文化的外向延伸与拓展，它们更加直接地体现了企业的经营使命与核心价值观，然而至今许多企业尚未将营销文化等与企业文化建设一体化运作，所以应特别予加强推行。

2. 协调持续化运作。首先是企业管理的硬约束和软约束，或者硬管理和软管理协调运作问题。一般说来，任何企业管理都需要有硬管理和软管理两方面，二者相互配合、相互协调运作，才会取得预期的效果。因此企业文化建设不能仅就观念抓观念，它必须有相应的制度规范作为硬件的约束来配合，否则就可能成为空对空式的说教。从发展的阶段性特征来看，这种制度的硬性约束作用是一个逐渐减弱的过程，而文化的软约束作用则是一个逐渐增强的过程。在初始阶段，带有硬性约束的宣贯是必要的，强制性的行为规范要求也是必要的。因为无此硬约束，再先进的文化观念也不会自行其道。当然即使初始阶段的制度强制性约束，也应当体现人性化的关怀。随着员工对于企业价值观的接受和认同，制度的硬性约束作用会逐渐淡化，而员工的软性自我约束则会逐渐增强。当员工将企业价值观内化于心，就能够实现管理的高级阶段，员工的自我管理、自我约束。而企业文化管理的最高阶段就在于实现“自主管理”，

亦称“没有管理的管理”。例如，海尔集团就有合格班组、信得过班组、免检班组、自主管理班组。自主管理班组是最高管理层次的班组。它在一定意义上反映了企业文化建设的持续发展、递进提升的阶段和过程。当然，随着形势和任务的发展变化，企业文化建设的协调运作和持续发展是一个永续的运作提高过程。

3. 通俗简单化运作。即怎样设计广大员工认同理解的企业文化建设内容和运用广大员工喜闻乐见的宣贯形式的问题。在企业文化建设过程的初始阶段，提出企业文化建设纲要体系，编制《企业文化手册》等都是必要的，但是如何使这些抽象的企业价值观和经营理念等能够被广大员工所理解和接受，是一个比较困难而又重要的问题。

首先，在企业文化的设计过程中，应特别注意在内容上设计符合企业和员工实际的企业文化理念体系，切忌不切实际地提出要求员工成为“高、大、全”的“圣人”的理念和规范。有的企业在企业文化设计阶段就陷入了目标过高的误区，结果剑走偏锋，跌倒在企业文化建设的起跑线上。我认为，当前这种现象具有一定的倾向性，值得注意。

在企业文化设计上，还有一种现象值得注意。就是有些企业将企业文化设计完全外包给企业文化专业设计公司，结果却往往不尽如人意。我认为，企业可以聘请专业设计公司来为自己设计，但是应注意到专业设计公司既有其优长也有其不足。我主张企业文化设计采用专家咨询指导，企业领导、主管工作人员和广大员工参与相结合的方式，效果会更好一些。这样可以发挥专业设计人员的专业优势、企业领导和员工了解企业实际和发展要求的优势，特别是广大员工参与设计就是一种反映切身实际的动员和练兵。如果做到了这一点，那么至少就可以做到通俗化，而不会出现那些让员工陷入五里雾似的天书式的企业文化设计书了。

其次，在企业文化的宣贯过程中，应该注意采用广大员工通俗易懂、喜闻乐见的形式，才会收到预期的效果。例如，海尔集团采用的员工的“画与话”、GE公司的企业价值观卡以及许多优秀公司的讲故事（西方叫企业神话），等等，实践证明都是行之有效的形式。

近年来，在企业文化通俗化宣贯方面成功的案例很多，层出不穷。江苏黑松林粘合剂厂有限公司董事长刘鹏凯著有《漫画企业细节管理》一书，把本企业发生的一些事情和问题编写成故事，请专业画家画成连环画。北京民营企业科瑞集团副总裁郭梓林先生主抓企业文化建设，他创作的《并非肚皮官司》等，把企业常遇到的问题编写了上百个案例故事，每个问题都配上漫画和评论。这种故事和漫画相结合的方法，形式生动活泼，点评深刻透辟，在员工中大受欢迎，企业文化借此不胫而走，广为流传。这些都是成功宣贯企业文化的典型案例。如果我们的企业家都把传播企业文化放在心里，就必定会创造出更多更好的宣贯形式来。

与通俗化相关的还有简单化的问题。简单型企业文化，是韦尔奇提出来的，就是以简单为形式诉求的表达方式。只有采取简单化的形式，才有可能使企业文化的内容和精髓，易为广大员工所接受和掌握。我认为，当前有一种现象值得注意，在一些企业中，企业文化体系内容不断增加，越来越多，甚至到了臃肿不堪的程度。究其原因，有的是在前任领导离任后，新任领导接任企业文化工作，原来的企业文化建设比较成功，不好否定，但是又需要创出新路，因此就在原有企业文化体系的基础上不断增加内容；还有的则是企业追求文化创新发展，于是不断地增加企业文化体系的内容，但是并未抛弃过时的内容，结果造成员工不堪重负，难以记忆和接受，使企业文化成了形式主义的东西。企业文化体系内容是需要发展变革的，然而在发展变革的同时，保持企业文化体系的简单明了化，也是需要注意的。

4. 细节深植化运作。在企业文化的执行层面，我赞成“知易行难”。即使企业文化建设的系统文本被广大员工理解和接受是重要的，然而把这些精神理念的东西转化为每个员工的实践行动则是更重要的。要使“企业文化落地”，其关键在于把企业文化的理念和行为规范，落实并深植于企业生产经营活动的每个细节中。

从横向层面来看，就是要全面地落实到每个班组、科室，每个岗位之中。例如，沈阳一运实业公司在企业改制后进行了系统的企业文化再造。在他们的每个办公室、每个岗位都可以看到各自的座右铭。这种座右铭就是企业精神的岗位化，很具体也很生动。它是员工的自我规范约束，可以产生积极的管理效果。再如，沈阳香雪面粉公司的每个车间都有自己的岗位格言，挂面车间的岗位格言是“条条出精品，袋袋送温情”，而检斤工为自己制定的岗位格言是“斤斤计较，两两不差”。这些朴素生动的群众智慧语言已经转化为巨大的物质力量。用当今流行的企业文化语言来说，就是文化力转化成为生产力。

从纵向层面来看，就是要把企业文化纵深地落实到每个工序和工作环节之中。上海宝钢公司实施的“用户满意工程”（TCS），就是把企业的价值观和理念系统贯彻到了每个工序与工作环节之中。把先进的企业文化贯彻到生产经营活动的细节之中，它会产生文化力，实际上也就是当前许多企业所倡导的执行力。企业文化固然要为企业发展战略服务，然而战略确立之后，执行就是关键问题了。而把企业文化落实到细节的过程，也就是执行文化的形成和运作过程。

应该强调的是，细节深入化运作要从领导做起，即领导率先垂范。例如，现在有些企业的官本位意识比较强，等级森严。有家企业决定改变这种状况，首先把“以人为本”确定为企业理念的第一句。同时也设立了意见箱，制定了奖励制度，但效果并不明显。为了打破等级森严，他们从细节入手，从领导做起。诸如以往开会设有名牌，现在取消了；以往座位分布安职务等级安排，现在换成圆桌了，总裁还有意变换座位；在其他细节方面也都注意了改革。上行下效，等级观念从细节开始逐渐淡化了。试想，如果只满足于把“打破等级森严”写进企业文化文本之中，而在开会时严格排座次、服装和用餐等都有严格等级，细节与理念相互矛盾，那又怎能会有好的效果呢？如果领导能够从细节深植做起，处处率先垂范，那么，“大家建设企业文化，建设大家的企业文化”的生动局面，也必然会随之兴起。

（作者系中国企业文化研究会副理事长、辽宁省营销文化研究会会长、哲学研究员、管理学教授）

金融危机与企业“免疫力”

王成荣

当企业处于顺境时，企业文化表现为推动力；当企业处于逆境时，企业文化则表现为一种“免疫力”。应对当前的经济危机，既要治标更要治本，调整产品结构、压缩成本、创新市场与更新、改造企业文化，应该并驾齐驱。

过去我们一直强调，企业文化是一种核心竞争力，或是核心竞争力的重要因素。现在，如果把这次蔓延全球的金融危机比作一场瘟疫，那么，文化优秀的企业就表现出了较强的“免疫力”，而文化相对落后的企业就会受到较大的冲击。也就是说，企业文化优劣直接决定企业“免疫力”的强弱。事实正是这样，现在已有一批企业在经济危机到来后应声倒下了，特别是那些依赖贴牌生产的加工企业，只要人家一退订单，它马上就“病入膏肓”；还有一批企业仓促应对，除去裁员降薪、压缩规模，似乎再也无计可施；而也有一批企业临危不乱，谋局布阵，很有章法，甚至逆势而上，大有“任凭风吹浪打，我自岿然不动”的态势。同样的外部变化，各个企业的表现却各不相同。产生这一差别的原因，除去行业与产品的因素之外，企业的“免疫力”在起着相当大的作用。“免疫力”强的企业，就能顺利度过“严冬”，甚至还能在“严冬”中抓住机遇、赢得发展。例如我国的4万亿刺激经济方案出台后，许多企业乘势而上，充分发挥行业优势、技术优势，很快就抓住了发展的新机遇。所以，金融危机中企业的各种表现，本质上是企业文化“免疫力”作用的结果。也就是说，作为一种软实力的企业文化，在金融危机中主要体现在“免疫力”上。当外部环境特别好的时候，企业文化的“免疫力”作用可能不明显，而当外部环境急剧恶化时，它的作用就会凸显出来。因此，企业文化建设既要增强企业的发展力，培育积极向上、拼搏进取的精神，同时也要增强企业的“免疫力”。过去，我们的企业没有经历过太大的风浪，更没有经历过如此严重的金融危机，因此体内缺少这种“免疫力”。正是从这个角度来看，中国的企业文化是有一定缺陷的；经受这次危机的锻炼，我们的企业应该提高免疫能力，弥补缺陷。

金融危机正在考验中国的企业文化，考验中国企业文化到底健康不健康、成熟不成熟、适应性强不强。

一、八大考验

考验1：战略眼光

企业有无战略眼光，主要看有无长远谋略，有无对未来市场较准确的预测，有无对各种危机的预警机制。

有战略眼光的企业，走一步看两步、看三步，而目光短浅的企业光盯着眼前利益，只要订单多就只管做，不去想未来。在美国次贷危机初期，我们很多企业认为与己无关；后来危机蔓延开来，有的企业还持一种隔岸观火的心态，丝毫没有觉察到危机正向自己步步逼进。而据我了解，阿里巴巴的马云不是这样，他较早就意识到次贷危机将转化为经济危机，并将影响到全世界的企业。随着次贷危机的发展，马云又预测说“冬天”快到了，而当时中国很多企业还在盲目乐观，并没有看到问题的严重性。后来马云又说，危机将带来很大的困难，但也会带来新的发展机遇。马云当时还认为，应对危机需要有足够的现金，因为危机发生后现金为王。于是，到去年年底，阿里巴巴的现金和银行存款为60多亿，其中74%是人民币，而美元只有25%。因此说，马云是个优秀企业家，他的战略眼光，他的分析、预测和决策能力，要比一般企业家高出一筹。

考验2：创新文化

这些年，“创新”已经成为许多人的口头禅，如创新思维、创新产品、创新技术、创新市场、创新经营方式、创新盈利模式、创新服务方式等等。但是，金融危机对我们企业的创新文化却是一个全方位的考验。从总体情况看，我们有相当一部分企业还没有形成真正的创新文化。这些企业所说的创新，还只是经营管理方式上的、因势而变的、浅层次的创新，而没有深入到文化层面的创新。这种创新多是为了盈利搞点新方法、新措施，基本属于技术和策略层面的，还不属于本质上的创新。

应该清醒地看到，中国传统文化创新力是不太强的，长期封建社会和自然经济所形成的因循守旧、怕担风险、小富即安等劣根性，是值得我们自省的。虽然中国改革开放已经30年，但是一些企业是在大变革的时代潮流裹挟下而被动创新的，离自觉主动、洗心革面的创新还有很大一段差距。贴牌生产对于计划经济时期的企业来说，是个创新，也确实挣了点钱，于是有的企业一贴就是20多年，以为这样的好日子没有尽头。这次危机一来，这样的企业顶不住了。为什么？就是因为没有在文化上实施本质的创新，从来就没有想过要自主研发，创立自己的品牌，所以好日子就到头了。

第二次世界大战后的日本企业，起初也没有多少自己的技术，但非常注重学习别人的东西，重要的是吃透别人的东西以后还要进行自主研发，所以就形成了自己独特的技术与产品。第一个晶体管是美国人发明的，但第一个晶体管收音机是在日本诞生的。这说明日本企业的创新意识很强。改革开放30年来，我国企业发展很快，但是这次危机一来，却有相当一部分企业突然就不行了，这与创新文化没有真正生成有很大关系。创新文化基因的缺失，长期潜伏而没被发现，与其说这些企业是被金融危机冲垮了，不如说是它们的身体素质太差了，金融危机只不过是重症爆发的外部诱因。因此，经过这次金融危机的教训，我们的企业要下决心建设创新文化,切实优化产业结构,优化产品结构,创立自己的品牌,增加自有知识产权的含量,以优秀的创新文化推动企业的健康发展。

考验3:危机意识

过去虽然企业也强调危机意识,但不少数人还是挂在嘴边上多,落实在行动上少,没有形成真正的"意识"。

面对同样的危机,有危机意识的企业能够应对自如,因为它平时就在不断防范、规避、化解危机,不会等到危机爆发了才去临阵磨枪。我有这样一个观点:没有危机意识的企业,恰恰就处在最大的危机之中。

微软的危机意识就很强。比尔·盖茨曾多次说,微软18个月以后也许要倒闭。好多人不理解,觉得这么好的企业,怎么可能会在这么短的时间内倒闭呢?微软在技术上垄断着大部分视窗系统市场,但欧洲人想打破这种垄断,一些美国人也想把微软拆分了,中国人不服气,印度人也不服气,这些都是他们潜在的危机。尤其是计算机硬件创新之快也对微软的软件系统提出挑战。盖茨的"18个月之说",是基于因特尔名誉董事长戈登·摩尔提出的摩尔定律。摩尔定律认为,IC上可容纳的晶体管数目,约每隔18个月便会增加一倍,性能也将提升一倍。因此盖茨说,如果我们的产品不变,而人家的产品升级了,那么我们就肯定被淘汰。只有在新的18个月到来之前,推出我们的新产品,微软才有可能基业常青。不仅认识到这一点,在这种强烈的危机意识作用下,盖茨还善于把18个月一次的大危机分解为若干小危机,并将解决小危机的措施落实在企业每天的行为中。这才叫真正具有危机意识。

海尔,在中国早已是公认的品牌,也进入世界最有价值品牌的行列。但高处不胜寒,张瑞敏就说自己每天仍然战战兢兢、如履薄冰。海尔人懂得,市场在不断地变,如果稍有不慎,哪个方面落后了,就肯定要出问题。海尔也是时时都在应对风险、化解风险,所以才能比较从容地应对这次经济危机。

危机文化也是华为文化的一个特色。2001年,任正非写了一篇《华为的冬天》,发在公司网上,结果很快在业内传开,甚至国外有些企业家都知道这篇文章。《华为的冬天》告诉大家,繁荣的背后是萧条,我们在春天与夏天要念着冬天的问题。居安思危,不是危言耸听。当我们过得很好的时候,如果不及时进行新产品开发,就要落伍,就要吃不饱肚子,就要丢掉饭碗。我们必须在冬天到来之前,做好御寒的准备。我们御寒的措施,就是要有新技术积累。任正非及其经营团队正是有了这样强烈的危机意识,才使华为一次次度过危机,走向坦途。

考验4:品牌战略

我们已经进入了品牌经济时代。所谓品牌经济,从现象上看,制造商在创造品牌,经销商在推销品牌,消费者在追逐使用品牌,品牌已经成了组织资源的最强载体,已经成了产品与服务价值的最大体现,人力资源、物质资源、技术资源都在向品牌集聚。经济全球化条件下中国成为一个开放的市场,大量的国际品牌纷纷涌进中国。不断富裕的中国也正在造就一批批能够享受品牌的消费者,他们对品牌的青睐又进一步刺激了品牌经济的发展。无论从市场上看,还是从文化层面看,中国的品牌经济时代已经到来。

尽管如此,我们有些企业还是不知道如何做好品牌这篇大文章。许多企业认为,成就品牌在于宣传,只要做好广告,找好代言人,品牌就树立起来了。果真如此吗?纷纷落马的众多"名牌"甚至"标王"就是明证。这反映了一些企业的品牌文化还处于启蒙阶段,还没有掌握它的真谛。

其实,品牌的内涵就是两条:科技决定它的品质,文化决定它的魅力。如果企业在品牌运作上没有这两方面的投入,雇人吆喝的钱就是白扔。不以老老实实、精益求精的态度去追求品牌的高品质,只想省力气、走捷径,金玉其外,败絮其中的东西是没人买账的。不下苦功夫、不用真精力培育品牌的文化个性,就形不成品牌内在的独特"气质",尽管代言人的名气再大、长得再漂亮,那也贴不到产品的身上。

现在,我们真正的品牌、著名的品牌太少了,危机来了,市场变化了,一批所谓的"品牌"就消失了。事实证明,不把心思、力量用在正确的地方,就不可能成就高技术含量、高文化含量的品牌。

考验5:经营谋略

经营谋略是企业文化的组成部分。面对金融危机,经营谋略差的企业束手无策,除了找银行借钱以外,没有更好的办法;而经营谋略强的企业,则表现出较高的"危机智慧"。"危机智慧"是我提出的一个概念,它与战略意识是联系在一起的,有战略意识的人才有危机智慧。危机智慧是一种长期积累,危机一来就能迸发出来。

现在好多商家在打价格战,其实价格战是最浅层次的竞争。有经营谋略的企业,会设计很多营销方案,如通过提升服务附加值、提升品牌附加值、提升文化吸引力来使消费者对自己的产品感兴趣,而不是一味地降价。如有些商家创造了与供应商、消费者共同度过危机的好办法。即使通过价格手段促销,也要与顾客建立长期的联系,目的就是把双方的利益捆绑在一起,这就是经营谋略,也就是商业智慧。现在危机到来,也正在考验着企业的营销谋略。

考验6:人本文化

过去,不少企业天天讲以人为本,但在危机中的表现却不尽如人意。有些企业危机一来,不管员工给公司做过多大贡献,说裁就裁。还有的企业在顺境时,钱发得也多,看似有些凝聚力,但危机来了奖金少了,人就留不住了。这说明原来的凝聚力主要是金钱的诱惑力,而不是事业的凝聚力,以人为本还没有到达最深层次。试想一下,这些企业的员工会真的与企业同舟共济吗?一个企业,究竟以什么为本,金融危机中的表现最有说服力。

考验7:社会责任感

企业的社会责任,越来越受到社会的关注。企业对于社会来说,既有经济责任,也有政治责任,文化责任、道德义务,还有环保责任。越是在关键时刻,企业越要自觉承担社会责任,承担社会道义。汶川大地震后,王石捐款事件为什么闹得那么大,就是因为社会在检验企业的道德,关注企业的社会责任。以前,企业对员工的责任讲得比较少,而在金融危机中,这个责任就凸显出来了。为了承担社会责任,有些企业虽然很困难,但努力坚持不裁员、少裁员,自觉维护企业和社会的稳定。有些企业不但不裁员,还投入资金培训员工,提升他们的技能。这与那些野蛮地把员工撵回家,甚至连拖欠的工资也不发的企业形成了鲜明的对照。我觉得,看一个企业到底有没有社会责任感,不看它标榜的那些东西,只看关键时刻的作为就一目了然了。金融危机当中,企业可以想方设法降低成本,但不能降低社会责任感。

在平时,企业的发展离不开社会的发展;在危机时,企业脱困同样也离不开社会支持。因此企业应与社会共克时艰,更加积极地担起肩上的社会责任。国家已经投入了四万亿,从一定意义上说,就是为了创造一个有利于企业脱困的经济环境。在这个时候,企业的社会责任感就显得尤其重要。

考验 8:企业家精神

这些年,我国一直非常重视造就自己的企业家,也非常重视倡导企业家精神。在市场经济条件下,企业家作为一个市场要素,是最稀有的资源。只有这个稀有资源丰富起来,才能启动企业经济,给社会经济带来活力。但是,金融危机爆发之后我们发现,中国的企业家精神还亟待提升。

不少国有企业的经营管理者,还没有成为真正的企业家,他们中有相当一部分人还是权力本位者。在金融危机面前,权力本位者没有风险意识,没有战胜风险的胆魄和能力,也没有捕捉机遇、开拓创新的冲动。一般来说,权力本位文化下的所谓企业家,大都不求有功,但求无过,因为无过才有可能被提升。他们在危机面前往往谋权不谋市,只对权力负责,不对市场负责。而真正的企业家,必须执著地追求成功,而不犯错误并不是他们追求的最高价值。

金融危机对民营企业家也是一个考验。原来我觉得,中国真正的企业家比较容易在民营企业中诞生,现在看来这个估计有点问题。从整体来看,民营企业家在市场意识、创新冲动、冒险精神方面,确实比国有企业中的权力本位者要强。但是,在这场危机面前,也有不少民营企业家表现出了狭隘、自我、封闭等人格上的缺陷。个别民营企业家顶不住外部环境的压力,精神崩溃甚至自杀了。真正的企业家具有顽强的意志,顺境中非常自信,逆境中更有处理危机的能力和魄力。企业家是企业文化的旗手,企业家精神也是企业文化最重要的一种内涵。经济危机给中国企业家画了一幅"众生相",值得我们深思。

过去我们总说诊断、评估企业文化,搞了那么多的指标体系,就是想弄清企业文化的真实面目。现在看来,在危机到来的时候,在关键问题面前,考量一下企业的所作所为,是不是也可以算作诊断企业文化的一个思路?就像给一个人检查心脏,平卧时似乎正常,一上跑步机,气喘吁吁了,心电图就反映出来了。文化诊断也是这样,看企业怎么在"危难之中显身手",看它怎样决策,怎样对待职工,怎样处理与外部环境的关系,怎样解决各方利益之间的矛盾,怎样解决资金、技术、市场的难题,如此等等。这些方面的表现综合起来,就是这个企业比较真实的企业文化。借此机会,也希望企业文化评价机构进一步完善评价指标,科学估算"企业文化贡献率"。

总之,中国企业的历史不长,企业文化的积淀与西方发达国家的企业不可简单相比。解放前我们的民族资本处于那样一种环境,解放后又是长期的计划经济,而真正开始搞市场经济没有多长时间,况且今天仍在建立完善之中。因此,我们的企业没有经受过大危机的考验,没有经受过市场激烈竞争的洗礼,在这次危机中暴露出一些文化上的欠缺,这完全是正常的,也是可以理解的。我们没有任何理由自暴自弃,更没有任何理由对现实全盘否定,我们只会从不足中更加清晰地看到奋斗的目标,更加科学地调整思维、战略、规划、方案和措施,以使我们的企业文化持续健康发展,在世界上彰显出鲜明的中国特色。

二、八大重整重点

现在,企业为了克服金融危机,大都采取了调整发展战略、优化产品结构、整合资源、压缩成本、开拓市场等举措,这些都是非常必要的,而且取得了一定的成效。但是,要想彻底摆脱金融危机的阴影,使企业增强核心竞争力,仅从经济层面着手还是不够的,还必须化文化之"危",为重整文化之"机",进行一次文化层面的深刻变革。最近我在深入调研的基础上,归纳出重整企业文化的八个重点,提出来与企业界、理论界共同探讨。

重点 1:实施全方位创新

改革开放以来,我国企业确实在不断创新,从技术到制度,再到市场,都发生了很大的变化,但是创新型的企业文化还没有深深扎根,主动创新还没有成为企业的普遍精神。这种情况与中国传统文化是有关系的。"木秀于林,风必摧之;堆出于岸,流必湍之;行高于人,众必非之。"如今,这种现象依然存在,这种观点依然有市场,不少人还是在追求不偏不倚、不上不下、不前不后,因此就不太愿意主动地创新。

企业家最本质的精神是什么?其实就是两条,冒险和创新。有人说中国还没有真正的企业家,意思是说企业家赖以生存的市场竞争机制还没有完全形成。企业家是企业精神的典型代表,是旗手,所以他的创新意识的强弱必然对企业有巨大的影响。

这次金融危机在考验我们,如果我们企业的创新精神还不增强,今后的路就会越走越难。摆在我们面前的一个迫切任务,就是要大力推进文化转型,积极实施全方位的创新。所谓全方位创新,既包括技术层面的,也包括制度层面的,还包括精神层面的。只有实现全方位的创新,才能从根本上解决企业的问题。

现在,全方位创新还面临着很多思想认识上的障碍,其中最主要的是权力本位文化。权力本位文化,一直制约着中国的企业,尤其对国有企业创新文化的生成是一个障碍。权力本位文化,主要源于过去的任命制、任期制、行政等级制。有的国企老板说,我们已经没有行政级别了,但在实际运作中还是能够看到部级企业、局级企业、处级企业的诸多区别。权力本位与市场的不确定性有矛盾。导致企业管理者不求有功、但求无过,谋权不谋事,只对权力负责不对市场负责。短期化行为十分严重。

所以,打破权力本位文化,培育市场主体文化,造就真正的企业家,对企业实现文化转型,确立创新型企业文化尤为重要。

还有,我们的自主知识产权意识一直不是很强,比如我们的西药几乎没有自主的知识产权,中药也没有很大的突破。中国是一个后发展国家,要想在技术上一步就跨越别人确实很难,但我们必须学习、借鉴、综合,这样才能缩短和别人的差距。最初的创新可以是跟随性的,跟到一定程度就必须要有自己的东西。

重点2:建设新的人才观和薪酬体系

受金融危机的冲击,世界经济结构在重新洗牌,人才市场也在进行整合和调整。企业要抓住这个优化人才结构的最佳时期和最好机会,进行人才结构的调整,确立自己优质的人才结构。现在我们有些企业,忙于搞一些资源抄底、技术抄底,这些都没有错,但是最聪明的企业还应该做人才抄底,理性地、积极地面对市场的人才,及时引进所需要的优秀人才,同时留住人才,做好人才的储备,为后金融危机的经济发展奠定坚实的基础。电视剧《大宅门》里,当白家老号被查封后,依然保留着老掌柜等一些主要人物。事实证明,这些主要人物在后来的老号振兴中发挥了巨大的作用。人才是资本,不是一般的资本。所以,现在的企业也应抓住时机吸引和留住人才,这确实是一种战略选择。

当前,还应该把"能力是本位、绩效论英雄"的人才观确立起来。现在是市场经济,又是知识经济,知识在生产中的作用越来越重要,产品的知识含量越来越高。过去,企业有资本、有人就行了,现在更需要知识。知识和人是结合在一起的,人是载体,知识是财富,知识经济条件下,人才的价值在不断提升。人力资本和物质资本是有极大差别的,物质资本会增值,但那种增值是线性的,而人拥有的创意、专利、独特技术,给企业带来的增值是几何性的,它不是一般的资本概念。在金融危机情况下,怎么看待人力资本的新特点,是需要企业认真思考的。

既然在知识经济条件下,人力资本价值跟过去不一样了,就需要我们解决创新型人才的待遇问题。过去的企业,技术人员的待遇可以稍微高一点,而现在看,一般体力支出所创造的价值和知识智力所创造的价值相比,其差距往往是很大的。因此,我们的薪酬体系要打破传统观念的束缚,给创新型人才,给知识经济条件下的特殊资本以更大的激励,以调动其创新积极性。这方面IT行业已经走在前面了,比如通过一些期权和股权的方式来激励人才,留住人才。如果更多的企业在这方面有所突破,必然会鼓励大批创新型人才脱颖而出,从而使企业和市场相适应,使企业充满创新活力,具有更坚实的发展根基。

重点3:建立责任文化体系

社会一直在关注企业责任问题,我国企业的责任意识也有了明显的提升。金融危机以来,企业为什么要承担责任,应该承担什么责任?这个问题又一次被鲜明地提出来了。企业是社会的细胞,在社会发展中,尤其是在金融危机这样的特殊时刻,怎样建立一套适合企业可持续发展的责任机制,是需要好好解决的问题。诺贝尔奖获得者、经济学家西蒙曾经说:生存最好的生物是对周围环境最有利的生物。意思是说,如果你对周围没有贡献,只考虑自己,就不会生存得最好。一个小蚂蚁,虽然它是弱者,但它在生态平衡中作出了贡献,它就生存得很好,恐龙为什么会灭绝,华南虎、东北虎为什么濒临灭绝,也可从其是否有利于周围生物的角度去解释。同理,企业不一定非常有钱才能生存得好,小企业没有太大实力,也不一定生存得不好,就看谁对周围环境最有利。我想,西蒙的这句话,应该成为我们建立和培育社会责任文化的重要理论基础。

企业责任体系大体上包含六个方面。

第一,经济责任。企业是经济组织,其基本功能是创造财富,为社会提供优质产品与服务,同时取得盈利,照章纳税,承担最基本的经济责任,这是毫无疑问的,这也是大家谈得比较多的。

第二,政治责任。能否保证党和国家的方针政策在企业得以正确的贯彻实施,这直接体现了一个企业政治责任的强弱。假如一个企业总是把矛盾上交,员工经常上访,那你这个企业维护和谐稳定的责任哪里去了?尤其是关系国计民生的大企业,责任就更重大了。还有,国有企业要有维护国家利益和国家安全(比如石油安全)的责任。

第三,社会责任。企业的社会责任是双重担当,先是法定的企业义务,如计划生育,义务征兵,也包括保守国家机密及技术机密等,这是法定的社会责任。其次是道德义务,如对教育事业的支持,对公益事业的捐助等。

第四,文化责任。一个社会的进步,最根本的是文化的进步,而企业在社会文化进步中承担着不可推卸的责任。企业文化的优劣,对社会文化的影响非常直接。企业文化是社会文化的生长点,企业文化不光对企业有利,对社会也有利。在社会进步中最活跃的是生产力,而企业是生产力最直接的组织者,它在组织生产力过程中所产生的新思想、新精神,在整个文化发展过程中往往具有一定的引领作用。很多社会文化正是由企业创造的,甚至一个新产品就可能引起一个文化新潮流。因此,企业的文化责任对整个社会文化的进步、道德的提升具有至关重要的作用。

第五,保护和培养劳动者的责任。它有两个含义,其一是对劳动者的保护责任。SA8000社会责任管理体系是个国际标准,它对保护劳动者责任有非常严格的要求。例如不得使用和支持使用童工,不得体罚员工,要尊重员工的集体谈判权,员工工资不能低于行业最低标准等。企业用人,首先要保护劳动者的合法权益,这是义不容辞的责任。其二就是培养人的责任。企业不光是生产单位,一个好企业还是一所好学校,不光使用人,还要培育人。

第六,环境保护的责任。保护人类赖以生存的环境,每个企业都责无旁贷。你使用的原材料,生产中对环境是否有害,废水是否经过了处理,是否给可持续性发展带来了危害,这都衡量着企业环境保护的责任,对此企业一定要有足够的认识。确保人类赖以生存的环境不被破坏,人类社会才能够可持续发展。

重点4:提升凝聚力和忠诚观

员工和企业间的关系,是劳动合同关系,合同期满不续,企业跟你就没有关系了。这种法律纽带很脆弱。金融危机一来,人们在思考,在企业和员工之间能否有一条情感的、文化的、割舍不掉的连接纽带,以此来保证上上下下共度时艰,维系企业的生存发展。有些企业的高管减一些年薪,职工不减,就是在努力强化这种情感的纽带。现在看来,只讲企业是利益共同体是不够的,还要讲企业是文化共同体。企业与员工之间,要在法律纽带的基础上再增加一条情感纽带、文化纽带。如果员工与企业的精神是一体的,愿景是一致的,遇到问题共同解决,就可以克服单纯物质利益共同体的一些弊端。更重要的是,在情感纽带作用下,员工对企业必定是忠诚的。

当然,对于忠诚观我们也要客观看待。过去,我们说一名员工忠诚,就是说他死心踏地在本企业干。可现在就有另一种情况,一名员工原来在某写字楼八层的一家公司工作,但这家公司不太理想,结果十层的公司把他挖走了,因为十层的条件非常好,还给他配备助手,更有利于他的成长和发展。我们该怎样评价这个人的忠诚度?按传统观念衡量,他不忠诚,但现在就不能这样简单评价了。我认为,这个人他首先忠诚的是事业,而他的“跳槽”对八层的哪家公司正好是一个警示。

金融危机下,员工与企业共患难,情感真切,是提升凝聚力,建立利益共同体与文化共同体的最好时机,不容错过。

重点5:构建竞争基础上的和谐

现在不少企业对外强调竞争,对内只强调和谐,这对企业的发展极为不利。在重整企业文化的今天,确实需要我们深入考虑,使和谐与竞争文化辩证统一起来。

我认为,企业和谐倘若不是建立在竞争的基础上,没有使竞争与和谐构成相互推动的关系,就是低层次的和谐。换句话说,由于企业内部竞争机制不足,所以和谐是表层的,是靠外力维系的,不是内生于竞争文化基础之上的和谐。美国西部国家公园有一种鹿,它们的奔跑、跳跃是公园一道美丽景观。后来,管理人员发现,有一种黄狼吃这种鹿,场面惨不忍睹,于是他们把黄狼消灭了。从此,鹿越吃越肥,越呆越懒,他们再也见不到鹿的奔跑、跳跃的美景了。这件事启迪我们,真正的和谐是建立在竞争基础之上的。企业内部需要竞争,需要形成相互制约的机制。

根据管理学的能级原理,员工因为学历不同,资历不同,经验不同,因而具有不同的能量差异。企业要把低能量的员工放到低能级的位置上,要把高能量的员工放到高能级的位置上,但要有一个原则,要形成内部竞争。如果企业内80%的人都感觉很稳定,这个组织就没有活力了。我想,应该让所有的人都知道,干好了企业会给你提高工资,会给你更大平台,干不好你就下去,有人在等着这个位置。能力是本位,绩效论英雄,能级相符,给每个人提供平等的机会和条件,形成企业良性竞争,这才是高层次和谐。

重点6:重构信用文化体系

全球金融危机,更显出信用文化体系的重要。我们的信用文化根基本来就不很牢固,金融危机后就更需要重新审视企业的信用链条和信用机制,重新构建信用文化体系。

信用有三个层次。最低的层次是情感信用,是小生产者之间的信用,是亲缘关系的信用;市场经济规则下的信用是第二层次,是基于法律之上的信用;第三个层次,是信用文化,是基于一种信仰和价值观。

过去,中国人讲信用,主要是基于家族情感关系的一种信用。费孝通曾经说,乡土社会人与人之间的关系,就像一个平静的水面,投进一个石子出现了波纹,离这个石子最近的波纹最高,然后推而远去,越来越小,最后看不见了。过去人与人之间的关系就像这样,对自己的父母、兄弟讲信用,对其他亲属也讲一点,而对八竿子打不着的人,信用就荡然无存了。这种靠家族情感连接的信用,不是大信用。而现代市场经济条件下的信用机制,要求不管对谁,不管认识不认识,都要讲信用。信用文化则是一种至高境界,不光靠法律约束,更是心灵的自我约束。我们现在基本处在第一层次向第二层次过渡的阶段,还没有上升到信用文化的自觉程度,所以我们的信用文化和信用体系需要重建。

人有智商、情商、财商、健商。智商反映你的聪明程度,情商体现你的意志力和勇气,财商是看你有没有经济核算意识,健商就是责任感和诚信。企业如人,也有健商。如果一个企业“人格”不完整,就要弥补健商的不足,提升诚信精神。

信用还可分为两种,一种是硬信用,就是按合同办事;另一种是软信用,就是每句话都是真的,不闹虚假的。硬信用犹如法律,再周全也不可能规范所有人的行为,而软信用却是无所不及的。一个人违背道德,但不违反法律,他也不是高尚的。合同只是法律的底线,而人的关系往来绝大多数是没有合同的,就需要软信用去支撑。如果某个人或组织的软信用不好,其硬信用也可能要打折扣,也可能会钻合同空子。长期以来,我们的信用体系本身就不健全,经过金融危机的考验,更感觉中国信用文化严重缺失,必须加快弥补和提升。从体系上来讲,个人信用约束是自我约束,企业信用约束、国家信用约束是通过法律约束,这几个层次必须同时建构起来,这是一个社会工程。但是不管怎么说,企业是各种经济活动的枢纽,企业不能推卸在建构信用体系中的重要责任。

重点7:落实以人为本的理念

首先,企业要正确理解以人为本理念。企业以人为本,既要以员工为本,也要以利益相关者为本,如以顾客和供应商为本,二者不可偏废。但有些企业在处理顾客与员工的关系时,认为顾客高于员工,这也是错误的。

其次,要深刻挖掘以人为本的内涵。企业既要保障员工生产安全,又要提高员工收入,还要满足员工的精神需求,维护员工的独立人格与尊严,努力为员工的成长发展提供平台。只有从这几个层面着眼,才能打造良好的机制和体制,真正落实以人为本的理念。

重点8:引导正确的消费文化

消费文化,不只是社会文化的一部分,也应是企业文化的一个组成部分。实践表明,企业文化中的消费理念,自然而然会在社会上表现出来。这次美国的次贷危机,实际上是超前消费、超前享乐的价值取向引发的。个人超越偿还能力借贷买房,追求"美国梦";政府靠发债券生存,最后泡沫破裂,这是一大教训。与此相反,中国过去是节俭文化,从社会文化到企业文化都鼓励大家勤俭节约,有钱存着,因此,我们的消费率一直很低。这样虽能增强抗风险能力,但却不利于刺激经济的增长。因此,我们要通过企业文化建设,引导一种正确的消费观念,既不是超前享乐、超前消费,又不是非常保守的把钱攥死,这两者的结合点,就是正确消费文化的生长点。一种正确的消费文化对于社会进步和经济发展都大有裨益。

以上提出的重整企业文化的八大重整重点,决不是一朝一夕就能完成的事。重要的是在金融危机这个非常时期,我们要通过深入思考,看到自己的缺陷和不足,为后危机时代我们做好企业文化的转型,找到一个很好的切入点。相信会有更多的企业紧紧抓住这一宝贵的机遇,为后危机时代永续发展探索出一条更加科学的文化管理之路。

(作者系北京财贸职业学院副院长、教授,中国企业文化研究会副理事长、学术委员,本文摘自《中外企业文化》2009年6、7期,作者略有修改)

企业文化的由来及其内涵

邓荣霖

企业文化是市场竞争与管理实践的产物。企业在日趋激烈的市场竞争中,不断变革管理以取得更好效益,实现企业由弱变强、由小到大的目标。在企业管理演变过程中,由20世纪初期的泰勒"科学管理"到20年代以梅奥、马斯洛、赫茨伯格为代表的"行为科学理论"提出"经济人"到"社会人"的转变,解决个人价值与企业价值的关系问题,这是企业文化的萌芽时期。40年代末期到50年代初期,企业管理强调由"经济型企业"到"生命型企业"的转变,追求"长寿型企业"的经营战略目标。其关键在于作为一个开放系统的企业组织,面对极其复杂的外部环境,内部全体员工必须具有高度凝聚力与认同感,才能共同应对市场供求关系及政府政策法规的变化。这是企业文化的形成阶段。70年代末期,日本企业实力的强大对美国及欧洲企业是一种巨大挑战,表明过于僵化的企业管理模式不利于发挥人们创造性及确立企业共存信念,而真正决定企业生存与发展的潜在力量,是塑造一种有利于人们创新并将价值与心理因素整合的企业文化。于是,在80年代初期,威廉·大内的《Z理论》、特雷斯·迪尔和艾兰·肯尼迪的《企业文化》和阿索斯与沃特曼的《寻求优势》三部专著出版,引起了企业文化研究的热潮。这是企业文化的发展阶段。进入90年代及21世纪以来,世界范围的企业文化研究更深入、更广泛,被称作是企业管理发展史上的企业文化时代。

1978年改革开放前的中国国有企业,由于计划经济体制束缚,不具备形成企业文化的条件。因为企业文化的主体是"企业"。什么是企业?可用两句话来概括,即"企业是利益合约"和"企业是心理契约"。计划经济体制下的国有企业既不是独立利益体又不拥有独立自主权,不可能形成企业文化概念。随着改革开放的推进,逐步引入市场竞争机制和国外先进管理理念与经验,国有企业改革深入和多种企业形式出现与发展,在80年代中期引进企业文化概念,并结合中国企业实际状况,加以消化、吸收、发展,形成社会主义市场经济条件下的中国企业文化。进入21世纪,在加入WTO(世界贸易组织)之后,中国企业适应经济全球化和技术信息化的新时代要求,企业文化日益成为企业生存与发展的决定性因素,对企业文化的研究成为社会各界关注的重要课题和热点话题。

从国内外企业文化产生与发展历程来看,企业文化与市场经济和企业管理有着密不可分的内在联系。以日本松下公司的企业文化为例。1994年笔者在日本参加企业管理国际学术交流会期间,考察了松下公司,深感松下幸之助于1918年创建的"灯泡制作社"之所以发展为世界500强的松下电器公司,其间虽然经历创业、成长、裂变、曲折、并购、壮大一系列内外变革过程,但作为企业文化的核心理念和松下精神始终表现为"顾客一生",即公司目标是把"顾客一生"理念传递到世界上每一位顾客和商业合作伙伴,贯穿在公司管理全过程。再以我国海尔集团公司为例。1984年张瑞敏接手的是一个既亏损又负债的电冰箱小厂,产品质量不合格。面对激烈竞争的家电市场,对无序无效的质量管理进行变革,并把"日事日清、日清日高"的管理目标落实到每人、每天、每个环节。20多年来把创新理念贯穿在技术、业务、产品、组织、产业各个领域,使海尔成为拥有5万多员工、营业额超过1000亿元、在海外建立20多家工厂的世界知名企业。其成功秘诀是在市场竞争中求变革和在企业管理中求创新,把"变革与创新"的海尔核心价值理念贯穿在企业经营全过程。张瑞敏的管理格言是:"企业一旦站到创新浪尖上,维持办法只有一个,就是要持续创新。"海尔文化是延续的、长远的、根本的企业价值观。

所以,本文"企业文化的来由"是从两个视角来研究:一是从纵向的历史进程来考察企业文化概念的来龙去脉;二是从横向的具体企业来考察本企业文化的形成及其在市场竞争与企业管理中的地位和作用。对这两方面课题的深入研究,具有重要理论价值与实践意义。在理论上,有利于把企业文化概念与市场经济规律和企业管理原理有机地联系起来,避免对企业文化概念的抽象化,空洞化理解;在实践上,有助于企业从实际出发来形成具有特色的本企业文化,防止出现企业文化的雷同化、表面化现象。

什么是企业文化?企业文化是为实现企业经营目标而具有凝聚力的全体员工认同的价值观。这个定义表明企业文化包含两个层次的基本涵义。

第一,企业文化的目的是实现企业经营目标。

企业文化概念中的"企业"与"文化"两者关系必须摆正,不能本末倒置,颠倒主次。其中"企业"是主体、是目的;"文化"是手段、是过程。尽管人们对"文化"这个概念的范畴宽窄有不同界定,但"文化"作为人类创造物质财富的精神化的结晶,则是"文化"的基本内涵。任何"文化"内容都必须通过物质产品才能表现出来。企业在生产物质产品过程中,也产生出精神产品。"物质产品"与"精神产品"两者之间既有联系又有区别,但不是平行关系,而是"器"与"道"的关系。所有的"道"都是通过"器"才能显示出来,没有离开"器"的"道",类似于"皮"与"毛"的关系。我国古语云:皮之不存,毛将焉附?如果不围绕企业生存与发展去建设企业文化,企业文化策划不能实现企业经营目标,其结果只能是"有文无化"。

企业文化,意味着"企业"必须要有"文化",没有文化的企业,是没有理念、没有精神、没有灵魂的企业,是不能持久的短命企业。但是,也不能脱离"企业"去空谈"文化"。若是不能实现企业经营目标,就不是企业真正需要的文化。

企业经营目标是要找准本企业在市场中的定位,明确企业发展方向,做出有效的企业战略决策。企业文化建设必须紧紧围绕企业经营目标而开展各项活动。同时,企业经营目标既有企业整体总目标,又有分层次、分部门具体目标。应当实行目标管理,层层分解目标,有效地处理总体目标与具体目标的关系。与此相适应的企业文化建设,也应当落实到各层次、各部门、各岗位乃至每个人,形成强有力的企业文化力量,推动企业经营目标的实现。企业文化是企业发展的灯塔,给企业一个指引,一个方向,一种信心的力量,照亮企业的未来。

第二,企业文化是具有凝聚力的全体员工认同的价值观。

企业文化是企业价值观的体现。企业价值观是企业理念和企业精神的综合与概括。从企业文化形成的具体过程来看,早期创业者的个人理念和精神状态对企业文化形成有很大作用。这种状况导致社会上有人把企业文化叫着"企业家文化"。当然,不可否认的是创业者个人理念及其精神对企业文化形成有重要影响,但不能把企业文化与企业家文化等同起来。因为企业价值观的形成与选择,既受到创业者个人的影响,还受到企业外部的客户导向及社会环境各种因素的影响,而且是在长期市场竞争与管理实践中总结出来的。应提倡后人对前人的创新,不应只是前人为后人的安排。企业文化是创业者、管理者、作业者及各类人员共识的结果。企业价值观反映的是支配企业生存与发展的核心理念和基本精神,是长期实践中总结、学习、提升出来的,经历从感性到理性、从自发到自觉、从必然到自由的过程,能够适应时代变迁和环境变化的要求。企业价值观的选择,是企业生存与发展过程中的最基本选择。一旦选定了,不能摇摆不定,而应当坚持、完善、发扬。对企业价值观的判断,除非触犯法律和违背基本道德规范,一般情况下没有对错可言,而是由企业在市场竞争与管理实践中的效果来检验。实践是检验企业价值观的标准。

企业文化所体现的企业价值观,必须是具有凝聚力的全体员工认同的价值观。所谓"认同",是融在员工思想中,化在员工血液中,做在员工行为中。作为深层次文化的企业价值观是隐藏在员工思想深处,支配员工行为的理念、精神、信仰和思维方式,是言行一致、自觉自愿和难以改变的稳定力量。从这个意义上来说,企业文化具有深刻性、持续性、稳定性的特征。当企业内部条件与外部环境变化时,企业文化能持久地贯穿于企业员工行为的全过程。所谓"凝聚力",是以个体行为为起点、群体行为为基点、组织行为为目标的共同价值观,是个人价值与企业价值的有机统一,是企业所有人员齐心协力的无形力量。企业文化是全体员工约定俗成的精神价值和工作方式与生活方式。企业只有内部凝聚力,才有外部竞争力。应避免企业内耗、盲目攀比,提倡维护企业价值,求得企业整体发展。

企业产品业务可以变,公司股东员工可以变,但作为企业价值观的核心经营理念却是延续的,这正是薪火相传的企业文化对企业生存与发展所表现出的支配与稳定作用。例如,1802 年创建的美国杜邦公司,以生产炸药产品起家,其间经历的产品有尼龙、化纤、化工产品乃至今天成为一家生物科学公司;公司股东由早期家族制到后来股份制,再到现在的社会化的全球大型跨国公司,其间至少股东换了十代,董事换了十二代,经理换了十五代,但作为杜邦公司文化的核心价值理念即"科技创造奇迹",不仅延续了二百余年,而且随着时代变迁,特别是 21 世纪面临经济全球化、技术信息化的挑战,这种公司价值观显得日益重要,是公司生存与发展的无价之宝。再如,1865 年创立的芬兰诺基亚公司,当初是一家生产纸浆的小企业,后来又以生产橡胶和木材产品为主,至今还有芬兰老人仍会把诺基亚的名字与儿时穿的胶皮靴子联系在一起。但是,进入 20 世纪 90 年代,诺基亚公司却以"世界名牌移动电话制造商"的头衔为世人所瞩目,靠的是什么?靠的是诺基亚公司文化即"科技以人为本"的核心价值理念,适应瞬息万变的电信科技发展的时代要求。诺基亚的产品变了,技术变了,但作为诺基亚公司文化的价值观一直是支配公司变革的无形力量。

企业价值观是企业在长期实践中形成与遵循的基本

信念和行为准则。企业价值观决定着企业及其全体员工的行为取向和判断标准。企业价值观既是一个理性概念,又是一个具体概念,随时随地都在影响着企业各项经营管理活动。企业价值观是由诸多要素构成的一种价值体系。企业价值体系中的每一个要素都有各自的价值观,因为各个要素在客观上存在着各自的价值追求及自身价值的观念。社会主义市场经济条件下的中国企业生存与发展过程中,面对的企业内外基本要素,包括企业内部四种人(股东、董事、经理、作业者)和企业外部四种人(客户、债权人、政府、社会公众)。企业价值观就是建立在对各种人利益判断的基础上并加以协调与综合的结果。企业价值观的实质是一种利益观。企业价值观的具体表现是多种多样的,包括市场观、发展观、质量观、人才观、效率观、公平观以及这些观念之间相互关系的阐释。企业价值观的本质是共同的,但每个企业价值观又有各自特色。由于企业所处行业、地区、外部环境不同以及历史演变、现有规模和内部条件差异,每个企业价值观的选择方式和具体途径各有不同,既包括本企业实践经验与升华,也包括吸取中华民族文化与社会文化精髓,还包括学习和借鉴国内其他企业及海外企业的有益理念,因此,没有千篇一律的企业价值观。

企业价值观不仅是支配全体员工的内在理念,更是外化在全体员工的具体行为之中。检验企业价值观是否有效的科学方法,是通过观察对照行为物与信奉的企业价值观两者之间是否一致。这里讲的“对照行为物”,最重要的是企业各项制度的制定及其落实。成功的企业文化往往体现在“员工手册”的规则及其细节落实,保持高度言行一致。因此,企业制度与企业文化是相辅相成的,共同促进企业发展。企业制度与企业文化是企业发展的两大支柱。制度与文化是并存的两个概念。既不能用企业制度替代企业文化,也不能用企业文化替代企业制度。企业制度是有形力量,抑制人性恶的一面,企业文化是无形力量,引导人性善的一面。企业制度是硬的,企业文化是软的,办企业必须软硬兼施,双管齐下。企业制度是外在约束,企业文化是内在力量,两者发挥各自作用并相互配合,是国内外成功企业的秘诀。企业制度涉及的范围很广,包括产权制度、组织制度、管理制度诸多方面。在管理制度中又可分为生产管理制度、营销管理制度、科技开发管理制度、人力资源管理制度、财务会计管理制度以及更为具体的各项规章制度。企业制度制定及其实施过程,是一项复杂的工作系统。企业内外情况变化和信息采集与加工的误判而导致制度失误的现象往往难以避免。问题不在于企业是否失误,而在于企业价值观中应当具备防范错误与矫正错误的基本理念和思维方式。因此,纠错机制是企业文化的重要内容。企业制度与企业文化是在这种相互交融的演进过程中不断优化,臻于完善。

企业文化与企业制度相互交融的结合点在于企业中各类人的素质。坚持“以人为本”的企业文化建设和企业制度创新,关键在于:第一、提高每个人的素质;第二、提倡团队精神和协调与合作意识;第三、处理好制度与人的关系。其中“个人素质”,包括每个人的自立、自重、自尊、自强、自律品质,怀有积极向上的心态和正常稳健的心理习惯,工作中的责任感、上进心、成就感、认真、诚实、信用、风险意识、创新精神,形成了解人、尊重人、关心人、团结人、发挥人的长处来做好各项工作的良好人际氛围,是企业文化与企业制度的起始点和落脚点。

(作者系中国人民大学商学院原院长、博士生导师、中国企业文化研究会学术委员会委员,本文摘自《改革开放30年中国企业文化成果大典》)

中国需要健康文明的制造文化

孟宪忠

一个国家的实力离不开制造能力与技术能力。

为了建设强大的国家,从政府到企业,从教育部门到科研机构都提出要提高我国的制造能力与技术能力,提出要加强自主创新,提出要进一步加大科研投入,要建立、实施促进科学技术发展的新政策、新制度。这些都是完全必要的,但仅有这些是远远不够的。因为制造与技术不仅是一种技术问题、经济问题,还是文化、国民性问题。

纵观历史上的日本、德国成为世界上制造大国,横看今日美国科技领先世界,除了经济投入多、制度相对完善的原因之外,一个很重要的基础是这些国家在市场经济发展过程中形成了相对健康文明的制造文化与技术文化,是文化为制度指出了方向,促成了人们的行为习惯,使得人们自然而然负责任的、追求完美的生产,不满现状的创造。这正像德国学者马克斯·韦伯所说的:经济不仅需要一种能力,还需要一种气质。新教伦理的敬业与节俭精神养成了西方一些国家的制造精神。

回视我国在生产制造与技术创造方面存在的一些问题,不能说与我们缺少健康文明的制造文化、技术文化无关。国内已有不少文章专门讨论中国制造与中国技术问题,但多是从技术角度分析,很少从文化角度系统研究。我试图从文化与社会学角度对我国制造与技术领域存在的问题作一探讨。结论很明显:中国制造与技术要取得世界地位,首先要形成健康文明的制造文化与技术文化。

一、不良制造与不良技术现象

正视现实有时是很痛苦的,但只有正视现实才能进步。

研究从事实出发。10 多年来,在对企业的管理咨询过程中,在对企业产品的实际调研中,我们切实感受到一些企业产品制造与技术开发存在许多不良现象。这些不良现象都与企业的制造文化、技术文化密切相关。

这些不良现象概括起来有十大类:

1. 神造:不顾事实的将产品功能神化,诱骗消费者。保健品从口服液到元气带,仪器类从甩几下就能神奇减肥的甩之机到包治百病的热温床,以及随处都是纳米级的具有特殊功效的产品,神乎其神的夸大其词包打天下。

2. 粗造:不讲质量,过得去、差不多就行。大工程的质量问题有桥塌坝溃、路断房毁、豆腐渣工程,建筑质量不高;小产品的质量问题有眼镜不合格、桶装水不达标、马桶漏水等等。

3. 形造:就是重形式、重表面、重包装,不注重实质,只求型似,功夫用在造型上。月饼包装、药品包装、化妆品包装,各种消费品的包装无所不用其极,不少包装的成本远远大于产品的成本。我们一些企业生产的家具与国外成功企业的家具外观真假难辨,但所用材质、内在质量、环保水平则不可同日而语。

4. 量造:外延性思维,盲目的追逐数量、规模,一味的以大取胜,哗众取宠,好大喜功,不重视独创与创新。即只是同质化、同水平的量的扩张,不是本质不同的创造。世界上最大的臭豆腐、最大的月饼、最大的帽子、最大的鞋、最大的风筝、最大的龙、最大的广场、最大面积的商场、最大的山体雕塑都记在了我们的名下。

5. 仿照:醉心于外在模仿、争抢于外在模仿、满足于外在模仿、自我安慰于外在模仿。对国外的优秀产品,无论手机、DVD、电器、服装、家具、只要世界上有的终端消费品商品,我们都能仿造出来。在尊重知识产权前提下,仿造本身并没有什么不对,问题是我们有些企业在仿造别人产品时无视别人的知识产权,尽管仿造也是创新的必由之路,但是我们一些企业满足于模仿,自喜于模仿,好像模仿不用研究投入占了便宜,其实仿造只能知其然不知其所以然。

6. 劣造:这是比粗造危害更大的一种生产,粗造还是利用本真的材料、标准的流程生产,劣造则是利用假料、废料,不按生产标准、工艺流程的滥造,减少工序的产品都是严重的劣造。

7. 伪造:这是比劣造更恶劣的制造,是用各种手段造假充真,谋得利益。坦诚说来,每一类产品几乎都有伪造者,不是100%葡萄发酵酿造而是用水勾兑的葡萄酒,添加了果葡糖浆的蜂蜜、注水肉、染色米、增白面、回收棉、红心蛋、造假的建材等等。近几年,冬虫夏草价格狂涨,特等品10万元一斤,可比黄金,就有人用假虫草冒充真货。奶制品添加三聚氰胺事件,是典型的伪造。

8. 低造:满足于生产低附加值的产品,不努力提高产品的类别,不努力提高产品的技术档次、不努力提高产品的附加值。制造业可分为尖端制造、高新技术产品制造、机器制造、设备制造、生活消费品的制造,我们满足于制造服装、鞋帽、食品、玩具等低附加值产品。今天,我们不得不看到我国是世界上最大的低值产品制造国。

9. 费造:就是只求产值,只求产出,不计综合成本的制造。这里所说的综合成本,包括经济成本、环境成本、政策成本、机会成本。就经济成本而言,我们的劳动生产率分别是日本、德国、美国的6%、7%、9%左右。谁都应该知道在劳动生产率低下情况下的高产出是对经济的反动,因为这些高产出不是劳动生产率创造的,不是创新带来的,而是各种经济要素高投入实现的。机会成本是指从事了当下的业务,获得了当下的收益而失去了从事其他业务的机会及收益。并不是当下的就是最合理的,如果我们的视野与事业再开阔些,我们也许能够选择更有收益的事业,减少机会成本的损失。

10. 急造:违背事物发展规律,什么事情都要跳跃式进步、超常规发展,结果拔苗助长则欲速不达。这些年我们出现了太多的速度典型、快速发展的样板。政治表态性的建设项目,各种各样献礼工程,所有这些急于求成忘记了两点:速成的是没有根基的,速成的是极易腐朽的;速成的只有物理变化,而真正的化学变化是要有反应过程的。我们更应该记住这些智慧的语言:华尔街不相信奇迹,在企业发展、国家经济发展的真实道路上所有的捷径都是弯路,最伟大的成功是自然而然的成功。

二、危害与原因

第一,不良制造严重危害了消费者的身心健康。

历史充满了反讽,在市场上叫卖的最厉害的商品往往是假冒伪劣商品,但这种叫卖确实能诱骗广大的消费者。凡是受到企业诱骗、购买过不良产品的消费者都会感受到不良制造与不良技术的危害:不良制造品骗取了消费者的钱财,更严重的是给消费者造成了巨大的身心伤害。

第二,从经济角度看,这些不良制造与不良技术造成了巨大的社会成本。这种巨大的社会成本表现在两个方面:首先,这是无价值的制造,不良的制造品不但不能给消费者带来其所希望购买的商品的功能价值与情感价值,适得其反,还会给消费者带来功能与情感伤害,这自然是一种无价值的制造,是一种浪费的制造。其次,它是一种强迫精良制造品被动提升不必要成本的制造。有假烟假酒,真品正品为了自我保护,就要不断的防伪打假,如茅台、五粮液类国内名酒至少有5重防伪,建材市场更是真假难辨,拉法基石膏板从文字、图形到激光防伪要有六种辨别真伪之处。这些投入都不能给消费者带来新的功能价值,在文明诚信的市场上都是不必要的成本。以上,我们所说的还都是可以直接用货币换算的经济成本,管理学讲到消费者的让渡价值时,消费者还有时间、体力、精神成本。如果消费者购买的是不良制造品与不良技术,消费者的时间、体力岂不是白白支出,消费者更要付出很大的思虑与苦恼的精神成本。

第三,从文化角度看,不良制造与不良技术严重败坏了社会风气,塑造着一个民族的不良性格。社会风气虽然看不见摸不着,但却在经济建设、社会生活各领域发挥着重要的作用。由于经济活动是最基本的社会活动,经济活动的方式与风气影响着其他领域的活动方式与风气。早在500多年前,新教改革领袖马丁·路德就说过:一个民族的伟大与未来,并不在于城堡的华丽,而在于民族的远见与民族性格的高贵。我们都记得一段常言:观念决定行为、行为决定习惯、习惯决定性格、性格决定命运。我们也应认识到,对一个人是如此,对一个民族也是如此,因为民族是一个大写的人。我们要通过不断的健康文明生产来促进我们民族高贵的民族性格的形成,来推动市场经济的整体文明演进。

第四,从国际化角度看,这些不良制造与不良技术严重的损害了我国的国际形象与国际声誉,给我国的对外贸易与经济交往造成诸多困难。当今世界上确有一些人不希望中国富裕与强盛,在国际贸易与经济交往中挑剔寻衅,夸大中国产品的质量缺欠、环保标准低下,渲染中国产品有问题。但另一方面,如果我们的产品与技术没有问题或问题很少,我们就不会给别人留下更多的口实。加入WTO,虽然成员国关税降低有利于我们参与国际竞争,但产品的质量与技术却是我们走向国际市场的软肋。我们必须正视以往的不良制造与不良技术确实损害了我国的国际形象与国际声誉。

看到问题是必要的,比发现问题更重要的是找到产生问题的原因,因为只有找到问题的原因才能解决问题。

对于产生不良制造与不良技术问题的原因,许多文献做过多方面的探讨:发展过程说有之:认为中国真正的市场经济不足30年的历史,作为新生事物在发展过程中难免有种种不足与缺欠;制度说有之:认为我们在治理不良生产与不良技术时法纪不严、漏洞太多。这些见解都有道理,我们也赞同这些看法。因为问题的产生本身就是多种原因造成的。在这里我想特别探讨产生这些问题的文化原因。

由于长时间的封建社会影响,中国社会严重的沿袭着封建社会的种种文化遗风,具体说来表现在泛政治化的文化、急功近利的文化、好大喜功的文化、形式主义的文化、粗放的文化、追求恶的无限文化、神秘主义的文化。近半个世纪来这些文化内核并没有得到摈弃,却在不同的时期以不同的形式得以强化。

泛政治化文化:经济与政治是辩证的关系,经济与政治相互作用、相互促进。但经济与政治又有其本质区别,可长期以来,人们可以不顾经济规律,可以超常规办事,造成了损失,破坏了发展。

急功近利的文化:任何事物的发展都是一个过程,而过程都是遵循其规律,一个环节继一个环节有节奏发展的,环节可以缩短,但不能被取代。做企业求短期效益、为官重政绩工程、教育不重视基础阶段、城市规划不追求和谐发展等等,社会的浮躁,结果欲速则不达。

形式主义的文化:好面子、做样子、求轰动,做事给别人看,形式工程大行其道。一些行业原有的中国名牌几乎全军覆灭,足可看出这些企业的空有其名。

好大喜功的文化:国人什么都喜欢大,其实是一种同质的扩张,本质上不是创造。《逻辑学》中,黑格尔早就指出有两种无限:一种是创造的无限,即是指多样化的创造无限,一种是恶的无限,即只是同质化、同水平的量的扩张,不是本质不同的创造。

神秘主义的文化:多少年来,我们许多人都有"希望出现奇迹"的心理,我们的产品也是越吹越玄。在半殖民地半封建社会中,我国的文盲与半文盲占了相当大的比重。愚昧是神奇的最好温床,所以,那时有刀枪不入的神符,起死回生的神药,出神入化的神功,至高无上的神威。就是时至今日,我国文盲与半文盲还有很多,这仍然是接受与渲染神秘文化的庞大基础。我们的许多产品就是利用一些人们的愚昧,来推销着他们的神秘。

三、借鉴与改进

本文的目的不是指出问题,而是解决问题,我们更需要研究如何解决这些问题。

针对以上问题,我们需要"德法互动"来提高我们的制造竞争力、技术竞争力。

所谓的"德法互动"解决思路,是指从法制建设、制度建设与文化建设、道德建设相互结合来纠正我们的不良制造与不良技术。

我们不是自我欺骗、自我掩饰主义者,恩格斯早就说过:人,一半是天使,一半是野兽。法律是惩戒人野兽的那一半,道德是激励人天使的那一半。

治顽疾需要重药,首先我们要认识到:许多不良制造不良技术的产生过程,造成不良制造与不良技术的行为已不仅仅是违反生产流程,不达产品标准的问题,而是犯罪行为,必须受到法律制裁。如医药造假者,给消费者造成身心伤害,如牟利添加三聚氰胺者给婴儿带来灾难,如果我们不从法律角度介入,人们就会永远抱着侥幸心理以身试法去造假欺骗、去玩忽职守,其结果必然是不良制造、不良技术泛滥。同时,我们也要制定更系统更完善的制度,以使人们的行为有规可依,有则可循。

但仅仅有法律与生产管理制度远远不足于解决不良生产与不良技术问题。因为法律惩戒处罚与规章制度制裁都是在问题产生之后,这种矫正是事后矫正,带有很大的被动性。我们应尽量减少与避免不良产品与不良技术的产生,即把问题解决在发生前。这是一种自觉的主动的善行。这种善行来源于人的内心支配,来源于人的天使一面。

今天我们也要强调以文化建设、道德建设唤醒人们心灵中的良知,促使人们自律。

在"德法互动"的过程中,法律、制度是管理行为、管理双手的,文化与道德是管理内心、管灵魂的,只有"德法互动",才能从根本上减少不良技术、不良制造、不良产品。

文化源自本心,制度、法律是在价值观基础上制定的,没有好的文化就制定不出好的制度、法律。同时文化是对制度的接受,再好的制度,没有接受的文化,没有接受的心理,人们也不执行。再次,文化永远是制度、法律的补充,制度、法律永远是落后实践要求,在没有制度、法律规范的时候与没有制度、法律规范的地方,人们是以价值观与文化支配自己的行为的。

有了道德、有了文化才有行为的自觉。只有良好的道德、良好的文化变成了民族的自觉才能有真正的市场经济。

今天我们特别强调要建设制造文化、技术文化,更重要的一点不仅仅在对于提高产品与技术的意义,还在于它对人的主体性建设的意义、人的主体性发展的意义。文化不仅能促进生产出好产品,也能生产出好的人格、好的民族。我们强调文化不仅仅在于只有好的人才能生产好的产品,而且还在于发展有健康文明精神的市场经济主体本身也是发展市场经济的题中应有之义,是发展市场经济的内在要求,市场经济的发展过程本身就包含着文明的形成。

我们发展市场经济的目的不仅仅是要发展生产力,也是为了发展市场经济的主体,人是现代健康文明的市场经济的主体。

(作者系上海交通大学管理学院战略研究所所长、教授、博士生导师)

企业文化最高境界是企业能生产更多的财富和快乐

茅于轼

改革开放30年来,我们的财富创造非常成功,没有哪个国家可与其相媲美。但财富的生产增加了近十倍,可大家的幸福感却没有增加十倍,甚至于还减少了。财富多了,但老百姓不满意;财富多了,但快乐总量没有增加。这值得我们密切关注。这说明,追求财富并不能成为我们的最终目的。

企业不仅要追求生产财富,还要追求生产快乐。财富固然有利于快乐,但也不尽然。有时候钱多了快乐没增加,尤其是一个人收入比较高的时候,财富跟快乐并没有直接联系。我们要追求快乐,而不光是财富。我想我们已经进入到这样的阶段。我们要注意如何追求快乐。

从个人来讲,要追求自己更多的快乐;从社会来讲,要使全社会的卡总量极大化。怎样才能做到?其实非常简单,办法就是让每一个人快乐一点,同时不要使任何人感到不快乐。这样全社会的快乐就能增加一点。

一个企业就是一个组织,有组织就有人与人之间的关系。自己享受人生,也让别人享受人生;尽量做到自己快乐,也让别人快乐,这样就和谐了。比如我们首先要多表扬,表扬没有成本;其次把人放到适合他的岗位上,然后就多赞赏。批评当然还要有,但不是叫人难受的那种批评。要注意批评的立场、态度和方法,要从爱心出发批评,人家才比较愿意接受。和谐是个笼统的概念,能够量化的是快乐的最大化,让企业的快乐指数增加。

企业为社会服务,要让服务对象感到快乐,就是和谐社会。把企业做成生产快乐的地方,企业文化要追求快乐,就能促进和谐社会的建立。因此,企业文化的最高境界是让企业能够生产更多的财富和快乐。

创造快乐的事业是最伟大的事业。一般而言,财富使人快乐,所以创造财富是快乐的事业。所有参与财富创造的人都在从事快乐的事业。如果你不信,不妨想想失业有多痛苦。反过来讲,创造就业是增加快乐的。企业家能够为社会创造就业机会,所以企业家做的事是伟大的事业。我们只认为慈善家才是伟大的,其实企业家一样伟大,因为他们为社会创造就业机会。当然,企业家主观上只是想赚钱,并没有想过自己的事业是不是伟大。然而客观上他们是在做伟大的事业。如果他们明白这一点,他们会更努力去工作,创造更多的就业机会,并感到自己在从事神圣的工作。有了这份神圣感,他们就不会苛刻待人,不会克扣工资,也不会制造假冒伪劣的商品,或用损人利己的手段赚钱,把本来是伟大的事业做成了肮脏的事业。这样,企业家也更能为社会认可,受到社会的尊重。

企业的性质不同,利润来源不同,企业文化就会有不同。企业文化包含着企业的社会责任,而不论是企业文化还是企业的社会责任都是“进口”的,因此我们要多借鉴国外的经验,这样可以节省自己摸索的时间。

(作者系原中国社会科学院研究员,天则经济研究所理事长)

工会“创争”活动与企业文化建设

黄河涛

近两年来,王兆国主席多次批示和讲话谈到工会企业文化、职工文化和以“创争”活动为中心的职工素质工程建设,并把它纳入工会“软实力”建设的范畴。刚刚结束的工会“十五”大,把提高职工素质、开展“创争”活动和推动企业文化建设,作为今后五年工会工作的重要任务提出来。在“十五大”的开幕式上,习近平代表党中央要求工会要“不断提高职工队伍思想道德素质和科学文化素质,努力建设学习型、知识型、创新型职工队伍”。王兆国主席也在报告中强调,要“用社会主义核心价值体系教育引领职工,大力推进职工文化、企业文化建设”。

一、工会“创争”活动的由来

2004年1月,为了贯彻落实党的十六大精神,全面提高职工队伍素质,推动全社会“形成全民学习、终身学习的学习型社会”,由全国总工会、中央文明办、国家发展和改革委员会、教育部、科技部、人事部、劳动和社会保障部、国务院国有资产监督管理委员会、全国工商联决定联合在全国职工中开展“创建学习型组织,争做知识型职工”的活动(以下简称“创争”活动)。

九部委下发了开展“创争”活动的通知,通知要求:各级工会要把“创争”活动作为一项重点工作,把“创争”活动作为提高职工素质、维护职工权益的基础工作列人重要议事日程,承担起日常组织实施工作,协同各有关部门,长期不懈地抓好。

工会推动“创争”,是教育职工不断提高思想道德素质和科学文化素质,建设有理想、有道德、有文化、有纪律的职工队伍。这是由工人阶级历史使命与工人阶级成员自身素质的需要确定的。“创争"活动作为提高职工素质的有效途径和方法,具有鲜明的时代特征和工会特色,是在职工队伍中实施人才强国战略的重要载体,是推动形成学习型社会的有效措施。

“创争”活动是在创建学习型组织基础上开展的。它是企业文化管理理论的新发展。西方管理理论从泰勒的科学管理理论,经过行为管理理论,一直到威廉·大内提出的适应企业文化环境的Z型组织,都是在寻求建立一个适应经济环境变化的企业组织形态。企业文化理论的出现,并没有终结管理理论的发展,20世纪80年代以来,企业面临着前所未有的竞争环境的变化,要求企业文化的组织模式增强应变能力、自我调节能力和创新能力,学习型组织理论正是在这时应运而生的。

二、创建学习型组织是推动企业文化建设的引擎和动力

2008年1月20日,《第五项修炼——学习型组织的艺术与实务》的作者——美国著名的管理学者彼得·圣吉先生出席了在山东莱钢举行的“全国创建学习型社会论坛2008年会”。当彼得先生就《组织学习理论和实践的演化》专题演讲完后,作者向他请教:“是否可以这样理解,在学习型组织与企业文化关系上,学习型组织为企业文化建设开创了创新的动力?”彼得先生回答说:“是的,但有个前提,就是领导层的心态必须是开放的,必须要相信,必须改变原有的企业文化。这样,才能打开创新的大门,为企业文化提供引擎和动力。”创建学习型组织是怎样促进企业文化建设的呢?

(一)创建学习型组织更加增强企业文化对内外环境变化的应变能力

在瞬息万变的市场环境中,创建学习型组织,使企业能根据市场的供需关系和消费者的需求,迅速决策、迅速调整内部结构、迅速组织生产销售,培育出一种快速反应的运营机制。在近10年中,彼得·圣吉和他的工作伙伴们对数千家企业进行研究,对一批企业作了辅导,积累了大量成功的案例。美国《幸福》杂志认为,学习型组织将是未来最具有竞争力的组织。90年代初,杜邦、英特尔、苹果电脑、联邦快递、加拿大皇家石油、汉诺威保险公司等著名企业主动要求并赞助麻省理工学院成立学习型组织的学习中心,希望自己的企业能在麻省理工学院学习中心的辅导下,脱胎换骨,成为“学习型组织”。近年来,1/3的全球500强企业——其中包括微软、福特、杜邦、英特公司、苹果电脑等世界一流企业,纷纷建立起学习型组织。初步统计,美国排名前25名的企业,已有20家企业应用圣吉的管理方法和工具,建立起了学习型组织。

(二)创建学习型组织越发凸显企业文化建设的个性特征

企业文化的个性特征,如同自然界很难找到两片完全相同的树叶一样,不仅是不同行业企业的标志,也是区别于同一行业内企业的独特“印迹”。优秀的企业文化虽然可以学习和借鉴,但却无法简单的仿效和克隆。如同海信集团的老总所说,“任何经验一旦总结出来,就像蜕下来的蝉壳不再有用”。因为任何经验都带有个别性或独特性,有其产生的特殊环境和特定时间,一旦总结出来,就成了一般性抽象的东西,成了“标准件”,“大众货”。不同的企业有不同的历史、规模、结构、行业、目标、地域等特征,进而有着不同的风格。正如斯蒂芬·P·罗宾斯所说的“企业文化就如同一个人的个性一样”,它有自己独特的特点,而这些特点又“如同个性一样相对稳定与持久”。

企业文化个性是企业核心竞争力的优势所在。企业文化建设从根本上说,就是要通过培育独特的企业个性来造就“唯一”的企业竞争优势。创建学习型组织,能越发凸显企业文化建设的个性特征。

这是因为:首先,创建学习型组织强调工作与学习的不可分离,能越发凸显企业在行业内的竞争优势。因为学习工作化,工作学习化的理念,很自然、很容易就把企业的学习重心,引向企业所在行业的最难解决的重大问题上。如山东莱钢集团公司的学习型组织创建活动,总是把学习的重心引向行业内的重大疑难问题:从事故模拟学习实验室的建立到完全消灭冶金行业最常见的事故;从打破创新的神秘感到大量班组创新成果的出现;创建学习型组织打造了莱钢在同行业内竞争优势的基础。

其次,创建学习型组织强调的团队学习,通过提高团队的整体能力来激发个人的学习热情,能越发凸显企业在不同行业内的竞争优势。因为团队学习的形成,通过改善心智模式,很容易把企业关注的重心引向国内外市场最关注的重大疑难问题上。如节能减排、生态环境保护是现今国际关注的问题。莱钢坚持以工业生态学理论为指导,以资源的高效利用和循环利用为核心,大力发展循环经济。吨钢综合能耗由2000年的872kg下降到2005年的682.4kg;吨钢新水消耗由1995年的31.1吨降到2005年的3.5吨;达到国际先进水平,引来了国内外的关注。彼得·圣吉先生也在2008年初,把学习型组织节能减排效果的国际实验室放在了莱钢。

三、“创争”活动是促进企业文化落地的好形式

“创争”活动是创建学习型组织在全社会层面的展开,是全民性的学习活动,对企业而言,则是企业文化建设的深入,也是推动企业文化落地的好形式。

(一)“创争”活动推动“全员参与”企业文化建设

企业文化是指企业在一定的社会文化环境影响下,为适应外部经营环境和协调内部关系,经由企业经营者长期提倡,员工认同,在经营与创新过程中所形成的企业信念、

价值观、道德规范、行为准则、经营特色、管理风格等传统和习俗的总和。能否动员全体员工的参与，是企业文化建设的前提。

“创争”活动以提高员工素质为目的，引导员工树立终身学习的理念，把学习当作一种责任、一种追求、一种境界，并使其在学习中获得享受，获得快乐。“创争”活动所以能调动全体员工参与，研究“创争”活动开展的先进企业，成功的关键至少有三点：一是把学习与生产经营相结合，与解决市场拓展的疑难问题相结合，与企业竞争相结合，即学习工作化、工作学习化。二是把“创争”活动落实在班组，即创建学习型班组。三是在创建学习型班组的活动中，帮助员工设计好职业生涯。因为每个人都有着与生俱来的学习天性，对学习充满渴望。设计好职业生涯，员工就有了实实在在的追求目标，报酬只是其中追求的一部分。

（二）“创争”活动促进企业文化理念体系的确立

所谓企业文化落地，应该有两层含义：一层是落在哪里？当然是落在企业，落在班组，落在员工。“创争”活动推动“全员参与”企业文化建设回答了这个问题。第二个含义是指要把企业精神、价值观这些抽象的理念转变为员工的意识和价值取向标准，并进一步转变为企业竞争力和企业效益。“创争”活动就是通过强化理念的确立来促进这种转变。

企业文化是企业在解决生存和发展问题过程中形成的，被企业成员认为有效而共享，并共同遵循的基本信念。其核心内容包括三个方面：企业使命、共同愿景和企业价值观。这三个方面也构成了企业理念体系。“创争”活动通过“五项修炼”，必然要把共同愿景和企业价值观这些抽象的观念转变为员工的意识和价值取向。没有全体员工认同的群体意识，就没有真正意义上的企业精神；而企业价值观如果不能成为全体员工在生产经营中对企业使命、共同愿景和行为准则做出一致的价值取向，企业价值观就还是一句空洞的口号。考察所有开展“创争”活动的企业都会发现，企业的理念体系比以往任何时候都更明确，甚至有的理念简直就成了员工们的“口头禅”。

（三）“创争”活动畅通企业文化传播渠道

所谓企业文化传播渠道，是指企业礼仪和企业文化网络等传播途径。没有畅通的传播渠道，企业文化的传播就会“梗塞”受阻，企业文化就只能停留在老板文化的阶段。企业开展“创争”活动的各种方法和途径，各种设计丰富多彩的活动载体，形式多样的职工学习平台等等，寓学习于工作中，寓工作于学习中的多种多样形式，都可以成为企业文化传播的渠道。莱钢创建学习型组织的“学习体系”、“管理体系”和“创新体系”三大体系的建立，既是“创争”活动的方法和途径，也是莱钢企业文化传播的有效渠道。

四、把“创争”活动与企业文化建设相结合

“创争”活动的开展，将推动企业文化建设不断更新，不断提升。如何才能把“创争”活动与企业文化建设很好地结合起来，主要是要找准结合点。这个结合点在那里呢？创建学习型组织或争做知识型职工，关键在于做好“五项修炼”。如果把五项修炼与企业文化建设的几个环节联系起来，就能找到两者的结合点。

（一）把实现自我超越与企业文化变革相结合

学习型组织设计的五项修炼中，第一项就是“自我超越”。所谓自我超越，是指突破极限的自我实现。

实现自我超越，就是要挖掘自己的潜力，发挥自己的能力。一个人、一个组织都有一座“金矿”，潜能是人类最大而又开发得最少的宝藏。世界著名心理学家奥托说：“一个人所发挥的能力，只占他全部能力的4%”。注意，这里说的是“发挥”，即经过了发掘后的能力，才只占4%；一位研究认知的心理学家说，人记忆的潜力有多大，大到让人无法相信，从理论上说，人的记忆潜力可以把全世界所有图书馆的书都记在脑子里。全世界图书馆藏书大约有150亿册。而现实中，我们常常丢三落四，甚至犯“骑驴找驴”的傻事，谁也不会相信自己有这样大的潜力，因为现实生活把我们的记忆潜力紧紧地束缚起来了。

企业文化变革，是指企业为适应外部生存环境和内部组织环境的变化，所引发的企业文化自身某些本质特征的改变。企业文化变革的根源在于企业生存、发展的客观条件发生了变化。因为企业外部生存环境是一个始终变幻莫测的动荡背景，其中的竞争对手、法律法规和消费大众心理等，都是企业无法控制的变化因素，对企业来说，这些因素是不以企业意志为转移的。企业只能适应，不能违逆。

企业文化变革是企业自我超越的问题，表现为一个企业领导者和组织的自我超越。任何一个组织的变革，都要受到这个组织“前文化”的影响、制约和限制。一般来说，成熟的企业文化也往往容易成为一定发展时期的“文化缰绳”，成为企业对内、对外适应性的强大束缚力。企业家能否冲破这种束缚，突破“天花板”的局限，实现自我超越，这对企业家的洞察力、情感态度都是严峻考验。

自我超越实现在于学习，在于创造。一个能够实现自我超越的人，总是善于把握时机进行组织变革的人，是永不停止学习的人。自我超越不是一个人所拥有的某些能力，而是一个创造的过程，一种终身的修炼过程。

（二）把改善心智模式与进行企业文化调查分析相结合

心智模式是根植于我们心中，并影响我们如何认识这个世界，以及如何采取行动的许多假设、成见、思维方式。换句话说，心智模式也指人们的思想方法、思维习惯、思维风格和心理素质，也可以理解为人们的“思维定势”。

心智模式有三大特点：一是根深蒂固，深植于每个人的心中；二是每个人的心智模式都有缺陷，但自己往往毫无觉察，自我感觉良好；三是心智模式的时间性，即心智模式表现出的两重性，在某一情况下起到正确作用的心智模式，可能在另一情况下会起到负面作用。在现实企业的经营过程中，同样一件事情，由于我们忽略了它的时间背景，在一个时期，可能给企业带来巨大效益的事件和状况，在另一个时

期,就可能成为葬送企业的事件或状况。所谓成也萧何,败也萧何。古希腊哲人赫拉克利特说:“人不能两次踏进同一条河流”,也是这个意思。

因而,如何改善心智模式,对企业文化建设中的调查分析影响极大。企业文化调查分析就是对企业文化现有的状态进行诊断和评估。由于企业的发展的独特历史背景、经营现状、人员结构、组织形式等,导致了企业文化的独特性;若不进行企业文化诊断,就难以评估其特点,为企业文化建设带来盲目。

然而,客观诊断和全面评估一个企业的企业文化并非易事,因为处在某种文化影响下的组织成员,总是以某种特定的思维方式与观察方式思考问题,先入为主的影响组织成员客观的诊断和公正的评价。同时,企业文化的内隐性,更增添了诊断和评价的困难。因此,作为企业文化建设首先要找到一种客观的诊断方法和评价指标,才能对企业文化的传统和现状,作出客观的诊断和公正的评价。改善心智模式,对企业文化的调查分析的准确性和客观性具有决定的作用。

(三)把确立共同愿景与培育、修正企业价值理念相结合

企业共同愿景只有建立在个人愿景之上,才可能感召一个群体,成为真正的共同愿景。彼得·圣吉认为,如果没有共同愿景,就不会有学习型组织。

共同愿景由三个要素组成:组织目标、价值观、使命感。这三要素,也包含在企业价值理念体系中。对于企业价值观,为什么还要修正呢?这是因为,一旦企业赖以生存的外部环境发生变化,或企业战略进行重大调整,企业愿景也要相应调整;换句话说,当企业共同愿景发生调整时,企业原有的价值观体系就将成为企业发展的障碍,出现价值观“过时”的风险。如:一些国有企业在走向市场的过程中,企业共同愿景发生了重大改变,企业原有价值观与现实环境之间的冲突是异常激烈的:劳动力的市场化,动摇了“以厂为家”、“职工是企业主人”的传统理念;员工原有的价值理念遭到企业现实的严峻挑战,而管理者行为与宣传的自相矛盾,更是对传统共享价值观的极大否定。在这种情况下,企业首先面临价值观的修正。

同样,企业共同愿景的修正,也必然要求企业价值理念作相应的修正。如在创业时期,海尔的主要目标是国内市场,企业的价值理念是“敬业报国,追求卓越”;随着企业经营业务的拓展,海尔对共同愿景作出了调整,目标是国际市场,企业价值理念也需要相应做出修正;2006 年初,海尔集团举行了一个企业价值理念的升级仪式———把一直沿用的“敬业报国,追求卓越”转变为“创造资源,美誉全球”,反映了海尔从一个区域品牌到争创国际品牌的企业愿景的修正。

(四)把建立团体学习与企业文化传播相结合

建立团体学习的过程,也是企业文化传播的最好过程。团体学习基本上是一项集体修炼,能把潜在的团体智慧变成现实的团体智慧;团体学习只有建立在“共同愿景”和“自我超越”两项修炼上,才可能发挥整体运作的功能,所以说,团体是学习的最佳单位。

微软和莱钢都是团体学习的成功典范。微软的团体学习建立在“四大系统”的平台上;莱钢则通过构建反思系统、反馈系统、共享系统三大团队学习平台,拓展了团体学习的途径和领域;他们的“行动学习”的模式,引导职工将工作当学问来研究,使“上班要做三件事——工作、学习和研究”成为职工的座右铭,学习工作化,工作学习化,已经成为越来越多企业团队学习的常规做法。

(五)把学会系统思考与总体规划企业文化战略相结合

所谓系统是由相互联系、相互作用的若干要素组合而成的具有特定功能的有机整体。它不断地和外界进行物质和能量的交换而维持一种稳定状态。按照系统思考去研究、处理问题,就是要把处理的对象看作一个系统,既要看到其中的组成部分,还要看到各个部分之间的相互作用,并从总体的角度把系统中的人、物、能量和信息加以处理和协调。因此按照系统思考的方法去观察、分析、控制、管理、协调某一个对象时,不能只见“树木”不见“森林”。

进行企业文化建设规划时,首先必须从系统思考出发,总体设计规划企业文化,战略性的把握企业文化建设的方向。一般地说,人们用系统思考求解实际问题,通常有三个方法:即看长期处理近期,看全局掌握局部,看动态把握静态。对企业文化建设而言,运用系统思考总体规划企业文化建设,必须以战略的眼光处理好以下几个相互衔接的环节:如企业文化建设规划的制定,企业文化建设年度计划的制定和企业文化建设项目计划的制定。这样才能统筹兼顾,协调发展。

(作者系中国劳动关系学院科研处处长、教授)

儒道兼济:构建企业文化

于　丹

中国的现代企业,企业家的价值取向发挥着重要作用。一个企业家的文化情怀,一个企业家的眼光魄力,有时就决定了一个企业的生死存亡。从这个意义上讲,什么是企业文化?企业文化要走得远,要看领军人物建立什么样的价值。各个企业都有产品,无论我们出售什么产品,最终我们出售的是一种价值判断。

对一个企业家来讲,一个人的觉悟可以成为一个企业的觉悟,一个人的天地之心可以决定这个企业在时代当中的抉择。这就是心灵的力量!通过不断的历练,使自己心智清明,有一种锐利的理性和正确的信仰,能够洞悉人心,把自己内心的东西看得越来越清晰,在洞悉当中完成一个不可替代的自我开发与不断升华。

儒家的“仁爱”中藏有大智慧,企业文化建设应吸收借鉴。

恭则不侮

第一个字"恭",恭则不侮,就是一个人的生命,你对世界,对他人抱有毕恭毕敬的态度,才会保有尊严,不受攻击和羞辱。

中国的企业,2008 年 9 月份以后,食品安全变成全中国关注的最大焦点,多少企业被曝光,多少企业处于整个社会的监督之下。一个企业的品牌、名誉、口碑如何建立起来?对世界的恭敬是什么?品牌、品牌,是先有品,后有牌,恭敬是一种态度。这个世界上不是那些剑拔弩张,拼命扩大的企业能够走到最长久,而是内心充满诚意,永远能够在质量上笃诚守信的企业能够走得最好,对别人充满敬意,那样的自信才是伟大的。我们一定要有这种宽广和从容。

在当代中国,改革给了我们外在的机遇,开放给了我们一种内在的价值。我们到底要把自己绷成一个完美的样品,还是让生命存在真正柔软的后劲,如果内心松弛下来,我们就会不贪眼前之功。这种企业的价值建立起来,就不用担心今天我被曝光了,明天被监督了,又有哪一个厂被封了。这一切不仅仅是追求利润,而是在于一种企业的自信,文化的自信。看我要的是当下之功还是长远之计,内心松弛下来,路才会遥远,保持一个企业的尊严,保持一个人的尊严都是在从容不迫中完成。

宽则得众

第二个字是"宽",宽则得众,宽容宽容就是先宽而后乃容,一个人在没有事的情况下把人格养宽了,等来事的时候才能够容,所以宽容不是在提倡时就能够做到的,在于平时把自己涵养到多大?我相信大家做企业,在行业中,都会看到什么叫大,什么叫小?能翱翔在蓬蒿之间,沾沾自喜的人,永远不会懂得"长空"意味着什么。一个能够翱翔蓬蒿之间获得自我满足的人,就有足够的自信嘲笑大鹏,但是这个世界上永远是麻雀嘲笑大鹏,没有大鹏嘲笑麻雀。所以大企业的宽是什么?宽则得众,是面对整个世界的态度,在儒道各式各样的语言和理念中,让文化穿越自己的有限生命,让自己激荡成为宽阔的大河。如果你是河,你就要激扬澎湃,如果你是鸟就要翱翔长空。永远不要做小,小了就有局限,就要为自己的格局所限,谁宽,谁得到整个世界给你的机遇,谁宽就会被选择,能够走得更远。说大了,一个企业的文化是如此,小了说,每一个人对生活的态度也是如此。

金融风暴是什么?金融危机打破了很多人原来对神话的职守和那种盲目的崇拜,全球都在花美元,但是华尔街这个地方崩盘了,全世界给它补窟窿。也就是说机遇也许就在这样的动荡中,中国过去有一句话叫"乱世出英雄",往往在世界动荡的时候,会出现一批精英和企业,但是你胸怀不宽,仅仅看到绝望。生活中也是很有意思,人怎么样保持这种快乐?人内心的价值放大了,就可以看到整个世界。

其实一个人的眼界胸襟会决定他的企业能做到多大和多宽。你想得到世界的资源吗?你能得到企业的持续发展吗?这就要靠宽。

信则人任

第三个字"信",他说信则人任焉。用我们今天的话说,谁守信,这个世界就给你更多的机遇,一个人的守信,你的领导会不断地重用你,给你机会升职。一个企业守信,整个社会的消费者会把信誉度给你,你会不断的被晋升上台阶。从一个人,到一个企业,大到一个国家都如此。

今天,21 世纪的今天,我们说"足兵",你看看核武器多么的发达,可我们敢说"民信"吗?什么是信?可以说在中国的企业文化中,锻造这个"信"字其实是要有很大的勇气的,行业竞争有泡沫,我们的规章制度在整个完善的过程中有漏洞,包括立法、司法有缺失,很多人都钻这些空子。眼前不守信,他可以赢得暴利,中国的房地产,急剧泡沫成长的时候就有过这样的个案,但是我们可以从根本上颠覆核心价值吗?

我们说改革开放 30 年,它建立的是信念,因为我们能够看见,不管天灾人祸,出什么事,这个国家越来越崇尚理性,信任制度,无论是司法或者是制度上,我们一定会越来越严谨,就是那种钻空子,搞投机,谋取瞬间暴利的人空间越来越小。什么是真正的百年老店?一个大企业的传承是口碑与品牌,孔子说,如果一个人连信都没有,你都不知道它是凭什么活着的。有了信是不是你一定能够走得远,还需要第四个字。

敏则有功

第四个字"敏",孔子说敏则有功,谁敏锐,谁能够建功立业。我们大家都在做功,问题是很多人在做无用功,就是用敏锐的智慧建立大功勋,什么是敏锐?敏锐有的时候是一种思维方式,敏锐有的时候会给我们一种方法论上的提升。大家都觉得,中国儒家讲了很多很多的仁爱之道,但是它不讲方法。我们翻翻《论语》,孔子讲四种思想方法要不得,哪四种呢?

一是勿臆,所有的事情拿客观证据,千万不能拍脑袋,凭直觉是要付出代价的,中国人的思维方式,更习惯于定性分析,特别不习惯定量分析,看什么事都是结构式的,西方严谨的实验报告我们觉得冷漠,觉得那些东西不算数,中国讲的是模糊学。实际上,什么事都不能主观臆断,不能不清晰!

二是勿必,不要说必须怎么样,我一定必须达到什么目标?而我们从小受的教育就是人生要有明确、清晰的目标,必须向着你的目标发展、行走。什么是目标?我只有触到一个点上那叫目标,但是目标太容易错过了,偏左或者是偏右 10 度,这个方向有很多可以调整的次目标,你保证没有走到背后就可以了。做企业我们就认准一个死目标吗?最重要的就是这种灵活调整,在整个的战略布局上,有舍有得,中国人讲“舍得”的关系，是“不舍不得”“先舍后得“小舍小得”“大舍大得”。

我们总是说坚持是成功必备的基石和素质，有的时候你换一个角度，放弃也许意味着更多的开始，如果坚持的成本远远大于放弃的话，为什么不能有一个新的开始呢？我们看海明威写《老人与海》，拖回来的骨架是无谓的坚持。

三是勿固，是指你到达目标之间走这段路的方式方法，中国人关于方法论最高的境界是四个字，叫法无定法，方法这个东西是有确定的，没有定法，最后才能够成就大功业，我们需要融汇贯通，那种贯通之道能够得到一个大的融通这就是中国人的精神和态度。

四是勿我，就是破除自我中心，当你认为自我是中心的时候，整个世界的坐标就全部错了，这就是孔子说的四种方法，这还不是大智慧吗？所以大智慧有的时候需要的是一种敏锐，是你抓住现实中属于未来的机遇，韩国人有一个比喻说得好，这个世界上有一怪物，这个东西前面长满了头发，后面是一个秃子，他走过来看不清面目，等过来以后一抓，后脑袋什么都没有，这个怪物就是机遇。

所以敏锐是什么？是对当下整合的方式，甚至是一种逆向思维，更重要的是它仍然建立在乐观态度上。很多人会抱怨说为什么给我这么一个不公正的结果？其实不要轻言结果，说结果这个判断就是给自己判死刑了，什么是结果，就是你认为事情已经结束，不可更改的后果。只要你的生活有明天，这件事就不是结果，多好多坏的事不过看到的是一个阶段性的状态，哪叫结束？

今年岁末，全国上下都谈危机，但是这个冬天我们可以有另外一种思维方式吗？我们可以用自己的敏锐智慧完成一种新价值的构建和传递吗？中国古人是给人思想方法的，只要你不拘泥，只要你能够看到大利益得失，而不要认死理，不要追小的东西，你就能够融会贯通。

惠则以使人

最后一个字“惠”，孔子说惠则以使人，就是说给我们的大企业家听的，谁有恩惠之心，谁就能够调动整个团队的积极性。什么是惠，有小恩小惠，有大恩大惠，小恩惠是物质利益上不贪婪，跟大家分享，但是大恩惠就是一个带团队的人，永远看到下属每一个人的价值空间，而不仅仅是一种利益鼓励，你能够看到寸有所长，尺有所短。什么是天生我材必有用？世界上没有废物可言，所谓的废物只是放错了地方的财富。什么是好的领导，好的领导就是把废物放对地方，成为了财富，坏的领导就是把财富放错了，成为了废物。一个大的企业家是得人心的人，是能够看出每一个人的不可替代性，而构筑企业核心竞争力的人，所以你说这五个字，这就是孔子解释的仁爱，这个仁爱离我们今天企业文化建立真的远吗？

功宽是讲做事的方法，信敏是讲做事的态度。什么是文化的力量？就是我们要完成当下解读21世纪会有什么企业？

当然孔子还说了光有仁爱是不行的，还得有大智，学生问孔子说，什么是仁？孔子就说爱人，发自内心的对别人好；学生又问，什么是智？就是知人，知道一个人，了解一个人，是世界上最大的智慧。这个世界的大智慧，不是你懂得天体物理，懂得生物化学，那些东西你今天用Google和百度一搜都能够查到，但是我们永远没有一个心灵搜索引擎，让我们洞悉人心。

真正的大智慧，就是你可能顺着一个人心灵上的纹路，走近它柔软的深处，触摸那些隐秘的欢喜和忧伤，真正的看到它所有的历史和未来的梦想。你要相信，每一个人的此刻，他此刻的容颜，一定是他所有历史的总和，一路上的出身、教养，生命中的悲欢离合，造就了此刻的模样。企业都是要用人的，用人的前提是知人，知人到底有多难呢？我们其实问一问，我们每一个人真的就了解自己吗？我们每一个人真的就了解身边最亲最爱，最在乎的人吗？还不说团队，团队都是以后的事，就这两点，我们真的不敢打保票说，特别是精英，大企业家，我们能说了解自己吗？

我们今天只有居危思危，只有居危思近，已经无安可思了，世界在变化，规则在变化，一个居危思危的人，才有未来。老子有四句话说：“知人者智，自知者明，胜人者利，自胜者强。”一个真正能够有未来的人，是一个自胜者，他能够战胜自我，这属于真有自知之明，这叫了解自己。

张爱玲有一句话说得好，“因为懂得，所以慈悲”。懂得爱更辽阔，慈悲是一种韧性、包容、长久，没有懂得，爱这个东西可以很狭隘，可以很瞬间。其实你说什么叫“知人”不知人？你不要说带团队，带企业，可能连自己与最亲近之人的关系都调整不好。什么是“大智慧”，智慧就是知人，这就是儒家给我们的起点，这个世界上的一切起点都是以人的利益为根本的原则，知人的这条路上能够走多远呢？

孔子有一句话话说得好，“仁者必有勇，勇者不必有仁”。所以大家想想，仁智勇少了一个都不行，这就是君子的三大德。儒家的精神离我们远吗？这不正是我们今天面对的世界吗？大家说儒家的思想说得这么好了，为什么还要说道家？

压力大的时候，人的一切价值并不仅仅是在社会的功勋中，我们能够看到生命的长空吗？能够看到永恒的自我吗？能够看到那样一种飞扬灵动吗？什么是道家的态度？庄子说，天地有大美而不言，天地之间，真正的美丽是无法言传的。

做企业有压力，人际有纠纷，经济利益上有很多很多的指标，在我们完成这一切的时候，这是我们忽略生命的理由吗？我们给自己留有什么涵养的空间呢？每一度春开，秋落，我们心里面能够听到噼啪的动静吗？我们今天能够看到辽阔的命运和亘古的月亮吗？

今天有几个人在看月亮？李白也有孤独的时候，“花间一壶酒，独酌无相亲。举杯邀明月，对影成三人……”一个人在明月中，他的心胸就得到了舒展，所以我说一度花开，每年的春花烂漫，李白可以高兴的说，花开了，喝酒吧；杜甫忧伤地站在楼上，“万方多难此登临”，所以他可以说，“人生有情泪沾衣……”李后主可以说“春花秋月何时了，往事知多少?”唐代的大画师说，外师造画，更重要的是中得心源，有一颗心在，有活水的源头，你就可以不断地感悟。泰山上南天门上写着“海到无边天做岸，山登绝顶我为峰”，在自然的怀抱里面，人敢征服什么？一个大的企业没有这样的海天情怀，怎么能成就大的事业？

所以道家的态度我们多一点，我们就可以做一个精彩的理想主义者，永不放弃，信任奇迹！所以它还说“四史有明法而不意”。什么叫万物有承理而不说？万事万物都有继承的道理，而不必说。为什么我一开始讲儒道兼济，在我们有限的生涯中，以儒家的态度做圣贤，养一颗心能够以仁以勇排斥忧或者是困，我说一个人最好的平衡，就是以出世之心，做入世之事。如果一个人以出世之心不做事的话，你未免太辜负时代了。如果以出世之心，做入世之事，反而容易成，其实这就是中国的儒道给我们天地之间带有一颗心在。

“当一个人是正确的时候，他的世界应该也是正确的!”

这句话是我要送给企业家朋友和企业的祝福，未来的日子里，这个世界还会像动荡的岁月一样，拂尘不定，按照世界的规章去找，你也许不知道哪一个山靠着哪一个水，但是大家知道，后面一定藏着一个人的头像，那就是你自己，一个企业的文化，你可以翻过来，靠着这种智慧和博爱在我们的心灵中穿梭而过，整合这个心，找到这个方向，一个人正确的时候，他的世界一定也是正确的。

（作者系北京师范大学艺术与传媒学院副院长、博士生导师，本文节选自《现代企业文化》2009 年 2 期）

引领未来中国企业继续发展的价值观

唐任伍

2008 年是改革开放 30 年，总结改革开放 30 年来我国企业文化的发展经验，找出今后需要改进的地方，很有意义。最近一两年我连续考察了国外的一些企业和一些大学，中国的文化在那里很受重视。特别是我们国内最近出现的几件值得深思的事情，一个是国学在中国为什么这么红火，像易中天的《品三国》，于丹的《论语心得》、《庄子心得》等，听众特别多，出版的书发行量很大。一些高校里面，包括清华大学、北京大学，国学总裁研修班之类的培训班，诸如周易总裁研修班、孙子兵法总裁研修班特别红火。针对总裁、企业家的 MBA、EMBA，以国学、文化作为吸引，招来一大批老总到大学学习，也是非常的火。这表明了中国传统文化的魅力。

另一个很重要的现象是最近媒体上刊载了一些有关西方舆论对中国经济高速发展的一些评论，西方一些国家认为中国的发展是对世界的威胁，一些学者甚至预测到 2030 年中国的经济规模将要超过美国。还有一个现象就是十七大提出了一系列新的概念，有很多创新的东西，其中着重提出了“和谐”和“科学发展观”的命题，过去我们提“又快又好”发展，现在提“又好又快”，“好”字优先，和谐发展、科学发展成为了我们国家的治国理念，这就表明，我国今后的经济发展，要转变经济增长方式，那种专门依靠投资拉动经济增长的方式，主要是以牺牲环境、牺牲资源为代价的增长方式，显然不能可持续，缺乏后劲。一些西方学者认为，中国经济发展中的泡沫比较大，财富消失的速度太快，这里的问题很多。他们来中国后发现，中国是个大工地，到处都是起重机，大吊车。这种经济增长的模式需要改变。

企业作为经济发展的细胞，是经济增长的主体，中国经济增长这么快，企业的发展当然是起了关键的作用。企业怎样发展，科学技术固然很重要，但企业的核心竞争力是其长期形成的一种价值观和文化。过去我们很多企业的发展，主要靠牺牲劳动者的福利，靠低工资作为优势，2008 年刚刚施行的劳动法，为什么对企业带来这么大的振动，甚至有一些专家、经济学家都提出劳动法的实施可能会给中国的企业带来毁灭性的打击，为什么会出现这种论调呢？过去企业随意解雇工人，劳法实施以后对企业的这种行为带来了约束，所以过去靠牺牲劳动者利益、靠牺牲性雇员福利的做法行不通了，所以企业很担心。改革开放 30 年中国经济确实发展非常快，带来了中国财富大幅增长，国力大幅增强，但另一方面也产生了一系列的矛盾，生态危机，资源危机越来越显现出来，我们再也不能以资源、环境为代价来换经济增长了。所以我们研究企业文化的时候，把西方企业发展中一些好的东西引进进来的同时，要立足于本国的国情和传统文化，铸造出企业文化的中国学派，即在强调“竞争”的企业文化的同时，要注重和谐，重视“物本”、突出效益的同时，更要提高“人本”的价值，要更多地讲人与人的和谐，讲人与物、人与自然、人与社会的和谐，在经济增长的同时，更要讲求环境、生态的保护，讲求人的心理的平衡和幸福感。

当然，竞争的企业文化引入中国以后，确确实实给我们带来了巨大的变化，我们的企业效益提高了，规则性更强了，但是当经济发展到一定水平以后，人们的增长观念也会发生重大的变化，企业在生产过程中更需要一种和谐的文化。我们强调效益，还要思考效益是怎么得来的，是以牺牲环境、牺牲人的利益得来的，还是和谐发展的产物。

改革开放 30 年作为一个转折点，下一步企业文化应该研究什么东西？哪些东西需要发扬，哪些东西需要摒弃，中国的经济发展还能不能继续走牺牲环境和资源的老路，以物为本、物本主义的这种竞争性企业文化还有没有生命力，等等，需要企业文化界的各位同仁好好研究，中国传统文化中有很多有益的营养我们可以去吸取。当然我们不能一味的复古，但是中国传统文化中的那种讲求和谐、协调、修身、中庸的东西，那些人与人、人与物、物与物之间关系的原则，对我们今天的经济社会发展有很好的指导作用。我们一些企业中收入分配两极分化情况严重,影响了企业和社会的和谐发展,这些问题需要我们企业文化好好研究。因此,我认为,今后我们的企业文化主要加强两个方面的工作,一个是研究能够引领未来中国企业继续发展的价值观和理念,一个是对企业文化的一些基础性工程,包括基本概念、研究范式、理论框架等进行研究,建立起具有中国特色的中国企业文化学派。

(作者系北京师范大学管理学院院长、博士生导师、中国企业文化研究会学术委员会委员)

中国企业文化建设重要会议

高峰论坛

2008 年——中外企业文化南宁峰会

大会综述：

大力构建中国特色社会主义企业文化

——中外企业文化 2008 年南宁峰会综述

初冬的南宁，阳光明媚，温暖如春。

11 月 14 日至 17 日，《中外企业文化 2008 南宁峰会》在风景秀丽的西园酒店隆重召开。这次峰会是中国企业文化研究会为纪念改革开放 30 周年而举办的。会议以构建中国特色社会主义企业文化为主题，围绕“文化融合 · 企业跨文化沟通与借鉴”、“文化建设 · 企业可持续发展的动力”、“文化管理 · 企业管理的新境界”、“文化个性 · 企业文化建设的灵魂”、“理论聚焦 · 企业文化重要观点阐述”等专题进行了热烈的研讨、对话和交流。现将会议主要内容综述如下。

一、中国企业文化在改革开放中发展

（一）中国企业文化建设 30 年的历史贡献

中国企业文化研究会常务副理事长、秘书长孟凡驰认为，在 30 年改革开放的伟大历程中，企业文化建设从自发到自觉、从盲目到明确，为我国改革开放、经济发展和社会进步，作出了重大贡献。

企业文化建设为中国现代化发展和文明进步提供了动力。其一，企业文化的理论观点丰富了中国特色社会主义文化理论的内容。企业文化是社会文化的生长点、重要组成部分和实践路径。其二，企业文化体系包括本质体系和载体体系。企业核心价值观、企业精神、企业家信仰、经营哲学、思维方式转变、伦理道德建设、企业美学建设等是本质内容，企业环境、制度模式、文化设施、礼仪、文化活动、标识、口号等是载体形式，这两方面的建设，适应、体现了社会主义物质文明建设和精神文明建设的要求，丰富了社会主义社会文明建设的内容。其三，企业文化为文化通向广大公众、武装大众找到了一条行之有效的路径。企业文化是抽象的理念、规律、命题和实践活动的统一。中国文化历来不缺理论，缺的是实践理论的方式和将理论转化公众行为的有效途径。如“五．四”运动激烈争论的东西，改革开放初期又拿出来争论，足见理论进步不大，说明中国社会的文化改造、大众武装等问题一直未能解决好。中国的文化大师有铁肩担道义的激情，但却缺乏做文章的妙手。直到企业文化建设活动的兴起，这个问题才找到了解决的途径，使文化真正落实到了广大公众身上，为大众所接受。其四，企业文化建设使文化在形而上与形而下、道与器上实现了统一。过去我们只承认文化作为精神家园、心灵依托的功用，看不见文化的现代化功能，而企业文化建设实践使文化的现代化功用显现出来。企业文化是目的价值与工具价值的有机统一，既解决了人的解放、人的发展、人的信仰、人的目的、人的精神家园问题，又解决了用文化手段经营管理企业的问题，这种道与器的统一，使道因器而实，具有可操作性，器因载道而利，功能更强大。

企业文化理论和观点的使用，推动了社会的观念转变和思想解放。其表现之一，企业文化以人为本、以文化人的本质特征，与科学发展观的核心相一致。以人为本在企业文化中就是强调在经营管理中把人的作用提到首位，把人作为目的。以人为本是国家、社会观念的大转变、大解放，摆脱了长期存在的把人当作工具的传统管理方式，实现了管理的刚柔相济。其表现之二，企业文化建设突破了传统文化中不适应现代化观念的束缚，对官本位观念、特权等级制观念、人治观念、封闭观念、抱残守缺观念、整齐划一观念等形成巨大冲击，促进了观念更新和思想解放。其表现之三，企业文化建设中国际话语的使用，促进了中国企业有选择地与国际接轨。如价值观、核心价值等话语的使用，就得益企业文化建设之功。其表现之四，企业文化管理属性的功用，为社会文化由虚而实提供了实践途径。企业文化上牵主流文化，下接员工需要，使文化的本质通过文化的载体形式生动地表现出来。

企业文化建设为中国企业改革发展稳定提供动力源泉。第一，企业文化为中国企业现代化提供再生资源和内在动力。尤其是对企业管理进行的系统思考和文化思辩，提升了企业家的理论素养和管理的文化品位与水平。第二，管理是科学与艺术的结合，企业文化建设着重于提高管理者的管理艺术素养和水平。第三，企业文化建设对企业制度、体制、机制（“三制”）与文化的关系做了正确解读和处

理,使“三制”与文化互补互促,“三制”需要文化引导、渗透、提效,文化决定、引导“三制”,“三制”保障文化。第四,企业文化建设为中国企业参与国际竞争提供解决跨文化障碍的方案。中国企业参与国际竞争、国际化的根本障碍不在技术而在文化差异。文化层面的接轨是本质上的接轨,不然的话,就接不上。近年来,中国企业在对外交往中因文化差异而造成了巨大的损失,其教训是深刻的。第五,企业文化为企业提出了新的品牌建设之路。传统品牌以材料好、价格低、耐用为标准,诉求点是真和善,没有美的要求,没有审美附加值。现代产品卖给顾客不仅在物质需求的满足,而且还要通过物质传递精神需求的满足,企业文化是这种传递的天使。第六,企业文化是企业核心竞争力的动力源泉。核心竞争力的来源是比较优势,比较优势来自创造力,而创造力来自创新文化、创新观念和创新思维。第七,企业文化改善了人力资源开发的价值排序。过去排序是技能——智能——体能,现在排序是文化资源——体能资源——智能资源——技能资源。没有文化资源,其他资源开发得再好,也不过是为别人办的人材培训班而已。企业文化建设不但提高了员工的文化素质,而且建立起为员工自觉遵守的价值体系,使员工感觉到有价值、有意义、有依归。第八,企业文化建设成为企业体制改革、流程再造、并购重组等取得成功的关键因素。海尔文化激活休克鱼即是明证。第九,企业文化的存在唤醒了企业家的文化自觉,推动企业文化从自发阶段到自觉阶段再到文化无意识阶段。

(二)中国企业文化建设存在的问题及未来发展趋势

中国企业文化研究会名誉理事长王大明认为,当前企业文化建设中存在着三大问题:一是企业文化在不同地域和行业发展不平衡,二是企业文化理论与方法体系急需创新,三是企业文化建设的人才队伍缺乏。因此,他认为企业文化的未来发展要着重于三大创新,即企业文化的理论与方法创新,企业文化的组织与人才创新,企业文化的内涵与品牌创新。

孟凡驰则认为,未来企业文化建设要研究六大重点问题:一是要克服企业文化非主流的冲击和文化本领恐慌心理,同时注意防止文化泛化现象;二要下功夫深入研究集团文化与母子文化建设关系问题,集团文化重在布魂、布局、布道、布法,分子公司文化与集团文化要不相悖、不重复、补细节、具体化;三是研究如何使企业文化建设向精细化发展;四是要重视企业文化的传承问题,在任期制的条件下,国企企业家要强化使命意识,从制度上保证企业文化建设的长期投入,使企业文化不因个别领导人的改变而改变;五是重视企业文化的冠名工作,提炼好企业文化主题词,六是研究企业文化的考核评价标准,区分并把握评价的定性分析与定量分析的度。

二、企业文化建设若干重要观点聚焦

(一)要回答企业文化建设的新需求和新疑问

中国市场经济研究会副会长、中国企业文化研究会副理事长、原中共中央书记处研究室理论组副组长、原中宣部理论局副局长贾春峰认为,改革开放30年来,中国企业文化建设取得了很大成绩,尤其是文化力概念的提出,更是具有世界意义。但在回顾历史、总结经验的同时,也要从既有经验、既有眼光中走出来,回答一些重要问题。一、怎样把握企业文化的主要内涵和要素,有哪些方面值得改进?企业文化的理念系统和行为系统是企业文化的主要要素,清晰明确,便于操作,是中国企业文化界的一大贡献。但要解决理念设计个性化不足、理念系统与行为规范系统的关联性不够问题,使两大系统浑然一体。二、在提炼企业文化理念时有无总原则?有。就是要做到核心价值、用户价值和员工价值的统一,三者不可或缺。三、在企业文化建设中,怎样避免双脚离地?关键在于要与企业发展战略融合、与经营管理结合,使文化力渗透在企业的方方面面,克服“两张皮”这个难点。四、企业家文化与员工文化是啥关系?企业文化是两者的统一,是两个积极性、两个自觉性的有机统一。卓越的企业文化要为员工信奉、遵循。五、怎样整体把握企业文化的基本点?要以科学发展观为指导,深化以人为本的意识,提升人的素质,提高企业竞争力和经营业绩。六、企业文化与企业核心竞争力是啥关系?企业文化是企业核心竞争力的重要组成部分,核心竞争力的魂在文化,在核心价值观,不在技术。七、在企业文化中怎样体现中华民族传统文化的优良因素?中国企业文化建设要与优秀民族文化传统、与党的优良传统、与现代企业制度紧密结合。八、企业文化理念要怎样概括才好用好传播?九、企业文化价值理念怎样才能贯彻落实下去,成为广大职工的自觉行动?十、怎样处理企业文化变革性与稳定性的关系?企业文化理论不是封闭的理论而是开放的理论。

(二)人本思想的本质内涵及其在现代企业的运用

现代人本思想是人类伟大的精神财富。中国社科院哲学研究所博士生导师、教授王锐生认为,人本思想强调关心人、维护人的尊严和权利,把人看作目的而非手段,这是全人类的共同创造,突破了各个时代的各种局限性,而聚集成为全人类共同的思想。中国古代就有民本思想,强调民为神之主、仁者爱人、民为邦本、载舟覆舟等等,但其工具性很强,是统治者的工具,没有以人为目的的思想。这是中国古代民本思想的时代局限和阶级局限。近代西方的启蒙运动,以人本否定神本,大讲人的伟大力量,以此抗衡神权对人权的否定与漠视。康德提出人是目的而不仅仅是手段,这是人本主义的最高境界。但启蒙运动是为资本发展鸣锣开道的,借人本开拓资本之道,资本后来又约束、压抑甚至于摧残人性,这就为社会主义运动克服这种异化,在更高层次上回归人性、坚持人本提供了必要性和可能性。有人认为马克思主义只讲阶级性不讲人性人本,这是不对的。马克思主义关于人的解放思想、人的全面发展思想、每个人自由而全面地发展是一切人自由而全面发展的条件的思想等,可以说是人本主义思想在更高阶段的综合。

人本思想在现代企业的广泛应用。王锐生认为以人为本有三个层次，即理想社会的以人为本、当代社会的以人为本和现代企业的以人为本。当代社会的以人为本就是贯彻落实科学发展观。现代企业应用以人为本思想，要回答下面三个问题。

一是资本主导下的现代企业能否应用以人为本？就纯粹逻辑意义上说，资本以利润最大化为目的，与以人为本是相悖的。但是事实上资本不可能以纯粹逻辑的方式运作。不能单纯在经济领域运作，还需要考虑到精神再生产、社会关系再生产、人与自然关系再生产等，这就使资本驱动的欲望如不在一定程度上运用人本思想，就会行不通。

二是要区分宏观层面的以人为本思想和微观层面的以人为本思想。企业要从市场谋利，但不能把手段当作目的，如果把手段当作目的，就会极大地损害人，如三鹿奶粉事件。这是宏观层面。从微观层面上讲，企业管理中人本理念的运用，不能与市场经济规律对立起来。比如，不能讲解雇员工就不是以人为本，因为劳动力流动是市场经济规律的要求。

三是要充分考虑经济全球化对以人为本思想的深刻影响。在全球化分工体系中，企业尤其是大企业集团，如果没有对人的起码尊重，就可能会产生全球性灾难。现在通行的国际质量认证体系、环境健康保护认证体系和社会责任认证体系，这三大体系是对以人为本思想的回应和体现，从而使人本思想成为企业必须遵循的思想，且被标准化、规范化。

（三）把企业规则变成员工的习惯行为

北京大学副校长、教授张国有以酒店经营为例，说明企业规制与企业文化的内在关系。他强调把企业设计变成机制，变成员工行为，要通过强迫性的培训，标兵典型示范，日常工作强化，一系列活动塑造，建筑风格、服务特色、动人故事、社会关注度等提升规则的社会形象，强化规则的传播传承，把规则行为变成惯性行为，变成可以不告而知、不告而行的行为。这样规则就变成了机制，变成了自觉。企业规制的设计要体现企业的理念、目标和使命，要体现企业的特点。如工程师文化与研究所文化就各有特点互相不可替代，因此，企业规制的设计就要有所区别。要将成功的规则与机制传承下来，训练下一代员工。以规则为基础进行训练，这是问题的关键所在。把规制行为变成惯性行为，一遇环境就情不自禁、不由自主地行动起来，形成具有特征性的群体性力量、自动运作的力量、持续性的力量，即企业文化的力量。

（四）中国传统文化与当代企业文化建设

北京行政管理学院原副院长、教授赵春福认为，以人为本原则的确立，是中国道德的历史性进步。但现实中道德的缺失又很严重，官德、商德、师德、医德等普遍缺失。搞市场经济，要读亚当·斯密的两本书，即《财富论》和《道德情操论》。当今世界，上帝还在，真主还在，但孔夫子不在了。“文化大革命”斩断了传统文化之根，把传统当垃圾丢掉了，致使有些人不感恩，不畏惧，胆大妄为，敢于践踏人间一切法律和道德底线。传统文化中虽然有糟粕，但更多的是五千年结晶成的宝贵财富。中国企业文化建设的一大不足，就是与传统优良文化结合不紧，民族文化之根没有扎根。传统文化中的许多精华对企业文化建设是非常有益的。佛教讲人人都有佛性，放下屠刀，立地成佛；道家讲无为而治，道法自然，顺应规律，因势利导，这是管理的最高境界，是领导文化之道；儒家讲积极有为，不断进取；法家讲公平执法，势易则治变；兵家讲知彼知己，百战不殆；等等。企业文化可以从中学习、吸取、发扬、超越。

必须看到，中国传统文化中缺乏西方文化的那种逻辑思维、科学精神、精确精神、怀疑精神和创新精神。如不认真汲取学习、不加改进，恐怕难有中国创造。现在的问题是企业文化建设既对西方文化精华学习不够，又对中华传统文化精华弘扬不足。许多中国人丢失了自己的圣经，没有读的应补上这一课。

（五）对“五门”事件的文化思考

北京财贸管理干部学院副院长、教授王成荣对今年以来的热点事件“东航返航门”、“华为辞职门”、“盛大唐骏转会门”、“王石捐款门”和“三鹿奶粉门”（简称“五门”事件）作了文化思考。其思考之一，当今时代，企业员工与企业到底是什么关系？是主人还是打工仔？当今企业是资本、知识与劳动者的结合体，是三者相互结合的过程，靠金钱、法律和情感纽带维系。思考之二，怎样看待员工对企业的忠诚与流动？忠诚≠不流动。员工首先忠诚于事业，随事业发展需要而流动。思考之三，怎样建设适应高层次人才需要的企业文化？高科技需要高情感、高文化平衡，过去那种低层次的愚昧性文化难以满足高层次人才的需求。思考之四，怎样处理集团文化与分子公司文化的关系？集团要尊重子公司及其文化，是文化百花园。思考之五，怎样避免企业文化的老化？思考之六，怎样看待以人为本？要重视人的生命价值、人格、自我价值、参与和分享、人的素质全面提高。思考之七，知识经济对人力资源、薪酬体系提出了哪些挑战？唐骏一年可以赚1亿元，为什么？思考之八，企业应当承担什么样的社会责任？除了经济责任，还应承担道义责任、政治责任、公民责任、环境责任和文化责任。思考之九，企业文化的底线是什么？是诚信。

对中国企业文化未来，王成荣作了十大展望：一、基因论；二、主体论；三、契约论（法律、情感、心灵）；四、文化生态论，一个企业不能只有一种声音，五、文化危机论，怎么拯救危机；六、文化双格论，人本格与市场格相结合；七、文化体验论，文化共享与精神家园共建；八、文化融合论，全球化与跨国经营；九、文化价值论；十、文化贡献论，文化建设是长期过程，文化的投入产出关系，考核文化贡献的度，长期贡献。

三、企业文化建设经验的交流与共享

在这次峰会上,来自中、美、德的企业家或经营管理者交流了各自企业进行文化建设的经验,与会者愉快地分享了他们的经验。

(一)中外企业跨文化的沟通与借鉴

中美商务交流中的跨文化挑战。美国考克斯国际咨询顾问公司总裁艾瑞克·考克斯先生对此作了分析。他认为,美国商务文化受项目、任务、目标驱使,商业活动被很好地限定,重规范、流程、速度,一切通过文本固定下来,变通性很小;中国商务文化受礼仪、面子、关系驱使,随意性大,变通余地较大。美商以做事为主,现在为主,个人为主,重视双赢结果,希望克服困难,直指靶心,解决问题;中国商人注重关系,关注历史,强调集体,遇事不是直指本义解决问题,而是不停地解释说明讨论问题。美国文化中过去就是过去,“让它过去吧”,生活在现在,最重要的是未来,即使现在决定错了,也可在未来加以更正;在中国则是历史很重要,做事以历史为根据,以过去推断未来。在美国企业,管理者是解决问题有哪些方法、建议,而不是还有哪些问题,作决定以数据分析为基础,与机构作信息交流,以性能指标作决定,性能不同可以用不同手段、策略,衡量公司价值以股东为标准而非客户,人力资源几乎没有变通性。在美国,用电子邮件交流就可作决定,而中国则不会以这种方法作决定。我们无法解决这种分歧,但是要接受分歧,尊重彼此,包容彼此,发展跨文化交流,建立真诚的合作关系。

中德企业之间的文化交流借鉴。德国 Hora 公司中国区副总经理、比塞洛斯国际公司中国区法律顾问豪格·哈尼什博士认为,对企业文化是什么,没有一致意见。他本人将企业文化定义为企业做事的方式和方法。一国企业文化与另一国企业文化的区分,可以从五个方面界定:一是权力距离,即企业内权力执行范围是怎样的;二是对不确定性因素、冒险性接受的程度;三是个体主义还是集体主义;四是男子主义还是女子主义,传统男性、女性的价值界定;五是企业的长期定位和短期定位,关注长期计划还是短期计划。在全球化条件下,各国企业文化发展是存在的,各国企业之间通过合作交流可以消除彼此之间的不同。中国国企文化具有强烈政治色彩,会根据政治因素作决定。中国企业管理者权力广泛,雇员不能挑战管理者的权限。中国雇员对职责的议定能力、社会责任的认识能力比较低,望能改善。德国企业重视质量和程序,管理者权力有限,员工可以质疑管理者的决定,管理者重视企业文化的职责。企业文化可以帮助企业竞争,是企业竞争的有利条件。只有在了解本国企业与他国企业文化的基础上,才能进行有效的合作。中国企业要跨入国际市场,首先要对中国市场、国际市场作比较,了解各自的企业文化,在显著不同上进行训练。一个企业的大部分元素无法直接用到其他企业身上,不同可以借交流进行合作,而反思是合作的基础。

(二)文化建设是企业可持续发展的动力

文化是企业创新发展最深层次的驱动力。首钢党委副书记姜兴宏认为,社会因文化而繁荣,企业因文化而常青。作为有近90年历史的大型企业,30年前,首钢人以“敢为天下先”的精神,成为我国工业战线的一面旗帜;进入新世纪后,首钢又率先进入史无前例的整体搬迁,以不断创新、创优、创业的精神建设新首钢,成为落实科学发展观的重要示范。在异常艰难的情况下,首钢人宁可“做”以待毙,也不“坐”以待毙,坚持“思想文化落后是最可怕的落后,先进文化是企业的超前竞争力”;做到“解放思想快人一拍,改革创新先人一步,谋划发展高人一筹”;每年都结合企业实际,召开以思想文化创新为主旨的经验交流会,一年一个主题,找准载体,研究切入点,不断深入推进,各单位通过创建学习型企业,“为创新增添智慧、为创优注入活力、为创业点燃激情”。在先进文化引领下,只短短几年时间,首钢的面貌正在发生翻天覆地的巨变。

静水深流,和谐发展。中国电力国际发展有限公司董事长李小琳认为,建设企业文化要做到主客同一、人企合一,虚实相接、知行合一,静水深流,和谐发展。企业文化并非老板文化而是大家建设企业文化,建设大家认同的企业文化,大家化,化大家。职工既是主体又是客体,存异求同,员工与企业共同成长。要做到管理无边界,使文化建设与体制、机制优化一同进行。企业家要大胆实践,不断升华自己。看到许多地方缺电,就立志做光明使者;看到环境污染,就立志为当代和后代留下碧水蓝天。企业家的认识升华了,企业就会发生深刻变化。用产权纽带和文化纽带有机组成的企业是有生命的有机体,如水一样,不争而莫能与之争。

以人性化和精细化推进企业科学发展。大同煤矿集团公司坚持系统地抓企业文化建设,在系统抓中又体现出重点,体现精细化和人性化。其企业文化主干部分包括:理念渗透——企业家管理企业的基本原则,让员工熟知并行动;行为规范——员工切实可行;精细管理——标准+闭合的管理链条,是企业文化建设的核心;流程再造——克服企业运行中出现的各种弊端和不畅。企业文化建设要抓住四大重点:一是用系统观点抓企业文化建设,点滴抓虽然有效但效果不大;二是精细管理是重中之重,把标准放在管理链条中转动起来,抓企业文化要抓出效益来;三是必须与利益挂钩,体现按劳分配原则,实行物质精神双激励;四是注重实效,避免繁冗,抓企业文化要简洁,不要复杂化。

青藏铁路建设精神闪耀人本光芒。中国中铁工会副主席毛小民代表党委副书记、副总裁姚桂清介绍的青藏铁路建设精神感人至深:“艰苦不怕吃苦”——雪域高原彰显英雄本色;“缺氧不缺精神”——攻坚克险党旗红;“风暴强意志更强”——冰峰雪岭铺天路,“海拔高追求更高”——世界屋脊创一流。面对极端恶劣的施工环境,生命在这里得到了最大尊重,员工在这里受到了最大关怀。在“生命禁区”,

青藏铁路建设者创造了全公司青藏线施工5年无事故、高原病零死亡的施工安全新记录，填补了在高速、高架、高原“三高”市场的空白。这种人本光辉，是最难能可贵的。

构建管理文化，提升企业竞争力。柳州五菱汽车有限责任公司以“造人、造车、造企业”为宗旨，在构建管理文化的过程中，将核心价值观融入企业经营管理之中，将新观念、新方法、新技术融入管理之中。通过发挥和谐发展之力，营造企业和谐发展的内外环境；发挥学习创新之力，建设学习创新型企业；发挥团队合作之力，构建和谐劳动关系。以管理的文化力提升企业竞争力，在2008年国内国际经济形势十分严峻的情况下，五菱汽车逆势上扬，1~9月销售收入再度刷新了历史纪录。

（三）文化管理是企业管理的新境界

东汽发展靠人和文化。东方汽轮机有限公司党委副书记朱贤滨认为，在“5.12”汶川特大地震中，东汽能自强不息、百折不挠，东汽的人和文化发挥了重要作用。人和是东汽文化的核心。作为三线企业，早在上世纪80年代，东汽人就提出不靠天时不靠地利靠人和的思想，这与今天的和谐社会相符。东汽连续42年没有亏损，靠的是人和。人和文化的有效，关键是执行，以人和为纲，其他管理都是目。用文化激活人，从过去单一火电到如今五电并举，做到一次干好，好上加好。企业文化建设要持续改进。到90年代初，又形成了求实、创新、人和的东汽精神。企业形象是企业文化的再现。东汽要做到国内一流、国际知名。在抗震救灾中东汽文化和形象得到了很好展示。职工坚守岗位，不分白天黑夜连续作战。他们说：“在灾难中爬不起来就是真正的灾民，爬起来了就是巨人，东汽人要做巨人！”

企业发展要有文化作支撑。正泰集团党委书记林可夫认为，正泰的发展靠自主创新，靠企业文化支撑。创业时靠赚钱思想驱动，做到一定程度后就是追求人生价值的实现。第一任党委书记对南总有很好引导：争创世界名牌，实现产业报国，使企业文化有魂。专业化是正泰取得今天成就的又一重要原因。南存辉讲，要耐得住寂寞，经得起诱惑，用减法把企业做强，用加法把企业做大。正泰的专业化就是电气产品，尤其是要在高端电气产品上占有一席之地，振兴民族电气工业。在风平浪静时谈企业文化与在危机冲击下谈企业文化是不一样的。正泰应对危机的办法是向科技要质量，向质量要效益。南总说，听中央的，看欧美的，干自己的，把自己的事情办好，你就有前途。企业文化融化在管理的方方面面，在关键时刻就能体现出来。企业要大发展，员工先要有大发展。有了好的员工团队，就能战胜任何困难。机遇往往是打扮成问题来到你身边的，高素质的人能够透过危机看到契机抓住商机。

企业文化建设要抓住关键词。恒源祥（集团）有限公司副总经理、党委副书记顾红蕾认为，企业文化建设要抓住两个关键词：一是价值观，为什么奋斗；二是利益，把虚的文化变成实的利润和效益。作为老字号企业，文化是恒源祥战略的核心，要用文化激活老字号：发现消费者需求的能力和员工满足这种需求的能力。文化与产业相匹配才有前途和竞争力。恒源祥形成了自己的品牌价值创造的循环法则，即发现文化现象和资源，创新文化设计、文化传播与组合，形成文化力量与价值观。

（四）文化个性是企业文化建设的灵魂

打造创新企业文化，创海尔全球化品牌。海尔集团公司从三方面介绍了海尔文化。一是海尔文化的核心是创新：以观念创新为先导，以战略创新为方向，以组织创新为保障，以技术创新为手段，以市场创新为目标。其精神、作风从“无私奉献、追求卓越”到“敬业报国、追求卓越”，从“迅速反应、马上行动”到“创造资源、美誉全球”再到“人单合一、速决速胜”，海尔文化本身也在不断创新发展。海尔文化的最大特色是员工普遍认同主动参与，并正在被海外海尔员工认同。二是建设先进的企业文化，塑造科学的企业价值观：创建学习型团队；发挥《海尔人》报和《海尔新闻》等传媒的作用向员工灌输创新精神，让员工人人认知认同；员工参与企业文化建设，以“画与话”、“你画我评”等活动把每个创新理念植入员工心中。三是坚持自主创新，创全球化品牌：从“引进技术”发展为“创造品牌”，目前，海尔已参与9项国际标准制定，其中3项即将发布实施，海尔主持或参与了164项国家标准的编制修订，制订行业及其他标准428项；从“市场创新”发展为一系列“管理创新”，无论是“日事日毕，日清日高”的OEC管理模式、以无形资产盘活有形资产激活“休克鱼”，还是市场链流程再造和“人单合一”信息化日清，都引起了国际管理界的高度关注；从“中国品牌”发展为“全球品牌”，实施“三步走”战略，即走出去——出国创牌，走进去——成为本土化企业，走上去——成为当地的世界名牌，通过优化配置和充分利用全球化的物流、全球化的信息流、全球化的资金流，创造全球化的品牌。

用创新精神推进“三相”文化落地。中国石油大庆炼化公司是2000年由两家企业重组成立，8年来先后经历了三次重组和整合。在这个过程中，公司坚持以“心相通、情相融、力相合”的“三相”文化的文化力提升经济力，以无形资产增值有形资产，以现代管理理论强化传统政治优势，有力地保证了企业重组、改革、生产的顺利进行，实现了又好又快发展。通过“同化于优、推进文化整合，融化于情、打造‘三相’团队，内化于心、铸造企业之魂，物化于制、提升管理水平，外化于形、塑造企业品牌，强化于基、推进文化深植；通过创新载体、实现文化灵魂落地，创新形式、保证“依靠方针”落地，创新方法、保证文化理念落地，创新思维、保证典型作用落地，创新机制、保证保障措施落地，三届领导班子传承接力，坚持“一件事抓出头，一本经念到底”，促进了企业持续发展。

建设特色文化，增强企业软实力。辽宁省电力有限公司在加强企业文化建设中，坚持做到重视与执行的统一、反思与认同的统一、继承与创新的统一、共性与个性的统一和领导与员工的统一。形成了居安思危、高度负责,不畏艰险、善打硬仗,团结协作、众志成城,忠诚企业、奉献社会的战风雪保供电精神;热爱群众、先人后己,勤奋好学、刻苦钻研的"葛春"精神;牢记宗旨、勇担责任,真诚服务、无私奉献,追求卓越、锲而不舍的优质服务十连冠精神。培育出了"雷锋工程"服务品牌、"感动式"服务品牌和"铁军品牌"。从而大大增强了辽宁电力有限公司的软实力。

大力培育个性十足的企业文化。贵州航空工业集团党委书记、副董事长江超认为,文化个性是企业基因不同的显性化,由民族特质、产业规律、管理风格和文化类型决定。贵航集团在40余年的奋斗中,始终坚持报国情怀和亮剑精神,三次亮剑,三次奋起,从而才能屹立黔中,闻名全国,走向世界。要培育有个性的企业文化,首先是要植根于民族文化土壤之中,其次是要与时俱进,使企业文化特征与时代特征相适应,在当前,要大力倡导现代企业家精神。

(五)如何构建中国特色社会主义企业文化体系

王大明认为,要结合学习实践科学发展观,经过若干年的实践总结,形成中国特色社会主义企业文化并成为中国特色社会主义理论体系中的一个重要组成部分。为此,需要从以下几方面努力。一是要总结中华民族传统文化中适应新时代的优秀成分;二是要研究建国以来我国企业形成的好的精神文化内容;三是研究引入国外企业文化好的经验;四是要结合我党的核心价值体系、科学发展观等形成中国特色社会主义企业文化体系。

全国政协提案委员会副主任,国务院国资委原副主任、党委委员王瑞祥认为,在从计划经济向市场经济、从封闭向开放、从以政治为中心向以经济为中心、从单一公有制向多种经济成分共同发展的伟大历史转折中,中国企业文化的建设和创新伴随改革开放的全过程,在为之注入强大动力的同时,自身也不断成长起来,从自发、模仿阶段进入与改革发展相适应、相促进,符合中国特色社会主义要求,符合中国企业发展需要的新阶段。与改革开放同发展,中国的企业文化已经形成了一条初步的路子和雏形。

(六)符合时代潮流,紧跟时代步伐,顺应企业发展规律,符合企业愿景和发展战略,与国外企业文化互补,符合社会主义核心价值体系,得到广大职工认知、认可、认同,这是中国企业企业文化建设进入新阶段的标志性特征。

中国特色社会主义企业文化的构建,要坚持以中国特色社会主义理论为指导思想,扎根于中华民族文化的沃土,植根于中国企业的经营管理之中,与企业的党建政工有机结合形成合力;要成为社会主义先进文化的重要方面和组成部分,为社会主义文化大发展大繁荣作贡献;要加强对企业文化的领导和指导,建立精干高效的企业文化建设专兼职队伍;要使企业文化的观念文化体系、制度文化体系、行为文化体系整体地融入企业经营管理之中并系统地发挥作用,使质量文化、营销文化、安全文化、品牌文化等子文化枝繁叶茂,融为一体,合力提高中国企业管理水平和竞争力;要从战略高度上定位和谋划企业文化建设,强化企业文化建设的工作格局和工作机制,让企业文化落地生根,持续健康稳定地成长。

构建中国特色社会主义企业文化,必须将社会主义核心价值体系融入企业文化体系建设的全过程,并转化为职工的自觉追求与行动。要全面落实科学发展观,促进中国企业文化体系科学发展。要以促进发展为第一要义,以深入改革为动力,以以人为本为基点,以职工为主体,以统筹兼顾为基本方法,以全面协调可持续为原则建设企业文化的制度保障。要按照建设和谐社会的要求,建设和谐文化,以企业和谐发展,促进社会和谐发展。

中共中央宣传部原常务副部长徐惟诚认为,中国企业文化对中国企业是雪中送炭的东西,是必需品,凝聚人心,推动创造,在面临严峻危机的时候,更应发挥文化软实力的作用,以激发群众的斗志,提高创造力、应变力和综合竞争力。中国企业文化建设一定要有忧患意识。一定要从企业内部的实际和外部的实际出发。过去讲企业文化建设.着重讲的是从企业内部的实际出发,对国家大局、国际大局变动如何应对则较少考虑,这在构建中国特色社会主义企业文化时必须有所补充和加强。中国企业文化建设还应增加知识的含量,着力培养高素质的职工队伍。

会议还举行了"改革开放30年企业文化建设系列表彰"仪式,组织参观了北海经济技术开发区,共500余人与会。

(撰稿人罗志荣,系《企业文明》总编助理、编辑部主任)

领导讲话:

中国企业文化建设实践的收获和存在的问题

王大明

这次来参加会议的同志都是企业文化界的实践者,有的是元老精英,利用这个机会总结一下是非常好的,也是非常有意义的,我想为便于讨论,提几个问题供大家参考:

一、中国企业文化的发展变化、收获和经验

就此机会,可以结合这些年来改革开放的发展历程,回忆一下企业文化在我们企业中的发展变化过程。如:在引进国外企业文化理念之前,我们原有的客观存在的企业文化的状况,当时可能并不自觉的叫"企业文化",但实际上我们固有的中国的企业文化也是客观存在的,如"鞍钢宪法""大庆精神"等等是建国后的代表,建国前我们也有如晋商、徽商讲诚信,童叟无欺、讲团队精神等,这是一个阶段;从国外逐渐引进企业文化的种种理论和实践,学术界、经济界和主要企业开始接触它、学习它、消化它并伴随着各种争论,

大体用了若干年，这又是一个阶段；再以后我们一些企业开始有理论指导的实践，并创造了我们自己新的企业文化，边学习、边实践、边总结、边争论、边消化、边提高，大体上经历了这样几个阶段，如何划分大家可研究。2003 年青岛峰会上张大中同志曾讲过，他讲了四个阶段，这次会上发了一个讨论稿，也讲了一个回顾和划分，仅供参考，没有定论。

在回忆整个过程中，我们可否着重研究一下我们思想观念上，企业的实际工作中，有什么变化，有什么收获，有什么经验。

由于我们的企业文化工作一直是在改革开放的大背景下进行的，因此就离不开企业在改革开放中的发展和变化，这二者有着不可分的关系，我们要看到企业文化本身就是在改革开放中，在由计划经济转向市场经济的过程中产生和发展的，它即适应了市场经济产生的种种需要，也一定程度上推动了企业的改革开放和在市场经济中提高竞争力。

在回忆总结时，我们也要看到企业文化不是孤立的，不是少数人主观上的产物，不是为搞企业文化而搞企业文化，这当然是不符合实际的，国外企业文化理论也是在市场竞争和高科技的发展中逐步产生的，理论产生于实践嘛。当然我们也要注意在总结时不要把整个改革开放的发展过程、变化、收获全记在企业文化工作的账上，这也不符合实际；恰当的定位应当是企业文化一方面是适应改革开放、市场经济的大趋势而生，又在一定程度上推动了改革开放和市场经济的发展。我们是否大体上，按照这样一个定位来进行我们的总结。

从大背景来看，企业改革开放以来的变化是巨大的，有人说是翻天覆地的，至少有几个带根本性的转变，如：1. 企业从无产阶级专政的基地变成以经济建设为中心的经济组织，人们从无穷尽的极左的政治运动中解放出来，可以专心致志地从事企业本应从事的经济活动，为强国富民，为自己改善生活去奋斗，这是带有根本性的变化的，当年耀邦同志曾组织过关于生产目的的大讨论，推动了这个转变。2. 企业的生产关系、所有制体制从单一的“公有制”转变为各种所有制互相补充的综合体系，不再整天为姓“资”姓“社”的争吵而担忧。3. 企业从计划经济转为市场经济，注重研究按经济规律从事生产经营，从重计划轻市场、重生产轻营销、重一线轻二线、重生产轻生活等等转到二者并重，开拓市场，以销定产，提高竞争力。在这个过程中，打破了铁饭碗，从平均主义大锅饭，转向了按劳分配，重视效益，这也是一个很大的变化。这三点应该是企业在改革开放以来带有根本性的变化，当年也是很艰难的转变。

这种变化总体上应当说也是转向科学发展的方向，是符合发展规律的，原来那些是不科学的，是不符合经济的客观发展规律的，我们的企业文化就是在这样一个大背景下，在这样一个大转变中产生和发展的。在市场经济当中由于激烈的竞争，由于高科技的发展，由于脑力劳动的比例的扩大，企业的发展对职工文化素质的要求越来越高，企业的竞争力也更多的取决于企业的人才，包括广大职工的全面素质，这样一个大的背景。企业的管理从过去长期以来以泰勒制度为代表的把人当作劳动工具的这种管理思想，就是主要靠严格的管理制度，精确的定额和物质奖金来促进生产，这种管理理念曾经统治了我们相当长的时间，现在我们逐步在转向要提高人的整体素质来提高企业的竞争力，大家研究一下我们是不是有这样一个大的转变？最近我看到一本美国人写的书《管理大未来》，它里边就讲到企业为了适应激烈的竞争的需要，有一句带指导思想性的话是：“我们不仅需要一个勤劳的团队，更加需要一个富有激情的团队。”这句话说得很有意思，就是说我们现代的企业对职工的要求不仅要勤劳，光勤劳不够，还要富有激情。这富有激情光靠管理制度，光靠定额管理能行吗？像搞软件的你能给他下定额吗？你下了定额，他坐在那，脑子不动，它出不来，你也没法定额，所以他就讲光勤劳是不够的，现在还需要我们团队富有激情，这就是管理理念上的一个很大的根本的转变，这只有企业文化能做到。所以在这样一个管理理念的变化下，在这样大的背景下，企业文化一整套的新的理论和理念就产生了，这是一个管理观念的带根本性的转变。从我们国家自己的情况来看，也是类似的情况，回想当年我们许多的企业管理者，包括行政管理官员，思想的深处也是把人当作劳动工具，我们过去被要求做驯服工具嘛！少奇同志在《论共产党员的修养》中就讲到要做驯服工具，所以从思想深处我们就觉得对职工的管理，是怎么样把这个工具用得更好？定额、制度、奖金。当然在建国以后我们在这方面是有创新的，我们一个时期有些企业也是开始注意人的思想观念，特别是大庆，大庆精神，他们为祖国献石油的精神也是很了不起的，其实那就是企业文化，现在提出以人为本的理念，应当说是一个带根本性的转变。

我们许多企业文化搞得很好的企业，实际上就是贯彻了以人为本的思想，这是一个重要的变化，重大的收获。我们许多同志过去不一定完全自觉地认识到这一点，但是这是一条很重要的经验，在企业管理上把提高人的素质放在重要位置，甚至于说放在首位，这是以人为本的观念在企业管理上的具体化，这是符合马克思主义对人的全面发展的要求的，这是完全符合马克思主义的。我们推行企业文化，提出以文化人、文化自觉、文化向导等等，其实都是围绕着这样一个中心理念，应当说都是符合科学发展观的客观要求的，这一点是不是可以作为我们企业文化的第一个大收获。

第二个重要的收获，就是我们在推进企业文化的过程中，使思想政治工作适应了新的形势，有了新的创新，大大地拓宽了思想政治工作的领域，更好地改进了过去企业“两张皮”的现象，改变了过去企业思想政治工作形式内容陈旧，职工不大接受的弊端，有了新的概念，使我们党的思想政治工作更广泛更深入，在有些方面更人性化也更有效。在这方面很多企业都有很好的事例，很好的经验。在这个过程中我们许多企业还结合这种创新,把我们民族的国家的,我们企业原有的文化遗产文化宝藏,包括建国以后企业的文化财富都挖掘了出来,融入了改革开放以后企业文化建设。比如同仁堂等等都是很好的典型。

除去这两个较大的变化收获以外,有的同志还提出企业文化的建设促进了企业品牌战略的实施,增强了企业的社会知名度,有利于企业走向国际市场,企业文化还有这方面的效果。

还有同志提出企业文化的建设还增强了企业的社会责任意识,对构建和谐企业,促进社会和谐,发挥了积极作用。

还有同志提出企业文化建设作为中国特色社会主义文化的新的增长点,丰富了中国优秀传统文化的宝库。

这样列起来就有五条了,综合大家的意见总结的,至少有五个这样的收获。

二、中国企业文化建设过程中的主要矛盾和主要不足

不同的企业有不同的客观环境,情况有所不同,不平衡是存在的,但是从全局看,我们主要应该注意的矛盾倾向或者不足有很多,我想提出三条,作为探讨的题目:

第一个问题,企业领导的思想、对企业文化的认识和当前推动企业文化的客观需要有没有矛盾?我们有些企业的领导把企业文化放在企业工作当中的什么地位,是认为企业文化是不可缺的甚至于带关键性作用,还是把它看作是可有可无的?这里头有没有矛盾、有没有不足,去年我在太原峰会上专门讲过这个问题,就是对思想文化有轻视、淡化的倾向,特别是我们一些管业务管全局工作的同志特别要注意,我们曾经有一个时期把意识形态极端化,那是不对的,是不符和经济客观发展规律的,就是讲“人有多大胆地有多大产”,夸大意识形态的作用,但是忽视它、淡化它,轻视思想文化的反作用,在哲学上也是错误的。我们现在的企业领导有没有过多地迷信奖金和规章制度?奖金和规章制度是不可少的,是必须要的,但是如果我们迷信它,以为它什么都能够解决,这也是错误的,是不符合实际的,特别不符合当前这种日新月异的新的形势。实际上这个问题是对领导者素质的一个要求,要充分地估计到企业文化在企业的竞争力上的不可忽视的作用。

第二个问题,企业文化如何真正落到实处。这是不是一个相当普遍性的问题?要研究如何把企业文化从书斋中、从秀才的办公室中落实到车间、班组,落实到广大职工的思想深处,要把它形成行动,形成作风,形成竞争力,这是一个非常艰苦细致的群众工作,是一个需要不懈努力的系统工程,多么漂亮完整的企业文化的设计和规划,如果没有这一步,没有把它真正落实下去,可以说毫无用处,它形不成竞争力。春峰同志讲的软实力,你如果没有落实下去,光在办公室墙上挂着,也形成不了那个“力”,所以我们要研究一下企业文化不仅要做文字工作,做秀才工作,还要想办法做到群众当中去,这是一个艰苦细致的过程。小平同志在南巡讲话中专门讲到过要防止形式主义,就是有所指的,这个问题当前似乎还是在相当范围内存在的。

第三个问题,企业文化如何能做到持续发展。有人说要常做常新,无穷无尽,不要觉得做着做着就没事干了,有人说江郎才尽了,没事情办了。我认为关键是推行企业文化一定要和发展生产力结合起来,要和国家和企业的发展战略密切结合,搞企业文化的同志要了解国家、企业经济发展战略,使我们的企业文化有利于推动国家、企业经济的发展。我主张要把小平同志的“三个有利于”作为我们企业文化的最终的衡量标准和落脚点,企业文化总有新的问题出现,新的问题要研究,新的矛盾会产生,这就会推动企业文化不断前进。比如当前在金融海啸这种形势下,我们要学习、了解、关心这方面的严峻形势,从八九月份已经开始出现拐点,企业的订单特别是海外的订单开始减少,这次广交会的订单比往年减少了三成,这是一个很严峻的形势,有的企业提出现在出现了生存的问题。企业文化不能脱离开这个大的形势,要关心这个形势,动员企业文化的力量关注经济危机,动员企业的职工充满着激情去克服经济危机带来的困难。我们的企业文化要和发展企业的生产力、要和小平同志的“三个有利于”结合起来。

三、如何结合学习贯彻科学发展观,逐步形成我们中国特色的企业文化

我们要争取把中国特色的企业文化的理论纳入到成为中国特色社会主义理论的一个小小组成部分,我们能不能树立这样一个雄心壮志,经过我们若干年的实践、总结,形成一套中国特色的企业文化理论,而这个理论成为了中国特色社会主义理论的组成部分,这个和我们学习科学发展观,和我们在企业文化中认真贯彻我们党的核心价值体系,是完全可以结合起来进行的,和恢复马克思主义的生命力,学习马克思主义关于人的全面发展的理论,都是可以密切结合的。

上述之外,还有诸如传统文化如何继承,我们在管理企业中有益的经验,特别是建国以后比如“鞍钢宪法”、“大庆精神”如何发扬。过去这里面“左”的东西是有的,但是主流和主体上是好的,是符合我们国家当时的情况的,剔除那些“左”的东西,把那些好的传统保留下来,都可以作为研究中国特色企业文化的一个组成部分。再比如说这些年引进的国外企业文化好的经验怎样把它融纳进来,把各个方面融纳到一起,结合建设党的核心价值体系,结合学习科学发展观,结合学习马克思关于人的全面发展的理论,这样就可以逐步地构建和形成我们中国特色的企业文化。

(作者系中宣部原常务副部长,北京市原政协主席,中国企业文化研究会名誉理事长)

深入贯彻科学发展观 不断提升我国企业文化建设水平

王瑞祥

在纪念我国改革开放30周年之际，中国企业文化研究会以“改革开放30年与企业文化建设”为主题，召开中外企业文化2008峰会，总结交流改革开放以来我国企业文化建设取得的经验和成果，这对于我们深入贯彻党的十七大精神，深刻认识改革开放的深远意义和巨大成就，在新的历史起点上，全面贯彻落实科学发展观，推进我国企业文化建设，具有重要的意义。

一、企业文化创新贯穿企业改革发展全过程，为企业发展壮大注入了强劲的动力

改革开放是决定当代中国命运的关键选择，是一场新的伟大革命，使我国成功实现了从高度集中的计划经济体制到充满活力的社会主义市场经济体制、从封闭半封闭到全方位开放的伟大历史转折，极大地焕发了社会主义的生机和活力，取得了经济社会发展的巨大成就，带来了我国面貌的历史性变化。改革开放30年，也是国有企业改革发展30年。30年来，国有企业改革始终是整个经济体制改革的中心环节，大体经历了扩大经营自主权、制度创新和结构调整、以国有资产管理体制改革推动改革发展三个阶段，国有企业实现了从政府行政机关的附属向市场主体的转变。特别是通过改革完善国有资产管理体制，落实国有资产保值增值责任，有效解决了政企不分、政资不分、出资人不到位、责任不落实的问题；国有经济布局结构战略性调整深入推进；公司制股份制改革步伐进一步加快；企业人事制度改革迈出实质性步伐，初步建立了党管干部原则和市场化选聘经营管理者相结合的选人用人新机制，一大批优秀企业经营人才、管理人才、技术人才脱颖而出；企业党建和思想政治工作得到切实改进加强，优势作用得到更为有效发挥。国有企业的领导体制、治理结构和经营机制都发生了深刻变化，更加适应社会主义市场经济发展的要求和现代企业制度建设的需要。国有经济的运行质量和发展速度显著提高，国有经济的控制力和影响力大大增强。2002年到2007年，中央企业资产总额年均增加1.5万亿元，销售收入年均增加1.3万亿元，实现利润年均增加1500亿元，上缴税金年均增加1000亿元。2007年，中央企业实现营业收入10.03万亿元，同比增长20.9%；实现利润10055.7亿元，同比增长30.9%；上缴税金8792.1亿元，同比增长22.7%。截至2007年底，中央企业资产总额达到14.9万亿元，同比增长22.4%。2007年，中央企业主营业务收入超过千亿元的有27家，利润超过百亿元的有19家，进入世界500强的有16家，分别比2002年增加21家、13家和10家，今年又有2家中央企业进入世界500强。

回顾国有企业改革发展的实践，我们深深地感到，国有企业之所以发生深刻变化，其根源在于坚持改革开放，不断推进思想观念转变和企业文化变革创新。国有企业在推进改革的进程中，自觉融入世界经济发展潮流，学习借鉴国外先进经验，结合我国国情，努力推进企业文化建设，促进企业文化变革，带来了企业经营管理理念和发展方式的创新，带来了干部职工思想观念和精神面貌的深刻变化。广大干部职工学习创新和竞争的意识普遍增强，劳动光荣、知识崇高、人才宝贵、创造伟大的时代新风日益深入人心，自尊、自信、自立、自强的精神成为职工意识的主导，广大职工自觉把个人职业发展与企业发展有机统一起来，爱岗敬业、致力发展、做强做大、为国奉献成为职工的共同追求。这些深层次的思想文化变革，既是深化国有企业改革的重要内容和必然要求，也是国有企业深化改革的重要前提条件，保证和促进了企业改革不断深化、企业持续发展和稳定。实践使我们深刻认识到，思想观念的转变和文化的变革创新是更为深层次的改革。我们要始终坚持把企业文化建设与创新贯穿于企业改革发展的全过程，用科学的思想和先进的理念武装干部职工，引导职工树立正确的思想观念和价值追求，养成良好的职业道德和行为习惯；用科学的思想和先进的理念指导生产经营，不断健全体制机制，正确履行社会责任，培育高尚的企业道德，打造企业品牌，增强企业文化软实力和竞争力，为企业不断深化改革、加快发展创造良好文化条件、提供有力思想保证和不竭精神动力。

二、与改革开放事业同进步共发展，中国特色的企业文化建设道路基本形成

经过30年的艰辛探索，我国企业文化建设在理论和实践上取得了重大进展。企业文化建设已经从过去自发的、零散的、浅层的学习模仿与探索起步阶段，进入到目前符合中国特色社会主义要求、体现我国企业特色、与企业改革发展相适应相促进的深化发展阶段，探索形成了一条具有中国特色的企业文化建设道路。这条道路，就是坚持以中国特色社会主义理论体系为指导，把企业文化建设作为社会主义先进文化建设的重要方面，扎根于中华民族文化沃土和企业经营实践，与企业党建思想政治工作有机结合，在各方面积极推动和企业自觉实践的基础上，实现企业文化创新发展之路。

（一）中国特色社会主义理论体系，始终是推动我国企业文化建设健康发展的根本指导思想。在改革开放的历史进程中，我们党把坚持马克思主义基本原理同推进马克思主义中国化结合起来，不断推进理论创新，形成了包括邓小平理论、“三个代表”重要思想以及科学发展观等重大战略思想在内的中国特色社会主义理论体系。这个理论体系是马克思主义中国化最新成果，是党最可宝贵的政治和精神财富，是全国各族人民团结奋斗的共同思想基础，是推动我

国改革开放和中国特色社会主义事业不断向前发展的根本指导思想,也是指导我国企业文化建设的强大思想理论武器。30年来,我国企业文化建设之所以能够沿着正确的道路向前发展,根本就在于始终坚持了以中国特色社会主义理论体系为指导。我们要继续推进企业文化建设健康发展,必须始终不渝地坚持把中国特色社会主义理论体系作为各项工作的根本指针。

(二)我国企业文化建设作为社会主义先进文化建设的重要方面,其地位和作用日益重要而突出。党的十七大报告深刻指出,当今时代,文化越来越成为民族凝聚力和创造力的重要源泉,越来越成为综合国力竞争的重要因素,丰富精神文化生活越来越成为我国人民的热切愿望。强调要坚持社会主义先进文化前进方向,兴起社会主义文化建设新高潮,推动社会主义文化大发展大繁荣。企业是实现经济社会发展的重要经济组织,也是实现人们精神追求和体现价值的重要社会组织。企业文化是社会主义先进文化的重要组成部分和重要源泉。把企业文化建设作为社会主义先进文化建设的重要方面,对于不断深化企业文化建设、推动社会主义文化大发展大繁荣具有极其重要的意义。

(三)有关部门加强对企业文化建设的领导和指导,构成推动企业文化建设的重要力量。宣传思想文化等有关部门把企业文化建设作为社会主义先进文化建设的重要方面,作为加强和改进企业思想政治工作和精神文明建设的重要载体,切实加强对企业文化建设工作的领导和指导,引导、推动着我国企业文化建设在正确的轨道上不断向前发展。国务院国资委自2003年成立以来,坚持把企业文化建设作为正确履行出资人职责的重要工作,作为提升企业核心竞争力、促进中央企业改革发展、做强做大的重要途径,通过颁布《关于加强中央企业企业文化建设的指导意见》等一系列有效举措,大力推动中央企业加强企业文化建设,取得了显著的进展和成效。中国思想政治工作研究会和中国企业文化研究会等社团,以及一批高校和研究机构卓有成效地开展工作,对我国企业文化建设的发展起到了不可替代的重要作用。

(四)扎根于中华民族文化沃土,适应时代发展要求,始终是企业文化生机活力的源泉。管理大师彼得·德鲁克说:企业文化只有符合民族的文化,才能扎根久存。中华文明博大精深,源远流长,积淀了深厚的文化底蕴,其中蕴藏着报效国家、重视伦理、崇尚道德、信奉诚信、讲求仁义、追求和谐、自强不息等优秀传统和价值理念。这些优秀的文化传统是我们民族生生不息的原动力和重要的核心竞争力,也是我国企业文化发展的丰富营养和重要基石。在企业文化建设的实践中,一大批企业从实际需要出发,适应当今时代发展要求,紧密结合改革开放、发展市场经济、构建社会主义和谐社会的伟大实践,注重从我国民族文化传统中挖掘内涵,吸取营养,既大力弘扬了优秀民族文化传统,又极大地丰富发展了企业文化的内涵,增强了企业文化的生机活力,为我国企业文化建设创造了重要而宝贵的经验。

(五)紧密结合企业生产经营实践,不断完善与经营管理相适应的企业文化体系,是推动企业文化进入管理的有效方法。在学习借鉴国外企业文化理论和经验的基础上,我国企业文化建设初步探索形成了以精神文化、制度文化和行为物质文化为基本内容的理论体系,通过在实践中建立健全符合企业发展需要的企业价值理念体系、行为规范体系和形象识别体系,并使之相辅相成,成为一个有机整体,确保了企业文化整体功能的发挥。与此同时,企业文化建设贯穿于生产经营管理全过程,在与企业经营管理实践紧密结合中,逐步形成了以廉洁文化、安全文化、服务文化、质量文化、营销文化、品牌文化等构成的企业文化的子文化体系,促进了企业文化与经营管理的深度融合,提升了企业的管理水平和市场竞争力,也促进了企业文化内容和形式的丰富发展,为企业文化融入管理开辟了广阔的领域和空间。

(六)企业文化建设战略地位的确立和体制机制的不断完善,是企业文化建设深入推进的坚实基础。随着我国对外开放和市场经济体制的建立完善,越来越多的企业认识到企业要可持续发展,不仅要有良好的公司治理结构、核心技术和产品市场,更需要有优秀的企业文化。更深刻认识到企业文化是企业核心竞争力的重要内容和形成要素,是企业最为重要的软实力。越来越多的企业自觉从发展战略的高度谋划企业文化建设,把企业文化建设纳入企业发展战略并成为重要组成部分。切实加强对企业文化建设的领导,建立组织保障机制,形成了党委统一领导、企业文化主管部门牵头组织、各职能部门分工协作、党政工团齐抓共管的工作格局。注重分类指导,加强宣传教育培训和载体阵地设施建设,加强督促检查和评价工作,企业文化建设的工作指导和载体支撑机制、考核评价与激励机制日益完善,保证和促进了企业文化建设各项工作落到实处。

(七)与企业党建思想政治工作有机结合,成为企业文化建设发挥作用的重要途径。企业党建思想政治工作作为国有企业的优良传统和政治优势,既是中国特色企业文化的重要内容,同时也从政治上、思想上、组织上为企业文化建设健康发展、发挥作用提供了有力保证。而企业文化建设强调以人为本,以文化管理为纽带,把理想信念、形势任务、法律法规教育与弘扬企业精神、加强职业道德教育有机结合起来,赋予了企业党建思想政治工作新的内容和形式,从而成为了企业党建思想政治工作服务于生产经营中心工作的切入点和重要载体。企业文化建设与企业党建思想政治工作相融共进,企业的文化优势与政治优势结合互补,转化成企业的竞争优势,为企业改革发展提供了强大动力。

三、站在新的历史起点上,深入贯彻党的十七大精神,不断提升我国企业文化建设水平

面向未来,改革开放和社会主义现代化建设事业正处

在新的历史起点上，国有企业改革任重而道远。我们要深入贯彻党的十七大精神，充分认识文化建设对增强民族凝聚力和创造力、提升综合国力、丰富人们精神文化生活的重大意义，充分认识加强企业文化建设对于建设社会主义先进文化、提高国家文化软实力，对于增强企业凝聚力和竞争力的重要意义，更加紧密地把企业文化建设与党和国家工作的大局和要求联系起来，在推动社会主义文化大发展大繁荣中，努力推动我国企业文化建设实现新跨跃、新提升。

第一，把社会主义核心价值体系融入企业文化建设全过程，努力构建企业价值理念体系并转化为广大员工的自觉追求。社会主义核心价值体系是社会主义意识形态的本质体现，在整个文化建设中居于统摄和支配地位。这就要求我们在企业文化建设中，必须把社会主义核心价值体系融入企业文化建设全过程，始终坚持以中国特色社会主义理论体系为企业文化建设的根本指导思想，推动中国特色社会主义理论体系的深入学习贯彻，更好地用马克思主义中国化最新成果武装干部职工；坚持用中国特色社会主义共同理想教育干部职工，进一步坚定搞好国有企业的信念；坚持用以爱国主义为核心的民族精神和以改革创新为核心的时代精神铸造企业精神，鼓舞激励干部职工；坚持大力弘扬社会主义荣辱观，按照社会主义荣辱观的要求，培育良好的企业道德风尚。通过切实把社会主义核心价值体系渗透到企业价值理念体系的提炼确定与宣贯工作中，使企业价值理念体系与社会主义核心价值体系相适应、相符合，并成为社会主义核心价值体系转化为企业干部职工自觉追求的具体方式和有效途径，从而不断巩固干部职工团结奋斗的共同思想道德基础。

第二，全面贯彻落实科学发展观，促进企业文化建设科学发展。一要贯彻发展这个第一要义，把企业文化建设与企业改革发展的要求统一起来，推动发展理念的创新和发展方式的转变，引导广大职工树立爱岗敬业、争创一流、致力发展、为国奉献的理念，引导广大职工始终成为企业发展的主力军、改革的促进派和稳定的中坚力量，使企业文化真正成为推动企业深化改革、实现科学发展的强大动力。二要贯彻以人为本这个核心，牢固树立职工群众主体地位的意识，把实现好、维护好、发展好职工群众的根本利益作为企业文化建设的出发点和落脚点，做到为了更好地推动企业又好又快发展、实现广大职工的利益而建设企业文化，依靠广大职工积极参与、发挥广大职工的智慧和力量来建设企业文化，从而使企业文化建设既符合企业改革发展的需要，又源于职工自身发展的需要，实现企业发展与职工发展的和谐统一。三要贯彻全面协调可持续这个基本要求，进一步健全完善推进企业文化建设的组织保障机制、工作指导和载体支撑机制，以及考核评价与激励机制，努力形成使保障有力、运转协调的体制机制。要遵循文化建设规律，协调推进企业精神文化、制度文化和行为物质文化建设，使三者成为相辅相成的有机整体。特别要坚持以价值理念的培育与转化为重点，始终把握职工队伍建设这个根本，通过内化于心、固化于制、外化于行等工作，使企业文化融入经营管理，转化为职工的思想认识和自觉行为，从而为企业文化长期持续发挥作用奠定牢固的基础。四要贯彻统筹兼顾这个根本方法，正确认识和处理企业与国家与社会公众的利益关系，正确认识和处理企业发展与职工发展的关系，形成企业、职工与社会和谐发展的局面；正确处理企业文化建设与企业党建思想政治工作和精神文明建设的关系，做到有机结合，相融共进；要把推进企业文化建设与加强企业文化管理结合起来，努力构建既有工作内容、基本要求、实施原则、分类指导，又有检查评价的企业文化建设闭环管理体系，推动企业文化建设持续发展。

第三，按照构建社会主义和谐社会的要求，深入推进企业和谐文化建设。社会和谐是中国特色社会主义的本质属性。企业和谐是社会和谐的重要因素。建设和谐文化，是实现企业和谐的文化源泉。要按照构建社会主义和谐社会的要求，把打造和谐企业、促进社会和谐作为企业文化建设的重要任务，大力加强企业和谐文化建设。要正确树立和谐的理念，培育和谐的精神，处理好企业内部各种利益关系，推进厂务公开和民主管理，维护职工的合法权益，营造企业和谐的人际关系和内部环境。不断强化企业社会责任理念，更加注重节约能源资源，保护生态环境，正确履行社会责任，促进企业与自然和社会的和谐。切实加强诚信建设，增强诚信意识，牢固树立诚信为本、操守为重、守信光荣、失信可耻的诚信观念。广泛开展群众性和谐创建活动，加强精神文明建设，培育知荣辱、讲正气、促和谐的文明道德风尚，努力形成企业良好的人文环境和文化生态。

改革开放是发展中国特色社会主义、实现中华民族伟大复兴之路。中华民族伟大复兴必然伴随着中华文化繁荣兴盛。让我们以改革创新精神，不懈努力，不断开创我国企业文化建设的新局面，为促进企业又好又快发展，繁荣发展社会主义文化，实现中华民族伟大复兴作出更大贡献！

（作者系全国政协委员、中国机械工业联合会会长）

大会发言：

人本思想的本质内涵及其在现代企业的应用

王锐生

一、关于本质内涵：现代人本思想是一种人类的伟大精神财富财富

人本思想的内涵包括：

1. 重视人、关怀人、把人放在首位；

2. 维护人的尊严、人的品格;

3. 实现人的价值和权利;

4. 弘扬人的人性和个性;

5. 把人看作目的而不仅仅当作手段。

这些本质内涵无疑使人本思想成为具有全人类价值的思想。

人本思想作为全人类的精神财富财富,是千百年来世界各个民族的先进思想家共同的创造。它们尽管有各自的时代和阶级的局限。但是,经过人们的批判性的扬弃,一代代积淀下来的精华,就是值得我们今天保护和发扬的、具有普世价值意义的人类文明财富——以人为本思想。

从历史上考察作为人类共同财富的人本思想之来源,首先进入我们视野的是中国古代的民本思想。春秋战国之前,我们的祖先(殷商时人)相信一切都由神鬼决定。后来生产力发展了,物质和精神文明进步了。于是人就不再依附于神鬼。天命观被民本思想代替。就是说,民的地位提升了。表现在:

1. 重视人(民);"民为神之主"(随国大夫季梁)。

2. 关心人、爱人;儒家提出"仁者爱人"。《论语》记载,马厩起火,孔子退朝,问:"伤人乎?"不问马。

3. 反映在统治者的治国安邦的理念上,有的思想家主张国以民为本的观念。"民惟邦本,本固邦宁"——《尚书》;"夫霸王之所始也,以人为本。本理则国固,本乱则国危"——《管子》。

但是民本思想的前提是充当维护封建地主阶级的统治工具。民本思想的工具性最明显表现在:它把君主比作舟,百姓比作水,说:"水则载舟,水则覆舟"。这一点正是民本思想的时代局限和阶级局限。这种局限性使得民本思想在一般情况下难以对封建社会的发展起到积极推动作用。因为地主阶级主要统治工具是专制制度,而不是民本思想,汉宣帝曾经告诫他的太子说,汉家制度原本是"霸王道杂之",实际上就是外儒内法。

尽管民本思想在封建统治阶级那里得不到重视,这并不影响它对作为全人类价值的以人为本理念所作出的贡献。古代民本思想经过我们的批判扬弃,仍然是人类的一种伟大精神财富。

人本思想另一个思想源泉来自近代西方的启蒙运动。这是一些对中古的基督教神权和封建王权强烈抗争的近代人本观念。与东方儒学民本思想相比,思想境界大大提升了。

欧洲中古时期的封建统治是罗马教会高于世俗王权。所以新兴社会力量(市民等级——资产者前身)的反封建,首先把矛头指向教会的神权。同时也指向专制王权。这是近代西方人本思想高于古代中国民本思想的地方。

当时,人本还是神本之争,与一个哲学问题—— 所谓"本体论"问题紧密相联。在西方,从古希腊开始,它的传统哲学思想是追求一种用来解释一切、而一切又还原于它的原则和力量。这就是所谓"本体"(BEING),即最高的存在、最高的本质和统摄的原则。在基督教哲学中,上帝创造一切,是世间一切事物存在的本原和根据,而上帝自己却不是谁创造的。所以上帝是最高本体。

启蒙思想家笛卡儿却提出:"我思故我在(是)"。意思是说,我可以怀疑一切,但"我在思"这一点是我无法怀疑的。所以我的存在的根据是:我在思考。这个命题实际上是使"本体"从上帝转变到"人"自身(我思)——神本变为人本。如果人的存在的根据不用到上帝那里去找。人还用得着去对上帝顶礼膜拜吗?

与此同时,当时的人文主义者还针对宗教神学贬低人、抹杀人性,大讲"人"的伟大和歌颂人的力量。这也是人本思想的宝贵财富。

启蒙运动另一光辉的人本思想是把"人"提升到一切活动的目的。针对基督教神权对人的贬低以及欧洲封建君主对百姓的人身自由、人权的摧残,德国哲学家康德宣布:"人是目的,而不仅仅是手段"。

此外,当时的人文主义者(例如莎士比亚)以文学、艺术、诗歌等形式创作了大量歌颂人及其伟大的不朽作品,使人本思想深入人心。

以上这些人本思想当然也有自己的时代和阶级的局限。启蒙思想家在客观上是为新的社会力量——资本统治开路的。然而当资本家阶级真的壮大起来,人却被挤到一边了。资本的疯狂(表现为对财富的崇拜、人为金钱而牺牲自己的尊严和个性……)取代人的地位。马克思在《共产党宣言》说:"在资产阶级社会里,资本具有独立性和个性,而活动着的个人却没有独立性和个性。"(活动着的个人包括资产者和工人)。所以,这时候的人本思想就要靠更新的社会力量——社会主义运动,尤其是与工人运动相联系的马克思主义哲学来推进。

早期的社会主义针对资本统治对人性的摧残和个性的否定,他们把新社会设计成充分满足人性和表现个性的要求(马克思完全肯定这一点,只是批评他们不懂得把社会主义建立在承认社会发展规律的基础上)。可以说,社会主义从一开始就是建立在人本思想原则基础上的。马克思批判继承了上面这一切近代西方的先进文化思想,用他的科学社会主义极大地推进了人本思想。

有人说,马克思主义讲阶级划分,与人本思想是不相容的。他们不懂得:马克思讲阶级,是承认社会发展规律。也就是主张用社会主义革命(暴力的或和平的),消灭阶级剥削,实现人类解放。什么是人类解放?就是《共产党宣言》讲的那句话:"代替那存在阶级和阶级对立的资产阶级旧社会的,将是这样一个联合体,在那里,每个人的自由发展是一切人的自由发展的条件。"这里有两层意思:(1)阶级对立的旧社会最终要被人本社会所代替。(2)马克思对人类解放的界定,就是体现最彻底人本思想的自由人联合体。马克思认为,全部有阶级划分的社会,都是人类中的少数人为了发展自己而不得不牺牲大多数个体(劳动者)的社会。在阶级统治下,少数人以多数人牺牲为代价,垄断了发展的权利。所以马克思认为,真正理想的社会是每个人都有自由和全面发展自己的机会和权利。但是在马克思看来,不消灭阶级、私有制和商品货币,是做不到的。所以一个共同体,它的存在的前提条件如果不是每个人都能自由和全面发展,那就还是存在阶级和阶级对立的社会。

所以我认为,能够实现每个人自由和全面发展的社会,正是最彻底的人本思想的体现。

二、现代企业与人本思想的关系

以人为本作为一个理论课题,可以从不同层次上来研究。我认为,至少可以区分三个不同的层次。

首先是未来理想社会里的"以人为本"——在今天,这个问题没有太多的实践意义,只有纯粹的理论意义(例如针对所谓马克思主义只讲阶级,不讲以人为本的论调)。

其次是当前中国特色社会主义社会里作为科学发展观核心的以人为本。

第三是运用于现代企业的以人为本。

并不是人类历史上的任何经济体都有现代企业的以人为本,前资本主义社会内部人的关系主要是统治与服从,是靠超经济的(暴力)的办法来维持的。在这种社会里,经济体(行会作坊、手工工场等)内部的管理是野蛮宗法式的家长制统治。

在传统的、前苏联模式的计划经济体制下,几乎所有人都得归属于某个单位,没有这种归属,他在社会中几乎寸步难行。国家、单位的利益高于一切,每个人只是完成计划经济体制所规定的任务的一种工具、是这个庞大机器里的一颗没有自主性的螺丝钉。这种体制下的"企业"自然也谈不到以人为本。

现代企业的以人为本需要有一定的前提条件。

第一,现代企业人本管理的两个前提

一个是近代西方启蒙运动所形成的人本(人道)思想;另一个是现代市场经济的细胞——公民社会里的现代企业。

企业文化管理所讨论的以人为本又是以市场经济的现代企业为前提的。市场经济出现后,现代公民社会那种独立的个人才有可能诞生。在这里,每个人都是商品的所有者,他们的地位(至少是在形式上)是平等的。在理论上和法律上,每个企业的成员都具有公民社会所规定的各种权利。有了这样素质成员构成的现代企业,才可能逐步形成现代企业的人本管理。

但是,即便资本主义早期的企业,其管理也不是以人为本的。大家知道,在现代以人为本理念融入企业管理之前,流行的是泰罗的"科学管理"——那是谈不到什么以人为本的。在这之后,大约在20世纪30年代,在开发系统的企业管理理论的过程中,现代管理学家们才逐步把西方近代形成了的以人为本理念输入或融入企业管理理论之中。

第二,资本主导的现代企业能否与以人为本相容?

大家知道,当今世界的现代企业绝大部分是私有制下由资本主导的。要讲人本思想在现代企业的运用,首先就得证明,这两者是可以和能够相容的。

在马克思写《资本论》那个年代,人们认为,市场经济社会是资本说了算的,而资本的性质是不择手段地不断增值自身。既然资本家尽量压低成本(首先压低工人的工资待遇),以便扩大它的利润空间,这样的资本动机怎么能够与以人为本相容呢?

不错,从纯粹的逻辑推理,是这样的。但是,人们在实际生活中发现,事情并非完全是这样的。事实上,资本很难以纯粹逻辑方式运作。

首先是因为,在经济领域,固然是资本做主,但在其他的领域,未必就能够是资本说了算。要知道,人的需要是多方面的,人不能单纯追求财富。他除了借助资本以推动物质再生产,以满足物质生活需要外,还要通过精神生产以满足各种精神需要。此外,还要有人自身再生产的需要,社会关系再生产的需要,以及人和自然关系再生产的需要。这后面四种需要都是不能任由资本来独自干预和控制的。相反,国家或社会要动员各种力量,通过法治、税收、舆论等手段对资本的专横跋扈给予限制。否则,社会岂不成了完全被金钱和物欲统治的社会了吗?还有什么社会和谐可言?

其次,无限的利益驱动欲望固然是资本的本性,但是资本家作为资本的人格化,也不是完全因利欲而丧失理性。就是说,资本在运作过程中也会总结经验(当然也是在遭到工人阶级的正义反抗斗争的情况下),逐渐明白:资本不能只顾追求自己增值的最大点,它必须对以往的资本原则做一些修正,即牺牲自己一部分利益,以便把统治和剥削关系维持下去。这就是目前发达国家通过各种社会改良办法,搞种种社会福利,不让资本原则在一切社会领域泛滥的原因。

于是,我们看到,在上述语境中,在私有制的现代企业内部,资本同以人为本不但不相互冲突,反而能够在企业的文化管理(人本管理)中结合起来。

第三,体现在企业活动中的人本思想的两种情况

有人说,企业把它的员工解雇了。就意味着企业背弃了它宣布过的以人为本的理念。我以为,这是把体现在企业活动中的人本思想之两种情况区分开来。对于人本思想体现在企业活动中有不同的情况。一种情况是,当着企业活动体现企业与社会公共生活的关系时,尽管企业活动总是以市场为取向,但是只要问题涉及社会公共生活,市场只能是手段,而人是目。因此企业必须把社会价值,社会效益放到首位。

另一种情况是,问题只是涉及到企业内部的企业管理范畴。在这个范畴内,员工个人是被当作一种生产要素,一种人力资源来对待,当然,企业的文化管理会从"以文化人"

的视角,用"企业文化"(其中包括人本理念)去调动员工的积极性、主动性,但这一切都不能改变一个事实:企业的文化管理是为企业在市场竞争中胜出服务的。因此企业文化管理自然也不能与保证企业竞争力相违背,不能与作为人力资源的劳动(者)的流动相违背;而后者从资本的观点看,是市场经济规律的内在要求。有人会问:你所说的劳动的流动(裁员和再就业)在劳动者身上不就是他们正常生活的破坏、甚至是灾难吗?这难道不是对"人本"理念的否定?

我承认这一点,但试问,能否让劳动的流动让位于你所谓的"人本"?如果这样,那就意味着这个企业的活动完全违背市场规律,而市场机制对一个失效的企业就必然要淘汰。

最终结果是,人们坚持"人本"却以毁灭以市场为取向的现代企业为代价。

第四,全球化对现代企业的人本化产生影响

经济全球化之所以会对现代企业的人本化产生影响,首先是由于经济全球化给国际经济分工带来新的模式。最早的模式是不同产业在全球范围的分工;然后是在同一产业内部的全球分工;现在出现的是一个企业内部的全球范围的分工。也就是说,全球化让跨国企业企业内部实现了生产和交换的全球分工。

跨国公司财大气粗,某些大公司的总产值甚至超过一些中等发展中国家的全部GDP。跨国公司作为现代企业必须对社会负有一定的责任——因为它的利润来自社会,所以它也必须以一定社会责任来回应社会。何况,现代企业的生产能力这么巨大,没有一定社会责任约束,就会对人类所处的自然和社会环境产生巨大的负面影响。

全球化和跨国公司在运营中产生了一系列全球性的国际经济贸易规则,而这些规则直接体现了现代经济运动中的人本思想。它们是质量管理体系(ISO9000)、环境管理体系(ISO14000)、社会责任标准体系(SA8000)。这三大类国际经济贸易规则迫使一切现代企业承担起两个方面的责任——生态方面的责任(体现全球生态环境的道德问题);——社会方面的责任(体现企业在社会生活中扮演人文关怀角色),现代企业与人本思想的关系就通过企业履行这些社会责任而具体化。

事实证明,人本思想正在成为大企业的经营管理不可分割的指导思想;人本思想日益在全球经济运行中制度化;遵守这些人本化的制度成为全球的市场准入的必要前提。我以为,这几点是资本主义早期的企业所没有的。它们正是现代企业的"人本化"在今天的全球化时代的新特色。

当然,事物总有两重性。这些规则在一定的条件下也能够给某些发展中国家带来麻烦。就是说,它们也可以成为发达国家对发展中国家设置贸易壁垒的手段。若干年前,工业化国家利用经济制裁来推行他们认可的劳工标准和环保标准。而许多人认为,藏在这些标准下面的,与其说是人本考虑,不如说是发达国家的贸易保护主义。而贸易保护主义给予发展中国家的损害是巨大的。有一个统计(2000年)指出,这种贸易保护主义使发展中国家付出的代价大约是1000亿美元(相当于工业化国家对贫穷国家全球援助的两倍)。

(作者系中国社科院哲学研究所博士生导师、中国企业文化研究会学术委员会委员)

"五门"事件的文化思考

王成荣

我想用《"五门"事件的文化思考》这个题目,讲一讲2008年企业界发生的几个有影响的事件,引发文化上的一些反思,兼而谈谈对未来企业文化的展望,与大家分享一下我的一些看法。

"五门"事件是指东航返航门事件、华为辞职门事件、唐骏转会门事件、王石捐款门事件以及大家非常关注的三鹿奶粉门事件。当然了,一说什么"门"事件,大家会先想到水门事件,那是指美国共和党政府在1972年总统竞选运动中的非法活动暴露后的政治丑闻。水门是华盛顿的一座综合大厦。1972年6月17日有5个人因闯入大厦内的民主党全国总部被捕。随后的调查表明,尼克松政府为破坏选举的进程采取了一系列的行动,闯入水门只是其中之一。结果导致政府的几个官员锒铛入狱以及总统辞职。所以,自此凡是值得大家讨论的带些危机性质的事件,我们都称做什么"门"事件。我所说的这5门事件,有的不是危机事件,比如唐骏转会门事件。但就这5个事件来看中国企业的文化有哪些缺陷和问题,我觉得值得研究,是很有意义的一件事。

当然了,目前中国企业文化需要研究的问题非常多,这5个事件是不是可以把所有的问题都揭示出来?肯定不能。但是这5个事件非常典型,很多问题具有实际探讨的意义。

下面,我们先回顾一下这5个事件。

第一个是东航返航门事件。东航是我国航空业的一只航空母舰。我想各位不管做什么工作,都对东航返航门事件有所了解。2008年3月31日到4月1日下午3点,东方航空公司云南分公司共21个航班集体返航,声称是天气原因造成的,而其他航空公司飞往同样目的地的航班,都能正常起降。这个事件一开始东航的解释就引起了社会公众的怀疑,酿成一个影响较大的事件。这里确实有说不清楚的原因,在发生集体返航事件的前两天,一封至云南分公司飞行员的公开信,在云南分公司被复制多份,有的被塞进了飞行员的房间。这封公开信提示飞行员:首先是待遇相对偏低。大家知道云南航空公司原是一个独立的航空公司,后来航空公司重组,被并入东航。云南是旅游大省,飞行员基本还是飞云南的旅游航线,内行人都知道,飞国际航线和国内航线待遇差距是很大的。因为国际航线距离比较远，飞行时数多，飞机飞上天基本上自动控制，就非常舒适了。那么，国内短的航线，尤其是云南这些短的航线刚起飞一二十分钟又要降落了，危险系数比较大，但是他们的飞行时数很低，所以他们认为和同行相比待遇偏低。还有，认为一些针对飞行员的检查使飞行员的自尊心受到了非常大的伤害；公司的补贴标准没有与税收接轨。另外，该公司的飞行员郑志宏因为提出辞职，被东航提出了1275万元的天价索赔，东航认为公司培养了他。罢飞事件到底背后有什么原因，我们不去详细探究，从企业文化的角度讲，却会引起我们诸多的思考。

第二个是华为辞职门事件。深圳华为是著名的通信设备公司，在世界上也非常有名，老总是任正非。华为有《华为基本法》，比较早地创立了华为的文化，在中国企业文化界也是非常著名的。那么，华为辞职门事件是怎么回事呢？2008年元旦之前，华为公司鼓励所有工作满8年的员工（当时涉及7000人），在2008年元旦之前要办理完主动辞职手续，实际上是被迫辞职，华为要求每一名员工先辞职，然后再与公司签定1至3年的劳动合同，这在中国是非常轰动的事件。有人认为，华为在规避即将实施的劳动合同法。新的劳动合同法规定，已在用人单位连续工作满10年，或者是连续签定两次合同，就要求企业与员工签订无固定期限的劳动合同。为什么华为让员工辞职，如果不辞职，工作满10年的全部转为正式工，就不像现在的合同工这样好管理。华为的解释是，这样做主要是针对公司出现的“工号文化”的弊端，就是先来者工号一定排在前面，任正非是1号员工，然后依此类推。那么，华为一直按照工号，进公司比较早的员工，有了一定的积累就不再努力了，“公司元老”们“小富即安”，开始少了进取之心。所以他们认为有悖于华为“以奋斗为本”的原则，因此，要重新签定劳动合同，取消公司元老的心态，焕发企业的活力。这就是所谓的华为辞职门事件。到底这个背后反应了企业文化怎样的一种发展趋势，也是值得探讨的。

第三个事件，唐骏是中国最有名的职业经理人，媒体称“打工皇帝”。唐骏在微软中国任总裁10年，他是受到了比尔·盖茨器重的一位地区总裁，惟独他离开微软以后可以享有一个名衔：微软中国荣誉总裁。既然他的名气很高，为什么干了10年辞职了？离开微软以后，他到了盛大和陈天桥在一起，合作了4年，结果又离开了，2008年3月28日上海消息：盛大总裁唐骏已向公司提交辞职报告，将于下周离任。

4月15日唐骏已经转任新华都，出任总裁兼首席执行官，跟陈发树先生合作，陈的身价是200亿人民币，他是民营企业家。唐骏三次跳槽，他在微软的时候得到薪酬1亿人民币。第二次来到盛大加上他的年薪和期权，得到5亿人民币，他转会新华都以后，现在不说年薪，光转会费就10个亿（原始股份）。

大家可能一听说转会费就会想到NBA，想到足球俱乐部，著名的球员是有转会费的。一个职业经理人、CEO转会费对于中国来讲是一个新的创举。这个事件不是一个危机事件，但从企业文化的角度看说明了什么？肯定对现在的企业文化提出挑战。

第四个事件就是王石捐款门事件。关注汶川大地震捐款的人，都知道王石在捐款一事上有些尴尬。2008年5月12日是一个黑色的星期一，一场灾难降临到中国人的头上，四川汶川发生了八级大地震。中国政府迅速反应、抗震救灾，坚持以人为本，谱写了一曲又一曲凯歌，中国人的爱心在这个时候表现得淋漓尽致。也就是在这个时候，大家在网上给王石开“批判会”。原因是汶川大地震王石代表万科捐款200万人民币，遭到非议。王石当然有很多的解释。为什么遭到了非议？因为万科是房地产行业的领军企业，在中国享受了很多非常有利的环境条件、政策条件，社会公众也给予了很多的支持。这个时候，万科这样有实力、受到社会厚爱的的大公司捐了200万，非议似顺理成章。

王石认为，万科董事会每年授权的公益性款项在1000万以内，其中每年均有500万用于广州等地的安置房，今年年初的雪灾已用掉300万额度，地震发生当天，万科集团总部第一时间捐款200万元已经触及董事会授权权限。他在博客中写道：“我认为，万科捐出的200万是合适的。这不仅是董事会授权的最大单项捐款数额，即使授权大过这个金额，我仍认为200万是个适当的数额。中国是个灾害频发的国家，赈灾慈善活动是个常态，企业的捐赠活动应该可持续，而不应成为负担。万科对集团内部慈善的募捐活动中，有条提示：每次募捐，普通员工的捐款以10元为限。其意就是“不要慈善成为负担。”那么，这到底是不是理由呢？人们都反复讨论王石本人，王石是一个非常洒脱的经理人。光说他登山一项，他征服了世界上很多的高峰，王石也成为中国男子汉的一面旗帜。他这方面所获得的光环也是无数的，而他组织一次登山的费用是多少？可能没有人具体知道，但绝不是一个小数目。登山是董事会授权给他的吗？还是他自己出的费用呢？不得而知。正是有了这样的比较，人们才说王石代表万科这样知名的企业捐出200万太少了。这是王石的捐款门事件。当然，这个事情出现以后，万科宣布以1亿元资金参与灾后重建；王石也亲自到了受灾地区，在四川绵竹市遵道镇考察时，也对灾民表达了歉意。

第五个事件当然是近期大家关注的三鹿奶粉门的事件。三鹿集团连续十三年产销量（包括国外品牌在一起）位居全国第一，酸牛奶、液体奶分别居全国第三、四名，三鹿商标是中国驰名商标，三鹿奶粉、灭菌奶被认定为国家免检产品，并双双荣获中国名牌产品称号，可见三鹿是著名奶业品牌。但是从今年三月份开始暴露问题，消费者投诉三鹿，当时三鹿说没有问题；紧接着各地出现结实宝宝，后来三鹿在事实面前被迫承认奶粉有污染；再后来警方传唤嫌疑人员。这件事闹的非常之大，全国奶业纷纷查出问题，全国一片恐慌，蒙牛、伊利等著名的品牌也都陷入困境，以至于最近牛根生的万言书又引起了全国很大的争议。中央对这个事件反应非常迅速。胡锦涛总书记，温家宝总理连续多次做出批示要处理好这个问题；国家质检总局9月17号也发布公告，决定停止所有食品生产企业获得的国家免检产品资格；中国政府及时向世界卫生组织、香港及澳门特别行政区、台湾地区以及有关国家通报了情况。这件事影响非常之大，以至于人们产生了对所有食品的怀疑。网友这样写到：中国人在食品中完成了化学扫盲，从大米里认识了石蜡，从火腿里认识了敌敌畏，从咸鸭蛋、辣椒酱里认识了苏丹红，从火锅里认识了福尔马林，从银耳、蜜枣里认识了硫磺，从木耳里认识了硫酸铜，今天三鹿又让同胞知道了三聚氰胺的化学作用。此事关乎人类的健康，对中国企业的诚信文化提出了严重的挑战，对中国的产品形象提出了挑战。

我们简单回顾了一下这一年来我们企业界发生的几件事，既然作为年会盘点一下、反思一下这里面是不是有企业文化的问题，我个人认为至少有这样几个问题应该引起反思。

我今天用一点时间回顾五门事件，我想研究企业文化问题，不能关在屋子里面进行研究，我们把这几个事件集中在一起，现实问题引起了我们怎样的思考呢？

第一，企业员工和企业到底是什么关系？过去我们说企业员工是主人，源于生产资料公有制，现在是多种所有制，我们不用这个依据来说明了。那么，企业员工是企业的打工仔吗？就是企业和员工之间是雇佣和被雇佣的关系，看来我们也不认可。那么，员工和企业到底是一个什么关系呢，今天我们用新的思路来思考，我认为企业生产过程是资本+知识+劳动者相互结合的过程，员工是劳动者，也是知识贡献者，从这个角度来诠释员工和企业间的关系，员工是企业生产的要素之一，而且是最重要的。我认为这就了找到新的理论依据。现在几个事件既然出来我们要从理论上认清这一点，员工和企业之间不光只有金钱纽带、法律纽带，而且更重要的是一种情感纽带。

第二，怎样看待员工的忠诚观和人才流动。郑志宏被索赔1275万元这个高价在中国是罕见的一件事。现在怎么看待员工的流动，过去我们说企业文化建设得好，员工忠诚度高。反过来就是说员工流动率越低，说明我们企业文化做得越好。今天恐怕我们不能这样看，在北京的中关村，一个很好的软件工程师，今天在10楼办公，他的停车位是楼下的5号，明天他的停车位5号没有变，他已经搬到13层那家软件公司去办公了，因为13层那家公司更适合他发挥才能，我们不能指责这个人，他不忠诚10层这家公司。所以今天更多的是企业怎样为每一个员工提供舞台，提供机会，而不能光从道德层面指责一个员工不忠诚。现在员工首先忠诚的是职业，然后选择事业平台最好的地方留在那里，我们应该改变过去员工的忠诚观，正确看待流动问题。

第三，如何建立与高技术人才相适应的企业文化。这是个很复杂的问题，我认为我们多数企业现在的文化仍然是一种适用体力劳动者的文化。经济知识的发展，要求高科技与高情感相平衡，高知识与高文化相平衡。所以我们的企业文化需要向更高层面演进。刚才张国有校长讲的观点非常重要，一个研究所和一个工厂的文化是不同的。

第四，如何处理好公司母子文化的关系问题。东航事件给我们太多的启示，东航在整个中国航空业重组过程当中合并了很多地方公司，东航设想用自己的一套文化把现在的公司完全统一起来，初衷是好的，但运行中有些问题需要探讨。关于母子公司文化关系，我一直认为集团公司文化应该是个百花园，不应该是一枝独秀，要尊重子公司，尊重他的历史，尊重他的习惯，在大的方面引导到企业文化战略上来。

第五，如何避免企业文化的老化问题。一个企业时间长了，固化的传统比较多，怎样通过鲶鱼效应把企业文化激活，使企业充满激情？也是通过这几个事件使我们认识到应该加强研究的问题。

第六，如何看待以人为本的问题。前面几位学者都谈到以人为本，我个人认为，以人为本有五层内涵：尊重人的生命价值，崇拜人的生命价值；尊重人的尊严与人格；关注人的自我价值；让人们享有参与与分享的权利；促进人的素质全面提高，使人得到全面发展。以人为本不是一句空话，我认为这五个方面我们都是欠缺的。

第七，知识经济对于人力资本管理和薪酬体系提出哪些挑战？唐骏转会门使我们认识到，知识经济条件下我们过去的薪酬体系需要改革。知识就是价值，经验就是价值。唐骏一年可以赚一个亿，为什么，他凭什么赚一个亿，知识经济条件下人的收入结构改变了，有一般劳务的收入，有知识的贡献，有创新的贡献，有高科技的贡献，有分红的贡献，还有风险的收入，所以对我们的薪酬体系提出挑战。薪酬要考虑更多的因素，尤其是是知识因素。

第八，企业应有什么样的社会责任。这是个大题目，王石捐款门事件使人们议论很多，一个企业要承担必要的社会经济责任，要承担一定的政治责任，要承担一定的文化责任，要承担一定的道义责任。人们为什么指责王石，指责万科，从履行哪个责任上他有缺失，现在看来值得我们思考，一个企业的社会责任是全方位的，我们不能认识太狭隘，包括培养人，从你企业走出的每一个人来到社会都应该是个合格的社会公民，那也是企业的责任；环境保护是纯粹的社会责任；到关键时刻，社会遇到困难之时伸出援助之手是一般的道义责任。

第九，一个优秀的企业文化底线到底是什么。三鹿奶粉门事件警示我们，真的这个底线很简单，那就是“诚信”两个字，中国的诚信文化现在还没建构起来，我们大的口号呼的太多。诚信是一种自觉的行为，不光是法律的一种要求，诚信文化是超越法律界限，使人能够自觉维护的一种信仰。食品质量危机，如果人们生活在一种恐慌的世界里，那真是一种悲哀了，说明我们的企业文化底线都没有坚守住。看来企业文化建设应先从根基建起。

今天提出这样几个问题，目的是想引起我们企业界的一些文化反思。

两年前我曾经提出中国企业文化理论和实践创新当中有20个关系需要处理好，这些观点传播还是比较广的。今天我在这个会上提出10个方面的理论迫切需要加强研究，不断创新，提高认识：

第一是文化基因论。要进一步研究清楚企业的性质问题和文化的地位与作用问题。

第二是文化主体论。员工是主体。

第三是文化契约论。我想说明的是我们的员工和企业之间不光是一纸法律契约，更重要的是心理契约，情感契约，如果我们只有这种法律契约不足以形成我们需要的文化。重要的是让每一个员工个体和企业之间达成一种心灵的感应，情感的联系，文化的契约，这样企业文化才能构成。

第四是文化生态论。如果一个企业不是一个生态圈，不允许其他生物生存，只有一种生物，不允许有其他声音，只有一个声音，这个企业肯定是窒息的，短命的。一个有活力的企业有主导的文化，也应包容多样化，各种文化相互竞争，相互推动，才能产生一个和谐的文化生态。

第五是文化危机论。当金融危机到来的时候，外部环境发生急剧变化的时候，当一个企业内部发生转型的时候，是什么因素导致企业文化出现危机，出现危机以后怎么去拯救，怎么去变革，这是需要我们实际工作者，理论工作者很好回答的。

第六是文化双核论。我去年提出一个理论：文化方格理论。我是借鉴管理方格理论说明企业文化实际上是两个核，一个是人本化，另一个是市场化。两个核互相推动形成一个理想模型。我们一方面关注人本，另外一方面关注市场，两者互动起来，这样我们的企业文化才是完整的。

第七是文化体验论。就是文化的共享与精神家园建设问题。我们的精神家园在哪里？东方人依附心理是非常强的，寻求集体的依附感，而现在却没有他们所依附的家园。我想这次十七大报告提出这个概念非常重要，我们的企业文化建的好就应该成为员工的精神家园，建设企业文化实际上就是把员工精神家园建好。

第八是文化融合论。经济全球化实际带来文化的全球化，资本的流动带来文化的流动，这时候跨文化管理问题越来越突出，所以文化融合的理论也需要创新需要研究。

第九是文化价值论。即企业文化的经济与社会价值问题值得深入研究。

第十是文化贡献论。我们这几年搞企业文化建设，效果在哪里？当然有些学者讲企业文化是个长期的过程，这是非常重要的观点，但是你搞企业文化就有投入和产出，这个投入和产出与其他事业的投入和产出大不一样，投入形式不一样，产出周期也很长，产出的形式也是多样化的。对企业文化建设的投入和产出要有所考核。科技开发有科技贡献率，文化建设是不是应该提出文化贡献率的问题，这个问题比较复杂，要考虑企业文化对企业发展长期的贡献，但我们要敢于探索。

（作者系北京财贸管理干部学院副院长、中国企业文化研究会副理事长、学术委员）

打造创新企业文化 创海尔全球化品牌

王安喜

海尔集团是世界第四大白色家电制造商、中国最具价值品牌。海尔在全球建立了29个制造基地、8个综合研发中心和19个海外贸易公司，全球员工总数超过5万人。2007年集团实现全球营业额1180亿元，海尔品牌价值高达786亿元。自2002年以来，海尔品牌价值连续6年蝉联中国最有价值品牌榜首。

海尔集团在首席执行官张瑞敏确立的名牌战略指导下，先后实施名牌战略、多元化战略、国际化战略和全球化品牌战略。目前，海尔品牌旗下冰箱、空调、洗衣机、电视机、热水器、电脑、手机、家居集成等19个产品被评为中国名牌，其中海尔冰箱、洗衣机还被国家质检总局评为首批中国世界名牌。2008年3月，海尔第二次入选英国《金融时报》评选的“中国十大世界级品牌”。2008年7月，在《亚洲华尔街日报》组织评选的“亚洲企业200强”中，海尔集团连续第五年荣登“中国内地企业综合领导力”排行榜榜首。海尔已跻身世界级品牌行列，其影响力正随着全球市场的扩张而快速上升。

海尔创业以来能够保持高速稳定发展，成为在全球有影响的品牌，一个重要原因是围绕企业的发展目标培育以创新为核心的企业文化，坚持自主创新，不断激发广大员工为创世界名牌而拼搏的活力。

一、海尔文化的精髓和作用

（一）海尔文化的核心是创新

海尔企业文化是被全体员工认同的企业领导人创新的价值观。它是在海尔24年发展历程中产生和逐渐形成特色的文化体系。海尔文化以观念创新为先导、以战略创新为方向、以组织创新为保障、以技术创新为手段、以市场创新为目标，伴随着海尔从无到有、从小到大、从大到强，从中国走向世界，海尔文化本身也在不断创新、发展。员工的普遍认同、主动参与是海尔文化的最大特色。当前，海尔的目标是创中国的世界名牌，为民族争光。这个目标把海尔的发展与海尔员工个人的价值追求完美地结合在一起，每一位海尔员工将在实现海尔世界名牌大目标的过程中，充分实现个人的价值与追求。

海尔文化对海尔来讲非常重要,海尔文化就是海尔的灵魂。企业文化对企业,犹如思想对于人。如果一个人再强壮,但没有思想,那他只是一个四肢发达的人而已。为什么有些企业设备资金差不多,有的会发展,有的不发展甚至破产,企业文化起到了很重要的作用。海尔通过企业文化建设,塑造创新的价值观,培育创新精神,使之成为企业成长的基因,从而使企业拥有核心竞争力,直面竞争,变中求胜。

(二)海尔精神、海尔作风不断升级、创新

从1984到1995年,海尔十年创业,从无到有、从小到大,立志要干出中国最好的冰箱的海尔创业者们,发出了"无私奉献、追求卓越"的心声。作为国内最后一家引进冰箱项目的工厂,要想后来居上,必须速度制胜,"迅速反应、马上行动"成为当时全体海尔人一致的工作作风。在这种企业精神和工作作风的推动下,海尔十年创业首战告捷,创出中国家电第一名牌。

1995年,以当年海尔工业园落成为标志,海尔创国际名牌战略宣告启动。创中国人自己的国际名牌,成为海尔人此后执着的追求。具有民族意识的企业精神:"敬业报国、追求卓越",成为海尔人挑战国际名牌的精神底蕴。在这一时期,海尔的工作作风有了更深的价值取向,"迅速反应、马上行动"成为海尔创造比较优势、挑战国际名牌的速度利器,面临资金、技术、人才等巨大差距的海尔,以跨越式赶超为动力,义无反顾地向国际名牌目标冲刺。

在2005年12月,海尔创业21周年之际,为实现全球化品牌战略目标,海尔新的企业精神——"创造资源、美誉全球"应运而生。"创造资源"本质上是创新。与国际顶级企业相比,目前的海尔还不具备资源优势,但在民族精神的支撑下,在创新的旗帜指引下,海尔可以而且能够创造资源,能够拥有自己的核心竞争力;"美誉全球"就是海尔全球化品牌战略阶段的更高目标。海尔在全球各地满足用户需求的综合美誉,就是海尔世界名牌的根本内涵。在这一更高的目标下,"人单合一,速决速胜",就成为海尔工作作风的最新表述。"人单合一"是手段,"速决速胜"是目的。每一个SBU都要与市场准确地结合,以速度和精准取胜。

(三)融合多元性的海尔文化正在被海外海尔员工认同

在走出去发展的过程中,由于所在国家和地区的制度、文化、历史等不同,从而增加了跨国经营和管理的复杂性。在解决这些问题上,我们坚持开放和包容的原则,在海外经营中融入当地文化,尊重当地风俗习惯,使当地员工认同海尔文化,使企业真正在当地扎根生存。

在巴基斯坦海尔工业园内,有当地员工1000多名,他们信奉伊斯兰教,每天都要祈祷,尤其每个周五,员工都要身着传统服饰,集中进行一次半小时的祈祷。为了满足员工宗教信仰的需求,管理人员特意在厂房边上的空地上建起了一个100多平方米的"祈祷室",为员工提供祈祷场所。

在日本,员工终身受雇佣,"年功序列制度"是日本特殊的用人机制,就是根据员工加入公司的年限决定员工的待遇等等。日本海尔贸易公司"一方面尊重年功,一方面推进绩效",确立了"对年功序列和绩效进行双向考核"的机制。

在美国海尔宽敞明亮的车间,生动的海尔文化"EXCELLENT PEOPLE PRODUCE EXCELLENT PRODUCTS"(优秀的产品是优秀的人干出来的)、"CUSTOMER IS ALWAYS RIGHT"(用户永远是对的)等既醒目又激人奋进。正在中国海尔风行的员工自己动手以漫画的形式诠释海尔理念的"风"也刮到了南卡,美国海尔员工也通过绘画、写诗等各种不同形式表达自己成为海尔大家庭成员的感受。员工凯尔文·布莱得利画的中途抛锚的汽车表达了对海尔质量理念的理解:1%的质量缺陷对用户来说是100%的灾难。

现在,美国海尔、欧洲海尔、中东海尔、日本海尔,乃至全球的海尔人,在海尔文化的氛围中,激发出了无限的创新活力。正是因为创新的海尔文化已经成为全球海尔人认同的价值观,所以,海尔创全球化品牌的道路越走越宽广!

二、建设先进的企业文化,塑造科学的企业价值观

(一)创建学习型团队

创业以来,我们一直倡导学习讨论的风气,营造互动的学习氛围,1997年7月份正式提出创建学习型企业。我们以马列主义、毛泽东思想 、邓小平理论为指导,继承中华民族的优秀文化传统,借鉴西方先进的科学管理模式,结合海尔实际创新发展,营造以创新为核心的海尔文化。张瑞敏同志经常在内部会议上引用毛主席在延安时期看了《甲申三百年祭》后关于"小胜即骄傲,大胜更骄傲,一次又一次吃亏"的批语,要求员工保持"永远战战兢兢,永远如履薄冰"和"居危思进"的忧患意识。《道德经》、《孙子兵法》、《论语》、《菜根谭》、波特的《竞争三部曲》、彼得·圣吉的《第五项修炼》、德鲁克的管理著作都是他案头的常见书目。在这博览群书式的阅读中,张瑞敏吸收着中外文化,因而也升华着海尔文化。老子说:"胜人者有力,自胜者强。"张瑞敏引用这句古语要求员工始终跟自己较劲,不断否定自己,战胜满足感。《中庸》里有句话:"致广大而尽精微"。张瑞敏用这句话教育员工,要实现创世界名牌的大目标,在于我们流程中每个环节的每个人做好每天每件事的每一个细节。借鉴波特"价值链"的理论和美国哈默博士"流程再造"的设想,海尔推行了被理论界称为"一场革命"的业务流程再造。海尔发展的每一步,都伴随着创新突破和对自我的不断超越。

(二)发挥大众传媒的作用

我们以《海尔人》报和《海尔新闻》等传媒为载体,坚持不懈地向员工灌输创新精神,让员工人人皆知,人人认同,以此统一全体员工的思想。我们编写了《海尔企业文化手册》,是员工必学的教材。比如《海尔人》报,其内容充分体现了海尔超前的管理理念,每期都发表针对性较强的评论

性文章，成为海尔员工的思想指南，为海尔培养高素质的队伍起到了巨大的作用。为了激发员工创新的活力、增强员工明辨是非的能力和提升员工与企业的凝聚力，《海尔人》报纸开辟《每期明星》等栏目，挖掘并宣传员工中的典型、先进人物事迹，为员工提供了学习的榜样。在报道方式上，找典型，找案例，用故事说话。《海尔人》报还开辟了《员工论坛》栏目，通过员工一起讨论小故事的形式，理解和宣传企业的各种管理理念。《海尔人》还有一个"心桥"栏目，员工只要有抱怨，不论哪方面，都会主动来找《海尔人》编辑部，而且只要来了，问题一定会得到落实。

（三）员工参与企业文化建设

我们在员工中开展了自己动手，以漫画形式诠释海尔理念的"画与话"、"你画我评"活动，把一个个创新的理念像基因一样植入每一个员工心中。2004 年春节前夕，我们以"对春联"的方式迎接春节到来。集团出横批和上联，分别是"外王内圣"和"大资源大订单称雄国际大市场，争用户争朝夕争创世界大品牌"。横批里"外王"已由上联表达了其内涵，"外王"靠"内圣"来实现，怎么样"内圣"，就是各单位对的下联的内容。大年初一在集团中心大楼里，中高级管理人员由往年的团拜变成了对春联颁奖仪式，通讯产品本部和洗衣机产品本部获得一等奖。这不仅是对春联，更是对思路，对出了全员的斗志与精神。"画与话"与对春联的活动，让全体员工都参与企业文化的建设，这是企业文化的力量所在。海尔先后兼并了 18 家企业，这些长期亏损的企业加盟海尔后，短短几个月的时间扭亏为盈，一个重要原因是对海尔文化的认同。

三、坚持自主创新，创全球化品牌

（一）从"引进技术"发展为"创造品牌"

1984 年到 20 世纪 90 年代，是海尔确立名牌战略的阶段，张瑞敏带领海尔艰难起步，从"引进技术"一步步发展为"创造品牌"。

在名牌战略的指导下，张瑞敏制定了"起步晚、起点高"的引进技术原则。作为当时 40 多家引进国外电冰箱生产技术和设备的企业之一，海尔的起步有两点与众不同：一是海尔引进的是当时亚洲市场上还没有的四星级双门电冰箱；二是海尔在引进德国利勃海尔公司电冰箱生产技术和设备的同时，还引进了 1942 条德国 DIN 标准以及 ISO 国际标准。

引进高起点的技术后，从 1984 年到 1991 年的名牌战略阶段，海尔人 7 年只造一个冰箱产品，狠抓内部管理。张瑞敏 1984 年制定的包括"不准在车间大小便"等内容的"13 条"管理规定，是这一阶段艰难起步的真实写照；而 1985 年用大锤砸毁 76 台质量不合格冰箱的"砸冰箱"事件，则是这个阶段的标志性事件。

张瑞敏确立的名牌战略，很快在市场上收获了成果：1988 年，创业仅仅 4 年的海尔，夺得了中国电冰箱史上的第一枚国优金牌；1990 年先后获得国家颁发的企业管理"金马奖"、"国家质量管理奖"；1991 年在全国首次评选"中国十大驰名商标"时，海尔成为中国驰名商标中最年轻的品牌，也是中国家电行业第一个中国十大驰名商标。

在新的全球化竞争环境中，创新的科学技术与技术标准的作用越来越大。截止到 2008 年 6 月底，海尔累计申请专利 8333 项（其中发明专利 1996 项）；仅 2007 年，海尔申请专利 875 项（其中发明专利 502 项），平均每个工作日申请 2 项发明专利。在自主知识产权的基础上，海尔已参与 9 项国际标准的制定，其中 3 项国际标准即将发布实施，这表明海尔自主创新技术在国际标准领域得到了认可；海尔主持或参与了 164 项国家标准的编制修定，制定行业及其它标准 428 项。海尔是参与制定国际标准、国家标准、行业标准最多的中国家电企业。

（二）从"市场创新"发展为"管理创新"

20 世纪 90 年代期间，是海尔倍速发展的阶段，张瑞敏带领海尔迅速扩张，并从"市场创新"层面上升到了"管理创新"高度。

1991 年 12 月，在青岛市委、市政府的支持下，海尔合并了青岛电冰柜总厂和青岛空调器总厂，成立海尔集团，进入了多元化发展战略阶段。随后的几年，海尔先后兼并了 18 家亏损企业，使海尔企业规模得到了空前的扩张。而且这个时期大力开展了多元化经营，使海尔从一个冰箱企业变成了生产各类家电产品企业。

企业规模的扩大，带来了市场创新的难度，更带来了管理创新的挑战。张瑞敏于 1999 年曾深有体会地说过："改革开放二十年，我个人感受最大的变化和收获就是思想观念上的转变和革命。"这种观念上的转变和革命，带来了海尔一系列的管理创新：

——OEC 管理模式。从 1986 年开始海尔探索实行"全方位优化管理法"，对"每人、每天、每件事"进行全方位的优化和控制，做到"日事日毕，日清日高"（Overall Every Control and Clear），这种后来被称为"OEC"的管理方式，成为海尔 20 多年来企业管理工作的基石。

——以无形资产盘活有形资产。在企业多元化的发展过程中，张瑞敏提出"运用无形资产盘活有形资产，用海尔文化激活休克鱼"。"休克鱼"比喻的是硬件先进但由于管理不善而濒临危机的企业；海尔收购或兼并的企业正是这些"休克鱼"，通过实施海尔的经营理念、管理方式，使其扭亏为盈。

——市场链流程再造。随着企业规模的进一步扩大，以及国内国际市场的进一步扩张，海尔原有的流程、组织和人的素质都难以适应企业的进一步发展。为此，张瑞敏于 1998 年拉开了海尔再造的序幕，并持续至今。再造的目的，就是拆掉企业与国内外市场之间的墙，拆掉企业内各部门之间的墙，让企业内部与外部形成一个端到端的市场链流程，让员工都成为"战略事业单位"（SBU），都成为主宰市场目标的主人。

——“人单合一”信息化日清。从日清日高 OEC 管理法,到流程再造,海尔从 2006 年又开始推行“人单合一”的管理模式。“人单合一”要确立海尔发展的一种崭新机制,“信息化日清”就是对这一机制实现的手段保证。所谓“人单合一”就是每个人都和自己的市场目标联系在一起,都要创造自己的市场。所谓信息化日清就是通过信息化手段,对每个员工、每个经营体每天的工作有一个日清,对市场变化、经营状况、个人业绩等进行及时反馈,以最快的速度掌握市场脉搏。

在创新实践中,海尔探索实施的“OEC”管理模式、“市场链”管理及“人单合一”发展模式引起国际管理界高度关注。目前,已有美国哈佛大学、南加州大学、瑞士 IMD 国际管理学院、法国的欧洲管理学院、日本神户大学等商学院专门对此进行案例研究,海尔“市场链”管理还被纳入欧盟案例库。

(三)从“中国品牌”发展为“全球化品牌”

20 世纪 90 年代末至今,是海尔开拓国际市场、创全球化品牌的阶段,张瑞敏带领海尔“走出去”,从“中国品牌”发展为“全球化品牌”。

海尔创全球化品牌实施了“三步走”战略:走出去——出国创牌;走进去——成为本土化企业;走上去——成为当地的世界名牌。目前,张瑞敏已经带领海尔初步搭建了一个全球化企业的经营框架,基本实现了一个全球化企业的战略布局。

在开拓国际市场、创全球化品牌方面,海尔一直在努力地进行探索和实践:

——“出口创牌”与“出国创牌”。早在创业初期,海尔就提出了“国门之内无名牌”的观念。在一些企业追求“出口创汇”的时候,张瑞敏提出了“出口创牌”战略,这是海尔迄今坚持在国际市场上创品牌并取得一定的知名度与美誉度的关键。然而,在全球化的条件下,仅出口方式无法满足全球市场的不同需求,所以,张瑞敏又提出“出口创牌”必须转变为“出国创牌”。海尔 20 多年的创品牌战略实际上就遵循了这样一条路径:第一台引进——学习国外先进技术;第二台国产——根据国内需求实现当地化生产;第三台出口——出口创牌;第四台当地生产——境外生产、创全球化品牌。

——“走出去”与“走进来”。1998 年的时候,美国的《财富》杂志发表了一篇文章:《中国海尔的威力》,十年以前发表的,这对海尔是一种肯定,甚至把海尔与福特的流水线相提并论,它认为海尔将来会成为像日本的日立、东芝等名牌,给予了很高的期望。但是最后一条,“毕竟海尔要过一个坎儿,毕竟海尔现在是小池塘里的大鱼”。在小池塘里,永远都不会长大,所以我们必须走出去。

但是你还没有等着走出去,人家已经走进来了。可口可乐的老总到中国来,给中国区的总裁就提了一句话,我看到门口卖茶叶蛋的老太太为什么不卖可口可乐?跨国大企业到中国来,有一些国内企业家说“他们来了我到农村去”,到农村也不一定能行,它全部都要通吃。所以我们必须要走出去,不走出去没有什么出路,因为这是一个全球化、信息化的时代。

——“想不想”与“能不能”。走出去是必然,就存在着,你不是想不想出去,而是能不能出去。如果能走出去,现在不是你到哪个地方去,而是你必须有全球化的物流,全球化的信息流,全球化的资金流。如果你没有这个体系的话,再多的资源也不会被你利用,还会被跨国大公司所兼并。

走出去还要转变观念。“长尾理论”有两个原则,第一是可以低成本地提供所有产品。实际上是走一条大规模定制的路,可能每一台产品都不一样,问题是能不能整合这么多的资源帮助你做到这一点。第二是高质量地帮我找到它。帮谁?帮用户。商店里的可能不知道,但是我在网络上,可以虚拟超市,虚拟柜台里面,我可以告诉你,你要便宜的还是贵的,还是要功能多的,我马上就可以在鼠标上帮你找到。如果我们的企业在做全球化的时候,没有跟上信息化的要求,那肯定会被淘汰掉。

——被迫全球化还是拥抱全球化。既然你不得不全球化,你是主动还是被动?如果是被动,你可能会生存,但是不一定会活得很好。怎么可以做好呢?维基经济学讲就是大规模的协作,把全世界的资源都整合起来,所有的资源怎么样能够为我所用,而不是为我所有。世界是我的研发部,而不是说只有我的人才是我的研发部。我们在大规模协作当中,做了一些探索。比如说前一段时间在马其顿,这个国家为了提高中小学教育水平,面向全球采购 10 万台电脑。这笔大订单吸引了包括海尔在内的全球 20 家企业竞标,竞争异常激烈!海尔电脑做海外大单,这是第一次,开始的时候,除了订单之外,其它的当地化运输、服务等等一切资源都没有,等于是从零开始创业。海尔电脑用大订单去整合全球范围内的设计资源、制造资源、物流资源、售后服务资源,海尔英特尔产品创新研发中心,还有德国、韩国和中国台湾的研发中心同时启动,设计方案被传送到世界上最优秀的代工企业。国际化的大订单,成功地整合到了全球市场的大资源。最终,海尔电脑以领先第二名 30 多分的成绩,成功中标。这成为当时中国信息产业中民族品牌最大的一笔海外订单。

我们深知,海尔与世界名牌之间还有较大的差距,今后全球化的竞争将使中国企业创世界名牌的道路更加艰难。海尔人将更加努力创新,朝着创全球化品牌的大道阔步前进!

(作者系海尔集团监事会主席)

正泰企业文化创新的实践与思考

林可夫

正泰集团是一家以专业电气制造为主的民营股份制企

业。从1984年7月创办至今,已有24年历史。历经24年的艰苦创业和卓越创新,有一组数据可以充分诠释正泰的发展变化:资产,从5万元到73亿元;产值,从1万元到217亿元;厂房面积,从50平方米到80余万平方米;员工人数,从8名到19000多名;产业、产品,从最初的单一的按钮开关发展到现在的高低压电器、输配电设备、仪器仪表、建筑电器、工业自动化、汽车电器和光伏电池及组件系统等八大产业的300多个系列、5000多种品种、20000多种规格的产品。企业规模由当初的家庭作坊式小厂跃居为中国低压电器行业产销量最大企业,综合实力连续10年名列全国民营企业500强前茅。

短短24年的发展,是什么力量,使一家名不见经传的家庭作坊式小厂,发展成为了今天令人瞩目的大型现代企业?是什么力量促使正泰没有像其他企业一样出现大起大落现象,始终保持高速稳定发展?诚如正泰集团董事长南存辉日前在第十六届文化讲坛上演讲中所说:驱动正泰发展最强劲的力量来自企业文化的建设,来自于企业文化的创新,来自于正泰坚持以人为本、打造高素质职工队伍,来自于正泰从表面上的产品竞争逐渐转变为深层次的文化理念的竞争。

众所周知,当前随着知识经济和经济全球化的发展 ,国内外企业之间的竞争 ,越来越表现为文化的竞争 ,企业文化建设日益成为增强企业竞争力的基石和影响企业生存与发展的重要因素。也就是说,一个企业要做到最优秀,最具有竞争力,必须在企业文化上下功夫,塑造卓越的企业文化。近几年来 ,正泰在物质文明取得显著成果的同时,历经探索和实践大力开展精神文明建设,取得了良好的效果和可喜成绩。现阶段正泰的企业文化建设已经呈现出健康发展的态势。

一、正泰企业文化溯源

企业文化并不是千篇一律的,在不同社会、不同民族、不同地区的不同企业其文化风格也各有不同。正泰扎根于温州,崛起于温州,得益于温州。温州博大精深的历史文化和创业精神,孕育了独具特色的正泰文化。

正泰企业文化形成的背景主要有在三个方面。

一是缘于源远流长的重商文化。南宋时期以温州叶适为代表的"永嘉学派"主张"无功利则道义不存",注重经世致用,抨击重农轻商的儒学传统观念,从而孕育了温州一代商业人才。"重商"成为温州的社会风尚,"善贾"成为温州人的传统。

二是缘于沿海城市的开放文化。温州地处东海之滨,战国时期即是我国九大港口之一。党的十一届三中全会后,温州又成为全国首批14个沿海开放城市之一。开放的城市,形成了开放的观念和文化,开放的文化培育了开放的温州人。他们走南闯北,海纳百川,表现出一种强烈的开放意识。

三是缘于改革前沿的创新文化。温州地少人多,资源匮乏,国家投入少,基础设施薄弱,解放后至改革开放前,温州一度面临着巨大的就业与生存压力。在党的改革开放政策指引下,温州人从实际出发,从创新入手,形成了家庭工业、专业市场和百万供销大军有机结合的"小商品、大市场"经济格局。1987年,温州又被国务院列为全国首批农村改革试验区。温州人敢于创新,大胆探索,创造了世人瞩目的"温州模式"。创新文化,成为温州地域文化的一大特色。

二、正泰企业文化的实践

企业文化是企业发展的内在需求,是企业发展和进步的动力源泉。企业从它创办的第一天起就潜存着文化基因,而文化基因又影响和构筑着不同的企业。正泰集团从无到有,从小到大,历经24年的探索和发展,在温州这片土壤上,形成了具有正泰特色的企业文化体系。如产业报国的理念文化、以德立业的质量文化、恪守诚信的品牌文化、科学规范的制度文化、关爱员工的人本文化、与时俱进的创新文化、诚实守信的诚信文化、正气泰然的形象文化、永无止境的学习文化。下面,以正泰品牌文化和制度文化为例,谈谈正泰文化的实践创新。

(一)正泰品牌文化的魅力

从正泰品牌创建的过程来看,企业文化是品牌的灵魂,品牌的魅力来源于企业文化的深厚底蕴。

1."正泰"品牌的形成

从品牌的内涵看,正泰的品牌经历了三次变化。正泰创建后,商标从"求精"到"正泰"到"CHINT",反映了正泰从质量创牌到科技创牌再到创国际名牌的追求。正泰在短短的二十四年中能得到超常规的发展,与一贯重视品牌建设,推行名牌战略是分不开的。正泰坚持以品牌开拓市场,走出了一条超常规发展的成功之路。1994年,正泰在成立集团公司之初就注册了中文"正泰"商标。1997年,为推进品牌战略,公司又在生产、销售的各个环节全面导入"CHINT正泰"标识识别系统,实现了对原标识系统的过度和提升,展示了面向新世纪的充满活力的正泰新形象。经过多年的品牌建设,1999年"正泰"、"CHINT"、"正泰地球仪"等三个商标,被国家工商局认定为中国驰名商标。"正泰牌"电度表、塑料外壳式断路器、万能式断路器等四大产品,被评定为国家"名牌产品"和"免检"产品,而且走出了国门,畅销世界。品牌战略为正泰集团的跨越式发展立了汗马功劳。

对于企业来说,知名品牌对于培养消费者的忠诚度、传递高品质的信息和巩固市场份额都有着不可替代的作用。对国家和民族来讲,拥有多少世界名牌是经济实力和竞争力的重要体现。正因为如此,南存辉深情地说:固守"正泰"品牌,既是市场取向,也是一种浓浓的民族情结。由此可见,打造世界品牌不仅关系到企业的兴旺发达,而且也关系到国家和民族的振兴。

2. 正泰品牌文化的实践

打造名牌品牌是事关全局的系统工程。一要从战略高度上认识其重要性,树立品牌就是企业“形象大使”,就是含金量的观念,把打造知名品牌作为长期的任务持之以恒。二是要从品牌建设的系统性出发,建立齐抓共管,全员参与的运行机制,形成合力。概括地说,就是观念引导,机制运作。正泰正是以“争创世界名牌,实现产业报国”的使命,引领品牌战略。以“科技创牌、质量立牌、诚信兴牌、制度保牌、文化升牌、依法护牌”的机制进行运作。

(1)科技创牌。科学技术是第一生产力,也是创造品牌的原动力。作为制造业要打造自己的品牌,就必须拥有独立知识产权的技术专利。没有自己的专利技术特别是核心技术,就不可能有自己的主打产品,更谈不上自己的品牌。打造知名品牌不是一劳永逸的,而是要根据市场需要不断推出新产品,不断提高产品的质量和科技含量。只有依靠科技创新,才能赋予产品以优质功能和更高的科技含量,才能源源不断地推出优质的新产品满足用户的新需求。

(2)质量立牌。质量是名牌的基础。客户对品牌的认同和信赖,首先来自对产品和服务质量的满意程度。没有好的质量,就没有好信誉,品牌就立不起来。因此,正泰高度重视质量问题。倡导“视质量为生命”、“追求卓越、志在一流”的质量意识。正泰在早期市场假冒伪劣盛行时,能在同行业中脱颖而出,就得益于产品质量过硬从而树立了良好的市场信誉。90年代温州提出“质量立市”的号召,正泰进一步加强质量管理。在员工中树立“产品就是人品”、“质量在我心中”、“质量在我手中”的意识,引导和规范员工的行为。

(3)诚信兴牌。中国自古讲诚信。“人无信不立,政无信不威,商无信不兴”。正泰从初始创业以来,一直坚持诚信经营。对客户讲诚信,正泰人有质量宣言。对员工讲诚信,正泰从不拖欠员工工资,而且在浙江省民营企业中第一个对员工实行“五险一金”。对社会讲诚信,按时足额纳税,凡承诺的扶贫济困赞助从来不打折扣,如数兑现。在社会公众中树立了“说话算数”的好形象。恪守信用使正泰品牌叫响全国,并开始走向世界。

(4)制度保牌。制度是打造名牌的保障。打造知名品牌是一个历史过程,不是一日之功,需要坚持不懈的努力。只有建立和健全制度,才能保障品牌战略有序而持续的推进。因此,我们高度重视制度建设。24年来,正泰在初步完成资本原始积累后,结合企业发展实际,以求真务实的态度和脚踏实地的作风,对企业产权制度进行改革,突破了家族的框架,实现了从“家族企业”向“企业家族”的跨越。在此基础上,建立和健全了法人治理结构,初步建立了现代企业制度,并进行管理制度和经营制度创新。通过相关的制度建设,规范企业行为,把品牌建设纳入制度化的轨道,为实施品牌战略提供了可靠的制度保证。

(5)文化升牌。企业文化是品牌的灵魂。品牌不仅体现在质量、市场占有率和企业知名度等方面,也体现在文化内涵和文化品位上。没有文化内涵和文化品位的品牌是苍白无力的,也是不可能持久的。古今中外那些经久不衰的品牌,其生命力就在于拥有个性鲜明的先进文化和较高的文化品位。打造品牌必须重视文化内涵和文化品位的提升。正泰的品牌文化,经历了三个阶段的变化。在品牌演变的背后,反映了正泰从科技创牌到质量立牌再到文化升牌的历程。正泰形成了以“争创世界名牌,实现产业报国”为企业使命,以“和谐、谦学、务实、创新”为企业精神的品牌文化。正是这样的先进文化提升了正泰品牌的品位,赋予正泰员工打造驰名品牌的强大精神动力。

(二)正泰制度文化的约束力

制度文化是企业在一定的经济文化环境和生产经营中运用制度进行管理实践中形成的共识,企业文化涵盖了生产经营中的质量文化、管理文化、环境文化、商标文化、安全文化、制度文化等等。但各类企业文化中都有制度文化的影子。因此,可以说制度文化是企业文化的框架,制度文化对于企业的意义在于它建立了一个使管理意愿得以贯彻的有力支撑,并且在得到员工认可的前提下,使企业管理中不可避免的矛盾从人与人的对立弱化为人与制度的对立,可以更好地约束和规范员工行为,减少对立或降低对立的程度,逐渐形成有自己特色的企业文化。

1. 质量文化成就正泰

上世纪80年代初期,柳市低压电器假冒伪劣成风,柳市电器一度成了“假冒伪劣”的代名词。全国有的地方,甚至在商店门口挂出了“柳市电器推销商谢绝入内”的布告。正泰认识到,电器虽小,却关系到人的生命财产安全,假冒伪劣就是变相的甚至是直接的图财害命。正泰创办伊始,就采取了与众不同的产品定位,将企业命名为“求精开关厂”。取名“求精”,意味精益求精,坚持质量第一,重塑温州电器新形象。主动采用了国家标准生产,1988年在全县首批领取了国家机电部颁发的3个规格的低压电器产品生产许可证,并建立了全国首家民营企业热继电器试验室。一年后,国人群起抵制柳市低压电器,一批违法经营者或被依法取缔、或自行倒闭。正泰却受到国家和当地政府的支持和扶持,产品畅销全国。

每年的五月份,正泰都会举行声势浩大的“质量月”系列活动,每次活动都确立一个主题,集团上下围绕主题开展活动,共同营造正泰的质量文化。通过企业初始创业起步,正泰形成了质量第一的经营文化,提出了“宁可少做亿元产值,不让一件不合格产品出厂!”的质量宣言,并郑重承诺:“恪守质量保证,持久地为国内外用户提供质量可靠的电器产品!”使“质量就是生命,质量就是效益”成为员工的共识。凭着卓越的质量文化,正泰在激烈的市场竞争中不断开拓着新的境地。

回首正泰24年的发展历程,三张许可证所代表的质量文化是正泰得以飞跃前进的第一要件。正是恪守质量信用的文化理念成就了今日庞大的正泰集团。“正道泰兴”,质量是对“正道”的最好诠释。

2. 规章文化夯实正泰

早期的作坊式工厂，由于规模小、人员少、组织简单，通常是老板凭经验管理，一人说了算，属于典型的“人治”企业。随着生产规模的发展，怎样变企业管理由“人治”为“法治”，建立起共同遵守的制度规章文化，是民营企业发展过程中必须突破的问题。正泰在初步完成资本原始积累后，1991年9月引进外资，成立了中美合资温州正泰电器有限公司，迅速走上一个以科学管理和现代经营为目标的发展轨道。在此过程中，企业逐步建立和健全了一套管理标准、技术标准和工作标准，颁布了300多个企业法规并进行定期考核，使公司各部门、科室、车间、班组、人员都有章可循，职责分明。之后又结合ISO9000系列标准，大胆吸收和借鉴西方企业制度精华，对原有制度进行必要修改，把两种标准有机结合起来，练好基本功。企业的股份制改革则将规章制度建设进一步提高到国际规范化水平，为企业的长久发展提供了强有力的制度保证，形成了企业全体员工共同遵循的规章文化。

3. 管理文化锤炼正泰

务实创新是正泰企业文化的最鲜明的特征。24年来，正泰结合企业发展实际，以求真务实的态度和脚踏实地的作风，不断对企业产权制度、管理制度和经营制度进行改革、重组和创新，形成有正泰特色的管理文化。办厂开始时，实行的是股份合作制的产权结构和工厂制的管理模式。1991年，引进国外的资金和技术，建立了中美合资温州正泰电器有限公司后，又及时根据资本结构和经营方式的变化，建立了公司制的管理模式。1993年之后，为了进一步适应企业规模扩张的需要，正泰逐步探索由公司制向集团制转变，于1994年成立低压电器行业内的首家企业集团，改善了管理，加速了资本扩张的进程。1996年以后，又根据企业发展的需要，按照《公司法》和现代企业制度的要求，再次对产权制度和管理模式进行改革和创新，建立了以母子公司为基本构架的控股集团公司制，进一步完善了法人治理结构，加大了资本运作力度，由人治走向法治，成功地实现了从“家族企业”向“现代企业”的转变。

4. 素质文化提升正泰

知识是文化的基础。未来企业之间的竞争，归根到底是知识的竞争、人才的竞争、学习力的竞争。过去，民营企业是泥腿子办厂，赶鸭子上架，缺少知识文化，自身素质不高。随着竞争形势的发展和企业规模的扩大，正泰人越来越感觉到知识和学习力的重要性。提出了建立“学习型组织”的口号，并规定现有的经理人员在三年内未拿到大专文凭即撤职换岗。1997年，正泰与上海正泰理工大学合作，创办了正泰学院，并先后成立了正泰教育培训中心、青年培训基地等。同时，结合企业实际，充分发挥企业党群组织的作用，围绕“三个代表”和科学发展观的要求，在广大经理员工中广泛开展“两思”“三讲”（讲学习、讲政治、讲正气）和“三比”（比创新、比发展、比奉献）活动，组织各种形式的学术报告会、专题讲座、座谈会和培训班进行教育培训，不断提高全体员工素质。正泰还建立了经理年终述职考评制度，不断完善监事会职能，设立了廉政监督委员会，进一步强化了反腐败和廉政自律工作力度，成功地避免了企业文化建设中“黑色文化”和“灰色文化”的误区，在企业培育积极、健康、文明、向上的教育文化。

5. 人文精神凝聚正泰

企业文化就是人化，人文精神应当是企业文化理念的核心。在正泰有“两个上帝”的企业理念，一个“上帝”是客户，另一个“上帝”是员工。对员工的情感关怀是人文正泰的缩影。在正泰，每位员工过生日，都能得到一份生日礼物，员工回家欢度春节，公司都会为他们购买车票。每逢一些重要节日，员工都会得到公司赠给的礼品或礼券。有些员工家庭生活特殊困难或生了重病，公司和工会领导都会前去看望，都会得到“正泰员工爱心互助基金”的救助。正泰每年都会组织若干文化活动。人文情感的关怀提高了企业的凝聚力和员工的向心力，员工反过来就更加尽心尽力地为企业作奉献。正泰员工常常开玩笑说：“正泰把我当上帝，我为正泰做牛马。”

把“人”作为企业最可宝贵的财富，不论职务高低，不问级别大小，每一个人的利益在正泰都会有最真实的保障。正泰有这样的精神，真正以“人”为本的精神。2001年末，正泰就为全体员工购买了社会养老保险和工伤保险，随后又增补了医疗保险、生育保险和失业保险及住房公积金。

“人心向背，动之于无形”。“五险一金”体现了正泰文化中深蕴的人文情怀，体现了对“人”的尊重，稳定了员工的人心，激发了大家的热情，推动了企业的发展。

三、对正泰企业文化的思考

没有企业文化，企业的发展就没有了主心骨。而有了健康向上的企业文化，企业便有了源源不断的发展动力，就有了发展的“灵魂”。

综观正泰24年的创业实践，企业文化建设给了我们以下四个方面的思考：

（一）企业文化是“人”的文化

在温州，“文化”从来是与“人文”不分的。温州自古就文化昌盛，人杰地灵，同时，环山面海的地理位置也孕育了温州人敢闯、敢冒的文化。正泰集团董事长南存辉经常说：“企”无“人”而“止”，正泰始终把人作为企业的第一资源，把重视“人”的力量甚于重视机器的作用。在两种逻辑的交汇处，我们很容易得出这样的结论：企业文化是“人”的文化。

从现代管理科学角度看，真正的企业是“人＋可持续发展系统”的有机体。企业文化是“人”的文化的含义在于：“以人为本”是东方企业哲学中的核心管理理念，涵盖管理的每处细节，体现的是“员工即上帝”的终极关怀；而在企业文化的物质外层，“产品即人品”的思维又赋予“人”在企业文化建设中的决定性地位,人品的塑造成为企业文化中关于"人"的文化的新内容。

企业的品牌是企业文化中极为重要的部分。但经由"产品即人品"的逻辑转换,企业文化中离"人文"精神原本较远的层面竟成为"以人为本"理念的另一种诠释。产品品牌是企业综合优势的集中体现,不大力打造名牌产品,企业就难以驰骋市场,取得最佳的效益;但是,企业文化中如果轻视人品的塑造,也难以打响自己的品牌,占据更大的市场。"产品与人品"的关系,使两者不仅可以互动,而且还可以借势。这样才能够充分发挥企业文化的功利效用,为企业开发出最丰富、最可靠、最大潜力的优势资源。

国外一位权威学者曾经说过:"人才领先是创造名牌的智力基础"。百事可乐的总裁也这样告诉世人:"一流的公司,职工当然也是第一流的。"名牌是人创造出来的,而创造名牌不仅仅需要人的才智,更需要人的品质。

如果说,在管理文化中渗透"以人为本"的理念多少还残留着中国传统文化中非功利意义的伦理追求。那么,以"产品即人品"的思维为主导的现代企业文化则剥离了这层"善"的外衣,直接将企业的业绩与文化诉求紧密结合起来。但是,无论"以人为本"的含义如何变换,在中国的企业中,"人"的文化在企业文化内涵中的首要位置是任何理念都无可企及的。

(二)企业文化是"创业"的文化

每一个成功民营企业的发展历程都是一部优秀的创业传奇。在我国,民营企业由于自身的特殊性质和变化的时代背景,在创业过程中品尝着比其他类型企业更多的艰辛,创业者们也因此有着更为曲折、复杂的心路历程。"敢为人先"、"坚忍不拔"、"随遇而安"……诸多的人生精神随着民营企业的发展逐渐内化为企业的核心价值观和企业哲学。

经济哲学家认为,任何经济发展的过程,实质上是一个文化的过程。在某种程度上,文化是现代经济的"发动机"。文化的差异,特别是与发展经济相关的"创业文化"的差异,会影响不同区域企业起步的早晚和发展的快慢。中国的民营企业就是这样在"创业"中塑造着企业文化,在"守业"中升华着企业文化,又用自己独特的企业文化引领着企业不断前行。就此而言,企业文化是"创业"的文化。

创业文化是最易受社会环境、地理位置和历史传统影响的企业文化。就如解读正泰的创业文化,不能不考虑温州特殊的地理位置和与众不同的人文传统。正泰人吸取了"海洋文化"的精髓,大海的浩瀚和神秘,激发了正泰企业"走出去",闯荡世界市场的雄心。这就是一种创业精神,更是一种特殊的创业文化。

创业文化是企业文化中最具民族性和地域性的一部分,也是企业文化中最原始和最关键的一部分。创业文化伴随着企业的荣辱兴衰,见证着企业从困境冲出,向辉煌走去。尤其当企业面临窘境时,是创业文化中的精神力量坚定着企业家们的信心,给与他们搏击风浪的勇气,最终使企业度过危机。珍视自己的创业艰辛,提炼自己的创业文化,升华自己的创业精神,是中国民营企业在企业文化建设中需要不断探索的话题。

(三)企业文化是"企业家"的文化

在文化界、经济学界,不止一次地有人说起:"企业文化是企业家的文化",这种观点似乎与"文化由人民群众创造"的历史唯物主义相悖。我们认为,一种理论科学与否,不是看它是否违背经典著作的论断,而是看它是否实事求是地反映了现实状况,是否能在实践中发挥出理论的威力。根据这样的标准,"企业文化是'企业家'文化"正是最符合当代中国民营企业文化建设规律的一种提法,能够为民营企业的文化建设提供极其有益的指导借鉴作用。

文化专家们经过研究认为,企业文化的70%是由企业领导人创立的。如果说文化是企业的乐谱,起着规范企业和员工行为的作用,那么领导人就是乐队的指挥。只有一个理解乐谱并能表现出音乐内涵的指挥才能使乐队奏出和谐优美的音乐。

企业家的精神境界决定着企业文化的发展方向。企业家有什么样的精神境界,就有什么样的企业文化。正泰集团董事长南存辉有一句口头禅:"正泰之所以能够取得今天的辉煌成绩,应该归结于天时、地利、人和",这其中的天时就是党的改革开放政策。为此他主动承担起了相应的社会责任,到目前为止,正泰各项捐款已经超过1.5亿元,得到了社会的广泛认可。南存辉个人的高尚品质成就了正泰"正气泰然"的光辉形象。

企业家自身的自律决定了企业文化建设过程中职工参与的广泛程度。企业文化无非是企业家通过一种文化载体,告诉员工应该干什么,不该干什么;约束什么,鼓励什么,倡导什么,反对什么。职工能否按照企业家的意愿行事,关键看企业家平时自身的言行举止。企业文化能够在广大职工中得到提升,得益于企业领导平时的言传身教。在正泰广为流传的众多故事中就可以看出正泰的企业文化在企业领导身上最能得到体现。

企业家的人格魅力决定着企业文化的公众信任度。创建企业文化,企业家本身的人格魅力是至关重要的,企业家本身的人格魅力影响着所有员工乃至整个社会。正泰集团董事长南存辉等一批温州籍企业家,他们就是靠个人魅力影响社会的典型。他们本人能够把众多的社会精英招募旗下,能够凝聚全体员工为企业努力拼搏,从而成长为今天卓越的企业家,靠的就是自身的人格魅力。

一个企业的文化往往形成于企业创立之初或者形成于企业发展中所面临重要问题解决的过程之中。当企业创立或问题成功解决之后,创立时的成功经验或者解决问题的方法逐渐演变成一种思维定式。这种思维定式被用来解决企业未来发展中出现的新问题。但危险的是这时环境可能已经发生了变化。很多国企和民营企业的思维定式,即企业文化,曾经证明是正确的,但随着环境的变化,已不再适应企业的发展，成为过时落后的企业文化。企业家必须担负起“破旧”的文化任务。

“不破不立”。在淘汰旧有文化的过程中，企业家要重视并积极创建新的企业文化。他应当根据个人理念和公司发展战略的需求来创建新的企业文化。并随着发展战略的调整，相应地建立新的企业文化以保证公司文化和公司战略的匹配。假如新的企业战略中将“创新”作为战略选择之一，那么新的企业文化就应该鼓励创新的行为，从而企业文化中可能会包括开放、自由、包容等文化要素。在新的企业文化创建之后，企业家还需要积极内化新的企业文化，使新的企业文化真正成为企业的血液和基因。

美国管理学家彼得斯和沃特曼说：“一个真正的领导必须同时是两种截然不同的大师：他是思想的大师，善于把握高度抽象的所谓逻辑；又是行动的大师，善于处理最精细的实际事物。”卓越的企业文化，必定离不开富含卓越思想而又身体力行的企业家。

（四）企业文化是“持续发展”的文化

“持续发展”理念或称之为可持续发展理念，是现代企业文化理念的重要内容。它区别于广义的生态可持续发展概念，是指企业必须考虑未来的发展方向，要能够保证企业长期存在和可持续发展。因而，要把企业的生存目标、盈利目标和发展目标结合起来；要抓住机会，根据自己的势力扩张，做出正确的产业战略选择，把当前利益和长远利益结合起来。

“持续发展”的企业文化应当随着企业的不断发展而发展。企业文化是处于不断演进中的文化。在现实中，把企业文化发展放到企业发展战略中，通过企业内部刊物来展现自己风采的企业，都不是刚创业的企业，而是已经在经营上获得利润，并取得了全面成长的企业。这些企业经过一段时间的发展，寻找到了适合自己发展的企业文化：它必须可以促进本企业经济效益的提升，为企业的长远发展提供凝聚力。企业在找到适合自己的文化后，才从理性层面上确定并加深适合的企业文化，然后进一步通过加深企业文化提升自己的企业公众形象，提升自己的品牌价值，更进一步促进企业的发展。而随着企业状况的不断改变，企业文化的建设还要持续做出相应的调整。

企业文化是“持续发展”的文化，源于“企业文化”是一个动态的概念。不论是文化本身的演进和调适，还是企业倡导“可持续发展”的经营理念，都表明企业文化的定位不应当是静止和僵化的，而是要放眼未来，针对实际，勇于创新，与时俱进。美国《幸福》杂志曾说到，没有强大的企业文化，就没有卓越的企业价值观、企业精神和企业哲学信仰，再高明的企业经营战略也无法成功。无论是新创企业还是正在成长的企业，要取得长足的发展，就需要以不断创新的文化激活企业的发展潜力。这是“持续发展”企业文化的真正内涵。

24 年励精图治，24 年卓越创新，24 年大浪淘沙后高速发展的正泰，今天不仅表现在表层上使企业上规模、上档次、上水平，而是从深层上表现为全体员工化压力为动力，从过去的“泥腿子办厂”转变为“文化人办厂”，从过去“劳动密集型企业”转变为“科技密集型企业”，从过去“家长式管理”转变为“职业团队管理”。同时，企业实现了从“追求利润最大化”向“追求社会价值最大化”的跨越，把赚钱的功利，演绎为社会责任、社会公德和职业道德，表现出深厚的文化积淀。

我们欣慰地看到，正泰在企业文化创新的道路上，不断探索、不断实践，为企业可持续发展和核心竞争力的提升，提供了不竭的动力和支撑。

（作者系正泰集团党委书记、副总裁）

静水深流 和谐发展

—— 企业文化是企业可持续发展的动力

李小琳

企业文化理念的持续培育和实践，是企业管理的精髓，也是基业长青之道。——摘自《静水深流》

实践中，我体会到，企业文化就是把企业及员工的行为和精神有机地糅合在一起，形成一种力量、一种精神、一种氛围、一种契约、一种习惯，说到底，是一个企业的灵魂。中电国际、中国电力的文化建设实践也例证了这一观点。

中电国际的企业文化要义简释

中电国际多年来培育并形成了金字塔文化体系：

品牌、定位是最顶端的“静水深流”，中间是“责任、诚信、智慧、价值”的核心价值观，并统领着八大子系统理念：人才理念、经营理念、绩效理念、管理理念、工作理念、安全理念、服务理念、学习理念等。还包括“六个基本内涵”，即：注重实绩的人才文化，共进共创的团队文化，转识成智的创新文化，制度规范的约束文化，绩效导向的激励文化，和谐发展的兴业文化。

企业文化建设实施的主要原则

主客同化、人企合一；

虚实相偕、知行合一；

引领战略、和谐发展。

（一）主客同化、人企合一

企业文化建设的主体与客体。仅仅有企业家的“文化自觉”是远远不够的，还必须有广大管理者与广大员工的“文化自觉”。只有企业全体员工都从内心认识、认知、认同了本企业的文化，才能内化为员工的价值追求和自觉行动，形成企业的文化力，才能营造一种强大的文化氛围，潜移默化地影响与改变员工的行为，起到铸魂、育人的作用。即

"大家建设企业文化,建设大家的企业文化",形成生气勃勃、积极向上的团队文化,形成凝聚力、执行力、创新力、竞争力和形象力,形成"人企合一"的境界。也只有这样,才叫企业文化"落地生根"。

(二)虚实相偕、知行合一

"知而不行则浮,行而不知则茫"。不仅要在管理程序上先知后行,更要善于转知成行。

"静水深流"的企业文化理念是本部与所属企业及企业之间,不断交流、融合、互动的结果,是企业群策群力、克服困难的真实写照,更是我们近几年管理实践的文化结晶。没有这么多年的管理实践,没有基层丰富的企业文化,没有风雨中的同舟共济,没有基层很多员工的贡献,也不可能有这样的理念。从员工中来,又回到员工中去,从基层丰富的实践中来,再回到基层实践中去丰富。

企业的凝聚力来自文化的认同,"仁"者存异而求同;企业的竞争力来自"义"与"利"的取舍;企业的文化力来自"礼"与"智"的互济;企业的可持续发展力来自于"智"与"信"的创立。

(三)引领战略、和谐发展

企业文化建设与企业战略目标的实施紧密融合,与企业的经营管理实践紧密融合。这"两个融合",纠正了那种企业文化"双脚离地",与企业战略、与企业经营管理工作形成"两张皮"、"两脱离"的状况。而实际过程中,公司的愿景、使命是主导战略目标、战略规划、保障措施的。作为企业文化的核心价值观、企业精神,首先是对战略起到引领作用,其次才是基础的支撑与保障作用。

中电国际四个战略发展平台:中国电力、新能源、中电检修、国际化。

全员参与,内化于心,固化于制,外化于行,内强素质,外树形象,使具有时代特征和本企业特色的企业文化转化为企业的凝聚力、向心力和对外竞争力,共同推动企业文化建设不断实践、升华、开花结果,也正是实现企业可持续发展、和谐发展的动力。

(作者系中国电力国际发展有限公司董事长)

文化是企业创新发展的最深层次驱动力

姜兴宏

美国华尔街发生的金融风暴已经使整个世界经济环境日趋严峻和复杂。面对严峻的困难和挑战,在今年夏季达沃斯论坛年会开幕式和企业家座谈会上,温家宝总理坚定地指出,当金融危机到来的时候,信心比黄金和货币还要贵重。同样,20世纪30年代,在全球性经济危机和大萧条面前,美国历史上唯一一位连任四届总统的富兰克林·罗斯福也有一句名言:我们唯一恐惧的就是恐惧本身。我认为,无论中国总理温家宝讲的,还是美国总统罗斯福讲的,其实就是一种理想信念、价值追求和精神风貌,这种信念、追求和精神,实际上就是文化,而且是最本质的文化。

对我们企业界来说,文化也同样是一个值得深入探讨的话题。20世纪90年代,我在南方一个企业工作的时候,上级领导问我是用什么办法改变这种亏损企业的。可以说,从常规管理的角度讲办法有很多条。但是我想了想说,我们的做法是给管理注入灵魂。通常的管理都是讲一种方式方法,是一种手段。我们的管理是活生生的,是注入了灵魂的管理,然后才能从根本上改变企业。还有一次,从美国回来的一个管理学博士问我,你搞企业这么多年,是怎么搞好一个企业的?我觉得常规的说法不好回答。最后跟他说,同样是雕刻者,同样的东西,谁能给雕像注入灵魂,雕刻出栩栩如生、形神兼备、感动人心的作品,谁就是成功者。我想要搞好一个企业也应该是如此,关键是看你能否给企业注入灵魂。灵魂是什么意思呢?就是精神、理念和追求,这种精神、理念和追求,就是企业文化。只有通过文化建设,给企业和管理注入灵魂,真正从思维方式上、价值理念、行为作风上引导和激活广大干部职工,才能让企业真正鲜活起来。因此,我们经常鼓励干部和职工说,一个人有多高的境界,就思考多大的问题;多大的胸怀,就干多大的事业;多高的追求,就有多大的目标;多大的目标,就有多大的动力;多大的动力,就有多大的业绩。

今年是我国改革开放30周年。这次峰会的主题也是"改革开放30年与企业文化建设"。30年前,首钢人以"敢为天下先"的精神率先实行承包制,积极倡导敢闯、敢坚持、敢于苦干硬干的拼搏进取精神,使首钢实现了突飞猛进的发展,成为我国工业战线上的一面旗帜。进入新世纪后,首钢又率先进行史无前例的搬迁调整,以不断创新创优创业的精神建设新首钢,成为落实科学发展观的重要示范。

当然,首钢的搬迁调整是一项举世瞩目、前所未有的系统工程。无论搬迁调整决定的做出还是搬迁调整工程的推进,都是一个艰难曲折而又艰辛复杂的过程。在这一过程中,先进文化的引领和支撑尤为重要。在首钢近年来的企业实践中,我们切实地体会到:企业文化是企业发展的底蕴,是企业的灵魂,是推动企业持续创新发展的最深层次驱动力。

从20世纪90年代中期开始,首钢就面临着要首都还是要首钢的难题,一直到2004年,首钢的问题都没有解决。在这一期间,首钢结构调整所需要的项目也迟迟没有得到解决,首钢的规划制定了六年,但是六年没有得到批准。"首钢如何发展"、"十几万职工向何处去"?首钢广大干部职工陷入了巨大的迷茫和困惑之中。有一个例子可以说明当时的情况:1996年到2000年间,首钢在引进一名大学生的同时会流失掉1.78名,首钢技术研究院曾经拥有的6名博士全走了(而现在首钢是博士过百、硕士过千、本科过万)。当时很多人觉得首钢已经没有前途了。有不少人给我打电话，问首钢还能支撑多久？那时候可以说是人心困惑、人心思变，形势异常严峻。

在这种异常艰难的情况下，我们经历了心灵的煎熬、思想的碰撞，痛苦的反思、不断的探索。最后我们坚定地提出，一个人要有志气，一个企业要有士气；没有志气和士气，你将一事无成。我们宁可“做”以待毙，也决不“坐”以待毙。果断地作出了钢铁业搬迁调整的重大决策，从北京地区向外开拓发展。我们坚持“思想文化落后是最可怕的落后，先进文化是企业的超前竞争力”；提出了“苦干三年、打好四个基础”，其中第一个基础就是思想文化基础。我们这里所讲的苦，主要还不是苦在体力上，而是苦在转变思想观念上，苦在不断战胜自我、超越自我上。

近年来，我们不断解放思想、更新观念，努力做到创新敢为人先、创业敢比人快；树立强烈的危机感、紧迫感，做到解放思想快人一拍、改革创新先人一步、谋划发展高人一筹。首钢每年都结合企业实际，召开以思想文化创新为主旨的经验交流会，一年一个主题，找准载体，研究切入点，不断深化推进。2003 年开展了“八破、八立、八做到”活动，2004 年实施企业创新工程，2005 年创建学习型企业。在“苦干三年”的基础上，我们于 2006 年开展了“创新创优创业”活动。2007 年，“立志创新创优创业，建设 21 世纪新首钢”成为广大干部职工的共同价值追求，首钢各单位通过创建学习型企业，“为创新增添智慧、为创优注入动力、为创业点燃激情”。今年，我们坚持“深入推进创新创优创业，努力提高企业竞争能力和发展水平”，各单位“为创新深入对比思考，为创优找准目标定位，为创业定好措施、练好基本功”。我们坚持用“三创”引导首钢的搬迁调整，用“三创”树立我们的价值导向，用“三创”实现企业最终的追求，用“三创”在搬迁调整中把首钢建成国内外最优秀的企业。

首钢正在进行的都市大型钢铁企业的搬迁调整，在中国乃至世界范围内都没有先例。我们要压缩北京地区的钢铁产量，妥善安置富余人员，还要进行新钢厂的建设。时间的紧迫性、技术的先进性、职工稳定的艰巨性，都是史无前例的。如果没有我们倡导的一系列先进理念，不用说搬迁，在 2005 年国务院批复首钢搬迁的方案下来后，就有可能造成极大的混乱。事实上我们不但没有乱，广大干部职工反而把搬迁调整作为首钢创新创优创业的新起点，开始全员大学习、大练兵、“大提素”（提高素质），努力建设具有 21 世纪国际先进水平的新首钢。

面对压产搬迁的形势，首钢广大干部职工表现出了崇高的精神境界和大局观念。我们的三炼钢厂在停产之前，一位老职工说，“三炼钢”15 年共生产了 3750 万吨钢，可以建设 340 多个“鸟巢”；工厂就是我们的“巢”，但是为了奥运会的“鸟巢”，为了北京的蓝天，我们的牺牲是值得的。一位刚入厂几年的大学生说，“三炼钢”是生产品种钢的支柱厂，眼瞅着风华正茂的“棒小伙”就要没了，心里真不好受，但想到我们将在渤海之滨建设具有国际一流的新钢厂，就更有了责任感、使命感。一名全国劳动模范说，虽然工厂要停产了，但我们人心不乱、干劲不减，就是离停产还剩最后一分钟，我们也要一门心思干好 60 秒。三炼钢厂的党委书记则承诺说，工厂要停产了，不把最后一名职工安置好，我们厂领导就决不会撤下来。这些职工讲的都是实实在在的心里话，这也充分体现了近年来首钢先进文化建设所结出的丰硕成果。

美国通用电气前总裁、著名管理大师韦尔奇曾指出：“如果你想让火车加快 10 公里，只需加一加马力；若想使车速增加一倍，你就必须更换铁轨了。对企业而言，若没有文化上的改变，就不可能维持高速度的发展。”

以思想文化创新为先导，“苦干三年”后的首钢，已经成功地“更换铁轨”，为企业持续快速发展奠定了坚实的文化基础。在先进文化的引领下，首钢全面推进经济技术、管理制度和人才队伍建设，推进搬迁调整、改革发展和生产经营，短短几年间发生了翻天覆地的巨变。首钢人冲破了“向何处去”的巨大迷茫，摆脱了种种传统观念的桎梏，迸发出了前所未有的激情和斗志，重新找回了自强、自尊和自信。现在，新首钢的宏伟蓝图鼓舞人心、催人奋进；重点工程建设日新月异、快速发展；企业的整体素质和竞争力明显提高；广大干部职工人心思干、人心思进蔚然成风，处处呈现出抢抓机遇、真抓实干、追求卓越、创新创优创业的浓厚氛围。在广大干部职工的共同努力下，先期启动的迁钢公司、首秦公司，分别形成了 450 万吨和 260 万吨钢生产能力，国务院批复的北京顺义 150 万吨冷轧项目于今年 5 月全面建成投产，首钢京唐钢铁厂第一步工程将于今年内建成投产。这些新钢厂建设创造了我国钢铁业建设发展的高起点、高水平、高质量，充分体现了自主创新、循环经济、科学发展的先进性特点，总体技术装备已经和将要达到国际一流水平。这标志着首钢的战略性搬迁调整取得了重要阶段性成果，标志着首钢人的美好愿景正一步步成为现实！

关于首钢的过去、现在和未来，我想用下面一段话来进行总结和描述：首钢在北京诞生，在党的领导下发展壮大。首钢是我国的民族企业，当国家需要我们进行战略转移，并给我们创造成为世界一流企业历史机遇的时候，我们面向全球创造未来。中华民族是生生不息的伟大民族，首钢是英勇奋进、敢争世界先进的大型企业。为了这一天，多少职工远离家乡和亲人，不畏艰辛、拼搏奉献；为了这一天，老厂的同志兢兢业业地工作，不断取得新的成就，新厂的同志夜以继日地奋斗，正在创造新的业绩。他们的情感已经寄托在首钢创业上，他们的精神已经转化为前进的强大力量，他们的期望已经铸就未来发展的伟大目标，他们创造的业绩使首钢更加充满希望。我们相信，充满生机与活力的 21 世纪的新首钢，将在首钢人奋进的征程中逐渐展现在世人面前！

“天行健，君子以自强不息”。不论一个企业，还是一个民族和国家，只要它拥有了丰厚的文化底蕴，只要它拥有了先进的文化引领,无论外部环境如何变化,无论身处顺境还是逆境,不管前进道路上遇到多大困难和挑战,它都将自强不息、百折不挠,开拓进取、奋发有为,都将激发更大的智慧和干劲,都将赢得更大的发展空间。五千年的中华文明史证明了这一点,一百六十多年的中国近现代史证明了这一点,三十年的改革开放史证明了这一点,2008 年以来低温雨雪冰冻、汶川特大地震等自然灾害的战胜和北京奥运会举办、神七飞船发射的成功,更是让我们亲眼目睹了这一点。

我们坚信,无论我们的企业还是我们的民族和国家,在先进精神文化和价值理念的引领下,我们一定能够战胜各种自然的和社会的困难与挑战,一定会有一个更加美好灿烂的明天!

(作者系首钢集团总公司党委副书记)

努力构建“三相文化” 打造充满生机与活力的大庆炼化

冷胜军

我们大庆炼化公司是中国石油股份有限公司的地区分公司,座落在举世闻名的大庆油田的西部马鞍山,占地面积 21 平方公里,现有员工 12000 多人,固定资产原值 132 亿元,具有 600 万吨年一、二次原油加工能力,可生产 24 个品种 217 个牌号的石油化工和轻纺产品,是集炼油、化工、化纤、纺织生产销售于一体的综合性大型炼油化工企业。

2000 年 10 月 18 日,中国石油大庆炼化公司由原大庆油田化工总厂和原林源石化公司重组整合。当时的大庆炼化无论从人员的思想观念、文化认同、发展历程以及规章制度、生产结构、地理位置等方面都存在着差异。面对这种情况,如何使公司走上健康、持续发展的轨道,这是公司决策层以及广大员工面临的严峻考验。针对企业实际,公司领导班子从加强企业文化建设入手,发动广大干部员工结合企业实际,整合提升形成了“心相通、情相融、力相合”的“三相文化”。“心相通”——就是以员工价值与企业价值实现为目标,达成对企业发展远景的广泛认同;“情相融”——就是以建立上下感情和心里契约为目标,达成员工对管理团队的广泛认同;“力相合”——就是以构建资源节约和谐企业为目标,达成对企业制度和企业道德的广泛认同,为企业改革发展提供了强大的精神力量和智力支持。

一、“三相文化”传承载续大庆精神铁人精神,在二次创业的征程中发挥引领作用

大家知道,大庆精神铁人精神的核心是艰苦奋斗,奋发图强,为祖国奉献更多的石油。“三相文化”产生于重组整合的大庆炼化公司,它的核心就也是要求员工统一不同的思想观念,改造不同的管理模式,克服两个相距较远生产区带来的工作不便,为建设节约和谐型企业而发愤图强。从这个意义上讲,“三相文化”是对大庆精神铁人精神的继承和创新,符合大庆炼化公司的发展实际。所以我们把努力践行“三相文化”同进行大庆精神铁人精神教育融为一体,通过深入开展“身在大庆学大庆、铁人身边做铁人”活动,组织员工参观铁人纪念馆、第一口油井、请老会战讲传统和开展“学习‘铁人’特训营”活动等,以灵活多样的形式和扎实的教育,认真诠释“有条件要上、没有条件创造条件也要上”和“三老四严”、“四个一样”等,引导广大员工自觉秉承“严细认真,务实高效”的企业精神,用实际行动自觉落实“三相文化”。例如,为满足建设大庆百年油田的战略需要,副总工程师周云霞承担起开发和生产污水回注的驱油用抗盐共聚物项目,她和攻关组同志一起克服许多苦难,经过 3100 多次试验,终于研发出完全使用国产设备、具有自主知识产权、达到国际先进水平的抗盐聚合物,填补了国内空白,该产品在大庆油田普及使用后已增产原油 3000 多万吨,创经济效益 21970 多万元。

二、“三相文化”用大庆精神铁人精神凝心聚力,培育企业的向心力和战斗力

大庆精神铁人精神最大的特征是“爱国”,在“爱国”这个大的前提下,要求广大员工团结一致,心心相印,围绕多产油这个目标而奋斗。“三相文化”同大庆精神铁人精神一脉相承,主要内涵体现在“心、情、力”三个字上,它的本质要求就是凝心聚力,增强企业的向心力战斗力。所以这几年我们在大力推进“三相文化”过程中,通过开展“形势、目标、责任、任务”主题教育活动,用共同愿景把企业与员工凝结成命运共同体,通过评选“两标一模”、“十大杰出青年”、“十大巾帼英雄”活动用先进典型凝心聚力,通过努力为员工医病、疗养、住房、通勤等方面办实事,用真情关爱营造员工认同的精神家园的良好氛围,通过搭建选人育人用人和无障碍沟通架起管理者与员工的互信桥梁等,使企业的向心力、战斗力不断提高,使广大员工爱岗敬业、为企奉献的自觉性进一步增强。例如,30 万吨/年聚丙烯工程是国家振兴东北老工业基地的重要投资项目之一,温家宝总理曾经两次现场视察,为了早日建成投产这套世界级规模装置,公司上下树立了强烈的责任感和使命感,把激情与梦想体现在工程建设大会战的具体行动中,参战将士不计时间、不计报酬、超越自我、挑战极限,每天工作 14 个小时以上,克服了工程规模大、技术要求高、安全施工节点多等诸多困难,仅用 16 个月就实现了优质安全文明施工的目标,提前完成中交并一次开车成功。我们还凭借良好的质量信誉,依托大庆这座光荣的城市和中国石油的品牌,成功中标了为国家体育场(鸟巢)铺装 2.1 万平方米地毯项目,使大庆炼化公司生产的地毯成为大庆乃至中国石油唯一直接为奥运会场馆服务的产品。

三、“三相文化”以大庆精神铁人精神规范行为，提升塑造企业知名度美誉度

大庆精神铁人精神最有说服力的是如何做一名合格石油人，铁人王进喜用自身的英雄事迹和模范行为展示了我国工人阶级的高尚品德和英雄形象。“三相文化”坚持科学发展观，用大庆精神铁人精神规范企业的行为，增强了企业的社会责任和政治责任感。例如我们出台了《大庆炼化公司企业形象管理规范》，依据这个规范要求，坚持构建和谐企业，努力做到污气不排放、环境不污染、生态不破坏。2006年投资上千万元建设现代化垃圾处理场，做到垃圾统一回收和处理。同时还把节能减排的任务层层分解落实到基层，外排污水合格率、环境空气达标率、厂里噪声达标率均达到100%，污染源废气达标率达到98%，用国家法律法规规范了公司行为。这几年在资金十分紧张的情况下连年加大资金投入力度，仅去年就投入1182多万元，对基层主控室、培训室、副操室、员工餐厅、办公楼等46个工作场所进行装修，更换部分操作台、操作椅、更衣柜，统一设置中国石油标识、理念板、制度板，配置桌椅、书柜、资料柜、盆景、餐桌等，使生产一线的工作环境得到有效改善。我们还通过践行“三相文化”，在规范员工个人行为上下功夫，出台了《大庆炼化公司员工行为规范》，要求员工按照这个规范标准处处想着我是一名炼化员工，在大庆我是炼化人，在黑龙江我是大庆人，在全国我是石油和龙江人，在国外我是中国人。我们的员工在企业严格遵守纪律和各项规章制度，上班不迟到不早退，不泡电话，不干私活，不串岗脱岗，到岗换工服，巡检戴好安全帽，展现了良好的员工风貌。

四、“三相文化”以大庆精神铁人精神加强企业制度建设，提高企业整体水平

大庆炼化的岗位责任制是继承大庆精神铁人精神的优良传统，加强管理创新的重要手段。“三相文化”不断提升对企业、对人、对物的管理，使企业文化建设经历了由自发、向自觉、并走向自治的过程。我们建立了以职业健康、安全、环境三个体系认证为基本形式的基础管理体系和内部控制管理体系。继过去整合编写涵盖31个专业、175项总计16篇企业管理制度之后，去年又发动群众对公司1139个岗位责任制、79项安全环保规章制度进行修订，完成80个车间的新版操作规程，实现工艺卡片“三级管理、四级监控”等，使管理有了可操作的执行标准。在提升管理上，我们还结合实际，每年突出抓好一个主题教育活动：如2002年开展“企业文化年”活动，2003年开展“文化管理增效年”活动，2004年开展“三级联进联创”活动，2005—2006年开展“创、争、推”活动，2007年开展“基层建设年”活动等，使企业的管理水平不断提升。我们还遵循“管理无定式”的客观规律，摆脱固定思维模式和“路径依赖”的束缚，不断探索和实践符合实际需要的管理思想和措施。在去年装置检修过程中，公司严格实行全面受控管理，高标准坚持安全文明检修，做到污油不落地、废气不排空、检修无噪声、废物不乱扔，实现了“绿色停工、绿色检修、绿色开工”的目标。在我们这个高温高压、易燃易爆的化工企业，安全管理是重中之重。因此我们以安全文化为突破口，在中国石油系统率先编写出《安全文化手册》，积极推进，持续开展“反习惯性违章专题点子征集”、“家人安全嘱托信”、“安全直通车”等活动，分期分批将几千名生产一线员工家属请到装置现场参观，切身体验安全生产对亲人的重要意义，进而把安全教育与亲人嘱托相结合，把安全管理向家庭延伸，把以人为本的思想努力落实到本质安全之中，推进了广大员工由“要我安全”向“我要安全”“我会安全”转变。

五、“三相文化”以大庆精神铁人精神为动力，促进企业宏伟目标的实现

“三相文化”的推广实施，使我们的发展思路更加清晰，目标更加明确，凝聚力更加高涨，企业与员工价值得到充分展现。这几年我们依据发展实际，于2004年在公司提出了建设“世界级聚丙烯生产基地、油田化学品生产基地和全国企业文化示范基地”的三大奋斗目标，去年我们又提出建设清洁燃料油基地，这样由“三个基地”的奋斗目标变成四个。今年我们又规划从2008年开始，用3－5年的时间实现公司“人企和谐、人际和谐、人机和谐、人与环境和谐”的奋斗目标，这些奋斗目标的不断实施，使大庆炼化插上了腾飞的翅膀，展现出美好的发展远景。公司继年30万吨聚丙烯生产装置建成投产后，第二套30万吨聚丙烯工程建设今年又经国家有关部门批复落户我们公司，世界上最大的聚合物生产装置又一个10万吨扩能工程即将开工建设，届时大庆炼化公司的营业收入从组建初期的100个亿发展到400多个亿。由于“三相文化”的实施与助推，我们公司的营业收入7年来累计达到1157.86亿元，上缴税费73亿多元，连续7年完成股份公司的考核利润指标，2007年整体实力在全国1000家大型工业企业中排名第99位，营业收入和上缴税费在黑龙江省50强工业企业中排名第5位，还先后荣获全国“五・一”劳动奖状、国家“重合同守信用”先进企业、黑龙江省民主管理优秀企业、黑龙江省花园式单位等50多项荣誉，多次获得中国企业联合会、中国企业家协会、中国企业文化研究会等评选的全国企业文化建设实践创新奖、企业文化优秀成果奖、企业文化建设理论成果奖和全国企业文化建设示范基地等称号。

我们大庆炼化人将自觉学习实践科学发展观，继承发扬大庆精神铁人精神，在中国石油企业文化统领下，不断提升企业文化管理的新境界，构建“心相通、情相融、力相合”的充满生机与活力的大庆炼化！

（作者系大庆炼化公司党委书记）

打造强势企业文化 推进企业科学发展

王保玉

与共和国同龄的大同煤矿集团公司，前身是大同矿务局，成立于1949年8月，2000年改制为大同煤矿集团公司，现有员工20万。59年来，同煤累计生产优质煤炭16亿吨，上缴利税270多亿元。2005年以来煤炭产销量连续三年突破亿吨大关。2005年、2006年分获山西省和全国企业文化建设先进单位。长期以来，同煤集团高度重视企业文化建设与创新，坚持以高品质的企业文化来推动企业科学发展，特别是近年来，企业从自身实际出发，确立了“制度管企，文化管人”的企业文化建设总体思路，以文化力增强各项工作的执行力，有效地提升了企业管理水平，增强了企业核心竞争力，为推动企业科学发展、和谐发展、可持续发展奠定了坚实的基础。

一、全面推进企业文化建设与创新，是增强企业核心竞争力，推动企业科学发展的现实需求

从2003年12月同煤集团重组以来，企业焕发出新的活力，成为地跨39个县市的特大型煤、电、化能源集团。人员多了，地域广了，摊子大了，实现了企业做强做大的第一步，完成了真正意义上的跨地区、跨行业、跨所有制的发展。但是，由于企业重组后，所属各单位的发展历史不同、文化背景不同、管理方式不同，由此形成的思想观念、行为习惯等多方面都有差异。要在做大同煤的基础上做强同煤，实现同煤集团跨越式发展，绝对不是众多个企业的简单捆绑，更不是几个产业、产量和产值数据的叠加，而是集团公司整个管理体制、组织结构、运行机制、产业结构以及发展战略的优化和整合，是企业内涵式发展与外延式发展的有机结合。实施大集团、大公司战略，就迫切需要企业从管理思想到管理行为，从管理制度到管理文化，从产业结构到组织结构进行全方位的改革与创新，实现优势整合、流程再造。要完成这一战略转变，必须依靠企业文化的发展与创新。企业发展到一定规模，必须扩张，而且速度还必须得快，但是企业规模扩张到一定程度，就要讲究规模是否经济了，就要把功夫下在做强上。而要整合新的企业集团，形成强大的凝聚力，企业文化具有不可替代的作用。建设强势企业文化、推行以人为本的精细管理，是贯彻落实“三个代表”重要思想的具体体现，是贯彻落实科学发展观的人本动力，是国有企业做大做强的生命优势；建设强势企业文化、推行以人为本的精细管理，是管理理念的更新、管理机制的变革和管理模式的转变，是推进国有企业管理创新升级的必然选择；建设强势企业文化、推行以人为本的精细管理，是企业精神文明建设与物质文明建设的最佳结合点，是企业思想政治工作服务于经济发展、服务于安全生产的最优载体，是企业党组织增强凝聚力、提高战斗力的最重要最有效的途径，是企业思想政治工作、精神文明建设、党的建设的求真务实之举、创新发展之路。

二、积极建立和应用以企业文化为主导的精细化人性化管理模式，是提升企业管理水平的重要途径

(一)建立覆盖全员的4E岗位精细管理标准，奠定精细管理基础

建立覆盖全员的4E岗位精细标准，对于习惯于粗放管理的煤炭企业来说，这是企业管理走向集约化精细化的基础，也是近乎革命性的转变。同煤集团通过整合、梳理、改进和完善现有的管理制度及岗位标准，建立起科学的管理体系。首先注重从岗位、工种的具体标准进行梳理，对管理流程、工序流程进行再梳理，制定工作程序标准。建立起对每个岗位(覆盖到每个人(everyone))、每项工作(覆盖到每件事(everything))、每个时段(覆盖到每一天(everyday))、每个区域(覆盖到每一处(everywhere))的4E管理标准体系。所有的岗位、工种都要建立具体、量化、可考核的精细标准，不能进行量化的岗位要进行岗位描述，比如管理岗位和机关，进行尽可能精确的岗位描述，建立岗位6S行为规范。把应知标准、应会标准、基本行为标准、工作责任标准、工作流程标准、岗位职业道德标准、岗位综合考核评价标准等内容全部纳入管理标准中。通过对岗位标准的制定、确认、贯彻、兑现、调节、对照、提升，形成完整的标准攀升体系，呈现螺旋式上升的管理流程，对每个岗位、每项工作任务、每个时间段、每一工作场所进行细化管理，体现“日事日毕，日清日高”的管理思想，确保人人有标准，事事有标准，时时有标准，处处有标准。实现管理的精细化、标准化，实现管结果向管过程的转变，实现由粗放型管理向集约型管理的重大转变。

(二)实施干部走动式管理，提高现场管理水平

为了进一步完善管理，同煤集团各单位建立起干部走动式管理体系，设立走动式管理网络图示，明确走动区域、走动频次、走动地点，建立走动式管理标准体系和考核调控体系，严格执行走动管理的标准和规范，力争覆盖到各个交叉班和整个生产作业流程，消灭管理的盲点。把发现问题的次数，解决的措施作为考核干部能力的重要标准。管理人员在走动过程要对工人增加现场考试的内容(如岗位标准、作业标准、操作标准、安全标准等)，达到管理无死角无疏漏，全过程全方位全流程现场控制。各二级单位都建立起干部走动管理卡，对干部的走动进行双向监督，对走动中发现的问题进行“三定处理”，克服了走动不管理，走动不发现问题的弊病，从而达到人人、事事、时时、处处有标准，有管理。

(三)建立严密闭合的考核体系，把精细管理落到实处

在熟悉执行员工岗位标准的基础上，井下员工每人当日当班都持有个人作业卡，班前会领卡，随身携带，班后交回，进行当班讲评。用员工当日作业卡，实录岗位标准确定的各分项标准执行情况、过程考核和结果考核、管理人员走动式管理的巡查记录、交班和接班记录。把日卡作为每个岗位劳动的当班工资分配原始依据。每月的累计考核结果记录在月卡上，作为员工当月的工资收入分配的依据。以当班当日卡和岗位标准为依据，建立起对全体职工的严格的严密的考核机制，考核结果必须奖惩兑现，而且在班后或者第二天班前进行优劣讲评。然后以岗位劳动实效和工作实绩为依据，进行全员绩效排序，产生出优秀员工、合格员工、待培员工，通过自上而下的标准考核，自下而上的能动反馈，将考核结果体现在日卡、月卡之上，公布于看板，实施考核兑现。凡连续三个月不达标者即停止工作，进入员工培训中心，经过培训合格后重新进入岗位工作。这种对全体职工的公开的民主促进机制、公平的严密闭合的激励机制，对全面提升企业安全、生产、质量等各项管理水平，提高工作效率和效益以及质量起到了极大的促进作用。

（四）以构建人性化的工作生活环境为依托，诠释人本管理的真谛

精细化和人性化是企业文化建设的一纸两面。同煤集团从多方面入手，构建人性化的工作生活环境。近年来，集团公司重点推出三项绿色环保工程：一是绿色工程，继续推进矿区“绿、净、硬、亮、美”环境治理改造，新增绿化面积35.6万平方米，全力打造花园式、园林化矿区；二是环境治污工程。随着大唐热电厂4台机组的正常并网发电，82台烧煤供热锅炉完成了使命，热电联供项目正式启动，为集团公司215万平方米范围内的住户集中供热，这一工程的完成，将使周边地区全年空气质量二级以上指数增加5%。三是实施采煤沉陷区和棚户区治理改造工程，现已建成标准化住房120多万平方米，近2万户已入住新居。三大项目的顺利实施，为建设人性化的工作生活环境奠定了坚实的基础。与此同时，集团公司积极创造条件，大力改善员工生产环境，为井下员工添置防爆热水器、热饭器，移动厕所等人性化设施，并将职业健康安全管理体系引进到标准化工作中，使员工的生产和生活环境发生了根本性的变化。

三、大力创新安全文化建设，是推进煤矿企业文化建设向纵深发展的突破口

同煤集团在扎实推进精细化管理的基础上，紧紧抓住安全文化这个企业文化建设的重要切入点，探索出安全思想宣传教育的“十大模式”，并在实践中不断完善创新。各下属单位普遍开展军事化培训，提高员工的纪律、服从、执行及团队意识，把军事化行为训练中的准确、统一、标准、协作意识和行为动作植入岗位标准和动作的规范中，使每个员工的工作态度、敬业精神、工作标准、工作质量都服从服务于提高工作效率、提高安全管理水平、促进企业发展的大目标。一是广泛开展安全理念宣传。在员工中通过开展安全培训、班前班后学习、举办安全生产月、理念研讨演讲活动；在各种醒目的场所张贴悬挂宣传标牌、举行必要的安全文化仪式，广泛宣传；强势灌输“安全第一，超前预防，贯穿全程，关键落实”、“井下员工人人都是通风员”的安全理念，达到理念入心入脑，成为员工共同的安全价值观。二是建立了覆盖每个岗位工种、每件事情、每个时段、每个地方的安全4E管理标准体系，实现安全管理由粗放型向集约型的重大转变。对安全隐患做到事前控制，事中预报，防患于未然。三是逐步把安全色、安全标识、警示语音等视听觉识别要素运用到矿井生产现场，创造了一个可以避免隐患和危险的环境，提高了员工在生产作业现场的安全系数。四是建立实施了“六预”预警预防机制，既“预知、预想、预报、预警、预防、预备”。五是大力推行了10种安全行为养成。一、个人防护装备的安全行为养成；二、乘坐提升运输设备的安全行为养成；三、行走站立的安全行为养成；四、防灾避灾的安全行为养成；五、主动了解安全信息的安全行为养成；六、安全确认的安全行为养成；七、自觉服从的安全行为养成；八、主动学习磨练的安全行为养成；九、安全作业的安全行为养成；十、自我身心调适的安全行为养成。六是推行编码管理，逐步对现场的物品、环境、人员、管理事项按照分类序列逐一顺序用数码、字母、文字予以统一编号，对现场的每一个环节、每一件设备、每一步作业都要明确责任，切实做到了管理无盲区、无漏洞。七是坚持群防群治，形成群众性安全合力，实现了全员全方位全过程保障安全。八是把提高员工素质作为提升安全基础管理水平，建立了新的选人、用人机制，由重生产实干型向重安全生产型、安全管理型转变。

同煤集团通过构建以精细化管理为特色的煤矿企业文化，为企业改革发展注入了强劲的动力，使企业焕发出勃勃生机和活力。企业生产安全明显增强，百万吨死亡率由2000年的1.188降低至2007年的0.168；企业效益不断攀升，销售收入由2000年的37亿元提高到2007年的360亿元，今年预计可达430多亿元。同煤集团的跨越式发展受到了党中央、国务院和社会各界的广泛关注，今年上半年，胡锦涛总书记、李克强副总理、张德江副总理先后来到同煤视察。在中央领导同志的关怀和鼓舞下，集团上下正在以更高标准，更严的要求实施精细化管理，同心推进企业发展，维护国家能源安全，积极履行社会责任，为实现企业管理创新，促进煤炭行业现代文明做出积极的贡献。目前，企业正大步向实现“树立新思想，实施新战略，建设新同煤”的宏伟目标迈进。

（作者系大同煤矿集团有限责任公司党委副书记）

伟大时代产生伟大精神

姚桂清

一、中国中铁青藏铁路建设精神产生的历史渊源

中国中铁各大成员企业是伴随着新中国的诞生而建立的,有着近60年的发展史。自从50年代初接过老一辈革命家邓小平、贺龙亲手授予的“开路先锋”大旗起,全公司几十万职工就不畏艰险、怕困难、逢山开路、遇水架桥,南征北战、风餐露宿,激情进取、拼搏奉献,始终与国家和民族同呼吸、共命运,铸辉煌于历史,谱新篇于当代,谋发展于未来,在中国的大地上建起了一项项精品工程,竖起了一座座建筑丰碑,积淀成具有中铁特色的卓越文化。

全公司广大职工在为祖国创造了大量物质财富的同时,也在企业文化建设中创造了极其宝贵并永远激励广大职工的精神财富。从参加这支队伍的老红军、老八路带来的革命精神到新中国建设者体现出来的奉献精神;从共和国第一条铁路建设中孕育出来的“成渝精神”,到抗美援朝战火中淬炼出来的“钢铁大动脉”精神;从六、七十年代形成的“宝成精神”、“成昆精神”,到改革开放后的“大瑶山精神”、“京九精神”、“南昆精神”;从中铁西北院三代人40年坚守青藏高原风火山的“以苦为荣、勇于创新,孜孜以求、献身科学”精神,都在不同的历史时期,不同的形势任务下发挥了集聚力量、凝聚人心、激励斗志的巨大作用。

50多年来,中国中铁既创造了丰厚的物质成果,也积淀了深厚的文化底蕴,通过继承与创新、实践与探索、提炼与升华等多种途径和方法,不断培育和形成了“勇于跨越、追求卓越”的企业精神。

“勇于跨越、追求卓越”的企业精神既是企业历史发展的总结和承继,又是引领企业继续前进的旗帜。中国中铁人在生命禁区修建青藏铁路形成的“艰苦不怕吃苦,缺氧不缺精神,风暴强意志更强,海拔高追求更高”青藏铁路建设精神,既是对中国中铁“勇于跨越、追求卓越”企业精神内涵的丰富和升华,也是对“勇于跨越、追求卓越”企业精神内涵的诠释。

二、中国中铁青藏铁路建设精神产生的过程

中国中铁在青藏铁路建设中,共有11个成员企业,31个项目部参战,承担着506公里的施工任务,占全线建设总长度的45.6%,工程造价62.5亿元。

青藏铁路纵跨青藏两省区,穿越青藏高原腹地永久冻土区,平均海拔在4700米以上,从昆仑山、可可西里自然保护区,五道梁、风火山、长江源到海拔5072米的唐古拉山。这些地方都被喻为“生命禁区”和“世界第三极”。这里是“一年无四季,只有冬雪天。六月雪,七月冰,八月封路,九月无人踪”。青藏铁路沿线气候恶劣,高寒缺氧,地质复杂,冻土广布,工程十分艰巨,生活条件极为艰苦,在4000米以上的青藏高原修建铁路,是人类铁路建设史上的一次伟大壮举。

在青藏铁路建设中,中铁一局格尔木南山口铺架基地是一个重要窗口。经理部党工委清醒地认识到,要出色地完成青藏铁路的铺架任务,必须激发出职工中蕴藏的精神动力,必须充分发挥思想政治工作的生命线作用。因此,党工委坚持紧密结合青藏线施工的实际,通过灵活多样的方法,将思想动员工作贯穿始终。

2001年11月14日17时,昆仑山口大地深处一声巨响,一时地裂山摇,持续3分钟的8.1级大地震形成了400公里的全国最长的断裂带。两个小时后,央视《新闻联播》发出消息:“新疆、青海交界处的昆仑山发生地震,正在施工的青藏铁路受到破坏……”

大地颤抖,群山震动。中铁一局集团新运公司青藏铁路铺架项目部职工冒着不间断的余震在驻地办公。时任党工委书记的郭秀春和负责宣传的党工委副书记邹宗统反复思考:条件这么艰苦,工程这么宏大,不仅要有确保员工生命健康和日常生活的保障系统,还必须有钢铁般的意志和强有力的精神支撑,才有可能超越生命极限,战胜地震、高寒、缺氧和风暴。于是他们你一言我一语,构思出了“艰苦不怕吃苦,缺氧不缺精神,地震强生命更强,海拔高追求更高”的口号。

大地震很快过去了,接踵而来的是经久不息的风暴、高寒。经过反复思索,郭秀春将“地震强生命更强”改为“风暴强意志更强 ”,大家都觉着更加贴切。

几天后,2米多高红底白字的巨幅标语“艰苦不怕吃苦,缺氧不缺精神,风暴强意志更强,海拔高追求更高”矗立在南山口铺架基地最醒目的地方。铺架项目部各级干部大会说小会讲,工作中常挂在嘴边。员工们都说,这是一个激励斗志、振奋人心的口号。

青藏铁路建设期间,700多批国内外代表团和新闻记者来到中国中铁铺架基地,高度赞扬这幅标语。这个个性鲜明的口号有着强大的生命力,准确深刻地反映了青藏铁路建设者的精神境界和追求,成为铺架将士强大的精神支柱。随着时间的推移,这四句话在青藏线广为流传,并被确定为中国中铁的青藏铁路建设精神。

铁道部副部长、国务院青藏铁路建设领导小组副组长孙永福赞叹说:这幅标语内涵丰富,寓意深刻,涵盖广泛,是青藏铁路建设者精神的真实写照。

三、中国中铁青藏铁路建设精神产生的深远影响

(一)艰苦不怕吃苦——雪域高原彰显英雄本色

夏日的格尔木南山口风沙昼夜不停,强烈的紫外线晒得人皮开脸肿,皮肤被灼伤后一层层脱落,钻心地痛,肆虐的蚊虫更是让人防不胜防,手和额头被蚊子咬成了“大馒

头”，还要经受血压升高、呼吸困难、难以入眠等等折磨，大家体重普遍减了几公斤。是“艰苦不怕吃苦”的标语时刻鼓舞着大家。

23岁的女技术员王海霞从西南交大毕业，她是最早上高原的女同志，和男同志一样战风沙、抗蚊咬，原本白皙的面孔晒得黝黑。有人问她，明知青藏铁路条件艰苦为何要争着报名时，王海霞莞尔一笑答道：“这里是特别苦，在世界屋脊建铁路对每个人都是考验。只要坚持下来，我们就一定会成功。”

海拔3080米的南山口没有水，每天靠汽车从30里外运。要在从来没有打出水井历史的南山口戈壁深井取水，别提有多难了。经过千辛万苦，200米的深井终于出水，投资安装了3套净化水设施，保证了生产生活用水的基本需要。

那些日子里，郭秀春给人的印象是总有着充沛的精力。他常说“行动是无声的语言”，不管晚上工作到多晚，第二天他照样参加早点名。一次他咳嗽发烧，确诊为大叶型肺炎，卫生所长三番五次追着他，劝他休息。可他就连打吊针也没有躺下，边工作边输液，接电话批文件。大家看在眼里都说：领导都没日没夜地干，咱还有啥说的！

被称为“铺架英雄”的二班长梁永红常说：“苦地方，险地方，建功立业好地方。”铺架布曲2号特大桥那天夜里，小雪铺满了铺架机。能见度差，为了查看前桥情况，梁永红小心翼翼地走过几十米高的机臂，刮起了大风，机臂上根本站不住，他只能一步一挪，爬着往回返。不料，呼啸的大风刮掉了他的手套，手与零下30多度冰冷的铁架立刻紧紧粘在了一起，一扯竟撕下来一块皮，顿时血肉模糊。他下来时满手是血，嘴都冻麻木了，还喃喃地说：前面没问题，可以铺架。在场的张国栋副队长紧紧地抱着他嗓子哽咽了。医护人员在处理他的伤势口时，禁不住潸然泪下。

（二）缺氧不缺精神——攻坚克险党旗红

共产党员，这是在特殊环境中有着特殊意义的光荣称号。在严峻的考验面前，党支部在党员中开展了创“党员先锋岗”、建“红旗责任区”活动，响亮地喊出了“最危险的活党员干，最艰巨的任务党员担！”的口号。

随着铺架施工不断向前推进，运输距离随之拉长。隧道内含氧量极低，机械废气无法及时排出，整个隧道令人窒息，突击队员佩戴防尘罩，边吸氧边作业，凭着顽强的毅力艰难通过隧道。新线行车要限速，出乘一趟往返上千公里近30个小时。高原行车极易疲劳，严重缺氧常使司机们产生头痛、耳鸣、迟钝等高原反应，他们就吸着氧开车。由郭永利任司机长的青藏线第一支“劳务工党员包乘组”发明了疲劳困倦时站立驾车和吃大蒜的提神方法，后来被司乘人员争相效仿。凡是到高原工作的人体重没有不下降的。大家反倒乐呵呵地说：“要不是来到高原上，这减肥还得花钱哩！”

铁路建设者不但要经受缺氧的挑战，还要接受亲情的考验。一次，郭秀春妻子带着儿子来工地探亲。第二天郭秀春就匆匆赶往安多协调解决运输大型设备的问题，一走就是9天。当他回来推开房门，床上叠放着洗得干干净净的衣服，桌上一张字条上儿子写道：“尊敬的郭指挥长，我们还是回家等你吧！”每当人们提起这事，郭秀春的脸上总挂着内疚。

青藏铁路建设总指挥长卢春房在一首自勉诗中表达过这样一种境界“丹心一片报祖国，微命三尺献高原。”其实这也是对广大铁路建设者奉献精神的赞扬。

（三）风暴强意志更强——冰峰雪岭铺天路

筑路员工们都喜欢风和日丽的青藏高原，工作间隙时更喜欢看那湛蓝湛蓝的天和柳絮般优柔曼妙的云，可青藏高原迎接他们更多的却是经常不期而至的暴风雪。

2002年9月5日夜间，正是三岔河特大桥落梁的关键时刻，天气突变，霎时天昏地暗，狂风暴雨夹杂着黄豆般大小的冰雹铺天盖地倾泻而下，打在安全帽上噼啪作响，人睁不开眼，站不稳脚。撤回去已经不可能了。如果这100多吨重的桥梁不能迅速就位，被狂风刮倒后果将不堪设想。跟班作业的郭秀春知道别无选择，征求领工员的意见后，迅速绑上安全带，顶着大风，不顾一切地爬到50多米高的桥墩上，挥手大声喊道：“不要慌，听我指挥，抓紧时间落梁！”风雨中，没有人犹豫、退缩。与风暴顽强抗争了40多分钟，大梁稳稳地落到桥墩上。从工地上撤下来的时候，职工们脚步蹒跚，疲惫不堪。

一天，暴风雪铺天盖地，气温零下20℃，几米之外看不见人。架桥机突然出现故障，有着十几年党龄的机械班长李文虎马上钻到架桥机下抢修，架桥机与地面不到半米。他大口喘着气，脸憋得发紫。冰冷的液压油滴在红肿僵硬手上结成冰块，一碰就扯掉一层皮。大家边挡冰雹边给他吸氧，几次要替换他，李文虎坚持着说：“时间紧，还是我来。”六十分钟何其漫长，当架桥机的轰鸣声重新响起时，他腿脚麻木不能动弹，衣服和地面紧紧地冻在一起。大家把他拖出来时，听到的是衣服被撕裂的声音。面对着来自“生命禁区”的种种威胁，这位普通的共产党员以极大的毅力，在艰苦的磨砺中展示着新一代共产党人的高风亮节。

（四）海拔高追求更高——世界屋脊创一流

青藏铁路铺架过程是攻克技术难题的过程。高海拔带来的低氧低温低气压和强烈的太阳辐射等严酷环境，对设备有着极大的影响。

没有现成的经验可以借鉴，专题攻关小组展开攻关。在充分论证，反复试验之后，对内燃机车制动系统及铺轨机、架桥机的发动、牵引系统进行全面改造，实现了在高原高寒地区一整套关键技术的全面创新。改造后的铺架机和内燃机在20‰的坡道上和八级以下的大风情况下作业，性能良好，运转正常，污染极小，开创了我国内燃机车首次在海拔4000米以上高原安全平稳运行先例，为青藏铁路正式运营提供了宝贵经验。《青藏铁路高原高寒地区铺架施工关键技术研究》经专家鉴定，认为“填补了国内空白，居世界领先地位”。

在青藏铁路铺架工地，两列绿色的车厢停在蓝天白云间。"海拔高追求更高"的巨幅标语悬挂在车体上格外醒目,激励着铺架员工战缺氧斗高寒,这种精神也随着列车传遍了青藏铁路沿线。

这就是被称为"工地大篷车"的流动宿营车。这里简直是一个"小社会"。有会议车、医疗车、淋浴车、餐车、发电车等,车上有高压氧舱、常备药物和消费合作社;闭路电视可收30多个频道。另一列是员工宿舍,每个软卧包厢住1—4人。设计合理,井然有序。这就是铺架员工们温暖的家。

缺氧造成机械功率下降,在安多铺轨现场必须双机车牵引。机器尚且如此,人就更不用说了。缺氧会使人体力、脑力和劳动能力下降,时间长了人的器官会发生各种病变。

来到青藏工地之前,中国中铁领导第一要求就是来多少人,要回去多少人,"一个都不能少"。指挥部还确立了严格的工前、工中、工后体检制度,建立员工健康档案。只要有人施工,就有医护人员守候在现场。为了保证供氧,制氧先行,氧气瓶配到每个帐篷,医院和铺架工地还配置了高压氧舱。在严格的"工地纪律"中,有很多强制性规定体现在员工生活上。例如"吸氧工程":每名员工每天要强制吸氧2小时以上;"牛奶工程":要求员工每天喝一袋鲜奶;"饮食工程":聘请专业营养师制订员工的三餐标准。由于高海拔地区气压低蒸不熟饭,后勤服务中心就把馒头包子等蒸熟了送上山,供应源源不绝。食堂储藏柜里的蔬菜、肉类、水果琳琅满目,仅奶制品就有好几种。

这是一支铁路建设大军中最精锐的部队。面临着恶劣的环境甚至威胁到基本生存,同时他们又是幸运的:生命在这里得到最大的尊重。在"生命禁区",青藏铁路建设者创造了全公司青藏线施工五年安全无事故,高原病零死亡的目标,刷新了施工安全记录,填补了在高速、高架、高原"三高"市场的空白,积累了丰富的高原施工经验。中国中铁人在青藏铁路施工中创造出了人间事迹。

时光荏苒,五年弹指一挥间。在青藏铁路建设精神鼓舞下,中国中铁这支英雄群体五年五跨越,五战五大捷。2001年率先创建了国内规模最大、标准最高的南山口高原铺架基地;2002年完成线下工程后正式铺轨顺利挺进昆仑山;2003年铺架穿越世界海拔最高的风火山隧道;2004年实现了"两点三向"铺架方案,提前35天抵达唐古拉山南北脚下;2005年完成了各项配套工程,完成了建设任务,工程符合设计标准,质量优良!广大员工"海拔高追求更高"的精神风貌,赢得了前来视察的胡锦涛、吴邦国、温家宝、黄菊等党和国家领导人高度赞扬。2002年5月27日,胡锦涛专程视察了南山口铺架基地,亲切慰问中铁一局参建员工,在现场发表重要讲话,他高兴地说"能够组织起这么高效周密的工作,当数我们铁路系统。"

伟大的工程造就伟大的精神。"艰苦不怕吃苦,缺氧不缺精神,风暴强意志更强,海拔高追求更高"的青藏铁路建设精神,通过中国中铁组成的青藏铁路建设事迹报告团的巡回报告,走进了人民大会堂和一批中央企业,通过各种新闻媒体的广泛宣传和《青藏线》电影在全国上演,走出了企业,传播到了社会。

2006年9月15日,负责"世界企业500强评选工作的美国《财富》杂志主编罗伯特·福雷德曼到中国中铁总部对总经理进行了采访。当听到中国中铁建设青藏铁路的事迹时,高度评价:这是一项伟大的工程。并且专门在笔记本上逐字记下了中国中铁人创造的青藏铁路建设精神。

2007年6月4日,中国中铁党委书记、董事长石大华率代表团在对东南亚各国访问考察期间拜会了越南总理阮晋勇,当石大华介绍到中国中铁建设青藏铁路的成就和青藏铁路建设精神时,阮晋勇总理连声称赞,原定的四十分钟的会见,持续了一个半小时。

无论是社会主义国家的总理,还是西方企业管理的权威,都不约而同对中国中铁人创造的青藏铁路建设精神给予高度评价。中国中铁的青藏铁路建设精神已经跨越了国界、冲破了意识形态,成为现代企业文化建设的一块瑰宝。

(作者系中国中铁党委副书记、工会主席、副总裁)

文化个性:企业文化之魂

江　超

企业文化已不是什么新鲜话题,但如何在21世纪高度竞争的市场中彰显企业自身的文化个性,提升企业文化力,打造企业核心竞争力,却是是每个企业必须用心思考和迅速破解的问题。

如果企业文化是企业的核心竞争力的话,那么企业文化的个性魅力就是企业核心竞争力的源头所在。

海尔、肯德基、松下、IBM、华为…… 企业基业常青之道,正是企业个性十足的文化张扬、浸润之道。这也正说明了一个道理:

企业文化:企业制胜之道;

文化个性:企业文化之魂。

一、文化个性差异是企业基因不同的显性化

每一个企业都是鲜活的生命体。企业、公司绝对不是一个用机器、厂房、道路堆积而成的硬梆梆的死物,企业是个生命有机体,它有自己生命周期,而企业的生命周期从幼稚期到青年期,到壮年期,再到老年期,它的发展寿命长短,决定于基因的活力和健康程度。企业文化正是是隐藏在企业发展深处的基因密码。人体健康决定于你的基因,企业的健康同样如此。

像人类基因一样,企业文化是个很个性的东西。它往往随企业所属的行业性质、所处的地域区别、所拥有员工的情趣爱好等等因素而变化。因此,一个企业,应该根据自己企业的实际情况和主要特征,总结提炼出富有自身特色的企业文化。而不是抹杀个性,脱离实际,照搬别人的企业文化。如果那样,势必会造成企业文化缺乏个性,缺乏生命

力，名存实无，根本发挥不了应有的作用。

实践看来，不同企业之间的文化个性差异主要来源于四个方面的因素：

一是民族特质。一方面，不同的民族往往拥有不同的文化。换句话说，每一个民族都有区别于其他民族的文化特质。如果某个民族的文化特质与某个产业的规律恰好一致或比较接近，那么，这个民族在这一产业领域就比较容易获得成功。由于具备特殊的文化特质，某个民族特别“适合”某个产业的生产；而那些不具备这种文化特质的民族要想在这一领域获得成功，就必须塑造一种与产业规律相吻合的企业文化。总之，民族特质与产业规律相悖逆，势必付出巨大的代价。韦伯在《新教伦理与资本主义精神》一书中指出，西方资本主义经济发展的动力是资本主义精神，而资本主义精神源于新教伦理。现在看来，以新教伦理为主体的北半球文化基本上与制造业的规律相匹配。在制造业，纪律、流程、工艺是生产必需的条件。这些条件的核心是人们必须具备强烈的规则意识并自觉遵守一系列规则，以免影响生产的质量与效率。在这方面，北方民族（国家）总体上要好于南方民族（国家）。南方民族（国家）普遍缺乏规则意识，在社会行为与劳动规范上相当随意。文化特质的差异使南方民族（国家）在制造业的发展中处于先天劣势，事实上，我们还没有发现具有南方文化气质的民族或国家在制造业上达到世界一流水平。这就充分证明，不同的产业需要与其产业规律相吻合的企业文化。具有不同文化特质的民族往往特别“擅长”或“适合”从事某些产业，但对另一些产业则表现出特别的“不擅长”或“不适合”。

二是管理风格。企业文化在某种意义上讲就是企业家文化，不同的企业家有不同的管理风格。因此，管理风格的差异也就标志着不同的企业文化。所谓管理风格，是指企业的一种气质、一种倾向、一种个性化的管理与运作、一种独有的行为和习惯，它揭示了企业是以一种怎样的个性、态度、作风去运营的。风格是一种相当模糊的东西，你可以强烈地感受到每一个人的个性和气质都截然不同，但你却常常无法精确地用语言去描述它。管理风格体现了管理的艺术性的一面，是一种“只可意会，不可言传”的管理境界。一般来说，企业家特别是企业创业者往往在企业管理风格的形成与发展中发挥着举足轻重的作用，他们往往把自己的个性、气质、偏好等性格因素融入企业的管理制度中，并使员工逐渐地感觉到企业的与众不同。当他们倡导和偏好的这种管理风格被员工认同之后，即使他们最终离开了企业，继任者也要在很大程度上承袭原有的管理风格，否则，企业员工就会感到很不适应。因此，管理风格形成之后，它客观上对新加入者有一种筛选的机能，不仅要选择具有“这样的”一种能力的人，还要选择“这样的”一种性格的人。正如联想集团总裁柳传志所说：企业文化实际上就是“入模子”，你选择了哪个“模子”，你就会被铸成哪个“模子”的形状。

三是产业规律。世界上公认的产业为农业、制造业、服务业、创新业或知识产业（包括所有以脑力生产为主的行业，如IT行业、广告业、出版业等），它们的规律有很大的不同。为了说明这个问题，我们不妨将制造业与创新业进行一个比较。制造业以体力与技艺、机械与管理为生产力的主体，绝大部分生产都是透明的、外在的，劳动强度与技术熟练程度都可以量化到个人，科学与理性是管理的主要特性，产品主要满足人们的物质需要。创新业的产业规律则似乎与制造业完全相反，它主要以知识、智慧与思维方法为生产力的主体，高素质的个人始终在团体之上，脑力劳动决定了创新的过程基本上都是在“暗箱”中进行，劳动的强度、思维的速度都难以量化，只有外化为具体的“产品”时才能间接地表现出来，产品也主要满足人们的精神需要。显而易见，制造业的规律决定它需要一种以“管”为主，强调服从、纪律、集体的严格的企业文化；创新业的规律则表明它需要一种以“理”为主，以弹性工作制与人性化环境为依托，能够充分凸显个性与创造力的企业文化。

四是文化类型。管理的着眼点往往遵循“木桶原理”，即企业经营绩效的高低直接取决于企业管理中最薄弱的环节或部门，这些最薄弱的环节或部门被称为企业的“短木板”，是管理中迫切需要解决的问题。“短木板”是一个动态的相对的概念，这使以加长“短木板”为核心的文化变革具有阶段性特征，文化类型的选择也必然因时、因势而有所不同。当某个薄弱的环节或部门发生变化之后，文化创新就要瞄准新的目标。例如，贵州航空工业创建初期，贵航人凭着以“艰苦奋斗的创业精神，顽强拼搏的献身精神，勇于探索的开拓精神，尊重科学的求实精神，联合协作的互助精神”为核心内涵的“0 一一”精神，在荒无人烟的大山里，克服重重困难，建起了一座座初具规模的航空工业企业，研制出第一架飞机和第一台发动机，从修理仿制走上自行研制生产的道路，相继生产出多种型号的飞机和航空发动机，并且实现了系列化发展；进入二次创业时期，凭着大力倡导“P型机”精神、“山鹰”精神，在企业面临生存危机、面对市场激烈竞争的形势下，贵航人临危不惧，迎难而上，敢于拼搏，自强不息，走出了具有贵航特色的发展之路；三次创业伊始，贵航集团顺应贵州航空工业战略转型与跨越发展需要，总结提炼并大力弘扬“创新超越、亮剑图强”的新时期贵航精神，“十一五”前两年，总收入实现了从60亿到78亿、100亿的历史跨越。

企业文化个性是客观的，正因为有着鲜明的个性，才使企业就像拥有了逐鹿竞争市场的通行证，企业不断发展壮大的历程，也成为企业文化力纵横驰骋的过程。

二、贵航文化的鲜明个性：报国情怀和亮剑精神

个性鲜明是贵航文化的主要特点。

航空报国是数万贵航人最朴素的情怀，40余年，始终不渝；亮剑图存（强）是贵航精神的精髓之所在，几十载，弥足珍贵。

20世纪60年代中期，迫于当时紧张的国际局势，新中国开展了一场规模空前的三线建设，上万名经过严格挑选

的优秀干部、工人和技术员离开大城市,星夜兼程汇集在云贵高原人迹罕至的深山峻岭之中,开始了贵州航空工业亘古未有的创业。当时,贵航人面对的是当地十分恶劣的自然环境,在装备不全、交通不便的情况下,他们风餐露宿,挑灯大干,嘹亮的号子声、隆隆的开山炮打破了高原千百年的寂静,用汗水、热血乃至生命奠基了贵州航空工业,用双手在荒山野岭中建起了一座座现代化的军工企业,以最快的速度抢时间完成了贵州歼击机科研生产基地的建设。1970年5月,首台涡喷发动机总装试车成功。同年9月18日,一架银色的歼击机冲向云贵高原上空,划破了千年的寂静,贵航人自行研制生产的第一架飞机,为年轻的中国航空工业增添了新的风采。由此,贵航集团50多家企业事业单位犹如一串珍珠,绵延400多公里,镶嵌在高原崇山峻岭之中,闪烁在黔中大地上,闻名于全国。

20世纪80年代中期,当市场经济的大潮席卷祖国的大江南北时,大山中的贵州三线人也被迫走到了同一起跑线上,和别人一起抗争。贵航集团虽然面临军品陡降、民品开发一时接济不上的困境,但贵航人没有屈服,没有被困难所吓倒,而是又一次毫不犹豫地亮出了锋利的宝剑。他们大胆决策,在1985年将自行设计制造的歼教七飞机送上了蓝天,解决了空海军的急需,结束了我国没有高级教练机的历史;他们自行开发,研制了汽车零部件、工程机械、医疗器械等一大批民品,为国民经济的发展作出了贡献;他们进行战略调整,短短的几年完成了企业的战略结构调整,基本形成了三点一线的战略本局,实现了板块管理、阵地前移、军民结合点上移、专业化发展的企业目标,并把贵航建成了一个以航空为本、军民结合的大型企业集团,成功实现了第二次创业。

到了20世纪90年代,贵航集团又一次亮出了锋利的宝剑,这是贵航人的第三次亮剑。由于对我国战略后方建设的认识有分歧,部分主管单位把国家高新武器装备的大量投入和研制都放在了一、二线地区,使得贵航集团又面临一次重大选择,是等着死,还是勇敢地面对困难突出大山?广大干部职工再次勇敢地亮出了自己的剑锋,与命运抗争,自主研发成功“山鹰”新型高级教练机、无人机,为贵航的生存发展再次冲出一条血路,实现自己几万职工的航空报国之心,把自己真正打造成为我国战略储备能力的牢固后方基地。

贵航集团就是以真正剑客的勇者思维,在困境面前,在生死关头,不知低头,不知退缩,而是一次又一次迎接挑战,一次又一次果断亮剑,一次又一次战胜困难,并在困难中一次又一次得到了升华,形成自己特有的精神,谱写了破解“边缘化”困局的恢弘诗篇。

朴素的报国情怀和无畏的亮剑精神,让贵航人无往而不胜!

古代剑客在与对手狭路相逢时,无论对手有多么强大,就算对方是天下第一剑客。明知不敌,也要亮出自己的宝剑,即使倒在对手的剑下也虽败犹荣,这就是亮剑精神!

何为亮剑精神?就是在与对手交锋时,在面对困境与挫折时,能够勇敢地面对,无论对手多么强大,我们都要有敢于亮剑的勇气和自信。亮出自己的宝剑,勇敢的和对方交锋,斗智斗勇,千方百计想尽办法战胜对方,这就是亮剑精神的精髓。

纵观贵航集团40多年的发展史,敢于亮剑也也是数万贵航人的亮点思维。贵航集团正是在面对一次又一次强大的对手,面对一次又一次困境与挫折时,都能够不畏强敌,敢于亮剑,从而造就贵航今天的的成功,形成了独具一格的贵航精神,演绎了独具一格的“贵航现象”。

以报国情怀和亮剑精神为典型特质的贵航文化,也在一次次淬火中得以沉淀、固化和升华。个性鲜明的贵航文化助推贵州航空工业,屹立黔中,闻名全国,走向世界。

三、大力培育个性鲜明的企业文化

企业文惟有个性才有凝聚力、才有生命力。

企业文化的个性建设是一项长期的、艰巨而细致的建设工程,需要扎扎实实地做好调查研究,需要系统地理解和把握企业文化建设理论,需要提炼具有本企业特色和行业特点的企业核心价值观,需要处理好“拿来”与“吸收”、继承与创新、形式与内容诸多关系。

从贵航集团这些年的文化建设实践看,培育有个性的企业文化,要特别注重从以下方面着手:

培育有个性的企业文化,首要的是要植根于民族文化土壤之中。一个民族从历史的远方走过来以后,所沉淀下来的是什么?是文化。所传承下来的是什么?还是文化。中国传统文化的宝库中闪烁着的无穷无尽的现代商业精神的因子。民族传统文化对企业文化的形成具有制约作用。不同的文化传统、不同的国家和民族在各自企业文化建设中形成不同的特点和方式,并反映出一定的民族文化特性和大众文化心理。优秀的企业总是在文化的民族性与时代性统一的基础上,吸收本国优秀文化传统,并显示出不同的民族特色。中国传统文化中有许多与现代企业文化相适应的因素,如主张人、自然、社会和谐统一的价值观念;个人、群体、社会协调一致的行为准则、和为贵的处世信条等,都对现代企业文化的确立具有建设性的作用。此外,传统文化的民族特性表现在各种风俗习惯中,把有益的民族风俗运用于企业文化建设中,可以更直接、更迅速地唤起员工的认同感。因此只有以中华民族传统文化为养料,以现代的文化价值尺度进行深入的发掘、开采,取其精华、剔其糟粕,传承创新,才能促进企业文化的民族化、个性化和现代化。

培育有个性的企业文化,当前特别要积极倡导现代的企业家精神。中国企业家队伍的薄弱和企业家精神的缺乏是一个深层次的历史问题,也是一个社会转型时期突出的现实问题。在经济发展的过程中,中国可以明显地感觉到来自国际强势主流文化的一种压力。而这种强势主流文化,往往是由人家的优秀企业家及其精神所承载的。中国现代企业文化之所以缺乏个性,很大程度上在于企业家精神的缺失。因为企业家不仅是企业的决策者,更是企业文化的设计者、实践的带领者,他的价值观念和性格特征决定着企业精神、企业形象的个性。企业家又是企业文化的塑造者。他利用自己的地位和权力,在员工中倡导和灌输某种价值观念,通过身体力行,向员工示范某种行为规范。企业家还是企业文化的传播者,他的社会名望和社会影响往往是某种企业文化向社会的辐射。可以说,没有企业家,就没有企业文化。

培育有个性的企业文化,还要与时俱进,使企业文化特征与时代发展特征相适应。党的十七大报告所指出:"中华文化是中华民族生生不息、团结奋进的不竭动力,要全面认识祖国传统文化,取其精华,去其糟粕,使之于当代社会相适应、与现代文明相协调,保持民族性,体现时代性。"企业文化是舶来品,照搬西方企业文化理论与实践,不仅是学其"皮毛"不知"精神",而且其本质就具有很大的时代局限性。作为社会主义的企业文化,应具有时代的先进性,是一种既有民主又有集中,既个人心情舒畅,又有统一意志的企业文化。同时,企业文化还必须符合和体现社会主义初级阶段的特色,能够在动态中把握和处理好经济与文化、企业与个人、民主与集中、激励与管理,引导与约束等各种矛盾,调动并合理配置有助于企业全面发展的积极因素,形成凝聚力,使企业物质文明和精神文明的共同进步。

企业文化千篇一律,等于没有企业文化。有无个性,是衡量企业文化含金量多少的标尺。只有精心发掘并培植出富有个性的企业文化,企业才会长久保持旺盛的生命力。

(作者系中国贵州航空工业集团党委书记、副董事长,贵州省企业文化研究会、贵州省企业党委书记工作研究会会长,全国部份省市企业党委书记工作研究会常务副会长、研究员)

文化 恒源祥的终极核心竞争力

——恒源祥的企业文化观及循环法则

顾红蕾

一、神奇的老字号品牌

繁华的大上海的中心——金陵路浙江路路口有一幢八层的白色办公楼。

在这幢不大的办公楼中,看不到隆隆的生产车间、嘈杂的销售部门,但每年该品牌的产品销售达到数千万件,2007年销售额近50亿人民币;

在这幢不大的办公楼中,员工不足两百名,但这些员工却要管理遍布全国的100家加盟工厂,近9000家销售终端,超过5万的相关人员并向他们提供战略、咨询、管理顾问服务。

在这幢不大的办公楼中,1996年,走出了全世界最大的手编毛线产销企业;1999年,走出了行业中首家获得"中国驰名商标"的企业;2003年,走出了中超的首家赞助商;2004年,走出了一家拥有全球最细羊毛、首家拥有国内全新男体数据库的企业;2005年,走出了我国纺织服装行业首家也是唯一的一家北京2008年奥运会赞助商;2006年,走出了一个荣膺全国质量大奖、中国最有价值的100个老字号中排名第二的品牌;2007年,走出了中国品牌500强排行榜排名64位,品牌价值97.58亿元的品牌……

这个神奇的地方名叫"恒源祥"。可有谁能想到就在二三十年前,恒源祥还仅仅是南京路上一家100多平方米的绒线小商店呢?

恒源祥,1927年诞生于上海。创始人沈莱舟在福州路开办了一家名为"恒源祥人造丝毛绒线号"的商店。"恒源祥"三个字,取自于"恒罗百货 源发千祥"的对联。暗涵了恒古长青(恒)、源远流长(源)和吉祥如意(祥)的意境。虽然到解放前恒源祥已经成为了上海滩上知名的"绒线大王",但几经风雨,到改革开放前,恒源祥的总资产只剩下了三十多万元。在恒源祥的中兴者——刘瑞旗总经理大刀阔斧的改革下,1988年"恒源祥"这三个字的店招被依法注册成为了商标。1991年,恒源祥开始与工厂合作,生产恒源祥品牌的手编毛线进入市场,很快就打开了局面。到1996年,恒源祥已经成为中国也是世界上最大的手编毛线的产销企业。1997年底,恒源祥开始向家纺、服饰、针织、日化等领域拓展。

改革开放30年,恒源祥由一家小小的绒线商店变成了一家拥有中国驰名商标,集针织、服饰、家纺、绒线为一体的集团企业,并在全国赢得了93.9%的品牌认知度,更为重要的是,恒源祥作为老字号在当前中国老字号日渐式微的趋势下,焕发出勃勃生机,在刚刚结束的北京2008年奥运会上,恒源祥作为唯一的一家中华老字号赞助商,也是纺织行业唯一的一家企业成功地履行了服务奥运的庄严承诺,在提供赞助费用之外,还成功打造了中国奥运代表团、中国奥组委官员、技术官员近万套正装,另外还为奥运村,媒体村提供了25000套床上用品,受到了奥组委的盛赞。

二、决胜品牌文化

近年来,人们对一无行业优势,二无政策优势的恒源祥取得的成绩投来越来越多倾慕、探究的目光,并赞誉恒源祥为"中国运用商标资产经营得最好的企业",更有甚者,开始模仿恒源祥品牌经营模式,但是,不深入地了解恒源祥品牌战略的核心思想,是无法从形似转变为神似。而恒源祥品牌的战略内核恰恰是恒源祥的文化战略。

从1991年,恒源祥以品牌的无形资产组合社会的有形资产组建战略联盟,恒源祥牌的绒线进入市场,到1996年恒源祥产销毛线1万吨成为世界第一,再到1997年恒源祥开始产业延展,恒源祥的品牌经营模式一路凯歌高奏。但就在恒源祥顺风顺水之际,一向有危机意识的恒源祥看到了未来将会有越来越多的企业涌入品牌发展的跑道,中国市场进入品牌的白热化竞争时代来得可能要比想象快得多。此外,随着经济的增长,当消费者满足了生理需求后,会对情感需求,精神需求提出越来越高的标准,如何更好地满足消费者?如何更好地体现企业的差异化?如何在众多的品牌中脱颖而出?恒源祥最后将目光锁定在文化上,认为文化将成为企业经营和管理的终极核心优势。恒源祥不仅意识到了文化是企业管理的灵魂,为组织内的成员提供了工作和生活的精气神,更为重要的是文化是品牌企业满足消费者情感和精神需求的不二途径,而这正是恒源祥将文化作为企业安身立命之本的原因。

从1997年开始,恒源祥聘请国内著名的文化学家,未来学家等专家、学者,启动、筹备恒源祥的文化战略,到2004年,恒源祥文化战略基本确立并开始导入。

纵观恒源祥的文化战略特点在于侧重于指导企业的经营,即品牌的经营,并以此为核心,延伸到管理、营销、研发、质量、人力资源等各个方面的工作。这主要体现在恒源祥的使命——"衣被天下"以及恒源祥的精神——"为消费者心满意足而全力以赴,"这些理念已成为了衡量恒源祥所有工作的准绳。

所谓"衣被天下"就是意味着宏大的气势,全天下是恒源祥服务的市场,争当中国第一、世界一流是恒源祥远大的战略眼光;衣被天下意味着领先,这种领先既体现在品牌的管理、经营和服务上,又体现在恒源祥始终走在时代的前端,满足最广大消费者普遍的、文化的、精神的需求;衣被天下意味着社会责任感,从产品的设计、生产到营销、服务的各个环节始终不断为促进人们幸福生活,支持社会进步发展而努力进取;衣被天下意味着充分的自信,成长的历程已经赋予恒源祥勇气和力量,在不可为而为之的品牌经营过程中即使遭遇困难,也能信心百倍迎难而上直至成功;衣被天下意味着做世界公民,在产业经济一体化、文化全球化的经济背景,早日实现为全球消费者服务的目标。

所谓"为消费者心满意足而全力以赴"是指:1. 充分满足。让消费者在生理、情感和精神三种需求上得到彻底满意,不仅要满足消费者已知的需求更要满足消费者潜在的需求。2. 追求极致。既要做第一的工作,又要在细节上力争完美。3. 令人感动。每一环节的工作都要表现出对消费者的关爱与体贴,令顾客在消费之后留下难忘而美好的回忆。4. 圆满互动。只有当公司、员工和消费者三方在利益上形成良性的互动才能创造更大的价值。

三、品牌文化的实践途径

为了早日实现"衣被天下"的使命,彰显"为消费者心满意足而全力以赴"的精神,恒源祥体系内的所有员工用自己的不断创新的行动践行着自己的诺言:

对外,为了更好地满足消费者深层次的需求,文化研究的特色已经深深根植于对品牌和消费者的研究之中,例如近几年,恒源祥正全力与国内外领先的大学和科研院所开展品牌的五感研究,力求从消费者视觉,听觉,嗅觉,味觉,触觉等感官的生理和心理等角度,探究更好地为消费者服务,满足消费者身、心、神三方面需求的方法和内容,研究的成果则通过新品、终端,社会媒体等载体传递给消费者。

恒源祥还通过追求极致——购买全球最细羊毛、研发并纺织出最高支数的羊毛纱线及其面料,研发全新男体数据库以及服装快速生产信息系统,寻找百万爱心父母为国内57.3万孤残儿童编织爱心毛衣等慈善公益活动,让消费者感受到品牌的追求、精神与成果,以此带给消费者更多美好的品牌体验和感受。尤其是恒源祥经过十年奋斗,成为北京奥运会赞助商后,品牌带给消费者的情感和精神满足度达到了历史新高。

恒源祥的文化"手笔"赢得了消费者的喜爱和忠诚,在纺织行业普遍遭遇"严冬"的时候,恒源祥逆势上扬,绒线销售独占鳌头,羊毛衫综合销量已经连续多年位居全国第一。走遍大江南北,一提起恒源祥,绝大多数的消费者都能笑着回答:羊羊羊。品牌闻名遐迩更是深入人心。

对内,为了让所有的员工紧紧围绕着使命、精神,方向和行动一致地为满足消费者的需求奋斗,恒源祥多年来推动了一系列文化落地的工作:

通过定期召开员工大会、经销商大会,工厂大会等宣导企业的价值观、经营理念和发展目标;

通过企业内部媒体——《创导》月刊、《周五频道》(电视台)、恒源祥集团网站、内部局域网等载体多层次,多角度展现企业的信息和文化,引导员工工作,丰富员工文化生活;

通过每年的质量月升旗、班组学习、迎新晚会、职工运动会等活动,将文化战略分解成员工喜闻乐见的形式,强化了文化导入的效果;

通过恒源祥大学、恒源祥文化论坛等培训体系,让恒源祥的文化战略得到更为深入和系统的导入;

通过恒源祥劳模、先进工作者、十佳经销商、零售商、金牌店长、百强终端等评选,即表彰了先进又通过宣传让先进经验得到了充分的分享。

企业文化落地的方法不一而足,与时俱进。方法和成效不仅让组织内的员工满意,而且还获得了社会的广泛认可:近几年,恒源祥先后获得"中国十大最具文化价值品牌"、"2007年度全国商业企业文化优秀奖"、"2008中国纺织品牌文化创新奖"等荣誉。

到2007年底,恒源祥集团开展了以"提升经营品牌能力"为核心的组织转型"运动",并由集团党委统抓文化战略的导入,让恒源祥的文化战略获得了更好的组织保障,制度保障,让文化战略的实施变得更系统,文化战略的效率和效益进一步体现。

四、品牌经营的"循环法则"靠文化

2008年,恒源祥从长期经营品牌的实践中总结出品牌经营的"循环法则",概括出:经营品牌是不断发现文化现象和资源的过程;是不断创新文化设计和组合的过程;是不断实现文化传播和认同的过程;是不断提升文化力量和价值的过程。这四个阶段八个方面循环往复,成为恒源祥这一品牌企业过去,现在和未来践行使命、彰显精神的“方法论”。而这一方法论的提出,使文化作为恒源祥终极核心优势变得更完整,更令人信服。相信,恒源祥的文化战略将引领着恒源祥走向更为辉煌的百年!

人类历史先后从以资源、军事、金融、信息为主导,不远的将来,是以文化为主导的时代。恒源祥正在以自己的经营和管理探索着企业的文化之道、生存之道,相信会为其它的企业提供借鉴。我们有理由认为:只有当企业彻底地了解文化,才能够了解命运;只有当企业掌握了文化,才能掌握命运;也只有当企业学会借助文化,才能彻底够改变企业的命运。

(作者系恒源祥(集团)有限公司党委副书记)

东汽“人和”文化与东汽抗震救灾

朱贤滨

东方汽轮机有限公司是东方汽轮机厂的承续公司。东汽于1965年筹建,1966年开工建设,1974建成投产。并于2006年12月28日改制为东方汽轮机有限公司和东汽投资发展有限公司,两家公司均隶属于中国东方电气集团公司。经过40多年的建设发展,东汽已成为拥有总资产127亿元,核心制造能力2800万千瓦,年工业总产值超过100亿元的现代化企业。

作为一家“三线建设”老厂、大型国有骨干企业,东汽在40多年的发展历程中积累起了拥有自身特色的企业文化——“人和”文化并代代相传,成为凝聚东汽人情感、推动企业不断向着更高目标冲刺的精神动力。面对历史罕见的特大地震,东汽人无所畏惧,表现出了非凡的勇气和前所未有的团结力量,在东汽“人和”文化的感召激励下,全体东汽人努力发扬自强不息、百折不挠、艰苦奋斗的精神,夺取了抗震救灾、恢复重建的阶段性胜利。

党政领导行动迅速、指挥有力。地震发生后,公司党政领导班子临危不惧、挺身而出,行动果敢、靠前指挥,在第一时间就采取了五项紧急行动:第一时间成立抗震救灾指挥部,并把指挥部设在企业抗震救灾的最前沿;第一时间发出了组织动员抢险救灾的响亮声音和有力号令,并使职工群众在自救与互救中确立了坚定信心和明确目标;第一时间派人火速向外传递灾情,并以最快速度向省市领导和集团公司报告求援;第一时间组织抢救生命的殊死搏斗,坚持把救人作为当务之急和首要任务;第一时间紧急征调企业全部车辆,迅速向德阳、绵竹等地转移疏散受灾群众和地震伤员。东汽党政在危急时刻采取果断有力的对策措施,尤其在各路救援力量还不能到达的情况下,奋力打通了抢险救援的一扇扇生命之门,使整个抗震救灾能够形成合力并强力推进。

职工群众团结一心、共赴国殇。面对突如其来的特大地震,全体干部职工以无私无畏的精神,在灾难面前表现出了空前的团结,积极组织开展自救,誓死与企业同呼吸、共命运。在公司党政的统一领导和指挥部的统筹协调下,以领导干部、共产党员和团员青年为骨干,公司上下迅速组成了抢险救人、医疗救护、运输转移、宣传组织、后勤保障等各种队伍,昼夜奋战在抢险自救的第一线。全体东汽人同心同德、万众一心、不畏艰险、奋不顾身,用血肉之躯和坚强毅志牢牢筑起与特大灾难抗争博斗的“钢铁长城”。

回顾整个抗震救灾工作,东汽“人和”文化无时无刻、无所不在地彰显着它的伟大力量,感染和激励着每一个参与东汽抗震救灾的东汽人。正如国务院国资委主任李荣融同志在谈到东汽的抗震救灾精神时说:“大灾中,东汽能挺住,首先靠的是内因,是长期企业文化的作用、是长期教育的结果。”这是对抗震救灾精神最传神的表述,也是对东汽“人和”文化的高度评价。

东汽企业文化的核心内容是“人和”。东汽“人和”型企业文化孕育于公司的艰苦创业时期,形成于改革开放的发展时期。

70年代中后期,公司经过调查研究认识到:东汽不占天时、地利,惟有“人和”才能稳定和发展。因此,公司从尊重职工、理解职工、关心职工、解决职工的实际问题入手,为职工创造良好的生活、工作环境。公司老领导曾指出:“在共同的理想上实现了人和,才会有共同的语言,才会有共同的感情;实现了人和,才能使人们的胆识、见识和魄力得到最充分的发挥;实现了人和,才得以攫取成其大业的最有力的保证。”

“人和”的氛围形成了“人和”的文化,凝聚了职工群众的情感和精神,激发了东汽人艰苦创业的工作热情。在“人和”文化的感召下,一代又一代东汽人为祖国电力事业发展做出了不可磨灭的贡献。2008年,对东汽来说是不平凡的一年,在这场与大自然灾害的搏斗中,东汽“人和”文化展现了其非凡的魅力,再一次凝聚东汽人的情感和力量,文化的作用在抗震救灾中得以充分的体现。

地震发生后,公司领导班子迅速作出反应,坚持以人为本,把抢救生命放在首位,第一时间组成了抢险志愿队,由公司领导亲自带队,深入废墟寻找幸存者,并组织公司所有车辆及时把伤员运往绵竹、德阳、乃至广汉、成都进行治疗,脱离了生命危险,体现了公司领导班子对生命的尊重。

在公司党政和抗震救灾指挥部的决策指挥下,全体干部职工积极主动地投入了抢险救人。他们纷纷自发地组成自救队,冒着余震肆虐的生命危险,昼夜不停地一次又一次冲入废墟,拯救幸存者、挖掘遇难同胞遗体,焕发了东汽人的人性光辉。

除了担负东汽辖区的救援任务外,公司还主动承担起了对汉旺镇居民的抢险救援。5月12日下午,公司在对受灾职工和群众进行转移、安置的同时,也把汉旺镇受灾群众一起转移到德阳,并进行妥善安置,直到政府接管,充分体现了企业的社会责任感。5月13日,在大型救援设备奇缺的情况下,公司积极履行央企肩负的社会责任,把从二重调来参与救援的两台吊车调拨了一辆给汉旺镇政府,给予了汉旺镇人民最有力的支持,充分体现了东汽人与汉旺镇人民血浓于水的深厚感情。

在抗震救灾、恢复重建过程中,公司面临着许许多多的困难和问题。其中,受灾职工和群众的生活安置、生活保障,部分员工的岗位设置、岗位安排等涉及企业和员工切身利益的问题成为职工群众关注的焦点。为此,公司坚持"以人为本",针对震后实际情况,处处为职工群众着想,制定和实施了相关政策对出现的各种困难和问题层层分解、逐一落实,保障公司和职工群众利益不受损。

地震造成汉旺十里东汽5000余套住房被毁,上万名职工家属被迫转移到德阳、绵竹两地。面对无家可归的受灾群众,做好他们的安置工作就显得更为迫切和重要。为此,公司设立专门机构妥善做好安置工作,并在德阳、绵竹同时设立了多处临时安置营,还组织党群机关工作人员、部分单位党组织书记和青年志愿者共同负责被安置群众的管理协调、后勤保障、医疗服务和宣传教育工作。从五月底开始,公司积极筹措过渡性住房的规划和建设,在党和政府以及社会各界的关心支持下,已在德阳、绵竹等地迅速搭建活动板房3000余套并成立了五个爱心家园,同时完善了水电气、闭路电视等基础配套设施,使许多无家可归的职工群众能居有所住并得到妥善安置,从而维护了企业安定和社会稳定并促进了公司的重建和发展。与此同时,东汽还启动了受灾职工永久性住房建设工程,计划在德阳修建4000余套永久性住房用于安置受灾职工并已于10月中旬正式动工。一年以后,东汽受灾职工就能住上永久性住房,改善居住环境,实现和谐共处。

这次灾难不仅使东汽辖区600余人身亡,而且造成1000余人受伤并有许多重伤,搞好全体伤员的医疗救护和身体康复非常重要。在东汽党政工组织和职工医院等单位的共同努力下,许多伤员被及时送到绵竹、德阳、广汉、成都乃至重庆、贵州、长沙、北京等地医疗机构接受治疗,组织人员前往关心照看并做好与医院的沟通协调和后勤服务,以使伤员得到更好条件的治疗和照顾。与此同时,在东汽工会的牵头下,公司还制定和实施了《5.12地震伤残职工康复疗养管理办法》,并积极与无锡透平叶片有限公司和无锡太湖工人疗养院联系协调,分批组织受伤职工前往无锡进行康复疗养,使其尽快恢复身心健康,增强其生活自理和社会适应能力。公司领导还多次带队登门看望受伤职工和遇难人员家属,帮助解决家庭困难并送去慰问品、慰问金和抚恤金,表达和体现了东汽大家庭的友爱和温暖。受伤职工深受感动并积极配合医院治疗,争取早日康复出院并重返工作岗位,用实际行动回报企业和社会的关爱。遇难人员家属也能早日抚平心灵创伤并化悲痛为力量,以积极的心态面对今后的人生,为重建新东汽和美好家园而勤奋工作。

地震破坏使东汽汉旺基地许多单位失去生产劳动场所,为了搞好撤出人员的工作安排,公司组织各生产单位想方设法解决这一难题。一方面统筹调整作息时间,合理设置工作岗位,优化人力资源配置,包括租赁厂房设备组织生产劳动,保证各类人员都能在工作岗位发挥作用;一方面加强人员素质和岗位技能的学习培训,组织部分暂时离岗人员和新进厂大中专毕业生的岗位专业培训,以适应企业新的生产任务和工作要求。做好各类人员的工作安排,充分挖掘人力资源潜力,也是一项重要的安置工作。不仅能满足完成生产任务的迫切需要,而且还为企业的重建发展培养了人才、积蓄了力量,适应了企业发展的根本利益和长远需要。

在东汽抗震救灾最困难、最无助的时候,社会各界及时给予了东汽无私的帮助和有力的支持。东汽人没有忘记,东汽人铭记于心,我们时时刻刻都想着要感恩、回报社会。攀枝花"8.30"地震灾害发生后,东汽人感同身受,其灾情时刻牵动着刚刚经受了"5.12"地震灾害的东汽人的心。一方有难、八方支援,在自身受灾后正全力进行恢复重建工作的艰难时刻,东汽人满怀感恩之情,在公司党政的安排部署下,9月1日下午,4辆满载着水、食品和帐篷的卡车,由相关负责人带队,连夜马不停蹄赶往攀枝花灾区进行慰问,为灾区人民送去东汽人的一份爱心,带去了东汽人对攀枝花灾区人民早日恢复正常生活、重建美好家园的深切祝福,东汽人将和灾区人民风雨同舟、共度难关。

东汽的严重灾情也深深牵动着曾经献身拼搏在这块热土上的东汽老领导的心,他们听到噩耗泪流满面、痛苦万分、心急如焚。老厂长丁一、陈宽金闻讯彻夜不眠,对东汽父老乡亲都非常牵挂。病中的丁一还给东汽干部职工发来慰问信,身体稍好后又立刻来看汉旺现场,将20多万元毕生积蓄捐献东汽支援重建。中国机械工业联合会副会长、东汽老厂长孙昌基,原四川省委常委、省纪委书记、东汽老领导沈国俊也在第一时间专程赶回汉旺,毅然扎在现场与东汽职工共同度过了抗震救灾的重要时刻。与此同时,东汽老领导何木云、张绳铨、孙平元等同志都情真意切,多次回来关心和看望父老乡亲。许正威、高青鹤等东汽老领导、老职工以及海外同胞还纷纷慷慨解囊、捐款捐物、奉献爱心,共同表达对东汽同胞的关爱之情。原云南省省长徐荣凯和宁夏自治区党委常委、组织部部长徐松南在此期间,都专门致信慰问或回来看望东汽同胞。

胡锦涛总书记在亲切接见全国抗震救灾英模代表时,又对赴京受奖汇报的东汽党委书记何显富深情寄语:"东汽真是泰山压顶不弯腰!"这是对东汽人的最高褒奖和巨大鼓舞,更将激励大家义无反顾、勇往直前,夺取抗震救灾、恢复重建的全面胜利。吴邦国、温家宝、李克强、回良玉、张德江、郭伯雄等党和国家领导人也都在第一时间和关键时刻来到东汽,给予东汽抗震救灾和恢复重建以及时的关心和指导,特别是温家宝总理先后三次亲临东汽指导抗震救灾,对东汽"人和"文化在抗震救灾中发挥的巨大作用给予高度赞扬。在党中央和国务院的高度重视和亲切关怀下,在"人和"文化的熏陶下,东汽人加快了恢复生产的脚步,并及时召开誓师大会进行动员和部署，采取各种措施以满足灾后的生产需求，千方百计完成各项生产任务，力争把震灾耽搁的时间和造成的损失抢回来。经过全面检测和抢修，东汽德阳基地风电事业部于5月17日恢复生产，标志着东汽逐渐进入抗震救灾第二阶段，成为极重灾区首家恢复生产的中央企业。不仅如此，自5月20日以来，东汽相继隆重举行了灾后首批4台风电机组下线发运仪式、岭澳二期核电设备灾后首次发运仪式、国内首台海水淡化蒸发器发运仪式……这些都是东汽灾后胜利向各地用户交付的第一批产品。在这当中，东汽还成功抢救出电厂用户震前送来抢修的低压转子，而因地震影响滞留大件公路的重型燃机经过全面检测也继续启程发往用户，这也是东汽在震灾现场成功转运出的大型零部件和发电设备……面对灾难和破坏，东汽人坚持诚信为本、用户至上，继续发扬24小时服务精神，用实际行动和出色努力履行了对用户的承诺。正因如此，国内外用户不仅对东汽产品依然充满信任，而且纷纷用订单来支持东汽灾后重建工作。除此以外，东汽先后又与用户签订了价值上百亿元的新增供货合同，保证了东汽的灾后重建和企业发展能够顺利推进。

如今，新东汽的重建工作已全面铺开。在党和政府与上级组织的精心指导和大力支持下，按照温家宝总理确立的“更加先进、更加安全、更能可持续发展”的根本要求、李克强副总理强调的“特事特办”的工作原则、张德江副总理提出的“更有活力、更有竞争力”的指导方针，以及国资委主任李荣融指出的“新机制、新结构、新水平，把东汽建成世界一流的现代化企业”的建设目标，东汽抓紧了新基地的建设，目前已在德阳八角井镇征地2600余亩用于新东汽厂房建设，同时在德阳科技园征地260余亩用于受灾职工住房建设，两项工程均已顺利开工，并力争在两年以内全部完成，一个崭新的东汽将用很短的时间在德阳新址拔地而起。

东汽的人和文化不仅深深地感染了许多人，同时也吸引了无数慕名而来的大专院校学生。地震发生后，通过媒体的相关报道，东汽人在抗震救灾、恢复重建中表现出的自强不息、百折不挠、艰苦奋斗的精神得到了社会各界的广泛认同和高度赞扬，许多即将毕业的大专院校学生从东汽人的精神中感受到一种强大的号召力，纷纷带着自荐书来到东汽应聘。他们表示，东汽的“人和”文化建设正是当代社会所倡导的“和谐”社会发展的一个缩影，能够在这样一种充满“人和”的氛围中工作、学习、生活对自己来说是一次难得的机遇，他们愿意把自己的青春和热血奉献给东汽，在东汽恢复重建中展示才能，体现人生的价值。

如今，经历抗震救灾的东汽“人和”文化在新的历史条件下又有了新的提升。面对现代企业制度的推行，东汽“人和”文化应该坚持以人为本，进一步体现在对职工的关爱、帮助上，促进其适应社会发展和变革的能力，并进一步加强对人才的培养。而面对激烈的市场竞争，“人和”文化应该进一步促进观念的转变，不能把“和谐”停留在低层次的理解和追求上，而应对其有新的认识、新的理解，按照科学发展观的要求，在更高层次和水平上有所发展、丰富和延伸，使其成为促进企业不断发展、不断开拓的原动力。温家宝总理在9月1日第三次视察东汽、指导恢复重建时说：“东汽精神就是自强不息的精神，百折不挠的精神，艰苦奋斗的精神……恢复重建，绝不是原有厂房、设备的复制，而是要向更高的标准前进。要把东汽建成管理一流、技术一流、设备一流、质量一流的新东汽！”这是对东汽“人和”文化提出的一个新的要求。因此，东汽“人和”文化也必将顺应潮流发展趋势，不断提升、不断超越，成为东汽人共有的精神财富。

（作者系东方汽轮机有限公司党委副书记）

建塑企业文化 助推企业持续发展

胡庆永

皖北煤电集团是安徽省属国有大型企业，目前，集团公司拥有1家上市公司——恒源煤电和13家子公司，主营业务是煤（煤炭开采和煤炭物流）、煤化工、非金属材料加工等。煤业下辖11对矿井，其中生产矿井9对，在建矿井2对，总产能将达到2500万吨；煤化工产业拥有淮化集团；非金属材料产业拥有恒泰石膏矿和雪纳高岭土2个企业；另有4座综合利用电厂和3座煤矸石电厂等。近年来，皖北煤电集团认真落实科学发展观，不断调整和优化企业发展方式和管理模式，大力建塑企业文化，以企业价值观整合、统领员工思想和行为，使各方发展力量和各种发展资源被有效聚合、运用到实现发展战略和目标上来，有力助推了企业持续高速跨越发展。

一、准确定位——确保企业文化建塑工作的正确方向

理论是实践的指南，思想是行动的先导。只有正确认识企业文化，准确把握内涵，才能在实践中有效运用，取得成效。否则，就可能舍本逐末、南辕北辙。皖北煤电集团在传播和实施企业文化的过程中，不断提高理解，深化认识，认为“企业文化是企业倡导、全体员工积极创造、认同与实践的整体价值观念、信仰追求、道德规范、行为准则、经营特色、管理风格以及传统和习惯的总和。它是企业为了解决生存和发展问题而采取的一种管理方式，它是增强企业核心竞争力的主要手段”。这种认识包含以下几个层次：

第一个层次，企业文化的本质是什么？这是对企业文化的基本定位，它决定了企业文化实践的方向和路径。我们认为企业文化属于管理学的范畴，是一种管理思想、管理手段。必须要把它融入到企业规章制度、工作流程和行为规范之中，在企业的管理实践中发挥作用。对企业文化的这种本质认识，指导我们不仅把企业文化作为一种思想、理念进行宣传、灌输，更把它作为一种管理方式和手段加以探索、应用，使其成为我们设计战略的基本准则、变革管理的

重要支撑和提高员工素质的有效工具。

第二个层次，企业文化的核心是什么？我们认为：塑造和培育企业价值观是企业文化的核心。一是企业价值观是企业存续的根基。企业价值观明确了企业生存的理由和存在的意义，为企业发展提供了基本方向和行动指南，使企业能够秉持正确的信念、原则，以文化的感召力凝聚众人去实现共同的梦想。二是企业价值观是行为正确与否的判断标准。企业是由众多员工组成的集合体，靠什么检验行为的对错？最终的依靠就是企业价值观。它像一只看不见的“手”，牵引企业和员工自觉对行为进行纠偏、提高。三是企业价值观是企业发展的无限动力。《追求卓越》一书作者汤姆斯·彼得斯说：“一个伟大的组织能够长期生存下来，最主要的条件并非结构或管理技能，而是我们称之为信念的精神力量。”这种信念，就是企业价值观，它是深入到全体员工灵魂深处的一种共同意识和心理默契。它会点燃员工思想的火炬，把自己与企业的使命、前途紧紧联系在一起。这正是企业发展经久不衰的动力。

第三个层次，建塑企业文化的根本目的是什么？追求效率效益，追求企业价值的持续实现和增长，是经营企业的根本任务。建塑企业文化，也理应服从服务于这一任务要求。企业价值实现的程度取决于两个根本性因素：一是企业对外部环境的适应性，它决定了企业的生存能力；二是企业对内部资源的整合性，它决定了企业的运营效能。而这两个因素存在和发生作用的根本原因，就是文化的冲突和差异。从外部看：企业文化导向与外部环境的冲突越小，企业的适应性就越高，企业的竞争能力就越强；从内部看，文化的一致性越高，整合资源的能力就越高，企业的凝聚力、发展力就越强。因此，增强企业的适应性、整合性，从而提升企业价值，应是建塑企业文化的根本目的。这也是我们为什么提出要“建塑”企业文化的原因：我们不仅要建设系统的、员工认同的企业文化，更要以此培育、塑造灵活高效的运营机制，实现企业价值持续增长。

二、系统推进——促进价值观向行为有效转化

在对企业文化内涵深刻理解、准确定位的基础上，皖北煤电集团坚持把企业文化作为凝聚员工力量、开启员工积极性和创造力的“金钥匙”，作为企业改革创新、加速发展的“助推器”，使其成为集团公司“三位一体”管理模式（精细化管理、企业文化建塑、人力资源开发）的重要组成，从而确立了企业文化在企业发展中的战略地位，健全了企业文化建塑的体系框架，建塑工作得到系统推进。

皖北煤电企业文化建塑体系框架包括三个基本内容：

价值观体系、价值观培育模式和建塑方法。在价值观体系上，确立了“坚忍不拔 众志成城 特别能战斗”的企业精神、“致力为社会进步提供充分的优质能源”的企业使命、“诚信 协同 创新”的核心价值观“共同创造，共享未来”的企业宗旨、“做大 做强 走远 追求卓越 基业长青”的发展愿景以及经营、工作、安全等理念，构建了特色鲜明、引领发展的企业价值观体系，形成了理念、行为、视觉、听觉四大识别系统。在价值观培育模式上，形成了以企业价值观为统领、培育载体为支撑、方法内容为基础的金字塔式结构，构建了“10＋X”的价值理念培育模式：“10”为企业文化建塑的十要素，即愿景激励、理念渗透、视觉听觉整合、精细化管理、安全文化建塑 、员工行为修养、学习型组织创建 、环境净化、战略管理、考核激励，是企业文化培育载体；“X”就是围绕十大要素，在价值理念培育的方式方法和内容上，结合自身实际，大胆探索，勇于创新。在建塑方法上，以实现企业价值观转化为员工和企业的自觉行为为目标，围绕上述十大要素进行了积极探索和有效实践，持续培育“开放兼容”的皖煤文化：

强化理念渗透。就是把企业的精神、使命、愿景和价值理念渗透、根植在员工思想中，以增强员工的使命感、责任感，激发工作的主动性、协同性、创造性。为此，我们突出宣传灌输，注重典型引导，抓好对企业文化的教育培训，开展“企业价值观大讨论”、“皖煤人标准主题实践”、“皖煤人哲理故事”征集等文化主题活动，使员工把企业价值观印刻在脑海里，溶化在血液里，落实在行动上。

加强行为修养。以企业价值观为指导，培养员工良好的行为习惯，塑造纪律严明、行为有素、执行有力的新型员工队伍。我们先后制定了“皖煤人标准”、《员工基本行为规范》，以准军事化管理为主要方式，从细微入手，从点滴做起，对员工日常行为进行严格训练。在此基础上，不断提升行为训练的层次和深度，以6S管理为重要抓手，推动行为训练由日常行为向工作行为发展。各工种岗位从“整理、清洁、准时、标准化、安全、素养”六个方面，结合作业实际，制定了岗位6S管理标准并严格执行，从而大大提高了工作的规范化程度，使煤矿作业成为“有标准的细活”。

开展文化礼仪。把企业文化礼仪作为传播、渗透企业价值观的一种重要方式，广泛组织员工参与。集团公司制定了文化礼仪实施管理办法，对各种礼仪的使用范围、动作要领和开展频率都作了具体规定。集团总部和所属各单位定期举行升旗仪式，在各类会议和集会前唱《皖煤之歌》、诵员工训导词，实行佩证上岗，礼仪活动做到了常态化、规范化，演化为企业习俗。目前，企业文化礼仪已经成为承载、传递企业价值观的重要工具，员工在参与的过程中，不仅思想上加深了对企业的认同，行为也在潜移默化中得到调整、修正。

创建学习型组织。以团队学习为主要手段，以反思、共享为主要方式，以暴露、解决实际问题为根本目的，大力创建学习型组织，持续提升员工劳动技能。为此，我们建设“网上学校”，开展“班前讲评”，实行“合理化建议积分卡”制度，推行现场示范教学，把问题当作学习的重要资源，让员工“在干中学，在学中干”，通过共享先进的管理经验和操作技术，提升员工岗位技能。同时广泛开展“学习之星”和“学习型团队”评选活动，建立覆盖到员工的愿景体系，不断增强员工学习的积极性、主动性。

建塑安全文化。用“一个中心，两个基本点”的思路建

塑安全文化,打造本质安全型企业。“一个中心”,就是以打造本质安全型企业为中心;两个“基本点”,一是根植安全理念。利用各种宣传方式灌输安全价值观,规范举行班前礼仪、诵读安全誓词、讲述“皖煤人故事”,让员工长期接受安全文化的熏陶、教育和启迪,增强安全价值观的穿透力、感染力。二是塑造安全行为。以岗位6S管理为基本抓手,以“走动式管理”、“规范交接班”、“手指口述”、“三违标准界定”、“集体入井”等为内容,对员工作业行为进行严格规范、固化,逐步成为习惯,使以“珍爱生命——让安全成为我们的习惯”为核心的安全价值观成为员工自觉的意识和行动。

实施精细化管理。从煤矿现状和自身实际出发,我们以企业价值观为选择依据和基础条件,全面实施精细化管理,实现文化与管理的有机融合。自2004年导入精细化管理理念,从“安全生产精细化,内部运行市场化,业务流程优化,全员参与持续改进”四个方面大力推进,健全了权责明确的制度管理体系、相对完善的监督考核体系、科学合理的激励分配体系,初步构建起了灵活高效的企业运营机制。2008年9月,安徽省第五届企业管理成果发布会及全煤炭系统精细化管理经验交流会在我公司召开,集团公司精细化管理成果分别获得一等奖和特等奖。同时,在精细化管理推进的过程中,不断创新的核心价值观、持续改进提高的工作理念和灵活高效的经营理念也得到更加深入的培育和体现,促进了企业文化建塑工作的落地。

近年来,皖北煤电紧紧围绕企业价值观的培育和转化,不断探索和完善建塑工作的方式方法,使企业文化在企业管理过程的运行中,逐步深入到全体员工的灵魂深处,不断消除不良作风和习惯,破除各种陈规和陋习,员工素质得到提升,企业管理得到优化,助推了企业实现跨越式发展。

一是增强了企业凝聚力。通过企业理念、视觉、听觉、行为四大系统的强力渗透和广泛应用,企业逐步形成共同追求和遵循的价值观,爱岗敬业、致力发展、做大做强、为企奉献逐渐成为员工的共同追求,企业凝聚力、向心力得到有效增强。

二是提高了员工文明素质。通过培育理念,强化行为管理,员工言行文明规范,工作安全标准,执行意识、协同精神和服务习惯都有了明显提高。矿区连续多年杜绝了一通三防重大人身伤亡事故,涌现出了“感动中国的十大矿工”马力、“感动中国的百名矿工”谢圣锋等杰出工人代表,一支职业化的员工队伍已卓然而立。

三是提升了企业形象。按照“整理、清洁、标准”的要求整饬工作、生活环境,规范使用企业旗帜、徽章、歌曲,统一广告用语和品牌,企业的内外形象更加文明、规范、统一,极大增强了企业的知名度、美誉度。

四是促进了战略目标实现。在“做大 做强 走远 追求卓越 基业长青”的企业愿景引领下,在认真审视内外部环境的基础上,从皖煤实际出发,在2003年底,制定出以煤为基础的同心多元化发展战略,确定了发展思路、战略框架、战略目标和实施路径。在战略实施的过程中,通过建塑企业文化,用先进的企业理念解放思想,更新观念、明确发展方向,营造了持续改进、不断创新的改革氛围,创造了“一心谋发展、全力图跨越”的发展环境,培育了精心精细精益的工作作风和工作习惯,有效保障和推动了企业战略的实施,取得了显著成效:资源得到扩张,从“安徽皖北”逐步走向“中国皖北”。创新发展思路和发展空间,打破地域观念,积极“走出去”,近年先后在内蒙古、山西等地获得数十亿吨煤炭资源,成为安徽省第一个走出去的煤炭企业,为企业持续发展铸就了长青之基。产业实现多元,由单一“黑色”变成绚烂“多彩”。通过企业上市、兼并重组等方式,实现了产业、产品多元化,形成了跨行业、跨地区的发展战略格局。特别是在2005年4月,并购重组了安徽最大、全国化工百强企业——淮化集团,使集团公司成功实现了由煤炭生产到煤、煤化工一体化发展的战略转型。企业效益迅猛攀升,企业发展由“平稳”跃至“跨越”。2006年集团公司位列全国煤炭工业100强第25位,跨入中国企业500强行列,提前实现了“再进500强,再造新皖北”的近期战略目标。2007年,集团公司销售收入达到79.9亿元,总资产达到162亿,利税总额达到9.55亿元,分别比2003年底增加60.9亿元、117.3亿元和6.08亿元。工人均年收入达到3.3万元,比2003年底增加了1.8万元,翻了1.2倍。今年销售收入要突破120亿,员工人均收入要比去年净增1万元,达到4.3万元。

三、把握规律——铺就企业文化持续深入发展之路

企业文化建塑工作是一个长期而复杂的系统性工程。要想做好、做实,必须把握企业文化的发展规律,使之符合企业发展方向,融入到生产经营管理的各个环节,切实解决企业实际问题,从而实现持续健康发展。

(一)要切实发挥领导的示范性。文化的生命在于实践,文化的意义在于弘扬。把企业文化体现在领导的行动中,是文化管理的本质性规定。我们在建塑企业文化中提出“领导的示范是最绝妙的广告”,要求各单位党政“一把手”要在出思路、拿方案和具体工作起到先导和主导作用,切实做企业文化的“信仰者、引领者、传播者、垂范者”。对企业文化不仅要说给员工听,更要领着员工干,做给员工看,做到一言一行都符合企业价值观的要求,在员工中起到示范带动作用。

(二)要认识建塑过程的复杂性。建塑企业文化,会触及员工固有的思想观念和行为,由此会产生巨大阻力。企业文化建塑的效果往往滞后于行动,是一种隐形效应,是未来经济。这些因素决定了企业文化建塑不可能一蹴而就,而是一个复杂的螺旋上升过程,要求我们必须坚定信心、持之以恒,采取有效措施不懈推进。如此,企业文化建塑效果就如蝴蝶效应,最终会加速放大,让企业获得新生。否则,没有心理预期,没有充分的应对措施,就会茫然失措,疲于应付,丧失信心,导致建塑工作半路夭折。

(三)要追求建塑工作的实效性。企业文化理念要符合

企业特点，照搬照抄、追求语言华丽而不切实际的文化理念会导致企业文化的虚无，使企业文化建塑工作陷于困惑和被动之中。企业文化建塑工作要从企业的实际出发，适应企业需求，符合企业实际，才能促进企业健康快速发展。

(四)要注重建塑工作的基础性。建塑企业文化，要充分考虑员工的心理承受能力，从最基础的工作做起，从员工都能做到的最简单的事情做起，循序渐进，持续深入，使员工在不知不觉中改变自己的观念和行为。

(五)要树立文化追求的永恒性。文化管理是一种目标，一种追求，为追求这一目标所采取的一系列举措，将持续转变员工观念，不断规范员工行为，塑造出昂扬向上的士气，使企业接近文化管理目标，从而不断推动企业又好又快发展。

(六)要把握建塑工作的人本性。检验和衡量企业文化建塑的成效，一个重要方面就是要看企业文化建塑是否提高了员工队伍整体素质，是否促进了员工全面发展。企业文化建塑要始终把握员工队伍建设这个根本，坚持以人为本、以文化人，通过内化于心、固化于制、外化于行等工作，促进广大员工对企业理念自觉认同，使先进的价值观转化为员工的思想认识，转化为优秀的行为习惯和职业技能，形成员工与企业共同发展、相互促进的和谐局面。

(七)要增强建塑工作的保障性。首先加强整体规划，有序推进。要对企业文化发展进行整体筹划和设计，明确总的指导思想、工作目标和总体部署。在此基础上，对规划进一步细化、分解，按年度或工作重点制定具体的实施意见，使建塑工作方向明确，有序推进。其次建立工作考核机制，确保效果。要把企业文化建塑情况作为企业考核评价工作的重要内容，与企业其他工作同安排、同落实、同考核，确保工作落到实处，取得实效。我们每半年对下属单位的建塑效果进行一次集中评估，以总经理签发的《评估结果通知书》形式反馈情况，对存在问题责令整改提高。在对员工考核上，建立了三级"诚信档案"机制，以企业价值观为标准，对员工的典型诚信、失信事实进行客观记录，与绩效考核、岗位转换、评先评优等工作相结合，从而有效规范了员工行为。第三搭建工作交流平台，互动提高。利用交流平台，即时总结和推广先进经验，以典型引路推进工作。我们构建了"一网两会"的工作交流平台："一网"是集团公司企业文化网，"两会"是每年一次的现场经验交流会和工作讲评会。通过这一平台，使各单位交流、共享好经验好做法，及时发现、改进自身不足，从而相互促进、共同提高。

(作者系皖北煤电集团公司党委副书记)

构建五菱管理文化 提升企业文化竞争力

柳州五菱汽车有限责任公司

柳州五菱汽车有限责任公司(简称五菱集团)是政府授权经营的大型国有企业，跻身中国制造业500强和"中国汽车零部件百强企业"十强。2002年，在与上汽集团、美国通用实现三方合作成立了上汽通用五菱公司后，不断进行产权结构调整和资产重组，使公司形态从单一的国有企业发展成为既有合资企业又有国有企业、民营企业的企业群，形成了集团化的管理模式。公司通过优化资源配置，实现了产权多元化。2007年，五菱集团与香港上市公司俊山集团合资成立了柳州五菱汽车工业有限公司，加快了公司国际化的进程。

五菱集团在开展企业文化建设中，把企业文化建设和公司发展战略紧密结合起来，把企业文化渗透到公司的经营管理中，以文化理念指引公司管理，提升文化竞争力，助推企业科学发展。我们的做法是：

一、与时俱进，不断创新企业文化内涵

1999年，在与上汽集团、美国通用的合作过程中，五菱人认识到，之前形成的以"艰苦创业，自强不息"的五菱精神为核心的创业文化、奉献文化必须重新进行锻造，以适应企业的变革和发展需要。五菱集团决定重新提炼企业文化。在2001年5月，经过有效的培训、研讨，从高层管理团队发起的企业文化再造工作取得了初步成果基础上，几年来，不断补充、完善并赋予五菱文化新的内涵，最终形成五菱企业文化体系的核心内容：以"造人、造车、造企业"为宗旨，"以五菱发展为重"、"继承、学习、创新"、"客户至上"、"以人为本、团队合作"为核心价值观；行为准则是——敢负责，不推诿，做好本职的事，追求团队成功！快速响应，持续改进，为客户创造价值！

为提升员工对文化的认同度，五菱集团加强对文化的传播：公司高层在不同场合纷纷强调企业文化建设工作的重要性，引起公司各级管理人员、全体员工对企业文化建设工作的关注；通过开展全员企业文化培训，让员工深入理解企业文化的核心内容及其内涵，加深对企业文化的认识；树立能体现企业文化的先进典型，开展五菱十佳青年、五菱集团劳动模范、十大技术创新能手评选等活动，并举办先进员工事迹巡回演讲报告会，引导员工向先进典型学习；用艺术的方式表现企业文化，在五菱艺术节、青年文化节上，一批批反映五菱文化的文艺作品不断涌现，让员工群众充分感受了企业文化的内涵；充分利用《五菱人》报、有线电视的《五菱播报》、公司局域网等传媒为载体宣传企业文化，开辟《五菱人谈文化》、《我身边的五菱人》等专栏，编写《五菱企业文化小故事集》、《五菱员工诗歌散文集》、《五菱员工小说集》等文化书籍，用发生在员工身边的故事，作为企业文化核心内容的生动教案，引导员工的思想与行动；……这样，五菱企业文化的核心内容逐渐为广大员工所熟知，为进一步推进管理文化的建设奠定了基础。

二、构建企业管理文化，着力提升文化竞争力

我们认为，企业文化的建设不是为了企业文化而搞企

业文化，并不仅仅是让员工参加一些简单的培训，把宗旨和价值观等内容贴在墙上，放进橱窗里，写到文件中，或是搞搞文体活动。对于企业管理者来说，如何让员工认同公司的文化，并转化为自己的工作行为，把自身价值的体现和企业目标的实现结合起来，是关系企业文化建设成败的关键。因此，企业文化应该是管理思想的体现，企业文化要通过对员工行为和组织行为潜移默化的影响，对组织战略的实施起着举足轻重的作用。企业文化要引领和支撑企业管理的方方面面：战略、组织、流程、人力资源、领导，使企业的核心价值观能被员工所接受，能自觉的以这些价值观作为自己行动的指南和衡量自己行为和工作的标准。

根据这一思路，五菱集团在开展企业文化建设工作中，把企业文化发展战略和公司发展战略结合起来，通过构建管理文化，把企业文化核心价值观落实到企业的经营、管理中，提升企业的文化竞争力。在构建管理文化的过程中，一方面注重核心价值观的转化，使其融入企业的经营管理之中，让价值观成为真正的领导；另一方面，将新观念、新方法、新技术融入五菱现有的管理当中，使之"五菱化"；换言之，就是以五菱价值观为指引，通过逐步导入先进的管理方法、管理工具，构建管理理念，在先进的管理方法、管理工具融合并运用后，再从中整合、提炼公司的新管理文化理念并快速辐射以使全员认同。通过推行绩效管理体系、精益生产五菱化、用户满意工程、人本工程等"价值观工程"，使企业文化由抽象变为形象，融合深植于管理，从而使文化显示出强大的竞争力。

三、彰显文化力，助推企业科学发展

要实现企业的科学发展，必须实行科学的管理。在构建管理文化的过程中，五菱集团注重以文化理念指引企业管理，发挥文化的竞争力，使企业管理符合科学发展的要求，从而助推企业实现科学发展。具体表现在以下几个方面：

（一）发挥"和谐发展"之力，营造企业和谐发展的内、外部环境

五菱集团根据"以海外上市为主体发展主业，以民营化为方向搞活辅业"的发展思路，通过实施战略性改革与重组，加速多元化产权的结构调整。近几年，五菱集团经历了前所未有的变革：产权重组、产品结构调整、辅业民营化、主业海外上市等。这些改革，关系到企业的发展，关系到每一位员工的切身利益，因此，不可避免地会对各种利益群体的利益进行调整。

为保证改革的顺利推进，在核心价值观"以五菱发展为重"的指引下，五菱集团发挥党群组织的作用，紧紧围绕企业的改革、改制和企业发展做了大量的思想教育、观念更新、稳定队伍的工作，为公司参与市场竞争提供良好的思想氛围支持；同时努力调动员工工作积极性，协调各种利益矛盾，保持员工队伍稳定，为企业的快速发展提供了和谐的环境。2005 年底，五菱集团在广西区属企业中率先完成主辅分离改制，成功地将近 1000 多名员工、8450 万辅业资产改制成为多个法人实体的民营化公司，这些民营公司目前的发展态势都非常健康、有活力。2007 年 9 月，五菱集团以零部件、发动机和专用车业务实现与香港俊山五菱集团有限公司合资成立的中外合资企业"柳州五菱汽车工业有限公司"正式挂牌，从而推动企业实现境外上市，为国有资本进入国际资本市场搭建了平台。

五菱文化的企业宗旨是"造人、造车、造企业"，其中，"造企业"，就是"塑造永续发展、社会信赖的现代企业"。因此，五菱集团在获得企业内部的文明和谐发展的同时，也不忘积极参与社会公益事业，履行企业社会责任，助推"和谐社会"的发展。2006 年以来，五菱集团以及员工共为社会公益事业捐款捐物达 300 万余元。三江县同乐苗族乡是五菱集团定点帮扶对象，几年来，五菱集团援建了"同乐苗族乡五菱文化广场"、"同乐乡归东村文化广场"、归东村山葡萄生产示范基地，援建修复了归东村因雪灾毁损的人饮工程，目前，正在援建"同乐乡归东村五菱希望小学"；还在农民群众中开展了农业种植技术培训达 4000 多人次。由于工作成绩突出，2008 年，五菱集团荣获首批"柳州市社会主义新农村建设指导员工作先进后盾单位"称号。目前，同乐乡到处都传颂着"五菱"的爱心和义举。此外，五菱集团还积极为三江雪灾灾区、四川地震灾区捐款达 150 多万元，捐款 30 万元建设了融安县沙子乡南弄屯和甫上屯"人畜饮水工程"使村民告别了祖祖辈辈人畜饮水困难的日子，捐款 15 万元设立"融安县慈善致远班"使 60 名贫困学子重返校园，在员工中广泛开展对"认助贫困学生"活动；这些善举，树立了五菱作为"企业公民"的强烈的社会责任感和良好社会形象。

（二）发挥"学习创新"之力，建设学习创新型企业

五菱企业文化最大的特点是强调学习创新。因此，五菱集团提出要"创建学习型企业，争作知识型员工"，并通过一系列激励学习和创新的举措，如开展岗位练兵、组织多种提升职工技能的分层分级培训等措施，营造员工学习进步的氛围，最大限度地激发了广大员工学习创新的热情，使"学习"成为一种经常化、普遍化和制度化的行为。

在五菱集团每年举办的"职工职业技能大赛"中，很多优秀的人才脱颖而出，在公司内营造了浓厚的"学技术、争先进"学习氛围；同时，在柳州市、自治区、全国的各级职业技能大赛中，五菱集团的参赛选手以过硬的作风，精湛的技艺，屡夺名次，尤其是五菱柳机员工丘柳滨在参加第二届全国职工职业技能大赛中夺得铣工亚军，刷新了柳州市乃自广西在历届全国职工职业技能大赛中的最好成绩。

五菱集团通过开展管理专家、技能专家的评聘，并给予获聘专家额外津贴，为企业专业人员的发展提供更广阔的通道。2004 年以来公司共聘任专家、高级专家 102 人，体现了公司"尊重人才、重用人才"用人理念，这既是对专家能力与业绩的认可与表彰，发挥了专业人才的优势，更激励了广大员工向专家们看齐，努力学习、勇于创新，提高专业素质。五菱集团还设立"五菱集团技术创新奖"，奖励公司在技术创新方面做出突出贡献的团队和个人，从而激励广大员工

积极开展技术创新工作,促进企业技术进步。2007年首届“技术创新奖”共评选出八个获奖项目,公司予以重奖。

五菱集团每年从工资总额中提取2%作为培训经费,保障了员工培训计划的落实。每年都依据企业改革和发展的要求不断开发适合实际需要的培训课程,要求员工年人均受训必须达到30小时以上;在五菱培训中心,已经建立起入职培训、岗位培训、技能培训等多种体系的较完备的课程体系,有90多门课程。每年还选送一批骨干到高校攻读MBA课程,充实和储备各类管理人才;邀请国内外知名专家、学者到企业进行培训、指导等。大批员工利用业余时间加强学习、到各种技术学校自费充电的现象不断涌现。

(三)发挥“团队合作”之力,构建和谐劳动关系

“以人为本,团队合作”,就是要重视员工队伍建设,充分调动员工的主观能动性,使他们发挥聪明才智,为企业发展作出贡献。为此,五菱集团各级工会认真履行“维权”的基本职责,从企业发展的大局出发,旗帜鲜明地维护员工的合法权益,并教育员工正确对待各种利益关系的调整。近年来,五菱集团抓好以职工代表大会为主要载体的厂务公开民主管理,凡是涉及企业改革改制、员工奖惩条例、薪酬制度等关系职工切身利益的重大事项都提交职代会讨论审议。几年来,集团两级职代会分别审议并通过了企业提交的职工提前退休退养管理办法、职工薪酬方案、公积金制度、企业年金制度、辅业民营化改制方案、五菱柳机公司制改革方案、与香港俊山集团合资成立五菱汽车工业公司方案、职工带薪休假管理办法等重大事项,有力地支持和推动了集团公司及所属企业的改革与发展,维护了职工的利益。此外,通过建立集体合同与工资集体协商机制,建立稳定和谐的劳动关系;通过实行民主评议中层以上管理人员,促进中层以上管理人员素质的提高;通过推行厂务公开制度,保障员工的参与权、知情权、管理权和监督权。坚持公司领导接待日制度,做好劳动争议调解和员工来信来访工作。这些措施,保护了职工的合法权益,调动了职工的积极性,使企业劳动关系和谐、生产经营健康发展。

如今,五菱集团各级管理者已成为企业文化积极的实践者和推动者,积极在企业的经营管理活动中践行企业文化。各级高中层管理人员都致力于从生产经营、管理过程中发现文化特点,总结各种办事理念并进行推广,而且善于把优秀文化转化为具体的管理方式形成统一高效的办事风格,使管理文化成为企业科学发展的保障。企业连续4年销售收入增长速度平均达到25%,高于区域和行业经济发展速度。2005年、2006年,两度荣膺中国制造业500强,跻身“中国汽车零部件百强企业”十强,位列第九位。公司主营业务获得快速发展:2007年,五菱柳机发动机产销突破50万台,实现历史性跨越,跃居国内同行业同类产品第一;五菱联发汽车零部件产量达43万台套,同比增长38%,成为西南最大的汽车零部件生产企业;五菱专用车成立仅三年即产销突破1.6万辆,而且产品全部由五菱自主研发、具有自主知识产权,新产品贡献率达50%;五菱桂花农用机械产销8.8万台,畅销越南等东南亚市场;整个集团公司销售收入合并突破66亿元。2008年,在国内国际经济面临严峻的形势下,五菱集团克服困难,1~9月份已完成销售收入61.7亿,再度刷新了历史记录。

2009年——中外企业文化南昌峰会

大会综述:

金融危机背景下的企业文化建设与创新

——中外企业文化2009南昌峰会综述

为了进一步推进全国企业文化建设健康发展,建设中国特色的社会主义企业文化,中国企业文化研究会于2009年11月14日至16日,在江西南昌召开“金融危机背景下的企业文化建设与创新——中外企业文化2009南昌峰会”。中国企业文化研究会名誉理事长、中宣部原常务副部长王大明,中国企业文化研究会理事长、国务院原特区办主任、商业部部长胡平,中国企业文化研究会顾问、中宣部原常务副部长徐惟诚,全国政协委员、提案委员会副主任、中国机械工业联合会会长王瑞祥,江西省委宣传部常务副部长陈东有等有关领导参加会议并讲话。中国企业文化研究会常务副理事长、秘书长孟凡驰教授作了会议总结。会议特邀美国、德国及国内著名学者、知名企业家,围绕会议主题进行探讨交流。全国有关企业主管部门,行业和地方的相关学会、协会,大专院校、社科院等研究机构和全国不同所有制企业代表、新闻媒体及热心企业文化研究的有关人士470余人参加会议。大会对企业文化建设先进单位和优秀工作者给予表彰。

一、化危为机——在深化改革中寻求发展机遇

11月14日上午,中国企业文化研究会常务副理事长、秘书长孟凡驰教授主持了开幕式,江西省委宣传部副部长陈东有到会致辞。中国企业文化研究会名誉理事长王大明就如何在金融危机背景下进一步推进企业文化建设,强调要扎实做好三方面工作:一是加强国内外形势教育活动。引导员工深入学习社会主义核心价值观体系,树立坚定的中国特色社会主义理想信念。二是构建和谐的劳资关系和干群关系。要维护职工的合法权益,用人文关怀推进工作,用文化力量弱化矛盾。三是坚定不移推进改革开放,在深化改革中寻求发展机遇。并强调指出,应对金融危机的企业文化工作,实质上都是面对全局的工作,要能真正的结合我们企业的状况从战略的高度去抓形势教育,构建和谐的劳动关系。推进改革,关键还在“一把手”身上,如果“一把手”对企业文化工作有足够的认识,这三个问题都能解决好,而这三个问题都关系到企业的战略发展、企业的生存,是应对全局的问题,绝不简单是企业某一个部门的工作。

“一把手”的文化素质、文化特点,对本单位的文化建设工作影响非常大,可以说有决定性的影响。中国企业文化研究会理事长,原特区办主任、商业部部长胡平强调指出,面对金融危机的挑战,我们企业不能两只眼睛就盯着企业自身,应把眼光扩大到全社会、全球,要坚持文化与经济一体化,不断创新企业文化,既要认真学习国内外先进文化建设的成功经验和优秀成果,又要很好地继承中国的优秀传统文化,有效促进企业健康、稳定、可持续发展。

二、沟通交流——国外企业应对金融危机的思考

在经济全球化的今天,不同文化背景下的沟通与交流日益频繁也日益重要,特别是面对全球金融危机,中国企业文化研究会特别邀请(德国)金米勒电气设备(天津)有限公司总经理兼上海金米勒副总 Uwe Birnbaum(黎梧纬),美国诚德律师事务所资深律师 Rodney Bell(罗德尼・贝尔博士),在11月14日上午的第二个论区,围绕“沟通交流——国外企业应对金融危机的思考”进行了演讲。他们的实践案例为广大企业拓展经营管理思维、加强企业文化建设、了解海外商业法规等方面提供了借鉴经验。

Uwe Birnbaum 黎梧纬先生指出,德国的企业都有一个愿景规划,每个公司职员在执行工作的时候,都要深刻知道企业的愿景,明确大家是一个团队,要有合作精神,要自觉地执行企业的运作方式,树立企业自身的良好形象。德国的企业不只是注重技术培训,非常注重员工的个人发展,在德国60%的毕业生,要经过3年的实习得到一些实际的锻炼,并给员工一些职业的培训、职业生涯的规划。德国企业注重产品的品质,这个品质和质量不仅仅局限在产品的本身,也被定位于产品生产的流程,无论雇员的职位的高低,他在执行自己的职责时要意识到自身的责任。在德国有一个比喻:就像一个环形的链条,它最强势和最弱势的部分,都要同等对待,不能只注重强势的,也要注重弱势的,和我们说的水桶理论是一样的。各个企业也肩负着社会责任,不仅包含着企业制定的一些章程,也要包含忠于法律。要制定一些个人的道德标准,还有懂得一些国际的惯例,有助于德国企业增强团队的合作精神,具备可持续发展的动力。面对金融危机,德国有20%—30%的中小型企业破产,除了德国政府的扶持政策以外,德国的中小企业采取了自我呼吸性的恢复,除了保证产品质量之外,无论你的企业是强还是弱,降低成本使价格降了下来也是应对金融危机的一种方法,优化工艺生产也是应对这场金融危机的一种措施。在降低人工成本方面,德国企业采取的措施不是大面积的裁员,而是缩短劳动时间,按正常来讲,工作时间是8个小时,周工作是40个小时,因此工作时间会减到20几个小时左右,保障大部分的人有工作,不至于失业。有的企业和员工商量,以休年假的方式来减少自己的工作时间。应对这场金融危机,德国政府大力支持企业致力于研发新产品,这些研发领域主要是指新技术、可再生能源以及研发电动汽车等。经历这些措施以及政府的扶持之后,尽管这场金融危机还没有结束,但现在德国企业的态度是积极乐观的,大家齐协力应对这场大的金融危机。

美国诚德律师事务所资深律师 Rodney Bell 罗德尼・贝尔博士,在演讲中介绍了在金融危机的影响下,中国企业到美国创业要特别注重文化差异,需要面对文化的冲击,着力加强文化的沟通与融合。他重点介绍了中美企业处理雇主与雇员关系方面的思考与感受。他指出,对于任何想要在美国成功的中国企业和投资者来说,是否掌握两国商业文化上的差异,不仅在员工关系、商业习惯,还是在管理模式上,都将导致公司会取得巨大的成功还是迅速的失败。

三、共度时艰——提振信心解放思想科学发展

11月14日下午,中国企业文化研究会学术委员、中宣部原理论局副局长(正局)贾春峰教授主持并点评了以“共度时艰——提振信心解放思想科学发展”为主题的专题论坛。发言嘉宾一致认为,今年的峰会是在深入学习贯彻党的十七届四中全会精神的新形势下,在各行各业贯彻落实党中央、国务院产业调整振兴规划、举全力化危为机、确保经济平稳较快发展的关键时刻召开的,很有现实意义。

全国政协委员、提案委员会副主任,中国机械工业联合会会长王瑞祥,作为机械行业组织的代表,就行业文化建设进行了交流。他指出,受国际金融危机的影响,整个机械行业面临严峻挑战和考验。在应对金融危机的冲击和各种困难挑战面前,在同等条件下能否审时度势、化危为机、逆势而上,不仅要靠硬实力,而且必须要加强软实力。21世纪是文化力决定竞争力的时代,文化竞争力的培育与提升,已成为事关每一个组织生死存亡和融入全球化竞争必须予以关注的重大现实问题。具有坚定的信念、正确的决策、必胜的信心和统一的意志,显得格外重要。加强行业文化建设,打造行业竞争软实力,是推动行业振兴发展的战略需要。结合行业和社团发展的新形势,机械工业联合会强调要坚持“以振兴为己任,以服务为宗旨”的办会方针,研究提出了树立科学办会理念和增强全局意识、服务意识、精品意识和效益意识的新要求,规划了创建“国内一流、国际知名”的愿景目标,并明确了搞好自身建设,做好协会各项服务工作的总体思路和工作措施。作为行业组织,在引领行业努力查找科技、管理等方面的差距的同时,更应该注重查找文化建设方面的不足,增强危机感、紧迫感,并脚踏实地地付诸行动,以使自己在新一轮的市场角逐中,培育起与强国地位相适应的软实力,努力赶超先进,走在国际同行业的前列。

中国石油天然气集团公司副总经济师、思政部主任关晓红发言中介绍了面对国际金融危机的挑战,集团公司党组作出在百万石油职工中开展大庆精神铁人精神的再学习再教育活动的决定。大庆精神、铁人精神是社会主义核心价值体系在石油石化企业的具体体现,是集团公司广大干部员工宝贵的精神财富,也是独具特色的政治优势和文化优势。过去是今天仍然是战胜困难、取得胜利的重要法宝。

号召百万石油职工要继续弘扬、始终秉承大庆精神铁人精神,同时认真学习和吸收国内外先进企业文化的精华,与时俱进,赋予大庆精神铁人精神新的时代内涵,使大庆精神铁人精神及石油工业优良传统作风,成为百万石油员工共同的思想基础和价值观念。通过开展大庆精神铁人精神的再学习再教育活动,广大干部员工的忧患意识、市场意识、机遇意识不断增强,战胜金融危机挑战、抓住机遇加快发展的信心和决心更加坚定,为全面建设综合性国际能源公司,为国家能源平稳供应和经济社会发展做出更大贡献。

中国大唐集团公司工委副主任、思政部主任王万春发言中介绍了大唐集团公司遭遇了国际金融危机带来的用电需求持续下滑的严峻考验,而且长期面临着电煤紧张、煤炭价格大幅上涨、煤质下降等困难。此外,大唐组建时便面临着"先有子公司,后有母公司"的现实情况,部分基层企业有着数十年,甚至上百年的历史,且不同区域的企业,地域风格、管理方式、原有的企业文化等都不相同,在这样的情况下,如何迅速统一思想,凝聚广大员工的力量,坚定信心,攻坚克难,为人民群众的生产生活提供更加充沛、清洁的电力,是中国大唐必须要破解的命题。在此过程中,大唐的同心文化发挥了重要的支撑作用,被企业内部称作创造"大唐速度"和"大唐质量"的"三大法宝"之一,文化的力量,已经深深地融铸在了中国大唐的生命力和创造力之中。

中国冶金政研会副会长兼秘书长赵国珩就冶金行业面对金融危机背景下的企业文化建设进行了反思。他指出,当前,面对国际金融危机的冲击,广大钢铁企业视危机为机遇,正在凝聚力量,总结经验,修订科学发展思路,加强企业经营管理,力求尽快走出困境。从经济运行的规律来讲,危机是一个景气周期的结束,同时也酝酿着下一个景气周期的开始,关键在于抓住机遇,找准矛盾焦点,做好自身的调整和转化,积蓄新的能量。为此,冶金政研会对近几年企业文化建设情况进行反思,并初步形成以下共识:在钢铁高增长高利润时代,钢铁行业和其他行业一样,对企业文化建设推动力度较大,也出了不少经验。经过这场金融危机的洗礼,现在看,不少企业在这方面的工作确实扎实,经验也很好。如宝钢、首钢、攀钢及山东的济钢,其经验在全国范围都具有一定的影响力。但不能否认,也有不少企业在金融风暴的冲击下,凸显出"两张皮"的弊病。当经济形势好时,拿企业文化做装点,经济形势变得严峻,就开始手忙脚乱,无暇顾及这些软管理措失了。对"两张皮"现象的关注,应该说并不是现在才开始的,但过去分析问题,多将注意力集中在体制和操作层面,根本的是要在价值层面解决企业文化建设的"落地"难的问题。第一,要改变从理论原则或预定的模式出发,描述企业文化细节的倾向。第二,要在科学发展观指引下,从推动企业贯彻落实人本管理,改善人文环境入手,为企业文化"落地"创造条件。第三,企业文化建设作为企业管理的一种模式,它与企业党建工作、思想政治工作各司其职、互相关联,不能搞单打一,否则,难以收到实际效果。

四、诚信立业——企业百年基业的坚实基础

11 月 14 日下午的第二个论区,中国企业文化研究会学术委员会副主任、北京行政学院原副院长赵春福教授主持点评了由日照港务集团公司副总经理王永刚,中航工业贵航集团有限公司党委副书记吴基伟,中国人民解放军第五七一九工厂厂长、党委副书记向巧,南昌亨得利有限责任公司董事长、总经理熊林根发言的"诚信立业—企业百年基业的坚实基础"专题论坛。

王永刚副总经理介绍了位于黄海之滨、山东半岛南翼,伴随着我国改革开放,孕育、诞生、发展、崛起的新兴沿海港口日照港务集团公司,受齐鲁文化传统的影响,始终坚持把诚信作为港口一切经营管理活动的基本道德准则和价值评判标准。日照港的核心价值观凝练为"传载真诚、追求卓越、共享阳光",倾力打造"阳光港口、传载真诚"品牌。从港口存在的意义和责任出发,树立了"发展港口、报效国家、服务社会、成就员工"的使命。对日照港来讲,诚信不仅仅是一言九鼎、一诺千金,更重要的是做到"四真",对国家真诚奉献,对社会真挚回报,对客户真情服务,对员工真心关爱。

中航工业贵航集团有限公司党委副书记吴基伟以"诚信立业,亮剑报国"为主题,介绍了贵州航空工业创建 45 年来,坚持做诚信准则的践行者,做到"三个诚信"产品诚信、过程诚信、人格诚信,十余万贵航人用自己对工作的忠诚、对贵州航空工业的忠诚、对国家国防建设和部队装备建设的忠诚,在大三线建起了一座座独具特色的航空工业工厂,培育出了具有"诚信立业"与"亮剑报国"特质的特色文化,成为贵州航空工业永续发展的精神源泉。当前,在中国航空工业调整改革的新形势下,贵航集团秉承"航空报国,强军富民"的集团宗旨,践行"敬业诚信,创新超越"的集团理念,贯彻落实"两融、三新、五化、万亿"的集团战略,继续解放思想、居安思危、再造三线,全力把贵航集团打造成为强大的国防战略储备能力后方基地,建设成为我国高级教练机、无人机、通用飞机的科研生产基地。

"让诚信成为企业领导和员工的行为习惯"!中国人民解放军第五七一九工厂厂长、党委副书记向巧的发言,引起与会代表的共鸣。作为从事空军军工的企业,五七一九工厂把质量和诚信当作企业的生命线。向巧厂长指出,作为企业领导者诚信立业,要做到角色、文化、理论、行为"四个自觉",为军工企业屡建战功,书写新的辉煌。

南昌亨得利有限责任公司董事长、总经理,全国劳模熊林根介绍了建于 1918 年的老字号南昌亨得利,随着历史的变迁,特别是面对改革开放深入推进,其所有制形式、企业性质、管理方式也都发生了根本性的变化,但南昌亨得利人始终坚持把中华民族的传统文化与恪守商道的诚信美德熔铸于企业的经营管理之中,并不断融入新的时代内涵。企业总结提升了被广大职工所认同的"生意与信誉同领、商品与人品共纯"的企业精神,坚持教育养成,铸就精魂;建章立制,笃守诚信;提升形象,引导消费;名店名品,携手共赢,积

淀培育了富有独特魅力的实实在在的商品、实实在在的价格、实实在在的服务、实实在在的经营的南昌亨得利企业文化体系。诚信文化是南昌亨得利的经商成功之道，正是诚信文化撑起了这个百年老店，铸造了这块金字招牌，成为南昌英雄城市的名片。

与会代表一致认为，金融危机是由于美国企业的不诚信引发，实践证明，在经济社会的快速发展中，诚信难得，诚信易失。以诚待人，以信取人，是我们中华民族最为优秀的道德传统之一。作为一种普适的道德规范和行为规范，诚信是企业之间、人与人之间互信、互利的良性互动关系杠杆，是市场经济的本质要求，是塑造品牌的核心要素。

五、社会责任——打造和谐企业构建和谐社会

11月15日上午，中国企业文化研究会学术委员、北京师范大学经济学院副院长、博士生导师唐任伍教授主持并点评了“社会责任——打造和谐企业构建和谐社会”专题论坛。首钢总公司党委宣传部部长张文喆，开滦集团党委副书记、工会主席苗久合，河北津西钢铁股份有限公司党委副书记杨永成，福建烟草专卖局（公司）纪检组长黄星光、华亭煤业集团有限责任公司党委书记朱同印作了大会发言。

首钢总公司党委宣传部部长张文喆发言中深有感触地指出，以人为本不只是要维护企业内部职工的利益，同时也要顾全大局、勇于承担社会责任。近年来，首钢为了北京奥运、为了科学发展所采取的压产搬迁，实际上就是首钢人承担社会责任、以人为本的体现。首钢历经90年的发展，几代首钢人用勤劳和汗水建立起了自己的家园，现在要亲手把它拆掉，这是一种痛苦的选择。但是首钢人忍痛割爱，只要国家需要、民族需要，宁可拆掉自己依恋的家园，依然选择了搬迁调整，选择了走向大海。用温家宝总理的话说，就是“搬迁使首钢站在了新的起点，这个新起点的标志就是先进。”世人欣喜地看到，新首钢要建设成为产品一流、管理一流、环境一流、效益一流的现代化大型企业，要成为循环经济的示范、自主创新的示范，要建成世界一流的钢厂，根本不存在人们担心的污染问题。位于秦皇岛的首钢首秦公司按照“生态环保型、能源循环型、经济高效型”的要求，突出了“紧凑、高效、循环、节能、清洁、环保、数字”的“七型”设计理念。美国纽柯公司董事长丹尼尔在参观首秦之后，禁不住赞叹说：“我在钢铁行业工作了36年，从未见过像首秦公司如此漂亮的钢厂，这不是工厂，而是一座艺术品。”

开滦作为“洋务运动”兴办的企业，始建于1878年，素有“中国煤炭工业源头”之称，是中国500强企业。全球经济危机不断加剧，造成煤炭市场萎缩、库存增加，销售困难；煤炭价格回落，成本加大、资金紧张、企业效益下滑，经营压力增加。集团公司及时确定了“抓机遇、增总量、调结构、降成本、惠民生、防风险”的18字方针，采取了一系列应对危机措施，以企业文化创新推动企业转型发展，为百年开滦基业长青注入了不竭动力。经过集团上下的努力，131年的老企业成功地踏上了转型发展、跨越发展之路。在金融危机背景下，开滦积极承担社会责任，实现了岗位不裁员、工人不减薪、矿井不减产。勇于承担社会责任，今年计划招工5700人。2009年1－7月份，员工收入同比增长12%。煤矿棚户区改造150万平米工程正在积极推进，投入资金解决了井下员工吃热饭、喝热水和工作服烘干问题。目前百里矿区安定团结，员工精神饱满，工作热情高涨，各项经济指标大幅度提高，煤炭产业不断扩张，现代物流、煤焦化、煤电热、文化创意等新型产业迅猛发展，职工队伍稳定，生产热情高涨，百年开滦呈现出勃勃生机和强大活力。

河北津西钢铁集团股份有限公司始建于1986年，原为天津市与迁西县因“引滦入津”工程联合组建的年产14万吨生铁的县办小铁厂。2001年改制，实现国退民进。2004年在香港联交所主板上市。现已成为拥有员工10000人、总资产130亿元，集采矿、精选、烧结、炼铁、炼钢、轧钢、型钢、发电为一体，年产钢铁材各600万吨，年销售收入超200亿元的大型钢铁联合企业和海外上市民营股份制公司。2005年对企业文化进行全面系统地整合、策划和有效推进，提出和确立了以“四为”文化，即“为社会创造财富、为股东创造回报、为客户创造价值，为员工创造前途”企业使命为核心的企业文化体系。确立先进的价值理念和企业道德规范国际标准，将追求经济利益最大化与履行社会责任有机结合，在企业与社会、股东、客户、员工诸多相关利益者之间找到了最佳结合点，构建、形成和谐发展的“利益共同体”。

福建烟草自觉履行社会责任，始终把维护国家利益和消费者利益作为出发点和落脚点。把社会责任作为企业生存和发展的根本，从自身25年的发展历程中挖掘责任文化的内涵，形成了以“创新、规范、奉献、廉洁、和谐”的企业经营思想为主要特征；以创新促进企业率先发展，彰显对履行责任的探索；以规范夯实企业坚实基础，彰显对履行责任的追求；以奉献履行企业社会义务，彰显对履行责任的承诺；以廉洁保障企业遵纪守法，彰显对履行责任的自警；以和谐营造企业内外环境，彰显对企业和谐的向往的责任文化，增强了全体员工对企业文化的认同感和归属感。

华亭煤业集团公司于2002年4月24日，由矿区原三户国有煤炭企业实施紧密型联合重组成立，是一个以煤为主，煤电、煤化工和建材为延伸发展，集煤炭生产销售和洗选加工、建筑安装、机械制造、科研设计、多种经营、矿山救护、铁路运输等多元发展的现代化大型能源企业。作为国家煤炭能源企业，近年来，始终坚持以科学发展观为指导，秉承“开采阳光、超越梦想”的企业精神，打造实力华煤，履行企业经济责任；打造绿色华煤，履行企业环保责任；打造人文华煤，履行企业法律责任；打造和谐华煤，履行企业文化责任。把担负社会责任的核心价值观融入到企业发展战略和日常经营的各个环节，融入到企业的成长之中，大力实施科技兴企、人才强企、文化铸企战略，切实履行报效国家、服务社会的应尽之责，不断提升企业公众形象，增强企业核心竞争能力，实现企业平稳较快发展，为国家和区域经济社会和谐发展发挥了积极的推动作用。

大家一致认为,按照过去传统的说法,"企业纳税,政府来履行社会责任",时代在进步,社会在发展,面对新形势、新任务,这个观念改变了,在构建社会主义和谐社会的进程中,企业不仅要创造物质财富,而且要自觉履行社会责任,强化企业社会责任是企业健康发展的需要。

六、创新文化——引领自主创新铸就民族品牌

15日上午的第二个论区,在中国企业文化研究会学术委员、北京财贸管理干部学院副院长王成荣教授的主持下,海尔集团监事会主席王安喜,中国北京同仁堂集团公司党委副书记陆建国,辽宁盼盼集团有限公司党委书记朱艳敏,进行了"创新文化—引领自主创新铸就民族品牌"的对话,畅谈了企业改革发展中的实践体会,展示了企业创新文化的时代风采。

海尔集团以创新精神创全球化品牌。在金融危机的环境里,海尔集团把自身市场的切入点定位在:通过创新,使海外市场升级,中国市场深入,即在海外打造高端品牌形象,在国内深入社区和农村。海尔集团监事会主席王安喜深有感触地说"为什么很多企业外部的机遇与其它企业相比都是差不多,很多企业原来比我们好得多,现在都销声匿迹了?我们能够发展到今天,取决于领导的关心支持和员工的努力,另外很重要的一方面就是我们的企业文化被大家认同了,我们的企业文化核心就是创新。"多年来,海尔集团坚持观念创新,塑造科学的企业价值观;坚持战略创新,从"制造业"向"服务业"转型;坚持产品研发创新,创造海尔独有的市场;坚持管理机制创新,以紧密的市场链打造高效的价值链;坚持商业模式创新,实行"零库存下的即需即供"。2008年3月,海尔第二次入选英国《金融时报》评选的"中国十大世界级品牌"。2008年6月,在《福布斯》"全球最具声望大企业600强"评选中,海尔排名13位,是排名最靠前的中国企业。2008年7月,在《亚洲华尔街日报》组织评选的"亚洲企业200强"中,海尔集团连续五年荣登"中国内地企业综合领导力"排行榜榜首。海尔已跻身世界级品牌行列,其影响力正随着全球市场的扩张而快速上升。

同仁堂是中药行业著名的老字号,国家首批非物质文化遗产,至今已有340年的历史。三百多年里,同仁堂历经皇朝变迁,闯过民国战乱,搏击于市场经济大潮,历经沧桑,始终昌盛不衰,其精品名药蜚声海内外。同仁堂人在继承祖辈诚信文化的同时,遵古不泥古,创新不失宗,不断将时代的气息融入其中,将创新的思想融入其中,将科技与睿智融入其中,造就了与时俱进、充满生机与活力的同仁堂文化,打造了愈久弥坚的同仁堂品牌。同仁堂的第一个明智之举——体制创新构筑了发展的新平台;第二个明智之举——思路创新明确了发展的新目标;第三个明智之举——科技创新增添了企业发展的新动力。特别是2008年末至2009年间,虽受世界金融危机的影响,许多企业陷入困境,同仁堂却依然保持了平稳较快的发展势头,2009年1-10月集团整体已完成销售87.1亿元,利润7.6亿元,分别同比增长13.55%和14.80%,出口创汇2156.29万美元,同比增长12.2%,继续稳居同行业之首。同仁堂何以在风浪中岿然不动?总结历史,面对现实,行业因素、科技因素,体制机制因素固然是成功之要素,但"济世养生"的诚信理念才是同仁堂立业之基,发展之本,同仁堂用340年的时间诠释了"诚信",创新文化铸就了成功。

盼盼集团是国家大型民营企业,全国安全门行业的龙头。1982年,企业从水源农机厂分离出来时,只有12名老工人、12间草房、两台冲床及8.2万元的债务。在董事长韩召善的带领下,经过近30年的艰苦创业,现在已经发展成有拥有25家成员企业、5000多员工、总资产15亿元的企业。盼盼以新型建筑产业材料开发与制造为主导,并形成以盼盼牌防盗安全门为主导的十大品种100多个系列产品。盼盼商标是中国驰名商标,盼盼防盗安全门是中国名牌、国家免检产品。目前,盼盼产品国内市场占有率为20%,并出口四十多个国家和地区。盼盼董事长韩召善常说:市场经济条件下,左右企业发展的有两只巨手,一只是企业外部的市场,另一只就是企业文化,抓企业要两手抓,两手都要硬。盼盼的发展,既得益于党的改革开放政策,各级党委和政府的正确领导,得益于全体盼盼人的不懈追求和无私奉献,更得益于颇具特色的坚持自主创新,打造民族品牌的盼盼文化。

通过上述企业的发言,代表们深刻感受到,任何一个世界级品牌都是长期积淀和艰苦创新的结果,是包括观念、战略、产品研发、商业模式和管理机制创新的全方位、全过程创新的结果,坚持自主创新,打造民族品牌,是中华民族立于世界之林的可靠保证。

七、践行科学发展观,建设中国特色的企业文化

15日下午,中宣部理论局副局长黄中平,中宣部原常务副部长、中国企业文化研究会顾问徐惟诚,围绕"践行科学发展观,建设中国特色社会主义企业文化"作了专题报告。中国企业文化研究会常务副理事长、秘书长孟凡驰教授作了会议总结。

中宣部理论局副局长黄中平,就深入理解和掌握党的十七届四中全会通过的《中共中央关于加强和改进新形势下党的建设若干重大问题的决定》中提出的新思想、新观点、新举措,作了辅导报告。

中宣部原常务副部长、中国企业文化研究会顾问徐惟诚讲话中指出,这次会议我们确定了一个很重要的题目,就是契合世界的金融危机来研讨我们的企业文化建设,我觉得这个题目抓得好。金融危机百年一遇啊,难得碰的到。碰到了我们就不能空着手离开它,总要从中得到点东西。他强调指出,这两年,自然方面我们碰到了一个百年难遇的大灾难——汶川大地震,社会方面我们遇到了金融危机。这两件事情,特别是金融危机,给我们一个最重要的财富,就是使得我们大家有危机感、有忧患意识了。在这样一次挑战当中,奋斗出来了,开始创造一些新局面,对我们未来

的几十年的发展都会有极大的好处。如果我们做企业的人，通过这一次金融危机能够弄明白人家有什么陷阱、是怎么做的，因此可以避免不上当。弄明白现在的金融规则、通行的规则当中我们可以利用些什么，可以利用这些规则使得我们的经济更快的发展，但还要清楚我们最重要的还是要发展我们的实体经济。我们要应对金融危机，要以科学发展观指导指导企业文化建设，定能塑造健康向上、和谐融洽的企业文化氛围，关键是如何使信息传递到位，让广大员工都能够感受到，激发出来积极性。我们中国人的聪明才智是一定能够找到办法，走出新天地的。

中国企业文化研究会常务副理事长、秘书长孟凡驰教授作了会议总结。就如何估计经济危机的现实状况和对我国的影响；社会财富和企业财富应有怎样一种增长方式，金融危机给了我们什么启示；这场经济危机对于企业家而言，要得到什么启示等三个问题进行了探讨。孟凡驰秘书长就这场经济危机对于企业家而言，要得到什么启示，强调指出，一个国家的综合经济实力，来源于企业的活力，而企业的活力来源于其文化，而这个文化倡导者——企业家起着关键作用。所以，企业家必须要培育并保持崇高的文化取向和文化定力，要尽快回归崇高的企业家精神。这绝不是一个简单的口号，绝不是一个虚幻的形式主义的东西。它从几个角度反映出来。第一、企业家必须有恒定的信仰和文化品格；第二、企业家必须具备现代的文化精神。1、为天下创造财富的道德精神。2、锐意进取的创新精神。3、诚实守信的伦理精神。4、追求崇高的人格精神。第三、企业家应具备什么样的文化气质。1、企业家应具备不为世俗所动的文化理性。2、须臾不可或缺的广博的人生信仰和使命。3、植根文化于经营、产品中的文化自觉和文化能力。总之，我们企业家作为企业的经营和管理者，从金融危机这个事件中应该有深刻的启示。宏观的大事由政府来管，企业的事企业家来管，企业家要努力寻找这场经济危机对企业的启示、影响，找出正确的应对之路，发展我们企业的实力，使企业保持健康、长久的稳定发展，保持基业长青！

会议一致认为，今年是新中国成立60周年。面对国际金融危机的严峻考验，全国人民提振信心、迎难而上，充分体现出对党和政府的信任，显示了民族的合力、国家的希望。在经济全球化的今天，不同文化背景下的沟通与交流日益频繁也日益重要，在全球金融危机的背景下，这样跨越国内外的、多元的沟通与对话有着非常积极的现实意义，相信伴随中国改革对外开放进程的日益加深，中国的企业和企业家们也将更加自信游刃于世界经济的浪潮之中。与会代表衷心希望中国企业文化研究会能够成为中国企业之间，与国际企业之间文化交流的友好平台，用世界眼光，分析现状和走势，发展图强、携手共进。

（撰稿人：黄新惠）

领导讲话：

金融危机形势下的企业文化建设

王大明

这次金融危机，对全世界的经济造成重大影响，尤其对我们国家来说，刚刚改革开放30年，真正搞市场经济也不过十几年，面对这样一个对很多市场经济发达的国家来说都很难把握的经济危机，我们应该怎样应对，如何在这种情况下把企业文化工作搞得更好，如何更有利于应对这样一种形势，这确实是一个新问题。

第一个问题是形势教育

面对当前这样一种经济形势，我们搞企业文化的同志们首先要使广大职工包括我们自己，正确地认识和判断形势，认清形势，树立信心，提高勇气，战胜困难。向广大职工和干部进行形势教育。我们所说的形势教育是结合国际国内的经济形势，结合我们国家的经济现状，结合本行业的特点，结合企业自身状况，结合实际，随时告诉本单位的职工，使他们了解企业现在处于什么样的经济状况，面对的是怎样的经济形势，在这种形势下，我们应该怎么应对。这是当前考验我们搞企业文化工作的同志们的一个新课题，我们要时刻密切地关注形势的发展，比如有的单位出现订单减少，出口下滑，有的单位情况时好时坏，经济形势经常在变化，要密切地关注这种变化，随时随地向职工进行形势教育。如果形势教育不与当下的经济形势和企业的实际状况相结合，就会苍白无力，干部职工也不会接受。

这种生动活泼的形势教育，其实是我们党非常好的优良传统。过去在战争时期，动员群众时首先就是要进行形势教育。

当前，要看到整个世界的经济形势还有很大的不确定性，问题还比较复杂，我们的教育要和实际情况密切结合，特别要增加透明度，要实事求是，不要隐瞒问题，不要回避矛盾，不要搞愚民政策，要让职工群众了解真相，要提高群众的忧患意识，要把具备忧患意识与坚定信心这二者结合起来，不要为了坚定信心就回避矛盾，有些企业认为当下的危机对它没有造成什么影响，还在沾沾自喜，回避矛盾就使群众不能了解真实情况；同时，也不要认为危机来了就是一片黑暗，看不到前途，群众有了忧患意识并不等于没有信心，有忧患意识才会看清前途，看到光明，这二者是统一的。

现在对整个经济形势的判断，意见也很不一致，比如说美国的经济从第三季度开始有些增长，增长了百分之三点几，它前一段时间一直都是负数，就有经济学家议论说危机已经过去了；还有人说美国过去的储蓄率几乎是零，现在储蓄率在上升，是不是已经开始复苏，也很难说；国际货币基金组织认为现在很多发达国家的经济状况很不平衡,情况还很复杂,很难下定论。总之看法很不一致。所以现在如何判断形势,如何进行形势教育也还是个难题。对中国的经济形势现在也有四种估计:一种是L型,在谷底还要走很长一段时间;一种是U型,在谷底维持一段后就可恢复上升;一种是V型,在谷底的时间很短就会恢复;一种是W型,还要有一个曲折的过程。总而言之,经济学家说法很多。我建议搞企业文化的同志们要深入地研究一下,作为你的企业,你所在的行业,在金融危机情况下是怎样的一种状况,经济学家对我们这个行业的判断又是怎样的,我们企业自身实际的销路、实际的市场状况又是怎样的,把这些情况弄清楚以后,再向广大干部职工进行形势教育。

今年适逢建国60周年,我们国家在庆祝祖国华诞时,搞了大量庆祝和纪念活动,做了很多回顾和反思,总结了很多收获和经验教训,这对我们搞企业文化的同志们是一个很好的机遇。这一段时间媒体报道很多,总结了我们国家这几十年来一些新的东西、一些进步、一些经验、一些教训,这些我们都可以用来作为对职工进行形势教育的很好的素材。要对我们的企业职工特别是年轻一代的职工进行教育,要让他们认识到,我们今天的好生活不是信手拈来,是几代中国人用鲜血、汗水、苦难甚至是生命换来的,我们国家经过很多挫折和坎坷才有了今天比较好的形势,现在虽然有危机,但是这个危机并不可怕,重要的是要有信念,有理想,要付出不逊于任何人的坚韧的努力,才能化危为机,战胜困难,才能更好地前进,要让年轻人懂得珍惜今天的生活,更要激励他们创造属于他们这一代人的辉煌。同时形势教育要结合中央部署的学习科学发展观、提倡社会主义核心价值体系的活动,把学习活动和形势教育结合起来,不要搞成空洞的说教,要把它与如何应对当前的危机、如何战胜眼下的困难联系起来,这样我们的形势教育就生动活泼了,就有内容了,就能够在面对金融危机时,发挥我们企业文化的作用。

第二个问题是如何构建和谐的劳资关系和干群关系

我们企业当中的人际关系、劳资关系、干群关系总体上是好的,但是也存在不少问题。劳资关系、干群关系都有一些不和谐的地方,这些不和谐的存在既影响我们整个经济的发展,也影响我们应对当前经济危机的能力。要了解清楚现在职工们心里真正是怎么想的,他们有什么愿望,有什么诉求,有什么困惑,有什么不满,要讲和谐就要研究企业内部有哪些不和谐。

随着金融危机的发展,有些企业也遇到一些困难,有些职工合法权益的实现遇到了新问题:如劳动合同签订率低、期限短、内容不规范;最低工资保障制度没有得到全面推行,拖欠工资现象仍时有发生;超时加班,劳动条件差,工伤事故经常发生,职业病危害严重;社会保险覆盖面窄、统筹层次低,欠缴保险费现象较严重等。

有调查表明:贫富差距、居民收入增长缓慢和腐败,是企业员工在经济社会改革发展方面关注的最突出问题,这些问题也成为社会不和谐的主要因素。近年来,一些企业的党群关系、干群关系比较紧张,出现仇官、仇富的现象,"通钢事件"就是一个比较典型的例子,职工把厂长打死了,矛盾达到如此尖锐的程度;还有些职工的思想压力比较大,甚至有自杀的现象。

截至今年8月上旬,北京市共受理劳动争议案件5.2万件,是上年同期的1.94倍,其中受理集体劳动争议案件2679件,是上年同期的1.93倍。受国际金融危机的影响,劳动争议案件大幅攀升,特别是集体争议案件增长快、关联度高、突发性强。

当前一些企业的用工制度比较复杂,有正式工、合同工、临时工之分,"同工不同酬"的现象很严重,造成了职工之间、职工与企业之间出现对立的情绪。

现在的金融危机使很多企业生产状况出现问题,如果企业领导再不注意去引导人际之间的和谐,对职工的问题关注不够,就容易导致矛盾激化。有的企业领导干部和职工处于一种对立的状况,在面对职工的诉求时,如果采取对立的办法解决问题就很容易使矛盾激化。所以我们搞企业文化的同志,在面对当前金融危机,面对企业内部还有一些党群、干群关系不和谐的情况下,我们是否可以多做一些调查研究,向企业领导多做一些反映,多做一些化解矛盾而不是激化矛盾的工作,使我们的企业文化工作成为一种团结职工、凝聚人心的力量。我们应当善于用文化的力量和人文关怀推进企业文化工作,解决当前存在的问题,化解矛盾。要看到文化是一种软实力,不要小看这种软实力的作用。

同时,现在在企业职工中普遍存在的民生问题,也是引起我们高度关注的一个重大问题。越是在企业出现危机、处于困难的时候,越容易忽视这个问题,越容易对民生问题关照不够,也恰恰在这个时候越容易爆发矛盾。总的看来,我们国家长期处于社会主义初级阶段的基本国情没有改变,很多民生问题的解决还需要一定的时间,需要一定的经济实力,这些我们要向职工讲清楚。比如现在老百姓的住房、上学、就医等方面的问题,有些职工感到社会不公平,我们搞企业文化的同志要善于到职工当中去听取这些意见,不要对此不闻不问,不要只想动员职工加班加点完成任务,在动员职工完成任务的时候,要想一想职工心里有什么意见,有什么困惑,有什么不满,有什么不痛快的事儿,要多做调查研究,及时提醒领导,向领导反映问题,揭示矛盾,然后做弱化矛盾、化解矛盾、解决矛盾的工作。

第三个问题是要坚定改革的信心

危机来临时,要想化"危"为"机",关键就是要改革。越是在危机的时候，越应坚持改革。“文革”期间，我们国家的经济曾经濒临崩溃，后来是小平同志领导的改革开放才使我们战胜了当时的危机。现在经过30年改革开放，我们的形势有了很大好转，经济前进了，但是现在又面临新的问题，在这种新形势下，是否要停滞改革？现在甚至有人说经济危机是改革造成的，这种观点很显然是错误的，是非常错误的。有些地方在面对经济危机时，不是坚持改革而是停滞改革，走回头路，这对我们战胜金融危机是非常不利的。越是危机，越是困难的时候，越要坚定不移地推进改革、深化改革。

应当说，我们的经济体制改革还远没有成功，产权改革仍任重道远，能源、电信、金融等垄断行业改革难以推进，价格、利率、汇率等要素依然由政府管制，政府和国有部门仍然控制着大部分资源，这些因素与改革不彻底造成的贪污腐败、社会不公、经济结构失衡、环境恶化等问题相互交织，使我们当前面临很多困难，社会隐藏着危机，要想化“危”为“机”，出路就在改革。现在有些地方出现了“国进民退”现象，出现一些特殊利益集团，产业结构调整多年来进展缓慢，越是在这种情况下，越要坚持改革，停滞和倒退是没有出路的，必须往前走。

当前国际国内形势，特别是国内不断爆发的群体性事件，促使我们认识到：扩大内需、保民生、促进就业、促进社会公平已是当前社会主要矛盾。应对金融危机不能仅仅是保增长，而且还要推进改革，要调整经济结构，把共同富裕、纠正社会不公放到重要位置，要真正做到改革成果与民共享。

坚持改革和构建和谐并不矛盾，要二者兼顾，不能偏废，不能走极端。

以上三个问题：进行形势教育；构建和谐的劳资关系和干群关系；坚定改革的信心，是我们搞企业文化的同志们在应对金融危机当中应该重点抓的三个问题。

企业文化要想真正抓好，关键在企业的“一把手”，要“一把手”真正的重视企业文化建设。一个单位的企业文化状况，它的深度、广度、高度，它有什么特点、有什么个性，都和单位的“一把手”有关，“一把手”的文化素质、文化特点，对本单位的文化建设工作有决定性的影响。要真正结合企业的状况从战略的高度去抓形势教育，构建和谐的劳资关系，推进改革，关键还在“一把手”，如果“一把手”对企业文化工作有足够的认识，这三个问题都能解决好，而这三个问题都关系到企业的战略发展、企业的生存，是应对全局的问题，绝不是企业某一个部门的工作。应对金融危机的企业文化工作，实质上都是面对全局的工作，我们搞企业文化的同志，要善于向“一把手”宣传企业文化的作用，使“一把手”真正支持和重视企业文化建设。

（作者系中宣部原常务副部长，北京市原政协主席，中国企业文化研究会名誉理事长）

主题研讨：沟通交流——国外企业应对金融危机的思考

金融危机下 在美国创业的中国企业需要面对的文化冲击

罗德尼·贝尔博士（Rodney Bell）

在金融危机来袭之时，大部分公司想到的对策之一就是要减少开支，当他们检查自己的大额开支项目，以决定从哪里下手的时候，不管是在大洋彼岸的美国还是在这里，会不约而同首先考虑到的是员工工资的支出。因为，通常来说员工的工资是企业最大的开支之一。假设你是一家工厂的主管，你的上级通知你要削减20%的员工开支，那么，谁留下谁走人，你将怎么做呢？举一个在美国的例子：是不是要开除那个黑人呢？他工作还行，但是他不合群，想法也和别人不一样，所以，或开除他别人不会有怨言；或者说是不是应该开除那个吸了一辈子烟的人，他要是再吸就可能会挂着氧气瓶来办公室；或许会拿一个伊斯兰教徒开刀，因为上司说伊斯兰教徒有暴力倾向，所以开除他们也是应该的。当经济不景气时，老板下达裁员命令的时候，许多管理者把自己企业的人员最先裁掉，但是，在加利福尼亚如果这些人因为事主的原因，被列入裁员名单，那么这种情况有可能被认为是对被辞退人员权利的一种侵犯，从而导致对雇主不利的判决，员工会获得巨额赔偿。

我所从业的美国诚德律师事务所，总部在洛杉矶，两年前我们在天津也开办了办公室，业务主要是帮助亚洲客户在美国，尤其是在南加州地区进行投资，获取专利、商标等商务活动。我本是人是一个诉讼律师，我作为辩护律师代表个人、公司打官司，已经有23年的时间了，四年前我来到诚德律师事务所工作，也就是从那个时候起，我可以近距离地观察来美国做生意的中国客户所面对的文化差异，正因为我有这方面的经历，我很高兴借此机会说一说我所看到的商业文化的差异。具体讲一下当经济危机来临的时候，这些文化差异如何影响裁员方面的决策。

一般而言，中国投资者或公司来美国做生意，对美国的法律法规缺乏深入的了解。美国政府有着一套完整的法律法规监管雇员雇主的关系，更复杂的是在这一点上，美国有50个州，每个州都有自己的法律，每一个州处理员工与雇主的关系立场上区别非常大，其中有一些给予雇主很大的自由和权力，而有一些州偏向于雇员的态度是非常明显的。我从事法律工作的地方加州，也许是对雇主最不友好的一个州了，那里的法律最偏袒雇员的利益。加州的文化非常多元化，这里的居民来自于世界的各个角落，比较主要的有非洲、东南亚、中国、韩国、墨西哥、中南美洲以及中东地区，加州是越南人、菲律宾人除了本土以外的最大聚居地；我们这里有基督教徒、犹太教徒、佛教徒、印度教徒、伊斯兰教徒,甚至是萨哈教徒、锡克教徒,以及其他信仰的教徒。加州政府认为这种多元化的人口,对社会是一件非常好的事情,并且使用各种手段保护这种健康的多元化的形式,这也就意味着加州雇主在雇用人事变动方面决策的时候,不能受任何种族、信仰等方面的影响。举个例子:你不能因为某个人是亚洲人给他某个好的职位、项目或者升迁,也不能因为某个人是犹太人或者伊斯兰教徒就做出对他不利的决定,而且,如果某个员工因为信仰留长发或者留胡子,那么雇主不能让员工把胡子剃干净,除非有相关职业的法律规定,才可以这样做,比如说,职业要求工人不能留长胡须,避免受到伤害。这种偏向于多元化的政策不仅适用于不同的种族、国籍、信仰,性别差异也同样受到保护。在加州当然在美国其他的地区也同样如此,雇主不能只是喜欢一个男性来做这种工作就提升一个男员工而不选择女员工,如果在某个人事变动中选择男性而不是女候选人,只能是这名男性候选人在某个方面强于女候选人,而不能只是性别不同。这项政府政策不止保护一般意义上的男性和女性,他也同时保护同性恋员工,以防止员工的性取向而被开除、降级和不同于其他员工的待遇。伤残人员以及怀孕的妇女同样受到保护,比如在加州一个怀孕的女员工不能因为怀孕期间需要请假而被开除,也就是说,雇主需要雇员在怀孕期间另雇他人来接替这份工作,在大部分情况下,这位员工在生产之后,有权利返回她原来的职位并得到相同的报酬。对于一个有着终身伤残的人,也同样受到这些法律的保护。如果一个人有着某种身体上或者心理上的某种问题,在雇主做出适当的调整情况下,可以顺利地完成他的工作,那么雇主就不能因为健康问题而开除他。这些法律也就是大家所说的反歧视法。根据我对美国企业文化的掌握,以及我从我的中国客户那里得知的中国企业文化的了解,我认为这部法律代表着两种文化差异的其中一个重要方面,来自反歧视法的诉讼是加州雇主所有官司中最大的来源之一,从公司的诉讼成本以及对公司形象的影响的角度来说,这种诉讼的伤害是危害最大的。我可以在这里花更多时间给大家举更多的例子,来详细说明加州如何保护和推广多元化的雇主和雇员的形式,以及它与各位所熟悉的中国的商业模式有什么不同。但是,由于时间有限,我想留一些时间与各位谈谈我所认为中国和美国商业文化差异的问题。

美国是一个非常喜欢打官司的国家。应该说,这种认识是基本正确的。而这也许正是两个国家商业模式最重要的不同点。在这样一个暂短的演讲中,我认为,没有必要拿出一大堆的数据来让大家不知所云,但是,其中有一个数据,是可以非常准确地说明我的想法。根据2008年10月份的统计,中国大约有律师14万人,相对于中国13.3亿的人口,这也就意味着,大约每9500个居民中有一个律师,美国的律师总数是中国的8倍,光是加州一个州的数量就超过了中国,在2009年1月份的统计中,加州大约有15万名律师,中国有超过13亿的人口,而加州的人口只有3670万,这也就是说,相对于中国9500个居民中只有1个律师来说,加州每245个居民中就有1个律师,从人均的角度来看,加州的律师是中国的39倍。这些律师都在不断的寻找各种各样的工作机会,在经济危机的情况下更是如此。而代表雇员进行诉讼,所取得的诉讼费是相当丰厚的。在加州雇主雇员关系上的法律法规盘根错节非常复杂,就是谨小慎微,就是有所准备的公司也可能碰到和经常忽视一些重要的问题。一个被开除的员工,可以雇佣一个律师,来全盘检查解雇相关的所有资料,如果发现解雇的动机有问题,那么这家公司就会吃官司的。雇主就会面对这样一个局面,可以选择在法庭上为自己作辩护,或者与雇员在庭外达成和解,但是,不管是哪种情况,他都要为此花很大一笔钱。雇主还知道,如果雇员赢得了诉讼,雇主可能被判支付雇员的律师费和高达几十万元的损害赔偿金。在美国,私人律师不仅代表雇员提起商业的诉讼,他们还是保障法律正常运行的主要力量。如果雇主触犯相关法律规定的数百条中的任何一条,比如:保证员工休息间隔时间,按时发放工资,员工超过8小时工作,就要给与补偿,不然就会受到律师的指控,而不是受到政府官员的批评。如果雇主同时触犯了很多员工的利益,会对公司内的非法歧视政策,或者未能提供适当的休息时间,律师可以通过法庭允许,代表所有受侵害的员工提起诉讼,也就是一般所说的集体诉讼。诉讼的判决有时可以严重的威胁企业的生存,有的接到判决,大的企业犯了一个小小的错误,就造成了数十万美金的损失,这对历史来说是个好事,对企业来说就不是什么好事了。

自从去年经济危机开始以来,我在加州为许多不了解这种商业文化差异的而被告上法庭的中国企业做过辩护律师。他们犯的错误各种各样,有的完全忽视职员工作法规,有的以加州法律不允许的原因开除员工,有的没有遵守按时发放工资的规定,但有一点是基本相同的,他们为此都付出了很大的代价。这些客户告诉我,他们都是按照中国的方式来处理问题,但是你希望你的公司能生存的长久的话,在加州这样的环境中,用中国的方式处理问题是行不通的,原因很简单,这里有保护员工利益的法规,这里的商业文化是如果谁的利益受到了侵犯,谁就会去法院告你。当然我并不是建议各位不要去美国做生意,相反在美国做生意是可以成功的,可以来洛杉矶看看,那里也是我们办公室的所在地,如果你们到了那里,就会知道那里有成千上万的中国公司,还有小型的餐馆、商店、大型的物流公司、百货商场,那里马上就要建设一个大型的娱乐中心,会从整个南加州地区吸引来新的客户,即使我们现在还处在经济衰退的后期,但对于中国企业和投资者来说,这里的机会还是很多。对于任何想要在美国成功的中国企业和投资者来说,是否理解两国商业文化上的差异,不仅在员工关系、商业习惯,还是在管理模式上,都将决定了公司是巨大的成功还是迅速的失败。不论你要开设一家公司,制定一项政策,还是处理商业纠纷,我都强烈建议你先要咨询一下当地的法律顾问,花在这些建议上的钱和你可能遭受的诉讼,罚款和赔偿就少得多了。

（作者系美国诚德律师事务所资深律师）

面对金融危机的企业文化思考

黎梧纬(Uwe Birnbaum)

非常感谢我能来到中外企业文化2009南昌峰会，就“面对金融危机的企业文化思考”这个主题和大家作一些粗浅的交流。

我的德国名字是：Uwe Birnbaum；我的中文名字叫黎梧纬。我最早学的是电器专业，获得了专业的认证，还获得了工商企业管理硕士学位。我在亚洲的公司从业15年，其中1995－2001年在穆勒电气(上海)有限公司工作；2001－2002年，在泰国穆勒电气公司；2002年至今，在穆勒电气(上海)有限公司工作。我们是为德国中小企业服务，是德国著名的经济服务公司。

我还有另外一个身份，现在肩负着德国商会天津分会会长的职务。起源于最早的德国商会已经有200多年的历史，和政府保持比较密切的关系，比如信息的沟通、问题的反馈、建议性的问题都反馈给政府，在德国我们的商会会员已经达到360万。德国商会目前在80多个国家设立了120个海外分支机构，1999年的时候，我们得到了中国政府的认可，现在已经在北京、上海、深圳、天津等地设置了分支机构。德国商会海外分支机构担负着重要的任务，和本国政府有着密切的合作关系，除了肩负官方代表的身份之外，还有另外一个身份就是会员制的机构，现在海外分支机构已经有4万名成员，有来自于德国本土的当然也有和海外合作国家的企业成为会员，德国商会给会员之间的双边商务往来提供很大的支持和帮助。德国商会是一个服务性的机构，它的会员不是固定的，德国商会的会员和公司都有一个比较典型的特征，他们主要致力于在汽车、航空、机械工程方面，这些大部分可能不被大众所熟知，不是直接服务于终端客户，主要是给大公司提供供应方面的服务。虽然我们的会员规模比较小，但是这些企业也不乏和世界的知名的大公司合作，比如戴尔、梅塞德斯、奥迪还有大众。德国电气公司的经营都是家庭的第三代领导人，这家公司现在只有50名职员，营业额达到了7000万欧元，德国电气有着垄断专利的技术，也就会成为大的企业的供应商，因为许多德国的企业是家庭式经营的企业，而且规模非常小，但是历史非常悠久，而且可以保持非常强劲的势头，一代又一代的企业文化综合了本国的优秀文化传统和有价值观的东西，使企业能够长远持久地发展下去。

我对企业文化有几点主要的概述，第一点就是，每个企业都有一个愿景规划，每个公司职员在执行工作的时候，都要深刻了解企业的愿景，大家是一个团队，要有合作精神。作为每个企业的一员，他时时刻刻都要代表企业的形象，他要自觉地执行企业的运作方式，树立企业自身的良好形象。德国的企业非常注重员工的个人发展，比如培训、职业生涯的规划。在德国60%的毕业生，要经过三年的实习，才会得到一些实际的锻炼，可以通过参加工作，或者职业的培训，我感到中国培训学校大多只注重技术培训。说到德国的企业，就会谈到德国企业的产品品质，德国的产品都是高质量的，使用周期长。这个质量不仅仅局限在产品的本身，也被定位于产品生产的流程，雇员的职责。作为企业的雇员不管来自于哪里，职位的高低，在执行自己的职责时候都要意识到自身的责任。在德国有一句俗话：就像一个环形的链条，它最强势和最弱势的部分，我们要同等对待，不能只注重强势的，也要注重弱势的，和我们说的水桶问题是一样的。各个企业也肩负着社会责任，这个词不仅包含着企业制定的一些章程，也要包含忠于法律，要制定一些个人的道德标准，还有一些国际的惯例。上面阐述的一些观点，有助于德国企业的信心，还有团队合作，这种团队合作的精神使德国的企业一直延续至今。

今天我们还要谈到的一个话题就是金融危机。这次金融危机大家都知道，不是第一次面对这样的金融危机，众所周知的是1929年的时候，全世界范围内出现了经济大萧条。战争之后，在1970年的时候，又有石油危机。那次金融危机首先是被银行系统触发，接着是席卷全世界范围，但是那是30年前的事情了。这一次在全世界范围内的金融危机，使全世界很多的国家与相关的企业都受到影响，现在是企业发展最艰难的一个时期。应对这场金融危机，德国的政府也制定了措施。金融危机给德国造成的影响，使20%—30%的中小型企业破产，这些中小型企业没有很强大的经济背景，希望得到德国政府的大力支持。德国政府首先采取的措施是大力扶持，现在德国GDP的增长达到了1.6%，现在还是很多工人被裁员。除了德国政府的扶持政策以外，德国的中小企业采取了“自我呼吸性”的恢复。

降低成本也是应对金融危机的一种方法，除了保证产品质量之外，使价格降了下来。优化工艺生产也是应对这场金融危机的一种措施，无论你的企业是强还是弱。在德国人工成本是非常高昂的，在降低人工成本这方面，我们采取的措施不是大面积的裁员，而是缩短劳动时间，按正常来讲，我们的工作时间是8个小时，周工作是40个小时，工作时间会减到20几个小时左右，这样能保障大部分的人有工作，不至于失业。在上周的时候，我从德国那里得到了这种应对危机的方式，和员工进行商量，以休年假的方式来减少工作时间。除了降低人工成本之外，我们还要在研发领域致力于未来的一些拓展。今年，德国大力支持在研发方面的工作，现在德国的企业都在致力于研发新品，这些研发领域主要是新技术、可再生能源以及电动汽车。经历这些措施以及政府的扶持之后，现在德国企业的态度是积极乐观的。我了解到企业的收入在很快的增长。这些也证明了以这样的方式应对金融危机是有效的。一方面德国的经济正如预期的那样再次恢复增长，现在的失业率是7.7%，这个数字已经比9月份低了0.3%，2009年的第三季度GDP增长了0.7%,到年底的时候可能会有一个0.4%的增长。这场金融危机还没有结束,但是我们的态度是积极的,我们在政府的大力扶持之下,能够快速的恢复主业。这场金融危机并没有过去,还有相当长的一段路要走,希望大家齐心协力应对这场大的金融危机,这也是我到这里来和在座的各位和中国企业进行文化交流的初衷。

前面我也阐述了企业文化不是单纯的文化,还有一些惯例的融合,我们对待优良传统,还有优势文化单单保存会停滞不前,我们应该让他发扬光大,传承至新的一代。

(作者系金米勒电气(天津)有限公司总经理兼上海金米勒副总)

专题论坛:共度时艰——提振信心解放思想科学发展

重在提振信心有对策 贵在加快振兴装备制造业

王瑞祥

一、了解大局,学好用好中央政府的政策,提振信心有动力之源

机械工业是国民经济的装备部,作为国民经济的战略性和支柱性产业是工业化和现代化建设的保证,其发展水平关系国计民生和国家综合实力的提升。伴随着新中国60年的发展,机械工业无论是产业规模、企业数量、从业人员数量、工业总产值、增加值和利润等,今非昔比、令世人瞩目,已成为国民经济各行业技术装备的重要保障、拉动经济社会快速发展的主要动力。

正当机械行业深入贯彻"十一五"规划,推动经济又好又较快发展的关键时刻,自去年下半年,尤其是四季度以来,国际金融危机对机械工业的负面影响之深,冲击力度之大,波及范围之广,超出了我们的预料,致使今年以来机械工业经济增长速度全面回落至近7年来的谷底。因此"应对危机,提振信心,共度时艰,加快振兴装备制造业"是中机联今年工作的重中之重。

从一年多的工作实践证明,应对金融危机的冲击,信心比什么都重要,在前进的道路上,阻碍和困难总是难免的,只要有信心,勇于突破,充分发挥我们的政治优势、经济优势,保持机械工业平稳较快发展是必然的。目前,面对尚未见底的金融危机的冲击,机械行业在推动加快振兴装备制造业工作中,比任何时期都有信心。

这种信心,首先来自中央的坚强领导、果断决策,来自正在实施的出手快、出拳重的宏观调控举措。在这次国际金融危机冲击下,中国经济面临严峻考验,虽然在世界范围内我国受影响相对较小,但反应最为迅速,最为主动:2008年针对国内外经济形势的急剧变化,党中央、国务院审时度势,及时将宏观调控的首要任务从年初的"双防"调整为年中的"一保一控"。针对下半年日渐蔓延的国际金融危机,"暂免利息税""减免股票交易印花税""下调利率"等多种财政、货币政策举措接连出台。11月初,中央果断实施积极的财政政策和适当宽松的货币政策,出台了两年投资4万亿元的"一揽子计划",就是大规模增加政府投入、大范围实施调整振兴产业规划、大力度的科技支撑和大幅度地提高社会保证水平。正因为如此,虽然遭受了国际金融危机的严重冲击,但我国经济在2008年依然保持了9%的增速,经济总量迈上30万亿元的新台阶。特别是进入2009年,中国的喜事多、大事多,在政府强有力扩大内需、提振信心的政策下,从年初召开的人大、政协"两会",到前不久党的十七届四中全会的召开、建国60周年的系列庆典活动,不断传递出信心和暖意,使全国人民倍受鼓舞和激励。在各行业的共同努力下,中央一揽子计划政策效果逐步显现,国民经济出现企稳回升良好势头:"扩内需、保增长"政策效果显著;主要工业行业增长明显加快;各地工业增速恢复正增长;企业盈利状况有所改观。工业经济在较短的时期内扭转了国际金融危机以来大幅下滑势头,回升向好的趋势基本明朗。前8个月,规模以上工业增加值同比增长8.1%,8月份增速已达到去年9月份国际金融危机发生以来最快水平。

上述情况表明,工业经济在中央实施一揽子计划作用下,克服国际金融危机的冲击影响,度过了最艰难的时期,积极因素不断增多,总体向好的运行态势已经明朗。实践证明,党中央、国务院应对国际金融危机的决策和部署是完全正确的,采取的一系列政策措施是及时的、有力的、有效的。这正是全党、全国人民满怀信心战胜这次国际金融危机冲击的动力之源。

其次,提振信心来自机械行业长期向好趋势没有改变的坚实基础,和行业蕴含的生生不息的力量。眼下,这场百年一遇的国际金融危机虽然仍未见底,但机械行业经济运行已出现稳步回升之势:机械工业实现止跌回升并平稳增长,同比增长速度高出全部工业的平均水平2个百分点;农机和汽车行业政策效果特别显著,9月国内汽车产销分别完成136.21万辆和133.18万辆,同比增长78.85%和77.88%,产销再创历史新高。截至9月底,中国汽车产销总量分别达到961.27万辆和966.27万辆,双双逼近千万辆大关,同比增幅分别达到32.01%和34.24%。照目前的情况看,全年将有可能超过1200万辆。这将是中国汽车产销首次迈上千万辆台阶;与此同时,重点技术装备自主创新取得新进展;机床行业在困难中结构优化呈现亮点;产业聚集和企业并购从组速度加快。整个行业的发展趋势令人欣慰。为国家实现"保增长"的目标做出了突出贡献,同时也改变了计划经济时代每逢经济调整,机械工业下降幅度都大于工业平均水平的贯例,展现了市场经济下机械工业已明显提高的对市场变化的应变能力。这正是我们机械行业发展

的信心和潜力，是战胜金融危机冲击的信心所在。

再次，提振信心来自全行业企业广大干部职工团结一致、共克时艰的勇气和重大危机背后蕴藏的重大机遇。

二、研究行业，挖掘危机背后蕴藏的发展机遇，共度时艰有对策

国际金融危机对机械行业发展的不利影响较早、较深。提振行业企业广大干部和员工应对危机的信心尤为重要。经过30年改革开放和经济全球化的洗礼，机械行业企业的各级领导干部，在实践中提高了学习能力、应变能力和创新能力，有较强的政治敏感性和应对能力，对形势的认识也相对较早，从事物的正反两方面看，重大危机背后蕴藏着重大发展机遇，关键在于如何妥善把握，有了战胜挑战的坚定信心，就有了“危”中寻“机”求发展的智慧。只要在经济环境发生剧烈变化的情况下能够迅速发现市场孕育的新商机，企业就有机会在危机中继续生存和发展。因此，早认识、早准备，积极主动采取应对措施，其主要表现在：

一视危机为挑战，及时加强对经济形势的分析和预测，积极应对。东方气轮机有限公司一年多来经受了两场灾难的考验，一场是特大地震的考验，一场是国际金融危机的考验，在这两场考验面前，东汽人视考验为挑战，坚忍不拔、不屈不挠、勇于创新、永不退缩，克服了重重困难，保持了生产有序进行，创造了新的奇迹。震后第八天，东汽第一批产品起运出厂；震后1个月，东汽总体产能恢复到震前的50%以上；震后半年，东汽根据金融危机情况下的市场需求，及时果断地调整产品结构，完成震前全年生产计划的88.8%，工业总产值刷新了历史纪录。东汽人以血肉之躯为倾覆的厂房筑起最坚实的脊梁，用震不垮的精神战胜金融危机的冲击托起企业最坚强的希望。它充分展现出在危难、危机时刻中央企业作为“共和国长子”的坚强脊梁。中国重汽集团作为重卡行业的领军企业，面对金融危机的影响，树立信心，视危机为机遇，视危机为挑战，视危机为动力，坚持科学发展，提升企业素质，提高生产效率和质量水平，增强抵御风险能力；坚持改革创新、科学务实，努力探索振兴民族重卡产业的科学发展之路。自2月下旬以来出现旺销局面，市场订单逐月攀升。挖掘其原因，得益于公司改革重组8年来创新式发展所打造的自身优势，而基于技术创新的产品优势则成为重汽集团的核心竞争力。该集团主要领导从应对金融危机冲击的实践中清楚地认识到，面对当前严峻的市场形势，坚定全体员工的信心最为重要，明确提出了：一是坚定对市场和需求的信心；二是坚定对国家宏观调控的信心；三是坚定对重卡产业发展的信心。越是别人气馁时，重汽人越是斗志昂扬；越是在挑战面前，越需要坚定信心，迎接挑战，实现发展。无论行业上升或下降，中国重汽实现发展的信心不会改变，在行业中保持领先地位的信心更加坚定。

二视危机为大课堂，广泛开展增信心、鼓士气、科学应对的宣传教育，树立全体员工共度时艰的意识。金融危机的到来，让我们失去许多，但也给我们敲了警钟，让我们学到了许多，提醒我们动脑筋冷静思考。“应对危机机械行业的企业应该干什么?”许多企业认为，最主要的：一是重新审视企业的经营战略；二是重新评估企业规模，由做大转向做强；三是推进并购重组，优化产业结构；四是适应形势变化，转变发展模式；五是苦练内功，强力打造竞争优势。针对金融危机的形势发展，时风集团从去年9月份开始，联系企业实际，把度危机作为全体职工学习的“大课堂”，适时提出了“认清形势，树立信心，抢抓机遇”三个关键词，并下发了《认清形势，科学应对，齐心协力渡难关；万众一心，众志成城，创新管理求发展》的宣教学习材料，在全体员工中广泛开展了学习教育活动。强调在经济发展“严冬”的情况下，必须加强学习，冷静思考，采取积极的科学应对，重新审视企业发展战略，调整产品结构，节能降耗创效益，用好质量赢得好市场，用再创业的思想、再创业的态度积极推进新产业发展，打造时风新的亮点。由于信心坚定果断决策，科学应对措施有力，“大课堂”使全体员工应对危机的思想空前统一，公司呈现了自主开发能力强，品牌服务营销俏，项目带动产能高，员工精神风貌好的良好态势，内卖外销齐头并进，产销两旺供不应求的局面。

三视危机为试金石，调结构，依靠自主创新积蓄力量。正泰集团通过调整结构找出路。金融危机让我们重新审视企业的经营战略，外贸依存度过高、企业核心竞争力不足、粗放型增长造成一些行业企业产能严重过剩，金融危机席卷而来，越发凸显出贯彻落实科学发展观的重要性，应对金融危机，归根到底要走科学发展之路。著名的民营企业正泰集团在2008年部分产业公司的业绩增幅出现了不同程度的回落和总体下滑的背景下，他们分析了部分技术含量高、质量可靠、性价比高的产品销售却呈加速增长；在受危机影响最为严重的国际市场方面，低压电器产品的出口情况却呈抗跌的实际情况。由此看到了危机中蕴含着发展的机遇，知难而进，主动变革，积极推进发展方式的转变，通过加强以现金流为核心的风险防范；减负降耗，开源节流；大力引进国内外高端技术及管理人才；淘汰、舍弃技术含量低、赢利能力弱、市场前景差的产品与业务，除去一切影响成本、效率的因素，进一步打造对比优势，做好加、减、乘、除，促产业转型升级。实现由“产品制造商”向“系统解决方案供应商”转型；由“卖产品”向“卖服务”转型；由“传统电气制造业”向“节能环保新能源产业”转型；由“本土性企业”向“世界性企业”的转型。“应对危机绝不是仅仅救一时之急，最根本的是要走科学发展之路，要从长远出发，培养队伍，练好内功，和实现科学发展，转变发展方式、全面推进产业转型升级，积极构建现代产业体系紧紧结合起来。”这是我们行业不少企业从实践中总结出的宝贵经验。陕西秦川集团在几年前就坚持“三高战略”，即：高端技术与管理、高端市场、高市场占有率，赢得应对市场变化的主动；坚持“三精优势”，即：以精密加工、精密检测、精密装配，练就战胜危机的内功。练好了内功，夯实了基础，就为取得更大发展做

好了准备,一旦经济形势好转,就能够率先乘势而上,获得发展先机。目前秦川集团的业绩喜人,该集团主要领导在总结工作时说:“我们今天之所以能够从容应对危机,不是有先知先觉,也不是幸运之神的偶然垂青,更不是仅在眼下采取了一两招有效的应对措施,而是因为我们坚持践行科学发展观,把握住了宏观经济、具体产业、特殊行业的发展规律,严格按照企业发展规律办事的结果,坚持科学发展,思想走多远,企业就能走多远。”实践证明,大浪淘沙,胜者为王。唯有坚持科学发展,才能在越来越激烈的国际市场竞争中立于不败之地。

金融危机不仅对世界经济各方面产生极大的影响,而且对意识形态、社会文化也产生很大冲击,面对这次世界金融危机的冲击,不仅仅是检验经济发展中的问题,也检验着企业党的工作、思想政治工作和企业文化的建设。“走出金融危机,光靠单纯抓经济、不靠党的思想政治工作和文化建设是不行的,过去我们已经有了这方面的教训,要冲出金融危机的影响,企业的党组织必须站在前列,党员干部要做模范,还必须从文化的角度审慎思考,企业文化建设搞得好,职工的思想认识统一,队伍稳定战斗力强,不良的企业文化会给整个企业带来危机”。这是我们机械行业一些党组织在应对金融危机的工作实践中做出的总结。河北宣工机械发展有限公司党委总结的“企业党组织在应对金融危机中要发挥好五个作用(做好思想政治工作,在增强职工信心方面发挥好教育引导作用;贯彻党的方针政策,在维护社会和企业稳定中发挥好核心主导作用;把握企业所具优势,在共谋企业发展中发挥好支持促进作用;加强党的自身建设,在战胜困难中发挥好党员的中流砥柱作用;关心困难职工,解决实际问题,在构建和谐企业方面发挥好协调凝聚作用)”特变电工集团公司,面对2009年全球经济的持续恶化、风险和挑战加剧的情况下,创新企业文化,他们以“三心”(员工安心、股东放心、客户称心)理念,把员工的思想统一起来;以“四特(特别能吃苦、特别能战斗、特别能奉献、特别能学习)的精神,把员工的力量凝聚起来;以“五则”价值观强基固本,把员工的热情激发起来,保障特变电工稳步度过经济危机,实现健康可持续发展。

四视危机为助推器,调整战略,紧抓契机,乘势而上。危机让我们认识到,在复杂的国内外经济条件下,机械工业要保持经济平稳较快发展,必须加大改革力度,坚定不移地走科学发展道路。只有坚持深化改革,我们才能冲破国际金融危机造成的困难,跃上一个更高的发展平台。金融危机以来,国际资源、资产价格的大幅走低,对于装备制造业特别是一些管理体系完善、科技含量高、狠向内挖潜的优势大型企业,是调整国际战略的一个极好的机会。特别是政府和各有关部委,为应对危机先后已经出台和将陆续出台推动企业发展的相关政策和措施,这些政策和措施对机械工业的发展是“助推器”,机械行业企业积极主动用活政策,紧抓契机,乘势而上。重庆机电控股(集团)公司,2009年为打造“千亿集团”开好局,起好步,采取积极有效措施,继续保持经济平稳较快发展,做到“三个确保”:确保机电集团在西部装备制造业中的“排头兵”旗帜不倒;确保集团经济发展不低于重庆市增长水平,保持15%以上增长速度;确保企业稳定,职工生活水平不下降。为保证目标的实现,集团制订了“抓好三大调整,推进三个优化,打牢三项基础,实现三个突破”的战略性措施,并层层抓好落实。合肥锻压集团依托国家重大专项转“危”为“机”。合锻凭借自身品牌技术优势进一步加大技术创新和新产品开发力度。他们依托国家重大科技专项“高档数控机床与基础制造装备”的实施,开展大型数控单双动薄板拉伸液压机冲压线重大装备研制,现已攻克包括全自动、智能化、远程控制等关键技术;大型数控继续压力机冲压生产线研制,采用了国际最先进的控制技术。如今,合锻的新产品已在多个领域取得良好影响,其市场占有率和技术先进性均位居国内首位,部分产品达到了国际先进水平。围绕国家扩大内需的巨大市场需求,他们正积极把握合肥“国家节能与新能源汽车示范推广试点城市”这一契机,迎接企业新一轮大发展。

综上,谁将最先战胜金融危机的冲击,走出经济衰退,他们应该是这样的企业:迅速、灵活地适应快速变化的竞争环境;在调整产品和产能的同时,紧盯各种增长机会;成功实施针对市场、技术和产品线,以及客户的多样化经营战略;与客户和供应商建立了稳固的长期合作关系等。

三、抢抓机遇,加快振兴装备制造业,发挥优势有保证

上个月,中机联新一届理事会,以推进贯彻落实国务院装备制造业、汽车产业调整和振兴规划(以下简称“两个规划”)为切入点,组织召开了首次全国性行业协会工作会议,就加快推进国务院“两个规划”贯彻落实、采取更加有力的措施,进一步战胜金融危机,确保机械行业振兴目标实现,进行了深入广泛的交流研讨,会议用世界眼光,分析了形势;统一了思想,明确了任务;发挥自身优势,制定了措施。

伴随着新中国60年的发展,我国机械、汽车产业已步入全球制造业大国的行列,部分产品国际竞争力有了显著提高,但受金融危机冲击和世界经济滑坡的影响,产业大而不强、自主创新能力薄弱、基础技术水平落后等深层次矛盾进一步凸显,制约着机械、汽车产业的可持续发展。国务院相继出台的“两个规划”是党中央在新形势下的战略决策和工作部署,对于有效应对金融危机,增强自主创新能力,提升产业整体技术水平,调整产业及产品结构,转变经济发展方式,保持行业平稳较快发展,进而提高国民经济发展水平,都具有重要的指导意义和深远影响。

用世界眼光,分析现状和走势。机械工业战线立足战略和大局的高度,运用世界的视野,结合行业发展实际,全面分析了当前国际装备制造业的基本走势和重要特征:目前,美国、日本、德国等工业发达国家仍然是装备制造业强国,现存格局并不因全球金融危机爆发、世界经济衰退而发

生根本性的改变。其基本走势呈现以下几个方面的重要特征:装备制造业的战略地位和作用始终未被弱化;产业结构发生着积极的变化;产业技术发展日新月异;新理论新技术手段引领产业的持续发展;生产方式和管理模式发生深刻变革。总的来讲,国际装备制造业的基本走势清楚地告诉我们,装备制造业维系和推动着世界经济的发展,工业发达国家仍然处于优势地位;科技的进步与技术的集成,对国家竞争力起着决定性的作用;产业结构调整快速推进,国际分工合作日益增强,抢占世界竞争制高点愈发激烈;新理论、新思路、新手段、新创造层出不穷,随时产生并形成新的革命和浪潮等。对此,我们机械行业给予了高度的警觉与重视。同时清醒地分析了我国机械工业的基本现状:产业迅猛发展,支柱产业地位进一步突出;体制改革取得重要进展,生产集中度不断提高;自主创新能力明显提升,对国民经济支撑力不断增强;结构调整取得新进展,发展方式开始转变;国际竞争力进一步增强,"走出去"战略初显成效。

认清形势和问题,明确了任务。半个多世纪以来我国机械工业取得的辉煌成就,足以使我们自豪,但我们清醒地看到机械工业在取得巨大进步的同时,还存在的问题:从当前看经济增长下行压力仍未得到根本性缓解;短期内难以期待外需对增长有积极贡献;产业存在的深层次矛盾依然突出;经济发展方式有待进一步改变和国际竞争环境日趋激化。从长远看,大而不强的现状仍未根本改观,自主创新能力不足,发展方式主要依靠外延式扩张,低端产品产能过剩问题日益凸显,核心基础元器件、大型铸锻件和自动化控制装置发展滞后,关键配套受制于人,大型、精密、高效装备仍依赖进口,品牌效应不强,用户认知度还需提高等等,仍然制约着行业的振兴和可持续发展。要缩短与先进发达国家的差距,实现机械工业由大到强的根本性转变,使命光荣,任重道远。因此机械工业当前和今后一个时期的重点任务是:围绕贯彻落实"两个规划"的总体要求,遵循以产业结构调整为主线,以重大技术装备和高档数控机床为标志性突破口,以关键基础件和基础工艺创新为基础,以自主创新和产业集聚为加速器,以提升核心竞争力为根本的行业工作思路,确保"两个规划"任务的落实和目标的实现;继续保持行业平稳较快发展的良好势头;切实搞好产业结构调整;进一步加强自主创新能力建设;着力转变经济发展方式;不断提高机械工业对外开放水平。在应对危机中为中国制造业"走出去"战略作出贡献。

发挥自身优势,制定了措施。为完成上述工作目标和任务,我们制定了贯彻落实的措施:以贯彻落实"两个规划"为契机,进一步提高对贯彻落实"两个规划"重要意义的认识,增强使命感与责任感;进一步找准定位,整合资源,在贯彻落实"两个规划"中发挥优势;进一步明确职责,细化措施,在贯彻落实"两个规划"中大有作为。

(作者系全国政协委员、中国机械工业联合会会长)

发扬大庆精神铁人精神 积极应对国际金融危机

关晓红

中国石油面对国际金融危机的挑战,认真贯彻落实党中央、国务院的决策部署,以科学发展观为统领,动员百万石油员工,大力发扬大庆精神铁人精神,共克时艰,共度难关,采取保增长、抓重点、增资源、调结构、强基础等有效措施,保持了企业平稳较快发展。

一、大力弘扬大庆精神铁人精神,进一步坚定战胜国际金融危机的信心

这场国际金融危机,对中国石油天然气集团公司生产经营产生了很大的影响。由于市场销售不畅,原油、成品油库存高位运行,部分油田关井限产,炼化企业降低加工负荷,生产组织特别是产运销储综合平衡难度加大。同时,由于调减投资、压缩工作量,工程技术服务和工程建设以及机械制造能力大量闲置的问题凸显。面对国际金融危机的冲击和影响,集团公司党组多次召开会议,分析国内外形势,研究对策措施。党组认为,尽管面临的形势十分复杂严峻、挑战前所未有,但集团公司持续发展的基本面没有改变,仍处于发展的重要战略机遇期。面对复杂多变的外部环境,必须保持清醒头脑,增强忧患意识,既要看到面临的严峻困难和挑战,更要看到我们的有利条件和自身优势,要发扬大庆精神铁人精神,发挥会战时期那么一种革命加拼命的精神,那么一腔艰苦奋斗、积极进取的激情,用大庆精神铁人精神凝聚强大的发展力量,坚定信心,沉着应对,克服各种艰难险阻,不断取得新的业绩。

党和国家领导人历来重视大庆精神铁人精神的传承与弘扬。40多年来,毛泽东、邓小平、江泽民、胡锦涛等历代党和国家领导人对大庆精神铁人精神都给予了高度评价。今年是新中国成立60周年,也是大庆油田发现50周年。年初以来,中共中央政治局常委先后20多人次到集团公司及所属企事业单位考察指导、参加重大活动。6月26日,胡锦涛总书记前往大庆油田考察,看望慰问一线干部员工、科研人员和劳模代表并发表重要讲话,强调"大庆精神永远是激励我们不畏艰难、勇往直前的宝贵精神财富"。国庆前夕,经党中央批准,9月22日中国石油天然气集团公司与黑龙江省委省政府联合在大庆隆重举行了大庆油田发现50周年庆祝大会。会上,中央政治局委员、国务院副总理张德江宣读了国务院贺电;中央政治局常委、书记处书记、国家副主席习近平发表了热情洋溢鼓舞人心的重要讲话,强调指出要"高举大庆旗帜,继续艰苦创业"。9月26日,中央政治局常委、政法委书记周永康同志发表了"弘扬大庆精神,铸造新的辉煌"署名文章,指出"铸造新的辉煌,特别需要大力弘扬大庆精神铁人精神"。党和国家领导人的关怀、重视和精心

培育,确立了大庆精神铁人精神的地位,指明了大庆精神铁人精神发展的方向。

面对国际金融危机的挑战,集团公司党组进一步作出决定,在百万石油职工中开展大庆精神铁人精神的再学习再教育活动,重温大庆石油会战艰苦创业的光荣历史,动员和组织广大干部职工继承和发扬大庆精神铁人精神。在开展深入学习实践科学发展观活动中,集团公司党组把应对国际金融危机冲击、克服经济发展困难和保持社会稳定作为学习实践活动最大的实践、最重要的实际和最需要取得的实效,贯穿于学习实践活动全过程。把积极应对国际金融危机挑战、保持平稳较快发展作为首要任务,确定了"转变发展方式创造新优势,把握历史机遇实现新发展"的实践载体和"发扬大庆精神铁人精神,科学发展做贡献"的实践主题,引导干部职工发扬大庆精神、铁人精神。当前,广大干部员工的忧患意识、市场意识、机遇意识不断增强,战胜金融危机挑战、抓住机遇加快发展的信心和决心更加坚定。

二、持续开展大庆精神铁人精神再教育,进一步筑牢企业发展的思想基础

大庆精神铁人精神是以爱国主义为核心的民族精神和以改革创新为核心的时代精神的生动体现,是我们宝贵的精神财富,已经成为中华民族伟大精神的重要组成部分。大庆精神铁人精神本质就是"我为祖国献石油",精髓就是艰苦奋斗。大庆精神铁人精神是凝聚石油工人力量,激发石油工人斗志的重要源泉。几十年来,大庆精神铁人精神成为广大石油人的价值取向,并在为国家、为社会的不断奉献中得到升华,成为一种忠诚、一种勇气和一种追求,成为广大干部职工世界观、人生观和价值观的组成要素,成为胸怀报国之志,恪尽兴油之责的共同思想基础和行为准则。

集团公司党组高度重视大庆精神的总结、传承和发扬,把宣传和弘扬大庆精神铁人精神作为企业文化建设的重中之重,把"爱国、创业、求实、奉献"的大庆精神作为集团公司的企业精神来加以传承固化于制。运用多种载体,频道不换,内容调整,常抓不懈,多次下发文件部署开展大庆精神铁人精神的再学习再教育;制定下发了《大庆精神教育大纲》,编印了《大庆精神铁人精神学习培训教材》;组织创作了一批反映大庆精神铁人精神的系列文化艺术精品,命名了75个企业精神教育基地;特别是2007年、2008年先后在大庆油田以"弘扬大庆精神,加强基层建设"、在延安以"艰苦奋斗 埋头苦干 不断开创科学发展新局面"为主题召开了领导干部会议,突出强调弘扬大庆精神铁人精神等优良传统。今年以大庆发现50周年为契机,在全系统进一步弘扬大庆精神铁人精神,集团公司党组又在《求是》杂志上发表了"弘扬大庆精神,创造新的辉煌"的署名文章;与黑龙江省委联合隆重举行了大庆油田发现50年庆祝大会;与《求是》杂志社、中央企业思想政治工作研究会、《人民日报》等联合举办了"大庆精神铁人精神高层论坛";在全系统组织网络评选"60年60句"石油人名言活动和"千万图书送基层,百万员工品书香"活动,进一步唱响"我为祖国献石油"的主旋律。

多年来,我们坚持运用多种载体,频道不换,内容调整,常抓不懈,持续开展大庆精神铁人精神再教育,并紧密结合企业改革发展实践,及时总结提炼,大力推广职工在发展实践中创造出的弘扬大庆神的新鲜经验,使大庆精神铁人精神成为激励广大职工闯市场、创新业的精神动力源泉。一大批弘扬大庆精神铁人精神在集团公司甚至全国有重大影响的先进典型涌现出来,被誉为"石油英模现象"。在今年全国"双百"人物评选中,"铁人"王进喜、"新时期铁人"王启民、"当代青年的榜样"秦文贵三位石油英模顺利当选"感动中国百名人物"。

三、大力弘扬大庆精神铁人精神,进一步把政治优势和文化优势转化为企业竞争优势

在火热的生产经营实践中产生的大庆精神铁人精神一直激励着百万石油人的创业奋进的豪迈情怀。中国石油作为中国共产党领导下的、社会主义性质的国有重要骨干企业,党的坚强领导、社会主义制度能够集中力量办大事的优越性,始终是我们最大的政治优势。同时,大庆精神铁人精神是中国石油企业文化的灵魂,是中国石油走向世界的精神支柱和核心竞争力。在积极应对国际金融危机的挑战中,我们坚持以科学发展观为统领,大力加强企业党的建设和以大庆精神铁人精神为核心的企业文化建设,努力把政治优势和文化优势转化为企业的核心竞争力,转化为参与国际合作与竞争的新优势。

过去石油企业的发展,得益于大庆精神铁人精神,当前在建设综合性国际能源公司的伟大征程上,仍是我们持续发展的强大力量。正是通过传承和发挥这一优良传统与竞争优势,中国石油进沙漠,探海洋,闯国外,谱写出了一曲曲艰苦创业的新篇章。在应对金融危机中,我们准确把握国内外经济发展大趋势,坚持危中寻机、危中求进,紧紧围绕科学发展上水平这个核心,发挥既有优势,抢抓发展机遇,加快解决制约发展的重大瓶颈问题,有效应对金融危机挑战,实现了生产经营的平稳运行和战略发展的一系列重大突破。我们坚持以市场为导向、以效益为中心,进一步强化投资规模控制和结构优化,及时调整生产经营计划部署,严格控制成本费用支出,最大限度地拓展盈利空间,保持了生产经营平稳有序运行。突出保障、加快推进重点工程和战略项目建设,独山子千万吨炼油、百万吨乙烯装置全面建成,广西、四川等炼化项目建设顺利推进;西气东输二线西段主体焊接完工、东段全面开工建设,永唐秦输气管道、兰郑长成品油管道兰郑段建成投产。

在国际化经营中,面对海外特殊多变的环境和众多国际竞争对手的挑战,中国石油人发扬大庆精神铁人精神,以能征善战、敢打敢拼、勇于夺取胜利的顽强作风,克服重重困难,取得了令世界石油同行刮目相看的跨越式发展,企业的综合实力显著提高,国际竞争力日益增强,在世界50大石油公司中排名升至第5位,奠定了建设综合性国际能源公司

的坚实基础。目前,中哈原油管道二期正式建成,中俄原油管道正式开工建设,原油、成品油战略储备和商业储备库项目有序展开。充分发挥我国的政治、外交优势及集团公司的整体优势,加强海外战略发展布局,完成新加坡石油公司、日本大阪炼厂股权收购,在两伊、中亚及俄罗斯、印尼等国家和地区的合作项目相继取得重大突破,特别是与BP联合竞得伊拉克鲁迈拉油田开发服务合同,是伊拉克战后首次油气项目招标的第一个中标项目,充分体现了中国石油的品牌价值和综合实力优势。

实践证明,大庆精神铁人精神是社会主义核心价值体系在石油石化企业的具体体现,是我们宝贵的精神财富,也是我们集团公司独具特色的政治优势和文化优势。过去是今天仍然是我们战胜困难、取得胜利的重要法宝。我们要继续弘扬、始终秉承大庆精神铁人精神,同时认真学习和吸收国内外先进企业文化的精华,与时俱进,赋予大庆精神铁人精神新的时代内涵,使大庆精神铁人精神及石油工业优良传统作风,成为百万石油员工共同的思想基础和价值观念,提升文化软实力,增强企业核心竞争力,全面建设综合性国际能源公司,为国家能源平稳供应和经济社会发展做出更大贡献。

(作者系中国石油天然气集团公司副总经济师兼思想政治工作部主任)

金融危机背景下企业文化建设的反思

赵国珩

今年上半年,由于受到国际金融危机的冲击和我国经济周期性回落的双重压力,钢铁行业旋入困境,大部分企业出现亏损。由于中央及时提出“保增长、扩内需、调结构”的方针及政府连续出台的救市政策措施发挥作用,七月份以后,随着全国经济出现企稳回升的良好势头,多数企业开始扭亏为盈,但钢材价格持续低迷,利润空间很小。主要原因,是钢铁产能过剩。

上世纪八十年代以来,由于经济体制改革的拉动,钢铁工业持续快速发展,钢产量由1979年的3448万吨迅速增产到2008年的5亿多万吨,增产了13.5倍。我国加入WTO的时候,钢产量规模已经不小,为18237万吨,以此为基数,到2008年的七年间,以平均22.05%的幅度滚动递增。钢铁工业获得这样飞速发展,显然,是得益于经济体制改革拉动下的生产力释放与全球化浪潮的高度契合。然而现在,国际金融危机降临。虽然国内有政府投资的拉动,但国际市场的需求大为缩减,原有的国际经济秩序和分工模式已被打乱,各地贸易保护主义纷纷抬头,这些,对我国钢铁工业的持续发展造成了重大冲击,所以,产能过剩的矛盾就凸显出来。据保守估计,到2010年,我国钢铁综合产能过剩约1.1—1.7亿吨。而且消化过剩产能,不能简单地理解为只要淘汰落后生产力就行了,因为前几年由政府主导的钢铁工业结构调整,脱离市场,企业一窝蜂地淘汰技术含量较低的建材生产线,争上板材生产线,因而造成了高水平重复建设问题,目前仅热扎板卷产能就过剩约2亿吨。所以,下一步包括代表所谓先进生产力的企业,也面临着惨烈的市场竞争和重新洗牌。

围绕上述基本内容,年初以来,各企业纷纷开展了形势任务教育。随着国际经济形势的发展和对矛盾认识的深化,形势任务教育逐步引向深入,但其核心思想不变,就是激发员工的危机意识和忧患意识,鼓舞必胜信心和奋斗精神。在此基础上,很多企业从制度建设入手,启动了执行文化、精细文化、感恩文化、精益文化建设。目前,对钢铁工业来讲,危机尚未见底,上述企业文化建设的实效有待进一步总结。

从经济运行的规律来讲,危机是一个景气周期的结束,同时也酝酿着下一个景气周期的开始,关键在于抓住机遇,找准矛盾焦点,做好自身的调整和转化,积蓄新的能量。为此,我们最近一段时间,对近几年企业文化建设情况进行反思,并初步形成以下认识:

在钢铁业高增长高利润时代,钢铁行业企业文化建设推动力度较大,也出了不少经验,经过市场危机的洗礼,现在看,有些企业工作和经验确实站得住脚,但在多数企业那里,却逐渐凸显出“两张皮”的现象。对“两张皮”现象的关注,并不是现在开始的,但过去的归因多集中在体制和操作层面。通过这次反思,我们进一步认识到,从价值层面有三大因素,导致企业文化建设的“落地”难。

第一,企业管理模式与企业文化建设的价值导向相悖,使企业文化建设的价值导向只能停留在道义呼唤的层面,在广大员工中难以发挥作用,钢铁企业和其他行业的老企业一样,共同从计划经济体制走过来,在管理制度上,多数没有经过泰罗制的洗礼,天然地带有管理不严,执行不到位,员工操作马虎,不求精细等弊病。所以在经济体制改革之初,企业贯彻科学管理从头做起,在制度安排上凸显出X理论的特点。X理论把员工设定为“经济人”,认为他们从本质上是消极被动的,他们工作只是为了赚钱。这样的管理观念使管理工作转向简单生硬,“以罚代管”逐步盛行。由于企业文化与管理模式具有质的对应性,着眼于惩罚和物质激励的强势管理,即所谓“胡萝卜加大棒的管理模式”,一方面强化着员工的服从意识,另一方面则引导员工急功近利和崇尚自私的价值取向,使人人追求自身利益最大化而置外部效应于不顾的趋势越来越发展。在这样的背景下,不管是社会主义核心价值观的导向还是企业文化的价值导向,都只能停留在道义呼唤的层面,造声势有余却不能进入企业管理的制度框架。所以,当它们与企业现行管理制度所形成的价值导向发生碰撞时,对广大员工起作用的只能是后者,看来,从理论意义上讲,企业文化更宜在充满人文精神的“文化人”环境中施行,而在缺少人文精神的“经济人”环境中,似乎不具备接受的基础。各企业提炼(提出)

的企业精神都很好,但管理制度的价值导向却不支持这些企业精神,所以在实践中难以吸引广大员工跟进。这就是企业文化建设目前遭遇的第一个尴尬。

第二,由于深化改革的利益分化,目前员工对企业改革的共识正走向破裂,难以形成企业文化发展的共同愿景。“十五”以来,由于企业改革中利益关系的深度调整,员工队伍出现分化,形成利益取向不同的群体,也就是所谓的利益主体多元化。目前,不同利益群体的边际已经明晰,各自成员的归属感已经确立。其中,由于在企业改革中的受益程度和对改革成本的分担不同,凸显出工人群体特别是其中的弱势群体与管理者群体之间的感情疏远和互信程度降低。这一状况的发展,不仅加大了企业管理的成本,也时刻孕育着利益博弈的风险。今年七月,在吉林省通化钢铁集团有限公司,围绕着企业改制重组中员工提前退休,工龄买断和身份转变等敏感问题,已发生过破坏性博弈。这一事件虽为个案,我们认为其中蕴含着与我国发展呈现出的阶段性转化相关联的某些规律性。目前,我们正引导企业正确把握利益博弈的性质界定,加强对其规律性的研究和相关法律知识的学习,提高应对本领,以适应新形势下构建和谐企业的需要。从道理上讲,企业内部利益主体多元化与建立企业发展共同愿景,并不一定发生矛盾,但我们目前正处在转轨时期,一些制度不健全,工作也有不到位的地方,改革推进中对员工的承受力照顾不够,员工的利益诉求渠道不畅通,社会心理严重失衡,在这种形势下,企业发展的共同愿景从何谈起?这是企业文化建设在实践中遭遇的第二个尴尬。

第三,腐败现象,不正之风和不良的潜规则,使企业的文化生态深受破坏,给企业文化建设涂上了一层灰黯的底色,社会上和企业内部揭露出来的腐败现象,随时践踏着员工的职业道德情感,有些企业在涉及员工切身利益的重大问题上搞暗箱操作,一些管理人员把部门权力变成个人或小团体谋利的工具等行为,污染着公平正义的道德环境,各种潜规则已被广大员工默认并习以为常,在这样的文化生态下推进企业文化建设,似在杂草丛生的地方建房屋,不是先加以处理和平整,基础何能牢固?这是企业文化建设在实践中遭遇的第三个尴尬。

面对上述“尴尬”,业内何以应对或应注意些什么?我们认为:

第一,要改变从理性原则或预定的模式出发,描述企业文化细节的倾向,理性原则是从工作实践中总结概括出来的,它指导着我们去认识和研究企业文化,但不能作为我们开展这项工作的依据或出发点,否则事情将变形走样,工作也难以奏效。这是企业思想政治工作与企业文化建设共同面临的问题,其实质是如何端正认识路线的问题。

第二,要在科学发展观指引下,从推动企业贯彻落实人本管理,首先要改变对管理对象的“经济人”假设,转而承认员工在本质上是勤奋和愿意承担责任的,在执行任务时能够自我指导和自我控制,工作中存在极大的潜力。要以新的管理理念为指导,建立新的劳动管理框架,将新理念贯彻到具体的管理措施中去,并通过激励使之在团队中固化下来。人本管理的实行,将在员工中形成相应的价值观念和道德规范,在这些价值观念和道德规范沉淀积累的基础上建设以人为本的企业文化,不但顺理成章,而且有效地避免“两张皮”现象。

第三,对企业改革、改组、改制中遗留下来的阵痛如何缓解及企业如何搞好廉洁从业,纠正不正之风问题,我们不在其位、不能以谋。但在推动企业文化建设时,不能不考虑这些因素的影响。企业文化建设作为企业管理的一种模式,它与企业党建工作、思想政治工作各司其职、互相关联,不能搞单打一。否则,难以收到实际效果。

(作者系中国冶金职工思想政治工作研究会副会长兼秘书长)

培育优秀文化 共建同心大唐

王万春

中国大唐集团公司是2002年12月29日在原国家电力公司部分企事业单位基础上组建而成的特大型发电企业集团,是中央直接管理的国有独资公司。组建伊始,系统内94家企业分布在全国14个省、市、自治区,装机容量为2384.75万千瓦。经过近7年的发展,中国大唐下属企业达到260家,分布在全国28个省、市、自治区,并拓展至缅甸和柬埔寨。今年6月,装机容量突破9000万千瓦,成为亚洲最大的发电公司;11月10日,装机容量达到9555.99万千瓦,比组建时增长了3倍,相当于用了不到7年的时间,再造了“三个大唐”。在装机规模快速增长的同时,中国大唐的资产结构也不断优化。截至10月,水电装机容量增长了4.18倍,达到1408.22万千瓦,并建成了国内第二大在役水电站—龙滩水电站(490万千瓦);风电装机从零起步,达到了243.53万千瓦,增长速度居同行业第一,并建成了世界最大的风电场——内蒙古赤峰赛罕坝风电场(67万千瓦);核电、生物质能和太阳能发电均实现了“零”的突破,清洁能源和可再生能源所占比重由组建时的11.37%提高到了17.67%。煤炭、铁路、环保以及与电力产业相关的多种产业也获得了长足的发展。

中共中央总书记、国家主席、中央军委主席胡锦涛曾四次到大唐所属企业考察调研,吴邦国、温家宝、贾庆林、李克强等党和国家领导人也多次到大唐企业现场考察或参加大唐与其他企业的合作签字仪式,极大地鼓舞了大唐的8万员工。然而,中国大唐7年的发展之路并非宽阔平坦的康庄大道。公司不仅遭遇了国际金融危机带来的用电需求持续下滑的严峻考验,而且长期面临着电煤紧张、煤炭价格大幅上涨、煤质下降等困难。作为中国最大的用煤企业之一,仅2008年一年,耗煤量就达到1.5亿吨,而当年的煤价已经比

2003 年上涨了 140%。此外，大唐组建时便面临着“先有子公司，后有母公司”的现实情况，部分基层企业有着数十年，甚至上百年的历史，且不同区域的企业，地域风格、管理方式、原有的企业文化等都不相同，在这样的情况下，如何迅速统一思想，凝聚 8 万员工的力量，坚定信心，攻坚克难，为人民群众的生产生活提供更加充沛、清洁的电力，是中国大唐必须要破解的命题。在此过程中，大唐的同心文化发挥了重要的支撑作用，被企业内部称作创造“大唐速度”和“大唐质量”的“三大法宝”之一，文化的力量，已经深深地熔铸在了中国大唐的生命力和创造力之中。

一、确立企业文化的战略地位，形成同心理论体系

长期以来，中国大唐坚持将先进的企业文化视作企业持续发展的精神支柱、动力源泉和企业核心竞争力的重要组成部分，从战略的高度对企业文化建设进行统筹规划、确保实施。组建之初，公司就提出要通过集团文化的建设，来调整员工心态、整合文化资源、形成管理共识，以此推动企业的持续发展。一方面，深入系统各企业开展企业文化调研和文化整合，发掘系统各企业的文化特点与文化共性；另一方面，公司领导和各分、子公司“一把手”共聚一堂，利用三天的时间，专门召开“企业文化高层论坛”，总结集团创业期间逐步形成的文化特征、管理理念等，大唐文化的脉络逐步清晰、明朗起来。2006 年 1 月，大唐将中国传统文化、现代组织行为学和公司的创业经验进行结合，反复总结提炼，最终确定了企业文化的主题——“同心文化”。这里的“同心”，一是指中国大唐与国家同心，以电力报国为已任，执行国家能源战略，与时代共同进步；二是指大唐集团系统上下同心，全体员工目标一致、思想统一，务实行动、追求卓越。“两个同心”表明了中国大唐作为特大型国有企业的使命与责任，也充分展示了大唐以人为本、依靠团队致胜的管理思想。公司还明确提出了“提供清洁电力，点亮美好生活”的企业使命，“人为本、和为贵、效为先”的核心价值观，“务实和谐，同心跨越”的企业精神，“权责对等，高效协同”的管理理念，“资源最优化，效益最大化”的经营理念等 17 条文化理念，由此形成了一个具有大唐特色、比较完整的同心文化理论体系。

二、精心培育核心价值观和企业精神，凝聚激励广大员工

企业价值观是企业及其员工的价值取向，是对事物的判断标准，是企业文化的核心。近几年来，中国大唐把传播、培育价值观作为了企业文化建设的核心任务，力图凝聚人心，激发人气，使每个员工成为岗位的最高责任者、团队的最佳合作者、企业的主动经营者和市场的快速反应者。为了确保文化理念传播的广度、深度和力度，公司将《同心文化手册》发放到基层班组，专门组织宣讲员训练营，全面启动了以价值观教育为核心的文化理念宣讲。《中国大唐》报、中国大唐网站、中国大唐电视、《中国大唐》杂志和系统各单位的内部媒体组成立体化的宣传网络，全方位开展大规模的宣传。同心文化故事征集和讲述活动集中持续了两年，并作为一项常规工作保留了下来，集纳了大唐员工自己的真实案例、管理感悟和文化漫画的《我们的同心故事》一书，由中国电力出版社正式出版，文化的思维随着故事的传播更加深入人心。我们还不断创新企业文化活动的形式，六年多的时间，集团层面组织的大型企业文化活动就达到 40 余次。大唐员工原创的司歌已经在系统内广为传唱；每年一台的大型职工文艺晚会真切感人、鼓舞人心；集团公司第一届职工运动会和第一届企业文化节的举办，丰富了员工生活，营造了团结向上的文化氛围。潜移默化之中，“人为本，和为贵，效为先”的核心价值观和“务实和谐，同心跨越”的企业精神不仅成为了大唐员工的思想共识，得到了自觉认同，而且成为了各级企业经营者和广大员工的自觉行为，八万员工被凝聚成为一支具有高度的集体荣誉感和富有很强战斗力的特殊团队。2008 年 1 月，在我国南方遭受雨雪冰冻灾害，中国大唐在湖南、浙江、安徽、江苏、江西、河南等地的企业面临着极大的考验。以湖南为例，大唐在湘火电装机 574 万千瓦，占湖南省统调火电的 56.3%，是湖南电网的主力支撑。冰灾期间，湖南发电企业发生了 4 次缺煤停机事件，大唐没有一例；由于电网线路故障，全省发生 12 次全厂停电事故，大唐企业就占其中 10 次，但大唐的机组始终保持了稳定运行，做到了按照电网的要求随时开启，没有因为电厂的原因而降低一点负荷，发电量始终占到了湖南统调火电发电量的 50% 以上，为稳定湖南电网发挥了中流砥柱的作用。在其它受灾地区，大唐的企业全部做到了不惜一切代价保证供电、供热；大唐员工坚守岗位，克服重重困难保煤保电，为夺取抗冰灾保发电的最终胜利付出了巨大的努力。“5.12”汶川地震突然发生时，地动山摇、房倒屋塌之即，甘肃碧口、陕西韩城的大唐员工不是夺路逃生，而是义无反顾地跑向厂里，跑向自己的工作岗位；大唐在四川茂县的天龙湖水电站、金龙潭电站等企业，第一时间救助受灾群众和周边的受困游客，并在最短时间内恢复了向黄龙机场等受灾地区的送电；出差经过映秀的四名大唐员工，打着一面自制的红旗，带领路上遇到的 100 多名受灾村民，历经艰险走了 16 个小时后，转移到安全地区。另外，大唐员工的优秀代表——原大唐国际发电股份有限公司副总工程师李朗红，52 岁离开内蒙古大唐国际托克托发电公司，只身奔赴福建，发扬“千方百计、千言万语、千辛万苦、千山万水”精神，仅用 3 年的时间就完成了宁德火电、核电和漳州风电三个电厂的选址和前期工作，创造了中国核电项目前期工作周期最短的记录，被查出身患癌症后，仍然生命不息，奋斗不止，拼命工作，弥留之际，将多年来记录的数百万字的工作日记和在病床上整理的核电项目资料交给组织。他的事迹被新华社、中央电视台等多家新闻单位在《时代先锋》专栏进行广泛报道。可以说，在中国大唐每年提供的数千亿千瓦时的发电量背后，凝聚了大唐员工的心血，每一度电都有

温度,每一度电都有激情。

三、文化与生产经营管理深度融合,致力成为优秀“企业公民”

无论是一个人,还是一个企业,能力越大,责任也越大。作为一家特大型国有企业,中国大唐的目标之一就是要成为“负责任,有实力,可信赖”的企业公民,我们将文化管理作为规范和提升企业管理水平,服务于社会的重要途径。

一是突出企业使命,落实行动计划。中国大唐把“提供清洁电力,点亮美好生活”确立为企业使命,并围绕这一使命,制订了系列行动计划并加以实施。如:千方百计优化产业结构,提升清洁能源和可再生能源比例;认真贯彻落实国家“上大压小”政策,在全国率先关停小机组;加快建设低能耗、低排放的大型、超大型机组和能源综合效率高的热电联产机组等等。一系列措施取得了明显了成效:清洁能源和可再生能源比例连年攀升;60 万千瓦燃煤机组由组建初期的 2 台增加到 57 台,在全国处于领先水平;累计关停小火电机组 682.92 万千瓦,完成“十一五”关停目标的 170%,关停总量居同类企业之首;煤耗累计下降 41.01 克/千瓦时,降幅居国内同行业第一;脱硫机组容量由组建时的 25 万千瓦增至 6872 万千瓦,增长了 273 倍;污染物排放控制总体处于国内先进水平。在去年奥运会举行期间,中国大唐承担了奥运会主办城市北京和青岛分赛区 50% 以上电力负荷,顶住了煤炭供应极其紧张、价格大幅上涨等重重压力,想尽一切办法,确保了奥运的安全供电。这些紧扣使命的发展思维和具体行动,使中国大唐的“同心思维”在企业各个层面的管理中得到了体现,也使大唐的企业使命真正成为了一种积极的实践。

二是规范制度行为,推动“文化执行”。在大唐的文化理念的背后,是深刻体现文化内涵的制度和不打折扣的制度执行。例如,大唐的安全理念是“生命至上,安全第一”,这八个字融入到了安全管理的各个方面。公司开发了《创一流企业信息管理平台》、《安全性评价管理系统》、《标准化管理信息系统》等网络管理平台,持之以恒地推广“安全性评价”、生产现场“目视管理”和安全设施标准化建设等措施,全方位追求“本质安全”。为落实“大唐大舞台,尽责尽人才”的人才理念,公司制定了《人才强企战略》,全面实施“112 人才工程”,即在 5 年之内,培养选拔 100 名具有较强市场开拓能力的复合型青年高级经营管理人才、1000 名高级专业技术人才和 2000 名高级生产技能人才,目前已有两批共 3130 人次先后入选“112 人才队伍”。公司举办的转动机械检修、焊工、火电机组运行事故处理等多项技能竞赛,发掘了一大批杰出的技术工人,被系统内称作“蓝领先锋”。

三是完善支撑体系,抓好管理创新。中国大唐要求系统各企业的核心价值观、企业精神和视觉识别系统必须与集团保持高度统一,在此基础上,系统各企业可以根据本单位的特点和需求,提出特色文化理念,以此确保管理落实和鼓励管理创新。例如内蒙古大唐锡林浩特胜利东二号露天煤矿,是中国大唐最先开发的煤炭项目之一,露天采区储量达 53 亿吨,单个煤田储量居国内之首,远期生产规模可达 6000 万吨/年,届时将成为世界最大的露天煤矿,该矿把“建设世界一流特大生态环保型露天煤矿”作为奋斗目标,提出了人与人、人与企业、人与环境、企业与自然、企业与社会的和谐企业建设准则,并以“发展大唐,造福一方”为追求,边开采,边栽种苗木和优质牧草实现土地的复垦,锡矿人这样描绘矿山的未来:“几年后,当大家来到复垦后的绿色矿山,能够骑着骏马在碧草中驰骋,吃到矿山农场自产的羊肉、鸡蛋和自种的绿色蔬菜。”像大唐锡矿一样,系统内许多企业将同心文化的宣贯、企业优良传统的传承、特色文化的培育三者很好地结合了起来,三年来,集团公司评选出了 13 家企业文化建设示范基地,它们既在管理创新方面成为了典范,也为全系统的安全文化、和谐文化、人才文化、学习文化、廉洁文化建设提供了样板。

四是主动承担责任,助力美好生活。从 2007 年开始,中国大唐每年编制和发布社会责任报告,强化内部自律,接受外界监督。公司连续三年举办企业开放日活动,主动邀请电厂周边居民、大中专学生、部队官兵等社会各界人士到电力企业参观,迄今已有 3 万多名各界人士到大唐的 43 家电厂参观,感受了中央企业的风貌和现代电力企业的风采。系统各企业也力图通过组织各类活动,共同打造中国大唐负责任的“企业公民”的形象。有的企业为下午四点就放学的社区的孩子们举办免费的“四点钟学校”,组织孩子们上“绿色网络”、读健康书籍、参加课外活动;有的企业设立了专门的扶贫帮困基金,或者与贫困山村、贫困家庭结成“对子”。在今年 10 月中国社会科学院经济学部发布的“中国 100 强企业社会责任指数排名”中,大唐名列第四。在同心文化的引领下,中国大唐正在努力朝着“国际一流能源企业”的方向迈进。未来的日子里,8 万大唐员工将继续秉承“务实和谐,同心跨越”的精神,通过点点滴滴、持续不断的真诚努力,提供更加充沛、清洁的能源,为社会做更多积极有益的事情。

(作者系中国大唐集团公司工委副主任、思政部主任)

专题论坛:诚信立业——企业百年基业的坚实基础

阳光港口 传载真诚

王永刚

日照港位于黄海之滨、山东半岛南翼,是伴随着我国改革开放,孕育、诞生、发展、崛起的新兴沿海港口,是国家“六五”期间重点规划建设的沿海主枢纽港,新亚欧大陆桥东方桥头堡。1982 年开工建设,1986 年开港开放。2002 年8 月,由交通部和山东省双重领导下放日照市管理。2003 年 5 月，原日照港务局与岚山港务局企业部分联合重组，成立日照港(集团)有限公司。

受齐鲁文化传统的影响，同时也是从建港开港初期传承下来的一种淳朴的品德与自律，我们始终坚持把诚信作为港口一切经营管理活动的基本道德准则和价值评判标准。“立身以诚为本，处事以信为先”。20 多年来，年轻的日照港始终胸怀赤诚，以日出喷薄之势，执着奋进、开放包容、激情超越，港口事业蒸蒸日上。已经由开港之初单一的煤炭输出港，快速发展成为多功能、综合性的现代化亿吨大港，在国家生产力布局和能源原材料运输格局中具有重要战略地位。2006 年，在开港开放 20 周年之际，日照港年货物吞吐量一举突破亿吨大关，成为全国沿海港口“亿吨俱乐部”中最年轻的成员。2008 年，完成 1.51 亿吨，同比增长 15.6%。今年 1－10 份，完成货物吞吐量 1.54 亿吨，同比增长 21.9%，居全国沿海港口第 9 位。全年预计突破 1.8 亿吨以上。

2006 年，在中国企业文化研究会的大力支持下，经过缜密的文化诊断、精心梳理、系统提升，在传承日照港 20 年奋进历程，融汇行业、地域文化特征，把握港口发展趋势的基础上，我们提炼形成了具有鲜明个性特征的“阳光文化”。让我们深感骄傲的是，在文化调研中，“诚信”这一要素被港口员工摆在了推动港口各项事业发展的首位。作为文化积淀，诚信已经深入我们日照港人的心灵，流入我们的血脉，凝为我们的文化精髓。因此，我们把日照港的核心价值观凝炼为“传载真诚、追求卓越、共享阳光”，倾力打造“阳光港口、传载真诚”品牌。从港口存在的意义和责任出发，我们树立了“发展港口、报效国家、服务社会、成就员工”的使命。对日照港来讲，诚信不仅仅是一言九鼎、一诺千金，更重要的是对国家真诚奉献，对社会真挚回报，对客户真情服务，对员工真心关爱。

真诚奉献国家，视发展港口为第一要义

一直以来，我们把发展港口视为报效国家的首要责任，努力搞好港口建设，努力提高港口发展质量，推动实现港口科学发展。

集团公司成立以来，我们坚持“人无我有、人有我优、人优我特”的理念，大力实施高起点、高标准建设。先后建成了矿石、原油、集装箱、散粮、木片等一批大型、深水化、专业化泊位，由开港之初仅有的 2 个煤炭泊位，1500 万吨设计能力，快速增加到目前的 37 个泊位，1.2 亿吨吞吐能力，港口规模快速膨胀，港口功能日臻完善。坚持以功能开发带动市场开发，在中西部广大腹地广辟“无水港、旱码头”，使日照港成为鲁南、沿黄、沿桥经济带和广阔中西部地区最为便捷经济的出海口岸，港口服务腹地不断扩大，吞吐量快速攀升，港口年货物吞吐量由开港之初的 264 万吨，快速增长到 2008 年的 1.51 亿吨，年均增长 20.2%，铁矿石、镍矿、木片、粮食进口量和水泥出口量都处于全国沿海港口第一位。

坚持推动港口由粗放型发展向内涵式发展的转变，不断推进港口管理变革，大力实施精细化管理，持续开展“管理效益年”活动，全面实行定额管理和对标管理，积极引入卓越绩效管理，港口管理的现代化、精细化程度不断提高。大力实施多元化战略，依托港口运输主业和港口资源、信誉、品牌的综合优势，大力培育、生发、壮大“物流与贸易、建筑与制造、综合服务”等相关多元产业，打造了以山东港湾、日照港建、日港监理、日照港机为代表的一批业内领军企业。近几年，港口业务收入年均增长超过 20%，能源综合单耗年均下降近 10%，港口发展质量和可持续发展能力进一步提升。

特别是去年以来，面对金融危机的严重冲击和巨大压力，全港上下做到“思想不乱、发展不慢”，以积极作为化解危机，变中求进，港口生产建设各项事业都获得新突破。港口生产实现逆势上扬，增幅始终居全国沿海亿吨港口前列；积极抢抓国家、省、市出台的一系列应对危机、刺激经济发展的政策措施所带来的机遇，着眼构筑港口未来发展新优势，储备项目，推动项目，投资建设腹地“枣临”“东平”铁路。日照—仪征输油管线、日照—东明输油管线、晋中南煤运通道和日照钢铁精品基地“三线一基地”规划建设，B 型保税物流中心封关运营，港口集疏运体系进一步优化，更为后危机时代下一轮的大发展奠定了基础、积蓄了力量。尤其让我们感到骄傲和自豪的是，温家宝总理在今年 6 月 27 日主持召开的山东省部分重点企业主要负责人座谈会上，在听取了我港当面汇报后，对我港积极应对危机、实现逆势快速发展的成绩给予了赞扬和鼓励，称赞我港发展的很好，很难得。并要求我们做好长期应对金融危机的准备，要有经历长时间困难的思想准备。这不仅仅是对港口科学发展的肯定，更重要的是体现了国家对日照港在国民经济发展、生产力布局中的期望。

真挚回报社会，以感恩心态促和谐发展

饮水思源。感恩是一种情怀，是一种美德，更是一种境界。诚信是经济社会和谐发展的先决条件，发自内心的感恩心态则是恪守诚信的原动力。我们一直把服务辐射带动区域经济发展作为最大的社会责任，注重生态文明，推动港口与社会、生态环境协调发展。

随着港口不断发展壮大，日照港在日照市和鲁南经济带甚至广大中西部地区的经济社会发展中发挥着越来越重要的作用。由于日照港的建设开港，直接促成了地级日照市的设立，开港 20 多年来，日照港有力地带动了日照市临港产业的迅速发展。特别是集团成立以来，在对外合作中积极引进产业关联度大、带动作用强的大项目，促进了临港工业和仓储、物流、加工配套服务等相关产业的迅猛发展，为日照市及周边地区创造了大量的就业岗位，直接拉动了海关关税和地方税收的大幅增长。2003 年以来，港口行业及衍生产业共吸纳数十万的从业人员，培育关税税源 400 多亿元。

在港口快速发展的同时,我们高度关注节能减排和环境保护,严格落实环境保护措施,维护海洋生态平衡。在不断加强现场管理和控制的基础上,我们累计投入5亿多元建设粉尘防治设施,大大降低了粉尘污染。投资30多万元购买了85万尾牙鲆鱼和贝类西施舌增殖放流大海,为促进海洋环境和渔业资源的可持续发展做出积极努力。我们广泛开展扶贫济困、救助失学儿童等公益活动,捐建了2所阳光希望小学。四川汶川地震发生后,我们积极开展抗震救灾活动,累计向四川地震灾区捐款455.4万元,妥善接收安置灾区学生,承建日照市援建的活动板房,派出援建队伍赶赴灾区,帮助灾区人民进行灾后恢复重建。积极参与支援青岛奥帆赛基地浒苔清理工作,累计投入350余万元用于浒苔打捞清理工作。真挚回报社会,为日照港树立了"阳光港口"的社会形象,关心港口、支持港口、爱护港口的和谐氛围日益浓厚。

真情服务客户,以追求卓越打造港口品牌

对客户诚信,就是要"言必信,行必果",坚持互惠互利的原则,共生共赢,竞合发展,要以追求卓越的态度,把为客户提供最优质、最高效、最安全、最便捷的服务始终摆在突出位置,让客户满意,使客户感动,赢客户忠诚,打造"阳光港口、传载真诚"卓越品牌。

我们始终秉承"合作凝聚力量,携手创造价值"的理念,与港口物流链上下游客户结成战略联盟,实现战略共赢。我们坚持做到"一让、二容、三精"。"让",是要让合作伙伴能赢,在别人的机遇中发展自已;"容",是以开放的胸怀容纳百川,在竞合之中,把最强大的竞争对手也变成合作伙伴;"精",就是要以一种高度负责的态度,精选合作伙伴,"授人以渔,学人之渔",在核心能力的培育上共谋发展。目前,日照港已经与包括世界500强在内70余家"外字号"、"国字号"、"省字号"的知名企业开展了合资合作,构筑起战略联盟,实现了1+1>2的聚变效应。我们联合兖矿集团、中煤能源集团等5家煤炭企业,共同发起日照港股份有限公司,其诚信经营获得了社会的高度赞誉和肯定。在2006年首发上市后,成为沪深300指数样本股和上交所"上市公司治理板块"样板公司,三次融资均获成功,在34个月内募集资金超过32.4亿元,成为全国近三年来境内融资次数最多、再融资速度最快的上市公司之一,为实现与社会各界"共享阳光",共同分享日照港发展成果搭建了平台。

金融危机发生后,我们按照不同的货种、不同的区域,分了十几个工作小组,到鲁南、华东和中西部地区,分头分片深入客户,在广西南宁、江西河津、呼和浩特、西宁以及省内的潍坊淄博召开货主座谈会和业务推介会,征求客户意见,了解市场动态,对接服务需求,架起客户相互沟通交流的"鹊桥",并积极争取海关支持,扩大保税业务范围,为中小客户提供拼船等服务,帮助他们解决生产原料和销售等问题,实现抱团取暖、共同发展。

我们把最大限度的维护客户利益作为首要任务来抓,超出一般的竞争需要,努力让日照港服务最好,追求卓越,精益求精。早在1992年,日照港将两千吨劣质煤填入海底,宁可自己遭受损失,也决不让一吨劣质煤流出港口,在社会上赢得了"质量之港"的美誉。我们有"一百吨换来一百万吨"的故事。我们大力开展以"零杂质、零缺陷、零投诉"为主要内容的"三零工程"和矿石精品工程活动,用装鸡蛋的标准来装卸块煤,把最优质的服务提供给客户;我们创造了8016吨/小时的矿石卸率世界纪录,9486吨/小时的煤炭装船全国纪录,2007年至2009年,全港每年平均打破200余项生产纪录,用最高效便捷的服务增强客户的竞争能力。真情付出赢得客户的信赖,获得社会的赞誉。"阳光港口、装卸真诚"服务品牌在被评为"山东省服务名牌"。入选"2009中国服务业500强",排名第205位,在入选的8家港口企业中排名第四。

真心关爱员工,以成就事业激发创业激情

员工是港口发展最宝贵的资源。对员工诚信,就是要坚持以人为本,关心关爱员工,激励鼓舞员工,培育成就员工,把拓宽发展空间作为对员工的最好奖励,激发员工的创业激情,让工作成为员工的一种享受。

我们坚持以"阳光文化"引导员工成长,在阳光文化品质的培育养成中,成就员工事业。集团公司成立以来,集团公司党委提出了"围绕中心、强化核心、凝聚人心"和"提高能力、激发活力、增添动力"的工作思路和目标,以引导员工解放思想为突破口,先后开展了8次解放思想大讨论活动,把员工思想统一到了加快发展上来,把解放思想、创新思维内化为港口员工的优秀品质。以开展"四好班子"和"品牌员工"创建为抓手,全力打造了一支"政治素质好、经营业绩好、团结协作好、作风形象好"的"钢班子",建立起专业技术人员和管理人员"H"通道,培养了一支以"金牌工人"、山东省首席技师、全国优秀农民工为代表的"品德高尚、业务精湛、技能高超"的"铁队伍"。激情超越、开放和谐的文化氛围赢得了员工对港口事业的忠诚,他们把自身发展与港口发展紧密结合在一起,自主、自发创新活动活跃,发明了"一抓准"、"抛物线运钩"、"飞行抛料"等多项拿手绝活,港口生产纪录被不断刷新,员工刘家树发明的"实用节能新技术"获得了国家发明专利,许多员工的发明创造被国内大型制造厂商应用推广。

我们坚持港口事业发展的同时,持续提高员工待遇。自开港以来,员工年收入增长了35倍多,年均增长达17.7%,实现了员工与港口共同成长进步,共享发展成果。

在经济社会的快速发展中,我们深知,诚信难得,诚信易失。《中庸》中孔子有句话,叫"博学之,审问之,慎思之,明辨之,笃行之"。在未来发展中,我们要慎思明辨笃行,坚持以诚信经营支撑港口百年基业长青,以时不我待的紧迫感和只争朝夕的历史责任感,致力于"打造最具活力的国际一流强港"。坚持"阳光文化"的引领,高境界定位发展,"跳出港口看港口、着眼全局谋发展",用全球化视野,前瞻性眼

光，着眼于打造山东半岛蓝色经济区、沿海高效生态产业带、沿海高端产业带、鲁南临港产业带“一区三带”的战略规划，着眼于国家的区域振兴战略，着眼于“十二五”乃至更长时间港航业发展趋势，审视港口发展定位，谋划港口发展战略，积极构筑港口未来发展新优势。全力以赴推进“五四四”工程，着力突出“生产、建设、管理、合作、资本运作”五大战略导向，着力打造“港口业务、物流与贸易、建筑与制造和综合服务”四大业务板块，着力构筑“大宗干散货、原油、集装箱运输和现代物流”四大重点体系，力争到2010年，使港口年通过能力达到2亿吨，到2015年达到3亿吨。

在从胜利走向胜利，从辉煌走向辉煌的发展中，我们将以更大的发展成就真诚奉献国家，真挚回报社会，真情服务客户，真心关爱员工。在践行“阳光港口、传载真诚”的征程中，年轻的日照港与大家一起共享阳光，扬帆远航！

（作者系日照港（集团）有限公司副总经理）

诚信立业 亮剑报国

吴基伟

以诚待人，以信取人，是我们中华民族最为优秀的道德传统之一。作为一种普适的道德规范和行为规范，诚信是企业之间、人与人之间互信、互利的良性互动关系杠杆，是市场经济的本质要求，是塑造品牌的核心要素。对贵航集团来说，回顾45年的风雨历程，诚信立业始终是其核心价值体系的重要组成，体现的是对国家、对人民、对社会、对客户、对职工的忠诚。作为以满足国防现代化建设和国民经济建设需要为己任的贵航集团，对“诚信立业，亮剑报国”这一核心价值观始终不渝的坚守，成为推动贵州航空工业又好又快发展的巨大精神力量。

今年是贵州航空工业创建45年。45年来，贵州航空工业一直努力做一个诚信准则的践行者。45年来，十余万贵航人用自己对工作的忠诚、对贵州航空工业的忠诚、对国家国防建设和部队装备建设的忠诚，在大三线建起了一座座独具特色的航空工业工厂，培育出了具有“诚信立业”与“亮剑报国”特质的特色文化，成为贵州航空工业永续发展的精神源泉。当前，在中国航空工业调整改革的新形势下，贵航集团秉承“航空报国，强军富民”的集团宗旨，践行“敬业诚信，创新超越”的集团理念，贯彻落实“两融、三新、五化、万亿”的集团战略，继续解放思想、居安思危、再造三线，诚信立业、亮剑报国，全力把贵航集团打造成为强大的国防战略储备能力后方基地，建设成为我国高级教练机、无人机、通用飞机的科研生产基地。

“让毛主席睡好觉”这句承诺，源于对祖国三线建设重大决定的神圣使命，源于周恩来总理“1970年贵州歼击机基地一定要建成”的殷殷期望，一批批来自祖国四面八方的贵州航空工业建设者们，来到了贵州高原，诚信立业，亮剑报国。

贵州航空工业诞生于三线建设那个特殊年代。基于对当时国内外局势的判断，党中央、毛泽东主席做出了“抓紧三线建设”的战略决策。1964年11月23日，国务院国防工业办公室经中央批准成立贵州地区建设筹备处。来自全国16年省市、35个一、二线航空工业企业的一万多名经过严格挑选的优秀干部工人和科技工作者，集合在“好人好马上三线”的旗帜下，离开了大城市，星夜兼程汇集到人迹罕至的贵州高原，在恶劣的自然环境下，开始了建设贵州航空工业的创举，用汗水、热血乃至生命奠基了贵州航空工业。几年间，在贵州省跨越3个地区、3个市、8个县，绵延400多公里的范围内，一座座航空工业工厂拔地而起。到上世纪七十年代初期，贵州航空工业完整的科研生产体系初步建成，实现了周恩来总理“1970年贵州歼击机基地一定要建成”的愿望，贫穷偏远的贵州山区第一次有了较为完整的航空工业体系。

1970年，第一架贵航人研制生产的歼击机从贵州高原腾飞，这距贵州航空工业开工建设仅仅5年；从此，贵州高原上诞生的多种型号军用飞机和航空发动机，呼啸长空，贵州高原也铭刻下了贵航人忠诚党和国家的嘱托、敢于接受挑战、敢于战胜困难的文化品质。

由于三线建设，贵州成为军工大省之一，建立了比较完整配套的国防工业体系，为我国国防建设和经济发展作出了重大贡献。三线建设作为最早的西部大开发，成就了贵州省的工业基础，也带动了贵州的经济社会发展。

1979年，国家对国防进行重大战略调整和转移，源于满腔报国情怀和对祖国的庄严承诺，贵州航空工业开始了一次悲壮的跋涉。直面市场，解放思想，诚信立业，让贵航人很快走上航空为本、军民结合的外向型发展之路，贵州航空工业迎来了又一个不凡的春天。

1976年，全党的工作重点转移到社会主义现代化建设上来，中国的航空工业也面临着由计划经济到市场经济转型的痛苦变革。1979年起，贵州航空工业军品计划陡降，生存陷入危机，不得不开始了军转民的艰难跋涉。

就是在这样的境遇中，贵航广大干部职工继续坚守三线建设初期的庄严承诺，坚定诚信立业、产业兴企、航空报国的志向，紧跟国内外产业发展的步伐，抓好军品新型号飞机的科研生产，同时，不断解放思想加强民品开发，陆续研制开发出一大批适销对路、市场占有率高的民品，军民结合产业发展大大增强了贵航集团的经济实力。

1985年，贵航人再次将自行设计制造的歼七高级教练机送上了蓝天，开启了我国自行设计制造高级教练机的先河，解决了空海军的急需，结束了我国没有高级教练机的历史。1987年，歼教七飞机亮相第37届巴黎国际航空航天博览会，以其风采和雄姿，博得了国际航空界的关注，被国外媒体誉为“亚洲明星”，为祖国争得了荣誉，实现了我国国产实物飞机参加国际航展零的突破。1989年，歼教七飞机荣获国家科技进步一等奖。

忠诚祖国、诚信立业的贵航人创造着一个又一个奇迹。

1990年11月9日,贵航集团研制的歼教七－P型飞机首飞一举成功,仅用18个月完成了通常需要三到四年时间才能完成的研制任务,在中国航空工业历史上前所未有,被原航空航天部誉为“011速度”。2003年,在全集团的奋力拼搏下,实现了按“共同开发、共同投资、共担风险、共享利益”的原则研发的“山鹰”高级教练机和多用途无人机“两机”首飞成功,为国人所瞩目,再一次创造了贵州航空工业的新辉煌。

同时,贵航集团航空发动机和机载专业化企业发展迅速,成为配套中国航空工业各机型的一支生力军,2009年国庆大典,装载着贵航集团研制生产的航空发动机和多型机载专业化设备的航空产品在万众瞩目下接受检阅,向共和国汇报了三线贵航人忠诚祖国的报国情怀。

上世纪80年代中期,面对军品陡降的严峻局面,三线贵航人以国家的大局为重,领导层审时度势,以“诚信的企业人格和亮剑的拼搏精神”,举起了第二次创业的大旗,为建成飞机汽车科研生产基地开始了新的征程。

在这个旗帜下,贵航集团迅速迈出“军转民”、“内转外”的步伐。本着“工艺相近、技术相通、结构相似”的基本原则,大力开发汽车、汽车零部件等民用产品,并迅速做大做强,产品几乎覆盖了我国所有车型,占据着市场的主导地位,年销售收入近20亿元,成为我国汽车零部件行业的“小巨人”企业。现在,诚信立业赢得了市场和客户的认同,贵航集团民品发展在激烈的市场竞争中走出了一片新天地,形成汽车与汽车零部件、工程液压基础件、机床装备、高档工量具、医疗器械、矿山机械、农业机械等支柱民品,2008年民品对贵航集团经济总量的贡献率已达一半以上。

伴随着思想解放的是对企业改革的不断深化,通过组建企业集团,推进现代企业制度建设,贵航集团成为首批国家重点扶持的512家企业集团之一。贵航大力推进债转股,实施国家政策性破产,建立多元投资机制,实施主辅分离、辅业改制、三产分流改革措施,加快企业分离办社会职能步伐,减轻历史负担,提高了整体竞争力。1992年,贵航集团成功发行了中国航空第一股——力源液压,揭开了贵航集团逐鹿资本市场的新篇章。目前,贵航集团已实现集团旗下“中航重机”(原“力源液压”)、“贵航股份”、“中航三鑫”三家股份公司成功上市,“中航重机”、“贵航股份”还分别完成了第一次重组与定向增发;收购贵州东方机床厂,并购贵州能发公司,资本运作成效初显。

贵州航空工业经过45年的发展,已建成一个独立完整的航空工业基地,成为我国高级教练机、某重点型号飞机、通用飞机的科研生产基地,并逐步形成飞机、航空发动机、机载配套设备、民品开发等较为完善的军民结合型科研生产体系,成为集工业、贸易、科研、金融、三产为一体的大型企业集团。

1999年军工生产体系的大调整,贵州航空工业为破解生存发展的困局,不等不靠,无怨无悔,亮剑图强,让满足第三代战机训练要求的“山鹰”高级教练机从贵州高原上一飞冲天,集团也实现了跻身百亿企业集团的跨越。“山鹰”飞机的成功研制和百亿梦圆,体现了贵航集团对国防和军队建设的不变承诺,对建设创新贵航、魅力贵航、和谐贵航的执著信念!

1999年,国家对军工科研生产体制再次进行战略重组,曾经为我国国防建设作出过贡献的贵航集团,在所属40多家企事业单位中,只有两家企业入选国家保军单位。成为非保军单位意味着日后在承制国家军工产品时,不再是国家定点项目,直白地说,就是企业行为完全市场化,以市场为主导,优胜劣汰。这种前所未有的竞争与挑战,对原本就没有得到国家重大项目支持的贵航集团来说,面临又一次生存发展的危机。

胸怀报国志向的贵航人没有忘记三线建设时期对祖国的承诺,他们始终秉承诚信的信念,相信有为才有位,“有位”才能为国防装备建设作出更大的贡献。多年来贵航人以“产品谋位”的发展方式,以诚信去报国,以亮剑精神去抗争……

2001年,一个按市场经济运作规律,自筹资金立项研制的新型高级教练机——“山鹰”被提上了议事日程,列为贵航集团的“一号工程”。经过艰苦的奋战,2003年12月13日,“山鹰”高级教练机实现首飞。2009年9月,“山鹰”飞机完成技术鉴定,即将进入设计定型阶段。定型后的“山鹰”将成批装备部队,在国防武器装备系列中占据一席之地。

“山鹰”高级教练飞机研制的每一个阶段性胜利,显现的是贵航人对祖国的诚信,同时也展示了贵航三线人的亮剑精神,体现的是贵航人“高原大爱,诚信报国”的情怀!

思想必须解放,行动才会坚决,发展才能突破。贵航人秉承“敬业诚信、创新超越”的理念,以“敢于亮剑”的精神,引领贵航集团实现全面、协调、可持续发展。

“十一五”以来,我们反复强调以国家利益为重,在“诚信立业”的原则下,继续解放思想,推进贵航跨越式发展,集团进一步明确了发展战略,提出走“专业化、集群式”发展道路,强调航空为本,主动融入航空产业链和区域经济发展大平台,贵航再造三线取得了显著成效:2002年到2008年,贵航集团工业总产值从45.7亿元增加到115.1亿元,年均增长16.62%;工业增加值和销售收入分别由13.8亿元和38.8亿元增加到33.3亿元和111.59亿元,年均分别增长15.79%和20.39%。2008年集团资产总额达到210.5亿元,比2002年的103.1亿元增长了2倍。2008年利润总额4.3亿元,比2002年的2775万元增长了15倍多。尤其是进入“十一五”后,贵航集团持续快速发展,2007年汇总销售收入突破百亿,跻身百亿企业行列,2008年总收入达到130亿元,成为贵州省首家装备制造业百亿企业集团,经济规模位居中航工业前列,贵州国防科技工业首位。

贵航集团的快速发展,增强了中航工业在贵州地区的影响力,贵航集团以优良的企业信誉和形象,获得了贵州省金融系统对贵航集团的资金支持,同时国家级的技术中心为所属企业提供强大的技术支持,贵航集团已成为航空工业贵州地区企业的科研、生产发展的重要融资平台、技术和管理创新平台。

贵航集团"诚信立业、亮剑报国"的同时,也不忘主动承担社会责任,坚持定点扶贫开发15年,在贵州省安顺市关岭县、普定县、镇宁县、紫云县累计投入扶贫开发资金2000万元以上;以"军工支农、党建扶农"为主题与贵州省7个县(区)14个国家级一类贫困村开展党建结对帮扶工程;5·12汶川特大地震,累计捐款捐物1200多万元;每年为解决破产、改制企业历史遗留问题、慰问困难企业职工费用达2000多万元;制订了《贵航集团履行社会责任实施办法》,建立了帮扶救助基金,形成扶贫助困长效机制。在深化企业改革进程中,贵航集团发挥地区平台作用,为所属单位的破产、改制、重组做了大量的社会稳定工作,从政治上、经济上全力以赴解决历史遗留问题,为保一方和谐稳定做出了重要贡献。实践证明,贵航集团作为地区平台,已成为中航工业区域改革、发展、稳定的重要力量。

多年来,贵航集团全力推行中国航空工业战略和文化,企业党建、思想政治工作和企业文化建设对促进集团发展发挥了重要的组织、思想和文化保障作用,成为贵州省企业党建、思想政治工作和企业文化建设的一面旗帜。贵航集团在党建创新方面不断探索,具有贵航特色的党建品牌"贵航党建80条",得到了贵州省委组织部的高度评价,此项实践成果获得了全国党建研究会优秀成果二等奖,是目前中央企业所获成果的最高奖项。今年9月,贵航集团被中国企业文化研究会授予全国企业文化建设示范基地,成为贵州省首家全国企业文化建设示范基地。

面对中国航空工业的深化改革,贵航集团董事会、党委会明确表示,坚持"诚信立业、亮剑报国"的核心价值准则,提出四个不变:战略定位不变,跨越发展目标不变,航空报国、强军富民理想不变,"解放思想、居安思危、再造三线"决心信心不变。

2008年,中航工业重组成立,新一届党组提出了一系列新的战略思想,大力推进"两融、三新、五化、万亿"战略举措,体制机制、管理模式和文化理念"根本性、颠覆性"改革正全面实施。贵航集团党委、董事会坚决贯彻落实中航工业"两融、三新、五化、万亿"战略部署的推进,明确提出在中航工业战略指导下,坚持"诚信立业,亮剑报国"的原则,提出四个不变:战略定位不变,跨越发展目标不变,航空报国、强军富民的理想不变,"解放思想、居安思危、再造三线"的决心信心不变。

作为时代精神与贵航集团个性结合的价值理念,"诚信立业"是贵州航空工业广大干部职工在40多年的奋斗历程中艰苦奋斗、激情进取、挑战极限而凝结成的宝贵精神财富,是中国航空工业优良传统和时代精神的结晶,是贵州航空工业的立业之本。

诚信,即待人处事真诚、老实、讲信誉,做到言必行、行必果。诚乃诚实、真诚、诚意。信乃信用、相信、信誉。诚信体现的是对国家、人民的忠诚,体现的是正派、公正的处事原则和说老实话、办老实事、做老实人的做人原则。作为以满足国防现代化建设和国民经济建设需要为己任的航空工业,诚信更多地体现在产品诚信、过程诚信、人格诚信、商业诚信等丰富的内涵中。产品诚信,要求产品一经交付就是"缺陷为零",对部队负责、对用户负责、对国家负责。过程诚信,表明了在生产过程中工艺纪律、质量制度、管理规范等得到了自觉遵守,过程得到了控制。人格诚信,要求从事航空产品研发生产的职工必须遵守质量道德,具备职业素质要求。商业诚信,要求我们在市场化经营过程中,遵守市场规范,重合同,守信用,满足客户需求,实现互利共赢。

诚信立业、亮剑报国,居安思危、再造三线。贵航集团发挥航空工业专业化优势,以未来的航空城民用飞机研制为主体,以航空高新技术为先导,打造产业聚集区,使之成为贵州新型装备制造业军民结合产业发展示范区,航空工业高新技术研发基地,科技成果转化基地和军民结合产业化基地。

诚者,天之道也;思诚者,人之道也。航空报国、强军富民,贵航人将矢志不渝;敬业诚信,创新超越,贵州航空工业将一往无前!

(作者系中航工业贵州航空工业(集团)有限责任公司党委副书记)

久远南昌亨得利 优品传世载盛誉

熊林根

亨得利创办于清朝光绪末年,是寓万事亨通得利而取名亨得利。1918年,由总部派人来南昌选址于商业繁华地段中大街路,即现在的胜利路洗马池开设了"南昌亨得利钟表眼镜行",以经营钟表、眼镜、钢笔、唱机、银器首饰,兼营钟表修理而著称。随着历史的变迁,特别是面对改革开放深入推进,其所有制形式、企业性质、管理方式也都发生了根本性的变化,但南昌亨得利人始终坚持把中华民族的传统文化与恪守商道的诚信美德熔铸于企业的经营管理之中,并不断融入新的时代内涵,形成了独具南昌亨得利特色的企业文化体系,塑造了"字号老、信誉好"的金字招牌,在赢得市场赞誉的同时推动了企业的持续健康发展。南昌亨得利12年间累计向国家缴纳税金1.3亿元,与改制前的12年比较增长了30倍,并多次被评为"南昌市A级纳税企业"、"江西省特级纳税信誉等级企业"称号。董事长、总经理熊林根86年被评为全国优秀经营者、全国"五一劳动奖章"获得者;1989年被评为全国优秀党务工作者;1989、1995、2000年三次被评为全国劳模;2003年被评为中国优秀企业家;2007年首届全国道德模范提名奖。这不仅是熊林根个人的荣誉,更承载了企业的盛誉。

一、做好“老”文章,创造“新”商机

南昌亨得利的发展经历了私有企业——公私合营——国有企业——有限责任公司的改制过程。解放初期,由于佩戴手表的人不多,所以南昌亨得利主要销售是木钟、闹钟、怀表等;到了1958年,我国的手表工业开始发展,人们的生活水平面不断提高;到了七十年代,手表已成为人们日常生活的“三大件”之一,常常出现供不应求的现象,南昌亨得利凭着是南昌市唯一的钟表专业店,得到指标最多,所以业务一直平稳。然而进入八十年代末九十年代初,随着社会主义市场经济的确立,商业竞争日趋激烈,一度钟表市场不景气,国产手表大幅度降价,尽管南昌亨得利这个老字号,过去凭着它的招牌和声誉在同行中占有一定的优势,但市民心底里的老字号情结并不能代替市场规律,企业走向市场,过去的优势不明显了,遇到的却是前所未有的挑战。

企业如何在激烈的市场竞争中取胜?如何在改革中闯出一条新路?领导班子清醒地认识到:老字号有着令人羡慕的先天优势,资历老,公众的关注度高;老字号的金字招牌、知名度和消费者对它的认同感,是新生企业难以企及的;亨得利拥有的民俗文化是企业独有的竞争力,是其他企业不可复制的。但老字号引以为荣的金字招牌只能说明历史,却不能代表现在,更不是万世的聚宝盆。只有在深刻发掘其文化和历史,以现代的眼光和科学的态度,顺应市场,做好“老”字文章的同时,弘扬时代精神,着眼于新的实践和新的发展,不断有“新亮点”、“新内容”、“新优势”,这个老字号才能老树发新枝,再现生机盎然。

二、以市场为导向,实施品牌创新战略

公私合营后的南昌亨得利,曾经只经营钟表一个项目,即便是计划经济商品紧缺时年销售额也只徘徊在100万元左右,利润10万元左右。面对激烈的市场竞争,领导班子意识到,如果忽略了消费者不断上升的消费需求,以经营单一的商品来维系整个企业的发展,老字号的招牌百年前虽然是一手“绝活”,但是百年后不一定是“绝活”,这种经营模式结构会使企业在整体上将缺乏活力,陷入危险境地。因此,南昌亨得利不能倚“老”卖“老”,企业要走“滚动前进、滚动发展”之路,即在战略上跨大步、战术上跨小步、不停步;战略上求大进,战术上积小进为大胜。并在巩固钟表主业的同时,不断开发新的经营项目的品牌战略方针。

实施品牌创新战略的二十余年来,南昌亨得利实现了由小到大、由大到强的超常规发展,从一个以经营钟表著称仅200平方米的老字号,发展扩大到一个中心店、8个遍布全城的分店、总营业面积达2500平方米的现代商业企业,经营业绩跃居全国80多家亨得利、亨达利老字号的前茅。1997年,通过体制和机制的创新,激发出广大干部职工的积极性和创造性,在“发展一个、巩固一个,再发展一个,不盲目投入”的战略方针指引下,2001年底公司又和蜚声国际珠宝界的香港周大福强强联手,开设了南昌亨得利周大福珠宝行。2005年投资2000万元将占地近700平方米的钟表、眼镜营业大楼和占地600平方米的珠宝金楼装修完毕投入使用,两座具有现代化装修格调,集专业性、功能性于一体的全省规模最大的钟表、眼镜、黄金珠宝三艘航母在南昌繁华地段的步行街上展现于世人面前,笑迎海内外宾客。企业的核心竞争力不断增强,为做强做大百年老店奠定了坚实基础。

三、生意与信誉同领,商品与人品共纯

“人而无信,不知其可也”。南昌亨得利人始终把诚信视为企业的生命,看作企业在激烈市场竞争中走向世界的一张王牌通行证,消费者、社会上把南昌亨得利视为“货真价实”的标志。实践中,自觉坚持把顾客满意的优质服务作为服务增值的首要标准,以满足客户需求的“诚信”服务,带动企业全面发展。总结提升了被广大职工所认同的“生意与信誉同领、商品与人品共纯”的企业精神,积淀培育了富有独特魅力的实实在在的商品、实实在在的价格、实实在在的服务、实实在在的经营的南昌亨得利企业文化体系。

(一)教育养成,铸就精魂

造就一支思想过硬、技术精谌、服务优良的员工队伍,是推动企业发展的不竭动力。公司领导班子根据本企业的实际和特点,把管人和管事融为一体,突出了情感激励、道德教育、法规约束的管理风格,坚持以真挚的情感激励人、以先进的文化教育人,以严格的制度约束人,使南昌亨得利企业文化深入人心。一是开展忧患意识之理教育,使大家清醒地意识到,商业企业间的竞争,不仅是商品的竞争、购物环境的竞争,更重要的是服务质量的竞争。市场不相信眼泪,逆水行舟用力撑,一篙松劲退万丈,要凝心聚力朝着更高的目标攀登。二是开展敬业之理教育,使职工认识到企业的兴衰与自己的切身利益息息相关,树立“爱店如家”的责任感,“店兴我荣”自豪感,设立“增光栏”和“曝光栏”表扬敬业爱岗默默奉献的好人好事,通报批评不忠于职守,斤斤计较的现象,增强了正面教育的效果;三是开展商誉之理教育,使“质量和信誉是亨得利的生命”的办店宗旨,“生意与信誉同领、商品与人品共纯”的企业精神,被广大职工认同,并转化为自觉的行动,形成良好的商貌、商德、商誉为企业增辉。

公司经营的黄金珠宝饰品是一种贵重的高档商品,款式、花色、品种繁多,为了确保每一件饰品的成色、重量、净度达到质量要求,南昌亨得利在全省首家推行上柜珠宝金饰品一律送国家权威检测部门检测制度,并每款附有检测证书,即使是售价较低的银饰品,上柜前也要全部检测,因此企业每年要多化费20余万元检测费用,目的是让消费者对亨得利的商品产生潜意识的信任感。

(二)建章立制,笃守诚信

诚信是企业的信誉之源、立业之本、发展之基。南昌亨得利十分注重诚信服务体系的建设,为了使诚信经营落到实处,注重加强五个环节建设:(1)加强职工职业道德教育、专业技能和诚信服务的培训。(2)坚持以诚待人、诚信为

本、互惠互利的原则，视社会信用为企业生命，树立守法履约企业的良好形象。(3)坚持以"五感"为主要内容的优质服务，(即进店让顾客有舒适感，接待顾客有亲切感，介绍商品给人信任感、购买商品给人真情感、顾客离店有留恋感)，让消费者在购买商品时，也购买到服务。(4)履行社会承诺，让消费者放心。在全市商业系统率先实行了"质量先行负责"制，设立"质量先行负责基金"，先行赔偿消费者的损失。(5)在公司经营活动中，严格执行有关消费者权益的相关法律、法规，自觉规范价格、计量行为，维护公平竞争的市场经济秩序。在对商品的价格管理中，严格按照价格法律、法规的规定执行，遵循公平、合法和诚实信用的原则，正确行使定价权，做到了合理定价，货真价实，公平交易。

企业坚持诚信纳税，把诚信纳税作为企业实力，企业品牌的象征，当作是衡量企业信誉的主要尺度，是遵守市场竞争规则维护商业道德的具体体现。公司在各种促销活动中，坚持实事求是地宣传，无任何虚假打折，虚假宣传误导消费者的现象。为了维护老字号金字招牌的信誉，还与之配套构建了三个诚信服务系统：即对供应商系统，公司与供应商的品牌信誉结合在一起，共同打造双赢甚至多赢的市场；对于顾客服务系统，就是要在尊重和理解的前提下，提供体贴入微式的服务，从而使顾客在购物的过程中得到充分的享受；对于员工服务系统，通过营造一种和谐共处、公平竞争的企业文化来建立一个优秀的服务团队。

有一次公司珠宝金行营业员因工作疏忽，错将售价6千元的钻戒误开票8千元，多收顾客2000元整，为了寻找这位顾客，总经理熊林根当即决定刊登电视广告播出寻人退款启事，并向顾客表示歉意，企业花6000元钱登寻人退款启事，乍看来似乎有些不理解，但他坚定地说"我们确信任何商家不以诚待客，其原先的荣誉牌子也会倒掉的，花钱登启事，为的是取信于民。"

(三)提升形象，引导消费

老字号的生命力在于创新，但前提是不要丢掉老本，老字号最大的老本就是其享誉百年而历久不衰的历史品牌，其背后蕴涵了深厚的、地域特色的人文积淀。营造新的商机就是要在传承老字号品牌文化的基础上赋予其新的内容，使老字号的历史品牌在现代市场的优胜劣汰中实现持续发展。正是基于这点认识，南昌亨得利坚持在市场上积极寻求品牌推广载体，借助老字号打品牌战，不断增加老字号的含金量来提高市场占有率。多年来，一方面企业根据市场需求，推进企业发展，另一方面，结合重要时机适时的开展商业文化活动，大力地提升了企业品牌形象，不断创新营销观念、营销方式和营销手段，营造了商机，创造了消费热点和卖点，引导了消费和市场潮流。公司还成功举办了有全国知名厂家老总、专家参加的全省首家行业市场论坛，钟文化，江西市场论坛，承办了全国"两亨"钟表大会等系列活动，2007年公司被南昌市委宣传部作为创新企业典型在全市重点报道，作为全市商业唯一入选南昌市20张城市名片，使企业品牌又跃上了一个新的平台。

(四)名店名品，携手共赢

南昌亨得利在供货商眼里是个可信赖的合作伙伴，供货的知名企业有几十家，但从未发生拖欠货款，形成三角债的情况，也从不借故增加供货商额外负担，甚至还主动为供货商排忧解难。消费者眼中的信誉来源于商品质量的纯真。为了杜绝假冒伪劣商品进店，坚持从进货管理入手，制订了"三不进、一不收"制度，规定：三无商品不进，质量不好的商品不进，售后服务无保证的商品不进，损公肥私的回扣一律不收。

并实施"名店售名品，名店聚名品"的经营理念，采取以"南昌亨得利"品牌为主导的多品牌经营策略，使二级品牌借助"亨得利"品牌无形资产提升自己在省内的影响力。而且可以反哺"亨得利"品牌，形成其强大的价值支撑，使其得以有效地延伸，避免因某一单项经营失误而对整个亨得利品牌造成影响。为此，每年对经营的四大类近五千种商品实行优胜劣汰，商品结构实行异化营销。避免重复经营同种商品所带来的价格竞争压力，构筑了公司参与市场竞争的竞争优势。特别针对黄金珠宝市场竞争激烈，公司及时引进著名、驰名品牌并成为其金饰品在南昌市场独家特约经销商。真正从商品的供应者和销售者角色转变为联络供应商与顾客的交流平台，在全省商业系统率先提出了"三个朋友"的概念，也就是与顾客、供应商和职工成为朋友，携手共同创造现代、高雅、绿色的购物文化。

诚信文化是南昌亨得利的经商成功之道，正是诚信文化撑起了这个百年老店，铸造了这块金字招牌，打造成南昌英雄城市的名片。路漫漫其修远兮，南昌亨得利的全体干部员工将继续上下而求索，为振兴赣商、弘扬南昌"大气开放，诚信图强"的城市精神去谱写新的篇章。

(作者系南昌亨得利有限责任公司董事长、总经理)

专题论坛：社会责任——打造和谐企业构建和谐社会

坚持以人为本 推进搬迁调整

张文喆

科学发展观的核心，是构建和谐企业的根本，是先进企业文化的建设方向。近年来，首钢的搬迁调整平稳顺利，取得阶段性成功，一个根本的原因就是我们始终坚持以人为本。

一、首钢的以人为本，体现在首钢人的顾全大局、无私奉献上

我们认为，以人为本不只是要维护企业内部职工的利益，同时也要顾全大局、勇于承担社会责任。近年来，首钢为了北京奥运、为了科学发展所采取的压产搬迁，实际上就

是首钢人承担社会责任、以人为本的体现。在这里我想给大家讲一个“守望家园”的故事。

2005年,首钢搬迁调整的方案公布以后,引起了中国社会各界的关注。其中有一个叫王立新的作家,他到首钢了解情况、体验生活。有一天他跟我说,全世界都知道首钢要搬迁,但是我观察了你们的绿化员工,他们每天还是按时上班,按时去给花、草、树木浇水,而且工厂的绿化、园林的树木都比原来更好。他问过一个女职工,你既然知道首钢要搬迁了,也不炼钢了,你还好好伺候这些花草干什么呢。这个职工说,我家几代人都在首钢,这是我的家园。只要首钢一天没停产,我就要守望我的家园。

首钢历经90年的发展,几代首钢人用勤劳和汗水建立起了自己的家园,现在要亲手把它拆掉,这是在自己的心窝子上割肉,这是一种痛苦的选择。所以我们讲“守望家园”这个故事的时候是比较沉重的。但是首钢人忍痛割爱,依然选择了搬迁调整,选择了走向大海。首钢五号高炉退役时,工人们围着高炉绕了一圈又一圈,眼泪情不自禁地掉下来。已经停产的第三炼钢厂,炼了3750万吨钢,能建造340个鸟巢。我们工人在接受采访的时候说,工厂是工人的巢,现在首钢要搬了,我们的巢要没有了。但是只要国家需要、民族需要,我们宁可拆掉我们的巢、自己的家。虽然首钢钢铁主业要搬了,但这里还是我们的家园,永远是我们的精神家园。

二、首钢的以人为本,体现在首钢始终关心爱护职工、切实维护职工利益上

坚持以人为本,切实维护职工利益,是首钢一贯的优良传统。上世纪80年代首钢承包制时期,就提出了要“人民为本”在改革开放的过程中,有的企业提出来要砸“三铁”:“铁工资”、“铁饭碗”、“铁交椅”,首钢没有实行这个。我们觉得职工是企业的主人,我们不能砸他们的饭碗,不能破坏他们的工资制度,也不能破坏他们最低的生活收入。就是在最近应对世界金融危机的过程中,我们也知道国内外的一些企业采取了两种措施来应对,一是减员,二是降薪,这两种措施首钢到目前为止都没有采取。我们认为,企业应当尽可能使职工的利益不因为经济危机而受到影响。

在搬迁调整的过程中,我们更是把职工的利益看得高于一切。这里我想讲一个“船长最后离船”的故事。我们大家都知道,当一艘轮船在海上遇到事故需要人们离开时,船长总是要最后一个离开的。首钢停产单位的领导,也表现出了这种精神和情怀。首钢三炼钢厂停产前,该厂党委书记在全厂职工面前郑重承诺:工厂要停产了,但是请大家放心,不把最后一名职工安置好,我们厂领导班子就决不会撤下来。我们的领导是这样说的,实际上也是这样做的。三炼钢停产后,该厂的全部职工都得到了合理安置。

在首钢压产搬迁的过程中,从2005年到2010年,首钢共需分流安置6.47万人。对此,我们始终坚持有情操作、动态管理,确保每一名职工得到妥善安置。比如说,我们采取“六对六清”的办法,即通过“核对数字、核对岗位、核对时间、核对人员、核对素质、核对地址”,做到“岗位工作清、人员对象清、思想状况清、家庭情况清、支援意向清、分流时间清”,详细制定富余人员分流安置方案。按照压产时间进度,目前平均每年分流安置一万人左右。在压产过程中做到了思想稳定、队伍稳定、生产稳定。

大家知道,国企改制是不少企业面临的一大难题。在首钢搬迁调整的过程中,主辅分离辅业改制是一项重要内容。2003年以来,首钢主辅分离辅业改制的共有108家单位,涉及职工和离退休人员6万多人,国有净资产23亿元,支付改制成本费用43亿元,迄今为止全部顺利完成。且改制企业在整体上思想稳定、队伍稳定,企业效益明显改善,职工收入稳步增长。首钢改制之所以取得成功,最根本的原因就在于我们在改制过程中始终坚持以人为本,切实维护广大职工的根本利益。比如说,我们在改制中有几条坚决不能动摇的底线,即:没有发展思路不改制;职代会不通过不改制;职工没安置好不改制;企业不稳定不改制。这几条底线,充分体现了首钢对以人为本毫不动摇的坚持和贯彻落实。

三、首钢的以人为本,体现在切实有效地学习型企业创建活动中

首先,我想给大家讲一个“大提素”的故事。需要说明的是,这里的“提素”,是素质的“素”,而不是我们通常所说的速度的“速”。“大提素”是首钢基层厂矿职工对创建学习型企业的生动概括,可能是我们首钢的一个专有名词。

2005年4月,当原冶金工业部的一位老同志听说首钢正在开展全员性的“大提素”活动时,不由得产生疑问:都要搬家的企业了,还谈什么“提素”呀。然而,当他深入了解首钢的情况后,却禁不住感慨万分,挥笔写下了《大提素,好!》的评论文章。文章中写到—— 在不少外界人的想象中,首钢既然要搬迁了,企业肯定是一幅冷冷清清的景象:少数人准备转到曹妃甸新基地,大多数人则是维持现状,等着一座一座炉子、一台一台轧机停产,自己也跟着下岗,另行安置或自谋出路。然而实际情况却恰恰相反,全体首钢人正忙着学习,忙着提高自身的技能素质,忙着推动企业各项工作的大发展!

“大提素”是首钢党委为了适应搬迁调整需要而在广大干部职工中开展的工作式学习,是与时俱进、指向未来的主动式学习。

几年来,首钢通过深入开展学习型企业创建活动,不断提升全员素质,涌现出一批刻苦学习,勇攀技术高峰,技艺出色的知识型职工。其中有脚踏实地,爱岗敬业,技艺超群,荣获全国“五一劳动奖章”,荣膺“2009劳动榜样中国首届焊工电视大赛”冠军的刘宏;有好学肯钻,自学成才,夺得北京市数控车床技能大赛第一名,荣获“全国技术能手”称号的秦涛等人。按照首钢健全三支人才队伍建设实施意见,授予他们“首钢总公司级技能操作专家”称号,每月享受

工资津贴3000元，并给予每人一次性奖励3万元。

首钢在创建学习型企业活动中，大力倡导“人才资源是第一资源，有什么不如有人才”等人才建设新理念，大力营造尊重劳动、尊重知识、尊重人才、尊重创造的氛围，加大人才引进和培养力度，构建起引得进、留得住、干得好、成长快的制度体系。搬迁调整以来，首钢的人才队伍建设取得了可喜的变化。有一个例子可以说明：1996年到2000年间，首钢在引进一名大学生的同时会流失掉1.78名，首钢技术研究院曾经拥有的6名博士全走了。而目前，首钢职工中有博士108人、硕士1091人、本科10324人，实现了人才队伍建设的“百千万工程”。

四、首钢的以人为本，体现在首钢积极承担社会责任、不断推进生态文明建设上

首钢作为地处首都北京的大型钢铁企业，多年来服从和服务于发展首都经济的要求，始终把发展循环经济、加强环境保护作为履行社会责任、落实科学发展观的重大战略任务。1995年以来累计投入22亿元，完成环境治理项目412项；同时进行结构调整，停止了一系列工厂和设备生产，从根本上减少了污染物的排放。多年来的生态文明建设，使首钢变成了生态资源丰富的花园式企业，多次获得“花园式工厂”称号和全国绿化最高荣誉奖。2002年开始举办的工业游，受到了社会各界人士的欢迎，至今已有30多万人次到首钢参观旅游。工业游的门票是每人20元。2006年“五一”温家宝总理视察首钢时，还开玩笑说他省了20元的门票。

首钢不只在北京老厂区积极推进生态文明建设，在新建厂更加注重企业生态文明。在首钢搬迁之前，社会上有一种舆论担心说，首钢搬迁等于是把污染从首都北京搬到了河北。在此我可以负责任地说，这种担心是完全没有必要的。因为首钢在河北的所有新建钢厂，无论是技术装备还是环保设施，都是世界一流水平的。

按照党和国家领导人的要求，新首钢要建设成为产品一流、管理一流、环境一流、效益一流的现代化大型企业，要成为循环经济的示范、自主创新的示范，要建成世界一流的钢厂。用温家宝总理的话说，就是“搬迁使首钢站在了新的起点，这个新起点的标志就是先进。”

今年5月21日，河北曹妃甸的首钢京唐一期工程正式投产。以两个数据为例，一是吨钢占地，它意味着技术先进程度。首钢京唐吨钢占地0.9平方米，这一指标目前在全世界都是最优的，日本新日铁、德国蒂森、韩国光阳等著名钢铁公司，吨钢占地面积都在1平方米以上。再一个是劳动生产率，它代表生产效率。首钢京唐的劳产率将达到1400－1500吨（平均每人每年的钢产量），而目前的“世界纪录”是韩国光阳的1300吨。首钢京唐钢铁厂循环经济的原则是“减量化、再利用、资源化”，以低消耗、低排放、高效率为特征，对余热、余压、余气、废水、含铁物质和固体废弃物充分循环利用，基本实现废水、固体废弃物零排放。所以，根本不存在人们担心的污染问题。

在首钢的其他新建项目中，同样体现了生态文明的理念。位于秦皇岛的首钢首秦公司按照“生态环保型、能源循环型、经济高效型”的要求，突出了“紧凑、高效、循环、节能、清洁、环保、数字”的“七型”设计理念。美国纽柯公司董事长丹尼尔在参观首秦之后，禁不住赞叹说：“我在钢铁行业工作了36年，从未见过像首秦公司如此漂亮的钢厂，这不是工厂，而是一座艺术品。”

总之，首钢搬迁调整的过程，是一个始终坚持以人为本、深入落实科学发展观、主动履行社会责任的过程。通过搬迁调整，我们要建设一个具有21世纪国际先进水平的新首钢，为国民经济社会又好又快发展做出新贡献。

（作者系首钢总公司党委宣传部部长）

创新企业文化 推动战略转型
再铸百年开滦新辉煌

苗久合

开滦是一个特大型煤炭企业，始建于1878年，素有“中国煤炭工业源头”之称，是中国500强企业。目前，开滦集团已形成煤炭生产、洗选加工、煤化工、煤电热、现代物流、装备制造、建筑施工、建材化工、文化旅游等多产业的大型企业集团。下辖16个控股子公司，26个参股子公司，一个上市公司，在册员工总数近8万人，2008年营业收入完成335亿元。面对金融危机的影响，我们以企业文化创新推动企业转型发展，为百年开滦基业长青注入了不竭动力。经过集团上下的努力，131年的老企业成功地踏上了转型发展、跨越发展之路，在金融危机背景下，各项经济指标大幅度提高，煤炭产业不断扩张，现代物流、煤焦化、煤电热、文化创意等新型产业迅猛发展，职工队伍稳定，生产热情高涨，百年开滦呈现出勃勃生机和强大活力。

一、回眸历史，厚重的文化底蕴是开滦历久弥坚的动力源泉

开滦作为“洋务运动”兴办的企业，经过一百多年演化、嬗变，至今仍充满生机，屹立于国企之林，其生生不息的企业文化是这个企业恒久发展的宝贵动力源。

1878年，在“洋务运动”求新求变思潮鼓舞下，始建开平矿务局，为此有了近代内地第一眼采用西法开采的大型矿井——开平唐山矿；中国第一条标准轨铁路——唐胥铁路；中国第一台蒸汽机车——龙号机车；中国第一桶水泥。此后又筑输煤码头，搞海上运输，行“官督商办”，向社会发行股票，等等。这些作为当时先进的生产力因素，堪称开创了中国近代工业之先河。它们使中国社会结构发生了深刻变化，从某种意义上讲，这就是中国早期工业化的起点。

作为中国早期工业的摇篮，开滦的创办，寄托着当时具

有先进文化意识的人们求强求富的一代梦想。“仿西技、用其人”,本质上是要冲破中国封建板结的大地,与当时席卷世界的工业革命比肩看齐。建第一座近代大矿、铺第一条准轨铁路、造第一台蒸汽机车,今天来看已司空见惯,在当时却无一不是精彩纷呈、气魄恢宏的创举。

开滦“官督商办”的办矿模式,可谓中国最早的股份制雏型。它运用市场法则从社会上募集股本,为自己积累办矿资金;它最早发展海上运输,在南方地区给自己“创造了市场”;不仅经营煤炭而且兼营资本,跨地区、跨行业对一些企业投股参股、联营兼并,开辟多种产业;逐步完善了一套管理制度和营销网络。这些经营理念和管理制度,对以后开滦乃至整个煤炭工业都产生过长久影响。

长期的革命斗争和生产实践,铸就了开滦人“特别能战斗”的精神品格。民主革命时期,开滦工人阶级争人权、反压迫,发动了震惊中外的“五矿同盟大罢工”;抗日战争时期,以节振国为代表的开滦矿工,以大无畏的民族气节,谱写了刀劈鬼子兵等壮丽诗篇;解放后,开滦矿工顾全大局、甘于奉献,为国民经济“出了力、立了功、救了急”。全国工业战线“学大庆、赶开滦”,使开滦闪耀着共和国骄子的光环;开滦也是诞生全国劳模的摇篮,先后涌现出一大批全国劳动模范;开滦曾历经唐山大地震、特大透水淹井等数次困厄和突变,承受过许多巨大压力,但始终给人以战胜困难的豪迈。

通过触摸历史我们感到:百年开滦所积淀下来的历史文化资源弥足珍贵。现有的物质资源总会枯竭,惟有生生不息的文化使我们拥有不竭动力。当我们找到历史品格与时代感悟的结合点时,我们就找到了企业新时期的价值取向,那就是:开放的胸怀,报国的责任,兼容的品质,创新的激情,争先的气魄和特别能战斗的伟大精神。这些优秀文化基因,不仅是开滦过去战胜各种困难,创造伟大业绩的精神支柱,也必将成为开滦做大做强,再铸辉煌,永远走在时代前列的动力之源!

二、面对危机,调整转型是百年开滦做大图强的必由之路

2008 年下半年以来,全球经济危机不断加剧,造成煤炭市场萎缩、库存增加,销售困难;煤炭价格回落,成本加大,资金紧张,企业效益下滑,经营压力增加。在危机面前,我们一方面在河北省委省政府领导下,抢抓机遇,锐意进取,及时确定了“抓机遇、增总量、调结构、降成本、惠民生、防风险”的 18 字方针,采取了一系列应对危机措施。同时,我们深刻感到,作为百年资源型老企业,在危机面前,只有全面落实科学发展观,加快产业结构调整,推进企业战略转型,才是开滦做大做强,再铸辉煌的根本出路!从企业自身看,经过 130 多年的开采,唐山矿区正进入衰退期,资源匮乏,储量锐减,开采深度加大,开采成本提高,加之社会包袱沉重,再走单一煤炭生产的老路行不通,我们必须转型!从外部竞争环境看,大型煤炭企业集团和大型煤炭基地建设步伐加快,如果我们不尽快调整转型,做大做强,作为中国煤炭工业的“元老”,不仅会失去百年品牌和地位,还会失去煤炭市场话语权,这关乎企业的前途命运,因此,我们必须加快转型!从落实科学发展观的要求看,中央提出把唐山建设成科学发展示范区,河北省委提出把唐山建成河北经济社会发展领头羊,唐山市委提出用蓝色思路改写煤都历史、打造人民群众幸福之都,过去那种结构单一,一煤独大,重煤炭数量轻结构调整、重效益轻环境、重投入轻产出等做法,显然不符合科学发展观的要求,我们更要转型!

基于上述思考和认识,我们全面调整了企业发展战略,制定了《开滦集团“十一五”和“十二五”发展战略规划》,确定了“开放融入,调整转型,科学发展,做大做强”的战略指导方针,提出到“十一五”末煤炭产量达到 5000 万吨,营业收入达到 500 亿元的“双五”目标;到“十二五”末煤炭产量达到 1 亿吨,营业收入达到 1000 亿元的“双一”目标。在产业定位上,我们提出以资源性企业转型为突破口,构建一个基础产业,三大支柱产业,四个支持产业的“一三四”产业发展新格局。即:以煤炭生产为基础,以煤焦化、煤电热、现代物流为支柱,以装备制造、建筑施工、文化旅游、建材化工为支持。在规划布局上,我们提出到“十二五”末形成五大区域、十大战略基地,把开滦的发展空间拓展到河北其他地区,拓展到内蒙、山西、新疆、海外,形成动力煤、焦精煤、煤化工、现代物流、房地产开发、文化旅游等新的产业集群。经过 5 - 7 年的努力,把开滦建设成为国内一流、国际领先的现代化大型企业集团。

新的企业发展战略,为百年开滦转型发展、蓄势腾飞指明了前进方向,绘就了一幅鼓舞人心、极具感召力的企业发展愿景,成为企业奋力向前的强大力量。

三、重塑文化,构建推动转型发展的企业文化执行系统

百年开滦实现转型发展,意味着开滦这个长期以来以煤炭生产为主的企业,在产业格局上要由煤炭生产向煤化工、煤电热等高附加值的下游循环经济产业纵向延伸,向现代物流、文化创意、房地产开发等现代服务业和新兴产业横向拓展;意味着开滦要由唐山区域走向全国、迈向世界,去开疆拓土、赢得新的生存和发展空间;意味着开滦要由熟悉的、低风险的领域向不熟悉的、有一定风险甚至有较高风险的新领域拓展;意味着长期以来“以我为主”“老大不求人”、被煤炭战线尊称“老大哥”的开滦要与方方面面的、有着不同价值取向和行事习惯的企业和团队进行合作。在由内向外、由封闭到开放、由熟悉到不熟悉、由低风险到高风险的变革中,文化的碰撞和价值理念的冲突在所必然,也是我们面临的最大挑战。

一是转型过程中的文化冲突问题。开滦 130 多年的发展历程,既积淀了许多优秀文化传统,同时,辉煌的历史,耀眼的荣誉也使我们在一定程度上存在着“陶醉历史、满足现状”、“老大自居、封闭保守”、“畏惧风险,驱动力不足”等旧

有惯性思维，这些旧有惯性思维对企业战略变革形成强大阻力，解决不好将严重影响战略实施和成功实现。二是企业扩张中的文化融合问题。随着战略的推进，开滦将形成河北、内蒙、山西、新疆、海外等若干发展区域和战略基地，在企业扩张与合作中，如何实现文化的融合、如何加强集团文化建设、如何实现文化品牌的传播等问题都非常突出。三是战略发展中的文化支持问题。企业转型中和转型后如果没有适应的企业文化，转型成果就会大打折扣，甚至难以持续，为了保持变革成果的延续与发展，就必须建设与之相适应的企业文化，把支持变革成果的一切价值观固化成企业文化，转变为员工的自觉行动。

基于对上述问题的认识和把握，我们明确了开滦企业文化创新的方向，那就是：由管理控制型文化向开放融入型文化转变；由基因驱动型文化向战略主导型文化转变；由企业文化建设向企业文化管理、实施经济文化一体化战略转变。由此，也确定了我们的工作重点，那就是：以新的战略为导向，构建推动转型发展的企业文化执行系统。通过重塑企业文化，大力破除封闭、僵化、保守、拖沓、短视等一切不利于战略实施的文化滞障，大力弘扬开放、创新、诚信、和谐、共赢、执行、尽责、服务、效率等一切有利于战略实施的优秀文化，让弱势文化变强大，让零散文化变系统，让病态文化变健康，让先进文化变卓越，使企业文化更好地引领战略、服务战略、支撑战略。为此，我们做了五个方面的工作：

（一）构筑共同愿景，发挥目标愿景的感召力

对于一个企业来说，构筑一个美好的共同愿景，可以鼓舞人心，激发员工改变自身命运和企业命运的强烈愿望，从而产生巨大的激励效应。在开滦“保双五、夺双一”的战略目标确立以后，我们以企业战略蓝图为导向，提出了更具感召力的共同愿景——“基业长青 员工幸福”！强调我们的根本使命和不懈追求，就是把开滦建设成为持续繁荣的伟大企业；就是不断提高开滦员工的幸福指数！这一愿景表达了员工利益与企业利益同步最大化的内涵，使员工利益与企业利益息息相关，休戚与共，成为广大员工心中一股深受感召、衷心认同、齐心共筑的强大力量。

（二）重塑企业价值观，发挥价值理念的导向力

建设战略支持型企业文化，必须把着力点放在塑造企业核心价值观上。开滦人引以自豪的源泉——是历史的责任感；开滦人自强不息的动力——是长期革命和建设中迸发出的推动力、创造力。由此，也形成了开滦人传统的以“举力尽责”为核心的价值观。在全面落实科学发展观，推动企业战略转型中，我们进一步丰富“举力尽责”这一核心价值的内涵，增加了“强企富民”的内容，形成了“举力尽责、强企富民”的新时期开滦人的核心价值观，强调举力尽责的核心是以人为本，强调在举力尽责中打造员工与企业共同发展的价值共同体和责任共同体。在升华企业核心价值的基础上，我们还整合开发了一系列与发展战略配套的企业文化理念，比如，把原有战略目标“做精做强”调整为“做大做强”，这看似细微的一处调整，表达了百年老企建设大集团、再筑新辉煌的坚强决心！为推动战略落地，我们在企业文化理念中确立了“说了算，定了干，落实责任抓兑现”的执行理念，大力培育迅速果断，敢于任事，追求速度，讲究效率的工作作风，以只争朝夕、时不我待、万众一心、迎难而上的胆识和气魄贯彻战略意图，执行战略规划，层层落实责任，逐级兑现目标，为战略实施提供了强有力的价值导向。

（三）打造开滦金字招牌，加强企业文化的控制力

随着企业发展战略的实施，开滦的发展区域和产业布局更加广阔，呈现出多行业、多区域、多层级的发展态势，这在客观上对开滦集团如何实施有效的文化管理，提升开滦的文化品牌价值，形成统一的价值观和经营行为提出了新的课题。为此，我们在集团文化建设上进行了积极探索和实践，提出了集团文化建设“五个统一”的原则，即：企业精神、企业宗旨、企业核心价值观、企业目标愿景和企业 VI 的统一。在此前提下，下属单位可结合自身特点建设个性文化，做到规定动作统一化，自选动作创新化，较好的解决了遵循与创新、共性与个性的统一。

（四）整合企业行为文化，提高企业文化的执行力

扎实的管理是战略的基石。企业文化建设成功与否，不仅在于提出了怎样先进的理念，更在于员工的行为是否发生了根本的改变。如何把理念转化为员工的实际行为，我们的做法是：“文化的制度化”。

我们深入整合企业的行为文化，形成了以三个管理平台、一个保障系统为核心的“三加一”开滦企业文化管理模式。三个管理平台：一是“精细管理、双向控制”（RMDC）现场管理平台。二是市场化精细管理平台。三是安全文化管理平台。一个保障系统，即准军事化职业行为训练。开滦“三加一”管理模式的构建和实施，有力地推动了企业文化由理念层面向管理实践层面转换，为企业转型发展奠定了坚实的管理基础。

（五）发展文化创意产业，强化百年品牌的传播力

开滦堪称中国工业的活化石，在其跨越三个世纪的漫长发展历程中，留下了许多极具典型性、稀有性的历史文化和矿业遗存。在企业转型、科学发展的今天，开滦集团决策层站在尽国企社会之责的高度，审时度势，把发展文化产业提到战略高度进行思考和谋划，坚持文化创意产业与历史文化对接，与旅游市场对接，与社会日益变动的消费理念对接，与新唐山日新月异的发展趋势对接，经过探索和实践，目前形成了工业文化旅游创意产业的主题博物馆、典型遗址保护开发、公共休憩空间、文化创意园等四种开发模式。开滦文化创意产业的发展，产生了巨大的政治集聚、经济合作、文化传播和生态效益，成为百年历史的资源型企业践行科学发展观，实现转型发展的一大亮点。

四、超常发展，促进文化力转变为现实生产力

开滦企业文化的创新与实践，为集团公司战略转型提供了有力的文化支撑。广大干部员工的思想观念、思维模式、价值追求、行事作风和推进措施等方面都呈现出了前所

未有的新变化,成为推动企业战略转型的强大精神力量,百年开滦呈现出勃勃生机和崭新活力!

(一)在金融危机背景下,各项经济指标大幅度提高

2009年上半年,在煤炭和焦炭价格大幅度下降的情况下,通过结构调整,原煤产量完成1738万吨,同比增长11%;营业收入完成211亿元,同比增长61%;企业利润完成50666万元,同比增长40%。

(二)调整转型效果显著,新兴产业发展迅猛

形成了以煤为基础,多产业发展的新格局。其中,煤化工产业已成为全省综合规模最大、循环产业链最完整、节能减排措施最优的绿色煤化工循环经济产业链。现代物流产业成为煤炭行业首家"国家5A级综合服务型物流企业","河北省物流领军企业","中国物流试验基地",确立了河北省物流产业的领军地位。开滦国家矿山公园荣获首批国家级矿山公园称号和河北省首批文化产业示范基地。

(三)资源扩张取得积极进展,企业持续发展能力显著增强

在煤炭资源扩张方面,开滦在2008年获得92.6亿吨资源基础上,今年又在新疆、内蒙、加拿大等地可获得75亿吨的煤炭资源,煤炭产业发展基础更加坚实、后劲更加充足。

(四)和谐企业建设收效显著,百里矿区安定团结

在金融危机的情况下,开滦积极承担社会责任,实现了岗位不裁员、工人不减薪、矿井不减产。今年1-7月份,员工收入同比增长12%。煤矿棚户区改造150万平米工程正在积极推进,投入资金解决了井下员工吃热饭、喝热水和工作服烘干公管问题,勇于承担社会责任,今年计划招工5700人。目前百里矿区安定团结,员工精神饱满,工作热情高涨。

百年开滦正站在一个新的历史起点上。如果说厚重的文化底蕴铸就了开滦辉煌的历史,那么我们坚信,在继承与创新中所形成的以战略驱动、开放融入、经济文化一体化为特征的新时期开滦文化,必将引领和推动百年开滦基业长青,在科学发展的历史舞台上绽放出更加绚丽的光芒!

(作者系开滦集团公司党委副书记)

认真履行社会责任 共建共享和谐企业

杨永成

河北津西钢铁集团股份有限公司(以下简称津西)位于迁西县境内,始建于1986年。原为天津市与迁西县因"引滦入津"工程联合组建的年产14万吨生铁的县办小铁厂。2001年改制,实现国退民进。2004年在香港联交所主板上市。现已成为拥有员工1万人、总资产130亿元,集采矿、精选、烧结、炼铁、炼钢、轧钢、型钢、发电为一体,年产钢铁材各600万吨,年销售收入超200亿元的大型钢铁联合企业和海外上市民营股份制公司。

一、自觉倡导"四为"文化,认真履行社会责任

2004年,控股津西的中国东方集团(0581)在香港上市后,津西开展了企业文化创新工程。2005年对企业文化进行全面系统地整合、策划和有效推进,提出和确立了以"四为"文化,即"为社会创造财富、为股东创造回报、为客户创造价值,为员工创造前途"企业使命为核心的企业文化体系。这标志着津西以一个海外上市公司的高站位,引入、确立先进的价值理念和企业道德规范国际标准,将追求经济利益最大化与履行社会责任有机结合,在企业与社会、股东、客户、员工诸多相关利益者之间找到了最佳结合点,构建、形成和谐发展的"利益共同体"。

(一)为社会创造财富,促进社会繁荣与和谐发展

一是坚持科学发展观,优化产业结构和布局,应用先进的工艺和技术,大力发展循环经济,努力建设资源节约型和环境友好型企业。淘汰落后产能,投入10几亿元淘汰小烧结、小高炉、小转炉,有效地消灭污染源。2000年以来,津西直接用于环保设施的投资高达7亿多元。强力推进清洁生产,发展循环经济,变"三废"等污染物为再生资源。

二是坚持依法依规纳税,积极回报社会。改制后的8年,津西向国家上缴税金42亿元。津西为当地财政贡献率每年在50%以上。安排劳动力就业1万人,带动了地方铁矿、运输等一大批相关产业的发展。近年来,津西先后捐款4000多万元用于教育、扶贫、救灾等社会公益事业。2005年,捐资110万元,为全县900名在乡老烈属、老残废军人、老复员军人每人购买一台彩电。

三是坚持两个文明一起抓,做物质财富和精神财富的双重创造者。为引导员工牢固树立社会主义荣辱观,广泛开展"明荣辱、树新风、促发展"主题教育活动。一心为企业、勇于奉献的先进集体、先进人物和见义勇为、拾金不昧、扶危济难等好人好事,如雨后春笋不断涌现。

(二)为股东创造回报,凝聚企业的向心力

股东是企业法人财产的所有者。牢固树立对股东负责,为全体股东谋利益的市场理念,履行受托承诺,注重投资者利益的回报,增强股东对公司的信心。实现股本股金的保值增殖。2003年以来,津西每年以高于20%的分红比率回报股东。改制时的1800多名原始股东,人人有了丰厚回报,多数人购买了轿车,拥有了高标准住房。

(三)为客户创造价值,实现平等互惠、共赢共享

一是倡导和确立以"诚信"为核心的企业文化,树立良好的企业形象。在企业文化体系建设中,津西把"诚信"二字贯穿于理念文化、行为文化等各个方面,把"诚信"作为全体干部员工必须遵守的共同行为准则。

二是大力推行星级服务,让客户感受真诚、超前、细致、周到的超值服务。津西秉承"用户满意就是我们的工作标准"的服务信条,不断完善客户服务手段、服务内容,加强与客户的信息沟通与服务。确立"厂商一体化"营销理念,建立与客户的定期回访制度,真诚对待客户,做到互惠双赢。

京冶中建(原22冶)参加津西工程招标,在项目进行中,发现此承包工程肯定要赔本,但仍按时按质按量完成。项目完成后,津西觉得客户很讲信誉,不但没影响工期,而且干得很出色。最后,补偿客户800万元。从此,与该客户建立长期战略合作伙伴关系。

三是健全客户评价体系,严格合同的管理与履行。重合同、守信誉,津西产品产销率和货款回收率连续11年达到两个百分之百。企业没有产生一笔不良贷款。

(四)为员工创造前途,努力构建和谐劳动关系

员工是企业的主体力量,稳定和谐的劳动关系是创建和谐企业的基础。

一是完善维权机制,切实维护员工合法权益。完善员工代表大会制度,完善民主管理、民主参与、民主监督机制,员工的参与权和知情权得以落实。落实集体合同制度,在劳动用工、工资分配、劳动时间、社会保障等方面都做了较大调整和进步,并以法律文本形式做出约定。员工人均收入每年递增10%以上。员工社会保障体系进一步完善,每年为员工交纳各种保险7000多万元。轧钢厂员工王再明2006年12月被查出患有心脏病,心脏支架手术花费6万元,除去医保报销外,自费的2.6万元又由公司特病大病特困救助基金报销解决。

二是建立激励机制,为员工搭建展示才华的平台。干部层层实行聘任,员工推行“双聘制”,形成能进能出、择优聘用、竞争上岗的新机制。完善管理干部、优秀技术拔尖人才、技师、技工四大骨干体系,全面推行职业技能鉴定社会化考评并按职级给与相应的津贴补助。

三是实施“素质工程”,促进员工自身价值的实现。津西确立了“培训是员工的最大福利”理念,强化员工教育、技术素质培训。投资800多万元建起1000多平米的员工培训中心,每年投入300多万元进行员工培训。如今,企业拥有大专以上学历员工2599人,占员工总数的27%。

四是注重环境建设,为员工创造良好的生产生活条件。投资7200多万元新建总面积35400多平米的4栋大学生公寓;建设3000多平米的员工服务中心。每逢春节、中秋等传统节日,投入200余万元购买实用生活用品慰问员工。定期走访伤残、疾病及家庭发生重大变故的员工家庭。已举办5期“津西之约”联谊活动,为大龄未婚青年员工搭建交友平台。投入7000万元资金,对办公区、厂区进行硬化、绿化、亮化、美化,全力打造绿色钢城。开展丰富多彩文体活动,丰富员工文化生活,增强员工的幸福感和归属感。

二、履行社会责任,促进企业的可持续发展

多年的企业生产经营和管理实践,使我们深深体会到,随着社会经济的发展,企业与外部环境、与其他利益相关者的关系日益密切。一个重视并切实履行社会责任的企业,同时也是对自已前途命运负责任的企业;企业履行社会责任的过程,同时也是提升核心竞争力、促进企业可持续发展的过程。

几年来,津西大力倡导“四为”文化,积极履行社会责任,使企业核心竞争力大幅提升。

(一)凝聚力不断增强,员工归属感、幸福感与日俱增

随着员工收入的不断提高和生产生活条件的改善;养老、医疗、工伤、失业、大病特病特困救助基金等“5+1”社会保障体系的不断完善;民主管理和厂务公开的全面推进;实施素质工程,开展多层次、全方位的员工培训,津西的凝聚力日渐增强,员工民主参与、归属感、幸福感与日俱增。津西被员工誉为“坚强的靠山”、“赖以生存和发展的家园”。在去年世界经济危机袭来时,公司及时向全体干部员工发出《坚定信心,迎接挑战,共度难关》一封信,稳定了员工情绪。今年三月份钢铁市场再次出现波动时,公司又明确提出“不亏损、不减薪、不放假”的目标,坚定了干部员工共度难关的信心。在今年第二季度“挖潜增效度难关”活动中,广大员工苦练内功、厉行节约、为企分忧的情绪非常高涨,为公司提合理化建议287项、7891条,节余成本8656万元。

(二)执行力不断提升,团队精神发扬光大

2005年以来,总投资50亿元、从国外引进的大中小H型钢项目,由于工艺先进、科技含量高,且技术人员缺乏、牵涉面广,难度空前。但津西上下凝心聚力、团结协作,克服了许多难以想象的困难,谱写了一曲曲感人肺腑的团队之歌。投产后,H型钢产销两旺,远销24个国家和地区,出口量占全国型钢出口总量近半。“津西牌”型钢广泛应用于鸟巢、央视新大楼等国内外重点工程,被授予“中国H型钢市场品质信誉第一品牌”等荣誉称号。

(三)生产力大幅提高,实现跨跃式大发展

改制后的八年,津西总资产、铁钢材产量、产品销售收入分别提高13倍、6倍、13倍。生产力的大发展,为企业奠定坚实的发展基础。在钢铁市场急剧动荡的2009年上半年,津西钢铁材产量都超计划完成,实现利税6.6亿元,利润水平位居全国钢铁企业前十位,其它主要生产经营指标也位居全国钢铁企业前列。

(四)形象大为改观,企业知名度、美誉度日渐提升

从2003年起,津西连续7年名列“中国企业500强”,先后荣获“中国最具成长性企业”、“全国工业重点行业效益十佳企业”、“河北省AAA级劳动关系和谐企业”、“全国企业文化建设优秀单位”等一系列殊荣。董事长韩敬远荣获“中国经济十大诚信人物”、“中华慈善事业突出贡献奖”、“中华慈善人物”等称号。

(作者系河北津西钢铁集团股份有限公司党委副书记)

厚德责惠民生 和谐共筑华煤

朱同印

华亭煤集团于2002年4月由矿区原三户国有煤炭企业实施紧密型联合重组成立,是一个以煤为主,煤电、煤化工

和建材为延伸发展的现代化大型能源企业。在中国煤炭工业协会排出的2009全国煤炭企业产量50强中位列第25位,销售收入100强中位列第48位。先后荣获"全国煤炭工业优秀企业"、"全国重合同守信誉先进企业"、"全国文明单位"、"全国改革开放30年企业文化建设优秀单位"等荣誉称号。

作为国家煤炭能源企业,报效国家、服务社会是应尽之责。我们始终坚持以科学发展观为指导,秉承"开采阳光、超越梦想"的企业精神,大力实施科技兴企、人才强企、文化铸企战略,把担负社会责任的核心价值观融入企业发展之中,为国家和区域经济社会和谐发展发挥了积极的推动作用。

一、打造实力华煤　履行企业经济责任

构建社会主义和谐社会要坚持发展是第一要务。企业是创造社会财富的主体,首先要履行自己的经济责任,不断提升经济效益,尊重和维护职工的合法权益,增强企业吸纳就业的能力,创造更多的产值、利润和财富,从而奉献国家、服务社会。

一是推动企业发展壮大。我们分步实施"扩能增产"和"稳产增效"战略,共计投资15.9亿元,对各生产矿井进行大规模现代化改扩建,企业产能迅速由重组前2001的560万吨/年增加到现在的2000万吨/年。七年来,累计为社会提供优质煤炭资源1.2亿吨,实现销售收入206.2亿元,上缴税金29.5亿元,实现利润16.2亿元。

二是谋取职工最大福利。我们坚持发展依靠职工、发展为了职工、发展成果由职工共享。通过矿井现代化技术改造,职工生产条件得到彻底改善;推行体现同工同酬、绩效优先的岗位绩效工资,职工收入成倍翻番,做到经济危机下不减薪;投入近5亿元用于改善职工食堂、住宅、浴池、交通、供暖供水设施和建设阅览室、读书室、活动室等,广大职工共享了企业改革发展成果。

三是广泛吸纳社会就业。不断提供就业岗位、吸纳社会就业是企业社会责任的具体体现。七年来,华煤集团共吸纳周边地区农民协议工近2万人次就业,安置下岗职工再就业1801人,接收大中专院校毕业生1568人,安置"零就业"家庭就业284人,招收城镇采掘工1077人。尤其是在今年金融危机的影响下,企业坚决确保不减员,安置大专以上院校毕业生400多人。

四是支持地方经济发展。为推动地方经济发展,先后兼并了生产经营举步维艰的3个地方煤矿和1个水泥厂,充分利用大企业的资金、管理、人才、技术等优势,迅速实现了几个兼并企业的扭亏为盈和跨越式发展,为增加地方财政收入、安置下岗职工就业、维护区域社会稳定、促进地方经济发展发挥了重要作用。

二、打造绿色华煤　履行企业环保责任

煤炭资源是不可再生资源,也是一种"粗放型能源",合理、节约、循环利用煤炭资源,关注公共健康,大力发展绿色企业,实现人与自然的和谐发展,是煤炭企业必须履行的社会责任。"资源节约、生态文明"是华煤集团的环保理念,也是华煤集团建设发展的目标。

首先是提高资源回采率。提高资源回采率是延长矿井服务年限,依靠节约保持煤炭企业可持续发展的必由之路。我们结合矿井煤层赋存条件,不断推进科技进步,使资源回采率提高到76.8%。同时,积极开展残采煤地下气化发电项目研究和实施,使有限资源吃干榨尽,得到充分开发利用。

其次是治理开采污染源。加大对煤炭开采过程中出现的采空区塌陷、煤矸石和污水等的治理是建设绿色环保企业的主要任务。我们按2.8元/吨每年提取近5000万元与地方政府一道对塌陷区进行彻底治理,对矸石山进行100%的覆土种草种树,各矿井污水处理率达到100%,复用率85%以上。同时,投资7800万元建设煤矸石制砖项目,年可利用煤矸石10万吨以上,从根本上解决煤矸石的治理问题。

再次是提高产品附加值。为社会提供低附加值的产品实际上是资源的一种浪费。我们投资30亿元建设60万吨/年甲醇项目,为进一步提高煤炭产品附加值、延伸产业链奠定了基础。投资2.66亿元建成1座600万吨/年和1座200万吨/年选煤厂,还有4个选煤厂正在建设和调研筹建之中。选煤厂的建设将不断为社会、用户提供优质、洁净、品种齐全的煤炭产品。

第四是建设花园式矿井。构建生态矿井,优美家园,是华煤广大干部职工的共同追求和自觉行动。我们加大资金投入,把美化、绿化、净化、文化作为矿区环境建设标准,共绿化矿区20多万平方米,建设文化长廊、矿区公园和休闲广场20多个,矿区三季有花,四季常绿,环境洁净优美,成为当地一道亮丽的风景线。

三、打造人文华煤　履行企业法律责任

构建社会主义和谐社会要加强民主法治建设。企业要自觉遵守国家的法律法规,履行基本的法律责任,承担保障企业职工生命健康和工作与收入待遇的责任,打造人文华煤。

一是保证安全生产。安全是煤炭企业最大的法律责任,是对职工最大的人文关怀,也是最大的社会公益。我们坚持"安全第一、预防为主、综合治理"的安全生产方针,严格遵守国家和行业安全生产法律法规,加大职工安全技能培训,积极推行"准军事化"、"手指口述"、"岗位描述"等管理方法,先后投入13.8亿元用于安全技措工程,百万吨死亡率由2002年的0.73下降到现在的0.065,确保矿区安全工作始终保持全国同行先进水平。

二是做到诚信经营。人文的企业,必然是诚信的企业。煤炭企业的诚信体现在合同、价格、煤质、计量等方面。我们致力于"诚信华煤、诚信营销"的经营理念,不断完善合同文本,始终保证合同的法律性、公正性和价格的公平性、透

明度；不断完善煤质管理与考核办法，坚持24小时跟踪检测矿井原煤质量，实施产品出矿前、火车发运和重点用户到货后三级煤炭检测程序，提高煤炭质量，维护企业信誉；采取铁路轨道衡计量办法，确保计量准确；推行一站式优质服务，建立战略合作伙伴关系，实现与客户的合作共赢。

三是建立内部和谐关系。我们始终坚持以人为本，充分认识维护职工健康的法律责任，全员与企业签订劳动合同，构建和谐劳动关系。建立每年为职工办实事机制，筹措扶贫帮困资金360多万元；建立结对帮扶机制，使企业困难家庭由2002年的1326户下降到不足百户；建立金秋送学奖学机制，为近4年考入大中专院校的797名学生发放助学金132万多元；全面落实职工带薪休假、疗休养、年度健康体检等制度；筹措1400万元为长期从事煤炭工作的5203人一次性补发了荣誉金；不断提高离退休人员交通费和护理费，增加养老金等等。

四、打造和谐华煤 履行企业社会责任

社会责任体现了企业与社会之间的和谐关系，饮水思源，回馈社会，参与社会慈善、公益、民生等事业是每个企业公民义不容辞的光荣责任，必须积极主动地奉献社会。

第一，慈善社会公益事业。企业是社会的有机组成部分，支持社会公益事业，帮助弱势群体，共建和谐社会责无旁贷。我们先后捐资5600万元支持地方新农村、城镇化和乡村学校建设。积极参股西平、天平铁路建设。捐款1100多万元支援汶川抗震救灾和地方干旱等救灾工作。

第二，支持社会民生事业。电力供应是保障社会民生的基础。我们每年电煤供应量占到整个销量的一半以上，但价格比平均价格倒挂100—200元/吨。特别是在2008年南方雨雪冰冻、抗震救灾、奥运会期间以及煤炭供应紧张等时期，不讲价格、不计效益、不顾利益、不计成本，开通绿色运煤通道，全力以赴确保了电厂等周边地区煤炭供应。

第三，传导社会先进文化。企业不仅是经济主体，而且有弘扬先进文化的光荣义务。我们结合企业三家联合的最大实际，大力开展“聚力”企业文化建塑工程，倡导“温暖民生、照亮大地”的企业使命、“和谐为本、创新为魂”的核心价值观、“金品质、利天下”的企业道德和“同心同德、共建共享”的和谐理念等先进文化理念，提升全员素质，凝心聚智，推动企业精细化管理。

实践证明，企业发展与履行社会责任是相辅相成、相互促进的。“天行健，君子以自强不息；地势坤，君子以厚德载物”，我们应以宽广的事业胸怀和崇高的社会责任感，全面贯彻落实科学发展观，在承担社会责任中寻求更好地发展，在又好又快发展中更多地履行社会责任。人类因梦想而伟大，企业因文化而长青，社会因奉献而美好！

（作者系华亭煤业集团公司党委书记）

打造责任烟草 履行社会责任

黄星光

一、悟道——烟草企业履行社会责任的基本认识

近年来，企业社会责任这个话题备受关注，理论界虽然对企业社会责任的定义尚有争议，但普遍认为企业社会责任是指某一特定时期社会对企业所寄托的经济、法律、伦理和自由决定（慈善）的期望，包括经济责任、法律责任、伦理责任和慈善责任等方面。

在福建烟草商业25年的发展历程中，我们逐步形成了“企业社会责任是企业与生俱来的基本使命，责任是福建烟草企业文化的灵魂”这一认识。首先，社会责任是烟草行业传承优秀文化的应有之义。中华民族素有以爱国主义为核心的责任感，不论是个人还是企业，能力越强，责任就越大。烟草行业是事关国计民生的重要产业之一，把爱国作为首要责任，是企业与生俱来的使命。国家烟草局提出“国家利益至上、消费者利益至上”的烟草行业共同价值观。烟草的发展，就是要为国家做贡献；烟草的文化，就是为国家做贡献的文化。其次，社会责任是烟草行业履行国家专卖职能的内在要求。专卖制度实施二十多年来，被实践证明是改革开放以来最符合中国实际的控烟措施。国家对烟草实行专卖，目的是“有计划地组织烟草专卖品的生产和经营，提高烟草制品质量，维护消费者利益，保证国家财政收入”。因此，烟草专卖既是经营，更是对烟草产业的严格管理。烟草行业的发展不能单纯追求经济效益，而是要积极履行社会责任，妥善处理各种利益关系，切实承担起国家赋予的专卖管理职能。第三，社会责任是烟草行业参与建设和谐社会的重要举措。烟草行业影响着社会的稳定与发展。在福建烟草整个产业链中，卷烟品质涉及全省上千万消费者的需求满足与健康安全，卷烟经营和烟叶种植是十五万户卷烟零售客户和十万户烟农赖以谋生的主要手段，烟草产业是不少地区财政收入的经济支柱。国有企业存在的目的本来就是取之于民，用之于民。烟草行业必须对国家负责，对社会负责，对烟农、零售客户和消费者负责，为建设和谐社会而努力。

二、明义——烟草商业履行社会责任的主要内容

烟草行业是销售特殊商品的行业，是实行国家专卖制度的行业，是国有大型垄断行业。这些特点决定了烟草行业更应该也更有能力去履行社会责任。福建烟草商业的履行社会责任始终把维护国家利益和消费者利益作为出发点和落脚点。

（一）报效国家。就是要发挥专卖制度的优越性，保持

烟草行业持续健康发展,诚信纳税,为国家建设积累更多的财政收入;就是要提高经营管理的科学性,避免决策失误,提升管理效率,降低经营成本,促进国有资产保值增值;就是要加强依法行政的主动性,深入开展卷烟打假打私,维护卷烟市场经营秩序,严厉打击导致国家税源流失的违法行为。

(二)回报社会。就是要关注消费者、零售客户和烟农,从卷烟减害降焦出发,从满足市场需求出发,为社会提供优质产品和服务;就是要关注地方经济建设,把烟草自身发展和地方经济发展紧密捆绑在一起,在参与社会主义新农村建设、服务"三农"、保护环境等重大事项上积极作为;就是要关注公益事业,合理运用专卖专营积累的企业财富,帮扶弱势群体,发展社会事业。

(三)服务客户。就是要牢固树立与烟农和零售客户共同成长的理念,通过现代烟草农业建设和现代卷烟营销网络建设,在经济上,保障烟农和零售客户的稳定收益与持续增长,帮助他们勤劳致富;在素质上,提高烟农和零售客户的科学文化水平与经营管理能力,提高社会文明程度;在思想上,传递福建烟草责任文化内涵,为建设和谐社会培育更多的参与者。

(四)成就员工。就是要坚持以人为本,打造一批优秀的社会主义事业建设者。要用崇高的目标激励员工,让员工在企业价值的实现过程中实现自我的人生价值;用先进的文化武装员工,培养造就一支"有理想、有道德、有文化、有纪律"的员工队伍;用良好的机制培育员工,为员工提供施展才华的空间。通过员工队伍的成长,实现履行社会责任的目标。

(五)发展企业。就是要赋予企业发展超越利润的价值导向,打破束缚企业科学发展的观念、做法和体制机制,使企业实现"严格规范、富有效率、充满活力",把企业建设成为社会责任的忠实践行者。

三、筑魂——福建烟草商业履行社会责任的精神支撑

福建烟草商业企业坚持在挖掘中提炼,在传承中提升,提炼出"建设海西,责任烟草"的文化主旨,系统建设成福建烟草商业"母子融合"责任文化体系,形成履行社会责任的企业价值观和企业文化。

(一)把社会责任融合在企业文化定位中。作为烟草行业的一份子,福建烟草商业的企业文化必须坚持以"两个至上"行业共同价值观为核心;作为福建的一份子,福建烟草的企业文化必须体现在福建经济建设中的积极作为。为此,我们遵循《中国烟草企业文化建设纲要》,全面贯彻落实国家局"整体协同、明确边界、共享核心、分层定位、各具特色"的母子文化融合原则,在企业文化建设中找准坐标,把企业文化定位为"责任文化",并将"责任烟草"贯穿于企业文化建设的各方面。我们的企业愿景是"尽责诚信,和谐烟草",企业使命是"益国利民,成就员工",企业精神是"依法治企,惟国惟民;以德达人,重信重义"。在整个企业文化主体理念体系中,用责任来提纲挈领、贯穿全局,系统地回答了"我是谁,为了谁,去哪里,怎么去"的企业发展问题。

(二)把社会责任融合在企业经营思想中。福建烟草商业把社会责任作为企业生存和发展的根本,从自身25年的发展历程中挖掘责任文化的内涵,又从实践中不断完善责任文化,形成了"创新 、规范 、奉献、廉洁、和谐"的企业经营思想。我们以创新促进企业率先发展,彰显对履行责任的探索;以规范 夯实企业坚实基础,彰显对履行责任的追求;以奉献履行企业社会义务,彰显对履行责任的承诺;以廉洁保障企业遵纪守法,彰显对履行责任的自警;以和谐营造企业内外环境,彰显建设企业和谐的努力。深刻反映了企业社会责任的基本内涵,增强了全体员工对企业文化的认同感和归属感。

(三)把社会责任融合在母子文化建设中。"母子融合"文化体系是福建烟草商业企业文化建设上的创新与发展。在处理母子融合过程中,我们把责任文化作为总纲,13家子公司提炼出"德、诚、实、宁、容、融、和,正、方、勤、智、精、严"的子文化。同时,以各自企业不同个性丰富母文化内涵,泉州市公司"成德搏进,以德载责";莆田市公司"忠诚事业,以诚显责";厦门市公司"精实以恒,以实履责";宁德市公司"宁和致远,以宁维责";福州市公司"海容通达,以容至责";海晟投资公司"融融兴晟,以融传责";南平市公司"协和共进,以和系责";漳州市公司"心正意诚,以正赋责";龙岩市公司"智圆行方,以方通责";进出口公司"勤业尽职,以勤示责";三明市公司"聚智薄发,以智明责";武夷烟叶公司"精进勤行,以精承责";三明烟叶公司"严明敬业,以严尽责"。责任,使母子文化在建设上达到了深度的融合,彰显了福建烟草商业"一株烟草不同叶,不同叶片皆属烟"的企业文化魅力。

四、履责——福建烟草商业社会责任的丰富实践

履行社会责任为福建烟草商业的企业文化建设奠定了坚实的基础,引领企业不断走向成熟,促进企业持续稳定健康发展。

(一)以创新为手段履行社会责任。福建烟草商业系统的创新,不仅围绕着企业发展的需要,同时也围绕着社会责任的需要。我们在烟叶生产中,开发清香型烟叶、实行烟叶收购原收原调、大力发展机械化生产,不仅促进烟叶自身的发展,更重要的是维护了烟农利益,增加了烟农收入。我们在卷烟经营中,不断探索价格管理改革、引进信息化手段、提高服务水平、加强烟草工商协同,不仅培育了卷烟品牌,更重要的是满足了消费者需求、提高了客户收益。我们在专卖管理中,对打假打私、市场管理、内部监管倾注了大量的时间精力,不仅是在完成本职工作,更重要的是维护了国家利益。20多年来,福建烟草人坚持自主创新,展现了福建

烟草人履行先行先试之责的良好风貌。

（二）以规范为基础履行社会责任。福建烟草商业的规范，对外体现在诚信经营，对内体现在严格管理。我们勇于改进，通过烟叶流通秩序专项整顿、卷烟体外循环专项整顿、财经秩序专项整顿等整顿措施，端正了经营风气。我们科学决策，建立了投资、薪酬、预算等方面的管理委员会，保障了民主决策、科学决策、依法决策。我们规范经营，建立了《地市级烟草公司卷烟营销网络运行规范》、《烟叶生产经营规范》以及财务内控指引等系列规范性经营制度体系，得到了烟农和零售客户的充分认可。我们严格管理，积极探索强化纪检监察监督、审计委派制、县级财务委派制以及对外投资的决策、执行、监督"三权互控"等机制，保证了权力得到正确行使。25 年来的规范管理，为企业健康发展和国有资产保值增值做出了贡献。

（三）以奉献为情怀履行社会责任。奉献，是福建烟草人一贯的追求。我们以"报效国家、回报社会"为己任，持续多年在全省开展扶贫帮困、捐资助学、抗震救灾等公益活动，关注社会发展，扶持弱势群体。2008 年捐资汶川地震 200 多万元。特别是 2005 年以来，积极响应中央"工业反哺农业"的号召，投入 30 亿元资金在全省三个烟区 27 个县（市）291 个乡镇，开展烟叶生产农业基础建设，累计建成水坝沟渠和田间道路设施 2 万多项、密集式烤房 5 万多座，极大地改善了当地农业生产条件。被农民誉为民心工程、德政工程，受到了社会各界的高度赞誉。

（四）以廉洁为承诺履行社会责任。廉洁是福建烟草持续健康发展的生命线。我们对国家承诺廉洁自律，依法依规开展生产经营，加强对物资采购、工程建设和领导干部权力行使等重点环节的监督管理，确保垄断的权力和企业的资金不被错误使用。我们对社会承诺廉洁自律，在专卖管理和生产经营中搞好服务，不搞吃拿卡要，杜绝任何损害国家行政机关和行业形象的不良行为。我们对员工倡导廉洁自律，大力开展廉政文化建设，建立健全廉政监督制度，全员签订廉洁从业承诺书，将廉政文化渗透到企业生产经营的各个环节，促使廉勤自守、敬业奉献成为员工的自觉行为。

（五）以和谐为追求履行社会责任。建设和谐社会是福建烟草商业的努力方向。我们坚持处理好企业发展与服务对象的和谐关系。全省卷烟零售客户月均售烟收入稳定在千元以上，烟农年售烟收入超过 2 万元，在力所能及地的范围内努力帮助解决社会就业与稳定问题。我们坚持处理好企业发展与员工成长的和谐关系。尊重劳动，尊重知识，尊重人才，尊重创造，开展用工分配制度改革，努力形成全体员工各尽其能、各得其所而又和谐共处的企业，使全体福建烟草人共享改革发展的成果。我们坚持处理好企业发展与环境安全的和谐关系。大力开展节能减排活动，积极采用 ISO14000 环境管理体系，努力实现企业与自然和谐相处。我们坚持处理好企业发展与地方建设的和谐关系，积极支援地方建设，从资金、管理、政策等方面为福建省加快建设海西西岸经济区提供支持，得到了各级党委政府的充分肯定。

履行社会责任，构建责任烟草，是福建烟草商业不懈的追求。我们将坚持与时俱进，在继承中创新，在创新中提升，为福建烟草商业责任文化赋予新内涵，注入新活力，始终为努力建设严格规范富有效率充满活力的福建烟草，为推进经济社会科学和谐发展而不懈奋斗。

（作者系福建省烟草专卖局（公司）党组成员、纪检组长）

对话论坛：创新文化——引领自主创新铸就民族品牌

海尔以创新精神创全球化品牌

王安喜

海尔集团是世界第四大白色家电制造商、中国最具价值品牌。海尔在全球建立了 29 个制造基地，8 个综合研发中心，19 个海外贸易公司，全球员工总数超过 6 万人，已发展成为大规模的跨国企业集团，2008 年海尔集团实现全球营业额 1190 亿元。

海尔集团在首席执行官张瑞敏确立的名牌战略指导下，先后实施名牌战略、多元化战略和国际化战略，2005 年底，海尔进入第四个战略阶段——全球化品牌战略阶段。创业 25 年的拼搏努力，使海尔品牌在世界范围的美誉度大幅提升。2008 年，海尔品牌价值高达 803 亿元，自 2002 年以来，海尔品牌价值连续 7 年蝉联中国最有价值品牌榜首。海尔品牌旗下冰箱、空调、洗衣机、电视机、热水器、电脑、手机、家居集成等 19 个产品被评为中国名牌，其中海尔冰箱、洗衣机还被国家质检总局评为首批中国世界名牌。2008 年 3 月，海尔第二次入选英国《金融时报》评选的"中国十大世界级品牌"。2008 年 6 月，在《福布斯》"全球最具声望大企业 600 强"评选中，海尔排名 13 位，是排名最靠前的中国企业。2008 年 7 月，在《亚洲华尔街日报》组织评选的"亚洲企业 200 强"中，海尔集团连续五年荣登"中国内地企业综合领导力"排行榜榜首。海尔已跻身世界级品牌行列，其影响力正随着全球市场的扩张而快速上升。

管理大师德鲁克曾经说过："企业目的惟一正确而有效的的定义就是创造顾客"，从这个意义上说，只要有了客户资源就是一个品牌。如果有中国的客户资源就是一个中国的品牌；有全球的客户资源就是一个全球的品牌。任何一个世界级品牌都是长期积淀和艰苦创新的结果，是包括观念、战略、产品研发、商业模式和管理机制创新的全方位、全过程创新的结果。海尔之所以能够保持高速稳定发展，成为在全球有影响的品牌，正是遵循了这样一个全方位、全过程的创新。

一、坚持观念创新,塑造科学的企业价值观

海尔能够发展到今天,我们在外部的机遇与其它企业相比都是差不多的,很多企业原来比我们好得多,现在都销声匿迹了,我们能够发展到今天,取决于领导的关心支持和员工的努力,另外很大的一方面就是我们的企业文化被大家认同了,我们的企业文化核心就是创新。

我们原来的企业文化是植根于中国传统文化当中的,而且面对的是中国的员工,大家有共同语言。我们继承中华民族的优秀文化传统和中国共产党的的光荣传统,结合企业实际,制定海尔的精神和作风,保证了海尔文化能够在中国这块土地上得到员工的认同。

但是到国际上去又有不同,文化的差异很大。所以,我们在进入全球化品牌战略阶段就制定了新的企业精神和工作作风。企业精神就是"创造资源,美誉全球",这和原来的企业精神最大的不同,一个是强调以中国为据点,向全世界辐射,新的企业精神则是强调全球化,美誉全球。要做到这一点,它的前提就是要创造优质的资源以换取美誉的资源。德鲁克有句话叫做"创新就是创造一种资源"。两个工厂用的材料一样,但是干出来的产品价格就不一样,也就是很多世界名牌到中国来代工,我们交给他的产品是10美元,但是他可以卖到100美金,那个差价就是他创造的资源。确切的说就是创造一个世界名牌,这个世界名牌要靠创新来创造,不是一朝一夕能做到的。

我们新的工作作风是"人单合一、速决速胜"。原来主要是强调速度,在市场机遇多、市场空间大的形势下,速度是第一位的。更快地抓住市场机遇,虽然准备还不足,但市场供不应求,也会赢。开发的产品虽然有失败,但有一个成功也会赢,因为利润空间大。但今天不但要有速度,还要有速度与精准的统一,因为环境变了。

人单合一就是要解决速度与精准统一的问题。"单"是市场第一竞争力,人与之合一就要服从这个要求,在事先确定的、而不是上级下达的市场空间里以最快的速度捕捉商机,产生快于对手的竞争力。

"人单合一"是双赢的文化,海尔"人单合一"的双赢文化追求的是客户、企业、员工的共赢,如果企业与客户双赢了,就意味着解决了"企业如何在外部生存的问题";如果企业与员工双赢了,就意味着解决了"企业内部如何共同生活"的问题。

面对金融危机带来的"寒冬",在推进"人单合一"的双赢文化的过程中,海尔进一步强化了忧患意识。就是不仅要做好当前"过冬"的思想准备,还要始终把明天当作"冬天",使企业永远保持应对危机的状态,永远生存在危机当中。

在落实"人单合一"的双赢文化的过程中,海尔进一步强化了机遇意识。只有准确把握国家宏观经济政策导向、市场经济发展规律和现阶段企业发展基本特征,善于用创新的思维分析新形势、研究新问题,从变化中捕捉机遇,才能在逆境中培育有利因素,变挑战为机遇,变压力为动力,积极推动产业升级和企业战略转型。

在建立"人单合一"的双赢文化的过程中,海尔进一步强化了主动意识。坚持创新驱动,完善创新机制,提高创新能力,由过去传统的完全被动听从上级指令的"报时人",转变为主动融入创新体系、每个人都是"时钟"齿轮的"造钟师",建立一个像时钟一样的创新机制、长效机制,调动各方面的积极性、主动性、创造性,凝聚起化危为机的强大合力,建立"人单合一"的双赢文化,提振信心,沉着应对,共克时艰,共渡难关,在"冬天"里创造"春天"。

二、坚持战略创新,从"制造业"向"服务业"转型

战略是企业的灵魂,战略创新是企业竞争取胜的关键。海尔过去经历了名牌战略阶段、多元化战略阶段、国际化战略阶段,现在已进入第四个发展战略创新阶段:全球化品牌战略阶段。随着经济全球化步伐的加快,企业竞争对手数量不断增加、规模不断扩大,企业如果不能未雨绸缪,及早进行战略研究、战略选择与战略创新,将无法应对随时都会到来的下一次危机。为此,海尔立足新的形势,提出并实施战略转型,加快从"制造业"向"服务业"转型。

在从"制造业"向"服务业"转型中,海尔注重全方位满足用户需求。针对用户专业化、差异化的服务需求越来越高的实际,海尔依托技术创新和服务创新,致力于满足用户需求,不只是为用户提供产品,而是为用户遇到的难题提供解决方案,从提供"一件产品"变为"一整套解决方案"。如针对机场对中央空调设施的特殊要求,充分考虑到机场作为公共场所,人流多,还是一个城市的门面,既要通风充分、有利健康,还要美观时尚、节能环保等各种因素,海尔设计推出了R410A环保冷媒直流变频多联中央空调,不仅比非直流压缩机的中央空调节能10%,而且有利于环保,同时凭借健康的设计方案以及差异化的服务赢得了市场。2008奥运会提供服务的三大机场——北京首都国际机场、青岛国际机场和天津国际机场的中央空调工程定单全部"花落海尔"。

在从"制造业"向"服务业"转型中,海尔注重人性化服务。针对现代生活节奏的加快,越来越多的白领阶层希望一个品牌能够满足所有需求、一次解决所有家电的配送安装,于是海尔"成套家电服务方案"应运而生,根据用户家中的装修格局及风格,搭配出不同形式的成套家电方案供用户选择,并按预约时间一次性送货、安装调试到位,给用户节省了大量的时间,提升了用户的生活质量。海尔"成套家电服务方案"的推出,不仅抓住了新的市场需求,而且提高了高端产品的销售比例,销售毛利率也随之提高2%。

三、坚持产品研发创新,创造海尔独有的市场

在日趋激烈的市场竞争格局中,产品能否以市场为导向,不断满足客户的需求,已经成为企业是否具有竞争力的根本。市场和需求唯一不变的法则是永远在变,如果把追随市场比作打靶,20世纪40年代至50年代,美国人靠打固

定靶，即瞄准固定的市场，组织生产，降低成本，以此赢得竞争，谋取了世界经济的统治地位；到了20世纪60年代，日本人开始崛起，他们把市场细分化，就如同射击中的打游动靶，产品跟着变化的市场转，为自己创造了新的机会；现在是知识经济、网络信息化时代，瞬间万变，瞄准市场就如同打飞靶，需要有超前性，有提前量，必须不断地创新才有生命力。所以，海尔产品开发的原则始终是以用户为中心，以打飞靶的要求瞄准市场，把客户的难题作为我们研发的最新课题，加大对拥有自主知识产权产品的研发力度，走以人为本的产品创新道路，以产品的个性化创造一个竞争对手无法模仿、复制的市场。近几年来，海尔坚持以自主创新为主，重点突破核心技术、制定技术标准，着力增加技术储备，每年的自主技术投入占到了年销售收入的6%，在全球白色家电行业中位居前列。截止到2009年上半年，海尔累计申请专利9258项，其中发明专利2532项。在自主知识产权的基础上，海尔已参与19项国际标准的制定，其中5项国际标准已经发布实施，这表明海尔自主创新技术在国际标准领域得到了认可；海尔主持或参与了215项国家标准的编制、修订，其中172项已经发布，并有8项获得了国家标准创新贡献奖；参与制定行业及其它标准441项。海尔是参与国际标准、国家标准、行业标准最多的家电企业。

在金融危机的环境里，海尔把自己市场的切入点定位在：通过创新，使海外市场升级，中国市场深入，即在海外打造高端品牌形象，在国内深入社区和农村。

在海外市场，海尔完成了从"出口创汇"到"出口创牌"、又从"出口创牌"到"出国创牌"的战略转变，国际化战略的成果日益凸显。所谓"出国创牌"，就是先以缝隙产品"走出去"，再以大众产品进入国际主流渠道"走进去"，最后以高附加值产品和当地化品牌"走上去"，实现本土化设计、生产和营销，以高附加值产品占领国际市场。我们在印度造的不弯腰冰箱，在泰国造的抗菌除臭冰箱，在巴基斯坦造的深冷速冻冰箱，在美国造的多温区大冰箱等等，都成为深受海外消费者喜欢的名牌产品。海尔在菲律宾、印度尼西亚、马来西亚等国设立的工厂的产品，不仅仅在一个国家销售，而且在整个东南亚经济区域销售。特别是在人民币升值，国内出口受影响的情况下，由于海外有些地方货币贬值，海尔就抓住机会从这些地方出口，效果也很好。在非贸易关税问题上，美国、欧盟对中国出口的产品有一定的限制，但海尔在波兰生产的产品可以出口到美国、欧洲，在美国生产的产品可以出口到欧洲或者到中东，在意大利生产的产品也可以出口到欧盟各国，有效规避了汇率、关税、非关税壁垒的负面影响。2008年海尔在海外市场的总体业绩增加了8%，海外设计、生产、销售额增长了20%多。

在国内市场，我们树立"为消费者提供安全、快捷、实用的个性化产品服务"的经营理念，在巩固城市市场份额基础上，抢抓"家电下乡"的机遇，积极研发新产品，满足农村消费者的特殊需求。海尔冰箱中国区企划部有关人员到江苏金坛等地调研时发现，农村用户除了重视价格和售后服务外，最担心的是不稳定的电压会损坏冰箱。海尔集团就此开展技术攻关，推出了215DF型冰箱，耗电少，噪声小，外形美观，安全稳定，冰冻能力是普通冰箱的5倍多。在第二轮"家电下乡"活动中，这款海尔冰箱投放市场首月销量3万多部，在有些地方甚至脱销。随后海尔又陆续为农村市场推出几十个品种的适合农村具体消费要求的新型家电产品。"家电下乡"活动开展以来，海尔集团所占的市场份额一直居首位。

四、坚持管理机制创新，以紧密的市场链打造高效的价值链

管理是企业永恒的主题。与有着悠久历史的国际化大公司相比，中国企业在技术、资本、全球网络建设上都存在很大的差距，惟有通过管理创新才能超越。海尔过去的组织结构是层级管理模式，带来的问题是每个人没有非常明确的市场目标，在一定程度上形成了相互之间的推诿扯皮，在企业规模日益扩大的情况下，很容易形成"大企业病"。为此，海尔在推行"赛马不相马"、"日事日毕、日清日高"等管理实践之后，随着互联网时代的到来，针对市场变化快等特点，海尔提出"倒三角形"管理理念，即：由领导在上面，员工在最底层，员工需要通过领导的指令才能感知到市场需求变化的"正三角形"管理模式，转变为"倒三角形"模式，员工在最上面，离市场最近，领导提供资源和平台，突出把客户放在第一位，让每一个人为客户创造价值。围绕打造"倒三角形"管理模式，建立了"人单合一"的自主经营体模式，就是将人与市场目标紧密结合起来，让每一名员工都成为主宰市场目标的主人：拥有竞争目标，自己创新实现目标，自己分享创新成果。

该模式率先在经营海外市场的人员中推出，主要做法是将管理部门、研发部门、制造部门、营销部门等利润攸关方紧密联系起来，共同分析当地的需求，快速反映市场的变化，有针对性地开发产品，经营状况与自主经营体收益挂钩，开发市场费用纳入自主经营体成本，利润由自主经营体和企业共享。自主经营体有效地整合了资源，大大提高了订单的有效性，形成了以订单驱动的高效价值链。在海尔手机部门，有一个专门为印度大客户成立的自主经营体，将原来分散的部门整合为一个自主经营体。在激励机制的引导下，这个自主经营体员工的积极性得到了激发，他们以满足客户需求为目标，深入研究分析印度市场的需求特点，发现印度用户喜欢大象，于是为印度用户研发出具有"大象"外观的手机。尽管受金融危机的严重影响，这个系列的个性化产品2008年在印度市场获得的订单比2007年实现了翻番增长。随后，又相继成立了"海尔手机非洲经营体"、"海尔手机美洲经营体"等团队。我们还抓住日元升值的时机，将自主经营体模式推广到了日本和东南亚，在日本取得超过去年销量25%的订单。

"人单合一"自主经营体模式，既是管理方式的创新，又是在金融危机下，实现人力资源转型的重大创新。通过"人

单合一”,海尔把人力资源由一定程度上的“成本”变成了“资本”,“负债”变成了“资产”,不仅提高了企业的经营效益,而且有效地避免了由于金融危机带来的大规模裁员。这种管理模式引起国际产学研界的普遍关注,被瑞士洛桑商学院收为案例,并被美国一些商学院深入探讨,以期形成新的管理经营模式。

五、坚持商业模式创新,实行“零库存下的即需即供”

最近,有媒体评价说:20 多年前海尔砸冰箱,20 年多后砸仓库。砸仓库,是指海尔取消库存,实行零库存下的即需即供。砸冰箱是进行质量创新,砸仓库是商业模式的创新。

什么是商业模式创新?就是以创造客户价值为导向。

在这次金融危机中,由于消费市场大幅度萎缩,企业遇到的主要问题,一是库存积压严重,二是应收账款难以回笼,特别是出口型企业,资金链断裂、企业库存过多,是其面临倒闭的主要危胁。要克服这两大难题,必须进行运营模式的创新,努力实现速度和结构、质量、效益相统一。对此,海尔提出了一个创新的商业模式:“零库存下的即需即供”。这是一个看似两难的挑战:既要零库存,还要高增长。但只要你提供的方案是客户需要的,就不是两难了。

在金融危机的环境里,企业要想“过冬”,就是两条:丰衣和足食。“食物”就是订单,“衣服”就是现金流。没有订单就等于没有“食物”,不饿死也会饿晕;有了产品却不能迅速变现,成为库存,没有了现金流,等于没有“衣服”,就会被冻死。海尔在 1998 年就在中国市场率先实行“现款现货”。当时也遇到了很大的阻力,因为当时没有一家企业认为有必要这么做,但是我们还是咬着牙坚持了下来,仅这一做法,在这次金融危机到来之际,就避免了很多损失。去年 7 月,我们在现款现货的基础上,又提出防止“两多两少”:防止库存多、应收多、利润少、现金少。

“零库存下的即需即供”运营模式,是以现代技术和先进理念为依托,取消仓库,围绕客户订单组织生产,通过先进的供求信息传播和高效快捷的产品研制手段,研发上实现了即需即变,制造上实现了即需即制,营销上实现现款现货、零库存,物流上实现即需即送。

这一运营模式的运用,使海尔集团库存资金占用天数由过去的 20 天下降到了目前的 5 天,是中国工业企业平均值的十分之一。健康的资金链为海尔规避危机风险,保持良好运转提供了有力保障。

迎接挑战,危机之中抓机遇,是海尔面对当前经济形势的积极态度。

海尔将深入推进信息化管理革命,探索卓越运营的商业模式,在全球化的浪潮中,为创出中国的世界级品牌而持续创新!

(作者系海尔集团公司监事会主席)

同仁堂何以诚信立业

陆建国

同仁堂是中药行业著名的老字号,国家首批非物质文化遗产,至今已有 340 年的历史。三百多年里,同仁堂历经皇朝变迁,闯过民国战乱,搏击于市场经济大潮,历经沧桑,始终昌盛不衰,其精品名药蜚声海内外。特别是 2008 年末至 2009 年间,虽受世界金融危机的影响,许多企业陷入困境,同仁堂却依然保持了平稳较快的发展势头,2009 年 1 - 10 月集团整体已完成销售 87.1 亿元,利润 7.6 亿元,分别同比增长 13.55% 和 14.80 %,出口创汇 2156.29 万美元,同比增长 12 .2%,继续稳居同行业之首。同仁堂何以在风浪中岿然不动?总结历史,面对现实,我们认为,行业因素、科技因素,体制机制因素固然是成功之要素,但“济世养生”的诚信理念才是同仁堂立业之基,发展之本,同仁堂用 340 年的时间诠释了“诚信”,铸就了成功。

翻开同仁堂的历史,浓郁的文化气息扑面而来。中华民族悠久的传统文化和美德,熔铸于企业的生产经营之中和职工的言行之内,形成了有中药行业特色、独具魅力的同仁堂文化。济世养生的创业宗旨,同修仁德的敬业精神,货真价实的职业道德,讲信义重人和的行为规范,代代相传,流传至今,成为同仁堂绵延发展,永续经营的立业之道。

一、诚信者以“仁”为本

同仁堂 340 年的历史中,渗透和体现着鲜明的中国文化特色,尤其是中华文化的主脉——儒家文化的特色。“仁”是儒家文化的核心概念,也是同仁堂文化的精神支柱。同仁堂崇尚的“仁德”精神,本意为仁者爱人,同情友爱,也有恭谨、宽厚、信实、勤敏、慈惠之意,亦泛指同仁堂人坚持真理、正义的品行以及坚持以提高人类健康水平和生命质量为己任,以诚守信,以爱国爱人之心,仁药仁术之本,取信于民,造福人类的理想追求。

(一)以“仁本”创业

同仁堂的创业者尊崇“可以养生、可以济世者、惟医药为最”,恪守“炮制虽繁必不敢省人工,品味虽贵必不敢减物力”的古训,树立“修合无人见、存心有天知”的自律意识,把行医卖药作为一种济世养生、效力于社会的高尚事业来做,由此,在公元 1669 年成立了同仁堂。在此后的几百年间,这种诚实敬业的品德,一直深深影响着同仁堂历代经营者,并将其升华为同仁堂职业道德的精髓而代代相传,以仁德、诚信推动着企业的发展。从某种意义上说,同仁堂的历史就是谋求信义的历史,同仁堂的金字招牌就是“信义”的凝结。

(二)以“仁本”立业

在社会主义市场经济的新形势下,同仁堂的经营者始终认为诚实守信是对一个企业最基本的职业道德要求,在日常的生产经营中，同仁堂的干部职工自觉实践着诚实守信的职业道德，在同仁堂药店，始终保持着十多项深受人们欢迎的便民活动，如咨询服务，坐堂问诊，代客加工饮片及成药，代客寄药、煎药、送药，登记短缺药品等，特别是一些本小利微的饮片，既占资金又占库房，很多药店不愿经营。而同仁堂从患者需要出发，讲的就是“仁德”和“诚信”。每年，同仁堂都要收到大量表示感谢或求医问药的来信。对此，许多门店都设有专人仔细阅读，热情回信答复，并寄去患者所需药品。几十年如一日，虽然不赚钱，但职工们觉得值得，因为这是同仁堂的传统、同仁堂的精神。正是有了这些干部职工自觉践行着诚信的理念，才确保了同仁堂金字招牌在广大消费者中永远闪亮。

（三）以“仁本”续业

时代不同了，历史前进了，但同仁堂的“仁本”思想没有变。如今，同仁堂新的一代经营团队继承了“仁本”理念的精华，并融入了新的内涵，提出了“善待”的思想，包括善待社会、善待职工、善待经营伙伴、善待投资者。这种“善待”文化的运用，使同仁堂的内在凝聚力和外在影响力空前提高，企业也得到了前所未有的发展。

所以说，在同仁堂，“仁本”既是一种共同为之奋斗的理想，更是一种共同认同的文化。这种文化作为一根纽带，它凝聚了全集团的力量，弥补了资本纽带和权利纽带的不足。应该说，有了这根文化纽带，同仁堂就是一个集中了众人的智慧和力量的强大团队。

二、诚信者以“义”为上

“以义为上，义利共生”是同仁堂的经营哲学，其深刻内涵就是以义取利，不取无义之利；尤其是当义、利发生矛盾时，坚持以义为上、为先，先义后利，以义取利。同仁堂坚信在生产经营中只有把“义”放在首位，以崇高的社会责任感，讲求社会大义，利润自然会滚滚而来；坚信重义才能取信于市场，有了信誉才能盈利。从长远战略角度看，企业经营无义即无利，小义即小利，只有大义才能有大利，它反映的是企业当前利益与长远利益的关系，也是同仁堂得以做长的一个重要原因。

（一）以义为上，先义后利

历史上，同仁堂在扩大经营的同时，普施善举，如为进京赶考的举子免费赠送平安药；通过冬设粥厂夏送暑药，施义棺、办义学等方式救济穷苦百姓；自酬资金创办消防水会……正是这些看似平常的小事、义举，使得同仁堂在百姓心中赢得了良好的口碑。

在市场经济条件下的今天，同仁堂依旧深植“仁本”之基，保持着自己的优良传统。1988 年上海“甲肝”流行之际，同仁堂的职工昼夜加班，赶制了一百八十万袋板蓝根派专人专车送往疫区；2003 年“非典”肆虐京城，同仁堂挺身而出，毅然拿出 1000 万元平定中药市场价格，对外公开三项承诺：保证产品质量，保证药品供应，保证药价不涨，累计向市民提供“非典”药和瓶装代煎液 300 万副，61 家同仁堂店供应着全北京近一半的药量，满足了近 100 万人次的用药需求，自己却承担了近 700 万元的损失。

（二）以义取利，义利共生

在同仁堂，“义”和“利”从根本上是不矛盾的。上海“甲肝”、北京“非典”，虽然同仁堂当时赔了钱、丢了利，但却赢得了“人心”，赢得了信誉，赢得了市场，为今后的经营创造了无限的商机。从这个意义上说，同仁堂看得更远、更深。有人统计，1990 年亚运会开幕当天，大栅栏一条街一天营业额 80 多万元，其中同仁堂药店就占了 52 万元；从 1996 年到 2008 年，同仁堂连续 12 年保持主要经济指标双位数增长；2008 年在世界经济环境的“寒冬”下，同仁堂逆市而上，依然保持了良好的经营业绩。同仁堂的“利”正是来源于厚积薄发之“义”；正是因为“以义为上”的诚信理念早已象一座无形的丰碑，牢固树立在了亿万消费者的心中，因而“义利共生”才是企业经营的最高境界。

三、诚信者以“质”为根

质量是同仁堂生存发展的根本，也是实现“做长、做强、做大”的前提和基础，更是企业“仁本”理念的集中体现。要“仁”要“义”就必须首先讲商品质量，尤其是制药企业，关系百姓的生命健康，没有质量就谈不到“仁”和“义”，因而，同仁堂历代继业者始终恪守古训，将质量作为企业管理的重中之重，不敢有丝毫怠慢。

从历史上看，同仁堂职工严格的自律意识以及长达 188 年供奉御药期间无形的外在压力所形成的“质量至上、安全第一、疗效确切，万无一失”的责任和理念深深影响着同仁堂一代又一代，构成了同仁堂独特的质量文化。如今，同仁堂虽已发展为现代化的企业集团，但讲求质量的传统本色没有变，讲求质量的方法更科学。我们引进了现代科技手段、实现了全面质量管理，过去“丸散膏丹神仙难辨”的历史已不复存在，取而代之的是科学数据。与此同时，我们还将“质量”赋予了更加深刻而广泛的内涵，即在确保产品质量的基础上，还要不断提升服务质量、经营质量和资产质量，从而使企业更加健康。如果说过去同仁堂的质量更多的是依靠员工的自律意识的话，那么现代化大生产的质量保证则必须要依靠现代化的科学管理。

（一）放心的药品

在生产过程中，同仁堂始终保持着“配方独特，选料上乘，工艺精湛，疗效显著”的制药特色，在恪守“炮制虽繁必不敢省人工，品味虽贵必不敢减物力”的同时，不断融入了现代技术和现代理念。在质量管理上，同仁堂按照国家 GAP 标准建立了 13 个原料种植基地，着力解决了药材的农药残留、重金属含量高和药材变异等问题，将“生产车间”建到田间地头，将绿色标准建在中药的源头；在生产管理上，2004 年，同仁堂投资 6 亿元在亦庄经济技术开发区按照 GMP 标准新建和改造了两大现代化生产基地，从制剂工艺、生产设备、管理系统自动化到能源控制、环保、施工质量等实现了“六个一流”，在国内同行业中处于领先水平；在经营管理上,同仁堂在所属商业单位推行了国家GSP标准管理,建立了计算机管理系统和质量服务网络系统,进一步完善了售后服务体系。正是由于同仁堂从配方、选料、加工制作一直到仓储配送的各个环节,都严格按照高于国家标准进行,从而确保了同仁堂的药品质量,使这一特殊商品深得病患者的信赖。许多顾客,包括海外患者都专程来同仁堂购药,他们说,同仁堂生产的药都是放心药。

(二)贴心的服务

有了放心药,还要有贴心的服务。同仁堂有上千家零售药店,但服务的标准只有一个,那就是让顾客满意最大化。我们提出"1% =100%"(即我的一次服务不规范等于顾客100%不满意)等新的服务理念,从强调服务的规范化入手,进而在创造差异化服务、个性化服务上下功夫。比如,同仁堂健康药业公司在经营中发现随着居民生活水平的提高,人们对营养膳食、健康产品的需求更加个性化、多样化,于是他们鼓励并要求店员实现由店面营业员向公共营养师的转变。"公共营养师"可以走出店堂为顾客做专业服务,成为高端客户的健康营养顾问,从而使传统模式的营销融入了更多的现代元素和专业内涵,不仅促进了营销水平的进一步提高,也创造了高质量服务的新典范。

(三)核心的管控

管控是确保产品、服务、经营和资产四个质量的重要保证。历史上,同仁堂就有"四把钥匙"的故事,讲述的就是严把质量观的"四房共管"。解放后,同仁堂更把质量放在了第一位,全面实行了GMP、GAP和GSP。在质量拓展到经营和资产后,同仁堂又提出了"1234"计划,其中的"1"就是提高集团控制力,并把它作为做长同仁堂的核心。

四、诚信者以"智"为先

同仁堂人在继承祖辈诚信文化的同时,遵古不泥古,创新不失宗,不断将时代的气息融入其中,将创新的思想融入其中,将科技与睿智融入其中,造就了与时俱进、充满生机与活力的同仁堂文化,打造了愈久弥坚的同仁堂品牌。

同仁堂的第一个明智之举——体制创新构筑了发展的新平台

1997年,饱受资金匮乏、机制老化制约的同仁堂大胆创新,深化改革,转变机制,走上了股份制改造之路,组建了北京同仁堂股份有限公司并成功上市;2000年,同仁堂进一步加大资本运作力度,分拆资产,组建了北京同仁堂科技发展股份有限公司,并在香港创业板上市,创下了证券界独一无二的"同仁堂模式"。两次股改上市使同仁堂集团实现了从工厂制到公司制的转变,为同仁堂注入了新的生机和活力。

同仁堂的第二个明智之举——思路创新明确了发展的新目标

2001年,同仁堂邀请了顶级的发展研究机构——国务院发展研究中心,制定了同仁堂未来十年的发展战略,提出了"以现代中药为核心,发展生命健康产业,使同仁堂成为国际知名的现代中医药集团"的准确定位。根据这一定位,董事会设计并实施了"1032"工程,即在同仁堂集团整体框架下发展十大公司、两大基地、两个院和两个中心的产业布局,形成现代制药业、零售药业和医疗服务的三大板块。目前,以同仁堂中医院开业为标志,"1032"工程已全部完成,在两个上市公司继续稳步发展的同时,以健康药业、商业公司、药材公司、制药公司为代表的新企业已成为集团新的支柱;集团的经营领域和覆盖范围在"术业有专攻"的基础上,已由单一的中药生产经营拓展到了健康领域、医疗服务和药材饮片领域,基本形成了跨地区、跨国界、跨所有制,开放经营的新格局,稳步迈出了国际化的发展步伐。2009年,在学习实践科学发展观的过程中,同仁堂又制定了一个新的五年规划,我们将之称为"12345"发展规划,即再过五年,同仁堂将实现主要经济指标翻"1"番(销售收入将突破200亿元,利税升至26亿元,出口创汇5000万美元);零售网点突破2000家;研发上市新品种300种;启动四个重点项目;继续保持五个全国同行业第一。

同仁堂第三个明智之举——科技创新增添了企业发展的新动力

历史上,同仁堂曾多次尝试发展中药传统工艺,1950年前后,同仁堂乐氏家族的最后一位掌门人、曾任北京市副市长的乐松生先生曾邀请著名药物学家郑启栋教授成立了"国药改进研究室"和"中药提炼厂",成功研制开发了"银翘解毒片"、"黄连上清片"等我国第一批中药片剂。此后,同仁堂又完成了半机械设备生产替代传统中药的手工制作。近十年来,同仁堂不断进行生产工艺及生产设备的现代化改进,先后成立了同仁堂发展委员会、同仁堂内部专家委员会和中药(复方)新药开发国家工程研究中心,构建了较为完善的科研、技术创新体系。公司的科研投入年年增加,目前,同仁堂已经建立了完善的生产科研硬件设施,代表中药企业先进水平的喷雾干燥技术、一步造粒技术等先进技术设备已广泛应用于同仁堂的制药生产。2003年建造的同仁堂亦庄生产基地,使蜜小丸、片剂等多种剂型的生产实现了全自动程控,在国内同行业中居领先地位。

与此同时,同仁堂新产品开发步伐不断加快,近年来,共研制出以国家一类新药塞隆风湿酒为代表的治疗性新药近百个,每年有近40个健康保健类产品推向市场,涵盖国家规定的全部27个健康保健品门类。近日,首个治疗抑郁症的中药品种也即将面市。各类科研项目的广泛展开不仅为企业未来的发展提供了良好的产品平台,同时也充分体现出同仁堂以科技为先导的创新意识。

五、诚信者以"和"为贵

同仁堂传统文化的突出特色是讲礼仪、重人和,具有浓郁的"人情味"。过去的同仁堂,在内部不讲师徒,皆称伙计,店堂的人到乐家内宅办事,乐家人迎进送出,谦和温良,众伙计之间相互敬重,和睦相处,创造了一种亲善仁爱的和谐氛围,使人感到心情舒畅,自然萌生了一种不为同仁堂“卖力”不安的情感。

现在的同仁堂,已不再是昔日的景况,但“和贵”之根已经铸牢。特别是在市场经济条件下,企业面临激烈的市场竞争,如果不能对外形成拳头,很难在市场中站稳脚跟。为此,我们将“以和为贵”的诚信传统上升为一种增强企业凝聚力,树立团队精神的新内容,通过各种方式教育员工,增强群体意识,树立大局意识,逐步建立了一种相互关心、相互依存、相互合作的干部与干部、干部与员工、员工与员工之间的和谐关系,营造出符合现代企业发展的良好环境。

(一)“人和”的文化理念

2003年结合抗击“非典”、合资合作、扩大经营,董事会及时总结推出了“善待社会、善待员工、善待经营伙伴、善待投资者”的“四个善待”新理念;2004年,结合职工教育,总结推出了“用同仁堂的文化吸引人、用同仁堂的干劲鼓舞人、用规范化的管理要求人,用优良的业绩回报人”的新的“同仁堂人标准”;2005年,结合企业发展,总结提出“抓住品牌整体发展,抓住共性协调发展,抓住人才促进发展,抓住文化保障发展”等新的理念。实践中,我们始终履行着对职工的三项承诺(职工转岗不下岗,工资年年有增长,住房年年有改善),即使是在社会经济大环境相对困难的2008~2009年,我们依然把“保民生、保稳定”作为企业的重要社会责任,不断创造条件提供新的就业机会。文化理念的灌输与熏陶,生活条件的保障与改善,使同仁堂的职工更加心向企业,由企业“善待职工”转而职工“善待企业”已成为职工一种自觉的行为准则。

(二)“人和”的沟通渠道

为了进一步调动职工的主观能动性,我们通过各种载体对员工进行形势、任务、责任教育,帮助员工适应形势、解放思想、更新观念,增强适应企业改革的信心和决心;通过推行厂务公开、民主管理,实现领导与员工的双向沟通,让员工拥有更多的知情权、参与权和管理权,使企业发展与职工价值的自我实现融为一体。

(三)“人和”的成长平台

企业的发展离不开人,文化的传承更离不开人。几年来,同仁堂在和谐的氛围下为干部职工搭建了不同层次的成长平台。2002年建立的职工“金字塔”人才工程,经过不断完善,如今已拥有同仁堂专家、优秀中青年人才、首席职工等各级各类人才570余名。2009年6月,在同仁堂创建340年之际,我们命名了20位中医药大师和20位特技传承师,进一步规范了“师带徒”的传承方式。今年底,我们在原培训中心基础上建立的同仁堂学院将正式落成,企业内部培训机制将更加完善。为了适应企业未来的发展,我们建立了“后备干部人才库”及“海外派出人才库”,制定了“人才发展五年规划”。如今,在同仁堂,每一名干部、职工都能找到适合自己的成长通道、发展舞台、成功机遇,而人才在企业发展中的作用也更加凸显。

(四)“人和”的管理方式

在管理中,我们一方面充分发挥党、政、工、团各级组织的作用,与职工交心、谈心,关心职工生活,把企业温暖送到职工心上,以此形成凝聚力;一方面建立起公平、公正、公开的竞争激励机制。通过定岗、定责、定编,岗位工资、评比选树等有效的方法,在企业内部形成能上能下、能进能出、鼓励先进、淘汰落后的动态管理,以此激发干部职工的工作积极性。

(五)“人和”的宣传途径

我们通过导入CIS系统,逐步统一了企业的外部形象,规范了企业的理念行为,增强了职工的归属感和自豪感;通过建立“同仁堂博物馆”、投资拍摄表现同仁堂文化的影视作品,增强职工对传统文化的认知和理解;通过组织堂庆系列活动,对外树立形象,对内增强凝聚力,使人和的文化理念更加深入人心。

总之,传统文化理念与现代文明相融合,形成了同仁堂更具时代穿透力、内涵更加丰富的现代“诚信”文化,这种诚信文化必将进一步推动同仁堂在打造产品名牌、企业名牌、行业名牌的道路上阔步前行。

(作者系中国北京同仁堂(集团)有限责任公司党委副书记)

坚持自主创新 打造民族品牌 促进企业发展

朱艳敏

盼盼集团是国家大型民营企业,全国安全门行业的龙头。1982年,企业从水源农机厂分离出来时,只有12名老工人、12间草房、两台冲床及8.2万元的债务。在董事长韩召善的带领下,经过近30年的艰苦创业,现在已经发展成拥有25家成员企业、5000多员工、总资产15亿元的企业。盼盼以新型建筑产业材料开发与制造为主导,并形成以盼盼牌防盗安全门为主导的十大品种100多个系列产品。盼盼商标是中国驰名商标,盼盼防盗安全门是中国名牌、国家免检产品。目前,盼盼产品国内市场占有率为20%,并出口四十多个国家和地区。盼盼董事长韩召善常说:市场经济条件下,左右企业发展的有两只巨手,一只是企业外部的市场,另一只就是企业文化,抓企业要两手抓,两手都要硬。盼盼的发展,既得益于党的改革开放政策,各级党委和政府的正确领导,得益于全体盼盼人的不懈追求和无私奉献,更得益于颇具特色的坚持自主创新,打造民族品牌的盼盼文化。

一、实施品牌战略,打造盼盼名牌产品

企业生产第一樘防盗门之初,就将产品命名为“盼盼”。“盼盼”是国宝,脚踩地球的盼盼,预示着企业的追求、梦想和目标,其目的就是让盼盼走向世界,誉满全球,成为世界精品。为创名牌,打造精品,我们把“盼盼到家,安居乐业”作为盼盼企业宣言。“盼盼到家,安居乐业”的企业宣言,既

是盼盼对社会的承诺,又是对自己的警示;既是向公众的宣誓,又是向社会表白自己的责任和义务,它是企业的立业纲领。为了建立盼盼品牌文化,我们把品牌建设与树立员工价值观有机结合起来,把员工价值观定义为:盼盼同人与自然和谐共存,盼盼同社会进步共存,盼盼同人类安居事业共存,企业同用户利益共存,企业同员工利益共存。用户的利益就是企业的利益,急用户之所急,想用户之所想,是盼盼人不悔的追求;打造利益共同体和命运共同体是盼盼人的核心价值观,而品牌是员工价值观的高度浓缩与具体体现。

几年来,"盼盼到家,安居乐业"家喻户晓,妇孺皆知。盼盼产品从立名牌,创名牌到成为名牌,盼盼商标被评为中国驰名商标,盼盼产品是中国名牌及国家免检产品,省十大轻工名牌产品。目前,盼盼把目光投向国际市场,争创国际名牌。"造世界精品,创国际名牌"是盼盼人永远的追求。

二、坚持自主创新,推动科学技术进步

创新是盼盼文化的"灵魂",最突出表现是坚持自主创新。我们把自主创新作为企业发展战略的核心,加大技术研发的投入,加强对核心技术和关键技术的攻关,积极研究开发新产品新工艺,做大做强主业和主导产品,不断提高产品的附加值和竞争力。

一是围绕主业开发新产品。盼盼经过多年的努力,已形成独具盼盼特色、拥有自主知识产权的盼盼安全门产品系列。如:整体圆弧框门产品、钢质安全门、钢木复合门、防火安全门等。去年推出了新世纪组和框安全门,带黑匣子安全门,金属木雕门等,盼盼新近又推出了晶晶安全门等新产品。

二是调整产品和生产结构。我们针对国内房地产市场低迷,防盗安全门市场下滑的状况,及时调整发展战略,提出了"创造市场"的新理念。根据国家推行安居工程和廉租房政策,我们推出经济型特价工程门产品,通过调整产品结构,生产低端产品,满足小城镇化建设、农村城市化和廉租房开发建设的需要,同时还推出了钢木装甲门、圆弧防火门、铜门、铝门等,保证了市场供应。目前,盼盼工业园区内的5家分公司,26条安全门生产线已开足马力,每天以4000樘安全门的生产速度确保公司总部全年100多万樘安全门销售订单如期兑现。

三是开发新型绿色环保建材系列产品。如:为节省能源,盼盼与清华大学联合开发了钢制板型散热器产品。为加强新材料应用,盼盼开发了氯化镁、氧化镁防火材料、镁合金板带材系列产品等。多年来,盼盼开发了盼盼牌安全门为主导的10余项新产品,100多个系列,并获得了40多项国家专利。

四是大胆投入引进先进的生产设备和工艺。几年来,盼盼共投资3.6亿元人民币从德国、意大利、韩国、台湾等国家和地区引进国际先进的门类及保温板、车库门、彩板及镀锌板生产线,使产品生产达到了国际同行业先进水平。为保证产品工艺水平,投入400多万元,在韩国设计生产模具。四是加速专利技术成果转化。为加快专利技术成果转化,盼盼进行全国"铁三角"产品生产经营战略布局。企业分别在湖南、湖北、河北、四川、无锡等地投资兴建盼盼产品生产基地。

自主创新,推动了盼盼科学技术进步,实现了产品低附加值向高附加值转变,实现了产品升级换代,构成了盼盼产品集群,使盼盼产品率先进入"艺术化"和"精品化"时代。同时也推动了门类产品技术革命,加速了安全门的产业化进程,实现了小作坊式生产向现代化大生产转变。

三、信守诚信经营,树立企业良好形象

市场是企业发展的生命,企业没了市场,就没有生存,更谈不上发展。因此,企业各项工作要以市场为导向,想尽办法去开发市场、占领市场、巩固市场,而做到这一切的有效方法就是信守诚信经营,树立企业良好形象。

盼盼首先确立"爱用户就是爱自己"的经营理念,在经销商中进行诚实守信、恪守道德教育,要求他们做生意先做人,用人格魅力,用诚信去赢得市场和用户。其次,依法规范经营行为。我们推出了"抓两头,带中间,支持好的,研究差的,消灭空白点"的营销战略,并采取"以商制商"策略,在全国省会及重要城市实行市场管理首席代表制度。企业从规范制度和行为入手,完善市场管理机制,制定了盼盼首席代表市场管理条例。企业还在省会及重要城市建立"盼盼"样品店,在中小城市建立销售网点,形成了有600多个经销处、5000多人组成的全国营销网络。三是建立激励机制。为提高销量,扩大市场份额,盼盼制订积极的促销策略,建立有效的激励机制。为鼓励经销商努力工作,企业组织业绩好的经销商到美国、澳大利亚考察学习。为提高售后服务质量,更好的树立企业形象,企业为各省市场首席代表配备了30多辆服务专用车,2006年,盼盼在中国质量万里行促进会的指导帮助下,开始全面启动建设盼盼产品营销旗舰店工程。通过旗舰店建设带动市地级样品店建设,辐射所辖区域市场,更好的开发市场。

四、面对金融危机,抢抓机遇提速发展

2008年以来,面对金融危机的冲击和影响,盼盼人没有坐以待毙,而是积极采取应对措施。一是抓落实 。年初,集团公司董事会制定了"迎接挑战、抢抓机遇、增强信心、提速发展"的工作指导方针,提出了"超常规投入、超常规思维和超常规发展"的工作思路,以及"开拓、服务、投入、发展"的市场营销新八字方针。为此集团公司从年初以来先后召开了"坚定信心、勇于挑战、积极应对国际金融危机全员誓师动员大会"和来自全国各地的1200名经销商参加的营销大会。5月份,在成都、长沙和总部等召开统一思想、明确任务的6个工作会议。使指标任务落实到人,计划销量在原有基础上又增加15%;7月份,召开全国首席代表区域经销商大会;8月在全国巡回召开县级经销商会议;9月份,召开全国地级经销商会议和首席代表会议。这些会议的召开,使盼盼

门的销售捷报频传，进而拉动了生产的增长，实现了产销两旺。二是抓市场。针对市场营销工作的新变化，我们制定了“体制不变、机制创新、市场松绑、厂家直供”的营销战略，加大市场开发力度，提高销量和市场占有率。第一我们在首席代表管理体制不变的情况下，实行机制创新：市级经销商可直接对公司，也可直接对首席代表，县级直接对首席代表。同时，调整和完善首席代表管理制度，根据市场细分情况，决定年协议量的多少，解决地区发展不均衡的问题。第二细分市场。重点开发地级市场及县级市场，并且兼顾农村市场的开发，鼓励经销商将销售网点从中心城市进一步向乡镇和农村延伸，扩大市场覆盖面，将县级市场的占有率，由原来的60%扩大到80%。今年，将有50万樘安全门销售到县及乡镇市场，仅此一项可增加销售收入4亿元。第三对重点调整和开发的区域，公司派员协助首席代表排查、开发、清理整顿市场，同时细化首席销售区域，把首席经销商由37家细分为46家，化小核算单位，明确了销售区域的责任和任务。通过凝心聚力和有效的应对措施，我们稳固了盼盼营销体系，提高了盼盼市场占有份额。

五、加强文化建设，提升企业核心竞争力

企业文化建设的根本目的，就是用文化力激活生产力，增强凝聚力、执行力和创造力，进而提升企业核心竞争力。盼盼通过企业文化建设，使企业发生了巨大变化。一是强化了盼盼思想政治工作，树立了盼盼人形象；二是强化了企业管理，树立了良好的企业形象；三是强化了产品质量管理，树立了产品形象。其主要标志是：

坚韧不拔的创新精神扎根企业：盼盼创业之初，就确立了“同心协力，创新求实”的企业精神，这种精神已经深入人心。通过创新，盼盼最终领跑安居行业，稳居行业之首。

创下令人瞩目的发展纪录：盼盼防盗安全门从一樘到百万樘，员工从12名老工人到现在的5000多人，从单一的防安全门产品到10余种、100多个系列产品集群，连续十年雄居同行业销量第一，盼盼创下全国乃至世界安居行业发展纪录。

形成了超强的自主研发能力与成熟的核心技术：盼盼通过自我研发，以我为主、联合开发等方式，已经熟练掌握了安居产品开发技术和开发流程，并建立起有效的产品创新自主研发体系，成为同行业率先进行自主研发并形成体系的企业之一。盼盼公司完全掌握了安全门产品门框门壁、涂装、发泡三大制造技术，并采用最先进的A、B级锁具。同时，盼盼拥有世界独一无二的圆弧一体框安全门制造技术。

开发了群星灿烂的产品系列：防盗安全门产品系列、防火门产品系列、防护窗产品系列、彩色硬质夹层墙体板产品系列、钢结构产品系列、散热器产品系列等等。盼盼产品精彩纷呈，各款产品在各自的细分市场均起到行业领跑者作用。

源源不断的人才储备，高素质的盼盼产业大军：盼盼通过企业文化建设，锻炼了员工队伍，提高了员工素质。企业还在国外设立科研机构，聘请韩国专家，并送骨干到国外学习培训，同时与大专院校联合，培养自己的生力军。盼盼拥有一大批安居产品生产精英，盼盼的人才源源不断。

拥有了规模强大的制造能力：目前，盼盼有12个具有现代化专业水平的门类产品生产厂，防盗安全门年生产能力达200万樘，防护窗25万平方米，彩色硬质夹层墙体板130万平方米，自动车库门10万套，散热器100万片，钢结构5万吨，彩色涂层钢板6万吨和热镀锌板20万吨。

成为社会关注的企业：多年来，盼盼发展建设一直受到各级领导和社会各界的广泛关注。胡锦涛总书记等党和国家领导人曾到企业视察工作，对企业发展予以肯定，并对企业今后发展建设寄予厚望。盼盼产品创新经验被《人民日报》、中央电视台等全国38家主流媒体报道。盼盼集团是国际门类协会会员，曾荣获全国重合同守信用单位、全国模范职工之家、全国五一劳动奖状获得单位、辽宁省先进党委、辽宁省文明单位、辽宁省思想政治工作先进单位、辽宁省44户重点保护企业、辽宁省高新技术企业等诸多荣誉称号。2009年，盼盼又被辽宁省授予最具活力企业称号。董事长韩召善同志是全国劳动模范，全国十届、十一届人大代表，全国优秀乡镇企业家、全国五一劳动奖章获得者，荣获全国扶贫贡献奖、辽宁省特等劳动模范、省优秀乡镇企业家、辽宁省优秀共产党员，2009年，他又被辽宁省授予杰出民营企业家和第三届创业企业家称号。

成为承担社会责任的企业：盼盼通过企业文化建设，认真履行社会责任。从安置3500下岗员工就业，到出资4500万元支持教育、文化体育事业建设……盼盼认真承担社会责任，高扬安居行业公益事业大旗，在振兴民族工业，建设小康社会的大道上阔步前进。

面对金融危机的考验，我们深深体会到，企业文化是企业的灵魂，面对新形势、迎接新挑战，就是要加强企业文化建设与创新，促进企业可持续发展。我们要充分利用这次难得的学习机会，向兄弟企业学习，乘此次会议的东风，把盼盼企业文化建设搞得更好！

（作者系辽宁盼盼集团有限公司党委书记）

专题会议

2008年——改革开放三十年：中国企业文化实践理论创新论坛

大会综述：

三十年实践理论盘点 三十年文化管理回顾

2008年8月2日至4日，由中国企业文化研究会主办、

皖北煤电集团有限责任公司独家协办的“改革开放三十年：中国企业文化实践理论创新论坛”在安徽省黄山市隆重召开。论坛围绕“三十年实践理论盘点，三十年文化管理回顾”的主题，进行了充分研讨。

国务院国资委副主任王瑞祥同志、中国企业文化研究会名誉理事长王大明同志在本次论坛发表了重要讲话。安徽省国资委主任桂建平、黄山市副市长黄林沐到会致辞，皖北煤电集团董事长、党委书记、总经理葛家德致欢迎辞。中国企业文化研究会常务副理事长、秘书长孟凡驰教授主持了本次论坛，并作大会总结。中国企业文化研究会常务副理事长、常务副秘书长黄新惠、韩旭等领导参加会议。大会宣读了《改革开放三十年：中国企业文化成果大典》优秀论文和实践经验入选名单，发布了中国企业文化研究会2008年度“中国特色企业文化课题研究立项结果”。皖北煤电集团总经理助理、党委宣传部部长周伟和中航一集团、武汉钢铁(集团)公司、胜利石油管理局、大庆油田有限责任公司、河南神火集团、四川宏达集团、鞍钢建设集团等单位有关领导作为论坛演讲嘉宾进行了大会研讨。大会还进行了分组交流发言，中国企业文化研究会学术委员会副主任赵春福、中国企业文化研究会副理事长高立胜等专家、学者作了分组总结，并分别就“改革开放三十年企业文化实践理论创新的规律和方法”作了深入的点评及论述。本次论坛还邀请人力资源和社会保障部有关负责人与部分企业文化师代表座谈，就企业文化师队伍的建设和工作特点作了充分的探讨。国内多家专业媒体的记者和全国企业代表共220余人出席了本次论坛。

在中国改革开放的30年历程中，中国经济经历了从高度集中的计划经济体制到充满活力的社会主义市场经济体制的变革，从封闭半封闭到全方位开放的伟大历史转折，极大地焕发了社会主义的生机和活力，取得了经济社会发展的巨大成就，带来了中国社会面貌的历史性变化。在这场波澜壮阔的改革开放实践中，作为中国国民经济的重要支柱，国有企业的改革始终是中国经济体制改革的中心环节，民营企业亦成为经济社会发展的重要力量。本次论坛是对过去三十年中国企业文化理论实践的回顾，更是对今后企业文化建设的方向性指导与建议。会议主要内容综述如下：

一、企业文化建设已成为增强中央企业核心竞争力的有效途径

国务院国资委副主任王瑞祥同志在讲话中指出，改革开放带来了国有企业的深刻变革，为国有企业改革注入了强劲动力。国资委和中央企业对企业文化建设的大力推进，使企业文化建设已经成为增强中央企业核心竞争力的有效途径。

王瑞祥同志指出，“国资委自2003年成立以来，适应改革发展的新形势新要求，坚持以企业文化建设作为提升企业核心竞争力的重要途径和抓手，采取了一系列措施。从理论和实践上不断深化企业文化建设的理论研究和实践探索，大力推动企业文化建设，促进中央企业改革发展、实现国有资产保值增值。”王瑞祥同志还强调指出，“在改革开放新的历史起点上，我们要全面贯彻科学发展观，在推动社会主义文化大发展大繁荣的进程中，要不断提升企业文化的建设水平。

二、企业文化工作中，应着力加强企业核心价值体系建设

中国企业文化研究会名誉理事长王大明同志在讲话中提出，“首先，我们要充分认识当前广大职工思想状况的复杂性；其次，认识这些年来社会上，轻视和淡化社会主义意识形态的现象；第三，要充分看到当前在广大职工中进行社会主义意识形态工作的艰巨性，更要重视社会主义核心价值体系的教育。”

王大明同志指出，现在企业文化建设面临如何贯彻落实，这是新形势下给我们企业文化提出的一个重要的课题。一个国家、一个民族，无论崛起，还是持续发展，都必须有一个能够凝聚人心，为多数群众所认同的一种核心价值体系和主旋律。问题是怎么贯彻，怎么把这个核心价值体系、主旋律真正贯彻到企业职工中去，变成现实。他提出了几条建议：要密切结合本行业兴起的实际，抓住企业的主要矛盾，形成企业自己的观念、文化；要注意到职工思想状况的复杂性，多元化、多样、多变的情况；要提倡生动活泼的个性；对不同层次要有不同的要求，并逐步深化提高。

三、中国企业30年的改革历程，也是企业文化变革和创新的过程

会议认为，在世界多极化和经济全球化的新形势下，中国企业改革进入了关键时期，企业文化建设也面临着新的挑战。因此，要深刻领会胡锦涛总书记在党的十七大报告中关于推动社会主义文化大发展大繁荣的科学论断，充分认识文化建设对增强民族凝聚力、创造力、提升综合国力、丰富人们精神文化生活的重大意义。从而始终保持高度的文化自觉，在实践中进一步解放思想、开拓创新，在推动社会主义文化大发展大繁荣中，努力推动和不断改善企业文化建设。

会议指出，为了更好地贯彻十七大报告精神，推动社会主义文化大发展大繁荣的科学论断，应做好以下几个方面：

第一，要坚持正确的指导思想，确保企业文化建设的正确方向。

第二，建设企业和谐文化，将中华民族优秀传统文化与现代企业文化有机融合。

第三，精细化管理与企业文化建设相结合。

第四，提高企业文化软实力，建塑企业个性文化，推动社会主义文化的发展繁荣。

中国企业文化研究会常务副理事长、秘书长孟凡驰教授作了本次论坛的总结性发言。他在发言中指出，中国企

业文化的认识和实践水平，现在处在一种非常不平衡的状态，中国的企业文化建设还处在一个初级阶段。因此，他根据二十多年企业文化理论研究和实践中形成的经验，提出了企业文化建设的“六种观点共识和九条基本实践规律”。

会议在和谐的气氛中圆满闭幕。

（撰稿：中国企业文化研究会学术部）

大会致辞：

坚持社会主义核心价值体系
加强企业文化建设

桂建平

在迎来我国改革开放三十年之际，为总结中国企业文化实践理论研究与推广经验，推动中国特色企业文化实践理论研究的不断深入，为面向未来、走向世界的中国企业注入更加先进的管理思想，提供更加科学的管理方法，增添更加雄厚的竞争实力，中国企业文化研究会非常适时地举办了本次论坛。在此，我代表安徽省人民政府国有资产监督委员会并以我个人的名义向尊敬的各位专家、学者、企业界和新闻界的朋友们表示热烈欢迎和诚挚问候！对中国企业文化研究会选择在安徽黄山举办本次论坛，选择安徽省属重点企业——皖北煤电集团作为论坛唯一协办单位表示衷心感谢！

安徽省人文历史绵长久远，文化底蕴深广厚重。在中华民族文明进化、发展的进程中，安徽渐进形成了以徽州文化为代表的特色区域文化，成为中华文化百花园中的一朵奇葩。其间，诞生了一大批著名学者和杰出人物，如秋空繁星，不可胜数。如理学奠基人程颐、程颢、朱熹，他们的祖籍就是今天的黄山屯溪，屯溪因此也被尊为“程朱阙里”。

恩格斯说：“政治、法律、哲学、宗教、文学艺术的发展，是以经济发展为基础的。”安徽文化在自身发展的同时，非常注重与经济的结合与互动，这也是安徽文化的一个显著特色，其中尤以徽商而卓著。徽商是我国商业文明的一次崛起，是商业文化的一次革命。徽商倡导了一种独具特色的商业道德和一套完整的商务理念，它以徽州文化为指导思想，形成了具有共同观念信仰、伦理道德、礼仪风俗的“文化特质”，建立了一种以同行公认、自愿遵守的商业行为为特征的运作方式。徽商的这种文化经营模式，可以看作企业文化在安徽自发的萌芽和发轫，它深刻影响到安徽乃至全国古代商业的发展，并一直绵延传承至今。

正是有着这种深厚的社会、经济文化传统和底蕴，现代管理范畴的企业文化在安徽省得到很好培育和发展。改革开放后，系统、科学的现代文化管理思想，为众多的安徽企业导入、吸收、消化，企业文化管理的实践活动如火如荼，江汽集团、马钢集团、皖北煤电集团等一批企业都建立了富有时代特征、体现自身特色的企业文化。安徽省在“十一五”发展规划中，确定了“推动跨越发展、加快崛起进程、构建和谐安徽”这个发展主题，为实现好这一主题，提出要实现文化大发展大繁荣，以提升安徽省软实力和凝聚力；这其中，企业文化必将发挥出自身的优势和作用。为此，借本次论坛会契机，安徽省国资委要求省属各企业要坚持以社会主义核心价值体系为主导，切实加强企业文化建设，坚持以文化企，更加深入地以优秀企业文化滋养企业，以企业文化凝心聚力、集才汇智、提升管理，为安徽省经济、社会进步作出更大贡献。

祝论坛圆满成功！

（作者系安徽省人民政府国有资产监督委员会主任、党委书记）

领导讲话：

企业文化实践的观点共识和基本规律

孟凡驰

虽然经过20多年的时间，但是企业文化的认识和实践的水平，现在仍处于一种非常不平衡的状态，全国的企业文化建设还处在一个初级阶段。我认为在二十多年企业文化理论研究和实践中初步形成了六种观点共识和九条基本实践规律。

一、六种观点共识

第一，企业文化理论和管理方式的诞生和应用，完全是一种时代发展的必然趋势，而不是任何专家学者的主观臆造产物。过去有些企业认为，企业文化是企业的政工干部没事干了，给他们创造点工作的条件和平台，人为地制造一些工作。现在企业干部普遍认识到任何一种管理理论、管理方式的出现，它最本质上的原因是受时代科技水平的发展和生产力进步造成的社会生产方式变革带来的生产组织形式的变革，必然要求一种相应的管理理论和方式与之匹配，是时代的发展呼唤与它相适应的管理理论和管理方式的诞生。我们所处的时代已经进入了一个知识经济、信息经济为特征的智慧制约化时代。这种社会智慧化时代特征对人的影响，主要是三个方面，首先是知识的丰富，信息量的加大，丰富了职工的思维内容，活跃了职工的思维方式，使职工管理的难度越来越大。其次，智慧集约化时代，提高了人的主体意识，人的价值实现的愿望，才华展示的愿望，自尊的愿望越来越强烈。再次，唤醒了人们的文化自觉，职工对人生价值的哲学思考，对生命意义的终极彼岸的追究，这些都越来越深刻。所以现在职工经常说，我是谁，我在干什么，我向哪里去，这些个问题，都是对人生哲学的一种追问，而这种哲学追问，都是文化觉醒的一种标志。管理最终是管人,而人的这种本质性的时代转换,会带来管理的巨大难题。人是文化的产物,文化是人类独有财富,人类除了生活特征、物理特征外,有历史发展繁衍过程的文化遗传,这是和其它动物最本质的区别。时代越发展,人类文化水平越高,人的文化意识越强,因此用文化来管人,就提到了当前重大的意识上来。在现时代,人管人累死人,单纯的制度管人是糊弄人,文化管人才能叫住魂。企业文化管理方式和理论的出现是历史的必然,而非人为的产物。因此建设企业文化,用文化管理,不是作秀,它是历史时代发展的必然,二十一世纪的企业家不懂企业文化,不用企业文化管理方式,企业必然会被淘汰。

第二,对基本概念的共识。企业文化的基本概念,虽然还有一些分歧,但基本上大多数都认为企业文化还是属于管理学的范畴,企业文化这个定义,不管你怎么下,表述方法可以不一样,但是必须要注意到的是,要从管理学这个角度去把握它,它才能够使企业文化的建设在管理中不断发挥作用,它是运用文化的特点和规律于经营管理之中,以人文修养和自我管理素质提高为基本途径,以企业核心价值理念体系培育为主要内容的管理理论、管理思想、管理方式。它的主体内容是核心价值理念体系,但是它是一种管理理论、管理思想、管理方式。它跟传统管理方式不同,它不是单纯外在的刚性的管卡压式的管理,也不是一种单纯的物质引导的管理方式,而是一种用文化进行管理的方式。

第三,对企业文化的基本特征的共识。企业文化具有五个基本特征,第一特征是以人为本,人本管理是企业文化的首要特征。第二个特征是以文化人,文化在欧美国家的语言里,其本来的含义就是培育创造,中国关于文化的含义最早出在《易经》当中:“观乎天文以察时变,观呼人文以化成天下”,文化最早是两个词,后来合在一起,以文化人,用有文采的东西来变化人,用文质彬彬的东西来改造人。在运用文化管理方式时,要培养一种科学的文化理念,用以改造人,提升人,使人越来越脱离动物的本能状态,使企业的形象和面貌,越来越有人的样子和深刻的文化内涵,这叫以文化人。企业文化的规律之一,是以文化人,它重内在启发,不是外在的刚性约束,以文化人要重在文化环境的熏陶,重在文化氛围的感染,文化场的约束,塑造一个文化场,让人在文化场当中,只能这样做,而不能那样做。企业文化第三个特征是文化主导,第四个是文化创新,第五个是文化自觉。

第四,对企业文化基本属性的共识,企业文化有两个基本属性,一个是亚文化属性,也就是说企业文化必须有培育意识形态的作用。既然是企业文化,必然包含文化理念的培育和文化信仰的确立,这是不容置疑的。它要完成的任务有两个方面,即确立企业信仰体系,通过企业文化建设完成与社会文化的顺利对接。企业文化的另外一个属性,就是它的管理属性,企业文化理论和方式是企业管理实践中诞生和应用的,所以它必定具备企业文化管理方面的重要属性,企业文化本质上是微观经济文化、微观经营文化、微观管理文化,这两个基本属性缺一不可,不能互相替代。

第五,对企业文化角色和地位的共识。企业文化在企业生产经营管理和战略发展制度安排当中,扮演着五个角色,第一是灵魂信仰角色;第二是战略旗帜角色;第三是价值评价准则角色;第四是企业基业长青基因角色;第五是企业发展的内生性动力角色。

第六,“道、器”职能兼具的共识,企业文化到底是“道”还是“器”?它是一种理念还是一种方法?我们认为二者职能兼具。企业文化可以说是形而上、形而下兼而有之,目的价值和工具价值二者兼而有之,所以不要把企业文化看成是一种纯粹的精神学说。

二、九条基本实践规律

第一个规律,企业文化的形成和存在,有自发、自觉两种形态。企业文化理论是八十年代初诞生于美国的,但作为企业管理中形成的文化形态,它是有企业就有的,企业文化同企业相伴而生。企业管理的方式和建设是一种自觉的行为,20世纪六、七十年代在日本企业形成和使用。一个企业可以说没有企业文化理论,没有企业文化的自觉建设方式和自觉体系,但任何企业都不能没有企业文化,因为没有没文化的企业,只是有先进、落后之分,或者是自觉、自发之别、或者是健康、病态之分,就是没有有无之分。

当企业文化以自发形式存在时,容易产生负面的影响作用,使企业离心离德,逐渐导致企业组织崩溃。而自觉建设的文化呢,可以遏制野蛮文化的滋生,扶植有利于企业发展的文化,可以使企业增强凝聚力、核心竞争力。因此,我们说企业文化的存在是必然的,但是他的性质方向是可以把握的,必须自觉建设企业文化,并掌握科学的方式方法。

第二个规律,企业文化形成的关键因素在于企业家。有观点认为企业文化就是老板文化,这话说的太绝对,我的观点是,企业文化在一定意义上是企业家文化,企业家精英文化和职工文化的结合体,才可以称作组织文化,在这个过程当中,企业家起的作用是关键的,企业家的文化主张,文化思想,文化素养都会成为企业组织文化的重要元素。企业家在企业文化建设中担负四个责任,即倡导责任、整合责任、示范责任和变革责任,这其中,企业家的示范作用尤其重要,因为人不论从心理还是生理的角度看,都是学强不学弱。

第三个规律,共性、个性充分结合。共性显示文化的原则,不能显示文化的特征,不能讲清事务的本质,只有个性才能说明事务的本质,所以企业文化的生命力在于个性。根据这个观点,集团文化建设和分公司文化建设要各有侧重。共性要体现,个性要突出。集团文化建设的任务重点主要有五布:第一布魂,确立核心;第二布局;定规划;第三布道,教知识;第四布法,导入方法;第五布点,典型引路。企业文化建设越往上,宜粗不宜细;越往下,宜细不宜粗。国家级集团企业文化建设工作实施重点在地市级企业,因为无论从地域、风俗、历史、传统都有共同特点。分公司企业文化建设应遵循以下四个原则,第一,一致性原则,与集团文化不相背;第二,避复原则;第三,补充性原则;第四,具体化原则。

第四个规律,双体相融,立体推进。所谓双体相融,指的是企业文化本质体系和载体体系融合并进,两个体系绝对不可以偏废。

第五个规律,接力传承,前后相续。文化核心理念形成后,不应该随意更改,领导者相互交替,企业文化应该薪火相传。企业文化本质内涵应该有跨越历史时空的力量。尤其是国企要注意这一点,企业文化的变革要形成科学制度。

第六个规律,七项工程,周期演进。企业文化建设通常要抓七项工程:第一审计工程;第二提炼工程;第三意志化工程;第四物化工程,文化与制度相匹配;第五形象化工程,通过六个系统将文化展示出来;第六典型培育工程,第七是评价工程。

第七个规律,文化冠名,画龙点睛。

第八个规律,方法方式,角度多样。文化有规律,无定势,在方式、方法上要灵活。在方法上,有综合建设方法和单项建设方法。就综合建设方法讲,一个是三层次建设法,精神、制度、物质三层次;还有本质切入法、形象切入法、学习型组织切入法等。单项切入可以从创新文化、质量文化、服务文化、安全文化等方面选择,从一个角度切入下去,然后扇面形展开,逐步推进。

第九个规律,分区定位,分类评价,定性、定量相结合,建立评价体系。

(作者系中国企业文化研究会常务副理事长、秘书长、教授)

思想观念的转变和文化的变革创新是更为深层次的改革

王瑞祥

一、改革开放带来了我国国有企业文化的深刻变革,为国有企业改革发展注入了强劲动力

改革开放是决定当代中国命运的关键选择,是一场新的伟大革命。在这场前所未有的大改革大开放30年历程中,我国成功实现了从高度集中的计划经济体制到充满活力的社会主义市场经济体制、从封闭半封闭到全方位开放的伟大历史转折,极大地焕发了社会主义的生机和活力,取得了经济社会发展的巨大成就,带来了我国面貌的历史性变化。在这场波澜壮阔改革开放实践中,作为我国国民经济的重要支柱,国有企业的改革始终是我国经济体制改革的中心环节。改革开放30年来,我们始终高举中国特色社会主义伟大旗帜,坚持和完善社会主义基本经济制度,适应发展社会主义市场经济的要求,自觉融入世界经济发展潮流,积极推进国有企业市场化改革和国际化经营,切实增强活力、影响力和竞争力。特别是通过改革完善国有资产管理体制,落实国有资产保值增值责任,有效解决了政企不分、政资不分、出资人不到位、责任不落实的问题;国有经济布局结构战略性调整得到积极推进;公司制股份制改革步伐进一步加快;企业人事制度改革迈出实质性步伐,初步建立了党管干部原则和市场化选聘经营管理者相结合的选人用人新机制,一大批优秀企业经营人才、管理人才、技术人才脱颖而出;企业党建和思想政治工作得到切实改进加强,优势作用得到更为有效发挥。国有企业这30年改革进程,实质上也是企业文化变革和创新的过程。改革开放带来了国有企业经营管理理念和方式的变化,促进了企业体制机制发生重大变革,也促进了广大职工思想观念和精神面貌发生更为深刻的变化。广大职工学习创新和竞争的意识普遍增强,劳动光荣、知识崇高、人才宝贵、创造伟大的时代新风日益深入人心,自尊、自信、自立、自强的精神成为职工意识的主导,广大职工自觉把个人职业发展与企业发展有机统一起来,爱岗敬业、致力发展、做强做大,为国奉献成为职工的共同追求。改革开放带来的这些深层次的思想文化变革,既是深化国有企业改革的重要内容和必然要求,也是国有企业深化改革的重要前提条件,为企业发展不断注入新的活力、提供强大动力,保证和促进了企业的改革、发展和稳定,一批国有企业发展成为具有较强国际竞争力的大企业集团。仅2002年至2007年的5年间,国有资产总额实现倍增,销售收入、实现利润、上缴税收都翻了一番,国有资本年复利达到41%。国务院国资委监管的中央企业平均每年资产总额增加1,5万亿元,销售收入增加1.3万亿元,实现利润增加1500亿元。到2007年,中央企业资产总额超千亿元由11家增加到43家,销售收入超千亿元由6家增加到26家,实现利润超百亿元由6家增加到19家。目前,我国内地跻身世界500强的25家企业主要是国有企业,其中中央企业19家,比2002年增加13家。

回顾我国国有企业30年改革发展历程,我们进一步深刻认识到,思想观念的转变和文化的变革创新是更为深层次的改革。实践使我们认识到,企业适应市场竞争,实现可持续发展,既要通过不断深化改革,建立良好的公司治理结构,形成核心技术和产品市场,更需要坚持以解放思想、更新观念为不断深化改革的先导,通过不断创新,建设优秀的企业文化,为改革发展作支撑。通过不断创新企业文化建设,用科学的思想和先进的理念武装职工队伍,引导职工树立正确的思想观念和价值追求,养成良好的职业道德和行为习惯,打造高素质职工队伍;用科学的思想和先进的理念指导企业生产经营,建立健全适应市场竞争的体制机制、培育企业社会责任意识和高尚的企业道德,打造企业品牌,不断增强企业的活力和生机,提高市场竞争能力,为企业不断深化改革、加快发展创造良好文化条件、提供不竭精神动力。

二、国务院国资委和中央企业大力推进企业文化建设，企业文化建设已经成为增强中央企业核心竞争力的有效途径

中央企业是国有企业中坚和骨干，在长期的实践中，培育形成了以大庆精神、铁人精神、两弹一星精神为代表的企业精神，形成了以爱国奉献、艰苦奋斗、创新图强的优良传统，始终鼓舞激励着广大职工投身改革、致力发展。国务院国资委自2003年成立以来，适应改革发展新形势新要求，坚持以企业文化建设作为提升企业核心竞争力的重要途径和抓手，采取一系列措施，从理论和实践上不断深化企业文化建设理论研究和实践探索，大力推动企业文化建设，以更好地激发干部职工投身改革发展的积极性和创造性，促进中央企业改革发展、实现国有资产保值增值，壮大国有经济。2003年，我们在深入调研、摸清中央企业企业文化建设基本情况的基础上，开展了《中央企业企业文化建设研究》软科学课题研究，为推进企业文化建设进行了科学论证，提供了有力的理论支撑。2004年，我们在大庆油田召开了企业文化建设研讨交流会，深入总结和研讨中央企业企业文化建设的基本经验、基本要求，全面部署各项工作。2005年，制定下发了《关于加强中央企业企业文化建设的指导意见》，明确了中央企业开展企业文化建设的重要意义、指导思想、总体目标与基本内容，提出了组织实施的基本原则和工作要求。2006年先后召开企业文化建设研讨会和工作推进会，进一步明确了中央企业企业文化建设的基本要求。2007年以来，研究提出了具有中央企业特色的企业文化建设评价指标体系，初步建立了既有工作内容、基本要求、实施原则、分类指导，又有检查评价的企业文化建设闭环管理体系，规范、引导、推动企业文化建设健康发展。中央企业坚持把企业文化作为改革发展的助推器，作为凝聚职工力量、激发职工积极性和创造性的更高层次管理，进一步确立企业文化建设在企业发展中的战略地位，普遍制定企业文化建设规划，建立健全工作体制机制，加大软硬件投入，加强分类指导和评价工作，强化监督检查和过程管理，企业文化建设的实践不断深入丰富。通过几年的研究与探索，我们已经逐步完善了企业文化建设的体系框架。这个体系框架包括企业文化建设的三个基本内容和推进企业文化建设的三个工作机制。三个基本内容就是建立健全企业文化建设的精神文化、制度文化和物质文化。三个工作机制就是建立健全企业文化建设的组织保障机制、工作指导和载体支撑机制、考核评价机制。中央企业形成了以航天科技集团《国际一流宇航公司的文化差异》对标研究和中航一集团《集团文化》为代表的一大批理论成果和重要专著，形成了以攀钢集团"内化于心、固化于制、外化于行"企业文化建设实践模式和东风汽车公司"互补式"文化融合模式为代表的实践成果。这些理论和实践上的探索创新有力、有效地推动着企业文化建设不断深入。目前，中央企业企业文化建设已经发展到了有统一的组织领导、有明确的目标导向、体现企业特色、与企业改革发展相适应同进步的整体深化阶段，企业文化建设的自觉性、主动性不断增强，工作更加规范，体系更加完善，特色更加突出，作用效果更加显著。

一是企业价值理念体系进一步完善，员工团结奋斗的共同思想基础不断巩固。中央企业准确把握中央企业的地位与性质，继承弘扬报国奉献等优良传统，以民族振兴为己任，进一步明晰了实现国有资产保值增值、壮大国有经济的崇高企业使命。着眼于打造具有较强国际竞争力的大公司大集团，以做强做大为追求，确立企业愿景。大力弘扬以爱国主义为核心的民族精神和以改革创新为核心的时代精神，培育形成了以"特别能吃苦、特别能战斗、特别能攻关、特别能奉献"载人航天精神和"挑战极限、勇创一流"青藏铁路建设精神为代表的企业精神。在生动的生产经营实践中，提炼形成了符合时代要求、体现企业特色、具有丰富内涵的经营管理理念，逐步树立了以诚信经营为核心的企业道德。中央企业价值理念体系反映职工愿望和要求，在实践中不断丰富和完善，成为引领企业发展、凝聚职工力量的强大精神支柱和不竭动力之源。

二是强化责任意识，正确履行社会责任的自觉性进一步增强。中央企业把履行社会责任融入企业文化建设中，不断强化诚信经营、服务社会、报效国家的理念，强化回馈社会、回报股东、关爱职工的意识，坚持以人为本，坚持科学发展，不断强化企业社会责任与和谐发展的理念，并贯穿企业生产经营管理全过程，努力创造资源节约型、环境友好型、本质安全型企业。中央企业主动服务大局、服务社会，在落实国家宏观调控、抗击重大自然灾害、保障国家安全、维护社会稳定等方面，发挥了不可替代的重要作用。在节能减排、保护生态和环境，在扶贫开发、帮贫济困、助学兴教，中央企业都始终走在前列，作出表率。通过企业文化建设，中央企业富有责任感、道德感和正义感的企业形象得到不断强化，赢得了社会赞誉，成为全社会企业的榜样，也进一步提升了企业品牌形象，增强了企业的软实力。

三是企业文化建设作为重要的载体，促进了企业党建思想政治工作的创新。把理想信念教育、形势任务教育、法律法规教育与企业精神和经营理念教育、职工道德教育有机结合起来，赋予了企业党建思想政治工作和精神文明建设新的工作内容和表现形式，拓展了工作领域和空间，丰富了工作手段和方法，使企业党组织发挥政治核心作用、做好思想政治工作更加体现了职工的实际愿望和要求，有力增强了党组织的吸引力、凝聚力和号召力，增强了思想政治工作的针对性、实效性和时代感。国有企业党建思想政治工作这一独特政治优势得到了进一步发挥，转化成为了市场竞争优势，保证和促进企业的改革发展。

四是企业文化建设贯穿于生产经营管理全过程，促进了企业管理水平的提升。紧密结合企业经营管理实践，中央企业积极开展廉洁文化、安全文化、服务文化、质量文化、营销文化、品牌文化建设。这些丰富的文化建设实践，把价值理念融入企业规章制度、工作流程和行为规范之中，既极

大地丰富和发展了企业文化的内涵，又极大地促进了价值理念与经营管理的深度融合，提升了企业管理水平，改善了企业形象，提高了企业的市场竞争力。

中央企业的实践证明，企业文化建设有力地促进了企业改革发展的顺利进行和国有资产的保值增值。国资委成立以来的五年，也正是国资委和中央企业大力推进企业文化建设的五年。五年来，中央企业建立现代企业制度、完善公司治理结构、推进董事会试点，以及完善内部三项制度改革、规范薪酬激励约束机制、推进主辅分离辅业改制、分离企业办社会职能、加强企业重组改制等各项改革进展顺利，国有资产布局结构得到了战略性调整，经济增长方式得到明显改进，国有资产保值增值的基础性工作得到切实加强，企业发展的可持续性得到进一步提升，中央企业经营效率和运行质量有了显著提高，改革发展取得了世人瞩目的良好成绩。中央企业这些成就的取得，是党中央、国务院推进国有资产管理体制改革、深化国有企业改革的结果，也是中央企业广大干部职工勤奋工作、努力拼搏的结果，在很大程度上得益于企业文化建设有力地提升了中央企业的整体素质和竞争能力，为我们推进改革、加快发展、保持稳定提供了有力支撑和重要保证。实践使我们更加深切地认识到，企业文化是企业之魂，是企业核心竞争力的重要组成部分和形成要素，是企业最为重要的软实力。在现代市场经济条件和经济全球化的大背景下，大力加强企业文化建设，不断提高企业文化软实力，事关企业改革发展，对企业做强做大，实现可持续发展至关重要。

三、在改革开放新的历史起点上，我们要全面贯彻科学发展观，在推动社会主义文化大发展大繁荣的进程中，不断提升企业文化建设水平

面向未来，改革开放和社会主义现代化建设事业正处在新的历史起点上，国有企业改革任重而道远。特别是当前改革进入关键时期，触及到长期积累的深层次矛盾和问题，人们在分享改革成果的同时，也承受着深度改革引发的深层社会矛盾和问题的冲击；在物质生活越来越丰富的同时，对精神文化的需求和渴望不断增长。我们要深刻领会胡锦涛总书记在党的十七大报告中关于推动社会主义文化大发展大繁荣的科学论断，充分认识文化建设对增强民族凝聚力和创造力、提升综合国力、丰富人们精神文化生活的重大意义，充分认识加强企业文化建设不仅是提高增强企业凝聚力和竞争力的需要，更是建设社会主义先进文化、提高国家文化软实力的要求，从而始终保持高度的文化自觉，在实践中进一步解放思想，开拓创新，在推动社会主义文化大发展大繁荣中，努力推动和不断改善企业文化建设。

一是要坚持正确的指导思想，确保企业文化建设的正确方向。包括邓小平理论、“三个代表”重要思想以及科学发展观等重大战略思想在内的中国特色社会主义理论体系，是马克思主义中国化最新成果，是我们党最可宝贵的政治和精神财富，是全国人民团结奋斗的共同思想基础，也是当代中国先进的、科学的思想文化的集中体现。社会主义核心价值体系是社会主义意识形态的本质体现。企业是实现经济社会发展的重要经济组织，也是实现人们精神追求和体现价值的重要社会组织。搞好企业文化建设，不仅是企业全面提升员工素质、提高管理水平、增强凝聚力和核心竞争力的一项重要工作，而且是建设社会主义先进文化、推动社会主义文化发展大繁荣的一个重要方面。这就要求我们要深刻理解和把握企业文化的本质属性，无论是企业文化理论创新，还是企业文化建设实践的创新中，都要坚定不移地坚持以邓小平理论和“三个代表”重要思想为指导，深入贯彻落实科学发展观的要求，切实把社会主义核心价值体系融入企业文化建设全过程，确保企业文化建设沿着社会主义先进文化前进方向健康发展。

二是要坚持以价值理念的培育与转化为重点，努力健全企业文化体系，发挥企业文化的整体功能。企业文化建设是一个系统工程。精神文化、制度文化和物质文化是企业文化建设的三个基本内容，这三个方面相辅相成，互为补充，三者的有机统一构成企业文化的完善体系。我们要遵循企业管理和文化建设的内在规律，全面推进企业精神文化、制度文化和物质文化的建设，通过建立健全企业价值理念体系和行为规范体系，优化企业形象识别体系，努力构建企业文化体系，从而保证企业文化整体功能更好地发挥，实现企业文化在统一思想、凝聚人心、改进管理、树立形象、塑造品牌、增强竞争力等方面的作用。在推进企业文化建设中，要紧紧抓住价值理念的培育与转化这个关键，紧密结合企业发展战略和改革发展的要求，正确确立企业使命和企业愿景，培育形成符合时代要求、体现企业特色、具有丰富管理内涵的企业精神、核心价值观和经营管理理念。同时，努力把企业价值理念融入各项规章制度之中，贯彻到生产经营管理的各个环节、各个方面，使价值理念在企业管理中真正落地生根、发挥作用。

三是要牢牢把握职工队伍建设这个根本，切实提高职工队伍素质。高素质的职工队伍是企业持续、稳定发展的根本所在，是企业管理水平和竞争力的重要体现，也是企业不断提升整体管理水平和竞争力的基础。我们检验和衡量企业文化建设的成效，一个重要的方面就是要看企业文化建设是否促进了职工队伍整体素质，是否促进了职工全面发展。这既是企业文化建设的一项重要任务，也是关系提升中华民族素质的大问题。这就要求我们必须始终把握职工队伍建设这个根本，坚持以人为本、文化育人，通过内化于心、固化于制、外化于行等工作，促进广大职工对价值理念的自觉认同，使先进的价值理念转化为职工的思想认识，使广大职工树立正确的思想观念，形成正确的价值追求，养成良好的职业道德和行为习惯。同时，通过实施人才强企战略，创造学习型企业，建设创新型团队，推进职工素质工程，引导职工不断提高学习创新能力和业务技能，从而形成职工与企业共同发展、相互促进的和谐局面。

四是要健全体制机制，为企业文化建设提供有效保障。

要加强组织领导,建立组织保障机制。要根据企业深化改革的新形势,适应建立现代企业制度、完善公司治理结构的要求,建立健全企业文化建设的领导体制,充分发挥企业党组织、董事会和主要经营者在企业文化建设中的决策作用。既要明确主管部门加强组织协调,又要明确各相关部门的工作职责和任务,形成企业文化主管部门与各职能部门分工协作、责任落实、密切配合、齐抓共管的工作格局。要建立工作指导和载体支撑机制。从企业战略发展的高度,制定并不断完善企业文化建设规划。同时结合企业改革发展的重点工作,制定推进企业文化建设的年度工作计划,抓好工作落实。注意搞好分类指导,及时总结和推广先进经验,以典型引路推动工作。积极开展企业文化教育培训,增强广大员工对企业文化的认知认同。加强载体和阵地设施建设,扩大企业文化有效覆盖面,增强企业文化的效果。要加强督促检查,建立考核评价与激励机制。要把企业文化建设情况作为企业考核评价工作的重要内容,与企业其他工作同部署、同检查、同考核、同奖惩,确保工作落到实处、取得实效。同时,要认真研究并建立科学的企业文化建设评价体系,开展企业文化建设评价工作。通过评价,使企业文化建设不断得到改进、规范和提高,取得更好的实际效果。

改革开放是发展中国特色社会主义、实现中华民族伟大复兴之路。中华民族伟大复兴必然伴随着中华文化繁荣兴盛。我们要始终坚持以改革创新精神建设先进的企业文化,为促进企业又好又快发展、做强做大,为繁荣社会主义文化,实现中华民族伟大复兴作出新的更大贡献。

(作者系国务院国资委副主任、中国企业文化研究会顾问)

大会发言:

培育武钢特色企业文化 提升企业核心竞争力

马启龙

武钢是新中国成立后兴建的第一个特大型钢铁联合企业,是中央和国务院国资委直管的国有重要骨干企业,中国重要的板材生产基地。武钢与鄂钢、柳钢、昆钢实施联合重组后,已成为生产规模近3000万吨的特大型企业集团。近年来,武钢先后获得国家技术创新奖、全国企业管理杰出贡献奖、全国质量管理奖、全国用户满意先进单位、全国文明单位等荣誉称号。

多年来,武钢坚持把企业文化建设融入到企业管理、思想政治工作和精神文明建设的全过程,在继承优秀文化传统、兼容中外优秀企业文化的基础上,制定并实施企业文化建设战略,以以人本管理为核心,以促进发展为宗旨,以学习创新为动力,逐步形成了具有时代气息、健康向上、独具特色的企业文化,打造“自主创新的武钢、质量卓越的武钢、和谐发展的武钢”,不断提升企业核心竞争力。曾先后荣获中国企业文化建设实践及设计案例奖、全国企业文化建设实践创新奖、全国企业文化建设先进单位等荣誉称号。

一、与时俱进,继承创新,着力构建具有武钢特色的现代企业文化体系

1. 继承创新,整合构建企业文化理念体系。

企业文化因势而变,因时而变,不断创新才有生命力。武钢的企业文化建设是一个与时俱进、不断创新的过程。根据市场竞争、产业重组、企业战略发展的需要,武钢在全公司上下征集提炼企业理念表述语,收到1.8万多条,公司领导亲自甄选和拟定了武钢的企业使命、战略愿景、经营理念、价值观、企业精神、武钢人形象等六大企业文化理念表述语,创建了具有武钢特色的企业文化理念体系。

企业使命:争新型工业先锋,铸钢铁强国脊梁,当现代文明创造者,做和谐社会实践者。

战略愿景:建钢铁精品基地,创国际知名品牌。跻身世界500强行列。成为自主创新能力和市场竞争力强大的国际一流企业。

经营理念:落实科学发展观,走质量效益型发展道路。

企业精神:务实创新,追求卓越。

价值观:以人为本,诚信为先,追求企业效益和社会效益的共同提高。

武钢人形象:严格、认真、忠诚、奉献。

企业理念反映企业的价值追求、文化素养和社会责任,是企业文化的灵魂。武钢的核心理念体系,本着继承、融合、创新的原则,立足于历史和现实,源于实践,又高于实践。它体现了武钢传统文化和现代文化的结合、管理文化和精神文化的结合、群体文化与领导文化的结合,是武钢人在市场竞争中经验的高度凝炼,也是武钢决策者经营思想成果的集成,更是推动武钢发展的精神动力。

2. 强化理念宣贯,增进员工对企业理念的认知、认同。

一是强化阵地宣传,营造良好氛围。企业核心理念只有在员工中广泛宣传,得到员工的认同,才能转化为员工的自觉行动。武钢充分利用各种媒体整合优势,营造舆论氛围,扩大广大员工对核心理念认知的影响力。在《武钢工人报》、《武钢政工》、《武钢与用户》等媒体上开辟企业文化专栏,开展征文活动,组织有关单位和人员撰写相关文章;在武钢电视台滚动播放企业文化理念。编发《企业统一识别系统执行手册》、《武钢企业文化手册》到班组,将理念践行故事汇编成《润物无声》宣传读本,广泛宣传学习。在厂区重点路段和参观线路树立宣传牌;在北京首都机场、上海浦东国际机场、武汉天河机场等地设置大型户外广告牌,扩大企业文化理念的宣传和企业品牌影响力。

二是强化文化培训,培养建设骨干。以“请进来,走出去”的方式,通过专家讲座、办培训班、编发宣传资料等形式,加强武钢企业文化建设人才培养,每年组织3-4批企业

文化建设骨干参加全国性的企业文化建设培训。

三是强化学习研讨，深化员工认同。建立了由武钢党校、管理干部学院的教授组成的一支企业文化建设专家队伍，充分发挥学术优势，结合武钢实际，进行企业文化建设的理论研究，为武钢企业文化建设提供理论依据和指导。同时，武钢企业文化纳入领导干部读书活动，纳入新提拔领导干部的任前学习，纳入新进大学生和员工的培训，有效增强了干部职工对企业核心理念的认同。

3. 加强组织领导，完善企业文化建设体系，形成良好的工作机制。

一是公司上下高度重视，建立企业文化建设领导体制。武钢成立了由公司总经理和党委书记任主任，公司各职能部门任成员的企业文化建设推进委员会，积极谋求整体互动，形成了公司党政领导挂帅、企业文化部牵头、部门协作、齐抓共管的企业文化建设领导体制。明确了以《武钢企业文化建设规划（2006 年—2010 年）》为指导的工作思路，确立了以建设“自主创新的武钢、质量卓越的武钢、和谐发展的武钢”为主要内容的企业文化建设框架。

二是建立子文化管理与推进体系，形成了职责明确、系统联动、齐抓共管的组织管理模式，保证武钢企业文化建设各项举措落实。委员会的各成员单位按照自己的管理职能，相应承担科技文化、质量文化、品牌文化、制度文化、执行文化、思想道德文化、节约文化、安全环保文化和廉洁文化等子文化的建设。

三是科学开展企业文化建设考评，建立企业文化建设评价体系。武钢自 2005 年开始将企业文化建设评估的指标被纳入《武钢领导干部绩效考核办法》，定期对企业文化建设的成效进行评价。2007 年，进一步制定了《武钢企业文化建设考评办法》，使企业文化建设考评工作有章可循，并对基层企业文化建设提供方向和指导。

二、传承文化，融入实践，重点建设质量诚信文化，提升企业管理水平

“质量优先”在武钢有着深厚的文化传统和企业内涵。从 1989 年武钢明确作出以质量求效益、求发展的战略，1991 年国务院办公厅号召全国工交企业学习武钢走“质量效益型”发展道路的做法，到目前武钢提出“落实科学发展观，走质量效益型发展道路”的经营理念，无不体现出武钢“质量优先”的发展意识。2007 - 2008 年，武钢确定为“质量管理年”，重点突出“诚信 · 质量——企业的生命”质量文化建设，不断提升企业管理水平。

1. 深化全员质量意识教育，树立以质量为中心的经营指导思想，切实提高质量管理水平。

坚持将质量文化建设融入班子建设，深化全员质量意识教育。各级领导特别是党政“一把手”，利用各种机会和场所对质量文化的内容进行广泛、深入、持久的宣传，形成浓厚的质量文化氛围，通过反复教育和工作实践，使“诚信?质量——企业的生命”质量理念和“质量优先”的质量意识深入人心。

武钢确立以质量优先为主导的经营战略，以质量为中心带动各项工作。武钢认为，企业健康快速发展，其核心要求是产品质量一流，产品成本最优化，技术先进，管理高效，以及职工具有高度的综合素质。因此，武钢明确提出，企业的各级组织、各项工作与管理，都与质量相联系并为之服务，从而带动整个企业的管理水平和队伍素质的提高。工作讲质量、产品讲质量、服务讲质量、管理讲质量，全员将“质量优先”融入实际行动，融入岗位工作。

2. 坚持将质量文化建设融入生产经营，提升产品质量。

“诚信 · 质量——企业的生命”，是武钢多年来实践经验的提炼，更是促进企业不断发展壮大的理念信条。武钢的质量文化与生产经营紧密相融，培育出“四个做到”质量精神和“三不让”质检理念，即：“一人做到，人人做到；一炉做到，炉炉做到；一班做到，班班做到；一天做到，天天做到”；“不让不合格的原燃料入厂，不让不合格的半成品流入下工序，不让不合格的产品出厂”，形成了“三高两化”质量管理理念，即“高标准、高水平、高效率；管理标准化、操作规范化”。2007 年武钢被国家评为全国质量管理先进单位，武钢硅钢、船用钢材获得“中国名牌产品”荣誉称号，武钢 41 个产品获得冶金行业“金杯奖”。2007 年热轧出口材、棒材带肋钢筋分获国家质检总局“出口免验”称号和“国家免检”称号。建筑结构用钢一次通过欧洲 CE 认证和日本 JIS 认证，无取向硅钢产品获得 ROSHS 认证，船用钢材获得八国船级社认证。

3. 坚持质量警钟长鸣，巩固和提升企业管理水平。

在树立质量品牌的同时，武钢毫不懈怠，始终坚持质量警钟长鸣，不断满足市场和用户的需求。武钢成立了《质量追踪》专题报道组，以“焦点访谈”的形式曝光存在的质量问题或质量隐患，制成专题片每月在武钢干部大会和部分单位员工中播放，引起广大员工的强烈反响。组织开展“员工代表走市场”、与用户单位“车间主任大会师”等活动，缩短市场与现场的距离，让生产一线的干部职工了解武钢产品的市场现状，听取用户的意见，不断满足用户的需求。

三、战略愿景为导向，培育品牌文化，用文化力提升企业核心竞争力

1. 精心培育品牌文化，用精品铺就顾客成功之路。

面对新的行业发展形势，武钢着力实施“中西南发展战略”，将企业定位于“全球最具竞争力的冷轧硅钢片、国内高档汽车板和高性能工程结构钢的主要生产基地”，提出了“建钢铁精品基地，创国际知名品牌。跻身世界 500 强行列。成为自主创新能力和市场竞争力强大的世界一流钢铁企业”战略愿景，并以此凝聚广大员工，激励全员“务实创新，追求卓越”的企业精神，实施“精品名牌”战略，精心培育品牌文化，有力提升了企业核心竞争力。

武钢硅钢产品获得“中国名牌”和“中国钢铁行业最具影响力品牌”，是品牌文化结出的硕果。硅钢产品因工序复

杂、技术含量高,素来被誉为钢铁工业的“工艺品”。武钢自引进硅钢工艺和装备开始,就立足于要打造具有国际竞争力的硅钢精品名牌。在产品研发和生产中,倡导“国内领先、世界一流”;叫响“用户的需求就是我们的追求”的品牌理念;在员工岗位工作方面始终要求“比昨天干得更好”,不断创新目标管理和“精细管理”,追求卓越品质,开展“用户在我心中,精品名牌在我手中”活动。品牌文化的培育和塑造,不断提升了员工的品牌意识,增强了品牌创新能力。2007年,“国家硅钢工程技术研究中心”落户武钢,武钢成为第一家拥有国家级工程技术中心的冶金企业。

“精品名牌战略”和品牌文化建设大大提高了武钢产品的市场占有率,产品广泛应用于奥运“鸟巢”、央视大厦、“神州”飞船系列、杭州湾跨海大桥、三峡大坝等国家大型重点工程。武钢生产的桥、管、线、箱、容、电、车等“双高”产品和优质名牌产品在国内外市场享有广泛声誉。其中,高性能桥梁钢、管线钢、石油储备用钢、帘线钢等品种在国内市场占有率位居榜首。媒体评价武钢为“中国钢铁高端产品的引领者”,武钢品牌获中国驰名商标称号,武钢荣获世界市场中国(钢铁)十大年度品牌。

2. 践行企业价值观,塑造知名企业形象。

武钢作为中央直管的骨干企业,自觉肩负弘扬民族精神、促进经济发展、推动社会进步的重任,践行“以人为本,诚信为先。追求企业效益和社会效益共同提高”的企业价值观,塑造知名企业形象。

武钢坚持“以人为本”,构建和谐企业。以员工利益为本、以人力资源为本,尊重人才、培养人才,实施“人才强企”的人才战略,注重促进人的全面发展。坚持“企业依靠员工发展,企业发展为了员工”,全面推行厂务公开和值班厂长制度,厂务公开的做法和经验被全国总工会认同和推广。

诚信为先,追求企业与股东、用户、员工和社会“共赢”,是武钢的内在文化追求。武钢贯彻落实科学发展观,保证股东权益保值增值,以良好的经营业绩回报股东。武钢股份获评“中国最具价值上市公司”,位居中国证券行业“中证百强”综合排行榜榜首。以“诚信、共赢”的服务理念,开展个性化服务、诚信服务、超值服务,构建起互利互惠的合作模式。武钢被评为“十佳中国诚信企业”、全国用户满意企业、全国名优产品售后服务先进单位。

武钢注重企业效益和社会效益的共同提高,积极参加社会公益事业,勇于承担社会责任,发展循环经济,建设资源节约型和环境友好型企业,定期向全社会发布“武钢社会责任报告”。在党的十七大期间,多家中外媒体广泛宣传和肯定了武钢发展成就,尤其是武钢始终忠实履行“三大责任”即政治责任、经济责任、社会责任,在坚持走中国特色社会主义道路中充分发挥骨干企业的带头作用。武钢的发展模式和文化建设得到中央和社会的充分认同。2008年6月16日,在中央电视台与中国政研会联合制作的企业文化建设特别节目中,专题推出了武钢构建和谐文化的典型做法。中宣部、国务院国资委评定武钢为“2008年中央企业十大典型”之一,并在今年6月组织新华社、中央电视台、人民日报等媒体进行了集中宣传。当然,和许多优秀企业相比,武钢企业文化建设仍存在很大差距,尤其是如何将文化管理与制度管理更好融合,企业理念如何进一步外化于行。希望通过学习和交流能更好地促进我们的工作。

(作者单位:武汉钢铁(集团)公司)

建塑企业文化 助推企业持续发展

皖北煤电集团公司企业文化部

皖北煤电集团是一个以煤炭开采和销售为主,涉及电力、化工、建材等领域的省直属企业集团,现拥有15家子公司(其中恒源煤电股份公司为上市公司)。煤炭主业拥有10对矿井;非煤产业拥有1个煤化工企业(淮化集团)、4座电厂、2个非金属材料加工企业以及房地产开发、酒店经营等服务性企业。近年来,皖北煤电集团认真落实科学发展观,不断调整和优化企业发展方式和管理模式,大力建塑企业文化,以企业价值观整合、统领员工思想和行为,使各方发展力量和各种发展资源被有效聚合、运用到实现发展战略和目标上来,有力助推了企业持续高速跨越发展:企业资产总额达162亿元,年销售近80亿元,年利税总额超过10亿元,连续多年成为安徽省工业50强和中国煤炭工业50强,2005年跻身中国企业500强。企业成立20多年来,累计生产原煤1.2亿多吨,为安徽省经济社会发展做出了积极贡献。

一、建塑特色企业文化——增强企业核心竞争力的必然选择

皖北煤电集团创始于1984年,经过20多年的不懈奋斗和拼搏,由当初一个资源少、产量低、装备落后的地方煤矿,逐步发展为如今年产量超过千万吨的特大型煤炭企业。但是,在规模扩大的同时,企业对“做大 做强 走远”的渴望与追求,也日益与传统的煤矿管理模式发生碰撞,变革管理企业的理念和方式,成为实现企业持续发展首先要突破的障碍。第一,现代企业的竞争,已经从资源、产品、资金等物质形态的竞争,转向为企业素质的竞争。煤炭企业传统的管理思想和方式已经不适应企业提升素质的需要。第二,皖北煤电集团要实现持续持久发展,必须要提出更加科学、明确的发展目的、目标和路径,要对“为何发展”、“向何发展”、“如何发展”、“发展依靠什么”等问题进行深层的哲学思考,并提出科学的解决思路和方案。第三,随着集团公司规模的扩大,管理仅仅依靠行政命令和规章制度,已不能与企业发展形势和员工需求有效匹配,无法有效支撑企业又好又快发展。必须要在建立高素质员工队伍的基础上,实现人本管理、自主管理。第四,集团公司经过20多年的发展,既积淀了丰富的能够为企业发展提供强大动力的文化底蕴,

也形成诸多阻碍发展与创新的思维定式和组织惰性。必须摈弃各种陈旧思想和陋习，才能适应新的竞争形势和发展要求，第五，在加快发展，向大企业集团迈进的过程中，集团公司将要更多地依赖兼并、收购其他企业，但资本重组的最终成功很大程度上取决于文化的整合。正是基于对以上问题的思考和分析，集团公司在科学发展观的指导下，遵循企业发展规律，吸收先进管理思想，积极推进企业管理由技术、制度层面向精神层面转移，及时明确了企业的发展战略、目标和愿景，强势推行企业文化建塑。

二、正确把握内涵——构筑企业文化建塑工作的根本

企业文化是一种理论性、实践性极强的管理理念、方式和手段。所以只有正确认识企业文化，准确把握其内涵，才能在实践中有效运用，取得成效。皖北煤电集团在传播和实施企业文化的过程中，不断提高理解，深化认识，认为"企业文化是企业倡导、全体员工积极创造、认同与实践的整体价值观念、信仰追求、道德规范、行为准则、经营特色、管理风格以及传统和习惯的总和。它是企业为了解决生存和发展问题而采取的一种管理方式，它是增强企业核心竞争力的主要手段"。这种认识，赋予企业文化更深刻的内涵和更丰富的内容，不仅把它作为一种思想、理念进行宣传、灌输，更把它作为一种管理方式和手段加以探索、应用。在建塑企业文化的过程中，我们深刻认识到：企业文化是企业的习惯，是一种结果；企业文化建塑是一个过程。在这个过程中，要构建与塑造并举，不仅要设计构建企业文化理念体系、培育体系，更要注重员工行为、员工品格的培育与塑造，使员工的言行符合企业价值观要求，逐步达到以企业价值观为根本，与人性化管理有机结合的人本管理新境界。

在对企业文化内涵深刻理解、准确定位的基础上，皖北煤电集团在企业文化建塑中，坚持把培育共同价值观作为"核心点"，把调整规范员工行为作为"关键点"，把以文化优化现场、流程和岗位管理作为"着力点"，逐步使员工与企业结成价值共同体、情感共同体、责任共同体和利益共同体，通过实践充分发挥企业文化的导向、凝聚、塑形等功能，不断增强了企业的核心竞争力。

三、构建培育模式——形成系统推进企业文化建塑工作的前提

皖北煤电企业文化建塑经过宣传导入、诊断调研、构建整合、实施培育几个阶段，目前已经确立了集团公司核心价值观、企业宗旨、企业精神、发展愿景、发展战略等涉及到企业发展、经营、工作、安全等方面的12项理念，制定清晰的企业战略框架和战略目标，建立了特色鲜明、引领发展的企业价值观体系，形成了理念、行为、视觉、听觉四大识别系统；发布实施了《企业文化手册》、《安全文化手册》和《视觉识别系统手册》三大手册；在建塑体系上形成以企业价值观为统领、培育载体为支撑、方法内容为基础的金字塔式构架，构建了"10＋X"的价值理念培育模式。"10"为企业文化建塑的十要素，即愿景激励、理念渗透、视觉听觉整合、精细化管理、安全文化建塑 、员工行为修养、学习型组织创建 、环境净化、战略管理、考核激励，是企业文化培育载体；"X"就是集团公司所属各单位围绕十大要素，在价值理念培育的方式方法和内容上，结合自身实际，大胆探索，勇于创新，积极实践。这种培育模式，使企业文化建塑工作既统一规范，又灵活创新，并针对性制定了建塑的整体规划，明确了建塑的目标、任务和思路，构建了比较系统、科学、完整的企业文化建塑体系。目前集团公司企业文化建塑工作正处在精心培育和持续发展阶段，集团公司的价值理念已逐步为员工认知和接受，企业的主流文化初步形成，日益渗透到安全、生产和经营管理等各项具体工作中，企业文化建塑工作取得初步成效。

四、探索有效方法——促进价值观向行为转化的基本保证

如何让企业价值观真正内化于心，外化于行，固化于制，以此统一员工思想，提高企业执行力，增强企业凝聚力，促进企业又好又快发展，既是我们建塑企业文化的指导思想，也是工作追求的目标。为此，皖北煤电在企业价值观培育的方式方法上围绕上述十大要素进行了积极探索和有效实践。把握关键环节和合适方法，促进价值观向行为转化。

渗透理念。建塑企业文化，首先要让员工真正了解掌握企业的价值理念，并在脑海里形成文化意识，方可对行为产生影响。首先充分发挥各级、各类媒体的宣传效应，对企业理念进行广泛宣传灌输，形成浓烈的视觉听觉氛围和文化环境，在潜移默化中陶冶、塑造员工；其次开展文化礼仪活动，如在生产单位班前会诵安全誓词和员工训导词、大型会议齐唱《皖煤之歌》、举行升旗仪式等，并开展征集皖煤人哲理故事、举办"感动皖北"先进事迹报告团、开展"皖煤人标准"主题实践等系列企业文化宣教、实践活动，增强企业价值观的渗透力。第三开展企业价值观大讨论，让员工结合实际，深刻理解价值观的内涵，并以价值观为标尺，查找自身存在的不足和差距，分析原因，制定措施，加以改进，从而强化员工对企业价值认知、认同和践行，做到"知"、"行"统一。

修养行为。将企业价值观转化为员工和企业的自觉行为，是企业文化建塑工作的终极目标。在企业文化建塑工作的过程中，皖北煤电首先对员工的基本行为，如文明用语、仪容举止、工作标准、涉外礼仪、卫生习惯等进行规范，剔除员工不良、不文明的行为和习惯；其次，大力推行6S行为修养，通过整理、清洁、准时、标准化、安全、素养六个方面，对员工行为进行系统性规范和养成，实现员工文明行为的升级，为塑造高素质的员工队伍打下坚实基础；第三，实行准军事化管理，树立"企业似军队、工作场所似战场"的理念。下属各单位都制定了相应的准军事化管理条例，对员

工行为进行严格的军事化管理及 WKB 训练,有效培育员工的团队意识、纪律意识、执行意识,实现员工行为新跨越。

建塑安全文化。安全生产是煤矿最大的政治和中心工作。建塑企业文化必须要能够提高安全管理的能力和水平,为安全生产提供更可靠的保障。所以,皖北煤电一开始就将安全文化作为企业文化建塑的切入点,通过建塑安全文化,提高安全管理层次,打造本质安全型企业。在实际建塑工作中,颁布了《安全文化手册》,确立了"珍爱生命——让安全成为我们的习惯"的核心安全理念,建立了员工安全行为规范。围绕安全理念的有效转化,提炼整合了安全管理十五法,抓实抓好手指口述、班前讲评、隐患预警、走动式管理、"三违"标准界定、建塑亲情文化、规范班前会、建立集体入井制度等工作,极大提高了员工的安全意识和安全技能。

创建学习型组织。将"学习工作化,工作学习化",持续提高员工的学习力,是企业持续发展的源动力。皖北煤电以信息化为平台,建立了网络商学院和网上学校,为员工搭建起便捷开放共享的网络学习平台,提供充分的学习资源,为团队学习创造了良好条件。下属几个矿还开办了员工夜校,利用工作之余集中学习企业管理、企业文化等相关知识,拓展员工的知识面,提高员工的思考力;以总经理"CIA(持续改进行动)令"为依据,各单位建立"合理化建议积分卡"制度,定期开展"共享反思会",针对学习、工作、践行企业价值观等方面存在的问题和不足,进行分析、反思和改进,在相互交流、相互补充中实现组织和员工的共同进步;各单位都建立了完善的学习激励机制,大力开展"学习之星"和"学习型团队"等评选活动,制定了学习考核标准和办法,加强对创建活动的监督考核,不断增强员工的学习力,保证学习效果。

精细化管理。为夯实管理基础,进一步提升企业管理水平,集团公司总结"三位一体"管理模式,整体推进"精细化管理、企业文化和员工培训",从而把精细化管理与企业文化紧密结合,实现文化和管理的有机融合。自 2004 年导入精细化管理理念,按照意识培植、实践操作两条线推进的方式,经历了意识培植、自主践行、规范推进三个阶段。先后从完善制度、优化流程、制定标准、强化考核着手,制定了精细化管理标准和考核办法(5 大系统 40 个模块),推进内部市场化管理、四卡考核、三工转换,CIA 行动到推行煤矿管理新模式,不仅有效地提升企业内部的管理,而且促进了企业文化建塑工作的落地。

机制保障。首先加强整体规划,有序推进。企业文化是一项长期性、系统性的工程,要循序渐进地推进,才能逐步显效。我们制定了《集团公司企业文化建塑"十一五"规划》,明确了工作的指导思想、建塑目标、总体部署和各个年份的工作重点。在每个年度制定具体的实施意见,对规划进一步细化、分解,使建塑工作稳步推进、持续深入。其次建立工作考核机制,确保效果。在对组织的考核上,把企业文化建塑工作纳入到党委、行政的日常工作之中,做到同安排、同落实、同考核。集团公司每半年对下属单位的建塑效果进行一次集中评估,以总经理签发的《评估结果通知书》形式反馈情况,对存在问题责令整改提高,同时把评估结果作为对单位业绩评价和评先评优的重要指标和依据。在对员工考核上,建立了"诚信档案"制度,以企业价值观为标准,对员工和组织的典型诚信、失信事实进行客观记录,与绩效考核、岗位转换、评先评优等工作相结合,从而有效规范了员工行为。第三搭建工作交流平台,互动提高。我们构建了"一网两会"的工作交流平台:"一网"是集团公司企业文化网,"两会"是每年一次的现场经验交流会和工作表彰会。交流平台的搭建,使各单位能够及时交流、共享工作中的好经验好做法,发现、弥补自身不足,从而实现相互促进、共同提高,推动建塑工作又好又快发展。

五、注重建塑效果——蓄积企业文化建塑工作的不竭动力

作为一种最先进的企业管理理念、管理方式,企业文化能否得到各级组织和广大员工的广泛认同、支持与运用,实际建塑效果是根本。皖北煤电在企业文化建塑过程中,把握正确发展方向,采取科学建塑方法,既保证了建塑效果,也不断增强了员工建塑企业文化的信心和决心,从而始终保持了旺盛的建塑动力。

一是企业凝聚力迅速增强。通过企业理念、视觉、听觉、行为四大系统的强力渗透和广泛应用,企业逐步形成共同追求和遵循的价值观,尤为重要的是促进了组织和员工思想观念的转变,特别是清晰的发展战略目标和企业愿景的构建与实施,增强了员工对企业的认同感、归属感、自豪感,进一步提高了企业的凝聚力、向心力。

二是员工文明素质明显提高。通过培育理念,强化行为管理,员工言行文明规范,工作安全标准,执行意识、协同精神和服务习惯都有了明显提高,行为修养较之以往发生质的飞跃,员工的社会责任感明显增强。其中演绎着许多动人的皖煤人故事,赢得客户、宾客的高度赞誉,提高了集团公司的社会影响力。

三是企业形象明显提升。通过使用企业旗帜、徽章、歌曲,广泛开展各种文化礼仪活动,统一广告用语和品牌,员工对企业的认同度进一步提高,企业的凝聚力进一步增强,企业的对外形象更加统一规范,品牌的知名度、美誉度更强。

四是企业的管理水平不断提高。在"诚信 协同 创新"的企业核心价值观引领下,皖北煤电坚持改进创新,以提高效率效益为目标,构建了具有自身特色的管理文化——精细化管理。目前,已构建起了三个层级的精细化管理基本框架:即以精细化管理内涵、宗旨、核心和灵魂为主导的核心理念层,由内部市场化、流程管理、合理化建议与创新机制等构成的管理方法层,由"精细化管理工具箱"为主导的

工具层。通过精细化管理的推进，为先进生产管理能力的培育奠定了基础。

五是企业实现了跨越式发展。近年来，在企业文化的支持和推动下，集团公司的发展速度、发展质量、发展能力都得到了明显提高，实现了跨越式的发展。2007年，集团公司销售收入达到79.8亿元，比2003年的19亿元增加了60.8亿元，年增幅达到42.5%；期末总资产达到162亿元，比2003年的44.7亿元增加了117.3亿元，年均增幅达到39%；利税总额达到9.55亿元，比2003年的3.47亿元增加了6.08亿元，年均增幅达到28.8%；员工人均年收入达到3.3万元，比2003年的1.5万元增加了1.8万元，翻了1.2倍。矿区安全生产形势始终保持稳定，连续17年杜绝了一通三防重大人身伤亡事故，百万吨死亡率始终控制在上级下达的指标之内。同时企业的可持续发展能力得到增强，产业结构、发展空间、资本运作都不断取得新的突破。集团公司继2005年获得安徽省"五一劳动奖状"之后，今年又获得了全国"五一劳动奖状"。

六、不断提高认识——筑牢企业文化建塑工作持续深入发展的思想基础

通过几年来的企业文化建塑的探索与实践，我们深感企业文化建塑工作是一个长期的、艰难的系统性工程。要想做好、做实，使之能够持续深入发展并取得成效，必须牢固基础，在思想上有正确的认识：

（一）企业文化建塑工作持续推进的基本保证：关键在领导，根本在制度，成败在考核。在企业文化建塑工作中领导起着谋划、决策、推动、示范的作用。如果没有领导的重视，企业文化建塑工作就失去动力。在企业文化建塑过程，工作制度和考核机制的健全完善，对企业文化建塑工作起到积极的保障作用。

（二）企业文化建塑工作的基本特征：难在起步，重在坚持，贵在创新。企业文化建塑工作会触及员工思想观念和行为的改变，由此会产生巨大阻力。同时企业文化建塑所产生的实际效果往往滞后于行动，是一种隐形效应。对这些问题如果不能充分认识，正确对待，就可能失去信心，丧失耐力，半途而废。只要持之以恒、不断创新，企业文化建塑工作所产生的效果就如蝴蝶效应，不断加速放大，最终达到企业文化建塑工作预期目标。

（三）企业文化建塑工作的基本点：实效在于实际，管用在于实用。企业文化理念要符合企业特点，企业文化建塑工作要从企业的实际出发，适应企业需求，符合企业实际。照搬照抄，追求语言华丽而不切实际的文化理念会导致企业文化无用论，使企业文化建塑工作陷于困惑和被动之中。

（四）企业文化建塑工作的切入点：从最简单的事情做起，从最基础的工作做起。企业文化建塑不可能一蹴而就，必须循序渐进，稳步推进。要充分考虑员工的心理承受能力，要从员工都能做到的最简单的事情做起，从最基础的工作做起，使员工在不知不觉中改变自己的观念和行为。建塑工作要有目标、有计划、有步骤，要充分估计困难和阻力。否则，没有心理预期，没有充分的应对措施，就会茫然失措，疲于应付，丧失信心，就会出现企业文化建塑动力不足的问题。

（五）企业文化建塑工作的特点：只有逗号，没有句号；只有起点，没有终点。文化管理是以统一价值观主导和调节人行为的一种自主管理方式，是管理的较高境界。而人都是有思想、有个性、有追求，实现个人价值的有机统一，本身就是十分困难的，需要通过多种形式和举措，持续不断进行培育。也许文化管理永远是一种目标，一种追求，但为追求这一目标所采取的一系列企业文化建塑工作的举措将不断地规范着员工的行为，促进着员工思想观念的持续转变，塑造着昂扬向上的士气，从而推动企业又好又快地向前发展，使企业的管理无限接近文化管理。

（六）企业文化建塑工作的主体是全体员工，落脚点是不断实践。员工是企业文化建塑的主体，如果离开员工的参与，企业文化建塑就失去根基，失去源泉，失去生命。在企业文化建塑中要采取切实可行的方法，吸引广大员工参与其中，使员工在企业发展中得到更多的实惠，和企业共同成长。企业文化来源于实践，又作用于实践，离开实践的文化是没有生命力的，企业文化理念只有印在员工脑海里，溶化在血液中，落实在行动上，才能真正发挥企业文化本身的功效。否则，只能是说在嘴上、写在纸上、挂在墙上的形式主义。同时在实践中，要逐步构建起"大文化"的工作格局，形成企业文化职能部门规划指导监督、其他各管理部门落实反馈提高的系统建塑工作格局，所有单位都能结合业务内容，把企业文化实践工作开展好、实现好。

推进理论创新 完善工作机制 提升油田企业文化软实力

中国石化胜利油田

中国石化胜利油田是全国第二大油田，自1964年1月25日党中央批准开展大规模勘探开发以来，已经走过了44年的历程。截至2007年底，累计探明石油地质储量47.25亿吨，生产原油9.08亿吨，约占建国后全国原油总产量的五分之一，为我国石油石化工业的发展和国民经济建设做出了重要贡献。2007年胜利油田生产原油2770万吨，实现利税700多亿元。今年上半年生产原油1382.48万吨，实现利税439亿元。在为国家创造巨大物质财富的同时，胜利油田也创造了宝贵的精神财富，凝炼形成了富有活力、催人奋进的胜利文化。特别是近两年，我们以和谐文化建设为重点，推进理论创新和实践创效，为油田的改革发展稳定提供了不竭的文化源泉和有力的精神支撑。

一、推进理论创新，丰富发展胜利文化理念体系

20世纪90年代以来，胜利油田适应体制转型、机制转换和实施“走出去”战略，以及企业内外部环境条件发生深刻变化的新形势，从企业发展战略的高度，在继承过去优良传统的基础上，创新发展与市场经济相适应、与现代企业制度相吻合、与中石化企业文化相承接的油田企业文化，并将其归纳、凝炼，命名为“胜利文化”。

2006年，油田党委站在新的更高的起点上，提出了“百年创新、百年胜利”的愿景目标，并在2007年和2008年连续两年的局党委扩大会议上对这一愿景目标进行科学论述和战略分解，提出了“分三个阶段，实现三个目标”的具体构想。第一阶段，“十一五”期间原油年产量保持在2700万吨以上；第二阶段，胜利油田成立60周年的时候，实现“开发60年、探明60亿”，油气生产在较高水平上运行；第三阶段，胜利油田成立100周年的时候，实现“持续百年创新、建设百年胜利”，继续保持全国大油田的地位，创造胜利百年辉煌。“百年创新，百年胜利”的愿景目标，符合科学发展观的基本要求，代表了胜利人的共同愿望和意志，体现了近期规划与长远战略的一致性。这是胜利人不懈追求、与时俱进的必然选择，体现了胜利人开拓奋进、永远创新的精神品质。

党的十七大召开以后，为深入贯彻落实科学发展观，大力推进和谐油田建设，油田党委提出了“共创百年胜利，共建和谐油田，共享美好生活”的共建共享观。2007年12月在中国企联举办的第七届全国企业文化年会上，胜利油田领导李玉卿副书记总结提出了企业文化“四个要素”的新理论：共同的愿景目标，即是把企业干部职工的共同理想具体描绘成的清晰而壮美的图景。胜利油田“百年创新，百年胜利”的共同愿景，是一个长远发展目标和长期实践过程，需要几代胜利人的艰苦创业和共同奋斗才能实现；共同的价值追求，即是企业的核心价值观。“从创业走向创新，从胜利走向胜利”的新时期胜利精神和“共创百年胜利，共建和谐油田，共享美好生活”的共建共享观，是油田全体干部职工的坚定信念和价值追求；共同的制度规范，即创新完善各种规章制度，并使规则与其传递的价值相一致。胜利油田在生产经营和各项管理工作中许多具有独创性、切实有效并发挥重要作用的制度规定、管理模式和经验做法，反映了胜利油田独特的生产经营和管理方式，体现了胜利文化价值理念的本质内涵；共同的行为习惯，从制度执行、细节管理、待人接物等各个方面培养干部职工良好的行为方式和工作生活习惯，从干部职工的言行举止上展现企业的良好素质和形象。胜利油田以宣贯执行岗位责任制、中石化《安全生产禁令》和《员工守则》为重点，把制度约束和习惯养成结合起来，培养职工严格执行制度的良好行为习惯。胜利油田企业文化“四个要素”的新提法新论断，不仅是企业文化理论认识上的提升和创新，而且对于深入推进企业文化建设明确了任务目标，提供了规范标准。胜利文化理论之树常青，胜利油田百年基业永固。

二、完善工作机制，不断提高胜利文化建设水平

建立完善工作机制，是推进胜利文化建设的重要保证。多年来，我们以领导重视为关键，以主题活动为载体，以宣传教育为平台，以协调共建为重点，以检查考评为抓手，探索建立比较完善的工作运行机制，充分调动各方面的积极性，保证和推动了胜利文化建设水平的不断提高。

一是强化组织运行机制。发挥胜利油田企业文化建设工作领导小组的决策运筹作用，制定实施胜利文化建设规划(已有两个三年规划)，在年度局党委扩大会议和职工代表大会上，对胜利文化建设工作做出安排部署，每年都有新思路，每年都有新举措。发挥企业文化处的职能作用，对胜利文化建设进行组织、协调、综合和指导。增设企业文化科，负责油田企业文化建设的日常管理工作。

二是创新载体活动机制。油田每年确定一个载体活动，采取切实措施推动活动的深入开展。2003年组织开展了“企业文化建设年”活动，2004年为“胜利文化建设深化年”，2005年为“胜利品牌建设年”，2006年为“胜利品牌提升年”，2007年为“和谐文化建设年”，2008年油田继续深入开展“和谐文化建设年”活动，这些活动有力地推进了阶段性工作的落实。同时在基层单位深入开展“讲故事”活动，编辑出版了《胜利故事》，用文化故事承载企业的价值观和经营理念，用文化故事颂扬英模人物，用英模人物的崇高思想和感人事迹教育感染职工，形成了学习先进、争当先进的良好风气。各单位还紧密结合生产经营实际，大力开展合理化建议、技术革新改造、油水井分析等群众性创新创效活动，取得了明显成效。

三是完善宣传教育机制。充分发挥《胜利日报》和胜利电视台、局域网等媒体阵地作用，形成立体化的宣传教育网络。每年围绕一个宣传主题，如2007年主要是宣传“百年创新，百年胜利”的共同愿景，2008年主要是宣传“共创百年胜利，共建和谐油田，共享美好生活”的共建共享观，开辟专栏专版，开展征文活动，宣传典型经验，形成舆论强势。发挥“胜利文化”网页和《胜利文化》杂志的阵地窗口作用，及时动态地反映油田和各单位加强企业文化建设的情况。成立“胜利文化丛书”编辑委员会，先后编辑出版了《胜利文化手册》、《构筑胜利文化体系》、《胜利文化建设读本》、《胜利故事》、《胜利特色制度文化》。通过这些生动教材和强化学习培训，增强了干部职工的认知度和认同感。持续扩大了胜利油田的知名度和胜利文化的影响力。

四是建立协调共建机制。党政工团分工负责，上下联动，左右配合，在全油田形成了合力推进胜利文化建设的工作格局。首先，油田机关处室协调联动。分行业系统先后成立了勘探、开发、科技、廉洁、安全等11个子系统文化课题组，每个课题组都由局机关有关处室牵头，处室主要负责人

任组长，发挥职能优势，调动机关处室参与企业文化研究和建设的积极性；其次，下属单位责任到位、任务落实。加强组织领导，建立相应机构，有些单位专门成立企业文化办公室，配备专兼职人员负责做好策划宣传工作，采取切实措施落实具体任务，创建特色基层文化，局部提升与整体推进相结合，形成了亮点纷呈、点高面广的发展局面。

五是形成投入保障机制。在《2006—2008 年胜利文化建设规划》中明确提出："把企业文化建设纳入发展规划，设立企业文化建设专项费用，不断加大软硬件的投入，确保胜利文化和品牌建设的顺利进行。"油田每年对企业文化建设进行经费预算，设立专项资金，保证投入到位。除日常管理经费以外，还投资建成了"胜利油田发现井——华八井"、"九二三厂的由来——营二井"、"中国第一口千吨井——坨11 井"、胜利油田科技展览中心、孤东海堤、王为民事迹展览馆等油田爱国主义教育基地，并投资兴建了一批规模较大的文体骨干设施，先后建成了 100 多座图书馆和体育馆，4000 多个基层队普遍建起了"职工之家"，并配备了微机、彩电、DVD 和各种活动设施及健身器材，在油城繁华地段改造和扩建了胜利广场和街心花园，各居民小区都建有规模不同的文化广场和老年活动中心，经常性地组织开展群众文化活动，丰富了职工群众的精神文化生活。

六是探索测评考核机制。油田以创建文明单位活动为总抓手，把各系统部门的检查考核和评先树优工作都纳入到这一活动中来，制定标准条件和考核细则，对油田生产经营、企业文化、安全生产、基层建设、精神文明建设等进行分解量化，组织检查考评。同时，我们着眼于企业文化建设的制度化运行和规范化操作，本着定性评价与量化考核向结合的原则，立足自身实际，在学习借鉴国内外现有成果的基础上，探索建立胜利文化测评体系和考核机制。2005 年 7 月，油田专门成立了胜利文化测评研究课题组，在做了大量学习调研和材料准备工作的基础上，今年作为油田重点科研课题进行立项，并且纳入国资委中央企业党建政研会《构建胜利文化体系，提升企业核心竞争力》的立项课题进行研究，目前已经取得了重要的阶段性研究成果。

三、着力实践创效，持续提升油田文化软实力

加强和推进胜利文化建设的根本任务，就是持续提升油田的文化软实力，用文化软实力铸就核心竞争力，具体表现在以下六个方面：

1. 发挥文化先导力。就是发挥企业文化的领航、指向和疏导作用。一是用企业文化引领企业战略。油田提出"百年创新，百年胜利"的共同愿景，作为中石化"致力于建设成为具有较强国际竞争力的跨国能源化工公司"战略目标的重要组成部分，把胜利文化建设的根本任务和胜利油田的美好发展前景统一起来，实现了企业文化与企业战略的和谐一致。二是打造强势主流文化。企业改革发展带来各种利益关系的调整，造成人们思想价值观念的多样化，胜利文化应时变强，成为驾驭多元价值取向的主流文化，成为促进油田改革发展的强大动力。三是确立了企业主导价值。以"共创百年胜利，共建和谐油田，共享美好生活"的共建共享观为主导，通过大力实施资源、市场和可持续"三大战略"和改革、管理、科技"三大创新"以及"五大和谐工程"，推动油田科学发展、创新发展、和谐发展。

2. 激发基层创造力。油田大力加强基层建设，构建以"全方位覆盖、全过程管理、全员参与"的"三全"工作机制，扎实推进"三基"工作，基层职工不仅创造出了过硬的经济技术指标，而且创建了特色基层家文化。如黄河钻井五公司以"钻头、人头、床头、灶头"为主要内容的"钻头文化"，钻井技术定向井公司"定向人生，爱队如家"的"定向文化"，孤岛采油 201 队"鹰一样的个人，雁一样的团队"的"雁行文化"，电力运行八队"让家更温馨，让成员更幸福"的小站文化等，都营造了浓厚的亲情氛围，增强了职工以队为家的归属感和爱岗敬业的责任心，让职工在平凡中享受快乐，细微中显示精彩。

3. 发展科技创新力。随着油田勘探开发成都加深和难度加大，科技的支撑作用越加凸现。胜利油田始终坚持科技领先，大力实施"科技兴油"战略，建立完善科技工作运行机制，加强科研项目管理，通过设立科技进步奖、科技英才奖、地学开拓奖以及评选首席技术专家、技能大师和各种技术能手等激励措施，以不断创新的勘探开发理论为先导，引领和激发广大科技工作者积极投身科研攻关活动，攻坚啃硬，精雕细刻，重点解决影响勘探开发和市场竞争的关键难题，形成了成熟配套的核心技术。特别是 20 世纪 70 年代末油田地质专家创建的获得国家科技进步特等奖的"复式油气聚集理论"和 90 年代以来形成完善的获得国家科技进步一等奖的"复杂隐蔽性油气藏勘探理论"，使胜利油田在长期的高强度勘探开发过程中实现了储量和产量的稳定增长。目前油田的科技成果推广应用率达 80% 以上，科技进步对油田发展的贡献率达到 46%，每年科技直接增油都在 300 万吨以上，为油田的持续稳定发展提供了强力支撑。

4. 增强队伍亲和力。胜利人来自全国四面八方，几代人共同的价值追求，几十年共同的艰苦奋斗，使胜利油田成为休戚相关、荣辱与共的命运共同体，每一个职工、家属都对油田有着强烈的归属感，对油田的文化传统有着高度的认同感。油田突出加强和谐文化建设，深入开展和谐文化建设年活动，加强改革发展观念和形势任务教育，增强在职职工和各个非在职群体的责任感和凝聚力，让每个人都有参与共创百年胜利、共建和谐油田的义不容辞的责任，也让每个人都有充分享受油田改革发展成果的权力，都能从油田事业的不断发展中得到实惠。

5. 提升品牌形象力。现代市场竞争已经进入了以品牌魅力大小为主要特征的文化竞争时代。品牌是形成企业核心竞争力的平台。品牌浓缩着文化的精华，体现着文化的气质，焕发着文化的风采。胜利油田注重把企业文化建设

成果转化为品牌价值,大力实施品牌经营战略,组织评选了“胜利十大技术品牌”、“胜利十佳服务品牌”、“胜利十大名优产品”,并通过召开现场经验交流会,对胜利品牌进行推介宣传。胜利定向井、PS防砂、井下压裂、“胜动”燃气发电机、物探院地震资料处理系统、油建海上施工、胜建集团路桥施工等先进技术在油田生产和外部市场上发挥了巨大威力,胜利的名牌队伍依靠“独有的技术优势,独有的攻坚能力,独有的质量信誉”,在外部市场打出了胜利人的威风,打响了胜利品牌,树立了胜利油田的良好形象。

6. 扩大社会影响力。胜利油田是国有特大型企业,肩负着重大的经济责任、政治责任和社会责任。“经济效益最大化,社会效益最优化”的经营宗旨,体现了胜利油田的历史使命和社会责任。油田积极组织参加各种社会公益活动,在职工群众特别是广大团员青年中深入开展“志愿者”、“希望工程”、“手拉手”等道德实践活动,捐资助学,扶残助残,救助灾区,大力弘扬团结友爱、扶危济困的传统美德,展现新时期胜利人的崇高精神和道德风貌。5.12四川汶川大地震发生后,油田广大干部职工凭着高度的政治敏感性和高度的社会责任感在第一时间迅即行动。一方面,油田驻川单位迅速投入抗震救灾的战斗中。大地震发生仅仅5分钟之后,胜利油建川渝项目部的50多名职工就火速赶到梁平县文化镇中心小学,抢上发电机组等抢险设备,昼夜不停、千方百计搜救被掩埋的学生,得到了当地政府和群众的高度赞扬。油田广大干部职工群众把为国分忧、抗震救灾的民族情感和弘扬胜利精神有机结合起来,以保油上产、精细管理、挖潜增效的实际行动,践行胜利油田作为国有特大型企业的经济责任、政治责任和社会责任,为夺取抗震救灾工作的全面胜利,为保障国家能源安全,做出了胜利人的特有贡献!

在继承中创新 在创新中发展

王玉英

燕山石化成立于1970年7月20日,是我国第一个特大型石油化工联合企业,改革开放30年来发生了翻天覆地的变化。公司已从初创时期只有3套生产装置、250万吨/年原油加工能力,发展成为拥有63套生产装置,1000万吨/年原油加工能力,71万吨/年乙烯设计能力,可以生产120个品种、494个牌号的石油化工产品,是目前我国最大的石油化工生产基地之一。截至2007年底,公司已累计加工原油2.33亿吨,生产各类石化产品2亿多吨,累计实现销售收入4766亿元,实现利税605亿元,为国民经济和社会发展作出了突出贡献。

这一串串闪光的数字,不仅是一代代燕山石化人脚踏实地、艰苦创业的结果,同时也是一代代燕山石化人抓住改革开放的历史机遇,锐意进取、持续创新的结果,更是一代代燕山石化人继承优良传统,大力弘扬“团结、求实、严细、创新”企业精神的真实写照。多年来,燕山石化人不仅创造了巨大的物质财富,而且创造了宝贵的精神财富。“大企业要为国家做大贡献”早已成为燕山石化人的历史使命。燕山石化的企业文化就是在数十年的发展历程中不断积淀、传承、创新而成的,在企业发展的各个历史阶段都发挥了凝聚人心、引导方向、鼓舞精神、规范行为、调整关系、整合力量的重要作用。

一、深厚历史积淀是燕山石化企业文化建设的根基所在

企业文化是在企业漫长发展历史中凝结而成的,是全体员工在长期实践中价值理念的深厚积淀。如同历史是人民群众创造的一样,企业文化也是广大职工用自己的血汗和智慧创造出来的。它是企业持续发展的不竭动力。

二十世纪六十年代末,来自祖国各地的老一代燕山石化人,以豪迈气概投身大会战,建成了我国第一座现代化的大型石油化工联合企业,同时孕育和初步形成了燕山石化企业文化的最基本的核心元素。这些核心元素包括:一不怕苦、二不怕死的拼搏奉献精神,三老四严、四个一样的过硬作风,五湖四海、团结一致的大局意识,爱党、爱国、振兴中华的强烈政治责任感和历史使命感等等。

1985年在燕山石化成立15周年时,我们将这些元素进行归纳提炼为“团结、求实、严细、创新”的企业精神。

1990年,以燕山石化成立20周年为契机,公司又系统总结和概括出了以“五种精神”为代表的燕山石化传统,即:不怕困难、不怕牺牲、脚踏实地、革命加拼命的艰苦创业精神;自力更生、奋发图强、为国争光、为中国工人阶级争气的主人翁精神;认真负责、自觉从严、实事求是、勇攀高峰的开拓创新精神;胸怀全局、团结一心、互相支援、共同奋斗的团结协作精神;不计报酬、不讲名利、克己奉公、忘我劳动的无私奉献精神。

1995年在公司成立25周年之际,燕山石化认真回顾与共和国风雨同舟走过的历程,把“大企业要为国家做大贡献”确立为企业使命。将“追求卓越,信誉至上,服务社会,富国兴邦”作为燕山石化社会形象标准。

这些核心理念既是对企业自身发展经验的总结与凝炼,体现了大型石化联合企业整体性、连续性、严细性和创新性的特点,也是对石油石化行业优良传统与作风的继承与创新,更是全体员工对国有企业职能定位以及自身价值、使命责任的深刻认同和理解。自1991年至今,公司连续18年以一年一个主题的形式,以爱党、爱国、爱厂、爱岗和自我教育、自我激励、自我约束、自我完善的“四爱四自”为核心,以“塑造良好燕化企业形象和职工形象”为重点,在干部职工中先后开展了“我与社会主义”、“我与市场”、“我与燕化”、“企业形象与企业竞争力”、“弘扬燕化精神,做新时期

燕化人”、“精心工作，严细管理，争创一流”等系列教育活动，这种群众广泛参与的自我教育、形势宣讲、思想解疑、文化熏陶主题教育，形成了提升职工思想文化素质，调动积极性、主动性、创造性的有效载体，把企业文化建设工作步步引向深入，使干部职工进一步理解、认同了企业价值理念，并以此自觉规范行为。广大职工形象地将这项深入持久的主题教育活动称为“铸魂塑形”工程。

二、鲜明独特个性是燕山石化企业文化建设的生命力所在

企业文化是本土的、特质的，是企业在特定的地域环境和历史条件中发展形成的，是为本企业未来发展服务的，理应具有鲜明的独特个性。

热爱与责任是燕山企业文化之源。爱国、爱党、爱人民、爱中国石化事业、爱燕山石化，这是燕化人始终不渝的情愫。我们把“大企业要为国家做大贡献”作为企业使命，是因为国有企业是国民经济的重要支柱，是全面建设小康社会的重要力量，是党执政的重要基础。燕山石化是当年为打破西方对我国的经济封锁而建设的，是我国工人阶级自力更生、奋发图强的结晶，从诞生之日起就肩负着“为社会主义祖国争光，为中国工人阶级争气”的光荣使命。要做负责任的大企业，这是燕山石化长期的追求和宣言。

团结与进取是燕山企业文化之基。燕山石化是团结的产物，当年是靠着五湖四海的建设者开展社会主义建设大会战建成的，也是靠着团结协作一步步发展壮大起来的，团结是燕山石化与生俱来的品格。燕山石化有今天是不断进取的结果，从我国第一个石化联合企业，到我国最大的石化联合企业；从第一个成功引进建成30万吨/年乙烯装置，到两次率先对乙烯装置进行大规模技术改造；从合成橡胶技术自主研发，到开启中国具有完全自主知识产权的石油化工成套技术出口发达国家先河；从主营业务上市的产权制度改革，到主辅分离、做强主业的配套改革，处处浸透着燕化人开拓创新的精神，进取是燕山石化持续发展的基石。

人本与和谐是燕山企业文化之体。以人为本，在共建中共享，在共享中共建，努力实现员工与企业共同成长，是燕山石化始终坚持的一条原则。长期以来，我们坚持全心全意依靠工人阶级方针不动摇，切实保障职工群众合法权益不含糊，保证广大职工充分享受企业改革发展的成果。一是保障职工政治权益，持续深化以职工代表大会为基本形式的民主管理，切实做到“职工代表不举手、重大决策不出台”；二是保障职工经济权益，[0]加强劳动关系协调机制建设，坚持每年平等协商、定期签订集体合同，在企业发展同时不断提高职工的收入水平，构建和谐劳动关系；三是保障职工劳动权益，树立“培训是给职工的最好福利”的理念，按工资总额2.5%比例提足教育经费，加大培训工作力度，全面提高职工素质，实现与企业共同成长；四是保障职工精神文化权益，加强文化阵地建设，广泛开展健康向上的文化体育活动，满足职工不断增长的精神文化需求。企业的凝聚力进一步增强，形成了“燕化为我添光彩，我为燕化做贡献”的良好氛围。

严细与创新是燕山企业文化之核。严细是石化行业的本质要求。石油化工是技术密集型行业，生产装置具有高温、高压、介质易燃易爆的特点，操作上的一个小小失误就可能带来重大损失，甚至会殃及全局。在长期生产实践中，公司始终将安全工作作为保证国有资产保值增值和维护职工生命财产安全的重中之重，大力培育安全文化，完善企业安全管理制度和体系，在职工中强化“以人为本、依法治企、安全第一、健康发展”的安全理念，锤炼精心工作、严细管理的作风，严格执行规章制度和纪律，确保了企业安全、稳定、健康、协调发展。创新是企业发展的不竭动力，燕山石化的发展史就是一部体制创新、机制创新、技术创新、管理创新的历史。燕山石化作为中国第一个全面实现汽油无铅化的炼油企业，从含铅汽油到清洁汽油，从欧Ⅱ、欧Ⅲ到欧Ⅳ排放标准，用10年时间走完西方国家20年走过的油品升级之路。北京2008奥运会重要项目——燕山石化1000万吨/年炼油改造工程，于2007年6月22日一次开车成功，产出合格产品，提前兑现了向国际奥委会的承诺，燕山石化也成为了中国第一个可以生产符合欧Ⅳ排放标准汽柴油的千万吨炼油基地。

三、自我扬弃提升是燕山石化企业文化建设的活力所在

一个有生命力的企业价值观及其体系，必然反映时代的要求、企业的实际和广大干部职工的心声，要使企业文化永远保持先进性，必须处理好传承与创新的关系，做到与时俱进。

石油化工是首都现代制造业的重要组成部分，由于受到地理条件、能源供应、环境容量的限制，燕山石化的发展必须契合北京总体发展定位，不能向沿海企业一样可以不断实现加工规模最大化。随着中国石化“建设具有国际竞争力的跨国能源化工企业集团”目标的提出，在科学分析企业内外部环境的基础上，燕山石化进一步完善了自己的发展理念：“不求最大、但求最好，油化一体、效益最大”。提出了“优化一流装置、改造二流装置、淘汰三流装置”的装置调整思路，力争使每一套装置的产量规模、产品品种、技术经济指标都要达到国内一流、世界先进水平，在做精、做优、做强上下功夫，实现企业效益最大化。按照这一发展理念，燕山石化确立了：“产品特色突出、技术实力雄厚、管理科学规范、员工素质优良、文化独特鲜明、发展持续稳定”的企业发展战略目标，步入了新的发展阶段。

针对社会主义市场经济条件下，利益主体和职工价值取向日益多元化的现实，燕山石化坚持以人为本的理念，把“员工与企业共同成长、企业与社会和谐发展”确立为企业的核心价值观，使之成为处理社会、企业与员工三者利益关

系的根本指导思想和价值取向。在处理员工与企业关系上,由过去“厂兴我荣,厂衰我耻”的荣辱关系,转变为“厂兴我荣我富,厂衰我耻我穷”、“企业靠职工发展,职工靠企业生存”的利益和命运共同体关系。在处理企业与社会关系上,燕山石化提出“只有客户的成功,才有燕化的发展”,通过全体职工精心工作、严细管理、争创一流的工作,努力建设资源节约型、科技创新型、环境友好型和本质安全型企业,为社会提供优质产品、良好服务,依法纳税,兑现诚实守信的承诺,在实现企业效益的同时,自觉承担大企业应该承担的社会责任,实现人与自然和谐相处,企业与社会协调发展。

为了切实发挥企业文化引领导向作用,燕山石化历届领导班子团结带领一代代燕化人进行了积极的探索和实践。上世纪九十年代初,公司专门成立企业文化建设协会,形成了党委统一领导,以政工干部为骨干,以各级行政干部为主体,党政工团齐抓共管,各专业部门分工负责的企业文化建设工作领导体制。进一步加大了对企业电视台、报纸、杂志、局域网等媒体的投入和改造,扩大企业文化宣传阵地建设。坚持把企业文化建设与生产经营、企业管理融为一体,纳入经济责任制考核范围,与其他工作同部署、同检查、同考核、同奖惩。坚持每年召开一次企业文化建设协会年会,总结经验,部署工作,表彰先进,形成长效运行机制,使企业文化建设成为企业各项工作中不可或缺的重要组成部分。以“十一五”规划开局起步为契机,成立专题调研组,编发了具有燕山石化特色的《企业文化手册》、《企业文化案例》,使企业文化建设进一步系统化、科学化。2003 年到 2006 年燕山石化连续获得“全国企业文化建设先进单位”称号,2007 年 6 月又被评为“全国企业文化示范基地”。

燕山石化企业文化建设实践证明,在企业文化建设中,如果说技术是基础,管理是保证,文化就是灵魂。她是企业全体员工所认同的职业道德、价值取向、管理理念、行为准则和奋斗目标。她是凝聚人心的粘合剂、鼓舞士气的催化剂,调整关系的润滑剂、提升员工素质的营养剂。文化如水,听似无声却有声,她是唤起员工,调动员工的无声命令;文化如水,看似无形却有形,她就在企业的火热生活中,就在员工的言谈举止中。在市场经济体制下,先进的企业文化是不可仿造的核心竞争力,是企业基业长青的长寿基因。目前,燕山石化正在深入贯彻落实科学发展观,加大科技创新、管理创新、机制体制创新力度,突出主业,提升核心竞争力,争取到“十一五”末,实现销售收入达到 1000 亿元/年、利税达到 100 亿元/年,万元产值综合能耗下降 25%,万元产值新鲜水耗下降 43% 以上,实现污水零排放,努力把燕山石化建设成为资源利用率高,核心竞争力强的现代石油化工企业,为全面建设小康社会做出新的更大贡献。

(作者系全国政协委员、北京燕山石化公司原党委书记、副董事长)

2009 年——澳中企业文化悉尼高端论坛大会综述:

走出国门展示中国企业的文化品牌

——首届“澳中企业文化 2009 悉尼高端论坛”成功举行

由中国企业文化研究会和澳大利亚悉尼科技大学共同主办的“澳中企业文化 2009 悉尼高端论坛”,于 2009 年 3 月 24 日—26 日在澳大利亚的海滨城市悉尼成功举行。这次论坛的主要议题是:“面对全球金融风暴,充分发挥企业文化建设的重要作用,促进企业危中寻机,迅速发展”。

中国企业文化研究会和来自中国海尔集团、中国工商银行、中国石油天然气集团大庆炼化公司、首钢总公司、北京市企业文化建设协会、甘肃华亭煤业集团、北京环卫集团公司、北京市卫生局等单位的代表与澳大利亚政界、学界、企业界、新闻界的代表共 100 余人出席会议。

本次会议得到了澳大利亚政府的高度重视和大力支持,澳大利亚总理陆克文(Kevin Rudd)亲自向会议表示祝贺,澳洲政府有关部门特地批准会议可以使用澳大利亚政府的标志。澳方出席会议的有澳洲联邦议员、新南威尔士州前州长、新州交通厅厅长、财政厅厅长、澳洲外交部新州总监、新州上议院议员等政府官员;有悉尼科技大学校长、副校长、中国研究中心主任、商学院院长、企业管理中心主任等专家教授;有西太平洋银行(Westpac Banking Corporation)、安联(Allianz)澳大利亚公司、安保(AMP)资本投资公司、Optus 电讯公司、ANZ 银行、澳洲侨鑫集团、瑞思迈(ResMed)公司等企业总裁。应悉尼科技大学的邀请,中国驻悉尼总领事馆领事出席会议。

本次“澳中企业文化 2009 悉尼高端论坛”活动安排了研讨对话、企业考察、合作洽谈三部分内容。

3 月 24 日的“研讨对话”分为三个板块:澳中总裁早茶座谈会、澳中企业文化高端论坛、闭幕晚宴。

总裁早茶座谈会

澳中总裁早茶座谈会由悉尼科技大学中国研究中心主任露易丝·爱德华兹(Louise Edwards)教授(中文名字:李木兰)主持。悉尼科技大学罗斯·密尔本校长首先致辞,热烈欢迎出席会议的代表,尤其是来自中国的企业家和专家。他详细介绍了悉尼科技大学“中国研究中心”,他说,该中心在全世界中国研究方面排名前五位,我们的目标是使它成为世界第一名,我们希望与中国企业文化研究会密切合作,在研究中国方面能够成为全球业界的领袖。

中国企业文化研究会常务副理事长韩旭代表中方主办单位致辞，她向来自澳洲和中国的企业家、专家学者表示热烈欢迎和衷心感谢！对澳洲合作伙伴——悉尼科技大学为本次会议所做的卓有成效的筹备工作深表敬意！她代表中国企业文化研究会和全体中国团员向每一位与会的澳方代表赠送了展示中国传统文化的精美礼物，并预祝在全球金融危机的形势下，首届澳中企业文化高端论坛获得圆满成功！

悉尼科技大学商学院院长罗伊·格林（Roy Green）教授介绍了商学院"学以致用"的办学宗旨，并宣布总裁早茶座谈会的中心议题："面对全球金融危机，企业文化建设的重要作用"。北京市企业文化建设协会钟岩常务副会长、中国石油大庆炼化公司企业文化研究会静德纯副会长、中国甘肃华亭煤业集团朱同印书记等作了专题演讲，受到澳洲企业总裁和专家的好评。悉尼科技大学副校长罗斯林德·都布斯（Rosalind Dubs）教授、访问学者德克斯·丹菲（Dexter Dunphy）教授、安保资本投资集团唐·思迪总裁、瑞思迈（ResMed）公司柏·道格拉斯（Rob Douglas）首席执行官、悉尼科技大学企业管理中心主任托马斯·克拉克（Thomas Clarke）教授等作了研讨发言。

高端论坛

在"澳中企业文化高端论坛"板块，首先由中国企业文化研究会常务副理事长韩旭以"企业文化在中国"为题作了主题演讲。接下来会议围绕"面对全球金融危机，企业文化建设与提升企业竞争力"这一主题，从四个方面进行了探讨：

（一）面对危机：企业文化建设如何促进企业创新

中国著名企业——海尔集团驻澳大利亚、新西兰公司齐伟总经理作了"海尔——以创新的文化创世界名牌"的精彩演讲，并回答了中外会议代表的提问，受到与会专家和企业家的一致好评；澳大利亚最大的医药产品生产厂之一，瑞思迈（ResMed）公司亚太首席执行官柏·道格拉斯（Rob Douglas）先生，介绍了企业通过文化创新带动产品创新，在改善患者睡眠呼吸紊乱方面所做出的成就，该公司被誉为澳大利亚企业创新的典范。

（二）中国透视：企业文化建设如何提升公司业绩

大会特邀中国首钢总公司党委副书记姜兴宏博士代表中国企业界作了题为"应对危机的信心之源——企业文化是企业战胜困难持续发展的永恒动力"的重要演讲，在澳洲专家和企业家中引起强烈反响，与会代表就首钢如何制定投融资计划应对金融危机、如何创建学习型组织、如何借助外力进行变革、如何引进人才以及在循环经济和环境保护方面所采取的措施等问题纷纷提问，姜书记一一作了精彩回答，博得了与会代表的热烈掌声。

通过中国企业家的演讲，使澳洲的专家、企业家透视了中国企业的发展，了解了优秀企业文化是企业战胜困难、持续发展的永恒动力，是企业创造最佳业绩的根本保证。

（三）全球展望：企业文化如何作用于风险管理与经济复苏调控

北京市企业文化建设协会徐振凡秘书长以"在危机中把握机遇，在挑战中保持领先"为题，分析了中国移动通讯公司以先进的文化理念为指导，成功进行风险管理的基本经验；世界10大银行之一、澳大利亚排名第二的西太平洋银行（Westpac Banking Corporation）约翰·柯迪斯（John Curtis）副总裁通过分析该银行在20世纪90年代初由于缺少"追求企业和谐的健康企业文化"，险些濒临破产的深刻教训，告诉大家一定要以先进的企业文化为指导，做好企业风险管理工作。

（四）澳洲透视：探索适应未来组织机构的文化

悉尼科技大学访问学者德克斯·丹菲（Dexter Dunphy）教授在分析了世界金融危机和生态危机之后，从澳洲的视角探讨了"适应未来组织机构的文化"问题，展示了他对"未来组织"、"构建持续变革能力"、"变革项目成功率分析"、"创建领导核心团队"等四项研究成果。丹菲教授的学术报告受到与会代表的高度评价。

中国工商银行悉尼分行总经理韩瑞祥以"中国工商银行企业文化建设与企业发展"为主要内容，作了书面发言。

闭幕晚宴

在会议的闭幕晚宴上，澳洲新南威尔士州前州长Bob Carr先生致辞。Bob Carr先生是新州历史上任期最长的州长，政绩卓著。他在致辞中指出，澳洲的经济发展得益于近年来中国经济的发展，澳洲总理陆克文先生积极主张要加强中国在国际货币基金组织中的作用，并深信澳中两国是坚定的盟友，支持两国间自由贸易，反对贸易保护主义。Carr先生并对此次高端论坛取得圆满成功表示热烈祝贺。中国企业文化研究会韩旭副理事长向悉尼科技大学赠送了写有"桃李满天下"的中国书法家墨宝，接受了悉尼科技大学向中国企业文化研究会赠送的印有该校标志的精美工艺盘，并诚挚邀请澳洲悉尼科技大学专家和澳洲企业领袖在2010年来中国，参加第二届"中澳企业文化2010北京高端论坛"，她的提议得到了与会人员的热烈响应，会议代表用热烈的掌声表达了欣然接受邀请的心声。悉尼科技大学副校长、董事会主席Ross Milbourne先生、本次会议的支持单位侨鑫集团代表也发表致辞祝贺大会取得圆满成功。中国驻悉尼总领事馆领事傅浩先生、教育参赞白刚先生、新州交通厅厅长David Campbell先生、新州财政厅厅长Joe Tripodi先生、新州上议院议员曾筱龙先生、澳洲外交部新州总监Philippa King先生、悉尼科技大学代理校长Warwick Watkins先生和出席会议的澳中双方的企业界代表出席了晚宴。

考察洽谈

3月25日，中国代表们参观考察了澳洲两家著名的高科技企业 Aristocrat leisure 有限公司和 Resmed Inc 公司,就澳中双方企业在应对金融危机和企业文化建设方面的经验进行了座谈和交流。

3 月 26 日,中国代表团参观考察了悉尼科技大学,并与该校中国研究中心、商学院、法学院等部门的专家进行了面对面的交流,对今后的合作项目、合作方式进行了探讨,为今后中国企业文化界走出国门,展示企业良好的文化品牌形象,搭建了平台,奠定了基础。

媒体关注

首届"澳中企业文化 2009 悉尼高端论坛"的成功举办,受到澳洲各界的广泛关注。澳大利亚国家电视台 SBS 对论坛的召开进行了详细报道;澳大利亚国家广播电台 ABC 的记者对首钢姜兴宏副书记、华亭煤业集团朱同印书记和大庆炼化公司的静德纯副会长作了专门采访,内容涉及中国企业在金融危机中的应对措施、以人为本的落实、当前大学生就业、中澳双方在资源开发方面的合作等,并在第二天的正午新闻中进行了报道;澳洲四大华文报纸之一的《澳洲新快报》在 3 月 26 日的第二版用整版篇幅报道了本次会议,强调在国际金融危机的大背景下召开了一次适时、务实的会议,对论坛的成功举办给予高度评价。

深远意义

此次由中国企业文化研究会和悉尼科技大学共同主办的首届"澳中企业文化 2009 悉尼高端论坛"获得圆满成功,具有重要意义。

首先,它开创了由中国企业文化专业社团与国际知名大学在国外联合主办企业文化国际高端论坛的先河,为中国企业文化界与国际企业界、学术界源源不断的交流打下了坚实的基础;

第二,它开辟了非物质产品、非广义文化产品的"中国企业文化品牌"走出国门、展示形象的有效途径,有利于使国外消费者从认同中国企业的文化品牌开始,逐渐认同中国企业的产品品牌,促进"中国制造"向"中国创造"转变;

第三,它拓宽了中国企业文化"比较研究"的领域。当前的金融危机,使世界正以崭新的视角和态度看待中国,渴望更多地了解中国,了解中国的企业,因此世界各地的中国研究中心应运而生。中国的企业文化界抓住这个机遇,通过与各国的中国研究机构合作,可以更好地开展企业文化的国际比较研究,从而推进中国企业文化建设的科学、健康发展。

(撰稿人:华阳)

大会贺辞:

祝愿"澳中企业文化 2009 悉尼高端论坛"举办成功

陆克文

我很荣幸地向参加澳中企业文化高端论坛的嘉宾致以最诚挚的祝福,并预祝论坛举办成功。

澳大利亚与中国之间的友谊不断加强,在当前形势下联系得更加紧密。中国经济的增长与两国贸易的往来对双方的可持续发展具有重要意义。澳大利亚与中国的双向贸易在 2007 - 2008 年度达到 638 亿澳元,比 2006 - 2007 年度增长 16.5 个百分点,中国在我们的出口贸易总值中占 14.9 个百分点,达到 269 亿澳元。两国在未来经济增长中合作的潜力是巨大的,如果我们完成自由贸易协定的磋商,将进一步推动双方的合作,对澳中企业界在经济贸易、企业管理、文化交流方面会有很好的推动效果。

澳中企业文化高端论坛,使澳中两国的企业管理者一同交流企业文化与企业发展,对增进双方相互了解,并在现有经贸关系的基础上进一步拓展合作机会大有裨益,特别是在目前经济形势严峻的情况下,这种交流更为重要。

我代表澳大利亚政府,希望悉尼科技大学中国研究中心和中国企业文化研究会及所有参加澳中企业文化高端论坛的嘉宾能够取得丰硕成果并感到愉快!并祝牛年成功!

澳大利亚总理　　陆克文(Kevin rudd)

2009 年 3 月

"澳中企业文化 2009 悉尼高端论坛"主办方致辞

加强澳中企业文化交流 促进两国高层战略对话

罗斯·密尔本(Ross Milbourne)

我希望向所有各位来宾,尤其是来自中国的各位嘉宾表示我最真挚的欢迎!热烈欢迎各位来参加今天这么一次发人深省的论坛,在正值全球金融危机的时刻,我们来讨论一下公司的运作、公司的文化、公司的持续发展。今天的盛会是由悉尼科技大学和中国企业文化研究会共同举办,我希望借此机会感谢这次盛会的合作伙伴侨鑫集团,和这次盛会的赞助方之一,澳新银行的乌斯里(Warwick Smith)先生作为这个机构的代表出席会议。最后我希望感谢一下我们悉尼科技大学的中国研究中心，尤其是中心主任为这次盛会做了大量的努力！

对于澳大利亚和中国两国来说，澳中关系长期的发展是关系到两国长远的利益和周边关系的发展，我非常高兴的引用陆克文总理为本次会议发来的贺信内容，陆克文总理在信中这样写到："澳大利亚与中国之间的友谊不断加强，在当前形势下联系得更加紧密。中国经济的增长与两国贸易的往来对双方的可持续发展具有重要意义"；"澳中企业文化高端论坛，使澳中两国的企业管理者一同交流企业文化与企业发展，对增进双方相互了解，并在现有经贸关系的基础上进一步拓展合作机会大有裨益，特别是在目前经济形势严峻的情况下，这种交流更为重要"。

悉尼科技大学一直在努力打造世界顶尖的高端院校，在过去两年当中，我们被联邦政府评为澳大利亚前三名的大学，这是在学习和教学方面的表现。最近刚刚做出的市场调研显示，我们和各行各业重量级的机构形成了非常紧密的合作关系，我们非常珍视和这些公司形成这样的关系，同时将努力进一步加强这样的关系。一直以来，我们有一个重要的发展理念，和其它的澳大利亚大学相比，我们会把我们更多的学生送到海外，事实上，基本上50%以上我校的学生都会在我校留学期间，有一年的时间到海外去进修。因为我校有一个非常庞大的中文语言文化的学习课程，因此得于这样一个优势，我们会把众多的学生送到海外去学习，其中包括学习中文。我们在悉尼科技大学发展的过程当中，制定了一个非常重要的战略计划，在接下来的五年当中，我们希望在十大科学领域，致力打造世界一流的大学，现在讲其中五个领域之中的第一个，就是中国研究中心，我们悉尼科技大学目前在全世界中国文化研究方面排名前五位，我们的目标是使它成为世界第一名，同时在研究中国方面能够成为业界的领袖。还有一个重要的思路，我们制定了一个非常重要的策略，就是在研究开发当中，引进全世界重要的研究学者，希望他们在悉尼科技大学能够协作起来，我们现在已有20多位来自世界的研究人员，一同为我们这方面的工作做出努力。今天的这次盛会是我校中国研究中心与中国企业文化研究会对于增进澳中高层战略对话所做出的贡献之一，我们将迎来澳中两国的商界领袖，大家一起来探讨一下在面临全球金融危机的经济环境下，如何一同去面对挑战。接下来，我很荣幸地向大家介绍韩旭女士，她是中国企业文化研究会的常务副理事长。欢迎她演讲！

（作者系悉尼科技大学校长）

企业文化在中国

韩　旭

尊敬的悉尼科技大学校长、尊敬的各位来宾：

我代表本次会议的中国主办方——中国企业文化研究会对出席今天会议的中澳专家和企业家表示热烈欢迎！对我们的合作伙伴——悉尼科技大学为本次会议所做的卓有成效的筹备工作表示深深敬意！对澳大利亚政府尤其是陆克文总理给予本次会议的大力支持，表示衷心感谢！

下面我向全体会议代表尤其是澳大利亚的朋友介绍中国企业文化建设的基本情况。

一、中国高度重视企业文化建设

中国从政府到企业，都高度重视企业文化建设。

中国国务院国有资产监督管理委员会早在2005年就颁布了《关于加强中央企业企业文化建设的指导意见》，明确提出：

企业领导要高度重视和积极抓好企业文化建设；建立和健全企业文化的领导体制；完善企业文化的运行机制；加强对企业文化建设的指导。

中国人力资源和社会保障部于2006年1月颁布了"《企业文化师》国家职业标准"，并在《中华人民共和国职业分类大典》中增加了一个新职业——企业文化师。每年5月、11月两次全国统一考试鉴定，颁发"企业文化师"国家职业资格证书。

中国企业文化研究会每年召开"中外企业文化峰会"，请中宣部、国务院国资委有关领导作重要讲话，请知名专家和企业家作企业文化的专题研讨，并对企业文化建设的先进单位和个人进行表彰。

目前，中国很多国有企业、民营企业、中外合资企业都设立了企业文化的专职机构或专职人员，制定企业文化建设规划，系统开展企业文化系列活动，促进了企业的健康发展。

二、中国积极开展企业文化研究

企业文化理论从20世纪80年代初传入中国以来，很多专家、企业家认真学习企业文化知识，热心研究企业文化理论，取得了初步成效。1988年中国企业文化研究会成立后，在国家级老领导的指导下，逐步形成了中国特色的企业文化理论。

对企业文化自身的认识，专家和企业家从不同的视角出发，有着各具特色的理解：

著名经济学家吴敬琏指出，"先进的企业文化是企业的灵魂，竞争力的源头，国际交往的基础和桥梁"。

国内知名的企业家在企业管理实践中对企业文化作了这样的阐述："企业文化是把企业经营者的思想变为员工的行动，再把员工的行动变为员工的习惯"。

中国企业文化研究会的学者对企业文化作了以下概括：

企业文化的定义："企业文化是运用文化特点和规律，以提高人的素质为基本途径，以尊重人的主体地位为原则，以培养企业经营哲学、企业价值观和企业精神等为核心内容、以争取企业最佳社会效益和经济效益为目的的管理理论、管理思想、管理方式。”

企业文化的基本属性：管理学属性；亚文化属性。

企业文化的本质特征：以人为本；以文化人；文化主导；文化自觉；群体和谐。

从经济与文化的关系来看，经济的背后是文化，今天的文化是明天的经济。

三、中国不断收获企业文化成果

面对全球金融危机，中国众多企业通过积极开展企业文化建设，不断取得促进企业创新发展的优异成果。通过以下五个案例，可以看到企业文化建设在中国至少发挥了以下五个方面的重要作用：

作用一：面对金融危机，提振企业信心

中国国家主席胡锦涛最近指出，在金融危机的关键时刻，“坚定信心比什么都重要”。怎样才能提振企业和员工信心呢？

案例1：中国人寿资产管理有限公司“坚定信心，振奋精神，抓住机遇，共克时艰”。

拥有1万亿资产的中国人寿资产管理公司，是中国资本市场上最大的机构投资者之一。面对国际金融风暴带来投资市场的困境，他们以“成己为人、成人达己”的文化传统引导员工，以“人本、诚信、专业”的核心理念同化员工，以“责任凝聚动力，专业创造价值”的公司使命激励员工，使员工保持坚定的信心和工作的激情，“深思而虑远，谋定而后动”，不断抓住机遇，果断运作，在全球陷入困境的2008年，该公司取得了丰硕成果。

作用二：面对市场挑战，促进文化营销

不少人问：文化的软实力能够变成财富的硬通货吗？很多企业的实践证明：文化营销可以赚钱！

怎样进行文化营销呢？成功企业的经验告诉我们：

第一，用先进的文化理念指导营销的思路；

第二，把企业的文化要素作为营销的内容；

第三，把恰当的文化方式植入营销的过程。

案例2：中国联合网络通信有限公司挖掘皇家通讯文化历史，成功营销。

中国联合网络通信有限公司是由原中国联通和原中国网通两大公司重组而成。原中国网通北京公司因企业改革曾数次易名，在市场竞争激烈、客户难辨企业实力的情况下，该公司挖掘企业百年发展历史，发现了两项“中国第一”：该企业曾于1908年在颐和园为慈禧太后与光绪皇帝通话建立了中国第一条皇家御用电话专线；曾于1910年在故宫储秀宫内，建立了中国第一个皇家电话局。企业充分挖掘我国通讯文化发展的历史，积极与有关方面合作，在故宫恢复了皇家电话局的原貌，在颐和园建立了中国第一条电话专线博物馆，大量游客通过参观，既学习了中国通讯科技发展的历史，又了解了具有百年优秀文化传统的中国网通北京公司，从而赢得了客户的信任，迅速扩大了市场，取得了良好的社会效益和丰厚的经济效益。

作用三：面对金钱诱惑，履行社会责任

企业作为经济组织，需要赚钱。但必须义利并举，以义为先，必须履行企业的社会责任。先进的企业文化可以使企业有超越金钱的高境界追求。

案例3：中国恒源祥集团公司的“恒爱活动”。

中国百名老字号排名第二的纺织品牌——恒源祥集团秉承“为消费者心满意足而全力以赴”的企业精神，启动了为国内孤残儿童编织爱心毛衣的“恒爱行动”。由恒源祥集团提供毛线，在全社会寻找爱心妈妈为孤残儿童每人编织一件毛衣。恒爱行动不仅为57万孤残儿童送去了温暖，更重要的是通过履行企业社会责任，编织了一个恒久的社会爱心网络，创造了一个深得民心的优秀公益品牌。

作用四：面对企业困境，增强凝聚力量

企业在遇到困难时，先进的企业文化，尤其是独具特色的企业精神，可以最大限度的凝聚员工，增强战胜困难的勇气和力量。

案例4：东方汽轮机公司上下一心、众志成城，取得抗震救灾的不朽业绩。

地处四川德阳的东方汽轮机公司在2008年5.12特大地震中遭遇了严重损失，公司领导引导员工发扬“不怕牺牲、敢于胜利，坚忍不拔、艰苦创业，自主创新、勇攀高峰”的东汽精神，以“泰山压顶不弯腰”、“百折不挠建家园”、“自强不息攀高峰”的英雄气概，迅速恢复生产，在极其困难的2008年仍然完成108亿总产值的出色业绩，充分体现了“历史铸就东汽精神、灾难彰显东汽精神、时代催生东汽精神”的震撼力，被温家宝总理赞誉为“压不夸的巨人”！

作用五：面对国际竞争，塑造文化品牌

在国际金融危机中，往往首先倒闭的是那些没有自主品牌的企业，塑造走向世界的国际品牌迫在眉睫。

案例5：中国石油东方地球物理公司用先锋文化塑造国际品牌。

东方地球物理公司(BGP)是中国最大的石油勘探公司。他们以“建设国际一流物探公司”为战略目标，在世界29个国家建立了40支作业队，外籍雇员达1万多人；他们以“诚信、创新、开放、包容”的“先锋文化”凝聚中外员工，充分尊重外籍员工的宗教信仰和民族习惯，千方百计为员工创造良好的工作和生活条件，使企业成为团结、和谐的大家庭，成为跨文化管理的典范，中外员工齐心合力把东方地球物理公司(BGP)打造成为国际物探行业的知名品牌。目前该公司的陆上勘探业务已经位居全球第一。

回顾企业文化建设在中国的发展历程，正像中国著名经济学家于光远所说：“社会进步的基础是经济，经济发展的关键是企业，企业改革的方向是自主，自主经营的依靠是文化。”

企业文化建设在中国经济发展中会发挥越来越重要的作用。

（作者系中国企业文化研究会常务副理事长）

大会发言：

企业在转型过程中 与当地的紧密合作非常重要

罗斯林德·都布斯(Rosalind Dubs)

我想澳、中双方在以下问题上达成一些重要的共识，第一点在企业的文化方面：在企业的领导层以及企业的发展方向上，我们都认为企业文化是至关重要的。在我们刚刚谈话中，谈到公司在过去的10年当中，都有一些比较类似的经历。比如说从技术型转向服务型，或者说，制造型企业转向服务型企业，他们的经历相对比较类似，他们建立了一个共同的目的，同时让每位员工都能够100%投入精力，能够共同参与到集体的改造过程之中。但是在实施起来的时候，战略或是相应做法有些不同，这是因为我们要确保转型能够走向一个正确的方向，就必须把一些详细的情况搞清楚。在这个过程中，有一些复杂的情况，比如说技术改造，全球化的过程中涉及到不同的国家，不同的文化，如果这些问题没有处理好的话，我们的转型会变得比较危险，在这个全球化进行的过程当中，这是最重要的一点。现在谈到澳大利亚公司，现在在中国有1200名员工，其中有8名员工是完全不讲其它任何语言，只会讲中文，从这个过程中可以看到，企业在转型过程之中，和当地紧密的合作是非常重要的，同时也非常必要的。一个企业在它的员工队伍当中，应该包涵不同的年龄层，同时包涵工作经验比较丰富的人，对一个公司来讲，他的经验可以得到传承，同时年轻人可以迅速的成长，有这么一个混合型的员工队伍，对企业的未来发展来说是非常有好处的。最后一点是客户服务，我们在进行年终讨论的时候发现，有很多企业在寻求国际合作的时候，非常看重的一点就是合作伙伴是否有着良好的客户服务的经验，同时寻求适当的办法能够把实际的操作在本集团的其它地域予以实施，这里看到，有一个企业40%的客户服务是通过因特网进行，这样不仅大大提高了效率，同时对于享受服务的客户而言，他们的经历也得到了改善。

（作者系悉尼科技大学名誉副校长、博士）

应对危机的信心之源

姜兴宏

当前，全世界都在应对金融危机带来的困难和挑战。面对危机，中国国务院总理温家宝说过这样两句话：一是“当危机到来的时候，信心比黄金和货币还贵重”，二是“企业家身上要流淌着道德的血液”。温总理的第一句话，让我们想起了上世纪30年代，当经济危机和大萧条席卷全球时，美国著名的富兰克林．罗斯福总统的一句名言：“我们惟一恐惧的就是恐惧本身”。温总理的第二句话，让我们想起了被誉为现代经济学之父的亚当·斯密《道德情操论》中的名言：“如果一个社会的经济发展成果不能真正分流到大众手中，那么它在道义上将是不得人心的，而且是有风险的，因为它注定要威胁社会稳定”。

我们理解，无论温家宝总理说的坚定信心、道德血液，还是罗斯福总统说的摆脱恐惧，亚当·斯密说的道义和人心，其实就是一种理想的追求、信念的坚守和价值的执着，其实质就是一种最深层次的文化。在这场百年一遇的世界金融危机中，一个企业要战胜困难、摆脱危机，首先要具备优秀的企业文化。

关于文化的作用，从我们企业的发展历史中可以得到充分体现。首钢始建于1919年，至今已经有着90年的历史。首钢90年的历史，就是在不断应对危机、化危为机的过程中发展壮大的。1919年到1949年的30年，首钢历经北洋政府、日伪政权、国民党政府的统治，历经沧桑，饱受磨难，30年产铁只有28万吨；1949年到1978年的30年，当家做主的广大干部职工以艰苦奋斗、顽强拼搏的精神，克服了技术、设备上的种种困难，使企业年产钢达到179万吨；1978年至今的30年，改革开放使首钢获得了巨大发展，在2008年压产400万吨的情况下，钢产量已经达到了1200多万吨。

首钢之所以在历经诸多困难与危机后，一直能够生生不息、不断发展壮大，根本原因就在于我们的文化积淀，在于我们的文化传统。这种文化积淀和传统，是首钢应对危机的信心之源。首钢文化的基本内容，主要体现在以下几个方面。

一、以人为本、回报社会是首钢企业文化的核心价值追求

作为一家历史悠久的大型国有企业，首钢一直提倡以人为本。我们认为，每名职工都是企业发展的动力之源，他们的积极性应当得到充分调动和发挥，他们的利益应当得到充分的维护。企业一切都是为了职工，一切都应当依靠职工，发展成果必须同广大职工共享。在应对当前世界性经济危机的过程中，我们既没有裁员也没有降薪，而是着力挖潜增效降成本，采取各种措施，尽量不使广大职工的切身利益因为危机而受到影响。

以人为本不只是要维护企业内部职工的利益，同时也要顾全大局、回报社会。近年来，首钢为了北京奥运会、为了科学发展所采取的压产搬迁，实际上就是首钢人勇于承担社会责任、以人为本的体现。

2005年，首钢搬迁调整的方案公布以后，引起了中国社会各界的关注。其中有一个叫王立新的作家，他到首钢了解情况、体验生活。有一天他跟我说，全世界都知道首钢要搬迁，但是我观察了你们的绿化员工，他们每天还是按时上班，按时去给花、草、树木浇水，而且工厂的绿化、园林的树

木都比原来更好。他问过一个女职工,你既然知道首钢要搬迁了,也不炼钢了,你还好好伺候这些花草干什么呢。这个职工说,我家几代人都在首钢,这是我的家园。只要首钢一天没停产,我就要守望我的家园。这说明我们企业和职工的关系是融为一体的。

但是为了国家的大局,为了北京的一片蓝天,首钢人忍痛割爱,依然选择了压产搬迁。2008 年首钢北京地区钢产量已减产一半,明年年底涉钢系统将全部停产。应对危机中的做法,如不减员不降薪、发动大家降成本等各种措施,也都体现了以人为本。这就是我们所讲的以人为本的具体体现,它是首钢企业文化的重要内容,也是当前应对危机中应当继续坚持和发扬的。

二、自强不息、敢为人先是首钢企业精神的主旋律

首钢 90 年的历史就是一部自强不息、战胜困难、不断进取的艰苦创业史。

前面讲到了首钢搬迁,搬到哪里呢? 要搬到河北省唐山市南 80 多公里渤海湾的曹妃甸岛。曹妃甸原本是一个同陆地分离、荒无人烟的不毛之地,现在通过吹沙填海已经和陆地连接在一起。吹沙造地是一个艰苦的工程,在海上建一个钢铁企业需要克服许多困难。曹妃甸喝淡水都比较难,特别遇到了雾天,伸手不见五指,如果遇到了风,遇到了海潮,施工更加困难。我们首钢技术人员、管理人员就是在这种情况下,在那里进行设计、进行施工。所以我们说首钢是在海滩上进行二次创业。曹妃甸建设到现在非常顺利,一期工程即将建成投产。

三、开放合作、善于学习是首钢企业文化的显著特征

1919 年首钢建立的时候,第一座高炉是从美国引进的,第二座高炉是从日本引进的。改革开放以来,首钢向全世界开放,广泛吸收国内外各种先进的管理和技术,我们要通过开放和学习,把首钢建设成为国际先进、国内一流的钢铁企业。

关于首钢人的开放学习,我想给大家讲一个"小学生变大学生"的故事。钢铁行业里的人都知道,生产建筑材料、普通材相当于是小学生水平,而生产薄板则相当于大学生水平。首钢长期以来都是生产普通材,中国现在有很多企业生产出了汽车薄板。从搬迁调整方案公布之后,首钢就说,我们不是简单的搬迁,我们要通过搬迁实现产品的升级换代,要生产板材。实现从长材到板材的转变需要全员学习,我们就开展了创建学习型企业的活动,向世界各国学习先进的技术和管理,我们多次组织人员到德国、日本、韩国等先进的钢铁企业去学习。通过开放合作和积极学习,我们已经生产出了热轧薄板、冷轧薄板、管线钢等高端产品。现在,国内外的专家都承认,首钢在短短二、三年的时间里,实现了从"小学生"向"大学生"的转变。

我们有一个深刻的体会,企业要发展,就必须不断地开放合作。先进的技术、先进的管理、先进的文化,都是在开放学习中取得的。我们认为,当前世界性的经济危机,不是哪个国家、哪个企业能够独立面对和解决的,而是必须通过开放合作、共同努力,才能应对危机、共克时艰。

总之,我们首钢的企业文化,不论是以人为本、回报社会,自强不息、敢为人先,还是开放合作、善于学习,都是战胜困难、化解风险、应对危机的力量源泉。

在当前世界性的经济危机面前,我们坚信,不论中国企业还是外国企业,只要它拥有了丰厚的文化底蕴,只要它拥有了先进的文化引领,无论外部环境如何变化,不管前进道路上遇到多大困难和挑战,它都将开拓进取、奋发有为,它都将会有一个美好灿烂的明天!

(作者系首钢党委副书记)

在危机中创新需要合作

露易丝·爱德华兹

去年开始的全球金融危机似乎改变了一切,但企业对创新的要求一点也没有改变。就像美国经济学家所说,新产品、新思路、新的生产过程、新的商务模型等等变得尤为重要。我们讲创新,不仅仅是科学或技术的创新,或者说不仅仅是研究或是开发,可能还包括其他的因素,如新的商务、系统的整合、高效率的管理模式。现在创新更多地需要合作,而不仅仅是单枪匹马地战斗。

创新是一种催化剂,它对企业短期经济的复苏,以及企业长期保持全球市场的竞争力,都是很强的催化剂,尤其是面对金融危机的时候更是如此。

对于企业、公共机构、研究和教育机构来讲,创新是一个系统性的行为。这种职工参与的创新体系,能够把国家优先考虑发展的目标在公司层面或者更广泛的意义上转化为实际的内容。成功的公司不仅仅在技术上创新,在其他方面也创新。

(作者系悉尼科技大学中国研究中心主任、教授)

危机来临　企业文化如何把压力变为动力

钟　岩

现在,我们正面临着世界有史以来最严重的经济危机。前两天在北京召开了一个应对金融危机挑战的国际会议,中国国务院副总理李克强指出,2009 年将是中国受到金融危机影响最严重的一年;同时,也是考验中国企业抗风险能力的关键一年。我们北京市企业文化建设协会

认为，当前企业文化建设的重点任务，就是要把压力变为动力。

企业文化如何把压力变为动力呢？很多中国企业家的共识是“增强信心”。他们很通俗地解释道：“这时候企业的任务对外是经营市场，对内就是要经营人心。”在克服危机当中，企业文化的功能就是通过温暖人心、凝聚人心来增强度过难关的信心。他们的具体做法是：

第一，不裁员，或以轮休或转岗的形式代替裁员；第二是降低薪酬，但是高管人员要按比例和员工一道降薪；第三是大力培训员工，以留住熟练员工并借此时机提高其能力。总之，是风险共担，在抗击风险中提高员工对企业的忠诚度。

具有340年历史的同仁堂制药集团就是一个典型案例。2008年末，同仁堂的董事长公开向员工承诺：危机中公司不会裁员、减薪。他向职工保证，再困难，企业也要做到保工作、保开支、保福利。各个分公司做到“工资年年有提高、住房年年有改善，职工转岗不下岗”。全体员工为此非常感谢公司、感谢董事长，他们感到自己没有被抛弃。有的员工说：“同仁堂就是我的家，我要拼全力建好我的家。”困难的压力、公司的温暖承诺，使普通员工们对企业的忠诚度更深了。

2008年度结算后，同仁堂企业的销售收入、企业经营利润、企业出口总量不但没有降低，反而比上年增长10%以上；员工的工资平均增长了5.7%。

对于企业的上述理念与作法，我们北京市企业文化建设协会的研究人员认为：全球经济危机是一个严峻的挑战，也是变革企业文化的巨大机遇——企业战略调整，创新技术、创新组织、创新观念，实现“以人为本”的重大机遇。

同时，企业为留住熟练员工的种种努力，包括通过加强培训来提高他们能力，都是因为看到了危机过后的发展需求，这也证明了北京企业家们的自信与远见。因此我们的总理温家宝说：信心比黄金、比货币更贵重！最后，用一句澳大利亚谚语来结束我的发言：

Faith can move mountains（信心能够移山）。

（作者系北京市企业文化建设协会常务副会长）

危机面前促进企业创新

罗伊·格林

悉尼科技大学商学院是澳大利亚最大的商学院之一，同时也是本校最大的学院，现在在校的学生有1万人左右，有5万以上的校友遍布世界各地，他们用他们的技能向全世界证明他们的专业。我们的办学宗旨是“学以致用”，我们和很多业界的机构形成了紧密的合作关系，同时把我们研究的成果尽可能多的应用于解决行业中出现的实际问题，今天会的意义就在于此。我们刚刚经历了人类历史上最长时间的经济持续增长，接下来马上又迎来了这一次前所未有的经济危机。众所周知，中国现在正努力成为一个创新国家，由传统的制造业经济转为高附加值的服务业经济，当然制造业还是应该占到一定的比例，但是知识在经济发展中比重越来越大。同时澳大利亚政府与澳大利亚企业界持有相同的看法，我们希望能够增加知识在经济中的比重，同时我们希望能够在这样一个过程中，加强和中国企业的合作。中国现在有很多企业正在逐步的走向国际化，由于这次金融危机，提供了前所未有的大好机会，可以通过并购的方式，进一步加快国际化的步伐。对于澳大利亚的这些公司来说，加强对中国企业文化的了解，对创新精神的了解就变得格外的重要，这是因为有了这样的了解我们就能够更好地、更全面地为中国创新提供我们的支持。

全球金融危机改变了一切，但是在企业领域创新，却无任何变化！我们为什么要创新？答案是：创新能促进生产力提高及企业的竞争力；创新可通过扩大机会来促进社会包容；创新也将对环境可持续发展作出贡献。

在澳大利亚，许多政府工作场所和创新项目是直接针对科技创新的，而唯有一小部分是加强组织内部的创新管理，挑战如何在公有和私有领域里成功地推进体系的创新及如何进行高性能工作系统的创新。

在全球市场中，创新是连续短期经济复苏到较长期竞争优势的催化剂；对公共机构、研究、教育机构和公司，创新工作要求有一个“系统方法”；在组织层面和更广阔的网络系统中，成功地创新体系是把国家优先解决的问题转化为行动；成功企业的特点不仅要技术创新和注重对技术的销售，而且还有成功地组织创新；组织创新包括新的业务模式、体制综合化和高性能的工作系统。

（作者系悉尼科技大学商学院院长）

海尔：文化品牌走向世界

齐 伟

一、发展的海尔

海尔集团成立于1984年，经过24年的创新发展，目前海尔是全球第二大白色家电品牌，中国最有价值品牌。

（一）海尔集团是全球第二大白色家电品牌、中国最具价值品牌

海尔的目标是成为全球化品牌。

据权威调研机构"欧洲透视"公布的数据：海尔是全球第二大白色家电品牌；海尔冰箱以6.3%的全球市场占有率

居全球第一。2008年,海尔品牌价值803亿元,连续7年蝉联中国最具价值品牌第一名。海尔全球建立了29个制造基地,8个综合研发中心,19个海外贸易公司,全球员工总数超过6万人。海尔已发展成为大规模的跨国企业集团,2008年海尔集团实现全球营业额1220亿元。

(二)海尔战略发展的四个阶段

海尔集团在首席执行官张瑞敏确立的名牌战略指导下,先后实施名牌战略、多元化战略、国际化战略和全球化品牌战略,创全球化品牌。

——名牌战略阶段:1984年-1991年。海尔实施全面质量管理获得冰箱行业质量金牌。

1985年,张瑞敏带头用大锤砸毁76台质量的不合格冰箱,砸醒了员工的质量意识;1988年12月,海尔冰箱在全国冰箱评比中,以最高分获得中国电冰箱史上第一枚金牌。

——多元化战略阶段:1991年-1998年。海尔输出管理,以"吃休克鱼"的方式,通过输入海尔文化盘活被兼并企业,做大做强。

多元化战略阶段,海尔以低成本扩张的方式先后兼并了青岛电冰柜总厂青岛红星电器有限公司、合肥黄山电视机厂等18个企业,变成了生产各类家电产品企业。1992年5月,海尔在青岛东部高科技开发区征地800亩,建立了海尔工业园,这是中国第一个家电工业园。

——国际化战略阶段:1998年-2005年。海尔按照"走出去、走进去、走上去""三步走"的思路,走出国门,出口创牌。

"走出去",即以缝隙产品先出去,进入国际主流市场;"走进去",即进入主流渠道,销售主流产品;"走上去",即融入当地主流文化,成为本土化主流品牌。

1999年4月30日海尔在美国的南卡州建立了生产厂;2002年3月4日,海尔在美国纽约中城百老汇购买原格林尼治银行大厦作为北美的总部,在美国树立起本土化的品牌形象。

——全球化品牌战略阶段:2005年底至今。海尔在全球初步建立全球化的设计、制造、营销网络,打造本土化的海尔品牌。

2006年11月26日,巴基斯坦海尔-鲁巴经济区正式揭牌,中国国家主席胡锦涛出席了揭牌仪式;2007年8月9日,海尔集团在印度收购了一家冰箱厂,标志着海尔在印度实施本土化战略。

(三)海尔集团CEO张瑞敏和总裁杨绵绵

——张瑞敏被誉为"中国管理教父"、"中国企业界的杰克·韦尔奇"。

1984年,张瑞敏先生出任海尔集团的前身--青岛电冰箱总厂厂长,带领海尔发展,现任海尔集团CEO。张瑞敏赢得了世界的关注:2004年8月美国《财富》杂志选出"亚洲25位最具影响力的商界领袖",张瑞敏排名第6位;2005年11月,英国《金融时报》评出"全球50位最受尊敬的商业领袖",张瑞敏荣居第26位,是惟一上榜的中国企业家。

张瑞敏被誉为"中国管理教父"、"中国企业界的杰克·韦尔奇"。在管理实践中,海尔的日清管理模式、市场链管理等,先后被美国的哈佛大学和南加州大学,瑞士洛桑国际管理学院等商学院共做成了十六个案例,这些案例涉及企业兼并、财务管理、企业文化等方面。

——杨绵绵被誉为"全球最具影响力的女性"。

杨绵绵女士现任海尔集团总裁,她协助海尔集团CEO张瑞敏将海尔从濒临倒闭的集体小厂发展成长为全球第二大白色家电品牌。

2004年7月,美国《财富》杂志公布最新商界女强人榜,杨绵绵名列第八位;2004年11月,《华尔街日报》首次发布"全球最值得关注的50位商界女性",杨绵绵获此殊荣;2006年-2008年,杨绵绵连续三年被美国《福布斯》评为"全球最有影响力女性",是惟一连续三年上榜的中国女性。

二、打造创新体系,积极应对金融危机

企业的竞争力来自于创新。《基业长青》中说:企业要想长远发展,就不能做"报时人",而要做"造钟人"。"造钟"就是打造一个创新体系。在应对全球金融危机中,海尔建立"产品创新、商业模式创新、机制创新",像"时钟"一样的创新体系,积极应对金融危机。

(一)产品创新:为用户提供解决问题的方案

——在国内市场,海尔抓住"家电下乡"机遇,加速深化三、四级市场网络,针对农村消费者的特殊需求,提供"安全、可靠、实用"的解决方案:

海尔"家电下乡"绝不是简单化地把在城市销售的产品卖到农村去,而是要真正满足需求,为农民服务。例如,农村老鼠多,喜欢啃家电的电源线绝缘层。海尔专门把家电后盖板改成了特殊防鼠板,4厘米的小老鼠也钻不进。农村的洗衣机大多放在室外使用,海尔研制出抗冻、防晒外壳,解决了室外使用环境恶劣的难题;农村没有避雷设施,而且电视信号弱,海尔推出了"防雷击、防信号弱"的电视;农村的一些奶牛场,奶牛需要饮用温水提高产奶量,但有的农村没有自来水,无法安装普通的热水器,海尔设计了一种不需要自来水也能正常使用的太阳能热水器,目前已经获得天津市武清区多家奶牛场的批量订单。

海尔集团还从方便农村用户出发,建设营销网、物流网、服务网,为农村用户及时提供服务。目前,海尔在全国建立了6500家专卖店,做到了"销售到村",农民在村头就能买到海尔家电;海尔的物流网络已经延伸到全国的城市和乡镇,能"送货到门",24小时内送到每一个家庭;海尔整合了全国县城1000多家星级服务中心,能"服务到户",24小时为用户提供优质服务。这些网络都让农村用户切实享受到"家电下乡"的方便与实惠。

——在海外市场,海尔提出"走出去、走进去、走上去"的思路,正在升级海外网络,满足海外用户本土化的需求,提升海尔高端品牌形象:

目前,海尔在美洲、欧洲、南亚、中东非、亚太、东盟搭建

了6个本土化的海外中心,在全球拥有29个制造基地,实现了最大化的当地化采购、制造、配送,加快了物流速度,缩短了资金周转。海尔已经进入美国前10大连锁店,进入欧洲前5大连锁店,进入日本前10大连锁店,开始在当地主流渠道销售主流产品。

海尔建立全球化运作的网络,帮助海尔更快、更准确地掌握本土化的用户需求,比如:在美国,海尔设计了500多升容积的大冰箱,有一个抽屉能放下一只完整的火鸡,很方便美国用户过感恩节;在日本,海尔针对日本年轻用户所住公寓面积小的特征,设计了一种体积很小的洗衣机,叫做“个人洗衣间”,销量持续上升。海尔全球化的网络提升了企业有效应对全球金融危机的能力:2008年海尔在海外市场的总体业绩增加了8%,其中“海外生产、海外销售”这一部分的增长超过了20%。

(二)商业模式创新:实施零库存下的即需即供

海尔创建“零库存下的即需即供”商业模式,即用户什么时候要货保证送到,用户不要,仓库里没有库存,快速响应市场需求。

在这次金融危机中,企业所遇到的主要问题具体表现为:库存、应收账款。在信息化时代,企业唯一要抓住的就是两个字:速度,谁能以最快的速度提供给用户最快的服务,谁就能赢。海尔自1998年开始流程再造以来,在中国市场实行“现款现货”。2007年海尔启动信息化再造以来,进一步积极探索取消仓库,真订单直发客户的模式,将市场开发、产品研发、供应链形成一个从用户需求到用户满足的端到端流程,快速响应市场需求。

2008年7月以来,海尔提出防止“两多两少”,即:防止库存多、应收多、利润少、现金少。目前,海尔的库存下降到了5天,是中国工业企业平均库存天数的十分之一。

(三)机制创新:建立人单合一的自主经营体

海尔建立让企业整体充满活力、让每个海尔员工在创造市场价值的同时体现个人价值的,人单合一“自主经营体”机制。人单合一:人是员工,单是订单。

与有着100多年历史的国际化大公司相比,中国企业在技术、资本、全球网络建设上都存在很大的差距,惟有通过管理创新才能超越。加里·哈默教授在《管理大未来》中倡导的,“那些期望获得长期、持续性竞争优势的企业,更应该关注管理创新”。

在当前全球金融危机的形势下,海尔探索的“自主经营体”在应对外部市场竞争中已经初步显示其作用。例如:在海尔手机部门有一个专门为印度大客户成立的经营体,将原来分散的、割裂的部门在同一目标下成立一个团队,为当地的用户创造有价值的手机,2008年仅向印度市场出口就翻了一番多,达到近400万台的CDMA手机。2008年海尔手机销售收入增长了89%。海尔还将同样的模式推广到日本等市场,在日本经济衰退之时,海尔抓住日元升值的时机,反而逆势上升,获取了超过2008年销售总量25%的定单。

(四)过冬、冬泳与基业长青

海尔集团CEO张瑞敏说:“企业永远都要有忧患意识,海尔永远都要保持应对危机的状态。”积极应对金融危机,海尔认为:首先企业要有最基本的竞争力,即过冬的能力;第二要有超强的竞争力,即冬泳的能力;第三要有一个永远应对危机的机制,这是企业持续发展的能力。

第一,要想顺利“过冬”,首先要创造丰衣足食的条件。在金融危机的环境里,企业要想“过冬”,要有衣服穿,要有食物吃。“食物”就是订单,“衣服”就是现金流。没有订单就等于没有“食物”,不饿死也会饿晕;有了产品却不能迅速变现,成为库存,没有了现金流,等于没有“衣服”,还是要冻死。海尔现金流,而且有自己的客户网络持续获取订单,所以2008年海尔在海外市场的总体业绩提升了8%。

第二,要想能够“冬泳”,意味着要有超强的竞争力。超强的竞争力来自海尔的商业模式创新;在这次金融危机到来之际,海尔的商业模式创新,使企业避免了很多损失。

第三,要想实现基业长青,则需要打造像“时钟”一样的体系,持续发展。海尔目前在探索“自主经营体”,期望建立一个像时钟一样的创新机制,让员工主动去创造客户价值,自主地核算投入产出。

企业要转危为机,在危机当中实现企业转型,海尔CEO张瑞敏说:“要实现三个创新:产品的创新、市场的创新和管理的创新,这三个创新归结成一条是商业模式的创新,以客户为导向,为客户创造更多的价值。

(五)海尔实施战略转型,加快从“制造商”转变为“服务商”

“竞争战略之父”、美国哈佛大学教授迈克尔·波特在《国家竞争力》一书中提出:一个国家或地区竞争力的发展,通常有四个阶段,即要素驱动、投资驱动、创新驱动、财富驱动。全球化给中国企业带来了大量的来自欧美的定单,但大多仍停留在生产要素驱动阶段,依靠劳动力成本低和廉价资源生存如果不加快提升竞争力,将无法应对随时都会到来的下一次危机。

海尔认为,只有加快从“制造商”转型为“服务商”,才可能在日益激烈的市场竞争中赢得生存与发展。因此,海尔提出并推进战略转型,转型的目标是成为“领先时代,永续发展,有第一竞争力的美好住居生活解决方案提供商”。

三、在全球化道路上的本土文化融合

海尔围绕企业的发展目标,培育以创新为核心的企业文化。

24年来,海尔之所以能够保持高速稳定发展,成为在全球有影响力的品牌,一个重要原因是围绕企业的发展目标培育以创新为核心的企业文化,不断激发广大员工为创世界名牌而拼搏的活力。

海尔文化不断融合全球海尔人的本土文化,创新发展。例如,在巴基斯坦海尔,很多巴基斯坦海尔员工信奉伊斯兰教,海尔为他们设立了祈祷室,方便在工作之余进行祈祷;

在美国海尔,鼓励员工创新,在美过海尔工厂的车间专门设立了员工明星墙。在中国实行的表扬和批评与美国文化融合,对干得好的员工就在他的工位上放一个玩具熊,干得差的员工,就在他工位上摆一个玩具猪,美国海尔员工乐于接受。

我们非常注重自主知识产权的建立和维护,我们有多个家电产品的研发中心,在全球化的过程中,在美国、意大利都建立了研发中心。在澳大利亚,我们很重视本土化,除了我本人,员工都是澳洲人,我们经常给员工做技术培训,让员工更加了解海尔的产品和客户的需求。在财务管理上,海尔一贯重视有效的财务管理,为用户提供良好的服务。

我们关注市场创新、管理创新、商务模式创新,更多地设计满足市场需求的产品。比如,我们针对中国农村市场的需求生产节能电器;我们建立了战略商务小组,转变传统的商业模式;我们从设计到成品的周期只需要27天。创新是海尔企业文化的灵魂,回顾海尔的发展历程,我们会发现创新文化伴随着企业的成长与壮大。

海尔在创新,我们的目标是建立一个国际化的品牌,同时满足不同地区消费者的需求。在澳大利亚,我们进行本土化运作,了解当地市场,了解澳洲消费者的需求,并适应当地市场,使消费者逐渐认同海尔产品是高质量与优质服务的创新型国际品牌。

(作者系海尔集团驻澳大利亚、新西兰公司总经理)

不要等情况变糟时再行动

托马斯·克拉克

在危机之中寻求机遇,就是在保持和增强企业发展的信心。同时我们强调,良好的企业文化对于企业度过危机有非常重要的意义。比如说在削减工资的时候,不仅削减工人的工资,也要削减高管的工资,同时还要对员工进行相应的培训。

在国际金融危机的背景下,公司一定要改变它的机制来保证它的成功,一定要健全风险管理的规章制度,以此来迎接经济的复苏。

前不久召开的20国集团峰会,达成了共识,第一点是加强公司的治理;第二点是加强谨慎的监管;第三点是怎么样将经济下滑转为复苏。现在的经济不太好,需要强有力的监管。

我的结论是这样的:在经济扩张时期要加强对公司的管理,在经济衰退时刻更是如此,不要等到情况变糟,才想起监管的举措。公司治理是有实际意义的,不仅仅是程序的问题,在衡量风险和声誉的时候,一定要平衡,不要仓促地作出决定。

(作者系悉尼科技大学企业管理中心主任、教授)

坚持企业文化创新 应对经济危机挑战

静德纯

国际金融危机席卷全球。全球的所有企业都面临着严峻的挑战,全球的所有企业的文化也都面临着新的考验,所有企业都在研究应对全球经济危机的策略。创新企业文化应对危机的挑战是每个企业所要研究的问题。因为,企业是有生命的,企业的生命就是企业文化。

中国石油大庆炼化公司成立于2000年10月。是由原大庆地区三个企业重组后成立的中国石油地区分公司。现有员工11583人,企业占地21平方公里,固定资产原值132亿元,具有600万吨/年原油一、二次加工能力和20万吨/年润滑油,10万吨/年石蜡,10万吨/年聚丙烯酰胺,3万吨/年腈纶、30万吨/年聚丙烯、1.1万锭粗纺精纺针织绒和130万平方米/年丙纶提花地毯织机等30多套生产装置,可生产汽油、柴油、润滑油、石蜡、丙烷、丙烯、腈纶、聚丙烯酰胺、聚丙烯、羊绒和地毯等24个品种、217个牌号的石油化工和轻纺产品,年销售收入250亿元,是集炼油、化工、化纤、轻纺生产于一体的综合性大型炼油化工企业。

公司成立八年来,秉承中国石油"爱国、创业、求实、奉献"的企业精神,"诚信、创新、业绩、和谐、安全"的核心经营理念和"奉献能源、创造和谐"的企业宗旨,以文化力提升经济力,以无形资产增值有形资产,以现代管理理论创新经营管理实践,有力地促进了企业的健康和谐发展。先后荣获全国"五·一"劳动奖状、国家"重合同守信用"先进企业、改革开放三十年全国企业文化优秀单位、中国企业文化建设示范基地等50多项荣誉。多次获得全国企业文化建设实践创新奖、企业文化优秀成果奖、企业文化建设理论成果奖、企业文化案例设计奖。公司企业文化建设渐进形成了"三相"、"六化"的工作格局和"九落地"的良好发展态势。

"三相"文化是大庆炼化公司的企业文化冠名。

"心相通"是指以员工与企业价值实现为目标,达成全体员工对企业核心价值观的广泛认同,做到传承大庆精神之心相通;

"情相融"是指以建立上下心理契约为目标,达成全体员工对企业管理团队的广泛认同,做到构建和谐之情相融;

"力相合"是指以建设"四大基地"为目标,达成全体员工对企业发展愿景的广泛认同,做到奉献能源之力相合。

"三相"文化是中国石油企业文化的子文化,是中国石油企业文化百花园中独具特色的个性化文化,也是中国石油企业文化的有机组成部分。

"六化"是大庆炼化公司企业文化建设的路径。其内容是:同化于优,实现文化整合;融化于情,打造"三相"团队;内化于心,铸造企业之魂;外化于形,塑造企业品牌;物化于制,提升管理水平;强化于基,推进文化深植。"六化"主要是以中国石油核心价值体系为指导,解决重组企业在构建体现先进文化发展方向、具有时代特色和企业个性的企业文化建设过程中的"文化整合、体系建设;文化融合、凝心聚力;文化主导、提升管理;文化深植、夯实基础;文化创新、持续推进"的问题。

"九落地"是大庆炼化公司企业文化建设取得的初步效果和追求目标。

文化理念落地是企业文化建设的永恒的主题。公司一直用创新精神在解决企业文化的"深植"和"管用"上下功夫,把工作的重点放在理念"落地"上,不断解决员工对企业文化的认同,完成员工对企业文化理念由内化于心到外化于行的转化过程,发挥企业文化在企业发展的功能和作用。

一是创新载体,保证文化灵魂落地。"爱国、创业、求实、奉献"的大庆精神是中国石油企业精神,也是公司"三相"文化的灵魂。大庆精神铁人精神是在大庆油田第一次创业期间形成的,是大庆油田第一次创业的精神动力和思想保障,也是大庆油田二次创业的精神动力和文化支撑。公司创新践行"三相"文化同深化大庆精神铁人精神教育融为一体的载体,开展了"身在大庆学大庆、铁人身边做铁人"主题教育活动,通过组织各级干部和广大员工参观铁人纪念馆、第一口油井、请老会战讲传统、组织几千名员工讲身边具有时代特征的"铁人"式的小故事,以灵活多样的形式认真诠释"有条件要上,没有条件创造条件也要上"和"三老四严"、"四个一样"的大庆优良传统,使广大员工受到大庆精神铁人精神的再教育,深化了员工对中国石油企业文化精髓和本质的理解和认同,促进了"三相"文化之魂——大庆精神的落地。

二是创新方法,保证管理目标落地。管理学是企业文化的本质属性之一。任何先进的文化理念只有经过员工自觉地由内化到外化的转化过程,才能在提升企业管理水平中发挥作用。公司在企业文化建设中明确提出构建"四个和谐"的工作目标,其中之一就是构建"人机和谐",即员工与其管理设备的和谐。为了达到人与设备的和谐共处,公司聚丙烯厂最先提出了"提高技能以实现人机和谐"的理念,动力一厂污水处理车间最早开展了"人机对话"活动,这两个单位都要求员工认真学习探究装置和设备的专业技术知识,使员工对自己管理的设备性能、工作原理、生产流程了如指掌,促进员工向设备倾注感情,使员工与设备建立起情感交流。公司及时总结和推广这两个单位对设备进行人性化管理的经验,有力地促进了公司设备管理"只有工作零缺陷、才有设备零事故"理念的落地,使公司的生产装置和设备管理水平有了很大提高:2007 年以来,主要设备完好率达到 100%,设备完好率达到 99%。

三是创新形式,保证依靠方针落地。员工是企业文化建设的主体。全心全意依靠工人阶级办企业,是社会主义企业必须坚持的根本方针,同样是企业在企业文化建设中应该坚持的原则。公司坚持依靠员工建设企业文化,鼓励员工参加企业文化践行活动,加深他们对"三相"文化内涵的理解,发挥文化管理的功能和作用。公司建立起总经理接待日、网上热线、网上论坛、总经理信箱等,把民主管理融入到企业文化建设之中,用企业文化推进民主管理,落实"依靠"方针。2007 年以来,公司大力推广炼油二厂以"'公开透明'给予员工最广泛的知情权、'公正办事'给予员工最充分的监督权、'公平竞争'给予员工最直接的参与权"为主要内容的"公平、民主、赏识"文化,让员工参加企业民主管理、参加厂长办公会、直接参与民主决策的经验,进一步提升了员工的主人翁地位,推进了全公司民主管理工作的进程,激发了员工自觉参加企业文化建设活动的热情,使党的"依靠"方针在基层得到进一步落实。

四是创新管理,保证制度规范落地。制度规范的落实程度体现执行力。公司把从严管理和人性化管理有机结合起来,坚持以打造创新力为落脚点,以强化规范力为切入点,以提升执行力为着力点,用制度文化诠释和规范企业管理,有效地推进了文化与管理的有机结合。在企业管理实践的基础上,07 年公司又发动员工对 1139 个岗位责任制度和 79 个安全环保规章制度进行了认真地修订,并出台了《大庆炼化公司企业形象管理规范》、《大庆炼化公司员工行为规范》,通过落实规范要求,加强管理,使企业形象有了很大提升。仅去年,公司的外排污水合格率、环境空气达标率、厂界噪声达标率均达到 100%,污染源废气率达到 98%,树立了炼化人与环境的和谐新形象。

五是创新思维,保证典型作用落地。公司的各类先进典型,既是优秀员工的代表,也是"三相"文化理念的忠实践行者。公司坚持用宣传先进典型传播企业文化理念,优化文化氛围。通过评选"两标一模"、"十大杰出青年"、"十大巾帼女杰"等活动,在全公司营造和形成了"当先进光荣、先进了还要先进、人人争当先进"的良好氛围。几年来公司除了给先优模政治荣誉和物质奖励以外,还创新思维,给他们以文化的体验与享受,组织数百名先优模到港、澳旅游和参加中央电视台举办的《球迷世界杯》、《雅典猜想》以及参加国际版法国马赛《城市之间》节目的录制等活动,不仅提高了先进典型的光荣感和自豪感,也增强了先进典型的文化影响力和感染力。他们说:"中央电视台的节目我们天天看,可真正能到中央电视台做节目,只有我们公司的先优模才有这个福分和机会。"

六是创新模式,保证人才理念落地。人力资源是企业发展的第一资源。公司把人才培养作为企业发展的重要战略,提出了"人才为企业发展提供动力、企业为人才成长打造平台"的人才理念,实施了"121"人才培养工程,形成了"知识、能力、素质"并重,"多渠道、多层次、多内容"的管理培养体系。通过与石油大学、哈工大和大庆石油学院等高校联合举办研究生班和举办生产技术运动会、岗位练兵、"师带徒"等措施,不断加大人才培养力度,提升了员工的综合素质,初步实现了培养 10 名掌握炼化前沿科学技术的学术带头人、100 名科技创新人才、100 名高级管理人才、1000 名高级岗位操作人才的人才培养目标。公司还视拥有特长的员工也为人才,积极为他们搭建成长和展示的平台,先后建立自行车、羽毛球、书法、美术、摄影等18个协会,通过举办运动会和各种文化大赛活动,为这些员工提供展示特长的平台。几年来,公司有400余名员工在国家、省、市级刊物上发表诗歌、散文、小说等文学作品,有数百人次参加中央电视台举办的6次国际国内节目的录制,有近百名员工十多次参加国内外技术、体育、舞蹈等比赛。公司员工许振军就是在公司的支持下创造了吉尼斯倒跑世界纪录。

七是创新机制,保证保障措施落地。企业文化建设作为一项系统工程,需要强有力的保障措施来持续推进。几年来,公司把创新机制作为落实文化保证措施的重要环节来抓,坚持对企业文化建设的工作思路不断进行创新和完善,使其更具有前瞻性和操作性。例如今年我们在2002年提出的"53344"企业文化5年规划的基础上又进一步明确了"践行三相文化、构建和谐企业"的"12345"发展思路,即:坚定继承和弘扬大庆精神这"一个根本信念",推行企业和员工"两个形象标准化"管理,打造管理、技术、操作"三个团队",构建人企、人际、人机、人境"四个和谐",突出基层特色文化、安全文化、廉洁文化、人才文化和班组文化"五个重点"。这些企业文化建设的思路在具体的实施与推进过程中,我们制定了科学的标准与措施,做到有内容、有检查、有考核、有评比、有资金投入,长短结合,措施配套,确保企业文化建设思路和保障措施的落地。

八是创新体系,保证特色文化落地。打造企业文化特色,使基层和生产一线成为企业文化个性化建设的主体。我们要求基层单位不断创新,根据自身特点,总结自己的"特色"文化,不搞千篇一律、上下一个模式。2007年以来,公司通过建立以安全文化、廉洁文化为内容的子文化,把"三相"文化向横向拓展和纵向延伸,确保企业文化建设在基层形成个性特点。公司宣传和推广了聚丙烯厂的"三合"文化,炼油二厂的"民主、公平、赏识" 文化,动力二厂的"六责"文化,润滑油厂的"真情"文化,电子商务部的"阳光"文化,炼油一厂常减压车间的"争先"文化,动力一厂污水处理车间的"责任"文化,车辆管理部特车大队的"家"文化等一系列基层"特色"文化,不但进一步厚重了从中国石油文化到公司"三相"文化的内涵,而且强化了基层基础工作,提升了基层管理水平。

九是创新观念,保证文化成果落地。企业文化是企业全体员工共建共享的文化。公司把满足员工多层次的精神需要和解决实际问题相结合,让员工共享文化成果,增强员工的自豪感和责任感。这几年在资金十分紧张的情况下连年加大投入力度,仅2007年就投入1182万元,对基层的主控室、培训室、副操室、员工餐厅、办公楼等46个工作场所进行装修,更换了部分操作台、操作椅和更衣柜,统一设置了中国石油标识、理念板、制度板和统一配置了资料柜、学习桌椅、书柜、盆景、餐桌等,号召员工自己动手办靓岗位"家园",把无形的企业文化变成有形的享受,得到了全体员工的广泛认同和参与。同时我们还把企业的愿景目标通过不懈努力逐步变成现实,让员工分享文化落地给企业带来的新变化。公司继30万吨/年聚丙烯生产装置建成投产后,今年第二套30万吨/年聚丙烯工程建设项目,又经国家有关部门批复落户大庆炼化公司的世界上最大聚合物生产装置又一个10万吨/年扩能工程即将开工建设,这些重点工程建设给大庆炼化公司插上腾飞的翅膀,展现出美好的发展前景。

中国石油是一个国际性的综合石油公司,构建优秀的中国优秀企业文化,提升中国石油的软实力,是中国石油应对国际金融危机的重要策略之一。我们坚信,危机给我们带来的不仅仅是危险,还有创新的机遇,只要我们沉着面对,冷静思考,认真研究,努力实现企业文化的创新,我们就一定能够风雨过后见到彩虹。

企业文化建设工作只有起点没有终点。他山之石可以攻玉,我们将虚心学习澳洲优秀企业的企业文化建设的先进经验,进一步提高中国石油大庆炼化公司企业文化建设的整体水平,提升企业的软实力,增强企业的核心竞争力,与全球的企业一起,共度危机,共克时艰,实现企业的有效持续发展。

(作者系中石油大庆炼化公司企业文化研究会会长)

创新 使我的公司逆市飘红

罗布·道格拉斯

在金融危机中,2008年RedMed公司的利润却增长了15%。我们是一家制造治疗打鼾医疗仪器的公司,我们一直关注产品的创新,把创新重点放在产品质量上,通过创新,使产品更加人性化,同时在价格上适应不同市场的需求。公司在澳洲、美洲、欧洲以及日本等国家都有不错的销售成绩。据我们考察,中国有5000万人睡眠时打鼾,但其中只有1%的人认为这是一种疾病。2007年公司在中国有了办公室,成功地推出了产品。我们在澳大利亚成功上市后,不断地支持新的研发,了解客户对于产品的使用感受,保护自主知识产权。2000年我们公司只有二三十个专利,现在已经有了几百个专利了。

在管理上我们也非常注重管理文化的探索。例如公司每18个月对员工进行一次普查,找出问题与管理的对策;每3个月召开一次全体员工大会;建立沟通的团队,负责及时与员工进行内部沟通;我们建立了电子办公系统,员工可以随时给CEO发邮件,提出例如降低成本等方面的改进方案;每个月对优秀员工进行奖励,使员工能够分享企业发展带来的效益,这一切明显提高了员工的忠诚度。

(作者系ResMed公司CEO)

凝和谐之力 聚华煤之魂

朱同印

每次谈到企业文化，我都会想到大海和高山。因为大海具有海纳百川的包容气度，文化则有很强的凝聚功能；因为高山具有不甘平凡的宏伟气势，文化则有现实的引领作用；因为水是生命之源，文化则是企业之魂；因为高山是大地的灯塔，文化则是企业前进的航标。

当代新的企业管理理论认为，管理一个小型企业可以靠权威，管理一个中型企业可以靠制度，而管理一个大型企业就必须靠文化。华亭煤业集团作为中国甘肃省最大的煤炭企业，具有500多年悠久的开采历史和连续7年快速成长的发展历程。从2002年联合重组以来，经过各级管理层的不懈努力和矿区4万名员工家属的共同奋斗，目前，已经达到了2000万吨的生产能力，已注册的“桦亭”、“砚北”牌天然洁净煤享誉全国，具有低灰、低硫、低磷和高挥发分、高化学活性、高发热量的“三低三高”的特点，备受广大用户的青睐，是电力、化工、冶金、建材等行业的最好原料和燃料，也是煤化工产品及煤炭汽化的优质原料。目前，华亭煤业集团已经形成了一个以煤为主，煤、电、化多业并举，集煤炭生产销售和洗选加工、建筑安装、机械制造、科研设计、多种经营、矿山救护、铁路运输等多元化发展的现代化大型能源化工企业。企业先后荣获“全国煤炭工业优秀企业”、“全国文明单位”、“全国精神文明建设工作先进单位”、“全国煤炭工业科技创新先进企业”，重合同，守信用诚信企业等荣誉称号。

在企业各项工作取得长足发展的同时，华煤集团高管人员站在煤炭行业的制高点上审时度势，高瞻远瞩，在企业改革发展进入攻坚的关键时期，提出了以先进文化为引领，扎实推进“二次创业”，打造“百亿华煤”和“百年基业”的宏伟目标。

“人类因梦想而伟大，企业因文化而繁荣”。秉承“开采阳光，超越梦想”企业精神的华煤人从立志开始“二次创业”的那天起，就把建设华煤特色文化放在了重中之重。

2008年，春天早早地来到华亭矿区，到处一片生机盎然，华煤人的脸上流露着坚定和自信。华亭煤业集团“聚力”企业文化塑造工程在这个非同寻常的春天里如期启动，公司领导在大会上作了热情洋溢的动员讲话，员工代表进行了表态发言，一场以“凝和谐之力，聚华煤之魂”的企业文化建设在华亭矿区迅速如火如荼的开展起来。

如果说水能融合万物，滋润生灵；土能隆起高原，指引方向，那么，文化则能凝聚员工的力量、唤醒自觉的意识、冲刷掉不良的习气、激发企业前进的动力。我们之所以把华煤企业文化定位为“聚力”企业文化，是因为我们华煤集团缘于多家体制不同、管理模式不同、文化行为方式也不尽相同的煤炭企业联合重组而成的实际，是因为在不同文化的交流碰撞中，必须形成一种强势的力量、一种统一的步调，一种和谐的声音、一个前进的方向引领华煤从成功走向新的成功，从辉煌走向新的更大的辉煌。致力打造“聚力”企业文化，就是要形成企业巨大的创造之力、凝聚之力、竞争之力、安全之力、和谐之力和永恒之力。

中国具有五千年的文明史，中华文化博大精深，源远流长，从未间断。在五千年的历史长河中，形成了中华民族自强不息、刚健有为的进取精神；以和为贵、和而不同的和谐精神；民为邦本、民贵君轻的民本思想；天人合一、民胞物与的人与自然相统一的思想等。这些宝贵的财富是建设特色企业文化的基础和源泉，离开了传承和发扬，企业文化就失去了生存的土壤，就不可落地开花结果。我们华亭煤业集团公司的企业文化正是在这种优秀的中华文化的引领下而开展的，是在传承优秀的民族文化的基础上而有所创新的。实践证明，优秀的企业文化只有在国家的大文化体系下才能形成并取得良好的效果。

企业的发展就如同水流的前进方向，前进的道路上既有一望无际的平坦通途，也会有崇山峻岭的重重挑战，就像我们当前遇到的金融危机一样。但是，越是在企业艰难的时期，越要用文化的力量鼓舞士气，凝心聚力，坚定信心，迎难而上。我相信，秉持“温暖民生，照亮大地”企业使命的华煤人一定会在先进文化的引领下，不断开拓奋进，共克时艰，勇挑重担，抢抓机遇，化危机为商机，化挑战为动力，化文化为行动，为促进企业发展做出新的更大的贡献！

（作者系中国甘肃省华亭煤业集团有限责任公司党委书记）

我公司的风险管理文化

约翰·克替斯

在1991～1992年，我们几乎全面崩溃，主要原因是缺乏对物业的整体管理、风险管理和信息管理。现在，我们建立了董事会和风险委员会，对风险问题非常重视，也非常重视培养风险管理文化。根据全球金融危机以及目前的经济衰退情况，我们的董事会和非正式组织一起分析、讨论、协商，并制定一些措施。之所以这么做是基于我们的原则——即我们不理解的就不会去做。此外，我们还对可能发生的情况进行分析，制定出更多的避免风险的工具。西太平洋银行有着很好的监管机制，这是非常重要的一点。澳大利亚保守的银行管理对风险防范起到了很好的作用。从根本上讲，我们的风险管理完全由资产负债表完成，作为一种优化工具，今后我们会发扬光大，并继续与政府监管机构加强合作。我们要让所有员工认识到，减少金融危机的影响是每个人的责任，防范风险也是每个人的责任！我们要确保风险管理的成效在业绩指标中表现出来，在激励方面表现出来，以此来展现我们风险管理的能力。

对于银行进行公有化确实必要,50 年前英国的银行也是国有化的。现在政府被迫出手帮助金融机构,是因为市场机制已经不起作用了。这应该说是强有力的风险管理,它可能使我们避免受到更大的伤害。也许美国人对此没有理解到,好的管理对所有利益相关者都会有帮助。而良好的管理并不是说把企业束缚住,而是要鼓励企业发展。风险管理确实对企业的发展有积极的影响。

(作者系澳大利亚西太平洋银行(Westpac)副总裁)

在危机中把握机遇 在挑战中保持领先

——中国移动公司企业文化建设案例分析

徐振凡

中国移动通信集团公司拥有全球第一的网络和客户规模。中国移动通信集团公司全资拥有中国移动(香港)集团有限公司,由其控股的中国移动有限公司在国内 31 个省(自治区、直辖市)设立全资子公司,并在香港和纽约上市。目前,中国移动有限公司是我国在境外上市公司中市值最大的公司之一。拥有"全球通"、"神州行"、"动感地带"等著名服务品牌。

中国移动已经成功进入国际资本市场,良好的经营业绩和巨大的发展潜力吸引了众多国际投资。中国移动已连续 8 年被美国《财富》杂志评为世界 500 强,最新排名第 148 位。上市公司成为连续五年入榜《福布斯》"全球 400 家 A 级最佳大公司"的唯一中国企业。中国移动通信的品牌价值进入《金融时报》全球最强势品牌排名第五位。近期,英国品牌咨询公司 Intangible Business 发布《世界 500 大运营商品牌价值评测》报告,中国移动品牌价值达到 308 亿美元,上升为世界第一。(该评测报告的调查考虑了运营商最近 3 年的成长率、市场占有率、顾客喜好度、用户平均消费等)。

中国移动既是一个财务稳健、能够产生稳定现金流的赢利性公司,又是一个充满发展潜力、具有发展前景的持续成长性公司。面向未来,中国移动确立了"做世界一流企业,实现从优秀到卓越的新跨越"发展战略目标。围绕这一目标,中国移动通信将秉承"正德厚生、臻于至善"的企业核心价值观,深入贯彻科学发展观,努力提升核心竞争力,通过打造卓越的运营体系,建设卓越的组织,培育卓越的人才,努力成为移动信息专家和卓越品质的创造者。

2008 年,国际金融危机开始蔓延,中国移动也受到了波及。由于中国一些地区的经济增长趋缓,出口企业减产,亏损企业增加,农民工减少,导致消费者在一定程度上降低了通信的使用量。主要表现在:新增客户的数量有所减少,2008 年第四季度月均净增客户数低于全年平均数;一些地区的国际去话话务量出现增长回落;价格弹性减弱,漫游资费下调后引起漫游收入的明显下降。

中国移动对于国际金融危机对电信行业带来进一步的负面影响,已经有了清醒的认识,作好充分准备,加以应对。

一、树立创新意识,发挥领先优势

保持在国际国内通信行业领先地位的信念毫不动摇。在困难面前,危中见机,转危为机。在挑战中树立信心,在创新中保持领先。充分利用三个有力因素。一是公司已具有强大的规模、资金、支撑、管理、品牌和人才优势,应对风险的回旋余地比较大,具备应对挑战和抵御风险的坚实基础。二是国家推进经济平稳较快发展的系列政策将激发通信需求,国际国内市场依然广阔,为公司发展创造良好的条件。三是推进自主创新,支持新一代宽带无线通信等前沿技术发展,为公司利用新技术、发展新业务提供了保证。

中国移动一贯致力于创新,创新成为企业可持续发展的不竭动力。根据市场需要,与时俱进地推出了一系列新的产品、新的生产模式和服务方式。在新产品上,推出了无线音乐、飞信、位置服务、流媒体等服务全网的创新产品,产品创新体系日渐完善。在商业模式上,中国移动首创移动梦网,打造了一个开放、公平的无线增值业务产业链。中国移动率先提出并设计了国内第一个手机无线音乐排行榜。无线音乐排行榜以精确的计费平台为基础,以彩铃、IVR 等业务为音乐承载平台,以全新的商务模式打造了一条崭新的无线音乐产业链,首次把其它行业吸纳到移动通信产业链中来,如唱片公司、SP、著作权人与歌手、客户都能从这一全新的产业链上得到收益,同时各自的资源也得到最大化的共享。新业务的成功推广应用为公司发展带来了蓬勃的生机。

2008 年,公司扎实做好奥运城市的通信网络覆盖和网络优化工作,攻克了 GSM 大容量设计、WLAN 高密度覆盖的世界性技术难题。深入参与奥运会开闭幕式、赛事现场、火炬传递等通信保障服务,保障了 4 万公里火炬传递和开幕式鸟巢周边每小时 11 万次呼叫的通话畅通。积极开展奥运营销、业务推广和奥运理念传播,推出了无线 Info、即拍即传等业务,创新进行服务业务展示,热情周到地完成奥运款待服务。中国移动以一流品质提供了奥运历史上技术最先进、业务最丰富、服务最周到的移动通信服务,展现了公司的实力和风采,赢得了世界同行的赞许和组委会的好评。国际奥委会主席罗格称赞中国移动,以创新的科技为全世界诠释了科技奥运的理念。

2009 年,中国移动要坚持品牌经营,在新一轮竞争中更好地发挥品牌效应,强化资费集中管理和细分市场定价能力,避免低水平的价格竞争。要面向信息化进行产品布局,加强客户行为研究,以市场需求推动产品开发和营销,提供丰富的内容信息服务。要创新合作模式,加快实施"移动梦网"二次创业计划要加强业务创新,促进资源互动合作,积极向上下游延伸,拓展跨行业服务,增强增值业务价值链的把控力。

二、树立责任意识，提升企业软实力

沧海横流，方显英雄本色。国际金融危机不仅在考量一个企业的经营能力，而且在考量一个企业的社会责任。中国移动作为国有骨干企业，面对金融危机挑战，将勇担重任。围绕“保增长，扩内需，调结构”，努力为稳定国民经济全局贡献力量。

在履行企业经济责任上，努力做到：保持科学发展，为经济增长贡献力量；拓展通信服务，为扩大消费贡献力量；推广信息化应用，为调整结构贡献力量；加大建设力度，为提升产业实力扩大力量。

在履行社会责任上，中国移动在自身快速发展的过程中，始终秉持做优秀企业公民的诚意，不断打造企业软实力，追求企业、社会、环境的和谐发展。建立了企业社会责任指标库，开展了优秀企业社会责任实践评选，社会责任管理体系基本建成。深入推进移动通信“村村通工程”，“三网惠三农，助建新农村”成效显著；2009年，中国移动将稳步推进农村基础通信网建设，扎实开展富民惠农的公益行动，助力农村社区发展。强化灾前预警、灾难救助和灾后重建，关爱弱势群体，积极实施相关公益援助活动。加大力度治理垃圾短信，营造积极向上的健康通信氛围。继续资助贫困地区教育，整合教育类公益慈善项目。不断健全员工志愿者组织机制与保障体系。积极参加全球社会责任对话，不断提升公司影响力。

在履行环境责任上，扩大实施“绿箱子环保计划”，企业荣膺“第四届中华环境优秀奖”；“绿色行动计划”全面实施，单位业务量能耗同比下降11%，实现了节能减排阶段性目标。2009年，加大“绿色行动计划”推进力度，建立节能减排长效机制。推动节电、节材等技术和设计创新，扩大成熟技术的实施规模和“绿色包装”应用范围。推广远程监控、智能控制等应用系统，用信息化手段推动相关行业节能减排。

三、树立忧患意识，增强风险防控能力

国际金融危机给政府而且给企业在风险防范能力、监管力度和自我约束机制上以示。一个企业要保持全面协调可持续发展，必须加强科学管理，完善有效的内部监督机制、风险预警和应对机制。

中国移动始终高度重视科学管理。不仅强化了诚信、透明、公开、高效的公司治理，规范了治理结构，转换了经营机制，而且战略预警和决策支持能力不断提升，战略共识与执行优势充分显现。公司成立以来，财务集中管理改革稳步推进，全面预算管理不断深化，全面风险管理进一步加强，财务前瞻规划、资源配置、分析预警作用有效发挥。内审管理机制全面建立，内审项目时效性和深入性增强。法律风险管理体系进一步完善，经营决策的法律支撑不断增强。信息披露和与财务报告相关的控制制度不断完善，通过准确及时的披露信息，通过路演、反向路演、投资者座谈会等活动，建立顺畅的沟通渠道。

中国移动进一步建立了以客户为中心的标准化流程管理体系。技术、业务、服务、管理和商业模式实现创新；战略、预算、绩效管理形成闭环；资源利用效率全面提升。中国移动率先推出职位、薪酬、绩效为主要内容的人力资源提升项目，建立起一套科学的职位管理体系，营造了吸引优秀人才和鼓励人才成长的良好环境。

科学管理成为企业持续发展的有效保证。面对国际金融危机，企业将持续推进科学管理水平的提升，夯实企业发展基础。特别是要以风险为导向，实现全面预算管理和内部审计的有效衔接，加强风险放控能力，构筑公司免疫系统和全面风险管理防线。

四、树立“人本”意识，实现员工与企业共同成长

员工是公司发展最活跃，最具主导性的因素。面对国际金融危机，以核心理念传承为主线进一步强化“责任铸就卓越”的理念，深化和拓展企业核心价值观的内涵。

从心理关怀入手，打造“三位一体”的文化管理新模式。结合EAP项目三年规划，向心理管理深层过渡。通过心理契约管理、心智模式培养、心理健康援助三位一体的模式，推进文化管理。在心理契约管理上，围绕人力资本提升工程，进一步提高各级管理者的文化管理能力。在心智模式培育上，完善平台，建立机制，扩大传播，强化心智模式的核心要素。在心理健康援助上，以全面优化员工心理品质为工作中心，围绕《心理危机预防与干预系统》的落实，通过内部骨干力量的培养和使用，做到人员到位，组织支撑到位，危机预防到位。

加强企业文化示范单位建设，将企业核心价值观内化于心、外化于形、固化于制。在示范单位建设中，努力做到体系完善、内容充实、特色鲜明、示范推广。在示范单位建设中，细化评估体系，完善各项制度，建立符合实际情况的建设模式。示范单位建设要坚持系统性、整体性和前瞻性思考，各单位要成立专门的组织机构，制定科学、严谨、务实、可行的工作计划，建立与文化相匹配的管理制度及激励机制，确保文化的有效落地。示范单位建设要坚持领导干部带头、全员参与，积极推进企业文化在管理、运营层面的全面落实，整合各种传播力量，开展内容丰富、形式活泼的内外部传播活动。示范单位建设要结合本单位、本部门工作实际，形成独特的文化品牌。示范单位建设要建立“达标单位－优秀单位－示范单位”的梯次培育的工作模式。通过研讨、座谈、交流等多种形式，推广具有鲜明文化特色的先进经验。

深入进行班组文化建设，使班组成为富有凝聚力与战斗力的高效团队。以“激情创新，阳光班组”建设为导向，实现理念宣贯、活动组织、传播载体的创新。在文化理念上，倡导各班组结合奥运精神和七个心智模式，突出其品牌特色，以文化解读会、阳光心态彩信等形式，深入阐释心智模式内涵。在活动组织上，围绕“和谐、学习、创新、安全”四要

素,以班组建设“六个一”的有效形式推进班组文化建设,打造班组文化。在传播载体上,以班组博客、沙龙、研讨会、演讲团、故事会等形式,展示、推广优秀班组文化品牌。

(作者系北京市企业文化建设协会秘书长)

变革的核心:创新和适应能力

德克斯·丹菲

金融危机爆发后,中国的企业不可以轻易裁减员工,或者削减工人工资。中国有句话叫作人多力量大,也就是只有让更多的人去发挥他们的聪明才智,才会度过危机、创造财富。而澳大利亚企业的做法可能有些不同,因为我们首先考虑的是企业要适应资本市场的要求,同时,我们有一个相对比较健全、强大的社会保障体系,因此我们可以把裁员的事情公开讲,这是双方的不同点。

按部就班,还是促使企业文化转变?

在金融危机中,我们两国企业确实有很多共同点,比如,都认为人力资源非常重要、如何在危机中寻找机遇等,都是我们一直在探讨的问题。我们都在进行一系列的改革,或者说改组,创新变得非常重要。在这么一个危机的时刻,创新特别是技术创新显得更为重要。同时,中方企业特别强调,科学和技术的创新,尤其是技术创新,对于生产力的推动有着重要作用。

为应对我们面临的金融危机,降低危机的影响,所有的组织都需要有持续变化的能力。到目前为止,我们一些组织还没有能力来适应目前的变化,还是按部就班地工作,庞大的官僚机构也延缓了这方面的进程。我们进行公司改革,主要是文化的转变,提出文化转变的措施,以适应目前面临的变化。我们在适应危机的过程中,还要提高公司的业绩。

应对当前的危机,首先要定出想实现什么样的目标,再想好怎么样去实现,你要有决心,然后再采取具体的行动。这些目标事实上是可以移动的,非常具有战略眼光的组织,在运作的时候更会有这样考虑。

作为管理者,需要面临来自环境的两个挑战:短期内的金融危机和长远来看全球气候变暖带来的另一个危机。如何让企业能够应对这些危机呢?只能进行彻底的变革。

金融危机带来的影响:政府对市场和企业更多的控制,政府与私企之间界限的模糊,部分市场的迅速增长与另一部分市场的萎缩并存,未来的不可预测性在加剧,以及由于面临更高的不确定性对企业转型的要求。

生态环境危机的表现,如全球气候变暖,原油储量减少,世界人口增长,陆海生态系统受到破坏等。这些危机可以被当作问题,但也可以视作巨大的商业机遇。比如促进二氧化碳零排放、寻找替代能源、循环经济等。

目前企业面临的主要困境是,如何更好地兼顾经济的可持续发展与应对当前的金融危机。因此,企业必须具备持续转变的能力。要使企业在变化莫测的环境中具备这种能力,首先要进行企业文化的转变,即发动以增强创新能力和适应性为核心的企业文化变革。

主动变革还是被动变革?

如何进行变革?可通过四个案例研究,对“适应未来”的组织文化内涵进行一些探索。

案例1:2008年IBM全球CEO“未来企业”研究。

通过对1000多位CEO访谈,归纳出未来企业的一些特征,如渴望变革、超出客户预期的创新意识和能力、不断突破等。研究显示,未来企业更倾向于主动突破现状、发动变革,而不是被动应对环境变化。研究中也发现一些有待思考的问题,如这种组织性的变革是否可能,是否值得,是否有回报?

案例2:塑造持续转型能力的研究。

这个案例是对前一案例的补充说明,在某种程度上可以解释前一案例提出的问题。研究分析了1994~2005年以来,澳大利亚和新西兰倡导的企业文化理念与企业实际的文化理念,得出了关于“具备建设性的行为”的定义。当个人设置了具有挑战性但能够实现的目标,并有效地解决问题,从工作、提供优质产品和服务中获得乐趣,具备良好的团队协作意识和集体荣誉感时,他的行为被认为对企业来说具有建设性。这项研究在对大量企业进行分析之后,构建了一个关于企业文化变革的模型。研究还证明,企业文化变革对促进企业绩效确有显著作用。因此,企业若想获得成功,除了极具预见性的商业战略,还必须有一种建设性的企业文化。

案例3:2008年IBM“让转变生效”研究。

这项研究对1500名变革参与者进行了调查研究,认为变革能力是企业的核心竞争力之一,80%的CEO预期未来3年所领导的企业将会发生不同程度变革,但他们对自己企业掌控变革的能力并不自信,因为研究数据显示,近60%的变革项目没能实现预期的目标。变革的主要阻力来自人,来自观念障碍。研究结论表明,只有变革才能使企业在空前的全球变革中得以生存和发展,危机中的企业文化变革是企业赖以生存之本,我们应建立能够寻找、发动并具备持续变革能力的创新型组织,企业掌控变革的能力比企业变革的必要性更为重要。

案例4:创造合理的领导结构研究。

通过对2007年一些顶尖公司的研究,勾勒出合理的企业领导结构。企业决策能力的发展是董事会和高级经理们优先考虑的战略问题。企业还应通过选拔、培养、辅导和项目锻炼等实施完整的人力资源战略。

面临危机,文化变革是组织机构生存的主心骨

我们正面临史无前例的全球变化;

如果我们要生存，我们的组织机构必须作出巨大变化；

面临危机，文化变革是组织机构生存的主心骨；

我们需要创造具有创新、寻求变革、主动变革、有可持续性变革能力的组织机构；组织机构要具备有效变革的能力，以及按需所变的能力。

（作者系悉尼科技大学访问教授）

2009年——全国医院文化与人性化服务现场观摩研讨会

大会综述：

积极打造服务名牌 创新医院文化管理

6月6日上午，辽宁省本溪市中心医院多功能会议厅内，嘉宾云集，高朋满座，由中国企业文化研究会主办的"全国医院文化与人性化服务现场观摩研讨会暨企业文化社团会长、秘书长联席会"在这里隆重拉开帷幕。来自中国企业文化研究会的领导、专家学者，辽宁省卫生厅领导，以及全国各地企业文化研究会的会长、秘书长，各大医院的领导和代表共200余人参加了大会。

本溪市委书记李波、市长江瑞及本溪相关部门领导到会祝贺。会议由中国企业文化研究会副理事长华锐主持，中国企业文化研究会副理事长贾春峰、辽宁省卫生厅副厅长韩明惠、本溪市市委书记李波、本溪市企业文化建设协会会长钱之荣相继做了热情洋溢的致辞。

会上，本溪市中心医院被授予"全国医院文化建设示范单位"称号。据悉，这是全国卫生系统首次获此殊荣的单位。国家、省、市领导共同为获得"全国医院文化建设示范单位"的本溪市中心医院揭牌并颁发证书。

中心医院院长姜岩在会上介绍了医院"心文化"建设经验，两名医护人员则结合各自工作谈了他们对医院文化的理解和感受。近年来，本溪市中心医院秉承"崇尚领先，追求卓越"的院训，注重内涵建设，积极打造服务名牌，创新医院文化管理，坚持以病人为中心，积极创新服务模式，以诚待人、以信处事，强调医患之间的相互沟通，积极发挥医院文化在全方位工作中的引领作用，医院核心价值观得到了统一，医疗服务水平实现大跨越，打造了一个和谐有序、文化深厚、人才济济、环境优雅、流程便捷的医院，成为全市医疗战线的一面旗帜。

会后，与会人员参观了中心医院院史馆及部分科室。

大会发言：

用"心文化"谱写和谐医院的心声

辽宁省本溪市中心医院

本溪市中心医院是一所集医疗、教学、科研和预防保健为一体的市属规模最大的综合性三级甲等医院。医院现有编制床位1141张，员工1833人，其中专业技术人员1579人。医院年门诊量61万余人次，年出院病人3.3万人次，年收入3.24亿元，拥有大型仪器设备80余台（件），设备资产总值4.73亿元。医院担负着本溪市及两县四区160万人口的疑难危重病人的诊断、治疗和抢救工作，是中国医科大学第九临床学院、中国医科大学临床研究生培养基地，是本溪市医疗保险定点医院，也是国家中医药管理局血液流变学二级实验室、本溪市急救中心、本溪市中西医结合研究所和本溪市公害病研究所所在地。

近年来，中心医院精心构建了具有时代特征、行业特点和医院特色的"心文化"体系，打造"十心实意"服务品牌，将"心文化"内化于心、外化于形、固化于制，着力丰富和谐医院文化内涵，培养和谐医院文化品行，树立和谐医院形象，与员工、患者、社会共享和谐医院文化成果，构建了文化氛围浓厚、文化体系健全、人力潜能释放、品牌形象优秀、竞争能力持久、发展能力持续的和谐医院，实现上下和谐、医患和谐、内外和谐的良好发展局面。医院被授予"全国文明单位"、"全国卫生系统先进集体"、"全国首批百姓放心示范医院"、"改革开放30年全国企业文化优秀单位"、"全国企业文化建设实践创新奖"、"全国医院文化建设先进集体"等三十余项殊荣，有40余家企业及医院慕名而来，参观学习"心文化"建设经验，多次在国家卫生部、辽宁省卫生厅、辽宁省企业文化协会、辽宁省营销文化研究会、本溪市企业文化协会等主办的会议上介绍"心文化"经验，省市还在我院联合召开现场会推广我院医院文化建设的经验。医院文化成果《市级中心医院服务品牌的创建与管理》荣获第十一届全国企业管理现代化创新成果二等奖，《用"心"构建和谐医院》获全国医院文化成果奖，《以人才强院为核心的医院发展战略》获辽宁省企业管理创新成果一等奖。

一、传承中创新，确定和谐医院文化方向

先进文化的形成必然经过一个积淀、梳理、传承、创新的过程。中心医院建院55年的丰厚文化积淀，为系统创建"心文化"提供了有力支撑。

（一）梳理文化脉络，挖掘"心文化"基因

回顾中心医院走过的发展之路，全院干部员工深切体会到：先进的医院文化是中心医院核心竞争力的不竭源泉，也是中心医院实现持续、和谐发展的基因。1954年4月1日，本溪市中心医院的前身本溪市立第二人民医院在山城

本溪诞生了。建院之初医院只有100张床位,103名员工。1985年1月1日,医院正式更名为本溪市中心医院。建院以来,一代代中心人用心系祖国的爱国精神、心系事业的职业精神、心系医院的奋斗精神、心系患者的奉献精神书写了医院蓬勃发展的壮丽篇章,从唐山、海城地震救援到抗击非典,从支援汶川抗震救灾到奥运安全保障,从手足口病防控到筛查奶粉事件患病儿童,每一次急难险重任务面前,中心人都义无反顾地冲在最前线。正是这些优秀的文化基因构成了"心文化"的精神内核,引领医院不断实现腾飞和跨越。

(二)整合文化资源,丰富"心文化"底蕴

改革开放以来,医院的各项事业实现了大跨越、大发展、大提升。特别是1998年,以老院长黄力强为核心的新一届领导班子组建后,医院面临的问题是:医院的硬实力得到快速发展的同时,医院的软实力从哪里入手?如何才能实现医院发展的基业长青?经过多次理论联系实际的大讨论活动,医院领导班子充分认识到以人为本是医院文化的本质。是以人为中心,还是以物为中心,是现代文化管理与科学管理的本质区别。医院作为一种以人与人的组合为基础的医疗服务活动主体,必须把"人"作为医院的灵魂。所以,医院文化是以人为本的文化,是围绕人力资源开发的文化,是人性关怀、人文服务的文化。必须以积极姿态整合文化资源,认真总结医院多年来在开展规范服务、优质服务、形象工程、争创全国百姓放心医院等活动中积累的经验,以人为本,"一切以病人为中心",积极创新服务模式,用爱心、耐心、细心、责任心服务每一名病人,从理念识别、行为识别、视觉识别等方面丰富"心文化"底蕴,为创建和谐"心文化"奠定基础。

(三)明确文化方向,追求"心文化"境界

医院文化是历史的积淀,是行为的结晶,更是价值的传承。中心人在医院发展的进程中,不断选择、确立共同的价值信仰,大家认为,医院作为一种特殊的社会分工,有其独特的社会服务性、信誉至上性、求实创新性、科学真实性、廉洁高效性等特征。因此,必须把医务人员的价值取向定在防病治病,实现社会主义医学人道主义,全心全意为人民的健康服务上。我们要用高度的责任感和使命感创建"心文化",构建和谐医院,追求文化管理的高境界。医院坚持领导重视,系统规划,全员落实,成立了医院文化委员会,设立医院文化部,负责医院文化建设的具体执行和落实。从2003年起,医院每年都要在职代会上明确医院文化建设主题,如品牌文化、诚信文化、和谐文化等。一年确立一个主题,一年实现一项文化创新,使医院文化建设不断向纵深发展。在2006年医院制定的十一五规划中,进一步明确了"心文化"建设目标和医院发展愿景,这些目标的确立起到了鼓舞斗志、凝聚人心的作用。

二、以患者为本,实现和谐医院文化定位

医院文化建设的首要任务是在总结文化内涵的基础上进行文化定位,使文化具有创造性、时代性、先进性、增值性,体现鲜明的个性特征。中心医院根据"以病人为中心"的行业要求和医院所处的中心地位进行准确的文化定位,建立了富有典型个性特征的"心文化"体系,以文化力提升医院的核心竞争力。

(一)从理念上起步,将"心文化"入脑入心

医院将几代"中心人"强烈的主人翁情结、执着的责任意识、忘我的奉献精神、严谨的工作作风、诚信的职业道德进行总结提炼,通过发动员工征集治院格言、领导把关、专家参与,建立了富有个性特征的"心文化"理念识别系统,明确了"心文化"的内涵是对内以员工为本,对外以病人为中心,医院与员工、员工与病人心心相印、将心比心、以心换心,确立了"十心实意"服务品牌;"以诚待人、以信处事"的核心价值观;"崇尚领先,追求卓越"的院训;"奉献健康事业,服务山城人民"的医院使命;"以病人为中心、创优秀服务品牌、打造百姓放心医院"的核心理念;"创建辽东名院"的愿景等"心文化"理念系统,并反复对员工进行灌输强化,让这些基本理念深入人心,使员工充分认识到理念建设在医院文化建设中的重要作用,并且不断通过实践进行再总结、再深化和再实践,真正体现"心文化"的价值。

(二)从行为上深化,将"心文化"入规入行

医院文化只有植根于管理实践和员工行为之中,才具有不竭的生命力,这是医院文化的重点,更是难点。中心医院不断深化"心文化"行为识别系统建设,设计完成了以员工职业道德规范、服务规范、行为准则、礼仪规范等为主要内容的行为识别系统,印制了《中心医院服务规范》、《中心医院员工手册》等,从员工的岗位规范、举止、服饰、仪表到语言都做出明确规定,这些制度规范是"心文化"的重要组成部分,体现了几代中心人的优良传统,体现了中心人在医疗实践中形成的价值取向,体现了中心人的优良道德风范。通过深入扎实的推广实施,这些行为准则已在员工中落地生根,并逐步从服务行为升华为服务习惯,成为医院的宝贵精神财富。

(三)从视觉上对接,将"心文化"入眼入耳

医院在1999年建新大门时,精心设计了由卫生部马晓伟副部长亲自题写的"生命之花"雕塑,其花蕊是四颗"心"围绕一个"十"字柱头变化而成,象征对待患者有爱心、耐心、细心、责任心,让员工时刻牢记白衣天使的神圣职责。在医院住院处的草坪上,修建了"憩心园",由两个直径20多米紧紧相连的"心"型图案构成,意为患者心灵修养的地方,让患者在自然环境中感受到"心文化"的丰富内涵。医院的院徽也是两个变化的英文字母"C"叠加在一起构成的"心"型图案,"C"是英文单词(Central)"中心"的意思,寓意医院心系员工、心系患者,员工心系患者、心系医院。

医院完善了视觉识别系统,规范了各种标识、标准色、标准字、院内雕塑、宣传广告栏、员工服饰等,设计完成了《中心医院视觉形象识别规范手册》,并进行宣传展示。将在员工中征集的"心文化"理念和员工的文化感悟制作成宣传画,挂在病区走廊,处处体现"心文化"特色。医院重新创

作了由著名作曲家铁源作曲的院歌《让太阳之光永在》，定期开展“和谐之声”院歌比赛，凝聚员工的爱院热情。

三、强自身素质，丰富和谐医院文化内涵

医院把提高员工的认知能力和综合素质作为“心文化”建设长期而艰巨的任务，坚持从核心推进，从认知入手，用典型示范，不断丰富“心文化”内涵，持之以恒地进行文化深植。

（一）从核心推进，布“心文化”之魂

医院文化的核心是价值观，它对统一员工的思想道德和行为方式起主导作用。根据医疗服务患者这一特殊的行业特点，医院确立了“以诚待人，以信处事”的核心价值观，并把核心价值观的培育融入医院文化建设的方方面面，在营造氛围、舆论引导、选准载体、文化熏陶、典型示范、行为养成、制度保障等方面下工夫，坚持不懈地进行价值观的倡导和培育。让员工在服务中体现医院的价值追求，实现医院、员工、患者、社会四位一体的和谐统一与价值共赢。

（二）从认知入手，布“心文化”之局

一是请进来，为我所用。医院把提高全员综合素质作为“心文化”建设的基础工程，积极创建学习型医院，建立员工素质培训学校，构建党政工青立体培训网络，不断完善教育培训管理体系。每年制定具体的培训计划，重点突出医院文化、服务理念、服务技巧、服务语言、服务作风、高新技术的培训。新加坡国际管理学院院长杨威荣博士、中国企业文化研究会副理事长华锐、高立胜、著名细节管理专家汪中求、台湾阳明大学医务管理研究所郑胜辉教授、台湾大学医院管理所段正文教授、台湾大学林正全教授、浙江大学古飚教授等先后来院进行医院文化及品牌建设的培训，医院与复旦大学、中国人民大学、西安交通大学等联合举办中层干部高级研修班。迄今为止，已组织各类培训60余次，培训3万余人次，年培训经费80余万元。通过培训，全院员工树立了全新的服务理念，转变了服务作风，自觉成为“心文化”的创造者、实践者和传播者。

二是走出去，博采众长。医院对照国内先进企业及医院找差距，促进干部员工解放思想，转变观念。组织领导班子成员及全院中层干部到中国医大一院、大连医大附属二院、大连新世纪医院、烟台毓璜顶医院、青岛海尔集团等地参观学习，选派领导班子成员到新加坡国际管理学院进修，加入《中外管理》理事单位，每年参加30－40人次的各类管理培训，选派机关职能部室负责人参加“如何提高执行力”的培训。通过参观学习及培训，使院领导及中层干部增强了紧迫感和使命感，提高了对医院文化重要性的认识，增强了创新能力和执行力。

三是抓重点，全员“刨冰”。医院定期开展思想文化创新活动，在实践中启发新思维，拓展新思路。从2002年开始，医院每年都要开展以“四查”为主题的“刨冰运动”，彻底清除影响医院快速发展的陈旧观念、陈规陋习和丑恶现象，努力刨掉那些不适应甚至阻碍医院发展的“坚冰”。“四查”即查思想观念、发展思路上存在的问题，破除因循守旧、封闭保守、无所作为的思想观念，确立勇于探索、开拓创新、奋发有为的进取精神；查工作精神、工作作风方面的问题，破除工作上的低标准，应付了事，低效拖拉，不紧不慢推着干等工作状态，确立工作上的高标准和只争朝夕、真抓实干、迅速落实的工作作风；查服务意识、服务模式、服务态度等方面存在的问题，破除服务上缺少亲情服务和人文关怀，满足现状以及个别人还存在生、冷、硬、顶、推等问题，确立“以病人为中心”、“把对留给患者”、“视病人为亲人、朋友”等服务理念；查遵纪守法，廉洁自律方面的问题，破除制度松弛，执纪不严，为政不廉等不良行为，确立用制度管人管事，纪律严明，令行禁止和廉洁从政从医的行为方式，实现员工的思想观念、工作作风、行为方式与“心文化”的和谐统一。

（三）用典型示范，布“心文化”之点

先进典型是医院精神的代表，是医院核心价值观的生动体现，也是推动“心文化”建设的重要力量。通过发挥典型的示范作用和影响力，为员工提供榜样示范和价值观引导，引导员工自觉成为“心文化”的积极倡导者、推行者和示范者。

一是精神激励。医院大力选树典型，表彰和宣传有突出贡献的先进典型和重大创新成果，形成尊重知识、尊重人才、尊重劳动、尊重创造的良好舆论导向，营造人人学习、人人成才的氛围。医院加大对典型的宣传力度，在新闻媒体设专栏、在院内设宣传栏、灯箱展示栏、院报设专版，积极宣传先进典型的精湛技术和优质服务，激发他们的荣誉感，调动他们岗位成才的积极性。医院每年在职代会上表彰打造服务品牌先进科室等各类先进科室50余个，各类标兵等先进个人500余人，奖励金额20余万元。

二是物质激励。医院在全市率先进行人事分配制度改革，建立了公平、公正、公开的绩效考核体系，让一流人才做一流贡献，获得一流报酬，使人才对医院的贡献得到相应的肯定和回报，充分调动员工在推动医院发展建设中的积极性。医院定期召开科技大会，对有特殊贡献的科技人才实行重奖，如在2006年医院科技大会上，为调动医学人才献身医学事业的积极性，弘扬他们的钻研、创新和奉献精神，医院重奖泌尿外科博士梁伟、原中西医病房主任周耀群、医学工程部部长许天跃三位有突出贡献的科技英才每人10万元，奖励8项科研课题和14项新技术，总奖励金额70余万元。

三是情感激励。医院实施“连心”工程，建立了“四必访”、院领导与员工定期沟通、员工子女升学奖励等一系列人文关怀制度，“三八”节、护士节、员工生日都将收到院长的亲笔贺信，努力营造“关心人、理解人、尊重人”的氛围。对外出进修和学习人员，医院领导定期到所在地探望。张霄峰、黄鑫、侯文静等在上海读博士期间，由于赶毕业论文不能回家过春节，老院长黄力强带部分领导班子成员到上海与他们共度春节，让他们深受感动。因此，他们毕业后都积极回院工作。医院还由医教部设专人负责定期与外出学

习进修员工的家人沟通,发现问题及时帮助解决。每逢节日,院领导定期走访、慰问,主动关心家人的健康和生活。通过一系列细节服务,竭力培育员工的忠诚度。

四、文化大举措,培养和谐医院文化品行

为促进"心文化"落地并深植于员工心中,医院采取了一系列行之有效的措施,树立和谐医院理念,营造和谐医院氛围,实施品牌战略、人才战略,探索出"心文化"建设的有效载体和路径。

(一)营造文化氛围,实现文化建设大发展

医院定期开展具有"心文化"特色的活动,精心设计活动主题,创新活动形式,丰富活动内容,不断提高特色活动的影响力和覆盖面,营造人人参与、人人践行、人人传播的良好文化氛围。先后开展了文明服务规范示范表演、演讲比赛、医院文化论文研讨、优秀服务故事小品演示、医院文化画与话、"心文化"理念征集、"和谐文化·共建共享"短信大赛等活动,并将获奖作品广泛宣传,促进"心文化"从理念转变为员工的自觉行动。

医院创新内部管理理念,完善内部顾客服务体系,明确内部顾客满意是外部顾客满意的前提和基础,积极搭建医技、机关与临床互动平台,开展内部顾客满意度调查,进行提案征集并认真解答,不断增强员工对事业的责任心、对医院的忠诚度和对工作的投入度,提高团队凝聚力。

(二)实施品牌战略,实现服务品质大提升

品牌是文化的体现,是医院的无形资产和宝贵财富。医院通过开展打造本溪第一服务品牌活动,不断提升品牌建设水平,实现从品牌到品质的升华。

一是打造服务品牌。医院结合"心文化"的核心和内涵,采取领导把关、群众献策、专家指导三结合的方法,总结提炼出服务品牌——"'十心'实意"。即:对待患者有爱心,接待患者要热心,解答疑问要耐心,诊断要有责任心,观察病情要细心,治疗护理要精心,学习技术要专心,收费让患者放心,听取意见要虚心,改进服务要诚心,最终让患者获得实实在在的满意。

医院不断细化服务品牌,提出了"科有品牌,岗有理念"的要求,全院各科室围绕"'十心'实意"服务品牌,结合各自的工作特点,提炼各科室的子品牌和服务理念,并制定了具体的保证措施。如眼科的"光明天使"品牌和"巧手描绘清亮'视'界"理念;儿科的"慈母心"品牌和"慈母爱心,护佑未来"理念;肿瘤外科病房的"希望永驻"品牌和"希望永驻,健康常在"理念;中西医科"妙手仁心"品牌和"济世为患,杏林春暖"理念等,都体现了有特色、有措施、有落实。急救中心的服务品牌是"把握瞬间",科室提出"把握入院的瞬间,医护及时出现在面前;把握变化的瞬间,救治快捷准确又全面;把握猝死的瞬间,全力抢救病人转平安;把握死亡的瞬间,详细交待家属少遗憾;把握出院的瞬间,建立联系病人心放宽",同时制定了八条保证措施,使服务品牌落实到具体工作中。

二是打造技术品牌。医院不断加强品牌内涵建设,提高品牌的科技含量,以临床重点学科和特色专科建设为依托,积极开展技术创新,创建省、市重点专科16个,腹腔镜、胸腔镜、宫腔镜、膀胱镜、关节镜等微创手术广泛应用,心脏旁路搭桥术、肾脏移植术、背阔肌游离肌皮瓣移植术、经桡动脉穿刺行冠脉造影PTCA支架置入术、先天性心脏病的介入治疗、应用层流技术治疗白血病等多项新技术达到省先进水平。近三年,医院获省科技进步奖2项,市科技进步奖45项,员工在省级以上杂志发表论文500余篇。

三是打造质量品牌。医院以三甲医院复审、医院管理年活动和落实CHA患者安全目标为契机,健全并完善了各项制度、职责200余项,并通过定期召开案例分析会、医疗安全教育大会、法制法规辅导等多种形式,抓好核心制度的落实,强化"三基三严"训练,健全医疗护理质控体系,通过举办"优秀病志展"、开展急救技能大赛等,加强重点部位和环节的监管,提高医疗质量。

(三)实施人才战略,实现人才建设大突破

医院坚持人才资源是第一资源的理念,不断优化人才资源结构、激发人才队伍活力、健全人才管理制度,造就了一支勇于探索、进取创新的人才队伍,为医院赢得了持久的竞争优势。

一是诚心聚才。医院在引才、聚才上采取有效措施,通过特薪引进人才、通过年薪招聘人才,以项目为载体,面向社会广募贤才,建设一支集在职、兼职、挂职于一体的高精尖人才队伍。近三年,医院调入、聘入、特聘副高职以上专业技术人员15人。先后引进国内著名肿瘤科专家李留树、全军顶尖放射线科专家胡连源、中医研究所陈发奎、病理科硕士章培等全国著名专家,他们都是所在专业的领军人物,使医院的技术水平在短时间内达到全国先进水平,吸引全国各地和许多域外病人,极大地提高了医院的知名度。为引进肿瘤专家李留树教授,医院认真调研,院领导多次到北京真诚邀请李教授来院工作。李留树教授的成功引进,是医院人才管理的重大突破,也体现了"心文化"的无穷魅力。

二是精心育才。医院坚持全方位、多层次培养人才,以岗位培训为主渠道,通过外派学、脱产学、干中学,鼓励员工提升学历和技术创新,积极营造良好的人才成长环境。每年选派业务骨干参加国家级学术会议80余人次,选送中青年业务骨干50余名到上级医院学习,选派优秀人才到国外医学院校深造,2008年用于人才培养及奖励金额560万元。近三年,医院培养博士10人,硕士65人,本科生200余人。

三是真心用才。医院积极营造鼓励人才干事业、支持人才干成事业、帮助人才干好事业的氛围,创新思维,打破常规,对学成归来的博士、硕士生,按所学专业及课题项目,采取"因人设岗"、"因人设科"等办法,为人才施展才华搭建成就事业的舞台。心内科博士黄鑫学成回院后,医院克服资金及环境等困难,专门成立循环内科二病房,任命他担任科主任,仅两年的时间,他就获市科技进步奖3项。血液科博士何晖学成回院后,医院投资30余万元,专门成立了血液

实验室，为其开展血液疾病研究创造条件。肿瘤内科医生陈铁军硕士毕业后，医院采取“师带徒”的方式，让他与国家级肿瘤内科专家李留树教授结为师徒，使他的诊治水平得到快速提高。

五、多渠道传播，树立和谐医院文化形象

文化的传播是创建先进文化的重要环节。医院通过载体传播、渠道传播、故事传播，广泛宣传“心文化”的丰富内涵和典型案例，对内增强凝聚力，对外提高影响力，树立了医院优秀的社会形象。

（一）选准载体，突出和谐医院主题

医院每年开展主题活动，以质量管理年、诚信服务年、品牌建设年、和谐文化年等为载体，扎实推进“心文化”建设。制定专题实施方案，设计系列活动项目，实现“心文化”建设与医院中心工作的相融共进。以院报、宣传栏、好人好事专栏、院内灯箱、网站为阵地，宣传践行“心文化”的典型人物和事迹，在潜移默化中传播先进文化。

（二）拓宽渠道，展示和谐医院形象

一是树立外在和谐形象。医院充分利用新闻媒体，在《本溪日报》设“十心实意天使情”专栏、《本溪晚报》设“就医情结”专栏、《洞天周报》设“从医感悟”专栏、《本钢日报》设“名医出镜”专栏、《本溪广播电视报》设“中心人故事”专栏、本溪电视台设“文化视角”专栏、本溪电台设“健康导航”专栏，向社会全方位展示医院的精湛技术、先进文化、高尚的医德医风和积极履行社会责任的典型事例，每年在市级以上媒体发稿300余篇，不断提升先进文化的感召力和影响力。

二是树立内在星级形象。在员工中开展星级服务，请礼仪专家进行全方位礼仪培训，女医护人员淡妆上岗，新员工培训合格上岗，达到服务环境温馨化、服务沟通亲情化、服务流程人性化、服务收费大众化、服务行为规范化、服务延伸社会化。

（三）宣讲故事，传播和谐医院文化

医院坚持理念故事化、故事理念化，以故事传播品牌、升华品牌。“品牌是由故事堆积成的”，这是老院长黄力强在“心文化”实践中总结出的成功经验。

一是领导传播。院长定期推荐管理书籍和文化故事，近年来推荐了《谁动了我的奶酪?》、《把信送给加西亚》、《执行》、《细节决定成败》等管理书籍，推荐了“青蛙现象”、“快鱼吃慢鱼”、“木桶原理”等文化故事，员工撰写心得体会及专题论文500余篇，促进了“心文化”的广泛传播和认知认同。

二是员工传播。医院在员工中征集服务故事，通过演讲比赛、小品演示会等形式广泛传播，营造人人争创服务故事、人人争当故事主人公的生动局面。在新闻媒体及院报《中心人》上设立“中心人的故事”专栏，定期刊登优秀故事。精选90个优秀服务故事编写《中心人故事》，编印《中心人从医感悟》专集。员工创造的“两盒头孢的故事”、“一本书的故事”、“一盒炸鱼的故事”等，使“心文化”变得生动活泼而又真实具体，得到患者的好评和赞誉，提高了医院品牌的知名度和美誉度。比如在医院广为流传的“一本书的故事”，讲的是儿科在打造“慈母心”服务品牌时发生的故事。儿科护士王翠莲在值夜班期间，接诊了独自来打滴流的一个八、九岁的小患者，当她通过询问得知孩子的父亲上夜班，母亲已去世多年时，一种慈母般的爱心油然而生，她不但耐心为孩子处置，为孩子送来了热牛奶，还给孩子讲了很多名人自立自强的故事，并把给自己孩子买的新书《钢铁是怎样炼成的》送给了这个小患者，小患者临走时感激地说：“阿姨，您使我想起了妈妈！”这就是中心人在面对患者时所体现的文化情怀，源自于员工对“心文化”的深刻理解、认同和热爱。

三是患者传播。医院在院报上设“患者之声”专栏，刊登患者的感谢信。定期摘抄感谢信中的感人事迹，在全院中层干部会上反馈。市服务名牌科室循环内科一病房的一位老患者在对金雷医生的评价中，这样说道：“这个年轻大夫太好了，说话非常和气、亲切，我病重活动不便，他就主动为我借来了推车送我去检查，刚入院时因病得太重我都不想活了，可是这个年轻大夫反复劝我，做我的思想工作，并且还非常有信心的告诉我，一定能治好我的病，经过他的精心治疗和无微不至的关爱，我真的病愈出院了，我和家人非常感谢他，而且不止一次地告诉我的亲属和左邻右舍，你们有病就到中心医院，那里的医生水平高，服务非常周到，保你的病能治好。”患者朴实的语言不仅是对中心人爱心付出的肯定，更是对医院“心文化”的高度认可。有的患者因病情过重医治无效去世了，患者家属为了表达对医护人员的感激之情送来感谢信，有一封感谢信这样写道：是中心医院的“心文化”培养出这样一支高素质的干部员工队伍，是中心人心贴心的服务，才使我们感受到了家的温暖。

六、医患一家亲，共享和谐医院文化成果

中心医院通过坚持不懈地创建“心文化”，构建和谐医院，医疗技术能力、服务能力和软实力得到稳步提升，各项综合指标连年居本溪医疗卫生行业领先水平。医院建立了惠及员工、患者及社会的价值分享机制，形成上下和谐、医患和谐、内外和谐的良好发展态势，使医院步入持续、快速、和谐的发展轨道。

（一）聚“心文化”之力，形成了上下和谐的良好态势

一是班子和谐，共谋发展。“智出一班，令出一门，戏唱一台”，这是多年来中心医院得以快速发展的重要基础。医院已经形成了科学完善的议事规划和党政协调运行的工作格局，思想上交心、目标上同心、工作上用心的工作原则，保证了领导班子的和谐统一，促进了医院各项事业的持续发展。

二是上下和谐，人心思进。正是“心文化”的不断深植，医院形成了上下和谐、人心向上、人心思进的良好工作氛围，增强了医院的凝聚力和向心力。医院建立了和谐的利益分配机制，与员工共享医院发展成果。2008年，员工人均

年工资比上年增长16%,居于全省同级医院前列,切实将发展成果惠及员工。

(二)筑"心文化"之基,实现了医患和谐的良性互动

全院员工在坚持"一切以病人为中心"的基础上,牢固树立了"服务无边界、服务无小事"、"把对让给患者"、"接待一个患者,结交一个朋友,开辟一个市场"等服务理念,各科室积极创新服务模式,构建和谐医患关系,开展了超值服务、延伸服务、感动服务、惊喜服务等。例如:手术室在服务创新中开展了"手拉手"服务,护士为缓解患者手术过程中的紧张恐惧心理,始终握着患者的手,受到患者的一致评价和赞誉。2008年,医院收到患者表扬信203封,锦旗75面,新闻媒体表扬300余次,患者满意度99.1%,许多患者即使住在走廊加床也不到其他医院住院,就是对医院品牌的高度认可和对"心文化"的认同。

(三)谱"心文化"之曲,树立了内外和谐的卓越形象

和谐体现了医院可持续发展的战略要求,体现了科学发展观的时代内涵,更体现了医院肩负的历史使命。中心医院用"心文化"促和谐,坚持诚信经营,积极履行公益责任,关注弱势群体,在支援四川抗震救灾、奥运安保、手足口病防治、奶粉事件筛查等突发事件中冲锋在前,充分展示了"心文化"所具有的凝聚力、号召力和战斗力。开展"百名医生支援基层卫生工程",对县级医院进行技术、管理、文化全方位的帮扶,解决人民群众关注的看病难、看病贵问题。2008年,医院用于帮扶、捐助、援助等500余万元,树立了医院优秀的社会形象,以实际行动为构建和谐社会作出了应有的贡献。

大医泽德 生命曙光
弘扬百年精神积淀

上海中医药大学附属曙光医院

上海中医药大学附属曙光医院,经过一个多世纪的发展建设,已逐步成为一所特色鲜明、科室齐全、名医荟萃、设备一流、设施先进的全国著名的三级甲等综合性中医医院、全国示范中医院、百佳医院。在文化建设过程中,医院秉承中医传统文化精髓,融合新世纪时代风貌,凝练海派文化特征,逐步形成了独特鲜明、上海特点、中医特征的"曙光文化",医院于2005年被评为上海市卫生系统医院文化建设先进单位,2008年获得全国医院文化建设先进单位称号。

一、汲取中医药文化精髓,注重医院文化建设内涵

(一)凝炼文化的核心理念

医院精神"大医德泽,生命曙光",沿袭了传统中医文化的核心理念,又体现了开拓创新的勃勃生机。医院将古代名医孙思邈的名句"大医精诚"作为院训,提倡医德和医术的双馨。医院还确定了"大医精诚、以仁为本、继承创新、精益求精"的核心价值观。医院院徽以中国古代周易中的太极图为视觉中心,贯穿双鱼图案的浅蓝"S"和双鱼图变形而成的"G",寓意中医传统的历史和文化内涵。医院2003年重新创作了院歌《永远和曙光在一起》。浦东新院建成后,还对医务人员、窗口人员的着装进行专门的规范和设计,以崭新的形象展示在患者面前。面对新的发展机遇,医院明确了自己的发展目标:建立上海市现代化、综合性中医院,亚洲一流的中医临床医教研中心。

(二)健全制度落实行为规范

我院于2001年在中医院中首家通过ISO质量管理体系认证。在实施过程中,医院把原有的全面质量管理体系、精神文明建设考核体系与ISO9001:2000标准有机地组合起来,健全制度,注重落实。2007年医院将"医德档案"升级为"素质档案",对职工年度中职业道德、医德医风、素质教育情况进行记录、汇总和考核,完善了精神文明考核制度,该项工作还获得了上海市总工会职工素质工程十佳品牌提名奖。医院还通过"中医文化节"、"曙光爱心人物评选"、"优秀曙光人"、"精神文明十佳好事"等各类载体,建立思想道德建设长效机制。

(三)塑造独特物质形态文化

浦东新院在建设过程中充分融入了中医药文化环境设计理念,在医院不同区域内放置了院训青铜石碑、葫芦雕塑、拱门照壁、紫砂壁雕等装饰物品,凸显中医药文化内涵和医院核心理念。医院还新建"院史陈列室",全面展示医院历史、学科、人物、交流活动等内容,已成为医院对外交流和职工教育的重要基地。医院病区内也十分注重中医文化环境的设计,如走廊墙面装饰的中医知识介绍,病区内的中药制剂展示橱窗、门诊诊室里中医传统治疗用具展示柜等,都体现了浓郁的中医药文化氛围。

二、凸显中医药文化特色,打造创新文化品牌

(一)弘扬医学伦理道德,全国首推"伦理查房"

曙光医院医学伦理委员会于2003年在全国首推"伦理查房",以主动介入的方式预防和处理不规范的医疗行为,从伦理学角度保证患者的权利,对医疗实践活动中医务人员的伦理学难点起到监督、约束和指导作用。2004年的"焦点访谈"节目播出了曙光医院伦理查房的专题采访,并予以表扬。多年来医院每年坚持到病区开展伦理查房,召开伦理审查会议,并积极开展医院伦理建设的理论和实践研究。通过伦理查房,医院改进了患者入院宣教,床头卡书写,患者的称呼及设置屏风等人性化服务。通过伦理查房,逐步理清医患各自的权利与义务,逐步加大医患之间的相互了解,充分调动患者的主动性,平等协作,真正体现出对患者的人文关怀。医院"伦理查房"活动先后获得了上海市卫生系统精神文明创新奖、上海市社科学会特色活动奖和全国医院人文管理荣誉奖。

(二)传播中医药知识,开通国内首条免费"中医健康热

线”

为大力弘扬中医药文化，普及中医药保健康复知识，医院于 2007 年开通了市民可免费拨打的“曙光中医健康热线”。热线以专家专科咨询、健康保健、中医药特色等内容为主。自开通以来，已经接听电话 4 万余个，平均每天接到近 200 个电话。热线有专职人员和志愿者负责日常工作，每天开通 4－6 部电话接听热线，医院同时组织专家顾问团作为业务指导，负责答复一些专业性较强的问题。医院还定期举行接线人员业务培训，提高热线的服务水平。热线咨询使社区居民足不出户就可以拥有便捷及专业的中医药健康顾问，同时热线还为社区医护人员提供中医药业务指导，促进中医进社区工作。热线的开通体现了医院在构建以中医为特色的健康管理理念和弘扬中医药文化工作上的积极探索，是医院精神落实到行动的具体体现，是医院向职工传达医院理念的最佳方式。

（三）发扬中医人文精神，引入双向的“心理关怀志愿者”

我院在 2008 年以上海市申康医院发展中心的课题项目研究为契机，将心理关怀志愿者引入急诊科和重大疾病科室，探索研究在医疗机构内实施心理关怀服务的有效模式。医院在招募和培训志愿者后，在医院急诊室承担白天突发事件中对患者及家属的一对一导诊、情绪安抚、心理问题疏导等任务。工作重点是减轻患者对疾病的恐慌，尽快帮助患者及家属了解就医流程，随后志愿者的身影由急诊科推广到重大疾病科室。在我院收治灾区伤员的病房内，志愿者分不同类别进行心理疏导，有效促进四川灾区患者的身心康复。在志愿者活动开展过程中，医院制定了“心理关怀志愿者”服务内容、岗位职责、文明服务规范等工作制度，定制了志愿者上岗服装，确保志愿者活动规范有序开展。医院随后还成立了“曙光心理工作室”，继续建立起心理关怀项目的长效机制和工作平台。争取将心理关怀服务推广到更多的重大疾病科室，同时有计划地持续开展医务人员心理专业知识培训，提升服务内涵和质量。

（四）传承海派中医文化，打造特色品牌科室

为加强中医内涵建设，传承和发扬海派中医品牌，医院先后建立了“石氏伤科”、“柏氏肛肠科”、“蔡氏书屋”，这些临床和教学科室均以上海市名老中医的姓氏命名，在门诊诊室、病房均采用传统风格装饰，不但在治疗手段上以中医药传统疗法为主，更能让患者感受到浓郁的中医药文化氛围，通过独具特色的科室文化塑造品牌形象。医院还在全国率先建立传统中医诊疗中心，原创性地打破现行按西医分科的体系，跨学科地将中医内科、针灸、推拿、康复等学科整合在一起。医院的治未病中心也成为了国家中医药管理局首批试点建设单位，探索开展中医特色预防保健服务体系。医院以“针刺麻醉手术”为切入点，加强中西医结合学科建设，“针刺麻醉创造中医药神话”还获得上海市改革开放三十周年“健康上海”十大成果奖。

在医院文化新一轮建设中，在全院职工同心协力下，我们取得了丰硕的成果。同时我们也深深感到“大医德泽，生命曙光”的中医药文化精神，孕育了一代又一代曙光人，彼此合作，互相理解，医院的核心价值观成为全院职工共同勾画灿烂的未来，憧憬美好的愿景的不竭动力。

突出文化特色 提升医院品牌

泰安市中心医院

医院文化建设有赖于民族性和时代性的支撑，没有民族性和时代性的文化，必然没有个性和特色；而没有个性和特色的文化，也肯定没有吸引力和感召力。因此，医院文化建设必须积极继承中华民族的传统文化，突出地域特色，紧贴现实生活，弘扬人文精神，大胆进行创新，才能确保医院文化得到丰富和发展，促进医院的建设发展。个性和特色，是医院文化的永恒魅力。我们泰安市中心医院建设特色文化的做法是：

一、突出地域特色，注重医院文化的传承与发扬

地域文化是在一定地域范围内长期形成的历史遗存、文化形态、社会习俗、生产生活方式等，具有明显的地域特征。由于地域环境、文化观念、风俗习惯、经济水平以及历史渊源等方面存在着差异，必然导致不同地域的文化各不相同。“有什么样的土壤，就会开出什么样的医院文化之花”。医院文化的地域性特征，决定了医院文化建设必须体现地域性。我们泰安市中心医院位于举世闻名的泰山脚下，地处齐鲁文化之中，受孔孟的儒家文化熏陶，具有深厚的中华民族优秀的传统文化氛围和土壤。孔孟的思想核心为“仁”、“爱”，这一思想对我们提炼医院核心理念，具有十分重要的指导意义。儒家伦理倡导社会责任意识，强调“人为贵”的精神。医院服务对象是人民群众、是患者，患者又是人民群众中特别需要照顾的群体。因此，医学就是人学，就是服务患者，在医院特别需要建立起“仁者爱人”的医院文化。

医院核心价值理念的提炼，不能单纯追求辞语的华丽、响亮，最重要的是适合自己。这就要要求我们提炼构思的医院核心价值理念一定要注意到医疗卫生行业特征和医院自身的个性。核心理念只有体现出以上这些特征和医院的个性，才能真正使医院职工感到亲切，进而使职工们接受。

孔子把其思想的核心“仁”解释为“爱人”，认为每个人作为社会一员，对社会、集体、家族、群体等都具有责任感，注重诚信、礼仪等，我院在提炼医院文化理念中，注重突出地域文化，结合孔子的这些思想内容，把核心价值观提炼为“生命之托重于泰山”，把服务理念提炼为“情若汶水，责比泰山”，把医院使命提炼为“关爱生命，呵护健康，让百姓延年益寿”，充分体现了“仁者爱人”的儒家思想，又融入了泰安最富地域特色的泰山、汶水，深受医院职工认同，铸就了医院品牌。院长、党委书记刘义成专门撰写《吸纳传统文化

精华 构建现代医院文化》一文,从构建“仁者爱人”的医院服务文化、“中庸和谐”的医院关系文化、“宽人律己”的自身修养文化等三个方面,全面阐释了我院文化建设的特色以及医院文化建设的内涵,诠释了构建现代医院文化,不光要学习国外和企业文化先进经验,还要吸纳传统文化精华的论述。

二、突出时代特色,注重医院文化的创新与发展

党的十六届四中全会第一次鲜明地提出和阐述了“构建社会主义和谐社会”这个科学命题。和谐文化是一种以和谐为思想内核和价值取向,把和谐文化融入医院管理之中,是构建社会主义和谐社会的必然要求,是现阶段广大医院管理者和医务人员的庄严使命与具体实践。

在医院建设和职工生活中倡导和谐。我院很早就顺应时代特色,在发挥全院干部职工积极性的基础上,对医院环境进行文化渗透,将医院的和谐文化融入医院的每个角落。医院采取多种形式,将院区花园取名为“和睦园”;花园内供病人休息的凉亭取名为“和睦亭”。在充分调动职工积极性,全力促进和谐人际关系的基础上,医院将职工餐厅更名为“和睦餐居中心”;将宿舍区取名为“和睦家园”,并在宿舍北门悬挂了“健康胜过财富,和睦就是幸福”、“和和睦睦生活,平平安安回家”等宣传画。医院处处体现追求和睦、和谐、和美的时代精神,在院区移栽了数棵核桃树和柿子树,表达了营造“和(核)和(核)美美、事(柿)事(柿)如意”的良好愿望。

在管理工作中落实和谐。在融洽医患方面,我们提出了仁爱、人道、诚信、友善等理念,使之与现代医患关系相适应,赋予其时代价值和现代意义,成为医患和谐的基础。近几年,医院采取各种方法,加强了对医患纠纷的处理力度。在调解医患纠纷和矛盾方面,医院成立了督查部,设立了监察科,围绕医院的中心工作,对全院各行政职能科室及其工作人员开展行政效能监察,督促其高效率、高质量履行职责,并负责信访工作,受理党内各种控告、检举、申诉,接受处理非医疗技术类服务投诉,指导各基层党组织的案件查处和群众信访。医院采取引进第三方介入解决医患纠纷的办法,促进医患纠纷的合理解决。同时,通过召开患者座谈会,开展下乡义诊等活动,不断融洽医患关系,达到了“尊医、爱患、和谐”的目的。

在奉献社会中促进和谐。作为公立医院,应始终以承担社会责任为己任,向社会奉献爱心,打造责任文化、爱心文化,努力构建和谐医院。2008 年 5 月 12 日,汶川大地震发生后,医院先后派出 4 名专家,奔赴抗震救灾第一线,参与抢救伤员和伤残人员的康复工作,以实际行动实践了“生命之托重于泰山”的核心价值观。医院党、政、工、团和科室先后为灾区捐款 62 万余元,捐赠棉衣棉被 1478 件,在社会上产生了良好的影响。

为缓解群众看病难、看病贵的问题,我院于 2006 年就实施“惠民工程”,在规范临床路径,合理检查、治疗、用药、收费的基础上,推出了一系列惠民举措。对 36 项手术实行单病种限价收费;为低收入患者设立 107 张“济困病床”;参加新型农村合作医疗的农民、城镇未参加医疗保险的下岗职工和低保人员住院,享受床位费减免 50%,大型设备检查费、治疗费减免 20%,药品费用减免 10% 的优惠,努力减轻困难群众的就医负担,让老百姓花相对较少的钱看好病。“惠民工程”为患者减免各种医疗费用 100 多万元,受益患者达 1500 余人。

在大力实施“惠民工程”的同时,医院积极开展支援社区医疗工作。先后托管多家社区医院和基层卫生院,为之捐赠设备,义务培训医师,义务派专家坐诊,建立双向转诊关系,将医院的医疗服务延伸到基层,让群众在社区就能享受到大医院的医疗保健服务。

作为政府举办的公立医院,医院还担负着代表政府对外实施医疗援助的任务。近年来,医院多次选派优秀医务人员,参加国家组织的援外医疗队,赴坦桑尼亚、尼泊尔、伊拉克等国家,从事医疗服务,为密切我国与被援国家的关系做出了贡献。2008 年 7 月,医院派出第六批 3 名援疆干部,支援新疆的医疗事业,树立了泰安医疗队伍的良好形象。

救助弱势群体,是公立医院义不容辞的责任。近年来,医院先后组织了“一元钱爱心行动”、“慈善一日捐”、“无偿献血”等慈善活动。2007 年 12 月,医院启动首批“亲体肾移植救助项目”,对 10 位亲体肾移植患者每人给予 1 万元的医疗救助,同时减免 1 万元医疗费。2007 年,医院承担了泰安市委、市政府为群众承办的 12 件实事之一“困难病人康复救助计划”,开展了“住院病人社会化护理”工作。眼科则与市残联合作,开展了“视觉第一行动”,免费为 15 名白内障患者实施复明手术。这些公益性活动的开展,受到了广大群众的欢迎和好评,医院的良好社会公众形象得到进一步提高。

三、弘扬人文精神,注重医院文化的执行与落实

坚持以人为本是医院文化建设的根本。一方面,医院文化作为一种管理文化,它需要强调对人的管理;另一方面,医院员工不仅是医院的主体,而且还是医院的主人,在医院文化建设过程中,必须做到每一个环节都有员工参与,每一项政策出台都得到广大员工认可,自始至终形成一个全员参与、相互交融的建设局面,从而实现员工价值升华与医院蓬勃发展的有机统一,实现医院快速、健康发展和员工全面提高的有机统一。

在医院管理中体现以人为本。落实以人为本,首先要注重对人的培训与提高。为此,我院先后出台了一系列关于加强管理、规范管理的规章制度和措施,实施了形式多样的管理培训。针对管理层,组织全院 200 余名中层以上领导干部参加拓展训练;组织 125 名中层领导干部,分 3 批赴新加坡国际管理学院进行短期管理培训;组织院领导和 40 余名中层管理骨干分批参加 EMBA、MBA 高级研修班。针对

职工在职学习,为鼓励职工继续参加在职学习教育,出台了职工在职期间接受继续教育的有关待遇规定,为在职职工取得学历者报销部分学费,报销职工撰写发表的论文版面费;创造条件加强职工的后续教育和学历教育,改善职工的专业知识结构,提高职工队伍的科学文化素质,同时,还采用医院与院校共建联合办学的方法,与青岛大学医学院联合举办了六期研究生班,共招收292名在职研究生。采取"请进来、走出去"的办法,开展丰富多彩的学术活动。邀请国内外知名专家、教授来院进行专题学术讲座,同时,医院派出专业技术人员到国内外知名医院进修学习或参加学术活动。针对人才培养,医院对博士给予低职高聘、报销全部学费、发给3万元安家补助费、提供1万元科研启动基金、优先安排住房、配备上网微机等待遇,为博士、优秀专家专门盖了专家公寓楼。良好的激励机制,激发了职工不断学习的积极性,医院现有高级职称卫生技术人员达到376名,博士后、博士20余名、硕士181名,有15人为国家级专业委员会委员,有35名同志为省专业委员会委员,其中20人为主任、副主任委员,有34人为硕士生导师,有13人为市级专业技术拔尖人才,7人为"151岱下英才培养工程"首批培养对象。

在服务病人中体现以人为本。我们从日常小事入手,不断改进和完善门诊大楼、病房大楼各项服务设施。精心安装洗漱间镜子、走廊扶手、残疾人坐便椅;备齐各种轮椅、担架、移动推车;门诊各类窗口部门实行柜台敞开式工作,让患者真正享受到"零距离"贴心式服务;在门诊与病房大楼连廊内设置成人输液室、医保服务大厅、商品服务中心、方便快餐厅等。在门诊大厅内设立"一站式服务"台,提供就医导诊、挂号分诊、健康咨询、便民开方、诊断盖章、意见征询、担架轮椅等服务;还设立了带照片的"今日坐诊专家一览牌"供患者选择;安装了彩色大屏幕,实时滚动播放医学科普常识、公共卫生场所突发事件应急预案等内容,方便患者就诊。

医院推行了费用公开制度,医疗收费标准一律上墙公开;向住院病人发放"费用一日清单",购进了费用查询系统,安装在门诊大厅和病房大厅,使患者能够随时查询医疗费用。每个病区都设立了医护监督牌和"医患天地"交流栏,让医患双方互相监督相互理解;每个临床科室还设立了便民服务箱、报刊架等。借鉴宾馆的做法,在每个病房都放置了《病人服务指南》手册,指导病人、享受服务,这一做法被国家卫生部领导现场考察后称为"创造性的工作"。

成立客户服务部,采取发函访、电话访、登门访、网络连线等形式,及时征询出院病人意见,在医生和患者之间架起沟通的桥梁。开展了"向患者送温暖赠送《泰山晨刊》"活动,向部分住院时间较长的病人房间和病人比较集中的门诊各候诊厅、门诊输液室,每天赠送一份《泰山晨刊》,让病人在等待就诊、住院治疗时,通过报纸了解新闻、获得知识、消除寂寞。

在关爱职工中体现以人为本。自2001年起至今,全院2000名职工(含离退休)每人生日这天都能收到由院长签名的生日贺卡和生日鲜花、蛋糕。每年春节前夕,医院院领导和相关科室人员都会走访看望医院离退休老领导,为特困家庭送去慰问金和年货,让他们感受到医院的关怀和温暖。为使住院病人和值班医护人员吃上过年水饺,每年年三十上午院领导和机关干部到医院食堂义务为住院病人包水饺。年三十下午医院领导与行政职能科室主任分组走访慰问所有除夕夜值班人员和部分住院病人,给他们送去礼品,零点过后还要去看望部分关键岗位值班人员。年初一早上,医院都举行春节团拜会,院领导、部分中层干部及医院职工、职工家属欢聚一堂,辞旧迎新,共庆新春佳节。

从2007年起,医院职工去世院旗都要下半旗致哀,表达对已故职工的悼念。2007年"两会"期间,山东省人大将省人大代表、我院刘义成院长关于设立"医师节"的议案作为优秀议案,提交全国人大。同时,在院长刘义成同志的倡议下,经医院职代会讨论通过,在全国率先设立"医师节",规定每年12月21日即毛泽东发表《纪念白求恩》一文的时间为医院"医师节",表彰优秀医师,为从医50年、40年、30年人员颁发金、银、铜奖章。2008年,为纪念医院建院60周年,医院本着"少花钱、有意义"的原则,不仅开展了"十个一"活动,还重点推选出了在不同时期为医院发展建设做出突出贡献的5位已故医学名人,制作塑像镶嵌在医院"中外医学名人墙"上,表达对他们的尊重与敬仰之情。在临床科室医生办公室墙上,悬挂本科室历任科主任的照片,以此表达对他们为科室建设和发展所做贡献的肯定。这些活动和举措,不断将医院文化建设引向深入,促进了医院凝聚力的提高及和谐气氛的形成,激发了职工们以院为家、积极进取的热情,为医院的持续发展积累了后劲。

四、突出宣传特色,注重医院文化的传播与推广

医院文化实现"科学定位"后,就要解决医院文化落地的问题了。为此,我们把医院文化的宣传与推广作为医院文化落地的重要手段,进行了积极的探索。

院内媒体宣传。为加强医院文化的创新与宣传,医院在原有《泰山医院报》和《泰山医学》杂志一报一刊的基础上,又重建了医院电视台,更新了医院网站,形成了一报一刊一台一站立体宣传,增加了医院文化宣传新亮点。医院通过医院内部报刊、电视台、网站、橱窗等渠道来宣传医院文化,促使抽象的文化理念具体化与形象化,让广大职工亲自接触、感受、感知医院文化,从而再不断推广,慢慢地把意识形态的东西渗透于职工的血液,成为指导工作的工具,形成行为的习惯,实现践行医院文化的自觉。

编著丛书推广。我们在宣传医院文化方面,修订完善了党政工作制度、人力资源管理制度、医疗管理制度、护理管理制度、科研管理制度、教学管理制度等医院管理等规章制度,编印了《医院管理指南》;按照业务范围、职责权限、应尽义务以及共同守则等要求,编印了《员工手册》;开展征集

反映医院建院以来、在医院改革、发展中涌现出来的集体和个人先进典型事迹活动,编印了《泰安市中心医院故事》;总结收录医院八大文化建设和各科室文化理念,编印了《医院文化手册》。4本医院文化建设系列丛书人手一份,方便广大职工学习、了解,并在实际工作、生活中践行。

创新宣传载体。为更好的营造医院文化氛围,我们种植"院龄槐"以教育引导后人;定时播放院歌来激发职工的团队精神;策划营造了"医院文化墙"、"中外医学名人墙",并在宿舍区建设了以孝文化、生活文化为主的"和睦家园文化"等。将提炼出的医院9大文化理念设计制作在折扇上,将院徽、院旗、院歌、医院文化理念、医院员工荣辱观等内容镶嵌在墙上,形成了独特文化景观,不仅是对每一位职工进行教育,也是对就诊患者和外来参观人员的宣传。新颖实用的宣传形式,产生了极佳的宣传效果,扩大了医院社会影响力。在此基础上,医院组织全院各科室总结提炼自己科室的文化理念,无论是临床、医技科室,还是机关、后勤科室,都提炼出符合本科室特色的文化理念,在提炼过程中,全体科室成员共同参与,使文化理念深入到每一名职工的心里。医院将各科室文化理念制作成图版,在每个病房门口显要位置粘贴本科室的文化理念图版,医护人员每天看着自己科室的文化理念上班,时时刻刻提醒自己以科室理念为核心,全心全意为患者服务。

加强医院文化建设的最终目的是促进医院的建设和发展,更好的为群众提供医疗服务。近年来,随着医院文化建设的深入推进,医院建设和发展不断取得新成就。医院先后荣获"全国企业文化建设优秀单位"、"全国医院文化建设先进单位"、"全国医院文化建设优秀成果奖"、全国"医院人文管理荣誉奖"、"中国医院文化杰出策划奖"等荣誉称号。由院长亲自作词的我院院歌《生命之托重泰山》荣获"第四届中国群众创作歌曲大赛金奖"。2008年6月,医院承办了山东省医院协会文化建设专业委员会文化建设成果观摩交流会,与会代表实地参观了我院的文化建设成果。2009年下半年,全国医院文化和淮海经济区医院文化建设研讨会将在我院召开,届时欢迎大家到我院进行指导。

新视野 新思维 新管理

武警总医院

戴院徽、唱院歌、铸院魂,一项项武警总医院特征鲜明的文化活动如春雨润物,全面培育出良好的医德医风医貌;医患同乐的春节联欢会、全员参与的主题文化艺术节、紧跟时代潮流的文化讲座、广为社会关注的专业网站和专家博客,一项项创新文化活动团结起总医院医护人员的心,拉近了医患之间的距离,让总医院步入了健康和谐优质发展的快车道。

近年来,武警总医院在推进单位全面建设中,坚持以科学发展观为指导,引领、放大、提升医院文化,大力培育责任、质量、生命的核心价值观,充分运用各种文化资源,努力开拓各种文化路径,不断丰富各种文化内涵,充分发挥文化的凝聚功能、激励功能和育人功能,打造出具有时代特征和警营特色的先进医院文化,呈现出了以文化"软实力"推动医院全面科学发展的可喜局面。

一、把文化建设融入警营环境,在潜移默化中培育良好的道德风尚

警营文化的根本任务在于培育当代革命军人的核心价值观。长期的医疗实践使总医院党委一班人形成共识,文化越来越成为医护人员凝聚力和创造力的重要源泉,越来越成为综合竞争力的重要因素。他们始终把"白求恩精神"作为医院文化建设的灵魂,紧紧围绕医疗中心工作强化医护人员的精神支柱,营造浓厚的文化氛围,丰富文化活动的内容,创新文化建设的方式,在潜移默化、耳濡目染中培育医护人员"全心全意为人民服务"的道德风尚。

走进总医院的大门,迎面可以看见医疗大楼门口雕刻着"官兵满意百姓放心"八个大字。浓浓的文化味儿阐释着新时期武警部队医院的建院宗旨。高高耸立的影壁墙上雕刻着毛泽东主席的题词:"救死扶伤,实行革命的人道主义",教诲医护人员永远牢记自己的神圣使命。奔腾的延河水和巍巍的宝塔山象征着总医院的前身诞生于抗日战争时期的延安,具有光荣的革命传统。综合楼大厅正面的显要位置镶嵌着毛泽东主席对白求恩精神所作的高度概括,突出表明医院以"白求恩精神"为院魂,努力争做新时期白求恩式白衣战士的理念。大厅侧面设立了世界医学之父希波克拉底的誓言,时刻提醒医务人员恪守职业道德。

走进外科大楼,光洁明亮的大理石地面上依附蕴含着中国传统文化的太极图跃入眼帘,大门面的李时珍雕像和走廊里悬挂的一幅幅古今中外医学名家的画像,处处体现出"厚德载物,重道医人"的浓厚氛围。

点点浓墨,笔笔重彩,书写着白衣天使的圣洁情怀。在很多科室病房的走廊,可以看见患者用自己的书法、国画、陶艺等艺术作品装点病房走廊,表达对武警总医院精湛技术和优质服务的称赞。

二、把文化建设融入日常医疗工作之中,真心实意为伤病员办实事

医院具有接触人民群众多,临时性医疗保障任务多等特点,既是医院传播精神文明、展示武警部队良好形象的"窗口",也是联系人民群众的"纽带"。总医院在实施以医疗为中心任务的同时,把文化建设作为一项基础性、经常性的工作渗透到日常医疗工作之中。

充分知识密集,人才济济利用这一资源优势,经常就医院文化进行研究和交流,开展如知识竞赛、科技练兵等主体文化活动。将信息化手段引入日常医疗工作,实行了"军字一号"工程,开通了远程会诊系统,建立了院内信息中心,设立了电子阅览室。知识的储备和文化的积淀,为医院的持

续发展提供着动力。

为了深入宣传白求恩的高尚品质和伟大精神，总医院举办纪念白求恩诞辰114年暨白求恩铜像落成典礼系列活动，开展"白求恩杯"优质服务竞赛活动，举办主题演讲比赛，推动院魂教育深入开展。

为了宣扬"责任、质量、生命"核心价值观，开展征文比赛，热情讴歌感人的身边人和身边事，激发全院人员"二次创业、再创辉煌"的责任感和使命感；开展"梦想杯"院歌歌咏比赛，在医院上下形成"学院歌、唱院歌、铸院魂"的良好文化氛围，激励全院人员爱岗敬业的责任使命感和集体荣誉感。

医院文化营造了良好的医德医风，"文化处方"成为治病良方。第四护理单元把部队文化融入到日常护理工作中，运用听军营歌曲、看部队光碟、讲名人故事、读警句格言等"文化处方"，引导住院官兵树立正确的人生观价值观，在治疗身体疾病的同时，解开他们心里的疙瘩，治好心病。战士小王因为适应不了连队生活，借病住院。护士长李红看出他的心思，把《什么也不说》、《为了谁》等脍炙人口的军营歌曲放给他听，看到他的情绪发生细微变化后，有趁热打铁，买来《永远的十九岁》这部军旅题材故事片陪他看。小王愧疚的说："谢谢您的良苦用心，我明白了如何做名合格的军人，实现军人的价值"。小王出院后苦练硬功，年底荣立三等功。

4年来，在"大力弘扬白求恩精神，争做合格白衣战士"评比中，24个先进单位和24位先进人脱颖而出，塑造了医院的道德典范。目前，医院拥有一支政治思想强、业务技术精、医德医风好的专业技术队伍。

三、在重大卫勤任务中打造救援文化品牌，把文化建设融入政治教育中

在执行国际救援任务中塑造国际化的文化品牌，文化工作的作用在实战中得以凸显。由总医院组建的中国国际救援队在历次执行出国救援任务时，高高飘扬在异国他乡的国旗、队旗和横幅，让受灾国人民记住了中国朋友的深情厚意。救援队员们胸前佩戴着国徽、左臂佩带的红十字袖章，满怀神圣使命感投入到救死扶伤的任务中。救援工作任务繁重、环境艰苦、信息闭塞，他们喊响"走出国门，我就代表中国"的口号，极大地鼓舞了士气；内容丰富的战地快报不仅成为救援工作的信息窗，生动活泼的战地文化更是深受队员喜爱的精神大餐。救援文化也成为中国国际救援队的一张友好名片。在总医院的陈列室里，受灾国人民赠送的传统民族礼物和他国救援队相互交换的救援队旗成为历史的见证。近年来，总医院院党委将弘扬"国际救援精神"作为医院文化建设的一项重要内容，激发了广大医护人员学习救援队员爱国爱武警精神的热情，营造了比学赶帮超的良好氛围。

紧跟医疗保障工作开展文化建设，打造出具有时代性的文化品牌。2008年奥运会前夕，总医院着眼人文奥运，营造浓厚氛围，上上下下叫响了"为奥运添彩，为武警争光"的口号，举办"迎奥运"文化艺术节、开展礼仪培训、完善就医无障碍设施、规范中英文双语标识等创新举措，树立起良好的"窗口"形象。医疗工作开展到哪里，文化服务就跟进到哪里。应急医疗分队进驻奥运村医疗综合诊所之前，训练现场打出了"博士硕士都是战士，苦练巧练一切为实战而练"的横幅和标语；展板、墙报等载体大力表彰宣扬训练中突出的医护人员，激发了医护人员的训练热情；因地制宜的文体活动活跃了训练气氛，缓解了训练疲劳。院报编发了4期奥运专刊，编印了9期《援奥简报》，开设了"聚焦奥运"、"一线传真"、"奥运村日记"、"志愿者风采"、"一线心得"等多个栏目，成为上级指示精神的载体和医护人员交流思想的平台，受到了总部首长的赞赏和广大医护人员、住院患者的一致好评。

四、在业余文化生活中打造警营文化品牌，把文化建设融入业余文化生活中

总医院具有官多兵少、工作"三班倒"、业余时间人员难集中等特点。积极开展健康向上、催人奋进、丰富多彩的军营文化生活，使之朝着先进文化的方向引导，营造医务人员喜爱的"精神家园"，始终是医院思想政治工作一项十分重要的内容。

总医院每年都在传统节日期间，打造主题文化活动，丰富全院官兵的业余文化生活。每年春节前夕，他们都推出了反映医院建设发展不同时期特点的联欢会，从2005年的《感动生命》联欢会、2006年《牵手和谐》联欢会、2007年《超越梦想》联欢会到2008年《再创辉煌》联欢会，握惯手术刀、注射器的医务人员，用文艺表演的形式尽情抒发情怀、展示才艺，也体现出总医院人的精神风貌与时代追求。

在总医院"2005. 感动生命"春节联欢会上，著名导演冯小刚、著名演员张国立、傅彪等明星大腕前来助兴。全员工作人员、住院伤病员奔走相告，能够容纳600人的礼堂里连过道也站满了人。刚刚从印尼之行医疗救援任务凯旋归来的34名中国国际救援以理疗对队员以一曲《爱的奉献》道出了他们不辱使命，发扬人道主义精神克服重重困难，出色完成任务的心声；诙谐幽默的小品《我们都是活雷锋》讲述了急诊室的日常故事，表现了医护人员不计得失救死扶伤的优良品质和良好的医德医风，令人捧腹大笑的同时回味无穷。傅彪非常动情地向台下的观众表达着自己的心声："感谢武警总医院用一流的医疗技术给我第二次生命，向白衣天使们深深致谢，感谢白衣天使的悉心护理。深情致谢之后，傅彪为医护人员表演了一段评书，赢得了热烈掌声。冯小刚、徐帆、张国立、张涵予为感谢总医院让好友重获新生，用精彩的演出向全体官兵表达了新春的祝福。

每年的"5 12"护士节，总医院在表彰优秀护理人员的同时，都要举办一台具有总医院特色的联欢会。多才多艺的护士们利用业余时间，从工作和生活中提取素材，精心编排成舞蹈、诗朗诵、小品、京剧等节目，不仅充分展示天使们良

好的精神风貌,又在活动中陶冶了情操,欢度自己的节日,道出天使们的甜酸苦辣。

每年新兵下连,警勤中队都会组织"官兵同乐"文艺联欢会,自编自演内容丰富、形式多样的文艺节目,展示出自我风采,让新战士安全愉悦顺利度过"第二适应期",新战士说:"没有想到下连后的警营生活丰富多彩,在这充满活力的氛围中,我们一定好好干工作"。班长张传胜说通过这场晚会,使新老战士心往一处想,劲往一处使,汗往一处流。

丰富多彩的文化艺术节给全院官兵提供了一个展示自我、讴歌成就的大舞台。为促进医院建设又好又快发展提供精神动力。

用行动抒写人性化的医院文化

云南省玉溪市人民医院

我院位于玉溪市中心城区,是玉溪市集医疗、教学、科研、预防保健为一体的综合性三级甲等公立医院。

医院始建于1950年,近六十年来,已经发展成为本区域内解决疑难重症、汇聚创新技术、具有权威地位的医疗诊治中心;成为担负应对突发公共卫生事件、重大灾难事故医疗救治任务的医学保障中心;也是玉溪市基本医疗服务的主要载体,玉溪市医疗学术研究基地、玉溪市医疗人才培训基地。

医院编制病床901张,经常性加床200—400张,设有38个临床医技科室、19个职能部门。医院内设云南省卫生厅批准的玉溪市儿童疾病临床诊疗中心、玉溪市神经疾病诊疗暨康复中心以及玉溪市肾脏疾病暨血液净化临床诊疗中心。玉溪市急救中心也挂靠在我院。2005年9月正式挂牌成为昆明医学院第六附属医院。

医院高度重视学科建设,将危急重症病人抢救、介入治疗、微创技术应用等作为医院发展的重点。在普外科、妇产科、泌尿外科、骨科等科室开展了以腔镜应用为主的内窥镜微创治疗并取得了良好的治疗效果,并在心脑血管疾病诊治、儿童疾病诊治及危急重症救治方面日益彰显特色。近年来,医院先后开展了同种异体肾移植、亲体肾移植、肝移植、角膜移植、显微外科切除高颈段脊髓内肿瘤、心脏瓣膜置换、心脏介入诊断与治疗等近百项新业务新技术。

目前,医院的医疗技术在我市处于领先地位,实现了"政府满意、百姓信赖、员工拥护、社会推崇"。

医院十分重视提高职工素质,在全院大力倡导学习之风,努力提高全体干部职工的思想水平和工作能力。院领导层通过学习,加强领导集体建设,特别是领导力、凝聚力和执政能力的建设,重视和倡导"服务基层、调查研究、身体力行、寓管理于服务之中"的工作作风,成为"道德崇高、思想先进、作风严谨"的典范;中层干部通过学习和培训,强化执行力建设,重视和倡导"以学术促发展、以理论促进步、以奉献促成功、寓成就于努力之中"的工作作风,成为"学有所长、业有所专、甘于奉献"的医院中坚;职工队伍通过学习和培训,提高岗位工作能力,重视和倡导"敬业爱岗、争先创优、团队互助、寓成长于工作之中"的工作作风,成为医院发展最可依赖的基础力量。

医院以独创的人文管理"山水文化论",把"制度是山,文化是水,山水相依,共享和谐"的理念融入医院的改革与发展,着力打造亲情文化,努力用优秀的医院文化引导和凝聚全院职工,以文化力推动医院的发展。

1994年,医院被国家卫生部评为"三级甲等医院",是云南省六家"三级甲等医院"之一,也是云南省州市级综合医院中唯一一家"三级甲等医院"。

我院2005年和2008年两次蝉联"全国文明单位";1995年、2000年两次评为"全国卫生工作先进集体";2001年评为"全国卫生文化建设先进单位";2002年评为"全国内审工作先进集体";2003年获中央文明委表彰的"全国创建文明行业工作先进集体";2004年获卫生部表彰的"全国卫生系统行风建设先进集体"以及云南省政府表彰的"云南省人事制度改革先进集体";2006年评为"全国医院文化建设先进单位";2007年获中华医学会医学伦理分会表彰的"人文管理特别荣誉奖";2008年荣获全国总工会授予的"全国模范职工之家",云南省"价格诚信单位"。在权威调查机构公布的数据中,医院公众满意度达98%。

2003年,医院在全院职工中开展了医院精神文化征集活动,全院职工广泛参与,最后经职代会讨论确立了医院精神文化。"一切为了病人的健康"的医院价值观、"团结,敬业,务实,创新"的医院精神、"融入亲情,精心医疗,诚信服务,尊重生命"的医院理念、"向服务要市场,向人才要动力,向管理要效益"的经营哲学、"技术至精至强,信誉至真至诚,服务至善至美,环境至雅至洁"的医院目标。这不仅成就了医院文化的精髓,更展现出了全院职工共同的愿景。

围绕"环境至雅至洁"的目标,我们把能改善的地方全部修缮了一遍,努力营造清洁、优雅、舒适、方便的就医环境。先后新建了内科住院楼、综合住院楼,装修改造了门诊候诊区、外科住院楼等;对全院病房的床单元设施进行更新改造,更换了所有床上用品;住院病房条件达到了有卫生间、24小时供应热水;引进国际专业清洁服务公司,提升医院清洁卫生质量。

按"优化流程、方便病人"的原则,我们把让病人不便的环节全部进行改造,减少就诊路径和时间。引入了视觉识别系统,规范设置了美观、醒目的路牌和导医标识,患者看病清晰明了;配备导诊护士,随时为患者提供亲情服务;安装电子叫号系统,患者看病井然有序;设置费用自动查询系统,患者看病清楚明白;增加收费服务窗口,患者交费方便快捷。

按"以病人为中心"的原则,推出50余项便民利民措施。开创云南省首家无假日医院,每个科室均为"无假日接诊";把最方便的车位留给患者;为患者让电梯;设立病人接待中心专门解决患者就医中的不便;为每一位空腹抽血的患者免费提供营养早餐;免费测量血压。?

我们有诸如“加强医德医风建设,确保医疗安全的八条禁令”、“职工奖惩条例”等如山一般威严不可撼动的规章制度。同时,“山”不能触及的地方,我们就让“水”去沁润、去溶合。

让“水”以春风化雨般的温情给医护人员予关怀:将“人文素质培训”列为职工的必修课;定期为职工进行健康体检;制定了新的工休假管理办法,弹性排班制度 ;积极改善职工福利,举办心理卫生知识讲座。

让“水”以厚德载物般的胸襟给病患予关爱:春节、中秋节慰问住院病人;给住院过生日的病人送鲜花、蛋糕祝贺生日 ;给出院病人发慰问信 ;给每一位患者一个恰当的称呼。

让“水”以容纳万物般的情怀为社会服务:2003 年 12 月,玉溪市元江县青龙镇特大甲醇中毒事件,玉溪市人民医院收住的 44 名危重患者全部康复出院。中央电视台《东方时空时空连线》的记者这样评价,“玉溪市人民医院就像北京一所条件较好的大医院。”2005 年 12 月,国家铁人三项运动队在昆玉高速公路不幸遭遇车祸,全部受伤队员送往玉溪市人民医院救治。2006 年,我院作为“健康快车”云南玉溪光明行的合作配套医院,免费为 1222 例贫困白内障患者实施了复明手术。2008 年,香港前特首、全国政协副主席董建华向我院发来了感谢信。今年 2 月,玉溪市发生百年不遇的霍乱疫情,我院的积极抢救得到云南省卫生厅陈觉民厅长的赞誉——玉溪市人民医院上得战场,打得硬战。

医院文化有时又是妙笔写出的小小说,尽管短小,但留心处处皆学问,一枝一叶总关情。

70 多岁的老大爷第一次做胃镜,他似乎有些紧张。这时候,胃镜室马医生过来微笑着把他扶上了床:“大爷,别怕,躺在检查床上,很快就做好啦。” 检查很顺利,实习医生正准备扶大爷下床时,大爷突然开始冒冷汗,脸色发白。“快! 让大爷躺下,可能是低血糖反应,吸氧!”马医生数了数大爷的脉搏,快速地从旁边的抽屉里拿出几颗彩色的糖果,剥去糖纸,放到他的嘴里。生老病死是人生常事,这就是生命的无情,每一次抢救成功,我们都为之振奋,但有时我们也不得不去面对生命的消逝。

肾内科的一名尿毒症患者抢救无效死亡,在失去亲人的巨大打击下,患者年仅 17 岁的小女儿全身强直痉挛。路蓉赶忙走上前紧紧握住小女孩的手。并用另一只手拿纱布为死去的患者擦拭干净口腔、鼻腔流出的污物、血迹。

一元钱可以做什么? 住院! 在过去看似不可能的事情,2008 年 11 月 27 日就发生在我院神经外科。一名颅脑损伤的患者急诊入院,值班医生为病人开具了一张住院证,交费金额特别写明一元人民币。理由有三,其一是脑外伤病人夜间急诊到院,患者和家属一般不会多带钱;其二是医院信息化管理,病人入院尽快办理了入院手续,电脑开检查单和治疗医嘱,方便病人疾病诊治;其三是神经外科不会拒收颅脑损伤、脑血管病的危急症病人。

一颗糖,一次牵手,一元人民币,这些都算不上什么,也许它轻得就像空气,平凡得就像微尘。但正如 2005 年感动中国颁奖词所说的那样:他来自人群,像一粒尘土,微薄、微细、微乎其微,寻找不到,又随处可见。他自认渺小,却塑造了伟大。我们无意于塑造伟大,但我们却在通过种种努力塑造着一所医院的良知:

从新职工进医院开始,一整套全新的岗前教育机制引领他们前行的步伐:军训、服务规范培训、医院文化培训、医德医风培训。

从“服务至善至美”的目标出发,一连串独特的服务规范培训贯彻于全院每一位职工的职业生涯:请四星级宾馆人员培训护士;请银行服务明星培训收费人员 ;组织以服务规范为主题的文艺晚会 ;服务规范观摩演出。

欣慰的是,我们的努力没有付之东流,大家把一系列的培训内化于心,外化于行,职工们不仅将《玉溪市人民医院服务规范手册》的规定实实在在地体现在行动当中,更能够动脑动心,充分发挥主观能动性,用心用情服务患者,因此,才有了一颗糖、一元钱、一次牵手的故事。

是的,一颗糖微不足道,但胃镜检查都是需空腹进行的,这里常常有患者出现低血糖反应,而低血糖反应如果抢救不及时,患者将可能有生命危险,马医生很细心地为患者准备了糖果,这也许不是什么大事,然而这举手之劳却为做检查的患者解除了安全隐患。

一颗糖让大爷的脸色逐渐恢复过来,他拉着马医生的手动情的说:“妹子,今天多亏你了,这糖——真甜!”

是的,我们不能挽救所有生命,在面对病魔无情时,我们所能做的,就是在每一个瞬间,用我们如同涓涓细流般的爱心去抚慰每一颗受伤、病痛的心灵。

当与医生心手相牵,当看到亲人安详地离去,小女孩痉挛消除了,她轻轻地说了一声:“医生,你们尽力了,谢谢。”

是的,一元钱杯水车薪,但它铺设的绿色通道却能让急危重患者得到及时救治。事实证明,神经外科 99.9% 的患者和家属非常配合医院,最终都能够自觉地交纳住院费。而这个“一元钱住院”的故事刊登在了《健康报》2009 年 2 月的人文视线专栏,编者这样点评:目前,全国不少医院都为危重症患者开辟了绿色通道,但对于“三无”病人或是当时暂时交不出治疗费用的病人,有些医院选择了拒收,理由是医院规定不交费不给治疗。“一元钱住院”将办住院手续和交费手续的关系区别开来,减少了患者和家属的误解。

有一句格言说得很好:“天使为什么能飞,是因为他们把自己看得很轻。”正因为把自己看得很轻,把患者看得很重,让我们的白衣天使插上了飞翔的翅翼。

滴水藏海,即便只是一颗糖,它也能蕴藏温馨甜美;即便只是一次牵手,也足以承载无限关怀;即便只是一元钱,也能开辟一条医疗救助的绿色通道。

在我们看来,医院文化有时又很像温情脉脉的小话剧,融入亲情,他就有了神奇的融合力。

一群牛,它们扮演的角色是什么呢?

这叫赫里福牛——是玉溪市人民医院全体成员的自

称。一个集体中的成员,总会有其特定的名字,比如北大人,清华人,也许有人会称呼我们为"玉医人",但在我们这个大家庭里,每一位家庭成员更愿意为自己冠上一个代表集体意识的称号——赫里福牛。您可能要问,这个可爱而奇怪的自称由何而来?"赫里福牛"生活在寒冷的西伯利亚。每逢遇到狂风暴雪时,它们不像其它牛群一样只会背对风暴,步履蹒跚地躲到背风处群挤在一起,任凭风雪吹袭,导致集体死亡,而是肩并肩、齐头并进地一起面对暴风雪的肆虐。出乎人们的意料,它们的死亡率反而大幅降低,损失也减到最小。每一场暴风雪过后,赫里福牛的防御能力就会增强一分。

2007年5月,一直处于超负荷运转状态的我院再次面临多项接踵而至的工作:第七届全国残运会医疗保障工作、《处方管理办法》限时实施、红塔集团数千名职工健康体检、全院资产清查、职工运动会排球比赛、护士节大型文艺演出、昆明医学院文艺调演遴选、病人量季节性激增、医疗设备更新换代……

院长含泪写下了一封致全院职工的公开信《五月里,让我们做那群名叫赫里福的牛》,让大家感觉来自亲人的理解和真诚;让大家明白:当挑战和困难来临的时候,我们不是选择逃避和退缩,而是要凝聚集体力量齐头并进,迎难而上,共同面对,而院班子愿意做站在最前面的"赫里福牛"——为大家分担风雨,与大家共享阳光!

没有想到的是,这封公开信会给职工带来深深的震撼。很多职工流泪了,他们说从信里读懂了院班子的良苦用心和一片亲情,有职工说:"我们一定圆满完成任务,如果做赫里福牛还不行,我们就做铁牛!"至此,赫里福牛成了我们的自称,熟悉我们的人也会叫陈院长为"陈赫牛"。因为这个名字所融入的,是将全院同仁当作亲人看待的亲缘感与认同感;它所承载的,是上千位家庭成员对医院这个温馨和睦的大家庭的归属感与自豪感。

陈院长是位细腻的女性,她跟职工交流的方式很特别——写信、写邮件、发短信、送鲜花,这些在亲朋好友之间才有的举动,在医院早已习以为常。领导给职工写,职工又给领导发。寥寥数语,泛起感动的涟漪,让同事之间、领导与职工之间,心灵相通。院长给职工写的信之多,我们已无法用数字统计,但这本《让爱带我们去飞翔》的亲情信件集锦也许能够让您触摸到亲情的温度。

2007年6月,又有一对夫妻双双考上博士研究生,临行前,医院将他们在医院期间留下的影像制作成精美的留言册,院领导、医院职工主动为他们题写临别赠言。拿着这份饱含着浓浓亲情的特殊礼物,他们感动不已,而在他们写给院长的短信中,也显得那样依依惜别,不忍离去。他们说:"院长,我们知道短信太短,承载不住我们所有的感情,但这不影响我们的感动和感激。从您深情的演讲里,从您对员工的关怀里,我们已深深读到了您的努力和辛苦,您的精神已经烙在我们心上!玉溪市人民医院已经在我们心里,那份深厚的亲情已经留在我们心里!"

瞧这一家子:护士节,切开大蛋糕、开启香槟酒,用情表达着对护士的问候;医师节,全体院领导走上舞台深情朗诵《我的伙伴,我想对你说》;节假日、突发事件加班、新业务新技术开展,院领导带着慰问信、鲜花和礼品到一线看望职工;下乡医疗队员归来、职工参赛载誉归来,院领导到医院大门迎接;

全院欢唱《相亲相爱一家人》——这就是我们的亲情文化。在亲情的感召下,一场爱心的接力以院班子的亲情为起点,传递给职工,传递给患者。

宝宝的母亲不能在旁守护,骨科许丽芬担起了妈妈的角色;大爷的指甲长了,心胸外科董云春担起了女儿的角色,其实,为病人定期做个人卫生护理是她们科每个星期五下午的必修课;她独自来医院,因为宫外孕突然在医院门口晕倒,门诊部杨晓凌担起来妹妹的角色,背起她就往急诊室跑。

宝宝、大爷、大姐……不是亲人而胜似亲人。

"融入亲情,精心医疗,诚信服务,尊重生命"!这就是我们的医院理念。在亲情的感召下,医务人员任何时候的举动都和弯腰一样自然:中医科护士下班途中见到被大雨困住的患者,主动将他送回病房;泌尿科医生在休息日驾驶私家车,陪同智残的患者去逛公园;皮肤科医生把刚买的毛衫披到那个冬天还穿凉鞋的患者身上;急诊外科医护人员用身体挡住歹徒挥向患者的拳脚……

亲情发自于心,外化于行,更能在沟通中传递。"给每位患者一个亲切恰当的称呼"——这是我们在2007年开始发起的活动,床位号不再是患者的代名词。从发起倡议那一天开始,小儿呼吸科的医护人员就展现出超强的记忆力,记住每位住院儿童的小名。曾有一位母亲写来感谢信:在给孩子医治的过程中,我接触到了一群有爱心的人。从医生到护士,每个人都是那么热情:不几天就记住了孩子的名字。为了消除孩子的畏惧心理,医生、护士们都亲切地跟着我们叫孩子的小名,在过道里碰到,也要微笑着和孩子打招呼。

有一次,肾内科转来了一名刚刚产下一对双胞胎儿子的产妇,因为产后急性失血,合并肾衰、心衰,病情十分危重,需要进行透析治疗。多日的病痛折磨,使这名产妇极度烦躁,甚至拒绝输液,拒绝透析,病情一度恶化。护士长高秀芳一次次带领护士姐妹不厌其烦地为她清理衣服、被褥上的呕吐物、污物,并为她梳理蓬乱的头发,亲切地称她为"小妹",不断鼓励她战胜病痛,告诉她襁褓中的两个宝宝还在等着她的照顾。在爱心的感化下,这名产妇终于能够配合治疗,逐渐康复起来。一名实习护士奇怪地问护士长:为什么称她为"小妹"?护士长笑答:"产妇不是病人,她是芬菲满枝的花树,是执行人类伟大天职的母亲",您看,这是多好的解释,是啊,我们难道不应该象爱护自己的兄弟姐妹、自己的亲人一样地爱护每一名病人吗?

曾有患者在医院的留言本上给医生写道:"看到您的样子,仿佛看到慈母的样子;听到您的声音,仿佛听到慈母的问候,您将生命的甘霖牵着爱心洒满人间。"是的,爱,总是能给人温馨、抚慰、希望的感觉，我们每一个人温馨的微笑，每一个细微的眼神，每一个耐心的询问，每一个轻微的动作，都与病人密切相关。我们在付出爱的同时，也收获着爱，得到病人的信任与理解，目送病人康复出院，我都感到爱心得以回报，每次听着复苏成功后的心音，我们都感到宛如音乐般动听，怡然陶然，生命有限，爱心无限，爱是可以创造生命奇迹的，因为我们有蓝天下最诚挚的爱——亲情。是的，只要心中的信念不倒，骨子里的精神不倒，玉溪市人民医院的诚信品牌、文明品牌、文化品牌就一定不会倒！从医务人员举手投足之间传递出来的文明举止，到视病人如至亲的真情流露；从全院上下的心意相通，到服务至善至美的共同追求；从攻坚克难的勇于攀登，到奉献社会的大爱光华，我们用行动抒写着人性化与医院文化。但是，面对患者的渴求，公众的期待，面对“新医改”对公益性的强化，我们带给群众的温暖还显得稚嫩而单薄，我们所做的努力还只是杯水车薪，我们所向往的医院文化与人性化依然前路漫漫，任重道远。

2009 年——中国企业文化百人学术论坛

大会综述：

践行科学发展观 建设中国特色企业文化

——“第二届中国企业文化百人学术论坛”

2009 年 7 月 18 日至 20 日，由中国企业文化研究会主办、大同煤矿集团公司承办的“第二届中国企业文化百人学术论坛暨全国企业文化（同煤）现场会”在山西省大同市隆重召开。本次论坛，与会代表围绕“践行科学发展观，建设中国特色企业文化”会议主题，进行了广泛交流、深度探讨和现场参观。

中宣部原常务副部长、北京市原第八届政协主席、中国企业文化研究会名誉理事长王大明在开幕式上发表了重要讲话。中国企业文化研究会常务副理事长、秘书长孟凡驰教授致开幕辞。国务院国资委宣传工作局副巡视员李世华致辞。山西省委宣传部副部长杜学文、山西省国资委副主任朱成基到会并致辞。同煤集团党委副书记王保玉致欢迎辞。

大会宣读了中国企业文化研究会的三项决定：一、授予同煤集团公司“全国企业文化建设示范基地”称号的决定，并举行了揭牌及颁发证书仪式；二、本届学术论坛优秀成果表彰的决定；三、宣读 2007－2008 年度中国特色企业文化课题研究结项评审结果。同煤集团副总经理王学军作了《制度管企、文化管人，着力打造具有煤炭企业特色企业文化》的主题发言。本次论坛还邀请中国社科院研究员汪同三教授做了《未来两年中国经济形式预测分析及中国企业对策》的报告。中国企业文化研究会常务副理事长、常务副秘书长黄新惠、韩旭，中国企业文化研究会副理事长、副秘书长华锐等领导参加并分别主持会议。大会还进行了分论坛讨论，并由分论坛主席代表进行了总结发言。中国航空工业集团公司、国家电网、贵州航空工业集团公司、河南神火集团、开滦集团、神东煤炭集团公司、冀中能源峰峰集团、招金集团等单位有关领导作为论坛演讲嘉宾作了大会交流发言。中国企业文化研究会学术委员会副主任赵春福教授、学术委员贾春峰教授、中国企业文化研究会副理事长高立胜等专家学者围绕“践行科学发展观，建设中国特色企业文化”这一主题进行了深入的论述和点评。孟凡驰秘书长作了大会总结。国内多家专业媒体的记者和全国企业代表共 350 余人出席了本次论坛。

科学发展观是我国社会经济和社会主义文化发展的重要指导方针。2008 年全球金融危机的爆发，使企业外部环境和内部管理发生了深刻而巨大的变化。因此，坚持以科学发展观引领企业文化建设，使企业文化更好地为企业发展提供文化支撑，不断增强企业凝聚力、竞争力，促进企业又好又快发展是中国企业文化建设不懈的追求。本次论坛既是对新形势下学习落实科学发展观的实践总结，也为全国企业文化建设健康发展，构建中国特色社会主义企业文化搭建了交流平台。会议主要内容综述如下：

中国企业文化研究会名誉理事长王大明在讲话中提出了五个主要课题：一是在企业文化建设中，如何真正贯彻“以人为本”的指导思想；二是企业如何承担社会责任；三是如何重建企业的诚信；四是如何坚定共同发展的理念，建立全面协调的利益关系；五是如何强化企业的使命和战略意识，使企业能够可持续发展。王大明强调指出，特别是经营者和员工之间的关系，处理的好坏对于企业的发展影响非常之大。改革开放克服了平均主义，而现在很多企业又有点片面强调拉开收入差距，失去了应有的公正、公平。同时他还指出，我们在研究科学发展观的时候，要注意立足于国家、民族的长远利益去考虑问题，尽量避免急功近利，避免短期行为。特别是在全球金融危机下，企业家更应以长远利益处理问题，这是对企业家的一个考验，一个战略意识水平的考验。

国务院国资委宣传工作局副巡视员、中国企业文化研究会副秘书长李世华指出，科学发展观不仅是社会经济和社会文化发展的重要指导方针，也是企业文化建设和创新的重要指导思想。首先，要始终坚持企业文化建设为企业科学发展服务。在企业文化建设中，要以企业文化支撑和引领企业的发展战略，并且以构建企业价值理念体系为根本任务，为企业科学发展提供精神动力。同时企业的核心价值观、以人为本的思想，是要通过企业文化传播、品牌的影响力等等为企业科学发展营造良好的舆论氛围和发展环境。其次，企业文化建设自身要努力实现科学发展。目前，在企业文化建设中存在着种种形式主义、短期行为、急功近利和急于求成的现象。如何处理好企业文化与社会文化的关系、企业集团与所属企业的文化的问题、企业文化建设体系内各方面的关系成为解决这些现象的关键,同时也要注重企业文化建设与企业发展工作要统一兼顾、企业文化与主管部门和其他相关管理部门的责任要统筹协调、企业文化建设和企业党组织的统筹兼顾。因此,企业文化建设必须促进企业实现科学发展、可持续发展、协调发展与统筹兼顾。

企业代表们指出,当前企业发展正面临着全球金融危机、内部深层次矛盾的挑战。因此,坚持以科学发展观引领企业文化建设,使企业文化能更好地为企业发展提供服务,促进企业又好又快的发展。

贯彻科学发展观,重在把握它的精神实质,即把握一个根本、三种精神、六种意识。一个根本是以人为本。三种精神是仁爱精神、创新精神、和谐精神。六种意识是诚信意识、品牌意识、社会责任意识、生态意识、感恩意识、自律意识。

中国企业文化研究会常务副理事长、秘书长孟凡驰教授在论坛总结中强调指出,只有建设中国特色企业文化,才能把科学发展观真正落到实处。

科学发展观的核心是以人为本,企业想有效的践行科学发展观必须在企业文化上解决"三个问题",即要把握科学发展观和企业文化的内在联系,提升企业文化工作者的文化素质,尊重员工的文化主体地位。打开"八个通道",即:一是以文化人,打开人力文化资源开发通道;二是深刻认识文化建设周期的规律,打开企业软实力形成的通道;三是建设两个共同体,打开心理契约形成的通道;四是打破价值垄断,实现价值分流,打开本质平等通道;五是优化内部分配机制,打开干群和谐通道;六是适应时代需求,转变客户服务理念,打开文化经营通道;七是协调相关利益者的关系,打开竞合共赢通道;八是文化引领制度,立体综合应用,打开双赢融合通道。

(撰稿:中国企业文化研究会学术部)

大会发言:

未来两年中国经济形势预测分析及中国企业对策

汪同三

我是做宏观经济研究的,今天在这儿想主要给大家介绍一些有关宏观经济的问题。

从 2003 - 2007 年,增长速度都在 10% 以上,连续五年增长,这是非常了不起的成绩,查了一下历史,全世界所有的国家和地区自二次大战以来只有 4 次连续五年增长 10% 以上。第一次是日本,日本在 20 世纪 60 年代的时候,有过一次连续五年增长 10% 以上。我们知道日本是二次大战的战败国,最后挨了美国的二颗原子弹,几乎是在一片废墟上发展,现在日本是世界上第二大经济强国,美国第一,如果不把欧盟算成一个经济体,日本是第二,中国是第三,最近有一个说法是三年之内肯定能超过日本,但是我们也不要太高兴,因为中国排第二、只是总量,如果算人均的话还差得很远。日本之所以从当初的废墟,成为世界上第二大经济强国,比如说美国支持它,是很重要的一个原因,日本抓住了 1964 年东京奥运会的机遇,提出了经济倍增计划,就是在 60 年代使他的经济增长一倍,我们在改革开放提出了第一个目标是做到翻二番,在很大程度上借鉴了日本的经验,它是 10 年增长一倍,我们是 20 年翻二番,日本利用东京奥运会的机会实现了经济倍增计划,为它以后为世界上第二大经济强国奠定了一个重要的基础,在这个过程中有过一次连续增长五年 10% 以上。

第二个是新加坡,在上世纪 70 年代的时候有过一次连续五年的增长 10%,当时的新加坡和新马来西亚,就是马来半岛的一部分叫作马来亚,是英国的殖民地。新加坡从马来亚分出去成为一个国家。新加坡 70 年代的时候曾经实现连续五年增长 10% 以上,为日后新加坡、韩国、台湾、香港成为四小龙,奠定了一个基础。

第三个、第四个都在中国,都是我们干出来的。第三个是中国的 1992 年 - 1996 年,这一段是连续五年增长速度在 10%,但是这一段虽然高增长但是我们不满意,1993 年的通货膨胀率是 14%,1994 年是 24%,1995 年的通货膨胀还在百分之 16 - 17%,虽然是高增长,但是是高通胀,所以我们不满意。为了抑制通货膨胀我们采取了措施,所以第三次虽然是我们干出来的,但是我们不满意。第四次就是从 2003 - 2007 年,这五年里面首先红线是一个向上的趋势,而且在这五年里除了 2007 年下半年有通货膨胀情况之下,除了这个没有严重的通货膨胀率问题,因此我们说 2003 - 2007 年这一段中国经济的增长是全世界所有的国家和地区自二次大战结束以来最好的增长。这是 2002 年党的十六大以胡锦涛为总书记和全国人民共同的努力所取得的这样的成绩。

我们在 2007 年对 2008 年做预测的时候,曾经预测中国在 2008 年能够增长 10.6%,当时有一个美好的愿望希望中国能够创造一个世界纪录,就是连续六年增长 10% 以上,而且当时的条件也是很可能的。但是为什么我们这个预测没实现,当时我们预测 2008 年能够增长 10% 有三个条件:第一个是台海关系基本稳定,就是两岸不打仗,2008 年国民党上台以后,海峡双方都释放出更多的善意,积极因素比较多,第一个条件满足了。第二个条件全国不会出现大范围的严重的自然灾害,就是气候条件要基本稳定、正常。这个条件进入 2008 年以后就出了问题,大家记得 2008 年 1、2 月份出现的雨雪冰冻自然灾害,最主要是南方缺煤缺电;接下来就是 5·12 四川汶川大地震,这两场严重的自然灾害给我国家 2008 年的宏观经济增长造成了很大的损失,但是回过头看我们的经济实力确确实实是强大起来了,因为这样两场的严重自然灾害并没有直接影响当时我们的经济增长。一季度的经济增长仍然保持在 10.6%,5·12 汶川地震给我们带来的很大的损失和困难，但是上半年的经济增长还保持在10.1%相对稳定的水平上。就是说经过我们30年的改革开放经济实力确实强大了起来的，这两场严重的自然灾害并没有明显影响我们的经济增长。但是为什么10.6%的预测没实现，因为还有第三个条件，是国际经济环境要保持基本稳定，这个条件没有得到实现，因为美国金融危机的爆发，影响了包括中国经济的世界经济，让我们想创造连续六年经济增长10%以上的预测没有实现。

要讲美国金融危机是怎么影响我们国家的，还得从2003年讲起，这一年的上半年是非典，下半年就出现了经济过热，有些部门的投资增长都超过百分之七、八十，当时一个最快的部门出现了120%，出现了这样一个经济过热的问题。当时胡锦涛、温家宝讲话，要开始新的一轮宏观调控，要抑制经济过热，同时会上提出吸收以往的经验教训，不搞一刀切。在2007年底中央经济工作会议上提出一个方针，就是双防。防止经济增长由偏快转为过热，防止价格结构性增长演变成全面的增长。我们开始实行双防政策的预期就是要预期经济增长速度要减缓，不能够像11.9%、13%那样的速度增长上去，这也是我们为什么当初预测2008年会增长10.6%，比11.9%要低一点多个百分点，但是就在我们主动要求经济增长减速的时候，美国金融危机爆发了，给我们带来了严重的问题，使我们的经济增长速度一下子跌到10%以下，只有9%。如果不是2007年我们自己出问题，有保有压控制不住，不得不实现双防强制减速的时候，美国经济危机也不会影响我们。2008年我们到了9%，2009年这里写了一个8%，是一个预期指标，是政府工作报告里面提出来的预期指标。9%也好、8%也好，从静态来看这是两个非常好的速度，就是我们想要的增长速度——一方面比美国、欧洲、日本世界大国的增长速度要快得多，同时又不是很高，不至于会引起严重的通货膨胀问题，而且给我们足够的空间进行经济结构调整，转变发展方式，从静态来看是一个很好的数字。中国是一个发展中的人口大国，每年的新增劳动力、就业压力，我们必须维持一种速度型的发展才能过日子，所以2008年了我们可以说经济增长速度可以降，但不要降的太快，2009年我们的经济增长趋势必须掉头向上，一季度我们只有6.1%，二季度是7.9%，已经出现了回头的趋势，但愿这个趋势能够稳住。

现在的趋势有两种发展的可能，一种发展可能，就是我们现在虽然出现了经济回头的趋势，但是基础很不稳定，因为现在我们是三条腿在蹦，一个是内需增长过快，但是外需上不去；第二个是中央的投资上得多，而地方跟不上，好多项目是中央的投资能到位，但是地方配套资金上不去。第三个就是国有投资比较高，而民间的投资还没有有效的带动。所以这三个问题的存在，说明我们的基础还是不稳固的，如果美国经济危机再进一步向坏的方向转变的话会给我们带来更大的冲击，我们还要准备好面对更坏的局面，这是一种可能，就是我们的基础不稳固，还可能出现反复。

第二，我们指望今年的经济增长向上，没想到二季度就掉头向上，照现在的趋势下去，四季度很可能超过9%，如果我们带着一个接近10%速度进入2010年，那2010年很可能出现过热。2008、2009年的经济增长速度下降已经是第三次，这三次的经济增长下降都有各自的原因和特点、各自的表现形式。

第一次90年代初期、80年代后期，1988、1989年的下降的原因是1988、1989年我们出现了改革开放以来的最高的通货膨胀，通货膨胀率达到了17%、18%，而且不仅仅是经济问题、引发的政治问题、社会问题，中国老百姓自新中国成立以后没有面对过这么明显的通货膨胀。在计划经济体制下我们存在着严重的供不应求，但是那个时候通货膨胀的表现形式是一种被扭曲的表现形式，你到商店里面看东西摆在那儿，看看价格也不贵，点点兜里的钱也买得起，就是不卖给你这就是计划经济体系下通货膨胀的表现形式。但是到的计划经济向市场经济转变以后，改革开放以后，通货膨胀表现形式就不是扭曲的，到商店里面看东西还在，但是看看价格、点点自己的钱就买不起，真正的通货膨胀就是这个样子。面对高通货膨胀问题，采取的是鸟笼子理论办法。一个是货币供给，一个是银行信贷、一个是投资。只要把货币、信贷把鸟笼子抽紧了就可以控制通货膨胀了，在当时来说控制通货膨胀非常见效，只有一年的时间通货膨胀率由百分之16－17%控制到14%，但是我们在分析宏观经济的时候不能只看绿线，还要看红线经济增长也是10%一下的跌到不足5%，所以那一次比这次还要厉害，是硬着陆。第二次就是1997－1999年，我们讲1992－1996年是一次高增长、高通货膨胀，是改革开放以来最高的通货膨胀，在这次治理通货膨胀的过程中不像90年代初搞的鸟笼子办法，特别是十一届全会上提出，关于建立社会主义市场经济体制若干问题的决定，在这个决定中规划了一系列综合配套的改革，包括财政的改革、税收的改革、金融的改革、银行的改革、汇率的改革、外贸体制改革、投资体制改革，我们在这一次治理通货膨胀落实十四大、十四届三中全会精神通过综合改革来治理通货膨胀，大家可以看到通货膨胀率已经控制到一位数，已经是8%，所以是一次软着陆，朱镕基在国际上有很高的声誉，就是我们1996年软着陆的成功是朱镕基同志在第一线指挥，到1996年软着陆以后希望创造六年连续增长的世界记录，但是我们又连续跌了四年。看来五年要突破很困难，我们已经有过两次机会都没实现。第三次就是最近的一次，2008、2009年的一次，起因是2003年开始，我们出现了过热问题，都是有保有压控制不住，到2007年出现了通货膨胀问题，不得不双防，我们要减速，美国金融危机给我们一个大的冲击使我们的增长速度跌下来。

所以，三次经济增长速度下降，它们的共同点是：首先都是我们自己的问题引起的，不管是什么样的原因，首先都是自己使得经济增长要减速。第二，当我们的经济增长速度减速的时候都撞上的世界金融危机，90年代墨西哥金融危机影响也很大，但是它对于我们国家的经济没有产生太大的影响，计划经济有一个好处，就是世界经济出问题，可以建立一个防火墙,可以把不利因素挡起来,防火墙的存在,好处能挡住世界经济的不利因素,但是世界经济也不是老出事,在多数情况下还是向上发展的,这样防火墙的存在使得我们没有办法抓住世界经济发展的机遇来促进我们的发展,这就是后来我们要自毁这道墙,要积极的加入WTO抓住世界发展的机遇来促进我们的发展,90年代后期我们已经开始申请加入WTO,所以亚洲金融危机对我们产生了比较明显的影响。21世纪以来我们已经加入了WTO,所以这次美国金融危机的影响对我们是最大的。

刚才王大明主席和诸位提出来关于企业文化要思考的问题,我们来分析这三次经济增长速度下降可以考虑两个问题:第一,是为什么每一次都是我们的经济要减速的时候都撞上国际金融危机。第二,就是我们如何制定方针、政策、措施,使我们既能够有效抓住世界经济增长的机遇促进我们的发展,同时在世界经济发生问题的时候保护我们自己少受影响。这是通过这几次事件我们值得思考的问题。

(作者系中国社科院数量经济与技术经济术研究所、研究员)

企业践行科学发展观之要义

赵春福

我认为企业践行科学发展观的要义是把握一个根本、弘扬三种精神、确立六种意识,实现一个目标。

把握一个根本:我们要牢牢把握的一条主线就是"以人为本"。以人为本得之不易,80年代讲以人为本是资产阶级自由化,90年代还不能讲,现在成了科学发展观的核心,这是我们党理论的一次飞跃。我们在贯彻科学发展观时一定要抓住这条主线,把握好这个根本,把以人为本的原则贯彻到企业各项工作中去。

弘扬三种精神:

一是仁爱精神。仁爱精神是中华民族首先要弘扬的一种传统精神。孔子讲仁者爱人,仁是孔子讲的最高的道德。仁爱教育要从小娃娃开始,是幼儿园、小学、中学一直要牢牢抓住不放的问题,要让人懂得爱人,而不是害人,这是人之所以为人并且关系到民族素质的大问题。仁爱精神是企业和企业家必须具备的重要精神之一,有了仁爱精神,企业和企业家才能处理好企业内部关系,处理好企业与客户的关系、企业与社会的关系、企业与环境的关系。

二是创新精神。一个企业有无创新精神,决定这个企业能否很好的生存发展。创新精神是企业和国家生命的源泉和动力。中国一定要有自己的技术品牌。现在的"中国制造"与改革开放前的中国落后状况相比是一个进步,但我们绝不能满足于"中国制造",因为我们的"中国制造"是处于世界产业链的低端。我国很多出口产品,品牌和核心技术是人家的,我们只赚了劳动力钱,人家挣大钱,我们挣小钱,二万亿外汇储备主要是靠农民工血汗钱赚的。我们要进入生产链的高端,就需要我们有自己的核心技术、有自己的品牌,什么时候由"中国制造"变成"中国创造",我们的企业才能发展,才能进步,中华民族才能腾飞。

三是和谐精神。科学发展观要实现两个和谐,即人与人的和谐和人与自然的和谐。我们发展了30年,GDP做大了,超过德国,马上要超过日本,但是我们人与人之间的关系紧张了,贫富差距很大,社会群体性事件很多,这不是社会主义市场经济的目标,不是小平同志当年讲的目标,贫穷不是社会主义,两极分化也不是社会主义。另外一个问题是人与自然的关系很紧张,发展的同时严重破坏了我们的生存家园。我们的发展不能以人与人和人与自然关系的高度紧张为代价。在这方面,企业有很多事情要做,企业要积极为我国建立和谐社会做贡献。打造和谐企业绝不仅仅是企业内部和谐,还要实现企业与社会、自然的全面和谐。

确立六种意识:

第一,诚信意识。企业要讲诚信,这是企业生存发展的根本。孔子认为人如果不讲信用不知其可,信是中国古代非常重要的道德范畴。现在不讲诚信的问题到处都是,假冒伪劣满天飞。诚信是企业,也是国家的道德底线,如果这条线守不住,企业和国家就会永远落后。

第二,品牌意识。我们不能满足于做来料加工,过去有一些大的国企,比如很大的军工企业是靠来料加工救活的,这样当然是好事,但是绝对不能满足于这种状态,企业必须有自己的品牌。中国的汽车,二十多年国企汽车业满足于搞合资,我们的老品牌"红旗"没发展起来,过去毛主席、周总理坐"红旗",现在的官员都不坐了。我们的民营企业做起了自己的品牌,奇瑞、吉利,中国汽车业缺少自己的著名品牌,外国企业赚大钱,中国企业赚小钱。中国政府的公务车为什么不能用红旗等国产品牌?中国怎样从世界生产链低端走出来,要靠我们打造自己的品牌。

第三,社会责任意识。企业要赚钱,要对股东负责,也要履行社会责任。企业的社会责任包括善待员工、对客户负责、与社会和环境和谐、做力所能及的慈善活动等。一个企业,只有积极履行社会责任,才能实现可持续发展。

第四,生态意识。企业不能只考虑自己发展,必须同时考虑自然环境问题。人类二百年的的工业化历史,也是人与自然关系日趋紧张的历史。实现人与自然关系的和谐,要靠地球上全人类的努力,每个企业都有着义不容辞的责任。

第五,感恩意识。这是和社会责任意识联系在一起的。一个企业、一个企业家赚钱了,要有感恩之心,懂得感谢社会。我觉得我们民族在感恩教育上出了大问题,不少人缺乏感恩意识,赚了钱不懂得回馈社会。世界首富比尔盖茨裸捐,把赚的钱全部捐给社会,这种文化差异是值得我们深思的。

第六,自律意识。法律是他律,道德是自律。自律,就是要严格要求自己。我们国家的法律不是很健全,在法制方面漏洞比较多,但是法制再健全、再完备,也不能解决所有的问题,还要靠自律、靠道德。什么是自律的最高境界呢?《大学》讲君子慎独,慎独境界是说一个人独处可以做坏事不会被发现,仍然是做好事而不做坏事。一个人的修养、一个企业家的修养只有达到慎独的境界,才能有高度的自我约束能力。

实现一个目标:这个目标就是科学发展。我们不要严重的两极分化的GDP,不要破坏生存家园的GDP。我们要实现人与人的和谐和人与自然的和谐,实现社会的全面进步、全面发展,这就是科学发展观要达到的总的目标。我觉得企业贯彻科学发展观,重在把握它的精神实质,当然也要抓好具体工作。以上讲的把握一个根本,弘扬三种精神,确立六种意识,实现一个目标,是我对企业贯彻科学发展观之要义的粗浅理解。

(作者系中国企业文化研究会副理事长、学术委员会副主任、教授)

中国企业如何实现“以人为本”

韩庆祥

马克思指出:“一步实际行动比一打纲领更重要”。纲领很重要,但实现纲领的行动更重要。实现以人为本,我们既不能把它停留在口头上夸夸其谈,也不能将其当作标签到处乱贴,要切实把口动变成心动,把心动变成行动。在当代中国企业发展过程中,在贯彻落实以人为本的理念上,除了存在思想认识障碍、落后的工作作风障碍以外,还存在着经济发展方式落后、传统政治体制影响、陈旧文化的阻挠和社会中多种利益主体之间的矛盾冲突等方面的问题。因此,要在当代中国企业发展过程中真正贯彻落实以人为本的理念,需要从四方面入手。

一、加快向以“自主创新能力”为核心的经济发展方式转变

改革开放初期,我国不少企业在实践中采取的主要是“重物轻人”的经济增长方式。主要表现为通过“物”来拉动经济增长:一是消耗自然资源;二是开办一些高投入、高消耗、高污染的企业;三是资本投资;四是依靠廉价的劳动力“成本”。历史地看,这种“重物轻人”的经济增长方式功不可没,不可全盘抹煞。但也有沉痛教训:一些地方把物质财富增长看作唯一目的,把满足人的物质需要当作人的唯一需要,把人的物质满足当作唯一的价值尺度;结果是,经济总量上去了,而一些人的生活质量却下来了;经济指标上去了,而一些人的幸福指数却下来了;物质文明建设成果上去了,而人与自然、人与社会、人与人之间的关系却紧张起来了。从长远来看,这种“重物轻人”的经济增长方式的空间会越来越小,付出的代价会越来越大。

在总结实践经验教训的基础上,中国共产党人逐渐认识到我们的发展不能只见“物”不见“人”,换句话说,必须转换中国的发展模式。这就是:既要“为了人”,把人的全面发展看作发展的目的,又要“依靠人”,把提高人的自主创新能力看作实现经济发展方式根本转变的中心环节。这种以自主创新能力为核心的经济发展方式,可概括为注重“创新驱动”的发展模式。这种发展模式是我们企业最需要的,也是最缺乏的。提高自主创新能力,对当代中国企业发展越来越具有基础性、战略性、决定性的意义,它关系着我国企业发展的兴衰成败、生死存亡和前途命运。

二、消除官本位传统政治体制对企业的消极影响,建立“能力本位型”企业

1. 传统社会结构及其权力结构为政府一元主导体制——权力本位文化观念——权力社会——权力企业。至高无上的权力价值贬斥人本价值——把人才不当人才现象的出现——官本位是以人为本的天敌:践踏权利;压抑能力;排斥平等;鄙视独立人格。

2. 能力社会——能力本位——使有能力业绩的人得到应有的回报,注重人才;注重后天作为、内在实力和创新思维,鼓励成才;使你的能力到你本来应该有的位置上,岗位成才——把人才当人

因此,在企业中要真正贯彻落实以人为本,根本的是必须顺应中国社会结构变化的趋势,从改造传统社会层级结构及其权力结构和权力运作方式入手,由“官本位”企业向“能力本位”型转变。能力本位型企业使员工注重后天作为、内在实力,对企业和员工成长十分重要。

三、努力推进“公平正义”的和谐企业建设

改革开放初期的主要历史使命,是力求把一切积极因素和力量动员起来,参与到改革开放中去,共创社会发展成果,因而在逻辑上,这是一个“动员参与期”。在我国改革开放进程中,许多积极因素和力量被动员起来了,我国社会也突出呈现为多样化的发展状态。当这些因素和力量的作用越来越大、社会多样化的态势日趋发展的时候,人民群众的维权意识和权利诉求日益觉醒和增强了。这意味着我国改革开放和现代化建设在逻辑上进入了“表达诉求期”。面对这些诉求,我们必须建立一种既能凝聚一切积极力量又能整合一切合理要求、既能激发社会活力又能促进社会和谐的社会整合凝聚机制。这意味着我国改革开放和现代化建设在逻辑上进入了“整合凝聚期”。而整合凝聚的主要手段,就是体现以人为本理念的公正。

在当代中国企业,有三种公平值得企业关注:一是机会公平,实质是使员工各尽其能;二是分配公平,实质是使员工各得其所;三是结果公平,实质是使企业发展成果由员工共享,从而使人们和谐相处。公正即活力,公正即和谐。在当今企业,构建以公正为理念的社会整合凝聚机制,既有利于激发企业活力,更有利于促进企业和谐。

四、培育"以人为本"的企业文化

1. 合理满足员工的基本需求——使员工无后顾之忧，用其"动"。

2. 努力为员工成长提供舞台——使员工有用武之地，用其"志"。

3. 培育员工的道德品质——使员工具有社会责任感，用其"德"。

4. 充分发挥员工的能力——使员工注重做事，用其"能"。

用人才：由论资排辈走向注重能力业绩(论资排辈不鼓励做事创新，注重能力业绩鼓励人立事功、提能力)——识人才：由伯乐相马走向能力测评(伯乐相马中的"主观性"：伯乐的主观性；"相"的主观性；能力测评的科学性：知识考试；智力面试；技能考核；创新能力考察)——选人才：由以"人际"为中心走向以"事功"为中心(以"人际"为中心对做事的消极影响：唯上拉关系；捉摸人；以"事功"为中心对工作的积极影响：营造一个干事业、干成事、干好事业的环境和氛围；琢磨事)。

5. 营造具有活力而又和谐的人际环境——使员工生动活泼、心情舒畅，用其"心"。

6. 尊重员工的平等人格——使员工体面地工作和生活，用其"情"。

7. 尊重员工的创造个性——使员工真实、简单、快乐工作，用其"创"。

(作者系中央党校哲学教研部副主任、教授)

文化力是企业发展力

曾良才

一、企业文化是发展的问题

科学发展观的第一要义是发展，而企业文化是发展的文化，文化力是企业发展的软实力。科学发展观明确企业发展的方向而文化则把握企业发展方向不走偏，科学发展观明确企业发展的战略，而企业文化则为实施企业发展战略提供精神动力。科学发展观引领企业的发展目标，企业文化是强化发展目标、科学引领和实现保证。建设优秀的企业文化是世界成功的大集团、大公司的发展定律，一个企业特有的、为社会所公认的品质、品德、素质、精神、作风以及公众形象等文化积淀，对于企业员工不仅具有很大的感召力、引导力和约束力，增强职工对企业的信任感、自豪感和荣誉感，而且可以增强企业对职工的向心力和凝聚力，这些力量一旦与企业的物质生产相结合，就会产生强大的生产力。

我用这个方面来说明文化力是企业发展力。

第一，文化力是企业发展的重要的资源。人们把文化对经济发展和社会进步产生的影响和作用称为文化力。文化力是在丰厚的文化土壤中被特定的组织、特定化为自己的资本力量。文化是经济发展的重要资源，是一种可再生的、永不枯竭的资源。将文化塑造能力转化为价值集成能力，从而使企业获得持续发展的内在和外在的动力。

第二，文化力是企业智力的支持。企业文化是一种新型的管理理论，是企业管理的最高层次，企业管理水平的高低，是与企业文化的优劣成正比，制度规定不到的地方，就需要企业文化的影响，文化通过全体员工的共识而对企业管理系统产生调节作用，对管理要素产生协调作用，对工作效率和经济效益产生增效作用。

第三，文化力是企业虚拟价值的创造源头。文化是虚拟价值的源头，虚拟经济是一种向实物商品不断附加虚拟价值的经济形态，而这种附加靠的就是文化。文化力越深厚，虚拟价值就越大，产品的实际价值就是无法放大的，而一旦与文化相结合，其价值就会成倍被无限放大。

第四，文化力是企业凝聚力的纽带。企业的战斗力最关键的是纽带是企业文化，企业文化作为特殊的精神黏合剂，使员工产生使命感、自豪感和归属感。企业文化的特征，决定了它是企业管理最持久的推动力，是长久的约束力的支持。因为共同的愿景、价值观激励员工的积极性和创造力，是企业文化建设的终身任务。

第五，文化力是激活人力资源的基因。科学发展观的核心是以人为本，企业文化的核心是以心为本。凝聚人心、启迪心智、激活心力，市场的竞争就是人才的竞争，提高员工的是提高企业文化力的基础和重要保证。文化力对企业的贡献，是通过生产力中最活跃的因素，人去发挥作用，文化力使人才这一生产力因素获得新的解放。

第六，文化力是企业竞争力的关键因素，企业文化力将成为未来企业的第一竞争力，没有文化的企业是没有希望的企业，针对文化的力量开发能力是实践中不可战胜的。

第七，文化力是企业的助燃器。创新是实现文化发展进步的原动力，文化力是创新的助燃器，创新来自于人的文化修养、创新激情和观念创新。文化为创新添加动力，文化越深厚思维越活跃，越能激发灵感，可以为创新提供更多的机会，质变、飞跃的过程得益于文化的助燃和推动。

第八，文化力是企业执行力的成功基石。三分战略、七分执行，执行力就是竞争力、战斗力、生产力和生命力。

第九，文化力是企业品牌力的价值基础，企业基业常青取决于品牌文化。文化力决定品牌力，一个品牌的塑造过程，其实是文化内涵在其中的累积过程，任何一种有价值的商品，都凝聚着人们生产需求所赋予的一定的、丰富的文化内涵。品牌的持续竞争得益于文化的附加价值。

第十，文化力是企业品牌力的价值，品牌是产品服务品质和文化品位的象征，是虚拟价值的重要载体，它决定了企业在市场竞争中的位势。品牌为企业在资本市场创造价值。在经济下行时期，品牌的对企业的作用更加突出。文化力是企业形象的塑造手段。企业形象作为企业文化的外部表现，是企业的文化价值和无形资产，信心比黄金更值钱，企业依赖于优良的企业文化建设，充分良好的企业形象，使公司发展跟进。

二、培育优秀、强势的中国企业文化，提升中国企业的国际竞争力

第一，确立企业文化发展战略，强化文化主流意识形态，夯实传统文化基础，以科学发展观为指导，用全球思维、世界眼光进行战略设计，确定企业文化发展战略，在着力打造企业的硬实力时，下功夫锤炼和提升企业的软实力。

第二，用文化引领观念创新，如果你只想发生小小的改变，只需要改变人的行为方式，如果希望带来成倍的改变，必须改变人们的思维方式，树立与战略转型、发展向符合的科学观念，忧患意识、责任意识、效率意识、团结意识、行为意识等等。特别要点出来要树立强烈的危机忧患意识，孟子说国敌国外患，国恒亡。企业文化是重要的任务之一，就是要引领员工应对危机意识、传承危机意识、制造危机意识。

第三，提升文化创新力，企业要具有国际竞争力，企业文化就要有国际影响力，要有更开阔的视野、更活跃的思路，更开放的观念，构建与国际化开拓相适应的文化创新体系。创新是企业科学发展的不竭源泉。企业是自主创新的主体，是建设创新国家的主力军，在推进自主创新中肩负着特别重大的责任。建设创新文化，就是要使企业获得持久的创新能力，拥有正确的核心竞争力，获得巨大的商业成功，开展创新文化建设的目的是把提高自主创新能力作为企业的核心战略，就是支持、推动、引领企业非对称超越，无边界的创造，开辟一个又一个新增市场，使企业的价值提升。

第四，提升文化思维力，文化思维是一种高层次的管理思维。文化思维的活跃程度，既表现出文化管理的水平，又体现出企业文化推进的深度和广度，必须进一步放飞思想，把企业发展战略植入文化发展的视野中，并实现企业发展过程中，文化管理和文化支撑。

第五，提升文化管理能力，企业宗旨理念等核心价值观一经确立，就要引领和指导企业经营管理实践，要强化核心价值观为指导的企业文化管理，大力构建企业管理创新体系建立健全管理制度规范员工行为、整合文化资源、提升企业品牌价值。

第六，提升文化继承能力，企业实际上是一个在继承文化理念支配下的能力集合体，只有透过文化塑造、形成文化自觉、提升能力素养，使各要素协调发展，才能实现价值集成，从而促进企业竞争力的整体提高，在兼并重组、资源整合中必定通过企业集成实现网络集成。

第七，提升文化竞争力，要净化、强化先进的文化要素。在国际竞争中，用中国元素的张力和渗透力提升中国企业的竞争力，要敢于竞争，对标国际一流，放手一搏，善于竞争、学习和提升竞争的本领。快速竞争，用实现快速竞争的方法塑造正确的价值观，加强协作、善待规则，以更加开拓的态度开展合作交流。

第八，努力学习、练好内功。平凡企业生存靠钱，卓越企业生存靠道，要努力学习，不断提升整体素质和学习力。从而提升企业文化建设的道法术，使中国企业的文化建设实现科学、健康发展。

（作者系中国航空工业集团副秘书长）

加强项目文化建设 推动文化落地生根

——中交一航局对项目文化建设的探索

王金生

一航局继2005年合同额和营业额双超100亿元以后，2007年公司又实现了生产经营双超200亿元的目标。2008年，公司完成合同额302亿元，营业额232亿元，再创历史新高，企业效益也实现了同步增长。公司主要经济指标始终位列中交股份基建板块首位；位列天津市百强企业第22位，在施工企业中排名第一。

一航局之所以能取得进步，能够促进和推动企业科学持续发展，其中有一个重要原因就是，我们在推进过程中，紧紧抓住了企业文化必须落地这个关键。我就结合一航文化建设的实践经验，谈谈对施工企业开展项目文化建设的几点认识。

一、施工企业开展项目文化建设的必要性

施工企业以工程为依托，施工点多面广，人员流动性大，所以，施工企业文化要落地，就必须依托施工企业的基石——项目文化建设。

（一）项目的主体性要求，只有通过开展项目文化建设，才能使公司文化落地生根

项目是施工企业的主体，是企业产品生产基地、人才培育基地和企业精神塑造基地。企业文化建设的主体——人员，90%以上在项目上。企业文化要促管理、入人心，就必须抓住项目，通过开展项目文化建设，使公司文化落到实处。尤其是对于一航局，近几年规模迅速扩张，每年施工项目都保持在300多个，必须要通过文化宣贯和培育，用一航核心价值观把分散的员工凝聚起来，增强集体荣誉感和战斗力。

（二）项目的独特性要求，必须通过开展项目文化建设，为项目管理提供有力支撑

在共同管理特征下，每个项目都具有唯一的、独特的性质，比如承建工程的特殊性、相关方要求的特殊性、项目经理管理方式的特殊性等等，这就要求项目部必须根据工程特点、市场环境、业主需求、竞争优势等特性，在企业统一要求下形成自己的管理理念和管理方式，发挥出团队最大合

力,达到工程相关方的满意。

(三)项目的社会性要求,必须通过开展项目文化建设,提升企业文明程度和整体形象

施工企业由于施工过程的可见性,施工本身就是品牌塑造和形象展示的过程,因此必须通过开展项目文化建设,逐步提升员工的综合素质和项目部的文明程度,使之成为展示企业品牌的窗口,提高企业的知名度和名誉度。

总之,通过项目文化建设,一方面使公司企业文化建设落到实处;另一方面,项目文化使项目管理成果由一次性变为连续性,从而不断提升管理水平,提高企业的核心竞争力。

二、项目文化建设需要解决的几个认识误区

(一)将项目文化等同于公司文化

公司文化是项目文化建设的源,但项目文化建设不能仅以宣传贯彻公司文化为全部内容,必须坚持共性和个性相结合,将公司文化的要求同项目的特殊性结合起来,有目的地培育优秀的、有特色的项目文化。

(二)将项目文化建设等同于精神文明建设

公司将项目文化纳入精神文明建设范畴,在抓形象、抓娱乐活动上下功夫。但这些只是项目文化建设的表象,或者说是载体,项目文化的核心是管理理念层,与精神文明建设的根本属性不同。

(三)将项目文化愿景等同于工程目标

项目文化愿景是项目部共同的追求和价值观念,它以工程为载体,但不能以工程目标为代替。项目文化愿景是一个长期的方向,是具有连续性的,而工程目标是一次性的。正是有了项目文化愿景,才使得项目管理连续性成为可能。

(四)将项目文化理念等同于口号

理念和口号最根本的区别就是理念直面管理,直接告诉员工的价值取向,即做什么是对的,做什么是错的,或者如何做是对的,如何做是错的。指导性、实践性,是理念的根本属性。口号只是喊在嘴上,挂在墙上,如果理念停留在口号层次,项目文化就容易做虚。

三、项目文化建设的有效途径

(一)强化宣贯　提升认识

开展项目文化建设,首要的就是要解决项目全体员工思想认识问题,尤其是项目领导班子的思想认识。为此,一航局从三个方面入手:一是采取各种方式强化一航理念宣贯,尤其是注重“干一流的,做最好的”核心价值观和“用心浇注您的满意”服务信条的宣贯,确保项目文化建设方向不能走偏。二是明确项目文化内涵和建设的必要性,使项目部领导班子认识到,项目文化不是精神文明建设,不是表面工程,而是实实在在的管理工作,对提升项目管理水平、增强项目凝聚力、打造优秀团队具有重要的意义,必须坚定不移贯彻执行。三是明确责任分工。因为项目文化是管理范畴,因此明确项目经理是项目文化建设的第一责任人,形成党政齐抓共管的领导机制。

(二)共建愿景　指引方向

一航局要求各个项目部在一航理念的指导下,结合公司管理重点、品牌建设要求和项目管理实际,提出符合项目部发展方向的管理目标。而且,要在这个目标的引领下,结合精细化管理等管理要求,逐步完善项目部的规章制度,细化岗位职责和行为标准,将管理目标分解到部门、到岗位、到个人。同时,利用领导示范、典型引路、加大奖惩等方式反复宣贯,使员工最终认同管理目标,最终达到提升项目管理水平的目的。

(三)培育典型,营造声势

项目文化理念提炼出后,载体强化、制度固化的同时,要注意抓好典型,通过典型营造声势、触动心灵,从而使理念更快地在全员中推广、得到认同。

一航局在营口港施工的项目部,为了在全员中营造“管理创新“氛围,加大对技术创新、合理化建议的奖励力度,有一名员工在沉箱模板改造中提出了改进方案,取得较好效果,项目部一次给予10000元的奖励,鼓励了全员创新积极性。在接下来的营口港四期工程54—56号泊位创建交通部治理水运工程质量通病示范项目活动中,项目部取得14项技术创新成果,得到交通部质监总站的高度赞誉,并向全国推广项目部治理质量通病的经验成果。

(四)选点切入,丰富体系

各项目部提出项目管理目标后,一航局鼓励项目在此基础上,围绕管理重点和难点,将项目管理者在效益、安全、质量、人才、服务、创新、执行、责任、团队等工作中的管理思想有目的、有选择地加以提炼,形成分项理念,作为管理目标的延伸和拓展,丰富项目文化建设体系。

(五)延伸文化,规范分包

鉴于分包队伍素质层次不齐和管理的复杂性,一航局将其分出层次,有选择、有重点地延伸。对于长期合作的分包队伍,引领他们积极参与项目文化建设,和项目部员工理念同宣贯、规划同部署、责任同落实。

(六)与时俱进,不断创新

一航局从2006年开始加大经营结构调整力度,公司经营领域正由传统水工向铁路等更广泛的大土木业务扩展,由偏重境内向境内外并重扩展。在铁路市场,公司承建了太中银、哈大、京沪、石武、兰渝五条国家重点铁路项目,累计合同额达110亿元;在海外市场,2008年新签合同额14.4亿美元,营业额1.2亿美元,再创历史新高。这要求一航文化必须随之进行变革和完善,促进跨文化的融合。一航局将铁路项目文化和海外项目文化作为研究的重点,通过调查研究、总结提炼,积极吸收其优秀特征,形成了《工程项目跨文化融合与建设的指导意见》等文件,丰富了一航项目文化建设内涵,为公司继续拓展新领域提供了有力的文化支撑。

四、项目文化建设取得的成果

(一)坚定文化信念

经过多年的宣贯和渗透，企业文化作为一种管理理念和管理手段已经得到广大员工的认可。尤其是通过开展项目文化建设取得了实效，赢得了项目经理和领导班子的认可，许多管理理念都是项目经理本人直接倡导提出。项目文化建设已逐步列入项目部重要议事日程，和项目部发展、工程进度、管理重点同谋划。

（二）提升企业形象

一是外在形象有了新改观，规范应用标识系统，规范员工文明行为，体现出了国有大企业的风范。二是服务形象有了新突破，将管理目标贯穿到施工生产每一个环节，不断提高施工质量，为业主提供了更加满意的服务。三是社会形象有了新提高。项目部积极履行社会责任，在汶川地震后，组织员工踊跃捐款捐物；无偿援建天津宝坻区牛道口村新农村建设，进一步提升了公司的知名度和美誉度。项目部已成为推介一航品牌、诠释一航精神、展示一航形象的重要窗口。

（三）促进项目管理

项目文化是一种价值观文化，也是目标文化，通过高目标导向和理念的引领，全面整合项目的管理制度和管理行为，有效促进了项目管理水平和层次的提升，进而增强了企业的核心竞争力和整体管控能力。

（四）打造优秀团队

项目部以文化聚人心，通过倡导共同的使命和价值观，凝聚了项目全体员工包括分包队伍的力量，项目团队作用充分发挥，尤其是在一些急、难、险、重的工程上，更体现出团队的力量和价值。一航局逐步形成了一支敢打硬仗、永争一流的优秀员工队伍，成为在市场竞争中立于不败之地的根本保证。

（作者系中交一航局有限公司党委副书记）

创新构建“母子融合”集团文化

孙长青

福建省烟草专卖局（省公司）认真学习贯彻“三个代表”重要思想和科学发展观，遵循《中国烟草企业文化建设纲要》，秉承“国家利益至上，消费者利益至上”的行业共同价值观，以“建设海西，责任烟草”为主旨，紧密结合企业改革发展稳定的实际，积极探索深入实践“母子融合”文化新体系、新模式，企业文化建设不断取得新的成效。

一、认清属性，切实把准企业文化建设定位

福建烟草商业在25年改革发展的探索与实践中，逐渐积淀，代代传承形成了较为丰厚的历史文化。找准坐标，科学定位，是企业文化走向融合必须首先把握的关键问题。

（一）依据烟草体制属性，把握责任文化定位。我国烟草行业，实行“专卖管理体制”。因此，烟草商业企业文化建设也就必须把握“责任文化”定位。

（二）依据企业专业属性，把握服务文化定位。现阶段，烟草商业的主营业务是卷烟销售和烟叶购销。这个专业属性决定了烟草商业企业文化建设必须把握“服务文化”定位。

（三）依据烟草产权属性，把握母子文化定位。目前，烟草企业的资产是“国有法人资本”，各级烟草企业之间存在着资产纽带关系。正是因为这种产权属性，烟草商业企业文化建设必须把握“母子文化”定位。

（四）依据企业发展实际，把握理念体系定位。按照《中国烟草企业文化评价体系》和企业理念体系的逻辑要求，福建烟草商业把企业精神文化理念细分为：“企业价值观、企业精神、企业使命、企业愿景、企业经营思想”等八个方面，系统回答“我是谁，为了谁，去哪里，怎么去”的问题，企业文化建设有了严密的理念体系。

二、挖掘提炼，建设“独具特色”母子公司文化

福建烟草商业文化的探索发轫于母子公司体制改革之初，并与企业改革进程相互交融、相得益彰，逐渐形成秉承共同价值观：相同基因、不同个性、和而不同、兼容并蓄的统一文化渊源，这为构建“母子融合”文化体系奠定了坚实的基础。

（一）挖掘中华民族悠久深远的传统文化，实现现代企业理念与优秀传统文化的有机融合。中华民族的传统文化源远流长，其中儒家文化最具代表的“五常”：“仁、义、礼、智、信”道德准则对后人影响极大。福建烟草商业积极弘扬中华民族优秀文化传统，以“责任文化”为主旨，总结提炼了“创新、规范、奉献、廉洁、和谐”企业经营思想，并赋予现代企业管理新的诠释。既反映了中华历史文化，也反映了当今时代福建烟草人的和谐发展意识。

（二）挖掘各行各业引领发展的核心文化，实现现代企业文化与行业核心文化的有机融合。建设优秀的企业文化必须以核心文化的培育为基础。福建以“国家利益至上，消费者利益至上”行业共同价值观为统领，提出了“大统一、小自主，统一架构、分层表述”的企业文化创建原则。既表明了向上紧密融入国家局母公司文化的意志，又明确统一了向下作为子公司文化与母公司牢牢对接的统领。

（三）挖掘单个企业独具特色的历史文化，实现现代企业文化与企业传统文化的有机融合。企业文化它植根于企业的各个角落，是企业发展过程中逐渐积淀的。福建烟草商业企业文化项目组广泛展开采访、调研，结合收集与整理历史文献资料，深入挖掘和系统整理企业发展历程，为母子文化融合引入了源流，给子公司创建企业文化提供了文化基因，为广大员工深切领悟烟草行业艰苦卓绝、继往开来的创业史提供详实资料，从而增强了员工对企业文化的认同感和归属感。

（四）挖掘中国大地丰富厚重的地域文化，实现现代企业文化与地域特色文化的有机融合。中华民族是一个多民族的国家，因其地域辽阔而带来文化的多样性。福建烟草

商业强调“把握一个核心,分清两个层面,抓好三个环节,推进四个转化,彰显五个特色”的企业文化路径和文化结构,让子公司自觉、自愿、自主、自创企业文化:如,泉州市公司的“德”文化秉承泉州“海丝”文化“重积德则无不克、无不克则莫知其极”之精髓;福州市公司的“容”文化与福州城市精神“海纳百川,有容乃大”形成呼应;厦门市公司的“实”文化源于厦门市花“三角梅精神”;莆田市公司的“诚”文化传承“妈祖”真诚博爱、无私奉献之气量;龙岩市公司的“方”文化弘扬客家文化、红土地文化之精华;南平市公司的“和”文化则彰显了武夷山清水秀、地利人和之气度。

三、传承提升,彰显“鲜明特征”母子文化内涵

福建烟草商业在母公司统一文化架构下,让子公司自觉遵循文化发展规律,传承提升,自我发展,并赋予新的管理内涵。

(一)相同基因,和而不同。福建烟草商业有13个子公司和8个多元化经营合资子公司。我们尊重下属企业的个性差异,认同每个企业带有产业特征的企业文化表征。在省局母公司“责任烟草”主旨的引领下,下属子公司认真总结提炼了各自企业文化个性特征为:德、诚、实、宁,容、融、和,正、方、勤,智、精、严。以各自企业不同个性丰富母文化内涵,彰显了福建烟草商业“一株烟草不同叶,不同叶片皆属烟”的企业文化魅力。

(二)深度融合,兼容并蓄。母子公司文化的融合是在包容多样中实现统一。经过艰苦而细致的求索,我们提出了“相同基因,不同个性,深度融合,兼容并蓄”的融合方法,让13个子文化既在“责任”主旨上找到了连接点,又符合各自企业发展特点:泉州市公司“成德搏进,以德载责”,莆田市公司“忠诚事业,以诚显责”……一个个以“责”而生的13个具有“特征凸显”的文化符号,纵向相融,横向相依,使“母子融合”文化达到了深度的融合,真正做到相同基因、不同个性,和而不同、兼容并蓄。

(三)立足实践,凸显特征。在企业“母子融合”文化体系探索与实践中,各子公司根据各自文化特征,以“立志、修身、为人、处事、建功”五方面挖掘提炼企业文化内涵:泉州市公司“德”子文化,以厚德、立德、明德、正德、成德凸显特征;莆田市公司“诚”子文化,以真诚、秉诚、坦诚、精诚、忠诚凸显特征……

(四)丰富内涵,彰显特色。在企业“母子融合”文化体系的不断探索与实践中,我们提出了“母公司统一经营主旨,子公司丰富管理内涵;母文化突出经营特征,子文化彰显管理特色”的创建手段,让下属13个企业紧密围绕全省烟草商业“责任文化”的“创新、规范、奉献、廉洁、和谐”企业经营思想,不断丰富其内涵。

同时,我们加强对企业文化建设的理论研究和探索,开展专项课题研究攻关。精心组织编写了《责任烟草》为总篑、《履责之义》(义理篇)、《履责之魂》(理念篇)、《履责之路》(实践篇)、《履责之行》(行为篇)、《履责故事》(故事篇)、《企业文化建设巡礼》、《企业文化手册》等企业文化系列丛书。为员工学习企业文化、了解企业文化、认同企业文化、宣贯企业文化提供了丰富多样的蓝本。为及时总结企业文化建设经验,我们积极培养选树先进典型,通过召开现场会等形式,宣传推广企业文化建设的典型经验,推动全行业企业文化建设更加广泛深入地开展。

就福建烟草商业企业文化建设,曾担任中央书记处研究室理论组副组长、中宣部理论局副局长、欧洲科学院院士、著名经济文化专家贾春峰教授评价说:

福建烟草商业企业文化建设的经验,具有重要的理论价值与实践价值,具有典型示范意义。“母子文化”体系设计严密,定位准确,体系合理,逻辑清晰,内涵丰富,特色鲜明;它破解了中国企业文化建设中具有普遍意义的“母子融合”难题(这就是大企业集团与下属公司文化设计中的相互关系问题)。

福建烟草商业“母子文化”体系的探索与实践,为破解这个难题提供了一个卓越案例。同时,它很好地挖掘了中华民族优秀传统文化的底蕴和根脉…实现了中华优秀文化、传统美德与现代企业经营、企业管理理念的有机融合。

中国企业文化研究会常务副理事长,秘书长孟凡驰教授对福建烟草商业企业“母子融合”文化建设评价:

福建烟草商业企业文化“母子融合”有深度,它有效地探索了集团文化与分公司文化的关系,在内容的融合、方式方法的把握以及路径途径的开拓等方面,为全国企业文化建设作出了榜样,为中国企业“母子融合”文化体系的研究与探索起了“破冰”、“填白”作用,成果值得肯定。福建烟草商业在母子文化融合上,做到深刻理解母子文化的相对性,注重企业文化内容的提炼,建立在生产经营实践基础和中国传统文化基础之上,为全国企业文化建设起了示范作用。福建省烟草专卖局(公司)作为“全国企业文化建设示范基地”当之无愧。

(作者系福建省烟草专卖局(公司)企业文化部部长)

制度管企 文化管人

大同煤矿集团公司

大同煤矿集团公司的前身是大同矿务局,成立于1949年8月30日,2000年7月改制为大同煤矿集团有限责任公司。2005年12月,大同煤矿集团有限责任公司完成了债转股改制。重组建的大同煤矿集团公司是以煤炭、电力、化工、冶金、煤机制造五大产业为主导,集工程建设、化工、建材、物业、旅游等多业并举的新型综合能源大集团。企业拥有固定资产782亿元,48座煤矿、54对矿井,136个所属子公司、分公司和二级单位,煤炭产销量连续4年突破亿吨大关,居全国第二、世界第六,是国家规划的13个大型煤炭基地之一。企业成立60年来,累计生产煤炭17亿吨,上交利

税340多亿元，为国家经济建设和社会发展做出了巨大的贡献。2008年在中国500强大企业排序中排名114名。

近年来，同煤集团以科学发展观为指导，坚持“制度管企，文化管人”的管理思路，创新发展理念、转变发展方式、加快体制改革、推动管理创新，全力打造具有煤炭企业特色的企业文化，使大同煤矿这个有着60年光荣历史的国有老企业呈现出创新图强、跨越发展的强劲势头。

一、坚持以人为本科学发展观，构建具有同煤特色的企业文化体系

2002年以来，同煤集团成立了由集团主要领导任组长的企业文化建设领导组，下设企业文化科专职机构，负责集团公司企业文化战略规划和具体措施的贯彻落实。经过几年来的探索实践和系统推进，形成了具有同煤特色的“一一二五”企业文化建设总体格局，即：一个管理思路、一个管理模式、两大引领体系、五大支撑体系。

一个管理思路就是牢固树立“制度管企，文化管人”的企业管理思路。**制度管企**，就是通常所说的依法治企，即把企业的生产经营活动纳入制度化、法制化、规范化管理轨道。建立与现代企业制度和现代产权制度相适应的资产产权管理制度、母子公司运行制度、资本运营管理制度以及人力资源管理制度等，确保企业在体制机制上能够科学、高效运行；**文化管人**，也可以称文化管魂。就是要经过长期的、强势的理念灌输、行为养成，把员工千差万别的思想行为统一到企业发展的新思想、新战略上来，使企业的发展目标、战略、愿景得到广大员工的认同理解和接受，使员工自觉自主的为企业发展献才智、做贡献，实现全员的自主管理。

一个管理模式：就是推行精细化人性化（RHM）的企业管理模式，也可以称以人为本的精细管理模式。实施精细化人性化管理是煤炭企业提升企业管理水平，实现由粗放型向集约型转变的根本途径，也是同煤集团贯彻落实以人为本科学发展观的战略举措。

两大引领体系：就是目标引领体系和理念引领体系。同煤集团结合企业发展实际，研究制定了“三新”企业总体发展思路，即：“树立新思想、实施新战略、建设新同煤”。新思想就是以科学发展观思想统领全局；新战略就是81620发展战略体系，——“做强同煤，造福员工”的8字企业发展总目标；“心齐人和，重建扩源，创新提升，共同富裕”的16字企业发展方略；“尽心履职责，主动抓工作，提高执行力，落实全过程”20字行为规范；新同煤就是全力建设“和谐美好、强势竞争、充满活力、殷实小康”新同煤。“三新”是同煤集团总结发展经验，分析发展形势，把握发展规律，提出的重大发展战略思路。新思想是航标，新同煤是愿景，新战略是核心。它科学地回答了“实现什么样的发展、怎样发展、依靠什么发展”三个基本问题，从而形成了科学完整的企业发展战略体系，实现了企业战略与战术的统一、精神与物质的统一、思想与行动的统一。

在企业理念的提炼上，同煤集团立足行业特性，结合企业实际，突出企业特色，提炼出富有同煤特色的19项29条企业理念，形成了完整的企业理念体系。如，在企业精神的提炼上，同煤集团拓展文化底蕴，在传承发扬“勇于奉献，争创一流”优良传统的基础上，针对市场经济下，员工思想观念、价值取向、行为方式与心理状况复杂化、多元化的实际，又确立了“爱企敬业、创新发展”企业核心价值观，并在全集团公司开展广泛的学习实践活动，成为新形势下引领员工实践工作的精神灵魂。同时针对煤炭企业是高危行业这一特性，以及企业长期处于粗放管理的实际情况，科学地提出了以“人人都是通风员”、为核心的安全理念和“人人精打细算，个个当家理财”的经营理念，这些理念体现了以人为本科学发展观的核心内容，牵住了煤矿安全工作的“牛鼻子”，抓住了企业经营工作的重点，开创了企业管理的新局面。

五大支撑体系：就是精细化管理制度体系、4E6S岗位标准考评体系、员工行为养成标准体系、以人为本的环境刷新体系、视听觉识别体系。用统一的理念、统一的管理、统一的视听觉识别系统加快大集团文化整合，从内质外形全面塑造具有同煤特色的企业文化。

二、坚持统筹兼顾、务求实效，全面推进企业文化建设

（一）强化理念渗透，统一员工思想

为使企业的战略部署和企业理念深入人心，同煤集团坚持全员化，持久化的原则，开展了20万员工同读一本书、集中精力共抓一件事、公司上下共建一道景、媒体宣传共唱一个调的“四个一”活动，大力开展企业理念的宣传灌输，使企业理念在潜移默化中渗透到员工的头脑意识中，统一了员工的思想、统一了员工的意志，形成了心齐人和的强大合力。

（二）实施精细管理，严格考核兑现

同煤集团系统整合了安全、生产、经营、技术等十大类制度，对每个岗位的作业标准、工序流程进行了细化、量化、具体化，建立起了精细化管理制度和覆盖全员的4E6S岗位精细管理标准，推行了标识管理、编码管理、看板管理和准军事化管理，强化员工的行为养成。以A、B、C三卡为信息载体，实行了“三工并存，动态转换”考核。每月对员工严格考核，并按照10%、80%、10%的比例产生出优秀员工、合格员工、待培训员工，公布于看板，考核兑现。与此同时，同煤集团一年开展一次年度企业文化检查考核工作，每年召开一次企业文化推进大会，每年拿出100多万元对检查考评的优秀单位予以重奖，并对落后单位黄牌警告，限期整改，并把企业文化与领导人员年度工作业绩考核挂钩，促进了企业文化建设的深入开展。2008年同煤集团四台矿、塔山矿、马脊梁、晋华宫矿、平旺物业公司分别荣获改革开放30年全国企业文化建设优秀单位荣誉称号。

三、落实“制度管企，文化管人”，开创了同煤集团文化强企的新局面

——产业结构进一步优化

按照“制度管企,文化管人”的要求,同煤集团借鉴先进管理经验,运用现代管理方法,规范了母子公司体制,实行了两级公司、三级管理,建立了以资本为纽带,合理分权、责权明确、运转高效的大集团母子公司管理体制。同时转变发展方式,大力实施多元化发展战略,加快产业结构调整步伐,投资建成了世界上设计能力最大的单井口井工矿井——塔山煤矿,并由年产1500万吨向“一井两面”2000万吨的目标挺进;投资48亿元,建成了2×60万千瓦坑口电厂——塔山发电厂,开创了煤矿办大电厂的先河;同时他们完成了全国规模最大的5万吨煤系煅烧高岭土建设项目以及钢铁技术改造、大型采煤设备制造项目;快速推进了100万吨氧化铝项目和120万吨甲醇项目,形成了集煤炭、电力、煤化工、钢铁、机械制造五大为主导,建筑、建材、旅游等多种产业并举的产业格局,提高了企业的核心竞争力。

——综合实力全面提升

在煤炭主业上,同煤集团以资源扩充稳固基础,增强了发展后劲,保持了竞争优势。按照精采细采100亿、有序接替100亿、资源扩张100亿,“三个百亿吨”的资源战略,全力推进塔山、同忻六个千万吨和四个500万吨矿井项目建设,同时实施低成本扩张资源储备战略,2008年在内蒙、临汾、运城等地成功收购和控股了9个煤矿,扩充资源18.5亿吨。在非煤产业发展上,同煤加快推进轩岗电厂、王坪电厂和塔山电厂二期、三期工程建设,积极筹备电力公司,实施电力板块整体上市,以电力产业为龙头带动煤化工、冶金、煤机制造等产业加快发展。与此同时,同煤不断提升企业自主创新能力,完成了建国以来煤炭系统最大的科研项目“特厚煤层大采高综放技术与装备研发项目。“两硬”条件下厚煤层一次采全高、特厚煤层开采技术在全煤系统保持领先,形成了一批具有自主知识产权的科研技术。

——发展质量不断提高

循环经济是现代煤炭工业发展的方向。近年来,同煤集团坚持“现代化、集团化、洁净化”发展战略,大力发展循环经济,按照“工业园区化、产业高新化、布局专业化、园区城市化”的规划设计,建成了全国煤炭行业第一个循环经济示范园区——塔山循环经济工业园区。园区内“一矿八厂一路”,形成了原煤洗选、精煤出售、中煤发电、高岭岩深加工、粉煤灰制水泥、废渣造砌体,两条完整的闭合循环产业链。每个上游产业的废弃物,都是下游产业的原材料,实现了由资源——产品——废弃物——再生资源”的闭路循环,逐层减量利用,将煤炭“吃干榨尽”,实现了煤炭资源利用的低消耗、低排放、高效率,用最少的资源投入和环境代价实现最大的产出。塔山工业园区是目前我国建成的第一个真正意义上的循环经济园区,为世界煤炭工业的发展探索出一条“绿色道路”,受到了各级领导和各界人士的高度赞誉。按照塔山模式,同煤集团还规划了朔南、大同东周窑、忻州保德县白家沟3个循环经济园区,扎实推进资源节约型、环境友好型企业的建设,使企业的发展质量不断提高。

——安全管理水平不断提升

在安全管理上,同煤集团坚持“以人为本、安全发展”的指导思想,树立了“创建零事故现场,打造零事故环境”的安全愿景;开展了“人人都是通风员”为核心理念的安全文化创建活动;实施了具有特色的安全“三项”管理——班组全程管理、岗位就近管理、安全程序化管理;建立了“预知、预想、预报、预警、预防、预备”的“六预”预警预防机制;建成了集语音、声光、信号、信息化、预警化、可视化为支撑的矿井安全技术体系;推进了矿井“双基”建设,建成了“六员一防”的安全管理长效机制。同时以“居安思安、居安想安、居安干安、居安紧安”为要求,以“六化一落实”为基础,以“隐患排查治理”为抓手,全面加强危化品、火工品、特种设备以及交通、消防、公共卫生等安全管理,实现了煤与非煤、井下与地面同步强化安全,增强了员工的安全意识,提高了员工安全技术技能,推进了本质安全型企业的建设。

——企业的社会责任感明显增强

在企业文化建设中,同煤集团大力弘扬优秀传统文化和企业的优良传统,不断丰富同煤特色企业文化的内涵,有力增强了员工的责任意识,大局意识,奉献意识,企业的社会责任感明显增强。2008年元月在抗击南方雨雪冰冻灾害中,同煤集团20万员工放弃节假日,放弃与家人团聚的机会,不分昼夜地奋战在井下各条战线上,二月份煤炭产量创历史最高,保证了电煤的稳定供应。5.12四川汶川地震发生后,公司先后派出4支专业小分队赴川援助,同时组织26811名党员交纳“特殊党费”557万元,广大员工纷纷解囊相助,累计为灾区捐款4000多万元。在举国迎庆奥运盛会的日子里,同煤20万员工倾全力打响了“迎奥运、保电煤”大会战,出色地完成了上级交给的任务,受到了党中央的高度赞扬和社会各界的高度评价,五大电力集团、20多家电力用户送来了感谢信,再次彰显了同煤集团这个共和国“长子”的中流砥柱作用和舍小家顾大家,为国出力的精神风范。

——员工素质全面提升

同煤集团牢固树立“优秀企业重视培训,优秀员工终身学习”的理念,把打造学习型企业,造就高素质员工队伍作为提高企业核心竞争力的一项基础工作来抓,制定出台了《员工培训计划目标》,《自学成才奖励办法》,《优秀人才选拔管理办法》、《科技成果奖励实施办法》等。设立了首席员工奖、矿长特别奖、总工程师特别奖、突出贡献奖和合理化建议、小改小革奖等一系列科技奖励制度,在全集团公司形成了一整套促进人才培养的奖励激励机制。仅2008年集团公司投入资金3000多万元,接受专业技能培训的员工有17.8万人次。524名优秀人才享受每月500元的津贴奖励,对9名有突出贡献的人才奖励价值15万元的小轿车一辆,推荐185名专业技术人员申报了省级高级专家,在企业营造了尊重人才,吸引人才和学、比、赶、超的浓厚氛围。

——员工的生活质量大幅度提升

近年来同煤集团围绕建设“和谐美好、强势竞争、充满活力、殷实小康”新同煤的奋斗目标,重点实施了“五大”工程,着力提升员工的生活质量。

1. 生态环保工程。全力打造花园式、园林化矿区。投资6344万元改造了晋北地区最大的公园——平旺公园,新增绿地面积78万平方米,投入数千万资金治理矸石山20万平方米,露天储煤场2万平方米,给153台燃煤锅炉安装了脱硫器。特别是投资3.6亿元上马的热电联供,取代了平旺地区280座燃煤锅炉房,极大地改善了矿区空气质量。

2. 惠民工程。2006年同煤启动了历史上规模最大的采煤沉陷区和棚户区“两区”治理改造工程。投资97亿元,改造面积660多万平方米,用3到5年的时间,让10万户30万员工家属住进宽敞明亮的新楼房。实施了平旺地区旧区改造100多万平方米,先后建成了一大批3A级物业管理小区。投资450万元,完善了医疗保险信息化系统,兴建了39个医疗社区卫生服务站点,医疗服务覆盖率达到95%以上。

3. 送温暖工程。2008年向病亡矿工家属、矽肺人员和低保线的家庭发放各类慰问救济款近2000万元。为员工办理了大额医疗保险,成立了中国煤矿尘肺病治疗基金会定点医院,定期为员工进行职业健康体检,筹资1231万元组建的重特大病救助中心,4年救助病人1620名。设立了教育扶贫基金,4年资助了550多名考入大学的困难员工子女。为解决员工子女就业问题,同煤集团成立了青年就业指导中心,累计帮助近2万名待业青年外出就业,扶持300多名待业使青年走上自主创业之路,解决了员工的后顾之忧。

4. 快乐工程。大力推行快乐工作法,针对井下工作苦、脏、累、险的实际,同煤集团为井下员工添置防爆热水器、热饭锅、移动厕所等设施,在井口建立了服务站,洗衣房、烘干室,持续改善员工工作环境,免费为井下员工送牛奶、面包,同时开展了服务型机关,服务型文明窗口和学习欧学联精神的活动热潮,引导教育员工树立快乐的工作观念,教育员工树立豁达乐观的心态,用快乐方式克服工作中遇到的一切不快乐因素,在工作中享受快乐,在快乐中创造价值。

5. 文化工程。2008年以来先后举办了改革开放三十年成就展,第四届群众文化艺术月、“光彩同煤”大型消夏灯会,“金秋欢歌”群众文化广场展演等一系列声势大、影响广的活动。社区内歌咏会、秧歌队、书画展、太极拳以及各种球类、棋、牌比赛等文体活动如火如荼,丰富多彩,促进了人与企业的和谐发展。2008年同煤集团创出了发展速度最快、经营效果最好、员工得到实惠最多、整体工作成效最显著的崭新局面,煤炭产销量、销售收入、利润、安全、员工人均年收入等方面均创出历史最好水平。

近年来,同煤集团坚持“制度管企,文化管人”的企业管理思路,全面推进具有同煤特色的企业文化建设,企业的整体管理水平得到了进一步提升,员工行为养成有了明显提高,安全事故大幅度下降,企业环境面貌焕然一新,员工的大局意识、责任意识、奉献精神明显增强,开创了企业全面协调可持续发展的新局面。企业先后荣获国家企业管理最高奖“金马奖”、“中国煤炭采选大王”、全国“五一”劳动奖状、全国职工思想政治工作优秀企业、全国精神文明建设工作先进单位、全国企业文化建设优秀单位,改革开放三十年全国企业文化建设杰出品牌组织、“鲁电杯”中国企业文化建设二十年建设实践奖、全国企业文化优秀单位、山西省企业文化建设先进单位等多项荣誉称号。

大道合行

刘永胜

一、“大道合行”文化体系

(一)成果来源

“大道合行”是优秀历史文化的积淀。综合历史文化积淀和关键成功要素,可以看到,招金集团的优秀文化基因主要包括:合力开拓、不断创新的精神,符合规范、严谨务实的意识,聚合人心、安全环保的传统,团结合作、学习奉献的氛围。这些围绕着“合”产生的优秀文化基因正是“大道合行”的源头。“大道合行”是个性特征的集中体现。三十余年来,招金集团以“合”为中心逐步形成了诚信人本、规范务实、开拓创新的个性特征。企业的成长过程,更是凸显个性的过程。“大道合行”是赢得未来的有力武器。随着全球经济加速一体化,黄金市场进一步放开并迅速与国际接轨,国家也在积极推进黄金产业结构调整和企业改革。同行企业纷纷抢抓机遇,加速在更大范围内整合资源并寻求实力的提升。在这种产业背景下,未来的竞争将主要集中在企业规模、技术水平、人才储备和内部协同程度等方面。通过落实“大道合行”,企业才能够成功地应对挑战、赢得未来竞争。

(二)成果内涵

根据企业发展中存在的问题,总结企业文化建设的经验和优势,招金集团对企业文化进行了重新梳理整合,形成了以“大道合行”为统领的文化理念体系,它源于历史、立足现在、引领未来,能够使企业清晰地了解自己的生存意义、发展方向和价值标准。“大道”,是经营自身事业之道,是壮大企业经济实力之道,更是振兴中国黄金产业之道。三十余年来,招金集团在这条大道上不断开拓、“合”行向前。企业因整合黄金矿山资源而诞生,凭融合广大员工心智而发展,也必将靠集合各产业优势而卓越。“合”,是指合规、合智、合心、合力。合规,要求规范务实,把大家的行为统一起来,步调一致不断开拓;合智,要求学习创新,把大家的智慧聚合起来,以强大的创造力立足于世;合心,要求人本诚信,把大家的心灵凝聚起来,向着共同的理想前进;合力,要求沟通协作,把大家的力量团结起来,发挥集团的规模优势携手共进。

(三)实施过程

经过前期缜密的安排,2008年7月,招金集团开始实施企业文化管理项目,召开了企业文化管理项目启动大会,集团和各下属企业的中高层管理者悉数到场。成功的启动大会为项目的顺利实施开了一个好头。

二、扎实开展调研,全面掌握企业状况

"没有调查,就没有发言权。"同样,要做企业文化管理,也必须全面调研并掌握企业的状况,包括企业的发展历程、经营管理现状和未来发展等,缺少了这个阶段,后期的工作只能是无根之木、空中楼阁。在各方面的全力配合下,通过定性和定量分析两个角度,招金集团完成了扎实、科学、系统的调研工作。

(一)定性分析

定性分析分为两个部分,包括相关资料查阅和企业内、外部访谈。

项目启动前和项目实施过程中,查阅了招金集团及其相关行业、地域文化特征等大量资料,包括企业介绍、业务范围、内部刊物、市(县)黄金志、相关产业内其他企业的生产运营情况、市场竞争以及山东地域文化等。

访谈阶段包括两部分,一是企业内部人员的访谈,包括单独访谈和群体访谈,期间按照精心准备的访谈提纲对招金集团总部和20余家下属企业、矿山的中高层管理者、基层员工等各层面人员200余人进行了充分的单独沟通;同时,也安排了几场老员工、新员工和优秀员工的群体座谈。二是企业外部客户的访谈,旨在向客户了解他们对招金集团的感知。

通过历时半月的访谈,获取了30多万字的一手访谈资料,对企业的发展历史、关键成功要素、当前面临的问题、未来的发展方向、战略以及外部客户对招金集团的评价等多方面的信息有了充分把握。

(二)定量分析

访谈调研期间,共发放并回收了1200多份调研问卷。问卷发放范围全方位地覆盖了集团、各下属企业和矿山的中高层管理者、基层员工,获得了大量数据。

定量的问卷分析为定性调研做出了很好的补充和支撑,这两种方式的结合,掌握了大量客观、真实的企业信息。

三、深入分析企业文化,准确定位企业管理问题

通过扎实的调研和深入的分析,招金集团编写了详实的《调研报告》,梳理了招金集团的发展历程和历史文化积淀,总结出了招金集团的关键成功要素:干部队伍:领导班子及中层干部务实进取、团结协作,关注员工、规范管理。组织氛围:不断创新、不断进取,重视学习和培训。政策支持:国家为发展黄金行业而制定的优惠政策,地方政府为发展经济采取的扶持措施。资源条件:对当地矿山资源的充分利用,招远是我国最大的黄金采掘和生产基地,招远黄金资源遍布全市,矿体厚、储量大;对外地矿山资源的整合与开发。员工队伍:吃苦耐劳、艰苦奋斗,勇于拼搏、甘于奉献。

结合自我认知、期望认知和外部认知三个方面,准确地定位了招金集团的企业文化个性:诚信人本、规范务实、开拓创新。

同时,对招金集团的管理问题进行了深入地探讨。集团规模不断扩大、下属企业数量不断增加,过去的管理模式和成功经验已经不适应企业发展的需要。透过表面,探索问题背后深层次的原因,发现企业当前的核心问题是:如何把企业占有的资源整合为集团的优势,如何通过现代公司治理机制明确定位各方角色,如何调动并发挥各下属企业的优势并实现集团的协同、高效发展。即企业面临的是一个如何"又集又团"的问题,用一个字来概括,就是"合"的问题。只有把集团各方面的力量拧在一起,形成"合"力,才能够化局部优势为整体优势,确保企业在未来日益激烈的市场竞争中立于不败之地。

四、明确企业文化核心,形成企业文化管理手册

经过扎实的调研和深入的分析、诊断与定位,围绕着企业面临的核心问题,最终锤炼出了以"合"为核心、具有企业个性的《招金集团企业文化管理手册》,确立了招金集团的愿景、使命、核心价值观以及相关企业理念等。

使命:繁荣地方经济、拓展百年品牌、善用有限资源、共创无限价值

愿景:人本和谐的招金、国际一流的招金、持续开拓的招金

企业精神:务实、创新、诚信、奉献

核心价值观:合规创效、合智创新、合心共赢、合力共进

为了便于企业成员深入理解核心价值观,并结合自身的工作把它们落实到具体的行动上,招金集团进一步解析了核心价值观,明确了每条价值观指导下的关键行为准则。同时,针对某一管理模块,又给出了更加具体细化的重要管理理念。

管理理念:以人为本,张弛有道

发展理念:时时追求卓越,日日超越自我

竞合理念:是对手,更是伙伴

人才理念:广纳贤才,共同成长

营销理念:成就客户价值,奉献至纯精品

安全理念:黄金有价,生命无价

环保理念:既要金山银山,又要碧水蓝天

五、组织精干力量,推进文化深植培训

企业文化相关理念的形成,企业文化管理手册的出炉,只是这次企业文化管理项目的阶段性产品,只有通过深植,将企业文化理念植入职工的头脑,引导其思想和行为的改变。同时,进一步修订完善相关管理制度,建立新的管理模式,制定科学的决策程序才是实施企业文化管理项目的主要目的。围绕企业文化管理的中心工作,招金集团聘请专家,并成立了培训小组,首先对集团总部、各企业班子成员进行"大道合行"企业文化培训,然后深入到集团所属各企业进行宣讲、培训。与文化理念深植培训同步,招金集团制定了企业制度修订完善规划和方案,从制度层面入手,推进

企业文化深植工作，改善集团战略、组织、制度、流程等重大环节匹配协同程度，打牢文化的制度基础，用制度支持和反映集团的核心价值理念，推动集团从制度管理向文化管理迈进。

六、发挥舆论阵地作用，加强企业文化宣传

宣传工作在企业发展过程中发挥着举足轻重的作用，为了让广大员工认知、认可、认同企业文化理念，招金集团充分利用网站、报纸、电视等新闻媒体，采取各种方式对企业文化理念进行宣传。强大的宣传阵势，不仅让“大道合行”文化理念在企业内部得到了传播，而且在社会上也得到了认可和美誉。开展先进典型选树宣传活动，通过典型的带动作用，鼓励大家学习“大道合行”文化体系，模范践行企业核心价值观。

（作者系招金集团有限公司党委副书记）

企业文化建设难在“化”字上

林可夫

去年的金融危机对我们正泰也有很大的影响，但是正泰在去年的金融危机当中，我们抓住机遇，特别是利用了金融危机对企业的外在压力，我们做到了三个方面的工作，也就是说，我们坚持科学发展不动摇，推进转型升级不为难，着力苦练内功不浮躁。在这个基础上，我们去年到今年，着力在四个字上做好文章，就是加减乘除。

加：我们主要做了以防范现金流为主的风险防范，同时加大了对员工的培训力度，着力提高员工、供应商和代理商、各方面的能力。

减：主要在减轻企业不必要的负担，特别是减负降耗，降低生产成本，同时我们积极的开源节流，开展流程的再优化，培育快速的反应能力。

乘：我们主要做了大量引进国内外的高端的管理和技术人才，另外积极的开展技术创新，努力的提升企业核心竞争力，开展了对农村实用产品的研发，尤其加大了对新能源这个产业的研发和开发。

除：就是淘汰和摄取了我们认为技术含量低的，盈利能够弱的，市场前景差的产品和业务。铲除了一些影响成本、效率的因素，进一步打算了对比的优势。

采取以上措施主要基于这样的认识：当外部环境恶化的时候，我们作为一个企业没有能力改变这个环境，那么只要认真的改变自己。所以在这种情况下，我们化危为机，我们在去年的状况下，我们销售和前年相比提升了18.8个百分点，利润同期增长24个百分点，出口成倍增长。我刚才为什么跟大家汇报这个事，就是说现在我们深切体会到，我们企业之所以能够在应对金融危机的过程当中，能够自如的应付，除了我们坚持引进高端人才之外，同时坚持我们技术创新之外，现在公司上下大家一致认为，公司之所以有这样的业绩，很重要的原因就是我们这些年来一直坚持不懈的加强企业文化建设。所以企业文化建设现在是我们正泰集团实现可持续发展的、根本的一种内去力和动力。

所以从这个意义上讲，我们这些年来对民营企业如何加强和做好企业文化，我们有以下几点体会：

首先，我们觉得好的企业文化，它应该是本土内生的。企业文化是不能移植的，更不能花钱靠咨询公司给现成的。

第二，积极的寻找本企业的积极的文化因素，抓住不放，并发扬光大，挖掘拓展，这是我们做好企业文化工作的一个很重要的方面。

第三，好的企业文化一定要来自员工，又要高于员工。最重要是体现员工的参与，要充分体现员工的主体意识。离开员工的认同和参与，就无所谓企业的文化，而企业文化存在的真正价值，在员工的认同和参与。所以基于这个情况我们觉得企业文化建设必须贴近企业自身实际，特别是不能游离企业的中心工作而自搞一套，也就是我们通常说的两张皮，我们觉得这两张皮一定要粘在一起，才会产生凝聚力，才会转变成生产力。

第二点体会：企业文化建设的前提，很重要的是要得到民营企业家的认同和支持，在企业当中特别是我们民营企业，企业家对企业文化建设的认识水平，也决定了本企业的文化建设的高度和水平。尤其在目前情况下，从某种意义上说，企业文化应该是全员文化，但是全员文化当中包含着很浓厚的企业家的文化因素，所以这些年来我们体会到作为我们党委，如何提高董事们、董事会的各位董事，特别是董事会的董事长，他对企业文化建设重要性的认识和认同，就显得非常重要。

第三点体会：我们觉得在企业文化建设过程中，企业有文并不难，难的是文化后面的化字上，化是一个过程，我们现在确实意识到提炼企业文化的核心价值观并不困难，难的是核心价值观提炼的以后，如何又把它溶化在员工的思想当中，成为广大员工的共同的思想认识。第二，核心价值观提炼出来之后如何落实到广大职员工的日常行为上，而成为大家共同遵守的行为准则，这才是我们觉得最难、最难的。

第四点体会：我们觉得做企业文化目标，特别是终极目标一定要非常明确，就是一切要服从员工的需求。要建立在员工的需求基础上的提升，所以从这个意义上讲，我们年来在非公企业做党建工作，加强企业文化建设，一切从人本出发，同时我们所做的一切都立足于员工的素质提高，追求员工的人的全面的自由发展，这一点我们现在体会很深。

第五点体会：加强企业文化建设必须解决员工的实际困难结合起来，只有解决了排除了员工的后顾之忧，才能调动员工积极性，员工才能为企业的发展发挥自己的最大力量。我们体会到企业文化是企业的灵魂，是企业进一步做大做强的不竭动力。

（作者系正泰集团党委书记、副总裁）

打造“九力”团队 提升管理境界

郭志武

峰峰集团有限公司前身是1949年9月成立的峰峰矿务局。2008年6月,与金能集团联合重组成立冀中能源集团有限责任公司,是冀中能源集团旗下最大的子公司。从2007年下半年开始,我们在巩固“FRIP”人本精细化管理的基础上,积极推进“五精”(精细、精准、精确、精益、精美)管理、致力打造“九力”(凝聚力、亲和力、执行力、管控力、经营力、现场力、创新力、学习力、文化力)团队,走出了一条提高员工能力、推行卓越管理、增强企业综合实力的创新之路,有力推动了企业管理迈向新的更高境界。2008年企业总资产增长63%,营业收入增长69%,利税总额增长44%,人均工资增长40%,确保了企业在逆境中平稳快速发展。今年上半年,我们集团原煤产量完成716万吨,精煤产量完成390万吨,营业收入完成117亿元,实现了安全生产,提前十天全面完成了生产经营任务。

一、武装思想,以整合学习资源为抓手,为推进“九力”夯实认识基础

推行“五精”管理、打造“九力”团队是随着广大员工对企业文化认知和接受程度的延伸与拓展,我们尤为重视思想认识的聚合效能。

领导重视引导学习。打造“九力”团队,关键在领导。河北省国资委领导和冀中能源集团董事长、党委书记、总经理王社平高度重视这项工作,多次强调要坚持以人为本,实现文明共享,建设具有国内外影响力的特大型现代能源集团,用文化力打造企业核心竞争力。峰峰集团董事长、党委书记郭周克专门听取企业文化建设汇报,专题研究此项工作,明确指出要“切实抓好抓出成效,不断提高管理水平和团队合力”,组织集团公司班子成员认真学习“九力”的基本知识,增强抓好这项工作的自觉性。集团公司党委领导把研究谋划,定期现场调度,及时纠正存在的问题作为工作的主要内容。各二级单位党政领导和区科管理干部坚持做到带头学、带头讲、带头抓、带头干,并给予人财物保证,集团公司上下兴起了新一轮企业文化建设的热潮。

提高认识深化学习。学之有道道有方。我们抓住精细化管理与“九力”的对接点、提升点,积极营造统一、连贯、强势的主流舆论氛围,运用报纸、电视、广播等媒体开办栏目介绍基础理论,召开推进会、恳谈会、研讨会;在公司网页上开设“五精在线”、“团队打造”、“英雄行动”等专栏,推介“九力”团队的实践经验。各基层单位充分发挥自己的文化优势,加大普及力度,大淑村矿的《大矿文化》、梧桐庄矿的《梧桐果》、牛儿庄矿的《金牛魂》、羊渠河矿的《羊矿职工报》、九龙矿的《学习园地》、黄沙矿的《党群动态》、薛村矿的《薛煤人》等内部刊物,连续编发知识问答,搭建互动学习、交流共享、信息反馈平台。抓住基层关心的难点,举办理论骨干和矿处级领导干部培训班,巡回到基层单位进行讲座,解读基层关心的问题,提供可资借鉴的实践方法,促进了大家对“九力”的理解认同。各试点单位还根据实际情况开展野外团队拓展训练,进行封闭知识培训,推动了学习的深入和素质的提高。

正视差距鞭策学习。不满是进步的阶梯。我们正视与先进企业的差距,组织“学什么、差在哪,补什么、从哪超”目标测试,直面自身存在的问题,反思自身的心智模式,打破传统的习惯思维定势,确定了“试验在班组,经验在基层,花开在集团”自下而上的建塑方案,为基层单位辑印了4000本《打造九力团队》资料,编写了“九力”实务项目的具体操作内容和考核评价标准,编制了月度工作进度表,每月对重点单位进行调度和讲评,并组织现场观摩,使基层单位在相互对比中寻找差距、在观摩学习中开阔思路、在统一思想中迎头赶上。

二、敢闯敢试,以区队试验为切入,为推进“九力”探求拓展路径

探索规律、遵循规律、运用规律,是赢得打造“九力”团队主动权,激发新活力,收获新成果的路径。我们按照“四措并举”,对65个区队“试验田”进行深耕细作,扎实推进。

一是以课题式设计增强工作前瞻性。我们在广泛深入调研和论证基础上,把“九力”的内容全部细化拆分给试点单位,每个“力”的科目中都有具体的操作方案,并设定了要达到的预期效果。基层单位又结合区队试验田进行科目的分配,使每个“力”的内容都落到了实处。九龙矿设计了理念引领、实物项目、考核标准、支撑要件、指标评价五个子系统,并配置以每旬现场调度、每周井下会诊,每天工作碰头的工作机制,确保了区队试验田工作质量、进度、效果三同步。小屯矿一采区反复研究“九力”精髓,根据本单位农合工、青工多的实际,围绕亲情化管理,把打造凝聚力、亲和力的重心放在培育农合工、青工共同愿景上,公布班队长以上管理人员手机号码,建立团队成员人文关怀档案,制定困难职工帮扶机制等,从而增强了团队意识和集体观念,营造了浓厚的“家”的氛围。

二是以项目式管理增强工作目的性。我们把每一项任务和活动都作为一个项目,明确目标要求,制定奖惩措施,层层分解责任,使计划、实施、检查、改进形成一个控制过程,并进行适时调控,确保了每一个步骤都精心,每一个环节都精细,每一项工作都是精品。羊渠河矿六采区针对实施的“管控力”,建立了一套决策指挥程序图,明确了各级管理人员集体决策、请示批准、当机立断、现场指挥等程序和权限,使区科、班组决策指挥现场执行向无缺漏、无缝隙、无盲点方面迈出了较大步伐。黄沙矿开拓区围绕提升“现场力”,对每项工作从编码、定置、标识到净头交接、一次成巷、巷道爆破的精密度等都制定了详细的计划和规定。今年以来,该区巷道“精品”率达到97%,在集团公司组织的质量标准化验收中夺魁。

三是以工程式推进增强工作系统性。工程式推进就是把“九力”的每一项目作为一个系统架构中的工程来实施管理，分清主次，排出时间表，强调各相关部门都是系统的有机组成部分，彼此密切配合、协调联动、整体推进，努力形成思想联通、人员联动、行动联手的工作格局，实现“九力”各项工作效率最高化、效能最佳化、成果最大化。梧桐庄矿把员工的需求作为打造亲情系统的出发点，倡导零距离沟通方式，建立了具有针对性和新内涵的员工谈心谈话制度，规定了每名管理人员每月必谈的数量和质量，接待员工的人员、时间、方式，确定了12项对话主要内容。对员工提出的意见和建议，对情况复杂、涉及面大的问题，明确了当场解答、处理或规定时间内答复、办理的具体要求，并将活动开展情况列入党支部目标管理考核之中。

四是以台账式督查增强工作实效性。台账式督查主要包括科学量化标准、实施追踪监督、进行绩效评价、严格考核奖惩等内容。集团公司把打造“九力”分为三级管理，将实务项目设为总账，包括整体推进的实务项目、实施步骤、完成时间、完成总负责人、考核讲评分析等，由“五精九力”办公室统一填制，上对集团公司负责，下与分类账核对；分类账是将每一区队“试验田”的项目分解到科目，责任分解到副职和班队，每一科目作为一个账页，定时填写推进的时间、进度及完成情况，对上与总账核对，对下与明细账核对；明细账是由区队试验田自己填写，主要依据策划书、实施方案，将科目联系卡分解为细目或子目等，填写项目责任人具体到副区长、主管技术员、班队长，以及完成的时间、完成的具体任务等，使任务明确到班组，责任落实到个人。

三、常抓不懈，以构建机制为保障，为推进“九力”提供强力支撑

为了确保开展“五精”管理、打造“九力”团队有一个健康、规范的运行环境，我们构建了良性循环机制。

一是建立了责任明确的领导机制。从集团公司到区队试验田，均成立了“五精九力”领导机构和办公机构，做到了“工作目标清楚、建设路数清楚、内容形式清楚、实务项目清楚、进展情况清楚、存在问题清楚、考核标准清楚”，形成了一级抓一级，层层抓落实的机制。基层单位把及时掌控全局进展、了解区队真实情况、针对性指导作为工作重点，坚持定期调度了解下情，一竿子插到底，深入基层区队现场调研指导，从推进之始就呈现出强劲的态势。

二是建立了规范运行的控制机制。集团公司编制了“五精九力推进表”，从时间要求、推进方式、具体内容、落实单位、项目带头人等方面进行了详细安排，形成了事前定任务，事中抓控制，事后严考核，做到了外有压力，内有动力。试点单位在定项目、定人员、定责任、定时间、定进度上实行报表管理，做到每日一记录、每周一调度、每月一讲评、每季一考核。区队试验田定时上报“九力”试验科目一览表、月度进展表和联系反馈卡、策划书等，形成了一级控制一级，层层抓落实的机制。

三是建立了严明有效的督导机制。集团公司“五精九力”办公室成员定期下单位进行督导检查，一块商榷推进的方式方法、研究建设的内容要素，使“五精九力”推进的每一项工作落实到什么程度，达到什么标准，什么时候完成等心中有数，保证了建塑效率和质量。今年以来，集团公司每月到一个试点单位进行现场会诊，针对区队试验田的创建进行适宜性、可操作性评议，及时消除推进中存在的缺失，达到取长补短，资源共享的目的。

四是建立了奖惩分明的激励机制。集团公司制定了“五精九力”考核细则，各单位根据集团公司每月的推进要求，及时列出当月考核明细，矿考核组对“五精九力”建设的项目逐一检查，并按考核细则兑现奖罚。基层单位把打造“九力”团队作为一把手工程，成立了党政主要领导挂帅、相关部门参加的考核小组，每月对区队试验田进行严格细致的考核，并将此项工作纳入支部工作目标管理中，直接与单位绩效挂钩，月月考核兑现。区队试验田划分赛区，主动比学赶超，提升了质量和水平。良好的运行机制使“五精九力”建设有序而进，为企业管理迈向新境界激发了活力、提供了保证。

打造“九力”团队是一项长期的、系统的、艰巨的工程，它强大的生命力和扩张力会随着市场经济的发展，企业管理的创新，而越来越明显地表现出来。我们将认真贯彻落实这次会议精神，虚心学习兄弟单位的经验，把打造“九力”团队作为推动企业又好又快发展的重要增长极，不断壮大企业文化的整体实力和核心竞争力，为企业的发展作出应有的贡献。

（作者系峰峰集团党委副书记）

2009年——第五届全国“四实”企业文化暨福建烟草商业“母子文化”创新研讨会

大会致辞：

企业文化建设要坚持统筹协调整体推进

杨培森

八月榕城，茉莉飘香。我们迎来了第五届全国“四实”企业文化暨福建烟草商业“母子文化”创新研讨会。首先，我谨代表福建省烟草专卖局、中国烟草总公司福建省公司向出席会议的各位领导、各位专家、各位嘉宾表示热烈的欢迎！

《山海经》有曰：“闽在海中，西北有山”。大海与群山呼应，造就了以武夷山、鼓浪屿等为标志的福建景观。海洋文明与农耕文明交融，孕育了闽南文化、客家文化、朱子文化等为代表的福建文化。根植在厚重的区域文化沃土之中的福建烟草商业企业文化坚持以科学发展观为指导，牢固树

立"国家利益至上、消费者利益至上"行业共同价值观,积极投身海西建设,坚持在挖掘中提炼,在传承中提升,以"建设海西,责任烟草"为主题,确立"创新、规范、奉献、廉洁、和谐"的企业核心理念,深入探索新形势下母子文化融合的途径和形式。坚持统筹协调,整体推进,把企业文化建设与用工分配制度改革、ISO9000质量管理体系建设、优秀基层单位创建等工作有机结合起来,充分发挥企业文化的导向、激励、约束、凝聚功能,通过加强文化建设,促进企业改革的进一步推进,管理水平的进一步提升,员工素质和企业凝聚力、核心竞争力进一步增强。

感谢国家烟草局和中国企业文化研究会对福建烟草商业企业文化建设的关心、指导和帮助。这次会议的召开,为我们向兄弟企业学习先进文化建设提供了一个难得的机会,我们将进一步更新观念,理清思路,在国家局和省委、省政府的正确领导下,促进福建烟草商业持续健康发展。

大会发言:

关于"母子"文化融合问题的几点认识

李世华

"母子"文化融合,是企业文化建设过程中普遍存在的一个热点、难点问题,深入研讨这个问题对推动母子文化体系的构建和母子文化管理水平的提高具有重要意义。

对企业和文化来说,"母子"关系是一个相对的关系。由于中央企业集团管理层级较多,有的集团最多时曾有十几级所属企业。因此,在推进中央企业的企业文化建设中更多地是提集团文化和所属企业文化。集团文化是建立在企业集团所属企业个性文化基础上的共性文化,具有战略性、主导性、整合性、包容性。为各成员企业的文化建设提供指导、规范和发展空间,对内,增强凝聚力,规范企业集团所属企业和所有员工的行为;对外,展示企业集团的竞争力和整体形象。集团文化建设一般由集团公司(总部)组织领导和推进,但集团文化建设不等同于集团公司(总部)的文化建设,也有别于独立法人企业的文化建设。加强集团文化建设是实施中央企业"十一五"重要发展战略的需要,是中央企业实施集团化管理及调整重组的需要,是提高企业集团管控能力和国际化经营中跨文化管理的需要,同时也是加强对基层企业文化建设指导的需要。

在企业文化建设中要努力加强不同层面"母子"文化融合,为企业的科学发展、和谐发展、持续发展服务。

一、企业文化与社会文化的融合

相对于社会文化,企业文化是亚文化,是社会文化的重要组成部分,企业文化的发展受社会文化的影响、推动和制约,又通过独具特色、鲜活的个性文化为社会文化的发展注入新的内涵和活力。中央企业在长期发展中培育形成的"大庆精神、铁人精神"、"两弹一星精神"、"截人航天精神"、"青藏铁路建设精神"等就丰富了中华民族精神,为社会文化增添了活力。国有企业尤其要注重企业文化与社会文化的融合。第一,要在本质上充分体现社会主义先进文化精髓,更加注重爱国奉献、社会责任、自主创新、共创和谐。国资委成立以来,在中央企业中积极倡导"报效祖国、奉献社会、回报股东、关爱员工"的企业价值观,在"追求利益最大化"的同时,促进员工全面发展,积极履行政治责任、社会责任和保护生态环境。第二,要注重体现企业文化的管理属性和鲜明的个性特征。建立在企业文化建设基础上的文化管理是相对于经验管理、科学管理、行为管理的更高层次的管理理论、管理思想、管理模式。国有企业要防止把企业文化建设与思想政治工作划等号或以思想政治工作取代企业文化建设,还要避免企业文化的口号化、趋同化。相对于大文化,企业文化的个性就表现在它姓"企",是企业在长期生产经营过程中形成的,是本行业经营所特有的精神状态的真实写照,又是本组织所具有的唯一的独特表述。第三,企业要加强与社会文化的沟通。在与社会文化融合的过程中,各行业、各企业要加强与社会及时的、充分的沟通。国有企业大多分布在关系国家安全、国民经济命脉、国计民生的重要行业和关键领域,许多企业与人民的生活息息相关,这种特殊地位使其社会关注度高,点击率高,热点问题多。国有企业垄断、薪酬、红利上缴等一直是公众的热门话题。中央企业海外收购举动更是国内外媒体炒作的热点。国有企业如何通过良好的沟通、宣传争取社会的了解、理解和支持,改善企业发展的舆论氛围和发展环境,如何使企业文化与社会文化更好地融合是需要我们不断研究和探索的问题。第四,在国际化经营中加强跨文化管理。文化环境对企业运行来说,其影响力是全方位、全系统、全过程的。当前,"走出去"的企业在国际化经营发展的同时,与资源国合作中的多元文化的差异、冲突、融合问题也日益突显。作为一个大型跨国公司的国际化经营,不能光靠自己的文化,还要将自己的文化与世界各地区各国各民族的文化有机融合。要识别文化差异,发展文化认同,进行跨文化培训,达成跨文化理解,形成一种既坚持自己的核心价值观,又体现与各种异质文化融合的灵活性与有效性、适应资源国的"本土文化"。从而开放自己,包容别人,为我所用,共享共赢。

二、企业文化与行业文化的融合

最近钢铁行业的铁矿石谈判至今悬而未决,因涉嫌以不正当手段获取我国钢铁企业商业秘密和商业贿赂犯罪,上海检察机关已经批捕力拓公司四名员工;输美轮胎特保案、欧盟对华铝轮毂反倾销案也受到中国产业界强烈关注;还有此前乳制品等行业出现的问题,都警示我们,随着金融危机的影响和国际竞争的日益尖锐,世界各国针对中国行业、企业的贸易保护、制裁、限制可能会更多。在这种形势下,中国的各行业如何调整发展战略，加强行业自律，增强行业凝聚力，齐心协力应对危机和挑战，而不是“窝里斗”，自相残杀，在行业管理中加强文化建设和管理的任务迫在眉睫。

行业文化应该是以本行业的历史文化为基础，以解决行业发展最突出的现实问题为导向，以未来的发展战略为依据，建立在所属企业个性文化基础上的共性文化，具有战略性、主导性、整合性、包容性。为本行业企业的文化建设提供指导、规范和发展的空间，对内，增强行业凝聚力，规范企业行为；对外，增强公信力、竞争力和树立良好的社会形象。

三、集团文化与所属企业文化（母文化子文化）的融合

母公司如何对子公司进行管控一直是企业管理实践中的难题，在集权与分权的问题上很容易陷入“抓死放乱”的怪圈。母子公司管控涉及转变管理观念，理顺管理关系，界定管理内涵，完善管理体系等方方面面的问题，核心是如何在集权和分权、控制和激励上取得最佳结合点，也就是说如何既能充分发挥所属企业的积极性和创造性，又能有效地控制和约束所属企业经营者的行为。在母子公司的管控体系中，需要通过资本纽带、权力纽带、业务纽带维系所属企业，保持母公司的整体性。但实践证明，在经济全球化和市场经济激烈竞争环境里，这些纽带都不同程度地具有脆弱性和暂时性，只有文化纽带才最有韧性、最持久。成功的文化管理有助于母子公司在经营理念、战略意图、行为方式等方面保持一致，降低母子公司间沟通成本，提高子公司对母公司的响应速度和执行力。国内外优秀企业集团的实践证明，集团化管理的本质是建立战略管理系统和文化共享平台。企业集团要科学发展、持续发展必须在文化层面解决两个基本问题：一是要寻找持续存在的理念依据，即明确企业集团的使命追求、共同愿景和核心价值体系；二是企业集团决策层对企业的未来发展要完成战略性的系统思考。

在如何处理集团文化与所属企业文化关系的问题上，在中央企业中提倡要实现集团文化本质的统一和所属企业文化个性化发展。本质的统一就是任何一个企业集团都应有建立在所属成员企业个性文化基础上的统一的共性文化。这个统一应该是企业文化本质的统一，是奋斗目标、价值追求、精神状态的统一。个性化发展是集团所属企业在遵循、服从、体现集团主导价值观和文化本质的前提下，根据自身在集团中的定位、核心业务等细化、具体化本组织的使命、愿景、价值观和经营管理理念。结合自身的经营业务特点和各方面的条件，创造性地进行富有活力的丰富多彩的个性文化建设。企业集团所属不同单位、领域、群体在文化方面表现的差异性和个性化特征，是集团文化多种表现形式和实践方式的体现，是集团文化在所属单位的延伸和张扬。

四、企业内不同成员单位文化和员工文化的融合

在企业内部企业文化主管部门与企业其他管理部门、成员单位职能不同、任务不同、人员构成不同，在企业文化建设中，特别是企业价值理念的构建中，一定要理性地面对文化差异，进行充分的文化沟通，找到新的文化共识。在企业文化建设中要尊重员工的主体地位和独立人格与尊严；尊重和张扬个性，为员工提供更多实现自我价值的机会；坚持能力本位，建立科学的业绩考评和激励制度；关注员工的全面需要，促进员工的全面发展。正确处理企业共同价值和员工个体价值的关系，在确立企业整体价值观时，要为个性发挥、个人成长、个体价值的实现留下空间。形成个体价值与企业价值的契合点，为个人实现自我价值搭建平台，使员工能够在企业使命和愿景的框架内为完成个人使命而努力，使员工所从事的工作既能为自己的生命带来意义，又能为企业和社会的健康发展做出贡献。要采取多种形式，动员所有员工参与提炼企业的价值理念，特别是制定企业的使命和愿景，使员工能够在个人动机与企业动机之间建立直接的联系，并对照自身的问题进行绩效改善。使价值理念体系的创立过程成为全员揭示问题、研讨问题、达成共识、提升观念、寻求解决问题方案、改进行为的过程，成为企业和所属单位、所有员工文化融合、文化创新的过程。

企业文化建设是企业全局性、综合性的工作，不是一个主管部门的努力就可以单独推进的。企业文化主管部门在企业文化建设中担负着策划、组织、协调、监督的责任，企业内部各部门、各单位按企业总体要求和进度承担与本部门、本单位管理职能、业务范围相关的文化建设任务。要使企业文化建设的各方面相互促进、良性互动，形成统筹规划，立足当前、着眼长远，整体推进、重点突破，兼顾各方、均衡发展的局面。

总之，在各个层面的文化融合过程中，只有充分进行文化沟通，理解文化差异，化解文化冲突，选准融合模式，促进文化融合，形成文化共识，建立以核心价值观为基础的坚韧的精神文化纽带，不断增强文化的凝聚力、控制力、影响力，才能提高行业、企业的竞争力，为行业、企业的科学发展、和谐发展、持续发展提供有力的精神动力。

（作者系国务院国资委宣传工作局副巡视员、中央企业党建思想政治工作研究会秘书长、中国企业文化研究会副秘书长）

努力构建创新型“母子融合”企业文化

黄星光

一、破茧化蝶，建设架构完整的融合文化体系

文化制胜是当今企业提升核心竞争力的重要法宝之

一。福建烟草商业在20多年的发展过程中,深深感受到企业文化的强大力量,以及对加快企业改革发展、展示干部职工精神风貌、营造内外良好环境方面的积极作用,早在20世纪90年代,我们就开始了对企业文化建设的自发探索。省局(公司)提出了"维护国家利益,维护消费者利益"的企业价值观,倡导"规范、廉洁、服务、高效"的企业作风。近几年,不少下属单位也相继启动企业文化建设。如,厦门市局(公司)以厦门市花"三角梅"为载体,打造"在平凡中创造非凡"的企业文化;莆田市局(公司)立足当地依山傍海的地理特色和历史风俗,提炼出"诚信如山、热情如海"的诚信文化。这些探索尽管受到一定的条件限制,尽管还不够系统全面,但是为全省行业的企业文化建设积累了经验。

2004年,国家烟草专卖局提出"国家利益至上、消费者利益至上"的行业共同价值观,随着大讨论和"'两个至上'在岗位"主题实践活动的逐步深入,全省烟草商业企业文化建设工作再一次被摆上重要议事日程。省局党组明确提出,要联系烟草实际,反映企业生产经营现实,贴近员工的工作和生活,打造属于福建烟草商业自己的、有血有肉并充满活力的、企业员工认同并乐于接受的企业文化。随后,省局成立企业文化创建项目组,在全省开展文化建设调研,并向全省发放了12000份企业文化主题理念征集表。征集活动得到了广大员工的积极参与,征集到有效表格11000多份,收集到文化理念和关于文化建设的建议91200多条。根据收集到的建议,我们从科学定位、系统构建入手,一步一步求索文化建设之道。一是依据烟草体制属性,把握责任文化定位。国家对烟草实行专卖,根本目的是为了保证国家财政收入,维护消费者的合法权益。烟草的企业文化必须把维护国家利益、消费者利益的责任放在首位。同时,福建烟草是福建的一份子,有责任有义务为海峡西岸经济区的发展作贡献。因此,我们提出了以"建设海西,责任烟草"为主旨的责任文化。二是依据企业专业属性,把握服务文化定位。烟草商业的主营业务是卷烟销售和烟叶购销。服务广大烟农、零售客户和消费者以及卷烟工业企业,这一专业属性决定了烟草商业企业文化建设的服务特性。三是依据烟草产权属性,把握母子文化定位。烟草行业实行母子公司体制,各级烟草企业之间存在着资产纽带关系,同时,长期以来的垂直管理、统一领导,使上下级烟草企业之间存在紧密型的组织联系,这就决定了烟草商业的企业文化建设具有较强的融合性,必须把握"母子文化"定位。根据上述对属性和定位的认识,对照《中国烟草企业文化评价体系》中"完备度"、"匹配度"和企业理念体系的逻辑要求,我们同步搭建省市两级企业母子文化架构。一方面着力完善省局(公司)精神文化理念体系,系统回答了"我是谁,为了谁,去哪里,怎么去"的文化创建根本问题,另一方面,尊重下属企业的个性差异,认同每个企业的文化表征。用"责任"这个主题,建立起上承国家局(总公司)核心理念,下接各直属单位经营管理理念的企业文化理念体系,使全省烟草商业系统的文化建设从自发探索走向统一组织、从零散构建走向系统推进、从彰显特性走向融合共生,形成了主题明确、架构完整的融合文化体系。

二、传承提升,挖掘提炼融合文化的丰富内涵

文化植根于企业的方方面面,来源于企业发展的历史沉淀。我们坚持在挖掘中提炼,在传承中提升,从民族文化的优良传统、企业发展的鲜活事例、价值导向的现实追求中不断丰富福建烟草商业企业文化内涵,提炼出创新、规范、奉献、廉洁、和谐这五种富有福建烟草特色的主体理念。一是从中华民族的传统文化中萃取精华。中华民族传统文化源远流长、底蕴深厚,尤其是儒家文化的影响极大。我们体悟"仁、义、礼、智、信"的道德准则,深感其精义暗合"创新、规范、奉献、廉洁、和谐"。所谓"仁",是仁德,仁慈爱民,广积恩德,寓意"奉献";所谓"义"是道理,志存高远,和而共生,寓意"和谐";所谓"礼"是法度,重视礼法,尊崇秩序,寓意"规范";所谓"智"是智慧,施展才智,自强不息,寓意"创新";所谓"信"是信誉,忠信诚实,推崇廉勤,寓意"廉洁"。企业核心理念和传统文化的遥相呼应,更加有利于企业文化被干部职工所认知认同。二是从企业发展鲜活事例中提炼文化。福建烟草有着"创新"的精神财富。上世纪90年代初,我们在全国率先启动卷烟销售价格改革,搞活了卷烟市场流通,并为国家财政提供了在当时多达亿元的巨额价改资金。如今,我们在烟叶收购中创造性地推行原收原调,解决了长期以来烟叶收购的公平公正问题,受到广大烟农的欢迎。此外,卷烟营销中的终端建设、品牌培育中的工商协同、专卖管理中的断链措施,都是创新的体现,创新无所不在。福建烟草有着"规范"的优良传统。我们始终秉持"烟草专卖只有国家利益和消费者利益,没有烟草行业的特殊利益"的理念,正确对待垄断权力,依法依规生产经营。卷烟销售全部纳入法定批发渠道,不搞体外循环,不搞以烟谋私。近年来,为了保障国有资产安全,我们还自觉加强内控制度建设,建立以纪检、审计、财务为主线的内部监管体系,主动接受各种监督,规范当仁不让。福建烟草有着"奉献"的无私情怀。我们对卷烟零售客户实行上门服务,不管烈日暴雨,八闽城乡的大街小巷中总有烟草人为消费者而忙碌的身影。我们对烟叶种植开展驻村服务,烟技员扎根农村,与烟农同吃同住,闽西北崎岖山地的农田中总有烟草人服务烟农留下的汗水。我们总是抱着"一方有难,八方支援"的爱心,抗灾救灾的一线总有烟草人无私奉献的情怀。5.12汶川特大地震发生后,全省行业踊跃捐款捐物,累计超过500万元。从2005年起,我们更是认真贯彻中央关于城市支持农村、工业反哺农业的精神,投入30亿元巨资,在闽西北开展农田基础设施建设,改善了当地农业生产条件,奉献不求回报。福建烟草有着"廉洁"的自我要求,认真落实党风廉政建设,切实加强党风廉政建设,强化关键环节重点部位监督,坚持抓好广大员工廉政文化灌输,自律成为干部职工的自觉行动,廉洁谨记不忘。福建烟草有着"和谐"的美好追求。我们大力探索现代烟草农业建设,努力加快农

田基础设施建设，实现烟叶生产规模化种植、集约化经营、专业化分工、信息化管理，成功地帮助烟农减工增效。2008年全省烟农户均售烟收入超过2万元。我们积极开展现代流通网络建设，把卷烟品牌当成自己的孩子，把零售客户当成自己的亲人，与工业企业和零售客户共同发展，得到了工业企业和零售客户的高度认可。我们开展用工分配制度改革，构建有利于员工成长的体制机制，为员工实现自我价值提供了宽阔的平台，激发了员工爱岗敬业的工作热情。通过这些以人为本的举措，和谐深入人心。三是从价值导向现实追求中塑造文化。国外研究机构对世界500强企业的研究表明，长盛不衰的企业必然拥有超越利润的社会目标。他们所遵循的价值准则包括：人的价值高于物的价值，共同价值高于个人价值，用户价值高于生产价值，社会价值高于利润价值。国家局提出"国家利益至上、消费者利益至上"的行业共同价值观，不仅体现了作为企业的一般价值取向，更是烟草行业把国家利益、消费者利益高高举过头顶的一种情怀、一种担当。我们的文化理念体系也围绕着这种价值准则，集中体现了"两个至上"共同价值观与责任文化、五种核心理念的结合。福建省烟草公司的企业价值观是"国家利益至上，消费者利益至上"，企业精神是"依法治企，惟国惟民；以德达人，重信重义"，企业使命是"益国利民，成就员工"，企业愿景是"尽责诚信，和谐烟草"，企业经营思想是"创新、规范、奉献、廉洁、和谐"，企业行为信条是"潜心做事，低调做人"，企业作风是"精诚服务，严谨高效"，服务理念是"至诚至信，全心全意"。所有的文化理念，归结到一点，都是为了国家利益和消费者利益。国家和消费者的利益时刻萦绕在福建烟草人的心头。

三、百花齐放，彰显和而不同的企业文化特色

一株烟草不同叶，不同叶片皆属烟。全省烟草商业有13个子公司，产业特征、发展水平、产权形式、地域分布、文化差异各不相同。在国家局"整体协同、明确边界、共享核心、分层定位、各具特色"的创建原则的指导下，我们提出"相同基因，不同个性，深度融合，兼容并蓄"的融合方法。每个子公司的文化，都要能够体现福建烟草商业这个整体概念，同时又要彰显各自不同的特征。经过各下属子公司的总结提炼，"德、诚、实、宁，容、融、和，正、方、勤，智、精、严"等13个子文化瓜熟蒂落。呈现出来的图景，一是母子文化深度融合，兼容并蓄。13个子文化在"责任"主旨上找到连接点。泉州市公司"成德搏进，以德载责"；莆田市公司"忠诚事业，以诚显责"；厦门市公司"精实以恒，以实履责"；宁德市公司"宁和致远，以宁维责"；福州市公司"海容通达，以容至责"；海晟投资公司"融融兴晟，以融传责"；南平市公司"协和共进，以和系责"；漳州市公司"心正意诚，以正赋责"；龙岩市公司"智圆行方，以方通责"；进出口公司"勤业尽职，以勤示责"；三明市公司"聚智薄发，以智明责"；武夷烟叶公司"精进勤行，以精承责"；三明烟叶公司"严明敬业，以严尽责"。同时，省公司的责任文化，也被13个单位细化为寓意"修身正己"的德、诚、实、宁，寓意"谦和待人"的容、和、融，寓意"廉勤立本"的正、方、勤，寓意"忠信尽职"的智、精、严。二是子文化立足实践，凸显特色。各下属子公司根据各自文化特征，以"立志、修身、为人、处事、建功"五方面挖掘提炼企业文化内涵。如，南平市公司以"和"为子文化，提炼出谦和立志、清和修身、平和为人、融和处事、协和建功的文化特征。其他子公司也依照这种方法丰富了自己的文化内涵。子文化提炼后，也得到了干部职工的认可。例如，莆田市公司的干部职工就表示："莆田烟草的发展历程决定了莆田烟草人要用'诚'的气度、'诚'的胸怀、'诚'的智慧来实现持续发展。我们将坚持以'真诚'的姿态去树立企业志向，以'秉诚'的心性修身养性，以'坦诚'的态度为人，以'精诚'的风格处事，以'忠诚'之心建功立业。"三是母子文化体系完整统一，彰显特质。我们提出，在母子文化体系中"母公司突出主题，全省统一特质；子公司丰富内涵，地域彰显特色"的融合模式。13个子公司紧密围绕"创新、规范、奉献、廉洁、和谐"企业核心理念，丰富自身内涵，保持了母子文化体系的完整性与统一性。如，福州市公司"容"子文化，总结提炼了"包容立志、稳以求先、容之有特、聚知聚新"的创新理念；"从容出事，宽以严济、容之有道、中规中矩"的规范理念；"宽容为人、行以尽心、容之以责、为国为民"的奉献理念；"涵容修身、严以正己、容之有界、慎言慎行"的廉洁理念；"海容通达、以容至责、博采众长、相容相生"的和谐理念。子文化内涵还融入地域元素。福州市公司的"容"文化与福州"海纳百川，有容乃大"的城市精神形成呼应，彰显地域特色；厦门市公司的"实"文化源于"三角梅精神"，嵌入了厦门市花所代表的文化因子；莆田市公司的"诚"文化传承"妈祖"真诚博爱、无私奉献之气量；龙岩市公司的"方"文化弘扬客家文化、红土地文化之精华；南平市公司的"和"文化则彰显了武夷山清水秀、地利人和之气度。

四、另辟蹊径，探求一条融合文化的创建之路

自知者明，自胜者强。我们不是自负，因为我们深知唯有自己才最了解自己的文化。在企业文化建设的过程中，我们没有简单地引入咨询公司、照搬他人模式，而是根据自身特点，因地制宜，以我为主，走自己的创建之路。一是建立企业文化管理机构，加强文化建设组织领导。省局（公司）成立了全省烟草商业企业文化建设委员会和建设办公室、创建项目组，制定规划，实施全省烟草商业企业文化建设工程。各设区市局（公司）也相继成立了领导机构，加强专业队伍建设，配备了专职工作人员。二是建立企业文化运行机制，确保文化建设顺利推进。构建文化保证机制，树立"企业文化投入，就是企业发展投资"的观念，把企业文化建设列入发展规划和企业预算。构建文化激励机制，把企业文化建设纳入各级党政工青妇组织的职责范围之中，纳入企业发展战略和生产经营管理之中，纳入领导班子的业绩考核之中。构建文化传播机制，既注重运用各种媒体、载体的宣传手段，又坚持用生产经营的实践与事例推广树立

文化理念。三是重视企业文化理论研究,运用文化建设典型引路。我们根据《中国烟草企业文化建设纲要》要求,着眼思想性与实践性、可读性与实用性的统一,注重理念与案例、理论与实践、现实与前瞻的结合,加强对企业文化建设的理论研究和探索,精心组织编写了企业文化系列丛书。其中:《责任烟草》为总纂篇,简要地介绍福建烟草商业企业文化建设的总体思路、架构体系和主要成果、组织机构设置等;《履责之魂》为理念篇,阐述企业价值观念、企业精神、企业使命、企业愿景、企业经营思想等企业文化主体理念;《履责之义》为义理篇,突出以丰富而深邃的内涵系统地阐述了福建烟草商业"创新、规范、奉献、廉洁、和谐"企业经营思想、责任文化特征、特色以及"母子融合"体系构成;《履责之行》为行为篇,以"领导人员行为规范"、"管理人员行为规范"、"员工共同行为规范"、"专项工作人员行为规范"等内容,全面塑造福建烟草商业整体形象;《履责之路》为实践篇,围绕履行社会"责任"主题,反映福建烟草商业专卖管理、烟叶种植、卷烟营销、物流配送、奉献社会等一系列历史重大事件,回顾福建烟草商业改革发展的光辉历程;《履责之悟》为理论篇,主要阐述福建烟草商业推进企业文化建设的理论探索与实践总结;《履责故事》为故事篇,彰显20多年来烟草员工履行社会责任、爱岗敬业、默默奉献的精神风貌。这些企业文化丛书,为员工学习企业文化、了解企业文化、认同企业文化、宣贯企业文化提供了丰富多样的教材。四是联系企业生产经营实际,开展丰富多彩文化活动。省局将2008年至2010年确定为福建烟草商业企业文化建设年,集中开展"九个一"主题实践活动。各单位将文化理念与生产经营实践紧密相连,有的开展"为灾区献真情活动",有的积极培育"简单做人,规范做事,勤字当头,重在落实"的企业作风,有的倡导岗位执业文化理念,如在客户经理中倡导"我就是品牌"等等,这些活动进一步推动了企业文化的认知认同和全员参与。

近年来,随着企业文化建设的深入开展,文化铸就企业精神,培育企业新人、提升企业实力、塑造企业形象的作用逐渐发挥,有力地推动了福建烟草商业的改革发展。在今年严峻的经济环境下,全省行业仍然保持了持续稳定的发展势头。上半年实现"两烟"税利30.88亿元,同比增加3.57亿元,增长13%,为保增长、保民生、保稳定作出了积极贡献。企业精神文明建设硕果累累,省局(公司)被授予"2008年度福建省五一劳动奖状",全省行业有2家单位获评全国文明创建工作先进单位,36家单位获评省级以上文明单位。

我们将进一步落实国家局的各项工作部署,继续抓好"母子融合"文化体系建设,不断提高企业文化的自主创新、自主提高、自主完善、自主发展能力,使责任文化成为推动福建烟草商业加快发展的强大动力,为全面建设海峡西岸经济区,加快建设"严格规范、富有效率、充满活力"的中国烟草作出福建烟草人应有的贡献。

(作者系福建省烟草专卖局(公司)党组成员、纪检组长)

会议发言辑要:

"母子文化"架构链接了企业核心价值观

华 锐

中国企业文化研究会副理事长、副秘书长华锐在总结点评时,用"三难、四创、三有、四无"概括了福建烟草商业企业"母子文化"建设的特点。

"三难"即难得的文化自觉、难得的文化共鸣和难得的文化共创。福建烟草商业企业文化建设没有遵循固定的模式,主要依靠自己的力量,在创建过程中,实现了上上下下的文化共鸣,以及由上而下、由下而上的共同创建。

"四创"包括思路创新、方法创新、途径创新、模式创新。有的地方先有"子文化"后有"母文化"。因此,"母子文化"创建的核心是企业文化核心价值观的链接,这属于企业文化层次管理,反映的只是结构性的东西。"母子文化"创建最根本还是要抓住企业的核心价值观,抓住它,企业文化的特征、内涵、核心、本质、结构、载体、功能等,就能在"母子文化"体系中较好地体现,形成完整的、结构严谨的企业文化系统。

"三有"体现为上下有序、统分有步、内外有合。福建烟草商业有计划、有步骤地开展企业文化建设,对统分什么,怎么统分做出了明确规定,内容和形式实现了有机统一。

"四无"即不搞突击文化、不生搬硬造、不做文字游戏、不死板。福建烟草商业企业文化建设基础好、积淀厚,提炼出的内容鲜活、有生命力;把文字作为企业文化建设的一个载体,通过反复讨论、总结归纳得出。

华锐表示,企业文化建设的果实,要靠水的湿润培养。而这水恰恰来自群众,来自基层,来自一线员工大量的、丰富的实践体验。通过实地考察,福州市局(公司)的"容"文化可以归纳为"加火以熔,固化于智;加木以榕,扎根于心;加水以溶,化水(上善若水的理念)为行",莆田市局(公司)的"诚"子文化则反映了"自主指导展现创新力,自主建设培育向心力,自主实践强化知行力"。可以说,福建烟草商业在"子文化"建设中成效突出,难能可贵。

福建烟草商业文化是我省企业文化建设中的一颗新星

薛光挺

福建省企业文化研究会秘书长薛光挺8月21日上午在

福建烟草商业企业文化建设成果发布会上讲话指出，福建烟草商业文化是我省企业文化建设中的一颗新星，起点更高、目标更明，要求更严。

薛光挺说，福建烟草商业以文化软实力为保障，将企业文化的功能作为企业战略的核心要素之一，不断提高企业核心竞争力，遵循《中国烟草企业文化建设纲要》，紧扣住中国烟草行业"国家利益至上，消费者利益至上"的共同价值观和海峡西岸经济区建设的中心任务，突出了"建设海西，责任烟草"的文化主旨，围绕"创新、规范、奉献、廉洁、和谐"的企业核心理念，建设了既反映时代特征，适应市场规律，又符合行业特点，突出企业特色的福建烟草商业"母子融合"文化。

继续用文化推动改革发展

张　卉

福建省烟草局副局长张卉在福建烟草商业企业文化建设成果发布会上指出，企业文化源于实践，指导实践，升华实践，今后将继续用文化的力量来推动全省烟草商业系统的改革发展。

张卉说，福建烟草商业企业文化建设成果正式发布，标志着福建烟草商业企业文化建设步入融合提升、丰富内涵、宣贯落地、整体推进的新阶段。对于如何用文化的力量来推动全省烟草商业系统的改革发展，张卉提了四点意见。

一是要用文化的力量成就员工，牢牢把握企业文化以人为本的特征，把人的因素摆在企业管理的突出位置，建立尊重人、理解人、关心人、爱护人、培养人的机制，营造人与人之间和谐相处、精诚合作的内部氛围，为员工成长创造良好的条件；坚持让文化从员工中来，到员工中去，用"国家利益至上、消费者利益至上"的价值理念，"建设海西、责任烟草"的共同理想，激发全体员工的责任感、荣誉感、工作热情和创新精神，引导员工养成良好的职业道德和行为习惯，使员工在服务企业、奉献社会的过程中，实现自我的人生价值。

二是要用文化的力量提升行业形象。要按照国家局的统一设计，建设全省统一、个性鲜明的烟草标识形象，强化烟草行业在社会公众心目中的外在印象。要坚持至诚至信、全心全意的服务理念，取得实实在在、便捷高效的服务成果，打造内涵丰富的服务品牌，提高社会公众对烟草行业的信任度与亲和力；要继续抓好反哺农业、扶贫助困、抗灾救灾等公益事业，同时也要抓好文明窗口、员工素质等与社会紧密接触环节的建设，使社会公众既能够从大事，也能够从细节，感受责任烟草的文化魅力，树立责任烟草的良好形象。

三是要用文化的力量促进共同发展。要把企业文化打造成行业发展的核心竞争力，把烟草的发展置于对国家利益和消费者利益的追求之中。坚持和发扬创新、规范、奉献、廉洁、和谐的核心理念，在服务工业企业的过程中，提升品牌培育的能力，用提升品牌的竞争力增强中国烟草的总体竞争能力；在服务烟农的过程中，努力帮助烟农减工增效、安居乐业，为解决"三农"问题作出应有贡献；在服务零售客户的过程中，要打造服务品牌，帮助客户提高经营能力，为消费者营造良好的消费环境。通过对工业企业、广大烟农和零售客户的真诚服务，实现共同发展。

四是要用文化的力量服务海西建设。当前，国务院出台《关于支持福建省加快建设海峡西岸经济区的若干意见》，海西发展面临前所未有的良好机遇。福建烟草商业以"建设海西、责任烟草"为文化主旨，不仅要在海西建设中有所作为，更要大有所为。我们要按照先行先试的要求，加强企业文化建设，为海西企业的先进文化建设作出先行探索，繁荣和发展海西经济文化事业。要继续在闽西北地区开展农田基础设施建设，改善农业生产条件，积极参与海峡西岸新农村建设的伟大实践。要不断提高自身竞争实力，打造海西强势产业，不断增强海西产业竞争力，为国家财政增收做出更大的贡献。

福建烟草较好地解决了三对矛盾

赵春福

中国企业文化研究会副理事长、中国企业文化研究会学术委员会副主任、教授赵春福在接受记者采访时说，福建烟草商业在自我认识，建设企业文化的过程中，较好地解决了三对矛盾。

赵春福认为，福建烟草商业较好地处理了企业文化建设中的内脑和外脑的矛盾、共性和个性的矛盾、传统与现代的矛盾。公司企业文化建设的领导班子(内脑)有很强的文化自觉，能下决心去解剖自我，认识自我，同时还能有效地结合国内企业文化专家(外脑)的力量。在母公司"责任文化"的引领下，13 个子公司提炼出各具特色的子文化，以各自企业不同个性丰富母文化内涵。福建烟草商业较好地运用了中国传统文化，将传统文化的精髓融合进企业的经营管理理念中，构建起特色鲜明的福建烟草企业文化。

赵春福表示，任何文化的最终落脚点都是实践，因而，希望福建烟草商业今后能在践行方面下大力气，花大功夫，取得更大的成效。

福建烟草有较强的辩证法思维

王锐生

中国企业文化研究会学术委员、中国社会科学院博士生导师、教授王锐生在认真听取公司介绍、实地参观福建烟草商业企业文化展馆后，盛赞福建烟草商业的"母子融合"

文化很有特色。

王锐生说,福建烟草商业在创建企业文化时,体现了较强的辩证法思维方式,以“母子文化”的模式,较好地整合了省公司和13个子公司的关系,在市场化的基础上较好地处理统一与分散、共性与个性、和与不同之间的辨证关系。福建烟草商业还结合自己的实际,创造性地把儒家文化运用到企业文化中,从传统文化中萃取精华,并在新的时代中赋予新的诠释,运用得很成功、很系统、很专业,为其他企业创建企业文化提供了很好的借鉴。

王锐生认为,福建烟草商业应该紧扣时代脉搏,借鉴国内外先进企业的先进经验,不断深化、拓展自身的企业文化。

一体多元的企业文化具有示范意义

司马云杰

中国企业文化研究会学术委员、中国社会科学院研究员司马云杰在谈到福建烟草商业的“母子融合”文化时表示,福建烟草商业这种一体多元的企业文化具有很强的示范意义。

司马云杰说,“母子融合”文化从本质上说,就是一体多元的文化,“一体”是指省公司,“多元”就是13个子公司,一体有整体、有宗旨、有框架,多元,有个体特色,这样的企业文化建设,最后的结果就是既统之有宗,会之有源,又能发挥各自的特色,齐心协力。福建烟草商业的企业文化建设定位清楚,思路鲜活,尤其是从“国家利益至上、消费者利益至上”的行业共同价值观出发,提出的服务文化定位,在目前特别有意义,这对于其他企业进行企业文化建设有很强的借鉴意义。

司马云杰说,福建烟草商业应该继续从中国传统文化汲取精髓,不断深化、丰富母子文化的内涵,将“母子融合”文化的探索与实践往深度推进。

福建烟草取得了有示范意义的好经验

周叔莲

中国企业文化研究会学术委员、中国社会科学院学部委员(院士)、研究员周叔莲在接受记者采访时表示,福建烟草商业把企业文化贯彻在经营管理中,贯彻在员工的行为中,贯彻在发展生产、完善生产关系中,在企业文化的建设过程中取得了许多有示范意义的好经验。

周叔莲说,福建烟草商业在创建“母子融合”文化体系的过程中,把准企业文化建设定位,整合母公司文化和子公司文化,正确处理好母公司和子公司的关系,解决了当前国内企业普遍存在的问题。福建烟草商业把企业文化建设纳入企业发展战略和生产经营管理之中,认真探索企业文化建设的理论问题,做了许多很有成效的工作,所提出的“企业文化投入就是企业发展投资”的观点有较强的现实意义和示范意义。

周叔莲希望福建烟草商业能够更加重视烟草工业、商业、农业发展趋势的研究,以实现烟草行业发展方式的转变。

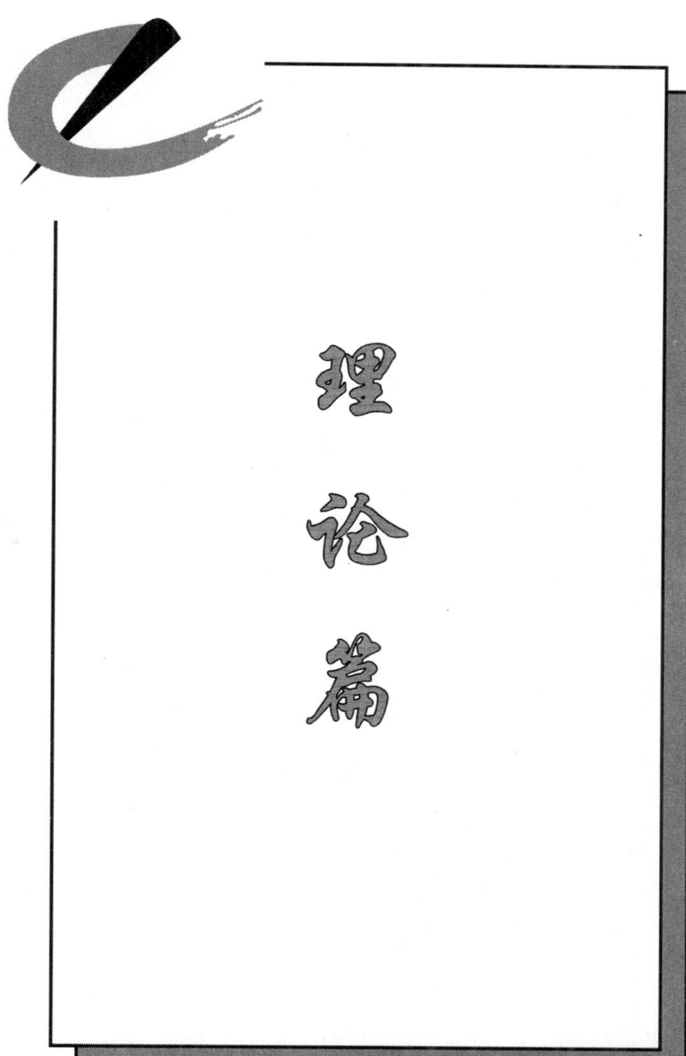

理论篇

打造我国企业的独特文化优势

贾春峰

企业文化在当代中国的兴起，是我国社会主义文化大发展大繁荣的一个重要组成部分。我们所建设的企业文化，是以社会主义核心价值体系为引领的先进的群体文化。如何认识和发挥这种企业群体文化的独特优势呢？大庆精神铁人精神的出现及其发扬光大给了我们重要启示。

在大庆精神铁人精神论坛上有人提出，要深刻揭示大庆精神铁人精神的科学真谛、时代内涵和独特优势，这个问题提得好。回答这个问题当然要从多方面、多层次、多角度加以论述，而其中一个重要方面，就是认识和把握大庆精神铁人精神所代表、所体现的深厚文化底蕴和文化根脉。

每到大庆，在我脑海中常常闪现出这样一个问题：为什么大庆精神铁人精神有如此持久、强大的生命力、激励力、感召力、吸引力和影响力？为什么这种精神踏着时代前进的步伐一直闪烁着激动人心、催人奋进的力量？我想，这其中一个重要原因，就是它有着深厚文化底蕴和文化根脉。这个文化根脉，既包含它所体现的几千年来中华民族所固有和传承下来的、悠久的优秀传统文化；又包含它所体现的近现代以来在中国共产党领导亿万人民群众进行革命、建设、改革的波澜壮阔实践中所形成、所发展了的先进文化。这就是人们所说的，“大庆精神脱胎于革命战争年代的井冈山精神、长征精神、延安精神，具有中华民族自强不息的精神特质和爱国主义特征，是社会主义核心价值体系的重要体现。”而上述这两个“包含”，也可叫两个文化根脉，又是不可分割地紧密地融为一体的。“爱国、创业、求实、奉献”的大庆精神铁人精神，正是在中华民族优秀传统文化的根基之上所产生、所发展起来的。这同中国人民世代传承的艰苦奋斗、自强不息、开拓进取、坚忍不拔、不屈不挠的精神是一脉相传的。所以，它能拨动一代又一代人们的心弦，能推动民族振兴大业不停息地向前发展。我们常讲建设中国特色的企业文化，常讲发挥自身特有的文化优势，其“特色”和“优势”的一个重要方面，就在于此。

大庆精神铁人精神是厚重而崇高的，是实实在在地扎根于中国大地的，是在艰苦卓绝的奋力开拓、创业创新环境中生发、升华起来的。以大庆精神铁人精神为魂、为标志的大庆企业文化，不仅是中国企业发展史上、中国企业文化建设中的一个奇葩，一个经典范例，而且在全世界也以其独特性、原创性、自有性而著称，成为内涵丰厚、特色鲜明、卓有成效、灿烂夺目的一个奇葩、一个经典范例。

大庆已经走过了半个世纪的光辉历程。站在新的发展起点上，进一步弘扬大庆精神铁人精神，深入贯彻落实科学发展观，也为企业文化建设提出了重要的新课题新任务。这些年来，大庆的企业文化建设发扬光大大庆精神铁人精神，在坚持、传承和创新、发展中做得很有成效。这是人们都看得到的。同时，我们还要看到，企业文化理论与建设实践从来都不是一个封闭的体系，不会停留在一个固定的发展阶段上，而是一个开放的、动态的不断发展、不断创新的过程。这次论坛提出进一步弘扬大庆精神铁人精神，提出探索根植基层的长效机制和方法途径，这里涉及到企业文化建设中的众多方面。我认为，有以下几点值得从大庆多年的实践启示中进行总结和深入研究：

一、注重把握企业文化建设和创新的基本点，这就是：以社会主义核心价值体系为引领，坚持“以人为本”，着力提升企业的整体素质，提升企业的核心竞争力与综合竞争力。

二、注重文化同战略、管理、品牌作“四位一体”的系统思考与整体设计。企业文化建设要同企业发展战略的实施紧密融合，要同企业的经营管理实践紧密融合，要同企业品牌的创立和发展紧密融合。这三个融合，也叫企业文化建设中的“四位一体”。这正是大庆企业文化的一大特色、一大优势。就全国的一些企业文化建设来看，这方面还存在不少问题，切实解决这个问题，真正将企业文化力渗透在诸如战略、管理、人力、流程、营销、品牌以及各层级人员的行为中，无论从理论研究还是建设实践来说，都有一系列复杂多样的问题需要探索、研究和总结。

三、注重企业文化建设中价值理念与行为规范、理念文化与行为文化的有机统一。我国有的企业的企业文化建设，曾经把企业文化手册搞成了若干理念口号的简单汇编，而没有行为规范的内容。这是一大弊端。在企业文化的众多内容中，突出强调价值理念与行为规范这两个方面，这是在改革开放三十年中我国企业文化界（包括理论研究和建设实践）作出的一个重要贡献。为什么要突出强调这两个方面呢？因为没有价值理念，就不成其为文化；而只有价值理念，没有行为规范，就不便于使价值理念变成员工的行为方式、行为习惯，也就不能转化为企业的经营业绩。强调这两个方面的统一，体现了马克思主义的辩证唯物论的知行统一观。大庆人“两论起家”，抓住了毛主席在《实践论》中所论述的马克思主义认识论、实践论的精髓精要精义。在大庆精神铁人精神大庆文化中，其内涵既有价值理念，又有行为规范，是二者的有机统一。这是大庆文化的又一大特色、一大优势，是值得予以高度重视和发扬光大的。卓越的企业文化，不仅是两者俱有，而且是两者相互应和、密不可分、浑然一体，具有内在逻辑一致的关系。这也可以说是理念引导行为，行为体现理念；理念渗透于行为，行为使理念看得见、摸得着。我们绝不能如有的企业文化手册那样，把二者搞成机械的、互不相干的、失去内在联系的、孤立的两个板块。解决这个问题要下大功夫，但解决好了确实能将我们今日常讲的企业运作中的“文化管理”大大向前推进一步。

四、注重优秀传统文化与现代经营理念、管理理念的紧密融合。这里的关键是“融合”二字，在企业文化建设纲要和企业文化手册设计中，如同大庆那样，企业理念与优秀传统文化是有机融合的，而不是机械套用、简单罗列堆积的。

五、注重企业文化“落地生根”，形成根植基层的长效机制，不断总结和探索出多种有效途径和方式方法。现在大家常讲企业文化要“落地”、“落地生根”，又有一种说法叫“深植”，“深植”是国外学者的话。这都是一些比喻的话。本来，企业文化是企业在自己的生产经营管理实践中、市场开拓中、创新发展中所生发、所凝结、所形成、所积淀起来的，并不是从天上掉下来的，也不就像种地、种树、种花一样种出来的。讲“落地”也好，讲“深植”也好，讲“落地生根”也好，这些形象化的说法，无非是要说明，企业文化不能停留在文本之中，不能仅仅贴在墙上，写在纸上，说在嘴上，不能“双脚离地”，而必须入耳、入脑、入心、入行，让理念扎根于广大员工的心灵深处，并且化为思维方式、行为方式、行为自觉、行为规范、行为习惯，体现在企业经营管理的各个层次、各个方面，从而化为行动，转化为经营业绩。对此，我过去讲过“两化”，即：化文本为行动，化理念为实践。在“两化”过程中，要发挥企业故事、企业格言的作用，让“故事理念化，理念故事化”。根植基层的长效机制和方法途径，是多种多样的，必须是从某个企业或车间、班组、工地的实际出发，强调简明扼要，特色鲜明，有效管用，真正做到企业文化界普遍认同的“四好”原则：好识好记好用好传播。让人一听就明白，一看就懂。

六、注重综合发挥大庆精神铁人精神的导向(包括价值导向与行为导向)功能、教育功能、激励功能、凝聚功能、纽带功能和辐射功能。

七、注重企业美学，提升企业美的竞争力。企业美学是美学的一个分支，也是企业文化学的一个分支，它是按照美的规律来塑造和建设企业的一门新学科。“企业美学”的概念，国外没有，是中国学者在研究企业文化过程中首先提出来的。企业美学、企业美的提出，适应了人们日益增长的审美需求，适应了市场竞争中对企业美的竞争力的需求。企业美的要素，不仅包括主体美(企业人的心灵美和行为美)、环境美、产品美，而且包括管理美、营销美、服务美，称之为“六要素”。中央领导讲过，“要把大庆油田建设成美丽的大油田”。大庆人之美，大庆精神铁人精神之美，是中国现代产业工人阶级优美品格与中华民族传统美德在时代精神大潮中的融合之美。企业美学、企业美要体现在企业运作的各个方面、各个层次、各个环节。提升美的竞争力，是企业文化建设中一个不可缺少的课题。对此，值得进一步研究、总结和提升。

以上这几个“注重”，是大庆企业文化的固有优势，也是在新阶段的大庆企业文化建设中，需要进一步弘扬大庆精神铁人精神，深入总结、研究和探索的重要课题。考虑到我们正处在企业文化建设的新起点上，更考虑到我们的企业正面临着国际金融危机和转变经济发展方式的新挑战，我认为，研究一下这些问题，使企业文化建设更加扎实有效地提升企业整体素质，提升市场开拓力和竞争力，是很有必要的。

(作者系中宣部理论局原副局长、中国企业文化研究会副理事长，本文为在庆祝新中国成立60周年、大庆油田发现50周年“大庆精神铁人精神高层论坛”的发言)

改革开放30年关于企业文化理论与实践的思考

李燕杰

企业文化，是企业的文化，是企业家的文化，也是企业职工的文化。同时，也是广大顾客的文化。

改革开放30年中，企业有了很大的发展，企业文化也有了很大的发展，企业家与企业员工的文化观念也有了很大的提高。在改革30年中，我一直在学习企业文化，观察企业文化，并在与企业家及广大职工的交流中，受到多方面的启示，特别是在这30年中，我一直在为企业演讲，通过这些演讲，我不仅成为企业员工的朋友，也成为多个企业文化研究机构的顾问。我作为一个大学的教师，既能在高楼深院中研究企业文化的学术与理论，又能不断地向企业家们学习，特别是在这30年的学习与实践中，我懂得了企业文化的研究，绝不能在象牙塔中坐而论道，也不能单纯在企业中脱离理论的实践；既不能只讲中国，不看外国，又不能只看外国，不看中国企业发展的实际；既不能没有相对稳定的企业文化理念，又不能不看到企业文化的变化与发展。我们作为较长时期研究企业文化的学者，在企业文化研究中，不仅要看到企业文化的昨天、今天，更要看到企业文化发展的明天。总之，企业文化是全方位的动态结构，我特别想强调的是企业文化不应当单纯用过去的书本知识去教育今天在实践中的职工，而应在与广大职工、顾客互动中相互学习，共同提高。一个企业要想得到长足的发展，必须有与时代、国度等相适应的企业文化，或称为企业文化要适应所在时空的变化。我们作为中国人，要善于从易学中体会客观形势的变数，要懂得变易、不易、简易之理，要理解立天之道曰阴与阳，立地之道曰柔与刚，立人之道曰仁与义之道，在此基础上形成大文化论、大哲学论、大艺术论，使企业领导及广大职工懂得文化者人化也，人化者美化也，美化者强化也。更要懂得企业文化的研究与思辨要基于企业现实又高于企业的现实，进而要“为天地立心，为生民立命，为往圣继绝学，为万世开太平。”有了这些思辨必然会想到在中外古今的学术思辨中，找到适应今日企业文化发展的理论研究的精华。

另外一方面，要深入到广大青年职工之中，因为青年是企业的希望，要研究青年职工在想些什么，企业文化工作者要能感受到青年职工的呼吸，体察到青年职工人的脉搏，从而在互动中不断修正完善企业文化的理念。每个企业文化专家，每个企业家都要善于向青年职工学习，我一直在讲：

青年是我师，我是青年友。职工是我师，我是职工友。

为此，我在这30年中，在为企业职工演讲形成了三大阶段。

1978年——1988年，第一个十年，当时的企业主要是国营大企业，当时广大企业职工，从十年浩劫中走出来，他们的思想上主要是一个"失"字，"十年文革失学、失业、失意、失望、失败、失身、失魂。"

这时，企业百废待兴，我们在企业文化中，必须强调一个"补"字，在企业理念中，在企业领导与员工互相教育中，要强调不断增长德识才学，要创造至真至善至美，开启广大职工的精神与潜能，把十年文革浪费的时间抢回来。

1989年——1999年，在这一阶段中，广大职工在改革开放形势下，开阔了视野，有了许多新的要求，他们求真、求新、求美、求奇、求爱、求发财，求致富、求出国，求读MBA。

这时，企业文化研究必然出现向外国学习与国际接轨的愿望，这时，我到长城饭店、长富宫、三星、友邦等外资企业演讲，并请菲利普总经理狄若毅为北京400个企业家办"培训班"，被誉为一个MBA班。

研究提高企业经营者管理水平，以及如何形成与国际接轨的企业文化。

我们着力讲：我们心目中的海外留学人员，海外留学人员心目中西方社会，西方人士心目中的中国内地，在其间强化与国家接轨的新观念，改进各部门企业文化，强化企业文化的全球性、国际化。

1999——2008年，这十年是中国各方面工作得到很大发展的十年，此时企业中，80后的年轻人已陆续崭露头角，他们形成超字号，超越历史，超越现实，超越自我，超越权威，超越常态。超强的精神意志，是让人们超越极限的基源，这无疑是高情商的体现。

在这种情况下，我到清华、北大为卓越企业CEO博士班上课，这时我发现企业中的年轻人又有了新的要求，他们既要了解兄弟企业的经验，也要了解西方企业经营管理之道，同时，也要研究中国古代的传统谋略，一些人在研究易经、老子道德、孙子兵法，有人在探讨姜太公、鬼谷子、陶竹公、诸葛亮、刘伯温、曾国藩、胡雪岩的智慧，并在中外对比古今对照中形成了超越前人的企业文化观念。他们说由于有了超常的智商与情商结合，方能取得超级的成果，此次抗震中英雄多为超常精神意志的志士。这是在企业文化研究中最值得重视的现象，稍加总结，也就成为企业文化中的新理论、新理念。

最近，我们在与企业家共同研讨中，一方面，我们在实践、研究企业文化过程中，要继承与创新发展相结合，传统文化与时代文化相结合，传统交流与应用实践相结合。同时，感到企业文化发展前景应当欲穷千里目，更上一层楼。今日中国企业的提高，绝不跟在别人后边亦步亦趋，急需研究在新的历史拐点，形成新的企业文化思辨。

总之，企业文化不是凝固的文化，绝不能停留在高楼深院坐而论道，而是在形势变化之中"化"，在习、熏、悟、化之中不断升华，我这些年是这样实践着，并取得了一定的实效。实践是检验真理的唯一标准，在广泛实践中得出理论，才是切实可行行之有效的，理论往往是灰色的，只有生命之树常青。这些就是我在30年企业文化研究中的体会，同时要继续贯彻小平同志讲的"思想再解放点，胆子再大些，步子再快些。"

今天，我们研究理论就得像易经中所述：与时俱进。

（作者系首都师范大学教授，中国企业文化研究会学术委员会委员，本文摘自《改革开放30年中国企业文化大典》）

将企业规制转变成企业机制

张国有

规制的归宿：使命、业务、理念、目标

企业文化形成过程中，有个重要而又艰难的转折，这就是将企业规制转变成企业机制，企业机制再沉淀成企业文化。这个转变是个关键点。企业规制是指企业的规矩和模制。例如，企业章程、经营模式、运行体制、技术条例、财务规定、人事制度、工艺规程、员工守则，以及不成文的约定俗成等。这只是例举的一些类别。实际上，整个企业是在一个规则体系中运行的，我们把它统称为企业规制。在企业设立之前，企业的发起设立者就已经设计了企业章程及与此相关的细则系统，企业一旦开始运行，企业规制就立即发挥作用，按照规制去规范企业人的行为。通常大家会和住宿的饭店交往，例如北京饭店、友谊宾馆等。这里，以饭店企业的规制与转化为例说明问题。饭店企业的规制涉及饭店章程、建筑风格、广告规则、大堂接待规则、客房服务规则、餐饮服务规则、娱乐服务规则、安全保卫规则、旅游交通服务规则、资金筹措与使用规则、薪酬管理规则、物料采购规则、设备维护规则、各类员工的行为规则、饭店公共关系规则等类别。在规则层面上，这只是对所需饭店行为的设计。那么，设计这样一系列的行为究竟为了什么？归根到底，是为了实现饭店的使命、业务、理念和目标。规制必须有归宿。

饭店的使命是什么？是"让人们在旅行中得到家庭的享受"。和这个使命相关，饭店的基本业务是"提供食宿和旅行条件"。为实现使命和业务的意义，饭店的经营理念是营造"温馨、舒适、愉快、安全"的家庭环境。为衡量它的效果，饭店需要有阶段性（年度）的目标，如入住率、营业额、利润、发展速度、人均效益等等。企业规制必须适应这些要求而形成相互协调的规范行为，保证不断地、反复地实现饭店的使命、业务、理念和战略。也就是说，饭店各部门、各层次的人员，甚至厨师、门童、清扫工都要以自己的行为体现"温馨、舒适、愉快、安全"，让客人感到"家庭"的舒适，

并且要自觉地体现、主动地体现。每个人都长期地做到这一点,很不容易。这就需要将纸上的设计行为变成企业人惯性行为。

规制的转化:着重进行教育、培养和训练

饭店企业的人员,开始营业时,都是从各方面聚集在一起的。他(她)们带着原来机构的规制习惯来到饭店。这些五花八门的习惯,如果不加以规范,就有可能影响饭店企业的健康运行。这就需要一个转变,需要通过怎么办呢?就是以饭店的规制为基础,采取各种方式进行系统的教育、培养和训练,将他(她)们的理念和行为转变到企业的规制上来。例如,进行饭店企业史的教育;岗前、岗中、转岗期的培训;通过企业学院、学习班、学习小组、师傅带徒弟等方式进行培训,实习期的教育等。另外,饭店企业的领袖、创始人的言行及对企业的期望,本身就是对企业使命的释解,领袖型的魅力对企业也是鼓舞。还可以将执行规则的模范人物作为典型进行表彰宣传,树起模范规则的活生生的现实标准。饭店行业的"金钥匙"、服务标兵等,以及星级服务员、各种冠以模范称号的先进人物都是促进转变的样板。日常的饭店活动也可以成为训练的机会。如在每年的饭店店庆日上,用新的事例宣扬饭店的理念和规则,年年如此。新年春节活动、圣诞节活动、重要纪念日、雇员生日活动、年度模范表彰会、服务技术竞赛、顾客访问活动、特别顾客服务活动、升降旗仪式、特别聚餐会、领导人与雇员关系的各种联谊活动等,尽管每个场合的内容是特殊的,但其核心都是在宣扬企业这个"家庭"的理念和规则,每一次活动对员工都是一次积极的转化。

还有饭店的社会形象也是训练的内容。例如饭店的建筑造型和店标,全国或全球统一型式,这种型式就是饭店理念的体现,一看到这种型态就能体会到饭店的精神。饭店的星级、客房特色及水平、餐饮特色及水平、社会活动的参与程度、社会责任、动人的故事、民间传说、媒体的关注程度、顾客回访频率、社会关注度和吸引力等等,在这些"物型"和"活动"里面渗有"家"的理念和规则,这可以促进企业人转变的效果。饭店企业的理念、规则、机制要进行保留和传播,这也是一种转移和转变。例如,饭店的定期会议、内部报道、对外报道、发行的饭店刊物、故事、塑像、著书立说、电影、电视的利用、各种媒介的利用、口传身教等。有的企业还有自己的博物馆、展览馆等。这种训练在于通过传播网络弘扬企业的使命、理念和规则。久而久之,通过各种培养、训练途径,使每一位员工都认识、理解企业的理念和规则,将自己的行为转变到企业规制上来,自觉地变成主动行为。

机制的形成:沉淀成企业人的惯性行为

按企业规制进行各种的定期的培训,按执行效果好坏进行奖惩,树立模范的典型人物,进行系统的传播,反复地进行教育、培养、训练,逐渐形成惯性行为。先是在一部分人中,后来逐步扩大,到绝大多数人都能身体力行时,就普及化了,但更重要的是行为惯性化。行为惯性化是经过长期的训练导致行为的定势化,即在一定条件下企业人不由自主的、潜意识的行为定势。一有环境刺激,就会有相适应的惯性行为表现出来。例如,饭店人员候客有规定的位置、规范的姿势,一见有客人过来,就笑脸相迎,致以问候。连使用的语言和动作都是经过斟酌妥当的,使客人感觉舒适可亲。但客人不知道这样的过程是经过许多次、许多时间训练的结果,逐渐变成不用特别思考、一触即发的反应行为。将前面所说到的类似于客房服务规则转变成客房服务的自觉行为与机制等,这就是惯性行为。如果每个岗位成员都这样,使整个饭店规则体系中各个岗位成员都这样,各个岗位相互协调、相互作用,形成有机的饭店企业运作体系。各个岗位按规则运转,不需指挥和强迫,就可以产生机制性动力,形成持续的协调的自动体系。如果达到这样的状态,可以说基本实现了企业规制从设计行为向惯性行为的转变,饭店企业就呈现出自觉的活力与效率,为饭店的持续生存与发展创造了机制性条件。

中国有许多企业具有良好的运作规制,由于历史长短不同,形成惯性的程度也不一样。有些国际企业沉淀下来的某些惯性行为和机制值得我们思考。例如,香格里拉饭店员工奉行"殷勤好客亚洲情"的风格和全球一致服务的机制;麦当劳公司员工奉行的标准化运作、便捷服务及当地化体系的机制;DELL公司员工奉行的按定单生产、个性化装配、直销到消费者的机制;可口可乐公司员工奉行的"集中生产主剂,分散灌装饮料"的机制;耐克公司员工奉行的"品牌+设计+营销"的机制;丰田公司员工奉行的创新、严格的物流、质量、成本管理的机制等等,都是经过长期训练,保持和沉淀下来维持企业运行的惯性行为和机制。

机制的差异:"工程师文化"和"研究所文化"

面对不同的业务领域、不同的产品会有不同的企业规制,同样会形成不同的惯性行为和企业机制。例如,航空制造企业的产品是飞机,飞机要保证最大的安全性,所以,飞机制造核心是质量。飞机制造企业规制的核心就必须注重流程和逻辑,不允许有丝毫的马虎大意。扎扎实实地建设科学的流程和高质量的工作环境,是飞机制造企业文化的基础。波音公司将自己的文化形容成"工程师文化",因为工程师最注重流程和逻辑,但其内涵是保证安全的文化。长期以来,波音公司将有利于质量、安全的规则和行为保留下来,减少或消除不利于质量、安全的规则和行为,形成职工"质量高于一切"的惯性行为和企业机制。这种规制和机制不能因为倡导创新而轻易改变。100%地保证质量,而不是99.99%。如果质量保证的安全率在99.99%,意味着北京机场每天有三起事故发生,这是很可怕的。所以波音公司在质量逻辑上特别清楚,在流程上特别稳重,即使创新,无论产品或流程,都是经过深思熟虑之后进行的。

还有一种企业需要发明创造的环境，例如软件企业。这类企业要有适于创意产生、适应成果产出的条件，微软公司的研究机构就是这样。没有固定的作息时间，任何时候在研究室都可以，工作场所和环境像大学。待遇优厚，没有后顾之忧并且有激励性。研究有方向，但不作硬性规定，成果有公开的合理的竞争和评价机制。不打领带的随意装束，官兵一致，平等和谐。对这些具有创造力的人，采取既宽松又紧张的管理方法。宽松是环境宽松，紧张是必须出成果。不出成果，自己就紧张，在成果压力下发生人员的流动和更新。这就是“研究所文化”。“研究所文化”和“工程师文化”有很大的差异，其差异的基础在于制造的产品不同，所以，其过程不同、规制不同、行为不同，积淀的机制和文化也就不一样。

企业文化：最具特征性的群体力量

长期积淀。企业的理念和规制源于企业人对企业生存、生长和环境的认识，企业人将自认为成功的理念和规制积累下来，经过反复检验，形成稳定的机制。这样，长时期能够保留下来的那些理念和规制就积淀成这个企业的秉性和风格。根据企业的经历，大约需要 25 年左右的时间形成自己的秉性，大约经历 50 年左右的时间逐渐成熟，形成文化。50 年时间可能会经历 2 次以上的换代，经历 3 次以上的震荡或危机。在这个经历中仍能存活生长的企业，其中一定有稳定的机制在里面，才会沉淀出真正属于自己的文化。

绝大多数企业人的理解和实行。如果能称得上“企业文化”的，其理念和规制须为企业大多数人、至少为 70% 多的企业人所理解、把握和实行。余下 20% 多的企业人游移不定，融不进企业的理念和规制，有可能会从这个企业跳到另一个企业。但这些人一旦稳定下来，就必须自觉地理解和把握这个企业的理念和规制，并自愿地实行它，进入到 70% 多的行列中。

经典的传承和延续。企业的理念和规制，作为经典，由以往历代的企业人传承下来，到当代继续维持和创造，再传承和训化后一代，继续影响以后的企业行为。后一代在自己的实践中又进行筛选，将自认为成功的理念和规制积累下来，再传承给自己的后一代。就这一点而言，判断能否成其为企业文化的，还要看其理念和规制能否传承和延续。能够传承的经典才可以成为企业文化的组成部分。

特有的机制。企业由于面对的群体不同（如知识分子为主、转业军人为主、农民为主的群体等），面对的环境不同（如市场经济、计划经济、国内国外、山区平原等），面对的业务不同（如矿产品、机器品、软件品、服务品等），面对的历史不同（如经历国有化、自由化、产品转移、技术更换、高层战争、崩溃危机等），而具有自己的理念和规制特色，从而形成自己有特有的机制和文化，用于解决自己所面临的特有的问题。所以，企业的文化总是特殊的，没有一般的。即使同样是饭店企业，同样是飞机制造企业，同样是软件企业，经营同类产品，文化也不一样。企业文化的特殊性、多样性，是企业文化的基础特征，它使企业成为最具特征性的群体力量。

（作者系北京大学副校长，中国企业文化研究会学术委员会委员，本文摘自《企业文化》2008 年 12 期）

品牌价值的理论模型及其测量

王成荣　李　诚

一、现有品牌理论关于品牌价值形成的逻辑

品牌最初仅仅是印在产品上用以标示产地、生产者和质量信息的印记，但是发展到当今全球化时代的品牌，已经成为了企业重要的无形资产，其价值可以进行评估，甚至拥有现实并购交易所形成的市场价格。品牌发展的这一趋势使得关于品牌价值的研究成为了品牌理论研究的热点之一。

在理论研究中，与品牌价值（brand value）相关的另一个概念是品牌资产（brand equity），品牌价值和品牌资产曾经作为可以相互替换的概念被使用，但随着品牌资产理论的发展，这两个概念的区别逐步得到了厘清，即品牌资产可以视为因品牌而产生的一种“增值”，品牌价值则是从财务会计角度对这一“增值”的一种衡量，两者可以视为品牌价值实现的不同阶段，品牌资产是一种无形资产，品牌价值则是以货币为尺度“市场价格”。

品牌资产的概念产生于 20 世纪 80 年代末，首先为美国的广告届所用，其后进入了理论研究领域。在理论的发展过程中，虽然关于品牌资产即“brand equity”具体的定义方式，从上世纪 80 年代以来层出不穷，但是随着理论研究的深入，理论界逐步形成了消费者、市场和财务三个视角，虽然定义方式不同，但是这些从不同角度对品牌资产的定义，都体现了品牌资产是因品牌而产生的一种“增量”的思想。

表 1　不同角度的品牌资产典型定义

角度	核心思想	典型定义
消费者	品牌资产是消费者的一种认知状态	因品牌而产生的对产品功能和服务产生的价值增值的消费者认知，包括品种忠诚、品牌知名度、品质认知和其他独有资产（Aaker 1993）。 品牌知识导致的消费者对营销活动的不同反应（Keller，1993）。 附着于商标之上，能够为企业在未来带来额外收益的顾客关系（符国群，1999）。

续表

角度	核心思想	典型定义
市场力量	品牌资产是一种竞争壁垒和优势	与一般竞争者比较，因品牌所产生的价格溢价（Mullen，Mainz，1989）。 品牌资产是长期投资于建立较竞争者持久及差异化优势的效果，非仅仅其账面价值（Doyle，1989）。 因品牌本身且无法通过功能属性获得的增加值（Sikri 1992）。 与品牌相联系的营销活动产生的剩余资产（Rangaswamy，Aruind，Raymond Burke，Terence A. Oliva，1990）
财务	品牌资产是会计意义的价值	与没有品牌的产品相比，品牌给产品带来的超越其使用价值的附加价值或附加利益，能够通过因品牌增加的现金流测量（Farquhar，1989）。 因品牌名称而相对于没有品牌的同等产品所增加的未来折现现金流（Carol J. Simon，Mary W. Sullivan，1993）。 在产品市场中，因品牌相对于没有品牌的基础商品而获得的增加收益（V Srinivasan，Chan Su Park，Dae Ryun Chang，2005）。

资料来源：根据相关文献整理。

从不同角度出发的品牌资产研究引发了学术界对这三种研究视角逻辑关系的思考，进而形成了品牌价值链理论。品牌价值链理论将品牌资产价值的实现分为三个递进阶段，即消费者心智、市场地位和股东价值，这三个阶段对应于消费者、市场力量和财务角度的品牌资产概念，形成了三个递进的层次。

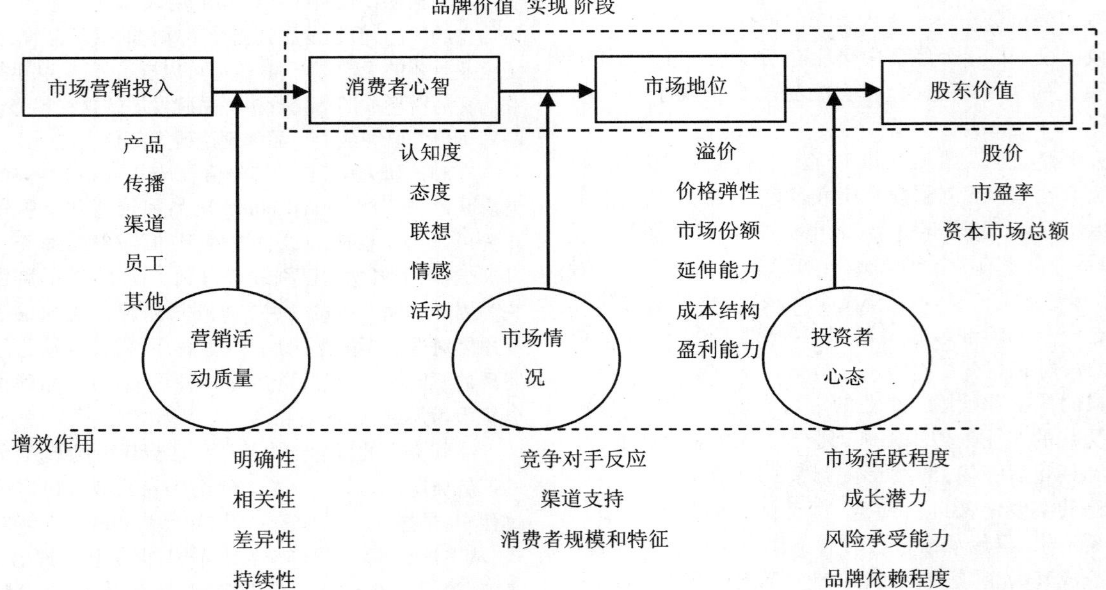

图1　品牌价值链

资料来源：Kevin Lane Keller，Donald R. Lehmann. "How Do Brands Create Value ". Marketing Management，2003(3)：29.

随着对不同品牌资产概念逻辑关系理解的深化，西方学者将品牌资产，即 brand equity，更狭义的界定为消费者角度对品牌附加值的认知，而将市场地位和财务视角的品牌资产定义转为了品牌价值，即 brand value。

我们认为现有品牌理论对于品牌价值的认识，在逻辑上具有合理性，并在一定程度上揭示了品牌价值的本质，其将消费者对品牌的认同视为品牌市场地位和经济回报的基础，体现了以消费者为中心的理念。但如果我们向品牌价值的上游追溯，便会发现现有理论研究有明显不足，因为其仅仅将企业营销活动以及因此形成的消费者认知，视为品牌价值形成基础，如果品牌的价值链条以此为开端，就意味着品牌仅仅是因其对消费者的意义而具有价值，这显然是对品牌的价值一种狭义理解，因为在现代社会之中，品牌除了直接满足消费需求之外，还具有更高层面的社会意义，这种意义的产生源于品牌作为一种"社会存在"的本质特征。

二、以社会存在的视角审视品牌的本质特征

（一）品牌是一种"社会存在"

理论界对于"社会存在"这一概念有狭义和广义两者看法，狭义社会存在的概念，指出人的社会生活的基本面是物质生活，其本质内容是物质生产；物质生产对象化、现实化、静态化为物质生产关系，它是决定社会生活基本色彩的普照光（徐先艳，2009）。广义的社会存在是指人这种特殊存在物的特殊存在方式的具体展开，是社会中的人赖以生存、发展的直接现实。本文采用广义的社会存在概念对品牌现象进行观察。

广义社会存在概念，体现了社会存在是存在和意识的统一体这一思想，突破了传统上讲社会存在理解为社会中的物质条件，并将其于社会意识相对立的观点，因为"在马克思的本体论中，任何社会存在都与有意识的行为（与选择性的设定）不可分割地联结在一起"（卢卡奇，1993）。在社会领域中衡量存在或非存在的标准只有一个，那就是它是否作为现实生活中的一个部分因素发挥着实际的作用（徐先艳，2008）。这就为将品牌纳入社会存在的概念范畴提供了条件，因为品牌虽有物质的、有形的构成部分，但更多的体现为一种无形的意识方面的内容。品牌作为人类社会长期发展的产物，其已经逐渐形成了独立的社会属性，并且已经深入到人们的生活之中，对人类社会生活具有相当的影响力，符合社会存在概念中所指的"社会中的人赖以生存、发展的直接现实"这一条件，虽然其是人类社会中很小的一个组成部分，却也是当代人类社会不可或缺的组成部分。

品牌作为一种"社会存在"，超越了其在自然、物理方面的自然属性，而具有了因人类社会的发展和需要而形成的社会属性，其表现为复杂的社会和经济关系。品牌的这种属性在古代文明中作为简单"印记"的品牌萌芽状态中便有所体现，因为这种品牌行为是伴随市场交换关系的需要和竞争所产生的，体现了一种社会交往关系。而随着以交换为中心的商品经济的发展，品牌进一步发展成为了社会经济中重要的经济行为，这一过程中社会各方面关系的综合作用，更是品牌发展的动力所在，人类的各种需求和欲望的力量形成了商业社会并推动其不断地发展，政府、社会机构、品牌企业在提供产品和服务满足人类需求的同时，也是自身的"自我实现"，并且自身的自我实现有赖于所有关系利益人团体的自我实现（张锐，张燚）。发展到现代社会的品牌更是以各种社会关系作为自己主要的生存空间。品牌的存在首先依靠于两个最主要的关系——企业和消费者，前者是品牌构建资源的投入主体和内涵的决定者，而后者的认同则决定了品牌所具有的意义。在此基础上，所有其他利益攸关者（包含竞争对手、利益团体、公众、政府、供应商、分销商、媒体、金融机构、雇员以及职业经理人等），通过与品牌之间的互动关系，形成了品牌存在和发展的主要空间（RICHARD JONES，2005）。

品牌作为一种社会存在所拥有的社会属性，使得其不仅作为企业的营销工具在消费者层面发挥作用，还有着更高层次的社会意义，因此对品牌价值的思考就不能不考虑其与社会发展之间的关系。

（二）从社会存在的视角看品牌的社会意义

如果我们单纯从企业的视角看待品牌，品牌就仅仅是一种营销工具，其价值的形成就如当前品牌价值理论的逻辑所描述的一样，而从社会存在的角度审视品牌，就会发现品牌存在的意义，不仅仅在于其对消费者的作用，还在于其对社会发展所肩负的使命。这体现在两个方面：一是从过程角度看，品牌是人类社会发展的一种动力和组成部分；二是从结果角度看，品牌是人类社会进步与发展成果的某种凝聚，集中体现在其对文化的传承上。

1. 品牌对社会发展的动力作用

品牌对社会发展的意义体现为其作为一种经济现象，已经远远超越其保证品质和服务，象征身价和财富的范畴，而成为推动经济发展和社会进步的无形力量，即"品牌经济"现象。这是一种以品牌作为企业、区域、甚至国家经济发展中的核心因素，成为市场运转的焦点，成为整合各种经济要素、带动经济整体运营的核心的经济现象，它是产生于市场经济的高级发展阶段，品牌成为市场的核心资源，以不可替代的整合与引导力量，带动社会经济整体运营的一种经济形态。

在现代市场环境下，由于品牌整合了各种企业资源，品牌价值成为了企业价值重要的组成部分。如根据 BrandFinance 公司对于世界顶级品牌的评价，世界排名前十的品牌中，除了 GE 之外，品牌价值都占到了企业价值的 10% 以上，前五名的平均"品牌价值/企业价值比"达到了 26%。

表 2　世界顶级品牌的品牌价值与企业价值比（2009）

排名	品牌	品牌价值/企业价值比
1	沃尔玛	17%
2	可口可乐	31%
3	IBM	23%
4	微软	20%
5	谷歌	37%
6	GE	4%
7	汇丰	19%

续表

排名	品牌	品牌价值/企业价值比
8	沃达丰	16%
9	惠普	26%
10	丰田	10%

资料来源:The annual report on the world's most valuable brands,BrandFinance,2009。

由于品牌对资源的整合作用,品牌在整个社会经济发展中的作用愈发增强,一些大品牌不仅市场占有率高,而且影响或引领着行业的标准与发展趋势。从区域经济发展角度看,品牌经济的特征表现在,形成了著名品牌或品牌群带动区域经济发展的局面,而且当区域品牌经济发展到较高阶段后,会产生跨区域与国际化的品牌化影响,美国的硅谷、华尔街,在高科技和金融行业的领导性地位和影响,就是这类现象的典型代表。我国的青岛、宁波等地区,也在家电、服装等方面形成了具有国际影响力的品牌集群。

品牌作为社会发展的动力,不仅体现在经济方面,还体现在品牌往往以自己的善行,如保护环境,支持公益,传播新的生活主张,以此奉献社会,影响社会风气,影响人们的价值观念,推动人类社会的进步。实践证明,著名品牌贡献给人们的,尤其是对当代社会文明的影响比一般人们想象的要大得多。品牌运营过程中往往创造出新的价值观念,从而使品牌成为新文化的"生长点"和一种象征。如IBM有一句形象广告语"无论一小步还是一大步,总是带动世界的脚步",不光体现了它对科技的带动作用,也体现在文化上的带动作用,正是有这些众多IT品牌在世界上的推广使用,带来了人们价值观念的变化,引起了人们工作方式的重大变革,把人们的生活方式引向一个全新境界。

有学者以生态学的思维看待品牌对社会发展的这种作用,认为品牌像自然界中的生态系统一样是一个非常完整的生态系统,即一个由品牌与品牌产品、品牌拥有企业、企业股东、供应商、最终顾客、中间商、竞争者、金融机构、大众媒体、政府、社会公众、相关企业,以及品牌生态环境(包括社会、经济、文化、自然环境)等所组成的人工生态系统(张燚,张锐,2003)。在这一系统中,品牌不是附属于某一类或某些关系,而是时刻与系统内部和系统外部进行着物质、信息和能量的交换(王兴元,2008),品牌作为品牌生态系统的基础,推动整个系统的发展(殷红春,2005)。虽然人们目前在理论上已经意识到了品牌的这种作用,但是在品牌价值的形成逻辑上,理论界却没有将品牌的这种社会意义考虑进去,体现了当前品牌价值理论发展的不足和进一步发展的需要。

2. 品牌对社会文化的传承意义

作为自然和社会属性综合体的品牌,形成了对自身所代表产品的超越,相对于产品而言,品牌有着更长的生命周期,甚至有可能"永存"(Philip Kotler,2001),因此品牌可以视为社会发展的结果,展示了社会发展的某种状态,这集中体现为品牌对社会文化的传承。品牌的这种社会意义并不是广泛存在的,因此也常常在理论和实践中被忽视,我们可以通过对我国特有的品牌群体——老字号的分析,探究品牌这一特殊的社会意义。

老字号是中国商业特有的称谓,通常是指有多年成功的经营经历,在一定区域内有良好声誉的商号及其商品和服务的称谓。中国老字号历史悠久,平均年龄超过140多岁,比现代国际品牌平均约100年的成长历史要长一些,部分中国老字号的历史要比美国历史长,如鹤年堂(始建于1405年)、便宜坊(始建于1416年)、永安堂(始建于1425年)、六必居(始建于1446年),都是500年以上的老字号;同创于1669年的王致和与同仁堂也都有了341年的历史。可以说老字号的发展史,就是一部中国商业的文明史。由于历史悠久,很多老字号都拥有丰富的历史和文化积淀,不仅展示了人类社会的发展,而且是人类文明传承与记忆的载体。

品牌作为人类文明传承与记忆的载体,与文物、遗址、古迹这类物质文化遗产相比,有着更丰富的内涵。因为正如前文所提到的,作为社会存在的品牌是物质与精神的统一,这就使得品牌不仅是某种历史和文化的象征,而且能传承文化的内涵,是"活化石"。如国药旗帜同仁堂,历经341年锤炼铸造出的这块金字招牌,不仅有配方独特、药到病除的王牌药品所体现出来的市场价值,还承载着中国传统文化深刻的烙印,直接运用并发展着中国博大精深的传统医药理论,传承中国人诚与信、仁与义的优秀传统,这种社会意义是纯物质的文化遗产无法比拟的。

再如在现有国家级和北京市级非物质文化遗产中,老字号占据了近三分之一以上的比例,国家级28项,市级45项。老字号非物质文化遗产中的很多手工艺、中医以及其他一些专业性、技艺性比较强的技艺,在历史上是通过家族或师徒关系进行传承的,但是随着社会的变迁,这种传承关系很容易断裂,其中比较复杂的技艺也容易遗失,老字号依靠其组织和调度资源的能力,采用群体传承的方式保持技艺的长期延续和完整性,对于某些遗失的技艺,也可以通过文献传承的方式使其具有复活的可能,为非物质文化遗产的传承提供了物质基础和体制保障。而在老字号品牌的运营和发展过程中,非物质文化遗产所代表的传统文化理念、精神,在社会现实生活中得以展现和发扬,使得传统文化精神不仅得以传承,而且可以渗入到现代社会的生活之中,这种文化传承使得传统文化不仅仅是得到了保护,而是得到了发展。可见作为一个特殊的品牌群体,我国的老字号虽然由于社会、经济、政治等多种因素,在整体上经营困难,但是其独有的历史沉淀却使其成为了我国传统文化传承的载体,拥有了普通现代品牌所不具有的社会意义。

文化产生于人类社会的发展和进步之中，是人类社会不同于自然界的根本性区别之一。文化既拥有精神层面的核心内涵，又离不开物质层面的物化载体，而品牌作为社会存在，其精神与物质相统一的特性，使得其成为了社会文化传承的合适载体，可见具有“生命性”的品牌，通过对社会文化的传承，为人类社会的发展做出了独有的贡献，但是这种贡献所具有的意义和价值，在现有的品牌价值理论中，也尚未得到体现。

三、品牌价值理论模型

通过上述分析可看出，品牌作为社会发展的动力和社会文化传承的载体，具有重要的社会意义，但是这种意义所具有的价值在现有的品牌价值理论研究中没有得到体现，因此本文将构建包含品牌社会意义的品牌价值理论模型。

（一）理论模型的构建

无论对品牌的作用和意义如何进行表述，根据马克思的劳动价值论，品牌价值的源泉只可能有一个，那就是人类的劳动。品牌在消费者层面上的作用，是企业这一实践活动的产物，体现了品牌生产者的特殊劳动投入，而品牌在社会层面上的作用，则体现了作为整体的人类实践活动，同样凝聚了特殊的人类劳动，品牌这两个层面的意义，都具有形成价值的基础。

现有理论中关注的品牌价值，实际上是品牌在消费者层面意义的体现，这一价值源于企业实践凝聚在品牌中的特殊劳动，因品牌为消费者带来的超越普通商品的物理和情感方面的满足，得到了市场认可，从而形成了品牌的附加值。由于这一途径形成的品牌价值可以直接用市场和经济指标进行衡量，我们可以将其界定为品牌的“市场价值”。

相对于消费者层面“外显”的品牌价值，品牌在社会层面价值是一种潜在的价值。品牌的社会意义，是作为整体的人类实践活动产物，其对于社会的动力作用和文化传承的载体意义，也是就人类社会发展而言的，这种意义并不因某一个体的消费者是否认同而有所增减。因此对其需要从整个社会的角度进行客观的评价，即品牌这一层面的价值是通过社会认可得以实现的。由于品牌的社会意义包括两个方面，一是从过程角度对社会发展的动力作用，二是从结果角度对社会文化的传承，因此我们可以将其分别界定为品牌的“社会价值”和“文化价值”。

综合上面的分析，我们可以形成分析品牌价值形成过程的理论框架，根据这一框架，品牌价值的源泉只有一个——人类的特殊劳动，这种劳动通过企业实践活动和作为整体的人类实践活动凝聚于品牌之中，构成了品牌在消费者和社会两个层面的意义，这两个层面的意义在市场认可和社会认可的条件下，前者形成了品牌的市场价值，后者形成了品牌的社会价值和文化价值。

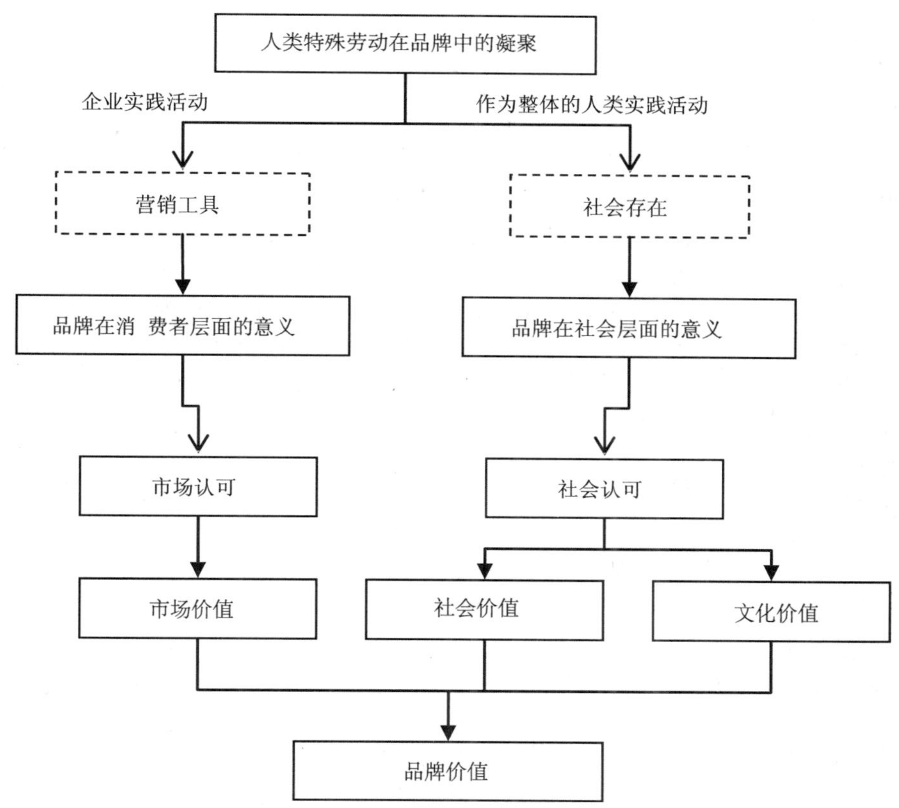

图2 品牌价值的理论模型

（二）品牌价值的测量

品牌的市场价值、社会价值和文化价值，分别是通过市场认可和社会认可实现的，形成的主体有所不同，这就为品牌价值的测量提出了挑战。品牌的市场价值形成的两个主体是由企业和消费者，因此可以采用消费者认知、市场和财务等指标进行测量。但品牌的社会价值和文化价值的形成则依靠社会多方面的力量，受到多种历史、社会因素的影响，并需要社会整体的认同，与市场价在的测量指标显然是不同的，因此如何整合两类不同的价值，成为了本文在扩展了品牌价值内涵之后，研究进一步发展的重要工作。

从市场价值、社会价值和文化价值三者的关系看，它们虽然有着不同的内涵和形成过程，但是却并不是孤立存在的，而是相互促进。拥有社会价值和文化价值的品牌，具有对社会发展的重要意义，这种意义为消费者感知之后，能够提升品牌的市场价值。社会意义对于作为“社会人”的消费者而言，并不是“无关”的，其可以在心理、精神和情感等方面为消费者带来更好的体验，消费者是有为其付出“溢价”的意愿的。以现在的低碳环保理念为例，由于技术方面尚不成熟，很多产品在性能、便利性上并不理想，但是消费者仍然愿意消费这类产品，甚至付出更高的价格，这体现了作为社会的一员，消费者能够通过社会意义中得到的满足弥补产品物理方面的不足。同时，为消费者广为接受的品牌，在具有很高的市场价值的同时，也更有可能成为具有广泛社会意义的品牌。一是具有广泛市场认可度的品牌，在发展过程中，体现了消费文化、社会形态的变迁，成为社会历史发展的“记忆”，这种意义经过凝聚与升华，将会形成更具有广泛性的社会和文化价值。二是具有高市场价值的品牌，具有广泛的市场基础，其行为和理念更容易为消费者所接受和认可，因此其倡导的具有广泛社会意义的价值观和理念，在提升自身品牌市场地位的同时，也会对社会发展形成推进作用，形成品牌的社会价值。

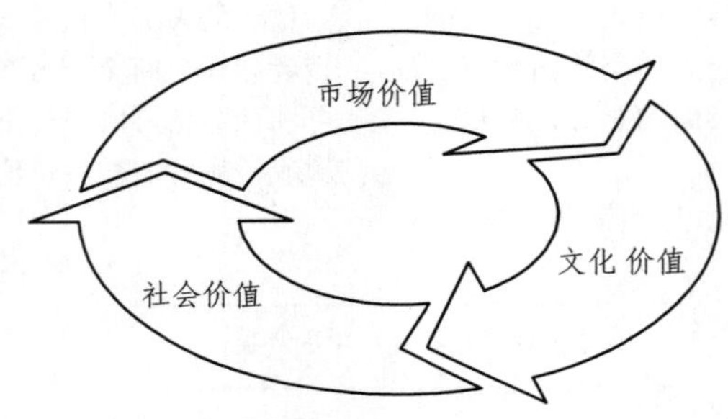

图3　品牌的三种价值关系

在认识市场价值、社会价值和文化价值相互推动的基础上，我们认为，品牌的社会价值和文化价值，并不是因消费者“不认同”而无法体现为更为直接的市场指标，而是因消费者“未认知”。这种“未认知”状态产生于两种原因，一是品牌的传播推广活动有偏差，没有向消费者传递这方面信息，二是由于社会发展的阶段性，品牌的社会意义，尤其是在文化传承方面的意义，尚未被消费者充分认知而处在一种“潜在价值”的阶段，随着社会发展品牌的这种价值由于其不可复制性，将愈发凸显并转化为市场方面的影响力。品牌的三种价值虽然在性质方面有所不同，但是最终都具有成为市场价值的可能性，并体现为市场指标，这就为品牌价值的统一测量提供了基础。

根据前文的分析，我们认为品牌三种价值的转化有三种可能，一是品牌的社会价值和文化价值，直接转化为市场价值，即叠加效应；二是品牌的社会价值和文化价值影响到品牌的市场价值，作为品牌市场价值的“乘数”发挥作用，即乘数效应；三是叠加和乘数状态同时发挥作用。

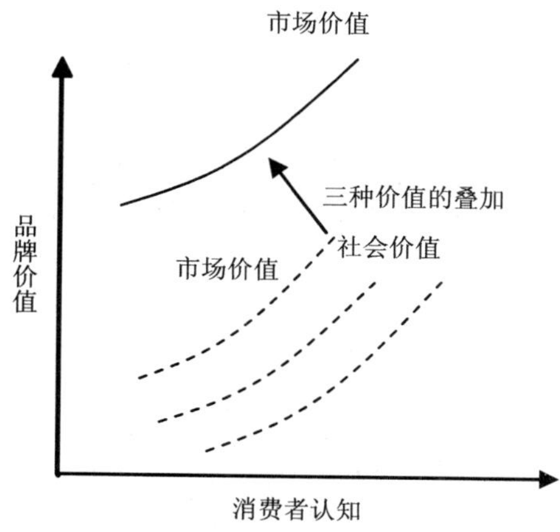

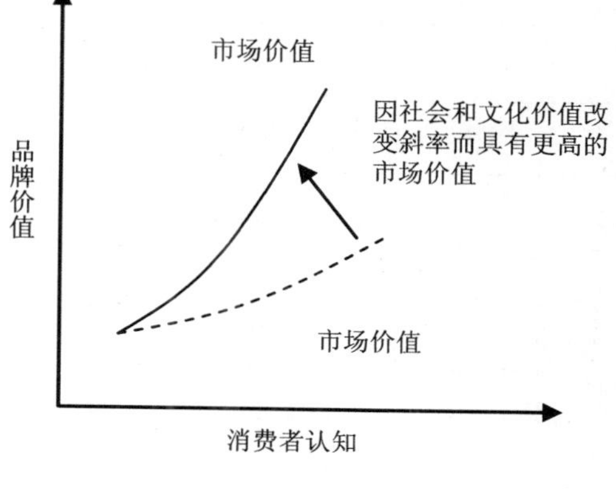

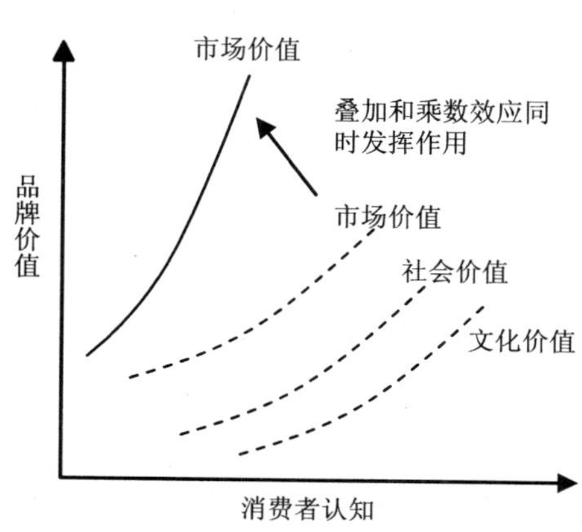

图4 品牌社会和文化价值向市场价值转换的三种可能状态

叠加效应下，我们可以构造如下品牌价值理论模型：

$$V = f\left(\sum_{t=1}^{n} d_t\right) + f\left[g\left(\sum_{t=1}^{n} s_t\right)\right] + f\left[g\left(\sum_{t=1}^{n} c_t\right)\right]$$

其中，V 为品牌价值，$f(\,)$ 为市场认可函数，$g(\,)$ 为社会认可函数，d_t 为品牌与消费者直接相关意义，s_t 为品牌的社会价值，c_t 为品牌的文化价值。根据这一模型，如果能够确定市场对于品牌社会方面意义能够承受“溢价”水平，我们就可以将市场认可和社会认可两种途径形成的品牌价值进行统一的测量。

乘数效应下，我们可以构造如下品牌价值理论模型：

$$V = kf\left(\sum_{t=1}^{n} d_t\right)$$

其中，V 为品牌价值，$f(\,)$ 为市场认可函数，k 为因社会价值和文化价值而对品牌市场影响力的作用。即如果能够确定市场普通认知到品牌的社会和文化价值之后，对品牌的反应程度，我们就可以将市场认可和社会认可两种途径形成的品牌价值进行统一的测量。

在叠加和乘数效应同时存在的情况下，我们可以构造如下品牌价值理论模型：

$$V_a = f\left(\sum_{t=1}^{n} d_t\right) + f\left[g\left(\sum_{t=1}^{n} s_t\right)\right] + f\left[g\left(\sum_{t=1}^{n} c_t\right)\right]$$

$$V = kV_a$$

这一模型中的 V_a 是叠加效应发生后，品牌市场价值发生的变化，意味着品牌市场价值数量方面的增加，在此基础上，品牌社会和文化价值继续发挥乘数效应，影响市场对品牌的认可程度，形成最终的品牌价值 V。

四、未来研究展望

本文研究形成的品牌价值理论模型，提出了品牌价值测量的三种理论模型，明确了在这三种模型中需要进一步探讨的关键性指标或函数，这就对未来研究提出了明确的方向。

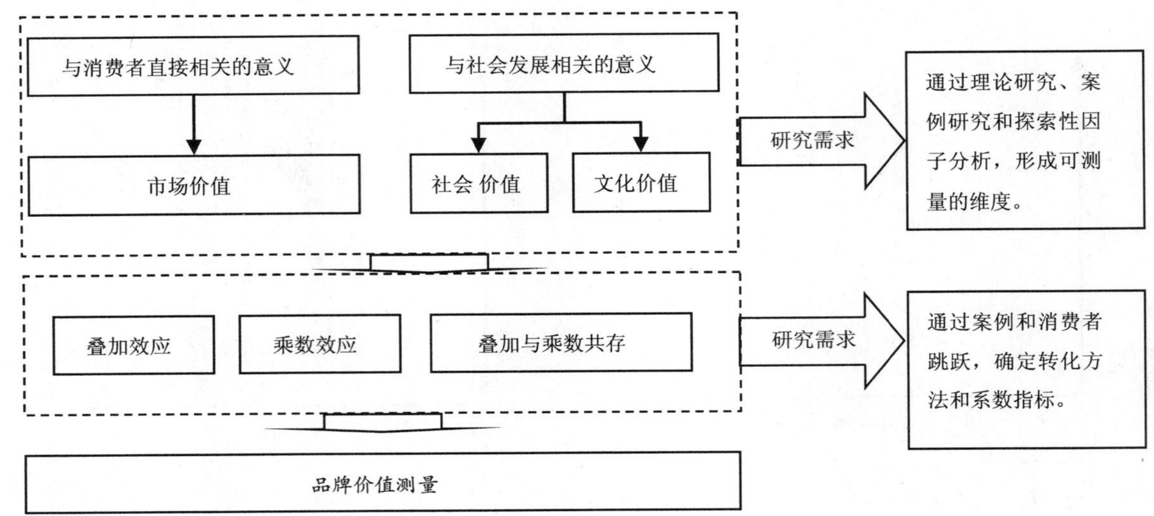

图5　品牌价值测量方案的技术路线

根据本文提出的品牌价值模型,对于品牌价值的测量将分为两个部分,一是对品牌两方面意义的量化,根据本文的理论,可以通过理论研究、案例研究和探索性因子分析等方法,将其转化为便于测量的维度和指标;二是分析社会价值和文化价值向市场指标的统一过程中,叠加和乘数效应的转化方法和系数指标,使三种价值的指标统一化,形成对品牌价值的最终测量。

(作者王成荣:北京财贸职业学院副院长、中国企业文化研究会副理事长、博士、教授;李诚:中国人民大学商学院博士)

民营企业的二次创业与积累文化资本

张　德　潘文君

一、企业竞争与文化资本

近年来,企业文化在中国方兴未艾。随着改革开放的深入和企业自身的发展,企业文化建设受到了社会各界的广泛关注,越来越多的企业意识到企业文化建设对企业的生存、发展尤其是可持续发展具有极其重要的影响。文化制胜时代的到来,更使企业文化成为各企业竞争的重头戏。

2001年初,著名的文化评估专家、美国海氏咨询公司副总经理布鲁斯·普福在对《财富》500强评选的总结中指出:“公司出类拔萃的关键在于文化”。“最能预测公司各个方面是否最优秀的因素是公司吸引、激励和留住人才的能力。公司文化是他们加强这种关键能力的最重要的工具。”无独有偶,GE的前CEO杰克·韦尔奇当谈到通用电气的企业文化时,则如是说:“文化是通用电气最无法替代的一个资本。”毋庸置疑,文化资本将成为企业未来竞争中获胜的不可替代的资本之一。

那么,文化资本的内涵是什么?如果粗略地描述,可以概括为以下四个方面:(1)凝聚力资本;(2)形象力资本;(3)内部一致性资本;(4)外部适应性资本。

二、中国民营企业在市场竞争中的优劣势分析

据统计,2004年上半年,私营企业户数比上年底净增34万户,注册资金净增7000亿元人民币。

全国政协副主席、全国工商联主席黄孟复说,经过26年的发展,民营经济创造了中国六成以上的国民生产总值、七成以上的城镇就业、六成以上的工业总产值、一半以上的社会零售额、四成以上的固定资产投资和六成以上的出口贸易,中国非公有制经济从补充地位成为社会主义市场经济的重要组成部分。

经过二十多年的发展,在国家宏观调控政策的指引下,中国民营企业总量快速增长,成为国家财力增加的重要来源。随着改革开放的进一步深入,民营经济日益显示出其独特发展优势。

(1)民营企业的领导人一般都是该企业的创始人,也是主要决策者,具有最灵活、迅速的决策机制,他们一般对市场形势的变化非常敏感,一旦出现了发展机遇,能很快地抓住。(2)相对于国有企业而言,由于管理层次较少,领导人做出决策后,能在短时期内付诸实施。可见,管理层次少,执行力强,指挥统一,也是民企的优势之一。(3)另外一个民营企业共同的优势就是成本的低廉。由于很多民营企业都是靠家族力量逐步发展起来,往往具有较低的建设成本和人工成本,凭借吃苦耐劳的精神在激烈的市场竞争中站稳脚跟。

相对于民企的优势而言,随着民营企业队伍的不断壮

大，其劣势变得越来越突出。

管理的劣势。民营企业在创业初期，所有权与经营权合一，投资者既是老板，又是经营者，他们凭借敏感的市场嗅觉和冒险精神，取得了创业的初步成功。随着企业规模的扩大，行业竞争的日益加剧，民营企业家的素质、能力未必能完全满足企业发展壮大、经营环境变化的需要。尽管许多民企也引进了国内外先进的设备和技术，以及先进的管理方法，但由于家族式的经验管理模式的根深蒂固和企业内部运行机制上的弊端，管理的落后成为企业进一步发展的瓶颈。

人才的劣势。民营企业的起点一般都比较低，其管理人才和技术人才都比较缺乏。民营企业的管理者一般为企业主本人，虽然他们拥有很好的市场敏感性和极强的责任心与工作热情，但一般而言文化素质都不是很高，而且缺乏现代化管理的理念。随着企业规模的扩大，企业向产业链上下游的延伸，管理者的个人能力缺陷就会逐步体现出来。因此，需要从外部引进专业管理人才以弥补不足。然而，民营企业老板们由于习惯了家长式的个人决策，对这些人才不放心，不愿真正放权，所以空降兵总是难以成活。

再有，即使聘请到优秀人才，由于家族企业在人才的使用和激励机制上的弊端，人才的流动率往往较高，使企业陷入恶性循环。求才、用才难使企业在科研开发、经营管理等方面不能适应现代企业竞争的要求，阻碍了民营企业的二次创业。

文化的劣势。正如本文前面所述，企业文化是今后民营企业竞争的关键所在，优秀的企业文化不仅能够为企业的发展提供一个良好的氛围和无形的动力，更是有助于企业迅速积累文化资本，保证企业的可持续发展。然而，目前中国的民营企业大部分都认为企业的价值是赚钱，并把赚钱看成企业生存的唯一目的。在这种价值观基础上建立的企业文化必然会导致企业唯利是图的短期行为或弄虚作假等违法现象。在内部用人机制上，民营企业往往重视血缘亲情和同乡、同学等关系，这种用人唯亲的习惯以及分配制度上的随意性，大大降低了对人才的吸引力和凝聚力。由于民营企业老板本人价值观、人生态度和经营管理理念上的局限性，使得一些有真才实学的管理骨干、技术骨干，很难与老板及家族势力在思想上高度一致，行动上配合默契，结果是内部一致性下降，管理成本上升……民营企业上述文化上的缺陷，极易使其丧失竞争力，甚至导致民企的灭亡。

所以，如何通过企业文化变革积累企业的文化资本，取得民营企业二次创业的成功，是克服民营企业劣势的当务之急。

三、二次创业和文化变革是民营企业的当务之急

改革开放三十多年来，中国经济连续保持8%以上的年平均增长率，创造了继德国、巴西、日本经济奇迹之后的又一个世界经济奇迹。中国民营经济是创造中国奇迹的一支非常重要的生力军。但是，我们应当清醒地认识到，伴随着知识经济的滚滚浪潮和全球经济一体化时代的到来，市场竞争加剧，民营企业发展的道路并不平坦。据中国科学院编著的《1978－1998中国民营企业调查报告》显示，民营企业的自然淘汰率相当高，二十年中创办的民营企业能够存活的只占总数的20%－30%。另据国家统计局《中小企业发展问题研究》联合课题组的一份报告显示，目前我国中小企业（包括民营企业）仅有三成左右具有一定的成长潜能，而七成左右发展能力很弱。随着第一代创业者年龄的老化，“富二代”不愿接班或无能接班的问题浮出水面。

面对残酷的现实，中国的民营企业如何延续生命、再创辉煌，已成为企业的老板们今天关注的头号大事。

对于那些较早发展起来，已经完成资本原始积累的民营企业而言，目前面临着如何向更高层次过渡的困境。这就是所谓的二次创业。二次创业所要解决的问题，一是由经验管理向科学管理过渡，由人治向法治过渡，由随意的管理向规范公司转变；二是由家庭企业向企业家庭过渡，借助职业经理人，提升企业档次，广泛网络社会人才，使民企成为人才的“最佳雇主”；三是由追求利润最大化的经营理念转向诚信为本、顾客至上的经营理念；四是由缺乏社会责任感的“经济动物”转向具有社会责任感的“优秀公民”。完成这四个转变，就为民营企业的品牌经营和可持续发展奠定基础。然而，很多民营企业在二次创业中遭遇了滑铁卢。如广东万家乐燃器具有限公司是中国热水器行业的首家上市公司，具有无可比拟的融资空间，“万家乐、乐万家”的广告词也曾经风靡全国。但由于二次创业时公司高层在投资决策和品牌经营中的重大失误，这家企业在1996年就出现了3740万元的账面亏损，1998年被新力集团收购。这样的民营企业也为数不少，那么如何成功跨过二次创业这道坎？

笔者认为，民营企业二次创业的核心就是要实现思想、观念的真正转变，通过企业文化变革来积累文化资本是顺利完成二次创业的根本保证。

四、民营企业如何积累文化资本

没有文化资本的企业，就像行尸走肉一样，失去了灵魂和精神支柱，这样的企业又怎能在激烈的市场竞争中持续发展？对于正处在十字路口的民营企业而言，积累文化资本变得尤为重要。民营企业如何积累文化资本？笔者认为，应从以下几方面着手。

1. 下决心推动二次创业，完成从家族经营向现代化经营的转变。

当前民营企业多数属于家族制企业，随着市场由短缺经济走向过剩经济，竞争的日益白炽化，特别是随着企业规模的逐渐扩大，技术上的逐渐升级，家族制管理方式越来越制约民营企业的发展。尤其是企业主要高层都是有着血缘关系的家人或亲戚，容易导致内部裙带关系严重，缺乏一定的利益制衡机制，甚至造成内讧不断。更为关键的是，这种

任人唯亲的管理方法不利于吸引高技术人才和高级管理人才。同时,企业的经营和管理逐渐超出民营企业家个人能力和经验范围,如果不加强管理的规范化、科学化,难免会出现江郎才尽的现象。

上海尹氏园艺有限公司是成功实现转型的创业企业之一,公司董事长尹文元现身说法道:"……企业虽然积累了一定的发展资金,但原有的经营模式、管理方式等都已明显不再适应企业发展的需要。在这种情况下,创业企业最需要的是先进的管理理念和现代企业的运作规则。"

可见,为了克服这种只适合小型企业的家族作坊式的管理方式给民营企业发展而带来的不利,民营企业首先就要下定决心,排除亲情大于制度的羁绊,在二次创业中建立一系列规范而科学的运行规则和管理制度,实现从家族经营向现代化经营的转变。

2. 下决心进行观念更新,积累文化资本。

(1)从不择手段赚钱到追求阳光下的利润。很多民营企业认为:赚钱是企业存在的唯一目的,企业的价值就是赚钱,所以在对内对外的一切经营管理活动中,考虑的只是利益,不择手段的赚钱则是大多数民企老板们的首选。部分民营企业甚至为赚钱不惜损害企业的形象和商誉。例如:生产假冒伪劣产品,发布虚假广告,欺骗或愚弄消费者,用不正当的手段排挤竞争对手,等等。在产品方面只要产品卖出去就行了,所谓的售后服务也仅仅是嘴边的承诺。企业偷税漏税的现象更是屡见不鲜。孔老夫子说得好:"民无信不立"。企业即人,更应该做到诚信,否则就会失去广大消费的信任和认可。

然而,似乎许多中国民营企业都患有"信誉缺乏症"。ST科龙因2002年年报遭德勤华永会计师事务所质疑而同时被香港联交所和深交所停牌。恰恰相反,正是诚信让张华安和他的金鹿集团20多年立于不败之地,成为福建企业界的常青树。这就是积累文化资本和蝇头小利的分野。

"失去了诚信,不是几年就能补偿回来的,也许一辈子都没办法再翻本!不讲诚信,对于企业尤其是民营无异于自杀!"受到诚信挑战的民营企业,唯有牢固树立诚信意识,不断完善企业的信用体系,在国内外树立一个良好的民营企业形象。这才是民营企业基业常青的秘诀。

为了在二次创业中胜出,民营企业必须改变这种不择手段赚钱的观念,使企业行为逐渐规范化、透明化,以诚信为本,追求阳光下的利润。在2004CCTV中国经济年度人物榜上有名的上海复星高科技(集团)有限公司董事长总裁郭广昌,作为一个民营企业家,他就把"追求阳光下的利润"作为公司的战略之一,才使复星公司获得广泛的信任。显然,追求阳光下的利润的价值导向越来越成为不少的民营企业家获得二次创业成功的必不可少的文化资本。

(2)从把员工当工具到把员工当朋友。员工跳槽数民营企业最频繁了,据统计,民营企业普通员工有20% -50%的年度流动率,中高级管理人员、技术人员每年也有20%在流动。民营企业员工的不稳定和频繁跳槽,已给民营企业发展带来严重的负面影响,不仅流失人才,而且涉及商业秘密,成了民营企业老板头痛的问题。最近,富士康11名员工相继跳楼的新闻震惊世界,其不仅是薪酬过低的问题,更是尊严劳动的问题。造成这种现状的重要原因之一,就在于民营企业老板看待员工的观念上。由于民营企业的所有权和经营权均为业主个人或家族所掌握,实行的也多为所有权和经营权高度统一的家长式管理,个人利益或家族利益是民营企业老板的第一优先考虑。在他们眼里,员工只是为企业或家族赚钱的工具,是从属于企业或家族利益的附属品。他们最信任的人多是具有血缘关系的亲人,而且他们占据企业的高级职位,所以民营企业中多有兄弟伙、父子兵,普通员工缺乏上升空间,也感受不到平等、公平和尊重。而在分配制度上,往往追求工资成本的最低化,甚至有克扣员工工资的现象,造成劳资关系紧张。这种对待员工的观念在很大程度上影响了企业的凝聚力和整体感,企业的员工很难跨越血缘的界限,对企业有所认同。为了获得员工对企业的认同,并使员工心甘情愿地付出自己的所学所能,民企老板应该改变把员工当工具的观念,而是把他们也当成自己的朋友和合作伙伴,公正、公平、友善、尊重地对待他们,在用人制度、薪酬制度、考核评价制度上厉行改革,并且如实地把人力资源看成第一资源,加大对员工的培训力度,使他们在为企业努力工作中自身也得到成长,从而逐步增强他们对企业的忠诚度和归属感,这才是民企可持续发展的根本大计。

(3)从忽视社会责任到勇于承担社会责任。经过二十年的发展,不少民营企业为本企业积累了丰富的物资财富,然而很多民企却没有积累多少精神财富和社会美誉度,因为他们忽视了社会责任。从沈阳欧亚实业有限公司的杨斌到原上海首富、上海农凯发展(集团)有限公司董事长周正毅,再到创维集团的黄宏生,近几年来这一连串的民企丑闻就足以说明了民营企业家缺乏承担社会责任的意识,更没有意识到财富源于社会,也应该回馈社会。也难怪一位政协和人大代表如是说:民企老板要厚道些。

太多的丑闻给众多的民营企业家们敲响了警钟,他们纷纷发出了要补社会责任这一课。如号称"亚洲钻头大王"的飞达集团董事长朱国平,他在2005年3月3日正式宣布,将从个人薪金中每年拿出50万元资金用于资助江苏镇江的特困党员。在稍后通过网络公开刊发的一篇文章中,朱国平则提出"民营企业家要补社会责任这一课"的建议。该事件为民营企业家在今后承担更多的社会责任开了个好头。但是,民营企业仍应苦练内功,在追求合理利润的同时,强化社会责任意识,发挥民营企业的优势,将承担更多的社会责任也纳入企业的目标,为构建社会主义和谐社会提供雄厚的物质基础。所谓"大商谋道,小商谋利",说的就是这个道理。

3. 民企老板应提高自己的文化素养,向传统文化学习,吸收千年的儒商文化营养。

中国古代管理思想是中华民族灿烂的古代文化的重要组成部分,发展至今,其中许多的管理思想为世人所熟知，并且许多名言已成为脍炙人口的管理格言，诸如：正德、利用、厚生；胜人者有力，自胜者强；上下同欲者，胜；以弱胜强，以柔克刚，以退为进；等等。每一句无不表达了深刻的内涵，体现了古代先哲们对管理的独到见解。这些古代的管理智慧不仅是中华民族优良传统的体现，中国五千年渊源历史的沉淀，更是值得民企老板们借鉴并学习的精华。

在如今激烈的市场竞争中，尤其是国外企业进入中国市场，没有一定文化素养的民营企业可以说是不堪一击的。而中国许多民营企业家的个人文化素质普遍偏低。因此，民营企业家们一方面应向西方管理理论学习，另一方面应向传统文化学习，汲取其中的精华，用中国古代管理思想来应对国际化的趋势和激烈的市场竞争。

小企业做事，大企业做人，民营企业要想成功跨越二次创业，首先就要学会做人。古代圣贤特别讲究为人之道。老子提出“圣人方而不割，廉而不刿”的人生感慨，意思是说，有智慧有道德的人，方正刚直却不机械死板，廉洁自律却不伤害他人。这是老子风雨人生的历练，也可以成为民营企业家们的借鉴。从商之道和为人之道是相通的，只有方正刚直、廉洁自律的民营企业家才能够在发展道路上有所突破、有所作为。所谓“为商之道首先在于为人”，说的就是这个道理。在希望集团，处处可见“做诚实而精明的商人”、“勤勤恳恳工作，堂堂正正做人”等标语。与其说是刘永好的从商之道，不如说是他本人及其企业的为人之道。这样的事例在中国的民营企业中却不普遍，因此，笔者呼吁民企老板要学习古代的为人之道，在做人中做事。

4. 以身作则，带出优秀的员工队伍，塑造优秀品牌。

所谓文化资本，其外在的表现就是企业优秀的品牌。优秀品牌的背后，除了坚实可靠的资金基础以外，更重要是要有一支优秀的员工队伍，和其背后的先进理念、价值观。

全国政协委员、政协重庆市委员会副主席、重庆市工商联会长、重庆力帆控股有限公司董事长尹明善曾经说过：“只有自己做了，才有底气呼吁别人这样做！”正是凭借对自己的严格要求和以身作则，54 岁才开始创业的民营企业家尹明善赢得了员工、社会的信任和支持，才有了今天辉煌的业绩。因此，民营企业家应该以身作则，成为企业基本理念和价值观的倡导者和最忠实的身体力行的垂范者。唯有如此，才能在保证善待员工，为员工提供良好工作环境的同时，更要让他们的内在素质和行为习惯不断提高和升华。在领导的模范带头作用下，企业才能成为一个奋发向上、有凝聚力的企业，此时的员工队伍才是最优秀的。在此基础上，有利于塑造出优秀的品牌，进一步加速企业文化资本的积累。

要想做百年老店，就要有百年老店的风采，民营企业只有通过二次创业，不断丰富和积累自身的文化资本，才能真正做到基业常青，才能成为中国经济发展名副其实的生力军！

（作者张德：清华大学管理学院人力资源系主任、博导，中国企业文化研究会学术委员；潘文君：清华大学经管学院人力资源系博士生）

学习实践科学发展观 创新中国企业文化建设

华 锐

科学发展观是马克思主义中国化的最新成果，是我国经济社会发展的世界观与方法论的最新体现，是发展中国特色社会主义的最新指导思想，不仅对中国的未来发展具有重大战略意义，也为新形势下中国企业文化建设指明了新的方向，提出了新的要求，提供了新的动力。中国企业界和企业文化工作者应以高度的历史使命感和责任感，深入学习、全面贯彻落实科学发展观，用科学发展观创新中国企业文化建设。

一、创新学习，把学习实践科学发展观作为中国企业文化建设的新起点

企业文化作为经济领域的文化表现，必然存在于经济发展中。有企业就有文化，不同的企业有不同的文化，不同的文化造就不同的企业。中国企业文化的历史可以追溯到企业最初的组织形式——手工作坊或手工工场中去，大致可以划分为如下几个阶段：简单商品经济条件下的萌芽阶段；近代民族资本主义工业时期的发展阶段；新中国社会主义建设时期的更新阶段；“文化大革命”时期的全面政治化阶段；改革开放后的振兴发展阶段。尤其是在改革开放 30 年的历程中，随着解放思想和拨乱反正、社会主义市场经济的建立和发展、国外企业文化理论的传入与实践、加入世界贸易组织、建立现代企业制度、中国企业走出国门面向世界，特别是邓小平理论和“三个代表”重要思想的学习贯彻落实，使中国的企业文化呈现出了前所未有的发展态势，为企业发展提供了强大的价值导向、精神动力和智力支持。

党的“十六大”以来，以胡锦涛同志为总书记的党中央立足适应我国新的发展要求，提出了科学发展观的重大战略思想。党的“十七大”作出了在全党开展深入学习实践科学发展观活动的战略决策。胡锦涛总书记在 2008 年 9 月 19 日的重要讲话中，再次深刻阐明了深入贯彻落实科学发展观的重大意义，对在全党开展深入学习科学发展观活动提出了明确要求。此次活动不仅是用中国特色社会主义理论体系武装全党和全国人民的重大举措，是深入推进改革开放、推动经济社会又好又快发展、促进社会和谐稳定的迫切需要；同时也是中国企业不断改革发展、大力提升核心竞争力的迫切需要。更标志着中国的企业文化建设进入一个新的历史时期，站在了一个新的起点上：即学习实践科学发展观，把企业文化建设作为学习实践科学发展观的最佳载体，用科学发展观创新企业文化建设，积极有效地解决当前

中国企业文化建设中存在的偏离社会主义核心价值体系、脱离企业实际、远离企业员工、分离理念行为、背离企业道德、逃离社会责任、迷离企业发展等现象和问题,在企业文化建设中开拓学习实践科学发展观的新境界,在学习实践科学发展观中开拓企业文化建设的新阶段。

二、创新认识,以科学发展观定位中国企业文化建设的基本点

当前,面对着前所未有的金融危机,面对着前所未有的国内外经济发展的新变革、新调整、新机遇、新挑战,特别是面对着人民群众对小康社会美好生活的新期待,作为学习实践科学发展观中坚力量的中国企业,必然地肩负着推进企业和我国经济社会科学发展的光荣历史使命。

企业文化建设,首先要以科学发展观为指导,提高认识,因为目前企业文化还存在着认识水平差距大、实践发展不平衡等一系列不容回避的问题。究其原因虽然是多方面的,但最根本的是企业文化定位不准,没有把握住文化建设的基本点,甚至以错误的价值取向葬送了企业的发展前程。近如国内由三鹿奶粉暴露出的三聚氰胺事件而引发的整个乳品行业的危机,远到企业文化理论的发源地美国——房利美和房地美陆续被国家接管、麦道夫对诈骗供认不讳、通用汽车和克莱斯勒申请破产保护……更迫切地要求我们慎重而深刻地思考。

什么是中国企业文化建设的基本点?我认为,根据科学发展观的本质内涵和根本要求,中国企业文化建设的基本点应是中国特色和以人为本。这是未来中国企业文化建设长远发展最本质、最核心的定位。

中国特色,就是指中国的企业文化建设必须围绕全面建设小康社会、发展中国特色社会主义,坚持以邓小平理论和"三个代表"重要思想为指导,深入贯彻落实科学发展观,秉承社会主义核心价值体系,弘扬中华民族优秀传统文化,积极学习借鉴国内外现代管理和企业文化的优秀成果,与时俱进、开拓创新,遵循企业文化建设的客观规律,着力推进企业文化的理论创新、实践创新和制度创新,切实做到"四个"结合,即:企业文化理论与中国企业实际相结合;企业文化应用创新与研究解决中国企业的实际问题相结合;总结中国企业的实践经验与同外国经验的比较中逐步上升为理论相结合;企业文化建设与中国特有的文化形式表达相结合。

以人为本,就是指中国的企业文化建设必须充分体现科学发展观以人为本的核心内涵,把尊重人、理解人、关心人、培养人、发展人、成就人作为企业文化建设的出发点和落脚点,尊重和坚持员工在企业文化建设当中的主体地位,激励和发挥员工在企业文化建设当中的首创精神,保障员工在企业文化建设当中的各项权益,以企业科学发展的成果惠及员工、社会和人民。在以人为本的实践中要注意做到"七为",即:尊为制、育为本、严为上、管为主、教为先、情为结、享为果。

三、创新思维,抓住学习实践科学发展观与中国企业文化建设的结合点

科学发展观是我们党和国家必须长期坚持的重大战略思想。而企业文化建设因企业的性质、规模、环境、条件和所从事的行业等各不相同,企业文化建设的认识、起点和发展水平也不尽相同,因此,要学习实践好科学发展观就不能简单地生搬硬套,必须在完整准确把握科学发展观精神实质的前提下,科学分析我国当前企业文化建设的实际情况,创新思维,努力找出学习实践科学发展观与企业文化建设的结合点。

首先,用科学发展观进一步丰富和升华企业文化的本质内涵。企业文化的内涵非常丰富,但就其本质而言是引领和促进企业持续有效发展。不能促使企业发展的文化不是真正的企业文化,也不是企业所需要的文化。用科学发展观进一步丰富和升华企业文化的本质内涵,就是把"第一要义是发展,核心是以人为本,基本要求是全面协调可持续,根本方法是统筹兼顾"的科学发展观本质内涵,融为企业文化的本质内涵,成为企业的核心理念和行为方式。

其次,用科学发展观进一步突出和增强企业文化的特征。企业文化是一种独特的文化,不仅具有文化的一般性特征,还具有系统性、稳定性、开放性、可塑性、独特性等特征。用科学发展观进一步突出和增强企业文化的特征,就是要通过学习实践科学发展观,使中国的企业文化更具有社会主义核心价值体系内涵的社会性特征,更具有爱国主义精神的民族性特征,更具有以人为本的人本性特征,更具有和谐发展的科学性特征,更具有学习进取精神的创新性特征。

第三,用科学发展观进一步夯实和稳定企业文化的结构。从企业文化的理论研究和企业实践来看,企业文化的结构由三部分组成,分为三个层次,即基础部分(主要包括企业理念、企业精神、企业道德等)、主体部分(主要包括企业战略、组织、制度和经营机制等)、外在部分(要包括企业的信誉、行为、环境、形象等)。其中基础部分为核心层次,主体部分为基本层次,外在部分为表面层次。如果形象地打个比方,我们可以把企业文化的结构比作一棵大树——树根是基础部分,树干是主体部分,树的花、果、叶是外在部分。而用科学发展观进一步夯实和稳定企业文化的结构,实质上是用科学发展观滋润好企业文化这棵大树的"根",企业文化之树才能枝繁叶茂,开花结果。

第四,用科学发展观进一步活跃和创新企业文化的载体。企业文化的载体可分为四大类:主体载体、组织载体、制度载体、物质载体。其中,人是企业活动的主体,也是企业文化的主体载体,也是众多载体中最重要、最宝贵、最具能动性的一个。用科学发展观进一步活跃和创新企业文化的载体,其根本是以人为中心,充分发挥人的主观能动性和创造性,全面提高企业人的素质,为企业的发展与腾飞创造人才条件。

第五，用科学发展观进一步强化和扩大企业文化的功能。一个企业的文化好比一张满足企业基本需要的互相联系着的网，其中的每个文化要素就像有机物的器官，具有各自的功能。优秀的企业之所以优秀，是因为它们具有独特的文化特质，企业文化的功能得到了充分的发挥。用科学发展观进一步强化和扩大企业文化的功能，就是按照科学发展观的要求，不断创新发展企业文化对企业战略的引领功能、企业经营的指导功能、企业管理的改善功能、企业意识的导向功能、企业主体的凝聚功能、思想行为的约束功能、员工士气的激励功能、人际关系的润滑功能、人力资源的开发功能、服务社会的感应功能等等。

四、创新路径，找准用科学发展观引领中国企业文化建设的切入点

在中国企业文化建设中学习实践科学发展观，不能因循守旧走老路，必须开辟新路径，在科学发展观引领下找到新的切入点：

一是重塑企业价值观。可以说，去年从美国开始并肆虐全球的金融海啸，就是因企业价值观扭曲的“企业蝴蝶”扇动翅膀而引起的“蝴蝶效应”。企业价值观是以企业家价值观为主导的、员工普遍认同的群体价值观念，它决定和影响着企业存在的意义和目的，规定着企业各项规章制度的价值和作用，规范着企业行为和利益关系，支撑着企业的生存和发展。科学发展观实际上就是一种价值观，它是一种可以决定企业将往何处发展的深层次价值取向。用科学发展观重塑企业价值观，就是把科学发展观作为企业发展的核心价值观，实现企业文化与战略相统一，企业理念与管理相统一，企业行为与道德相统一，企业利益与客户、员工、社会、股东利益相统一，企业局部利益与国家整体利益相统一，企业短期发展与长远发展相统一。

二是塑造企业家精神。优秀的企业文化是卓越企业家的人格化，企业家精神是企业精神的核心和灵魂。企业家代表了企业文化的表里特征，是培育独特的、积极向上的企业精神的关键所在。面对当前的金融危机，我们的企业需要什么样的企业家，我们的企业家需要什么样的精神？这是一个关乎企业长远发展的根本问题。用科学发展观塑造企业家精神，就是要让中国优秀的企业家成为学习实践科学发展观的领军人物，继承中华民族优良传统，胸怀祖国、放眼世界，具有永不止步的进取精神、不改善毋宁死的创新精神、追求公平公正的契约精神、立言如鼎的诚信精神、安贫乐道的敬业精神、造福桑梓的奉献精神和同生共荣的科学精神，成为建树中国企业精神的旗手。

三是规范企业道德。企业道德以善与恶、公正与偏私、诚实与虚伪、正义和非正义等评价为标准，以社会舆论、传统习惯和内心信念来维持，是道德原则、道德规范和道德活动的总和。企业道德作为企业文化的重要内容，对企业和社会有着重要的意义和作用。我们国家每年一次的“3·15”活动，实际上就是一次对中国企业的“道德评审”。今年的“3·15”又过去了，但对企业的“道德评审”远没有结束。用科学发展观规范企业道德，应着眼于维护企业的经济秩序和安定团结，着眼于形成良好的组织气候、良好的经营作风、和谐的人际关系，着眼于提高企业员工的自身素质，着眼于塑造良好的企业形象，着眼于改正企业不讲信誉、唯利是图、忽视产品质量、欺骗顾客、损害社会的行为，着眼于克服和防止企业领导人以权谋私、官僚主义、玩忽职守，着眼于消除企业目无法纪、见利忘义、损公肥私、损人利己、金钱至上等不良现象。

四是优化企业环境。企业环境是企业生存和发展的最基本条件，每个企业都生存于一定的环境之中，在环境中发展，同时又改造和创造着环境。不同的企业文化会使企业形成不同的企业环境，我们如果看一看农民工的居住环境，看一看一线工人的生产环境，再回头看一看发生的那一起起矿难事故，就不难明白企业环境是何等的重要了。用科学发展观指导创新企业环境，就是企业按照科学发展观的内在要求，在环境建设中注重以人为本，着眼企业长远发展、积极改善、不断提升，既能适应外部的政治环境、经济环境、文化环境、社会环境，并使其积极因素作用于企业，促进企业良好环境的形成；又能搞好企业内部环境建设，如企业的生产工作环境、安全健康环境、组织人文环境、学习生活环境等，并以良好的企业小环境促进社会大环境的改善。

五是改善企业形象。企业形象是企业文化的外显形态，反映了企业自身的特征和状况，是一种客观存在。当前，面对国内的市场经济大环境和国际化的挑战，特别是金融危机的影响，中国企业应以什么样的形象屹立于世界这个问题显得更为突出。把改善企业形象作为贯彻落实科学发展观的切入点，就是要改变社会大众和企业员工对企业的整体印象和评价，即：企业自身的厂区、厂房、车间的自然与人工的环境形象，企业产品的设计、商标、包装、外观，尤其是质量给顾客留下的联想与印象，企业员工的价值观、精神风貌、职业道德、服务态度、文化水平、仪表装束等言行举止给外界的印象，企业宗旨、理念和目标，给企业员工和社会大众留下的印象，企业经营、销售、售后服务的策略方式给社会大众留下的印象，企业通过公共关系活动在顾客心目中或社会上树立起来的形象，企业的集体福利和不断改善的物质文化生活给企业员工和社会大众留下的印象，企业在社会公德和公益事业方面的作为给企业员工和社会大众留下的印象等等。

五、创新机制，用科学发展观指导把握中国企业文化建设的关键点

创新企业文化建设机制，必须根据科学发展观的要求研究创建以五个新机制为主的企业文化建设新机制，即：建立起以企业第一责任人真正倡导、身体力行，并被员工高度认同的企业文化理念塑造新机制；建立起真正以文化引领企业发展的文化战略管理新机制；建立起真正以理念主导企业经营管理的文化管理新机制；建立起真正有效的企业

文化科学评价与考核新机制;建立起真正让员工和社会享受企业发展成果的公平调控新机制。与此同时,还要用科学发展观指导把握好企业文化建设的四个关键点:

一是企业文化测评。这是了解和掌控当前企业文化现状的关键。企业文化测评是企业文化建设的一个重要环节,没有准确的企业文化测评,便无法真正了解企业文化建设的现状,无法准确把握企业文化建设的脉络,无法实施有效的企业文化管理。目前企业文化测评虽已渐渐成为一个热门词,但还远远不够完善,进行企业文化测评的指导思想、原则、方法以及工具和手段还远不能适应企业文化建设的需要。因此,用科学发展观指导把握好企业文化测评,必须坚持以增强企业的核心竞争力、促进企业科学发展为根本标准,突出以人为本;必须坚持中国国情,注意借鉴国外企业文化以及现代企业管理的思想、理论和方法;必须坚持从企业的客观实际出发,不搞先入为主,不以主观想象代替客观存在,一切以测评事实为依据,公正、公平、公开;必须坚持以数据真实为前提,实事求是地反映企业文化建设的实际状况,在事实的基础上进行科学分析判断;必须坚持抓重点,最大限度地反映企业员工的意志、愿望和要求;必须坚持简单易行,操作方便,充分发挥计算机软件管理优势,使测评方法便于掌握和应用,测评效果更加准确。

二是企业文化考核。这是当前确保企业文化建设取得成效的关键。企业文化考核是当前中国企业文化建设普遍面临的一个难题。企业文化建设中理念空洞、文化悬空、行为脱节、效果不佳等问题的存在,无不与企业文化考核难有关。用科学发展观指导把握好企业文化考核,就是要着眼于中国企业文化建设的实际,遵循企业文化建设的基本规律,以文化实效为目标,以文化理念为导向,以实效考核为手段,以制度管理为保证,以提高企业人员素质为途径,以提高企业核心竞争力为根本标准,将文化理念融入企业各个岗位职能和责任目标之中,使企业文化变成可测量的具体目标,将具体目标变成可理解、可操作、可实现、可考核的具体行为指标。

三是企业文化评价。这是对当前企业文化建设工作实施全面管理的关键。企业文化建设是一项科学的系统工程,需要企业长期实践,不断培育、不断成长、不断进步,并使企业文化建设工作的成效最终体现在经营管理水平的提高、经济效益持续的增长、员工素质的不断提升、核心竞争力的日益增强等方面。因此,对企业文化建设工作进行评价不仅可行,而且非常必要。目前,国资委和国内一些企业已经开始了这方面的研究,并取得了积极进展。用科学发展观指导把握好企业文化评价,即依据企业文化建设的理论和实践成果,采用综合内容、统一标准、科学分类、系统量化等多种形式,对企业文化建设工作进行全面测量、诊断、考核与评定。企业文化评价一定要科学化、系统化、规范化,通过评价,总结经验,查找不足,发现问题,汲取教训,促使企业文化建设工作实现良性循环,持续进步,不断发展。

四是企业文化流程管理。这是提高当前企业文化管理水平的关键。企业文化流程管理,就是根据标准化程序来处理企业文化建设的各项工作,以及对相关事务和问题按步骤和程序进行标准化处理解决。目前国内对这方面的研究还不是太多,是亟待解决的一个重要课题。用科学发展观指导把握好企业文化流程管理,首要的是科学地建立起一套适合中国企业实际的企业文化流程管理体系,按照确定内容、规定标准、细化指标、责任分工、组织实施、督促检查、考核评价、持续改进的步骤和程序,将企业文化建设工作以标准化、程序化来实施管理。

六、创新方法,用科学发展观培育中国企业文化建设的生长点

学习实践科学发展观,最根本的是要掌握科学发展观所蕴含的马克思主义立场、观点、方法,以实践科学发展观为己任,自觉做到真信仰、真学习、真理解、真掌握、真应用、真收获,不断创新中国企业文化建设的方法,即:在用科学发展观提升企业文化建设理念中创新方法,在用科学发展观指导企业文化建设实践中创新方法,在用科学发展观点燃企业文化建设激情中创新方法。从而形成落实科学发展观的新举措,培育中国企业文化建设新的生长点。

一是积极践行社会主义核心价值体系。社会主义核心价值体系是党的十六届六中全会首次明确提出的一个科学命题。社会主义核心价值体系在我国整体社会价值体系中居于核心地位,发挥着主导作用,决定着整个国家价值体系的基本特征和基本方向,自然也决定了中国企业文化建设的基本特征和基本方向,是中国企业文化建设的根本。科学发展观是社会主义核心价值体系的重要组成部分,坚持以科学发展观为指导,就是坚持马克思主义指导思想。中国企业作为中国社会的一员,中国企业文化作为中国社会文化的一个亚文化,企业文化建设不仅要坚持在社会主义核心价值体系的统帅下统一行动,牢牢抓住社会主义核心价值体系这个起始点不放松,更要牢牢把握社会主义先进文化的前进方向,大力弘扬民族优秀文化传统,积极借鉴人类有益文明成果,充分调动积极因素,凝聚力量、激发活力,进一步打牢企业思想道德基础,使企业文化成为全民族奋发向上的主体精神力量。

二是积极履行企业社会责任。企业社会责任是科学发展观赋予企业最重要的职责。企业作为一个特殊的生命体、社会肌体的活力细胞,产生着巨大生命活力,成为社会财富和文明的主要创造者,是社会经济发展的动力之源,是人类进步的推进器。但是,有相当一部分企业忘掉了一个企业应负的社会责任,不负责任地对待与其相关的员工、顾客、供应商、社区团体、母公司或附属公司、合作伙伴、投资者和股东,甚至对社会和自然环境造成损害和影响。学习实践科学发展观,就是要培养企业的社会责任感,培育企业与人、社会、环境共同受益共同发展的和谐行为,培育建立环境友好型、资源节约型企业,发展循环经济和推广清洁生产的现代文明企业行为,培育致富思源、富而思进、扶危济

困、共同富裕、义利兼顾、德行并重的企业优良道德行为。

三是积极促进社会文化和民族文化发展。企业文化是社会文化和民族文化的一个重要组成部分。在运用科学发展观培育企业文化、促进社会文化和民族文化发展中，要注重四个方面：正确对待中华民族传统文化；正确对待我国企业传统文化；正确对待外来的西方文化；建设有中国特色的企业文化。并且要注意做到“六个结合”：与社会主义、爱国主义、集体主义、社会主义精神文明建设相结合；与充分地体现时代精神相结合，与悠久的民族传统文化相结合；与极大地鼓舞和唤起全体员工的高度责任感和负责精神相结合；与促进企业的发展、国家的进步和社会的繁荣相结合；与吸收借鉴人类社会创造的文化成果相结合。

四是积极参与和谐社会建设。构建社会主义和谐社会，是建设中国特色社会主义的重要组成部分。企业作为国民经济的重要组成部分，应当成为建设和谐社会的中坚力量。企业要以社会主义核心价值体系为根本，建立以崇尚和谐、追求和谐为价值取向的文化，倡导企业和谐理念，培育企业和谐精神，规范企业和谐行为，树立企业和谐形象，正确处理企业与企业之间的关系，正确处理人与人之间的关系，正确处理企业与大自然之间的关系，正确处理企业与社会和国家之间的关系，正确处理各种利益方之间的关系等等。以企业独特的创造活力，为促进社会协调和谐发展作出应有的贡献。

（作者系中国企业文化研究会常务副理事长）

实施《劳动合同法》与变革企业文化

黄河涛

2008年1月1日实行的《劳动合同法》，在国内外引起了广泛的关注。它对我国的劳动力市场将带来巨大的冲击，劳动关系将面临重大调整；一直沿着既定轨道发展的各类型企业文化建设将遭遇内外部环境前所未有的变化；在构建新的劳动关系的同时，企业文化也将面临新的变革。所谓企业文化变革是指企业为适应外部生存环境和内部组织环境的变化，所引发的企业文化自身某些本质特征的改变。企业文化变革的根源在于企业生存、发展的客观条件发生了变化。一方面，它是社会文化变革在企业内的反映；另一方面，它又是企业生存发展的必然要求。当企业原有的文化体系难以适应企业经营发展需要而陷入困境时，就必然要通过文化变革来建立新的企业文化。企业文化变革是企业文化自身发展的规律，也是企业变革的必然趋势。

劳动关系调整与企业文化变革的历程

劳动关系不仅是最基本的社会关系，是“现代全部社会体系所依以旋转的轴心”，也是现代企业管理的核心问题和基本动力。企业劳动关系的每一次重大调整，都可能引发企业文化建设的变革。自20世纪70年代末我国改革开放以来，企业劳动关系经历了三次大的调整，企业文化建设也相应进行了三次大的变革。

我国企业第一次劳动关系大调整始于1986年，以国务院颁布的《国营企业实行劳动合同制暂行规定》为标志（该法已于2001年10月6日被国务院废止，国务院令第319号），国有企业开始了具有深远意义的用工制度改革。劳动用工制度上的“铁饭碗”开始被打破，“文革”前后一直沿用的“内招”和“子女顶替”制度也被废除。在计划经济条件下，企业的用工制度，完全由政府控制。政府通过工资总额来调控企业的用工总量。同时，由于企业属国家所有，经营者代表国家对企业实行管理，员工则属于国家的员工。这样，一方面，国家通过实行低工资政策，把企业利润的绝大部分用于扩大再生产；另一方面，国家通过企业对员工实行包干的政策，负责员工的生老病死。因而，对于尚还兼有部分政府行政职能的国有企业来说，还没有形成现代意义上的劳动关系；同时，面对厚重的企业历史问题，《国营企业实行劳动合同制暂行规定》，只适用于国有企业新招用的员工，实行“老人老办法，新人新办法”。

这一时期，企业经营仍未脱离计划经济的传统运行模式，流通渠道单一，供应依然短缺。市场供给不足所伴随的“生产导向”，使企业不问销路，铆足劲儿生产也不愁产品卖不出去。摆在企业管理者面前的主要矛盾不是市场需要什么，而是如何更快、更多地生产。因而，企业的主要矛盾就成了如何更好地调动员工积极性，提高生产率。刚刚引入中国的企业文化理论，使企业发现了一片管理的新天地，企业文化仿佛成了解决思想政治工作和经济建设“两张皮”的一剂妙方，也仿佛成了一只万能的“筐”，企业的一切都可以往里装。从中国企业文化发展的分期看，我把它叫做企业文化建设的“兴奋期”。当时，企业都在讲企业文化，企业无论做什么都说成是企业文化。

我国第二次企业劳动关系大调整始于1994年。以《劳动法》的出台为标志。《劳动法》使劳动合同制由“新人”推广到“全员”，即企业用工的劳动合同制度开始推广到各类企业的全体员工，实行“全员劳动合同制”。企业经营职能与政府行政职能的分离，使现代意义上的企业劳动关系开始形成。“全员劳动合同制”的实行，对于破除计划经济体制下行政分配式的劳动用工制度，建立与社会主义市场经济体制相适应的用工企业与劳动者双向选择的用工制度，建立劳动力资源的市场配置，发挥了重要作用。尤其是90年代后期开始的经济结构调整与国有企业改制，劳资双方的关系进一步规范，市场配置劳动市场的功能进一步加强。

与此同时，计划经济影响下的国有制企业的企业文化建设，逐步实现了向市场经济规范下的企业文化变革。企业竞争加剧，特别是1996年下半年后，一般性的消费品和生产资料供不应求的状况基本结束。我国商品“买方市场”特征日益明显，消费需求也发生了根本性变化。市场的严酷现实,使越来越多的企业经营者认识到:企业文化建设不是披在企业身上的一件绚丽外衣,它必须与企业发展水乳交融。具体地说,企业文化建设必须首先发挥人的因素,处理好管理者与员工的关系,使员工的信念与企业发展目标相融合,使全体员工的追求与企业价值观相结合,共筑企业愿景。企业文化只有实现这种变革,企业才可能熔铸自己的核心竞争力。这一时期,中国企业文化建设正经历着从"冷却期"向"理性期"变革的过程。

然而,劳动力市场供大于求的现实,"强资本、弱劳动"的现实,严重地影响了劳动关系的稳定,如用人单位不签订劳动合同、劳动合同短期化、滥用试用期、随意解除劳动合同、将正常的劳动用工变为劳务派遣等等。日趋严重的劳动关系冲突带来了社会的不稳定。劳动和社会保障部的统计显示,1995年~2006年的12年中,劳动争议案件数量增加13.5倍。而劳动合同签订率的低下,致使员工社保经费的缴纳失去保障;劳动合同短期化的大量出现,加剧了社会的不公正;劳动关系这个"社会轴心"的倾斜,不仅影响了社会的和谐,也严重防害了企业自身的文化建设。尤其是加入世界贸易组织后,随着中国入世承诺的逐渐兑现,国内、国际市场加快一体贯通,进出口贸易在国内生产总值中的比重进一步加大。我国进入了贸易摩擦的多发期。各类所有制企业为应对经济全球化,加快了改制的步伐:产权制度改革,破产兼并重组,企业公司制改造,员工分流下岗等等,劳动关系面临新的更大的调整。企业文化建设也在"冷却"过后,进入了理性思考时期。《劳动合同法》的出台,预示我国第三次劳动关系大调整的到来,企业文化新的变革时期也随之来临。

劳动市场的有限性与企业的道德风险

劳动力供大于求和紧缺人才的供不应求,是建立企业与劳动者双方选择的劳动市场的两大障碍。在这个市场中,无论是劳动者个人或企业经营者,其选择都受到不同程度的限制。"强资本"的介入,使劳动者的选择基本丧失殆尽,尤其在技术含量低的行业更是如此。劳资双方的不平衡,极大地妨碍了"以员工为本"的企业文化建设。特别是一些地方把吸引投资置于保护劳动者合法权益之上,把牺牲劳动者权益作为招商引资的优惠条件,并对劳动监察机关执法设置重重障碍。《劳动合同法》的出台,将有利于遏止劳动合同签订率降低和短期化的趋势,有利于劳动关系的稳定和谐,有利于企业文化的建设和企业长远地发展。

劳动力的市场化程度,很大程度上取决于国家社会保障体系的完善和劳动者个人素质,在社会保障体系尚不健全、劳动者素质亟待提高的条件下,劳资双方对市场的选择只能是有限的。《劳动合同法》的出台,对劳动者来说,并不能从根本上解决对市场选择的自由性,只能在一定程度上限制了被选择的随意性;对经营者来说,则限制了他们对劳动市场选择的主观随意性。《劳动合同法》所规定的"用人单位"的权利和义务,不仅加大了对企业违法行为的经济成本,同时也增加了企业规避法律的道德风险。是否可以说,在社会保障尚不健全的经济转型期,国家让企业担负一定的政府责任,是一个比较普遍的社会现象。

企业违法的经济成本和道德成本风险,要求企业必须顺应外部社会政治环境的变化变革企业文化,把企业发展战略和企业目标,从单纯追求利润最大化转移到追求合理利润上来,同时,尽到企业应尽的社会责任。这一时期,企业文化的变革应体现以下几方面的特点:一是面对劳动政策环境的严峻挑战,企业文化变革必须使企业有更高的适应性;二是面对企业产权改革、兼并重组所带来的劳动关系变化,企业文化变革必将面临更有效的文化整合;三是随着"入世缓冲期"的结束,面对国内、国际两个市场的冲击,企业文化变革必须结合企业打造独具优势的核心竞争力;四是随着现代企业制度和产权多元化的实现,面对激烈的市场竞争,企业文化变革更要突出企业个性特征;五是产权改革多元化所带来的原有劳动关系的分化、冲突,不同所有制企业都面临一个构建和谐劳动关系的相同问题:即企业发展与员工发展的和谐一致,企业经济效益与社会效益的和谐一致,企业短期盈亏效益与环境生态长期效益的和谐一致。

企业阵痛与员工认同感

最近一段时间以来,"沃尔玛裁员"、"华为集体辞职风暴"等事件,为即将实行的《劳动合同法》抹上一笔更加纷扰的色彩。围绕劳动合同期限问题,企业不惜出资十多亿元"买断工龄",以获取劳动力市场选择的主动权。而早在2007年5月,劳动合同法尚处于审议阶段之时,一些嗅觉敏感的企业就赶在劳动合同法颁布之前,打着"结构化裁员"的幌子,拒绝与在公司服务5年以上而又不到10年的员工续签合同。华为的举动犹如一块巨石投入到骤雨即将来临一潭池水中,提前掀起了巨澜。这是劳动合同法实施给企业带来的阵痛,更多一些企业也正酝酿着阵痛之时的类似反应。

毋庸置疑,无论"集体辞职重签合同"或是"结构化裁员",都不是企业规避"新法"风险的有效方法,因为它不仅损害了企业在社会公众面前的形象,落得个"逃避责任"的名声;同时也在企业内部动摇了"以员工为本"的价值理念。

是否还有应对《劳动合同法》的第三条道路?也有人提出了"劳务派遣",认为这是摆脱劳动合同法第十四条,即"无固定期限劳动合同"束缚的有效对策。所谓"劳务派遣",是指用人单位与被派遣劳动者订立劳动合同后,将该劳动者派遣到用工单位从事劳动的一种特殊的用工形式。在这种特殊用工形式下,用人单位与被派遣劳动者建立劳动关系,但不用工;用工单位直接管理和指挥劳动者从事劳动,但不与劳动者建立劳动关系。很明显,劳务派遣可以缓解用工单位因签订"无固定期限劳动合同"带来的压力,甚至存在逃避为被派遣劳动者缴纳社保经费的可能,正因为如此，在新法实施的背景下，“劳务派遣”可能会成为越来越多企业的用工首选。

这里，有一点被严重忽略了：即“劳务派遣”虽然使用工单位的劳动关系被转化为“用工单位”与“用人单位”的关系，使用工单位可能免除本应对劳动者承担的权利和义务，减少雇佣成本的支出；但是，由于用工单位与被派遣劳动者之间不存在直接的劳动关系，因而，员工对企业的信任、忠诚度、价值认同感也会被同时削弱。

的确，法律和道德问题是两个不同的概念。不违法的探索是否一定是符合道德的探索？“集体辞职重签合同”、“结构化裁员”等对企业来说，是规避法律风险还是发掘人力资源的有益探索，法律和道德有两种不同的解释。从法律的角度说，规避法律风险并不一定违法。但从道德的角度说，不违法未必一定道德。企业文化建设既要讲守法，也要讲道德。企业文化变革就是要在新法所掀起的劳动关系大调整中，寻求法律与道德的交汇点，并以此来作为修正企业价值观和完善企业精神的出发点。

劳动关系的稳定与企业文化变革

显然，在当下构建社会主义和谐社会的背景下，我们更能理解劳动关系的概念已经超越了经济学的范畴，赋与了更多的政治学和社会学的含义。它不仅包含了劳资双赢，也包含了共建共享、社会和谐与公平、正义的内涵。正如恩格斯在对马克思《资本论》第一卷所作的书评时说：“自地球上有资本家和工人以来，没有一本书像我们面前这本书那样，对于工人具有如此重要的意义。资本和劳动的关系是我们现代全部社会体系所依以旋转的轴心，这种关系在这里第一次作了科学地说明，而这种说明之透彻和精辟，只有一个德国人才能做得到。”恩格斯认为，劳资关系是现代全部社会体系所依以旋转的轴心。我们的理解与恩格斯的论述是相吻合的。

构成企业劳动关系双方的经营者和劳动者都是活生生的现实的人。在现代信息社会条件下，都有着超越生存愿望之外的更高追求。利润、经济效益，不能再看成是处理企业劳动关系的唯一指标。劳资互利、谋求双赢、共建共享，才可能有劳动关系的稳定和谐。日本拉链大王吉田忠雄奉行的“利益三分、善的循环”的经营哲学，主张把利润的1/3交给消费大众，1/3交给经销商及代理商，1/3留在企业，让利于员工。与其说这是一种经营哲学，不如说更是一种维系可持续发展的关系哲学。从这种哲学中，员工才可以找到“家的感觉”。近几年我国出现的“民工荒”，是否可以看成是对这种哲学的反面证明？

从企业文化建设的角度说，企业文化变革的动力来源于两个方面：一是企业外部生存环境是一个始终变换莫测的动荡背景，其中的竞争对手、法律法规和消费大众心理等，都是企业无法控制的因素，对企业来说，这些因素是不以企业意志为转移的。企业只能适应、不能违逆。顺之者昌，违逆者亡。美国著名未来学家阿尔文·托夫勒在答复美国电话电报公司的咨询报告中，称适应环境变化而变革的公司为“适应性公司”，不能随环境变化而相应变革的公司为“恐龙”公司，就像曾经因地球气候变化而不能适应而灭绝的恐龙一样。二是因为企业内部组织环境也常常发生着重大变化，如企业规模变化、新员工加入、劳资关系紧张、管理高层变化等。内部组织环境一旦出现与原有企业文化不相一致的因素，就是企业文化面临变革或发展的时候。企业文化正是在这一次次变革中，求得自身发展的。

（作者系中国劳动关系学院科研处处长、教授，本文摘自《企业文明》2008年1期）

科学发展：企业文化建设的双重责任

李世华

企业文化建设要为企业科学发展服务，企业文化建设自身要实现科学发展，舍此，既无存在的必要，也无发展的可能。

近两年，发端于美国的国际金融危机不仅对世界经济各方面产生极大影响，而且对意识形态、社会文化也产生很大冲击。金融危机在一定程度上是信心危机、信用危机。美国纳斯达克前主席迈道夫的诈骗案等丑闻，是对西方国家法治社会、信用经济的讽刺和损毁。我国一些知名行业、知名企业的负面案例，也使他们宣传示范的企业文化陷入尴尬的境地。客观地说，这些问题的产生是多种因素造成的，但当我们从中吸取教训、对这些事件进行文化反思的时候，会自然而然地拷问：中国的企业文化建设之路应该怎么走？到底为什么要进行企业文化建设？建设什么样的企业文化？怎样建设企业文化？如何使企业文化不仅仅成为企业的一张标签、一个广告、一场作秀、一种包装？如何使企业文化切实推动企业科学发展、可持续发展？这些都是在推进企业文化建设中必须回答的问题。

一、始终坚持企业文化建设为企业科学发展服务

科学发展观是我国经济社会和社会主义文化繁荣发展的重要指导方针，无疑也是企业文化建设和创新的重要指导思想。当前，企业发展正处于后金融危机时代，面临着内部深层次矛盾的挑战，企业外部环境和内部管理正发生着深刻而巨大变化，对企业文化建设和创新提出了更高的要求。坚持以科学发展观统领企业文化建设，使企业文化更好地为企业科学发展提供文化支撑，不断增强企业凝聚力、竞争力，促进企业又好又快发展，应该是中国企业文化建设不懈的追求。

（一）要以企业文化支撑和引领企业发展战略。在企业文化建设中要明确企业主业和市场定位，树立科学发展理念，高度关注世界经济发展新动向、宏观经济政策走势、产

业结构调整方向、市场竞争格局变化,根据国际国内形势的变化,宏观经济政策的力度、节奏、重点,及时地有针对性地调整企业发展战略和经营策略。充分认识加快结构调整的紧迫性,准确把握方向,有进有退,有所为有所不为,专注发展优势产业,加快清理非主业和低效资产,推动资金、人才、技术等各类资源向主业集中,把企业发展建立在结构优化升级和价值提升的基础上,进一步巩固行业领先地位,在结构调整中占据主动权。在新的产业革命中把握机遇,防范风险,占得先机。企业一定要着眼于解决影响制约企业科学发展最突出的问题,进行企业文化建设的总体规划和顶层设计。

(二)要以构建企业价值理念体系为根本任务,为企业科学发展提供精神动力。要以企业自身的历史文化为基础,以现实问题为导向,以未来的发展战略为依据,精心构建企业价值理念体系。包括明确使命、规划愿景、提炼企业精神、确立共同价值观和提出与企业管理职能相匹配的相关经营管理理念,形成并不断巩固全体员工为企业科学发展团结奋斗的共同思想基础。在价值理念构建中,要努力寻求个体价值与企业价值的契合点,为个人实现自我价值搭建平台,使员工能够在企业使命和愿景的框架内为完成个人使命而努力,使员工所从事的工作既能为自己的生命带来意义,又能为企业和社会的健康发展作出贡献。在构建的过程中,要充分进行文化沟通,理解文化差异,化解文化冲突,促进文化融合,形成文化共识,建立以核心价值观为基础的坚韧的精神文化纽带,不断增强文化的凝聚力、控制力、影响力,提高竞争力,保证企业的科学发展、和谐发展、持续发展。

(三)要用企业的核心价值观规范企业和企业员工的行为。价值理念体系的构建和文本化的完成只是企业文化建设的起点,更重要的任务是把这种表达出来的企业价值观进行转化。要通过不断转化使企业核心价值观真正成为企业发展的精神动力和灵魂,并以其支撑和引领企业的发展战略,调整企业的组织结构,配置企业的人力资源,完善企业的管理制度,再造企业的管理流程,优化企业和员工的形象,指导和丰富员工的精神文化生活,规范企业和员工的行为,考核企业和员工的业绩。通过转化,使核心价值观固化于制度体系,外化于行为体系,贯穿于考核评价体系。这种转化是基于企业负责人率先垂范、企业内部全价值链和人力资源管理各环节的全面转化,是以核心价值观为指导完善形成一套企业内部工作标准和行为规范的过程。

(四)要以人为本,在企业科学发展的同时促进员工的全面发展。积极倡导"依靠人"是企业发展的根本前提、"提高人"是企业发展的根本途径,"尊重人"是企业发展的根本要求,"为了人"是企业发展的根本目的的理念。企业的一切制度安排和政策措施"要体现人性、考虑人情、尊重人权、不能超越人的发展阶段、不能忽视人的需要"。变"训导、训服"为"启发、自觉";用优秀的文化产品、丰富的文化活动,满足员工不断增长的文化需求。通过人文关注、人情关爱、人性理解、人道关怀、人格尊重,达到人和共事、同心同德,培育员工的归属感、集体荣誉感,使员工由衷地爱岗敬业。促进企业和利益相关者共享共赢,实现企业和员工人格的不断完善、在企业科学发展的同时,促进员工的全面发展。

(五)要通过企业文化传播、品牌的影响力等为企业科学发展营造良好的舆论氛围和发展环境。企业通过各种载体和公共关系活动,进行比较稳定的、有意识、有目的、有计划的文化传播,对于提高企业知名度、美誉度和品牌影响力,对于增加企业的无形资产、增强企业的竞争力,对于形成心理定势、增进各方共识,增强社会和用户的吸引力具有非常重要的作用。社会已进入信息化、网络化时代,注意力经济日益发达,借助网络的无穷力量实现多形态、立体化的传播已经成为必要和可能,在企业文化建设中,要通过提高组织和员工的传播意识、增长传播知识,加强传播载体、渠道的建设与创新,运用多种传播方法,不断提升反映力和快速传播力,不断优化企业科学发展的舆论氛围和发展环境。

二、企业文化建设要努力实现科学发展

当前,在企业文化建设中存在着种种形式主义倾向和短期行为、急功近利、急于求成的现象,企业文化建设自身也必须实现科学发展、可持续发展。

(一)企业文化建设要遵循规律。一要遵循企业文化形成和发展的基本规律。认清文化建设的长期性,做到统筹规划、分步实施,注重文化积淀,不断进行转化。二要遵循企业成长的规律。认清文化建设与企业发展的内在统一性,做到从企业发展的阶段性特点和内在要求出发,既不能过于超前,又不能严重滞后。三要遵循文化育人的规律。坚持价值理念推行的系统性和长期性,潜移默化、润物无声。

(二)企业文化建设要协调发展。一是处理好企业文化与社会文化的关系。企业文化是社会文化的重要组成部分,企业文化的发展受社会文化的影响、推动和制约,又通过独具特色、鲜活的个性文化为社会文化的发展注入新的内涵和活力。国有企业特别是中央企业的企业文化,一方面要在本质上充分体现社会主义先进文化精髓,更加注重爱国奉献、社会责任、自主创新、共创和谐,在"追求利益最大化"的同时,要促进员工全面发展、履行政治、社会责任和保护生态环境。另一方面,又要体现企业文化的管理属性和鲜明的个性特征。相对于大文化,企业文化的个性就表现在它姓"企",是企业在长期生产经营过程中形成的,是本行业经营所特有的精神状态的真实写照,又是本组织所唯一具有的独特表述。二是处理好企业集团与所属企业文化的关系。要努力实现集团文化本质的统一和个性化发展。本质的统一就是任何一个企业集团都应有建立在所属成员企业个性文化基础上的统一的共性文化。这个统一应该是企业文化本质的统一,是奋斗目标、价值追求、精神状态的统一。个性化发展是集团所属企业在遵循、服从、体现集团主导价值观和文化本质的前提下,根据自身在集团中的定

位、核心业务等细化、具体化本组织的使命、愿景、价值观和经营管理理念，结合自身的业务经营特点和各方面的条件，创造性地进行富有活力的、丰富多彩的个性文化建设。集团所属不同单位、领域、群体在文化方面表现的差异性和个性化特征，是集团文化多种表现形式和实践方式的体现，是集团文化在所属单位的延伸和张扬。三是处理好企业文化建设体系内各方面的关系。要努力使企业文化建设体系趋向系统、完整。在企业文化建设的框架体系中，企业价值理念体系是灵魂，其他体系都是价值理念特别是核心价值观的转化形式，是为价值理念转化服务的。理念描述要清晰、理念与理念之间的逻辑关系要合理，避免企业文化体系内部和相关文化建设体系之间的冲突与矛盾。在注重系统、完整的同时要力求简明、实用、可操作。企业文化建设的水平不在于文本的全面、系统、精美，最重要的是提出的一个理念是否符合企业实际、是否被员工广泛认同、是否能够系统传播推广、全面转化、切实“落地”。

(三)企业文化建设工作要统筹兼顾。一是企业文化建设与企业其他各项工作要统筹兼顾。要处理好企业文化建设与企业发展的关系。企业发展是企业文化建设的基础和前提，企业文化建设是企业发展的重要内容和重要支撑。要把企业文化建设纳入企业发展的全局，摆到更加突出的地位，增加更多的投入，努力实现企业文化建设与企业其他方面建设的整体推进、共同发展，形成与企业发展相适应的文化实力。同时，企业文化建设也要从企业发展不同阶段的实际情况出发，科学制定规划，合理安排投入，体系化策划，项目化逐步推进，使企业文化与企业的生产力发展步伐和外部环境变化相适应，与企业发展阶段、管理水平、社会环境、人员素质等相协调。二是企业文化主管部门与企业其他管理部门的文化建设责任要统筹兼顾。企业文化建设是企业全局性、综合性的工作，不是一个主管部门的努力就可以单独推进的。企业文化主管部门在企业文化建设中担负着策划、组织、协调、监督的责任，企业内部各部门按企业总体要求和进度承担与本部门管理职能相关的文化建设任务。要使企业文化建设的各方面相互促进、良性互动，形成统筹规划，立足当前、着眼长远，整体推进、重点突破，兼顾各方、均衡发展的局面。三是企业文化建设和企业党组织的各项工作要统筹兼顾。中国企业最突出的特色就是有企业党组织，具有政治优势。企业党组织肩负着领导企业文化建设的责任，企业文化建设是精神文明建设的重要组成部分，思想政治工作是两个文明建设的基本保证。企业文化建设既不能独立、取代党组织的其他工作，也不应被其他工作所取代。实现企业文化建设与党组织各项工作的有机结合、优势互补、共同发展是我们的努力方向。

(四)企业文化建设队伍要逐步走向专业化。企业管理正在迈上文化管理的新台阶，文化管理涉及企业的各个方面而又有自身的运行规律，加强企业文化建设队伍的专业化、科学化已经成为企业文化建设自身科学发展的基础条件和重要任务。应当说，企业文化队伍建设已经有了良好的开端：从国家和政府层面看，确立了企业文化管理新职业，启动了相应的培训工作，开始了企业文化工作的职业化进程；行业、集团或企业及中介组织，开展了各种培训研讨、考察交流活动；一些高校，开设了企业文化的专业并着手进行企业文化的学科建设。但是，总体而言，我国企业文化管理人才的缺口非常大，专业化水平不高，职业化刚刚起步，企业文化的管理机构及职能也是五花八门，一定程度上成为了普及与深化企业文化建设的瓶颈。努力培养造就一支具有清醒的政治头脑、深厚的企业文化专业底蕴、丰富的企业工作经验、较强的策划组织能力、求真务实的作风并对企业员工充满激情的企业文化建设工作者队伍是推进中国企业文化建设的长期任务，为此要做出不懈的努力！

(作者系国务院国资委宣传工作局副巡视员、中央企业党建思想政治工作研究会秘书长、中国企业文化研究会副秘书长)

以人为本的现实坐标

韩庆祥

从一般意义上讲，也根据十七大报告的基本精神，以人为本有三层基本涵义。第一，相对于仅把人当作客体而言，把人当作主题，强调人在社会历史发展中的主要作用，即发展依靠人。第二，相对于仅把人当作手段而言，把人当作目的，强调不断满足人的合理要求，尊重人的合法权益，充分发挥人的能力，即发展为了人。这是一种价值取向。第三，相对于人本理念的缺失而言，把人看作一切事物的最高尺度，要求在分析和解决一切问题时，既坚持历史的尺度，也坚持人的尺度，即尊重人。这是一种思维方式。

实现以人为本，我们既不能把它停留在口头上夸夸其谈，也不能将其当作标签到处乱贴。在当代中国发展过程中，在贯彻落实以人为本的理念上，除了存在思想认识障碍、落后的工作作风障碍外，还存在着经济发展方式落后、传统政治体制影响、陈旧文化的阻扰和社会中多种利益主体之间的矛盾冲突四方面的问题。因此，要在当代中国发展过程中真正贯彻落实以人为本的理念，需要从三方面入手。

经济建设：提高自主创新能力。改革开放初期，我国不少地方在实践中采取的主要是“重物轻人”的经济增长方式。主要通过“物”来拉动经济增长：消耗自然资源；开办一些高投入、高消耗、高污染的企业；资本投资，依靠廉价的劳动力“成本”。历史来看，这种“重物轻人”的经济增长方式功不可没，不可全盘抹煞，但也有沉痛教训。一些地方把物质财富增长看作唯一目的，把满足人的物质需要当作人的唯一需要，把人的物质满足当作唯一的价值尺度。结果是经济指标上去了，而一些人的幸福指数却下来了；物质文明建设成果上去了，而人与自然、人与社会、人与人之间的关系却紧张起来。因此,必须加快向以“自主创新能力”为核心的经济发展方式转变。这种发展模式是我们最需要,也是最缺乏的。提高自主创新能力是当代中国发展越来越具有基础性、战略性、决定性意义。

政治建设:培育公民社会。要真正贯彻落实以人为本,根本的是必须顺应中国社会结构变化的趋势,从改造传统社会层级结构及其权力结构和权力运作方式入手,由“社会层级结构”向公民社会结构转变。

社会建设:推动“公平正义”建设。改革开放初期的主要历史使命,是力求把一切积极因素和力量动员起来,参与到改革开放中去,共创社会发展成果。这是一个“动员参与期”。在我国改革开放的进程中,我国社会也突出呈现多样化的发展状态,人民群众的维权意识和权利诉求意识日益觉醒和增强了,这意味着我国改革开放和现代化建设在逻辑上进入了“表达诉求期”。根据这些诉求,我们必须建立一种既能凝聚一切积极力量又能整合一切合理要求、既能激发社会活力又能促进社会和谐的社会整合凝聚机制。而整合凝聚的主要手段,就是在社会建设领域,体现以人为本理念的公正。

在当代中国,有三种公平值得关注;一是机会公平,实质是使人各尽其能;二是分配公平,实质是使人各得其所;三是结果公平,实质是使社会发展成果由人民共享,从而使人们和谐相处。公正即和谐。在当今社会建设领域,构建以公正为理念的社会整合凝聚机制,既有利于激发社会活力,更有利于促进社会和谐。

(作者系中央党校哲学教研部副主任)

人文精神与医学使命

高金声

让医学更加科学、更富有人性色彩是现代医学的追求、医学的使命,这个使命决定了我们在步入医学殿堂的那一刻起,人文精神就要同我们相伴一生。

“使命”,这是一个久远的,耳熟能详的话题,今天的世界越来越缤纷多彩,各种思想之间的激荡越来越激烈,人们价值取向也越来越多元化。没有一个职业像医生、护士的工作这样神圣和责任重大。因为我们面对的是每个人只有一次的生命;同时,还要看到我们所救治的病人,还关乎到他们身后一个个家庭的幸福。

医学是一门需要博学的人道主义的学科,应该具有生命的温度。就是医务工作者要具有人文情怀,对病人要有人文关怀,这也是我们从事医学的责任和使命。我们要从患者的人性需要求出发,从人的感情需求出发,从人的文化需求出发。人们的病痛一方面来源于人们生理上的、躯体上的痛苦,同时在某种程度上造成人们情感上的、心理上的痛苦。我们作为医务工作者必须要懂得这一点,要认识到自己这个责任。现代医学不只是要使我们医院的建筑越来越现代化,不只是要使我们医院的设备越来越现代化,现代医学的目标我们用两句话来概括,一句是让医学更加科学,另一句是让医学更富有人性色彩。这就是现代医学的追求。

美国一位名叫特鲁多的医生去世了,留在撒拉纳克湖畔他的墓碑上的医学名言流传全球医学界:“有时是治愈,常常是帮助,却总是抚慰”。这是对一名医生一生工作、一生事业的高度概括。因为我们的医学还是一门探索中的科学,是一门并不成熟的科学,它在众多复杂的疾病面前常常并不是胜利者,有时候甚至是苍白无力的。作为一名医务工作者,作为有知识的社会公众我们必须清醒的认识到,医学对人体的认识还是有限的,医学所做的工作还是一个很有局限性的工作。第二句讲“常常是帮助”。我们医生所做的工作,只是运用自己所掌握的医学知识和技术给予患者一定的帮助,我们自己不能自视为患者的救命恩人,老百姓也不要去这么认识医生。因为一个人最终战胜疾病的是靠他自身的免疫力,是靠他自身战胜疾病的精神和意志。我很欣赏一所医院里写有的警句,写的是“最好的医生是您自己”。医生的全部事业就是要像希波克拉底所说的,用我们的三件宝——“药物、手术刀和语言”,给患者以帮助。第三句话“却总是抚慰”。因为到医生面前来的人都是被疾病折磨的,大部分还是无法忍受了才来。他们不仅躯体上有病,精神上也是痛苦的,情感上也是备受折磨的。我们作为医生、护士,不仅要为患者提供医疗技术上的帮助,也要通过自己的言谈举止,通过一些细节,让他们首先感到人和人之间的同情和关怀。比如对一些难以治愈的绝症患者,我们医务工作者重点就是“关怀、照料和抚慰”,让他们自然平静地归去。特鲁多医生的座右铭真的值得我们好好去理解去体会,去感受其中所包含的深刻道理!

医学的使命决定了我们在步入医学殿堂的那一刻起,人文精神就要同我们相伴一生。那么医务工作者究竟应该具备什么样的人文修养?

首先,我们在座的每一个人都应该想一想“人文”这个概念的由来。《周易》中有一段话:“刚柔相交,天文也;文明以止,人文也。观乎天文,以察时变;观乎人文,以化成天下。”先看“观乎天文,以察时变”这句话,天文是研究日月星辰的分布和运行的一门学问,通过观察天文我们可以了解四时的变化,春夏秋冬,二十四个节气。对于我们中华民族这样一个以农耕为主的民族,“观乎天文”,懂得四时,懂得节气,及时地播种、耕耘、收获,这样才能丰衣足食,才能向大自然索取到我们维持生存的条件。而“观乎人文,以化成天下”这句话,是讲通过了解观察人类的文明现象,人类的文化现象,以此教化民众,使天下成为一个理想的天下,理想的社会。

我们今天所说的人文精神,是指人对人类自身关切的一种自觉意识,表现为对人的尊严、人的价值,人的生命意义的关心、维护和追求。人之所以成为万物之灵,就在于有人文，有自己独特的精神。那么，人文精神在医务工作者的身上怎么体现呢？我觉得可以有从以下几方面来体现：

最重要的是“善良”

善良，实际上是社会上每一个有良知的人都应该具有的品质，但在医务工作者身上应该体现的更为突出更为强烈。在法国，医学院校毕业的一定是最优秀的人才。因为医学生第一年要淘汰百分之五十，以后每年都有较高比率的淘汰率。南京军区总医院的一名留法博士曾为此问过法国教授，最后三年不考试了，凭什么来淘汰这些医学生？对方回答了一大堆理由，其中一个选择的标准就是看这个医生对病人的“亲和力”。这百分之五十以上的人当不成医生，不是因为学习成绩，而是因为他们经过各种观察测试后证明对人缺乏一种亲近和善的情感，亲和力不强。这一事实是多么值得我们深思啊！

大家都知道有一位著名的小提琴家叫盛中国，光明日报记者写了一篇文章，题目是“盛中国：不仅是小提琴家”。盛中国非常爱国，父亲赋予他的名字成了他一生的使命。盛中国是一位乐善好施的音乐家，一次在国外巡演，在一个城市演出前，东道主为他准备了盛大的自助晚宴。在隆重的致辞之后，所有来宾都把注意力集中到宴会的主角身上，并请他第一个用餐。大家都看着盛中国拿着一个大盘子，走到每样食物前都加了一些，盛了满满一盘子的美食。在座的人都很吃惊：这位小提琴家的胃口这么好？可人们马上发现，盛中国端着盘子径直走向餐厅一个最不起眼的角落，那里坐着他在澳大利亚巡演时为他服务的司机。他走到司机的面前说：“这第一份餐应该由你享用，谢谢你将我安全准时地送到这里。”话音未落，在场所有人都把敬佩的目光投向了盛中国，如他每一次站在舞台上一样，注视着他，欣赏着他。

去年，我参加北京协和医院为张孝骞教授举行的110年诞辰纪念活动，看到从卫生部领导、医科院领导到协和医院、湘雅医院的院长，从张老的学生、知名的教授到协和的年轻一代，都怀着同样崇敬的心情深切怀念这位我国现代医学的奠基人和导师。当年，我们敬爱的周总理，邓颖超大姐，都对张老特别尊敬。为什么呢？就因为张老的一生，是以一个医者应有的严谨求精之态度体现了他对患者的关爱至善。北京协和医院大内科主任沈悌教授在回忆中讲到，在张老已经八十多岁高龄，耳朵听力差了戴着助听器，眼睛花了戴着老花镜，甚至写字手都有些发抖时，带我们查房时仍然像以往那样认真，拿着小本，把病人陈述的重点内容一一记录下来。正是这种近乎虔诚的认真态度，才使得他能够对许多疑难病症的诊治精到至极。沈教授说在老人去世后，他们整理出老人留下的六十多本记录。张孝骞教授曾在人民日报上发表过一篇文章，用诗经上的八个字“如临深渊，如履薄冰”比喻我们的行医之道，比喻医者应具有的工作作风。实际上用这八个字概括张老的为医、为学、为人，概括张老做医生的一生是最恰当不过的了。我们应该向张孝骞教授学习，做一个恪守医德心地善良的医务工作者。

精神上的高贵

什么叫高贵？就是一个人不仅尊重自己做人的尊严，还要尊重别人的尊严。不能只是顾及自己的自尊而忘记了别人的感受，忘记了别人的人格和尊严。当然，要真正懂得做人的尊严也不是很容易的。诺贝尔文学奖得主吉卜林写给他12岁的儿子一首诗，其中有这样两句，“孩子，如果你和农夫交谈不变谦恭之态，和王侯散步不露谄媚之颜，那么你的修养就如天地般博大，那你就是个真正的男子汉了，我的儿子”。这首诗是北京大学口腔医学院的老院长张震康教授讲给我们听的。他说，我们做医生应该对患者一视同仁，我给中央领导看病，也为老百姓病，我要求自己对待他们一样的负责，一样地认真。我把吉卜林的诗常讲给我们的年轻医生听，让他们都能成为这样高贵的人。在座的医务工作者面对的患者有干部、有知识分子，也有非常富裕的人，但多数是普通老百姓。一个医生能做到一视同仁，这样精神的高贵是非常重要的。卫生部陈敏章老部长，曾在北京协和医院做过医生，是一位著名的医学专家，是张孝骞教授的学生。我想举陈部长的两个小例子说明，一个真正的医学教授、一个真正的大家他是怎样的谦恭，怎样的平易近人：那还是陈敏章做副部长的时候，火车上播报在一节车厢里发现一位病人突然犯急病，希望车上的医生尽快赶过去。在几位赶过去的医生中有一位年长的教授做出了自己的诊断，患病的旅客得到了及时的救治，之后，这位教授悄然离开了。人们问起跟随的年轻人才知道这是卫生部的陈敏章副部长。陈部长平时对他的部下也是非常谦和。

我们要对自己有更高的标准，北京医院护理部提出了“仁慈为本，慎独为魂”的服务理念，就是在倡导对病人以仁慈为本的同时，还要强调遵从医道的自觉意识，在别人看不见，别人不知晓的情况下，在个人独处时，仍能谨慎恪守医务工作者的道德准则。同仁堂有三百多年历史，它十分重视在企业里营造“同修仁德 济世养生”的同仁堂文化，在制药的场合写有这样的条幅：“修合无人见，存心有天知”。这就是说我们在制药的时候，选用好料还是次料没人知道，加工是粗还是细也没人知道，但苍天是看得见的！我认为北京医院、同仁堂医药企业所倡导的理念值得我们借鉴，因为这也正是我们医药行业所应该具有的特殊素质。这就是说，医护工作者应该时时注意对自身品格的砥砺，我们的人文修养体现在人格的高贵，体现在对患者、对家属、对他人的尊重。

懂得艺术的服务

在与患者的接触过程中用心沟通，在日常诊疗工作中透过细节展示你的关爱和尊重。吴阶平教授是著名的泌尿外科专家，他是中国科学院、中国工程院的两院院士，是我们医务工作中的楷模。他高龄的时候有时还出席我们的活动，通过和他接触我们感到他是一位非常睿智的老人，十分善于和人沟通。我们非常爱听吴老讲话,他有时讲话不用稿子,但无论给专家讲,给年轻人讲,给医学生讲,给护士讲总能恰如其分,总能讲到听众的心里,有一种艺术的魅力。他说,做一个好医生要做到三条:高尚的医德,精湛的医术和艺术的服务。三者缺一不可,都是无止境的。

我们医务工作者就是要不断提高自身的修养,丰富自己的社会经验,学会洞察患者的心理。我们常说"以患者为中心"。以患者为中心的本质是要想患者之所想,急患者之所需,满足他们身心健康的要求。这就要求医务工作者要懂得艺术的服务,懂得艺术的沟通,使自己尽力进入患者的世界。如果你不能进入患者的世界,你不能站在患者的角度看待疾病,那么你采集病史也好、制定治疗方案也好,整体护理也好,肯定做不到位。我们很多医务人员在临床工作中,认真钻研,不断提高自己同患者的沟通能力,提高艺术服务的能力。

比如一位有经验的医生,接诊了一位年近古稀的老太太,患有高血压,降压药换了几次都不管用。经了解老人有嗜咸的习惯,一日三餐离不开咸鱼、咸蛋、咸菜。接诊的年轻医生怎么说也动摇不了她。这位有经验的医生巧用杀鸡时用盐凝固鸡血的事例,启发老人明白了"吃了超量的盐,也会使血液变稠"的道理,从此改掉了嗜盐的毛病。

一位优秀的护士长就曾经讲过她的故事:有一个老公安患了肝病住进传染病医院,我们年轻的护士在给他服务当中就感觉到这个人很不好照顾,脾气太大,爱挑错。后来这位护士长知道了,通过观察了解后就找机会跟这位老公安攀谈。她对老公安说,我们的护士和您在一起时,有一种特别的感觉。老公安很诧异的问,是什么感觉?护士长说,跟您在一起就有一种安全感,说您特仗义。老公安想了想,嗯,我是这样的人,就对护士长说,你以后有什么事就和我说,我肯定帮你!就这样,每次交谈,老公安都很高兴,逐渐也接受了其他护士,诊治护理工作得以顺利进行。结果有一天,病房里真出现了行窃的小偷,第一个冲上去的就是老公安。这位护士长说,作为一个医务工作者就要善于观察你面对的一个个病人,发现他们的优点,给予恰如其分的赞美和肯定。这个事例是对我们广大护理工作者艺术服务的写照。

我们的医疗卫生队伍是一支值得信赖的,是一支忠于救死扶伤使命的可敬的队伍。我们的广大患者应该对我们的这支队伍的总体有一种正确的认识,应该相信这支队伍,而我们的医务工作者也要更好地服务患者,忠于自己的责任和使命。那么,医患关系就会出现一种十分和谐的局面,我们的健康事业和公众的健康状况也就会出现一个更好的局面。如果说和谐社会是我们共同的理想,我觉得医患和谐是这当中非常重要的核心。因为它是围绕着我们大家最宝贵的生命和健康而建立的一种和谐!

(作者系卫生部原精神文明办主任、中国中医研究院宣传部副部长、中国企业文化研究会医药卫生委员会主任,本文摘自《中国企业文化研究》2009年2期)

企业本性与人性发展

祝慧烨

企业是市场经济的主体,最主要的还是资本的原始冲动——资本的投机与冒险,但我们还要强调文化的超越性。所谓文化超越性,既是对原始冲动的修正和提升,也是阶段性的反动和变革。主要体现在三方面:人的价值高于物的价值;集体价值高于个体价值;长远价值高于短期价值。

良性的投机,良性的竞争,良性的市场秩序,既是企业长远生存、持续发展的内在需要,也是企业外部环境优化的需要,同时也符合社会预期。谈到持续发展,就会谈平衡发展、科学发展,很多企业在成长过程中都自觉不自觉地强化了这种意识。

大量事实证明,企业有比较竞争优势、有活力,是注重竞争性文化培养的结果。比如,以绩效为导向的文化,对内是激励先进、鞭策落后,对外是在道德基础上形成企业间的竞争,有利于资源优化配置和社会整体效率的提升。

在中国企业文化建设过程中,伴生了企业事业理论和新型商业伦理建设,主要体现在企业的人格化,对企业终极价值的哲学思考。企业要首先回答"从哪里来、到哪里去"的问题,使中国企业对待客户、供应商等相关利益者以及竞争对手的态度,发生了阶段性的变化,符合市场经济秩序和规则的普遍信用导向文化开始生成。

信用文化是市场文化的底线,如果没有道德底线,就谈不上企业文化,是"伪文化",苍白无力,更谈不上先进文化。从这个意义上说,文化是一切道德的源泉,而道德意识则是文化的意义。企业的诚信意识、公益意识、环保意识、服务意识、未来意识、人类意识是文化超越性的根本表现。

企业人格健全,包括职业道德建设,是中国企业近阶段企业文化建设的重心之一。前一段时间的调查印证了这一点。企业主普遍关注商业道德伦理建设,国家电网公司提出了服务国家发展大局、服务电力客户、服务发电企业、服务经济社会发展的"四个服务",有效地保证了企业发展战略与国家经济发展战略的一致性,正在成为集团员工共同的使命感;大连万达集团、宁波方太集团、黑龙江多多集团等正在崛起的民营企业,也将社会责任纳入核心理念和公司管理制度,积极履行社会责任,企业的公民行为与企业事业化格局日益清晰。

企业文化只有强调系统设计、系统实施、管理配套、组织与机制保障,结合企业发展阶段和战略焦点,着力于企业使命、企业愿景和企业意志的广泛认同,才能发挥企业文化对企业战略的强大保障功能。首钢总公司在搬迁过程中,始终抓紧文化建设主脉,坚守"有什么不如有文化,有什么不如有人才"的指导思想,企业文化结合中心工作进入主战场，并且不断深化，支撑了企业搬迁和生产转移的顺利进行；云天化集团通过文化变革，革新员工观念，支持了企业改革顺利进行；河南平顶山煤业集团历史长、包袱重，但通过文化建设与战略调整，使企业保持了稳定发展的态势，获得新的活力；无锡供电公司科学设计文化体系，以构建和谐企业为基本思想，以推进文化整合为主要路线，在管理升级中推进文化细化，职责清晰，实施有效。

笔者曾与宜宾天原总裁罗云交流，重点谈到：人性的回归和企业本性的回归，这"两性"的回归与发展是企业文化的本质。

我认为有两点需要强调：一是企业文化系统变革与提升，需要现代企业治理结构体制、机制相配套，建立现代公司的架构。这对于国有企业尤为重要，不解决现代企业制度的根本问题，企业文化工程往往是隔靴搔痒，不得要领，甚至产生"伪企业"和"伪文化"的问题。尤其要警惕现阶段高额利润掩盖下容易被忽略的企业体制机制改革，或者因抓企业文化而忽略企业治理结构完善的问题。企业实施企业文化战略，最重要的也是企业文化体制和机制的建立和完善问题。

二是企业的战略发展要作为企业文化设计的起点，企业文化设计不能从文化到文化，要先从战略开始。目标、愿景、使命以及事业理论等，是企业价值体系结构的重要组成部分，而企业战略所涉及的企业基本判断与选择，与企业文化因素整合又合一或合拍。企业战略发展是指战略调整、转型、升级及相应变动，必然导致企业价值主张、价值焦点的调整。而企业价值定位或定向所要传达的正是企业的本性。

在企业资产重组、并购或跨文化管理的磨合期，文化整合、文化冲突主要发生在这个阶段，会发生企业主体文化基因变异，在内部形成非组织文化，甚至"病态文化"会集中爆发。需要我们准确把握其背后的基本规律和特性，准确把握其演化的节奏，加以智慧处理。

文化背后有人性假设的问题，这个问题已经争论了2000多年。在春秋战国时，有关人性善与恶，或无所谓善与恶等观点影响就很大。英国哲学家休谟的《人性论》，提出人性就是人的自利性、利己性。利己不一定是要损人，不是通过损人来达到自利、利己。文革时期提出口号，叫做"狠斗私自一闪念"，走到了另一个极端。管理学家格利高利提出两种人性假设X理论和Y理论，X理论就是人性恶的假设，Y理论是人性善的假设，这对企业文化影响很大。马克思在《德意志意识形态》中说，人性即人的需要。恩格斯也曾经讲过，人的需求第一个层次是生存需要，第二个层次是发展需要，第三个层次是享受需要。

2500多年前管子说：人之情，逢利无不趋之，逢害无不避之。人性是"趋利避害"，以前都从"利"的方面来讲，把"害"的问题提出以后，"避害"的重要性并不亚于"趋利"，人的很多行为，甚至包括一些信仰、使命、道德、礼仪也包括在内。西方心理学的研究表明，人的许多动机和需求皆因恐惧感，是要避害而产生的。也就是说人类相对低级的动机和需求都出自物质性的安全和原始性的生理需要，在此基础上的提升方向是心理性和精神性的，同时也是社会性和宇宙性的。不可再生资源日趋匮乏，生态问题特别严重的今天，人类的避害心理越来越突出，精神恐惧和焦虑明显。

20世纪有很多难民，主要是经济难民和政治难民，21世纪很可能主要是生态难民。南海红潮、太湖蓝藻期间，有一批人躲开了，这是避害。但是期间人类意识、环保意识、未来意识生长了，所谓的文化先进性出现了，如果我们的企业能够准确把握这种社会意识和情感走向，形成企业意志，推进企业文化战略，这也可以称作先进企业文化践行的源点。

趋利避害，不仅涉及到物质层面，而且涉及到精神层面。社会越发展，人的精神方面的趋利避害越受到重视。不仅涉及微观，而且涉及到宏观。从微观上，一个人要把握这点关系到职业生涯设计；从宏观上，一个国家的成熟程度，是看趋利避害的政治结构和施政政策的成熟度。

人性，是人之所以成为人的一种共性，人性是相通的，可以"和而不同"的，和可以是大同，不同可以是个性。既然人性趋利避害不变，从某种程度上，我们认为，企业文化没有什么太新的问题，只要解决人性的老问题，就可能牵住了"牛鼻子"。

但是，我们还要谈人性的发展。这不仅涉及到一些具体问题，时间、空间、对象、环境的不同，更重要的是人的动机和需求的升级问题，人的教化问题，以及动力机制问题。要从企业本性出发，构建企业战略、管理、人力、流程，打造领导力、执行力、创造力；以人性为中心，开展企业道德、信念、精神提升，实施企业文化管理，打造企业软实力。

目前，中国许多企业提出的理念很先进，很有未来意识、人类意识，它的背后表面看是社会思潮，是社会共享价值取向，而深度思考还是人性假设，是人性的趋利避害使然。

比如，万科集团关注全球变暖问题，几个月前，王石正式提出要在2010年上海世界博览会上建万科馆，用现代生光电等手段展示气候变暖对全球的影响，其中将展出喜马拉雅山的百年变迁模型，以呼吁更多的人关注全球变暖问题的严重性。这看似与万科主业毫不相关，但是关乎人类的未来和命运，也关乎领袖型企业的未来命运。如果我们不会低估人的发展，就不会低估中国企业的未来。

这是企业本性的获得和超越，也是人性的回归与发展。

（作者系中国企业家联合会宣委会常务副秘书长，本文摘自《中国企业文化研究》2008年4期）

企业文化体系化意义何在

罗志荣

企业文化体系化建设，是企业文化建设实践向深度挺进和向广度进军的内在需要。

所谓企业文化的体系化建设,是指使企业文化各构成要素自身系统化、规范化以及各构成要素相互关系系统化、规范化,由此使企业文化各要素及各要素之间形成内在的有机联系,进而使这种有机联系的企业文化体系渗透于企业的经营管理体系中,成为企业基业长青的基因和动力。

探究企业文化的体系化建设,其根本的目的不仅在于获得一个企业的相对完备的企业文化体系,从而在该体系的支撑下建立起一套具有高度逻辑性、完备系统性与长久生命力的企业文化,而且在于通过企业文化的体系化建设,实现企业文化理念体系、企业文化制度体系、企业文化行为规范体系、企业文化评价考核体系与企业经营管理体制、机制及其运行实践体系之间的相互衔接贯通、相互补充完善、相互修正调适、相互促进提高,从而推动企业持续快速健康发展,促进企业从优秀向卓越迈进。可以说,企业文化的体系化建设,既是企业文化建设深入、广泛、持久和有效的内在要求和有力保证,也是企业可持续发展的内在要求和有力保证。

体系化与系统化有助于企业文化生命力的形成与延续

企业文化建设不是喊几句动听的口号,写几句精彩的格言,提几条正确的原则,聘几个政工人员,组建一个机构班子,订几项规章制度,开几个动员会议,办几次专题讲座等等,就是建设企业文化了。虽然这些东西也有一些意义、必要与作用,但是,仅有这些是远远不够的,是非常初步的。企业文化的生命与活力在于它的体系化和系统化,在于其体系化和系统化以及由此所决定的内在的逻辑性力量。系统化、体系化是企业文化的生命,缺乏体系化、系统性与逻辑性的" 企业文化",只能称为"企业文化理念、口号、规范、故事等等的汇编",而不能称为严格意义上的企业文化。合理的是现实的,合理的才能转化为现实。企业文化建设必须从内容到形式、内涵到外延都满足合理性的要求才会有生命力,而这种合理性很大程度上就体现在其体系的逻辑性、系统性和完整性之上。企业文化的体系化建设,要使企业文化的理念体系、制度体系、行为规范体系和评价考核体系及其与企业经营管理体系的融合贯通,在系统原则之下作通盘完整的考虑和规范。要首先确立企业理念体系尤其是企业核心价值观在企业文化体系建设和经营管理中的统帅地位,以此统筹规划、提纲挈领、举纲张目,使企业文化体系建设重点突出、层次分明、结构严谨、详略得当、精粗适度、循序渐进、效果日著。因此,探求企业文化的体系化建设,是由企业文化自身的内在要求所决定的。

体系化建设有助于企业文化与经营管理的和谐一致

在建设整个企业文化体系过程中,要充分地全面地贯彻企业的核心价值观念、企业愿景、企业使命、经营哲学、管理理念等精神内核,使之有效地转化为企业的各种制度规章体系、行为规范体系和经营管理实践活动,同时要注意消除并防止整个企业文化体系内部各子体系自身及彼此之间的冲突和矛盾。

企业文化体系化建设需要从两方面体现:一方面,是构成企业文化要素的各子项的体系化,即企业文化理念体系的体系化、企业文化制度体系的体系化、企业文化行为规范体系的体系化和企业文化评价考核体系的体系化,在每一子项体系内部没有逻辑混乱和自相矛盾;另一方面,是企业文化各子项体系的有机结合要体系化,即由各子项体系综合而成的企业文化整体,是有机的整体、系统的整体、逻辑的整体,在企业文化体系的整体中,各子项体系之间也没有逻辑混乱和自相矛盾。因此,只有通过对企业文化整体体系和子项体系的体系化建设,才能够使企业文化中的各种理念之间、各种制度之间、各种行为规范之间、各种评价考核之间以及理念、制度、行为、评考相互之间贯彻如一,并协调他们相互之间的冲突与矛盾,达到体系内部与体系之间的一致与和谐。

体系化建设有助于消除现行企业文化建设中的混乱与片面、盲目与浅薄

体系化建设将企业文化的各种要素整合为一 个有机的整体,从而建立起内在和谐一致的有持久生命力的企业文化规范体系。由于我国许多企业的企业文化理念、制度、行为规范等等都是在其自身发展的不同历史阶段提出或制定的,有些也是为了适应我国经济政治形势需要和改革开放的不同阶段对企业的需求,甚至于是为了适应特定目的或环境而采取的权宜之计。由于在进行企业文化建设时对企业理念、制度和行为规范及其评价考核缺乏通盘的考虑,对企业核心价值观和核心战略缺乏准确定位,也由于缺乏经验,没有考虑到企业文化各子项自身的体系化和企业文化整体的体系化建设,这就使得企业文化各个子项内部和各个子项之间经常存在着冲突与矛盾的现象。在企业文化建设过程中,通过确立企业文化的体系化,能够消除现行企业文化中各种理念、各种制度和各种行为中的混乱与冲突、浅薄与盲目,将企业文化的各子项体系化并整合为有机的企业文化整体,从而建立起适应企业发展要求的内在和谐一致的企业文化体系。通过企业文化体系化建设,就可以为企业的经营管理提供一以贯之的精神指南,为企业广大职工素质的全面提升提供持久有效的心灵鸡汤,为企业活动和员工言行提供持续正确的行为规范,为社会全面衡量企业文化建设的效果提供完整、和谐、清晰、客观的评价标准。

体系化建设有助于企业文化的推广、遵守与应用

在企业文化的体系化建设过程中,需要对每一个理念、每一项制度、每一条规范的内涵和外延作出明确的定义与

划分，以消除企业文化建设在制定价值理念、规章制度和行为规范中的内涵不明、划分不清，含义模糊、语言笼统，难以推广应用的顽症，为企业文化落地生根、推广应用提供首要前提和极大的便利。企业文化体系化的重要特点之一就在于学习、应用的方便性和操作的可行性。体系化建设也将促使企业员工尤其是企业经营管理者，在企业文化建设和经营管理中形成系统化的思维观念、系统化的行为方式。体系化建设要求我们以系统的眼光和系统的方法去建设企业文化，去推广应用企业文化，使企业文化融合、渗透于经营管理全过程并大大改善经营管理的过程与结果。体系化的企业文化才能被广大职工特别是经营管理者体系化地掌握，才能形成威力强大的企业发展软实力，才能转化为成就辉煌的企业文明硬成果。因此，企业文化体系化建设可以促使用系统化的观念分析解决前进中的问题，从全方位的角度解决企业改革发展稳定中遇到的难题，化解经营管理过程中的矛盾。

体系化建设有助于保持企业文化体系的相对稳定性和方便适用性

体系化的企业文化具有总揽全局、统筹兼顾的特点，有助于实现企业利益相关者社会关系的稳定性及人们在处理企业内部与外部关系的可预期性。体系化的企业文化如高山流水般流淌顺畅，如参天大树般枝干分明，如顺藤摸瓜般简扼管用，如洞若观火般公开透明，不但可以提高企业文化的可综览性，提高企业员工在理解上的简明性和应用上的实用性，而且可以提高对企业活动与员工言行的可预见性，减少其随意性和不确定性。体系化建设还有助于提高企业文化理论与实践的“安定性”，只要所构建的企业文化体系相对“圆满无缺 ”，则光凭体系化逻辑的运作便能提高员工的文化自觉性、文化主动性和文化创造性，进而在企业的生产、经营、管理、营销、质量、安全等各项工作中，提高其各项工作的自觉性、主动性和创造性。因为体系化的企业文化减少了文化的暗箱和模糊地带，减少了对企业文化解读的随意性、不确定性，增加了员工学习、掌握和运用企业文化的自由度。企业文化的体系化将企业在内外交往中最核心的价值观念、最基本的原则规范抽象出来，在企业文化体系中加以规定，再通过此种体系的构建和运行使其成为稳定的规则、习惯、风气，从而获得长久的生命力，不会因企业个别领导者一时的主观好恶或职位去留而随意发生改变。

体系化建设有助于企业文化的自我完善和自我发展

企业文化的发展有两大动力，一是企业文化体系内部各要素之间的相互作用，二是企业文化体系与企业经营管理体系和外部环境之间的相互作用。首先，企业文化的体系化建设一方面要通过体系化以发现并克服、消除文化体系内部的混乱、矛盾、无序，自我修复、自我校正；另一方面也要通过体系化以排除异己文化因素的侵袭和干扰，吸收并积累同质文化因素以巩固和加强自身力量，自我完善自我提高。其次，体系化建设是一个过程，在这个过程中，企业文化体系与其所由产生、反映、服务的经营管理实践和外部环境之间，存在着持续的信息交换、能量交换和物质交换，这种交换决定了企业文化的体系化建设和体系本身的开放性质，决定了企业文化的体系化建设要在这种交换中吐故纳新、与时俱进，主动克服企业文化中保守与落后的因素，增添革新与先进的成分，以保持企业文化的时代特征和先进性。

体系化建设有助于理顺集团公司母子文化的关系

在企业文化建设中，企业集团文化与其下属分子公司文化和企业整体文化与其子项文化的关系是两个难点。现在许多企业的企业文化手册，在这两方面的文化表述或叠床架屋、简单重复，或杂乱无章、交叉缠绕，使集团文化与分子公司文化和整体文化与子项文化的关系逻辑混乱、关系不顺。体系化建设可以从企业实际出发，以核心价值观为逻辑起点，结合企业愿景、使命和战略目标，运用体系化蕴含的内在逻辑力量，作横向到边、纵向到底的逻辑延伸，这样，就可以在剪除其中的旁杂、繁冗、枝蔓、重复的同时，发现横向上与纵向上的疏漏、缺失和空白点，使企业文化建设在对内容与形式的条分缕析中向深度和广度推进，在内涵与外延上准确定位集团文化及其各子公司文化、整体文化及其各子项文化，实现企业文化体系的系统、严谨、健全与完备。体系化的企业文化犹如健康人的神经系统和血脉系统一样运转自如，滋养着企业的基业和员工的身心。

总之，体系化建设使企业文化积土成山，风雨兴焉；积水成渊，蛟龙生焉。从而形成不断优化的系统性力量 和组织性力量，这种力量持久而强大——风化百代，雨润万物，水不争而莫之能胜。反之，非体系化的企业文化、零散的企业文化，虽然也会有效，但却十分有限。持久的竞争靠文化——体系化的文化。

（作者系《企业文明》杂志总编助理、编辑部主任，本文摘自《企业文明》2009 年 4 期）

中国企业文化的今天与未来

易小平

回顾中国企业文化的现代化历程，应当说，虽然道路颇为曲折但毕竟取得了相当的成就。概括而言，这主要包括以下几个方面：

在特殊的历史条件下，延续了中国企业文化的民族慧命，为中国企业文化面向未来的发展争得了历史性契机。

尤其是由于历史的因缘际会,现代中国成为马克思主义、中国传统文化与西方现代文化的汇聚之地,这就为中国企业文化面向未来的发展准备了更为充分的思想资源。伴随着中华民族的伟大复兴,有中国特色的社会主义企业文化的建设必将为中华民族文化慧命注入新的、更为深厚绵长的生机和活力。

尽管中国企业文化的基本价值取向已完成了向现代的转型,但经过现代文化因子的长期浸润,中国企业文化已在一定程度上具备了现代文化的价值取向与思想框架。

首先,中国企业文化传统虽然在奠基时代就已表现出了浓厚的民本意识,但却具有颇为鲜明的人治色彩。经过不同时期的冲击与浸润,中国企业文化的基本价值取向终于发生了深刻的变化。纵观中国企业文化的现代化历程,人们所着力掘发的传统精神资源,都自觉不自觉地与科学、民主等现代精神相联系,至少是不明确反对现代精神的成分上。相反,那些与现代精神背道而驰的内容,则不仅因被轻忽而鲜有人提倡,而且还遭到了各方面颇具理论深度的批评。时至今日,可以认为,在基本价值取向上中国企业文化已基本定成了由前现代向现代的转化,科学、民主、自由等现在精神已内化为中国企业文化的内在要求。

其次,中国企业文化已初步具备了现代性的思想框架。与对现代性的追求成为近代以来中国企业文化的思想主题相表里,中国企业文化现代化的一个总体趋势,就是如何在一个注重“意志”的文化系统中充分彰显“理性”之基本精神。可以说,如何达成与意志相联系的德性与理性之间的内在连接,如何从素重德性的中国企业文化传统中发展出作为理性之承载者的知性主体,以为理性在中国企业文化中确立内在根据,构成了中国企业文化现代化基本的时代课题。因此,在基本精神方向上,它不仅从一个侧面表征了中国企业文化对现代性的基本精神已有了比较完整的理性自觉,而且所体现出的调适德性与理性、力图在中国企业文化中为理性精神确立形上根据的理论努力,对中国企业文化的现代新开展而言实有其内在的必然性。不仅主客对列的科学理性架构已出现在中国企业文化中,而且现代中国人也正在由过去缺乏权利意识的“无民”逐渐成长为具有独立意识,足以作为政治实体的现代公民。具有现代意义的文化价值系统已初步确定。

中国企业文化的世界化也迈出了坚实的步伐。由此,中国企业文化的现代化事实上是与世界化相伴随的,20世纪虽然是中国企业文化极度困厄的时期,同时也可以说是中国企业文化逐步走向世界的重要时期。时至今日,中国企业文化不仅不再被简单地看做是已僵死的“遗迹”,而且已融入“世界文明”之中,产生了相当的世界性影响。

中国企业文化发展中结构性冲突的三个维度

中国企业文化是随着企业与社会政治经济关系的变化以及企业组织自身结构的变化而发展的。转型期的中国企业面临着极为复杂的经济社会环境和文化环境,企业发展的矛盾深层次地体现在文化方面。只有具体地与中国经济社会以及整个企业发展的水平和阶段性联系起来,对企业文化的理解和对企业文化构建的战略思考才更有意义。因此,企业文化建设本质上就是企业发展应该在怎样的一种文化形态和环境中发展的问题,中国企业文化发展的规律主要是企业发展的矛盾所决定,而解决企业发展的矛盾必须站在文化的高度上。

现阶段中国企业的总体发展水平仍然不高,与现代化建设和人民群众的需求仍有很大的差距,这个基本矛盾当前凸显为结构性矛盾,即企业的办企定位、学科专业结构、人才培养结构、员工培养结构等方面与经济社会发展存在结构性的不适应。这种不适应反映了市场需求与企业的办企理念、办企体制和运行机制之间,以及与企业的精神价值传统和自我形象塑造之间的矛盾,市场的多变和多样需求与企业相对稳定的知识和人才供给之间的矛盾。转型期中国文化发展中的矛盾和冲突在企业文化中也有冲突。主要表现在三个维度上:

时间维度上的传统与现代化的冲突

文化具有相对的稳定性,与社会的快速变革极易发生冲突;由于企业在整个社会系统中所处的独特位置和自身的组织特征,其与经济社会发展的冲突往往表现得更为突出。在中国的经济社会发展和现代化进程进入快速期后,多元文化以各种诱惑冲击着传统文化和价值观,对企业的办企理念和精神价值传统,对企业员工乃至管理者的价值观念、生活方式都有潜移默化的影响,因此,迫切需要对企业对传统的和现时的精神价值体系进行新的哲学和文化高度的反思。

空间维度上的民族化与全球化的冲突

经济的全球化加快了世界的政治多极化,科技国际化和文化多元化。在全球化格局下,中国以经济和社会发展较大的阶段性差距,在同一个时空中与发达国家进行着激烈竞争,西方文化以强大的经济实力为后盾,对中国的民族文化,也包括企业文化形成了强烈的冲击。在这种国际背景下,如何做到既大力继承和弘扬中华民族优秀传统文化,可以开放的眼光,批判地选择和吸收世界上各种先进的文化和文明成果,从而推动中国企业文化的创新,这是中国企业面临的一个重要课题。

主体维度上的自我与他者的冲突

大众化阶段企业的多样化发展,带来了企业在办企定位、办企层次、人才培养等方面的多样化定位;国家创新系统进入创新主体角色定位和功能调整阶段,涉及到企业对自身使命和社会责任的调整以及与各创新主体关系的重构;企业资源渠道的拓展,带来了投资和利益分配主体的多元化以及企业服务主体的多元化;企业高度的专业化和技能分工,带来了不同层次和领域内价值取向、评价标准的差异,等等。企业在调整这些不同主体意义上的新关系的过程中,文化的冲突是难以避免的。

中国企业文化建设的复杂性还体现在各个维度的文化矛盾和冲突交织在一起。例如,当我们面对经济社会和企业快速发展过程中时间意义上的文化发展课题的时候,由于中国现代化进程所处的阶段性与西方现代化存在着时代落差,同时也就必须面对民族化与全球化的冲突。因此,必须把中国企业文化建设置于更宽广、更复杂、多种矛盾和冲突集中的环境中认真思考和实践。

中国企业文化发展的基本规律及其启示

中国企业文化发展中的结构性冲突以及企业漫长的发展进化历史,揭示了企业文化的一个基本规律:中国企业文化是企业和“企业人”在对时代变化作出主动的响应、对社会文化进行批判和选择,对自身结构和功能进行适应性调整的过程中发展和创新的;并且,在社会转型期或者经济社会某一领域发生重大变革的时期,企业文化的建设任务最艰巨,发展和创新的效果最显著,产生的社会影响也最大。这为发展和创新企业文化提供了两点重要启示:在发展文化个性的过程中,把对社会文化的批判和选择与自身文化的构建统一起来。

企业的文化个性主要体现在三个方面:企业对自我使命的认同,企业的精神价值传统,企业的社会责任。主动适应时代变化而求得自身进化是企业生存的必然要求,当社会转型或者经济社会某个重要领域发生重大变革时,企业与社会之间的矛盾冲突往往特别突出,企业文化正是在这个冲突过程中不断发展创新的。企业即要完成传统使命,又要根据时代发展要求,承担新的社会责任,在这个过程中,企业文化受到社会文化特别是时代主流文化的激烈碰撞甚至挤压,必须作出理性的批判性的选择。企业文化一方面要坚守精神价值传统,保持自身的核心价值追求;另一方面,又要把握时代脉搏,积极参与社会文化的整合,创造新的价值观,为社会发展提供强有力的精神支撑。从这个意义上来说,企业对社会文化的批判和选择与自身文化的构造必须是统一的,企业文化的发展是在企业文化个性的发展中完成的。

通过现代企业制度建设,推动企业文化发展和创新。

文化的发展程度往往会受到制度的影响、支持、制约或阻碍。虽然当企业感受到时代变化和社会变革时就会萌生文化发展和创新的动因,但仅仅如此还不能实现企业文化的发展和创新,还必须有相应的制度保障。文化的存在只有得到认同才有意义,并且只有得到认同才有生命力,而文化的认同和传承必须依靠一套相关的制度。企业制度是企业文化的集中和具体的体现,企业文化的创新必须通过企业制度的创新实现。从这个意义上来说,企业制度建设与企业文化建设是统一的。因此,加强现代企业制度建设,是推进企业文化发展和创新的重要路径选择和重要环境保障。

现代与后现代之间的张力:当代中国企业文化面临的困境

面向21世纪,中国企业文化的现代转型在已取得巨大的历史性成就的同时,也面临着深刻的矛盾和问题。如果说,此前中国企业文化的现代化之路虽然相当坎坷,但从前现代走向现代的基本取向还是颇为单一的,在西方后现代文化的比照之下,依然以现代化为基础价值取向的中国企业文化由于不同阶段、现代与后现代之间的张力而不能不陷入两难困境。

后现代主义的兴起及其现实影响无疑复杂化了中国企业文化在当代的存在境遇。当中国企业文化还没有全幅享受到现代化积极成就的时候,西方则已对现代化的弊病提出了全面尖锐的批评,这就体现出了中国企业文化的当代发展与西方文化之间存在的时代性势差。因此,在西方文化发展历程中主要是以历时性的形态依次出现的前现代、现代与后现代文化现象,在当代中国则在相当程度上以其时性的形态被同时挤压在一个平面上,这就不能不使中国企业文化的未来发展面临着深刻的困境与严峻挑战。概要而言,这种困境与挑战至少包括了以下三个方面的基本内容。

在基本价值取向上,中国企业文化如何才能真正走出“现代”与“后现代”之间的“两难困境”?在现代与后现代的比照之下,一方面,由于现代对比起前现代所具有的历史性的进步意义,由于“现代”阶段的不可逾越,当代中国企业文化以有理由轻言解构和颠覆现代性,终止走向现代化的历史进程。另一方面,就人类文化面向未来的发展动向而言,现代化却又已处于被批判、被超越的地位。如果中国企业文化只是依然一条鞭地追求西方式的现代化,那它岂不是只能永远跟在西方文化后面亦步亦趋??

在评价标准上,理解和诠释中国企业文化的基本价值系统、思想框架与话语体系怎样才是更为合理的?怎样才能更好地把握中国企业文化的基本理论特质及其优点与缺点。长期以来,人们开展相关研究的一个基本特点,就是将中国企业文化放在现代化的背景之下,以现代性为基本的价值标准来对其予以论衡。在相当程度上,后现代主义正是要对现代性的基本价值系统予以颠覆翻转。在现代性与后现代性的比照之下,怎样的评价中国企业文化的基本范式才是更为合理、合时、合宜的?

在具体的思想资源上,中国企业文化的当代建设应当怎样更好地处理古今中西多种文化资源之间的关系?后现代主义的兴起,使得中国企业文化与西方文化之间呈现出一种更为复杂的关系状态。一方面,作为西方文化之最新发展的后现代主义的某些理论特质与中国企业文化传统之间形成了相当尖锐的对立(如虚无主义、反基础主义、碎片化、平面化等);另一方面,后现代主义在思想主题(由以对外在自然的追寻为中心变为更加注重人之内在生命意义的安顿)、价值取向(注重人与自然的和谐)以及言说形式(教化哲学、拟文学哲学)等方面又确与中国企业文化传统之间具有一定程度的亲缘性与类同性。而与此同时,则是在同属于西方文化的现代与后现代之间出现了相当程度的差异乃至断裂。在这种情况下,中国企业文化应当怎样在继续吸呐西方现代文化之优长的同时,面对西方后现代主义的挑战?中国企业文化可以向现代主义学习些什么?与此相应,我们应当怎样更好地批判继承自身的文化传统?面对人类与文化并存发展的时代趋势,中国企业文化可以为当代人类贡献怎样的智慧资源。?

当代中国企业文化所面临的困境与挑战表明,中国企业文化的现代转型在今天又到了一个新的历史关头。由于现代与后现代之间的张力构成了上述困境的核心内容,如何对其挑战做出创造性的回应,就成为面向21世纪中国企业文化建设的一个重要课题。

结语:中国企业文化面向21世纪的双重历史任务

中国企业文化在当代所面临的上述两难困境,历史地证明了"综合创新"文化方针的正确性。中国现代三大思潮马克思主义派、自由主义西化派与保守主义现代新儒家派分别以"综合创新"、"全盘西化"和"中体两用"为基本文化主张。如果说,中国企业文化现代化的道路事实上是体现为文化之时代性与民族性的对立与互动(西化派与新儒家分别以偏执的方式凸显了时代性与民族性对中国企业文化现代化不可或缺的重要意义),因而实际上是体现为一个"综合创新"的历史过程,那么,面对今天中国企业文化的两难困境,除了以更为成熟的理论形态自觉地真诚认同综合创新之路外,可以说别无他途。立足于这样的认识,我们认为,面向21世纪,中国企业文化要想真正摆脱在现代与后现代之间的两难困境,以下几个方面的工作不容轻忽。

必须切实挺立民族文化精神的主体性。在中国企业文化现代转型的过程中,全盘西化论曾经产生了广泛影响。西化思潮的一个基本的偏颇,就是对自己的民族文化采取了虚无主义的态度,只知一味地照搬西方。如果说由于中国企业文化的现代化历程是与西学相伴随的,在现代性成为中国企业文化之基本价值追求的背景下,西化派的有关文化主张还能够在一定程度上起到积极作用。那么,在今天,如果不能切实挺立民族文化精神的主体性,面对现代与后现代之间的张力,就只能陷入左冲右突之境而无所适从。为此,必须根据中华民族伟大复兴的实践要求,确立民族文化的主体精神,按照"以我为主,为我所用"的原则,以更为主动、自觉、开放、平实的文化心态来择拣、吸呐、融汇不同形态的西方文化资源。这可以说是要走出两难困境不可或缺的理论前提。

必须立足于新的综合与新的创造。明确中国企业文化面向21世纪所应当完成的双重历史任务。新的综合与新的创造,既是综合创新文化方针的核心内容,也是中国企业文化生命面向21世纪进一步开展的内在要求。正如上文的分析所显示的,自改革开放以来,中国企业文化由传统向现代的转型中经历了一个由极度困厄到复杂进而生长发芽的过程,其内在逻辑表现为由"外在冲击"到"内在转化"的发展演进。如果说,在"外在冲击"阶段,中国企业文化的现代转型只能是主要以西方现代性来作为自己的基本型范的话,当进入"内在转化"阶段之后,中国企业文化的现代转型就已具备了挺立民族文化主体性,通过"以我为主"的发展而成就具有自身特质的现代文化形态的理论可能性。由此,面向21世纪,以现代转型的历史性成就为基础,中国企业文化民族慧命的进一步开展就逻辑地指向了新的综合与新的创造。由于今天所谓的"现代性"仅仅体现了西方文化之成就与问题,因而它既不是完备的也不应当是封闭的,面向未来的人类文化完全有可能通过各民族文化的交融互汇而成就更为合理、更为健康的现代性。在这个意义上,我们赞同哈贝马斯关于现代性是一项尚未完成的事业的论断。立足于这样的认识,我们认为,要真正走出"两难困境",面向21世纪的中国企业文化必须在学习西方的基础上,走出一条既师法西方又超胜西方的现代化道路。为此,必须切实完成双重历史任务:一方面必须继续向西方学习的历史进程,以西方式的现代化为基本的参照系,真正实现价值系统从前现代向现代的转换;另一方面,又必须坚决超越形形色色的"西方文化中心论",面对多元文化并存发展、交流互汇的发展走势,借鉴后现代文化的警策性意义,以面向世界的眼界和心胸,通过充分发掘出中国企业文化传统所独具的优良的民族特质,建立既体现时代精神又具有充分的中国民族风格与做派的新型文化,以求超越西方式的现代性,为人类成就一个对应于"传统"的、更为合理的"现代性"作出自己的贡献。

必须摒弃因为机械地持守时代性之一继而坚持非此即彼僵硬思考的思维模式,在古今中西的多种文化资源之间形成高度辩证的联结。正如人们已经注意到的,由于过于凸显时代性这一难度,现代性思维往往在前现代与现代之间持守一种非此即彼的思考模式,而使两者陷入了尖锐的对立。同样,在今天,这种思考模式又被人们延续到了对于现代与后现代关系的思考中。如果说,强调前现代与现代的对立是为了维护在人类现代化过程中的特定历史时期,西方文化对于非西方文化的中心地位,在走出了"西方文化中心论"的今天,人类文化更为重要的课题则是集中多民族文化共同体的智慧解决"地球村"所面临的共同问题。为达此目标,必须摒弃上述因为机械地持守时代性之一继而在各种文化资源之间坚持非此即彼、二元对立的僵硬思维模式。由于从前现代到现代、现代到后现代之间存在着环环递进的关系,而前现代与后现代之间又有着"奇妙的暗合"的一面,面对中国企业文化的双重历史任务,我们完全可以将共时性地呈现在同一个地平面上的不同阶段、现代与后现代文化因子均看做是一个整体的"诠释圆环"中的不同组成部分,在挺立民族文化精神之主体性的基础上,以中华民族伟大复兴的实践为“理解平台”，通过互诠互释、互融互汇，在古今中西的多种文化资源之间形成具有互补结构的辩证联结，以为“以我为主，为我所用”的新的综合与新的创造提供丰富的思想资源。

面对困境与挑战，中国企业文化的历史任务无疑是十分艰巨的。但是，我们相信，面对人类文化多元开展的当代走势，有中国企业文化独异的精神物质作为基础，有中国企业文化内蕴的强盛生命力作为保障，经过中国企业文化慧命之当代承担者呕心沥血、不懈奋斗，伴随着中华民族的伟大复兴，中国企业文化当代建设的历史任务一定能够完成，中国企业文化一定能够成为21世纪人类多元文化中具有举足轻重之影响力的重要一元。

（本文摘自《企业文明》2008年2期）

我国企业文化建设三十年的基本经验

臧喜滨　阳泉礼

随着我国实行改革开放政策，上世纪80年代初，企业文化这个概念从西方传入我国。经过30年的探索实践，我国企业文化建设与改革开放事业同步共发展，在理论和实践上都取得了重大成就，已经从当初自发的、零散的、浅层的学习模仿与探索起步阶段，进入到目前符合中国特色社会主义要求、体现我国企业特色、与企业改革发展相适应相促进的深化发展阶段，初步探索形成了一条具有中国特色的企业文化建设道路。这条道路，就是坚持以中国特色社会主义理论体系为指导，把企业文化建设作为社会主义先进文化建设的重要方面，扎根于中华民族文化沃土和企业经营实践，与企业党建思想政治工作有机结合，在各方面积极推动和企业自觉实践的基础上，实现企业文化创新发展之路。

中国特色社会主义理论体系始终是推动企业文化建设健康发展的根本指导思想

在改革开放的历史进程中，我们党把坚持马克思主义基本原理同推进马克思主义中国化结合起来，不断推进理论创新，形成了包括邓小平理论、“三个代表”重要思想以及科学发展观等重大战略思想在内的中国特色社会主义理论体系。这个理论体系是马克思主义中国化最新成果，是党最宝贵的政治和精神财富，是全国各族人民团结奋斗的共同思想基础，是推动我国改革开放和中国特色社会主义事业不断向前发展的根本指导思想，也是指导我国企业文化建设的强大思想理论武器。30年来，我们党的创新理论在不断深化发展，中国特色社会主义理论在逐步形成，与此同时，我国企业文化建设自觉坚持用马克思主义中国化最新成果作指导，从而保证了能够始终沿着正确的道路，一步一步向前不断深化发展。要继续推进企业文化建设健康发展，必须始终不渝地坚持把中国特色社会主义理论体系作为各项工作的根本指针。

企业文化建设在中国改革和社会主义先进文化建设中的重要地位日益确立

随着国有企业改革不断深化和中国特色社会主义事业的发展，企业文化建设的地位和作用日益突出。1992年10月，党的十四大报告第一次将建设企业文化作为精神文明建设的重要内容，明确提出要搞好企业文化建设。1993年11月，《中共中央关于建立社会主义市场经济体制若干问题的决定》要求加强企业文化建设，培育优良的职业道德，树立敬业爱厂、遵法守信、开拓创新的精神。1997年1月，《中共中央关于进一步加强和改进国有企业党的建设工作的通知》强调要适应新形势，建设企业文化，培育具有时代特征和企业特点的企业精神。1999年9月，《中共中央关于国有企业改革和发展若干重大问题的决定》要求全面提高职工队伍素质，培育积极向上的企业文化，推动物质文明和精神文明建设协调发展。1999年9月，《中共中央关于加强和改进思想政治工作的若干意见》进一步提出，要加强企业文化建设，大力弘扬以爱国主义为核心的民族精神和以改革创新为核心的时代精神，培育社会主义企业精神。党的十六大强调全面建设小康社会，必须大力发展社会主义先进文化，建设社会主义精神文明，不断丰富人们的精神世界，增强人们的精神力量。党的十六大以来，党中央提出了科学发展观、构建社会主义和谐社会、弘扬社会主义荣辱观、建设社会主义核心价值体系等一系列重大战略思想，文化建设进一步提升到我国发展战略地位。特别是党的十七大报告深刻指出，当今时代，文化越来越成为民族凝聚力和创造力的重要源泉，越来越成为综合国力竞争的重要因素，丰富精神文化生活越来越成为我国人民的热切愿望。强调要坚持社会主义先进文化前进方向，兴起社会主义文化建设高潮，推动社会主义文化大发展大繁荣。企业是实现经济社会发展的重要经济组织，也是实现人们精神追求和体现价值的重要社会组织。企业文化是社会主义先进文化的重要组成部分和重要源泉。把企业文化建设作为社会主义先进文化建设的重要方面，对于不断发展深化企业文化建设、推动社会主义文化大发展大繁荣具有极其重要的意义。

有关部门加强对企业文化建设的领导和指导构成推动企业文化建设的重要力量

宣传思想文化等有关部门把企业文化建设作为社会主义先进文化建设的重要方面，作为加强和改进企业思想政治工作和精神文明建设的重要载体，切实加强对企业文化建设工作的领导和指导，引导、推动着我国企业文化建设在正确的轨道上不断向前发展。国务院国资委作为国务院授权、代表国家对中央履行出资人职责的特设机构，自2003年成立以来，坚持把企业文化建设作为正确履行出资人职责的重要工作,作为提升企业核心竞争力、促进中央企业改革发展、做强做大的重要途径,通过颁布《关于加强中央企业企业文化建设的指导意见》等一系列有效措施,大力推动中央企业加强企业文化建设,取得了显著的进展和成效。中国思想政治工作研究会和中国企业文化研究会等社团,以及一批高校和研究机构卓有成效地开展工作,对我国企业文化建设的发展起到了不可替代的重要作用。

扎根于中华民族文化沃土,适应时代发展要求始终是企业文化生机活力的源泉

管理大师彼得．德鲁克说过:企业文化只有符合民族的文化,才能扎根久存。中华文明博大精深,源远流长,积淀了深厚的文化底蕴,其中蕴藏着报效国家、重视理论、崇尚道德、信奉诚信,讲求仁义,追求和谐、自强不息等优秀传统和价值理念。这些优秀的文化传统是我们民族生生不息的原动力和重要的核心竞争力,也是我国企业文化发展的丰富营养和重要基石。在企业文化建设的实践中,一大批企业从实际出发,适应当今时代发展要求,紧密结合改革开放、发展市场经济、构建社会主义和谐社会的伟大实践,注重从我国民族文化传统中挖掘内涵,吸取营养,既大力弘扬了优秀民族文化传统,又极大地丰富发展了企业文化的内涵,增强了企业文化的生机活力,为我国企业文化建设创造了重要而宝贵的经验。

紧密结合企业生产经营实践,不断完善与经营管理相适应的企业文化体系,是推动企业文化进入管理的有效方法

在学习借鉴国外企业文化理论和经验的基础上,我国企业文化建设初步探索形成了以精神文化、制度文化和行为物质文化为基本内容的理论体系,通过在实践中建立健全符合企业发展需要的企业价值理念体系、行为规范体系和形象识别体系,并使之相辅相成,成为一个有机整体,确保了企业文化整体功能的发挥。与此同时,企业文化建设贯穿于生产经营全过程,在与企业经营管理紧密结合中,逐步形成了以廉洁文化、安全文化、服务文化、质量文化、营销文化、品牌文化等企业文化的子文化体系,促进了企业文化与经营管理的深度融合,提升了企业的管理水平和市场竞争力,也促进了企业文化内容和形式的丰富发展,为企业文化融入管理开辟了广阔的领域和空间。

企业文化建设战略地位的确立和体制机制的不断完善,是企业文化建设深入推进的坚实基础

随着我国对外开放和市场经济体制的建立完善,越来越多的企业认识到企业要可持续发展,不仅要有良好的公司治理结构、核心技术和产品市场,更需要有优秀的企业文化。更深刻认识到企业文化是企业核心竞争力的重要内容和形成要素,是企业最为重要的软实力。越来越多的企业自觉从发展战略的高度谋划企业文化建设,把企业文化建设纳入企业发展战略并成为重要组成部分。切实加强对企业文化建设的领导,建立组织保障机制,形成了党委统一领导、企业文化主管部门牵头组织、各职能部门分工协作、党政工团齐抓共管的工作格局。注重分类指导,加强宣传教育体制培训和载体阵地设施建设,加强督促检查和评价工作,企业文化建设的工作指导和载体支撑机制、考核评价与激励机制日益到完善,保证和促进了企业文化建设各项工作落实处。

与企业党建思想政治工作有机结合,成为企业文化建设发挥作用的重要途径

企业党建思想政治工作作为国有企业的优良传统和政治优势,既是中国特色企业文化的重要内容,同时也从政治上、思想上、组织上为企业文化建设健康发展、发挥作用提供了有力保证。而企业文化建设强调以人为本,以文化管理为纽带,把理想信念、形势任务、法律法规教育与弘扬企业精神、加强职业道德教育有机结合起来,赋予了企业党建思想政治工作新的内容和形式,从而成为了企业党建思想政治工作服务于生产经营中心工作的切入点和重要载体。企业文化建设与企业党建思想政治工作相融共进,企业的文化优势与政治优势结合互补,转化成企业的竞争优势,为企业改革发展提供了强大动力。

(本文摘自(《企业文明》2009 年 1 期)

共生 共创 共荣

苏国辉

企业文化的融合不是简单的文化兼并和渗透,而是文化的提升和再造,文化间的共生、共创与共荣则成为企业文化融合的必然取向。

共生:企业文化融合的契合点

要实现两个或多个企业文化的融合,必然要求在它们之间找到一个契合点,使不同的企业文化能够通融与共生,不至于因企业文化之间的异质排斥而分裂。然而在现实中,很多企业只注重经济资源的重新配置,而忽视更重要的企业文化融合,更多地从盘活资产、调查产品结构、债务问题、人事安排等方面着手,而对深层次的企业文化则缺乏应有的重视甚至是未予关注。结果企业间的并购与重组只能是貌合神离,企业间的文化冲突得不到很好的解决,这不仅增加了企业的管理成本,影响经营效率,不能形成企业的核心竞争力,最终导致企业并购与重组的失败。

并购中企业文化的差异与冲突。不同的企业文化合在一起时必然会存在差异从而导致文化冲突,这种差异与冲突的存在,首先是由于企业所处的大文化背景不同,其次是

由于企业的核心价值观念不同。企业文化是以其所在的民族文化为依托的，不可避免地受到民族文化和社会文化的影响和制约，企业员工的心理、感情、行为都受到民族文化的熏陶，因而在他们身上必然表现出共同的民族心理和精神气质。世界各民族都有自己独特的文化个性，这些文化体系会形成不同的民族心理、风俗习惯、宗教信仰、道德风尚、伦理意识、价值观念等，他们反映在企业文化上就是企业文化的民族特性。比如，中国文化与美国文化就存在着很大的差异：中国企业文化是过程导向、雇员导向的，公私之间联系紧密，而美国企业文化则是结果导向、工作导向的，公私截然分开。当来自不同社会文化的企业合并时，就会在基本的价值判断和行为方式上产生冲突。从具体层面看，文化是企业的全体员工经过长期的劳动交往而逐渐形成的被全体成员认可的文化，有其核心的价值观念。核心价值观念支配着企业员工的基本价值判断，体现着企业的经营理念和经营哲学，是企业文化中最深层次和最重要的部分，直接影响一个企业的发展方向与长远战略。每个企业在其创立与成长过程中都会形成自己具体的文化，拥有自己独特的核心价值观念，在企业并购时不同的核心价值观念会存在冲突。我们从 TCL 并购汤姆逊彩电业务和阿尔卡特手机业务案例中，就清楚地看到企业文化之间的冲突，也正是由于这种冲突最终导致并购远未达到预期的目的。由于文化上的差异，中国企业普遍地被认为是以低劳动力成本来取得竞争优势，所以被并购企业的普通员工担心会降薪，管理人员担心自己的职业生涯，他们对 TCL 的企业文化缺乏认同。就连当时正处于经营亏损状态的汤姆逊旗下的 RCA 品牌，都拒绝接受 TCL 关于产品结构调整，引入中国设计以使成本更具竞争力的产品建议。同样地，TCL 对阿尔卡特手机业务的并购，也是貌合神离，各行其道，无论在海外市场还是国内市场都仍延续原来阿尔卡特以及 TCL 移动公司两套人马、两套运行体系，其后 TCL 试图强势推行自身文化，却导致原阿尔卡特员工大量离职，自然也达不到预期的并购目标。

企业文化的接纳、兼容、交互和共生。在企业并购中要找到双方文化的契合点，努力缓解文化冲突，这要求正确对待双方企业文化的差异，增加沟通与了解，由浅入深地实现企业文化的融合，先从对方企业的经营历史、规章制度、领导风格、员工行为等较为外显的文化开始了解，再逐步深入认识对方企业的核心价值取向。由于文化本身的复杂性，并购双方都深处自己的文化当中，常常不能以客观的眼光来审视对方文化，所以文化融合是一个艰难而漫长的过程。在并购之初就应该建立某种对异己的文化保持接纳吸收、兼容并蓄、交流互补、共存共赢的合理规则，在这种规则的指导下来进行文化融合。当然在双方文化的交互中肯定会存在竞争甚至是激烈的冲突，而矛盾的解决又促进着双方文化的深入展开与结合。例如，在德国“戴姆斯一奔驰”与美国“克莱斯勒”两个汽车品牌的合并中，对于合并后公司的命名一度成为双方的矛盾核心。双方都希望新的公司能够更多地体现自己原来公司的理念或历史，德国方面要求把新公司命名为“戴姆斯一奔驰一克莱斯勒”，而美国方面则建议取名为“克莱斯勒一戴姆斯一奔驰”。经过双方的长期协商，随着对对方文化了解的深入，最后双方各自退让一步，新公司最终定名为“戴姆斯一克莱斯勒”。表面看来这只是一个简单的公司名称的问题，而其后有深刻的企业文化筹议，随着公司名称的落实，双方对于对方的文化的认同度也增加了，在交互与兼容中达到了文化的共生，为新的公司的成长找到了一个契合点，至此合并算是取得了初步成功，然而企业文化的融合还远未完成，最后这个并购案以失败告终就是明证。

共创：企业文化融合的生长点

当企业并购取得初步的成功，双方的文化经过冲突与兼容已经在外围和浅层次有了一定程度的契合，这相对来说是比较容易实现的。因为就文化本身的特点而言，越是外围和浅层次的就越容易改变，而深层次的价值观念特别是核心价值观念是支撑企业文化的基石，他们很难被改变。企业文化的融合是一个动态的过程，在这个过程中不断地对原来的文化进行继承、否定与超越，同时也是新企业文化不断创生的过程，这是一个破与立同时进行的过程，新的企业文化就在这个冲突与创新的过程中逐渐生长与成熟。

企业文化融合中的继承与否定。在企业并购中，双方的地位与实力往往是不对等的，存在着优势与劣势的双方，但这并不是说优势的一方在任何方面都是合理的，特别是企业文化方面更非如此，合并后的新企业只有取长补短，优势互补，否定原文化中不合理的因素，引导具体文化参数的变化，使原文化的功能齐全，结构更加完善，以形成一种更具竞争力的企业文化。

惠普与康柏的合并就是企业文化融合的成功案例，惠普、康柏于 2001 年宣布合并，其后几年中两家公司克服了各自原有企业文化背景冲突，创建了一种全新的企业文化。新惠普公司正是在这一企业文化指引下，使他们的产品研发计划有的放矢，避免了盲目投资，克服了合并之前惠普和康柏公司在关键产品种类上存在的不足，合并之后填补了原来的产品种类的空白，站在了行业的最前沿，引领业界的发展潮流。成功的案例固然可以有许多宝贵经验可以借鉴，但失败的案例更清楚地展示了忽视企业文化融合所带来的严重后果。比如，达能收购乐百氏的初衷是希望通过乐百氏的渠道，搭建一个属于达能的销售平台，然而达能总部却不顾原来乐百氏的实干、创业、抢占市场、建渠道的企业文化，代之以西方式的企业文化，强调以结果为导向的标准化管理，对于过程以及员工的参与感并没有重视，而这让原乐百氏的员工失去了原有的归属感，丧失了“做事”的激情。在达能的制度下，原乐百氏的渠道不是在强化，而是逐渐地被摧毁。原来沟通顺畅的非正式渠道被弃用，导致企业内各自为战，各部门都只考虑自己的产品怎么做而没有互动交流。到 2006 年 9 月的架构调整，彻底宣告了达能欲将乐百氏变成自己销售平台构想的失败。我们可以看到,乐百氏之所以有很好的销售渠道,是得益于它的企业文化,而达能却忽视了这一点,抛弃了销售渠道建构所依赖的企业文化就等于是把树木从其生长的土壤中拔了出来,这样做必然会遭到失败。在企业文化融合中,必须要对原来的企业文化加以改造与更新,对于优秀的部分要继承,而对阻碍企业发展的部分要加以否定,以期创造出更加优越的企业文化。

企业文化融合中的超越与创新。企业文化要能够实现成功的融合,必然要求对原来的企业文化进行超越,在双方互补中实现文化创新,共同创造出具有开放进取品质的新企业文化。对原来的企业文化进行超越,就要不囿于陈规,敢于突破,能够吸收新的企业文化因素,保持企业文化的开放性。企业文化创新就是要不断调整,使企业文化适应变化的环境,实现企业发展的持续性,在继承中求创新,在创新中求发展。超越与创新是企业融合的关键,也是企业并购取得成功的保证。时代华纳并购案例,很好地阐释了合并后的新企业在企业文化融合中的超越与创新。在并购之初,"时代"因为公司过多的会议而大伤脑筋,而"华纳"则相反,认为公司内部缺乏交流,"时代"更倾向于强调总公司层面,而"华纳"则强调各级分权。表面看来两个公司属于两种相反的类型,很不相容,但是这也为创造一种全新的优秀企业文化提供了机会,可谓相反相成。于是双方开始寻求一种互补性的平衡,在信息交流方面不用许多额外的会议就能够改善公司内部的沟通。这样,"华纳"把分权功能带进了"时代"的办公室,而"时代"的专家和先进的计算机系统则管理合并后的公司的利益分配机制。双方融合的结果是,"时代"给新公司带来了最强的技术和合作项目,"华纳"则提供了更多的企业能量和创造力。从这一案例中,我们可以看到,如果时代与华纳公司都固执地坚持自己原来的文化不加改变的话,新的时代华纳公司就不可能兼具两家之长,相反还有可能因为两种企业文化的冲突而导致并购的失败。在企业文化融合中,要敢于超越,善于创新,结合双方企业文化的特性,就价值标准、领导作风、管理方法、发展战略等各方面进行综合判断与分析,找到两者之间最佳的融合路线,求同存异,去劣存优,让两者各自的文化优势能够最大限度地在新的企业文化中得以保存,通过文化的融合达到企业文化推陈出新,创造出更适合企业发展的企业文化。

共荣:企业文化融合的至高点

经过并购企业间文化的共生、共创,必然指向企业文化的共荣,这里的共荣是指并购企业共同繁荣与共同荣耀,是不同类型的企业文化通过融合,最终保留了各自的优秀文化基因并同时摈弃了各自文化缺陷而形成一种新的更为优秀的企业文化,在这种企业文化的指引下,企业各组成部分相互促进,达到共同的繁荣,以共同的企业价值目标的实现作为共同的荣耀。当然这是企业文化融合的最理想状态,引领着企业文化融合的方向,但并不是说这种理想状态是无法达到的或者是达到了就一劳永逸,现实中企业文化融合是一个不断进行的过程,不断发展和再创造的过程。

企业绩效层面的共同繁荣。企业绩效是企业经营状况即企业经营效果与效率的具体体现,取得良好的绩效是企业生存与发展的基础,也是企业存在的根本理由。约翰?科特和詹姆斯?赫斯克特在1977至1988年间研究对比了12家具有促进企业经营业绩的企业文化公司和20家具有病态企业文化的公司,前者与后者相比,前者企业经营业绩增长是后者的4倍,公司员工人数增长是8倍,而股票价格增长是12倍。根据他们的研究成果,企业文化对企业的长期绩效会产生巨大的影响,是长期绩效的基础和保障。企业文化与企业绩效之间存在密切相关,企业的绩效又可分解为各部门的绩效,部门之间的协调需要利用企业文化的作用来实现。企业并购中存在的大量绩效问题是由于信息不对称等问题引起的,而企业文化通过一整套价值观念、行为规范来约束企业中人与人之间以及人与市场之间的行为,从而减少信息不对称和不确定性风险,降低交易成本,提升企业绩效。从企业绩效层面来看企业文化的融合,要求形成统一的、有极大向心力的企业文化,能够把各个部门的绩效目标统一到企业总的发展目标中来,使每个员工的绩效表现都为整个企业绩效作出贡献。企业文化融合的成功与否要通过企业绩效的好坏来判断,只有能够激发全体员工创造力的企业文化才能够提升企业的绩效,而企业文化融合就在于把所有部门的绩效都放在同一个平面上予以考量,使整个企业的不同部门实现共同繁荣。在现实的企业管理中,往往会出现每个员工的考核绩效都很好,但是企业的绩效却下降的情况。如果排除考核本身不合理的原因,那么最主要就是企业文化的影响。比如,可以量化考核接线员接电话的时间,但难以准确考核其对客户的服务质量,而客户的满意度与忠诚度对于企业的绩效影响非常大,如何解决个人、部门绩效与企业绩效的分离,则要依靠企业文化。近年来,国内许多企业都通过实施企业文化战略来提高企业绩效,像海尔集团、五菱汽车公司都是如此,其中五菱公司通过与美国通用、上汽集团进行合作,把新观念、新方法融入五菱原来的企业文化当中,通过对员工的培训、引导和观念的整合,实现了企业文化的成功融合,使企业绩效上了一个新的台阶。

企业价值层面的共同荣耀。企业的价值观念特别是核心价值观,是企业文化最重要的部分,也是企业文化融合中最难的部分,而一旦并购企业形成了统一的核心价值观,那么企业融合也就达到了最高的层次。根据 Geert Hofstede 的企业文化层次模型,企业文化分四类显现方式:价值观、仪式、英雄人物和象征,它们是依次从内到外的,企业文化的核心是价值观,它通过仪式、英雄人物及象征等方式显露于外。要形成一致的价值观念就需要企业员工的价值认同,在并购企业中,特别是在跨文化并购企业的不同文化群体中,形成相同的文化意识、相同的文化归属感和共同的价值取向，让共同的价值观成为企业跨文化发展的凝聚力和不同文化群体的黏合剂。企业的全体员工都以拥有共同的企业价值观而感到荣耀，这必然带来员工行为的一致性，自觉遵循共同的行为准则，使全体员工的活动集中于特定的、有范围的安排之中，因而可以减少决策的制定成本和机会成本，提高工作的专业化程度。同时，共同的企业文化价值理念，使得在一起工作的员工始终存在共同关注的焦点，让一起工作的员工提高、分享对工作的一系列预期，从而减少因信息沟通不畅而产生的不确定性。企业文化的融合要求培育并购企业员工对共同的价值观产生一种荣耀感，这种荣耀感会让员工自觉地去实现企业的长远目标，形成一个共同的愿景，产生使命感与责任感。

有"世界第一CEO"之称的GE前CEO杰克？韦尔奇曾经指出，确立企业使命是考验公司领导能力的关键，使命感将指引人们往何处前进，而价值观所描述的则是引领人家达到目的地的行动。海尔在打造企业核心价值观方面堪称典范，张瑞敏说过："启动企业要从人开始，启动人要从精神开始。"只有将员工的思想统一到核心价值观上来，才能激发员工的战斗力，才能使所有员工能够实现职业理想和自我价值，也才能够使员工自我的价值观与企业的价值观一致，在企业发展中实现员工个人的人生价值。比如，海尔的一名叫金昌顺的员工，经过培训上岗做冰箱总装焊接工，他的梦想是想当"海尔的焊接大王"，他秉承海尔的"日事日毕，日清日高"的理念，经过不懈的努力终于如愿以偿。企业文化的融合就是要达到员工对企业的价值观的深刻认同，并以实现企业价值观为荣，也只有在价值观层面实现了共同荣耀，企业文化的融合才得以最终完成，当然融合的完成并不是企业文化创新的终结，而是向更理想状态迈进的开始。

（作者单位：中国人民大学哲学学院，本文摘自(《企业文明》2009年2期)

铁人精神创新与企业文化转型

静德纯　文立军

铁人精神之所以能够成传承至今，成为中华民族精神的重要组成部分，关键在于他具有与时俱进的时代特性。铁人精神不仅是对王进喜崇高思想、优秀品德的高度概括，也是"爱国、创业、求实、奉献"的大庆精神的典型化、人格化，更是一代石油人智慧和汗水的结晶。铁人精神与大庆精神是有机统一的整体，二者很难割裂开来。作为中国产业工人阶级精神风貌与中华民族传统美德完美结合的产物，铁人精神早已成为大庆城市和大庆油田企业发展的不竭动力。

从铁人精神的产生，到企业文化的创新，到铁人精神的再创新，企业文化的再塑造。大庆地区的企业管理是由经验管理，到科学管理，再到文化管理的成长历程。铁人精神的发展和创新经历上世纪60、70年代定型，80、90年代转型，90年代后塑型"三个"比较明显的时代文化断层。大庆企业文化建设也经历了一个由自在到自觉，自觉到觉他的一个文化创新过程。就本质上而言，铁人精神就是在大庆油田特殊的历史背景、文化转型和文化自我批判时代，孕育产生的典型企业文化，是中国式管理的范本。

一、铁人精神创新与大庆地区企业文化建设的传承架构

1. 企业文化变革，存续企业凸显铁人精神创新的内在性。

铁人精神的文化内涵在于引领了一个时代的进步、一个群体的自强、一个民族的振兴、一个国家的富强。对企业来说，文化的影响根深蒂固。但是，当一种企业文化已经成为企业经营发展的最大障碍时，不变革企业文化，不注入新的活力，企业就会坐等消亡。所以，企业文化变革决定企业的生存发展。这就要求从僵化开始、从优化着力、从固化成型、从转化见效、把握企业文化运作规律和变革规律的。

铁人精神对大庆地区经济发展的支撑、推动和提升作用是至为关键的。存续企业，通常被"经济人"解读为非优良资产企业。大庆石油管理局是大庆"存续企业"的典型代表。大庆石油管理局的发展史就是大庆油田开发的建设史，铁人精神的文化内核体现在这两个企业身上就是创业精神。

从文化的形成、表现、发展过程中的历史性、企业性、社会性的特征和角度来看，大庆石油管理局及其所属企业的全体员工宜充分认识"铁人精神"的文化财富或资源，对大庆石油管理局及其所属企业、对大庆市的企业、对我国众多企业文化建设和实践，甚至对日本、美国等国外一些企业的企业文化建设都曾经发挥过直接或间接的借鉴性、示范性作用。"铁人精神"的文化财富或资源是我国众多企业曾经借鉴性运用过的财富、资源，甚至还曾是世界范围内的文化财富、资源。在新的时期和环境里，大庆石油管理局通过科学、合理的确立了企业长期发展的战略方针，创新性制定企业文化战略，赋予"铁人精神"新的文化内涵，保持"铁人精神"的特点、生命力以及产生推进企业发展的强劲动力。

2. 企业文化塑造，上市企业突出铁人精神创新的能动性。

作为一个经济主体，企业的首要使命和最主要的使命就是活着，要活着就必须适应不断变化的环境。企业文化塑造主要通过让企业提高对企业成员的凝聚力和对外部环境的影响力来实现这个目的。

在企业文化塑造中，大庆油田有限责任公司这个从大庆石油管理局剥离出来的"上市企业"，在资产上表现为优良资产、上市企业，在文化上表现为文化有源、形象待塑。因而，对大庆油田的上市企业来讲"化"才是最重要的，要达

到企业倡导的企业文化有一个进化和重塑的过程。

企业文化的形成是一个良性循环的过程,没有尽头,铁人精神作为大庆油田企业的文化本源、精神内核,要适应激烈的市场竞争、文化竞争、管理竞争,企业必须进行企业文化重塑。成功企业对文化的理解就表现在他们不断变革和立即行动上。重组改制正式注册成立伊始,大庆油田有限责任公司在继承完善铁人精神的基础上,就把"高水平、高效益,可持续发展"即"两高一发展"作为自己总的发展战略,将新的文化理念、经营思想细化到企业生产中的每一个环节,通过不断的企业变革来实现员工最初的行为改变。

3. 企业文化整合,重组企业提倡铁人精神创新的共赢性。

舒威格(Schweiger)等人于1994年提出了一个整合模式,指出并购双方的价值链需要重新构造,以实现收购方价值形成的目的。这种重新构造包括三个方面:技术方面、政治方面和文化方面。相对于前两者来说,而文化整合又是至为关键的。

企业整合是产业优化和资源重新配置的一种现象或一个过程,企业文化整合不是将原两个企业的文化简单叠加和拼凑,而是将其优秀部份的融合和升华,是在共性认识的基础上建立起的具有连续性和一致性的新文化。"和而不同"是解决保持差异和多元共存的问题的原则。企业文化的根本目的之一就在于促进文化沟通,避免文化的强烈冲突,改进企业生态和人文环境。中国石油大庆炼化分公司的文化整合最具有典型性。其前身大庆油田化工总厂先后隶属于大庆石油管理局、大庆油田有限责任公司。2000年与原大庆林源石化分公司合并重组,2006年又与林源炼油厂实现第二次重组。6年里,大庆炼化公司在尊重差异中求磨合,在磨合中解决冲突,在解决冲突中求得融合。在很短的时间里成功地进行了两次文化融合,在全国打响"心相通、情相融、力相合"为本质特征的"三相"文化。最终形成了企业的文化理念体系,既承继了铁人精神和"三老四严"、"四个一样"、"三要十不"等传统作风,又更多地体现了时代特征和创新思维。

4. 企业文化提升,民营企业发挥铁人精神创新的互补性。

当代英国著名经济学家L·克拉克指出:"许多企业正在自觉地把企业文化的改变作为改革赖以成功的一种有力武器。"随着企业经营环境、发展战略和企业制度的变迁,构建在其基础之上的企业文化同样要与时俱进、不断创新、丰富和发展。否则,就无法维持高生产力的发展。

在经济飞速发展的现代社会,任何一个企业的发展都离不开企业文化的先行。这已是企业实现经济腾飞的必要和先决条件,是每一个成功企业家的共识。但是对民营企业而言,"领导者"文化应该是占首位的,企业文化建设作为一个热点,其先决条件是企业领导者的文化自觉性,因此企业领导者往往成为企业文化的第一倡导者、第一设计者、第一宣传者和第一实践者。

民营企业文化并不是建而有之,而是生而有之,只不过没有经过科学总结和利用而已,不管是新建的民企还是发展到一定程度的民企,都有一个更新、重塑或改善企业文化的问题。大庆振富集团积极参加中国光彩事业的行为,充分体现出"义利兼顾"的核心理念和"致富思源,富而思进"的思想境界。参加全国国慈善捐助活动的举动,则体现了"地势坤,君子以厚德载物"的胸怀,发扬了中华民族"与人为善"的传统美德。从"攻坚、啃硬、勤学、创新"的振富企业精神,到"树'振富'品牌,建'百年'企业" 企业愿景,追寻大庆振富集团有限公司的发展历程和企业文化,可以看出其浓厚的大庆精神、铁人精神的文化底蕴。

二、铁人精神创新与大庆地区企业文化建设的创新脉络

1. 文化自觉完善了企业精神维度。

文化是经济发展的深层推动力,现代企业的核心竞争力、技术创新,可以模仿,但文化没法模仿。源于历史、高于历史、有效创新性和科学丰富性相结合,赋予"三老四严"新的内涵,是赋予"铁人精神"新的文化内涵的切入点和主要表现方式。铁人精神的创新与发展是与大庆油田的建设发展相辅相成、与时俱进的。实践、认识、再实践、再认识,循环往复以至无穷;物质变精神,精神变物质,这是马克思主义的真理。铁人精神的创新与发展与大庆油田的建设和发展就充分体现了这一点。大庆石化的企业文化建设突出了铁人精神的核心地位。铁人精神是大庆企业职工共同的价值观念以及工作作风、道德准则的集中体现。其主要内容有:奋发图强、自力更生,以实际行动为中国人民争气的爱国主义精神和民族自豪感;无所畏惧,勇挑重担,靠自己的双手艰苦创业的革命精神;一丝不苟,认真负责,讲究科学,"三老四严"脚踏实地做好本职工作的求实精神;胸怀全局,忘我劳动,为国家分担困难,不计较个人得失的献身精神。

2. 文化思维丰富了企业心智模式。

"兵无常态,水无常式"。只有不断的调整和发展才是有活力的企业文化。正像其他生命体有其自身的基因一样,企业作为一个生命体也有自身的基因,这个基因就是企业文化。企业文化的核心是思想观念,它决定着企业成员的思维方式和行为方式,能够激发员工的士气,充分发掘企业的潜能。一个好的企业文化建立后,它所带来的是群体的智慧、协作的精神和新鲜的活力,这就相当于在企业核心装上了一台大功率的发动机,可为企业的创新和发展提供源源不断的精神动力。

"对待事业,应有奉献精神。对待名利,应有无我精神。对待自己,应有内省精神。"这就是大庆石油管理局员工对铁人精神的诠释。在那场振兴中华民族的石油工业大会战中,出现了一位民族英雄——铁人王进喜。王铁人展现出来的时代精神,被誉为铁人精神。作为群体意识和行为的展现,被概括为"爱国、创业、求实、奉献"的铁人精神由此产生。从此,大庆石油管理局始终高扬铁人精神这面伟大旗

帜，推动企业朝气蓬勃地向前发展。在这个发展过程中，铁人精神所具有的民族性、先进性和创新性，决定了铁人精神不但得到了很好的继承，也得到了适时的创新与发展。支持改革，振兴企业，是大庆石油管理局干部职工义不容辞的政治责任和肩负的历史使命。这“一个责任”和“一个使命”，使全体干部职工迸发出了新形势下更强烈的爱国激情。应当说，一次创业的“爱国”集中体现在“摆脱困境、快出石油”上，二次创业的“爱国”则集中体现在“政治稳定、经济发展”上。

3. 文化管理规范了企业行为操守。

事实上，不存在“最好”的企业文化，只有“适宜”的企业文化。改造企业文化只有与解决企业面临的突出问题结合起来，才会现实可行而更易让人接受。

要将管理变革结果牢牢固化在企业文化之中，企业文化需要结合时代特征，结合企业现实情况，结合员工思想状态，进行丰富和创新。企业文化重在实践，贵在落实基层。企业要把基层文化建设作为着力点，善于把文化理念与生产经营管理融为一体，使之成为激励员工岗位成才、敬业奉献的价值支撑。铁人精神是企业的宝贵财富，是推动企业发展进步的不竭动力。建设以铁人精神为核心的先进企业文化，就是越要发展，越要在职工中坚持不懈地开展铁人精神和会战传统教育，使之深人人心，内化为每个职工的自觉意识和自觉行动，并一代一代传下去。大庆炼化公司把大庆精神内化成实现奋斗目标的激情，努力培育服从大局、为企分忧的价值取向。30 万吨/年聚丙烯工程是国家振兴东北老工业基地的重点投资项目之一，是大庆炼化公司当初提出建设“四个基地”的重点工程。为了这套具有世界级规模的装置能够早日建成投产，大庆炼化公司上下树立起强烈的责任感和使命感，把激情与梦想体现在工程建设大会战的具体行动中，广大参战员工不计时间、不计报酬，超越自我、挑战极限，最终提前 8 天完成工程任务。

4. 文化积淀丰富了企业精神哲学。

企业有企业的文化，城市有城市文化。大庆的“铁人精神”，作为一种文化现象，有它的真实性、原始性和不可再生性，是在这座城市的文化积淀。

一个民族文化的形成和形成一种民族的文化，是一个积淀过程，一栋老宅，一座古刹，一棵古树，如果以功利的价值观去思考，它就是一些破旧的“老古董”，如果从其蕴含的文化价值去思考，其价值不是数字所能说明的。

历史是城市的魂，文化是民族的根。古希腊哲人曾说过“只有民族的才是世界的”。20 世纪 60 年代，大庆石油人靠甩掉中国贫油落后帽子的信心，靠人拉肩扛精神、干打垒精神、缝补厂精神、回收队精神、五把铁锹闹革命精神，胜利地拿下了大油田；70 年代，又靠“三老四严”、“四个一样”和“岗位责任制”等优良传统高速高效地开发和管理了油田，实现了 5000 万吨原油稳产；近 20 年来，坚持继承铁人精神，发扬优良传统作风，靠不断地解放思想、更新观念，使大庆油田连续 27 年高产稳产。正是大庆油田在长期实践中形成的这些先进的思想、观念、责任感、优良作风等，才使大庆人战胜了三年自然灾害、十年“文化大革命”、八九风波、九八洪灾、东南亚金融危机、非典疫情等困难和干扰，为共和国做出了巨大贡献。在这个过程中，全体干部职工在观念上经历了极其深刻的变革，对创新铁人精神有了新的认识和理解，因而极大地丰富了铁人精神的内涵。

三、铁人精神创新与大庆地区企业文化建设的时代经验体系

1. 追求企业文化之“道”，谋划现代企业经营战略。

翻阅《孙子兵法》，可以领会到这样的道理，孙子认为决定胜负的有“道、天、地、将、法”五大因素，“道”独排第一，“不战而屈人之兵”阐述的就是这个道理。其实一般企业家用兵法管理之“术“，顶级企业家才能悟“道”。而对于真正的企业家来说，不仅应熟悉各种管理之方法和手腕等“术”的东西，更应该明“道”，并以“道”来统领“术”，达到“道术合一”。这才是企业经营管理的最高境界。

斯普兰格曾经说过，只有生命才需要用文化去陶冶和唤醒。在这里，文化一词已经不是单纯指一般意义上的文化，更不是指物质文化，而是指真正意义上的精神文化。因为他用“生命唤醒”来表达文化陶冶的实质，可见文化绝不是单纯指外在的文化形式，而是指一种内在性的精神文化。也许，我们不能对大庆精神、铁人精神的哲学底蕴和文化内涵作很精确的区分，因为他们的文化是一个难以分割的系统，而且已经溶解在每一个大庆油田人的血液中，体现在每一个工作的细节上。铁人精神和大庆的企业文化与员工行为合为一体。

相对于内涵丰富的行为、理念思想而言，语言是苍白的。也许：“为祖国分忧、为民族争气”的爱国主义精神；为“早日把中国石油落后的帽子甩到太平洋里去”，“宁肯少活二十年，拼命也要拿下大油田”的忘我拼搏精神；干事业“有条件要上，没有条件创造条件也要上”的艰苦奋斗精神；“要为油田负责一辈子”，“干工作要经得起子孙万代检查”，对工作精益求精，为革命“练一身硬功夫、真本事”的科学求实精神；不计名利，不计报酬，埋头苦干的“老黄牛”精神，等等这几行字还远远不能概括铁人精神文化的内涵。但个性的文化成就了大庆油田真正的企业个性，而他们的个性正是文化与理念、制度、行为的同一，是“道”与“术”的高度融合。低手做事，中手做市，高手做势。在经济领域，“事”是具体的事务，“市”是市场，“势”就是文化。在大庆油田的建设发展中，经历了由“事”到“市”、再到“势”的操作中心转移。而今天，铁人精神的孕育出现代企业文化成为企业发展的核心动力，在“势”的统领下，“市”与“事”更加精彩。

2. 铸造企业文化之“魂”，重塑现代企业哲学精神。

文化对人有着潜移默化、持久深远的影响，从一定意义上说，文化塑造了人生，丰富精神世界，增强精神力量，促进人的全面发展。

从生命哲学的视野看，只有精神活动才是人的生命活

动的最高形式,因而也只有精神文化才真正表现出文化的生命特征。离开人的生命意识,任何文化的思考都没有真正的教育价值。企业文化是一种无形资产,同时也是一把无形的利器,对企业的生存与发展起着至关重要的作用。

作为“企业之魂”的企业精神是企业在长期生产经营实践中所形成的职工群体心理定势和价值取向,是企业员工世界观、人生观、价值观在企业行为中的聚合。在市场竞争日趋激烈、一些非道德行为严重干扰市场经济秩序的情况下,讲诚信正日益成为在市场竞争中求生存、求发展的根本的、有效的方法。市场经济中的诚信,主要体现在守承诺、保质量、重服务等方面。大庆人历来有诚实守信的好传统,这使得他们一进入市场就很快崛起。大庆石油管理局钻井一公司G—58队,在赴委内瑞拉打井承钻第二口井时,甲方为了提高下钻速度,提出了改造游动系统的想法——要把原来游车的12股绳改为10股绳,虽然只差两股绳,但难度却大得惊人,一旦改不好将全部瘫痪。凭着广博的知识和娴熟的技术,他们只用17个小时就一次改制成功,极大地增加了甲方对他们的信任。

先进文化顺应历史潮流,反映时代精神,代表未来方向,是人类文明进步的结晶,是推动社会前进的精神动力。文化是一种无形的力量,这种无形的力量深深熔铸在大庆油田每一个人的意志和情感之中,影响着铁人后代的行动,它具有物质力量难以匹敌的穿透力,是推进大庆油田可持续发展和社会主义现代化建设的重要力量。”

3. 诠释企业文化之“形”,打造现代企业品牌形象。

大音稀声,大象无形。企业文化基于物质、有形的积淀之上的,才是属于精粹、灵魂或者“大道”层面的东西。一旦具备这类性质,企业就比较容易达到“无所为无所不为”的境界。无形不是意识形态的形而上,也不是故弄玄虚,企业文化的无形,实际寓于诸层面、诸环节、诸部分的有形之中。

企业形象是企业文化的外在表现。一方面,企业文化是企业形象的内核和灵魂;另一方面,企业形象通过产品形象、品牌形象、营销形象和集团形象等展现出来。良好的企业形象,不仅对企业内部产生强大的凝聚力和向心力,还对外亦能树立企业良好的信誉,扩大企业影响,提高企业竞争力。与具有悠久历史的大庆油田企业比,成立不到7年的大庆炼化公司在塑造企业品牌方面堪称成功文化品牌先行者。企业成立之初知名度很低,就连大庆人和石油行业内的人都觉得陌生。通过有效的固定和流动广告塑造品牌,连续四年冠名了齐齐哈尔到北京的T47/48次列车为“大庆炼化号”,每年会有数百万人次对大庆炼化留下深刻印象;通过有效的央视专题参与推介形象。2002年第十七届足球世界杯期间,组队参加了中央电视台举办的“球迷世界杯”活动,获得全胜奖、最佳组织奖、最佳配音奖,央视五套8小时播出,3亿观众收看,展现了良好的炼化人风采。之后又连续两年参加央视体育频道《全明星猜想》、《雅典猜想》特别节目,大庆炼化公司已经成为中央电视台的品牌队伍。2006年5月,大庆炼化公司前往法国马赛参加被誉为民间“奥运会”的《城市之间》节目比赛。大庆炼化公司的参赛队员的出色表现,助威团高亢的《义勇军进行曲》和《咱们工人有力量》的歌声,给举办国、参赛国以及全体参加节目人员留下深刻印象,展现中国工人的风采,把中国人、大庆人、炼化人品牌形象展现得淋漓尽致,最后和天津队联手赢得了比赛冠军,进而使大庆炼化公司的知名度走出国门,美誉度也进一步提升。

4. 强化企业文化之“本”,提升企业科学管理水平。

中国企业文化发展的最根本的问题是企业文化的中国化。由于东西方文化背景不同,在企业的经营管理哲学方面,存在一些差别。事实上,中国企业文化的“本”应该在中国传统文化的精华中。不管是道家、儒家还是墨家,其文化精华部分都应该是现代企业文化建设中的一个组成部分。

在中国的企业文化中,德治、人尊、人际关系,三者是统一的。现代西方的管理者不断探索和完善一种企业文化的行为能力,他们将探索目光投向东方文化,认为以儒学文化为代表的东方文化,其中的德治、人尊、人际关系等思想,实际非常先进,代表了社会进步与发展的最终趋势。

2002年5月,中央电视台举办了与世界杯同步进行的《球迷世界杯》大型娱乐竞猜节目,将邀请数名代表队参加,条件是必须具备直辖市、省会城市、足球城市、知名城市的资格。大庆炼化公司紧紧抓住大庆市作为知名城市这一有利时机有幸入选,并面向全市征集队员,最终成立了全部由公司员工组成的大庆炼化球迷代表队。大庆炼化球迷队的小伙子姜皓罡是大庆炼化公司的一名普通操作工,他热爱生活,更热爱足球运动。此前,姜皓罡的同事、甚至家人都认为,整天就知道看球、除了电视就是报纸、满脑子装得除了球就是球、光看球你能有什么出息。就在姜皓罡突破重围被层层选拔进入大庆炼化球迷代表队的那一天,朋友和母亲仍然认为他不过是出去玩玩。可是,比赛真正开始后,看着大庆炼化队一场一场地拚下来,一次一次地显胜强手,是幸运也好、奇迹也好,朋友和母亲的自豪溢于言表,皓罡不仅上了中央电视台,而且还和队友们夺取了冠军!他的妈妈的观念改变了。不仅如此,她也开始看起了足球,而且上了瘾!现在,大庆炼化流行这样一种说法:实现员工自我价值的方式很多。目前,这个公司正为培养大量的复合型人才,为员工提供一个个施展才华的大舞台。

没有特色就没有个性,也就失去生存和立足之本。心理学研究表明,只有富有特色的东西,才能引起人们的关注,留下鲜明深刻的印象。企业文化作为上层建筑的范畴,离不开经济基础的支撑。同时又对企业的经济活动产生巨大的推动作用。现代商业竞争,已从最初层面的价格竞争、产品竞争 转向高层次的文化竞争。

实践证明,铁人精神是大庆市、大庆油田在市场竞争中获得优势的强大精神支柱,是大庆企业品牌的精神形象。所以,要在新形势中赋予铁人精神以新的时代内涵,继承和发扬铁人精神,坚持科学发展观,把“发展是第一要务”思想落到实处，加快推进企业可持续发展；要用铁人精神建设先进的企业文化，着眼于长远，在继承中创新，在创新中升华企业文化建设之路。

（作者静德纯：中国化工职工思想政治工作研究会常务副秘书长；文立军 ：大庆炼化公司文化新闻中心副主任）

中国民营企业文化现状与发展研究

叶　生

提出民营企业文化的概念，意味着企业文化可以按照产权关系划分为国有企业文化、民营企业文化、合资企业文化、外资企业文化这四大基本企业文化类型。这种分类方式是有科学根据的，因为决定企业文化最根本的因素是产权制度。从产权经济学而言，产权关系是决定经济制度的最关键因素，因此，以产权关系划分的企业文化类型有其现实及理论指导意义。

中国民营企业文化建设主要特点

中国民营企业真正发展是在近 20 年时间，相对于国有企业与外资企业而言，它的企业文化建设只是刚开始，不确定因素很多，目前并不存在一种权威的理论模式能够成为民营企业文化建设的典范。总结中国民营企业文化建设有如下特点：

1. 中国民营企业文化建设总量不足但亮点纷呈。

从目前对企业文化建设的投入程度以及在企业管理中的重视程度看，相相对于其他三种类型企业，民营企业文化比较弱。只有少数大型民营企业重视企业文化建设。

但从当前对中国企业文化建设有影响的企业文化建设案例分析，多数是大型民营企业。他们一旦重视企业文化建设，其投入的程度以及将企业文化应用到管理模式的深入程度，是其他三种类型企业不可比拟的。外资公司。虽然重视企业文化，但他们偏重强调制度建设。国有企业受到体制的限制，一定程度上对企业文化的“深耕细作”不像民营企业那样得心应手。可见，中国民营企业文化建设在总量上虽然不及其他类型企业，但从影响力和对中国企业文化建设的作用来说却相当重要。

2. 二次创业型的企业文化变革使民营企业文化走向深入。

中国民营企业能够生存、发展起来的，均可谓姣姣者。因为，中国过渡发展时期的不确定因素，随时可以让一家大型民营企业承受风险和磨难，这一点比其他三类企业要多很多。民企业目前处于二次创业阶段，第一创业阶段的民营企业基本上是企业家靠机会加勇气，悟性加能力而成功的。随着企业不断发展，市场变化以及管理模式的转变，民营企业的管理急需提升，那些还停留在原来的思维惯性，采用旧的管理模式，或者小富即安，不思进取的企业，已经逐渐被市场淘汰。而继续生存并发展壮大的民营企业，已经意识到必须由以前的粗放式管理向科学化管理转变，大规模的企业变革需要文化变革支撑。特别是随着新一代的高素质、年轻、充满激情的民营企业家的崛起，他们更是民营企业文化建设的推动者。他们对企业文化建设的需求更多是来自管理的内在需求。企业内部管理需要提升，要求他们将更多的精力集中在人的建设上，因此属于对人的精神管理的企业文化，就自然成为重要工作之一，企业文化的内化和实效性是他们对文化管理的内在需要。

3. 企业家精神与职业化文化之间的博弈是当前民营企业文化建设的难题。

从理论上分析，企业家精神主导一个企业文化的主要性格，但并不能简单地将它等同于企业文化，毕竟企业文化是一个群体概念，而企业家精神是一个个体概念，两者之间不是简单的算术问题。之所以中国企业文化建设会出现这个问题，是因为大部分中国企业管理模式还处于人治阶段，企业家决定了企业的主要管理模式，法治或者说是制度建设仍停留在原始阶段，因而出现了个人精神等于集体精神的现象。

从企业发展阶段分析，这种现象的存在有其合理性。由经验管理到科学管理，再到文化管理的逐渐提升，这是一个企业的必然发展阶段。中国当前的企业管理主要是由经验管理向科学管理过渡，因此企业家在管理中自然起到决定性作用。但这种现状正在逐渐改变，随着企业战略发展需要，企业从个人管理或者家庭式管理向职业化团队管理是大势所趋，许多民营企业都在这方面做出了尝试。尽管目前由于职业化经理人团队并不是很成熟，出现了许多困难和失败案例，但总体发展趋势还是不变的。职业经理人团队的加入，使得原来单一的人治文化出现了微妙的变化，职业经理人所带来的新理念、新管理模式，逐渐改变了原来单一的以企业家为首的管理模式，因此，文化管理模式也就随之加入了更多新的管理因素。如果这些因素能够协调发展，那么文化变革就能够取得成功，否则将会使企业又走回原来的出发点，这将对企业造成更大的伤害。

4. 制度文化与精神文化之间的协调是民营企业文化建设的主要困惑。

文化务虚，制度务实，这两者之间的关系是长期困扰中国企业管理的主要问题。管得太严会管死，管得太松会失控，到底采取什么样的管理模式比较合适，是企业家最关心的问题。中国民营企业在由以前的人治管理向法治管理转变的过程中，通常会有以下两大倾向：一是过度强调制度建设而导致机制僵化，二是过度强化人性管理而导致组织失控。过度强化制度建设的企业一般会认为，西方的管理模式之所以成功，是他们什么都通过制度来管理，通过庞大的制度体系来管人，所以人的因素在管理中占较少比例，这正是当前大部分民营企业家所向往的。多年的市场拼搏让他们感到疲惫不堪，通过制度化平台，引入职业化经理人，复制西方管理模式成为他们的理想。但他们忽略了中国民营企业管理平台与西方成熟企业管理平台之间的差距,这种差距不仅仅体现在管理体系、管理技能、管理能力的差距上,更重要的是因管理理念上的差距而形成的管理文化的差异。因此过早将西方管理制度复制到企业管理中很容易产生管理不适应,例如ERP、人力资源BSC等管理模式的导入,经常会因为企业管理体系不到位而造成最终失败的结果。而过度强化人性管理的企业,则因过分强调中国文化的特殊性而经常给自己找理由,认为中国式管理是以中庸文化为主,以灵活善变的中国人特性为基础,以老板驾驭人的权谋能力为荣,导致制度管理流于形式,甚至出现公司政治主导的文化管理模式。

这两种情况导致部分民营企业将企业文化虚化,认为企业文化是给别人看的,企业要以制度管理人,有了制度就足够了,最终形成员工积极性低下、缺乏工作创新性的局面。而另一种情况则是视制度管理而不顾,认为文化能够解决所有问题,以致形成精神至上的误区。

在企业文化管理模式中,制度建设是基础,文化管理是导向,制度是让想犯错的人犯不了错,文化是让想犯错的人不愿意犯错!

中国民营企业文化建设发展趋势预测

文化是因管理而生、为管理服务、以管理绩效为最终检验标准的高级管理模式,因此企业文化的发展趋势必须是如何与管理结合、支撑管理而又提升管理的。中国民营企业文化发展趋势有它的客观规律,总结如下:

1. 企业家的文化变革是决定企业文化变革的关键因素。

长期以来,民营企业家的文化性格是民营企业文化的关键因素,企业文化的变革其实质是民营企业家的变革。是生意人还是企业家?是个人成功经验还是企业成功经验?这将是民营企业文化变革的关键因素。心胸与眼光,长期与短期、物质与理想,这将是企业家必须做出正面回答的问题。在此过程中,将逐渐出现两种倾向,一种是有梦想、重管理、眼光长远、心胸广阔、关注人性的企业家,以及在他们带领下而形成的企业文化,将是中国民营企业文化的标杆;另一种是只关注短期利益、心胸狭窄、表里不一、狂傲自大的企业家,以及在他们影响下形成的企业文化,这种企业文化将导致企业逐渐走向绝路。从这种意义上说,民营企业文化是:优秀的老板不一定能形成优秀的企业文化,但优秀的企业文化一定需要一个优秀的老板。

2. 职业经理人融入的文化因素成功与否决定了企业文化升级的最终结果。

一个人的企业还是一帮人的企业,一个人的精神还是一帮人的追求,一个人的管理还是一帮人的制度,这是民营企业文化升级的必答题。建立职业化、制度化、规范化、科学化的管理平台,融入更多人的理想,搭建平台带团队,这是新时期民营企业文化建设的趋势。方向是明确的,道路是坎坷的。当然,中国职业经理人的团队素质及职业化道德水平,也是这场变革的另一个关键因素。不要光提出问题,而要找到解决问题的办法;不要先挑毛病,而要看到原有企业与人员的优点;不要太急于求成,而要先学会融入;不要采取一刀切的治理办法,而要逐步过渡;不要光批评人,而要学会提携人。或许这才是中国式管理的真正内涵吧。

3. 战略导向型与应用型企业文化建设是主流。

中国民营企业向来不缺乏战略思想,但缺乏战略规划。中国民营企业向来不缺乏文化意识,但缺乏文化管理的能力。从战略梳理和管理流程入手,结合人力资源管理的企业文化建设将是民营企业文化建设的主要需求。建立战略导向型企业文化,强调企业文化提升管理理念,通过核心理念与管理制度规范要求相结合,讲究实效性、战略性、管理型的文化应用,回归文化管理的本质,这将是民营企业文化建设诉求与其它文化类型的主要差别,但这种趋势的发展瓶颈就在于民营企业的管理基础薄弱。许多民营企业的基础管理平台较低而好高骛远的想法又使得许多民营企业期望通过一两次管理体系的导入而得到重生。更为重要的是,管理意识薄弱导致中国民营企业战略缺失,人力资源管理体系基本没有,这样的管理基础必然使得民营企业文化虚化的可能性大大增加。“形式比内容重要,市场比管理重要“的识误区导致了“说起来重要,忙起来次要,做起来不要”的局面,这毫无疑问会让民营企业文化建设的道路更为艰辛。

4. 品牌文化建设与企业文化建设内外兼修是文化实用主义的体现。

中国民营企业文化建设实用导向主义将越来越明显,务实的文化需求不仅希望将内在文化应用到管理当中,更加需要将内在文化与外在的品牌文化相结合,因此CI式的企业文化建设与管理型的文化建设将成为中国式企业文化的主要模式之一。在此过程中,需要提醒的是,民营企业文化建设要将内在文化即管理文化作为核心,以外在品牌文化为辅助,一定不能将品牌文化凌驾于管理文化之上,否则会造成文化虚化更为严重。以内定外,以外助内,内外兼修,这将是中国式企业文化的形式之一。

(作者系香港企业文化协会常务秘书长,本文摘自《中国企业文化研究》2008年2期)

试论人文关怀

——人文关怀的哲学内涵及其在构建和谐企业中的现实意义

张　静

“人文关怀”一词出现在党的十七大报告中,成为引起世人关注的一个亮点。这不仅体现了执政党对人的关怀、社会对人的关爱，更凸显了一种全新的哲学视角和价值追求。如何从哲学层面深刻理解人文关怀的内涵，并探讨其在构建和谐企业中的现实意义，这是当前值得思考的一个理论和现实问题。

一、人文关怀的哲学内涵

从哲学意义上说，“关怀”是对他人生存状态的关注，对他人权利的尊重。人文关怀关注人自身的命运与价值，是对人生意义的思考。一句话，人文关怀就是关注人的生存与发展，是社会文明进步的标志，是人类自觉意识提高的反映。

1. 人文关怀是中国传统哲学思想的基本价值。

中国哲学智慧中历来有注重人文关怀的传统，早在三千多年前的《周易》中就有“刚柔交错，天文也；文明以止，人文也。关乎天文，以察时变，关乎人文，以化成天下”的阐述。不仅率先提出了“人文”一词，而且还提出了“文明以止”、“化成天下”的观点。

作为中国文化主体的“儒教文明”也体现出强烈的人文精神。孔子一生的人文实践与人文主义思想，说明他关注的对象是人与人类社会，尤其是他的“仁”所体现的人文关怀，成为中国传统文化中最为光辉的人文遗产。孔子把“仁”等同于“人”，他认为，人与其他非人的动物一样，是一个有生命的个体，有生存、繁衍的欲求和物质生活的需要，从这个角度和意义上讲，“人”是“仁”的基础和前提。同时他还把“仁”作为人生价值之所在，认为天下之人皆有追求富贵的欲望，但必须以仁德作为标准而衡量取舍。正如孔子所言：“不义且富且贵，于我如浮云”。这种超越于富贵的道德衡量，正是儒家人文关怀思想的价值取向，这一价值取向也被历代中国人文关怀思想者所持守。

2. 人文关怀是党“以人为本”执政理念的重要体现。

将“以人为本”确立为党的执政理念，是党在执政理念上的与时俱进。在中国社会主义初级阶段，人民内部矛盾是社会主义初级阶段人际关系上的主要矛盾。这些矛盾总体上是可以通过改革和调和的方式解决的。因此，党的思维方式和领导方式要相应地实现从“斗争哲学”到“构建社会主义和谐社会”的根本转变。这就带来一种全新的政治伦理观：对广大人民群众个人基本权利的尊重、保护和肯定，即“以人为本”。从这一价值趋向出发，人文关怀的方式必然被引入执政兴国的具体实践中。它体现为在强化外在约束的同时，更加注重研究市场经济条件下的人文价值，对人的主体地位肯定和尊重，对人的生存状态、生活条件、利益追求关注和保障，通过人文精神和人文环境建设，满足广大人民群众合理正当的利益需求，帮助人们实现自我价值。可见，人文关怀是“以人为本”执政理念的外化和重要表现形式。

二、人文关怀的社会功能及实现形式

具有深厚哲学和文化积淀的人文关怀，不仅是人对自身价值的觉醒，更具现实意义的是，它以全新的视角指导人们的思维方式和行动方式，推动社会不断从不和谐走向和谐。

社会学认为，和谐、冷漠与冲突是三种主要的社会关系，消除人与人之间的冷漠与冲突、促进社会和谐，是人文关怀所具有的重要功能。

1. 作为一种价值观的人文关怀。

作为价值观，人文关怀重视个体的价值取向，重视人的个性发展，尊重人的权利，维护人的尊严，崇尚人的自由、自立、自主和自强，强调个人的人生目的，为人的自我实现创造条件。

2. 作为一种道德追求的人文关怀。

作为道德追求，人文关怀彰显真、善、美相统一的理想人格，是塑造高尚道德情操和正直人格品性的精神源泉。人文关怀的现实目标是培养人们树立开拓进取的人生态度，庄严崇高的道德感、使命感和社会责任感，以及健康开放的文化心态与精神风貌。

3. 作为一种管理方法的人文关怀。

作为管理方法，人文关怀体现了柔性管理的思想。相对于“刚性管理”，“柔性管理”认为管理应以活生生的人为重点，用带有感情色彩的管理模式来取代传统的纯理性模式；在管理手段和方法上，应重视对情感、宗旨、信念、价值标准、行为标准等“软”因素的长期培育，从而提高凝聚力和竞争力。

4. 作为一种协调手段的人文关怀。

作为协调手段，人文关怀从人的情感和需求出发，运用交流、倾听、心理疏导等手段，调节利益关系和人际关系。改变传统的说教、灌输、强制等处理矛盾和问题的手段与方法，变单向灌输为双向沟通，从关心人的切身利益出发，把讲道理与办实事结合起来，在心理上加强联系沟通，在情感上尊重理解，在行动上关心服务，从而解决问题、化解矛盾。

三、人文关怀对构建和谐企业的现实意义

人文关怀不仅作为一种理念，更作为一种方法论，为构建和谐企业提供了新的视角与途径。

1. 发展人，建立以员工需求为主导的人力资源管理体系。

人文关怀要求尊重员工的个性及价值选择，鼓励员工的自由探索与首创精神。将人文关怀引入人力资源管理，将彻底改变那种把员工当成一种经济资源，认为员工是没有独立价值的附属物的观点，从而建立起广大员工与企业共同发展的平台。

在企业的人力资源管理中，要根据员工的特点和能力禀赋，设计差异化的职业发展规划，使员工的个性得以张扬，内心的价值感、成就欲得到满足；要根据员工不同时期的不同需求，建立起综合激励机制，通过对人性的尊重、对人格的褒扬和对人生价值的认同，弥补单纯物质激励的不足；要营造开放竞争、民主有序、宽容失败的有利于人才成

长的文化氛围,满腔热情地支持各类人才的创新思维和创造发明,使员工的潜能得到最大程度的发挥。

2. 关爱人,促进广大员工的身心健康。

人文关怀是对人的生存状态的关怀,是对符合人性的生活条件的肯定和给予。人的生存状态,既包括人的物质生活状态,也包括人的身体和心理状态。因此,维护人的身心健康是人文关怀的重要体现。

在企业发展中,要积极给予员工健康投资,将员工健康列入企业发展战略规划,倡导"每天锻炼一小时,快乐工作每一天,幸福生活一辈子"的健康理念,使健康生活化,生活健康化,不断增强广大员工的体质,建设员工健康文化。

关爱员工的身心健康,改进思想政治工作方式。要正视由于社会竞争压力、人际紧张、家庭矛盾引起的员工情绪波动,将心理疏导、心理咨询等心理干预手段引入思想政治工作中,建立员工倾诉、沟通的平台,使员工的不良情绪得以释放和宣泄,缓解员工的心理压力,维护员工健康的心理状态和精神状态。

3. 塑造人,积极开展和谐文化建设。

人文关怀关注人的精神和文化追求,特别强调理想人格、高尚情操、正直品格的塑造。而和谐文化是塑造员工高尚道德品格和企业良好精神风尚,以及正确处理当前形势下社会矛盾和人际关系的重要方式。

和谐文化倡导理性地认识矛盾、积极化解矛盾的和谐精神。帮助人们用正确的立场、观点和方法观察社会,尤其是正确认识、处理人与社会、人与企业、人与人之间的关系,减少思想认识上的片面性和极端化,对于调节人际关系、化解矛盾,能够起到潜移默化、润物无声的基础性作用,从而在全社会形成团结互助、平等友爱、共同前进的社会氛围和人际关系。

4. 维护人,实现弱势群体有尊严生活的权利。

生存权和发展权是人最基本的权利,使弱势群体能够得到基本生活保障,使他们能够有尊严地生活,这是人文关怀的基本内涵,也是一个社会、一个企业社会良心和社会责任的重要体现。

企业中要建立弱势群体困难响应机制,及时了解员工的疾苦,做好"雪中送炭"工作,帮助困难员工排忧解难;要建立"慈善帮扶基金",从一定程度上弥补社会保障体系的不完善,使困难员工的基本生活得到保障;要着重解决好企业下岗、失业、隐性失业员工的培训、重新上岗工作,使困难员工从根本上实现脱贫、脱困;在企业深化改革过程中,要创造条件、妥善处理员工在兼并、重组中就业、转岗、社会保障问题,避免形成新的下岗员工和困难员工群体。

5. 协调人,建立兼顾效率与公平的利益分配机制。

公平、正义是和谐社会的重要标志,也是人文精神的基本命题。妥善处理好利益关系,对于实现广大员工共享改革发展成果的权利,维护企业的公平、正义具有重要意义。

在企业内的利益分配中要处理好"效率"与"公平"关系,要解决好"激励不足"与"维护公平"这一悖论。当前,企业内的利益分配在坚持效率的前提下,要突出地解决好公平问题,要做到平衡兼顾不同群体的利益差别,避免企业内部收入差距过大。

妥善处理好企业中的利益关系,还应建立完善的员工利益表达和维护机制。充分发挥工会组织的维权职能,坚持和发展职工代表大会制度,建立和完善平等协商、集体合同制度,推动企业建立起以职工的工资增长和社会保险的缴纳为主要内容的经济权益保障机制。

总之,人是构建和谐企业与和谐社会的主体,人文关怀使我们在追求"和谐"的过程中,对人的尊严、价值、意义的理解和把握更加深刻,对人自身存在和发展中遇到的各种问题投入更多的关注和探索,从而最终实现人与人、人与企业、人与社会、人与自然的和谐相处。

(作者系中国航空工业第一集团公司政治部宣传处处长,本文摘自《中国企业文化研究》2008 年 4 期)

企业文化要研究"复杂的自主人"

肖 坦

人性观是管理理论的依据,也是构建管理理论的逻辑起点,因为管理的对象是人,企业建立什么样的组织结构,制定什么样的管理制度,采用什么样的管理方法,都与他们如何看待人的问题有关。近代管理思想的发展,从"经济人"——"社会人"——"自我实现人"——"复杂人"——"道德人",清晰地展示了人性假设与管理模式之间的必然联系。

五种人假设的理论之基

"经济人"假设是早期的管理思想。泰勒的科学管理和麦格雷戈的 X 理论便是建立在"经济人"假设的基础之上的。这种假设认为,企业中人的行为的主要目的是追求经济利益,工作的动机是为了获取经济报酬。因此,管理者只要采取正确的方法进行经济刺激,管理就会发挥出最大的效能。应当说,这个理论与当时的生产力发展水平以及当时工人的素质水平是相适应的,也的确发挥了巨大的作用。但是这种假设忽视了人的主动性和能动性。随着生产力的发展和工人教育水平的提高,"经济人"假设终于走向了反面。

梅奥从霍桑实验中得出的"社会人"假设,强调了人的社会性需要,认为人绝不完全是受金钱驱使的"经济人",社会和心理需求、人际关系对其行为方式起着决定性的作用。从"经济人"到"社会人"的转变,无疑是管理思想和管理方式的一大进步。但是,"社会人"假设过分强调人际关系的作用,而忽视了科学管理的合理因素。我认为,作为企业的员工首先应该是"企业人",社会价值观不等于企业价值观,任何企业也都不会以社会价值观来直接代替自己的企业价值观,所以,"社会人"假设不能作为企业管理的理论基础。

继而，马斯洛基于社会中人的自尊与自我实现等高层次需要，提出了"自我实现人"，认为人都希望发挥自己的潜力。马斯洛的需要层次理论虽为企业管理者调动员工的积极性提供了有益的借鉴和启发，但其所述个体需要是顺着需要层次阶梯而前进的理论太绝对化了。它的效用对我们来说仅可作为一种思考的工具。

沙因等人在综合"经济人"、"社会人"和"自我实现人"的基础上，提出了"复杂人"，强调了社会中人的需要的复杂性和多样性，必须进行因时、因地、因人的多样性模式管理。然而，"复杂人"假说只强调人们之间差异性的一面，在一定程度上忽视了人们的共性和人的本质。

随着社会的发展和人类的进步，"道德人"假设又应运而生。该理论认为，随着人类文明的进步，人们除了利己等特性外，在做出经济行为时，会有道德的自我约束，越来越考虑到或顾及到社会的整体利益和他人的利益，显然，该理论也是偏于一执。

"复杂的自主人"应成为理论基础和逻辑起点

通过对上述管理思想中人性假设的演变过程的考察，我们可以发现，无论是"经济人"、"社会人"、"自我实现人"、还是"复杂人"，"道德人"假设，虽然各有其合理性的一面，但并不适用于一切人，更不适合于变化了的现代。基于以上考察和思考，我认为"复杂的自主人"假设，更符合当今的管理实践，比之其它的人性假设，其涵盖面和总括性更宽一些，有广泛的适用性，应当作为我们进行管理理论建设和构建新的管理模式的理论基础和逻辑起点。

"复杂的自主人"假设，是一个复合概念，其一是说人是复杂的。人的复杂性一是表现在人的需求是多样性的，也就是说既有经济、物质的需求，也有社会的、感情的需求，既有知识的、教育的需求，也有地位的、自我实现的需求，等等。二是指人性是复杂的，有的人忠厚，有的人奸佞，有的人勤勉，有的人懒惰，有的人诚实，有的人会撒谎；同一个人可能有时候诚实，有时候、有些事会撒谎，绝不能简单地以"性恶论"、"性善论"来认定，人是会变的，所谓此一一是非，彼一一是非。三是指人的个性是复杂的，千奇百怪的，有的人刚直，有的人圆滑，有的人勇敢，有的人怯懦；勇敢的人有时也会表现出怯懦，怯懦的人有时也会表现出勇敢。此其种种，不一而足，都是说的人的复杂性。

其二是说人又是自主的。随着社会的发展和人类的进步，随着人的教育水平和知识水平的提高，现代人的民主意识越来越强，自尊、自由与自主的倾向和意识越来越强，表现在有主见，不依附，不盲从，不迷信，当家作主、自我实现的愿望很高；人有自动自发的能力，人因学习和工作而变得成熟，能够自我控制；随着劳动力素质的提高，员工不再满足于从事单调、简单的工作，对分享决策权的要求也日趋强烈，表达自我观点和表现自我能力的要求也越来越强烈。人在各不相同的"复杂性"的个性上，又呈现出"自主性"的共性一面，这也就是"复杂人"假设所忽视的一面。

当前，许多民营企业家抱怨缺乏好的员工，甚至认为没有好员工，从这种抱怨中我们也可窥见人的复杂性和自主性。人与生俱来总是要为自己打算的（或者说主观为自己，客观为别人），为自己打算就是一种自主性；但是，"自主"绝非就是自私自利，而主要是指作自己的主，达到自我实现成就的需要；"复杂"是说个性，"自主"是指共性，自主性是复杂人的共性，是人的本质，也是"复杂的自主人"假设的本质。

"复杂的自主人"是由我们这个复杂的、多元的、速变的现实世界所产生、所决定的。随着全球化浪潮的不断推进，世界正朝着多元化的方向发展，现代社会呈现出产品个性化、生产复杂化、企业经营多元化；脑力劳动逐渐代替体力劳动，人们的思想更加活跃，价值取向更加多元，管理活动更具有多样性和不确定性；就业观念的转变和自我实现的需要使人员流动加剧，员工有更多的选择机会和更大的选择空间。

面对"复杂的自主人"群体，任何单纯性的管理手段、违背人性的管理将使人才更容易流失。软性管理的竞争优势越来越强，由社会历史、文化传统等融合而成的"企业文化"的管理思维将占主导地位。

然而，我国当前的企业文化乃至整个企业管理理论的研究与实践，对于人性的研究与关注应当说还是很薄弱，这在很大程度上影响了理论研究的深度和实践的深入发展，也是造成企业文化与企业管理两张皮现象的一个深层次原因。

"复杂的自主人"假设应成为企业文化人性观研究的重点

"复杂的自主人"假设与企业文化这种管理方式具有一种天然的契合性和适应性。首先，企业文化是一种全面管理的理论，它的统驭性和整合作用适用复杂的企业系统和"复杂的自主人"群体。

文化是一种客观存在，无论你意识到还是没有意识到，无论你承认还是不承认，它都以一种无形的力量，有力地影响着整个组织甚至每件事，企业文化是以培育企业共同的价值理念作为基本手段的管理方式，它像水、像胶、像磁、像线、将企业的管理对象、管理工具、管理过程天然在连结在一起，这就是文化的整合优势和统驭性优势。

企业是一个包括多要素、多部门、多重活动、多种管理的复杂系统，唯有企业文化具有把人的思想和行为融为一体的功能和价值，能够将这多种因素、多种活动、多种管理粘合在一起，共同发挥系统作用。文化管理并不排斥硬性约束、硬的措施，而是强调着眼于以文化的视角和观点，以企业文化管理的思想为武器来统驭和指导一切管理手段、管理方法、管理措施、管理方式和管理过程，通过向员工宣传企业信念，建立与员工共享的集体价值观，以细致入微的同化过程来团结员工，以文化的微妙暗示来激励和管理员工，以平等、信任和亲密性来团结和凝聚员工，以坦诚、开放、沟通为基本原则来实行民主管理；既要运用统计报表、数字信息等清晰鲜明的控制手段,又要注重运用文化的非正式控制,还要注重对人的经验和潜能进行积极的启发诱导;既要突出和强调集体价值观和整体观念,又能引导和帮助员工在为企业共同愿景而努力工作的过程中,实现个人价值。核心是以人为本,以文化人,凝聚和激发员工以真诚的态度对待企业,化精神为物质,产生最高生产率,形成最高生产力。

在人员的聘用与解雇、决策的制定与执行、各个环节的组织与控制等一切工作中,都要养成从文化中寻找答案的思维习惯和管理习惯,通过支持和塑造文化对企业实行领导。以文化维系企业,默契就会增加,凝聚力和向心力便会增强,企业的竞争力自然会上升。

其次,复杂的企业系统和"复杂的自主人"群体也唯有用文化才能统合起来。

企业中每一个群体和每一个员工都有自己的价值评判标准和行为准则,都有自己的物质和精神方面的需求,并由此而表现出不同的特征,要想把这些"复杂的自主人"凝聚成一个整体,只有依靠共同的价值观、共同的信念追求。美国学者凯兹?卡思认为,在社会系统中,将个体凝聚起来的主要是一种心理力量,而非生物的力量。社会系统的基础,是人类的态度、知觉、信念、动机、习惯及期望等。企业文化独特的管理手段、管理技巧、管理方法及其营造的独特的管理功效,正在于以文化的微妙暗示、环境熏陶、团队感染、氛围影响等来沟通和激励企业内部人们的思想、使企业成员在统一的思想指导下,产生对企业目标、观念的"认同感"和作为企业一员的"使命感",形成统一的价值观、经营哲学、精神支柱、道德伦理等意识形态,从而把这些复杂的自主人凝聚成一个整体。

面对"复杂的自主人"精神激励和物质诱惑均同等重要

激励与约束是凝聚力的一体两面。

企业文化除了通过企业制度、程序、规则等硬约束外,更重要的是通过精神、理念、传统、道德规范、行为准则等无形因素,包括舆论、理智、感情等方面,对企业职工形成一种无形的压力,对企业成员形成文化上的软约束力,引导、规范和约束着企业成员的行为;另一方面,在企业文化长期的影响和熏陶下,依靠企业员工的内在目标、信念、兴趣和偏好等因素去强化人们的工作动机,使员工保持高度的自觉和主动,由对企业目标、理念、宗旨的理解和认可,产生心理共鸣、心理约束,从而产生对行为的自我控制,将个体行为从众化,自觉地使自己的思想、感情、行为与企业整体保持相同的取向,而这种文化约束需要以"复杂的自主人"假设作为理论基础。

"复杂的自主人"假设为我们构建企业文化提供的是这样一个基本思路:把人的复杂性和自主性、个性和共性结合起来思考,因时、因地、因人、因事施加管理,所谓一把钥匙开一把锁。同时,企业共有价值观必须在整合个体价值观的基础上形成,努力达到个体价值与共同价值的统一,个人生涯规划与企业发展规划的统一,管理与人性的统一;积极探索用核心价值体系引领"复杂的自主人"的有效途径,既尊重差异、包容多样,又要有力抵制各种极端个人主义和有害共有价值观体系的错误思想的影响,强化促进企业文化发展的积极因素,限制、腐蚀、削弱企业文化的消极因素 ,着力在提高劳动者素质上下大功夫。要充分利用人的自私、自利、自主、自我成就意识,将其转化到自动、自觉、自我、自主管理的境界,以建立一个适合于你这一群"复杂的自主人"的企业文化。

我们的一些管理者之所以会产生"没有一个好员工"的哀叹,是因为他的理想模式、理想人格与现实的"复杂的自主人"发生矛盾,他在用自己的模式来套现实,希望每一个员工都放弃自我,像他一样忘我为企,这怎么可能呢? 在"复杂的自主人"假设面前,我们宁可假设没有一个人是完全与我同心同德的,而不能假设他们跟我都是一样的,更不能要求他们都得跟我一样。不要说我国的劳动者素质水平与先进国家相比还是比较低的,就是在发达国家,在任何企业,"复杂的自主人"都是一种普遍存在,这种普同性是人性的现实。期望人人都是王进喜,个个都是罗文,是不现实的,同样,希望每一位员工都像企业家本人一样,或者说都能达到他理想的模式,也是不现实的。这一点,老板只要从人性的角度推己及人地想想就会明白。面对现实,面对这一群"复杂的自主人",我认为有三点值得我们的企业去做。

首先需要做的是化抱怨为尊重,从加强内部情感联系入手,加强企业对职工的吸引力和企业内部人际关系的吸引力,这就一定要尊重每一个人、关心每一个人,要和职工交朋友,尤其要注意培养人,培养人是最大的激励,培育员工是人本管理的精髓和根本。期望理论认为,假如一个人把自己行为目标的价值看得越大,或者自我估计实现目标的可能性越大,那么这种目标对他的行为的激励作用就越大。企业文化的激励功能并不主要是依靠外部力量如恐惧的压力和物质的诱惑去强化人们的工作动机,而是依靠员工的内在目标、信念、兴趣和偏好等因素去强化人们的工作动机,激励人们的工作干劲,这种激励不需要事事都要刺激,它使员工保持高度的自觉和主动,如在企业内部营造一种相互尊重、平等、民主、和谐的气氛等,激发职工追求出色工作的愿望和在出色企业中工作的要求。使人产生一种内在动力,朝着所期望的目标前进,在激励上,要以最大程度地满足人的自尊和自我实现的需要为主,比如实行工作扩大化,工作内容丰富化,多多提供培训机会和晋升通道等,以利于员工的发展和自我实现。

其次要着力树立良好的企业形象,以增强对内对外的吸引力,使企业成员产生在这一个企业工作的自豪感、荣誉感、价值感,从而激发员工的归属感和献身精神。人多少都有一点虚荣心,常以能够服务于某一个有社会影响的、有良好企业形象的企业而炫耀于人,甚至待遇差一点也在所不惜,这就是企业形象的吸引力和凝聚力,而塑造良好的企业形象正是企业文化的重要职能之一。企业文化通过对企业内外部形象的文化改造,通过导入 CI、6S,通过文化传播,以良好的企业形象吸引外界的注意力,增强内部的凝聚力,这一切也都是人性的共同需要。

再次,要强化全体成员对企业愿景目标的共享意识,把企业的持续成长和员工的全面发展融合在一起,从而把职工行为吸引到实现企业目标的轨道上来。企业文化要引导职工在为企业目标的努力奋斗时,还要广泛容纳员工的利益要求的实现,只有当员工的个人价值观和企业价值观融为一体时,企业成员才会感到自己不仅是在为企业工作,也是为自己工作,这样就能最大限度地激发企业职工为实现企业的崇高目标而勤奋工作,积极进取,而这也正是"复杂的自主人"的最大需求。

"复杂的自主人"假设是人本主义管理思想的深化,它为我们探求人们变幻莫测的精神世界和行为追求,解决"理性"与"人性"的矛盾,从而为因人利导地施加管理指明了方向,应该是以人为本的文化管理的理论依据和构建企业文化的逻辑起点。我们也相信,今后管理学的发展也必将沿着人性假设的深入思考而不断深化与完善。

(作者系中国管理科学研究院特聘研究员,南京圣道企业文化顾问有限公司总经理,本文摘自《中国企业文化研究》2008 年 5 期)

管理闭环中触摸"C"

董平分

集团文化建设开展评价是整个建设工作进入 PDCA 循环的一个关键环节。P 就是计划,D 是执行,C 是检验,A 是纠正,PDCA 最早是质量管理中的一个方法。这种方法被广泛地应用在企业管理中,作为企业文化建设同样应当用这种方法。如果没有测评,没有检查,C 这个环节断掉,整个文化建设的递进就不是闭环,所以,C 是很关键的环节。

我们中国一航集团文化建设从 1999 年起步,开始规划时,提出建设四个体系——理念体系,执行体系,组织领导体系和评价指标体系。评价的基本原则有几条,第一是过程与结果相统一。所谓结果就是评价文化建设的现状。我们要注重过程。定性和定量相结合要注意用数据说话;横向比较和纵向比较相辉映。一般纵向比较都是自我比较,是看的历史发展。横向比较才能看出你的哪儿高哪儿低。所以,企业要想看到自己的不足,必须和别的企业来比,特别是和先进企业来比,才能找到差距。要全面系统和重点项目相结合;要自我为主,上下内外相结合。

搞好评价指标体系,关键是对企业文化建设的认识。认识水平决定评价水平。认识事物要注意全面、系统,还要会分解。比如瞎子摸象,这个说扪如柱,摸的是腿,说像柱子;那个说像大扇子,摸的是耳朵……每个人只看一个点,那不是大象的全貌。因此,要系用思考、全面看问题。又比如曹冲称象。大象太大,没法称,没有那么大的称。于是,把大象牵上船,在船上划一道线,然后船上换成一堆堆的石头,再分开称这些石头,这叫分化瓦解。两方面的手段都要用,关键是通过评价来认识事物,那么评价是什么?评价是指为达到一定的目的,运用特定的指标,比照统一的标准,采取规定的方法,对事物做出价值判断的一种认识活动。评价的主要要素有评价的主体、评价的客体,再加上特定的评价指标、统一的评价标准和规定的方法。企业文化建设评价则是运用数理统计、运筹学、社会学、心理学等调查分析方法,遵循一定程序,按照规定的评价指标和评价标准,通过定性与定量相结合的比较分析,对企业开展企业文化建设的过程及其绩效,也就是企业文化现状产生的作用和效果等等情况做出客观公正的准确的评判,这就是企业文化建设的评价。

把握要素认识"C"

开展任何评价都要把握评价要素。第一个是主体要素,也就是解决谁来评价的问题。第二个是评价指标,第三个是评价标准,第四个是评价方法,最后是评价客体,这些是构成评价的主要要素。

主体认识客体,是通过他们之间的指标来进行的。比如,春天来了怎么评价?下春雨、打春雷,各种现象,草绿了,树绿了,花开了,冰河解冻了,人们脱掉了厚重的衣服,是不是这五个现象同时具备,我就可以说春天来了。这五个要素就构成了"春天来了"的评价指标。什么是评价标准呢,河是冻着还是化冻了、花开了没开、树叶绿没绿……这是具体的标准。任何指标都要有一定的标准来配合,我们才能对事物进行判断,这是评价的基础知识。

评价方法说的是定性评价,定量评价,还是定性定量相结合?我们是定性定量相结合。

一般来讲,确定集团文化或者企业文化现状的时候,是上级或者外界咨询公司这个主体来做,评价建设过程则是自我或是上级来做。评价的分类,会因为对象、目的、时间和主体的不同,分为对整体评价或者对个体评价。局部评价或是全局评价,如,评价保密文化、质量文化,就是评价军工文化建设的一个局部。再有就是是事先评价,事中评价,还是事后评价?一般事先评价是为整个文化建设进行策划服务的;事中评价和事后评价是我们建设发展过程、控制过程所需要的;事后评价是检验我们建设成果的。

理清关系了解"C"

怎么处理文化评价和其他评价的关系?文化评价与企业的业绩、绩效评价怎么处理?和"四好"班子建设、思想政治工作、精神文明建设怎么结合怎么让它简化?很值得我们注意。

美国的卡普兰教授和诺顿总经理联合搞的平衡积分卡。他们有一句非常经典的话:你不能描述它你就无法衡量它;你无法衡量它你就无法管理它。所以,你要想管理它,你首先要描述它,你能找到衡量它的地方,你才能管理。于是他把这个想法用到了他的平衡积分卡;用到了他的战略地图,使战略能够落地。文化管理也是一种战略管理。所以,要想文化落地,那必须要会描述、会衡量,然后通过这些指标引导我们,把它一步步做好。一个企业不能有太多的评价体系,一会儿去评价思想政治工作,一会儿又去评价精神文明建设,一会又去评价企业业绩,一会又去评价"四好"领导班子。我们最好把它们统一在一起。我们集团初步的想法,就是把集团文化建设各种评价,都统在平衡记分卡里。

深入剖析把握"C"

评价集团文化建设过程,离不开对现实状况的评价。怎么表现它的过程,企业文化的现状又有哪些表现?这就是寻找和确定评价指标的过程,是对事物进行分解的过程。怎么分解?现在大部分国外对企业文化的评价多是采用先期假设。例如:假设是关注内部,还是关注外部;是关注市场还是关注计划;是关注灵活自主,还是加强权力控制。目前,我们统计了一下,对文化评价假设的模型大概有19种之多,例如莽汉型的、能干会完型的;还有大车轮型的、屋顶型的、网络型的和松散型的等,拿这个假设的框子去套企业的现实,看你符合那个类型,差距有多少。我们集团文化建设评价指标体系为什么建成三个一级指标?我们集团对文化建设评价指标体系有一些构想。认为它是建筑在对企业文化建设过程的基本认识基础之上的。我们认为:构成文化建设过程有两个基本要素:一个是认识,一个是实践,是知行统一。这里借助一下《易经》的基本原理,来分析认识集团文化建设过程。

《易经》告诉我们太极生两仪,两仪生四象,四象生八卦。我们把《易经》这个分析方法用到评价指标体系的建立中来:首先是太极生两仪,太极就是文化,两仪一个是文,一个是化;一个是知,一个是行。两仪就会生出四象。这四个象一个是从知上分出来,无知到深知;一个是从行上分出来的,有为和无为。这样来划分变成四个象限,这四个象限就是四象。不知不为,这个象限就处于迷茫的状况;为而不知和知而不为,这两个象限处在中间;为而不知是属于那种有文化没自觉的,是处于自发状态;知而不为则很危险;知而有为是最好的。但知而有为会有一定的程度划分,最上头是深知和大有作为,这是最好的状态。那就是既有理论,又有实践,是最佳的结合。所以,文化建设实际上是这么四个象。

我们把阴爻表示行;把阳爻表示知。通过行为产生了一点认识;认识达到高点,在理论指导下开始行动;再回到行,养成习惯。这个是一个循环。我们的评价就是对企业的文化是处在哪个象,在象限里什么位置作出判断。

(作者系中国一航机关党委副书记,本文摘自《中国企业文化研究》2008年4期)

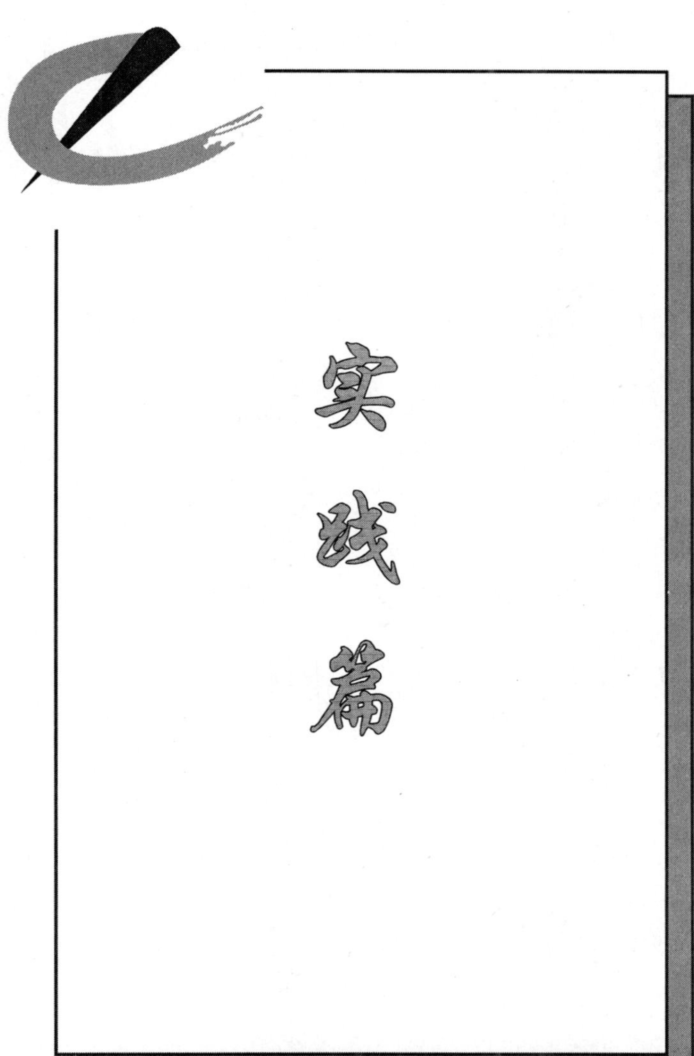

实践篇

中国企业文化建设示范基地巡礼

中国石油东方地球物理勘探有限责任公司

文化整合与跨文化管理的探索与实践

一、企业文化整合面临的难点与分析

（一）文化差异的主要矛盾

重组前后，东方公司两次进行企业文化调研，把握文化现状，辨析文化差异。他们认为若干文化差异主要体现为三种矛盾，以及由此而产生的一系列难点问题。

一是市场经济的文化要求与计划经济的观念作风的矛盾。重组中的多数企业，长期在计划经济体制下运作，不同程度地存在着一些不适合市场经济的企业文化，诸如观念中“不患寡而患不均”的平均主义，行为上“没有功劳也有苦劳”的不重效益作风，这些无疑都与目标文化存在着较大的差距。

二是全球化发展的开放性与区域化运作的封闭性之间的矛盾。全球化指的是生产、贸易、投资、金融、服务等经济行为超越一国领土界限的大规模活动，是生产要素的全球配置与重组，是世界各国经济高度相互依赖和整合的表现。

东方公司注重拓展全球市场，以开放、革新的态势积极向国际一流地球物理公司的目标挺进。这就要求企业必须具备竞争性与开放性的文化。而各家物探公司重组前大都以油田为根本，建立了一套以关联交易为保障的“根据地”，“画地为牢”比较普遍。以上文化因素与全球化发展的目标文化存在着明显的差异。

三是企业持续变革的要求与观念相对滞后的矛盾。竞争日益激烈，只有不断变革才能适应市场要求。企业的成功往往取决于企业的创新精神和对环境变化的快速反应与适应性，在采用新技术、开创新市场等方面的主动性。而重组各单位，改革进程不一，企业结构中遗留的“大而全”、“小而全”、企业办社会及过多的管理层次，使企业面对日益激烈的市场竞争不能做到快速反应，积极应变。相对滞后的观念也阻碍着企业的发展，如：求稳怕变，怕冒风险，习惯于原有管理模式等，面对全球化发展的要求，我们必须改制与改革并行，从管理模式到工资制度、从组织结构到干部制度都要进行一系列改革。一些旧习惯作为文化力量的集中表现，给文化整合带来了又一个重要障碍。

（二）实施企业文化整合的基本思路

发展是第一要务。因此，文化整合一定要以企业发展为目的，以“发展”先进文化为灵魂，培育优秀团队精神，以此提升企业的核心竞争力。要“发展先进文化”，在文化整合中就不能以静止、孤立的观点；以局部的文化资源对部分员工进行简单的归并，也不是某一家文化模式的生搬照用，而是要以联系的、发展的、全局的观点，面向所有文化资源进行整合；要“发展先进文化”，也不能将几家文化资源进行简单的机械相加，而是要对文化资源进行整理、筛选、剔除和优化，要实现从“物理变化”向“化学变化”的融合提升；要“发展先进文化”，必须坚持唯物史观。文化的发展是连续的、动态的过程，必须在继承优秀文化传统上，吸纳国企乃至全球的先进文化，按照全球化发展和社会主义市场经济的要求对企业文化进行重塑、创新与再造。

东方公司在文化整合进程中，牢牢抓住建设具有强大核心竞争力的国际一流地球物理公司的企业目标，实施全球化、数字化、一体化战略，大力建设全球化发展、高科技支持、一体化运作的目标文化，树立国际一流地球物理公司的优秀企业形象。

（三）文化整合模式与途径

整合模式的选择是整合能否顺利进行甚至决定成败的一个关键。重组各方长期在同一母公司领导下开展生产经营活动，其政策、制度大同小异、工作性质相同如一，且都形成了各具特色的优势文化。有的还形成了较为系统、优秀的文化体系。然而与国际一流物探公司文化的要求尚有差距，重组各方都没有达到目标文化的优度与强度。

因此公司的文化整合不应使用静态、单一的模式。而需采取吸纳借鉴、互相渗透、同化于优、动态发展的文化整合模式，我们称之为“发展式”文化整合。具体而言就是：要在同一母公司中国石油集团文化的大背景下，着眼于“国际一流”的发展目标，面向全球，继承创新，以先进性、历史性、系统性的优秀文化为主体文化，吸纳众家乃至全球文化的精华，建设起东方公司包括企业理念系统、企业制度行为系统、企业视觉形象系统的新文化体系。东方地球物理公司的新文化，是以“诚信、创新、业绩、和谐、安全”为核心，以艰苦奋斗和科学求实为支柱，快速反应、追求卓越的“先锋”

文化。

根据上述分析以及全球化的战略要求,确定了企业文化整合的方针,即:"面向市场,着眼发展,继承传统,兼收并蓄,平等尊重,注重实效"。策略上遵循"统一规划、分步实施、重点推动、循序渐进"的原则。文化整合必须统一规划,形成完善的主体文化,然后按阶段性目标推进重点工作;文化整合一定要遵循文化建设的规律,不能一蹴而就。理论研究表明:文化整合程度越高,引起的文化冲突就越大。所以公司一开始应将文化整合的程度由低向高,逐次推进;以重点工作的典型推动,带动文化整合的全面进行。

历时两年的实践证明:在企业文化整合中,需根据目标确定方法,结合现实选择途径。做到传统与创新相结合,领导重视与群众参与并重,全局与重点相统一,程式化与灵活性相补充。在大力开展 CI 建设的同时,可重点应用以下方法:

1. 以国际一流的企业发展目标激励员工,提升文化的凝聚力。

企业目标是企业观念形态的文化,具有对企业的全部经营活动和各种文化行为的导向作用,是激发员工以统一的意志前进的源动力。重组后,东方公司确立了"创建具有强大核心竞争力国际一流地球物理公司"的企业目标,以"一流"的发展目标统领公司企业文化整合工作,并将"一流"的目标分解为"六个一流"的分目标,即:一流的技术、一流的人才、一流的管理、一流的环境、一流的发展战略和一流的企业文化。明确提出:要在2010年使企业综合实力进入全球物探公司前三位,成为全球物探行业的领导型企业。这样,员工对目标的把握更加清晰和具体,切实地感受到共同愿景的吸引。海上事业部、综合物化探事业部、资料处理中心等实验单位,注重把目标划分为阶段目标进行实施;在重组后按既定目标纷纷打入国际市场,阶段性目标的有效达成成为强有力的激励因素,鼓舞员工向更远的目标前进。员工对企业目标的认同度也大大提升,在重组前后的两次调研中我们发现,员工认同企业目标的比率从39%上升到77.2%。

2. 以利益的保障与提升作为文化整合的基础,增强文化的吸引力。

文化整合的本质是各方利益与观念的融合。员工利益的保障与提升是文化整合成功的前提。东方公司在工资制度改革中,一方面建立了全公司的统一平台,另一方面,将原来高出统一标准的工薪部分作为保留工资继续执行,减小了工资改革引起的振荡。在企业效益增加的基础上,2003年,员工平均工资增长了23%,收入的提高,利益的保障,奠定了员工对公司文化认同的基础。

3. 以先进的管理制度为载体,强化文化的塑造力。

企业的制度文化,是塑造精神文化的主要机制和载体,是养成良好职业行为、职业风气的有力保证。要坚持以先进的管理模式提升优秀的管理文化。公司重组后,大力推行"一体化管理,专业化服务"的项目管理模式,变革了"小而全"的企业管理体制。使项目运作效率大幅提高。2004年,长庆经理部以"一体化管理"做保证,生产效率比2003年提高了近40%。在尼日利亚项目施工中,1500万小时安全生产的纪录,得到壳牌公司的嘉奖。创造了先进的管理提升优秀的文化。员工的效率意识、信息意识、服务意识、协作意识都得到明显增强,其工作习惯、思维习惯也更加趋向现代化。重组企业要按照市场经济规律,以科学管理,规范运作来适应市场竞争的需要,建立起统一的制度政策平台。同时注意"统一"不是"一统",不要搞一刀切。这是我们的一条基本认识。

4. 以卓越服务创建品牌,扩大文化的辐射力。

品牌是企业文化的标识和载体,是企业文化向外扩散的一种方式。人们可以通过品牌透视出一个企业的经营策略、价值观、经营哲学。尤其在重组中,要充分利用品牌外树形象、内强凝聚力的双重辐射作用,提高企业员工的自豪感和荣誉感。东方公司以找油找气为己任,积极践行"靠前服务、超前服务、超值服务"的服务理念,在业务涉及到的油田现场都成功地建立了靠前研究机构,在项目运作中,以高效、优质的服务创建出深受甲方好评的品牌。被誉为"塔里木油气勘探开发的物探参谋部"的库尔勒物探研究分院,全力为甲方提供最优质的服务,围绕"为塔里木寻找油气大场面"的目标,闻油而动,闻气而起,实施"四个靠前"(靠前决策,靠前组织,靠前支持,靠前研究),做到全方位、全过程、全天候服务,与甲方建立了共赢互进的精诚合作伙伴关系,被甲方纳入自己的管理机构,挂牌为"塔里木油田分公司物探研究院",成为深受甲方信赖的公司品牌。

文化整合的实践,东方公司得出这样的结论:企业文化整合,既要重视企业内因的根本作用,以企业的发展要求为基础,又要重视外因的推动作用,在全球化竞争的激烈态势下,全力推进文化的进步;既要重视领导的示范带动作用,又要重视员工对文化的认同与创造;文化的发展,要遵循量变到质变的规律,只有以开放的观念不断吸纳更多的异质文化,才能最终融合成为优秀的新文化,实现质的提升与飞跃;文化的发展要在继承的基础上创新,继承是"扬弃",创新是灵魂。要以普遍联系的观点指导文化整合,既要注重形成先进的企业理念系统,确立优秀的目标文化,大力开展宣教工作,又要注意与企业的各项工作紧密结合起来,形成合力;先进理念的形成要依据物质决定意识的基本原理,要注重制度的规范作用,也要注重在实践中转变观念,通过企业效益的提高、物质利益的增加让员工认同新的文化理念。同时,在文化整合进程中也要考虑事物的特殊性,坚持具体问题具体分析的观点,求同存异,以合为本。

企业文化整合是企业重组不可或缺的核心工作,是企业生命的再次熔炼与铸造,是焕发企业生机与活力的机遇与挑战,是企业健康长寿的基石与道路。我们立足实际,面向全球,有条不紊、扎实工作,我们坚信,天道酬勤,具有强大优势的物探文化必定成为核心竞争力而耀眼于全球。

二、国际业务中跨文化管理的探索与实践

(一)公司海外文化的背景分析

在苏丹莽莽的大草原上,一片片生长着茂盛的红树林,间或耸立着硕大无朋的猴面包树。BGP 的作业队伍在钻机的轰鸣中行进,黑色皮肤的非洲弟兄们和黄色皮肤的中方人员在一起认真劳作。某一时刻一到,非洲弟兄们齐刷刷地放下手中的工具,跪倒一片,不约而同地朝着麦加的方向,虔诚祈祷。中方人员露出宽和亲善的笑容。

在阿曼 8620A 队,员工来自 18 个国家,甲方监督往往是有板有眼的西方绅士,我们的外籍雇员大多数是身材修长、皮肤黝黑、目光闪亮的亚非洲弟兄们。每天下午收工后,中方人员与外籍雇员便不约而同的来到开阔的球场上,一起踢球,有时还能看到以营房车为屏幕的电影,其乐融融。

在巴基斯坦,BGP01 队人员设备都集结到位,却因当地政府迟迟不发放炸药许可而开不了工,耽误一天,就损失 3 万美元。紧急关头,一位叫阿萨德的当地外籍雇员自告奋勇请缨去办炸药许可。在卡拉奇软磨硬泡了一天,终于几个部门的印章同时盖到了炸药许可证上,BGP01 队开工了。阿萨德说:BGP 不光给了我饭碗,还给了很多信任和希望,我喜欢 BGP。

在阿曼,施工中采取滑动扫描,两套震源交替作业,员工工资一分钟计算,施工效率最高时每天可放 3000 炮。虽然当地气候炎热,夏季达到 44 度以上,但四年来,没有一位员工发生中暑。

至今,苏丹探区的历史上记载这样一件出人意料的事情:1998 年,在政府与反政府激烈的冲突中,由一个中国人积极斡旋,对双方进行了特殊的调停。为了不让公司利益因战争而受到损失,当时苏丹项目经理郭月良竟然找到了交火双方代表、当地政府代表进行了四方会谈。会谈结果是 4 个月内在 BGP 的工区不再交火,苏方明确表示保护 BGP 作业的财产。2001 年 12 月,苏丹 9721 队驻地遭到反政府军袭击,队上当即采取救援计划,人员在半小时内安全撤出,但大批设备却留在那里。中方人员抓住 1 个小时的停战间隙,重返营地,抢救出价值 3000 多万元(人民币)的装备物资。

通过对以上现象的梳理分析,就可以发现,BGP 的海外文化源于以下几个方面构成:

1. 中国传统文化。公司海外文化的主导 – BGP 文化根植于底蕴深厚的华夏文明,秉承了石油行业的大庆精神,爱国主义、集体主义、英雄主义的色彩浓厚。

2. BGP 企业特色。海外文化突出地体现了"先锋"文化的内核,国内国外一脉相承,艰苦奋斗、激情奉献,积极进取、追求卓越、和谐共荣的特征突出。

3. 多元的全球文化。在走向国际的进程中,海外文化的内涵不断丰富。在与国际标准接轨的严格科学的制度之下,形成了融合多元文化、中西合璧的企业文化。

东方地球物理公司的海外文化,是一种"合金"文化,既有中国文化的开放、忠诚、包容与灵动,也有欧美文化的科学、刚性与"死板"。这种"合金"文化最凝练的特征为"创造、诚信、程序、价值"。它突出的表现为激情创造、坚持诚信、追求卓越、精准高效的价值取向。

(二)公司海外跨文化管理中的主要矛盾及实施跨文化管理的主要实践

公司全球化发展的进程,也是跨文化管理探索与实践的历程,从国内走向国外的前进步伐中,都有着对文化相当大的变革。回首公司经历的十余年的跨文化管理之路,可以看出,在多年的探索与实践中,存在着两条并行的道路,走过了一条从差异、碰撞到冲突的道路,又经历着交流、融合与统一的进程。在碰撞、交流中,文化一步步走向汇融与和谐。

1. 从摩擦到磨合——中国传统文化与国际规则的对接。

在海外,我们所在的国家,所服务的甲方都不一样,但都要求按国际惯例运作项目。刚刚走向国际市场时,我们对一些规则并不适应。

1995 年,BGP 中标巴基斯坦 MariGas 项目,我们一头扎进中东沙漠,没日没夜地大干起来,经常一身泥一身汗,终于提前三天完成了采集任务。然而,优良的地质资料并没有换来甲方的认可,而是一连串严厉苛责的备忘录:BGP 是一个很差的队伍,坐车不系安全带、中国人天黑后还干活、劳保服破了还穿着……直言不讳的指出:BGP 在施工中没有能力执行 HSE 国际标准。

对此,BGP 的中方员工却想不通,认为甲方说的那个 HSE 分明是鸡蛋里挑骨头,小题大做嘛。吃苦耐劳是我们的传统美德,工作超时,是为了多干点活,多主人翁;劳保服破了点,是艰苦奋斗、节俭勤勉,为什么成了缺点了呢?

还有一次,测量组在施工途中,只剩下两瓶矿泉水的时候,测量组长按以往的习惯,叫营地送水到前面的一个点,让测量组到前面与送水人会合。看来很合乎情理的这件事,却让甲方监督很恼火,他强硬地要求测量组就地休息等水到了再继续工作。这还不算,回到驻地后,监督还大发雷霆,严厉地说:"这是事故!为什么没带够水,到底是谁的责任?一定要调查清楚",下令停工两天整顿。几瓶水,带来了几万美元的停工损失。

这一系列事情让我们开始躬身反思:我们也有许多传统的优秀文化,而当我们和国际接轨的时候,有些是值得积极肯定的优势,有些是需要改进的,比如,我们提倡节俭朴素:新三年旧三年缝缝补补又三年,但甲方认为,你只要工作的起,干得起活,就要给员工创造符合标准的劳保条件,否则就存在隐患和风险。

要发展就必须开放和学习,BGP 以谦逊的姿态汲取新的理念和知识,对国际惯例和市场的游戏规则一点点认真研究,高薪请来了国际知名公司的专家对员工进行培训,在生产中虚心向甲监请教,一步步提升自身的水平。

在尼日利亚,BGP 首次创造了 1400 人的作业队伍 1500 万小时安全工作的纪录,得到了以苛刻严厉著称的荷兰壳

牌公司总部的嘉奖。

2002年BGP承担了在巴基斯坦国家公园内施工的勘探项目,这是在自然保护区进行的一个650多公里的二维山地作业项目。为了保护区内珍贵的野生动物和植物,队上制定了细致周密的HSE作业计划,采取了严格的生态环保措施:停用所有机动车辆,雇用了270头骆驼,给进入公园的骆驼带上"口罩",以免它们啃食公园里的植物;所有的用水,填井的沙土,都不能就地取"材",必须从公园外取用;项目共有1400多名员工,为了不影响动物的生活,规定集中作业人员一次不超过50人,有动物在场的时候不施工。员工们从始至终和国家公园的动物们和睦相处,友好相待,对植物呵护有加。

多家环保组织驻队进行现场考察,对BGP的环保工作十分满意。4个月后项目结束,9401队获得了政府颁发的"国家公园施工资质证书",被当地媒体誉为"环保先锋"。

对规则的适应过程其实也是一种对文化的重塑过程,回顾BGP国际业务持续快速发展的历程,一个十分重要的因素,就是HSE管理在12年的时间里发生了一系列重大的变化,HSE管理的业绩和水平成为支撑国际业务发展的主要因素之一。BGP国际业务12年的HSE管理历程,从根本上讲,是国内HSE管理理念和方式与国际HSE管理模式相互碰撞、逐步融合、逐步接轨的过程。如今,BGP已先后通过了SHELL、BP、EXXON、CHEVRON、TOTAL、ENI、CONOCOPHILIPS等著名的HSE资质审计,国际业务全面跨越高端市场"门坎",HSE管理进入了体系化、规范化运作阶段。

2. 进入文化的内核——不同价值观念的兼容。

在BGP,员工来自世界各地,不同的文化背景造就了不同的价值观念。对中方员工而言,企业就是自己的家园,主人翁精神、责任感、集体意识非常强,一位员工说:BGP的员工在BGP工作就好比住在自己家的房子里,我们会全心呵护它,哪里松动就会马上修,不管是8小时工作时间内还是工作时间外。即使周末也喜欢去办公室加班。在沙特项目组,来自海上事业部的仪器操作员颚殿梁接到休假通知时很着急的要求把休假推迟,原来,他一个月来一直在琢磨着如何把仪器完好的安装到改造的船上,已经进行到了一半,他说:如果我走了替我的人不一定能搞得清怎么继续,我不放心,我必须得完全装好之后才能走。他一直坚持到仪器正常运行才放心地回家。虽然公司明确规定海外中方人员工作三个月后休假,但许多员工在生产的紧张时期而主动推迟休假,延长工作时间。

而中方员工这种奉行企业利益至上,以厂为家,甚至牺牲个人休息时间投入工作的做法在外籍雇员看来很不可理解。他们认为个人的自由和权益是第一位的,一到休假时间,便会立即放下手头的工作,轻松享受生活。

在墨西哥项目施工时,一位本土雇员违反了队上的禁令,按队上的规定给予辞退,可是两天后,人事经理就收到了来自法院的传票,在墨西哥,当地法律对被雇佣者的权益保护可以说达到了非常周到的水平,法院认为公民的个人权益优先于企业的利益,这个雇员不应该被辞退。而中方员工认为他严重侵害了企业和集体的利益,应该受到相应的惩罚。这个事件其实就是不同价值观念带来的文化冲突的典型案例。

要想凝聚员工队伍,就必须有统一的目标,并让员工达成共识。推动企业发展的根本是人才的发展。每一名汇集到BGP旗下的员工都是公司的可用之才,公司关注每一名员工的发展,并且以发展这个共同的目标来统一和凝聚不同信仰、不同价值观的各国雇员,让员工切身感受到企业发展与自身发展息息相关。BGP在外籍雇员中推行"星级员工"管理制度,按员工的业绩及对企业的忠诚度进行考核,评选出一星至五星级员工,不同星级享受不同待遇,为外籍雇员建立起能够拾级而上的成长通道,到2007年,公司在海外评选出的五星级员工,会到中国总部接受表彰,他们中的许多人平生第一次登上了长城,受到中国兄弟的热情欢迎。星级员工穆罕默德说:"我愿意长久为BGP工作,能干多少年就干多年"。星级员工制度对外籍雇员起到了很大的吸引与激励作用。这些受到奖励的星级员工成为众多外籍雇员效仿的榜样,带动和稳定了一大批操作骨干。他们转战在各个探区,成为骨干力量。问卷调查显示,96%的外籍雇员都把成为星级员工作为自己的奋斗目标。2003-2005年,公司先后在苏丹、巴基斯坦、北非、沙特成立起了四个培训基地,致力于对外籍雇员的培养和开发。对于优秀的外籍雇员,公司为他们提供跨国锻炼的机会。

在推动文化融合中,作为公司海外地区市场指挥中枢的地区经理部作用非常关键。在中东地区来自十多个国家的雇员在经理部的统一协调下在各项目间有序流动,保证了项目的人力资源支持。巴基斯坦、沙特的培训基地源源不断的向阿曼、叙利亚等国家输送骨干操作人才。巴基斯坦雇员塔西说:我越来越喜欢BGP,在这里,有最优秀的中国人,他们尊重我们,教会了我很多技能,我非常感激他们。

3. 全球的文化视野——不同习俗与不同行为习惯的和谐。

BGP海外队伍中,外籍雇员大多信仰伊斯兰教和基督教,在伊斯兰国家,禁食猪肉和无磷的鱼,禁饮含酒精的饮料,每天在雷打不动的时间里要向真主安拉祈祷。而基督教徒喜欢喝红酒,每次餐饭前都要向耶稣做谢饭祷告,圣诞节要斋戒素食。而中方员工都是坚定的马列主义者,党员们定期要开展党小组活动。不同的信仰,不同的习俗,必然会造成行为的差异。而BGP大力推行"尊重、平等、沟通、和谐"的跨文化管理理念,让这些差异在共生共存中走向和谐。

刚刚进入苏丹市场时,中外方员工彼此还不熟悉,开工伊始,正干到关键处,外籍雇员忽然齐刷刷地放下手中的工具,压跪倒一片,不约而同地朝着同一个方向,念念有词地拜了起来,几分钟后,在中方员工愕然的目光中,他们又若无其事的干起活来。而一到我们尚不熟悉的宗教节日,教徒们便自动罢工。之后,在最短的时间内,BGP的管理者们作出决议:做每一阶段的施工计划时,一定要留出教徒们每天的祈祷时间;在宗教节日,要安排假期;在营地,队上专门开辟出场地,为伊斯兰教徒搭建起了简易清真寺。

在伊斯兰国家,BGP 充分尊重宗教信仰和风俗习惯,中方员工不吃猪肉,不喝带酒精的饮料. 每到外籍雇员的节日和重大活动,中方人员都会带上礼品向他们祝贺。

在跨文化管理中,沟通与交流是至关重要的手段。

在中东,每周一次的 barbecue 烧烤晚宴成为中外员工交流思想,沟通工作固定的聚会,也成为推进文化融合的特殊载体。在苏丹 barbecue 烧烤晚会上,苏丹员工情不自禁的手拉手唱出他们自编的歌曲:BGP 好, BGP 好, 中国 BGP,是我们的亲兄弟。

在海外,几乎每支地震队都会组织"国际球赛"。队员来自不同的国家,但球赛让他们没有任何差别,所有人员一起上阵,来自索马里的穆罕兴奋地说:"我长这么大,在 BGP 才有机会第一次打球"。

刚果布项目组也是个多国部队,有中国人、法国人、尼日利亚人、刚果人,文化不同,语言不同,背景也不同。为了让大家成为一家人,队上给每一位中方高级员工都配了一名尼日利亚助手,让他们结成对子,成为工作上的好搭档,生活中的好朋友。每个中方员工回国休假时,都会给自己的亲密战友朋友带上一份礼物。不同国度,不同肤色的人,在 BGP 都成了一家人。尼日利亚的穆罕默德常常说:"BGP 有我们真诚的兄弟, BGP 不仅教会了我们技能,还给了我们尊重与快乐"。阿曼 8622 队 HSE 官员沃格说:"我是和 BGP 一道成长的,BGP 给了我理想"。

文化差异和文化冲突是一种客观存在,在跨文化管理中,要透过现象看本质,有时候发生的问题虽然是个别的,区域的、局部的,但它代表着普遍的、民族的、宗教的文化的深层根源。解决这些问题也要从文化的深层根源上找方法。

(三)跨文化管理的成果

2002 年以来,BGP 跻身全球物探行业的重量级席位。海外业务产值保持年均 50% 以上的增长速度。形成了几个规模化生产基地。目前,BGP 全球陆上勘探市场份额达到 38%,位居全球首位;全球市场份额达到 13%,昂首跨入全球物探行业前四强。彻底改变了国际市场长期被西方同行所垄断的格局。

BGP 品牌影响力日益扩大,竞争力大幅提高,成为国家竞争力的重要组成部分。如今,国际各媒体在介绍 BGP 时,常用语是:一个来自中国的公司。2001 年,公司经过 8 年的攻关,叩开了被西方公司垄断 70 年的沙特勘探市场之门,2003 年,东方物探在墨西哥一举中标并成功运作了"Pemex 二区块"特大三维项目,价值工作量 9600 万美元,是当时世界上最大的三维勘探项目。2006 年,继 2005 年中标阿美石油公司价值 1.2 亿美元的沙特 51 项目之后,东方物探又中标全球有史以来最大的单个地震勘探采集项目—沙特 Berri 项目。并凭借优秀的资料品质、为甲方着想的服务态度,高效优质的服务质量得到甲方的青睐,大步进入高端市场,接连承担起大区域、高要求、高难度的重点工程。在国际上形成了具有东方特色的 BGP 品牌,得到国际知名油公司的青睐。壳牌、阿吉普、雪伏龙等国际大石油公司纷纷向东方物探伸出合作之手。

BGP 人才队伍也在跨文化管理的实践中得到发展。在多年的市场运作中,BGP 通过星级员工的评选、提供医疗保险、充满东方人性化的管理稳定了一大批优秀的骨干队伍。而中方员工作为监督与管理人员体现出强烈的主人翁责任意识、忠诚度与奉献精神,在海外项目运作中起着重要的示范带动作用。他们把带动外籍员工作为自己义不容辞的职责。以自身严谨、规范的作风为外籍员工做出示范和榜样。

对外籍员工的调查问卷显示,82% 的外籍员工认为 BGP 的管理规范透明,施工文明。在 BGP 工作总体感觉"很满意"的占到 66%,"基本满意"的占到 32%。93% 的外籍雇员感到自己的宗教和风俗习惯在 BGP 得到了尊重。96% 的人对于在 BGP 的工作条件表示满意。

从公司海外业务的蓬勃发展可以认识到:公司的跨文化管理是成功的。分析其成功的原因,有以下几个方面:

1. 培养造就了一批具有高度忠诚、较高的职业水平、出色的沟通协调能力的跨文化管理人才。

他们忠诚公司,热爱事业。对国家不同、背景不同价值观与要求不同的油公司,对不同国家、不同民族、不同信仰的员工管理,表现出良好的沟通、协调能力。具备相应的技术、技能,法律、法规知识,较强的外语能力。对不同信仰、风俗习惯的员工都能给予尊重与帮助。在远离祖国的海外工作实践中,这些管理者具备了较强的决策能力。他们面对复杂多变的形势与艰险重重的环境,能够随机应变,快速反应。

2. 在海外的业务发展中形成了先进的企业文化理念与精神。

以人为本、平等、尊重、沟通、和谐。BGP 文化中的尊重、亲和力与包容性,在吸引与留住国外员工中发挥了巨大作用,营造出了尊重文化、发展文化、忠诚文化的良好氛围。

3. 先进的管理机制与运行机制。以开放的心态与国际接轨,主要特点是:线性管理,职级负责,高效运作。

4. 实施全球化的人力资源政策,拥有一大批长期为 BGP 效力的不同国籍、不同民族、不同信仰的外籍员工。

能否成功的实施跨文化管理,我们做到了以下几个方面:

一是要牢牢树立以人为本的理念,以人为本是跨文化管理的核心理念,要在平等的前提下,互相尊重,尊重差异,尊重所有员工的民族传统和宗教信仰;主动沟通,善于发现和利用不同文化的特质和优势,兼收并蓄,打造适应不同社会环境与自然环境的和谐文化。

二是要着眼发展,以企业的发展凝聚员工,发展成果要惠及员工,以员工的发展凝聚力量推动企业进步。员工与企业达成互动,是跨文化管理本质特征。

三是要发挥主体文化的优势,以先进文化的带动和示范推进文化的融合。BGP 中方人员的带动作用起着至关重要的作用。BGP 的管理人员贴近基层身先士卒,用行动影响员工,用速度带动员工,管理在现场,管理在基层,发挥了较强的引领作用,使内部关系融洽亲和。在与西方物探公司的比较中显现的尤为突出。

四是要依靠政策导引和制度的保障推进文化融合。BGP 大力实施的:"高级雇员国际化,操作人员本土化"的人力资源政策有力的推进了多元文化的相互交融。

中航工业成都飞机设计研究所

创新超越 卓越蓝天

一、创新文化建设的组织领导

(一)文化驱动与创新重点

1. 研究所创新文化的产生。

建所以来,研究所把创新作为所的生存之本,发展之源。大力推进创新研发体系建设,把发展的基点放在自主创新上,通过长期的探索和积淀,初步形成了独具特色的创新文化,构成了以"非对称超越,无边界创造"为核心理念的创新文化体系。

2. 创新文化的内涵和建设重点。

(1)创新文化的内涵。创新文化,简言之就是有利于创新的文化。创新文化是创新活动的价值观和行为规范,是能够孕育出新生事物快速成长的土壤。它包括凝聚创新理念,营造创新氛围,激发创新活力,推动创新实践。自主创新要持续发展,创新文化是根本是灵魂。

(2)创新文化的建设重点。关心自主创新,就必然关注创新文化的建设。在特殊的历史使命和时代背景下,在深入挖掘深厚的创新文化传统和历史积淀的基础上,研究所以"文化引领、注入基因、融入管理、形成体系" 为载体拓宽工作思路,围绕"重塑发展战略、变革组织架构、发展技术平台、优化设计流程、提升管理手段、营造文化氛围",在设计理念、技术手段、能力建设等方面加大创新力度,进行创新文化建设的探索与实践,有效地提升了研究所的综合实力和核心竞争力。

(二)组织领导体系及机构

1. 建立组织领导体系,制定文化建设纲要。

研究所高度重视企业文化建设工作,成立了所企业文化研究委员会,所长、党委书记负责领导和主持所企业文化建设规划和发展工作,把创新文化建设列入长期的重要议事日程。制定了《企业文化建设纲要》(2005－2009),明确企业文化建设的指导思想、工作重点、基本原则、工作目标,规划了"三体系、五推进"的思路,以核心价值观和理念体系为建设中心,以规范研究所《员工手册》和理念识别、视觉识别、行为识别体系为载体,全面开展企业文化建设工作。

2. 适应研究所发展需要,突显企业文化部门地位。

2006 年,在研究所机构调整中,正式成立企业文化部,明确组织领导保证和功能定位,其主要职责是宣贯集团公司文化理念,管理及组织实施研究所企业文化建设。企业文化部内设职工政治理论教育、平面媒体的策划、对外宣传报道、所内多种媒体和网络新闻的宣传报道、普法教育、政研会日常工作等岗位。按照研究所《企业文化建设纲要》,自觉和深入地开展企业文化建设活动,既整体推进又突出重点,分层次、有步骤地实施,努力把创新文化建设渗透到科研生产、管理、经营等各项工作中,大力弘扬集团理念和精神,逐步推进文化管理与制度管理的融合,形成文化建设的系统工程。

二、创新文化建设的主要内容和做法

创新文化建设是研究所企业文化建设的核心和重要内容,是研究所自主创新的灵魂和精神支柱。研究所创新文化建设主要包括总结、提炼和培育以创新为导向的价值理念;营造浓厚创新氛围,倡导创新精神,引领全体职工树立创新观念、强化创新意识、增强创新能力;建立健全激励创新、保障创新的体制机制等方面的内容。

(一)文化引领,注入创新基因

创新文化建设的过程是实现创新文化从写在纸上、挂在墙上、说在嘴上,转变到记在心里、指导行动、形成制度规范的过程。文化落地是文化建设的一个关键环节,解决创新文化落地的问题,是实现价值观念、管理思想与管理行为、管理制度的统一。

1."非对称超越,无边界创造"创新理念的深刻内涵。

要达到不战而屈人之兵的境界,就必须在与对手有相当的抗衡力量的同时,着力扩大超越对手的差异化力量,实现超前的某一方面的引领。从某种意义上讲,具有非对称优势的核心竞争力就是"创造前期的垄断",要保持这种地位和优势,只有持续不断地坚持自主创新才能实现。

无边界创造中"无边界"是指研究所追求的创新是一种突破传统、打破常规的创造性活动,深刻体现了创新思维的无边界、无限制,体现出创新行为的长期性和广泛性。无边界创造是跨边界、跨领域、跨学科。当今世界的需求和难题太多,综合治理是最佳方法,综合治理就是组合治理,就是原始创新、集成创新、消化吸收再创新。无边界创造是研究所技术创新的思维路径,是管理创新的方式方法,是实现发展战略的具体实践。它要求在技术创新上打破行业、专业和原有产品的界限,积极开发相关领域和市场。无边界创造是研究所创造新辉煌、走向世界的必由之路。

2. 注入基因,引领发展战略。

创新文化的引领,核心理念的准确定位,为建设创新型研究所注入了基因;丰富内涵的形象生动宣传,将研究所的战略目标和核心价值根植于员工的内心深处，成为员工才华和潜力的凝聚，成为意志和情操的升华，成为共同的价值观念和行为准则，成为航空报国理念的具体体现。

创新文化的理念体系，系统地表达了创新的价值观念和价值追求。研究所对创新文化从“境界、品质、创新、机遇、和谐、团队”六个方面进行定位，设计出相应的系列文化主题宣传和诠释，并在所报和园区网上连续刊登，感染和影响着每一个职工。其主要内容是——境界篇：“志存高远、创造非凡”，是研究所实现“航空报国、强军富民”集团宗旨所应当拥有的崇高境界，反映研究所“引领我国飞行器综合技术发展，构建具有国际影响力的创新型和谐研究所”愿景目标；品质篇：“卓越源于专业、专业源于专注”，是研究所型号研制的历史写照，反映研究所在设计产品上追求第一的质量要求；创新篇：“进步源于创新、创新源于突破”，是国防建设发展的客观要求，反映研究所引领技术发展的基本定位；和谐篇：“成功源于共创、共创源于共享”，是全所员工共同信守的基本信念，反映研究所在人文环境、知识共享上追求和谐发展；团队篇：“风雨同舟、共同成长”，反映研究所在建设卓越团队方面的基本诉求和不懈努力。

（二）融入管理，培植创新土壤

融入管理，制度是根本，文化建设最终要落实到制度上，固化为管理制度。研究所坚持将创新文化理念作为完善和创新各项管理的指导思想，在制定新的管理制度时以文化理念的相关精神为依据；在制度冲突或制度缺位时，以文化的核心理念为准则。通过制度的完善和实施，保证研究所文化建设落实到位，取得实效。

1. 文化理念渗透到岗位，培植创新土壤。

理念能否衍生成企业具体的管理制度，能否内化成员工行为规范是文化落地的关键。文化落地的前提条件，首先是理念本身要着地。

实际上企业的理念必须源于企业的实际，理念不能好高骛远，不能是一个漂亮的口号放在那。如果一个理念不能细化，不能衍生，不能具体，不能通过制度、通过任务、通过标准、通过规范体现出来，这样的文化建设只能是“镜中花、水中月”，是束之高阁的空洞言辞。通过理念的提炼，各研究部对专业定位和能力提升有了更加明确的方向，科技人员对自己在研究所发展战略中的位置、作用有了进一步的认识和理解，形成了多姿多彩的文化“瀑布效应”和根深叶茂的文化建设发展态势。

如今，走进研究所的任何一个单位，打开计算机首先看到的是写有本单位发展理念的精彩桌面，各个单位用不同的设计形式和色彩展示着自己的发展理念，共同的创新文化和价值观渗透在职工日常工作的细节之中。在一年一度新同志的欢迎仪式上，每个部门的领导不仅要介绍本单位的专业特点和组织结构，更要介绍本单位的文化理念及其内涵。

2. 积极开展创新实践活动，确保创新文化落地。

文化的兴衰关系到企业的兴衰，而文化的兴衰取决于文化是否真正落地。如何解决好企业文化的落地问题是企业文化建设的根本问题。近年来，研究所结合科研生产实际，开展了一系列以创新文化为主题的实践活动。

（1）以创新为主题的“五个一”文化实践活动。结合所科研发展和市场竞争的需要，在全所范围内开展了以创新为主题的文化实践活动。从科研预研、产业发展、企业文化三个方面入手把握重点，全面推进“五个一”的文化实践活动。创立一个好的理念，激活创新之源；创造一种好的方法，追求创新之本；创办一个好的论坛，奏响创新之音；创收一批好的成果，收获创新之实；创建一个好的团队，筑牢创新之基。在创建一个好的团队过程中，要求各部门、研究室将团队建设作为一个自我提升的过程和一项首要任务来抓。涌现出以学习型组织为主题、以智慧型员工为特色、以创新课题为主要内容等多样化的团队组织。形成一个员工的归属感、自豪感不断增加，相互尊重，善于沟通，充满活力，业绩突出的高技术团队。

（2）建立青年创新基金，创新活动固化于制。经过开展以创新文化为主题的“五个一”文化实践活动，所里创立了“创新基金”，每年投入不低于500万专项经费，鼓励广大科技人员尤其是青年同志踊跃参加各种创新活动。

3. 创新文化的研究、积累和传播。

（1）出版《中国一航创新文化典型案例选编》。研究所受原中国航空工业第一集团公司委托，主持编辑出版了《中国一航创新文化典型案例选编》。研究所全面负责该书的策划、设计和编撰工作，全书共收集38个单位近70余篇稿件，数十万字。这些创新文化案例，是中国一航所属企事业单位开展创新文化建设的初步尝试，概括了技术创新的突破、机制创新的变革、管理创新的尝试，也有观念先导、文化传播、团队建设、能力提升等多个方面的内容，受到读者的好评。

（2）承担中央企业党建研究会《精心打造创新文化，建创新型和谐研究所》课题研究。2007年，由所党委书记戴亚隆同志负责的课题小组承担了中央党建研究会课题研究，该课题从研究企业文化与发展战略的关系入手，提出了在战略形成、实施和目标落地过程中，文化影响战略的效果和途径，即：文化与战略关系的三次转换，并在研究所的文化建设和科研工作中不断的得以验证和实践，该课题获得2007—2008年度中央企业党建课题研究成果奖。

创新是企业发展的核心竞争力，创新不仅仅是产品和技术的创新，更重要的是思想、制度和管理等多方位的创新。让创新文化融入管理，就是要建立以创新为核心理念的制度和机制。在创新文化建设的实践中，研究所努力把创新文化融入管理，在核心价值观的指导下提升管理理念，提供管理变革动力，重塑管理活动方式。

胜利油田地质科学研究院

创新地质科技 成就百年胜利

油气勘探,地质为先;油气开发,地质为先;实现“百年创新、百年胜利”,更是地质为先。胜利地质院作为油田的“地质参谋部”,担负着为油田乃至中石化油气勘探开发提供科技支撑的重任。为了进一步凝聚人心、激发斗志,不断增强科技创新能力,地质院全力打造“胜利地质”品牌,以品牌力全面驱动核心竞争力。

一、品牌梳理:文化审视,知往鉴来

一个品牌的形成绝非一朝一夕之力,必然经过一个积淀、孕育的过程。梳理“胜利地质”品牌的累积资源,审视品牌发展的现状和不足,对规划品牌未来的发展具有十分重要的意义。

润物无声,文化引领。品牌的背后是文化,“胜利地质”品牌的形成离不开胜利地质文化的滋养孕育。地质院成立于1964年7月,伴随着胜利油田的诞生而成立,是胜利油田惟一一个集勘探、开发为一体的综合研究机构。在油田大会战时期,胜利人被“自力更生、艰苦创业、无私奉献、先工作后生活”的精神所鼓舞,地质院由此诞生了以“严细、求实、拼搏、奉献”为主要精神元素的“货郎担”、“铁柱子”、“一滴油”、“一粒化石”等十大地质传统精神,为地质科研人员勤钻研、出精品提供了精神动力,成为激励几代胜利地质人开拓进取的宝贵精神财富。随着时代的发展,为适应胜利油田严峻的勘探开发和市场竞争形势,地质院通过课题研究的方式,提炼出以“求实、创新、超越”为核心理念的新时期胜利地质精神,指引科研人员实事求是,勇于创新,不断突破新理论、新技术,做到“人无我有、人有我精、人精我新”,为锻造品牌理论、品牌技术奠定了文化根基、提供了精神支撑。

审视资源,厚积薄发。地质院被誉为胜利油田的“地质参谋部”,44年来为胜利油田探明47.25亿吨石油地质储量、生产9.29亿吨原油做出了不可替代的贡献。地质院先后有760项科研成果获局级以上科技进步奖,其中国家级19项、省部级134项,并与国内外数十家石油企业、科研机构开展了技术合作。地质院是成就地质专家的摇篮,先后有7名院士从这里走出,培养造就了一批享誉业界的专家。累累硕果、济济人才为地质院营造了科研创新的浓厚氛围,也为品牌的树立积淀了丰厚资源。

借助外脑,科学诊断。为确保“胜利地质”品牌建设高起点、高水准地开展,地质院专门聘请北大纵横管理咨询公司进行现场诊断、跟踪辅导。通过个人访谈、座谈讨论、外部调研等方式,胜利地质品牌项目组与咨询公司一道对宏观环境、行业市场、内部资源能力、利益相关者进行了深入分析,对地质院品牌资源进行了客观梳理和考量,明晰了胜利地质品牌资源的现状和不足,规划了胜利地质品牌实施战略,编制了胜利地质品牌管理手册,为进一步系统、深入地开展“胜利地质”品牌建设理清了思路、明晰了路径、凝聚了力量。

二、品牌定位:系统设计,明晰个性

品牌建设的首要任务是对品牌进行定位,就是明确品牌的外在名称标志、内在精神内涵以及目标诉求,建立深刻、独特、鲜明的“胜利地质”品牌形象。

设计个性化外形。综合行业特征、服务领域、目标诉求等因素,明确“胜利地质”品牌为一组织品牌、行业品牌。品牌标志作为品牌视觉形象体系的核心元素,对于品牌的识别、认知、宣传、联想具有十分重要的意义。为增强品牌视觉识别力,地质院在原有院徽的基础上进行了进一步修正,将标志文字统一为“胜利地质”,并强化了图形的动感,以凸显“追求创新”的涵义。在此基础上,设计完成《胜利地质视觉形象识别规范手册》,以进一步规范品牌标志的应用,强化“胜利地质”品牌形象推介和形象塑造。目前,“胜利地质”品牌标志正申请工商局商标注册。

凝炼个性化内涵。品牌的文化内涵是品牌的核心资源。为集思广益、准确把握,地质院开展了网上有奖征集“胜利地质”品牌精神理念活动,经上下结合、反复酝酿,最终提炼形成“胜利地质”品牌七大精神理念,明确了“凝聚人才、凝聚智慧”的品牌使命,“胜利地质,引领胜利”的品牌愿景。特别是在充分剖析“胜利地质”品牌发展阶段和现实资源条件的基础上,选择主推行业专家形象,集中打造“石油科技源泉,地质专家摇篮”的品牌形象,进一步确定“理论、技术、专家、团队”为“胜利地质”品牌有形四要素,从而为“胜利地质”品牌建设明确了定位、指明了方向。

三、品牌评选:内外并举,权威树立

胜利地质文化是无形的,但承载“胜利地质”品牌的理论、技术、专家、团队却是有形的。评选好这有形的载体,无疑对增强“胜利地质”品牌的权威性、公信力以及辐射面、影响力至关重要。

院内全员参与,加大评选的覆盖面、辐射力。2007年初,地质院党委专门下发了《关于开展胜利地质品牌评选活动的通知》,明确评选标准、选拔程序,初步产生“品牌理论、品牌技术、品牌专家、品牌团队”的提名名单。在此基础上,组织开展了“我心中的品牌”网上评选活动,在全院公开评选品牌理论、品牌技术、品牌专家、品牌团队,鼓励每名职工充分表达个人意愿,既可在推荐名单中推选,亦可另行提名,在“选品牌、论品牌”的热潮中,“崇尚品牌、争当品牌”的风气日益浓厚。本次网上评选活动,共有817名职工参与投票,全院近七成职工在网上发表见解,激发了职工参与品牌建设的热情,为“胜利地质”品牌建设的纵深开展奠定了良好的群众基础。

外界公开评判,增强评选的权威性、公信力。外界特别是油气勘探开发行业专家对"胜利地质"品牌的认识和评价至关重要。为增强"胜利地质"品牌评选的权威性、公信力,地质院分技术服务对象、目标受众、业内专家等层面发出50余张选票,特邀油田、中石化层面专家、领导进行评选,熟知"胜利地质"技术发展的罗平亚、胡见义院士也应邀投票评选,中国工程院院士胡见义还欣然亲笔题词,给"胜利地质"品牌建设以莫大的鼓舞与鞭策。经上下酝酿、内外结合,共评出4项品牌理论、16项品牌技术、10名品牌专家、5个品牌团队,使"胜利地质"品牌的宣传推介更为具体明晰,为"胜利地质"品牌的认知、认同奠定了基础。

四、品牌传播:内聚人心,外树形象

品牌传播是促进品牌成长的重要环节,对内增强品牌的认知度、荣誉感,使职工见贤思齐、激发斗志;对外提高品牌的知名度、美誉度,树立品牌形象,赢得更多更大的发展空间。

"五个一"工程构筑舆论强势。在充分利用网络、报纸、电视等媒体进行强势宣传的同时,地质院还紧紧围绕4项品牌理论、16项品牌技术、10名品牌专家、5个品牌团队,进行专题式、特色式的渲染推介,组织开展了"五个一"工程:即"拍摄一部品牌专题片、印制一本品牌画册、编写一本品牌故事、建造一个品牌长廊、召开一次品牌发布会",使"胜利地质"品牌所透射的精神理念、愿景目标逐步深入人心。每一项工程犹如一道品牌冲击波,不断增强全员的品牌意识,影响带动科研人员争做品牌项目、争当品牌专家。特别是胜利地质品牌长廊的修建,不仅为地质院增添了一道靓丽的文化风景线,更重要的使职工切实感受到了品牌的辐射力、感染力。正如一名科研人员在书记院长信箱中所说"每当从品牌长廊走过,让我都受到一种鼓舞和鞭策,悄悄警醒我作为一名胜利地质人肩负的责任和使命"。

人才高地提升品牌效应。在第六届亚非石油地球化学与勘探国际会议上,来自中国胜利油田地质院的张林晔被众人所瞩目,她所作的《东营凹陷成烃与成藏组合关系研究》得到了与会专家的一致好评。亚非石油地球化学与勘探国际会议是全球石油勘探界瞩目的石油地球化学盛会,因为张林晔的精彩报告,"胜利地质"随之在国际专业会议上声名鹊起。像张林晔这样享誉国内外行业的专家,地质院还有一批。目前,地质院共有职工1261人,具有博士和硕士学历的426人;具有高级职称的317人,其中教授级高工18人;有享受政府特殊津贴专家2人,省部级专家7人,油田高级专家7人;有1人荣获黄汲清青年地质科学技术奖,17人荣获油田科技英才奖,构筑起胜利油田的人才高地,为胜利油田的科技创新提供了智力支撑,也为"胜利地质"品牌的打造奠定了人才保证。

科技硕果树立品牌形象。地质院就是为油田勘探开发提供理论、技术支撑,其科技的高度决定了"胜利地质"品牌的高度。今年4月,油田"泰山学者"特聘专家工作合同签约仪式暨开题论证会在地质院举行,这意味着胜利油田首个"泰山学者"岗位落户地质院,而这是与地质院的科技实力分不开的。地质院作为中国石化提高采收率研究中心、山东省提高油气采收率工程技术中心,走到了中石化、山东省科技战线的最前沿。截至目前,2008年地质院有42项成果获局级以上科技进步奖,其中有6项成果获省部级科技进步奖。承担了3个中石化重大先导试验,6个国家重点攻关项目,参加国内外大型技术研讨会7次。对外技术服务频传佳讯,特别是承担的墨西哥项目多次得到甲方好评,"石油科技源泉、地质专家摇篮"的品牌形象不胫而走。

辽宁省本溪市中心医院

创建和谐医院的文化定位

一、心开目明,传承中创新,确定和谐医院文化方向

先进文化的形成必然经过一个积淀、梳理、传承、创新的过程。中心医院建院55年的丰厚文化积淀,为系统创建"心文化"提供了有力支撑。

(一)梳理文化脉络,挖掘"心文化"基因

回顾中心医院走过的发展之路,全院干部员工深切体会到:先进的医院文化是中心医院核心竞争力的不竭源泉,也是中心医院实现持续、和谐发展的基因。1954年4月1日,本溪市中心医院的前身本溪市立第二人民医院在山城本溪诞生了。建院之初医院只有100张床位,103名员工。1985年1月1日,医院正式更名为本溪市中心医院。建院以来,一代代中心人用心系祖国的爱国精神、心系事业的职业精神、心系医院的奋斗精神、心系患者的奉献精神书写了医院蓬勃发展的壮丽篇章,从唐山、海城地震救援到抗击非典,从支援汶川抗震救灾到奥运安全保障,从手足口病防控到筛查奶粉事件患病儿童,每一次急难险重任务面前,中心人都义无反顾地冲在最前线。正是这些优秀的文化基因构成了"心文化"的精神内核,引领医院不断实现腾飞和跨越。

(二)整合文化资源,丰富"心文化"底蕴

改革开放以来,医院的各项事业实现了大跨越、大发展、大提升。特别是1998年,以老院长黄力强为核心的新一届领导班子组建后,医院面临的问题是:医院的硬实力得到快速发展的同时,医院的软实力从哪里入手?如何才能实现医院发展的基业长青?经过多次理论联系实际的大讨论活动,医院领导班子充分认识到以人为本是医院文化的本质。是以人为中心,还是以物为中心,是现代文化管理与科学管理的本质区别。医院作为一种以人与人的组合为基础的医疗服务活动主体,必须把"人"作为医院的灵魂。所以,医院文化是以人为本的文化,是围绕人力资源开发的文化,是人性关怀、人文服务的文化。必须以积极姿态整合文化

资源，认真总结医院多年来在开展规范服务、优质服务、形象工程、争创全国百姓放心医院等活动中积累的经验，以人为本，“一切以病人为中心”，积极创新服务模式，用爱心、耐心、细心、责任心服务每一名病人，从理念识别、行为识别、视觉识别等方面丰富“心文化”底蕴，为创建和谐“心文化”奠定基础。

(三)明确文化方向，追求“心文化”境界

医院文化是历史的积淀，是行为的结晶，更是价值的传承。中心人在医院发展的进程中，不断选择、确立共同的价值信仰，大家认为，医院作为一种特殊的社会分工，有其独特的社会服务性、信誉至上性、求实创新性、科学真实性、廉洁高效性等特征。因此，必须把医务人员的价值取向定在防病治病，实现社会主义医学人道主义，全心全意为人民的健康服务上。我们要用高度的责任感和使命感创建“心文化”，构建和谐医院，追求文化管理的高境界。医院坚持领导重视，系统规划，全员落实，成立了医院文化委员会，设立医院文化部，负责医院文化建设的具体执行和落实。从2003年起，医院每年都要在职代会上明确医院文化建设主题，如品牌文化、诚信文化、和谐文化等。

二、以患者为本，实现和谐医院文化定位

医院文化建设的首要任务是在总结文化内涵的基础上进行文化定位，使文化具有创造性、时代性、先进性、增值性，体现鲜明的个性特征。中心医院根据“以病人为中心”的行业要求和医院所处的中心地位进行准确的文化定位，建立了富有典型个性特征的“心文化”体系，以文化力提升医院的核心竞争力。

(一)从理念上起步，将“心文化”入脑入心

医院将几代“中心人”强烈的主人翁情结、执着的责任意识、忘我的奉献精神、严谨的工作作风、诚信的职业道德进行总结提炼，通过发动员工征集治院格言、领导把关、专家参与，建立了富有个性特征的“心文化”理念识别系统，明确了“心文化”的内涵是对内以员工为本，对外以病人为中心，医院与员工、员工与病人心心相印、将心比心、以心换心，确立了“‘十心’实意”服务品牌；“以诚待人、以信处事”的核心价值观；“崇尚领先、追求卓越”的院训；“奉献健康事业、服务山城人民”的医院使命；“以病人为中心、创优秀服务品牌、打造百姓放心医院”的核心理念；“创建辽东名院”的愿景等“心文化”理念系统，并反复对员工进行灌输强化，让这些基本理念深入人心，使员工充分认识到理念建设在医院文化建设中的重要作用，并且不断通过实践进行再总结、再深化和再实践，真正体现“心文化”的价值。

(二)从行为上深化，将“心文化”入规入行

医院文化只有植根于管理实践和员工行为之中，才具有不竭的生命力，这是医院文化的重点，更是难点。中心医院不断深化“心文化”行为识别系统建设，设计完成了以员工职业道德规范、服务规范、行为准则、礼仪规范等为主要内容的行为识别系统，印制了《中心医院服务规范》、《中心医院员工手册》等，从员工的岗位规范、举止、服饰、仪表到语言都做出明确规定，这些制度规范是“心文化”的重要组成部分，体现了几代中心人的优良传统，体现了中心人在医疗实践中形成的价值取向，体现了中心人的优良道德风范。通过深入扎实的推广实施，这些行为准则已在员工中落地生根，并逐步从服务行为升华为服务习惯，成为医院的宝贵精神财富。

(三)从视觉上对接，将“心文化”入眼入耳

医院在1999年建新大门时，精心设计了由卫生部马晓伟副部长亲自题写的“生命之花”雕塑，其花蕊是四颗“心”围绕一个“十”字柱头变化而成，象征对待患者有爱心、耐心、细心、责任心，让员工时刻牢记白衣天使的神圣职责。在医院住院处的草坪上，修建了“憩心园”，由两个直径20多米紧紧相连的“心”型图案构成，意为患者心灵修养的地方，让患者在自然环境中感受到“心文化”的丰富内涵。医院的院徽也是两个变化的英文字母“C”叠加在一起构成的“心”型图案，“C”是英文单词(Central)“中心”的意思，寓意医院心系员工、心系患者，员工心系患者、心系医院。

三、强自身素质，丰富和谐医院文化内涵

医院把提高员工的认知能力和综合素质作为“心文化”建设长期而艰巨的任务，坚持从核心推进，从认知入手，用典型示范，不断丰富“心文化”内涵，持之以恒地进行文化深植。

(一)从核心推进，布“心文化”之魂

医院文化的核心是价值观，它对统一员工的思想道德和行为方式起主导作用。根据医疗服务患者这一特殊的行业特点，医院确立了“以诚待人，以信处事”的核心价值观，并把核心价值观的培育融入医院文化建设的方方面面，在营造氛围、舆论引导、选准载体、文化熏陶、典型示范、行为养成、制度保障等方面下工夫，坚持不懈地进行价值观的倡导和培育。让员工在服务中体现医院的价值追求，实现医院、员工、患者、社会四位一体的和谐统一与价值共赢。

(二)从认知入手，布“心文化”之局

一是请进来，为我所用。医院把提高全员综合素质作为“心文化”建设的基础工程，积极创建学习型医院，建立员工素质培训学校，构建党政工青立体培训网络，不断完善教育培训管理体系。每年制定具体的培训计划，重点突出医院文化、服务理念、服务技巧、服务语言、服务作风、高新技术的培训。新加坡国际管理学院院长杨威荣博士、中国企业文化研究会副理事长华锐、高立胜、著名细节管理专家汪中求、台湾阳明大学医务管理研究所郑胜辉教授、台湾大学医院管理所段正文教授、台湾大学林正全教授、浙江大学古飚教授等先后来院进行医院文化及品牌建设的培训，医院与复旦大学、中国人民大学、西安交通大学等联合举办中层干部高级研修班。全院员工树立了全新的服务理念，自觉成为“心文化”的创造者、实践者和传播者。

二是走出去，博采众长。医院对照国内先进企业及医

院找差距,促进干部员工解放思想,转变观念。组织领导班子成员及全院中层干部到中国医大一院、大连医大附属二院、大连新世纪医院、烟台毓璜顶医院、青岛海尔集团等地参观学习,选派领导班子成员到新加坡国际管理学院进修,加入《中外管理》理事单位,每年参加30-40人次的各类管理培训,选派机关职能部室负责人参加“如何提高执行力”的培训。提高了对医院文化重要性的认识,增强了创新能力和执行力。

三是抓重点,全员“刨冰”。医院定期开展思想文化创新活动,在实践中启发新思维,拓展新思路。从2002年开始,医院每年都要开展以“四查”为主题的“刨冰运动”,彻底清除影响医院快速发展的陈旧观念、陈规陋习和丑恶现象,努力刨掉那些不适应甚至阻碍医院发展的“坚冰”。“四查”即查思想观念、发展思路上存在的问题,破除因循守旧、封闭保守、无所作为的思想观念,确立勇于探索、开拓创新、奋发有为的进取精神;查工作精神、工作作风方面的问题,破除工作上的低标准,应付了事,低效拖拉,不紧不慢推着干等工作状态,确立工作上的高标准和只争朝夕、真抓实干、迅速落实的工作作风;查服务意识、服务模式、服务态度等方面存在的问题,破除服务上缺少亲情服务和人文关怀,满足现状以及个别人还存在生、冷、硬、顶、推等问题,确立“以病人为中心”、“把对留给患者”、“视病人为亲人、朋友”等服务理念;查遵纪守法,廉洁自律方面的问题,破除制度松弛,执纪不严,为政不廉等不良行为,确立用制度管人管事,纪律严明,令行禁止和廉洁从政从医的行为方式,实现员工的思想观念、工作作风、行为方式与“心文化”的和谐统一。

(三)用典型示范,布“心文化”之点

先进典型是医院精神的代表,是医院核心价值观的生动体现,也是推动“心文化”建设的重要力量。通过发挥典型的示范作用和影响力,为员工提供榜样示范和价值观引导,引导员工自觉成为“心文化”的积极倡导者、推行者和示范者。

一是精神激励。医院大力选树典型,表彰和宣传有突出贡献的先进典型和重大创新成果,形成尊重知识、尊重人才、尊重劳动、尊重创造的良好舆论导向,营造人人学习、人人成才的氛围。医院加大对典型的宣传力度,在新闻媒体设专栏、在院内设宣传栏、灯箱展示栏、院报设专版,积极宣传先进典型的精湛技术和优质服务,激发他们的荣誉感,调动他们岗位成才的积极性。医院每年在职代会上表彰打造服务品牌先进科室等各类先进科室50余个,各类标兵等先进个人500余人,奖励金额20余万元。

二是物质激励。医院在全市率先进行人事分配制度改革,建立了公平、公正、公开的绩效考核体系,让一流人才做一流贡献,获得一流报酬,使人才对医院的贡献得到相应的肯定和回报,充分调动员工在推动医院发展建设中的积极性。医院定期召开科技大会,对有特殊贡献的科技人才实行重奖,如在2006年医院科技大会上,为调动医学人才献身医学事业的积极性,弘扬他们的钻研、创新和奉献精神,医院重奖泌尿外科博士梁伟、原中西医病房主任周耀群、医学工程部部长许天跃三位有突出贡献的科技英才每人10万元,奖励8项科研课题和14项新技术,总奖励金额70余万元。

三是情感激励。医院实施“连心”工程,建立了“四必访”、院领导与员工定期沟通、员工子女升学奖励等一系列人文关怀制度,“三八”节、护士节、员工生日都将收到院长的亲笔贺信,努力营造“关心人、理解人、尊重人”的氛围。对外出进修和学习人员,医院领导定期到所在地探望。张霄峰、黄鑫、侯文静等在上海读博士期间,由于赶毕业论文不能回家过春节,老院长黄力强带部分领导班子成员到上海与他们共度春节,让他们深受感动。因此,他们毕业后都积极回院工作。医院还由医教部设专人负责定期与外出学习进修员工的家人沟通,发现问题及时帮助解决。每逢节日,院领导定期走访、慰问,主动关心家人的健康和生活。通过一系列细节服务,竭力培育员工的忠诚度。

四、文化大举措,培养和谐医院文化品行

为促进“心文化”落地并深植于员工心中,医院采取了一系列行之有效的措施,树立和谐医院理念,营造和谐医院氛围,实施品牌战略、人才战略,探索出“心文化”建设的有效载体和路径。

(一)营造文化氛围,实现文化建设大发展

医院定期开展具有“心文化”特色的活动,精心设计活动主题,创新活动形式,丰富活动内容,不断提高特色活动的影响力和覆盖面,营造人人参与、人人践行、人人传播的良好文化氛围。先后开展了文明服务规范示范表演、演讲比赛、医院文化论文研讨、优秀服务故事小品演示、医院文化画与话、“心文化”理念征集、“和谐文化·共建共享”短信大赛等活动,并将获奖作品广泛宣传,促进“心文化”从理念转变为员工的自觉行动。

医院创新内部管理理念,完善内部顾客服务体系,明确内部顾客满意是外部顾客满意的前提和基础,积极搭建医技、机关与临床互动平台,开展内部顾客满意度调查,进行提案征集并认真解答,不断增强员工对事业的责任心、对医院的忠诚度和对工作的投入度,提高团队凝聚力。

(二)实施品牌战略,实现服务品质大提升

品牌是文化的体现,是医院的无形资产和宝贵财富。医院通过开展打造本溪第一服务品牌活动,不断提升品牌建设水平,实现从品牌到品质的升华。

一是打造服务品牌。医院结合“心文化”的核心和内涵,采取领导把关、群众献策、专家指导三结合的方法,总结提炼出服务品牌——“‘十心’实意”。即:对待患者有爱心,接待患者要热心,解答疑问要耐心,诊断要有责任心,观察病情要细心,治疗护理要精心,学习技术要专心,收费让患者放心,听取意见要虚心,改进服务要诚心,最终让患者获得实实在在的满意。

医院不断细化服务品牌,提出了“科有品牌,岗有理念”

的要求,全院各科室围绕"'十心'实意"服务品牌,结合各自的工作特点,提炼各科室的子品牌和服务理念,并制定了具体的保证措施。如眼科的"光明天使"品牌和"巧手描绘清亮'视'界"理念;儿科的"慈母心"品牌和"慈母爱心,护佑未来"理念;肿瘤外科病房的"希望永驻"品牌和"希望永驻,健康常在"理念;中西医科"妙手仁心"品牌和"济世为患,杏林春暖"理念等,都体现了有特色、有措施、有落实。急救中心的服务品牌是"把握瞬间",科室提出"把握入院的瞬间,医护及时出现在面前使服务品牌落实到具体工作中。

二是打造技术品牌。医院不断加强品牌内涵建设,提高品牌的科技含量,以临床重点学科和特色专科建设为依托,积极开展技术创新,创建省、市重点专科16个,腹腔镜、胸腔镜、宫腔镜、膀胱镜、关节镜等微创手术广泛应用,心脏旁路搭桥术、肾脏移植术、背阔肌游离肌皮瓣移植术、经桡动脉穿刺行冠脉造影PTCA支架置入术、先天性心脏病的介入治疗、应用层流技术治疗白血病等多项新技术达到省先进水平。近三年,医院获省科技进步奖2项,市科技进步奖45项,员工在省级以上杂志发表论文500余篇。

三是打造质量品牌。医院以三甲医院复审、医院管理年活动和落实CHA患者安全目标为契机,健全并完善了各项制度、职责200余项,并通过定期召开案例分析会、医疗安全教育大会、法制法规辅导等多种形式,抓好核心制度的落实,强化"三基三严"训练,健全医疗护理质控体系,通过举办"优秀病志展"、开展急救技能大赛等,加强重点部位和环节的监管,提高医疗质量。

(三)实施人才战略,实现人才建设大突破

医院坚持人才资源是第一资源的理念,不断优化人才资源结构、激发人才队伍活力、健全人才管理制度,造就了一支勇于探索、进取创新的人才队伍,为医院赢得了持久的竞争优势。

一是诚心聚才。医院在引才、聚才上采取有效措施,通过特薪引进人才、通过年薪招聘人才,以项目为载体,面向社会广募贤才,建设一支集在职、兼职、挂职于一体的高精尖人才队伍。近三年,医院调入、聘入、特聘副高职以上专业技术人员15人。先后引进国内著名肿瘤科专家李留树、全军顶尖放射线科专家胡连源、中医研究所陈发奎、病理科硕士章培等全国著名专家,他们都是所在专业的领军人物,使医院的技术水平在短时间内达到全国先进水平,吸引全国各地和许多域外病人,极大地提高了医院的知名度。为引进肿瘤专家李留树教授,医院认真调研,院领导多次到北京真诚邀请李教授来院工作。李留树教授的成功引进,是医院人才管理的重大突破,也体现了"心文化"的无穷魅力。

二是精心育才。医院坚持全方位、多层次培养人才,以岗位培训为主渠道,通过外派学、脱产学、干中学,鼓励员工提升学历和技术创新,积极营造良好的人才成长环境。每年选派业务骨干参加国家级学术会议80余人次,选送中青年业务骨干50余名到上级医院学习,选派优秀人才到国外医学院校深造,2008年用于人才培养及奖励金额560万元。近三年,医院培养博士10人,硕士65人,本科生200余人。

三是真心用才。医院积极营造鼓励人才干事业、支持人才干成事业、帮助人才干好事业的氛围,创新思维,打破常规,对学成归来的博士、硕士生,按所学专业及课题项目,采取"因人设岗"、"因人设科"等办法,为人才施展才华搭建成就事业的舞台。心内科博士黄鑫学成回院后,医院克服资金及环境等困难,专门成立循环内科二病房,任命他担任科主任,仅两年的时间,他就获市科技进步奖3项。血液科博士何晖学成回院后,医院投资三十余万元,专门成立了血液实验室,为其开展血液疾病研究创造条件。肿瘤内科医生陈铁军硕士毕业后,医院采取"师带徒"的方式,让他与国家级肿瘤内科专家李留树教授结为师徒,使他的诊治水平得到快速提高。

五、多渠道传播,树立和谐医院文化形象

文化的传播是创建先进文化的重要环节。医院通过载体传播、渠道传播、故事传播,广泛宣传"心文化"的丰富内涵和典型案例,对内增强凝聚力,对外提高影响力,树立了医院优秀的社会形象。

(一)选准载体,突出和谐医院主题

医院每年开展主题活动,以质量管理年、诚信服务年、品牌建设年、和谐文化年等为载体,扎实推进"心文化"建设。制定专题实施方案,设计系列活动项目,实现"心文化"建设与医院中心工作的相融共进。以院报、宣传栏、好人好事专栏、院内灯箱、网站为阵地,宣传践行"心文化"的典型人物和事迹,在潜移默化中传播先进文化。

(二)拓宽渠道,展示和谐医院形象

一是树立外在和谐形象。医院充分利用新闻媒体,在《本溪日报》设"十心实意天使情"专栏、《本溪晚报》设"就医情结"专栏、《洞天周报》设"从医感悟"专栏、《本钢日报》设"名医出镜"专栏、《本溪广播电视报》设"中心人故事"专栏、本溪电视台设"文化视角"、"健康导航"专栏,每年在市级以上媒体发稿300余篇,不断提升先进文化的感召力和影响力。

二是树立内在星级形象。在员工中开展星级服务,请礼仪专家进行全方位礼仪培训,女医护人员淡妆上岗,新员工培训合格上岗,达到服务环境温馨化、服务沟通亲情化、服务流程人性化、服务收费大众化、服务行为规范化、服务延伸社会化。

(三)宣讲故事,传播和谐医院文化

医院坚持理念故事化、故事理念化,以故事传播品牌、升华品牌。"品牌是由故事堆积成的",这是老院长黄力强在"心文化"实践中总结出的成功经验。

院长定期推荐管理书籍和文化故事,近年来推荐了《谁动了我的奶酪?》、《把信送给加西亚》、《执行》、《细节决定成败》等管理书籍,促进了"心文化"的广泛传播和认知认同。

医院在员工中征集服务故事,通过演讲比赛、小品演示

会等形式广泛传播，营造人人争创服务故事、人人争当故事主人公的生动局面。比如在医院广为流传的“一本书的故事”，讲的是儿科在打造“慈母心”服务品牌时发生的故事。儿科护士王翠莲在值夜班期间，接诊了独自来打滴流的一个八、九岁的小患者，当她通过询问得知孩子的父亲上夜班，母亲已去世多年时，一种慈母般的爱心油然而生，她不但耐心为孩子处置，还为孩子送来了热牛奶，小患者临走时感激地说：“阿姨，您使我想起了妈妈！”这就是中心人在面对患者时所体现的文化情怀，源自于员工对“心文化”的深刻理解、认同和热爱。

医院在院报上设“患者之声”专栏，刊登患者的感谢信。患者家属为了表达对医护人员的感激之情送来感谢信，有一封感谢信这样写道：是中心医院的“心文化”培养出这样一支高素质的干部员工队伍，是中心人心贴心的服务，才使我们感受到了家的温暖……

六、医患一家亲，共享和谐医院文化成果

中心医院通过坚持不懈地创建“心文化”，构建和谐医院，医疗技术能力、服务能力和软实力得到稳步提升，各项综合指标连年居本溪医疗卫生行业领先水平。医院建立了惠及员工、患者及社会的价值分享机制，形成上下和谐、医患和谐、内外和谐的良好发展态势，使医院步入持续、快速、和谐的发展轨道。

（一）聚“心文化”之力，形成了上下和谐的良好态势

班子和谐，共谋发展。“智出一班，令出一门，戏唱一台”，这是多年来中心医院得以快速发展的重要基础。医院已经形成了科学完善的议事规划和党政协调运行的工作格局，思想上交心、目标上同心、工作上用心的工作原则，保证了领导班子的和谐统一，促进了医院各项事业的持续发展。上下和谐，人心思进。正是“心文化”的不断深植，医院形成了上下和谐、人心向上、人心思进的良好工作氛围，

（二）筑“心文化”之基，实现了医患和谐的良性互动

全院员工在坚持“一切以病人为中心”的基础上，牢固树立了“服务无边界、服务无小事”、“把对让给患者”、“接待一个患者，结交一个朋友，开辟一个市场”等服务理念，各科室积极创新服务模式，构建和谐医患关系，开展了超值服务、延伸服务、感动服务、惊喜服务等。例如：手术室在服务创新中开展了“手拉手”服务，护士为缓解患者手术过程中的紧张恐惧心理，始终握着患者的手，受到患者的一致评价和赞誉。2008 年，医院收到患者表扬信 203 封，锦旗 75 面，新闻媒体表扬 300 余次，患者满意度 99.1%，许多患者即使住在走廊加床也不到其他医院住院，就是对医院品牌的高度认可和对“心文化”的认同。

（三）谱“心文化”之曲，树立了内外和谐的卓越形象

和谐体现了医院可持续发展的战略要求，体现了科学发展观的时代内涵，更体现了医院肩负的历史使命。中心医院用“心文化”促和谐，坚持诚信经营，积极履行公益责任，关注弱势群体，在支援四川抗震救灾、奥运安保、手足口病防治、奶粉事件筛查等突发事件中冲锋在前，充分展示了“心文化”所具有的凝聚力、号召力和战斗力。开展“百名医生支援基层卫生工程”，对县级医院进行技术、管理、文化全方位的帮扶，解决人民群众关注的看病难、看病贵问题。2008 年，医院用于帮扶、捐助、援助等 500 余万元，树立了医院优秀的社会形象，以实际行动为构建和谐社会作出了应有的贡献。

大同煤矿集团公司

强势文化促跨越发展

一、实施文化强企，构建特色体系，提升企业文化力

2002 年以来，同煤集团成立了由集团主要领导任主任委员的“企业文化建设指导委员会”，组建了企业形象策划部，下设企业文化科专职机构，负责集团公司企业文化战略规划和具体措施的贯彻落实。出台了《大同煤矿集团公司关于全面推进企业文化建设的规划》，下发了《关于推进企业文化建设的实施意见》，先后邀请国务院发展研究中心和煤炭系统的专家学者，在二十多个基层单位进行了内容为《企业概况实态调查》和《企业文化背景实态调查》的专题调研，对自身文化的优势和劣势进行调研和诊断，并确立了四台矿、晋华宫矿、中央机厂为企业文化建设试点单位，组织专人开展了《以人为本的煤矿精细管理模式》的课题研究，通过课题研究促进理论成果向指导实践转化，促进粗放管理向精细管理转变。

研究制定了企业总体发展战略，即：走现代化、集团化、洁净化、多元化、国际化道路，建设商品煤基地、出口煤基地、煤炭深加工基地和市场投资主体，成为具有核心竞争力的特大型煤电化能源集团，跻身世界煤炭十强，实现“五个”同煤目标。对企业精神、企业作风、经营战略、管理理念、行为规范、企业标识等进行了全面、系统的研究和整合，总结提炼出了具有企业特色的 18 项 25 条企业理念，特别是针对国内国际煤炭市场激烈的竞争形势和大集团面临的机遇和挑战，集团公司科学地提出了“树立新思想、实施新战略、建设新同煤”的“三新”总体发展思路和“81620”发展战略体系（“做强同煤，造福员工”的八字企业发展总目标、“心齐人和，重建扩源，创新提升，共同富裕”的十六字企业发展方略、“尽心履职责，主动抓工作，提高执行力，落实全过程”的二十字行为规范），全力建设“和谐美好、强势竞争、充满活力、殷实小康”新同煤。鲜明地指出了企业的发展目标。系统整理了集团公司整体、专业和岗位的精细化管理制度，建立了精细化的人本管理标准体系、干部走动式管理体系、精细化的岗位作业管理体系和考核奖惩、公开讲评、三工转换相匹配的激励体系，制定了员工行为规范、文明礼仪标准和

员工行为禁忌十不准,重新规范了企业视听觉识别系统,相继完成了企业战略识别系统、理念识别系统、形象识别系统的设计,编印了《同煤集团视觉形象识别系统(VIS)》手册和《企业文化手册》,并把企业名称、标志、文字、造型、颜色、图案以及文化氛围、环境刷新、公关特色等进行了系统的规定整合、对企业歌曲、徽标、旗帜、标准色等进行了科学的设计和明确的规定,用统一的视觉识别系统加快大集团的文化整合,从内质外形全面塑造具有同煤特色的企业文化。

经过积极探索和系统推进,同煤集团形成了"二三四"完整的企业文化体系,即两大引领体系(目标引领、理念引领)、三大支持体系(文明行为、视觉听觉识别、环境建设),四个基本体系(精细化的人本管理标准体系;干部走动式管理体系;精细化的岗位作业管理体系;考核奖惩、公开讲评、三工转换相匹配的激励体系),形成了一套适合企业自身特点的管理模式,即:精细化人性化管理模式。实践证明同煤集团的这套管理体系,紧贴企业实际,体系健全,脉络清晰,结构合理,内容充实,提炼到位,方法和视角全面,具有鲜明文化特性和科学管理特征的一套企业文化体系,有力地推进了企业文化建设健康发展。

二、强化理念渗透,统一员工思想,增强企业凝聚力

企业理念反映着企业的管理思想、价值取向,是企业的活力源泉、精神支柱和发展动力。近年来,同煤集团通过文化整合、广泛征集、精心提炼、科学设计,不断提炼企业文化建设的核心内容,总结出了具有同煤特色的企业精神、发展战略、企业作风、经营理念等18大项25条企业理念,形成了符合企业实际、富有同煤特色、较为完整的企业理念体系。如同煤集团在企业精神的培育上,秉承文化传统特色,在继承发扬过去"勇于奉献,争创一流"企业精神的基础上,不断赋予其新的时代内涵,确立了以"爱企敬业、创新发展"为核心内容的新的企业精神,从而培育和树立起了与时代发展相适应,与企业发展相统一的新的企业核心价值观,为企业的发展提供了强大的精神动力和思想保证。针对煤炭企业是高危行业这一实际情况,同煤集团科学地提出了"人人都是安全员"、"人人都是通风员"、"安全第一,超前预防,贯穿全程,关键落实"、"居安思安、居安想安、居安干安、居安紧安"等安全理念和"人人精打细算,个个当家理财"、"企业是我家,第一为企业"的经营理念,这些理念体现了以人为本科学发展观的核心内容,切中了煤矿安全工作的要害,抓住了企业经营工作的重点,促进了企业管理水平的不断提升。

为使企业的战略部署和企业理念深入人心,同煤集团通过报纸、电视、网站等渠道广泛开展宣传活动,通过层层开展研讨会、座谈会、论文征集活动,挖掘其丰富的内涵,提炼其科学内容,印制了《企业发展方略论文集》、《企业精神研讨论文集》,组织员工认真学习。集团公司还把所有的企业理念进行了个性化的阐述,印制了精致的《企业文化手册》,发放给每个员工,让20万员工同读一本书。基层单位有的建成了企业文化教育基地,有的建成了企业文化长廊,文化广场、企业文化一条街,定期组织员工学习参观,还有的单位在信笺、名片、文件夹、工作服、手提袋以及员工接送班车上等印制企业标识,张贴企业理念,全公司从机关到基层、从地面到井下,从工业场所到生活区域随处可见标有企业标识的理念牌板、站牌、专栏,时时处处洋溢着企业文化的气息,使员工在潜移默化中受到熏陶,自觉地把企业的战略思想和企业理念扎根于心中,从而统一了员工思想,凝聚了人心,增强了企业凝聚力。

三、实施精细管理,严格考核兑现,提升企业执行力

企业文化是管理文化,其根本目的就是实现以人为本的精细管理。近年来,同煤集团按照现代企业制度和市场经济的要求,整顿和整合了原有管理制度和管理规范,把管理的重点放在基层区队、把管理的突破点选在具体岗位的精细管理上,把岗位标准和考核办法同步实施,一体化运行,创新管理模式,细化管理流程,大力实施了具有同煤特色的RHM精细化人性化管理模式,促进了企业管理制度、管理思想、管理方式的创新,提升了企业的整体管理水平。

(一)建立了覆盖全员的4E岗位精细管理标准,奠定精细化管理基础

同煤集团整合、梳理、改进和完善原有的管理制度及岗位标准,对所有岗位、不同工种的具体标准、管理流程、工序流程进行再梳理,制定工作程序标准。建立起了每个岗位(覆盖到每个人(everyone))、每项工作(覆盖到每件事(everything))、每个时段(覆盖到每一天(everyday))、每个区域(覆盖到每一处(everywhere))的4E管理标准体系和6S行为规范。把应知标准、应会标准、基本行为标准、工作责任标准、工作流程标准、岗位职业道德标准、岗位综合考核评价标准等内容全部纳入管理标准中。通过对岗位标准的制定、确认、贯彻、兑现、调节、对照、提升,形成完整的标准攀升体系,呈现螺旋式上升的管理流程,对每个岗位、每项工作任务、每个时间段、每一工作场所进行细化管理,体现"日事日毕,日清日高"的管理思想,确保人人有标准,事事有标准,时时有标准,处处有标准。

(二)实施了干部走动式管理,提升了现场监管水平

为进一步完善管理,提高企业执行力,同煤集团建立了干部走动式管理体系和考核调控体系,设立了走动式管理网络图、明确规定了各级干部走动式管理的次数、班次、时间、巡查内容和区域范围,对走动中发现的问题进行"三定"处理,实现了管理无死角、走动无缺漏、全过程、全方位、全流程现场控制,切实把走动式管理覆盖到整个生产流程,落实到安全生产的全过程,真正做到人人、事事有标准,时时、处处有管理。

(三)执行"三工并存,动态转换"考核制度,把精细化管理落到实处

同煤集团的精细化管理考核机制,以ABC三卡为信息

载体，对每个人、每一天、每件事、每一处进行精细管理。是环形、闭合的考核系统。井下员工每人当日当班都持有个人作业卡（A卡），作业卡实录岗位标准确定的各分项标准执行情况，班前会领卡，随身携带，班后交回。班组长根据员工的工作质量填写B卡，B卡作为每个劳动岗位当班工资分配的依据，把每日累计考核结果记录在月卡（C卡）上，作为员工当月工资收入分配的依据。同时以月卡记录为依据，每月进行全员绩效排序，产生出优秀员工、合格员工、待培训员工，通过自上而下的标准考核，自下而上的能动反馈，将考核结果体现在日卡、月卡之上，公布于看板，实施考核兑现。凡连续三个月不达标者即停止工作，进入员工培训中心，经过培训合格后重新进入岗位工作。这种对全体员工公开、民主的促进机制，公平严密的闭合激励机制，对全面提升企业安全生产，质量效益等各项管理水平起到了极大的促进作用，使企业文化由精细管理向精准、精确、精益、精美管理拓展深化。近年来同煤集团通过大力推行精细化管理，精细了管理流程，提升了管理水平，使企业实现了由管结果向管过程，由粗放型管理向精细化、标准化，集约型管理的重大转变。

（四）严格考核制度，加大考核力度，扎实推进企业文化建设

同煤集团抓住企业文化建设的重点、难点和关键点，强势推进，狠抓落实。制定出台了《煤矿精细化管理百分考核标准》和《非煤矿精细化管理百分考核标准》共18大项考核标准，建立了企业文化推进制度，企业文化建设领导组会议制度，党政领导现场办公制度，检查考核奖惩制度，一年开展一次企业文化检查考核工作，由集团公司所有副总以上领导，分组带队到各二级单位进行检查考评、现场观摩基层单位的企业文化建设工作，每年召开一次企业文化推进大会，每年拿出80多万元对检查考评的优秀单位予以重奖，并对落后单位黄牌警告，限期整改，做到了考核从严不手软，奖罚兑现不变通，落实制度不走样，长期坚持不松懈，使企业文化建设工作与企业的生产经营工作同安排，同部署，同考核，同奖惩。

四、推进安全文化建设，提升安全管理水平，增强企业保障力

安全是煤矿工作永恒的主题。同煤集团的安全愿景就是“创建零事故现场，打造零事故环境”。近年来，同煤集团坚持“以人为本、安全发展”的管理思想，紧紧抓住安全文化这个切入点，以安全思想宣传教育“十大”模式为主线，狠抓员工安全思想宣传教育；以安全质量标准化建设为基础，夯实矿井“双基”建设，以实现员工“要我安全”到“我要安全”转变为目标，推行了具有同煤特色的员工就近管理、班组全程管理、安全程序化管理，安全“三项”管理，开展了示范岗、标准岗、精品岗创建工作和“人人都是通风员”的安全文化创建活动；建立了“六员一防”群防群治安全管理长效机制，大力实施了人性化、亲情化、精细化、准军事化管理，全面开展群众性的安全文化创建活动，促进了企业的安全发展。

（一）开展安全理念宣传

同煤集团结合工作实际编制了《安全文化手册》、《安全警句格言》，利用员工班前会、收班后，周二、五安全学习日，板报专栏举办培训班，安全生产月、安全演讲、安全征文活动以及电视、网站等媒体、大力宣灌企业安全理念。各基层单位在工业广场、区队换班室、生产澡堂、职工食堂、单身公寓等醒目的场所张贴安全警句格言，设置安全理念牌版，按装安全灯箱，在井口、井下停车场按装电子滚动显示屏，播放安全祝语，在入井长廊、盘区大巷、峒室等重要工作岗位悬挂领导安全寄语、安全警语，切实把“安全第一，超前预防，贯穿全程，关键落实”、“人人都是通风员”等安全理念，强势灌输到员工的头脑意识中，达到安全理念入心入脑，成为员工共同的安全价值观。

（二）强化员工行为养成

出台了《员工安全行为考核细则》、《员工安全行为养成实施方案》，对井下各工种、系统、环节及岗位的制度、规定和办法进行了细化、量化和具体化，制定了井下员工防护装置、乘罐乘车、行走站立、防灾避灾等十大项38条安全行为养成的具体标准；建立了覆盖每个岗位工种、每件事情、每个时段、每个地方的安全4E管理标准体系，积极开展示范岗、标准岗、精品岗创建工作；推行了班前宣誓、填写安全预想、整装排队上岗到集体出入井活动的准军事化管理，以军人的严谨作风，打造纪律严明、作风顽强的员工队伍，提升了员工的工作执行力。

（三）建立6预防控体系

建立了“预知、预想、预报、预警、预防、预备”的“六预”预警预防机制，制定了采煤、掘进、机电大型设备、井下电气、运输、通风、地测防治水等系统质量标准化必备现场作业标准和制度管理的必备标准；建成了集语音、声光、信号、信息化、预警化、可视化为支撑的矿井安全技术体系，逐步把安全色、安全标识、警示语音等视听觉识别要素运用到矿井生产现场，对安全隐患做到事前控制，事中预报，防患于未然，坚决遏止人的不安全因素和物的不安全状态，为员工创造了一个可以避免隐患和危险的环境，提高员工在生产作业现场的安全系数，使安全管理步入了规范化、科学化、制度化轨道。

（四）推行了编码管理、看板管理、就近管理

对作业现场的物品、环境、人员、管理事项按照分类序列逐一顺序用数码、字母、文字予以统一编号，对现场的每一个环节、每一件设备、每一步作业都要明确责任，切实做到了管理无盲区、无漏洞。在井上下生产单位和各个作业点及重要岗位、区域和地段实行了看板管理。为了消除以往一点内容一块牌板、多而杂的弊病，把安全理念、生产完成情况、安全管理情况、人和物存在的不安全因素、隐患处理情况等需要在牌板中体现的内容进行统一设计，做到了看板内容统一、尺寸统一、吊挂统一和员工行为统一。

(五)强化安全基础保障

同煤集团立足建设本质安全型矿井,不断加大矿井安全投入,从使用本质安全型装备入手,对各矿安全生产设备、监测监控设备、个体防护装备进行系统划分整合配备,及时淘汰国家安全生产总局明令禁止使用的安全生产设备,对大型固定设备、原煤装运系统、地面井下供电系统、通讯系统、生产及辅助设备的运行状况及时分析,对存在问题科学制定处理措施。先后在各矿投入使用了通风安全监测监控系统、大型固定设备监测预警系统、瓦斯抽放系统、束管监测系统,电网监测监控系统、人员定位跟踪系统、皮带防火预警系统等7大安全监测监控系统,进行现状分析,强化日常使用、管理和维护,努力提高矿井的安全防灾抗灾应变处置能力。

(六)健全了"六员一防"群防群治安全工作长效机制

对党员监督员、安检员、瓦检员、班组长监督员、青监岗员、工会网员、女工家属联防的"六员一防"群防群治人员进行了整顿培训,提高安全宣传、安全监督、安全管理的整体水平,形成群众性安全合力,实现了全员全方位全过程保障安全。

五、坚持以人为本,创新人才机制、提升企业核心竞争力

同煤集团牢固树立"优秀企业重视培训,优秀员工终身学习"的理念,把打造学习型企业,造就高素质员工队伍作为提高企业核心竞争力的一项基础来抓,多措并举,打造学习型企业。制定了《员工培训计划目标》,出台了《自学成才奖励办法》、《优秀人才选拔、管理办法》、《科技成果奖励实施办法》,开展了岗位练兵、技术比武、技能振兴活动,为员工成才搭建平台。各基层单位拓宽培训内容,创新培训方式,建起了员工职业技术学校,创建了区队学习园地,技术攻关小组,设立了首席员工奖、矿长特别奖、总工程师特别奖、突出贡献奖和合理化建议、小改小革奖等一系列科技奖励制度,鼓励发明创造,重奖科技人才,并在入党评模,晋级晋升,提拔任用等方面给予优先,在全集团公司形成了一整套科学完善、高效运作、促进人才培养的奖励激励机制。

六、拓展人性化管理,推行快乐工作法,增强企业亲和力

企业文化是基于"以人为本"的现代管理科学,实施人性化管理是企业贯彻落实科学发展观的本质要求。近年来同煤集团围绕建设"和谐美好、强势竞争、充满活力、殷实小康"新同煤的奋斗目标,凸显人本管理,拓展人性化管理,重点实施了"五大"工程,促进了人与企业的共同发展。

(一)生态工程

按照拆墙透绿、拆违建绿、破硬还绿、垒池补绿、见缝插绿、立体挂绿、渣山披绿的工作思路,全力打造花园式、园林化矿区,再还矿山"碧水蓝天"。投资6344万元改造了平旺公园,新增绿地面积78万平方米,使企业绿地覆盖率达到26%,投入数千万资金治理矸石山20万平方米,露天储煤场2万平方米,给153台燃煤锅炉安装了脱硫器。特别是投资3.6亿元上马的热电联供,利用电厂发电产生的余热对居民进行供暖,取代了平旺地区280座燃煤锅炉房,极大地改善了矿区空气质量。近年来累计投入资金上亿元,整修维护了矿区主干道52万米,改造扩建了立交桥,极大地改善使矿区交通拥挤的面貌。

(二)惠民工程

近年来,同煤集团员工的住宅面积每年以20万平方米速度增加,2006年启动了历史上规模最大的采煤沉陷区和棚户区"两区"治理改造工程。投资97亿元,改造面积660多万平方米,用3到5年的时间,让10万户30万员工家属告别低矮简陋危险的棚户区和沉陷区,住进宽敞明亮的新楼房。目前,一期工程373栋房竣工,20706户居民喜迁新居。二期工程建成住宅楼4万套,12万员工家属正在搬迁入住。实施了平旺地区旧区改造100多万平方米,先后建成了一大批3A级物业管理小区。其中,平泉物业公司西秀苑等5个小区被评为省级文明和谐社区,宏远公司宏福小区和燕子矿燕华里小区被评为全煤系统"建设和谐社区先进单位",为员工群创建出了文明健康、秀美和谐的工作学习生活环境。

(三)送温暖工程

为解决员工的后顾之忧,同煤集团设立了党委书记信箱,开通了总经理热线电话,完善了领导干部定期接待上访群众制度,通过开展信访接待日、联动大接访、现场办公等活动,了解员工疾苦,解决员工急难,为员工群众办好事、办实事。去年向病亡矿工家属、矽肺人员和低保线的家庭发放各类慰问救济款近2000万元。投资450万元,完善了医疗保险信息化系统,兴建了39个医疗社区卫生服务站点,医疗服务覆盖率达到95%以上。为员工办理了大额医疗保险,成立了中国煤矿尘肺病治疗基金会定点医院,开展了职业健康体检,3年组织24300多名井下一线员工外出健康疗养。筹资1231万元组建的重特大病救助中心,4年救助病人1620名。

(四)快乐工程

同煤集团不断丰富人性化管理的内涵,大力推行快乐工作法,不断满足员工日益增长的物质文化和精神文化的需求。从思想引导、心理疏导、环境建设、解决员工后顾之忧等方面入手,建立长效机制,着力培育企业亲和力。针对井下工作苦、脏、累、险的实际,同煤集团不断加大安全投入力度,持续改善员工工作环境,提升安全管理水平,切实保障员工作业现场的安全可靠。为井下员工添置防爆热水器、热饭锅、移动厕所等设施,有的生产矿井还免费为井下员工送牛奶、面包,在井口建立了服务站、洗衣房、烘干室,并将职业健康安全管理体系引进标准化工作中,使井下的工作环境发生了根本性的变化。

(五)文化工程

在不断加大硬件设施投入建设的同时,同煤集团特别注重精神文化软实力的培育提升。为丰富员工的精神文化

生活，同煤集团投资兴建了平旺公园、文体广场、大电子屏、活动中心、职工俱乐部和健身房、游泳馆等面向员工群众参与的公益性活动场所。居民小区种植花草绿地，兴建水榭亭台，安置健身器材，方便员工家属休闲娱乐。去年先后举办了改革开放三十年成就展，第四届群众文化艺术月、“光彩同煤”大型消夏灯会，“金秋欢歌”群众文化广场展演等一系列声势大、影响广的活动。

大同煤矿集团公司开展企业文化建设以来，激发了企业活力，凝聚了企业力量，推动了企业管理创新，促进了企业管理升级，为企业的科学发展提供了强大的精神动力和管理支撑。各基层单位按照集团公司的统一部署，结合自身特点，创造性地开展企业文化建设，呈现出各显优势、各具特色的可喜局面。晋华宫矿突出制度管企，文化管人，不断提高员工素质，提升企业文化的品味；四台矿在巩固精细化管理的基础上，开展“精细、精准、精确、精益、精美”的“五精”管理探索；平旺物业通过强势灌输企业理念，推进管理和服务的提升；云冈矿以编码管理为手段，提高管理水平；塔山矿通过“六个典范”活动的开展，加强队伍建设，提升企业竞争力，为同煤集团建设新型矿井创建了一个标准，探索了一条路子；地煤公司以可视化管理为着力点，从办公区域、地面、井下现场三个层面展开，消除管理环节、流程中存在的缺陷；塔山发电公司通过流程管理，建设“六个一流”，开创了煤矿办一流电厂的先河。

可以说，企业文化已经在集团公司落地生根，全面开花。通过全力打造具有同煤特色的企业文化，同煤集团的整体管理水平得到了进一步提升，员工行为养成有了明显提高，安全事故大幅度下降，企业环境面貌焕然一新，员工的大局意识、责任意识、奉献精神明显增强，集团公司上下形成了心齐人和、步调一致、共谋发展的浓厚氛围，新型煤电能源集团建设取得了实质性成果。2008 年同煤集团创出了发展速度最快、经营效果最好、员工得到实惠最多、整体工作成效最显著的崭新局面，煤炭产量、煤炭产销量、销售收入、利润、安全、员工人均年收入等方面均创出历史最好水平。

福建烟草专卖局(公司)

以责凝心 以融聚力

福建烟草专卖局(公司)党组秉承“国家利益至上，消费者利益至上”的行业共同价值观，以“建设海西，责任烟草”为主旨，围绕“创新、规范、奉献、廉洁、和谐”的企业经营思想，倡导“自觉行为、自身实际、自主创新、自成体系”(即倡导文化自觉行为，立足企业自身实际，依靠员工自主创新，系统建设自成体系)的企业文化建设理念，紧密结合烟草商业改革发展稳定的实际，积极创新思维方式，切实加强组织领导，不断加大工作力度，积极探索深入实践“母子融合”文化新体系、新模式，企业文化建设不断取得新的成效。

一、遵循《纲要》，牢牢把握企业文化建设方向

党的十六大指出，发展先进文化，要立足于改革开放和现代化建设的实践，着眼于世界文化发展的前沿，发扬民族文化的优秀传统，汲取世界各民族的长处，在内容和形式上积极创新、不断增强中国特色社会主义文化的吸引力和感召力。国家烟草专卖局全面贯彻落实党的十六大精神，立足于烟草行业改革与发展的实践，于 2005 年 5 月，制定《中国烟草企业文化建设纲要》，明确了烟草企业文化建设的指导思想和基本原则、基本内容与要求、主要途径与方法。这标志着烟草行业企业文化建设进入了一个以行业共同价值取向、推进文化管理的历史阶段。我省烟草商业企业文化建设在认真学习《纲要》、贯彻落实《纲要》中掀起企业文化建设热潮，稳步走向文化融合。

(一)统一思想认识

通过学习《纲要》，加强烟草企业文化建设是贯彻科学发展观的必然要求，是全面提高中国烟草总体竞争实力的迫切需要，是建设高素质职工队伍的重要措施，是新时期改进和创新思想政治工作的有效途径，是加强企业精神文明建设的重要载体，是构建社会主义和谐社会的必由之路，从而坚定了福建烟草专卖局(公司)大力推进企业“母子融合”文化体系建设的信心和决心。

(二)明确创建思路

领会《纲要》精神，提出了福建烟草企业“母子融合”文化体系建设的总体目标、指导思想，坚持以人为本、服务发展、重在创新、重在建设等企业文化建设原则，深入理解“整体协同、明确边界、共享核心、分层定位、各具特色”的建设要求，从而明确了创建思路。

(三)制定建设规划

遵循《纲要》、《中国烟草企业文化架构体系》精神，福建烟草公司认真制订《福建烟草商业企业文化架构体系及创建方案》和《福建烟草商业企业文化建设 2008 - 2010 三年规划草案》以及各年度计划及宣贯工作实施意见，系统地指导和有力推动全省烟草商业企业文化建设工作的全面开展。

(四)融入核心元素。

根据《纲要》的精神和《文化架构体系》的要求，在省局主体理念体系中向上紧密融入了国家局、总公司倡导的“两个至上”行业共同价值观、行业精神、行业使命、行业愿景、行业行为信条等母公司的文化核心元素，向下广泛兼容了子公司的文化内涵特征，并在全省烟草行业服务形象、队伍形象、环境形象等方面，也都与《文化架构体系》要求保持一致。

二、认清属性，切实把准企业文化建设定位

企业文化建设只有符合企业生产经营和发展实际，才能在实践中贯得下、行得通，得到广大员工的认同，并发挥

其指导作用。福建省烟草商业在25年改革发展的探索与实践中,逐渐积淀,代代传承形成了较为丰厚的历史文化,而其间的历次改革也相应地带来文化的变革。找准坐标,科学定位,是我省烟草商业企业文化走向融合必须首先把握的关键问题。

(一)依据烟草体制属性,把握责任文化定位

我国烟草行业实行专卖管理体制,其根本目的就是保证国家财政收入,维护消费者的合法权益。这一体制决定了烟草商业的经营目标,不是像一般企业那样完全追求利润最大化,而是要把国家利益、消费者利益放在首位,我们烟草商业就要切实履行企业社会责任,我们的企业文化建设也就必须把握责任文化定位。

(二)依据企业专业属性,把握服务文化定位

现阶段,烟草商业的主营业务是卷烟销售和烟叶购销。这个专业属性决定了烟草经营管理的服务性:即为卷烟工业企业提供产品销售服务和烟叶供应服务,为零售客户提供货源需求服务,为烟农种植烟叶提供产前、产中、产后服务,间接为卷烟消费者提供消费服务;以保证国家财政收入,保障消费者健康为目的,通过烟草专卖执法为国家服务,为社会服务;并视管理为服务,为企业内部各部门服务,为员工服务。正是这种专业属性,福建烟草公司认为公司的企业文化建设也就必须把握服务文化定位。

(三)依据烟草产权属性,把握母子文化定位

目前,烟草企业的资产由"国有资本"改为"国有法人资本",各级烟草企业之间存在着资产纽带关系,这就决定了烟草商业的企业文化建设具有较强的融合性,绝不能完全脱离整个行业单独进行企业文化建设。正是出于烟草行业体制属性和产权属性的依据,国家局提出了"两个至上"行业共同价值观,确立了烟草行业的最高价值取向,指明了行业生存发展的根本规律。因此,我们的企业文化建设也就必须把握母子文化定位。

(四)依据企业发展实际,把握理念体系定位

企业文化建设在内容上涉及观念、制度、行为、形象等多方面,其内容丰富而复杂。建设福建烟草商业企业文化,把握企业理念体系定位是关键环节。因此,根据企业发展实际和员工素质状况,按照国家局《中国烟草企业文化评价体系》"完备度"、"匹配度"和企业理念体系的逻辑要求,认真把握企业理念体系定位,把企业精神文化理念细分为:"企业价值观、企业精神、企业使命、企业愿景、企业经营思想、企业行为信条、企业作风、企业服务理念"八个方面,系统回答"我是谁,为了谁,去哪里,怎么去"的问题,企业文化建设有了严密的体系。

三、挖掘提炼,建设"独具特色"的母公司文化

在经济全球化的国际背景下,文化管理已经成为一种趋势。整合文化资源,求同存异,尊重个性,和而不同,兼容并蓄,保持母子公司企业文化的统一性,有利于增强企业的凝聚力、向心力和影响力,有利于树立整体形象,打造核心竞争力,形成统一的市场品牌,实现企业全面、协调、可持续发展。福建省烟草商业文化的探索发轫于母子公司体制改革之初,并与企业改革进程相互交融、相得益彰,逐渐形成秉承共同价值观、相同基因、不同个性的统一文化渊源,这为构建"母子融合"文化体系奠定了坚实的基础。

(一)以民族传统文化为基因

中华民族的传统文化源远流长、底蕴深厚,其中儒家文化最具代表的"五常":"仁、义、礼、智、信"道德准则对后人影响极大,它是我国企业文化建设的宝贵财富和丰富营养。福建省烟草商业积极弘扬中华民族优秀文化传统,以"责任文化"为主旨,立足于儒家倡导的"仁、义、礼、智、信"道德准则,"在挖掘中提炼,在传承中提升",总结提炼了"创新、规范、奉献、廉洁、和谐"企业经营思想,并赋予新的诠释:"仁"是仁德,仁慈爱民,广积恩德,即寓意"奉献";"义"是道理,志存高远,和而共生,即寓意"和谐";"礼"是法度,重视礼法,追崇秩序,即寓意"规范";"智"是智慧,施展才智,自强不息,即寓意"创新";"信"是信誉,忠信诚实,推崇廉勤,即寓意"廉洁"。既反映了烟草行业历史文化,也反映了当今时代福建烟草人的和谐发展意识,有利于广大员工认同企业文化,让企业文化更好地转化为广大员工的思想认识和自觉行动。

(二)以统一文化架构为准绳

在深刻领悟国家局"整体协同、明确边界、共享核心、分层定位、各具特色"的母子文化融合原则的基础上,省局提出了"大统一、小自主,统一架构、分层表述"的企业文化创建原则。按企业文化"期望命名法"和体现地域特色的要求,将福建烟草商业企业文化命名为"建设海西,责任烟草",并研究确立母公司主体文化理念体系,包括行业共同价值观:"国家利益至上,消费者利益至上";企业精神:"依法治企,惟国惟民;以德达人,重信重义";企业使命:"益国利民,成就员工";企业愿景:"尽责诚信,和谐烟草";企业经营思想:"创新、规范、奉献、廉洁、和谐";企业行为信条:"潜心做事,低调做人";企业作风:"精诚服务,严谨高效";服务理念:"至诚至信,全心全意"等。同时,要求子公司文化理念体系要包括企业决策理念、企业运行理念、企业管理理念、企业行为规范等。福建省烟草商业企业统一的文化架构,将行业共同价值观设置于企业文化体系的核心位置,起到了提纲挈领、以线串珠的作用,既表明了向上紧密融入国家局母公司文化的意志,又明确统一了向下作为子公司文化与母公司牢牢对接的准绳。

(三)以行业发展历程为源泉

福建省烟草商业对企业文化建设的自主探索,始于1990年时任省局党组书记、局长、总经理姜成康提出"维护国家利益、维护消费者利益"企业价值观和"规范、廉洁、服务、高效"的企业作风教育。系统创建落脚于2004年烟草行业提出"国家利益至上,消费者利益至上"的行业共同价值观。福建省烟草商业"母子融合"文化体系建设,必须全面回顾企业文化薪火相传的过程,找到烟草事业生命的起源。福建烟草公司在系统开展企业文化建设以来,企业文

化项目组在全省烟草范围内展开采访60余场次，进行了110多人次的单独采访和座谈。通过访谈对象对历史事件的描述，结合对历史文献资料的收集与整理，充分挖掘和系统整理了福建烟草商业发展历程，为母子文化融合引入源流，给子公司创建企业文化提供文化基因，为广大员工深切领悟烟草行业艰苦奋斗、继往开来的创业史提供详实资料，从而增强了子公司对母文化、全体员工对企业文化的认同感和归属感。

（四）以母子文化融合为根本

母子文化融合，是一门科学，一门艺术，也是一个系统工程。只有统筹规划，有的放矢，才能使母子文化走向融合。我福建烟草公司根据“大统一、小自主；统一架构、分层表述”的原则，强调了“把握一个核心，分清两个层面，抓好三个环节，推进四个转化，彰显五个特色”的企业文化路径和文化结构，即以“创新、规范、奉献、廉洁、和谐”企业经营思想为核心，分清母公司和子公司各自不同的层面，抓好“挖掘提炼、传承提升、宣贯落地”三个环节，推进“内化于心、固化于制、外化于行、显化于物”四个转化，彰显“以创新推动企业率先发展，以规范夯实企业坚实基础，以奉献履行企业社会义务，以廉洁保障企业遵纪守法，以和谐营造企业内外环境”五个特色，让子公司在“统一母子融合文化结构，而不约束其文化内容；关注企业文化内在实质，而不拘泥其外在形式”的氛围中，自觉、自愿、自主、自创企业文化，认同母子融合文化。

四、传承提升，打造“鲜明特征”的子公司文化

企业文化的生命力和活力在于持续创新和自我孵化。只有在母公司统一文化架构下，让子公司自觉遵循文化发展规律，传承提升，自我发展，并赋予企业文化新的管理内涵，母子企业的文化融合才能在“和而不同”中“兼容并蓄”，“母子融合”文化才有强大的生命力、充满生机和活力。

（一）尊重个性，求同存异

福建省烟草商业有13个子公司和8个多元化经营合资子公司。从产业特征上看，有加工型、贸易型、服务型、技术型、开发型等；从产权形式上看，除了9个设区市局（公司）、进出口公司、烟叶复烤公司其产权属于烟草国有法人资本外，其余有控股、参股、合资等形式；从发展历史上看，不同的企业处于生命周期的不同阶段；从地域分布上看，企业遍布全省各地，有大中城市，有边远山区；从文化差异上看，文化建设工作所处阶段、主要内容、运用手段、运行机制等都有较大差异。在构建“母子融合”文化体系中，如何做到求同存异，尊重个性，妥善处理企业文化共性与个性关系，认同每个企业带有产业特征的企业文化表征，让下属企业自觉地以母文化的基因凸显各自企业个性，真正做到“相同基因、不同个性，和而不同、兼容并蓄”。

（二）立足实践，丰富内涵

在企业“母子融合”文化体系探索与实践中，他们以彰显企业“精、气、神”，即“企业道德、企业做人、企业做事”三大方面的企业子文化内涵，要求各下属单位根据各自文化特征挖掘提炼个性内涵。泉州“德”子文化特征，以厚德、明德、正德体现内涵；莆田“诚”子文化特征，以真诚、坦诚、精诚体现内涵；厦门“实”子文化特征，以忠实、诚实、求实体现内涵；宁德“宁”子文化特征，以宁和、宁心、宁业体现内涵；福州“容”子文化特征，以包容、宽容、从容体现内涵；海晟“融”子文化特征，以融合、融洽、融通体现内涵；南平“和”子文化特征，以谦和、平和、融和体现内涵；漳州“正”子文化特征，以守正、笃正、秉正体现内涵；龙岩“方”子文化特征，以方明、方正、方圆体现内涵；进出口“勤”子文化特征，以勤谨、勤恳、勤业体现内涵；三明“智”子文化特征，以明智、诚智、睿智体现内涵；武夷烟叶复烤“精”子文化特征，以精忠、精义、精勤体现内涵；三明烟叶复烤“严”子文化特征，以严正、严谨、严明体现内涵。在“母子融合”文化体系建设中，各单位联系实际，立足实践，不断丰富了子文化的内涵。

（三）融入地域，彰显特色

《国务院关于支持福建省加快建设海峡西岸经济区的若干意见》提出，要“整合文化资源，打造一批地域特色明显、展现海峡西岸风貌、在国内外具有影响力的文化品牌，重点保护发展闽南文化、客家文化、妈祖文化、红土地文化、船政文化、畲族文化、朱子文化等特色文化……”福建省烟草商业“母子融合”文化体系建设，符合国务院“地域特色明显、展现海西风貌”的精神，系统地思考和回答了烟草企业文化如何有机融入区域特色文化的问题。

五、渐进深耕，协调推动企业文化工程建设

企业文化重在建设。福建省烟草商业企业母子文化融合工作紧紧围绕行业文化建设“211”总体目标，坚持“两个至上”行业共同价值观和“创新、规范、奉献、廉洁、和谐”的企业经营思想，点面结合，以点带面，整体互动，同步推进，稳健深入，渐进深耕，经过不断探索和深入实践，取得了积极进展和良好成效。

（一）建立企业文化管理机构，加强文化建设组织领导

省局（公司）成立了全省烟草商业企业文化建设委员会，加强了对全省烟草商业企业文化建设的领导；成立了建设办公室，创建项目组，实施全省烟草商业企业文化建设工程。各设区市局（公司）也相继成立了领导机构，由单位主要负责人任组长，挂靠政工科（人事劳资科）或机关党务部门，配备了专职文化师和工作人员，负责具体实施。大部分市局（公司）抽调文化素质高且有生产经营经验的员工组成项目组，部分单位聘请了咨询公司，借助外力完成了前期基础工作。

（二）建立企业文化运行机制，确保文化建设顺利推进

树立“企业文化投入，就是企业发展投资”的观念，从人力、财力、物力等方面给予必要的支持。并在用工分配制度改革中，明确规定配备企业文化专职人员。同时，把企业文化建设经费列入企业年度预算，专款专用，逐步提高比例。还加大对企业文化阵地和活动场所、设备等基础设施的投入，为企业文化活动提供物质基础和良好环境。构建文化

激励机制。把企业文化建设纳入各级党政工青妇组织的职责范围之中,纳入企业发展战略和生产经营管理之中,纳入领导班子的业绩考核之中,做到企业文化建设与企业各项工作同部署、同检查、同考核、同管理。开展对企业文化机制运行情况和效果定期测评,制定切实可行的考核指标,从企业文化的地位和作用、企业环境、精神文化、行为文化、形象文化、传播网络、阶段性目标完成情况等方面全面考核。构建文化传播机制,确保文化建设顺利推进。

(三)重视企业文化理论研究,运用文化建设典型引路

开展专项课题研究攻关。福建烟草公司精心组织编写了企业文化系列丛书,其中:《责任烟草》为总纂篇,阐述企业文化建设的总体思路和架构体系;《履责之义》为义理篇,系统地阐述了福建烟草商业文化特色和子公司文化内涵特征以及“母子融合”文化体系构成;《履责之魂》为理念篇,阐述企业精神、企业使命、企业愿景、企业经营思想、行为信条、企业作风、服务理念等内容;《履责之悟》为理论篇,以福建烟草商业25年改革发展史实,全面系统地彰显“创新、规范、奉献、廉洁、和谐”的丰富内涵;《履责之路》为实践篇,围绕履行社会“责任”主题,反映福建烟草商业专卖管理、烟叶种植、卷烟营销、物流配送等一系列历史重大事件,再现福建烟草商业改革发展的脉络;《履责之行》为行为篇,以“员工共同行为规范”、“管理人员行为规范”、“领导人员行为规范”、“专项行为规范”等内容,全面塑造福建烟草商业整体形象;《履责故事》为故事篇,反映20多年来烟草员工履行社会“责任”,爱岗敬业,默默奉献等历史人物与历史事件。丛书为员工学习企业文化、了解企业文化、认同企业文化、宣贯企业文化提供了丰富多样的蓝本。

(四)联系企业生产经营实际,开展丰富多彩文化活动

省局提出自2008年至2010年为福建烟草商业企业文化建设年(其中2010年重点抓好企业文化的提升和服务品牌的打造),集中开展“九个一”主题实践活动,逐步提升队伍素质,提高企业形象,并要求将企业文化宣贯工作融入于企业文化建设的全过程。各单位以“两个至上”共同价值观为核心,将文化理念与生产经营实践紧密相连,有的单位开展“为灾区献真情活动”,热心回报社会;有的单位积极培育“简单做人,规范做事,勤字当头,重在落实”的企业作风。在客户经理中倡导“我就是品牌”,在专管员中倡导“用心营造环境”,等等。这些活动有效地丰富了企业文化建设载体。

六、融入实践,不断促进烟草商业改革发展

企业核心价值观能够转化成推动企业进步、促进员工个人价值实现的强大动力,这是一个既由内向外渐次深刻转化作用又由外向内逐步渗透转化的过程。通过这种“内化于心”、“外化于行”、“固化于制”、“显化于物”的价值观转化,企业文化更加融入人心,更加贴近实际,有力地促进了企业的改革与发展。

(一)内化于心,铸就企业精神

着眼于精神文化建设,秉承“国家利益至上,消费者利益至上”行业共同价值观,用先进文化铸就企业之魂。在发展烟叶生产的过程中,他们形成“关爱烟农,共同发展”的发展理念,以实际行动服务于“三农”发展和新农村建设;在卷烟营销的过程中,倡导“至诚至信,全心全意”的服务理念,突出终端建设维护客户利益;在卷烟打假打私斗争过程中,推行“打疏结合”的管理理念,在加大打击力度的同时,帮助制假地区开展教育扶贫,发展劳动密集型产业,缓解民众就业压力,壮大地方经济,促进社会和谐。“两个至上”共同价值观不仅成为全体福建烟草人的共同追求,也得到了社会的认可,成为行业发展的精神支柱。

(二)外化于行,培育企业新人

着眼于企业行为文化建设,按照“益国利民,成就员工”的企业使命和“尽责诚信,和谐烟草”的企业愿景,用先进文化为企业培育人才。着力抓好员工行为规范。明确提出了领导人员行为规范、管理人员行为规范、员工共同行为规范、专项工种行为规范,用企业行为规范指导员工的具体行为。不断加强员工技能培训。坚持以人为本,加大人才培育力度,通过举办各类培训,开展职业技能鉴定、QC竞赛等方式提高员工的劳动技能,促进员工素质能力的成长提升。重视加强思想作风和廉政教育,坚持用优秀的文化鼓舞人,传承老一辈员工吃苦耐劳,艰苦创业的优良作风,提高了广大干部职工的责任意识、效率意识和廉洁自律意识,增强了开拓创新、奋力争先的拼搏意识。

(三)固化于制,提升企业实力

着眼于企业制度文化建设,将“创新、规范、廉洁、奉献、和谐”的企业经营思想固化发扬,以先进文化提升企业生产经营管理水平和整体实力。福建烟草公司大胆创新,积极探索烟叶收购原收原调、以地市为单位探索现代物流、推广打疏结合的卷烟打假综合治理模式,促进各项主营业务水平的明显提升;立足规范,率先建立监督管理委员会、实施审计委派管理制、县级财务主管委派制,强化了企业内部管理控制水平。注重廉洁,一手抓对领导干部的管理监督、廉洁自律,一手抓廉洁文化推广普及,促进全体员工廉洁从业。

(四)显化于物,塑造企业形象

着眼于企业物质文化建设,用先进文化为企业塑造形象。福建烟草局把文化理念融入每一项工程建设之中,把文化理念融入社会活动的礼仪规范之中,把文化理念融入企业和员工的行为规范之中,渐次深化,不断扩大企业的社会影响力,提升企业的社会形象。同时,加快资源综合利用,加强环保投入和环境保护力度,以对国家和社会公众高度负责的态度发展烟草事业。积极响应中央“工业反哺农业”的号召,投入23.7亿元资金开展烟叶生产农业基础建设,捐资超过1亿元开展各类公益活动,让弱势群体感受到烟草企业的关爱,为构建社会主义和谐社会做出了应有的贡献,赢得了社会的赞誉。

总之,在文化的导向和激励下,行业内部改革进一步深化,企业管理成效显著,员工的文明素质明显提高,企业凝聚

力和核心竞争力不断加强，企业经济实现了持续较快增长，经济运行的质量和效益不断提高。2008年，全省烟草商业系统累计销售卷烟149.37万箱，比2005年的128.36万箱增长16.37%；生产烤烟288.6万担，比2005年的203.9万担增长41.54%；实现烟农收入19.38亿元，比2005年的10.8亿元增长79.45%；完成税利67.37亿元，比2005年的36.4亿元增长85.08%。各项指标均获得长足进步，为增加国家财政积累、满足市场消费、促进农民增收作出了应有贡献。

文化是企业生存和发展的灵魂。面对新形势、新任务和新挑战，福建烟草公司决心认真贯彻《中国烟草企业文化建设纲要》、《中国烟草企业文化建架构体系》、《中国烟草企业文化评价体系》精神，继续构建富有我省特色的“母子融合”文化体系，建设好反映时代特征、适应市场规律、符合行业特点、突出企业特色的优秀企业文化，以“责任”凝结人心、奉献爱心，以“融合”聚集创造力、提升竞争力，为全面建设“严格规范、富有效率、充满活力”的福建烟草商业而努力奋斗。

中国贵州航空工业(集团)有限责任公司

以先进文化引领科学发展

中国贵州航空工业(集团)有限责任公司(下称贵航集团)在40多年的改革发展进程中，特别是近些年来，始终高度重视集团文化建设，多年来集团文化建设取得了一定成绩，也积累了丰富经验。面对着无数次艰难的战略转型和改革发展抉择，贵航文化中的“报国情怀”和“亮剑精神”特质，始终成为贵航人逆势而上、自强不息、创新超越的强大精神动力，成为贵航集团突破百亿、屹立黔中的核心竞争力，受到肯定和赞誉。集团是原中国一航“党建、思想政治工作和企业文化建设先进单位”、“2007年中国企业文化建设先进单位”、“改革开放30年中国企业文化建设优秀单位”。

思想是先导，文化是支撑。在贵航集团改革发展中，各单位紧紧围绕科研生产经营中心，推动企业文化建设，充分发挥企业文化的导向、凝聚、激励、教育等功能，在培育共同理念、建设先进文化、促进企业发展、维护企业稳定、打造和谐团队、塑造集团形象等方面做了大量工作，涌现出一批既有个性特色又有较高水准的企业文化建设成果，进一步增强了集团的凝聚力、创造力、竞争力和影响力，促进了集团持续、健康、快速发展。

一、总体情况

(一)以推进改革发展为目标，大力弘扬贵航精神

贵航精神是贵航集团四十余年生存发展中沉淀下来的宝贵财富，是引领贵航人奋勇攻坚、自强不息、百折不挠、亮剑图强的旗帜，是中航工业“航空报国、强军富民”核心价值观的重要渊源之一。以重大活动为载体，大力弘扬贵航精神，是贵航集团文化建设的优良传统，也是强化企业文化针对性、实效性的成功实践。在贵州航空工业的艰难创建和发展时期，我们总结提炼了“011精神”，鼓舞激励着广大干部职工不断创造奇迹；在歼教七P型机的研制过程中，我们挖掘升华了“P型机”精神，创造了举国闻名的“P型机速度”；在“山鹰”高级教练机的研制中，我们把“山鹰”的研制过程，作为提炼、创建先进文化的过程，塑造了“山鹰精神”，为“山鹰”高级教练机成功研制营造了良好的思想文化氛围。进入战略转型期，集团公司党委组织课题组，开展新时期贵航核心价值理念研究，总结提炼了新时期“贵航精神”：创新超越、亮剑图强，为集团实现战略转型和跨越发展目标作了必要的精神和文化准备。

在开展党的先进性教育活动期间，集团公司党委把完成重点型号工程作为活动的重要内容抓紧抓好，先后在全集团选树了“十大优秀共产党员”，举办了28场山鹰精神报告会，用身边人身边事教育广大群众，掀起了学先进、比先进、争当先进的热潮，使上万名共产党员受到了深刻的理想信念教育和党性锻炼，提高了思想素质和工作热情。贵航的“山鹰精神”通过我们不间断的文化渲染和升华，不仅在贵航内部产生了强烈共鸣，还在全社会造成了积极反响。贵航精神的影响和效应正日益扩大。

2006年，是中国工农红军长征胜利70周年，在原中国一航党组的关心与指导下，我们开展了领导干部“重走长征路”活动。活动从前期的策划、过程中的鼓舞激励，到后期宣传提炼，都已成为集团文化创新、集团核心价理念落地、集团文化软实力塑造的典范，既弘扬了长征精神，又统一了使命愿景，展示了原中国一航的大集团形象，同时锤炼了干部队伍的意志品质，打造了勇往直前、无坚不摧的钢铁般的团队。

这种通过文化激励的方法在贵航集团内不少企业、在其他重点型号的研制、在重大攻坚决战的主战场上，也得到成功运用，为企业的科研生产经营目标实现注入了文化活力。如2006年“山鹰”高级教练机改装决战、大干100天活动、“山鹰”珠海航展、“力克百亿”系列活动等，对贵航精神的传承和弘扬，使“航空报国、强军富民”、“敬业诚信、创新超越”、“创新超越、亮剑图强”、“战略选择：先谋势，后谋利”、“速度是贵航的生命”、“市场有多大，能力就有多大”、“一切重实效，无功便是过”等理念深入人心，为集团跨越发展奠定了价值理念基础。

(二)以生产文化产品为手段，努力夯实贵航文化基础

集团公司及各单位不断探索新时期具有自身特色的企业文化建设之路，注重抓好各种形式主题宣传教育实践活动，融入文化资源，用企业的文化资源和文化力量感染职工、教育职工，强化了职工的价值观和行为准则，在创造高质量的企业文化建设成果等方面进行了积极探索，培育了一批有较高水准的企业文化建设成果，形成了新的贵航文化积淀，进一步夯实了贵航文化基础。

集团各单位认真落实原中国一航《集团文化建设纲

要》,深入贯彻原中国一航大集团战略,认真践行“航空报国,追求第一”的集团理念和“激情进取、志在超越”的集团精神,积极开展“市场观、客户观”教育,统一和强化员工价值观和行为准则,进一步加强质量文化建设、“一流环境”建设、诚信文化建设、创新文化及和谐文化建设,探索有自身特色的企业文化创建活动,在加强基础管理、提高员工文化素养、提升企业形象等方面起到了积极成效。中航工业“航空报国、强军富民”、“敬业诚信,创新超越”的核心价值理念和举旗塑魂的要求提出后,贵航集团公司党委高度重视,认真组织学习、贯彻,统一规划全集团的“六统一”工作,新一轮的集团文化建设热潮正在兴起。

集团公司党委高度重视企业文化建设成果的设计和生产。通过庆祝建党85周年、中国航空工业创建55周年、贵州航空工业创建40周年、贵航“梦圆百亿”、改革开放30周年等重大活动,编写并出版了“贵州航空工业创建40周年丛书”、“贵航集团改革开放30周年丛书”,即《山鹰之歌》、《贵航之子》、《贵航英模》、《解读贵航》及《飞翔的痕迹》(报告文学集、理论实践成果集),挖掘和提炼了贵航创业40多年积淀下来的宝贵经验和文化底蕴,不仅教育和感染了集团广大干部群众,而且对外树立了原中国一航、贵航集团良好形象,进一步扩大了集团的社会知名度和影响力。

(三)以服务战略转型为方向,认真制定企业文化建设规划

原中国一航制定的《关于以科学发展观为统领,深入实施大集团战略,加快全面发展的决定》,提出了“坚持社会主义市场经济取向的改革,实行专业化整合、资本化运作、产业化发展”的战略转型思路。我们结合贵航实际,研究制定了《关于深入实施大集团战略,发挥专业化优势,实现跨越式发展的决定》,进一步明确了发展目标和定位,通过实施“五大工程”,抓好“五大统筹”,推进“五大创新”,实现集团又好又快发展。

集团公司党委根据新的形势和任务,结合贯彻原中国一航《集团文化建设纲要》,研究制订了《贵航集团企业文化建设“十一五”规划》,明确了集团“十一五”企业文化建设的指导思想和目标任务。具体为:

总体目标:健全和完善与集团发展战略相匹配、具有较强创新能力与核心竞争力的文化体系,把集团文化建设成为既秉承优良传统又彰显时代特征,为广大职工所认同与践行,知名度和美誉度高,凝聚力和竞争力强的优秀文化,形成独具贵航特色的文化管理和文化整合能力。具体为“一二三四”目标:

一种文化自觉。集团广大干部职工对以中航理念和“贵航精神"为核心价值观的基本价值取向达到一种文化自觉的程度;

两项工作突破。实现集团文化价值体系建设和集团文化评价体系建立两项工作突破;

三种考评制度。探索并初步建立集团文化建设相关项目指标测评制度、企事业单位党政主要领导文化述职制度、集团文化建设定期检查考评制度三种考评制度;

四大文化产品(成果)。形成《贵航企业文化体系》、《贵航企业文化手册》、《贵航人的故事》(或称《贵航文化解读》)、优秀贵航品牌形象等四大文化产品(成果)。

集团各单位也高度重视企业文化建设的长期规划,黎阳公司、云马厂、双阳厂、一所、安大公司、永红公司、金江公司、红林公司、天义公司等单位也及时制订了“十一五”企业文化规划,保证了企业文化建设的持续推进和规范开展。

(四)以重点工作项目为载体,扎实开展文化创新工作

集团公司及各单位以重点项目为载体,扎实开展文化创新工作,创造了许多典型案例,积累了宝贵经验:

黎阳公司在推进文化创新中,根据公司研制任务的要求,按照“产品研究与文化研究的同时推进”的原则,改变了原来那种“先做产品,然后寻找文化支持”的传统经营模式下的企业文化运作,提炼出了具有自身特色的“泰山品牌文化”;金江公司在文化创新工作的开展中,把质量管理体系运用到党建工作中,推出党建质量管理体系,以此作为文化创新的重要内容,建立了一套适应党建工作规律和特点的质量管理体系;红林公司以推进精益管理为载体,加大企业文化创新力度,2002年至今共实施了一百多个精益六西格玛改善项目,在解决生产经营问题的同时,节约了大量成本,取得了明显的经济效益和社会效益,使“数据说话、团队成功、持续改进、追求卓越”的文化理念深深地扎根于企业每一位员工的心中;永红公司通过以“蓓蕾工程”为文化创新的载体,大力开展责任文化建设,主动承担起企业的社会责任。双阳厂持续推进“广场文化”建设,展示了工厂形象,树立了企业文化品牌;西工集团的“求变”文化、天义公司的“和谐”文化等,都有力地推进了文化创新,促进了企业持续快速发展。

(五)加强组织机构、文化载体、理念宣贯等工作

贵航集团一直坚持的是行政领导是第一责任人、党委总体负责组织实施、各职能部门分工负责的集团文化建设组织领导模式,集团设立企业文化建设指导委员会。在集团文化建设过程中,贵航集团围绕改革发展中心,在制定企业发展战略的同时,制定贵航集团企业文化建设规划。2000年,原中国一航加大集团文化建设,出台了《原中国一航文化建设纲要》,时逢贵航集团战略转型和文化建设的重要时期,在认真组织所属单位认真学习《纲要》内容精神的同时,贵航集团从文化建设的基础工作做起,认真贯彻原中国一航的“六统一”要求,在逐步建立完善各级各层次企业文化建设领导机制和组织机构的基础之上,加强培训,不断规范企业文化建设工作,并于“十一五”开年,与《贵航集团“十一五”发展规划》配套制定了《贵航集团企业文化建设“十一五”规划》。

在载体方面,除利用《企业文化天地》(双月刊)、《贵州航空报》(周报)、贵州电视台驻贵航记者站等载体进行企业文化宣传外,还围绕重点项目、重要工作节点、优秀杰出人物和企业重大节日庆典，大力宣传造势，凝聚人心，鼓舞员工干劲，创造品牌效应，提升企业形象（如“山鹰”教练机的开铆、首飞，对领军人物谭卫东、十七大代表王敏芹、见义勇为标兵胡军的宣传等）；策划开展系列主题活动，对贵航文化进行挖掘、传承、创新和推介（如“山鹰”高级教练机研制成功后的“山鹰精神”报告会；2006 年底的“重走长征路”活动，后续的“重走长征路”报告会；2008 年初的“百亿贵航”新闻发布会，“抗凝冻、保民生、促发展”事迹报告会，“贵航与四川人民心连心”抗震救灾捐赠活动，“30 年巨变中的企业党建·宣传·文化”研讨等等）；利用企业文化高层论坛、企业文化课题研究等活动，传播、提升贵航文化的内涵。

2007 年成功举办了“贵州省首届企业文化高峰论坛”和贵航集团“文化创新与发展”高层论坛等；2006 至 2007 年完成了新时期“贵航精神”的课题研究、2008 年的“贵航集团资本动作过程中的企业文化融合与创新”课题研究等；利用文化产品做载体，沉淀和传播贵航文化。

（六）推进中航集团文化落地与贵航个性文化建设

贵航集团已创建 40 多年，其创建的特殊性及其所处的地域特点，形成了贵航独特的三线文化，因此，贵航集团在进行集团理念宣贯的同时，也注重与本企业的实际相结合，在将贵航的子文化纳入到原中航集团文化的体系之中的同时，遵循企业文化建设的规律，加强贵航文化中特色文化的建设，在挖掘贵航文化中精华的同时，注重赋予贵航文化以新的内涵，注重贵航文化的创新。如“贵航精神”的提炼，从“011 精神”到“P 型机”精神，到“山鹰精神”再到新时期的“贵航精神”，贵航文化中的精华在不断传承的同时，被不断地丰富、拓展、提升，而“创新超越，亮剑图强”的贵航精神正是“敬业诚信、创新超越”的航空人理念在贵航的具体展现，同时又具有贵航的特色。

（七）集团核心价值理念渗透到企业管理制度中

用思想去经营，用文化去管理，是贵航集团孜孜以求的目标。将集团的理念渗透入在集团发展的战略管理之中，融入到各种大型活动的策划实施中，固化到各种规章制度上，是贵航集团这些年来一直坚持的做法。在发展战略中，按照核心价值理念要求，我们全力推进“五大工程”：推进自主创新工程，建立以企业为主体、市场为导向，产学研相结合的技术创新体系，形成自主创新的基本体制框架，形成一批拥有自主知识产权的知名品牌；实施人才兴航工程，通过重大项目锻炼人才，“传帮带”培养人才，通过与院校结合，培养“三高”人才队伍（高级管理人才、高级技术人才、高级技能人才）；实施产品开发工程，向专业化、模块化、国际化方向发展；实施资本经营工程，深入推进资本经营工程实施，实现资本效应最大化；实施出口带动工程，大力开拓国际市场，培养国际化人才。

二、基本经验

（一）坚持正确的指导思想

邓小平理论、“三个代表”重要思想和科学发展观一脉相承，是我们推动经济社会发展、加快推进社会主义现代化必须长期坚持的重要指导思想，也是我们推进企业改革发展、加强企业文化建设的根本指导方针，尤其是科学发展观所强调的以人为本、全面协调可持续发展的重要思想，对我们搞好企业文化建设更具针对性和指导性。这就要求我们在今后的工作中，要更为自觉地牢牢把握发展第一要务，大力弘扬以爱国主义为核心的民族精神和以改革创新为核心的时代精神，立足科学发展，坚持以人为本，增强企业发展能力，努力实现又好又快发展。

（二）坚持围绕中心服务大局

实践证明，时时关注发展、处处关爱发展、人人为了发展、事事融入发展，是企业文化建设工作的职责所在、力量所系和发展所需；实践还证明，坚持围绕科研生产经营中心不动摇，坚持服务改革发展稳定大局不动摇，企业文化建设就能大显身手、奋发有为。多年来，集团各单位在企业改革脱困、扭亏增赢的潮头浪尖、在重点型号研制生产的前沿一线、在实现历史新跨越的攻坚主战场，干部职工激情融入，努力建设先进和优良的企业文化，为企业“三个文明”建设协调健康持续发展做出了积极贡献。

（三）坚持开拓创新、与时俱进

“穷则思变，变则通，通则久”、“时代潮流，浩浩荡荡，顺之则昌，逆之者亡”、“创新是民族进步的不竭动力”，这些无不揭示了这样的道理：创新精神是时代精神的核心价值观，勇于创新、不断创新是纷繁变化的时代对我们提出的紧迫要求，是迅速打开局面、赢得工作主动、适应企业持续稳定发展需要的关键。

这些年来，集团文化建设工作与时代要求水乳交融、与企业变革相伴相生、重大文化主题活动的成功策划和实践，正是积极探索、勇于创新取得的硕果。

（四）坚持与党建思想政治工作有机结合

党建思想政治工作是我们的优良传统和政治优势，党建思想政治工作为企业文化发挥重要作用提供了理论指导、思想引领和支撑平台；企业文化强调以人为本，以文化管理为纽带，融思想教育、制度约束和激励机制于一体，从而成为了企业党建思想政治工作服务于科研生产经营中心工作的切入点和重要载体。这两个方面在工作的对象、内容、方法上虽然有所区别，但共同目标是一致的。只有有机结合、协调推进，使之相融互补，才能共同为企业的发展发挥重要作用。

（五）坚持加强队伍建设不放松

人力资源是第一资源，人才是最宝贵的财富。多年来，我们深感培养造就一支企业文化建设专兼职队伍的重要性和紧迫性，在政策上、待遇上、学习培训上下功夫，使这支队伍始终以昂扬向上、开拓创新、奋发有为的精神状态投入工作，成为企业改革发展稳定的中坚力量。这也是这些年我们很多企业工作不断进步的重要经验。

三、贵航精神的文化价值

贵州航空工业创建初期，贵航人凭着以“艰苦奋斗的创业精神,顽强拼搏的献身精神,勇于探索的开拓精神,尊重科学的求实精神,联合协作的互助精神”为核心内涵的“011”精神,在荒无人烟的大山里,克服重重困难,建起了一座座初具规模的航空工业企业,研制出第一架飞机和第一台发动机,从修理仿制走上自行研制生产的道路,相继生产出多种型号的飞机和航空发动机,并且实现了系列化发展;凭着“P型机”精神、“山鹰”精神,在企业面临生存危机、面对市场激烈竞争的形势下,贵航人临危不惧,迎难而上,敢于拼搏,自强不息,走出了具有贵航特色的发展之路。

“创新超越、亮剑图强”的贵航精神正是“011”精神、“P型机”精神、“山鹰”精神的发展和提升,是“011”精神、“P型机”精神、“山鹰”精神在新时期的具体体现,它们一脉相承,是贵航人在40多年的发展历程中所形成的核心价值观的延续与升华。

“创新超越、亮剑图强”的贵航精神既传承了贵航40多年来的文化精华,又吸纳了当代社会新的观念和思想,赋予了新的时代特征。

“创新”是时代精神的体现,是贵航企业文化的重要构成,也是贵航事业生生不息的动力源。就贵航来讲,创新就是对待任何工作,在明晰目标的前提下,打破原有的思维定势,尊重人的首创精神,敢于探索、勇于尝试、不怕挫折、勇于领先,努力实现在关键技术、关键领域的突破,以崭新的工作思维、工作方式或创造性的运用新的工具,达到我们的目标。同时创新必须尊重客观规律,必须按客观规律办事,要在新思想、新观念、新知识、新技能的武装下大胆实践和探索。支持“创新”的是全员思维的变革、观念的更新、知识的提高、技能的掌握、素质的提升。因此,创建学习型企业、培养知识型员工是贵航创新的重要内容和途径。

“超越”就是不断确立新的目标,不断向新的目标奋斗、攀登,是一种“咬定青山不放松”、“不到长城非好汉”的意志体现,是一种永不满足、永不懈怠的精神状态。贵航40余年发展历程就是不断超越过去、超越自我的历程,也是超越环境、超越体能、超越常规、超越对手的历程。没有激情的超越、忘我的拼搏和永不言败的精神气概,就不会有贵航的今天。要打造国防战略储备能力的后方基地,就必须有敢为人先、勇于探索、永不放弃的非对称超越精神,就必须有全球站位、系统思考、谋势成事的无边界创造气概,敢于突破固化的思维模式和传统的发展方式,探索自己的发展道路。

“图强”是以爱国主义为核心的民族精神的体现,它既反应了一个企业对自身发展目标的追求,同时也是企业社会责任感的展现,更是航空人践行“航空报国,追求第一”理念的具体化过程。贵航集团作为国家“国防战略储备能力的后方基地”的定位,需要贵航人牢记“航空报国”的历史使命,时刻把国家、民族、企业的命运联系在一起,处处体现贵航人的民族感、使命感和责任感,“图自强,图民强,图国强”,在贵航持续跨越发展的进程中实现“航空报国”的宏伟志向。

回顾过去,面对现实,展望未来,贵航人在中国一航“航空报国,追求第一”文化理念的统领之下,胸怀远大抱负和理想,创新超越、亮剑图强,居安思危、再造三线,为中国航空工业跻身世界航空工业强者之林,为建设强大的国防战略储备能力后方基地,为实现贵航集团跨越式发展,贡献全部力量!

山东电力工程咨询院

精诚 创造 超越

山东电力工程咨询院(SDEPCI)1958年创建于美丽的泉城济南。齐鲁大地俊秀壮美的山水地理、悠久深厚的人文历史及SDEPCI持续成长的发展进程、追求卓越的奋斗理想,共同孕育了独特的企业文化。近年来,SDEPCI在企业文化建设中,突出理念体系建设与宣贯、团队建设和形象塑造等重点,启动“精诚”文化品牌塑造工程,不断促使“精诚”文化理念落地生根,加速了企业文化管理进程。目前,“精诚”文化正在逐步深入人心,成为全院员工高度认同、自觉实践的价值观和行为准则,在促进企业创新发展和员工成长进步的过程中发挥了突出作用。

一、“精诚”文化与企业同步成长

拓荒中的SDEPCI企业精神孕育。1958年建院伊始,SDEPCI只能承担2.5万千瓦机组和110千伏输变电工程设计。创业初期二十多年间,SDEPCI的创业元勋们,凭着坚忍不拔的毅力和顽强拼搏的精神,战胜了创业初期的种种艰难险阻,经历了风风雨雨的考验,促使企业不断踏上了新的发展里程。从1970年设计5万千瓦机组和220千伏输变电工程开始,SDEPCI先后跃上了设计10万千瓦机组、30万千瓦机组和500千伏输变电工程台阶,1983年还开始参与国家核电建设。在见证发展的同时,元勋们的足迹和业绩也在孕育着SDEPCI独有的文化。虽然,在这期间SDEPCI因为体制的原因不能称为“企业”,但应当说,今天的“精诚”文化,是自建院以来就一直客观存在于SDEPCI这个组织之中的,她源自SDEPCI创业进程的不断孕育和实践。

变革中的SDEPCI文化建设起步。1985年实行事业单位企业化管理以来,SDEPCI在改革中不断成长壮大,至1997年底,全院劳动生产率由1985年前的10047元/人.年上升到104069.7元/人.年;固定资产由1984年的727.4万元上升到1997年的5204.17万元。这期间,SDEPCI提出了加强企业文化建设的概念,开始有意识地学习借鉴外部先进理念,总结具有自身特点的口号和标语,如对待工作要“精”、接人待物要“诚”等,在职工中间已有普遍认识。到1998年SDEPCI建院40年,SDEPCI企业理念、企业制度已经具备雏形。可以说,在全国电力系统和勘察设计行业,SDEPCI属于系统开展企业文化建设起步较早、成效较好的单位之一。但总的说,SDEPCI 的企业文化建设在这个阶段仍处在初步的探索之中。

腾飞中的 SDEPCI 三大体系形成。1996 年,SDEPCI 由"山东省电力设计院"更名为"山东电力工程咨询院",加速了创新发展步伐。特别是近十年来,SDEPCI 通过创全国一流电力设计企业、实施五大工程、推进六大变革等管理创新,促使企业技术水平不断提高、经营领域不断拓展、综合实力不断提升,保持了良好发展态势。企业管理水平和整体实力的提高,对 SDEPCI 的企业文化建设提出了新的要求。2001 年,SDEPCI 制定实施了《企业文化建设五年规划》,把企业文化建设上升到企业发展战略的高度来把握,按照循序渐进、全员参与的原则,全面启动了企业文化建设工程;2004 年,院党委又提出了"关于实施企业文化战略,创建学习型企业的意见",围绕团队建设做了一些新的探索与实践;到 2005 年初,SDEPCI 完成了企业文化基础体系建设,基本建成了企业理念识别基础体系、企业行为识别基础体系和企业视觉识别基础体系。《企业文化手册》、《三标一体化管理手册和管理体系文件》、《视觉识别系统手册》、企业宣传画册(每年更新)、企业宣传片(《工程劲旅》等)、《闪耀文化之光》、《感悟精诚》等一批建设成果,在这一时期如雨后春笋般涌现出来。

超越中的 SDEPCI 企业文化升华。近两年,SDEPCI 加速企业全面创新,特别是企业文化建设层次和效果显著提高。2005 年,院两次职代会分别通过了《关于加强企业文化建设,推动我院创新发展的报告》和《关于加强企业执行力建设的报告》,提出了"创新企业文化理念体系,建立特色更加鲜明、作用更加突出的企业文化"的新目标。从 2005 年初开始,聘请中国人民大学的专家学者,与院内长期从事企业文化工作的管理者一起组成工作组,对企业文化理念系统进行诊断和再造。经过提炼和升华,于 2006 年年初编辑完成了《精诚文化纲要》(讨论稿)。经过 2006 年一年的不断宣贯、实践和完善,在充分征求职工意见、建议的基础上,先后组织了 26 次讨论,到年底正式出版了理论性、实践性和创新性都更强的《精诚文化纲要》,建立了结构完整、内涵丰富、特色鲜明的精诚文化理念体系,同时也相应调整、完善了行为识别和视觉识别体系。2007 年,SDEPCI 以宣贯《精诚文化纲要》为主线,突出理念培训、团队建设和形象塑造三大中心,对内强化"精诚"文化的认知度、认同度建设,对外探索扩大文化影响力和知名度,目前已形成了全员高度认同、自觉实践"精诚"文化的可喜局面。

二、"精诚"文化内涵丰富、特点鲜明

精诚文化的丰富内涵,在以下五个方面有充分体现:

1. 特别要求"精"。"精"是"精诚"文化的核心内涵之一,是指导 SDEPCI 的员工们做事的基础理念,即"精以做事"。一方面,"精"体现了中华民族自古以来一贯倡导的处事态度。《诗经》曰:"如切如磋,如琢如磨";先贤曾将其解释为"玉石之成至宝需精琢细磨,学问之成至深需学而思、思而行、行而精进,如此方能揽学之精深,临道之奇绝";另一方面,"精"集中体现了 SDEPCI 团队的工作特色、行为特点和应对未来挑战的特质要求——精益求精。SDEPCI 认为,从事咨询设计服务工作,不"精"不足以立业。SDEPCI 对"精"的分解是:工作过程要精雕细刻,学习境界要精深博大,员工队伍要精明强干,为社会和客户奉献精品。

2. 突出强调"诚"。"诚"是"精诚"文化的核心内涵之一,是指导 SDEPCI 的员工们做人的基础理念,即"诚以做人"。"诚"也有它的历史渊源,它出自"诚意正心"一语。《中庸》云:"诚者,物之终始,不诚无物"。《孟子》曰:"思诚者,人之道也"。《大学》更道出了儒家名言"诚意正心,修身齐家治国平天下"。"诚"深刻诠释了 SDEPCI 员工的精神特性、意向特征以及适应发展的本质要求——诚意正心。SDEPCI 的员工们意识到,作为服务型企业,没有"真诚",一切都没有。SDEPCI 对"诚"的分解是:品行笃诚忠心,工作挚诚尽心,沟通坦诚倾心,服务真诚热心。

3. 鼓励创造、尊重奉献、重视效率。SDEPCI 的价值观中有很多内容体现了这一思想。因此"精诚"文化是积极向上的文化。如"鼓励有志者,奖励有功者,提拔有能者,重用有才者","尊重奉献,激励效率,反对平均主义,不保护落后"等等。SDEPCI 认为,"创造"是核心,它既是"精诚"的最终表现,也是实现"超越"的关键环节。因为没有创造的精诚是低水平的,没有创造和突破也永远不会有超越。只有通过创造、创新,生产力提高了,SDEPCI 所提倡的奉献才会更大化,SDEPCI 的效率才能更高。创造,就是提供新颖的、独特的、具有社会意义的产物的活动,SDEPCI 的事业之所以生生不息、勃勃向上,就是因为坚持和实践了不断创新!

4. 贯穿"真诚服务"思想。精诚文化贯穿了"服务"的思想。它在为企业发展服务、为客户效益服务、为社会进步服务、为员工成长服务等各个方面,都提出了明确的理念和思路。如 SDEPCI 在价值观中提出"客户为尊",提出"不尊重客户的员工,不会受到企业的尊重;客户不满意的员工,企业也不会满意",强调的就是充分尊重客户;在"服务理念"中提出"帮业主把钱花在刀刃上"的思想,就表达了 SDEPCI 对客户效益的高度重视;把"付出并快乐着,让每一个员工带着笑容回家"作为一个价值观提出,则体现了为员工成长进步服务的意识。"精诚"文化说到底也是服务文化。

5. 注重"快乐",提倡"和谐"。在企业使命、"心力法则"、"快乐哲学"、"沟通通则"、"阳光思维"等一系列理念阐述中,SDEPCI 强调"付出并快乐着"、"带着笑容回家"、"为员工发展创造平台",强调建设和谐团队、创建和谐企业、服务和谐社会等等,都是为了坚持以人为本,从根本上促进内部和外部的和谐。

"精诚"文化是 SDEPCI 五十年文化积淀的集中体现,是 SDEPCI 企业文化建设的最新成果,反映了企业的价值理念和目标追求。除具备上述丰富的内涵外,她还具有整体性、

创新性、实践性的突出特点:

体系完整,理念明确。她以“精诚、创造、超越”的企业精神为核心,通过《精诚文化纲要》、企业管理文件及行为规范和《视觉识别系统手册》等三大文本的规范和应用,对企业价值观、企业精神、企业战略、企业目标、企业使命、企业哲学和各个层面员工的行为规范和形象要求,都分别作了明确的表述。涵盖了企业建设和管理的方方面面。

集体智慧,个性凸显。她继承优秀传统文化,着力体现时代精神,紧密结合 SDEPCI 创新与发展的实际,把 SDEPCI 特有的文化积淀和地域特色都融入到了理念当中,提炼了企业价值观和企业精神。“精诚”文化是 SDEPCI 独有的价值观、企业精神、管理思想、服务理念和行为规范的总和。

“精诚”文化中提出的很多新的理念和思想,如心力法则、沟通通则、快乐哲学、一把手原则、授权公式,都是从我们自己长期的生产、管理、经营的实践中提炼出来的;《纲要》中还录入很多批语,都是员工语言,都来源于员工的工作和生活。可以说,“精诚”文化是 SDEPCI 自己的,说的是 SDEPCI 员工们共同的文化,是 SDEPCI 文化的全面体现,也是最适合 SDEPCI 的。

来自实践,回归实践。“精诚”文化提炼创新的过程,是“从实践中来再到实践中去”的完整过程。近年,SDEPCI 在“精诚”文化的引领下,在企业改革发展中作了很多富有成效的实践。如在理念宣贯上,有放歌激情广场这样的激情之举,也有高绩效团队培训这样的文明之举;在制度激励上,有集中封闭设计这样的实效举措,也有对“精诚”文化行为规范的全方位宣传倡导;在形象提升上,有建设文化休闲一条街这样的神来之笔,也有将院区建筑物打造成为济南东部标志性建筑群这样的精彩之作。这些实践,开辟了“精诚”文化落地生根的新起点,也正是在这些实践中,“精诚”文化充分显示出它作为一种先进文化的特有魅力。这种魅力,体现在我们大容量高参数电厂和特高压电网建设的辉煌业绩中,体现在我们获得“全国五一劳动奖状”时所收获的喜悦、赞赏和信任中,体现在全院共唱《精诚之歌》的和谐歌声中,体现在员工更加快乐的工作中。

三、“共赢”彰显“精诚”文化魅力所在

持续有效地文化建设,使广大职工对“精诚”文化的认知、认同和实践不断深化,企业凝聚力、战斗力和创造力也随之得到增强。

“精诚”文化发挥了突出的凝聚作用. 团队协作不断增强,企业价值观更加明确和统一。精诚文化给 SDEPCI 提供了统一的价值标准。大多数员工都能自觉地对照企业价值观和理念体系去思考问题查找不足,有了疑问、分歧和争议也能对照“精诚”文化理念找答案,基本实现了思想同心,目标同向,行动同步。如在划转国家核电技术公司、深化内部激励机制改革等企业变革的关键时期,SDEPCI 提前组织培训,宣讲形势任务,用“精诚”文化理念来统一思想认识,使每位职工认清深化内外改革是“精诚”、“创造”的一种实践,目的是为了更好的“帮业主把钱花在刀刃上”,促进企业在实践社会使命的过程中不断实现“超越”发展,引导职工以高度的使命感和大局观,正确认识、积极参与改革,推动了内外变革的顺利实施。

“精诚”文化发挥了突出的激励、引导作用。企业创新发展随着精诚文化的深入人心而持续推进。SDEPCI 企业文化是倡导“精诚”的文化,也是鼓励创造的文化,“精诚”文化理念的导入和确立,引发了企业上下思维方式的转变,促进了企业创新与发展。

一是促进了制度创新。SDEPCI 围绕“核电做精做细、火电做大做强、电网做专做实”的发展思路和“创建国际型工程公司”的战略目标,积极适应市场经济要求,突出勘测设计、工程监理、工程总承包和科技实业四大支柱产业,坚定不移地实施公司化改组和改造,完善法人治理结构,紧密结合企业改革与发展实际,积极推进机制创新,实施人力资源改革和分配制度改革,实现了企业的多元化经营和集团化发展。如通过优化内部机构设置、实施人力资源管理与发展工程、完善激励与约束机制,彻底打破了“平均主义”,废除了“大锅饭”现象,创造了人尽其才、各尽其能的人才发展环境,激发了广大员工学习、工作的积极性,推进了组织内部结构的优化和员工知识层次的不断提高。

二是促进了管理创新。以完成生产任务和经营指标、提高生产效率和管理效能作为衡量工作绩效的主要标准,持续改进“指标、质量、评价、考核、监督”五大体系,在同行业率先实施了以 IS09004 为主线,质量、环境和职业健康安全三标一体化管理体系,全面提升了企业整体管理水平。企业文化管理本身的逐步深化,也提升了企业整体管理水平。

三是促进了技术创新。作为技术咨询企业,我院始终把推动科技进步放在战略位置来抓,采取各种有效措施,把“精诚”文化所倡导的“创造”、“超越”等核心理念,落实到促进设计技术、手段和流程的创新的实践中。全面推广应用三维设计、模块化设计和管理信息系统、P3 工程管理软件等新技术、新方法,加大对大容量、超临界、特高压等电力建设前沿技术领域的研发力度,提高了科技创新对企业发展的贡献率。近 20 年来,共有 283 项科技成果获得各级优秀设计和科技进步奖,显示出了不凡的技术实力。

企业各项工作的全面创新,从根本上保证了 SDEPCI 的持续健康发展。在 2006 年全国勘察设计行业“百强”中排名第 10 位,连续 7 年位居电力设计咨询行业首位。SDEPC 在近两年还实现了全国设计大师的历史性突破,在全国电力设计行业首家荣获“全国五一劳动奖状”,被评为“十五”全国建筑业技术创新先进企业、全国电力行业卓越绩效先进企业特别奖和用户满意企业。国际型工程公司建设迈出了坚实步伐,实现了“十一五”良好开局。

“精诚”文化发挥了突出的规范作用。精诚文化的倡行,“精诚”文化的全面实践,增进了内部沟通,优化了内部机制,美化了工作环境,也强化了员工的竞争意识、服务意

识、创新意识，规范了员工思维和行为，促使职工创业、奉献的使命感和积极性持续提升，内外氛围更加和谐，企业与员工实现了“双赢”发展。如我们注重员工生活质量的全面提升，通过改建“文化休闲一条街”、修缮单身公寓、改造职工食堂等，不断为职工提供便利生活条件，改善了职工生活质量，优化了职工创业环境。通过实践“精诚”文化，我们在全院有效地营造了积极向上、快乐和谐、良性竞争、共同进步的内部氛围，促进了员工能力和水平不断飞跃，有的大学毕业三年多的年轻同志，经过系统学习和岗位培训，现已能够承担100万千瓦机组的设计工作。总之，员工对社会、对集体、对家庭的贡献度和社会、集体与家庭对员工的认可度得到了同步提升，员工的价值得到了全面体现。

部分行业和省市企业文化社团工作成果展示

把握机遇 把全国石油和化工企业文化建设推向新阶段

——中国化工企业文化建设协会

谭竹洲

一、石油、化工行业企业文化建设的基本情况

石油和化工行业的企业文化建设植根于全国的大背景下，在原化工部、国家石油和化工协会的重视和支持下，也和全国企业文化建设一样，取得多方面的成绩，现正面临新的发展机遇。从近几年我们对业内十六个省市七十余家企业的直接调研和二百余家企业的书面调研情况看，全行业的企业文化建设发展是健康的，成效是显著的，主要表现在以下几个方面：

(一)一大批企业建设了各具特色的企业文化

全行业通过企业经营者倡导，广大员工积极参与，一大批企业建成了各具特色的企业文化。我们这次会上命名的10家全国石油和化工企业文化建设示范单位，就是他们中的杰出代表。通过文化引领战略，又通过战略的实施提升企业文化的上海华谊文化；以大庆铁人精神为基石，不断注入时代内涵、不断创新的大庆炼化公司的“三相文化”；集团的主文化根深干强，各子(分)公司的子文化枝繁叶茂，“和谐共生”的云天化集团文化；在全面推进企业文化建设的基础上，突出抓好文化落地的巨化集团执行力文化；源于优秀传统文化“四大信条”，又赋予“四大信条”新的时代内涵，实现传统文化现代化的天津碱厂文化；以优秀的企业文化为魂，不断向品牌中注入先进科技文化，打造驰名国内走向世界的优良品牌的三角集团品牌文化；抱着感恩祖国、感恩社会、感恩员工之心，履行了大量社会责任，开创造血式扶贫新思路的开阳磷矿社会责任文化；处处彰显以人为本，突出人文关怀的渭化集团柔性管理文化；传承“学高为师、身正为范”的优良师魂，团结凝聚员工不断创业、创新，实现企业跨越式发展的浙江新和成化工股份公司的“老师文化”；企业虽小，但突出细节管理，在全国胶粘剂的绿洲中培育出一片“黑松林”的江苏黑松林粘合剂厂的细节管理文化。这10家企业代表了行业企业文化建设的最好水平。他们的共同点是，企业文化建设系统全面，扎实推进，落地生根，外化为员工的实际行动，推动了企业的健康发展。除此之外，还有一大批企业也都建设了各有特色的企业文化，受到我们这次会议表彰的全国石油和化工企业文化建设先进单位就有近118家。例如江苏索普的“三色”文化、中石化南化公司的“双新”文化、山东海化的“五和”文化、东明石化的“标杆”文化、辽宁大连西太平洋的“忠诚”文化、安徽红四方的“和谐文化”、黑化集团的“人本文化”，等等。这些企业都通过建设先进的企业文化，铸造企业灵魂，带动了企业发展。

(二)企业文化与企业发展战略、经营管理有机融合

上海华谊集团从2000年开始，把酝酿制定实施企业发展战略和规划构建华谊集团企业文化有机融合，到2005年华谊集团既形成了现行的集团发展战略，又建成了体系完整、个性鲜明的华谊集团企业文化。华谊集团的同志自己说：要研究华谊企业文化，必须结合华谊发展战略；要把握华谊发展战略，又必须解读华谊企业文化。华谊通过文化和战略的互动、相融，推进了产品结构和产业布局调整，建设了堪与世界一流化工园区媲美的上海化工园区，开全国城市化工主动调整出市之先，把握了发展主动，做到了华谊化工发展与生态环境相容、与上海产业导向和化工发展趋势相符、与所在地区长三角经济发展相联、与上海国际化大都市形象相称，使本来面临生态环境、结构老化等严峻挑战的上海化工，重新获得发展的勃勃生机。贵州开磷集团坚信“文化致胜”的理念，将“利于天下、惠及员工”的宗旨，“负重攀越、勇往直前”的精神，“做好每一件事、做好每一天事”的作风等企业文化理念渗透到企业改革发展、经营管理的方方面面，使企业“三步走”建成国内外有重要影响力的大型企业集团的发展战略得到有效实施。四川川化集团、泸天化集团、南化公司连云港碱厂、河北开滦中润煤化公司、黑龙江黑化集团、山西南风集团、天脊集团、山东亚星集团、青岛双星集团、红星集团、陕西兴化集团、湖北宜化集团等一大批企业，也都像华谊、开磷那样，把先进的文化理念渗透到企业战略管理、生产经营等各项实际工作中去，使文化落地生根，取得了好的成效。

(三)以文化融合引领企业重组，推动了重组企业的健康发展

云南云天化集团2000年以来快速发展，短短几年时间就发展成为拥有6大行业，70多个二、三级分(子)公司，跨

行业、跨地区、跨所有制的特大型企业集团。为了保证步调一致,他们本着先共性后个性的原则和统分结合的做法,首先形成对云天化主体文化的共识。在此基础上,支持和引导各分(子)公司继续保持和发扬优良传统,建设既反映云天化集团公司母文化要求,又具有自己特色的子文化,形成了整个集团企业文化体系,使重组后的集团有序运行、健康发展。由原南京化学工业总公司与原南京化工厂合并组成的中石化南化集团公司,以"建设新南化、实现新跨越"的"双新"文化为旗帜,引领员工队伍在创建新南化的过程中实现同向、同步、同心;由原大庆油田化工总厂与大庆林源石化分公司合并组成的大庆炼化公司,通过建设先进的企业文化,使员工队伍做到心相通,情相融,力相合,先后被中国企业联合会中国企业家协会和中国企业文化研究会授予首批"全国企业文化示范基地"称号。无论是中石化南化公司的"三同",还是中石油大庆炼化的"三相",都很好地支撑、推动了企业整合,促其健康发展。还有四川的川化集团、湖北的宜化集团、山东的海化集团、青岛的双星集团和红星集团、安徽的红四方集团、山西的南风集团等等许多企业集团,也都在文化融合引领企业重组促进企业集团快速发展方面做出显著成效。企业文化成为支撑企业集团发展壮大的物质和精神两根不可或缺的纽带之一。

(四)以人为本、以文化人,提高了员工队伍的综合素质

许多企业坚持把以人为本提高员工素质作为企业文化建设的基本点,取得显著效果。山东禹城中农润田化工有限公司注重从政治上关心员工,多年来一直坚持学习包括毛主席"老三篇"在内的12篇必学文章,坚定了员工的理想信念,使企业在发不出工资的困难时期,人心不散,队伍不乱,万众一心,走出困境,再创辉煌。江苏梅兰集团大力建设学习型文化,在员工中开展"学习、改善"活动,通过点滴改善企业经营管理的过程,也使员工队伍素质达到新的境界,实现了企业和员工"双改善"。陕西渭化针对新建企业队伍比较年轻的特点,面对社会上价值多元、思想浮躁的挑战,大力倡导"五爱五讲"(爱祖国、爱企业、爱岗位、爱家庭、爱生活,讲文明、讲大局、讲学习、讲诚信、讲奉献),帮助青年员工坚定地树立正确的世界观、人生观和价值观。正是这样,广大石油和化工企业遵循人是最宝贵的财富、人力资源是第一资源的理念,本着尊重人、关心人、爱护人的原则,采取各种行之有效的方式,大力推进人本管理,实施人文关怀,使企业成为广大员工寄托理想的精神家园,施展才华的广阔平台,实现价值的重要阶梯,塑造自我的最好熔炉,凝聚和锻造出一支集优良文化传统与时代精神风貌于一身的素质较高的员工队伍,在直面市场竞争中立于不败之地。尤其是去年全球性的金融危机以来,许多企业就是靠着高素质的员工队伍应对挑战、化危为机,做到"信心不减、投入不减、速度不减、收入不减",保证了企业的持续发展。

(五)企业文化建设作为重要载体和抓手,促进了企业党建、思想政治工作和精神文明建设的创新与改进

许多企业在建设企业文化过程中,利用企业文化建设与企业党建、思想政治工作和精神文明建设具有目标一致性、对象同体性、内容互补性、载体相融性的特征,以企业文化建设为切入点,创新与改进企业党的建设、思想政治工作和精神文明建设。大庆炼化公司党委坚持企业文化建设与企业党建、思想政治工作和精神文明建设相互借鉴、优势互补,在创建"三相"文化(心相通、情相融、力相合)的过程中,进一步提升和改进了企业党建、思想政治工作和精神文明建设工作,企业文化建设和党建、思想政治工作、精神文明建设共同撑起大庆炼化的改革发展。还有上海华谊集团借助发展"绿色化工"的理念,在党内开展"降一达零再加零"的活动(资源消耗降一个百分点、安全事故达到零、专利申请的尾数再加零),云南煤化集团在企业文化建设中开展的"个人形象一面旗、工作热情一团火、谋事布局一盘棋"的"三个一"主题实践活动,浙江新和成化工股份公司在建设和谐文化中坚持对员工"五必访"和"员情沟通记录"的制度,中化三建公司"坚持用创建学习型企业、争当学习型员工"教育和引导员工的做法等等,都是借助企业文化建设改进和创新企业党建、思想政治工作和精神文明建设的成功经验。

(六)企业文化理论研究和实践探索进一步深化,提高了企业文化建设的水平

随着全行业企业文化建设的不断深入,近年来涌现出一大批企业文化理论研究和实践探索的重要成果。从2005年、2007年和2009年三届全国化工职工思想政治工作研究成果获奖情况看,企业文化研究成果占获奖成果的半数以上,显示企业文化日益为企业所重视、关注及其研究水平的提高。从获奖成果的水平来看,大庆炼化的"铁人精神创新和企业文化转型"、"企业文化与思想政治工作"、上海华谊集团的"华谊文化建设必须研究华谊发展战略"、云南云天化集团的"从云天化集团核心价值观形成看文化养成的普遍规律"、山西南风集团的"如何实现从'貌合'到'神合'"等研究成果,具有较高的理论水平和实践指导作用,先后获得了全国化工企业文化研究成果一等奖。表明这些企业的企业文化研究和实践走在了全行业的前列,值得我们学习和借鉴。

回顾全行业的企业文化建设,这些成绩的取得,主要得益于党中央的高度重视,各级政府的层层推动,企业文化建设在全国蔚成风气的大环境,也得益于国家石油和化学工业协会的领导和支持以及全行业广大企业经营者和员工的不懈努力。但是我们也要清醒地看到,我们的工作离党中央的要求还很远,和烟草、电力、金融等先进行业比差距还较大。主要问题是发展不平衡,真正搞得好的企业还是少数,多数企业处于一般状况,尚有部分企业对企业文化不甚了解,根本没有启动。造成这一问题的原因,有企业经营者认识不足,学习不够,不想干或者想干而不会干的原因,也有我们中国化工企业文化建设协会推动倡导不够的原因。由于我们人手较少、力量较弱,有些同志还是兼职,致使这项工作有些力不从心。2000年以来,烟草、电力等先进行业已经连续召开了多次企业文化建设推介、促进大会,而我们才仅仅是第一次。落后并不可怕,但不能甘于落后。我们要以此为新起点,提高认识,加大措施,力争再经过一段时间的努力,尽快推出全行业企业文化建设总体规划,引导行业企业文化建设健康发展,努力使石化行业企业文化建设更上一层楼。

二、全行业企业文化建设的基本经验及启示

回顾总结全行业企业文化建设的情况,我们认为之所以能取得较好的成绩,有效地支撑和促进了石油和化工发展,除了外部有利条件之外,就行业自身来说,主要是一大批先进企业在实践中摸索出一套行之有效的经验和做法。认真总结、学习、推广他们的经验,并从中受到有益的教育和启发,是我们抓好今后企业文化建设的客观需要。

(一)坚持社会主义核心价值体系的指导地位,是企业文化建设健康发展的根本保证

从全行业企业文化建设实际情况来看,虽然企业情况各不相同,企业文化各具个性特征,但有一点是共同的,就是这些个性各不相同的特色文化,都具有人本文化、和谐文化、创新文化、学习型文化、责任关怀型文化等诸多共性文化元素。这说明,我们在企业文化建设的过程中,都认真遵循中国特色社会主义的基本理论,认真坚持以邓小平理论、“三个代表”重要思想为指导,特别是认真贯彻、落实了以人为本、全面协调可持续发展的科学发展观的各项具体要求。在企业文化建设过程中,都坚定地坚持社会主义核心价值体系的指导地位。正因为这样,使我们这些先进的企业文化始终与体现党和国家意志的社会主流文化保持同向,与高扬以爱国主义为核心的民族精神和以改革创新为核心的时代精神的主旋律保持一致,在企业的改革发展中发挥出强有力的文化管理功能,促成了企业乃至行业的繁荣。事实说明,具有亚文化属性的企业文化,只有沿着社会主流文化指引的正确方向前进,才能引导企业在促进自身发展的同时,正确面对和较好地解决企业的社会责任、生态环境保护、资源综合利用等一系列社会高度关注的热点、难点问题,展现其发展企业、造福社会、繁荣社会主义文化的强大的生命力。

(二)紧密结合实际,是企业文化建设的本质要求

紧密结合实际,一切从实际出发,是我们想问题办事情必须遵循的重要原则。许多企业正是本着这一要求推进企业文化建设,无论是企业价值理念的提炼,还是企业精神的总结,都坚持从企业改革发展、生产经营的实践活动中来。浙江巨化集团从集团总部到各分、子公司以至车间和班组都形成了各具特色的文化理念。“举重若轻、举轻若重”是热电厂起重班的班组精神,自我加压、勇挑重担的“千斤顶”精神则是汽检班的价值观,等等。走进起重班的工具室,倒链、电葫芦等各种生产工具陈列有序,有用的、待修的、报废的定置管理,通常最容易脏、乱、差的维修班工具室,被他们管理得堪与精美的商场、超市相比。用该班员工的话说,“这就是我们举轻若重的体现”。这使我们深深地感到,只有这样的企业文化,才称得上“内化于心、固化于制、外化于行”的企业文化;只有这样的企业文化,才有强大的凝聚力,持久的执行力,保企业基业长青的生命力;也只有这样深植于企业实际的企业文化,才能开出灿烂的精神之花,结成丰硕的发展之果。相反,有些企业要么人云亦云,照抄照搬别人的文化;要么领导加秀才,编造企业文化;企业经营者和广大员工的改革发展实践,是企业文化建设的活力之源。违背这一规律,必将受到惩罚。

(三)紧扣增强企业核心竞争力、促进企业发展这一主题,是企业文化建设的出发点和落脚点

发展是我们党执政兴国的第一要务,也是我们推进企业文化建设的根本目的,对这一重大问题,许多企业始终保持了清醒头脑。山东烟台万华、兖矿鲁南化肥厂、三角集团、滨化集团、东岳集团、贵州瓮福集团、开阳磷矿、浙江新和成、江苏梅兰等一大批企业,正是通过培育人本文化、学习型文化、创新文化,打造学习、创新团队,构筑人才高地,研发出拥有自主知识产权的核心技术,增强企业的核心竞争力,才成为行业的领军企业,在国内以至世界同行内都拥有一定的话语权。一位行将退休的某跨国公司的部门老总对他的继任者感慨地说,他一生最大的遗憾是没有在最合适的时候收购中国烟台万华,以至于今天成为他们的强力竞争对手。瓮福集团依靠有自主知识产权的核心技术,击败西方跨国公司等20余家竞争对手,以“一流技术绝不卖二流价格”的强势打入非洲沙特阿拉伯磷矿采选市场。这些企业的实践昭示:企业文化建设一定要坚持以文化人,将先进的文化理念转化为员工综合素质的提升,转化为企业创新,进而形成独有的核心竞争力,使企业在剧烈的市场竞争中把握发展的主动权。这就是我们必须坚持的企业文化建设的基本点。只有坚持这一基本点,我们才能把握和解决好企业文化建设的重点和一般、内容和形式、内在和表层等一系列重要关系,做到重点突出、主次分明、梯次推进,建设起支撑企业核心竞争力的强势文化,防止企业文化建设失去主攻方向走入误区。

(四)依靠经营者和员工两个文化自觉,是搞好企业文化建设的关键和基础

大量事实说明,要搞好企业文化建设,要有企业经营者和广大员工两个文化自觉,要依靠两个积极性,两者缺一不可。东华科技股份公司的领导对企业文化建设见事早、行动快,开展自上而下、自下而上的建设工作,采取各种有效措施,使东华文化“通过耳濡目染,达到刻骨铭心,化为发展实绩”,跃升为效益相当突出的上市公司。云天化集团董事长董华同志对建设企业文化很有见地,他亲自倡导和启动了企业文化建设工程,依靠上下两个积极性,形成了100多万字的基础材料,300多万个基本数据,使云天化的企业文化完全置身广大员工实践基础之上,形成了兼容互补、和谐共生的集团文化体系,较好地解决了跨行业、跨区域,子、分公司较多的大型企业集团的企业文化建设问题。解剖分析

这些实例，可以使我们从中受到有益的启发：一是企业家或企业经营者，是企业文化的倡导者、组织者、推动者、实施者，没有企业家的高度文化自觉，肯定没有企业文化的培育和塑造，也就谈不上建设优秀的企业文化。由此可见，企业家是企业文化的核心和灵魂。二是企业文化建设的基本点是以文化人，用优秀的企业文化武装员工队伍，形成企业的真正竞争力。这就要求启动广大员工的文化自觉，依靠“大家建设企业文化，建设大家的企业文化”，这样的企业文化才能落地生根，出竞争力、出经济实绩。由此可见，广大员工是企业文化建设的主体和基础。三是如果只有企业家或经营者的文化自觉，就只能形成企业家文化或者经营者文化，还不是全员共识的企业文化；而如果只有员工的文化自觉，也就只能形成员工个人文化素质或一定范围的团体文化，其作用范围和力度更加有限。由此可见，只有将两个文化自觉融为一体，两个积极性共同作用，才能使企业家文化和员工的团体文化真正转化为企业文化。

三、切实抓好全行业企业文化建设各项工作

企业是实现社会经济发展的重要经济组织，也是实现人们精神追求和体现价值的重要社会组织。搞好企业文化建设，不仅是企业全面提升员工素质，提高管理水平，增强凝聚力和竞争力，创造强大社会物质财富的需要，也是培植社会主义先进文化生长点，创造强大社会精神财富，推动社会主义文化大发展大繁荣的需要。站在新的历史起点上的中国石油和化学工业，要完成振兴民族经济、推动中华民族伟大复兴的历史重任，必须把握机遇、趁势而上，大力推进企业文化建设，以先进的文化引领和支撑全行业健康、快速、全面协调可持续发展，把振兴民族经济、实现中华民族的伟大复兴落到实处。

今后一段时间全行业企业文化建设总的想法是：在邓小平理论、“三个代表”重要思想指导下，按照科学发展观的各项要求，学习先进行业的经验，依据行业发展实际，争取用三年时间研究提出全行业企业文化建设的指导意见，经过努力，逐步使行业内规模以上的重点企业建立起内容全面、体系完整的企业文化，绝大多数中小企业基本建立较为全面系统的企业文化，将全行业的企业文化建设提高到新阶段、新水平，为全行业改革、发展、稳定提供有力支撑。当前我们要着力把握和抓好以下几个工作重点：

（一）要坚持正确的指导思想，建设符合先进文化前进方向的企业文化

邓小平理论、“三个代表”重要思想以及科学发展观等重大战略思想构成的中国特色社会主义理论，是马列主义中国化的最新成果，是全党全国最可宝贵的政治和精神财富，是全国人民团结奋斗的共同思想基础，也是当代中国先进的、科学的思想文化的集中体现。它是我们建设社会主义企业文化必须遵循的指导思想。我们必须牢牢把握企业文化建设的这个根本不能动摇。一定要按照社会主义核心价值体系的要求来梳理、总结、提炼企业精神、企业核心价值观、企业经营理念，来指导制定企业的各项规章制度和行为规范，等等，使我们无论是精神文化还是制度文化、物质文化，无论是理念识别系统还是行为、视觉识别系统，都能体现中国特色社会主义理论的要求，闪耀社会主义核心价值体系的光芒，确保企业文化建设沿着社会主义先进文化前进方向健康发展。

（二）全面系统规划，建设内容、体系完整的企业文化

企业文化包括精神文化、制度文化和物质文化三个基本内容，他们相互关联、相互作用、密不可分，构成一个有机的整体，共同对企业实施文化管理、支撑企业发展。各企业一定要认真总结本企业多年形成的优良传统，挖掘企业文化底蕴，了解企业文化现状，在广泛调研、充分论证的基础上，围绕企业文化建设的三个基本内容，制定符合企业实际、科学合理、便于操作、长远目标与阶段目标相结合的企业文化建设规划，认真抓好落实，努力构建包括精神文化、制度文化和物质文化的完整的企业文化体系。工作中一定要克服只重视企业精神文化建设，忽视企业制度文化和物质文化建设的倾向，防止使企业文化成为空泛的理念和无法落地的空中楼阁；一定要克服只重视企业视觉识别体系建设，忽视企业理念识别体系和行为识别体系建设的倾向，防止使企业文化建设成为徒有其表而无实质内涵的形象工程。实施企业文化建设规划还要坚持与时俱进，常抓常新，随着企业内外部环境的变化，要对规划进行充实、完善和调整，保证企业文化建设建立在实事求是的基础之上。

（三）与企业发展战略、经营管理等各项实际工作相融合，建设有本企业特征的企业文化

企业文化具有本土性，是一个企业价值观念、经营理念、行为方式的长期积淀。通俗的说，一定的企业文化就是一定企业的办事方式。企业文化的这种个性特征，要求企业文化建设一定要从本企业的实际出发，结合企业战略的制定和实施，企业改革重组的重大决策，经营管理的重要活动来建设企业文化。特别要抓好价值理念的培育和转化这个关键。一方面要依据企业发展战略和改革发展的需要，正确确立企业使命和企业愿景，培育形成符合时代要求、体现企业特色、具有丰富管理内涵的企业精神、核心价值观和经营理念；另一方面要采取一切可行的措施把企业核心价值观、企业精神、经营理念等融入企业规章制度，落实到员工的实际行动，贯彻到经营管理的各个环节和方面，使之真正落地生根，发挥作用，转化为发展实绩。工作中要切忌企业使命和企业愿景脱离实际、高调空泛，企业精神和价值观相互雷同、毫无个性等。这种不具备自有性、原创性和独特性的企业文化，一定解决不了本企业的实际问题。要明白，当每个企业的企业文化都基本雷同，实际上就都没有了自己的企业文化。

（四）紧密结合行业生产特点，建设体现行业特色的企业文化

从根本上讲，企业文化建设是为经济发展服务的。我

们石油、化工企业推进企业文化建设,就是为了更好、更快地发展石油和化学工业。因此,紧密结合行业生产特点,突出那些有行业特色的企业文化建设,是我们工作的应有之义。石油、化工行业是技术密集型产业,在经济全球化、市场一体化的大环境下,我们总体上依然面临西方发达国家、国际跨国公司技术优势的压力而处于市场竞争的不利地位。我们要大力突出学习型文化、创新型文化建设,确立向学习要竞争优势,向学习要未来的理念。各企业一定要从本企业实际出发,建设学习型企业,培养学习、创新团队,探索形成学习力、创新力、竞争力紧密结合、相互促进的学习和创新机制,实现由学习力向创新力、竞争力的转化,提高企业的核心竞争力。石油、化工行业具有高温、高压、易燃、易爆、易中毒、易污染等特点,安全问题、环保问题十分突出;石油、化工产品不仅事关国计民生,而且事关国防建设和国家安全,质量问题十分重要。我们要大力突出安全文化、质量文化和生态环境文化建设,把当代各种先进的安全、质量、环境管理思想固化到制度中,落实到员工行动上,提高全行业的安全生产和环境保护水平以及产品质量,引导企业走资源节约型、环境友好型、本质安全型发展之路。近几年,中国石油和化学工业协会在推进"责任关怀"承诺方面做了大量工作,全行业已有59家大型企业相继做出了承诺,但是仍然有90%的中小企业没有开展这一行动。实际上,责任关怀理念是一种非常有特色的优秀文化。普及这种文化,在石油和化工行业势在必行。我们在推进全行业企业文化建设的进程中,要配合行业协会的这项工作,把推行责任关怀理念作为一项重要内容抓出成效来。我们要大力突出品牌文化建设。品牌是文化的载体,文化是品牌的信使。名牌的竞争力,本质上是源于内含文化技术的竞争力。现代人购买商品,在注重实用价值的同时,越来越注重商品的观赏价值与审美功能。我们一定要把握商品消费的这一时代特征,通过灌输、践行提高技术含量、保证品质优良、体现绿色化工、优化销售服务、美化产品设计等各种先进理念和思想,全方位推进石油和化工品牌文化建设,形成更多、更好、更优、更特的名优产品群,提高我们石油、化工产品在国内外两个市场上的竞争力。

(五)以健全体制、机制为重点,构建企业文化建设支撑保障体系

企业文化建设是系统工程,是提升企业管理水平的长期任务,需要坚持不懈地抓下去。为此,必须建立企业文化建设的支撑保障体系。

一是建立组织保障机制。一要适应建立现代化企业制度、完善公司治理结构的要求,建立健全企业文化建设的领导体制。企业党委、董事会和主要经营者要发挥企业文化建设的领导和决策作用。企业领导人员要重视企业文化建设,切实把企业文化建设列入企业发展战略,系统思考,长远规划,确定企业文化建设的目标内容,提出正确的经营管理理念,并亲历亲为,率先垂范。二要明确和落实工作责任。设立企业文化建设主管部门,安排专(兼)职人员负责此项工作,形成企业文化建设部门负责组织,各职能部门分工落实,全体员工广泛参与的工作体系。三要加强教育培训和文化灌输。定期组织、开展企业经营者和企业文化建设专职人员的培训。根据实际需要,中化企业文化建设协会要开展全行业企业文化建设培训,帮助企业建立企业文化建设人才队伍。要以企业文化手册为主要载体,抓好企业文化理念的灌输,化理念为行动,化本本为实践。四要保证必要的投入。设立企业文化建设专项经费并纳入预算管理,加大企业文化建设的软、硬件投入,为企业文化建设提供必要的物质保证。

二是建立工作指导和载体支持机制。一要加强对企业文化建设的指导。中化企业文化建设协会要继续针对全行业的不同情况进行专题调研,及时总结推广先进经验。今明两年要采取多种形式着重推广企业文化建设示范单位的经验,用这些企业的鲜活案例启发引导面上企业推进企业文化建设。要发挥中化企业文化建设协会专家委员会的作用,深入开展企业文化的理论研究、实践探索以及咨询服务,把全行业企业文化建设引向深入。二要丰富企业文化建设的载体。要注意搞好企业文化建设和企业党建、思想政治工作、精神文明建设的融合,形成学习、宣传、教育、培训、文化、娱乐等载体共享、手段互融,优势互补的局面。要整合企业文化资源,创新企业文化建设手段,丰富和优化企业文化载体设计。要加强企业文化阵地建设,完善培训中心、文体场馆、图书馆等企业文化设施。要注重利用互联网、企业报刊、广播、闭路电视等媒体,扩大企业文化建设的有效覆盖面,多提供健康有益的文化产品,提高职工的文化素养。三要充分发挥业余文化社团的作用,积极开展健康向上、特色鲜明、形式多样的文化活动,满足员工的精神文化生活需要。

三是建立考核评价机制。一要将企业文化建设考评纳入企业考评工作的总体计划,做到企业文化建设要与企业其它工作同部署、同检查、同考评、同奖惩,建立考核评价和激励机制。二要制定考评内容和标准,重点是考核领导体制是否健全有力,运行机制是否顺畅高效;文化理念、价值观念是否反映企业实际,是否融入相关制度;员工对企业文化三个层面的内容是否认同,文化理念是否成为员工的行为规范;企业标识体系是否健全、具有特色;企业文化建设投入是否有保障等。各单位要根据本企业的实际,学习、借鉴国内外的先进做法,研究探索建立企业文化建设考核评价机制,促进企业文化建设不断上新水平。

我们正面临发展的重要战略机遇期,正在新的历史起点上向前迈进。展望未来,谁拥有文化优势,谁就拥有真正的发展优势。建设先进的企业文化,是时代的呼唤,也是历史的选择。让我们以邓小平理论和"三个代表"重要思想为指导,遵循科学发展观的各项要求,进一步解放思想,把握机遇,趁势而上,开创全行业企业文化建设新局面,为推动全国石油和化学工业全面协调可持续发展做出新的、更大的贡献！

（作者系原化工部副部长、中国石油和化学工业联合会名誉会长、中国化工企业文化建设协会会长，本文为在中国石油和化学工业首届企业文化促进大会上的讲话）

集团文化建设与提高集团核心竞争力

——中国机械产业文化协会

为深入贯彻落实党的十七大精神，推动加快振兴装备制造业，提升行业企业文化的建设水平，中国机械政研会在2008－2009年度思想政治工作与企业文化建设理论研究的安排意见中，明确提出了强化行业《集团文化建设与提高集团核心竞争力》重点课题的研究；经过两年多的实践与深入研究总结，中国第一汽车集团、东风汽车、东方电气集团、中机十院、上海电科院、重庆机电控股（集团）、北京京仪集团等众多集团公司先后提交和发表了研究成果。现将行业对这一课题的研究成果和我们的思考报告如下：

一、加强机械行业企业集团文化建设与研究的重大意义

集团文化是指企业集团的文化。对内，规范企业集团所属成员单位和所有员工的行为；对外，展示企业集团的竞争力和整体形象。它是建立在企业集团所属成员单位个性文化基础上的共性文化，具有战略性、主导性、整合性、包容性，为各成员单位文化建设提供指导、规范和发展的空间。因此，加强企业集团文化建设与研究是巩固集团整体性的战略举措。

从机械工业发展的全局着眼，开展企业集团文化建设与研究有着五重意义：一是贯彻落实党的“十七大”精神，加快振兴装备制造业的迫切需要；二是机械行业决战“十一五”、迎战“十二五”又好又快持续发展的迫切需要；三是推动国务院装备制造业和汽车产业振兴规划加快落实的迫切需要；四是实施国务院国资委“大公司大集团战略”，加快企业重组的迫切需要；五是塑造企业集团整体形象，加强企业集团内部控制力，打造企业核心竞争力的迫切需要。

塑造企业集团整体形象，加强企业集团内部控制力，打造企业核心竞争力这一点尤为重要。在我国机械行业，企业集团的形成方式主要有两种：一是通过行政划拨形成，母公司往往在子公司之后成立。二是通过兼并、收购等市场行为重组形成。无论任何方式形成的企业集团，都面临重塑集团整体形象、增强集团控制力的问题。这就需要靠理顺集团内部组织结构，增强组织控制力；靠加强管理，增强母公司对子公司的管理能力。企业文化是现代企业一种先进的管理方式，实践证明，在市场经济环境里，文化纽带最具韧性，最持久。加强集团文化建设，以企业文化为纽带，有利于保持集团的整体性，增强母公司对成员单位的控制力，最终实现集团公司的核心竞争力。

集团文化是集团的核心竞争力。一个企业的核心竞争力包括三层，第一层是表层的竞争力，即产品的竞争力，主要体现在品质、成本、服务、技术、营销等方面；第二层是制度层面的竞争力，主要体现在战略、结构、机制、规章等方面；第三层是基础和核心层方面的竞争力，主要体现为品牌、精神、理念、价值观、形象等方面。上述三层要素在集团核心竞争力形成中不可或缺，但文化力居于核心地位，作为一种特殊的力量，决定着核心竞争力的强弱和时效，只有由先进文化凝合而成的核心竞争力，才是别人无法模仿、拆不散、带不走的力量。可见，只有明确企业文化与核心竞争力的关系，才能确立企业文化建设的实践地位。

二、企业集团文化建设的实践探索

（一）企业集团文化建设的首要环节是准确把握层级定位

当代企业正发生着一系列重大变化：企业结构多元化、企业发展国际化、大中小企业的协作化等等。大型集团企业仅仅通过资本、权力、业务维系企业自身的稳定性和持续发展已经非常不够，其内部管理的加强和企业素质的提高，对企业文化的依赖日益加深。集团文化是建立在企业集团所属企业个性文化基础上的共性文化，为各成员企业的文化建设提供指导、规范和发展的空间。集团文化建设，目的在于从深层次规范企业和员工的理念和行为，提升集团的管理控制能力和企业的核心竞争力。只有认识和确立企业集团文化建设的实践地位，整合文化资源，统一价值理念，才能奠定集团发展的共同思想基础。

通过对企业集团文化建设的实践探索，有观点认为：准确把握层级定位是企业集团文化建设的首要环节。企业集团文化建设的层级一般可以表示为五个层次：集团公司总部处于战略管理层面，重点负责企业文化建设的核心指导；集团公司下属子公司处于战役管理层面，重点负责企业文化建设的指导管理；集团公司子公司的下属单位和公司处于战术管理层面，重点负责企业文化建设的管理应用；集团公司子公司的下属单位的下属单位处于战术执行层面，重点负责企业文化建设的应用执行；而一线的班组科室则处于战术的具体操作层面，定位重点在企业文化建设的执行操作上。集团文化建设一般由集团公司（总部）组织领导和推进。

（二）如何规划处于战略管理层面的集团公司总部集团文化体系建设

从以下两个方面对处于战略管理层面的集团公司总部如何规划集团文化体系建设加以阐述：

一是精心构建集团价值理念体系。在企业集团文化建设中一定要牢牢把握企业文化的本质和企业文化建设的主要任务，围绕集团战略，构建价值理念体系开展工作，包括明确企业使命、愿景，提炼企业精神，确立共同价值观和形成与企业管理职能相匹配的相关经营管理理念。

明确使命。使命是企业集团存在的原因。从本质上回答企业集团存在的意义和价值,包括企业集团自身存在的意义和企业集团存在对于社会的意义。使命不一致,追求也就不一致。集团文化要能体现出企业集团的整体性,就必须对使命进行规定,要求企业集团所属企业的使命必须与集团公司的使命保持一致。

规划愿景。愿景是通过全体员工共同努力,在特定时期内能够实现的企业发展目标。企业愿景告诉人们"企业有一个什么样的未来"。只有清晰地描述企业的愿景,员工才能对未来的企业会把他们带向何方有更为清晰的认识,从而为之付出努力。

提炼企业精神。企业精神是企业倡导、员工认同并为社会公众理解的企业群体意识,是企业全体员工在实现企业价值的生产经营活动中共同具有的内心态度和思想境界。企业精神不仅能反映与企业生产经营密切相关的本质特征,而且能够显示企业的经营宗旨和经营方向。能够清晰反映企业的个性特征和管理风格,能够对企业发展起到促进的作用。

确立核心价值观。企业价值观是企业为更好地肩负使命、实现企业发展愿景,而自觉践行的指导企业和员工行为的基本信念、准则,是企业用以判断企业运行当中是与非的根本原则。它直观的告诉人们企业在提倡什么、反对什么。它要解决的是"企业如何生存"、"我们应该怎么做"的问题。核心价值观就是企业处理内外矛盾的准则。核心价值观是企业的灵魂,是企业生命的基因。这种灵魂、基因决定着企业的经营方式和风格,对企业经营管理活动起全方位的决定作用。

明确企业经营管理理念。企业经营管理理念是对企业经营方针、经营策略、经营方式的哲学思考与表达,是企业领导者为实现企业目标而在整个经营活动中坚持的基本原则,是指导企业经营活动的观念、态度和思想,直接影响着企业的经营姿态和服务姿态。企业经营理念回答企业"怎样做"的问题,是在企业核心价值观的统领下关于企业经营管理各个方面问题的看法、认识和价值取向,是核心价值观在企业生产经营管理各项活动的具体表现。

二是构建集团价值理念体系应把握的重点。企业的使命、愿景、精神、价值观,作为企业的基因和灵魂,要通过各种经营管理理念,反映在企业所有的管理职能和每一笔业务中。集团价值理念体系要系统地回答:"我是谁?"、"到哪去?"和"如何走?"的问题。因此,企业集团在构建价值理念体系过程中一定要把握以下几点。

——要以自身的历史文化为基础。集团企业许多是具有几十年、甚至上百年历史的老企业,有着深厚的文化底蕴。企业集团在文化建设的准备阶段一定要对所属企业的历史文化进行广泛深入的调查,清理文化资产,挖掘文化基因,通过筛选梳理,对集团内的优秀传统文化进行提炼升华,以此作为集团文化建设的基础。

——要以现实问题为导向。价值理念体系的构建要以集团改革发展中的现实问题为导向,要分析经营管理问题背后的文化原因是什么,责任在哪里?根源是什么?问题的文化解决途径是什么?集团与所属企业之间要进行充分的文化沟通,理性地面对文化差异,找到新的文化共识,形成企业集团科学发展、和谐发展、持续发展的文化基因。

——要以未来发展战略为依据。在集团价值理念体系的构建过程中,要根据未来发展战略规划进行认真思考,在未来的发展中企业集团将面临的挑战与机遇,过去哪些成功要素能帮助企业持续成功,哪些会成为企业持续发展的障碍,企业未来的发展靠什么,实现集团发展战略目标需要怎样的文化支撑等等。

——要把构建价值理念体系作为文化融合的过程。在价值理念体系构建的过程中,要采取多种形式进行充分沟通,动员所有员工参与。通过参与提炼企业的价值理念,特别是制定企业的使命和愿景,使员工能够在个人动机与企业动机之间建立直接的联系,并对照自身的问题进行绩效改善,使价值理念体系的创立过程成为全员揭示问题、研讨问题、达成共识、提升观念、寻求解决问题方案、改进行为的过程,成为集团所属企业和所有员工文化融合、文化创新的过程。集团文化建设要避免浅薄化、功利化、形式化,就必须把文化建设和经营实践真正结合起来,必须基于自身的历史文化,必须基子当前生存和发展中存在的问题,必须基于企业未来的战略规划,必须树立为了解决现实问题和支撑未来战略而进行文化建设的观念。脱离企业现实问题,脱离企业未来战略,所谓的文化建设是没有任何意义的。

一百人的企业发展靠领导率先垂范,一千人的企业发展靠制度建设,上万人的企业要实现百年基业常青靠的是文化。在集团文化长期的培育过程中,要防止短期行为、形式主义和急功近利的倾向。要从企业发展的阶段性特点和内在要求出发,去推进集团文化建设,既不能过于超前,又不能严重滞后,必须具有一定的前瞻性,同企业的组织结构、产业结构和发展战略的调整保持协调一致。

(三)注重母子文化的交融

企业集团文化建设的定位还要考虑区域性差别。作为母文化,其价值观、企业精神等是企业所有员工必须遵守的,但是母文化在定位时必须考虑到子文化的差别。一个能够充分尊重子文化、充分发挥子文化作用的母文化必将成为母子文化融合的主导力量,并得到全体员工的认同。

——加快母文化体系的建立。在母文化体系完整建立之前,要通过各种途径,提高员工对企业文化建设重要意义的认识,要在实现"人人关心、全员参与"上下功夫。母公司要紧紧围绕企业的长短期经营战略,在原有的文化底蕴基础上,加快企业文化体系的建立。要通过教育培训,使广大干部职工认同企业的价值观和经营理念,并转化为员工自觉的行动。子公司要紧紧围绕母文化的要求,做好员工的思想工作,对员工进行企业文化知识教育和培训,为母文化体系的建立奠定良好的思想基础。

——加强子文化建设。母文化体系建立后,在加强对母文化的宣传贯彻的同时,要加大子文化建设的力度。企业集团要在母文化的框架下，指导各子公司建设各具特色、适应企业发展需要的子文化。在求同存异、取长补短、优势互补的原则下，尽快实现母子文化融合。

母文化是基础、是根本。下属企业的子文化脱胎于母文化，子文化必须完整地传承母文化的精神和理念，不能另起炉灶。但子文化要有所创新，能够体现自身的特色。子文化之间既是互相独立的个体，又存在密切的关系，应该在母文化统领下形成百花齐放的格局。

中国第一汽车集团公司以自主战略推进集团文化融合与建设，赢得企业全面健康快速新发展。进入新世纪以来，中国第一汽车集团公司（以下简称“一汽”），加大深化改革、联合重组、开放合作力度，发展与德国大众、天汽集团、日本丰田、美国通用等汽车企业的合作关系，目前拥有21家全资子公司，16家控股子公司，资产总额1098亿元，员工近12万人，形成了东北、华北和胶东、西南三大基地。在复杂的组织层级、多元的产权结构、广阔的地域跨度、鲜明的文化差异背景下，一汽高度重视企业文化建设，坚持推进集团文化融合，尤其是2005年以来，一汽围绕企业发展战略，加强集团文化建设实践，赢得企业全面健康快速新发展。2009年，在汽车市场顺逆转换，冷热交错的形势下，一汽实现汽车销量194.5万辆，销售收入1881.7亿元（全口径2 608亿元），同比增长26.9%、23.4%。从中企业也获得了新感悟：推进文化融合，成为深化集团公司文化建设的基本形式和实现企业文化要义在成员企业落地的基本途径。

总之，集团企业的文化建设是一个复杂而长期的工作，值得探究的问题非常多，它需要在大量借鉴各成功企业的实践经验和优秀理论的基础上，面对未来市场的生存竞争，从自身企业发展的现状和远景规划这一实际情况出发。构建属于自己企业的、独具特色的集团文化，为实现企业集团基业常青，为更好的担负社会责任做出企业更大的贡献。

三、行业企业集团文化建设的基本经验

加强组织领导，建立有效的体制机制。由于下属企业众多，且许多下属单位企业文化建设起步较早，有的已经形成了比较完善的企业文化体系，要在整合各下属单位企业文化的基础上建设集团文化，还要把集团文化贯彻下去，其工作难度相对地要大得多。因此，切实加强组织领导，建立有效的体制机制显得特别重要，从众多企业集团对此课题的研究成果中，有一个共同的经验，这就是：只有集团各级党政领导高度重视，站在企业集团整体利益和长远发展的战略高度，把集团文化建设摆在强化集团管理的重要位置，切实加强领导，并带头推动落实，同时明确工作主管部门，落实人员，形成主管部门牵头负责组织，党政工团和各职能部门密切配合分工落实，广大员工积极参与的工作格局，集团文化建设才能落到实处，取得实效。

总体规划，重点突破。规划是行动的指南，制定切合实际、科学合理的战略规划，是推进集团文化建设的一项重要且必不可少的基础性工作。同时，要制定具体推进计划，明确工作重点，找准切入点，确定实施项目，促进总体规划落实。京仪集团党委从2008年起在全系统深入开展以“同心共创新局面”为主题的党建思想文化创新工程，以班子建设塑“四型”，党建创新重“凝聚”，人才建设要“攻坚”，企业集团文化求“和谐”为工作重点，“同心共创京仪科学发展新局面”。宗旨是全面推进京仪党建思想文化工作创新，在集团改革发展稳定等各项工作中充分发挥党组织政治核心作用；主要任务是以集团经济建设为中心，以集团改革发展中的难点和职工关注的热点为重点，调动一切积极因素，凝聚党群组织力量，整合思想文化资源，推动集团科学发展；主要内容包括同心探索发展规律，同心推进自身建设，同心培育核心竞争能力，同心构建价值体系等；重点从加强企业集团文化建设突破。充分发挥集团公司资源优势、技术优势、人才优势、管理优势、营销优势，使之转化为京仪品牌竞争力优势。

处理好集团文化共性与所属单位文化个性的关系。坚持统一性，就是强调集团文化建设的统一要求，树立集团的整体形象，以统一全体员工的思想和行为，增强集团的凝聚力和向心力，打造和维护集团的品牌。但坚持统一性，贯彻统一的文化要求，其目的在于防止企业文化建设各行其是的分散主义倾向，而不是搞上下一般粗。中国东方电气集团有限公司（简称东方电气集团）是中央确定的涉及国家安全和国民经济命脉的53户国有重点骨干企业之一。集团所属东方汽轮机、东方电机、东方锅炉等企业都有着独具特色的企业文化。中国东方电气集团在2008年借主业资产整体在上海证券交易所上市之机，整合集团公司企业文化，结合实际，充分研究集团的外部竞争环境、内部发展战略、科研生产、经营管理、人力资源等情况，以及集团的发展历程和所属企业的文化体系和建设情况，从有利于集团品牌和形象塑造、有利于调动和激励各成员企业和广大职工的积极性和创造性、有利于提高企业核心竞争力出发，把所属单位企业文化的精华吸纳进来，形成能够体现各子公司共性、涵盖整个集团公司并又能为所有成员单位接受认同的集团文化。确立了企业精神：求实、创新、人和、图强；企业核心价值观：社会、企业、员工和谐统一；企业质量理念：持续改进；企业服务理念：二十四小时服务精神。东气集团文化给下属企业发挥个性留足空间和余地，形成了统分结合、有机联系、各具功能的文化体系。

四、对行业进一步深入开展企业集团文化建设研究与探索的思考

在加强企业集团文化建设的重要性已经成为共识的条件下，如何深化企业集团文化建设，使之成为企业集团尤其是大型企业集团做强做久的内在动力？这是摆在集团文化建设面前的重要课题。集团文化建设要深入持久有效地进行下去，必须正确认识并处理好下述关系，坚持做到：

（一）要强化集团领导者的思想认识和文化自觉

目前,还有一些企业集团领导对深入开展集团文化研究和建设认识不足。文化是软实力,但不是软任务。在一些企业集团,还没有把企业集团文化建设放到应有的位置,一些领导干部还存在着对企业文化建设轻视、忽视、偏视的态度,对待企业文化建设,说起来重要,干起来次要。没有将企业文化力看成是企业集团核心竞争力的重要组成部分,没有将企业集团文化建设真正纳入本单位经济发展的全局进行规划和部署。因此,要提高集团文化研究和建设水平,首先要强化集团领导者的思想认识和文化自觉。

(二)要坚持贴近实际、贴近基层、贴近职工

观察发现,目前机械行业有些集团的企业文化建设还停留在表面,飘浮在空中落不到地上,离内化于心灵,固化于制度,外化于行为,物化于效益的要求还有差距。分析原因,是集团文化的形成没有经过由全员参与的"向下聚焦"与"向上聚焦"的充分酝酿讨论而形成共识。这就使集团的核心价值观、集团使命、集团宗旨、集团愿景、集团精神等等没有达到充分理解与广泛认同,集团文化成了集团领导者的文化。而脱离了员工准确理解与内在认同,其执行力必然行而不远。因此,集团文化建设必须坚持贴近实际、贴近基层、贴近职工。

(三)要坚持集团经营管理过程与集团文化建设紧密结合

在转变生产方式、企业重组、优化资源配置过程中,集团文化的建设也应贯穿其中,遵循企业文化建设的规律,体现集团文化的本质要求。如果企业集团的经营管理忽视文化建设,与集团文化建设相互脱节、相互冲突或相互抵消,这势必对企业的经营管理积极性和文化建设积极性形成双重束缚或打击。

(四)要重在积淀、重在传承、重在创新

集团文化建设的长期性与企业领导班子任期制衔接要紧密结合。由于企业文化建设的长期性,要求企业的每一届领导班子都要具有经营接力、管理接力、文化接力的意识与能力。集团公司在对下属企业领导班子的选配与考核时,要充分考虑企业接力文化的形成和可持续发展能力的积累,并根据企业面临的新形势和新任务不断丰富企业文化,创新企业文化。

(五)要建立集团总部文化,完善检查、评价、表彰体系,保障集团文化建设落到实处、落到最基层

总部文化的表率作用非常重要。有些企业把集团文化与总部文化混淆起来,以为集团文化只是对集团下属企业的要求,总部机关可以置身之外;总部机关在集团文化建设中的表率与示范作用发挥不够或较差,造成集团文化在执行中的偏差,降低了集团文化对下属企业及其员工的感召力和凝聚力,因此,加强集团总部文化建设,发挥总部的表率作用十分重要。同时要建立并不断完善检查、评价、表彰体系,保障集团文化建设落到实处、落到最基层。

丰富企业文化服务项目 加快推进我省企业文化建设迈上新台阶

——山东省企业文化学会

山东省企业文化学会成立于1988年,是我国最早取得法人资格的省级企业文化社团,由山东省人民政府研究室主管,接受省委宣传部的业务指导,学会多次被评为"山东省优秀社团"。

二十多年来,在省政府研究室的关心、指导下,在省委宣传部的支持下,我会始终以马克思列宁主义、毛泽东思想、邓小平理论和"三个代表"重要思想为指导,以科学发展观为统领,以全省为企业文化建设工作中心,以加强学会组织建设、能力建设为主线,以繁荣企业文化、促进学科发展、提高企业的核心竞争力和整体素质为目标,重点抓好学术交流、科学普及、业务培训、课题调研和服务指导等工作,切实履行桥梁纽带作用,为全面提升企业文化建设,构建和谐社会贡献力量。学会事业不断发展,现将近年来工作情况汇报如下:

一、基本情况

学会名誉会长:苏毅然(山东省委原书记)

现任会长:张瑞凤(山东省政府原副省长、学会创始人)

副会长:耿兆林教授(学会创始人之一、企业美学创始人)、张瑞敏(海尔集团)、傅铭志(张裕集团)、王洪亮(齐鲁石化)等

常务副会长兼秘书长:刘伟长博士(山东管理科学研究院执行院长、研究生导师)

创建

1987年,齐鲁石化公司倡导并联合济南铁路局、胜利石油管理局、莱钢、张裕、海信、海尔、潍柴、海化等大企业共同发起筹建山东省企业文化学会。经过一年多的筹备并经省体改委批准,学会于1988年12月16日在济南正式宣告成立。苏毅然任名誉会长,张瑞凤(时任齐鲁石化公司党委书记)任会长,耿兆林任秘书长,孙光远、时立军、李德珍、荣滋白、张瑞敏等任副会长。

于光远、袁宝华、陈野苹、姚锡华、姜春云、张全景、季羡林等领导和专家先后为学会以及学会创办的会刊和出版的论著题词。书法家蒋维崧为学会题写会名,诗人臧克家为会刊题写刊名。

学会的诞生,有力地促进了山东的企业文化建设,也带动了其他省市企业文化社团的建立。

二、工作和成果

二十多年来,学会创办出版了会刊79期,编辑出版了六本论文集和两部专著;成功举办学术报告会、经验交流会、理论研究会、专题座谈会、品牌文化节等60多次;10多次组

团赴著名企业、兄弟省市、香港及海外参观学习,考察企业管理和企业文化建设:为许多企业成功进行了企业文化建设咨询等方面的工作。

创办会刊

1989年3月,学会会刊《企业文化论坛》(原名《企业文化》)正式出版。这是全国第一份企业文化专业刊物,也是全国第一份经省出版局批准创办的"企业文化"专刊。二十多年来,会刊刊发了大量先进的企业文化科学理论和企业文化建设的先进经验,交流了研究成果,促进了山东乃至全国的企业文化建设与研究工作。会刊多次受到省委宣传部、省新闻出版局的表彰。

出版论著

学会先后编辑出版了六本企业文化、企业美学论文集和两部专著。

六本论文集

1.《山东企业文化》,1991年6月出版,93万字,精装本;

2.《企业美学—企业形象策划之魂》,1995年6月出版,20.5万字;

3.《山东企业文化建设一现代企业铸魂塑形工程》,1998年10月出版,83万字,精装本;

4.《论"大而强,富而美"》,2001年9月出版,1 5万字;

5.《企业文化之星—15年的探索与创新》,2004年1月出版,108万字,大16开精装本;

6.《和谐是美—(企业美学)续集》,2005年12月出版,40万字,大16开本。

两部专著

1.《企业美学纲要——构建美好企业的科学与艺术》,2008年3月出版,29万字;

2.《企业美学丛书》,2010年3月出版,共8本,140万字(《企业产品美学》17.4万字,《企业营销美学》16.6万字,《企业服务美学》19.4万字,《企业环境美学》16.6万字,《企业品牌美学》17.8万字,《企业形象美学》16.6万字,《企业管理美学》17.8万字,《企业员工美学》17.8万字)。

这些论著,汇集、展示、总结和创新了本省乃至全国的企业文化、企业美学优秀理论成果和企业文化建设成功经验,其成就之大,影响之广,在全国居首位。

培养七个基地

学会培养、授予、表彰的张裕、海尔、齐鲁石化、日照港务局、招远玲珑金矿、海化集团和默锐化学七个企业文化(企业审美文化)建设示范基地,不仅香飘全中国,而且在一些国家和地区也深受赞美。

研讨、普及、推广、倡导、借鉴、服务

依据学会宗旨,想方设法传播先进的企业文化理论,推广成功的企业文化建设经验,树立典型,提高员工特别是企业领导者认同和建设企业文化的自觉性、主动性和创造性,促进企业科学发展,从而把企业做强、做大、做久、做美,这是本学会的根本任务和职责。

三、近期主要活动

1. 2008年10月17日在山东大厦联合举办了"第一届山东品牌文化节";

2. 2009年我会先后评选或参与评选并表彰奖励了"山东省企业文化建设先进单位"、"建国60年影响山东的60位新鲁商"、"建国60年影响山东的60位女企业家"、"2009年最受百姓喜爱的山东(行业)十大品牌"等;

3. 2009年5月23日举办"危机时期的企业文化建设高峰论坛暨企业文化建设先进单位颁奖典礼";

4. 2009年11月7日在山东大厦联合举办了"第二届山东品牌文化节";

5. 2010年5月18目挂牌成立了山东省企业文化学会枣庄理事会;

6. 2010年6月8日挂牌成立了山东省企业文化学会临沂理事会;

7. 2010年6月19日成功举办了山东省企业文化学会第五届理事会和第一次会员代表大会暨山东省企业文化建设高峰论坛,同时增补了学会副会长、常务理事、理事、副秘书长、会员等工作;

8. 拟在8月15日与中国企业文化研究会在山东共同主办"首届全国企业文化社团会长(秘书长)联席会",相互交流、讨论企业文化社团自身发展问题,推动企业文化社团为全国企业文化建设做好科学的学术支撑;

四、未来工作打算和工作目标

1. 加大我省优秀企业做好企业文化建设和培训工作的力度,培育我省优秀企业文化建设示范基地并向全国推介。

2. 努力提升《企业文化论坛》期刊质量。进一步细分刊物版块,调整和优化版面结构,充实刊物内容,努力形成清新自然的刊物风格;把最新科学发现、研究成果、文化理念进行提炼,力争使《企业文化》论坛刊物更上一层楼,逐步将《企业文化》论坛由现在的季刊改版成为双月刊,计划2011年改版为月刊。

3. 完善《企业美学丛书》(一套八本)的编辑出版工作。"丛书"是我会编辑出版的《企业美学纲要》一书的拓展、丰富和提升,是我会最丰硕的理论创新成果,也是国内外第一部全面系统论述企业美学的学术丛书。

4. 继续做好"山东品牌文化节"的组织与服务,将山东品牌文化节办成我省最高规格的品牌文化盛宴并每年定期地持续下去。

5. 更好地为企业提供合作、交流和相互沟通、学习的机会。

6. 加强与国内外学术社团的交流与合作,组织我省企业到各省学习企业文化建设。

7. 组织开展全省企业文化业务知识培训班,邀请有关专家授课,推动全省企业文化建设。

8. 举办各类学术研讨会和学会年会,展示企业文化建设前沿的学术理论和优秀科研成果。不定期召开会长、秘书长工作会议等,进一步搭建平台,交流工作情况,拓宽工作思路。

9. 加快推进各地市的理事会建设,力争到2012年以前在全省十七个地市都设立理事会。

10. 加强学会自身建设,提高学会内部人员的文化素质与服务意识,努力打造一支素质过硬、知识过硬、文化过硬的优秀队伍。

成绩是过去奋斗的结果,在以后的工作中我会将继续按照省委、省政府及上级主管单位的工作部署,以企业文化建设为主线,加强学会的自身建设,丰富企业文化服务项目,加快推进我省企业文化建设迈上新台阶,更好地为我省企业文化建设谱写新篇章。

聚集企业文化力量 为辽宁经济社会发展服务

——辽宁省营销文化研究会

辽宁省营销文化研究会成立于2002年2月,是经辽宁省民政厅批准成立的学术性群众团体,主管单位为辽宁省社会科学界联合会,挂靠单位为沈阳广播电视大学。学会系中国企业文化研究会的团体会员,与全国各省市企业文化学会以及诸多知名企业等都具有广泛的资讯交往联系。

8年来,学会坚持以邓小平理论和"三个代表"重要思想为指导,以理论联系实际为指导原则,组织会员学习、研究和交流企业文化建设的经验,为辽宁省改革开放和经济社会发展服务。通过举办各种形式的企业文化理论研讨活动,组织交流、学习和考察企业文化建设先进经验,为会员单位企业文化建设提供理论咨询与策划服务,提出研究课题并评选和表彰优秀研究成果,评选和表彰辽宁省企业文化建设先进单位,使我省企业文化建设扎实推进,有效地提升了相关企业的现代管理水平,为促进辽宁经济社会振兴发展做出了积极贡献。学会先后被评为"辽宁省先进社团"、"全国企业文化建设先进单位"。

一、打造平台,形成合力

辽宁省的企业文化,曾经因"鞍钢宪法"在计划经济时期风靡全国。在社会主义市场经济的今天,我省企业文化建设更是百花齐放、多姿多彩,其原因在于各地都有一些企业文化自觉的领军人物在积极开拓运作。对此,我们辽宁省营销文化研究会对这些自觉抓企业文化建设的人物进行了高级"人力资源"整合,吸收他们加入省学会,成为省学会的领导力量成员,打造平台,用他们来自各地的新鲜东西,形成企业文化合力。

首先,我们统一省营销文化研究会的企业文化理念系统,确定学会宗旨:全心全意为企业服务;学会定位:学习的平台、交流的园地、交友的沙龙;学会精神:诚信、合作、学习创新;学会口号:志同道合、携手共进。这样,在观念上使学会领导层的文化自觉由分散趋向统一,眼界也更为宽阔,为汇聚全省的企业文化力量创造了条件。

其次,学会确立了"会长秘书长(扩大)会议"制度,从组织上保证了学会工作目标、任务的实现。五年来,我会每年年初都召开会长、秘书长(扩大)会议,总结上年工作,相互通报情况,在此基础上达成共识,确定学会下一年工作任务并制定出年度工作计划。在这样的会议上,传达主管单位辽宁省社科联领导的要求,研究怎样坚持以邓小平理论和"三个代表"重要思想为指导,在全面落实科学发展观的基础上,组织我会会员单位有计划地开展多项研讨交流活动;研究怎样为辽宁省企业文化建设、品牌文化建设和服务文化建设等方面做贡献。这样的会议,参会的积极,办会的主动,越开越红火。总体来说,这些年开展了以下七方面工作:

1. 大力推进企业文化和营销理论创新,积极为振兴辽宁老工业基地服务;2. 推动企业品牌文化、服务文化和诚信文化健康发展;3. 促进国企改制中的文化重塑;4. 推动"创建学习型企业"活动;5. 充分发挥学会组织协调功能,积极热心为企业服务;6. 在积极参与各种社会公益活动中,树立学会良好形象;7. 实施规范化管理,加强学会自身建设。

再次,通过省会的平台,推动了各市企业文化建设有声有色深入开展。沈阳、鞍山、大连、本溪、阜新、朝阳等城市的企业文化建设各有特色,又不断创新,我们及时肯定并推荐,使各市企业文化自觉人更加自觉地发掘企业文化资源,培植企业文化之树,巩固企业文化之果。比如,本溪市的企业文化建设起步快、起点高、效果好,这除了该市企业文化研究会的努力,也与这个市的党、政、工领导部门重视分不开。为此,中国企业文化研究会去年6月在本溪主办了"全国企业文化社团会长秘书长联席会议"。我会组织沈阳、大连、鞍山等七家社团代表参加。与会代表在会上做了学会工作汇报与经验交流,中国企业文化研究会领导及我会会长高立胜在会上做了中心发言和经验点评,各地与会代表均表示受益匪浅。

二、整合资源提升品质

(一)学会注意组织各地各类企业文化的挖掘、展示与"跨文化"交流,以期在碰撞中实现企业文化资源整合,举办了"2009年企业文化建设现场会"

来自沈阳、大连、本溪、阜新、朝阳等地40余位会员代表参加了会议,与会者参观了沈阳机床集团和可口可乐公司的企业文化建设现场,听取了两家单位的先进经验介绍,与两家单位的领导进行了互动交流,让国企与外企的企业文化同台展演,彰显各自优势,直接、有效地帮助了与会企业文化工作者找准工作着力点。

(二)学会坚持抓好服务文化、品牌文化建设这个重点,提升企业文化建设品质

多年来,我会积极推进我省企业文化、服务文化、诚信文化和品牌文化建设的发展,每年都组织召开大型的理论研讨活动,每年都组织专家学者参加由辽宁省社科联主办的,以振兴辽宁老工业基地为主题的社会科学普及周"科普进企业进社区"等活动。学会于去年11月中旬,在铁岭举办"辽宁省企业文化建设暨7S管理现场研讨会",来自沈阳、大连、本溪、朝阳、鞍山、辽阳、营口、阜新、盘锦、抚顺等市的80余位会员代表参加了会议。会上首先宣布了"2008—2009年辽宁省企业文化优秀理论成果的表彰决定",并向56位获奖者颁发了荣誉证书。之后就我省企业文化、服务文化和品牌文化建设先进经验进行了汇报交流。与会者还参观了铁岭华晨橡塑制品有限公司的7S管理现场。交流活动在会员单位中产生了良好的积极反响。会后代表们纷纷索要会议发言材料。

(三)学会还积极参加全国高峰会议,组织会员升华企业文化建设成果

我会积极组织会员单位参加中国企业文化研究会主办的各项活动,积极向中国企业文化研究会推荐全国企业文化建设先进单位、先进工作者和优秀研究成果。去年11月中旬,我会会长、中国企业文化研究会副理事长高立胜、我会副会长钟祥斌等,号召沈阳、大连、朝阳、阜新多家会员代表,参加了中国企业文化研究会在江西南昌召开的"中外企业文化2009南昌峰会"。开幕式上举行了隆重的2009年全国企业文化先进成果颁奖仪式。经我会推荐申报,我会员单位建行辽宁省分行,大连远洋物业公司,辽宁省第三地质大队,铁岭华晨橡塑制品公司,阜新市惠民房地产公司董事长李国祥等多家企业和个人获此殊荣。五年来,我会先后有50家单位获得全国企业文化建设先进单位称号,60余人获得全国企业文化建设工作者称号,50余项被评为全国企业文化理论成果奖。2004年我会组织编撰了《中国企业文化撷英·辽宁卷》,该书选编了辽宁省先进企业文化建设的优秀论文45篇。同时,我会还加强与兄弟省市企业文化学会的联系和交往,先后接待了北京市、山东省、江苏省、连云港市、呼和浩特铁路局、大庆炼化公司等30多个地区和单位来访,相互学习交流,进一步助推了我省企业文化建设水平。

三、夯实基础,规范管理

学会秘书处是学会全部工作的承载部门。其基础工作质量与规范程度决定了学会工作目标与任务的落实状况。对此,我们抓了两方面工作:一方面抓秘书处规范化建设,一是继续开展加强秘书处达标管理工作。学会按照达标评审要求指导工作人员认真执行学会文件管理规范,按照财会审计要求规范填报财会报表等,使学会办公室日常工作管理标准化、规范化。二是为了加强学会秘书处日常管理,提高工作效率,自去年初开始,学会开始实行办公室6S管理制度,并按照6S的要求对办公室文件及物品存放、卫生安全管理等方面实行定点、定位、定人、定责管理,使办公室工作更加有序。三是为了更好地服务于会员单位,学会秘书处去年两次组织外出学习考察办公室6S管理经验活动,先后四次邀请有关专家为学会工作人员进行了"关于如何做好办公室工作"的专项培训,显著地提高了工作人员的服务意识和服务水平。

另一方面抓好服务载体管理。一是办好会刊。学会如期编辑发行了会刊《辽宁营销文化通讯》。学会内刊编委会通过大量审阅,精心编选出国内外及会员内部具有代表意义的企业文化建设先进经验在会刊上发表,对促进会员企业之间的沟通起了积极的作用。此刊受到了同业者的好评和关注。二是开展推荐阅读好书活动。为了加强企业自身文化建设,及时把握和了解企业文化建设发展新动态,学会秘书处每季度都推荐2本具有引领性和针对性的好书在学会内刊上公布。

总之,我会这些年取得的工作成果是在辽宁省民政厅和辽宁省社会科学界联合会的指导下,在中国企业文化研究会和广大会员的大力支持下,根据学会章程和宗旨积极开展学会活动所取得的,今后要更加有力地推进营销文化、品牌文化、诚信文化、服务文化建设,促进我省企业文化建设的健康持续发展。

(执笔:马杰)

提升素质 开创福建企业文化工作新局面

——福建省企业文化研究会

薛光挺

在过去的一年里,省企业文化研究会在省委宣传部的正确领导下,在上级的精心指导下,围绕中心、服务大局、团结努力、开拓进取,各项工作都取得了积极的成效,为推动全省企业文化工作发挥了重要作用。主要表现在以下四个方面:

一、深入开展课题研究,推出一批优秀研究成果

全省各级研究会着眼于服务领导决策,推动思想政治工作,坚持把课题研究作为年度重要工作任务来抓,努力在推出更多的应用性、对策性研究成果上下功夫。一是加强课题立项。紧紧围绕省委、省政府中心工作,进一步明确研究方向和研究重点,加强重点研究课题的选题、申报和立项等工作。申报单位范围不断拓展,由原先1个地市、2所高校扩展到8个设区市、11所高校。各级领导也更加重视课题研究工作,如龙岩、宁德市领导都带头申报课题,南平市委常委部长张建光部长已连续三年带头申报课题、撰写文章。经省评审委员会严格评审同意,确立2009年全省23项年度立项研究课题,其中重点课题13项、一般课题10项。二是加强课题督导。贯彻《福建省立项研究课题管理办

法》,进一步加强课题研究的管理和督导,坚持每季度在省研究会会刊《海西新视野》公布立项课题研究进度,定期督导提醒时效性较强的研究课题,并根据形势的新变化、新要求,及时调整课题的研究重点和研究方向。同时加强与课题负责人的联系,发挥好专家的指导作用,确保课题研究工作顺利推进。三是加强成果转化。汇编2008年省研究会组织的23项重点立项研究成果。截至2009年底,全年23个立项项目已正式结项19项,其中《企业文化建设重在人文关怀》、《构建企业思想政治工作心理疏导新模式》、《关于在战略转型中加强企业文化建设的探讨》等6项研究成果在全国重点期刊发表。

二、围绕庆祝新中国成立60周年,精心组织各项活动

一是精心组织海西战略宣传活动。紧紧抓住国务院颁布《意见》的有利时机,着眼于全省工作大局,为促进我省经济平稳较快发展做贡献,充分发挥研究会职能优势,积极开展"爱我福建、爱我海西"宣传教育活动,并在政研刊物开辟"加快海西建设、为发展鼓劲助力"宣传栏目,大张旗鼓地宣传海西发展战略。福州、厦门、漳州、莆田、龙岩、三明、宁德等地组织评选"十大城市名片"、"感动十大人物"、"十强镇百强村",举办"企业文化论坛"、"企业之声"歌咏比赛、"爱我八闽"宣讲报告会等系列活动,进一步增强了全省广大政工干部和群众关心大局、关心海西、心系国家、心系企业的意识,坚定加快发展的信心和决心。二是精心开展新中国成立60周年庆祝活动。按照省委宣传部的统一部署,漳州、南平、厦门等地政研会编印出版大型画册等系列丛书,深入开展"爱我家乡,从我做起"活动,进一步激发了广大干部群众的爱国爱乡热情和创业干劲。三是精心推出"转变经济增长方式,加快企业又快又好发展"征文活动。印发《通知》,在《海西新视野》举办有奖征文活动。活动共收到征文100多篇,评出一等奖1篇、二等奖3篇、三等奖6篇、优秀奖12篇,漳州、厦门、三明研究会获优秀组织奖。

三、总结宣传先进典型,推动基层工作改进创新

着眼于引导和推动基层工作。改进创新,总结宣传了一批先进典型经验。一是总结推广基层宣传文化建设先进典型经验。与有关部门联合共同策划"海西文化前沿"专栏系列专稿,推出《从基层文化入手建设海西文化》等5篇典型经验文章,有力宣传了福建海西文化。据不完全统计,2009年全省各级研究会在省内外各类重要期刊发表典型经验文章30多篇。二是编辑《福建省2009年研究优秀成果专辑》。积极推广基层开展企业文化建设工作经验,将2009年研究优秀成果资料汇集成专辑,印发团体会员单位学习借鉴。

四、加强队伍建设,进一步扩大工作覆盖面

着眼于巩固和提高各级研究会的影响力和凝聚力,积极探索加强研究会系统建设和干部队伍建设的新方法、新途径,积极为各级研究会和基层服务。一是加强各级研究会组织建设。为了提升企业领导和从事政工、企业文化工作者的业务水平和素质,积极参加全国、省、部门的各类业务和企业文化培训班并组织学习考察活动,2009年积极组织全省75人参加在山西大同举办的"第二届中国企业文化百人学术论坛暨全国企业文化(大同)现场会",还积极配合组织企业参加第五届"四实"研讨会暨福建烟草母子企业文化现场会。2009年指导我省晋江市等基层单位建立企业文化研究会,并在《海西新视野》开设专栏,以图文并茂的形式,为全省各级企业文化研究会提供展示工作风采、交流工作经验的平台,推动各级政研会建设。晋江市正积极筹备成立泉州市第一家(县、区)企业文化研究会。二是加强干部培训。围绕学习贯彻党的十七届四中全会和省委七届六次全会精神,举办全省政研、政工骨干培训班,并组织行业政研会副会长、秘书长等政工骨干赴京津学习考察,接受革命传统教育,提高业务能力和水平。三是积极为各级研究会服务。深入厦门、漳州、泉州等地市和建委、电力、卫生、高校等系统17家会员单位调研,总结推广基层政研会加强企业文化建设和思想政治工作经验。及时将会刊《海西新视野》由季刊改为双月刊,并为会员单位免费订阅《中外企业文化》、《思想政治工作研究》刊物。积极推荐基层单位参加有关活动,南平电机厂撰写的论文获年度全国企业文化优秀案例,省电力公司获全国企业文化百人学术论坛二等奖,厦门建安集团、省烟草公司获全国企业文化先进单位称号。

总之,2009年,在大家共同努力下,我们的工作取得了新的成绩。在实践中我们体会到,要做好研究会工作,一要高举旗帜,坚持以中国特色社会主义理论体系为指导,全面贯彻落实科学发展观;二要围绕大局,为党的中心工作服务;三要服务人民,坚持以人为本,贴近实际、贴近生活、贴近群众;四要改革创新,坚持开展调查研究,创新研究方式,创新活动载体,推出有分量的研究成果;五要坚持为基层服务,为专家学者服务。同时我们也清醒地认识到,我们工作中还存在许多不足,主要是调研的精品力作不够多,研究成果的转化不够好,重大典型经验总结不够深、推广力度不够大,调研的方式方法还不够新,等等。这些都有待于我们在今后的工作中认真加以解决。

(作者系福建省企业文化研究会秘书长)

为推动引领贵州省企业文化理论研究与建设实践作出贡献

——贵州省企业文化研究会

一、"两会"简介

贵州省企业党委书记工作研究会成立于1988年4月,

是经贵州省民政厅批准注册登记,具有法人资格的省级社团组织,其业务主管部门是贵州省委宣传部。现有会员单位65家,均为省内国有大中型企业。

贵州省企业文化研究会成立于1993年9月,是经贵州省民政厅批准注册登记,具有法人资格的省级社团组织,其业务主管部门是贵州省社会科学院。现有会员单位54家,均为省内各类大中型企业。

2007年,贵州省企业党委书记工作研究会、贵州省企业文化研究会(以下简称"两会")先后进行换届选举,经请示有关上级领导同意,按照优化资源配置、集中管理的原则,实行"两会"合一,合署办公,现有会员单位119家。"两会"集中一大批热衷于企业党建、企业文化研究及实践的专家、学者,他们当中有政府职能部门的领导、大中型企业的党委书记、厂长、经理以及大中专院校的教授。

(一)"两会"领导及组织机构

"两会"下设办公室、书研部、企研部、事业发展部、培训部等部门,由专职工作人员负责日常事务。"两会"集中一大批热衷于企业党建与企业文化研究的专家、学者,他们当中有政府职能部门的领导、大中型企业的党委书记、厂长、经理以及大中专院校的教授。

(二)"两会"宗旨

致力于推动贵州企业党建和企业文化建设工作,组织和引导企业探索和研究新时期企业党建、企业文化建设的新理论、新模式、新方法,努力将研究会办成企业党建、企业文化的创新基地,企业相互交流的平台,展示企业风采的窗口,企业认可和满意的企业之家。

(三)"两会"指导思想

以邓小平理论和"三个代表重要思想为指导,认真贯彻党的十七大精神,深入落实科学发展观",以弘扬先进文化、保持党的先进性为己任,在上级领导的指导下,充分发挥研究会理论研究、协调服务、高端交流、实践指导的优势,为全省各类企业服务,为提升贵州企业党的建设和企业文化理论研究与实践提供强有力的智力支持和服务。

(四)服务范围

1. 宣传、贯彻中央和各级党委的有关决定和指示精神,指导会员单位贯彻落实上级有关决议、决定。

2. 为企业提高党建工作质量和水平提供全方位服务。

3. 组织会员单位围绕企业党建、企业文化建设面临的重大理论和现实问题以及难点、热点问题开展研讨活动和调查研究,为上级有关部门提供决策依据。

4. 为企业组织企业党建和企业文化相关培训,组织会员单位到省内外、国内外考察学习;举行全省性学术研讨会。

5. 向上级有关部门推荐会员单位党建和企业文化建设相关工作信息和优秀成果;举办全省性企业党建和企业文化先进单位、先进个人评比;组织有关征文和评奖;开展选拔"企业文化建设示范基地"等活动。

6. 承接企业党建、企业文化建设调研课题和CIS策划;协助企业总结研究企业党建、企业文化建设经验、模式;宣传企业成就和经验;为企业提供各种咨询、策划和相关服务。

7. 编辑出版有关书籍、报刊及影视资料,推动企业优秀成果的宣传和应用。

8. 开展社会公益性活动,为受灾、贫困、残疾人等困难的社会群体和个人提供帮助,协助企业开展社会公益活动。

二、"两会"自身建设情况

(一)提高自身综合素质,建立和完善相关制度

"两会"合署办公以来,全体工作人员以科学发展观为指导,不定期学习领会党中央的路线、方针、政策和相关文件精神,通过聆听专家授课、观看专题演讲、参加业务培训、走访会员单位、研读专业书籍等多种途径,更新观念,拓宽视野,不断地加强对企业党建和企业文化相关理论知识的学习,提升全体工作人员的综合素质。

为全面、规范、有效的对"两会"进行管理,2008年至2009年,"两会"进行了一系列的制度建设。先后制定和修改完善了《办公室主任工作职责》、《企业文化部部长工作职责》等一系列相关管理办法,制订了《企业文化天地》从征稿、编辑到出版、发行工作条例,为提升办公水平提供了制度保障。

(二)着力调整组织结构,努力优化资源配置

"两会"虽然各自成立多年,都有自己的工作平台,但"两会"的工作内容、工作对象基本一致,两个工作机构同时存在,给企业增加了很多重复性的工作,自身也浪费了很多人力、物力资源。鉴于上述情况,2007年借贵州省企业党委书记工作研究会、贵州省企业文化研究会换届选举之机,"两会"新一届理事会经过多次协商,并经请示相关上级领导同意,决定按优化资源配置、统一规划、集中管理的原则,进行"两会"整合,合署办会。在全体工作人员的共同努力下,于2008年2月,"两会"正式合署办公,实行两块牌子一班人马。"两会"合署后,有效地整合了企业党建和企业文化建设的资源,加强了工作力度,扩大了工作平台。实践证明,"两会"的有效整合是完全正确的。

三、近年来主要业绩

(一)强化社团组织功能,扩大为企业服务的范围

随着形势发展和工作需要,"两会"工作人员不断拓展业务范围。在"两会"理事会的领导下做了大量相关工作,取得了贵州省人力资源和社会保障厅颁发的企业文化师培训点的资格,成为贵州省首家具有企业文化师培训资格的社团组织。

(二)定期举办企业党建和企业文化建设高峰论坛

为了总结和传播优秀企业文化工作成果,搭建贵州企业文化交流平台,让更多的企业分享优秀企业文化建设的成功经验,进一步明确新时期企业文化及企业文化工作者的责任,促进贵州企业文化工作快速稳健地发展,"两会"创建并打造了贵州省企业党建、企业文化建设品牌论坛，每年召开一次。

2007年9月在水钢举办了“首届贵州企业文化高峰论坛”，论坛主题是：“提升企业核心竞争力构建和谐企业”。由贵州省国有资产监督管理委员会、《贵州日报》报业集团、《当代贵州》、贵州省社会科学院、贵州省企业文化研究会、六盘水市委宣传部主办，水城钢铁（集团）有限责任公司承办，中国贵航（集团）公司、贵州茅台酒厂（集团）有限公司、中铁五局贵州公司、贵州机场（集团）公司协办了此次论坛。论坛的主要内容是：主管部门及有关单位领导和专家发表演讲；著名企业负责人介绍企业文化实践经验；企业文化负责人与专家互动探讨新时期企业文化工作的思路与做法。省委宣传部、省国资委、省工商联、贵州大学等单位领导，热爱企业文化工作的企业家、分管企业文化工作的党委负责人、宣传部、政工部、党办、企业文化部等部门负责人，企业报纸、刊物主编（总编）、编辑，企业电台、电视台台长、编辑，企业网站（内网）主管、编辑、以及省内有关宣传媒体，100余人参加了论坛。

2008年11月22—23日在贵阳喜来登贵航酒店举办了“三十年巨变中的企业党建·宣传·文化研讨会暨贵州省企业党委书记工作研究会成立二十周年纪念大会、第二届企业文化高峰论坛”。会议由“两会”主办，中国贵州航空工业（集团）有限责任公司承办，贵州赤天化（集团）有限责任公司、贵州瓮福（集团）有限责任公司、贵州水城矿业（集团）有限责任公司、贵州盘江煤电（集团）有限责任公司、水城钢铁（集团）有限责任公司、中国贵州茅台酒厂（集团）有限责任公司、贵州开磷（集团）有限责任公司、贵州金元（集团）有限责任公司、贵州红林机械有限责任公司协办。此次活动受到贵州省委高度重视，把它列为贵州省委“纪念改革开放30周年”系列活动之一。

论坛以领导讲话、专家讲座、大会交流为主要形式，全面总结我省企业在改革开放30年来企业党、企业文化建设方面所取得的成就。

中组部、国务院国资委和省委、省政府的高度重视，国务院国资委宣传局副局长曾坚、中组部党建研究所副所长张阳升、省委副书记王富玉、省委常委、省委宣传部部长谌贻琴、副省长蒙启良、省委宣传部常务副部长李建国、省委组织部副部长候正茂、中航工业集团企业文化部部长刘洪德亲临大会，并有来自全国部分省市及省内企业界代表、专家、媒体等共180余人参加了会议。

大会引起了多家媒体的关注，军工文化杂志社、中外管理杂志社、中国企业文化研究会信息中心、贵州日报、当代贵州、贵州商报、贵州航空报、贵州都市报、劳动时报、经济信息报、贵州政协报、贵州电视台、贵州人民广播电台、贵阳电视台等多家媒体记者亲临会场，并在第一时间报道了大会的盛况。

2009年10月25—27日在贵州茅台酒厂（集团）公司举办了“贵州省第三届企业文化高峰论坛”。论坛由“两会”主办，贵州茅台酒厂（集团）公司协办，论坛以“科学发展构建和谐企业”为主题，以及第三批组织深入学习实践科学发展观活动的动员；2010年工作计划安排：讨论“两会”“十二五”规划；专家讲解十七届四中全会精神为主要内容。全面总结2009年的工作，并对2010年的工作进行了展望，专家讲座针对世界金融危机结合学习十七届四中全会精神，深刻分析了我国的经济形势和加强党的建设的重要义意，增强了到会人员克服金融危机的决心。本次会议受到了贵州省政府及有关职能部门的高度重视，省国资委副书记赵松桓、省委组织部部务委员、贵州省社科院、各会员单位的董事长、党委书记、纪委书记、宣传部长及有关专家、媒体等100余人参加了会议。

（三）开展了系列培训工作

为了充分利用专家、学者的资源，推进企业的宣传报道工作，提高企业在企业文化建设方面的通讯报道水平，总结企业文化建设方面的经验，提升通讯员的工作能力，几年来，我们采取各种不同方式多次对企业的党务工作者和管理人员进行培训。例如，2008年5月举办了贵州省企业文化通讯员培训班，近60名学员听取了专家授课，通过理论学习和实地考察，既提高了大家的理论知识水平，又开阔了他们的视野。2008年9月16日一19日在贵阳成功举办了第一期企业文化师培训班，10余家单位、40名学员参加了首次培训，为企业培养了一批从事企业文化建设的理论队伍。为了深入学习和贯彻科学发展观，2009年4月，“两会”在贵阳举办了“学习实践科学发展观培训班”，来自军工企业的空军和海军代表、贵航集团、瓮福集团、盘江煤电集团、中铁五局等大中型企业的党委书记、董事长、宣传部长、党群部长等有关领导共170余人参加了此次培训。培训班上省委组织部侯正茂副部长就企业如何更好地落实科学发展观作了专题报告。贵航集团公司党委书记江超做了《学习实践科学发展观的认识与思考》的主题发言，北京大学吕随启教授从企业如何克服金融危机的影响作了专题讲座。会后大家普遍反映这是一次统一思想、坚定信心、了解信息、促进工作的培训，是一次层次高、时间短、纪律好、针对性强的短平快培训。

（四）开展考察交流工作

为了更好地发挥“两会”交流的平台作用，宣传、推介优秀企业的成功经验，促进企业文化建设的落地工作。“两会”于2008年8月在贵州茅台酒集团公司组织了企业文化落地实战经验交流会，来自全省几十家企业的代表参观学习了茅台集团在企业文化建设方面的经验。为了扩大我省企业的对外学习、交流活动，促进企业党建和企业文化的蓬勃发展，2009年7月和2010年5月，“两会”分别组织了企业有关人员赴台湾企业学习和考察，拓宽企业文化工作者的视野，提高企业文化建设的理论水平和实践能力。

（五）开展了论文评奖工作

为了引领、促进企业党建、企业文化的理论创新，推介优秀企业的成功经验，加强企业之间的学习交流，展示我省企业的风采，“两会”每年都要开展优秀论文评选工作。例如:2009年8月为了推动贵州省国有企业第二批学习实践科学发展观活动的深入开展,贵州省国资委和"两会"共同举办了贵州省国有企业"学习实践科学发展观"论文评奖活动。我们先后成立评奖领导小组和专家评审祖,并制订了评奖要求、评奖标准和评奖办法。最终在省内50多家国有企业参评的50余篇论文中,共评出一等奖2篇,二等奖4篇,三等奖6篇,优秀奖23篇。有效地推动了企业学习科学发展观的实践活动的开展。

(六)开展了企业党建、企业文化建设课题研究

为认真贯彻落实党的十七届四中全会精神,加强新时期企业党建和企业文化建设研究,帮助企业探索和解决当前的热点、难点问题,提升贵州省企业党建和企业文化建设的整体水平,"两会"决定部分会员单位分别开展企业党建、企业文化建设课题研究工作。此次活动共向相关单位下发了28个研究课题,其中企业党建课题18个,企业文化课题10个。课题下发后,各有关会员单位领导高度重视此项工作,召开专题会,成立课题研究组,把课题落实到单位,任务落实到人。目前,已完成了课题研究成果的回收工作,"两会"将组织专家对研究成果进行评比。

(七)组织、编撰、出版会刊、论文集和专著

"两会"成立以来,十分重视企业党建、企业文化建设的理论研究和企业文化落地的实践工作,以各种形式不定期在全省开展大中型学术研讨和实践探索活动。为了进一步创新理论,总结和提炼企业党建、企业文化的实践成果,近几年来,我们撰写出版了《迈向新世纪的贵州企业文化》、《贵州企业文化视窗》等四部企业文化专著;征集、评选、出版了《三十年巨变中的企业党建·宣传·文化研讨会暨贵州省企业党委书记工作研究会成立二十周年纪念大会、第二届企业文化高峰论坛论文集》、《学习实践科学发展观优秀论文集》、《企业党建企业文化文化建设交流材料汇编》、《思想政治工作经验材料汇编》等文集。编辑、出版了贵州省第一刊《企业文化天地》(以下简称"天地")。

2009年2月"两会"第一次办公会提出要把"天地"作为"两会"会刊后,"两会"执行副会长高度重视这项工作,召开专题会,建立办刊机构,调整编委成员,制定管理制度,明确办刊的宗旨、指导思想,确定刊物栏目,加强办刊流程控制,强化政策引领。两年来,共出版6期、6000册,分别发送到会员单位、省政府有关职能部门、全国部分省市企业党委书记工作研究会等单位。通过全体工作人员的共同努力。现已把"刊物"办成宣传党的方针政策、企业学习实践科学发展观、积极应对国际金融危机,构建和谐企业、实现科学发展的阵地,展示贵州企业文化风采的窗口,企业党建企业文化交流的平台。

为全面贯彻党的十七大和贵州省委十届二次会议精神,深入落实科学发展观,推动贵州省企业在快速发展的同时,认真履行社会责任,实现企业与社会、环境的全面协调、可持续发展。根据国务院国资委《关于中央企业履行社会责任的指导意见》(国资发研究[2008]1号)精神,在贵州省委组织部、省委宣传部的大力倡导和支持下,贵州省社会科学院、贵州省知识经济联合会与"两会"共同撰写出版《贵州省企业社会责任蓝皮书》,由贵州人民出版社公开出版发行。《贵州省企业社会责任蓝皮书》是贵州省第一部总结和展示贵州省企业社会责任的第三方评估报告,该书得到了省领导的肯定和支持,已被列为省哲学社会科学规划办2010年自筹经费课题(由省委宣传部资助出版经费),省社科院2010年重大科研项目。目前,该项工作正在紧锣密鼓地进行着,拟于2010年12月出版发行。

(八)组织企业参加企业党建、企业文化建设活动

为了使会员单位接受先进的文化理念,拓宽企业领导的思路,加强理论工作者和企业领导的交流与合作,"两会"把开展全国性的企业党建、企业文化建设活动作为重要工作来抓,组织会员单位积极参加与企业文化、企业党建相关的全国性大型活动,例如,2008年11月组织有关会员单位参加了中国企业文化研究会南宁峰会;2009年7月组织了十多家会员单位共14人参加了中国企业文化研究会在山西大同举办的"第二届中国企业文化百人学术论坛暨全国企业文化现场会"。贵航集团党委副书记吴基伟撰写的《用科学发展观指导企业文化建设发展》一文,获中国企业文化"第二届百人学术论坛"一等奖,并作为中国企业文化研究会特邀研究员做了大会交流发言;2009年9月,"两会"在喜来登协助贵航集团承办了"全国企业文化(贵航)现场会暨中国企业文化研究会理事会议",会上,"两会"会长单位贵航集团被中国企业文化研究会授予"全国企业文化建设示范基地"称号,也是贵州省首家企业荣获此殊荣;2010年6月组织会员单位参加了中国企业文化研究会在浙江杭州举行的"中国企业文化百人学术论坛"等活动;2009年10月,"两会"组织了十多家会员单位共26人参加了在江苏常州召开的"全国部分省市企业党委书记工作研究会第二十一次会议";2010年3月"两会"组织了部分企业党委书记参加了在湖北省黄石市召开的"全国部分省市企业党委书记工作研究会2010年度秘书长联席会议","两会"执行副会长聂秀丽代表"两会"在会上作了交流发言;2010年7月,组织了10余家会员单位参加了在河北省家口市召开的"全国部分省市企业党委书记工作研究会第二十二次会议"。

近年来,"两会"的专家还为企业实施企业文化咨询、策划、授课十余次;评选、树立企业文化示范基地四个;先后荣获中国企业文化研究会"改革开放30年全国企业文化优秀社团"、省民政厅"优秀社团组织",省社科联"全省优秀社团"等荣誉称号。

四、几点体会

(一)组织机构健全、管理制度完善是社团组织生存发展的前提条件。

(二)社团组织的生命力在于积极开展有针对性的社会活动。

(三)社团组织的活动一定要把握政治脉博与时代同

步,上为政府分忧,下为企业服务。

(四)社团组织一定要有理论创新、实践成果,有一批热衷于企业党建、企业文化研究的专家、学者。

“十二五”期间将是贵州省全面落实十七大提出的新的发展要求、经济快速发展的五年,科学制定并实施好“两会”“十二五”规划,对于“两会”在“十二五”期间指导、引领和推动全省企业党建和企业文化建设,促进贵州省企业又好又快发展具有重要意义。

因此,在2011年至2015年期间,“两会”要以邓小平理论和“三个代表”重要思想为指导,遵循科学发展观的要求,围绕建设社会主义价值体系的目标,按照党的十七届四中全会决议精神,积极吸收和借鉴各地企业党建和企业文化的优秀成果,大力弘扬以爱国主义为核心的民族精神和以改革创新为核心的时代精神,解放思想、实事求是、与时俱进、开拓创新,发展具有鲜明时代特征、丰富内涵,面向现代化的企业党建和企业文化新模式,形成适应企业发展需要,遵循企业发展规律,符合企业发展战略,反映企业特色的企业党建模式与企业文化体系,为企业的改革、发展、稳定、和谐提供强有力的精神和文化支撑,为推动、引领全省企业党建和企业文化理论研究与建设实践作出贡献。

学习创新 不断推动沈阳企业文化建设科学发展

——沈阳市企业文化研究会

一、学会概况简介

沈阳市企业文化研究会成立于1996年6月,是市民政局批准成立的学术性群众团体,挂靠在沈阳广播电视大学,与全国各省市企业文化学会以及诸多知名企业都具有广泛的资讯交往联系。

学会的宗旨是以邓小平理论和“三个代表”重要思想及科学发展观为指导思想,以理论联系实际为指导原则,组织会员学习、研究和交流企业文化建设的经验,为沈阳市经济社会发展服务。2001年经学会第二次会员代表大会通过,确立了学会文化体系。学会宗旨:全心全意为企业服务;学会定位:学习的平台交流的园地结友的沙龙;学会精神:诚信合作学习创新;学会口号:志同道合携手共进。

学会的主要活动内容和方式是:举办各种形式的企业文化研讨活动,组织交流、学习和考察企业文化建设先进经验;为会员单位企业文化建设提供理论咨询与策划服务;提出研究课题并评选和表彰优秀研究成果;评选和表彰沈阳市企业文化建设先进单位等。

近年来,学会在上级主管部门的领导下,认真贯彻落实科学发展观,根据形势与任务的要求,充分发挥自身优势,积极开展学会工作,大力推动企业文化建设,不断总结推广企业文化建设活动新经验新成果,为沈阳市企业文化建设、服务文化建设和品牌文化建设等方面做出了积极的贡献,取得了一定的成绩,多年来连续被评为全国、省、市优秀社团。

二、学会组织开展的主要活动概况

(一)加强理论研究,不断扩大学会的学术影响力

1. 找准定位,选好融入点,集聚力量搞好企业文化理论研究。根据新形势新任务新要求,针对不同行业和企业特点,近年来学会注重引导企业把企业文化研究活动融入企业管理目标中,融入企业转制重组实践中。按照每年年初制定的工作计划,确定8—10项重点研究课题,通过学会网站广泛征求意见后,在学会主办的期刊上正式发布。与此同时组织有关专家和企业文化实践工作者,围绕重点《当前企业文化建设应该如何应对金融危机与挑战》、《企业文化与品牌文化、服务文化的关系与协调发展》等课题进行专题研究,为指导沈阳市企业文化建设实践提供导向和理论支撑。

2. 站在前沿,创新形式,组织开展具有特色的企业文化研究活动。根据形势发展和不同行业、企业以及不同层次管理的需求,学会每年选择不同的主题,举办企业文化论坛、专题报告会、现场观摩会、研讨交流会以及5S、6S现场管理方式实地参观考察等活动。先后在沈阳世润重工集团、和佳道桥集团、兴华电器公司、机床集团、工艺美术公司、可口可乐辽宁(北)有限公司、中石油沈阳销售分公司、沈阳故宫博物院、沈阳报业集团等会员单位,以“坚定信心应对挑战”、“难忘2009创新2010”、“新起点新发展新跨越”等为新春座谈主题,组织召开了专题研讨或座谈交流活动;在沈阳协合集团举办“2009企业家健康沙龙”活动,特邀著名中医专家御医八代传人作企业家健康讲座和现场义务诊脉,共有100余位企业领导和老同志等参加了活动。省市老领导张行湘、刘迎初、李中鲁等参加了会议,并做了讲话予以积极支持和肯定。去年末,我会还组团参加辽宁省营销文化研究会在铁岭召开的“辽宁省企业文化建设暨7S管理现场研讨会”,我会邓长辉、陈宁等撰写的20余篇理论优秀研究成果荣获表彰奖,沈鼓集团、金杯车辆制造公司、建行沈阳融汇支行的代表等在会上做了典型经验介绍,产生了良好的社会反响。

3. 借助外力,联合互动,强化学习力整体提升。为加强和提高学会理论研究水平,壮大学会企业文化专业人才队伍,我会借助全国企业文化研究会组织的高级企业文化师培训学习外力,学会先后组织会员单位负责企业文化建设的主管领导和部门负责人近20名,分期分批的参加面授集中培训并通过了鉴定考试,获得国家人力资源和社会保障部批准的高级企业文化师(国家职业资格一级)认证书。为强化学习力整体提升,上下联合互动,经学会领导研究决定,先后两批聘请17位高级企业文化师为学会特邀研究员,壮大了学会企业文化专业人才队伍,带动提升了企业文化研究会的整体研究水平。

4. 抓好媒体,选好主题,推动企业文化研究会活动不断深化。学会注重发挥自身优势,充分利用主办的《沈阳企业

文化通讯》会刊和学会网站,积极为会员单位搭建学习、交流和沟通的平台。会刊开辟了"会员论坛"、"文化观点采撷"、"管理故事"、"信息短辑"等专栏,学会网站兼容会刊内容,同时另辟具有网站自身特点的内容。为推进企业文化建设创新和发展,促进会员单位办好企业内刊,学会建立和扩大通讯员队伍,去年在沈阳发动机设计研究所召开了"2009 企业内刊研讨会"。特邀《沈阳日报》资深专家作了《如何结合当前形势和企业实际办好内刊》的专题讲座,沈阳新光航天集团、沈阳玫瑰大酒店、沈阳铁路信号工厂、沈阳供电公司等四家企业的代表分别以《把航天新光打造成航天品牌》、《用玫瑰企业文化创新企业内刊》、《立足企业办报贴近职工报道》为题,从不同侧面作了精彩的办刊经验介绍;与会者与专家进行了现场互动式问答交流。此外,为梳理和把握企业文化建设的发展走势及重点、难点和热点,学会还组织开展了"征集 2009 企业文化热词活动",逾 200 位会员代表参加了征选活动,通过发起、征集、初选、复选过程及评选结果,最后确定 2009 年沈阳市企业文化热词为,"诚信文化、安全文化、文化落地"等十个企业文化热词。同时还评选出了优秀组织奖 3 项,优秀个人奖 25 项,并进行了大会表彰。沈阳电视台、《沈阳日报》、《沈阳晚报》等新闻媒体对此活动作了专门的报道。今年我们将在水务集团举办"2010 年学会优秀通讯员表奖大会"。

(二)发挥典型示范作用,不断增强学会活动张力

1. 彰显个性,突出特色。我会注重积极培育选树各类新典型,凸显和张扬不同的企业文化特色。去年 11 月初在建行沈阳铁路支行举办了"服务文化现场会";今年初在沈阳飞机设计研究所与辽宁省营销文化研究会联合举办"学习型组织创建现场会",通过学习推广交流新经验,有力地推动了会员单位创建学习型组织活动。今年 7 月初在沈煤集团红阳三矿举办了"沈阳市安全文化建设现场会"。通过先进样板选树和典型示范引路活动,为典型单位树立了企业品牌形象,展示了先进文化新成果,提高了名企、名牌、名人的知名度和美誉度;同时引领了会员单位大力营造人人争做品牌员工,人人经营企业文化,人人为文化品牌文化建设做贡献的良好氛围。

为更好地推进我市企业文化建设,表彰先进、树立典型,我会于去年末开展了沈阳市企业文化建设双先申报评选活动,经学会秘书处对申报单位进行初审,再经专家评委集中评审,最终评选出沈阳市企业文化建设先进单位奖 24 项、突出贡献人物奖 5 项、先进工作者奖 22 项。此外,经我会推荐申报,中航工业沈阳飞机工业(集团)有限公司、沈阳鼓风机集团有限公司等十家企业荣获"全国企业文化建设先进单位奖";关伟林、邓长辉等九位同志荣获"全国企业文化建设优秀工作者奖"。

2. 贴近实际,突出主题,积极营造良好的"人企双赢"文化氛围。为应对金融危机影响,我会研究决定学会活动要更加贴近企业实际,去年年初,我们以"练好内功"、"抱团取暖","变危机为转机"为主题,分中、东、西等区域划片,先后组织百余位企业家、核心层领导和中层管理干部等,围绕主题座谈并发表新春感言,经过编辑整理后及时发布于学会刊、网。省市多家媒体从不同侧面对组织的座谈进行了报道,会议得到与会者高度赞同。为更好地帮助中小企业应对金融危机,加强企业管理,提炼内功,将企业文化和生产管理工作有效结合,学会于去年 7 月在航天新光集团和金杯车辆制造公司举办了"5S 管理现场会",近 40 余位代表参加会议。高立胜会长介绍了 5S 管理的基本理论与意义,两家企业领导介绍了自身 6S 管理建设经验,与会者还实地参观了 6S 管理现场。此项活动受到了与会者的一致好评,感到是切实需要,是雪中送炭。

3. 发挥优势,服务企业,打造和谐的人文环境平台。学会从"一切为了会员,一切依靠会员,一切服务会员"的理念出发,根据不同行业和企业以及不同层次干部员工的需求,发挥学会优势;服务会员企业,精心组织各类专家,先后为沈煤集团、特变电工、红塔集团、建行融汇支行等会员单位,开展有针对性的专题讲座活动,学会邀请了多名资深专家分别作了《企业文化与安全文化》、《班组文化建设》、《企业思想与企业文化》、《企业党建与企业文化》、《阳光心态》等专题辅导报告。此外,学会还积极组织参加市社科联组织的以"保增长、促和谐、惠民生"为主题的科普周活动和百日科普宣传活动,热情地为前来咨询的人员解答有关企业文化建设方面的问题,为此,学会荣获了市社科联颁发的科普周活动优秀组织奖。

三、加强自身建设,不断提高学会服务水平

根据省、市民政局和社科联关于社团管理达标要求,学会秘书处(办公室)注重学习创新,加强学会自身建设,强化规范管理制度,不断增强服务意识,提高学会工作能力和服务水平。

1. 加强学会自身建设。为加强学会秘书处日常管理,提高工作效率,我们组织工作人员反复学习讨论,广泛征求意见,及时修订完善学会《工作人员手册》,对工作人员的行为准则、文明礼仪和档案印鉴管理等制定全面的工作制度,组织学会工作人员先后到华苑商场、省建行、金杯集团、联通公司等单位学习"6S 管理"、"6T 管理法",并严格按照达标评审要求,检查执行学会文件规范管理落实情况。我们还多次组织学习考察办公室管理经验,邀请有关专家为学会工作人员进行"关于如何做好办公室服务工作"的专项培训,有效地增强了工作人员的服务意识,提高了工作人员的服务水平。

2. 强化规范管理制度。学会加强秘书处规范管理工作,坚持日例会、周总结和月计划制度,定期组织工作人员学习讨论有关资料,并撰写学习笔记。自去年开始,严格实行办公室 6S 管理,对办公室文件及物品存放、卫生安全管理等方面实行定点、定位、定人、定责管理,使办公室工作更加有序。同时,按照财会审计要求规范填报财会报表等,使学会办公室日常工作管理基本达到标准化、规范化。

3. 增强服务会员意识。为增强服务意识,更好地服务于会员单位,我会开展了亲情服务活动,例如,为每位过生日的常务理事会员发生日短信,致以生日问候,送生日小礼物。此外还为逢五十、六十周年生日的会员举办生日聚会。通过此举拉近了与会员单位的距离,加深了感情沟通与交流。此外,我会注意了及时把握和了解企业文化建设发展新动态,每年都及时地调整增补学会领导班子和发展新会员,今年发展了沈阳儿童活动中心、建行沈阳铁西支行等5家单位入会,不断地为学会注入新的生机活力。同时,为会员单位积极开展推荐赠送阅读好书活动。每年都推荐1—2本具有引领性和针对性的好书,并在学会内刊上推荐。

4. 提高学会整体工作水平。为促进企业文化交流,学会坚持在继承中发展,在深入中研究,在研究中发展,在发展中提高。规定每月开展一次学会活动,从制度层面保证学会与会员单位的联系和规范服务到位。学会高度重视学会刊网工作,保证按期高质量地编发会刊《沈阳企业文化通讯》,高质量地办好学会网站,每周及时更换上传新内容。去年我会重新组建了《企业文化通讯》编委会,更新了作者通讯员队伍。有力地提高了学会刊网的质量和影响。

回顾总结我会近年来组织开展的企业文化建设活动和学会工作,虽然取得了一定的成绩,但是与全国各省市兄弟学会相比,与广大会员单位的需要相比,还有很大差距。我们决心学习全国省市各地学会先进经验,提高学会工作能力与水平,不断推动沈阳市企业文化建设迈上新台阶。

(执笔:潘风琴)

文化与经济融合 实现企业持续快速发展

——成都市企业文化协会

徐发生

继20世纪80年代中期产生的企业文化热以来,新一轮企业文化热在成都兴起已经有10年了。

进入新世纪以来,面对迅猛发展的经济全球化浪潮和知识经济的高速发展,越来越多的信息引起企业经营者们的关注,引起关心企业和成都工业经济发展的有识之士的深层次思考,而企业文化作为一种全新的管理思想和经营管理模式,也越来越受到重视。新一轮企业文化热是从成飞文化诞生发起的。时任成都飞机工业(集团)公司的董事长、总经理杨宝树和党委书记张才华、宣传部长周自郁是成飞文化的开创者,他们迎着新世纪的曙光,集中企业的智慧,率先举起建设企业文化的大旗,为新一轮成都企业文化热的兴起落下一笔重墨。

2001年,刚刚组建的成都市委企业工委从经济全球化进程中,敏锐地注意到世界500强企业呈现的经济与文化一体化发展趋势,审时度势,两次组织近30个企业的经营者和关注企业文化的企业干部,对成都飞机工业公司、成都烟厂、五粮液集团、攀钢集团等省内企业进行企业文化调研,2002年5月为筹备组建企业文化协会进行广州市企业文化调研,组织34名企业党委书记、宣传部长赴青岛参加海尔文化培训,在一系列企业文化学习考察调研基础上,经过成都市民政局批准,于9月中旬在原工交企业职工思想政治工作研究会基础上正式建立成都企业文化协会。市长助理、企业工委常务副书记周金泉亲自担任会长,企业工委助理巡视员徐发生担任副会长兼秘书长,选举市经委主任、企业工委副书记、工商联党组书记和大型企业厂长、书记26人为副会长、常务理事,任命一批热心建设企业文化的有识之士兼任副秘书长。协会理事、会员单位有70余个。

一、成都企业文化在探索中前进

在成都兴起的新一轮企业文化热的10年里,我们成都企业文化建设工作概括起来就是"探路",组织一批企业经营者和企业文化工作者探索建设成都企业文化的路子。"探路",大体上可以分为两个阶段。

第一阶段,普及企业文化知识,组织试点,取得经验。成都企业文化协会成立到2006年,是兴起成都企业文化热的第一阶段,重点是学习普及企业文化知识,发动一批大型企业进行试点,取得经验。

协会建立之后,2002年10月,协会在绵阳召开首次秘书长会议,经过两天的热烈讨论,就如何启动协会工作形成共识。按照秘书长工作会议的决定,先后组织秘书长和5719工厂、前锋集团、成都印钞公司、宁江集团、29所、30所等企业进行相互调研,形成调研报告《新一轮成都企业文化热正在兴起》,得出推动成都企业文化建设起步的两个结论:一是大力普及企业文化知识;二是鼓励企业从实际出发,因企制宜,量力而行,选择好切入点和着力点。

2003年3月,协会发出《关于在企业中普及企业文化知识的通知》,在郫县举办首次企业文化知识培训班,邀请中国社科院工业经济研究所刘光明博士和四川大学工商管理学院黎永泰教授进行宣讲。

调研报告《新一轮成都企业文化热正在兴起》在企业中引起强烈反响。5719工厂、宁江集团、30所成都航空仪表公司等企业行动迅速,各个企业纷纷建立起企业文化建设的领导班子和工作机构。宁江集团董事长、党委书记陈江在宁江报上发出建设新宁江文化的号召,高举起建设新宁江文化的旗帜;电子11设计院院长赵振元提出建设EDRI文化,打造百年老店5719工厂;30所、成都航空仪表公司等企业主要领导亲自抓,从企业自身实际出发,选择建设企业文化的切入点,具体规划,培训队伍,落实工作措施,取得一批批可喜的成果。

2004年4月,成都企业联合会、成都企业家协会、成都企业文化协会联合举办成都企业家活动日,市委副书记、企业工委书记刘宏建和市老领导孙家源、昊平国出席会议,市经委、企业工委、工商联和成都企业联合会、成都企业家协会、成都企业文化协会联合表彰了成都飞机(集团)公司、5719工厂、30所、成都航空仪表公司、前锋集团、成都印钞公司、宁江集团和建川房屋开发公司为成都企业文化建设先进单位,成都飞机工业(集团)公司王光亚副总经理,中国人民解放军5719工厂厂长向巧,前锋集团董事长兼党委书记张献,宁江集团董事长、党委书记陈江和建川公司董事长樊建川交流了各自企业文化建设的经验,著名战略学家管益忻教授进行了逐个点评。

2005年上半年,市委企业工委、成都市经济委员会、成都市工商业联合会和成都企业文化协会、成都企业联合会、成都企业家协会集中组织了"成都市企业文化建设先进单位、示范单位"考评,在此基础上,7月在市委礼堂隆重举行成都市企业文化建设经验交流暨表彰大会,大会由副市长朱志宏主持,市委副书记、企业工委书记刘宏建作了总结讲话,电子11设计院院长赵振元、成都飞机工业(集团)公司党委副书记刘松柏、仙牌灵芝集团董事长刘达富作了大会交流发言。市经委、企业工委、工商联和成都企业联合会、成都企业家协会、成都企业文化协会联合表彰了成都飞机公司、5719工厂、30所、电子11设计院、前锋集团、成都印钞公司、仙牌灵芝集团等企业为成都企业文化建设示范单位,攀钢集团成都钢铁有限责任公司,成都航空仪表公司、兵器工业209所、宁江集团、成都市自来水公司、中国第五冶金建设公司、成都人民商场(集团)股份有限公司为成都企业文化建设先进单位。这次会议在全市企业中引起强烈反响,企业纷纷给予高度评价,普遍认为这是成都企业文化建设史上一个具有里程碑意义的会议。

2005年是成都企业文化建设丰收的一年。金秋10月,中国企业文化研究会主办、成都企业文化协会协办的中外企业文化2005成都峰会,在成都望江宾馆隆重举办。原商业部部长胡平、原中宣部常务副部长徐惟诚、国务院国资委副主任王瑞祥和中外企业文化界的专家学者,来自全国各地企业领导、企业文化工作者600余人聚集一堂,围绕"企业文化建设与企业可持续发展"主题进行专题研讨。成都市政府副市长朱志宏代表市委、市政府到会祝贺,并且向与会代表介绍了成都企业文化,充分肯定了近几年来成都企业文化协会的工作和成都企业文化建设取得的进展。成都飞机工业(集团)公司、中国人民解放军第5719工厂、电子30所、电子11设计院、成都印钞公司攀钢集团成都钢铁有限责任公司,四川川化集团有限责任公司、四川仙牌灵芝集团、成都奥斯特广告公司被表彰为全国企业文化建设先进单位;中国人民解放军5719工厂厂长向巧、前锋集团董事长兼党委书记张献、成都飞机工业(集团)公司党委副书记刘松柏、成都卷烟厂厂长程佳华、四川川化集团有限责任公司总裁苏重光荣获"全国企业文化管理企业家奖";成都企业文化协会副会长兼秘书长徐发生、电子11设计院院长赵振元、攀钢集团成都钢铁有限责任公司总经理余自娃、成都飞机工业(集团)公司企业文化部部长杨斌强、川化股份有限公司党委副书记刘勇荣获"全国企业文化先进工作者奖"。举办这样规模的全国性会议,成都企业文化协会还是第一次,协会工作人员热情当好东道主,以热情、细致、周到的服务展示成都人的形象、展示成都企业形象,出色的协办工作受到中国企业文化研究会的肯定和与会代表的热情赞扬。会议上散发的中国企业文化研究会编辑的《中国企业文化研究》上,专门介绍了成都企业文化协会;中央企业党建思想政治工作研究会会刊《企业文明》上,以《企业文化花绽成都》为题,介绍了成都企业文化热,扩大了成都企业文化的影响。

2006年11月,在春城昆明召开的以"企业文化创新与提升企业核心竞争力"为主题的中外企业文化2006昆明峰会上,成都企业文化再获殊荣,成都飞机工业(集团)公司、成都航空仪表公司、成都飞机设计研究所、四川水井坊股份有限公司、成都市电信分公司、成都企业文化协会荣获全国企业文化建设优秀单位奖;攀钢集团成都钢铁有限责任公司党委书记黄爱平、成都飞机工业(集团)公司党委书记王小平、成都航空仪表公司董事长党委书记总经理朱建设、成都飞机设计研究所党委书记戴亚隆、兵器工业209所所长蓝戈荣获"全国企业文化先进工作者奖"。

"三会"2007年编辑的《成都企业文化撷英》,正是这一阶段成都企业文化的客观记述。

第二阶段,全面推进成都企业文化建设。2007年以来,成都企业文化建设进入第二阶段,以成都企业联合会、成都企业家协会、成都企业文化协会"三会合一"为契机,从经济工作与企业文化建设融合上推进成都企业文化建设。

"三会合一"使成都企业文化协会会员单位大量增加,企业文化建设覆盖面大大扩充。2007年,成都市国有资产监督管理委员会制定了《关于加强成都市市属国有控股企业企业文化建设的指导意见》,将企业文化纳入监管企业目标考核,推动监管企业企业文化建设的加强。"三会"从经济工作与企业文化建设融合上指导成都企业文化建设,适时提出"突出重点,抓住关键,实现三个延伸"的工作思路。突出重点,就是建设企业文化与企业发展战略融合;抓住关键,就是启发企业经营者的文化自觉,建设企业家文化或者领导班子团队文化;实现三个延伸,就是精神文化向管理文化延伸,企业管理向文化管理延伸,企业文化建设从党委主导向党政共同主导延伸。引导广大企业经营者和企业文化工作者结合自己实际开展企业文化建设,在进行企业文化再造和创新实践过程中,不断探索行之有效的形式方法,不断创造出新的经验。

典型示范。"三会"始终把培育典型、发挥典型示范作用作为工作重点。从2004年开始,"三会"坚持每两年进行一次成都企业文化建设先进单位的表彰活动;借"三会"合并的机会,表彰了一批为成都企业文化建设作出突出贡献的企业家和企业文化工作者。利用一年一度的中外企业文化峰会,推荐中国企业文化研究会命名一批全国企业文化建设先进单位,成都先后涌现出17个全国企业文化建设先进单位以及18个成都企业文化建设示范单位、50个成都企业文化建设先进单位,形成一支越来越大的优秀企业文化工作者队伍。继2007年11月“三会”推荐,中国人民解放军5719工厂被中国企业文化研究会命名为全国企业文化建设示范基地之后,2008年,成都飞机工业(集团)公司和成都飞机设计研究所被国防科工委命名为全国军工企业企业文化建设示范基地,经“三会”推荐,成都飞机设计研究所2010年6月又被中国企业文化研究会命名为全国企业文化建设示范基地。被表彰的先进单位不仅有大企业,而且有中小企业,企业文化建设先进单位已经涵盖全市不同所有制、各个行业。这些先进单位,致力于企业文化与企业生产经营管理融合,取得一批企业经营管理现代化成果,推动了企业经济效益的不断提高,实现了持续、快速发展。通过塑典型,这些先进企业在推进成都企业文化建设中发挥着重要的典型示范作用。现在,成都企业家的文化自觉在不断增强,无论国有企业、民营企业、股份制企业还是外资企业,无论大企业还是中、小企业,重视企业文化建设的企业越来越多。

活动引导。“三会”始终注重开展经常性的企业文化建设学习考察研讨交流活动,吸引企业积极参与。

这些年来,“三会”坚持组团参加一年一度的中外企业文化峰会和“四实”培训班,参与企业文化百人论坛,每年都根据企业的要求,组织企业外出学习考察,成都企业足迹遍布全国各地。

推动和谐文化研究与和谐企业建设。党的十六届六中全会通过的《中共中央关于构建社会主义和谐社会若干问题的决定》意义重大影响深远。“三会”在及时组织企业学习的基础上,经过常务理事会讨论,以全体常务理事单位名义,向全市企业发出《建设和谐企业倡议书》;“三会”组织了和谐企业文化专题研讨;把创建和谐企业与贯彻《劳动合同法》,建设劳动关系和谐企业、和谐工业园区结合起来,几年来,全市已经命名2户全国劳动关系和谐企业,1户全国和谐工业园区;7户四川省劳动关系和谐企业,30户四川省和谐工业园区;184户成都市劳动关系和谐企业(2008—2010年因“5·12地震”尚未表彰);19户成都市和谐工业园区。

发扬抗震救灾精神,促进企业文化建设。在震惊世界的“5·12”地震中,“三会”不仅组织对受灾企业的慰问,组织企业进行抗震救灾斗争经验交流和发扬抗震救灾精神的专题研讨。在“5·12”抗震救灾一周年之际,“三会”组织企业考察东汽集团和宁江集团抗震救灾和灾后重建经验的专题研讨,加深了对企业文化重要性的认识。

在纪念改革开放30周年之际,“三会”组织了企业家征文、企业职工书法、摄影、绘画作品展览和成都市企业纪念改革开放30周年大会。成都市经济委员会、成都市国资委和成都企业联合会、成都企业家协会、成都企业文化协会隆重表彰了为改革开放和成都经济有突出贡献的97户企业和91名企业家。为庆祝国庆60周年,“三会”集中力量编辑了《成都工业60年》这部历史性大型画册,其中,也反映了成都企业文化建设的成就。成都企业文化协会也荣获中国企业文化研究会颁发的“改革开放30年全国企业文化建设先进单位”奖。

宣传鼓动。《成都企业文化》、《企业家与信息》、《成都工业与企业家》,以及“三会”的成都企联网站 cdqyll9. com 是成都企业文化建设的舆论工具。成都“三会”利用刊物、网络等手段,及时传播企业文化信息、理论研究成果、企业文化建设成功经验,受到企业的欢迎和同行的好评。今日的成都企业文化建设,已经呈现良好的发展态势,在全国企业文化界产生很大影响。

十年成都企业文化建设实践证明,我们已经走出一条建设成都企业文化的路子,这就是:以“三个代表”重要思想为指导,实践科学发展观,因企制宜,建立机制,注重特色,形成规范,突出重点,抓住关键,推进“落地”,再造创新,典型示范。

二、文化与经济融合,练好内功,实现企业持续快速发展

纵观今日成都工业经济,已经拥有6个上百亿的企业,12户企业突破50亿,培育的大企业大集团达到88户;重点发展的11大产业集群运作良好,发展高端产业捷报频传;21个工业集中发展区建设取得积极进展,产业优势日渐凸显;今年以来,市委、市政府继出台扶持中小企业政策之后,最近又出台《成都市大企业大集团动态管理办法》和《大企业大集团营业收入和新增上缴税金上台阶奖励办法》,今日成都工业正在步入工业化的中期,企业发展的政策环境越来越好,全市企业生产经营状况良好,成都工业呈现持续快速发展的态势。

成都工业能否经济实现持续、快速发展的重要条件,是取决于企业的的状况。我们必须清醒地认识到,无论什么企业,无论企业规模大小,企业发展水平的高低,最终取决于企业的整体素质和发展水平,而不是企业的外部环境如何。我们每个企业是否具备良好的整体素质,直接关系到成都工业经济发展水平。许多企业的经验表明,企业实现持续快速发展的关键在于练好内功,提升企业整体素质。练好内功,提升企业整体素质是企业生存发展的基础和保证。练好内功、提升整体素质的一个重要途径,就是经济与文化融合,建设有特色的企业文化,培育企业核心竞争力,实现经营管理现代化。

企业文化是企业的客观存在,其重要性已经成为越来越多企业的共识。建设企业文化不仅事关企业生存发展,也影响和制约成都工业经济的发展。无论什么企业、无论规模大小,都需要重视企业文化建设,特别是重点培育的大企业、大集团,更要搞好自己的企业文化建设,事实上,一个企业的文化力,可以推动企业发展,也可以阻碍企业发展。企业文化是一种软实力。要真正成为核心竞争力,必须加强建设,也就是说需要根据企业实际进行再造和创新。

深入推进成都企业文化建设是“三会”的重要职责,当

前和今后一个时期,主要抓好以下四个方面工作。

(一)抓住关键,提高企业经营者的文化自觉

建设企业文化是企业经营者肩负的责任和历史使命。一个现代企业经营者应当具备的文化自觉。为此,最近几年我们“三会”先后给部分企业经营者赠送了两本书,一是《贾春峰说企业文化》,二是李小琳的《静水深流》,目的在于启发经营者的文化自觉。经营者的文化自觉具体体现在对企业文化与企业的关系,对企业生存发展重要性的正确认识,自觉成为企业文化的倡导者、组织者、实践者,像张瑞敏那样,成为“牧师”,担当起“布道”的责任。成都文旅集团尹建华董事长提出“责任、忠诚、能力”这个文旅集团文化核心理念,着力于打造具有使命感、认同文旅集团价值观,具备一种永不满足、追求高远、追求卓越、不断成长的高素质员工队伍,让员工在集团发展过程中不断进行自我提升,积极进取,努力做到不掉队。实践证明,企业家的文化自觉,决定着企业的兴衰成败。

搞好企业文化建设,最重要的是建设好企业家文化或者领导班子团队文化。企业文化从一定意义上讲就是企业家文化。搞好国有企业,领导班子是关键,这是大家熟知的一句话。搞好企业文化建设,领导班子同样是关键。只有企业家、领导班子成员增进文化自觉,形成能够凝聚员工的企业家文化或者领导班子团队文化,并且在企业文化建设实践中身体力行、率先垂范,这个企业的企业文化才能真正搞好。

(二)培育创新文化,推进企业全面自主创新

这些年来,大家都在喊创新,什么管理创新、技术创新、产品创新、文化创新、制度创新等等,怎样才能创新?我认为最重要的是培育创新文化。企业家运用权力、感召力和与时俱进的开拓精神推动企业自主创新,培育和建立有利于企业自主创新活动的文化氛围,形成创新理念,构筑创新的动力机制,培育创新舆论环境,这就是企业的创新文化。培育创新文化基本途径有四个方面:

首先,成功企业的主要经营者,必然具备自主创新的意愿和冲动。能否培育创新文化,取决于企业主要经营者有没有战略远见,是否具备自主创新的意愿和冲动,而这种意愿和冲动受领导者的人生观、价值观、经营观支配,观念支配行动,而他所倡导的人生观、价值观、经营观正是企业文化的核心。一个成功企业的主要经营者,必然成为企业创新的发起者、组织者,这是培育创新文化的前提条件。

第二,企业领导班子将自主创新纳入经营方针目标,支持创新。支持创新是领导班子全体成员的责任。美国麦肯锡公司前不久对全球600名企业高管人员的调查,普遍认为“领导是企业创新绩效的最佳预测者”,他的主要职能是:接受并利用创新,选择任用关键人员为创新带头人、责任人,为创新成果的实验和成功创造条件。领导班子成员要以战略眼光和博大胸怀,善于倾听员工的创新思路、创新观点,包括与公司领导观点不同的各种意见,能够容忍员工打破常规和思维定势对企业固有管理制度、技术标准、工艺流程以及定型产品提出的质疑,鼓励“冒险”,放手支持激励员工大胆创新。

第三,参与创新成为员工的自觉行为。创新往往不以领导者的意志为转移,也不是仅仅制定创新战略就能够解决的,必须广泛依靠公司员工在生产经营管理实践中发挥创新的积极性、主动性和创造性。员工同样是企业自主创新的内在动力。在技术创新活动中,企业研发及技术人员是直接的实现者和执行者;和谐的企业内部创新文化环境将使不同专业领域的专家或者不同工种的工人结合成为一个个创新团队进行创新;企业管理人员和员工积极参与企业经营管理,有针对性地提出种种建设性意见建议,是管理创新成功的重要前提。

第四,企业不仅激励创新的成功,更容忍创新失败,构筑自主创新的动力机制。奖励创新容易做到,容忍创新失败往往难以做到。失败是成功之母。美国硅谷是企业创新发源地之一,某种意义上硅谷文化就是容忍创新失败的文化。像爱迪生历经800次失败才成功发明电灯泡,历史上有种种案例。因此,创新文化要求容忍创新失败,这些案例,启发和鼓励员工敢于冒险创新,不因创新失败而让员工承受巨大的精神压力和工作压力,使员工勇于冒失败的风险,积极参与创新发明活动。不仅激励创新的成功,而且更容忍创新失败,这也是培育创新文化的重要方面。

成都飞机设计研究所“十年磨一剑”研制成功歼10,就是全面自主创新成功的典型案例。近年来,作为航空航天高端产业的成都飞机设计研究所高度重视自主创新。跻身航空航天产业高端的611所领导班子提出的“非对称跨越,无边界创造”核心理念,以文化创新引领611所的全方位自主创新。611所的创新文化,获得了中国企业文化界的国家级专家们高度评价,被命名为“中国企业文化示范基地”。

(三)文化引领战略,文化与企业经营发展战略融合

企业发展战略愿景目标,首先是企业主要经营者的理想追求,是经营者价值观的具体体现。从这个意义上讲,是企业家文化引领战略的制定。成都飞机设计研究所在领导班子“非对称超越,无边界创造”核心理念的指引下,确定了“打造跨代飞机,引领技术发展,创新研发体系,建设卓越团队”的愿景目标,体现着611人的梦想和不懈追求。成都工投集团董事长戴晓明在新的历史机遇面前,提出“创建西部领先、全国一流综合投资控股集团”目标,以“资源资产化、资产资本化、资本证卷化”为经营理念,以专业化和市场化为手段,全面提升核心竞争力。成都市新筑路桥机械股份有限公司董事长黄志明认为,“一个人站立的高度决定他的眼界,一个企业站立的高度决定着它未来的发展”,明确提出“实施资本运营,优化管理结构,增强科研开发”的战略方针,打造“国际先进的国内桥梁功能部件最优秀的供应商、施工及养护设备的主流供应商、环保领域迅速成长的耀眼明星”战略目标。最近我们对企业的调查表明,许多企业不仅制定了激励员工的战略愿景目标,同时制定企业文化建设发展规划,纳入企业经营目标同步实施,推进企业战略发展。

(四)文化与经营管理融合,推进管理现代化

文化与经营管理融合,推进管理现代化,构建现代企业的人本管理,是我们经常讲的企业文化“落地”的具体途径。具体讲,就是将企业文化系统的规范,融入企业生产经营管理方方面面,形成各具特色的子文化,并且使其内化于心,固化于制,外化于行。

结合企业实际,构建各具特色的管理文化。这些年来,随着企业的发展,不少企业的企业文化建设不断深化。成都银行围绕经营工作,致力于建立“以客户为中心”的服务文化,提升全行服务水平;构建风险文化,提升全行风险管控水平;营造“乐学善用”的学习文化,建设学习型团队;建立“诚信敬业、廉洁合规”的合规文化,营造廉洁从业氛围;打造“快乐工作”的和谐文化,培育团队精神,增强凝聚力、向心力。企业管理水平不断提升,经营利润连年翻番。成都公交集团围绕创建“安全便捷、全国一流、群众满意”的城市公交的奋斗目标,坚持服务社会的文化理念,加强制度文化建设,严抓安全文化建设,确保营运生产安全,职工整体素质进一步提高,各级管理人员的事业心和责任感明显增强,作风进一步转变,工作质量、工作效率和工作水平明显提高。

内化于心,就是以文塑人,打造企业软实力。现代企业非常重视人力资源开发,开发人力资源绝不仅仅局限于选拔储备企业需要的专业人才,更重视通过系统的企业文化培训,使员工认同企业价值观和经营理念,自觉践行企业文化规范。同时,注意把加强企业文化建设同加强改进企业思想政治工作、加强企业精神文明建设、建设学习型组织结合起来,把企业发展与个人发展结合起来,引导员工正确地进行职业生涯设计。用企业愿景激励人,用企业精神鼓舞人,用人文感情凝聚人,用效益和人文环境留住人,构建和谐的人际关系,形成企业利益(命运)共同体,适应企业发展要求的高素质员工队伍正是企业的软实力。

固化于制,将以人为本的管理思想融入企业的各项制度和规范。制度和规范的制定,具体体现企业文化的原则,实现践行企业文化与遵循规章制度的统一,这就是管理制度人性化,文化管理的规章制度实现刚柔结合。

外化于行,践行企业文化与遵循规章制度成为员工的自觉行为。企业文化不再是写在书上、挂在墙上、喊在嘴上,而是真正内化成为指导人的思想行为的观念;规章制度不再是约束人的行为的条条框框,遵守规章制度成为员工的自觉行为。

上述方面,既是成都企业文化建设实践经验的总结,也是今后工作的重点和方向。值得注意的是,成都企业文化建设是从一批大企业开始启动的,特别是走在企业文化建设前列的荣获“全国企业文化建设示范基地”、“先进单位”,为积极探索建设企业文化的路子做了大量开拓性工作,发挥了典型示范作用,带动了大批中小企业建设企业文化;这次表彰的先进单位,大部分是区(市)县经济主管部门推荐的,特别是彭州市、崇州市、青白江区、新津县、蒲江县经济主管部门和工业园区越来越重视企业文化建设,标志着成都企业文化建设正在不断向广度和深度发展。

路漫漫而久远兮。企业文化建设始终伴随企业发展而发展,建设企业文化将任重道远。我们“三会”将一如既往加强成都企业文化建设,推动文化与经济工作的融合发展,不断提升成都企业整体素质,为成都经济社会发展、为建设世界现代田园城市作出新的贡献。

(作者系成都企业联合会、成都企业家协会、成都企业文化协会常务副会长)

坚持科学理念 努力开创珠海企业文化建设新局面

——珠海市企业文化协会

珠海市企业文化协会成立于1995年2月28日,十五年来,协会在党的路线、方针、政策和现代企业理论的指导下,在珠海市委市政府的关怀和重视下,在市委宣传部、市文化广播新闻出版局、市民政局、市社科联的直接领导下,以面向广大职工、服务广大企业为宗旨,独立自主地开展学术交流、经验交流、专题研讨会、报告会、学习考察以及文艺演出、企业家联谊会、企业文化节等多种活动,帮助企业导入企业文化建设工程,促进企业之间的相互沟通和联系,交流企业管理和企业文化建设先进经验,联系珠海企业界、宣传文化界和热心企业文化研究的社会各界人士,为探讨企业文化理论、培育企业精神、塑造企业形象、提升企业核心竞争力、实现企业科学发展做出了应有的贡献。

近年来,协会以科学发展观为指导,围绕市委、市政府创建科学发展示范市和生态文明新特区的发展大局,不断壮大企业文化建设队伍,广泛开展学习、交流、联谊和理论研讨等活动,积极推动企业文化成果走向社会,总结先进经验,表彰先进企业文化,为开创我市企业文化建设新局面,做出了积极贡献。我会从2004年至2009年,已连续6年被评为“全国企业文化建设先进单位(社团)”,由我会推荐的我市格力集团、汉胜公司等39家企业先后被评为“中国企业文化建设先进单位”。目前,我会已成为珠海市跨行业,有较强实力和较大影响力的社团组织。

近年来,我会在自身建设与企业文化建设方面所开展的工作及取得的经验主要有以下几个方面:

(一)重视会员队伍建设,吸纳有一定经济实力并且重视企业文化建设、热心公益文化活动的企业加入协会,不断壮大企业文化建设队伍。协会还特别邀请省市有关领导和专家学者担任顾问,加强对协会工作的指导,有力提升了协会的服务水平。

近五年来,协会共吸收各行业中的精英企业150多家成为协会新会员,会员总数发展到近400家。

（二）加大对会员活动经费的投入，由协会秘书处精心策划、精心组织，先后举办了60多场丰富多彩的学习、交流与联谊活动（其中以免费活动居多），充分体现了协会服务企业、服务社会的宗旨。

有力地推动了会员企业间的相互学习，扩大了交流，增进了友谊。先进单位的企业文化建设经验，日益成为广大会员企业学习的标杆，并帮助广大会员企业树立起建设好企业文化的决心和信心。

如组织会员企业先后前往珠海汉胜工业有限公司、珠海御温泉度假村、珠海格力电器公司、青岛啤酒（珠海）有限公司、中国移动珠海分公司、威丝曼服饰股份有限公司、交通银行珠海分行、珠海金品电器有限公司、珠海安和生化科技有限公司和珠海摩天宇航空发动机维修有限公司、珠海市烟草公司等单位进行了参观考察和交流联谊，取得了较好的反响。

为了抗击金融风暴对我市企业的影响，再塑企业艰苦奋斗的信心，我会组织了三十多位企业家赴井冈山进行以“弘扬井冈山精神，提振发展信心”为主题的红色之旅。

组织300多位会员企业代表出席了庆祝协会成立十二周年暨“庆中秋、迎国庆”大型酒会，有关领导及企业代表300多人欢聚一堂，共商协会发展大计；2009年又成功举办了协会四届一次会员代表大会，近400位领导嘉宾和企业代表出席了大会，大家献计献策，为协会未来的发展奠定了新的基石。

多次举办了企业家联谊会与企业中层联谊会和别开生面的趣味运动会和拓展训练，企业代表们共聚一堂、畅所欲言，为协会的发展提供了有益的建议，增进了会员企业家之间的交流。

举办了多种讲座、培训活动，如“公司法律税务知识讲座”、新闻与公文写作培训、《物权法》《合同法》讲座、高级企业文化系列专题讲座等，极大的满足了会员企业的各种需求。

（三）多方邀请全国企业文化建设方面的理论权威，为会员企业举办理论研讨和学术讲座活动，同时在会员企业内部进行理论座谈，介绍新理论、传播新知识，提升我市企业文化建设的理论水平。

举办了“中国管理智慧之源”讲座，近300多名家企业代表参加了学习；特邀请中国企业文化研究会副理事长兼秘书长孟凡驰教授，为会员企业举办“企业文化与现代企业管理”主题讲座，近200位企业管理人员参加了讲座；特邀请北京理工大学珠海学院管理与经济学院院长吴祈宗教授，为会员企业举办“管理决策理念与管理者的职业素质”讲座，240多位企业代表参加了讲座；特邀珠海市外经贸专修学院院长施隆光教授为广大会员企业讲授了“企业文化”系列讲座；特邀北京财贸管理干部学院副院长、中国企业文化研究会副理事长王成荣教授作了一场高级企业文化专题讲座。这些都极大地提升了我市企业的企业文化建设水平。

（四）积极参与政府举办的各类社会公益文化活动，并紧扣我市的经济和社会发展主题，举办了多届珠海市企业文化节，活动不仅丰富了我市企业职工的业余文化生活，也向社会集中展示了我市企业良好的精神风貌和深厚的文化底蕴。

企业文化是城市精神文明建设和城市文化的重要组成部分，城市文化则是企业文化建设的动力和源泉。因此，促进企业文化建设成果走向社会，进而实现同城市文化的融合，是协会的工作重点之一，也是提升企业文化成果对社会影响力的重要途径。

如我会协办了“珠海市赈灾募捐义演”，会员企业的捐款多达十多万元；邀请数十位企业家做客珠海特区报社，就企业家如何进一步解放思想进行畅谈；举办了珠海市第三届企业文化节并在珠海电视台演播大厅举行了盛大的颁奖晚会，80多家企业参与了企业文化节的书法、摄影、绘画、歌舞等各项目的比赛；承办了“黄梅戏曲迎新春”晚会，给上千珠海市民带来了高品位的艺术享受；承办了市社科界纪念改革开放30周年广场文艺晚会；在珠海特区报社召开“纪念改革开放30周年与企业文化建设座谈会”，数十位会员企业领导参加了此项活动；在珠海电视台演播大厅举办纪念改革开放30周年晚会，来自全市的800多名企业代表和嘉宾欢聚一堂，观看了会员企业的精彩演出；今年八月，我会又举办了庆祝“特区成立30周年”文艺晚会，较好地展现了我市三十年来发展取得的伟大成果。

（五）积极总结我市企业文化建设方面的先进经验和先进典型，并经由上级协会组织把其中的先进成果推向全国，充分展示了我市的企业文化建设成就，同时也起到了良好的带动作用，让更多的企业参与进来，共同创建优秀企业文化，把珠海的经济做大做强。

近五年来，我会先后推荐了汉胜公司、交通银行、永隆集团、济生医药等39家企业和15位个人，获得“全国企业文化建设先进单位”和“全国企业文化建设先进个人”的殊荣。

（六）积极配合参与珠海市委宣传部、市社科联、市文联及精神文明办等有关部门开展的各项活动，扩大了协会的社会影响，提升了全市广大企业对协会的认可和信赖。

如去年底，我会与珠海市委宣传部联合对我市的57家企业文化建设先进单位和27位企业文化建设先进个人进行了表彰和颁奖。今年，我会又分别与珠海市文联举办了“特区企业文化与企业发展战略”征文大赛；与珠海市精神文明办联合开展了“文明城市 礼仪珠海”主题教育活动，并组织了企业文化宣讲团下企业进行分批宣讲；举办了“文明城市礼仪珠海”之争创文明企业的启动仪式，珠海市委宣传部部长黄晓东等有关领导出席现场并做重要讲话，同时还为来自各个企业的文明礼仪宣讲员颁发了聘书。

（七）加大对协会刊物《珠海企业文化》的投入，增强了采编的力量，将原来的黑白印刷改版为彩色印刷，同时增加为会员企业服务的栏目和内容，不断提升了刊物的服务功能和阅读品位。

近五年来，共编辑、出版《珠海企业文化》30期，努力将会刊打造成为会员企业集中展示自我、交流资讯、联谊合作的平台,成为协会和会员企业向社会集中展示珠海企业文化建设成果、整体传播珠海企业文化形象的平台。此外,还多次召开通讯员座谈会和表彰会,对提升会刊报道深度,鼓励通讯员加大宣传力度都具有重要的意义。

另外,我会还组织会员企业走出去,学习兄弟城市的企业文化建设经验。如多次组织了我市的企业家代表赴广州地铁、顺德格兰仕公司等进行参观、考察,进一步加大了与外地企业的沟通、协作与交流。

(八)机构健全,有力地提供了组织保障。

我会目前包括会员部、编辑部、外联部、办公室四大部门,较好的为协会秘书处各项具活动的策划、实施、开展、宣传和贯彻落实提供了有力的组织保障和服务保彰。

21世纪的企业竞争将是文化的竞争。加强企业文化建设,提升企业文化力,已经成为决定企业成败兴衰的关键因素。为会员企业提供更多、更好的服务,急会员企业之所急,想会员企业之所想,是协会工作永久不变的服务宗旨。今后,我会将继续和会员企业一道,为开创我市企业文化建设新局面,为把珠海建设成为珠江口西岸的核心城市而再接再厉、努力奋斗!

中华传统文化与中国特色企业文化社团的建设

——大连市企业文化研究会

钟祥斌

大连市企业文化研究会,于1986年成立筹委会,1994年末正式注册成立,是我国成立最早的企业文化研究会之一。几十年来,以"不断研究和实践企业文化,努力创造有特色的企业文化,全心全意服务于企业文化"为宗旨,以"善以恃物,诚以待人,宽以持事"为核心价值观,以"不断地思想,迅速地行动"为工作理念,一直秉承着中华文化、企业文化的发展理念,在各级领导的关怀下,开展了一系列卓有成效的工作和活动,在全国产生很大影响。之所以能取得如此成就,主要在于以下几点:

一、扎根历史土壤,进行中华文化的现代转化

中华传统文化博大精深,是我们一切事业的大本大源,它为现代人所运用,必须进行现代转化。而转化首先要寻找一种载体,现代社会是工业社会,作为工业社会的文化形态,其存在形式是企业文化,所以大连市企业文化研究会从一开始就将企业文化做为载体,来弘扬企业文化,就是要在企业文化建设中注入优秀中华传统文化的基因,使企业既有现代企业的科学管理方法和手段,又有"厚德载物"的人文内涵。具体来讲,就是把中华优秀传统文化思想与现代企业管理文化相结合,形成具有企业自身特点的企业价值观念、思想意识和行为习惯。

中华传统文化,给我们指明了做人处事的法则。中华传统文化蕴含着丰富的做人处事的大智慧。几十年来,大连市企业文化研究会一直致力于将观念性的思想性的东西变成一个可操作性的系统,进行中华文化的现代转化,强调做人。我们进行的企业文化设计就是对传统的新发展,在企业里贯彻一种做人处事的准则,把中华文化与企业的现实和现代的企业管理思想相结合,推行一种理念、一种价值观,形成一种作风,以对职工实行一种教化。

为拓展工作,我们建立了八大企业文化示范基地,包括大连船舶重工集团有限公司、大连三洋制冷有限公司、大连市供水有限公司、大连老虎滩海洋公园等,实际上这是中华文化开发的一个产业链,即产学研一体化的链条,研究会的专家学者把中华文化和企业文化相结合的理论成果,在实践中应用和提升,然后又推动了实践,重要的是把领导的思想和观念变成职工手里的工具。示范基地之一的大连三洋制冷有限公司是中国和日本的合资企业,十几年来,研究会和三洋制冷共同来建设这个示范基地,公司的企业文化就是把中华文化和西方管理有机的结合起来,它首先宣示做人,它的企业文化就是把职工思想中不正确的观念和行为转化为正确的观念和行为。同时三洋制冷也在积极进行环境保护工作,成为一个环保示范企业。十几年来,国内外的参观考察者先听报告然后看现场,现场图文并茂,是中华文化和企业文化的特色展示。人们往往重视看得见的存在——金钱和物质,不重视看不见的存在——精神和文化,然而看不见的存在往往引领和决定着看得见的存在。三洋制冷的企业文化建设实践就充分证实了这一点,从开业伊始就把文化建设放在引领的位置,十几年来他们的赢利创造了三个三洋制冷。大连船舶重工集团有限公司在"兴船报国,创新超越"集团精神的引领下,推行绿色造船理念,现在已进入世界造船企业十强。研究会还与社区相结合,将传统文化理念与实际结合,与旅顺市场街道共建社区文化,办了五届家庭读书节,现在家庭读书节已成为旅顺口区的文化品牌,还把中华文化的经典进行现代诠释,配以图画形成道德手册,发到社区居民手中。在旅顺口区龙头镇进行村屯文化建设,实现了龙头镇经济新的腾飞。

大连市企业文化研究会从筹备伊始就宣讲企业文化,至今,到北京、浙江、江苏等全国各地宣讲"传统文化与企业文化"已达近百场次。

二、社团创新:纳入市场机制

大连市企业文化研究会作为一个社团,纳入市场机制是势在必行的。社团作为一个社会组织,其存在理由是一种自愿服务,在运作社会自愿服务中可以采取多种形式。首先,以有偿服务来支撑自愿服务。国内的社会团体大多是靠收会费来维持,但无庸讳言,社团越来越多,会费也越来越难收,关键是它很难做到可持续性,根据这种形势,研

究会采取的做法是发挥自己的优势，纳入市场机制，发挥企业文化设计的专长。

随着理论与实践的深化，在全国首次提出“中华文化和企业文化”的理念，将传统文化引入企业文化中，已出版35部著作，其中《企业文化探索》、《企业文化模式》、《企业文化设计》、《道德也是推动力——国学中的36个管理理念》是其代表作，其中《企业文化设计》已作为全国企业文化培训教材。研究会的设计团队由一批精通工业流程，同时又具备理论素养的人员组成，更重要的是他们都参与过对国内几十家大型企业的企业文化设计实践，这样企业文化设计能够真正满足企业的需要。目前为止，大连市企业文化研究会已为大连船舶重工集团有限公司、大连市城建设局、中国烟草辽宁进出口公司、沈阳沈海热电等四十多家企业进行企业文化设计，并提供企业文化的相关咨询服务。于此，企业文化设计实现了塑造人，推进了企业经营管理的改进和创新，推进了企业品牌的树立。2008年12月，为纪念改革开放三十周年，同时也是大连企业文化建设20周年，大连市企业文化研究会推出《走进现代管理大潮——大连企业文化发展报告》，这是大连市企业文化建设的一个阶段性总结，筛选了具有代表性的典型企业，它们代表着大连企业文化建设的总体水平。2009年末，《佛典的管理智慧》出版，它将中华传统文化佛家经典与企业管理结合起来，这是中华传统文化进行现代转化的一个新的实践和创新。发展的最大基础是企业，实际上就是满足企业的需要，企业文化设计就是企业的一种需要，这种设计不是越俎代庖，而是和企业共同提炼和升华。实际上作为企业职工，他们的日常行为、言谈举止都反映了一种生活方式、一种价值观念，而企业文化就是要树立一种正确的行为习惯，弘扬中华文化就是把中华文化结合到企业文化中去，以企业文化为载体，即将传统文化进行一种现代转化，同时实现文化输出，形成文化对流。物质成果的背后都有一种精神和文化的支撑，大到世界小到国家、企业、家庭、个人都是如此。

三、以传统文化为根基，进行资源整合

资源整合是实行官产学三位一体，官是政府领导，产是企业领导，学是专家、学者、教授。研究会在筹委会时就得到国家有关方面领导和省市有关领导的支持，1994年研究会正式成立时得到中共大连市委书记于学祥的支持，他担任名誉会长；1995年，研究会请来了原中纪委副书记，中国企业文化研究会理事长韩天石参加大连市企业文化建设经验交流会并作了报告；1999年召开首届企业文化与环境保护研讨会，请来了原国家商业部部长、国务院特区办主任、全国政协常委、中国企业文化研究会理事长胡平，并发表了主旨演讲，会后发表了《企业界环境保护大连宣言》。2007年12月，举办“和谐大连，社会责任——企业文化展示周”活动，邀请全国著名的企业文化专家孟凡驰教授、华锐教授来连为企业家讲企业文化建设，并交流企业文化建设经验。为进一步弘扬中华文化和企业文化的理念，于2010年1月28日，大连市企业文化研究会又举办“中华文化和企业文化研讨会”，大连的企业文化界、科研机构、企业的多位专家参加研讨，或从理论高度，或从自身实践，对如何将中华文化中的精华渗透、运用到企业文化当中，创新出新的企业文化的问题进行了讨论。并进一步提出当今面对西方文化的渗透，我们面临的任务是中华文化的输出。大连市企业文化研究会的理事单位中有很多是三资企业，这对我们是机遇，我们依托三资企业，把中华传统文化向海外输出，这种输出不仅仅是物质层面的输出，重要的是理念和思想的输出。这需要社会精英和企业家有所担当，需要群众自觉，勇于开拓。我们研究会正是在这种多方位的互动实现整合中来促进社会和谐发展的。

反省研究会几十年的实践，在把传统资源和现实资源相结合的过程中起着中介或者说是转化作用，也即是作为一种媒介把政府、企业、学校三者连接起来，而且带着企业提出的问题来整合、创造、升华。《周易》中说“观乎天文，以察时变；观乎人文，以化成天下。”中华文化的核心是道德，道就是一种秩序，一种理，一种法，你合于道就会得。人与自然、人与人、人与身心内外合于道就和谐，不合于道就不和谐。找到一种理念，找到一种价值观，重要的是操作，是把价值观、理念、制度结合起来，这样才能执行。现代西方世界科技发展产生的诸多问题使他们把目光和视野转向东方，中华文化天人合一的价值观是一剂良药，对此有很多有识之士看到21世纪能拯救人类的是儒家和大乘佛法，中华文化是个无限丰富的宝库，儒释道中很多道理都是做人处事的大智慧，尤其是佛法，它的经典字字句句具有无量义，它超越时空，是化解我们人类当今困境矛盾和问题的一种无上的智慧。

多年来，大连市企业文化研究会作为一个社会组织，积极整合社会资源，弘扬中华文化，进行中华文化的现代转化，把中华文化应用到企业文化建设、社区文化和村屯文化建设中去。这是一个长期的工作，任重而道远。大连市企业文化研究会虽然取得了一定的成果，但在发展的道路上还有很多问题需要解决，政府的支持与更多有识之士的加盟是非常重要的。

（作者系大连企业文化研究会会长）

连云港市企业文化学会二十年

——连云港市企业文化研究会

回眸中国改革开放三十年，经济建设一直是全党全国工作的中心，始终贯穿着创新这一主线。企业管理创新更是其主要内容之一。掌握和运用企业文化这一新兴管理科学，一直是企业界人士的关注热点，是一个说了二十多年的话题。

可以说，没有改革开放，企业文化就不会引进和传播，

企业文化也就没有创新和发展的空间。

今年是连云港市企业文化建设民间启动20年,也是市企业文化学会成立15周年,具有三个意义。

一、二十年前,企业文化建设已经在我市民间启动并兴起

1978年,邓小平发表《解放思想、实事求是、团结一致向前看》重要讲话,接着召开的党的十一届三中全会,把人们的注意力从“以阶级斗争为纲”转移到实现社会主义现代化建设上来。在改革开放的大浪潮中,我国不仅引进国外的大量资金、技术、人才,同时,由美国学者刚完成不久的企业文化理论也开始传入中国,一些企业文化专著和文章被翻译到中国,一些优秀企业文化案例也被导入,逐渐在我国大专院校、科研院所、企业界广为传播、学习、应用,开始在中国掀起一股股学习、讨论、研究、应用企业文化理论的热潮。1986年9月,党的十二届六中全会指出:“必须下大决心大力气,把当代世界各国包括资本主义发达国家的先进的科学技术,具有普遍适用性的经济行政管理经验和其他有益文化学到手,并在实践中加以检验和发展”。

从此,企业文化建设伴随在企业改革开放的全过程。

中国大批企业,在仿效“大庆精神”、“孟泰精神”等企业精神,也总结提炼了自己的企业精神。据1988年出版的《中国企业精神大全》一书统计,“团结”、“创新”、“求实”分别占60.6%、42.4%、36.4%,既反映了时代的主旋律,也反映企业界空前重视企业精神的力量。但是,这个时期的企业精神过于雷同,缺乏个性特征。

在企业文化新兴管理理论影响下,1985年前后,中国出现了广东太阳神的CI设计、河南亚细亚商城每天早上升国旗、奏司歌,青岛海尔提出“有缺陷的产品是废品”质量理念,一举砸了76台有缺陷的产品;我市企业也纷纷提出企业精神之类新的价值观。如当年的连云港港务局提出的“创业、创新、创优、兴云港”的企业精神,长期激励着全体员工的奋发向上精神。

1988年11月,在北京由老一辈革命家薄一波、韩天石、张大中等人发起,成立了全国第一家企业文化社团——中国企业文化研究会,标志着推动中国企业文化研究和实践以民间社团为主体的组织诞生,企业文化建设在中国有了更大规模的企业家自觉行为。

早在1988年前后,我市企业界、社科界就有李万来、陶惠启、张云虎、彭维友、陈国兴、罗长洲、陈先浩、王兆亭、范维新、张福荣、鲍建宾、李瀛新等一批企业家、教授、社科工作者,自发地聚集一起,学习讨论企业文化这一新兴科学,他们组织本市第一届企业文化研讨会,有10余位同志在会上发表自己的论文,在此基础上,经过缜密策划和组织,又于1988年10月组织有200余位企业家出席的较大规模的“全市第二届企业文化征文暨研讨会”。市领导龚来宝、吴炳裔及市委宣传部、市总工会、市经委、市社科联等部门领导也应邀出席,这次纯民间发起组织的大型会议,对我市企业文化建设起到重要的促进作用,使越来越多的企业家开始尝试运用这一管理理论在自己所在企业创新企业管理模式。

上述两次民间自发组织的论坛,共有42人提供48篇企业文化论文,这也是我市最早期企业文化研究成果。

这期间,陈国兴、李万来、鲍建宾等同志编写了《企业文化新论》一书,1991年,由中国工人出版社出版发行,成为中国人自己编写的企业文化方面最早期的专著之一,这部22万字专著,首次印数5000册,在国内及本市产生一定影响和推动作用。中共连云港市委副书记戴镇基和龚来宝为此书作了题词。

这个时期,企业文化实践在我市处于萌芽阶段,由于市场经济体制和环境尚未形成,还缺乏中国式社会主义企业文化理论体系的指导,企业家的观念、思维、学习存在一定的局限性,使全市企业文化建设不能健康快速发展。

加之,传播企业文化理论还存在巨大的路径障碍,许多人把企业文化看作为一种从西方传入的东西,在“姓资姓社”问题上存在较大疑虑和困惑,惧怕被戴上“西化”的帽子,导致这一新兴管理科学在推行上举步维艰。特别是这期间发生“六四”事件,企业文化被一些人怀疑是“西化”,政府官员普遍不敢正面表态支持,使全市企业文化建设和探索始终在徘徊和低潮中艰难行进。

尽管如此,我市部分企业家及社科工作者仍不畏艰难,大胆解放思想,勇于探索创新,使五年来研究的理论和经验,成为我市未来企业文化大发展、大繁荣的坚实基础。

时隔20年后的今天,回首20年来连云港市的企业文化建设已经硕果累累,企业文化这一新兴管理科学已走进全市不同所有制、不同规模的大部分企业,已经产生或正在产生重要的作用,它像一双无形的大手,在影响和推动企业发展。

20年前,我市一群企业家、社科工作者就与企业文化结下了不解之缘,他们在1988年发起召开全市第一次企业文化研讨会就如同一声春雷,终于唤来盼望已久的春雨沐浴,看到今天连云港市企业文化大繁荣,经济大发展的景象,当年那些春雨播撒者更加感到欣慰。

二、连云港市企业文化学会走过十五年坎坷之路

1992年,邓小平发表南巡重要讲话,进一步解放了人们的思想,为新一轮经济改革指明了方向。

1992年10月,党的十四大报告中,明确提出要搞好企业文化建设。关于企业文化“姓资姓社”的争论终于偃旗息鼓,企业文化理论研究和企业家实践探索迎来新的春天。1993年11月,《中共中央关于建立社会主义市场经济体制若干问题的决定》中要求加强企业文化建设,培育优良的职业道德,树立敬业爱厂、遵法守信、开拓创新的精神。

我市热心于企业文化理论研究和实践的企业家、社科工作者,经过前五年的酝酿和筹备,于1994年9月18日,经

连云港市民政局批准，正式成立连云港市企业文化学会。从而标志着一个专门从事新兴管理科学—企业文化理论学术研究和促进中国社会主义企业文化实践探索的市级民间组织被社会接纳了，成为连云港市社会生活中一个重要事件；这也是热心于此项事业的人们自觉将自己推上了“领军”位置，心甘情愿地将企业文化当成一项事业来赴命。第一届理事会议，有113位企业负责人（含三县22位）及13位社会各界知名人士组成。

1994年，时为连云港市知名企业家的张国良、李万来、徐寿可、侍述明、赵凤刚、彭维友、任桂芳、赵祥海、孙飘扬、陶惠启、张云虎、李志军、车联义、赵士安、李永安、牟善元、倪爱传、武春玲、杨振明、汪宗遂……都是当年发起成立学会的第一届常务理事，他们在15年后的今天，仍然在为学会不断作新的贡献。

15年的跋涉，它是一条坎坷的办会之路。

15年来，各级党委、政府部门始终给予学会以极大的精神支持、鼓励和政策上的指导，对学会持续发展起到极其重要的作用。

但是，由于市企业文化学会是一个无上级领导部门提供财源资助，全属于一个没有官方背景的民间自发组织，是一个经政府批准的“老百姓自己的组织”，2000年前，由当时医药站提供经费扶持，从2000年起，仅靠每年10—12万左右的会费收入来维持组织机体的延续和日常开支及大量活动的经费，其困难是十分大的。学会长期坚持“小额会费”原则，小型民营企业每年300元，大中小企业分别为1200元、800元、500元，以减轻企业负担。以办公条件为例，第一届理事会的五年是借用医药站办公地点，（无专用办公室、无专门人员、无稳定资金来源）这期间，学会仍然举办各类理事学习活动，承接中国企业文化研究会第四届工作会议，来自全国50余个地区企业文化工作者在我市交流，召开“中国连云港经济文化恳谈会”、“连云港市企业文化高级研讨会”等一系列重大活动；邀请我国企业文化著名学者于光远、贾春峰、荣德邻等教授来连授课。

为了将学会工作正常化，李万来同志于1998年毅然辞去总经理、党委书记职务，开始全日制地全面主持学会工作，在当时担任三得利公司总经理徐寿可等企业领导给予经费支持下，学会于1999年11月召开第二届理事大会，接着又在当时总工会主席陈先浩同志支持下，提供办公地点，从1999—2003年，学会在市总工会没有电梯的七楼一间八平方米办公室内办公五年。

随着学会组织扩大，工作内容丰富，各类活动频繁，来学会联系工作的人流量扩大，八平方米的办公室已远不能适应，学会于2004年起在上海饭店租用20余平方米的简易房，使用期五年，为了进一步适应学会工作需要，让理事们有更多机会到学会参加活动，今年初学会再次改善办公环境，租用中恒大厦一百平方米的办公楼。学会总算开始有了更好一点的活动场所。

学会十五年来办公条件演变过程，不仅记载了学会坎坷的办会之路，也留下了无数企业家大力支持的动人故事。

今年初，广大理事听说学会搬迁和即将召开换届大会，要增加不少开支，苏云医疗器材公司董事长秦宏平派人送来电脑等办公设备，鹰游集团、万联集团、太阳雨集团、田申热电公司、港口集团等单位主动给予学会增加特别会费，其他会员单位也将2009年会费一次性提高200—400元，江苏银行连云港分行决定支持我会办刊支付部分费用来提高《企业文化》刊物的印刷质量和档次……

学会成立之初，就明确自己的核心价值追求——“动文化之力，活企业之脉，献至诚至爱，创卓越社团”。即学会核心价值观。

人们常说，价值观是企业文化的核心，是的。价值观贯穿于一个组织管理活动和行为的始终，它构成人们对待客观现实的态度，成为评价和取舍事物的标准。

学会一班人，15年来始终秉承学会20字理念的追求和信仰，在没有任何物质和名利诱惑下，心甘情愿地为学会义务服务15年不动摇，这就是价值观的力量，文化的力量。

学会每次会长、秘书长会议都能按时召开。名誉会长钮永樑虽然家住墟沟，却从未迟到，副会长张国良担任董事长经营一个大企业，还有投身国家重大科技项目——碳纤维研究，可谓是日理万机。今年春节刚过，学会通知他出席会长会议，他一结束北京公事后，当天上午没有飞连云港班机，便改飞青岛，由小车接回连云港直达学会参加会议。其他名誉会长、会长热心于学会工作的感人故事还很多，原人大副主任朱泰曾于2008年2月专门给市委王建华书记写了一封4000字的信，汇报市企业文化学会的工作贡献；学会秘书长多为兼职，遇学会在市内举办大型活动，都主动在单位请假来学会担任服务工作。

我们特别不能忘记20世纪80年代就热心于企业文化研究并支持成立学会的那些老企业家，他们虽然已经退休，大都70岁以上年龄，我们每年都要请他们到学会聚会，他们对学会工作提出许多好的建议，这已成为学会工作一个传统。

当今社会正处于大变革、大转型时代，文化导向和价值观追求日趋多元化，相当一部分组织和人的价值观混乱，信仰缺失，存在浮躁和急功近利的心态；学会一班人始终认为，建设社团文化，如同建设优秀企业文化一样，要有决心和耐心，要有毅力；有长跑运动员的心态。我们始终认为，至少十年以上的修炼功夫，文化才能有一些积淀，才能有一个系统的状态，二十年、三十年才有一个个性的定型；才能体现出文化的魅力。学会一班人就是认准一条，一个人一生做好做精一件大事就很不容易了，因此而矢志不渝的将连云港市企业文化这面大旗举下去。企业文化学会的文化建设要永远作为企业文化建设的楷模和标杆。

人、企业以及任何一个组织，都要有一点精神，精神一旦上升到信仰追求的层面，人和组织的行为方式就会有不可思议的改变。

在这种精神激励下，在热心于企业文化事业的学会领导核心一班人辛勤耕耘下,学会走过艰辛曲折和不断实践创新之路,已经结出累累硕果,已经成为一块享誉全国,深受广大企业界赞誉的金字招牌,它日益显示出强大的生命力。

十五年来,学会为会员企业提供大量服务:

1. 在2000——2009年的十年间,为319家企业(本市为153家)作258次企业文化课程培训,本市先后有11500余人接受企业文化知识培训。

2. 十年间,学会组织会员企业领导和高管人员前往青岛海尔集团、青啤集团、深圳华为公司、平安保险公司、大庆油田、哈尔滨飞机集团、江苏小天鹅集团、黑松林粘合剂厂等全国20余家企业文化优秀典型企业考察学习和赴境外10余个国家、地区考察。先后共组织115个团队,有12100余人参团,覆盖全市大部分企业。

2000年初,学会组织第一批企业家赴青岛学习海尔企业文化的团队中,就包含目前我市的一些著名企业家,如张国良、张尧成、任桂芳、林富平、刘德亮、尚开军、陈启喜、陈力刚、李海林……被称之为第一批"黄埔军校"学员。

3. 为了推动企业文化建设,掌握企业文化实践操作方法、技术、路径,学会组织会员企业领导和高管人员在本市宜尔杉制衣公司、江苏正大天晴药业股份公司、太阳雨集团、东海县烟草局、禧玛诺鞋业有限公司等企业观摩学习,现场剖析这些企业的优秀文化,先后召开七次大型现场观摩学习会,有660余位参加者受益。

在市企业文化学会的引导和组织下,我市企业文化建设总是围绕不同行业、不同体制、不同类型的需要进行个性创新,学会在金融文化、服务文化、医院文化、学习型文化、执行文化、管理文化、营销文化、现场文化等方面展开,有针对性的解决不同企业的文化弱势,增强企业文化整体功能。

4. 学会已先后策划组织了四届"连云港企业文化论坛",由本市著名企业家和学者登台演讲,先后有620人出席论坛,这种将企业文化理论研究和实践操作相结合的演讲,很有感染力,开创了一个城市民间团体逐年举办企业家论坛的先河,为学会今后创办跨地区大型论坛和打造论坛品牌创造经验和奠定基础。

5. 为了普及企业文化新知识,学会独立自办或与咨询公司联合举办大型公开课,邀请国内著名学者、讲师来连为企业家演讲,推出"A管理模式"、"学习型组织"、"品牌文化"、"细节决定成败"、"企业文化——企业的灵魂"、"约翰·库堤斯—别对自己说不可能"、"执行力"、"服务文化"、"蓝海战略"、"性格色彩"……共26次大型公开课,有8200余名学员接受新理念新知识培训。

十五年来连云港市企业界先后有六万余人(次)参加到企业文化学会组织的各种学习活动中,学会为我市乃至全国企业文化建设作出的贡献,无论是在理论研究还是实践推动上,成效都是突出的,学会走过的十五年,脚步是坚实的。学会在本市企业中赢得了好的口碑,在全国已初现品牌和威信效应。

6. 连云港市企业文化20年,留下大量文字贡献。从1988年的全市性企业文化征文开始,我市无数企业家、学者、企业文化工作者潜心钻研企业文化理论,结合自己的实践,撰写大量论文和经验介绍,让全市企业共享。

先后由国家正规出版社出版《企业文化新论》、《活力之源》、《现代管理新概论——企业文化》、《企业文化创新导论》、《追求完美争创一流》、《创造服务优势》等七部企业文化专著,另有《以人为本的误区》、《企业文化趋势》、《营造管理优势》、《企业文化建设就是人心建设》等20余篇论文在省以上刊物上发表,经江苏省出版局批准,学会编写《企业文化实践手册》、《连云港企业文化》两部超过一百万字的大型工具书,创办《企业文化》月刊已出版128期,二十年来,先后发表文字超过一千万字。每期印发数3000册左右,每册平均文字量达四、五万字;在本市和国内产生较大影响力,刊内许多文章和观点,引导全国企业文化潮流和走向。本市许多企业家感慨地说:我桌上的报纸、刊物种类很多,没有时间一一阅读,但是,连云港市企业文化学会每月给我寄来的《企业文化》我是必读的,而且每年12册都保存完好,随时可以查阅运用。外地客户常因某一期没收到,会来电询问,希望学会补寄;许多各界人士评价说:一个民间组织,在缺乏经费、缺乏人员等极其困难的情况下,能坚持月月按时出版,其内容那么贴近自己服务对象的需要,而且刊物的质量、档次越来越高,真是令人不可思议。可想而知,学会呕心沥血15年坚持常年办刊,是何等艰辛和不容易。

为了使期刊更贴近生活,提高我市企业文化研究深度和水平,学会邀请18位企业文化工作者任学会特邀研究员,使他们发挥才能,刊物和论坛也为他们提供展示自己学术成果的平台。

《企业文化》月刊,被评为全国优秀企业文化期刊。

7. 市企业文化学会还大力促进和推进会员企业办好企业自己的报刊,学会几乎每年要召开企业内刊编辑人员工作会议,交流办刊经验,学会将各家报刊集中后,再分发到各家进行交换,达到互相学习借鉴目的。目前,我市已有50余家企业创办自己的企业报或其他形式的内部刊物,形式多样化,质量、内容、形式不断创新,有的企业的内刊已达到国内较高水平,企业员工爱不释手,对推动企业文化建设发挥重要作用。

8. 为了不断总结我市企业文化建设经验,表彰先进,树立样板,学会多次配合市委宣传部、市总工会等部门组织评比工作,2000年和2006年分别评选万联能源集团等28家企业为企业文化先进先进单位,卢正清等146位同志为连云港市企业文化先进工作者,经学会推荐,从2002年至2008年,在连续7年进行全国性评比活动中,我市已有正大天晴、汽车总公司、德邦集团、太阳雨集团、港口集团、恒瑞集团、市供电公司、新海发电、市烟草、江苏银行、七一六所、田申热电、万联能源、海通集团、自来水、公路处、碱厂等28家企业先后被评为全国企业文化建设优秀单位,郭庚光、姜梅、张尧成、王树华等14人被评为全国企业文化先进工作者。

市企业文化学会先后五次被评为全国企业文化先进社团和企业文化建设组织推动奖。

三、第三届理事大会后的五年回顾

第三届理事大会以来的五年中，学会认为有两点值得总结和记入史册的，其一，这五年，是学会工作更有魄力，工作质量更大提高，是造势能力进一步增强的五年。其二，企业文化建设全市整体态势开始进入全面升温的辉煌时期。

要说前两届理事会的10年间，学会是进行大量探索性的工作，积累了丰富的工作经验，得到广大会员单位广泛认同，奠定了坚实的基础。那么，在第三届理事会的五年间，学会各方面显示出是一个更加成熟的民间组织，所策划的各项活动更有气魄，更有成效。

在这五年里，成功策划并组织了四届高起点的全市性企业文化论坛，选择了更有感染力、说服力、震撼力的案例现场解剖观摩大型活动，主要有：

1. 组织百家企业领导在太阳雨集团召开太阳雨文化研讨会，集团董事长徐新建、总经理万旭昶、李万来会长和四位点评专家，经过精心准备，将一天的会议始终升华在极致状态，他们每一位发言都引人入胜打动人心，中午匆忙在会议上吃一顿快餐后继续开会，一天的会议每位参会者都始终如一全神贯注，这在我市企业家活动史上是少有的，会后，许多企业家感慨万分地讲，我不仅进一步认识到企业文化在企业里的重要力量，而且终于找到了建设优秀企业文化的路径和诀窍。

2. 学会两次去江苏黄桥镇的小型民营企业——黑松林粘合剂厂踩点准备，在胸有成竹之后，与市工商联合作组织百名企业家和企业高管驱车来到黄桥镇，为我市中小企业，特别是为小型民营企业老板解决一个一个困惑问题，如：小型民营企业搞文化建设有必要吗？应该如何建设企业文化？企业文化给企业带来什么优势？通过在这家企业实地看、实地听、实地感受文化氛围、实地参加研讨会，聆听这家工厂老板亲自讲和学会专家点评，参团人员豁然开朗，一个案例剖析学习胜读万卷书，一下子明白了企业文化对企业发展的重要性，而且找到了方法。

3. 大型企业的企业文化到底怎么“落地”，一直是学会和我市许多大中型企业关注点。学会选择全国企业文化示范基地大庆油田为学习考察的标杆，在总结“黑松林”和“太阳雨”考察活动成功经验基础上，李万来会长依然两次到大庆油田实地考察每一细节，和大庆油田有关领导多次沟通和请求支持配合，在考察学习点充分准备就绪之后，学会终于启动这一大型学习活动，有十八家大中企业，一百位企业主要负责人和高管参加的这样一个远程大型活动，对学会组织工作仍然是一个极大的挑战，从汽车接送、衔接包乘飞机、房间配置、餐桌排号、参观路线、学习导服讲解、点评会议策划、大庆领导讲话及内容、文件编印、特色用餐地点、车上活动、业余文化生活……。学会排出160余个流程和细节，使七天学习活动过程中的每一细节都落实，确保完美。

这次远程大型活动，许多大中型企业领导十分重视，港口集团党委副书记亲自带领下述九个子公司领导参团，恒瑞医药、江苏银行、工商银行、金桥集团、鹰游集团、同科集团、石油公司、电信公司、正大天晴、东方银行、振兴集团等大中型企业都一一参团。

这次活动的震撼力、影响力十分大，连云港港口集团回连后召开专门会议，俞向阳总裁对企业文化建设作出一系列重要指示，加快企业文化建设步伐和力度，集团文化和子公司文化全面启动，短短的几个月时间，整个集团已建成比较科学的企业文化建设体系，文化力在港口发展中越来越呈现出优势来。

4. 组织团队赴境外活动，长期以来是许多社团工作的难点，很难打开局面。学会第三届理事大会后，为了满足广大会员单位赴境外考察学习愿望的实现，学会下决心攻克这一难题，经过向国内一些有经验的组团单位请教、沟通、合作，学会大胆走出去探索一条有效的合作之路，五年来，学会已成功组织了23个团队，目的地包括：美国、加拿大、澳大利亚、新西兰欧洲各国和香港、台湾等国家及地区。所有活动都安全、圆满，得到会员单位一致好评和高度认同。

5. 第三届理事大会以来，学会工作始终把握正确的政治方向，紧紧围绕连云港经济建设加快发展的大局，引导广大会员企业的干部改变观念，转换思维方法，策划并组织“经济发展和文化力”、“科学发展观与创新文化”、“品牌经济与品牌文化”、“和谐社会、和谐企业、和谐文化”、“企业文化如何‘落地’”等若干主题研讨会，先后组织36次有840余位企业家和高管参加大讨论。

连云港改革开放20余年来经济为何还在全国相对滞后，经济和文化是一种什么样关系？文化是否可以成为企业核心竞争力？如何提升一个城市、一个企业的文化力？研讨会场气氛热烈，大讨论解决企业家许多困惑的问题，对加快我市经济发展步伐，产生积极的影响。

综上所述，15年来，特别是第三届理事大会以来，学会在工作人员少、经费少的情况下，已组织各类活动600余次（平均每个月3.5次左右），有6万余人（次）参加学会举办的各类企业文化学习活动，在全国同类社团中，始终是最活跃的一个组织，受到全国企业文化届关注和赞美。

第三届理事大会的五年，我市企业文化建设为什么能够不断地升温？一方面是因为学会在组织各类学习、推动活动和引导方式上不断升级和创新，做的卓有成效；另一方面，也是因为全国大趋势和广大企业家普遍开始有了文化自觉。

国务院国资委，在2004年初专门下发《关于加强中央企业企业文化建设指导意见》，就说明从上至下的高度重视，并且将企业文化建设上升到企业竞争力要素方面来认识。

在这一大趋势下，连云港市的企业文化建设不断升温，企业文化推广呈现多元化局面，优秀文化案例不断涌现，而且大有领先全国平均水平之势。

有一个初略的阶段划分,我们在20年前讲述企业文化,几乎都是用外国企业案例,10年前,我们讲述企业文化,已基本上都是选用海尔、联想、华为等中国企业案例,而最近5—10年里,我们越来越多地推荐和讲述我们身边连云港企业的案例,这就是我们20余年的进步吧。

市企业文化学会成立15年来取得的一切成绩,首先是因为我们党关于社会主义文化建设的重要理论和指导思想的正确指引,以及连云港市各级党政领导对市企业文化学会工作的一贯关怀和支持。

我们回顾市企业文化学会已经召开的四届理事(会员)大会,每届大会都有连云港市市委、市人大、市政府、市政协的领导愉快地接受学会邀请,担任名誉会长,学会许多重要的大型活动或会长会议,他们常在百忙中抽空来参加,一贯地支持学会各项工作开展,并且为学会工作提出许多好的指导意见。

市政协最近专门组织企业文化视察调研团,并给市委、市政府上报视察、调研报告。市委宣传部、市总工会、市哲学社会科学联合会、市工商联、市民政局等部门领导也经常参加学会重要活动,并亲自到学会来指导工作。上述都是市企业文化学会能够始终把握正确的办会方向,极其重要的政治思想保证和精神支持。

连云港市企业文化学会的企业理事已从第一届理事会的理事113人发展到400余位理事 ,这标志着热心于企业文化建设的企业家队伍不断扩大,企业文化理论被越来越多的企业界人士接纳和应用,他们需要学会为他们提供更多更好的服务。企业文化学会的社团工作面对不断增长的“客户”需求的挑战,必须加强自身学习不断创新,时刻防范组织老化,切忌高高在上,切忌空洞说教;必须扎根于企业;必须把服务于企业作为永久宗旨;必须为企业策划各种有益、有效、生动活泼的活动;不断超越自我是我们永远的目标追求。

著名管理大师彼得·德鲁克说过:企业文化只有符合民族的文化,才能扎根久存。中华文明博大精深,源远流长,积淀了深厚的文化底蕴,我们只要在继承其中的报效国家、崇高道德、仁爱忠孝、诚实守信、包容和谐、自强不息等优秀传统基础上不断创新,就一定会成为我市企业文化发展的丰富营养和重要基石。让我们高举连云港企业文化学会这面大旗乘胜前进,在企业文化战略制高点上,把连云港市企业文化整体优势推向一个新高度,开创一个新境界,让更多的优秀企业文化品牌、产品品牌、服务品牌应运而生,走向全国,走向世界!

当今世界,是一个崇尚责任的时代。责任是一种境界、一种胸怀、一种心态、一种愿景、一种信仰、一种文化、一种力量。

我们倡导和传播的企业文化,虽然不直接创造财富,但是,深知我们有比创造物质财富更重要的责任,那就是竭尽全力去引导和协助企业创造更有价值的精神财富和企业软实力。

这是一个观念和文化创造财富的时代。从来没有人像今天这样重视观念和文化的力量。

我们的责任就是用新观念、新知识即文化力来引导和推进企业更快、更好、更强地发展。

学会过去的成果只是一个参考点,不代表未来的成功,第四届理事大会要我们着手于新的创新,重新定位自己,不断超越自我,创造更加辉煌的明天。让我们继往开来,与时俱进,共同描绘企业文化新的蓝图;让我们携手同行,互励互勉,将第四届理事大会作为有一个新的起点,让我们追踪前沿理论、发掘成功案例、荟萃各路知识,提供理事共享,用我们辛勤的汗水和心血,浇灌企业文化这株常青藤。

践行“服务立会”理念
潜心打造协会品牌

——本溪市企业文化建设协会

我们本溪市企业文化建设协会是一个与本溪市工业经济联合会、本溪市企业联合会、本溪市企业家协会“四会合一”的民间社团组织。多年来,在中国企业文化研究会、辽宁省营销文化研究会的指导帮助下,以科学发展观作指导,充分发挥“四会合一”优势,紧密结合地方的经济发展,结合企业的企业管理、生产经营实际,大力推进企业文化建设,受到地方政府、社会各界,特别是一些中小企业的肯定、认同和赞扬。协会连续多年被中国企业文化研究会评为“企业文化建设先进单位”,连续两次被辽宁省民政厅授予“辽宁省示范社团”光荣称号,连续多年被本溪市民政局、本溪市社科联等单位授予“标杆社团”、“先进社团”等光荣称号。是本溪地区覆盖面最广、会员单位最多、影响力最大的社团组织。

一、转变立足点,变“企业为我”服务,为“我为企业”服务

本溪市企业文化建设协会是2002年2月5日正式成立的。协会成立之初,我们片面认为,协会,协会,全靠活动立会,活动搞得越多,就越有吸引力。为此,我们一方面积极深入企业发展会员,一方面想方设法策划和组织活动,什么大型报告会、小型研讨会、高峰论坛、企业家联谊、外出考察、参观访问、论文评比、演讲比赛、企业歌大赛、各种名目的培训班,月月有安排,活动不间断。协会工作人员忙得不可开交,也确实很累。开始的时候,企业参加活动很积极,多者几百人,少则几十人。可是,随着时间的推移,参加活动的单位和人员越来越少了。为什么我们精心策划和组织的活动,企业的同志却不积极参加了呢? 我们不得不开门征求企业的意见,并进行冷静的思考。在征求意见时,有的企业领导谈到,为了推进企业文化建设应该组织一些研讨、交流、培训活动。可是,你们活动搞得这么多,我们真有点招架不住,折腾不起了。活动不参加吧,怕说对你们不支

持，活动都参加吧，可现在机关工作人员很少，一个人好几个角色，管好几摊工作，参加不过来呀！还有的说，你们有活动就收费，虽说费用不高，可不好预算和列支。有些小企业反映收费多了我们也交不起呀。有的企业同志直截了当地说，你们组织的活动虽然丰富多彩热热闹闹，但有些活动适合国有企业不适合民营企业，有的适合大企业不适合小企业，还有的活动缺乏普遍意义。有位企业办公室的负责同志风趣地说，现在企业一是拒绝搞传销的，二是拒绝拉广告的，再发展下去该拒绝你们协会同志了。

企业同志这些意见和尖锐的批评使我们很受震动，我们认真反思：为什么好动机得不到好效果呢？为什么我们满以为多搞些活动能受到企业的欢迎，可却是相反呢？问题究竟出在哪呢？思来想去，原来问题出在我们的出发点和立足点错了。我们办协会搞活动的目的不是为企业服务，而是让企业为我们服务。我们之所以变着法搞那么多活动，不就是为了造声势，扩大影响，好多发展会员。因而也就忽视了企业需要不需要，企业能不能参加，效果如何。费用虽然收的不高，但是总要小钱，也让企业同志有不舒服的感觉。在此基础上，我们又认真学习了国家民政部有关社团组织的政策规定，重温了协会章程，进一步认识到，我们这类社团是非盈利组织，国家大力发展非盈利社团组织，其目的就是为了拓宽为企业服务的渠道，促进企业的成长和经济的发展，所以我们不管创办什么协会、学会、研究会都必须把出发点和立足点放在为企业服务上。

明确了办协会的出发点和立足点，我们经过认真思考和热烈讨论，确立了“会员为本，服务立会”的理念，提出了“为企业发展服务，与企业发展同行”，“企业的需要，就是我们的追求”等口号，并采取了以下五点措施：一是开展一切活动必须从企业需要出发。比如，在推进企业文化建设中，许多企业提出加强车间、班组文化建设是使企业文化在基层落实的一个重要课题。但是，什么是班组文化，班组文化的内涵都有哪些，怎样建设独具特色的班组文化，建设班组文化的重点有哪些，都还不太明确。我们就根据企业的需求，编写教材，编印学习资料，多次举办班组文化建设培训班、研讨班、经验交流会。许多企业都选派优秀班组长参加学习培训。不少班组长都说，参加这样的培训真解渴。再比如，党的十七大提出创建和谐社会的理论，许多企业都提出怎样结合建设和谐企业落实创建和谐社会的理论。为此，我们根据企业的需求，举办大型报告会，请本溪市著名社科教授刘晓方作主题报告，许多企业高管都积极参加报告会，听报告人数高达450多人，报告会受到热烈欢迎。报告会后，我们从企业实际出发，列出了11个课题，组织全市企业开展了为期三个多月的大讨论活动。许多企业都赞扬协会为建设企业和谐文化做了积极贡献。二是变请上来为走下去。为了减少企业人员的忙乱，减轻企业的负担，我们改变组织活动的方式，变请企业的同志上来参加活动，为我们协会工作人员走下去，走进企业开展活动。比如，在推进企业创新文化、安全文化、服务文化等研讨、培训活动，我们都是深入城乡的各类企业去和企业同志一块分析、研究，并在企业组织培训。这种送知识、送文化、送服务上门的办法深受企业的欢迎。三是减少大型活动，开展“企业策划我组织”小型多样的活动。为使活动满足不同企业的需求，增强企业参加活动的普遍性和吸引力，我们大力减少缺乏普遍意义的大型活动，广泛开展小型多样有企业特色的活动。有些活动由企业设计策划我们协助组织。比如，去年，本钢化工厂在企业和谐创建活动中，开展“同岗位的你”互评互动活动很受员工的欢迎。通过开展“同岗位的你”互评互动活动，消除了员工之间的隔阂，密切了员工之间的关系，促进了企业内部的和谐建设。根据化工厂的策划，我们协助他们召开了“同岗位的你”大型互动活动，活动新颖、生动活泼，受到热烈欢迎。四是公布了协会15项不收费活动项目。为了减轻企业经费负担，消除人们对我们协会收费较频的看法，我们正式公布了15项活动不收费的决定，公开向社会承诺，我们协会组织的专家报告会、现场会、咨询会、信息发布等活动不收取任何费用的决定。15项活动不收费，我们已坚持了六年，受到企业和有关部门的广泛赞扬。五是运用多种形式传递信息。协会为企业服务很重要的一项活动是为企业传递信息。协会成立八年来，采取了办简报、快报、专供信息、网上传递、信息发布会等多种形式，为企业传递各类经济信息、政策信息、产品信息、市场信息等，为此许多企业称赞我们协会是企业的耳目和神经，企业的忠实朋友。

二、树立高标准，变“眉毛胡子一把抓”为持之以恒潜心打造协会的“四个品牌”

品牌，是协会的无形资产；品牌，是协会独特的魅力。对于打造协会自身品牌的认识我们也是逐步提高的。

协会成立之初，我们是想啥抓啥，看啥抓啥，费了不少力气，也没给协会创造什么影响，实践使我们认识到，要使协会在社会上，在企业里有很大影响力，必须潜力打造能塑造协会形象的几个品牌项目，不能“眉毛胡子一把抓”。

创建服务文化，打造服务品牌，这是我们协会在全省、乃至全国最有影响力和知名度的一个品牌项目。打造服务品牌活动我们已坚持了七年，年年有发展，年年有提高。2003年春天，本溪市市委、市政府为了振兴老工业基地，提出要在全市开展整顿经济环境活动。当时，本溪市经济环境差，在全省有名。来本溪考察投资，商谈投资项目的国内外商人，看见本溪环境比较差，都不想吃在本溪，住在本溪，谈完项目不是住在沈阳就是前往大连。针对本溪投资环境差的问题，我们配合市委市政府在全市企事业中开展了创建服务文化，打造服务品牌活动。从普及什么是服务文化，什么是服务品牌入手，一个企业一个企业地开展普及、咨询策划活动，而且把服务业作为重点。到2006年全市已涌现优秀服务品牌104家，较好地提高了服务质量和服务水平。像本溪市中心医院“十心实意”、本溪木兰花乳业公司“新鲜健康每一天”、本溪自来水总公司“情融于水”、本溪商业大厦“家的感觉”、本溪骨科医院“骨肉情”等一批服务品牌已在全市家喻户晓,深入人心。为了进一步提升服务品牌活动,从2007年开始,我们又开展了服务名牌认定活动。44家优秀服务品牌经过考核认定为本溪市服务名牌,还有36个服务突出的个人被认定为本溪市个人服务名牌。服务名牌的认定、表彰、推广活动,在全市引起了很大反响,服务名牌认定活动不仅为本溪品牌建设的发展扬帆提速,而且极大地推动了服务文化、品牌文化建设。

创建诚信文化,开展企业信用评价活动,这是我们协会全力打造的第二个品牌项目。诚信是企业的无形资产,是企业的市场通行证。但是,长期以来,许多企业不太重视信用建设,不知道从哪里入手抓信用建设。为了推进企业的信用建设,我们从2004年开始,在全市企业中开展了信用评价活动。我们组成信用评价专家组,一户企业一户企业的宣传诚信文化的典型案例,进行企业信用咨询、诊断活动,很受企业的欢迎。从2004年到2006年,我们是从资本诚信、经营诚信、完税诚信、融资诚信、社会诚信五个方面开展评价活动的,有46家企业,经考核验收符合标准,由本溪市人民政府授予AAAAA级诚信企业称号。从2007年开始,为了与国际标准接轨,按国际贯例AAA、AA、A;BBB、BB、B;CCC、CC、C三类九级标准,对企业进行信用等级认定,凡进入A级行列的被授予诚信企业称号。按国际标准开展评价活动,提高了信用评价的含金量,在招商引资、招投标中都受到特殊的加分待遇,因此企业都十分重视这一评价结果。两年多,我市已有33家企业被认定为A级信用企业。2008年有3家企业达到AAA级标准,被授予全国优秀诚信企业称号。在辽宁省开展信用评价活动的唯有我市一家,所以我们的经验多次被省里推广。

开展企业管理进步奖申报评选表彰活动,促进企业管理创新,这是我们协会潜心打造的第三个品牌项目。从2003年开始,我们根据本溪市经济委员会的要求,大力组织企业开展企业管理进步奖的立项、实施、成果申报以及评审表奖活动。我们之所以把企业管理进步奖申报、评选活动作为协会一个品牌项目,一是因为企业管理进步奖是国家及省政府设立的企业管理工作最高奖;二是企业管理是企业永恒的主题,推进企业管理进步是协会责无旁贷的任务;三是企业文化管理是企业最高层次的管理,通过推进企业管理进步,能直接促进企业提升管理水平,促进企业追求企业文化管理。因此,我们每年都专门下发文件,强调和宣传开展企业管理进步奖申报工作的重要意义;每年都专门组织开展企业管理进步的调查研究,掌握企业申报的主动权,指导企业申报;每年都采取多种形式帮助企业培训写申报材料的写作人才,在当前企业奇缺笔杆子人才的情况下,我们已经帮助企业培养了一大批写作人才,建立了一支100多人的写申报材料的骨干队伍;每年到集中申报的关键时候,都抽出专人帮助企业一项一项的指导修改申报材料;每年都表彰一批重视企业管理进步奖,推动企业管理创新的先进单位。扎扎实实的工作作风,必然结出丰硕的果实。每年我们本溪市都是获得省企业管理进步奖比较多的城市。仅2008年,我们共申报29项,6项获得省一等奖,17项获得二等奖。还有1项被评为国家二等奖。中国中小企业协会开展的企业管理创新先进案例评选中,辽宁省一共评选18项,我们本溪市就占10项。今年五月在辽宁省召开的企业管理进步奖总结表彰大会上,专门让我们协会介绍了经验,受到省领导机关的充分肯定和赞扬。

当好雇主代表,开展为企业和企业家维权活动,这是我们协会潜心打造的第四个品牌项目。随着企业改革的不断深入,市场竞争的日趋激烈,企业的人事管理、劳动关系不断出现一些新的矛盾和问题需要解决。在这些矛盾面前,市劳动和社会保障局要代表政府说话,市总工会要极力维护职工利益,我们协会就当然的成了雇主的代表,担负起为企业和企业家维权的责任。为此,我们把当好雇主代表,做好为企业和企业家维权工作,作为协会为企业服务的一项十分重要工作。我们与劳动和社会保障局、市总工会共同成立了“三方协调机制”,为了使这项工作不留死角,我们还专门在本溪两县四区设立了委托代理人。近几年,我们和市劳动和社会保障局、市总工会一起签发了有关创建和谐企业、解决用工矛盾、工资协商、农民工管理、签定劳动合同、集体合同等内容的文件10多件。为了及时了解雇主呼声,反映雇主的意见,我们还在企业建立了维权联络员队伍。指定专门律师事务所担负企业的法律咨询工作。雇主是企业劳动关系的主导方面,是创建和谐企业的主角。为了当好雇主代表,我们不光机械地当雇主的传声筒,雇主有啥意见就向有关部门反映什么意见,而是经常向雇主宣传党的方针政策、国家有关法律规定,宣传有关创建和谐社会的理论,推广一些企业和企业家坚持以人为本,搞好人性化管理,不断密切领导与员工和谐关系的事迹和经验。2007年,我们还表彰了110家创建企业和谐文化的先进单位。经我们与劳动和社会保障局共同推荐,有一家企业被评为全国劳动关系和谐模范企业,有六家企业被评为辽宁省劳动关系和谐先进企业。为了促进企业高管不断提高自身素质和管理水平,我们每年都组织开展有关企业经理人的培训,开展优秀雇主的认定、优秀企业家的评选表彰活动。我们还坚持开展为企业家“生日祝福”、企业家联谊、企业家心理咨询、企业家健康体检等活动,密切了与企业家们的关系,让企业家们真正把我们协会当成自己的家。

潜心打造协会四个品牌项目,不断增强了我们协会的知名度、美誉度,提高了我们协会的吸引力和凝聚力,不断扩大了协会在社会上的影响。

三、抓住新机遇,变孤军奋战为广泛开展合作

2008年刮起的世界级金融风暴,不仅考验着我们的国家,考验着我们的企业,也考验着我们的协会工作。在金融风暴的影响和冲击下,我们社团组织是萎靡不振不堪一击,还是抓住机遇,扬起新的风帆,在助推企业成长发展中,使协会工作有一个较大的发展?我们从广东东莞、浙江温州、

江苏扬州等地区一些企业抱团取暖，变金融危机为机遇，以及经济发达地区的一些行业协会在金融风暴中找准协会工作新的着力点，积极支持企业应对金融危机的经验中受到启发，觉得金融风暴冲击，检验着我们协会的服务能力。金融危机也为我们协会发展提供了新的机遇。企业能抱团取暖，我们也不能再搞孤军奋战，应该广泛开展社会合作，共同支持企业应对金融危机。

组织专家队伍，为中小企业开展“送咨询、送管理、送文化、送服务”四送活动，促进中小企业健康成长。在金融风暴冲击下，许多中小企业在企业管理、生产经营、市场开发、产品销售、打造品牌、企业文化建设等方面都暴露了一些问题，有些中小企业存在的问题还比较严重。为此，我们想到在这个时候应该充分发挥一些专家的作用。我们将一些已退休在家、身体健康的专家，一些还在岗位上的高级人才，以及一些优秀企业家组织起来，分成十分专家咨询组，由我们协会统一协调指挥。协会还设立了两个热线电话，叫响“有事找专家”的口号。专家们积极深入一些中小企业送咨询、送管理、送文化、送服务，认真为企业把脉看病，为企业指点高招，深受企业的欢迎。从去年八月以来，已经先后深入20多家中小企业开展咨询诊断策划活动，帮助这些企业健康发展。

整合社会资源，为企业开展创业辅导活动。创业辅导也是我们协会担负的一项经常性的工作。在金融风暴冲击下，搞好创业辅导工作对于保企业、保就业、保民生十分重要。这项工作我们前几年也抓了抓，但都是小打小闹。为了创业辅导工作取得突破性进展，去年整合了辽宁科技学院成人分院、本钢工学院、辽宁冶金技师学院、本溪化工学校、本溪商校等教学场所为创业培训基地。整合了本钢电气公司、本溪大有服装公司、本溪职业服装厂、本钢房地产开发公司、本钢建设包装分公司、本溪石油销售分公司、辽宁北方曲轴公司、本钢起重机制造公司等企业为创业实习基础。有了这些培训基地和实习基地，使我们的创业辅导工作更加规范化、专业化了。为了提高培训质量，我们还编印了《成功创业者》、《创业指南》等学习资料，受到创业人员的好评。本钢建设包装分公司一年来通过培训，就有800多名待业人员就业上岗，当上了协力工，解决了本溪市协力工不足的问题。

此外，为了进一步拓宽协会的服务空间，为促进中小企业成长多做贡献，我们还积极开展协会及与中介组织之间的合作。我们与辽宁联合信用管理公司合作开展信用评价活动。与本溪市中小企业服务中心合作，联合创办中小企业网站，指导企业加强信息化建设。与鞍山市工业经济联合会、秦皇岛市工业经济联合会、北京市工业经济联合会、沈阳市工业经济联合会合作，开展市场信息交流等活动，进一步开拓了我们的视野。我们还正与沈阳市企业文化研究会、大连市企业文化研究会、阜新市企业文化研究会、朝阳市企业文化研究会、鞍山市企业文化研究会合作，联合开展企业文化培训、企业文化师培训、企业文化测评考核培训等活动，进一步推进企业文化建设。

学习 研究 传播企业文化
推动经济社会持续发展

——阜新市企业文化研究会

阜新市企业文化研究会于2002年9月15日成立，现有41个会员单位，170多名会员，是一个专门从事企业文化研究的社团组织。阜新市企业文化研究会的宗旨是：学习企业文化、研究企业文化、传播企业文化、应用企业文化，为阜新的企业文化建设服务，为阜新的经济建设和社会发展服务。为了推动阜新的企业文化建设，阜新市企业文化研究会坚持以邓小平理论和“三个代表”重要思想为指导，深入贯彻落实科学发展观，开展了许多活动，其中内部培训29次、对外培训30次，举办侃谈会22次、论坛会18次，开展调研37次，咨询服务10个单位，办刊物27期。

我们开展各项活动的具体做法是：

一、办好园地，培育人才

在开展企业文化建设活动中，我们坚持办好园地。所谓办好园地，就是把企业文化研究会办成一个学习的园地。

阜新市企业文化研究会成立之初，是以个人会员形式组织起来的，会员都是自愿参加的，有的来自理论界、大专院校，有的来自机关、单位，有的来自企业。大家都有一个共同的愿望与兴趣，就是学习、研究企业文化。这些会员中，有的对企业文化较有研究，并取得了一些相应的成果，但大多数人对企业文化认知较少，有的是刚刚接触，有的甚至对企业文化不甚了解。因此，组织这些会员学习企业文化知识和企业管理知识，通过培训提高他们的企业文化素质和应用企业文化的能力，就成了企业文化研究会的责任。我们主要采取了以下几种方式：

1. 举办企业文化知识讲座：企业文化研究会成立之初，都是利用星期日的时间，通过举办企业文化知识讲座对会员进行培训，聘请专家、学者、高校教授按专题讲授企业文化知识，曾讲过《企业文化的基本问题》、《企业文化管理要点》、《海尔企业文化建设》、《管理与企业文化》等。

2. 举办专家、学者电教讲座：企业文化知识讲座大部分都是聘请本地的一些学者、专家和知名企业家讲授。为了扩大会员的视野，扩充会员的知识面，我们将中央电视台电教节目和“世纪大讲堂”中有关企业文化、企业管理方面的讲座复制下来作为电教讲座内容，其中有北京大学、清华大学、北京政法大学等多位知名教授的讲座。

3. 举办侃谈会：在每次企业文化知识讲座后，我们都举办一次侃谈会，组织会员围绕上次讲座的内容展开侃谈。发言是随意性的，可以系统发言，更欢迎随机插话、议论，三言两语也可以。这种形式成为会员之间相互交流，联络感情和交友的一种好形式，增进了会员之间的情感，至今我们还保留着这种形式。通过以上措施,阜新市企业文化研究会目前已经形成了4支业务团队,即学术研究团队、咨询设计团队、专职培训团队、媒体传播团队,成为推动阜新市企业文化建设的一支有生力量。

二、建设基地,培育典型

阜新市企业文化研究会成立以来,十分重视企业文化基地建设。在企业文化研究会成立之初的2003年9月14日,就在阜矿集团恒大煤业公司(原阜新矿务局王营煤矿)建立了第一个企业文化基地。

所谓企业文化基地,其实就是对内的企业文化研究基地,对外的企业文化示范基地,对企业的企业文化服务基地。

为了推动阜新市的企业文化建设,阜新市企业文化研究会先后培育、确立了5个企业文化基地,其中阜矿集团恒大煤业公司和阜新惠民集团成为理论研究基地和企业文化活动基地,辽宁三沟酒业公司成为营销文化研究基地,阜新市第二人民医院成为健康文化研究基地,辽宁方宇广告创意设计公司成为企业文化创意设计研究和服务基地。应当说,我们在基地建设上倾注了很大的精力,也取得了很好的成果。

建立了企业文化研究基地后,我们多次组织调研组到各个基地进行调研和开展活动,探讨企业文化建设方面的有关问题。

2006年9月,我们专门组成了一个调研组,到恒大煤业公司进行历时6个月的调研,于2007年2月形成了一篇调研报告《力量——阜矿集团恒大煤业公司摆脱困境走向发展之路的调查》、五篇研究论文、一篇长篇通讯《软实力诠释硬道理——阜矿集团恒大煤业公司是怎样摆脱困境走向发展之路的》。2007年2月6日,由阜新市社科联、阜新市企业文化研究会、阜新矿业(集团)公司联合举办了阜矿集团恒大煤业公司企业文化建设成果座谈会。至此,形成了阜矿集团恒大煤业公司企业文化建设成果。恒大煤业公司2004年11月获得全国企业文化建设实践创新奖,2009年11月14日在中国企业文化研究会召开的“中外企业文化2009南昌峰会”上,以其破产重组以来创建的具有独自特色的企业文化管理模式和卓有成效的企业文化建设成果,被评为“全国企业文化建设先进单位”;恒大煤业公司董事长、总经理海立鑫被评为“全国企业文化建设优秀工作者”。

阜新惠民集团作为企业文化活动基地,也于2004年11月获得全国企业文化建设实践创新奖;董事长李国祥于2007年11月在中国企业文化研究会召开的“中外企业文化2007太原峰会”上被评为“全国企业文化建设优秀工作者”,2009年11月14日在中国企业文化研究会召开的“中外企业文化2009南昌峰会”上再次被评为“全国企业文化建设优秀工作者”。

2008年1月,我们又在阜新市第二人民医院设立了健康文化研究基地。在院长张连菊的积极策划和亲自操作下,几经易稿,制定了《阜新市企业文化研究会健康文化研究基地实施方案》,并于2009年4月26日成功地举办了以“传播健康文化,建设和谐阜新”为主题的健康文化论坛。有关专家、学者围绕健康文化对于人的健康生活的影响,从不同侧面进行了演讲。这次论坛对于传播健康文化理念、培育健康生活观念、养成健康生活习惯,起到了积极的推动和促进作用,在社会上引起一定反响。随后,第二医院又开展了“健康文化进企业”活动,先后派出医疗专家到企业进行义诊和开展医疗讲座。

我们还在辽宁三沟酒业公司设立了营销文化研究基地。三沟酒业公司现已形成了1200吨原酒生产能力、1万吨商品酒的供应能力,2009年实现销售额3亿元,成为地区经济的支柱企业。营销文化在三沟酒业公司的经营中占着举足轻重的地位。三沟酒业公司被确立为营销文化研究基地后,对推动企业文化建设起到了积极作用。

除此之外,我们还在辽宁方宇广告创意推广公司设立了企业文化创意设计研究和服务基地,通过文化创意设计为企业文化建设服务。

现在,阜新市企业文化研究会已经建立了5个基地,这些基地一方面对阜新市企业文化研究会的工作给予了大力的支持,更重要的是在企业文化建设中起到了典型示范作用,对于指导和推动阜新市企业文化建设做出了积极贡献。

三、搭建平台,扩大交流

企业文化研究会的任务是推动企业文化建设的发展。我们通过举办论坛会,为会员搭建企业文化研究和应用的平台,交流企业文化研究、应用的经验,促进了企业文化建设的发展。

几年来,我们开展的论坛会有:“企业价值观”论坛、“企业核心竞争力”论坛、“论诚信对企业发展的意义”论坛、“品牌建设与企业发展”论坛、“诚信·和谐与企业发展”论坛、“和谐阜新与企业文化”论坛、“‘突破阜新’与企业文化建设”论坛、“世界金融危机及其影响理论研讨会”、“应对金融危机与企业文化建设历史使命”论坛等。这些论坛,大部分都是面向社会的,参加论坛的人员层次较高,在社会上形成了一的影响力。通过举办这些较高层次的论坛,一方面对于会员们开阔视野,提高理论研究能力有较大帮助;另一方面,通过吸纳各方面人士参加论坛会,相互交流,迅速扩大了传播面,从而推动了企业文化建设的深入发展。

四、借助传媒,广泛宣传

企业文化研究在阜新市起步相对较晚,2002年10月,为了加快企业文化的传播,在企业文化研究会成立一个月后,就办起了内部刊物——《阜新企业文化》通讯,刊登研究会的活动信息和外地有关企业文化方面的信息和经验,同时还为会员们撰写学习体会和论文提供载体,起到了传播企业文化的作用,现已出刊27期。

在阜新市信息中心的大力支持下,我们还在2003年底创办了阜新市企业文化研究会网站，网站开辟了理论研究、学术讲座、企业文化论坛、企业文化培训、企业文化基地、企业咨询策划和学会动态、学会工作、成功案例、精华文摘、会员抒怀等20多个栏目，并刊登了大量的图片和专题片，内容十分丰富。网站经两次改版，现在每天都有很多人点击，点击率近50万人次。

在外部媒体宣传上，我们通过与《阜新日报》、《阜新晚报》、阜新电视台、阜新新闻网及阜矿集团媒体的友好密切协作，广泛宣传阜新市企业文化研究会开展的理论研讨、学术论坛、交流侃谈、咨询服务等活动，起到了传播速度快，传播面广，受众面大的作用。

我们还组织会员撰写企业文化研究论文，参加优秀论文评选并出版论文专集。我们曾两次组织会员参加省、市企业文化研究论文评选，其中多篇作品获省、市优秀论文一等奖。

五、咨询设计，服务企业

阜新市企业文化研究会本着研究应用企业文化，服务经济社会发展的理念，主动开展为企业服务活动。

我们为企业的服务工作是逐步开展起来的。开始，我们只是到企业了解情况，沟通信息。后来，我们又到企业搞一些调研，先后调研近20个单位。在调研过程中，还义务为企业讲课，培训企业员工近千人次。从2004年开始，先后为阜新颗粒饲料机械厂、阜新天惠食品公司、阜新万达铸业公司、阜新市住房公积金管理中心、阜新金广矿山机械设备制造公司、阜新日盛空调电梯公司等企业和单位开展咨询服务，很多会员单位参加了这些活动。通过开展这些活动，直接协助和帮助企业开展企业文化建设。

对企业的咨询策划是企业文化应用的高级阶段，也是检验企业文化咨询服务机构各项能力的试金石。2007年2月1日，阜新市企业文化研究会受辽宁新金隆木业（集团）有限公司的委托，对该公司进行企业文化建设整体设计。在对该公司进行企业文化咨询设计的过程中，我们对该公司进行了问卷调查、访谈、公司管理层培训、公司员工培训等，完成了辽宁新金隆木业（集团）有限公司企业文化建设咨询报告、企业文化建设方案、员工手册、制度汇编等。2007年6月，整个项目全部完成。2008年3月，《辽宁新金隆木业集团有限公司企业文化建设咨询报告》被评为“2007年度阜新市社科研究一等奖”。

2007年10月下旬，阜新市企业文化研究会又与阜新市烟草专卖局（公司）达成“阜新市烟草专卖局（公司）企业文化建设整体设计”意向。在阜新市烟草专卖局（公司）的积极配合和共同努力下，至2008年7月底，企业文化研究会项目组在阜新市烟草专卖局（公司）完成了《企业文化手册》、《企业员工手册》、《企业制度汇编》、《阜新烟草人故事》，谱写了《烟草人之歌》。阜新市烟草专卖局（公司）企业文化体系架构体现了中华传统的“仁”文化，结合阜新烟草的特点提出了构建“八仁”文化，打造“八大烟草”，全面建立了体现“仁”文化的价值观体系，得到了公司领导层和广大员工的广泛认可，也受到辽宁省烟草专卖局（公司）的充分肯定。《阜新市烟草专卖局（公司）企业文化建设研究与设计》项目获得2008年度阜新市社科研究立项课题一等奖和2008年度辽宁省社科研究立项课题三等奖，这也是阜新市首次获得省社科研究立项课题奖。

2009年7月16日，应辽宁三沟酒业有限责任公司董事长吴铮的邀请，阜新市企业文化研究会到三沟酒业公司进行企业文化建设状况调研，在完成了《辽宁三沟酒业有限责任公司企业文化建设咨询报告》后，受到吴铮董事长的赞扬和好评，并请求阜新市企业文化研究会继续作三沟酒业公司企业文化建设的整体设计。目前，这个项目已经基本结束，完成了《企业文化手册》、《企业员工手册》、《三沟人故事》和《岗位理念、员工格言汇编》。

通过对企业进行企业文化咨询设计，我们找到了企业文化研究会与企业共同开展企业文化建设，促进企业发展的结合点。通过对企业进行咨询服务，企业文化研究会的社会影响力也在逐步扩大，得到了企业和社会一定程度的认可。8年来，阜新市企业文化研究会获得多项奖励：曾获得阜新市民政局颁发的“先进社会团体称号”、阜新市社科联颁发的“先进社团标兵称号”、辽宁省社科联授予的先进社团称号及中国企业文化研究会授予的“全国企业文化推动奖”和“全国企业文化建设先进单位称号”。

8年来，阜新企业文化研究会虽然在学习、研究、传播、应用企业文化的过程中起到了一点点作用，但是与时代的要求和兄弟学会、研究会的工作相比，还有很大差距。阜新市企业文化研究会今后的工作目标是进一步扩大为企业服务的领域，进一步增强企业文化研究的深度，秉承为经济社会服务、对会员有益的原则，争取在推动阜新市企业文化建设中发挥更大的作用。

企业文化建设经验选编

创新中国电子 奉献信息未来

——中国电子信息产业集团有限公司

说起中国电子,可能并不为众人所知,但说起中软、长城电脑、熊猫通信等,中国人却大都耳熟能详。其实这些企业都是来自同一个大家庭,那就是中国电子信息产业集团。

中国电子信息产业集团(下称“中国电子”,英文名为CEC)自1989年经国务院批准成立,承担着发展我国电子信息产业的历史使命。作为中国电子信息产业的“国家队”,旗下现有52家二级成员公司,拥有13家国内外控股上市公司。2008年,中国电子营业收入685亿元,资产总额770亿元,在国资委电子类央企中位居第一。

20年绘制一幅瑰丽画卷

时光匆匆,弹指一挥间,到2009年5月,中国电子已经走过了20年的发展历程。“中国电子20年来走过的是一条不断开拓进取的创业之路。”伴随着国家改革开放的进程和市场经济体制建设的步伐,中国电子的广大干部职工在几届领导班子的带领下,坚持改革开放,潜心谋求发展。经过20年持之以恒的艰苦奋斗、开拓进取、联合创新,中国电子的产业领域不断拓展,资产规模不断扩大,技术研发能力逐年提升,市场竞争力显著增强,已经发展成为具备一定规模和国际竞争力的大型现代化企业集团,同时也是一支服务国民经济信息化建设、保障国家信息安全的重要力量。

中国电子产生了国有的第一条集成电路8英寸生产线,第一台国产微型计算机,第一条国产录像机生产线,第一部品牌移动电话,第一套64位操作系统软件,第一台自主知识产权的等离子电视……可以说,中国电子见证了我国民族电子信息产业艰辛而辉煌的发展历程。

20年来,中国电子形成了从集成电路、各类元器件到计算机及有关电子整机较完备的产品系列,一些技术和产品开始在国际市场上占有一席之地;中国电子的创新能力跻身国有企业前十名之列;资产规模达734亿,增长了24倍;营业收入685亿,增长了97倍。这些不平凡的数字,虽然凝聚了中国电子的历史和心血,显示了中国电子人经过不懈努力,取得的巨大成就,但也反映出中国电子与国际同行、市场需求乃至肩负使命等仍然存在着巨大差距。缩小这个差距,大踏步地走进国际市场,是中国电子新的发展目标。

回顾过去是为了更好地展望未来,中国电子人永远不会满足现状。集团公司新时期的发展战略规划,已经明确提出了十年进入世界五百强的总体发展战略目标,即经过十年(2006—2015年)左右的努力,基本建立以自主创新为主体的科技创新体系,具备重点产品自主开发能力,掌握一批重要电子信息产业核心技术;核心业务步入国际先进行列,具有较强的国际竞争能力;把中国电子建设成为国内领先、国际一流的电子信息产业的龙头企业,成为国有资本具有控制力、投资主体多元化、主业清晰、管理科学的跨国企业,综合竞争实力进入世界500强行列。

围绕这一远景目标,要加快实施核心技术从中低端向中高端、主营业务从产业链的中下游向中上游两个转变;重点建设技术创新、市场营销及客户服务、人才工程三个体系;大力发展集成电路与关键元器件、软件、高新电子、计算机及核心零部件、移动通信终端与服务、电子商贸与工程六大主营业务;经过两年打基础、三年调结构、五年上水平,实现中国电子的整体跨越式发展。这个战略规划为中国电子未来发展,为将其打造成具有国际竞争力的世界一流企业,描绘了美好的蓝图,既振奋人心,又催人奋进。

科学发展观与中国电子的发展战略

实践证明,没有思想的领先,就没有发展的领先;没有观念的超越,就实现不了跨越式发展。中国电子虽然已经发展成为具备一定规模和国际竞争力的大型现代化企业集团,但无论是与国家对中国电子给予的厚望,还是与自身的发展战略目标,都还有着不小的差距。集团领导层认为一定要站在认真履行中央企业历史使命的战略高度,进一步认识深入学习实践科学发展观活动的重要性和紧迫性,切实贯彻落实科学发展观的坚定性和自觉性,实事求是、创新发展,全力打造国内一流、国际知名的IT企业。

2008年,中国电子提出要在三年内进入国内行业前三名,成为中央企业中具有国际竞争力的大企业集团之一;提出要大力推动发展方式转变,实现“核心技术从中低端向中高端、主业从产业链的中下游向中上游”的两个转变。中国电子于2007年接管飞利浦手机业务之后,致力于将OEM/ODM业务转型为品牌制造商。但由于遭遇了全球金融危机,2008年上半年,飞利浦新品推出放缓,销量大减43%。2008年,中国电子香港控股收入为22.67亿港元,减少了28%。

集团在2008年初定下了很高的发展目标,今年,中国电子按照科学发展观制定了中长期发展战略及实施规划,明确提出了实现跨越式发展、10年内进入世界500强的宏伟目标,这已成为中国电子全体干部职工的共同追求。

金融危机并没有改变计划,用10年时间,也就是在2015年,使中国电子进入世界500强的战略规划。中国电子未来仍将加大产业整合力度,逐步增加核心产业的比重,目前整体业务改革已经初步完成,将为日后发展奠定坚实基础。

通过开展深入学习实践科学发展观活动,中国电子在更高层次上进一步解放思想、创新观念、拓展思路;进一步理清发展思路,统一并不断完善发展战略,创新发展模式,推动科学发展,引导集团公司和所属企业干部职工进一步统一思想,充分认识科学发展、创新发展和加快发展对于中国电子的重要性。熊群力清醒地认识到,要在科学发展观的指导下,将责任和责任主体有机地统一,切实增强紧迫感、责任感和使命感,进一步突出主业、加快结构调整、加大创新投入,强化资源集中优化配置。中国电子在现有的条件下,既要尊重历史,又必须完成"国家队"的使命。一方面,通过盘活现存资源,通过改制、剥离、"养起来"等多种方式,客观地解决国企历史问题;另一方面,以核心业务为产业平台,集聚各方有效资源,与资源合作者形成以我为主的战略共识。做强做大主业,发挥央企的活力、影响力和带动力,保证国有资产的保值增值,承担中央企业应当承担的社会责任,这才是中国电子的主要责任、任务、目标。

国务院总理温家宝在十一届全国人大二次会议上作政府工作报告时强调,大力推进经济结构战略性调整,认真实施十大产业调整振兴规划。这个消息令熊群力感到十分兴奋,他说,"我们高兴地看到,电子信息产业也在十大重点产业调整与振兴规划之列,这表明中央对电子信息产业给予了高度关注。电子信息产业调整振兴规划列出的六大工程中无论是软件、集成电路、计算机还是平板显示等都跟我们的主营业务密切相关,这对中国电子来说意味着良好的发展契机。"

不断创新占据竞争的制高点

当今世界信息技术高速发展,使人类社会发生了巨大的变化。在经济全球化的同时,信息社会正悄然来临。信息技术和产业已经成为推动世界经济发展的重要动力,也被认为是衡量国家综合实力的重要标志。

站在世界高技术和产业革命的前沿,唯有不断创新,才能占据未来竞争的制高点,获得更多的发展机会,为社会创造更大的价值。中国电子作为中国最大的国有IT企业,在激烈变化的市场环境中,激流勇进,以全球化的眼光,以敢为天下先的姿态,以体制、技术、观念、管理的创新,以每一位员工对企业的热爱和奉献,着力把中国电子打造成为一个中国电子信息产业核心技术、产品及服务的重要提供者和全球电子信息产业的重要影响者。为此,中国电子以"知变图新,诚达天下"的经营理念,不断加强在集成电路设计制造、软件与系统集成、计算机及关键零部件等核心业务领域的技术研发与创新,力求在服务社会信息化的同时,使自己成为核心技术先导型、重点产业主导型的国际化大型企业集团,进而跻身国际知名企业之列。

创新是科技的灵魂,创新是电子业的本性。中国电子以"创新中国电子,奉献信息未来"的文化理念,在创新领域加大力度,依靠创新不断发展壮大。重点进行两个方面的创新:一是进行体制创新。努力建设现代法人治理结构,建设合作协调机制、创新增值的资源分配机制和评价激励机制,不断促进资源优化、结构调整;二是进行管理创新。加快内部控制体系的建设,加强控制力和执行力,重业绩、讲回报、强激励、硬约束的工作机制开始形成,管理日益到位,风险逐步受控,经济效益不断提高。

科技创新是战略能力的重要支撑,是企业可持续发展的本质要求,也是集团公司跨越式发展的强大动力。没有自身科技创新能力的支持,中国电子永远不可能实现真正意义上的"跨越式发展"。

因为中国电子是一个面向市场的企业,产品和服务的营销是企业必须具备生存能力的要求。要瞄准政府市场、行业应用市场、工业与信息化融合市场、国防能力建设市场、城市信息化市场及所有关系国计民生的信息技术、产品和服务的应用领域。以客户的要求和满意为目标,举集团之力,构建统一、协调、高效的营销体系。因此,中国电子成不了真正的企业,甚至连生存的可能性都没有。

为进一步强化科技创新,做实企业研发机构,集团开始构建集团总部的创新体制。即集团总部要成为科技创新的引导力量,通过战略管控,把握集团公司重大科技创新活动和重大科技创新项目的安排,以及重大科技创新成果的推广应用。做好国家级创新型试点企业的各项工作,积极参与国家重大科技专项和科技支撑计划项目。

在产业结构中,中国电子一直在往上游走,原来做的比较多的是来料加工,普通制造。现在进入高端技术研发层面。举例来说,旗下长城开发公司,过去仅仅加工磁头,但现在则研发磁头内含的核心技术。这样一来,长城开发公司就进入了产业链的中高端,生产的产品为高附加值、高技术含量,利润自然就比过去丰厚得多。

中国电子着重积聚科技创新方面的资源,包括国际合作的资源、国家重大工程的资源、以及政府其他资源,增强集团总部对所投资企业科技创新的支持能力。首先,由集团公司整体牵头,围绕几大板块建立相应的研究院——如建立以设计为主体的集成电路研究院、以基础软件和行业应用软件为主体的软件研究院等。与此同时,中国电子还积极开展与地方政府的合作。今年2月,中国电子和深圳市政府签署了战略合作框架协议。要在深圳建立面向国际国内市场、面向国际化资源、以计算机和计算机应用为主体的研究院。

中国电子还不遗余力地支持下属企业技术创新。对中软公司,集团以定向增发的方式给它4亿资本金。因为它是上市公司,不能直接划拨,只有用市场的方式注资,但用途很明确,就是支持其用于研发。

作为央企,不仅仅是市场需要什么,就做什么;而是国家需要什么,就做什么,或者二者兼顾。

中国电子同时广泛开展对外技术合作,强化引进、消化、吸收、再创新和集成创新,提升创新能力。有针对性地选择一批重点项目,与国内外大公司、有实力的研发机构建立战略联盟,开展技术合作;吸引国内外科技人才和适用技术,择机收购兼并研发机构;围绕平板显示、磁记录等重点产品,打造研发平台,并争取获得国家有关部委的支持,建立国家级平板显示工程中心和磁记录工程中心;实施企业知识产权战略,加强知识产权的创造、应用、管理与保护,有重点、有步骤地构筑知识产权优势,形成一批自主知识产权和知名品牌;进一步做实集团公司的各类研发中心、工程中心,发挥其作为企业创新母体的功能;整合、凝聚企业创新力量,构建专业领域的科技创新机制,推进专业领域研究分院的完善、巩固和发展;加大力度推进国家各类科技专项的申报工作,落实各专业领域科技创新实施方案,提出2008年重点科技创新项目,着力打造核心业务领域新的增长点,申请承担国家"十一五"科技重大专项——"核高基"专项等有了实质性进展。

据国资委发布的统计数据,2007年,中国电子累计拥有有效专利数量和当年专利授权数量双双跻人国有企业前十名之列,表明中国电子整体科技创新能力明显提升,为下一步实现三年重点突破打下了良好的基础。2008年,由科技部、国务院国资委和中华全国总工会共同举办的创新型企业建设工作会议上,中国电子荣获首批"创新型企业"称号。

优秀的企业文化打造国际一流的IT企业

胡锦涛总书记在十七大报告中指出:"当今时代,文化越来越成为民族凝聚力和创造力的重要源泉、越来越成为综合国力竞争的重要因素,丰富精神文化生活越来越成为我国人民的热切愿望。"十七大报告关于"推动社会主义文化大发展大繁荣"的论述,肯定了文化建设与发展在构建中国核心价值体系与和谐社会进程中的重要性,表明我党对文化建设的重视达到了史无前例的高度。

当今世界,文化、经济、政治相互交融,相互作用。文化的力量可以坚固民族的根基,文化的自觉可以提高民族的自信,文化的内涵可以洗礼民族的灵魂。最为重要的,就是文化可以为一个民族带来持久的创新力和生命力。"只有具有文化传统,而且这种文化代表着先进文化的发展方向的企业,才可能成为真正的市场主人,才能成为真正百年不衰的企业,没有优秀文化的企业没法生存。"熊群力说,中国电子一直推进与中央企业定位相符合,打造具有行业特点,传承着优秀历史的企业文化建设。

中央企业被人誉为"共和国的长子"。共和国的长子应该有什么样的价值观,有什么样的企业文化?前不久,胡锦涛总书记对中国人民解放军有二十字的精辟赞誉:"忠诚于党、热爱人民、报效国家、献身使命、崇尚荣誉"。

中国电子的价值观、文化、精神世界里,是否也能把这二十个字融入其中?文化的作用在于化人。一旦形成了先进的文化体系,在这样的企业文化哺育下成长起来的"中国电子"和"中国电子人",还有什么奇迹不能创造出来?这是中国电子对企业文化的思考。

2008年,一位中央领导同志在讲到中央企业的时候曾经说过这么一段话:"中央企业现在正在做的事情是为中国今后的子孙留下公益性的财产",意指央企现在在为国有资产保值增值做贡献,而作为国有资产都是留给子孙后代的公益性财产。那么中国电子作为央企,作为"共和国的长子",报效国家、报效人民更是义不容辞的责任。"尽管我们的各级领导干部、职工在二十年的发展历程中做出了很大的成绩,但是我们要饮水思源,要意识到我们取得这些成绩的前提都是国家给我们提供了资源,而个人能力是有限的。我们现在肩负着光荣的使命,但以现在的状况来看离战略目标要求还差距甚远,我们仍需努力。"

企业文化不是文字游戏,也不是空喊口号,中国电子各级企业党组织积极探索如何将所在企业思想文化建设与集团公司倡导的价值观和文化精神有机结合,使自身真正成为集团公司整体软实力建设的重要参与者。企业文化是企业共同的价值取向,是凝结在品牌上的企业灵魂。它通过企业核心价值观、经营理念、发展愿景等,回答什么才是企业的"存在目的"等最重要问题。中国电子作为中国IT业界的领跑者,要以建立集团公司统一的价值观体系为核心,就要着力加强集团公司整体的企业文化和品牌形象建设。为此,中国电子制定了《企业文化建设实施纲要》,进一步细化和落实中国电子文化建设的总体战略,构建了"创新中国电子,奉献信息未来"为主题的企业文化理念体系;"诚信、责任、业绩、创新"的核心价值观;"知新图变、诚达天下"的经营理念;"科学规范、协调高效"的管理理念;"尽责是才、重能酬绩"的人才理念等。其中,"创新中国电子,奉献信息未来",鲜明地指出了中国电子肩负的神圣历史使命与光荣责任,表达了中国电子追求卓越的信心与实现发展愿景的决心,回答了中国电子以什么样的精神状态、朝着什么方向与目标前进的根本问题。

"创新中国电子,奉献信息未来"企业文化理念,既尊重多元又凝聚共识、既简洁鲜明又内涵丰富,体现了中国电子现任领导班子对企业发展机遇与发展前景的高度洞察与把握能力,是中国电子作为国家IT先导企业"做好事、做成事、做大事"的自觉意识与共同思想基础,是中国电子在继往开来中面向全国、面向世界和未来的宣言,明确了前进的旗帜、方向和目标。要完成这一目标,使自己成为核心技术先导型、重点产业主导型的国际化大型企业集团,跻身于国际知名企业之列是“创新中国电子”的思想动力；以不断的努力与创造，为人类社会的进步与发展提供最有价值的服务是“奉献信息未来”的方向指南；站在世界高技术和产业革命的前沿，唯有不断创新，才能占据未来竞争的制高点，获得更多的发展机会，为社会创造更大的价值是“创新中国电子，奉献信息未来”企业文化理念体系的核心思想与理论基础。

我认为能凝聚人心、凝聚队伍、凝聚资源的文化，就是好文化。大力宣传、贯彻集团公司企业文化，使员工深刻理解集团公司“创新中国电子，奉献信息未来”理念的内涵，树立“同心致远，和谐共创”的企业价值观。使下属公司之间、产业之间、集团与下属公司之间形成上下同欲、整体协调、人人有责、人人共享的生动局面。到时，实现建立国际一流电子信息产业集团的目标就指日可待了。

（作者万江心，本文摘自《现代企业文化》2009 年 8 期）

企业文化与“大飞机”比翼齐飞

——中国商用飞机有限责任公司

2008 年 5 月 11 日，我国航空工业发展史上终于迎来了具有历史意义的重要时刻——中国商用飞机有限责任公司正式成立。让中国的大飞机早日翱翔蓝天，这是国家的意志和民族的梦想。多少年来，一代又一代中国人为之不懈追求。商飞公司的成立，开启了中国人的追梦之旅。

让大飞机飞上蓝天是国家意志

实施大型客机项目，是建设创新型国家的标志性工程。大型客机项目是《国家中长期科学和技术发展规划纲要（2006－2020 年）》确定的重大科技专项，是提高我国自主创新能力，增强国家核心竞争力的重大战略举措，也是一个国家工业、科技水平和综合实力的集中体现，对增强我国的综合国力、科技实力和国际竞争力，使我国早日实现现代化具有极为重要的意义。

实施大型客机项目，对我国经济和科技发展具有巨大的带动作用。航空工业产业链长、辐射面宽、连带效应强，在国民经济发展和科学技术进步中发挥着重要作用。大型客机是现代制造业的一颗明珠，是现代高新科技的高度集成。发展大型客机，能够带动新材料、现代制造、先进动力、电子信息、自动控制、计算机等领域关键技术的群体突破；能够拉动众多高技术产业发展；还将带动流体力学、固体力学、计算数学、热物理、化学、信息科学、环境科学等诸多基础学科的重大进展，将会全面地、大幅度地提高我国科学技术水平。

实施大型客机项目，是满足我国快速增长的民用航空市场需求的紧迫工程。改革开放以来，国民经济持续快速发展，人民生活不断改善，中国已经成为世界第二大民用航空市场。在全面建设小康社会进程中，我国对航空运输需求会越来越大。发展大型客机，将更好地满足我国经济发展和人民出行需要，也必将成为一个潜力无限的新的经济增长点。

实施大型客机项目，有利于我国航空工业的发展。研制具有市场竞争力的大型客机，需要集成世界最新技术，不仅可以为航空工业的发展提供突破口和新的增长点，还有利于提高我国航空工业的制造能力和管理水平，最终形成强大的航空工业。

实施大型客机项目，是振奋民族精神、增强民族凝聚力和自豪感的争气工程。我国拥有 13 亿人口，改革开放以来综合国力和国际地位日益提高，应该拥有自己的大飞机，这样才与我国社会主义大国的地位相称。让中国的大飞机飞上蓝天，既是国家的意志，也是全国人民的意志。中国人要用自己的双手和智慧制造出具有国际竞争力的大飞机，实现全国人民多年的愿望，实现几代人的梦想。公司成立以来的中国商飞公司是实施国家大型飞机重大专项中大型客机项目的主体，也是统筹干线飞机和支线飞机发展、实现我国民用飞机产业化的主要载体。

因此，商飞公司高层多次在各种会议上强调，开拓创新是实现干线飞机和支线飞机研制成功和商业成功的重要保证。推进体制机制创新，完善公司治理结构，探索具有中国特色、符合民机产业化发展规律的体制机制；推进管理创新，在项目管理、供应商管理、市场营销、客户服务和资金筹措运营等方面创新管理运营模式；推进技术创新，以原始创新、集成创新为重点，加快引进消化吸收再创新，掌握具有自主知识产权的大型客机核心技术。

创新型企业需要企业文化的创新

作为创新型企业的商飞公司，在企业文化建设上也离不开创新思维。去年，在公司专门对企业文化建设做专题调研，对 41 名部门以上领导干部和 1100 多名员工进行了问卷调查。41 名领导干部在“最重要”项目的选择中，“创新性”列第一位。广大员工对公司鼓励和支持创新给予了正面评价，很多员工也将创新认定为自身最大的行为倾向。1100 名员工中有 18.28% 的员工认为创新性“非常符合”和“最符合”自身特性。这些表明广大干部员工对创新的认识比较统一。

90% 的对“我愿意为大飞机事业而贡献自己的力量”给予认同，87% 的员工表示“希望通过进一步的努力干出更大的成绩”，85% 的员工认同“事业的成功对我起着主要的激励作用”，82% 的员工认为“为大飞机事业工作具有挑战性，完成后很有成就感”，表达了对大飞机事业的高度自豪和认同。正是这种高度的自豪和认同，使公司在较短的时间内不但基本完成了公司组建的各项任务，还取得了 ARJ21－700 飞机成功首飞、试飞，大型客机方案论证快速推进等重要成就。对此，张庆伟董事长在公司 2009 年工作会议上给予了充分肯定和高度评价。他说，“人心齐、泰山移”这句话在公司组建、ARJ21－700飞机首飞、大型客机项目论证中得到了充分体现。他强调:"公司全体干部职工的意志品质和火热的创新创业激情,给我们实施大型客机和ARJ21新支线飞机项目提供了坚强的力量保障。"

公司成立一年来,是在时间特别紧、人手比较少、任务特别重、重大活动特别密集的情况下,公司企业文化建设把敢想敢干、敢于超越、敢于创造一流品牌作为提升工作品质的前提。企业文化工作凡事必须严之又严、慎之又慎、细之又细、实之又实,以最高的标准、最快的速度来完成,并坚决保证"问题归零"。为此,大家加班加点、无怨无悔、无私奉献,标准不降低、困难不逃避,敢于向前、敢于超越,密切合作,许多重要任务的完成、重要成果的取得是通宵达旦"熬"出来的、一件接一件"跑"出来的、齐心协力"拼"出来的。

每件事都要代表公司的形象,企业文化管理也要体现精细化,以文化的力量凝聚天下英才,以"团结、协作、敬业、规范"的文化理念支撑大飞机系统工程,商飞公司时时刻刻将创新文化镶嵌在头脑中,将创新精神融入"大飞机"产业链中的每一道程序中。

"越是要参与国际竞争,就越要把建设一流文化摆在更加突出的位置"

作为国家大型客机项目的承担主体,中国商飞公司成立以来,高度重视企业文化建设,把"坚持以人为本、实现文化凝聚"确定为公司发展的指导思想,把企业文化战略确定为公司发展的"四大支撑战略",并根据温家宝总理《让中国的大飞机翱翔蓝天》重要署名文章、张德江副总理在公司成立大会上的重要讲话精神,迅速制订颁发了公司《企业文化建设规划(2008——2011年)》(以下简称《规划》),为各项建设任务的快速推进和型号研制提供了有力的支撑和坚实的保障。

公司主要领导对公司企业文化建设高度重视。公司董事长张庆伟在公司深入学习实践科学发展观专题报告会上专门对企业文化建设的重要性作了新的阐述。他强调,"文化是企业'软实力'的重要组成部分",是"企业的血液和灵魂","越是要参与国际竞争,越是要发展建设,就越是要把建设一流的文化摆在更加突出的位置",并要求加快企业文化理念、视觉、行为识别系统建设整体推进步伐,积极开展群众性企业文化创建活动,大力开展各项文化建设,努力建立起与国际一流航空企业目标相适应,具有鲜明时代特征、丰富管理内涵、独特魅力与活力的先进企业文化体系。公司总经理金壮龙在中国企业文化研究会考察团访问座谈时时,真诚希望商飞公司能够作为中国企业文化研究会的研究实验基地,共同推动商飞公司企业文化建设。

把企业文化融入民机产业链中

广泛吸收国内外现代管理和企业文化优秀成果,与时俱进,开拓创新,培育一流的文化体系,创建一流的文化建设机制,营造一流的文化创建环境,凝聚一流的文化建设人才,打造一流的文化品牌,形成一流的发展软实力。切实把企业文化融入到民机产业链中,充分体现到组织、人员、产品和服务上,努力建设与创建国际一流航空企业目标相适应,具有鲜明时代特征、丰富管理内涵、独特魅力与活力的先进企业文化体系,为推进大型客机和新支线飞机研制并实现商业成功,实现中国商飞公司创建国际一流航空企业的奋斗目标提供坚强有力的文化支撑和精神支持,这就是商飞公司企业文化最明确的目标。

为此,公司将企业文化建设分为五个主要部分:一是三大体系建设,包括理念识别体系、视觉识别体系和行为识别体系建设。二是子文化体系建设,包括安全文化、质量文化、成本文化、廉洁文化、诚信文化和创新文化建设。三是文化展示基地建设,体现社会责任意识。以上海飞机设计研究所为主体,建设飞机设计理念和公司发展理念展示基地;以上海飞机制造厂为主体,建设飞机制造理念和公司创新理念展示基地;以上海飞机客户服务有限公司为主体,建设飞机服务理念和公司管理理念展示基地。四是文化载体建设。五是文化推进体系建设,包括企业文化的目标评价体系、培训研究体系、群众性企业文化共建体系和企业文化师队伍建设等。

商飞成立一年来,根据公司所处的阶段,围绕公司中心任务,企业文化建设主要在企业精神塑造和企业文化基础建设、体系建设、任务保障、活动开展等五方面开展了探索。

企业使命教育。公司成立以来,在全体干部员工中间开展了持续不断的企业使命教育。公司党委理论中心组带头,在全体干部员工中间相继组织开展了学习胡锦涛总书记、温家宝总理等中央领导同志关于发展大型客机等一系列重要文章、重要讲话、重要指示精神和公司有关决策部署的学习活动,努力把国家的意志转化为广大党员干部和职工的意志。目前,以钢铁般的意志和百折不挠的精神努力实现"让中国的大飞机翱翔蓝天"的国家意志、人民意志,"不干则已,干就干好,干就干成"、"坚持中国特色、体现技术进步"、"坚持科学发展、创新体制机制"等观念深入人心,为在继承和借鉴"两弹一星"精神、载人航天精神和航空报国精神基础上形成有传承、有发展,有公司特色、有时代特征的公司核心价值观和理念体系奠定了坚实的基础。

企业文化基础建设。公司汇集整理了中央领导关于公司组建和大飞机研制的讲话资料,广泛搜集了整理国内外知名航空公司有关企业文化建设的重要经验,编印了《中国商用飞机有限责任公司重要资料汇编》、《国内外知名航空公司企业文化》。同时加强载体建设。组建了公司新闻中心,创办出版了《中国大飞机》报、《党建思想政治工作简报》、《中国商飞公司媒体信息监测快报》,开通了中国商用飞机有限责任公司网站,出台了《中国商用飞机有限责任公司通讯员管理规定》,组建起了公司第一批22名同志组成的通讯员队伍。公司企业文化建设拥有了基本的载体保证。此外持续开展宣传教育,召开了公司新闻宣传工作会议,制定了《中国商用飞机有限责任公司新闻宣传管理规定》。

实施企业视觉识别体系建设。为对内凝聚员工，对外树立形象，2008年8月，公司向海内外广泛开展了公司企业名称、标识征集活动。一个月里共收到海内外应征作品2852件。经专家评审，分别有10件名称作品和8件标识作品入选。其中标识设计入选作品中有一件已被公司采纳，并进行了优化完善和延展设计。以公司企业名称、标识征集为突破口，做好视觉系统设计工作。根据实际，对公司企业视觉识别体系设计和导入采取了两步走的策略。以现有标识为基础，迅速制作了《中国商用飞机有限责任公司标识标准稿》，立即下发了《关于启用中国商用飞机有限责任公司标识有关问题的通知》，对规范公司名称和标识使用行为，统一公司形象，加快企业文化建设起到了积极作用。目前，公司视觉识别体系的规划设计工作基本完成，很快将正式实施。

全力进行任务保障。根据公司成立以来重要活动多、重大任务多这一实际，我们把确保公司有关任务圆满完成作为企业文化建设的重中之重，先后成功完成了公司成立大会、参加珠海航展、ARJ21－700飞机首飞等重大活动的服务保障工作。配合公司成立大会、珠海航展和ARJ21－700飞机首飞，策划制作了《梦想之翼》公司成立背景介绍片和《中国大飞机》形象宣传片，设计制作了《公司成立大会纪念画册》、公司形象宣传册和重大活动《新闻报道集锦》等。

大力进行活动创新。商飞公司坚持把活动作为企业文化建设的重要载体，开展了一系列丰富多彩的活动。2008年8月20日，举办了“梦起飞的地方，缘来由你”大型青年牵手活动。来自公司总部和所属单位的130多位青年人参与了这次活动。这次活动安排了形式活泼的文艺联欢、才艺展示和互动游戏等环节，为单身青年创造了一个加深相互了解、展示精神风貌、增进感情沟通的平台；2008年12月25日，举办了干部员工联欢会；今年以来，公司举办了新春团拜会、元宵节联欢会；与东方航空公司联合举办了“你我手拉手、共享蓝天梦”联谊活动；“我与祖国大飞机事业共奋进”青年学习实践科学发展观主题演讲比赛，等等。这一系列活动的开展为丰富员工文化生活，增进干部员工思想和感情交流，加快人员组织融合起到了积极的作用。

以文化凝聚员工，以拼搏成就事业，让企业文化与“大飞机”比翼齐飞；继承和弘扬伟大的“两弹一星”精神和载人航天精神，以钢铁般的意志和百折不挠的精神，埋头苦干，奋发图强，努力完成大型客机和支线飞机研制并取得商业成功，努力成为拥有自主知识产权和具有国际竞争力的民机制造商，让中国的大飞机早日飞上蓝天！公司董事长在成立大会上的这番感言，成为商飞公司企业文化建设最生动的写照。

在商飞公司总装车间前的停机坪上，停放着一架已经略显破旧的运十飞机。到商飞公司参观考察的人会被带到这里，听解说员讲述它当年辉煌的历史。

“这是航天人心中永远的痛”。公司党委副书记薛利介绍说，新中国成立后，我国航空工业得到快速发展，取得一系列重大成就。在不同的历史时期，党和国家都十分关注民用飞机的发展，作出一系列重大战略决策，使我国民用飞机从无到有，取得了以“运七”和“运十”为代表的研制成果，为发展大型客机项目打下了坚实的基础。但由于受到综合国力、科技实力、工业和信息化水平、以及人才和对外开放等多种因素的影响，大型客机研制经历了一个十分坎坷和艰难的历程。商飞公司将这架运十飞机摆在厂区内，就是要时刻提醒员工，大飞机工程不是政绩工程，不管遇到什么困难，都要把大飞机项目做成功，不能再半途而废。要充分做好“坚持奋斗、坚持吃苦、坚持攻关、坚持奉献”的思想准备。

（*作者启凡，本文摘自《中国企业文化研究》2009年3期*）

中建铸魂

——中国建筑总公司

中建，作为共和国最早一支建筑施工劲旅，50多年的风雨历程，不仅奉献给祖国无数精美的建筑和厂房，而且铸造出了特别能吃苦，特别能战斗的企业精神，这是50多年铸就的企业之魂，是全体员工宝贵的精神财富。跨入新世纪后，企业顺应时代潮流，将中建的企业精神凝炼为“追求卓越、永不服输”，这是对企业文化的继承与创新，是企业50多年来形成的企业精神的延续。所以，企业文化建设要在保持连续性的前提下强调发展，在坚持继承的基础上实现创新，只有在继承上有所创新，体现特色，做出成效，才能充满生机与活力。所以，在他们传承了军队守纪律、重执行、能吃苦、乐奉献等精神的文化系统中，有从当年辗转祖国“大三线”的历程中，带来的以“艰苦奋斗、英勇顽强”为特点的“铁军精神”、有创造了彪炳中国建筑业史册的“两个速度”和“两个高度”，让“深圳速度”从此成为中国改革开放的代名词的以“吃苦耐劳、不畏艰险、勇于探索”为特点的“改革精神”、更有“八五”期间的地处“死亡之海”的巴丹吉林沙漠腹地，在参与921－520航天工程中锤炼出的以“艰苦创业、科技为先、忘我奉献、铸造精品”为特点的大漠精神。

这一个个精神的火种传递在一代又一代的中建人手中，伴随着企业成长逐渐积淀为企业文化的深厚底蕴，折射出先进的企业精神和中建人自始至终良好的工作作风，即便在商品经济的今天，仍然闪烁着不朽的光芒，透射出一个国有重要骨干企业所肩负的与众不同的神圣职责。

创建历程

中建文化建设的历程，大致经历了以下四个阶段：

——1982年以前，是中建文化的培育阶段。即早在1982年组建中国建筑总公司（以下简称中建公司）之前，称作国家建工总局的这支施工队伍，曾辗转祖国“大三线”，凭着艰苦奋斗、英勇顽强的精神,完成了一大批重要国防军工建设项目和大型公用设施建设。“南征北战的铁军、重点建设的先锋”,也在当时被叫响,并培育出各自独具特色的精神文化,如一局的“铁军”精神等,即使还不是企业文化这个概念,但实际上已经发挥着企业文化的价值功能和激励作用。所以说中建企业的创业发展史,同时还是一部企业文化的凝炼渐进史。企业文化不是凭空出现的,它和企业的成长历史息息相关,也是一个不断发展、演进的过程。这些伴随着企业成长而积淀下来的历史文化,既体现出中建人对吃苦耐劳、自强不息、顽强拼搏、勇于奉献等中国传统优秀文化的继承与发扬,又表现出一个国有重要骨干企业所肩负的神圣职责,构成中建企业文化的深厚底蕴;既折射出先进的企业精神、良好的工作作风和精神风貌等内涵,又成为今天中建大文化体系和建设不可或缺的组成部分。

——1982 年至 1996 年,是中建文化的碰撞阶段。企业文化在这个时期正式作为一种管理模式被引入我国的企业中,中建总公司按照“敬业、求实、创新、争先”的立意,开始设计企业标识及组织的一些文化建设活动,则多是体现在精神文明建设上,或者说是以精神文明建设活动替代了企业文化工作,而对于企业文化建设还缺乏一个完整的规划,没有明确的文化引领。由于历史因素、体制原因、行业特点等,加上没有行业保护和政府保护,大家都在一个市场、一个平台上找活干,争饭吃,使组建后的中建企业很快适应了如何参与市场竞争,深深地打上了“联合舰队”的烙印,并也带来了文化分散、多元、各自为中心,引起不断的“碰撞”,乃至成为中建总公司当时的一大特色。不可否认,中建总公司的“群狼战术”,“联合舰队”文化,在由计划经济向市场经济过渡时期,为中建总公司扩大经营规模、占领市场份额,确实起到了很大的作用。各单位在市场“碰撞”、文化“碰撞”的同时,也进一步丰富了各具特色的支撑企业市场开拓的文化理念等。

——1996 年至 2001 年,是中建文化的融合阶段。这个时期是中建总公司由“联合舰队”逐步向“航空母舰”过渡的阶段。如何建设一个能够体现历史、现在和未来一脉相承的企业文化体系?加快文化的融合和统一,更好地为企业发展、管理等服务,1996 年中建总公司党组作出《关于进一步开展中建文化建设的决定》,强调“以创新作为推动企业文化工作的统帅性的指导思想”,紧密结合建筑行业和企业特点,坚持以深化改革为动力,以强化管理为内容,把传统管理、基础管理和现代化管理结合起来,努力建立适应中国建筑业特点的新型生产方式和经营管理模式。这标志着中建总公司正式启动企业文化建设。

这一阶段的“融合”,不仅是指中建总公司系统内部成员单位由“碰撞”到对接、兼容,也体现在文化与管理的紧密结合上。突破口选在哪里?导入 CI 战略。今天看来,正是当初的这一决策,不但为中建总公司找到了一种通过设计对企业文化进行建设与传播的载体,也为中建总公司的文化融合找到了一个载体。

——2001 年至今,是中建文化的提升阶段。中建总公司从 2001 年进一步清晰了企业定位——“在商言商”,明确以追求效益作为经营企业永恒的主旋律,努力打造企业规模和效益均衡发展的平台及国家、企业、员工共同利益的平台,规划出做强做大中建总公司的“一最两跨”战略目标。强调要遵循商业化、集团化、科学化的发展思路,培育和提升总公司国内外经营一体化、投资设计施工运营一体化、低成本竞争和高品质管理、低成本扩张和高品位营销的核心竞争力的发展方向。

由此展开的资产重组、机构调整、人事制度改革等等,对传统体制下形成的思想观念、行为方式形成强烈的冲击,引发了各种外来和内在文化新的碰撞、对接和交融。中建公司在对企业现有文化状况进行反思的基础上,决定对文化建设工作开始新的规划和提升。2002 年 6 月经过调整的 CI 视觉识别系统投入试运行,2003 年初正式投入使用;明确中建总公司成员企业统一打出“中国建筑”品牌,树立全新“中国建筑”形象;进一步将 CI 创优工作纳入总公司“创优争先”系统工程之中;2004 年 3 月对“外塑形象,内炼素质”理论进行拓展,以党组文件的形式确定了中建文化建设在新阶段“推广形象、创造商机,诚信形象、创新进取”的工作目标,提出推广“四个形象”的任务;同时,经重新总结提炼的七条企业理念在系统内全面推进。由此,中建文化建设工作进入到提升“航空母舰”核心战斗力的阶段。

有效举措

中建文化建设的方向和目标确定之后,为适应当今和未来激烈的国际竞争,全面提高中建企业的综合素质和整体形象,增强中国建筑的核心竞争力,以创新精神不断推出了有效的载体和措施。这些不断创新的内涵和内容包括:

——利用以多种文化传媒为主要载体的宣传推进方式;利用以多种文化用品为主要载体的实物推进方式;利用以多种文化活动为主要载体的活动推进方式等。通过这些方式,推出企业理念形象,向系统内外传播中建总公司统一的文化理念;推出企业行为形象,向系统内外展示中建总公司规范的行为方式;推出企业视觉形象,向系统内外展现中建总公司鲜明的视觉规范;推出企业品牌形象,向系统内外传递中建总公司互动的品牌效应,并坚持“在加强企业文化建设中,把企业价值观建设放在首要位置、把理念建设作为重中之重、把品牌建设作为战略性举措”。此外,还做出中建企业文化建设计划:建立适应“结盟取胜、双赢模式”新战略发展的企业文化;建立注意学习氛围培养的企业文化;建立与生态文化有机的结合的企业文化;建立更注重于树立良好企业形象的企业文化;建立更注重企业精神与企业价值观人格化的企业文化;建立从商业氛围中升华出来的企业文化。

——提出了中建文化的核心,即中建总公司七个企业理念,(企业宗旨:服务社会,造福人类;建设祖国,福利员工。核心理念:追求阳光下的利润最大化。企业精神:铸造精品,超越自我。经营理念:竞争无情,商机无限;市场唯大,经营为先。质量观:过程精品,质量重于泰山;中国建筑,服务跨越五洲。环境观:建筑与绿色共生,发展和生态协调。安全观:质量是企业的生命,安全是生命的保障)。其鲜明价值观和对国家社会的责任感以及企业精神,都展示了中央大型企业的责任和风范,对中建企业增强凝聚力、向心力,对外树立形象,扩大市场影响,增强企业核心竞争力都起到了十分重要的作用。

——先后建立了多种有效宣传载体。印刷了新版《企业宣传画册》和《年报》,制作了企业形象宣传推介片《蓝色幻想》,创作了《中国建筑之歌》,创办了《中国建筑》杂志、《中建集团报》和《中国建筑新闻》报纸,开办了网络沟通与交流平台,举办了"中建之歌基层行"和"中建之歌项目行",举办了中建总公司企业文化建设10周年峰会等等。还通过创办夜校、组织文体活动、慰问演出、设立宣传栏、企业报纸上项目、为工人上门服务等多种形式,不断丰富工人们的业余文化生活,体现出企业关心员工的人本思想。

——将CI战略与项目管理有机融合,丰富了施工企业项目管理的内涵。通过海内外在施工程上实施全方位、多角度的CI覆盖,展示建筑企业新形象。为此,中建总公司明确规划了CI战略的理念、行为和视觉三大系统进行逐步推进。其CI战略始终强调从理念到行为到视觉的全方位覆盖,做到整齐划一;始终强调办公环境和施工现场的全方位覆盖,即覆盖中建总公司全系统(总公司——工程局、设计院、直营公司、驻外经营机构——下属公司和机构——工程项目)的各个成员单位、工程项目和员工,据此打造了中建总公司鲜明的市场形象,对内也促进了企业管理升级,激发了中建员工的自豪感,增强了中建集团的向心力和凝聚力。

通过以上措施,上下互动开展的企业文化建设,有效地实现了中建讲价值、重信誉、爱品牌的新跨越,实现了从领导意识到员工素质,以及有形推进等三个环节,共同提高了中建团队的全员素质。

自身特点

作为"形象文化、行为文化、价值文化"三位一体的中建文化有其自己的特点,而这些特点又由国有企业求生存、保稳定、大发展的需要所决定,由"尊重历史、面对现实、打造未来"的起步所决定,由国有企业的文化传统、两个属性和四个责任所决定。主要特点:

是传承于企业发展历史的继承文化。中建文化紧紧依存于企业的成长历程,几十年来与企业命运连为一体,企业在发展壮大的同时,也为中建文化提供了丰富的底蕴和基因。可以说,我们的企业文化,蕴涵于企业运行过程中看起来无踪可寻,却又无处不在。它的优良文化基因,根植于每一名员工心灵深处,演变成各级企业领导和员工心中的坚定信念和执著追求,且代代相传、生生不息,成为企业的灵魂和发展的动力。正是依靠无形的,以文化为内核的组织性的、制度性的、集体性的、品牌性的内生资源和竞争能力,中建总公司才取得了今天的成就。

是具有鲜明行业特点的个性文化。没有个性的文化就没有生命力,这一点在中建文化上有着多方面的显现。例如,由"外塑形象,内炼素质"到"推广形象、创造商机"的企业文化工作目标;"过程精品,质量重于泰山;中国建筑,服务跨越五洲"等文化理念;与管理相结合的"三位一体"管理模式;行业领先、特色鲜明的CI战略;以显性文化、露天文化、大众文化为主要特点的项目文化;以多种公关宣传、CI制品为主的文化产品;以中国建筑基层行文艺演出为代表的文化活动等等,都充分体现了中建文化的个性化特点,而且在建筑行业也处于一个领先的水平。

是不断创新发展的动态文化。世上唯一不变的法则就是变化,这句话告诉我们创新无止境。回顾中建总公司的企业文化建设脉络不难发现这一点,永不满足于现状,实施动态管理,追求持续改进,是中建总公司企业文化建设水平不断深化与提高的根本保证。我们从导入CI战略入手,多年来不断完善企业文化体系,丰富企业文化建设内涵,充实企业文化建设内容,避免了文化的僵化。

是分散大于统一的多元文化。人们常说,小企业看老板,中企业看管理,大企业看文化。企业如何在做大后做强?如何在高速发展后实现持续发展?有研究发现,在GE、沃尔玛、IBM等著名公司成功的背后,都具有非常统一明确且不断强势的企业文化。与这些企业相比,中建总公司是先有儿子后有老子,从统一文化角度讲属于"先天不足";多年来中建人走南闯北,经营触角伸向了海外几十个国家和国内除台湾以外的地区;业务范围涉及了建筑承包、地产开发、设计、勘察、装饰、物流、物业等多个领域;且每个企业生存环境、成长历史各异,具有不同经历、性格的员工又来自于五湖四海,诸多的差异性决定了中建文化的分散大于统一的多元化特点,任何一家成员单位都有自己的个体文化。

是政治思想工作的得力持杖。企业文化不可能离开以人为本的思想,企业文化建设说到底是做人的工作,实际上是始终在把握员工队伍建设这个根本,坚持以人为本,以文化人,以文育人,通过内化于心,固化于制,外化于行等扎实细致的工作,引导员工培育与现代企业制度相适应的思想观念,养成与市场经济相适应的良好职业道德和行为规范。因此,正如郭涛书记所提出的"要创新工作思路、工作机制、工作方式"要求那样,中建的企业文化也在同时成为中建思想政治工作乃至加强基层党建工作的利器。如,"三个代表"思想以演讲形式等贯彻落实、先进性教育中的巡回报告会、中建自行编制的"八荣八耻"读本,以及基层的职工之家、党员示范工程、青年文明号活动等,无不与企业文化携手并进。由此可见,在中建,虽然企业文化并不能完全替代政治思想工作,但是中建的企业文化经过20多年的发展却充满了生命力。

做到了三个对接:历史与现实对接、文化与市场对接、文化与管理对接。

辉煌业绩

一座座永恒的丰碑在中建人手中铸就,一曲曲气壮山河的创业歌在市场经济中唱响,大漠施工现场也成为"出精品、出精神、出人才"的大熔炉,广大员工职业理想得到提升,人生价值得到体现。这些伴随着企业成长而积淀下来的创业精神,是建立中建总公司文化体系的根基,既体现了对中国传统优秀文化,如吃苦耐劳、自强不息、顽强拼搏、勇于奉献等等的继承与发扬,又表现出一个国有重要骨干企业所肩负的与众不同的神圣职责,构成了中建企业文化的深厚底蕴;既折射出先进的企业精神、良好的工作作风和诚信的行为方式,以及由此创造出的高知名度的品牌形象等诸多内涵,又成为了中建文化不可或缺的组成部分。这些优良的文化基因,在商品经济的今天,依然闪烁着不朽的光芒,激励中建员工不断创造新的业绩,这就是中建文化的灵魂!

至今,中建多年来的企业品牌经营获得大丰收,企业文化建设取得辉煌成果。中建总公司申报的《施工企业 CI 战略策划与实施》,曾荣获全国工程建设企业管理现代化成果一等奖。尤其2006年,在建的中央电视台、环球金融中心、水立方等一大批标志性工程进展顺利,创下了一系列全国乃至世界的施工纪录,大大张扬了"中国建筑"品牌的高品质。中建公司还获得国家科技进步奖1项,詹天佑土木工程大奖1项,华夏建设科学技术一等奖1项,获国家鲁班奖主承建项目8项,国家优质工程奖主承建项目10项,获奖数目均位居全国同行业首位,并经建设部首批授予,成为目前全国建设行业唯一一家企业技术中心建设试点企业,也作为唯一一家企业主体承担了国家"十一五"科技支撑计划重要课题,同时还承担了国家科技部、财政部多项重点科研计划课题,直接获得国家财政拨款1900余万元。

中建公司之所以取得成功的奥秘,最重要的原因之一就是因为健全且持续传承、不断发展了企业文化,这些以奋进精神、恪守诚信为魂的企业文化,保证了企业的决策行为、经营行为和员工行为与企业的发展是相适应的,中建产出的所有建筑产品,实质都是企业文化。

(本文摘自《企业文明》2008年8期)

建立统一规范集团文化的实践

——中国北方机车车辆工业集团公司

中国北车具有百年的历史和文化积淀。作为中国轨道交通装备制造业领军者,为我国国民经济建设和轨道交通装备事业的发展作出了突出的贡献。伴随着中国民族工业的崛起和改革开放新时代的步伐,中国北车人用激情不断创造出无数个"中国第一",始终引领着中国轨道交通装备产业的发展。从1881年建成中国第一个机车修造厂,到现在发展成为与世界接轨的完备轨道交通装备制造产业集群;从百年前手敲肩扛造出中国第一台蒸汽机车,到刚刚研制创造出中国第一速的"和谐号"CRH3 动车组;从上世纪50年代 P1 棚车在世界博览会上获奖,到新世纪之初70吨级以上提速重载货车的升级换代;从上世纪60年代开始为北京提供了我国第一列地铁车,到奥运会机场线轻轨车首次在国内实现了真正意义上的无人驾驶,无一不印证着北车人对中国民族工业和中国现代化建设所作出的不可磨灭的历史功勋。

作为中央企业中的一员,中国北车也是先有成员企业后有集团。所属企业遍及我国南北10多个省市,在多则上百年少则几十年的发展历程中,形成了各具特色的企业文化,并且深深打上了地域文化的特征,这些文化在公司改革发展的关键时期起到了导向和凝聚作用。但是,随着形势的发展,这些各成体系的文化,从总体上看显然是缺乏集团引领的文化,是缺乏统一系统性的,是不适应集团化企业加快发展、做大做强需要的。特别是公司未来改制上市后,企业的经营体制、运行机制以及竞争态势都将发生深刻的变化,中国北车将以现代公司、公众公司以至国际化公司的形象在更大的市场范围内展现作为,需要以一种新的精神、新的风貌、新的姿态去追求新的目标,需要用统一的价值理念、制度规范、行为准则和符号体系,向世人昭示北车的信念和目标,彰显北车的品牌价值。这就对中国北车建立统一规范的企业文化提出了全新的课题。

塑造企业文化是一项复杂而艰巨的工作,优秀的企业文化构建不像制定一项具体的制度、提一个宣传口号那样简单,它需要企业有意识、有目的、有组织地进行长期的总结、提炼、倡导和强化。因此,在塑造集团文化过程中,必须根据企业文化发展规律的要求,按照科学的程序和原则办事,克服主观盲目性,增强自觉性。中国北车企业文化建立统一、规范企业文化的实践过程包括了调研总结、定格设计、宣传推广和完善提升四个环节。

调研总结　确定方向

中国北车统一、规范的文化是在原来文化的基础上进行的,不可能割断历史。所以,塑造企业文化,应首先搞好调查研究,把握、总结企业现有的文化状况及影响企业文化的各种因素,为企业文化的定格做好准备。我们立足北车长远发展,按照"以我为主、循序渐进"的原则,企业文化咨询、调研工作于2006年正式启动。

一是宣传动员。进行了企业文化咨询的动员宣贯。请华夏基石董事长、人民大学著名教授彭剑锋为总部助理以上管理人员进行了一次专门的辅导动员,阐明了什么是企业文化、为什么要建设企业文化以及如何建设企业文化等关键问题。

二是广泛调研。派了两个调研组,巡回调研。组织对基层14个企业和研发中心进行访谈。期间共与基层单位26名主要领导、总部部门正职以上领导进行了沟通、访谈,召开了中层及员工座谈会15场,涉及员工超过150人。基本了解了公司各个层面的文化生存状态。组织了大规模的问卷调研。从文化适应性、包容性、激励性、聚合性、特质性等5个命题出发,编制了有近百道题的调研问卷。发出问卷1万份,回收8852份,经过分析,最终有效问卷5426份。

三是全面诊断。起草了企业文化诊断报告,总结提炼了全集团在长期改革发展实践中所形成的先进文化,分析了面临的内外部形势,对北车的发展方向和目标进行了科学定位。基本明确了企业文化建设的成功实践、存在的问题和整合的方向。

提炼设计　定格文化

企业文化的定格设计,即在分析总结企业现有文化状况的基础上,充分考虑到企业的经营范围、员工素质、面临的主要矛盾、所处地区、人文环境及企业优良传统和现有文化适应性等因素的影响,用确切的文字语言,把肯定的企业价值观表述出来成为固定的理念。

一是提炼北车核心理念,塑造牵引文化。根据北车企业文化调研诊断结果,适时启动了理念体系构建阶段的工作,对核心理念进行了征集,并反复进行问卷调查征求意见,公司上下取得了认识上的统一。一致认为,从历史的角度,作为为数不多的几乎与中国近代史同龄的企业之一,北车始终引领着中国轨道交通及相关行业的发展,北车人必须始终铭记先辈们产业报国的精神,以牵引现代工业文明的进步和全行业的共同繁荣发展为己任;从行业的角度,身为与国计民生密切相关的装备制造行业的一员,北车深刻影响着社会文明发展的轨迹,北车人必须毅然扛起造福社会的旗帜,为国为民,勇为先驱。所以,北车文化的核心是“牵引”、是发展。在此共识的基础上确定了中国北车企业文化核心理念,包括使命、愿景、价值观和团队建设目标,并通过党政文件发布。这个理念体系集中彰显了“牵引”文化的内涵,昭示中国北车要继续成为社会进步的推动者、行业发展的领跑者、员工成长的引导者。

二是确立崭新北车标志,树立统一形象。建立统一规范的集团文化首先要在形象上统一。过去北车所属各企业几乎都有自己的标识,相对独立地各自使用。所属企业的标识放在一起,五花八门,有时连集团公司内部都分不清,造成视觉和形象上的紊乱,严重削弱了北车整体的形象。为此,北车废止了所属企业的所有标识,重新设计了新标志。新标志保留了原有CNR字母的清晰识别,利于品牌的呼叫以及在国际市场上的传播推广;体现了中国北车诚信坚实,厚德重责;实力、活力、凝聚力;理性的科技,进取的热情。在新标志的基础上,设计了《中国北车企业文化手册——形象文化(VI)分册》,公司首先在办公大楼全面应用新的导示系统,要求各子企业按照统一形象识别的要求,全北车一个标识、一套体系,成员企业的原有形象体系不再保留和使用。所属各单位,在公司的统一指导和部署下,周密计划、紧密行动、保障投入,严格遵循贯彻VI标准,目前已经全部整改到位。

三是重新设计行为手册,规范员工行为。加强行为文化建设可以从规范员工的言谈举止和从业行为入手进行有效的协调和规范,形成良好的工作作风和行为习惯,从而达到思想上自律,行动上自觉,适应企业的发展要求。根据企业发展实际,设计了《中国北车企业文化手册——行为文化(BI)分册》,包括北车的管控制度、员工守则、行为规范和礼仪规范,指导员工的日常言行,引导、规范员工行为。

宣传推广　保证落地

企业文化定格后,就要创造条件付诸实践加以宣传。即,把企业文化所确定的价值观全面地体现在企业的一切经济活动和员工行为之中;同时采取必要的手段,强化新的价值观念,使之在实践中得到员工的进一步认同,使新型企业文化逐步得到宣传推广。北车在实践中,具体做了以下工作,以保证企业文化的落地:

一是召开企业文化工作会议,推进统一文化建设。为进一步推动统一规范的北车文化建设,公司召开了企业文化建设工作会议,全面动员,总体部署。要求必须站在促进中国北车长远发展的战略高度重视企业文化建设,自觉增强推进企业文化建设的责任感和使命感;必须认识到企业文化建设是北车发展强大的内在驱动力量和“软实力”,要主动把企业文化建设摆在突出的位置;必须认识到建设先进的企业文化,是建设高素质员工队伍、促进员工全面发展的必然选择。会议对着力打造统一规范的中国北车文化近期重点工作进行了部署,要求各企业全力抓好企业文化理念的落地工作,进一步发挥并运用好推进企业文化建设的成果,切实把中国北车的核心价值观“内化于心,外化于行”,转化为企业和员工的思想和行为,贯穿到生产经营活动的全过程和各方面,从而为实现“三步走”战略目标提供强大的精神动力和文化支持。企业文化建设工作会议的召开,推动了公司企业文化工作,加快了建立统一规范企业文化工作的进程。

二是全面加强宣传贯彻,形成浓厚舆论氛围。北车核心理念发布后,公司和所属子企业通过各种形式广泛宣传北车核心理念,使北车核心理念逐步深入人心。首先,把核心理念宣贯纳入企业年度专题教育、新员工入职培训、干部培训、班组培训等各类教育培训,使全员都得到了核心理念的系统培训。其次,核心理念宣传覆盖各种媒介。利用固定、移动和网络各种媒介,开动报刊、电视、广播、网站等一切媒体,加强核心理念的宣传,形成了北车理念宣传的集中和强势宣传态势。第三,《中国北车之歌》学唱活动蓬勃开展。各单位都把教唱《中国北车之歌》作为宣贯北车核心理念的重要形式,在广播、电视反复播放的基础上,创新了多种学唱《中国北车之歌》的形式。长客股份公司转向架车间员工每天早晨班前会齐声高唱《中国北车之歌》,作为一天工作的开始。大连机车公司请《中国北车之歌》的词曲作者深入各个车间教唱,受到员工欢迎。长客装备、哈车、沈车为每个车间处室培训一名教歌员,使《中国北车之歌》在短时间内广为传唱。第四,创新理念宣传方式。齐车所有员工的学习笔记扉页上均工整抄录中国北车核心理念。长客股份、大连所为每个员工印制了简明的学习资料卡片,方便员工随时温习。

三是强化教育培训和考核,贯彻落实到位。企业文化存在的根本目的在于管理。整个北车一个标识,一套体系,一个统一形象。这是外在的表现。更重要的是如何通过行为的转化,价值观的认同,形成一个统一的思想。为使统一规范的北车文化深入人心,顺利实施,专门编写了企业文化建设培训教材,召开专门的培训会议,对各子企业主管企业文化的领导和讲师队伍进行专门培训,他们培训完成后回到基层单位继续对下一级进行培训。为使企业文化培训工作成为常态,把企业文化培训分为集中培训、常规培训和针对性培训,紧密围绕公司发展目标和战略任务,密切结合内外部环境变化和发展形势,实现企业文化培训动态化。通过有效的教育培训工作使广大员工对北车文化入脑、入心,融入企业改革发展的各项行为之中。同时,为使企业文化层层落实到位,制定了《中国北车企业文化考评办法》,将企业文化建设作为企业效绩考核的重要内容,作为四好班子、思想政治工作先进单位、精神文明创建先进单位等考核评选的重要依据。年底,派出由公司领导带队的检查组赴各单位进行检查,对于违反《中国北车企业文化核心理念应用规范》和视觉识别系统使用规范的单位通报批评,情节严重,损害北车形象的予以处罚。

四是利用制度进行强化,鼓励正确行为。制度化是企业价值观落地的保障。我们制定了北车开展企业文化建设工作的目标、指导原则、关键措施和实施计划,形成了指导北车企业文化建设的纲领性文件《中国北车股份有限公司企业文化建设三年规划》,要求企业价值观念,不能单纯停留在口号上,必须寓无形于有形之中,把它渗透到企业的每一项规章制度、政策及工作规范、标准和要求当中,使员工从事每一项经营管理活动,都能够感受到企业文化在其中的引导和控制作用。企业价值观的最终形成是一种个性心理的积累过程,这一过程需要不断地强化。当人的正确行为受到鼓励以后,这种行为才能再现,进而成为习惯稳定下来,并逐渐渗透到人们的深层观念之中。不仅如此,对正确的行为进行鼓励,也给其他人树立了实际的仿效榜样,从而产生模仿效应。因此,中国北车通过北车之星、北车奖状等荣誉称号的设置,对符合企业价值标准的行为不断地给予鼓励和强化。

完善提升　持续变革

企业文化定格并在实践中得到巩固以后,尽管其核心的和有特色的内容不易改变,但随着企业经营管理实践的发展,随着企业内外环境的改变,企业文化还是需要不断充实、完善和发展的。企业领导者要依靠群众,积极推进企业文化建设,及时吸收社会文化和外来文化中的精华,剔除本企业文化中沉淀的消极成分,以使企业文化不断得到升华和提高,从而更好地适应企业变革与发展的需要。为使企业文化纳入规范化管理,北车在管理流程上进行了规范,保证了每年的企业文化建设工作有序进行,并根据实际情况进行完善提升,必要时进行变革。

一是决策与计划。每年年初,企业文化建设工作小组根据公司实际情况,制定年度企业文化建设工作计划,经企业文化建设委员会审批后组织实施。

二是实施与协调。企业文化建设工作小组在组织实施年度计划的过程中,定期组织总部各部室、各事业部和成员企业共同研讨协商,及时掌握计划实施情况、解决具体问题、总结和推广先进经验,藉此加强工作过程的指导与协调,保障企业文化建设的整体效果。

三是评估与改进。企业文化建设工作小组负责制定和完善《北车企业文化建设考核办法》,并据此于每年年底组织对总部各部室、各事业部和成员企业文化建设工作的考核评估;在此基础上,企业文化建设工作小组对股份公司全年的企业文化建设工作进行整体总结评估并提出涵盖理念体系修订提案在内的改进建议,向企业文化建设委员会报告;经企业文化建设委员会审议批准,对各部室、各事业部和成员企业的考核结果纳入当年绩效考评,并及时反馈考评结果和指导意见,把整体评估得出的改进建议、完善措施及变革建议具体落实到下一年度工作计划之中。

中国北车通过建立统一的形象文化和品牌来规范企业的行为,有效发挥了品牌的倍增效应;通过确立共同愿景目标和价值体系,使全体员工具有共同的理想和追求,统一了思想,增强了企业的凝聚力和向心力;通过资源的整合,确保了各子企业在"中国北车"的大旗下,目标同向,协调运作,不断增强了中国北车的核心竞争力。未来的北车,一定能够肩负起"接轨世界、牵引未来"的神圣使命,建设成为轨道交通装备行业的世界级企业。

(作者林万里,本文摘自《企业文明》2009 年 6 期)

文化落地推动战略转型

——中国移动通信集团公司

国际的金融危机也使国内经济环境变幻莫测,作为通信行业的领跑者中国移动同样面临着行业变革带来的巨大竞争压力。正如中国移动总裁王建宙所说:"中国移动正面临着'三大挑战,一大任务'。三大挑战即:来自国际金融风暴和国内宏观经济状况给中国移动造成的影响;第三次电信重组会使中国电信业竞争更加激烈;国内手机普及率接近瓶颈,手机新增用户将越来越少。一个任务则是中国移动要肩负起我国自主创新的 TD - SCDMA 事业。"

如何解决面对的挑战和任务,如何在新的经济形势下始终保持稳定快速的发展势头,是对中国移动的战略发展提出的新要求。

中国移动早在2006年,就已经确定全面实施"新跨越战略":实施卓越工程,打造"一个中国移动(One CM)"。意在突出并发挥中国移动通信的整体性、规模性和一致性,全面系统提升公司的运营水平、管理能力和执行能力,在文化、战略、运营管理层面实现中国移动的纵向统一和横向联动。这一战略,不但加强了中国移动抵御外界经济环境变化所产生威胁的能力,而且进一步提升了内部文化软实力,内修外抗,形成应对危机、迎接挑战的强大动力。

企业文化落地是成功实施战略转型的关键之一

普智经盛咨询认为,战略的变革关键在于企业文化与战略是否匹配,战略变革先要文化变革,所以在整个"新跨越战略"的实施中,最为关键的是如何充分发挥中国移动文化软实力的作用,营造中国移动内部和谐的文化氛围,切实将企业文化实施于集团下属基层单位的工作实践当中,形成统一核心价值观下的百家齐鸣、百花齐放的局面,对新战略实施起到强大的支撑作用。

中国移动制定了《2006－2008中国移动企业文化实施纲要》,其目的就是为贯彻落实中国移动企业文化理念,塑造统一的企业文化,推动中国移动"从优秀到卓越"的新跨越战略的有效实施。重点是通过大力开展"企业文化示范基地创建活动",打造企业文化示范工程,形成企业文化推广传播的规范机制,增强企业文化的传播力和影响力。推动"正德厚生,臻于至善"中国移动这一核心价值观,充分渗入企业管理和企业文化的各个领域中,实现"责任"与"卓越"的对接。建设具有高度凝聚力和影响力的企业文化,点燃中国移动可持续发展之路的强大引擎。

在此背景下,全集团上下齐动,省公司、省公司二级单位、地市公司积极响应集团号召,在继承中国移动统一文化标准的原则下,结合本身实际不断创新特色文化。广东公司作为中国移动规模最大的省级公司,更是率先在全省范围内展开了创建企业文化示范基地的活动,涌现出一批中国移动企业文化建设的优秀典范。

中国移动企业文化落地模式咨询案例分享

普智经盛管理咨询(中国)公司有着丰富的移动通信行业企业文化管理咨询的经验,主导并参与了中国移动广东公司、广东客户服务中心、广州公司等不同层级单位的企业文化落地实施项目。其中为广东公司整个企业文化基地创建工作设计框架和具体的评比标准和规则,为广东公司客户服务中心制定符合自身特点的执行文化,为广州公司确立特色文化实施模型,充分保障了广东公司在企业文化基地创建工作中的专业性、系统性、科学性和可操作性。在此过程中,普智经盛咨询总结了一些移动企业文化落地的经验,与大家进行分享。

案例一:中国移动广东公司企业文化示范基地创建咨询案例启示

广东公司作为省公司,在整个广东省企业文化示范基地建设中有统筹大局、全面掌控的重任。因此,普智经盛咨询为广东移动公司建立了一套有效的企业文化建设评估体系,协助其进入"可实施、可控制、可检测、可改进"的良性循环,以使广东公司迅速提升整体企业文化管理水平。

第一,做好文化测评定位。明确参照系,定好测评的基点,集中解决主要问题,再辐射到企业的各个方面。在one CM的战略上,以"传承"和"创新"为核心,对企业文化进行测评。第二,做好"全面"的评价模型。按照普智经盛咨询特有的PCIS企业文化测评模型(即企业哲学Philosophy、沟通渠道Communication、企业形象Identity、企业制度System四个方面)展开建模工作,模型具体设立了"四个纬度、十四个要素"。四个纬度是"传承一致、制度固化、组织管理、模式创新",十四个要素是"文化整合、文化培训、文化传播、创新意识、创新能力、创新机制、创新效果、文化与制度协同、文化与人力资源协同、文化传播、组织保障、物质保障、管理运营、基层文化"。模型的设定一方面要建立在统一的中国移动企业文化理念上,另一方面又要凸现个性,要充分体现下属各市公司在自身实际情况基础上所形成的文化特色。第三,做好文化测评的筹建工作。主要包括成立组织、检查监督、改进提升。第四,有效把握文化评比过程。采用定性和定量相结合的方法,对省公司下属六家争创单位进行定性评估、定量评估、竞标评比三方面的评比。

普智经盛咨询认为,建立有效的企业文化评估体系,既要针对企业文化现状的评估,又要抓住企业文化核心的价值理念测量,为企业文化搭建良好的管理平台。与此同时,文化测评体系更要因需而动,有的放矢,只有这样才能为今后企业文化建设和管理工作提供可信的依据。

案例二:中国移动广东客户服务中心执行文化管理咨询案例启示

中国移动文化博大精深,然而,下属单位数以百计,情况各异,特色不同。因此,就要在中国移动"正德厚生,臻于至善"的核心价值观统一规范下,创建适合本单位特色的执行文化,以满足基层单位在执行层面上的不同需求。

在普智经盛咨询的指导和协助下,广东公司客户服务中心建立了一个具有指导性、执行性、针对性很强的特色执行文化体系,形成对客户服务工作新运营模式的强大支撑。

普智经盛咨询遵循由浅入深、循序渐进的方法,重点实施"四大阶段、九大工作"指导和协助广东公司客户服务中心建立特色执行文化体系。

"四大阶段":(一)文化理念提炼阶段:在广泛调研的基础上对特色执行文化的理念进行提炼,并形成具有客服中心特色的服务文化理念体系。(二)文化理念宣贯阶段:全面宣贯,文化认同。进行全面的服务文化理念的宣贯,力求做到将服务文化深入基层,并被广大员工充分理解和接受,实现文化认同。(三)文化理念落地阶段:巩固文化,实现落地。策划一系列文化活动和文化建设工作,将文化理念融入员工日常工作生活中,用文化指导工作,实现文化理念落地。(四)文化理念深耕阶段:文化生根,固化于制。进行内部规程、制度修订,通过制度化的方式使文化生根,并形成文化品牌,对外树立新形象,实现文化与制度的协同。

"九大工作":建立服务文化理念体系;构建组织保障体系;完善文化培训机制;整合文化传播渠道;健全文化激励机制;建立政策下达与文化宣传的联动机制;完善沟通与反馈机制;推进制度文化匹配;建立文化评估机制。

普智经盛咨询认为,集团文化和基层文化的合理对接,不仅关系到集团文化统一性的问题,更是集团文化是否能真正落地生根融于基层实际工作的大问题。因此,结合工作实际,创建特色执行文化,才能真正做到与广大员工实际工作和生活密切联系,真正做到用文化凝聚团队,用文化指导工作!

案例三:中国移动广州公司特色文化实施模型创建咨询案例启示

市级公司是省公司下属的实际运营单位,是文化贯彻执行的主力军。因此,持续传播和实践中国移动文化,是广州公司企业文化建设的重心。普智经盛指导和协助广州公司广泛征求各线条的文化建设经验,结合其文化特色,本着"有机融合、彰显共性、拓展内涵、展现特色"的原则,创建了广州公司文化建设"四化四深六重点"模型,并形成一套与之发展相匹配的企业文化建设体系。

(一)确定模型内涵及逻辑。"四化四深六重点"模型中,"四化"是整个模型的中心和基础,基本上涵盖了文化建设的所有内容,"四化":文化建设的统一化、制度化、管理化、创新化;"四深"是实现"四化"的重点目标对象或服务对象,指文化建设要深入农村工厂、深入社区、深入学校单位、深入基层;"六重点"是从"四化"的内涵中提炼出的重点工作内容,是指以传播系统、制度匹配、激励机制、组织保障、人才体系和模式创新作为六大文化建设重点。

(二)充分挖掘模型理论根据。第一,四化建设是"一个中国移动"(One CM)战略的传承和落实。第二,四深工程是中国移动核心价值观的内在要求及外在体现。第三,从执行层面分析,六大重点是企业文化在广州公司的固化和落地。

(三)指导配合模型应用。在"四化四深六重点"模型建立之后,在充分考虑企业文化建设与今年的发展战略重心、集团公司、省公司文化建设重点以及各线条工作重心相结合的基础上,选择今年的重点工作,制定了广州公司十一项企业文化建设工程,最大限度的发挥模型的指导作用,并全面促进中国移动企业文化理念体系在广州公司的深入落地。

普智经盛咨询认为,市级公司文化深化的程度,关系到整个集团公司文化落地的成败。因此,正确把握集团文化新动向,因地制宜的突出自身发展特色,灵活机动的制定与发展相匹配的特色文化建设模型是关键所在。我们一直强调文化软实力的作用,但我们更要把先进、系统地科学管理方法运用其中,提高这种软实力的科学性、系统性和可操作性。中国移动企业文化的落地,是建立在理论高度的基础上,通过多姿多彩的文化建设方法、渠道和途径,逐步深入的一个持续建设过程。不但遵循中国移动整体统一的文化价值观,更重要的是结合自身的实际情况,彰显自身文化特色,进行有声有色的企业文化建设,最终将企业文化理念在全体员工中入心入脑,统一员工的思想,激发全员的积极性、主动性和创造性,积淀了丰富的文化资源,促进企业更好更快的发展,为实现其新跨越战略提供了源源不断的精神动力。

(作者单位:普智经盛管理咨询(中国)有限公司,本文摘自《中外企业文化》2009 年 4 期)

特色文化促中交跨越发展

——中交集团

中交集团是从事大型、特大型交通基础设施的设计、施工、机械制造、对外工程承包和进出口贸易的大型国有企业集团,资产总额达 1760 亿元。2007 年度,中交集团的营业收入和利润总额分别位居央企第 17 位和第 23 位;自 2005 年至 2007 年,连续三年被国资委评定为 A 级企业。目前,中交集团已成为中国最大的港口建设及设计企业,中国领先的公路、桥梁设计和施工企业,中国最大、世界第三疏浚企业,全球最大的集装箱起重机制造商。2008 年 7 月,中交集团首次跻身于世界 500 强。

优秀的企业文化总是与现代企业制度和先进的企业管理紧密相联系的。中交集团是由原中国港湾建设集团和中国路桥集团实现强强联合、优势互补,以新设合并方式成立的。之前这两家企业均有着丰厚的文化底蕴和优良的传统。集团成立后,迫切需要把原中港和路桥两大集团在长期发展实践过程中形成的各具特色的企业文化进行对接、融合,以中交集团统一的企业精神、企业核心价值观和统一的企业形象标识进行内部规范,实现集团对外形象的统一性,增强集团的凝聚力、向心力,树立集团的整体形象。为此,中交在企业文化建设中,注重抓好企业文化建设的先进性、有效性和系统性,抓好企业文化的融合、创新,着力培育有中交集团特色的企业文化,取得了一定成效。

坚持用先进的理论指导企业文化建设

"十一五"时期中交集团确立了建成国际一流跨国公司的奋斗目标。在新的历史发展阶段,集团面临着继续深化改革、进一步把集团做强做大,实现跨越式发展的重大考验。因此,全面推进具有中交集团鲜明特色的优秀企业文化,并用这种文化力量不断推动企业全面、健康发展,既是形势发展的客观需要,也是集团实现新跨越的内在要求。在企业文化建设中,中交集团始终做到贯穿一个指导思想、坚持六大基本原则、正确处理四大关系。

贯穿一个指导思想是：

以邓小平理论和“三个代表”重要思想为指导，全面贯彻以人为本的科学发展观和以“八荣八耻”为主要内容的社会主义荣辱观，继承和发扬中交集团优良传统，积极借鉴中外优秀企业文化管理的成果，根据中交集团发展战略和集团公司整体上市的要求，不断创新企业文化的理论和实践，为集团全面协调和可持续发展提供有力的文化支撑。

坚持六大基本原则是：

——坚持与先进文化发展方向相一致的原则。贯彻落实以人为本、全面协调可持续发展的科学发展观和社会主义荣辱观，以爱国奉献为追求、以促进发展为宗旨、以诚信经营为基石，以人本管理为核心，以学习创新为动力，努力建设符合先进文化前进方向的中交集团企业文化。

——坚持以人为本、构建和谐企业，实现企业全面协调和可持续发展的原则。通过构建和谐的文化精神和文化境界，进而达到构建和谐企业，使企业内部人与物之间、人与人之间以及企业与社会和自然环境之间和谐并存、良性互动、共同发展；通过企业文化的发展和不断创新，不断提升员工的生存价值和文明程度，使员工成为具有崇高品质和思想境界的、真正获得全面发展的先进生产力主体；将企业的发展目标融入社会的发展目标之中，正确处理眼前利益与长远利益、企业利益与国家利益、局部利益与社会利益的关系，在企业和员工获得发展的同时，为社会提供优质的公共基础设施产品，为提高我国综合国力和国际竞争力，为全面建设小康社会贡献力量。

——坚持个性与共性辩证统一的原则。遵循先进文化的前进方向是我国企业不可动摇的共性要求，追求企业个性是企业文化建设的基本属性。根据中交集团的实际，坚持共性与个性的辩证统一，一般成功经验与企业及其环境特征的辩证统一。遵循解放思想、实事求是、注重实效的方针，努力构建具有行业特点和中交集团特色的、一般成功经验与企业及相关环境特征相一致的企业文化体系。

——坚持企业科学管理与文化管理相结合的原则。先进的企业管理需要卓越的企业文化，卓越的企业文化能够创造先进的企业管理。通过先进的管理制度、方法和手段来实现企业文化所培育的价值观念和行为规范，并渗透在企业管理的体制、机制和经营策略里，贯穿于企业管理的各个环节之中。在推行制度改革和创新的过程中，积极培育与之相适应的企业文化，以企业理念与价值观为导向，通过制度的强制性、约束性，使员工的行为符合企业理念和价值观，最终成为员工的自觉行动，形成科学的管理制度与先进的企业文化紧密结合的管理环境，推动企业全面、协调和可持续发展。

——坚持实现员工自我发展和忠诚观念相协调的原则。努力增强集团的凝聚力，提高员工的团队意识，教育引导员工在各个不同的岗位上为企业尽责尽力；尊重和维护员工的合法权益，关心员工的实际需求，尊重员工的人格、信仰、观念、意愿，使每一个员工都伴随着企业的发展而成长，形成企业和员工相互忠诚的良好氛围。

——坚持继承与创新相结合的原则。创新是企业文化发展的灵魂。站在现代文明的基点上，以开放的姿态、世界的眼光和宽广的视角，理性把握传统文化与现代文化、民族文化与世界文化的关系，以战略的思维、创新的精神和超越的意识，在继承优良传统的基础上，坚持与时俱进、开拓创新，不断汲取先进企业文化的优秀成果，赋予中交集团的企业文化以新的时代内涵和时代精神，永葆生机和活力。

正确处理四大关系是：

——企业文化与企业精神文明的关系。企业文化的先进与否直接影响着企业精神文明的进步程度，从这个意义上说，企业文化相似于企业精神文明。但二者又是有区别的，企业文化属于企业管理范畴，是一种组织文化；它以文化为手段，以激发人的自觉性和创造力为实质特征，不断把企业管理推向更高层次，成为企业竞争力的不竭动力和源泉。企业文化建设是一种更深层次的精神文明建设，是企业精神文明建设在新的历史条件下的创新和发展；企业文化为企业精神文明建设创造良好的文化氛围，同时提供具体内容和强大的动力。因此，我们通过企业文化建设与企业精神文明建设的良性互动和相互促进，全面提高员工素质和企业竞争力。

——企业文化与企业思想政治工作的关系。企业文化和企业思想政治工作虽然所研究的对象和达到的目的是一致的，但企业文化从管理的层面上激励、整合、约束员工的精神、理念和行为，涉及的范围更加广泛。企业思想政治工作是优秀企业文化的重要组成部分；企业文化与企业思想政治工作既不能等同，也不能相互替代。企业思想政治工作是企业经济工作和其他一切工作的生命线，对建设优秀的企业文化起到支持和保证作用。企业文化建设如果离开思想政治工作的保证作用，就会偏离正确方向，甚至会走到邪路上去。同时，企业文化丰富了企业思想政治工作的内容，拓宽了思想政治工作的渠道，使思想政治工作更具渗透力和感染力，是新时期改进和加强企业思想政治工作的有效途径。我们把企业文化建设与思想政治工作有机结合起来，通过企业文化建设，赋予企业思想政治工作以崭新的内容，通过确立与整个社会正确价值导向相符合的企业价值观，培育富于鲜明时代特征和企业个性的企业精神，树立适应市场经济要求的企业经营理念和外在形象，不断推动企业健康发展。

——企业文化与建立现代企业制度和提高管理水平的关系。建设优秀的企业文化，是建立现代企业制度的必然选择。我们在企业文化建设中，通过企业精神的培育、企业价值观和企业理念的凝炼、员工素质的培养和企业形象的策划，极大地强化企业管理并推动管理创新。

企业文化不能脱离企业管理，单纯为企业文化建设而建设。因此，我们把企业文化的内容通过管理制度、方法和手段来实现，并体现在企业发展战略和经营策略中，渗透在企业管理的体制、机制和各项制度里，贯穿于企业经营管理及其他各项工作的全过程；把企业文化建设与加强和改善企业管理有机结合起来，通过文化管理手段，建立与现代企业制度相适应的企业管理，不断提高企业的科学管理水平。

——企业文化本身形式与内容的关系。企业文化的一些表层的东西，是企业文化的外在表现形式；而它的内涵或者核心层的东西，是企业精神和基本理念，是企业的价值层面。我们在企业文化建设中，始终正确认识和处理企业文化本身内容与形式的辩证关系，将企业在发展过程中形成的优秀的基本价值观灌输给全体员工，通过长期不断的教育、整合，形成一套企业独特的价值体系，并将这些理念和价值观念，通过一定的形式及企业和员工各种外在活动表现出来，构成了完整的企业文化，把企业文化真正抓出成效。

在企业文化建设中，我们注重在引进、吸收、融合国内外先进文化和继承传统的基础上，进行文化的对接、融合，以中交集团统一的企业精神、企业核心价值观和统一的企业形象标识进行内部规范，实现集团对外形象的统一性，增强集团的凝聚力、向心力，树立集团的整体形象。

文化的融合首先是人心的融合。团结就是力量，团结就是胜利。集团上下的团结，是我们干好事业、干成事业的可靠保证。当前，要着重把握和处理好集团企业文化建设中的继承与创新、对接与整合、融合与互补、共性与个性的关系，做到在继承和发扬优良传统的基础上，将中港、路桥两大集团的优秀企业文化进行有机对接和整合再造，促进文化融合，减少文化冲突，求同存异、取长补短，实现文化的相融共进和优势互补；要坚持在继承中创新，用发展的观点和创新的思维对原有的企业文化传统进行提炼和升华，结合企业实际，赋予新的内涵，形成既有继承、又有发展，既反映时代要求、又具有中交集团特色的企业文化。

在理念、结构、体系、功能和运行等方面，注意优化和创新，着重把握和处理好继承与创新、对接与整合、融合与互补、共性与个性的关系，做到在继承和发扬优良传统的基础上有机对接和整合再造，促进文化融合，减少文化冲突，求同存异、取长补短，实现文化的相融共进和优势互补；坚持在继承中创新，用发展的观点和创新的思维对原有的企业文化传统进行提炼和升华，结合企业实际，赋予新的内涵，形成既有继承、又有发展，既反映时代要求、又具有中交集团特色的企业文化。

坚持企业文化的有效性

企业文化具有凝聚、导向、激励功能，是企业发展的深层推动力。因此，能否达到有效性，是企业文化能否具有生命力的关键。我们在企业文化建设中，十分注重抓好企业文化的有效性。

一是充分认识加强企业文化建设的重要性和紧迫性。从全面贯彻落实以人为本的科学发展观和构建社会主义和谐社会的高度，充分认识加强企业文化建设的重要性；从提升管理水平，增强企业核心竞争力，推动集团全面、协调和可持续发展的内在要求上，充分认识加强企业文化建设的紧迫性；从发挥企业党组织政治优势、创新思想政治工作和精神文明建设的方法、途径上，充分认识加强企业文化建设的必要性；从提高企业和职工素质，构建和谐企业的要求上，充分认识加强企业文化建设的艰巨性和长期性。

二是着重把握和处理好企业文化建设与生产经营管理的关系，促进企业文化与企业发展战略和企业管理的有机结合、与各项管理制度的深度融合，实现制度与文化理念的对接，把企业管理提升到文化管理的层次，把以人为本的理念与促进人的全面发展、培育“四有”职工队伍，塑造良好企业形象结合起来，通过文化力量的整合、激励、导向和辐射作用，不断提高广大干部职工的思想道德修养、科学文化水平和专业知识技能，不断提升企业素质和竞争力，促进企业全面协调和可持续发展。

三是从集团公司总部到集团各单位，党政领导高度重视企业文化工作，从企业长远发展的战略高度，把企业文化建设摆在更加突出的位置，精心部署，全力抓好。充分发挥企业文化强大的精神动力、智力支持和思想保证作用，把企业文化建设与思想政治工作和企业精神文明建设紧密结合起来，以培育先进的企业精神和价值观为核心、以树立先进的经营理念和塑造良好的企业形象为重点、以创新制度和文化育人为基础、以导入企业识别系统为契机，促进了管理升级和生产经营、工作效率，增强了企业凝聚力、向心力，优化了企业形象，增强了企业发展后劲，提高了企业的综合素质；把企业利益与社会利益有机统一起来，向社会展示了企业正确的价值追求和价值导向，提高了企业的社会认可度、知名度和美誉度。广大职工把“建一流工程、创一流业绩、做一流职工、树一流形象”作为自己的不懈追求和自觉行动，在向世人展示骄人业绩的同时，也展现了中国交通建设队伍的风采。

四是企业文化促进了企业改革发展。中交集团通过资产重组、强强联合，充分发挥大企业集团的战略功能和综合优势，成为对中国水运、公路交通基础设施建设行业具有控制力、影响力和带动力的重要骨干企业。在国内外港口、疏浚、船台、船坞、公路、桥梁、隧道等工程的勘察设计咨询和施工，以及港口、筑路机械设备制造等专业领域业绩卓著，蜚声中外，为我国交通建设事业作出了重大贡献。在承建和设计的众多国家重点工程建设项目中，分别创造了我国乃至亚洲和世界水平、桥梁建设史上的多项“第一”、“之最”，其中大型集装箱港机制造、桥梁建造和疏浚能力已达到世界先进水平。中交集团的“CHEC 、“CRBC”和“ZPMC”品牌，分别成为国际海事工程、路桥工程和大型集装箱装卸机械制造业界的知名品牌。

中交集团的资产总额、新签合同额、营业额连攀新高，经济效益大幅提升，全员劳动生产率、产值利润率、国有资产保值增值率等主要经济指标在全国建筑施工企业中名列前茅。2007年集团资产总额由重组前的610亿元增长到1760亿元,年均增长42.3%;新签合同额由808亿元增长到2343亿元,年均增长42.5%;完成营业收入由647亿元增长到1520亿元,年均增长31.1%;实现利润由15.8亿元增长到82.5亿元,年均增长73.3%,经济运行呈现快速、健康发展的良好态势。

五是企业文化建设有力地推动企业文明创建工作。据不完全统计,近两年来,集团荣获全国及省部级"文明单位"称号的一、二级企业和项目部有100多个,荣获全国及省部级劳动模范、先进生产(工作)者、"五一劳动奖章"、"巾帼建功立业标兵"、青年岗位能手、优秀共产党员等称号的有550多人次。

坚持企业文化的系统性

企业文化建设是一项长期的战略任务和系统工程,涉及企业物质文明、精神文明、政治文明建设各个方面,需要调动各方面的力量,形成合力,精心培育,持久构建。我们在企业文化建设中,把企业文化作为企业发展的一项系统工程,着力抓好。

首先是注重建立健全企业文化建设的领导体制。各单位党政领导把企业文化建设工作纳入重要议事日程,做到党政共同负责、党政工团齐抓共管。建立并完善企业文化建设的长效机制,形成符合企业实际、可操作性强、分工明确、运转协调的企业文化建设体系和考评激励机制。

其次是与现代企业制度和法人治理结构相适应。发挥好董事会、党委会和经营班子的决策作用。注重抓好规划制定、宣传导入、典型示范、组织实施四个关键环节,做到全员参与、规范运作、以点带面、整体推进。加强企业报刊、广播电视、局域网络等文化载体建设,整合集团的文化资源,营造企业文化建设的浓厚氛围;广泛利用社会媒体,大力宣传企业形象,扩大中交集团的品牌效应和社会知名度、美誉度。

第三是正确认识和处理好企业家倡导与员工积极参与的关系。集团各级党政"一把手"作为企业文化建设的第一责任人,自觉当好企业文化建设的倡导者、决策者、组织者和推动者;从企业发展的愿景和更高目标追求上、从企业优良传统、成功经验和先进典型中出精神、出思想、出理念,从中提炼出为广大职工认同的经营管理哲学、基本价值观念和行为规范,通过言传身教,潜移默化地影响、渗透到广大职工;通过建立规范的制度和机制,把企业家倡导和员工认同的文化理念,体现到企业的各项工作之中。

第四是紧紧抓住关键环节进行宣贯。我们紧紧抓住企业发展战略、经营管理、人力资源、市场开拓、品牌创立等关键环节,有组织、有系统地宣贯企业文化,做到以培育先进的企业精神为核心,以建立先进的经营管理理念体系为重点,以创新制度文化为基础,以导入集团企业识别系统为契机,不断丰富和深化企业文化的内涵,激发员工的积极性和创造性,优化企业形象,提高管理水平,促进企业全面协调和可持续发展。

第五是坚持企业文化的系统性和科学性。在企业文化建设中,我们通过不断总结、提炼,形成了相对稳定的,包括精神层、制度层和物质层文化基本内容的企业文化,既符合企业实际,又为广大员工自觉接受和遵守的企业文化系列理念、规范、标准。

第六是紧密结合企业实际,推动企业文化工作不断向基层延伸、向纵深发展。中交集团各单位立足实际、立足基层,根据行业特点,经过持久构建和精心培育,形成各具特色的项目文化、船舶文化、设计文化、自主创新文化、安全文化等系列文化。上海振华港机公司面对强手如林、竞争激烈的国际市场,以"让世界凡是有集装箱起重机的港口,都使用中国产品"的报国理念,形成"奋勇拼搏、勇于创新、敢为人先、为国争光"的自主创新文化,经过十几年的拼搏,把一个只有百万美元起家、几十人的默默无闻小公司,发展成为拥有130多项自主知识产权和专利技术、所生产的大型集装箱装卸岸桥占有世界70%以上市场份额、其自主研发的"新一代港口集装箱关键技术"荣获2005年度国家科技进步一等奖,受到胡锦涛总书记的高度赞许。一航局二公司以"建一项工程,塑一座丰碑"的精品理念,形成了自己的品牌文化——"浇铸明天",这是我国建筑业第一个进行商标注册的服务品牌,树立了企业的良好形象,在业界产生广泛影响。公路二局形成以东盟公司和三公司为代表的"五零文化"(沟通零距离、职工零抱怨、质量零缺陷、安全零事故、业主零投诉),提高了企业的凝聚力和竞争力。天津航道局把企业文化融入企业管理,通过持续开展的船舶"星级管理",不断提升以船舶管理为中心的企业管理水平,形成具有疏浚企业特色的船舶文化。一公院的勘察设计人员长年奋战在青藏高原,形成特别能吃苦、特别能战斗、特别能忍耐、特别能奉献的"一公院文化",该院科研人员完成的"寒区公路与隧道冻害预报和综合防治关键技术"项目达到国际先进水平,为高原高寒冻土地带公路、铁路等基础设施建设,提供了有力的技术保障,荣获2005年度国家科技进步二等奖。

通过不懈努力,目前中交集团已初步建立了适应社会主义市场经济和现代企业制度要求、遵循先进文化建设的发展规律、符合企业发展战略目标、体现企业及员工的长远根本利益、具有鲜明时代特征和中交集团特色的企业文化体系。这一文化体系,包括了企业文化建设的战略发展目标、长远规划和阶段性实施措施,具有较完整的企业愿景、企业目标、企业精神、企业理念、企业价值观、企业道德等的企业文化核心内容,形成了企业文化的各项子系统及行为标准、规范,做到与企业实际和各项规章制度紧密结合,结构相对稳定,针对性和可操作性强,使企业文化成为推动中交集团全面、协调、可持续发展的不竭动力和源泉。

(作者徐永平,本文摘自《企业文明》2008年8期)

理念到行为零距离

——中国石油大庆炼化公司

文化落地是企业文化建设中最热议的课题,也是企业文化能否指导企业实践并提升企业管理水平最为关键性的环节。从企业文化内在的作用机制来看,从理念到行为之间的转换瓶颈常常阻碍文化力发挥作用,畅通从理念到行为的转换“路径”正是文化落地的核心诉求。

一个有着深厚文化渊源的企业,历经三次重组,在继承与创新的过程中实现了文化再造,并推进文化深植,让企业文化建设落地有声。大庆油田的大庆炼化公司因此成为中国企业文化示范基地并非偶然,“心相通、情相融、力相合”——“三相”文化以独有的魅力放射异彩,而值得我们关注的不仅是这些理念中的亮点,还有贯通理念与行为之间的企业文化建设的路径。“六化”、“九落地”这些高度凝练的方法和目标成为具有普遍适用的一个范本,也实践了企业文化从“虚”到“实”的能动过程。

大庆炼化公司的范本表明,当文化与行为最终搭建一条无障碍通道时,文化落地方能名副其实,企业文化的终极目标或将实现。

勿庸置疑,排名中国化工企业500强前列的中国石油大庆炼化公司(以下简称大庆炼化)是旗舰式企业,集炼油、化工、化纤、轻纺生产销售于一体,隶属中石油,依托大庆油田,在大庆精神积淀的文化财富和中石油企业文化的完整体系之下似乎很难彰显自己的文化个性。然而大庆炼化在党委书记冷胜军和总经理李正光的带领下,却走出一条有继承有创新,母文化与子文化水乳交融的特色企业文化之路,特别是在文化冲突与融合中坚持构建一套适合企业发展的企业文化体系,把文化实践的关键点落在文化路径建设上,成为“文化力提升经济力”的典范。

“三相”达意 “六化”点睛

以文“化”人是企业文化的特有属性,也是文化管理的最高境界。在企业文化建设中,人们往往把着眼点聚焦在理念的提炼环节,甚至比拼文字功夫,看谁的词汇更抢眼。实际上,企业文化理念不管平实的还是花俏的,理念都必须适合企业发展战略。

大庆炼化是中国石油的地区分公司,先后经历了三次重组和整合。2000年10月由两家企业重组成立,2006年2月,受中国石油天然气股份有限公司委托对林源炼油厂进行托管,实现第二次重组。作为大型国有企业,重组前三个企业都有辉煌的发展历程,都有深邃的文化渊源,但这并不意味重组后,就会自然形成一个文化优秀的企业。重组后显现的矛盾,表现为文化的冲突。这也意味着,公司成立八年来,一直面临着重组给企业带来的人员思想、组织结构、规章制度调整中的文化构建问题。然而,尽管换了三届领导班子,但文化传承未受影响,在持续重组整合中,在中国石油集团公司领导和中国企业文化研究会指导下,大庆炼化以大庆油田为“根”,以大庆精神和铁人精神为“源”,不仅实现了企业的整合,更实现了文化的融合,构建了独具个性的“三相文化”,并以“六化”为企业文化建设路径,最终实现“九落地”目标,形成了“三六九”为代表的企业文化建设体系。

“三相”文化是大庆炼化公司的文化名片,即“心相通、情相融、力相合”。这三句平实的话语给人温暖亲切之感,“三相”文化的内涵也非常容易理解:“心相通”是指以员工与企业价值实现为目标,达成全体员工对企业核心价值观的广泛认同,做到传承大庆精神之心相通;“情相融”是指以建立上下心理契约为目标,达成全体员工与企业的广泛认同,做到构建和谐之情相融;“力相合”是指以建设“四大基地”为目标,达成全体员工对企业发展愿景的广泛认同,做到奉献能源之力相合。

“三相”文化是中国石油文化的子文化,也是独具特色的个性化文化,是大庆炼化传承大庆精神,根据能源化工产业特征及企业自身发展战略,在长期实践和文化整合中孕育并提炼而成的。看似普通的词汇,简洁练达,亲切温馨,却有着巨大的张力,把企业文化的凝聚力表现得淋漓尽致。

为了让“三相”文化理念固化于职工心中,真正在企业的经营管理中发挥能动作用,大庆炼化又创新地提出“六化”作为企业文化建设的路径和方法。“六化”即“同化于优,实现文化整合;融化于情,打造“三相”团队;内化于心,铸造企业之魂;外化于形,塑造企业品牌;物化于制,提升管理水平;强化于基,推进文化深植。”

“六化”主要是以中国石油核心价值体系为指导,着重解决重组企业的文化整合、体系建设;文化融合、凝心聚力;文化主导、提升管理;文化深植、夯实基础;文化创新、持续推进的问题。“六化”是“三相”文化最终实现落地的基础和保证,是精神文化与行为文化之间转换的有效载体和平台。

例如,“六化”中坚持“融化于情”,打造“三相”团队,是用共同愿景把企业与员工凝结成命运共同体;用无障碍沟通架起管理者与员工的互信桥梁;用真情关爱营造员工真心认同的家园氛围。通过这些措施激励广大员工增强荣誉感,提升企业凝聚力。

而坚持“内化于心”,铸造企业之魂则体现理念的“入脑入心”。通过开展“学习铁人精神、争做新时期大庆炼化人”特训营等活动,把大庆精神内化成实现奋斗目标的激情,努力培育服从大局、为企分忧的价值取向。通过各种形式大力弘扬“三老四严”、“四个一样”的大庆传统作风,把大庆精神内化成迎接挑战、克服困难的勇气,努力培育勇闯难关、拼搏奉献的价值取向。在职工中深入开展了“敬业尽责,以企为家”主题教育活动,把大庆精神内化成做好本职工作的动力,努力培育兢兢业业、求真务实的价值取向。

坚持“物化于制”,提升企业管理,表现为精神文化与制度文化的衔接。大庆炼化在“诚信、创新、业绩、和谐、安全”

核心经营理念以及质量、安全、环保、人才等管理理念的引导下，强调文化理念与管理制度的一致性，增强制度规范的文化内涵。同时，坚持执纪从严、领导从严、严而公正、严教结合的“四严”管理原则，利用行之有效的载体来推进制度，强调文化理念与管理行为的一致性，增强制度落实的文化品位。不断探索和实践符合实际需要的管理思想、管理措施，强调文化理念与管理创新的一致性，增强管理创新的文化潜质。

应该说，正是有了“六化”的创新方法和路径，大庆炼化才得以将理念转化为员工的行动，实现了文化力提升经济力，使企业文化成为“有用的文化”。

以科学发展观支撑“九落地”

理念落地是企业文化建设永恒的主题，企业发展会不断遇到新问题，企业文化理念落地工作也需要不断地推进。“九落地”是大庆炼化公司企业文化建设的追求目标和工作重点。

如果说“六化”是企业文化建设的操作途径，那么“九落地”则是目标、路径和方法的高度统一，解决公司员工对公司企业文化认同的问题，完成员工对企业文化理念由内化于心到外化于行的转化过程，实现企业文化在企业发展中的功能和作用。

大庆炼化企业文化的继承和创新，主要体现在把握空间和土壤，道路和步骤，节奏和标准，优势和劣势，对企业文化建设做深入的需求分析和全面的架构设计，保持积极主动的态度和柔性设计的适应能力。

而其核心思路是坚持以科学发展观解决在文化“落地”和“深植”中遇到的新问题，以创新思维推动企业文化“九落地”。

一是创新载体，保证文化灵魂落地。“爱国、创业、求实、奉献”的大庆精神既是中国石油企业精神，也是大庆炼化公司“三相”文化的灵魂。大庆精神铁人精神是在大庆油田第一次创业期间形成的，是大庆第一次创业的精神动力和思想保障，也是大庆二次创业的精神动力和文化支撑。大庆炼化始终把努力践行“三相”文化同进行大庆精神铁人精神教育融为一体，通过深入开展“身在大庆学大庆、铁人身边做铁人”的主题教育活动，组织各级干部和广大员工参观铁人纪念馆、第一口油井、请老会战讲传统、组织几千名员工讲身边具有时代特征的新版铁人小故事，以灵活多样的形式，认真诠释“有条件要上，没有条件创造条件也要上”和“三老四严”、“四个一样”的大庆优良传统，使广大员工受到大庆精神铁人精神的再教育，深化了员工对中国石油企业文化精髓和本质的理解和认同，促进了“三相”文化之魂——大庆精神的落地。

二是创新方法，保证文化理念落地。任何先进的文化理念只有经过员工自觉地由内化到外化的转化过程，才能在提升企业管理水平中发挥作用，体现企业文化的管理学属性。大庆炼化公司在企业文化建设中明确提出构建“人企、人际、人机、人境”“四个和谐”的工作目标，其中之一就是构建“人机和谐”，即员工与其管理设备的和谐。提升设备管理水平是保证炼化企业安、稳、长、满、优生产的重要条件。为了达到人与设备的和谐共处，大庆炼化公司聚丙烯厂最先提出了“提高技能以实现人机和谐”的理念，动力一厂污水车间最早开展了“人机对话”活动，这两个单位的共同特点是，要求员工认真学习和探究装置和设备技术知识，使员工对管理的设备性能、工作原理、生产流程了如指掌，促进员工向设备倾注感情，使人与设备建立起情感交流。公司及时总结和推广这两个单位对设备进行人性化管理的经验，有力地促进了公司设备管理“只有工作零缺陷，才能设备零事故”理念的落地，使公司的设备管理水平有了很大的提高，2007 年以来，主要设备完好率达到 100%，设备完好率达到 99%。

三是创新形式，保证依靠方针落地。全心全意依靠工人阶级是办好企业必须坚持的政治原则。同样是企业在企业文化建设中应该遵循的方针。大庆炼化坚持依靠员工建设企业文化，鼓励员工参加企业文化活动，让员工在参与企业文化建设活动中加深对“三相”文化内涵的理解，发挥文化管理的功能和作用。公司建立总经理接待日、网上热线、网上论坛、总经理信箱等，就是把民主管理融入到企业文化之中。做到企业文化推进民主管理，民主管理促进企业发展。去年以来，我们还大力推广公司企业文化示范单位之一的炼油二厂以“‘公开透明’给予员工最广泛的知情权，‘公正办事’给予员工最充分的监督权，‘公平竞争’给予员工最直接的参与权”为内容的“公平、民主、赏识”文化，让广大员工参加企业民主管理、参加厂长办公会、直接参与民主决策，进一步提升了员工的主人翁地位，推进了全公司民主管理工作的进程，激发了员工自觉参加企业文化建设活动的热情，进一步在企业文化建设中落实了中央的“依靠方针”。

四是创新管理，保证制度规范落地。创新管理是企业生存和发展的主题。规章制度的建设现在不是要建多少规范与流程，最重要的是建一个用一个，执行一个。大庆炼化把从严管理和人性化管理有机结合起来，坚持以打造创新力为落脚点，以强化规范力为切入点，以提升执行力为着力点，用制度文化诠释和践行企业管理，有效地推进了文化与管理的有机结合。2007 年在原规章制度的基础上，公司又发动员工对 1139 个岗位责任制度，79 个安全环保规章制度进行修订，并出台了《大庆炼化公司企业形象管理规范》、《大庆炼化公司员工行为规范》，依据这两个规范要求，加强管理，认真实施，使企业形象有了很大提升。同时还强调用以多种形式的文化载体强化企业管理，在全公司深入开展了“细节管理年”、“基层建设年”和“学习型、安全型、节约型、清洁型、和谐型”为主要内容的“五型”班组创建等活动。

五是创新思维，保证典型作用落地。先进典型独具的“催化剂”和“粘结剂”的作用，使企业文化建设魅力无穷。大庆炼化各类先进典型尤其是劳动模范既是企业优秀员工的代表,也是"三相"文化理念的优秀践行者,各类先进典型的事迹和经验是公司文化理念的体现。先进典型作用的发挥直接关系到公司文化氛围的优化和人才理念的传播,具有重要的导向和引领作用。我们通过评选"两标一模"、"十大杰出青年"、"十大巾帼女杰"等活动,用先进典型传播企业文化,并运用物质奖励和精神激励的双重"杠杆",把代表先进企业文化的人物推上前台。为在全公司形成当先进光荣,先进了还要先进、人人争当先进的良好文化氛围,几年来除了给先优模以政治荣誉和奖励以外,还给先优模(先进生产者、优秀工作者和劳动模范)以文化体验享受,组织先优模参加公司在中央电视台举办的"球迷世界杯",国际版法国马赛"城市之间"等活动,全公司有数百名先优模参加了央视节目的录制。

六是创新模式,保证人才需求落地。人力资源是第一资源,人才战略是企业文化的重要组成部分。大庆炼化坚持尊重人才、培养人才、发挥人才的作用,提出了"人才为企业发展提供动力,企业为人才成长打造平台"的人才理念,实施了"121"人才培养工程,形成了"知识、能力、素质"并重,"多渠道、多层次、多内容"的管理培养体系,不断优化员工队伍结构。通过与石油大学、哈工大和大庆石油学院等高校联办研究生班、举办生产技术运动会、岗位练兵、"师带徒"等措施,提升员工的综合素质,逐步使10名掌握炼化前沿科学技术的学术带头人、100名科技创新人才、100名高级管理人才、1000名高级岗位操作人才的奋斗目标得到落实。还积极构建人才激励、成长和展示的平台,组织建立了自行车、羽毛球、书法、美术、摄影等18个协会,通过举办运动会、书友笔会、文学沙龙、书画摄影大赛等活动,为有特殊才能的员工创造了展示自我的机会。近几年先后有400余名员工在国家、省、市级刊物上发表诗歌、散文、小说等文学作品,有数百人次参加中央电视台举办的6次国际国内节目,十余次参加国内外技术、体育、舞蹈等多类赛事。吉尼斯倒跑世界纪录保持者、公司员工许振军的最大理想就是参加2007年英国马拉松国际比赛和2008年北京马拉松国际比赛,公司专门拨款让他去英国、去北京参加展示,使他实现了这一愿望。他说:"我只是一个体育方面的'怪才',公司领导却看重我,这样的企业我打心里喜欢"。

七是创新机制,保证保障措施落地。企业文化建设是一项系统工程,既有意志化工程,形象化工程,更有物质化工程。因此需要强有力的保障措施来持续推进企业文化建设。大庆炼化在创新机制上做到远近和长短结合,文化保证措施做到有目标、有规划、有愿景、有考核、有投入。2008年,公司在2002年提出的"53344"企业文化5年规划的基础上,又创新和确立了"践行三相文化、构建和谐企业"的"12345"发展思路,即:坚定继承和弘扬大庆精神这"一个根本信念",推行企业和员工"两个形象标准化"管理,打造管理、技术、操作"三个团队",构建人企、人际、人机、人境"四个和谐",突出基层特色文化、安全文化、廉洁文化、人才文化和班组文化"五个重点",为建设资源节约型和谐企业提供文化支撑。在这些活动中,公司党委建立了长效工作机制、系统考评机制和资金投入机制,强化了检查考评工作,有效地提升了基层管理水平。

八是创新体系,保证特色文化落地。增强企业的特色文化能力,是文化创新体系建设的关键因素。对大庆炼化来说,不仅要构建一种企业发展的新战略、新体系,更为重要的是把一种与时俱进、自强不息、求异求变与自主创新战略落实到基层,使基层和生产一线成为企业文化建设的主体。大庆炼化的"三相"文化无论从总体框架、还是诸多具体理念,都是对母文化中国石油企业文化的落实和发展。通过建立基层"特色文化",在确保与公司的"三相"母文化相互嵌合的基础上,系统建立起安全文化、廉洁文化等子文化,并把以"三相"文化为主要内容的文化理念向基层不断延伸,使企业文化在基层落地生根。近几年,公司结合发展实际推广了聚丙烯厂"三合"文化、炼油二厂"民主、公平、赏识" 文化、动力二厂"六责"文化、电子商务部"阳光"文化、炼油一厂常减压车间"争先"文化、动力一厂污水车间"责任"文化、车辆管理部特车大队"家"文化等一系列子文化,进一步厚重了从中国石油文化到公司"三相"文化的内涵。

九是创新观念,保证文化成果落地。观念是创新的先导,需求是创新的动力,企业文化是企业全体员工共建共享的文化。大庆炼化把满足员工多层次的精神需要和解决实际问题相结合,让大家共享文化成果,增强员工的自豪感和责任感。在资金十分紧张的情况下连年加大投入力度,仅2007年就投入1182多万元,对基层主控室、培训室、副操室、员工餐厅、办公楼等46个工作场所进行装修,更换部分操作台、操作椅、更衣柜,统一设置中国石油标识、理念板、制度板,配置桌椅、书柜、资料柜、盆景、餐桌等,号召员工动手办靓岗位"家园",员工动手制作、购买,甚至把家里的东西拿到单位,布置装扮美化岗位"家园",把无形的企业文化变成有形的享受,得到了全体员工的广泛认同和参与。同时,公司还让员工分享文化落地给企业带来的新变化。继30万吨/年聚丙烯生产装置建成投产后第二套30万吨/年聚丙烯工程建设项目,今年又经国家有关部门批复落户大庆炼化;世界上最大的聚合物生产装置又一个10万吨/年扩能工程即将开工建设,这些项目的投资建设使大庆炼化公司成为具有国际竞争力的石化企业,展现出美好的发展前景。

大庆炼化公司自重组以来,三届领导班子薪火相传,与时俱进,以中国石油企业文化建设"四统一"的要求为原则,坚持"一件事抓出头,一本经念到底",致力于传承大庆精神,弘扬先进石油文化,打造炼化"三相"团队,走出了一条企业文化建设的特色之路。

"三六九"体系是大庆炼化企业文化建设的精髓,从理念到执行再到目标,连贯而扎实,用创新精神和科学发展观为思想统领,这条特色之路会越走越宽广。

(作者刘若凝、杨默,本文摘自《企业文化》2009年1期)

用理念引导行为 把规范变成习惯

——中国石化胜利石油管理局

企业文化建设的过程，实际上就是把抽象的文化理念变成具体的行为规范，用理念引导行为，把理念变成制度，使制度体现规范，让规范成为习惯。胜利油田在不断加强和深入推进胜利文化建设过程中，以“四个要素”即“共同的愿景目标，共同的价值追求，共同的制度规范，共同的行为习惯”为主要内容，层层展开，深入推进。在突出宣传“百年创新，百年胜利”的共同愿景和“共创百年胜利，共建和谐油田，共享美好生活”的价值追求的基础上，2009 年初油田党委提出了“人人遵章守纪，事事讲求精细，时时注重创新，处处体现和谐”的共同行为规范，不仅把文化理念变成了具体的行为准则，而且使胜利文化建设有了更为具体的实践载体。“四种行为规范”既是油田广大干部职工长期实践经验的总结提炼，更是弘扬新时期胜利精神、提升企业素质、塑造良好形象的现实要求。四种行为规范相辅相成，是一个统一的整体。“人人遵章守纪”是前提，它保障油田生产生活秩序的正常运行；“事事讲求精细”是基础，它促使每个人尽心尽力地做好每件事情；“时时注重创新”是动力，它激励干部职工与时俱进保持蓬勃发展的生机活力；“处处体现和谐”是条件也是目的，它以和谐的人文环境，体现了共建共享理念，以营造形成“心齐、气顺、劲足、家和”良好局面。

一是以“执行决策不动摇，执行纪律不走样，执行制度不变通”为主要内容，大力推进执行文化建设，培养形成“人人遵章守纪”的行为习惯。“遵章守纪”是最基本的行为规范，是执行文化的核心要素和根本要求。“章纪”通常是指各种规章、法纪和制度。“遵章守纪”首先是一种强制要求，是一种“硬约束”。章纪面前人人平等，不管是什么人，也不论是什么情况，只要违反章纪，就一定会受到惩罚。倡导和推进执行文化，就是要把强制和他律变成一种自觉自律行为，形成一种“软约束”。“人人遵章守纪”，就是要求每一个人都要自觉地把遵守“章纪”作为一种公理，形成一种习惯，切实做到“执行决策不动摇，执行纪律不走样，执行制度不变通”。执行决策不动摇，就是要坚定不移地贯彻落实上级的战略规划和部署，维护决策的权威性。决策就是正确分析客观形势，立足自身发展实际，做出的各种科学判断和运筹谋划，体现了领导层的执政思想和集体意志，具有战略主导性和最高权威性。油田广大干部职工特别是党员领导干部，从讲政治的高度，坚定理想信念，增强大局观念，在思想上、行动上与党中央、集团公司党组和局党委保持高度一致，坚定不移地宣传贯彻党的路线、方针、政策，坚定不移地贯彻落实中石化集团公司和局党委的战略规划和决策部署，以一种等不起的紧迫感、慢不得的危机感、坐不住的责任感，不等不靠，不讲条件，毫不动摇，雷厉风行地认真贯彻落实，执行到位，抓出成效。执行纪律不走样，就是要不折不扣地严肃执行各种纪律规定，彰显纪律的严明性。纪是纪纲、法度；律，是法律、规则。纪律通常是指为维护组织利益并保证工作进行而要求成员必须遵守的规章条文。纪律既是通过施加外来约束达到纠正行为目的的手段，也是对自身行为起作用的内在约束力。油田党员干部特别是各级领导干部以立党为公、执政为民的政治责任感，奉公守法，廉洁自律，防微杜渐，慎始慎独，常思贪欲之害，常怀律已之心，经得起诱惑，抵得住腐蚀，守得住防线，管得住小节，不该说的话坚决不说，不该做的事坚决不做，不该拿的钱财坚决不拿，不该去的地方坚决不去，模范地执行党风党纪、选人用人、厂务公开等纪律规定，树立了勤政廉洁的良好形象，展示了率先垂范的人格力量。广大职工群众不断强化纪律观念和规则意识，自觉地严格执行油田和各单位的条规章纪、厂风厂纪、队容队纪等各种纪律规定，以严明的纪律打造团结协作、战斗力强的基层团队，培养遵章守纪、爱岗敬业的高素质职工队伍。执行制度不变通，就是要毫不含糊地严格落实各项规章条例，体现制度的刚硬性。制度是文化的载体，制度的最高境界是习惯。一种制度的内涵如果能被大家接受，就会得到自觉的遵守与共同的维护。制定完善各种制度文本固然重要，而真正执行这些制度和文本更为重要。事实上，不论大小企业都不缺少各种各样的制度文本，缺少的是对制度的信仰尊崇和严格执行意识。油田各级党政组织继承发扬石油人“三老四严”、“四个一样”的优良传统，不仅修订完善了各项管理制度，而且更注重和强调制度执行的过程，突出抓好岗位责任制的落实，严格执行中石化《员工守则》和《安全生产禁令》，规范操作流程，强化监督考核，确保了各项制度的可行性和有效性，推动了油田生产经营管理等各项工作的顺利进行。

二是以“勘探上精查细找，开发上精雕细刻，经营上精打细算、操作上精益求精”为主要内容，大力推进精细文化建设，培养形成“事事讲求精细”的行为习惯。“精细”是现代企业竞争最为重要的表现形式。“精”，就是不断提炼，精心筛选，从而找到解决问题的最佳方案；“细”，就是究其根由，由粗及细，从而找到事物内在的联系和规律性。“精从细中来，细在尽责处”。精细文化的本质，是极为关注细节，追求更好更优。油田党委提出“事事讲求精细”的行为规范要求，就是要把精细文化理念渗透到油田勘探开发和生产经营的各个方面，贯穿到各项管理工作和岗位操作过程的每个环节，切实做到“勘探上精查细找，开发上精雕细刻，经营上精打细算、操作上精益求精”。勘探上精查细找，就是要树立“地下所有的资源都能找到”的理念，发扬“吃螃蟹”精神，练就“吃螃蟹”本事，不光是把螃蟹肚子和腿中的肥肉抠出来，还要尽可能地把爪子尖里的微细碎肉都剔出来，也就是最大限度地把油气资源探明查清，努力保持油田增储上产的良好势头。开发上精雕细刻，就是要树立“所有的储量都能动用”的理念，以提高储量动用率和油田采收率为核心，强化勘探与开发、油藏与工程、地上与地下的有机结合，拿出“大姑娘绣花”的细功夫,一针一线“描龙绣凤”,最大程度地提高油气开发的产量和水平。经营上精打细算,就是以降本减费和提高效益为目的,引导广大干部职工拿起“放大镜”、“掏耳勺”,明察秋毫,精查细抠,优化管理流程,严控成本费用。全面开展群众性挖潜增效活动,把降本减费的指标任务和措施责任落实到每个基层单位和具体岗位,激励广大干部职工发扬“从毛巾里拧水”、“拿着牙签剔牙缝”的精神,从日常做起,点点滴滴降成本,养成过紧日子、细日子的行为习惯。操作上精益求精,就是以干部职工行为的标准化和规范化为重点,高度关注细节,力求做到极致。杰克·韦尔奇认为,“没有什么细节会因其细小而不值得你去挥汗,也没有什么大事大到尽了力还没有办到”。天下大事必作于细,成功源于细节的积累。追求细节的完美,必然要求操作上的精益求精。而要做到精益求精,不仅要有更尽心的态度,而且要有更精确的标准。油田进一步完善了岗位规范,明确了操作标准,优化了工作流程,教育引导广大干部职工立足平凡岗位,牢固树立“精细是态度,精细是人品”的理念,持续强化精细操作意识,尽心尽力做好每一件小事,把每个细节做到“零缺陷”,把简单的招式练到极致,练就硬功绝活,争当专家能手,涌现出了以“胜利人的楷模”代旭升为代表的先时期十大标兵。

三是以“观念创新、管理创新、技术创新”为主要内容,大力推进创新文化建设,培养形成“时时注重创新”的行为习惯。创新文化孕育创新企业,创新事业发展创新文化。观念创新是推动油田改革发展的思想保证和先导力量。“观念决定思路,思路决定出路。”胜利油田改革发展的实践表明,每当干部职工思想得到解放,观念发生转变,就会推动油田事业实现新的发展和跨越。针对一些与科学发展观要求不适应、不符合的思想、矛盾和问题,油田大力推进观念创新,以解放思想为出发点,广泛开展“解放思想大讨论”,勇于冲破固有的思维模式,转变发展方针,转变发展理念,转变发展宗旨,转变发展方式,坚持以人为本,把发展企业与贡献国家、奉献社会、造福职工有机统一起来,推动油田上下勇于变革、勇于创新,永不僵化、永不停顿。管理创新是推动油田科学发展的活力源泉和重要保障。油田大力推进管理创新,转变管理思想,创新管理方式,规范管理行为,赋予管理工作新内涵,创建管理工作新模式。持续深化改革调整,构建充满活力、科学高效、有利发展的体制机制;推进制度创新,强化过程管理。把过去的传统管理与现代管理方法进行整合优化,逐步形成具有胜利特色的管理标准体系;持续加强安全生产和节能减排,深入开展“我要安全”主题活动,推动《安全生产禁令》入脑入心,确保油田安全生产、清洁生产。技术创新是推动油田持续发展的恒久动力和强大支撑。胜利油田是特大型复式油气聚集区,勘探开发遇到许多高难度问题,科技已经成为促进油田持续有效发展的决定性因素。油田大力培养技术人才,推进技术创新,充分利用油田技术研发综合优势,大力加强基础研究,丰富发展勘探开发理论,重点攻克了一批事关全局的革命性技术,掌握了一批推动油田科学发展的“杀手锏”。同时加快成熟适用工艺技术的推广应用,提高科技成果转化率和科技进步贡献率,充分发挥科技“第一生产力”的强大威力,为实现油田的持续稳定发展发挥了技术引擎作用。

四是以“干部群众和谐,上市存续和谐,油田地方和谐”为主要内容,大力推进和谐文化建设,培养形成“处处体现和谐”的行为习惯。和谐既是一种价值理念和理想追求,也是一种道德准则和行为规范。和谐文化不仅是构建社会主义和谐社会的精神纽带和价值取向,而且作为胜利文化的内涵深化,是共建和谐油田的思想根基和文化源泉。“处处体现和谐”,不仅是和谐文化执行落地的具体要求,也是和谐油田建设成果的衡量尺度。干部群众和谐。油田各级领导干部结合学习实践科学发展观活动的开展,牢固树立“以民为先,以人为本,以和为贵”的群众思想与和谐理念,把“切实改善民生”作为推进和谐油田建设的出发点和落脚点,真心依靠群众,真情关爱群众,真正融入群众,真诚服务群众,认真落实领导责任和各种群众工作制度,真正做到“问政于民,问需于民,问计于民”,以改善民生、转变作风的实际行动赢得职工群众的信赖。上市存续和谐。油田按照集团公司的“一体化”管理的要求,牢固树立“全局一盘棋”的思想,着眼大局,换位思考,寻求各方利益的交汇点、感情的融合点和认知的共同点,坚持发展共谋、稳定共抓、环境共建、责任共担,协调共进,一体化发展。着眼于整体协调发展,油田全面推进“四个打造”,即打造集团公司上游“胜利长板”,打造石油工程“胜利铁军”,打造公用工程“胜利强动力”,打造社区服务油田生产生活“胜利大本营”。勘探与开发之间,建立多层次、高效率的勘探开发结合机制,加快储量向产量的转化步伐;勘探开发与石油工程之间,建立起共同介入、整体部署、协同作战、相互促进的运行机制,勘探开发与石油工程一体化,不仅是“上市存续和谐”理念的延伸,而且已经成为一种工作常态。油田地方和谐。在油田内外部环境条件发生深刻变化的新形势下,干部职工树立“油地一家人,油地一家亲”的和谐思想,本着“油地结合、优势互补、互利互惠、共同发展”的共建原则,与油区党政军民联手联心联力、共建共兴共荣,着眼于践行企业的社会责任,自觉参与到区域经济社会发展的大格局中,以油田发展带动区域经济发展,以地方发展改善油田生产生活环境,推动油田和地方经济文化的深度融合,共同促进黄河三角洲的开发建设。

(作者李瑞成、邹笃锋、吕卓瑞)

战略领航 科技创新 文化制胜

——中交集团第二航务工程局

正像改革开放30年,中华民族创造了无数奇迹一样,中交二航局，一个名字与建桥不沾边的“门外汉”，伴随着改革开放的旋律发展壮大，仅用17年时间，建造了20余座世界级的标志性桥梁，奠定了在中国公路桥梁建设领域的“领跑者”地位，创造了中国乃至世界桥梁建设史上的一个又一个奇迹。

改革开放30年，是共和国建桥事业飞速发展的鼎盛时期，一座座世界级桥梁相继诞生。仅看2008年上半年：5月1日，世界最长跨海大桥杭州湾大桥建成通车；6月20日，世界第一钢拱桥重庆朝天门长江大桥主体结构完工；6月27日，世界最长桥隧组合工程上海长江隧桥主线结构贯通；6月27日，世界第九大跨度斜拉桥，世界海上最大跨度斜拉桥舟山金塘跨海大桥全线贯通；6月30日，世界第一斜拉桥苏通长江大桥建成通车。

当人们为改革开放30周年之际收获这一大批世界级桥梁而由衷自豪的时候，有一个现象格外令人关注，这5座桥梁无一例外地全部由中交二航局主承建！

不仅如此，翻开他们的建桥史，你还会惊奇地发现：

近年来，二航局承建的跨江跨海特大桥项目将近100个。自四川宜宾至上海，在建和建成的63座长江大桥中，二航局承建25座。其中承建公路桥23座，占全部51座的45%，特别是在其中的世界级桥梁中，二航局更是高居榜首。

是他们，创造了同时建造6座世界第一桥的奇迹；是他们，同时承建了交通部6座重点特大桥中的5座；是他们，同时承建了湖北省内5座特大桥中的4座；是他们，承建了国内8座主跨径超千米大桥中的6座；是他们，承建了国内7座世界十大斜拉桥中的5座；是他们，承建了国内4座世界十大悬索桥中的3座……

此外，二航局还成为中国十大桥梁英雄团队，成为全国仅8家、湖北省唯一具有工程施工总承包双特级资质的建筑业企业，成为全国唯一获得中国质量管理领域最高奖全国质量奖的路桥建设企业，成为中国获得国际桥梁大奖最多的企业。

在桥梁领域战绩卓著的同时，二航局还完成了产品结构和赢利模式的调整，形成了多元化发展的新格局。

人们不禁要问，从1991年进入特大型桥梁施工领域，至今也不过才十几年，二航局凭借什么在众多有几十年建设经验的桥梁劲旅中异军突起，屡战屡胜？

市场博弈

在计划经济时期，按照交通部对筑港企业的布局，二航局只能在长江沿线从事内河港口码头工程的施工，资源和任务由国家统一调度，虽吃不饱，但也还可勉强度日。随着计划经济向市场经济的转轨，每年2 000万上下的施工产值让二航局难以为继，二航人越来越感到生活窘迫。

上世纪80年代初，改革开放的春风已经徐徐吹来，二航从计划经济的摇篮中苏醒过来，穷则思变，当许多大型国有建筑企业还可以捂着身边的钱罐子过日子的时候，举步维艰的二航局已经按捺不住，开始冲出长江，走向沿海，并实现了企业发展史上第一次大范围施工地域的突破，深圳蛇口工业区五湾突堤码头工程、广西北海港一期工程万吨级码头、广州新沙港一期工程，都是二航局走出长江的代表性工程。

尽管二航人听惯了长江的涛声，最初还不大习惯沿海吹来的“东南风”，但二航局很快就从走向沿海的经营战略中体会到了真真切切的机遇。1984年，二航局年总产值还不到5 000万元，但此后，施工产值以每年近2 000万元的增长幅度上扬，至1987年首次突破1亿元。二航局主动出击，不断赢得新的市场空间，被业内人士戏谑地称为港湾系统的“以色列”。

20世纪90年代初，水工建设投资萎缩，水工建筑市场面临“僧多粥少”的局面。二航局以市场为导向，通过创新捕捉市场机遇，于1991年首次涉足桥梁施工领域，承接了黄石长江大桥6个深水主墩的施工任务，开创了交通部工程系统在长江上建造大型桥梁的先河，实现了二航局第二次突破产品结构的突破。

在此后的十几年时间里，二航局建桥品牌越来越响，承建了一大批世界级标志性的大桥，在路桥施工领域占领了制高点，领跑中国公路桥梁建设。

近年来，面对激烈的市场竞争，二航局制定了“巩固特大桥、水工传统主业优势，实现向铁路、市政工程、地下空间、路桥加固及养护产业的快速拓展，形成新的经济增长点”的经营方针。在推进实施这些经营方略的过程中，二航局以“强强联合”为手段，建立“互利共赢”的战略合作关系，拓展了新市场。

在阳逻大桥竞标中，二航局携手中交公规院、法基公司等，组成了“1+8”的联合体，成功夺得“神州第一锚”阳逻大桥南锚碇设计施工总承包权；在杭州湾大桥投标前，二航局与日本中西公司合作，投入巨资联手打造了一条世界上最先进的起重打桩船“海力801号”，一举中标该桥第一批标段中合同额最大的南航道桥项目，使二航局实现了由江河向海洋的跨越。“海力801号”打出了一片新的市场，此后，二航局又相继中标东营港扩建工程、金塘跨海大桥、平潭海峡大桥等一系列重点特大型项目。

2005年，二航人抓住铁道建设项目向具有公路工程施工总承包特级资质企业开放的机遇，与中铁十一局联合体中标洛湛铁路工程，成功挺进铁路建设市场，并依托中交股份，先后承建了合武铁路、太中银铁路、哈大铁路、广昆铁路、京沪高铁等一批重点大型铁路项目及广州地铁六号线、广佛线等地下工程，合同额达85亿元，产品结构进一步改善。

同年，他们与上海城建集团合作中标上海长江大桥B5标，次年又与上海基础公司联合获得该桥B6标施工权，成功进入门槛极高的上海建筑市场。

如果说“强强联合”只是二航局经营的一种手段，那么，品牌经营、项目辐射则是他们拓展市场的一大法宝。

二航局始终坚持“诚信服务，优质回报”的经营理念，极大地提高了业主的满意度和忠诚度,给二航局带来了“建设一个项目,辐射一片市场”的连锁效应。一方面产生了优势区域市场,形成了湖北、江浙、东南沿海、西南地区等稳定的市场板块。另一方面促进了同一建设项目市场的连续开发,在润扬大桥、阳逻大桥、杭州湾大桥、苏通大桥、金塘大桥等项目建设中,二航局凭借出色表现,每个大桥都接连中标4个以上标段,在苏通大桥中标合同额高达24.64亿元。近年来,仅在江苏省交通厅就获得了逾百亿元的合同额,项目辐射使二航局的蛋糕越做越大。

随着一大批世界级桥梁工程的承建,二航局取得了辉煌业绩,在中国桥梁界形成了“二航品牌”。此时,二航局高层开始思考如何通过优化赢利模式提高公司的竞争能力,以保持企业持续快速健康发展。

他们结合国家经济体制改革的进一步深入,提出了“立足于大土木工程,多元化经营,实施资本运作”的发展战略,决定通过资本运作进入高端市场。2004年以来,他们相继以BT、BOT、BOO等方式投资建设了湖南湘江四桥、湖南湘江五桥、内蒙古109国道、广东云浮码头等项目,并依托中交股份承建了山西晋侯高速公路BOT项目、重庆朝天门长江大桥BT项目等。这些新型模式,使二航局成功进行了第三次突破赢利模式的冲击,实现了由“学会赚钱”向“用钱赚钱”的过程转变,有利地支持了地方经济建设,实现了“互利共赢,共同发展”的战略目标。

在巩固特大桥、水工传统优势和实施资本运作的同时,二航局已将目光瞄准了海外市场。近年来,在巴基斯坦、越南、马来西亚、斯里兰卡、沙特等国家成功拓展工程业务。2007年,二航局海外市场订单超过3.5亿美元,海外合同额在湖北省外经企业中名列前茅。

战略引领

早在20世纪50年代初至80年代初,二航局主要根据建国初期百废待兴和计划经济的实际,服务于医治战争创伤和国家经济建设。

1984年,以城市为重点的经济体制改革全面展开,企业开始走向市场。二航局高层审时度势,制定了“立足长江,面向沿海,兼顾国外”的发展战略。

1992年,邓小平视察南方发表重要谈话,二航局高层解放思想,更新观念,制定了“竞占两个市场,走向多元经营”的发展战略。

从建国初期一路走来,在历经80年代前的艰苦创业阶段、80年代的走向市场阶段、90年代的创新转型阶段,二航局下一步的路该如何走?

2002年,二航局完成了领导班子的新老交替,34岁的王海怀走上局长岗位。这一年,全国8万余家建筑企业“重新洗牌”,二航局完成了由局、公司两级法人架构向局一级法人架构的转变,顺利实现资质就位,成为当时全国唯一一家同时拥有公路工程施工总承包特级、港口与航道工程施工总承包一级和市政公用工程施工总承包一级资质的国有大型企业。

新的领导集体上任后,审时度势,在2003年明确提出“打造百年二航”的宏伟愿景,带领二航人开始了追求卓越的历程。

由此,二航局提出了“三个三”的发展战略,即:发展“三步走”(第一步:巩固行业领先地位;第二步:提升企业可持续发展能力;第三步:成为世界一流的工程建设企业,成就基业长青的百年二航伟业)、营销“三分天下”(路桥、水工、铁路、地下工程)、赢利“三分天下”(传统市场、国外市场、投资类项目),实现管理领先,优化赢利模式和可持续发展。

为此,二航局进一步调整机构,先后成立了铁路事业部、海外事业部、投资事业部,引进人才,加强这三大业务板块的运作。如今,在产品结构上,二航局实现了路桥、水工、铁路工程三足鼎立。在赢利模式上,实现了传统市场、海外市场和投资类项目三分天下。市场份额也从建局初期的几百万飚升至2007年的160亿元,二航局正朝着又好又快的方向发展。

管理制胜

二航局的突出优势是管理创新的能力。为了服从不同时期的战略发展需要,二航局开始加快改革步伐。从推行承包制到学习“鲁布革”,从撤销施工处到三项制度改革,二航局产值不断上升,利润不断提高,1995年产值突破10亿元。

2002年,以王海怀为核心的新一届领导班子继续加快改革步伐。他们紧紧抓住建立现代企业制度这条主线,以产权改革为核心,切实推进企业改制分流、调整结构、资源整合、精干主业。2005年,二分公司、三分公司相继成功改制为有限公司,二航局的企业结构已形成总分公司体系和母子公司体系并存的混合架构。2006年,局改制为有限公司,二航局大踏步地向现代企业制度迈进。

在改革改制工作有效推进的同时,二航局还不断搭建并夯实适合自身发展的管理平台,适时导入先进的管理思想和方法,走出了一条引进、吸收、再造的管理创新之路。

继1998年通过ISO9001质量管理体系认证之后,2003年,成为原中港集团系统内第一家通过了质量、环境和职业安全健康管理体系一体化认证的单位,建立了“一体化”管理平台,走在了国内建筑企业的前列。与此同时,他们还建立了以“用友管理软件”、“项目管理软件”等为核心的“信息化”管理平台。通过不断运行这两个基础性的管理平台,推动企业业务流程再造,促进管理精细化、资源利用高效化、管理流程的扁平化,使二航局的管理走上了科学化、制度化和高效化的轨道,综合管理水平不断提升。

然而,勇于追求卓越的二航人并没有止步不前。2004年,他们积极导入并建立了卓越绩效管理体系,构建了二航局“超越自我、追求卓越”的管理框架,为打造世界一流的工程建设企业奠定了基石。2006年,二航局获得中国企业管理最高奖“全国质量奖”。二航局由此经历了一个从生存到求发展,再到追求卓越的过程。

为建立起强有力的公司总部管理平台,他们于2007年建立了技术、资金管理、采购交易三大职能中心,使企业的技术、资金、设备设施、建筑材料、分包项目等资源,都得到最优化的整合和配置,为二航局保持可持续发展提供重要的基础保障。

同样在这一年,二航局开始了"再造管理体系,回归管理本质"的新一轮提升管理活动。他们在长期管理实践经验的基础上,集合"一体化"、"卓越绩效管理模式"的先进管理思想,率先在国内企业中建立起了自己的管理标准,形成了具有企业宪法意义上的《中交二航局管理大纲》,使得企业真正走上了从粗放管理到精细管理的裂变之路。

科技创新

在早期,二航局创造了多项水工工程先进技术,为中国港口建设作出了较大贡献。最典型的就是在广州新沙港,他们借鉴与创新国际先进的新结构、新技术、新工艺,挑起了攻克"格型钢板桩新型结构码头"的技术大梁,填补了国内空白。

1991年,二航局从水工行业进入特大型桥梁建设领域,创造性地将水工工程施工技术嫁接于桥梁施工,形成了具有二航特色的桥梁施工工艺和技术,并在以后的施工中不断加以创新,实现施工技术标准化、规范化,引发了一场桥梁施工技术的革命。

先是在黄石大桥主墩施工中改变传统的钢围堰现场拼装焊接工艺,将钢围堰分片在工厂内加工制作完成后,转运到施工现场,再用大型起重船吊装下沉到指定位置实现对接。不仅节省工期,也大大提高了施工的安全性。

接着在江阴大桥基础施工中,改变传统的在钢围堰上搭设钻孔平台的施工工艺,采用大型高桩钻孔平台新工艺,将一定数量的长钢管桩施打嵌入江底岩层固定,连成一体后在上面搭设施工平台。这一创新使钻孔桩施工不再受水位限制,是桥梁施工技术的又一个突破。

施工技术和施工工艺的创新,产生的最直接效果就是施工进度不断加快,国内建桥记录不断被刷新。当时国内跨度最大的斜拉桥南京长江三桥,只用两年零两个月就建成了,比计划工期提前了近22个月,创造了中国建桥史上的一个奇迹。

以后,在苏通大桥基础施工中,创造了将钢管支承桩变为直接利用钻孔桩钢护筒来支撑平台,并研制出定位导向仪,采取护筒迅速密焊、联片推进的方法,用以抗衡长江下游超强水流的巨大冲击,节省工期2个月,节约资金近2 000万元。同时创下四项世界之最,攻克了4项世界级技术难题,取得多项国际先进和国内领先技术成果。

用二航局创造的施工方法,一个枯水期就可以把桩基和主墩建起来,工期大大提前,因而受到业内的普遍关注。二航局迅速成为抢手的建桥施工队伍。

二航在黄石长江大桥起步,在江阴长江大桥走向了全国。以后又相继承建了武汉白沙洲长江大桥、荆州长江大桥、武汉军山长江大桥、鄂黄长江大桥、江苏润扬长江大桥、南京长江三桥、苏通长江大桥、杭州湾跨海大桥、武汉阳逻长江大桥、重庆朝天门长江大桥、上海长江大桥、贵州坝陵河大桥、舟山金塘跨海大桥、鄂东长江大桥、江苏泰州长江大桥等世界级特大型桥梁工程,路桥产品成为企业新的增长点。

1994年,二航局年总产值突破10亿元;2002年,总产值达到26亿元; 2007年,总产值达到114亿元。充分利用社会资源,走联合开发之路,是二航局保持技术领先的又一举措。他们先后与10多家国际顶尖建筑企业进行各种形式的合作,从他们那里引进了一系列世界最先进的施工技术,大大提升了企业整体技术水平。从德国旭柏林公司引进了格型钢板桩技术、气压法顶管技术,创造了国内地下顶进距离最长、顶进弯度最大、地下管径最大的三维曲线施工法。

创新的二航人永不止步,他们又将自己领先的建桥技术反哺水工施工。

在长江口深水航道治理工程中,二航局自行研制了我国第一艘自升式抛石整平船"航工平1号"并获国家专利。该船将大型桥梁深水基础工程中的施工作业平台技术,与水工工程中的水下基床抛石整平工艺相结合,在该工程的施工中发挥了关键作用,取得了良好的经济效益和社会效益。该设备经鉴定,填补了国内空白,达到国际先进水平。

山东东营港码头扩建工程利用建桥技术反哺水工施工,有效解决了诸多难题,创造了一条船一天施打16根桩、三条船一天施打28根桩、一天安装T梁13榀、月沉桩356根、一天完成产值300多万元等一连串水工施工纪录。

科技创新,使二航局收获颇丰,仅在2007年:

二航局"长大桥梁施工技术交通行业重点实验室"通过了交通部"十一五"第一批交通行业重点实验室认定,成为全国5家通过交通部认定的实验室之一;

二航局技术中心成功被认定为湖北省企业技术中心;

交通部3个项目获2007年度国家科学技术进步奖,其中二航局占2个,"江口深水航道治理工程成套技术"和"特大跨径桥梁钢塔和深水基础设计施工创新技术研究"两项成果分获国家科学技术进步奖一等奖和二等奖;

首次获得国家863课题,这是迄今为止二航局获得的最高级别课题;

夺得2006年度中交股份唯一一个科技进步特等奖,同时还捧回一、二、三等奖各1个;

获得湖北省科技进步二、三等奖各1个,湖北省公路学会科技进步一等奖1个;

获得国家级工法、国家专利各5项。

创新为二航局插上了腾飞的翅膀。

文化导航

一个企业寿命的长短,关键取决于企业文化的优劣。企业的代代延续,实质上是文化的脉脉传承。

1950年,伴随着共和国成立的礼炮声,二航局前身“南京浦口码头抢修工程委员会”诞生。从此,这支以复转军人为主,大专院校毕业生为辅的筑港“国家队”,南征北战,东进西突,先后承建了几十项国家重点工程,为国家医治战争创伤和社会主义建设作出了突出贡献,展示了这支队伍“拉得出、打得响、过得硬”的良好形象,营造出“四海为家,拼搏奉献”的企业文化氛围。时至今日,这一文化资源仍然是二航史册的经典篇章和二航人的优良传统。

20世纪80年代,二航局开始推行“CI(企业形象设计)战略”,确立了“争科技领先,创管理一流”的二航精神,形成了二航局特有的“双轮”驱动器。

近年来,二航局领导集体高举文化大旗,倡导文化管理,确立了“文化兴企”战略,提出了“创新企业文化,打造百年二航”的宏伟愿景,确立了具有时代性与二航企业个性的企业理念体系,颁布了《二航局企业文化发展大纲》,形成了“文化导引战略管理健全体系完善流程强化管控追求卓越”的新的治企方略。当国内知名的北大纵横管理咨询公司专家接触到《二航局企业文化发展大纲》时,盛赞道:“这是我们在诸多大型、特大型企业的咨询过程中,看到的最有特色、最为系统,既有深度又便于操作的企业文化和管理大纲”。

企业文化引领企业战略和管理的思想,在二航局得到了理性的认同和实质性的贯彻。为了使企业文化真正引领企业发展,二航局实施了“12345工程”,即坚持以顾客为中心的“一个中心”;打造“信息化”、“一体化”两个基础性管理平台;开展“科技、管理、机制”三项创新;倡导“以市场为导向,以质量、安全为重点,以人才、技术为保障,以效益和可持续发展为落脚点”的四个基本理念;落实“建一项工程,树一座丰碑,育一批人才,交一方朋友,拓一片市场”的“五个一”项目管理目标。

“12345工程”的实施,形成了强大的“二航文化力”和“二航竞争力”,使二航局企业文化理念得到有效传承和践行。先进的二航文化理念牵引着甚至是拉动着企业管理的规范、精细、上层次、上台阶,有力地推动了企业生产经营的持续健康快速发展,使二航局在极短的时间内,完成了单一的质量体系认证,质量、环境和职业安全健康管理体系一体化认证,卓越绩效模式导入的三级跳,先后获得公路工程、港口与航道工程施工总承包双特级资质,使二航局建桥品牌越来越响,并高起点挺进铁路建设市场,企业综合绩效得到全面提升,产值、利润等主要经济指标实现三年翻番,企业驶入了跨越式发展的快车道。

二航局,一个名字与路桥和铁路不沾边的企业,在继续担当水工建设市场“国家队”的同时,仅用17年时间成为中国公路桥梁建设的“领跑者”,仅用3年时间成为铁路建设市场的“主力军”。

“文化导航,战略引领,科技创新,管理制胜”,这就是二航局发展壮大的法宝。

(作者隋业辉,本文摘自《企业文明》2009年1期)

文化成就京粮

——北京粮食集团有限责任公司

从濒临绝境到浴火重生,从初涉商海到行业领先,从1999年到2009年的10年间,北京京粮集团完成了一次脱胎换骨的变化。拼搏、奋斗、智慧和心血,使命感和变革精神,京粮文化成了京粮人前行的精神力量。

变革成就京粮文化个性

京粮文化体现了京粮的精神和京粮的价值观。

——注入变革的基因。1999年7月28日,北京市粮食局实行政企分开,组建国有独资公司——北京粮食集团有限责任公司正式挂牌成立。初涉商海的京粮,面临着两大难题:一是老人、老粮、老债,如同三座大山,使企业经营困难,举步维艰,1999年成立当年即亏损9129万元;二是长期计划经济和“统购统销”时期,形成了僵化的管理模式和陈旧的思想观念。

困境中诞生的京粮集团,注定具有强烈的忧患意识和危机意识。求生存的严峻形势,为京粮注入变革的基因,新生的京粮掀起强大的变革风暴:一是思想变革。集团党委在全体干部员工中掀起声势浩大的解放思想大讨论,打破等、靠、要的旧思想,树立竞争、创新、创效的新观念,用思想风暴引发思想革命,让“不改革就没有出路”的变革理念在员工中生根和萌芽。二是体制变革。打破小、弱、散,快速推进186家小企业改制与4家劣势企业破产,消化历史包袱35亿元;打破铁交椅、铁饭碗、铁工资,在市商贸系统率先拉开人事制度改革的序幕,建立起“经营者竞标上岗、管理者竞聘上岗、员工竞争上岗”的选人机制,直属企业经营管理者由136人减少到70人,员工总数由1.96万人减少到4700多人;培育优、新、强,脱壳改制,打造古船龙头,进军现代物流。

——历史积淀为京粮文化注入责任的血脉。在物欲横流的市场经济中,还要不要恪守社会责任?京粮清醒地认识到:当我们在提倡和谐社会,塑造企业形象之时,实际上是一次重回传统文化之旅。企业经营的最高境界是什么?是胸怀。京粮人清醒地校正着发展定位:市场与责任并重。做一个负责任、讲诚信的企业法人,是京粮面对市场浪潮做出的无二选择。

2004年,当京粮集团第一个五年发展战略圆满完成时,集团党委进行文化的盘点、清理、整合、提炼,用时代精神开阔京粮新的精神境界,确立以“为民承重,兴粮富国”企业使命、“粮比天大,信比物重”企业价值观、“用精良铸就京粮”品牌理念为核心的责任文化,确立以变革理念为核心的“思危、思进、思变”京粮精神,确立“中国最具竞争力的现代粮食产业集团”的企业愿景,使京粮文化由继承到创新、由无形到有形、由传统到现代。萌芽于京粮的土壤,融汇着历史的积淀，具有鲜明粮食特色的京粮文化，迅速获得京粮员工的广泛认同，日益融入京粮人的血脉，枝繁叶茂，根深蒂固，成为京粮永续发展、不断超越的精神力量。

变革成就跨越发展

京粮集团能在困境中新生，源自毫不动摇、永不停息的变革理念。“思危、思进、思变”的“三思”精神，是京粮人勇于创新、勇于扬弃、勇于超越的集中体现。

——战略创新指引京粮发展。2000年和2006年，集团委托北京大学经济学院制定“一五”和“二五”发展战略，为迷茫中探索的京粮打开一扇思想之窗。目标明确、路径清晰的发展战略，提纲挈领、立意深远的“做市场、做品牌、做资本”战略思想，为京粮搏击商海、跨越发展，勾画了蓝图，指明了方向，成为京粮10年发展的指路航标和高速成长的重要驱动力。

——市场创新引发市场网络快速拓展。10年间，集团粮油仓储企业，以产业化为方向，转变单一的储粮模式，上游建基地，下游找市场，做大贸易，做活经营，在粮食主产区整合一大批粮食仓储资源，在粮食加工转化集中区域整合了一大批客户、市场资源，粮源基地迅速延伸到长江以北，销售渠道直通梅花味精、山东西王等大型用粮企业；集团粮油食品加工企业，以市场为导向，营销网络由单一的北京市场，迅速向三北、向全国拓展，遍布三十个省市自治区，构建起“立足三北，辐射全国”的市场销售网络；作为粮食专业物流的延伸，环京物流公司追求“环绕京城，物流天下”的目标，实施由“点”到“环”的建设，引进百安居、乐华梅兰等世界知名企业，现代物流业成为集团的有力支撑。

——品牌创新结出经营硕果。2002年，“古船”成功脱壳改制。新机制的古船，破茧重生，重焕生机；2004年，实现由北京市著名品牌向中国名牌的跨跃，品牌价值从15.56亿元跃升至31.3亿元。2003年，“环京物流”品牌诞生，迈出向现代物流产业进军的步伐。2008年，集团全新打造的新服务品牌“京粮物流”，弥补全国粮食专业物流品牌的空白，实现传统的仓储业向粮食专业物流业的重大转型。10年间，集团构建起以“京粮”为旗帜品牌，以“古船”为核心，“绿宝”、“火鸟”、“古币”等构成的产品品牌和“京粮物流”、“环京物流”等服务品牌为子品牌的母子品牌体系，品牌成为京粮核心竞争力的重要支撑。

——资本创新推动快速延伸。集团做资本的触角向郊区、向外埠、向多元化延伸。10年来，集团整合宣武粮油食品公司，投资物美连锁企业，河北阜成面粉厂、山西古船、青岛古船相继成立。依托古船的品牌优势，古船油脂公司、古船米业公司、古船面包公司相继登台亮相，完成古船品牌米、面、油、食品加工业产业链的打造。2004年，重组怀柔源益盛粮油总公司，实现优势互补和产业扩张，成为集团行业重组的成功典范；2008年，作为奥北地区最大的商业购物中心——龙德广场登台亮相，成为集团经济增长的新亮点。2009年，吉林榆树大米加工基地项目和天津临港油脂工业基地项目正式启动。做资本，成为京粮做大规模、做实产业、做强企业的有力支撑。

——科技创新引领时尚潮流。2003年，古船“7+1”面粉的问世，引领面粉由安全放心向营养健康跃升的行业革命。10年来，古船企业坚持“生产一代，普及一代；试制一代，推广一代；开发一代，储备一代；构想一代，实施一代”的产品持续开发战略，开发出高、中、低档三大系列、200余个品种的系列米、面、油、面包产品，成为人大、政协、军队、高校的专用产品，同时形成“绿色储粮体系”。2009年，北京食品产业科研基地落户京粮，形成产、学、研一体化创新体系，使科技创新与企业发展有机结合。

——管理创新，体系日益规范。10年来，集团以发展战略为统领，以法人治理结构为基础，以内控制度为主线，全面构建现代管理体系框架。率先实行财务总监制度，率先引入各类管理认证，率先建立内控体系，全面构建起以防范决策、财务、市场、运营、法律风险为核心的全面风险管理体系。集团管理模式由粗放型向精细化转变，管理理念由传统向现代转变，形成相互制约、有机制衡的风险防范和质量管理体系，为集团改革发展提供了强劲的内在动力和安全保障。

——产业创新，产业格局深刻变化。2006年，在科学分析企业内外部环境优劣势的基础上，集团把目光投向了产业升级，确定以构筑“一链两翼”产业格局为重点，推动产业升级的战略目标。10年间，由辅业林立，到四大板块，再到“一链两翼”，构筑起由粮食专业物流、粮食食品加工两大产业集群为“一链”，由现代物流业、商业不动产业为“两翼”的新的产业格局，构建起从田间地头到百姓餐桌的完整的食品安全产业链条，打开产业发展的想象空间。通过产业升级，集团原来以仓储为重点的粮库初步实现向以采购、储运、销售为重点的粮食专业物流企业的转型；以生产、销售为重点的加工企业初步实现向以采购（延伸到订单农业）、储运、生产、销售为重点的产业化经营企业的转型，建立粮源基地50个，储备能力、工业产能、年贸易量均达到150万吨。通过产业升级，现代物流和存量资源的开发盘活，对反哺粮食产业链发挥了突出作用。环京物流公司仓储经营面积达到17万平方米，环京城分布9个物流中心，日配送量600吨以上，连续三年进入全国物流百强企业；而存量资源的开发盘活则以龙德广场的正式运营为标志，集购物、餐饮、娱乐、休闲于一身，建筑面积33.8万平方米，实现了良好的经营业绩，为粮食产业发展提供了有力支持。

——党建创新，党的建设生机勃勃。集团党委始终坚持“围绕中心，服务大局，发挥优势，提供保障”的指导思想，谋全局、把方向、管大事，锻造集团事业发展的坚强领导核心。坚持从严治党与创新发展的有机结合，成功召开第一次党代会，创新实施“一则两册”和“先进性教育月”活动，搭建丰富生动、张弛有度的党员教育和围绕中心、服务发展的党员建功平台，为集团党的建设注入永葆先进的蓬勃生机与活力。

厚重的责任文化,成就京粮的光荣梦想

经过持之以恒的有力推广,京粮文化已经使京粮人凝聚成一个具有共同价值取向的文化共同体。京粮的价值取向,就是“为民承重,兴粮富国”、“粮比天大,信比物重”的责任文化,致力于成为受人尊重、勇于担当的社会公民,致力于将自身的发展融入到中华民族伟大复兴的历史进程中。责任文化,向京粮人昭示:为什么要发展京粮事业?我们要把京粮办成什么样的企业?京粮人应该依据什么思想办好京粮事业?京粮对社会、对员工的价值取向是什么?责任文化,成为京粮文化最厚重、最本质的文化内核。

在责任文化力驱动下,京粮人展现出做大事业、做强企业、造福各方的强烈使命感。在拥有一定实力的基础上,京粮集团加快了应急保障体系和生产基地的建设,基本建成了市区粮食储备体系、加工体系和流通体系,确保了政府储备粮“储得进、管得好、调得动、用得上”。集团储备粮数量达到110万吨;集团生产的古船、绿宝、火鸟、古币、华藤等品牌系列产品,在北京超市业态保持90%以上的覆盖率,并将营销网络扩大到全国三十个省市自治区。京粮集团成为北京市政府确定的粮油市场应急供应预案的唯一执行主体。从2001年起,率先在全国实施“安全放心粮油食品工程”,全面开展进农村、进社区、进军营、进高校、进农贸市场的“万村千乡市场工程”,倡导“安全放心,营养健康”的食品理念,率先承诺小包装面粉不含任何添加剂,率先推出了国家公众营养与发展中心批准生产的“7+1”营养强化面粉,率先推行环保纸包装……在向消费者庄严承诺保证销售粮油食品质量的同时,统一启用“健康生活保证”标识。2003年非典期间,京粮集团勇担社会责任,为政府分忧,急百姓所急,组织各大粮库、各个生产加工企业紧急加工、出库,一天出动118部车,仅用一天半的时间就平息了抢购风波,实现了“质量一丝一毫不降,价格一分一厘不涨”的承诺。2004年粮食市场价格波动之际,古船不计成本,率先将大包装和小包装面粉价格分别下调13%和18%,其他品牌产品也随之降价,起到了平抑市场粮油价格的杠杆作用,彰显出京粮的市场影响力、控制力和带动力。2008年年初,粮油价格暴涨。为保证市场平稳,市政府决定对部分企业的部分产品实行价格限制。京粮集团坚决遵循不囤积、不惜售、不调价的原则,古船面粉、古船油和绿宝油以低于成本的价格足额供应,为平抑市场粮油价格做出了积极贡献。

——奥运给京粮一个机会,京粮还奥运一个惊喜。2008年,当北京奥运向世界展现中国的文化辉煌时,京粮集团用粮油食品的安全和营养赢得世界赞许的目光。

“这里的米饭很可口”——奥运冠军、日本游泳运动员北岛康介这样称赞古船米。

“京粮集团是代表全国粮食人服务奥运,为全国粮食人争了光”——国家粮食局局长聂振邦这样评价京粮的奥运粮油供应。10年来,京粮集团赢得了政府的信赖、百姓的口碑,这成为推动企业发展壮大的动力和源泉,品牌的信誉度、美誉度大幅提升,实现企业、社会、消费者的共赢。

(本文摘自《中外企业文化》2009年12期)

数字化企业文化保障核电安全

——秦山第三核电有限公司

作为秦山三期(重水堆)核电站的业主,秦山第三核电有限公司担负着核电站安全生产、经营管理的重任,自2003年7月工程全面建成投产以来,公司在继承中发展、在开拓中前进,不断深化和创新文化管理,实施规范化和精细化管理,逐步形成了以安全文化为核心的企业文化,在全体员工良好实践的基础上提炼出了“一二三四五”安全文化哲学体系,即“一个硬道理,两个永远,三化运作,四个创造,五星管理,六个期望”。

秦山三核安全文化哲学体系为秦山三核推行文化管理提供了理念支撑和哲学基础,这些理念已深深物化在秦山三核持续提升的生产运营业绩及员工朝气蓬勃的精神风貌之中。秦山三核在“一二三四五”安全文化哲学体系的引领下,锐意进取,持续提升,电站整体运行管理水平在国际重水堆核电站中位居前列,2006年一、二号机组的11项世界核电营运者协会(WANO)性能指标中,分别有9项和7项超过或达到WANO先进值,电站一号机组创造了在整个第三次循环周期中实现不停堆连续安全运行463天的新记录,企业取得了良好的经济效益、社会效益和环境效益,为长三角经济高速发展作出了较大贡献。公司先后荣获“全国五一劳动奖状”、“中国企业文化建设先进单位”、“2005年度中央在浙企业安全生产目标管理考核优秀奖”、“2005年度中核集团安全生产先进集体等奖项”。

一个硬道理

“一个硬道理”就是安全发电。秦山三核是一个以发电为唯一业务的企业,公司所有活动、员工所有努力的最后落脚点就在安全发电上,没有良好的安全运行业绩,就不会有企业的生存,追求卓越的安全文化就无从谈起。无论何时,秦山三核人都牢记了一句话“我们是企业”。我们是企业,就是要优化生产技术管理体系,层层落实安全生产责任制,完善安全生产目标管理和探求企业运作规律,提高机组安全运行性能,将安全发电放在企业所有工作的重中之重的位置上。最近,我们又提出既要“安全”,又要“效益”,将安全与发电和谐地统一到了一个硬道理中去。

在全国安全生产状况比较严峻的形势下,公司全年度未发生重大及以上人员伤亡事故,未发生重大及以上质量事故,未发生人员受超剂量照射事故,未发生重大及以上火灾事故和重大及以上责任交通事故,未发生放射性物质超限值排放事故,年度安全责任目标完成情况较好。

两个永远

“两个永远”针对2005年6月22日秦山三期(重水堆)核电站1号机组液体区域控制(LZC系统)氩气误充事件而提出的,后来逐渐演变为现在的“永远不要认为自己最好,永远把安全放在第一位”。它告诉我们在成绩面前,骄傲使人落后,暂时的平静只是因为“冰山”下面的隐患还没有被发现而已。“两个永远”在不断的演变发展过程中,教会了员工做人处世方式,影响着员工的潜意识,决定着员工行为模式和生活方式,并通过影响和塑造公司员工的人格模式来强烈地影响着企业的发展和命运。秦山第三核电有限公司车队的司机师傅都能给上级企业文化部门的领导阐述几句“本地化”了的“两个永远”:永远不要认为自己最好,永远把“行车安全”放在第一位。

三化运作

规范化、程序化、信息化的“三化”运作是公司大力倡导的“垂直管理,分级授权,横向协作,互相监督,规范化、程序化和信息化运作”公司安全管理模式的精髓。后来,结合公司2006年“精细化”管理目标,又有了新的发展,即通过规范化促进程序化,通过程序化推动信息化,“三化”合一带动安全文化的发展。工程全面建成以来,公司先后经过“基建向生产过渡年”、“安全管理年”、“规范管理年”、“精细管理年”,规范化、程序化和信息化运作的管理模式在安全运行管理工作中通过制度进一步得到深化和落实,公司生产运营业绩持续提升。2005年2月28日至3月5日,国家发改委稽察组对工程进行竣工验收前稽察,给予公司“三化”运作的安全管理模式很高的评价,认为秦山三期建立了责权分明的安全领域的垂直指挥系统,横向协作、监督和制约的机制,规范化、程序化和信息化运作,为引进国际先进的安全管理方法、管理技术、实施核电工程管理与国际接轨作了铺垫。

四个创造

“四个创造”原是“创造企业价值、创造股东利润、创造员工前途、创造社会财富”,后来演变成“为企业创造价值,为股东创造利润,为员工创造前途,为社会创造财富”。自投入商业运营至今,秦山三核秉行“四个创造”经营理念,下大力气狠抓安全生产,在机组保持持续安全运行的情况下,连续四年赢利,自2002年11月首次并网发电以来,已连续四年超额完成年度安全目标、发电目标和经营指标,至2007年五一前夕,电站总累计安全发电440亿千瓦时,相当于为国家节约标准煤1528万吨,有效地缓解了华东地区电力供应紧张的局面,推动了华东地区的经济发展。

五星管理

五星级安全管理目标评价体系与秦山三期工程建造初期的实际情况有密切的联系,是在工程实践中不断积累和发展的,也是三期工程实践经验的结晶。当时指标化安全管理的应用在局部领域已开始,但没有形成等级化的考核和管理,公司首次在核电企业提出星级安全管理的理念,从核电企业安全文化的角度,按目标管理、安全管理、质量管理、场所管理、成本控制、授权管理、团队协作、信息沟通、持续改进等九个方面对公司管理过程进行划分,每个方面按呈现的特征分成五个“星级”,形成定性和定量星级评价体系,将企业现实的情况与之对照,找出差距,以持续改进,提升企业安全管理水平。

星级安全管理工作的实施是核安全文化、质量文化和企业文化的综合体现,是规范和衡量各项工作绩效的有效措施之一,让管理者和员工定期评价各方面工作规范程度,提醒他们系统性地考虑问题,实现持续改进和追求卓越的目标,对增强企业的凝聚力、提高企业竞争力及员工的素质,强化执行力发挥了很大的促进作用。

在星级安全管理理论的指导下,公司化学、计划、运行等生产相关领域开展了星级安全管理绩效评价工作。在进行不断地自我评价和持续改进中,形成了形式多样的部门安全文化,如:技术部门的“精”,即精通、精湛、精益求精;维修基建的“细”,即精细、细致、质量至上;运行部门的“准”,即准确、到位、万无一失;管理部门的“诚”,即忠诚、诚信、满腔热忱;商务部门的“正”,即正直、正气、清正廉洁。如今秦山三核不但企业安全文化红红火火,部门安全文化也在如火如荼地进行。

六个期望

总经理部的六个期望由来已久,在工程建设初期就形成了完整的体系,并在生产运行等领域发挥了巨大作用。尤其是运行部门的员工,他们在以质疑的态度使用并遵守程序,通过工前会议明确工作任务,讨论已知或者潜在的风险,从而找出消除、控制,减少风险的方法,通过自我检查的工作方法来核对确认自己的每一步操作,在对细节的把握中把错误减至最小,确保采取的行动达到了预期的目标。他们将自检过程中“S—T—A—R”明星原则贯穿到每项工作的始终,并和周围的相关人员保持及时、准确的沟通,确保他人明白所传达的信息。

可以说“质疑的工作态度,审慎的工作方法,清晰的沟通表达,严格的遵守程序,细致的自我检查,认真的工前会议”这总经理部的六个期望贯穿了运行工作的全过程,对管理部门的业务工作也具有一定的指导意义。它的目的是培养一种除按法规、程序要求外,能自觉地为安全而努力的习惯,用身边的事情鼓舞身边的人,用身边的人激励身边的人,是引导企业工作作风、个人工作态度、思维及行为习惯的一个重要手段。

秦山三核安全文化哲学体系的形成,标志着公司企业文化建设进入了高潮期,其在公司内部的深入实践,用精神凝聚人,用愿景鼓舞人,用机制激励人,用模范引导人,用执行取信人,用环境熏陶人,用安全警醒人,提升了公司安全文化建设的成熟度。秦山三核用安全文化来统一员工的思想,用安全的理念加强管理,变刚性为柔性,营造人性化的工作、学习和生活氛围;变物质契约为文化契约,让员工和企业共同成长;变薪酬满足为价值和价值观满足,增强了企业凝聚力,提升了管理水平,使精神文明和物质文明获得了双丰收。通过员工对安全准则、安全意识的广泛共识和深入理解,推动公司相关制度的出台,进而员工表现出高效规范的安全行为,最终体现为持续提升的公司业绩,精神、制度、行为、物质四个层面的因素实现了互促共进、良性互动,两台机组保持安全稳定运行,员工积极向上、谦虚谨慎,公司上下呈现出团结奋进、朝气蓬勃的良好局面。

(作者王少华,本文摘自《企业文明》2008年3期)

质量文化的孕育与创新

——中核建中核燃料元件有限公司

中核建中核燃料元件有限公司(以下简称公司)质量文化的形成、发展和创新与公司四十多年的发展历程同生共长、相辅相成。如今,这些优秀的文化成果都已传承下来并发扬光大,这为促进公司改革发展奠定了坚实的基础。公司先后为秦山一期、秦山二期、大亚湾、岭澳以及巴基斯坦恰希玛核电站提供了4000多组核燃料组件,经堆内运行考验,质量优良,达到了世界先进水平,受到了用户的高度评价。

以观念文化为前提

加强宣传,营造浓厚的质量文化氛围。公司广泛运用《建中》报、电视、广播、局域网等各种宣传媒体,大力宣传加强质量文化建设的重要性,努力营造一种“人人受重视、个个受尊重”的质量文化氛围,推动了质量文化建设。《建中》报、广播、电视大量报道质量管理的动态和先进事迹;内部局域网开办了质量论坛和质量信箱,形成了互动开放的质量信息交流平台;《建中科技》刊发与质量有关的论文,使大量质量管理的先进思想、方法和实践经验得到了广泛的传播。通过各种形式的宣传教育,营造了浓厚的质量文化氛围,使员工形成了“质量是企业的生命”和“万无一失”的质量理念,并将追求“质量第一”、“第一次就把事情做好”的观念变成全体员工的自觉行动,员工的自主管理能力和自我约束意识显著增强。丰富载体,举办形式多样的质量文化活动。坚持开展“质量月”活动,公司每年要组织开展内部QC成果交流活动,同时推荐优秀项目参加外部的QC成果交流活动。在每年开展的“质量月”活动中,公司组织开展“我为质量献一计”、“青年质量监督岗”等系列活动,这些活动激发了员工参与质量管理的积极性、主动性和创造性,为确保完成企业年度生产经营任务奠定了基础。总结经验,开展质量文化案例和警示教育。为培养员工“核品无小事”的质量意识和“细节决定成败”的责任心,公司对发生的质量事件或问题进行经验反馈,让全体员工分享花了“学费”所“买来”的深刻教训。公司定期进行质量事件典型案例分析,形成经验反馈,以此教育和警示公司全体员工。同时,按照质量事件或问题处理的闭环管理程序,对生产、管理中发生的质量问题通过打开质量事件的方式,确定影响范围,分析原因,制订纠正和预防措施。公司将生产中出现的不符合项和质量事件,整理编辑成质量管理培训教材,发到员工手中,强化质量教育,不断纠正员工的不良习惯,引导员工从单纯满足技术规范要求的观念向“以顾客为关注焦点、满足和超越顾客要求”的质量意识上转变。

以人本文化为动力

员工的群体质量观念和质量意识是创新公司质量文化的源泉。公司坚持以人为本,进一步发挥员工创新质量文化的主体作用,努力建设一支高素质的员工队伍。公司学习吸收国外燃料元件制造厂先进的质量管理经验,为我所用,着手构建适合公司自身发展特点的质量文化体系。公司先后三次派遣30多名专业人员赴法国、比利时学习培训,汲取国外同行业质量文化建设的精髓,并结合公司实际,与老一辈质量专家一道建立起完整的质量文化体系;同时,公司利用质量委员会会议、质量事件分析会等形式,组织开展质量管理知识和质量文化等方面的培训,提高了员工的质量意识,为构建质量文化体系奠定了理论基础。公司中层管理人员是生产的直接指挥者,其质量意识的高低直接影响到基层员工。因此,公司规定凡是新任中层领导干部必须接受质量培训,培训内容主要包括质量法规、质量管理文件和质量管理新知识、新要求以及所承担的质量职责等内容;同时,通过召开质量问题分析会等形式,宣传质量文化,努力提高中层管理人员的质量意识,并使之能够主动参与质量管理和质量改进工作。每年年初,公司都要制定员工培训计划,编制员工培训教材,组织开展各种专业技能培训与质量培训。公司员工必须经过培训,考试合格方可上岗。公司还特别注重培养复合型人才,公司选送部分骨干到清华大学攻读双学位,到法国、英国、美国等国家进行技术培训,开展技术交流,培养了一支高素质的员工队伍。公司先后有6人取得国家注册审核员资格,24人取得国家注册质量工程师资格。通过持续不断的培训教育活动,公司高层领导、中层管理人员及全体员工的质量意识不断增强,专业技能水平不断提高。

以制度文化为保证

质量是企业的生命,向质量管理要效益,已成为企业管理者的共识。建立一套科学完整、切实可行的质量管理制度是创新质量文化的重要保证。公司及时组织学习贯彻国家质量法规和GB/T 19000-ISO 9000系列标准,建立文件化的质量保证体系,并根据运行情况和内外部审核意见,持续改进。此外,公司还制定了《中核建中核燃料元件有限公司质量文化建设五年发展规划》、《中核建中核燃料元件有限公司关于开展质量管理小组(QC 小组)活动的实施办法》、《中核建中核燃料元件有限公司经济责任指标任务书》、《中核建中核燃料元件有限公司合理化建议管理办法》、《中核建中核燃料元件有限公司科学技术奖励办法》等有利于促进质量管理的规范化制度,促进质量文化的创新。

以品牌文化为内在要求

质量管理与实施品牌战略是市场经济的产物,它的指导思想是坚持"质量第一、用户至上",创造高品质、高市场占有率、能满足用户需要的产品,这是增强企业核心竞争力的有效途径。实施品牌战略,核心是质量,管理是必要条件。公司把质量(产品质量、管理质量、服务质量)放在第一位,走质量效益型发展道路。构建品牌文化,强化为用户服务的思想,以顾客为关注焦点,开展顾客满意度测评工作。无论是第二方还是第三方的质量监督、检查,公司领导都坚持亲自组织和参加,听取各方关于公司质量管理、产品质量、服务质量等方面的意见,并将顾客意见及时转化为公司质量改进的行动,不断提高顾客的满意度。每次换料生产前,公司要召开有用户代表参加的技术准备会,研究技术难点,特别要求相关各方掌握设计要求的变化。同时,定期组织召开包括用户驻公司代表和技术支持方的多方协调会议,向用户及时通报生产信息和质量状态,分析存在问题,提出改进意见。在核燃料元件的制造过程中,公司质量监督人员要与各方用户一起对关键工艺和产品实施现场见证,按照质量保证体系的要求,严格把握技术规范,既立足于满足顾客需求,又积极向用户代表客观地介绍情况,消除疑虑,大大提高了用户对公司的信任度。公司认真对待相关方的质保监查,切实将相关方的整改要求作为质量改进的动力。此外,公司还十分重视对用户的走访,广泛征求意见,直接了解用户的新需求。与用户建立良好的交流互动关系,积极响应用户的意见和要求,持续提高了公司质量管理的效能,增强了满足用户需要的能力,产品质量得到了众多国内外用户的好评,树立起了公司合同执行能力强、质量管理水平高、产品内在质量硬以及售后服务好的良好形象,形成了建中的品牌文化。

"历经磨练终有成,任重道远再前行"。质量是核燃料制造企业永恒的主题,确保产品质量就成为摆在核燃料制造企业管理者面前的首要任务,而持续、改进、创新的质量文化是推动企业发展的不竭动力。

(作者华月强、刘永贵,本文摘自《现代企业文化》2009年9期)

企业文化测评考核体系的构建与实践

——本溪钢铁(集团)起重机制造有限公司

本溪钢铁(集团)起重机制造有限公司(以下简称本钢起重机公司)是集研发、设计、制造、安装、大中修为一体的大型起重运输机械设备专业制造企业,隶属本溪钢铁(集团)建设有限责任公司。公司的前身是个只有200多名员工的机修车间,主要为本钢矿建公司维修建筑施工机械设备和备件加工,年产值仅为150万元左右。1995年5月挂牌组建以来。短短的十几年时间里,企业在激烈的市场竞争中从小到大,从弱到强,走出一条独具特色的发展道路,不仅拥有了国家A级特种设备(起重机械)制造许可、安装改造维修许可和建筑业起重设备安装工程专业承包一级资质,拥有了省级企业技术中心和市级研发中心,拥有了大型冶金铸造起重机、大型通用桥门式起重机、大型混匀取料机、320吨、360吨铁水运输车、冶金地面运输车、高速公路架桥机、工业环保除尘设备等12大类300余种产品的研发、设计和制造能力。公司自主研发的260吨大型冶金铸造起重机,为辽宁省名牌产品,填补了国内同类该规格起重机的市场空白。公司研制生产的各类产品,不仅满足了本钢市场,部分产品还成功打入鞍钢、首钢、北钢、营口中板厂、凌钢、东北特钢、大连港、丹东港、大连长兴岛临港工业区等国内市场和俄罗斯、韩国、马来西亚、印度等国际市场。2004年以来,公司的销售总额连续6年保持在亿元以上,2009年达1.45亿元。

构建企业文化测评考核体系的背景

本钢起重机公司在快速发展中,深感一个企业的持续发展,如果没有深厚的文化底蕴,没有文化力的支撑,就很难在日趋激烈的市场竞争中形成独具特色的核心竞争力,就很难拥有竞争优势、效益优势和发展优势。虽然从2003年开始,公司对发展过程中逐步形成的企业愿景、企业使命、发展战略、企业精神、核心价值观、经营理念、视觉识别系统和理念故事进行了系统挖掘与整理,编写了企业文化手册,还聘请了著名的词作家胡宏伟和曲作家铁源,专门为公司谱写了企业之歌。但在实践中,企业文化同企业管理无论在形式上还是在内容上始终处于两层皮的状态,无法起到先进文化引领企业健康、持续发展的推动作用,需要从更深的层面上将先进的文化理念同企业的发展融为一体,实现先进文化与企业管理、企业发展的有机结合,在相互融合、相互支撑的结合点上冲破传统的模式,开创一条更加客观有效的道路与途径,使企业文化真正成为提升企业管理、推动企业持续发展的巨大动力。2007年6月,在本溪市企业文化协会的大力举荐下,本钢起重机公司被中国企业文化研究会确定为国内首批进行企业文化测评考核的试点单位。在这样的背景之下,开始了企业文化测评考核体系的构建与实践。2008年7月,公司的试点经验在沈阳召开的企业文化测评考核现场研讨会上进行了介绍,公司编制的《企业文化测评考核手册》,被中国企业文化研究会测评中心编入文件汇编推广到各参会企业与研究机构。

企业文化测评考核体系的主要内容

企业文化测评考核体系主要由《企业文化测评考核手

册》和《企业文化管理考核标准》两部分构成。《企业文化测评考核手册》由五个细分体系构成，即："本起"文化目标导向体系；"本起"文化组织定位体系；"本起"文化量化考评体系；"本起"文化考核管理体系；"本起"文化绩效督导体系。其中，"本起"文化目标导向体系的建立，率先在国内企业文化建设工作中首次将导向要素引入企业文化理念体系，使企业文化理念的内容更加丰富、内涵更加深刻，落实的方法与途径更加简捷、明确，学习与掌握企业文化理念的意义更加实际。"本起"文化测评考评体系的建立，作为全国性试点工作的重要组成部分，在企业文化建设的模式、先进文化理念与现代企业管理的有机结合方面，进行了深入细致的探索与尝试。"本起"文化组织定位体系建立健全了考核组织、组织考核制度、考核职责等15个大项、78个小项的考核制度与考核措施，明确了企业组织功能与企业管理的关系问题，使《企业文化测评考核手册》的系统性更加完善，实践中的可操作性更加规范。在已经形成的企业文化测评考核体系的基础上，公司围绕企业文化测评考核工作的全面展开，不断向企业文化与企业文化管理的纵深推进，继续组织人力编写了《企业文化管理考核标准》。"标准"进一步明确了各级管理部门、管理岗位及其各个操作岗位必须执行的考核内容、工作标准和量化标准，使"本起"文化同企业管理有效的融合在一起，切实起到相互支撑、相互促动、相辅相成的推动作用。

循序渐进分阶段实施、按步骤推进

企业文化测评考核体系的构建自2007年6月开始，从立项到实施历时两年，先后经历了两个阶段。在这个过程中，本钢起重机公司的广大管理人员和全体员工，进行了不屈不挠的艰苦探索与大胆实践，采取了循序渐进分阶段实施、按步骤推进的方法，促使试点工作不断深入。

2007年6月至2008年3月为实施的第一阶段。在这个阶段中，公司按照中国企业文化研究会的要求，分五个步骤开展《企业文化测评考核手册》的编制工作。①成立领导机构，拟定实施计划；②选定优秀管理人员组成《企业文化测评考核手册》编制小组；③按照日程安排开始有计划的编制工作；④认真听取各方面意见，对《企业文化测评考核手册》进行反复、细致、深入的修改与完善；⑤向本溪市企业文化协会和中国企业文化研究会做《企业文化测评考核手册》编制工作情况汇报，并按照上级要求进行必要的修改与完善。经过近5个月的艰难探索和不懈努力，期间进行了三次大的修改与完善，于2007年10月底初步完成对实践工作具有指导意义的企业文化测评考核体系的构建，为测评考核在公司的全面铺开提供了规则、标准、方法与要求。

2008年3月至2008年7月为实施的第二阶段。在这个阶段中，为了不断完善企业文化测评考核体系，公司围绕《企业文化测评考核手册》，从三个方面抓好测评考核试点工作。一是抓好全员的学习、培训。率先从领导班子的学习抓起，从企业文化基础理论和基础知识的学习抓起，从正确认识企业文化建设与企业发展相互关系的认识抓起，从"本起"文化理念的基本内容、基本内涵等关键环节的学习抓起，并逐步向基层延伸。从2007年8月起，公司聘请有关专家多次到企业进行面对面的授课，并先后举办了8期企业文化基础知识和20多期"本起"文化理念培训班，先后有800多人次接受了培训，其中，公司班组长以上基层管理人员至少接受了3次以上的培训。与此同时，公司党群组织还采取员工喜闻乐见的形式，举办了多起"本起"文化理念知识竞赛、"本起"理念故事会和企业文化知识测试等学习活动。这些工作的开展直接纳入公司的绩效考核，多管齐下，使全体员工对企业文化基础知识、企业文化建设的重要意义、企业文化建设与企业发展的密切关系有了新的认识，对"本起"文化的认知与认同程度有了极大提高。二是抓好基层车间的试点。试点中，我们按照企业文化测评考核体系的要求，结合公司组织层次与岗位设置的客观实际，把建立严谨完善的量化评价体系和量化评价标准，作为企业文化测评考核的关键环节来抓。试点工作主要由组织评价和个体评价抓起，认真对应《基层单位企业文化测评考核评价表》、《基层班组企业文化测评考核评价表》和《基层操作岗位企业文化测评考核评价表》设定的考核标准，从态度、团队、学习、素质、业绩五个维度进行考核。并按不同的考核周期，对基层单位企业文化测评考核推进状况进行有依据的评价。三是抓好测评考核体系的修改与完善。为了检验测评考核体系的科学性与实践中的可行性，我们在抓好基层试点推广工作的基础上，对测评考核体系的各个构成环节进行了必要的修改，对权重比例、考核等级、考核频率、考核流程的设定进行了较大幅度的调整与完善，明确规定出各级组织和各级组织第一责任人的责任与义务，使组织定位体系设定的责任与义务、必须履行的权力与职责更加系统，并通过各级组织和第一责任人的重要作用，一层抓好一层，把测评考核的推广工作真正落到实处。

实现"四个结合"，推动企业持续发展的崭新实践

企业文化测评考核工作在公司全面铺开后，公司按照体系确定的考核内容、标准、方法与要求，进行了长达12个月的测评考核实践，并在初步实践的基础上，进一步将企业文化测评考核体系的两大组成部分融为一体，向更加深入、更加实际的方向推进。通过深入细致的实践，公司的企业文化建设同企业持续发展的主观愿望实现了多个方面的有机结合，呈现出健康发展的态势。

一是实现了企业文化与"本起"发展战略的有机结合。"十一五"期间，起重运输机械设备作为国家工业技术物质载体的重要组成部分，发展环境与市场形势呈现相对稳定的需求空间。本钢起重机公司经历十几年的发展，不仅拥有了必备的市场准入条件、良好的社会信誉、广泛的商业联系和参与竞争的综合实力，而且公司的研发能力、员工队伍技术构成、规模竞争和应对市场变化的能力都有了很大提

高，部分产品已经打入国际市场并将进一步向有利的方面发展。面对新的形势，广大员工在先进文化的引领下，按照公司发展战略的目标要求，结合导向要素规定的内容与方向，将公司今后十年的发展目标确定为：基本形成通用桥门式起重机系列、冶金铸造起重机系列、港用起重机系列、造船用桥门式起重机系列和船体钢结构为主导产品，跨地区的大型装备制造企业，2010 年企业年产值达到 3 亿、2012 年达到 5 亿、2015 年达到 8 亿，如今这个目标已经成为全体员工的共识。

二是实现了企业文化与"本起"管理制度的有机结合。企业管理的最高境界是文化管理。在测评考核试点工作中，公司领导班子定期深入基层调查研究，经过多次比较、反复，促使考核标准与考核内容不断完善，考核手段与考核方法不断提高。实践中，企业文化同公司管理制度的结合开始融洽了，各级管理人员的管理意识也向着预期的方面转化，许多管理人员开始懂得企业文化测评考核的最终目的不是用考核去束缚人，而是通过考核促使各项标准的落实，促使企业文化从意识形态走入实践，实现企业文化与管理制度的对接，使广大员工既有先进文化的引导，又有管理制度的规范，使文化与制度成为一体，意识与行动相互融合，柔性导向与刚性约束优势互补，使企业的各项管理工作逐步走上制度规范化、决策理性化、管理人性化的发展轨道。

三是实现了"本起"文化与员工主动参与的有机结合。企业的主体是员工，企业文化建设没有广大员工的主动参与，就是无本之木、无源之水。企业文化测评考核作为新生事物，同所有的客观事物一样，也需要有一个认识、了解和接受的过程。但是这个认识和接受的过程需要多久，市场不会无限期地等待下去。通过较长时间的试运行，我们清晰地感觉到，学习与引导、量化与考核，是调动全体员工主动参与积极性的很实用的方法，而考核手册本身所具有的那种行政强制性的特点，在实施考核的过程中，正在潜移默化地发挥作用，促使文化力从一个看似无形的意识空间开始植入员工头脑，逐渐显现出先进文化的强大感召力，从而引领和约束员工的行为，变无形为有形，实现知与行的有机结合。

四是实现了经营者的预期与全体员工认真践行的有机结合。按照公司新十年发展规划的要求，在新的十年里，我们将围绕公司的发展战略，坚持引进技术与自主创新相结合，先进技术与适用技术相结合，不断提高产品的研发和制造能力，在主要生产环节方面形成具有自主知识产权的核心技术和新的比较优势，在更大范围和更深程度上参与国内外经济合作与市场竞争。测评考核试点中，我们紧紧围绕着新一轮发展目标，结合公司目前的主要任务，按照企业文化测评考核体系各个实施环节的内在要求，在全体员工中将测评考核工作不断推向深入，力求在"本起"文化与企业管理、"本起"文化与生产经营、"本起"文化的内在要求与塑造企业形象、实现有机结合的基础上，不断提升企业管理的有效性；不断提升岗位落实生产计划的实效性；不断提升全体员工践行"本起"文化的自觉性、主动性和积极性，让"本起"文化进一步深入人心。

实践证明，构建和运用企业文化测评考核体系，推动企业文化建设的实际步伐，不仅有益、有用，而且十分有效。通过测评考核，不仅使我们找到了运用先进文化引领企业发展的途径与方法，而且使公司广大管理人员树立和运用文化力管理企业的认识能力和管理水平有了很大的提高；广大员工按照"本起"文化的内在要求，自觉约束和规范职业行为的自觉性有了明显的提升；各级组织和全体员工在企业中按照考核标准的客观要求，找准了自己的位置和应该发挥的作用，使公司的各项管理工作更加顺畅有序，管理者的预期转换成为经营成果的实际效果更加明显准确。特别是按照测评考核体系构建各项标准，通过对组织系统和个体岗位的持续评价，有效的把握了企业文化建设与企业管理相互作用的实际程度，真实地反映出企业文化测评考核体系的构建与实践，对企业持续发展起到的积极的推动作用。

"精细文化"在老油田落地生根

——中原油田采油二厂

"天下大事，必做于细；天下难事，必成于易"。曾经是中原油田唯一的百万吨级大油田的采油二厂经过近三十年的开采，工业采出程度已达到 86.53%，综合含水率达到 93.7%。多年来，采油二厂通过推行精细化管理，使老油田焕发出勃勃生机。

前段时间，中原油田采油二厂注水大队水质处于不理想状态，实施几项措施后效果仍然不好。职工蔡爱斌经过反复试验后，将斜板罐里的管线换掉，水质终于慢慢恢复正常。蔡爱斌的这一小革新受到厂技术专家的充分肯定，并获得了厂里 1000 元的奖励。在中原油田采油二厂，蔡爱斌的事迹只是厂区推行精细文化的一个缩影。

多年来，采油二厂结合生产经营重点、难点，把创新载体、优化程序、完善机制作为突破口，通过推行精细化管理，使老油田焕发出勃勃生机。

职工典型说精细文化

中石化青年岗位能手、河南省五一劳动奖章和全国青年职工创新创效奖等多项殊荣的汪衍磊说，中原油田采油二厂的精细文化就是人人内心和谐、事事讲求团结；就是一人困难大家帮、工作紧时我来顶。"在实际生产中，常有许多制约生产操作的重点、难点问题，如抽油机变速箱漏油、电泵井井口电缆易损等，但往往因个人技术水平、设备条件等因素，个人很难在短期内攻克难关。所以只有集中大家智慧，定期学习、互相交流、组织活动、联合攻关，才能取得成功。"

曾获得过中华技能大奖第一名的何强这段时间正忙着给同事们进行技术培训。他对中原油田采油二厂的精细文化的理解是，精细文化就是没有虚荣心，不怨天尤人，科学精细干工作，忠诚企业负责任。“一线转岗职工在生产异常时不知如何操作，只能等着相关人员来处理，拖延了处理时间。精细文化就是要求我们利用当班员工工作时间，把一些身怀绝技的技术能手请到井站课堂，进行生产紧急情况和异常情况处理的现场专题培训，并组织人员天天下班后检查当班员工参加井站课堂的情况，全程监督培训项目开展情况，做到人员、时间、课题、效果四落实，并将检查结果与经济责任制考核挂钩，确保井站讲堂的培训效果。”

精细文化，不光扎根在职工的头脑中，更看在眼中、实践在手中。他们还改造了操作室布局，制作了“精细文化”的文化标识，改进了《采油工争当知识型员工考核评价表》，引导采油工由单纯巡井、收集资料，向“钻地下、懂工艺”的新时期采油工转变。

井站管理有精细文化

精细管理是一项持之以恒、循序渐进的系统工程，推行精细化管理要目标明确、责任落实。

大凡倒过小班的人都知道，交接班时有一项内容需要交待清楚，即“值班卫生”。操作室的卫生没弄干净，下一个班职工自然不会接班。这是一个分清责任、既大又小的问题。每天早上，在采油二厂69号计量站，交接班员工按照分工和各自职能开始对自己分管的设备、工用具等进行认真清洁、整理和清点，为当班的工作画上一个圆满句号，并为上大班开展工作做好准备。

一次，在修旧利废现场，笔者看到两名员工正围着一把损坏的管钳“做文章”。一问才知道，他们正在拼装修复损坏的管钳。副站长邵光明说：“通过小修活动，我们班一年少说也得节省成本2万多元。”在评价室的创新创效展台上，陈列着许多革新成果，邵光明拿着新革新成果“防盗型抽油机压杠螺栓”说：“过去，抽油机压杠螺栓的防盗方法是用电焊在螺栓上部加焊焊点，防止卸螺母。但是需要动用电焊车辆，停机后才能操作。费工、费时、费力，影响开井时率。采油班上井还须打动火报告，存在一定的动火安全隐患。为解决以上问题，我们站员从安全生产的角度出发，认真研究，反复琢磨，通过现场实验，设计出经济、实用的‘防盗型抽油机压杠螺栓’。经试用后，防盗型抽油机压杠螺栓的问世改变了原有的焊点防盗方法，其时效性好、安全性好、经济性好，是一种方便快捷的防盗方法，可节约大量的人力、物力，降低了工人的劳动强度，提高了工作效率。一台抽油机的螺栓及井口卡箍阀螺栓可节约费用3000元。”

计量站是最前沿的基层单位，站员是最前沿的管理者，肩负着油藏经营的重任。站长马士宏正组织站员对所管油水井产量变化“把脉问症”，站员对井组进行分析，分析油井的产量、含水、液面变化，从对应的水井中找出存在问题，提出下一步措施；最后上汇到区部对所辖开发单元、区块进行指标分析，找出指标变化的原因所在，并作出相应的调整部署。

精细化管理让井站的生产运行每一个细节变得生动、流畅。多年来，正是采油二厂有这些精细化管理的井站，才让该厂连年克服重重困难，圆满完成生产经营任务。

生产开发显精细文化

精细管理是管理责任具体化、明确化的过程，同时也是提升企业执行力的重要途径。金融危机面前，今年采油成本持续走高，更需要不断创新；而创新的前提是知识的不断更新，更需要职工加紧学习，因此干部职工都感到压力很大。“下不了决心，是我们观念还没有彻底转变过来，也说明我们对地下认识还不到位。如果认识到位了，转注一口低能井而在对应油井上获得成倍回报，你就不用担心短期内的损失无法弥补。因此，加强油藏精细描述，弄清地下剩余油分布情况，在水井上采取相应的措施，才是实现二厂‘精细文化管理’之根本。”该厂一位负责人如是说。

采油二厂的开发也牵动着油田领导的心。中原油田有关负责人在该厂调研时多次强调，要把注水工作作为当前开发生产的重点工作，变复杂为简单，简化注水层段，瞄准一个单层，摸清层间差异，开展逐层逐段的精细注水工作，充分挖掘层间潜力，努力提高油田开发水平。基于这一思路，该厂制订了“简化层段、寻找差异、细分注水”的工作思路，建立了由地质研究所、工艺研究所、作业科等十多个部门组成的精细注水项目组，明确了精细注水工作的运作模式和标准，建立精细注水工作跟踪评价体系，形成精细注水责任落实奖惩体系，打造精品的地质方案、工艺方案和施工方案，力求把精细注水工作做细、做实、做到位，使之见到成效。精细注水的实施，在濮城油田开发中效果初显。文51—14井和濮3—30井原本都是低产低能井，日产原油均不足1吨，在地质人员加强油藏储层和剩余油的研究力度情况下，对应水井通过调配、分注等措施，日增原油分别达到17吨和21吨，效果十分显著。

目前，一场以精细注水为主要内容的战役已经打响，该厂已经踏上“精细注水”之路。

学习创新亮精细文化

采油二厂为营造“技能人才吃香”、“争当高技能人才、立足岗位争作大贡献”的良好氛围，采用评选“岗位明星”、“技术能手”和举办“青年创新论坛”等方式，对技能人员进行激励。

厂区通过树立优秀高技能人才典型，组织召开优秀技能人才事迹报告会，大力宣传优秀技能人才的先进事迹。每到傍晚，职工们总会聚集在采油二厂办公楼十大劳模的宣传灯箱前，学习劳模们的生产绝技以及为厂做出的巨大贡献，在潜移默化中增长了学绝技、练绝活的信心和决心，认识到只要肯学、肯练、肯干，班组操作人员同样可以大有作为，从而转变观念，立足一线，自觉勤学苦练，创新创效。

维修大队采油维修队职工巩章生刻苦训练，认真钻研焊接技术，在首届“振兴杯”全国青年职业技能大赛中取得了电焊工第三名的优异成绩，同时也被授予“全国技术能手”和“全国青年岗位能手”的荣誉称号，成为二厂建厂二十多年来首位获此殊荣的先进个人。同时，为了凸显岗位能手的带动作用，厂里举办了多期以他的名字命名的“巩章生电焊工技术培训班”，全厂100多名电焊工参加了培训，促进了全厂电焊工整体水平的提高。

采油二厂的精细文化利用典型的示范带动作用，在职工中营造了主动发展的良好氛围。全厂职工争相参加各种培训、苦练绝技，掀起了学技术、练绝活热潮。该厂职工队伍正向高素质、高技能知识型员工群体迈进。操作岗位员工持证上岗率达到99.08%、持双证率达到81.3%；全厂聘任在岗技师、高级技师达到196人，占技能操作人员总数的5.1%；先后涌现出了中央企业职工技能竞赛采油工铜奖获得者吕合军、河南省第二届振兴杯青年职业技能大赛工具钳工第一名获得者管春龙、中石化集团公司职业技能竞赛电工工种第一名获得者祁红军等一大批先进典型。实践证明，采油二厂的精细化管理，实现了企业和职工互利共赢。

（作者赵则阳，本文摘自《现代企业文化》2009年8期）

以感恩文化推动核心文化落地

——烟台万华聚氨酯股份有限公司

万华的感恩文化有其产生的背景和需要，同时感恩文化也是万华核心价值观中以人为本、团队致胜的体现。

烟台万华聚氨酯股份有限公司（万华）正式成立于1998年12月20日，是由为烟台合成革总厂配套引进的异氰酸酯车间发展而来，距今已有三十年的发展历史。万华在诞生之初，就肩负起事关国计民生的历史责任，一个“让中国人民有皮鞋穿”的简单动因使几代万华人拼搏奉献，挥汗如雨。

今天的万华，已经从一个配套车间发展成为一家拥有多家控股公司集团化的企业，并于2008年组建万华实业集团有限公司，标志着万华开始向以产权为纽带的投资控股实业集团跨越，逐步实现由专业化向相关产业多元化发展的跨越。万华的企业文化在万华发展的历史长河中不断积累沉淀，如涓涓细流汇集成江河、海洋，形成丰富的万华文化。万华文化的形成也经历了无意识的积累和有意识的培养两个阶段。从2000年开始，万华明确提出“建设企业文化、增强凝聚力”的目标；2001年，提出“以共同愿景和价值观为核心，逐步营造企业文化”；2002年，公司进一步明确了文化建设的目标：2005前完成管理体系和企业文化的建设框架，并具有万华的发展特色。在经历多次反复提炼之后，最终形成以“务实创新、追求卓越、以人为本、责任关怀、诚信正直、团队致胜”为核心的万华文化体系。

成长之中难忘感恩

万华在努力提高经营业绩的同时，始终秉承“五为”使命，坚持高标准的商业道德，承担起对员工、股东、客户和社会的责任。万华始终相信，要想成为好企业，先要成为好公民。万华积极承担社会责任，以感恩之心回报社会各界，致力成为诚信负责的企业公民典范。

2005年，万华连续七年实现销售收入和净利润50%以上的增长，正处于急速膨胀的发展时期，展现出朝气蓬勃的发展势头。健康快速发展的万华吸引了大批的优秀人才加盟，万华员工中也出现了多种层次，新员工、老员工，华人员工、欧美员工，大家共同为万华服务，但也存在着年龄、司龄、地域、知识水平等背景的差异。此时，公司管理层意识到：要实现万华的宏图伟业，就需要全体万华人相互理解、相互包容，在万华事业的感召下，在万华文化熏陶下，凝聚在一起，众志成城。

因此，公司在2005年年末提出了在万华倡导感恩文化的号召，公司董事长丁建生发表了《保持感恩心态，凝聚团队力量》的讲话，在公司对员工勤奋工作表示感谢的同时，倡导部门之间、员工之间换位思考、相互欣赏，并深度阐述了提倡感恩文化的背景及内涵，初步定义了万华的感恩文化。

唱响感恩五重奏

万华感恩文化的提出，得到公司各层次员工的响应与认同，并经过多次的推敲与提炼形成了万华感恩文化的内涵表述，万华感恩文化的五重内涵都有丰富的释义。公司管理层也多次撰文，丰富了万华感恩文化的内涵。下面举出几点作一介绍：

万华感恩文化主旨：感恩凝聚力量

万华感恩文化内涵：

万华感谢祖国与社会

万华感谢客户与伙伴

员工与公司相互感谢

部门与部门相互感谢

员工与员工相互感谢

万华感恩行为：

多一点欣赏他人，少一点牢骚不满；

多一点包容他人，少一点自以为是；

多一点换位思考，少一点狭隘本位；

多一点彼此开放，少一点自我封闭；

多一点坦诚交流，少一点相互抱怨；

多一点感激关爱，少一点冷淡无情。

万华感谢祖国与社会

万华是一家中国企业，是一家依靠中国发展而走向辉煌的企业。万华诞生于中国改革开放之初，如果没有中国的改革开放，没有祖国经济的快速发展，就没有万华崛起的机会。正是因为我们的祖国是一个13亿人口的大国，经济发展快速,对MDI的消费需求在快速增加,给万华带来了可能崛起的机会。假如万华生在欧美等发达国家,这些MDI产量过剩的区域,或者是生在那些市场增量和市场容量都很小的国家里,我们就会失去兴建大MDI装置的市场机会。同时,万华要感谢社会,回想万华的发展,社会各界给了万华无数的支持与帮助,“孤木不成林”,如果没有社会各界的支持和帮助,万华发展到今天也是不可能的。

员工与公司相互感谢

万华作为一家企业,要衷心感谢我们的员工。万华认为,创造万华价值和万华辉煌的第一要素是万华的员工、万华的人才,而不是资产的作用。公司“五为”使命中的第一条,就是“为员工创造机会”,不仅要为员工提供经济基础,搭建事业舞台,还要让员工在实现万华蓝图中提升价值、成就事业。

作为万华员工也要感谢万华这个企业,感谢企业为我们提供的发展平台。包括我在内的管理层成员,之所以能有今天这样的成绩,是因为万华这个平台给了我们提高自我价值的机会。公司里不少员工都与公司管理层坦言:相比其他同学而言,他们在万华非常幸运,不仅得到稳定的物质保障,更加重要的是,公司快速发展为他们提供了很多难得的锻炼和学习机会。

员工之间提倡互相感恩

万华在快速蓬勃的发展过程中,吸引了大批人才加盟。公司里出现新员工、老员工,华人员工、欧美员工,虽然大家的年龄不同、司龄不同、地域不同、知识水平不同、背景不同,但员工都共同为万华服务、为万华的发展创造价值。

新员工应该尊重和感谢老员工。万华是老员工们创造出来的,从最初的一套落后的装置,到今天的现代化工厂,中间凝聚了一代老万华人的汗水和艰辛。新员工今天的广阔舞台,也都是老员工们一块一块搭建起来的。

老员工也应该感谢新员工。新员工更朝气蓬勃,思想更创新,是公司未来的希望所在。老员工应该有欣赏和包容的心态培养他们,帮助他们尽快融入万华。这样,万华的事业才能够朝气蓬勃、后继有人!

海归员工和本土员工应该相互感谢。海归员工首先应该感谢本土员工,因为目前万华的阵地都是本土员工一个一个据点、一个一个碉堡打下来的。同时,本土万华人也要向海归员工学习,公司要打国际化的阵地战和攻坚战,就要建立规范的管理体系,并严格按照流程制度来做事,这些是海归的万华人所具有的优势。

本土万华人和欧美万华人也要相互感恩,并且要使两者有机地结合起来,进行有效的文化融合,“洋为中用,土洋结合”,发挥双方的优势,才能形成强大的合力。

用仪式传播文化

任何一种思想或理念的传播都要有其媒介或者载体。万华为了让感恩文化深入员工内心,真正发挥“感恩凝聚力量”的作用。从2005年开始,公司借用每年十一月第四个星期四——“感恩节”,这个舶来的节日,开展文化活动,倡导感恩文化,并将其定为“万华感恩节”。

每年的万华感恩节,都在力求保持传统的基础上进行创新,以求通过文化仪式的方式来增强万华人的感恩情结。2005年,以“我们行动,因为我们感恩”主题首次向员工推出了“万华感恩节”,以征集感恩故事、组织感恩故事会、感恩生日会等活动,在万华掀起温情的浪潮,感动得不少人激动落泪。2006年,以“发现感恩之星,寻找感恩大使”为主题,在继承征集感恩故事的基础上,增加了佩戴感恩徽章、寻找感恩大使、感恩节里说感谢等环节,感恩节的活动得到了丰富和充实,也吸引了更多员工的参与。2007年,以“感恩凝聚力量”为主题,在保留征集感恩故事、佩戴感恩徽章传统的基础上,又新增了温情的BBS、高管送祝福、感恩团队评选等活动,这一次的感恩故事发布量、参与人数可谓“井喷式”的增长,我们也看到员工们在活动举行期间互致感谢动人场面。

到了2008年,万华感恩节举行到了第四届,为了让万华感恩文化得到强化和固化,我们对前三届的征集的感恩故事进行了整理、对万华的感恩文化进行了再一次的梳理,出版了《万华感恩文化手册》。同时,以“常怀感恩之心”为主题,新增了“E网传情”、“感恩墙”、“感恩树”等活动,保留了佩戴感恩徽章、高管送祝福等传统环节。“E网传情”环节是特别为万华新的发展架构而设立的,由于万华的员工身处全国各地,特别开通了“万华感恩网站”为身处各地的万华人提供表达感恩之情的平台,活动期间感恩网站的祝福发送量、点击次数均以万计数,感恩文化正在点点滴滴的融进万华人的工作与生活之中。

与此同时,每届感恩节中获奖员工和团队,都将在一年一度的公司周年庆典上给予隆重的表彰,由公司管理层亲自授奖,并请获奖代表发言,使感恩文化又一次得到更加广泛的弘扬。经过四年的努力,万华感恩节已经成为万华人每年期待的精神盛宴。

用特色文化强化企业核心价值观

万华的感恩文化有其产生的背景和需要,同时感恩文化也是万华核心价值观中以人为本、团队致胜的体现。这种以用特色文化推动核心价值观落实的方式,不仅在感恩文化的培育有所体现,而且也体现在公司的HSE文化、创新文化的建设中。特别是将理念转化为仪式,用仪式催生员工习惯的方式,让我们受益匪浅!

感恩文化中的感恩节促进了“以人为本、团队致胜”的培育与传播;HSE文化中的安全月以及系列责任关怀活动又推动了“责任关怀”文化的建设;合理化建议、价值创新将为创新文化的培育推波助澜。

未来,我们将继续推广这种文化的传播与建设方式,因为一个企业的文化不是要挂在墙上或嘴皮上的噱头,而是内化于心、外化于行为的力量。只有行为起来，在行为有所体现，才是企业文化发挥作用的落脚点。

（作者吴崇艳，本文摘自《中国企业文化研究》2009年2期）

文化是企业可持久的竞争力

——正泰集团

一个企业，如果能做到连续三五年盈利，或许是一种运气；如果能做到连续10年赢利，也许就不仅是靠运气，还要靠科学的企业制度和管理；如果能做到连续24年没有大起大落且仍然健康持续发展，那么这个企业的文化一定有其过人之处，因为企业发展史证明，一个企业持久的市场竞争力最终来自于该企业文化的竞争力。

正泰集团就是一家已连续24年赢利并且依然朝气蓬勃的大型现代企业。这家创建于1984年的以工业电气制造为主的民营股份制企业，从最初的8名员工，5万元资产发展到现在有员工19000余名，净资产70亿元，2007年实现销售收入217.35亿元。

软实力的创新能力

24年来，从最初在政策夹缝中创业，在社会歧视、政策不平等、融资管道不通畅、市场秩序不规范的环境中成长的正泰，在改革开放和市场竞争的大风大浪中一路走来并高歌猛进，尽管历经创业艰辛、一路坎坷，但却实现了连续24年赢利。尽管今年受美国金融危机寒流的影响，全球经济面临通胀、增长趋缓的严重挑战，面对错综复杂的宏观压力，面对十分激烈的业内挑战，正泰在危机面前，仍然攻守有序，于危机中寻找契机，取得销售、出口和利润两位数增长的良好佳绩。

短短24年的发展，是什么力量，使一家名不见经传的家庭作坊式小厂，发展成为了今天亚洲乃至世界令人瞩目的工业电气龙头企业之一？是什么力量促使正泰没有像其他企业一样出现大起大落，始终保持高速稳定发展？纵观正泰的每一步成长，驱动正泰发展最强劲的力量来自于质量创新、制度创新、治理结构创新和技术创新，但归根结底是来自于正泰企业文化这个“软实力”的创新和落地。

当前，随着知识经济和经济全球化的发展，国内外企业之间的竞争，越来越表现为文化的竞争，企业文化建设日益成为增强企业竞争力的基石和影响企业生存与发展的重要因素。也就是说，一个企业要做到最优秀，最具有竞争力，必须在企业文化建设上下功夫，塑造卓越的企业文化。

24年来，正泰立足企业的实际，以战略眼光审视企业发展，确立了打造具有正泰特色的企业文化思路，并身体力行，竭力探索和实践符合企业特点的企业文化架构体系，把企业文化建设融入到企业管理、思想政治工作和精神文明建设的全过程，积极在公司倡导、推进和实施企业文化建设战略，在企业核心价值理念提炼、文化内涵延伸、运作机制建立、建设成果运用等方面作出积极努力，使企业逐步形成了具有时代气息、健康向上、独具特色的企业文化。特别是近年来，伴随着企业的持续创新发展，正泰紧紧抓住国内外经济快速发展的有利时机和环境，坚持以“为顾客创造价值，为员工谋求发展，为社会承担责任”的核心价值观和“打造世界一流电气制造企业”为战略目标，牢固树立服务国家经济建设和社会发展的大局意识和责任意识。

同时，正泰还组织相关部门制订了企业文化建设的规划，明确了企业文化建设的目标，确立了企业文化建设的方针，起草了《正泰企业文化手册》，提出了企业文化建设的思路，建立了企业文化建设的运作机制，大力推进和实施企业文化建设战略，确立了以人本文化为核心、以学习文化为重点、以创新文化为动力、以质量文化为手段、以品牌文化为载体，形成了具有正泰特色的企业文化体系，促使企业在团队建设、核心竞争力、精神文明建设等方面均实现了历史性跨越，并先后荣获了“全国基层先进党组织”、“全国文明单位”、“全国五一劳动奖状”、“全国学习型组织十佳标兵单位”、“全国五四红旗团委”、“改革开放30年杰出品牌组织”、“全国企业文化建设实践奖”、“全国质量管理奖”、“全国用户满意企业”、“全国守合同重信用单位”、“中国机械工业最具核心竞争力的十强企业”等荣誉称号。

企业兴衰在管理，管理有效在文化。建设企业文化是现代企业管理发展的必然要求，只有全面提升企业文化，才能保持企业持续、稳定、健康的发展，才能使企业有旺盛的生命力。基于这样的认识，正泰每年都要进行一次员工思想状况大调查，理清当前企业文化要解决什么问题，怎样解决，正确认识企业文化对于企业发展的重要性。为了增强各级经营管理者特别是企业各级领导对企业文化建设重要性和迫切性的认识，进而增强他们进行企业文化建设的自觉性和主动性。对于很多企业有“文”而没有“化”（或内化不够）的现象，正泰在企业文化建设的过程中，一直注意并积极倡导和推进了企业文化在企业的“内化工程”建设，一是学习企业文化建设方面的知识和理论，带头调研践行企业文化，带头寻找企业文化内化行动的载体；二是组织领导层和中层干部到企业文化建设先进单位的海尔、华为、宝钢等企业学习考察，通过与先进企业文化建设单位的对比分析，汲取其精华；三是安排相关部门，通过报纸、杂志、局域网、宣传栏和各式简报等形式向广大职工大力宣传企业文化知识，使广大职工认识到，企业文化不只是领导的事，更不是领导搞的形象工程，而是与企业发展、自身发展息息相关的重要大事，提高了广大职工对企业文化建设的思想认识。通过加强他们对企业文化的认知和认同，不断增加职工的凝聚力和向心力以及积极性和创造性，从而促进企业健康持续发展。

剖析正泰之所以24年健康持续发展，企业文化的导向、约束、凝聚、激励和辐射作用是其发展和进步的动力源泉。

24年来,正泰企业文化伴随着企业的成长而与时俱进,创新已成为正泰企业文化的一大特色。具体体现在企业的学习文化、产权制度、管理模式、经营模式、技术进步等方面。

1993年正泰提出了建立"学习型组织"的口号,并积极开展"创建学习型组织,争做知识型职工"的活动。作为一家从劳动密集型向科技密集型转型的制造型企业,正泰在短短20余年间之所以能创造一个又一个奇迹,就是因为创建了行之有效的学习文化,造就了一批又一批的高素质的人才队伍。

职工素质决定着企业的素质。没有高素质的职工队伍,就没有高素质的企业。正泰在学习文化的创建中,实施人才强企战略,将职工素质工程融入企业总体发展战略之中,着重打造了六支队伍:一支具有独立开发高新技术项目的科技人才队伍;一支善经营、精管理、高素质、知法制、能处理各种关系的经理人才队伍;一支熟悉企业经济管理,兼备会计、审计专业知识的管理人才队伍;一支具有资本运营技能,兼备资产评估、金融专业知识的财务人才队伍;一支知市场、懂技术、会经营、善服务、能公关的营销人才队伍;一支懂外贸、懂专业、能公关、善服务的贸易人才队伍;一支思想道德素质较高、有一定文化知识、熟练掌握一项或几项生产技能而又敬业爱岗的职工队伍。

学习型企业的无限潜力

通过学习文化的创建,正泰把企业文化娱乐与企业理念有机结合在一起,使全体员工树立正确的思想观念、道德观念和价值观,掀起群众性的比、学、赶、超热潮。通过学习文化的创建,正泰拓宽了管理人才培训、专业技术人才培训和中高层后备人才成长的三条渠道,畅通了成才之路,为正泰实现"产业化、科技化、国际化"战略和"打造世界一流电气制造企业"的宏伟目标,提供了雄厚的技术力量和人才储备。通过学习文化的创建,正泰进行了三次产权制度创新,实现了从家族制到现代企业制度的跨越;通过学习文化的创建,正泰进行了管理制度和管理模式创新,实现了从无序到有序的规范化管理,优化了资源组合,降低了管理费用和生产成本,提高了经济效益;通过学习文化的创建,正泰进行了营销模式的创新,建立了独具特色的产品销售渠道,迅速开辟了国内外市场;通过学习文化的创建,正泰大力开展技术创新,实现了产品开发由"跟随型"到"自主型"的转变;通过学习文化的创建,正泰2002年投资5000万元打造"数字化正泰",在民营企业中率先推行"数字化",初步实现了企业信息资源的快速传递、流动与共享,有效地提高了企业的竞争力。

和谐带来力量

多年来,在创建学习文化的同时,正泰紧贴企业实际,围绕企业中心工作开展活力和谐文化的创建,正泰通过抓方向、抓认识、抓学习、抓共识、抓创新,来提高全体员工的综合素质。通过以和谐劳动关系谋和谐、以建立职工有效沟通机制添和谐、以积极帮助困难职工排忧解难添和谐、以完善职工教育培训机制和科学规划员工职业生涯推和谐、以构筑职工有效激励机制创和谐、以增强社会责任感促和谐,来促使企业的和谐发展。为培养员工的奉献意识和弘扬"一方有难,八方支援"的社会新风,正泰成立了以扶危救急、解难济困、互助合作为宗旨的"正泰员工爱心互助基金会";在《劳动合同法》实施后,为维护职工的合法权益,正泰大力推进新的劳动合同,规范劳资关系;同时为加快员工社会保障制度的建立,完善企业社会保障制度,正泰加大了对"五险一金"等各项福利的投入。正泰组织专人到车间、进班组,采用问卷调查,把职工希望解决的子女教育、后勤生活等14件"民心工程"一一落实解决。

24年来,正泰在企业文化建设过程中,十分注重发挥先进典型对职工群众的示范引导作用。为了营造尊重知识、尊重劳动、尊重人才的氛围,正泰认真从一线职工中抓好各级"优秀班组"、"学习型班组"、"党员先锋岗"、"优秀品牌人"、"岗位能手"、"质量标兵"等优秀集体和个人的选树工作,这些先进集体和个人是推动企业发展的中坚力量,集中体现了企业的价值观,也折射出正泰人"和谐、谦学、务实、创新"的精神风貌。同时正泰还十分注重发挥企业文化塑造人和制度管理约束人的作用,凭借企业文化的渗透作用,把企业文化融入企业创新发展和经营管理,实现企业管理与企业文化价值观念的对接,促进企业形成了产业报国的理念文化、以德立业的质量文化、恪守诚信的品牌文化、科学规范的制度文化、关爱员工的人本文化、与时俱进的创新文化、诚实守信的诚信文化、正气泰然的形象文化、永无止境的学习文化。

(作者林可夫,本文摘自《企业文化》2009年1期)

面对危机 三一重工坚持"三不"

——三一重工集团

在金融冬天来临时,三一重工勇敢地承担起了社会责任,公司的领导层与员工一起想办法面对严寒。

2008年,美国次贷危机引发的金融海啸波及全球。为应对这场百年一遇的危机,从国际知名的跨国巨头到名不见经传的中小企业,纷纷采取裁员降薪措施。在这个风声鹤唳、人人自危的特殊时期,国内机械工程行业的领军企业之一的三一鲜明地树立了自己的态度——不裁员;而随着金融危机影响的进一步加大,三一在坚持不降薪的基础上,做出了董事降薪、高管自愿降薪、普通员工不降薪等决定。

"三不"政策

"不裁员、不降薪、不接受普通员工降薪申请。"2009年1月14日,三一集团董事会作出这一重大决定。"不裁员":在此轮经济危机结束前,坚持不裁员。"不降薪":不主动降低干部员工的薪酬。“不接受”：不接受部级、科级干部和普通员工的降薪申请。

15日一大早，刚打开电脑进入公司网站的三一员工很快被有关这一决定的通知吸引。“爆炸性新闻！”很多人表示，公司的“三不”承诺就像一颗定心丸，让他们一直悬着的心终于放了下来，他们心存感激。在他们眼里，今天的三一显得特别亲切。

三一重工总裁向文波表示，做出这一决定是基于对三一未来的判断，更是三一敢于负责、敢于担当，愿意与员工相互扶持度过经济危机的表现。

我们了解到，2008年三一集团实现销售200亿元。毫无疑问，金融危机对三一尤其是三一的国际化造成了一定影响，但还不至于决定三一的生死存亡。面对危机，三一最需要的是共度危机的信心。

向文波认为，三一是一家在改革开放中成长起来的民营企业，是中国特色社会主义的一部分，在关键时刻，我们应该表明一种姿态，承担起社会责任；同时，我们也希望与员工建立起一种相互信赖的关系。

对此，三一集团总裁唐修国表示，三一从实际出发，更多地考虑了普通员工的利益与承受能力。三一处于创业的发展阶段，很多三一人也处于人生的创业阶段，承担了家庭的责任，三一有义务为员工和他们的家庭谋一份福利。

向文波表示，三一将把工作的重点更多地放在加强内部管理上，通过管理的提升，提高效率，减少浪费，实现管理方式由粗放向精细的转变，从而提高企业竞争力。“裁员降薪”不如“稳员增效”，三一的做法在这个经济的寒冬显得有效而实用。目前，精益制造变革、成本费用控制等工作正在公司深入推行。

董事降薪90%，梁稳根仅领1元年薪

“2009年我只领1元年薪。”2009年1月14日，在三一集团的一次董事会议上，梁稳根郑重地向董事会提出自己的申请。经讨论，董事会决定，接受梁稳根2009年只领1元年薪的申请；接受全体董事2009年只领10%年薪的申请；接受高管自愿降薪申请。

由于未来经济的不确定性，三一董事降薪、接受高管自愿降薪，此举不失为应对经济危机的良策。但三一重工总裁向文波强调，三一还远没有到发不出工资的时候，董事和高管的举动更重要的是表明一种艰苦过日子的态度，增强危机意识。

同时，针对总监助理级（含）以上高管的自愿降薪请求，董事会也予以了批复。公司表示，此次高管降薪以个人自愿为原则，对未提交降薪申请的高管，公司一律仍按原标准发放薪金。记者还了解到，高管降薪也设置了门槛，除级别需获得正式任命的总监助理（含）以上才接受降薪申请外，降薪幅度不得超过50%，年限也仅为2009年度。另外，公司暂不接受部级（含）以下干部和普通员工的自愿降薪申请。

“留住人才，留住希望”，三一重工人力资源总部总监张科表示，董事会的举措，使人力资本提升至三一的关键位置。

八千多人自愿降薪

经济危机浪潮下，国内外众多企业强制降薪裁员，与此形成鲜明不同的是，三一却刮起了员工自愿降薪潮。据不完全统计，8000多名三一员工向公司提交了申请个人降薪或减免福利的报告，其中包括公司高管、党员干部以及普通员工。三一人用实际行动表明与公司共度难关的决心与信心。

一名高管在报告中写到：“社会是海，企业是航船，我们是水手。当大海惊涛骇浪的时候，三一这艘赖以生存和发展的船应矢志不移地朝‘世界五百强’目标航行。作为一名水手，我深知在暴风骤雨中的日子，除了更加努力工作，还请求批准我放弃年薪直到经济形势好转。”

三一国际一名领导这样表示，作为在三一工作了17年的老员工和老党员，有义务和责任与公司共患难，自愿申请降低薪酬50%。

营销总部一位干部在申请中提出自愿降薪20%，2008年年终奖减半，放弃带薪休假，放弃今后所有福利。

泵送研究院全体研发人员联名向公司申请自愿平均降薪30%。他们表示，作为研发人员，长期以来受到公司的高度重视和关爱，我们心存感激。

在此次自愿降薪潮中，党员干部起到了很好的带头作用，一些普通员工也表达了愿意适度降薪，与公司共度时艰的意愿，其中有与公司感情深厚的老员工，也有入司不久的新员工。

对于员工朴实真挚的言辞和体谅、理解企业的举动，公司心怀感激。公司也把员工的这些申请全部汇总于人力资源总部，永久性地记入员工个人档案。

“千亿特别奖”激励员工

鉴于金融危机对公司经营带来的不利影响，在三一集团最新作出的一系列举措中，决定在不裁员、普通员工不降薪的基础上，2008年的年终奖按照2005年标准的120%发放。相对于2007年的年终奖，这一标准虽然有所下调，但并不意味着员工年终奖的缩水，因为公司设立的“千亿特别奖”承诺，当三一实现销售1000亿时，员工可获得现在年终奖10倍的奖励。

三一重工总裁向文波表示，尽管目前的金融危机百年不遇，但三一的经营是健康的，公司有信心有能力确保经营目标的实现，当千亿目标实现时，员工可获得10倍乃至更多的奖励。

按照“千亿特别奖”的规定，当公司实现千亿目标时，普通员工可获得2008年年终奖10倍的奖励；如果员工放弃部分年终奖，放弃部分也将按同样倍数享受特别奖。例如：如果2008年某普通员工的年终奖为2000元，则其可享受的

“千亿特别奖”为2000×10=20000元;如果员工愿意放弃领取500元年终奖,资助公司发展,则其可享受的“千亿特别奖”为500×10+2000×10=25000元。

初步估计,到三一实现销售1000亿,公司至少要多拿出5亿元,奖励在经济危机中为公司发展做出特别贡献的员工。这其中还不包括对员工主动放弃年终奖的奖励。

我们还了解到,为兑现承诺,公司在春节后印发了感谢函,发放到每位员工手中。当公司销售过千亿时,只要员工仍在三一工作,就可凭“感谢函”获得奖金。

梁稳根董事长指出,设立“千亿特别奖”的目的,就是要让所有三一人记住,在百年一遇的危机面前,他们与公司齐心协力,共度难关,投入了三一事业,而这种举动是能载入三一发展史册的主人翁精神体现,是值得尊敬、值得感谢、值得纪念、值得奖励的。

按照三一集团的规划,公司计划在2012年实现销售1000亿元。金融危机并没有打乱三一的步伐,一千亿的目标反而可能因为空前的机遇提前实现。

在金融危机面前,三一人与公司同进退。向文波表示,三一是一家有故事的企业,三一发展过程中“金牌员工”、“抗震救灾英雄”等过千亿的奖励承诺,都是一个个重大事件的反映。他希望“千亿特别奖”的设立,让大家记住金融危机这个特殊的历史时期,成为三一故事中精彩的一章。

“千亿特别奖”还规定,公司销售过千亿时,总助以上领导获得的特别奖为本人2008年年终奖的5倍,总监级、部级干部为2008年本人年终奖的6倍。获批放弃的部分可按同样倍数享受特别奖金。

(李欣整理,本文摘自《中国企业文化研究》2009年2期)

少搞些ABC 多力行弟子规

——蒙牛集团

蒙牛从一个不名一文的小作坊发展成为年营业收入213.18亿元、净利润10.89亿元的龙头企业,其发展态势被人用“火箭”来形容。回首其发展历程,1999年蒙牛白手起家,2004年销售收入72.14亿元,位居全国第二,液态奶销售稳坐全国第一的宝座,5年增长200倍,总销售额超过130亿!2005年蒙牛液态奶市场占有率超过25%,位居全国首位;2007年实现营业收入213.18亿元,超过伊利,坐上中国乳业的头把交椅。蒙牛用短短九年的时间完成了别人需要几十年才能完成的成绩。

然而,这位奔跑中的巨人前进的脚步在2008年却戛然而止,亏损额达9.486亿元。年初,摩根等国际著名投行对蒙牛2009年的业绩给出了非常不乐观的估计,7月7日,中粮集团联手厚朴基金以61亿港元收购蒙牛乳业20.03%股权,蒙牛的处境由此可见一斑。

那么,为什么会出现如此大的反差?

铸就辉煌:营销使然还是价值的认同?

蒙牛十年来呈现的几何式发展态势,被许多人认为是“营销”制造的井喷效果。的确,在这场“中国明星品牌制造”的过程中营销功不可没。“航天飞船”、“超级女声”、“爱心捐助”……蒙牛的公关活动一轮一轮的不断翻新,酸酸乳、真果粒、OMP奶、早餐奶,蒙牛的产品营销也是花样百出。所有这些公关营销活动过后,消费者真正记住了什么?我想,留下最多的还是牛根生“慈善”企业家的印象,以及蒙牛“中国牛”的亲近感,留下的是“小胜凭智,大胜靠德”、“财聚人散、财散人聚”、“吃亏是福,贪便宜是祸”、“对别人有利的,才是对自己有利的”这些大智慧。

牛根生经典的语录朴素而深刻,饱含着中国人待人处事的方法,这都是“儒商”的精华,这些道理与《弟子规》中的“取”“与”原则同出一辙。

《弟子规》是由《论语》“学而篇”中“弟子入则孝,出则悌,谨而信,泛爱众,而亲仁,行有余力,则以学文”演化而来。全书五部分,根据儒家经典总结出了一套中国人在家、出外、待人、接物、做事等应把握的原则,可以说浓缩了中华民族五千年集体智慧的结晶。民间流传的的许多育人处事的道理都和这本取自儒家经典的启蒙读物有重要的关系。

用《弟子规》这面镜子观照蒙牛我们就会发现,正是牛根生和蒙牛践行“兄道友,弟道恭”的信条,员工才肯为企业卖命;正是蒙牛视消费者如衣食父母,“敬听”“顺承”消费者的意见,消费者才会愿意为他买单;正是牛根生和蒙牛表现出来“泛爱众,而亲仁”的胸襟,全国人民才会将蒙牛视如己出;正是所有这些才让蒙牛的净利润2004—2007年增幅高达94%、43%、59%及29%,两年内实现从100亿到200亿的华丽转身。

牛根生多次在公开场合强调“小胜凭智,大胜靠德”,这句话被奉为蒙牛文化的核心。感悟到这个境界已经实属不易,身体力行更是难上加难!给员工捐款治病,为非典、印度洋海啸捐款捐物,为贫困山区捐建希望小学,牛根生本着修德原则友爱他人、帮助弱者。

正是相信《大学》中“财聚人散、财散人聚”的老话,牛根生2005年将自己的股份全部捐出成立“老牛专项基金”发展公益事业。2006年蒙牛发起“每天一斤奶 强壮中国人”的免费送奶行动,惠及全国贫困地区的1000所小学。牛根生说:“这个世界既不是有权人的、也不是有钱人的,而是有心人的,这里面所指的心,我想主要是责任心和爱心。”企业家和企业在各项事业中表现出来的这份责任心和爱心不仅塑造出了“牛总”这样一个“中国慈善家”的精神领袖,同时也铸就了蒙牛这头“中国牛”社会公益的形象,从而在物欲横流的商场赢得更多的信赖和支持,创造了辉煌的奇迹。

牛根生富有哲理的名言警句令人感动和钦佩,他为企业家树立起一个责任心和爱心的标杆。牛总做人、做事的风格暗合儒家的“孝、悌”、“谨、信”、“爱众”。换句话说,蒙牛早期的成功与这些传统的优秀品质有着密切的关联,而这些全都可以在《弟子规》中找到更具体的指导。

在市场化的大环境下，所有的企业都“向西看”，都专注于“经济利益”这个第一要务时，牛根生在企业现代化的道路上却吸取了传统文化中宝贵的营养，正是因为蒙牛做出了别人没做的，但又是消费者所期望的，所以他成功了。蒙牛成功的所在正是现在许多国内企业所欠缺的。而国内为数不多的一些真正应用传统文化管理企业的经营者也都从中受益匪浅。北京销售壁挂炉的胡董事长声称，自己在企业内部力行《弟子规》后，即便是在2008年奥运期间限制建筑发展和全球金融危机的影响下，他的企业仍然实现了利润增长，而与此同时全国各地已经是一片“冬天来了”的叫喊。

跌入困境，产品问题还是信用问题？

如果说2008年的三聚氰胺事件是一个行业性问题，对蒙牛品牌的打击还不是很大的话，那么今年初OMP问题的出现，不仅把特仑苏以前的业绩一笔勾销，更使蒙牛这个品牌面临严峻的信用考验，蒙牛可以说经历了创业以来最大的一场挑战。

在这个问题的处理上，蒙牛显然慌了手脚，事件早期为了撇清关系声称“OMP和IGF-1是截然不同的两种物质”，“特仑苏(OMP)的IGF-1含量与普通牛奶一样。”，“OMP(在日本和美国被称之为MBP(Milk Basic Protein))是牛奶碱性蛋白，”“已经在欧美、日本、韩国和台湾等多个国家地区使用多年，亦已获美国食品及药品管理局(FDA)和新西兰食品安全署证实为安全。”而这些与蒙牛提交给国家知识产权局的“发明专利申请书”、各种公开发表的研究报告以及媒体大量投放的广告所宣传的内容完全相反！

“凡出言，信为先。”信是人与人、企业与消费者建立良性关系的道德底线，如果说OMP以前的过度宣传存在着“言不实”的过错，有欺瞒国家管理部门、愚弄消费者之嫌，那么在事件出现后，面对媒体和消费者的置疑，蒙牛如此敷衍塞责更违背了“唯其是，勿佞巧”的君子做人标准，这种假想通过“诈与妄”的言辞来牟取一时利益的行为与诚信原则背道而驰。

“过能改，归于无，倘掩饰，增一辜。”承认错误、改正错误需要很大的勇气，并要付出相应的代价，但一味地掩饰、逃避所付出的代价更高！蒙牛为三聚氰胺付出了十几亿的代价，但特仑苏的代价绝不只是反映在蒙牛一个季度或一年的财报中，其对于品牌的负面影响是无法估量的。虚假宣传，以及“改过”不积极的态度已经使公众对于蒙牛品牌的基础诚信严重动摇了。

在《弟子规》这面镜子中我们看到，蒙牛这次危急中的言行不仅违背了“商业道德”，更与他一贯的亲民、爱民、服务于民的“德行”背道而驰，最终触怒了自己的“衣食父母”，遭受到“被遗弃”的厄运，巨亏自然是预料之中。

今年乳业第一季度财报显示：伊利和光明均表现出良好的恢复迹象，而蒙牛的财报却迟迟没有公布，显然特仑苏事件的阴影还远没有退去。

蒙牛面临的问题，正是当今中国企业面临的问题：宣传上大搞概念炒作、虚假宣传，愚弄消费者，违背“道义”；经营上盲目扩大生产线，只顾上市揽钱，降低产品质量，唯短期利益是图。快速飞起来的企业，也纷纷以比起飞速度更快的速度倒下。我们必须深思：一家百年企业究竟是怎样打造成功的？我们的民族品牌这样搞下去还有多长的路可走？企业存在的意义是给消费者提供满意的产品，并长久持续地获得合理利润，这是企业的“品德”，也是经营的底线。越是名牌企业越要明白这一点，强化自己社会道德意识和责任意识，绝对不敢凭借自己在消费者心中建立起来的那一点点“信任”就信口开河，愚弄消费者。

回归：形象实在，力行德文化

根据CTR的数据，今年第一季度蒙牛在广告方面就砸下5.26亿元，同比增长20.4%，在饮料行业广告投放仅次于娃哈哈和伊利。几大乳业已经展开了新一轮的较量。

“每一天，为明天”，“蒙牛，只为优质生活”这两句广告口号已经成了宣传的标版，从产品包装到各档综艺节目，从全国各地的零售点到各大媒体随处可见。在激烈竞争中企业加大宣传力度无可厚非，但前提是：必须先有事实！蒙牛营销一定要吸取特仑苏的教训，不要一味的沉醉在曾经花样百出的营销戏法中。“唯其是，毋佞巧。”事实是信任建立的前提和基础，如若不然即便蒙牛今年没有败在三聚氰胺面前，没有倒在OMP上，难保下次他不会毁于PMO上！宣传要做，但不能做忽悠老百姓的广告。

牛妈妈曾教育老牛说“一个人好坏的关键不在于有钱没钱，而在于他的行为和品德。”同样，一家企业的成败关键不在于拥有财富的多与少，而是在于它的产品质量和社会道义。钱没有可以再挣，“德有失”遗患无穷。这次接二连三的挫折对蒙牛或许是一次很好的自我反省的机会。昨天的蒙牛跑的太快了，利用这次休息的机会再好好回味一下老妈妈那句“吃亏是福，贪便宜是祸”的教诲，深刻理解和体会“吃亏”和“贪便宜”的辩证关系，做人、做事才能“实实在在”、“堂堂正正”；昨天蒙牛依照牛妈妈的教诲成功迈进了华尔街，取得了令国人骄傲的业绩，为同行业树立了榜样，今天还需要把握好这次机会，依照牛妈妈的做人原则，遵照中华传统文化的精髓，把企业的“德行”放在首位，牢记艰苦创业时的企训“财聚人散、财散人聚”，不妨多力行《弟子规》，为蒙牛的再次崛起积累“德行”。

翻开《弟子规》，对照蒙牛的过去和现在，我们就一目了然。不仅蒙牛如此，任何企业，只要拿《弟子规》照一照，就能发现问题所在，发现自己心量的大小和企业未来之路的长短。《弟子规》不是任何个人的发明创造，也不是哪个政治集团、利益集团、思想集团的独生子，它是中华民族五千年群体智慧的结晶，是发自于人本性，合乎万事万物、历久弥新的运行法则。实践证明，《弟子规》不仅能解决企业与员工之间的矛盾，也能解决企业与竞争对手、企业与合作者的矛盾，一家企业能否当下良性发展，将来持续发展下去，在这面“镜子”中一照便知。

最后借用牛根生的一句话：“对于追求成功的大智者来

说,每一个危难其实都是一个巨大的机遇”。愿所有和蒙牛一样的企业认清形势,把危机变成转机!

(作者代雅静,本文摘自《现代企业文化》2009年10期)

华厦文化经营体系的构建与实施

——本溪华厦(集团)有限公司

华厦集团于1996年组建,是由一个200余人的“小华夏”一举收购了1.3万人的五户市直国有建安企业组建而成,是当年轰动全国的“蛇吞象”工程。十几年过去了,这一工程不仅顺利组建,平稳启动,而且在本溪地区做到了引导居住取向、示范未来建筑、推进城市扩展、实现一方稳定,走出了一条国有企业可持续发展的成功之路,创造了华厦传奇之厦。

“蛇吞象”在动物世界是神话,在人类社会是笑谈,而华夏集团把它变为现实,其奇迹源于企业文化。华厦独有的文化经营造就了传奇之厦。

华厦文化经营体系的构造内涵

(一)华厦文化经营体系的主要内容

华厦文化经营体系是以华厦精神文化、制度文化和形象文化为载体,通过企业文化经营的运作,实现以企业文化经营调控资本经营和生产经营的文化运营体系。

(二)华厦文化经营体系的理论内涵

1. 资产不等式理论。企业资产由无形资产和有形资产两部分组成,以企业文化为核心的企业无形资产与有形资产构成了企业的“血肉之躯”,离开了企业文化这一无形资产,企业的有形资产只是一具“僵尸”,是无价值资产。企业资产良性运行永远遵循一道不等式:企业无形资产>企业有形资产,即当无形资产大于有形资产时,有形资产增值,反之则减值。

2. 企业文化阶段理论。企业文化的存在与发展有两个阶段,企业文化初级阶段属静态文化,她是以资产形态存在的,我国现行企业文化基本处于这一阶段,即企业文化建设阶段;企业文化高级阶段属动态文化,她是以企业经营形态存在的,即企业文化经营,也就是说企业文化由静态变为动态,参与企业经营,即企业文化经营阶段。

3. “三营”鼎立企业理论。企业文化高级阶段的企业经营由生产经营、资本经营、文化经营三个部分构成,标志着企业经营进入了由自然王国到自由王国更高境界的经营。华厦集团企业文化已进入文化经营、生产经营和资本经营的“三营”鼎立阶段。

(三)华厦文化经营体系的实践载体

1. 精神文化。精神文化在企业文化中属深层文化、起着核心作用,主导并决定着物质文化的变化和发展方向。社会普遍评价的华厦人意识超前、不屈不挠、事在必成,实质是对华厦精神文化的高度认可和评价。

2. 制度文化。作为企业文化的内在文化,制度文化是企业发展的导轨,是企业精神文化和形象文化实施的载体和保障,在企业文化建设中发挥着重要的作用。华厦集团的制度文化在华厦集团不同的发展阶段不断创新,并渗透于不同发展阶段的各项工作的始终。社会上普遍公认的华厦集团管理正规和超常发展,实质上是对华厦集团的制度文化的充分肯定。华厦集团奇迹般地生存与发展实际是靠制度文化的支撑。

3. 形象文化。华厦集团的形象文化属外在文化,铸就了华厦集团参与市场竞争的“通行证”。华厦房产受到社会的普遍好评和青睐,实际是对华厦形象文化的认知,人们享受华厦房产优美的环境,实质享受的是华厦文化。

华厦文化经营体系的构建背景

华厦文化诞生于企业生存与发展的需要,助推于企业的生存与发展。华厦文化伴随着华厦集团的发展应运而生,伴随企业“创建”、“扩张”、“发展”三个阶段,企业文化经历了“起步”、“建设”、“运营”三个阶段。

(一)企业创建与文化起步阶段

华厦集团从诞生之日起就面临着激烈的市场竞争,也充分的经历了市场经济的洗礼,在艰辛创业初期,“小华厦”建立了先进的“华厦机制”的同时,创建了独具特色的华厦文化,成为本溪地区涉足企业文化最早的国有企业之一。这一阶段为华厦文化的初级阶段,即企业文化起步阶段,主要体现在规章制度的建立、职工行为规范的制定等企业文化的普及。

(二)企业扩张与文化建设阶段

1996年华厦集团并购了1.3万人的五户国有建安企业,创造了轰动全国的“蛇吞象”工程。面对国有老企业存在的诸多问题,华厦集团在现代企业机制的基础上,创建了“产权到位、分配等价、用人激进、经营有序”的《本溪华厦集团现代企业制度框架体系》,创造了先进的“华厦制度”,有效地解决了国有企业改革攻坚阶段的深层次矛盾和问题,走出了国有企业改革的攻坚阶段。这一阶段为华厦文化的中级阶段,即企业文化建设阶段,它是以资产形态存在的,有效地保证了国有资产保值增值和企业的良性运行。

(三)企业发展与文化经营阶段

2006年华厦集团步入了可持续发展阶段,华厦文化得到了进一步提升,华厦集团在现代企业制度基础上探索了一条“学习型、和谐型、创新型”三位一体的企业发展的有序轨道,即可持续发展模式,创造了先进的“华厦模式”,实现了企业的可持续发展。这一阶段属于企业文化的高级阶段,即企业文化经营阶段,她是以企业经营形态存在的,主要体现在对企业文化的经营与运作,创造了企业运营鼎立局面。

三、华厦文化经营体系的运营方式

华厦文化已步入企业文化的高级阶段,实现了企业文化经营驾驭生产经营、资本经营的良性运作，从而创造了传奇之“厦”。华厦文化经营通过对企业精神文化、制度文化、形象文化的经营运作加以实施。

（一）华厦精神文化的经营运作

华厦集团企业精神文化是华厦全体员工世界观、人生观和价值观的集中体现，是企业的灵魂。华厦集团对不同发展阶段的企业精神文化进行的运作，通过精神转变物质、物质转变精神的相互作用，使精神文化不断在实践中转化为物质成果。在华厦集团不同发展阶段，与企业文化相伴而生的是不同的企业精神，它激励员工为企业发展而奋斗。“超常规、创一流、华厦事在必成”是华厦集团创建阶段的企业精神，它引领着华厦集团在计划经济向市场经济转型阶段企业超常发展，创造了“蛇吞象”的奇迹。“给我一个支点，撑起一座大厦”做为华厦集团扩张阶段的企业精神，引导华厦集团走出了国企改革的攻坚阶段；“走路要走领军路，作人甘做华厦人”作为华厦集团发展阶段的企业精神，使华厦集团成功地突破了企业发展的瓶颈，步入了可持续发展的轨迹。

（二）华厦制度文化的经营运作

华厦集团的制度文化，是围绕着华厦集团的核心价值观，全体员工共同遵守的行为方式及与之相适应的组织机构、规章制度的综合。是企业文化的生命力持续长久以及形成良好的企业运作机制的重要保障。华厦集团的制度文化在华厦集团不同的发展阶段不断创新，并渗透于不同发展阶段的各项工作的始终。在华厦集团创建阶段，由于先进的“华厦机制”，迅速成为本溪地区异军突起的著名地产界的后起之秀，在华厦集团扩张阶段，通过建立“产权到位、分配等价、用人激进、经营有序”的先进的“华厦制度”，对国有老企业进行了脱胎换骨的改造，有效地解决了国企改革中深层次的矛盾和问题，使企业焕发了勃勃的生机和活力。《现代企业制度框架体系》一书由国家经贸委、国家建设部在人民大会堂举行首发式，国家经贸委、国家建设部领导及近百名司、局领导、专家学者参加了发行仪式。国家无形资产评估所评估华厦集团现代企业制度框架体系无形资产价值5.3亿元；在华厦集团发展阶段，华厦集团的制度文化又实现了新一轮的升华，和谐型、学习型、创新型三位一体的可持续发展的“华厦模式”的建立，使华厦集团走上了具有中国特色社会主义可持续发展国有企业之路，对国有企业发展具有普遍意义。《华厦集团可持续发展模式》被评为辽宁省企业管理创新成果一等奖，并被推荐为国家企业管理创新成果。由总经理雷世纲著作的《国有企业可持续发展模式》一书由中国经济管理出版社出版发行。

（三）华厦形象文化的经营运作

1. 创精品工程，塑造优质的产品形象。华厦集团通过建立鲜明有效的CI系统，对基础形象进行了独树一帜的整合设计，赢得社会对企业的识别；通过树立一流的产品形象，赢得产品在市场的份额。1999年“华夏”牌房产正式通过了国家工商总局注册，华厦房产均属同期本溪规模最大、品质国内一流。

华夏房产已经成为品质好、环境好，物业好的“三好房产”代名词。在市民心目中已形成“住房要住华厦房产”的共识，因而才有“山水人家”住宅小区当年动迁、当年开工、当年进户，形成“供不应求”局面。华厦房产热销的内动力实质是华厦形象文化的经营运作。

2. 以人为本，打造优秀的员工队伍形象。员工的整体素质是企业形象的外在表现，华厦集团始终把建设优秀的员工队伍作为企业文化经营的重要内容。

一是树立尊重知识、尊重人才的观念；

二是通过企业精神文化的经营运作，培养员工干一行、爱一行、钻一行、精一行的爱岗敬业精神；

三是通过自学和集中学习相结合，走出去和请进来相结合，企业自训和社会培训相结合等方式，并建立一系列学习激励、考核、评价等制度体系，全面提升员工的整体素质和综合能力；

四是通过建立人才聘用、选拔、使用等制度，创造一种有利于各类人才脱颖而出的环境；

五是通过和谐型企业建设，营造平等、团结、和谐、互助的工作氛围，从而增强企业的凝聚力、向心力，以职工良好的精神风貌，赢得企业良好的社会形象和声誉。

六是坚持“以人为本”的原则，使企业文化建设为提高全员素质，调动全员积极性服务。发动职工全员参与企业文化的实践，满足员工参与民主管理的需要，满足员工渴望成才的需要，满足员工物质文化生活的需要，以此适应职工实现个人价值和物质、精神需要的取向，创造一种适应企业发展的良好文化氛围。

四、华厦文化体系构建与实施的实践效果

通过华厦文化经营的运作，华厦集团不仅实现了自身的稳定与发展，更取得了巨大的经济效益和社会效益。

（一）经济效益

一是以现代企业制度为代表的制度文化其自身价值被国家无形资产评估所评估管理型无形资产4.4亿元人民币；二是通过产品文化经营运作，华夏花园、山水人家、仙榆湾国际医药会议中心等一系列华厦产品，得到了市人的公认；三是通过资本文化经营运作，华厦小区、山水人家、仙榆湾国际医药会议中心、冬虫夏草深加工项目、威海馨安苑工程，华厦集团实现低成本运行。华厦集团也因此连续多年荣获“企业信用等级AAA级”企业、“辽宁省文明企业”、国家诚信企业等称号，累计实现经济效益达10余亿元，资产增值近20亿元，使企业步入可持续发展轨迹。

（二）社会效益

1. 维护一方稳定。通过和谐型企业的创建，使原上访的重点区实现一方稳定，连年被市委、市政府评为稳定工作先进单位。

2. 引导市民居住取向。华厦房产改变了市民的居住理念。华夏花园、山水人家、名士华庭的开发建设，改变了市

民购买中心地段闹市区房产的消费习惯,助推了城市骨架的拓展。

3. 示范城市未来建筑。华厦小区在本溪市首开物业管理先河,并被建设部评定为“全国城市物业管理优秀示范住宅小区”;华夏花园被评定为“国家康居示范工程”的同时,又是“广厦奖”的获奖小区;山水人家被评为“中国人居环境金牌建设试点项目”,再获国家“广厦奖”。“华夏”房产在房屋品质、园区环境、物业服务等方面为本溪住宅产业发展提供了导向,示范着城市建设。

4. 推进城市扩展。华夏花园吹响了城市东扩的序曲,名士华庭再奏城市东进序曲;山水人家打响了城市南展的战役,结束了城南半个新立屯棚户区的历史。

5. 助推中国药都起步。以“仙榆湾辽宁国际医药会议中心”和“华夏虫草”、“华厦鹿业”等项目为代表的新兴项目,对药都起步建设起到了积极的推进作用。

实现和谐企业的文化跨越

——航天科技集团公司第四研究院

这是一支极富责任的团队——她秉承“使命高于一切”、“国家利益至上”的追求,圆满完成了强国威、壮军威的科研生产任务,在多项国防重点工程建设中受到国家嘉奖。

这是一支勇于拼搏的团队——她坚持“寓军于民”的发展战略,积极应对各种经营风险,经济规模持续增长,2008年经济总收入突破45亿元,同比增长31%。

这是一支善于创新的团队——她视自主创新为灵魂,形成技术创新体系,取得了达到国际先进水平的以高能发动机为代表的一大批标志性成果,多次受到总装备部、原国防科工委和集团公司的表彰。

这是一支富于爱心的团队——汶川大地震后,全院职工积极行动,爱心捐款300余万元支援灾区人民,积极参与联县包村扶贫。

这是一支拥有骄人业绩的团队——多次被授予“全国五一劳动奖状”、“全国精神文明建设工作先进单位”、“全国技能人才建设突出贡献单位”、“全国群众体育先进单位”、“全国治安综合治理先进单位”等光荣称号,全院有数百人被授予各类国家级荣誉称号。2009年1月,在全国文明单位表彰中,四院荣登喜榜。

这支团队,就是中国航天科技集团公司第四研究院(下简称四院)。四院人用激情和汗水,在文明创建的道路上一步一个脚印,不断向更高的目标迈进,不断创造新的奇迹。

铸就事业辉煌

在国庆五十周年阅兵式上,压轴亮相的是新型远程战略导弹,此导弹的动力装置由航天四院提供。充分展示了我国综合实力和军队的战斗力,强了国威,壮了军威。

四院始终恪守“使命高于一切”、“国家利益至上”的信念,调动力量,发挥智慧,协调资源,全力以赴确保国家和人民赋予的军品科研生产任务的圆满完成。四院是我国最大的固体火箭发动机设计、研制、生产的专业研究院,承担着以高新工程和载人航天工程为代表的十余个系列、数十种型号、近百种发动机的研制和多型号、多批次的批量生产任务。四院坚持“自主创新、重点跨越、支撑发展、引领未来”的战略规划,按“研制一代、批产一代、预研一代、探索一代”模式加速实现型号产品多元化、系列化和型谱化。坚持立足自主创新发展动力核心技术,不断拓展固体动力技术的应用领域,以独具特色的航天工程管理经验和方法、科学严密的决策体系和组织体系、完善的技术管理体系、综合统筹的计划体系及系统规范的质量安全管理体系,圆满完成了各项国家任务。新型远程战略导弹为保障国家安全做出了贡献;逃逸系统动力装置七战全胜,圆了中华民族千年飞天梦;某战术型号系列发动机一直保持研制和批产阶段地面及飞行试验100%成功率,发动机稳定性、可靠性和安全性满足了国家装备建设的需要;固体发动机在我国发射和回收的近半数人造卫星上屡建奇功,保持了世界少有的100%成功率。

在圆满完成军品科研生产任务、为强军强国的擎天神剑送去强大动力的同时,四院坚持“军民结合、寓军于民”方针,大力发展以固体动力核心技术为支撑的航天技术应用产业,培育了航天材料、航天星源等产值过亿的核心企业及炭刹车盘、双金属复合管、保护膜等重点项目,经济总收入由2000年的不足10亿元跃升至2008年的45亿元,实现了又好又快地发展。

构建特色文化

四院的文明创建以特色文化为牵引,以各种活动为载体,以职工广泛参与、提升文明素养为目标扎实地开展。

走进四院的工作区和科研生产区,映入视线的是各种企业文化理念墙和靓丽的文化灯箱;走进四院社区,映入视线的是制作精美的宣传栏,上有公民基本道德规范、“八荣八耻”社会主义荣辱观、社区居民文明公约等,整个四院洋溢着浓厚的文化氛围。在文化氛围熏陶下,四院涌现出了救火英雄邱颜成、六类十佳青年、十大孝星等模范典型。

四院的特色文化建设以航天科技集团公司的企业文化为主干,初步形成具有时代特征和航天特色的四院子文化体系,其灵魂“国家至上、争创一流”,核心价值观“以国为重、以人为本、以质取胜、以新图强”,内容包括“使命高于一切”的责任文化、“追求卓越,铸造精品”的质量文化、“人人都是安全主体、所有事故皆可预防”的安全文化、“鼓励创新,宽容失败”的创新文化等。

坚持新职工入院教育,进行航天精神和四院院魂及四院文化教育,增强自豪感和忠诚度;坚持互动式的形势任务教育,增强干部职工“航天报国”的神圣使命感和责任感,增强发展的紧迫感;坚持开展“航天日”升旗、“礼赞航天”主题演讲等系列活动,弘扬航天精神,激发爱国热情;举行诸如

“我要飞得更好”为主题的试验队出征仪式，为参试产品壮行，为赴靶场参加飞行任务的试验队员壮行；举行先进事迹报告会、“与文明同行”演讲赛、“社会主义荣辱观”辩论赛、纪念改革开放30周年系列活动等形式，弘扬文明新风尚。

青年是四院的未来。针对青年人特点，自2007年起，四院扎实开展青年成长与企业发展共赢主题系列教育活动，党政领导做形势报告、请老专家讲优良传统、请著名演讲家讲理想、举办青年论坛；评选表彰六类十佳优秀青年，请他们中的代表走上讲台讲述自己成长经历，介绍成才经验；举办“以创新、责任、推动力，激情、梦想、强国志”为主题的表彰庆典，推出了“感动四院”优秀青年和优秀青年团队。积极推选全国人大、全国工会和全国团代会代表，选树各类先进典型，用身边的典型引导青年自觉把个人价值的实现融入企业的发展中。

领导干部是事业发展的关键。近年来，四院以“四好班子”创建活动为载体，着力加强领导干部作风与能力建设。2006年“作风建设年”提出了“一流标准、眼睛向内、严格管理”要求，2007年提出“三个建设”、“两个抓好”要求，2008年开展作风与能力建设征文活动，举办了作风与能力建设论坛，领导干部走上讲台，畅谈认识、交流体会。领导班子和干部队伍整体功能和素质的提升，为推进四院的发展奠定了坚实的基础。

离退休职工是宝贵的精神财富。四院通过开展丰富多彩的文化教育活动，评选产生了首届“十大孝星”、“老年健康文明之星”和“老年艺术之星”，弘扬了中华民族尊老、敬老的优良传统。

共建和谐企业

2008年4月，四院党委副书记张康助将2万元帮困基金交到了科技公司患病职工杨刚宽手中。据不完全统计，自四院帮困救助基金成立至2008年底，基金总额260余万元，累计救助困难职工500余人次，使用基金金额100余万元。这只是四院共建和谐企业的一个缩影。一花独放不是春，万紫千红满园春。四院在文明创建征程中，坚持以人为本，努力实现企业发展与职工全面发展共赢，让发展成果惠及全院干部职工，让职工在共建中共享，在共享中激发共建热情。四院落实职工的知情权和民主管理权，坚持和完善职工代表大会制度，畅通民意诉求渠道，密切关注和跟踪网络民意，及时掌握和解决职工关心的热点、难点、焦点问题。深入开展“和谐工程”建设，建立了由院、各单位、职工共同捐款260余万元的帮扶救困基金，对困难职工及时救助；持续开展领导干部“联百户进千家”活动，到目前为止，累计家访2600多户，先后与300多名生活较困难的职工结为帮扶对子；加大职业卫生防控力度，对重点手工面对面作业点实施技术改造；建成社区卫生服务站，规范服务质量；在全院启动内部补充医疗保险，减轻职工医疗费用负担；改善职工就餐环境、新建青年公寓、建设文化广场、增添健身器材、拓宽道路、扩大绿化面积，让职工享受和谐共建带来的实惠。

“企业和谐的责任涵盖内部和谐和社会和谐两方面，企业要责无旁贷地承担起社会责任。”5.12大地震后，四院职工捐赠特殊党费96万余元，积极履行航天科技集团公司洋县扶贫组长单位职责，注入项目资金300余万元，联县包扶洋县高峰村，投入资金修路、建学校、帮助该村制定发展规划，连续多年获陕西省扶贫工作先进单位。在陕西省特大洪灾后，为灾区捐建了首所希望小学，干部职工、青年团员常年资助陕南山区失学儿童30余名。文明创建无穷期，而今迈步从头越，四院党委将带领全院干部职工一如既往地努力，实现文明创建更新的跨越。

（作者户晓梅，本文摘自《中外企业文化》2009年4期）

从安置型转为市场主体型企业

——本溪钢铁公司化工厂

在辽宁本溪有这样一种企业，它既不是国有企业，也不是非公有制企业，而是由国有企业创办的集体企业，但按企业类别划分，它又不是一个真正的集体企业。这就是上世纪七十年代末八十代年初出现的以安置下乡青年回城为目的，以履行社会就业职能的特殊群体——厂办大集体企业。本钢化工厂就是这样一种“安置型”的企业。从它诞生那天起，就注定要经历常规企业所想象不到的艰苦历程，市场经济残酷地危及着他们的生存，同时也给予他们发展的机遇。

活力文化的发端来自一个朴素而又基本的元素——“我要活”

厂办集体企业是以安置为目的而不是依据市场需求而建立的，因此存在着与生俱来的种种弊端。

由于先安置人员后找活干，造成了从属于国有企业的附属地位；这种附属地位决定了企业还没有真正成为市场主体；不是市场主体自然没有多少定型产品，只能以服务于国企的劳务项目为主；由于以“养活人”为目的，在分配上则是平均主义大锅饭；由于人多活少，造成了“一个和尚挑水吃，两个和尚抬水吃，三个和尚没水吃”的状况，使劳动生产率极其低下；附属地位和被人“养活”的状况，滋生了严重依赖国企而忽视市场的思想和闲散懒惰行为；而企业内部机制一方面承袭国企在计划经济时期僵化的管理体制，而另一方面又缺乏国企科学严谨的管理方式，因而机构臃肿，人浮于事，管理粗放，效率低下。这样一个企业，在被推向市场的时候，立即陷入了生存危机，仅有的生产项目养活不了过度安置的人员，职工大批下岗，生活毫无保障。

“我要活”的生存愿望激发了企业和职工的拼搏精神，初任厂长的阎春来和他的领导班子认为：“断娘的奶，吃市场的饭”是集体企业发展的唯一出路。靠天靠地不如靠我们自己。于是，他们制定了由“安置型”向“市场主体型”企业发展的规划。为了解决生存问题，他们变“大锅饭”为分灶吃饭,将全厂划分为4个主体车间和24个辅线法人单位,从体制上鼓励他们向市场找饭吃。为消除职工多年形成的依赖思想,代之以奋发向上的市场开拓精神,企业以经济承包方式激发各单位发展生产,开发项目的积极性,还实行科技立项制度,重奖有突出贡献的科技人员。由于采取了这些措施,本钢化工厂终于从生存危机中走出来,产品由过去的几种增加到二十几种,职工也逐步上岗,企业渐渐生发出活力。“我要活”的愿望使他们经历了一次市场启蒙文化的教育。由此,市场启蒙文化成为企业宝贵的无形资产,成为他们独有的活力文化的端倪。

推动企业由生产型向经营型转变的动因竟缘于市场上遭受的重创

我国加入WTO的新形势,使刚刚呈现活力的本钢化工厂又一次遭受重创。强烈的生存愿望和发展激情使他们专注生产而忽视市场,国外产品的冲击使他们产量越大,积压越多,一时间库房内外堆满了成品,使资金流动受阻,生产被迫停止,派出大量人员推销也收效甚微。

市场经济再一次给他们上了一课,使他们认识到,受创的原因是产品不能根据市场的需求而盲目生产。市场变化了,产品仍是二十年一贯制,这是计划经济时期生产型企业的典型表现。因此必须纠正重生产轻经营,重管理轻市场的传统思想观念,将生产型企业变为市场经营型企业,才能适应市场经济的发展。于是,他们首先开展学习活动,采取专家讲课、观看市场经营的光盘、组织人员到先进企业参观等办法来扭转思想,树立了经营是第一线,生产是第二线的市场意识。其次建立以经营为核心的运行机制,根据市场需求组织生产和开发产品。第三,根据市场经营的要求改革组织机构,将21个科室缩减为8个科室,强化了市场、销售、信息等部门。第四,建立了两大市场体系。一个是与母体企业建立社会化、专业化的分工合作关系,变被动的依赖为主动的依托,成功开发了工业废料再利用的配套项目。另一个是巩固与开发国内外市场,开展出口业务。这一系列改革,使本钢化工厂渐渐成熟起来,逐步告别了生产型,而向经营型发展。经营文化又充实了活力文化的内涵,使企业又一次焕发了活力。

审时度势建设服务文化——企业由工业型向服务型转变

本钢化工厂经过二十余年的发展,已成为煤化工产品的专业制造企业。由于产品是化学工业、医药业、印染业和其它相关行业的基础原料化工中间体,使企业成为社会化产业链中的重要一环。然而产业链还在不断分支、扩大和延伸,社会化工业生产的特点和不断产生新的需求的发展态势,迫使本钢化工厂重新确定自己在产业链中的位置和发展方向。

他们认为,社会化的分工与协作方式,决定了与上下游厂家是共同为社会服务的利益共同体,在完成供应链流动中互有需求,这种互有需求的协作方式实质是服务关系,由此确定了由工业型企业向服务型企业发展的方向,从CS(顾客满意)战略入手构建服务文化,使企业文化进一步得到丰富和提升。他们变“以企业为中心”为“以顾客为中心”,根据行业性质确立了“产业链式”服务文化。

根据工业企业多工种联合作业的形式特点,企业又创造了将个人价值与企业价值联系起来的“团队”服务文化,还将从优良传统中提炼出“诚信”服务文化。

创造了由“产业链式”服务文化、“团队”服务文化、“诚信”服务文化所构成的具有本企业特色的服务文化体系。同时将企业的全部经营体系和内部管理改造为整体服务系统,创造了协作化、双赢化、差别化、人文化的四化服务,使无形服务有形化,保证了服务的可操作性。改变过去“我生产什么卖什么”为“你需要什么我生产什么”的订单生产模式。针对顾客对单体酚的需求,引进了日本的先进技术,建成了单体酚的生产装置,开发出新型产品邻位甲酚和间对甲酚,除保持传统品种的市场外又满足了下游新型产品市场的需求。他们还改变了单纯用国家标准组织生产的传统方式,根据顾客的不同需求划分高、中、低三个标准来组织生产。对高于国标要求的,就采用国际通用标准以工艺技术的改进来满足用户的要求。对要求国标的顾客执行国标。对生产中低档产品的顾客提供低于国标的产品。为了使顾客订单一步到位,他们首先在酚馏系统实行扁平化管理,撤消车间级变为厂部直接管理,使生产指令一路顺畅。以顾客需求为导向开发新产品、新项目。注重发现顾客现实的需求和潜在需求来指导新产品开发工作,按顾客要求量身定做合格的产品,纠正了闭门造车一厢情愿的主观思维,根据市场需求先后开发了精萘、邻位酚、间对甲酚、工艺苊、工业芴、彩色复合涂料等二十几个产品,建成了精品酚品牌基地,形成了酚系列、萘溶剂油系列、洗油系列三大产品支柱。并根据顾客要求开发跨行业的产品与项目。开发出软磁、永磁产品,高品质乳胶漆,PVC编织袋以及运输、仓储等项目。

二十多年经历了市场启蒙文化、经营文化、服务文化三个发展阶段

二十多年过去了,本钢化工厂由一个安置两千多人以劳务为主的“安置型”企业,发展为一个拥有自己主导产品和核心技术的煤化工专业企业,跻身于社会化产业链之中。回顾其发展的不同阶段,其实是创造了与之相适应的市场启蒙文化、经营文化、服务文化三个发展阶段,在适时建设的文化引领下不断变革、充实和完善,由文化启蒙、文化认知到文化自觉,不断扬弃和创新,形成了独具特色的“活力”文化,使企业充满活力,不断发展。

(作者富文虎,本文摘自《中国企业文化研究》2008年6期)

如何实现从“貌合”到“神合”

——山西南风集团

文化难以融合是许多企业资产重组失败的重要原因。纵观历史上的企业重组，往往以失败者居多。美国默瑟管理咨询公司对300多次企业并购重组进行了调查，结论是大约2/3的公司并购以失败而告终。麦肯锡咨询公司也曾对公司间并购做过一次大规模调查，得出了同样发人深省的结论，并购10年后只有近1/4的公司获得成功。为什么企业重组成功了，但却“集而不团”、貌合神离，甚至格格不入呢？究其原因，就是重组过程中，没有把企业文化作为一种重要的资源、作为提升企业核心竞争力的重要因素加以重视，不能很好地实现企业文化的融合。事实证明，企业文化是一种能够凝聚和激励员工积极性、主动性和创造性的精神力量，是一种构建和谐内部环境的粘合剂和思想感情基础。在不同文化背景下的企业重组过程中，它的这种作用就显得更加重要而不能或缺。要避免“集而不团”的现象，使企业的并购重组真正产生“1＋1〉2”的效应，必须高度重视企业文化的融合问题。

随着中盐运化的成立，一个很现实的问题即中盐文化、南风文化的“融合”问题也摆在了企业经营者和员工的面前。中盐总公司和山西运城盐化局的合作是国有资产的无偿划拨、重组，不是严格意义上的并购，但道理上是一样的。虽然“盐资源”、“强强联合”是双方重组的一个很大的融合点，但双方重组在企业文化上仍然存在较大的差异，而且员工心理上的冲突也客观存在。这种差异如果做不到及时、合理的“融合”，势必使合作双方的貌合神离，势必将严重影响企业的有效运作和企业最终的经济效益。

中盐运化、南风集团企业文化建设的现状

中国盐业总公司创立于1950年，是国务院国资委监管的国有大型企业。公司拥有全资、控股子公司40个，资产规模达到260多亿元，营业收入达到135亿元，利润总额突破6亿元，盐的产量超过1200万吨，盐化工产品总吨位超过150万吨，是亚洲最大的制盐企业和中国企业500强。作为中央企业，在做大做强企业，实现国有资产保值增值的同时，中盐承担着全国食盐专营的生产经营任务。2007年1月以来，中国盐业总公司出台了《中盐总公司企业文化纲要》、《中盐总公司企业文化实施方案》、《中盐总公司员工守则》，确立了中盐总公司“引领现代盐业，创造美好生活”的企业使命和“创业创新，同心同力”的核心价值观等一系列文化理念。中盐总公司和山西运城盐化局资产重组后，特别是中盐运化2月26日挂牌成立之后，中盐运化、南风化工即着手利用公司内刊《南风》报、内部有线电视台以及《宣传提纲》对中盐企业文化进行大力度的宣传。截至目前，中盐总公司企业文化正在中盐运化、南风化工持续的“宣贯”之中。

南风集团从1996年组建以来，对企业文化建设工作一直都十分重视，在总结、整合、提升具有南风特色的精神文化、制度文化、形象文化上做了辛勤的探索和大量的工作。1999年1月，在南风经历三年初创期、进入成长和发展期的关口，南风集团出炉了《关于全面系统地加强企业文化建设的决定》，第一次明确提出了集团公司企业文化建设的要求、设想和措施。2000年1月、2004年11月，针对当时的企业实际，又先后出台了《企业文化建设条例》、《关于学习贯彻南风集团企业文化理念的意见》。期间及之后，以此为指导，积极践行，掀起了一场又一场企业文化建设的热潮。比如，发布了南风人面向新世纪的《世纪宣言》、《形象宣言》和《质量宣言》，展示了南风人的精神风貌和追求；进行VI设计，对企业标识、产品标识、产品外包装以及工厂、车间外观形象等视觉形象进行全面创新；实施市场化管理、“两制”管理、提高执行力以及问题管理等，全面创新和提升企业管理水平；大力开展“文明工厂”、“文明小区”、“争做文明南风人”、“争做市场人”竞赛活动，努力打造南风集团和南风人的良好公众形象等等。除此之外，依据市场经济、现代企业制度和南风精神文化理念的总要求，集团公司还在领导体制、管理体制、劳动用工以及工资分配等方面进行了大胆的创新和探索，这里不再一一赘述。总之，通过加强企业文化建设，为南风集团的持续扩张、改革、创新提供了强大的精神动力，有力地促进了南风的做大做强，同时也使南风集团的企业文化建设迅速置身全省、全国优秀企业行列，南风经验多次被交流，也多次被授予全省、全国的“企业文化建设优秀单位”称号。

南风集团在企业文化建设方面存在的主要问题：

第一是对企业文化认识层面上的问题。一是企业文化“无用论”，在这些同志看来，企业文化是什么？不就是一个愿景、几句口号、几幅标语吗？认为对搞好生产经营没啥用。二是企业文化“门户论”，在这些同志看来，搞企业文化建设那就是党群部门、党群干部的事，和自己没多大关系。三是企业文化“门面论”，在这些同志看来，企业文化建设上级要求抓，别人也在抓，自己如果不抓说不过去，可怎么抓又不是很清楚，所以就干脆弄几句口号、标语撑门面。四是企业文化“糊涂论”，在这些同志看来，企业文化建设也就是多开展几次文体活动而已。五是企业文化“认同论”，在这些同志看来，现有的南风文化理念自己不能认同，所以对抓企业文化建设缺乏动力。

第二是企业文化研究内容层面上的问题。一是南风文化理念和专家对企业文化理念表述不一致的问题。一般来讲，多数专家认为企业文化有五大核心理念，即企业愿景、企业使命、企业精神、企业核心价值观和企业作风，而南风文化目前确立的核心理念为十大理念，固然有南风特色，但也带来一个与社会不对接的问题，弄不好一方面会引发职

工的猜忌,一方面也会影响南风文化的对外传播。二是南风文化在对企业参与市场竞争两大主体的研究上有偏颇的问题。企业参与市场竞争的两大主体,一个是人,一个是品牌,而目前的南风文化理念大多是着眼于塑造人的,缺乏对品牌塑造的研究。三是文化理念和实际工作的结合上存在着两张皮的问题。从表面上看,一些人或部门对企业文化建设不支持,但根源在于我们并没有真正把企业文化作为一门最新管理理论来研究,来运用,特别是在企业文化理念如何指导企业管理等具体工作的环节上,几乎没有多少更深的探讨,所以不能提供有效的知识、方法和工具,从而导致企业文化的应有作用打了折扣。

第三是企业文化"落地"层面上的问题。一是合力问题。企业文化是企业的利益相关者的共享价值观,但由于大家在企业文化建设上存在着上述种种思想认识问题,使文化的"落地"总是形不成合力,所以总是雷声大、雨点小,或者是上面热,下面凉。二是载体问题。虽然几年来我们在企业文化的"落地"上想了很多办法,采取了多种形式,但从现实情况来看效果并不理想。南风文化出台已有7—8年之久了,但在我们的企业文化建设状况调研中,在分别回答"你对南风文化印象最深的是什么"和"你对中盐文化印象最深的是什么?"回答"世纪南风、世界南风"仅占22%。回答对"集团利益高于一切,挑战未来、追求卓越" 的只占到14%,两者相加还不足40%,而关于中盐文化就大不一样了,回答对"创业创新、同心同力"的就占到60%,可见只宣传了一个月多的中盐文化在职工中的落地效果要比南风文化落地效果好的多。三是知与行的问题。就象我们知道一件事情该怎么做却总做不好一样,我们的企业文化建设也犯了"知易行难"老毛病。

中盐文化、南风文化融合中面临的主要问题和对策

最近,我们在日化分公司、硫化碱分公司员工中发放了近380份问卷。经对结果的统计分析,发现一个很有意思的现象:即在回答"你觉得中盐文化与南风文化能融合吗?"问题时,有超过97%的员工都认同中盐文化、南风文化可以融合,但在回答:"你认为两者文化的最大的结合点在哪里?"回答却是五花八门。36.3%的职工认为是"强强联合",有22.1%的职工认为是"盐资源",15%的职工认为是"创新精神、创业精神、团队精神、社会责任感、以人为本"等,2.6%的职工认为是"资金和产品"等。这样的结果至少可以说明两个现象,认为是强强联合的人比例最大,占到了33%,这至少是不是可以说明大家对融合的看法是双方在融合中的地位应该是对等的。而之所以回答的问题不集中,在也可以说明大家在文化融合的问题上思想是盲目的。因此,要切实抓好文化融合,必须重视和解决以下问题:

一是要重视双方企业领导和职工的心态问题。研究显示,在不成功的企业重组案例中,85%是由于管理模式不同、管理风格迥异、领导层不能融合而造成的。并购重组中的文化融合是一个建立心理契约的沟通过程,要注重全方位的有效沟通和多层次的培训交流。企业文化的融合基础是建立和谐的内部环境。要充分理解和尊重重组各方员工的文化传统和心理、感情因素,注意吸收各自优秀的文化内容纳入新的理念体系,健康地实现文化再造。这样的过程需要传播,更需要沟通。企业文化沟通要强调成员的平等相处,相互尊重,要建立沟通机制,通畅沟通渠道,促进企业和员工之间、员工和领导之间、员工和员工之间沟通,促进价值观、管理、信息、情感等多层面、多角度的沟通,在企业内部努力营造和谐氛围,切实增强兼并重组后企业的凝聚力。具体到中盐和南风来说,重组的双方加强相互的理解和谅解,从重组完成的那一刻起,就要在思想上牢固树立双方是一家人的思想,切实把双方的事作为自己的事,这是双方文化融合的根本基础 ,做不到这一点,融合问题无从谈起,或者说即便有了一定的融合那也只能是暂时的、短暂的。这里必须要强调一点就是,中盐作为重组中强势的一方,应该注重在中盐运化、南风化工干部职工当前的所思所想的问题上,如股票问题、资金紧缺以及管理体制、机制改革创新等问题上真正有所作为,这样就会大大加快双方融合的进度和速度。

二是弄清中盐运化南风化工在文化建设上的定位问题。要搞清中盐运化、南风化工在文化建设上的定位问题,首先要弄清我们的职能定位。很明显,从法律角度来看,南风化工过去应该从属于山西运城盐化局,只是由于当年的种种考虑把运城盐化局作为一个存续的企业来对待,是一个空壳。所以,南风化工似乎成了一个无主管的企业。和中盐重组以后,中盐运化取代了运城盐化局,具有了"造血"功能,成为一个实体企业。那么中盐运化就成为了中盐总公司的子公司,而南风化工则就成了中盐总公司的三级企业。这样一来,在中盐的组织体系当中,中盐运化就应该是分子公司的角色定位,南风化工就应该成为基层单位角色定位。其次,要进一步明确各自的角色责任。从文化体系的理论上来讲,集团公司文化是主文化,分、子公司文化与基层企业文化是亚文化。主文化统率、规划和指导着亚文化建设,亚文化是主文化的有效体现、延伸和细化。在企业文化体系中,集团公司文化体系应当以主文化体系为核心,以亚文化为补充,由主文化体系与亚文化体系共同构成的内在统一,层次分明,有机协调,逻辑清晰的有机统一。据此,中盐运化、南风化工的定位和作用一目了然。分、子公司的角色责任主要是:分、子公司处于集团公司与基层企业的中间层次,在一定意义上既相当于集团公司的子企业、又相当于基层企业的母公司。这种特定的组织层次定位,决定了分、子公司在集团文化建设中应当定位于三大角色:一是集团核心文化理念的传承者,承担着集团核心文化体系宣导贯彻的重要职责;二是集团文化建设整体规划与工作部署的贯彻者,承担着分、子公司内部有效落实集团工作部署的主要职责;三是基层企业文化建设的指导者,承担着对基层企业文化建设的重要指导职责。基层企业角色责任

是：基层企业是集团文化建设最为广泛的实践主体，是集团文化建设的立足之基，力量之源，成败之根本。因而基层企业在文化建设中应当着力把握好三个要点：一是有机融入集团“同心文化”体系之中；二是结合自身实践确定文化定位与开展文化建设；三是大胆实践与创新为集团文化建设探索和创造丰富而鲜活的路径、方式、经验与作法。

三是要摸清双方的企业文化基础，制定好文化融合方案。文化的融合是减少摩擦与冲突，加强合作的有效手段。在中盐和南风之间，中盐的文化为强势文化，而南风文化为弱势文化，在这种情况下，企业领导者要从自身做起，率先垂范，研究文化融合和创新，对企业文化的融合工作给予高度重视和切实推动。要对双方的企业文化进行仔细的分析和调研，组织专门人员对双方的企业文化进行评估，了解双方企业文化的特性，注意企业文化的差异和共同点，挖掘和清理双方各自的文化资源，取长补短、优化配置，制定文化融合的方案，明确企业文化融合在不同阶段的工作目标和任务以及措施和手段。新的企业文化总的原则应该围绕重组后的中盐运化、南风化工目前正在制订的发展战略规划和目标来确定，要坚持以先进的思想作为指导，注重学习借鉴国内外最先进的文化成果，坚持高起点起步，防止将原有的企业文化简单地移植或组合。

四是要建立良好的企业文化融合机制。企业文化融合是一项长期、艰苦、细致的工作，不可能一蹴而就，因此，必须建立企业文化融合的机制，为企业文化顺利融合提供保障。一是设立企业文化融合机构，指定具有企业文化管理经验和影响力的专门人员从事这项工作；二是注重建立和完善并购重组后的企业理念体系，并通过各种手段在企业宣传贯彻。特别是重视用新的企业愿景、价值观念、企业道德和经营理念，来统一员工的思想，激励员工的斗志，形成为新的发展目标而共同奋斗的思想基础；三是注重企业制度文化的建设，要采取过“筛子”的办法，把中盐运化、南风化工的基本理念与现行的各项制度相对照，相符合的保留、不相符合的坚决修订，使文化理念融合、体现到各项规章制度中去，渗透到企业经营管理的各个环节，转化为广大员工的工作动力和自觉行为，使企业文化融合步入决策理性化、管理制度化和操作规范化的良性轨道；四是建立企业识别系统，统一企业标识，塑造企业新的品牌形象。

五是讲求文化融合的方式方法。具体讲就是八要八不变：一是要和而不同，不要同而不和；二是要自上而下，不要任其自然；三是要浑然一体，不要文化区隔；四是要层次清晰，不要相互错位；五是要收放自如，不要主次混淆；六是要反复沟通，不要强行硬灌；七是要循序渐进，不要急于求成；八是要注重实质，不要流于形式。

总之，企业重组可在较短时间内完成，而企业文化融合是企业文化不断丰富发展的动态过程，不可能一劳永逸。我们要不断创新实践，借鉴成功经验，汲取失败教训，努力实现企业文化与企业战略的和谐一致，企业发展与员工发展的和谐一致，企业文化优势与竞争优势的和谐一致，切实通过文化的有效融合，为中盐运化、南风化工实现“提振精神、凝心聚力，奋力实现新一轮快速发展”提供强大的精神动力、智力支持和思想保证。

（作者姚晓军）

“强大京煤理念”重在落实

——北京京煤集团

“强大京煤理念”是京煤集团深入学习实践科学发展观的具体体现，是新的历史时期的重大思想理论成果，是全体员工的共同心声。

京煤集团作为国有独资的大型煤炭企业集团，从2001年初重组改制以来，坚持以“三个代表”重要思想和科学发展观为指导，以制定实施企业战略规划为主线，走出了一条改革、调整、扩张、提升的科学发展之路，实现了企业规模不断扩大，经济实力不断增强，经营效益不断提高，体制机制不断创新，内部管理不断加强，员工生活不断改善，安全状况平稳健康的目标。到2008年，企业总资产达到131亿元，当年完成经营总收入93亿元，实现利润总额9亿元。

落实“强大京煤理念”的重要性和必要性

“强大京煤理念”蕴含着京煤集团重要的发展战略目标，如思想方法、企业宗旨、商业模式、工作主题、基本任务、企业风格、关键环节和根本动力等，回答了要建设什么样的京煤集团和怎样建设京煤集团这一重大问题。

如今，“强大京煤理念”已在京煤集团的广大经营管理者、职工代表和员工中达成了广泛共识。当前和今后一个时期，最重要的是，要把“强大京煤理念”真正落到实处。“强大京煤理念”只有落到实处，才会出竞争力，出创造力，出生产力。京煤集团才会实现做强做大的奋斗目标。因此抓落实，关系到京煤集团的前途和命运；抓落实，是所有组织和成员最为重要的工作。没有落实，再完善的纲领也是空话，再好的方案也不会实现。

战略决定成败，主要是指战略的执行和落实决定企业发展的成败。一个好的战略，其目标的确定只是占了成功的20%，而其余的80%则要靠执行、靠落实来完成。

京煤集团把抓落实变成一种观念、一种责任、一种意志、一种文化、一种习惯、一种经常持久的思维方式和行为指南。坚持战略保落实、精细管理促落实、坚决执行为落实、专心致志抓落实，使注重落实成为全体京煤员工的文化自觉，成为加强管理的主要切入点；把求真务实、履行责任、诚信经营、注重回报的实际工作，都落实到企业科学发展、建设“强大京煤、活力京煤、和谐京煤”的目标上来。

落实“强大京煤理念”的根本出发点和落脚点

落实“强大京煤理念”，要从哪里出发？要到哪里去？

这个问题必须搞清楚。这是办企业的立场、观点和方法问题,事关企业的方向和性质。

——以建设中国特色社会主义,作为落实“强大京煤理念”的根本出发点和落脚点。京煤集团的性质是首都国有企业,是社会主义公有制的组成部分。因此,建设强大的京煤集团,必须坚定不移地高举中国特色社会主义的伟大旗帜、走中国特色社会主义伟大道路、学习贯彻落实中国特色社会主义理论。落实“强大京煤理念”,必须把工作和行动,统一到建设有中国特色社会主义的伟大事业上来,真正做到手中有旗帜,心中有理论,脚下有道路,生存有保证,发展讲科学,成功有平台。坚持职工群众当家作主,坚持依靠职工群众来发展。只有这样,才不会迷失方向,才会在纷纭复杂的形势面前,保持清醒的头脑,使落实“强大京煤理念”有可靠的政治保证、思想保证和作风保证。同时,把远大的共产主义理想和“强大京煤理念”统一起来,有事业心、责任感,想干事,会干事,干成事,不出事。落实“强大京煤、活力京煤、和谐京煤”的企业宗旨,实现兴企富民的美好愿望,这是坚实的基础和根本的前提,这样前进的道路才会越走越宽广。

——以科学发展观,作为落实“强大京煤理念”的出发点和落脚点。学习实践科学发展观,在提高认识的同时,要集中力量解决影响和制约企业科学发展的突出问题,找出影响企业做强做大的突出问题。组织专门力量,抽出专门时间,研究、落实企业科学发展,落实“强大京煤理念”。围绕落实企业科学发展、建设强大的现代企业,做出专门规划和重大决策。着力选拔能够把企业做强做大的可靠人才,并把他们输送到重点企业、重点岗位上来。董事会认真落实股东会的重大决策,围绕落实“强大京煤理念”做出日常工作决策,全力体现股东会的意志。经理层按照董事会决策,强化执行,增强创造性,体现主动性,把各项具体工作抓紧、抓好、抓实。

——把建设“人文北京、科技北京、绿色北京”作为落实“强大京煤理念”的出发点和落脚点。京煤集团地处北京,必须从北京的实际出发,依靠北京的资源提高效益。“人文北京、科技北京、绿色北京”三大理念,对京煤集团提出了更高的要求。京煤集团牢牢抓住这个区位优势,努力建设成一个文化型企业、科技型企业,成为首都具有强大创造、创新能力的企业之一。抓住绿色经济对企业发展带来的新机遇,把安全放在首位,建设安全矿山、绿色矿山,努力维护生态文明。

落实“强大京煤理念”的基本途径

有了好的世界观,还必须有好的方法论;有了“强大京煤理念”,还必须有实现“强大京煤理念”的基本途径。经过多年的摸索实践,京煤集团着力从七个方面入手抓落实:

——强化标杆管理,实现优秀,追求卓越。京煤集团以地区一流和全国一流企业为标杆,实施标杆管理。在能源经营、房地产业、城市服务业、新的经济增长点等领域都树立学习标杆,力争把各项工作规范化、标准化、本土化。

——强化战略管理,提升核心竞争优势。集团吸取常规性战略和创新型战略各自的优势,既“咬定青山不放松”,又适应新形势,适时对战略进行调整完善,不断赢得竞争优势。京煤集团本身就是个多元化企业,因此要通过相关多元化、经营专业化和内部市场化建立企业内部的供应链。凡涉及大宗物资采购,企业内部有资源的,在同等条件下优先从内部解决。集团按市场化原则、按照质优价廉、不保护落后的原则,实现了资源共享、各专业板块间良性互动,提高规模效益,降低成本费用,增强了企业整体竞争优势。同时,在新项目立项、人才问题上实行一票否决制;保障多元化和企业战略相匹配,凡不符合战略的项目,效益再高也不能上马;企业战略从自身的资源、组织、能力出发,首先搞清不做什么,然后再确定做什么。

——强化创新管理,在执行中创新,在创新中落实。在落实“强大京煤理念”过程中,京煤集团的广大经营管理者把执行的过程当成创新的过程,用创新的成果证实执行的成效。执行没有借口,创新没有止境,把执行和创新结合起来进行落实。机械被动的落实,不会有好效果;对于影响落实“强大京煤理念”的体制、机制和流程,采取积极而稳妥的措施进行改革和改进。

——强化重点管理,统筹兼顾,整体推进。抓重点是一种智慧,是一个领导者的基本功。集团两级领导班子从重点入手,以主要精力、主要时间、主要财力保证重点工作、重点目标的实现。在实践中抓住重点企业、重点项目、重点投资,实施重点突破,不断向纵深发展。抓住企业战略、全面预算工作、现金流问题、成本费用控制、人才问题、体制机制改革、民心工程、安全稳定等重点工作,分工负责,相互配合,统筹兼顾,保证企业协调发展,实现高质量的增长。

——强化人本管理,真正调动全体员工的积极性。落实“强大京煤理念”必须强化人本管理,以员工为本。集团领导坚持刚性管理,柔性沟通,不把自己看成是官,而是个带头者。发挥自身的人文优势,扶持骨干和专业人才,创造良好的环境留住人才、用好人才;使能力强的人才受到重用,这样企业才有活力。只有通过人本管理,建设高素质的员工队伍,建设强大的人才队伍,才能保证“强大京煤理念”的实现。

——强化考核管理,保证各项预算指标的实现。各级领导班子高度重视考核工作,加强三级考核,保证企业有充足的后劲。

——发挥党委的政治核心作用,保证“强大京煤理念”落实的现实性和长期性。把落实“强大京煤理念”列入各级党组织重要的议事和工作日程,加强领导,深入研究,注重实践,见到成效。在当前和今后一个历史时期,党委要通过加强党的思想、组织、作风、能力、制度和廉政建设,来保证科学发展观的落实,保证“强大京煤理念”结出更加丰硕的成果。实践证明,京煤集团在中国特色社会主义伟大旗帜下,以科学发展观为统领,牢记和落实“强大京煤理念”,开拓经营，锐意进取，为首都的现代化建设做出了新贡献。

（作者付合年，本文摘自《现代企业文化》2009年7期）

萌于发展 茂于创新

——中铁电气化局集团

不断完善企业理念识别系统

中铁电气化局集团是伴随着我国第一条电气化铁路宝成线的建设而诞生的，具有50多年辉煌发展历程和文化积淀。在“促创干、争一流”的电气化精神激励下，集团创造了我国铁路建设史上几十个具有里程碑意义的“第一”，承建了我国80%电气化铁路和城市轨道交通牵引供电工程，始终保持着行业龙头地位。2008年，集团以系统集成总承包商的身份，建成了我国第一条时速350公里的京津城际高速铁路，为中国现代化铁路建设写下了新篇章。

“促创干、争一流”的电气化精神，既是这支“国家队”的历史写照，也是企业宝贵的精神文化财富，更是激励电气化人再创新辉煌的强大精神动力。经过2003年战略重组，集团形成了更加强劲的市场竞争力，进入了发展规模、发展质量和发展速度历史最好的时期，发展战略、思路、模式更加清晰，发展步伐、信心更加坚定，发展机遇前所未有，发展前景更加光明。企业营业额从2003年的35.85亿元增长至2008年的146.1亿元，增长307.53%；新签合同额从2003年的51.35亿元增长至2008年的300.8亿元，增长485.78%；企业实现利润和员工收入同步大幅提升，企业实力显著增强。在“促创干、争一流”电气化精神鼓舞下，集团员工在青藏铁路建设中“挑战极限、勇创一流”，在大秦铁路扩能改造施工中“挑战极限、超越自我、创造之最”，在京沪电化改造总承包工程中“敢于挑战、敢于胜利”，创造了新的业绩，增强了“中国中铁电化”品牌的知名度和影响力。在“促创干、争一流”电气化精神鼓舞下，集团员工在去年南方冰冻雨雪灾害铁路抢险中快速反应，爬冰卧雪，攻坚克险，在最短时间内恢复了京广铁路南段运输，提炼出了“关键时刻冲在前，艰难困苦我来干”的抗冰抢险精神，受到铁道部的嘉奖。在5.12汶川地震后宝成线109隧道抢险中，集团再次充分展示了国难当头挺身而出、舍生忘死、战则必胜的英雄队伍形象，并形成了“关键时刻冲在前，舍生忘死我来干”的抗震抢险精神。

2004年，集团公司整合企业文化时，董事长、党委书记王其增提出了“举集团之力，强集团之本，铸集团之魂”的理念。集团不断完善理念识别系统，构建新的企业文化体系框架，得到了广大员工认可。按照中国中铁股份公司的要求和集团公司发展战略，集团在文化建设中大力弘扬企业精神，构建经营方略，打造企业品牌；以视听文化为切入点，以行为文化为重点，以精神文化为最高目标，实施“铸魂、育人、塑形、传播、强本”的系统工程。大力传扬中国中铁的“勇于跨越，追求卓越”和“促创干，争一流”的企业精神，形成了把握时代脉搏，顺应发展要求，彰显企业特点，反映员工心声的企业价值理念体系。

近年来，集团提出了立足基层的“草根”文化，倡导员工树立“艰苦不怕吃苦”的精神，培养“热情好客，礼貌待人”的社交风尚，打造“说干就干，干就干好”的工作作风，形成“干事，干成事”的工作氛围。在深入学习实践科学发展观活动中，集团公司党委提出了“科学发展上水平，中铁电化永远当先锋”的实践主题。这些理念已被全体员工认同和传承，经受了各种急难险重任务的考验，证明是企业发展取之不尽、用之不竭的力量源泉。

狠抓上下呼应的良性互动

中铁电气化局集团遵循企业文化建设的基本规律，从提升企业社会美誉度入手，大力塑造拼搏奉献、敢为人先、勇争一流、实干兴企的电气化人形象。集团制定了《中铁电气化局集团礼仪手册》，利用视频新闻等媒介进行宣贯，加大学习、考核、检查、评比力度；编纂出版记载集团公司历史的《局志》和《电气化人的故事》系列丛书，用发生在职工身边的故事，诠释企业的精神和理念。重大工程竣工之后，集团都要制作纪实专题片和画册，真实反映工程业绩和员工的精神风貌。通过与各大媒体密切合作，围绕公司各阶段的重点工作，以及对社会的责任与奉献，加强对外宣传报道，在社会上产生广泛的影响，在职工内心产生共鸣，提高职工的自豪感、凝聚力和战斗力。

集团公司领导是企业文化的倡导者和推动者，他们逢会必讲文化理念，做事体现文化内涵。正是他们的身体力行，使集团形成了良好的企业文化氛围，企业文化建设呈现出上下呼应的良性互动。这种特征在急难险重工程中表现得尤为明显。在青藏铁路建设中，战胜三大世界难题，充分展示了集团在铁路通信、信号、电力、电信检测等专业领域的领先技术实力；在大秦两亿吨扩能改造工程中，集团员工挑战极限，善打硬仗，被建设单位誉为“钢班子，铁队伍”。京沪线电气化改造奇迹般一年建成开通，获得铁道部领导“四个之最，五个创举”的盛赞。建成中国第一条时速350公里京津城际铁路，促进了集团向国内第一个牵引供电专业系统集成商的转变。在抗击雨雪冰冻灾害中，铁道部党组书记、部长刘志军赞扬中铁电气化局“不说二话，不讲条件，是召之即来，来之能战，战之能胜，能打硬仗的队伍”。在抗震救灾工作中，党员领导干部率先垂范，党组织发挥战斗堡垒作用，党员冲在前头，全体抢险人员冒着生命危险，抢通宝成铁路109隧道，收到了胡锦涛总书记的慰问电。在抢险现场，周永康、张德江、徐才厚等中央领导以及刘志军、卢春房等铁道部领导高度赞扬中铁电气化局这支抢险队伍。

把工作重点放在工程项目上

工程项目是完成施工生产任务的主战场，是创造企业效益的源泉,是培养高素质人才队伍的基地,是展示企业形象的窗口和发挥企业党组织政治优势的主阵地。加强项目文化建设是搞好工程项目建设的内在需求,是提高项目管理水平、增强项目活力、提高经济效益的有效途径,是激发员工智慧和积极性,增强队伍凝聚力和向心力的有力措施。中铁电气化局集团近年来将企业文化建设的重点放在了项目上。

抓典型,发挥示范、引导作用。集团有目的地选择了一些企业文化建设试点单位,着力提升品牌文化、质量文化、安全文化、营销文化、项目文化、诚信文化、执行文化和廉洁文化,培育典型,树立样板。北京动车段指挥部与武广客专项目部一起被集团公司确定为项目文化示范基地。动车段指挥部打造的"家"文化,提出了"项目就是家园、家和万事兴"的项目文化新理念和"干中国第一、创世界一流"的目标,凝练了"家训、家规、家风",工程突破了难以想象的困难,实现了去年底动车组一、二级检修入库的目标。今年国庆前,全国铁路首个具有世界一流装备水平的动车检修基地将呈现在世人面前。在项目文化建设的试点中,集团公司党委宣传部有关负责同志,深入到北京动车段、京九线、大包线、武广客专、合武客专、郑西客专等工程,对项目文化建设进行共同研讨和帮助指导,促进了集团项目文化建设稳步推进。

抓统一标识,树企业品牌形象2005年,集团公司出台了《企业识别系统手册》和指导性意见,加强了对中国中铁标识和企业精神及电气化精神、企业核心价值观、企业风俗习惯的宣贯,并进行了重点检查和具体指导。各单位将岗位职责、网络图表、理念格言、工程揭示牌、创优规划、安全质量保证体系、工程进度图表、宣传橱窗、上岗证等等都制定出统一的样式,很好地展示了中国中铁和中铁电化的品牌形象,体现了"国家队"的风采。

抓规范,形成项目文化指导文件一是结合项目特点,制定《项目文化建设指导意见》,强化《企业员工手册》和《企业文化手册》的执行力度,保证项目文化建设制度落到实处。二是在项目开工之前超前策划项目文化建设方案,坚持高标准、高起点统一布置安排。集团公司动车段、武广客专、大包线、京九线、京石客专等大型工程项目开工之初都制定了项目文化指导手册,下达到各项目分部实施,确保了项目文化建设有章可循。

抓交流,开拓项目文化建设思路2004年,集团表彰了7家企业文化建设先进单位,并就项目文化建设的经验做法进行了交流。近年来,集团各单位全面推进项目文化建设,2007年4月,集团对12个单位的企业文化和项目文化建设的成果进行了交流。2008年11月,集团公司再次举办项目文化建设成果现场交流会,11个项目文化建设经验成果上会交流。2009年,集团所属西铁建设公司等单位在项目工地召开项目文化建设推进会,交流经验,展示成果,部署工作,促进了项目文化建设的深入开展。抓传播,扩大影响集团借助各类媒体广泛宣传工程项目建设成果,展示员工精神风貌,传播集团改革发展的动态信息,有力促进了品牌形象的提升,企业的市场影响力明显增强。

(作者王志坚、曹忠义,本文摘自《中外企业文化》2009年8期)

在继承中创新 在创新中发展

——中石化北京燕山石化公司

燕山石化公司对于企业文化建设始终给予了高度重视。《北京市国资委关于加强企业文化建设的指导意见》下发后,公司党委明确提出要把企业文化纳入到企业"十一五"发展规划当中,总体规划,统筹考虑、加强建设。在充分调研的基础上,公司制定下发了《燕山石化企业文化建设"十一五"纲要》。《纲要》提出要以争创"全国企业文化示范基地"为契机,切实把燕山石化近40年的文化发展脉络进行一次全面的、系统的梳理和总结,通过企业文化的整合提升,为企业在新时期的改革、发展、稳定提供更加有力的精神动力、思想保证和智力支持,用先进的文化力不断提升企业的核心竞争力。

燕山石化企业文化建设的总体情况

在40年的发展历程中,燕山石化始终立足企业实际,通过不断传承、发展与创新,基本形成了具有燕山石化特色的企业文化体系。

在观念形态方面,公司进一步明确了"大企业要为国家做大贡献"的企业使命,勾画了"把燕山石化公司建成'资源节约型、科技创新型、环境友好型、本质安全型'的现代化石油化工企业"的共同愿景,提炼了"员工与企业共同成长、企业与社会和谐发展"的核心价值观,确立了"产品特色突出、技术实力雄厚、管理科学规范、员工素质优良、文化独特鲜明、发展持续稳定"的企业发展战略目标,强化了"不求最大、但求最好,油化一体、效益最大"的发展理念,重新阐释了以"团结、求实、严细、创新"为主要内容的企业精神等。在行为规范方面,建立了燕山石化"企业形象"、"产品形象"、"现场管理形象"、"企业员工形象"和"企业管理者形象"等五大形象标准。

2007年,燕山石化被中国企业联合会、中国企业家协会授予"全国企业文化示范基地";2008年被中国企业文化研究会授予"改革开放30年全国企业文化优秀单位",被北京市安全生产监督管理总局授予"北京市安全文化示范企业";2009年在全国企业文化建设江西峰会上荣获"全国企业文化先进单位"称号,年底在"北京影响力"评选活动中被评为"影响百姓经济生活的十大企业"。

燕山石化企业文化的主要特点

燕山石化始终认为,企业文化是本土的、特质的,是企业在特定的地域环境和历史条件中发展形成的，是为本企业未来发展服务的，理应具有鲜明的个性。

1. 热爱与责任是燕山企业文化之源。爱国、爱党、爱人民、爱中国石化事业、爱燕山石化，这是燕化人始终不渝的情愫。要做负责任的大企业，这是燕山石化长期的追求和宣言。燕山石化作为大型国有骨干企业，始终树立大局意识，认真履行政治责任，把燕山石化做精做优做强，巩固党执政的物质基础；树立发展意识，认真履行经济责任，实现国有资产保值增值，保障职工群众切身利益；树立忧患意识，认真履行社会责任，切实维护和保证国民经济的安全运行，维护社会稳定。特别是在2008年奥运之年，燕山石化保安全、保稳定、保供应，成为奥运会期间北京地区唯一正常运转的大型工业企业，向世界展示了中国石化企业的实力和形象，被评为“奥运能源运行保障突出贡献单位”，获得“奥运环境质量保障特别贡献奖”。

2. 团结与进取是燕山企业文化之基。当年燕山石化是靠着五湖四海的建设者开展社会主义建设大会战建成的，团结是燕山石化与生俱来的品格。从我国第一个石化联合企业，到我国最大的石化联合企业；从第一个成功引进建成30万吨/年乙烯装置，到两次率先对乙烯装置进行大规模技术改造；从合成橡胶技术自主研发，到开启中国具有完全自主知识产权的石油化工成套技术出口发达国家先河处处浸透着燕化人开拓进取的精神。

3. 人本与和谐是燕山企业文化之体。以人为本，在共建中共享，在共享中共建，努力实现员工与企业共同成长，是燕山石化始终坚持的一条原则。主要体现在四个方面：一是保障职工政治权益，持续深化以职工代表大会为基本形式的民主管理，切实做到“职工代表不举手、重大决策不出台”；二是保障职工经济权益，[0]在企业发展同时不断提高职工的收入水平；三是保障职工劳动权益，树立“培训是给职工的最好福利”的理念，按工资总额2.5%比例提足教育经费，全面提高职工素质；四是保障职工精神文化权益，加强文化阵地建设，广泛开展健康向上的文化体育活动。

4. 严细与创新是燕山企业文化之核。严细是石化行业的本质要求。在长期生产实践中，公司始终在职工中强化“我要安全，安全保我平安；我要环保，环保佑我健康”的安全环保文化。创新是企业发展的不竭动力。从含铅汽油到清洁汽油，从欧Ⅱ、欧Ⅲ到欧Ⅳ排放标准，燕山石化作为中国第一个全面实现汽油无铅化的炼油企业，用10年时间走完西方国家20年走过的油品升级之路。2007年6月，1000万吨/年炼油改造工程一次开车成功，产出合格产品，提前兑现了北京向国际奥委会的承诺，燕山石化也成为了中国第一个可以生产符合欧Ⅳ排放标准汽柴油的千万吨炼油基地。

燕山石化企业文化建设的六条举措

一是建立科学完善的体制机制。公司有专门的企业文化建设协会，形成了党委统一领导，以政工干部为骨干，以各级行政干部为主体，党政工团齐抓共管，各专业部门分工负责的企业文化建设工作领导体制。公司坚持把企业文化建设与生产经营、企业管理融为一体，纳入经济责任制考核范围，明确工作目标，分解工作任务，落实责任到人，做到与其他工作同部署、同检查、同考核、同奖惩；坚持每年召开一次企业文化建设协会年会，总结经验，部署工作，表彰先进，形成长效运行机制，使企业文化建设成为企业各项工作中不可或缺的重要组成部分。

二是加强正确有效的思想教育。自1991年至今，公司已连续20年以“一年一个主题”的形式深入开展了“铸魂塑形”工程，包括“企业形象与企业竞争力”、“精心工作，止于至善、“科学发展从我做起，美好家园共建共享”等主题教育，使干部职工进一步理解、认同了企业价值理念，并以此自觉规范行为。实践证明，正确有效的思想教育不仅是干部职工统一思想、提高素质的重要手段，也是职工接受企业文化熏陶、参与企业文化建设的重要途径。

三是坚持以人为本的政策导向。政策是引导取向、昭示方向的旗帜，是稳定队伍、激励职工的重要手段。公司将创建学习型企业活动纳入公司整体发展战略，与企业日常管理工作融为一体。2001年以来公司已实施两轮职业技能鉴定，目前已进入第三轮，制定了工人技师和高级技师评定办法、对优秀技术成果实行职工冠名奖励、评选优秀操作能手、奖励职工创新创效成果及合理化建议等一系列政策措施。

四是强化人本自律的现代管理。燕山石化坚持把企业精神、价值理念融于企业规章制度之中，把思想引导与行为规范、精神鼓励与物质奖励统一起来，强化“三基”管理。通过采用现代管理手段，推行ERP管理系统，实施内部控制制度等，建立了一整套较为完整、量化可比的闭环管理体系，逐步将“精心工作，严细管理”的理念落到实处。

五是优化健康和谐的文化环境。燕山石化始终坚持多渠道、全方位对员工实施健康向上的文化熏陶。1975年创办了企业报，目前每周两刊，发至班组，并增加了网络版；1981年建立了中国第一个企业有线电视台，专门用于职工教育和企业新闻宣传；每年出版六期企业文化研究会会刊；组建职工艺术团，深入一线巡回演出。加强文化工程建设，先后出版多部企业文化建设丛书；拍摄了反映燕山发展变化的35集专题片《变迁》；编印企业文化台历；投资兴建多处大型文化体育设施，定期举办体育比赛、歌咏比赛及美术、书法、摄影等展览。今年是燕山石化成立40周年，公司以此为契机开展了企业文化系列工程，包括筹建了新的燕山石化展览馆，编辑出版《燕山石化图志》和《辉煌四十年——主流媒体看燕山石化》，出版《燕山情——燕山石化文学协会会员作品集》第二辑，再版《古今燕山》等，拍摄了《今日燕山石化》、《忆往情深》、《奉献者》等系列电视宣传片，组织了系列文化体育活动，在形式多样的文化活动中培育企业精神，增进文化认同，促进职工的全面发展。

六是建设率先垂范的领导团队。燕山石化坚持把培养适应现代企业需要的高素质领导干部队伍，作为关系企业发展的基础性任务抓紧抓实。深入开展“创建学习型领导班子活动”，努力打造一支适应国际竞争要求的企业领导团队。坚持在企业得到发展的同时，不断提高职工的收入水平，改善职工生活环境。投资数亿元对职工生活区进行了大规模物业改造；积极争取北京市政策，抓好集资建房工作。

实践证明，通过扎实有效的企业文化建设，可以进一步统一思想，增强职工忠诚度，充分调动职工的积极性和创造性；可以规范职工行为，增强自我管理能力，养成良好的道德素养和行为习惯；可以营造企业内部和谐人文环境，促进企业“三个文明”建设，为企业持续健康发展提供不竭动力。

目前，燕山石化正站在一个新的历史起点上。2009 年，公司共实现销售收入 586 亿元，利润 42.2 亿元，上缴税金 102 亿元，为国民经济发展做出了贡献；再一次经受了国家重大活动的检验，圆满完成国庆 60 周年庆典保障任务；大胆探索企业管理新模式，全面完成了专业化重组，为燕山石化由传统国企向现代企业转变迈出了极为关键的一大步；北京石化新材料科技产业基地建设全面启动，对外合资合作取得新进展，为燕山石化赢得了更加广阔的发展空间；和谐企业建设取得了实实在在的成果，“富燕新村”拔地而起，社区面貌不断改观，文化设施逐步完善，职工得到了实惠，企业赢得了力量。今后一个时期，燕山石化将继续深入贯彻落实科学发展观，做强炼油，做精化工，以优秀文化为引领，努力把燕山石化建设成为展示北京工业和中国石化形象的窗口，为全面建设小康社会，做出新的更大贡献。

创新成就未来

——中交一航局有限公司

中交第一航务工程局有限公司是中国交通建设股份有限公司的全资子公司，创建于 1945 年，也是新中国第一支筑港队伍，素有“筑港摇篮”之美誉。

一航局是一个以港口工程施工为主，多元经营、跨行业、跨地区的国有大型骨干施工企业，拥有 1 个工程总承包特级资质、14 个工程总承包一级资质和 15 个专业承包一级资质，经营领域包括港口、航道、修造船厂水工建筑物工程和高速公路、桥梁、机场、铁路、地铁、轻轨、大型成套设备安装、工业民用建筑、市政工程以及其他大中型建设项目。一航局现拥有总资产 178 亿元；在岗员工近万人；各类工程船舶 222 艘，施工机械 4950 多台。2008 年，一航局实现合同额 302 亿元，营业额 232 亿元，主要经济指标始终位列中交股份基建板块首位；位列天津市百强企业第 22 位，在施工企业中排名第一。

六十余年铸就了一航人的辉煌，截至 2008 年底，一航局累计建成码头泊位 1012 个，其中万吨级及以上泊位 514 个，约占我国沿海港口泊位数的 45%；建成船坞、船台 25 座；公路桥梁 331 公里。承建和参建了杭州湾大桥、东海大桥、长江口深水航道治理工程、黄骅港外航道整治工程、澳门国际机场、哈大客运专线、京沪高速铁路等一大批重点工程，施工区域涉及中国 30 个省市自治区，涉及国外亚洲、非洲、欧洲、大洋洲、南极洲的 19 个国家和地区。

一航局始终坚持“浇注精品，发展企业，造福员工，奉献社会”的企业宗旨。多年来，荣获国家优质工程金奖和银奖 17 项、鲁班奖 11 项、詹天佑大奖 13 项；中国市政工程金杯奖 4 项；省部级优质工程奖 68 项，16 项新技术获国家专利；荣获“全国优秀施工企业”、“全国用户满意施工企业”、“全国质量效益型先进施工企业”、“全国思想政治工作优秀企业”、“全国精神文明建设工作先进单位”、“全国交通企业文化建设先进单位”等荣誉称号。

一航局从最初的镐刨锹掘、手拉肩扛式的手工操作发展到现在的大型机械化施工作业，从只能承担维修、新建一般单项港口工程发展为综合性施工企业，从工程施工队发展为国有大型上市公司，除依靠时代进步和艰苦奋斗精神之外，创新也为企业发展提供了不竭动力。尤其是“十一五”以来，一航局坚持文化创新、理念创新、战略创新、管理创新、技术创新，使企业发展到了一个新的阶段。

始终坚持文化创新，引领企业前行

一航文化伴随着企业 64 年的生存发展而培育成长，具有较为浓厚的文化底蕴。多年来积淀了四海为家、艰苦奋斗，诚信重诺、勇闯市场，创新务实、勇争第一，永不满足、追求卓越等许多优良的文化传统。2002 年，一航局正式启动企业文化建设工作，认真总结多年来历史积淀，分析行业个性、企业个性，最终形成了具有指导意义的《企业文化建设纲要(第一版)》，确立了企业宗旨、战略目标、企业精神、经营方针和质量方针和一些践行措施，为系统建设企业文化提供了理论依据和指导方法。

随着企业的不断发展，文化内涵的不断丰富，一航文化也需要在创新中发展，2007 年，一航局对《企业文化建设纲要》进行改版，颁布了第二版，增加了使命、愿景、核心价值观等核心理念，完善了理念、行为、视觉三大建设体系。尤其是通过在员工中征集，提出了“行业领先、国内一流、国际知名”一航愿景和“干一流的、做最好的”核心价值观，得到了全体职工的认同，营造了浓厚的竞优文化氛围，逐步形成了一航局竞优、诚信、坚忍、和谐的文化特征。

近几年，公司实现了规模扩张，市场领域拓展，一航文化也不断谋求变革，为公司战略发展提供支撑。一是加强项目文化建设，通过共建愿景聚人心来推进一航文化落地，提升员工人文素养和项目综合管理水平。二是积极探索铁路施工管理模式和文化特征，加快一航文化与铁路文化的融合，通过调查研究，出台了《铁路项目文化建设实施意见》，转变思想观念，全面适应铁路管理模式。三是着手海外项目文化的研究，促进跨文化管理，为一航局拓展新领域提供文化支撑。

一航局注重创新文化的培育和创新氛围的营造。在《企业文化建设纲要》里，将“创新务实”列为一航精神重要构成要素，并树立了“创新成就未来”创新观。领导班子也多次将“创新”作为年度工作导向，并利用各种会议强调解放思想、创新体制机制，使全公司形成了浓厚的创新文化氛围。

始终坚持理念创新，用先进理念统一全员思想

作为中央企业，一航局始终坚持用科学理念来指导生产经营实际。尤其是近些年随着企业快速发展，公司内部在认识上也出现了一些偏差。如有些领导干部在任务饱满情况下，创新意识不强，观念比较保守；有的对成绩盲目乐观、小富即安，缺乏忧患意识和开拓新领域的勇气；重规模、轻效益、管理粗放现象严重。这些对一航局后续发展产生了不利影响。

因此，一航局领导班子从解决思想认识入手，在全员中开展解放思想大讨论，用发展的理念统一全员认识，并在职代会上提出了一航局要实现科学发展、和谐发展、率先发展的总体要求，以此来凝聚全员力量。

所谓科学发展，就是要实现企业又好又快发展。一是始终把发展作为兴企富民的第一要务，紧紧抓住用好难得的战略机遇期，一心一意抓生产经营，聚精会神谋发展。二是实现协调发展。做到战略布局和经营结构比例相协调，规模扩张和效益增长相协调，管理体制和发展速度相协调。三是实现可持续发展。突出战略引领，用战略引导企业发展，用战略指导企业发展；突出核心能力建设，打造核心竞争力，形成独特或比较竞争优势；突出科技兴企和人才强企，用科技和人才优势支撑企业持续发展。

所谓和谐发展，就是要实现企业内外部关系和谐。一是坚持内部关系和谐。营造各尽所能、各得其所、发展企业、成就员工的文化氛围，努力实现人企合一、互惠共赢、共同发展。二是坚持外部关系和谐，处理好与客户、合作方及社会各界的关系。三是坚持企业与环境和谐，以负责任的态度做好环境保护、节能减排、节能降耗工作，切实履行企业公民应尽的职责和义务。

所谓率先发展，就是全面的、全方位的率先发展。一航局确立对标标准，首先保证在中交股份基建施工板块中率先发展，提出打造中交股份基建板块第一品牌；在此基础上，逐步向国际先进公司对标看齐，最终实现“行业领先、国内一流、国际知名”的企业愿景。一航局将率先发展内涵细化为“六个领先”，即：指标领先、管理领先、技术领先、人才领先、品牌领先、文化领先。

始终坚持战略创新，实现企业大发展

为提升企业综合竞争力，实现企业科学和谐率先发展的目标，一航局以战略变革为先导。上世纪末，随着企业不断发展，一航局确立了“大土木工程”经营战略。进入“十一五”和公司改制以来，面对传统市场的萎缩，一航局大力进行经营结构调整，实施“多元化发展战略”。按照“水陆空并举，国内外并重，地上地下并进，施工与投资联动，设计、施工、总承包、监理一体化，市场细分，各司其职”的要求，不断开辟铁路、海外、地铁、市政、总承包、投资以及房地产、国际航运等市场领域，有效支撑公司持续发展。

目前公司承建了太中银、哈大、京沪、石武、兰渝五条国家重点铁路项目，累计合同额达110亿元；海外市场2008年新签合同额14.4亿美元，营业额1.2亿美元，再创历史新高。2009年一航局传统市场、海外、铁路和其他市场结构有望实现4:2:2:2的目标，基本形成了经营领域广域化、经营结构多元化的格局，有效防范了市场风险，使公司始终保持蓬勃向上的发展态势。继2005年合同额和营业额双超100亿元以后，2007年一航局又实现了生产经营双超200亿元的目标。2008年，一航局完成合同额302亿元，营业额232亿元，分别比2007年增长48.4%和26.3%，继续保持平稳持续健康发展态势。

今年的10月21日到22日，一航局召开了经营战略研讨会，决定继续调整各市场间的规模结构比例。到“十二五”末期，调整为“两大施工领域”，即传统水工、路桥市场以及铁路、地铁市场；“一项大海外”战略；“三元新兴市场”，即房地产、投资、国际航运及其他；其规模结构比例调整为5:3:2格局。这为一航局深入调整经营结构、实现多元化发展指明了方向。

始终坚持管理创新，提升企业发展质量

为实现公司经营战略目标，一航局夯实管理基础，创新管理手段。一方面，不断整合资源，提升公司整体管控能力，做到全公司“一盘棋”，发挥最大合力。另一方面，推行精细化管理，提升经济运行质量。

一是整合规章制度，完善管理流程。完善了法人治理结构，确立了运行规则。2006年公司改制上市后，按照公司治理的要求，建立了董事会、监事会和经营班子，制订了董事会、监事会、经营班子议事规则和工作细则，制订了基本管理办法，构建起公司治理的基本框架。

构架组织架构，建立了战略传导系统。按照企业经营战略，调整了两级总部组织机构，重新明确了公司总部及所属各单位的发展定位及经营板块布局，相继成立了铁路工程分公司、总承包工程分公司、海外事业部、上海分公司、城市交通工程分公司、房地产公司、中交国际航运有限公司，搭建了新的经营结构的运行平台。

完善相关制度，建立激励约束机制。整合公司规章制度，完善管理流程，建立适应公司经营战略的管理机制；以实现业务范畴控制的方式加强对子公司的监督、评价和管理；坚持月度管理视频会议制度，全力抓好过程控制。

二是集中优势资源，发挥最大合力。整合全公司设计资源，为实现高端经营创造条件。整合公司内部设计资源，重组了设计院，加强了公司设计能力，提高了设计资质，为

实现公司高端经营提供了条件。

组建结算中心，实行了资金集中管理。有效整合了内部资金资源，提高了防范资金链风险的能力，降低了财务费用。

加强人力资源管理。优化人才队伍结构，着力打造经营管理人才、项目经理、专业技术人才、国际业务人才、高技能人才五支人才队伍。同时，加强人才引进。一方面，每年保持招聘高校应届毕业生五六百人，确保企业持续发展；另一方面积极引进高端经营人才和稀缺人才，为经营结构调整提供支撑。

三是全面推进精细化管理，提升经济运行质量。一航局以项目精细化管理为核心，不断提升全公司精细化管理水平，连续三年召开项目管理推动会，并积极探索新领域项目组织架构模式和成本控制方式，提升了项目管理水平，提高了公司经济运行质量。

加强预算管理。制定了《标后预算编制与管理办法》，并成立专门课题组，有计划的组织修订企业内部定额，为项目标后预算提供较为准确的编制依据。

推行日出成本。要求今年日出成本实现率达到60%以上，2010年，全部项目实现日出成本。

加快信息化建设。今年制订了《信息化建设三年规划》，统一更新了全公司办公平台，围绕项目管理和办公自动化，开发完善招投标、进度、合同、质量、安全、船机、竣工及风险管理，以及文件网上审阅、合同远程签审、各类工作任务网上请示批阅等功能。同时，正在研发试用日出成本管理软件、人力资源管理系统软件等，提高办公效率。

始终坚持技术创新，提升企业核心竞争力

一航局坚持“科技兴企”战略，将增强自主创新能力作为调整经营结构、转变增长方式的中心环节来抓，提高了企业的核心竞争力。

一是完善科技创新体系。初步形成了以港研院为主体、所属各单位广泛参与的科技研发体系，以工程技术和岗位操作人员为主体的持续改进体系，以船机装备技术人员为主体的船机装备创新体系“三个运行”体系，有力支撑了技术攻关和创新。

二是建立管理、激励机制。召开两次科技大会，总结经验，明确工作重点；先后制定了《科技研发项目管理办法》、《技术开发基金管理办法》、《工程建设工法管理办法》等管理制度，科技工作管理流程逐渐规范；定期评选技术专家和科技新秀，并在物质上进行较高额度奖励；每年评选公司科技进步奖，也给予一定物质奖励。

三是做好重大项目和新开辟市场的施工技术攻关工作。如引进铁路工程施工技术和人才，为站稳铁路市场、扩大市场份额提供技术支持；引进盾构隧道、大型桥梁等施工技术，为承揽地铁、跨海大桥等工程做好技术储备。一航局作为主要完成单位完成的“长江口深水航道治理工程成套技术”、参与完成的“东海大桥工程关键技术与应用”、大直径钢圆筒振动下沉设备及工艺的研究与应用、海上GPS打桩定位系统的研制与应用、坐底式半潜驳等一批工艺和专利技术的应用大大提高了生产效率，促进了企业的快速发展。

四是组织技术交流和技术比武。召开内部施工技术质量交流会，组织有关人员到欧美等地考察，学习、引进新技术。同时，为提高技术人员素质和学习的积极性，开展优秀施工组织设计、施工日志的评选活动和CAD制图等技术比武活动。

经过多年研发、应用，一航局共有60项设计和科技创新成果获得63次国家、部级奖，15项新技术获国家专利，多项自行研制开发的项目分别达到国内领先、国际先进水平。

在激烈的市场竞争条件下，创新是企业永不言败的法宝。一航局始终坚持以创新观念为引领，不断探索和完善企业的发展模式、管理模式，为企业快速、持续发展提供了有力支撑！

（作者武永涛）

文化整合的后发优势

——首建集团

首冶公司以原首钢第三建设公司为主体，人员主要来自迁安矿建，以修理制造冶金机械备品备件为主；首建集团，以首钢一建为主体，人员主要来自北京地区，以承担冶金工程、民用工程为主。在市场竞争压力下，这两家公司常在首钢内部市场发生争执，在面向企业外部市场上，也有相互交叉的业务关系。有限而且分散的资源，无法形成合力；在重大工程投标上、重大施工方案的制定上，几乎反映不出总体实力，各自为战，工程中的“管与干相结合”中的“管”字体现不出来，“干”的优势也没有得到充分发挥，两大建设公司企业文化差异较大。整体上讲，首钢建筑业缺乏深层次的、富有内涵的特色管理和能够凝聚队伍创新发展的企业文化。

新世纪初，首冶公司先期进入社会市场，探索出一系列适合首冶发展的、符合市场经济规律的管理经验，使企业逐步走出亏损困境。而老首建集团主要在首钢内部市场找饭吃，仍处于连年亏损境地。为此，首钢做出“将优势资产向优势企业和优秀管理者倾斜”的决定，探索整合首钢建筑业的新路。2005年1月，总公司将首冶公司董事长王文利调入老首建集团任董事长，不到一年，老首建就初步扭转被动局面。

2006年初，总公司对首冶、首建实施整合重组，拉开了首钢建筑业大规模整合重组的序幕。

新首建文化整合的基本做法

加强沟通、统一思想，解决员工排异问题，形成共同的发展目标。首建集团领导组成调查小组到各单位座谈、摸底，了解职工思想动态。运用信息化手段搭建思想交流的

平台，便于员工表达不同的思想，搭建起职工之间、职工与领导之间无障碍沟通的平台，打开了积极、及时表达民意的有效渠道，使大家的心里话有了倾诉之处，在与员工进行充分沟通的基础上，分析出思想冲突的表现和原因。通过大讨论，企业员工认识到，原首建集团成为一个连续5年亏损的困难企业，根子还在于思想观念滞后，没有及时适应市场的变化，经营者缺乏风险机制约束，干好干坏一个样。企业成本管理意识差，导致企业陷入了包袱重、经营亏损、拖欠职工工资的困境而不能自拔。通过讨论、交流和沟通，员工的思想统一到了"整合是做强、做大首钢建筑业的基础"上来，认识到，只有通过文化整合，统一认识，减少排异，优势互补，两个企业才能真正融合在一起，获得生机与活力。

科学管理、统一标准，落实企业的发展战略。首建公司领导从绩效考核入手，在薪酬待遇、奖惩办法上，制订统一标准，使得原来两个企业考核与分配标准不一的矛盾迎刃而解，形成了管理有序，公平、公正、公开、透明的分配模式。在管理上，坚持"三个一切"的原则（一切妨碍企业增效与发展的思想观念、规定和制度必须坚决地进行调整；一切与市场无关或关联不大的组织机构必须坚决予以精简；一切不能给企业带来效益的人员必须坚决予以优化和清除）。引入"四个机制"，即在职工中引入生存机制、在干部中引入竞争机制、在经营者中引入风险机制、在项目经理中引入成本承包机制；建立起适应项目法人制施工管理的"劳务市场、物资供应市场、设备租赁市场、人才市场、资金市场"等"五大市场"及与之相适应的竞争、风险和约束机制；抓项目法人制施工管理的"五个环节"，即竞标或议标、抵押、审计、兑现、解体；由公司上下统一实行经营目标承包考核办法。在考核方面，新的考核办法使每个人的工作业绩和工作能力做到了"三挂钩"：一是绩效考核结果与本人的业绩工资、年终创新奖金、工资调整挂钩；二是绩效考核结果与职务升降、岗位调动、培训深造挂钩；三是绩效考核结果与评先评优等其它待遇挂钩，达到了调动职工积极性的目的。最后，在全集团内部做到"凡事有章可循，凡事有人负责，凡事有人检查，凡事有人考核"。

领导团队郑重承诺，勇担风险。首建领导团队敢于承诺、勇担风险，让员工体会到领导团队在企业整合中的决心和信心。在公平竞争中用文化的整合促进企业整合的顺利进行。在首建集团第一年的整合中，领导团队顶着各种压力，调整了干部，未竞聘上岗的处级干部58人，50名管理人员进入人才中心；进行了机构调整，初步形成了以首钢建设为品牌，以建筑为主业，具有施工总承包能力、专业分包优势突出的组织架构；完成了清产核资工作，使潜亏浮出水面，为生产经营、企业改制摸清了家底。

挖掘企业优秀传统文化，确立新企业的文化理念。首建领导团队组织力量对老首建、首冶的《CI手册》按照理念形象规范、行为形象规范和视觉形象规范，逐条进行分析、提炼，结合建设集团长远发展规划的要求，融合成了适合新首建发展的理念、行为和形象规范，从而确立起企业文化建设实施方案，确立了服务业主、造福社会的企业宗旨，确立了自强开放、务实创新、诚信敬业的企业精神，确立了"选择了首钢建设集团，就是选择了放心"的"首钢建设"品牌理念，并在此基础上形成了新首建有特色的企业文化。

强化品牌理念、统一品牌形象，文化整合促进产业整合，形成企业持久的竞争力。首建为此做了三件事：第一，从树立品牌意识入手，确立品牌理念。经过上上下下认真讨论、研究、筛选，将品牌理念确定为"选择了首钢建设集团就是选择了放心"。第二，认准品牌发展方向，制定品牌发展目标。首建品牌发展目标是：确立长远的品牌经营观，健全系统的品牌管理组织，全面提升品牌运营质量，在生产管理的每个环节渗透服务业主、造福社会的诚信意识、精品意识。以强化"首钢建设"、"首钢钢构"品牌建设为支撑，全面增强企业的核心竞争力。工业建筑进入全国各大钢建设前三甲。民用建筑进入北京市建筑行业先进行列。首钢钢构形成年产20万吨生产能力，成为华北地区钢构专业的龙头企业。第三，从思想、制度、施工、管理各个环节上，严格考核影响品牌的行为，大力营造品牌运作的氛围，以"品牌建设大家谈"大讨论活动为契机，引导职工全身心投入到品牌建设的实践中来。

整合三年，面貌一新

——结算收入连续大幅提升：2006年为36.59亿元，比整合前一年的33.31亿元多3.28亿元，2007年为50.78亿元，2008年为54.6亿元。

——整体实力实现质的飞跃。过去，首建只能干别人转包二次、三次的活儿，现在，首建成为重点项目的总承包商。过去，仅仅承揽一些几百万、几千万元的工程，现在，往往承揽上亿元的工程。过去，从未涉足热连轧、冷连轧工程，现在，不但能独立承担这些标准精、难度大的重点工程，而且在工期上、施工质量上都超过了竞争对手，与此同时，首建还打造出一大批优质工程。过去企业资质是一级，而今企业资质已提升为特级。

——市场竞争力明显提升，品牌形象逐步确立。过去承揽的是经过多次转包的小活，现在承揽的是首都中心地带上档次、上等级的大项目。过去，企业的知名度不高，不被社会认知，如今，盘古大观大厦、鄂尔多斯大剧院、秦皇岛东方明珠工程等大项目的业主亲自找上门来主动要求合作。"首钢建设"、"首钢钢构"的品牌形象得到确立，首建的产品质量，企业的实力，提供的服务，赢得了社会市场。

首建集团整合的几点启示

启示一：正确的思路、科学的决策，决定着一个企业的生与死。实践证明，总公司2006年初做出的整合首建、首冶的决策，既避免了首钢内部资源的浪费、相互之间的恶性竞争、给了重组后的新首建形成一个拳头、发挥整体实力、健康持续发展的空间，又保证了首钢迁钢工程、首秦工程等重点工程的顺利推进。

启示二:富有智慧、心胸开阔的领导和团结、和谐的领导团队,决定着一个企业的价值观。重组之后的新首建迅速打开僵局,其关键因素之一,就是主要管理者给企业注入了新的灵魂,帮助打造出一支好的领导团队,新首建也就形成了一种迎难而上、快速应变、积极进取、共同创业的文化氛围。

启示三:企业并购重组,从文化整合开始至关重要。回顾自己走过的整合道路,首建人感叹道:“人管人,累死人;制度管人治死人;企业文化管人,管灵魂”。首建员工的这种肺腑之言,并不是否认制度在企业管理中的作用,而是强调企业文化的重要。严格而有效的机制与体制只有建立在企业文化基础上,才会被员工认可与接受。

启示四:文化整合带来观念变革、目标统一和持续创新。首建企业文化整合的过程,真正体现出了“制度面前人人平等”的公正内涵。统一、公开的执行标准,公平竞争的文化环境,使干部的上下、任免和员工的竞争上岗既透明。严格的管理建立在统一的标准之下,一切按市场规律办,并没有使职工产生反感,反而让大家在公平、统一的管理中感受到企业一心一意谋发展的决心,企业内部在制度层面与精神层面实现了和谐统一,在此基础上形成的强大企业凝聚力,成为推动企业发展的强大动力。启示五:文化软实力倍增企业硬实力。首钢两支建筑队伍自实现整合以来,从相互打架到形成合力,从跟着人家后面干到人家跟着自己干,从不愿意把工程交给首钢建筑业到北京市领导讲“奥运工程交给首钢,放心”,从只是在国内发展到走出国门承接重大工程,说明首建企业文化软实力使企业的硬实力实现倍增。“首钢建设”、“首钢钢构”品牌之所以叫响行业内外,正是因为新首建把企业文化建设比项目开发看得更重要,正是因为“选择了首钢建设集团就是选择了放心”的品牌理念,成为新首建员工在各项工程项目中追求的共同目标,从而保证了一个个重点工程按期、保质完成,保证了一个个优质工程先后出炉。实践证明,首建通过打造企业文化软实力,大幅度提升了企业的硬实力。

(作者车宏卿,本文摘自《中外企业文化》2009 年 9 期)

建设先进文化 引领企业发展

——中铝河南分公司运输部

中铝河南分公司运输部是经营了近50年的铁路运输企业。他们致力于培育符合时代精神、展现本企业特点的优秀企业文化,给企业注入了活力,实现了以文化促管理,以管理促发展,以发展构和谐的良好局面。

文化铸魂,培育核心理念

企业的文化理念是企业统领各项工作、激励员工的“灵魂”。中铝河南分公司运输部不忘传统,传承文明,提出了“发展是第一要务,文化是第一动力”,把企业文化作为转变员工思想观念,在企业经营体制、机制转型过程中战胜一切困难的法宝,坚持用先进文化理念引领企业发展,把培育企业核心理念作为凝聚员工,打造团队的关键点来抓,精心提炼、悉心培育出“与时俱进、创新发展、勇挑重担、逢一必争”的新时期“火车头”精神,实现为中铝郑州地区企业的生产经营建设,提供优质运输服务的目标。

为使企业核心理念得到广大员工的认同,运输部不断创新理念宣讲形式,总结广大员工自觉实践企业理念的生动事例,编成企业故事,用身边的事例教育和引导员工,促进企业共同价值观的形成。运输部还下大力抓了“三化”:一是理念制度化。对运输部的制度体系进行调整、完善和提升,引导规范企业行为和员工行为;二是理念行为化。把体现企业理念的共同思想、价值准则、群体意识等输入员工头脑,使员工自觉运用企业理念指导自己的工作。三是理念形象化。通过多种形式宣传文化实践活动中的典型事例,引导员工加深对企业理念的认识和理解,从而逐步将企业理念内化于心,外化于行。通过舆论灌输、思想引导,切实使企业精神实实在在地融入企业的决策、制度和措施中,融入管理者和员工的行动中,真正成为企业的精神支柱和全体员工的力量源泉,成为企业持续发展的不竭动力。

文化塑形,彰显特色文化

运输部在企业文化创建过程中坚持“抓理念铸魂、抓行为立制、抓视觉塑形、抓创新聚力”,以企业文化创新“示范基地”活动为载体,立足于贴近实际,贴近岗位,贴近员工,体现特色,全面推动,积极推进理念、行为、视觉三大系统建设。在员工中推行了“一句话岗位规范”、“安全亲情寄语”、安全告知牌和标准化作业操作口诀等活动,使之成为运输部企业文化建设的亮点。车辆段提出的“质量是生存线,安全是生命线”,电务段提出的“争当铁路千里眼、勇做运输顺风耳”等主题,充分体现出车间、段队的自身特点;电务段通讯班提出的“有线沟通,无限服务”、车辆段内钩班提出的“钩出质量,构筑安全”等口号,定位准确、通俗易懂、便于操作、富有文化气息。这些“一句话岗位规范”标牌,安装在工作现场或操作岗位的醒目位置,时刻提醒员工规范自己的操作行为。运输部还开展了简单明了、朗朗上口的标准化作业口诀,把企业文化建设转化到员工日常作业的程序上,融入企业的经营活动和生产管理中,深植于员工心里,体现在员工语言和行为上。

运输部近几年投入大量资金,加强文化工程建设,先后建成了企业文化广场、部史馆和文化长廊,重新编制了《企业文化手册》,提升了企业形象,为运输部的文化创新注入了新的活力。

文化凝心,营造和谐氛围

运输部的企业文化注重对员工的理解和尊重,强调人的价值、情感、自我实现,充分体现人性化和人情味,在企业营造了一种温情、关怀、亲和、引人向上、催人奋进的人文环境和氛围。

以文化的力量激励人。运输部坚持从满足员工不断增长的文化需求出发，定期组织开展劳动竞赛、岗位练兵、技术比武，以及体育比赛、歌咏比赛、美术、书法、摄影展览等活动，发动员工广泛参与，激发了员工积极向上、拼搏进取、开拓创新的斗志。

营造舒适的工作和生活环境。运输部着眼于一线员工、着眼于企业的长远发展，投入资金112万元为基层50个班组、74个岗位进行了工作条件的改造。建起了建筑面积6000平方米、绿化面积4000平方米的文化广场，营造了幽雅整洁、景致怡人的环境，员工有了休闲的场所，对企业的归属感、认同感增强了。

给职工送去温馨的关怀。运输部恪守为民之责，多办利民之事，深入开展了为一线送清凉、送温暖活动，组织先进人物进行疗养、体检，定期组织慰问老领导、老同志以及困难、生病员工，在企业内形成了一种心心相印、气氛融洽的局面，提高了企业的凝聚力和向心力。优秀的企业文化建设，为运输部带来了生机和活力，管理水平得到了全方位提升，企业核心竞争力大大提高，走上了良性发展的轨道。整体铁路运输能力与2002年相比翻了一番，并多次获得"全国精神文明建设先进单位"荣誉称号。

（作者欧阳建设，本文摘自《中外企业文化》2008年2期）

"五色文化"与经营管理的融合

——广州百货企业集团公司

广百特色的"五色文化"，即：以"竭尽全力"为企业精神的红色文化；以"科学创新"为企业引领的紫色文化；以"人才希望"为企业生命的绿色文化；以"讲真话、讲实话"为企业风气的蓝色文化；以"尊重、理解、关爱"为企业动力的橙色文化。

近几年，广州百货企业集团公司倡导了以"五色"为标志的企业文化体系，有效提升了经营管理水平，推动了企业的发展。

广百集团现有经营百货零售、批发代理、物流配送、专业市场及物业管理的国有全资控股企业14家，员工1.6万人。2007年广百集团销售额名列广州商业企业第1位，位居"全国商业企业百强"第25位；2008年实现经营总额118.43亿元，利润总额2.99亿元，同比增幅分别达到了6.41%和25.79%。

在发展实践中，我们总结提炼出了具有广百特色的"五色文化"，即：以"竭尽全力"为企业精神的红色文化；以"科学创新"为企业引领的紫色文化；以"人才希望"为企业生命的绿色文化；以"讲真话、讲实话"为企业风气的蓝色文化；以"尊重、理解、关爱"为企业动力的橙色文化。"五色文化"的核心是"责任"，即：对国有资产及股东的责任，对员工的责任，对消费者的责任，对合作方的责任，对社会的责任。

红色文化：以"竭尽全力"为企业精神

广百集团曾经存在小富即安等惰性文化，那时拥有几百亩土地，效益却很低，大家心安理得地捧着金饭碗喝地瓜稀饭，宁可不发展，也不冒风险，白白坐失商机。针对这种惰性文化，我们大力倡导"竭尽全力"的精神，宣讲曾经激励比尔·盖茨成长的"猎狗与兔子"的故事，号召大家强化危机意识、忧患意识，要像沸腾的钢水一样，充满燃烧的激情，一切都要拼搏到底、做到极致、达到一流。

竭尽全力防止国有资产流失。广百在新翼大厦有1万多平方米商业物业，由于建设方严重违规，致使其产权长期无法办理，市值几个亿的国有资产面临被法院查封拍卖的危险。集团工作小组发扬竭尽全力的精神，争分夺秒地工作，克服了一个个正常情况下难以克服的困难。为了找到一份历史资料，可以不吃饭、不睡觉，甚至硬拖着政府部门的工作人员节假日加班。最后在广州市领导和国土、规划部门的大力支持下，仅用10天时间就办下了几年未能办成的产权证，防止了重大国有资产的流失，打了一个快速高效的漂亮仗。

竭尽全力促进企业发展。天河商圈是广州乃至珠三角的第一商圈，进军天河，抢占战略制高点是广百2006年的战略目标。当时，天河最好的商业物业中怡大厦是众多商家的必争之地，而且已经和别人签了意向书。但是，我们的团队发扬竭尽全力的精神，经过不懈的努力，硬是把项目抢到了手。紧接着，我们只用3个月时间就完成了5万平方米的装修筹建工作，创造了百货业的奇迹。此后又一鼓作气，拿下了海珠区新一城购物中心。在年底开业的前两天，业主负责的电路出现问题，下面报告不能按时开业。集团领导经过分析，认为开业跨年度不利于财务平衡，于是就下达了"必须按时开业"的死命令。结果，工作团队发扬竭尽全力的精神，硬是做到了按时开业。

竭尽全力抓好企业管理。在竞争白热化的微利时代，只有克服粗放式、坚持精细化才是商战的致胜之道。我们要求每个管理者必须树立精细化管理的意识，竭尽全力做好每一项工作，管好每一个环节，努力降低成本、提高效益。今年，广百的工程结算面临项目金额巨大、结算审核难度高的挑战。集团结算审核小组发扬竭尽全力、精打细算的精神，积极深入现场调查，敏锐把握市场信息，最终取得了核减工程造价891万元，核减幅度达12.28%的优异成绩。

紫色文化：以"科学创新"为企业引领

紫色是由充满激情的红色和代表冷静的蓝色调合而成，因此我们用紫色代表"科学创新"。我们认为，在激烈的市场竞争中，不发展肯定是"等死"，而发展未必就是"找死”,打破“找死”恶运的魔棒,就是科学创新。

制定科学发展战略。我们的发展战略是以百货零售为支柱产业,全面发展物流、批发、专业市场等流通服务业,全面整合重组集团企业资产,集中资源优势,提升企业竞争力。发展方针是“下功夫做强,科学地做大,立足于做长”。做强,就是练好内功,这是我们下功夫的着力点;做大,就要克服盲目性,以科学性保证成功率;做长,就是明确健康可持续发展是我们的着眼点和立脚点。

构建三大科学机制。为了坚持科学发展,我们努力构建论证、决策、监督三大科学机制。对于新投资项目,我们坚持“四不上”原则,即:非相关多元化的不上,没有经过充分科学论证和风险评估的不上,风险超出承受能力的不上,没有相应人才的不上。在论证上,采取管理团队和中介机构相结合,内部论证和外聘专家学者评估相结合的方式,保证科学论证到位。在决策上,凡是重大项目一定要经过集体讨论,严格按规定的权限和程序办。在监督上,完善了监控机制,充分发挥派驻和内部监督机构的作用。我们创建了纪委监察同级的监督方式,集团监察部门每月对集团党政领导班子及班子成员执行“三重一大”决策程序的情况进行检查,并写出书面鉴定,有效保证了决策的合规性,防止了随意性。

不断创新经营模式。我们努力探索创新自有品牌、自购自销等经营模式,以适应市场的不断变化。妇儿公司自创“青木河”品牌婴儿服饰系列,减少流通环节,扩大毛利空间,自营零售的毛利率高达60%。广百股份公司斥资2800万元打造全程供应链管理服务系统,构建了广百与供应商之间的高效作业通道。集团公司通过开展顾客满意度调查和服务指南大评比活动,进一步推动了服务质量和营运能力的提升。集团公司还与暨南大学联合成立现代流通研究中心,并将研究成果转化为推动广州服务业发展的有效措施。

蓝色文化:以“讲真话、讲实话”为企业风气

我们倡导“讲真话、讲实话”的蓝色文化,目的就是使每个员工都像明澈的天空、湛清的湖水,养成一种求真务实的工作风气。

制度约束。在2007年的一次新网点分析论证会上,第一个发言的人讲的全是好话,唱赞歌。当时我们就清醒地认识到,市场竞争这么激烈,风险如此之大,如果都看脸色、顺杆爬,企业就必定处于危险境地。你看脸色,市场可不看脸色;你顺杆爬,效益可不顺杆爬。因此,我们就在大会小会上反复强调:讲真话、讲实话,是一个人的品行问题,也是称不称职的大问题;讲真话、讲实话的重用,不讲真话、不讲实话的不用。我们还创建了“三次建议”制度,即:规定下属对领导决策的欠妥之处,要连续三次提出意见才算尽责,否则出了问题就要“连坐”。这项制度就是向全体员工表明,在广百,不讲真话得不到好处。

领导示范。企业能否形成讲真话、讲实话的风气,关键在于一把手,在于领导是否真的愿意听真话、听实话。特别是听到批评过头的话,不完全正确的话,能否以海纳百川的胸怀、真诚宽容的态度去对待。一次,一位部门领导对我提出的看法有不同意见,而且说得很激动,过了点儿头。过后,我就在大会表扬他。我半开玩笑地说:“对我们讲真话、讲实话的是哥们儿,不讲真话实话的,那是外人。”

畅通渠道。缺乏沟通,两心相背,即使企业拥有最好的管理层和最好的员工,结果还是事倍功半。蓝色文化就是要通过广开言路培育员工的主人翁精神。让员工讲真话、讲实话,就要尊重员工。我开设了董事长电子邮箱,为广大员工提供一个高效、简洁、安全的交流平台,鼓励每一名普通员工直接给我提意见、提建议。对于每一位员工的来信,我都认真安排调查,并亲自回复。

绿色文化:以“人才希望”为企业生命

绿色是春天、是生命、是希望的颜色。给人才以希望,让优秀人才脱颖而出,是企业生命之树长青的关键。打造绿色文化,就是通过实施“人才希望工程”打造企业可持续发展能力,使企业像绿色的春天一样充满勃勃生机。

坚持“两个不”的用人观。广百集团努力构建公开、公平、公正的用人机制,打造优秀人才脱颖而出的环境,为人才发展建立希望平台。“两个不”的用人观,即“英雄不问出处,用人不拘一格”。英雄不问出处:不管来自哪个“山头”,也不问师从哪位“教头”,一律以履行岗位职责的优劣为评价标准。用人不拘一格:打破行政等级观念,不管级别高低,不论年轻年老,不问资历长短,只看能力和绩效,只要能干事、干成事,就大胆地使用。在激烈的市场竞争形势下,无功就是过,谁干得好就要让谁来干。

创办广百商学院。为进一步解决人才瓶颈问题,集团于2007年与大专院校合作开办了广百商学院,为员工提高业务技术素质创造条件。学院建立了教授和企业骨干组成的教师队伍,并成立了教学质量委员会,负责评审教学计划和讲义。如今,学院已经开设培训班14个,培训员工近400人,取得了良好的效果。

完善薪酬体系。薪酬体系是构成激励机制的主体,科学合理的薪酬制度是吸引、留住、激励与发展人才的重要工具。集团在与顾问机构合作调研的基础上,研究建立了符合各类人才特点的薪酬体系,并推行KPI考核体系,基本形成了科学的薪酬激励机制,有效调动了员工的工作积极性。

橙色文化:以“尊重、理解、关爱”为企业动力

橙色是温暖、温情的象征。打造橙色文化,就是要以“尊重、理解、关爱”培育企业的凝聚力,形成多赢的局面。

员工与企业共同成长。商战,员工是成功之本。我常对经营管理人员讲:“要想让员工尊重顾客,首先领导就要尊重员工;要想让员工对顾客掏出心来,首先领导就要对员工掏出心来。”我们在企业愿景中鲜明提出:“要使企业成为员工不断成长的熔炉,建功立业的平台,安身立命的希望。”

因此，员工生日，企业送上鲜花和问候；员工生病，领导亲自探望和慰问。我们对调整岗位分流的人员，坚持做到“三多”：多看过去的贡献，多理解眼前的处境，尽可能多给一些选择。

与合作方建立长期战略联盟。由于广百这几年发展得比较好，在行业中的地位不断提高，有的人就产生了优越感，在和开发商谈网点项目时，在和供应商谈进场条件时，自觉不自觉地就流露出一种“老大”的思想，只考虑自己，不考虑双赢。这是一种短视的行为，是制约广百大踏步发展的严重障碍。为此，我们提出了“感恩、尊重、诚信、双赢、长远”的“十字理念”，作为处理合作关系的指南并大力推行。大力倡导“合作伙伴是在为我们赚钱”，“要像为顾客服务一样为合作伙伴服务”，“对合作方要有感恩之心”等观念。目前，在经济形势非常严峻的情况下，许多厂家产品积压，非常困难，我们就尽可能提供场地帮助促销，按时结款，相互支持，同舟共济，抱团过冬。

勇于承担社会责任。在各种自然灾害面前，在政府和群众需要我们伸出援手的时候，广百集团都义无反顾地承担起光荣的社会责任。去年冰雪灾害期间，集团在广州火车站设立爱心售卖车，为滞留旅客提供各种低价食品和服务，有的旅客感动地说：“广百有良心。”汶川地震当天，集团连夜筹集棉被和帐篷空运到灾区，并发动员工多次捐款捐物，联合供应商、客户举办多场赈灾义卖，筹集救济款1100多万元。后来，我们还两次到汶川举办“爱心招工”活动。企业为社会做贡献，受到了上级领导的高度赞扬，企业知名度、美誉度大幅提高，团队素质得到锻炼和提升，对企业的发展起到了积极作用。

将优秀的企业文化与经营管理有机融合，是一项长期的任务。我们相信，只要坚持下去，不断创新，企业就一定会取得更好更快的发展。

（作者荀振英，文摘自《中外企业文化》2009年9期）

特色文化是这样打造的

——中国铁建十三局集团有限公司

记者在吉林省采访期间，专程来到座落在省会长春市的中国铁建十三局集团有限公司，就如何建设具有鲜明特色的企业文化等话题采访了公司党委书记梁君。

梁君，吉林省松原市人。1971年至1983年从戎于铁道兵第三师，13年间辗转于大兴安岭、激流河畔、呼伦贝尔草原，当过战士、班长、排长、连指导员、团宣传股长，其间曾就读于长沙铁道兵学院政治系。后随部队集体转业并入铁道部。任劳资处处长、人事部部长、集团公司党委副书记。现任中国铁建十三局集团有限公司党委书记。

中国铁建十三局集团有限公司的前身是中国人民解放军铁道兵第三师，组建于1948年辽沈战役前夕，历经了解放战争、抗美援朝、社会主义建设等时期，1984年元月由兵改工为铁道部第十三工程局，2001年6月改制为集团有限公司。

多年来，中国铁建十三局集团继承和发扬铁道兵的光荣传统和作风，传承了“逢山凿路，遇水架桥，铁道兵前无险阻；风餐露宿，沐雨栉风，铁道兵前无困难”的铁道兵精神。上世纪末，实践于日本、形成于美国的企业文化，像一股强劲的春风，吹进了改革开放的中国，成为企业开启21世纪大门的金钥匙。随着全国企业文化建设的蓬勃兴起，改制后的集团公司也迅速掀起了企业文化建设的高潮。

在集团公司党委的高度重视和业务部门的精心操作下，积极推动企业文化落地，打造具有鲜明特色的企业文化，提高了企业的整体形象。2006年10月28日，在“影响中国企业文化建设成功案例发布暨2006全国企业文化建设工作年会”上，中国铁建十三局集团有限公司被授予“2006年全国企业文化建设工作优秀单位”荣誉称号。

2007年四大文明建设又喜获多项荣誉，集团公司党委被吉林省国资委评为“先进党委”，集团公司被吉林省和长春市评为“精神文明建设先进单位”。全集团有4项工程获国家级优质工程奖，1项获得鲁班奖，1项获得詹天佑大奖，4项成果获省部级以上科技进步奖。

传统文化的精髓是这样融入的

中铁建十三局党委梁书记说，“我们中国铁建十三局集团有限公司是兵改工后成为国有大型企业的。我们传承发扬了部队文化建设的优良传统，并积极探索如何将传统文化的精髓融入到企业文化建设之中去的新路子，收到了一些实际效果。”

2001年初，中国铁建十三局集团有限公司党委结合企业改制，对企业文化建设进行了总体部署。通过征集企业标识，发动员工广泛参与，既进行广泛的企业文化宣传，又征集了百余幅作品，在反复征求意见的基础上，集团公司党委最终确定了企业标识、企业旗帜，在6月6日“中国铁建十三局集团有限公司”成立之机，启用了新的企业标识，建立了企业形象识别系统，并制作了1.5万枚徽章发给员工佩戴。

为建立长效机制，集团公司党委、总部还做出决定，成立了企业文化部，明确了人员、职责和任务，从而使企业文化建设有了体制编制人员上的保证。2002年2月，集团公司制定下发了《“十五”企业文化建设规划》，明确了指导思想、奋斗目标、主要任务、实施步骤和保障措施，有力地推动了企业文化建设的健康发展。

2003年初，集团公司向全体员工广泛征集、提炼企业精神文化内容。全体员工踊跃参与，共提出建议2000余条。在融入历史、体现现代管理理念和员工意愿的前提下，经过提炼整合，办公会、党委会讨论，最后董事会研究确定了中铁十三局集团精神文化内容：企业精神——艰苦奋斗、争创一流；企业理念——市场第一、诚信为本；企业宗旨——强企富工;企业作风——说到做到。

2004年,企业文化体系建立起来后,集团公司编印下发了《企业文化手册》,人手一册,为学习贯彻精神文化提供了教材。结合"兵改工20周年纪念活动",开展了以"启蒙、塑形、铸魂、育人"为主题的企业文化建设年活动,深化了全体员工对企业文化重要性的认识,注重了企业形象的塑造,增强了员工的市场意识、危机意识、信誉意识、管理意识和效益意识。

2005年,中国铁道建筑总公司统一规范全系统的企业文化建设,强力推行总公司的主体文化,打造"中国铁建"品牌。"中国铁建"是铁道兵的化身,与共和国同步成长、发展和壮大,其主体文化精深博大,蕴含着丰厚的文化内含,有别于任何企业的鲜明特点。虽然改工20多年,历经市场经济大潮的洗礼,但部队的光荣传统没有丢,军人的精气神犹在。因此,其主要表述为:企业价值观——诚信、创新永恒,精品、人品同在;企业精神——不畏艰险,勇攀高峰,领先行业,创誉中外;企业目标——建筑业排头兵,国际化大集团;企业管理方针——以人为本,诚信守法,和谐自然,建造精品。加上集团公司的"企业作风——说到做到;企业宗旨——强企富工。"形成了更有高度更有特色更加深刻的企业文化理念。

中国铁建十三局集团遵循"大统一、小自主"的原则,以总公司系统企业标识、企业精神、企业价值观和企业歌曲的"四个统一"为标准。按照总公司《企业识别系统(CIS)规范手册》标准,对全集团以企业文化标识、理念等进行了全面清理整顿,全部整合到中国铁道建筑总公司的企业文化标准规范上来。在办公、生活区和施工现场的显要位置上,在条件允许的工地围栏、围墙上以及自有大中型机械设备、车辆上喷绘了醒目的总公司标识或集团公司标识;规范地制作了名片、信封、信纸、桌旗、贺年卡、茶杯、资料袋等办公用品;在工作服、安全帽、胸卡、袖标上规范地应用了企业标识。在宣传画册、项目手册、会议室、宣传橱窗以及营区、工地等处处都有宣传企业价值观、企业精神、企业宗旨、企业作风的内容;在营区突出位置升挂了国旗、总公司旗和集团公司旗,印有企业标识的彩旗,随处飘扬;组织员工学唱了《铁建员工之歌》、《铁道兵志在四方》两首企业歌曲;开工典礼、竣工典礼、各种会议等场合,都规范统一地应用了企业标识。这一切,塑造宣传了"中国铁建"和"中铁十三局集团"的良好形象,增强了广大员工的"大企业、大集团"的归属感、荣誉感,为打造"中国铁建"品牌,发挥了不可估量的作用。

企业文化建设的经验是这样积累的

具有本企业独有的基本信念、价值观念、道德规范、规章制度、行为准则、文化环境、产品品牌和经营战略等企业标识、思维方式和行为方式这个完整的价值理念体系基本融入确立,但如何使企业全员入心入脑,同心同德,形成习惯,应是中铁十三局集团公司的主攻方向。随着企业文化建设的深入,集团公司各级班子成员特别是主管领导对企业文化建设的认识逐步提高。大家感到,企业文化方兴未艾,是企业所需、干部必备,不仅要十分重视,更要努力学习、认真践行、扎实推进。与此同时,广大员工对企业文化地位作用要认同到位,能够积极学习、自觉实践。由于认识的深化,各单位都把企业文化建设摆在了重要议事日程,放到了战略地位。集团公司在"十一五"规划中,把企业文化建设列入构筑"六大优势"之一,作为企业发展战略的重要组成部分。

眼下,集团公司企业文化建设基本形成了由党政主管领导总负责,分管领导抓执行,集团公司企业文化部、子分公司党委工作部(综合办公室)为主管部门牵头抓落实,党政工团各部门协同配合的体制格局。项目文化建设经费已经纳入工程成本,企业领导人和项目经理舍得投入。各单位通过以会代训、参观见学、外送培养、岗位自学等形式,不断提高专业人员的业务素质和工作能力,目前已有8人通过中国企业文化促进会与国家劳动保障部联合组织的培训,并取得了全国企业文化管理师的资格证书。各单位注重在实践中探索企业文化建设的有效载体和模式,积累了不少经验。

做到了"四个要"。企业领导是企业文化的倡导者、推动者和实践者,领导重视,就是要做到四点:首先,头脑中要有一根企业文化的弦。常弹企业文化的调,常唱企业文化的曲,思想上有企业文化的地位,做一个有文化的领导者。其次,工作中要真抓实做。将企业文化建设列入企业发展的战略规划,列入重要议事日程,与生产经营同规划、同部署、同建设、同检查、同总结。三要建设好队伍。不论是分管领导、机关部门还是基层单位,都要明确具体人、具体责任,做到有人抓落实。要选配懂企业文化、会干企业文化的人来做这项工作,素质不高就培养。四要舍得投入。企业文化建设既是有形的,又是无形的。不论是有形的还是无形的,都需要有一定的资金保障,设立专项经费并纳入企业经费预算,加大企业文化建设的软硬条件投入,提供必要的人、财、物保证。

突出了项目品牌。企业文化建设以工程项目为重点,推进项目品牌文化建设,提高企业文化影响力;推进项目质量文化建设,塑造企业诚信形象;推进项目制度文化建设,提升企业管理水平;推进人本文化建设,营造企业和谐氛围。项目经理是项目文化建设的第一责任人,项目经理文化素养的高低,决定项目文化建设水平的高低。任务很重,责任很大,项目经理一定要高度重视,切实搞好。文化建设要相融共进。企业文化建设要不断探索和创新工作思路。把先进文化所具有的时代魅力与思想政治工作的传统优势结合起来,互为条件、互为载体、互相促进,使之更有活力。把企业文化与工会的"建家建线"和安全质量标准工地建设相结合,统筹兼顾,同步实施,推进工程项目管理的标准化、规范化及生活方式的文明化。把企业文化与社会主义荣辱观教育相结合,把胡锦涛总书记提出的"八荣八耻"荣辱观作为企业文化建设的重要内容,贯穿企业文化建设的全过程，帮助员工树立正确的世界观、人生观和价值观，培养良好的职业道德和行为习惯。

企业文化优势是这样形成的

梁书记说："施工企业有自身的特殊性，我们集团300多个项目，分散在全国各地，点多线长，管理跨度大，不能像商业、工矿企业那样强求一律，但没有特点就没有品牌，没有文化内含的品牌也就没有社会影响力。"

项目是施工企业的基本单元，是企业对外的窗口，联系实际最重要的就是将项目的状况与企业文化建设有机结合，把企业文化建设融入到项目建设之中。根据企业的特点，中国铁建十三局集团有限公司探索出项目企业文化建设"三位一体"和"四个同步"的工作方式。

所谓"三位一体"，就是企业文化、工会的"建家建线"和安全质量标准工地建设三项工作同时部署，一并开展。这三项工作，既有不同之点，更有相同之处，最终目标是一致的。三项工作，统筹兼顾，同步实施，力量集中，效率提高。对于机关避免了政出多门、各自为政；对于项目避免了多头多线、重复繁杂。实施"三位一体"，在组织领导上是党委、行政和工会，三方协力，齐抓共管。这表明了企业文化等三项工作的重要地位，体现了领导的高度重视，反映了构筑企业文化优势的决心，形成了大事大力抓，重要事重点抓的局面，有力地指导了项目三项工作的顺利开展。考虑到项目文化建设时间较短、经验不多、力量不足的现实，为了保证新上项目高起点开局、高标准建设，避免"夹生饭"现象的出现，在推进"三位一体"工作的进程中，我们采取了集团公司、工程公司和项目部三级运作的形式。工作中，既分清职责，明确任务，又目标一致，通力合作。三级运作，把握了方向，强化了力量，促进了"三位一体"工作的健康发展。

在推进"三位一体"工作中，党委、行政、工会三方协力，集团公司、工程公司和项目部三级运作。在操作实施上，做到项目文化建设与施工生产同规划、同部署、同建设、同检查，即"四个同步"。

2005年以来，集团公司利用石太铁路客运专线、甬台温铁路客运专线、宜万铁路、二滩锦屏电站等大型施工项目，进行企业文化建设的试点，并在石太客运专线召开了现场观摩会，在全集团推广，树立了良好的企业形象。

几年来，公司企业文化建设立足企业实际，紧密围绕企业中心工作，在改革发展进程中发挥了重要作用。通过精神理念引导，提升了员工的综合素质，进一步强化了员工的归属感和荣誉感，涌现出了党的十六大代表及全国劳动模范刘清华、全国劳动模范罗发兵等全国重大典型；通过行为规范、制度建设，激发了员工积极性和创造性，涌现出了"全国铁路和公路优秀项目经理"、集团公司优秀项目经理和专业技术带头人等一大批在工程建设和企业管理中作出突出贡献的精英人物，促进了企业管理水平的提升；通过形象建设，塑造了企业品牌、扩大了企业影响、提升了企业美誉度。

（作者刁吉海、陈树青，本文摘自《企业文明》2008年3期）

学会用"段子"沟通

——北京住总集团公司

生活中一些精彩的"段子"，其实就像个瓶子，装什么有什么，看你怎么用。骗子用它漫天行骗，搞笑者用它娱乐消遣，然而，如果把它用来搞宣传，就有利于人与人之间沟通，促进企业和谐。北京住总集团就是这样取得一定效果的。

走进企业的"段子"

2006年底，北京住总集团联系企业和谐构建实际，利用手机传递快捷方便的短信，在企业内广泛开展了"住总段子大家编，和谐住总大家建"为主题的段子编发大赛系列活动。活动要求，每逢中国的传统节日、个别"洋节"以及企业节日，根据每个节日特定的文化内涵，设计不同主题，作为编创段子的参考。比如，情人节的主题是"亲情爱情朋友情，同乡同学同事情，家情业情住总情……"、春节的主题是"祥和与梦想……"、住总成立纪念日的主题是"我为住总增和谐，我为住总创效益，我为住总亮品牌"、中秋节的主题是"人和家团圆，住总一家亲"、圣诞节的主题是"与人为善，让住总充满爱"、元旦的主题是"辞旧迎新，住总明年更美好"，等等。为增强活动的连锁互动性，放大教育功能，集团还选择大家编创的精彩"段子"，在住总网络办公平台上发布，在《北京住总报》"手机短信大视屏"上刊载，组织开展"段子评说"和"我最喜欢的段子"评选活动。据不完全统计，在持续一年的活动中，参加活动的达800余人，编发段子近千条。

"和谐从沟通开始"，"相逢一笑泯恩仇"。由于人们的岗位、职责、层次、资历、待遇、生活水平、文化水平、性格、志趣、价值观等诸多不同，必然形成差异，有时难免产生矛盾。而一条条短小精美的信息、一句句情暖温馨的话语、一段段诙谐幽默的拜年词，常有收发双方会心一笑之功效，像一股股暖流，在人们心中传递，形成了"住总段子热编，幽默短信争传，和谐住总共建"的局面。

"段子"从远古走来

古时的段子叫顺口溜，又称民谣，是来自民间俗诗俗谚的口头文学，在我国源远流长。据《古谣谚·凡例》记载，"其始止发乎语言，未著于文字"，说明在文字产生之前就有了顺口溜。古代有不少辑录顺口溜的书籍，汉代有《汉谚》，唐代有《唐谚》，明代杨慎的《古今谣》以及《通俗谚》、《恒言录》，清代杜文澜的《古谣谚·凡例》等。

"上山下山问渔樵，要知民意听民谣"。顺口溜在内容上反映的多是老百姓在街头巷尾、里弄坊间、茶楼酒肆中褒贬世风、议论时政、抨击流弊、表达爱憎的民情民意，是现实社会的一面镜子。语言上多采用比喻、拟人、借代、对偶、对比、夸张、双关、谐音、排比、顶真等修辞手法,具有片言百意字精练、俗诗俗谚口语化、诙谐幽默意旨深、合辙压韵声律美、新鲜好玩易传记的艺术特征,“泉水最清,谚语最精”、“以片言明百意”都说明了这一点,是百姓最常用的诉求表达方式之一。从西周至春秋亦俗亦雅的诗经,到短小精悍、一针见血、老辣幽默的汉代民谣,到文辞质朴、直切时弊、词句通畅、合于声律、可以入乐的唐代新乐府,无不说明古代段子的兴盛。而现代人,更把段子的创作发挥至极致,三字诀、四六句、五言七言诗,谚语对联俏皮话,诗词歌赋歇后语,皆拿来入段子,内容尤以反映社风为最,文体多样、五彩缤纷,成为各色人等褒贬臧否、嬉笑怒骂、娱乐游戏的天然“佐料”。逢年过节的祝福段子,更是把手机打爆。段子的魅力展示了无比的魔力,正如明人沈德符《野获篇》描绘:“不问南北,不问男女,不问老幼贵贱,人人习之,亦人人喜听之”。

的确如此。在“住总段子大家编”活动中,住总安装公司一名叫田丰的员工照《陋室铭》仿作《住总铭》,引得大家品赏:

钱不在多,舒心就行;位不在重,合适则灵。和谐住总,协和为重。关心职工苦,体察群众情。工作气氛好,劳动劲更高。可以干事业,挣钞票;少下岗之后顾,多就业之门路。外企千般好,不如我住总。众人云:决不跳槽。

活不在大,有利则行;钱不拒多,正道则灵。效益住总,“唯利是图”。开拓大市场,承揽大工程,经营无限好,利润日日增。可以求发展,搞公益;少亏损之企业,无债务之缠身。发展大住总,经营要光灵。古人曰:没钱不行。

人过留名,雁过留声;真诚处世,贵有实名。品牌住总,唯此为重。沽名不稀罕,钓誉充耳闻。竭力求发展,改革屡创新。可以盖高楼,起大厦;兴企业之文化,扬住总之美名。赢得回头客,前景更宽阔。俗话说:名不虚传。

住总开发公司员工毛薇创作的藏头“住总腾飞”的段子也赢得古诗词爱好者青睐:“住广厦兮赋神韵,总不停兮骓奋蹄。腾云气兮鲲鹏志,飞歌酒兮满金樽”。

奥运倒计时500天“住总人,奥运情”的段子编发大赛专题,让住总二公司奥运曲棍球、射箭场工地几个刚毕业的大学生来了情绪,也献上了一段“段子接龙”,让大家耳目一新。中秋节,农民工郭玉宝写了“昨日住总大团圆,会后送我大三元。残奥工程我有缘,场馆交用庆圆满”的段子,将中秋节住总集团慰问农民工的场景之“圆”、领导赠送大三元月饼之“元”、自己参加奥运场馆建设的缘分之“缘”以及任务圆满完成的圆满之“圆”巧妙的结合在一起,让很多人读后会心一笑,也对当下民工兄弟的才华刮目相看。

正如住总物资公司蔡红英的段子评说:“欣赏咱住总人原创的‘手机短信’,感到那样亲切,那样让人回味。原来真没想过,短信也能够讲故事、刻画人物。”住总六公司新员工杨璇在段子评说中评到:“欣赏短信成了我的企盼,看着这些体裁各异的段子,不禁让我想起纪晓岚的一句话:‘诗也有,词也有,虽是短品,也是妙文’。”而普遍的感觉是:“写得精彩,评得到位”。

“段子”籍手机飞扬

现代段子之所以风靡,一方面是段子本身内容形式无限魅力;另一方面,快捷传播无疑是其最大特点。

人类传播从“口耳相传”发展至现代的无线网络传播,不仅为人类开创了崭新的传播方式,同时也为段子传播打开了一片新天地。

《中共北京市委关于构建社会主义和谐社会首善之区的意见》指出:“用群众身边的人和事,用群众的语言,用群众容易接受的方式方法来宣传群众、教育群众、鼓舞群众。注重促进人的心理和谐。加强对互联网、手机短信等的管理和运用,使各类新兴媒体成为传播先进文化、促进社会和谐的重要阵地,更好地为首都现代化建设服务。”当今,手机短信已被称为“第五媒体”,调查显示,青年人群中,平均每人每天发送短信超过10条。在住总集团,人际间有事没事发个问候短信也是常事,逢年过节就更加火爆。于是,便有了“住总段子大家编,和谐住总大家建”为主题的手机短信编发大赛系列活动。

活动开始不久,适逢2007年新春佳节,住总集团党委书记、董事长张贵林在与手机联网的住总网络平台上编发段子向住总广大员工拜年贺新春:

“难得除夕艳阳天,时令迁转非偶然;
屠苏酒暖住总客,几多春意舞风前;
一年一年又一年,住总发展万万年。
向同事们拜年了! 恭贺新春快乐! 猪(诸)事如意!”

与此同时,在京的、回到外地老家的近千名住总管理人员瞬间迅即收到了这份新春佳节的美好祝愿。随着这个段子“点对面”——“点对点”的传播发散,领导与员工之间的距离一下子拉近了,关怀之情、关爱之意化作过年的幸福微笑,也将浓浓的爱企情愫深深地植入每个人的心田。此后,随着“住总段子”的满天飞,住总人蕴藏的无限激情被激活。住总段子,潜移默化地优化着原有的企业文化生态,像燕子衔泥,构筑着企业的和谐。

(作者于文岗,本文摘自《企业文明》2008年8期)

用南网方略 铸魂 凝心 聚气

——中国南方电网调峰调频发电公司

调峰调频发电公司是中国南方电网公司为加强调峰调频电厂的运营、管理和建设于2006年成立的专业化分公司,承担着保障电网安全、经济、优质运行的重任。从2006年初筹备成立到现在,公司始终以南网方略统揽全局,全面推进企业文化建设,把南网方略的文化基因融入到安全生产、经营管理、队伍建设、党建思想政治工作和精神文明建设等各项工作中,推动企业又好又快发展,为南方电网的安全、经济、优质运行提供坚强有力的支撑。

以南网方略铸魂　促进公司快速组建

企业文化作为企业在长期生产经营活动中形成的价值观、经营思想、群体意识和行为规范，对企业具有强大的导向、约束、凝聚作用。以南网方略为核心的南网文化是南方电网公司贯彻“三个代表”重要思想、落实科学发展观、建设社会主义和谐社会的集中体现，是统领南方电网公司改革与发展的治企章法，也必然成为调峰调频发电公司统领各个时期工作的思想纲领。

2006年1月，在公司筹备之初，公司领导就紧紧抓住企业文化建设这条主线，把南网方略宣贯与企业文化建设作为加快公司组建的重要内容和关键环节，用南方电网公司“对中央负责、为五省区服务”的宗旨、“想尽办法去完成每一项任务”的行为理念、“讲原则，重感情，团结和谐有战斗力”、“高标准，严要求，严爱结合带队伍”、“上下同欲，政令畅通，人人快乐工作”的团队理念，教育培养干部员工共同的理想信念。公司编印了系列《学习读本》，创办了《调峰调频发电》报和公司信息网站，加大对南网方略的宣传力度。公司以南网方略为指导，开展了“三提高两增强”机关建设主题实践活动；以企业文化的培育为核心，举办中层管理干部培训班，促进了干部队伍的融合与工作层次、能力、水平的提高；把南网方略融入到制度建设中，初步建立健全了由133项规章制度组成的制度体系，规范各项工作，完善管理机制。

同时，公司领导从南方电网战略发展的全局出发，逐步理清了公司组建和发展的思路，找准了公司的定位和职责，提出了“举南方电网公司旗帜、对南方电网公司负责，为电网安全、经济运行服务”的公司宗旨；确立了“围绕网公司的战略发展目标，按照网公司的战略发展思路，努力建设电厂高效能、团队高素质、管理高水平、业绩优良、服务优质的专业化、现代化的调峰调频发电公司”的战略目标；制定了“两个阶段三步走”的阶段目标，描绘了公司发展的美好前景。

通过这一时期的企业文化建设，把干部员工的思想和行动统一到了公司的组建工作中来，统一了思想、协调了步伐，形成了上下同欲抓组建的大好局面。在不到一年的时间内，筹备组就理清了复杂的资产，理顺了方方面面的关系，顺利地完成了人员、资产和管理责任的交接，做到了公司组建和各单位正常工作两不误、两促进，确保了组建工作稳定顺利完成。

以南网方略凝心　促进公司深度融合

2006年11月9日，调峰调频发电公司正式挂牌成立。虽然高起点、高水平地完成公司组建，为企业的改革发展奠定了坚实的基础，但是公司领导仍然敏锐地看到，在组建时期公司企业文化建设虽然有了一定的基础，但是由于所属单位分散在广东、云南、贵州三省区，对南网文化的理解和实践还存在着差异，价值观、工作作风等都各有不同；公司产权结构复杂、经营模式多样。这些因素必然会在一定程度上影响到公司的专业化、一体化管理的进程和公司的快速发展，进一步加快解决融合问题就成为了推动公司改革发展的重要前提。为此，公司继续把以南网方略为核心的企业文化建设引向深入。

随着公司正式成立，进一步全面深入进行企业文化建设的时机也已成熟，为加强对企业文化建设的统一领导，公司于2007年成立了企业文化建设领导小组；明确了企业文化主管部门与人员，加强了组织领导，建立起了协调一致的工作制度和机制。

为把以南网方略为核心的企业文化建设引向一个新的层次和高度，公司深入开展了宣贯南网方略的“六个一”工程，即：公司系统各级领导干部带头宣讲一次南网方略；印发一本南网方略学习读本；编印一本南网方略实践案例；举办一次践行南网方略巡回演讲；召开一次宣贯南网方略工作交流会；在《调峰调频发电》报和公司网站上开辟一个宣传专栏。活动中，公司广大干部员工纷纷反映切实感受到了南网文化的强大魅力，更加深刻地认识到南网方略是实实在在来源于实践的真理，有着很强的指导性。通过努力，公司融合取得了很好的效果，进一步把干部员工的思想和行动凝聚到了调峰调频发电事业上来。

在企业文化建设中，公司尤其注重不断创新，在实践中不断丰富和发展南网企业文化的内涵，加强安全文化、执行文化、责任文化等子文化建设。公司结合南方电网公司安全生产一号令，依法经营二号令，制定了《落实网公司一号令确保安全生产稳定的规定》和《贯彻网公司二号令坚持依法经营实施细则》。公司所属天生桥水力发电总厂开展了安全文化子理念征集活动，先后提出了“安全生产先于一切、重于一切”、“全厂抓安全，各级保安全，人人要安全”的安全生产管理子理念、“我的安全我负责，他人的安全我有责”的安全生产行为子理念等；鲁布革水力发电厂在践行经营理念中提出了动态精细化管理的理念，切实优化水库调度方案，既提高了经济效益又创造了良好的社会效益；广州蓄能水电厂提出了创建“以人为本”确保人—机—环境和谐发展的本质安全型企业文化；惠蓄作为在建的电站，首次在在建的大型工程建设的安全管理中引进NOSA五星安健环管理系统，加强安全文化建设，提升了安全管理水平。

随着宣贯的深入，公司企业文化建设之路逐渐清晰。经过深入总结和分析，公司出台了企业文化建设的重要指导性文件——《关于进一步深入宣贯南网方略的指导意见》。《意见》指出，要通过进一步宣贯践行南网方略，建立健全以南网方略为核心的企业文化建设工作责任体系、学习教育体系、工作推进体系、规章制度体系，逐步实现公司企业文化建设四个目标：目标同向，把全体干部员工的思想统一到网公司党组和公司党组的决策上来，统一到公司的发展规划上来，统一到调峰调频发电事业上来；文化同心，充分发挥文化的引导、约束、凝聚、激励的作用，用先进的南网文化理念影响干部员工的思想和行为；制度同构，把南网方略的精神和内涵融入到各项规章制度中，达到用以南网方略为核心的企业文化来规范员工的行为模式的目标;行为同轨,以南网方略所构建的共同的目标愿景、共同的文化理念、共同的制度规范,聚拢人心、聚合智慧、聚集力量,共同为调峰调频发电事业的发展而努力工作。

在2007年11月19日召开的干部大会上,南方电网公司董事长袁懋振对调峰调频发电公司自筹备组建以来的各项工作给予了高度评价,并特别指出:“你们结合南方电网战略目标和发展思路,提出了自身发展构想,明确了自己的定位、职责、目标和发展步骤,自觉在全网的大局中找准你们的位置,履行好自己的职责,使南网方略在调峰调频发电业务方面丰富了内涵,发挥了很好的作用。”

以南网方略聚气　促进公司科学发展

随着南方电网的快速发展和公司多项工程上马,公司安全生产和工程建设任务紧、责任重,公司领导审时度势,强调面对新的目标和任务,更要与时俱进地理解和执行以南网方略为核心的南网文化,进一步发挥出企业文化的软实力作用,推动公司科学发展。

公司重心下移,分层指导,以基层班组为突破口,更有针对性地推动以南网方略为核心的企业文化建设。2008年,公司以“面向一线班组、面向实际工作、面向全体员工”为出发点和落脚点,结合班组安全生产、班组管理和员工素质提升等,在公司开展了“南网方略在班组”主题实践活动。活动以“南网方略班组行”为主题,开展“南网方略与企业文化”全员培训工作;以“争做践行南网方略标兵”为主题,开展全员实践活动。活动中,公司各单位结合实际,创新活动,设立领导干部宣贯南网方略联系点;召开“践行南网方略在班组”研讨推进会;开展“南网方略在班组”“1245”系列活动;将践行南网方略融入到党员“四个一”活动中;开展“安全文化进家庭”,举办“南网文化、ISO标准及安健环”、“南网方略在心中,节能减排促贡献”知识竞赛、“安健环活动日”等活动,进一步推动公司班组建设走上了系统化、科学化、人性化的发展道路。2008年11月18日,公司成功召开了“南网方略在班组”主题实践活动成果交流会,通过PPT汇报、播放4个宣传短片、展出190余幅图片等形式,多角度、多层次、全方位集中展现了“南网方略在班组”活动取得的成效。

在宣贯的过程中,公司企业文化建设工作责任体系、学习教育体系、工作推进体系、规章制度体系四个体系也逐步建立,初步实现了企业文化建设目标同向、文化同心、制度同构、行为同轨四个目标,推进了公司科学发展再上新台阶。截至2008年底,公司运行机组容量达到432万千瓦,在建368万千瓦。公司安全生产、经营管理和工程建设水平明显提高,公司在运营的三个电厂全部具备了黑启动功能,实现了无人值班模式,增强了对电网的事故应急和恢复能力;在建的惠蓄电站、清蓄电站建设稳步推进;党建工作“112”工程顺利推进…… 公司的健康快速发展,为电网安全、经济、优质运行提供了更加有力的保障,充分体现了专业化调峰调频发电公司的价值。

国民之魂,文以化之;国家之神,文以铸之。在新一轮的发展中,调峰调频发电公司将深入学习和实践科学发展观,进一步推进企业文化建设及转化,进一步把文化基因融入管理、切入业务、植入行为,以文化力促进生产力,以软实力提升竞争力,推动公司全面协调可持续发展。

(本文摘自《企业文明》2009年4期)

打造“家”文化

——中铁电气局集团北京动力车段

北京动车段是我国铁路第一个开工建设的、规模最大的、具有世界一流水平的动车检修基地。工程占地1800亩,投资26亿元,规模大、专业多、技术新、标准高、难度大、工期紧,为我国北方地区动车组检修基地及京沪高速铁路北段检修中心,被誉为“中国铁路第一段”。

作为施工主体总承包单位,中铁电气化局集团在项目实施过程中,针对项目特点,坚持“项目就是家园,家和万事兴”和“欲建好项目必先建好家”的理念,积极开展“家”文化建设,以建好项目的“家”来促进和保证动车之“家”的建设。

家园:统一建家　变分为合

中铁电气化局集团根据项目特点,以为职工建一个温馨的“家”为目标,改变分散建点的传统方式,把指挥部与参加施工任务的一公司、西铁工程公司、建筑公司三个项目部建在一起,吃在一起,统一规划驻地的布局、结构和主要设施,统一精神理念,统一制定行为规范。驻地大院的标语、橱窗、门庭、科室牌统一设计,上岗证统一编号,工作服、安全帽统一制作,办公生活设备统一采购,各种大型活动统一策划、组织。这样一来,企业整体形象得到了集中展示,项目建设的规模效应和整体效果集中显现,扩大了企业影响。建点方式的转变,带来项目管理观念和项目文化建设理念的转变。

家训:凝练精神　明确目标

根据北京动车段在全路的地位,结合企业50年特别是近年来的发展和建设成就,指挥部提出了“干中国第一、创世界一流”的工程建设指导思想(总目标)和“整体联动、又好又快”的项目精神。“整体联动”转化了“勇于跨越”的中国中铁精神和“促创干”的电气化精神;而“又好又快”则是“追求卓越”的中国中铁精神和“争一流”的电气化精神在动车段建设中的细化。

根据工程建设指导思想和项目精神,指挥部订立了12字家训:人为本,和为贵;义为先,利为后。“人为本”就是坚持以人为本,关心职工,爱护职工,尊重职工,保障职工的生命健康和安全；“和为贵”就是建设和谐项目，做到项目内部之间、与甲方和监理之间、与地方相关单位和老百姓之间、与周围环境之间的和谐。“义为先”就是要有大局意识和大局观念，不讲条件、不惜代价，担负起国企的责任和使命，确保所承担的工程项目按期完成。“利为后”不是不要利，而是“义”的前提下求利，向内部管理要利。

家规：营造氛围　制定规范

立规矩。项目组建之初，指挥部即认真制定了党工委学习制度、生产会议制度等24项基本制度；颁布了土建、房建和“四电”专业作业指导书，统一规范了各专业的技术标准、操作程序和工艺流程，形成了统一规范的施工技术标准和质量标准。

重教育。指挥部编制印发项目《团队手册》，将工程建设指导思想、建设目标等编入其中，对职工进行经常性的教育培训，把自检、互检、专检和指挥部、项目部组织的月检、季检、年检结合起来，形成了浓厚的教育氛围。

严管理。坚持首件工程示范化，通过样板引路推动施工作业的标准化，进而实现整个工程的样板化。北京动车段钢结构施工共有365榀钢结构屋架梁，仅61榀48米跨的焊缝加起来就有86公里长，任何一个焊缝出现质量问题都会造成严重的后果。为此，指挥部成立了钢结构焊接领导小组和专家小组，所有上岗人员全部由专家进行技术培训，挂牌上岗，实名制登记，实行质量责任追究终身制。

奖罚明。为了赶在北京奥运会对施工限制之前，突击施工，为后续工作创造条件，指挥部开展了“大干80天劳动竞赛”活动，先后表彰了16个先进集体和150名先进个人，从中又评选出10名突出代表评为“动车之星”，给予奖励。

奖的同时，也有罚。有的项目部有时撒水降尘不及时，指挥部为了企业在当地城管和居民中的信誉，也进行了罚款警示。

家风：磨炼意志　锤炼作风

超前预想的严谨作风。指挥部坚持科学的态度和严谨的作风，对征地拆迁、图纸、预埋件、定货、运输、施工手续等制约工期的问题，都列出清单，认真研究部署。对需要由项目部办理的，也及时提醒，及早动手，把事情想在前面，工作干在前头。同时还要求项目部干着现在的就要准备着下一步的，平行作业，交叉施工，分头实施。

深入细致的实干作风。集团公司党委副书记、副总经理、动车段工程指挥长张建喜经常深入工地现场办公，和大家一天一天地排工期，一项一项地落实解决问题，对关键的项目，每周甚至每天都要通过即时通或手机信息直接了解进度情况。常务副指挥长鲍叔仁天天盯在工地上，及时发现解决施工中出现的问题，积极协助项目部对外协调联系。负责征地拆迁的西铁项目部党工委书记刘珖，上至区领导下到每个村民，都耐心仔细地做工作。工作中既讲策略，注意方法，又把握时机，以诚感人，力求把各项工作都做到位，做到极至。

团结协作的团队作风。动车段工程是在工期极其紧张，物资、图纸又很难正常供应的情况下，进行的多专业交叉施工作业，前后工序之间、平行作业之间相互影响非常大，在都想抢工期的情况下，矛盾尤为突出。指挥部一方面教育大家要树立大局意识和整体意识，另一方面指挥部又统筹安排，合理组织，积极协调，倡导“把困难留给自己、把方便让给别人”的风尚，同时提倡项目部之间自行协调，重大问题再找指挥部统一协调，这样促进了各项目部之间的联系与协作。

攻坚克难的顽强作风。郭公庄框构桥是动车段三个大型框构桥之一，2008年6月初已初步具备了部分施工条件，如果下决心往前促有望能施工，在工期紧及其他两个框构桥尚不能施工的情况下，能往前抢一点都是非常值得的。为确保6月30日全部完成施工，西铁项目部全力以赴，吃住在工地，24小时连续施工，结果仅用22天就完成了平时3个月才能完成的工程。建筑公司项目部，抓住5月份施工的黄金季节，集中人力物力，不惜加大成本，仅1个月就完成了全部719根支柱的预制，为后续施工创造了条件。

见缝插针的赶抢作风。一公司项目部承担着“四电”施工和设备安装，是工程的最后一道工序。由于工期关死了后门，如果等路基全部成形再立杆塔，就意味着工期的延误。为了减轻后期“四电”施工的压力，集中力量进行设备安装，项目部不等条件完全具备，而是路基垫到一定程度就见缝插针地抓紧打基础、立杆，成一点干一点，成一片干一片。尽管这样工作起来费力一些，投入多一些，时间拉得长一些，但却抢出了工期。

家和：亲如一家　以人为本

激发激情。指挥部先后举办了“十七大”精神学习宣讲、“辉煌电化50年”演讲等活动，建起了展示企业荣誉和辉煌业绩的文化长廊，举行了隆重的开工仪式。安排来工地探亲的家属参观奥运场馆，乘坐京津城际高速列车，组织职工观看奥运会开幕式和残奥会比赛，增强了职工的自豪感、荣誉感和使命感、责任感，增强了凝聚力。

联络感情。指挥部和各项目部为职工购置了乒乓球、台球、篮球、卡拉OK、电视、图书，闲暇时间职工可以尽情地学习和娱乐。指挥部每月一个活动，请舞蹈学校老师教跳舞，放大片，举办了影视周；重要节日开展体育比赛、文艺晚会。通过这些活动促进了了解，加强了沟通，联络了感情，加深了友谊。

营造温情。为了保持食堂良好的秩序，文明就餐，在餐厅设立了文明公约，张贴了倡导文明礼仪的标语。教育大家“相处是缘分、相交是朋友”，做到“互敬又互让、亲如一家人”。教育引导炊事员树立“职工满意是我们最大的心愿和快乐”理念，职工树立“做好工作是最好的感谢和回报”的理念，增进双方的理解和尊重。针对北方人多爱吃面食的特点，重点聘请了面食特长的厨师，饭菜口味，主食花样，都尽可能满足大家的饮食习惯,做到服务热情、态度和蔼,职工多晚回来都能吃上热的饭菜。

家兴:快速高效　安全优质

经过一年多来的紧张施工,动车段工程取得了阶段性成果。

实现了安全优质。一年来,没有发生任何安全质量责任事故,在今年上半年北京铁路局质量信誉评价活动中,动车段工程获得了第一名。

做到了快速高效。北京动车段工程从开工至今始终受着征地拆迁、供图、物资等因素的影响,无一天不在紧张的施工中,指挥部精心组织,科学管理,强力出击,重点攻关,工程施工始终紧张有序地推进,保持着积极的态势。一年多来,几千名建设者战严寒,斗酷暑,日夜奋战,昔日杂草丛生、垃圾成山、一片荒芜的土地上,一个现代化的动车检修基地拔地而起,初步显示出宏伟的轮廓。现在,工地上车辆穿梭,人来人往,机声隆隆,号声阵阵,夜晚灯火通明,一片热火朝天的大干繁忙景象。铁道部、北京铁路局和中国中铁工程总公司领导先后来动车段检查指导工作,都对工程施工给予充分肯定。

完成了新技术标准的制定。北京动车段地处北京最大的垃圾填埋场,最深达40多米,地基处理非常关键。由于在工程中首次采用渣土桩技术,没有现成的技术和验收标准可供借鉴,指挥部组织工程技术人员边施工边试验,总结出了渣土桩施工技术要点和施工参数,经与业主、设计、监理共同评审,编制完成了铁路第一个渣土桩施工技术标准《北京铁路局动车段工程项目渣土桩施工验收(暂行)标准》,不仅保证了施工质量,也为今后施工提供了参考依据。

(作者张德英,本文摘自《企业文明》2009年2期)

以人为本穿长湖　科学管理创奇迹

——中国中铁一局城轨分公司苏州项目部

9月24日,中国中铁副总裁白中仁率总公司和各局领导、专家组一行30余人参观完苏州项目后,对各项工作表示满意,连说了三遍:"干得不错!"并希望项目部再接再厉,继续做好中国中铁的典范。7月25日,苏州市轨道交通有限公司副总经理董朝文看到开拓12号盾构机到达金鸡湖A岛中间风井后,隧道溢水不足一吊桶时,无比激动地说:"中铁一局的文明施工,不是世界第一,也是世界第二!"在苏州市轨道交通1号线I-TS-14标项目施工中,为攻克国内首次穿越湖底长距离(3650.98米,其中右线穿越金鸡湖1832.16米,左线穿越1818.82米)盾构施工难题,实现"滴水不漏"穿越金鸡湖目标,中国中铁一局城轨分公司苏州项目部专门制定了《盾构穿越金鸡湖底专项施工方案》,并邀请盾构及冻结法施工专家亲临现场召开了十余次论证评审会,研讨论证施工方案。同时,针对穿越金鸡湖湖底隧道埋深较浅,渗水性较强,易引发喷涌或大面积塌方事故的实际,通过密切关注水深压力和土方压力对盾构掘进的影响,加大对管片渗水和盾构机出洞安全的防范等措施,保障盾构机"平稳"、"准确"前推和管片拼装"滴水不漏",隧道成型质量唯实唯美。一年多来,项目部先后被国家工程建设质量奖审定委员会评为"2009年全国工程建设优秀质量管理小组二等奖";陕西省建筑业联合会评为"2009年陕西工程建设优秀质量管理小组一等奖";苏州轨道交通有限公司评为"科学发展先进集体";中铁一局集团"红旗党支部"、"培训工作先进集体"等荣誉称号。

以人为本抓培训　提高技能创佳绩

为把来自四面八方的各类人员,培养成为适应盾构施工需要的骨干、精英,更好地为穿越长湖服务,项目经理陈万忠把创造良好的项目文化环境作为改善施工环境的切入点。通过"三工建设",营造关心人、理解人、尊重人的良好氛围,把员工需要作为第一选择,把员工满意作为第一标准。急员工之所急,想员工之所想,办员工之所需,关注员工的心境变化和情绪状况,以情疏导,双向交流,平等对话,融洽感情,使员工从良好的管理文化氛围中体会到企业的凝聚力、亲和力,增强员工"家的感觉"、"家的意识",与项目自觉地建立一种利益、命运共同体。并通过走出去,请进来的方式,把一个个从未见过、干过盾构的门外汉,培养锻炼成为应用自如,能讲会干,个个顶岗的专业骨干,为盾构施工的顺利进行打下了坚实的基础。一是委派新分到项目部的大中专毕业生阿继胜、万凯等人,先后到南京、杭州、上海、深圳等地学习盾构机的工作原理、电器维护、管理软件应用及质量验收等专业知识。二是聘请中铁一局集团在盾构施工方面有着丰富施工管理和技术专长的前辈和专家传授盾构施工管理,始发与接收应急预案的制定和风险源的控制,盾构掘进土压平衡操作的有效控制等盾构施工经验。城轨分公司总经理卓普周多次到苏州项目为员工讲解盾构施工技术及风险防范知识,提高员工盾构施工专业技能。同时,项目部还通过经常性地组织员工开展一些健康有益的文化体育活动,举办各种类型的知识讲座、技术创新活动,引导员工创造一种重视文化、塑造自我的良好氛围,最大限度激发员工潜能为项目生产经营发展服务。与此同时,在集团公司党委书记张为和的关注下,"高扬党旗建城轨、穿越长湖创一流"主题活动开展的有声有色,深受各级领导的好评。

以人为本讲责任　文明施工展风采

今年5月14日,当开拓12#盾构机掘进到星港街站至会展中心站区间左线DK20+249.411时,发现成型隧道管片有渗水现象,为增强全体参建员工的责任心,项目部决定盾构停机6天,全员参与堵漏,并把堵漏现场作为培育员工责任心的课堂和堵漏实践的战场。通过堵漏,让所有参建员工亲身感受渗漏的危害、体验堵漏的艰辛、增强防渗漏的自觉性。同时,项目部趁热打铁,对参建员工进行了防渗漏强化培训,通过大讲确保防水材料合格,止水条粘贴牢固的重要性;反复强调管片拼装技术及隧道线型控制与盾构机姿态控制在防渗漏中的地位和作用,引起员工对堵漏的高度重视。并把管片拼装每发生一处渗水、漏水,对盾构队罚款100元和盾构队连续300环管片无渗水、漏水、破损、错台、裂缝等奖励5000元,写进了盾构承包管理办法进行考核兑现。至此,防渗漏成了项目员工的自觉行动,并创造了“滴水不漏”穿越长湖的奇迹。在向窦铁成学习,做知识型员工活动中,为破解盾构掘进过程中由于输送皮带两侧的挡泥板无法控制泥土、水向两边掉落飞溅,造成螺旋输送机齿轮箱油缸和台车电路、油路等设备的污染难题,物设部长冯德铭通过仔细观察和分析发现是输送皮带速度慢、盾构掘进时出土口出土量过大所致,便借拆、检螺旋之机,将出土闸门用钢板把大直径出口改为小口径喇叭口后,彻底排除了泥土、水飞溅,散落等困扰设备清理维护、隧道文明施工的难题。去年12月,在螺旋机拆除、分解检修时,冯德铭发现螺旋主轴承已严重拉伤,四道密封圈已失去密封作用,厂家来人查看分析后认为,该设备已先后在南京、苏州掘进3000多米,属正常磨损。但冯德铭根据磨损部位、严重程度和检测后判断属厂家产品质量问题。后经日方技术总监来苏州现场检测,认同了冯德铭的分析意见,变修补为免费更换,并免收了先前商谈的螺旋拆卸、安装人工费、配件费约10万元。正是有冯德铭自觉践行窦铁成那种忠诚企业、爱企如家的主人翁精神,才有国庆、中秋,他母亲被项目经理陈万忠视为上宾,接受员工的共同祝福和母亲“不要牵挂家里,尽全力干好你的工作”的告诫。

以人为本抓管理　科学管理铸辉煌

陈万忠认为项目管理最具说服力和感染力的影响莫过于身体力行、以身作则。在金鸡湖A岛中间风井围护结构施工中,按设计要求项目部先做了两排止水帷幕高压旋喷桩,同时,进行了基底加固高压旋喷桩施工,后取芯检测,高压旋喷桩成桩质量较差,不能满足设计加固强度和基坑止水要求。经地质补勘,计算出中间风井的抗承压水稳定性安全系数较低,必须调整抗承压水方案。为此,他于去年9月,亲临相城区设备租赁存放区了解三轴搅拌机、旋喷机、成槽机等各种基础施工设备的性能、特点,并虚心向有设备管理经验的同志请教,通过比选和风井施工的深度要求,认为三轴搅拌桩成桩质量和止水效果明显优于旋喷桩。方案确定后,三轴搅拌机上岛难题再度摆在他面前,他通过多方走访,终于请来一位有多年起吊经验的老师傅,用扒杆把重达43吨的850三轴搅拌机散件从驳船吊上了A岛,经施工质量检测,三轴搅拌桩成桩连续均匀且强度达到设计要求,止水效果良好。在中间风井围护结构施工中,由于协作队伍现场组织不力、管理不善,眼见风井施工将成为盾构机穿越金鸡湖的拦路虎。陈万忠看在眼里,急在心头。他多次找协作队伍负责人谈心,分析现场管理存在的不足和继续干下去的不良后果,并开出了将其设备按市场价租赁、剩余材料按市场价购买的优惠条件。同时,提出了用1天时间完成交接的要求。陈万忠帮助他们解决实际困难的诚意和工期的紧迫性感动了协作队伍负责人,十分顺利地完成了交接退场。后续队伍用原有设备,全力以赴抢回了宝贵的工期。陈万忠把搞好项目二次经营,实现项目效益最大化作为检验工作成效的最高标准。一年多来,他组织员工学合同、看图纸、讲规范,结合现场实际,因地制宜搞变更,既为业主减少了部分投资,也给企业增加了收益。将金鸡湖A岛中间风井围护结构变高压旋喷桩为三轴搅拌桩,为业主减少投资100多万元,提高工效近2倍,缩短工期1个月;变更玲珑桥桩基拆除及新箱涵桥恢复施工方案及因冷却塔及水幕电影桩基侵入区间隧道,变更调线后,增加了不少的合同外收入。

(作者杨林、高锐轩,本文摘自《现代企业文化》2009年11期)

格力的“偏执”文化

——格力电器集团

格力电器总裁董明珠有理由自信——在空调业,自1995年起,格力电器连续在产销量、销售额、市场占有率居行业第一位。格力电器1月10日在公告中预测,在过去的一年里,公司净利润约19.50亿元,增长50%左右。

董明珠说她是寂寞的,至少在中国的制冷工业界。“我一直把踏踏实实做事的‘工业精神’作为格力的发展信条之一,但真正读懂其中含义的人又有多少”?

扛着“工业精神”的大旗,董明珠与她的格力连续13年成为市场老大。但所有鼓吹在严峻的经济危机之下,都显苍白,这4个字显然不够分量。

理念“偏执”

“一不政治作秀、二不随波逐流、三不被利益驱使”,在市场面前,这是董明珠为格力所规定的三条原则。

“像我们格力,个性化产品比较多,能满足高层次的、普通消费者需求,这是我们的核心竞争力”。董明珠讲述格力电器在经济危机下的生存状态时,把核心竞争力定位于产品,这是她工业精神所指向的目标。“一个企业如果有诚信的态度、对品质的要求,那么所有的困难都是暂时的”。

“很多企业急功近利,目光比较短浅,简单用价格战,或者是跟渠道之间做一个交易,来实现自己的利润”。这是家电企业抢占市场的惯用手段,但董明珠对此颇为不屑,她已经抛弃了大卖场,选择符合格力气质的渠道;对于价格战,格力则离开了更久的时间。

1996年3月26日,以长虹、格兰仕发动的降价风暴打响了第一枪,这是一场足以塑造中国企业家基因的著名商战。然而就在当年,格力推出了自己的“精品战略”。

“作为一个企业,不能沉浮于表面短期的行为,而应看到企业的长远发展。我们格力坚持用品质取胜,不会简单的参加价格战。比如说我们的空调,我们的材料成本比别的空调多几百块钱,要想打价格战,就要降低材料成本,降低标准,你的产品虽然能低价卖出,但是消费者会是受害者,买回去很快就会看到问题”。对于品质,董明珠说这才是战略,除此之外都是战术,“我们在行业里面比别人更加耐得住寂寞,我吃得了这个亏”。

这一情形在2002年重演,当年3月初,格兰仕空调率先狂降千元,公开宣称要结束空调暴利,向行业巨头挑战。但此时格力依然没有在价格上松动。

“不仅仅要把所有鸡蛋放在同一个篮子里,集中精神看好这只篮子,更重要的是对每一只鸡蛋要进行特殊的护理,这样鸡蛋才能保存得更长久”。这是朱江洪对格力战略的形象解释,至于如何“进行特殊的护理”,就需要董明珠的“工业精神”登场了。

“用了好材料我有很深的体会,消费者是受益者,消费者受益就会对你产生一种依赖或者是信任,这是良性循环。在这个过程中,我们吃了一点儿亏,成本比别人高,但是价格不一定比别人高那么多,我卖得出去”。看来董明珠的“工业精神”只有消费者才可以评价。

即便是遇到竞争对手挑衅、即便在2009年还会承担严峻的市场压力,董明珠说:“格力不会降价”。

当记者问及格力对空调业的贡献,董明珠略带自豪地说,至少格力阻止了空调业走向彩电业那样的困境。“彩电企业的衰落,与当初坚持价格战有关,而空调行业则坚持了对价格的主导权”。

战略“偏执”

专业化是格力电器区分于其他家电厂家最明显的特质,也是格力长久以来所坚守着的战略思考。在董明珠眼里,格力既不排斥,也不否认多元化,但她有一个不可动摇的前提,“你能把握自己,你能掌控,你有主宰权”。渠道如此,技术如此,市场更要如此。

从春兰多元化的时候开始,“1996年,在国内市场,我们的标竿没了,市场也悄悄开始蜕变,这个时候我们必须要有一个明确的发展战略来指导今后的发展方向,增强企业的核心竞争力”。格力电器董事长朱江洪回忆决定坚持专业化伊始的想法。“应当根据企业自身的优势、劣势和外部因素来制订正确的战略定向”。

而朱江洪为了保持刚刚拿到的空调业第一的帽子,选择了专业化,“多元化经营势必样样都遭遇激烈竞争,格力没有其他行业上绝对的技术优势,所以,就专心做有把握的空调”。并且他发现“这是双很好的鞋子,我们穿上能大步向前”。

董明珠则说格力选择了专业化就是选择了压力,“逼得我们不能退,只能往前走,在这种压力下,才能做得更好”。

在2003至2005年间,随着家电行业,尤其是空调行业的利润日趋微薄,已经积累了雄厚现金流的众多企业开始将目光投入到了空调产品的相关行业或回报率较高的其他行业,空调企业又开始了第二次多元化之路。

2004年9月14日,格力电器宣布以1.5亿元收购格力集团旗下的压缩机、小家电等业务。4家企业中,无论是凌达的压缩机、格力电工的漆包线还是新元电子的镀膜电容都可直接作为格力空调产业链上的配套产品,对于当时空调年产量正在向1000万台(套)冲击的格力电器来说,这3家企业的收购并不存在市场风险。

这是格力电器迄今为止唯一的收购,而董明珠似乎再也没有把并购提上日程:“我觉得如果并购,我们就是把自己的幸福建立在别人的痛苦上。企业文化并不是一两天形成的,如果我们去兼并人家,把自己的企业文化强加给别人,这对别人来说是很痛苦的”。

现在董明珠强调更多的是如何更大程度发挥格力的工业精神,空调还有很大的市场,只有专业化经营,企业才可以倾其所有积蓄的力量,在生产领域中向“高精深”进军。

多年来,正是在这一企业战略的指引下,只做空调产品的格力,在家电类上市公司中,非但没有减弱盈利能力,盈利指标还在家电类上市公司中一枝独秀。银河证券家电分析师朱立军认为,格力高利润的一个重要贡献来源就是其费用的减少,在规模化效应和渠道支持下,在销售规模增长24.71%的情况下,销售费用率却比上年同期减2.25%,管理费用率和财务费用率也维持在较低水平。

履行责任成就市场

在格力扩张产能的初期,似乎社会责任在更大程度上决定了格力的投资方向。“我们每做一个决策,更多的是考虑市场需要和社会需要。当然有一点战略、成本上的考虑”。

2001年5月8日,格力与重庆高新技术产业开发管委会正式签订了投资协议,开始在重庆建厂。

“我们在重庆建厂的时候,当时是国家提出西部开发。以前我们和重庆结对,是帮对帮的关系,格力每年都送衣服、生活用品什么的给他们,但我觉得这解决不了根本问题,唯一解决办法就是让他们自力更生。我在那里建厂就可以解决上万人的就业问题,而且可以带动配套厂,这是根本的办法”。这是董明珠的说法,然而格力这个“承担社会责任”的做法却让他们跑在了市场前面。

建厂之初,格力重庆基地只设计了50万台的产量,但在两年之后,格力重庆基地的产量就升级到200万台。

更让董明珠没想到的是几年以后,重庆成为了各空调厂商西部战略的必争之地。在竞争态势之下,格力重庆基地的产能逐步扩容,现在以每年400万－500万产能占据了格力总产量的1/6。

格力承担社会责任之举换来了市场,在合肥,这一路径也被依法炮制。"国家提出中部地区的发展政策,我们感觉安徽那边还是比较落后的。格力要成为一个造血者,而不是输血者"。在董明珠看来,社会责任和市场之间并不存在矛盾,反而是一种互惠互利的行为,"强调社会责任并不会影响格力的竞争优势"。

渠道"偏执"

"外界可以评价格力的任何问题,但如果说格力的销售渠道不行,我不会理会"。董明珠语气轻松。独特的经销商销售模式一直是格力电器扩张的法宝,先收款后发货的经营方式似乎没给格力电器带来多少库存压力,这是董明珠带给格力的财富,虽然这笔财富在到来之初被认为可能会毁掉格力的未来。

抛开家电大卖场,捆绑经销商自建渠道为董明珠首创,这源于2004年格力与国美交恶。当年2月下旬,成都国美突然单方面大幅降价,违反了格力的销售模式,引发格力不满;3月9日,国美总部又下发了一份"关于清理格力空调库存的紧急通知",要求各地分公司将格力空调的库存及业务清理完毕。至此,格力电器再也没有出现在国美、苏宁的空调采购榜中。

"我认为这种执着的工业精神能够感染我们的渠道,跟格力同生死、共命运"。这是董明珠理想中的渠道。

董明珠一手构建的渠道得到了市场的认证,2006年空调企业纷纷扩张,市场变数增多、环境复杂,而格力却可在自有模式中根据市场变化随时调整价格、渠道政策。当年格力实现销售收入238.03亿元,比2005年增长30.32%,牢牢占据空调业龙头。

2008年全球金融危机爆发之后,出口锐减,空调内销则成了每个厂商必做的功课,但由于中国三、四级市场的特殊情况,大连锁卖场的规模优势难以发挥。而格力的渠道此时更显示出活力,"有的乡镇富裕了,就往那边走,说下乡就下乡,说进村就进村"。董明珠显得很得意。

不过,除了渠道外,董明珠还有格力的产品:"什么战略都离不开质量和服务,消费者必须选你,觉得如果不买你的产品就是傻瓜,这是我追求的竞争力"。

技术"偏执"

格力研发中心高达7层的研究大楼戒备森严,层层关卡,即使格力内部员工也禁止进入。即使拥有特别的许可证,也只能在1楼实验室走马观花地参观,其余6层与世隔绝。

这里全年24小时都处于"临战状态"。实验员轮流上阵,工作实行3班倒,即使在深夜,远在数百米外也能感受到实验室发出的强如白昼的灯光,以及鼓风机巨大的排气声。

"格力的研发投入没有限制,只要觉得需要就会投,上不封顶"。董明珠说,这就是格力的研发精神,2008年格力在研发上投入了十几个亿,占总销售额的4%左右。

格力在研发上的投入曾释放出良好的效果,逐步确立了行业龙头地位,并初步实现了行业整合。

今天,格力对研发的积极态度依然有力捍卫着其霸主地位。《格力电器报》上如此写道:经过多年的技术储备,这两年格力新品迭出,表现出强大的市场竞争力。以前,年度新品只占5%－10%,今年新品销售扮演了更为重要的角色,已经占到20%－25%,有效地应对了材料涨价和总需求不够旺盛的困难,促进了公司产品结构不断优化。

(作者英才,本文摘自《企业文化》2009年4期)

创新文化凝聚核心竞争力

——康佳集团

康佳成功的根本在于它的创新企业文化,推动了企业的核心价值观、技术、管理等全方位的创新,形成了企业核心竞争力。康佳的战略转型是在企业文化核心理念的基础上提出的,同时,也带动了企业文化的转型,二者的相互作用进一步增强了企业的核心竞争力。

据中怡康时代市场研究公司统计数据显示,截至2007年11月份,康佳2007年彩电总体零售量占有率14.09%。当年11月单月零售量占有率高达15.89%。

以"团结开拓、求实创新"的康佳精神和"创新生活每一天"的经营理念为核心的康佳企业文化,突出了"以人为本、员工至亲"企业文化特色,强调企业不仅要提供优质的产品,同时也要服务社区、造就员工,追求企业与员工的共同成长,并将各时期的中心工作与企业文化建设结合起来,产生强烈的感召力和吸引力,极大地促进了企业的发展。

创新文化的形成

从80年代开始,康佳的企业文化得到不断丰富和发展,逐步形成了具有康佳特色的文化。1995年,康佳全面导入CIS——企业形象识别体系。

"创新生活每一天"的康佳理念是康佳的核心价值观,对外是承诺,对内是追求,它主要有四个方面的含义:第一,创造新的生活品质是康佳的经营宗旨,引领消费潮流,为人们更美好的生活提供卓越的产品和服务,以增加顾客价值为核心竞争力的目标;第二,创新是康佳的风格,也是康佳持续发展的根本动力,更是核心竞争力延伸发展的源泉;第三,敢为天下先,员工要开拓进取,勇于竞争;第四,人才是最宝贵的企业资源,给每一个员工发展和展现的机会,重视创造者的作用。

康佳的企业文化是群体文化、管理文化、全员文化,倡导企业文化,首先是要在企业内部加强企业文化意识,并在全企业形成共识。每月举办一次"共度好时光"的员工集体生日晚会,使员工融入企业大集体;将企业格言、警句写入员工读物《每周一言》;激发员工的向上精神,评选"优秀班组";每个员工都可以为企业出谋划策;部门和员工的经验都可以通过板报长廊展示,促进相互交流和学习……康佳把企业文化做为一项重要的工作,在企业内实实在在地落实。康佳被评为首届全国精神文明建设先进单位。

竞争时代的品牌文化

年仅34岁的康佳集团总裁侯松容认为:品牌是企业竞争之本。康佳已将打造更为强势的品牌作为企业的一项战略性任务,其目标是创造世界级的电子品牌,配合目标的品牌工作有三个重点:一是规划先行,要在品牌实施中强调战略思想的指导作用;二是整合传播,品牌是由企业全程的经营活动共同打造的,特别是与品牌价值相关最紧密的企业要素,如质量、广告、服务、促销等方面,要加强品牌的宣传;三是文化培育,品牌创新的实质也就是优秀企业文化的延伸。

康佳在创办之初就有商标图案,但是没有系统的设计,影响了企业的统一性、规范性和鲜明性。在1995年,将企业长期积累而成的理念进行提炼,用"康乐人生,佳品纷呈"概述新时期的企业理念,并以这8个字设计CIS体系,编制了《康佳集团企业形象识别系统手册》,并在企业全面地导入CIS。

为了树立企业的品牌形象,康佳投资1亿元,开展了"亿元形象工程"。康佳通过各种渠道和方式打造品牌,康佳有国内最大的霓虹灯和气势宏伟的电视墙等广告,举办以"康佳情系大京九"、"康佳扶贫百家县"、"小康之家有康佳"等为主题的活动,还通过建立"康佳希望小学"等参加公益活动。全方面地积极宣传企业品牌,并推出技术先进、质量过硬的品牌产品。

国家有关机构对康佳的品牌价值评估,2001年为98.15亿元,并且自1997连续5年位居中国最有价值品牌前10名。

创新生活每一天

在90年代初,全国宏观调控,家电市场十分萧条,康佳抓住机会采取低成本战略,向特区之外发展,通过短短的4年时间,康佳集团形成了以东北"牡康"、西北"陕康"和东莞康佳为"三足鼎立"的产销格局,实现了企业以品牌为核心的低成本竞争能力扩张战略,其中,"康佳管理模式"起到了决定性的作用。

创新是康佳的风格,也是康佳持续发展的根本动力;企业要保持长久的竞争力,必须要不断创新。创新是康佳企业文化的主要理念,体现在企业的多个方面。

信息化管理创新——康佳集团总部及所属企业全部启用企业资源计划(EPR)系统,康佳基本步入了企业信息化。

管理模式创新——全球著名的管理咨询公司麦肯锡为康佳量身定制了一整套管理变革方案,康佳从过去以生产为主导的业务流程向以销售为主导的流程转变,在结构上经营管理重心下移、减少管理层次。

营销网络创新——填补康佳彩电在乡镇市场的空白,以开发和完善乡镇营销网络为重点。并且进一步把ERP系统运用到营销网络中,用现代化的手段更科学地管理和更快捷地运作营销网络。

人力资源创新——加强对员工的再开发,安排了新员工培训、岗位技能培训和职业发展培训等一系列的培训计划,从内部挖掘人力资源的潜力。集团内实行淘汰制,每年的淘汰率为5%左右。实行人力资源本土化,大量起用当地的优秀人才。将考核与业绩评估放到更重要的位置,公司的每一个员工,从总裁到清洁工都是被考核的对象,考核的结果直接影响到薪酬和职务的评定。

技术创新——康佳发扬"团结开拓,求实创新"的康佳精神,不断追求技术上的领先。创新是康佳核心竞争力不断发展的源泉,在技术上的创新是康佳产品持续保持竞争优势的支持力量。

产品创新——康佳一直是我国彩电业的创新引领者,彩电产品不断创新,在我国推出第一台双频彩电、第一台彩壳彩电、第一台数字彩电、第一台镜面彩电、第一台艺术彩电。根据市场发展,康佳把手机作为第二拳头产品,并与美国朗讯公司结成战略同盟。康佳用3年的时间占领国内手机市场份额的20%,使康佳的手机与彩电在市场中具有同样的重要地位。在信息网络方面,康佳率先推出了平板电脑产品,走在世界IT业的前端。

国际化创新——从80年代起,康佳就有来料加工的国际合作;到90年代前半期,国际化还处在比较初级的阶段;到90年代后半期,康佳则加大了国际化的广度和深度。康佳产品远销60多个国家和地区,投资或正要投资在印度、越南、菲律宾、墨西哥的工厂,在美国硅谷有研发机构。

战略转型带来文化转型

2001年是康佳集团的战略转型年,战略转型总的目标是通过产品结构、产业结构的升级转型和培育发展新的高新技术产品,使康佳迅速完成向高科技企业的转变,将康佳打造成一家具有强大核心竞争力和综合竞争优势的高科技型跨国企业。

2001年1月初,在彩电业竞争激烈的情况下,康佳集团将2001年定为战略转型年。为了向高科技企业转变,康佳从产品结构和产业结构上进行了调整。

一是,现有战略业务的技术升级。二是,开辟新的业务和利润增长空间。三是,经营重心由以规模和市场份额为中心转向以效益和利润为轴。

康佳在战略转型的同时,企业文化也在悄然转型。康佳集团企业文化中心总经理王璐说,从某种意义上讲,文化的转型比战略的转型更为重要。康佳文化的转型实际上就是核心竞争力的整合,它能使企业的竞争能力得到进一步提升和巩固,为企业带来更大的价值。

康佳的信念是,建设一流环境、培养一流人才、练就一流技术、生产一流产品、提供一流服务、创造一流效益。

康佳尊重创造者,无论是博士还是工人,都会得到企业的关心和尊重。每个员工都可畅所欲言，让企业可以听到不同的声音，激发出新的火花。

开放的企业的文化，让员工更自由地工作，更自由地发挥。企业的转型更需要创新的活力，宽松的文化氛围才利于激发人的灵感和热情。

康佳战略转型是在企业文化核心理念的基础上提出的，同时也带动了企业文化的转型，它们的共同发展体现了企业核心竞争力的延伸发展能力。

未来十年，康佳将本着“创新生活每一天”的全新理念，以经营电视机和移动通信为核心，实施全球化发展战略，依托高科技，不断增强企业竞争力，努力拼搏，向着“高科技、国际化、现代化”的方向阔步迈进。康佳的目标－创造中国的世界名牌！

（作者中人，本文摘自《企业文化》2009 年 1 期）

格兰仕的感恩精神

——格兰仕集团

30 年来，格兰仕从荒滩创业发展成了一个白色家电王国，凝聚了格兰仕人的汗水和努力。格兰仕在企业发展过程中一直坚持“人是第一资源”的经营理念和“努力，让顾客感动”的经营宗旨。

回到熟悉的厂区就像是回家

在市场经济日益发展的今天，企业的管理者们无一不意识到，在未来的时代，企业的竞争主要是人的竞争。人是企业最重要的资源，企业的第一财富。格兰仕在企业发展过程中，把尊重员工、理解员工、关心员工做到了实处。

春节将至，面临春运高峰，每个人都在为回家担心，格兰仕人却没有这样的苦恼。格兰仕在每年春节前夕都会成立专门的订票小组，为全厂员工提前订好回家的车票，解除员工回家难的后顾之忧。在员工返乡时，格兰仕都会用专车将每一位回家的员工送到火车站、汽车站或机场；节后，又派车接员工回厂。有一个格兰仕的员工在文章里写道：当其他走出火车站的乘客正在奋力的挤上公交车的时候，标有“格兰仕”三个大字的大巴却早早的等在车站外面了，坐着公司的车一直回到熟悉的厂区，感觉就像是回家。

格兰仕不仅想员工之所想，还急员工之所急。格兰仕微波炉总装车间桂中意不到一岁的儿子被开水烫伤，面对巨额的医疗费，桂中意欲哭无泪。公司领导得知他的困难后，迅速组织全公司员工捐款，仅一天时间，3 万多元的爱心款送到了桂中意的手中。2004 年 7 月 3 日，当格兰仕总裁办把全体格兰仕人的第二批捐款共 5 万多元送到桂中意手中的时候，他感动得热泪盈眶，“谢谢大家！我们全家人谢谢大家了！”

集团还成立“爱心基金”，以自愿为原则，在每月的工资中抽取两元作为爱心基金款项，形成相互帮扶机制，以便对身处困难的职工及时救助。如果说格兰仕对员工的关怀是尊重员工和理解员工的体现，那么特殊的母亲节礼物是格兰仕把关心员工做到了极致。

自古忠孝难两全，曾是很多人的感慨。格兰仕人却没有这样的遗憾，因为有人比他们想的更周到。

2004 年，母亲节前夕，一位格兰仕人的母亲收到格兰仕董事长德叔写的一封信：“感谢您养育的好儿女为着格兰仕的发展而努力地工作，格兰仕离不开他们啊。格兰仕能有今天，那是因为有您在背后默默地支持，默默的付出，您费心了，我代表所有的格兰仕人谢谢您！”

这位格兰仕的母亲，想不到母亲节竟收到如此特殊的礼物和问候，心里感到很暖和，她回信道：“我想不到格兰仕公司以这种方式来向我问候，当初我总担心孩子在外受欺骗，现在我的心总算放下了。万事孝为先，格兰仕以孝道育人，作为人母，我深为感动”。

2008 年母亲节，格兰仕顺德、中山两个厂区联合容桂镇妇联、桂州医院、黄圃妇联举行“体检送健康”活动，为格兰仕人母亲送上特别的礼物。一名正在参加体检的格兰仕人母亲感动地说“这是最贴心的礼物，我们不但可以了解自己目前的身体状况还可以咨询到一些保健的妙方”。感谢集团对她们的关心，很喜欢这份礼物。

在企业文化建设中，企业领导者必须树立尊重人、理解人、关心人的理念。懂得如何尊重员工在企业中的主体地位，了解员工的生理、心理、技能、家庭及个人需求的情况，关心他们的各种需求，在可能的条件下予以满足，企业员工的积极性和创造性才能得以极大发挥。

投我以木瓜，报之以琼琚

中华民族是一个“知恩图报”的民族，每一个有良知的人，都会怀着感恩的心去回馈他人的赠予。格兰仕的重视、理解和关心感动了员工，员工也用自己无私忘我的敬业精神予以回馈。

2006 年 6 月的一天，变压器车间 4 个员工一上班就在做设备维护保养。因要将一托盘上的杂物进行清除，近 8 米长的网带需要拖出来，难度很大。正当他们清理得热火朝天时，下起了大雨，网带一沾水就会生锈。为了不让网带淋到雨，四个员工冒着大雨把网带转移到雨水淋不到的地方。网带没被雨水淋湿，而他们却湿透了，雨水不断地从他们的头发上、衣服上掉在地上。他们却在一丝不苟地为网带上润滑油。

如果说 4 位变压器车间员工的工作精神是无私，那么上海永乐的汪海霞算是忘我了。

上海永乐曲阳二店导购员汪海霞，已经 50 左右年纪，身体一直不好，受高温酷热天气和高强度工作影响，体力严重透支的她，终于病倒了，在慰问小组到达时，神情憔悴，并且直冒冷汗，但是为了不影响公司的销售，她硬是坚持在岗位上。慰问小组人员觉得情况不对，百般“逼问”之下，汪海霞才闪闪烁烁的告知:这些天身体不好,一直打胰岛素,怕影响公司销售,她坚持没有请假。慰问人员感动得不知说什么好,眼泪一直在眼眶里打转。

格兰仕人的感恩增强了企业的凝聚力,它有利于提高企业的竞争力。因为每个人都会把自己当作企业的主人,正所谓人心齐,泰山移,大家共同努力,企业怎会不进步。

感动顾客

在这个物质极大丰富的年代,光靠产品的品种和质量早已无法打动顾客,服务才是企业制胜的法宝。

在湖南,空调售后主管周洪成,2004 年春节他刚刚当上爸爸,本应回重庆老家,给家里老人看看小孙儿,以慰藉家人。但为了春节期间格兰仕的售后服务工作,他放弃了与家人团聚选择留守阵地。大年初二,他接到一位顾客维修电话后,尽管天色已经很晚,依然前往顾客家,往返两趟为顾客修好空调。顾客感动地说:“没想到春节格兰仕还能派人来维修,别人做不到的,格兰仕做到了,格兰仕人真了不起”。

为顾客服务不是朝夕的功夫课,需要耐心、细心和执着才能做到尽善尽美。

2007 年冬天南京特别的冷,47 年不遇的大雪连续下了好几天,格兰仕的服务能力也受到了极大的挑战。在这期间,我们接到一位老人的电话,他是扬州人,儿子送给他们一台电饭煲,因没有说明书,自己不能正常做米饭,急需一本型号为“B701T-40X6”电饭煲使用说明书,因为此型号电饭煲是老款,早已停产,安排人员到仓库寻找此说明书,但却没能找到;登陆格兰仕网站寻找,也没有;向总部求援,向兄弟办事处求援,还是没有。我们十分着急,“怎么办呢?”

有一次一位用户要购买一个灯泡,需要我们帮他试试是否正常,当灯泡被试亮时,我突然想到:没有说明书,是否可以先试一套同型号的电脑板,记录下所有的使用功能,再给老人充当说明书使用。我们立即找来了一套电脑板,把所有功能一个一个地试用,并记录下来,注明操作的流程,注意事项,然后把此份记录当成说明书寄给了老人,同时向用户解析清楚,希望能得到用户的谅解。老人收到说明书后非常高兴,还专门来电表示感谢!

如今市场竞争异常激烈,如何在市场上脱颖而出,立于不败之地?很重要的一条就是在服务竞争上投入时间和精力,让消费者处处感受到来自于企业的关爱,赢得消费者的信赖和感动,企业才能获得长远的发展。

格兰仕的感恩精神是企业文化不可或缺的精神文化,它在推行“人是第一资源”的经营理念时感动了员工,又在塑造长久的、强大的、有竞争力的企业过程中,实现了“努力,感动顾客”的经营宗旨。企业要打造一个受消费者欢迎的品牌,不仅需要强有力的硬件文化,也需要感恩精神的软力量支撑。

(作者王宝成,本文选自《格兰仕人》)

“北方第一窖”的名牌战略

——内蒙古河套酒业集团股份有限公司

当你置身于内蒙古河套酒业集团股份有限公司的时候,你会被它的恢宏大气所震撼,为它的战略定位而振奋,被它的厚重的酿造底蕴所吸引,为它神圣的责任感所折服。你会在瞬间明白它为什么能在草原深处一鸣惊人,不仅在白酒市场确立了自己独特的竞争优势,并以“北方第一窖”的傲然姿态引领了内蒙古酒业的快速崛起。

改革开放的产物

1952 年,河套酒业集团前身地方国营杭锦后旗制酒厂建厂。

1997 年,内蒙古河套酒业集团股份有限公司正式创立;同年 10 月 8 日内蒙古河套酒业集团股份有限公司正式挂牌。2004 年,河套酒业国有股全部退出,并完成了应有的法律审批手续。至此,一个从地方国营制酒厂脱胎换骨而来的民营酿酒企业——内蒙古河套酒业集团开始以崭新的姿态出现在中国北方草原。

体制的转变让内蒙古河套酒业插上了腾飞的翅膀。2007 年,河套酒业的销售收入是 1977 年的 850.9 倍。不仅如此,改革之后的河套酒业在企业形象上也大大提高,2004 年,“河套”商标被国家工商总局认定为“中国驰名商标”;2006 年,河套酒业被国家商务部认定为“中华老字号”;2008 年,河套品牌连续 4 年被世界品牌实验室评定为“中国 500 最具价值品牌”。

对质量的执著

“一季好粮,5 道关口,8 个关键部位,20 个重要质量管理点,一瓶好酒”。在“河套”看来,质量不仅是一个技术问题,更是一个企业的战略问题。而正是他们对酿造技术和质量管理的执著,才促进了河套酒业的快速发展。

黄河急匆匆地从平均海拔 4500 米以上的巴颜喀拉山北麓,百折千回奔向黄土高原,一路上挟泥带沙淤积到内蒙古河套地区,并形成了河套平原近 800 万亩丰草肥田,加上北纬 41 度平均每年 3230 小时的日光照射,成就了河套地区颗粒饱满,营养丰富的优质五谷。而这又为河套地区的酿酒工业提供了保证。因此在某种意义上说,河套酿酒文化是随着黄河文明的兴起而兴起。这是因为有了河套地区的一季好粮,才有了河套系列酒的千年醇香。

在工艺上,河套酒业继承和发扬了“套酿”美酒的千年传统工艺,并与现代技术相结合,不断扩大产能,增加优质酒生产线、增加原酒储存能力。到目前为止,河套已拥有 3 千多个粮食酒生产窖池,作为中国北方地区最大的浓香型白酒生产基地,年产优质纯粮白酒能力达到 8 万吨。正因为如此,2006 年,国家酿酒工业协会授予河套酒业“北方第一窖”荣誉称号。

在“河套”看来，白酒行业的质量观念必须进行根本性变革，必须把质量的判定权从企业一方转移到消费者手上，坚持以消费者满意为核心的质量观念。河套酒业成立了以张庆义董事长为首的质量管理委员会，实施了“质量兴企”工程。健全了公司、车间、班组3级质量管理网络，完善了质量目标、质量组织、生产现场、质量检验等保证体系，制定了24类近260项企业管理、技术、质量标准体系，保证了全面质量管理的法制化、科学化。加强了质检机构建设，在整个过程中设立了5道关口、8个关键部位和20个重要质量管理点，配备了300多名专兼职质检人员，并聘请白酒专家沈怡方先生担任企业技术顾问，常年指导“河套”酿酒技艺的改进。

在这一系列措施保障之下，河套酒业在质量管理上成绩显著，实现了产品合格率100%，消费者满意度100%。浸透着悠久历史的河套酒业正焕发出前所未有的芬芳。

用心承担社会责任

河套酒业认为，白酒是中国传统文化的重要组成部分，与华夏儿女血脉相溶。因此，在发展过程中，白酒企业应该以负责任的企业公民形象自觉承担社会责任，为企业发展创造良好的外部环境，并培养企业的情感、文化底蕴，提升企业的持续发展能力。

河套酒业是一家民营企业，更是内蒙古杭锦后旗的骨干企业。截至到2007年，河套已经累计上缴税金超过12亿元，同时安排了近4000人就业，有力地支持了地方经济建设和社会发展。

在保障照章纳税的同时，“河套”还积极踊跃地投入各项社会公益活动。《东方酒业》有一组沉甸甸的数字，它记录了“河套”的奉献和爱心。2003年，“河套”捐款30万元，用于抗击非典。2004年，“河套”为印度洋海啸损款20万元。2008年5月，“河套”为四川灾区捐款50万元。1999-2008年的10年间，“河套”共资助300多名困难学生圆了大学梦。2006年，“河套”在内蒙古大学设立了“河套酒业集团阳光教育基金”帮助80名品学兼优的贫困生继续完成学业。

据不完全统计，截止目前，河套酒业已经累计为社会捐助资金达到2500万元之多。

作为内蒙古自治区的重点企业，强烈的社会责任感，使得河套酒业想方设法延伸产业链条，拉动地方经济增长。增加农牧民收入，为全面建设小康社会贡献力量。

2003年以来，河套集团先后与中粮屯河公司共同投资在杭锦后旗陕坝镇、黄河镇建设了两个番茄厂，日处理番茄6,000吨，番茄种植面积达65,000亩，每年为农民增加收入1亿元，实现利税2,000万。河套酒业集团选择与全国乳业第一的龙头企业伊利集团公司实施乳制品开发合作项目。同时，经过对奶酒这一传统民族产品的市场调研及该产品的发展趋势分析，于2004年创建了腾格里塔拉奶酒有限责任公司。以上两个乳制品生产加工项目，年需鲜奶15万吨。这极大地带动了当地养殖业的发展，已经成为杭锦后旗新的经济增长点。河套还积极探索本地优质高粱粮食基地建设工作。目前，他们已在当地的沙海乡、太阳庙等地推广优质高粱基地达25,000亩，每亩高粱增收200-300元，从而使得广大种植农户受益匪浅。

河套酒业是用心在承担企业公民的社会责任。

崛起有道

最近几年，“河套”在占领内蒙古白酒市场的同时，也开始了其全国化的布局。尤其是在河南、陕西、河北等北方市场，“河套”已经成了最有竞争力的品牌之一。关于河套酒业快速崛起的原因，河套酒业老总王永强说：“如果非要总结‘河套’这几年的成功经验，我觉得可以归纳为‘双核心品牌策略，渠道模式创新，区位市场战略’等几个方面。这也应该是众多白酒企业在发展过程中的基本操作模式。”

双核心产品策略。核心产品的带动作用对一个企业的发展是至关重要的，“河套”的成功也与核心产品的带动作用密不可分，而且我们实施的是“双核心产品策略”。一个是“河套老窖”，一个是“河套王”。

“河套老窖”作为“河套”的拳头产品，价位适中，主打大众市场，其对销售的带动作用将会长期存在。不仅是在内蒙，而且在“河套”全国化的进程中。“河套王”是“河套老窖”之后的又一亮点，作为“河套”向上延伸的品牌形象，其价位为商务用酒的主流价位，在200元左右。随着“河套”的全国化，“河套王”将更多地承担起对销售的促进和品牌形象提升的重任。

渠道模式创新。渠道是品牌的生命，如何保证品牌在渠道内有效运作一直是“河套”研究的重点。早在2000年我们就开始调整渠道操作模式，强势挺进餐饮终端，并因此成为白酒行业较早运用终端战术的企业。2005年以来，随着自带酒水的增多，餐饮渠道的销售功能正在弱化，仅仅依靠渠道的推力已经很难完成产品销售。在这种情况下，我们又开始加强品牌传播的力度，寻求品牌效应的提升，通过品牌提升拉动消费。

大区域市场战略。“河套”确立了大区域市场概念，重点打造“河套”在北方市场的影响力。我们将巴盟、呼市等几个内蒙古重要城市作为核心市场来打造，同时把河南的郑州、洛阳，河北的石家庄，陕西的西安，以及北京等市场作为“河套”的战略性市场。目前，这些市场已经取得阶段性胜利，下一步我们将把他们连成一片，完成“河套”的北方战略，为“河套”全国化奠定基础。

“北方第一窖”战略

“占位策略”确实能够帮助企业确立竞争优势。但是每一个占位概念的成立都需要多个支撑点。对于“河套”的“北方第一窖”的占位，我们相信它是成立的。因为“河套”在基础设施、文化建设、名牌战略、发展目标等多方面为“北方第一窖”找到落地生根的支点。

基础设施。作为中国北方最大的浓香型白酒生产基地,年产优质纯粮白酒能力达到8万吨。2006年9月,国家酿酒工业协会授予河套酒业“北方第一窖”的荣誉称号。对此,有专家评述:河套酒业的浓香型白酒生产规模和产销量,已经成为北方第一;河套酒业的主导产品河套王酒是中国北方浓香型酒的典型代表;不论其占地面积,窖池数量和出酒量,都是当之无愧的北方第一;即使今后还有更大的老窖车间建成,它的窖龄也不会超过“河套”。

文化建设。内蒙古酒文化源远流长,自治区出土的文物中,有1/3与酒有关。2002年,河套酒业建立“内蒙古酒文化博物馆”。博物馆面积2,800平方米,分5个单元,馆藏稀有文物350余件,堪称国内白酒文化建设一绝。内蒙古酒文化博物馆已经成为河套企业文化形象的代表,不断地印证着河套人如何传承和发扬北方古老的酒文化。

名牌战略。黄河文化和草原文化几千年来相交融而孕育产生了河套文明,因此,他们把“千年河套,烧酒之原”作为企业的品牌传播核心理念进行全面推广。

发展目标。超越自我,永远没有止境。2006年以来,“河套”已经成为二线名酒中的佼佼者。在对过去成绩的认可、继承和总结的基础上,“河套”对的未来发展进行了更加务实的思考,立足“北方第一窖”的产业基础之上,“河套”将在未来几年之内,进一步巩固现有市场基础,谋求从内蒙到北方,从北方到全国的影响,将“河套”打造成为名符其实的中国名牌。

(作者于瑞,本文摘自《企业文化》2009年4期)

华为过冬

——华为集团

华为是一只令人敬畏的狼,而当群狼之首任正非都喊“冬天来了”时,相信全中国的企业家们都会暂时放下手中的签字笔,静下心来竖着耳朵听听。他总能对冬天先知先觉,成功地踏冰而去冬天,对其他人来说,是一个“难过”的日子。而对于华为来说则是“好过”的日子。

20年前,从华为诞生那天起,“头狼”任正非就一直在准备过冬,而华为“群狼”则是天天在过冬。

“十年来我天天思考的都是失败,对成功视而不见,也没有什么荣誉感、自豪感,而是危机感。也许是这样才存活了十年”。任正非2001年在华为内刊《管理优化》上如此说。

所以,2008年的冬天,对任正非来说,只是众多“冬天”中的一个,而且种种迹象表明,这个冬天对他来说,也许并不是那么冷。

2008年,华为实现销售额达125.6亿美元,净利润达6.74亿美元,成为仅排思科(347亿美元)、爱立信(313亿美元)、阿尔卡特朗讯(279亿美元)、诺基亚西门子(210亿美元)之后的全球排名第五的跨国电信设备巨头。

别人看到的只是华为的辉煌,而任正非看到的却是华为走过的、即将面临的一个又一个困难。正如《华为人》原主编李宁所说,她是为数不多经常研究任正非思想的华为人之一。

“华为没有成功,只是在成长”,经历过“不成功,便成仁”的任正非从不妄言成功,在任正非的眼里,狼所做的一切不过是为了安然渡过漫长的冬天。

《华为的冬天》的诞生

事实上《华为的冬天》的提出,本是任正非针对企业内部作出的,但却让整个中国企业界感到寒意的影响力。

作为一家1988年才在深圳开始运营的民营通信企业,华为在2000财年销售额达152亿元,利润以29亿元人民币位居全国电子百强首位的时候,其创始人任正非却大谈危机和失败。《华为的冬天》一文的出炉,让华为在中国的企业界确立了新的地位,其重视危机的企业文化开始拥有了扩张性的影响力。

大量网站和企业内刊转载了这篇文章,众多的企业家和MBA学员将其作为重要资料进行精读。当时,创维集团董事长黄宏生认为这篇文章说出了所有做企业的人的感受。联想集团新帅杨元庆把这篇文章发给所有中层干部,要求认真学习。东软集团董事长刘积仁在公司成立十周年大庆之前,向下属推荐阅读。

正如任正非在此文中所说:“公司所有员工是否考虑过,如果有一天,公司销售额下滑、利润下滑甚至会破产,我们怎么办?我们公司的太平时间太长了,在和平时期升的官太多了,这也许就是我们的灾难。泰坦尼克号也是在一片欢呼声中出的海。而且我相信,这一天一定会到来。面对这样的未来,我们怎样来处理,我们是不是思考过。我们好多员工盲目自豪,盲目乐观,如果想过的人太少,也许就快来临了。居安思危,不是危言耸听”。

“十年来我天天思考的都是失败,对成功视而不见,也没有什么荣誉感、自豪感,而是危机感。也许是这样才存活了十年。我们大家要一起来想,怎样才能活下去,也许才能存活得久一些。失败这一天是一定会到来,大家要准备迎接,这是我从不动摇的看法,这是历史规律。华为公司老喊狼来了,喊多了,大家有些不信了。但狼真的会来了。2008年我们要广泛展开对危机的讨论,讨论华为有什么危机,你的部门有什么危机,你的科室有什么危机,你的流程的那一点有什么危机。还能改进吗?还能改进吗?还能提高人均效益吗?如果讨论清楚了,那我们可能就不死,就延续了我们的生命。怎样提高管理效率,我们每年都写了一些管理要点,这些要点能不能对你的工作有些改进,如果改进一点,我们就前进了”。

在他看来,现在是春天,但冬天已经不远了,在春天与夏天要念着冬天的问题。IT业的冬天对别的公司来说不一定是冬天，而对华为可能是冬天。华为的冬天可能来得更冷一些。华为还太嫩，经过十年的顺利发展没有经历过挫折，没有经过磨难，这是华为最大的弱点，完全没有适应不发展的心理准备与技能准备。

事实上，任正非的预测依据并不复杂，却是适时的高声喊出来。2000年正是美国互联网泡沫危机和欧洲3G建设泡沫的一年。他认为，网络股的暴跌，必将对两三年后的建设预期产生影响，那时电信设备制造业就惯性进入了收缩。眼前的繁荣是前几年网络股大涨的惯性结果。

谈完理念后，任正非指出了十个措施，包括改进管理，要抓薄弱环节，找最短的木板，要坚持均衡发展，不断地强化以流程型和时效型为主导的管理体系的建设，不断优化工作，提高贡献率。

另外，全公司要建立起统一的考评体系，才能使人员在内部流动和平衡成为可能。推行以自我批判为中心的组织改造和优化活动。干部要有敬业精神、献身精神、责任心和使命感。不要把创新炒得太热。不要随便创新，要保持稳定的流程、规范化管理等等。

华为当时认识到，公司是一条供应链，将来的竞争是供应链的竞争。华为供应链上要连着数百个厂家，有器件的、标准的、系统的、合同的制造商、分销商、代理商，是非常庞大的体系。这个体系要当成华为的同盟军，一件件的小夹袄送来，冬秋的棉袄就够了。而华为也确实做到了第一次安全过冬。

华为再次过冬

2004年正是我国宏观调控严峻之年，一大批企业落马，但IT业却是一个“暖冬”，缓解了2000年互联网泡沫的影响后，国内互联网企业大批奔向复苏的纳斯达克，整个IT行业也开始乐观起来。2004年有多达9家中国互联网公司在纳斯达克或香港成功上市。联想也在年底出手收购IBM个人电脑部门。

而2004年三季度的内部讲话中，任正非再称，华为要注意冬天。在长达13000字的讲话稿中，任正非检讨、审视了华为目前遇到的严峻困难，称这场生死存亡的斗争本质是质量、服务和成本的竞争。但与上次相比，此次冬天的预告影响力有所减弱，主要是任正非更加细致地探讨华为的内部问题。

任正非进一步发展了其冬天预报的理念，他认为：“我们需要把困难真实地告诉大家，如果我们没有预见未来困难的能力，我们陷入的困境就会更加严重”。

随着企业规模的进一步发展，他对熬过冬天更有信心，他甚至表示：“冬天也是可爱的，并不是可恨的。我们如果不经过一个冬天，我们的队伍一直飘飘然是非常危险的，华为千万不能骄傲。所以，冬天并不可怕。我们是能够度得过去的，2008年我们可能利润会下降一点，但不会亏损。与同行业的公司相比，我们的盈利能力是比较强的。我们还要整顿好，迎接未来的发展”。

事实上，华为2004年的全球实际销售收入达到了38.27亿美元，创造该公司17年历史中最高的销售纪录。国际销售的强劲增长对华为的销售增长做出了主要的贡献。

任正非这次做出的是一个长期趋势而不是短暂周期上的预测。他认为，造成冬天是因为行业供给过剩，整个信息产业都在遭遇冬天。信息产业由于技术越来越简单，技术领先产生市场优势不再存在，反过来是客户关系和客户需求。

他的根据是，传统经济的调节是通过调节资源来完成的，而信息产业中谁也控制不了资源。支撑信息产业发展的两个要素，一是数码，二是硅片的原料二氧化硅。都是取之不尽用之不竭的，导致电子产品过剩。这场生死存亡斗争的本质是质量、服务和成本的竞争。任正非认为，华为在成本问题上占了优势，特别是与西方公司相比，在研发成本上和国际公司相比华为只有1/3左右，成长情况还比较好，所以度过困难时期的可能性要比西方公司大，同时也比小公司强。

华为的措施是，要积极扩大海外市场。在国内市场上增长速度可以下滑，但不能低于别人。要把质量提高，把服务做好，同时把成本降低。适当地和竞争对手开展合作，降低研发成本。在目前残酷的竞争环境下，宁亏华为不能亏产业链同盟，因为华为亏一点能亏得起，同盟军亏一点就死掉了。一旦春天到来，这些同盟军，如代理分销商等就可以生龙活虎出去抢单，华为就缓过来了。

人力资源方面仍然是任正非不断强调的主题，他要求在市场低潮期间培育出一支强劲的队伍来，提高人均效益。要强化绩效考核管理，实行末位淘汰，激活整个队伍。末位淘汰永不停止，研发体系的战略队形和组织结构要随着环境变化进行调整和变化，确保冬天过去，春天到来时，组织结构和战略队形保持不乱。

冬天就是过日子

进入2008年，华为发展进入了一个新的阶段，2007年年报显示，华为销售收入已达125.6亿美元，跻身世界通信设备商的前五强，似乎应该庆功的时刻，任正非又在第三次警告冬天。但他提出的看法较以前浓重的“狼性”有所缓和。他认为，面对当前的形势，面对竞争对手，要做一个国际市场秩序的维护者，而不是一个破坏者。要向强者学习，尊重他们的市场领导地位，积极、但有序地开展竞争。

“我们仅是比其他公司对这个竞争残酷性早了一点点认识，我们才幸免于难”。任正非反复谈起危机经验。比如光传输产品，七八年来降价了二十倍。过剩导致绞杀战，就像拧毛巾，这毛巾只要拧出水来，就说明还有竞争空间，毛巾拧断了企业也完了，只有毛巾拧干了，毛巾还不断，这才是最佳状态。“华为公司能长久保持到这个状态吗？”

“当然我曾经悲观过啊，我曾经很发愁，觉得苦闷啊”。任正非把工资问题也放在了心上，他说，“华为公司只要稍稍不行了,怎么发工资啊?我觉得这是很大的压力"。

此次发言,任正非更为直接面对的是队伍中的"寒意",在2006年5月末,华为经历影响甚大的员工胡新宇死亡事件开始,两年来不断有员工出现非正常死亡,诸如自杀等。任正非主要针对华为内部"非正常死亡"过多,发表了看法。

对于此,华为实施了一系列措施,对那些前线竞争进行投标、进行高强度作业、压力太大的员工,可以短时间到海滨去度假,费用由公司支付。还有一些强度太大,短时间身体不太好的,可以临时到五星级酒店进行缓冲。华为购买了一级国际救援年为员工支付的各种保障费用约为8亿元,华为员工在海外有意外,有直升机送到他们认证的医院去抢救。

"我们刚指望获得一些喘息,没想到又要开始更加漫长的艰苦跋涉"。华为内刊指出,华为的国际市场刚刚有了起色,所面临的外部环境却比以往更严峻。业界几次大兼并正在给华为造成压力——爱立信兼并马可尼、阿尔卡特与朗讯合并、诺基亚与西门子通信成立合资公司,一下子使华为与这些竞争对手之间已经缩小的差距又陡然拉大了。

2004年冬天的判断还在延续:信息产业正逐步转变为低毛利率、规模化的传统产业。电信设备厂商已进行和将进行的兼并、整合正是为了应对这种挑战。

但华为强调了创业初期形成的"床垫文化"至今仍要坚持和传承。华为正推行人力资源变革以适应新的企业情况,应对严峻的海外市场竞争。

最近一期的《华为人》还强调,要建设充满活力的内部机制,这是企业可持续成长的活力之源。当宏观经济形势好的时候,少有企业思考这个问题,当企业伴随着经济周期的变化,再思考生存问题时,往往为时已晚。

华为总结的经验发人深思:纵观那些已经倒下的企业,固然有外力的作用,但根本原因还在于内部,在于自身生长的基因,能否保持持续的危机意识和创新精神,能否构建良好的内部机制,进而长期地保持自身的内在活力,从而为企业提供的是生生不息的长期牵引力。而冬天预警和危机意识,已经成为了华为的基因。

(作者石章强,本文摘自《中国企业文化研究》2009年2期)

无法复制的"隧道文化"

——中国中铁隧道股份有限公司

构筑与公司相适应的隧道特色企业文化,除了构建独具特色的CIS系统外,更重要的是要突出隧道的文化、隧道人的文化、隧道科技的文化。

企业文化就是具有显明企业特色的文化,是一个企业团队在经营过程中形成的一种个性文化,是通过精心设计、对一个企业管理和永续经营起决定作用的特色文化。企业文化因为企业各自特点、成员构成、客户构成、市场发展空间及其他因素的影响,表现出了唯一性、对应性、特色性。

实践证明,任何优秀的企业文化只对本企业管理经营发生作用,如果将其移植到其它企业,就会变成一种纯粹的意识形态,不会对生产力发生任何作用,这有许多前车之鉴。中国中铁隧道股份有限公司(以下简称公司)在半个多世纪的经营中,成长为国内隧道与地下工程施工主力企业、国内盾构施工与穿江越海施工的引领企业,不但有着优良的传统和专业品质,更有着强大的开拓精神和创新精神。这就决定了公司必能形成具有显明隧道特色的企业文化。

同时,也只有构筑具有隧道特色的企业文化,公司才能担负起时代和国家赋予的责任,持续引领我国的隧道和地下工程产业的前进方向,不断开拓我国的隧道和地下工程产业的美好前景。公司的文化建设在企业文化建设小组的领导下,依靠企业文化工作者带动全员不断在整合中提升,在文化冲突中融合,从而构筑具有显明隧道特色的文化。

隧道文化的三个内涵

隧道作为一项工程,厚重而不张扬,无华却充满奥秘,不但表现出了其独特的使用价值和价值,也折射出了隧道建设者们的品质和特质,表现出了隧道建设科技的博大与精深。构筑与公司相适应的隧道特色企业文化,除了构建独具特色的CIS系统外,更重要的是要突出隧道的文化、隧道人的文化、隧道科技的文化。

1. 隧道特色文化要体现隧道特色。半个世纪以来,公司树立了一个又一个隧道丰碑,建设了无数著名隧道。它们朴实无华,厚重无语,没有大桥的璀璨外表,也没有高楼的挺拔身姿,却在现代交通、现代生活中越来越发挥着不可替代的作用。它厚德载物表现出博大的情怀,它无线延伸却表现出自强不惜的精神,因此,隧道特色文化首先就要体现出厚德载物、自强不息的基本内涵。

2. 隧道特色文化要体现隧道人特质。隧道工人是一个特殊的建筑工人群体,长年奋战在与世隔绝的深山,或者见不到阳光的地面以下,看不见的艰难险阻,道不出的生死攸关,隧道工人却把自己的青春、光和热默默无私奉献给隧道事业,只为建设新的交通网络,打造现代生活。因此,隧道特色文化必须体现出无私奉献、坚韧顽强的内涵。

3. 隧道特色文化要体现隧道科技特点。公司开创了我国隧道施工史上的四个里程碑,在隧道的机械化施工、TBM盾构施工、穿江越海等不同的历史时期都走在时代前沿、走在同行前列,开创了我国隧道施工新奥法、浅埋暗挖法等多种重要工法,始终掌握着我国隧道施工的最尖端科技和最前沿信息。因此,隧道特色文化也要体现出勇于引领、无限开拓的内涵。

如何构筑隧道文化

企业文化建设的基本内容简言之有以下三个方面:在

“以人为本”的基础上，讲求经营之道，将企业理念与经营战略相融合；培育企业精神，以企业制度规范、企业作风和企业道德建设塑造一个优秀群体；塑造企业形象，综合企业产品形象、服务形象和员工形象等提升企业品牌价值。这三个方面是建设企业文化的精要，构筑隧道特色的企业文化也就要以坚持隧道特色的经营之道、培育隧道特色的企业精神、塑造隧道特色的企业形象为重点。

1. 坚持隧道特色的经营之道。早在社会经济转型时期，公司作为隧道施工专业企业积极走向市场，在市场中奋勇搏击，抢抓机遇，找准市场，确定了“尊重市场才能赢得市场”的市场经营观。在基建大发展时期，隧道施工企业异军突起，而公司在众多重点难点隧道与地下工程建设中出色完成社会赋予的重任，率先采用新科技、开拓新领域，在业内形成了“人不我能，人能我精”领先优势，确定了“做最难的，交做好的”企业经营定位。半个世纪来，始终坚持着对社会负责、对人民负责、对顾客负责的诚信精神，把诚信经营、诚实服务作为行为准则和取胜法宝，形成了“忠于国家，奉献社会”的诚信理念，以此为指引，塑造一个又一个的隧道丰碑。公司在长期的经营中练就了自强不息、诚信为本的经营之道，也正是在不断坚持弘扬这种经营理念，隧道产业才会做大做强，企业经营品牌才会经久不衰。

2. 培育隧道特色的企业精神。隧道工人除了具备中国产业工人的拼搏、坚韧等传统优良品质外，在长期的隧道施工中也积淀出了特别能奉献、孜孜永追求、深邃道远等特质，这就构成了隧道特色的企业精神。“至精、至诚、更优、更新”是公司在市场经营中形成的精神追求和群体特征的高度总结。在管理经营过程中，公司只有牢牢树立精品意识、提高服务质量、增强合同履约能力、实现管理创新、建设高素质员工队伍，大力弘扬无私奉献、孜孜追求的精神，加强团队作风建设，才能传承、发扬隧道人的优良品质，并不断赋予新的内涵和思想深度，培育具有显明隧道特色的企业精神。让“精、诚、优、新”、孜孜追求的精神感召着每一位员工，形成一种无形的巨大力量源泉，发力于企业管理和生产经营的各个层面，从而使公司立于隧道和地下工程领域的潮头，领航隧道和地下工程施工的新高度。

3. 塑造隧道特色的企业形象。产品是展示企业形象的最有力手段之一，长期来，公司以奉献金质产品为第一目标，积极实行精品工程战略，所建隧道和地下工程以优质、耐用、科技含量高备受客户青睐。生产产品的过程和群体也是展示企业的重要手段。在隧道施工工程中，公司积极强化工程现场安全管理和现场管理，做好文明施工和环境保护；按照企业的CIS系统强化工地形象建设，精心做好工地的亮化、绿化、美化；按照企业行为规范，严格培育一支形象好、技能高、训练有素的员工队伍，做好员工队伍建设和规范管理工作；积极做好新闻宣传和媒介推广，将工程的重要意义、隧道特色的文化广泛宣传，通过一系列措施，树立起“大产业、大家庭、大学校、大舞台”的良好企业形象。隧道获国家级奖项，工地评文明样板工地，在公司占领过的市场，留下了“干活放心、过程舒心、成果精品”的一致评价，公司隧道施工实力最强、管理规范文明的良好形象深入各级业主内心，深入社会民众内心。

以“中铁隧道人”为文化之本

“以人为本”是企业文化建设的出发点和归宿点，也是体现现代企业文化管理的主旨所在。隧道特色的企业文化就是要以中铁隧道人这个特殊的群体为根本，挖掘并升华其特质和文化积淀，寻求对其最有效的管理方法，为其谋求最大的利益，调动其深层次的潜能，从而实现公司的强势品牌和长久经营。

1. 隧道工人的普遍认同是构筑隧道特色文化的前提。隧道特色的企业文化只有全体隧道工人参与、真正成为隧道工人行为的准则，这个文化才能称得上是隧道文化。构筑隧道特色的企业文，就要积极引导隧道人把个人理想融入隧道事业中，在隧道建设中不断实现自我超越和价值提升，以求广大员工对隧道建设使命和核心价值观最大限度的共识。以认真抓好《团队学习手册》的宣贯落实为突破口，开辟《隧道人论坛》，引导员工认识到建设隧道特色企业文化就是为隧道人谋利益，引导员工积极参与隧道特色文化的讨论和建设中来，激励员工在共建中实现共享。充分发挥理念故事的潜移默化作用，将隧道特色的理念和价值观等通过理念故事表现出来，引起隧道工人的共鸣，深入人心。同时，积极组织各级管理层、聘请专门机构，开展构筑隧道特色企业文化深入研讨，全面提升企业的特色文化建设整体水平。

2. 建设高素质的隧道工人队伍是构筑隧道特色文化的基础。隧道特色文化的最大功用在于感召、凝聚公司全体员工，以无限热情投入到隧道事业中，所以建设一支高素质的隧道工人队伍是公司企业文化建设的首要任务。隧道建设是一个动态变化的过程，这就需要坚持用创新思路加强基层管理队伍建设，特别注重创新观念、创新制度、创新方法，强化思想建设、组织建设和作风建设，加强项目经理和党支部书记队伍建设。在隧道特色文化建设中，要坚持以人为本、科技兴企方针，大力鼓励科技人才创新，加速企业高层次人才的聚集。不断创新人才选用机制，全力推行公开选拔、市场招聘、竞争上岗制度；建立科学、规范、合理的考核评价机制；加强对科技人才队伍的管理和培训，建设高素质的经营管理人才、科技人才、复合型思想政治工作者和高技能人才队伍，为企业发展储备人才，积蓄力量。继承和发扬隧道工人的优良传统，坚持用特别能战斗、特别能奉献的精神锤炼员工队伍，激励全体员工爱岗敬业，顽强拚搏，无私奉献，培养出了一支“来则能战、战在能胜”的员工队伍。隧道工人群体所蕴含的崇高品质，是对隧道特色文化最好诠释，就是推动公司不断发展的强大精神动力。

3. 惠及每一位隧道工人是构筑隧道特色文化的保证。构筑特色隧道文化不仅要依靠公司员工，更要为员工谋利益，才能激发员工的潜能，才能发挥特色文化的独特作用。

在工作中,为员工营造一个成才、舒适的环境。营造良好的用人育人机制,员工能在隧道建设事业中充分发挥自己的才智,迅速成才,实现自己的梦想。营造和谐的工作氛围,员工能在公司安心工作、全心工作,不因纷乱的关系、不良的环境而丧失信心。在工程项目上,积极开展好工地文化建设和职工之家建设,为隧道工人建设一个温馨的家。隧道建设工地条件艰苦,员工常年与亲人分开,关心员工的生活和健康,为员工提供良好的食宿环境和运动场、娱乐室等休闲设施。不断提高员工的待遇水平,表现对其工作的认可和肯定。随着隧道施工人均劳动生产率的提高,隧道施工技能水平的提升,员工工资水平也要不断提升以回报隧道工人的价值。同时,切实关心员工的家庭、住房、医疗、子女等问题,真正让隧道工人感到实惠,赢得他们的心。

“三融入”特色文化建设模式

构筑隧道特色文化是一个复杂的工程,要在公司党委的领导下,坚持“三个代表”重要思想为指导,严格落实企业CIS系统,推行文化管理,以凝聚隧道工人、服务隧道工人为根本,找准突破口,广泛开展学习型组织创建活动,依托隧道工程项目,大力开展特色文化活动,实施公司的文化品牌发展战略。

1. 以隧道工程项目为重点,做好项目文化建设。工程项目是施工企业最具活力的单位,是施工企业一切活动的焦点,也是企业文化的沃土。项目文化是企业文化的有效载体和表现形式,每个项目文化都有独立的内涵,而众多项目文化内涵交织在一起,就汇集成隧道特色的文化。以工程项目为基础,将项目文化建设纳入项目策划管理,超前制定项目文化建设总体规划,明确建设的具体步骤,强化绩效考核,在规范统一的基础上实行动态调整。确定文化建设的着力点,以创新促进个性文化建设,突出自身文化建设的特点。加强项目文化建设,切实贯彻好CIS系统,着力工地现场宣传,严格按照标准规范,大胆采用新材料,引入新的、时尚的元素,融合传统的、民族的多种文化,把工地宣传做得大气、精美,富有现代气息和深刻意蕴;做好理念文化、行为文化的宣贯,引导员工规范行为,提升员工的执行力和凝聚力;积极创建和谐的人文环境,开展“党员先锋岗”、“青年文明号”等活动,将企业文化向分包队伍延伸,使之与项目管理融为一体,从而把现场的管理推向更高水平。

2. 坚持三融入工作模式,突出隧道文化特色。不同的企业有不同的文化建设模式,公司结合隧道施工的特点,认真研究企业文化建设的工作规律,积极构建企业文化与项目管理、项目党建、三工建设相融合的“三融入”特色文化建设模式。企业文化融入项目管理,用理念文化指导项目管理行为,用软性文化激发管理效力。以企业的亲和品质、责任品质和领先品质提升企业的专业化形象。企业文化融入项目党建,明确党组织在项目企业文化建设的核心作用,利用党建工作平台开展项目文化建设。重视将党员培养成为企业文化建设的主体力量,在通过不断提高党员工作积极性和创造力,影响并带动更多的员工参与企业文化建设。企业文化融入三工建设,以企业文化丰富三工建设的内涵,以三工建设拓展企业文化的外延,注重提高员工的生活品质,营造浓厚的工地文化氛围。将这一工作模式不断引向深入,使隧道特色的企业文化建设方式具备勃勃生命力。

3. 积极开展主题活动,打造特色文化品牌。公司深入开展以精心打造中铁隧道股份品牌活动和企业文化塑造主题活动,开展丰富多彩的文化体育活动,从而构筑隧道特色文化。公司持续开展企业文化年活动和“弘扬企业文化,促进企业发展”特色主题活动,组织多项隧道特色文化建设实事,如举行新员工入企培训,举办大型文化晚会,开展企业文化知识竞赛,开展理念故事征集活动,组建企业文化兴趣小组等,切实体现隧道文化的特色和吸引力。积极推动文化建设工作平台向现场前移,通过各种形式的互动沟通、观摩交流,对既有的优秀项目文化成果加以总结提升,形成一套生命力强、操作快捷的文化建设实战模式。形成文化特色成果,推动隧道建设成果有内蕴型向外显型的转变,如策划制作企业形象宣传片,创作反映企业文化和现场生活的文艺作品,制作培育一批影响大、叫得响的优秀项目文化精品等,让隧道特色文化走向中国行业文化的前台。

企业文化建设是一个伴随企业存在始终的工作,构筑隧道特色的企业文化是公司的一项长期而艰巨的任务。公司要依靠全体隧道工人,以工程项目特色文化建设为重点,坚持以人为本,坚持隧道特色的经营之道,培育隧道特色的企业精神,塑造隧道特色的企业形象,从而构筑与企业相适应的隧道特色文化,以永葆公司在我国隧道和地下工程领域的无限活力,铸就隧道施工的百年企业。

(作者李华坤,单位中国中铁隧道股份有限公司企业文化部,本文摘自《中国企业文化研究》2009年2期)

联想文化传播“三板斧”

——联想集团

联想人很喜欢“挑刺”,经常在内部网揭别人的“短”也揭自己的“短”。

联想人遇到问题就去问“大头猴”,“入模子”出来就有联想人的“范儿”。

联想人见到总裁直呼“元庆”,每个月还要与他共进午餐……

这样的联想人,成为许多企业文化建设的标杆,于是,学习联想文化的潮流一波胜似一波。但是,与大多数的企业一样,联想的文化并不是与生俱来的。从一个11名科级人员创办的小企业发展壮大为一个国际企业集团,联想文化经历了初创文化、服务客户文化、严格文化、亲情文化、二次创业文化、国际化文化几个阶段。每个文化阶段,有被淘汰的,也有被发展并传承下来的,这些文化成了联想重要的非物质资产。

像联想一样提炼文化，大多数企业都愿意去做，也努力做好，但如何将文化落地，使文化能化作每一个员工的思维和行动，则是一个非常大的难题。为找到适合的传播手段，将文化自上而下宣贯，并达成共识，联想做了大量的整合和实践。

如果说提炼出来的文化是程咬金手里的那把大斧，那么，联想多年来总结出来的有效的文化传播方式便是它的口诀。那么，联想的“三板斧”到底是什么？

第一招：单向传播

传播者“给予”，受传者“接受”，便形成了简单的单向传播关系。我们熟悉的报纸、书刊、电视、广播等都在一定程度上属于单向传播。这一板斧的特点是能够传递较为系统的的文化内容。

联想文化传递最先借助的便是内部网站、《联想》杂志、《联想人》报纸三大平台。

我们都知道联想的员工爱“挑刺”，但究竟挑什么？挑谁？在哪挑？“刺儿梅”便提供了这样的平台。这是联想在IT冬天时推出的一个内部网专栏，主要针对企业内部的一些“大企业病”进行自我揭露和自我批评，使大家看到自己的不足、改善自己的工作。

而要找联想的“明星”们，就一定要去联想总部三层平台的“荣誉墙”了，墙上贴满了每年获得最高奖项的员工。

每个联想人桌前都放有联想的杂志和报纸，读《联想》杂志可以了解联想系统的企业文化和最新的管理理念。他们还会将这些经验和成果分享给高端大客户、政府、合作伙伴等。而《联想人》报纸则主要是联想某时段大事小情的信息汇总，员工可以与家人、与客户分享。

还有一个非常及时有效的方法，那就是手机短信传播。通常，在公司某项重大事件发生时，每一位员工都会在第一时间收到相关的短信通告。

通过三大平台，多种方式，联想保证了文化沟通的及时性，并最大程度保证了沟通效果。比如，在签约国际奥委会TOP合作伙伴之后，联想内部网、内刊进行大篇幅宣传报道，专访相关人员，以满足员工的“渴求”。而杨元庆更是在签约第一时间，给所有员工发邮件和短信通报这一振奋人心的消息，极大地调动了员工士气。

第二招：双向传播

与单向传播相比，双向传播使传播者与受传者能通过某种平台进行互动沟通。这一板斧可以现场检验沟通效果，保证双方信息的对称。

联想的文化双向互动传播方法有：“入模子”培训、生日礼物、进步信箱、总裁在线、沙龙、主题会议、大头猴有话说等。

有人说，联想人有“范儿”，但这个“范儿”可不是与生俱来的，他们可都是通过“入模子”培训输出的“新星”。因此，“入模子”可以算是联想的“星工厂”，所有新员工在经过这样的封闭培训后，都会极为认同联想的文化，了解联想，并能积极与团队合作，从而成为一名合格的联想人。

新员工如果有什么问题，老员工会很自然地说上一句：有事儿就找“大头猴”。“大头猴”到底是何方神圣？原来，“大头猴有话说”是联想内部文化的一个沟通工具，源于一次裁员谣言危机。那是在2004年3月，联想启动了一次大规模的战略裁员计划，裁员比例约为员工整体的5%。裁员结束后，集团内部谣言四起，纷纷传言当年6月份还要进行一轮裁员。虽然人力资源部及各部门的负责人赶紧站出来辟谣，但员工根本不相信。就在这时，员工在联想的网站、报纸、报刊等显著位置上看到了一只大头猴，它自我介绍到：如意大头猴何许人也？——联想集团人力资源部新闻发言人，上知天文，下晓地理，中知人事。

原来，当时正值猴年，网络上流传的一个可爱的卡通猴形象给文化传播管理者带来了灵感。这只可爱的大头猴告诉大家，“6月联想还要裁员”的信息严重失实！它还点评说：小道消息害死人啊！这只保持中立的可爱大头猴，逐渐得到联想员工的信任。从此，联想设立了“Bigmonkey 大头猴信箱（Bigmonkey@ lenovo. com）”，员工有任何意见都愿意向大头猴反映，有任何问题，也都会向大头猴请教。它已经成为联想的“招牌猴”，在普通员工中建立了信任的沟通氛围。

如果碰上重大事件，员工还可以通过“总裁在线”，请总裁杨元庆亲自在线回答大家的提问。许多员工至今难忘2003年的那次连线，当时，联想公布了新的战略，杨元庆随即便在线回答了员工的诸多提问，保证战略沟通的及时、有效。

当然，沙龙、会议也是在公司重大事项宣布之后，必不可少的内部沟通手段。有一件事情，至今令我激动不已。那是在2004年12月的一天，联想对外宣布并购IBM PCD，柳传志、杨元庆等高层领导，在新闻发布会结束后，马上召开了联想全体员工大会，向大家及时通报并购的前因后果，以稳定军心，激昂斗志。那次会后很久，大家都还沉浸在巨大的喜悦和激动之中。

联想的员工，尤其是跨部门、跨公司的员工，可以通过“进步信箱”来交流，这也是联想的特色方法。员工可以通过写信参与公司建设、对工作中遇到的问题提出建议和意见。信箱里还设置了“落实通报”栏，由客户关系部及时跟踪建议、意见的落实情况，建立起公司级的意见处理反馈流程，以保证各项建议得到反馈处理。

联想的文化传播管理者当然不会错过通过生日与员工沟通的机会，因此，每位员工在过生日的时候，都会收到公司赠送的礼物。工作人员尽量选择一些可分享的礼物，加强员工间的沟通与情感交流。

第三招：体验传播

活动是文化传播的一个重要、有效的方式，也是文化理念附着的重要载体。这一板斧的最大特点在于:通过活动的方式,让员工参与进来,在活动中体验文化主题的内涵、理解文化的外延。

通过多年的实践积累,联想的文化活动可谓是多种多样,大多都为原创性的特色活动:无总称谓、C-time(沟通时刻)、元庆午餐会、迎接新财年、誓师大会、庆功宴、足球联赛、春节联欢会、运动会等等,数不胜数。

如果在联想,恰巧碰到了杨元庆,你喊了声“杨总”,所有的员工都知道你不是联想人,因为联想人会称呼他为“元庆”。这声简单的“元庆”背后,是文化传播工作者对“无总称谓”活动落地的汗水和辛劳。要知道,当1997年,联想提出了《关于公司内部人员称谓的倡议》时,干部层,尤其是员工层很多难叫出口。直到两年后,集团干部人数增多,“总”风日趋盛行,滋生了干部享受特权的快感,拉大了与员工的距离,杨元庆才下定决心一定要落地“无总称谓”。

联想随后将原来的《倡议》改为《规定》,要求全体高管每天早上在本办公楼门前迎接每位上班员工,主动向员工问好,并让每个员工以“无总”方式称呼自己一次。此活动一直延续到员工能很自然地、习惯地使用“文明称谓”为止。通过“无总称谓”,联想“平等、信任、欣赏、亲情”的企业文化得以更好地传递。

当然,员工享受的“优待”可不止于此。从2003年开始,员工每周二中午,可以利用午休的一个小时时间,在三层大平台上享用免费的咖啡、茶点,可以与公司高管进行自由的、轻松的、无主题的沟通交流,联想称之为“C-time”。其中,C代表两个含义:“Communication(沟通)”和“Coffee(咖啡)”。

每个月,部分员工还可以与元庆共进午餐。用餐时,大家就一个话题进行详细、深入的交谈,这便是“元庆午餐会”。这个活动之所以开展是因为,当联想越来越大时,杨元庆与基层员工接触的机会越来越少,他想通过一个活动加强与基层员工代表的交流,并通过这种非正式渠道将自己此阶段的重点想法和观点传达给员工。至于选择什么样的员工代表,要根据每次午餐会的主题而定,杨元庆会主动邀请与该主题相关的员工来参加,员工也可以自愿申请,或者规定一些特定类别,如党员、新员工、新任经理、创业之星、研发工程师等。“元庆午餐会”真正开拓了午餐沟通的新模式,效果明显,因此引来其他高管竞相效仿。

此外,考虑到员工在一年里,很难有时间集中起来进行文化学习,联想还特地发起了“文化月”活动,即在一年中的某一个月里,集中开展学英语、图片展、生活技能、书市、十佳歌手、贺岁电影、联欢会等活动,丰富员工生活,使员工,特别是新进员工能更切身感受到联想的文化,激发身为联想人的强烈自豪感。

联想每年在文化传播上还有很多固定的活动,比如,每年的第一天举行升旗仪式来迎接新财年;每年的第一个月,召开全体员工誓师大会,公布集团战略方向和部署;每个季度结束后,如果公司超额完成了任务,要举行全体员工庆功宴;定期举行内部足球联赛、春节联欢会、运动会等,通过多种文化活动,传播文化理念、文化主题,达到凝练团队、提升员工士气的目的。

“单向传播”、“双向传播”、“体验传播”三个招式看起来都很简单,威力似乎也不大,但将这“三板斧”有计划地使用,就会使文化落地工作变得有效、易操作、易传承。

好风凭借力,好文化还得“三板斧”!

联想文化语录

小公司做事,大公司做人。司办公司就办人。

赛马中识别好马。

管理三要素:搭班子,定战略,带队伍。

把5%的希望变成100%的现实。

光说不练是“假把式”,光练不说是“傻把式”,能说会练才是“真把式”。

没有小舞台,只有小演员。

“缝鞋垫”和“做西服”——联想对人的要求是循序渐进的,首先要扎扎实实地缝好鞋垫,才能去做西服,拥有更大的发挥空间。

人人都是发动机——最大限度地激发个人潜能,高度自觉地探索规律,未来目标需要创造性的工作。

退出画面看画——看清自己在全局中的位置,知道什么时候应该个体服从集体,局部服从全局,舍小利求大益。

铸造“斯巴达克方阵”——全体员工目标一致,步调协调,令行禁止,为贯彻公司的经营战略,脚踏实地地共同努力。

(作者李国刚,本文摘自《中国企业文化研究》2009年2期)

深植诚信理念 构建诚信文化

——包头钢铁集团公司

在企业文化建设及企业价值观的塑造中,“诚”是企业聚心之魂,“信”是企业立足之本,只有当“诚信”上升为一种文化时,它才能远远超越于道德范畴的辖域,获得更为深刻的内涵和更为广泛的外延,从而使之成为企业实现持续健康发展的强有力保证。

深植诚信理念

包钢于2006年开始开展素质教育和诚信建设活动,把打造“诚信包钢”纳入企业长期发展战略总体工作体系。活动突出“企业兴衰取决于企业素质,企业素质取决于员工素质,员工素质取决于忠诚负责”主题,以思想教育、制度建设、强化管理为立足点,以“四个抓好”为抓手,建立了诚信评价考核体系,开展评比表彰忠诚员工活动,全面打造诚信文化。

一是提出“八个崇尚、八个抵制”,抓好行为引导。即崇尚爱岗敬业，抵制假公济私；崇尚诚实守信，抵制弄虚作假；崇尚团结协作，抵制推诿扯皮；崇尚尽职尽责，抵制敷衍塞责；崇尚遵纪守法，抵制违章违纪；崇尚学习上进，抵制碌碌无为；崇尚勤俭节约，抵制铺张浪费；崇尚文明习惯，抵制不良行为。

二是突出重点领域督导，抓好关键岗位。以关键岗位带动其他岗位、以实际行动体现诚信理念的目标，使诚信理念在实际工作中具体化、实践化。

三是贯彻“员工为本”理念，抓好企业与职工忠诚互信。认真兑现企业对职工的承诺，以企业诚信引发了员工对企业的忠诚，强化了广大职工的爱岗敬业精神。

四是坚持长期开展素质教育和诚信建设活动，抓好持续建设。2006年开展素质教育和诚信建设活动以来，包钢一直坚持开展这项活动，使活动持续化、长期化，营造出崇尚诚信与忠诚的浓厚文化氛围，增强了干部职工爱岗敬业、忠诚负责的思想意识，形成了坚守诚信敬业、廉洁从业价值理念的共识。

践行诚信理念

只有以优质产品保障用户利益，才能真正得到用户认可，提升品牌形象，树立诚信企业形象。

1. 健全完善质量管理体系，提高制度执行力，保障产品质量。建立严格有效的质量管理体系是企业保障产品质量的关键。包钢一直非常重视健全完善质量管理体系，以有效的制度管理保障产品质量。2008年，完成了质量管理体系、职业健康安全管理体系、环境管理体系“三标一体化”整合工作，修订了《三标一体化管理手册》和《程序文件》，使质量管理体系的运行更加严格有效。

2. 积极开展技术攻关，不断推进自主创新，持续提升产品质量。包钢一直注重以技术创新提升产品质量，打造拳头产品。近几年来，技术创新能力日益增强，新产品研发成效明显，产品质量显著提升，为包钢开拓市场、塑造诚信企业形象发挥了重要作用。

首先，以引进消化吸收再创新为关键点，快速增强技术创新实力，努力提升产品质量。

其次，以新产品研发为立足点，积极提高持续创新能力，不断提高产品价值。

多年来，包钢秉持“质量第一”和“用户至上”的宗旨，竭尽全力研发生产高质量产品，获得了丰硕成果。可以说，包钢以优质产品为国家和自治区经济建设发展做出了重要贡献。这是包钢践行诚信文化的体现，同时也极大地提升了企业形象。

坚守诚信理念

营销和服务是企业对外联系经营的窗口，诚信营销、诚信服务是打造诚信企业的名片。坚守诚信理念，才能通过真诚的态度、热情周到的服务、信守诺言的执行力，赢得顾客的满意和忠诚，提升企业的美誉度。

1. 坚持诚信营销，以重合同、守信用树立诚信企业形象。诚信营销是企业参与市场竞争的通行证。为营造和谐安全的市场交易环境，维护公平有序的市场经济秩序，包钢制定了《包钢（集团）公司诚信准则》，逐步健全了“守合同、重信用”诚信活动长效机制，并通过建立合同管理机构，完善合同管理制度，健全诚实守信规范，进一步完善了采购、销售全过程的合同管理体系。包钢的合同履约率连续多年达到100%。

2. 坚持诚信服务，以高效优质服务树立诚信企业形象。服务质量是产品质量的延伸。企业卖出去的不仅是产品，同时也包括服务。多年来，包钢把服务工作延伸到顾客，以诚信服务赢得了顾客的广泛称赞。

一是强化售前售中服务。一方面，细分市场、细分用户和细化服务，根据不同层次的需求，研究制定相应的技术条件或内控标准，努力为用户提供所需要的产品。另一方面，畅通信息渠道，加强外聘信息员队伍建设，及时掌握市场信息、产品信息和服务信息，“产、销、研”联合进行针对性的攻关，研究和开发能够满足用户需求的新钢种、新产品，为用户提供解决方案。

二是优化售后服务。包钢制定了《钢铁产品售后服务工作管理办法》，目前包钢重点用户所在地均有现场技术人员跟踪服务。

诚信营销、诚信服务是塑造诚信企业的重要环节。依靠优质诚信的营销和服务，包钢不仅提升了顾客满意度，同时也赢得了诸多荣誉。

以推进节能减排和发展循环经济为宗旨　深化诚信理念

打造诚信企业，不仅要对产品负责，也要对社会负责。包钢推进节能减排、发展循环经济，就是要转变经济增长方式，积极建设资源节约型、环境友好型企业，真正为社会发展做出贡献。这既是“打造特色包钢、绿色包钢、人文包钢”的宗旨之一，也是诚信理念在实践中的深化和拓展。

1. 实施钢铁生态工业园区建设规划，深入贯彻绿色理念。2006年以来，节能、环保、资源综合利用和循环经济在包钢每届职代会都被列为行政工作报告中的重要内容。正是在公司领导的大力推动下，绿色理念逐步深入职工内心，成为全体职工的共识，使建设生态工业园区的工作顺利推进。

2. 保护资源，综合利用，治理“三废”，循环利用。对于钢铁企业来说，“三废”的治理与循环利用是循环经济的主要组成部分。

废水治理利用方面。现在，包钢的工业水重复利用率达到94.18%以上，吨钢耗新水由2001年的20.5吨降到2008年的6.95吨，降低了66%，达到国内钢铁行业平均先进水平。

废气治理利用方面。包钢率先在全国钢铁行业推广了“三干、三利用”（干熄焦、高炉煤气干法除尘、转炉煤气干法除尘，生产过程煤气、水、固体废弃物回收和综合利用）技术，使废气得到有效治理和利用。包钢是国内首家在2200

立方米以上高炉全部使用干法除尘的企业,高炉煤气干法除尘项目被评为2008年度全国产业示范工程。

固体废弃物治理利用方面。包钢正在形成以冶金渣为主要原料的建筑材料产业链。目前,包钢钢渣基本实现了零排放。

全面贯彻绿色理念,全方位发展循环经济,使包钢大幅度提升了环境质量和经济发展质量,包钢吨钢综合能耗近年来每年以100千克标煤的幅度降低,取得了显著的社会效益和经济效益。2007年,在全国首次评比的"中国能源绿色企业50佳"中,包钢排名第一。

以履行社会责任为平台 拓展诚信理念

包钢作为国家在"一五"期间建设的156个重点项目之一,极大地带动了地方经济的发展。一方面,包钢的生产经营涉及到众多行业,带动了自治区矿业、煤炭业、电力、建材、运输、交通、金融及机械加工制造业的发展;另一方面,包钢与周边地区进行合作,先后以投资、合资等形式建设了一批企业,并且不断加大原燃料、备品备件采购力度。

多年来,包钢积极组织参与周边地区的扶贫工作,从物资、技术、人才、资金、设备等多方面为对口帮扶点提供大量支助,带动了当地经济、文化教育等各项事业的发展。

作为内蒙古自治区最大的国有企业、西北地区最大的钢铁企业,经过多年来坚持不懈的努力,包钢已经把诚信理念逐步贯彻到企业经营管理的各个方面,使构建诚信文化、建设诚信企业的理念日益深入人心,并在实践中得到了自觉维护和践行,有效地塑造了诚信企业的良好形象,得到了社会各界的广泛认同。

对于一个企业而言,学习是创造力和竞争力的源泉,是企业保持一种锐意进取和不断发展的重要途径,对促进企业发展起着举足轻重的作用。

(作者谢钰、杨盛,本文摘自《中国企业文化研究》2009年3期)

家文化:海亮又好又快发展的孵化器

——浙江海亮集团

家和万事兴。8400海亮人共有一个自豪的"全国模范职工之家"。

海亮"同一个家" 温暖了《东方时空》

2008年1月25日下午4时58分,受中华全国总工会、民政部委托,中央电视台派出强大阵容到海亮集团采访拍摄,制作播出了专题片:"《同一个家》——记海亮集团关爱农民工先进事迹特别报道"。该专题片系列报道了海亮集团党委、工会、企业行政关爱职工、营造"同一个家",创建"全国模范劳动关系和谐企业"的感人事迹。节目播出后,反映强烈。被中央电视台报道的"同一个家",到底是怎么回事?

在海亮这个家 每人都有把钥匙

5月25日,航天通信控股集团孙总一行到海亮参观,集团团委书记潘金生陪同客人参观过企业展示厅和党建中心后,孙总意犹未尽,想到"海亮花园"看看。其实,孙总是想看看"海亮花园"到底是不是"花园",用孙总的话说,就是"海亮的文化是如何落地的"。

出办公楼后,穿过婆娑逶迤的绿化带,眼前横亘一道铜光闪烁的大门。潘金生快行两步,掏出一张"海亮信用卡",在大门左侧的磁卡探测器上轻轻一碰,"啪"——边角门自动弹开。孙总一行通过后,对海亮现代化的门控系统表示出极大兴趣。

"你们这门都要用卡刷吗?"

"是的,我们是一卡通。用这张卡既可以到食堂就餐,也可以凭卡到我们后山上爬山、休闲观光,等到果子成熟时,还可以采摘品尝山上的果子,也可到体育场锻炼、到露天游泳池健身等,都是免费的"。

"只有高管才有卡吗?"

"每个人都有。就像在家里一样,我们每个人都有一把钥匙"。

"海亮海亮,就是不一样!"孙总翘起了大拇指,向随行人员说,"你们看到什么叫企业文化了吗?治大国如烹小鲜。能把企业像家一样经营而举重若轻,这才是真正的企业文化,也是文化的最高境界"。

随后的参观中,孙总说"海亮花园比展厅的照片更漂亮","照片是静态的,而海亮花园是人性化、智能化的,是一个文化的家园。这个家里的人都有钥匙,说明这个家是团结、和睦的"。

是的,就是这把小小的卡片钥匙,让员工有了对'家'的眷恋和皈依。

在海亮这个家 每个人都是平等的

2005年春节前夕,公司按"惯例"发"福利"。李东盛作为一名刚加盟海亮3个多月的管理"新兵",第一年就拿到500元的大礼自然非常高兴。回到家第一件事儿,就是"上交"礼券。谁知,老婆根本不买帐儿。

"还有呢……"老婆伸开双手,一幅讨债的样子。

小李顿时愣怔了,不知老婆葫芦里卖的是什么药。后来听老婆一解释,才恍然大悟:原来在车间工作的老婆也领到了500元礼券。老婆根据经验判断,认定在"上头"工作的老公,其待遇肯定"与众不同",从而怀疑他"藏了私房钱"。

云开雾散后,小俩口终于闹明白了:在海亮,不分职务高低,年龄大小,工龄长短,大家都是平等的,就像每个人手中的那把钥匙都是一个样。

"人之患不在贫,而在不均"。在海亮,有一个投资1.3

亿元建造的花园，这里的住房分配、老年活动室、医疗室、健身房、游泳池、图书室、阅览室、各种体育设施，对所有员工都是免费"平等开放"的。在这种公平的文化氛围里，大家在创造共建、共有、共享的"乌托邦"家园。

在海亮这个家　每个人都是幸运的

蒋爱玲，2005年进厂，海亮股份铜管道事业部包装工，老公在店口的一家小作坊打工，每月仅有1000元左右的薪水。女儿在中学读书，公公年事已高。一个千疮百孔的家，重任就落到了蒋爱玲肩上！

没什么别没钱，有什么别有病。可病魔偏偏和蒋爱玲年逾古稀的公婆较上了劲儿。2007年1月，其公婆突发脑梗塞住院，经抢救，48小时后苏醒。从此卧病在床，3个多月后病逝，医疗费花去11万元！

对于一个柔弱的肩膀，那是不可承受之重！

"同事有难，大家共担"。获悉情况后，海亮集团工会主席、职工互助基金会主席冯金良立即主持召开会议。大家一致同意资助蒋爱玲35000元，让这个不幸的家庭尽快走出困境。

"当时，我到冯主席办公室签字。主席说只要我签过字就可以到财务部去领钱了。35000元！我不敢相信这是真的！我不吃不喝两年也节余不了那么多钱啊。我有点害怕，不敢去拿，就问冯主席，明天再拿行不？主席说你什么时间去拿都可以。可我当时怎么也平静不下来，觉得自己是在做白日梦"。

工会主席冯金良说，成立职工互助基金会的初衷，就是"大家帮小家，共建幸福家"。基金会已帮助困难职工120多人，资助300余万元。

遇到灾难是不幸的，但在海亮这个家，每个家庭成员又都是幸运的。

在海亮这个家　每个人都是主角

今年4月，海亮集团召开职工代表大会，279名"民选"代表参加。大会听取董事长冯亚丽同志的工作报告后，开始进入分组"审议"阶段。

大到公司发展规划、《劳动合同法》的贯彻执行，小到衣食住行、劳动保护、休假补贴等事务，均在讨论建议之列。最忙的要数各代表团书记员，记录完大家的建议后，迅速跑向后台，参加工会主席召开的代表意见反馈小组会议。

30分钟后，工会副主席何观平在主席台宣布："经过职工代表的广泛讨论，本届职代会共收到建议118条，分17大类。"何观平当场代表工会方提出要求：希望集团行政在一个月内就以上问题的解决情况，给予通报。

这就是海亮的工会，海亮的职代会，敢于"较真"、敢于"维权"。在海亮这个大"家"里，代表们能充分行使话语权、建议权、审核权，能充分发扬民主，维护权益，畅所欲言。因为，大家都是海亮的主角。而海亮集团董事长冯亚丽则在职代会报告中明确赋予了"主角"更大的权力。冯亚丽说，今后，不仅仅是国家法律层面的事务，包括企业内部工资的调整、福利待遇、工作环境、劳动时间、考核方案、工资集体协商合同、职业安全卫生等事关职工切身利益的重大决策，都要经过职工代表大会审议后，才能付诸实施！确保职工享有知情权、建议权、参与权。逐步形成职工事情自己做主的格局。

（作者余建峰，本文摘自《中国企业文化研究》2008年4期）

用"五种精神"构建企业核心价值体系

——中国中铁八局集团公司

胡锦涛总书记在党的十七大报告中讲到推动社会主义文化大发展大繁荣时，突出强调了社会主义核心价值体系建设在社会主义文化建设中的重要地位和作用。这是向全党提出的重要任务，对于巩固马克思主义在意识形态领域的指导地位，对于团结引领全体社会成员在思想上道德上共同进步具有重大意义。

中国中铁八局集团公司是在国务院国资委大力推进资产重组、整合铁路施工资源、培育具有国际竞争力的大公司、大企业集团的背景下，于2003年由具有50多年辉煌历史的成都铁路工程集团、昆明铁路建设集团、中铁成都桥梁厂重组而成。文化的融合，特别是企业核心价值体系的重建，成为中国中铁八局集团公司一项迫切而重大的战略任务。在磨合期间，中国中铁八局集团公司党委提出了在全局大力倡导"五种精神"，即有令必行、有禁必止的顾全大局精神；艰苦奋斗、勤俭节约的实干创业精神；团结一致、同心同德的互助协作精神；顽强拼搏、勇争第一的建功立业精神；廉洁自律、两袖清风的无私奉献精神。目的在于夯实全局团结拼搏、锐意进取、共建中国中铁八局集团公司美好未来的思想基础，重塑中铁八局的核心价值体系。

"五种精神"是实践提炼的成果

"五种精神"是历史新概括。企业成立4年来，如何进一步构建核心价值体系，是全局上下既关注又十分迫切的问题。"五种精神"的提出，深入分析了企业当前以及未来面临的新情况新问题，建立在企业的现实基础之上，反映了企业的价值取向，表明了企业的行为准则，统摄了企业其他价值目标。

"五种精神"是战略体系。从内容上看，"五种精神"既全面完整又相互联系。其中，"有令必行、有禁必止的顾全大局精神"是前提，"艰苦奋斗、勤俭节约的实干创业精神"是手段，"团结一致、同心同德的互助协作精神"是途径，"顽强拼搏、勇争第一的建功立业精神"是目标，"廉洁自律、两袖清风的无私奉献精神"是保障。从特征上看，"五种精神"体现了企业既要继承和发扬企业的优良传统，又要适应形势的发展变化,做到与时俱进。从作用上看,“五种精神”把企业成立之初提出的大量理念总结提升到了一个新的层面,既深刻反应了企业的目标任务,又能更好地作用于企业的各个层面。“五种精神”结构严谨,层次清晰,具有鲜明的导向作用,可最大限度地促进全局员工在思想上形成共识。

“五种精神”重在落实。一方面,“五种精神”要在企业经营管理中发挥作用,就必须将其贯穿于对员工的思想道德教育、企业精神文明建设、企业规章制度之中,融入到全体员工日常工作和生活中,使其内化为员工的价值观念、外化为员工的自觉行动。另一方面,对“五种精神”我们应在实践中不断丰富完善,尤其是要不断提炼总结广大员工在实践中创造的成果,使企业的核心价值理念更贴近员工、贴近实际,更具时代特色。

“五种精神”是企业重大战略任务

集团公司党委明确提出倡导“五种精神”,就是要形成全局上下奋发向上的精神力量和团结和睦的精神纽带,打牢全局1万余名员工共同奋斗的思想基础。对这一重大任务,我们可以从两个方面来认识:

从企业内部看,迫切需要我们通过建立核心价值体系来增强企业的凝聚力和向心力。中国中铁八局集团公司已成立4年,其间,全局上下奋力拼搏,各项工作一年上一个新台阶:企业改革不断深化,经营规模稳步扩大,市场领域不断拓展,规章制度逐步完善,科技兴局成效显著,党建思想政治工作不断加强。但是,我们也应该清醒地认识到,八局这几年是在困境中拼搏、在曲折中发展的。虽然我们取得了许多成绩,企业面临的机遇前所未有,但挑战也无处不在,尤其是当前存在的执行不力、效益滑坡、各自为政、得过且过等现象,侵蚀着八局的肌肤,消磨着八局的斗志,损害着八局的形象。在这种情况下,如何增强企业的凝聚力和向心力,是必须解决好的一个重大课题。这就要求我们要根据企业的发展变化,从自身实际出发,把建设企业的核心价值体系贯穿于企业的各项工作之中。目前,重点就是要加强“五种精神”教育,不断增强广大员工建设好、发展好中铁八局的信心和决心,在全局最大限度地形成对企业核心价值体系的共识,使1万余名员工心往一处想,劲往一处使,在全局形成强大的凝聚力和向心力。

从建筑业面临的形势看,迫切要求我们通过建立核心价值体系提升企业的竞争力。目前,国内建筑市场普遍推行的工程质量终身制、环境保护追究制、安全生产一票否决制,以及铁路建筑市场引入其他行业施工队伍而采取大标段联合体的投标模式、实施铁路质量信誉评价等一系列新的管理办法,不仅对企业管理提出了新的更高的要求,也给竞争残酷的建筑市场火上加油。企业要在这一市场环境中求生存、谋发展,就必须提升企业竞争力。企业竞争既有企业市场份额等硬实力的竞争,也有文化等软实力的竞争。而文化软实力的竞争日益成为体现建筑业综合实力的重要组成部分。在文化软实力的竞争中,最关键的就是核心价值。倡导“五种精神”,正是在认真研究企业面临的内外形势基础上提出的。这不仅对我们围绕建设企业核心价值体系、做好企业各项工作、促进企业又好又快发展提出了新的要求,也给作为领导和基层服务的机关工作提出了新的要求。

正确处理落实“五种精神”的关系

正确处理倡导“五种精神”与企业文化建设的关系。企业文化具有企业高层提倡、全体员工认同、可持续传递等特点。建设企业独具特色的企业文化主要是打造企业核心价值观,倡导“五种精神”,其目的也是为打造企业核心价值观奠定坚实的思想基础。因此,我们要把两者有机地统一起来,通过倡导“五种精神”,增强社会对企业的认同度及员工对企业的自豪感、归属感,增强企业内聚力和向心力,建设有别于其他企业的企业核心价值体系,进而推动企业又好又快发展。

正确处理倡导“五种精神”与规章制度建设的关系。要建设企业核心价值体系,我们就必须强化对“五种精神”的学习贯彻,并从制度上给予保障。而企业规章制度是联结企业核心价值体系与生产经营的关键环节,因为从某种程度上讲,员工是通过生产经营实践来认识企业核心价值观的。这就要求我们在制定企业规章制度的过程中,把企业和员工的追求及利益调节有机地统一起来,既要体现企业阶段性工作的特点,又要着眼于企业的长远未来,进而潜移默化地影响并引导广大员工树立与企业发展相适应的价值观。

正确处理倡导“五种精神”与员工思想多样化的关系。从员工思想多样化的特点来看,一方面,它有利于激发员工的创造活力;另一方面,它也使员工的思想正确与错误、积极与消极相互交织、相互影响。由于员工思想的自主性、选择性、独立性、层次性在不断增强,因而,我们既不能因为强调“五种精神”而简单地排斥员工思想多样化,更不能因为存在思想多样化而怀疑“五种精神”的主导作用,关键是要提高用“五种精神”引领员工思想多样化的水平。从当前形势看,重点是在“主导”、“引领”、“体现”上下功夫。“主导”就是将“五种精神”作为主心骨,使其成为企业员工思想的旗帜和灵魂;“引领”就是区分不同情况,采取不同措施使员工思想多样化向健康的方向发展;“体现”则是通过“主导”和“引领”,使员工在实践中统一思想认识,在尊重差异中扩大共识,在包容多样中共铸和谐,形成全局员工思想领域既百花齐放又主题鲜明的生动局面。

(作者徐敦美,本文摘自《企业文明》2008年2期)

创业 创新 创效

——大连船用柴油机有限公司

大连船用柴油机有限公司多年来坚持开展研究型学创团队创建活动,使企业文化建设紧密与生产经营管理结合起来,有效拓展和丰富了企业文化建设的活动空间。

战略目标锁定“三学三创”为实施载体

早在1986年，企业针对职工中存在的国营企业铁饭碗问题，组织开展了“做企业主人，与企业共命运”大讨论，推进人事制度改革。

2002年以来，全公司建设“学创”组织，连续多年组织学理论、学科技、学业务，开展创业、创新、创效的“学创”活动。目前，全公司70多个研究型学创团队和项目团队在开展活动，最高时有90多个学创团队开展活动。

在活动开展过程中，公司通过多次组织研讨，提出了“通过15至20年的努力奋斗，把公司建设成为中国大功率低速柴油机制造业主导力量；建设成国际一流造机企业”的企业发展战略，并要求所有中心组成员都承担研讨专项课题，从而使企业文化建设进一步转化为生产力有了实实在在的落点。

在研究过程中，公司组织了企业发展战略分析、市场动态分析、信息化造机分析、引进先进技术与消化吸收增强企业核心竞争力分析、公司技术改造发展规划分析、国际最新技术及发展趋势分析、企业文化建设的新思路新方法分析、学创型团队建设分析等专题进行研究，并通过厂报和板报橱窗对研究成果进行广泛宣传。

研究团队上下贯通横向呈网

新形势和新任务对企业文化建设工作提出了更高要求。大连船用柴油机有限公司构建充满创新精神和活力的团队组织，促进企业文化建设与生产经营形成交融和互动。在这方面，主要做了以下工作：

一是整合资源，加强平台建设，推动活动开展。全公司活动网络主要以部门、车间、工段（班组）为单元构成，建成基层的研究团队网络。鼓励组成积极向上的学创团队，鼓励职工积极参与。同时注重发现和树立先进典型，对做出成绩的先进典型，公司每年都给予表彰奖励。

二是构建多个层次项目团队。对公司领导团队的要求是：以建设一流造机企业为目标，解放思想、开拓创新，形成企业科学正确的决策基础，推进跨越发展。团队成员积极参与学创活动，完成自己担负的专题。同时不断提高自己现代管理知识、领导水平和能力。

对厂中层干部的要求是，每人至少参与一项公司及本单位的学创项目，并在其中发挥主要或重要作用。公司组织一到两次对全体中层干部政治理论、科技知识、管理知识、信息工程知识等的综合测试，测试结果作为对中层干部考核的重要内容，装入本人档案。

基层活动主要由处室、车间、工段、班组的团队建设和团队活动组成。推进员工进行研究性学习，变工人能干活就行的“体力型”为适应发展的“智能型”；变管理、工程技术人员的简单化、普通型为专家化、开拓型。

三是构建完善的组织网络。公司建有企业文化建设领导小组，由总经理、党委书记分别任组长和副组长。同时还组建了企业文化建设的日常管理及推进部门——企业文化办公室，负责全公司的企业文化建设。

在党委领导下，企业文化办公室对全公司企业文化建设工作负责。各基层单位企业文化建设分别由所在单位的党组织负责。办公室负责活动的协调、检查和指导。使企业文化建设有组织、有计划、有载体（学创项目）、有目标进行。

创建活动助推企业又好又快发展

企业文化建设的蓬勃开展，特别是近几年开展建设的学创文化和团队文化，给大连船用柴油机有限公司搭起了落实科学发展观、助推企业又好又快发展的互动平台。使以人为本，全面和可持续发展在大连船用柴油机有限公司落到了实处。

第一，促进了员工心智，提高获得从事研究的体验和技能。在开展学创活动中，运用科学研究的方法，学会研究问题和解决问题。同时以团队合作形式开展研究性学习，员工在团队中，提出问题、确定目标、制订方案、收集信息资料并进行分析处理、寻找问题答案或结论，使员工获得研究的体验、为提高素质提供了基础。

第二、促进了员工的认知、情感和技能目标均衡达成。企业文化建设中的团队合作学创，架起了员工之间互教互学、彼此交流知识的桥梁，也成为相互沟通情感的过程。促进员工沟通能力的提高，满足了员工对“影响力”和“归属”方面的情感需求，使员工不仅“学会”和“会学”，而且“乐学”和“好学”。

第三、促进了员工主动参与学创，开发创造潜能，提高工作效率。研究性学创面向的是企业全体员工，团队学习赋予员工参与的机会和权利，选择符合自己兴趣的研究性项目，担当一部分研究任务，随着参与程度提高，自身潜能得到发挥，获得新知识，提高了创新能力。

第四、促进了员工的主体地位提高。大连船用柴油机厂的学创团队，在项目选择、立项制订、研究与实践，获得成果，都由成员去完成。团队成员始终拥有较高的自主性。为了达到共同目标，成员相互了解、彼此信任，互相帮助和支持，促进了团队精神形成。

大连船用柴油机有限公司多年来坚持开展研究型学创团队创建活动，为企业又好又快发展提供了强大的思想保证和智力支持，奠定了坚实基础。

公司先后荣获了全国思想政治工作优秀企业、全国企业文化建设优秀企业、中国船舶工业总公司思想政治工作优秀单位、辽宁省文明单位、辽宁省国防科学技术工业经济效益突出单位、大连市思想政治工作优秀单位、先进研究会、大连市企业文化建设先进单位等荣誉。公司的企业文化体系已趋完善，领导有高度的文化自觉，员工有较高的认同度。公司党委书记马仲德关于开展学创活动的《构建学创平台，推进跨越发展》企业文化建设研究成果还获得了全国思想政治工作科学专业委员会一等奖。

（本文摘自《中国企业文化研究》2008年6期）

安全问题:抓理念 带管理

——太原铁路局

太原铁路局在建局伊始就把安全文化建设列入重要议事日程,紧扣确保安全"有序可控,基本稳定"总体目标,在系统总结以往安全工作经验的基础上,科学策划,精心设计,创立推行了以"坚持一个核心、构建四大体系"为主要内容的独具特色的安全文化,为全局安全发展提供了强有力的精神动力和文化支撑。

"五个不动摇"和"1233"安全工作法

我们在广泛调研、诊断的基础上,出台了《关于加强安全文化建设的意见》,确立了以"五个不动摇"指导思想和"1233"安全工作法为主要内容的安全核心价值理念,即:全面贯彻以"坚持安全第一的思想不动摇、坚持预防为主的方针不动摇、坚持强化设备基础不动摇、坚持从严务实抓管理不动摇、坚持党政工团齐抓共干不动摇"为内容的指导思想;全面推行以"解决安全问题不过夜的精神,主要领导必须用主要精力抓安全,加强基层、基础、基本功建设,围剿不负责任的官僚主义、不敢碰硬的好人主义、不解决问题的形式主义"为主要内容的"1233"安全工作法。在实际工作中,注重推进核心价值理念的落地,强化宣传教育,突出文化渗透,健全管理机制,规范安全行为,优化安全环境,得到了全局干部职工的广泛认同,并在实践中自觉奉行。

三个"一"夯实安全制度文化着力点

着力建设科学规范的安全制度文化,就要坚持以文化向制度的融合渗透为主导,以规范专业管理、标准管理、技术管理、设备管理、素质管理为重点,严格按照"一个标准管到底,一把尺子量到底,一样考核严到底,一以贯之抓到底"的要求,迅速剔除站段整合后安全上的思想夹层和管理夹层,突出适应大幅增量、重载运输的特点,精心运作,统章建制,在"科学准确、严格规范、管用实用、强化职能"上着力。

在建局当年即建立健全安全管理基本制度46项,去年又清理整顿规章制度和办法措施290多项,形成了抓小防大、源头卡控、现场直通路局、问题直通领导、严格责任追究等安全机制。尤其是路局党政工团富有创造性地构建政治工作与中心任务一体化机制,建设和谐一致的制度文化,形成了强大的文化合力和安全保障。这一机制通过了省软科学评审,被确立为国内领先水平。

声形并茂做实安全环境文化着力点

安全环境文化建设,就是要建立能够充分体现安全文化底蕴的物质形态,主要是以职场环境为重点,推进见之于形、闻之于声的文化环境建设。建局以来,先后以石太、大秦、侯月安全标准线建设为载体,科学设计,加大投入,做到了建筑风格新颖、线容站貌整洁、宣传载体有形、员工服饰整齐、设备标识统一、行为标准规范、基础资料健全、生活设施齐全,为干部职工提供了优美的工作环境。为确保路外安全有序可控,坚持以"人防、物防、技防"为抓手,投资7787万元,对管内85座平交道口进行了立交化改造;投资817.35万元,安设钢轨防护桩116.4km;投资7000多万元,在1029座桥梁、581个涵洞处全部安装了桥涵防撞限高架;投资4781万元,安装防护网312.3km。在山西省有关部门的配合下,常年坚持护路安全宣传教育进学校、进社区、进厂矿、进农户,在1954所中小学校70多万名中小学生中组织开展了"大手牵小手、小手拉大手"主题宣传活动;按规定对44106名机动车辆驾驶员、17176户放牧户进行了档案登记,并采取发放宣传资料、开展"道口宣传日"等活动,广泛宣传《铁路法》、《铁路运输安全保护条例》、铁路运输安全常识等内容,教育沿线村民、矿山职工、中小学生等群体深刻认识确保铁路运输安全的极端重要性,促进了铁路沿线治安环境的明显改善,有效防止了路外伤亡事故的发生,今年1月份实现了路外人员零死亡,上半年路外伤亡事故比去年同期减少2/3以上。太原局抓好路外安全的经验做法在全路推广。各基层站段不断创新方法,结合实际开展各种安全环境文化建设。侯马北站的"亲情激励"、湖东电力机务段的"劳模一条街"、大西供电段的"文化长廊"等多种形式的站区文化、社区文化、沿线文化,形成了一道亮丽的风景线,全方位营造了文明和谐的安全文化环境。

多形式框定安全行为文化着力点

安全行为包括干部的管理行为和职工的作业行为。安全行为的内涵就是要有强烈的安全责任意识,高度的安全道德自觉,娴熟的安全作业技能。为此,路局十分重视安全行为规范的养成教育。通过开展"从严管理与以人为本"、"安全第一与干部标准"大讨论,进行"安全十问"、"安全大反思、大检查",坚持"学法律、对规章、查隐患、反违章"、"学规对规、学技练功"等教育活动,选树宣传各类业务典型和技术状元,全局干部职工的综合素质和实战能力得到了有效提升。与此同时,在全局职工中大力倡导"人人生产安全,人人享受安全"的理念,坚持以人为本,注重人文关怀,通过开展"安全与家庭"、"安全与幸福"大讨论和"人身安全月"活动,增强全员的安全自保意识;通过为机车乘务员驾驶室、行车一线主要作业岗位安装空调,加强人身安全劳动保护工作,逐步改善职工生产劳动条件;通过强化安全监督检查,严格自控、互控、他控制度,逐步引导职工实现由"要我遵章,要我安全"向"我要遵章,我要安全"的转变,全局人身伤害事故得到了有效控制,2006年实现职工伤亡事故"零死亡"的好成绩。路局获得"全国'安康杯'先进单位"称号。

理念扣在点上 问题抓到实质上

从本质上讲,安全生产中的意识形态是安全文化中的高层次文化。在建设安全精神文化的过程中，坚持以培育安全价值理念为核心，以整合安全理念为重点，以完整性、系统化为要求，在总结、提炼和升华建局以来创立的安全文化成果的基础上，以灌输普及教育引导干部职工坚持把价值追求融入到以安全为天职的坐标系上，实践中逐步形成了"查找问题是责任，发现问题是水平，揭露问题是党性，处理问题是关键，解决问题是政绩"的安全问题理念；"有迹象就察，见苗头就敲，成倾向就纠，出问题就抓，平稳时反思"的安全预防理念；"管好不安全的干部就是不称职的干部，保不了安全的职工就是不合格的职工"的安全评价理念；"按标作业就是生产安全、违章违纪就是违法"的安全行为理念等，从而形成安全理念体系。

理念扣在点上，问题就抓到了实质上。通过开展企业愿景灌输、企业精神征集、安全格言警示、核心理念宣贯、安全文化论坛、安全文化月等宣传教育活动，深化培育以"五个不动摇"指导思想和"1233"工作法为内容的核心价值理念，教育引导干部职工深刻认识本质内涵，贯彻执行每项要求，不断提升心理认同。并在通过三年多的探索实践，全局的安全文化建设取得一定成效。

安全文化建设的四点体会

安全文化是理论与实践相结合的产物，是管理与文化的融合，是知与行的统一。在安全文化建设的创新实践中，最大的感悟是，用文化建设引领企业发展，靠文化的力量统一全员的思想，以安全文化建设的深化推进确保运输安全的持续稳定。在实践中有如下几点启示：

（一）内化于心是根本

观念是行为的先导，理念是文化的核心。安全文化有没有落地，首先要看核心理念是否得到了干部职工的广泛认同，这是检验安全文化建设成败的唯一标尺和基本准则。加强安全文化建设，首先要确立核心价值理念，进而要推进核心价值理念的内化于心。要通过宣传灌输、干部带头、典型示范、活动推进、文化熏陶等多种方式，教育引导干部职工认同、认可、认知，并在实践中自觉奉行。没有文化理念的内化于心，安全文化建设只能是坐而论道、纸上谈兵。

（二）固化于制是保障

没有规矩不成方圆，缺乏机制无法运作。安全文化建设作为一门全新的管理科学，同样需要健全完善的制度来保障。在实际操作中，一方面要加强文化向管理制度的融合渗透，使企业的各项管理制度符合核心理念的价值取向，这是文化在企业落地的重要体现。另一方面要加强安全文化建设自身制度的健全完善，建立健全安全文化建设的责任、协调、考核、保障"四位一体"的运行机制。一要建立责任制度。以领导负责制、逐级负责制、专业负责制、岗位负责制为主要内容建立安全文化建设责任体系，明确各单位、各部门、各个层面对推进安全文化建设的责任。二要建立协调制度。成立协调机构，明确协调职责，定期交流、研究、安排安全文化建设工作，及时推广典型经验，分析解决推进过程中出现的问题，以确保安全文化建设工作的顺利开展。三要建立考核制度。科学设定安全文化建设工作的指标体系，定期对安全文化建设的绩效进行考评和奖惩。四要建立保障制度。要按照实际需要和条件允许的原则，不断加大安全文化建设软件和硬件的投入，为安全文化建设提供必要的资金支持和物资保障。

（三）融化于行是关键

遵章守纪贵在自觉，安全责任重在落实。要把安全生产的总体目标变为每个干部职工的自觉行为，就必须做好潜移默化的工作，用安全文化的理念导引干部职工的行为，逐步培育干部职工的行为自觉，这是安全文化建设的最终目的。加强安全文化建设，要特别注重全员岗位安全责任教育，晓之以理，动之以情，以案说法，以事讲纪，使遵章守纪、按标作业成为每个干部职工的自觉行为。让标准成为习惯，使安全成为自然。

（四）外化于形是条件

形象是精神的展示，环境是文化的外显。安全环境文化是安全精神文化、安全制度文化、安全行为文化的物质载体，是促进其他文化落地不可或缺的基本条件，是一种外显性文化。好的职场环境可以陶冶人的情操，提升人的境界，增强干部职工的归属感，提升企业的凝聚力，形成"企业关心职工，职工奉献企业"的互动效应。好的企业环境有利于外塑企业形象，提升企业知名度和竞争力，获得更大的经济利益和社会效益，践行企业"回报社会，产业报国"的社会责任。

（作者杨月江，本文摘自《中国企业文化研究》2008年6期）

建设学习型企业 推动企业可持续发展

——莱钢集团有限公司

进入新世纪以来，莱钢将企业文化作为核心竞争力的重要组成部分，以创建学习型企业为主要载体，建设学习型企业文化，推动了企业持续快速和谐发展。莱钢建设学习型企业文化的实践得到了社会各界的广泛关注，国务院发展研究中心，上海明德学习型组织研究所、山东省经贸委等部门、机构先后在莱钢召开研讨会、现场会，总结推广莱钢经验。

莱钢企业文化建设的主要做法

（一）独辟蹊径，设计独具特色的企业文化体系，企业文化体系设计是企业文化建设的重要内容，也是基础工作

莱钢在企业文化体系设计中，坚持以我为主，反复研究、讨论，发挥亲身体验。实践第一的优势，同时，又请专家进行指导，发挥理性思考、视野开阔的优势。两方面结合，走出了一条可行的企业文化体系设计的新路子，得到了国家和省内有关部门和专家的高度评价。

莱钢企业文化体系按照CIS设计的要求，分为理念识别系统、行为识别系统、视觉识别系统三个部分。

统一的理念识别系统。其主要内容包括:企业愿景(建设“全员学习型、绿色生态型、持续发展型”钢铁强企),企业战略(突出结构调整,着力自主创新,打造钢铁精品,做出莱钢特色,建设一流强企)、企业精神(学习、超越、领先)。企业信条(共赢共享,直到永远),企业使命(打造钢铁精品,真诚回报社会)、企业道德(与顾客共谋发展,与员工共创辉煌),企业作风(严细实快、精益求精)、企业形象(让同行信服,让世界瞩目)、企业哲学(系统思考、创意无限)、企业传统(团结奋斗、艰苦创业、改革创新、争创一流)以及10条企业口号。

统一的行为识别系统。在全公司广泛征求意见的基础上,2005年下半年以来,企业文化部组织人员反复研究,设计制定了《莱钢职工行为规范》。该规范没有采用常见的条条式,而是借鉴了“三大纪律八项注意”的形式.较为新颖.职工易于接受。“三大纪律”为忠诚企业爱岗位;遵章守纪听指挥;言行文明讲道德。

“八项注意”为:努力工作、学习创新;改善心智,系统思考;关注细节,勿忘安全;诚实守信,互惠双赢;与人为善,以邻为伴;敬老爱幼,家庭和睦;勤俭节约,反对浪费;保护环境,爱我家园。

统一的视觉识别系统。在中央工艺美院设计初本的基础上,企业文化部根据企业形象展示的需要.修改完善.增添了应用部分的大量内容,形成了完整的《企业形象视觉识别应用手册》。同时出台相关制度,要求各单位严格按规定使用统一的企业形象视觉识别系统,展示统一的企业形象。

(二)创新企业化教育,使企业文化内化于心

不被认同的企业文化体系没有价值。企业文化体系建立后.必须加强宣传教育,使之成为员工共同遵循的准则。莱钢在企业文化教育中,积极创新方式方法,注重发挥员工的主观能动性.引导员工去感悟企业文化的真正内涵,形成自我暗示,从内心认知、认同、信奉企业文化。

一是注重员工体验。企业文化编印了《莱钢企业文化理念手册》,对企业文化理念进行详细阐释,引导员工学习、感悟。开展升国旗、军训、展颂。心智体验、品格训练等“体验式”企业文化教育活动,使员工在开放的氛围中,通过互动式的讨论和研习,感受新的理念,改善心智模式。

二是注重营造氛围。通过企业文化一条街。企业文化长廊、报纸。电视、灯箱、文化牌等多种载体广泛宣传企业的价值理念,使员工在莱钢各个区域,各种场合都能感受到浓厚的企业文化氛围,久而久之,对企业的文化理念产生强烈共鸣。

三是注重实例引导。创造性地运用“理念故事化,价值观人格化”的方式对员工进行企业文化教育.搜集莱钢员工身边的典型案例,编辑出版《企业文化故事100例》,获得山东省优秀企业文化成果著作类最佳单项奖。全国企业文化建设优秀理论成果奖。

(三)突出企业文化践行,让企业文化落地生根

企业文化践行不够.不能落地生根是国内企业文化建设的“软肋”,而企业文化必须融入企业的实践,变成企业成员的自觉追求和行为方式,才会迸发出撼人心魄的力量。为此,莱钢着力在企业文化践行上下功夫,使企业文化融入经营管理实践,体现在企业的方针、政策,原则和制度之中,体现在员工思考问题、处理问题的方式方法之中,起到了引领和推动企业发展的作用。

首先,领导层身体力行,率先垂范。在莱钢的企业文化建设中,领导层不但及时提出指导企业发展的新理念,不断丰富企业文化的内涵。而且带头践行理念,有意识地运用企业文化理念解决企业发展中的问题,使企业文化渗透于企业生产经营、改革发展的每一个环节之中。

其次,选准合适的载体,调动员工践行企业文化的积极性。莱钢建设的企业文化是学习型企业文化,其主要载体是创建学习型企业。很多接触过莱钢的人,都有一种感触:莱钢人气旺、干劲足、风气正,莱钢人有种特殊的激情。这种特殊的激情,正是企业文化理念在莱钢人身上的体现。

(四)创新企业文化管理,确保企业文化体系有效运行

先进的企业文化体系应该具有可测量性和可操作性。在欧美国家,企业文化建设的相关工具和方法已经相当完善,比如有一整套的价值观的测量工具、价值观的考核方法等。但是目前在国内还没有真正权威的企业文化咨询。诊断、测评机构、企业文化的有关技术方法还不成熟,技术体系也不完善,特别是在定量分析、考评控制方面,国内几近空白,成为制约我国企业文化建设的短板。围绕这一难点,企业文化部作了初步的探索。

莱钢先后制定下发了《关于全面推进莱钢企业文化建设的意见》、《企业文化建设管理办法》、《企业形象视觉识别系统管理和使用规定》、《莱钢企业文化建设考评体系》等一系列规章制度。《莱钢企业文化建设考评体系》的建立,实现了对企业文化的量化考评,并且纳入经济责任制考核,在国内尚不多见。随着企业文化相关机制的建立和运行,莱钢企业文化建设步入了规范化、科学化的轨道。

以创建学习型企业为载体建设学习型企业文化

1999年,莱钢引进学习型组织理论,在炼钢厂进行创建学习型企业试点取得成功。在不到两年的时间里,炼钢厂发生了翻天覆地韵变化。2000年12月16日,时任莱钢集团董事长、党委书记姜开文在中共莱钢集团有限公司第四次代表大会上明确提出,“广泛创建学习型组织,形成特色鲜明的企业文化”。莱钢先后下发了《关于进一步深化创建学习型企业的实施意见》等一系列文件和规定,通过培育、推广创建典型等形式指导各单位进行各有特色的创建。全集团形成了学炼钢经验、创学习型组织的浓厚氛围。

在创建学习型企业的实践中,莱钢着重关注以下关键环节,即“学习是基础,改善心智模式是关键,创新是核心,持续发展是目的”,并以此为主线,贯穿于创建学习型企业的全过程。

学习是基础。莱钢把企业精神确定为“学习、超越、领先”，把学习作为一种精神，赋予其新的内涵，使广大员工在学习中体会到了生命的意义。

改善心智，是关键。莱钢在建设学习型企业的实践中，高度重视员工心智模式的改善，通过组织学习在员工中培育积极的心态，以全新的理念促进人们转变思维模式，带动管理方式和工作方式的转变。在职工中大力倡导“系统思考”、“不归罪于外”、“不自我设限”、“悬挂假设”等先进理念，教育职工学会“更聪明、更有效地工作”，提升了团队的学习力、执行力、超越力。

创新是核心。莱钢为创新合理定位，打破创新的神秘感，让员工认识到：创新并不是高不可攀的事物，也不是专家、学者的专利，只要能有效地改善工作、改进工艺，提高效率、创造价值，就是创新。在企业内着力营造尊重知识、尊重人才、尊重创造的浓厚氛围，形成了良好的创新环境。

持续发展是目的。莱钢创建学习型企业不搞形式主义，而是立足于解决企业持续快速发展的问题。始终坚持创建工作与企业经营管理工作紧密结合，做到相互促进、共同提高，避免了“两张皮”的现象。在创建学习型企业过程中，找到了解决制约发展的问题的突破口，通过调整优化产品结构、工艺结构、组织结构，推进改制改革，解决了诸多发展瓶颈，冲破了成长上限，使企业进入持续发展的快车道。

经过多年的实践．莱钢创建学习型企业在国内渐成影响，赢得了“南有江淮，北有莱钢”的美誉。

莱钢企业文化建设的主要效果

促进了企业战略决策水平的显著提升。近年来，莱钢决策层站在行业发展的战略高度，运用企业文化理念指导决策，使企业抢得了发展先机，连续实现了跨越式发展，生动体现了“学习、超越、领先”的企业精神。

促进了企业管理水平的显著提升。系统思考、超越自我等先进文化理念的学习应用，使莱钢中层干部和广大管理人员的思维方式、组织管理方式发生下根本性转变，形成了运用先进文化理念创新各项管理工作的新局面。

促进了企业凝聚力的显著提升。先进文化点燃了员工的生命之火，激发了员工的工作激情，提升了执行力，营造了奋发争先，不甘落后的昂扬人气。

促进了莱钢品牌影响力的显著提升。企业文化体系的设计与实施使莱钢以统一的、优秀的企业形象展示在世人面前，并不断强化，从而使莱钢品牌的知名度、美誉度、影响力得以不断提升。

（本文摘自《中国企业文化研究》2008 年 6 期）

昨日创业铸勋章 今日文化续华篇

——成都印钞公司

借企业文化之东风，鼓企业发展之风帆，长风破浪正逢时。《成都印钞公司企业文化丛书》的出版无疑是一次创新；是对传统企业文化的一次理念上的突破；是对我们42 年来文化发展的总结。它为看似高高在上的微观式建筑注入了人文的色彩，为我们企业的员工写出了颠覆教条的行为逻辑，相信它一定会在公司企业文化建设的丰碑上镌刻出“以文化人，以文兴企”的印记。

世界500强企业的发展历史表明，文化管理是企业最高层次的管理。然而企业文化又是企业管理中最不易把握的领域，因而对企业来说也是最具挑战性的。它反映在企业的价值观、士气和沟通的方式中，也反映在全体员工的行为习惯中，还直观地体现在企业的产品上。它与企业的生存与发展息息相关，决定着企业的生死存亡。

企业文化能把人和企业，人和环境，人和周围事物的链接关系在传承中延续，在前进中升华，成为“文化”光环下企业发展壮大的一道强而有力的开山雷，破陈出新，开天辟地。

物质决定意识这句话是真理，精神创造奇迹这句话同样也是真理。构建和谐，实际上就是“文”的发散。

六十年代，紧张的国际环境让我们印钞公司进了大山；七十年代，红色革命气势不减；八十年代，改革的步伐激昂稳健；九十年代，文化进入繁荣时代……如今，我们印制人的企业文化，传承着伟大的历史传统，在不断探索，不断历练，不断创新的过程中，完成了三次蜕变。

追溯看似久远的年代，成钞人实际上在与东河水相依相偎中开始了独特的企业文化的孕育。“团结守纪，求实奉献”——这是东河精神，但透过它激昂的词面，仍可以看到一种朴实的文化特色。他们用三线特有的艰苦卓绝完成了最初始的成钞企业文化的第一次蜕变。这，应该就是“以文化人，以文兴企”的雏形吧。

社会生产力的发展带来了新与旧的交替。随着改革开放的进一步深入，“东河公司”终将成为历史，而那群汇集在青山绿水的怀抱中、来自祖国四面八方的人们开始续写源远流长的企业文化，于是，第二次创业的精神积累，在千里大搬迁这个壮举中牵引出的成钞企业文化完成了第二次蜕变。

出山沟进城需要适应；从简单的手工操作到现代化大机器连动生产需要时间。本应漫长的过程却限定了很短的时间。不容回避的现实迫切需要发挥人的主观能动性。这时，以东河精神为基础的企业文化，开始发挥出它巨大的张力。举个例子，一名前东河公司职工，在他最初来温江的一个月中，竟然连这座城市是什么模样都不知道，原因是他用自己的全部时间调试机器，以便尽快投入生产。是什么让他迸发出如此激昂的工作热情？是精神！精神何来？是文化衍生。在成钞公司建成的过程中，“以文化人”的威力体现得淋漓尽致！

此后，1993——1999，6 年时间，成钞人只用了 2000 多天就实现了扭亏为盈，利润年年攀高，管理每年一大步。从2000 年开始，成都印钞公司紧紧跟随新世纪敲响的钟声，正式步入了崭新的改革纪元。这时候,成钞企业文化,迎来了它的第三次蜕变。

先进的管理理念,新的管理模式,要求我们必须要以一种全新的企业文化形态来适应发展的规律。“以文兴企”,引领了第三次成钞企业文化发展的高潮。实际上,企业是人的企业,管理是人的管理,“以文化人”和“以文兴企”之间,是一种辨证关系,二者相辅相成、缺一不可。

博大精深——这四个字是对成钞企业文化发展史最贴切的评价。深厚的内涵和价值理念,是成钞人无悔投身印制事业所有行为的总结。内化于心,固化于制,外化于形,于历史,于当今,于未来,都如此。

就像任何事物一样,任何企业都有一个生长——兴盛——衰退——死亡的生命周期。那么,决定企业寿命长短的东西是什么呢? 企业文化是企业生命之本,是决定企业能否可持续发展的最重要因素。这个规律是通用的,它没有脱离竞争的范畴,我们这样的大型国有的特殊企业也是如此。

现在很多大型企业的企业文化状况是,有的员工对企业的决策执行起来飘忽不定,对外界影响比较敏感,理智性管理局面尚未真正形成。即使是非常正确的决策在执行的过程中也难免有打折的时候。但由于特殊行业的特殊性质,在我公司搞企业文化建设只能成功,不可失败。在做出每一项决策之前必须慎之又慎,其兴也勃焉,其亡也忽焉。要选择企业文化正确的发展方向,其落脚点当然是为生产服务,为企业护航。鉴于此,我们公司这套企业文化丛书的开篇,是一次不折不扣的文化沉淀,它选择了正确的方向它符合“以文化人,以文兴企”这句话的要求;它能够在成钞公司企业文化的发展道路上拨云见月!

讲述我们成钞人自己的故事——这既是这套丛书的风格,也是公司企业文化在星火相承中的又一次创造。因为,我们曾在历史的脚步中举杯饮尽风华,而那些无限荣光的遗址,将会在我们忠诚印制的勋章中得到新的生命,将会为后来者带来意义深远的影响,将会在不断延伸中找到一个又一个新的起点!

(作者尹炳桂,本文选自《中国企业文化研究》2008年6期)

培育“责任 诚信 卓越”的核心价值观

——山西天脊煤化工投资股份有限公司

党的十七大报告指出:“当今时代,文化越来越成为民族凝聚力和创造力的重要源泉,越来越成为综合国力竞争的重要因素,丰富精神文化生活越来越成为我国人民的热切愿望。”“十一五”规划纲要也提出“积极倡导企业文化建设”。历览国内外众多知名企业的发展轨迹,无不得益于先进企业文化的支撑。可以说,市场的竞争已经体现为更深层次的企业文化竞争。

山西天脊煤化工投资有限公司走过了二十多年的风雨历程,在长期的发展实践中,积累了丰厚的文化底蕴。第一、二次创业,形成了“团结、自强、奉献、争光”和“三自一攀”的企业精神;三次创业以来,天脊人以“自强不息,超群不凡”的气概,进一步提升了天脊在煤化工行业中的领先地位和优势;面对新的起点,新的飞跃,山西天脊煤化工投资有限公司首届一次职代会上,确立了天脊集团新时期新阶段“自强不息、务实创新”的企业精神和“责任、诚信、卓越”的核心价值观。

责任是每个企业的文化之源。企业要想成就百年基业,责任必须贯穿始终。在世界500强的企业中,“责任”是最为关键的理念和价值观

(一)职工对企业有强烈责任感和神圣使命感,以一种责任一种情感投入工作

工作就意味着责任。身为天脊的一员,无论任何时候,任何工作,都要全心全意、尽职尽责,凡事要敢于承担、敢于负责,不能置身事外、袖手观望,要以主人翁的姿态站在公司的立场上看待问题、处理问题,这样才能赢得上级的欣赏、同事的信任。天脊集团犹如一台复杂的机器,每个人、每个岗位就是这台机器上的一个个零件,只有各个零部件正常发挥作用,这台机器才能正常、高效运转。因此无论职位高低都必须具有很强的责任感,职位越高,权力越大,肩负的责任就越重。无论身担何职,都要干一行通一行,干一行爱一行,精益求精,不断进步。无数事实证明,只有能够勇于承担责任、具有很强责任感的人,才有可能被赋予更多的使命,才有资格获得更大的荣誉。

(二)企业要有回报股东、奉献社会、惠及员工的责任

股东就是企业的投资人。没有股东的投资就没有天脊集团,一切都无从谈起。股东投资企业,首先是要保证其资产的安全和完整,在保值的基础上实现增值,追求价值最大化。股东期望的回报,不仅仅是盈利分红等资本的有形增值,还有商誉、品牌等资本的无形增值,只有搞好企业研发、生产、销售、管理等,实现天脊的全面发展,才是对股东最好的回报。

企业是国民经济最基本的载体,承担着“经国济民”的社会责任。首先,要向社会及消费者提供货真价实的优质产品,尤其我们天脊集团生产的是特殊的产品,面对的是特殊的消费群体。其次,要做遵纪守法的表率。遵守包括环境保护法、消费者权益法和劳动合同法等在内的所有的法律、法规,带头诚信经营,合法经营。再则,企业是科学发展观的具体实践者和有力推动者。天脊集团作为全省和全国煤化工领域的领先企业,对资源和环境的可持续发展负有不可推卸的责任,要通过技术革新减少生产活动各个环节对环境可能造成的污染,降低能耗,节约资源,要加速产业技术升级和产业结构的优化,改变经济增长方式,发展循环经济,增强企业吸纳就业的能力,在科学发展观的指导下实现又好又快的发展。

人力资源是社会的宝贵财富，也是天脊发展的支撑力量。企业要营造尊重知识、尊重人才、尊重劳动、尊重创造的良好氛围和优越环境，强力推进人才强企战略，为员工施展才华提供适宜的平台，为员工自身发展提供广阔的空间，帮助员工实现"知本"增值，让员工共享企业发展成果，打造企业和员工双赢的事业与命运共同体，促进企业与员工和谐共进。

"人无信不立，企无信难存"。诚信是企业赖以生存和发展壮大的基石，更是时代发展和社会进步的永恒主题

（一）职工对职工要诚实信任，职工对企业要忠诚守信

古往今来，诚信都是立身处事之本。从人际关系来看，"诚实守信"是人和人在社会交往中最根本的道德规范，也是一个人最主要的道德品质。一个人言而有信，有诺必践，就会使人产生信任感，愿意与之交往、合作。相反，轻诺寡信，自食其言，必然要引起人们的猜疑和不满，更谈不上共同工作，讲什么团队精神了。国内外企业的成败荣辱都证明了一个普遍的规律，即凡是员工诚实守信，团结和睦，企业必定风清气正，繁荣兴旺；如果诚信缺失，言行不一，必然是歪风盛行，一盘散沙，企业走下坡路也就在所难免。

忠诚守信、爱岗敬业一直是人类恪守的职业道德，也是每一位天脊员工所必须具备的职业品性。忠诚守信、爱岗敬业就要有履职意识，切实按照岗位职责和标准的要求，按时按质按量完成好本职工作，对上级的任务安排，不推诿、不扯皮，执行好、完成好。忠诚守信、爱岗敬业就要有规则意识，严格遵守、执行国家和企业的法律法规、方针政策、规章制度，保证政令畅通，行为规范，做一名遵章守纪的天脊员工。忠诚守信、爱岗敬业就要有大局意识，自觉和企业融为一体，一切以企业利益为重，勿以善小而不为，勿以恶小而为之，无论何时何地，不能说有损企业形象的话，做有损企业形象的事。员工的忠诚是企业发展壮大的力量之源，只有所有的员工对企业忠诚，才能发挥出团队的力量，拧成一股绳，劲往一处使，推动企业走向成功。

（二）企业对职工对社会要讲真诚讲责任讲信誉

企业的诚信，是生命力，是企业的外在形象和内在形象的完美结合。企业的诚信首先是对员工的诚信。员工是天脊集团的"第一资产"，生产运营需要人，产品研发需要人，企业管理也需要人。作为知识和技能"承载者"的人力资源，代表了企业所拥有的专门知识、技能和能力的总和，是企业创造独占性知识和垄断技术优势的基础。企业要树立人力资本更需要投资的观念，在事业方面、机制方面、待遇方面、环境方面、文化方面，认真履行对员工的承诺。爱人者人恒爱之，恶人者人恒恶之，企业对员工诚信，员工才能对企业忠诚，只要企业领导与广大员工共同努力，就能在市场竞争中实现共赢。

诚信更是一项重要的无形资产，它可以提升企业品牌，可以转化为企业的竞争优势，提高经济效益。我们要构建诚信经营理念，把诚信作为天脊的行为准则和信条，要让企业的经营者以及全体员工都懂得，诚信为本是企业兴盛的应有之道，是应恪守的原则，没有诚信，企业就不能取得长久的成功。要把诚信贯穿于企业经营活动的各个环节，要遵守对社会、对顾客、对供应商、对经销商"至诚至信"的原则，质量诚信，宣传诚信，价格诚信，服务诚信，以诚信的理念来指导企业的经营活动，从而在巩固原有市场的同时不断创造出新的市场，成为市场竞争中永远的胜者。要建立诚信经营的奖惩机制，严格执行诚信嘉奖、欺诈受罚的制度，使诚信蔚然成风。企业只有建立良好的诚信文化，才有可能实现企业的可持续发展，才能形成良好的社会主义市场经济秩序。

一个能够持续进步、追求卓越的人会觉得自己充满活力和有着旺盛的生命力，对一个企业来说同样如此。企业要生存要发展，就必须追求卓越，追求卓越是企业充满活力的灵魂

（一）职工要争当优秀职工、争创一流业绩

毛泽东同志在延安时就说过："我们队伍里边有一种恐慌，不是经济恐慌，也不是政治恐慌，而是本领恐慌。过去学的本领只有一点点，今天用一些，明天用一些，渐渐造罄了。学习本领，这是我们许多干部所迫切需要的。""实现五大新跨越，建设三型新天脊"的目标需要全体天脊人通过努力奋斗去实现，而这种奋斗需要天脊员工的良好素质作支撑。企业要开展形式多样的教育活动，帮助员工养成良好的学习习惯，创造员工终身学习、全员学习、团队学习、全程学习的良好环境，鼓励员工在岗位上成才，在工作中创新。要广泛深入地开展群众性技术比武、岗位练兵活动，并将劳动竞赛、合理化建议、技术革新、发明创造等多种形式的群众性经济技术活动纳入企业整体技术创新规划和工作目标。激发员工钻研本职业务，提高岗位技能，掌握更多新知识、新技术，不断提高员工的知识含量和科技含量，造就和培养更多的知识型技能型的优秀员工。

"创新是一个民族进步的灵魂，是一个国家兴旺发达的不竭动力"。天脊员工无论是谁，都要对自己的创造力充满信心，要敢于创新，善于创新，努力掌握创新的科学方法，创造性地开展工作，打造企业核心竞争力。高速发展中的企业，新情况、新问题、新事物、新知识层出不穷，只有牢固树立创新意识，不断提高创新能力，才能适应形势变化，跟上时代步伐，创造一流业绩。

（二）企业要做强做优做大，追求卓越绩效、争当行业龙头，始终保持领先地位，着力打造"百亿天脊、百年天脊"

在经济全球化的大格局下，在市场竞争日趋激烈的大形势下，企业要生存，就要抓住机遇，抢先发展，始终处于行业领先地位，才能永远立于不败之地，不发展、发展速度慢，只能是淘汰出局。天脊集团经过二十多年的发展，已经具备了做强做优做大的技术优势、人才优势、管理优势、品牌优势。古人说："时乎时乎不再来。"机遇是一种客观存在，我们一定要抓住机遇,利用机遇,把机遇转化为实实在在的优势和成果。结合中央和山西省委省政府精神与企业实际,山西天脊煤化工投资有限公司天脊集团确立了“实现五大新跨越,建设三型新天脊”的发展思路,全体天脊员工要以科学发展观为指导,抓住机遇,加快发展,力争到“十二.五”末期,把天脊集团打造成为年销售收入达二百亿的大型煤化工产业集团,为“百亿天脊、百年天脊”夯实基础。

“责任、诚信、卓越”的核心价值观是天脊人弥足珍贵的精神财富,是推进天脊事业的巨大精神动力。历史将证明,我们所倡导和培育的核心价值观一定会在前进的征程上放射出更加璀璨的光辉。

认识“四个变化” 做好“五个结合”

——金路集团股份有限公司

金路集团在十几年的改革发展,特别是近五年来的发展创新历程中,持续重视企业思想政治工作建设,在深化改革,面临严峻挑战的不同时期,始终坚持改革越深入越要加强思想政治工作,行业越发展越要发挥思想政治工作的优势。党政工团齐抓共管,努力为企业发展提供了精神动力和思想保障。其中尤为突出的是,他们善于抓好主题活动,增强创建效果,如2000年至2002年开展“艰苦创业,改革创新,推动发展”的“两创一推”活动;2002年至2004年开展“抓创新、抓管理、抓质量、抓安全、抓效益”的“五抓”活动,以及2007年以来的全员创新专题活动等形成了具有自身特色的创建氛围。同时在广大员工中开展“季度新事”、“明星员工”等群众性评选活动,“西部大发展,金路怎么办”员工大讨论等,着力培养高素质的员工队伍。十几年来,金路集团文明建设呈跨越式发展,集团公司及所属子公司,均获得省市级文明单位的荣誉称号。实践证明,与时俱进,创新发展是思想政治工作的不竭之源。同时我们更要认识到,现阶段企业的思想政治工作与传统的思想政治工作相比较,发生了重大变化,主要体现在四个方面。

一是管理体制从垂直指令型向自主融合型变化。随着社会主义市场经济和现代企业制度的建立,企业思想政治工作的组织形态发生了重大的变化。企业从以政府附属型逐渐向以市场取向型转变,原来相对应政府部门的机构设置也随之逐渐向企业自主需求转移。政工部门越来越精简,“行政化”、“兼职化”“业余化”趋势明显。党、宣、组、团合并普遍,党委书记双肩挑(兼行政职务)现象明显,企业的政工管理体制越来越紧扣经济中心,从两张皮融合为一张皮,而相对应的也带来了精力不到位、工作不到位等问题。

二是运行机制从单元主导型向多元服务型变化。传统的思想政治工作是以单纯的政治教育为主要目标,由政工部门牵头、布置,各部门组织落实。而企业目前的实际状况是,思想政治工作必须服从、服务于企业的中心工作开展。如企业营销工作的中心任务是销售创利,这也是企业中心工作的重中之重,围绕在销售任务的分配和客户、市场、商品等调整以及奖金发放中产生的思想问题,做工作的主体不单单是专职政工部门了,员工所在部门负责人以及部门分管领导等都承担了工作的重要主体。部门管理、各司其责、齐抓共管,已成为企业思想政治工作的新格局。

三是工作内容从政治灌输型向多样选择型变化。在企业,员工对思想政治工作内容的要求不仅仅是传递国家大事,往往更关注与个人命运相关的企业发展与政策环境变化。员工什么时候最需要思想政治工作?很多员工的选择依次是下岗分流、工作挫折、岗位变更、家庭困难、职务调整、立功受奖等关键时候;什么是最有效的教育方法?员工的选择依次是沟通渠道畅通、政策宣传、领导谈心、员工大会、员工讨论、个别疏导等。这说明员工无论对思想政治工作渗入的层面和采取的方法都更加偏重个性化。

四是价值实现从权威规定型向差异活跃型变化。由于思想政治工作比较权威,思想政治工作规定性的要求少有人质疑,而当社会主义市场经济处在不完善的过程中,员工的价值观念出现了多元取向,员工思想的独立性、选择性、多变性都会给企业思想政治工作的认同带来差异,员工思维很活跃。另外,社会上知名企业家、明星大款对价值的引导力很大,部分青年员工对“个人价值实现”的迫切要求取代了对社会对企业必须的责任感,因此有的员工将企业当作“驿站”,把工作作为“原始积累”,借助企业建立客户平台,条件一旦成熟,便另谋出路,甚至不惜违纪违法。

看清新形势、认识新问题、研究新对策,是为了进一步创新目前企业思想政治工作,要实现体制、机制、内容、手段的创新,须着力解决四个问题:一是精神状态方面,要变难有作为为开拓创新;二是在组织领导方面,要变软弱松散为精干高效;三是在教育内容方面,要变常规教育为贴近中心;四是在物质投入方面,要变随遇而为为制度保障。要使企业思想政治工作倍增活力,除摸清情况、认识问题外,更要适应新形势的发展和变化,在继承优良传统的基础上努力求新、求实,才能不断焕发活力。其中很重要的方面,就是要把思想政治工作同企业中心工作紧密结合起来;把思想政治工作同企业生产经营与战略发展结合进来;把思想政治工作的先进性要求同广泛性要求紧密结合起来;把思想政治工作同解决员工生产与工作中的实际问题结合起来;把思想政治工作同企业文明建设以及各类主题活动紧密结合起来。这“五个结合”可以适应新时期思想政治工作的规律、同时,确保党和国家的方针政策在企业的贯彻落实,有力促进企业经济工作的不断发展。

第一,思想政治工作同经济工作相结合,就是要将思想教育寓于实际工作之中,使思想政治工作始终围绕经济建设这个中心,服从服务于改革、发展、稳定的大局。要坚持以人为本,通过思想教育和引导,把人们的思想统一到党的路线、方针、政策上来,把人们的力量凝聚到实现发展稳定的各项任务上来,激发员工为企业建设发展而努力,为企业建设发展提供强有力的精神动力和思想保证。要善于结合本单位经济工作的重点、难点和热点，寻找做好思想政治工作的切入点。大中型企业涉及有关部门多、工程知识分子多、工资收入各异等问题，矛盾是工作的特点之一，同一矛盾的不同处理方法，均会引起不同后果。因此，做思想工作就要联系实际、区别对待、对症下药才能起到应用的作用，才能使思想政治工作真正起到推动企业经济发展的重要作用。

第二，思想政治工作同企业生产经营与战略发展相结合，就是要把思想政治工作的出发点和着重点建立在服务于企业经营发展上。现代企业制度的建立，使企业运作更加高效有序，企业各部分运行“链条”齿合有力，才能促进发展。如生产部门和营销部门如何在价值体现方面实现相融共进，从不同的岗位利益出发，却要求实现共同的工作结果，就是互谅共存同进，齐心协力，团结奋进，实现企业最高利益。这就要求我们把工作做得更细更透，使企业基础工作和窗口工作都站在企业发展的共同利益线上，使员工、部门形成全局观念、系统观念和发展观念，有了正确的思想，才会有积极的行动，才会形成万人一心的人心思齐、人心思干的奋斗氛围。

第三，思想政治工作的先进性要求同广泛要求相结合，就是要在充分认识和把握人们思想水平和道德觉悟的多样性和层次性的基础上，根据不同的对象，确定不同的教育目标内容。所谓“先进性”要求是对共产党员和其他积极分子提出的，它包括树立共产主义理想和信念、企业道德、敬业精神，在工作、学习和社会生活中起先锋模范作用。所谓“广泛性”要求，则倡导爱国主义、集体主义、社会主义，倡导社会公德、职业道德、家庭美德。“先进性”与“广泛性”是辩证统一的关系，丢掉了先进性，整个思想政治工作就失去了目标和方向。因此，先进性应当是广泛性基础上的先进性，只有把“先进性”和“广泛性”结合起来，常抓不懈，才能不断地提企业员工整体思想道德水平，如果要求大家思想认识都是统一标准，是根本不现实的。在实际操作中，我们力求让一部分人先高尚起来，主要是中层干部和党员骨干，使他们成为“先进性”的代表者，从点到面，达到逐步统一。

第四，解决思想问题同解决职工工作、生活中的实际问题相结合，就是要坚持克服过去那种脱离实际的空洞说教，把教育领导员工寓于服务员工之中，在企业发展过程中，就是解决和处理各种矛盾的过程。因此，处理好企业发展和稳定之间的关系，关键是要做好人的思想工作。从事政工的干部一定要认真倾听员工呼声，了解员工情绪，关心群众疾苦。当前特别要做好困难员工工作，对于一时难以解决的问题，要向员工讲明原因，让员工看到我们逐步解决这些问题的态度和决心，要把思想政治工作作为解决新时期企业内部矛盾的重要手段，区别不同情况，及时化解矛盾，要动员广大员工发挥自己的智慧和力量，与企业共同克服前进中的困难，使员工真正把自己的切身利益与企业的命运联系在一起、增强使命感和责任感。思想政治工作的最高境界就是使人心悦诚服。做到这一点只有关心体谅职工的疾苦，使员工从心里听从、服务而不是违心的服从。目前，个别员工家庭情况不太好，家里的困难从某些方面牵扯了他们的精力，使他们无法全身心投入工作，因此我们解决他们的后顾之忧，此效果远远胜于说数。

第五，思想政治工作同员工精神文明创建活动和各类健康有益的文化娱乐活动相结合，就是要把员工的精神文明创建活动作为思想政治工作中的重要载体，善于把思想道德教育的内容寓于“讲文明、树新风”和文明行业的三大创建活动之中，使员工在参与的三大创建活动之中，使员工在参与中受到教育，不断提高员工的思想道德和科学文化素质，抵御腐朽思想，营造健康的社会文化环境，营造积极向上的工作氛围，也是做好思想政治工作的外部条件之一。环境改变人的思维和性格，一个积极有为的工作集体能从整体上推动整个工作的开展。这一切无疑对员工的思想建设起到无形而巨大的正面影响。

“五个结合”也是做好新时期思想政治工作的五条对策，如何把这些对策有效地贯彻落实到思想政治工作的实践中，真正把“结合”的文章做好，是思想政治工作面临的重要课题。随着社会主义市场经济的发展，在建立现代企业制度过程中，思想政治工作必然会不断面对新情况、新问题、新矛盾。政工干部要紧跟形势的发展，努力加强学习，不断提高自身素质，积极寻找和掌握思想政治工作的新规律、新特点，进一步探索实现“五个结合”的具体内容和方式，不断提高政工干部政治理论水平，促进和推动企业的快速和健康发展。

搞好集团企业文化核心理念与下属企业亚文化的关系

——云天化集团云天化国际富瑞分公司

通过“文化融合”建设集团的企业文化“内核”

云天化集团经过30多年来的发展，从一家单一的氮肥生产企业，发展成为以肥为主，有机化工、玻纤新材料、盐及盐化工、磷矿采选和磷化工为重要发展方向，在云南省工业经济中占有举足轻重的地位的特大型国有现代企业集团。目前，集团总资产达到551.7亿，净资产153.6亿，拥有27家一级子公司、3家上市公司，员工达35500多人，进入中国石化行业销售收入和综合效益前十强、中国化工前三强，在中国企业500强中排名第219位。

进入二十一世纪以来，是集团的快速发展期，在这一时期，集团紧紧抓住云南省行业整合等一系列重大历史机遇，围绕全面提升企业核心竞争力这个中心，采取“跑马圈地”的办法，走低成本扩张道路，迅速发展壮大起来，多家产业不同、体制不同、文化背景不同、发展历程不同、所在地区不同的企业进入云天化集团，使集团下属不同企业间有可能会发生不同文化的撞击和冲突，如果缺少必要的文化融合与沟通，必将会直接影响到集团的正常运营，这就需要属于集团自己的统一的企业文化理念来统一各下属企业、全体员工的思想,支撑集团正常运转,因此,在新的发展平台上建设新的企业文化就成为了集团的当务之急,摆上议事日程。为此,集团以"文化认同,文化融合"为核心,以"内增凝聚力、外强竞争力"为目标,以重构集团企业文化核心理念体系为重点,选择"一主多元、统分结合、和谐包容"的路径,开始了新的文化重塑。其中,"一主多元"的"一主"就是全集团只能有一个统一的核心理念体系(内核);"多元"就是在"一主"的基础上和不违背"一主"的原则下,集团各下属企业可以构建自己的亚文化(外围)。

2005年,集团成立企业文化建设领导小组和项目组,经过近3年的艰苦努力,总结、提炼并建立起了全体员工认同的集团统一的企业文化核心理念体系,包括:"聚合天地精华、共创和谐繁荣"的企业使命;"跻身世界级的化工企业"的企业愿景;"诚信铸基实、人本激活力、务实求业精、创新图高远"的核心价值观;"立根大地、志博云天"的集团精神等,这就是云天化集团企业文化的"内核"。这个核心理念体系是集团员工在创造、传承和实践中不断丰富的发展起来的,是全体员工对集团追求的最高目标和集团存在意义的价值取向和终极判断,体现着集团员工的基本信念;是集团员工内化于心、外化于行的群体意志和思想境界,体现着集团员工的精神风貌;成为了集团全体员工在生产经营活动中处理各种关系和矛盾的信仰、观念和价值偏好,指导着集团及其下属各企业生产经营的行为,所以说,是集团企业文化体系的"内核"。

对于集团下属各企业和三万多名员工来说,集团企业文化核心理念体系具有唯一性和统领性,规范着大家的思想意识、价值观念、行为准则,从而避免了由于集团文化核心理念的不统一而可能会发生的不同文化的撞击和冲突。通过对集团核心理念体系的宣贯,一是使集团下属各企业员工逐渐认同了自己是"云天化人"的身份,并为之感到自豪;二是通过文化融合与交流,集团层面上的新思想、新思维、新方法、新经验开始冲击集团下属企业各级管理人员和普通员工,有效提升了企业的管理水平,大部分企业经济大幅增长,一部分企业扭亏为赢;三是在统一的文化背景之下,促进了集团下属各企业间的互助合作,形成合力,进一步提高了经营业绩。

(二)集团企业文化"内核"与"外围"的关系

由于云天化集团下属企业在产业、文化背景、发展历程、所处地域存在着差异性,决定了集团在企业文化建设中不可能做到"大一统",也是由于集团下属各企业间存在诸多的"差异性",集团在企业文化建设中才会选择"一主多元、统分结合、和谐包容"的路径。

根据"统分结合"的原则,集团倡导"和谐包容"的共生文化,"云天化集团是由不同地域和民族的人们、不同产业和特点的企业共同组成,长期以来形成和谐包容的共生文化",倡导共性与个性相结合,在集团核心理念体系的基础上,下属各企业可根据各自企业的特性,不断补充、完善个性部分,共同建设既有集团共性又有所属企业个性的、生机勃勃的集团企业文化系统。

在集团企业文化"内核"的基础上建设各具特色的"外围"亚文化

(一)云天化股份的"百日红"精神

云南云天化股份有限公司(以下简称"云天化股份")是云天化集团的发源企业,也是云天化集团企业文化的重要积淀地之一。云天化股份是由云天化集团有限责任公司独家发起,采用社会募集方式设立的股份有限公司,1997年7月,"云天化"A股在上海证券交易所挂牌上市,地处川滇两省交界的云南省水富县,主营化肥、化工原料及产品的生产与销售,拥有年产50万吨合成氨、76万吨尿素、8万吨硝酸、11万吨硝酸铵、1万吨季戊四醇和1万吨聚甲醛等生产装置。其中,合成氨、尿素生产装置是我国上世纪首批引进的13套大型化肥生产装置之一;云天化股份下属重庆正玻纤、天安化工、金星化工等9家子(分)公司。

由于云天化股份合成氨、尿素装置的特征决定了装置必须做到长周期运行,才能发挥出更好的经济效益,所以,合成氨、尿素装置长周期运行的状况就代表着云天化股份的管理水平、运营能力和员工的技能水平、思想素质,实现装置的长周期运行也就成为了云天化股份经济效益的综合反映。云天化股份通过三十多年的实践,提炼了实现合成氨、尿素装置长周期运行的"百日红"精神——员工技能的持续提高、管理能力的不断创新、员工尽力奉献的精神体现、"兵团作战"能力的运用,在32年的生产史上,合成氨、尿素装置累计共实现生产"百日红"68个,年平均2.2个。2005年,合成氨、尿素两套装置分别连续运行360和354天,创下当时国际上同行业同类型装置运行时间最长的纪录;2008年,两套装置又实现安全连续运行449天的好成绩,成为迄今为止国际同行业同类装置运行时间最长的纪录。

所谓"百日红"精神,就是在"安、稳、长、满、优"的生产经营理理念指引下,云天化股份长年围绕生产中心工作开展"沉三秒"活动、争创"百日红"竞赛、"装置疑难课题攻关"等主题活动,可以说"百日红"精神在云天化股份发扬光大,凝集了全体员工的智慧结晶,成为了一个符号、一种精神,反映着云天化股份"精益生产、达于致善"的理念,已"内化"于员工心中。"百日红"精神对云天化集团核心理念体系起到了诠释作用。

(二)"文化富瑞"的特色

云南云天化国际化工股份有限公司富瑞分公司(简称"富瑞分公司")是云南国家级磷复肥基地实施主体之一,成立于2002年11月,属云天化集团的三级企业,已形成年产182万吨高浓度磷复肥的生产规模,是国内目前规模最大的高浓度磷复肥生产基地。富瑞分公司按照云天化集团"三统一、一形成"(统一认识、统一形象、统一行动、形成合力)和云南云天化国际化工股份有限公司"一家公司,一种文化”的总体要求，几年来，在生产经营和基本建设的双重任务面前，始终坚持把企业文化建设作为一项事关全局的系统工程来抓，纳入整体发展战略，与富瑞的现实、可持续发展结合起来，在云天化集团大文化的框架内建设具有富瑞特色的亚文化——“文化富瑞”。

就企业愿景而言，云天化集团的企业愿景是“跻身世界级的化工企业”是云天化集团企业愿景的核心部分；而云南云天化国际化工股份有限公司的愿景是“专注于磷复肥，成为国际一流的磷复肥制造商和提供商”，对云天化集团企业愿景起到了支撑作用；富瑞分公司作为云天化国际的分公司，云天化集团的三级企业，是磷复肥制造企业，所以，富瑞的愿景是“致力于打造卓越的生产制造能力，成为国际一流的高浓度磷复肥生产企业”，以上愿景的关系是：富瑞分公司的愿景支撑云天化国际、进而支撑云天化集团的愿景的实现，从中可以看出从富瑞分公司到云天化国际再到云天化集团，“外围”亚文化秉承集团“内核”的理念，并起到了逐级支撑的作用。

“先进、高效、严格”的管理理念推动管理水平上台阶。富瑞分公司在2007年全面完成基本建设任务后，持续改进并不断提高管理效率成为管理好现有装置的头等大事，2008年4月，富瑞分公司通过年度管理工作会拉开了提高企业管理水平、提升管理效率的序幕，通过这样的形式，让各级管理人员立足富瑞分公司发展实际，结合存在的管理上的不足开展讨论，广开言路，建言献策，提出了许多有价值的管理思路并形成推进管理改革的决议，落实责任单位和责任人，限时完成，也是在这次会上达成了“先进、高效、严格的管理才是企业发展的硬道理”的共识。

培养“思想过硬、纪律严明、责任心强、使命感强”的管理干部队伍。2008年7月，坐落于西山脚下的云南省委党校迎来了富瑞分公司60多名中层干部和后备干部进行为期一周的脱产培训，这是富瑞分公司与省委党校联合办学，为进一步加强干部培训、提高干部综合素质的创新，让干部们放下手中的工作进行封闭式的学习，这样的培训也是第3年了，这是培养“思想过硬、纪律严明、责任心强、使命感强”的管理干部队伍的体现，通过培训对更新观念、拓展视野、提升综合素质起到了积极作用，收到了预期的效果。

坚持“求实、务实、严实”、“能干、敢干、巧干”的作风。要求员工在工作中踏踏实实，不虚不浮，脚踏实地；为员工建立终身学习培训的平台，使员工通过不断的学习、实践，把学到的理论知识和技术技能很好地运用到实际工作中去，融会贯通，多想、多干，不断提高工作能力和工作效率。

在30万吨/年磷酸装置上，班长刘德胜作为一名党员不怕苦、不怕累、甘于奉献，有一次早班刚接班，装置浓缩B系列氟吸收局部破真空，生产负荷较低，为了维持系统的正常运行，刘德胜一段一段地检查排除管线，用了近3个小时终于查找到破真空点，出酸量增加了，正是他的那股韧劲，感染着班上的每一位成员，也“传染”到了每一位成员。

富瑞分公司在云天化集团企业文化“内核”的引导下，积极开展富瑞亚文化建设，起到了凝聚人心、鼓舞士气的作用，2008年，富瑞分公司还总结、编辑出版了《文化富瑞》一书。

（三）联合商务“商流天下、道守心间”的经营理念

云天化集团跨国经营业务量大，外向依存度达到50%左右，而云南云天化联合商务有限公司（以下简称“联合商务”）是承担集团进出口业务的主要子公司，集商贸、物流为一体，主营国际贸易、国际经济技术合作、国内贸易、物资供销、化肥进出口经营、经济信息咨询服务、国际货运代理，货运代理，农产品贸易等。云天化集团通过联合商务的商贸活动一方面是建立集团的全球品牌和销售渠道，扩大国际影响力，实现向产品价值链前端的延伸；另一方面是组织全球资源为云天化集团所用。联合商务通过成立5年多来的实践，提炼了“商流天下、道守心间”的经营理念，成为全体员工认同的理想目标、价值追求、意志品质和行为准则，是联合商务行商、守道的价值取向——要有全球化的眼光、战略性的思维、合作性的态度、系统性的思想方法，也是对云天化集团“跻身世界级的化工企业”的企业愿景的支撑。

“商流天下”支撑着云天化集团实现国际化大发展的理想和目标。“商”，定位了联合商务的性质是商贸型企业，员工就是商人；“流天下”，指的是联合商务和业务包括了商流、物流、资金流、信息流等一切经营活动定位在全世界。

“道”，指的是道德、道理、道路、道义；“守心间”，是联合商务的员工要实现“商流天下”的目标，必须铭记“商道即人道，做人为经商之本”的道理，以法律法规、企业规章制度约束自己。“道守心间”是联合商务立业和实现“商流天下”的根本保障。

云天化集团坚持理论与实践相结合着力推进企业文化建设，正确处理了集团企业文化“内核”与下属企业“外围”文化的关系，“内核”统领全局，“外围”秉承和支撑“内核”，收到了较好的效果，形成了集团独有的企业文化特征，包括：以人为本的工业文化；产业报国的责任文化；和谐包容的共生文化；追求卓越的进取文化等。云天化集团企业文化系统（包括集团核心理念体系和各下属企业的亚文化体系）是在企业文化建设理论的指导下，通过实践形成的，并在实践中得到验证是符合云天化集团的实际的，这也说明了云天化集团在企业文化建设中选择的“一主多元、统分结合、和谐包容”的路径是正确的，较好地处理好了集团企业文化建设“内核”与“外围”的关系。

学习提升能力 理念引领创新

——中航工业沈阳飞机设计研究所

企业文化是企业的灵魂和核心竞争力，是企业持续发展的源泉。党的十七大报告明确指出，当今时代，文化越来越成为民族凝聚力和创造力的重要源泉、越来越成为综合国力竞争的重要因素。

中航工业沈阳飞机设计研究所(简称六〇一所)从2002年开始,导入学习型组织理念,在国内率先提出“双创建”(创建学习型党组织和创建学习型研究所)工作,并进行了系统创建,将学习型组织理念贯彻落实科研所各项管理中,以学习促发展,以学习促创新,以学习升能力。2005年,六〇一所在国内首家被授予“中国学习型组织示范基地”。

2005年以来,六〇一所坚持“继承+学习+创新+发展”的文化建设思路,以“思想管理”为核心,深化“双创建”和“四推进”(物质文化、行为文化、制度文化和精神文化四个方面整体推进),以“诚信、创新、和谐、向上”为特征,以综合平衡计分卡为工具,以引领发展、提升价值为目标,对接发展战略,梳理文化建设内容,完善文化建设体系,全面实施文化管理,大力倡导学习工作化、工作学习化等理念,营造鼓励学习、激励创新的文化氛围,不断提升研究所和职工的学习力、创造力和执行力。2009年12月,六〇一所高标准通过了中国学习型组织示范基地复审,并得到了专家组的高度评价。

系统思考,科学分析,认真规划文化建设的新发展

六〇一所认真贯彻党的十七大精神,深化学习型文化建设,使文化成为改革发展的支持力,促进价值观的认知和统一。

一是提高对企业文化的新认识,不断向学习型企业转化。六〇一所领导班子认为,文化是变革的先导,文化管理具有科学性;文化作用具有二重性,要不断的创新,去掉阻碍发展的文化,弘扬符合时代发展的文化,创新文化建设。新认识催生新变化,六〇一所又开始了向学习型企业转化的新征程。

二是导入综合平衡计分卡新工具,系统、规范地推进文化建设。六〇一所选择了综合平衡计分卡,站在研究所战略的高度审视和梳理文化建设。制定了研究所文化“十二五”规划和“四个精心培育”的文化战略,明确了文化建设工作目标和思路,实施两大工程,健全四个体系,打造文化品牌,提升学习力、创造力和执行力的发展目标,为深化文化建设提供了强有力的指导。完善了学习型文化的宗旨、构成、特征、结构、创建载体,学习型文化更加成熟。

三是构建文化推进新内容,促进文化价值的提升。文化融入中心,融入管理,丰富内涵,化无形为有形。六〇一所坚持文化引领,实施愿景分享;强化合作文化,提升执行能力;营造共享文化,推进知识管理;构建和谐文化,建设和谐一所;打造质量文化,提高设计水平;培育服务文化,加强售后服务;深化人本文化,促进共同发展;开展廉洁文化,构筑坚强堡垒;推行安全文化,创平安研究所;完善文化展示,提升文化品位。

四是深化文化落地,促进文化认知。坚持文化建设深入基层,深化“五项修炼”活动。总体气动部通过开展“设计师之路”讲座,培养职工的创新意识;综合后勤保障部通过“技术恳谈会”探讨新技术、新知识,共享学习研究成果;机电系统部通过“理念分享”,引领行动。

融入管理、完善体系,提升文化的价值,增强软实力

文化的价值需要通过管理实践体现和放大。六〇一所坚持文化融入管理,实施思想管理,努力创造系统思考、持续改进、快速反应、协调一致的文化效应,提高了文化的软实力。

一是实施思想管理,强化思想引领。发挥思想引领优势,全面实施思想管理,构建统一的价值理念体系。思想管理是一切管理的基础,六〇一所通过实施战略管理、价值观管理、“意识形态”管理和舆论氛围管理,促进战略落地和研究所的又好又快发展。

二是融入战略管理,实施愿景分享。现代市场经济条件下,企业的发展战略和愿景是企业常胜不衰的根源。丰富完善了“保持飞机研究设计综合实力国内领先,引领我国战斗机的技术进步和产业发展”的共同愿景。通过实施综合平衡计分卡,将文化理念落实到发展战略中,制定了科研、管理、文化和人才四大战略。基层各单位也制定部门的共同愿景和工作理念,实现步调的协调一致和价值观的统一。

三是强化合作文化,提升执行能力。近年来,由于科研生产任务非常繁重,在型号研制中,采取了项目管理、矩阵管理、并行工程等多种管理方式。我们把文化融入到管理中,在并行工程和IPT团队管理中,倡导无边界管理、无缝隙连接,通力合作的“两无一通”理念,鼓励职工顾全大局、系统思考,树立“下一道工序是上一道工序的客户”的理念,号召科研人员进行知识共享。同时为了确保工作进度和效率,提出了“战略决定高度,执行决定深度”和“战略指引方向,执行决定成败的理念”,强化干部职工的执行力。设立临时团队党支部,强化团队整体业绩的考核,提高了管理效益,缩短了研制周期,按时优质完成各项重点型号任务。

四是营造共享文化,推进知识管理。科研所是智力资产最为密集、最为丰富的组织,作为飞机总体研究所,工程和设计经验尤为重要,把隐性知识显性化,作为一种资产加以开发利用,对研究所的持续发展具有重要意义。我们采取文化先行,理念先行,大力倡导“再没有比一个好主意只用一次更大的浪费了”和“有形资产只代表了企业不到25%的市场价值”等理念,构建了信息平台、自主创新平台和培训平台,强化制度约束,规定了每个核心员工每年要提供两条入库知识,副总师每年要提供至少三条入库知识。努力营造一种乐于交流、乐于共享、勇于创新的良好氛围,由文化驱动知识的共享和创新,为推动知识管理注入深厚的文化底蕴,实现了在更高起点上的创新。

五是打造质量文化,提升设计水平。党的十七大提出要“提高武器装备研制的自主创新能力和质量效益”。六〇一所把提高设计质量视为研究所的生命,大力宣贯“线条与

飞机相连，数据与生命相关”的质量观和“科技是质量的源泉，责任是质量的保证”的质量准则，构建了基于仿真的数字化设计平台。在全体员工中开展质量格言警句征集活动，并在重点试验室悬挂质量标语。利用质量月和质量周，大力宣贯质量文化，提高科研人员的质量意识，逐步把质量管理中的规定、流程和程序转化为职工自觉的行为。

六是深化人本文化，促进共同发展。党的十七大报告明确提出了科学发展观的核心是以人为本，促进人的全面发展。深化学习型文化建设最终目的就是通过学习，实现职工与研究所的共同发展。六〇一所坚持党管人才，实施专业评价、梯队建设、政策引导“三位一体”的人力资源发展战略，建立设计师体系、考核评价体系和“三元薪酬体系”，进行职业生涯规划，加大教育培训投入，实行岗位聘任制，为员工的发展提供广阔的空间。关注职工身心健康，每年对全员进行一次体检，积极开展心理咨询活动，定期组织体育比赛和文艺活动，促进职工树立“阳光心态、魅力人格、责任人生”的观念。

七是构建和谐文化，建设和谐一所。党的十七大提出了和谐文化是全体人民团结进步的重要精神支撑。六〇一所坚持坚持以发展巩固和谐，以文化引领和谐，以创新促进和谐，以制度保障和谐。我们以“和谐研究所创建”和“和谐团队创建”为载体，以培育和谐精神、树立和谐理念为根本，努力弘扬文明道德风尚，扎实推进和谐文化建设，为建设和谐研究所创造良好的人文环境和文化生态。

搭建平台、深化载体，增强文化建设新的生机与活力

构建文化创新的平台和载体，进一步夯实学习型文化的基础工程，不断增强文化建设的生机与活力。

一是实施两大工程，健全四个体系。实施文化落地工程，基层单位形成具有本单位特色的文化管理模式和体系。实施文化生根工程，学习型文化价值理念在管理制度中得到贯彻落实。健全人文环境体系，包括办公环境、文化环境、舆论环境；健全行为规范体系，包括员工行为规范、企业礼仪、企业仪式；健全规章制度体系，包括管理制度和工作流程；健全价值理念体系，包括完善、修订价值理念。

二是构建文化创新的平台，增强文化创建的系统性。六〇一所建立了由完善的工作体系、健全的组织体系、科学的评价体系所构成的工作机制；完善了文化创新机制，学习机制、质疑机制、激励机制等四项机制；搭建了集科研、办公、学习为一体的信息化平台，为不断深化企业文化奠定了基础。

三是深化文化创建的载体，突显科研所文化的特色。深化“双创建”工作，提高我所和全所干部、职工感知和适应外部变化的能力，并建立和完善提高这种能力的运行机制。深化“四好”领班子建设活动，增强了领导班子创新力和引领力。我所连续两年荣获集团公司“优秀四好领导班子”。深化“六好”党支部创建活动，发挥党支部在学习型文化创建中的主导作用。深化“双向培养”工作，增强了文化创建的人力资本。深化“四个高于”主题教育实践活动，充分发挥党员在科研生产经营管理文化建设中的先锋模范作用，提高了党员为完成科研生产经营任务的贡献率，党的先进性得到充分彰显。

深化“四推进”工作，提升文化建设的品味。深入推进物质文化建设，制作了《文化建设实践手册》，新建800余平米的展室，建设了汇集我所战斗机发展史的长达180米文化墙，制作了“航空人之歌”浮雕，实施了主要建筑物大厅和楼层展示设计。推进行为文化建设，制定职工行为标准，推广使用文明用语，开展职业道德建设。推进制度文化建设，大力宣传和倡导制度文化建设的核心理念，完善各种规章制度。推进精神文化建设，构建了完整的价值理念体系。

以文化人、提升能力，促进了研究所又好又快发展

一是促进了职工心智模式的改善和自主创新意识的增强。通过开展两次大讨论和专家讲座，促进了职工心智模式的改善。全所团队学习形式多样，反思、技术交流、知识共享更加深入、广泛，员工创造力激情迸发，创新成果不断涌现，仅去年一年全所获得部以上科技成果就有18项。

二是促进提升了组织应变能力。并行工程、知识管理、IPT团队管理等深入推进，建立起适应新机研制需要的管理体系。荣获首届原“中国一航管理创新先进单位”荣誉称号，并行工程、IPT团队管理的模式和理念多次得到上级机关和军方领导的肯定和好评。

三是促进提升了学习型文化的影响力。学习型文化建设工作得到领导、职工的认同和上级的肯定。2006年被评为沈阳市企业文化建设十年先进单位奖，2005年、2006年分别被评为全国企业文化建设先进单位和优秀单位。2008年被评为改革开放30年全国企业文化建设先进单位。

四是文化力提升了创造力，有力地推动了科研任务的圆满完成。学习力转变为创新力，技术难关一个个攻破，创新成果大量涌现，重点型号硕果累累。一型飞机获国家科技进步特等奖，三个重点型号飞机研制分别荣获国防科技工业武器装备型号研制的金奖和银奖，科研所多次荣立集团公司型号研制集体功。

创建学习型文化，为我所增添了新的生机与活力。学习型文化的深化是一个系统工程，我们将认真学习贯彻党的十七大、十七届三中、四中全会精神，在总结中提高，在继承中发展，在探索中创新，让学习型文化成为我所持续发展的不竭动力。

建设优秀企业文化 推动企业科学发展

——福建省电力有限公司莆田电业局

2009年，国家电网公司以党组1号文件下发了《关于建

设优秀企业文化促进公司科学发展的意见》。作为基层供电企业，福建省电力有限公司莆田电业局积极贯彻落实文件精神，运用“文化钥匙”来激活“员工智慧”，用统一的优秀企业文化建设来激励员工的士气，做到以人为本，加强建设优秀企业文化，以此适应企业改革发展需要，推动企业科学发展上水平。

企业先后荣获“全国五一劳动奖状”、全国“精神文明建设工作先进单位”、“改革开放30年全国企业文化优秀单位”等国家级奖项；被福建省委、省政府授予“抗御雨雪冰冻灾害先进集体”、连续十届保持省级“文明单位”、省“思想政治工作优秀企业”；荣获中国电力行业“企业文化建设工作先进单位”、“企业文化建设十佳创新成果”、被国网公司评为“抗灾救灾恢复重建功勋集体”和“奥运电力保障工作先进集体”等荣誉称号。连续9年党风廉政考核优秀，连续7年莆田市政府民主评议行风名列前茅，连续3年顺利通过莆田市人大常委会“人民满意的电业局”滚动考评。

企业文化建设情况

（一）制定建设优秀企业文化实施意见

结合深入学习实践科学展观活动，我局制定了建设优秀企业文化的实施意见，以“五个诚信”建设为抓手，即抓好“诚信管理、诚信经营、诚信工作、诚信服务、打造诚信队伍”，贯彻落实“诚信、责任、创新、奉献”核心价值观，提升队伍“精气神”，推进优秀企业文化建设。

（二）“六大载体”建设优秀文化

一是打造俱乐部文化活动工程。成立了第一届俱乐部理事会，开展节目主持人选拔活动，成立了“松柏”文艺、“长青书社”、篮球、羽毛球、气排球、乒乓球、游泳、摄影等8个俱乐部。二是深化巩固诚信建设成果。进一步深化、巩固“人人讲诚信”主题教育活动成果；以每月坚持开展“献一策、做一事、投一稿”工作，推动“三节约”活动常态化运作，增强全员节俭意识。三是开展先进人物典型宣传。深入挖掘我局先进人物的典型事迹，加大对劳模等先进典型的宣传力度，总结和推广先进典型的经验与作法，进一步激励广大员工以先进典型为标杆，引领员工比学赶超。四是举行第五届企业文化节暨第三届职工运动会，通过开展全民健身运动，振奋精神，增强企业凝聚力和向心力，纵深推进优秀企业文化建设。五是开展企业文化帮带活动。深化党员“一带二”先锋工程，与县公司开展学习实践“三级联学”及“党员一带二·支部一帮一”活动，丰富文化互学内容，实现互帮互带、共同提高的目的。六是开展青年成才实践活动。启动“我与企业共成长”主题活动，开展“百名农电工计算机帮带培训、百名青年技能培训计划、百名青年岗位技能竞赛”，巩固加强共青团和青年工作，加强党建带团建，引导广大团员青年在推动企业发展中建功立业。

（三）以优秀文化践行科学发展观

一是强化“诚信”建设，“人才强企”提升队伍素质。通过大力实施“人才强企”战略，坚持用“一三六”标准衡量和评价干部，建立能上能下的干部进出机制，严格执行干部责任追究、退出等有关规定，健全“四个通道”、“大培训、大练兵、大比武”、绩效管理体系等，不断提升队伍“精气神”。二是推行“节约”作法，责任理念融入企业发展。大力提倡“三节约”，过好“紧日子”，管好“钱袋子”。灵活审慎地应对当前金融危机的影响，开展“三增”活动：增强节约意识、增供扩销、增收增效，抓住国家扩大内需、“家电下乡”、新农村电气化建设等带来的机遇，促使售电量保持稳步增长，每月售电量增幅均居全省首列。三是培育“爱心”奉献，塑造企业良好形象。弘扬奉献精神，大力培育爱心理念。通过举办企业文化节、职工运动会、开展迎峰度夏调研慰问等活动，引导职工为企业这颗大树浇水培土；开展“一日捐”、“爱心助学”、“爱心结对”、为台湾“八八”风灾人民捐款等活动，激发员工主人翁意识和奉献精神，实现社会和企业共赢发展。

企业文化建设取得的理论成果

1.《企业是树，员工是根，树根融合打造坚强海西湄洲湾港口城市电网》在2009年5月福建人民出版社出版的《改革开放与企业文化建设》一书中刊登。

2. 推荐3篇文章参加中国企业文化研究会主办的2009年“第二届中国企业文化百人学术论坛”优秀成果评选，荣获二等奖1篇、三等奖2篇。

开展“四统一”优秀企业文化建设

当前，企业发展进入了再上新台阶的关键时期，加快推进“两个转变”，建设“一强三优”现代公司，深化以集团化运作为核心的“四化”工作，加强以信息化为基础的人、财、物集约化管理，建设统一的坚强智能电网，迫切需要统一的优秀企业文化提供强大的思想保证、精神动力和文化支持。面对新形势、新要求，企业文化工作进入了一个新的重要发展时期。

为此，我们要在全体员工中强化“一个国家电网”观念，树立“我是国家电网人”意识，推进以国家电网公司基本价值理念体系为核心、以“四统一”（统一的价值观、统一的发展目标、统一的品牌战略、统一的管理标准）为基础的优秀企业文化建设；全面强化目标管理，促进企业发展战略的实施；全面应用企业标识系统，规范使用公司VI手册，统一策划品牌建设活动，提升品牌价值；全面完善企业管理标准，优化企业管理和业务工作流程，提高企业管理效率效益，促进企业科学发展。

继续抓好《意见》的学习贯彻。《关于建设优秀企业文化促进公司科学发展的意见》是当前和今后一个时期指导优秀企业文化建设的纲领性文件。继续认真组织好《意见》的学习贯彻，把思想和行动统一到国家电网公司和省公司党组关于建设优秀企业文化的决策部署上来。

持续激扬优秀企业文化。增强企业文化支撑作用，大力推进以“诚信、责任、创新、奉献”为核心价值观的优秀企业文化建设，积极倡导“甘于吃苦、乐于奉献、敢为人先、勇争第一”的“红土地”精神，以“四统一”为基础，积极宣贯践行优秀企业文化。

扎实开展“四统一”主题实践活动。下发《关于开展企业文化“四统一”主题实践活动的通知》，按照“宣传教育、分析整改、总结提高”三个阶段内容，认真开展主题实践活动，稳步推进各项工作开展。

加强企业文化环境建设。建立文化信息动态沟通和共享平台，促进各项工作有序推进。紧密结合企业发展工作实际，加强企业文化环境建设，重点加强企业荣誉室、文体活动中心、专题网站等企业文化阵地建设。

精心打造企业文化精品项目。利用“松柏”文艺、“长青书社”等载体，结合庆祝新中国成立60周年、建局30周年等重大事件节点，精心策划，组织推出一批感染力和影响力强、反映企业发展成就的系列企业文化产品。并着力培育先进人物、先进实践案例等企业文化先进典型，以此为载体广泛传播优秀企业文化建设成果。

深入开展企业文化活动。把开展企业文化活动与生产经营和管理活动相结合，着力增强优秀企业文化的穿透力、影响力和震撼力。深入开展“三节约”活动，持续深化党建“三级联创·一带二”先锋工程等，大力推动企业文化建设，进一步调动广大员工的参与热情，进一步激发文化创造活力。

加强企业文化建设
应对全球经济“寒流”

——神火铝业公司

由美国次贷危机引发的金融风暴席卷全球，许多国家的实体经济遭受了百年不遇的“寒流”侵袭。以投资和出口拉动为主要手段的中国经济，也遭遇了前所未有的困难和挑战。为阻止经济快速下滑，国家及时采取积极的财政政策和适度宽松的货币政策，加大政府投资，刺激市场消费，保障人口就业。特别是把扩内需、保增长、调结构、上水平、抓改革、增活力、重民生、促和谐作为2009年工作的重点。在当前经济形势晦涩不明的情况下，作为国家500强企业之一的神火集团，其下属的神火铝业公司，以强化企业文化建设为根本，致力用文化力激活生产力，增强企业核心竞争力，在经济危机的环境下探索出了一条企业摆脱困境的可持续发展之路。

自金融危机爆发以来，铝业公司一直围绕优化产能、优化服务、增加高附加值产品、降低综合成本等方面做文章。先后采取了满负荷工作法、金牌服务等重要举措，使企业保持了健康运行的良好态势。特别是公司一直狠抓企业文化建设不放松，获得了从容应对危机、谋求持续发展取之不尽用之不竭的源泉和动力，使公司的综合竞争力不断提高。09年以来，重点开展以“强化理念、深入挖潜”为主题的企业文化建设活动，把质量理念、效率理念、成本理念、环保理念贯穿到公司的每时每事每人每处，全体员工开动脑筋，想办法出主意，为应对困难局面积极献计献策，同时，切身实践，激情投入到内部挖潜的工作中，岗位创效，尽心尽责，为公司度过难关贡献了最大力量。企业文化建设的创造性开展，使企业迅速找到了一条符合公司发展的特色之路，增强了企业发展的后劲，实现了企业在困难情况下又好又快发展的目标。

把质量理念贯穿到企业管理每一事

质量是企业产品的生命，也是安全工作的生命、企业管理工作的生命、学习工作的生命……铝业公司把质量理念贯穿到工作中的每时每刻，方方面面，坚持质量第一，以质取胜。安全工作方面，要求严之又严，细之又细，真抓实干，真查细找，坚决做到硬碰硬，实打实，出实招，解难事，实现了安全质量稳步提高的目的。内部控制管理是保障企业产品质量持续提高的基础工程，只有这项工作扎牢根基，产品质量才能经得起当前市场风云变幻的考验。铝业公司从健全规范制度入手，以强化落实执行为着力点，以维护公正合理为重点，加强过程监督，加深环节控制，加大奖惩力度，使员工工作绩效得到最好的体现，确保了产品质量。学习使人进步，使员工为公司生存、发展进一步更好的贡献力量成为可能。公司持续拓展员工的学习时间和学习空间，细心规划，精心实施，改机制，重方法，讲形式，要质量，努力为人才成长开辟五条“绿色”通道，即内、外培训通道，职称、技能鉴定通道，技能大赛通道。全体员工综合素质得到大幅的提高。

把效率理念贯穿到企业管理每一时

讲效率就是讲时间讲质量，时间对于每个人来说都很宝贵，对铝业公司的发展更是如此。公司为多增加效益，通过减少生产“时间”，缩短生产周期，多拉快跑，争时间抢速度，努力为企业带来更大的发展。对于当前内需不足的困难情况，铝业公司号召全体员工坚持“时间就是金钱，效率就是生命”的精神，把握和谐发展的时代主旋律，做到与企业同呼吸共命运。同时，要求全体干部职工以时不待我的紧迫感，只争朝夕的进取精神，争分夺秒，为企业持续发展勤奋工作。管理干部努力提高自身素质和能力，与时间赛跑，挤时间学习，深入调查研究，找准企业发展的瓶颈，为企业迅速摆脱困境，建言献策。职工群众用学习力促进工作能力的提升，努力成为生产上的多面手、技术上拔尖人、挖潜增效的排头兵。当今是信息飞速发展的时代，知识更替快、信息数量大、传递速度快，“时间就是金钱，效率就是生命”的意义就显得更为深刻。正是在深刻理解的基础上，公司全体抓时间、抢效率的意识比以往任何时候都更为炽烈，作为都更为实在，效果都更为明显。珍惜时间，多做贡献在铝业公司氛围浓厚，蔚然成风。

把成本理念贯输到企业管理每一人

成本是一个企业核心竞争力中至关重要的因素。公司把开展PEC管理、清洁生产等活动,作为贯输成本理念的重要一环。主要体现在成本管理的精细化,降低物耗能耗,从源头上降低成本,达到资源利用率最大化的目标。成本涉及方方面面,公司在主抓生产成本的同时,延伸抓好学习成本、活动成本、会议成本、安全成本……,压缩各种座谈会、表彰会、交流会等。今年是企业发展历史上最困难的一年,铝业公司将降低成本作为脱困的突破口,把成本理念贯输到企业的所有员工,“干毛巾里拧出水,枯树枝中榨出油”,牢固树立过紧日子的思想,积极营造艰苦奋斗、共克时艰的氛围。勤俭节约办一切事业,一些不必要的成本被严格控制。铝业公司全体员工“效益在我心中、成本在我手中”的思想已经树立,困难时期人人争先,齐心协力共渡难关的理念也已形成。

把环保理念贯穿到企业管理每一处

铝业公司站在以人为本,实现可持续发展的政治高度,创新工作理念,健全体制机制,推行清洁生产,抓好环保工作。推广清洁生产能源,减少使用有害能源;采用先进的工艺和设备,提高资源利用率;循环使用、回收利用,降低能源消耗;加强现场管理,保持环境卫生。工作中,着重抓好原料源头把关、生产过程控制和产品服务三项重点工作,实现了本质节能减排的目标。清洁生产使企业生产发展、经济效益持续增加,使蔚蓝的天空、清澈的水源、新鲜的空气、明媚的阳光在铝业公司成为现实。

(作者蔡亚鹏)

企业文化观点荟萃

把成本纳入企业文化

余心言

成本是个经济概念，怎么能纳入文化？是不是把企业文化当作一个装什么都可以的筐？

当然不是。

所以提出这个问题，首先是成本对企业来说，至关重要，是关乎企业生死存亡的重要。尤其在应对全球金融危机的今天，一些企业面临重新洗牌的危机，成本的问题就更突出了。

提出“成本文化”的，是一家石化企业。他们每天要消耗的原油，是用驳船运到专业码头上，再用油泵抽入油库。按照多年的工作程序，油泵抽不出油就意味着驳船已经卸空。但码头职工发现，这时在每条原油驳船的舱底，仍有厚度约 4 至 5 厘米的原油没有抽上来。于是他们采用控制每条驳船密封舱的方法，调节驳船的倾斜度，再把舱底的抽出来。这样做，需要职工登上甲板操作几个小时，但每年能为企业回收约 2500 吨原油，价值约 1000 万元左右。这可是实实在在的经济效益啊！

类似的降低成本的措施在这个企业还有不少。

有两台锅炉制粉系统的磨煤机入口漏粉严重。他们对设备精心调整，消除了漏粉现象，不但改善了环境，还每天减少电耗 1200 度。一年降低成本大约 200 万元。

环氧树脂事业部过去抹布、拖把、丙酮的用量很大。工人和技术人员根据需要把大块抹布剪成小块，使抹布消耗由原来每月 300 公斤减少至 100 公斤，拖把消耗由原来每月 400 把降至 200 把，丙酮的消耗由每月 1000 公斤降至 500 公斤。

在金融风暴袭来时，诺基亚公司北京的负责人对员工说，公司的全球订单下降。公司在全球有 9 个企业，如果一共有 2000 万订单，9 个工厂分，怎样才能保证北京企业的订单不会少呢？这就要看我们单台产品的生产成本是不是比别人低。而要降低成本，就要降低每一个人的消耗，甚至电话费都要计算。如果一不小心造成返工，费用就出去了，成本就上来了。公司还会把那么多订单分给你吗？如果两个月没有产量，饭碗怎么办？

当然降低成本不仅是在公司内部抢订单的问题，更是整个公司在市场上找饭碗的问题。如果成本下不来，市场上有订单也没法接，或者是接一单亏一单，正所谓“不做就等死，做了就是找死”。出路只有把成本降下来。

但是降低成本不仅是老板的事，也不仅是企业高管或者财务部门的事。成本是发生在企业生产、管理、经营的全过程之中的，是企业全体成员的全部活动共同构成的。只有人人都来关注，每一个环节都把得严，成本才能降下来，这就不能不借助文化的力量了。

讲成本文化，主要解决的是观念问题，进而是形成制度、养成习惯的问题。

一些人习惯于眼睛向上。有些国有企业有了困难等政府、等上级来救助。有些企业眼睛盯着总公司，就是看不见自己手底下的潜力。

一些人习惯于随大流。“这么大的企业，我一人节约了，会有多大用？别人浪费我也浪费。”恶性循环打不破。

一些人习惯于按老办法办事。过去这样办，现在只能还这样办。改一改，阻力太大。

一些人习惯于不费力气，省心。许多好办法就用不起来。

这些都是文化问题。只有改变了观念，形成了氛围，有了新的观念，新的办法才能产生出来，才能行得通。

事实上可以降低成本的办法是很多的。

有的企业尽可能安排在夜间供电低峰生产，降低了电费。

有的企业精打细算把可以外包的活不再雇人，挖掘本企业闲置劳动资源代替外包的劳务。

有的企业每个职工、每道工序都降低次品率，甚至实现了零次品。

有的司机出车时尽量匀速行驶，少踩刹车，一年节油的数量也不少。

企业文化的建设，必须围绕着企业生存和发展的需要来开展。正是从这个意义上，把成本纳入企业文化至关重要。

（本文摘自《中外企业文化》2009 年 3 期）

企业文化是企业可持续发展的永恒动力

姜兴宏

当前,全世界都在应对华尔街金融危机带来的困难和挑战。在这场危机当中,首当其冲、最直接接受挑战和考验的就是企业。所以,我们在讨论企业文化的时候,就不能不从这场危机谈起。在2008年夏季达沃斯论坛上,温家宝总理指出:当危机到来的时候,信心比黄金和货币还贵重。温总理的话,让我们想起了上世纪30年代,当经济危机和大萧条席卷全球时,美国总统罗斯福说了这样一句名言:我们唯一恐惧的就是恐惧本身。所以,坚定信心、摆脱恐惧是战胜当前危机的关键。我们企业也是如此。

树立起坚定不移的信心

面对困难,首钢党委要求广大干部职工首先要树立信心。当然,我们说的信心不是空话一套,而是要有具体措施;不是空怀壮志,而是要有充分的根据;不是空头支票,而是要取得实实在在的效果;不是空中楼阁,而是要建立在对国内外两个市场系统分析、科学把握的基础之上。

在钢材价格大幅度下滑、企业经营遭受重大打击的情况下,首钢及时决策,做出部署。一是调整生产计划,适当安排检修和技术改造。二是最大限度地争取用户,拿到订单。三是压缩开支、开源节流,强化管理、降低成本,优化投资结构、化解投资风险。四是加大内部整合改制的力度,强化兼并重组。五是深化资源战略,对国内外两个市场同时进行矿石、煤炭资源战略整合。六是加强职工培训,组织团队到世界上先进的企业去学习。七是抓紧搬迁项目,推进搬迁调整。八是尽力安排好职工生活,保持职工思想稳定。这些措施保证了企业在这场经济危机中临危不惧、沉着应对、队伍稳定,保证了广大职工对企业前途坚定不移的信心,对企业的发展目标坚定不移、对搬迁调整项目的实现坚定不移。

首钢的干部职工有决心变挑战为机遇、变危机为发展。我们理解,温家宝总理的坚定信心、罗斯福总统的摆脱恐惧,其实就是一种理想的追求、信念的坚守和价值的执着,其实质就是一种最深层次的文化。所以一个企业要战胜困难、摆脱危机、寻求可持续发展,首先必须要有先进的文化。

说到危机,好像只有金融风暴来了,才是危机,其实不然。企业就是“斜坡上的球”,不进则退。企业参与竞争每时每刻都会处在危机当中,危机可以说是企业的一种常态。

首钢90年的历史,多次处于生死存亡的境地。1994年,首钢824万吨钢产量创造了中国之最,但是随后危机就来了。首钢地处北京,中央要求我们限产,不准再扩大规模,同时环境、水、电、资源都使首钢的发展受到了限制,所以首钢出现了10年徘徊。在这个时候,要首钢还是要首都的议论,在全社会传播开来。特别是到了2002、2003年,中国钢铁业得到了突飞猛进的发展,中国已经有了2亿吨钢产量的规模,首钢却还是维持800万吨不动。在1994年的时候,800万吨是举足轻重的,而到了2002、2003年的时候,有没有首钢的800万吨,对中国钢铁业没有太大的影响。特别是宝钢、鞍钢、武钢、太钢,民营企业沙钢,群雄并起,他们可以轻而易举地整合兼并首钢。首钢面临着生死存亡的考验。

把危机变成发展机遇

2001年7月13日,北京申奥成功,首钢干部职工和全国人民一样在当天晚上举行了通宵达旦的庆祝。但随之而来的,就是首钢人的痛苦抉择,要离开北京,要痛别北京,要搬迁调整。2005年2月18日,国务院批复了首钢搬迁调整方案,共分两步走:一是2008年停产400万吨;二是到2010年再停剩下的400万吨。新建项目有两个:一是在北京顺义建设一个150万吨的冷轧厂;二是在河北唐山市南80公里的曹妃甸建设一个1000万吨级的钢铁大厂。

通过搬迁,首钢实现了临海、临港,实现了产品的升级换代,实现了循环经济、节能减排、自主创新。到目前为止,首钢第一个搬迁项目顺义冷轧已于2007年11月顺利投产,第二个曹妃甸钢铁大厂也已经达到投产条件。我们现在正朝着胡锦涛总书记提出的首钢要建立科学发展示范厂、温家宝总理提出的首钢要通过搬迁调整建设一个新首钢的目标而努力奋斗。

实际上,首钢是通过化解这次危机,实现了首钢新的发展。为什么首钢能把遇到的危机变成了发展的机遇呢?首先有党的领导、有国家的支持、有社会各界的支持,但同时也有我们首钢自己的努力。首钢有什么有利条件呢?我们有自己的技术,有自己的管理,有自己的队伍,有自己的人才,同时更有自己的文化。首钢的企业文化主要体现在以下几个方面。

一是艰苦奋斗、自强不息。首钢90年的历史就是一部艰苦创业的历史。今天首钢搬迁调整仍然和1919年建厂时一样,还在进行艰苦创业。曹妃甸大厂是我们在一片海滩上通过吹沙造地建起来的,我们现在的艰苦条件在某种意义上可以说并不比1919年建立石景山钢铁厂时容易,所以我们今天仍然是艰苦创业。

二是开拓创新、敢为人先。首钢多年来创造了许许多多的世界第一,也给中国填补了许多空白。无料钟炉顶、氧气顶吹、转炉炼钢、顶燃式热风炉等等,这些钢铁冶金技术都是首钢创造的。改革开放之初,我们借鉴农村承包制的经验,率先在城市经济体制改革中实行了企业承包制。首钢在改革过程中还创造了许多第一,比如说企业办银行,华夏银行就是首钢最早开始创办的。在曹妃甸建设中,我们也创造了许多第一,在海滩上吹沙造地建钢厂是世界第一家,5500立方米高炉在中国是第一家,200多项自主创新的项目填补了国内许多空白。

三是开放合作、兼收并蓄。1919年首钢建厂的时候就是一个股份制企业，第一座高炉是从美国引进的，第二座高炉是从日本引进的，解放初的技术主要是使用苏联的。所以首钢从开始建厂，就有开放合作、兼收并蓄的源头。改革开放后，首钢又第一家走出国门，实行国际化经营。在香港有上市公司，在秘鲁收购了360平方公里具有永久开采权的秘鲁铁矿。在曹妃甸也是这样，我们吸收了国内外最先进的冶金企业管理和技术，是集大成者，是国际先进、中国一流的钢铁企业。

四是尊重职工、以人为本。20世纪80年代首钢在实行承包制时期，就提出了8个大字："承包为本，人民为本"，这是当时的企业文化。以人为本是我们的优良传统。比如说前些年在改革开放过程中，有的企业提出来要砸"三铁"："铁工资"、"铁饭碗"、"铁交椅"，首钢没有实行这个。我们觉得职工是企业的主人，我们不能砸他们的饭碗，不能破坏他们的工资制度，也不能破坏他们最低的生活收入。在最近应对世界经济危机的过程中，国内外的一些企业采取了两种措施来应对，一是减员，二是降薪，这两种措施首钢到目前为止都没有采取。我们认为，我们的责任就是尽量维护广大职工的利益，尽量不使广大职工的切身利益因为经济危机而受到影响。

这次搬迁调整，我们发扬以人为本的精神，一些退休职工、内退职工重新返聘到急需的岗位。一些不能在原岗位继续工作，又不能适应新岗位的职工，我们加紧对他们进行培训，给他们找到新的合适岗位。所以以人为本是我们企业文化的核心内容。

五是追求卓越、永不满足。这一点历来是首钢的优良传统。周恩来总理在上世纪70年代提出首钢要为首，所以首钢在1994年实现了钢产量全国第一，实现了周总理对我们的期望。这次搬迁调整，温家宝总理提出首钢要达到技术一流、管理一流、效益一流、环境一流，要追求卓越、永不满足。因此，首钢的搬迁调整就是一次浴火重生、凤凰涅槃的过程，我们要通过搬迁调整，把首钢建设成为国际先进、国内一流的钢铁生产基地。

由民族企业发展为国际化大企业

首钢企业文化无疑在企业发展创新中起到了重要的推动作用。因为这些思想理念是在企业发展过程中长期积淀而形成的，是历代首钢人实践的结晶，是中国工人阶级优良传统的精华，是中国改革开放时代精神的浓缩，是中国共产党核心价值观的延续，是中华民族优秀文化的体现。

1919年到1949年，解放前30年。中华民族的许多仁人志士，为了实现产业救国的梦想，建立了首钢钢铁厂。这个时期的首钢在北洋军阀、日伪政权、国民党腐败政府的统治下，发展的非常慢，解放前只能生产一点铁，不能生产钢。但是这个艰难曲折的过程却积累和积淀了中华民族的传统文化和民族精神，九死一生、生生不息、百折不挠、多难兴企，这是解放前30年为我们积淀的宝贵财富。

1949年到1978年，也是近30年的时间。企业回到了人民的怀抱，中国工人阶级当家做了主人。企业职工拥有一种产业报国的梦想，积极性很高。这个时期形成和积淀了热爱国家热爱党、爱岗敬业、无私奉献、顾全大局的中国工人阶级的优良传统；形成了回报社会、回报祖国、回报人民、回报客户的主流价值观。这是改革开放前30年形成的。

从1978年到现在。30年来，改革开放、建立社会主义市场经济体制、国际化战略使首钢学到了世界各国的先进技术、先进管理、先进文化。为了实现科技强国的梦想，积淀了适应改革开放、市场经济的先进文化和创新创优创业的精神追求。

首钢的文化经过90年的积淀，物化于产品当中、固化于管理当中、内化于职工的行动当中，是一种无形的力量，是一种软实力。首钢企业文化不是供少数管理人员用来说教的，不是由少数研究人员雕琢而成的，而是经过一代又一代首钢人提炼升华形成的传家之宝，是首钢之根、首钢之魂，是战胜困难、化解风险、应对危机的一大法宝，是构成企业发展的重要支柱。首钢企业文化不是简单照抄照搬外面的舶来品，而是在实践的基础上、吸收古今中外先进文化形成的具有独一无二价值的无形资产，是无价之宝。

首钢的企业文化具有历史性、实践性、时代性、先进性、群众性、包容性。党的十七大报告指出，当今时代，文化越来越成为民族凝聚力和创造力的重要源泉、越来越成为综合国力竞争的重要因素。社会因文化而繁荣，企业因文化而常青。企业文化是企业发展的永恒动力。

（作者系首钢党委副书记，本文摘自《企业文化》2009年1期）

丰田文化的"全球化"挑战及其启示

王成荣

去年夏季至今，丰田汽车"踏板门"、"脚垫门"、"刹车门"等事件接踵而来，质量问题愈演愈烈。以美国为主，在全球范围内，丰田累计召回问题车已近900万辆，超过丰田2009年781.3万辆的全球总销量，这也是丰田自1933年创业以来最大规模的召回事件。销量下降，股票下跌，亏损加剧，享誉全球的丰田汽车已经走到了十字路口。

"丰田事件"的根由是什么？是成本"杀手"问题、过快扩张问题、体制滞后问题、危机管理问题，似乎都有关系。但我看更深层次原因还是文化的不适应，丰田文化遭遇了"全球化"的严峻挑战。"丰田事件"与其说是丰田"全球化"战略惹的祸，不如说丰田文化没有赶上丰田市场"全球化"的步伐。

卓越的丰田文化与失败的跨文化管理

丰田在世界上人力最贵、成本最高的地方，生产出质高价宜的产品，成为世界上最赚钱的公司，其秘密武器是丰田文化驱动的丰田模式,丰田模式因此受到全球企业的顶礼膜拜,以至于像卡特皮勒这样的著名公司均以丰田为榜样。

丰田文化的精髓是培养人才、造就忠诚员工和高技能员工。这种文化体现在“丰田纲领”中:“事业在于人;上下同心协力,忠实于公司事业,以产业成果报效国家;潜心研究与创造,不断开拓,时刻站在时代潮流的最前端;切戒奢侈浮华,力求朴实稳健;发扬友爱精神,以公司为家,相亲相爱;尊崇神佛,心存感激,为报恩而生活。”这样的文化牢固地根植于每个丰田人心中,激励丰田人忠于职守、拼命工作、提高效率,创造惊人业绩。

在经营上,丰田坚守“通过生产汽车而为建立富有的社会做贡献”的宗旨,“以最低的成本生产质量最高的汽车”,创造财富,贡献于社会。追求让汽车与自然环境“协调发展”,让公司与国际社会“协调发展”,让个人与社会共同进步。在生产上,推行“精益生产方式”,坚持“下一道工序是上一道工序的用户”,在每道工序里创造质量;以精益为手段追求低成本,杜绝不必要的多余;以零缺陷为最终目标追求高质量,一切为用户服务。在管理上,重视员工的思想工作,以人为本,当发现问题首要是考虑如何处理,而不是开掉负有责任的人。丰田实行“前辈制度”,为了让新参加工作的职工熟悉新环境,专门为新参加工作的职工确定一名“专职前辈”,担负着对新员工工作、生活及人际关系全方位的指导工作。这使得丰田像一个家庭,关系和谐,团队精神和集体责任感很强。

日臻完善的丰田文化支持丰田事业一路走来,表现出巨大的优势。从丰田喜一郎1933年创立丰田汽车开始,20世纪80年代全面走向世界市场,一路顺利,质优价宜的丰田汽车得到快速发展,公司盈利丰厚,消费者赞誉有加,连竞争者都表现出对它的尊重。这使得丰田公司对自己信心十足。

丰田文化确实很卓越。但任何卓越的文化都是在特定的环境中成长起来并发挥作用的,没有一种文化能放之四海而皆准。“丰田事件”实际上是没有解决好“全球化”过程中的跨文化管理问题,丰田文化在日本能够适用,在海外市场不一定能奏效。

当然,丰田在“全球化”中也是有一套先进理念的。丰田主张遵守国内外的法律及法规精神,通过公开、公正的企业活动争做得到国际社会信赖的企业市民;遵守各国、各地区的文化和风俗习惯,通过扎根于当地社会的企业活动为当地经济建设和社会发展作出贡献;以提供有利于环保的安全型产品为使命,通过所有的企业活动为创造更美好更舒适的生存环境和更富裕的社会而不懈努力;在各个领域不断开发和研究最尖端的科学技术,为满足全球顾客的需求提供充满魅力的产品和服务;以劳资相互信赖、共同承担责任为基础,造就出能够最大限度发挥个人创造力和团队力量的企业文化;通过“全球化”的创造性经营努力实现与社会的协调发展;以开放性的业务往来关系为基础,致力于相互切磋与创新,实现共生共存、长期稳定发展的良好关系。

丰田的这些国际化理念主要体现在处理与合作方的关系以及劳资关系方面,在决策体制、生产经营和质量把控方面仍以本土的文化和做法为准绳。丰田文化在海外出现不适应症,从而为“丰田事件”的发生埋下了隐患。实际上,丰田的质量问题已经积累了很多年,这次事件是一次总爆发,是必然的。

“全球化”诱发企业的贪婪本性

从历史的眼光看,丰田成长得益于“全球化”,但也可能毁于在“全球化”中对速度和规模的追求。“全球化”时代的到来,使得局部市场上的竞争扩展至全球,也就是说,一旦某个行业或地区竞争市场形成,很快会涌入来自全球的跨国企业,竞争强度提高,产品寿命周期缩短,迫使企业提高成长速度,保持或扩大成长空间和市场份额。像丰田这样的大公司要保持既定的市场地位,也必须创新技术,扩大规模,追求市场占有率;更何况,丰田野心很大,他要超越其他跨国汽车巨头。“全球化”就像魔鬼一样附身于丰田,使得丰田逐渐疯狂起来,在全球大举布局扩张。1995年,奥田硕从丰田达郎手中接管丰田,上任伊始就提出,丰田要占据全球汽车市场的10%,到2010年要达到15%。进入新世纪,丰田更把做世界第一定为首要目标。2005年,渡边捷昭始任社长时,曾表示首要任务是确保丰田的健康发展,而不是超越通用。不过上任仅4个月后,他就一意孤行收购了斯巴鲁8.7%的股份,扩大了丰田在美国的产能;2006年11月,又收购了五十铃5.9%的股份,借助五十铃的网络,巩固并增强了在欧洲和北美市场的力量;之后丰田在美国得克萨斯州投入12亿美元的工厂,加大了苔原(Tundra)皮卡系列车型的生产。这些举措都表明,丰田不断加快在全球扩张的步伐。在“全球化”的驱动下,丰田在2007年成为世界第一汽车巨头,其利润超过美国三大汽车公司利润的总和。

“全球化”带来的巨大利益和市场地位,进一步强化了丰田日益膨胀的贪婪的获利欲望,因而逐渐背离了追求高质量、一切为用户的核心价值,没能坚守其保守的文化特质,放松了质量控制,忽略了消费者的价值。大凡大企业出问题都源于贪婪,雷曼兄弟的破产源于贪婪,安然的破产也是由于贪婪,丰田的质量事件无疑也是贪婪所致。

企业的贪婪之心是内生的文化,是资本的属性决定的。但由于环境制约和企业责任与道德的约束,这种贪婪的欲望往往是被压制的。“全球化”把企业贪婪的欲望引发出来,使企业难以抑制。所以,从一定意义上说,所有“全球化”的企业都存在着比一般企业更加贪婪而导致失败的巨大风险。看到今年2月7日《世纪经济报道》刊载一篇题为《倒下的不是丰田产品,而是全球化商业模式》,说得很有道理。但我看“全球化”模式的弊端不仅限于技术层面,关键在于文化层面;“全球化”商业模式虽然不会因“丰田事件”引发像多米诺骨牌一样纷纷倒下,但会给所有“全球化”企业上一堂严肃的政治课。

“全球化”加重“大企业病”

“全球化”不仅强化了企业做大的贪婪欲望，而且助长了企业的“老大”思想，这是另一种“大企业病”。“大企业病”一词，最早由日本企业家立石一真首次提出，是指企业发展到一定规模之后，在企业管理机制和职能等方面，逐渐滋生出阻滞企业继续发展的种种危机，使企业逐步走向倒退甚至衰败的一种慢性综合病症。表现为信息不畅、机体僵硬、机构庞大的“肥胖症”；职责不清、决策复杂、行动缓慢的“迟钝症”；本位主义滋生，矛盾增多，协调困难的“失调症”；安于现状、墨守成规的“僵化症”等。

《红楼梦》里有一句格言“大有大的难处”。这话适应大企业，适应丰田。庞大的丰田本身就存在着“大企业病”，企业一大，导致其在扩大海外产能和市场中，技术出口优先于管理出口，人的因素被淡化，文化因素被淡化，对海外企业和零配件协作企业管理不足，企业在鞭长莫及的情况下，只能通过上传下达，决策执行缓慢，对市场反应缓慢。

而“全球化”的加速，使其所得“大企业病”病症加重，出现了新的病症。这种新的病症表现是：盲目自大，过度自信，过于自满。这“三自”使企业对自己的管理、技术、产品与创新、开拓能力都充满自豪感，危机感大为降低。于是忽略了对人的培养，对质量的控制。“三自”成为丰田变态文化的一部分。正像美国汽车咨询公司总裁威拉格所说，“丰田汽车野心太大，也许在注重品质方面有些自满。但在推出这么多车型的情况下，他们不可能做到面面俱到。”

“全球化”推动丰田一味扩大规模，在海外建厂，在海外采购零部件，建立“全球化”的零部件供应体系。仅在美国就建有 14 家工厂，雇佣了 3 万名员工。但由于“三自”，对能否将以“精益生产方式”不折不扣地在海外工厂加以贯彻执行，能否使世界各地的零部件厂商高质量并及时提供所需零部件，能否把精益理念向研发、销售等方向延伸，海外企业能否将生产与管理信息迅速传递给丰田总部并快速应对，这些本来都十分致命的问题均被淡化了。实际上，丰田汽车的脚踏板和油门突然加速问题几年前就发生了，如果丰田的决策者没那么自信与自大，引起重视，加以彻底解决，不会出现今天的局面。

本来，“全球化”企业就面对更复杂的环境，经营风险被过度放大，过度竞争把企业的每个细小失误在全球予以放大，从而给竞争者制造机会。“三自”蒙上了丰田的眼睛，大大降低了危机感，不但看不到问题严重性所在，而且为了维护利益，还尽量把问题化小，封闭消息，尤其是丰田章男“失语”一周，在处理危机中决策摇摆不定，这是一种很愚蠢的行为。可见，企业越大危机就越大，这就需要企业有更强烈的危机感，更有效的危机反应机制和反危机的决策机制。尤其是大公司在危机管理中还要有“政治敏感性”。美国的贸易保护主义不能不说是“丰田事件”扩大化的一个推力。

丰田文化和丰田模式需要改造与提升

既然丰田文化和丰田模式面临“全球化”如此大的挑战，因此，丰田只有改造与提升自身的文化与管理模式，才能走出困境。

丰田的“精益生产方式”所形成的两大支柱体系——“即时到位系统”和“智能自动化”，本质上是靠“人”，靠人为顾客生产最优质的产品。人是根本，人的正确的理念、对企业的忠诚与高度负责的主人翁精神、娴熟的技术以及人与人之间良好的协作，是保证“精益生产方式”实现的根本保证。

第一，要解决理念层面的求大、贪婪与自满问题。求大、贪婪与自满的思想和丰田的人本文化是有冲突的。丰田的决策者们不能忘掉丰田立足的根本，克服浮躁的心态，把丰田事业建立在人本的根基上，确保技术、生产、市场的国际化进程与丰田文化、丰田生产方式、丰田的人才培养相适应，才能从根本上克服危机、避免危机，把企业引上健康发展的轨道。

第二，要完善和提升自身的文化，强化精益人才的培养。丰田文化是强调集体主义和团队精神的，基本用人制度是“终身雇佣制”，非常重视员工的培养，尤其重视员工的合理化建议。丰田为了让更多的人提出合理化建议，设置提案箱，对优秀提案给予奖励。在集体价值观的主导下，公司目标和员工目标紧密地联系在一起，员工有着很强归属思想和安定心理，并从公司发展中受到激励，进而又增强对公司的责任感，形成良性循环，这一点使丰田独具欧美公司所没有的凝聚力和稳定性。但是，由于受现代化和“全球化”的冲击，日本企业的“终身雇佣制”逐渐出现解体之势，一些年轻人不是为了生活而是为了兴趣工作，不大愿意一直在一个企业工作，出现频繁“跳槽”现象；年功序列工资制也在吸收以能力为中心的职务工资制和职能工资制的经验，向混合工资体系方向改革；企业工会与企业经营者的年度“春斗”也越来越激烈。企业的团队文化，员工对企业的忠诚度、敬业度都不及从前。这实际上是丰田以及众多日本企业面临的最大危机。丰田海外工厂出现问题，给丰田一个很大的警示，如果本土文化根基不牢，出了问题再去弥补，为时已晚。因此，丰田需要做的，不仅是解决眼前危机，更要从长计议，反思和调整自身的文化，在坚守自身团队特色、整体意识的基础上，进一步关照和体现个性化、多样化的需求满足，处理好集体与个性的关系，使精益生产在“全球化”和现代化环境中有更有力的文化支撑。同时，要培养更多的忠诚丰田事业的精益人才，使精益文化、精益人才、精益技术三位一体，这样的丰田才是有前途的。

第三，要解决大企业管理体制的灵活性问题。丰田虽然是一个“全球化”的巨型公司，但囿于整体性的文化，管理模式仍是集权式的。这种集权管理模式，总部掌握大权，不同国家（地区）的分公司相互割裂，产业链中的设计、生产、销售部门沟通不畅，售后信息和投诉信息反馈不快。这种模式已经远远落后于时代。它使得所有问题都必须垂直上报顶级管理者处理，在这个系统中，很多问题因为拉长流程而得不到迅速解决。“丰田事件”的扩大化，就跟它的“汇报体系”直接相关。如何在坚守丰田模式和标准的基础上,改造管理模式,增大面对市场的环节的权利,加强横向沟通,加大企业的灵活性,这是丰田需要反思与解决的又一个重要问题。

第四,认真解决好跨文化管理问题。要知道,丰田精益管理不能在“全球化”中简单复制。《纽约时报》的评论说,当丰田向着“全球化”进军的时候,却无法要求全球的雇员以不同的文化精神来共同实践丰田爱企业如爱家的理念,这或许是丰田“全球化”风头正劲的几年来,召回事件却呈上升趋势的根本原因。日本与中国,文化相近,跨文化问题相对少一些;日本与美国,文化差异大,跨文化问题就很突出。比如,日本本土企业如果发现生产中出现问题,工人就毫不犹豫地拉停板,检查生产过程中的差错。这种停板是整条生产线的责任,而不是叫停生产板的工人的责任。在美国的丰田工厂,美国工人发现生产中出了问题,虽然也会按照规定拉停板,但他认为是由于个人原因导致了生产线出现问题,并担心受到惩罚。因此,在丰田输出管理方法的时候,还要进行文化的融合,否则,美国工人就不愿意拉停板,出问题的风险就加大,质量问题的出现就成为必然。日本丰田的质量是制造出来的,美国丰田的质量是检验出来的,二者差别巨大。丰田精益生产要求把质量隐患消灭在生产过程当中,这就不仅需要技术,更需要人的责任心与整体文化的保证。

第五,处理好高品质与低成本的关系。丰田“精益生产方式”的基本思想是“彻底杜绝浪费”,包括过量制造的浪费、等活的浪费、运送的浪费、加工本身的浪费、库存的浪费、动作的浪费、制造次品的浪费等等。“成本杀手”渡边捷昭“拧干毛巾上的最后一滴水”的至理名言,成为丰田节约文化的集中反映。2000 年,丰田实施“打造 21 世纪成本竞争力”战略,计划把 180 个核心零部件的成本削减 30%,2005 年前节省成本 100 亿美元。据报道,丰田某零部件供应商生产汽车喇叭由 28 个零部件组成,改进后,组装一个喇叭的零部件只需 22 个;原来丰田汽车的数十种车型使用 35 种门把手,经过改进后,只需要 3 种即可;丰田每辆车使用的钢制零部件由 600 余种缩减至 500 种。节约成本、共用组件不出问题是好事,出了问题影响巨大。正是这种多款车型共用一个平台,使用同一种零部件的做法,令丰田此次全球召回的车辆数百万台。质量与成本往往是成反比关系的;标准化产品与个性化需求也是矛盾的。丰田的节约文化在低碳经济中是积极的,但不能因为节约,丧失质量,丧失信誉。

结论与启示

丰田毕竟是一个“全球化”企业,占据着全球汽车市场最大的份额,在节能和新能源研发领域保持着领先水平,丰田模式仍然具有实践价值。“丰田事件”尽管影响深远,还不至于把企业推向深渊。但是,这是丰田在“全球化”道路上跌的最大一次跟头,需要其深刻反思、觉醒与变革,丰田可借机重整旗鼓。否则,也可能成为丰田由盛及衰的转折点。

讨论丰田,为丰田支招,这不是我们的任务。关键是我们的企业要从“丰田事件”中汲取经验与教训,尤其是正在走向“全球化”并以丰田为楷模的中国企业,应该积极而谨慎地开拓市场,搞好跨文化管理,坚守质量,避免全球化陷阱。

“丰田事件”在跨文化管理方面带给我们的主要启示是:

(一)要重视企业文化两重性在企业国际化中的影响。既具有共同属性和价值基点,又具有特殊属性。共同性可以借鉴,个性不能复制。如日本的团队精神、美国的个人能力主义、欧洲的参与管理,其中都渗透以人为本的思想;又如,市场经济国家都十分重视自主创新,视质量为生命,具有强烈的市场观念和消费者权益意识。这些都可以相互学习与借鉴,甚至“照搬”。但企业文化表现出来的民族性和传统的一面则很难学习与借鉴。包括影响巨大的丰田模式中的家族抱团文化,也很难随着丰田生产方式的“全球化”而推向全球合作企业。因此,在跨文化管理中,必须坚持优势互补,博采众长,交流融合的方针,才能收到较好的效果。

(二)管理国际化与跨文化管理跟进不可脱节。企业文化与企业管理紧密相连,不可分割,任何管理活动都是在一定文化环境中、接受一种文化的引导而进行的,管理人员的工作总是受到当前文化的影响。因而,不同的文化背景会造就不同的管理方式、行为方式和人际交往方式,文化制约和影响着管理的实践模式。在企业国际化过程中,光讲输出或引进管理,没有跨文化管理跟进和跨文化创新,再先进的管理方法和手段也不会产生良好的效果。

(三)中国企业在跨文化管理中要处理好文化入超问题。国际资本流动带动文化流动。伴随经济全球化进程加快,由于大量引进外资及中外企业的技术落差和管理落差,中国企业在跨文化管理中处于文化入超状态。创新波及理论认为,思想的传播或交流,在文化背景相同的群体内部较容易,否则很困难。中国的民族文化有一定优势,但企业文化不够成熟,管理水平较低,因此受到国际资本带来的文化影响也比较大;在中国引进的国际资本中,除有与大陆文化背景相同的港澳台等资本外,还有与中国文化背景差距较大的欧美等国的大量资本,这些资本携带的文化肯定对中国本土企业文化有较大的冲击。中国企业在处理文化入超问题时,一定要抱着既虚心学习又要勇于创新的态度,解决好跨文化冲突,力争找到我方文化优势与他方技术、管理优势的契合点。

(四)明智选择跨文化管理模式。跨文化管理的中心任务是化解文化冲突,共建共享新的企业文化。归纳起来跨文化管理模式主要有四种:第一是外资文化主导型,这种模式充分尊重和采纳国外投资方的管理模式与经验,把外方母公司文化移植到合资公司,作为合资公司文化的主脉。这种模式以整个公司崇尚效率为最高原则,强行灌输外方文化理念。推行这种模式经常出现的问题是,由于外方管理者不大理会本土文化及其影响,尊重本地员工的行为方式和感情不够,容易遭到中方管理者和员工的排斥和抵触。第二种中资文化主导型,这种模式以中国投资方的管理模式与经验为基础,以中国企业文化作为合资企业的主导文化。这种模式注重人际关系,关注员工的社会福利,按员工的资历决定其升迁。推行这种模式,企业文化的适应性强,但往往不能较好地学习与吸收外方的先进文化与管理经验。第三种是中外文化合作型。这种模式对文化差异较大的投资双方均给予充分的尊重,以合作为原则,通过沟通,取长补短,寻找价值共同点。这种模式的其主要手段就是沟通,运行过程中有时效率不高。第四种是中外文化融合创新型。即在充分挖掘中外双方企业文化优点的基础上,以契合文化为导向,结合合资企业的发展特点,创造其独特的企业文化。西安杨森的鹰雁式文化就是一个很好的范例。根据投资方资本和人力资源投入状况、市场竞争力、管理经验、文化背景以及管理者、员工素质等因素进行综合考量基础上,多数情况下,以中外文化融合创新型的跨文化管理模式为首选。

(五)注意跨文化管理实施中的策略。跨文化管理是一个非常复杂的问题。英国剑桥大学教授查尔斯·汉普顿·特纳认为同化、规范与融合最重要,这有一定道理。我认为最重要的是建立双赢核心价值观,以此为出发点,避免偏见,学会包容,“己所不欲、勿施于人”达成文化平衡。做好跨文化培训,实现跨文化管理前移,在合资谈判中就充分考虑投资各方的文化融合问题,尽早制定跨文化管理计划,以预防重大跨文化管理矛盾的产生。对于合资企业和准备走向国际市场的企业而言,应认真研究全球化成功企业(如可口可乐、麦当劳、海尔)和失败企业的运作方法,一方面解决好“国内”的跨文化问题,同时为走向国际市场积累经验。

(作者系北京财贸职业学院副院长、教授,中国企业文化研究会副理事长、学术委员)

推进央行文化建设 提升央行履职水平

马德伦

金融业的持续健康发展,不仅需要良好的内部治理和外部环境作支撑,还需要先进的思想和文化去引领。人民银行作为我国的中央银行,担负着金融调控、金融稳定和金融服务的重大责任。这就要求我们在实际工作中按照科学发展观的要求,坚持与时俱进,不断深化央行文化建设。要通过先进的文化理念、高尚的思想境界和良好的职业道德规范,统一央行干部职工的思想和行动,凝聚干部职工的智慧和力量,激发干部职工的潜能和才智,为更好地履行央行职责提供强大的精神动力。

央行文化建设是一项系统工程,大力加强央行文化建设,必须着力丰富央行文化建设内涵,提升文化建设层次,打响文化建设品牌,发挥文化建设作用,将央行愿景、央行使命、发展战略、运行体制、员工行为等各个方面,按其内在机理与逻辑,塑造一个充满生机的系统,使央行文化建设真正成为促进经济社会又好又快发展的“动力阀”和“助推器”。

提高认识,更新观念,发挥央行文化建设整体效能

我国正处在应对国际金融危机,保持经济平稳较快发展的关键时刻。从国际环境看,美国次贷危机引发的全球性金融危机消极影响仍在蔓延;从国内形势看,保增长、保民生、保稳定的任务十分繁重。央行文化建设必须适应新形势的要求,坚持以人为本,树立“文化就是生产力”、“文化建设就是能力建设”的新理念,重新审视、重新定位,不断增强文化建设的有效性和针对性。在强化央行文化建设中,既要注重继承发扬我国优秀文化传统,挖掘基层实践中的央行文化建设经验,又要积极借鉴国外先进管理思想和优秀的文化成果,并加强自主创新。要发挥央行文化的比较优势和后发优势,在金融环境、政策引导、行政效率、诚信法制、服务质量、队伍建设等方面加大建设力度,努力把央行文化建设成既能体现金融文化的传统性,又具有鲜明行业特点和时代精神的文化。

明确目标,凝心聚力,不断丰富央行文化建设细胞

央行文化建设要把握正确的发展方向,始终坚持中国特色社会主义文化的性质,充分发挥社会主义核心价值体系的引领作用。要以邓小平理论和“三个代表”重要思想为指导,深入贯彻落实科学发展观,建设面向世界、面向未来的具有央行特点、地域特色、人文特征的文化体系。要按照贴近工作、贴近实际、贴近群众的原则,通过科学、有力的舆论导向、文化辐射、制度安排等,统一思想、尊重差异、引导职工,不断增强文化建设的影响力、渗透力和感染力。当前,要着力在不断丰富央行文化建设活动细胞。实现央行文化建设的突破性发展,需要广大职工的积极参与,需要一个个团体的努力实践,我们要高度重视“细胞工程”建设,充分调动广大职工参与创造的积极性,激活每一个“细胞”,形成浓厚的央行文化建设氛围,并将促进干部职工履职能力的提高作为评判央行文化建设工作成效的主要标准。

研究探索,完善机制,全面提高央行文化建设质量

央行文化重在建设,完善央行文化建设的工作机制,是央行文化建设的重要保障。探索建立央行文化建设的长效机制,主要包括建立科学的管理制度、完善的教育体系及严格的绩效评价体系。为此,要明确工作职责,建立分工负责、协调内外的央行文化建设体系,保证央行文化建设工作

的顺畅运行;通过考核评价和激励机制,定期对央行文化建设的成效进行考评和奖惩;建立保障机制,注重把央行文化建设与制度创新相结合,实现制度与文化理念的对接,把央行管理理念与核心价值观内化为广大员工的动力和自觉行动,渗透到管理过程的细节之中,建立科学、规范的内部管理体系,在激励约束中实现价值导向,引导和规范员工行为。

丰富载体,创新思维,努力拓宽央行文化建设平台

文化的本质在于创新。加强央行文化建设必须坚持在继承中丰富,在丰富中创新,在创新中发展。只有做到深化改革、不断创新,央行文化建设才具有持久的生命力。

在今后工作中,我们要坚持以社会主义核心价值体系为指导,构筑共同的理想信念,着眼于满足广大职工的精神文化需要,努力创新央行文化建设的方式方法,借助各种新型载体,努力实践,强力推进,打造独具特色的央行文化,使央行文化成为引导人、鼓舞人、激励人的一种内在动力。

(一)总结经验,明确方向,推进央行文化建设继续深入开展

几年来,央行文化建设从动员、起步、推进、提高,到再动员、再深化,一步步地与央行的具体工作结合得更加紧密,央行文化建设框架基本成型,基本确立了央行文化建设品牌。我们要很好地总结成果,进一步明确方向、形成共识、激发热情、创造动力,推进央行文化建设继续深入开展。

(二)更加深入理解央行文化建设,共同推进央行文化建设

推进央行文化建设,既是人民银行全面落实党的十七大精神和科学发展观,提高干部职工队伍素质,更好地肩负起金融宏观调控职责的一项重大决策,也是面对复杂多变的经济金融形势,切实加强央行自身建设的一个重大举措。人民银行各分支机构一定要从依法高效履行央行职责,积极构建社会主义和谐社会,坚持以人为本,促进人的全面发展的高度,充分认识加强和改进央行文化建设的紧迫性、现实性和必要性,进一步解放思想,转变观念,准确把握央行文化建设的丰富内涵和鲜明特色,进一步明确央行文化建设的指导思想和任务要求,切实把央行文化建设的落脚点放在提高各级人民银行的履职能力上,提升干部职工的思维层次、思想境界、学识水平和业务技能,切实增强干部职工的积极进取意识、顽强拼搏意识,充分调动干部职工参与文化建设的积极性、主动性,努力营造各分支机构重视央行文化建设,人人参与央行文化建设的良好氛围,共同促进央行文化建设活动的深入开展。

(三)进一步加强对央行文化建设的领导,稳步推进央行文化建设

人民银行各分支机构负责人要在央行文化建设中率先垂范,作好表率。当然,党委各职能部门和工会是央行文化建设的主要组织者和推动者,其他部门是央行文化建设的实践者和承担者,每一个干部职工都是央行文化建设的参与者和践行者。可以说,央行文化建设,是人民银行每一个部门、每一个员工份内的事。只有齐抓共管,形成合力,人人积极参与和实践,央行文化建设的每一项工作才会落到实处。同时,央行文化建设不仅是文化学习,也不仅是文娱活动和环境建设,更是一种更高层次上的理念文化和管理文化,是央行人认同、追求的价值理念和行为准则。央行文化建设强调以人为本和行业的特性。文化建设具有"共识性"、"相对稳定性"等特征,因此,在建设央行文化实践中一定要协调好各项工作的关系,从大处着眼,从一点一滴的小处着手,潜移默化,和风细雨,重在着力建设,贵在持之以恒;重在大胆探索,贵在人人践行。

一个行业的发展需要文化的推动,一项事业的繁荣也要求文化的繁荣。央行文化建设的成果最终要落实到提高广大员工的工作积极性和创造性,履行好央行职责,促进央行各项工作目标的实现上。我们要继续发扬敢为人先的精神,以更加旺盛的斗志、更加务实的作风、更加扎实的工作,进一步立足自身实际,关注未来发展,推进文化建设,不断提高履职能力和管理水平,为人民银行的改革发展稳定做出新的更大的贡献!

(作者系中国人民银行副行长,本文摘自2009年6月7日《经济日报》)

企业文化建设必须紧密联系企业经济发展的实际

熊传勤

企业文化建设必须紧密联系企业经济发展的实际

企业文化是在企业的生存和发展中丰富发展起来的,企业文化又在企业的生存和发展中起着积极的促进作用和催化作用。有生命力的正确的企业文化对企业发展战略、企业管理、企业经济发展有着不可估量的积极的推动作用。没有文化的企业是没有前途的企业;离开了企业的生存,离开了企业发展战略,企业文化也将苍白无力、毫无意义。古人云,"皮之不存,毛将焉附。"因此,企业文化建设与企业生存发展、长远战略息息相关。当前我国正处在"十一五"即将结束,思考和制定十二五规划的关键时期,各个企业的生存发展又与国家的宏观规划与政策紧密相连。企业要研究改革发展的外部条件和生存环境,从而进一步谋划企业自身长远发展战略和近期发展任务。

目前,我国石油和化学工业,包括石油、天然气等勘探开发、石油加工、石油化工、煤化工、生物化工等20多个子行业。可生产6万多个产品,是门类比较齐全、品种大体配套,有一定国际竞争能力的完整工业体系。

2009年，我国石油和化工总产值达6.63万亿，占全国工业总产值12.1%。增加值占全国工业增加值12.0%。约占全国GDP的4%。总资产占全国工业中的13%。我国已成为全球第二大石油和化工产品生产、消费大国。

目前20多种大宗产品产量居世界前列。氮肥、磷肥、纯碱、烧碱、硫酸、电石、农药、染料、轮胎、甲醇、合成纤维世界第一。原油世界第五。今年上半年，虽然金融危机阴影还未完全消除，国内自然灾害频发，经济环境多变，行业经济仍实现了快速增长。上半年，总产值4.11万亿创历史新高。占全国工业总产值12.7%。全行业规模以上企业已达3.57万家。行业经济规模超过危机前水平。

石油和化学工业近年来，总的发展态势是健康、平稳快速，但是石油和化学工业实现可持续发展，仍有诸多制约因素：

一是行业大而不强。近10年来，石化产业发展迅速，产业规模技术水平有较大提高，千万吨级炼油、百万吨级乙烯、大型合成氨成套技术本地化取得进展，形成一大批国内知名的、有影响企业和工业园区。但相比发达国家，大而不强。我们生产的大多是劳动密集型的大宗、传统产品，处于世界石化产业链中、低端。技术密集型高端产品需要大量进口。企业技术水平落后，能耗物耗偏高。关键装备、技术空白，竞争力偏弱。实现大而强，从生产大国走向制造大国还要走很长的路。

二是资源、环保、安全压力。目前石油和化工90%以上的产品原料来自矿产资源，每年消耗固体矿约3亿吨，原油消费3.9亿吨。但中国人均矿产资源仅占世界平均水平的一半。石油对外依存度已超50%，天然胶对外依存度达70%。石化产业又是一个对环保生产要求严格的产业，企业环保成本不断上升。一些地区迫于环境规划和减排的压力，不得不对一些石化企业实行压缩、拆迁的措施。企业只有提升技术水平，降低排放，石化工业才有发展空间。近年来，安全事故频发，引起社会普遍关注和批评。内部安全管理失当，措施不力，员工操作技能和业务能力不高，造成事故频发，损害了石油和化工行业形象。

三是，产品结构不尽合理，部分行业产能过剩，精细化水平亟待提高。尿素2009年产能6556万吨，已超过国内需求的20%，但目前还有1000万吨在建。精细化工为世界各大工业国发展化工的战略制高点，是产业综合技术水平的标志，目前有的发达国家精细化率达到67%，而我国35－40%。此外，还有产业布局，科技创新能力，国际竞争压力等多方面因素制约。

从国家经济和产业发展综合分析，随着经济的持续快速增长，城镇化进程的推进，和社会消费结构的升级，石化产品消费仍处于增长期，油品、化肥和农药需求增长将长期存在，高端石化产品市场潜力巨大。我国的石化产品还处于成长期，行业持续发展仍存较大空间。国家十二五期间，将在中央转方式、调结构总体方针指导下，引导石化产业重点在结构调整、技术创新、节能减排、安全生产、资源保障及发展新材料产业方面下功夫。

企业生存和发展，需要跟随宏观的经济发展战略，调整制定自身的发展战略。在实施发展战略的时候就有当前利益与长远利益格局的调整，有守成与创新的较量，有产品结构调整、工艺条件改进及技术装备更新与资金、原材料配置的矛盾。统一思想，凝聚人心就要靠正确的文化理念提升、重组、转型。让文化这一再生性资源发挥内生性动力作用。

企业的文化建设必须紧密联系企业的生存与发展。当然，企业文化还有多方面的内涵，这里主要是指文化理念、企业的核心价值观对于企业生存和发展的相互依存和促进的关系。

企业文化是“这一个”企业自生的文化，有着强烈的个性特点

企业文化是企业在生存、发展过程中富集、精炼、提纯打造出来的。不能由哪个人臆造出来。即使有这个企业领导人思想理念的色彩，那这些理念也是在企业经营活动中经过在企业实践长期培养，养成而深入融入企业员工文化理念才能形成这个企业的企业文化。它的生成就像石油和煤炭矿藏成因一样，有各自生成的机理和原因。世上没有完全相同的企业，也就没有完全一样的企业文化。尽管理相通，精神相似，但也只能是“这一个”。这就是这个企业自存的精气神。

大庆初创时期铁人精神和“三老四严四个一样”员工理念，特别是三老四严四个一样，与大庆炼化“三相”文化（即心相通、情相融、力相合），这两个文化理念，生存于大庆不同的发展期，它们共同的特点是协调人际关系，凝聚团队力量，为企业谋发展，为企业创新业，但它们又有区别，前者侧重在个人人品的修为、道德的力量。后者侧重在团队人与人之间的融会、心灵的相通，整体的力量。

天津永利（即天津碱厂）在范旭东、侯德榜时代有四大信条“原则上绝对地相信科学，事实上积极的发展事业，行动上宁要牺牲个人顾全团体，精神上以服务社会为致大光荣”。巴斯夫在华企业（在华投资最大的化工外商，38个生产基地，23个独资企业，16个合资企业，4个研发中心，6500员工，去年在华营业收入41亿欧元）的企业文化理念也是四条：帮助客户更加成功，确保盈利，建造行业中的最优团队，确保可持续发展。巴斯夫上下不管做什么都遵循这四个指导方针，“是取得成功的指南针”。两个四条，各有各的特色，虽然时隔久远，但其精神是相通的，又各自有自己的特色。这种企业文化，只能从自身实践中产生，是仿制设计不出来的。

我们学习企业文化建设，看到、听到典型案例，是启发我们的思考，打开我们眼界，体会企业文化建设的精神实质。掌握企业文化建设的普通规律和方法、途径，是方法的传承，是思维逻辑的训练，而不是照搬照抄某个案例，某些企业文化的文字语言。简单地照抄照搬，移植模仿是没有生命力的。

国画大师齐白石先生告诫他的弟子们说:学我者生,似我者亡。就是讲的这个道理。

充分发挥中国化工企业文化建设协会作用,特别是要发挥好专家委员会作用,推进企业文化建设工作。

发挥专家的咨询、诊断和参与文化提升工程的作用,发挥智囊团的作用;发挥协会、专委会研讨、交流、培训作用,发挥组织作用、平台作用;发挥示范企业的示范作用,推广他们的经验和做法,供其他企业借鉴、参考,发挥信息交流、资源共享作用。

(作者系中国石油和化学工业联合会专务,中国化工企业文化建设协会常务副会长)

企业重组怎样推进文化融合

李世华

企业重组中的文化融合与国际化经营中的跨文化管理,既是中国企业文化建设的热点问题也是一个世界性难题,需要我们认真研究和不断探索。

企业文化融合在企业重组中的作用至关重要

企业重组是一个复杂的系统工程,涉及到企业管理的方方面面,但是重组不仅仅是一种经济现象和经济行为,也是一种文化现象和文化行为,是一个对所属成员单位文化进行不断整合融合超越创新的过程。文化融合是企业重组能否取得成功的关键因素之一。在企业调整重组过程中,主管部门和企业管理者除了考虑企业调整重组后的资金解决方案、工资解决方案、员工安置分流解决方案外,还要从文化层面思考问题,认真谋划、稳步推进企业文化融合,加强文化建设,才能保证调整重组获得成功。要把重组企业真正建设成一个内部有协同优势、外部有竞争优势的企业集团,保持企业集团的整体性,只有充分进行文化沟通,理解文化差异,化解文化冲突,形成文化共识,建立以核心价值观为基础的坚韧的精神文化纽带,不断增强影响力、控制力、凝聚力,才能保证企业集团的科学发展、健康发展、可持续发展。

企业文化融合要以企业发展战略为依据

企业要在战略指导下实施调整重组,特别是面临众多的选择机会时,要有清晰的战略定位、战略目标和使命感。调整重组后的企业大多实行集团化管理,国内外优秀企业集团的实践证明,集团化管理的本质是建立战略管理系统和文化共享平台。企业调整重组时,在文化层面必须解决两个基本问题:一是要寻找企业重组和可持续发展的理念依据,即明确企业的使命追求、共同愿景和核心价值体系;二是决策层对企业的未来发展要完成战略性的系统思考。战略与文化是相辅相成的关系,战略的实施需要文化与战略高度匹配、一体化运行。在企业调整重组的总体规划和顶层设计中,企业的战略规划、调整和企业文化的融合、创新应该综合考虑,统筹规划。企业文化融合方案应列入兼并重组的整体方案之中,新的企业文化应该围绕重组后的企业发展战略和目标同步推进。

企业文化融合要以所属单位历史文化为基础

重组后的企业集团相对所属企业历史较短,而所属企业不乏具有几十年历史的老企业,有着深厚的文化底蕴。在推进企业文化融合的过程中,首先要对所属企业的历史文化进行广泛深入的调查,清理文化资产,整合文化资源,挖掘优秀文化基因,通过筛选梳理,扬长避短、互为借鉴,优化配置,对所属企业优秀传统文化进行提炼升华,以此作为文化融合、创新的基础。要进行充分的文化沟通,理性地面对文化差异,特别是强强联合企业之间,要充分尊重、逐步认同各自的历史文化。只有以此为前提,才能在在企业文化融合过程中,不断创新,敢于超越,结合各自企业文化的特性,就价值标准、领导作风、管理方法、发展战略等各方面进行综合判断与分析,找到成员企业之间最佳的融合路线,不仅要做到求同存异,还要做到求同求异。去劣存优,让各自的文化优势能够最大限度地在新的企业文化中得以保存,通过文化的融合达到企业文化推陈出新,建设更适合企业集团发展的文化。

企业文化融合要以企业发展现实问题为导向

任何一种文化的融合和变革都来自企业自身成长发展的需求,来自于企业的内动力。企业文化融合创新要以企业改革发展中显示的问题为导向,认真分析调整重组后影响企业集团科学发展和经营管理问题背后的文化原因是什么,问题的文化解决途径是什么。以现实问题为导向,基于企业的生存发展需求,承认文化的差异又超越文化的差异,进行文化融合。只有对企业存在的问题及面临的危机进行深入调查与分析,对问题的现象、根源和责任进行深入的剖析,充分认识问题背后的文化原因,才能形成文化融合的强烈需求和强大动力。

企业文化融合要以构建核心价值体系为根本

在调整重组中,各企业要有共同目标才能走到一起。文化融合首先是企业理念体系的构建,包括明确使命、规划愿景、提炼企业精神、确立共同价值观和提出与企业管理职能相匹配的相关经营管理理念等。只有树立鲜明的企业新目标和共同的价值观,才能把原来不同企业的员工凝聚在一起,为实现共同的目标而努力。在企业文化融合创新过程中,一定要牢牢把握企业文化的本质和企业文化建设的主要任务,围绕构建核心价值体系开展工作,形成鼓励全体职工为企业集团科学发展、团结战斗的思想基础。调整重组企业一旦形成了统一的价值观,企业文化融合就达到了最高的层次。在核心价值理念体系构建中,要采取多种形式，使所属企业之间进行充分的文化沟通，找到新的文化共识，形成企业集团科学发展的文化基因。要动员所有的员工参与提炼企业的价值理念，特别是参与制订企业的使命和愿景，使职工能够在个人动机与企业动机之间建立有机的联系，并对照自己的问题进行绩效改善。要使企业核心价值体系构建的过程成为全员揭示问题、研讨问题、达成共识，寻求解决问题的方案并改进自身行为的过程，成为重组企业集团所属企业和所有职工文化融合、文化创新的过程。

企业文化融合要处理好集团文化和所属企业文化的关系

要努力实现集团文化本质的统一和所属企业文化个性化的丰富发展。本质的统一就是任何一个企业集团都应拥有建立在所属单位个性文化基础上的统一的共性文化，这个统一是企业文化本质的统一，是奋斗目标、核心价值的统一；个性化发展是集团所属企业在遵循服从体现集团主导价值观的前提下，根据自身在集团中的定位和核心业务对本组织的使命、愿景和经营管理理念的细化、具体化，是成员企业结合自身的业务经营特点和各方面的条件，创造性地进行富有活力的丰富多彩的个性文化建设。集团所属不同单位、群体在文化方面表现的差异性和个性化，应该成为企业集团文化的多种表现方式和实现方式的体现，是集团文化在所属单位的体现和弘扬。不少企业在这方面处理的很好。比如有的提出“母文化突出经营主题，子文化丰富管理内涵；集团统一经营特质，各自彰显管理特色”的文化融合定位；有的提出“尊重所属企业的个性差异，认同每个企业带有特征的企业文化表征，让所属企业自觉地以母文化的基因凸显各自企业个性，用各自的企业个性丰富母文化的内涵，真正做到相同基因，不同个性，和而不同，兼收并蓄”和“统一母子文化融合结构，而不约束其文化内容；关注企业文化内在实质而不拘泥其外在形式”。这些都是成功的探索。

企业文化融合要以企业领导者群体和管理团队为重点

企业领导者群体在企业文化建设中具有重要的地位和作用，是企业文化建设的核心动力。他们的价值取向、人格、个性、偏好及行为选择是企业文化基因的重要来源，会对企业文化产生极其深刻的影响，他们在企业文化建设中不仅要发挥倡导、传播、激励的作用，更重要的是率先垂范。优秀的企业负责人在企业中既是卓越的领导者和精明的管理者，又是职工的思想领袖和行为典范。研究显示，在不成功的企业重组案例中，85%是由于管理模式不同，管理风格迥异，领导层不能融合而造成的。实践证明，企业所倡导的很多理念往往不是通过领导者的语言，而是通过领导和管理者的行为传递给员工，并逐步被职工接受和认可的。如果企业领导和高层管理者自身行为与所倡导的价值理念相背离，就难以使职工信奉并付诸行动。在企业调整重组中，企业领导者要从自身作起，研究文化融合和创新，对企业文化的融合工作给以高度重视和切实的推动。企业文化融合的过程是一个全体成员单位、全员参与的系统工程，是企业领导层科学规划、积极推进，相关部门专业人员精心策划，具体组织，全体员工广泛参与、认同内化的过程。要广泛动员员工参与企业文化融合的积极性，投入到企业文化融合的工作中来，自觉用融合后的企业文化规范自己的行为，使企业文化顺利融合，保证企业并购重组取得成功。在管理过程中，自觉考虑不同成员企业文化的特点，善于运用文化融合的领导方式来解决问题。成立企业文化融合机构，安排专人总体负责企业文化建设方案的制订，协调各部门的文化建设活动。管理岗位要选聘具有较好的文化融合能力的人员；重组各企业同层次管理人员可交流聘用，以加深他们对不同企业文化的理解和体会，促进他们关注、思考和设法解决文化融合中的问题；同时加强对管理人员文化融合能力的考核评价，对不胜任者要及时进行调整。

企业文化融合要在国际化经营中注重跨文化管理

文化环境对企业运行来说，其影响力是全方位、全系统、全过程的。“走出去”的企业在国际化经营发展的同时，与资源国合作中的多元文化的差异、冲突、融合问题也日益凸显。国际化经营，不能光靠自己的文化，还要将自己的文化与世界各地区各国各民族的文化有机融合。要识别文化差异，发展文化认同，进行跨文化培训，达成跨文化理解，形成一种既坚持自己的核心价值观，又体现与各种异质文化融合的灵活性与有效性、适应资源国的“本土文化”。从而开放自己，包容别人，为我所用，共享共赢。

总之，要通过企业文化融合和跨文化管理，努力实现以光荣的使命、美好的愿景激励斗志，以共同价值观统一思想，以共同的企业精神凝聚力量，以共同的管理标准改进工作，以共同的企业标识塑造形象，不断进行文化融合、超越、创新，为重组企业科学发展提供强有力的精神动力和文化支撑。

谋文化之道

王其增

“小人谋财，君子谋道。”道是什么？道是文化，是大智慧。大家会说，现在是市场经济，要讲效益，要谋财。谋道有什么用？这种想法不错，但谋财要有谋法。怎样才能谋财？是以财谋财，以利谋财，以义谋财，还是以义谋义而生财呢？生财之道，义利观不一样，谋财的方法就不一样。

中国传统文化中义和利是统一的。以利取利，小人之道；以义取利，还可以，但不是最高境界。最高境界是以义取义，财，自然生成。这就是财和道的辩证关系。想发财，想致富，想把企业搞好，归根结底谋什么，这是我们要研究的问题。

要谋道,就是要谋大智慧,大思路,高境界,摆脱一种低俗的、原始的经营方式、管理方法。所以,先贤们讲"小人喻以利,君子喻以义",就是讲义和利到底是一个什么关系。谁管谁,怎么才能谋到义。这就引出了义利观,用现在人的观点来看义利,我觉得有几句话说的比较好,就是以利相交,利尽则断;以势相交,势去则完;以权相交,权失则散;以情相交,情逝则淡;唯义相交,静行致远。义是什么?义,也是文化。这就告诉我们一个道理,做强做长靠什么?按现在的说法,做强,要靠产品,靠技术;做长,就要靠文化。

诚信为本

现在的竞争是更高层面的竞争,是文化的竞争。同仁堂有副对联这样写到:

品味虽贵必不敢减物力,
炮制虽繁必不敢省人工。

这幅对联的意思是什么?简单理解就是诚信。这就是同仁堂的文化。同仁堂之所以能成为百年老店,就是文化的作用。所以,我们讲把企业做强也好,还是做长也好,归根到底是为什么?归根到底是要解决人的问题,是要让职工生活得好,让职工都不下岗,有工作岗位。晋商有句世训:

天地生人,有一人应有一人之业;
人生在世,生一日当尽一日之勤。

就是人生下来就得有他的岗位,都得有事可做;在有事可做的情况下,都必须做到爱岗敬业,忠于职守。

古人、先贤们的这些说法,和我们现代非常相似,我们现在讲科学发展观,就是以人为本,全面协调可持续。这些传统文化符合当今科学发展的要求。这就是文化的魅力。

把根留住

文化具有魅力,也有生命力。优秀的文化才具有生命力,才能经久不衰,值得我们一以贯之,去学习,去继承。我们现在来研究文化问题,大家听起来感到虚,实际上文化已经融入到企业管理的全过程。现在是经济全球化,美国经济主导,美国打个喷嚏,世界都得感冒,它的经济出现问题,要全世界为它买单,造成了全球性的金融海啸。这是什么问题?应该说也是一种文化问题。有一本书叫《货币战争》,看了以后会感觉到金融背后隐藏着政治斗争,实际上也是一种文化的较量。现在美国输出,输出的也是文化。

现在都全球化了,我们中国的传统文化还有没有用,要不要保留,要不要继承。我们要用全球化的视野来看一看,不要以为传统文化是过时的东西,它没有过时。这些传统文化恰恰是我们的瑰宝,是我们的无形的资产,丰富的资源。

在谈到用全球化的视野来看文化的重要性时,我们不能不提到一本书,就是托马斯．弗里德曼著的《世界是平的》这本书。托马斯在书中明确地阐述了"全球化的表现是技术民主、资本民主、信息民主"的观点。托马斯指出,全球化是文化冲突与共享。在文化冲突中间,我们不能有无家可归之感。全球化资本输出了,就没有了,成为别人的了。一个产品再先进,只要把它卖出去,也成为别人的。附加在产品当中的文化都被卖掉了,只有保存下来的文化才是我们自己的。如果我们连自己保存的文化都不顾了,或者都否定了,不继承了,我们的精神家园就没有了,就无家可归了。所以,托马斯就说,全球化不仅仅是往前推,也应该往回拉,保住自己的文化特征,相当关键。全球化你不走,人家拉着你走,跟不上你就掉队,就会被淘汰。我们现在所反映出来的问题,就是文化能力表现得不够。对于外来文化我们控制得了控制不了,接受不了怎么办?我们的文化得不到认可怎么办?这是我们文化表现的能力问题。

融入共享

当两种文化相遇的时候,完全是跟着强大的跑了,我们没有自己的任何东西,什么事情也做不成。怎样才能将强大的文化融入到我们的文化当中,如果我们被动地服从,那么我们的企业就什么都没有,就什么事情也做不成。所以,我们要利用、消化外来文化,这既丰富了我们自己的文化,也抵制了一些对我们不利的文化,这就是文化要在冲撞中实现共享。

全球化就是文化冲撞和共享,企业也是文化冲撞和共享,通过冲撞变成大家共同认可的文化。所以胡锦涛总书记在十七大报告中专门讲了,弘扬中华文化,建设中华民族的精神家园。我们现在企业文化建设的指导思想和倡导、继承、发扬的文化都应该在十七大精神的指引下进行。

形成习惯

企业文化应该怎么抓,具体抓什么。企业文化建设就是要形成我们自己的行为习惯,为了达到这个目的,我们要让文化落地生根。文化落地生根不能照抄照搬,要有自己的特点,要为职工所认可,让文化深深地植根于职工之中,这样的文化才有生命力,才是我们自己的文化。这就是我所提出的培养"草根文化"。"草根文化"很朴实,很朴素,也很好理解。草很普遍,草的生命力很强,能够抵御严寒酷暑,就是要建设一种这样的文化。不光在顺境中、发展好的时候起作用,在遇到困难的时候,这种文化更能坚定我们的信心,能让我们度过难关。这就是我们要建设的深深地植根于职工当中的"草根文化"。根据这种理念,我们要形成的行为习惯,就是"干事,干成事",把它作为我们企业的风俗习惯提出来,让它有很强的生命力。

习惯有什么重要性呢?俗话说,习惯成自然。只要培养成一种习惯,这个习惯形成了,就会顺其自然,一路走下去。习惯一旦形成,改起来很难。习惯是什么?习惯实际上是来源于一种惯性。惯性必然从没有惯性开始,到产生惯性,需要一个过程。火车的速度起来以后,如果遇到紧急情况踩一脚急刹车,靠惯性也要冲出去几百米。

我们人有没有惯性,肯定是有的。比如说,领导作风也存在一种惯性。有的领导爱听汇报,经常找几个人来说说,听了汇报觉得情况都掌握了,习惯于这样的领导,一般都不喜欢下基层,不喜欢到职工当中去搞调研,听一线的声音,听职工群众的第一呼声;有的领导不喜欢坐在办公室听汇报,就喜欢到基层去转,成天在现场转,把情况了解得很多,很清,很透。这也是一种惯性。

有惯性好不好?存在两个方面。正确的惯性是好的,不正确的惯性是不好的。我们要形成风俗习惯,就要来研究惯性问题。惯性具有两面性。正确的惯性要发扬,要支持;不正确的惯性,就要想办法改变它。

良性互动

我们搞企业文化的任务是什么?任务就是使我们的企业文化形成良性互动的惯性。良性互动的惯性怎么去实施,怎么去形成?就是领导倡导,共同参与。拿动车组来说,我们参与了京津城际铁路建设,时速350公里。动车组是一个整体,形成文化不仅需要领导倡导,还需要领导带头实施。这个时候领导是火车头的作用。火车跑得快,全靠车头带。领导是不是一直都当火车头呢?不是,当动车组正常运转起来以后,领导就要掌握方向,选择正确的路径、修改方位、调整战略。共同参与,职工是动车组的每一节车厢。动车组和普通火车不同的地方就在于,动车组的每一节车都有动力,这样跑起来功率才大,才快,是一个整体。劲往一起使,心往一处想,车往一处奔。关键是方向正确。方向不正确跑偏了,是领导的问题。

通过动车理论,来看待建立什么样的文化。只有这样一列联动的火车才能前行。一路前行是火车的本性,火车没有倒档,只能往前走,总是往前不能往后。企业的属性,也应该是这样,永远往前不能倒退。企业文化的作用,就是保证前进,不倒退。这样企业才能发展,社会才能进步。

动车跑起来了,企业文化的任务完成了?没有。企业文化的任务永远不会完成,永无止境。因为还要有一个继承和创新的问题。继承和创新,就是要与时俱进,要创新发展。企业文化要不停地创新,才有生命力。

创新思维

当一个错误的行为习惯成为自然的时候,改起来就很难,所以创新的障碍就在于我们不能否定自己,对自己过去的事情永远认为是对的。这是一种习惯势力,这种势力要从文化的角度,用文化的力量来改变,用文化的力量改变不正常的,改本身就是创新。《三国演义》里有句名言,分久必合,合久必分。分是改革,合是改革,再分再合还是改革,只能是改一次比一次好。这就叫与时俱进。一个模式固定下来,在一个时期是对的,过上几年不适应了,就需要改,或者是换一种方式,这叫创新。这种创新靠文化氛围,靠文化的力量。

文化的创新要有特色,要有个性。有特色、有个性的文化,才是生命力最顽强的文化。比如说,春节、清明、端午、中秋等这些节日,多少年了一直延续着,特别是从今年开始国家列为法定节日。是什么原因,这是文化的传承,被固化下来,被法律所承认,有个性。企业文化也需要个性。

谋文化之道概括来说,就是谋君子之道;谋企业发展;谋职工福祉;谋社会和谐。中心意思是发展企业,也要发展自己的文化,用文化大智慧来融合企业,使企业健康长寿。

(作者系中铁电气化集团公司董事长、党委书记,本文摘自《企业文明》2009年1期)

全球契约《可持续发展报告》对中国企业文化变革的挑战

宋福辉

1999年,由联合国前秘书长安南提出了全球契约企业社会责任的十项基本原则,要求签署全球契约的企业据此制订并逐年公开发布《可持续发展报告》。企业履行社会责任已得到联合国的高度重视和国际社会的广泛关注,企业是否履行社会责任已成为国际社会对企业评价的重要内容之一。特别是近年来,中远集团的成功实践让我们深刻认识到,积极参与全球契约,履行社会责任对于提高我国企业的国际竞争力、树立我国国有企业在世界上的形象,具有重要意义。

2005年1月,中远集团获批成为联合国全球契约成员,按照"十项原则" 要求,建立"全球契约"企业社会责任管理体系,制定了全球契约和可持续发展实施计划,逐年公开发布《可持续发展报告》,成为中国企业参与《全球契约》的模范企业。

作为中远集团二级单位,特别是从事企业文化和思想政治工作研究的党组织负责人,有义务及时发现和论证实践过程中的新情况和新挑战,积极主动地探索和实践推进履约工作的各项新思路、新措施,引导职工在理念认识和行为方式上进一步适应国际规则对国有企业带来的新变化。

履行全球契约面临的挑战

(一)经济全球化大环境下如何出色完成"国家队"使命

作为各行业"国家队"的中央企业,处于关系国家安全和国民经济命脉的重要行业和关键领域,承担着切实保障国家经济安全、稳定的崇高责任。更要深刻理解党中央的战略意图,落实科学发展观,围绕"人本、全面、协调、可持续"去审视企业的发展,建立"义利共生型"的企业文化,履行更多社会责任,为实现党中央构建资源节约型和环境友好型社会,以及社会主义和谐社会的宏伟构想发挥积极作用。

加入全球契约,在统一的规则面前,我国企业具备了与国际一流大公司同台竞技的入场券,为企业成为对社会负责的公司,为企业参与经济全球化条件下国际事务提供了一个机会,同时,也是企业扩大国际知名度、建立国际联系、寻找商业机会的一个机遇。

我们欣喜地看到,中远集团加入全球契约,除了建设节约型企业、实现自身可持续发展以外,还增强了企业参与国际竞争的能力:提升了其在世界范围的对外交往形象,强化了中远的社会责任感及企业公民意识,搭建了与一流跨国公司合作对话的平台,加强了与联合国和国际组织之间的联系,提升了企业国际关系层次。自 2005 年首份《可持续发展报告》发布以来,中远集团已连续 3 年年创利润超过百亿元,排名中央企业前列,创造了航运主业综合竞争力快速提升的奇迹,在世界范围内树立了中国民族航运业品牌。

(二)践行全球规则如何冲破思维定势,转变传统观念

任何一种思潮在刚刚诞生和推行的过程中都会遇到观念上的排斥和挑战。作为新生事物,《全球契约》进入中国,特别是大型国有企业,直接面对的不是制度和技术上的难题,而是中西方、现实与传统观念上的碰撞。国内传统文化的长期浸淫和管理的独特方式,导致在引进和执行《全球契约》各项原则时,三种论调较为现实和突出:一是"对立论"。他们认为,财富与责任永远难于协调,"全球契约"无非是对发展中国家的政治歧视,是限制发展中国家企业参与跨国竞争的伎俩,是充斥着贸易保护主义和人权斗争色彩的又一项变种的"不平等条约"。二是"超前论"。部分人悲观地认为国内企业的发展水平还处于较落后阶段,现在就引进《全球契约》,是一种"超前思维",是一种可怕的超现实的盲目主义。三是"畏难论"认为《全球契约》十项原则的执行,必将对企业的战略、管理和文化造成较大的冲击,带来混乱局面,是不可能完成的事业。这些论调和想法的存在,一定意义上对《全球契约》的推行和实践有一些影响。

全员创新意识的形成和深化成为消除以上三种论调的最好办法。中远集团的做法是:首先,企业高层领导者先于职工接受新生事物,率先认识到"企业社会责任已经成为不可逆转的国际化潮流",先进的企业责任理念和实践,已成为企业的核心竞争力;其次,在全体员工中进行广泛宣贯,让员工认识到企业承担社会责任、义利共生,客观上对推动整个社会发展、增强职工个体生存环境和待遇收入有极大的推动作用。

(三)履行全球契约如何改进企业文化宣贯的手段方法

《全球契约》报告制度要求成员单位,一是在契约原则、要求的宣贯和信息发布等方面做到广泛、深入,引入更多利益相关方的监督。二是在数据收集上要做到准确、高效、广泛和科学,在此基础上形成高质量的可持续发展报告。这些对企业履约工作的手段和方法提出了较高要求。

2007 年,中远集团实施全球契约和履行社会责任的亮点之一,就是建立了可持续发展信息管理平台 IT 系统,以信息化的手段科学地实现了契约履行所需要的各项要求。中远集团可持续发展信息管理平台将全球契约涵盖的内容和相关方的要求分解成为 500 多项指标进行管理,满足了数据收集、分析统计、报告整合、信息发布、知识管理等多项功能。这一数据信息系统得到了联合国和中国的全球契约推进办公室、GRI 组织等多家单位的高度评价,也成为中央企业参与全球契约工作的模范。实践证明,信息化手段是切实保证高效履约的有效手段。因此,企业文化宣贯也必须适应这一新变化、新要求,不能再"旧瓶装新酒"。

(四)履约过程如何发挥党建工作的应有保证作用。

党的十七大提出的建立以人为本、全面协调、可持续的科学发展观与和谐社会目标,从精神上与《全球契约》的原则是一致的。中央企业在参与经济建设,促进国家和企业可持续发展、推动"和谐社会"建设,以及履行全球契约的过程中,党的领导始终是确保以上任务圆满完成的重要因素。

中央企业作为国有重要骨干企业,在参与全球契约过程中必须从国有企业实际出发,注重发挥党建工作应有的作用。一是坚持我党的优良传统,与时俱进,主动融入企业经营生产和安全管理等工作,发挥作用。二是坚持党管干部、党管人才,着重强调尊重员工、理解员工、关心员工,在维护人权方面发挥作用。三是进一步加强惩防体系建设,深入开展反腐倡廉教育,在反腐败方面发挥作用。四是积极推动帮扶机制健全,在发展慈善事业、履行社会责任等方面发挥作用。

迎接新挑战的切入点

在充分认识了中央企业加入《全球契约》的国内外形势要求以及在履约和发布可持续发展报告面临的一系列挑战后,各企业在深入贯彻科学发展观中,如何根据企业实际情况,不断创新?

(一)解放思想,克服偏见

传统观念的束缚以及"对立论"、"超前论"、"畏难论"的存在可能会影响部分领导者和职工的判断,形成一定的偏见。我们要广泛宣传、深入贯彻科学发展观,用马克思主义中国化的最新理论成果,推动领导干部和职工群体进一步解放思想,深刻体会企业履行社会责任的必要性,正确认识履约工作的紧迫性。

进一步解放思想,要让职工认识到,积极履行社会责任,是社会各界对中央企业的普遍期望,也是企业贯彻落实科学发展观的自觉行动。中央企业积极履行社会责任,发布可持续发展报告或社会责任报告,不是为了出风头、赶时髦,而是把企业放在更高标准和更高起点上,按照科学发展观的要求加速企业经营模式的转变,以战略思维和国际眼光设计企业可持续发展道路,努力打造具有较强国际竞争力的国际一流大公司。

进一步解放思想,要让职工自觉参与到探索和创新履约工作手段、方法的工作中来。广泛宣传《全球契约》十项原则的内涵和要求,让员工深刻认识原则对保障其个人权利、生存环境和工作待遇等方面的权利,引导职工自觉成为履约工作的执行者。

(二)明确目标,主动迎战

《全球契约》十项原则以及一年一期的可持续发展报告,是企业工作的主要目标。在郑重承诺各项标准面前,中央企业没有后路,只有主动迎战,切实保证原则实现和报告承诺兑现。在具体工作中,首先要变局部思维为整体思维,进一步处理好眼前发展与长远发展、局部发展与整体发展、规模适度扩张与经营质量提高、多创效益与防范风险等关系,转变发展观念,创新发展模式,不断调整和优化结构,做强做大主业。

其次要变被动接受为主动融入。根据国情、企情,统筹把握十项原则的内容,主动在企业战略和长远规划中宏观考虑,从企业的实际出发,有所选择、有所侧重地开展工作。要不断深化改革,建立现代企业制度,主动与国际通行规则接轨,重视并积极参与全球契约,全面履行社会责任。

第三要变契约要求为实际任务。科学分析"十项原则"履约条件,变虚为实,围绕企业中心任务和改革发展稳定大局,把履约的要件在具体工作中体现。把可持续发展指标体系的指标逐项纳入相关生产经营管理决策过程和行动,落实到企业工作和岗位中,形成指标化可持续发展管理体系。

第四要坚持党管干部的原则,切实保证人员到位,培训及时。2008 年,青岛远洋成立了全球契约办公室,成为中远集团二级单位中首家成立专职部门的公司。公司党委根据人员调整情况及时对相关委员会和工作小组进行调整,从人员配备上保证了此项工作的连续性。从 2007 年开始,青岛远洋先后 15 次组织人员参加相关培训,参训人数达 30 余人次。

(三)革新方法,导入规范

新的任务,需要新的方法和规范,才能保证取得预期成效。

一是要坚持标准体系化。主动把全球契约工作和可持续发展体系纳入企业质量环境和职业安全整合体系,运用精益六西格玛方法,进行流程再造和管理创新,实现与体系管理同步实施。二是描述专业化。按照"十项原则"要求,对具体工作进行描述和翻译,并撰写可持续发展报告,保持契约条款的权威性和标准化。三是广泛运用信息化。利用信息化手段,完成相关数据的收集和分析,提高报告的编写效率、数据的广泛性和可靠性。青岛远洋借助了内部刊物和内部网站,开辟专栏、专题进行宣贯和培训。四是保证评估的规范化。坚持定期聘请权威机构对企业履约情况和可持续发展报告进行评估,及时发现差距,不断更新,保持履约机制和可持续发展报告的科学性。

在具体工作中,青岛远洋党委按照 ISO9000 体系要求,逐步推进党建规范化,不断增强党建和思想政治工作的实效。坚持将"三基"(党的基层组织建设、党内基本生活制度落实、专兼职书记基本功的提高)建设有效融入到企业经营管理各个环节,建立用制度规范、靠机制保障、进入管理起作用的长效机制。特别是在 2008 年四川特大地震发生后,公司党组织及时采取措施,安排灾区船员休假、赴四川实地慰问受灾职工家属,全体职工共计捐款 314.45 万元,缴纳特殊团费 86.12 万元。党支部规范化的成功实践使我们更坚定了在宣贯落实全球契约《可持续发展报告》过程中,利用党建系统履行社会责任、完成企业文化变革的信心。

舆论在先,知行统一

支持和履行《全球契约》原则,应成为企业家的自觉行动,更应该成为国有企业党组织的必修课。坚持从抓好党建和企业文化建设的结合点入手,与时俱进,知行统一,强化履约工作的宣传和引导,坚持舆论在先,使履约工作入脑、入心。

要坚持以科学发展观为统领,把宣传全球契约与宣传企业社会责任、科学发展观、社会荣辱观、构建社会主义和谐社会等有机结合起来,坚持"四个同步"原则,把履约工作与其他管理工作一样同步纳入公司 ISO9001 国际质量管理认证体系中,同步进入公司综合管理信息系统,同步接受内、外审检查,同步进入"大安全"格局。引导企业职工不断强化社会责任意识,做守法规、行公益、促和谐的职工。

(作者系中远集团青岛远洋运输有限公司党委书记,本文摘自《企业文明》2009 年 2 期)

文化不变 一切都不会变

刘瑞旗

文化是一种习惯和个性,它表现在价值观、日常行为习惯、能力等方方面面,其中的差异导致了结果的千变万化,一个人是如此,一个组织、一个国家也一样,有什么样的文化,就有什么样的结局。

对一个国家而言,也是成于好文化,败于坏文化。美国是一个典型。美国之所以能成为世界一流国家的代表,根本在于它海纳百川般"共融、共存、共享、共荣"的文化,但是,因为它倡导的不顾可持续发展的美国化的生活方式,以及充斥着暴富欲望的金融体系等导致了"金融海啸",为全世界带来了巨大的灾难,究其根本就是美国文化的一部分,特别是价值观判断出现了重大失误。

所以想要一个美好的结果,就必须要有好的文化。文化是根本,文化不变,一切都不会变。

今年恒源祥提出文化转型,道理就在于多年来我们通过深入研究证明了文化的决定性作用。恒源祥以前的转型,多是产品的转型、产业的转型、商业模式的转型,今天提出的文化转型,是对根基的转型,是对打造百年、千年恒源祥根基的转型。根基不转变,产品转型、产业转型,商业模式等外在的转型都是似是而非的转型。如果我们把文化转型做好了,去除了我们群体中不好的文化,我们就可以把恒源祥做长做久,做大做强。

那什么才是好的文化?如何建立好的文化?

首先我们要主动地了解世界,了解未来。在这个过程中,我们会发现这个世界变化得越来越快,未来充满了不确定性,能深刻地认识到"唯有变化是不变的"这个道理十分重要,这决定着我们要养成不断应对变化的文化。其次我们要遵循规律,勾画未来,创造价值。世界和未来充满变化,但不是无迹可寻,变化有一定的规律,例如通过分析我们能看到人类需求的变化,20世纪是物质需求的时代;本世纪是物资向情感需求转变,并进入情感时代;下个世纪是情感向精神需求转变的时代。我们只有遵循这样的规律,设计我们的未来,才能有美好未来。最后我们要改变旧文化,形成新文化,最终实现我们的目标和愿景。

在形成好文化的过程中,正确的价值观至关重要。如何理解价值观?价值观与世界观、人生观、审美观和伦理观有关。

一个正确的价值观应该是一个普世的价值观,为绝大多数人认同的价值观。恒源祥倡导的是在创造财富的过程中,为别人服务,为别人创造价值的价值观。当别人有了未来,恒源祥才能有未来。

人的一生有三个阶段:第一阶段——从出生到24岁,是"要"的时代,要吃、要穿、要学习、要知识、要文化;第二个阶段——从25到48岁,是"舍"的时代,因为第一阶段索取了很多,所以这个阶段就要为别人创造价值;第三个阶段——从49到72岁,进入到"得"的时代,因为前面一个阶段付出了,所以第三阶段就会有收获。而这应该成为我们的价值观。

在全球化状态下,未来对我们的要求越来越高,我们不可以狭隘地站在自己的立场上去想问题,我们要形成为全人类做出贡献的价值观,那么我们就会成为人类历史的一部分。这是恒源祥全新的使命,需要我们从点滴开始,从小范围起步,逐步成为行业、地区、国家直至世界历史的一部分。

我们一定可以做到,关键是我们一定要有这样的梦想,为梦想去努力和奋斗,去赋予自己这样的激情,那么我们的未来一定会和别人不一样。

正所谓"万丈高楼平地起",要养成好的文化,还要从细小的,日常的行为习惯开始变。

日常行为中表现出的习惯和个性和我们的工作、学习状态是密切相关的,直接影响着我们的未来。举个最简单的例子,一个吃饭时杯盘狼藉,脱衣时乱七八糟的人怎么能让人相信他做事时会井井有条,认真细致呢?所以我们要认真对待日常的行为习惯,从改变不好的日常行为习惯开始养成符合组织发展需要的文化。如果我们能从文化转型的高处着眼,从细节决定成败的小处着手,我们一定会在工作、学习、生活等各个方面有比较美好的未来。

2001年推出的《恒源祥21世纪战略报告》强调了三方面的认识:认识趋势;认识价值取向;认识价值转移。认识归结到了文化——文化的趋势,以及文化为核心的价值取向以及文化的转移。通过研究,我们认为未来要让英国人做个性,让意大利人做创意,让德国人做制造,让法国人做时尚,让日本人做流水线,让印度人做服务,那让中国人做什么?让中国人当领导!如果我们是这样认为的,请大家记住,只有把我们的文化转好了,我们未来才能成为这个世界的领导!

(作者系恒源祥集团董事长,本文摘自恒源祥《创导》2009年4期)

中央企业海外并购的文化融合

宋联可

静观金融海啸　谨慎海外并购

美国次贷危机引发金融海啸,影响之广泛、深远令世人始料未及。中国还来不及尽情享受奥运与神七的辉煌与喜悦,便已全面投入到应对金融危机的战役之中。中国社会科学院的《经济蓝皮书》预测中国2009年GDP增长9%,在全球经济衰退的大环境下,这个数据已是乐观。国有经济对GDP的贡献率约占30%左右,中央企业作为中国国企的主力军,在当前经济形势下必然身负重任。

受全球金融危机影响,海外许多曾辉煌一时的企业资产大面积缩水,有的举步维艰,有的轰然倒下。对于资金雄厚、经营稳定的中央企业而言,有人说——机会来了!现在大举展开海外并购,可谓"物美价廉",但海外并购真能如人所愿?

近年来,中国企业已悄然展开海外并购,有成功,有失败。一路走来,不禁给国人留下许多思索。2004年,TCL通讯与阿尔卡特签订谅解备忘录组建合资公司,联想拿下IBM全球PC业务;2005年,台湾明基并购西门子手机子公司,海尔退出对美泰的竞购,阿里巴巴收购YAHOO中国所有业务,华为正式向马可尼董事会发出收购要约,中石油收购哈萨克斯石油,中国移动收购万众全部已发行的股份;2006年,海尔与三洋成立合资公司;2007年,中国移动收购米雷康姆持有的巴科泰尔公司,中投购买黑石近10%的股票,国家开发银行参股巴克莱银行,工商银行收购南非标准银行20%的股权,雅戈尔完成对美国KELLWOOD旗下新马集团购并,中国国家电网赢得菲律宾电网25年经营权;2008年,中铝获得力拓英国上市公司约12%的股份,中国南车收购Dynex已发行的75%的普通股,中钢集团完成对澳大利亚矿企中西部公司的收购,中联重科联合弘毅投资、高盛、曼达林基金完成对意大利混凝土机械装备制造商CIFA股份的全额收购,招行纽约分行在美国曼哈顿麦迪逊大街535号开业……从盲目扩张到战略合作,中国企业日渐成熟。

海外并购在中国兴起,主要有七大动因:第一,中国产业结构升级与世界产业结构调整。经济全球化促使全球产业价值链形成，发达国家低附加值价值环节逐渐向发展中国家转移，中国在承接发达国家低附加值环节的同时，也正积极准备向资本密集、技术密集、信息密集、管理密集的价值环节发展，海外并购可为中国产业结构升级寻找捷径。第二，中国经济蓬勃发展。根据英国经济学家邓宁提出的投资发展周期理论，我国的对外投资已达到第三个阶段，即资本流出逐渐快于资本流入，海外并购是对外投资的重要方式之一。第三，自然资源匮乏。我国自然资源的人均占有量很低，而我国又是资源高消耗国，到2020年，中国发展必需的45种大宗矿产资源中仅6种能自给自足，海外并购可以缓解资源制约。第四，非自然资源偏低。中国是世界制造业大国，但不是制造业强国，主要是高新技术、研发能力、管理水平、品牌等方面与发达国家有较大差距，海外并购是快速获取和整合这些资源的有效途径。第五，人民币升值。本国货币升值，国外资产相对价格降低，此时进行海外并购可以降低并购成本。第六，外汇储备快速增长。由于我国外贸出口持续增长、引进外资数量不断攀升，导致我国双顺差规模不断扩大，外汇储备长期积累，从而使中国企业具备了海外并购的资本实力。第七，国家政策积极。中国政府积极实施"走出去"战略，不断出台各种政策鼓励企业进行海外投资。

海外并购势在必行，但在为中国企业"走出去"喝彩之时，不由为其担心。在声势浩大的海外并购之后，是战略升级、还是牺牲利益。众多的海外并购案例中，我们不乏看到激情的开始与失望的结局。海外并购热潮涌起时，我们更要冷思考，特别是最有实力进行海外并购的中央企业，他们将会面临什么样的问题？从宏观层面看，海外并购立法不完善，我国没有专门的海外并购投资法律体系，而相关的法律多为缺乏约束力和权威性的"条例"、"规定"、"暂行办法"等行政性法规，与对外投资相关的国内立法与国外立法也不协调；现行经济体制为海外并购带来障碍，国有资产管理体系对中央企业的海外国有资产监控不力，我国企业财务管理制度与西方有较大差距，缺乏海外并购的金融与财税政策；资本市场发展不完善，我国的资本市场规模有限，资本市场结构不合理，过分依赖股票市场，而债券市场、场外市场发展滞后，而且资本市场较低的国际化程度难以满足海外并购的要求。从微观层面看，国有制及治理结构成为并购障碍，许多国家规定重要行业的企业不能被别国的国有企业收购，中央企业痛失许多机会，如中海油并购尤尼科和中石油收购俄罗斯斯拉夫石油公司均以失败告终；中央企业缺乏海外并购经验，对整合的困难估计不足，在具体的整合过程中各类问题层出不穷；而影响最为深远的问题，却是企业文化融合！

在所有影响海外并购的问题中，最容易操纵又最难以变革的是企业文化。许多企业突破重重困难终于完成海外并购，然而在煞费苦心经营之后，却困于企业文化，死于企业文化。中国文化与国外文化本有较大差异，加之中央企业有其特殊性，在海外并购后，中央企业往往深受企业文化冲突困扰。企业文化融合是唯一的有效途径，却又是最难突破的瓶颈。如若不能融合企业文化，无论中央企业使出千般技艺、付出万般努力，海外并购都终将难遂人愿。

剖析文化特质　重塑央企文化

中央企业实施海外并购后，将面临跨文化管理，中方人员与外方人员将共事于同一企业。由于文化背景不同，双方人员在思维与行为方式上有较大差异。而正是由于这种根深蒂固的文化差异，导致并购后的企业频频出现文化冲突，大到战略小到言行，文化冲突或激烈或婉约地破坏"联姻"，如任其发展，最终的结局不是不欢而散，就是走向衰亡。任何一起海外并购都不得不经受文化冲突的考验。解铃还需系铃人，文化上的问题还是要用文化的方法解决，文化融合就是消解文化冲突的有效途径。所有成功的海外并购案中，企业文化融合都是其成功经验中浓墨重彩的一笔。未经历过文化融合的企业，永远都不会具有真正的生命力。

文化差异——文化冲突——文化融合，它们有着密切的内在逻辑联系，不同文化背景必然产生文化差异，文化差异是造成文化冲突的深层原因，文化融合是解决文化冲突的根本途径。中央企业想在海外并购中成功，必须过文化难关——认清文化差异，实现文化融合。

文化受地理、经济、政治等因素的深远影响，在浩瀚的文明长河中，辉煌的中国历史孕育了绚丽的中国文化。中国文化是大陆民族文化。地理环境是一个民族文化形成的前提，按地理环境，可分为海洋民族与大陆民族。由于地理、经济、政治的影响，中国文化具有显著的大陆民族文化、农业社会文化与宗法制度文化的特征，有精华亦有糟粕。在全球一体化的今天，如何将相对独特与封闭的传统文化与现实生活融合，这是跨文化管理不得不深深思索的一个问题。

中国的中央企业又是一类非常特殊的企业。国有资产分为经营性资产和非经营性资产，在经营性资产中，按政府的管理权限又可分出中央企业和地方企业。虽然中央企业为数不多，但他们却是中国国民经济的支柱之一。2002年—2007年，中央企业实现销售收入年均递增1.3万亿元、实现利润年均递增1 500亿元，受金融危机影响，2008年的利润大体与2007年持平。作为举足轻重的核心国有企业，中央企业的企业文化有其非常特殊的地位与特质。

中央企业大多关系国民经济命脉和国家安全，在重要行业和关键领域占支配地位，是国家的重要骨干企业，肩负弘扬民族精神、促进经济发展、推动社会进步的重任。中央企业在继承中国传统文化的同时，又要代表中国的先进文化，这是历史使命，更是当下重任。中央企业必须建设先进的企业文化，以马克思主义和邓小平理论为指导核心，结合我国国情，以科学发展观为统领，牢牢把握社会主义先进文化的前进方向，围绕实现全面建设小康社会和构建社会主义和谐社会的要求，在建设先进企业文化中发挥示范作用。

在发展过程中,中央企业积累了深厚的文化底蕴,培育出“铁人精神”、“大庆精神”、“两弹一星精神”、“青藏铁路精神”、“载人航天精神”等先进的企业精神,体现了艰苦奋斗、无私奉献、产业报国、振兴中华的核心价值观。许多中央企业挖掘自有文化价值,紧跟国际发展形式,逐步建立起具有中国特色适应国际形势的企业文化。中国石油天然气集团公司面对海外特殊环境,把“艰苦奋斗”的优良传统与“爱国、创业、求实、奉献”的企业精神与国际规范有机结合,形成具有中国石油特色的企业文化,赢得国际石油界的尊重。中国航天科技集团公司将“自力更生、艰苦奋斗、大力协同、无私奉献、严谨务实、勇于攀登”的航天精神,“热爱祖国、无私奉献、自力更生、艰苦奋斗、大力协同、勇于攀登”的“两弹一星”精神和“特别能吃苦、特别能战斗、特别能攻关、特别能奉献”的载人航天精神这“三大精神”作为企业文化之魂,形成了“以国为重、以人为本、以质取信、以新图强”的核心价值观。中央企业在总结与创新的基础上,逐步形成了自己的文化体系。

2005年印发的《关于加强中央企业企业文化建设的指导意见》,提出了建设企业文化的基本要求:以人为本,全员参与;务求实效,促进发展;重在建设,突出特色;继承创新,博采众长;深度融合,优势互补;有机结合,相融共进。在继承中华民族优秀文化的基础上,以中央企业已积累的企业文化为起点,在新的国际形势下,中央企业应建设符合经济规律、服务社会发展的新企业文化。

中央企业是中国的龙头企业,在企业文化建设上具有示范作用,他们传承中国传统文化,又兼备中央企业的特殊文化,更要率先创建先进企业文化。今年2月,中国铝业公司宣布将通过建立合资公司和认购可转债券向世界第三大矿业巨头力拓集团注资195亿美元,这是迄今为止中国企业最大的一项对外投资行为,预示海外并购将愈演愈烈,中国将在世界经济舞台上扮演着越来越重要的角色。

经济全球化促使各国交流日益频繁,文化与经济、政治相互交融,文化差异不应是文化冲突的借口,而应为文化融合的航标。海外并购是中央企业“走出去”的重要战略,要变“政绩”为“实效”,文化融合是管理上的挑战,更是经营成功的保障。

弘扬和谐理念　促进文化融合

哈佛大学教授弗雷里克·谢勒(1987)考察过去百年间的企业兼并,发现七成的合并没有收效,仅三分之一达到预期效果。麦肯锡研究所(1997)的一项研究表明,以弱肉强食方式收购企业后,80%的强势公司未能收回成本。许多轰轰烈烈的并购最终黯然落幕,成功率并未如人们想象。并购领域存在70/70现象,世界上70%的并购并未让企业实现期望的商业价值,70%的失败源于并购后的整合,而整合中最难的问题莫过于文化。文化融合是失败之源,亦是成功之本。

企业文化融合是不同思维与行为方式的逐步统一,企业间相互借鉴与吸收,对原有企业文化进行扬弃,在去劣存优的基础上催生再造新企业文化。然而,文化融合不是自发产生,也不是随意进行,更不是立即见效,它需要并购双方科学地长期地精诚合作。

本着系统、平稳、革新的原则,企业文化融合要在精神层、制度层、行为层、物质层广泛展开,要保证企业顺、人心齐,在扬弃原有文化的同时要创新、变革。文化融合并无定式,常常结合天时地利人和推进,但总的而言,基本可划分为注入式、渗透式、分立式和重塑式四种企业文化融合模式。

注入式企业文化融合是在被并购企业中培育、植入并购企业的文化,以并购企业的文化改造被并购企业的文化。这种模式适用于并购方的文化强大而优秀,被并购方的文化又很弱,因而被并购方的文化容易被影响和改变。但是,并购后的文化冲突较为明显,文化融合的风险也较大。

渗透式文化融合是并购双方在文化上相互渗透,都进行不同程度的调整,并最终有机地融合成一种新文化。这种模式适用于并购双方文化都优秀,且双方的文化优势基本均等,双方欣赏对方文化的优点也希望改变自有文化的不足。并购后的文化冲突不明显,文化融合风险低,其效果也显著。

分立式文化融合是并购双方的文化基本不变,各自在文化上保持独立。这种模式适用于并购双方都文化优秀,且势均力敌,双方都不愿改变自己的文化,又拒绝接受对方的文化。并购后的文化冲突不明显,文化融合的风险也不大,但是没有吸纳到对方优秀的文化,而且一旦发生冲突将会非常剧烈。

重塑式文化融合是并购方不接纳被并购企业的文化,又放弃了自己的原有文化,使企业文化处于迷茫之中。这种模式适用于并购双方的文化都很弱,需要重新建立一种更适合企业发展的文化。并购后的文化冲突不明显,文化融合风险很大,重塑文化为文化新生创造了机会,但也带来了潜在的危险。

四种企业文化融合模式中,渗透式是较优的一种融合方式。在海外并购中,双方的文化差异往往较大,如不相互尊重,文化冲突必然尖锐,文化融合势必困难。渗透式提倡双方以开放的心态相互学习,在共融的基础上,实现共进。当前众多中央企业极力推行的和谐企业文化,恰是最适合在海外并购中采用的一类文化,它具有包容、平衡、温和的特性。在渗透式模式下,和谐企业文化以柔和的手法实现谐同的目的。

和谐企业文化是指坚持以人为本的原则,以“和谐”作为核心理念,通过诚信经营和科学管理等方式,来达到企业自身、企业与企业、企业与自然、企业与社会的协调发展,最终实现企业和谐、健康、持续发展的一种企业文化。和谐企业文化有其历史渊源,更有其当代使命,是中央企业进军海外的无形利器。

在中国的甲骨文、金文中就已出现“和”、“合”。“和”指和谐、和睦、和平、和善、和祥、中和等思想，“合”指的是汇合、结合、联合、融合、组合、符合、合作等思想。“和”是“合”的前提；“合”是“和”的需要和发展。“和合”联系起来成为一个概念，是中国传统文化的精髓。中国传统文化中的和谐理念，可归纳为“和实生物”的宇宙和谐论、“和而不同”的人际和谐论、“以和天人”的天人和谐论。

党的十六届四中全会第一次明确提出“构建社会主义和谐社会”，党的十六届六中全会指出，和谐文化是构建和谐社会的重要内容。企业作为经济社会最基本的构成要素之一，构建和谐社会必然要求构建和谐企业，构建和谐企业是实现和谐社会的重要条件。在这种背景下，中央企业带头创建和谐企业文化。然而，什么样的企业文化才是真正的和谐企业文化？为了呈现中国人心目中的和谐企业文化，通过分析291份有效问卷，发现人们认为和谐企业文化应具备15个重要特征——以人为本、健康发展、科学管理、充满活力、安定有序、友爱和睦、团结协作、公平公正、民主参与、诚信经营、追求卓越、社会责任、节能环保、兼收并蓄、共进双赢。

无论是传统文化底蕴，还是当代发展需要，“和谐”已成为中央企业的重要文化标记之一。而“和谐文化”所具有的天然优势，在文化融合中游刃有余，以睿智的思维、柔和的手段在不同民族文化间寻求动态平衡，从而实现共进双赢。

金融危机给海外并购带来了诱人的机遇，中央企业作为中国的领军企业，拥有进军海外的先天优势，但又承担乘风破浪的危险。我们不是感叹中央企业“闯天下”的实力，而是担忧“守天下”的能力。只有实现文化融合，才能真正变海外资源为我所用。当前中央企业提倡的和谐企业文化，正是提倡文化融合的文化，更是促进文化融合的文化。

认清自身文化优势，把握文化融合方式，在海外并购浪潮即将翻涌之际，中央企业方能有所为、大有所为。

（作者单位：江苏大学，本文摘自《企业文明》2009年3期）

中国的企业文化面临三大挑战

吴金希

中国的企业文化建设，在未来30年将面临三大瓶颈和挑战。对大多数企业而言，处理好了会获得很快的发展，处理不好可能会遭受挫折。

挑战一：跨文化管理。跨国公司到中国的越来越多，同时，随着中国经济的发展，随着国际化步伐的加快，我们也在呼唤自己的世界级跨国公司，尤其是呼唤民营跨国公司的诞生。因此，跨文化管理是我们能否成就大型跨国公司的核心要素。

未来，企业想成为一个跨国公司，就必须学会跨文化管理。联想高层的18个副总裁里面，有12个是非中国人。韦尔奇曾经说，GE是世界上最好的公司，但是我们必须把最聪明、最优秀的人才派到国外，确保他们接受适当的培训，能够成为带领GE在未来继续经营的管理者。而我们中国的企业在这方面还差得很远。在调查30岁以下的年轻人出国干什么时，88%的人回答做商务旅行，并且没有跟国外的同行交流和建立商业网络。

在跨文化的管理和融合上，中国企业的教训实在太多了。前两年TCL购并汤姆森，上海汽车购并韩国的双龙汽车，基本上都以失败告终。很重要的原因是出在跨文化管理上。台湾有一个明基，2005年并购了西门子的手机业务，但是10个月以后，明基的老板投降了。西门子是世界有名的企业，但它的思维已经落后于IT经济时代。开发一个手机，它要用六个月的时间，而市场只给它两个月时间。德国人非常严谨，非常细致，不做完美不推上市场，但在IT经济的大潮中他们落伍了。明基并购西门子的失败说明，明基对西门子的文化还是了解不透。这都是非常深刻的教训。

跨文化管理，要充分尊重人家的文化。中国的传统文化和西方的传统文化都有优势的地方。典型的西方文化是就事论事，而中国人特别重视人际关系。西方人喜欢直来直去地表达思想，中国人讲究喜怒不形于色。联想并购IBM的PC业务后，开会时联想去的高层经理有意见也不说话。美国人认为，你不说话就是表示同意。当矛盾出来后美国人就问，你不同意为什么当时不提出来？联想的人讲，我当时是给你面子。这跟传统文化有密切关系。西方跨国公司的管理者和员工都是直接沟通，管理者对员工有什么评价都直接说。中国人的管理方式是档案管理，有人犯过什么错误，偷偷在档案上记上一笔。这也是文化的差异。杨元庆曾提出一个跨文化管理原则，据企业内部讲非常有效，即坦诚，有话直说，尊重，在尊重的基础上原则互不让步，但是要有小妥协。对联想的并购，从财务报表来看，投资已经收回来了，但是最终成功与否，重要的就是看它的跨文化管理是不是成功了。

挑战二：创新文化的打造。我们由一个制造型大国，变成一个有核心竞争力的、有自主创新品牌的大国，这是非常关键的一点，也是一个瓶颈。美国《商业周刊》讲，中国经济份量大，但你看看世界500个最著名的品牌当中，还没有一个是中国企业的。中国人是最聪明的民族，但重要的是如何把一个人口大国，变成一个人力资源大国，这是一个巨大的挑战。现在全世界80%的研发投入都来自于发达国家，90%的专利发明来自于发达国家。美国前总统克林顿1992年上台时提出了《技术与国家战略》和《科学与国家战略》的报告。他说，二战以后美国50年来的历史经验表明，给美国带来高附加值、可持续发展的重要因素，就是创新和技术发展。从生产组装大国到创新国家是未来30年中国最重要的战略，打造创新能力，是对中国企业最严峻的挑战。创新能力不仅依靠机器和厂房，更主要的是依靠人脑、电脑加网络，生产方式已经转变了。因此，现在管理学界诞生了一门新的学问，叫知识管理、大脑管理或智慧管理，都是需要创新文化的支撑。

探讨创新文化,我愿意非常粗略地和大家回顾一下中国的传统文化。最近两年有国学热,我承认这个事情确实非常必要。中华文明是世界文明中不可企及的高峰,但我们不得不承认,在创新文化这方面,中国的传统文化有它的致命弱点。一个是中国传统的封建体制,官本位根深蒂固。什么叫官本位?就是由官或者是以行政为主导的文化。官本位和一元化的价值观,必然对企业的创新带来不利影响。

中国历来重视农业文明,缺乏积极进取的商业文明。农业文明吃饱饭就可以了,而商业文明特别强调创新。企业靠什么来竞争?别人生产的东西,你也生产了,你就没有什么优势,你只有通过创新才能获得优势。靠技术垄断获得发展,一直是资本主义商业文明最重要的逻辑。笔记本电脑非常简单,之所以卖那么贵,就是因为版权在里面,这就是积极的商业文明。

我们的传统文化确实挺好,延续了我们民族的血脉,但它缺乏容忍文化,"成者王侯败者寇"渗透在我们每个人的血液中。西方尤其是美国的 IT 经济发展那么块,最值得我们学习的地方就是"试一试"的文化。不成功不要紧,试一试。这样的文化在东亚是很少见的。你很难想象哈佛大学法学院的本科生比尔·盖茨,竟能辍学搞自己的事业。假设一个清华的学生辍学去创业,家庭、社会都不会理解。日本为什么在 IT 经济时代落后呢?就是日本也缺乏这个"试一试"的文化。

我们的文化比较适合追赶型的、学习型的、模仿型的企业,你想搞突破性的创新很难。很多东西需要我们去反思。创新所追求的文化是什么?重要的是价值观多元交汇,有不同观点才行。西方人的学术文化,就是让大家进行公平的辩论和交流,你做的再完美,我也要找出和你不同的地方。一个是趋同,一个是求异。不仅要求同,更重要的是探索求异。不仅要尊重仰慕权威,更重要的是要敢于挑战权威。

历史上晋商、徽商很讲诚信,这确实是现在商业中缺乏的一种文化,遗憾的是晋商、徽商都缺乏创新。海尔是我们国家进入500强的企业,它的文化讲永远的战战兢兢,永远的如履薄冰,你的下一道工序是消费者,等等。这样的文化适用于生产,适用于制造,适用于仿造别人的产品。但是,"如履薄冰"这样的文化,不适合创新。好多企业家、好多专家都在谈创新,但做的和说的往往不一样。

中国企业未来的文化创新有一点非常关键,就是改善组织的机制,统一的、直线职能的金字塔方式必须改善。GE 的韦尔奇一上任就宣布,从现在开始,GE 在全世界的任何一个员工汇报问题到我这里不能超过 5 个层次。这就是扁平化的典型例子。而我们中国很多企业,稍微有点成就,就想成立一个处,成立一个科。我们这样一个层级体制,实际上是越做层级越森严。

挑战三:商业生态文明的提升。一些咨询公司把企业文化定位于如何鼓励自己的员工,实际上企业文化不仅仅是这些,重要的是应打造自己的商业生态文明。三聚氰氨奶粉事件,是中国食品企业问题的冰山一角。除了产品安全之外,还有全球气候等诸多问题。据专家的预测,如果全球变暖,北极、南极的海平面上升,带来的问题就会非常麻烦。这些就涉及到商业生态文明的提升。

商业生态文明,包括这么几个方面。一个是管理文明,说管理文化也可以。在开滦范各庄矿,他们的工人出井后洗完澡,还能按摩,而且他们还带着工人到人民大会堂来听音乐。挖煤的工人需要尊重,也需要文明的管理。我们不能把企业文化搞成老板控制员工的东西,而要变成互相尊重的管理文明。有的公司治理不清楚,好像谁都有职责,但谁说了也不算;有的企业领导要求别人马列主义,而自己是自由主义,这就是管理文明的倒退。

还有一个是社会责任的文明。企业在盈利、为股东创造价值的时候,还要兼顾产品的合格,要考虑员工的利益,要考虑企业合作对象和社区的利益,还要考虑到环境,这是非常重要的。很多企业意识不到这一点。可以断言,不出两年,全球企业的非绿色产品就不可能出口,企业产品的绿色环保趋势,马上就要体现在竞争规则当中。现在,沃尔玛就已经派社会责任调查员来监督企业了。环境问题是社会责任的一部分,是值得每一个企业认真思考的大问题。

(作者系清华大学科技与社会研究中心副教授,本文摘自《中外企业文化》2008 年 11 期)

民企兼并国企的文化融合

钟 抒

民营经济参与国有资产重组的政策障碍基本消除并得到积极鼓励,跨地区的联合重组高潮迭起,民营企业、合资企业(包括外资企业)和混合制国企正在构成中国微观经济领域的三驾马车。然而,国企与民企有着不同的创业背景和历程、有着不同的管理机制和经营机制,所有这些,我们都无从回避。企业只要存在,文化管理就不容忽视。在兼并重组过程当中,它体现出来的是文化的融合和创新。文化融合好,前景一片光明。

案例

曙光汽车"蛇吞象"

一家不足千人的地方民营企业"小蛇"——辽宁丹东曙光车桥公司,斗胆吞下了一头"巨象"——曾被誉为"中国客车业黄埔军校"、职工人数逾 6 000 人的辽宁黄海客车集团,一度被传为佳话。

2001 年底,黄海已濒临资不抵债的边缘:资产总额 10 亿元,不良资产和债务累加却超过了 11 亿元;市场占有率从超过 50% 锐降至不足 4% 。

2002 年 8 月 15 日,辽宁省召开汽车工作会议,会议决定由曙光来参与黄海的重组,以充分发挥曙光的机制、资金优势和黄海的技术、品牌优势，实现优势互补，盘活黄海的国有资产。

重组迅速启动，曙光与黄海共同出资组建新公司“辽宁丹东黄海汽车有限责任公司”，新公司注册资本2.2亿元，曙光以1.12亿元现金入股，老黄海以客车制造主体资产入股。李进巅任董事长，原黄海的一位副总担任总经理。

重组消息传出后，当惯了“国企老大”的原黄海职工无论如何也不能接受被小民企兼并的事实，无论如何也不愿将自己端惯了的铁饭碗换成泥饭碗或瓷饭碗，尽管那铁饭碗已空空如也。他们担心，重组后曙光会大幅降低他们的工资和福利，并强制性减员，一种对抗的情绪在职工心中急剧膨胀，黄海职工涌上了街头。

为了控制事态，丹东市委立即组织以市委书记为组长的工作组，深入到黄海职工中说明重组真相，曙光也迅速组织部分黄海职工到曙光参观座谈，并召开职工代表大会，对黄海职工提出的工资及福利待遇等要求给予书面承诺，求得黄海职工的理解和支持。丹东黄海汽车有限公司挂牌成立。

激烈的碰撞　痛苦的磨合

重组后最棘手的是管理团队的磨合。为了减少黄海员工的抵触情绪，曙光仅派出一人进入新黄海管理团队，主管规划和技改。显然，这是一个新瓶装老酒的管理团队，他们对新黄海董事会的决议拒不执行，非常对立。作为董事长，李进巅虽然每次看新黄海的财务报表都心凉半截，但从稳定出发，他还是“忍气吞声，不敢多管”。由于管理团队“换汤不换药”，新黄海的经营每况愈下，黄海总经理提出辞职，职工心中那块坚冰开始消融，他们忽然意识到：老机制已完全不行了。

黄海虽然已是一盘残局，但是经过精心收拾仍有重新做活的“气”与“势”，对此，李进巅十分清楚。经多方协商，李进巅亲任新黄海总经理。到任后，李进巅做的第一件事就是按时足额发工资，极大地稳定了职工的情绪。接着，李进巅大刀阔斧地改组了管理团队，并将管理重心下移，职能科室由原来的30个减至11个。并从曙光借来1 670万元，按照国家规定的高限对精简下来的618人进行了妥善安置。接着，推出了倒挂式年薪制，按效益算年薪，一岗一薪。

文化整合被李进巅当成重点。他上任后，以曙光文化为主，融合进黄海有价值的文化因子，形成统一的企业文化，只保留了一张报纸。

一系列改革重塑了新黄海的形象。仅仅5个月的时间，新黄海重又踏上发展的快车道。当年，新黄海共产销客车5 375辆，比上年增长45%，创近年最高水平。

李进巅也将新黄海总经理的帅印顺利地交给了一位年轻继任者。新黄海成立后，老黄海就成了留守班子，每月靠从曙光借来的400多万元度日，在没有任何经营性资产和经营能力的前提下，提出做大做强老黄海的口号，老黄海坚持不将客车生产目录转移给新黄海，新黄海只好每卖一辆车，就到老黄海开一次发票，货款也是先打到老黄海的账上，然后再由老黄海转给新黄海。专用车目录，老黄海不仅不转给新黄海，而且在国家规定的目录申报期内不申报登记，最后因逾期不报而作废了。

同舟共济　曙光在前

虽然重组的历程让李进巅和他的团队饱尝了难以下咽的痛苦，但是凭着曙光良好的机制和经营理念，凭着那种遇挫不折的坚韧，新黄海与曙光形成了良性互动的局面，并双双跃上更高的发展平台。

如今，辽宁丹东曙光车桥公司已更名为辽宁曙光汽车集团。“虽然历尽艰辛，我们还是把企业发展理顺了。”

按照李进巅的畅想，曙光汽车手托着两个品牌曙光车桥和黄海汽车，着力打造“中国车桥王”，2008年车桥销售收入力争超过100亿元；重新做大做强黄海客车和SUV车，力争用3年的时间，使黄海客车的产量达到1万辆，再度闯入全国客车行业前5名！

最令李进巅舒心的，是黄海和曙光已从貌合神离转到同舟共济。有一件事至今仍让李进巅泪花盈眶：去年底，国内一家企业两次找到李进巅，想收购黄海的股权。风声漏出去后，黄海全体中层干部找到李进巅：“董事长，我们恳求你不要把黄海转让出去，黄海与曙光共命运！”

回首重组历程，李进巅的脸上露出了笑意，曙光重组黄海尽经坎坷，但毕竟踏出了一条民企收购国企的重组之路。

民营企业的贡献

从辽宁曙光汽车集团参与老国企黄海客车重组实践和重组后的变化来看，在参与国有企业重组中，有专家认为，民营企业有四大贡献：

第一是重新激活了那些将要或正在流失的国有资产，使国有资产得到保值增值，国企债务得以落实。重组前黄海集团背负银行债务4亿多元，其中近11 666万元连担保都没有。如果黄海破产，不仅这些国有资产流失，而且债务也将悬空。曙光集团重组黄海之后，不但按国家规定划入了相应比例的资产和债务，而且还为黄海集团偿还到期债务9 055万元，并为基本处于悬空状态的11 666万元债务进行了实物担保。

第二是帮助国有企业精简冗员，并支付了部分改革成本，维护了企业和社会的稳定。“能进不能出，能上不能下”，是国有企业的一大痼疾。曙光重组黄海之后，新公司共有员工3021人，对比国内外客车行业情况，黄海的富余人员约有1 000人左右，严重影响了劳动效率，加大了生产成本。曙光集团经过精心运作，完成了黄海国企时期无法完成的事，平稳减员618人，无1人上访，在国企无力支付改革成本的情况下，为了黄海的发展，曙光集团出资8 279万元，其中1 070万元用于支付黄海长期拖欠职工的住房公积金，1 325万元用于精简618名员工的经济补偿。

第三是转变了观念，创新了机制，让黄海从社会的包袱变成财富。黄海作为老国企，如不转机转制，转变经营观念,很难真正振兴。曙光集团作为一家民营企业,经历了20年市场竞争的摸爬滚打,与国企传统的计划经济相比,具有天然的市场经济特征和灵活的经营机制。重组黄海后,根据曙光集团的成功经验,按照市场经济规律的要求对合资公司的管理模式和经营机制进行了改革,并通过定岗定编、分配制度调整等切实有效的办法彻底转变了黄海员工国企时期的思想观念,让黄海这个濒临破产的社会包袱变成了一架为社会造福的机器。2003年,黄海共上缴税金4 000多万元,今年预计可上缴税金7 000多万元。

第四是从制度上杜绝腐败现象。曙光重组黄海后,遇到了三件事情:一是黄海曾有个别老领导利用配套关系转移货款或抵顶债务;二是仅铁屑等边角余料处理,每年流失几十上百万;三是原黄海物资处有两三个人,长年不上班,工资少一分也不行。对曙光来说,这三件事都是不可思议的。可见,由于制度漏洞,国有企业养肥了多少耗子。重组后,我们强化财务管理,堵住了货款的不正常转移,将边角余料交由公司统一处理,坚决减掉闲岗,从制度上根除滋生腐败的土壤。

文化融合的重要

案例中,文化融合被李进巅当成重点。他上任后,以曙光文化为主,融合进黄海有价值的文化因子,形成统一的企业文化,只保留了一张报纸。

民企在参与国企改造的过程中,双方的文化融合具有怎样的重要性?我们在并购企业的时候关注这样几个方面,首先关注政府政策,其次关注财务面,第三是组建模式,第四就是企业文化,这四个方面应该统筹考虑。

并购方与被并购方在磨合过程中,一开始由于产权划分带来的新鲜感,可能更多关注的是经济利益方面;但运行一段时间之后就会发现,仅仅通过股权和经济利益划分还不能保证企业的健康有序运作,必须要通盘考虑包括企业文化在内的各种要素。软性的东西有很大的力量,它制约着硬性的东西。双方的资产都比较优良,整合之后各方都得利,仅仅因为一个文化的问题,就可能把这个企业葬送了,甚至因此拖累母体,拖垮投资方。

双方的企业文化是在不同背景、不同环境之下,由不同的人缔造的,谈到融合,恐怕不是一件容易的事情。民营企业的文化发展一般是由它的企业家群体来主导,别人很难插手;国有企业的企业文化则由行业主管机构加上企业家群体来主导,这其中可能是五五开。当民企并购国企,问题就出来了,一个是大家的思维定势不同;另外一个是在队伍上要把两股人往一块合,亲兄弟俩还打架呢,何况两个企业?比方说,国有企业的职工就可能不接受这种变化,“我是一个国有企业,卖给个体户了,不一定什么时候,他就把我给卖了、抵押贷款了,到时候怎么办?”这是一个观念要更新的问题。再有,在国有企业里吃惯了大锅饭,在民营企业里肯定不让人混。而长期混日子的人愿意糊涂着,不愿意接受现代化的管理。这就是两种文化的差别,一种是“刨食”文化,在民企里,后脑勺要长眼睛,要去挣钱;另一种是“等食”文化,开不开“源”无所谓,“流”要大一点。当两个企业、两种文化狭路相逢,融合与创新是唯一的出路。

心态调整的关键

在民企与国企的文化融合过程当中,最容易出现什么问题?应当如何解决?

对被并购方来说,是身份带来的心态调整不过来,职工倒好办一些,“谁给我开工资,我就给谁干呗”。但对于企业领导,这个心态很难调整。国企在企业管理上相对还是比较规范的,管理经验也比较丰富,人员素质也比较高,但是多少年的所谓“主人翁精神”把大家给害了,“本来想聘个师爷,结果来了个老爷”,调整起来比较困难。在民企并购国企的过程当中,因地域、行业不同以及企业自身素质的不同,会出现各种不同的情况。有些国有企业,像人一样,体质比较好,不被并购,也能活得不错,但可能是考虑地区的资源整合,或者由于其他什么原因,它被民营企业并购了,这会儿的心态肯定不好。表现出来,一个是抢位置,一个是抢发言权。“让个体户来管我,凭什么?我是这个企业的老职工了,民营企业来了,你说你新,你能比我新到哪里去?”企业的高层管理者此时会面临很多的困惑,感到很棘手:如果强势进入,会造成很大的反弹,比如上访、怠工、围攻办公室等等,但是如果采取弱势,“马善被人骑”,会被人认为你好欺负。

所以,在股权分配、利益分配解决完了之后,民企应当强势进入,认同我的价值观,服从我的文化约束,你就留下来,不认同我的价值观,不服从我的文化约束,你就离开。“人本管理”的理念非常好,非常符合时代要求,但是要把握一个度,包括在企业内部强调尊重、沟通,不要强调得太过。你是经过比较才加入到这个企业中来的,不是没有选择,而在一个企业中,最基本的关系是雇佣关系,“食君之禄,忠君之事”,如果没有打工者心态,你就应该走人了。当然,这就会面临一个阵痛,包括核心人员、骨干队伍的流失,不过,有些代价是不得不付出的。

但是,“强势”也需要恰到好处,不能说“我是一个征服者,一切要听我的,以前的全部作废”,把国企原有的企业文化一刀割断,这种征服者心态是万万要不得的。也就是说,并购方也有个心态调整问题,即便老板没有问题,派驻的人员也很可能会有问题。如果并购方出现了征服者心态,它就要重新评价和审视自己的文化,包括对派驻人员的素质进行评价,不同的人办同一件事情,结果可能大相径庭。一般来讲,民营企业如果有好的企业文化,本身就不应当出现这种情况,如果它秉承的是一种不好的文化,而客观情况又是由它去并购,那么就别用一个模子卡,从一开始就去再造一种文化。从最根本的来说,每个企业都应该有自己的文化个性。但再造一种文化的难度非常大,对并购方的管理水平、人员素质的要求都非常高。

(本文摘自《企业文明》2009年3期)

同根同宗同思变

——首钢长钢重组研究报告

首钢发展研究院企业文化所

2010年6月，发展研究院企业文化所有关人员赴首钢长治钢铁有限公司进行调研，得到长钢方面大力支持：长钢董事长郭士强和长钢其他领导介绍2009年8月重组以来的工作情况；分别安排长钢处级以上领导和生产管理骨干与调研组见面、座谈；期间，调研组还分别对首钢技术服务团、工程指挥部、填平补齐项目参建单位进行了访谈；参观了长钢一号高炉旧址、炼铁厂、炼钢厂、无缝管厂、氧气厂、H型钢板材厂、以及正在施工中的重点建设项目；考察了长钢发源地——黄崖洞兵工厂。大家共同感觉到：虽然首钢长钢重组不到一年，各项工作还在推进当中，但各种迹象表明，首钢长钢情浓意深，此次重组堪称中国钢铁企业兼并重组的经典案例，不仅使首钢品牌在山西这块大地上绽放光彩，而且对首钢长远发展和首钢搬迁调整必将产生深远影响。

首钢长钢原本同根同源

首钢与长钢有着同样的军队文化情结。长钢建厂初期是八路军兵工厂的“连锁厂”，故县铁厂曾经被命名为刘伯承军工厂，长钢为解放战争和抗美援朝战争作出了不朽贡献，如今在徐州淮海战役纪念馆还陈列着当年生产的武器。首钢，自周冠五同志走进这家企业的那一天起，军队的雷厉风行、步调一致军队文化因素就逐步显现出来。

首钢与长钢有着同样的周总理情愫。改革开放初期，首钢作为国务院改革试点单位和全国企业改革的排头兵，时刻不忘周恩来总理的嘱托，首钢不当下钢，一定要成为全国之首！1994年列全国钢产量第一。周总理也曾勉励太钢耐火材料厂要向长钢的前身故县铁厂学习。1956年5月6日，周恩来总理视察耐火材料厂，谈话中周总理听说厂长宋忠恕是从故县铁厂调来的，语重心长地对他说：“要像战争年代建设故县铁厂那样，自力更生，勤俭办企业，把这个厂管理好。”这说明，周总理对长钢曾经给予高度评价。首钢人不忘周总理的嘱托，今天，努力使首钢成为坚持可持续发展、落实科学发展观的排头兵；长钢人不忘周总理的好评，时时刻刻注意维护长钢的企业形象。

首钢重组长钢之后，姜兴宏同志到长钢调研时曾说过，首钢与长钢两个企业可谓同宗同源，都有着红色文化。长钢人对这个判断非常认同，并认为首钢成功重组长钢，与文化相通息息相关。

与民企重组失败之后更加珍惜与首钢重组

作为中国红色钢铁的发源地，从1947年建厂到今天，长钢历经60多年的风风雨雨，进入21世纪后，由于多次错失发展机遇，使长钢陷入濒临淘汰的境地。为了摆脱困境，2003年寻求上市，2004年谋划整体改制，2005年2月至2008年9月长钢与四川一家民营企业有过一段不成功的改制重组经历。由于两个企业的历史基因与文化有着巨大的差异，失败的组合使企业和职工都受到很大的损失。

2009年8月，借首钢搬迁调整之机，首钢与长钢实现重组，再一次给长钢带来摆脱困境、重振雄风的机会。

与首钢重组，企业重现生机与活力。首先，与首钢重组，是长钢深思熟虑的结果。长钢经济管理中心副主任常礼景介绍说：“对首钢当年搞承包制，对现在的管理，我们还是有所了解的。所以，我们对首钢进来，很高兴。因为首钢懂管理、重视管理。”他介绍说，与首钢重组，他们做了一些工作，提供了一些资料和情况给领导参考。轧钢厂康臻的话，说出长钢人的一个共同心理：“经过重组改制失败的磨难，更感到，登上首钢大船，觉得很有希望，心里踏实多了。”

签约首钢，长钢百分之百地通过“公决”表达民意、展示民主。对首钢重组长钢，离退休人员在思想上高度一致，自发参加揭牌仪式；在岗职工觉得一定要投全票，心甘情愿地给予支持。

至此，历经7年的艰辛探索，长钢这艘被市场经济浪潮冲刷得千疮百孔、摇摇欲坠的小船，终于搭乘上了“首钢这只大船”（长钢人语）。长钢跟首钢顺利实现重组，在一度程度上也可以说是长钢人“公决”的结果。

情投意合，整合进程主动、顺利推进。首钢成功重组长钢，首先是首钢与长钢两个企业的领导人都有一种责任感，都有一种进取精神和干事激情。双方领导人的相互沟通，开启了企业重组过程中的战略整合。第二，通过首钢计财部、规划部等调研组与长钢体转办等相关部门的长时间同行交流、对口衔接，两家企业从一开始就为财务整合做好准备。

在实现战略整合与财务整合之后，长钢主动从文化融合开始，启动文化整合进程。一是领导带头讲形势与任务，提高长钢员工的认同感、归属感、使命感；二是通过吸纳总公司思想文化和价值取向，修改补充原来编写的《企业文化手册》；三是通过会议、宣讲、座谈等方式，在干部职工和社区居民中大力宣传总公司的发展战略、文化理念，让长钢职工更多地了解总公司历史，认同首钢文化，使总公司的战略愿景很快成为长钢每一个职工共同的追求。通过上次改制和这次与首钢重组，长钢人深刻感受到，资本纽带是非常脆弱的，文化这根纽带，起着长远的、根本性的作用。因此，他们意识到，文化融合是重组发展的根本。

首钢长钢重组，与其说给了长钢人一个“换了天地”般的感觉，不如说给了长钢人一个重生、崛起、壮大的良机，因而，重组后的首钢长钢公司，从思想观念到精神风貌，从生产经营到各项管理，从钢厂作业区到职工住宅社区，处处洋溢着勃勃生机。

重组之后，长钢的管理得到了加强。一是采购成本逐步下降。原来,长钢的采购成本普遍高于周边企业,重组后,一是促进采购部门更有责任心,二是采购部门的合同,要组织职工代表开评价会,让负责采购的人员,做采购说明,同时跟市场比较。三是推行了"横向到处,纵向到厂"的二维管理,提升各单位、各部门、各厂矿的整体协作意识,并且有指标,有考核,故障率明显下降。重组以后,两钢联手,是众心所想,众望所归,职工的积极性很旺盛。在设备增加、人员没有增加、收入水平比去年降低的情况下,设备故障率比去年降低。企业形象有很大提升,在筹融资方面,现在,民生银行对长钢最大授信额度达到26亿元。

长钢干部群众的反应以及我们通过调研得出的感觉,都说明:长钢人目前的工作状态和敬业精神,是长钢组建以来最好的时候:有困难、有问题时,大家共同克服;不等不靠,长钢上下共同培育主动进取意识;发挥区位优势,为首钢大家庭尽职尽责;制定战略,目标奔向国内一流企业。

长钢当前需要重视的问题

首钢长钢重组,上至当地政府高层、下至平民百姓都比较认同,特别是长钢公司的广大职工无不为之欢欣鼓舞,但是,重组工作仅仅是开了个好头,长钢持续改革、发展之路可谓任重道远。在调研当中,我们也感到目前长钢还存在一些亟待解决的问题。

抓紧搭建好长钢中层干部队伍。自2009年12月18日挂牌算起,首钢长钢重组已过半年时间。政治路线确定之后,干部决定一切。要加快对中层干部的考察、任命、到位,以免影响长钢改革发展全局。

抓紧做好首钢技术服务转化的保障工作。为了确保首钢长钢重组工作的顺利进行,总公司技术服务团工作认真,主动高效,不辱使命,得到长钢各个方面的充分认可。然而,长钢公司如何抓住这个机会,把技术服务团的服务成果"掌握住、留下来",还有待周密的组织与安排。

妥善处理好长钢"企业办社会"的问题。解决企业办社会问题,一直是中央的一项政策。但现在企业办社会却成为长钢的一大特色。从长远看,对长钢、对职工都不利。要做到既保障离退休职工的切身利益,又保障长钢轻装前进,就要妥善处理好长钢"企业办社会"的问题。

培育、形成、总结、提炼、宣传企业核心价值观对保证重组最终成功至关重要。企业文化的核心内容,就是核心价值观。有人说,企业文化就是处理好三者关系;在首钢长钢重组过程中,这三者关系又有了新的内容,那就是,两边的高层领导之间的关系;两边的中层领导之间的关系;两边的技术人员之间的关系;两边的员工之间的关系。在处理好这些关系过程中,培育、形成、总结、提炼出长钢的核心价值观,并予以广泛宣传,会有效推进从朴素的成功重组到彻底一体化进程。

成功重组引发的启示

在这次调研活动中,大家谈论得最多的问题是:首钢长钢重组,为什么速度这样快,效果这样好。我们感觉,首钢长钢成功重组,带给我们如下启示:

(一)通过承包经营和搬迁调整,首钢的无形资产越益雄厚

长钢之所以把首钢当作首选对象,一是基于对首钢当年搞承包经营的了解,二是基于对首钢近来年夹缝求生并再次把首钢做大做强的了解。总之,承包经管和搬迁调整,在不同时期,为首钢奠定了非常雄厚的无形资产。这种无形资产,成为首钢成功并购重组的一把锐器。

(二)不把百姓的利益当回事,是企业并购重组的一大忌

郭士强的前任党歌想通过与民营企业联合,给民营企业一点儿钱,自己能够做到对企业说了算。结果,既没有把百姓的利益考虑周到,又将自己陷入被动中。正反两方面的事实说明,在并购重组过程中充分体现百姓意愿非常重要。它既有利于成功重组,更有利于建设和谐企业。

(三)文化融合到一块儿,就不会两张皮

无论是长钢方面还是首钢方面,都感觉到,因为两个企业在企业文化方面有若干共通之处,两个企业快速走到一起。长钢人说:"文化闹到一块儿,就不会两张皮"。因此,继续探索进一步推进文化融合的方式与路径,使首钢总公司的核心价值理念逐步深入到新并入企业的各个角落,同时使首钢的企业文化建设水平在注重借鉴吸收的基础上不断得到提升,从而推进企业之间的文化融合进程。

推进首钢重组的对策建议

(一)培育和增强新并入首钢的企业的组织再造能力应成为重组的核心内容之一

长钢之所以愿意跟首钢合作,一是看重首钢的资源,二是看重首钢的管理与技术。首钢对新进入企业的支持,更多的就是要输出无形资产,输出核心理念,输出管理与技术。首钢重组长钢,引起了新进入首钢的其他企业的"关注",在总公司向新进入企业提供支持方面,新进入企业间相互攀比的声音时有所闻。为了维护首钢总公司的整体形象和长远利益,为了保持首钢总公司与各重组企业的平衡关系,应把培育和增强首钢重组企业自生能力,或者说组织再造能力作为长效机制固定下来,通过合理的体制、机制,通过恰当的母子关系,增强各个新并入首钢企业的自我滚动发展的能力。

(二)统一思想转变观念,不等不靠一切靠自己创,应成为首钢长钢经营思想的核心

首钢承包经营时期,有着"一不等,二不靠,一切依靠职工自己创"的价值追求,首钢搬迁调整前后,同样有着不等、不靠,不做首钢的末代皇帝,为历史负责的价值追求,统一思想,转变观念,上下同欲,才有了首钢今天的发展;在长钢的文化里,也有一种很强烈的自力更生的价值追求,在调研当中,我们常听到长钢人"自力更生、艰苦奋斗、勒着裤腰带过日子"的话语。两家企业都是在困境中求生。两个企业同根同宗同思变，相同的发展背景使两家很快走在一起。因此，现阶段的长钢，在弘扬长钢好的企业文化的同时，借鉴吸收首钢的“不等，不靠，自己创”的价值追求，恰当利用好登上“首钢大船”后迸发出的工作激情，一方面相信在必要的时候一定会得到首钢总公司的大力支持，另一方面，一切依靠职工，一切相信职工，充分挖掘职工潜在的积极性、主动性、创造性，凭着一种不等、不靠，一切靠自己创的价值追求，开创长钢重组之后生产经营的新局面。

（三）新时期长钢红色文化的内容应与时俱进，并使之有利于提升企业形象

长钢与八路军建的第一个兵工厂有缘，长钢人以故县铁厂是中国共产党在太行山革命根据地兴建的第一座钢铁厂而自豪，长钢企业文化中红色氛围浓厚，从长钢人衣领和袖口都着红边、衣服口袋上方用红色绣出单位名称和工作者名字的工作服，也可以看出红色文化带给长钢人的自豪。首钢通过承担天安门工程、奥运会工程等不断给首钢的红色文化注入新的内容。新时期，长钢要像首钢一样，为自己的红色文化增添新元素，同时也为首钢红色文化增添新的元素。对此，我们调研组已就这个问题与长钢宣传部门沟通过看法，提出过建设性意见。

（四）高层领导加强沟通与交流，是保持长钢长治久安的关键所在

首钢与长钢重组，关键是融合，所谓融合，说到底就是长钢本地高层领导与首钢派驻高层领导之间的融合。他们融合好了，两个企业也就融合了一半。毕竟，在企业文化建设中，高层领导的作用至关重要。加之管理者双向交流，首钢在技术与管理等无形资产方面的不断支撑，企业效益与职工收入不断转好，长钢就会实现可持续发展。

（五）加大对长钢职工队伍的培训力度，让首钢核心价值观在长钢落到实处

一是从专门业务等角度进行培训；二是从学习方式方法等角度进行培训，三是从企业核心价值观角度进行培训。如此，既有利于推进两个企业之间的全方位整合进程，又有利于长钢创建学习型组织。

（六）加大总结宣传力度，进一步提升首钢形象，为首钢早日成为国家队而努力创造条件和机遇

在调研中，长钢职工提出，希望多了解首钢的事，希望长钢人多学习首钢的长处。他们希望能够及时看到首钢日报，及时听到首钢新闻。郭士强认为，“我们打了一个大胜仗，在政治上打了一个大胜仗，中国的事，政府多支持你一点，事情就好办多了。”首钢成功重组长钢，以及长钢人通过“公决”心向首钢，其中许多方面，都值得深入总结。这是文化融合与企业文化建设方面的成功案例。好好把这种重组案例总结分析一下，既是为了宣传首钢，也是为了使新进入企业更好、更快的融入首钢。如果需要，发展院企业文化所愿意主动承担这项重要任务。

毕竟，首钢曾经是改革开放的一个对外窗口，现在，在并购重组方面有着良好的示范效应。首钢要努力争取能享受中央企业待遇，把争取来的钱用到长钢、水钢等企业的产品升级与技术改造方面。

（执笔人车宏卿等）

企业文化要着力培育多元化时代的共同愿景

赵国珩

最近一段时间，我们对几年来钢铁业企业文化建设情况进行反思，认为企业文化“落地”须破解三个尴尬，特别是需要下功夫培育多元化时代的共同愿景。

在钢铁业高增长高利润时代，钢铁行业和其他行业一样，对企业文化建设推动力度较大，也出了不少经验。经过这场金融危机的洗礼，现在看来，我们不少企业在这方面的工作确实扎实，经验也很好。如：宝钢、首钢、攀钢及山东的济钢、莱钢等企业，其经验在全国范围都具一定影响。但不能否认，也有不少企业在金融风暴冲击下，凸显出“两张皮”的弊病。就是说，当经济形势好时，拿企业文化作装点，经济形势变得严峻，就开始手忙脚乱，无暇顾及这些软管理措施了。对“两张皮”现象的关注，应该说并不是现在才开始的，但过去分析问题，多将注意力集中在体制和操作层面。通过这次反思，我们进一步认识到，体制和操作层面的原因还不是根本，根本在于从价值层面有三大因素，导致企业文化建设的“落地”难。

第一，企业管理模式与企业文化建设的价值导向相悖，使企业文化建设的价值导向只能停留在道义呼唤的层面，在广大员工中难以发挥作用。钢铁企业和其他行业的老企业一样，共同从计划经济体制走过来，在管理模式上，多数没有经过泰罗制的洗礼，天然地带有管理不严、执行不到位、员工操作马虎、不求精细等弊病。所以，在经济体制改革之初，企业贯彻科学管理从头做起，在制度安排上凸显出X理论的特点。X理论把员工设定为“经济人”，认为他们从本质上是消极被动的，他们工作只是为了赚钱。这样的管理观念使管理工作转向简单生硬，“以罚代管”逐步盛行。在这样的背景下，不管是社会主义核心价值观的导向还是企业文化的价值导向，都只能停留在道义呼唤的层面，造声势有余却不能进入企业管理的制度框架。所以，当他们与企业现行管理制度所形成的价值导向发生碰撞时，对广大员工起作用的只能是后者。看来，企业文化更宜在充满人文精神的“文化人”环境中施行，而在缺少人文精神的“经济人”环境中，似乎不太具备接受的基础。各企业提炼的企业精神都很好，但管理制度的价值导向却不支持这些企业精神，所以在实践中难以吸引广大员工跟进。这就是企业文化建设目前遭遇的第一个尴尬。

第二，由于深化改革的利益分化，员工对企业改革的共识正走向破裂，难以形成企业发展的共同愿景。“十五”以来,由于企业改革中利益关系的深度调整,员工队伍出现分化,形成利益取向不同的群体,也就是所谓的利益主体多元化。目前,不同利益群体的边际已经明晰,各自成员的归属感已经确立。其中,由于在企业改革中的受益程度和对改革成本的分担不同,凸显出工人群体特别是其中的弱势群体与管理者群体之间的感情疏远和互信程度降低。这一状况的发展,不仅加大了企业管理的成本,也时刻孕育着利益博弈的风险。今年7月,在吉林省通化钢铁集团有限公司,围绕着企业改制重组中员工提前退休、工龄买断和身份转变等敏感问题,已发生过破坏性博弈。这一事件虽为个案,我们认为其中蕴含着与我国发展呈现出的阶段性特征相关联的某些规律性。目前,我们正引导企业认清利益博弈时代到来这一现实,正确把握利益博弈的性质界定,加强对其规律性的研究和相关法律知识的学习,提高应对本领,以适应新形势下构建和谐企业的需要。我们知道,企业内部利益主体多元化是市场经济发展的必然结果,按道理这与建立企业发展共同愿景并不一定发生矛盾,但我们目前正处在社会转型和经济体制转轨时期,一些法规制度不健全,改革推进中对员工经济上、心理上的承受力关照不够,员工的利益诉求渠道不够畅通,社会心理又严重失衡,在这种情势下,企业发展的共同愿景从何谈起?培育利益多元时代的共同愿景是国家和经济组织面临的共同问题,也是当前企业文化建设在实践中遭遇的第二个尴尬。

第三,腐败现象、不正之风和不良的潜规则,使企业的文化生态深受破坏,给企业文化建设涂上了一层灰黯的底色。社会上和企业内部揭露出来的腐败现象,随时践踏着员工的职业道德情感,有些企业在涉及员工切身利益的重大问题上搞暗箱操作,一些管理人员把部门权力变成个人或小团体谋利的工具等行为,污染着公平正义的道德环境,各种潜规则已被广大员工默认并习以为常,以至积淀成为一种文化现象。在这样的文化生态下推进企业文化建设,似在杂草丛生的地方建房屋,不事先加以处理和平整,基础何能牢固?这是企业文化建设在实践中遭遇的第三个尴尬。

面对上述"尴尬",业内何以应对或应注意些什么?我们认为:

第一,要改变从理论原则或预定的模式出发,描述企业文化细节的倾向。理论原则非常重要,它指导着我们去系统地认识和整体把握企业文化的概念和本质,为我们提供了研究问题的工具。但当我们具体开展这项工作时,却不能从理论原则出发而只能从实际出发,否则事情将变形走样,工作也难以奏效。这是企业思想政治工作与企业文化建设共同面临的问题,其实质是如何端正认识路线的问题。

第二,要在科学发展观指引下,从推动企业贯彻落实人本管理、改善人文环境入手,为企业文化"落地"创造条件。首先要改变对管理对象的"经济人"假设,我国宪法规定,工人阶级是国家的领导阶级,国有(控股)企业的员工从当家做主时代走过来,在企业内部生产关系的定位方面心理预期很高。如果说改革开放初期,施行X理论的管理模式是为了补科学管理先天不足的课,现在改革开放已经30多年,国家的经济社会发展已经达到全新的水平,广大员工的主体意识也已经成熟。所以,对员工的人性假设必须改变,转而承认员工在本质上是勤奋和愿意承担责任的,在执行任务时能够自我指导和自我控制,工作中存在极大的潜力。要以新的管理理念为指导,建立新的劳动管理框架,将新理念贯彻到具体的管理措施中去,并通过一系列激励措施使之在团队中固化下来。人本管理的施行,将在员工中形成相应的价值观念和道德规范,在这些价值观念和道德规范沉淀积累的基础上建设以人为本的企业文化,不但顺理成章,而且有效地避免了"两张皮"现象。

第三,对企业改革、改组、改制中遗留下来的阵痛如何缓解及企业如何搞好廉洁从业、纠正不正之风问题,在推动企业文化建设时,不能不考虑这些因素的影响。企业文化建设作为企业管理的一种模式,它与企业党建工作、思想政治工作各司其职、互相关联,不能搞单打一。否则,难以收到实际效果。

(作者系中国冶金政研会副会长兼秘书长,本文摘自《企业文明》2009年12期)

美国金融危机透析的企业文化视角

李锦望

始于2007年初的美国次贷危机,经过蔓延、深化进而迅速引发了全球性经济金融危机,这是1929年以来最严重的一次危机。这次金融危机彻底销蚀了华尔街美丽神话的光环,颠覆了自由放任市场理念的崇高,从而引发了全球关于华尔街金融发展、创新、运营与监管模式的反省与思考,而这一次的反省与思考要比以往任何时候都更加沉痛、广泛和深刻。

美国金融危机的严重后果及影响

这次金融危机导致了严重的后果,主要表现在以下方面:一是全球股票市场指数大幅下挫,各个主要指数下跌均超过20%以上。二是华尔街最基本的金融机构五大投资银行消失,贝尔斯登、美林证券、雷曼兄弟倒闭或被收购,高盛、摩根斯丹利则转为银行控股公司,由此华尔街的金融性质和运行模式发生了根本性改变。尤其是雷曼兄弟的破产是有史以来最大规模的公司破产,彻底摧垮了全球投资者的信心,加剧了投资者的恐慌情绪。三是对全球金融体系产生了严重冲击,导致大批人员失业。从美国金融危机恶化迅速扩展到整个欧洲,之后又蔓延到日本、韩国、印度、巴基斯坦、泰国、越南、中国等亚洲国家,其中冰岛、匈牙利、乌克兰、波兰等几乎面临国家破产的危险。金融危机导致了大量人员失业,截至2008年9月,美国失业人口已达910

万,失业率6.1%。四是由金融领域蔓延至实体经济,引起了全球性经济危机,导致了全球性的经济衰退。联合国、MFI、世界银行都调低2009年及未来增长预测,2009年世界经济增长将放慢至1%,发达国家将出现0.5%的负增长,新兴市场和发展中国际经济进一步放缓至4.6%。中国在这次金融危机中也受到一定程度的冲击,GDP增长30年来首次出现大幅下降,外贸出口连续出现大幅下降。由于中央及时采取了一系列"保增长、扩内需、调结构"的政策措施,我国经济运行已出现触底反弹的回暖迹象,保持持续发展的信心也进一步增强,预期今年及未来GDP增长仍将保持8%以上,这将是全球大国中最好的。

金融危机原因的文化解析与探究

对于这次金融危机的原因探究,已经发表和出版了大量的文章和书籍,也召开了多次国际性论坛。从宏观、客观方面看主要有过度自由放任的资本主义模式、美国强行推行其意识形态和全球经济霸权、美国经济发展由繁荣进入衰退的周期规律、美国过度消费与低储蓄率的经济运行失衡、过度泛滥而又缺乏监管的金融衍生品创新、把自由市场等同于无监管的市场而致使金融监管弱化、虚拟经济泡沫严重脱离实体经济、公司高管人员追求自身利益的过度贪婪等等。但是,从企业文化深层探究危机生成的原因,目前做得还不够,所见文字也不多。诚然,我们并非完全认同马克斯·韦伯的文化决定论,但是文化价值观对政治、经济发展走向的具有巨大影响力却是被大量历史事实所证明了的。特别是探究一个企业的生存和发展,离开文化的透析是难以抓住本质的,因为作为企业灵魂的文化决定着企业的成败与兴衰。因此,从企业文化视角解析美国金融危机发生的机理或许更本质一些。具体分析有以下几个方面:

(一)公司单纯追求"利润最大化"的价值观直接助长了公司高管群体的贪婪。美国文化核心内涵之一就是尊重个人价值,鼓励个人价值的实现。因而作为金融市场竞争前沿的华尔街投资银行和各类金融公司均把"创造利润最大化"作为追求的首要目标。与此相适应的激励机制,也是以个人最优业绩作为考核奖惩的主要依据,即失败者出局,获胜者成功。每年,给公司创造出最大化业绩的那些人将获得数百万甚至上千万美元的奖金。一个人或公司过度追求利润最大化,并且将此作为最高目标甚至是唯一目标,就会丧失其承担的社会责任,漠视股东、公众、社会等相关者的利益。那些公司高管人员,为了自身的贪婪,不惜去伪造假业绩、欺骗股东、逃避监管。2001年底倒闭的安然公司犹在眼前,公司高管为维持安然股价持续上升,做假帐、虚报收入、隐瞒债务,以此来制造公司优良业绩的假象。当时,针对安然事件,专栏作家乔·斯蒂芬斯发表《安然文化导致毁灭》的在文章,从安然价值观"只能成功"、"只重结果"等出现问题进行了深刻分析。有智者已经从企业文化视角洞见了问题发生的根源。可惜"前车之覆"并未成为"后车之鉴",不过六七年,更大的悲剧又重演了。

(二)商道之本"诚信"仍未能作为核心价值理念真正融入公司制度、流程与创新之中。诚信是金融的灵魂。西方文化从古希腊柏拉图、苏格拉底、亚里斯多德先哲直到基督教圣经、亚当·斯密《道德情操论》、马克斯·韦伯《新教伦理与资本主义精神》,都将"诚信"作为商业活动的基石,论述了诚信对于社会、个人及企业生存的重要性。在一定程度上说,西方资本主义的发展史,也是一部诚信社会、诚信市场发展的斗争史。但是现实证明,从安然公司到华尔街投资银行、各类金融公司并未真正将"诚信"这一最古老的商业信条贯穿到公司管理制度机制、业务流程、产品创新以及员工职业道德操守之中。当诚信不再成为从业人员的基本职业操守时,作假、欺诈就一定会成为必然。这些投资银行和金融公司为了自身利益的最大化,便以金融创新的名义,将"有毒"资产进行证券化包装,已30倍以上的杠杆率放大资产,并通过"权威评级机构"提高信用评级,以此掩盖资产的真实风险状况,使国内外投资者如人云雾,稀里糊涂地购买新产品。当美国经济出现"不景气"时,这些巨额金融资产链条则形成了系统性风险,结果使无数投资人都踏进了梦魇般的无底"陷阱"。至于在危机中暴露出来的华尔街纳斯达克股票市场前主席伯纳德·麦道夫采取"买空卖空"的手段,骗取全球投资者500亿美元的欺诈案例,则更深刻地说明了"诚信"对于企业是一个最基本的永恒的主题。

(三)经理层中心主义的价值取向弱化了公司治理中"三权分立"相互制衡的权力结构。早期的公司,为防止权力腐败,保证公司健康运行,借鉴法国伟大思想家孟德斯鸠"三权分立"的法治理论,探索构建企业股东大会、董事会、经理层相互独立、相互制约的管理架构。18世纪后期,现代意义的公司出现以后,这一公司组织结构开始固定化。但是到了二战以后,随着市场经济的快速发展和经营环境的巨大变化,特别是全球化的推动,美国公司治理经历了由"股东会中心主义"到"董事会中心主义"再到现在的"经理人中心主义"的发展过程。"经理人中心主义"的价值观,适应了"时间就是金钱,效率就是生命"的市场要求,但是在提高了决策管理效率的同时,也产生了为追求自身短期利益最大化而"滥权"的机会和可能,从而弱化了"忠诚与勤勉"的道德内在激励与约束的动力。此次金融危机将引会起美国企业管理界对于"经理人中心主义"价值理念及其股东大会、董事会、经理层"三权"均衡的思考,很可能将促使有效公司治理结构的回归。

(四)大量持续的金融创新与风险管理之间的"失衡"制造并积聚了系统性风险。华尔街所以创造出金融神话,除了成熟的市场经济、完善的信用制度、规范的法治环境以外,金融创新则是其最重要的推动力。现代金融的制度、模式、产品大多出自华尔街,比如投行模式、信用评级、资产证券化、期权期指,以及其他层出不穷的金融衍生产品。这些产品在提高了金融资源配置效率、服务水平、推动经济发展的同时,扭曲了金融资产的真实状况,制造了金融泡沫,导致了系统性风险。本来属于"次级信用"的客户是难以贷款买房的。但是现在创新出了“资产证券化”,可以通过中介把“优质资产与劣质资产”一起打包转卖给资本市场的投资者。这样就把银行和贷款公司的风险给转嫁出去,风险的约束机制完全改变了。因此,银行和贷款公司由讲究贷款质量变成追求贷款数量。于是以10%以下首付甚至零首付给那些“次级信用”者大量贷款。又由于评级公司提高了对这些高风险资产的评级,致使大量投资者出于对评级公司的信任,在并不解这类资产的真实风险状况之下,大量购买了“有毒”资产。资产证券化如果使用得当和管理到位,本应是一种利大于弊的衍生产品。由于这一金融产品链条复杂,加之追求自身效益最大化的激励,便忘掉了风险与收益平衡匹配的原则,放松了风险的防范与控制,致使理念、制度、流程、工具等均处于缺失、滞后状态,发生危机已不可避免。

(五)对于“契约”和“工具”的过度崇拜放松了对从业人员职业道德操守的监督与评估。美国文化的核心价值观是崇尚独立自由、民主法治,追求科学工具的创新和应用。因此,在人们的心目中,对于那些有着悠久历史和良好“声誉”的大型金融企业给予充分的信任,因而对于它们创新的金融工具的风险性估计不足,对于资产评级机构的评级的真实性不加怀疑。同时,近年来,由于大型金融机构基于自身实力和良好的历史信用记录,向美国金融监管部门作出严格遵守市场规则和监管制度的承诺,而金融监管部门对于大型金融机构的内部审计、风险控制和业务信息披露也给予充分的信任。正是由于过分相信这种“契约”承诺,一方面,使金融监管部门放松了调整和制定与金融创新相匹配的监管制度政策和流程工具,另一方面,使金融监管部门放松了对金融新业务、新产品的严格审查、跟踪评估与实时监控。

美国金融危机给我们的教训与启示

首先应该说明的是,这次美国金融危机基本没有给我国金融企业带来严重的“硬伤”。可以说,我国金融运行是稳健的、安全的。但是这并非说明我国金融制度、体系、模式、产品、运营是世界上最好的。因为我国金融制度体系及管理、配置、创新、效率与美国金融的成熟发展还不在一个水平上。即便如此,美国金融危机仍然能给我国企业发展提供许多的教训和启示。

(一)商道之本“诚信”要永远作为企业的核心价值观和基本律条贯穿经营管理的全过程。“诚信”是中外所有企业生存和发展的基石。它是中西方文化共同拥有的精华之一,也是共同崇尚和遵守的“商道”。目前,我国社会信用制度还不健全,法治环境还未形成,信用管理基础还很薄弱,商业欺诈、行业垄断、无序竞争,以及假冒伪劣充斥市场。在这种情况下,企业倡导、培植、恪守、维护“诚信”就具有特别重要的意义。除了企业自身树立和践行诚信的核心价值观之外,还应加紧建立和完善诚信的法律制度规范、职能部门监管、社会舆论监督及严厉惩罚的制度机制,内外并举,激励、监督与惩罚相结合,营造恪守诚信的法制、监管、舆论环境,推动诚信社会建设。

(二)培育企业正确的价值观,在“追求合理利润”的同时,牢固树立自觉承担社会责任的价值理念。企业生存的土壤是社会、民族和国家,离开这些根本价值,单纯地讲“追求自身利益最大化”,从过去、现在的事实来看有失片面,产生了一定程度的负作用。企业的价值是多元的,利益相关者也是多元的,有股东、员工、公众、客户、供应商、同业、监管者,更高层次上是国家与民族。因此,企业在追求利润、效率的同时,更要讲社会责任。积极承担社会责任与“单纯追求自身利润最大化”是相抵触的。考察企业发展史,可以看出,凡是能够基业长青的企业,无不是社会责任的积极承担者。唯利是图不是全球化、国家民族利益凸显时代的先进价值观。企业应该将社会责任作为追求价值实现的重要组成部分,并且在依法经营、合规操作的前提下,追求合理的利润,追求多元价值的实现。

(三)完善和强化公司“三权分立”的治理结构,有效防止产生企业管理人员滥权和腐败的可能。我国按照现代企业制度,推进国有企业股份制改革不过十几年的时间,企业管理理念、制度机制、经营模式、产品创新,以及企业家整体素质能力等,跟已有230多年历史的西方企业相比,还处于“初级阶段”。具有健全完善的公司治理结构,并且这一公司管理机制既能相互制约,又能相互协调保证效率,则成为现代企业优劣的显著标志。特别是大中型国有企业,由于目前还存在体制、制度性障碍,致使难以形成真正的科学完善的“三权分立”的公司治理结构。在此情况下,应努力通过建立和完善内部职工代表会、外部监管部门和社会舆论的监督机制,有效防止产生企业管理人员滥权与腐败的机会和可能。这样既能很好地保护企业管理人员,又能保证企业健康发展。

(四)牢固坚持“法律制度约束”与“道德操守自律”有机统一的理念,并将其贯穿经营管理的全过程。即使是法治国家,对于企业的道德操守的教化也不能有丝毫的放松,这已经被大量事实所证明。那种“制度万能论”跟“道德万能论”一样,是极其片面的。值得指出的是,我国是一个有着几千年道德文化传统的国家,具有浓厚的情感文化,与法治文化国家有着本质的区别。目前,我国还不是完全的法治社会,法律制度的刚性还没有完全普遍地建立起来。在这种现实情况下,企业对员工强化道德操守的教化与约束是非常必要的,也是有效的。当然,单纯强化职业道德操守,放松法律制度的强制性约束将离现代企业管理更远。因此,将二者有机地结合,以法律制度约束为主,以道德操守自律为辅,是中外企业管理唯一的正确选择。舍此,都将会付出更大的代价,创造出重复性的历史教训。

(本文摘自《中国企业文化研究》2009年4期)

企业文化如何“悟”化为“道”

肖锋鸣

经过近30年的理论研究和企业实践，企业文化如何“落地”？已早有共识，而企业文化何以“悟”化为“道”？则仍需探索。今年4月27日，胡锦涛总书记作了关于要“积极发展丰富多彩、昂扬向上的企业文化”的重要指示，我们应当如何贯彻执行这一重要指示，加深对企业文化建设规律的认识，使企业文化成为企业的健康长寿之道？

一要“内化于心”。企业文化是以人为本，以创为先，释放人的潜能，提高企业的整体素质和核心竞争力，对内增强企业的凝聚力和亲和力，对外增强企业的竞争力和扩张力的人文管理。它具有六大功能：即导向功能、凝聚功能、塑造功能、约束功能、激励功能、促进功能。

如何“内化于心”？根据人们对企业文化建设规律的已有认识，应当抓住两个要点：一是在企业文化的设计时，要用联系的观点和发展的观点，把企业文化的设计，同贯彻落实科学发展观、党和国家的政策导向、企业的发展目标、企业的核心价值观、企业的行为规范、转变经济发展方式、发展低碳经济、绿色经济和循环经济等一起统筹策划，滚动修订。二是在企业文化的管理上，要认识企业文化的本质是人心建设，经营好人心。著名企业文化专家贾春峰说：“企业文化是一种生产力，这个建设不能停留在文本之中，不能仅仅贴在墙上、写在纸上、说在嘴上，而必须入耳、入脑、入心，让理论扎根于广大员工的心灵深处，并融化为思维方式、行为方式、行为自觉、行为规范、行为习惯，体现在经营管理的各个层面，从而化为实际行动，转化为企业的经营业绩”。这是我们在企业文化建设中必须牢记的重要思想。

二要“固化于制”。企业文化在中国先进文化体系中，属于亚文化，但这个亚文化十分重要，具有跨越时空的力量。“固化于制”，即是依照企业文化的导向功能、塑造功能、约束功能的原理，强调文化理念与管理制度的一致性，增强制度规范的文化内涵；强调文化理念与管理行为的一致性，增强制度落实的文化品位；强调文化理念与管理创新的一致性，增强管理创新的文化潜质；强调文化理念与制度约束的一致性，增强“固化于制”的文化定力。在企业文化建设中，只有把企业的从严管理和人性化情感有机地结合起来，把制度管行和文化管心有机地结合起来，把制度的不二和文化养成有机地结合起来，不仅能使企业管理的各个环节处于受控状态，也将使管理科学化水平不断提升。如蒙牛集团倡导的“财聚人散、财散人聚”，是一种利益分配原则，是构建和谐企业的具体表现，充分显示了昂扬向上的企业文化在永续经营中的无尽魅力。

三要“外化于形”。就是将企业文化所涵盖的精神文化、制度文化、物质文物，通过企业价值理念系统(MI)、企业行为规范系统(BI)、企业视觉识别系统(VI)的展示，集中地反映企业文化鲜明的个性特征。第一，要实施名牌战略。名牌的至高境界是文化，文化的至高境界是名牌。资本主义先是输出战争、输出资本，现在是输出文化、输出名牌。由此可见，名牌是信誉的基础，是国家的话语权，是通往世界的“绿卡”。只有如此，才能扩大企业的知名度、提升企业的美誉度、增加产品的附加值、塑造企业的良好形象。第二，企业文化要有鲜明的个性印记。企业文化有共性、个性之分，两者要紧密结合。共性显示文化的原则，但不能显示文化的特征；个性才能说明事物的本质，企业文化的生命力在于个性。在建设丰富多彩、昂扬向上的企业文化的过程中，共性要体现，个性要突出，不能雷同化。深圳华为公司总裁任正非根据狼性的特征和企业面临的危机，建立了一种以市场为根本法则，适应现代市场经济特征和要求，以创为先的华为文化，一直倡导狼性管理、狼性营销、狼性团队，以文化力提升企业的竞争力。经过20多年的奋战，狼性血脉已渗透华为身体的每一个细胞，流入华为管理的各个环节，使华为走上了创新驱动的发展道路，成为拥有自主创新核心技术体系的高科技企业，也成为在通讯领域创造神奇的企业。

四要“强化于干”。马克思说：“一个革命行动，胜过一打理论纲领”。中国特色社会主义，不是靠讲话讲出来的，不是靠写文章写出来的，而是靠实干干出来的。什么是干？干，是改造客观世界的物质力量，不干，半点马列主义都没有。企业文化的“落地”和“悟”化为“道”也亦同理，要立足于投入，立足于干。如何“强化于干”？就是要做到“三个文化自觉”，实现“三个大家”。一是企业家要有文化自觉和积极性，因为从一定意义上来讲，企业文化就是企业家文化，如果企业家不重视，这个企业文化建设就举步维艰；二是企业员工要有文化自觉和积极性，因为他们是企业文化建设的主体，企业文化必须为广大员工所认同、所奉行、所实践，没有广大员工认同的企业文化是难以奏效的；三是市场客户也要有文化自觉和积极性，这是从另一个角度来促进企业文化建设，因为改变自己也需要外来动力。上海日立电梯公司在企业文化建设中，奉行“欢迎挑剔，在挑剔中矗立”和“客户的苛求，就是企业前进的方向”的企业理论，使公司的拳头产品在不断的“挑剔”、不断的“苛求”中精益求精，达到了世界先进水平。以上就叫“三个大家”，大家建设企业文化，建设大家的企业文化。进而在企业与员工之间建立起“利益共同体、责任共同体、情感共同体、命运共同体”，使员工在自信、自省、自律中，形成自觉，尔后觉他，完成对企业文化的认识、认同，共享、共创的全过程，这种在共建中共享、在共享中共建的企业文化，将越来越益于“落地”、“深根”和升华。

五要“转化为绩”。企业核心价值观是文化基因的具体体现，是企业宗旨的高度概括，也是根深蒂固的行为准则，对企业的经营管理起着全方位的决定作用。企业文化建设的核心是企业核心价值观的培育，而培育企业核心价值观的目的是促进企业经济效益的提高。现在,很多企业都在推行绩效管理,所谓绩效管理,是指管理者与员工之间,就企业发展目标如何实现,双方进行沟通和整合的管理方法。而企业文化是绩效管理体系设计和运作的前提,绩效管理可以优化企业文化建设的效果,两者相辅相成,最终实现公司发展的战略目标。因此,今后的企业文化建设,一定要同绩效管理挂起勾来,把能否促进企业绩效的提高,作为评价企业文化建设优劣的重要标准,做到以文致富。青岛海尔集团在张瑞敏任该集团最高行政执行官之后,坚持以中国先进文化为主导,以儒、释、道优秀传统文化为依托,以齐鲁文化为基础,倡导“内圣外王”的创新文化和实施“名牌战略”,推行“人单合一,速决速胜”的工作作风和绩效管理,懂得过程管理是保持企业核心竞争力的关键,形成了“中西荟萃、古今并存”的海尔魅力。经过20多年的共同奋战,该集团已由原来只有100多人并亏损的集体小厂,发展到现在已在全球建立29个制造基地、8个综合研究中心、19个海外贸易公司、5万多名员工的家电跨国企业集团。2009年全球营业额达1220亿元,并被评为“中国十大世界级品牌”之首,取得了举世瞩目的成绩。

六要“悟化为道”。什么是“悟”?被毛主席称之为“创造出具有中国特色的佛教”的一代祖师六祖惠能大师,开创禅宗“顿悟”法门。所谓“顿悟”,简而言之,即是“义由心起,法由心生”。一切意境,不在外面文字上求,都该由心中起。

企业文化的“悟”化为“道”,“悟”,就是企业家要像思想家一样,依据国家的政策导向,从企业的实际和市场前景出发,经过日积月累的理性思索和诚实劳动,不光为自己还要为他人为社会为人类创造财富,追求从优秀到卓越,精心策划企业的未来妙景;“道”,就是从深刻理解企业文化的概念和功能作用开始,以如何培植企业的核心价值观为主线,通过纵横比较,反复思考,大彻大悟,洞悉企业文化发展的客观规律,使企业文化成为企业的健康长寿之路。为此:

一是冲破企业生命力基因和文化魔咒的束缚,懂得企业文化有所为有所不为。关于企业生命力的研究可追溯到20世纪70年代,大多数学者从生命周期的角度,表达了企业具有生命周期的现实。在美国,有62%的企业平均生命周期不到5年,存活能超过20年的企业只占企业总数的10%,只有2%的企业能活50年以上,即使能活到50年以上的大企业,在商业环境的巨变中,也可能轰然倒下。我国企业似乎与生俱来就带有长不大的基因,大集团公司平均寿命7~8年,一般中小企业寿命在3~4年间。一篇关于中国中小企业发展状况的文章指出,96%的企业成长指数数介于0.3~0.6之间,69%的企业在5年内倒闭,寿命超过10年的不到1/10。企业的发展是否一定要沿着“出生—死亡”这种固定的轨迹?是什么东西制约了企业的发展?国内外关于企业生命力的研究结果表明,生命周期如同一双无形的巨手,始终左右着企业发展的轨迹。那么,企业生命力的基因体系是由哪些基因构成的呢?1、政策基因——要符合政策导向,保持政策的稳定性;2、环境基因——选择“先活着”远离竞争旋涡,做到顺势而为;3、使命基因——不要只为自己而要为别人而活着,以其不自生故能长生;4、成长基因——增强循环造血能力,实现永续经营;5、文化基因——恒久而耕心,经营好人心;6、管理基因——强化信息及系统支持,实行绩效管理。从上可见,我国企业的健康成长,更要重视生命基因体系的建设。企业文化作为企业的健康长寿之道,要对企业生命力基因进行哲学思考,转变思维观念,作出哪些可为、哪些不可为的判断和选择,使企业文化建设不是一般号召而是极具针对性,真正成为企业发展的软实力。

香港中文大学郎咸平教授,在他的一篇著作中指出:依附在中国人身上的文化魔咒,对我国经济的发展产生很大影响。这种“一体两面”的文化魔咒,一方面表现为“心怀大爱”,但我们的“大爱”文化具有潜藏性,不善表达,只有在中华民族遇到了像四川汶川大地震、青海玉树大地震这种大灾大难时,才会淋漓尽致地迸发出来,让世人感到无比的震撼;另一方面是企业界少数经营管理者浮躁及投机取巧的心态,以及僵化的思维模式和就知道赚钱、不了解世界、不了解别人为什么那么看你、不了解自己的缺点等“四个茫然”,这是我们文化固有的劣根性。这种“一体两面”的文化魔咒,左右着人们的思维和行动。要打破这种文化魔咒,是不容易的,但也正如温家宝总理在抗震救灾时讲的“华山再高,顶有路过”。只要我们建立学习型企业,加强同其他文化的融合,将心随境转的心态改变为心能转境的心态,像犹太人那样树立思维致富的观念,具备与时俱进的创新能力,才能突破生命力基因和文化魔咒的束缚,使企业的发展取得斐然的成就,做到世界因你而不同。

二是要帮助企业家树立正确的企业使命观,坚持不光为自己而要为别人为社会为人类而活着的硬道理。《老子》曾曰:“天地长久,天地之所以能长久者,以其不自生,故能长生”。这就是说,天地为什么比一般的生命体活的长,是因为天地不是为自己而活着,换句话说,为自活不长,活不久。不是为自己而是为别人活的,所以活得长,活得久。古今中外的历史都说明,一家企业能走多远,最终都取决于其战略思维能站到多高,否则,几乎没有一家公司能将这个时代的领先地位维持到下一个时代。北京同仁堂是全国中药行业著名的老字号,创建于1699年(清康熙八年)。在300多年的风雨历程中,历代同仁堂人始终恪守“炮制虽繁必不敢省人工,品味虽贵必不减物力”的古训;树立“修合无人见,存心有天知”的自律意识;总结推出了“善待社会、善待员工、善待经营伙伴、善待投资者”四个善待的新理念;总结推出了“用同仁堂的文化吸引人、用同仁堂的干劲鼓舞人、用规范的管理要求人、用优良的业绩回报人”同仁堂人的四条标准,其产品以“配方独特、选料上乘、工艺精湛、疗效显著”而享誉海内外,实现了老品牌的传统文化和新的管理理念有机地结合,使同仁堂品牌在新世纪更具有时代的活力。

因而,同仁堂也活得长、活得久,这也理应是企业文化"悟"化为"道"的一个典范。

什么是杰出的企业家?不是在经济好的时候能赚多少钱,而是在经济环境差的时候,因为为别人为社会为人类活着而不倒闭。见识决定高度,方法拓展空间,一家企业要成为百年老店,要活得长久,一定要不断向员工灌输强烈的"危机意识"、"生存意识",灌输"活下去,永远是企业发展的硬道理";一定要像儒商那样,坚持以德为首,以创为先,走对路,用对人,讲依法经营,讲公平正义,讲心灵环保,尊重员工的体面劳动,不断改善和提高员工的生活质量;一定要思利及人,讲社会道德、社会责任、社会和谐、社会贡献,为他人、为社会、为人类的需要而存在,而不光是仅仅考虑自己能够赚取多少利润。然而,企业界个别不良的经营管理者,没有社会责任感,不但偷税漏税,而且大搞假冒伪劣,伤天害理,这样的企业经营管理者,不管你赚了多少钱,也不管你一时获得了多高的荣誉,但在老百姓看来,你的心灵就是高不过一个坟头。那将是企业界的悲哀。

三是各地企业文化协会和企业文化工作者,要配合企业为企业的健康长寿多做好事实事。企业文化是高尚的事业,在过去20多年的岁月里,全国各地企业文化协会和企业文化工作者,为企业文化的建设、发展和提升倾尽心血,作出了不可磨灭的贡献,受到了企业界和党政领导的肯定和尊敬。但是,也有少数企业文化协会和企业文化工作者,存在功利思想,常说一些"既无错处、也无用处"的话,企业界颇有微词。这是要高度重视的。江苏连云港市企业文化学会会长李万来,本是一家大企业的总经理兼党委书记,由于他对企业文化有较深刻的认识,总想为企业的健康长寿做点实事,1994年当他52岁的时候便辞掉总经理和党委书记的职务,组建连云港市企业文化学会,经过10多年的发展,现已有400多名集体会员。在学会工作期间,他不但认真钻研企业文化理论,亲自作辅导报告,组织赴外考察,还经常深入企业,解决企业发展中的难题,受到了企业界和市党政领导的好评,被中国企业文化研究会评为"全国企业文化优秀社团",这在全国企业文化建设中没有几人相比。也有人认为,"李万来主持的连云港市企业文化学会工作如此有为有位,也许是因为他们吸纳了孙悟空的老家——连云港花果山的天地之灵所致。"

中国人民大学博士生导师邓荣霖认为:企业文化概念中的"企业"与"文化"两者关系必须摆正,不能本末倒置。其中"企业"是主体、是目的,"文化"是手段、是过程。尽管人们对"文化"这个概念有不同界定,但"文化"作为人类创造物质财富的精神化的结晶,则是已融入大地深根的"文化"的基本内涵。任何"文化"内容都必须通过物质产品才能表现出来。企业在生产物质产品的过程中,也能产生精神产品。"物质产品"和"精神产品"两者既有联系又有区别,但不是平行关系,而是"器"与"道"的关系。所有的"道"都是通过"器"才能显示出来,没有离开"器"的"道"。这正如六祖惠能大师在讲授"道由心悟"时说的,"佛法在世间,不离世间觉,离世觅菩提,恰于求兔角"。如果不围绕企业生存与发展去建设企业文化,企业文化策划不能实现经营目标,其结果只能是"有文无化"。这就充分地表明,人类因梦想而伟大,企业因文化而繁荣,只有文化好,企业才能好。让我们提炼适用于现代并能惠泽全人类的智慧精华,像天体的运行一样,以大眼界、大智慧、大悟性,"静水深流"地经营企业文化这个无形资产,使企业这块圣洁而肥沃的土壤,滋养出更多走创新驱动发展道路的卓越企业,为中国和人类的发展进步作出更大的贡献。

(作者系广东省直工委原组织部长、企业工作部长,广东省企业文化协会常务副会长)

风险文化是应对企业危机的"新概念武器"

徐耀强

由美国次贷危机引发的全球性金融海啸已经波及到美国和欧洲的实体经济,给中国经济带来的影响也正在显现,一些对出口依存度较高的行业受到明显冲击,不少企业经营困难,其累积的负面影响并有可能进一步蔓延。其实,在当代社会,大到一个国家或团体,小到一个企业或个人,都难免与风险结伴而行。在某种意义上说,人类社会的历史就是一部与风险共存的历史;人类社会的奋斗史,就是与风险抗争的历史。企业风险同企业相伴相随的特性,决定了我们必须将风险文化作为企业不可缺失的文化基因,否则企业就不可能达成既定的愿景目标。由是观之,企业风险文化建设是应对这场金融危机的一种"新概念武器"。

风险意识:来自企业对环境的认知

面对复杂多变的市场经济环境,勇者无惧的年代一去不复返了。如今在市场经济条件下,个人或组织面临的内外环境与条件要比自然经济复杂得多,变化也要迅速、深刻得多,因而风险也要复杂得多。一招不慎,就可能会导致前功尽弃、全盘皆输。美国雷曼兄弟公司的破产是如此,英国巴林银行的倒闭是如此,我国中航油事件、中储棉巨亏事件和长虹巨亏事件等等无不是如此。

所谓风险是指在特定客观情况下,某一事件的预期结果与实际结果间的变动程度。风险,从管理角度看是指发生某种不利事件或损失的各种可能情况的总和。具体地说,是指发生损失的可能性、必然性、变动性、不确定性等。企业经营风险则是指企业在其进行生产经营过程中,由于不确定因素和经营失误的影响,而遭受损失的程度与可能性。

企业风险的产生是多样性的,总结归纳起来主要是企业内部条件和外部环境变化引起的。企业经营所处的外部环境中存在许多变动因素,如国家的法律、政策变动,市场供求关系变动,竞争对手实力和竞争策略变动,科学技术创新变革影响产品更新和替代以及突发的天灾人祸等等都可能对企业的行业地位、赢利能力和既定目标产生不利影响,这就构成了企业的外部风险。在企业内部管理中,人、财、物、技术等生产经营要素资源是否足够及得到合理配置,业务流程、信息系统是否顺畅并达到节约成本、提高效率等既定的管理目标,管理人员的价值取向、岗位职责、激励机制和团队精神是否配合适应企业的发展目标等等,这些内部管理如果无章可循、管理混乱或者存在漏洞,执行力不够或管理不协调都可能构成企业的内部风险。对企业风险的客观性和普遍性保持警醒和觉悟,就是企业的风险意识,它来自企业对经营环境的真实认知,是一个成功企业不可缺失的文化基因。

事实上,企业经营是以赢利为目的,而利润往往与风险同在。在一定意义上说,获取利润的过程就是险中取胜、险中求利的过程,是识别风险、确认风险、评估风险、回避风险、分散风险、转移风险或管理风险并从中获取利润的过程。无论曾经多么成功、辉煌的企业,如不能有效地管理好自身潜在的或现实的风险,都可能在突降的风险面前败下阵来或"突然死亡"。

有数据表明,1970 年跻身《财富》全球 500 强之列的企业,到 1983 年竟然有 1/3 已经销声匿迹。这个排行榜上的企业从产生到衰亡,平均寿命只有 40—50 岁。在日本和欧洲,企业的平均生命周期为 12.5 年。在美国,有 62% 的企业平均生命周期不到 5 年,存活能超过 20 年的企业只占企业总数的 10%,只有 2% 的企业能活 50 年。而中国企业的平均寿命只有 7—8 岁,尤其是民营企业,不仅平均寿命只有 2.9 岁,而且生存超过 5 年的不到 9%、超过 8 年的不到 3%。那些曾经响当当的企业:三株、巨人、爱多……都在极致的辉煌后霎时褪去了鲜艳,昙花一现。

企业风险具有突发性、多变性、无形性,企业风险的发生往往会给企业的生产经营带来巨大影响,它所造成的损失也是难以衡量与补偿的。面对变幻莫测的市场环境和激烈异常的竞争态势,海尔总裁张瑞敏就一直将"战战兢兢,如履薄冰"作为企业的"常备药品",将风险意识始终贯穿于海尔经营的全过程。

有关专家认为,从企业风险的成因来看,现代企业的风险可分为四种:其一,自生性风险。即由企业内部形成的风险,如战略决策失误、财务现金流不畅、产品质量下降、生产中断、人员流失严重等。其二,他生性风险。即由他人引发的风险,如供应商停产导致生产中断、客户投诉、股东纠纷、国家强制政策对行业发展的影响、新技术替代威胁等。其三,天生性风险。系指那些非企业人为,也非他人控制,由环境因素产生,且企业对风险发生以及局势的发展和损失都无法预测、无法控制的系统性风险,如 911 恐怖事件、SARS、印度洋海啸、股价波动等。其四,地生性风险。即由企业触及产生,并且风险一经触发,企业对事态局势的发展和损失失去控制能力,无法应对的风险,如由于企业的行业特殊性必须接受行政行业的监管、上市公司违规、违反国家法律法规招致执法处罚、法律纠纷和诉讼等。

企业风险并不可怕,因为它是客观存在的,是企业与生俱来的。可怕的是对企业风险意识的缺失,那样风险就会转化为可见的损失和危机,它不仅使既定的企业发展目标无法实现,严重的还会使企业陷入生存困境。

风险哲学:体现企业经营思想

企业风险是客观存在的,这是不以人的意志为转移的客观规律。问题是企业以什么样的态度来看待风险。面对风险,是承认风险还是否认风险?是麻痹大意、杞人忧天还是铤而走险、拼死一搏?这是衡量一个企业整体文明水平高低的重要标准,也是影响这个企业抵御风险能力强弱的一个重要因素,更是体现了一个企业的经营哲学。在我看来,关于风险意识的"形上之思"就是企业的风险哲学。所谓风险哲学就是企业对所有影响企业生存与发展的风险与机会的实质性、辩证性和全面性认知和思考。而具有良好风险哲学思维的企业,通过控制冲动和错误,形成适度的风险偏好,积累超群的风险承受能力,可将风险控制在合理的边际范围之内。

事实上,风险如同一个硬币的两面,一面是危机,一面是机会,危机与机会并存。只有具有良好风险哲学思维的人才能在困境中拨开云雾看到机会,才会勇于冒险,在风险中抓取机会,成为最佳机会实践者,最终成为人生的大赢家。缺乏风险哲学的决策行动都是盲动和赌博,与"赢"背道而驰。

危机管理与公关专家奥古斯丁说过:"每一次危机的本身既包含导致失败的根源,也孕育着成功的种子。"据美国《财富》杂志所刊登的世界 500 强企业,其成功所具备的基本素质的共同点就是最富有冒险精神。在风险中捕捉机会,赢得杰出的发展,三星公司就是其中的出色代表。1988 年,在三星遭遇知识产权被诉之后,决心通过变化强化技术实力,在变化中寻求商机。"除了妻儿,其他都要变!"成了三星战略思想的最佳注脚。1993 年,招致客户重大投诉之后,三星将数千件投诉产品碾压粉碎,以震撼的方式表达"重振质量,创造精品"的态度。随后,三星以产品高质为核心,重塑品牌,实施 TOP - DOWN 策略,用高端产品和高品质提升了品牌内涵。1998 年,东南亚各国陷入了"金融危机"。在其它企业慌乱无神之时,三星看到了"风险"的好处。在危机来临的非常时期,采取了非常行动,召开"生死对策大会",团结一致,共度危机。强烈的危机感焕发了员工的斗志,激发了员工的潜能,使三星实现了在危机时机向数字战略的成功过渡。可以说,每一次风险的出现,都成为了三星进步的良机,并促使三星从一个普通的行业追随者变为数字时代的行业领导者。

概而言之,风险似水,既能载舟,亦能覆舟。风险与收益结伴而生,高风险意味着高回报,这是风险中的机会一面。对风险充满恐惧,意味着你缺乏对风险的本质认识,缺乏信心和勇气,注定与成功无缘。

风险管理:考验企业生存智慧

所谓风险管理,是指企业通过对风险的识别和衡量,采用合理的经济和技术手段对风险加以处理,以最小的成本获得最大的安全保障。简言之,风险管理就是研究风险、驾驭风险、研究未来、把握未来的过程管理。通过风险管理,人们可以对威胁到企业资产和盈利能力的风险进行识别、分析并选择最经济的方法加以控制。显然,风险管理是关于风险意识的"形下之策",风险管理能力的大小是对一个企业生存智慧的考验。

其实,风险管理最早出现于西方。早在18、19世纪,西方的一些学者就提出"风险"一词并对其进行研究,在风险管理研究方面西方诸多专家曾提出了较系统的风险管理理论与方法。在一些发达国家,风险管理的理念、技术、方法和手段,已经应用于企业战略制定、投融资决策、财务会计管理、内部审计体系建设等,涵盖了从公司法人治理结构安排,到各项业务运作流程和操作等各个层面,形成了系统化、制度化、规范化的全面风险管理体系。

遗憾的是,风险管理仍是中国企业管理中的一个相对薄弱环节。主要表现为:相当一部分企业没有专门的人员或机构进行企业风险管理活动,每个员工或部门往往只针对自己工作中的风险独立地采取一定对策,缺乏系统性、全局性的安排;还有一些企业根本就没有风险及风险管理概念及意识;企业中的风险管理基本上是一种被动式管理;企业中风险管理活动往往是间断性的,没有做到规范化和制度化;缺乏系统、科学的风险管理理论方法指导。风险意识不强,风险管理工作薄弱,是多数企业发生重大风险事件的重要原因。2004年爆发的中航油风险事件就是一个例证。

因此,加强中国企业的风险管理,就显得迫在眉睫、刻不容缓。当前,尤其是要抓好四个方面的工作:其一,要居安思危,强化风险意识和预警意识。具有风险意识的经营理念是企业适应变革社会的必要条件。例如,"微软离破产永远只有18个月",就表现出强烈的风险意识。再如,无锡小天鹅公司推行的"末日管理",将风险意识变成全体员工的理念,保证了企业健康、快速的成长。其二,要加强领导,设立风险管理和预警组织。在企业内部建立起一个具有自我纠错防错功能的风险管理委员会,专司风险管理系统的监测、识别、诊断与矫正,承担企业风险管理功能的实现,这是企业风险管理的必要前提。全球企业法律顾问协会对来自美国500多家企业会员的统计显示,绝大多数公司在董事会中设有专门的风险管理委员会,统一负责包括法律风险在内的风险防范重大事务,并制定公司风险防范的总体战略规划,同时美国大公司建立了总法律顾问制度,由总法律顾问负责制定法律风险管理战略的具体实施计划,并全面指导协调法律风险防范部门与有关业务部门在工作中的分工和配合。其三,要完善企业内控制度,加强企业风险的识别、监控和预警管理。内部控制就是对企业的战略管理和执行管理进行监测、识别、诊断,以防止或发现员工在履行其指定职责时的重大错误或违规,并且及时进行纠正。其四,要完善信息披露制度,加强与外部沟通。要按照国际惯例和资本市场的要求,加强与投资者的沟通,加强信息披露,规范信息披露的制度和内容,及时、真实、透明地披露生产经营信息和重大投资项目情况,努力改善外部经营环境。

事实上,现代企业面临的风险存在广泛性、经常性、持续性特点,这就要求企业风险管理必须是一个系统工程,并贯穿于企业战略、决策、生产、经营各个环节之中,渗透到企业的各个角落,涉及到企业方方面面。它不仅仅是管理人员、内部审计或董事会、监事会的责任,而且也是企业中每位员工所负有的重要责任。

(作者系中国华电集团公司企业文化处处长,本文摘自《企业文化》2009年1期)

企业文化建设评价定位及开展

阳礼泉

近年来,随着我国企业文化建设的深入发展,关于企业文化建设的评价逐渐成为企业关注的一个热点问题和崭新课题。一些高校、企业管理咨询公司和企业文化研究机构纷纷开展研究,许多企业注重在实践中探索,取得了积极成果和宝贵经验。继续深化研究、努力构建科学的评价体系、有效开展评价工作,必将不断推动企业文化建设水平实现新的提升。

企业文化建设评价的定位

把握定位是进行企业文化建设评价研究和开展企业文化建设评价工作的前提,其关键是要搞清企业文化建设评价与企业文化评价的区别。目前,研究比较多的是企业文化的评价,也有的人有意或无意地将企业文化评价与企业文化建设评价这两个概念相互替代,混为一谈。实际上,企业文化建设评价与企业文化评价是两个不同的概念。企业文化评价主要是对一个企业的企业文化特征和适应性进行诊断和评判,评价的对象是企业文化本身。要解决的是:这个企业的企业文化具有什么样的特征,对企业的发展战略是适应还是不适应,是阻碍企业发展还是促进企业发展其直接目的是要通过诊断,找出企业文化存在的问题,以便决定是否需要对企业文化进行改良或变革,使企业文化更好地去适应企业发展战略,更好地为企业发展服务。而企业文化建设评价,则是要对企业文化建设工作以及企业文化建设状况和实际效果进行检查和评价,评价的对象是企业文化建设。主要检查和衡量企业文化建设开展了哪些工作,采取了哪些措施,各项工作要求是否落实到位;检查和衡量企业文化建设状况如何、企业文化建设的内容是否健全、企业文化体系是否建立完善;检查和衡量企业文化建设取得了怎么样的效果。企业文化建设评价的定位在工作评价上,直接的目的也在于希望通过评价,查找存在的问题和不足,进一步明确努力方向,完善工作措施,改进工作方法,以进一步规范、引导、推动企业文化建设工作。因此,企业文化建设评价与企业文化评价在评价的对象、评价的内容和评价的直接目的上是不同的。当然,我们要看到两者的根本目的是一致的,都是要提高企业文化建设的水平,更好地为企业发展创造好的文化条件,提供有力的文化支撑。

企业文化建设评价的意义

开展企业文化建设评价是加强企业文化建设管理、改进企业文化建设工作、提升企业文化建设水平的迫切需要。

第一,是完善企业文化建设闭环管理体系的需要。任何一项工作,要取得预期效果、达到预期目的,既要有布置、有要求,也要有工作过程的管理,抓落实,抓督促检查,对工作成效结果及时进行评价,总结成绩和不足,再提出新的目标、要求和对策,形成对工作的闭环管理体系和良性循环发展。企业文化建设要健康发展,也同样要注意做好检查和评价工作,这是做好工作的一个重要保证,也是一个重要的工作方法。企业文化建设评价作为企业文化建设的重要信息反馈系统,是企业文化建设闭环管理体系不可或缺的重要组成部分。

第二,是推动企业文化建设各项工作要求落到实处的需要。企业文化重在建设,需要有相应的体制机制保障,有相应的人力、物力投入,有相应的载体设施支撑,有相应的措施办法推进。这是企业文化建设的工作要求,也是企业文化建设持续发展的重要保证。开展企业文化建设评价,就是要发挥评价对工作的检查和督促作用,推动各项工作要求切实落实到位,促进企业文化建设工作持续开展。

第三,是促进企业文化体系健全完善的需要。企业文化建设是一个系统工程。精神文化、制度文化和物质文化是企业文化建设的三个基本内容,这三个方面相辅相成,互为补充,三者的有机统一构成企业文化的完整体系。企业文化体系和功能的完善有助于企业文化作用的充分发挥。开展企业文化建设评价,就是要使我们更好地把握企业文化建设的内容要求,进一步健全完善企业文化体系和功能。

第四,是推动企业文化建设不断取得成效的需要。企业文化建设是一个需要持续创新和不断实践的过程,其作用和效果也是逐渐显现出来的,呈现出阶段性特征。这就要求在企业文化建设过程中,适时做好企业文化建设效果评价工作,通过评价分析企业文化建设取得的成效,肯定成绩,找出差距,不断改进,努力推动企业文化建设不断取得新的积极成效。

企业文化建设评价做到“四个结合”

开展企业文化建设评价,要坚持以评促建、重在推动工作的原则,做到“四个结合”,保证评价工作的实际效果。

一是要坚持全面把握与重点突出相结合,注重评价指标的导向性。对企业文化建设进行评价,科学设定评价指标至关重要。企业文化建设评价涉及企业文化建设工作、企业文化建设状况、企业文化建设作用效果三个方面,每个方面又包含许多要素。设定评价指标要在全面把握企业文化建设各种要素的基础上,注意区分主次,进行适当取舍,突出重点内容,使设定的评价指标既有利于考察企业文化建设工作情况、企业文化体系状况,又有利于衡量企业文化建设的实际效果,从而引导企业正确把握好企业文化建设的基本内容和工作要求,对企业文化建设起到有效的指导和推动作用。

二是要坚持定性评价与定量评价相结合,注重评价方法的科学性。企业文化建设评价的对象和内容涵盖企业文化建设工作、企业文化体系状况和企业文化建设效果,单一的定性评价或定量评价,难以保证评价的客观性与准确性。实际上,就是对企业文化评价也不能采取单一方法进行。从国内外对企业文化评价的研究来看,虽然存在定性化研究与定量化研究两个流派,但随着研究的不断深入,人们发现单纯的定性研究或定量研究都不能对企业文化作出科学的评价,因为定性和定量研究的界限变得越来越模糊,定性研究与定量研究相结合变得日益普遍,使得评价工作更为直观和有效。所以,坚持定性评价与定量评价相结合,符合企业文化建设的内在要求,反映了企业文化建设的基本规律。要根据企业文化建设的特点,对那些能够而且适合定量评价的指标尽量予以量化,对那些只能定性评价的指标则实行定性评价,并通过一定方式将定性评价结果转化为定量指标,以便形成统一、规范的量化评价指标体系,保证评价工作的科学性。

三是要坚持内部评价与外部评价相结合,注重评价结果的有效性。企业文化建设评价,是加强企业文化建设过程管理、促进企业文化建设不断改进完善的一个重要手段,是企业文化建设全部工作的重要组成部分。企业是企业文化建设的主体,要把企业文化建设评价作为企业文化建设自我改进、自我完善的过程,增强主动意识,发挥主观能动性,实事求是地做好评价工作。在评价工作中,要广泛听取用户、社会公众和利益相关者的评价意见,把这些意见作为评价的重要参考和依据,做到企业自我评价与企业外部评价有机结合,增强评价的客观性。同时,也可以借助有关专业机构的力量开展评价工作,提高评价工作的专业化水平。有关主管部门要加强对评价工作的指导和检查,保证评价结果真实有效。

四是要坚持评价工作与加强管理相结合,注重评价结果的应用。评价的目的在于加强管理,规范、引导、推动工作,必须重视评价结果的应用。企业要把评价结果作为进一步加强改进工作的重要依据，通过对评价结果进行深入分析，认真查找存在的问题和不足，并有针对性地制定具体的整改措施，使工作得到切实改进和提高。要从提升管理水平、改进创新党建思想政治工作和精神文明建设出发，研究建立推进企业文化建设的激励机制，把企业文化建设情况作为评选党建、思想政治工作和精神文明建设先进单位的重要参考条件，以促进企业文化建设与这些工作的有机结合、相融共进、进入管理发挥作用，推动企业又好又快发展。

（作者系中央企业党建政研会副秘书长，本文摘自《企业文明》2009年3期）

文化自省与救赎

郭 剑

文化与战略辩证一体，内在统一，共同构成支撑企业生存发展的有机体系

由美国引发的全球金融危机尚未见底，对我国实体经济的影响正日益深入地表现出来。这次全球性的金融危机对中国企业特别是部分中小企业的当期影响和长远影响是前所未有的，然而，外因从来都只是导火索而不可能成为问题的真正根源。今天，许多遭遇困境的企业虽然发病于冬天，病因其实却早已种下。金融危机给相当一部分中小企业带来了空前的困难、压力和挑战，对于许多企业甚至可以说是生死危局，但与此同时，这场危机却也给相当一部分企业带来了自我反省并由此走向新生的历史性契机。

所以我觉得在今天这个艰难时刻，中小企业走出困境的根本可能在于文化层面的“自省与救赎”，这是企业成长所面临的根本性挑战，也是企业从今天走向明天的真正分水岭。本文着重于讨论一个基本命题：反思既往，企业成长存在哪些根本性的文化缺失与逻辑缺陷？文化与战略辩证一体，内在统一，共同构成支撑企业生存发展的有机体系。接下来的讨论，将聚焦于文化和战略两个层面展开：

中小企业文化层面的成长反思

从狭义的文化层面进行分析，如果说中小企业面临着这样那样的挑战的话，那么最根本的挑战不是别的，而仍然是众多企业的同质化思维。纵观许多企业的成长历程，尽管不乏令人尊敬的商业行为和令人骄傲的成长业绩，但似乎绕不开一些简单而相似的思维逻辑：规模崇拜与扩张情结、机会追逐与关系经营、本土优势与权谋之术、价格战与营销战、制造力与渠道力、成本比拼与人海战术。

思维决定成败。今天，相当一部分企业仍然或者自恋于既往的成功路径和眼前的表面繁荣，或者忙于运营层面的内外操作和竞争层面的搏击厮杀，或者困扰于增长乏力的进退两难和利润微薄的艰难经营，而很少从思维的层面探求企业的成长逻辑、病因症结和解决之道。但是，如果不从思维层面解决问题，就无法认清事物的本质，更不可能应对日益严峻的挑战。

那么，如何从思维的层面思考和解决问题？我们首先仍然需要寻求问题之本源。而在本源上，众多企业的同质化思维同源于传统文化的三大症结不无关系：第一，帝王情结；第二，斗争思维；第三，小农意识。一些企业的思维和行为背后，无不透着这样的影子。所不同的，只是程度或大或小、关系或直接或间接、表现或显现或隐现而已。

中小企业战略层面的成长反思

从战略与文化有机互动的层面进行分析，许多中小企业的战略缺失突出表现为成长逻辑的迷茫、误区甚至是悖论，典型地具有三大表现：

一是规模增长的逻辑误区。关于“做大”和“做强”绵延不绝的争论可能是中国企业界一道独有的风景线，其中最具代表性、影响力最大的一个观点莫过于许多企业所坚信的核心逻辑：“大不一定强，但不大一定不强”。

其实，从价值逻辑的层面分析，大与强并不存在必然的因果关系，大固然不一定强，但不大也未必就“一定不强”。如果“大”指的是规模，“强”指的是客户价值创造能力、企业赢利能力、企业在产业价值链中的战略地位的话，我们可以发现，“大而不强”与“强而不大”几乎是商界同时并存的一种现象。

前两年，赫尔曼·西蒙教授在基于对德国中小公司广泛研究的基础上创立了“隐形冠军”的概念和理论，然而客观地说，这一理论并未引起中国企业界应有的足够重视。对于以从事传统行业的中小公司为主的中国企业界来说，真正的学习对象是谁？这是应该引起我们深思的问题。多少年来，500强情结、GE神话、玩资本、玩并购等等成为许多企业热衷的话题，这种声音甚至成为企业界、传媒界和社会舆论的主流，但是细想一下，除了表面的浮华热闹和自欺欺人式的心理满足外，对于绝大多数的中国企业来说，这种话题和舆论其实更多的是空幻和误导。中国企业特别是广大中小企业，该是把目光投向德国、意大利、以色列这些国家的时候了，在这些国家更能找到真正适合我们的学习榜样。

追求价值增长而不是规模增长，追求卓越的客户价值创造能力、企业赢利能力和在产业价值链中战略地位的持续提升，而不是表面规模的貌似强大，是许多企业实现思维转型的第一步。对于广大中小企业来说，有没有勇气和信心喊出一句口号：打倒小巨人，成为小强者？

二是由内向外的逻辑误区。今天，索尼这家曾经是日本乃至亚洲引以为傲的全球商业明星正在经历着巨大的阵痛和迷茫。索尼的问题自然原因很多，“由内向外”的逻辑误区却无疑是其中的一个重要因素。什么叫“由内向外”？简单地说就是基于从企业自身出发而不是从市场和消费者出发的思维原点所建立起来的一整套逻辑体系。

仅举数例便可体会到索尼“由内向外”的思维和文化:一、在 Walkman 的辉煌之后,索尼内部逐渐形成一种导向,认为在产品规划阶段不应该倾听客户的意见,最具代表性的是创始人盛田昭夫的观点:“我们的计划是用新产品引导公众,而不是去问他们需要什么东西。公众并不知道能够买到哪些东西,但我们知道。所以我们不要搞大量的市场研究,而是应该改进我们对产品和产品用途的思想,再通过交流来教育公众,从而创造出一个市场。”这些话在索尼长期被奉为金科玉律。二、索尼总裁中钵良治 2005 年 6 月上任后,要求各部门员工从顾客角度出发来思考问题,抛弃无需征求客户意见的傲慢态度。这一想法公布后中钵收到了内部很多反对意见,许多人认为索尼是新技术和产品的提倡者,而不是顾客意见的追随者。

在过去技术导向和产品导向的时代,索尼取得了巨大成功;在今天市场导向和消费者主权的时代,索尼遭遇了巨大困境。一切皆源于当“事易时移”的时候却难以进行变革,思维和文化层面的东西一旦形成,要想改变谈何容易?对于许多中小企业来说,成长逻辑上存在的误区和缺陷与索尼又是何其之相似?

因而在今天的危机时刻,建立“由外向内”而不是“由内向外”观察和思考问题的思维逻辑对于中小企业具有重要意义。“由外向内”是与传统的“由内向外”截然相反的全新视角和逻辑,它要求企业从对消费者和市场的尊重和理解、从对外部环境和产业趋势的洞察和把握、从在全球产业分工中寻找自己环节定位和有机融入全球产业体系的视野和理念出发,来思考和找寻未来的成长逻辑。举个简单的例子,在看待和思考企业价值活动的问题上“由外向内”的思维逻辑顺序是:“客户偏好—销售渠道—产品/服务—投入—资源/能力”,恰好是将“由内向外”的思维逻辑顺序完全颠倒过来。

另外的一个问题是,应当防止陷入“核心竞争力”的误区。无可否认“核心竞争力”这一概念的创造在管理学上的意义和价值,但对许多热衷于谈论概念而实际上不甚了了的企业来说,却不能不认识到这一概念的两个内在缺陷:第一,“核心竞争力”事实上更是一个“事后总结”性的概念而不是一个“事前指导”性的概念,对于企业的“成绩总结”价值要大于“前瞻思考”价值;第二,“核心竞争力”容易使企业陷入索尼式的逻辑误区,沉迷于既往成功而产生过度自信和以自我为中心的自大、傲慢和偏见,这不能不说是部分企业形成“由内向外”思维逻辑的“思想根源”之一。

三是封闭自主的逻辑误区。电影《卧虎藏龙》里李慕白有一句台词:“当你握紧拳头时你一无所有,放开双手你就拥抱了一切。”对于许多企业来说,体味和记住这句台词的意义甚至不亚于花费不菲投入后做出一本富丽堂皇然而束之高阁的战略报告。

改革开放以来,中国企业走出两条大路,伴随着至今仍不绝于耳并且未来也不大可能消失的两大争论:一是上面提到过的“大规模之道”,即“做大”与“做强”的争论;另外一个则是“大一统之道”,即关于“多元化”与“专业化”的争论,“多元化、大一统”不仅成为以海尔、联想、新希望等行业领袖为代表的一批企业曾经或现在仍然挥之不去的一大情结,同样地,严重缺乏产业结构配套分担意识,追求“大而全”、“小而全”的“大一统之道”在许多中小企业更是几乎成为一项通病。

今天,全球产业发展日益呈现出“丰字型”产业特征、“价值网”整合模式等新的产业发展趋势,产业分工前所未有地细致和深入,同时高度一体的全球市场环境下实现了各类资源要素在全球范围内的流动和配置,技术的飞速发展和进步、巨额的资本投入使企业面临的成长压力和创新风险空前加大。在这样的背景和环境下,任何企业都不可能通吃产业链的所有环节,任何企业都不可能打造一个封闭的环境自我发展,任何企业也都不可能完全依靠自己的力量实现成长。坚持“开放”而不是“封闭”的理念、“协作”而不是“自主”的理念,以全球视野精心选择和高度专注于产业链中某一细分环节精耕细作,特别是增强产业结构配套分担意识,将自己有机融入全球性产业链体系和地区性产业集群体系之中,确立协作创新、集成创新、战略联盟、价值分享等理念和意识,在开放和协作的平台上持续提升竞争力和实现价值增长,是企业成功走向未来必须要做到的。

对于许多中小企业来说,已在“封闭自主”、“上下通吃”、“多元增长”这样的思维逻辑下浸淫多年,一些企业也在这样的思维逻辑下取得了一时的“成功”。同时这种思维逻辑短时期内在某些层面上也还存在着继续“成功”的可能,相反上述分析的全球产业趋势变化倒有可能还不会在近期感受到。但是,如果你想赢得未来,就必须明确两点:第一,目前所谓的“成功”并不是价值逻辑层面上的真正成功,这种“成功”更不具备持续的可能;第二,全球性的产业大势面前,谁能及早洞察趋势变化并大胆变革,谁就有可能化挑战为机遇而胜出,相反漠视变化和反应迟钝者迟早会成为温水中的青蛙。而要实现由“封闭自主”向“开放协同”的思维转型,根本的挑战仍然是在文化层面。

历史规律表明,每次危机过后,总有一批企业会倒下去,也总有一批企业会顽强地生存下来,更有一批企业会由此走向伟大的新生。冬天一定会来,冬天也终将过去。问题在于,冬天过后你将怎样:倒下,幸存,还是走向新生?如果企业界能够经由冬天反思既往,并由此锻造出优秀的“抗周期能力”,那么,我们甚至应该感谢这个冬天。

(本文摘自《中国企业文化研究》2009 年 2 期)

行为文化是企业文化落地的关键

王朝晖

中国航天科技集团不仅是一个高科技企业,圆了中国人飞天的梦想,更是承载着载人航天精神、有着深厚企业文化底蕴的企业。

近几年来,我们不断挖掘航天精神的宝贵财富,对企业文化建设做了系统思考和长远规划。按照统筹规划、循序渐进的原则,提出了三步的规划,特别是重点推动了行为文化系统的建设,在文化落地方面深入实践,收获颇丰。

行为文化是固化载体

根据航天科技集团党组的要求和部署,企业文化作为企业发展核心战略的一部分,纳入企业发展战略体系。集团在做长远规划和目标时,把企业文化作为集团的核心竞争力的第一条,并且始终站在系统思考的角度来谋划企业文化建设。把企业文化中的行为识别系统、理念识别系统和视觉识别系统,分别做了分析定位。从视觉识别系统入手,视觉识别系统是破冰,理念识别系统是深化,行为识别系统是固化,三个层次依次递进。

2002 年,集团先建立并统一了企业视觉识别系统。中国航天科技集团是一个大型的中央企业,下面有很多科研院所和分支企业,遍布祖国大江南北,每基层单位都有自己的标识,都有自己的文化体系,文化极为分散。因此,在构建整个集团企业文化时,首先废除了所有基层单位的标识和其他识别系统。在整合集团统一识别系统时也面临着很大的压力和困难,有些根深蒂固的东西不好改变,但最终还是做到了高度统一,效果很好。

2004 年,集团又提炼和确立了理念识别系统,在传承过去传统的企业精神基础上,又提炼和融合出新的企业精神和企业的核心理念,得到了集团上下一致的认同,成为集团发展的强大精神动力。

最后一个关键环节是行为识别系统的建立,在 2007 年推出,这是理念系统的执行层,是文化落地的根本途径,因此也最为复杂,实施起来的难度也最大。

在制定行为文化之前,我们做了大量的课题调研,用了 3 年到 4 年的时间组织了两批集团内部的企业文化骨干,到美国和欧洲去考察学习,同时对整个集团的现状进行分析,形成了 20 多万字的调研成果报告。在集团内部单独访问近 4000 次,问卷 2 万多次,写了 7 万多字的行为文化的分析报告。这些报告得到了集团领导的重视,各个基层单位的领导成员也对报告进行了传阅,对各种表现形式等都做了详细的研究,确保了我们设计的行为文化科学合理,符合企业实际,具有可操作性和执行空间。

在构建行为文化时,航天科技集团还采取了内外双轨制的办法,既借外脑聘请了外部比较有实力的业界专家,又抽调集团内部有企业文化理论和实践经验的人员,内外两组专家分成两个组,同时提出方案,并且经常在一起互动,各取所长,就同一个问题进行辩论,哪个意见好就采用哪个。

2007 年开始推进实施行为文化系统以来,文化执行力已经逐渐显现。

行为文化具备三大功能

在行为文化系统形成的时候,通过对国内外企业文化的研究,我们总结了企业行为文化的三个功能。

首先是解码功能。行为文化是理念系统的解码,是把理念系统转化成行为的有效工具。这个过程中,人的观念很多就是靠行为系统来实现的。比如贝尔实验室,它的很多理念都来源于对学术的尊重。它的行为文化也是非常简单,是由许多具体的规定细节组成,例如其中有一条,要求每一周都要有学术报告会,这实际上就是尊重学术的一个很好的解码。

然后是约束功能。行为文化和制度文化有些不同,制度文化更多的是强调外部因素,是外部约束,而行为文化强调的则是内在约束,行为文化不但要知其然,还要知其所以然。这方面古代文化就已经很丰富了,包括现在提倡的八荣八耻等等,都体现了其约束功能。新加坡有个不成文的规定——情愿不自由就是自由,人们接受这个理念,认为这种不自由带来了全社会大的自由,大的和谐,这是高度文明的一种表现。美国人喜欢自由化的言论,自由化的行为,但美国专有海外旅行的行为准则,其中就有一条谈到,在出国旅行的时候,言谈举止要谦虚谨慎,任何一种炫耀都是粗鲁无礼的表现,尽管美国是个很自由的国家,但在行为上还是有这样细致的规定,这体现了行为文化的约束功能。

最后是纠错功能。实际上这是西方国家推行企业文化最看中的功能,也是国内企业开始探索实践企业文化时表现最差的部分。国外的理论认为企业文化体系中最重要的就是行为文化,其主要功能实际上就是要与企业理念对接,就是强调制度的梳理,要对制度中不符合理念的进行更改。在国外企业的企业文化几乎都显现了纠错功能,不断与时俱进,完善理念系统。

行为文化应务实易行

行为文化的本质是体验性,这是实际工作中的一个重要体会。在《细节决定成败》这本书里有一段对企业文化的描述:企业的核心理念一定要分配到管理模块中,要在现场中看到,在岗位中体现出来,在流程中沉淀,在细节和行为习惯中表现出来。这是对行为文化的一个最好的解释。为什么要说行为文化的本质是体验文化?如果企业文化不落地就只能是个道具,悬浮着,起不到什么作用。企业文化落地和固化的关键主要是通过行为文化来实现,这是一个执行通道,执行的好不好决定了企业文化建设最终的成败。

总的来说,行为文化要实现或达成目标有三个方面的体现:

一是要能看到,要广而告之。在推进行为文化建设时,我们要求各个基层单位通过各种形式表现出来。举行行为文化揭牌仪式的时候,集团与基层在同一时刻进行,采取了强式的宣传手段和力度。同时,还采取了各种问答方 式,集团 10 多万人,企业文化手册人手一册,以各种配套活动进行宣讲和贯输,让所有员工了解行为文化,这种广而告之的效果非常明显。

二要让员工随时随地感受到,营造浓厚的氛围。在行为文化推出三个月后,我们就开展了漫画和小故事的征集,全集团有近万人参与活动,征集了大量的丰富而有内涵的好作品,选择其中最优秀的能体现企业文化的真实的作品,编辑成画册,强化行为文化对提高人的素质的重要性。

三要易操作,能做到。在提炼行为文化的时候要注重它的简单易行,老子讲,"天下难事必做于易"。针对集团当时的现实状况,我们制定简单易行的行为文化体系和能够解决实际问题的行为总则,比如说,集团的行为文化总行为准则就是"严慎细实,诚勇勤和",这就是对每个员工最高的要求。

同时总结了五类人员的行为准则,包括领导干部、管理人员、科技人员、生产工人和服务人员,每类人员都有提炼出的四句话,非常简单,但很实用。例如,干部准则中包括政治坚定、勤勉清廉、科学决策和创新图强;对科技人员的行为准则是把握规律、吃透技术、合作包容和勇于创新。

我们还提炼了企业的公关行为规范,总结了日常的礼仪规范和团队意识。尽管前期做了近60万字的调研,但最后浓缩形成了一个很薄的小册子,简单易懂,员工接受起来不吃力。行为文化在推进过程中,不能太复杂,应该由易到难,由点到面。

行为文化的核心是知行合一

行为文化源于生活,高于生活。行为文化是个共性的东西,我们在提炼挖掘行为的时候曾遇到一个困惑:就是涉及行为的东西太多,太丰富了,总结起来有很大的篇幅,只能找企业最具共性最主要的来提炼。在行为文化的提炼中,还要取法乎上,得乎中。制定的规范,标准要高一些,成为大家努力的方向。

行为文化的核心是知行合一。明朝有个学者王守仁,他创造了中国哲学史上的颠峰叫心学,它的核心就是知行合一。行为文化的本质也应该是知行合一,首先要知道,知道还不够,还要做到,要知行完美结合在一起。

知行合一要在具体实践中有所体现。例如,集团公司特别指定了团队文化和团队的礼仪活动,规定了航天日活动、爱心日活动、新员工入职仪式、质量日活动等。说到底,行为文化关键是在执行,在设计详细科学的细则的基础上,组成专家组、宣讲组,采用统一的模式,还专门聘请行为文化推广师,遇到问题就研究解决。

推进行为文化一年以后,一位工作40年的老专家写信赞扬集团公司的推进举措,其中最后一句话是这样说的:"行为文化的推行使航天理念系统完美落地,真正实现了企业员工从"心"到"行"的一致"。

(作者系中国航天科技集团公司企业文化部部长,本文摘自《企业文化》2008年12期)

浅析制造业服务化

陈广源

进入21世纪,越来越多的传统制造企业大力推进企业服务文化建设,积极向服务业渗透和转型,越来越多的制造业企业不再仅仅关注产品的生产,而是将触角延伸至产品的整个生命周期,包括产品开发或改进、生产制造、销售、售后服务、产品的报废、产品的解体或回收。许多事实证明:制造企业的竞争优势并不限于为用户提供高质量的产品,更在于提供让用户满意的服务。金融危机风暴的冲击,给大多企业提供了一次"浴火重生"的机会,本文旨为那些正积极探索制造业服务化的企业家、创业者、企业生产经营的高管人员提供一些有益的参考,以便进一步推进企业的服务文化建设,尽快实现制造业企业向服务化的转型。

制造业服务化是制造企业发展的必然趋势

举步维艰,这是近年来我国按传统方式经营的制造业企业遇到的一个普遍现象。正如许多专家所言:中国制造之痛就在于,在技术上没有自主权,在标准上没有制定权,在价格上没有控制权,在分配上没有话语权,在附加值上没有收获权。面对如此严峻形势,许多制造业企业都在迫不及待地探讨制造业服务化的课题,探索制造业如何推进服务文化建设,实现向服务业转型的问题,探求制造业如何驶向"蓝海"的动力。

服务化对我国传统的制造业的发展之所以至关重要,首先是满足顾客和市场需求的迫切需要。我们的许多传统制造业的经营者们由于市场意识、顾客意识不强,习惯埋头稳定生产,完成生产指标,习惯于保证产品质量,少出废品,降低生产成本。因而,他们所生产的产品由于不能满足顾客对"伴随着产品的服务"的需求,所以,订单越来越少,库存积压越来越多。随着经济的发展,许多顾客已不再只满足于产品本身,而是十分关注产品背后的服务,关注产品的设计是不是满足顾客的需求,产品的改进是否达到顾客的要求,产品的价格以及售后服务是否满足顾客的心愿,解决了顾客的困难。因此,"顾客是上帝","顾客至上",一定要成为制造业企业的共识。因为,从卖方市场到买方市场一开始是满足人们的生理需求,之后慢慢发展到满足人们的心理需求。生理需求产生物本经济,心理需求产生人本经济。心理需求是什么?心理需求就是服务。海尔为了顾客和市场的需求,已经把服务向上延伸到"开发"和"制造",向下延伸到"回访",海尔向全世界推出了"用户只需一个电话,其余的事情我来办"的服务创举,率先实施国际星级一条龙服务,即"开发—制造—售前—售中—售后—回访"一条龙服务。海尔通过产品设计和定制、新产品的信息传递、产品使用过程中的免费上门维护、购买过程中的技术引导、产品升级等手段,建立起了顾客对海尔品牌的忠诚度,海尔引领中国家电企业进入了制造业服务化的时代。

制造业服务化的第二个原因是避免同质竞争的迫切需要。步入市场经济以后，我国的传统制造业企业已经吃尽了同质竞争的苦头。生产同质产品的制造业为了打开市场，大打销售价格战，抢人战，打得两败俱伤，伤痕累累。服务是制造差异的一个重要手段，为了避免同质竞争，许多传统制造业痛定思痛，开始了向服务化的转型。许多企业通过为客户提供种类繁多、个性化、不易模仿的服务，获得差异化的竞争优势。许多制造业企业以加工制造环节为起点，向研发、销售等服务环节延伸，形成一个服务链，通过服务进行增值，为企业带来了更多的效益。现在，许多制造商已经不仅仅提供基本的送货和安装保修。为了吸引更多的消费者，服务手段的创新成为企业重要的竞争方式。企业在生产产品前，通过市场调研了解和掌握市场的需求，作为产品设计和生产的依据，并且为客户提供个性需求的特别服务。为了为客户提供快捷的服务，有些企业开始把送货、安装等服务外包给经销商，打造极具个性的客户终端服务。服务化拓展了制造业在市场竞争的发展空间。有些知名的服装、家电、手机、计算机企业往往不直接从事生产，却能独领风骚。许多制造业企业已经涉足金融业、科技服务业、物流业、商务服务业、信息服务业，有些制造业还涉猎房地产、商贸服务、教育培训、体育产业、医疗卫生等等，制造业成为服务业的摇篮。

制造业服务化更重要的一个原因是提高我国发展水平的迫切需要。服务业是衡量一个国家发展水平的重要指标。据有关部门统计，全球500强企业共涉足51个行业，其中有28个属于服务业。从数量上来看，有56%的公司在从事服务业，更有两成的跨国制造业企业的服务收入超过总收入的50%。据了解，在发达国家普遍存在两个“70%现象”：即服务业增加值占GDP比重的70%，制造服务业占整个服务业比重的70%。而在我国服务业实现增加值只有9.6万亿元，占GDP比重仅为40%。其中，制造服务业在服务业中所占比例也很低。因此，我国制造服务业的发展对于提高我国发展水平至关重要。我国的“十一五”发展规划中提到，到2010年，服务业增加值占生产总值的比重要比2005年提高3个百分点，服务业从业人员占全社会从业人员比例比2005年高4个百分点，服务业贸易总额达4000亿美元。到2020年，服务业占国内生产总值和比例要达到50%。尽快实现制造业服务化，加快拓宽服务业是我国经济发展的当务之急。当前我们要着力改进制造业企业现有的流程，推进业务外包，增加核心竞争力，加快从生产环节向自己研发等服务环节延伸，降低资源消耗，提高产品附加值，特别优先发展运输业、物流的专业化，发展信息服务业，健全金融市场，大力发展科技服务业，促进我国制造业向服务化的转型。

世界500强中几个制造业服务化的典型

榜样是最有说服力的，与先进典型对标，才能学有榜样，赶有方向，尽快缩短与先进典型的差距。

与客户零距离的IBM公司。1992年郭士纳出任IBM第七任CEO。郭士纳接掌时，这个计算机制造业的龙头企业已经亏损达50亿美元。1994年，盈利30亿美元，此后连年丰收，现在已达千亿美元规模。IBM崛起的秘决既不是重大的技术突破，也不是价格上狠宰一刀，而是与客户结成了“战略伙伴关系”，与顾客保持非常密切的联系。在郭士纳制定的公司八个原则中，第一条就是：客户是我们的一切行动的原动力。为了了解客户，他们开展了“热烈拥抱”计划。所谓“热烈拥抱”计划，就是要求公司的高级经理中的每一个人都要在三个月内，至少要拜访公司的5个最大客户中的一个。而高级经理属下的200名经理，也要执行“热烈拥抱”计划。计划执行之后，每人还必须递交一份书面报告。通过“热烈拥抱”计划，IBM实现了以客户为导向的企业文化转变。IBM公司的服务是由多方面构成的整体服务。服务内容涵盖了从行业战略层面的商务战略咨询和托管服务，从企业管理层的电子交易、电子协同、客户关系管理、供应链管理、企业资源规划、商务信息咨询等全方位服务，还包括IT系统的设计，实现和后期的维护服务。IBM公司还经常采用“请进来，派出去”的营销方针，主动邀请一些大企业家参加“战略论坛”，派出技术专家与其他公司在各个领域开展科研合作，建立了一套极为有效的远程服务系统。为了加强对中小企业的服务，他们开展了各项专业服务系列，为小企业举办网上培训与咨询学习班等等。IBM公司一举成为IT服务业的领头羊和1T服务的代名词。

福特公司的金融服务。“消费者是我们工作的中心所在。我们在工作中必须时刻想着我们的消费者，提供比竞争对手更好的产品和服务”，这是具有百年历史的福特汽车公司的企业理念。他们忠实执行这一企业理念，坚持对汽车产品质量的不懈追求，使福特汽车历经百年发展而屹立在全球汽车产业之巅。如今的福特公司不仅仅专注于汽车制造，还拥有世界上最大的汽车信贷企业——福特信贷、全球最大的汽车租赁公司——赫兹以及汽车服务品牌。1987年10月，福特金融服务集团公司建立。福特金融服务集团将福特信贷公司中从事专门租赁及金融服务的业务转到美国国际租赁公司中，合并后的公司从事多种业务；为商用设备提供贷款，为杠杆租赁提供资金、市政金融服务、商用车队租赁、公交工具租赁、测试仪器租赁、公司融资和不动产融资。福特的金融服务方面的经营策略，取得丰硕的果实，仅在1988年的美国市场，就为160万辆汽车提供了贷款，福特的金融收入大大超过了汽车业务。

没有工厂的耐克公司。与传统的企业相比，世界著名体育品牌耐克公司显得特立独行，耐克公司实际上并没有自己的工厂，他的成功源于其虚拟经营模式。耐克公司把重点放在品牌的培育和拓展以及技术研发和营销等方面，具体的生产则交给合作企业来完成。耐克的产品全部外包，由其他生产厂家制造，不仅节约了大量资金，降低了公司的成本，也发挥了生产厂家的生产能力。耐克把产品的加工任务一般都交给一些劳动力低廉的发展中国家的工厂。早期,耐克在日本和西欧有生产工厂。日本的劳动力成本上升后,耐克又把生产转移到韩国、中国和印度。20世纪90年代,东南亚地区耐克的合作工厂逐渐增多。耐克公司密切关注市场动态,不断加强品牌推广、产品设计和市场营销,借助于自己的品牌优势,不断增强市场的影响力。没有自己的生产工厂,耐克还把注意力放在有效的管理上,面对大规模的海外生产,耐克公司制定了统一的生产标准,通过这些质量标准对生产商提出具体要求,与所有生产商签订合同,并以此来控制产品的质量。耐克公司对虚拟经营模式的运用极为典型,这给我们中国企业在虚拟经营方面提供了很好的启示。

制造业服务化的路径

服务化拓宽了制造业在市场竞争中的发展空间,为制造业企业打开了驶向"蓝海"的通道,制造业服务化的路就在脚下,要靠我们制造业企业的企业家和广大员工们创新求实、开拓奋进,一步一个脚印地走向成功。

战略选择是制造业服务化路径的关键,制造业企业必须及时改变企业的发展战略。战略选择就是企业经营发展模式的选择,对于制造业企业来说,怎样向服务化延伸,延伸到什么领域,怎样延伸成功,最重要的在于企业的战略选择。战略选择要从企业的实际出发,不要搞恶性膨胀。成立于1956年的春都公司,是国务院确定的全国520家重点扶持企业,在国家的支持下,企业发展很快。1998年,春都开始多元化发展,兼并了11家企业,收购了6家企业,参、控股24家企业。不仅如此,春都还跨行业、跨地区收购了17家与肉食无关的企业。春都在医药、茶饮料、房地产领域都投了巨资,又与美国等5家外商合资。但当外方撤资后,春都损失1亿多元。1998年春都上市募集4.24亿,但上市仅3个月,集团又从股份公司抽走1.9亿元债务。春都集团的如此多元发展,致使自己无力回天,走向上死路。企业的战略选择,还要注意在保持其业务专长的情况下,选择最具核心竞争力的业务做大做强。诺基亚公司在竞争中脱颖而出并保持领先的成功经验就在于诺基亚走的是一条制造与服务并举的道路。诺基亚在电信系统方面的工作是1962年始于电缆厂,它的电子部当时已在研究无线电传输问题,从而奠定了诺基亚电信的基础。1969年诺基亚首先引进符合国家电报电话咨询委员会标准和PCM传输设备,通过提前进入数字时代,诺基亚做出了自己历史上最重要的战略抉择。20世纪70年代,诺基亚逐渐转变为向完全数字化电信网络提供设备。后来成为诺基亚移动和固定网络交换机和基站控制器的基础的DX200产品就是在这个年代开发的,并从此开始了诺基亚交换系统迅速成功发展的进程。诺基亚在竞争中超越自己,此后推出的所有型号手机,在设计上都向提供更多互联网增值服务方面靠拢,逐渐完成从传统移动终端设备制造商,到"以互联网为驱动力的,提供互联网服务和软件为主的体验型公司"的转变。诺基亚一方面做更好的终端手机产品,通过不断研发与创新,强大的软件支持和互联网服务,使诺基亚公司在智能手机、娱乐手机、导航手机等重点发展领域远远领先于手机同行,通过开启互联网服务大门,将手机赋予更多的服务功能,向移动终端服务高利润区域高歌猛进。到2012年,全球将有3亿部诺基亚手机具有全面高速的互联网功能,全球诺基亚将有9亿用户。

大力推进企业服务文化建设,实现从"产品导向"到"顾客导向"的转变,为客户提供差异化服务,这是实现制造业服务化很重要的一环。所谓服务文化,是企业群体信奉并践行的服务价值理念。是以服务价值观为核心,以创造顾客满意,赢得顾客忠诚,提升企业核心竞争力为目标,以形成共同的服务价值认知和行为规范为内容的文化。在制造业企业中有个误区,认为服务文化是服务行业的事,与制造业关系不大,充其量只是装装门面,喊喊口号,走走形式而已。言外之意,制造业只需要关门制造产品,低头搞经营即可。这不仅是对服务文化内涵的曲解,而且是对市场,对买方市场这个"大势"的不了解,反映了观念的严重滞后,这也是一些制造业企业形象不佳、发展迟缓、经营不善的重要原因。制造业企业必须明白,服务战略是企业发展的最佳战略,制造业也是服务业,企业追求的目标是顾客占有率,而不是生产多少产品,必须加快实现从"产品导向"向"顾客导向"的转变,从追求效率转向看不见的服务资源。大力推进服务文化建设,为客户提供差异化的服务,这也是制造业服务化的关键点。服务的竞争就是差异化的竞争有些服务业不是谁都可以做的,虽然有些服务业,如咨询、广告、物流,可能对大多数企业都比较通用,但有的如研发、网络就不是所有企业都能做的。制造业企业搞服务业,要做别人不能做的,而且是自己可以做的,企业取得了长期的差异化竞争优势,就能给企业带来更多的收益来源。中国的家电制造商,如海尔、TCL、康佳等与苏宁、招商银行连手推出的免息分期付款,是制造业与银行连手提供的金融服务,成为制造业向服务化转型的典范。

实现制造业服务化,还要不断推动产业结构升级,产业结构重心向高技术化、信息化和服务化方向发展。20世纪80年代以后,美、日等发达国家一方面大力发展以微电子技术为中心的信息产业和以生物技术、新材料、新能源为主的高新技术产业,并以高新技术对传统产业进行改造,另一方面把失去比较优势的传统产业和一部分低附加值的技术密集型产业,包括汽车、电子等产业转移到他国,特别是亚洲"四小"和东盟以及中国。新型服务业就是在技术进步和社会进步中产生的。网络服务、网络经营这些新的服务形态,都是技术进步的结果。现代技术对传统技术的改造,产生了一些新的产业形态,比如,现代物流、电子商务等。所以,制造业企业必须大力推动产业结构升级,使产业结构重心努力向高技术化,信息化和服务化方向发展。在金融危机的形势下,制造业产业结构的调整和业态的延伸也是帮助企业摆脱困境的必由之路,制造业服务化机不可失,时不我待。

(作者系本溪市企业文化建设协会会长)

企业文化建设三步曲

高贤峰

在企业文化建设的方法上，有两种倾向：一是自然主义倾向。认为，企业文化、企业理念是企业长期生产经营活动中自然形成的，企业没办法、也不应该进行人为的设计；另一种是主观主义倾向。认为企业文化、企业理念就是人为的设计。前者导致企业文化建设中的“无作为”现象，一切凭其自然发展，缺乏明确的理念指导；后者导致企业文化建设中的“突击”现象。企业可以一夜之间设计出很响亮的理念、口号，也可以印刷出很漂亮的企业文化手册。这两种方法有一个共同的结果：员工心理上，企业文化、理念都是空白。

正确的方法，应该是两者的有机结合。严格来说，企业文化的建设过程就是企业生产经营活动全过程。也就是说，企业文化建设不能独立于生产经营活动之外独立进行。任何突击式的企业文化建设都可能使企业文化独立于生产经营活动之外，效果自然不会好。但是，企业文化、企业理念需要有目的的设计和引导，更需要有目的的宣传和培训。通过人为的主动提炼、设计和引导，能够使自然形成的文化理念明晰化，使员工对企业文化、理念的理解深刻化，认同彻底化。因此，正确处理文化、理念的自然沉淀和人为设计的关系，是企业文化建设方法中的关键问题。

同时，在企业文化建设的操作上，应该注意三个基本要求：企业文化建设的方法应该是具体的、可操作的，企业文化建设的效果应该是可以衡量的，企业文化建设的参加者应该是全员的。近几年，我们以这三条要求为原则，按照“企业文化建设三步曲”，帮助企业成功地进行了企业文化建设咨询。

企业文化的诊断

企业文化的核心是企业精神。成功的企业精神或口号，应该使员工产生积极的、具体的联想，正是这种联想，具有强大的激励作用。

例如，我国历史上，曾经提出了许多具有强大激励作用和指导作用的精神和口号。一说“铁人精神”，我们立刻想到“铁人王进喜站在油池里，代替搅拌机在搅动原油”；一说“雷锋精神”，我们立刻想到一个解放军战士，抱着孩子，扶着大娘、打着伞行走在泥泞的路上……正是这些有着典型形象的精神，能让人们联想起具体事件或人物的口号，才会具有那么大的激励作用；

再以海尔为例，一说“质量零缺陷”，员工就会想到“砸冰箱事件”，一说“快速反应 马上行动”，员工就会想到“大地瓜洗衣机从获得信息算起，三天设计出图纸，15 天产品上市”，一说“真诚到永远”，就想到“营销员因送货车故障，自己背着洗衣机走了 3 个小时给客户送货”的事；一说“客户永远是对的”，就会想到，海尔把按照德国模式设计的电冰箱说明书按照中国消费者的水平进行修改的事件……正是这些感人的事件和具体的形象，使海尔的文化理念没有停留在墙上、纸上，而是进驻到每一位员工的心里。这是海尔文化管理成功的核心。

显然，诊断企业文化是否被员工接受和认同，企业文化是否在对员工发挥作用，这是一个很好的启发。

诊断的方法和原理是：把企业中层以上干部集中起来，把集团的理念，逐句念出来，请大家把听到理念后，所想到的能代表这种理念的人物、事件说出来或写出来。如果大部分人都能联想到代表人物或事件，且事件相对集中，就说明企业的文化得到了大家的认同；但是，如果大部分人不能说出或写出代表性的人物或事件，就说明企业文化和企业理念没有得到员工的认同，就更谈不上对员工行为的指导作用。

我们按照这个程序对山东的五个企业进行了诊断，巧合的是，这五个企业中，有四个企业的理念有“创新”一词，但是，当我让他们说出“想到了什么人物或事件时，只有一个企业的人说出了一些事件，但是不同的人说出了完全不同的事件。我们据此判断，这几个企业的文化和理念并没有被员工接受和认同。对这种结论，企业基本上是认可的。

企业文化的提炼与设计

企业文化首先要从历史中提炼。在企业十几年、甚至几十年的发展中，一定会沉淀一些支撑员工思想的理念和精神。这些理念和精神，包含在企业创业和发展的过程之中，隐藏在一些关键事件之中。把隐藏在这些事件中的精神和理念提炼出来，并进行加工整理，就会发现真正支撑企业发展的深层次精神和理念，这就是企业的精神和理念。

按照这种原理，我们可以设计出提炼企业精神的方法：

第一步：首先，让企业找 10 位从创业到发展全过程都参加的人，让他们每一个人讲三个故事：在这几十年的创业历程中，你认为对企业发展的最重要的一件事是什么？你最难忘的一件事是什么？你最受感动的一件事是什么？然后让每个人再讲三个人：你认为对企业贡献最大的是谁？这个人最宝贵的精神是什么？你从他身上受到最大的启发是什么？由专人把每个人讲的故事进行记录；

第二步：把重复率最高的故事整理出来，进行初步加工，形成完整的故事；

第三步：找十个刚来企业一年左右的员工，最好是大中专学生，把整理好的故事讲给他们听。然后，向他们提问：这个故事你听说过没有？你听了之后，你最深的感受是什么？哪个情节最感动、最难忘？这个故事体现了一种什么精神？用什么词来表达你的感受？把他们的回答记录下来；

第四步：把专家和有关企业领导集中封闭起来，对记录的内容进行研究、加工，从中提炼出使用率最高的代表故事精神的词。这些词经过加工，就是企业精神或企业理念；

第五步：按照提炼出来的反映精神或理念的核心词，重新改编故事，在尊重历史的前提下，进行文学创作，写出集中反映核心词的企业自己的故事。假如提炼出“拼搏”一词,“拼搏”就用一个故事来诠释。当然,可能还有“创新”、“团结”等等,每一个词,都用一个甚至几个故事进行诠释。

当然,企业文化建设还要从未来出发进行设计。对行业进行分析,对竞争对手进行分析,对自己的发展目标进行定位,找到现状与目标的差距。进一步回答:要想缩短差距,实现目标,企业必须具备什么精神,应该用什么理念指导自己?按照这种要求,设计出面向未来的文化理念。

把从历史中提炼的文化理念和从未来出发设计的理念结合,进行加工整理,就形成企业的核心理念。

核心理念在各系统的具体表现是不同的。以核心理念为指导,设计出各系统的理念,为每一个系统的理念确定相应的典型案例、典型故事、典型人物,形成由核心理念、与核心理念相应的典型人物与事件、各系统的理念和相应的典型人物与事件构成的文化理念体系。

以海尔为例。其核心精神(企业精神)为“敬业报国,追求卓越”。这种追求卓越的精神在生产管理系统表现为“零缺陷,精细化“有缺陷的产品就是废品”;在营销系统表现为“先卖信誉,后卖产品”,在产品开发系统表现为“客户的难题就是开发的课题”,在服务系统表现为“零距离、零抱怨、零投诉”,在市场开发系统表现为“创造需求,引导消费”、“自己做个蛋糕自己吃”……每一个理念都有相应的典型事件与之对应。所以,海尔的企业文化建设就与生产经营活动密切联系起来了,避免了一般企业文化建设的单纯形式化。

企业文化的强化与培训

首先,对全体员工进行企业文化培训。培训的方式首先是培训讲故事者。可以是企业领导、故事的当事人,也可以是宣传者或者专家,但是,不管是谁,必须按照事先的策划讲,要把故事中想表达的理念讲深刻、讲生动,使每一个员工,都记住、理解、并主动向新员工讲解这些理念和故事。这样,故事流传起来了,企业文化、理念、精神就活了;

其次,树立和培养典型人物。在提炼和设计出企业文化并进行宣传培训之后,有一部分人能够直接认同并接受下来,并用理念做指导,做出具体的行动。这就是企业的骨干。这时,企业把这部分骨干树立为典型,充分利用其示范效应,使理念形象化,从而使更多的人理解并认同理念。具体方式是,每个月,要求每个部门都要在本部门本月发生的案例中,寻找一个最符合企业核心精神或本系统理念的案例,写成书面材料,上报企业文化中心;由文化中心在所有部门上报的案例中,选出一个最符合企业核心精神的案例,作为企业的典型案例;年底,在12个典型案例中,再选择一至两个最能代表企业核心理念的案例,作为全年的典型。这样,随着生产经营活动的进行,企业积累的文化典型逐渐增多,员工对理念的理解也逐渐加深;更重要的是,各部门为了寻找出更加合适的案例,会主动按照理念的要求处理遇到的具体事件,用企业的核心理念指导自己的各项工作,从而使企业文化理念对行为的影响作用真正发挥出来。把企业文化建设与生产经营活动结合为一体。

再次,以企业文化理念与价值观为导向,制定管理制度。通过制度的强制,使员工发生符合企业理念与价值观的行为,在执行制度的过程中,企业理念与价值观不断得到内化。最终变成员工自己的理念与价值观。

通过“文化建设三步曲”的实施,企业就形成了“管理制度与企业文化紧密结合”的管理环境。这种管理环境有两大作用:对个人价值观与企业价值观相同的员工,有巨大的激励作用;对个人价值观与企业价值观不相同的员工,有巨大的同化作用。正是这两种作用,使得“文化建设三步曲”成为一种非常有效的企业文化建设模式。

(作者系北京大学政治发展与政府管理研究所人本管理研究中心执行主任)

当地文化 跨国公司不得不跨越的“坎”

郭咸纲

跨国公司进入的每一个国家都有它特定的经济、文化、立法、政治和竞争市场。在这些因素中,文化是关键因素之一。

对一个国家文化的理解,将导致跨国公司在战略决策过程中对市场领域的选择。市场营销学家博一高田和迪派克·简因的研究表明,国与国之间的创新倾向主要取决于国与国之间的文化传统和新产品进入市场的时间。罗杰斯在创新涉及理论的研究中认为,新思想的传播或交流,在文化背景相同的群体内部相对比较容易,而在文化背景不同的群体之间交流很困难。社会学学者霍尔把世界上的文化环境分为“高背景文化”和“低背景文化”两大类。在高背景文化环境中,内部同文同种,共同的文化背景和共同文化的约定俗成使得许多关键信息的传播与交流甚至不需要语言而使彼此心领神会。中国、日本、朝鲜等亚洲国家都属于这种“高背景文化”。而在低背景文化环境中,社会内部差异大,形成许多“亚文化”,各个亚文化群体之间相互独立,信息既不容易传播,也不容易被接受,在商业上表现为新产品的创新过程中模仿者较少。如果考虑到新产品进入时间的滞后程度因素,博一高田和迪派克·简因对美国、日本、韩国和中国台湾四个市场中洗衣机、窗式空调、计算器的“创新模仿函数”进行研究后发现,日本、韩国、中国台湾地区这三个高背景文化市场的“模仿倾向系数”都大于美国。在日本、韩国、中国台湾地区某一新产品的引进比美国晚,但是它们的普及速度都比美国快。

决定向国外市场提供什么样的产品和服务是跨国公司全球经营战略的重要组成部分。在这一决策过程中,跨国公司领导者必须把文化差异这个变量考虑进去。在这里有两个鲜活的事例,中国地毯的质量在世界上是公认的。上世纪80年代,中国为日本制造了一批家用小型地毯。在地毯的图案上,中国的设计人员过分夸大了中日文化的共同点,采用了被中国人喻为冰清玉洁、高贵典雅的荷花图案,设计优美漂亮。然而让中国人吃惊的是所有地毯全部退货,造成大量损失。其原因是荷花在日本是用于祭典之物。"美国加州牛肉面"经营公司共有78家分店。只有一家开在美国加州洛杉矶,其他77家分店全部开在中国。这也是文化差异在跨国经营中的具体表现。因为"美国加州"这块招牌对改革开放的中国大众是极具吸引力的,"美国加州牛肉面"经营者充分利用了中美之间的文化差异使得跨国经营取得巨大成功。可口可乐公司将"CoCa CoLa"变成了驰名全球的商标,它们在每一个国家中,依据各国人民的文化、消费习惯等差异制作了适合各国国情的广告,把可口可乐深植在全球各国人民心中。

进入一个新市场必须充分考虑国际间的文化差异,在此基础上方能决定具体的进入方法。在进入方法选择中文化问题自始至终是决定方案取舍的关键因素。与此同时,跨国公司的子公司遍布世界各地,员工往往达数万甚至数十万。如何统帅好这些不同民族、不同价值观念的人员,是跨国公司管理方式必须解决的。首先,跨国公司应明确提出自己的创业精神即公司文化。如美国IBM公司的创业精神是"IBM意味着服务";日本松下公司最高原则是"认清我们身为企业家的责任,追求进步,促进社会大众的福祉,致力于世界文化的长远发展"。在一个非常复杂、权力分散的公司里,企业文化成为激荡着公司进步的内在动力,使得即使技术原则被破坏,公司暂面临困境,但公司仍能继续存在,并保持旺盛的生命力。

J. Stewart Black 和 Hal B. Gregersen 在《世界经营人文摘》上发表文章,称"全世界的驻外经理都不约而同地发现他们处于两难境地,夹在总公司和当地办事处之间不知所从"。以他们的一家全球性化妆品公司驻吉隆坡的地区经理John Watson所处的困难为例,说明了总公司和分支机构对待当地文化的不同态度。总公司要求他将新产品系列摆上货架,但马来西亚的消费者并不热衷于这类产品。当地人不喜欢他们的香皂气味,又嫌唇膏太贵。怎样适应当地文化是摆在J · Watson面前棘手的管理问题。跨国公司管理过程中的文化困境随着跨国经营业务的进一步发展日益明显,以至于摆脱这种困境就成为跨国公司全球战略的重要组成部分。

美国未来学家奈斯比特在《大趋势》一书中指出:"在日常生活中,随着愈来愈相互依赖的全球经济的发展,我认为语言和文化特点的复兴即将来临。简而言之,瑞典人会更瑞典化,中国人会更中国化,而法国人也会更法国化。"也就是说,在当代全球化的世界里,同时存在着两种不同的趋势:一是人类愈来愈具有全球化的共性;二是在全球化的世界中,人类愈来愈坚持保留各自原有文明的特色或个性。

国际间的文化差异是客观存在的现实,在跨国经营过程中跨国文化包容就显得尤其重要。无视这一客观存在,势必会给跨国公司的经营活动带来困难甚至最终导致失败。这样,就自然引出"跨文化管理"。跨文化管理就是跨国公司在跨国经营过程中,对不同种族、不同文化类型、不同文化发展阶段的子公司所在国的文化采取包容的管理方法,并据此创造出公司独特文化的管理过程。

跨文化管理的中心任务是解决文化冲突。跨国公司在跨国经营过程中寻找超越文化冲突的公司目标,以维系不同文化背景的员工有一个共同的行为准则,这是跨国公司从事国际化经营所必须解决的问题。文化冲突的表现形式是多种多样的,有来自于风俗习惯的、有来自于价值观念的、有来自于行为举止的、有来自于自然环境的。所有这些构成了跨国公司经营不同于一国经营的重大差异。

(本文摘自《企业文化》2009年4期)

老板与企业家的差异

万江心

老板们坚信一个理念,"企业是我的,是属于一个人的";企业家坚信一个理念,"企业是大家的,每个员工都是企业的主人"。

煤老板缺失的是什么?

山西盛产煤老板,却鲜见企业家。煤老板为什么当不成企业家,因为煤老板一无商业文化内涵,二无信仰,三无创新精神。

煤老板的"三无"特质使之不能成为企业家。煤老板一无商业文化内涵,是指与煤老板联系在一起的不是道德诚信、不是企业家的创新精神,而是一掷千金地购买豪宅,挥金如土的气势令人咋舌;煤老板二无信仰,因此才有令人震惊的黑煤窑童奴现象。不仅违法使用童工,甚至连基本的生存条件都无法满足,有基本道德信仰的人无法做出如此无底线的事;煤老板三无创新精神,他们从政府那里获得煤炭资源,用简陋的方法挖掘,通过煤炭的稀缺性换取大把现金。我们没有看到小煤矿出现组织结构与管理结构的创新,更没有看到技术的创新。

所以,有人说山西"盛产"煤老板,但山西最缺少的却是企业家精神。

不经意间,煤老板正在以悲壮的方式退出历史舞台。继钢铁和航空上演了"国进民退"后,煤炭行业史无前例的大整合也在山西省热闹地进行。2009年初,山西省出台了《煤炭产业调整和振兴规划》,该规划明确提出,"到2011年,全省矿井数量减少到1000处,矿井单井生产规模达到90万吨/年以上。到2011年,形成三个亿吨级和四个5000万吨级的大型煤炭企业集团,大集团煤炭产量占到全省的75%以上。"按照山西省政府改革计划,到2010年底,全省共有2012座煤矿要被兼并重组,其中,由山西省内五大煤矿集团兼并重组的煤矿共1161座,地方兼并重组的为693座,到2010年底,参与兼并重组的2000座矿井仅保留479座。最终整合的结果是要将山西省拥有企业主体的煤炭企业数量从现在的2200个变成100个左右,矿井数将由2598个压缩到1000个。

驱逐了煤老板,山西就能迎来真正的企业家精神?就能复苏晋商传统?如果驱逐了煤老板,迎来的是计划体制,那么山西最多回到1979年以前,而不能承接自由精神的现代商业文化。

老板与企业家的差异

在《现代汉语词典》和《辞海》中,都没有"企业家"这个词,这表明,中国以前是没有企业家的,至少企业家是不受重视的。在《韦伯辞典》中,关于企业家的解释是"开设并管理公司,从事于担负风险、追求利润者"。

我国有数以千万的企业老板,一直在上演着"长江后浪推前浪,前浪死在沙滩上"的剧情。最后能真正成为企业家的寥寥无几,大量的中小企业往往在2—3年内夭折。其实,问题的症结其实在于老板与企业家认知的差异。

我国的中小企业面临着巨大的市场竞争压力,因而,老板通常做的都是短线,只是把眼前利益作为目标,今天我能挣到多少钱,明天我能挣到多少钱;这个项目能赚钱,那个项目不赚钱;老板能做成某件事,但造不出某种势,做不出持续发展的张力,心态总是急于求成,盲目乐观,并且总是把过去的成绩进行炫耀,而对未来市场感到恐惧。山西的煤老板们产权的不固定是导致其行为的短期化,没有煤矿主为环境负责,为工人的生存条件负责。作为经济理性人,他们惟一考虑的是在尽可能短的时间内赚取最多的利润,使投资回报最大化。

企业家做的是长线。做事讲究的是系统工程,所以企业家往往把目标放在心里,这个三年我能达到什么目标,下个五年我能达到什么目标?心态是积极的,乐观的,并不在乎眼前利益,而是考虑企业整体发展的平衡;不在乎市场的竞争,而是考虑市场的发展方向;不在乎过去的成绩,而是时时刻刻考虑明天的变化,做最坏的打算,做最好的准备,增强自己的应变能力和承受能力;对不同的情况设定不同的预案,让一切尽在掌握,减少盲目行动。

老板总是想法太多,今天干这个赚钱,就干这个,明天做那个盈利就做那个;即使做一件事情,也常常出发点多,顾虑多;市场不好时就随时改变政策,随时进行人员调整,随时开发新产品;为了活下去,往往不计代价,想到什么新点子,马上把以前的策略推倒从来;总是想做大做强,但缺少稳定的思路和稳健的市场策略。企业家具有战略眼光博弈市场,注重大胜以德;拥有整合资源、合作共赢的心胸和包容的雅量;具有敏锐的商业目光,去发现别人未曾察觉的商机,对市场强调把控能力;"选择之前要谨慎,选择之后要坚持",做市场讲究布局、策略和执行力;构建企业文化,平和心态才能打造企业永继经营的根基。

有人说,老板往往精明能干,企业家往往大智若愚。智慧的人必定精明,精明的人却不一定具有智慧。精明是处事机巧的表现,而智慧则是综合素质的升华,处小事者靠精明,为大事者必须靠智慧。老板和企业家的区别:同样是赚钱,老板只能称为老板,因为老板赚钱靠的是精明,而企业家赚钱凭的是智慧。在很多中小企业里,往往是老板一个人精明能干,全职全能,不可或缺,而整个团队却平庸,老板们坚信一个理念,"企业是我的,是属于一个人的",因此,有才能的人怕超越自己看不上,没有才能的人却总能在老板那里找到适合自己的位置。企业家坚信一个理念,"企业是大家的,每个员工都是企业的主人",企业家通常善于调动员工的积极性和主动性,善于打造团队,用团队的整理能力来弥补个人的能力不足。企业家永远都是求贤若渴,对于有才能的人给予更好的待遇,更宽松的环境,更多的表现机会,为其才能的发挥提供大舞台,企业家坚信"得人才者得市场,得天下"。因为企业家的智慧在于创造财富,培养更多的具有智慧的人才,使企业更具有竞争力。而能够"以一当十"、"以一当百"的老板,终究会发现自己不可能"以一当千"。"英雄老板"只能成就小企业,只有"智慧团队"才能成就大企业。因此,培养部下,带出一支队伍,是比发挥老板个人才干更重要。老板主要考虑是如何把事情做对做好,而企业家必须具备战略思维能力;必须具备整合社会资源的能力,懂得资本运营,懂得产业与资本的整合。

通常,企业要想做强做大,企业经营者必须从老板蜕变成为企业家。但这并非是简单易行的事,只有当他们的从商动机发生改变,不再只是为求生存或是维持家计,而是追求创新与成长,老板才有可能成为企业家。对于中小企业而言,企业老板始终都是整个组织的物质运动的统帅和精神活动的核心,这就意味着,企业老板的所思所感、所作所为,特别是经商动机,时刻都影响到企业的持续发展。

对于企业经营而言,企业家的经商动机要比小老板的经商动机高尚很多。经商动机就如汽车的发动机和方向盘,对经营活动具有引发、指引和激励的功能;而且,高尚的动机比低级的动机更有激励作用。因此,当企业发展到一定程度时,企业就会有瓶颈,此时,老板靠的是自己的能力,事无巨细都要亲力亲为,以个人能力管理企业,必将使企业在原有规模打转,甚至走下坡路。而企业家此时靠自身多学习,聘请职业经理人,引入专业咨询公司等来协助管理团队,管理企业。从老板成长为企业家,必须具备优秀的领导才能、自强不息的拼搏精神、不断完善的知识体系、强烈的社会责任感,同时对企业进行专业化管理,对市场进行科学化认知,对人才进行人性化管理。不断超越自己,提升自己。老板成长为企业家,是一个巨变的过程。

(本文摘自《现代企业文化》2009年11期)

企业文化与"亮剑"精神

周士国

(一)

关于企业文化的概念,从权威专家、学者的论述以及林林总总的企业文化教材中,可以找到数百种甚至上千种之多。但笔者认为，可以简单地用两个字概括，那就是“观念”二字。从某种意义上讲：企业文化就是一种企业观念，它是企业在对待和处理一切事务中的习惯、作风、认识和态度。

与“亮剑”精神相关的企业文化，主要是指企业的精神文化。关于企业的精神文化，简单地说可以用三个字来概括，那就是企业的“精、气、神”。

生命基础起源于“精”，生命活力有赖于“气”，生命现象表现为“神”。精充、气足、神盈才是健康的保障，而精亏、气虚、神耗则是衰老的主因；三位一体，不可分离，存则俱存，亡则俱亡。故要维护好人体这“三宝”，必须建立良好的生活方式以增进肌体健康，并通过加强自身修养以提高生理素质、心理素质，从而形成良性循环。

同此道理，一家企业也同一个人一样，它必须有充盈的“精、气、神”，才有旺盛的生命活力。如果这个企业整天无精打采、萎靡不振、面色苍白、两眼浑浊，那多半是精亏、气虚、神耗的表现，或者说是“精气神”严重缺失，恐怕离淘汰出局的悲剧下场不太远了。

（二）

笔者长期从事企业文化研究工作，接触过很多不同类型的企业，其中相当一部分就如上所述的那种精亏、气虚、神耗，无精打采、面色苍白的企业，有的症状还十分严重；可他们没有发现自己身上的这些缺陷，总是从外部找原因：怪这怪那、怨天尤人，说什么“环境恶劣阻力大，人心不古太复杂，市场变幻难适应……”还有的企业领导把“企业家”三个字戏谑为“老鼠钻风箱——两头受气”：交不清利税不好向政府交代，发不出工资不好向员工交代。

乍听起来这些话好像不无道理，现实情况确实也是如此。但细细想来，这些企业家们身上似乎缺少一种东西，那就是本文上述讲到的“精、气、神”三个字。

笔者近日再次观看了一遍电视剧《亮剑》，里面的人物性格再次震撼了我，剧中的英雄形象确实令人仰慕、振奋、鼓舞。从李云龙身上，我们看到了中国军队和中国军人身上的那种冲天盖世的“精气神”，看到了一种排山倒海、所向披靡、摧枯拉朽、气吞山河的大无畏革命精神。这种宝贵的“亮剑”精神，对我们的企业管理者来说恰是一剂最好的良药。毛泽东同志曾经说过，“人是要有一点精神的……；要压倒一切敌人，而决不被敌人所屈服；无论在任何艰难困苦的场合，只要还有一个人，这个人就要继续战斗下去……”邓小平同志也曾说过，“没有革命的精神，就不可能有中国革命的胜利”。江泽民同志也进一步指出“没有精神支柱，就等于没有灵魂”。这些年来，每当我们国家遭受危难的时刻，中华民族的精神不但没有垮掉，反而更加凝聚起来，更加坚强起来，就足以说明这个道理。这是一种源自于民族灵魂深处的强大精神支柱，是我们共和国能一次又一次从容应对各种灾难和挑战的根本动力。在上世纪六十年代，“石油工人一声吼，地球也要抖三抖”，“宁可少活二十年，拼命也要拿下大油田”的“铁人精神”，曾经教育、鼓舞、感召着一代又一代人，为祖国的建设事业披肝沥胆、鞠躬尽瘁、赴汤蹈火、在所不辞，充分体现了一个国家、一个民族、一个单位、一个团体为了实现自己的崇高理想和奋斗目标，所表现出来的势不可挡的拼搏精神；这种拼搏精神无论在什么地方，无论在什么时候，都是一种无价之宝。

（三）

由是观之，我们现在的很多企业，不是缺少设备，不是缺少人才，不是缺少市场，更不是缺少软硬件设施，缺少的恰恰是如上所述的那种“精气神”，缺乏那种“亮剑”精神。不可否认，当今市场经济时代竞争激烈、风云变幻，要每时每刻掌握市场竞争的主动权并非易事，但中国有一句名言：“狭路相逢勇者胜。”这句深含哲理的谚语一直是关于战争和市场竞争的格言。如果把这种精神看作是一种文化，那我们就应该把这种文化看成是战无不胜、所向披靡的锐利武器，同时应深深地追寻这种文化底蕴的起源与基本成分，把这种文化的建立和现代企业精神文化的建立相结合，它对企业如何建立自己的文化体系以及建立什么样的文化体系都有着十分重要的意义。

事实上，任何一家企业都有自己的企业精神，都有自己的精神文化，都有自己的“精气神”，只是在数量、程度上有差别而已。作为一个企业的主要领导人，他的性格和气质往往形成了整个企业的性格和气质，他给这个企业注入了一种精神、一种灵魂。岁月流失、人员更迭，但企业的精神永存、灵魂永在。这种企业家精神的建立与企业文化的建立有着很多相关联的地方；就如一支军队或者企业组织，其首任领导者所具有的精神和气质，直接决定了这个组织在以后发展过程中的方向。即使这个组织的领导人频繁变动，这种精神也永远不会被磨灭，因为它已经形成了一种内在的文化要素，或者叫做文化习惯。即使后来有相异的精神加入进来，也会很快被这种精神所同化、所感染，从而形成新的整合力量。在《亮剑》这部电视剧中，作者将剧中人物个性特征与高尚的人格结合在一起，就是想通过人物性格的定格表现，来凸现整个团队的精神特征。因为，崇高的精神是一种财富，崇高的人格更是一种力量。在企业内部维系一种崇高的企业精神与人格魅力，是事业长盛不衰的不竭动力和力量源泉，而“亮剑”精神正是这种崇高精神与人格魅力的完美结合。剧中主人翁的精神性格在他的团队精神上得到了极大的发挥，使得“亮剑精神”最终成为这支部队的战斗精神，进而成为一种军人的职业精神。同样，企业精神文化的建立也需要这样的性格彰显。作为企业的管理者、决策者和执行者，他们身上不能缺少这样的性格；用现代流行的说法叫“领导魅力”。这种“领导魅力”直接影响着领导层、执行层和基层的全体员工。经过一段时间的磨合后，慢慢地就会在企业内部形成一种默契，大家做到彼此心照不宣，不需要命令而自觉地行动，或者叫做惯性行为，这才叫真正的企业文化。

（作者单位：湖北省企业文化促进会，本文摘自《中国企业文化研究》2008 年 4 期）

系统掌控 整体推进

——自动控制理论在企业文化工作中的应用

郝玉林

企业文化工作是一个庞杂的系统工程,如果能从控制论的角度高屋建瓴去认识和把握,则可以得到全面把握,系统推进,事半功倍的效果。

控制理论的概念

控制理论指研究生物(包括人类)和机器中的操纵、控制的信息传递的一般规律的基础理论。

按照控制理论,控制系统分为开环控制和闭环控制。

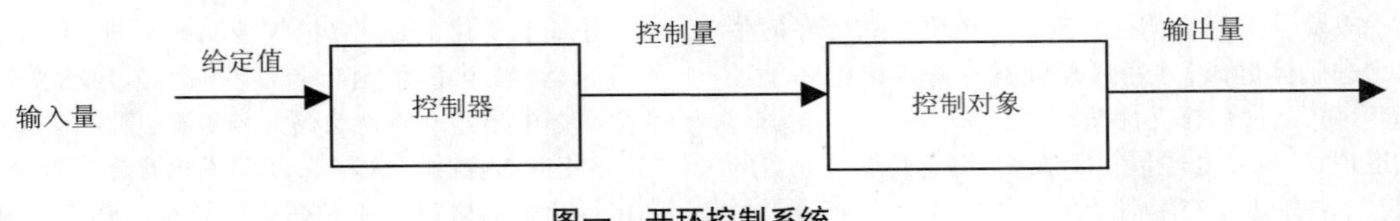

图一 开环控制系统

开环控制系统是一种最简单的控制方式,在控制器和控制对象之间只有正向控制作用,对于每一个输入量,就有一个与之相对应的工作状态和输出量,系统的输出量不会对控制器产生任何影响。系统中的精度仅取决于控制器和执行机构的精度。开环系统一般适用于干扰不强或可预测的控制精度要求不高的场合。

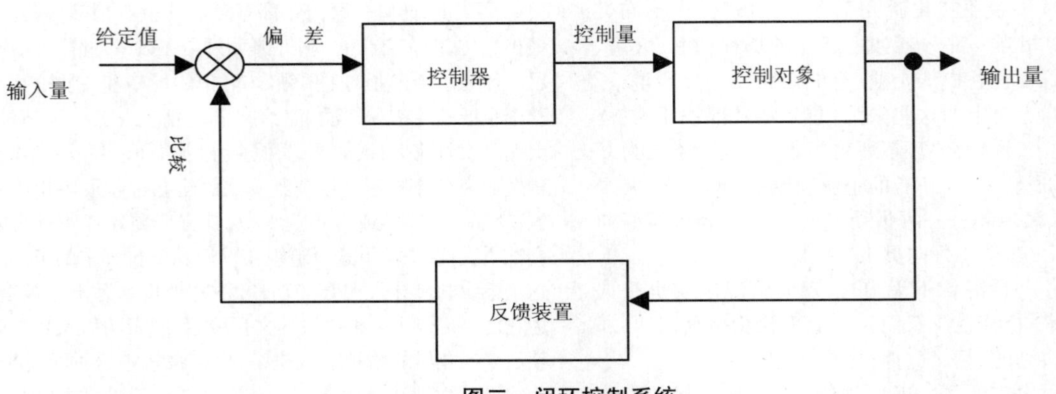

图二 闭环控制系统

闭环控制系统是指如果在控制器和被控制对象之间,不仅存在正向作用,而且存在着反向作用,即让系统的输出量对控制量产生直接的影响,那么这类控制称为闭环控制。将检测出来的输出量送回到系统的输入端,并于输入信号比较,称为反馈。因此闭环控制又称为反馈控制。与开环系统相比,闭环系统最大的优点是能检测偏差,并通过反馈通道来纠正偏差,使系统控制精度得到提高,并消除了系统各个环节中可能存在的扰动和内部结构、参数变化引起的不稳定。同时,由于反馈环节的存在,使系统随时能检测到输出量的差异,极大的改善了系统的动态性能。

控制系统中的"控制"与企业管理中的"管理"在本质上是一致的。如全面质量管理的PDCA(计划、运作、检查、修正)循环一样,就是一个典型的闭环反馈控制系统。这为将控制理论引入到企业文化工作中提供了依据。

企业文化工作的控制模型

企业文化工作由企业文化建设、企业文化管理、企业文化测评三个大的环节构成。而企业文化测评就类似控制系统中的反馈,通过测评反馈到决策层,对企业文化建设和管理进行修正和调整。受此启发,我们就可以构建企业文化的控制模型如下:

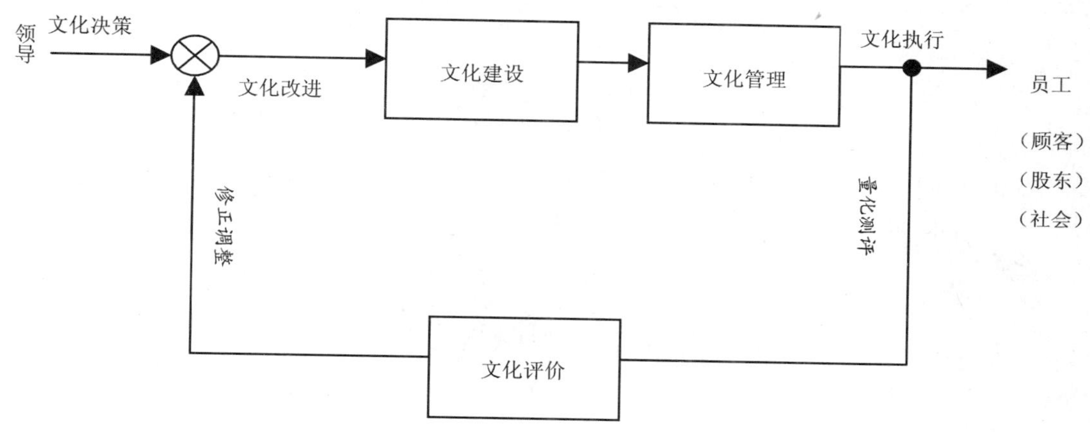

图三　企业文化工作的控制系统模型

从模型推断出五个结论

（一）由模型可知，该系统的输入量就是领导，系统的给定值就是领导的文化决策，也就是说进行企业文化建设是企业领导者在文化自觉的基础上，进行的文化决策，决策者是企业领导。文化决策是构建企业文化模型的前提的条件，没有系统的输入量和给定值，整个系统就不可能存在。

（二）从模型可见，企业文化的执行主要体现在员工身上，没有员工的认同，企业文化建设和管理就没有驱动力和执行力，就是一纸空文和一堆空话。

从模型也可以看出，企业文化建设、管理的主体是员工，作用的对象也是员工，因此员工在企业文化系统中既是管理的主体，又是管理的客体，这是企业文化管理工作与其他管理的一个根本不同。

（三）从模型可以清楚看出，没有企业文化测评，企业文化工作就是一个开环系统，尽管领导决策的很好，文化建设与管理做的也不错，但是，文化作用的效果如何，员工执行的效果如何，却无从知晓，无法检验。从控制理论的角度，这样的系统无法保证正确性和精度。从管理的角度看，这样的系统无法检验正确与否和偏差。只有形成闭环，才能不断的根据变化的数据进行反馈、修正和调整，保证企业文化工作的动态性和适应性。

（四）从模型可以看出，企业文化工作是一个闭环系统，应该是一个具有反馈的控制系统，但是如果搞不好，修正调整过头或者方向相反，系统就是一个正反馈系统，不但达不到文化决策的预期目的，而且会背道而驰，适得其反，在企业和员工产生强大的离心力和张力，严重影响企业的发展。从这个意义上讲，企业文化工作是一柄双刃剑，必须引起高度的重视。这一方面要求企业领导的文化决策必须符合企业的情况，即要求给定值是正确的。如果给定值错了，文化决策失误，系统永远调整不回来。其次，文化建设、文化管理必须得到员工的认同和执行，否则系统的反馈量永远是错的，系统永远达不到稳定。再次，必须保证文化评价的正确性，否则修正调整就是错误的，系统就会激烈震荡，无法达到预期。

（五）从系统模型可以看出，企业文化工作不仅是一个庞杂的系统工程，要循环往复不断调整，而且是一个复杂的动态过程，因此企业文化的建设与管理不可能一蹴而就，是一个长期的工作，也需要不断的积累的过程，实际上是伴随着整个企业经营与管理的全过程。

用控制模型指导和推进企业文化工作

（一）要从控制论的高度来认识企业文化工作

从模型中我们也可以看出，企业文化建设与企业文化管理确实不是一回事。这个管理，一方面要实施对企业文化体系的管理，另一个重要的方面就是要用企业文化的理念作为规范职工等文化体系实施管理，为了保证企业文化建设与管理的正确性，企业文化评价的工作必不可少。由此，三大环节的工作就勾勒出企业文化工作的全貌，也构成企业文化工作的闭环系统。明确各个环节工作的意义和异同，便于从系统工程的高度来全面推进企业文化工作。

（二）要从控制论的高度来推进企业文化工作

构建企业文化控制系统模型的重要意义还在于它能帮助我们全面、清晰的认识企业文化工作的主要内容和相互之间的关联，也很方便的帮助我们构建了企业文化工作的基本流程（C－DIEA）模型。

从 C－DIEA 流程模型我们可以看出企业文化工作各个环节的因果关系，要进行企业文化建设的前提是要进行正确的文化决策，企业文化管理的目的是要进行文化执行，为了保证文化执行的正确，文化评估和文化改进对企业文化工作至关重要，必须有清醒的认识，必须站在系统工程的高度切实加以推进。

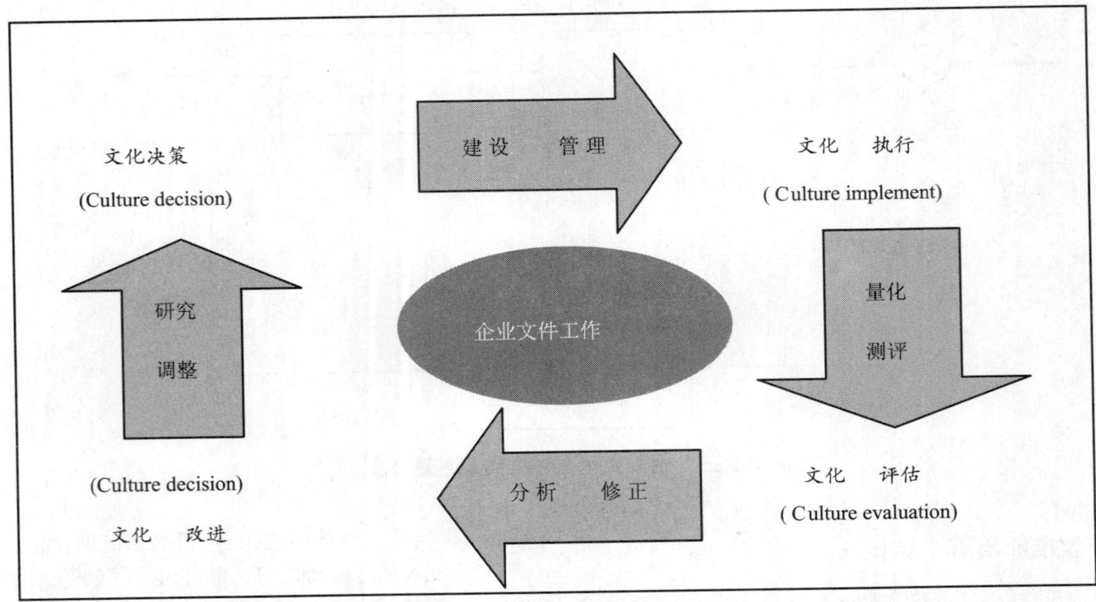

图三 企业文化工作的控制系统模型

四大流程是关键

从 C－DIEA 流程可以看出,企业文化工作的核心流程是文化决策、文化执行、文化评估和文化改进,这四大流程是企业文化工作成败的关键。

1. 正确的文化决策是前提

正确的文化决策是企业文化工作的给定值,是“生命线”。而文化自觉又是企业文化决策的前提,正确的文化决策首先在领导者的文化自觉基础上进行,没有领导者的文化自觉,就没有正确的文化决策,企业文化工作就无法开展。领导者的文化自觉首先取决于领导者敏感的文化洞察和体验意识。文化自觉的领导者应该善于从经营管理行为中发现文化特征,善于从员工的生产、营销等行为中分析文化原因,从而把握影响企业发展的根本因素。文化自觉的领导还要善于进行文化审视,及时发现文化的病态萌芽,并迅速“诊治”,修正偏差,进行文化改进;领导者的文化自觉取决于领导者高超的文化能力。

领导者的文化自觉取决于沉稳的文化定力,包括领导者从业的抱负和信仰,坚忍不拔、执着如一的文化追求,清晰理智的文化思想,总揽全局、主线鲜明、不为任何外力所动的文化战略。

领导者的文化自觉取决于科学的文化理论。

领导者的文化自觉还取决于领导者能否掌握客观恰当的路径与方法。尤其是对企业文化的控制模型和控制流程谙熟于心。并善于进行文化审视,及时发现文化的病态萌芽,并能根据 C－DIEA 模型迅速“诊治”,不断修正偏差、不断改进、不断重塑、不断调整企业文化的建设方向,不断创新企业文化管理的方式方法,从而保证企业文化工作始终在闭环的负反馈控制系统中良性循环。

2. 有力的文化执行是关键

在图三的控制模型中,系统的输出对象主要是员工,即企业文化执行的着力点在员工。

员工的广泛参与和积极认同是文化执行的关键点。在企业文化建设中,必须以问卷调查和座谈会等形式让全体员工都参与,从图三的控制模型也可以看出,要不断收集,反馈员工对企业文化执行的反映,发现损害员工利益的文化因素和文化执行的误差,要及时进行调整,从根本上保证文化执行的良性循环。

从图四的控制流程可以看出,企业文化系统是一个典型的管理系统,企业文化工作的最终目标就是要融入到管理中,逐步迈入到文化管理这样一个管理的最高阶段。要实施意志化工程、物化工程、形象化等工程,努力达到员工认同范围深、员工认同程度深,实践演绎能力强,创新水平高,千方百计把企业文化物化在有形的体制、机制、制度中,融入到管理的方方面面。努力使企业文化内化于心,固化于制,外化于形。另外,还可以开展个人、班组、车间(部门)等级别的文化执行“承诺”,从而达到上下呼应,上下互动,上下监督的工作格局,使企业文化找到较好的融入到管理中的渠道和方式。

品绩考核是文化执行的保证。现在有一种全新的绩效考核方式——品绩考核已经出现,它将企业经营中文化的力量即品格的作用量化,进而同绩效一同考评,客观全面反映了企业“硬因素”和“软因素”共同作用的结果,这是今后企业文化考评努力的一个方向。

3. 准确的文化评价是保证。

正如在控制系统中测量环节的重要作用一样,企业文化评价的前提是对企业文化进行精确的量化,要用到一些专业的数学分析工具和量表,通过定型和定量相结合的方法，给出企业文化测评的结果。企业文化测评是一件专业化要求非常高的工作，近年来，企业文化量化的概念已被大多数人接受，一些专业公司已在这个领域取得了较好的业绩。为了保证测量的"精度"，借助专业工具和专业公司是文化评价的趋势。

4. 及时的文化改进是必须。

根据控制论的观点，修正调整大概分三种情况：一种是评价的结果和原来的预期（给定值）基本吻合，说明文化决策、文化建设、文化管理的综合作用——文化执行都没大问题，只要进行微调就可以稳定运行。第二种情况，评价的结果没有达到预期的目标，差距较大。这就要加大企业文化建设、文化管理及文化执行的力度，使它迅速达到预定值（这就如同在控制系统中调整系统的放大倍数一样）。第三种情况是评价的结果和原来的预期完全相反，这就说明企业文化这个系统出了问题，就要及时查验文化决策、文化建设、文化管理、文化执行、文化评价哪个环节出了问题，要有针对性地排除"故障"，解决问题，使系统尽快恢复正常工作。

在控制系统中，为了保证系统的品质因素更能适应多变的环境，还要加入一些改善品质的超前或滞后的调整，如PID调节。那么在企业文化这个系统中，文化的改进也往往要求有前瞻性、创新性，目的其实都是为了系统的稳定、快速运行。

综上所述，企业文化工作的各个环节，各个流程相互联系，相互推动，是一个典型的控制系统。用控制论的观点来看企业文化工作，就得出一个整体的、系统的概念，用控制论的观点来指导和推进企业文化工作将会收到意想不到的效果。

（作者系核工业理化工程研究院党委工作部部长、文管办公室主任）

企业履行社会责任应注意把握的几个关系

张克宗

当前，企业履行社会责任已成为国际潮流和全社会关注的热点。在全面落实科学发展观、构建社会主义和谐社会新的历史时期，企业必须大力推进社会责任建设，切实承担起社会责任。这既是企业的重要使命，也是企业贯彻落实科学发展观的实际行动，是实现可持续发展的必然选择，是参与国际经济交流合作的客观需要，对于促进企业创新发展理念、转变发展方式、激发创造活力、提升品牌形象、实现又好又快发展、加快建设具有国际竞争力的大企业集团都具有十分重要的意义。

多年来，华能集团公司坚持走可持续发展道路，自觉把履行社会责任、推进可持续发展的要求全面融入公司发展战略和企业文化，提出了"三色公司"的企业使命，致力于把华能建设成为为中国特色社会主义服务的"红色"公司；注重科技、保护环境的"绿色"公司；坚持与时俱进、学习创新、面向世界的"蓝色"公司，把忠实履行企业的经济责任、环境责任和社会责任的有机统一作为价值追求，促进了公司又好又快发展。实践使我们感到，企业履行社会责任应注意正确认识和把握好几个关系：

正确认识和把握企业经营与承担社会义务的关系

保持良好的经营状况和持续赢利能力，是企业最基本的经济责任，同时也是企业全面履行社会责任的物质基础和前提。在社会主义市场经济条件下，企业追求经济效益，既是最基本的职责，是企业发展的活力和动力所在，也是实现企业使命的基本手段和主要方式，是企业承担社会责任的能力所在。因此，企业必须正确认识和把握企业经营与承担社会义务的关系问题，首先要毫不动摇、坚持不懈地搞好经济发展，承担起经济责任，也就是发展和赢利的责任，以发展为第一要务，充分利用市场经济独立主体的地位，开拓创新，加强管理，科学降低成本，不断挖掘潜力，提高全员劳动生产率，不断扩大企业规模、提高发展质量、提升赢利能力，为投资者带来长期良好的回报，为国家强大、经济繁荣和子孙后代的幸福作出积极的贡献。作为发电企业，就是要确保安全稳定发电，为社会提供充足、可靠、环保、价格合理的电能，确保国家能源安全，在发展中取得良好的经济效益，确保国有资产保值增值，努力为社会创造更多财富。

同时，也必须看到，企业发展是在经济全球化背景下进行的。在经济快速发展的同时，能源资源相对匮乏和环境承载能力较弱之间的矛盾不断加剧，并逐渐演变成制约经济社会持续发展的主要因素。履行社会责任、转变发展方式、提高发展质量、增强可持续发展能力，已经成为企业推进发展和提高核心竞争力的重要途径和必然选择。企业在发展中，必须统筹考虑利益相关方、环境、资源等各个要素，必须顾及到经济社会的全面进步，顾及到人与自然的和谐，顾及到子孙后代的利益，不能受单纯经济利益的驱使，进行掠夺式开发、破坏式发展。因此，企业必须把履行社会责任的要求全面融入发展战略，统筹考虑企业经营，在实现赢利目标的同时，积极关注人的价值，注重环境保护和资源节约，坚持走可持续发展道路，这才是最实际有效的履行社会责任。否则，就不能算是一个负责任的企业。

正确认识和把握社会期望与企业能力的关系

企业既是社会的经济细胞，也是社会大家庭的一员。随着经济发展、社会进步和企业规模的不断扩大，企业与社会的相互影响日益深入，企业在经济社会发展中发挥着越来越重要的作用，现代社会对企业担负更多的社会责任有着广泛的期望和要求，这种要求是所有企业都无法回避的，并且将伴随着经济全球化发展会不断提高。对于企业而言，唯一的选择就是要积极主动地履行社会责任，充分发挥企业的资金优势、技术优势、管理优势和人才优势,努力承担社会责任,树立良好的企业形象、赢得社会的信任和支持,从而拓展发展空间。

但是企业也必须清楚地认识到,企业履行社会责任,离不开一定历史和社会环境。尽管社会对企业的期望越来越高,企业满足利益相关方期望和需求的能力,在一定的时点上也是有限度的。作为企业必须正确认识和把握社会期望与实际能力的关系,坚持履行社会责任与企业实际相适应,实事求是地确定履行社会责任的重点、形式、途径和方法,要防止和避免不切实际的行为。特别是要注意不能走向另外一个极端:过分地追求社会声誉,甚至好大喜功,承担与企业产业发展方向不一致、承载能力不协调的过多的社会责任。总之一句话,企业承担社会责任要做到尽力而为、量力而行,兼顾企业经济效益和社会效益,扎扎实实地履行社会责任,力求取得实实在在的成效。

正确认识和把握遵章守法与高尚道德实践的关系

在现代市场经济体制下,企业既是最主要的经济资源配置主体和推动社会经济发展的最直接力量,又是众多社会主体利益的交汇点,企业的行为方式对社会影响越来越大,其影响力广泛地深入到环境、科技、教育、文化等各个领域,直接关系到社会的稳定与和谐。

当今企业在建设和谐社会中的特殊地位,要求企业必须履行最基本的法律责任,严格遵守国家法律法规和有关方针政策,接受政府指导和监督,依法经营和管理企业。在企业内部,要建立和谐的劳动关系,向投资者负责,向员工负责,形成和谐氛围;在企业外部,要对社会负责,依法纳税,节约资源,保护环境,维护消费者权益,为社会积累财富,形成诚信、守法、公正的企业形象。遵章守法是企业社会责任最基本的底线,但不是最高境界。

企业是物质财富的创造者,也是社会精神财富和道德财富的创造者。因此,一个具有优良财富品质的企业,就不能仅仅履行必尽之责,它还应该承担更多的社会义务,自觉追求高尚的伦理道德。在经营活动中,讲操守,重品行,公平交易,正当竞争,规范商业行为,维护市场秩序;在社会活动中,存善心,行善举,扶危济困,关注民生,善待社会,热心参与社会公益事业。通过不断对高尚道德的追求和实践,通过对高尚伦理的经营环境的贡献,从而促进整个社会道德水平的提高,把企业打造成为社会道德财富形象大使,富有责任感、勇敢承担社会道义的精英,从而保持企业发展的有效活力和持久力。

正确认识和把握立足国情与国际接轨的关系

企业承担社会责任是和经济发展紧密联系的,提倡企业承担社会责任,应立足国情、突出重点、稳步推进。近年来,逐渐成为国际潮流的社会责任运动,是在西方经济发达国家率先发起的。当前,联合国"全球契约"、世界可持续工商理事会和国际标准化组织等非政府组织,都在研究社会责任问题,已经研究制定了一些国际标准。应该说,这些国际企业社会责任标准,它的基本面是积极的,是与保护劳动者权益、构建和谐社会的要求有一致之处,我们可以学习借鉴其中的积极进步的东西,这有助于中国企业的发展壮大。关于企业社会责任理论的研究,在国际和国内还都处于不成熟阶段。对于国外标准的学习借鉴,一定要以我国的经济和社会发展状况为基础。

但问题是,和国际企业社会责任相伴随的,一些发达国家以此作为"壁垒",保护自己的经济利益,过高的标准有可能成为其他国家对我国出口商品采取保护主义的某些说辞,尤其是西方某些人企图利用倡导企业社会责任传播所谓的民主价值观和人权观。为此,我们既要有所警惕,又要积极探索符合我们国情的企业社会责任"标准"。同时特别重要的是我们的企业要积极参与到国际企业社会责任规则和标准的制定之中去,共同推动企业社会责任的健康发展。

企业的社会责任是社会在经济发展的特定阶段,根据当时社会的道德准则,对企业的期望和要求,它是随着人民对生活质量的更高追求不断变化的。对于我国的企业和企业家而言,企业的社会责任问题显然是一个现实的新问题,必须要有全面的辨证的理解,准确把握社会责任的内涵和主要内容,既要与国际社会接轨,适应经济全球化发展的新形势、新要求,又要立足实际,做到合乎国情,适度超前,理念引导,依法规范,促进企业全面协调可持续发展。

(作者系中国华能集团公司政工部副主任,本文摘自《企业文明》2008 年 11 期)

节能减排目标下中国企业的社会责任

张　炜　樊　瑛

节能减排是中国经济发展过程中应对资源紧缺和环境承载压力的必然选择,也是中国调整经济结构、实现经济发展方式转变的一个重要突破口。在节能减排目标下,保护环境、节约资源、积极承担相应的社会责任,促进经济与环境的协调和谐发展,中国企业责无旁贷。

节能减排是建设资源节约型、环境友好型社会的必然要求

中国目前的高经济增长的动力在很大程度上归功于生产要素的大量投入与生产规模的外延式扩大,与国际水平相比,高投入、高消耗、高成本、低产量、低质量、低效益的"三高三低"的增长模式还没有实现根本性的转变。一方面阻滞了技术提升的速度。在以数量为主的粗放增长模式下,资源、能源被大量消耗,中国对外部资源、能源的依赖程度正在逐渐加深。另一方面从经济效益的有关指标来看,

中国的物耗、能耗都远远高于发达国家甚至还高于一些发展中国家，而劳动生产率却大大低于发达国家，外贸发展面临着资源约束增强，环境污染加剧的现实压力。近几年，中国外贸的快速增长加剧了资源与环境的矛盾，使中国原本就较为严重的资源、环境约束形势变得更为严峻。

与此同时，环境污染密集型产业在中国出口贸易中排位名列前茅，高能耗、高污染等环境敏感型行业的初级制成品在出口贸易中占有相当的比重，高能耗产品的大量出口，使得国内的资源供给脱节，自给率不断降低，更加突出了对外部资源供给的依赖。转变对外贸易特别是出口贸易增长方式，不光要重视增长数量，更要追求改善质量、提高效益、节约能源、优化对外贸易结构和改善贸易条件，提高对外贸易的技术溢出和产业带动效应。对外贸易要以保护生态环境为基础，与资源和环境的承载能力相协调。因此，强调发展对外贸易的同时必须以保护环境，包括控制环境污染、改善环境质量、保持生态平衡为前提，使中国从贸易大国向贸易强国转变。

高物耗、高能耗、高污染的粗放型经济发展模式，使得中国经济、资源与环境三者之间的矛盾进一步加剧。中国"十一五"节能减排的目标是节能20%，污染减排10%。具体来说，节能目标体现为到2010年每万元GDP能耗比2005年降低20%左右，也就是从2005年的1.22吨标准煤下降到0.98吨左右标准煤；减排的目标是主要污染物排放总量减少10%，其中二氧化硫由2549万吨减少到2295万吨，化学需氧量（COD）由1414万吨减少到1273万吨。节能减排目标是约束性指标，突出体现了建设资源节约型、环境友好型社会和实现可持续发展的要求。以节能减排为起点的资源节约型和环境友好型社会的构建，对中国企业提出了新的社会责任要求。

节能减排是中国企业提升国际竞争力的必由之路

世界各国出于保护生态环境和人类健康的目的，同时也出于保护其国内相关产业的需要，通过制定严格的强制性技术规范或以立法的形式，对国外商品进行准入限制。世界各国尤其是发达国家对环境保护和节约能源的一系列法规、技术标准的出台，在客观上形成了国际贸易中的"绿色壁垒"。由于中国过去对环境质量和污染控制等节能减排的标准设置较低，造成中国企业在改进产品质量、提高环保标准方面激励不足，中国出口企业生态环境意识淡薄，出口产品的环保节能标准同国际标准有差异，使得中国出口产品在国际市场面临越来越多的绿色壁垒，并降低了中国产品的国际竞争力。

环境要求不断抬高国际市场准入门槛。欧盟已经成为我国的最大贸易伙伴，然而，欧盟的环境贸易壁垒也已经成为限制产品进口的一个重大障碍。2003年2月欧盟颁布了WEEE指令即《废弃电子电气设备指令》和ROHS指令即《关于在电子电气设备中限制使用某些有害物质指令》。WEEE指令规定，自2006年1月1日起，欧盟市场上流通的电子电气设备的生产商（包括其进口商和经销商），必须在法律意义上按其产品所占市场份额的比例，承担支付自己报废产品回收费用的责任，并对今后投放欧盟市场的电子电气产品加贴回收标识。ROHS指令则要求2006年7月1日以后，投放欧盟市场的电子电气设备中的铅、汞、镉、六价铬、聚溴联苯和聚溴联苯醚等6种有害物质含量不得超过规定限值，该指令涵盖的产品包括大、小型家电、IT及通讯仪器、照明器具等10大类近20万种。因该两项指令设置的目的在于保护环境和人类健康，以及促进资源的回收利用，故又被称为"双绿"指令。环保双绿指令不仅对电气电子设备生产者本身提出了极高的环保要求，而且其上游产品也直接受到制约。2007年8月正式实施的EUP指令即《用能产品生态设计指令》是欧盟继电气电子设备环保双指令后设置的又一新的技术壁垒，对电气电子的产品设计、原材料采购一直到回收利用整个产品生命周期提出了严格的环保要求。

资源环境因素在国际贸易中的作用日益突显出来。环境标准与法规直接关系到中国企业在国际贸易中的市场准入和出口产品的竞争力，中国企业将面临更加激烈的国际市场竞争。只有提高产品的生态标准，才能提高产品的出口竞争力。只有采用符合国际贸易中资源和环境保护要求的技术，包括节能产品认证、能源效率标识制度、包装物强制回收利用制度等来降低产品成本、提高经济效益，使企业的竞争规则与国际标准接轨，中国产品出口的能力才能得到增强，中国企业才能取得进入国际市场的"绿色通行证"。因此，节能减排也是中国企业提升国际竞争力的现实需要。

节能减排目标下中国企业的社会责任

在市场经济条件下，企业作为市场行为主体，其生产行为目的是追求经济利益的最大化，而不是考虑生产行为对环境产生的影响。在政府未对外部不经济行为进行有效监管的情况下，企业为降低成本，在追求自身利益最大化的过程中，存在着对公共资源滥用的倾向，并且与政府整体上追求国家经济发展与生态环境相协调的社会效益最大化行为相冲突。当企业利益与社会公共利益相矛盾时，企业往往会为了实现自身利益最大化而牺牲社会公共利益。寻求经济增长与生态环境的和谐统一，实现新型的有效的经济增长，是中国实现可持续发展的必要条件，也是衡量社会进步和民族文明程度的一个重要标志。贯彻科学发展观，努力实现经济效益与社会效益的共赢，应成为中国企业的共识，并切实把节能减排和环境保护从政府的强制约束要求转化为自律自省基础上的自觉行动。

保护环境是企业应当承担起的一项重要社会责任。企业的环境责任包括环境道德责任和环境法律责任两方面。环境法律责任可以具体化为环境行政责任、环境民事责任和环境刑事责任。环境道德责任则主要体现为：不滥用不可再生资源，充分利用非消费性物品并尽量回收再利用；视生态系统为有效率的经济系统而加以尊重；对环境具有感知敏感性;全力投入、主动地、负责地去解决环境问题等。企业的环境道德责任与环境法律责任建立在相同的环境价值观的基础上,直接体现企业的环境意识状况,并对社会环境意识的形成与发展产生影响。由于环境问题的外部性特征,除以环境保护为目标的少数组织把环境问题的解决作为组织追求的特定目标以外,大多数企业由于缺少环境的维度而对环境问题表现出一种漠视的态度,常常导致环境意识和社会责任的缺失。

环境意识是节能减排的思想先导。与"民间推动"的美国模式截然不同,在中国,经济发展是提高环境意识的根本背景,教育和大众传媒是政府推动环境意识提高的主要载体,相关制度和法规是政府推动环境意识的主要形式,这种自上而下的模式在客观上造成了中国企业的环境意识存在着明显的政府依赖型特征。中国负面的环境问题和资源问题与企业环境意识及环境责任的缺失具有密切联系。因此,要想使中国企业担负起环境保护的社会责任,就必须使企业掌握基本的环境知识、树立基本的环境价值观念、具有参与环境保护的态度,进而才能自觉采取环境保护的行为。

中国企业实现节能减排目标的具体举措

(一)科学生产

企业应树立新的生产观,将节能减排的环境理念贯穿到整个生产过程,在经济发展过程中充分考虑自然生态系统的承载能力,尽可能循环使用资源,提高自然资源的利用效率,以最小的资源消耗取得最大的经济效益和生态效益。充分利用资源和能源,促进产业结构的合理调整和优化布局,最大限度地减少污染物的产生和排放,降低经济发展和保护环境的社会成本和经济成本,实现向低消耗、低污染、高利用率和高循环率的经济发展模式转变,实现经济活动的生态化。

(二)技术创新

企业应以提高资源利用效率和效益为目标,以技术创新为动力,以节能减排目标的实现为契机,不断增强自主创新能力,加快推进技术进步,实现技术节能。坚持资源节约优先,着力提高资源开发利用效率和产品附加值,以高效率、低能耗、低成本、零排放为目标,加快生产技术与工艺改造。鼓励技术创新,提高研发能力,推进先进适用技术的应用。要尽快建立以节能减排为中心的资源节约型工业生产体系,尽快淘汰高能耗、高物耗、高污染的落后生产工艺,建立集约型的经济发展方式。积极开展节能减排国际交流合作,积极引进国外的先进技术和成熟经验,不断拓宽节能环保国际合作的领域。

(三)细化管理

企业应建立相应的节能减排指标体系和检测体系,对节能减排指标完成情况要进行督促检查,建立健全节能减排工作的责任制,特别是问责制。应建立完整的企业能源计量档案,建立定期的能耗分析制度,监控企业的能源消耗,据此优化生产的运行调度和工艺设备的节能改造;对企业的能源利用状况进行统计分析,包括企业基本情况调查,生产与管理现场调查,数据搜集与审核汇总,典型系统与设备的运行状况调查,能源与物料的盘存查账等。在开展能耗分析时,将企业能源利用的全过程分为购入贮存、加工转换、输送分配、最终使用等四个环节,按照准确、统一、完整、独立、可操作、简化等原则将节能降耗管理量化、分解。

(四)巧用政策

从企业的角度来说,如果节能减排技术开发能够为企业赢得更大的市场空间和较高的经济效益,那么企业的积极性和主动性就会被充分调动起来。这就需要政府发挥"有形之手"的功能,通过明确的政策导向,为企业从事节能减排技术开发创造必要的市场空间。对于政府针对节能减排目标所采取的价格、税收、财政和信贷等激励政策与约束政策,企业应巧妙应用,积极争取财政补贴、信贷优惠以及奖励基金,减轻企业负担,降低节能减排成本,为发展循环经济创造良好的经济条件。

(五)加强服务

环境服务是环境产业中重要的分支,不仅要促进环保产品技术水平的提升,为环保产品创造需求市场,还要为扭转环境治理只有投入没有产出的状况、为社会资本进入环保领域创造条件。各级政府对于排放集中、污染严重的产业集聚区,要探索集中治理模式,促进公共环境和资源综合利用设施建设。企业应加强对专业化环境服务的利用,积极配合政府环境治理的举措,同时加强自身节能减排队伍的建设,建立节能减排技术成果转化平台,构筑起以企业为主体、产学研相结合的节能减排技术服务体系。

(六)创造机遇

企业应善于创造和把握新产业的发展机遇和新的市场准入机会。面对发达国家日益抬高的环境要求造成的市场准入门槛,如何趋利避害,成为一个新的课题。日益严格的环保标准,对中国出口贸易提出了严峻挑战,但是也创造了新的市场机遇。除在生产领域注意满足环保要求外,企业还可以实施绿色营销策略,积极搜集国外环保信息、开发环保产品、设计环保包装、开展绿色促销,用以提高中国产品在国际市场上的竞争力。

总之,中国企业应以科学发展、自主创新为主线,以节能减排为重点,以转变经济发展方式为方向,加快创建资源节约型和环境友好型企业,在节能减排、环境保护、履行社会责任等方面进一步树立良好的国际声誉。

(本文摘自《中外企业文化》2008 年 2 期)

重温"民生精神"

黄 伟 车 琳

民生公司——中国著名实业家卢作孚创办的民族资本航运企业。20 世纪 20 ~ 40 年代,民生公司以惊人的发展速度创造了中国民族企业发展的奇迹，这种奇迹很大程度上得益于民生公司深入人心的“民生精神”。

20世纪20年代，中国川江航运市场被英、美、日几家轮船公司垄断。而民生公司一无资金优势，二无外国资本或官僚背景，却从1925年创办时的一条小货轮起家，仅十年时间就发展成为川江航运的主力军，同时广泛向钢铁、冶炼、机器、造船、煤炭、纺织、食品、建筑、保险等70多个企业投资。到1949年，民生公司已成为拥有各种江海船舶148艘、员工9000人、航线从长江延伸至东南亚各国和日本，成为当时中国最大和最有影响力的民营航运企业集团。尤其令人难以忘记的是，抗战期间，民生公司转移运送人员150余万人、物资100万吨，而自身损失了16艘船，牺牲了100余名员工，为抗战做出了巨大贡献。因此，毛泽东称卢作孚是“不能忘记的中国实业家”。

解析“民生精神”

虽然民生公司当时并没有像我们现在这样进行企业文化建设，但是从它的发展历程中，我们却可以看到一个具有鲜明特色的企业文化框架体系。这一体系涵盖了企业发展目标、经营理念、管理制度和精神文化等要素。

卢作孚以民生公司为中心，进行的是一次建立现代集团生活和社会改革的试验，他的目标是以民生公司为基础，发展民族航运业和民族工业，尽快帮助国家现代化起来。他提出公司要服务社会、便利人民、开发产业、富强国家，这种把企业、国家、民族利益结合在一起的理念，在旧中国无疑是耀眼的。卢作孚学习现代管理手段，要求严格制度、科学管理，同时强调人的作用。1934年卢作孚出版了《中国的建设与人的训练》，对人的培养、管理、训练、使用等作了许多精辟论述。他认为，在解决一切问题之前要解决人的问题，训练人如何去解决问题，只要人成功了，事业就会成功。因此，他完全摒弃了旧企业中“任人唯亲”那一套，坚持“大才过找，小才过考”的录用原则，对有专长的高级人才采取登门拜访的方法聘请到公司工作，对一般人员则通过考试的方法录用。公司建立了职工教育联合会，从员工中选拔出有所专长的作为教师，定期对员工进行培训。卢作孚重视工作的计划性，他提出事先必须有计划，中间必须有检查，事后必须有总结。

卢作孚并不单纯追求企业的利益，他提出要“以满足人民需求为目标”，“看一个人的成功是看他报效了社会多少，看一个事业的成功是看这个事业帮助了社会多少”。他要求企业必须具有爱国精神、集体精神，要求员工为社会、国家、民族艰苦创业、拼搏献身。

民生精神的形成也不是一蹴而就的，同样经过了物质层、行为层、制度层三个层面潜移默化的熏陶。在公司员工的床单上，印有卢作孚亲拟的“作息均有人群至乐，梦寐毋忘国家大难”。员工统一制服着装，树立朴素、团结的风气。公司开办了业务学习班和职工家属工业社，创办了内刊《新世界》，成立了京剧队、川剧队、话剧队和篮球队、足球队、网球队，并经常举办工作竞赛、参观旅游等员工集体活动。公司严格执行奖功惩过的考核制度，并不断吸取员工的合理化建议。在制度管理的同时，卢作孚还要求员工继承“天下兴亡，匹夫有责”、“先天下之忧而忧，后天下之乐而乐”等优秀的传统伦理道德，逐渐培育起了“成人达己，家国同构”的“民生精神”。

“成人达己”——在成就他人、奉献社会的过程中壮大自身，通过促成他人和社会的发展带动自身的提升。这是卢作孚对民生所要承担的社会责任的一种诠释。它告诉所有人，民生一方面要赚钱、扩大实力，另一方面要承担起对员工、对社会的责任。卢作孚说：“我们做生产事业的目的，不是纯为赚钱，更不是分赃式的把赚的钱完全分掉，乃是要将它运用到社会上去，扩大帮助社会的范围。”

“家国同构”——将爱国主义与企业发展结合起来，是卢作孚“实业救国”思想的体现。民生公司将个人、家庭、企业和国家的利益紧密结合，既培养员工成为富有道德心、互相关爱、热爱国家的人，又积极构建家一样的企业，从而促进构建家一样的社会，最终实现“家国同构”。卢作孚对民生公司提出两点要求，第一要使落后的国家向前，而且跑上世界最前线；第二要以现代技术与管理去办好现代事业，并去影响社会。他希望建立起像西方那样超越家庭、超越亲戚邻里朋友关系的“工商时代的集团生活组织”，这种集团生活不是以依赖家庭、亲朋关系为核心，而是以依赖社会、国家为核心。新的集团生活中的道德标准也不是过去只为家庭、亲朋小集团利益而不顾社会和国家利益，而是一心为社会、为国家谋福利，甚至不惜牺牲生命。

在“成人达己，家国同构”核心思想指导下，民生公司的企业行为体现在个体、企业及社会这三个层面上。

个体层面——“以利言利、以心治心、尽人之性”。民生公司规定，“凡年满60岁以上者，体力衰弱不能再任一切职务者，给予终身养老金”。公司为员工建设住宅、医院和子女学校，提出“个人都去解决集团的问题，个人的问题都让集团去解决”，让员工与企业形成相互依赖关系，让员工各项需求都能在企业中得到实现，这是“以利言利”。在此基础上，公司满足员工被尊重的需要，努力营造家的环境，让员工在企业找到家的认同感和归属感，满足员工精神需求，这是“以心治心”。更进一步，公司还将每个员工都当作一个真正独立的“人”，鼓励员工学习，注重员工创造性的发挥，奖励员工发明创造，帮助员工实现个人价值，这是“尽人之性”。

企业层面——与竞争者合作共赢、和谐发展。民生通过联合其他轮船公司来抗击帝国主义经济侵略，进而实现国家强盛。卢作孚提出，“把事业化零为整，使无同业间的无聊竞争，使凡生产事业都在整个筹划之下生产，改变社会上物质供给时虞不足，时虞有余的局面。”卢作孚指出民生公司成功的五个原因，其中之一就是“公司愿多利于同业，同业愿并入于公司 ”。

社会层面——民生首先考虑的是人的需求、社会需求而不仅是公司利益。公司开辟航线首先考虑的不是盈利，而是方便民众。首创轮船上的图书室，为的是尽力提高民众素质。卢作孚指出，“我们有什么方法可以增加我们的力量去帮助社会——尽我们现在所幸得的机会。帮助社会寻求现代文明的方法，走入现代文明生活当中去或超越它们前面去”。民生公司每年都拨出相当资金，扶持科学文化事业与社会福利事业，并创办了中国西部科学院、瑞山中学、兼善中学等。

卢作孚将他的诸多社会理想注入到“民生精神”之中，使得公司不再是单纯追求利润的商业体，而是一个与国家同命运、共生死的社会组织。在当时的社会背景下，“民生精神”无疑能引起人们的共鸣，这是民生公司在逆境中迅速发展壮大的重要原因。

“民生精神”的现实价值

企业文化应与社会大背景相结合，这是企业文化构建的基础。“民生精神”之所以能够成为员工的共识并切实践行，之所以受到公众的赞誉和支持，根本的原因就在于它从当时旧中国积弱积贫的现实出发，以近代实业救国的思潮为基础，彰显着强烈的爱国主义思想。改革开放三十年来，随着社会主义制度的不断完善，企业的社会责任被提升到了前所未有的高度。因此，在构建企业文化时必须充分考虑社会的价值观，必须符合民众的价值取向，必须将追求利益与承担责任统一起来。

企业精神构建要注重借鉴和吸收传统文化中的优秀因素。一个企业的文化离不开自身的历史，更离不开整个社会的历史。中国优秀的文化传统是当今企业文化建设的宝贵财富，只有认真学习、借鉴、吸收，才能使企业文化被员工所认可，才能具有更为久远的生命力。

企业文化构建必须充分建立在自身实际的基础上。企业文化不应是看似华丽实则空洞无物的口号，而应是从企业实践中提炼出来，又能指导企业实践的理念。民生公司正是不断从自身历史中吸取各种文化因素，提炼深受员工认同的价值观念，因而才形成了具有自身特色的理念体系。

企业文化建设必须注重提升员工的整体素质。员工是企业文化的创造者，也是企业文化的执行者。卢作孚十分重视人的作用，他说：“我们缺乏技术人才，尤缺乏管理人才，如果这个根本问题不解决，则所有社会的一切问题都不能解决”。针对员工普遍缺乏知识技术，缺乏集体生活习惯与纪律的情况，卢作孚不惜重金和时间开展系统员工培训，其用意就是通过提高员工的整体素质，进而影响更广泛的民众，让企业文化的影响最大化。

企业文化能否落地生根，有赖于企业领导者对员工潜移默化的影响。卢作孚要求员工节省，尽最大努力帮助社会。他自己以身作则，虽有公司“干股”却从未收取分文红利，虽身兼数职却只拿一份工资，其它薪金全部捐赠公益事业。在现代企业中，文化的宣贯同样与企业领导者的言行密不可分，企业领导者应做企业文化的宣传者、维护者和践行者，以身作则。

“民生精神”是在特定历史时期的特定产物，但其在文化提炼和塑造上却与现代企业文化建设相通，至今仍有许多值得借鉴的闪光之处。

（本文摘自《中外企业文化》2009 年 12 期）

建立共同的行动逻辑

罗天文

《圣经》中有这样一个故事：在创世之初，人类说着同一种语言，顺畅的交流使人类能够齐心协力做大事，于是人类开始建造一座直通上帝耶和华住所的“通天塔”。耶和华想，人类连这样的事情都能完成，还有什么完不成呢？于是，就让人类的语言一夜之间变得五花八门，结果人们再也不能相互沟通和协作，建设“通天塔”的工程也就自然废止了。

在这个故事中，我们看到了沟通的重要作用。那么，什么是沟通？沟通，就是指信息从传播者向他人传递，并得到他人的反馈，是一个循环往复的过程。对于这一点，大家都很容易理解。但是，沟通的效果是如何达成的？我们来看一个例子。

纤夫在拉船的时候，总会奋力喊号子。为什么在身体负担很重的情况下，还要费这番力气？其实，号子有两种作用：一是使大家用力的节奏一致，劲往一处使；二是大家相互激励，发挥团队的作用。这种作用的达成是通过什么样的心理程序呢？首先，共同的号子强化了个人对集体的心理认同；其次，在集体认同感的心理基础上，预期到对方的行为，从而完成对自己行为的定位。这就是说，沟通效果的达成是这样一个过程：信息接受者通过对信息的理解，对他人的行动和自己的行动产生预期，从而步调一致地行动。因此，可以说，号子是纤夫共同精神的象征，纤夫的行动之所以高度一致，就在于他们对集体和集体的目标有着高度一致的认识。

在企业文化的建设中，如果能使大家对企业的目标、经营管理理念、企业制度和相关的价值观形成共识，就会使沟通更加有效，从而使企业员工分享共同的行动逻辑。

下面，我们从企业性质、企业目标、企业战略和多元文化环境等角度来探讨如何塑造这种共同的行动逻辑。

企业性质与共同行动逻辑

企业的性质是什么？尽管很多人提出企业应该承担更多的社会责任，然而，如果企业不能有效利用资源，不能为员工发展提供良好的舞台，不能盈利，不具备持续发展的能力，那么企业承担社会公益责任就只能是镜中花水中月。其实，企业能够有效率地利用社会资源本身就是一种贡献。因此，企业首先是个营利的组织，企业文化也应该为提升企业盈利能力切实地做好服务。

有的企业提出建立亲情文化,要营造一种“家庭式”的企业氛围,用以协调人际关系,增强企业的亲和力、凝聚力。这种愿望是好的。然而,当危机降临时,企业不得不裁员,这就把亲情文化撕开了一个口子,被裁的员工感到切肤之痛,没有被裁的员工也感到了冷酷无情。所以,企业和家庭是两种不同的组织,承担不同的社会功能。把家庭文化硬搬到企业,在营利组织中泛泛地讲亲情,必然不能自圆其说。其实,即便是在家族公司中,你争我斗的现象也是屡见不鲜,其原因就是:家庭的行动逻辑和公司的行动逻辑交织在一起,必然带来混乱。

那么,使员工具有共同的行动逻辑的前提是什么?实践证明,如果员工能在企业中感受到自己很大程度上把握了自己的命运,那么他往往就能够自我激励,从而自觉提高工作效率和对企业的忠诚度。因此,企业文化很重要的任务就是通过制度实现员工和企业之间的利益平衡,有了这一点,才能建立起员工持久协作的意愿。

企业目标与共同行动逻辑

企业的目标是企业存在的基础。对企业目标不应仅从利润和企业规模的角度去理解,还应该和市场紧密结合起来,即我们能为客户提供什么样的价值,通过什么方式去提供。在这个基础上,塑造企业文化才有更明确的方向。

同为IT业的公司,Google和Dell就不同。Google通过技术创新,为用户提供寻找信息的路径,改善用户的上网体验,这是它提供的价值,也是它的目标。这个目标使得Google特别需要发挥员工的创新精神,因此,Google的企业文化重在激发员工的创造力,工作任务自己制定,工作时间富有弹性,上班可以穿拖鞋、穿短裤,甚至可以带狗。总之,一切不利于创新的“规矩”都可以不要,只要你高效率地拿出创新的成果。

而Dell则是向用户提供质优价廉的中低端电脑,规模化、流水线、精准的执行与运作是它运营管理中的关键词。因此,Dell的每一个环节都是以分、以秒计算,要求每分每秒都不能出错,一旦出错整个供应链就会出问题。在Dell,你见不到Google那样的轻松氛围,相反,标准化、程式化的工作制度定得十分严密,而且执行得非常严格。但不管你喜不喜欢,Dell同样在世界各地取得了巨大的成功。

这两个例子说明,企业文化的特征和企业的目标以及业务性质紧密相关。企业文化的塑造应与企业目标一致,与企业提供价值的方式一致,这样才能保证企业行为的一致性。

企业战略与共同行动逻辑

企业文化需要根据组织目标和组织环境确定,当组织目标和组织环境发生变化,企业文化也需要随之变革。

1914年是美国工会运动最猛烈的时期,很多行业的薪水都是工会和公司通过谈判决定的。IBM的创始人老沃森作为对工会运动的回应,他写下三条:“尊重个人、精益求精、服务客户”,以此塑造公司的企业文化。从此,IBM要求员工把每一件事情都要做好,能否升职、加薪完全看个人表现。同时要求,售出的机器出了毛病,IBM的技术人员应该第一个到场,给客户提供及时的帮助。

上世纪90年代,IBM面临分拆的危机,郭士纳开始了重塑蓝色巨人的时代。郭士纳提出“力争取胜、快速执行、团队精神”的经营理念,推进公司的整合和转型。郭士纳在新文化缔造之初就坦言:我们将会发现新的拥有优势和活力的办法,在实践中不断地实现自我更新,并将这种不断的自我更新变成公司文化中永恒的一部分。

2002年,彭明盛接替了郭士纳的职位。彭明盛根据当时IT业竞争异常激烈的形势,提出了增加用户价值、建立稳固伙伴关系的经营战略,并确立了“成就客户、创新为要、诚信负责”的企业文化理念,力图赢得更多客户的信赖。

从IBM的企业文化变革中我们看到,企业文化不但要为企业战略服务,而且要随着企业战略的变化而变化,这样才能保证员工集体的行动逻辑能够适应经营和竞争的需要。

多元文化环境中的共同行动逻辑

在全球化的背景下,有些企业的员工来自不同的国家、不同的地区,他们有着不同的信仰、不同的教育背景、不同的家庭背景,其文化心理有着很大的差异。例如,来自开放程度高、经济文化发达地区的员工,对权力距离接受度比较低,个人主体性高,看重个人价值的实现;而来自开放程度低、经济文化不发达的地区的员工,则对权力差距的接受度高,个人主体性低,对个人价值缺乏明确的认识。在这种情况下,企业文化又该如何塑造?

其实,尽管差别很大,但人们的文化心理还是有很多共同点的。比如,多数人都愿意工作业绩突出,喜欢得到别人的承认,希望别人信任自己,希望得到公平待遇,不喜欢当着别人挨批评,等等。如果能够根据这些共同点,制定一些大家都能接受的行动准则,那么就能建立起初步的共同行动逻辑,企业文化建设就有了一个很好的基础。上世纪90年代摩托罗拉在韩国的成功实践,就已验证了这一做法的可行性。另外,企业还可以经常举办员工的学习讨论活动,加强各种文化的交流与沟通,促进相互的理解与融合。

在象征互动理论中,米德指出,沟通的完成有赖于沟通双方就沟通的问题有一定的共识,对一些原则性的问题有共同的理解,否则,沟通就达不到理想的效果。因此,企业文化建设的任务就在于建立并不断加强这个心理的联系纽带,从而使员工准确理解企业行为和其他员工的行为,并分享共同的行动逻辑。

(本文摘自《中外企业文化》2009年10期)

企业四种精神之我见

易 得

企业精神是企业的精神支柱,是企业之魂,是企业在长期的生产经营实践中自觉形成的,经过全体员工认同信守的理想目标、价值追求、意志品质和行动准则。

员工是企业最基本的组成单位,企业是否能够发展壮大,最根本的就在于培育具备企业精神的神支柱,是企业之魂,是企业在长期的生产经营实践中自觉形成的,经过全体员工认同信守的理想目标、价值追求、意志品质和行动准则。颇具个性的企业精神、如同凝聚全体员工粘合剂,是推动企业发展的动力源。

团队精神是心

一个优秀的团队必然具备良好的团队精神,就如同一个健康的人必须有一颗强健的心脏,才能够充满活力,积极进取。作为一名企业的员工,意味着必须与人合作,这种合作必须建立在相互尊重、相互理解和相互信任的基础上,而且这种尊重理解和信任是愉快地进行的,是团队共同奋斗的桥梁和 纽带。“人”字两笔是最优美的字形,表示着人需要相互支撑和扶持,身为文明人的我们又怎样能不懂其中的含意呢?如果能在这个群体中,积极、有效、无私地既帮助于他人,同时又能获得他人帮助,这样才能很快进入角色。一个没有团队精神,不善于合作,封闭自己,单打独斗,不能群体奋斗的员工,那就等于丧失了锤炼自我、超越自我、展现自我的机会。

职业精神是手

我们的幸福生活,企业的美好明天是依靠我们辛勤的劳动,用我们的双手创造出来的。新时代的工人许振超就认为,爱岗就要敬业,敬业就要精业。他参加工作30多年来,对待工作总是兢兢业业,一丝不苟,甘于奉献。他的事迹生动地说明,只要我们在工作中具备敬业精神,就会在平凡的工作岗位上做出不平凡的成绩。许振超用他们的事迹给敬业做了很好的诠释——敬业必须树立正确的社会职业道德观,这是我们作为员工的天职。你越热爱自己的工作,越富有敬业精神,你成功的机会就越大。一个人是否有所作为,不在于他从事什么职业,首先在于他是否具有敬业精神,是否用心地将本职工作做好。因此,无论从事何种工作,都要做到干一行,爱一行,专一行,不能朝秦暮楚,见异思迁,得过且过。在我们周围,也有很多员工是值得我们学习的,他们对工作勤勤恳恳、任劳任怨,严格把好质量关,不论有无管理人员监督,总是把工作做得最好,他们有着崇高的敬业精神,我们应该向他们学习,致力于做好每一项工作。因此,让我们热爱自己的工作,让我们在自己的岗位上奋发努力,为企业的成长进步做出应有的贡献!

创新精神是脑

“创新是进步的灵魂,是企业兴旺发达的不竭动力”。一个人是否具有创造力,是一流人才和三流人才的分水岭。潜能会被习惯掩盖,被时间消磨。只有对“习惯”提出挑战,对“传统”提出质疑,运用自己的头脑认真去思考的人,才能够富有创造力,才能够最大程度地实现自己人生价值。

人们在谈论创新时都提到要“敢于质疑”。有位老师说过,“当学生对他说‘教授,你错了’,是最值得高兴的事。”因为他有勇气去质疑,不迷信权威。电力企业的很多工作要求我们要令行禁止,但这不代表要墨守成规,不能质疑。例如调度令是严格执行的,但《安规》中明确要求,如对指令有疑问必须向发令人询问清楚方可执行,“智者千虑、必有一失,愚者千虑、必有一得。

创新精神还需要我们自我加压,以积极的态度学习,不断充实自已,才能够具备创新的资本,拥有创新的能力。纵容自己就是毁灭自己,别让怠慢、弱点、安逸毁灭了明天。

唯实精神是足

“千里之行,始于足下”。如果想成为一名合格的员工,就必须脚踏实地,一切从现在开始,一切从零开始,一切凭实际能力与责任心定位,摆正自己的位置,不怕做小角色,要训练做小事的耐心,有这样一种理论:大事情不是谁都会做的,但谁都想去做,小事情谁都会做,但谁都不想做,想做大事的人很多,唯独你肯去做小事,你才会在这一群人中脱颖而出,大事情才可能交给你去做,因为人们从你做的小事中已发现了你的才干和素质。换句话说,是小事情使你获得了做大事的机会,就是这些不起眼的小事磨炼了你的意志。“一个比别人多走一段路的人,一个注重行动的人,是离成功最近的一个人。”

作为一名员工,我们应该认真领会这四种精神,如果具备了团结、职业、创新、唯实这四种精神,那么,美好的明天就会在过程的另一端等着我们。

(本文摘自《企业文化》2008年12期)

廉洁文化建设:施工企业的突出课题

郑玉宇

据初步了解,目前许多施工企业廉洁文化还存在盲区,腐败问题还存在温床,尤其是施工企业在工程项目管理中,各相关部门如何加强廉洁文化建设,已成为施工企业亟待解决的一个突出问题。

施工企业的腐败现象及原因

彻底根治和铲除施工企业中的腐败问题,是新兴起的廉洁文化建设所面临的一个崭新课题,它对于正确处理业主和施工企业、施工企业和经销商，以及管理者和施工企业的利益关系，对于凝聚人心和调动广大职工群众的积极性，对于支撑企业的科学、稳健、和谐发展，都具有不可低估的重要作用。施工企业如果缺失廉洁文化，就会内缺诚信度和凝聚力，外失信誉和市场。

施工企业之所以存在廉洁文化的盲区，关键是个别腐败分子敢于顶风作案，甚至“乐”此不疲，究其原因：

1. 随着国家基础设施投入的加大，工程中标后一个标段的投资动辄几十亿，甚至上百亿，施工过程中潜伏巨大的诱惑。混入权力者队伍中一批以“施工不发财，请我都不来”的人，不择手段地利用手中的权力去抢占“利益的制高点”；

2. 施工中各类经济合同、劳务合同、工程量计算、征地拆迁面积丈量、材料倒卖、资金拨付等都存在猫腻和弊端，尤其对管理者的权力监督更是施工企业的一个薄弱环节。一些工程管理者明目张胆利用手中权力，在管辖的项目中直接把自己认为的“肥肉”分割给亲属包工队，还有的自己斥资购买大型施工设备租赁给劳务队伍，从中谋利。可以说权利的绝对腐败变得像权力者“举手之劳”那样容易，因而产生了“新的腐败滋生点”；

3. 有的腐败分子认为自己的收入很低，投机取巧，借机在项目的劳务队伍中领取工资，他们在捞取好处之后则往往还能够全身而退；

4. 反腐防腐的各种法律举措跟不上或执行不严，大有蒲鞭罚罪、隔靴搔痒之感；

5. 施工企业之所以出现腐败问题，浅层次的原因是制度不健全、管理不严格。深层次的原因则是企业自身问题严重，项目部分技术干部在与包工队交往中，建立了不正当的利益关系，内外勾结，相互利用，特别是少数项目领导干部自律不严，没有真正树立正确的价值观；企业廉洁文化没有内化于心，固化于制，外化于行。

从以上种种腐败现象及原因可以看出，施工企业廉洁文化建设对于社会和企业来说有着双重需要，社会风气作用于施工企业，施工企业风气也反作用于社会，二者相互联系、相互渗透和影响，是不可分割的整体。

完善廉洁文化建设的新途径

1. 将党风廉政建设教育内容融于生产经营和施工管理活动中，并在潜移默化、润物无声中显现出教育效果，营造出依法经营、诚实守信、廉洁自律的企业施工环境和氛围；不断拓宽视野，提高层次，使廉洁文化特有的精神追求和理想信念、道德情操产生社会辐射效应，成为党员干部和普通员工的行为准则、道德准绳。譬如，利用党员干部和关键岗位管理人员集中培训的机会，邀请地方检察院、企业法律顾问进行案例分析警示教育；在办公局域网上公开每个周期的材料市场价格，便于在不同地区工程项目采购时进行比对；通过内部报刊大力宣扬企业成本管理控制的先进典型人物，以及举办廉政敬业先进事迹报告会等多种活动形式，融思想性、艺术性、知识性、趣味性为一体，将廉洁文化教育融于广大党员干部的日常工作和学习中，从而丰富廉洁文化的内涵。

2. 加大反腐防腐力度，让廉洁文化这种没有规章的“规章”，对企业党员干部和员工产生相应的心理和社会道德压力，约束和控制其思想行为，促使其自觉矫正不廉洁的行为，达到人人自重、自省、自警、自励，不犯错误或少犯错误的目的。其一是建立拒腐防变的长效机制，进一步推进惩防体系建设，完善对权力运行的制衡约束机制，制定企业廉政建设发展规划，加强考核，把好机制关。其二是强化制度建设，从源头上防治腐败。譬如，以落实“七个不准”为切入点，推进监督制度的完善和创新，尤其对领导干部选拔任用机制的完善和创新，以提高规章制度的执行力，把好制度关。其三是加强队伍的自身建设。首先要加强组织建设，尤其要加强对纪检干部的培训、交流、选拔和任用。同时要加强作风建设，严格纪律约束，做到立党为公，当好企业的忠诚卫士，把好监督关。实践证明，只有从深层次规范行为，增大腐败的机会成本，重典治腐，才能震慑腐败分子，当属治本之策。

3. 让廉洁文化走进工程项目。廉洁文化建设不能与广大员工相脱离，不能做“官样”文章，必须贴近企业经营管理实际、贴近群众思想实际，将廉政文化教育从“文件”走向“文化”，从“会场”走向“现场”，从“领导机关”走向“基层项目”，调动员工广泛参与的积极性，真正植根于施工一线员工之中。廉洁文化建设只有具备了广泛而浓厚的群众基础，才能保持其长久的生命力。

4. 通过廉洁文化建设实施过程，对项目部的廉洁文化氛围不断进行再造。首先要发挥基层党组织的监督作用，强力抓好人财物的源头控制，彻底根治使用亲戚包工队的不良行为。其次要按照“管理有效、监控有力、运作有效”的原则，组建施工企业的“架子队”，全面规范劳务用工管理。另外要大力营造浓厚的廉洁文化氛围，设立工程项目廉政宣传栏、举报箱，签订廉政协议，建立企务公开和会议制度，定期对项目负责人、工区长、班长、技术干部进行廉政警示教育，以起到震撼和警示的作用。同时要增强所有参建单位和人员遵章守纪、按章、按标作业的自觉性，坚决纠正和杜绝各种违章违纪行为，确保施工中廉政建设落到实处；不断强化施工安全质量管理，加强“两严三控”，提高成本预控的知觉性，有效化解项目的财经风险，从不同渠道、采取不同措施促使项目和谐推进，使工程项目真正成为一片净土。

通过培育廉洁文化，在广大员工特别是领导干部心中，筑牢拒腐防变的思想防线，从而在企业内形成浓厚的“以廉洁为荣、以廉洁为美、以廉洁为乐”氛围，使腐败现象陷入“老鼠过街、人人喊打”的境地。只有这样，才能夯实廉政建设的基础，让廉洁文化根植于企业，从源头上预防腐败，进一步促进企业党风政风的根本性好转，为施工企业营造规范有序、文明和谐、积极向上的良好环境，推动企业又好又快发展。

(作者系中铁十七局六公司纪委副书记,本文摘自《中国企业文化研究》2008 年 4 期)

员工行为修养与企业价值观培育

张启胜

企业文化形成于企业员工的一言一行之中,企业文化的效果最终体现在员工的文明程度、综合素质、团队意识以及对企业的忠诚度、归属感等方面上。企业文化的建塑只有以企业价值观为根本点,以培育符合企业价值观的员工行为习惯为落脚点,将企业价值观内化于心、外化于形,才能实现员工行为与企业价值的相互协调、相互作用的有机统一,从而提升企业的凝聚力、向心力。

企业文化建塑和员工的行为修养密不可分。员工的行为修养是企业文化建塑的基础,是将企业价值观转化为员工行为的有效方法,也是企业文化建塑的重要载体。没有员工行为修养这一重要载体,企业价值观很难变成员工的行为习惯。企业文化则是员工行为修养的方向和准则,两者相互支撑、相互促进。要致力于企业文化建塑,就应当进行必要的行为修养,否则就难以实现企业价值观的落地生根。

建立行为修养的运行机制

行为修养的方法视不同的环境、对象、时间而有所不同,企业要具体分析,把准脉搏,选好载体,找准方法,完善机制,有效实施。

目标导向机制 应制定阶段性员工行为修养目标,设立员工行为修养的方向,做到有计划、有步骤、有重点地进行。当一种行为化为习惯时就要采取措施加以固化,并在此基础上进行提升拓展,然后再制定新的阶段性目标。要使员工行为规范始终处于激活状态,充满活力,不断升级。要使员工的言行始终符合企业和社会发展的要求,停滞不前、满足现状就会滋生惰性、麻痹而丧失动力。

氛围同化机制 氛围是一种无形的软实力,它能感化人、陶冶人、激励人、鼓舞人、培养人。一个优美的环境会使心灵得到净化,会使不良行为得以收敛;一个绝大数人共同做出的行为,会使少数与之格格不入的人得以同化。当绝大多数员工认为公共场所抽烟是一种不文明行为而理应禁止时,抽烟的人往往会受到这种氛围的压力而进行自我克制,使自己适应整体环境的要求。因此,在企业文化建塑过程中,要通过各种宣传载体积极营造浓厚的主体文化氛围,让主体文化冲淡与之不协调的行为文化的影响力,促进员工行为的规范;要严格是非行为界定,加强正确的行为引导,让员工做到是非分明、有章可循;要大力弘扬正气,抵制邪气,营造浓厚的扶正祛邪文化氛围,从而更好地净化员工心灵,引导员工行为。

教育引导机制 要对员工进行企业行为准则的培训教育,让员工了解企业倡导什么、反对什么;要深入宣传企业理念、企业愿景和企业目标,让员工了解企业发展方向和发展前景,激发员工积极向上、奋发进取的精神。领导的一言一行是员工行动的标杆,作为领导者要处处严格要求自己,以身作则,带头遵守企业的各种行为规范和规章制度,以自己的言行影响人、感染人、凝聚人、塑造人。要充分发挥典型示范的引领作用,先进人物是企业文化的有形代表,是企业价值观人格化的体现,对员工的思想和行为起着最直接、最深刻、最具感染力的影响作用。比如,皖北煤电集团公司已经连续举办了三届“皖北感动”活动,活动中宣传表彰的先进人物事迹,深深感动了广大皖煤人,在他们心中树起了一个个思想和行动的榜样。行为演练是帮助员工养成正确行为的实际训练,这也是教育引导的一种好方法。在行为演练中,各级管理人员是教练。一方面,教练要处处以身作则,以自己的实际行动带头示范,积极引导员工行为符合企业价值观要求;另一方面,只要发现员工的行为不符合要求,就要随时随地指正引导,使员工的行为及时得到纠正。皖北煤电集团公司实施的领导干部现场示范教学,定期对员工进行规范化行为训练,还有 WKB 训练、准军事化训练等,都取得了很好的效果。

约束保障机制 习惯的养成是一个培养、训练、自我约束和自主管理的过程,是内因和外因共同作用的结果。因此,要想使员工养成正确的行为习惯,就必须建立起相应的监督制度,切实加强对员工行为的约束和引导。行为修养开始时是一个强制的过程,是主动引导与被动遵循相结合的过程,经过长期的努力,最终才能实现员工从被动到主动、从不自觉到自觉的转变。皖北煤电集团公司建立了集团公司、矿、科(区)三级员工诚信档案管理体系,对员工的诚信和失信行为进行客观记载,把员工的诚信情况与员工任职聘用和评先评优有机结合起来,并与员工的收入挂钩。这项措施大大增强了员工提高个人素质的自觉性。皖北煤电集团公司还制定了“皖煤人标准”和相应的检查评比制度,并围绕这个标准开展了主题实践活动,引导广大员工争做“合格皖煤人”,促进了各种行为修养要素的有效落实。一系列举措,切实有效地增强了对员工行为的导向和约束作用,加速了企业价值观的养成,促进了员工思想和行为的升华。

需要注意的几个问题

持之以恒,不能拔苗助长 改变习惯不是一蹴而就的事,欲速则不达。任何人接受新事物、新观念以及养成新习惯都要有一个过程。

在此过程中,管理者要改变管理方式,要持之以恒,坚持反复抓、抓反复,不能三天打鱼两天晒网。只有这样,才能破除旧的思维方式,才能养成新的行为习惯。

行之有度,不能脱离实际 什么样的素质决定什么样的行为,什么样的行为决定什么样的结果。改变员工行为、促进员工素质的提升要结合员工素质的现状,结合工作实际，探索合适有效、员工易于接受的载体。好高骛远，脱离实际，超过员工的心理预期，往往会使员工产生逆反心理，使工作限于被动。同时，在行为修养过程中，要做到有所为有所不为，做到规范和激励有机结合。员工行为修养是培养与企业价值观相一致的行为习惯，而不是对员工所有行为的全面干预，如果把握不好这个尺度，就会挫伤员工的主动性、积极性。

行之有效，不能敷衍塞责 行为规范和相应制度一旦形成，就要坚决执行，时刻维护其严肃性，不能随意“打折”。违反者不仅要受到处罚，而且要受到批评。否则，就会混淆是非，导致执行不力。

持续升级，不能一劳永逸 当员工的素质达到一定层次时，就要寻求新的突破点，对员工行为修养进行升级，持续提高员工的文明素质。只有让员工素质在动态中寻求平衡，在寻求平衡中不断攀升，才能不断适应环境变化的需求，培养起一支充满活力的员工队伍。

（作者系皖北煤电集团企业文化部副部长，本文摘自《中外企业文化》2008 年 3 期）

自信文化与竞争力

贺荣站

从榜单中看到了什么

美国《财富》杂志在其网站上公布了 2008 年度世界 500 强企业排行榜，中国公司上榜 35 家，（其中内地 25 家、香港 4 家、台湾 6 家），而美国公司依然占据世界 500 强中的 153 位，总数占 30.6%。

2008 年 7 月 13 日，世界品牌实验室宣布了 2008 年世界品牌 500 强排行榜。从 500 强品牌的国家分布看，美国入选 243 个，居第一位，几乎占了一半，处于绝对优势，而中国入选品牌只有 15 个。

在这两个榜单中，我们看到中国企业数量在快速增加，但同时看到美国企业依然占了大多数，而且大部分都排名靠前。世界 500 强前 10 位中，没有一个中国企业，而美国企业占了 5 位。由此，我们可以说美国企业依然是世界上最成功的。

那么美国企业成功都有什么原因呢？GE 公司 CEO 韦尔奇给了我们一个答案。他把“永远自信”列入了美国能够领先于世界的三大法宝。韦尔奇在 GE 着力培养员工的自信心，努力营造企业的自信文化，他认为这是 GE 不断进步、保持优势的秘诀。

“自信人生二百年，会当水击三千里”

自信就是自己相信自己，是一种发自内心的自我肯定与相信。广义地讲，自信本身就是一种积极性，就是在自我评价上的积极态度。狭义地讲，自信是与积极密切相关的事情。没有自信的积极，是软弱的、不彻底的、低能的、低效的积极。

自信是人生力量的源泉。美国思想家爱默生曾说过，“自信就是成功的第一秘诀。”青年时期的毛泽东就有“自信人生二百年，会当水击三千里”的壮志豪言。每个人不论干什么，在什么样的环境，都要有自信，给自己勇气，给自己胆略，尽其才能，相信自己一定会成功。《史典》中说：“自信者不疑人，人亦信之。自疑者不信人，人亦疑之。”毫无疑问，一个充满自信的人容易得到别人的信任，从而也容易走向成功。

对于一个企业来说，培养自信文化是极其重要的。顾客和供应商对于企业员工是否自信的感受是非常重要的，对于企业能否走向成功至关重要。企业员工的工作自信具有感染力，它会给予同事、供应商和客户以信心，成为企业走向成功的基础。自信是企业成功的基础，是开始，充满自信氛围的企业容易成功，因此，企业自信文化已经显得越来越重要了。

自信文化四处着眼

建设自信文化首先从工作效率着眼。现代企业间的竞争是多层次、多方位的立体型竞争模式，在众多影响企业竞争的因素中，每个员工的自信是十分重要的。企业给员工以宽松的工作环境，员工就能对企业和自己充满信心。

拥有自信文化的企业员工相信，企业的巨大发展，是来自所有企业员工努力的结果，只有从自己做起，提高个人的工作效率，才是企业发展的根本，企业的发展也才会提供更好的施展个人才华的平台，促进每个人的发展。

二是从提高企业创新力着眼。韦尔奇曾指出，“迅捷源于精简，精简的基础则是自信。而培养企业员工自信心的办法就是放权与尊重。掐着他们的脖子，你是无法将自信注入他们心中的。你必须要松手放开他们，给他们赢得胜利的机会，让他们从自己所扮演的角色中获得自信。”

培养员工自信，就是领导者要给下属合理、公正、包容的机会，让员工承担起责任来，应鼓励员工敢于创新，勇于改错，承担责任，培养员工的自信心。自信的人们从不拒绝好的主意，不管它们的来源如何，都会去共享它们。

一个充满自信氛围的企业，一定也是一个具有活力的企业，这样的企业管理者往往鼓励员工勇于创新，对员工的错误宽容，不断培养员工的工作自信心，这些企业自信的氛围可以促进员工自我创造力的释放，充分发挥自身聪明才智，不断追求实现自己的价值，从而大大提高企业的创新能力，促进企业在创新的道路上不断发展。

三是从企业凝聚力着眼。一个企业不会仅要制造和销售自信，它还要能创造一种气氛，让员工有机会去想象、冒险和成功，并且最终获得自信。韦尔奇曾反复地说，公司应有速度、简化和自信。

企业要在员工中培养自信，使他们觉得宽松，有足够的独立性和资源,鼓励他们磨练自己。拥有自信氛围的企业,可以使员工更自信地面对工作中的困难和挑战,促进企业员工工作的积极性和主动性,使员工在企业内部和谐健康的发展。自信的氛围也可以促进员工更多地关心团队和企业的发展,主动为维护团队和谐做出努力,激发企业员工的团队责任心和凝聚力,促进企业团队和谐,实现企业凝聚力的提升。

四是从增强企业战斗力着眼。美国著名作家辛克莱曾说过,"一百个满怀信心和决心的人,要比一万个谨小慎微的和可尊重的人强得多。"可见,一个企业内部的自信氛围能帮助员工排除各种障碍、克服种种困难,对于企业的凝聚力和竞争力的提升具有巨大作用。

据说拿破仑亲率军队作战时,战斗力便会增强一倍。军队的战斗力在很大程度上基于士兵对于统帅的敬仰和信心。如果统帅抱着怀疑、犹豫的态度,全军便会混乱。拿破仑的自信和坚强,使他统率的每个士兵增强了战斗力。

作为企业领导者,一定要对企业的发展进步充满信心,相信企业能够成功。同时,在困难面前,企业领导者要负起责任。企业领导者要直接面对问题,迅速解决困难。企业出了任何事情领导者都要有勇气挑起,承担责任,要主动承担过错,迅速解决困难,给全体员工工作的信心。自信的企业团队往往也是团结的团队,执行力高的团队,不怕困难的团队,也就是具有战斗力的团队。

总之,对于企业而言,培养自信文化可以提高企业的核心竞争力,使企业更好更快的发展,企业对于自信文化需求的迫切性已不言而喻。

(作者单位:中国一航北京航空材料研究院宣传文化部,本文摘自《中国企业文化研究》2008 年 3 期)

企业价值体系必须有三个维度

保荣本

关于企业的目标问题,理论界一直存在着重大分歧。一种是目标一元论,另一种是目标二元论。

不现实的"一元"和不可回避的"二元"

一元论主张企业的唯一任务就是在法律许可范围内追求利润最大化,而让企业承担社会责任则会增加成本,从而削弱竞争力,不利于股东利益最大化。二元论主张企业利润目标与社会利益目标应当兼顾,利润目标要合理化,企业社会责任的界定也要合理化。对企业来说,约束越少就越容易搞活,但是企业作为一个经济细胞又离不开健康有序的社会环境。20 世纪 70 年代以后,西方企业的不道德行为十分猖獗,公众对商界的信任度大幅度下降,大多数企业的日子都不好过,二元论主张就是被这种危机催生的。今天中国企业界也面临着同样的问题。这就告诉我们,企业价值体系的维度不应当是单一的。

企业需要一个能够引导它健康成长和永续经营的价值体系

这种价值体系所表现的组织特征,一是企业成员有共同的发展目标,二是团队内部和团队之间行动协调一致,三是企业成员具有旺盛的士气。达到这种境界的文化原因是,企业成员在管理实务中进行了共同的目标选择、路径选择和行为选择。

企业在管理中存在着进行上述三类选择时必须正确处理的一系列矛盾关系,竞争与合作的矛盾运动推动了人们合作理念与规则意识的进步,进而促进了市场成熟化、法治化的发展。路径依赖与路径开拓的矛盾推动着着人们永不疲倦地学习和创新,进而推动着企业制度、组织结构、经营理念和管理思想的科学化发展。自我实现与自我超越的矛盾运动推动着人们增强认知客观规律的能力和提高自我身心调节的悟性,进而促进了人们吸收多元文化、融合多元文化的行为。

三对矛盾反映人与天、人与人、身与心的基本关系上述三对基本矛盾反映了经营管理实务中人与天、人与人、身与心的基本关系,而能够使这些关系达到和谐境界的价值元素,就是能够引导企业健康成长、永续经营的价值元素。这三对矛盾涉及经济、社会和文化三个领域,企业价值体系的维度也应当是三元的。

我们主张从活性、良性和变异性三个维度来构建先进的企业价值体系。活性表征企业在市场的生存状态,可以用经营业绩的变化来衡量;良性是企业的社会表现,可以用员工满意、合作者满意、政府满意和公众满意来衡量;每个企业的活性和良性都会改变,这种改变就是变异性的体现,可以用活性指数和良性指数的变化率来衡量。这种主张的实质就是不仅要从经济的视角来考量企业的经营管理行为,而且要从社会的视角和文化的视角来考量企业。这种视野的拓展就意味着观察主体的立足点不仅在本企业的内部,而且要"跳出企业看企业",站到本企业的外部反观自我,审视自我。

企业作为生命体包括活力、自制力和变异力

企业是一种生命体,它的生命力也应当包括活力、自制力和变异力。一个经营不活、管理不善、产品不招人待见的企业早晚要被市场淘汰;如果企业为了自己活得好就无法无天、胡作非为,社会就会出来制裁它的恶行;在永远变化着的大环境里,一个闭目塞听,不思改革不事创新的企业,将永远面临着被时代抛弃的危机。

企业是社会的经济细胞,个体作出的选择必须适应环境,但个体的选择并非对环境的变化无所作为。细胞运行状态的普遍健康是经济社会正常生存的基础。国家的良法、政府的善治和企业的良知是构建良好经济环境的必要条件。能够浑水摸鱼的企业毕竟只有少数,多数企业的发展仍然要寄希望于成熟的市场管理、宏观调控和民主法治。

中国企业从三个维度建设企业文化的重要性

1. 中国企业增强活力和提升良性，有利于推进现阶段中国经济的健康持续发展，

2. 企业领导者在聚力、鼓劲、强化执行力、塑形，即着眼于增强活性的同时，注重提升良性目标，有利于引导经营方向、协调与利益相关者的关系、改善外部效应。

3. 中国的民主法治建设正在稳步推进。企业领导者用符合现代公民社会的观念和方法解决现实问题，有利于顺应这种政治环境的深刻变化。

4. 东西方文化元素融合的实质是对相关的异质元素进行有序安排，使它们处于优化共生状态，再使体现这种元素组合的经营管理理念得到广泛的认同和自觉的实施。在这个过程中，开放的视野，自觉的态度，有利于超越自我保持良好的变异性。

（作者系中国兵器装备集团公司企业文化研究中心研究室主任，本文摘自《中国企业文化研究》2008 年 5 期）

向学习要未来

马　飞　刘晓薇

企业文化是一种先进的现代企业管理理论和管理方式，是企业核心竞争力的重要组成部分和形成要素。近年来，在国家电网公司企业文化的引领下，河南省电力公司培训中心就如何践行国家电网公司企业文化，使文化真正落地生根，并以文化软实力推动企业科学发展，进行了积极而有益的探索与实践。在国家电网公司“建设统一的优秀企业文化”的具体实践中，培训中心在总结以往文化建设的基础上，响亮的提出了以“向学习要未来”为主旨的文化建设新方向，走出了一条具有培训中心特色的文化建设新路子。

“向学习要未来”是培训中心履职尽责的重要抓手

学可立德强智，学能创业兴企。学习是提升人的价值的重要途径，是企业基业常青的生命源泉。河南省电力公司培训中心是河南省电力公司管理人员培训基地，其职责使命就是以学习为主要途径和手段，为电力企业提供高端前沿、切合实际的知识资源，为电网发展提供坚强的智力支持和人才保障。我们认为，文化建设必须与企业的职责使命紧密结合，才能丰富和细化国家电网公司企业文化内涵，才能使企业文化真正成为企业发展的隐形推手。

基于以上认识，培训中心把“以心为本，构筑教书育人的百年基业；以情化人，营造和谐温暖的家园氛围”作为文化建设的出发点和落脚点，全力建设“以心为本”的培训文化。在培训工作中做到尽心管理、用心创造、慧心培训、同心育人、真心服务，使培训学员以学习为核心，向学习要未来。

一是勇于创新，持续改进，培训质量效果不断提升。专业、科学、精细的培训策划方案是培训中心一面鲜明的旗帜，也是培训中心核心竞争力的突出体现。培训项目经理在培训策划与组织中发扬“四于”精神，即善于开拓不同的培训管理风格，勤于和培训单位、学员沟通，勇于在培训模式上创新，敢于在培训实践中总结提升。在培训过程管理中坚持“三精”精神，以精心的态度，精细的过程，创造精品的成果。近年来，以公司打造优秀管理团队培训、青年干部培训为龙头的多个培训项目，做到了特色鲜明、亮点纷呈。以咨询管理式培训为突破口的高端培训模式，获得了 2009 年“中国企业培训创新成果奖”，并被河南省电力公司评为典型经验一等奖。

二是氛围熏陶，文化聚力，营造和谐向上培训环境。在培训管理与教学中，注重班级文化建设，加强氛围熏陶，根据学员特点，制定不同的培训班“文化主题”，并以丰富多彩的文化活动强化培训教学工作，打造出了温馨和谐的培训氛围。如 2009 年举办的的公司新进大学生培训项目人员多、要求高、管理难度大，项目经理精心策划和实施，保证了培训严肃活泼、秩序井然。当班旗在校园高高飘扬的时候，伴随着的是学员排队就餐和上课的口号声。在结业典礼上，348 名新进员工高唱“没有共产党就没有新中国”的歌声震撼了全场，以“祖国有我”为主题的培训班宣传画册成为了学员一生的收藏。

三是立足需求，标准建设，培训服务能力持续提升。近年来，培训中心根据公司发展需要，组织人员编写适合电网工作实际的培训教材，受到企业欢迎。其中《电网企业新进员工培训课本——入职第一课》、《精益管理 50 问》、《电网企业管理知识 500 问》等书籍已由中国电力出版社正式出版，《变电站自动运行原理》和《供电企业班组安全生产培训教材》两本教材均获公司“科技进步三等奖”。另外，为加强标准化建设而开展的“培训项目标准化管理”科研课题已经初见成效，研发的培训管理软件成为了国家电网公司系统首家实现培训工作软件管理的教育培训单位。

“向学习要未来”是培训中心提升能力的有效手段

打铁还需自身硬。培训中心积极营造全员学习、主动学习、终身学习的浓厚氛围，坚持学习工作化，工作学习化，引导员工术德兼修、术德双馨。通过不断的学习培养员工全新、前瞻而开阔的思考方式，扩展创造未来的视野和提升服务公司发展的能力，使员工在学习和工作中不断努力超越、追求卓越，向学习要未来。

一是完善机制，激励与考评相结合。先后出台并实施了员工能力积分、等级培训师与等级项目经理管理等多项制度，构建培养、考核、使用、待遇一体化机制，把员工能力提升与考核、使用、待遇紧密结合起来，充分调动员工参加

培训、提升能力、努力创新的积极性,实现员工能力提升管理由“被动管理”向“自主管理”的转变,实现员工与单位的共同发展。

二是全员培训,提升员工综合素质。根据员工岗位职责与特点,组织编写《培训中心员工能力提升培训教材》,持续开展内容丰富、形式多样的培训活动。同时改进培训方法,既有传统讲授,又有角色扮演、小组讨论和实际操作,达到多维互动的学习效果,提高了学习质量。仅2009年就举办全员参与的培训15次、各类专项培训18次,全员培训率达到100%,人才密度当量由101.07%提升至104.53%。

三是搭建平台,引导员工成长成才。通过组织学习研讨活动,帮助培训师开发课题,不断提升教学能力;通过组织导师帮带、制定职业生涯规划等活动,使新员工尽快成为本职工作的行家里手;通过组织读书论坛和英语兴趣小组等活动,激发员工的学习热情;通过开展“二次创业,我有责任”演讲比赛、创新菜比武和服务员业务竞赛等各种竞赛活动,为员工提供展示自我、提高自我的舞台。

四是培养兴趣,促进员工全面发展。积极开展企业文化环境建设,充分利用宣传栏、展板、网络和企业文化展厅营造文化氛围。培训中心还成立自行车协会、羽毛球协会等,定期开展文化体育活动,在锻炼员工身心、丰富业余生活的同时,促进了学校企业文化建设,营造了良好的交流空间和平台,得到了员工的大力支持和广泛参与。

多年的企业文化实践使培训中心人深深地感到,文化建设不仅要尊重文化育人的持久性特征,还要注重通过日积月累的努力丰富企业文化的内涵,更要通过不断地创新实现科学的发展。“向学习要未来”是国家电网公司企业文化在培训中心落地的具体实践,也是培训中心实现科学发展、更好地服务公司人才队伍建设的有效途径。培训中心决心把加强企业文化建设作为一项长期的战略任务,努力践行国家电网公司“诚信、责任、创新、奉献”的核心价值观,以“努力超越、追求卓越”的企业精神不断推动企业和谐、健康发展。

企业仪式与文化

李旭峰

一些正式的、非正式的;传统的、非传统的;固定的、随意的;组织开展的、社区民间自发的;或庄严的,或欢乐的,或热烈的,或随和的;这些裸露着原始信息细节,内蕴着深厚文化韵律的仪式,确实值得深思。

如果说企业的管理一直是由文化和价值观在左右着,可不可以说企业仪式正在左右着文化和价值观呢?它竟让文化成为一种真实,成为一种生动,成为一种参与,成为一个磁场,不经意间起飞,悄无声息而落地!

要是没有仪式,文化就死了。我们周遭的外部环境正在不断地变化着。组织中的你,团队中的我,群体中的他,都不可避免地开始依赖于自身所参与的任由某类情境氛围弥漫的各类仪式,并各自经营着复杂的人际关系,构建着自己的精神村落,最终成为一种稳定的结构状态,成为一种组织行为、团队行为或集体行为。这种行为演变成习惯,形成了成员的心理依赖和归属感。

早有人说过,人其实是一种水,置于方则方,置于圆则圆。是容器定格人性而又使人性富有戏剧化、固定化和程式化。仪式就是一种容器,它通过程序、步骤、规矩让成员内心得到舒展、满足和认同。《说文·人部》里注:“仪,度也”;《说文·工部》里注:式,法也,效法,仿效等义。从礼仪之邦的文化底蕴中我们能够深切领悟出仪式的文化功能。仪式的传承和弘扬正揭示着我们现代化进程中社会伦理秩序与文化价值取向,它使人依从,而又促其谋求改进。

对于我们从事宣传文化工作来说,虚功务实,就是强调形式要服务于内容。仪式首先是一种形式,不可避免要落入形式主义俗套,我们为没有创新的司空见惯了的企业仪式而困扰。要打破这种困局,要搞形式,而不搞形式主义,就要对企业仪式进行创新,重新界定企业仪式的文化功能,将其上升为一种道德规范,上升为对企业全体成员的价值关怀。

让我们关注企业仪式。诸如升旗仪式,新厂房、新车间开工建设奠基仪式,新员工加盟仪式,庆功仪式,团拜仪式,授奖仪式,老员工退休辞别仪式,技术、生产、销售合作签约仪式,合资项目签字仪式,上班自警、下班反省等各类仪式。在举行这些仪式中,我们要赋予和渗入其积极的文化因素,形成既具有合乎道德约束的规范因素,又包含了组织尊重的情感因素,从而塑造出企业仪式的特殊品格。

毕竟,倡导的过程是一个扬弃、继承、突破、改变的过程,可能有一些冲突、反复或斗争,但这些冲突会因为文化的相通性、互吸性,衍生出更多的关爱、默契和互惠的良性仪式。

认真对待企业仪式,企业文化终将郁郁葱葱!

(本文摘自《中国企业文化研究》2008年6期)

畅通企业文化传承的主动脉

周自革

企业文化是企业员工在生产经营中所共同持有的理想信念、价值观念和行为准则,是外显于企业形象、内隐于员工心灵之中、以价值观为核心的一种意识形态,它包含了由企业员工所共有的愿景、价值取向以及行为特征等表现形式。企业文化是企业发展的灵魂,是团结和凝聚员工的精神力量,是企业生存发展的基础工程,是企业核心竞争力的重要标志。一个企业只有建设先进的企业文化,才能保持旺盛的发展活力,但是仅有灿烂丰厚、内涵隽永的企业文化还不够，还需要将这种文化的核心价值观传播和融汇到员工中，在他们心中产生共鸣，让企业文化影响所有员工的观念和行为，才能够真正使企业文化发挥出应有的作用。

新老员工间的沟通是企业文化传承的主动脉

企业文化是一种组织文化，即群体文化，因此，在企业文化传播过程中，除了必要的媒介传播之外，员工间的人际传播也是企业文化传播重要而必要的传播形式，是员工形成价值观并对其行为产生影响的重要因素。对于具有悠久历史、人员年龄构成复杂的企业和团队而言，员工间的人际传播更是企业文化传承的主动脉。

首先，在团队中，员工最易接受来自同一团队队员的信息，很多员工了解企业的发展历史都是从同事中“道听途说”来的，包括趣闻逸事、历史变迁等等。其次，员工间形成的团队氛围对员工工作出决策和其行为产生很大的影响。有研究表明，影响员工离职的诸多因素中，排在首位的不是薪酬和待遇，而是本人工作的环境氛围。第三，个人行为决策理论告诉我们，环境影响态度，态度决定行为，行为体现文化，所以员工间有效、积极的沟通是员工具有良好工作环境的保证，是企业文化有效传承的主要通道和方式。第四，企业文化是在企业人本管理潮流中的一种柔性管理手段。从本质上说是一种对“稳定和变化”同时进行管理的新战略，是在研究人们心理和行为规律的基础上采用的非强制方式，在人们心目中产生一种潜在的说服力，从而把组织意识变为人们自觉的行动。由此可见，新老员工间的沟通是否畅通对企业文化的传承有着至关重要的影响。

导师制是实践文化传承的最有效途径

在一个由新老员工共同组成的团队中，老员工基于对企业情况了解、历史贡献、技术水平高、丰富的工作经验、成熟的人生哲学和生活磨砺，使其在团队中起到主导作用，尤其在对企业精神的深邃理解、企业价值的生动体现方面，老员工更是新员工企业文化实践者的榜样；而新员工给我们的印象往往是反映敏捷、心浮气躁，缺乏责任感又渴望得到认可，因此，企业应该通过建立导师制，将新员工与经验丰富的老员工搭配组合，充分培养新员工的忠诚度、赢得他们的心并发挥他们的才智。

如何建立和完善导师制呢？笔者认为在建立和完善导师制时，关键是做好以下几个事项：

1. 选拔好导师。选拔导师时，一定要选拔那些在工作中表现突出的优秀员工，他们不仅在技术上能指导新员工，在体现企业文化方面能以身作则，率先垂范，更主要的是在人生的意义、价值观的树立上能够正确引导员工。

2. 完善相关制度。制定导师责任制规定，明确导师的任职条件、义务、责任和权力，明确新员工的行为、义务、要求；并及时检查和进行考核，任何一方的表现都影响到另一方的发展。

3. 建立多需要、分层次的制度。根据不同的群体，选拔不同的人员建立不同层次的导师制。不仅局限新参加工作的高校毕业生，对需要提升专业技能或有特别需求的特殊人员或岗位，也应当分层设立；对于部分人员，不一定“一对一”，可以“多对一”。

4. 加强过程中的执行和激励。重视过程管理，检查与指导并行，定期与不定期结合，交流与考核融合，现场察看和文本结合，发现潜在问题，规范活动。通过多种方式进行激励，对表现优秀的每一位成员进行物质奖励，并授予一定的荣誉。

把握动态过程的阶段特征，确保企业文化传承畅通

导师制实践的根本是要实现企业文化的传承和新老员工的融合，而在传承和融合过程中，导师制不应该只有指导，或终于指导阶段，而应该包括指导——互动——融合提升三个阶段。

很多企业的导师制执行只有第一阶段任务。实际上该阶段的工作任务，更多体现的是企业文化元素信息的单向交流，主要表现在老员工的“传”和新员工的“学”。信息是由导师向学生的传输，传输的内容也比较规范和具体，例如岗位要求、制度规定、工作流程和规范，主要通过布置任务、协助导师、参与过程等方式，或通过观察模仿导师、工作中典型或偶像等途径来完成该阶段的任务。互动阶段，导师制的主要任务是全面承继企业文化的主要内容和精髓。随着新员工对企业文化认知的深入和在工作中的更加独立，导师与学生相互间的关系更多的体现为的交流和互动。这个阶段更多的是信息相互交流、探讨和相互的理解，新员工的主要任务是“感”，感悟企业文化的真谛，感悟和体会企业发展对文化的依赖和企业文化的作用，文化对员工的价值和影响等等。开始思考企业未来、员工的职业发展、自己和企业间的相互关系等等一系列问题。信息更多表现的是双向流动，相互学习和提高，交流的内容更多的是思想和体会、人生的经验、价值观等。该阶段由于相互的地位在发生变化，导师的主要任务为引导、启迪，不能心态失衡，谴责新人的不虚心或傲慢，而新员工更应该谦虚谨慎，且不可妄自尊大，自以为没什么了不起。如果在此阶段，二者相互不能认真对待、正确看待，势必严重影响团队建设，文化理念的建立，可能严重损害企业文化的建设，造成不可挽救的影响。

融合提升阶段中企业文化的主要任务是实践和提升，要把企业文化的精神贯彻到员工的行为规范、思维规范中，自觉执行组织的制度。对于员工来说在这个阶段的主要任务是“悟”，由于角色的转变，团队中原来的新员工可能变成了文化的积极实践者、优秀文化的倡导者、文化创新的先行者，对导师也起一定的反作用、新导向。他承担着文化传播过程中的主要角色，一方面是总结原有的文化，一方面是实

践优秀的文化,还有一方面是在新的环境中创新文化。在这一阶段,新员工有可能变成文化导师,指导他人。新老员工对文化的认识在该阶段不可避免的产生矛盾,但只有经过锤炼、磨砺,才能保持企业最根本的精神,新员工要在这一阶段把学到的根本精神运用到继承和发展企业文化的过程中,并带领企业其他员工激发自豪感,产生为企业奋斗、再创辉煌历史的雄心壮志。

企业文化建设的过程是新老员工在工作和文化融合过程中培育企业精神、提炼经营理念、推动制度创新、塑造企业形象、提高员工素质、促进企业管理、提升核心竞争力的过程,充分了解和熟练掌握企业文化的传承的主动脉,掌握导师制不同阶段的特征和规律,并合理运用,将对加快企业文化建设进程,取得显著成效起到积极的促进作用。

(本文摘自《企业文明》2008 年 7 期)

重组并购中的文化融合再造

赖伟中

整合再造企业文化的终极目的是塑造新的“企业人”。没有企业员工的积极参与,企业文化的深层次渗透是不可能实现的。

企业重组要想取得成功,不仅要实现战略、业务、财务、资源、人员等方面的有效整合,同时也须采取有效措施,促进重组企业的文化整合、再造和创新,减少文化冲突,实现重组双方的平稳对接。实际上,重组企业的文化整合与再造问题已经日益成为企业重组并购中需要解决的至关重要的问题。重组企业文化能否整合好直接关系到企业重组的最后成功。

公司重组过程中企业文化整合模式的类型及选择

有学者根据重组并购双方企业文化的变化程度及重组并购方获得的企业控制权的深度,将企业文化整合模式分为四种:替代式、融合式、促进式、隔离式。

替代式:这种方式主要在横向重组并购双方强弱分明,而且强势企业是在单一企业文化的情况下进行的。在文化整合中,强势企业向弱势企业输出自己的管理模式和文化模式,促使弱势企业的文化发生根本转变,最终以自己的强势文化取代对方的弱势文化。

融合式:重组并购双方实力相当,双方企业文化虽然有差异,但是总体上都积极进取,富于竞争性,有比较强的凝聚力。双方通过相互渗透、相互学习、相互补充,最终复合成为一种更优秀的新型企业文化。尤其当重组并购发生在相关产业(如横向并购战略)且重组并购主导方是多元化企业时,可以选择这种整合模式。

促进式:在重组并购中,有时被并购企业(目标企业)的文化比并购企业(主并方)的文化还强势。在这种情况下,并购企业应采取促进式整合模式,吸收目标企业文化中合理、有效的部分,通过文化沟通和交流将异质的、有益的因子引入到本体企业文化中。尤其是当重组并购发生在非相关产业时(如纵向一体化并购战略和多元化并购战略),容纳多元子企业文化存在的重组并购可选择此文化整合模式。

隔离式:因为双方文化背景和企业文化风格迥然不同,甚至相互排斥或对立。在文化整合的难度和代价较大的情况下,如果能保持彼此的文化独立,避免文化冲突,反而更有利于企业的发展。这种方式主要适用于某些跨国公司间的重组,特别是当重组并购发生在非相关产业间时。

从以上我们可以发现文化整合四模式理论有科学因素,但也有其局限性。企业重组并购的实践是千变万化的,并非替代式、融合式、促进式、隔离式四种整合模式所能完全包容,而且有的整合模式在国外可以用,在国内还应考虑到我国国情、国有企业及民族企业的特点,以及企业职工的文化心理、承受力等因素。所以,我们可以吸收文化整合四模式理论中科学、合理因素,但不拘泥于其理论本身,千万不能照般照抄。

企业文化整合再造的主要原则

企业文化整合再造需要遵循的原则主要有:

循序渐进的原则。因为企业文化具有复杂性、多元性、渐变性等特点,所以文化整合不能像有形资源整合那样,可以实施较强的刚性操作,文化整合要服从人的认识规律,需要一个渐进的较长的持续过程;文化整合效果的显现,在整个企业重组中一般也相应滞后。因为重组后新组建的企业要形成新的使命、愿景、宗旨、精神、价值观和经营理念等文化基因,并最后形成新的框架体系,需要一个过程,特别是这个新的企业文化体系要为双方员工所认同和遵守的,并体现在生产经营实践、管理制度、员工行为方式与企业对外形象中,更不可能一蹴而就。

全员参与的原则。整合再造企业文化的终极目的是塑造新的“企业人”。没有企业员工的积极参与,企业文化的深层次渗透是不可能实现的。所以,文化整合、再造不是某个部门或者某几个人的事情。企业员工是企业文化整合再造的实践主体,离开广大员工的参与、支持、认同,企业文化再造将会流于形式,最终导致重组的失败。

平等性原则。企业文化的公平性、无歧视性,是企业员工与管理人员凝聚力与向心力的源泉,也是判断企业整合成功与否的标准。包括员工的薪酬待遇、绩效衡量与奖惩标准的一致,是确保重组企业队伍稳定的关键因素。特别是在重组后,如果对重组双方企业员工不是一视同仁,往往造成队伍不稳、人才流失,对于企业而言,将蒙受难以估量的损失,因而,必须采取切实可行的措施,消除潜在歧视才能创造出相互平等的和谐环境。

优势互补原则。在推进文化整合时,对强势文化、弱势文化的积极因素，不能简单地取舍，而是要具体问题具体分析，采取科学扬弃态度，从实际出发，把重组双方企业文化的有机基因融合、吸收、嫁接到新的企业。

动态创新原则。任何一个企业文化在形成之后都不是也不该是静止不变的，而是随着外界环境的变化显示出其极强的适应性和旺盛的生命力。当今社会文化呈现出加速发展的态势。面对文化的加速发展，任何一种企业文化都不能固步自封，而应该适应社会环境的变化，积极地借鉴其他企业的优秀文化成果，不断地充实企业文化的内容，赋予企业文化新的内涵，在企业文化综合创新的基础上，不断提高企业的外界适应能力和内部凝聚力，增强企业的核心竞争力。

企业文化整合再造的几个关键环节

企业文化整合、再造，实质是重组双方的文化重新一体化，是一项复杂的系统工程。因此，在实践中要摸清规律、把握特点、有条不紊、纵深推进。

准备阶段。一是成立文化整合团队，组建一支高素质、专业和富有经验的文化整合团队是文化整合得以高效开展的组织保证。二是进行调查研究。要深入调研，了解重组双方企业原有的企业精神、经营理念、规章制度、行为准则；员工知识结构、综合素质；双方企业文化的强弱程度、相适应性等等。此外，还必须立足重组后企业整体文化的实际或有关各方的实际，在分析评估重组双方原来的文化共性与差异性的基础上，发现双方文化的契合点，找到制订整合方案的依据。另外，立足国情实际，立足企业所在行业实际、所在地区的发展战略实际，把握先进文化的发展方向，也是文化整合中必须注意的问题。

系统规划阶段。企业文化整合、再造的过程，就是不同企业文化经过扬弃、融合、再造，最终为全体员工所认同的过程。通过文化整合，不仅可以将不同的企业紧密联系在一起，形成统一的发展战略目标、制度、精神理念，产生约束力、凝聚力、向心力，从而促进生产、经营、管理的进步，提高企业竞争力，实现预期规模模式效益的递增。所以要根据企业实际，重塑企业的使命、企业愿景、企业精神、核心价值观和Ⅵ，其中Ⅵ是重组后企业对外树立的形象，其他几个方面是企业内在的统一，只有基本做到五个统一，才能实现内外和谐，使重组后新企业的企业使命、愿景、精神、核心价值观和 VI 的统一规划、提出和讨论过程成为领导与员工上下互动的过程，成为企业与专家、机构内外互动的过程，从而形成共识，得到广泛的认同。在此基础上，找准切入点和工作重点，制定好企业文化建设总体规划，进一步细化文化整合的具体工作计划和方案。

文化整合实施阶段。文化整合归根到底要通过激发组织成员对文化整合再造的积极参与来实现。一要发挥企业领导者的示范作用。在企业文化整合、再造过程中，企业领导者起着非常重要的表率作用，他们是企业文化的实践者、宣传者、推动者。同时，企业领导还要注意培养发挥企业文化整合、再造骨干的带头作用；要注重发挥有关职能部门和工青妇等组织的作用，形成企业文化整合、再造的强大合力。二要发动全体员工积极参与。通过采取学习培训、座谈讨论、文艺活动、内部报刊、广播电视、网络沟通等形式，创新载体、拓宽渠道，持续不断地对员工进行教育熏陶，消弭重组并购所引发的心理隔阂，以及组织惯性和固有文化传统等因素，使全体员工主动参与企业文化整合再造，认同企业新的核心价值观、经营理念，形成齐心协力、共谋发展的良好氛围。

文化整合再造评价改进阶段。文化整合再造的最后阶段，就是要对文化整合的实施过程和结果进行总结分析和评价，如：检查文化整合再造的措施是否按计划得到了执行，是否达到了预期的目标等。这种评价有助于发现文化整合在计划、实施过程和达成预期目标方面的不足，从而为企业文化整合业绩的改进提供目标和路径。

推进文化整合再造中需要处理好的几个关系

“强势”与“弱势”的关系。在重组并购中，特别是吸收式合并中，双方企业往往有一个企业较为强势，而另一个则较为弱势。推进文化整合时管理者往往容易出现重视强势企业文化忽视弱势企业文化的倾向。值得注意的是，强势文化不一定是优质文化，弱势文化不一定是劣质文化。关键是要看它是否与整合后企业的发展战略、行业实际、企业实际相适应。在整合再造中要尽可能地对重组双方原企业文化统筹兼顾。任何企业文化都是经过长期的经营实践和历史的积淀、选择、凝聚、发展而形成的，在特定的市场环境中都有其合理性和必然性，都应得到应有的尊重。但是，任何企业文化又在各自的时空特性、内容和性质方面有自己的历史局限性，存在着某种“合理的偏见”。在企业文化整合再造中应将各个企业文化放在同等水平上进行交叉和平行双位比较，在历史、现实和未来的总过程中进行文化的历史定位，寻求文化差异的内在原因和填补差异的有效途径。探索不同企业文化在深层结构和内在本质上的共同点、结合点以及进一步协调的生长点、增长点，缩短企业间的文化距离，在优势互补中实现文化的真正融合。

本土与外来的关系。随着“入世”过渡期的结束，跨国公司进入国内重组并购国企、民企正越演越烈，而中国企业走出去，到欧美、非洲、中东等地重组并购当地企业也有增无减。在这些跨国重组并购中，双方由于受到不同国家和地区文化的影响和自身发展历程的影响，文化差异是多方面的，包括价值观、思维模式、管理文化、行为方式、沟通方式、思维方式、交往礼仪、人情心理等方面差异。这些都需要重组企业的管理者在整合中给以高度重视，实现跨文化的有效整合，促进和谐发展。中国企业还不是很擅长将海外文化与自己企业的文化融合起来，所以在跨国重组并购的企业中，如果对文化冲突管理不善，会导致严重的内耗，只有找到不同文化的结合点，实行平衡的管理模式，才能较好地解决文化冲突。

单一品牌与多品牌的关系。品牌是企业形象的最高表现形式。企业重组后,往往会出现品牌如何整合的问题,是采取单一品牌策略,还是采取多品牌策略。品牌整合意味着品牌的取舍,首先面临的是员工对原有品牌的文化情感,如果双方因为文化差异不能够统一思想,就很难在行动上保持一致。可以根据企业重组后的实际和今后公司科学发展的要求,进行品牌整合。

统一和差异的关系。重组后形成新的集团公司与旗下的子公司的文化纽带关系会有所调整,因为集团文化因重组而整合再造,所以集团与子企业的母子文化关系也需要调整。建设集团企业文化就是要让集团充分激发规模和整合效应,内部损耗降低到最少,效率和效益不断提高,产生一致对外的最好效果。要从企业特定的外部环境和内部条件出发,把共性和个性、一般和个别有机地结合起来,总结出本企业的优良传统和经营风格,在企业精神提炼、理念概括、实践方式上体现出鲜明的特色就是所谓的"亚文化",子企业"亚文化"与集团"主文化"的融合是一个非常现实的难题,这两个问题解决不好,企业文化的作用就会大打折扣。如果不整合就强行推进,就得不到下属公司的认可,也就失去了意义。企业文化整合应注意这两个文化之间的互动,让亚文化源源不断地为主文化注入新的发展活力,增添新的发展支撑点,主文化才能不断创新。主文化应该为亚文化规划一个总体的发展蓝图,提供一个大展身手的平台,推动集团企业文化不断发展。

继承与创新的关系。重组企业的文化整合,不是双方原有文化的简单叠加,也不是全部推倒重来,它是对原有文化的扬弃,是在去劣存优的基础上,对企业新文化的一次催生再造。要注意继承发扬传统文化的积极因素,挖掘整理本企业长期形成的宝贵文化资源,并适应建设学习型、创新型、和谐型、国际型的需要,用科学发展观和系统创新的思维对原有的企业精神、经营理念等进行整合和提炼,赋予其新的时代内涵,在继承中创新、在弘扬中升华。

(作者单位:北京市国资委,本文摘自《企业文明》2009年3期)

中国企业文化建设倾向性问题及解决对策

赵 凯

我国在企业文化建设中存在认识上的庸俗化、理解上的简单化、动机上的功利化、操作上的形式化等,阻碍了我国企业文化建设步伐,必须着力解决之。

在长期的生产经营管理实践中,我国企业文化建设创造和积累了丰富的经验,涌现了一大批使命高尚、理念清晰、稳步实践、员工认同的文化制胜的优秀企业。对于要不要建设企业文化、加强企业文化建设的重要性,大多数人已形成广泛共识。但要清醒地看到,我国大部分企业文化建设尚处于普及阶段,冷静分析我国企业文化现状,许多企业在推进企业文化建设中,存在体制性的障碍、与科学管理相抵触的问题、与中心工作相脱节的"两层皮"误区、"宣传部式企业文化现象",过分政治化的倾向、重说不重干的作风、虎头蛇尾的现象,上热下冷的矛盾、员工难以认同的难度、不知如何深化的困惑,等等。现阶段我国企业文化建设存在的主要倾向性问题还表现在,在开展企业文化建设工作中,存在认识上的庸俗化、理解上的简单化、动机上的功利化、操作上的形式化等,阻碍了我国企业文化建设的步伐,制约了企业的发展成熟。我们必须着力解决这些倾向性问题,扎实推进企业文化建设。

企业文化建设存在的倾向性问题

认识浅薄,以庸俗化的态度认识企业文化。一是一些专家学者、企业文化工作者认识到企业文化对现代管理理论的重大影响和潜在功能,表现出异乎寻常的热情,热衷于"纸上谈兵",热衷于对企业文化定义、功能、作用和企业文化与思想政治工作、与精神文明建设关系的争论,热衷于把西方的企业文化理论奉为教条,很少考虑结合中国国情和企业面临的环境,特别是内部环境。不对自身企业文化建设的宏观环境和微观环境进行分析,就不能把握和找准企业文化建设的规律和特点。表面文章多,生搬硬套多,甚至故弄玄虚,无限夸大企业文化的功能,似乎企业文化具有超凡的功能,可以使企业由落后变成先进、由亏损变成赢利,给人以空洞玄乎、高深莫测的庸俗之感。二是有的企业领导没有认知、认同企业文化,从骨子里轻视企业文化,认为企业文化看不见、摸不着,是软的、虚的,是绣花枕头,认为有了钱就可以买来文化,买来名气名声,认为企业文化建设就是花点钱弄个牌子、争创个先进称号等来装潢门面,为自己提高知名度,以实现自身利益最大化。

理解肤浅,以简单化的方法建设企业文化。有的企业经营者自以为是,不理解企业文化的真正内涵,在弄不清什么是企业文化的情况下建设企业文化,把企业文化与企业管理理解为互不相干的两回事,对企业文化认识简单、片面、狭窄。一是望文生义,把文化娱乐活动当成企业文化建设,认为企业文化建设就是唱唱跳跳、欢欢笑笑,把企业办得像个俱乐部。二是认为企业文化建设就是要策划一些有影响的事件,制造轰动效应,花钱请记者、作家找新闻线索,花钱请专家学者挖掘"有价值的事件",把平常的一件事非要找出特色来,"吹"出影响来,一旦企业得到什么荣誉、做了什么善举,便马上写出一些歌功颂德、自我吹嘘的文章,策划出规模盛大、热闹非凡的场面。三是没有对企业进行深入的调查研究,没有结合企业的生产经营、改革发展,研究员工的思维方式、文化心态、价值取向、道德水准的新变化、新趋势、新情况,不去研究转折时期文化理念、管理模式、管理思想、经营目标、经营宗旨等,请一些秀才闭门造车,整理出的企业宗旨、愿景、价值观等,动辄"国际一流"、

"国内顶尖"、"最精、最优、最大、最强",类似表决心的政治口号。这些挂在墙上、写在纸上、说在口中的企业文化,与企业的生产经营中心、与员工的思想实际相分离,使人乏味,熟视无睹,收效甚微。

动机不纯,以过分功利化的目的建设企业文化。我们调研了不少企业,其企业文化建设之所以难以深入、难以取得成效,问题的实质在于企业领导者没有以正确的目的推进企业文化建设,没有把经营企业作为人生执着的事业去做,而是为了某种政治目的、经济目的,或为了标榜自己,在企业文化建设上表里不一,没有人格力量,内心深处没有确立正确的办企宗旨,没有坚持正确的价值观,没有建立现代企业制度下的组织体制和决策机制,没有真正以人为本、诚信规范、尊重每一个员工的创造精神和积极性,没有真正把企业文化建设当成一项事业来做,使员工难以认同、信服。

华而不实,以形式化的手段推进企业文化建设。一是跟风、追时髦、赶潮流。一些企业看到别人建设企业文化,认为自己也不能落后,要立即行动,听说人家要开研讨会,自己赶快编凑发言材料,表一下决心。二是做秀,做表面文章。一些企业认为上级号召建设企业文化,便模拟先进企业的企业文化建设经验,草拟企业文化建设规划,提几句标语口号,在报刊中开辟企业文化大家谈专栏,在电视上再搞企业文化知识大赛,这些不过是热热闹闹的花架子。三是抄袭成风,生搬硬套,缺乏个性,千篇一律。一些企业在确定企业的经营理念、核心价值观时,缺乏独立的人格,缺乏独立思考,不具备作为市场竞争主体在长期生产经营活动中所形成的思维方式,只注重编制一些时髦口号、标语,不注重培育反映本企业特色和企业内涵的经营思想、经营哲学,编出的价值观念、经营理念似曾相识,缺乏个性;企业精神贪大求全,面面俱到,是放之四海而皆准的废话,职工无法理解、掌握,也就不予认同,没起到应有的效果。

解决文化建设倾向性问题对策

企业领导要完善自我,以积极的心态推进企业文化建设。做企业如同做人,经营企业最重要的是企业家心术要正,心态要好,心胸要宽,要有崇高、正确、坚定、果断的价值取向。企业家是企业的灵魂、员工的主心骨,其自身素质、精神风貌决定着企业的前途与命运。市场经济要求每一位企业家必须具有强烈的竞争意识、效率意识、风险意识、信息意识、科技意识、诚信意识等,但仅有这些是远远不够的,还只是微观的、零星的。重要的是企业家要具备创新精神、责任精神、法治精神、道德精神、世界精神,要以"内圣"精神,以良好的心态,面对人生,在生活和工作中,不断感悟到人生就是不断自我完善的过程;完善人格,把人格作为做事的最高准则,以完善的人格成就人生、成就自我、成就事业。以崇高的理想、高尚的道德情操和良好的工作作风,在纷乱如麻的现实社会中,用正确的心态不断提升和突破个人的境界和追求,坚持责任与利益统一、激情与理性兼备、思想与行动一致,以自身强大的凝聚力、感召力,带动员工不断自我反省,适应新的环境变化,完成自己角色和行为的转型,为企业的发展不断拓展更广阔的空间。

企业领导要率先垂范,把企业文化建设作为事业来做。党的十七大指出:"当今时代,文化越来越成为民族凝聚力和创造力的源泉,越来越成为综合国力竞争的重要因素,丰富精神文化生活越来越成为我国人民的热切愿望"。

企业文化是社会主义先进文化和国家文化软实力的重要组成部分,但它不是包医百病的灵丹妙药,不是充满铜臭气的庸俗之作,不是动机不纯的虚假作法,不是简单拼凑的应时之举,更不是强行命令、以势压人的强权,它靠领导的人格力量,以文化人,使职工从内心认同。它的地位和作用,体现在它是企业不可复制的文化基因,具有凝聚、激励、约束、导向、协调功能,对职工起着潜移默化、以文化人的作用,着力在企业内部形成共同的价值观念、氛围作风,激发上下同欲的精神力量。因此,企业领导要以求真务实的精神,把企业文化建设当成事业来干,以真抓实干、率先垂范的作风,做企业文化建设的设计师、传播者、倡导者,以博大的心胸,吸纳管理团队的智慧,完善自己的管理思想;以高度的信任,支持依靠团队,推行企业理念和价值观;以自身的行动,践行企业价值观,通过一举一动、一言一行,赢得干部职工的信任、信赖,带动各级管理人员做企业文化的推动者,引导职工做企业文化的建设者、参与者、实践者。

立足高起点、高品位和高境界,确立正确的愿景、使命和价值观。管理大师德鲁克说:"企业的目的在于企业之外。"每一个要在市场竞争中有作为的企业,必须要解决好自己的愿景、使命、价值观问题,追求企业与员工、股东、社会、顾客价值共享。必须要认清企业是什么,即企业愿景的问题,它回答企业将要成为什么样的企业,它代表企业发展方向,是企业长期努力的目标。必须认清企业为什么,即企业的使命或宗旨,就是企业生存的价值和理由。作为现代企业,要树立崇高的使命,"不能钻到钱眼里",盲目追求利润最大化,不仅要承担经济责任,还要承担社会责任、政治责任,要对员工、顾客体现人文关怀,对国家、社会尽到义务。要认清企业如何做?即有了愿景、使命,还要靠正确的核心价值观去落实,以核心价值观作为我们行事做人的根本原则,以核心价值观彰显公司与众不同的品质,竭尽全力予以培育和维护。因此,作为现代企业的愿景、使命、价值观,其制定要立足于国内外政治、经济、文化发展的大格局、大市场、大趋势;认清当今政治多极化、经济全球化、文化多元化、信息网络化的特征;着眼于当今员工除了是有功利性特征的经济人之外,还是对知识追求多样化的知识人、流动的社会人和追求公正、公平、公开的人文精神的现代人。企业要在符合国家大政方针、法律法规、社会文化背景的同时,兼顾自身的历史文化背景,以遵循市场经济规律为前提,形成自己独特的思路,把创造良好的文化生态摆在更加突出的位置,以构建"企业与员工、员工与员工、企业与企业、企业与政府、企业与社区(社会)、企业与环境、员工身体与心理、企业与股东的和谐关系”为核心,构建企业的经营观、改革观、发展观、合作观、环境观、生活观等价值观念。在合理界定企业责任的基础之上,以现代企业的特有方式,与顾客、员工、政府、社会、股东等利益方全面建立诚信关系,尊重股东,积极维护股东权益,为股东创造回报;尊重顾客,发展与顾客的持久伙伴关系,为顾客创造价值;追求与社会和谐共存,协调发展,为社会创造财富;关心员工,共享利益,共存共荣,为员工创造机会。

以求真务实的精神,推进企业文化建设。企业文化作为新型企业管理理论、管理文化,其企业精神的铸造、价值观的培育、行为规范的养成,是长期的系统工程,我们只有以求真务实的作风,不尚浮躁,不事张扬,不搞形式,埋头苦干,锲而不舍,持之以恒,循序渐近,逐步积累,才能取得成效。企业文化建设要着眼于员工认同,切实提高针对性和实效性。要针对员工的思维方式、文化心态、心理态势等,有的放矢,找准工作的着力点,使员工觉得有用、实用,从而从内心认同,在工作实践中自觉转变思想观念、创新思维方式、规范自身行为、塑造良好形象。坚持从上到下宣传引导,上下结合,良性互动,通过故事、出版物、培训、奖励、仪式等,持续不断宣传贯彻企业文化,使广大员工认知企业文化,认同企业文化,自觉实践企业文化。企业文化建设要渗透融合企业中心工作,走出形式化、简单化的“两层皮”误区。要立足企业实际,符合企业定位,渗透融合生产经营管理,使企业文化的内涵、措施等,紧扣中心,反映企业实际需要,渗透融合到企业的大局中去,让企业领导觉得企业文化有用、管用,关系到企业的发展战略、生产经营,关系到企业的信誉形象,关系到企业员工队伍素质的提高,是增强企业的凝聚力、提高核心竞争力的重要举措,是基础性、长远性、战略性的工作。企业文化建设要重在建设,克服庸俗化、随意化的倾向。要系统思考、重点突破,着力抓好企业文化观念、制度和物质三个层面的建设。进一步建立健全企业价值理念体系,准确把握企业自身的背景、地位与性质,继承和发扬企业的优良传统,从深厚的文化底蕴中提炼出符合时代要求、具有企业特色的企业精神和核心价值观,正确确立企业的使命和愿景;进一步健全和完善行为规范体系,完善各项制度,借鉴 ISO9000、HSE 等国际通行的管理标准,认真制定和完善各项管理制度、操作规程、工作标准和考评办法,把企业文化理念体现到企业经营管理各个环节;进一步健全和完善形象识别体系,塑造企业形象,展示企业员工精神风貌。要注重企业文化的培育和维护,高层领导要阐明企业的核心价值观,率先垂范承诺,支持实践企业文化,对全员进行企业文化宣贯培训,使企业文化成为整个企业组织群体意识和行为。

(本文摘自《企业文明》2009 年 6 期)

对构建和谐企业的几点认识

薛所文

社会主义和谐社会是一项复杂的系统工程,涉及社会的方方面面。实现社会和谐,要求整个社会系统的各部分、各要素都处于协调有序的状态。企业作为党执政的重要经济基础,对构建和谐社会具有举足轻重的地位,发挥着不可替代的作用。企业、企业领导、企业员工是否和谐,直接关系到和谐企业的建设。

企业要构建和谐的创业环境

企业内部构建诚信友爱、公平公正、民主平等、干事创业的环境,应做到以下几点:

诚信友爱,促进人际和谐。社会主义和谐社会是人与人之间和谐相处的社会,只有人际关系融洽,才能实现社会和谐。提倡诚信友爱,首先要做到企业与员工的和谐。这就要求企业要从关心人、体贴人出发,切实了解员工的所思、所想、所需、所盼。不仅要关心员工的现实利益,更要着眼于员工的长远利益,以员工答应不答应,认可不认可,满意不满意,高兴不高兴作为评判工作正确与否的标准,工作不仅要讲求春风化雨、耐心细致,更要讲究以理服人、以情感人。通过各种有益的活动,不断增强企业的亲和力,架起企业与员工之间沟通和消除隔阂的桥梁,创造和谐温馨的人际关系。其次要做到企业与用户需求的和谐,牢固树立“诚信共赢”的思想。工作讲诚信,做到讲真话,办实事,不折不扣地完成任务。一诺千金,言而有信;合同讲诚信,做到说了的就算,定了的就办,不折不扣地依法办事,不折不扣地履行合同;交往讲诚信,大力提倡和气生财、合作共赢的思想,形成对内用诚信凝聚员工,对外用诚信凝聚用户,以我们的诚信赢得股东、客户、供应商和社会各界的尊重。第三要做到员工与员工之间的和谐。员工与员工之间,提倡互相关爱,反对漠不关心;提倡宽宏大度,反对斤斤计较;提倡实事求是,反对弄虚作假;提倡诚信待人,反对不守信用,为营造和谐氛围奠定基础。

坚持公平公正,营造干事环境。一是制度设立要公平公正。俗话说:“公生明,廉生威”。企业的各项制度,都要体现公平公正原则,出发点要体现全体员工的利益,目的要调动绝大多数人的积极性和创造性。通过制度建设,让好人多做好事。二是环境营造要公平公正。在和谐企业建设中,应坚持把推动工作与促进人的全面发展结合起来,以工作造就人,通过搭建平台,提供舞台,使企业的每个员工都能各尽所能,各得其所。三是用人导向要公平公正。要坚持正确的用人导向,坚持“德才”兼备和“四化”方针,进一步健全和完善干部选拔任用机制、培训交流机制、考核评价机制,以业绩评判人,以群众公认选人用人,使各类优秀人才脱颖而出。

注重民主平等，保持团结稳定。构建和谐企业，目的是凝聚人心、推动工作、促进发展。要把人心凝聚起来，把力量调动起来，离不开民主平等的氛围。这就要求企业与员工、上级与下级、同事与同事之间做到讲尊重、讲权益、讲团结。讲尊重，就是企业要尊重员工，定政策，作决定，要充分考虑员工的切身利益；同时，上下级之间，同事之间，要尊重彼此的人格，破除等级观念，反对庸俗作风；讲权益，就是不仅要保护企业的权益，而且要保护企业所有人员的权益，特别要保护好员工的应有权益，真正落实好员工的知情权、参与权、建设权、监督权；讲团结，就是要在坚持原则的前提下求同存异，讲大局，以诚相见，相互理解，相互信任，积极化解矛盾，促进企业和谐。

弘扬创新精神，推动事业发展。构建和谐企业，既要努力形成和谐的人际关系，也要积极创造充满活力的干事创业环境。只有调动全体员工的积极性、主动性、创造性，使每一个人的聪明才智得以发挥，人生价值得以实现，才能在更高层次上实现和谐。因此，要大力弘扬创新精神，不断激发创新活力，通过创新，建立化解矛盾、解决问题的机制，妥善协调各方面的关系，把和谐企业建设提高到一个新的水平。全体员工要始终保持昂扬向上、奋发有为的精神状态，勇于开拓、锐意进取，在不断开创工作新局面中促进和谐，在不断促进和谐中推动事业发展。

领导要倡导和谐的人际关系

构建和谐企业是构建和谐社会的重要组成部分。在构建企业和谐的人际关系中，领导既是指挥者，又是实践者，肩负着极其重要的责任。

实施温情管理。温情管理，是以人为本增强企业凝聚力的一种现代管理模式。温情管理的核心是通过尊重、信任、关心员工，培育企业的亲和力。

尊重员工，培养知遇感。员工是有感情的，他们都有着很强的自尊需求，特别是随着员工素质的提升，这种需求越来越强烈。因此，作为领导，就要顺应这种需求，通过尊重员工的民主权利，发现员工的优点长处，培养员工的主人翁意识，挖掘员工中蕴涵的潜能，让员工在合适的工作岗位上施展才华。

相信员工，培养责任感。让员工增强责任感的前提是信任员工。企业界流传这样一句话：你敬员工一尺，员工敬你一丈；你敬员工一丈，员工把你举到天上。可见，只要领导信任员工，并赋予一定的权力，员工就会诚心诚意地履行责任。

关心员工，培养亲近感。领导应该懂得，人心是世界上变数最大的东西，他越遭冷落越淡漠，越受关怀越火热。因此，作为领导，一定要宽宏大度，与人为善，时刻惦记员工的工作和生活，多做暖人心、感人心的事。

激发竞争活力。构建和谐企业，不是追求表面上的一团和气，而是要激发内部活力，使企业形成百舸争流，万马奔腾，各尽所能，各得其所的良好局面。领导制定的竞争措施要兼顾各方面的利益，积极营造公平竞争的环境，使得员工的付出与回报相当，工作热情得到保护，创造活动得到支持，指挥才能得到发挥，劳动成果得到肯定，形成让一切有利于公平竞争的活力竞相迸发，让一切有利于事业发展的创造源泉充分涌流的良好局面。同时，通过物质激励、进修激励、晋升激励、荣誉激励、表扬激励、榜样激励等不同的激励措施，进一步满足不同层次人员的需求，不断激发企业的竞争活力。

善待员工情绪。善待员工情绪，实际上就是对员工要有感情。领导对员工的感情深不深，直接体现为干群关系和谐不和谐。领导只要把员工的冷暖挂在心上，对员工付出一片真情。那么，再大的矛盾，再难解决的问题都能迎刃而解。只有对员工充满感情，才会在意员工眼里的泪、身上的痛、心中的苦、家里的愁，才不会在意员工的言语是否粗糙、行为是否简单、态度是否谦恭，才愿意为员工披肝沥胆、宵衣旰食，吃再多的苦、受再多的怨、忍再多的屈都心甘情愿。对员工有感情，才能换位思考，推己及人、将心比心，设身处地为员工着想；才会积极动脑筋、想办法，把事情越办越好。对员工感情越深，践行“三个代表”重要思想越自觉，先进性体现就越明显。

起好表率作用。在构建和谐的人际关系中，领导的表率作用表现在四个方面：一是要加强世界观的改造，做带头学习的榜样，自觉用“三个代表”重要思想和科学发展观武装头脑，做廉洁自律的表率。二是要树立群众观念，牢固树立全心全意为员工服务的意识，真心实意对员工负责，做到心里装着员工，凡事想着员工，努力为员工排忧解难、化解矛盾，带领员工为构建和谐企业而奋斗。三是要践行社会主义荣辱观，成为引领社会风尚的旗帜，形成维系企业和谐的精神纽带和道德风尚，激励员工奔向崇高的精神境地，推动和谐社会的建设。四是要树立人格魅力，领导优良的人格品质，具有强大的道德感染力和感召力，领导重视加强自身思想道德修养，增强人格魅力，就能用人格力量把员工紧紧团结起来，引领大家为事业的发展共同奋斗。

员工要养成和谐的健康心态

十六届六中全会指出：要通过“广泛开展和谐创建活动，形成人人促和谐的局面。”在构建和谐企业中，员工要养成和谐的健康心态，应做到以下方面的工作：

和睦相处构和谐。在企业里，大家每天在一起工作，人与人相逢共处是一种缘分。因此，想问题、办事情都要从“大家”出发，要珍惜缘分。相互之间要多关心少排斥，多支持少挑剔，多谦让少争执；对出现的矛盾和遇到的困难，要多沟通少误解，多信任少猜疑，多宽容少计较，只有这样，社会才能和谐，企业才能温馨。当然，社会是矛盾的社会，企业中员工与员工之间、员工与领导之间，相互摩擦、误会、纠纷是在所难免的。这就要求企业的每个员工都要以大局为重，大度容人，为人处事不能长“小心眼”，搞“小动作”，拉“小圈子”，培养求同存异的雅量，克己为人的胸怀。作为现代人,更应该把自己的小目标与社会的大目标统一起来,把自己的"小我"融入社会的"大我"之中,在实现企业的大目标下,大事小事兼容得,大善小善兼施得,大忙小忙兼帮得,正确处理好人与人之间的关系。

严己宽人育和谐。凡事严于律己,宽以待人,是最重要的致和之道。遇事要首先反省自己有何不足,要求自己尽心尽力、尽善尽美,而不是埋怨、指责别人。这样要求自己,就能避免相互抱怨、相互指责,就能创造出相互支持、相互关心、相互配合的氛围。推己及人,是致和的又一关键环节。一言一行不只想到自己,而且要顾及他人,要饱含对他人的理解、尊重和关心,将心比心、设身处地为他人着想,这就是理解。现实生活中,许多不文明、不和谐的现象之所以屡屡发生,都是因为心中只有自己,全然不顾他人的愿望和困难,不能推己及人而造成的。只要我们都能够超越自己的狭隘眼界,把自己放在对方和他人的位置上想想,问题往往就能迎刃而解。推己及人,对人理解、尊重、关心,也必然会得到相应的回报。正所谓"爱人者,人恒爱之;敬人者,人恒敬之"。

常怀感恩建和谐。人生在世,无时无刻都在接受着来自各方面的恩惠。受恩勿忘,知恩当报,永远是人类的美德。作为企业的一名员工,首先要感谢企业给了我们一份工作。有了这份工作,我们才有了安身立命的资本,有了展示才华的平台,有了报效社会的机会。其次要感谢领导对我们的培养信任。没有领导的栽培和提携,没有领导的信任,个人的长处就无法发挥,抱负就难以实现。第三要感谢同事们的关怀和帮助。为什么我们经常为一个陌路人的点滴帮助而感激不尽,却无视朝夕相处的同事给了自己的种种恩惠,而对这些关怀和帮助麻木不仁、无动于衷?原因就是缺少了一份感恩之心。第四要感谢下级的支持。作为上级或领导者,要相信群众、依靠群众、尊重群众、爱护群众、感谢群众,须知,离开下级和群众的支持,任何领导者都将一事无成。由此可见,我们每一个人,每一个员工,人人都应当常怀感恩之心,感激生育你的人,感激抚养你的人,感激教育你的人,感激关怀你的人,感激帮助你的人,感激钟爱你的人……把"恩"字拆开,就是"因"和"心",正因为有了一颗爱心,人们才会用真情温暖彼此的心。还是那句歌词写得好:"只要人人都献出一点爱,世界就会变成温暖的人间"。

(作者系中国兵器北方重工集团公司党委常委宣传部部长,本文摘自《企业文明》2008 年 3 期)

企业管理就是文化管理

——对"文化管理"阶段划分的质疑

丁 亿

一、对"文化"内涵的再认识

"文化"内涵应该包括创造的过程和结果。众所周知,"文化"概念的表述有几百种之多,既是归纳以后也仍有一百多种。其中得到广泛认同并应用的就是我国《辞海》中的表述,有广义和狭义之分,广义的"文化"是指:人类社会历史实践过程中所创造的物质财富和精神财富的总和;狭义的"文化"是指社会的意识形态,以及与之相适应的制度和组织机构。不难理解,不管是广义还是狭义,其根本点都是指人类的创造活动的结果。而结果是由过程得到的,因此,"文化"的内涵应该包括创造的过程和结果。况且,对"文化"的定义中许多词本身就是过程的表述。从"文化"概念渊源拉丁语表示的耕作、加工、培养、教育等,到 E·泰勒、A·克鲁伯等大家为"文化"下的定义:知识、信仰、艺术、风俗习惯、生活方式等等,表示的都是人类进行的物质创造、精神创造的过程或者结果。归结起来都可以得出,文化的本质涵义就是人类的一切创造活动及其结果的结论。

人类的历史就是一部文化发展史。人类的历史就是一部人类为了自身的生存、繁衍与幸福而不断地进行创造活动的历史。从"文化"的角度不难得出,这部历史也就是人类的文化发展史,它涵盖了从原始社会到现在的上百万年的历史。"文化"伴随人类从原始走到今天,还将永远伴随人类走下去。由于人类的发展是一个从低级向高级发展的过程,在各个不同时期,人类的创造活动的内容、表现不同,也就呈现出"文化"创造的不同水平,也是一个从低水平向高水平发展的历史。因此,文明的程度也就不同,如古代文明、近代文明、现代文明等等。

"文化"已成为人们认识事物的一种方式。由上述可以看出,"文化"一词不仅是一种在时间概念上的状态或过程的表达,例如旧石器文化、新石器文化等。而且"文化"一词还具有高度的概括性,是人类认识整个历史长河中自身发展和能动地改造客观事物与自身的一种综合性的表达形式,例如饮食文化、民俗文化等。这就是说,"文化"给我们提供了一种既不同于哲学的思辩角度,又不同于自然科学等具体事物与分类的角度来认识人类历史的发展,而是从人类创造物质财富与精神财富的高度,来看待人类的进步与发展,这种发展当然也包括未来,构成了一种"文化"视角的认识和思维方式。当今,我们把社会领域划分概括为"政治"、"经济"、"文化",也表明了文化与政治、经济视角的不同。需要说明的是,这里的"文化"是大"文化"的概念,从人类创造物质财富与精神财富的角度看,政治、经济也都是一种文化。这样对文化的定义,本身就给了我们一种"文化"的视角和平台。

文化视角强调对事物的尊重和创新。首先"文化"的视角是一种实事求是的尊重原创性的展现,有的具有阶段时期性,例如仰韶文化,展现的是 3000 多年前,中原地区人民所创造的物质、精神文明的状况。归于此类的还有半坡文化、玛雅文化等。而更多的则是整体时期性,是站在贯穿人类历史长河的总体角度来审视和展现的,如考古文化,虽然只是近代才产生的学科文化,但它的研究对象则是对人类有史以来的历史文物、遗迹的考证、考察、研究的总体展现。归于此类的还有诸如饮食文化、民俗文化、宗教文化、政党文化等。其次，"文化"视角更是一种不断追求智慧与文明进步的展现。

上述分析是否表明了"文化"作为一种观察、认识事物的思维方式，它具有尊重历史事实，也既是尊重客观规律的实在性，例如"考古文化"，这是它作为一种思维方式的本质要求；同时还具有开拓创新，不断进步与发展的实践性要求，例如"航天文化"，这是它作为一种思维方式的内在要求。

至于人们日常使用"文化"一词，有时是在广义范畴中，有时则是在狭义范畴中。从人类创造活动的角度讲文化，就是广义的文化，从思维、精神的角度讲文化，就是狭义的文化。既讲物质与精神两个方面的活动，就是广义的文化；只讲精神方面的活动，就是狭义的文化。例如，讲考古文化，就是广义的文化；讲文化艺术，就是狭义的文化。有时人们分不清这一点，往往造成片面性或者模糊不清。我们所讲的企业文化，由于包含了物质文化、行为文化、制度文化和精神文化，因此，属广义的文化。许多人则往往从狭义上来理解，认为只是精神文明的事，于是就闹出了"企业文化是政工部门的事，是党委的事"诸如此类的笑话。

文化管理与企业管理

文化与文化管理。自从有人类以来，人类对自己的创造活动就有管理的需求和实践。例如原始社会，人们为了抗击自然灾害和狩猎，就需要对部落人员进行分工和团结协作，这就是管理，这种对"创造活动的管理"从文化的角度讲，就是"文化管理"。因此，有"创造"，就有"文化"，也就有"文化管理"。"文化管理"的本质涵义是人们为追求某种目的而进行创造活动时所进行的计划、组织、控制等管理活动。正如"管理"是个中性词一样，"文化管理"也是一个中性词。只不过"管理"泛指一切，"文化管理"是从人类创造活动的特定角度而言的。在广义上它不具体指创造什么，而是泛指对人们所有创造活动的管理，因此，具有较高的层次。在这里，"文化"展现的是过程与结果，"文化管理"展现的是对过程与结果的控制与追求。

文化管理是一种智慧管理。之所以这样下结论，首先是因为进行创造活动的是具有智慧的人。既然是从创造的角度看管理，自然就有一个"怎么样创造的更好"这样一个逻辑问题。人类从走下树木那一天就开始了对这个问题的探索、实践与回答。符合事物发展规律，且效率最高，效益最好的追求是人类生存、繁衍，创造生活与未来，追求幸福的必然选择，这是人类智慧的反映，也是"文化管理"不断追求的目标。文化管理的规律是人们创造活动所遵循的规律"需求—创造—提高—再需求—再创造—再提高"，呈现螺旋状的向上发展，每一个循环这种创造上升到一个高于过去的水平。这恰恰与人类社会螺旋式向前发展是同步的。同样是文化管理，时代不同，文化的文明水平就不同。反之，任何一种特定的文化表现都反映所在时代与时期的特征。当然，愚昧落后的文化在当今时代仍然还有表现，甚至还将长期存在。人类历史的长河中，暂时的倒退和下降也是不可避免的，但改变不了时代文明向前发展的趋势。

企业管理、企业文化与文化管理。企业管理的理论诞生于自由资本主义时期，距今仅两百多年的历史。经历了古典科学管理、行为科学管理、管理丛林三个阶段以后，自20世纪80年代中期进入了当今被称为"企业文化"管理的阶段。从前述"文化"的概念可知，企业文化是企业自身的文化，它是伴随企业的诞生而相伴形成的。因此，企业文化的历史也同企业管理的理论一样已有两百多年（实质上是对一种事物两个不同角度的认识而已）。而绝非只有企业管理进入第四阶段的三十多年。前三个阶段的管理实质上也是企业文化管理，只是管理的核心要素不同罢了。古典科学管理阶段是把人性假设为"经济人"作为理论，"以'物'为核心要素的管理；行为科学管理阶段是把人性假设为"社会人"作为理论，以"物"为核心要素的管理；管理丛林阶段则是把人性假设为"复杂人或决策人"作为理论，"以新的科学理论应用到管理之中"为特色的管理。当今企业管理已进入"以人为本"的管理阶段，"企业即人、企业为人"，人的因素称为第四阶段的核心要素和特色，因此，把第四阶段称为"人本管理"是合适的。显而易见，把四个阶段同属的"文化管理"，强行归为"第四阶段"，不仅造成了理论上的逻辑错误，而且也在实践上误导了人们的认识，这正是"认为企业文化是独立于企业现行管理以外的管理方法"的错误认识来源，是造成企业文化落地困难的重要原因之一。

人本管理阶段的"文化管理"。文化管理是个中性词，仅是表示人们对创造活动的管理，本身并不带有特定的内容，只有和具体的时期、领域等相结合，才具有丰富的内涵、层次和特色。人本管理阶段的"文化管理"，就是当今时代流行的"企业文化"管理，或者说是"以人为本"的企业管理。人本管理的核心是"以人为本"，确立了"人"在管理中的核心要素和地位。"企业"在这里也被虚拟为生命有机体"人"，"企业即人、企业为人、企业靠人"，正如松下所说"松下生产'人'，也生产电器"。

这个阶段的文化管理有三个突出的特色，一是充分利用和展现"文化力"的魅力，"文化力"按照文化力研究第一人贾春峰教授的理论，主要有四方面的内容：智力因素、精神理念、文化网络和传统文化。其中智力因素包括科技和教育在内；精神理念包括理想、道德、信念、人生观、价值观、人格魅力、求实创新、奉献精神等；文化网络包括图书馆、博物馆、电影院、俱乐部、体育馆等文化、体育活动设施。二是实现价值管理，即一切管理围绕实现和提升人与企业的价值来展开。而价值又是通过理念管理来实现的，所以又称理念管理。理念就是建立在理性思考、决策基础上的对事物的指导思想和指导原则。实现理念管理就是建立以企业精神为灵魂、价值观念为核心的理念体系。三是实现文化自觉，这是实施人本管理的重要条件，也是实现人本管理长效机制的保证。首先是企业领导人员，其次是员工，变"要我”为“我要”,实现所有员工的自觉行动,这是人本管理追求的目标,也是文化管理的最高境界。

我们建设企业文化,实质上就是对现有文化管理进行反思、评估,对照人本管理的基本要求,找出存在的问题,设计出符合本单位实际的人本管理的目标、要求,然后进行策划和实施,分阶段逐步深入地的对现有文化管理进行改良、改造,甚至是脱胎换骨式的变革。达到建设具本单位特色的优良文化,增强企业核心竞争力,促进企业发展之目的。

(作者系中电投河南分公司河南电力燃料有限公司原党委书记、中国企业文化研究会特邀研究员)

零文化管理模式的探索与实践

项 宏

企业管理的最高境界应该是不论高管层如何变化,企业都会持续、恒久、和谐发展。现实中这样的境界仅仅是一种追求,很少有企业能够真正达到,更有很多企业受困于“老板文化”的瓶颈而命运短暂。剖析开来,其症结主要在于现有企业管理模式普遍存在着企业管理与企业文化单摆浮搁,企业管理的阳刚外张力与企业文化的阴柔内敛力不能达到均衡协调的有机状态。

我从事基层管理工作二十多年,也一直在探索企业管理的有效途径。零文化管理模式是在管理实践中遇到的诸多困惑所逐渐引发的思考或者说是渐进累集的一些经验,所形成的实用管理方式,是真正来源于对实践的观察和分析,而不是在各种已有的理论上进行的拼凑。它注重管理与文化有机结合,既是一整套开放式、自循环的实用管理体系,又是平和、平静、平衡推动,“变散打为组合出击”的应用理论体系。其形态无始无终,要素无此无彼,方式可繁可简,范围可大可小,内容可多可少,主体灵活不限,途径常态普遍。之所以把这种管理方式称为模式,主要是体现它不仅适用于金融企业,而且对所有企业都具有广泛应用的特征。

“零”是万物的本原状态——零文化管理模式来自传统文化的启迪

为了搞好企业管理,理论家和企业管理者都在不断探索。“生存说”、“决策说”、“点睛说”、“创新说”,“动态论”、“系统论”、“整合论”、“文化论”等等,无不放射出智慧的灵光,无不在寻找企业管理的突破口。但在诸如此类的“论”、“说”指导下,为什么许许多多企业虽一直苦心经营,却潮起潮落、起伏不定?为什么企业管理活动和企业文化建设往往搞成形式化、运动式,一时热热闹闹,过后销声匿迹?面对这些困惑,我们该怎么办?破解这个困局的路径在哪里?博大精深的中华传统文化早已给了我们深刻的启迪,只有从中华文化的深厚底蕴中汲取智慧,创立一种以中华传统文化精髓为核心、以西方现代管理工具为手段、融东西方文明于一体的管理模式,才能从根本上解决企业发展的和谐性和可持续性问题。

我们观察和研究太极图会发现,它鲜明而又深刻地阐释了阴阳“两仪”相随相依、相克相生的关系,强调了“和而不同”,求同存异,不同力量之间始终处于某种和谐共处局面的动态平衡状态。

一切事物的发展变化若能保持“阴阳”完美结合,进而达到高度和谐,则万事万物必然可以顺利、坚固而弥久。在企业管理过程中,管理活动是为阳,企业文化是为阴;规章制度是为阳,运行机制是为阴;产品创新是为阳,质量服务是为阴……从宏观到微观,从对外到对内,从“看得见的”到“看不见的”,存在着诸多犹如此类的“表”、“里”两面,“阴”、“阳”两端的企业运行元素。只有注重从整体上把握企业的运行,站在跨管理、跨文化的高度切实处理好企业内部诸多层面的“阴阳平衡”关系,才能使企业既充满生机活力,又始终保持“自我零和(动态平衡)”状态,也就是达到科学发展观的基本要求——全面协调可持续。

一切从零开始——零文化管理模式着力激活经营管理力

一谈到企业管理,就会联想“质量月”、“服务月”等活动和定任务、下指标、检查评比等措施。这些活动和措施本身没有错,管理就是活动,管理过程由连续不断、平稳开展、扎实推进的各式各样的活动所构成。但各种活动往往会虎头蛇尾,成为人们所说的“活动式管理”。很多企业随着管理工具的大量引入,产品创新越来越多,服务质量却出现了缺陷(同质化、单一化等),经营业绩不断下滑;流程越来越细,管理事项间却出现了边界(多元化、复杂化等),效率不升反降。尼古莱·福斯在《企业万能》一书中指出,人的能力是企业发展的决定性力量,而人的能力具有局限性。就是说上述问题主要出在员工能力上,使企业管理活动不能持续放大,甚至导致企业管理所开展的活动有始无终。

一切从零开始。一方面就是要让员工所做工作与本企业发展目标无(零)偏差,即“一开始就正确地工作”,这是“零”的一般含义。另一方面,以全体员工“能力无局限”为支撑,通过有针对性地选用行之有效的管理工具,实现经营的“产品无缺陷”,管理的“流程无边界”。这三个“无”,用一个数字符号来取代,显然就是“零”,这是赋予“零”的特殊含义。

从最主要方面说,将员工视为企业资源,通过让员工全面参与经营管理理念的确立、组织制度的制定和企业产品的设计,在此基础上建立能力开发系统,逐步建立起由零能力局限、零管理边界、零经营缺陷构成的零管理体系,称作“零管理金三角”。该系统主要体现“以人为本”的管理哲学思想和行为。从这个基本认识出发,所针对的主要是“做事情的人”,而不是事情的本身。即利用和发挥人的不可思议的非线性精神功能,弥补物性因素(资源、技术、设备等)的不足，使人与事一起运动起来，突破个体能力局限性，无限放大团队能力和整体能量，形成具有“团体智商”的能力集合体。

一切从零开始，使企业能量得以持续不断的强化。零管理的三角架构也会使企业管理逐步形成零管理系统。在零经营缺陷子系统，通过扎实开展紧贴目标要求的经营活动（如产品质量零缺陷、服务客户零投诉等），逐渐创新对客户的产品和服务标准，就能“无穷”地注入企业动力。在零管理边界子系统，通过及时采取切实有效的管理行动（如管理流程零边界、信息渠道零阻滞等）逐渐形成对员工的成绩和效率评价体系，就能“无尽”地激发组织活力。在零能力局限子系统，通过建立完善的能力开发系统（如员工训练零成本、干群关系零距离等），逐渐形成人力资源使用的激励与约束机制，就能“无限”地提升员工能力。

产品和服务标准、成绩和效率评价、激励与约束机制，在零管理系统内三者相辅相成、互相促进、有机运行，使员工、组织、企业形成点、面、体三维结合的立体能量，从而提升员工能力、激发组织活力、注入企业动力，并使这三个方面的力量交互作用在一起，形成合力，即“经营管理力”，这是一种向前的力量、扩张的力量、把企业做大的力量，称之为经营管理力的三维扩张定律。

在经营管理力的作用下，由于全员全职业生涯的改变，员工能力的提升，企业经营管理理念会深入人心；由于企业制度的逐渐完善，组织活力的激发，员工行为会大大改观；由于产品的不断创新和服务质量的强化，企业动力的注入，企业有形财富（物质财富）不断增加。这些变化正是在开展“一切从零开始”的管理活动中，在放大企业能量的进程中，经过不断生成、累积和梳理，逐渐孕育出具有本单位特色的，以物质文化（产品）、行为文化（制度）、精神文化（理念）为核心的诸多企业文化现象的内涵所在，也可称为管理文化（管理文化是管理中的文化意蕴，是文化特征在管理中的体现，是从企业管理的实践活动中提炼出来的）。

管理文化是多元的，也是散乱的，文化元素之间相互作用、相互激荡，不可避免地会出现矛盾和问题，导致员工能力时强时弱，组织活力时有时无，企业动力时高时低。同时零管理系统的目标取向是向前、放大、外张，如果单一运行这个系统就会导致企业各个方面发展失去平衡，有的方面甚至远远偏离应有的轨迹，最终企业发展在经营管理力的作用下，就像不断充气的气球被涨破一样消失得无影无踪。这就需要找到一种“向回”的制衡力，以避免企业悲剧的发生。

把问题降到零——零文化管理模式注重强化文化整合力

通常一提到企业文化，往往就会想象“企业文化手册”、“文化长廊”等形式，各种口号、标志、挂图、装饰等载体花样翻新，看似轰轰烈烈，实质效果很小，甚至是负效果，成为人们所说的“运动式文化”。企业文化与民族文化、区域文化等个性文化一样，具有内生性和不可复制性，是在推进企业管理活动中自然孕育、慢慢生成而来的。如果照抄照搬势必会造成以下现象：片面夸大某一方面（如精神文化）就会导致文化活动的虎头蛇尾；弱化某一方面（如制度文化）就会造成企业文化的先天不足；若把所有企业文化要素简单叠加在一起就会造成企业文化的杂乱无章。其实质是把企业文化做成了静态、死板、教条的文化现象。因此，在企业文化建设中，就要把企业自身形成的物质、行为、精神三个方面的管理文化实现动态有机的结合，使三大文化的各要素间相互交叉、渗透、融合，达到零空隙和合状态，继而形成三面有机联系、动态平衡的零文化系统，称为“零文化金三角”。

把问题降到零，就是让全体员工“第一次就把事情做对”，自觉运用“问题管理法”，通过能力检验制度，循环提高员工能力；通过目前较常用的客户满意度和员工满意度测评，调整经营缺陷与管理误差，不断修正偏差，使企业始终保持在规范的轨道上运行，把问题降到“零”水平；通过有机整合散乱的、无序的、失衡的企业文化现象，从而持续员工能力、保障组织活力、维护企业动力，并使这三个方面的力量交互作用在一起，形成合力，即“文化整合力”。这是一种向回的力量、内敛的力量、把企业做强的力量。

在文化整合力的作用下，通过引入大量管理工具，不断进行文化整合，实施更高层级管理，这样的管理称为文化管理（所谓文化管理，就是将企业文化作为一种管理工具，让全体员工树立一种共同的理念，并共同为这个理念而奋斗）。

在经营理念引领下，企业动力会越来越足；在管理理念引领下，组织活力会越来越强；在人本管理理念引领下，员工能力会越来越高。企业经营者为进一步规范企业，还会不断引进诸如“CIS 战略”、“波士顿距阵”、“戴明循环”、“六西格玛管理”、“7S 管理”、“SWOT 分析”等等模型，使企业越来越规范，但同时也使企业逐步陷入僵化，使得许多管理者和分析师也不例外都会无所适从。同时零文化系统的目标取向是向回、收缩、内敛的，单一运行这个系统就会导致企业发展丧失活力，就像被刺破的气球一样消失得无踪无影。

认识了管理文化中经营管理力的扩张性，企业就会做得越来越大，最终导致企业“涨破”。理解了文化管理中文化整合力的内敛性，企业就会变的越来越强，企业终将被“刺破”。要想实现企业永恒的生命力，关键是要把握管理文化与文化管理的契合点，也就是零管理系统和零文化系统的动态平衡，这正是零文化管理模式的独特魅力所在。

达成“自我零和”——零文化管理模式取向于生成企业“超有机体”的文化力

随着企业管理活动与企业文化整合的共同深入，管理文化与文化管理之间的界限会变得越来越模糊。管理活动由微观向宏观发射式的扩散所形成的是企业一种向前的力、扩张的力——经营管理力,而文化整合由宏观向微观收敛式凝聚所形成的是企业一种向回的力、内敛的力——文化整合力。如果把这两种双元反向的力量割裂开来,或单独偏重某一方面,就会成为"活动式管理"(企业被"涨破"),或"运动式文化"(企业被"刺破")。要想使经营管理力与文化整合力这两种双元反向的力量形成合力,只能从更高的层级寻找。

从前面的阐述中可以看到,通过一切从零开始,从点到面发散式的零管理活动,生成物质、行为、精神三大管理文化;通过把问题降到零,从面到点的收敛式对物质文化、行为文化、精神文化进行动态有机的零文化整合,产生文化管理。无论是企业管理开展的活动,还是企业文化要素的动态整合,都会极大地提升(或持续)员工能力,激发(或保障)组织活力,注入(或维护)企业动力,我称之为"企业三维力",即,企业三维力 = 企业动力 + 组织活力 + 员工能力。

如果将一方面企业管理活动形成的经营管理力量,用"F(经营管理力)"表示,F(经营管理力) = f(企业动力) + f(组织活力) + f(员工能力)";另一方面企业文化要素整合形成的文化整合力量,用" F(文化整合力) "表示, F(文化整合力) = f(企业动力 + 组织活力 + 员工能力)。"F(经营管理力)"与" F(文化整合力) "二者双元反向运动,依据太极运行原理,若使其量能相当,它们相互作用的结果所生成的文化力: F(文化力) = F(经营管理力) + { - F(文化整合力) } = 0。这就是"零文化管理模式"的数学模型。

实施零文化管理模式,就是要站在跨文化的高度,着眼于企业的和谐、永续发展,把企业管理活动形成的"经营管理力"与企业文化整合生成的"文化整合力",以及这两种力量的相互作用有机地融合在一起。通过不断地更新理念、创新产品、完善制度,"有余者损之,不足者补之",使无形的文化变成有形的文化力量,贯通于企业管理的全过程。用文化力促成企业管理与企业文化保持在零点状态的"阴阳合一"的动态循环,《易经系辞下传》说:"《易》,穷则变,变则通,通则久。"任何事物发展到极点(穷),就必须变化,有变化才能通达,通达之后才能得以长久发展。没有一成不变的事物,也没有一成不变的真理。易道正好说明了"与时俱进","时时新,苟日新,又日新"的大易精神。只有这样,企业在不断的"变"与"通"动变中,真正成为一个有生命力的"超有机体",实现华夏文化《易经》中提出的 "保合太和,乃利贞"的最高价值理想。

(作者系中国建设银行股份有限公司朝阳分行行长)

企业文化是企业发展的路标和发动机

沈志勇

企业文化不一定要时髦,也不是空喊两句口号,我们要把企业文化变成很实在的东西,让它融入到企业的血液中去,流淌在员工的血液之中,变成一种精神力量。

当企业经过了初级阶段、发展阶段的变迁后逐步成熟起来,企业同心创业、同利求发展的问题基本得到解决,企业最危险的崩溃期暂时过去,但是,企业的长久发展之计并没有进行规划。

到了成熟阶段,企业必须建立自己的企业文化,以谋求企业的长治久安。成熟阶段的企业最大特征是:商业环境的供大于求和企业规模的扩大与管理的吃力。

供大于求,就必须使企业上下保持一致,为顾客创造价值,使企业本身建立自己的核心竞争力,以创新求得发展,那么,如何才能在供大于求的的环境里求得大发展呢? 企业文化是决定性因素,企业需要自己的"经营之道"。

同样的原料、同样的设备、同样的资金、同样的人、同样的渠道,在不同的企业,所产生的效益会大不相同,有的企业欣欣向荣,有的企业则奄奄一息。其根本原因就在于,所有这一切,在企业内部是按照什么逻辑来进行运转的,也就是按照什么企业文化来运转的。

另外,企业规模的扩大,导致一系列的问题,比如:官僚体制、互相推诿逃避责任、互相嫉妒恶性竞争、得过且过无所作为等等行为,因为企业缺少机制和文化,所以员工没有统一的行为准则。

在一定程度上,企业文化和企业的规则与由一些人长期发展起来的传统信念有关。这些企业规则不仅是一个人在企业内部看到的行为模式,也是每个人自发地去敦促他人回到被认可的方式上来。这就是企业文化,它是企业内部潜在的"管理之手",它往往是自动的、隐性的、不自觉的,但是又具备强大的约束力。

管理专家约翰·科特说:"从更深一层意义上讲,企业文化是一个企业中的人们在潜移默化中逐渐形成的、共有的、含蓄的标准。这些标准构成企业的规则。也就是说,行为规则倾向于反映标准,标准也倾向于反映行为规则。"

我们把企业文化从特征到构建到成型归纳出一套方法,叫:"两个特征、三个来源、一个框架、几条主线"。

企业文化的两个特征

21 世纪是一个不断变化的世纪,在不断变化的环境里面,如何使企业文化成为公司适应变化的工具,而不是使企业变成一成不变的机构,是所有管理者必须注意的问题。

健康的企业文化有两个主要的特征,其一,公司的管理人员既要内向善待也要外向善待。即公司的管理人员要深切、诚恳、真实地重视与公司有关的所有人员,而不仅仅是他们自己。换句话说,他们要非常珍视支持自己生意的所有成员,从善待客户出发,到善待供应商、雇员等。因此,企业管理者要朝外看,而不仅仅是朝内看。

这一特征对于产生灵活的、具有适应性的文化是非常重要的。在倾向于以不变应万变的文化中,管理者潜意识里关心的多是自身,在此,他的视野是内向的,关心的是自我的利益。所以,健康的企业文化的第一个特征就是"为所有顾客,包括内部和外部的,都创造价值”。

其二,进取心和领导权在组织内各个阶层中都真正得以珍视和激励。不仅仅是在上层如此,中层和下层也是如此。在以不变应万变的文化中,领导权并不倾向于被普遍珍视,假如它能被容许,也仅仅是在组织的最上层。

这两个核心特征结合起来会赋予你在一个动荡的环境中继续前进的、令人难以置信的能力。为什么呢?因为人们不仅仅是朝内看,而且他们的注意力也往外看。当他们碰到问题和机会时,就不仅仅是一两个人在做事情,而是能有成百上千的人来着手解决问题,并利用好这些机会。

所谓管理,就是让人跟随你。企业的管理者不仅要善于打仗,还要善于笼络人心,吸引一大批人跟随你,形成强势领导下的核心团队,以团队的力量拉着企业的战车往前飞奔。

领导人总是一个独立的个体。事实上,假如企业高层没有一个强大的团队——没有共同的观点,并且不能成功地让人接受自己的观点,那么,领导人各自为战的情况就很可能发生。假如你在高层管理上软弱无力,而下面有一群非常独立的领导,那么,企业的结局必然是无休止的斗争和混乱。

假如高层有好的领导人,又能与下属合作得很成功,那么,你将在整个组织中找到许多好的领导人,他们为同一目标选择不同的行为。在这样的环境下,你获得不仅仅是一台中心发动机,而是成百上千个遍布公司的小发动机。这样,整个系统的能量将非常强大。

企业文化的三个来源

企业文化是一个从无到有的过程。老子说:“天下万物生于有,有生于无”就是这个道理。企业文化从企业建立之初,往往就打下了一个雏形,它有三个来源:

第一个来源,来自于企业创始人自身。

企业创始人从创立企业伊始,往往以自己的人生阅历、人生信仰和价值观以及管理方式,决定了这个企业的性格。中国民营企业的历史都不长,经历的是从无到有的过程,创始人自身的文化和他所推崇的管理方式明显地主宰了企业初期的发展。

企业创始人如果是讲究诚信的,他的企业就容易形成诚信的企业文化;企业创始人如果是讲究创新的,他的企业就有创新的因子;企业创始人如果是务实的,他的企业就会脚踏实地。

中国企业都是“人治的”,都需要“英雄”,属于能人经济,有了英雄的企业创始人,就有了英雄的企业。企业文化的基因就来自于企业的创始人。海尔如此,娃哈哈如此,其他成功的企业都如此。

海尔所坚持的创新企业文化,其根源就来自于张瑞敏的创新;娃哈哈的大家庭企业文化,其根源也来自于宗庆后的家长式管理风格。

总之,在公司成立之初,创业者以战略框架、资源、流程、关系及价值观为对象,形成了“企业家文化”,然后,再逐步形成和塑造后来的企业文化。

第二个来源,来自于企业所推崇和执行的管理模式。

一般来讲,中国企业的发展过程都是分为几个阶段,首先是求生存阶段,这个阶段企业要生存下去,依靠的是创业者的能力和水平;过了创业阶段,企业就有了一定的规模,然后,企业就会去寻求系统解决内部管理的方法和模式,最后形成一套有效的管理方式,多年执行下去,企业慢慢地就对企业文化进行提炼和梳理,其梳理的对象就是企业多年的经营管理风格和方式所产生的一切现象和结果。

第三个来源,来自于社会经济文化的发展。

随着经济的发展和人们意识的改变,原来的企业文化有可能不能适应新的形势,企业就会对原来的文化进行修正,吸取其精华部分,并结合新的思想和理念,创造出新的企业文化。

2002 年底,在创业 20 周年之际,新希望集团对自己的企业文化做了调整,确立了新的企业宗旨:与客户共享成功、与员工共求发展、与社会共同进步。一直以来,新希望沿袭以前的“与祖国一起发展、与人民携手致富、与社会共同进步”的企业宗旨。

以前的宗旨是企业一片拳拳报国之心,但随着市场经济的发展,随着买方市场的形成,随着人本管理意识的增强,新希望把企业宗旨需要落实到了企业的客户和员工的身上。

概括以上三个来源,可以看出企业文化的形成过程,即,在企业成长的初创阶段自然形成,企业创始人自身带动人与人之间、团队与团队之间的相互协作以及建立良好的人际氛围,并能充分发挥人的能动性,形成文化雏形;然后,企业建立起自己推崇和执行的管理方式,并依靠严密的规范和流程来控制企业运转,形成企业的团队文化。最后,根据社会经济的发展,企业不断调整自己的文化,最终形成企业的个性魅力和文化。

所以,打造优秀的企业文化不是必须找到一套时髦的理论,也不是象设计 CI 那样就可以设计出企业自己的文化,企业文化很多时候是自发的、潜意识的形成的,企业文化不一定要时髦,也不是空喊两句口号,我们要把企业文化变成很实在的东西,让它融入到企业的血液中去,流淌在员工的血液之中,变成一种精神力量。

企业文化的一个框架

当然,我们说企业文化往往是自发的,并不是说我们对它就不用提炼和创造了。企业文化在企业中自然形成后,我们要有意识地去提炼它,归纳它,并把它制度化、文本化,从而确保它从无形慢慢变得有形,从无意识变得有意识。

同时,我们还要不断地去总结和创造新的企业文化。另外,培育文化的最好方法是不要让它在一开始时就失败——不要让它成为一种内看的、集权的、官僚的文化,要让它真的贯彻落实下去,真正成为指导人们行为的准则。

蒙牛在提炼和贯彻自己的企业文化的时候,就进行了不断的总结和多种方法进行贯彻,整理出了自己的文化框架。

之后,蒙牛根据这个框架,不断完善自己的企业文化。通过文章总结、员工培训等方式进行企业文化的宣导,更为重要的是,蒙牛发展出了"口号"的文化建立方式,在蒙牛的企业内,到处可见一条条口号,比如:"看别人不顺眼,首先是自己修养不够"、"产品等于人品,质量就是生命"、"事前计划、事中控制、事后检查、事完评价"等等口号。

把企业文化全部灌注到这些简单易记的口号中,并使这些口号从大门到车间到财务部甚至到餐厅,使口号无处不在,这样就在潜意识中,不知不觉地把企业文化灌输到员工的心中去了。

企业文化的几条主线

企业文化不在于多,而在于精。只有精,才容易被人记住,才容易执行。而且,企业文化要浅显易懂,为了好记,可以把企业文化的精髓总结成几条主线,时刻宣讲,就很容易地把企业文化贯彻落实下去。

蒙牛就给自己的企业文化总结出了三条主线,即"大胜靠德"、"大智靠学"、"大牌靠创"。

"大胜靠德",就是小胜凭智,大胜靠德。这条主线里包含了:诚信、经营人心、与自己较劲等等企业文化分原则;

"大智靠学",就是建立学习型组织。其中包括:蒙牛的口号文化、择师论、团队学习等等;

"大牌靠创",就是蒙牛品牌的三步走战略和从软件与硬件上展开突破。其中包括:蒙牛倡导的共有制、捐款建立发展基金、以人为本等等。

总而言之,一个没有企业文化的企业,就像一个没有品牌的产品一样,不能长久。如果说产品和品牌是企业赢得市场利器的话,管理就是企业编制产品和品牌的框架,而企业文化,则是那个框架的"魂魄"和"基因",没有这个"魂魄"与"基因",企业就像无源之水,无本之木,走不长远。

企业文化是伴随企业漫漫长征路上的路标和发动机,企业要不断地从企业创始人、管理机制和经济发展等各方面吸取企业文化的基因和内容,并从无到有,从零散到系统,从随意到制度化地打造企业文化,并随时改进它。就像播下一粒种子,我们要不断给它施肥,待它长大后,还要不断为它修枝、嫁接,让它茁壮成长,并让企业文化之树常青。

(本文摘自《现代企业文化》2009年9期)

文化嬗变对企业成长的作用

王志钦

建设企业文化已经成为现代企业发展过程中的一项重要工作,"企业文化也是核心竞争力"这一命题越来越被企业的决策层和执行层运用到实际的企业管理过程中。但是,在建设企业文化的过程中,人们往往忽视了一个问题:文化嬗变对企业成长的作用。特别是对于具有深厚文化积淀的大中型国有企业来说,在改革开放的过程中,文化嬗变更加突出,直接导致了企业发展中的障碍,使得企业在发展中丧失了"以人为本"的核心竞争力。

案例:

2009年上半年,我们在一家具有五十余年历史的大型国有化工企业调研时发现:面对金融危机,企业领导心急如焚,职工群众人心惶惶——因为金融危机直接影响了企业原料的采购和产品的销售,而成本居高不下,企业高层决策的节能降耗方案不但没有起到作用,竟然比过去没有发生金融危机的时候还要高,原因何在?不能否认,设备的老化、工艺的落后是一方面的因素。而我们发现,职工缺乏责任心,特别是中层干部管理思想、管理素质的低下,令人震惊!举一些简单的例子:

1. 操作岗位上缺员,车间领导顶上去,一个人可以管两个岗位。为什么?因为生产后,企业按照考核指标奖励车间时,车间领导不按工人工作绩效分解发放,而是在领导层中自己分发,或是吃喝玩乐。因此导致了职工情绪大,请假多;而车间领导们也乐此不疲,自己顶班可以名正言顺的把职工的工资划归自己。——这是典型的"岗位倒置"行为。

2. 生产调度会上,车间主任带"秘书",回去以后,由"秘书"安排工作。原因是车间主任识字不多,不会写字。而车间主任的管理工作一靠骂、二靠打。似乎耸人听闻,却是真实的例子,国有企业人才流失严重,一些素质低下者有了市场。——这是现代的"滥竽充数"管理。

3. 在企业高层领导和机关干部转变作风,深入基层和普通职工一起工作,进行艰苦的劳动时,车间的一些中层干部却穿着崭新的衣服,站在一旁指手划脚,俨然一副"领导干部"的派头,表现了一种"居高临下、可是当了官"的封建主义思想。——这是文化的"理性失衡"状态。

那么,我们再返回来看看这个企业的历史:曾经是全国知名企业,拥有过全国劳模、全国五一奖章获得者,由于管理的严格和细化所取得的经验得到全国企业的学习……企业有过深厚的艰苦奋斗、勇于奉献的文化内涵,是全国思想政治工作先进单位。

由历史上辉煌的企业文化及其成功管理,到如今的管理松散,文化败落,正是一个文化嬗变的过程。而文化嬗变导致了企业的衰败,或者说制约了企业的成长与发展,已经成为不可忽视的问题。同时,这个问题具有普遍性,特别是在国有企业转型过程中,问题尤为突出。

企业文化是企业运行管理过程中自然形成的,随着环境和社会思潮的变化而变化,文化的嬗变,决定了管理的内核

企业文化是指企业组织的基本信息、基本价值观和对

企业内外环境的基本看法，是由企业的全体成员共同遵守和信仰的行为规范、价值体系，是指导人们从事工作的哲学观念。企业文化是在一定的社会历史条件下，企业生产经营和管理活动中所创造的具有本企业特色的精神财富和物质形态，它包括文化观念、价值观念、企业精神、道德规范、行为准则、历史传统、企业制度、文化环境、企业产品等，其中价值观是企业文化的核心。

在改革开放的过程中，一些企业，特别是国有企业，在接受现代企业管理方式、套入现代企业管理模式的时候，忽略了企业管理中的曾经有过的企业文化中积极向上的精髓，甚至是抛弃了长期积淀的奋进不息的凝聚力极强的企业文化，导致了企业文化的嬗变，正像我们在案例中所提到的现象，颠覆了管理的内核。

我们调研了若干国有化工企业的兴衰成败，无一不与企业文化的嬗变有关，而企业文化嬗变的外因是环境，内因却是价值观的颠覆与极端倒置。比如说，一个企业的劳动模范，前期一心为公，修旧利废，回收废料，是一个勤俭节约的榜样；随着企业经济效益的萧条，看到一些人挖企业墙角，企业的领导和职工无人问津，这个劳模也小打小闹的把厂里的东西带回家，也成了企业“上访户”，按照他的说法是：别人以厂为家就是往回拿，我以厂为家是拣上东西送给厂，我好像是傻子一样。事实上，市场经济发展的过程中，人们的价值观必定会发生变化，而这种变化可能会朝着不同的方向发展，那么，如何引导企业职工的价值观始终不偏离正确的方向？如何聚合人心推动企业的发展？应该是企业文化建设的重中之重，这里所说的“建设”应该是一种引导、规范，是一种有意识的价值观的疏导。否则，企业文化嬗变过程中，就会导致管理的内核变质，从而造成企业的沦陷。

企业文化嬗变的核心因素是价值观，根本因素是领导层，受影响的是职工。文化的嬗变，决定了企业的发展方向

企业文化的核心是价值观，是核心价值体系。同样，企业文化嬗变的核心因素，也是价值观。正像静止是相对的，运动是绝对的一样，企业文化的变化也是绝对的，这种绝对变化又是相对的，因为它不一定是绝对的向积极健康向上的方向发展，而在一定条件下也会走向消极的腐败的下滑的方向。

有一家国有企业，在改革开放之初，厂领导在职工住房分配时，都是自己住小的旧的，把新房分给大家，厂长成了清正廉洁的典范；同样是这位厂长，两年后在中层干部大会上“痛斥”中层干部腐败，每天吃喝玩乐，慷慨激昂地说“你们吃喝玩乐，而且就在厂门外，就在老百姓眼皮子底下，知道老百姓怎么骂你们吗？你们就不会在吃喝玩乐的时候离开厂区远一点？”此后，该厂中层干部都是开上车到远离厂区的豪华饭店、特色饭店、歌厅舞厅消费，而企业已经处于停产半停产状态。

同样是一个厂长，为什么表现不同？价值观发生了变化。前期廉政一是本人的思想还在党纪国法的规范内，其价值观是只有老百姓认可、做到清正廉洁，才能够是自己的价值得到体现；二是社会环境所营造的思想意识氛围依然是以集体主义价值观为主导的，是社会环境所规范的。而后期的“腐败现象”和“语言表达”反映了其价值观已经嬗变为个人主义、享乐主义为主的价值观，而失去了真心实意心系百姓搞好企业的道德思想准则。这种思想上的变化，归根结底是价值观的嬗变，特别是领导层的价值观的嬗变。

2003 年初，笔者在河北某国有化工集团调研时，企业一片破败，董事长不出门会见，职工群众告诉笔者，董事长每天谁也不见，一个人锁在办公室数扑克牌，企业停产、职工工资欠发、养老保险等欠缴，整个厂区一片荒草。这是一种“不作为”的领导表现，其深层次的问题是领导人的价值观已经丧失。随后，及时调整了这个企业的领导班子，新的领导班子上任三个月后，笔者再次前往调研，发现职工精神面貌焕然一新，生产恢复，效益上升，一片欣欣向荣的景象，企业文化在其中发挥了极大的作用，特别是领导层的价值观和职工群众融为一体，形成了合力，推动了企业的发展。

许多案例证明，企业的核心价值观应该是全体职工共同形成的，统一思想认识、推动企业发展的根本动力，企业领导层是这种价值观的倡导层和引导层，正向我们过去在思想政治工作中经常用到的“火车跑得快，全靠车头带”、“领导带了头，群众有劲头”一样，企业领导层是文化嬗变的根本因素，这种因素直接影响着职工的价值观，特别是在多元化的政治、思想、经济社会生活中，领导层的价值观犹如引领时尚的服装模特、演艺人员，主要是通过自身的形象展示影响职工群众，也就是说，当今企业核心价值观的建立，更多的是要通过传导的渠道，润物细无声，影响并制造出不断发展的企业文化氛围。

文化的嬗变，决定了企业的发展方向，我们从历史上企业兴衰成败的案例中不难找到实证。需要强调的是，我们在研究企业文化的过程中，往往忽略了企业文化的“嬗变”问题，大多数的方向是“建设”，诸如提炼企业精神、发展理念、标识标志、行为规范等等，不断的处于“建设”过程中，而很少进行理性的反思，很少进行“消极企业文化”、“腐败企业文化”对企业得失成败影响的反思。上世纪九十年代开始，笔者对国有企业进行企业文化调研时，针对国有企业出现的管理、运营、发展等方面出现的问题综合归纳后发现，“腐败文化”在改革发展的过程中引进成为制约国有企业、特别是国有老企业发展的瓶颈，这种在社会思潮变革中的文化观念，就像山体滑坡，迅速地掩盖了过去几十年、甚至是上百年形成的积极向上的文化合力。这种现象，也并非是中国特色，或者是国有特色，2006 年 4 月 24 日，韩国现代汽车集团会长郑梦九接受检察机关对于现代汽车集团腐败案的传唤调查就是很好的例证。

因此，企业决不能忽视核心价值观的嬗变，决不能忽视企业文化嬗变的方向问题。

企业文化嬗变的过程,必须有明确的管理体系,与企业管理融为一体,形成文化管理的管道,使文化嬗变自然流动到目标中

企业文化嬗变是一个过程,这个过程有一个流向问题,就是企业文化在发生变化的过程中,会流向什么方向,是更加适应社会发展需要的、能够推动企业健康发展方向的,还是影响企业发展、导致企业衰败。因此,我们对于企业文化的嬗变过程,必须有一个规范的管道,让其流向合理的方向。

当然,我们不能否认,任何一个企业、任何一个企业的领导人和普通员工,主观上都不会希望企业走向衰败,都是要求企业不断发展的不断前进的。但是,我们必须承认,在企业管理与运营过程中,会出现背道而驰的情况,企业文化的嬗变会从不同的方向,促使企业的成长走向不同的方面。

——在企业文化嬗变过程中,必须有明确的企业文化管理体系。现在大多数企业都有企业文化管理机构和人员,或是专门的,或是兼职的。但是,由于企业领导层的重视程度不同,其发挥的作用也不同。比如有些民营企业,或者是改制后的国有企业,由于领导学习力比较强,能够深层次的认识到企业文化的作用,投入的力度大,管理体系要严格规范一些,企业文化氛围比较浓厚,职工的价值观始终与企业相同,企业的成长也不断在健康中前进。相反,一些企业缺失了企业文化管理系统,使其文化嬗变失去了管控的管道,企业文化处于游离于企业核心价值观,偏离了企业发展的轨道,导致了企业管理、员工向心力的松弛,企业逐步走向了发展的反方向。因此,企业文化必须有一个管理体系,实现有效管控。

——企业文化要真正与企业管理结合起来,形成文化管理管道。企业文化随着企业的变化会不断变化,特别是在特定的环境或者条件下,所表现的特点也是不同的。但不论如何变化,文化体现的是管理水平,同时,管理承载着文化的内涵,企业文化要同企业的整体管理要求结合起来。为什么我们企业文化的案例表现形式都体现在管理方面?因为管理表现了企业文化的价值内涵。企业文化不同于影视作品、文学艺术,不仅仅要通过影响力来实现价值观的影响和统一,而且需要通过一定的管理系统来规范与推进,只有通过管理系统的推进,才能真正体现出企业文化的核心价值。

——引导文化嬗变的方向,是企业文化管理促进企业成长的途径。文化决定人们的思维方式和行为方式,企业文化对企业核心竞争力的形成至关重要。文化嬗变是一个自然想象,自然是能够改造的,也是能够破坏的,因此,在企业文化养成、建设、变化的过程中,必须引导其发展方向。事实上,在改革开放过程中,许多企业的轰然倒塌,就是因为没有引导企业文化在纷乱的思想、理念过程中沿着积极的健康的方向发展而导致的。这一点必须引起发展中企业的高度重视。企业文化管理必须站在促进企业成长的角度,引导文化嬗变的方向。

忽视企业文化的建设,特别是企业文化嬗变过程中的管理与引导作用,必定会造成企业成长过程中的负面影响,甚至是制约发展的瓶颈。成长中的企业只要管控好文化嬗变的方向,必定能够推动企业健康、和谐、长效发展。

(作者单位:太原化学工业集团有限公司)

用新思维创建和谐企业文化路径

秦　曦

疾风暴雨式的国际金融风暴,不仅使大批企业举步维艰,造成财力吃紧,经营困难,遭受破产倒闭的重创,而且也挑战着人们的意志,冲击着人们的心理承受极限。在这种特殊背景下,极易造成人们思想波动,激发各种矛盾,成为社会不稳定因素的诱因,使企业思想政治工作面临着新课题。如何运用新思维,创建和谐企业文化,对于提振信心,帮助企业渡过眼前的危机十分有益。

运用新思维　创建和谐企业文化的意义

错综复杂的外部形势,拉大了社会间的差距,同时也加剧了各种矛盾和问题的积累,使现实中人们的行为意识、生活习惯、价值取向等都发生了深刻变化,呈现出多元化的层次结构。这一变化,客观上要求企业思想政治工作必须更具灵活性和针对性,增强预见性和实效性。现阶段,培养和运用新思维,既是从事企业思想政治工作的基本功,同时又是创建和谐企业文化的必修课。作为思想政治工作新思维,就是要着重改善习惯于做报告、读文件、口头说教、强行灌输式的思维定势,倡导换位思考、互动交流、心理疏导、真情投入地去调优人的心路历程。作为和谐企业文化必修课,就是要在创建企业文化中,坚持以人为本,尊重差异、包容多样,而又顾全大局、不失原则。运用新思维,创建和谐企业文化的根本意义在于,它能够更加妥善地调整人与人之间的关系,推动企业发展,促进社会和谐。

首先,运用新思维调整人际关系,有益于建立社会主义核心价值体系。社会主义核心价值观,是社会主义核心价值体系的内核和最高抽象,它体现社会主义的价值本质,决定社会主义核心价值体系的基本特征和基本方向,浸透于社会主义核心价值体系之中,是以马克思主义指导思想为灵魂,以中国特色社会主义共同理想为主题,以爱国主义为核心的民族精神和以改革创新为核心的时代精神为精髓,以社会主义荣辱观为基础的社会主义共同价值观念。建立社会主义核心价值体系,必须首先转变人的思想观念,这也是企业思想政治工作的艰巨任务。培养和运用新思维,开展企业思想政治工作的过程,也是树立社会主义核心价值观,建立社会主义核心价值体系的过程,二者同源同向,目标高度一致。

其次,运用新思维调整人际关系,创建和谐企业文化,有利于优化企业的内部环境,塑造良好的企业形象,展示文明成果,创造无形的精神财富,进而以良好的口碑和社会赞誉,促进生产经营和经济效益增长。

再次,运用新思维调整人际关系,有助于辐射生机,带动社会文明程度的提升。用和谐的思维培育和谐的人,发展起来的和谐企业文化,必然会以其发挥出的积极作用,优化企业、美化生活、影响家庭、回报社会。使企业在较好地承担经济责任的同时,更好地承担起政治责任和社会责任。就和谐文化创建而言,每人迈出一小步,社会便会前进一大步。

运用新思维　创建和谐企业文化的特点和规律

任何一种新思维和新文化,包括文化现象和传播方式的产生、沿革及发展,都有其深刻的社会根源。社会在发展,时代在前进,整个世界都在发生日新月异的变化,当今社会各种文化相互交织、文化交流日益增强,差异与融合是这一社会大背景下的文化和人们价值取向的特定规律。从这个意义上来说,社会主义核心价值观,就是社会主义的共同发展观。和谐企业文化,就是统一在建设中国特色社会主义旗帜下,全社会共融共享的先进文化。

和谐的人际关系,是创建和谐企业文化的基础,和谐企业文化要依靠和谐的人际关系来共同维系。这一辩证关系,在精神和物质成果的转化上,也呈现良性互动和可持续发展的态势。因此,要同时驱动人的建设和文化建设两个轮子,注重调整和改善好各方面的关系。

其一,调整和建立平等友善的上下级关系,让创建和谐企业文化深入人心。作为企业领导层,要注重运用思想政治工作新思维,取代高高在上待人接物的工作路数,克服家长式的行为,慎用行政命令式的手段,时刻为员工着想,对企业负责,成为具体工作上的责任人,员工生活上的知心人。企业党委和行政要通过创新理念、创新体制、创新管理,精心打造包括精神形态和物质形态全覆盖的和谐文化阵地,切实把创建和谐企业纳入重要议事日程,加强领导,理顺体制和机制,完善设施,强化服务。实行厂务公开,主动接受监督,带头践行文明公约、和谐共建承诺、坚守职业道德。要在企业中弘扬"人人为我,我为人人"理念,追求在关爱集体、完善自我,创造财富、奉献社会中增加个人收益的价值观念,共同营造和谐美好的学习、工作、生活乐园。要坚持开展关怀弱势群体的"送温暖、献爱心"活动,每年为创建和谐企业文化办几件大事、实事,并且在组织创建中,讲究领导艺术,改进工作作风和方式方法,不断提升企业的文化功能和幸福指数,让员工在创造和享有企业物质利益的同时,在创建和享受文化精神成果上也同样能够得到实惠。

其二,调整和建立真诚互助的同事关系,增强创建和谐企业文化群众基础。企业员工是创建与展示和谐企业文化的主体。要将尊重企业员工的主体地位,体现在和谐共建的全过程。要在企业中大兴和谐互助的文明风尚,鼓励员工加强友情联谊,可通过口头、书面、公示等交流途径,让遇到特殊困难而特别需要帮助的人得到更多人的关注和资助。要注重将创新思维有机地融入到工作实际,包括沿用典型经验和成熟做法中去,实施企业和谐文化与全体员工"零距离"的共享阳光工程。例如,吉林石化公司利用以事明理、算账对比等方式方法,大力宣扬抓住振兴东北老工业基地的发展契机,创造新优势,不断寻求跨跃式、突破性科学发展新进展,以及中石油集团公司总部克服经济危机导致油价下跌的阻力,实施海外并购为重点战略,加速资源整合的利好消息,因势利导地提振信心,凝聚力量,聚精会神搞好生产,多出成果的主题教育就开展得生动活泼,企业员工普遍表示,这样的教育言之有物,既有实例,又有张力,坚定了共同信念,密切了利益共同体,很受欢迎。

其三,调整和建立相敬如宾的亲情关系,拓宽创建和谐企业文化领域。要加强对员工"八小时以外"生活的关心,由企业党、团组织、工会、女工委员会出面,组成特别访谈组、爱心亲友团,开展走亲访友式的家访活动,从中帮助解决一些涉及家庭成员工作、学习、生活上的实际问题。要通过发倡议、送喜报、深入街道社区搞图片展览、文艺演出、网上传播等多种形式,以优秀员工的行为举止为样板,以鲜活生动的感人事迹为资源,将和谐企业文化建设传递进家庭,延伸到社会。要督促员工自觉参与社会文明创建,在企业做个好员工,在家庭做个好成员,在社会做个好公民。

运用新思维　创建和谐企业文化的原则及注重把握的环节

运用新思维,创建和谐企业文化,是"边管理边调优、边造人边造物"的系统工程。搞系统工程就要真抓实干,切忌牵强附会、随帮唱影,或趋之若鹜、一哄而起、一哄而散。在具体工作中,既要运用创新思维,放宽眼界,迈开步子,大胆尝试,又要讲原则、重规范、科学运作。

贯彻开放兼融的原则,在力求本企业文化"走出去"的同时,打破地域界限,吸收外来企业文化精华,寻求共同发展。

贯彻共建共享的原则,培育新的企业文化业态,鼓励和支持文化产业自主经营,自我发展,多出精神产品,提高和谐企业文化的综合创建水平。

贯彻统一规划、分步实施的原则,分阶段、有计划、有重点、有步骤地逐步实现和谐企业文化的创建目标。

贯彻以上工作原则,还需注重把握三个环节:

一是多元化兼融。无论是开展思想政治工作,或是组织各种类型的文化创建、成果展示活动,都要充分地考虑到员工的个性化差异。使不同年龄结构、不同兴趣爱好、不同性格特征、不同鉴赏水平、不同生活习俗等都得到理解和尊重。

二是多视角切入。企业政工干部不是坐堂先生,不能等问题上门,让员工自己来访;而是要阵地前移,主动投入,深入到广大员工中去创造性地开展工作。通过为他们提供心理健康咨询、工作技能培训、政策及法律援助等,真心实意地帮助他们驱除烦恼,摆脱困境,使他们的喜怒哀乐、衣食住行、婚丧嫁娶、生老病死等大事小情都有人帮,处处都感受到党和政府的关怀及企业的温暖。

三是多层次浸透。思想政治工作的润物功能,要通过务实深入的工作去实现。要养成超前控制的工作习惯,浸透于物质、精神、生产、生活的各层次,抓预警、抓苗头、抓细节,力求在和谐宽松的气氛里,于和风细雨中解决问题,将一些尖锐的矛盾和容易激化的问题,妥善地化解在萌芽状态,及时消除创建和谐企业文化中的不和谐音,唱响和谐文化的主旋律。

(作者单位:中国石油吉林石化公司)

夯实基础 找准方法 拓宽途径

——浅谈企业文化落地的方法与途径

赵国庆

胡锦涛总书记在十七大报告中明确指出,要推动我国文化大发展大繁荣。文化是一个民族的凝聚力、创造力、综合国力竞争的决定因素。对于企业来说,把企业文化落实到企业前沿阵地、在经济工作中注入企业文化是企业又好又快发展、做大做强的必然要求。

企业文化是在生产经营实践中逐步形成,为全体员工所认同并遵守的、带有本组织特点的使命、愿景、宗旨、精神、价值观和经营理念及这些理念在生产经营实践、管理制度、员工行为方式与企业外在形象体现的总和。

企业文化建设是指企业有目的、有计划地确定企业价值观念和价值目标,培育企业精神,树立企业道德规范,开展各种文化活动来调动员工积极性、提高员工素质所采取的措施和开展的工作。企业文化是一种现代企业的管理理论和管理方式,企业文化建设只有贯穿到企业发展战略、生产经营管理和产品销售的全过程,才能更有效地促进企业整体素质和经济效益、社会效益的提高。所以,企业文化建设实施是企业文化管理的基本途径与基本手段。

企业文化难以落地的原因

当前,企业文化建设正在深入推进,很多企业已经形成了独具特色的企业文化理念,形成了较为完善的企业文化架构体系。但在一些企业,虽然较早地开展了企业文化建设工作,提出了企业文化理念,但最终没有成为企业发展的助推器。原因在哪里呢?笔者认为:

一是文化内容没有深入到员工心中。有的企业片面理解企业文化,将文化落地简单地等同于文化活动和形象宣传,认为开展一些体育文化活动、统一企业标识、职工着装、对外做些形象宣传即可,忽视了员工对文化理念内涵的理解与认同。这样的企业文化表面看起来很美,但最终只是挂在墙上、写在纸上的文字,并未真正内化于心,很难使员工从内心深处认知、认同它,所以就收不到企业文化落地的效果。

二是文化理念实践不到位。有的企业开展企业文化建设,就推广谈推广、就文化做文化、就宣传而宣传,没有做到用先进的文化理念来审视、指导、升华企业管理实践。工作中,企业文化建设往往是说起来重要、做起来次要、忙起来不要,不同程度地存在着文化、管理"两张皮"现象,使企业文化未外化于行,没有通过员工的行动把企业文化理念表现出来。所以,企业文化落地必须通过工作实践来体现,要落实到位。

三是文化建设没有长远目标。一些企业的文化建设模式是"开发、建立企业文化体系——宣传、灌输企业文化内容——推广、应用企业文化理念"。在这种企业文化建设模式下,过分追求文化落地的短期效果,搞一次性投入。由于缺乏长期规划和目标,没有把企业文化固化于制,导致后续工作跟不上,文化建设难以实现变无形为有形、变柔性为刚性。

四是员工参与的热情不高。企业文化建设是一个全员参与的系统工程,缺少哪一部分的人员参与来谈文化落地都没有意义。基层员工是企业文化建设的主体,是企业文化建设能否取得实效的关键。在某些企业,与把文化建设看作是职能部门的事,干部职工参与的广度和深度不够,往往因工作量大、任务繁重,被动地接受企业文化,主动参与的热情不高,或不能达到深度参与、认真践行,从而影响了企业文化落地的效果。

五是缺乏有效的企业文化建设载体。对企业文化建设只局限于开会、发资料、贴标语等,文化活动的平台未搭建或不稳固,文化阵地未开辟或未能充分有效利用,文化载体类型较少,传播模式比较传统、陈旧和僵化,缺乏拓展和创新。因此,企业文化建设必须搭建有效的参与平台,使广大员工想参与,愿意参与、积极参与。

六是活动形式和内容过于简单。一些企业把企业文化建设活动简单地等同于精神文明建设活动,认为抓企业文化建设不外乎组织职工开展政治学习、思想教育等活动,文化活动的范围和领域没有得到扩大和拓宽,企业文化始终得不到升华。

这些表现,都是企业文化难以落地的原因,也是企业文化建设中必须要解决的问题。

企业文化落地的途径和方法

企业文化是企业经营管理一门新学科,是企业在长期的生产经营实践中,被广大员工所认知、认同、接受并自觉执行的企业管理哲学。因此,企业文化只有渗透到生产经营的各项工作中，为企业发展注入合适的文化管理元素，才能发挥其真正的作用。所谓企业文化落地，是指企业文化被职工接受并自觉执行。文化理念只有从深奥的哲理式文化走向通俗易懂的大众文化，从书本中走进员工心里，得到广大员工高度认同和领悟，才能真正落地，进而生根、开花、结果。要夯实企业文化落地的基础，要从三方面着手：

一是企业文化理念的提炼要切合实际。企业所提炼形成的文化理念，是否切合企业发展实际状况和员工思想实际，是否继承、吸纳和体现了企业历史发展进程中所积累形成的优良传统、有益经验和个性特色，是否有利于凝聚员工力量、引导企业科学持续发展，这是能够使员工认知、认可的基础。只有通过认真总结、审慎诊断和科学提炼所形成的企业文化理念，才具有企业特色，才能体现时代性、把握规律性、富有创造性。脱离企业实际和员工思想的文化，没有生命力。因此在企业文化理念提炼过程中，切忌单纯借助“外脑”、贪大求全、求新求洋、照抄照搬或想当然地提炼的做法，一定要切合企业历史和发展要求。

二是企业文化的学习培训要力求形式多样。企业文化理念形成后，要对员工进行形式多样、系统持久的学习培训，通过组织学习、座谈讨论、撰写体会、畅谈心得、理论考试、征文比赛、知识竞赛、演讲比赛等形式，通过企业文化专家进行企业文化知识讲课、研讨交流等方式，通过向行业内外企业文化建设先进单位参观学习交流、拓展训练等途径，使员工在循序渐进、润物无声、耳濡目染中，全面、深刻、系统的了解、掌握、认知与认可企业价值观、愿景、使命、精神与发展战略等企业文化的理念、内涵、意义。

三是企业文化的宣传、贯彻、引导要营造浓厚氛围。企业文化的宣传贯彻包括对内部员工宣传灌输和对社会的宣传灌输。在企业内部宣传灌输方面，要充分利用内部报刊、宣传栏、黑板报、标语、挂图、广播电视、网络等形式，在办公室、会议室、休息室、工作间等工作、生活场所，对企业文化理念进行多角度、全方位的宣传、解读与贯彻，使企业文化理念进入企业的角角落落，真正做到无处不在，形成强烈的视觉冲击，营造浓厚的文化氛围，使员工在耳濡目染中增强认知、加深理解。而对社会的宣传贯彻方面，则要通过各种新闻媒体、公益事业赞助、困难群体帮扶等活动和形式，使用户及社会各界对企业文化理念体系有一个比较全面的了解与认知，从而树立一个负责任企业的社会形象。

找准企业文化落地的切入点

企业文化只有植根于企业才能决胜市场，只有落地才有持久的生命力。推进企业文化落地工作取得实效的关键是找准切入点，要坚持“以人为本”的管理理念，以提高全体员工综合素质为出发点和切入点，着力培养全体员工主人翁意识、职业道德意识、竞争意识和团队精神，不断提升企业核心竞争力。如何找准企业文化落地的切入点？

一是要从细微处着手。“细节决定成败”，任何一个细节都是人做出来的，产品质量和企业发展如何，都取决于每个员工的素质。要提高员工素质，就要从认真佩戴胸卡上岗做起，从准时上班、准时到会做起，从节约一张纸、一度电做起，从强调每一个工作细节做起，教育全员树立正确的人生观、世界观、价值观，不断超越自我，不断提升自身素质。

二是要提高执行力。执行力是保证制度能否落实到位的关键，提高员工的整体执行水平是确保企业文化落实到位的保障。企业要积极创造员工提升素质的条件，员工也要通过各种形式和措施不断提高自己的综合素质，在不断学习和实践锻炼中逐步提高执行能力。

三是要丰富文化生活，体现人文关怀。坚持以人为本，为员工提供尽可能宽松的工作和生活环境；建设文体活动场所，丰富企业物质文化、精神文化生活，为员工生活休闲提供方便，要营造充满信任与亲情感的文化氛围，让员工团结友爱、精神饱满、情绪高昂，积极投入到企业文化建设中来，推动企业和谐发展。

四是强化制度文化建设，规范企业管理。制度、办法是文化的一种表现形式，在推进企业文化落地过程中，要把企业文化内容形成的管理制度变无形为有形、变柔性为刚性，形成规范化、人性化的约束机制，为企业文化的持续推进提供有力的制度保证，使企业管理不断向科学化、规范化、制度化方向发展，让企业文化真正落实到企业的各个工作流程中。

五是积极传播企业文化，不断提升企业形象。企业文化理念向外界传播，既是企业形象提升、品牌塑造的需要，也是对企业员工进行鼓舞和激励的需要。企业只要通过实践社会责任的承诺，塑造良好的社会形象，员工因此也就会以身为其中一员而自豪，从而激发起内在的积极性和创造性。

六是改善员工的心智模式，提升工作效率。让企业文化落地，不可缺少的因素是改善员工的心智模式，让先进的文化抵制、排除消极文化。要建立以人为本的激励机制，对工作态度好、效率高、业绩突出的员工给予奖励和大力宣传；让努力工作的员工获得丰厚的物质回报，满足其更深层的精神需求，提高员工对企业的忠诚度；要塑造有价值的企业愿景，为员工描绘出企业与个人共同发展的远景，确立员工与企业共同成长的前进方向和奋斗目标，使员工心中有强烈的归属感与责任感，心甘情愿地为企业发展奉献忠诚与才能，成为企业竞争的核心力量。

总之，企业文化落地作为整个企业文化建设的重要组成部分，是一个长期复杂、循序渐进的过程。需要各级领导及全体员工的积极参与和认真践行。只有上下一致，同心同德，才能使文化理念的种子在企业的百花园中落地生根，结出企业持续健康发展的“丰硕果实”。

（作者单位：乐凯集团第二胶片厂）

加强企业调整中的思想政治工作

郑源森

按照华谊集团“缩短资产链、减少管理层级、制止出血点，精干主业、加快发展”的要求，业内部分企业调整甚至整体退出，这也是经济增长方式转变的题中应有之义。科技进步和技术进步是支撑华谊集团下一步产业、产品结构调整、产品竞争力提升的关键，在上海这块土地上没有技术含量的企业是站不住脚的。从做强做好华谊集团的发展战略大局出发，退一步是为了进两步，是为了整个华谊集团在“十一五”发展规划中又好又快地迈大步。

随着企业调整工作的深入和新形势下人们生活发生错综复杂的变化，各种深层次的矛盾冲突会逐渐暴露出来，这些矛盾冲突在人们思想中的反映也就会越明显、越尖锐，这种变化既有积极的，也有消极的。因此，做好企业调整中的思想政治工作，发扬积极因素，抑制消极作用，至关重要。

思考之一：企业调整中思想政治工作的新的特点

过去，思想政治工作由于其特定的环境和特点，决定了它在实际工作中比较有权威，而当社会主义市场经济处在不完善的过程中，随着国有企业改革的深入所带来的利益关系的调整，一方面促进了职工思想观念、价值观念发生积极的变化，推动了思想的解放；另一方面也多层次、多角度地影响到职工的价值观和道德观，使职工的思想变得错综复杂、多元交织，呈现出独立性、选择性、多变性，这些都给企业思想政治工作的认同带来差异。因此，企业调整中的思想政治工作，既有一般企业正常运转时的思想政治工作的共性，也有个别企业调整退出特定时期的各自的个性，不管是工作对象，还是工作的内容、方法和过程，更多地反映出其特殊性的一面。

(一)企业调整中思想政治工作的对象具有群体性、集中性的特点

企业调整是指产品结构或企业结构在竞争激烈的市场中进退布局或取舍部署的调整，往往会涉及企业整条产品生产线或整个企业的全体职工的切身利益，使原有的利益格局发生了根本性的变化。在企业调整中思想政治工作所遇到的问题，不仅是现实生活中产生的、还会有历史遗留下来的；既会是大量的、也会是非常集中的。因此，企业调整中思想政治工作的对象，在特定的时期内具有群体性、集中性的特点。

(二)企业调整中思想政治工作内容具有政策性、原则性的特点

企业调整是一个十分复杂的系统工程，很多事情既要按政策原则去处理，又要妥善解决职工群众的实际问题。要坚持合法合规的政策原则，就要求企业调整中的思想政治工作更多地要发挥其政治调节功能，主要宣传有关的方针政策，并为这些具体政策的实施提供切实有力的保障；辅之以个人激励功能，给人以正视现实、克服困难的勇气。因此，企业调整中思想政治工作内容具有政策性和原则性强的特点。

(三)企业调整中思想政治工作过程具有艰巨性、复杂性的特点

企业调整涉及到企业和社会的方方面面，职工重新安置就业、待岗分流、下岗辞退等等，其中还涉及到职工的家庭生活，企业调整还会引起部分骨干特别是政工队伍的不稳定，如此等等，都会导致企业人心难聚拢、步调难统一，阻碍企业调整的顺利推进。企业调整工作本身具有的艰巨性和复杂性，决定了企业调整中的思想政治工作必须从大局出发，更要注重实效，更要讲究坚韧性和攻坚力。与企业调整全过程相伴随，企业调整中思想政治工作的过程同样具有艰巨性、复杂性的特点。

思考之二：企业调整中思想政治工作的有用效应

思想政治工作本质上是做群众工作，是宣传群众、教育群众、引导群众、提高群众的工作。思想政治工作的重要性不是领导的要求，也不是因为主观的强制，而是客观的现实。企业调整中的思想政治工作更是如此，组织系统不重视，非组织系统就会趁虚而入。充分认识企业调整中思想政治工作的重要性，找准定位、采取主动，是企业调整中思想政治工作有所作为的前提。为此，思想政治工作在企业调整中要突出有用效应。

(一)思想教育与就业培训相结合

思想政治工作的根本任务是提高人的素质。企业调整中思想政治工作的重点是抓好职工的观念转变教育。要使职工正确认识企业调整的意义，必须要从转变思想观念入手，客观分析市场经济发展的新形势和行业发展的新变化，帮助广大职工能够正确认识到，部分企业调整是上海发展战略的大势所趋，是华谊集团落实科学发展观的需要，是增强核心竞争力的需要，是确保整个华谊集团可持续发展的需要。与此同时要“授之于渔”，对企业调整中的职工加强实施再就业培训，传授执业知识，培养职业技能，进行职业指导，全面提高职工的素质，增强职工适应在业内外重新就业的应变能力。

(二)宣传引导与安抚稳定相联系

思想政治工作的主要任务是调动人的积极性。企业调整工作要靠人的积极性、主动性和创造性去努力做好。思想政治工作的一项重要任务是做好人的安抚工作。由于企业调整的特殊性，在坚持正面宣传、教育引导的前提下，更多地应该考虑到对职工做好安抚稳定工作。职工队伍稳定是做好企业调整工作的基础。思想政治工作的一个很现实的作用，就是通过做好人的心理调适、情绪安抚和矛盾化解等工作，维护好企业调整中的稳定工作。只有这样，才能保

持组织的团结、团队的步调一致，最终推动企业调整工作的顺利进行。

（三）精神激励与物质利益相渗透

在社会主义市场经济条件下，物质利益对职工的思想行为的驱动作用明显增加。由于企业调整中各种利益矛盾引发的职工思想问题比以往更加突出，因此，能否引导广大职工正确地认识和看待物质利益，是搞好企业调整的关键所在。在贯彻物质利益原则中渗透精神激励的内容，是企业调整中教育方法与工作手段的有机统一。通过关心职工的疾苦、为职工群众排忧解难，使职工理解并支持企业调整，确保企业的调整工作平稳健康发展。

（四）法制意识与民主程序相融汇

企业调整是一项政策性很强的工作，依据国家法律法规是前提；企业调整同时又是一项企业与职工、整体与个体、长远与当前等利益矛盾交织的群众性工作，职工民主管理程序很重要。因此要做到：一是维护职工的知情权。企业调整的重大方案要坚持走好职代会的程序，增强工作的透明度和公开性，让职工群众积极参与，支持企业调整。二是为职工释疑解难。做好深入调查、走访交流、组织讨论等项工作，及时了解掌握职工关心的焦点、难点问题，要结合职工的思想实际，针对不同对象，开展不同形式的工作。对职工中的问题，采取分别疏导、分别座谈、分别进行教育的方式。用科学、客观的方法帮助职工解决思想上的困惑。三是从稳定大局出发，做好各类人员的思想政治工作。首先，反复宣讲企业调整的有关政策，得到职工的理解；其次，帮助职工转变就业、择业观念，鼓励职工继续学习，熟练掌握专业技术，增强生存本领，寻找再就业机会；最后，按照有关规定，对各类人员给予适当的岗位安置或生活补偿。同时，妥善解决好提前退养和离退休人员生活保障问题。

思考之三：企业调整中思想政治工作者队伍的自身建设

思想政治工作是一门涉及灵魂工程的科学，政工干部队伍就是这门科学的主体，是实施这项工程的关键。因此，要加强企业调整中思想政治工作，首先要以邓小平理论、“三个代表”重要思想和科学发展观为指导，加强企业调整中思想政治工作者队伍的自身建设。这就是要切实组织好这部分力量，让他们积极发挥好作用。

（一）要树立思想政治工作的全局意识

全面发展是科学发展观的基本要求，思想政治工作要树立全局意识，立足于时代，立足于党、国家工作的经济工作中心。对企业调整工作来说，思想政治工作者要对时代的特点和要求保持清醒的认识和准确把握，把企业调整中思想政治工作面临的新情况、新问题、新矛盾，放在时代大背景中去思考解决的办法，从把握大局的战略思考中吸纳营养、获取动力，适应变化的形势，跟上时代步伐；要紧紧围绕全面建设小康社会和改革发展稳定大局，更新理念、创新方式、拓宽领域，适应企业调整工作的需要，提高服务职工群众的能力。

（二）要树立思想政治工作的价值意识

企业政工干部的劳动是一种围绕企业经济工作中心所开展的有用劳动。政工干部的劳动不仅在企业内部产生价值，还能在社会上发挥效益，对建设良好的社会风气、振奋民族精神和提高全民族社会主义精神文明水平能起促进作用。所以，企业政工干部的劳动是社会的必要的有用劳动。在企业调整中，一要切实关心政工干部的工作、学习与生活。思想政治工作者也是普通的人，在做思想政治工作的过程中，在日常的生活和工作中，他们也会产生各种各样的思想问题和困惑，需要有关领导和上级有关部门及时察觉，予以关心；二要尊重政工干部的劳动及其价值。思想政治工作者的劳动，是一种脑体兼有的综合性、奉献性的劳动，其工作成果大都体现在其他成果上，社会价值的认可也有一定的滞后性。从某种意义上来说，承认思想政治工作的价值和作用，是对思想政治工作者最大的关心、支持和褒奖。

所以，领导重视是加强政工干部队伍建设的关键。特别是一把手要把抓好思想政治工作作为义不容辞的政治责任。要自觉抓和主动做，既要宣传贯彻党的方针政策，又要多做得人心、暖人心、稳人心的工作。在企业调整的关键时期，在有序推进企业调整的过程中，思想政治工作干部是党的路线、方针、政策的宣传者和执行者，所起的带头作用和带动作用非常重要。只有各级组织、各级干部队伍健康和谐，企业调整工作才能平稳开展、顺利推进。

（作者单位：上海华谊党校）

用故事传承文化

王　影

一个优秀而成功的企业，都曾经流传或正在发生着无数感人、传奇的故事，而这些故事不仅传承了企业文化的核心价值观及使命、愿景，还在于提高企业的团队绩效，帮助企业员工在特定情境下做事的原则和期望值达成共识。

故事是企业文化传播的有效载体

企业文化体系建设需要有理论和案例的支撑，案例就是我们所说的故事，是企业在成长和发展历程中发生的一个个结构化的小故事，无论是感动的、触动人心的还是让人费解的，都是企业文化的真实写照。好的故事不仅给人以心灵的触动和精神震撼，同时又能为企业的使命、愿景、价值观等提供着力的方向，起到用故事传承文化的作用。我们读一本书，很多的理论一般都记不住，记住的就是几个例子尤其是故事。所以说企业文化的传播和落实，故事的作用非常大。企业成长历程中会发生很多的事件，都可以演绎成感动人心的故事,关键在于发现,把全体员工的热情和爱心、聪明才智和创造力引导到与企业同发展中来,引导员工对企业文化产生亲切感和认同感。当然,企业文化的传播方式和方法有很多,但用故事传承文化,这种方式更直接,更能打动人,也更有效。

故事传承文化的实践

那么如何注重故事的通俗性、亲和性、趣味性和直观性,并借用文化故事这一载体来传承企业文化、发展企业文化?国际上专家、学者对此进行了研究,著名的企业案例也告诉我们故事传承文化的重要性。

诺尔·迪奇归纳出了三种常用的故事类型,用来传达个人与企业组织成功的价值观。第一类故事是"我是谁",也就是讲述自己感人的经历和成功的经验,用个人的故事来打动人心。第二种故事是"我们是谁",也就是在变动中创建起同位一体的感情,将全体员工或者是听众的心凝聚在一起。这两类故事的运用,对企业凝聚员工的情感,以及企业文化的传播大有裨益,同时也容易让员工迅速理解企业的某一措施或策略。第三种故事是"我们要往哪里去",也就是描述、解释企业在未来要做些什么,以及企业要怎么样走向未来。

好的企业文化要有好的表达方式,讲故事或者听故事不是在生产之余的娱乐消遣方式。一则好的故事不但能够深深吸引着听故事的人,而且可以用其本身蕴含的智慧与哲理,给人们带来启迪,让人们在智慧过程中,分享失败后的缺失和成功后的超越。可见,用故事传承文化是企业文化管理的有效工具,也是企业文化传承最好的表达方式。

例如,说到凤凰卫视企业文化,人们就会重复地演绎着一个——"不死鸟"的故事。"不死鸟"的故事既准确地概括了凤凰卫视从沉寂、蜕变、革新、进步到成熟的发展历程,也彰显出凤凰卫视凤凰般的美丽与尊贵,以及凤凰人不断地自我挑战、更新与超越的"青云之志"。说到沃尔玛人们就会记住"天天平价""保证满意"的故事。

故事传承文化的探索

如何将企业文化有效的渗透到生产经营及各项管理中,用文化的力量支撑企业战略的发展,一直是企业文化建设工作者们探索的课题。经过多年的实践,笔者认为以故事为依托,最有说服力。

(一)故事与企业文化形成"二元"互动

故事是传播企业文化的载体,企业文化是故事的源泉。故事是为企业文化服务的。在故事搜集、整理、提炼过程中,要杜绝"本末倒置",为讲故事而讲故事。首先要使员工从事迹和故事中理解企业文化核心价值观的含意和意义,明确自己应该做什么与不该做什么,从而实现企业文化自觉;其次是对企业文化的成功塑造,尤其是从理念方面对先进人物和事迹进行提炼与升华,赋予它们以文化素养和精神灵魂;最后是不断的将优秀作品,列入故事库,通过优秀作品及讲故事,更好地发挥企业文化的凝聚、导向、约束、激励等功能。

(二)故事要与员工互动

故事不但要打动人,而且还要让它在企业内部成员中传播,并且在企业的发展历程中得以流传。首先是引导员工的参与,只有参与才有认同;其次是让员工在对企业文化有切实的感受,认知、认同的过程中,将企业所倡导的理念、精神等内容融入故事情节中。因此,故事的来源必须真实、生动,这样故事才具有教育人、感动人、激励人的作用。才能与员工形成良好的互动,产生源源不断的故事"源泉"。

(三)故事传播的类型

不同的故事表达不同的主题思想和价值意图,不同的故事依场合、人物思维的差异而展现不同的风格。文化故事围绕企业文化理念而展开叙述,紧扣"理念、融合、管理、人才、创新、激情、竞争"七大文化元素,主题鲜明,价值取向明确。内容有和谐与不和谐的故事、成功与失败的故事;文化理念故事、领导人故事,员工故事等等。主要可以为分以下四种类型,一是创业类故事,二是经营类故事,三是管理类故事,四是变革类故事。总之,传播形式要多样化,流传内容要丰富化。

(四)故事传播要坚持持续性

任何一项工作,要有效果,必须持续不断,常抓不懈。故事的传播也是如此,其持续性必须注意两个环节,一是要保证故事传播的连续性,二是要保证故事的发展性。故事传播的连续性,就是要求故事不是讲几遍就完事了,而是要利用各种场合反复讲,达到深入人心的作用。故事的发展性,就是要与时俱进,根据企业文化的新要求,根据涌现的新事迹,不断更新故事,达到推进企业文化的效果。

正如科学家所说:"人类是故事的传播机,人类的许多历史就是依靠传说代代传承下去的",也正如文中所说故事就是力量,故事传承文化。

(作者单位:三角集团股份有限公司)

构建国有企业工会维权"四互助"模式

周　明

维权是工会的基本职责。工会维权职能的提出既适应了社会群体利益分化对增加社会代表性的要求,同时也符合党和政府对于维护社会和谐稳定的需要。国有企业工会要树立和落实"以职工为本,主动依法科学维权"的中国特色社会主义维权观,就必须认真把握在当前国有企业维权中面临的新形势、新任务、新机遇和新挑战,与时俱进、积极探索国有企业履行维权职能的发展思路和工作模式。

建立新的维权工作模式

工会维权"四互助"模式,就是以中国特色社会主义维权观为指导，以工会组织为领导，以职工群众需求为基准，落实“诉求表达权、岗位保障权、职业发展权、脱困解困权”四项工作内容，以促进职工群众在思想、工作、学习及生活四个方面互帮互助为工作重点，企业各部门协调配合，全员广泛参与的维权工作新格局。构建这一模式，根本就是要使企业工会组织在维权上从以往的职工来访后的事后被动处理向事前主动预防、未雨绸缪的工作方式转变；从过去依靠工会维权服务向发动职工群众都来关注自身利益、形成整体合力的方向转变，努力形成上下联动、横向互动的维权工作模式。

开展工会维权“四互助”模式的实践

电化厂工会打破多年来工会“互助”囿于单纯的医疗互助、困难互济的传统，找出了一条依靠群众路线的“互助”维权之路，依托企业庞大的职工群众资源，把职工之间互相关爱、互相帮助、互相学习作为维护职工权益的有效路径来抓，初步形成了以“思想互助、工作互助、学习互助、生活互助”为主要内容的职工维权“四互助”体系。

1. 注重“思想互助”，健全完善诉求表达机制，营造企业安稳谐和的大后方。电化厂工会立足职工的思想帮扶，除了开展职工代表大会、厂务公开等民主管理工作，建立了工会干部定期走访制度和以工会小组长为联络员的制度以外，还在以班组为单位的“职工小家”内设立了每月职工思想动态调查表，工会小组长随时掌握、汇报个体思想的异常动态，做到有思想问题及时引导，有矛盾冲突及时化解，确保从源头解决职工思想疙瘩，维护企业的稳定。为使职工思想动态具体化、数据化，工会还将职工的基本信息资料编撰成“帐”，并根据维稳工作的要求，重点对易发、高发困难和矛盾的职工类型进行了系统分析，对四类职工建立了档案，即：“单身职工档案”、“困难家庭档案”、“重点人员档案”和“单亲人员档案”。通过及时了解、更新相关内容，为进一步稳定职工思想情绪、帮扶解决职工困难、测查隐患苗头、加强交流沟通提供了依据。通过搭准职工脉搏、贴近职工思想需求，使工会组织成为职工的“第一知情人、第一报告人、第一帮扶人、第一监督人”，使职工的各种意见诉求得到尊重、表达、传递和合理解决。同时，为了提升工会干部说服教育和动员群众的水平，厂工会从2005年起就开办了“月度工会干部业余夜校读书班”活动，不断以理论知识武装头脑，提高工会干部的综合素质。

2. 推动“工作互助”，提升职工岗位稳定感，提高企业职工工作水平。面对职工队伍结构复杂，职工素质青黄不接以及岗位装置随着四新技术应用不断更新的现状，为尽快提升岗位职工、大学生、劳务派遣工等不同层次职工驾驭生产装置的技术水平，厂工会在持续推进原有“工作互助”模式的基础上，加大了开展岗位练兵、“亮绝活、比绝招”和总结操作法、导师带徒等传统项目的力度，切实帮助职工提高。如PVDC车间开展的“桌面演练”、动力车间开展的“每周一问”、离子膜烧碱车间开展的“班前半小时集中授课”、计控中心开办的“职工业余学校”、“星期六课堂”等新形式的岗位练兵逐步替代了原来呆板的练兵卡提问，深受职工欢迎。“导师带徒”活动的开展，对增强新老职工思想的沟通、消除新老职工间的“代沟”，对增强师徒双方的意识，提高青工的技能业务素质和作风、道德、思想素质等，都具有重要意义。这几年，电化厂分别有2对师徒获集团公司优秀师徒称号、两位师傅获股份公司优秀师傅称号。

3. 深化“学习互助”，拓展职工职业发展空间，打造现代企业的知识型职工队伍。电化厂工会对于维权职能有着自己独特的理解：千维护，万维护，提高职工技术素质是最好的维护。“学习互助”在企业中开展“创建学习型组织，争做知识型职工”的活动，在持续推动职工群众自主学习方面起到了积极的作用。以推广“知识型职工”典型为点，在全厂全面铺开168个班组开展创建“学习型班组”为线，再到以评选“学习型示范岗”为面，电化厂已经形成了以初管人员、工段班组长、调度值班主任及全员性质的“四大学习平台”体系。一是“初管人员”学习交流平台，使之成为学习平台的领头羊。学习交流重点是紧扣厂重点工作，针对管理、生产、发展中的薄弱环节，确立研讨课题，每季一次，从近几年的交流内容看，既有一定的理论思考，又有切实解决问题的措施，这是把团队学习活动向纵深推进的主要力量。二是“工段长、班组长”学习交流平台，使之成为通向班组自身管理的桥梁。工段长、班组长是企业骨干力量，搭建这个学习交流平台，有利于更好地提高他们的素质，提升他们的管理能力。以班组联谊会为载体，组织工段长、班组长每季学习一次，交流管理经验，从2004年开始，全厂班组检查推行班组长联谊会代管的形式，使原来的被动检查变为自我检查，内行查内行，提高了班组建设的水平。三是“调度员、值班主任”学习交流平台，使之成为提高生产调度业务素质的纽带。他们以调度系统“一条龙竞赛”为载体，每年进行1－2次的学习交流，生技部门通过这个平台，加强了产品赢利模型的分析应用，确保生产装置的满负荷运行，有利于引导生产资源向效益好或有利于整体效益提高的产品和生产环节倾斜，及时做好碱资源、氯资源和氢气资源的配置，不断提高装置经济运行水平。四是全员学习平台，坚持以“关键在岗位，重点在班组，主体在全员”的工作思路，连续三年开展“创争”活动，使之形成宽领域、全方位的学习模式。为了进一步激活职工学习的主动性，厂工会还制订出台了如学历教育奖励规定、技术能手奖励规定等优惠决策，花大力气与浙江工业大学联合开办了“工人大专班”，共有92名企业骨干经过层层选拔参加了培训。电化厂多次获得公司“技协杯”节水节电竞赛优秀组织单位及“创争”示范单位的荣誉称号，“学习工作化、工作学习化”的良好常态学习模式已经形成。

4. 落实“生活互助”，保障困难职工权益，完善企业职工互助的帮扶体系。厂工会健全和完善了职工生活互助的内容，通过成立职工储金会，互助互济基金会、特困职工救助基金会、大学生购房借款基金会以及困难职工补助等多项措施，尽可能的多方位、多渠道为困难职工减轻和缓解生活困难。在平时的互助工作中还积极奉行“授人以鱼,不如授人以渔”的工作宗旨,不断创新职工生活互助的方式和方法,实现了由简单地向困难职工“输血”到帮助职工“造血”的实质跨越。职工王献因患糖尿病而双目失明,长期病退在家,孤独一人无人照料。为帮助王献走出生活和精神上的双重困境,厂、车间工会在坚持长期为王献困难补助、捐钱、捐物的基础上,为其争取到了一个去杭州残疾人推拿培训中心学习按摩的机会;待其学成归来后,厂工会又积极开动脑子,为其张罗开了一家盲人按摩店:找店面、购置按摩设施、广告宣传……正是厂工会的新型的“生活互助”模式让一个濒临绝望的病人重新过起了自力更生的日子,也让更多的职工和家庭重新找回了建立美好生活的自信。同时,电化厂工会还积极发挥厂职工法律服务站的作用,从法律依据上为职工生活当中遇到的各类困难、纠纷提供解决办法,及时卸掉职工思想包袱。

工会维权“四互助”模式实践的初步成果

1. 满足了职工群众自我发展的需求。通过电化厂工会多年“互助”体系化建设,造就了一支与时俱进、技术过硬的职工队伍。截至07年底,我厂职业技能带头人占公司总额1/4,高级工的比例由2004年底的389人上升至577人。中、高级工比例占职工总数的75%,具有技师资格的职工也在逐年增加。仅2007年我厂参加21个工种技术大比武活动的职工人数就达1236人,参赛率均达到98.62%,先后评选出一、二级技术能手80名。在股份公司组织的职工技术比武中,我厂仪表、电工、钳工、分析、化工操作等五个工种均获比武第一名的好成绩。学习型组织创建活动迈上了制度化、规范化的轨道,我厂被评为集团公司“创争”活动示范单位。

2. 满足了企业科学发展的需求。“学习互助”活动造就的高素质职工队伍为企业的科学发展提供了不竭动力。几年来,电化厂在职工总数未增的情况下,先后新建、扩建了巨塑PVC公司、巨鑫TCE公司及离子膜烧碱四期工程,其中离子膜装置创造了国内建设速度最快、开车成功率最高的新纪录。大力推进循环经济,着重做好了全电石渣制水泥、电石渣清液回用和皂化残液处理等项目。从2004年到2007年,企业工业总产值上升了120%,销售收入上升了115%,形成了企业发展与职工群众素质提升的双赢局面,三年再造一个“新电化”的发展愿景已成为现实。

3. 营造了一个和谐稳定、安定团结的企业大局。稳定是一切发展的前提条件,厂工会牢牢把握“互助”这个载体,坚持源头参与,密切与职工群众的联系,不断增强凝聚力、向心力和吸引力,更好地表达和维护职工的具体利益,主动关心职工群众疾苦,反映职工群众呼声,为职工群众办实事、排忧难,发挥了党联系群众的纽带作用和民主渠道作用,有力地促进了新形势下的维稳工作。

4. 实现了新形势下工会“有为”到“有位”的转变。通过“互助”体系的实施,电化厂工会制定了新的符合市场经济发展规律和职工群众需要的办法,把工会重点工作和基本职能融入其中,不断赋予时代内容,不断增添维系工会与职工群众的亲情感与信赖感,努力实现了厂工会从“有为”向“有位”的转变,也使工会组织真正成为了职工信赖的“职工之家”。电化厂工会牵头开展的各项工作不仅得到了厂党政的积极支持和认可,而且在“满意工会”评选活动中连续两年获得了高达90%以上的群众满意度,多次被评为公司级“模范职工之家”称号。

(作者工作单位巨化股份公司电化厂)

以人为本是科学发展观的核心理念

顾广发

党的十七大报告首次提出“加强和改进思想政治工作,注重人文关怀和心理疏导”。“人文关怀”一词的提出,反映出科学发展观“以人为本”的核心理念已经成为企业各项工作的科学指南,为今后思想政治工作的改革创新提供了一个重要突破口。

从目的范畴来看,注重人文关怀,就是要由侧重“教育员工”向侧重“服务员工”转变,始终把员工的生存、发展作为思想政治工作的出发点和归宿

人文关怀就是以人的生存、安全、自尊、发展等需要为出发点和归宿,以充分地尊重人、理解人、肯定人、丰富人、发展人、完善人,促进人的全面发展为内在价值尺度。把人文关怀作为企业思想政治工作的创新的突破口,就是要突出思想政治工作的“服务”职能,以员工的全面发展为根本出发点,通过组织、动员、激励和协调手段来调动和发挥员工的积极性、主动性和创造性,通过监督、约束和教育等方式促进员工的主观世界的改造,提高思想觉悟和认识能力,最终实现“解放思想”和“个人价值”的根本目的。

一是要服务员工的基本需要。就企业员工的思想活动规律而言,需要引起动机,动机支配行为,行为导向目标;需要是员工行为的原动力,是产生积极性的源泉;适应和满足员工的需要,是调动员工工作积极性的关键。关注和满足员工的需要,应成为新时期企业思想政治工作的基本要求。只有充分了解员工的需要,掌握员工需要的发展变化规律,从满足员工正当的需要出发,在内容上、形式上适应员工的多方面需求,努力做到“因需要而利导”,才能吸引员工,容易为员工所接受,达到思想政治工作的预期目的。

二是服务员工的个性发展。个性是人在一定的社会环境系统中能动地形成的个体相对稳定的心理品质,包括动机、意志、气质、情感等。每个人都有独特的自我和精神世界,这是人的社会性的根本体现。在企业员工的个性品质中,既有惰性、保守性、依赖性等不良个性品质,也有独立性、开拓性、进取性、坚定性等积极个性品质。在今天企业越来越注重员工素质的提高和保持生产安全稳定的状况下,充分发挥员

工个人的主体性，重视员工自身素质的提高和个性发展，将集体发展的诉求与个人发展的需要有机结合起来，已经成为员工的全面发展的重要组成部分，成为企业兴旺发达的基础和保障。要把培养和发展员工的综合素质列为思想政治工作的重点目标，注重开发个体潜在的闪光点，给每个人创造自主发展的空间，使其形成有独立高尚品格的人。

三是服务员工的幸福生活。党的最终目标是实现共产主义的社会制度，实现人的自由全面发展，满足人们对幸福生活的追求。人民的幸福生活不是抽象的，它由无数具体个人的幸福生活所构成，没有具体人的幸福，根本谈不上人民的幸福。要引导员工正确理解幸福的内涵，体验幸福的境界，拥有创造幸福的能力，具备奉献幸福的品质，成为拥有较高生命质量的高素质、高品位的人。要引导员工正确地看待自己的发展和对他人、对企业所应履行的责任与义务，以正确合理的方式方法获得自身的幸福，促进个人与企业的和谐发展。

总之，企业思想政治工作注重人文关怀，倡导服务理念，绝不是崇尚西方个人主义、利己主义的价值观，绝不是只讲人人为我，我不为人的人生取向，而是强调根据员工的切身利益需要，转变以往重视集体需要、忽视个人需要，只求员工的奉献、不求员工的利益的观念，实事求是地确立思想政治工作的方向和目标，切实维护好、实现好、发展好员工的应得利益，真正体现对员工的生命和价值的尊重。

从内容范畴上说，注重人文关怀，就是要由单纯政治性教育内容向综合性教育内容转变，不断满足员工丰富多彩的精神需求

人文关怀总是历史的、具体的，在不同的时代有着不同的具体要求。企业不同时期思想政治教育内容具有的鲜明时代特征。在构建和谐企业的今天，思想政治工作在把政治教育作为重要内容的同时，要充分体现以人为本、彰显人性的一面，满足员工的各种精神需求。

一是要把理想信念教育与基础培训结合起来。思想政治教育的宏观目标只有与员工的日常生活和学习、工作有机结合起来，与解决日常问题和适应企业需要统一起来，才能收到较好的效果。把“形势、任务、目标、责任”主题教育与员工的自身成长需要更好地结合起来，重点进行员工素质教育和人格教育，打好“基本功”，引导员工学会做人、做个好人，切实落实人文关怀的基本要求。

二是把业务培训与道德教育结合起来。要把业务培训与道德教育有机结合起来，既要努力增强思想教育、道德教育内容的科学含量，以科学的理论武装人，以真理的力量感染人，提升思想政治教育的说服力、感召力，又要努力探索理论知识向道德情操转化的规律、员工对培训内容的知识型掌握向信念型掌握转化的规律，引导员工在掌握业务理论的基础上形成科学的世界观和方法论，在形成适应企业发展要求的技能素质的同时，形成适应企业发展要求的思想道德素质。

从方法范畴上说，注重人文关怀，就是要由说教灌输式的工作模式向平等对话式的工作模式转变，不断增强思想政治工作的吸引力和感染力

今天，我们党正式提出在思想政治工作中注重人文关怀，既是对过去一段时间以来思想政治工作方式方法经验教训的深刻总结，也是对今后企业创新思想政治工作方法，增强思想政治工作吸引力和感染力的根本要求。

一是要注重平等交流。理解人、关心人、尊重人是连接员工之间感情的纽带和桥梁。目前，企业员工之间各种思想观念的碰撞非常激烈，各种价值观念、思想观点的交织也非常复杂，有些问题的是非界限并不十分鲜明，需要等实践证明才能形成明确的价值判断，在这种情况下，如果简单地用是非对错、非此即彼的方法，用“我对你错、我讲你听、我训你受”的方法，不仅难以达到预期的效果，而且还可能起到反作用；要以平等的身分、平和的口气，把员工视为自己的朋友、伙伴和亲人，尊重他们，理解他们，交心知心，以诚相待，以达到思想上的相互信任，感情上的相互理解，实事求是地分析和说明问题，从而增强教育效果。

二是要注重寓教于乐。注重人文关怀必须关注员工的情绪和感受。寓思想政治工作于丰富多彩、生动活泼的文体活动之中，以健康、高尚、文明的文体活动来焕发员工的精神，陶冶员工的情操，激发员工的斗志，这是避免空洞说教一种有效方法，可以增强大家的参与兴趣，密切人际关系，调整员工的思想情绪和心理情感，在不知不觉中培养和引导员工的价值取向，对思想政治工作能起到很好的帮助或辅助作用。

从主体范畴上说，注重人文关怀，就是要由政治宣传员这一单纯型角色向政治讲解员、心理咨询师等综合型角色转变，不断提高思想政治工作者的素质和威信

注重人文关怀，已经不仅仅是新时期思想政治工作的一项原则，更为重要的是，它对新形势下思想政治工作者的观念、素质和觉悟提出了新的更高的要求。

一是要转变思想观念。企业思想政治工作缺失人文关怀与思想政治工作者的观念落后有着密切联系。如果思想政治工作者囿于传统思想政治工作的理念，不注重结合企业发展、员工思维方式和价值追求的新变化，来更新自己的思想观念，那么在实际操作中势必难以突破过时的方式方法，势必难以将人文关怀落到实处要强化“服务”观念，弱化“政治”观念，充分认识到员工有着各种各样的自身需要。要认识到，“弱化”政治色彩不是不讲政治方向，而是要求思想政治工作者，从人文关怀的角度、从心理健康的角度、从将心比心的角度，体现思想政治工作全方位的价值。有的放矢地讲明道理，针对实际解开疙瘩，在温暖和煦的气氛中促进员工的内心世界的升华。

二是要提高人文素质。人文素质体现在行为中的主要

表现是:在处理员工与社会、员工与企业、员工与员工的关系时,突出员工是主体的原则;在员工与生产的比较中,突出员工高于生产、贵于生产的特殊地位。

具备人文素质与落实人文关怀密切联系,提高思想政治工作者自身的人文素质,需要思想政治工作者具备人文知识,除了要掌握政工专业、生产技能知识,还必须掌握关于人文领域的基本知识,如心理学知识、历史知识、文学知识、政治知识、法律知识、艺术知识、哲学知识、宗教知识、道德知识、语言知识等;在实践中加深理解,在实践中对知识进行升华,真正实现人文知识向人文素质的转化。

三是要强化关怀之情。"感人心者,莫先乎情"。对于思想政治工作者来说,奉献爱心、以情为先、关怀他人不是一种技能,而是一种态度、一种觉悟。要寓理于情,在以真情动人的前提下达到以真理服人的目的,实现"春风化雨"、"润物无声"的理想效果,完成思想政治工作统一思想、凝聚力量、振奋精神的基本职责。

(作者单位:中国石油大庆炼化公司)

新形势下推动国有企业文化建设的思考

张群伟

21 世纪是一个文化冲击的世纪,文化的力量越来越显示出无可比拟的优势作用。党的十七大报告指出"当今时代,文化越来越成为民族凝聚力和创造力的重要源泉、越来越成为综合国力竞争的重要因素……"企业能否建设和培育自己的有生命力的、与时俱进的文化力并有效发挥其作用,将决定其在 21 世纪的生存和发展。企业文化建设的本质就是把企业提炼、概括、倡导的独特价值理念,通过管理制度的规范与激励,最终转化为员工的岗位自觉行动。

新形势下国有企业文化建设的重要意义

面对经济信息一体化、全球化的大格局,要在开放的市场上赢得一席之地,关键在于提升企业的文化力。新形势下的企业文化建设不能为建设而建设,必须以人为本、尤其是以团队人为本,通过团队人员的价值共识和行为一致,提高队伍的凝聚力,提升企业的形象力,促进工作任务的完成和目标的实现。因而在建设过程中必须清醒地认识到加强企业文化建设的重要意义。

1. 推动企业文化建设,有利于从战略上确立自身的定位和走向。新形势下的企业文化建设的原动力就在于企业面对机遇和挑战时需要在文化层面和战略层面的重构,通过推进企业文化建设,在企业内部进行必要的精神动员和行为激励,以价值共识换来队伍团结,以团队精神提升企业竞争能力。

经济全球化使企业直接面对国际市场的冲击。在机遇与挑战并存的新形势面前,国有企业要进一步创新价值理念,推出新的企业战略思路和举措,进而提高产品的科技含量、品牌的文化含量。事实证明,21 世纪的企业竞争在本质上是企业文化竞争。

2. 推动企业文化建设,有利于提高核心竞争力。随着经济全球化进程的加快,跨国竞争表面上反映在产品、质量、品牌、售后服务等方面,而深层次的是深藏在上述显现部分后面的企业素质和内涵——企业文化。在这里,企业文化体现和代表着企业的核心竞争力。

一个企业能够持续创新的原因,关键看企业的人和队伍的素质以及起到引领作用的价值理念。一个企业的特质文化蕴含着企业的技术优势、管理优势和核心竞争力。

3. 推动企业文化建设,有利于人力资源的开发。企业是人、财、物等各种资源要素的优化组合和有效运用。在诸要素中,人的因素起着主要作用,其他要素离开了人的使用和操作,它们只有存在的意义,而无创造的价值。由此新形势下的企业文化建设要以人为本和以团队人为本,通过挖掘和开发人力资源提升企业的竞争力。

一个成功企业的诀窍就在于用人之道。企业人力资源开发,不是单纯的物质激励和精神鼓励,必须上升到企业的文化层面,以价值理念引导人,以文化氛围熏陶人,以人文精神关怀人,以管理制度约束人,以职业设计激励人。

4. 推动企业文化建设,有利于构建和谐企业。企业文化体现了经营者的价值观和求真务实的精神,其根本就是构建和谐企业。企业文化建设的过程也是企业为寻求恰当的内部规则而进行制度创新的过程。企业的和谐,首先应是人与人之间的和谐,只有营造和谐、融洽的人际关系,才能打造和谐的团队。企业的所有财富都是由员工创造的,一个和谐的企业应该坚持以人为本的原则,将惟人——认识人、了解人、尊重人;惟实——务实、诚实;惟新——永恒创新作为企业的核心价值观,尊重劳动、尊重人才、尊重知识、尊重创造。企业文化管理是企业管理的最高层次,企业的制度化管理是企业管理高效、规范的标志和保障。企业制度主要是规范人的行为,而企业文化主要是引导人的精神,只有善于把两者有机地结合起来,才能促进企业的和谐发展。

推动新形势下国有企业文化建设的思考

新形势下的企业文化建设,是企业在现阶段上的新的战略定位和理念创新,也是总结原有企业文化建设的经验教训进行企业文化批判和再造。必须要结合企业发展的诸多要素,从精神、制度、行为、物质几个层面全方位、系统化地考虑企业文化建设的具体内容,包括企业的价值理念、管理制度、品牌设计、形象识别、环境氛围、礼仪活动等,还要不断进行自我诊断、自我修正,关键要把握新形势下的企业文化建设进程的科学推进。

1. 依托企业的传统优势,为新形势下企业文化建设准确定位。企业文化是一种继承行为,正确认识和把握企业的传统是进行企业文化创新的科学前提。任何一个企业的文化都是与企业发展的一个特定阶段相联系的，外在的包括对市场、营销、服务等一系列方面的基本认识，内在的包括凝固在生产、经营、管理等各个环节中的基本制度。同时，传统不仅仅是精神层面的东西，企业的厂房、设备，员工的着装、行为，无不渗透着企业的传统特色，记录着企业的历史渊源。一个企业的企业文化与企业现阶段的发展不相适应了，就成为传统，就要被更替；反之，这个企业文化与企业现时段的发展是相适应的，就会促进企业的发展。

新形势下企业文化建设伴随的是国有企业加速现代化的进程，赋予了企业文化建设的创新特质。新旧更替是客观的规律，是这个世界的永不改变的法则。企业文化建设要顺应这一规律，开创符合新时代的新观念、新方法、新机制。企业在企业文化建设中要敢于吸收人类社会的一切优秀文化成果，学习借鉴，升华提高。只有这样，一个企业的企业文化建设才会显现出适应时代发展的理性精神和响应时代呼唤的洒脱风格，企业文化建设才能体现新内涵、开拓新功能、创造新效应。

2. 把握企业文化建设的本质内涵，整体规划企业文化推进工作。企业文化在本质上以人为本、以团队人为本的管理理论，是以团队人的价值共识为本的管理理论。整体规划企业文化推进工作要把握其本质内涵与科学特性，对企业方方面面的管理和制度起着引领和指导的作用，在员工中起着统一思想认识、进行行为激励的作用。在这个意义上，新形势下企业文化建设的真谛是：把企业的价值理念，通过管理制度的推进和落实，转化为员工的共同认识和自觉行动。

以企业文化建设为抓手，提炼与创立价值理念。建设企业文化首先要有指导和统一员工行为的价值理念系统，没有企业价值理念的表述，没有一套高度概括、形象生动的文字符号，就谈不上是有意识的企业文化建设。提炼和创立企业的价值理念系统要讲求科学性，要展示企业历史，体现企业实际，反映员工心声，凸现鲜明个性，真正体现出一个企业的文化内涵和素养。在企业文化建设中，创立企业的价值理念系统，建立与之相适应的企业管理制度，归根到底是为了实现员工对企业价值理念的共同认识和自觉行动，这是企业文化建设的目的所在。

企业文化建设要在有关部门的牵头下，发挥企业各个部门作用，把企业文化建设渗透到生产经营管理工作全过程和各个环节中，以价值理念、管理制度和行为规范的有机统一为着力点，汇合成由理念力、管理力、行动力为主要内容环环相扣、层层推进的文化力，进而以企业深厚的文化资源和战略不断提升企业的竞争优势。

3. 引导全员参与企业文化建设，培养创新的思维方式。企业价值理念的提炼和形成说到底是企业经营者和员工精神风貌的集中体现。企业价值理念形成过程中，专业人员的一个重要工作方法就是倾听，首先是倾听企业经营群体的“心声”，其次是倾听员工的“心声”，第三是倾听专家学者的建议。使企业经营群体能够在企业价值理念的形成中起到引领作用；引导员工献计献策，用自己的语言描述企业价值理念，形成企业文化建设的浓郁氛围；提升企业价值理念内涵的个性和特色、表述的新颖和深邃。

企业文化重在行动。引导员工从行动上改变习惯性做法、培育新的思维方式，关键是在企业中形成鼓励创新、激励创新的一系列措施。第一，要有鼓励创新的氛围。通过建立学习机制，让更多的员工自觉投身岗位学习，不断提高职业技能，在提高创新意识的同时，提高创新的本领。第二，要建立激励创新的机制。通过建立和完善激励措施，让更多的员工切身感受到，立足岗位积极创新是企业的要求、工作的需求，使创新成为一种新的行为习惯。第三，要有容忍失败的环境。创新是有风险的，人往往对失败的难以容忍，而使得人们面对创新难以举步。容忍失败在一定意义上比鼓励创新更重要。”。

4. 实现管理制度的配套改革，用现代管理和制度支撑价值理念。企业文化建设需要内部的整体连动。企业价值理念的形成或再造都要有相适应的新的管理制度的配套。如以企业战略结构和产品结构调整、内部体制改革和机制转换、生产基地转移或动迁、制定新形势下发展规划、推出新的管理举措等为契机，以企业文化建设先行、价值理念引路，进行思想发动和观念共识，为新形势下改革扫除障碍、打通关节；同时，相应地发动各个部门，以新的企业价值理念为标准，对原有的管理制度进行具体对照，对依然具有先进性的制度予以保留，对总体还适应但部分不适应的制度进行改造，对已经落后了的制度进行淘汰，对实践需要但现实缺少的制度予以创新。

企业的价值理念需要管理制度的支撑。如果这个新的价值理念只是一般号召，不能转化为一系列的制度，必然会被淘汰、难以为继。这就决定了企业文化建设不仅包括价值理念教育，同时包括管理制度推进。通过新制度的约束，才能从体制机制上体现新的价值理念，实现企业文化整合的目标。

新形势下，企业面临着新一轮的发展的大好机遇，给企业文化建设注入了新的内容和活力，新形势下的企业文化建设就是要把企业共同的价值理念在各种有效方法的作用下转化为员工立足岗位的自觉行动，在建设过程中不断提高企业的核心竞争力，使企业在新形势下的竞争中立于不败之地。

（作者单位：巨化集团公司氟化厂四车间）

跨文化管理在集团企业文化建设中的运用

邓黎明

近10年来，云天化集团采用投资、收购、兼并等“跑马圈地”的方式进行低成本扩张发展壮大了企业，特别是在云南省政府实施的两次行业整合中，云天化集团规模迅猛扩张，短短时间内，从一家产品单一的氮肥生产企业，发展成为拥有氮肥、磷复肥、玻璃纤维、磷矿采选、磷化工等六大产业的产业集团,形成了以云天化集团为母公司,全资、控股一批生产经营型子公司的产业集团的企业构架。多家不同产业、不同体制、不同文化背景、不同发展历程、不同地域的企业进入云天化集团,使集团面临着不同企业文化的融合与撞击。为此,云天化集团通过"文化融合"重塑新的企业文化,形成了集团特有的企业文化。

云天化集团文化的特点

1. 确立"一主多元"的企业文化建设思想,构建集团统一的企业文化核心理念体系。在文化体系构建上,云天化集团确立了"一主多元"的企业文化建设思想,倡导共性与个性相结合,注重传承与创新并重,兼顾整体协调与个体创造,以集团核心理念体系为集团统一的共性文化,包括"聚合天地精华、共创和谐繁荣"的企业使命;"跻身世界级的化工企业"的企业愿景;"诚信铸基实、人本激活力、务实求业精、创新图高远"的核心价值观;"立根大地、志博云天"的集团精神等,全集团高度统一,具有唯一性和排他性。

2. 坚持"统分结合"的原则,倡导各全资、控股子公司及其下属公司积极构建自己的亚文化。云天化集团的企业构架、产业结构、企业分布等情况决定了在集团企业文化建设中必须坚持"统分结合"的原则,因此,集团在"一主多元"的企业文化构建模式下,在集团统一的企业文化核心理念体系下,倡导各子(分)公司积极构建自己的亚文化,避免"一统就死,一分就乱"情况的发生。各子(分)公司在遵循集团统一的共性文化的基础上,根据自己的特点,不断补充完善个性部分,共同建设既有集团共性又有各自企业个性的、和谐包容的、生机勃勃的亚文化,传承、丰富和支撑着集团企业文化核心理念体系的内涵和外延,形成云天化集团特有的企业文化系统。

跨文化管理在云天化集团企业文化建设中的运用

"跨文化管理"的研究是20世纪70年代后期在美国逐步形成和发展起来的一门新兴学科。企业"跨文化管理",是指与企业有关的不同文化群体在交互作用过程中出现矛盾和冲突时,在企业管理的各个职能方面加入对应的文化融合措施,有效地解决这种矛盾和冲突,从而高效地实现企业管理。本文借用"跨文化管理"的一些方法来分析研究云天化集团企业文化建设,云天化集团各子(分)公司所具有的不同产业、不同体制、不同文化背景、不同发展历程、不同地域的"跨文化企业"特征,决定了云天化集团企业文化建设具有"跨文化管理"的特性。

(一)"跨文化企业"和"跨文化管理"

1. "跨文化企业"。"跨文化企业",指的是由来自不同的管理理念、文化背景的,存在文化差异的员工所组成的企业。随着跨国公司的扩张、"三资企业"以及国内本土企业集团的发展,诸多不同国籍、不同民族的员工在同一家企业工作,无疑会导致企业管理的复杂化。

云天化集团具有不同产业、不同体制、不同文化背景、不同发展历程、不同地域等特征。从产业上分,有氮肥、磷复肥、玻璃纤维、磷矿采选、磷化工等;从体制上分,有国有独资企业,集团下属多数子公司属此类;从性质上分,云南云天化股份有限公司下属的重庆国际复合材料公司是中外合资企业,地处昆明安宁市的云南天宁矿业有限公司是既有国有股份,又有个人股份的混合经济性质的企业;从文化背景来看,在进入云天化集团之前,集团下属子公司具有自己的文化,如云南盐化股份有限公司的"盐化文化"、云天化国际下属的红磷分公司的"红磷文化"、云南天达化工实业有限公司原有的"大黄磷"文化、中轻依兰集团有限公司的"依兰文化"、云南磷化集团有限公司的"云南磷化文化",等等;从发展历程分,有几十年的老企业,如云南盐化一平浪盐矿,最早的矿是在解放前建的,磷化集团、云天化国际三环分公司等是在上世纪六十年代建的,中轻依兰是上世纪八十年代初建的,云天化国际富瑞分公司、云南天安化工有限公司则是本世纪初建的,还有在建的地处内蒙古呼和浩特的金星化工等企业;从地域上分,在省内,集团下属企业遍及全省各地区,具有明显的"滇"文化特征,在省外,在四川、重庆的集团下属企业,具有浓厚的"川味"文化特征,在青海西宁、内蒙古呼和浩特的集团下属企业,具有强烈的"西北风"文化特征,在老挝的下属,还具有老挝文化特征,等等,所以,云天化集团的"跨文化企业"特征非常明显。

2. "跨文化管理"。云天化集团虽然属于云南省的本土企业集团,不存在不同的意识形态、不同的种族等问题,但由于集团具有不同产业、不同体制、不同文化背景、不同发展历程、不同地域等特征,所以,集团的跨文化状态也很明显:

一是集团各企业文化背景的差异。由于集团所属企业所处地域的不同,员工具有不同的文化背景,滇东北的云天化股份具有"三川半"的特征,与重庆玻纤一道,形成了云天化集团的"川味"文化;处于滇中晋宁的磷化集团,由于建矿之初从东北、湖南和广东引进了一批骨干,在磷化集团成长起来的一代又一代,讲的都是一口普通话,而少有讲云南方言的,具有非常明显的"磷化"特点;而安宁、开远、宣威以及滇西北等地的企业,也有各自不同的滇中、滇南、滇东北、滇西北文化;还有西宁、呼和浩特的"西北风"文化等,集团各子(分)公司的文化背景差异较大,跨文化管理也就成为云天化集团及其所属企业管理者不得不面对的一个挑战。

二是集团各企业之间文化风格上的差异。在云南省政府两次行业整合中,云天化集团通过"跑马圈地"的方式进行低成本扩张发展壮大了自身实力,在前两年的集团企业文化融合中,笔者认为,成功实施了"跨文化管理",以"文化认同,文化融合"为核心,以"内增凝聚力、外强竞争力"为目标,建设并形成了集团的、统一的企业文化核心理念体系,集团各子(分)企业同有一个集团精神——"立根大地、志博云天";同唱一首歌——《云天化之歌》;认同一个标识——由分子链和方型中心组成的云天化集团标识，等等，使集团所属各企业的文化统一到集团企业文化核心理念体系上。

三是集团各企业员工个体文化上的差异。员工个体上的差异是微观上的差异，集团内不同企业的员工之间、老员工与年轻员工之间、男女员工之间、下级与下级之间、不同部门的员工之间、不同民族的员工之间，等等，都会存在不同的文化差异。作为集团的各级管理者，上到集团高层领导，下到班组长，要能够做到分析员工个体上的文化差异，对症下药，管理好自己所直接管理的员工。

由于党的工作和思想政治工作所具有的优势，在分析员工个体上的文化差异、对症下药方面，把企业文化建设与党的工作、思想政治工作有机地结合起来，就能够起到事半功倍的作用，很好地凝聚员工人心，这也是国有企业所具有的优势。

（二）"跨文化管理"的方式

"跨文化管理"的方式大概有三种类型，即："文化移植"、"文化嫁接"、"文化合金"。而其中，文化合金是两种及以上文化的有机结合，是选择各自精华的部分紧密结合，成为兼容性强、包容性大的多元化合金，所以说，文化合金"跨文化管理"的最高层次，真正达到了多文化的跨文化融合。云天化集团正是通过"文化合金"这种高层次的跨文化融合来进行集团企业文化建设的。

1. 搭建交流平台，促进跨文化的融合。为了让在云南省两次行业整合后进入云天化集团的员工有一个充分沟通、交流、了解、融合的平台，集团先后策划实施了以"内聚人心、外树形象"为主题的建企30周年系列庆典活动、"云天化风采"系列文化活动等，累计四万多人次参加，涉及面广，影响力大，加强了集团与各子（分）公司之间、各子（分）公司相互间的交流，加深了广大员工间的友情，进而促进了集团企业文化的融合，起到了"文化合金"的作用。

2. 深入调查研究，确定文化融合方向。为了达到跨文化的融合，收集集团各子公司在企业文化建设方面的精华，提炼形成云天化集团特有的企业文化核心理念体系，集团成立企业文化建设项目组，采取"以我为主，借助外脑"的方法进行文化调研诊断，历时八个月展开了认真细致的企业文化调查研究，行程跨越十余个地市，相继对集团所属20多家主要子（分）公司进行实地调研，形成了一百多万字的调研记录文档、近二百万个调研数据，形成了详实细致的文化诊断报告。在调研的基础上，确定了集团文化融合的初步思路：采用"温和渐进"的方式、"一主多元"的结构、"统分结合"的原则进行推进，笔者认为，这就是云天化集团在企业文化建设中"跨文化管理"的成功做法。

3. 通过跨文化融合构建集团企业文化核心理念体系。在文化体系构建上，云天化集团确立"一主多元"的企业文化建设思想，倡导共性与个性相结合，注重传承与创新并重，兼顾整体协调与个体创造，以集团核心理念体系为共性文化，各子公司在遵循共性文化的基础上，根据自己的特点，不断补充完善个性部分，共同建设既有集团共性又有所属企业个性，和谐包容，生机勃勃的企业文化系统，也就是云天化集团企业核心理念体系，包括共同的企业使命、企业愿景、核心价值观、集团精神等。

集团下属各子（分）公司又在集团核心文化的基础上建设自己的个性文化。在加强对集团企业文化核心理念体系的宣贯，增强员工对集团企业文化的认同感的同时，集团各子（分）公司开展自己的亚文化建设，在充分体现集团文化的前提下，提炼展现各子（分）公司的属于自己的个性文化，如云天化股份提炼的"长青基业、人为其本、精益生产、达于至善"；天达实业提炼的"立足天达、服务园区"等等，通过亚文化建设，突出各子（分）公司的特性，丰富了集团文化的内涵。

（三）"跨文化管理"的对策

1. 开展"跨文化管理"培训。开展"跨文化管理"培训十分必要，可以使受培训人员掌握不同的文化背景知识，掌握与不同文化背景的人打交道的技巧。

一是在全集团范围内进行文化宣讲，让理念体系渗透基层。为让核心理念体系落地实施，集团专门组成企业文化理念体系巡讲小组，在全集团范围内的文化巡讲，进行宣贯实施。还培养自己的企业文化宣讲师，让宣讲师深入基层，宣讲企业文化。

二是充分利用各种宣传载体加强集团企业文化核心理念体系的宣传。集团利用内部报纸、有线电视、网站、刊物、宣传橱窗、宣传专栏等宣传载体进行跨文化的宣传渗透，同时，专门印刷《云天化企业文化手册》、编制《云天化集团核心理念体系解读》培训书籍；大范围的在办公场所设置企业文化标志物，让词条上墙；编制企业文化歌曲，通过歌曲传播文化；开展企业文化知识竞赛，通过做题巩固企业文化知识和理念。

2. 干部交流与干部本企化相结合，促进集团文化的融合。云天化集团在大范围内开展干部交流任职和挂职锻炼，涉及重要岗位人员、重要子公司领导，通过母子公司之间、各子公司之间的干部交流，同时，继续使用好本企业的干部，使干部交流与干部本企化有机结合起来，更好地推动了集团企业文化的深度交流，更好地促进了集团文化的融合。

3. 以宽容、包容并蓄的态度对待跨文化的融合。云天化集团在企业文化融合中，倡导的"共融文化"，集团习惯地称为"杂交文化"，以宽容、包容并蓄的态度促使集团共有的文化发扬光大，企业没有山头，没有宗派，只有宽松、和谐的环境，为重组后的云天化集团跨文化融合奠定了基础。

通过近3年时间的集团跨文化融合，一是使集团认同感大幅度增强，集团员工在不断的文化融合中，逐渐统一了自己的身份认同，以自己是云天化人感到自豪；彻底改变了集团整合初期对自身身份的困惑，以及以此引发的离心现象；二是提升集团整体的管理水平。企业文化整合前，集团企业内部各子公司管理水平参差不齐，甚至还存在一些各自为政的现象,欠缺交流。通过文化整合与交流,新思想、新思维、新方法、新经验开始冲击企业管理人员和普通员工,有效提升了企业的管理水平,大部分企业经济大幅增长,一部分企业扭亏为赢;三是为集团的优良业绩提供保障,跨文化融合对经营活动有着明显作用,在统一的文化之下,集团内各企业之间加深了互助合作,形成合力,提高业绩,2008年销售收入超过300亿,比2001年增长23倍,集团效益持续增长,各项经济指标大幅度提高。

云天化集团作为在国内、国际上有一定知名度的化工企业,集团企业文化建设的基本做法对于化工行业来说,既是个案,又有一定的代表性,比如:"温和渐进"的方式,"一主多元"的结构,"统分结合"的原则,"包容并蓄"的融合等。"跨文化管理"在云天化集团企业文化建设中的运用等基本做法和特点,确实可供化工行业在企业文化建设中借鉴。

(作者单位:云天化集团云南天达化工实业公司)

企业家与企业文化的内在统一

杨月坤

企业家在企业文化建设中的地位和作用主要体现在两个方面:一方面,企业家与企业文化呈现出内在结构的静态对应关系,企业家的品质、才华和胆识等要素成为企业文化生成的原生酵素,决定着企业文化的性质和风格,制约和引导着企业文化的个性和发展;另一方面,在企业文化的塑造、发展、传承和变革的动态过程中,企业家又扮演了设计师、倡导者、实践者、变革者等举足轻重的角色,成为企业文化动态模型中第一位的活跃因素。

企业家的共性特质

企业家既是一种经济现象,也是一种文化现象。日本学者名和太郎在其著作《经济和文化》一书中指出:"作为一种经济现象,企业家是工业社会的产物;作为一种文化现象,他们是现代文化社会中一个特殊的阶层,拥有自己独特的价值观念、思维模式和行为特点。"企业家正是用这种"超经济"的精神文化力量对经济活动产生深刻的影响,并在相当大的程度上决定了经济乃至政治的发展进程。新世纪的企业管理对企业家提出了新的挑战,它要求企业家具备一系列的特质。尽管每个企业家都有自己的个性特质,但也存在一些共同点。

1. 勇于承担风险。从企业家的内涵看,企业家必须具有风险意识。作为企业生产经营的主要指挥者、决策者,企业家对关系企业兴衰成败的经营决策起决定作用。企业生产什么?企业所生产的产品如何适销对路?企业生产能力的扩大或缩小、生产品种的增加或淘汰、产品价格的提高或降低,新技术、新设备、新工艺的选择和应用,市场的开发和占领,企业发展战略的制定和实施等方面的决策,都存在着巨大的、不确定的风险。这是一种"非可保险"的决策,决策的成功与否直接关系企业的命运,直接关系到员工的利益以及企业家本人的声誉、地位和利益。企业家本身就意味着风险,企业家的事业就是一个充满风险的事业。正如管理大师彼得·德鲁克所指出的:"制定决策是不可避免的,而任何决定的实质就是不确定性,""需要确定性的人不可能是好的企业家。"因此,企业领导人只有把风险视为压力并转化为冒险精神,建立并充分利用风险机制,才能成为真正的企业家。

2. 善于突破创新。从一定意义上讲,企业家之所以成为企业家,在很大程度上取决于他们的开拓创新精神。美国企业家老约翰·洛克菲勒说,作为一个企业家,"假使你想成功,你就该自己开辟一条新道路来,而不本身沿着一条成功的道路走下去。"创新意识是企业家精神的本质特征,也是企业家精神得以实现的基本条件,而开拓精神是建立在强烈的创新意识的基础之上的。日本本田公司创始人大久保睿在其塑造的"本田精神"中就特别强调创新精神,他把"本田精神"归结为三大要点:"人要有创造性,决不摹仿别人;要有世界性,不拘泥于狭窄地域;要有被接受性,增强相互的理解。"索尼公司的创始人盛田昭夫也强调:"永不步人后尘,披荆斩棘开创没人问津的新领域","干别人不干的事。"他在《走向世界》一书中把开拓新技术称为"求生存的手段"和"企业生存之路"。

3. 超凡的想像力和果断的判断力。超凡的想像力和果断的判断力是最重要的企业家特质。19世纪末期,美国著名经济学家沃克指出,企业家"起着雇佣的功能",即"组织和实施生产,决定着生产什么、多少和哪些种类,用何种材料和样式生产,以及产品向什么人并用何种价格支付手段"。他指出,企业家的特质在于他对企业经营管理的有效性和超前的决断性,他称企业家是工业进步的工程师和生产的主要经营者。法国经济学家萨伊也认为,企业家要能够成功,必须有果断的判断力、坚韧的毅力和全面的知识,有监督、管理的才能,务实的特质和能动的特质。因此,企业家必须具备超过常人的、非凡的想像力和开创风险事业的能力。

企业家与企业文化的内在统一

企业文化本质上是企业家文化,是优秀企业家品质、才华和胆识等综合素质的扩展和放大。"企业的文化总是深深打着第一把手的个性烙印"。由于企业家在企业中所处的特殊地位,对企业价值观念和企业精神的培育和形成起着决定性的作用,因而,企业家的率先垂范和倡导是塑造企业文化的根本保证。美国著名学者埃德加.H.沙因在其名著《企业文化与领导》中指出:优秀的企业家与优秀的企业文化是高度统一的。

(一)企业文化是企业家的人格化

企业家是企业的"英雄人物"和"精神领袖",具有卓越的领导和管理才能,他们既是企业生存发展的核心人物,也是企业文化的核心人物。企业文化的核心是价值理念，而许多价值理念正是企业家从自己的经营实践中感悟、提炼出来的。企业家是企业的导航者，导航者的力量是无法逾越的。他们的品质、才华和胆识决定着企业文化的性质和风格，影响着企业文化的个性和发展。因此，从一定意义上讲，企业文化就是企业家的人格化。

1. 企业家以自己提倡和崇尚的价值理念来塑造和培植卓越的企业文化。优秀的企业文化不是自发产生的，而是企业家在对企业长期的实践经验认识的自觉活动中产生的，企业家个人极力提倡和崇尚的价值理念已成为企业文化的主要来源和构成。因此，在企业文化的建设过程中，企业家要从本企业的特点出发，以自己的企业哲学、理想、价值观、伦理观和风格融合成企业的宗旨、企业价值观，并逐渐被广大员工所认同、遵守、发展和完善来塑造和培植卓越的企业文化。

2. 企业家以自己高尚的人格力量来传播和发扬卓越的企业文化。日本著名企业家松下幸之助说过，一位经营者，不需要是万能的，但却要是位品格高尚的人，因为后者往往更能吸引人才。企业家的高尚人格往往能在员工中形成向心力、凝聚力和内应力的精神力量，它是企业走向兴旺发达的强大动力源。卓越的企业文化当然离不开企业家高尚的人格力量所形成的这个动力源。卓越的企业文化是企业家德才水平、创造精神、事业心和责任感的综合体。成功的企业家必有强大的人格力量和引人追随的人格魅力。企业家的人格魅力与人生境界，决定了企业文化的价值趋向和企业外部形象的整体水平。

3. 企业家以自己的新思想和实际行动来倡导和践行卓越的企业文化。美国管理学家彼得斯和沃特曼在《寻求优势—美国最成功公司的经验》一书中指出的："一个真正的领导必须同时是两种截然不同的大师：他是思想的大师，善于把握高度抽象的思维逻辑；又是行动的大师，善于处理最世俗最琐细的实际事务。一方面，领导人物作为形成公司价值观念的人，必须具有远大的眼光和崇高的精神境界，并以此激发和振奋起成千上万职工的热情；另一方面，看来只有通过日常工作和小事才能激发职工的热情，这时经理又应当成为优秀的执行者，实干家。他要善于发现细节问题，注重小事，不放过任何机会，通过实际行动而不是言词向职工灌输他提倡的价值准则。所以，领导人既要重视思想又要重视实际细节"。因此，在企业文化的建设过程中，企业家要以自己的新思想、新观念、新思维、新的价值取向和实际行动来倡导和践行卓越的企业文化。

（二）企业家是企业文化的缔造者

企业家直接影响着企业文化的塑造、发展和变革。正如美国记者问海尔集团总裁张瑞敏"企业家在企业中应该扮演什么角色?"时张瑞敏的回答：企业家"第一应是设计师，在企业的发展中如何使组织结构适应企业发展；第二应是牧师，不断地布道，使员工接受企业文化，把员工自身价值的体现和企业目标的实现结合起来……"；第三应是"企业价值观的实践者。企业家的身体力行，率先垂范，对员工起着重要的示范作用"。在企业文化的塑造、发展、传承和变革的动态过程中，企业家扮演着设计师、倡导者、实践者、变革者等重要角色。

1. 在企业文化的塑造时期，企业家是企业文化的设计师。叶生在其著作《企业灵魂》一书中指出：企业的首席企业文化设计师是企业家。企业家最重要的管理职能是战略决策与精神导向。当好一名企业精神领袖，一家企业的首席企业文化设计师，是任何有抱负的企业家永远追求的目标。正如管理大师德鲁克所说，企业家是未被承认的现代文化创造者，是可与艺术家的图腾形象相媲美的文化英雄。埃德加.H. 沙因也指出："领导者所要做的唯一重要的事情就是创造和管理文化，最重要的才能就是影响文化的能力。"他们理应该也必须在企业文化的构建中充当且当好总设计师的角色，萌发构思、提炼升华、形成方案，实现企业文化的准确定位。所以说，企业家不仅是经济专家，也是文化专家。因此，企业家应在全面客观调查的基础上，对企业文化进行整体设计，精心概括提炼出本企业的理念，并将其灌输和渗透到企业精神中去，形成独具个性的适合本企业的优秀企业文化。

2. 在企业文化的发展时期，企业家是企业文化的倡导者。企业家的思想只有扩展为企业的制度，而且必须渗透进员工的心灵、成为他们的追求才能成为企业的文化。企业文化也只有与企业的生产经营相结合，深入员工内心才能发挥并显现其巨大的文化力。深圳华为总裁任正非不仅亲自审阅企业内刊《华为人》报每期的头版文章，而且，为了将自己的价值观和想法更透彻地传达给公司的每一位员工，他还经常撰写文章，像《华为的冬天》、《华为的红旗到底能打多久》等，让华为人深感震撼。另一方面，新的企业文化形成概念模型后不会主动扩散，企业员工也不会主动接受，原有的企业文化也不会自动瓦解，而且企业文化自身还具有极大的反弹阻力。企业文化的传播与扩散需要巨大的权力推动，没有强大的推动力，传播与扩散就不会发生。因此，企业家必须做一名忠实的倡导者，并始终不渝和满怀激情地向大家宣传，向员工灌输企业文化，使员工接受和认同企业文化，思想统一地按照企业的要求去做，从而形成企业的强大合力。

3. 在企业文化的变革时期，企业家是企业文化的变革者企业文化属于微观上层建筑的范畴，是特定历史的产物，它既是企业自身状况的反映，又受客观环境的影响，必须不断变革和创新。首先，企业的生存、发展、壮大，总是处在一定的环境之中，而客观环境时刻在发生着变化。企业文化的内涵应反映出环境的复杂性和紧迫性所带来的挑战和压力，既对企业内部保持较高的整合度，又对外具有较强的适应性，要随着企业的发展、时代的进步而不断加以修整、改造、扬弃、创新和完善。其次，任何一种思想、一种方法、一种文化都有其局限性，必须时时更新，突破局限，才能进步，才能具有持久的生命力。思想敏锐的企业家常常能及时发现企业文化存在的问题,并能大胆变革和创新,打破束缚企业发展的惰性文化,建立推动企业向前发展的新文化。美国著名管理学家劳伦斯·米勒在《美国企业精神》一书中强调指出:"没有一家公司能在缺乏强有力的高级主管的领导下成功地改变其文化。"企业领导者的个人理想、信念、性格、气质乃至言谈举止都会在企业员工中迅速引发一种模仿效应。"因此,在构建企业文化、实施文化战略的过程中,企业家首先要树立正确的核心价值观,自觉地进行理念革命,从思想深处形成最高理念。其次,要努力学习企业管理相关知识,不断提高自身的综合素质,把自己塑造成为真正的具有渊博知识、辨证思维、敏锐洞察力的企业家。唯有如此,企业家才能以自觉的文化战略眼光,引导和创造一种文化,推动企业文化的构建、强化和变革,提高企业文化建设的层次。

(作者系江苏工业学院法学与公共管理学院人力资源管理系主任、副教授)

用科学发展观指导企业文化落地生根

华以进

科学发展观的提出,从方法论的角度对于我们如何搞好企业文化建设提供了启示,为企业文化落地生根指出了一条正确道路。那就是企业文化建设只有坚持以人为本、全面、持续、可协调的发展观,才会生命常青,绽放璀璨之花。

云天化经过30多年的艰苦创业,经过几代云天化人的长期努力,形成了自成一体、开放创新、丰富多彩的企业文化,为企业的成长提供了强大的内在动力。云天化抓住两次行业整合的历史机遇,以科学发展观为指导,建设独具特色的企业文化,有效地提高了企业的综合素质,增强了企业的向心力和凝聚力,为深化改革和跨越发展提供了强有力的思想保证、精神动力和智力支持。

科学发展观为企业文化落地生根提供理论支持

培育和发展与现代企业制度相适应、经得起市场经济考验、具有中国特色先进的、催人向上的企业文化,不断提高企业整体素质,增强其凝聚力、向心力、发展力和竞争力,这是云天化建设先进企业文化的重要目标。忽视或偏离这一重要目标,必然使企业文化建设失去正确的方向。所以说,科学发展观是指导企业文化落地生根的理论据。

科学发展观为企业文化的落地生根创造条件。科学发展观把"以人为本"提升到世界观和方法论的高度,科学发展观其核心是"以人为本"。科学发展观的以人为本,强调了人在社会发展中的主体地位和作用,它既把人当作发展的手段,更把人当作发展的目的。从云天化企业文化落地生根的实际来看,贯彻落实科学发展观的以人为本,就要以创设人文精神和人文环境为导向,以提高人的素质、满足人的需求为主线,以保障职工合法权益、体现人的价值为核心,在企业经济效益、社会效益和自然环境相协调发展中,追求和实现人自身的发展。在云天化企业文化建设中,一直强调"以人为本",但往往只把"理解人、关心人、尊重人"当作增强职工队伍凝聚力的方法和手段。而科学发展观则把"以人为本"提升到世界观和方法论的高度。毫无疑问,这一根本性转变,将为云天化企业文化的落地生根,创造有利条件。

科学发展观为企业文化落地生根奠定基础。企业文化要实现落地生根,就要与企业战略目标实施相融合,要与企业经营管理实践相融合。云天化"以肥为主,相关多元"的企业发展战略,是建立在以人为本,全面、协调、可持续发展基础之上的发展战略,为集团企业文化的落地生根奠定了基础。企业文化要与企业战略目标实施相融合,要与企业经营管理实践相融合。两个融合也可以叫作两个融为一体,而不能搞成"两分开",搞成"新两张皮"。云天化的企业文化与企业发展战略,二者相互匹配、相辅相成。企业文化最大限度地支持企业发展战略,企业发展战略则反过来有力地改造集团企业文化。

企业一时的发展并不难,难的是长时间的发展、持续不断的发展。在科学发展观的指导下,用创新的观点和时代的要求,让企业文化落地生根,形成促进企业持续发展的文化。这就需要在企业创造一个能使所有员工包括管理者和谐相处、同甘共苦、有福同享、有难同担的团队氛围和集体精神。对云天化来说,就是要用云天化人"立根大地,志搏云天"的豪情壮志和精神,鼓励每个员工不断提高自己的政治和业务素质,主动地、创造性地开展工作,以正常的心理、正当的途径开展公平竞争,使优秀的人脱颖而出,就会涌现出一流的工作者。集团下属每个子公司和生产企业还应根据自己的实际情况和企业所处地的风俗及面对的顾客的特点,运用自身特色的企业文化让集团的企业文化在每一位员工心中落地生根,这样才能最终达到用创新的企业文化,推动企业持续地向前发展。

科学发展观为企业文化落地生根提供科学方法

企业是人的集合体,特别是像云天化这样的大型国有企业,不仅要谋求利润的创造,更要谋求人的全面发展;企业的职工不仅把企业看成求职谋生的场所,更把企业看成自己实现人生抱负、追求和社会责任的舞台。云天化在企业文化落地生根工作中,始终贯彻落实科学发展观。

(一)创新思想政治工作,促进企业文化落地生根

企业文化坚持以人为本,以企业精神为核心,致力塑造广大职工普遍认同的价值观,最大限度地调动职工的主动性和积极性,增强企业的凝聚力和核心竞争力,思想政治工作的主要责任是对职工进行马克思主义、毛泽东思想、邓小平理论、"三个代表"重要思想、科学发展观和党的路线方针政策及企业规章制度等教育。

企业文化既属于意识形态又属于物质形态的特性,通过思想政治工作,可以避免企业文化落地生根与生产经营"两张皮"的问题;企业自相政治工作与经营管理工作的有机结合,反过来又可以拓展企业文化落地生根的渠道和空间。所以,思想政治工作是企业文化落地生根的重要内容和有效载体,也是企业文化落地生根的突破口。

(二)确保企业队伍稳定,促进企业文化落地生根

企业文化落地生根的过程,实际就是不断规范管理、提高员工素质的过程;就是在企业中塑造员工普遍认同的价值观,建设和谐一致、积极向上、科学文明的文化氛围的过程;就是不断增强员工凝聚力、向心力的过程;就是不断消除不稳定因素的过程,并不断提高员工的整体素质,促进队伍的稳定,保证企业的健康快速发展,从而推进企业文化的落地生根。

(三)内化于心,让企业文化根植心田

企业文化落地生根的动力在于"化",关键也在于"化"。员工是企业文化落地生根的主体,员工能够认知、认同并积极主动的执行企业文化理念是企业文化建设取得成功的基础保证,是衡量企业文化是否落地生根的标准。只有让每一名职工都参与到企业文化建设中来,使员工明确自身的责任,培育起共同的价值观、基本信念和行为规范,企业文化才能内化于心,才能落地生根。

(四)外化与行,塑造员工行为

实现企业文化落地生根的关键环节是塑造员工行为。人的正确的思想观念、处事方式和行为习惯不是天生的,而是来源于后天培养。用企业文化塑造员工行为,就是要把员工塑造成符合企业发展的优秀人才,使他们身上的每一个细胞都充满激情,行动上争创一流,与企业血脉息息相通。企业文化建设也只有做好做实塑造员工行为这一关键环节,使文化理念融入安全生产、经营经营、团队建设,落实在员工行为上,才能够发挥企业文化的最大价值,才能让企业文化真正的落地生根。

(五)以人为本,让核心价值观落地生根

企业获得成功的主要原因,是建立共同的目标和价值观念,行成职工对企业的忠诚,使企业具有更强的凝聚力和向心力。云天化的核心价值观是建立在对各子公司的核心价值理念进行充分调研的基础上所提炼的,其具体内容是"诚信铸基实、人本激活力、务实求业精、创新图高远"。其中人本激活力的含义就是企业为员工打造平台,员工为企业创造活力。以人为本就是把员工看作企业发展的根本,尊重员工的价值观念和发展目标,争取员工个人目标和企业整体目标的相一致,追求企业与人共同发展。以人为本是企业发展的活力保障。

核心价值观要真正在一个组织中扎下根来,必须将其融入企业生存与发展的一切行动,融入发展战略、制造流程、产品研发、财务管理、绩效管理、人事管理等企业活动,当企业的核心价值观内化为制度后,它就有了自己的生命力,价值观变成一种自觉的行为,所期望的核心价值观行为化是水到渠成的事。

企业文化是在一定社会经济文化大环境下形成的亚文化,具有社会性、继承性、创新性和融合性等特征,对全体员工具有激励功能、自控功能、内聚功能、导向功能和内外沟通功能。一个企业要做到最优秀,最具有竞争力,必须在企业文化落地生根上下功夫,塑造卓越的企业文化。由此可见,要高度重视企业文化建设,特别是在新的形势下要做好企业文化落地生根工作就必须坚持科学发展观,坚持以人为本,以促进人的全面发展为宗旨,创新管理理念,创新管理理论,创新管理方法,只有这样,才能不断增强企业竞争力,从而在经济全球化的浪潮中,使企业充在文化管理的舞台上充满活力,永远立于不败之地。

(作者单位:云天化集团云南盐业化工股份公司)

流程再造的大学文化建设

聂法良　聂广明

随着社会变革和信息技术的发展,大学文化建设面对的环境和对象都发生了深刻的变化,中共中央国务院《关于进一步加强和改进大学生思想政治教育的意见》中明确指出大学"要建设体现社会主义特点、时代特征和学校特色的校园文化"。如何更好地建设大学文化将成为今后一个时期大学文化建设组织者和管理者必须认真思考的问题。

当前以信息化为标志的产业革命,引发了以企业流程再造等现代管理理论为主要内容的管理革命。流程再造(Business Process Reengineering, BPR)是九十年代美国麻省理工学院教授迈克尔·哈默(Michael Hammer)博士和CSC指数咨询公司董事长詹姆斯·钱皮(James Champy)提出来的,他们认为:"业务流程再造就是对企业的业务流程进行根本性再思考和彻底性再设计,从而获得在成本、质量、服务和速度等方面业绩的突破性的改善",使企业能最大限度地适应以"顾客、竞争和变化"为特征的现代企业经营环境。业务流程再造不仅适用于企业,其基本思想也适用于行政事业单位的改革,如政府部门、高等院校等都可以用再造流程的方法进行改革。面对新形势,用流程再造的方法建设大学文化不失为有效举措。

大学文化建设进行流程再造的必要性

1. 大学外部环境的变化是大学文化建设流程再造的客观驱动力。进入21世纪后,大学所处的环境发生了明显的变化。面临着许多挑战,比如来自市场经济的挑战、规模扩张的挑战、网络文化的挑战、校园事务社会化的挑战等。市场经济讲求效率和公平,但是也会引发一系列社会问题并对文化建设造成冲击,不可避免地使大学生滋生利己主义思想,这样就会使大学生失去认识和判断事物真善美的能力,就会失去文化建设的真谛。同时,市场经济的发展提高了人才需求量,促进了高等教育的发展,使高等教育由精英教育转变为大众教育,对高校大学文化建设提出了新的要求。学校越来越大,具体事务越来越多,如果大学文化建设的组织者不搞流程再造,就不能从具体事务中解脱出来,也就没有时间去思考大学文化建设长远的发展战略问题。

2. 大学渴望提高竞争力是大学文化建设流程再造的主观驱动力。中国加入WTO,在对国内政治、经济等发面带来巨大影响的同时,也给国内的高等教育,给大学文化建设带来了非常严峻的挑战,大学面临的竞争压力也越来越大。中国的教育市场已不再只是中国人自己碗里的肉,也是被世界普遍看好的一块肥肉,今后大学不仅面临国内竞争,还要与国外大学一起赛跑。这时大学的实力就显得非常重要。大学实力体现在多个方面,比如教学、科研、管理、校园文化等。我国大学与国外大学的竞争也体现在以上这些方面。其中就大学文化建设而言,与国外大学相比显然有一定的差距。为了赢得高等教育的市场,大学文化建设的主要策划部门要围绕建设满足学生身心健康需求、具有中国大学特色的校园文化这一主题开展工作。同时,为了适应日趋变化的形势,组织者要善于借鉴BPR理论中一些先进的观点和方法,及时调整发展方向,转变机制,使大学文化建设呈现出全新的活力,发生质的变化,从而增强高校的综合竞争实力。

3. 大学生需求的多样性是大学文化建设流程再造的直接驱动力。就学校而言,满足学生的发展需求,是今后大学服务的宗旨。随着时代的变革,大学生的文化需求也呈现出了许多新特点,比如需求多样化、追求个性化、价值取向多元化等。在当前提倡"以学生为本"的办学理念的形势下,大学文化建设必须以学生的需求为出发点,努力提高大学文化的水平和层次,不能仅限于诸如几场内容停留在吹拉弹唱的文艺晚会或是几场单纯的体育比赛上。大学文化建设要注重对大学生价值取向、审美水平、人文内涵方面进行积极向上的正面引导。BPR理论的直接驱动力是为了更快更好地满足顾客不断变化的需求,从顾客的需求出发设计流程,从而提供顾客满意的产品和服务。所以,大学文化建设应该学习并引进先进的BPR理论,对现有流程进行分析的基础上,重新设计流程以获得绩效的改善,在文化建设中树立起激励个性的教育机制,满足学生的需求。

大学文化建设进行流程再造须遵循的原则

1. 坚持育人原则。高校是教育的阵地,强调它的育人功能,教育管理的核心是培养人才。人才培养需要一定的校园文化环境和土壤。大学文化的功能全面体现了对大学生的塑造。面对现实,我们不能不承认,这方面工作任务还相当艰巨。大学文化建设的流程再造就要满足学生成长成才的需要,突出有利于育人的原则。只有最大限度地满足大学生的要求,才能算是取得大学文化建设的最终成功。同时,通过流程再造,利用校园文化创造良好的育人环境,营造一种精神环境和文化氛围来陶冶大学生的道德情操,树立崇高的价值取向和人生理想,使校园文化发挥育人的功能,成为精神文明建设的阵地。

2. 坚持效能原则。大学文化建设像其他管理一样需要讲求效能原则。实施大学文化建设流程再造就是摒弃以往大学文化建设中不合理的工作方法和工作机制,节省工作时间、提高工作效率,减少人力和物力投入,切实解决大学学生工作队伍人员少与学生建设多这一矛盾的需要。讲求效能原则,就是要分析怎样借助流程再造使大学文化建设以最小的成本取得更大更好的育人效果。这需要我们对现有的每个流程进行审视,仔细研究每个流程的合理性和经济性。

3. 坚持流程原则。在传统的大学文化建设中采用的是职能导向型模式。这种模式的基本结构是一个个职能部门,相关职能部门依靠分工原则把整个建设过程分割为一个个的环节,所关注的是单个任务的完成情况。由于部门自身利益的驱使,难免出现各自为政和互相扯皮的局面,从而不利于整个建设流程目标的实现。BPR的核心思想是流程管理思想。大学文化建设的流程再造必须坚持流程为中心的原则,再造的实质是对传统的部门分工进行重新审视,把被分割的流程重新进行整合,实行流程管理。大学文化建设流程是指为了完成某一文化建设目标或任务而进行的一系列逻辑相关建设的有序集合,它强调的是工作过程,即建设是如何开展的,其采用的是流程导向型模式。

4. 坚持渐进原则。BPR理论强调的是在渐变的基础上提高组织的运作效率,而不是一种激进的改革方式。特别是对于大学文化建设来说,其讲求在继承中创新,所以在进行流程再造时更加需要坚持循序渐进的原则。因为要实现思想上的转变并不是一朝一夕的事情,需要一个渐变的过程,所以要建立一个良好的信息工作平台,以效率和效果为导向,全员参与到大学文化建设流程再造中来,为流程再造献计献策。再造大学文化建设流程时,还要合理掌握再造的幅度、广度和深度。幅度是指大学文化建设流程再造手段的激烈程度。深度是指大学文化建设流程再造方法与步骤的改变,更深一层是指大学文化建设的组织结构的改变,要达到再造的目标,除了引进先进的方法之外,尚需校园内整个组织环境的配合,以使组织顺利转型。

大学文化建设进行流程再造的实施策略

1. 变革思维方式是实现大学文化建设流程再造的前提。大学文化建设流程再造是对当前大学文化建设的根本性变革,为了能够取得理想的效果,必须要以转变观念和思想为先导。流程再造是一次思想革命,它要求人们重新考虑大学文化建设如何进行运作。实践证明,只有注重观念的先导作用,才能使大学文化建设流程再造落到实处。只有树立新的思维方式,人们才能正确对待可能产生的问题,推动大学文化建设的流程再造。

2. 重构流程体系是实现大学文化建设流程再造的关键。大学文化建设的流程再造可以理解为以BPR理论为基础，借鉴已经成功的典型案例，引进竞争的管理机制以及有效的变迁策略，促进大学文化建设体制的整体转型，从而实现大学文化建设的效能和效率。从这层意义上来讲，流程的重新审视和构建是一个关键环节。结合实际工作，实施大学文化建设流程体系的再造主要包括以下几个环节：①初步分析确定有待再造的流程；②对需要再造的流程进行全面分析和诊断；③在充分论证的基础上重新设计流程；④对新建流程进行实验以便随时进行调整。其中，重新设计流程时，可以对原有流程进行整合、分散、删除以及流程间关系的突破。

3. 创新绩效评价是实现大学文化建设流程再造的促进。大学文化建设流程再造之后，组织中的部门、岗位及其职能职责均发生了变化，相应的考核激励办法也需要创新，所有人员都应该树立正确的绩效观。通过对大学文化建设的流程再造，为学生的成长提供优质的服务来提高学生的满意度，从而提高办学效益和竞争力。新的考核激励机制既要能调动每个部门、岗位和个人的积极性，又要能将部门、岗位和个人的目标与建设目标统一起来；既要有利于提高单个流程的效率和效益，又要有利于保证整体流程的顺畅运行。所以在进行大学文化建设流程再造时，需要悉心设计，区分外在评价指标及内在评价指标。某些情况下要有外在的考核标准，如建设的质量、实质内容、开展建设的周期、工作效率、是否真正对学生有益以及学生的满意度等最为重要，在这方面大学文化建设的创造者和策划者要给一个正面的引导。

4. 完善组织建设是实现大学文化建设流程再造的保证。大学文化建设流程再造对组织结构和组织者都提出了新的要求。为了提高大学文化建设的组织效率，必须对不适应环境需求的组织结构进行调整，适当精简大学文化建设的组织机构，尽量减少管理层次。大学文化建设的组织者可以让学生干部参与到建设实施过程中的各个决策环节，组建业务管理团队，相互协作，按照流程开展工作。这样，不仅增强了学生干部工作的价值感和精神满足感，而且提高了工作效率，切实解决了高校学生工作队伍人员少与大学文化建设多这一矛盾。

5. 运用信息技术是实现大学文化建设流程再造的手段。BPR 理论通过创造性地利用信息技术，同时采用与之相适应的组织管理，从而使企业的绩效获得巨大的飞跃。同样，开展大学文化建设的流程再造也要依靠信息技术。在信息共享的今天，传统大学文化建设中大量的分工正变得没有必要。一个人不仅可以从事多项工作，甚至可以同时处理多项事务。信息化技术也使人们跨专业地接受知识和培训变得越来越容易，使大学文化建设流程再造变得越来越必要，也越来越可行。另外，校园文化的健康发展，离不开优秀的校园网站。校园网不仅仅是“人机交互”的工具，还是师生交流互动的主渠道，没有成熟的优秀的主题鲜明的网站是不行的。目前，一些高校在网站建设上已迈出了成功的一步，值得借鉴。

（作者系青岛科技大学党委宣传部部长，青岛科技大学党委宣传部副部长）

处理好中国石油企业文化母子关系的几项原则

张宝祥

大庆炼化公司是中国石油天然气股份有限公司下属的地区子公司。自公司成立以来，我们秉承中国石油的企业精神、核心经营理念和企业宗旨，在中国石油企业文化的统领下，始终坚持以人为本，唱响弘扬大庆精神、铁人精神的主旋律，持续打造以“心相通、情相融、力相合”为子文化特色的“三相”文化，不仅形成了“三相（文化品牌）、六化（文化推进路径）、九落地（文化管理效果）”的良好发展态势，而且实现了以文化力提升经济力、以无形资产增值有形资产、以现代管理理论创新管理实践，有力推进了企业健康和谐发展，公司荣获全国“五一”劳动奖状、省民主管理优秀企业和全国企业文化建设示范单位等一系列荣誉称号。

在深入学习、理解、实践科学发展观的过程中，我们认真回顾了公司成立以来持续打造“三相”特色企业文化的历程，对子公司如何把握中国石油企业文化子母关系应妥善处理好的几项原则，形成了六点粗浅体会：

第一，应牢牢把握一致性的原则。中国石油分公司、子公司遍布全国乃至国外，人员组成结构不一，历史发展过程不同，工作性质特点各异，这些特殊性统一于中国石油“爱国、创业、求实、奉献”的企业精神、“诚信、创新、业绩、和谐、安全”的核心经营理念和“奉献能源、创造和谐”企业宗旨的共性之中。实现个性与共性的统一，大庆炼化公司践行“三相”文化，打造全国知名“三相”文化品牌的全部精髓，就是在中国石油文化的统领下，比较过硬地做到了“三个毫不动摇”，即：一以贯之地弘扬大庆精神毫不动摇，秉承中国石油企业精神、核心经营理念、企业宗旨、企业标识、企业歌曲“五统一”原则毫不动摇，在中国石油企业文化统领下积极推进特色文化的创新发展毫不动摇。在中国石油企业文化统领下始终坚持持续创新和经常回过头来按中国石油文化的根本标准检验大庆炼化“三相”文化发展是否健康，是我们努力摆正子母文化关系的文化自觉。

第二，应牢牢把握非重复的原则。建设企业文化本身就是一个不断创新发展的过程，它既不能背离根本另搞一套，也不能停止不前重复“克隆”。大庆炼化公司在秉承中国石油文化全部内容的基础上，积极把握非重复的原则，坚持从公司的实际出发，从六条路径实行了文化建设全面与重点相结合的立体化创新探索，如针对大庆炼化 8 年经历 3 次重大重组改革带来的文化冲突，坚持同化于优，实现了文化整合；针对企业整合中出现的两个企业员工之间的心里不平衡和情感“隔离墙”，坚持“融化于情”，努力打造“心相通、情相融、力相合”的“三相”团队，进而发展为现在的“三相”文化知名品牌;针对大庆炼化身在大庆和有的员工在市场经济中出现的世界观、人生观、价值观的偏移,发挥地缘优势持续开展了多载体的以大庆精神为魂的以文化人教育,坚持“内化于心”,铸造企业之魂;针对公司成立时间短、知名度低的实际,通过有效扩大媒体宣传影像、固定和流动广告塑造品牌、参加央视大型专题活动和VI视觉识别系统导入,坚持“外化于形”,塑造企业品牌;针对企业从严管理和人性化管理在有机结合中出现的矛盾,探索“文化管用”的途径,坚持“物化于制”,提升管理水平;针对公司基层建设与先进单位存在的差距,在日趋渐强的持续加强基层建设中架构了三个推进格局,坚持“强化于基”,推进文化深植。在此基础上,又以企业文化主题实践活动“12345”实施方案为指导,不断创新文化深植的发展道路,进一步建立了企业文化“九落地”推进体系,即:创新载体,保证文化精神落地;创新观念,保证文化理念落地;创新体系,保证文化战略落地;创新机制,保证文化规范落地;创新管理,保证文化作用落地;创新主导,保证文化典型落地;创新思维,保证文化育人落地;创新实践,保证文化特色落地;创新形式,保证文化成果落地。公司企业文化形成的“三相”、“六化”、“九落地”的良好发展格局,哪一条也不是对中国石油企业文化“依样画葫芦”的简单复制,但哪一条又都是对石油文化精髓的扎实创新落实。“369”发展格局的形成,不仅同中国石油母文化保持了高度一致,而且丰富和发展了中国石油企业文化,使公司“三相”子文化同中国石油母文化做到了由形似渐进升华为神似、魂似。

第三,应牢牢把握特色化的原则。作为中国石油企业文化,其内容是既包括精神文明又包括物质文明,其功能是既指导企业战略又保障日常工作。发展特色文化,不是游离母文化以偏概全另搞一套,而是从各单位的具体实际出发,在石油母文化的基因之上发展优秀基因,我们践行“三相”文化是这样,在推进石油文化深植基层还是这样。如炼油一厂从抓常减压车间争先文化开始,形成了全厂的争先文化;炼油二厂以“公平、民主、赏识”文化拓宽了“依靠”方针在企业落实的有效途径;润滑油厂的“真情”文化推进了企业刚性管理和柔性管理的有机融合;电子商务部的“阳光”文化打造了一只廉洁从业的员工队伍,明显提升了物资管理水平;储运厂的窗口服务文化让客户在“星级”服务中感受到了“朝阳企业”的发展力;车辆管理部客车大队以车厢为载体,营造“情满旅途运真诚,爱涌车厢营温馨”的“家”文化氛围,显著提高了通勤服务水平。

第四,应牢牢把握清晰化的原则。所谓清晰化,就是子文化与母文化的隶属关系要清晰,子文化的具体内涵要清晰,子文化对母文化的承转路径、载体、方式、方法要清晰。当母文化和子文化发生冲突时,子文化必须服从于母文化,这是发挥石油企业整体优势,建立核心竞争力的客观要求。

大庆炼化公司由“三相”团队文化理念的提出、升华和发展到“三相”文化品牌的渐进过程,就彰显了清晰化的重要作用:以员工与企业价值实现为目标,达成对企业发展愿景广泛认同的心相通理念,有效地把企业与员工结成了命运共同体,不仅确保了重组整合等一系列改革的顺利进行,而且收获了企业与员工双赢的丰硕成果;以建立上下心理契约为目标,达成员工与管理团队广泛认同的情相融理念,有效地推进了和谐企业建设,公司上下通力构建人企和谐、人际和谐、人机和谐、人境和谐的发展态势越来越好。以构建资源节约型和谐企业为目标,达成对企业制度安排和企业道德广泛认同的力相合理念,有效地提升了企业全面管理水平,推进了公司世界级聚丙烯生产、世界级油田化学品、高品质清洁燃料油生产和全国企业文化建设示范“四大基地”建设。

我们顺应企业文化建设发展,把“三相”内涵集中整合为传承大庆精神之心相通,构建和谐之情相融,奉献能源之力相合,进一步实现了品牌文化的清晰化:第一,文字比较简练,易于记诵、践行。全部内涵表述共由26个字组成,对内有利于快捷宣贯和员工瞬间即可记诵,对外有利于便捷阐述、迅速推介、持久展示。第二,内涵非常厚重,彰显石油文化。在继续保持“心相通、情相融、力相合”一个字都不改动的基础上,把中国石油“爱国、创业、求实、奉献”的企业精神即大庆精神,进一步明确为心相通的内涵;把中国石油的核心经营理念“奉献能源,创造和谐”,调整顺序,分别进一步明确为情相融、力相合的内涵。不仅进一步从文字上理顺了公司“三相文化”和中国石油文化的属种关系,而且厚重了从中国石油文化到公司“三相文化”的内涵,解决了过去实践中有时很难一时简洁阐述的难题。第三,符合公司实际,重点工作突出。公司第五版《企业文化手册》把“身在大庆学大庆,铁人身边做铁人”提升为学做理念,并明确阐述“学习大庆优良传统,继承和弘扬大庆精神和铁人精神,做铁人式的炼化人,是大庆炼化企业文化之魂,是一代代大庆炼化人不懈追求的永恒实践”。清晰化整合的结果,从大处鲜明界定了子母文化的相互关系,为公司进一步践行和创新企业文化提供了理论指导。

第五,应牢牢把握具体化的原则。作为中国石油的母文化,不可能也不应该过细包涵子文化的一切内容,母公司企业文化建设宜粗不宜细,重在抓灵魂、抓方向、抓本质、抓主干、抓原则;作为中国石油母文化统领下的子文化,它的企业文化建设则应当宜细不宜粗,在具体落实上述任务的同时,还要下更大的功夫抓具体推进细节的扎实落实。如公司第五版《企业文化手册》,从不同角度体现着大庆炼化“三相”文化的特色,手册发展篇有发展方针、发展战略和发展目标,道德篇纳入了中国石油天然气股份有限公司高级管理人员和员工两个职业道德规范,理念篇囊括了企业精神、宗旨、作风、核心价值观和核心经营、学做、廉洁、安全、环保、人才、科技、效益、市场、质量、营销等总计16条理念,形象篇不仅具体到了企业、管理者和产品三个形象,还明确制定了企业形象管理规范和员工行为规范,管理篇明确提出了“八零”管理目标、“六创”管理思想、“四严”管理原则、“七化”管理标准和管理机制,规划篇在过去五年规划的基础上，进一步提出了近三年“践行三相文化，构建和谐企业主题实践活动实施方案”，特色篇例举了10个企业文化示范单位的特色发展，荣誉篇展示了企业荣誉和个人荣誉，等等。坚持企业文化具体化原则，是子文化传承母文化和发展自身特色文化不可逾越的必由之路。

第六，应牢牢把握实践性的原则。企业文化倡在领导、贵在创新、根在基层、重在实践。无论发展什么文化，都切忌坐而论道；无论企业文化发展到什么阶段，企业文化建设工作都仍然是只有起点没有终点。实践性是企业文化生成和发展的生命。为不断推进中国石油母文化和“三相”子文化在炼化公司的蓬勃发展，公司积极选用多种有效载体保证各项文化建设任务的坚决落实。如：2005年开展了“细节管理年”活动，从细节入手强化了十个方面的规章制度的落实，使细节管理意识变成广大员工的自觉行为，企业基础管理水平有了较大的提高。2006年开展“创、争、推”活动，以强化学习力为切入点，以提升执行力为着力点，有效地推进了文化与管理在思想观念、组织领导、工作内容、工作形式和工作目标上的“五个一体化”。2007年开展了“基层建设年”活动，促进了基层建设水平明显提升。今年，又大张旗鼓地开展了“践行三相文化，构建和谐企业”主题实践活动，认真贯彻集团公司加强基层建设要求，不断加强了文化管理通过鲜活载体向基层的推进力度。

以大庆精神、铁人精神、大庆优良传统为魂的企业文化，通过基层建设，正在越来越深入地植中国石油大庆炼化公司根于大庆炼化这块热土，并正在彰显日趋增强的发展后劲。

（作者单位：中国石油大庆炼化公司）

搞好基层企业文化建设的几点思考

李洪福

随着企业的发展加快，越来越多的企业更加注重企业文化建设在企业发展中的重要作用，大家都在考虑通过企业文化建设，增强职工对企业的忠诚和对企业的认同感，以促进职工和企业保持高度一致，并自觉遵守企业的各项制度，从而提高企业核心价值观，获取企业理想的经营业绩。

企业文化是指在企业经营管理过程中所形成的企业精神、价值标准、职工的行为规范、思想道德水平和科学文化水平以及文化娱乐活动等多方面内容的综合反映。是企业快速发展的源动力。由于企业文化具有举旗、铸魂、导行、塑形、造势等方面的重要作用，因此，将文化引入企业管理领域，以尊重人在企业的主体地位为中心，激发员工的内在活力，开发员工的动力源泉，全面提高员工的素质，最大限度地调动员工的激情与智慧，实现员工的全面发展，使企业的各种生产要素得到最佳组合，不断提高企业的经济效益，使企业持续、健康、稳定发展。

做好基层单位的企业文化建设，就是为企业健身强魄，就能为企业健康、持续、稳定发展提供强有力的推动作用。作为基层单位在企业文化建设中要做好以下几个方面的工作。

抓好示范性

环顾世界优秀企业，大凡领跑成功的企业必有一位优秀的精神领袖，如松下幸助之于松下，张瑞敏之于海尔，盖茨之于微软等，他们人格的魅力、个人的奋斗史、他们的亲和力、吸引力，如幽兰之香引来更多的人才，如闪亮灯塔指引前进的方向。现在，优秀的管理方案可以借鉴，新颖的创新点子可以学来，但要调动员工积极性，我们就需要一个一呼百应的精神领袖站在我们的前面，带领我们充满希望地在市场经济中打拼。

基层单位领导干部要在本单位企业文化建设中起到表率作用，做精神上的领袖。在一定程度上说，领导的境界就是企业的境界。同样，在基层单位，领导干部的经营理念、价值观在一定程度上说，也就是基层单位的经营理念、价值观。因此，领导干部素质决定着基层单位企业文化建设水平的高低，制约着企业文化建设的发展。不断提高基层单位领导干部的思想道德水准，提升精神境界，转变工作作风，这是搞好企业文化建设的关键所在。搞好企业文化建设，就要加强基层领导干部的学习示范作用。基层领导要把自己领导的团队努力培养成学习型团队，首先自己要成为学习型经营者，这样才能带出学习型组织；只有学习型组织，才能产生先进文化力，进而迸发创新力。所以，基层领导要不断加强学习，引导广大员工成为学习型员工，使学习气氛成为企业文化的一个首要氛围。

突出层次性

企业文化建设坚持高起点，主要体现在企业的核心价值观和经营理念上坚持高标准。企业文化要突出个性，努力形成自己独特的文化，这个特色包括两个方面：一是突出企业特色，要认真研究和重视企业发展的历史，体现企业文化的继承性，认真研究企业自身的特点和长处，有目的、有意识地发挥这些特点和长处；二是研究古今中外先进的思想，吸收一切好的东西为我所用，同时还要把企业发展战略与企业文化战略紧密结合起来。具体说要突出两个层次：

一是人的因素，二十世纪末最成功企业是学习型企业，它们不仅具有最佳业绩、最强竞争力，更重要的是人们在学习的过程中逐渐在心灵上潜移默化地升华了生命的意义。随着社会经济飞速发展，其管理核心是发挥人的主观能动性，实现从感性思维到系统思维和创造性思维的转变，这对人的知识水平、经验积累提出了更高的要求。所以，学习永远对企业探索发展起着至关重要的作用。现代企业的竞争是人才与科技的竞争，而企业文化绝对不是片面地发掘员工体力，更重要的是发掘员工的智力资源，注重于人的因素。企业文化的本质特征是倡导“以人为本”的管理哲学，反对“见物不见人”的管理思想,要将培育先进的企业文化和发挥人的主体作用作为企业管理的主导环节,大力加强人才工程的建设。

二是制度的因素,规章制度是企业文化建设的重要组成部分,也是企业正常运转的强制手段。企业必须建立和完善各种规章制度,用科学的制度规范员工的言行,充分发挥规章制度保证和推动企业正常运转的规范制约作用。基层单位要特别重视制度建设,完善各项内部管理制度,使员工行为有章可循,有法可依,使企业的风气正、人心顺,员工遇事不推诿,相互不扯皮,团结协作,令行禁止。同时,企业文化建设还要十分重视提高广大员工的文化素质和思想道德素质,并将其作为一项长期的战略性任务来抓。通过开展不同层次、不同内容的系统培训,不断提高员工队伍文化素质,增强企业竞争力。

形成共建性

很多人把企业文化认为是老板文化、高层文化,这是片面的,企业文化并非只是领导的一己之见,而是整个企业的价值观和行为方式,只有得到大家认同的企业文化,才是有价值的企业文化。

要得到大家的认同,首先要征求大家的意见。企业基层管理应该创造各种机会让全体员工参与进来,共同探讨公司的文化。企业确定了新的企业文化理念后,就要进行导入,企事业就是把理念转化为行动的过程。在进行导入时,不要采用强压式的,要让大家先结合每个员工自己的具体工作进行讨论,首先必须明确公司为什么树立这样的理念,接下来是我们每个人应如何改变理念,使自己的工作与文化相结合。

企业如人,只有道德水准提高了,修养、修炼的境界才会高人一头,才能为企业发展注入强大的动力,使企业永远立于不败之地。企业文化建设要坚持高起点,但坚持高起点又要从实际出发,同基层单位发展的每个阶段相适应,还要坚持与时俱进,不断修改、完善、提高。企业文化建设还要从实际出发,注意基层单位企业文化建设与本单位发展相适应,不能好高骛远,超越发展阶段,要坚持一步一个脚印,扎实推进。

强调创新性

创新是一种文化发展的本质特征,企业文化建设重在建设,贵在创新。把企业文化建设纳入先进文化的范畴和轨道,弘扬中华民族的优秀文化传统,了解和把握国内外成功企业先进文化的发展趋势,吸收和借鉴他们的典型经验,立足企业实际,突出企业特色,把握时代发展的脉搏,遵循先进文化的发展规律,与时俱进,继承、创新和发展。

物理学家爱因斯坦曾说过:“提出一个问题比解决一个问题更为重要,因为解决一个问题也许是数学上或试验上的成功,而提出新的问题、新的可能性,从新的角度看旧问题,却需要创造性的想象力,而且标志着科学的真正进步”。这也说明了推动创新的根本在于解放思维,解放个性。基层单位要对一些思维活跃的青年员工,适时地调整或者轮换他们的工作岗位,让他们开拓视野,提高能力,从而培养出创新型人才。

企业文化建设是一项十分重要的工作,其内容之多,范围之广,作用之大,所带来的效益都是无法估量的。因此,基层单位必须高度重视这项工作,不断探索企业文化建设的新路子、新方法,从而更好地推动企业建设的飞速发展,提高企业竞争力。

注重员工职业道德建设

搞好企业文化建设,就是要不断提高基层单位广大员工的道德水准和品德修养,在知、修、行上下工夫,把学习掌握知识与加强企业改造结合起来,实现管理流程再造、模式升级。这是基层单位在企业文化建设中要注意的问题。

广泛开展员工职业道德教育,规范员工行为,使企业文化建设的一项重要工作,要切实把职业道德教育作为提高员工队伍素质,加强企业文化建设的重要组成部分,是提高基层经营管理水平的一向治本措施,要常抓不懈。同时基层领导要不断扩大职业道德教育的成果,不断探索新的工作规律、新的教育方式、新的活动载体,努力使职业道德教育更加有效,不断增强员工的归属感,使员工将个人的前途与企业的兴衰联系在一起,使员工的个人价值得到充分体现,从而激发员工的工作热情和积极性。

(作者单位:大庆油田党委宣传部)

探索思想政治工作的新机制

李宝权

长期的思想政治工作实践告诉我们,思想政治工作是一项互为联系的系统工程,涉及到许多因素。从宏观方面看,它涉及到政策导向、利益格局、理论科学、社会心态、舆论环境等各个方面;从微观方面看,它又涉及到组织方式、领导风格、物质水平、行政手段、信息占有、切入时机、教育形式等许多方面。这些因素都对思想政治工作的实际效果具有直接的推动或制约作用。单纯地、孤立地强调思想政治工作的重要性,而不认识思想政治工作的客观环境,不解决做好思想政治工作的相关条件,不注意思想政治工作各项必备要素的合理配置,不花力气形成思想政治工作的机制,是很难真正做好思想政治工作的

建立思想政治工作的机制,既是一项艰巨的任务,需要长期艰苦的努力;又是一项紧迫的任务,需要积极的探索和逐步的积累。为此,我们应当从实际出发,注重实践,主动探索,为建立思想政治工作的新机制而作出应有的努力。

从要素配置着手建立思想政治工作机制

要做好思想政治工作,必然涉及到许多方面的因素,但

从形成机制的角度看，最为关键的是三个问题：一是动力问题；二是要素配置问题；三是运行方式问题。动力是启动组织行为的源泉，没有动力，什么事情也启动不了；要素配置是要解决开展思想政治工作的各种软硬件条件，条件不具备，即使有了再高的工作积极性，也不能成事；运行方式是实际工作过程中相互关系的处理和操作的模式，没有一个好的方式，也是难以做好工作的。把这三个方面有机结合起来，开拓创新，形成某种机制性的结构，从而保证和促进思想政治工作的稳定开展，这是当前各级党的领导干部和广大思想政治工作者的艰巨任务。

（一）从组织上构建制约和激励的系统结构，增强思想政治工作的基本动力

从理论上看，党的思想政治工作属于党的领导的重要组成部分，各级党的组织包括每个党员，理所当然要按照党的要求主动地做好思想政治工作，并通过自己的模范行为来教育和影响周围的群众。但是，思想政治工作本质上是党组织的组织行为，在研究组织行为的时候，是不能把希望寄托在个人的认识水平上的。应当更多地研究组织的结构、组织方式的结构，看其能否从正向激励和负向制衡方面，来保证一种组织行为的有效落实。而思想政治工作遇到的一系列难题，如有的任务甚至难以落实，很关键的是思想政治工作的激励、制度措施不到位。从深层次分析，这又与思想政治工作的效果难以考核有关，当“做与不做一个样，做好与做坏一个样”的时候，工作的推进就会缺乏原动力。

分类指导工作法其动力结构的基本形态是：指导——评价——奖惩三个环节。具体地说，就是上级要为基层思想政治工作提供大量的工作信息、工作思路和工作建议，基层党委具有自主选择性，从实际出发决定日常思想政治工作的重点和方式；经过一定的阶段，由上级组织开展必要的工作评价，并依据工作评价给予一定的奖励或批评。这种工作模式避免了过去上下简单对口的做法，但又保持了上级对下级思想政治工作的组织约束；避免了思想政治工作领导不力导致放任自流、过度领导导致基层思想政治工作缺乏能动性的两种倾向；形成了“不做不行，做什么自主决定，做好做坏由客观评价”的工作机制，使上级的纵向拉动成为一种内在的、稳定的、间接的动力源。

（二）明确责任，完善相关的工作条件，合理配置思想政治工作的关键要素

思想政治工作的要素配置是一个十分重要的问题。毛泽东同志曾经说过，要过河，就必须解决桥和船的问题，不解决桥和船的问题是过不了河的。加强思想政治工作，不解决相应的要素配置问题，也是不可能真正加强的。改革开放以来，思想政治工作方面出现的问题，不少方面是由于对思想政治工作要素配置的认识不同而引起的；而对思想政治工作要素配置不同认识的聚焦点，又主要集中在对宏观层面思想政治工作的要素配置的认识上。现在许多同志喜欢用“结合”这样的语言，掩盖不同层面的思想政治工作要求和方式的差异，并希望由此缓解实践中的矛盾。其实，在理论和实践上都没有解决的问题，在实际操作中是难以“结合”的，这里的勉强“结合”只是“敷衍”的代名词，是一种不负责任的做法。

（三）系统安排，从正确认识和处理相互关系的角度完善思想政治工作的运行方式

思想政治工作不仅要具备相应的工作条件，而且还涉及到思想政治工作者、部门同其他人员及工作部门方面的关系。单纯地突出思想政治工作的作用，其结果往往是适得其反。只有各方面密切配合，才能真正取得成效。具体来说，要从工作制度的方面处理好三对关系：

一是党政关系。思想政治工作作为党的政治优势的重要体现，历来明确是由党组织来实施领导的，对于这一点，我们不能有丝毫的动摇。但另一方面，思想政治工作又必须紧密结合本地区、本单位、本部门的实际，而大量的实际工作又是由行政直接领导、指挥的。实践表明，这二者之间的矛盾是客观存在的。单靠提高思想认识是不可能真正解决实际问题的。突破口就是进一步深化、细化对思想政治工作规律性的认识，从工作制度和运行程序上逐步把一些基本的规则确定下来。比如，区别思想政治工作的类型，把一般的直接与行政工作联系的思想政治工作确定为党委领导，行政系统负责实施，党组织配合；把带有全局性的、需要集中宣传教育的宏观层面思想政治工作确定为党委领导，行政和党组织共同负责，党组织具体实施。

二是党内关系。从理论上来说，党的各方面工作同属于党组织领导，是不会有什么矛盾的。但是，实践告诉我们，党的政治工作在具体安排过程中也会发生内容重点的差异、时间空间配置等方面的矛盾，同样需要用机制来确定党内工作接口和协调的一些原则。例如一线党支部比较了解群众的实际思想，而上级党组织则掌握全局性信息，信息的层次、角度差异，也会引发不同的看法，为此，又应当有党内的信息交流沟通制度，解决一线党的工作者缺乏宏观信息、上级党组织则缺乏对群众思想深入了解的问题。这些都需要我们从形成党内较为完备的思想政治工作机制的角度去思考和解决。

三是单位和社会关系。单位是社会的一部分，群众大量的思想认识问题是和社会存在联系在一起的。一些由社会形成的思想政治教育任务要由具体单位去实施和解决，而具体单位又不了解社会的全局，讲话报告往往说不到点子上。解决这一问题，又必须研究确定社会和具体单位的思想政治工作协调机制，明确不同的职责，既不是简单地把社会的思想政治工作任务交给单位，也不是把单位的思想政治教育任务推向社会。对需要共同完成的任务，应当在物质投入、信息占有、运作方式等方面作出具体的、各方面都能有所作为的规定。只有依靠一个科学的工作机制，才能使社会和具体单位的思想政治工作形成互补，达到预期的目的。

从系统工程着手完善思想政治工作机制

建设思想政治工作的机制是一项系统工程,要从实际出发,由简到繁,由粗到细,由局部到全面,逐步推进,从思想观念、组织推进、制度框架等方面逐步建设到位。我们要理智地、实事求是地分析当前思想政治工作出现的各种问题,与时俱进,创造条件,逐步推进,把加强思想政治工作的重点转移到形成机制、实现良性循环的轨道上来。具体来说,要从以下五个方面下功夫:

(一)形成党政交融、覆盖全局的思想政治工作领导体系

思想政治工作的领导体制是思想政治工作机制建设的基础性工程。要认真总结这些年来的实践经验,确定相应的原则,逐步地完善。不要把领导思想政治工作当作是一种行政权力,而要立足于党政融合,确定适应不同单位的思想政治工作的领导方式。上级党组织对下级党组织建立思想政治工作领导制度负有重要责任,要根据不同情况,指导并帮助下级党组织建立相应的领导制度。

(二)形成信息共事、职责交叉的思想政治工作责任体系

保证思想政治工作有效运行的关键,在于落实思想政治工作的责任。实践告诉我们,大量的生产经营活动中的思想政治工作要求是和各级行政干部的日常工作联系在一起的,要积极推行基层干部"一岗两责"的工作制度,支持并充分发挥行政人员和广大党员骨干思想政治工作资源的作用,注意及时地同他们沟通思想政治工作方面的信息,明确思想政治工作的要求,帮助他们在承担本职工作职责的同时,承担好思想政治工作的职责。逐步从机制上确保党组织、思想政治工作部门、行政管理部门和其他思想政治工作主体之间的信息共享。

(三)形成形式多样、水平先进的思想政治工作硬件体系

现代意义的思想政治工作就其实质而言也属于信息传播科学的范畴。而传播的手段和形式对传播的效果具有十分重要的影响。加强思想政治工作传播手段的建设,也是思想政治工作机制建设不可缺少的组成部分。这些传播手段既包括网络、报刊、广播等方面的硬件,也包括群众欢迎的各种思想政治工作活动的场所等物质条件。

(四)形成易于操作、相对稳定的思想政治工作活动平台体系

思想政治工作既包括大量的同经济管理活动结合的日常性工作,也包括具有鲜明特点的主题性思想政治工作活动。要稳定地、持久地开展思想政治工作,就需要建立一系列相对稳定的思想政治工作活动形式,构成思想政治工作的活动平台。比如创建文明,读书活动,合理化建议活动,青年志愿者服务活动,群众性评比先进活动,思想政治工作调查研究活动,学知识、学技术、学科学"三学"活动等。这些活动是开展面上思想政治工作较为有效的形式,对于提高人们的思想政治素质具有明显的推动作用。要摆脱过去运动式、粗放型的传统运作方式,切实提高思想政治工作的针对性、有效性。

(五)形成要求明确、程序清晰的思想政治工作评价体系

评价体系是思想政治工作机制建设中带有关键性的组成部分,是保证思想政治工作质量和成效的基本环节。要明确思想政治工作的评价标准,通过评价标准建立各种思想政治工作质量要求的参照系,防止思想政治工作有头无尾、虎头蛇尾等现象的发生;要根据不同单位的实际,制定思想政治工作评价的工作程序和具体方法,使思想政治工作的评价制度化、科学化;还要从不同层次思想政治工作领导的角度,建立专项评价体系,通过评价来发挥激励和拍的功能,体现思想政治工作所需要倡导和批评的意图。还要广泛听取本单位行政部门及领导和群众的意见,建立一定范围、一定形式的评价通报制度等。

总之,机制建设是一种设计、勾画、积累、形成、完善的过程,属于思想政治工作自身建设的范畴。机制建设,并不能直接满足于现实的思想教育的各种要求。因此,我们只能在完成现实思想政治工作任务的过程中,推进机制建设,在实践中逐步建立和完善思想政治工作的机制。在实际工作中,要不断地改变思想政治工作的组织运行方式,不断地融入新的机制性内涵,通过重复和强化,形成一种全新的工作模式。

(作者单位:巨化集团公司硫酸厂)

营造快乐文化
提升文化环境的影响力

隋洪君

一流的企业造就快乐的员工,优秀的员工必然快乐地工作。人是生产力中最活跃的因素。让员工在"在工作中寻找快乐,在快乐中努力工作。"创造有利于员工工作、学习、生活的人性化环境,使员工参与企业管理的积极性和创造性不断提高,员工的集体荣誉感和责任感不断增强,员工队伍的凝聚力、向心力、执行力也不断提高。

员工把工作当谋生的手段,而不是实现价值的舞台。反映在工作中就是存在着事不关己高高挂起,自扫门前雪,不是自己份内的工作,不多看一眼,不过问一句的现象,主人翁意识淡薄。一部分人抱得过且过的念头,干足八小时,拿回自己的工资和奖金了事,对工作以外的事,缺乏热情,没有创新意识,很多人没有把工作岗位当作施展才干的舞台。

工作中考核力度加大,给员工思想上带来一定压力,害怕进行岗位检查,员工见到干部躲着走,干部抱怨工作安排下去,员工执行力差,管理干部与员工之间沟通出现了"话不投机"的现象。

构建快乐文化路径，提升文化环境的影响力

人的一生离不开工作，而且大部分时间都需要在工作中度过，如果员工在工作中感受不到快乐，人生就失去了很多色彩。我厂党委提出要在工作中寻找快乐，把工作当作一种创造性活动，一种自我满足，一种全身心的艺术创作，任何人都能从中获得快乐。"快乐"文化理念的形成，不是简单的、浅层次的感觉追求，这里既结合我厂的实际定位，又融合于公司的"三相"母文化之中。若想营建"快乐学习、快乐生活、快乐工作"的文化氛围，为全体员工提供施展才能的场所，让企业文化在生产建设中真正发挥作用，关键在于构建一个"快乐文化"养成路径。

一是创造公平的环境，让员工心态平衡快乐地面对工作。怎样才能使员工将企业当成自己的家，将企业的事当作自己的事呢？重要的是营建一个公平的竞争环境，员工只有被赋予知情权，公平竞争权和参与意见权利，才会感觉自己在企业中的重要性，感到是企业的主人，才有满足感。厂两级班子积极为员工营造这样的氛围。厂党委在员工最敏感的人事变动、工资分配等涉及员工切身利益的问题上，坚决执行民主管理。在干部任用上，认真履行程序，实行干部任职公示制度。在岗位选人用人上，均采取公平竞聘方式，目前，已有20人通过公开竞聘被聘为科级及一般管理干部，有8名岗位员工通过公开竞聘担任了"横班运行工程师"和运行值长。在评先选优上，通过民主选举产生，实行名额公开，评选标准公开，给与员工充分的权力，为员工创造公平的机会。在问题处理上，赏罚分明，一视同仁。

二是搭建快乐的载体，让员工在参与活动中找到快乐。我厂提出了"快乐工作的最高境界是爱上你的工作"、"爱一行干一行是幸运，干一行爱一行是明智"这些饱含哲理的观点，给每天在岗位上坚守的员工提供缓解压力、释放情绪的良方。让员工广泛参与集体活动，在活动中感受到团队的力量，找到个人的乐趣。厂党委立足单位实际，尽可能多地开展形式多样，喜闻乐见的群众性的文体活动。鼓励以班组为单位，小范围地开展春游、聚餐等活动。厂工会、团委还举办了各种文体活动，开展了羽毛球比赛、排球比赛、迎奥运全民健身三项赛、趣味活动比赛、演讲比赛、书法比赛等等，让员工在集体活动中增强了荣誉感，凝聚了队伍，放松了身心，也感受到了快乐。

三是强化责任意识，让员工在承担中感受到心灵的快乐。我们每一名员工都不是孤立地生活，而是在企业这个大集体中不断成长，理所应当的为集体和他人负责，在承担责任的同时，也被集体所需要，感受到为集体付出带来的快乐。我厂党委充分认识到这一点，在三个层面上构建了责任体系，让每一名干部员工都肩负责任。建立定向管理责任体系，即厂领导班子定向承包车间，车间定向承包班组，层层承包定向管理，承包的内容不仅局限于扣罚，而是全方面的指导，包括安全生产、设备管理、文化建设和员工思想生活等等方方面面，每个责任区有人管，有人问，出现问题，承包区领导自己查找原因，进行整改。这种层层负责的管理体系，使管理层责任更加明确，管理者本人加深了对自身岗位重要性的认识。建立专项业务责任体系。在设备管理中提出了设备全员管理横向到人，专业技术纵向到机的理念，采取管理人员分区承包，技术人员分片承包，操作人员分台分段承包。每台设备、每条管线、每个阀门都有责任人，员工成了机主，设备上挂牌，建立了机主档案，员工精心维护设备的积极性和主动性提高了，主动擦拭设备，清理卫生，排查隐患。在项目管理上，实行大项目负责人制度，由专业副总与厂里签订责任状，使得项目管理职责更加具体。建立员工培训责任体系，体现最为明显的是在大学生培养上，实行梯次培养，大学生下厂由师傅负责，签订导师带徒合同，随着大学生在基层成长进步，实行技术岗位见习，由车间管理、技术人员负责，帮助他们业务上迅速提高，最后选拔优秀的大学生到调度岗位跟班培养，由厂主管生产领导负责。厂班子成员还与优秀的大学生"结对子"，帮助他们答疑解惑，树立正确个人发展观。来到我厂的大学毕业生倍感幸运，他们说，动力一厂大学生培养机制让我们感到，只要踏实努力学习业务知识，不断提高和完善自身素质，就有机会走向更加广阔的平台，企业的需要让我们的心里得到了满足与快乐。

探索快乐文化导引，激活文化和谐的凝聚力

在社会高度发展的今天，为员工创造快乐工作的环境、培养和造就快乐员工是管理者的新课题，而快乐地工作、享受工作的快乐则是每个人对生活的新追求，提倡快乐工作是员工和企业的双赢之道，是社会健康和谐发展的根本体现。"快乐"文化的提出在员工中引起了很大反响和广泛认同，党员代表在审议厂《党委工作报告》时说，以前工人把干活当作劳动改造，现在厂党委把快乐工作当作文化理念提出来，说明开始重视员工的精神需求，感觉非常欣慰。厂也正是在这样良好的文化基础上，积极进行快乐文化推广，呈现出凝聚和谐的喜人景象。

一是快乐衍生出凝聚力，员工的集体感和责任感不断增强。快乐要工作，痛苦也要工作，为什么不选择快乐工作。实践中，动力一厂要求每名员工在工作中体味快乐，在奋斗中品尝快乐，在拼搏中实现快乐。我厂参加公司两届员工田径运动会，分别取得总分第一名和第二名的好成绩，当运动员载誉归来，得到全厂员工的热烈欢迎，为他们送去掌声和鲜花，像对待英雄一样，员工感到作为运动大厂的一员，有着很强烈的自豪感，也极大地鼓舞了员工士气，增强了员工队伍的凝聚力。快乐的班组产生出强大的凝聚力量，外网车间提升一班通过组织聚餐、野营等各种活动，推出月度"明星员工"评比，思想汇报进班组等做法，让员工在工作生活中相互沟通、理解，体会到了集体快乐。

二是快乐产生积极态度，员工的执行力和向心力不断提高。"快乐工作"核心理念倡导的是一种执行力文化、和谐文化。作为辅助服务型单位，我厂的目标就是按时、按

质、按量地完成炼化公司下达的任务指标,“完美执行”是对“三相”文化的有效传承。动力一车间操作工王智刚把企业当成自己的家,工作中从不马虎大意,具有一颗强烈的责任心,多次在巡检中发现问题。有一次,他巡检时发现5#炉引风机周围有零星铁屑,却没有找到铁屑的来源。为了及时捕捉到元凶的足迹,他每隔半小时就巡检一次,并在每次巡检时格外留意这一异常变化。在他第四次巡检时发现5#炉引风机附近有一颗螺帽,他判断出铁屑的来源是对轮螺栓松动造成,成功避免了一次影响主体装置生产波动事故的发生。员工认真执行工艺纪律、遵守劳动纪律,认真巡检,操作平稳率显著提高,违纪率下降到0.5%。

三是快乐催生深入思考,员工的积极性和创造性不断攀升。累并快乐着,这是一种有益的工作状态,对于员工来说吃点苦受点累没什么,怕的是缺乏人文关怀的工作环境。为此,我厂党委提出多给员工一些人文关怀,员工精神需求得到满足,员工得到应有的尊重,带动了积极性和创造性的发挥。在安全管理上,分厂开展了“安全在我身边”系列活动,这就是在充分征求员工意见和建议的基础上开展的,员工积极参与安全知识比赛、消防比武、班组安全环保全能竞赛,争先恐后当主力队员,在竞赛和观摩中安全技能有了很大提高。在生产管理上,广大干部员工围绕安全生产、节能降耗等积极进行技术改造,在4#锅炉空气预热器改造项目上技术人员进行深入探索,严把“五关”,解决了制约生产的瓶颈问题,使设备缺陷、安全生产的隐患、低标准问题得到彻底整治,新增直接效益121万元,优化了生产运行,促进了公用工程系统的长足发展。

快乐做人,快乐生活,快乐工作,快乐做事。每天给工作一张笑脸,工作才会给我们一份惊喜,生活才会更加精彩,留下的脚印才会更加清晰。正是顺应了企业发展,充分融入了快乐文化内涵,我厂的企业文化建设发展迅速,“责任”文化被公司授予“企业文化示范单位”称号,其中“人机对话”和“值班站长”等活动被评为全国企业文化优秀案例。厂连续三年实现成本结余2000万元以上,安全生产形势稳定,设备管理连年创优,干部员工的积极性和创造性得到了有效发挥,起到了以文化力提升生产力的作用。

(作者单位:中国石油大庆炼化公司)

提升执行力是企业管理的根本

谢昭萍

管理学明确指出:“管理是基础,执行是关键”。在市场变化莫测、竞争愈演愈烈的经济大环境中,企业快速反应、高效执行、应对危机,成为企业能否取得竞争力的关键,即提升执行力旨在提升企业的核心竞争力。也就是说,提升执行力是企业管理的根本。

执行力的意义

执行力是指通过一套有效的系统、体系、组织、文化或技术操作方法等把决策转化为结果的能力。对企业而言,执行力就是内部员工贯彻经营者战略思路和方案计划的操作能力和实践能力。它是把企业战略、规划转化成为效益、成果的关键,是企业竞争力的重要组成部分,是决定企业成败的重要因素。没有执行力,再好的决策也只能是一句空话。

有国际权威机构统计,美国西点军校建校200多年,共培养出1531位CEO,2012位总裁,5000余位副总裁。同样,我国海尔、华为等著名的企业也存在一个巧合,它们的老总张瑞敏、任正非等都是军人出身。军人在商界为何能创造如此多的神话?有关人士经深入分析研究,“军人之谜”神话的谜底就是执行力。杜邦、沃尔玛等世界500强企业遍布全世界的每一个角落,除了企业在发展策略和方向具有科学性和前瞻性以外,另一重要因素确保发展战略的有效落实。

中国化工集团成立五年实现了超常规跨越式发展,资产总额由229.6亿元增至1569亿元,主营业务收入由152亿元增至1226亿元,与成立之初相比,分别增长6.9倍和8倍,利润增长10多倍。其重要原因之一,就是集团公司能快速应对国内外市场变化不断,并提升执行力。

影响执行力的主要因素

决策的执行是管理者与执行者双向互动的过程,只有实现良性的双向互动,才能有效贯彻决策者意图,顺利达成目标。

提升执行力,科学决策是前提。要提升执行力,企业必须坚持科学决策、民主决策,立足实际、放眼长远,经过认真仔细的调研和分析,广泛征求干部职工的意见和建议,由领导班子集体决策,确保决策的科学合理。

坚强有力的领导是提高执行力的关键。“千军易得,一将难求”。组织的成功,领导者是关键。身教重于言传,行胜于言。因此,打造高效执行的团队,从挑选执行高效的领导开始。对领导者而言,执行力不是某项单一素质的凸显,而是多种素质的结合与表现,它体现为一种总揽全局、深谋远虑的业务洞察力;一种不拘一格的突破性思维方式;一种“设定目标,坚定不移”的态度;一种雷厉风行,快速行动的管理风格;一种勇挑重担、敢于承担风险的工作作风。领导者的执行力对整个组织的执行力起着决定性作用,一个成功的组织与成功的领导密不可分。

提升执行力,提高执行者对决策的认知程度是基础。只有管理者和执行者达成共识、形成合力,执行才会有力度。因此,管理者对将要施行的决策进行广泛的宣传,使其深入人心,同时企业干部职工平时应加强对国家、行业政策法规等方面的学习,切实提高执行者的理论水平和对决策的认知程度,促进决策的有效落实。

提升执行力,明确执行主体的主次关系是基本条件。任何一项决策的执行,都有重点执行主体和辅助执行主体之分,否则就会出现推诿、扯皮现象,不利于决策执行。因此,在执行决策前,管理者要明确下属的岗位职责,把重点执行责任落实到单位、部门和个人。同时,要积极培养团队意识,强化沟通协作,落实辅助执行责任,切实增强决策的贯彻执行力度。

提高执行力,强化执行过程监督是保障。监督是约束,实施有效的指导监督,对于提高企业执行力来说同样有效。一项决策出台后,管理者不能将其束之高阁,而是要经常深入基层了解执行情况,及时发现问题,严肃处理执行不力的人员,促进决策目标的顺利实现。

如何提升执行力

如何全面提升企业执行力?笔者认为主要从五个方面着手。

首先,解决好角色定位问题。执行是企业组织的一个系统工程,需要系统的配合。

高层管理干部,主要是根据上级主管部门的发展战略,结合企业自身实际制定清晰的发展目标,提炼和传播能激励与约束员工行为的企业文化,审定健全的企业控制体系,从宏观层面创造较好的大环境,用好、管理好关键人才等。

中层管理干部,主要是将高层制定的发展战略展开并具体化,做好部门内、部门间以及与外部相关单位的协调,同时做好日常管理监控,还要起到传递企业核心价值和思想文化的作用。其主要工作职责之一,就是选用合适的人将其放到合适的岗位上,并给予适当的指导和控制。

基层执行者,主要是执行、执行、再执行,同时可以提出合理化建议,不断完善管理流程。

其次,是管理流程建立与再造。主要包括制度建立和在工作中遵守使用。制度使员工行为有规可依,流程使员工行为畅顺。企业要强调加强管理,要在制度和流程建设上下工夫,达到各专项体系之间有机结合、相互促进、相得益彰的管理系统。同时,努力把复杂的东西简单化,把简单的东西量化,用流程来推动执行者的工作,而不是事事靠领导来推动。

西南化工研究设计院近几年根据国家、行业政策的调整和市场的变化,优化管理流程,不断修改和完善行政、人事、财务和科研等各项管理制度,明晰干部员工职责,依法治企,规范干部和员工行为。特别是2009年应对国际金融危机中,通过强化制度执行、部门预算、目标分解和有效考核等措施,降低成本、提高效益。

第三,把人员优化作为企业执行力的重要补充。提升执行力,关键在于提高中高层管理人员的领导力。因此,企业要把管理层能力的培养和提升,作为衡量团队执行力的重要指标来考虑;在引进新员工时,要尽力挑选具备较强执行技能的员工;在企业内部进行持续的执行技能、职业技能运用等职业化培训;从文化氛围、成长空间、收入水平、福利环境等提高员工对企业的满意度,调动他们的积极性和创造性。

如西南化工研究设计院近几年通过择优引进清华大学、浙江大学等知名高校的博士、硕士、本科生进院后,对新员工持续进行相关培训,并从事业发展、收入待遇等方面提高新员工的满意度,使他们快速融入西南院这个大家庭,充分发挥其聪明才智,担当国家科研课题的重任,在较短时间内就见到了实效。

第四,培养员工对企业的忠诚度。企业首先要对员工忠诚,关心员工,爱惜员工,履行对员工的每一个承诺;通过思想政治工作等培养员工的奉献精神;培养员工"坚决服从"的意识。企业应在大会小会上都要灌输"服从"思想,允许员工在决策前提建议,但一旦作出了决策,就应坚决执行。

第五,建立和完善适应现代企业管理的执行力文化。企业文化是基于共同价值观之上,企业全体员工共同遵守的目标和行为规范及思维方式有机整体的总称,是经营理念、企业精神、价值标准和行为规范的外在表现,是企业的灵魂。通过构建企业执行力文化,以提高员工队伍的整体素质,也就是要构建"不讲任何借口"的行为准则,营造"不讲任何借口"的文化环境和思想氛围,使之成为企业每个员工的一种守则、信念和精神力量,从而"敬业、责任、高效"的执行。

总之,企业执行力的提升是一个系统工程和长期的过程,需要干部职工共同努力,环环相扣,层层推进,形成合力。在经济全球化、市场变幻莫测的经济大环境的知识经济时代,快速反应、应对危机,培养和提升执行力是企业竞争力的重要体现,也是企业制胜的关键。

(作者单位:西南化工研究设计院)

创新管理模式 推动组织和谐建设

——谈加强国企不在岗党员的管理

顾 剑

党的十六届六中全会公报首次明确提出,要"以党内和谐促进社会和谐",胡锦涛同志在党的十七大报告中又进一步强调:"以增进党内和谐促进社会和谐"。在构建社会主义和谐社会进程中,实现党内和谐至关重要,因为中国共产党是执政党,执政党内不和谐,社会和谐也就无从谈起。

党的基层组织是党执政的基础,党内和谐首先体现在党的基层组织的和谐。国有企业的基层党组织是党的基层组织的一个重要组成部分,在推动企业深化改革、建设社会主义现代化强国过程中起着巨大的作用。国企基层党组织内的和谐,是实现全党和谐的基石,同时,也是促进企业和谐、构建和谐社会的重要保证。

但是,在一些国有企业中,还存在一批"在编不在岗"的党员(以下简称"不在岗党员"),他们中的一些人,游离于党组织之外,成为党内不和谐的音符。如何使这部分党员融入到党组织中去,这是国企基层党组织义不容辞的责任,也是本文所要探讨的课题。

加强"不在岗党员"管理对实现"党内和谐"之意义

新党章规定:党的基层组织是党在社会基层组织的战斗堡垒,是党的全部工作和战斗力的基础。它担负着宣传和执行党的路线、方针、政策,宣传和执行党中央、上级组织和本组织决议的重任,如果它的内部不和谐,就宛如一盘散沙,根本起不到战斗堡垒作用。它还担负着团结、组织党内外干部群众,努力完成本单位工作的任务,如果它的内部不和谐,党员各行其是,就会削弱战斗力,就会从根本上动摇党的执政基础。所以说,在实现党内和谐的进程中,党的基层组织内的和谐格外重要。

"不在岗党员"虽然不在本企业岗位上工作,但是他们的党的组织关系依然在企业内,他们仍然是企业党组织肌体上的细胞,没有理由将他们排除在外。

由于这些"不在岗党员"曾经长期在企业工作,他们在其他"在岗党员"以及普通职工中还存在一定的影响力,做好对他们的管理和服务工作,对促进国企党组织内的和谐,进而实现全党和谐有着十分重要的现实意义。

国企"不在岗党员"概况

国企"不在岗党员"的出现,是伴随着企业深化改革产生的,主要指以下几种人:一是协保离岗党员;二是非协下离岗党员;三是企业内退党员;四是因长病假离岗党员。这些党员,人虽不在企业工作,但党的组织关系尚在企业内,从组织体系来说理应属于国企党组织的管辖范围。

与国企内在岗党员相比,"不在岗党员"普遍存在"三少"情况:

民主权利少。由于正常的组织生活都无法保证,因此,这部分党员的其他民主权利,如"有权在党的会议上参加关于党的政策和理论问题的讨论,并充分发表自己的意见","每个正式党员都享有选举权和被选举权"等等,更难得以实现。

经济收入少。不少国有企业在深化改革过程中大量裁员,将那些年龄较大、学历较低、技术较差的职工予以协保、下岗或内退,这些"不在岗党员"。这些党员,由于上述"三较"的缘故,重新就业比较困难,要找到比原单位收入高的岗位更是难上加难。据一些国企先进性教育总结材料反映,"不在岗党员"的经济收入一般都比较少,有的家庭夫妻双下岗,生活十分艰难,甚至靠低保补贴维持生计。在经济方面,他们属于弱势群体一类。

社会关注少。由于在经济上属于弱势群体,在政治上享有较少民主权利,"不在岗党员"得到的社会关注自然比较少,有被边缘化的倾向。还有一些党员重新就业后,但是因为现在就业流动性较大,跳槽频率较高,所以,他们也未能受到新单位应有的重视。

国企"不在岗党员"存在的问题

由于上述"三少"特点,国企"不在岗党员"中的一部分人在理想信念、党员意识以及对党的归属感等方面均出现了一些偏差,从而影响到党内和谐的实现。概括起来,主要表现为"三减":

理想信念减退。由于部分"不在岗党员"未能参加正常的组织生活,很少有机会接受基层党组织的教育和帮助,他们中的极少数人对社会主义的前途感到渺茫,对党的社会主义初级阶段的路线、方针、政策知之甚少,甚至有不满乃至抵触情绪,一旦遇到政治风浪,很难经受住考验,容易迷失方向。

党员意识减弱。国企"不在岗党员",由于其本身在经济上属于弱势群体,受到社会关注少,有被边缘化倾向。因此,在其中一部分党员身上,党员意识逐渐减弱、淡化,有的把自己等同于普通老百姓,有的因在改革过程中自己的利益受损,从而发泄自己对党和国家政策的不满,等等。

对党的归属感减低。在国企"不在岗党员"中,由于深化改革,使他们失去了原有的岗位,经济收入减少、家庭生活发生困难,与在岗党员相比,产生了较大的落差,从而使其中一小部分人对党组织的归属感减低了。有一部分人不能与党同心同德、齐心协力,游离于党组织之外,更有甚者,脱离了党组织。

综上所述,正由于国企"不在岗党员"存在"三少"即民主权利少、经济收入少和社会关注少的现象,导致了"三减"即理想信念减退、党员意识减弱和对党的归属感减低的情况的发生,从而影响了党内和谐的实现。

加强"不在岗党员"管理和服务的思考

由于缺乏创新方式,一些国企"不在岗党员"的管理处于勉强维持状态,"不在岗党员"更加觉得有一种被边缘化的感觉。

通过上述分析,我们看到当前国企"不在岗党员"的管理还存在许多问题,这些问题严重影响了国企基层党组织内的和谐,从而影响了党的和谐,同时也影响了企业的和谐,进而影响了社会的和谐,必须认真对待。

"不在岗党员"中存在的问题,有些是由市场经济体制客观原因造成的,如企业深化改革、单位关停并转、职工下岗分流等,有些则是国企党组织主观原因导致的,如前所列的"三缺",即思想上缺乏重视、组织上缺少关爱、形式上缺乏创新。对于主观原因应该尽最大努力予以排除。

(一)转变观念　组织落实

所谓转变观念,主要指国企党组织领导人要在充分认识到做好"不在岗党员"工作重大意义的基础上,实现三个转变:

1. 变管理为主为服务为主。如前文所述,以往部分国企党组织领导人自觉或不自觉地总是站在管理者的位置上，居高临下地发号施令，引起“不在岗党员”的反感，甚至产生抵触情绪，影响了党内和谐。如今，国企党组织领导人应该以一个服务者的身份，真心实意地为他们解决困难，提供服务，从而得到他们的拥护和支持。

2. 变被动应付为主动服务。国企党组织领导人要主动关心“不在岗党员”工作、生活中的困难，不要等到他们发生困难找上门来才去解决。在解决困难过程中应该力尽所能，绝不能敷衍了事。

3. 变重义务为重权利。以往对“不在岗党员”的管理，主要集中在要求他们履行党员义务上面，如：按时缴纳党费、准时参加组织生活、定期汇报思想情况等，而对他们应享有的民主权利却没有给与足够的重视，如《中国共产党党员权利保障条例》第十三条规定的政治、工作、学习中遇到困难可以要求组织解决权以及第二十八条规定的遇到实际困难有要求组织帮助权。这种现象应该予以改变。

通过三个变，使“不在岗党员”的管理和服务得到高度重视，在此基础上，从组织上予以落实，如成立专门的管理机构或指派专人负责。国企党组织领导人进行定期检查，每年进行总结交流等，使这项工作从思想上到组织上得到保证。

（二）建立制度　长久关爱

国企党组织应该关爱党员，尤其是“不在岗党员”。这种关爱不仅仅体现在生活方面，如帮助他们解决生活中的困难，而且还要体现在学习、教育方面，帮助他们提高思想觉悟，增强党员意识等，实现全面关爱，这样党组织才有凝聚力、战斗力，但是这种关爱，必须建立在制度基础上。

有了制度，党组织的关爱不再是某些领导的恩赐；有了制度，这种关爱才能克服主观随意性，做到公平公正；有了制度，这种关爱才能更加长久，不会因为某个领导人的变更而改变。制度，是“不在岗党员”得到党组织长久关爱的根本保证。

从一些“不在岗党员”工作做得比较好的国企经验来看，这些关爱“不在岗党员”的制度可以分为三种类型。

1. 保持联系型。这种类型的制度，旨在保证党组织与党员之间的关系不间断，避免前文所述的“两不清”现象，如不在岗党员《联系卡制度》、《通讯联系制度》、《定期汇报制度》等。

2. 帮扶帮困型。这种类型的制度能够保证“不在岗党员”遇到困难时能及时得到党组织的帮扶，如《一帮一结对制度》、《上门走访谈心制度》、《困难救济制度》以及《协助维权制度》等。

3. 教育提高型。这种类型的制度是为了帮助“不在岗党员”提高觉悟、坚定信念、增强党员意识的，如《学习强化制度》、《向党承诺制度》、《外出参观制度》以及《评先奖优制度》等。

通过这些制度的建立，使“不在岗党员”同“在岗党员”一样能够长久地稳定地享受到党组织的关爱，增加了对党的归属感，促进了国企党组织的内部和谐。

（三）创新模式　提供平台

由于缺乏创新手段，使一些国企的“不在岗党员”工作难以收到成效。为此，应该从管理模式和活动方式等方面进行创新。

1. 建立“多对一”立体管理的模式。针对“不在岗党员”存在的居住地散、重新就业单位散、思想散“三散”特点，一些国企党组织积极探索实行“党员身份管理”机制，打破党组织和党员之间“一对一”的管理模式，建立起由劳动关系所在单位、用工所在单位、居住地所在社区街道三个方面的党组织与“不在岗党员”“多对一”的立体管理模式，确保“不在岗党员”流向哪里，党的工作就开展到哪里，服务就跟到哪里。

2. 提供多种教育活动的平台。由于以往活动方式单调，不能吸引“不在岗党员”参加组织活动，使他们在思想上难以得到提高，在精神生活上难以丰富多彩。为此，必须创新活动方式。例如在学习教育方面，可以充分利用现代信息技术，发挥互联网优势，建立和开通党建网络，开展网上党课教育活动。有条件的单位，还可以建立局域网，在网上过组织生活，交流学习心得，汇报思想情况，开通电子邮箱，听取“不在岗党员”的意见和建议，了解他们的动态，倾听他们的诉求。又如在丰富精神生活方面，可以组织他们参加“红色之旅”，也可以利用节假日，如建党日、国庆节、重阳节，请他们聚一聚、乐一乐。

3. 搭建展示党员形象的舞台。“不在岗党员”虽然存在着各种各样的困难，但是，作为无产阶级先锋队的战士，他们有着一定的政治觉悟，也有为人民服务的精神以及为祖国建设奉献力量的热情，抗震救灾中许多不在岗党员都有出色表现。但是，如果让他们各自为战，这种精神和热情就难以发挥。因此，国企党组织应该主动为他们搭建展示党员形象的舞台。如开展各种主题活动，或者根据“灵活、业余、分散”的原则，组织他们参加社区建设，参加帮困助残活动，或者鼓励他们在新的岗位上发挥党员模范作用，增强他们的党员意识。

综上所述，只要我们国企党组织的领导人都能够充分认识到做好“不在岗党员”的工作对促进党内和谐的重大意义，切实转变观念，建立关爱制度，创新管理模式，一定会使“不在岗党员”的管理和服务工作做得更有成效，使“不在岗党员”能与党同心同德、荣辱与共、和衷共济，从而使党内和谐的基础更加坚实。

（作者单位：上海华谊党校）

改革重组中企业的党建工作问题

应廷甲　徐志来

经过十多年的改革重组和发展，截止 2006 末，上海市地方国有资产总量已达到 8467.74 亿元，各种不同类型的多元投资企业已经成为上海国资系统企业群体中的主体。目前,上海国资委直辖的控股公司一级,产权多元化正在有条不紊的试点,第二层面多数已是多元投资企业,但以国资相对控股的上市公司为主,而第三层面则以国资相对不控股居多,其中大量是因国资退出而形成的,少量则是由国资参股而形成的。

从调研情况看,上海市国资委系统国资相对不控股企业党组织健全,覆盖面宽,绝大部分党务工作者守土有责,主动作为,党的各项活动在企业中有声音、在员工中有影响力,党员的党性意识及先锋模范作用发挥良好。但总体看来,发展不平衡,差异较大。

面对国资相对不控股企业党建工作资源不足的现实问题,我们认为不能简单地眼睛向上"等、靠、要",而是要转变思维、创新理念,发挥主观能动性,千方百计地挖掘资源。在对国资系统国资相对不控股企业的调查过程中,我们发现许多基层一线党务工作者已经创出了许多好的办法,同时通过调研组的集思广益,我们提炼出下列几方面的资源,希望能为企业党务工作者提供一定的借鉴。

政策法规资源

政策法规资源对于国资相对不控股企业的重要性自不待言,虽然,目前这方面的资源不是很多,但很有价值,一线党务工作者一定要充分利用好。

在法律资源中,我们要认真学习《宪法》《公司法》,《宪法》前言中指出:"社会主义事业的成就,是中国共产党领导中国各族人民……取得的。""中国各族人民将继续在中国共产党领导下……把我国建设成为富强、民主、文明的社会主义国家",这就充分肯定了中国共产党在中国的领导地位。另前述《公司法》中关于"对企业党建必要支持"的条文在目前已经有一定的法律效力。在国资委下发的各类规范性文件中,关于进一步发挥党组织的政治核心作用,进一步加强和改进企业党建工作等内容,包括企业党务工作者的待遇、职级等要求,对于国资相对不控股企业也有一定的指导意义。

另作为执政党的《党章》,党代会、中央全会的正式报告,也为国资相对不控股企业党建工作提供了保障。如十七大政治报告提到的"基层党组织是党的执政基础",要"注重解决党组织经费保障和活动场所"等精神,这里提到的"基层党组织"理所当然地涵盖国资相对不控股企业。

各类组织资源

组织资源系十分主要和重要的资源,国资相对不控股企业一定要主动争取和利用好。其中最主要的组织资源有:国资投资方党组织、地区党组织、党组织内部及各类群团组织资源。

1. 国资投资方资源。国有资产投资方虽然不控股,但毕竟与控股方是利益群体,对于国资投资方提出的要求,控股方比较容易接受,所以,非国有控股企业党组织要主动、积极争取国资投资方对自身工作的各种支持和指导,这是确保这类企业党组织的地位、作用和顺利开展工作的主要保障之一。

2. 地区党组织资源。地区党组织本来就有利用本地区内各类组织资源优势,为各类企业服务、协调、帮助的职能。在调研中,我们发现致力两新组织的党建工作且富有成效的社区不少,如斜土街道。斜土街道现有实际经营的两新组织1200个,员工1万左右,规模小,户均7人左右,变化快,开开关关的公司多,另还有注册企业几万个。街道体制内从事非公经济党建的严格说只有半个人,他们通过积极挖掘社区资源,通过居民区党支部推荐、党员自荐等方法建立了一支30人左右的党员志愿者队伍,其成员大多数都是原企业的党务工作干部,他们的主要任务是担任"网格"的联络员,上情下达,调查摸底,建立服务网络。因此,企业尤其是国资相对不控股企业的党组织要积极主动争取地区党组织对自己进行工作指导和帮助,还可通过自己与地区党组织的沟通渠道,搞好企业与地区各部门的关系,为企业的运行和发展拓展空间,提供便利。

3. 党组织内部资源。企业党建一定要运用好自身的资源,具有相对完善的组织建制,德才兼备的党务工作人员、调动全体党员为党工作,这些都是国资相对不控股企业党组织最直接最可靠的资源。由于国资不控股企业的员工流动性比较大,党员队伍的稳定性也相对差,因而支部的设置必须注意力求保持稳定,特别是党组织的主要负责人要相对稳定,这就要求兼职者的行政职务在企业中也要相对稳定,从调研中看,一般以工会或人事部门的负责人为好。另外国资不控股企业一般党员比例较低,又没有专职的党务工作人员,所以一定要充分发挥好每个党员的积极性,通过安排担任联络员、联系人或其他党内外工作的方式,解决党建人力资源匮乏的问题。

4. 群团组织资源。党的十七大政治报告提出了"以党的基层组织建设带动其他各类基层组织建设"的要求,对于企业内部的各类群众团体,党组织既有引导服务的职能,也是企业党建工作十分重要的平台和资源。在国资相对不控股企业中,工会在可利用的企业资源往往超过企业党组织,党组织要善于借助这个平台,扩大自己的影响。共青团组织是青年人才的集聚地,党组织要通过对青年员工的全方位关怀,提高党组织在青年人才中的向心力。在这样的基础上,引导各类员工支持关心党组织的工作,发挥党组织在非国有控股企业的作用。

5. 党校及各类培训组织资源。对国资相对不控股企业来说,这是一种非常有效的新资源,在生产日益社会化,分工越来越细化的情况下,借用外力、外脑可有事半功倍之效。

企业的发展,一定要不断提高企业员工素质,形成本企业的企业文化。但国资相对不控股企业,中小企业居多,很少有专职的培训部门。因此,党组织可根据本企业及员工的特点主动与相关的党校、团校、工会学校等联系,或请党校老师来企业授课,帮助做课题,或将包括企业主在内的各类经营管理干部送到党校培训,或与专职培训机构联手组织员工培训。这样,一方面达到提高员工相关素质的效果,同时也可以保证在培训中认真贯彻党的路线、方针、政策。实践证明,让各类员工得到有的放矢的培训,提高他们的相关素质是满足员工的需求、实现人生价值的重要方面,而企业主及时了解党和国家的相关的政策、法规、方针、措施对于企业主的经营活动十分有益。,都会有事半功倍之效。以上一系列的活动的开展,也将提升企业党组织在企业中的地位、威望和凝聚力,为以后顺利开展党组织的各项工作打下基础。

利用管理资源的问题

企业党建还可以从现代企业管理的许多新理念、新工具、新模型中获取资源,触类旁通。比较重要和实用的有:

1. 研究企业文化——企业党组织要主动争取对创建企业文化的领导地位,通过文化建设的渠道传播先进理念,开展党建工作。现代企业的发展一定会越来越需要依托企业文化的发展,我们党历来把社会主义精神文明建设作为党的重要工作,在这方面有着丰富的经验,企业党组织要充分发挥建设社会主义精神文明的特长,研究本企业应有的企业文化特点,积极主动投身到企业文化的创建之中,在创建活动中逐步争取对创建企业文化的领导,在领导中,有意识地贯彻"三个代表"重要思想,用中国特色社会主义的先进文化来引导员工,实现党的工作与创建企业文化工作的有机结合。从我们最近对徐汇区国资系统多元投资企业党建工作的调研情况看,有一半以上的被调研企业都已经将企业党建与企业文化建设紧密结合,并取得良好实效。

随着社会的发展,企业员工对文化生活的追求不断增强,要求在各种领域展现和实现自己的自身价值,企业党组织应充分认识到这一趋势,把其纳入到党的精神文明建设的工作规划之中,根据自己企业和员工的不同特点,通过工会、共青团等群众组织,组织与引导员工开展各种文化活动,利用节日、习俗、流行、时尚等元素,开展沙龙、俱乐部、联谊会、体育、健身等活动,在活动中体现党对精神文明建设的领导,增强党组织的凝聚力,扩大党的群众基础。

2. 渗透管理系统——企业党组织要顺应、利用企业原有的管理渠道,如各类沟通系统,各种行政会议及企业内部的网络系统,以扩展企业党建工作的触角。一般地说,党员在企业中大都为生产经营管理部门的领导或骨干,有一定的企业管理资源,特别是当党组织主要负责人是企业高管时,就更能依托职能部门——尤其是人力资源部、行政办公室等,了解情况、研究问题、统一思想,保证党和国家的路线、方针和法律、法规、政策在本企业的正确的实施,促进企业健康发展。在调研中,我们发现许多国资相对不控股企业党组织十分重视人力资源部的组织资源,以此为平台,了解员工信息,通过对员工职业生涯的指导或帮助人才职业发展等途径,吸引青年人才加入党的队伍。

3. 学习管理理念——企业党组织还要善于将现代管理科学中的先进理念变通运用到党建工作中去,如思想政治工作如何与时俱进,突破创新的问题。我们认为,"以人为本"的现代管理理念与党的思想政治工作传统是完全一致的。党组织要有意识地组织党员学习现代管理理念,把党的思想政治工作中的行之有效的做法渗透到现代管理之中,同时运用现代管理中的先进理念来丰富思想政治工作的内涵,使思想政治工作有所创新和突破。

社区、行业资源

对于国资相对不控股企业而言,社区、行业资源是一个非常重要的甚至是不可或缺的资源领域,企业党务工作者一定要充分利用好。

1. 行业资源。主要指各类非行政性的行业协会,在市场经济进一步发展完善的过程中,在行政性的上级公司逐渐淡出后,行业协会逐渐会成为企业之间的纽带,其重要性将日渐凸显。企业党组织要未雨绸缪,重视和用好这个资源。

2. 社区资源。主要是企业所在地,包括各类开发区和现行的社区党工委。这里需要加强两方面工作,发挥两方面的积极性,一是社区党工委,二是企业本身。从调研情况看,在已建立综合党工委的街道中,有的不但关心地区内有组织隶属关系的企业的党组织建设,而且还十分主动地关心、帮助非隶属关系的企业的党组织建设,因此,非国资控股企业的党组织,应主动融入到所在地区党组织的活动中,充分利用地区党组织资源,推进本企业的党建活动的开展。

信息资源

在现代社会,信息资源已经是一种公开的社会化的资源,企业党务工作者要善于运用信息资源为企业党建服务。

1. 网络资源 —— 包括专题网站、QQ、局域网、博客等。针对国资相对不控股企业可利用的时间、空间资源有限,人员分散、流动性大的特点,企业党组织应积极利用网络资源来协助开展党组织活动。利用相关网站(如上海干部在线学习网)进行学习、培训活动,进行党组织的"三会一课"。利用 QQ、MSN、博客可展开讨论,甚至有条件的,在采取一定技术措施之后,还可利用企业的局域网进行选举等其他组织生活。

2. 通信资源 —— 包括手机短信、留言、各类贺卡等。由于手机已经基本普及,而手机短信是一种快捷、便利的交流手段,企业党组织要充分利用手机等通信资源来进行党组织的活动。如用短信群发来发通知、通报党组织活动情况等信息,在员工生日或党员入党纪念日利用贺卡来祝贺等。

3. 媒体资源 —— 电视广播、报刊杂志等现代传媒。现在由于党中央和各级党组织的重视,在各类媒体上已有许多可用于开展党建活动的栏目和节目,企业党组织应及时、敏锐地关注这些内容,有针对性地选择相关内容,组织党员、群众学习、参与,用以丰富、拓展企业党建工作。

4. 声像资源 —— 录音、录像等现代知识载体。有条件的企业也可利用声像资源来开展党建工作。如利用声像设备对党组织活动进行摄制、甚至组织有关人员进行专题录制、编辑,制成专题,用于党组织活动。目前,许多党组织都把党内先进评比过程,如对候选人的采访,候选人所在党支部的活动拍摄剪辑后在党的会议上播放,虽然不够专业,但由于拍的是身边人熟悉事,效果特别好。至于在网上进行民意测验、选举先进的方法已经十分普及。

受条件局限的企业,可通过组织网络、市场,有针对性地选择所需的声像资料来进行活动。

在新的一轮改革发展中,"党面临着许多前所未有的新课题新考验。世情、国情、党情的发展变化,决定了以改革创新精神加强党的建设既十分重要又十分紧迫。"我们一定要做好国资相对不控股企业党建工作,在实际工作中贯彻落实党的十七大精神。

(作者单位:上海华谊党校)

企业文化建设案例选编

创航天伟业 铸民族丰碑

——中国航天科技集团公司企业文化建设

企业概况

中国航天科技集团公司是拥有“神舟”、“长征”等著名品牌和自主知识产权、创新能力突出、核心竞争力强的国有特大型企业，主要从事运载火箭、人造卫星、载人飞船和导弹武器系统的研究、设计、试验、生产和发射。作为我国航天科技工业的主导力量，集团公司将“构建航天科技工业新体系，建设国际一流大型航天企业集团”作为发展目标，取得了一系列举世瞩目的成就。在创造航天伟业的奋斗历程中，集团公司党组秉承航天传统，把建设先进的航天文化作为发挥国有企业党组织政治优势的重要载体，抓住机遇，精心策划，积极推进，不断把企业文化建设引向深入，初步建成了以“以国为重、以人为本、以质取信、以新图强”为核心价值观、具有鲜明时代特征和航天特色的企业文化，有力地促进了以载人航天工程为代表的各项科研生产任务的圆满完成，为国民经济建设、社会发展、科技进步和国防现代化做出了卓越贡献。

弘扬“三大”精神，构建独具优势的企业文化体系

航天科技集团公司将企业文化确定为集团公司核心竞争力的第一项，纳入《中国航天科技集团公司发展与建设纲要》，以航天精神、“两弹一星”精神和载人航天精神（统称航天“三大精神”）为根基，全面开展理念、视觉、行为三大识别系统建设，同步推进质量文化、成本文化、班组文化等专项文化和特色文化的培育，努力构筑航天科技工业新体系相适应的独具优势和特色的现代企业文化体系。

抓住灵魂，大力弘扬航天精神、“两弹一星”精神和载人航天精神。航天科技集团公司党组大力弘扬航天三大精神，并始终用航天三大精神教育员工，牢记神圣使命，以一流的技术、一流的质量、一流的业绩，实现“以卓越铸就辉煌、用成功报效祖国”的庄严承诺；始终用榜样的力量鼓舞员工，开展经常性的向先锋模范人物学习活动，激发员工的学习热情和工作积极性，不断提高思想政治素质和工作干劲；始终用神圣的事业激励全体员工，通过向党员干部和员工讲形势、讲任务、讲责任，使大家充分认识责任的重大与神圣、任务的艰巨与光荣，从而激励员工立足岗位完成任务、确保质量、确保安全、确保成功。

继承创新，融入充满时代气息和航天传统的文化理念。本着继承、融合、创新的原则，集团公司立足于历史和现实，把爱国主义为核心的伟大的民族精神作为价值观之“魂”，把航天三大精神作为价值观之“源”，提炼和形成了“以国为重、以人为本、以质取信、以新图强”的核心价值观、“创人类航天文明，铸民族科技丰碑”的企业使命以及“自信自强、无私无畏、敢想敢为、尽善尽美”的企业精神，使集团的发展在文化上得到升华，获得了集团公司上下的高度共识和社会的广泛认同。

统一规范，精心打造国际一流宇航公司的崭新形象。集团公司先后利用7年时间，逐步构建形成了相对完善的包含视觉识别系统（VI）、理念识别系统（MI）和行为识别系统（BI）在内的企业形象识别系统（CIS）。在三大识别系统的推广实施中，集团公司采取了“由易到难”的方针，并提出了“三步走”的规划：率先统一导入视觉识别系统（VI），建立统一标识，形成共同对外形象；紧接着全面推行理念识别系统（MI），培育形成航天共同价值观体系；而后推出行为识别系统（BI），通过规范员工行为，推动员工自觉践行企业文化，使企业文化入脑入心。

突出重点，统筹推进专项、特色文化建设。结合主业发展，集团公司全面推行以质量文化、成本文化、廉洁文化、创新文化为代表的专项文化建设。以质量文化建设为例，集团公司印发了质量文化建设纲要和质量文化手册，在广大职工中开展了质量格言、警句征集活动，通过以“质量是政治、质量是生命，质量是效益”和零缺陷管理为主要理念的质量文化建设，提升质量水平，促进国家赋予的各项任务的圆满完成。在坚持统一性的前提下，集团公司积极引导成员单位开展丰富多彩的特色文化建设，形成了“神箭”文化

"神舟"文化等特色文化;此外,还有成功文化、班组文化等。这些文化既是集团公司企业文化的重要组成部分,也是各单位丰富集团公司企业文化的具体体现。

以强有力的工作,使企业文化建设真正落到实处

集团公司党组清醒地认识到,开展企业文化建设必须紧密联系航天实际,切实加强组织领导,积极谋求整体互动,建立健全工作机制,只有这样,企业文化才能真正成为推进航天事业跨越发展的重要力量。

加强组织领导,完善体制机制。航天科技集团公司党组高度重视企业文化建设,党组书记、总经理担任企业文化建设领导小组组长,一位副总经理直接领导企业文化建设工作。集团公司总部设立企业文化部,具体负责企业文化建设工作。集团公司设立了企业文化建设专项经费,保证企业文化的各项工作顺利开展。

坚持系统思考,抓好顶层设计。企业文化建设是一项系统性很强的工作,集团公司首先抓好顶层设计和系统规划,定好企业文化发展的蓝图和纲领。2002 年 3 月,在企业文化建设刚刚启动之际,就精心制定了《集团公司企业文化建设总体规划(2002-2005)》,明确了企业文化建设的指导思想、目标体系、实施步骤、实施原则和考核要求。近年来,集团公司又研究制定了企业文化建设"十一五"规划和"十二五"规划,并出台了《中国航天科技集团公司关于加强航天文化体系建设的指导意见》,对未来航天文化体系建设进行了规划。

运用科学方法,实施项目管理。在视觉、理念和行为三大识别系统建设中,集团公司采用了外部专家组与内部项目组合作开发的内外结合、优势互补的合作开发模式,提升了工作起点。在理念识别系统建设中,先后有 6000 人次参加了问卷调查和访谈,提出了 400 余条理念表述语,为做好企业文化建设奠定了很好的"民意"基础。

抓好载体建设,确保深入人心。引导全体员工牢记使命,立足岗位,确保质量、确保安全、确保成功,培养与航天企业文化相适应的价值观念、行为规范。精心策划有意义的文化活动。例如型号出征宣誓仪式、理念系统统一揭牌仪式等,传输文化理念、弘扬航天三大精神、塑造集团公司良好形象。完善企业文化的宣传载体。出版了《文化力的畅想》、《航天企业文化读本》、《我们航天人》、《航天"三大精神"系列谈》等一批图文并茂的企业文化读物,在内部报纸和网站上分别设置企业文化建设专栏,促进了企业文化的宣传和贯彻。

以文化力提升竞争力,为实现新跨越,建设新航天提供了强大的文化支撑

通过实施企业文化战略,企业文化作为集团核心竞争力重要组成部分的作用日益增强,已经成为推动集团公司改革和建设、促进先进生产力发展的巨大力量。

近年来,集团公司圆满完成了以载人航天工程和月球探测工程为代表的国家重点工程项目,树立了继"两弹一星"之后我国航天事业两座新的里程碑。同时,实现了卫星整星出口,突破了以载人飞船、新一代大运载发动机、新一代卫星大平台为代表的一大批关键核心技术,实现了航天技术和科研生产能力的新跨越。

文化力激发了创造力,培养造就了思想过硬、作风优良、技术精湛的新一代航天人才队伍。在航天文化的培育下,新一代航天人才队伍迅速成长起来,他们一个突出的特点是,不但在技术上、职务上实现了交接,更重要的是,在航天文化的培育和感染下,他们传承了老一辈航天人的好传统、好作风,吸收了航天文化的丰厚底蕴和营养,成为航天文化具体化、人格化的真实体现。

文化力提升了影响力,展现和扩大了集团公司的社会影响。2006 年 8 月,由国资委主办、集团公司承办的中央企业企业文化建设推进会在集团公司召开,集团公司在会上做经验介绍,获得上级机关及各参会央企的好评。2007 年,在首次国防科技工业军工文化建设工作会上,集团公司作为代表单位发言,就军工文化建设进行了特色交流。近年来,集团公司先后获得全国企业文化知名品牌、中国行业十大影响力品牌、改革开放 30 周年全国企业文化建设先进单位称号、《英才》等媒体评选的"具价值之责任企业榜样"称号。"中国航天"作为"中华第一品牌"已获得社会各界广泛关注和认可。

虚功实做 培育核心竞争力

——中国人寿资产管理有限公司企业文化建设

企业概况

中国人寿资产管理有限公司由中国人寿保险(集团)公司和中国人寿保险股份有限公司共同出资设立,是国内首批保险资产专业管理机构。2007 年,公司管理资产规模超过 1 万亿,业务涵盖固定收益类投资、权益类投资、项目投资、企业年金业务及国际业务,是国内资本市场上最大的机构投资者之一,货币市场的重要参与者。

企业文化是企业最核心竞争力所在。资产管理公司是保险业的新生事物,如何在继承和发扬保险公司优良文化的同时,加强资产管理公司的文化与品牌建设,是资产管理公司建设的重大实践和理论课题。中国人寿资产管理有限公司自成立之时起,就把公司文化建设和品牌建设作为奠定公司长盛之基的大事来抓,按照上级领导和有关部门对公司的总体要求,结合资产管理公司这一新兴行业的发展实践,遵循文化建设的自身规律,积极探索,力求通过虚功实做,逐步培育和塑造具有鲜明特性的文化与品牌,初步取

得了一定的成效。

以《企业文化建设纲要》为主线，形成多层次文化理念体系

文化建设要虚功实做，必须要制度先行，并通过制度的施行形成长效机制。为此，公司建立之初就着手研究制定《企业文化建设纲要》（以下简称《纲要》），以此作为统揽公司文化建设的基本制度。在此过程中，我们重点抓了两个环节。首先是由公司全体员工共同研究，讨论交流，总结提炼公司核心文化理念体系；其次是要为形成这些理念建立塑造培育系统。所以，我们开展了“我心中的公司文化”征文活动，并将全部征文汇编成书册。我们还通过“双周论坛”展开对企业文化建设的交流与讨论。在全员积极参与，共同研究，逐步达成共识的基础上，提炼形成了公司文化理念体系。《纲要》提出了“人本、诚信、专业”三大主题文化，即：融入于公司经营管理活动全方面的人本文化，贯穿于公司事业发展全过程的诚信文化，体现于公司经营及全员职业行为的专业文化。《纲要》对公司文化进行了深化和细化，凝练出了“规范、严谨、创新、高效”的经营理念。“规范”是指：完善法人治理结构，严格遵守国家法律法规和委托方指引，具体投资活动符合操作权限和业务流程。“严谨”是指：牢固树立科学、客观、独立的专业精神，严肃谨慎地进行投资决策、投资操作和风险控制。“创新”是指：勇于探索、勤于钻研、敏于发现，充满朝气地开展工作，实现制度创新、管理创新、技术创新和知识创新。“高效”是指：高度关注投资回报，创造行业领先的投资业绩，特别是资产负债匹配、总期收益最大化的一流投资业绩。在实践的基础上，我们按照《纲要》的精神，归纳出了“开放、包容、反思、专业”的投资文化，即：以开放的胸怀放眼世界；以包容的态度博采众长；以市场规律为准绳，在不断的反思与总结中，提高投资水平；以专业的判断为基石，落实长期价值投资理念。同时，我们还逐步形成了“全面覆盖、全程管理、全员参与”的风险管理理念；“以诚信坚守承诺、以专业关注细节”的客户服务理念；总结出了“责任凝聚动力、专业创造价值”的公司使命和把公司建设成为一个“向国际顶尖资产管理公司看齐的具有国际竞争力的现代金融服务企业”的企业目标。公司文化理念体系初步形成。

首先，在推进措施上，围绕文化建设的目标和任务，公司明确了从理念建设、制度建设、基础建设和品牌建设四个方面组织实施，不断推进公司企业文化建设，夯实企业文化建设基础。通过梳理并不断完善公司制度体系，为公司文化提供最佳载体；通过加强执行力建设，保证公司文化能扎实“落地”；通过改造公司内部环境，以外在的表现形式物化公司价值观；通过营造学习型组织的工作氛围，为员工提供终身学习的环境保障；通过积极开展形式多样的文化活动，以生动活泼的形式和积极热烈的气氛使公司文化深入人心。

其次，围绕公司文化建设的目标和任务，以党的建设为核心，以党政工团组织齐抓共管为组织保证，形成公司文化建设的合力，并逐步在考核指标上予以量化。经过几年的初步探索和努力工作，公司文化建设已渗透到公司工作的各个领域、各个层面，文化理念逐步深入人心，对员工行为起到了积极的指导作用，员工始终保持积极向上、开拓进取的精神状态，在工作中涌现出很多感人的事迹。可以说公司拥有一支特别守纪律，特别能吃苦，特别能战斗，特别能攻关，特别能奉献，特别能承担的员工队伍。

以促进行业发展为己任，大力抓好文化与品牌建设工作

吴定富主席在今年的全国保险工作会议上指出，要“加强保险文化建设，塑造与现代保险业相适应的先进行业文化”，要“培育服务社会、造福人民的行业文化。培育积极向上、艰苦奋斗的行业文化。培育诚信规范、合规经营的行业文化。培育和谐发展、合作共赢的行业文化”。

中国人寿集团认真贯彻落实吴定富主席讲话精神，对整个集团文化和品牌建设做出了专门部署，特别是全面和系统的提出了要尽快实现中国人寿品牌由“知名品牌向杰出品牌、行业品牌向社会品牌、国内品牌向国际品牌”的三个战略性转变的要求。

按照保险行业文化建设的总体要求和中国人寿集团的统一部署，我公司将进一步下大力气促进文化和品牌建设工作的全面发展。

公司将在继续开展各种文化与品牌建设的工作中，重点把深入学习和宣传贯彻党的十七大精神，以实际行动践行和落实吴主席提出的“四种文化”作为文化与品牌建设的重要内容。目前，我们正在组织开展一系列活动，使其得以落实。比如，通过开展机关党委组织的“促进公司科学发展，发挥党员先锋作用”主题党日活动和公司工会组织的“公司科学发展与员工权益维护主题教育”活动，在全体员工中大力加强社会主义价值观的宣传教育，培育服务社会、造福人民；积极向上、艰苦奋斗；诚信规范、合规经营；和谐发展、合作共赢的行业文化。按照科学发展观和构建和谐社会的要求，深入开展社会主义荣辱观和员工职业道德教育，培育以爱国主义为核心的民族精神和以改革创新为核心的时代精神，统一思想、凝聚力量、振奋精神，鼓舞士气。我们还将大力开展弘扬先进活动，积极营造和谐向上、奋力拼搏的文化氛围。在积极参与上级和集团公司组织的各项评优活动的同时，大力开展对公司先进模范的评选、表彰和宣传活动，深入挖掘典型事例，加大对先进典型的宣传力度，在公司营造崇尚先进、弘扬正气、团结奋进的氛围。

按照保监会和中国人寿集团公司的要求，进一步强化文化和品牌建设的长效机制。通过大量的基础工作，加强软实力的建设，固化长效机制。要在认真落实公司企业文化建设纲要的基础上，在实践中不断总结经验、研究问题，积极探索，根据公司实际并结合新理念对现有的规章制度进行补充和调整，使其能够从制度上更加有效地推动公司

的健康发展。有效地利用各种资源和载体把公司文化建设的工作做实。抓好论坛的建设,把论坛打造成公司品牌的一张名片,打造成公司走向国际的一座桥梁。

突出行业地位和品牌价值,加强品牌宣传

公司将文化建设和品牌建设有机结合,文化建设是"内塑品质",品牌建设是"外塑形象"。文化建设是品牌建设的内涵,品牌建设是文化建设的外延。

首先,品牌建设关乎公司的形象,公司从加强宣传工作管理入手,使品牌建设工作规范化。在认真研究,反复修改的基础上,我们制定了《中国人寿资产管理有限公司新闻宣传管理暂行办法》,确定了公司在新形势下品牌宣传工作的指导思想,加强了公司品牌宣传工作的领导,明确了公司品牌宣传工作的工作程序、工作纪律和危机处理工作方案,进一步规范了公司品牌宣传工作,强化了纪律,有力促进了品牌宣传工作的深入开展。

其次,明确品牌定位。中国人寿资产管理有限公司是保险业最大的资产管理公司,是资本市场最大的机构投资者,是资金资产和智力资本高度融合的现代金融公司。树立卓越的公司品牌,关键是要对品牌的定位和内涵有明确的认识和准确的把握。对此,我们在总体确立公司品牌内涵即公司的核心文化——"人本、诚信、专业"的同时,把公司发展战略、投资理念、管理模式、资产管理能力和队伍状况等作为品牌建设的基本要素,并以此作为品牌建设内塑品质、外树形象的主要内容。几年来,我们通过明确"十一五发展规划",树立长期投资、价值投资理念,建立健全以账户为中心的经营管理模式,全面提高资产管理能力和不断壮大队伍等,初步树立了以行业发展为己任,具有政治意识、大局意识和责任意识,资产管理规模和业绩同步提高,不断朝规范化、专业化、市场化、国际化的现代顶级金融企业发展的良好品牌形象。

第三,我们通过举办论坛及充分利用宣传册、宣传片、杂志、网络、报纸等各种宣传载体积极开展品牌建设工作,多角度、全方位地展示资产管理公司,宣传公司取得的成就。作为最大的资产管理公司,几年来,我们坚持举办各类论坛,并始终以专业性作为论坛宗旨,一方面发挥了引领投资研究深入的作用,另一方面也树立了公司决策民主化和科学化的品牌。实践证明,这是与公司相适应的重要品牌建设方式。与此同时,我们利用各种载体开展宣传工作,积极组织稿件投放《中国人寿》杂志和《国寿客户报》;及时更新维护集团门户公司子站和公司外网;创办了《国寿资产》电子期刊和纸质杂志;四是制作了公司宣传册;五是制作了公司形象宣传片和企业年金业务专题宣传片;六是开辟了宣传栏,及时宣传公司开展的各类重要活动。

同时,我们注重加强媒体沟通,建设宣传工作队伍。公司成立以来,陆续与金融时报、中国证券报、中国保险报等十余家媒体建立了稳定的合作关系,通过举办媒体联谊会等丰富多彩的活动,与各报社对口记者建立了良好的沟通对话机制,各项工作得到多方面的支持。

以更多元化的载体和方式加强文化和品牌建设。以《中国人寿》杂志和《国寿客户报》为主要平台,重点宣传公司的行业地位、投资业绩、研究实力、管理模式。加强对公司参加国际、国内高端会议、论坛,以及与国际顶级公司交流等活动的宣传报道,突出公司的行业地位与品牌价值,提高公司美誉度。组织发表研究报告,宣传公司的投资理念、投资模式、人才队伍,展示公司的研究实力。适时组织有力度的新闻稿件,宣传报道公司的综合实力。认真做好宣传品制作,主要包括配合集团公司做好2008中国人寿专题片制作,推出公司宣传片英文版,面向国际宣传公司;重新修订公司宣传册,全面准确反映公司的新面貌;组织设计制作PPT研究报告模板,规范CI形象;大力开展"好书推介"活动,组织"风险管理文化警示语"征集评选活动;认真办好公司《国寿资产》杂志,提高办刊质量;办好宣传栏,及时报道公司重大活动。培育一支宣传骨干队伍;积极参加集团公司组织的媒体记者培训,加强与媒体记者的沟通、联络。

公司文化建设和品牌宣传工作在各级党委的正确领导下,进行了一些初步探索,取得了一定的进展。但是我们清醒地认识到,新形势对公司文化和品牌建设工作提出了更高的要求。在继承优良作风和传统的基础上,我们要以科学发展观为统领,大胆创新,积极研究各种文化和品牌建设的新手段和新方式,充分调动各种可供利用的资源,全力推进公司文化和品牌建设工作,提高公司文化的影响力和生命力,提升公司品牌的知名度和美誉度。

以人为本构建"和谐青远"

——青岛远洋运输有限公司企业文化建设

企业概况

青岛远洋运输有限公司,是世界五百强中国远洋运输(集团)总公司的紧密层骨干企业之一,是国家大型专业化散装货物运输公司。改革开放三十多年来,青岛远洋企业规模不断壮大,经营效益不断提高,目前,青岛远洋拥有和控制干散货船50余艘,530多万载重吨,已成为青岛和山东地区的航运龙头企业。青岛远洋一直十分重视企业文化建设,坚持发挥企业文化对企业发展的带动作用。自2003年以来,公司多次荣获"青岛市企业文化建设示范单位"、"山东省企业文化优秀成果一等奖"、"全国企业文化建设工作优秀单位"等荣誉称号。公司党委被评为"十五"期间青岛市国资委系统先进基层党组织标兵,连续五年荣获青岛市国资委系统先进基层党组织荣誉称号。

完善的企业文化体系

在多年的企业文化建设实践中，青岛远洋不断总结企业发展历程，归纳管理思想，提炼先模人物的价值观念，学习先进理论，形成了涵盖企业价值观、企业精神、服务宗旨、工作作风、安全理念、员工行为规范的完善企业文化体系。

（一）企业文化理念

企业价值观：服务客户最优，回报股东最大。企业价值观是企业文化的核心，是以个体价值为基础的群体价值观。多年的经营实践和市场竞争的法则，使青远人清醒地认识到服务水平的高低，服务质量的优劣，服务手段的先进与落后，都直接影响公司的国际信誉，直接决定了市场份额和利润来源。“回报股东最大”是现代企业制度的本质要求，是企业经营目标的重要内容，而其实现的前提条件是“服务客户最优”，二者相辅相成，相互促进。只有这样，才能牢牢把握市场制胜的主动权，形成更加强劲的竞争优势，实现公司长远发展的战略目标。

青远精神：激情、创新、和谐、卓越。激情是远大的理想、坚定的信念、强烈的事业心和责任感的综合表现，也是成功的根本动力，拥有激情，就拥有了无尽的热情，才能够激发出巨大的潜能。刚刚上市的青岛远洋，正站在又好又快发展的新起点，机遇难求、时不我待，要想实现又好又快发展，激情创业的精神必不可少。在工作中培养激情，在激情中愉快工作，提高的不仅仅是工作质量，而且还有人生的境界，做人的价值。

创新是企业保持活力的源泉，是企业驶向成功和保持长盛不衰的唯一途径，创新建立在激情的基础之上，拥有了激情，创新才有动力。青岛远洋要在激烈的市场竞争中立于不败之地，必须不断创新，创新要以发展为目标，以市场为导向，与时俱进、改革进取、吐故纳新、敢为人先。要以观念创新为先导，经营创新为龙头，管理创新为基础，技术为保障，全方位提高创新能力。

和谐是企业内外部各因素和睦相处、协调发展的最高状态。在这种状态下，各个方面、各种要素相互依存、相互协调、相互促进，能够依法兼顾各方面的利益，充分调动各方面的积极性。实现社会和谐，建设美好社会，是人类社会孜孜以求的理想。建设“和谐青远”是青岛远洋的努力追求。发展是和谐的基础，和谐是安全与稳定的最高境界。在建设“和谐青远”的过程中，必须在保证安全、保持稳定、提高效益的同时，坚持科学发展，注重以人为本，弘扬公平正义，追求合作共赢。

志存高远，才能勇往直前；追求卓越，才能成就未来！卓越是一种不断追求的精神和品格。追求卓越，就要精益求精、力求完美、勇争第一、不断超越。

卓越是对企业全方位的要求。青岛远洋需要立足发展壮大中国远洋运输事业的崇高理想，放眼世界，不断实现创新、跨越和突破，通过追求跨越式发展，全面提升企业素质，培养卓越的员工，创造卓越的业绩，成就一流航运企业。

服务宗旨：为客户着想，让客户满意。作为航运企业，公司的产品即是公司提供给客户的服务，为国内外广大客户提供优质高效的服务是青远的责任和目标。公司在不违背市场原则和互惠互利的前提下，要主动与客户沟通，了解他们的意图，研究他们的需要，满足他们的要求，想方设法为客户分忧解难，对重点客户进行重点满足，加强客户管理和服务创新。只有真正为客户着想，让客户满意，青远才会赢得客户，赢得市场，实现企业的可持续发展。

工作作风：敬业务实，严谨高效。敬业务实，是市场经济对从业者的基本要求。青远职工要将实现个人的自我价值与青远的事业有机地融合起来，热爱工作，珍惜岗位，不断学习，开拓进取，以实现与青远地同步发展。严谨高效，是对员工更高层次的要求，要求职工将各项工作置于公司管理体系控制之下，努力实现工作的程序化、标准化和规范化，并充分发挥最大的潜能，高标准、高质量地完成各项工作任务，创造好的经济效益和高的工作效能，以速度和效率在市场竞争中占得先机。

安全理念：隐患就是事故，安全就是效益。安全，是航运企业永恒的主题，责任之大，重于泰山。在安全管理工作中，青远将隐患作为事故同等对待，在思想上高度重视，在行动中认真落实，把隐患消除在萌芽状态。对青远来说，安全是效益的基础，失去了安全的支持和保障，效益只能是空中楼阁，青远更不可能实现长远发展。安全生产是一个严肃的政治问题，必须增强广大船岸职工的安全责任感，强化安全意识，积极采取安全管理措施，公司上下齐抓共管，才能保证青远安全、效益、稳定的大局。

青远员工行为规范。为最大限度地提高工作效率，青岛远洋从工作的具体内容和实际情况出发，针对不同部门、单位的员工制定了具体的行为规范。

公司本部行为规范：遵章守纪，严谨高效，爱岗敬业，承担责任，面向一线，竭诚服务，作风正派，办事公正，勤于学习，创新进取。

船员职工行为规范：忠于祖国，敬业爱船，遵纪守法，安全操作，听从指挥，临危不惧，精益求精，优质服务，举止文明，身心健康，保护环境，同舟共济。

陆产企业职工行为规范：面向市场，艰苦创业，爱岗敬业，守法经营，服从管理，服务大局，求真务实，绩效优先，讲求质量，维护信誉，服务客户，互惠发展。

（二）企业文化的主导观念

行舟论：企业发展如行舟，有顺流逆水、前进后退。市场变化如大海，有低潮高潮、波峰谷底。逆水行舟，不进则退。顺流行船，不退亦进。要求我们要时刻清醒地认识到企业当前的地位和发展态势，更要切实了解促进企业发展的真正因素。顺境之中要清醒，抓住机遇，加速发展，增强实力以扩大优势；逆境之时要稳健经营，坚韧不拔，同舟共济，苦练内功以渡过难关。

互为客户论：现代企业必须树立新的“客户”观。不仅市场中的服务对象是客户（外部客户），企业内部的员工也是客户(内部客户)。而对企业领导和管理人员来讲,最重要的客户首先就是自己的员工和下属。互为客户是把市场的服务观念引入公司内部,让企业所有员工共同分担来自市场的压力,从而加强员工的竞争意识、危机意识,加强公司各部门间的互相服务意识,互相配合,协同作战,使公司运转更加平稳、高效。

文化论:企业文化是统一思想、凝聚人心、调动队伍积极性和创造性,进而促进企业持续、稳定、健康发展的根本。

企业文化是与每一位员工息息相关的,每一名青远员工都应主动接纳和维护青远企业文化,增强归属感与认同感,自觉将个人价值与企业发展融为一体,为企业的发展贡献自己的力量。

体系论:质量与安全管理体系是提高企业综合管理水平,进而保证企业持续、稳定、健康发展的战略性举措。

效率与质量是体系运行成败的关键,是推进体系的出发点和归宿。建立体系的目的在于保证效率和质量;要保证效率和质量,必须切实按体系要求去做。持续改进不仅要作为推行和维护体系的原则,也是做好各项工作的原则。

精益管理论:以最低的成本为客户创造最大的价值,实现企业目标。青远的管理就是通过努力发现经营管理过程中的任何冗余、不增值的部位和活动,并予以消除,来优化各种增值过程,达到效率最高,成本最低的目的。

精益管理的核心是通过对运营的控制,消除浪费。

精益管理的关键是流程的再造,流程的管理。

精益管理的目标是实施低成本战略,拓宽经营空间,增强企业的核心竞争力。

纵横比较法:是实施精益管理过程中进行成本分析并确定目标的一种方法,包括纵向比较和横向比较。纵向比较是把本单位当前的成本水平与历史同期进行比较;横向比较是与国际标准、与同行业先进水平进行对标。青远公司通过"纵横比较",以期快速准确找出本单位成本控制和管理改进的重点,确定精益管理的目标。

近几年青岛远洋企业文化建设的主要做法

青岛远洋在企业文化建设的具体实践过程中,以邓小平理论和"三个代表"重要思想为指导,深入贯彻落实科学发展观,认真分析世界经济发展的时代特征,准确把握企业发展的自身特点,紧紧围绕企业发展目标开展工作,坚持发挥企业文化对企业发展的带动作用,走出了一条企业文化建设的特色之路。

依托中远文化核心理念,把爱国主义作为企业文化的主旋律。作为新中国自己建立的第一支远洋运输船队和首家远洋运输企业,中远集团始终坚持"艰苦创业、爱国奉献"的传统价值观和"求是创新、图强报国"的企业精神。青岛远洋作为中远集团紧密层骨干企业,秉承和发扬以爱国主义为核心的中远文化,强化文化的引导作用,加大宣贯力度,使中远文化深入人心,激发员工的工作热情和积极性。公司乔迁远洋大厦新办公楼后,将每月第一周的第一个工作日固定为"升旗日",通过升国旗和中远集团旗仪式,增强职工的爱国信念,增进对公司、集团、祖国的自豪感和责任感。

汶川特大地震发生后,青岛远洋职工发扬爱国主义情怀,积极响应党中央、国务院和集团党组的号召,慷慨解囊,共向灾区捐款314.45万元,2422名共产党员缴纳"特殊党费"86.12万元,其中257人缴纳千元以上大额"特殊党费"36万余元。

坚持以党建文化为"龙骨",加强和改进企业党建和思想政治工作。近几年来,青岛远洋以创建"四好"领导班子活动为载体,自订并按照"四像八不"的要求加强班子的作风建设,各级干部、船岸职工精神面貌,思想意识、工作作风明显改观。严峻的教训告诫我们这一条是最为重要的,必须摆在首位长抓不懈,否则就会出现大问题。

青岛远洋积极开展"三基"建设:即党的基层组织规范化建设、党内基本生活制度落实、专兼职书记(政委)基本功的提高。努力做到四个"同步",即党群工作与其他管理工作一样同步纳入公司ISO9001国际质量管理标准认证体系文件覆盖之中;同步进入公司综合管理信息系统之中,运用电子网络系统开展党建及思想政治工作;同步接受内、外审检查,并及时关闭"不符合项"问题,明确整改措施;同步进入"大安全"格局,落实"四有"安全管理方针,针对事故及苗头坚持"四不放过"原则,及时查找党群工作漏洞。青岛远洋还将《党章》、上级党组织重要文件等一并汇编成册,下发"四本一片",对近年来企业党建工作丰富经验进行"系统集成",为加强和改进企业党建和思想政治工作夯实基础。

以人为本,努力构建"和谐青远"。青岛远洋历来重视对人才的培养和爱护。每年用于培训方面的费用就达数百万元。公司把2008年作为"培训之年",利用休息日重点组织了为期两个月的新聘任干部培训课程、政工干部和后备政委培训班,从多个方面提高干部队伍素质,今年上半年仅陆地干部职工培训即达469人次。

公司还针对职工中的不稳定苗头。通过专访及座谈会等形式增进与退养职工、离退休职工的对话交流,正面引导并解决他们的生活、健康等实际问题;通过"应急互助基金"、"献爱帮困基金"平台,进一步加大"送温暖工程"力度,履行好企业的社会责任,体现了远洋大家庭的优势与温暖。

坚持以"三学一创"活动为载体,抓好船舶文化的"四个延伸"。自2004年起,公司加快船舶文化建设步伐,结合"做严力宾式船员,创华铜海式船舶"的"三学一创"活动,在公司船队中广泛开展争创"船舶文化建设示范船"活动。

严力宾是青远人的楷模。多年来,通过设立严力宾纪念室、坚持每年给严力宾烈士扫墓、探望严力宾家属等活动使严力宾精神在青远人的心中扎根发芽。在严力宾精神的鼓舞和感召下,职工的思想政治素质和职业道德素质不断提高,爱岗敬业、报效祖国的意识不断增强,涌现出以全国劳模陈洪璋、沙明宗、庄茂奎等人为代表的一大批模范人物。2005年11月份,天荣海轮在菲律宾海域成功营救了20

名遇险外籍船员，50多家新闻媒体对事件给予了宣传报道，获得了2005年“感动青岛”唯一的一个集体奖。

公司以远洋船舶为党建工作重心，坚持“支部建在船上”原则，严格党员配备比例要求，确保船舶党支部健全。为丰富船员的业余文化生活，公司拨出专项资金，像配备船舶适航工属具那样配齐图书光盘、电脑、健身器材和民族乐器等船舶文化硬件设施。

坚持安全第一不放松，建设有青远特色的安全文化。 青岛远洋坚持“隐患就是事故、安全就是效益”安全理念，将“二个规律”、“三种关系”、“八个观点”等中远安全文化理念融入日常宣传工作，在船岸职工中深入宣传“四有”安全管理思路和“大安全工作格局”。公司为每艘船舶配备安全警示牌，在船舶营造“人人事事保安全”的浓厚氛围，树立起广大船员保障安全的责任意识。同时要求各部门加强员工的安全教育，积极开展安全隐患排查治理工作；准备详细的应急预案，完善应急反应体系，保持了至今无上报事故的平稳的安全局面。

青岛远洋坚持以科学发展观为指导，繁荣发展企业文化，积极构建“和谐青远”，充分发挥文化对企业发展的带动作用，为企业的跨越式发展提供精神动力和智力支持。

一汽发展靠文化

——中国第一汽车集团企业文化建设

企业概况

中国第一汽车集团公司（原第一汽车制造厂）简称“中国一汽”，1953年7月15日破土动工，50多年来经历了建厂创业、产品换型和工厂改造、上轻型车和轿车三次大规模发展阶段。目前资产总额1052.8亿元，员工12.36万人，拥有全资子公司21家，控股子公司14家，其中包括4家上市公司。2009年，中国一汽列“世界500强”第385位，“中国500最具价值品牌”第11位，《福布斯》全球最具声望600强企业第22位，品牌价值达622.11亿元。

文化是企业实践的共生物。一汽的企业文化建设渊远流长，在企业发展的各个时期发挥了强大的组织动员和凝聚激励作用。进入新世纪以来，一汽把加强企业文化建设作为落实中央企业“三大责任”，加快企业发展的内在需求，建设自觉不断提高，实践深度广度不断拓展，环境氛围不断浓厚，方式方法不断丰富多样，成为企业经营社会生活中的重要内容。

党政主要领导当好企业文化建设的倡导者、实践者、推进者

2000年底一汽在职能部机构改革中设置了企业形象策划部，与宣传部合署办公，为企业文化建设奠定了组织保证。竺延风同志在任职期间反复强调，加强企业文化建设，为一汽赢得未来。党委书记赵方宽反复指出，思想文化建设是一汽的优势，茁壮成长的根本原因之一。马振东副书记在日常工作中始终要求，企业思想文化建设要抓根，要建在员工的行为上。徐建一总经理强调，文化力也是竞争力，干好一汽的自主事业，就要形成自主的文化，自主的氛围，为一汽加强企业文化建设奠定了领导保证。几年来，一汽坚持把企业文化建设作为企业战略目标的重要内容，党代会的重要组成部分，党政年度工作计划、总结的重要内容，摆上总经理办公会和党群办公会议事日程，发挥集团公司常抓不懈、带动推进的主导作用，不断明确阶段性工作重点，认真策划抓落实的实现载体和方法，为加强企业文化建设奠定了工作保证。同时，集团公司行政和党委积极给予加强企业文化软硬建设所需要的人力、物力、财力、创意的支持和保证，把打造文化力放到提升竞争力的战略举措位置，不断深化优化思想文化资源配置，夯实全集团员工“同怀一个梦想，共举一杆旗帜”的意志和行为基础。

遵循企业文化建设基本规律，注意整体协调有序推进

经过两年多的准备，一汽于2003年建厂50周年前夕，推出了自己的企业文化读本。2004年对核心价值观的内涵做出新的界定，形成了以核心价值观、企业精神、经营理念、管理思想、人赢则赢、生存哲学、产业梦想为主要内容的核心理念体系。目前，正按照加速自主创新，干好自主事业的要求，着力对核心理念体系进行充实，使之成为引领员工实施自主战略的价值理念先导。为了推进企业核心理念进入制度层和操作层，我们本着重实践、重积累、重深入的原则，实施积极的指导、服务、推动，注意发挥职能部门在子文化建设中的“龙头”作用，积极推进廉洁文化、安全文化、服务文化、管理文化、和谐文化等建设，不断完善制度体系，强化制度规范的约束和激励功能。同时，不断完善形象建设。我们还先后3次对企业标识进行优化美化设计，制作出VI系统的2个管理版本，去年4季度以来，着手编制一汽品牌战略规划。健全维护、提升企业形象的体系能力，丰富、创新体现企业良好社会形象的各种实现形式。坚持开展思想文化建设创新研讨活动，列出重点、难点，发动基层在实践中探索，对前瞻性软课题纳入管理序列，不断总结推广企业文化建设中涌现出的新鲜经验，让更多企业分享。

围绕经营目标，坚持把建设重点放在队伍上

企业文化建设，只有融入经济中心，才能获得最充分的活力源头，赢得员工最广泛的共建参与，体现支撑企业战略的最大化价值功效。一汽在企业文化建设中，坚持把围绕与实现企业的年度经营目标，开展好一年一个主题实践活动，作为推进企业文化建设的主题、主载体。这个主题，从企业战略展开的年度经营目标中来，从破解阶段性竞争压力中来,从实现员工发展要求中来,列入党委工作突出重点,成为引领党群工作的总纲,纪检、组织、群团工作都围绕这个主题,细化专题工作的设计与实践。为形成工作合力,探索建立了领导层和执行层的协调机制,一起抓工作督导,抓典型,抓推进,共同唱响主旋律,联手往一个“点”上使劲。主题的确立,也是二级公司结合自身经营实际开展二次创选的基本导向、主要依据。2005 年 - 2006 年我们的主题为“迎挑战、共抗争,讲责任,扛指标”;2007 年 - 2008 年主题为“自主创新强一汽,和谐共享富员工”;2009 年主题为“识危机、强内功、促改观”。这种主题实践,突出了企业文化建设坚持以人为本,要落实到提升员工队伍的素质建设上,要体现员工是推动企业经济发展上的主体力量。这样的主题实践,使我们在组织员工开展学习全国科技创新典型王洪军活动,组织党员开展党内“三品牌”创建活动,组织青年开展“创新创效”等活动,有了具体的“抓手”,明确的方向和目标,也畅通了建设文化力向实践竞争力转化的路径,推动了一汽文化建设的持续深入。同时,我们还结合主题实践,不断深化“学知练技”、“技术比武”、“名师传技”、创建“学习型、知识型、技能型、创新型”班组活动,引导员工在实践舞台上增长才干、提高职业激情。为有技能专长的员工著书立说编写《第一操作者》、《汽车冲压模具调整与维修技术》、《轿车车身返修调整方法》,整理编辑《四改进图示》、《TPS在丰越》、《TPS 改善案例》、《班组五技能指导模版》等群众性技术管理书籍,通过复制推广到基层。

把握舆论引导,营造一汽文化建设的浓厚氛围

一汽的总部在长春,员工家属主体集聚在长春,最大的特点是,出了家门进厂门,出了厂门进家门。这个现实,要求我们的文化建设要在小环境建设上下大力气。多年来,我们坚持发挥集团公司主流媒体电视台、报刊社、一汽在线网的舆论引领作用,辐射作用。电视台的日播时间已经达到每天 18 个小时,以新闻、专题、汽车文化、培训课堂为主的栏目板块,进家庭、进食堂成为一汽员工家属生活的重要组成部分。一汽集团报发行到班组和离退员工家庭,已经成为他们感知企业和市场脉搏的主渠道。

丰富“中国一汽”的文化产品、荣誉系列。形成了以“中国一汽”命名的年鉴、年报、画册、电视台、集团报、中文网络、英文网站、年度十大新闻、立功人物、大事记、青年等文化产品。荣誉系列有,面向国内外的中国一汽设计大赛;面向全体合作伙伴的中国一汽最佳经销商奖、优秀经销商奖、质量保证奖、成本改善奖、优秀供应商奖;面向内部企业和员工的中国一汽卓越绩效奖、卓越管理奖、卓越团队奖、卓越员工奖、“五一”劳动奖章、岗位新星奖;面对科技人员的中国一汽高经专家、优秀科技人才等,强化员工“争第一、创新业”的意识。

建设了第一汽车雕塑、汽车博物院、红旗文化展厅、解放文化长廊和汽车文化用品公司。

坚持开展多种形式的运动会、合唱节、音乐会、灯会、焰火晚会等大型活动,发挥书法、集邮、美术、灯谜、武术、时装表演、红旗艺术团、解放合唱团等 18 个群众性协会在企业文化建设中的作用。

相继出版了《一汽建厂创业历程》、《江泽民在一汽的岁月》、《了不起的工人王洪军》、《火红的晚霞》、《我爱我家》等一大批反映企业发展历史以及先进人物精神风貌的书籍,让员工从多角度了解企业历史和文化传流。

为了促进和谐一汽建设,加强 42 个离退休党支部的建设,发挥他们联系 6000 多名离退休党员的纽带作用,建立了 25 个社区工作站,组建了近千人的志愿者队伍,做好为 3 万多名离退休职工的服务工作,开设了“服务热线”,及时为员工排忧解难。建立了“三级救助五级帮扶”机制,信访接待工作等,把“员工第一”落到实处。

当前,一汽正处在新的发展起点,在今后一个时期内最核心、最紧迫、最中心的任务是深化改革和自主创新,建设“自主一汽、实力一汽、和谐一汽”。自主战略的实施,要求思想文化建设为引领,围绕加速自主创新、干好自主事业来设计展开,我们努力培育自主创新的思想文化理念,使自主文化成为一汽文化的核心内容、主导思想。

双赢文化:企业的生存哲学

——海尔集团企业文化建设

企业概况

海尔集团是世界白色家电第一品牌,1984 年创立于中国青岛,现任董事局主席、首席执行官张瑞敏是海尔的主要创始人。截至2009 年,海尔集团在全球建立了 29 个制造基地,8 个综合研发中心,19 个海外贸易公司,全球员工超过 6 万人。2009 年,海尔集团全球营业额实现 1243 亿元(182 亿美元),品牌价值 812 亿元,自 2002 年以来连续 8 年蝉联中国最有价值品牌榜首。海尔积极履行社会责任,援建了 129 所希望小学,制作了 212 集儿童科教动画片《海尔兄弟》,是 2008 年北京奥运会全球唯一白色家电赞助商。

2008 年,全球金融危机爆发,将竞争已十分激烈的市场,带进了一个更严寒的“冬天”。外部生存环境变了,海尔集团以变制变,打造“人单合一”的双赢文化,确保科学发展。

2008 年,海尔实现销售收入 1190 亿元;利润增长幅度超过收入增长幅度的 2 倍;2009 年前半年,利税继续保持平稳较快增长。

“人单合一”的双赢文化是什么

“人单合一”的双赢文化是海尔的企业哲学。海尔“人

单合一”的双赢文化追求的是客户、企业、员工的共赢，如果企业与客户双赢了，就意味着解决了“企业如何在外部生存的问题”；如果企业与员工双赢了，就意味着解决了“企业内部如何共同生活”的问题。

海尔集团在推进“人单合一”的双赢文化的过程中，员工主动认识、愿意接受并实施“人单合一”。例如：高国强，海尔集团冰箱产品本部冷柜事业部的一位生产线经营体负责人，有一笔订单，按交货日期排产，要安排在5月3日生产发货。高国强算了一下：5月3日是“五一”假期，如果加班，人工成本费用就会超过预算，那样就会使生产线经营体亏损。于是，他与供应链协同，提前在4月30日顺利交付了订单，既满足了市场需求，又实现了经营体盈利！

目前，在海尔集团衡量每个部门是否打造出了“人单合一”的双赢文化，就看这个部门有没有涌现出高国强这样主动负责的员工。

“人单合一”的实施过程

观念创新为先导，打造“人单合一”的双赢文化观念先认同。面对国际金融危机和世界经济增长明显减速的影响，能否变压力为动力，变危机为机遇，是对企业复杂局面能力的考验，也直接关系到企业的长远发展。海尔集团CEO张瑞敏认为，面对金融危机带来的“寒冬”，企业不仅要“过冬”，还要学会“冬泳”。

在推进“人单合一”的双赢文化的过程中，海尔进一步强化了忧患意识。充分认识到国际国内经济环境的严峻性、复杂性给企业发展带来的挑战，不仅要做好当前“过冬”的思想准备，还要始终把明天当作“冬天”，使企业永远保持应对危机的状态，永远生存在危机当中。

在落实“人单合一”的双赢文化的过程中，海尔进一步强化了机遇意识。准确把握国家宏观经济政策导向、市场经济发展规律和现阶段企业发展基本特征，善于用创新的思维分析新形势、研究新问题，从变化中捕捉机遇，在逆境中培育有利因素，变挑战为机遇，变压力为动力，积极推动产业升级和企业战略转型。

在建立“人单合一”的双赢文化的过程中，海尔进一步强化了主动意识。坚持创新驱动，完善创新机制，提高创新能力，由过去传统的完全被动听从上级指令的“报时人”，转变为主动融入创新体系、每个人都是“时钟”齿轮的“造钟师”，建立一个像时钟一样的创新机制、长效机制，调动各方面的积极性、主动性、创造性，凝聚起化危为机的强大合力，在建立“人单合一”的双赢文化，提振信心，沉着应对，共克时艰，共渡难关，在“冬天”里创造“春天”。

战略创新为方向，“人单合一”的双赢文化是战略实施的内在动力。战略是企业的灵魂，战略创新是企业竞争取胜的关键。而“人单合一”的双赢文化是战略贯彻到位、实施出效果的内在动力。

海尔过去经历了名牌战略阶段、多元化战略阶段、国际化战略阶段，现在已进入第四个发展战略创新阶段：全球化品牌战略阶段。随着经济全球化步伐的加快，海尔立足新的形势，提出并实施战略转型，加快从“制造业”向“服务业”转型。

针对用户专业化、差异化的服务需求越来越高的实际，海尔依托技术创新和服务创新，致力于满足用户需求，不只是为用户提供产品，而是为用户遇到的难题提供解决方案，从提供“一件产品”变为“一整套解决方案”。如，针对现代生活节奏的加快，越来越多的白领阶层希望一个品牌能够满足所有需求、一次解决所有家电的配送安装，于是海尔“成套家电服务方案”应运而生，根据用户家中的装修格局及风格，搭配出不同形式的成套家电方案供用户选择，并按预约时间一次性送货、安装调试到位，给用户节省了大量的时间，提升了用户的生活质量，实现了共赢。

组织创新为保障，“人单合一”的双赢文化增强生命力。海尔“人单合一”的双赢文化在海尔组织创新的过程中增强了生命力。

为应对金融危机，寻求发展，海尔提出“倒三角形”管理理念，即：由领导在上面，员工在最底层，员工需要通过领导的指令才能感知到市场需求变化的“正三角形”管理模式，转变为“倒三角形”模式，员工在最上面，离市场最近，领导是提供资源和平台，突出把客户放在第一位，让每一个人为客户创造价值。

比如，在手机部门，海尔通过成立专门为印度大客户的经营体，将原来分散的、割裂的部门在同一目标下组成为一个共同的团队，极大激发了自主经营体的干劲，为当地用户创造的大象手机，2008年订单达到400万台，比2007年翻了一番，2009年前三个月订单就达到了700万台。随后海尔相继成立了“海尔手机非洲经营体”、“海尔手机美洲经营体”等团队。2008年海尔手机销售收入增长了89%。

在这次国际金融危机中，企业所遇到的最大问题在于资金的短缺，具体表现在库存和应收账款两个方面。为克服这方面的问题，海尔充分发挥信息化再造优势，进一步积极探索“零库存下的即需即供”商业模式，取消仓库，真单直发，将市场开发、产品研发、供应链形成一个从用户需求到用户满足的端到端流程，达到市场效益最大化，资金占用最小化。目前，海尔的库存下降到了5天，是中国工业企业平均库存天数的1/10。

技术创新为手段，“人单合一”的双赢文化在员工心中扎根。“人单合一”的双赢文化鼓励员工参与制定标准技术，抢占技术制高点。海尔强调自主创新要瞄上标准，积极致力于标准化建设，并牵头成立了抢占技术标准制高点的家庭网络标准产业联盟。目前，海尔主持或参与192项国家标准的编制、修订，其中8项获得了国家标准创新贡献奖，制定行业及其它标准439项。是中国参与行业标准最多的家电企业。已参与19项国际标准制定，其中，海尔热水器的“防电墙”技术、海尔洗衣机的“双动力”技术等3项国际标准已经发布实施。

市场创新为目标，“人单合一”的双赢文化在市场竞争中成熟。在金融危机的环境里，抓准市场切入点至关重要，海尔集团"人单合一"的双赢文化正是在市场竞争的环境中成熟。应对金融危机,海尔的切入点就是抓好"两老"的服务,即"老外"和"老乡"。"老外"就是海外用户,"老乡"就是国内用户。重点围绕"海外市场要升级,国内市场要深入"的思路,大力开拓海内外市场,向着全球化的主流品牌目标迈进。

"海外市场要升级",即以高附加值的产品,去占领高端市场。按照"三步走"战略,先以缝隙产品"走出去",然后以大众产品进入主流渠道"走进去",最终以高附加值产品、以当地化的品牌"走上去"。目前,海尔冰箱"人单合一"自主经营体在印度造的不弯腰冰箱,在巴基斯坦造的深冷速冻冰箱,等等,都成为海外市场畅销的高端产品。在美国,海尔设计了700升容积的大冰箱,有一个抽屉能放下一只完整的火鸡,很方便美国用户过感恩节。

"国内市场要深入",即以"家电下乡"为契机,继续深化国内市场,使海尔产品一直深入到乡、镇、村,深入到最基层。一是加快"三网建设",切实便民利民。建立"销售到村"的营销网、"送货到门"的物流网、"服务到户"的服务网。二是制定服务方案,切实惠民益民。以技术创新为手段,设计各种满足农户需求的解决方案,把真正满足农村用户的需求,安全、可靠、实用的产品送给农村用户。如针对农村雷电频繁、电视和手机信号弱的问题,海尔"家电下乡"经营体提供了"农信通"手机,在山区照样能接通,"村村通"电视能防1万伏雷击;推出的耗电少、抗冻强、适合农村用户的215DF冰箱,在一个月里就卖了三万多台,深受农村居民欢迎。

海尔"人单合一"的双赢文化所产生的效果

在海尔集团首席执行官张瑞敏的带领下,"人单合一"的双赢文化发挥文化指导、促进作用,海尔员工不断创新,使海尔成为具有全球影响力的世界品牌。目前,海尔在全球建立了29个制造基地,8个综合研发中心,19个海外贸易公司,全球员工总数超过6万人,已发展成为大规模的跨国企业集团,2008年海尔集团实现全球营业额1190亿元。2008年,海尔品牌价值高达803亿元,自2002年以来,海尔品牌价值连续7年蝉联中国最有价值品牌榜首。海尔品牌旗下冰箱、空调、洗衣机、电视机、热水器、电脑、手机、家居集成等19个产品被评为中国名牌,其中海尔冰箱、洗衣机还被国家质检总局评为首批中国世界名牌。2008年3月,海尔第二次入选英国《金融时报》评选的"中国十大世界级品牌"。2008年6月,在《福布斯》"全球最具声望大企业600强"评选中,海尔排名13位,是排名最靠前的中国企业。

文化定力形成核心竞争力

——中国石油大港油田公司企业文化建设

企业概况

大港油田勘探开发建设始于1964年1月,对外称"六四一厂",因第一口发现井——港5井地处北大港构造带,大港油田由此得名。油田包括黄骅坳陷中部与南部的陆地、滩海、极浅海和沧县隆起东半部、埕宁隆起西部,东临渤海,西接冀中平原,东南与山东毗邻,北至津唐交界处,地跨津、冀、鲁25个区、市、县,勘探开发总面积18716平方千米。其中,滩海2758平方千米,海岸线总长146千米。

油田总部位于国家重点开放建设区—天津滨海新区,距北京190公里,距天津新港40公里,距天津国际机场70公里,地理位置优越,海陆空交通发达,往来便捷,是环勃海经济圈的重要组成部分。

根据我国第三次油气资源评价,大港探区石油资源蕴藏量20.56亿吨,天然气资源蕴藏量3800亿立方米。截至2007年底,累计探明石油地质储量10.3亿吨、探明天然气地质储量642.73亿立方米。累计生产原油1.42亿吨、天然气170.6亿立方米。目前原油年生产能力520万吨,天然气年生产能力4亿立方米。

高度的文化自觉和敏感的文化意识

1999年6月,中国石油重组改制,大港油田主营业务分立,大港油田公司正式成立。公司成立之初,公司领导便清楚地认识到,影响企业发展的关键因素不仅需要科学的管理,更需要科学文化理念的指引。为此,公司2001年就导入企业文化,并于2003年底,颁发了《企业文化手册》和《视觉形象识别手册》。两个《手册》的发布和实施,标志着公司文化战略与整体战略已经有机融合。在先进文化的引领下,重组改制以来,公司的经营理念发生了重大变化,经营业绩稳步增长,步入了一条良性循环的持续协调发展道路,重组以来,累计新增三级储量6.39亿吨,尤其是2007年新增三级储量达到2.14亿吨,为重组之初2000年的5倍,是8年来三级储量增幅最大、总量最多的一年。原油产量持续攀升、连创新高。从2005年起,原油产量连续三年超过500万吨。8年来,累计生产原油3643.7万吨、天然气29.4亿立方米。经营效益大幅提高。8年累计实现销售收入791亿元、实现利润400亿元、上缴税费153亿元,2007年实现销售收入、实现利润和上缴税费均创历史最好水平。

多年来,油田公司立足生产经营实际,着眼未来,调整了文化战略,确立了"当项目经营、如品牌打造"的管井理念、"安全从心开始、从细节做起"的安全理念,以及"追求资源开发与环境保护的和谐统一"的环保理念、"用学习力增强发展力"的学习理念等新理念,并印发了新版《企业文化手册》。

新手册的发布和实施，是在捕捉自身企业文化新情况的基础上，将之积淀为企业财富，并在企业发展过程中将文化战略自觉地融于整体战略之中的新途径。用先进的文化引领企业发展，努力克服前进路上各种文化障碍，不断破解企业发展中的文化基因密码，积极营造一种具有深刻人文内涵的文化氛围，充分反映了该公司领导者高度的文化自觉和敏感的文化意识。

扎实的文化定力形成了争取主动的核心

大港油田公司遵循中油集团公司"诚信、创新、业绩、和谐"的核心经营理念、"爱国、创业、求实、奉献"的企业精神和"奉献能源 创造和谐"的企业宗旨，并以自己的努力实践，不断赋予其新的内涵，公司所确立的理念体系是主流文化、区域文化、行业文化在企业经营管理层面上的再生和创造。该公司的文化根植于油田辽阔而广袤无垠的土壤之上，具有浓郁的地域特色和中国石油传统文化特色，体现了"三老四严"、"宁可少活二十年也要拿下大油田"的强烈的国家意识和夺油意识，具有无私奉献的博大胸怀及文化蕴含的深邃品格。

面对管理体制和经营机制的深刻变化所带来的种种挑战，大港油田公司在承继中国石油传统优秀文化的同时，积极探索，不断用新的先进文化铸造企业的灵魂，企业文化建设体现了时代精神和创新精神。在传统与现实之间，在中西文化的相互吸引与借鉴之间，在企业的社会责任与经营责任之间，在企业物质利益与公益事业之间等诸方面，体现了科学稳妥的处理方法，力图使企业无论遇到多么复杂的情况，都能立于不败之地。公司把文化管理视为一个动态的过程，既重视总结借鉴过去的成功经验，更重视目前和今后存在的问题。推进管理思想的更新，不断预测问题，寻找问题，发现问题，解决问题，在克服缺陷中进步，在解决问题中发展。

积极的文化措施推动企业发展

企业文化重在实践、重在建设，如何营造有自身特色的企业文化，是大港油田公司不断探索、实践着的课题。纵观该公司的企业文化建设，不是企业王冠上的装饰品，不是附庸风雅，而已经成为企业的骨肉，企业员工的血液。

公司在企业文化建设进程中，一直坚持三项原则。

一是体系化与重点突破相结合的原则。大港油田公司所确立的企业文化理念体系，贯穿了以人为本的主线，凸显了大港油田特色。如：共同愿景"同建大油田　同谋大发展"，核心价值观"追求企业价值与员工价值的和谐"，还有人才理念和健康理念等，主旨都在于追求人企合一的境界。这些理念和准则既源于广大员工行为文化的积累，又为各级管理者所倡导，具有广泛而坚实的基础，再经过了归纳、提炼、升华、显示出较强的系统性和重点突出的原则。

二是管理效应首位的原则。企业文化建设的效应是多方面的，而首位的效应是管理水平的提高和管理创新能力的增强，这既是企业文化建设的第一起点也是根本的逻辑归宿。大港油田公司提出的"正视问题比总结成绩更重要"的管理理念，就是实现企业管理制度的科学化、规范化、程序化，这与建立现代企业制度是紧密联系在一起的。公司的管理理念强调的是持续改进的原则，强化人们的管理思维从过去向后看成绩转变为向前看问题，"问题意识"的培养和生成，体现了管理效应首位的原则。这对企业是一个历史的进步，也是企业走向成熟的标志。

三是特色化的原则。企业文化的特色来源于企业的特色。大港油田公司的企业文化建设定位于"同建大油田　共谋大发展"的共同愿景上，以实现公司又好又快发展为第一要务，遵循事物发展的一般规律，针对资源采掘业的固有特点，保持各种要素的最佳组合，不断提高科技进步能力，人才开发能力和管理水平，多渠道增加可采储量，多途径提高油田采收率，多方面协调积极因素，实现大油田建设目标。鉴于此，该公司在确立企业文化建设内容时，对本企业的行业性质和企业特点进行了充分研究，注意不超越企业的现实层次过远，防止企业文化成为空中楼阁，又注意表述内容不过低，缺乏激励性，使该公司的理念体系更具石油行业特色和自身特点。

经过多年的宣传教育和创新实施，大港油田分公司企业文化建设取得了许多重要成果。大港油田分公司2005年12月被《中国企业文化杂志社》等5家新闻媒体评为第二届中国"十大最具文化价值品牌企业"单位；被中国企业文化促进会评为2005年"中国企业文化建设先进单位"；2006年，被中国企业文化研究会评为"全国企业文化建设优秀单位奖"；2007年，被中国企业联合会、中国企业家协会评为"2007年度全国企业文化优秀奖"；2008年4月被中国文化管理学会评为"中国企业精神文明管理先进单位"荣誉称号。2007年8月26日，港五井被天津市文物局评为"十佳不可移动文物奖"，且参加了全国重点文物保护单位评选。

虽然我们在企业文化建设方面做了一些有益的探索，也取得了比较丰硕的成果，但我们深知还有很大差距和很多不足。在今后的工作中，我们将继续加大企业文化建设的深化和探索力度，不断打造自己的特色和"品牌"，切实把公司的企业文化建设工作抓实、抓好、抓出成效。

铸辉煌于历史 谱新篇于当代
谋发展于未来

——中国中铁股份有限公司企业文化建设

企业概况

中国中铁股份有限公司A股和H股于2007年12月3日和7日分别在上海证交所、香港联交所成功挂牌上市，成为国内首家尝试"先A后H"模式上市的公司，在"世界企业500强"中排名第341位；

在"中国企业500强"中排名第13位;在入选的中央企业中排名第10位;在入选的中国建筑企业中名列榜首,在全球最大承包商中排名第3位;在2007最大国际承包商中名列第67位;在"世界品牌500强"中排名417位,在"中国品牌500强"中名列第10位。品牌价值523.12亿元人民币。2007年获第十届中国上市公司"金牛奖百强"、"营业总收入百强"、"A股市值百强"、"成长性百强"四项大奖。2008年入选上市公司"全球企业500强"。在全球工程建筑行业进入世界企业500强中居第4位,蝉联亚洲和中国建筑企业首位。公司曾先后荣获"全国优秀施工企业"、"中国对外承包工程优秀企业"、"中国最佳诚信企业"、"全球最受赞赏公司"等称号。这些成绩与荣誉的取得,主要得益于公司党委努力推进社会主义核心价值体系向企业核心价值理念和职工价值观的转化。

大理想为基点,企业发展挥出大手笔

中国中铁把企业的使命和发展战略目标与中国特色社会主义的共同理想统一起来,使之既为中国特色社会主义共同理想的组成部分,又具中国中铁特色。

2001年,公司提出5年"两步走"发展战略,即把公司建成全国建筑行业龙头企业,进入国际承包商50强;到2010年跻身世界500强。

2003年公司重组取得历史性突破,提前两年实现了上述目标后,又确定了三年"三大目标",即企业营业额突破1千亿元,牢固确立中国建筑行业的龙头企业地位;入选世界企业500强;成为国资委培育的30至50家具有国际竞争力的大公司大企业集团。实现"两大转变",即由传统的国有老企业向现代企业转变;由中国的大企业向具有国际竞争力的大企业集团转变。

2006年企业提前实现了中国建筑行业的龙头企业和世界500强企业的目标。根据新的形势,公司又提出做优企业目标:到"十一五"末,企业净资产翻一番,力争突破350亿元;企业利润额翻一番,力争突破30亿元以上;职工年人均收入翻一番,力争突破5万元。

做强企业的目标是:全公司科技投入、装备投入比"十五"增长50%以上;国家级优质工程大奖、国家级科技进步奖、国家级专利、国家级工法比"十五"增长50%以上;高级专业技术人才、省部级以上专家、国家有突出贡献的中青年专家比"十五"增加50%以上。

做大企业的目标是:到"十一五"末,企业营业额突破2500亿元,继续保持国内建筑业首位和亚洲建筑业第一的位置;在世界企业500强中力争进入前400名;进入国家培育的具有国际竞争力的大公司大企业集团。

"四型企业"即努力把集团公司建设成为结构优良、主业突出、治理完善的现代型企业集团;理念先进、管理科学、适应经济全球化的国际型企业集团;科技领先、拥有自主知识产权、核心竞争力突出的创新型企业集团;诚信经营、协调发展、团结奋进的和谐型企业集团。

"中铁"小文化,展现民族和时代大精神

50多年来,中国中铁人发扬"开路先锋"的优良传统,南征北战,激情进取,铸辉煌于历史,谱新篇于当代,谋发展于未来。从参加这支队伍的老红军、老八路带来的革命精神到新中国建设者的体现出来的奉献精神;从共和国第一条铁路建设中孕育出来的"成渝精神",到抗美援朝战火中淬炼出来的"钢铁大动脉"精神;从六、七十年代形成的"宝成精神"、"成昆精神",到改革开放后的"大瑶山精神"、"京九精神"、"南昆精神";从中铁西北院三代人40年坚守青藏高原风火山的"以苦为荣,勇于创新,孜孜以求,献身科学"精神,到21世纪初在生命禁区修建青藏铁路的"艰苦不怕吃苦,缺氧不缺精神,风暴强意志更强,海拔高追求更高"精神,都在不同的历史时期,不同的形势任务下发挥了集聚力量,凝聚人心,激励斗志的巨大作用。正是有了这些一脉相承的精神财富,中国中铁人无论是在发展面临困难的时候,还是发展顺利的时期;无论是在国内市场的开拓,还是在异国他乡的创业,都始终保持着开拓进取、攻坚克难、一往无前的精神。正是有了这些不断发展的精神财富,才使我们这支铁军无论是在繁华都市,还是在偏远山区;无论是在经济发达的沿海地区,还是在条件艰苦的青藏高原,始终保持了旺盛的斗志、严明的纪律和良好的作风。"九五"以来,企业连续12年以每年递增近百亿元的幅度实现跨越式发展。

铸魂、塑形、育人,系统打造中国铁军

在建立企业文化三大识别系统的基础上,我们精心编印了《企业文化手册》,企业使命为"致力于股东利益最大化,致力于企业与职工的和谐,致力于社会的全面进步";发展愿景为"国内行业领先,世界品牌知名";企业宗旨为"诚信经营,客户至上,回报股东,造福社会";经营理念为"精心设计,绘制时代蓝图,科学施工,构筑精品工程";价值理念为"承建一项工程,竖立一座丰碑,培育一批人才,造福一方人民";企业作风为"事事求实,日日求进";团队精神为"干事业和衷共济,办企业和气生财,接人待物和蔼热情,与人共事和睦真诚";管理方针为"依靠职工办企业,办好企业为职工";经营风格为"勇于自我加压,不断实现跨越";人才观为"科学选才,发展聚财,文化育才,人尽其才";市场观为"没有永恒的市场,只有永恒的追求";科技观为"尊重知识,鼓励创造,宽容失败",等。企业价值理念体系巩固了企业生存之基,强化了企业发展之本,构筑了企业经营之道,塑造了企业诚信之形,铸就了企业兴旺之魂,为构建和谐企业提供了不竭的精神动力。

公司把"八荣八耻"教育作为中国中铁职工干事业、谋发展的处世规则,以工程项目为重点,突出诚信建设内涵,

重点抓好“以诚实守信为荣、以见利忘义为耻”的教育。“八荣八耻”渗透到广大职工的日常生活、社会交往中，引导职工树立“以团结互助为荣、以损人利己为耻；以遵纪守法为荣、以违法乱纪为耻”的道德理念，从身边事、眼前事、点滴事做起，自觉践行“八荣八耻”基本要求，形成知荣辱、树新风、促和谐的企业文明新风尚。“八荣八耻”融入管理长效机制建设。在开展“知荣明耻、树立新风”为主题的道德实践活动中，公司还制定了以“遵守国家的法律、法规、法令；发扬优良传统，树立团队意识，单位、部门、职工之间应相互尊重，团结合作，努力创造和谐的人际关系；顾大局，识大体，自觉维护公司的声誉和权益”为主要内容的职工基本守则。制定了以“崇尚敬业精神，工作尽职尽责，积极进取且努力不懈；不断学习，以求进步，做一个称职的职工，对所从事的业务，应以专业标准为尺度，从严要求，高质量完成本职工作；坚持重合同、守信用，对企业和社会负有责任感、荣誉感，以实际行动塑造企业形象；文明施工生产，尊重当地民风习俗，广泛开展文明共建活动”为主要内容的职业道德守则。制定了以“注重仪表整洁，着装大方得体，举止优雅文明，遵守公民基本道德规范；严格按业务规范要求作业，文明办公；爱护公物，厉行节约”为主要内容的日常行为守则。

公司党委积极适应企业整体上市的新要求，全面推进“八个一”工程；推行了“中国中铁”形象标识，统一了企业品牌；编印了《中国中铁企业文化手册》，形成了统一的企业核心价值体系；参与拍摄《青藏线》电影，进一步弘扬了企业精神；树立了以窦铁成为代表的一批先进典型，推动了职工队伍建设；总结了深化改革、基层党建、项目文化等一批有影响的调研成果，促进了企业的改革发展和党建思想政治工作创新；组织了杭州湾跨海大桥等一批对外重点宣传报道，在全国重要媒体刊发了一批稿件，扩大了企业知名度；建立了股份公司中英文网站，展示了企业良好形象。

诚信、务实、高效，全新展示市场形象

在中国中铁整体上市后，公司党委适时提出要实现“十个转变”，即在领导体制上向规范的法人治理结构转变；企业定位向公众公司转变；在经营模式上向建筑业上游转变；在产品结构上向高附加值产业链转变；在市场领域上向国际化经营转变；在管理方式上向精细化、信息化转变；在科技进步上向技术创新主体转变；在企业文化上向构建核心价值体系转变；在企业建设上向创建和谐企业转变；在党建思想政治工作上向政治优势与市场机制相结合的转变。如党建工作创新，健全了“保持和发展先进性”的四个长效机制，制定了区域党建、海外党建、流动党员管理等方面的工作制度，在全公司深入开展了创建“红旗项目部”、党员“五先五最”等主题实践活动。各级党组织紧密结合生产经营和重点工程建设，广泛开展了“哈大党旗红、全线争先锋”、“党旗辉映天兴洲”等各具特色的主题创建活动，形成了“以项目党建为点、以客运专线为线、以区域党建为片”的基层党建工作新格局，涌现出一批总公司级“红旗项目部”。用全新的管理理念、管理方式和管理行为来经营管理好企业，努力提高经营业绩和发展质量，使中国中铁成为优质的上市公司。

四川汶川地震，中国中铁快速反应，迅速成立了抗震救灾领导机构和工作机构，先后组织了由10800多人次的100多支抢险突击队，调动1300多台(套)大型救援设备，火速奔赴灾区抢险。5月12日当晚，中铁二局组成抢险突击队，仅用2个小时就赶到绵竹东方汽轮机厂，成为第一支救援东方电汽的外援队伍。130多名抢险队员，冒着上千次的余震，连续奋战8天8夜，从废墟中挖出被埋群众250人，幸存者71人，被四川省抢险指挥部誉为“不愧为开路先锋、无愧于铁军风范”。国资委主任李荣融先后5次在中央企业抗震救灾会议、国务院新闻发布会和中央电视台访谈节目中，给予中铁高度评价。

地处震区的中铁二局、中铁八局、中铁二院、中铁西南院等单位按照国资委要求，在第一时间奔赴都江堰、汶川、绵阳、绵竹等重灾区展开了抢险营救。从废墟中挖出被埋群众399人，其中幸存者102人。在抢救生命的同时，抢险队员全力打通了213国道、都汶公路、彭州银厂沟公路等灾区道路。中铁八局仅用15小时就修复了因地震中断的德天铁路，打通了绵阳至重灾区汉旺的“生命通道”。保证了解放军、武警部队等救援部队和救援物资及时进抵重灾区。与此同时，中国中铁还全力参与唐家山和堰塞湖抢险，抢修通讯、电力设施。修复了汶川水电站。

由于受地震灾害影响，宝成铁路109号隧道上方山体大面积崩塌，正在通过的，其中12节装载着500吨航空汽油的油罐车起火燃烧，通向灾区的生命线宝成铁路完全中断。灾情发生后，按照铁道部领导的指示，中铁一局、中铁电化局于5月12日当晚，迅速组织1300多人的抢险突击队赶到地震引发的21043次货车脱轨事发现场，冒着余震和油罐爆炸的危险；冒着隧道内灼热的高温、毒气和落石，连续奋战12个昼夜，出色完成了重大抢险任务，提前抢通109隧道。

与此同时，中铁二局、中铁八局、中铁二院等单位先后派出20多支抢险队伍，组织6000名员工，240多台(套)大型机械，先后修复了宝天、德天、成汶等6条铁路运输“生命线”。

中铁一局、二局、四局、九局、十局、建工集团等单位还受广东、山东、安徽、辽宁省和天津市等地方政府委托，组织3000多人，260多台套各类设备，为四川和甘肃两省受灾地区承建了10200多套、20.4万平米的安置房、1.3万平米的校舍，以及平整场地、硬化道路、水电安装等任务。

在抗震救灾中，中国中铁涌现出14名抗震英雄。国务院国资委授予中国铁路工程总公司抗震救灾指挥部等6个集体为抗震救灾先进集体；中铁二局党委等4个基层党组织为抗震救灾先进基层党组织；刘辉等5名同志被评为抗震救灾暨灾后重建优秀共产党员，刘志远等11名同志为抗震救灾先进个人。中铁二局抢险突击队等24个集体被全国总工会授予全国抗震救灾重建家园“工人先锋号”光荣称号。中

铁一局、电气化局宝成铁路109号隧道抢险突击队被国家人力资源和社会保障部、铁道部联合授予“铁路系统抗震救灾英雄集体”光荣称号。中国中铁党委被中央授予“全国抗震救灾先进基层党组织”光荣称号,成为唯一获此殊荣的中央企业党委,并作为央企的代表,参加了中央召开的全国抗震救灾先进基层党组织和优秀共产党员表彰大会。

中国中铁在社会主义核心价值体系转化实践中不断探索,开拓创新,打造了一支高素质铁军的同时企业实现了跨越式发展。目前,公司集勘察设计、施工安装、房地产开发、矿业开发、工业制造、科研咨询、工程监理、资本运营、金融信托和外经外贸于一体,完成新建、扩建和改建的铁路占中国铁路目前总营运里程的三分之二以上,建设电气化铁路约占中国电气化铁路总营运里程的95%。公司还在55个国家和地区承担铁路、高速公路、公路、桥梁、隧道、楼宇施工、疏浚、机场和市政等工程项目。

以全新理念推进企业战略转型

——中国中化集团公司企业文化建设

企业概况

中国中化集团公司是国有大型骨干企业,19次入围《财富》全球500强,2009年名列第170位。中化集团在境内设有200多家经营机构,控股“中化国际”、“中化化肥”、和“方兴地产”三家上市企业,并于2009年整体重组改制创立了中化股份有限公司。

成立60年来,中化集团始终以为国家和社会创造价值为己任,不懈探索企业发展规律,努力做大做强,逐步由传统国有外贸企业转型发展为理念先进、管理科学、核心能力突出的新型国企,在相关行业形成了较强的影响力和带动力。

中化集团主业分布在农业、能源、化工、地产、金融领域,是中国最大的农业投入品(化肥、农药、种子)一体化经营业、第四大国家石油公司、领先的化工产品综合服务商,并在高端商业地产和非银行金融业务领域具有广泛影响。

作为最早进入世界500强之一的国有大型骨干企业,中国中化集团公司坚持与时俱进,不断改革创新,在继承传统文化理念的基础上,逐步建立起适应现代企业发展需要、具有中化特色的全新的企业文化,有力推动了企业成长为理念先进、管理科学、市场竞争能力突出的新国企。公司连续五年被国资委评为A类企业并获得“业绩优秀企业”荣誉,被中宣部、国资委联合评选为国有企业十大典型。

确立“创造价值”的核心理念,促进员工思想观念的创新

中国中化集团公司成立于1950年,是新中国第一家专业外贸公司。在半个多世纪的发展中,已成为在全球具有一定影响力的跨国集团,并以“中化”(SINOCHEM)品牌享誉国际石油化工领域。从1999年开始,中化集团相继采取了一系列重大举措,逐步实现了从单一的、以服从政府和计划需要的传统国有外贸企业向多元化的、以国内外市场为主导的综合型大型跨国集团过渡。

确立以追求企业价值为核心的文化理念。伴随着各项改革措施的出台,集团把培育适应现代企业发展要求的先进文化作为企业发展战略的一项重要内容,逐渐形成了以“创造价值”为核心的企业文化体系。公司坚持以企业价值作为衡量各项工作的标准,把追求股东的最大回报作为企业的终极目标,通过培育不断追求高业绩的企业精神,确立了中化基业常青的价值观。

增强维护公司价值理念的群体意识。在经营管理中,中化集团始终将维护公司价值理念作为全体员工共同遵守的行为准则,并强调维护国家、股东和客户的利益,就是维护企业的最高利益。企业价值体系的确立,干部职工的思想观念、思维方式和精神面貌都发生了根本性的变化,面向市场、面向客户、改革创新和提供增值服务意识显著增强。

注重强化企业文化理念实践。在确立企业价值观的前提下,集团要求每位员工既要积极地维护国家、股东和客户的利益,也要强化对企业的忠诚度和社会责任感。无论建国初期肩负国家繁重的进出口重任,还是在复杂多变的市场竞争环境中连创辉煌,中化集团始终坚持爱国主义和诚实守信原则,维护了国家利益,展现了企业形象,凝聚了企业精神,彰显了先进的文化理念。

突出“外贸型企业”特点,构建中化企业文化体系

在总结企业文化理念形成历程和实践经验的基础上,中化集团明确了“成为受人尊敬的具有全球地位的伟大公司”的企业愿景,提出了“创造价值、追求卓越”的核心价值观和“做人,诚信、合作、善于学习,做事,认真、创新、追求卓越”的行为准则,其实质是以诚信为本,以追求卓越为目标,通过吸收借鉴世界一流企业的先进管理经验,倡导树立荣辱与共的团队意识,坚持不断提升企业价值。在此基础上,形成了七个方面具有中化特色的企业文化体系。一是创业文化。要求全体员工坚持“两个务必”、发扬艰苦创业精神,居安思危,永不懈怠,不断进取。二是诚信文化。要求全体员工做到诚实守信,遵纪守法,纪律严明。三是绩效文化。提出“不干则已,干则必成,干就要在行业里创一流效益,创一流品牌。”四是人本文化。在提供平台、创造条件让员工充分施展才干的同时,视员工为企业的主人、亲人和朋友,而不是仅靠劳动合同维系的雇佣关系。五是责任文化。作

为国有重要骨干企业，责无旁贷地承担起社会责任，几年来先后支援灾区、希望工程及贫困地区，共捐款、捐物8000多万元。六是廉洁文化。结合自身实际，在外贸企业中率先引入了ERP系统，使经营管理各环节之间相互监督、相互制约，促进了党风廉政建设。七是精益文化。借鉴日本丰田经验，导入精益管理理念，宣传精益思想，塑造精益文化，引导员工以最小的耗费为顾客创造最大的价值。

经过近年来的文化再造，企业文化理念已深深根植于全体员工的心中，日益成为每一个中化人自觉遵循的行为规范，成为中化人打造优秀企业文化的执着追求，成为不断开拓创新、实现可持续发展的力量源泉。

营造“以人为本”的文化氛围，实现个人价值与企业价值的统一

推行职业生涯规划，为员工提供广阔的发展空间。公司推行了职业生涯规划，为每位员工制定中长期培养和发展计划，给不同专业、不同类型的员工创造更加广阔的发展空间和晋升机会。几年来，先后有150多名来自GE、IBM、西门子、惠普等世界著名企业的优秀管理者加盟到中化的行列中，他们之所以放弃比中化集团高得多的物质待遇，看重的正是中化的事业、中化的未来和独特的企业文化氛围。

完善激励机制，使职工的切身利益从根本上得到保证。为配合各项改革措施的进行，公司建立了一整套行之有效的价值评价和约束激励机制，本着以人为本的原则，把精神与物质激励相结合、短期与中长期激励相结合，实现了多种形式并存的激励机制；推行了骨干员工企业年金计划、人身意外伤害和家庭财产保险、综合医疗计划，以及购车、购房优惠等个性化福利方案，解除了员工的后顾之忧，调动了大家的积极性和创造性。集团还专门设立了总裁奖励基金，对提升企业价值有突出贡献的员工，实行重奖。

构建全方位的员工培训体系。集团在每年的预算中划出一定比例的职工教育费用，专门用于员工的职业教育和培训；充分利用社会教育资源，采取多种形式，选派优秀的员工参加EMBA等培训项目，培养高端人才，为中化的市场化转轨和可持续发展打下良好的人才和思想基础。

树立“追求卓越”的业绩目标，为企业文化注入新的内涵

把企业文化同发展战略相结合，提高企业文化的前瞻性。对标国际一流企业，在正确分析国内外复杂形势和严峻挑战后，本着对党的事业和全体员工高度负责的精神，提出了“第三次创业”的战略目标，确定了“一种能力、两个根基、三个环节、四个途径、五个板块”的发展战略，要求在前两次创业基础上，抓住当前全球经济调整的重大战略机遇，进一步夯实公司产业基础，努力把中化建设成为“行业内技术先进、资源节约、环境友好的典范，国家农业安全、能源安全和化工科技进步的重要依靠力量，恪守社会责任、受人尊敬、具有全球地位的伟大公司”，明确了企业发展方向和宏伟目标，极大地鼓舞了全体中化人投身伟大事业的创造热情和奉献精神，成为推动企业改革创新的不竭动力。

把企业文化同领导能力培养相结合，发挥企业文化的示范性。公司明确提出领导干部“要做优秀的领导者，不做平庸的管理者”，坚持从政治素质上看贯彻党的基本路线的自觉性高不高；从工作作风上看干部求真务实的精神强不强；从道德品质上看干部廉洁自律的观念牢不牢；从价值观上看对企业文化是否认同。通过不断增强领导者自身素质，实现思维方式、工作思路、管理模式创新，引导和带动广大职工，将企业文化融入到企业各项工作中，并转化为巨大的经济效益和社会效益。

把企业文化同企业管理机制相结合，增强企业文化的有效性。集团按照现代企业制度的要求，重新构建组织结构和高层决策体系，明确管理职责、权限和业绩目标，通过建立健全完整的规章制度体系，推动了中化集团统一价值观和追求卓越企业文化的形成和传播。集团大力推行“高绩效”文化理念，实施了员工发展与业绩目标相结合的绩效管理体系，将每位员工的工作与公司战略推进有效联系，通过推行绩效管理机制，使追求“高绩效”成为员工的自觉行动，保证了公司战略的顺利实施。2008年，公司实现营业收入3089亿元、利润总额87亿多元，员工人均销售收入870多万元，人均创造利润21万多元。经营规模和盈利水平达到了历史新高，企业以每年超过30%的增长速度快速发展。

同仁堂文化的保护与传承

——北京同仁堂集团企业文化建设

企业概况

同仁堂创建于1669年（清康熙八年），至今已有340年历史。在漫长的历史长河中，同仁堂继承中华传统医药之精髓，秉承“炮制虽繁必不敢省人工，品味虽贵必不敢减物力”之古训及“修合无人见，存心有天知”的自律精神，将自身独特的制药工艺与清宫廷的制药标准有机融合，形成了底蕴深厚、内涵丰富的同仁堂中医药文化。如今，同仁堂中医药文化已经传播至全国，其影响延伸至世界几十个国家和地区。

今天，同仁堂已成为国家大型中药制药企业，产品以“配方独特，选料上乘，工艺精湛，疗效显著”享誉海内外，品种涵盖临床治疗、疾控预防、养生保健等各个领域。拥有境内外2家上市公司及8个子公司，零售门店遍布海内外共1100余家，在16个国家和地区开办了32家同仁堂药店（含中医馆），产品出口至40多个国家和地区。同仁堂拥有25个生产基地、12个种植基地、72条通过国家GMP认证的

生产线(8条通过澳大利亚GMP认证,5条通过日本厚生省GMP认证),拥有海内外零售终端915家,其中千余家国内店覆盖30个省、市、自治区的75个地区;30家海外店覆盖15个国家和地区,产品行销海外40多个国家和地区。2006年,同仁堂中医药文化被列入首批国家级非物质文化遗产名录。

2008年,同仁堂集团主要经济指标已连续12年双位数增长,实现五年翻一番,十年翻两番;出口创汇2306.72万美元,同比增长10.79%。连续五年蝉联中成药出口全国第一。现有职工1.4万人,近五年增加了就业岗位8000人。2009年销售收入将突破100亿元大关。

同仁堂中医药文化概括与总结

近几年,同仁堂经过认真反复论证,认为同仁堂中医药文化是在继承祖国传统中医药文化精华,并融入宫廷制药规范的基础上,经过三百余年的实践与创新,中医与中药的结合,所形成的具有自身特色的品牌形象、价值取向、质量文化、经营理念和队伍建设的总和。1、同仁堂是祖国传统中医药文化的继承者。中医药理论是祖国传统中医药文化的精髓,它吸收了中国古典哲学思想和儒家、道家思想的精华,特别强调"天人合一","辨证论治"的理念。2、供奉御药使同仁堂中医药文化独具特色。在供奉御药期间同仁堂以身家性命担保药品质量,采用最高标准的宫廷制药技术,磨练出诚实守信的制药道德,使"炮制虽繁,必不敢省人工;品味虽贵,必不敢减物力"的古训得到了进一步升华。形成"配方独特、选料上乘,工艺精湛、疗效显著"的制药特色,并得以世代弘扬。3、同仁堂的价值取向源于"可以养生,可以济人者惟医药为最"的创业宗旨。它所体现的正是儒家思想的核心"仁、德、善"。因此,"患者第一,顾客至上"始终是同仁堂追求的最高境界。4、同仁堂质量文化是以药品疗效为核心的全面质量保障体系和现代制药规范。它概括为"安全有效方剂;地道洁净药材;依法科学工艺;对证合理用药"。它所形成是一种对药品质量高度负责的文化理念,并渗透于制药、营销管理和各项工作之中。5、同仁堂经营理念是"诚信为本,药德为魂"。具体体现是以患者为中心的"以义取利,义利共生"的行为理念。它所形成的是"德、诚、信"的思想和诚信文化。6、同仁堂职工队伍是传承和发展同仁堂文化与事业的重要团队。它具有能动而强烈的传承性和创造性,这是同仁堂事业得以代代相传的最大动力。"忠诚、无私、激情","用同仁堂的文化吸引人,用同仁堂的干劲鼓舞人,用规范化的标准要求人,用优良的经营成果回报人"。7、同仁堂品牌形象是同仁堂中医药文化的集中体现,是同仁堂的无形资产,是事业发展的载体、平台和基石。8、保护同仁堂品牌和知识产权的是发展同仁堂文化的基础。

积极做好同仁堂中医药文化的传承与保护

1."师带徒"与系统培训相结合,做好文化传承与保护工作。"师带徒"是培养中医药人才,尤其是培养基层实用型中医药人才的重要途径。传统中药生产过程中的中药材真伪鉴别、中药炮制的"火候"掌握等,目前还主要以口传心授、师带徒为教授途径。在同仁堂的发展中,随着各类专业技术人员队伍的不断壮大,一代又一代有经验的技术工人在"师带徒"的方式中使同仁堂传统中药技术得以延续。

随着集团现代制药业、零售药业和医疗服务三大板块的构建,同仁堂职工总数已达1.4万人,人员结构和规模数量发生了重大变化。传统的"师带徒"方法已经不能满足企业发展对人才的需要。此时,集团公司培训中心应运而生,并使集团的教育培训工作日趋规范化。一是明确师徒传承的技术关键点。二是"师带徒"工作的组织管理更加规范。制定了《关于师带徒工作的实施办法》。三是在师带徒的基础上,建立了覆盖全员的教育培训体系。

2."金字塔"人才工程与"评优创先"相结合,做好文化传承与保护工作。"金字塔"人才工程是集团为普通一线职工设立的一条新的成长成才通道。只要职工在本职岗位上学有所长,贡献突出一样可以成为企业的人才,享受相应的待遇。塔尖是同仁堂专家,第二层是同仁堂优秀中青年人才和首席技师,第三层是同仁堂优秀店堂经理、原学历大学本科以上人才和同仁堂首席职工,形成梯次结构。"金字塔"不论学历,人人可登,各类人才均有自己施展才华的舞台。

3. 挖掘、提炼、提升文化与全员"三落实"教育相结合,做好做好文化传承与保护工作。同仁堂在继承和弘扬传统中医药文化中,经过整合提炼形成了以"德、诚、信"为核心的职业道德、"以义为上,义利共生"的经营哲学、"同修仁德,济世养生"的企业精神。制定了《零售药店文化管理手册》和《营销文化管理手册》,以及"四个善待""四条标准"等,形成了一套比较规范的企业文化体系。2006年,同仁堂中医药文化被纳入国家级非物质文化遗产,我们及时抓住这一契机,在全系统广泛开展了"三落实"学习教育活动。为文化传承打下了基础。

4. 企业形象管理与品牌管理年活动相结合,做好文化传承与保护工作。同仁堂的品牌是企业发展的重要基础,同仁堂的人才是企业发展的智力支撑,同仁堂的发展是企业的根本目标。为此,集团董事会提出了品牌、人才、发展作为同仁堂近一个阶段的重要工作,把品牌由过去一般性的形象管理,纳入到了企业发展战略的高度。

品牌管理年共分四个阶段,即准备阶段、查找问题阶段、治理整顿阶段、检查验收阶段。董事会要求全系统都要正视和认真查找品牌管理中存在的不规范行为,要边查找边治理边规范。要充分认识加强品牌管理是同仁堂内在发展的客观需要,是保证社会、用户、国家利益不受伤害的必然要求。董事会要求所属十大子公司及其下属公司要分层次签订无形资产使用合同。不合格的坚决不授权,不得使用同仁堂字号,产品不能使用同仁堂商标。生产单位要验收品种,非生产单位要验收经营范围,逐个整顿,登记造册,签订无形资产使用合同。目前,所属企业已全部通过品牌管理的验收。保护和弘扬同仁堂中医药文化,增强企业的凝聚力和对外影响力,进一步提高同仁堂品牌的知名度和美誉度,促进企业的经济发展,为做长做强做大同仁堂的战略目标奠定更加坚实的文化基础。

积极做好同仁堂中医药文化的海外传播

1. 联手孔子学院,宣传中医药文化。近年来随着全球不同国家和地区高等学府中建立孔子学院,为推广中国文化搭建了平台。同仁堂以此为契机,基于让世界了解中国这一共同目标,在国家汉办暨孔子学院总部的大力支持下,于2008年同新加坡南洋理工大学孔子学院携手签约,联合互动式办学,为优秀的中华文化在海外传播添加了新的一页。经过共同努力,合作办学已经取得了极好的反响和收获。

2. 利用当地媒体,宣传中医药文化。同仁堂在海外重视当地媒体的载体作用,在报纸、期刊、电视、广播安排同仁堂中医药知识栏目、连载以同仁堂历史故事为背景的文艺作品,吸引市民的注意力,扩大企业的影响力。在澳洲《新快报》上连载小说《大清药王》,在澳洲华人卫视、韩国SKY-LIFE电视台播出电视连续剧《大清药王》、《大宅门》等。2009年是同仁堂创建340周年,香港翡翠电视台为同仁堂制作了两集宣传片,着重介绍中医中药,市民收看率高,反响好。这些文化活动提升了同仁堂品牌,加深了消费者对中医药文化的认同,对产品销售起到了促进作用。

3. 举办义诊讲座,宣传中医药文化。在海外每一家药店开业,同仁堂都要举办大型的义诊活动,回报社会,回报消费者。药店经常为当地市民义诊,中医专家到社区、学校举办中医药知识讲座,有效地宣传了同仁堂文化。在新加坡,医师每月的第一个星期六为消费者提供义诊;每月定期举办免费的公众讲座。马来西亚同仁堂在中国驻马大使馆电影厅与马来西亚中资企业联合举办健康养生讲座。讲座结束后,参会人员纷纷围住主讲教授咨询,并预约前来同仁堂看诊,吸引了马来西亚的当地居民和华人华侨。

4. 开展学术交流,宣传中医药文化。2006年7月,北京同仁堂医馆馆长关庆维和药研所高级工程师张学著应邀到泰国讲学交流,先后召开了5场不同形式的学术交流研讨会议和讲座,举办了4场规模较大的义诊活动,与泰国卫生部官员及在泰国从事中医药针灸临床的100多名华人医生进行了学术交流和研讨,获得了高度评价。中医药在国际间的交流,扩大了同仁堂影响,促进了中医药文化在当地主流社会传播和融入。

同仁堂中医药文化列入国家非物质文化遗产后,同仁堂博物馆作为对外宣传的窗口,积极接待海外友人参观交流,清华、北大等大学和科研机构的海外学者相继到同仁堂学习企业文化,探求百年老店发展足迹。

同仁堂走向世界的道路还很长,我们要不断总结采用以医带药,扩大产品市场的经验,逐步扩大同仁堂文化和品牌的影响力。坚持同仁堂特色文化、特色产品、特色服务,探索以文化为先导宣传企业的新模式,提高企业竞争力,把同仁堂打造成"国际天然药物市场的第一品牌",将同仁堂建成为一个民族的、世界的同仁堂。

以文化之力 铸百年伟业

——天津碱厂企业文化建设

企业概况

天津碱厂始建于1917年,是中国制碱工业的摇篮和近代化学工业的发源地。企业生产的主导产品"红三角"牌纯碱先后四次荣获国际博览会金奖、四次蝉联国家质量金奖,被评为国家出口免检产品,与"海王星"牌农业氯化铵同获"中国名牌产品"称号;"红三角"商标分别被国家工商总局认定为"中国驰名商标",被国家商务部认定为"中华老字号"。近年来,企业先后被中央精神文明建设指导委员会授予"全国精神文明建设工作先进单位"称号;被国家人事部、国家质量监督检验检疫总局授予"全国质量工作先进集体"称号;被中国化工职工思想政治工作研究会授予"中国化学工业思想政治工作先进单位"称号;被天津市精神文明建设委员会授予"天津市文明单位"称号;从2004年到2008年连续五年荣获中国企业文化研究会授予的"全国企业文化建设优秀单位奖"称号。

天津碱厂历经九十二年的发展,在企业文化建设中始终坚持"传承基因、借鉴吸收、创新升华、引领发展"的建设理念,勇于创新、注重实效,形成了独具特色的企业文化体系,确立了"传承光辉历史,开创美好未来"的企业文化建设指导思想,在企业文化建设中,主动以国际化、现代化的企业管理思维建设企业文化,用企业文化提升企业竞争力,用卓有成效的工作推动企业文化建设,用突出的业绩诠释企业文化的深刻内涵,重点提升企业文化建设的领导力、竞争力、文化力、影响力和内聚力。为实现科学发展、和谐发展、率先发展提供强大的精神动力和思想保障,使企业文化真正落地、生根、开花、结果。

明晰企业核心价值观,提升企业文化的领导力

天津碱厂创始人范旭东先生早在1934年就提出和制定了企业的使命和企业核心价值观——"四大信条",不仅成为团体成员共同恪守的信念和座右铭,也成为中国工业企业精神的首倡者。近年来,企业在企业文化建设中坚持"四

个进入”,即:进入班子、进入班组、进入现场、进入市场,对企业文化进行总结、梳理、整合和提升,将“四大信条”的精髓融于企业文化建设之中,形成了以“弘扬‘四大信条’宗旨,拓展‘红三角’事业”企业精神为核心的企业文化四大特色:一是科学为先——在原则上绝对的相信科学,二是创业为魂——在事业上积极发展实业,三是集体为荣——在行动上宁愿牺牲个人顾全团体,四是服务为本——在精神上以能服务社会为最大光荣。通过生产经营、文化建设、资本运作的相互促进,借助党建和思想政治工作与企业文化建设的相互融合,打造了“四个一”的企业文化体系,一是树立了一个“责任所在、拼命为之、确保成功”的二次创业理念,二是构建了一个参与协作、拼搏进取的环境,三是营造了一个共享发展成果、共建和谐企业的氛围,四是打造了一个以人为本、突出绩效的管理机制和培养人才、干事创业的平台。做到了内化于心、外化于形、固化于制。

坚持创新求变,提升企业文化的竞争力

多年来,天津碱厂始终坚持自主创新,确立了“思想创新是根本,管理创新是基础、制度创新是保障、技术创新是关键”的创新发展思路。**从思想创新入手。**建立和完善了学习制度,查找一块“短板”,读一本书,学习一篇文章;提升丰富的知识能力,提升超前的思维能力,提升精准的决策能力,提升高效的执行能力。**从管理创新入手。**在不加大投入的情况下,通过优化设备配置、挖潜降耗节能等措施,纯碱日产由每天2000吨开始,每日增产100吨。围绕循环经济、安全环保和针对生产薄弱环节等组织开展了群众性的“百项攻关”活动、劳动竞赛活动、现场管理年活动、职工提合理化建议活动等多种活动,2008年实现“百项攻关”效益6476万元。**从制度创新入手。**积极进行奖惩制度、人才选拔培训制度、引智政策等一系列制度创新,形成了以生产劳动竞赛、专业带头人制度等多种形式的评价与奖励分配制度,体现了“力有所用、才有所展、劳有所得、功有所奖”的人力资源制度。**从技术创新入手。**大力加强自主知识产权的推广与应用,先后开发出拥有自主知识产权的液相水合法低盐分重质纯碱技术;建设了第一套大型国产灰熔聚循环硫化床粉煤气化技术工业示范装置;通过工艺改进,首开我国千吨级海水循环冷却工业化先河;开发了返石掺烧等新工艺;利用高压炉灰压制气泡砖等新的循环经济生产模式。我厂至今已签定专利技术有偿转让合同12份,累计合同额11800余万元,并带动工程设计合同额超5000万元、专有设备制造合同额32000余万元。

坚持科学规划,提升企业文化的软实力

天津碱厂坚持企业文化服务于企业发展战略,本着维系传承、创新求变、规范实用的原则,围绕一条主线:即坚持深入开展学习实践科学发展观活动,实现企业又好又快发展。坚持科学发展战略、学习型企业战略,大力实施责任工程、阳光工程、先锋工程、素质工程、文化工程、名牌精品工程,建立了以和谐稳定作为各项工作的保证,全面推进质量文化、服务文化、品牌文化、营销文化、责任文化、安全文化、廉政文化、执行文化、绩效文化、创新文化等一系列亚文化建设。大力实施企业视觉识别系统(VI)建设,对企业精神进行深入挖掘和全方位体现,重新完善和修订了厂旗、厂歌、厂徽,对新区的各种文化元素进行了统筹规划,初步制订完成了《天津碱厂企业视觉形象识别手册》。在新区建设规划中,还筹备建立企业文化墙,计划采用浮雕的方式反映企业的发展历程;新区的主要道路都以企业先辈的名字命名,并在每个路口设置雕像;规划建设新区厂史博物馆,进一步促使企业理念与企业文化明朗化、形象化,使企业文化建设向更高层次拓展,塑造出高品位的企业文化,达到企业的整体性、统一性与灵活性的有机结合,使企业运转更加协调有序。

坚持以人为本,提升企业文化的内聚力

天津碱厂坚持走学习型企业之路,厂党委明确提出要建立和形成“1136”骨干团队的发展思路。即劳模、“五一”奖章获得者、优秀员工、专业带头人、技术能手等骨干队伍,总计约占在岗职工总数的20%。企业坚持定期评选企业精神奖、企业优秀员工,大力宣传先进人物事迹,积极营造“比、学、赶、帮、超”的浓厚氛围,充分发挥先进典型对职工的示范引导作用。在新区建设过程中,企业紧紧抓住新区培训这个关键,坚持对口培训与现场交流相结合、内部培训与外出实习培训相结合、脱产培训和业余时间培训相结合等形式进行继续教育,推出了青年专业技术人才培养计划,定向培养,使工程项目建设与人才队伍建设同步推进。近几年来,天津碱厂职工参加全国化工系统和天津市工业系统青工比武都取得较好的成绩。

强化阵地建设,发挥企业文化的导向作用

重点加强企业文化阵地的三大系统工程建设。一是以“一报、一台、一刊、一网”(即《红三角》报、天碱电视台、《天碱科技》、企业局域网)为核心的媒体宣传阵地系列工程建设。二是以厂庆文化周、节假日和厂史展览馆教育基地等为核心的文体活动教育阵地系列工程建设。三是以传承和创新光辉历史为核心的文化塑造阵地系列工程建设。《红三角》报传承了创立于1928年的《海王》旬刊立足企业,关心职工的办报精神,每周一期。内部发行1500份,每年平均出版50期左右,至今已经出版了503期。企业有线电视台自1985年建立,拍摄制作了《今日天碱》等60余部反映企业内容的电视专题片,协助央视、天津电视台拍摄了《范旭东》、《侯德榜》等电视专题片,并在央视和香港凤凰卫视播出。企业每年围绕节庆活动举办先进事迹报告会、青年英语大赛、职工文艺演出、迎春长跑、升国旗和升厂旗仪式等内容丰富多彩、形式灵活多样的职工文体活动。编辑出版了《天津碱厂九十周年发展历程掠影》、《企业文化手册》、《职工书画作品集》、《职工文学作品集》、《科技发展史略》、

《创业先贤箴言录》和《天津碱厂搬迁改造工程掠影(2008)》等书籍。

2008年李瑞环同志为天津碱厂新区题词:"碱业巨擘谱新篇",昭示着天津碱厂以"红三角"永远追求卓越的精神开始了实现煤化工、海洋化工和石油化工首次对接,又好又快建设现代大型化工企业新的历史征程。企业文化建设在这个近百年的民族工业企业结出了丰硕的果实,必将引导企业辉煌永续。

(撰稿人:王恩祺)

以思想文化创新为先导 全面推进企业文化建设

——首钢总公司企业文化建设

企业概况

首钢始建于1919年,是一家以钢铁业为主,兼营采矿、机械、电子、建筑、房地产、服务业、海外贸易等多种行业的跨地区、跨所有制、跨国经营的大型企业集团。首钢集团以首钢总公司为母公司,下属北京首钢股份有限公司、北京首钢新钢有限责任公司、首钢京唐钢铁联合有限责任公司、河北省首钢迁安钢铁有限责任公司、秦皇岛首秦金属材料有限公司、北京首钢冷轧薄板有限公司、北京首钢自动化信息技术有限公司、北京首钢机电有限公司、北京首钢特殊钢有限公司、北京首钢建设集团有限公司、北京首钢国际工程技术有限公司、北京首钢房地产开发有限公司、中国首钢国际贸易工程公司等子公司,在香港有4家上市公司,在南美洲有首钢秘鲁铁矿等海外企业。

首钢企业文化的发展历程

首钢是一个具有90多年历史的特大型国有企业。在长期的企业发展中,首钢形成了独具特色、内涵丰富的文化传统。进入21世纪后,首钢的发展遇到了前所未有的挑战。首钢地处首都北京的特殊环境,使企业面临着巨大的环保压力,面临着国内外钢铁市场激烈竞争的压力,面临着实施战略性结构调整的艰巨任务。面对社会上关于"要首都还是要首钢"的议论,首钢人陷入了"向何处去"的迷茫之中。在这种背景下,大力建设企业文化,全面推进企业改革发展,就成为首钢的必然选择。

2003年初,首钢党委提出"将前所未有的压力和挑战,转化为前所未有的动力和机遇"的号召,确立了"苦干三年,打好思想文化基础、制度创新基础、经济技术基础、人才建设基础"的指导思想。7月首钢党委颁发了《中共首钢总公司委员会关于推进企业文化建设的指导意见》,进一步明确了首钢企业文化建设的指导思想、目标原则、重点任务和方法途径,明确了首钢企业文化体系。

苦干三年,打好四个基础。首先要打好思想文化基础,因为企业文化是企业发展的底蕴,是企业的灵魂,是推动企业持续发展的最深层次的驱动力。首钢人牢牢把握思想文化创新这条主线,紧紧围绕首钢改革发展的战略目标,年年有新主题、新突破,大刀阔斧地破旧立新,全面深入地推进企业文化建设——2003年声势浩大的"八破八立八做到"、2004年全面深入的企业创新工程、2005年丰富多彩的创建学习型企业,使首钢人开阔了视野、激发了活力,提高了认识、升华了境界、改善了心智。

2005年,国务院批复了首钢搬迁调整规划。首钢率先进行的都市大型钢铁企业向沿海转移的搬迁调整,在中国乃至世界都没有先例。面对新形势新任务,首钢党委清醒地认识到:要完成这一光荣而神圣的历史使命,要适应未来发展的要求,要赢得更大的发展空间,首钢人必须站在一个新的起点上,加强思想文化创新,开展新一轮的思想大解放。

2006年初,一场规模大、范围广、人数多的企业文化全员培训首先拉开了首钢人新一轮思想解放的帷幕。"更新、更快、更精、更强"是新一轮思想解放的着力点,"创新、创优、创业"成为首钢企业文化建设的新要求。新一轮思想解放使广大干部职工在继承优良传统的基础上,不断与时俱进,从而进一步统一了思想、提高了认识。

2007年,在史无前例的战略性搬迁调整中,首钢党委始终坚持以科学发展观为指导,以"创新创优创业,建设21世纪新首钢"为价值追求,坚定不移地推进先进文化建设。首钢把弘扬长征精神与首钢搬迁调整的实际相结合,引导干部职工树立知难而进、争创一流,只争朝夕、开拓进取,百折不挠、拼搏奉献,博采众长、学习创新,科学严谨、精益求精的"新长征五种精神"。同时通过开展丰富多彩的文化实践活动,达到了"为创新增添智慧,为创优注入动力,为创业点燃激情",深入推进首钢新时期企业文化建设,打造首钢文化软实力的目的。

2008年,首钢党委提出要通过深入学习贯彻党的十七大精神,围绕首钢改革发展的重大问题进一步解放思想,进一步加强企业文化建设,为首钢创新创优创业注入新的动力。领导干部解放思想研讨班吹响了首钢新一轮解放思想的号角,干部职工在解放思想中真抓实干,在转变观念中破解难题,在更新思路中转变发展方式,把解放思想体现在具体工作中、落实在解决问题上。

2009年,为应对国际金融危机和战略转型的双重压力与挑战,首钢党委明确提出要继承和发扬优秀文化传统,坚持"自强开放、务实创新、诚信敬业"的企业精神、"与时俱进、敢于创新、求真务实、人才为本"的企业文化、"创新创优创业,建设21世纪新首钢"的核心价值追求。广泛开展了庆祝建国60周年和首钢建厂90周年等一系列文化活动,引导干部职工继承光荣传统,弘扬首钢精神,在全公司形成了开拓进取、拼搏奉献、争创一流的文化氛围。

首钢企业文化的主要做法

首钢以思想文化创新为先导,大刀阔斧地破旧立新,全面深入地推进企业文化建设。首钢在企业文化建设中的做法,概括地讲就是:领导重视,率先垂范;系统规划,强势推进;找准抓手,搭建平台;结合实际,解决实题;开放学习,博采众长。

领导重视,率先垂范。首钢党委明确提出,企业文化建设是"一把手工程",各级党政一把手要亲自抓企业文化,组织制定本单位的企业文化建设规划和年度计划,并检查、督促计划的落实。首钢各级领导都非常重视企业文化建设,努力成为建设先进企业文化的积极倡导者,有力组织者,带头实践者。各级党组织都把建设优秀企业文化作为各项工作的先导,用先进的理念为各项工作开路,并大力总结和深入挖掘蕴藏在先进典型中的高尚精神和先进思想,使他们的优秀理念成为首钢企业文化建设的主旋律,从而在全集团形成了强大的感召力。

系统规划,强势推进。首钢在企业文化建设中始终坚持系统规划、强势推进,概括地讲就是"五有"、"三强化"。"五有",就是首钢把企业文化建设作为一项系统工程,在建设过程中做到有组织机构、有活动策划、有培训教材、有检查考核、有案例典型。"三强化",就是首钢的企业文化建设坚持强势推进,做到强化宣传、强化教育、强化统一。围绕"五有"、"三强化",首钢企业文化建设开展了一系列工作,制定下发了《关于推进首钢企业文化建设的指导意见》、《大力推进企业创新工程,落实科学发展观的指导意见》等相关文件;专门编写的首钢企业文化系列教材成为职工了解、贯彻首钢文化的必备读物;开展了首钢企业文化全员培训;每年都召开创新经验交流会,举办首钢月季园赏花会;等等。

找准抓手,搭建平台。首钢企业文化建设的一个重要做法,就是找到了有力的抓手、搭建了有效的平台。近年来,首钢每年召开的"学习创新发展"经验交流会,会前,上下结合,深入调研;会上,典型经验交流,内外专家点评;会后,积极找差反思,提出新目标。从而在首钢上下形成了学典型、赶先进的浓厚氛围,有力地推动了首钢企业文化建设的不断深入和持续发展。在强化宣传、营造氛围方面,首钢充分利用现代化的载体和手段,先后建成中国首钢网络电视、首钢日报网站,各单位也都建立了自己的局域网。其中中国首钢网络电视是国内企业首家推出的宣传企业方针政策和思想文化、适应一业多地信息交流的新平台。

结合实际,解决实题。首钢通过各种形式把企业文化建设融入到企业的各项工作中,使企业文化建设真正做到服务于改革发展、服务于生产经营、服务于优秀职工队伍的打造。"八破八立八做到"、企业创新工程、创建学习型企业、"弘扬长征精神,立志创新创优创业"等一系列思想文化建设活动,不断赋予思想解放新的内涵,在实践中启发新思维、拓展新思路;在职工中开展的"大学习"、"大提素"活动,引导职工不断提高自身素质。这些活动有力地推进了首钢的搬迁调整和产业结构优化升级,也使首钢企业文化在实践中得到了不断提升。

开放学习,博采众长。首钢企业文化建设始终坚持在开放中学习、在学习中创新。在一系列的文化创新活动中,引导职工树立大开放、大合作、大发展的新观念,形成了团队学习、快乐学习、终身学习等各具特色的学习形式和理念。引导各单位在"走出去、请进来"中博采众长,一方面"走出去",虚心学习别人的先进经验,对照国内外先进企业找差距,促使大家解放思想、转变观念。一方面"请进来",聘请外部专家组成咨询顾问团,定期进行研讨、交流;邀请知名专家、学者来首钢进行各种讲座;与高等院校联合举办各种培训班,为首钢创新发展不断注入新的管理思想、管理理念。这些做法,有效地推动了首钢企业文化建设不断向纵深发展。

首钢企业文化建设的成效

2003年以来,首钢企业文化建设得到了不断的丰富和发展,实现了打造首钢文化软实力的目的,全集团形成了人心思干、人心思进的良好文化氛围。先进文化的持续打造,有力地推动了思想文化、管理制度、经济技术和人才建设的深入开展,推动了首钢的搬迁调整,迁钢、首秦、顺义冷轧、曹妃甸等一大批重点工程纷纷建成和上马,与水钢、长钢、贵钢、伊犁钢铁、通钢成功实施联合重组。首钢在短短几年间发生了翻天覆地的巨变,资产规模、区域布局、技术装备、产业结构、产品结构和创新能力取得了历史性的进步,职工的精神面貌焕然一新、综合素质全面提升,21世纪新首钢的框架已基本形成。

首钢企业文化建设也受到了上级单位的高度重视和肯定,先后获得了:中企联颁发的企业文化优秀奖,中国企业文化研究会颁发的企业文化建设组织推动奖、实践创新奖,冶金政研会颁发的企业文化优秀奖,北京市企业文化建设协会颁发的企业文化建设先进奖,首钢党委书记董事长朱继民、党委副书记姜兴宏获得全国企业文化管理企业家奖,北京企业联合会、北京市企业家协会颁发的北京企业文化优秀奖等等。2008年,在"改革开放30年与企业文化建设——中外企业文化2008南宁峰会"上,首钢总公司荣获"改革开放30年全国企业文化杰出品牌组织"奖,首钢党委书记、董事长朱继民荣获"改革开放30年全国企业文化杰出贡献人物"称号。

文化缔造三十年辉煌

——青岛啤酒厂企业文化建设

企业概况

青岛啤酒厂始建于1903年,这是中国建厂最早的啤酒生产企业之一。1906年青岛啤酒在德国慕尼黑博览会获得金奖，这不仅是青岛啤酒也是中国啤酒获得的第一个国际金奖。建厂后先后受到德国、日本的殖民统治达42年，不仅被德国、日本帝国主义无情的掠夺，而且青啤同胞遭受到非人的剥削和摧残；1945年8月15日日本投降后，被国民政府接管，由于内战和经营不善，到1949年青岛啤酒厂的年产量只有1200吨，已经到了关闭破产的边缘。新中国成立后，在中国共产党的正确领导下，使青岛啤酒厂走上了不断发展的道路，1964年由国家轻工部组成专家组，以青岛啤酒的生产为典型总结出《青岛啤酒操作法》，在全国推行，成为中国啤酒生产厂家的生产标准。特别党的十一届三中全会以来，各项业绩是日新月异，十年间产量年递增为10.86%，1991年荣获全国十大驰名商标，为青岛啤酒成就了今天举世瞩目的辉煌打下坚实的基础。1993年作为发起人成立了青岛啤酒股份有限公司。

1993年青岛啤酒股份有限公司成立后，青岛啤酒厂成为青岛啤酒公司的“精品工厂、出口基地、形象窗口”，2007年年产量已超越30万千升，出口50多个国家和地区。

从青岛啤酒厂改革开放三十年来的光辉历程来看，企业文化的不断升华和与时俱进的科学发展起到了关键的作用。

让“中国啤酒”打进美国市场

青岛啤酒从建厂初期就有出口，1954年大规模的出口到港、澳，文革中没有起色，1978年，当许多国人还沉浸在“文革”的阴影中，青岛啤酒厂领导一班人已经确立了大规模进军国际市场和“为国家和民族争光”的文化理念，一致认为美国市场是重中之重，决定尽一切力量打开美国市场，最终在1978年青岛啤酒由美国莫纳克公司作为总代理进入美国市场，广受好评，当年销售2万箱，由于在1981、1985、1987年青岛啤酒连续三次荣获在美国举办的世界啤酒品评大赛金奖，使销售连年递增，十年间增加到125万箱。由于成功的开辟了美国市场，1987年青岛啤酒成功的取得了国家直接进出口业务权，到1992年青岛啤酒股份有限公司成立前，青岛啤酒厂已经实现出口49684吨，出口32个国家和地区，占全国啤酒总出口量的85%，被誉为“中国啤酒”，为国家和民族赢得民荣誉。今天青岛啤酒已经出口50多个国家和地区。

确立“质量文化”，确保基业长青

从1903年青岛啤酒建厂以来，质量一直是青岛啤酒的骄傲，但是十年动乱给青岛啤酒的各项工作带来了严重的损失，特别是在质量上的问题，影响了青岛啤酒在国际国内的声誉。

1978年10月，在出口香港的青岛啤酒中发现了一把洗瓶机的毛刷，引起了党中央、国务院主要领导人的高度重视，作出了严厉的批示，为此中央、省市检查组进入青岛啤酒厂，青岛啤酒厂于12月10日全面停产整顿，期间国务院主要领导还作出了整顿指示。经过四个月的全面细致的整顿，1979年4月10日，经过国家轻工部、省市有关部门的验收，青岛啤酒厂全面恢复生产。4个月的停产整顿给青岛啤酒厂全体员工上了一堂深刻的质量课，确立了“质量第一、质量就是企业生命”的文化理念。为了做到警钟长鸣，厂党委将每年的4月10日确立为青岛啤酒质量纪念日，每年的4月份为质量月，一直延续到今天，由于质量在一代代青啤员工中扎下了牢固的根，近三十年来，青岛啤酒厂从未发生过重大的质量事故，为青岛啤酒的快速发展奠定了坚实的基础。如今青岛啤酒股份有限公司的五十多个生产厂家都会在4月10日举行质量日的纪念活动。

靠科学发展观实现新跨越

改革开放后，青岛啤酒厂不断与国际接轨，全厂员工不断努力进取，先后通过了ISO9001:2000、ISO14001:1996、OHSAS18001:1999P系列认证审核，2003年通过HACCP认证，为青岛啤酒参与国际市场竞争起到了决定性的作用；

青岛啤酒不断扩大生产，1979年达到年产10万千升的能力，1992年年产量达到12.4万千升，至2000年年产量达到21.2万千升，年产量出现缓慢的增幅期。2005年以来青岛啤酒厂通过实行高能低耗的科学发展战略，创新了高浓稀释、体外冷却、酵母流加等先进工艺流程，关闭了能耗高的年产量5万千升2#糖化系统，挖掘原设计能力18万千升的1#糖化生产系统。通过系统优化，不仅提升了产品质量，而且使年产量从2000年的21、2万千升提高到2007年的31.18万千升，每年还可节约成本120余万元。

青岛啤酒厂综合能耗不断下降，由2000年的131.14千克/千升下降到2008年的63.84千克/千升；水耗从04年的8.02立方米/千升下降到6.35立方米/千升；标准煤耗从04年的88.24千克/千升下降到08年的53.3千克/千升，实现了质的跨越。

2007年青岛啤酒厂投资797万元，与热电公司联手实施集中供热。年节约原煤约15000吨，年节约自来水近17万m3，年节约人工费160万元，年节约维修费、机物料等200万元，全年合计节约成本可达1000余万元；按照年减少用煤40000吨计，年将减少二氧化硫排放量448吨，减少烟尘排放量110吨，大大的改善了工厂周边的大气环境。

青岛啤酒厂在厂区内投资800万元建成污水处理站，采用以“常温低负荷UASB反应器”为主体工艺来处理啤酒生产废水，大大减轻城市污水处理站的处理负荷，达到国家排放标准。冷凝水回收利用，减少生活用水。2007年11月青岛啤酒厂实施了集中供热，集中供热后产生的蒸汽冷凝水无处使用,造成了能源和水资源的浪费。2008年年初,厂部重新对冷凝水系统进行了设计规划,将糖化产生的蒸汽冷凝水经过板式换热器给糖化用水换热后,用泵打到热水中心,分别用到澡堂、冷却塔等处循环使用。年节约蒸汽5800吨,年节约用水45000吨,全年预计节约资金80万元。

与时俱进发展青啤百年企业文化

青岛啤酒厂在上世纪九十年代之前,企业文化属于自发阶段。尚未形成企业文化理论。但"做好酒,为国争光""要做好酒,先做好人""质量第一,卫生第一""热爱青岛啤酒,献身青岛啤酒"教育、影响了一代又一代青啤人。

有意识地通过文化形式宣传企业和产品形象。创办了第一届啤酒节,现已延续了18届。提出了"以民族资本为主,以弘扬民族工业为旗帜"的理念。

青岛啤酒厂注重企业文化建设,形成了独特的企业文化体系,1991年由青岛啤酒厂成功发起举办了青岛国际啤酒节,如今青岛国际啤酒节成为我国久负盛名的啤酒节。2003年百年大庆之际,在原有德式建筑的基础上投巨资建成了具有国际水准的国内首家啤酒博物馆,并以多年来珍藏的名家书画建立了《青岛啤酒厂珍藏当代名家书画艺术馆》〉,对国内外游客开放,每年吸引了数十万国内外游客和工业考察团,成为青岛市乃至于全国的工业旅游热点,2005年青岛市市北区人民政府将青岛啤酒厂所在地段登州路建成集博物馆、酒店、酒吧、娱乐、艺术为一体的"青岛啤酒文化街",为青岛市的旅游和青岛啤酒的文化宣传开辟一块崭新的天地,也为广大消费者提供了一个激情迸发的青岛啤酒乐园。

"好人酿好酒",安全是天。青岛啤酒厂在德、日和国民政府经营时期,员工们遭受了无情的剥削和人身摧残,安全根本得不到保障,解放后,员工们的生活和人身安全才得到了根本性的保障,改革开放以来,安全更是被提升到工作的首要位置,各种安全设施陆续配备,安全防护用品也一应俱全,近年来,通过与美国AB公司的学习交流,安全协同性和"以人为本"的文化理念衍生出保障有力的"安全文化"。今天的青岛啤酒厂安全是高度协同,不仅制定了应急预案,而且成立的应急分队是24小时值班,各部门设有兼职安全员,工厂建立了安全文化宣传画廊,各种制度从细节上规范有序。形成了人人讲安全、重视安全的氛围。

食品安全是青岛啤酒厂多年来的传统,青岛啤酒厂员工崇尚的是"好人酿好酒",因为酿造啤酒的许多工序都是在无人监管中完成的,可以说员工们凭的是有一颗热爱青岛啤酒的良心,这也是青啤人代代相传的酿酒文化,正因为如此,青岛啤酒厂生产的产品才能百年不衰,才在无数次重大事件中为国家和民族争得了荣誉,2008年又保质保量的顺利完成了举世瞩目的奥运酒的生产,为此青岛啤酒厂的"安全文化"受到国家安全生产和质量监督总局领导和专家的一致好评。

今天,在全球经济一体化带来的激烈竞争的进程中,青岛啤酒厂全体员工将严格遵循青啤公司"用我们的激情酿造出消费者喜好的啤酒,为生活创造快乐"的使命,在青啤公司独具特色的企业文化体系引导下,为把青岛啤酒早日建成"具有全球影响力的国际化大公司"做出自己的最大贡献。

培育红色文化 共建和谐大港

——青岛港(集团)有限公司企业文化建设

企业概况

青岛港始建于1892年,是具有116年历史的国家特大型港口,由青岛老港区、黄岛油港区、前湾新港区三大港区组成。主要从事集装箱、原油、铁矿石、煤炭、粮食等各类进出口货物的装卸、储存、中转、分拨等物流服务和国际国内客运服务,与世界上130多个国家和地区的450多个港口有贸易往来。

青岛港深入贯彻落实科学发展观,着力打造"自主创新型、资源节约型、环境友好型、质量效益型、管理精细型、亲情和谐型"港口,多次被国家选树为国有企业重大典型,实现了又好又快发展。港口吞吐量从建港到2001年超过1亿吨,用了109年的时间;从1亿吨到2006年超过2亿吨,仅用了5年的时间。用5年走过了过去109年的亿吨大港历程。2007年,全年完成吞吐量2.65亿吨,位居世界第七位、集装箱完成946万以上,跻身世界前十强。

继承创新,培育新时期的红色文化

改革开放前,青岛港已历经近百年沧桑,码头年久失修,机械设备老旧,货源腹地狭小,内部管理粗放。面对国家日益开放、经济快速发展的新形势,面对世界经济一体化发展的大趋势,青岛港的领导者清醒地认识到,国有企业要搞好,就要坚持一切从实际出发,在市场经济大潮中保持国有企业改革的正确方向,坚定社会主义信念,保持对党和人民事业的忠诚,打造具有国企特色的企业文化,为国家资产增值,承担起国企的历史使命。

为此,青岛港把继承与创新结合起来,充分发挥国有企业思想政治工作的传统优势,发扬全心全意依靠工人阶级,全心全意为人民服务,从群众中来、到群众中去的革命传统;发扬勤俭建国、艰苦奋斗的光荣传统,同时吸纳现代企业软实力建设的管理思想,着力提升企业的凝聚力、竞争力和创新力,构建起新时期红色文化体系,树立了共同的精神支柱,把人心凝聚起来,激发人的最大潜力,为港口持续发展、参与市场竞争提供强大的精神动力、智力支持和思想保证。

青岛港红色文化理念体系表

发展使命	精忠报国、服务社会、造福职工
指导思想	坚持党的基本路线，坚持“邓小平理论”、“三个代表”重要思想、全面贯彻落实科学发展观，一切从实际出发，把青岛港自己的事情办得更好。
工作标准	是否有利于提高港口安全质量和经济效益；是否有利于增强港口的竞争实力和发展后劲；是否有利于职工生活质量的提高；是否有利于加强港口精神文明建设。
港口精神	一代人要有一代人的作为，一代人要有一代人的贡献，一代人要有一代人的牺牲
振超精神	爱岗敬业、无私奉献的主人翁精神；艰苦奋斗、努力开拓的拼搏精神；与时俱进、争创一流的创新精神；团结协作、相互关爱的团队精神。
核心价值观	信念　感情　珍惜　奉献
港口作风	干就干一流，争就争第一
港口品牌	诚纳四海·振超效率
市场理念	港口生产主战场在港外
经营理念	合作为仁，实现共赢；质量兴港，科技兴港，实干兴港。
安全质量理念	安全第一，质量兴港；质量、服务、信誉是青岛港的生命线。
创新理念	人人创新，事事创新，天天创新，建设“创新型”港口
发展理念	自我加压，加快发展；历史从来不加注解，发展创造一切；用数字思维挑战模拟观念，实现快、新、高；挑战极限，突破瓶颈，超越自我，实现“1〉2”。
改革理念	青岛港的“常规”就是“超常规”，青岛港的应变就是谋变
人才理念	德为重、信得过、靠得住、能干事；谁能干谁干，人人都可以成才。
科技理念	“鼠标革了铁锹的命”
学习理念	知识改变命运，岗位成就事业
效益理念	增产增收，节支降耗

以人为本，凝心聚智，夯实发展根基

为把先进文化植入员工心灵，青岛港坚持每年进行全员企业文化培训，传承“三个一代人”的青岛港精神，抓住时机加强宣贯，正面灌输，典型引路，使教育内化于心、外化于形、固化于制，让先进的港口文化“落地生根、开花结果”。

用“共同愿景”引领人。青岛港通过自下而上、层层讨论的方式，提炼确定了“建设北方国际航运中心，营造平安和谐幸福家园”的共同愿景，并通过年年开展的主题思想教育、学习《青岛港员工文化手册》、征集“金点子”等活动，使全港员工心同此愿、志同此向，呈现出凝心聚智，文明进取的良好局面。

用“先进标杆”启迪人。每年坚持从党员、干部和职工中选树一批先进典型，开展层层宣讲，“让身边的人讲身边的事，用身边的事教育身边的人”。学习新时期产业工人的杰出代表许振超、时代先锋徐万年和全国杰出进城务工青年皮进军等身边的典型，以事论理，以理服人，使大家感到：先模事迹可信、可学、愿意学。大家普遍认识到：只有像许振超那样，把自己的命运与港口的命运和国家的命运紧紧联系在一起，才能真正当好企业的主人，才能无愧于时代。

用“四种力量”凝聚人。着力加强四好领导班子建设，坚持用真理的力量启迪人心，培育各级领导的共产党人之德；坚持用人格的力量激励人心，以身作则，率先垂范，做到一名领导就是一面旗帜；坚持用情感的力量温暖人心，使青岛港成为一个充满亲情、人气旺盛的和谐大家庭；坚持用民主的力量凝聚人心，让职工在青岛港有家可当，有主可作。经中央批准，去年12月4日，中共中央组织部、国务院国资委党委联合授予青岛港“全国国有企业创建‘四好’领导班子先进集体”荣誉称号。

用“长子情怀”温暖人。青岛港把自己定位于“共和国的长子”、“祖国母亲的孝子”，把“一心为民、造福职工”，作为各项工作的出发点和落脚点，坚持“让职工成为改革发展的最大受益者”。改革中不让一个职工下岗、不把一个职工推向社会；平均每名职工全年从港口获益近10万元，职工收入年年增加，生活品质全面提升。尤其是青岛港对农民工与正式工同等对待，实行岗位与薪酬一致、技能与津贴一致、贡献与奖励一致，让8500多名农民工在港口各个岗位上挑起大梁，其中已有1667人被特别录用为合同制工人，享受与城市工基本相同的待遇，其中有540多人担任了班长、副班长，33人担任了队长、副队长，1人担任了公司副经理。

自主创新，科学发展，为企业带来勃勃生机

在先进文化理念的熏陶下，青岛港积极承担起国有企业的经济责任、政治责任和社会责任，创造了世界瞩目的辉煌成就，造就了一大批“德为重、信得过、靠得住、能干事”的员工队伍，形成了万众一心、众志成城的大好局面。

30年多来，青岛港的吞吐量由1978年的2002万吨增至2007年的2.65亿吨，增长了13.2倍，集装箱吞吐量从无

到有,一路攀升,2007 年达到 946 万标准箱。外贸吞吐量多年保持全国沿海港口第二位。进口铁矿石吞吐量居世界港口第一位。进口原油居全国沿海港口第一位。全国每五吨进口原油和进口铁矿石就有一吨是从青岛港上岸的。

1978 年青岛港纳税总额为 100 万元,仅为现在半天交纳的税额,到 2007 年已经达到 7.8 亿元,增长了 780 倍,进入中国企业纳税 500 强,在青岛市上交地税连续四年第一,2007 年又被山东省评为纳税前 30 强。

仅"十五"以来,青岛港完成港口吞吐量 12.06 亿吨。据核定,为国家创造了 GDP12.06 亿元,为社会创造了 53 万个工作岗位。同时,通过青岛港进出口的外贸货物为国家创造了 1314.88 亿元的海关入库税收来源。

"十五"期间,在没有建设新码头的情况下,青岛港坚持科学发展观,闯出了"1 >2"的发展新路,即用一个青岛港的能力干出了两个青岛港的业绩,靠挖潜、靠练兵、靠效率、靠管理,实现了"建码头发展,不建码头挖潜照样发展",走出了自主创新型、资源节约型、环境友好型、质量效益型、管理精细型、亲情和谐型的道路。集装箱装卸"振超效率"七次打破世界纪录、铁矿石装卸"孙波效率"八次打破世界纪录。据世界最大航运公司马士基集团 2007 年统计,青岛港 2 个集装箱泊位等于日本神户港 3 个泊位,等于其他港口的四五个泊位。青岛港一个矿石码头干出了其他港口 5 个码头的活儿。

改革开放初期,青岛港码头工作依旧的"野蛮"、"粗俗"的代名词,在生产中违章违纪、野蛮装卸,在社会上打架斗殴、违法犯罪时有发生。党的十一届三中全会以来,特别是 1984 年青岛港党委领导班子进行调整常德传同志担任党委书记后,年年集中开展主题思想教育,坚持让职工共建共享港口发展成果,20 年来转岗分流上万人次,没有一人下岗回家,而是展开全方位、多途径大培训,提升员工技能水平,使职工队伍面貌发生翻天覆地的变化。2004 年青岛港集装箱桥吊队队长许振超,被选树为中国新时期产业工人的杰出代表,成为十七大主席团成员、十一届全国人大常委。今年,青岛港农民工徐万年再次被推树为"时代先锋",中央省市 31 家媒体倾情聚焦、重磅宣传。

2005 年 7 月 5 日,吴邦国委员长到青岛港视察时说:"青岛港是中国特色的现代化管理。"2007 年 7 月 15 日,中宣部、交通部、全国总工会、山东省委、青岛市委联合在人民大会堂举行了"青岛港科学发展模式高层研讨会",高度评价"青岛港成功地创造了具有中国特色的社会主义企业管理模式——青岛港模式"。青岛港以改革发展的成功实践,充分证明了改革开放对国有企业创新发展的历史意义,用辉煌的业绩挺起了共和国"长子"的脊梁,创造了具有中国特色的社会主义企业科学发展模式,成为构建和谐社会的优秀范例,贯彻落实科学发展观的成功典型。

让"钻头文化"落地生根

——中石化胜利黄河钻井五公司企业文化建设

企业概况

胜利黄河钻井五公司隶属于中石化胜利石油管理局黄河钻井总公司,是一个集钻井施工作业、后勤辅助生产、多种经营于一体的专业化钻井公司,主要担负着为胜利油田勘探开发、增储上产提供钻井生产、后勤保障的任务。主要作业区域分布在沙特、土库曼斯坦、山东、内蒙、江苏等国家和省区。近年来,面对改革发展的新形势,胜利黄河钻井五公司大力建设钻头文化,推动了公司的又好又快发展,取得了良好的经济效益和社会效益。2003 年荣获"全国五一劳动奖状",2005 年荣获"山东省企业文化成果一等奖",2007 年荣获"全国企业文化优秀单位奖",2008 年荣获"山东省先进基层党组织"。

独具特色的钻头文化

钻头文化是胜利黄河五公司在生产建设和经营管理实践中,由领导集体大力倡导,职工群众广泛认同、普遍接受并长期实践所形成的企业精神、价值观念、道德原则、行为规范、产品质量、企业环境、信誉形象等的综合。

胜利黄河钻井五公司是一个有着光荣历史传统的专业化钻井公司,该公司自 1983 年成立以来,累计勘探开发各类油气井、芒硝井 7200 余口,钻井进尺突破 1617 万米,相当于钻穿了 1829 座珠穆朗玛峰。公司先后荣获"全国钻井、采油系统劳动竞赛先进集体"称号,"中国石油天然气总公司企业管理先进单位"称号,"中国石油化工集团公司先进集体"称号,"山东省安全生产先进单位"称号。公司有着良好的文化传统,但多年来,这些文化因子一直如珍珠一样掩埋在沙土里,散落在企业里。

2002 年,他们通过跟专业公司合作,对公司企业文化进行系统地梳理和总结提炼。通过座谈会、深度访谈、系统思考等手段,提炼出了受到公司上下广泛认同的企业文化,命名为"钻头文化"。在公司文化研究报告中,他们明确提出"打造国内一流、国际知名的钻井专业化公司"的企业发展目标;文化制胜的总战略;"四个统一",即企业发展与国家发展和社会进步相统一,企业进步与员工素质提高相统一,企业利益与员工利益相统一,企业利益与客户利益相统一的企业价值观。形成了以"选准目标,遵从规矩,攻坚啃硬,科学进取,不达目的不罢休"为内容的钻头精神,"诚信、共赢、竞争、服务”为核心的经营理念，“以石油钻探为主，以水平井、定向井、特殊工艺井为切入点，同心多元，实施横纵向相关一体化”的经营战略，“规范诚信、高效共赢”的经营准则，初步形成了有特定时代内涵和鲜明行业特点的“钻头文化”。

将“文化”进行到底

钻井五公司的核心理念提炼出后，积极推行钻头文化，不断向深处拓展。

作为弘扬钻头精神、培植企业理念的重要措施和有效途径，他们学习借鉴先进管理经验，修订完善规章制度，制定了领导管理、人力资源管理、财务、资产管理、生产运营管理、信息管理、生活服务管理等各项管理制度，形成了《钻井施工工序不安全行为150条》、《钻井施工八区域危害识别》、《钻井施工协作与交叉作业安全规定》、和《钻井队安全监督检查万分制考核办法》等特色制度。为进一步规范领导干部和机关工作人员的行为，制定实施了《关于加强领导班子和领导干部自身建设的实施意见》、《领导干部行为准则》、《机关人员守则》、《领导干部七个必须做到》和《基层井队长、指导员七个必须做到》。对职工文明公约、职业道德规范等企业文化内容进行系统的宣贯执行，用统一标准规范广大职工言行，塑造了干部职工队伍崭新形象。

为了将钻头文化落到实处，钻井五公司在钻头文化的基础上，提出了“七力合一“的理念，并总结出了“四头”工作法。所谓“七力合一”就是持之以恒地倡导安全是第一支撑力、科学技术是第一生产力、质量是第一影响力、成本是第一竞争力、企业文化是第一亲和力、人才是第一推动力、党建是第一保障力；“四头”工作法，就是认真实施抓“钻头”、“人头”、“床头”和“灶头”。抓“钻头”，就是创新管理、创新技术，让钻头钻得快，钻得正，钻得准。抓“人头”，就是坚持以人为本，通过教育培训等多种形式，提高职工思想道德素质和业务技术素质。抓“床头”，就是为基层队职工创造一个下班后休息的好条件，建设一个休息休闲的好地方。抓“灶头”就是从生活上关心职工。

与此同时，他们将钻头文化进行物化，在公司大门口立起了体现钻头文化的“钻之魂”雕塑。他们从职工看得见、摸得着的物质形态入手，大力开展以“人才建家、科技兴家、亲情暖家、勤俭持家、创新发家”为主要内容的基层建家活动，不断加强职工公寓、食堂和浴室等基本生活设施建设，厂容厂貌焕然一新。他们努力改善基层职工的生产生活条件，为所有一线井队配备了装有空调的面包车，结束了钻井工人40年来上下班坐卡车的历史，基本实现了办公规范化、食堂餐馆化、住宿公寓化和文化娱乐经常化。以加强文化阵地建设为重点，广泛开展“和谐话语我来讲、和谐歌曲我来唱、和谐事情我来做、和谐家庭我来建，和谐团队我来创”等丰富多彩的精神文明创建活动和群众性文化娱乐活动。先后成立了女子管乐队、威风锣鼓队、太极剑队、百人秧歌队、百人合唱团等各种文体团队，公司的威风锣鼓队先后参加了全国十运会和上海A1汽车拉力赛等开幕式演出，赢得了广泛好评。

让“钻头文化”开花结果

“钻头文化”成为引领钻井五公司发展的总纲领。“钻头文化”执行落地后，胜利黄河钻井五公司各方面都有了显著增强。

企业凝聚力进一步增强，核心竞争力进一步提升。钻头文化明确了发展目标，坚定了发展信念，充分调动了干部职工的积极性、主动性和创造性，公司先后有7人荣获省部级以上劳模荣誉，涌现出全国劳动模范周飞、中石化劳模王安泰等一大批体现新时期胜利精神的典型集群。公司靠独有的文化优势，在站稳内部市场的基础上，先后开辟了江苏、内蒙、沙特、土库曼等国内外市场。

提高了公司知名度和美誉度，职工队伍整体素质显著提高。2005年8月16日，胜利品牌建设现场经验交流会在黄河钻井五公司召开，公司党委作了典型发言。同年8月27日，全国企业文化现场会与会人员到公司驻地和胜科1井参观，对黄河钻井五公司的品牌建设、基层建设和人本管理理念给予充分肯定和高度评价。2007年9月1日，胜利油田钻井、作业系统HSE现场推进会在公司召开，公司先进的HSE管理模式面向全油田石油工程板块进行了交流推广。2008年7月22日，公司承办了胜利油田“两讲”活动现场推进会，公司“深化两讲活动，推动又好又快发展”的典型做法同与会单位进行了交流。

通过创建学习型机关、学习型班组、学习型个人等多种形式，把学习与工作有机融合起来，职工杜书东被评为“山东省首席技能大师”并荣获“为民技术创新奖金奖”，张继旺被评为“油田十佳青年技术工人”，王勇被授予“胜利青年五四奖章”，杨三旺被评为油田“十佳助人为乐模范”。在2006年中央企业职业技能大赛石油钻井工竞赛中，公司选手摘得一枚银牌、两枚铜牌，在2008年油田第十五届职业技能竞赛中，公司有11名选手取得名次，其中石油钻井工包揽了前3名。2006年40577钻井队荣获“中央企业学习型红旗班组标杆”荣誉称号。

经济效益和社会效益不断提升。2006年，完成钻井进尺82.38万米，实现经济总量15.56亿元。2007年完成钻井进尺82.91万米，实现经济总量17.14亿元。2008年，公司内部市场共开钻363口，高井358口，完成钻井进尺87.18万米，实现产值20.97亿元，创历史新高。

安全体面的工作 健康舒适的生活

——中石化北京燕山石化公司企业文化建设

企业概况

燕山石化公司是中国石化直属的特大型石油

化工联合企业,成立于1970年7月20日。公司拥有生产装置63套,公用工程装置68套,原油加工能力1000万吨/年,乙烯生产能力71万吨/年,可以生产94个品种、431个牌号的石油化工产品,是我国最大的石油化工生产基地之一。截至2009年底,公司已累计加工原油2.5亿吨,生产乙烯1443万吨,生产石油化工产品2.4亿吨,累计实现销售收入6600亿元,实现利税717亿元。目前有350项科技成果获得省部级以上科技进步、科技发明奖,拥有272项国内外专利,开创了我国成套石化技术出口的先河。经过培养教育和实践锻炼,燕山石化形成了一支结构合理、素质优良的职工队伍,培养了一大批具有较高学术水平和丰富实践经验的技术专家、管理专家,先后有30多位走上了党和国家高级领导干部岗位。

燕山石化安全环保文化的建设背景及主要内容

燕山石化公司是隶属于中国石化集团公司的特大型石油化工联合企业。对于具有"高温高压、易燃易爆、有毒有害、链长面广、连续作业"特点的石油石化行业来说,安全环保工作是企业的生命线,是保障职工生命财产安全、承担社会责任、构建和谐企业的首要任务;安全环保文化是企业文化建设始终关注的一个重要方面,是石化企业文化建设的核心要素。

长期以来,燕山石化秉承"大企业要为国家做大贡献"的企业使命,把建设"资源节约型、科技创新型、环境友好型、本质安全型"的现代化石油化工企业作为企业愿景。早在上世纪80年代,以吴仪同志为党委书记的公司领导班子联系石化行业特征,提出了"团结、求实、严细、创新"的燕化精神,充分体现了燕山石化工艺特点所要求的管理上的严密性、工作上的科学性、作风上的严细性和技术上的创新性,特别是"求实"和"严细"融合了"安全第一"的工作理念,体现出对安全工作的特殊要求。进入新世纪以来,我们认真落实科学发展观,站在构建社会主义和谐社会的高度,把"安全体面的工作,健康舒适的生活"作为安全环保文化的自觉追求,认真落实"以人为本,依法治企,安全第一,健康发展"的安全理念和"建设清洁工厂,创造绿色文明"的环保理念,积极开展"我要安全"主题活动,将安全、环保工作作为保障国有资产保值增值、维护职工生命财产安全、保护自然环境、构建和谐企业的重中之重,通过加大宣传教育力度,加大职工培训力度,科学规划,严细管理,加大安全投入,不断改进职工的物质文化生活条件,在确保实现本质安全的同时,使企业逐渐步入了安全、稳定、持续、和谐的科学发展轨道。

抓住四大环节,打造本质安全型和环境友好型企业

(一)以树立共同安全价值观为核心,提高职工的安全意识和素质,激发主动性

1. 加强教育,提高认识。坚持独具特色的"四个一"活动。即,每年的第一个行动是元月一日的"零点安全起步",公司领导班子成员带领相关部门负责人分多个小组深入生产一线,检查安全工作,宣讲形势任务,慰问在岗职工;党政工团联合下发的第一份文件是"安全一号文",对全年安全工作的指导方针、目标和措施进行具体安排;党政联合召开的第一个会议是安全生产工作会议,总结经验,查找不足,部署全年任务;每年的第一个月是"安全宣传月",对全员进行宣传教育和安全考试,考试合格方能上岗。以主题教育为载体深入开展经常性的安全活动。围绕"安全一号文"的落实,2004年至今连续在职工中开展"精心工作、严细管理"系列主题实践活动,明确提出"为了自己生命、为了企业安全、为了国家财产,改掉不良习惯",帮助职工改善工作态度,强化工作责任,增强工作能力,培养严细作风。三是基层党组织持续在党员中开展"党员身边无违章、党员身边有安全"活动,团员青年主动组建了"青年示范岗"和"安全监督岗"。通过持续不断的教育,使干部职工普遍树立起安全大局观,牢记安全理念,明确"安全是最大的效益",变"要我安全"为"我要安全"、"我保安全",促进了安全管理从精、从细、从严、从实。

2. 加强培训,提高能力。一支技术业务素质过硬的职工队伍是企业实现安全稳定生产的根本保障。公司从全面提高职工素质入手,以强化培训为载体,深入开展了"创建学习型组织,争做知识型职工"活动。一是加强培训基地建设。以职工教育培训中心和仿真培训中心为依托,相继建起了各类培训基地,并将职工教育经费提取的比例由原来工资总额的1.5%提高到2.5%。二是大规模启动三支人才队伍培训工程。推进"干部素质工程",完成高中层干部的全脱产、半封闭、半军事化、较高水准的调训,更新了知识、提高了素质;同清华大学、石油大学等一流高校合作在专业技术人员中开展继续教育,更新专业知识、拓宽思维领域、实现持证上岗;在操作技能人员中,开展职业技能鉴定,并制定了工人技师和高级技师评定办法、对优秀技术成果实行职工冠名奖励、评选优秀操作能手、奖励职工创新创效成果及合理化建议等一系列政策措施。所有这些培训中,安全培训是最重要的一课。三是加强日常培训和练兵。坚持中层以上领导和专兼职安全管理人员定期参加安全培训,做到持证上岗;职工要通过岗位练兵、安全考试等活动,提高专业技术能力和综合素质。经过长期的培训和素质提升,形成了培训——提高——再培训——再提高的良性循环,为安全生产打下了坚实的人力资源基础。

3. 加强宣传，形成氛围。一是充分利用重大纪念日开展安全宣传。坚持开展“全国安全生产月”、“119 消防宣传周”等活动，结合自身需求，开展“燕山石化事故反思月”、“劳动保护检查月”，“职业卫生检查与评比”，组织安全主题实践、应急预案演练、知识竞赛、板报比赛等活动，形成安全宣传时时不忘，安全氛围处处呈现的良好格局。二是充分利用媒体营造安全氛围。在报纸、杂志上长期开辟安全宣传专栏，举办安全生产有奖征文。三是充分利用职工的自我教育强化安全意识。将安全宣传贯穿在每一项工作、每一个环节中，通过职工喜闻乐见的形式，使职工在参与中受到教育。如开展“青年与安全”主题 FLASH 设计大赛，制作了 60 多集的安全公益广告，在公司电视台进行展播；2009 年和 2010 年连续在职工中开展“我要安全”主题活动；进行岗位危害识别，加强应急训练，开展征文和 DV 短片征集，让安全成为职工的自觉需求。

（二）以建立完善安全制度为重点，深化严细管理，强化执行力

1. 完善制度，制定规范。安全制度的建设、完善和执行是安全文化的重要内容。燕山石化在长期的生产实践中积累了一套较为完善的安全管理经验和制度，并随着国家法律法规的修订、调整以及企业内部环境和生产条件的变化，及时进行补充和完善。2005 年我们结合企业实际，融入 HSE 管理理念，重新修订、完善了《燕山石化公司安全生产监督管理制度》。修订后的安全管理制度共 77 项，涵盖了公司安全生产管理的方方面面。2009 年 2 月，公司又进行了修订和完善，进一步加强了禁令细化工作，形成了一个较为完善的安全管理体系，使安全生产从经验管理向规范管理、从分散管理向体系管理逐步跨越。

2. 分解责任，夯实基础。燕山石化公司高度重视责任制建设，建成了横到边、纵到底的责任制网络。明确各级“一把手”的安全责任。抓好四件事：一是始终把握好安全生产的方针政策，注重研究新情况、新问题，提出新思路、新措施；二是逐级抓好安全生产责任制的分解落实；三是对本单位的生产安全隐患要心中有数，尽己所能抓好治理；四是抓好技术改造和基本建设安全设施的“三同时”。明确全体职工在安全生产中担负的职责。每年都要层层签订《安全环保责任书》，全体职工都要签订《安全承诺书》。通过责任体系的建立，做到了安全工作人人有专责、事事有人管、时时有控制、件件有着落。

3. 严细管理，落实问责。安全制度重在落实。为强化执行力度，公司实施了闭环管理考核体系，实现安全工作有布置、有落实、有检查、真考核；坚持操作工巡检制度和班组日检查、车间周检查、厂里月检查、公司季检查，并定期组织各种专业专项检查，各项检查结果与经济责任制直接挂钩；制定了严格的《生产安全事故行政责任追究规定》，在各类先进的评比中坚决实行“安全一票否决制”，对于各类事故坚持“四不放过”原则：即事故原因未查清不放过、责任人员未处理不放过、整改措施未落实不放过、有关人员未受到教育不放过，使每起事故从领导干部到事故责任人都承担起相应的责任，时刻敲响安全警钟。

（三）以科技进步为手段，加大安全投入，实现本质安全

1. 依靠科技进步，推进安全管理现代化。公司每年都要投入大量资金，用于设备的更新、改造和工艺的优化。一是采用新工艺、新设备、新材料，对 95% 以上的装置进行了技术改造，使主要生产装置的规模和技术都保持了国际或国内的先进水平，大大提高了安全生产的可靠性；二是为提高装置的控制水平和仪表系统的安全性，加大了对 DCS（集散控制系统）、ESD（紧急停车系统）、PLC（可编程控制器）等重要仪表控制系统技术改造和设备更新的力度，关键机组都安装了实时状态监测系统，管理和操作人员通过网络进行在线监测，及时发现异常，分析故障，处理问题；三是建立了安全生产长效机制，引进世界通用的安全环保管理体系，全面推行 HSE（健康、安全、环境）管理体系，对识别出的新危害及时制定出控制措施，有效保证了装置长周期安全运行。

2. 综合治理隐患，确保运行安全。每年投入上亿元用于隐患治理，每项隐患都按照“四定”原则，定治理方案、定治理资金、定治理期限、定治理责任人，实行分级管理，及时立项整改，并在年底进行硬性验收，隐患治理进度与领导业绩挂钩。近几年公司投入 1.7 亿元，先后消除了 5 个北京市级安全隐患；投入 1 亿多元，治理了消防系统隐患。同时从源头抓起，从项目建设抓起，保证不产生新的隐患，为企业生产安全打下了坚实的物质基础。

3. 科学规划，实现本质安全。首先，在规划中突出本质安全。提出了“一个指挥中心、两个生产厂区、三个生活区”的战略构想，重新进行区域整合，将六个生产厂整合为两个厂区进行严格的封闭管理，采取集资建房的方式搬迁受项目影响的 8000 居民，将生活区与生产区彻底分开；吸取松花江事件教训，建成 400 万立方米和 1000 万立方米两个应急储水库，平时用于污水净化回用，发展循环经济，紧急状态下可作为污水储备系统，从而避免环境污染，维护职工利益，履行社会责任。其次，按照科学发展观的要求，对预防事故的各种预案进行了重新梳理和完善。制定颁布了《突发事故（事件）应急救援预案》和模板，明确职责，提高应急行动的科学性、可操作性和有效性，并定期进行预案的培训和演练，帮助职工提高应急反应能力，最大限度地减少人员伤亡、财产损失、环境破坏和社会影响。

（四）以建设环境友好型企业为己任，推行清洁生产，发展循环经济

1. 探索产业化发展道路，实行环保专业化管理。公司首先从制度管理开始，把环保管理纳入生产管理的过程中，建立了“两级监测，三级把关，四级管理”的环保管理体制，将环保责任制与生产责任制一起签订，环保指标层层分解，落实到人头。在此基础上，燕山石化积极探索产业化发展道路，实行专业化管理。1989 年组建环保事业部，实现了公司环保的专业化管理。2006 年 6 月燕山石化通过合资合作，成立中国石化集团第一个水务对外合作企业，推进了我国石化领域向水务行业市场化、专业化方向迈进。

2. 持续清洁生产，从源头上控制污染。公司坚持从源头控制污染。几年来，公司通过自主创新和消化引进再吸收，先后开发、投用了一系列环保措施，把污染物削减或消化在生产、储存、销售的全过程。公司提前完成了苯酚丙酮装置氧化尾气治理等三个奥运环保折子工程，得到时任北京市市长王岐山同志的高度肯定，批示责成北京市主流媒体予以大力宣传报道。经过中国环境科学院的清洁生产评估，燕山石化核心生产装置清洁生产水平全部达到国内先进水平，部分装置达到国际先进水平。

3. 大力推进综合利用，发展循环经济。“利用有限的水资源，创造无限的水循环”目前已成为燕山石化深入人心的理念。几年来，公司先后建成了 4 个工艺先进、功能齐全的污水处理场和两套污水回用装置，2009 年，公司又贯彻生态治河理念，建设集排涝防洪、雨水收集、污水回用、生态景观与突发事故防控于一体的区域水源循环系统，目前公司初步实现了由污水达标排放型向水资源综合再利用型企业的转换。公司还加大火炬气回收的技术攻关，使 8 支“火炬”在正常生产情况下基本熄灭，每年可以回收油气资源 20 万吨以上，增效近亿元。

先进的安全环保文化建设为企业持续健康发展夯实根基

安全环保是石化企业一切工作的前提和保证。燕山石化在多年的安全环保文化积淀中，提高了职工的安全环保意识和职业技能，促进了安全生产和科技进步，筑牢了企业持续健康发展的根基，为地区建设创造安全和谐的保障，促进了人与自然和谐相处、企业与社会和谐发展。

1. 职工安全意识明显增强，安全环保文化氛围浓厚。通过宣传、培训、管理的相互融合和促进，干部职工的安全环保意识与技能大大增强，“任何事故都是可以避免的”、“我要安全，安全保我平安；我要环保，环保佑我健康”的理念逐步深入人心，安全环保文化氛围日益浓厚，违章行为大大减少，为安全生产奠定了坚实的思想基础和安全行为基础。

2. 安全环保管理更加规范，工作机制趋向专业化。目前公司成立了统一的安全生产指挥中心，在专业化管理和信息化技术的基础上，实现管控一体化，缩短了安全环保管理工作的链条，更加直观、高效。在单位、机构和岗位设置上，公司重新修订了岗位标准和工作标准，每个岗位都有相应的安全生产责任制，使专业性更加突出，各项工作标准向更精、更细的方向迈进，为安全管理工作提供了专业化管理的良好机制。截至 2010 年 5 月 30 日，公司实现无上报中国石化集团公司重大事故 3152 天。被国家卫生部、安监总局、全国总工会联合授予“国家职业卫生示范企业”光荣称号；在第二届北京安全文化论坛上被北京市安全生产监督管理总局授予“北京市安全文化示范企业”光荣称号。

3. 安全环保技术不断进步，各项指标全面优化。作为北京市主要油品供应商，公司紧跟世界燃油清洁化发展步伐，开发投用了一批新工艺、新技术，用了十年的时间走完西方国家二十年的油品质量升级路。2007 年 6 月 22 日，成功生产出北京奥运亟需的符合欧Ⅳ排放标准的高品质清洁油品，兑现了向国际奥委会的郑重承诺。近年来，公司销售收入增长 80%、利润增长 122%，原油加工量提高 37.74%，乙烯产量提高 4.96%，而工业用新鲜水总量下降 46.13%，万元产值水耗下降 59.06%，外排污水总量下降 76.90%、外排污水化学耗氧量下降 87.45%，万元产值能耗下降 38.81%。燕山地区空气质量显著改善，全面优于北京市区。由于公司连续多年做到增产不增排污总量，先后被评为北京市乃至全国环保先进单位、“2008 年节能减排十大功勋企业”、“全国能源绿色企业 50 佳”、“中华环境友好企业”等称号。

加强安全环保文化建设的体会与思考

1. 安全环保意识的提高是安全环保文化得以推行和渗透的基础。思想是行动的先导，安全环保行为的养成离不开安全意识的提高。只有把“我要安全”、“我要环保”铭刻在心，才能在日常工作中自觉按照安全环保规章制度办事，才能避免出现麻痹大意、掉以轻心的安全环保事故。为此，要坚持开展“我要安全”主题活动，通过持续不断的安全教育和安全培训，通过时时处处、形式多样的安全环保宣传，大力营造人人重视安全、人人讲究环保的浓厚氛围，这是安全环保文化得以推行和渗透的基础。

2. 完善的安全环保制度体系建设是安全环保文化建设的核心内容。制度建设是一个根本性的、全局性的问题，安全环保制度是安全环保文化的重要组成部分。只有形成一个较为完善的安全环保制度体系，一切行为都有明确的安全环保标准，有章可循，有规可依，才能促进企业的安全生产、环保治理从经验管理向规范管理转变，从分散管理向体系管理逐步跨越。

3. 明确责任落实到人是安全环保文化建设的重要环节。安全环保文化实质上是一种责任文化，落实责任制是核心。要把安全环保责任细化到岗位、落实到人头，继续坚持在各类先进的评比中坚决实行“安全一票否决制”、“环保一票否决制”，定期组织各种专业专项检查，把各项检查结果与经济责任制直接挂钩。

4. 形成科技创新的良好氛围是安全环保文化建设的重要任务。石油化工行业是技术密集型产业。工艺和设备的安全性对于装置的安全稳定运行起着根本作用。科技进步是提高安全环保工作效果的巨大推动力。因此,安全环保文化建设的一个重要任务就是要形成科技创新的良好氛围,鼓励干部职工绷紧安全弦,牢记环保经,通过技术革新和改造实现本质安全、本质环保,真正做到安全体面的工作,健康舒适的生活。

特色企业文化的培育和落地

——太原钢铁(集团)有限公司企业文化建设

企业概况

太原钢铁(集团)有限公司(以下简称太钢)是集铁矿山采掘、钢铁生产、加工、配送和贸易为一体的特大型钢铁联合企业,现已形成年产1000万吨钢(其中300万吨不锈钢)的能力,营业收入突破1000亿元,成为全球规模最大、技术装备水平最高、品种规格最全的不锈钢企业,综合竞争力显著增强。太钢发生的深刻变化,源于发展战略目标的准确定位,使太钢人有了共同的理想追求;得益于企业流程再造和制度创新,使太钢焕发了生机和活力;更重要的是,具有自身特色的企业文化建设,为太钢的跨越发展提供了强大的动力支撑。

战略催生文化,文化支撑战略

上世纪九十年代末,国企改革举步维艰,亚洲金融风暴及加入WTO所带来的严峻挑战,加之太钢自身管理、技术、质量、服务等方面的差距,使太钢陷入艰难的生存困境:在国内钢铁强势企业和后起之秀你追我赶的形势中,太钢已被挤出传统的"十大钢"行列。太钢的发展方向在哪里?做大普钢,受各方面条件的制约太多;发展特钢,虽然有些优势,但作为特钢之首的不锈钢,产量也不到十万吨,且工艺装备落后,产品质量不高。"要大不大,要特不特,要强不强"——太钢处于十分尴尬的境地。

进入新世纪,随着中国不锈钢消费量快速增长,世界不锈钢产业加速向中国转移,不锈钢市场呈现出广阔的前景。顺应国家提出的产业结构调整的要求,太钢通过对世界钢铁工业特别是不锈钢产业发展趋势进行系统、深入的分析,结合自身实际,确立了新的发展战略目标,其基本内涵是:抓住国家和山西省推进结构调整的机遇,通过努力,在不锈钢的品种、质量、成本、研发、节能、环保、效率、服务等方面达到世界一流水平,把太钢建设成为全球最具竞争力的不锈钢企业。

战略催生文化。太钢决策层提出,要实现这一宏伟目标,必须要求战略实施、制度安排和文化建设齐头并进,必须要以共同的理想追求及相应的核心价值观统领全员的行为,将战略目标转化为全员的自觉行动。太钢明确提出,要通过实施文化管理,加快构建战略支持型企业文化,把员工队伍的思想和行为调整到支撑企业战略目标上来;通过实施文化管理,提高全员对太钢企业文化的认知和认同度,并在岗位中自觉实践;通过实施文化管理,快速培养一支与战略目标相适应的一流员工队伍。基于此,太钢着手逐步构建和完善企业文化体系,系统规划、科学实施企业文化管理,用心培育核心价值观,推进文化落地,为战略目标的实现提供有力支撑。

系统规划,完善体系

这些年来,太钢在建设企业文化的过程中,围绕企业发展战略,遵循文化管控原则,依据企业文化体系,按照"一二三四五"(即:贯穿一条主线——全员行动,促进文化落地;把握两个原则——系统性、科学性;依据三个步骤——认知、认同、践行;推进四个方面——内化于心、塑化于行、固化于制、外化于形;达到五个标准——有层次、有重点、有节奏、有声势、有创新)工作框架,推进企业文化建设。

建立和完善企业文化组织管理体系,为推进企业文化建设提供组织保障。2004年1月,太钢集团设立了企业文化部,明确了企业文化部的职责定位,即:负责全公司企业文化的谋划、组织实施和评价,工作体制上实行党委宣传部与企业文化合署办公,下发了《企业文化管理规定(暂行)》,提出了全公司企业文化建设的目标、任务、工作范围,明确了各管理、业务部门企业文化建设职责,规范了公司文化建设的考评体系,形成了责任明确、齐抓共管的格局。

建立和完善企业文化建设体系,推进企业文化建设的系统化和规范化。太钢逐步丰富和完善以"理念识别系统(企业使命、战略目标、核心价值观、企业精神、经营原则等)、行为识别系统(职工行为规范、职工行为礼仪细则、各项管理制度等)和视觉识别系统(企业标志、厂旗、标准字、标准色及应用系统等)"为主要内容的、具有本企业特色的企业文化体系。同时,坚持集团文化管控和企业文化渗透,在核心价值观的统领下,陆续形成了企业安全观、质量观、营销观、廉政观等。在维护集团文化统一的同时,兼顾二级单位、子分公司的不同特点和性质,规范了子文化建设模式,充分调动二级单位、子分公司建设特色文化、实践集团文化的积极性、主动性和创造性。

持续开展全员培训,提高对企业文化理念的认知度。我们采用内训与外聘相结合的方式,抓住中高层管理人员和新入厂员工两个重点,开展了各种层次、各种类型的企业文化培训,确保培训覆盖到全体职工。几年来,针对管理层和操作层在企业文化建设中承担的不同作用,组织开展了各种类型的培训,先后邀请国内企业文化领域的权威人士孟凡驰、汪中求、王吉鹏、王成荣、华锐、王汉武等,为公司决策层进行专题讲座。同时结合不同时期的不同任务,对新线上岗人员、主线班组长、企业文化骨干、青年志愿者等开展了企业文化专项培训。对企业文化内训师、新入厂员工、各基层单位实施主题培训,选送企业文化优秀工作者参加冶金企业文化高级研修班、企业文化管理师培训班、学习型组织培训班等。从2007年开始,将企业文化列入太钢实施全员素质提升工程,对全体员工进行一次企业文化轮训。为保证培训的规范性和一致性,开发了《太钢企业文化》课程,编写了4万余字的教材,制作了PPT课件,录制了视频教材,成为对全员进行企业文化培训的基本教材。

神行合一,重在实践

重在实践,是太钢企业文化建设的出发点和落脚点,也是太钢企业文化建设最显著的特色。这些年来,太钢坚持从解决与发展战略不相适应的思想和行为入手,结合各个时期企业发展的要求,以开展主题活动为载体,持续推进文化落地,效果明显。

一是开展"建设最具竞争力的企业要从小事做起"主题大讨论和实践活动。针对职工身上普遍存在的一些与建设全球最具竞争力的企业的要求不相匹配的不良习惯,在全公司范围内广泛开展了一场"建设最具竞争力的企业要从小事做起"学习讨论活动。通过学习讨论,共查摆出存在的不良行为习惯750条,在此基础上,公司通过梳理、凝练、归纳形成了《杜绝不良行为公约》。通过大讨论,太钢人的言谈举止、待人接物、按章操作的自觉性都大有进步,团队意识明显增强,文明素养有了明显提高。

二是开展"增强责任感,提高执行力,实现精细化"主题大讨论和实践大活动。为适应建设无与伦比的新不锈钢精品工程和建设精细化、信息化、国际化企业的需要,针对职工中存在的执行力不高、精细化意识不强的状况,太钢以学习观看《赢在执行》系列光盘为切入点,组织开展"提高执行力、实现精细化"大讨论活动。通过大讨论,强化职工"重在执行、赢在执行"的理念和精益求精、奉献精品的意识,推动了新不锈钢工程及配套项目的顺利实施。2006年9月,在太钢发展史上具有标志意义的新不锈钢系统工程全面竣工后,围绕"面对新装备、新发展,我们怎么办",继续引深主题大讨论和实践大活动,明确提出了"找准差距、分析原因、明确目标、制订措施、狠抓落实"五个步骤和"找准差距、狠抓落实"两个关键环节,全面开展与国际一流水平的全面对标找差活动,管理理念、管理思想和管理方法跃上了全新的台阶。

三是开展"文明在钢城"的主题大讨论和实践活动。随着太钢在全球不锈钢行业影响力的日益增强,面对企业国际化程度和在行业与社会知名度的不断提高,从2008年起,针对员工当中存在着的影响企业形象、导致产品质量、服务质量和工作质量不高的行为和习惯,企业文化部会同有关部门从吸烟、过道口栏杆、穿着工装、停放车辆、草坪维护等有代表性的不良习惯和行为为切入点,组织开展了查摆"不文明、不规范、不精细"行为活动,通过多种宣传手段,持续开展"三不"行为的梳理和曝光活动,初步形成了"太钢职工礼仪细则",全员的文明素养和公司整体文明程度显著提高。

在主题活动开展的过程中,太钢充分发挥《太钢日报》、太钢有线电视台、太钢内外网站、宣传栏、电子屏幕等的作用,开展正面引导与反面曝光,构建起了企业文化的传播平台。为了规范职工对企业文化的认知,通过定期修订完善并下发《企业文化手册》,并按照"通俗、朴实、易懂"的原则,挖掘和宣传用心实践企业文化要求的典型案例,形成了《滴水穿石》、《我们身边的闪光点》、《太钢职工画与话》等系列企业文化读物,精心制作了《好风凭力上青云》、《不锈之魂》等企业文化电视专题片,形成了推进企业文化建设的浓厚氛围。必须指出,太钢企业文化建设的有效推进,关键在于领导干部真正将企业文化建设作为凝心聚力、塑造形象、建设现代化国际一流公司的核心,并在企业文化建设的全过程体现出高度自觉、率先垂范的责任感和勇气,在传播和践行企业文化中发挥了示范作用,为扎实推进企业文化建设提供了最根本的保证。

最近的十年,是太钢改革力度最大、发展最快的十年,职工收入增长最快、企业最为和谐稳定的十年,也是太钢在全球和行业知名度显著提高的十年。这当中,企业文化建设发挥了独特的作用。企业文化是企业的灵魂。太钢明确提出,要加快建设全球最具竞争力的不锈钢企业,到2015年,营业收入达到2000亿元,建设具有国际竞争力的大企业集团。与战略目标要求相比,太钢在企业文化建设上还有许多不足,我们将不断拓展思路,创新方法,让企业文化在推动企业新的发展中体现出更加蓬勃的活力和生命力!

(作者张小虎,单位太钢集团企业文化部)

为提速 安全 稳定提供文化支撑

——北京铁路局企业文化建设

企业概况

北京铁路局所辖线路分布在北京、天津、河北及山东、河南、山西省的部分地区,下辖77个行政单位,职工20多万人。管辖范围内有铁路正线152条,其中有京津城际铁路、石太客运专线、京广、京九等主要干线22条。线路总延展长1.33万公里。日均货物发送量60万吨,日均旅客发送量51万人。2006年10月,北京铁路局按照我国《"十一五"安全文化建设纲要》和铁道部的部署,以安全文化建设为龙头,推动企业文化建设和发展。特别是针对铁路第六次大提速、京津城际、石太客车在开通运局面。比如,所辖的石家庄电力机务段运用“细节原理”抓标准化落实;邯郸车务段运用“破窗原理”抓安全生产上的漏洞;丰台机务段运用“投石头原理”防止安全生产上的麻痹思想,走出“事故周期率”;衡水工务段运用“翻跟头原理”给职工提供施展才华的平台,营造和谐的企业氛围。基层单位对安全文化建设表现出极大热情,各级领导对安全文化建设的重视程度在不断提高。作为领导干部,不懂得不重视安全文化建设,就不是合格的领导干部已成为共识;站段中层干部认为抓安全的视野开阔了,办法多了;许多一线职工认为“在严格管理中感受到了文化的温暖”。截至2010年5月9日,北京铁路局实现安全生产600天。北京铁路局安全文化建设得到铁道部、北京市、国家安全生产监督管理总局的肯定,在中国企业文化研究、《中国思想政治工作研究动态》等20多个会议和刊物媒体上介绍了经验,中国文化管理学会授予我局“安全文化建设先进单位”称号,在“第二届北京安全文化论坛”开幕式上授予我局首批“北京市安全文化建设示范企业”。

面对激烈的市场竞争 我们选择诚信

——南昌亨得利有限责任公司企业文化建设

企业概况

亨得利是寓万事亨通得利而取名,创办于清朝光绪末年。1918年,由总部派人来南昌选址于商业繁华地段中大街路,即现在的胜利路洗马池开设了“南昌亨得利钟表眼镜行”,以经营钟表、眼镜、钢笔、唱机、银器首饰,兼营钟表修理而著称。随着历史的变迁,南昌亨得利历尽沧桑,特别是改革开放深入推进和当今金融危机的严峻考验下,诚实、守信的经营宗旨从未改变,始终把诚信看着是企业的生命,始终把诚信文化看作是企业文化的精髓。并在诚信服务上做文章,百年老店的金字招牌一直传承至今,并不断融入新的内涵,形成了“生意与信誉同领、商品与人品共纯”的企业精神。塑造出“字号老、信誉好”的企业形象。不断推动企业的发展。

以信誉为准则 锻造纯真质量

消费者眼中的信誉来源于商品质量的纯真。为了杜绝假冒伪劣商品进店,我们从进货管理入手,制订了“三不进、一不收”制度,规定:三无商品不进,质量不好的商品不进,售后服务无保证的商品不进,损公肥私的回扣一律不收。在亨得利经营的商品中,国产的都出自国家定点生产厂家,[illegible]口的都来自国家指定的正规渠道,并完善了进货、入库、[illegible]各个环节的严格管理制度。同时注重延伸服务,[illegible]时,发放质量跟踪卡,设立投诉电话、意见本、意见箱,受理电子邮件投诉,实行全天候经理值班。还实行质量先行负责制,设立质量先行负责基金,并确立了“可退可不退的商品以退为主,可换可不换的商品以换为主,可修可不修的商品以修为主,分不清责任的以我方承担责任为主”的退换商品原则。据统计,仅2008年就为消费者退换商品达1800多人次。年末公司还对库存的全部商品实行滚动淘汰制,对顾客投诉较多的品种坚决清理出场。

公司经营的黄金珠宝饰品是一种贵重的高档商品,款式、花色、品种繁多,为了确保每一件饰品的成色、重量、净度达到质量要求,我们在全省首家推行上柜珠宝金饰品一律送国家权威检测部门检测制度,并每款附有检测证书,即使是售价较低的银饰品,上柜前也要全部检测,因此企业每年要多化费20余万元检测费用,目的是让消费者对亨得利的商品产生潜意识的信任感。此外,作为零售商我们采购黄金饰品时都是按批量的总重量结算付款,而零售是按每件饰品出售,因而每件分秤出售后累计的重量则会出现比购进时的总重量要短少的情况。为了确保顾客的利益,我们要求质检部门在分件称重时取小数点后两位数,不搞四舍五入,再后面的余数,那怕是9也直接抹掉,并采取零售时复称的举措,让顾客当面确认自己购买的金饰品重量与发票上的重量是否相符,仅此一项我公司一年的金饰品损耗也在10万元左右。

眼镜是一种比较特殊的商品,顾客要配装一副合格、舒适的眼镜,都要经过验光、选镜架、加工、调校、检测、复查等环节,缺一不可。为此,在配制眼镜时,我们聘请了眼科医师坐堂为顾客检测眼睛,提供配镜的咨询服务,用电脑储存顾客视力变化和配戴眼镜矫正的资料;配备专职眼镜质检员,对所有的成镜和配镜都按国家标准检测并记录在案;配制的眼镜必须试戴或电话查询佩戴情况,半个月内不适应的可免费重配。对待商品质量问题,我们从不马虎。有一次,因质检员吃饭去了,顾客又急着取眼镜,眼镜车间的加工人员就把没有进行质检的眼镜发给了顾客。下班前质检员核对发票时发现这副眼镜没有经过质检。公司立即派人根据发票上留下的地址、姓名找到这位顾客,取回眼镜检测后,又送回给顾客,赢得顾客的口碑。历年来,国家眼镜质量监督检验中心的专家来南昌以顾客的身份随机对眼镜经营商进行监督抽查,抽检品13项指标南昌亨得利每次均全部合格,合格率100%。在亨得利初次购进的钟表要拆机检查,名牌表设立专柜销售,在出售手表时,使用电子校表仪为顾客测试走时精度。南昌亨得利凡出售的商品都做到了商品质量的纯真,因此荣获“全国百城万店无假货活动”示范店、先进单位的称号。

真诚对待顾客 彰显企业声誉

以诚待客,才能彰显企业的声誉,提高企业的核心竞争力。用现代流通的视角来看,商业企业间的竞争,不仅是商品的竞争、购物环境的竞争,更重要的是服务质量的竞争。为了让消费者在购买商品的同时,感受到诚信,体验到温利这个百年老店,守信塑造了亨得利这块金字招牌。路漫漫其修远兮,让我们继续上下而求索,努力把诚信文化打造成南昌亨得利名片,把南昌亨得利打造成南昌城市名片,与时俱进,为振兴赣商、为实践南昌“大气开放,诚信图强”的城市精神去谱写新的篇章,开创新的辉煌。

培育个性鲜明的公交文化

——北京公共交通控股(集团)有限公司企业文化建设

企业概况

北京公交集团是一个具有八十余年历史的企业,积淀了丰厚的文化底蕴。从新中国成立尤其是从改革开放至今,北京公交集团已发展成为拥有11万多名员工、运营车辆档次齐全、运营线网覆盖北京辐射周边地区的特大型国有企业。在城市公共客运交通市场中处于主体地位,发挥着主导。以导入CIS系统作为主要手段,发挥其特有的导向、凝聚、激励和识别作用,取得了明显效果。近年来,在线网优化、票制票价改革、迎保奥运、迎保国庆等重大任务中发挥了重要作用。2008年5月,北京公交集团被首都文明委正式授予“首都文明行业”的光荣称号。荣获省部级文明行业荣誉,北京公交集团开辟出一条城市公交行业精神文明建设的新途径。

公交文化的生成及个性

任何文化都有其生成的历史和环境。北京公交集团是一个具有八十余年历史的企业,积淀了丰厚的文化底蕴。公交的发展不仅留下了时代的烙印,同时留下了文化的烙印。例如,数十年来大力弘扬的“一心为乘客,服务最光荣”的行业精神;“宁愿自己千辛万苦,不让乘客一时为难”的奉献品质;“在内宾面前我代表首都,在外宾面前我代表中国”的责任意识;“岗位做贡献,真情为他人”的服务情怀等等,这些对员工价值观念的形成产生了深刻的影响,是企业宝贵的精神文化财富。公交文化的生成源于这样的历史、这样的环境和这样的行业特点。

企业文化真正的生成力和生命力在于个性,即鲜明的特色。近些年来,北京公交集团“以人为本,乘客至上”的人本文化理念,就是在传承公交历史、传续优秀文化、经过深入挖掘提炼而形成的企业特色文化,是本土化的产物。它所涵盖的是:对内以员工为本,关心、爱护、培养人,维护员工利益,促进员工全面发展;对外以乘客为本,尊重、照顾、人,文明礼貌服务,方便乘客出行。“以人为本,乘客至切入公交文化本质、体现窗口行业特点、把握服务并符合时代发展要求。人本文化是公交文化之源,源清则脉明,源远而流长。

公交文化的价值和作用

企业文化绝非花瓶、装饰品,它要通过不断渗透产生良好的效应。公交文化在构建企业人本理念、明确发展目标;推动企业创新进步、形成核心竞争力;提高全员素质、培育团队精神;探索文化管理、规范企业行为;强化激励机制、提高工作效率;打造服务品牌、树立企业形象;倡导诚信服务、赢得社会赞誉诸多方面,越来越彰显出其内在的价值和难以替代的作用。这在北京公交集团创建首都文明行业、出色完成奥运交通服务任务中,得到了充分的体现。

2005年首都公交公司制定了《迎奥运,创建文明行业三年工作规划》,全面实施了迎保奥运“优质服务提升工程”、“科技进步推进工程”、“场站建设整治工程”、“员工素质培训工程”、“企业文化建设工程”和“和谐企业构建工程”,形成了完整的创建机制。2007年正式向首都文明委申报创建首都文明行业,考评组进驻公交对运营、安全、服务和场站管理工作进行了为期4个月的明查暗访;全系统广泛开展了“对照创建标准查找服务不足”、“文明服务专项整改月”、“公交员工迎奥运,优质服务做贡献”和“百名礼仪服务标兵评选”活动,圆满完成了126项问题的整改工作,最终顺利通过创建文明行业的初评、总评和乘客满意度调查,获得了“首都文明行业”的光荣称号。

围绕提高服务质量,持续全面做好各项基础工作。北京公交集团进行线网优化调整,方便市民出行;实施IC卡乘车,践行科技公交;进行票制票价改革,低票价惠民政策让群众满意。制定出台了《关于加强服务工作的决定》,确定了用标准化治理一般化的工作思路,制定了车厢、站台标准化服务规范以及考核办法,并增加了对运营秩序、安全行车、车辆设施等方面的考核。注重营造良好的外部乘车环境,为方便中外乘客出行,在17963部运营车内张贴了双语行车线路图,对电子报站机、电子显示屏和各类宣传标志进行了双语化改造,投资近1000万元,完成了40个换乘站无障碍设施的改造,使公交整体服务水平得到提升。

开展社会共建活动,建设环境友好型公交。在广泛开展的军警民共建活动中,涌现出许多独具特色的精神文明共建先进单位。全国著名“助老线路”39路车队,与中国老年基金会全国助老工程办公室建立共建关系,始终把为老年乘客服务作为提高服务质量的突破口,得到沿线老年人和社会各界的好评,服务品牌反映出公交服务理念的变化和进步。

奥运前夕,2008年5月,北京公交集团被首都文明委正式授予“首都文明行业”的光荣称号。荣获省部级文明行业荣誉,北京公交集团开辟出一条城市公交行业精神文明建设的新途径。

公交文化的导入

在企业文化建设中,北京公交集团以导入CIS系统作为重要手段,发挥其特有的导向、凝聚、激励和识别作用,取得了明显效果。

确立并强化理念识别规范。通过长期深入的宣传灌输,让全体员工深刻理解“公交文化本质、基础理念体系、行为理念体系”。使企业理念识别规范真正内化为全体员工的思想观念和行为准则。确立并强化行为识别规范。通过制定一套行之有效的各岗位规范、职业道德规范、激励奖罚规范、教育培训规范和文明礼仪规范,进一步规范企业经营管理者和全体员工的行为,形成约束力,把精神层面的文化理念外化到行为层面的本职工作当中,增强了实际效果。确立并强化视觉识别规范。通过将企业标识、标准色统一规范地运用到公交车辆、公交场站、公交站牌、工作环境和员工识别服等各个应用环节之中,向社会明示企业的外在形象,向员工强调企业的视觉标准,进而营造了公交文化的浓厚氛围。

发挥先进典型在公交文化导入中的作用。从建设公交文化、弘扬公交精神的高度培养和树立先进典型,发挥典型引路和示范作用。

把建设学习型企业作为公交文化的重要组成部分。建立健全相应的机制保证,企业经营管理者主动自觉地学习,带动全体员工学习,营造浓厚的学习氛围,在坚持不懈的学习实践过程中,公交文化会逐步深入植根在团队的意识里,成为团队共同追求的文化取向。

公交文化的长远建设与发展

企业文化建设不可能一蹴而就,它有一个漫长的探索和实践过程。企业各级领导进一步明确了在公交文化建设中所肩负的责任,用科学发展观指导公交文化建设实践,做到认识明确,行动自觉,措施得力,组织落实,既舍得物质投入,更加大了精力上的投入,做文化建设的带头人和推动者,领导思想重视了,使得文化建设能够“落地”。公交文化建设纳入了企业党委和行政工作的议事日程,形成党委统一领导,党政工团齐抓共管,各负其责,全体员工共同参与的运行机制,为公交文化建设提供了必要的组织工作保证。

企业员工既是企业的主体,又是公交文化的实践者和创造者,公交文化只有得到员工的认可,才能形成合力、形成团队精神。公交文化建设与发展的关键是发动员工、全员参与,让员工对企业理念入脑入心,体现在工作中,通过员工的一言一行,一举一动塑造良好的企业形象。

积极探索,不断创新。优秀企业文化是社会主义先进文化的重要组成部分,公交文化的建设与发展,需要继承我国传统文化中的优秀成分,吸收外来文化成果,联系企业的过去和未来,探讨和解决许多理论层面、操作层面的问题,在创新中改进,在改进中发展,不断建设具有时代性、行业性、企业个性的公交文化,引导企业文化向更高水平迈进。

制定规划,持续建设。根据企业实际工作需要,北京公交集团日前制定了《关于加强企业文化建设的三年规划(2010年至2012年)》,从指导思想、工作重点、任务目标、载体途径、考核评价、组织保证等方面,对公交文化建设作了具体规划。制定实施企业文化建设规划,从一定意义上说,反映的是文化投入与回报的问题。文化投入的回报是一个长期的、潜移默化的过程,好的或科学的投入回报率,不是百分之几,可能是一倍、两倍,甚至是多倍的回报。公交文化的长远建设与发展,有赖于把握好上述重点,经过不断努力创造,迈向一个新的水平。

独具特色的霹雳文化

——中国一航导弹研究院企业文化建设

企业概况

中国一航导弹研究院是国家专业从事空空导弹、发射装置、地面检测设备、机载光电侦察设备及其派生产品设计,开发及批量生产的研究发展基地,中国空空导弹技术的发展日新月异,国产型号的空空导弹已经跻身世界先进行列。

四十多年来,一航导弹院忠实实践集团文化,建设了独具特色的霹雳文化。今天,为适应新的发展形势,一航导弹院又提出了要努力实现事业发展由国内一流向国际先进的转变;管理由规范管理向文化管理转变;文化建设由文化引导向文化自觉转变的新目标。要实现这一目标,只有建设高品质文化,才能推动导弹产业快速发展。

突出“共”字 促进人企价值共融

共同的理想追求、共同的价值观是优秀企业文化的基石。一航导弹院突出“共”字抓好企业文化建设,营造了人企价值共融的良好环境。树立核心理念,培育共同的价值观。价值观是企业文化建设的灵魂,是员工心中的灯塔。作为专业从事空空导弹研制和生产国防高科技武器装备的一航导弹院,担负着为国家提供先进武器的神圣使命,企业的价值观无疑应定位在报效国家上。一航导弹院深化集团理念和集团精神教育,大力弘扬爱国主义精神,通过核心理念的树立和共同价值观的形成,将国家利益至上的观念深深植根于职工的心中,把责任和使命转化成实际行动,为国家研制出高质量的产品。

引领思维变革 树立共同的目标

一航导弹院明确了建设“国际先进、和谐创新”的总体目标,并得到了干部职工的广泛认同。要快速实现这一目标,必须自觉思维变革,加速战略转型,实现事业快速发展。战略转型是一个多层联动的战略体系的演变过程,它不仅包括业务转型和内部管理的变革,更重要的是企业文化的转变和员工观念的更新,而后者则是决定战略转型成败的关键。集团公司提出,要实现战略目标,必须转变思维模式,引导干部职工从一元思维向多元思维转变。只有转变观念,转变思维,才会有更大的发展空间和有更多的发展措施。对照大集团战略要求,一航导弹院适时提出了做大做强产业、拓展导弹领域、开拓国际市场、坚持寓军于民的加快发展的思路。通过大力开展专题研讨和征集意见,将职工的认识提高到战略发展的高度,将职工的思想统一到共同目标的实现,将战略的举措落实到职工的岗位工作中,使职工的个人成长和研究院的发展紧密结合起来,促进相互融合。

打造一流队伍,担负共同的责任。在过去工作实践中,一航导弹院贯彻落实"促进职工与事业共同发展"的人才战略,在人才建设实践中,始终坚持建立平台、完善制度、提出措施、加强考核的工作思路,把职工个人的发展与专业的发展、型号发展紧密结合起来,使职工个人施展能力有舞台、发展进步有目标、干成事业有回报。在新形势下,面对职工个人需求的出多元化,为确保职工与事业同步发展,一是加强职工素质教育,提高职工思想道德水准、科学文化水平、专业知识技能和现代心理素质。二是大力推进学习型组织建设,实现职工队伍由操作型向知识型、技能型、管理型、学习型的转变。三是建立培训制度,通过对职工进行计算机培训、业务知识培训、团队精神培训和技能培训等,更新职工知识,不断掌握新技能。四是积极倡导"爱岗位、爱产品、爱环境、爱集体、爱自己、爱家庭"等品质,引导职工健康向上,激发个人潜能。

突出"优"字　提高服务国防的能力

导弹院承担着打造祖国万里空防钢铁长城的神圣使命。几十年来,霹雳文化为提高我国国防实力、推进国防科技工业发展发挥了巨大作用。在祖国呼唤高新武器的今天,必须建立高品质企业文化,更加突出一个"优"字。

打造优质产品。作为从事空空导弹武器研制和生产的国家队,必须以高度的责任感和使命感,致力于研制和生产具有国际先进水平、质量可靠稳定的空空导弹。导弹院通过开展质量警示日、质量演讲等活动,加强质量意识教育,强化职工"用人品打造精品"的思想,使职工树立起"有缺陷的产品就是废品,生产不合格产品的员工就是不合格的员工"这样一种精品意识。贯彻"两头在内,中间在外,关键在手"的方针,以导弹制造为核心,稳固关键制造技术,强化集成和精密加工,实施社会化、专业化大协作,建立精益制造管理体系,研制更加先进、更加可靠的武器装备,并确保快速交付优质产品。

用优质品牌塑造新形象。品牌形象既是企业文化的载体,又是文化建设的结果。企业生存在市场,企业发展在改革,企业振兴在科技,而企业的可持续发展就需要有品牌的支撑。面对导弹武器装备日趋激烈的国内外市场竞争形势,"品牌就是企业的生命"已经成为共识。导弹院高度重视品牌文化的推广和宣传工作,借力一航品牌,创造导弹院优秀品牌,依托一航平台,使其在空空导弹等领域具备更强的竞争力。通过技术创新、新产品研发,新技术应用,不断扩大产品优势,满足用户需求,提升品牌影响力。借力社会,组织以院品牌命名公益活动,使品牌创造更大的虚拟价值。导弹院还特别注重培育和形成良好的企业整体价值和品牌文化,注重塑造企业形象、产品形象和职工队伍形象,从而达到凝聚人心、鼓舞士气,激励全院干部职工团结奋斗、努力拼搏的目的。

用优质服务营造良好环境。突出构建以客户为对象的外部和以流程为对象的内部服务文化是应对现代市场激烈竞争的客观要求。导弹院突出售后服务,强化"双赢"意识,通过定期走访用户,收集反馈信息,搞好外场服务,及时保障到位,建立客服中心,提高服务水平,努力实现"服务增值"。同时拓展服务范围,强化营销服务理念,改变营销模式,从设计源头就与用户、论证单位走到一起,让用户引导决策,发挥用户、论证单位在项目立项中的决定作用,形成将用户、论证单位纳入研究院研发体系的工作机制。

突出"快"字　努力实现精品报国

抢抓发展机遇,快速生产交付。重点型号的研制和生产是研究院的重中之重,先进的型号只有生产交付,确保部队快速形成战斗力,才能体现出价值。霹雳文化建设紧紧围绕科研生产,在理清型号思路、提炼型号精神、培养型号作风、造就型号人才、创新型号服务等方面已经做出了有益的探索,提出了具体措施。面对武器装备采购的大好形势,导弹院运用科学的管理理念,大力推进以精益制造为核心的管理理念和管理方法,全面提升生产交付的能力;加强信息化建设,提高计划、调度管理的及时性、准确性和可视性;探索虚拟生产线建设的方式方法,发挥行业内外生产能力优势;进一步发挥科研生产一体化优势,建设设计、生产、质量、工艺、物资"五位一体"的团队,提高生产交付的质量和速度。

积极拓展领域,快速发展派生。随着市场经济的发展,行业壁垒逐渐打破,一些非航空工业部门,也在集中力量或创造条件,积极参与竞争机载精确制导武器的研制和生产。在这种形势下,依托导弹技术优势,大力发展派生武器,已成为促进导弹技术增值、应对市场竞争、实现持续快速发展的重要途径。为此,导弹院通过研究派生武器系统发展的新技术,开展概念研究和技术创新工作,在对地攻击、地面防空反导等领域多范围、多角度开拓导弹产业领域,谋取了更大发展空间。

关注市场需求,快速创造价值。实现产业化发展目标,必须密切关注市场需求变化,使导弹系列产品在发展中不断创造新的市场价值。对市场的研究和经营谋略的探索是企业文化建设中最不可忽视的问题。空空导弹必须关注市场需求,密切关注新的经济增长点,多元化发展武器装备,瞄准前沿科技领域,实现导弹事业质的飞跃。世界军事强国导弹产业发展的历程证明:扩大军贸能获得更大的资金和技术支持,加速导弹研发进程,新型导弹的研制成功又推动军贸拓展空间，从而形成良性互动、持续健康的导弹产业发展机制。因此，要利用政策支持，借力外贸平台，加速军贸发展；研究市场需求，加强市场营销，拓展军贸新市场；加大转包生产力度，充分发挥生产潜力，不断创造市场价值。

突出“深”字　提升科学管理水平

文化管理是最高层次的管理。先进高效的管理体系是企业由制度管理向文化管理迈进的重要途径。一航导弹院依靠文化创新引领企业的管理创新，构建具有国际先进水平的管理体系，努力推进文化管理的快速实现。

应用先进管理方法。应用先进的管理思想和管理方法是企业实现快速发展的必然选择。导弹院大力推进战略管理，按照集团《决定》要求，应用精益六西格玛管理，推行矩阵型项目管理，抓好流程再造，全面实现精益制造，加速型号研制进度；规范和加强供应链管理，提高配套产品质量，缩短采购周期；加强质量、环境/职业安全健康和保密体系建设；加强市场营销，规范并激励营销组织的有效运行，构建富有活力的营销渠道；推行全面预算管理，实施成本控制，提高资金使用效率；加强信息化手段建设，以信息化手段提升设计制造管理水平；推进平衡积分卡管理，促进研究院战略管理的快速实施。

建立科学评估体系。导弹院结合实际探索建立科学的价值观评价体系，从价值观体系、执行体系和组织领导体系几个方面进行细化，从社会价值观、企业价值观、行为价值观三个方面进行评价，实现可量化性操作。从研究院的工作环境、组织制度、管理方式、内部沟通、员工激励、领导和决策、培训与员工发展、员工工作动机、员工满意度、员工忠诚度、文化建设以及理念与价值观等多个维度进行测定。针对企业文化评价中产生的问题，详细分析产生的原因，提出有建设性的意见。深入解剖企业文化内部的运行状态，为科研、生产、经营、管理、组织结构调整等提供依据和支撑。

让霹雳文化落地。企业文化建设是一种获取文化力量的管理方法，是最高形式的管理。为使霹雳文化落地生根，重点抓好以下三个方面。一是“入心”，二是“入脑”。“入脑”就是在行为上注意体现文化导向，通过推进6S管理、行为规范等制度保障，使职工逐步形成自觉。三是“入髓”。通过营造良好的环境影响职工行为，利用相互模仿效应，达到文化对职工潜移默化的作用。

“人类因梦想而伟大，企业因文化而繁荣”。一航导弹院将着眼于促进空空导弹事业快速发展，不断提高文化建设品质，探索文化建设新载体和新途径，用创新的思维方式发展霹雳文化，努力推动导弹事业向新的更高目标迈进。

用“每天进步”打造文化动力

——长城汽车股份有限公司企业文化建设

企业概况

长城汽车股份有限公司是中国首家在香港H股上市的民营汽车企业，拥有轿车、SUV、MPV及皮卡产品体系。从十八年前仅能从事汽车改装业务的小型集体企业到今天中国民营汽车的“领头羊”，长城汽车走的是一条快增长和高盈利业绩的发展之路，业界评价长城就像一艘深海潜艇是民族汽车阵营中一支具有潜力和充满活力的力量。2004年以来，长城先后入选“中国民营上市公司十强”、“中国企业500强”、“中国工业企业500强”、“中国制造、中国机械500强”，《福布斯》“中国顶尖企业100榜”，“首届中国最具价值类汽车上市公司”榜首。

2007年3月，胡锦涛主席在俄罗斯参加“中国国家展”活动期间参观了长城在俄投资建设的年产5万辆的汽车组装厂设置的展台，给予了高度评价。十八年的飞速发展靠的是什么？靠的是以“每天进步一点点”为核心的先进企业理念这一巨大的推动力。

求实——长城企业文化建设推动经济发展的支撑点

长城是从皮卡做起，再到SUV、CUV，最后进入轿车领域，是一个技术积累和产业进步的渐进过程，在这个过程中遵循的是“求实”这一长城文化的支撑点。公司领导班子把求实精神作为思考问题、分析问题、解决问题的基本思路，逐步形成了以“每天进步一点点”为核心的文化理念并将其贯彻到企业发展的各项工作当中。在锻造求实这一企业文化的支撑点后，班子思想统一、团结和谐、求真务实、开拓进取，职工愿做实事、乐于奉献、力求实效，上下凝心聚力。事关发展的大事、改革的大事和各自分管的工作，企业领导层都能做到相互交流、共同研究，对工作中遇到的困难和出现的问题不推诿、不扯皮。在生产调度会上，公司领导及时地把生产经营状况、发展思路通过中层干部如实地向广大职工通报，对问题不捂不盖、不遮不掩。对员工提出的创意功夫提案，做到件件有落实，事事有回音。企业还把多为职工办实事、办好事作为提高凝聚力的主要手段，形成了充满活力的“公开、平等、竞争、择优”的用人环境，同时建立和完善激励机制，调动职工积极性，求实体现了量才适用的用人原则和奖优罚劣的激励原则。

发展——长城企业文化建设推动经济发展的落脚点

发展是硬道理。企业竞争必在。公司领导层敏锐地认识到企业的竞争将从有形资源的竞争转为无形资源即企业文化理念的竞争。并由此与时俱进地打造了以“每天进步一点点”为核心的企业文化理念并将其贯穿于企业发展的全过程。为了每天进步一点点，长城实现了三个“雷打不动”,即:无论生产任务多紧,每个车间每天以班组为单位必须在上班前召开不少于15分钟的班组会;无论企业有什么活动和会议,每周的质量例会必须召开;无论工作多繁忙,总经理每天8点必须深入到车间班组检查生产和质量运行情况。

为了每天进步一点点,长城通过了ISO9001:2000国际质量体系认证,现正在推行TS16949质量管理体系,努力实现与国际接轨。为了每天进步一点点,长城把对全体员工的培训当成一种产业进行经营,不惜巨资在企业内建立培训中心,使员工整体素质有了明显的提高,为长城产品参与国际竞争提供了保证。从2002年开始,长城着力于企业文化建设,先后推出了“双十准则”及“GLM手册”,这不仅成为长城培训体系中的重要内容,更成为所有员工的行为准则,形成了共同的价值观。

长城公司创始人、董事长魏建军说,制度总有滞后性,总有管理不到的地方,但健康而又成熟的企业文化却可以凝聚所有人的力量。一个没有文化的企业,是不成熟的企业,更无力应付复杂激烈的市场竞争。长城公司通过推行企业文化建设,锻造出一个有“灵气”的长城。企业人心思进,发展呈现出勃勃生机。这将有利于长城参与国际大市场的竞争。在出口方面,长城汽车已从过去“单纯的整车贸易”转为“系统地做海外市场”。品牌建设、销售和服务网络拓展,技术输出,海外设组装厂等项目正在展开。

创新——长城企业文化建设推动经济发展的活力点

创新是发展的灵魂,是长城快速发展的动力源泉。长城公司业绩的取得,是长城人多年来坚持自主创新,潜心打造企业核心竞争力的结果。董事长魏建军表示,自主创新是支撑长城崛起的筋骨和实现发展的灵魂。

技术创新,夯实成长的根基。技术领先是汽车企业打造核心竞争力的关键。长城人对技术研发相当重视,过去几年,在研发方面的投资已经接近8个亿。目前高起点建设的长城汽车技术研究院荟萃了一支2000多人的研发队伍,已成为国家级研发中心和“博士后科研工作站设站单位”。该院拥有完善的开发体系和国际一流的开发设备。具备了皮卡、SUV、MPV和轿车以及动力总成的研发设计能力,可同时展开十多种车型的同步开发。该公司通过与国际专业公司合作,请国外专家走进来,对项目进行联合开发,走“集成创新”和“消化吸收创新”之路,牢牢占据国内同行业的领导地位。2006年,在中国汽车报组织世界百名权威参评的“中国汽车50年自主创新成果大典”活动中,长城汽车荣获6项大奖,其中哈弗CUV和“智能节油王”INTEC柴油动力分别荣获“原始创新大奖”;长城哈弗CUV整车、长城金迪尔皮卡、长城哈弗派豪华礼宾车、长城空调系统获“集成创新奖”;长城赛弗SUV获“引进、消化吸收再创新奖”。

营销创新,插上腾飞的翅膀。在市场拓展中,长城面向全球“一国一策”,实行“点菜式”营销,屡创佳绩。面对70多个国家,出口产品不仅质量要符合各国的质量标准和有关法规,而且性能、外形等也要适应各国的不同需求和特点。长城汽车以市场为导向,根据“点菜式”营销,指导研发和生产,既有针对中东、非洲高温地区的,也有针对俄罗斯等高寒地区的车型,确保“一国一策,一国多品”。目前,长城汽车出口国家和地区多达108个,而有营销服务渠道、批量出口的高达70多个国家,全线产品出口飘红。

管理创新,塑造企业的灵魂。长城是一个民营公司,但丝毫没有家族公司的影子,没有山头帮派。集团每年平均要招收上千名大学生。而人员工作岗位的分配,职位的高低,不以年龄、资历为界限,而是看中工作实绩。在企业,20多岁的车间主任、部门经理,不满30岁的副总、总工已占了绝大多数。企业注重对员工的培训,一年推出二十余种培训班形成了多层次的培训体系。长城职业技术学院开设了“汽车专业”的大专班,学员均是在公司服务满4年,班组长以上级别,学员采取半脱产方式,这些措施使员工的知识、技术、素质有了明显提高。

长城公司引进精益管理理念,围绕提高执行力,不断完善企业内部运行机制。并结合企业实际打造了“每天进步一点点”这一企业文化的核心理念,其内涵是:追求稳健经营,坚持不断创新。建立不断反省与持续改进的学习型企业。在实践工作中,公司总结了“五字诀”管理法:即教、带、查、奖、严。“教”是教育培训,更新观念,统一思想;“带”是领导带头,以身作则,勇于示范;“查”是不断检查,定期考核,发现问题及时纠正;“奖”是以奖为主,以罚为辅,赏罚严明;“严”是有章必循,违章必究,决不姑息。最近,长城在公司内建立了国内第一个科学化、系统化的“活力体系管理制度”。活力体系结合公司自身的现状由六大模块组成,分别是:荣誉模块、关怀模块、教育模块、考核模块、薪酬模块、制度模块。通过这六个模块功能的释放,大大增强了员工对公司的归属感、认同感,使员工与企业荣辱与共,树立起了在公司长期发展的思想。正是基于这样创新的管理理念和科学的管理体系,长城公司才能“定位于全球市场,融汇最新技术,把握制造细节,打造高性价比的精美产品”,才能创造和保持长城汽车一个又一个的第一。

争先——长城企业文化建设推动经济发展的激励点

争先是一个企业蓬勃发展的动力之源,又是激励职工奋发向上的有效手段。营造一个人人争先、个个向上的良好氛围,是企业健康发展的有力保证和动力。近年来长城公司大力弘扬争先精神,在任何一项工作、任何一种活动中,都激励职工夺奖牌、拿奖杯。在公司内部已经自觉形成了一种“奋发争先”的氛围。在日常工作中,单位与单位、班组与班组、工种与工种、职工与职工之间比产值、赛质量,比安全、赛进度,比服务、赛风险,蔚然成风,涌现出了一大批技术能手和生产骨干。长城汽车股份有限公司领导班子始终坚定地认为,要想打造卓越的企业,必须追求卓越的文化，成功的企业也必然得益于成功的文化，并始终坚持以人为本，将“求实、发展、创新、争先”作为企业文化的支撑点、落脚点、活力点、激励点，把加强企业文化建设作为推动企业发展的强大动力，使企业文化的活力融入到企业改革发展腾飞的全过程，创造了长城的辉煌。

聚和之道

——冀中能源集团企业文化建设

企业概况

冀中能源集团于2008年6月30日正式成立，公司的资产总额为580亿元，年销售收入500亿元以上，在册职工13万人。2008年中国500强排名第149位，煤炭行业前10位，河北国企第2位。冀中能源集团以煤炭生产为主业，现有煤炭生产能力3600万吨，洗煤能力2700万吨，延伸发展煤电、煤焦化、物流、机械制造等相关产业，地域横跨晋冀，纵贯河北，北延内蒙。现拥有河北峰峰、邯郸、邢台、井陉、张家口和山西晋中六个生产矿区，下设峰峰集团、邢矿集团、邯矿集团、金牛股份、张矿集团、井矿集团、装备集团等7个子公司，拥有煤炭板块——金牛能源、化工板块——金牛化工两个上市公司，其中金牛能源股份公司荣获“中国上市公司市场投资者满意信赖十佳品牌单位”。

对集团企业文化生态的认识

回顾冀中能源成长历史，我们可以看到冀中能源是国有大型企业重组而来的，先由邯、邢两集团联合组建金能集团，后来又重组井陉局、中煤四处、沧化公司等，发展到山西、内蒙等地。根据国家产业政策和河北发展实际，2008年6月，金能和峰峰重组为冀中能源集团。冀中能源集团的各个矿区都形成了各具特色的传统文化，培育出了各自的企业精神、企业理念。如峰峰的创新超越精神、邯矿的自强不息精神、邢矿的争创一流精神，井矿的艰苦奋斗精神、张矿的励精图治精神等。从地域文化看大都同属燕赵文化圈，有爱国、厚德、诚信、慷慨、豪放的文化传统和气质。都有煤炭行业文化的烙印，如特别能吃苦、特别能奉献、奉献特别能战斗的精神特质，而且各个公司在长期实践中形成的得天独厚的企业文化资源，开展了不同程度的文化建设，初步形成有良好倾向的企业文化生态，这是企业巨大的无形资产，可以作为建设冀中能源先进的企业文化的基础。

冀中能源作为新企业集团，文化建设还处于起步阶段，鉴于企业集团的管控复杂程度更高，所以，文化融合、文化管理的路更长也更难。首要问题是正确看待集团文化。

集团文化是企业集团的文化，但它是由集团公司（总部）发动和推行的；集团文化既要考虑子公司企业文化和母公司企业文化的统一性、整体性，又要兼顾子公司文化的独特性和多样性，既要最大限度地减少文化冲突，搞好文化融合，又要创新集团文化，传承、保留、吸纳各子公司优秀的企业文化传统和精髓。

冀中能源文化体系构建

先进的企业文化总是和优秀的企业相伴相生的。冀中能源文化正是基于企业成长和战略目标的需要，以集团文化理论思考为基础，以从根本上打造企业核心竞争力、整合一切可以利用的资源、提升企业能力为目的，充分继承传统、剖析提炼、兼收并蓄，汲取七个子公司的原有文化中的优秀成分，奠定集团的文化基础和优势，颁布了冀中能源文化建设纲要，逐步建立起“一主多优战略导向型文化体系”。“一主”强调统一性，即冀中能源文化，冀中能源的核心价值观体系、VI要统一；“多优”体现差异性，各子公司在实践内涵上予以丰富，百花齐放，因企制宜培育各自的特色文化。

集团文化面临的三个现实命题。

一是冀中能源文化是集团文化，就是冀中能源和冀中能源全体员工的思想和行为。二是冀中能源文化建设要按照集团文化建设路径去建设，结合企业集团的组建方式、管控模式和战略定位进行思考和建设。三是通过冀中能源文化建设——提炼总结共同价值观、教育认同共同价值观到真正践行共同价值观，形成自己的制度文化、行为文化、形象文化，在企业整合中实现文化融合，达到心的一致、行的一致、形的一致，使冀中能源文化成为全体员工共同奋斗的持久动力。

集团文化的战略定位和核心元素。

在全面把握冀中能源内部和外部环境的基础上，分析冀中能源的优势、劣势、机会、困难，确定了冀中能源文化定位：聚和文化，冀中能源是生于聚、基于大、赢于搏、志于强、兴于和。提炼出冀中能源的文化核心元素为：“聚、大、搏、强、和”。

聚：聚是基础。以煤为主，聚集资源；以效为先，聚集资本；以人为本，聚集人才；聚可上下一心、同力合为；聚可又大又强、百事兴旺。

大：大是境界。大，是目标追求，又是崇高境界；“实现双五八一”集中体现了冀中能源的大目标、大视野、大气魄、大思路、大方略。

搏：搏是精神。搏，是忠诚敬业、艰苦奋斗、无私奉献；搏，是奋力拼搏、执著前行、坚韧不拔；搏，是敢为人先、勇于超越、创造历史。

强：强是目的。“超越自我者，谓之强。自强者，无以争锋。”要做到整合能力强、创新能力强、竞争能力强、超越能力强，阔步挺进中国百强。

和：和是根本。追求和谐，建设和谐企业，是“立企之本”。企业和谐要集中体现资源节约、环境友好、员工幸福，做到共创、共享、共赢。

集团的核心价值观体系。

价值体系即主体以其需求系统为基础,对主客体之间的价值关系进行整合而形成的观念形态,集中体现主体的愿望、要求、理想、需要、利益等。冀中能源核概括与提出包括企业愿景、使命在内的9条内容为核心的核心价值观体系,企业愿景:建设具有国际竞争力的大型能源集团。企业使命:奉献绿色能源、创造幸福生活。企业战略:力举主业、助推多元、集成优化、科学发展。企业目标:实现双五八一、挺进中国百强。企业核心价值观:不断创造历史。企业精神:敢为人先、奋发图强。企业作风:雷厉风行、执行到位。安全理念:生命高于一切。人才理念:干好本职就是人才。这不仅仅是理论上的一种总结,而且为冀中能源和谐文化建设提供了深厚的历史人文基础和鲜明的时代精神根基。特别是“不断创造历史”的核心价值观,集中反映了冀中能源人最核心的价值取向,是以奉献光热事业为重的冀中能源人和冀中能源历史发展的生动写照。

统一集团识别系统。

面向社会、面向企业广大员工公开征集并确定了企业标志,来稿范围涉及全国29个省市自治区。征集活动突出体现出“领导重视、发动深入、参与广泛、量大质优、社会关注”的特点,得到了社会各界和广大员工的大力支持和积极参与,宣传了冀中能源,提升了企业品牌。设计完成了冀中能源视觉识别系统VI手册,对企业标志、企业旗帜、标准字、标准色、办公用品等一百多项内容进行了统一设定。初步形成了统一的视觉形象。

冀中能源大集团企业文化建设已开局良好,聚和文化正带来聚变效应,一个“心气足、人气旺、风气正”为主要特征的冀中能源文化正在形成

深入落实科学推进

企业文化只有实现落地和深植,才能在实践上推进企业变革和创新管理,提升企业核心竞争力。

要进一步统一认识。构建起文化体系只是第一步,全员的认知和落实任务更为繁重。“一主”虽已确立,“多优”还需努力。企业文化建设的动力主要来自内部,只有让各级领导层和广大员工认同企业的价值观,并且变成自觉的行为和日常的习惯,企业文化建设才会取得明显的成效。

要下大力给予保障。企业集团的诞生与发展是新时期企业间兼并重组的必然趋势,尚处在发展壮大阶段。企业集团的企业文化建设也是个新事物,没有现成的模式,没有轻巧的路径可走,只有迎接挑战与困难,不断进行摸索和尝试。集团的企业文化建设要想成功,更需要在组织、人力、财力上给予充分保障。需要集团上下合理设置专门机构,做到专人负责。同时,要设立企业文化建设专项经费,分清轻重缓急,统筹考虑,该支持的一定要支持,该投入的一定要投入。

要分步骤科学推进。企业文化建设要循序渐进,尊重客观规律,搞好策划实施。努力使各子公司文化形成“各有特色、多优发展”局面。把优秀文化转化为企业行为。真正做到了在工作中学习领会、在实践中落实贯彻。

追求“无为而治”的管理境界

——沈阳机车车辆有限责任公司企业文化建设

企业概况

沈阳机车车辆有限责任公司是国内重要的货车新造、修理和制动产品制造基地,有着80余年的历史。近年来,经过大规模的技术改造,企业实现了快速发展,货车检修数量达到了历史最好水平,新造车市场订单大幅增加。企业高度重视企业文化建设,先后荣获“沈阳市精神文明标兵单位”、“辽宁省十佳信誉知名单位”、“辽宁省先进集团”、“辽宁省文明单位”、“全国企业文化建设先进单位”等光荣称号。

“管理的最高境界是没有管理的管理”,这是“无为而治”的管理思想。“无为”思想的核心是尊重和顺应客观规律,强调自我管理,主张人在法规条文的规范下,尽情地、主动地发挥自己的聪明才干。克服“人盯人”的管理弊端,把关注点聚焦在管理行为的“无为”化上。用发展观点来看,就是管理上的创新。

对企业而言,没有创新,就不可能很好地应对来自市场竞争带来的机遇和挑战,只有通过思想创新,体制创新,技术创新,管理创新等一系列创新的思维和实践,才能实现认识的新飞跃,工作的新突破,企业的新发展。

几年来,沈车公司在管理创新实践中,就是按照这个事物的发展规律,以追求“无为而治”的最高管理境界为目标,从无序到有序,从有序到规范,从规范到科学,进而形成具有沈车特色的管理模式。“3612”工程的恢复性整治,使公司的管理由无序走向有序,由有序到逐步建立了一个科学系统的管理体系;“99+1=1”的系统管理思想和“三全”控制原则,使公司的管理由对管理过程的控制实现对管理结果的控制,提出了系统管理思想的核心内涵,确立了企业科学化管理的发展走向;建设自控型企业,使公司的管理由被动管理转变到主动控制,努力形成自我约束、自我完善、自我控制的管理态势,标志着沈车公司正在向管理的最高境界迈进。

“3612”工程:管理竞争的必然选择

美国一家知名的咨询公司针对倒闭企业做调查时发现:在失败企业中,90%不是由于外部条件发生变化,而是由于内部管理混乱,致使企业倒闭。是的,大凡经历过沈车

巨变的员工都不会忘记2001年3月10日这个留在沈车发展史上的特殊日子，无法忘却这一天给公司员工的心灵带来的震撼。由于管理混乱，公司险些丢掉订单；由于管理弊端，公司险些失去信誉。面对这些制约公司发展、曾被人们判定为"神仙来了也无奈"的管理顽症，沈车重症下猛药，快刀斩乱麻，毅然开出了"3612"工程这个药方。这是一剂配伍科学的良方。"3612"工程：即突出抓好质量、成本、安全三项关键；持续改进人事、财务、物资、生产、设备、技术六项重点；建立健全管理制度，形成一个科学完善的管理体系；实现"人人都管事，事事有人管"的两个目标。它是符合本企业实际的管理方法和管理模式，体现了公司抓主要矛盾和抓矛盾主要方面的管理思想和系统管理的观点。从这一刻起沈车便开始了践行管理改造沈车、管理重塑沈车的希望之路。

"3612"工程以质量专项整治、恢复管理秩序为突破口，公司上下到处都能感受到整改的气氛，到处都能看见质量整改的活动，人人在关心、议论和参与整改，人人在关注、期盼和渴望整改成效。功夫不负苦心人，五次质量整改使公司关乎质量的六个主要项目发生了明显变化，恢复了管理秩序；大力治理环境，清除万吨垃圾，使公司环境整洁有序，员工面貌焕然一新；质量整改，赢得了用户的高度评价，公司赢得了走出低谷、走向发展的时间和空间。沈车由此也进入了"柳暗花明"的境地。公司咬紧牙关，自筹资金，强化装备、改善工艺，自行设计并建成装备精良的货车制造、货车检修和机车检修生产工艺线。铁道部对公司已经建成的六条货车检修基础工艺线给予了充分肯定，认定四条达到国内领先水平，两条达到国内先进水平。随后铁道部组织14个铁路局以及有关部门领导在沈车公司召开了加强货车厂修基础质量现场会，与此同时，新造货车系统的相关工厂也组织人员到公司学习，极力推广公司的建线经验。面对短时间内沈车的沧桑巨变，公司员工无不欢欣鼓舞。装备部领导在总结沈车巨变的经验时强调，沈车的变化、沈车的成果是实实在在地干出来的。公司当年货车检修数量达到了历史最好水平，新造车市场订单大幅度增加。

由管理混乱，受到用户代表的严厉批评、提出减少订单，到通过大规模的"五次质量整改"取得显著成效，全路召开现场会肯定整改成果、推广建线经验，从而使公司市场订单增加这样一个翻天覆地变化的过程，我们因此而万分感慨，"两靠"质量观是企业持续发展的永恒主题。只有管理创新，苦练内功，夯实基础，管理制胜，企业才能取得突飞猛进的发展。

"99+1=1"、"三全"原则：系统管理的核心内涵

企业管理的精髓是什么？

推进"3612"工程以后，公司的管理状况虽然发生了根本性的好转，但个别人员、个别流程、个别因素失控的现象还时有发生，因此，对管理过程的控制显得尤为重要。要巩固质量整改成果，争当质量排头兵就必须实现过程控制。要实现过程控制，就必须体现"99+1=1"，全员、全过程、全因素的"三全"控制原则。要实现过程控制，首先要靠操作者的自我控制，提高班组、工段的自我控制能力。要实现过程控制，关键在各级管理者能否建立一个严密的控制体系。为此，公司董事长、总经理苗黄胜在总结沈车几年来管理实践的基础上，提出了"99+1=1"的系统管理思想。即把99定义为合格，1定义为不合格。若99名员工合格，1名员工不合格，就等于员工从整体上都不合格；1名员工的最低水平代表一个企业的水平，若99道工序合格，1道工序不合格，就等于整个产品质量不合格；若99项工作合格，1项工作不合格，企业的整体工作就不合格。这是一个企业家概括出的十分精辟的管理精髓。重点在于强调要控制和消灭百分之一的不合格。通过抓好"1"，消灭不合格项，实现全员、全过程、全因素的控制，即所谓的"三全"控制，确保企业生产出百分之百满意的产品。

这个系统管理思想贯穿于企业经营的各个环节不仅成为沈车系统管理思想的核心内涵，而且确立了科学化管理的发展走向。

建设自控型企业：追求"无为而治"的管理境界

"3612"工程，"99+1=1"的系统管理思想，"三全"控制原则，极大地提高了沈车的管理水平，但为了使公司的管理向更高目标迈进，向更高境界发展，使公司的管理始终处在一个高水平的状态下运转，公司董事长、总经理苗黄胜适时提出了建设自控型企业，向企业管理极限挑战的目标。这是沈车公司居安思危，洞察公司"软肋"难以适应持续快速发展现状而提出的超常规举措。从管结果转变到管过程，从被动管理转变到主动控制，实现部室、分厂、工段、班组和个人的自我控制，从而实现全员、全过程、全因素控制，全面提升企业管理水平。这不仅是贯彻和落实"99+1=1"系统管理思想，"三全"控制原则，实现企业管理新跨越的奋斗目标，更是沈车追求"无为而治"管理的最高境界。

由被动管理转变到主动控制，努力形成自我约束、自我完善、自我控制的管理态势，是建设自控型企业的目标所在。员工能够在工作岗位上学会主动控制，必须具备过硬的技能本领。在自控型企业建设中，新造分厂主要领导亲自组织创建活动，在努力提高员工综合素质的同时，着重在提高员工的技能素质上下功夫，几年来，他们针对新造货车品种变化多，工装、工艺变化大的实际情况，突出强化培训、技能比赛与严格考核的紧密结合。在员工的技能培训上，请技术专家重点对技术工人，尤其对新入厂的技校生和复员兵进行岗前技能培训。在技术关键点操作上专家手把手教，手把手练，极大地提高了新工人的技能水平。为了确保员工对本岗工作的主动控制能力，分厂严格执行考核标准，把原来分厂产品质量内控的62个点扩大到90个点，并使自控目标、自控项目、自控标准及考核评价做到简洁明了，应该做什么，不应该做什么一目了然，达到了自控标准及评价方法，可操作性与实用性的统一。培训与大赛的紧密结合，

培训与考核的有效结合,提高了自控管理体系的实效性,也极大地促进了新造车质量的提高。

电机分厂与员工签署《自控型员工协议》,并设立分厂奖励基金,对员工是否达到自控每月进行考核和评价,对达到规定的员工,享受"个人自控奖",从而形成员工保班组、班组保分厂的全员自控管理体系。这个分厂的厂长对开展自控型分厂建设给分厂带来的变化,感触颇深,他说,过去下班后,走在厂房里,灯光通亮;现在下班后,人走灯灭,这细微之处的变化充分说明自控型企业建设已深入人心,已成为沈车员工的自觉行为,真正达到了自我约束、自我完善、自我控制的目的,自控型企业建设有了实质性的突破。

从"3612 工程"、"99 + 1 = 1"和"三全"控制原则到"建设自控型企业"的系统管理思想;从管结果转变到管过程、从被动管理转变到主动控制这样一个不断追求管理最高境界的渐进式发展过程,集中体现了沈车公司坚持管理理念不断推陈出新的执著和对管理从意识到形态上的深度挖掘,这是沈车管理走向成熟的标志,更是沈车人不断追求管理最高境界的丰硕成果。

人本理念 推动企业又好又快发展

——南车株洲电力机车研究所有限公司企业文化建设

企业概况

经过 30 年的不懈努力,株洲所已从 30 年前一个仅仅依靠行政事业拨款维持生存的单一专业研究所,到如今已迅速成长为一家拥有轨道交通装备、新材料、新能源三大产业板块和七大业务主题、两家上市公司(A 股的南车时代新材和 H 股的南车时代电气)、两个国家级技术中心、两个企业博士后科研工作站以及与日本三菱和德国西门子建立两家大型合资公司的高科技企业集团。产品广泛应用于铁路、矿山、冶金、化工、机械、电力、建筑及汽车等行业。从 1984 年销售收入 714 万元,快速增长到 2007 年的 27.1 亿元,成为湖南省重点高科技企业的耀眼明星,先后荣获铁道部先进集体,湖南省文明单位、湖南省高新技术企业,全国精神文明建设先进单位、全国专利工作先进单位、全国绿化模范单位等荣誉。

企业的竞争归根到底是文化的竞争,搞好企业文化建设是企业增强核心竞争力的必然要求,坚持深入推进企业文化建设,努力提高员工素质,激发员工创造力,增强企业凝聚力,提高企业经营管理水平,塑造良好的企业形象,以文化引领、推动企业的稳步发展。

思路决定出路

株洲所坚持发展才是硬道理的理念,努力创造一个有利于全方位学习和交流的宽松环境,创建"学习型组织",引导干部职工不断解放思想,开阔视野,形成了"学习、思考、实践、再学习、再思考"的良好氛围,积极参与企业改革发展的广阔的思维空间。

通过学习科学发展观与创新理念、铁路跨越式发展思路与中国南车发展战略,不断提高发展思路与理论指导;

通过组织开展"战略发展综述"、"危机与发展高峰论谈",半年工作对标、年度工作交流,不断拓展思维空间与总结实践经验;

通过组队出国考察、境外培训与学习借鉴先进企业的发展经验,不断拓宽眼界与差异性发展方式。

通过不断上下求索,在 20 年的时间里实现了三次飞跃、推动三大改革。1984 年,在全国大院大所中率先放弃国家事业费,自断"皇粮",勇做科技长入经济的火车头;1992 年,实施"稳住一头"保科研,"放开一片"办产业,走科工贸一体化科技先导型企业集团的发展道路;2004 年,正式全面推行产业重组,走上改制上市的发展道路。改革激发了活力,公司销售收入从 1984 年的 714 万元,到 2007 年的 27.1 亿元,年均增长 30% 以上。

通过不断学习与实践,在发展观念上逐步形成了"五个转变":由单一的铁路机车市场向多元的国内外市场转变,由分散的业务单元向多元产业发展主体转变,由单一的自主创新向多途径创新转变,由单一的科技人才向高素质的人才团队转变,由单一的资产经营向资产经营与资本运营的完美结合转变。

新的发展观念,指导株洲所站在新的起点上,制定和完善了"十一五"发展战略规划:将"做轨道交流传动产品的领先者,核心技术向相关产业进行多元化的佼佼者,资本市场规范运作的成功者"作为株洲所的发展愿景;明确提出"保地位、求发展"、"走好两条钢轨,走出两条钢轨"、"实施资产经营与资本运营完美结合"的发展战略举措,并确立了 2010 年突破销售收入 100 亿元的战略目标。这些发展战略举措,通过深入宣贯、不断实践,已成为全体员工行动的纲领、追求的目标。

通过转变观念,创新战略,株洲所继续稳固了在国内轨道交通领域电传动产品领域的行业领导地位,形成了自主开发和持续创新的能力,有力推动了中国轨道交通行业的发展;实施核心技术同心多元化的战略,已经在城轨、电动汽车、工业变流、风力发电等相关领域成功布局并实现了轨道交通装备、新材料、新能源三大产业板块、七大业务主题的快速扩张和良性增长。同时,在资本市场株洲所也收获颇丰,继 2002 年"时代新材"在上海证交所成功上市之后,2006 年底"南车时代电气"又在香港联交所成功挂牌上市,融资额达到 21.98 亿港元,成为国内首个在境外上市的轨道交通装备制造企业也是湖南省第二家在香港上市的企业。

营造良好的创业氛围

长期以来,我们努力创造良好的创业氛围、工作环境、先进的试验手段、合适的工作平台,树立以人的发展是第一位的理念。

“团结和谐、求实创新、拼搏奉献”的十二字株所精神,是我们株所人在数十载的创业实践中总结提练出来的。进入新世纪,为适应新的发展要求,在继承“十二字”精神的基础上,与时俱进,丰富发展,秉承“诚信、敬业、创新、超越”的企业精神,继续为中国轨道交通和新能源贡献自己的力量,为建设“两型”社会争创新功。大力倡导齐心协力求发展的团队观念和个人与企业共发展的事业观念。坚持依靠整体功能、发挥整体优势,创造整体效益的团队精神,这是株洲所人的优良传统,也正是依靠团队的力量,我们战胜了一个又一个困难,攻克了一个又一个难关。“成功、富裕、健康”是我们共同的理想,这是株洲所追求的目标,又是每个员工追求的目标。我们在继承优良传统的基础上,注重以“时代”成长文化作引导,努力培育提升员工“求合力、争一流、创实效”的“时代”价值观,“融身群体、成就事业、成就自我”的“时代”成就观,“阳光做人、阳光工作、阳光生活”的“时代”品行观,“把能做的做好、把该做的做完、把想做的做成”的“时代”成事准则。

为推行人本化管理,促进员工的个人发展,增强企业竞争力,公司建立了“3 十 x”的人才培育与激励模式。3 就是一批学术领头人、一批职业经理和一批工艺专家,x 就是多种激励办法,从而为一大批想干事、会干事、干成事的优秀员工创造了良好的发展平台,建立了与市场化接轨的激励考核机制。同时,为保持人力资源优势,在内部建立了南车时代管理培训中心,主要负责全公司共性化培训策划实施和培训资源建设。公司培训制度体系架构基本搭建,中心基地——主体分基地的二级培训管理模式基本完成。新来的员工,要经过“公司培训 + 单元培训 + 岗位培训”三级流程,才从校园人转变为准“时代”人。在对外合作培训上,通过校企合作实现资源共享,公司建有博士后流动工作站,与北京交通大学、西南交通大学签订了“建立研究生联合培养基地”的协议;与湖南铁道职业技术学院联合开办职业技能鉴定理论培训班,建立公司职业技能鉴定理论培训基地;与南方工学院联合举办电工、焊工取证培训班,建立技能型人才培训基地。这样,形成了“高端人才 + 专业人才 + 技能人才”立体网络联合培训系统,大大丰富了公司的人才层级建设。不同的岗位,不同的工种,公司量身定做了培训方案划,并将每年全员受训的学时列入年度目标考核的内容。

营造温馨的生活空间

我们积极营造一个环境优美、文化丰富、品味高尚、生活幸福、健康向上的温馨的生活空间。关心员工办实事,让员工群众感受到企业发展的优越性和自豪感,从而增强企业的凝聚力和向心力。

开展文化活动,丰富员工生活。我们坚持一手抓建设,一手抓活动,逐步完善了陈列室、电视、报纸、所志、文化活动中心及各类活动场地等文化硬件建设投资 1800 万元的公司文体活动中心,庄严宏大,建筑面积 4000 平方米,内有篮球、乒乓球、羽毛球、健身房、图书室等活动场地;充分发挥党群组织在文化建设中心主力军作用,上下联动、凝聚力量,使法制与道德教育,体育与文艺活动,读书与培训等更加形式多样、丰富多彩,极大地丰富了广大员工生活、提升了生活品位。

推行温暖工程、关心员工生活。群众利益无小事,万事民为先。近年来,公司领导班子每年在职代会上向职工代表庄严承诺办好几件实事,件件实事惠及员工,产生了广泛的影响力和凝聚力。在实施中,我们坚持提案来自员工群众,由工会广泛征集,经整理审核形成承诺;坚持由工会牵头,每半年组织督查一次;坚持每年底在职代会上向职工代表汇报一次,确保承诺件件落到实处。同时,长期来,我们坚持了在特殊情况下的“三必访”,特困员工的“献爱心”、“送温暖”等深受员工欢迎。

履行企业社会责任,关注公益事业。在不断提升公司员工生活的同时,我们积极参与社会公益活动、希望工程、双整双建、扶贫送温暖、拥军优属等工作,履行企业社会责任,帮助需要关爱的社会人士。2007 年,公司荣获首届“株洲慈善奖”。特别是在 5.12 抗震救灾活动中,积极组织广大员工奉献爱心,共计捐款 92 万余元。

让文化为企业发展插上翅膀

——辽宁盼盼集团企业文化建设

企业概况

盼盼集团至今已走过了 30 年的艰苦创业历程。由一个乡办小厂发展成今天拥有资产 15 亿元,员工 5000 余人的国家大型民营企业。主要产品有防盗安全门、车库门、散热器、防护窗、保温板、不锈钢厨具、太阳能热水器等 15 种之多,国内市场占有率达 20%,产品出口 30 多个国家和地区。盼盼商标是中国驰名商标,盼盼防盗安全门是中国名牌产品、国家免检产品,是行业的排头兵。

盼盼集团是一个由 25 家成员企业组成的大型民营企业。1996 年盼盼 5000 名员工中,有来自农村的“草帽员工”,有来自国有企业的职工,有来自大学的毕业生,他们虽然知识渊博可心理素质不稳定。来自于不同层面,不同文化层次、不同生活背景的员工要步调一致的为盼盼发展尽心尽力,就需要统一思想、统一意志。

随着盼盼集团的成立,董事长韩召善感觉到靠制度约束员工的老做法不灵了。他悟出一个道理,即:小企业靠人治，中型企业靠法制，大型企业必须靠文化治理；通过企业文化把企业职工个人的目标引导到企业所确定的目标上来。通过企业文化形成一种行为规范，制约员工的行为，以此来弥补规章制度的不足。通过企业文化把各个方面、各个层次的人都团结在本企业文化的周围，对企业产生一种凝聚力和向心力。韩召善最终将企业文化建设纳入企业发展规划，摆在重要战略位置，投入大量的人力、物力和精力开展了一系列企业文化建设工作。

加强文化基础建设

建立领导机制。集团和基层单位的一把手作为企业文化建设带有人努力抓好企业文化建设，实现了企业文化建设与思想政治工作和生产经营三结合。

建立科学的运行机制。立企业文化建设中心组，由党群工作部、企划部、总经办、盼盼广告传播中心等部门组成企业文化的专门工作机构。发挥党员先锋模范作用，盼盼有300多名党员，这是企业宝贵财富，是先进文化的传播者和主力军。

开展技术比武，评选“首席工人”。举办员工技术比武暨首席工人评选活动。此项活动作为长效机制，将每四个月举办一次，以鼓励员工学技术、爱岗位、当尖兵，使员工感到在盼盼工作有地位、有奔头。

开展各种文体活动，把欢乐送给员工。集团工会先后组织员工开展了歌咏、篮球、乒乓球、演讲比赛及知识竞赛等文体活动。今年7月1日，集团举办了“庆七一、迎国庆、唱响盼盼”全国营销团队合唱音乐会，来自全国31个省市的首席代表区域团队登台演唱了歌唱党、歌唱祖国和歌唱盼盼的歌曲。这个活动振奋了经销商们的精神，增强了经销商们战胜困难的信心和力量。会上，集团还对完成上半年销售任务并在大合唱比赛中表现出色的获奖团队给予了重奖，总奖金额高达50余万元。

集团建立了《盼盼之声》广播站，每天播报公司新闻，集团每月定期出版一期《盼盼人》报，报道公司经营管理情况及好人好事等，集团还印制了《盼盼企业文化手册》，发到员工每人一册。

集团党委和工会根据董事长的提议，号召全体员工人人学会演唱《盼盼人之歌》，让《盼盼人之歌》成为全面完成各项工作的伴奏曲。

两手抓两手都要硬

董事长韩召善常说：市场经济条件下，左右企业发展的有两只巨手，一只是企业外部的市场，另一只就是企业文化，抓企业要两手抓，两手都要硬。

盼盼文化突出“以人为本”。我们一是树立正确的道德观念。要求员工待人要真诚，讲信誉、讲亲和、讲和善；二是提高全员素质。为了提高员工整体素质，我们确立了“人格魅力、工作能力、顽强毅力、勤奋努力”的员工素质观，激励员工自强不息，超越自我。每年举办各种学习班，进行专业、法律、企业文化、礼仪、5S管理等知识培训，员工培训率达到98%；三是引才聚智。为了更好的育人、选人和用人，我们确立了“以德育人”的育人观；确立了“内部提高为主，外部引进为辅，人人机会平等，赛马不相马，赛马中识好马”的选人观；企业高薪聘用外来人才，实行了内部技术职称聘任制。四是规范员工行为，树立良好的企业形象。我们导入了CI设计，对盼盼标识进行了人性化设计，谱写了《中华盼盼门》歌曲，统一了厂服，加强厂区环境建设，实现了厂区园林化。在规范管理上，企业积极进行ISO9000系列及14000环境认证工作，制定了员工行为规范、行为准则等一百多项规章制度，使管理制度化、体系化。

为了建立盼盼品牌文化，我们把品牌建设与树立员工价值观有机结合起来，教育员工，你的工作价值不仅仅是生产产品，不仅是为了谋生，而是在为人类营造舒适安全的生活空间。盼盼产品从立名牌，创名牌到成为名牌，这是盼盼人的追求。“造世界精品，创国际名牌”是盼盼人永远的品牌价值观。

创新是盼盼文化的“灵魂”。最突出表现是坚持自主创新。一是围绕主业开发新产品，去年推出了新世纪组合框安全门，带黑匣子安全门，金属木雕门，木质安全门，新近又推出了晶晶安全门等。二是开发新型绿色环保建材系列产品。为节省能源，与清华大学联合开发了钢制板型散热器产品。为加强新材料应用，盼盼开发了氯化镁、氧化镁防火材料、镁合金板带材系列产品等。多年来，盼盼开发了盼盼牌安全门为主导的10余项新产品，100多个系列，并获得了40多项国家专利。三是大胆投入引进先进的生产设备和工艺。为保证产品工艺水平，投入400多万元，在韩国设计生产模具。四是加速专利技术成果转化。为加快专利技术成果转化，盼盼进行全国“铁三角”产品生产经营战略布局。企业分别在湖南、湖北、河北、四川、无锡等地投资兴建盼盼产品生产基地。

打造盼盼营销文化。市场是企业发展的生命，企业各项工作要以市场为导向，想尽办法去开发市场、占领市场、巩固市场，而做到这一切的有效方法就是去打造盼盼营销文化。

盼盼首先确立“爱用户就是爱自己”的经营理念，做生意先做人，用人格魅力，用诚信去赢得市场和用户。其次，依法规范经营行为。企业从规范制度和行为入手，完善市场管理机制，制定了盼盼首席代表市场管理条例。企业还在省会及重要城市建立“盼盼”样品店，在全国1400个市县建立了销售网点，由5000多人组成了全国营销网络。三是建立激励机制。为提高销量，扩大市场份额，盼盼制定积极的促销策略，建立有效的激励机制。为鼓励经销商努力工作，企业组织业绩好的经销商到美国、澳大利亚考察学习。为提高售后服务质量，更好的树立企业形象，企业为各省市场首席代表配备了30多辆服务专用车，2006年，盼盼在中国质量万里行促进会的指导帮助下，开始全面启动建设盼盼产品营销旗舰店工程。通过旗舰店建设带动市地级样品店建设，辐射所辖区域市场，更好的开发市场。2009年1至

9月，盼盼集团先后召开30多个省级、市级和县级经销商会议对经销商进行业务培训，共耗资1000多万元。2009年，盼盼门产销突破100万樘，已稳操胜券。

多年来，盼盼发展建设一直受到各级领导和社会各界的广泛关注。胡锦涛总书记等党和国家领导人曾到企业视察工作，对企业发展予以肯定，并对企业今后发展建设寄予厚望。盼盼产品创新经验被《人民日报》、中央电视台等全国38家主流媒体报道。盼盼安居股份有限公司是国际门类协会会员、全国重合同、守信用单位、全国模范职工之家、全国五一劳动奖状获得单位、辽宁省先进党委、辽宁省文明单位、辽宁省思想政治工作先进单位、辽宁省44户重点保护企业，辽宁省高新技术企业等诸多荣誉称号。2009年，盼盼又被辽宁省授予最具活力企业称号。董事长韩召善同志是全国劳动模范，全国十届、十一届人大代表，全国优秀乡镇企业家、全国五一劳动奖章获得者，2009年，他又被辽宁省授予杰出企业家和第三届创业企业家称号。

企业发展靠软实力

——中国移动北京公司企业文化建设

企业概况

中国移动通信集团北京有限公司（以下简称北京公司）是中国移动通信集团公司的重要成员之一，1999年成立。公司持续推进企业文化建设，以文化软实力提升企业发展核心竞争力，依靠忘我拼搏的员工队伍，全面持续提升网络、服务和基础管理水平，为客户提供周到、细致、便捷、满意的服务，积极推动首都信息化建设，勇于承担企业社会责任，为首都经济持续健康发展做出贡献，为实现中国移动从优秀到卓越的新跨越贡献力量。

十年来，中国移动北京公司经历了起步、发展、飞跃，持续推进企业文化建设，以文化软实力提升企业发展核心竞争力，保持企业又好又快发展。围绕首都“人文北京，科技北京，绿色北京”的发展理念，公司依靠一支忘我拼搏的员工队伍，全面持续提升网络、服务和基础管理水平，为客户提供周到、细致、便捷、满意的服务，积极推动首都信息化建设，勇于承担企业社会责任，为首都经济持续健康发展做出贡献，为实现中国移动从优秀到卓越的新跨越贡献力量。公司将服务奥运视为再次起飞的平台，创造八个奥运历史“第一”，以“零投诉”的完美答卷交付奥运使命，实现奥运赛时无线通信对公众服务的完全保障，创造大规模活动通信保障的新高度，实现企业价值的升华。企业生产经营发展的每一个环节、每一步流程、每一次提升都渗透着企业文化的积极推动作用。

在企业文化建设方面，中国移动北京公司以社会主义核心价值观和企业核心价值观传承为主线，以整合传播为手段、通过建立和完善企业文化理念体系、标杆示范体系、心理管理体系、培训培育体系，巩固思想基础，培育文明风尚，增强企业持续健康发展的凝聚力和战斗力。

注重文化整合传播

将社会主义核心价值观与企业文化相结合，将企业核心价值观与公司工作文化相结合，创新文化传播理念，拓宽文化传播思路，力求实效。立足整合传播、全员传播，以清晰一致的目标，协同配合的组织，丰富多样的形式，生动具体的内容，由事件的传播者向价值的沟通者转变，由内部传播载体向社会媒体延伸；使每一位员工都成为企业发展的参与者、企业形象的展示者、企业精神的践行者、企业文化的传播者，既发挥传播在空间上的扩散功能，又注重传播在时间上对组织的维持和整合功能。

通过搭建“两报、一刊、一网、一博”的立体文化传播平台，通过《北京移动通信报》、《同行》杂志、手机彩信报、km网络、班组博客等不同载体，全方位深入传播企业核心价值观，使企业文化进部门、进班组。在文化传播的内容和方式上，以“关注事件传播，形成价值沟通”为目标，围绕企业中心任务，结合北京奥运通信保障、国庆60周年通信保障等重大事件，确定不同阶段宣传工作的主题，开展整合传播，形成价值沟通，在践行“正德厚生，臻于至善”的企业核心价值观的同时，也践行了以爱国主义为核心的民族精神和以改革创新为核心的时代精神。

注重典型示范

公司大力开展企业文化示范单位和示范班组建设，不断完善企业文化建设体系。在示范单位的建设上，制定下发了《企业文化示范单位创建指导意见》和《企业文化示范单位认定标准》。按照梯次培养的思路，形成了“达标、优秀、示范”逐级培育的创建体系，推动企业文化创建工作朝着系统化、规范化的方向发展。在示范班组的建设上，北京公司进一步完善标杆示范标准，通过“建机制、搭平台、树典型、见实效”的四个着力点，打造“五型班组”，通过示范班组评选、示范班组培育、示范班组宣传与推广三个阶段，弘扬“五型班组”文化。通过班组沙龙、班组博客、班组快乐分享会等形式，提升班组凝聚力和执行力。

注重人文关怀

引入心理学理论，开展EAP（员工帮助计划），有效解决管理中所面临的职业心理健康问题，促进管理者“心理资本”和员工“心理品质”的整合优化，搭建一个人文导向的和谐成长平台，形成一套管理导向的辅助支持系统，培养一支EAP专员、EAP协调员队伍。以“卓越的心”带动“卓越员工队伍”的培育，通过心理品质优化推动服务品质提升，用心智模式整合丰富企业软实力。

公司在《EAP项目三年规划》的基础上，提出了“三位一体”的员工心理管理计划,即:员工心理契约管理、员工心智模式提升、员工心理健康管理,把提升员工满意度列入公司的工作中,并作企业文化重点工作之一。在2007年的导入期,进行员工心理健康状况调查,搭建员工心理关爱平台,为管理者提供心理资本提升培训支持;在2008年深入期,全员启动奥运专项服务,初步建立EAP管理系统文件筐,制定了《班组宝典之班组现场心理管理》、《心理危机预防和干预系统》相关管理手册,开通了7 X 24小时的心理咨询服务热线;在2009年提升期,开展骨干群体培养和EAP专员队伍建设,建立规范化、制度化的EAP管理体系,将员工心理关爱工作从试点单位向全员覆盖延伸,EAP心理管理实现了制度、人员、预防三到位,完成了由外部服务向内外结合支撑的转化。使员工感受到的来自组织的支持度提升8.4%。

注重职业道德培育

多年来北京公司一直高度重视职业道德建设,积极探索职业道德建设的新途径。为增强职业道德建设的科学化、制度化、规范化,紧密围绕北京市《职业道德建设综合评价指标体系》,结合公司实际,经过试点、总结、修正、再实践,形成了具有北京移动特色的《职业道德建设综合评价指标体系》,将公司行为规范和职业道德的具体要求编辑成《经理人行为规范》、《员工行为规范》系列漫画丛书和《员工承诺书》中。同时,北京公司全员参与并通过了国家人力资源和社会保障部的颁发的职业道德考核认证。北京公司还将履行职业道德规范纳入文明单位建设和“青年文明号”争创工作中。同时,按照职业道德规范的标准,北京公司组建了一支由人大代表、政协委员、消费者协会工作人员、媒体记者及客户组成的服务督察员队伍。通过座谈会、服务体验、日常检查等形式,充分发挥社会资源对公司服务工作的监督作用,在推动企业文化落地,提升职业文明的同时,也探索出了文明创建与服务品牌创建相结合的新模式。

注重制度匹配

在持续推进企业文化建设过程中,注重从“制度”和“人”两个层面开展工作,通过制度建设,形成规范和流程,保证了文化建设的规范化和科学化;通过发挥人的主观能动性和创造性,不断赋予文化建设新的时代特征和新的内涵,做到文化建设与时俱进。第一,领导高度重视,身体力行带动思想文化建设。公司每个月都坚持召开党总支书记例会,领导班子成员全体参加,研究落实思想、文化建设各项工作。正是领导班子的高度重视,北京公司文化建设工作制度规范、执行才得到了强有力的保障。第二,加快构建创新体系,是推动文化建设持续深入推进的保障。坚持工作思路创新,在组织机构设置、经理人员管理等方面做到贴近企业实际,不断建立健全各项制度;坚持工作载体创新,围绕企业发展这个中心任务,将思想文化建设与班组建设、文明创建、EAP管理等紧密链接、协同推进;坚持工作手段的创新。立足构建更加科学、规范的管理体系,不断完善机制,优化、改进流程。

面向未来,中国移动北京公司将秉承“正德厚生、臻于至善”的企业核心价值观,紧密围绕“做世界一流企业,成为移动信息专家”的战略定位,以卓越品质锻造一流信息服务,用创新精神努力实现从优秀向卓越的新跨越,为全面建设“人文北京、科技北京、绿色北京”,构建社会主义和谐社会首善之区做出新的更大贡献。

浓缩的铀文化

——中核集团公司兰州铀浓缩有限公司企业文化建设

企业概况

中核兰州铀浓缩有限公司(原504厂,以下简称兰铀公司)隶属中国核工业集团公司,由时任中共中央书记处总书记的邓小平同志亲自批准选址定点,于1958年5月31日正式开工建设,是一座已有51年辉煌历史的老企业。兰铀公司曾经为我国的第一颗原子弹、第一枚氢弹、第一艘核潜艇、第一座核电站提供了合格的核燃料,为我国的国防和现代化建设做出了历史性的贡献。

51年的光辉历程,兰铀公司凝练出了具有自身特色的企业文化。公司紧紧围绕公司发展战略始终把打造“一流核燃料基地”作为公司发展目标,大力加强企业文化建设,着力提升企业文化建设的实力和水平,有效地促进了企业的生产经营和工程建设,全面提高了职工队伍的整体素质,确保公司核心竞争力的持续、稳定、快速增长。

铸魂塑形　构建具有兰铀公司特色的企业文化理念体系

半个世纪以来,兰铀公司的建设与发展凝聚着几代党和国家领导人的心血,凝聚着全国人民的深切关怀。毛泽东主席在兰铀公司拿出第一个、批合格产品的报告上批示“已阅,很好”;敬爱的周恩来总理也非常关怀企业的建设,曾作出重要指示,邓小平、江泽民、胡锦涛等20多位党和国家领导人先后来公司视察,并为公司发展做出重要指示。

兰铀公司的企业文化发展是一个与时俱进、不断创新的过程,兰铀公司的企业文化建设的每一个发展阶段都有其鲜明的文化特色。第一次创业时期,兰铀人在极度困难的物质生活和恶劣的自然环境下,形成了“艰苦奋斗的创业精神,献身事业的拼搏精神,刻苦钻研的攀登精神”和“团结、文明、严细、勤奋”的八字厂风,为兰铀公司的企业文化发展打下了深厚而扎实的基础。二次创业时期，兰铀人紧紧围绕吴邦国“建设一流核燃料基地”的题词精神，齐心协力建设工程……兰铀公司结合公司自身行业特点，不断总结提炼和升华，构建了特色鲜明的兰铀公司企业文化体系，即涵盖企业核心价值观、企业发展愿景、企业宗旨、企业精神、企业理念、企业战略、企业发展方针在内的企业文化理念和制度、物质行为文化的相对完整的兰铀公司企业文化体系。

建章立制　不断完善兰铀公司企业文化建设的机制体制

一是完善企业文化组织机构。兰铀公司于2005年成立了“兰铀公司企业文化建设领导委员会”，全面负责指导公司企业文化建设工作的有效开展。建立了公司、机关部门、直属单位、工段科室、基层班组五位一体的企业文化构架，形成了行政一把手主管、党政全面负责、领导班子成员分工明确、一级抓一级、层层抓落实的工作格局。在企业文化建设的指导思想上吧最大限度地增强企业的核心竞争力作为企业文化建设的出发点和落脚点。注重企业文化建设与制度创新相结合。

二是完善企业文化考核机制。兰铀公司于2005年制定了《企业文化建设五年规划》，依据五年规划，结合公司生产经营和工程建设实际，每年制定有利于公司发展的企业文化建设年度工作计划。同时，建立了企业文化的考核、评价、监督和激励机制，把企业文化建设纳入公司各级领导干部任期考核目标。制定了公司企业文化建设的考核评价体系，与生产经营、党建等工作同安排、同考核，形成行之有效的企业文化建设工作的长效管理机制。

三是完善企业文化资金保障机制。兰铀公司每年把企业文化建设专项经费纳入公司预算，确保公司企业文化建设工作有稳定合理的、充足的资金保障。公司每年结合公司经济发展效益和企业文化建设工作实际，在资金投入上整体规划、精打细算、分步实施、注重实效，为确保公司企业文化建设提供必要的物质条件。

狠抓落地　促使企业文化理念入脑入心

一是狠抓阵地宣传，营造良好氛围。兰铀公司充分利用公司电视台、公司报刊、广播以及文化广场、爱国主义教育展馆等各种媒体优势，大力营造舆论宣传氛围，扩大全体职工对企业文化理念的认知、认同。近年来，公司先后编辑出版了反映兰铀公司51年奋斗历程和辉煌业绩的画册和书籍、电视专题片；不间断地在《国防科技工业》、《中国核工业报》、《核工业杂志》、《甘肃日报》、《企业文明》等报刊杂志上刊登反映公司生产、生活情况的文稿及大量图片，提高了兰铀公司的知名度和美誉度；在厂区、生活区重点路段和建筑物树立企业标识牌和企业文化宣传牌，加大企业文化理念的宣传力度，提升企业品牌的影响力。

二是狠抓文化培训，推进文化深植人心。兰铀公司依托相关培训部门，中核集团公司党群工作部等部门加强对公司各基层单位和机关有关部门的企业文化建设工作的指导和培训，促进企业文化建设理论与实践的丰富和发展。兰铀公司通过多种培训方式，加强对企业文化建设专兼职工作者的专业知识培训，不断提高专业人才队伍的整体素质。将有关企业文化知识读本发放到公司各基层单位班组、各部门科室，力争将公司的企业文化理念渗透到整个公司的各个角落。

三是狠抓文化活动，落实文化理念的宣贯。多年来，兰铀公司通过开展丰富多彩的企业文化主题活动，大力弘扬爱国主义和“事业高于一切，责任重于一切，严细融于一切，进取成就一切”核工业精神以及兰铀公司核心价值理念，进一步提高职工对企业的认同感和职工自身的整体文化素质，增强了干部职工的凝聚力，力争让企业文化的理念深深根植于每位职工的心中，并逐渐演化为职工的自觉行为。

拓展内容　用企业文化促进公司的生产经营和重点工程建设

兰铀公司在企业文化建设中，着力突出企业自身特点，不断创新发展子文化，逐步形成了亮点纷呈、各具特色的子文化，如：制度文化、管理文化、质量文化、安全文化、创新文化、人才文化、廉洁文化、保密文化及社区文化和广场文化。这些特色文化的建设，充分发挥了企业文化的凝聚、导向、推动、约束和激励功能。其独特的文化特质，成为企业最具魅力与活力的象征。

创新思路　不断加深对企业文化建设规律性的探索

一是把兰铀公司企业文化深深根植于中国军工文化和核工业文化的沃土，在努力把握历史、现实和未来的基础上，坚持传承和弘扬、融合与创新，与厚重的“两弹一星”精神一脉相承，具有广大职工认同的基础。

二是知行合一，在坚持理念培养与灌输的同时，从人文关怀的角度，积极解决涉及职工切身利益的问题，让企业文化建设成果惠及每位职工，把“以人为本”与职工“以厂为家”有机的统一起来，努力打造人企合一，凝聚和谐的发展团队。

三是加强企业文化的执行力。根据公司的发展战略，明确公司文化建设的目标、方法、手段、途径和要求，并进行层层分解。领导层身体力行、率先垂范；机关处室分工合作，整体推进；基层单位不折不扣，严格执行，在全公司形成整体联动，以点促面，全面提升良好氛围。

四是敢想敢悟，推陈出新。在公司价值理念的宣贯上，坚持载体宣传、价值引导、典型示范同步推进；在创建和谐企业过程中，大力开展“三个一”活动。在企业文化的落地上，坚持精神层面、制度层面、行为层面、物质层面的有机融合，培养和形成职工良好的行为习惯。这些具有闪光点的文化创新活动，助推了企业文化建设逐步向纵深发展。多年来,兰轴公司先后荣获全国"五一"劳动奖状、全国质量效益型先进企业、国家二级企业、全国思想政治工作优秀企业等国家、省部级荣誉称号;涌现出"中华技能大奖"获得者、"全国杰出青年岗位能手"、"全国十大杰出青年"提名奖获得者、"全国青年岗位能手"等一大批优秀科技人才和高素质职工。兰轴公司爱国主义展览馆被授予"全国军工文化基地"称号,为兰轴公司企业文化建设奠定更为坚实的基础。

注重文化引领 在企业融合中实现又好又快

——中航雷达电子设备研究院企业文化建设

企业概况

航空集团雷达与电子设备研究院(简称一航雷电院)是经国防科工委批准,由原苏州长风有限责任公司和中国雷华电子技术研究所于2004年3月实施厂所整合,直属中国航空工业公司的国有大型企业。

雷电院自觉贯彻"三个代表"重要思想,坚持科学发展、和谐发展、创新发展模式和"航空报国,追求第一"的发展理念,经济总量年均增幅达30%以上。科研生产能力和管理水平进一步提升,经济效益、科研技术水平和持续发展能力等均列航空工业科研院、所前茅。

近来年,雷电院先后荣获航空工业"航空报国重大贡献奖单位"和优秀"四好"领导班子建设称号;荣获全国企业文化建设先进单位、优秀单位称号;荣获江苏省国防科技工业"十五"科技进步先进单位、江苏省绿色等级企业、国家二级保密资格单位、苏州市、江苏省文明单位等称号。

文化融合　实现经济发展技术创新

由607所和171厂整合而成的中航雷达与电子设备研究院按照航空集团的统一部署和要求,在全面完成重点型号研制和各项科研生产任务的同时,注重文化融合的推进,在经济总量、技术创新、精神文明建设等诸方面均实现并取得了较大进展,呈现出新的精神风貌。主要经济指标一再刷新,已跃居一航科研院所前列。

我院自主开发研制的机载相控阵火控雷达、直升机毫米波雷达、弹载景象匹配雷达和新一代飞机座舱显示器,已使我院在全面掌握相控阵雷达关键技术、无人机合成孔径技术、高分辨率实时成像运动补偿技术和飞机座舱显示技术等方面跨上了新的台阶。特别是国内第一部机载有源相控阵雷达的首飞成功,填补了我国机载雷达史上的空白;引领我国机载座舱显示技术水平的SMART显示器和机载毫米波火控雷达的研制成功,缩短了与国外的技术差距。某产品荣获国务院颁发的国家科学技术进步特等奖、某型号雷达荣获国家科学技术进步一等奖、某型号雷达在海南实弹演习中实现了七发七中的好成绩。

新院区工程建设项目所采用诸如呼吸式玻璃幕墙、地源热泵加冰蓄冷三工况空调系统、雨水收集使用及表面处理中水回用、大面积采用太阳能路灯和节能灯具使用及能源综合管理应用等多项节能环保新技术的整体策划和综合运用,得到了国防科工委、集团公司领导的充分肯定。2007年11月份,由集团公司组织有关企事业单位领导、专家参加的现场技术成果运用推广会,进一步扩大了一航雷电院坚持走节约型社会、建设美好苏州的企业新形象。

"航空报国,追求第一"理念深入人心,全院上下急科研之所急、想型号之所想形成风气,顾大局识大体促进企业整合形成合力,学文化学知识学技能形成氛围,讲道德重操守守法纪形成自觉,献爱心扶贫帮困处处彰显,一支团结协调、忠诚敬业的职工队伍业已打造成型。

我院的整合发展历程诠释了一个道理:只有在整合中注重文化融合,才能实现又好又快的发展目标。

实现文化融合的核心设计

建院之初,我们首先提出了"做好顶层策划、制度建设、理顺关系、稳中发展"的整合发展思路,启动了"行政管理"、"生产协调"、"新区规划"、"文化融合"四条工作线,分别由相关院领导担任四个工作小组的组长,在院长领导下统筹规划和负责我院整合工作的具体实施。

其次是在思想层面我们在承认和尊重三地文化特殊性的同时,强调了不断减少文化差异所带来的负面效应的工作方式与方法,从制度层面上我们规定凡是全院未作新的规定之前三地原有的制度可以继续引用,从而减免了制度文化冲突带来的影响。在体制层面上我们实行了各副院长按院长授权分管区域性事务,直接对院长负责。党委参与重大问题决策,保证、监督党和国家方针政策的贯彻执行,确保党委有效发挥政治核心作用。各级领导班子根据院《军工研制生产能力调整方案》,统一思想,求大同存小异,围绕"全面提升综合竞争力"的目标,精化航空,强化军品,对一院三地管理上具有共性并需强化的,实行了统一监管。

厂所文化的交流与磨合,对我院文化的形成、创新与发展,进而推动科研生产的全面整合奠定了重要基础。积极实施文化融合,自始至终把各级干部和广大员工的观念转变放在首位,自觉把文化亲和力转化成文化生产力,坚持把厂所整合建立在思想稳定、情绪稳定和队伍稳定的平台上,对推进整合平稳过渡,经济稳步发展和整体竞争力提升具有重要作用。

企业整合既是生产力各要素的重组,更是人的思想认识、价值观念、行为准则的重新调整,其中班子成员的合力能否快速提升,直接决定着文化引领作用的发挥程度。我院院级班子成员分属三地工作,要克服地理遥远、机制迥异等不利因素的影响,就要创新工作方式,提升班子合力,增强文化引领的幅射作用。我们结合工作实际,主要启动了责任机制、信任机制、协商机制和沟通机制,在各自主管、分管和协管工作范围里忠实履行职责,坚决以完成科研生产任务为主要抓手;在实践中,我们把消除误解、支持班子成员大胆负责、创新工作放在首位,让每位成员都能在和谐信任的氛围中工作;同时我们以创建优秀"四好"领导班子活动为契机,注重提高班子自身"领导发展"、"维护团结"、"和谐处事"、"廉洁施政"的四种能力,全面提升班子合力,增强了文化引领的幅射作用。

实现文化融合的根本渠道是沟通与理解

开展文化融合的调研,分析文化融合的现状,制订文化融合的策略,是促进文化融合的基础。院党委高度关注广大干部职工特别是内江同志的思想状况,认真听取他们的意见和建议,了解干部、职工们关注的重点、热点问题,调研小组撰写了六万多字的调研报告,院党委、行政领导班子进行了认真分析并在此基础上形成了指导全院党建和文化建设的党委工作要点。

在我院每年的3月26日纪念建院之日,从没有花钱去搞轰轰烈烈的庆祝活动。而是年年都围绕着一个教育主题开展一院三地有关会议以此来加强和推动职工的文化活动。我们在全院广泛开展了"两争一树"活动,即争创学习型组织、争做知识型员工,树雷电院职工形象。恢复了院员工读书会,开展每年员工读一本书活动,基层工会都成立了读书小组。读书会和读书小组成员撰写的读书体会和心得文章,分别在《雷电院新闻》和雷电院广播站发表、播出,营造全院的学习氛围,创建和谐企业及团结向上的员工团队。

为了加强员工的沟通和交流,实现思想上和情感上的真正融合,我院在苏锡两地多次开展篮球、羽毛球、乒乓球、游泳、登山、摄影、演讲比赛和卡拉OK大奖赛,为文化融合注入生机活力。

坚持以人为本,建立完善扶贫帮困长效机制,成立了帮困救助基金,筹集资金118万多元,建立了困难员工动态管理档案。并对因病致贫员工实施了救助,把院党委、行政班子的温暖送到员工的心坎上。截止目前为止,受到补助的员工有150人,救助金额超过12万元。

文化深度融合的关键是以人为本

今年下半年,我院将步入厂所整合的实质性阶段,三地职工将按照计划,搬迁至苏州。这个时期是矛盾多发期,应该说前期的文化融合工作虽然取得了良好的效果,但面对矛盾多发期,文化融合的任务还相当艰巨,我们考虑从以下三个方面着手:

首先,强化市场意识的教育。着重加强"市场观、客户观"的教育,使他们尽快融入长三角地区快速发展进程中去,让三地职工的市场意识提高到同一个水平线上。其次,开展制度文化建设,对三地原有制度按照科学规范、符合法律的原则,进行制度设计,避免因制度本身问题而造成的矛盾和麻烦。从工作层面上要主动创新工作方式方法,形成一航雷电院式的工作模式和机制,逐步淡化三地原先的工作机制和模式。最后,要坚持以人为本原则。在搬迁过程中难免会给职工带来许多不便和暂时的困难,我们要努力按照党的十七大精神和集团公司党组的要求,对于涉及职工个人利益的问题,尽量考虑在前,主动做好相应的制度、政策层面上的制定和调整,确保搬迁工作的顺利进行,为尽快形成高水平的科研生产基地而奋斗!

精心塑造聚力文化 推动企业较快发展

——华亭煤业集团有限责任公司企业文化建设

企业概况

华亭煤业集团有限责任公司(简称华亭煤业集团)位于陕甘宁3省交汇处甘肃省平凉市的华亭县、崇信县境内。北距平凉市58公里,南距陕西省宝鸡市156公里,西南至天水市210公里。宝中铁路和正在修建的天平铁路穿过矿区,国道、省道公路纵横交错,交通条件便利。华亭矿区煤田总面积134平方公里,是国家规划的13个大型煤炭基地黄陇基地的骨干矿区之一。煤炭地质储量33.7亿吨。煤炭品质优良,具有高发热量、高挥发分、高化学活性及低灰、低硫、低磷等"三高三低"的特点,是优质的动力、化工和气化用煤。已注册的"桦亭"、"砚北"牌天然洁净煤享誉全国,深受广大用户青睐。

近年来,华亭煤业集团大力实施科技兴企、人才强企和文化铸企战略,积极推进制度创新、技术创新和管理创新,改革发展成果丰硕,"三个文明"建设持续协调发展。取得了原煤增产、销售增量、效益增长、职工增收、资产增值、贡献增加、和谐增进、矿区增辉的骄人业绩,实现了安全发展、科学发展、和谐发展,在全省乃至全国树立起了千万吨级大型煤炭企业的良好形象。在甘肃省属监管企业2008年经营业绩考核中排名第一。2009年,生产原煤1703.57万吨,商品煤销售收入47.22亿元,实现利润5.06亿元,上缴税金9.2亿元,职工收入稳步增长,百万吨死亡率0.06,全国煤炭行业营业收入排行48位、产量排行25位。企业先后荣获"全国文明单位"、"全国煤炭工业优秀企业"、"全国煤炭工业科技创新先进企业"、"全国重合同守信誉先进企业"、"全国改革开放30年企业文化建设优秀单位"、"全省思想政治工作先进集体"、"2009年度全国企业文化建设优秀单位"、"全省国资委系统先进基层党组织"等荣誉称号。

在企业文化建设中,我们坚持"两手抓、两手都要硬"的方针,紧密结合集团公司源于三家煤炭企业联合重组的实际,采取“专家进入、企业渗入、职工融入”的“三入”方式,通过精心实施“聚力”企业文化塑造工程,积极推行“四化一力”(人本化、精细化、军事化、标准化、执行力)建设,不断加大企业文化整合和实践力度,最大限度地整合企业文化资源,努力凝聚各方力量,形成了富有华煤特色的企业文化,促进了员工整体素质的提升,推动了企业各项工作平稳较快发展。

整合文化资源　愿景目标激励

华亭煤业集团2002年4月组建成立后,针对老矿井煤炭资源濒临枯竭、新矿井人才匮乏、矿井装备水平落后、原企业管理水平、员工素质、技术、文化、观念差异很大的问题和现状,通过科学分析和研究论证,提出了“两步走”战略发展规划和美好愿景,合理配置煤炭资源,积极推进体制、机制、技术和管理创新,全面实施矿井扩能改造工程,把员工共同富裕作为企业的责任,使公司上下形成了共谋发展的合力。

2006年5月,公司领导班子根据企业快速发展的实际,审时度势,提出了“二次创业”和打造“百亿华煤、百年基业”的奋斗目标。

2006年8月,根据企业文化资源整合的实际,制定出台了《华亭煤业集团公司企业文化建设纲要》,从指导思想、基本原则、建设目标、实施步骤、具体工作、保障措施、推行精细化管理等对企业文化建设提出了明确要求,并相继在2007年、2008年开展了企业文化建设年和推动年活动。同时,通过组织企业文化知识讲座和一系列参观交流活动,使公司上下对企业文化建设的重要性和紧迫性有了更深刻的认识,为“聚力”企业文化塑造工程的顺利实施奠定了良好的思想基础。

2008年元月,我们正式启动了“聚力”企业文化塑造工程,把“铸魂塑型”和提升华煤文化影响力放在突出位置,经过企业文化建设现状调查与干部员工访谈、客户座谈、专家采风和举办企业文化研讨营等一系列活动,适时导入了CIS,进一步整合完善了华煤理念、员工行为规范识别系统,形成了“开采阳光,超越梦想”的企业精神、“和谐为本,创新为魂”的核心价值观、“温暖民生,照亮大地”的企业使命和“百亿华煤,百年基业”的企业愿景等十七项理念体系及“五精”、“五严”、“五守”、“五心”的行为规范体系。新创作了《华煤之歌》、重新设计了企业标识,制定了《华亭煤业集团公司企业文化建设三年规划》,使企业文化建设的目标更加明确具体,形成了视觉、听觉、理念和行为规范四大识别系统。2009年,通过举办万人齐学企业理念和齐唱《华煤之歌》等活动,公司司歌已在员工中广为传唱,员工对华煤理念的知晓度、认同度全部达到了100%。

2008年底,我们召开了企业文化宣贯工作动员大会,明确提出了“十统一”、“六必到”和“三个百分百”的宣贯目标,并且每季度对企业文化宣贯工作情况进行专项督查通报,把考核结果纳入精神文明建设责任书考核之中,一并奖惩兑现,有力地推动了宣贯工作深入持续开展。

今年,根据企业文化建设三年规划和融入华能文化的实际,制定实施了企业文化推广认同年实施方案,从学习宣贯融入华能文化、建塑华煤特色安全文化和廉政文化等方面提出了明确要求。

精细化管理是企业文化的现实途径,是企业管理的必经阶段,2009年下半年,我们通过整合基层单位近年来在精细化管理工作中的一些好经验和好做法,以新的企业文化体系为引领,按照“抓试点、出成果、强管理、促提升”的工作思路,在公司下属四单位开展精细化管理试点工作。今年3月份,我们召集集团公司十个矿井在试点单位砚北煤矿召开了集团公司精细化管理试点工作现场会,通过现场会的方式全面推开精细化管理工作,以试点的带动作用促进集团公司整体管理水平的提升。

创新活动载体　夯实管理根基

为了不断丰富、创新企业文化建设载体,巩固“聚力”企业文化塑造工程成果,确保企业文化建设融入中心,促进工作,推动发展,在公司上下开展了“四化一力”创建活动。

一是以人本化为目标,构筑员工成长平台。始终把关心人、帮助人、发展人作为企业的宗旨,全心全意依靠员工办企业。通过实施“百千万人才培养工程”、定期举办员工培训、技能大赛、技术比武、明星员工评选等活动,构筑了员工成长成才的平台,形成了“人人是才、培训育才、岗位成才、绩效论才”的人才理念和良好机制。

二是以军事化为抓手,培育团队合作精神。针对煤矿安全生产的特点,提出向军队学管理、向军人学作风的思路,在全集团开展了准军事化管理活动,通过对员工言行举止严格要求,增强了员工队伍的执行力和团队精神。建立了军事化训练长效机制,定期组织军事会操演练,开展达标竞赛活动,形成了“军事训练经常化、比赛评比定期化,监督考核严格化”的新格局,

三是以标准化为规范,建设科学制度体系。始终把打造“人人、时时、处处、事事”有标准的4E和整理、清洁等7S管理作为标准化管理的核心,以矿井质量标准化建设为基础,对原有的管理制度分项梳理,建立了各岗位、各工种标准化体系,使各项管理制度更趋规范、科学、有效。

四是以精细化为手段,提升企业管理水平。以“聚力”企业文化建设为驱动,把精细化管理作为企业文化最终实现途径,积极开展精细化试点工作,强化精细化管理理念学习和培训,在不断汲取同行业先进经验的同时,适时导入“七步”岗位流程再造和“PDCA”闭环管理,夯实管理根基,推进管理创新。

五是以执行力为驱动,打造特色安全文化。加强基层“五个一”(以采掘头面为主的安全教育一条线、从井口到井下运输大巷为主的安全教育一条龙、以地面工业广场为主的安全教育一条街、以区队学习为主的安全教育一园地、以

广播电视、板报为主的安全教育一载体)安全宣教阵地建设,积极推行“手指口述”操作法和“岗位描述法”,不断强化员工安全教育,规范班前会流程,把安全生产的每一条规定落到实处。

积极探索实践　注重结合创新

在“聚力”企业文化塑造工程的实施过程中,我们把塑造工程与员工思想教育、精神文明建设、员工学习培训、员工文化活动和监督考核工作结合起来,取得了较好的效果。

一是把塑造工程与思想教育结合起来,达成思想共识。通过深入浅出、耐心细致的教育引导和目标激励,有效解决了部分员工思想不解放、观念不转变和固步自封、小富即安等现象,在员工中树立了“逆水行舟不进则退,小进也是退”的意识,思想认识达到了高度统一,步调协调一致。随着一个个战略目标的顺利实现,员工的工作积极性和创造性得到了充分调动,企业文化建设的质量明显提高。

二是把塑造工程与精神文明“十创建”活动结合起来,树立了良好企业形象。以精神文明“十创建”为突破口,在企业经济效益持续好转的情况下,按照“井上是花园,井下是工厂”的要求,积极推进精神文明建设,实施矿区绿化、硬化、亮化、美化、文化“五化”工程。通过八年来的不懈努力,矿区面貌发生了较大变化。在2005年成功创建“全国精神文明建设先进单位”的基础上,通过积极开展创建全国文明单位活动,于2008年7月通过了考核验收,2009年,获得了全国文明单位称号。

三是把塑造工程与文化理念学习、培训结合起来,打造学习型团队和学习型组织。在文化理念的学习和宣贯过程中,我们重点抓了以下三个环节:一是强化企业理念渗透,从提高员工思想认识入手,采取各种手段,加强对企业精神、企业使命等理念的渗透。使“我要学习”成为员工的自觉行为;二是健全学习机制。建立完善了推进学习的各项有效机制,使员工的学习做到了制度化、科学化、规范化;三是创新学习载体。通过开展形式多样的员工知识竞赛、开辟学习专栏、开展读书学习交流活动,以及组织各种技术比武、劳动竞赛、集中教育、企业文化专题讲座等形式,调动了员工学习积极性,营造了员工学习企业文化、建设企业文化、提高业务素质的浓厚氛围,在不断的学习过程中,员工的整体素质得到了不断提高。

四是把塑造工程与文化活动结合起来,打造华煤企业品牌。在坚持每月、每季组织开展群众性演、展、赛的同时,每逢重大节假日都举办大型文化活动。围绕建设任务,明确活动主题,大力宣传华煤品牌。同时,通过积极参加全国煤炭系统新产品研发应用推介会、兰洽会、西交会、商标节等会展活动,充分展示了华煤企业形象,收到了较好的效果。在维护品牌方面,通过诚信营销,抓产品质量,抓服务质量,充分利用新闻媒体对华煤品牌进行了及时宣传,在员工中树牢品牌意识,把“质量就是生命”的理念落实到了每一位职工的工作之中。

五是把塑造工程与监督考核结合起来,确保企业文化建设健康有序开展。在反复学习实践的基础上,借鉴煤炭行业先进企业经验,制定出了一套高标准、高起点,符合各矿井实际的建塑规划,按照“理念渗透、行为养成、环境塑造、管理推进”四个方面的逻辑体系,确定了近、中、远期目标规划,使全员进一步明确了建塑的意义、目的和任务措施。同时,要求每个单位都制定出自己的规划措施,把企业文化建设纳入精神文明责任书考核之中,建立完善了目标责任和监督考核运行体系,坚持定期通报分析,把工作效果直接与单位负责人绩效工资挂钩,做到了责任明确,监管到位,考核严格,措施落实。

(作者沙兴峰)

扬帆起航正当时

——武汉港务集团企业文化建设

企业概况

武汉港是一个具有五十多年风雨历程的国有老企业。从建港初到现在,经历了由创业、发展、辉煌到亏损、改革、扭亏,再到合资合作努力迈向新辉煌三个不同的时期;与之相伴的企业文化经历了传统文化到生存文化到发展文化三个不同的阶段。

1994年以前,港口企业处于按计划运行阶段,衣食无忧、旱涝保收,没有市场竞争的压力和冲击。其文化处于传统文化阶段,文化建设多寓于文娱活动之中。

1994年到2001年,港口企业开始步入市场经济轨道,出现了全方位的不适应。武汉港也正是在这一时期连续七年亏损,亏损额累计达1.8亿元。在严酷的考验、困惑面前,武汉港开始在转变思想观念、转换经营机制、实行产业结构调整和企业内部机构改革等诸方面进行思考和探索。也就是在这一时期,西方的、亚洲的,特别是日本的企业文化,在中国企业管理界引起强烈反响,在这样的背景下,武汉港开始了从传统的计划经济文化向市场经济文化迈进的步伐。

2002年初,集团公司抓住武汉港下放武汉市组建新的集团公司的契机,完成了企业文化理念和CIS设计:初步建立了武汉港港微、标准字等VI设计,使武汉港的视觉识别系统实现了从无到有、从内部建设到社会认同的转变。提炼并形成了武汉港九大理念,初步形成了武汉港企业文化的理念识别系统—BI,并与企业的生产经营、改革改制、转换机制、转变观念紧密结合,形成了推动企业发展的核心价值观。构建了企业文化建设的总体框架,使武汉港企业文化建设逐步实现从自发到自觉、从朦胧到清晰、从感性到理性、从零碎到系统的转折。这个时期的企业文化建设,是武汉港由传统文化向生存文化过渡的时候。

2004年,武汉港已经摆脱了亏损局面,企业适应市场的能力明显增强,结构调整、减员增效已初显成效,企业改革改制已从表层到深层,从管理、观念、机构等到产权制度、法人治理结构,企业管理也面临着从传统管理、科学管理向现代企业管理的转变;与之相应的企业文化建设也从生存文化向发展文化方向转变。2005年初,经过多方的努力,终于实现与上海港的强强联手,组建了新的合资公司——武汉港务集团有限公司。合资公司的成立标志着武汉港的企业文化已经从生存文化迈向了发展文化的阶段。

用BI铸魂　充分发挥企业文化的凝聚和导向作用

早在武汉港处在亏损局面之时,集团就深深感到"亏损不可怕,丧失扭亏的信心更可怕","要遏制经济滑坡,必须首先实现思想爬坡"。于是提出了破除"大港意识",增强市场意识,破除等靠要意识,增强竞争意识,破除人治观念,增强法治观念等一系列转变思想、凝聚人心的理念,2002年又系统形成了武汉港的九大理念。在企业最困难的时候,这些观念起到了无可替代的支撑作用。例如,针对老国有企业人才匮乏的问题,提出了人才是企业财富的观念;把人才资源作为企业的核心竞争力,作为企业的第一资源。集团先后在用人机制上进行了大胆的尝试和探索。2000年,集团首次在公司范围内对集团机关的6名副处职岗位实行公开竞聘,通过全方位选择、全过程公开,把考试考核、笔试面试有机结合起来,好中选好、优中选优,产生了武汉港历史上首批公开招聘的中层管理干部;打破了论资排辈、少数人选人、选少数人的格局。2002年又试行了末位淘汰制度,进一步营造了上岗靠竞争、收入凭贡献的良好氛围。2004年集团机关进一步实行机构改革,在2002年将36个部门精减为13个的基础上,又精减了3个部门,并且全体机关人员全部免职,重新竞争上岗。为了培养造就港口急需的经营管理、专业技术人才和技术工人队伍,集团与武汉理工大学联合举办了武汉港首届研究生班,2003、2007年分别进行了两届集团优秀人才评选活动;2006年建立了集团后备人才库,逐步探索出一条符合企业特点、结合企业实际的人才选拔、储备、管理和使用制度。正是在这些理念的引导下,才有了武汉港人观念上的突破和思路上的转变,才有一系列改革改制、合资合作举措的出台,才有武汉港今天的发展。

实现制度管理与文化管理的融合。企业文化管理有别于单纯的制度管理,是制度加理念的管理模式,既注重管人又注重管心。比如在财务管理中融入文化元素,注重把制度管理与树立节俭意识、理财意识有机结合起来,加大节约意识和新的财务管理理念的学习和培训,请专家进行授课,与新的会计准则接轨,变管住财务为管好财务。

用VI塑形　提高企业的整体形象

企业的外部形象是通过员工的行为和鲜明的企业文化视觉系统来展示和体现的。武汉港务集团公司成立以后,及时制定了《员工手册》,明确员工的职业规则、劳动关系、薪酬与福利、奖励、责任追究、培训考核等,以此作为塑造新集团企业形象的基础和行为准则。在此基础上,他们开展"一句话赢得客户,一句话树立形象"、"文明就在我身边"的活动,通过文明礼仪讲座、文明就在我身边演讲等形式,树立人人都是文明行为的实践者,人人都是文明形象的塑造者,人人都是文明风尚受益者的观念,自觉按新企业的要求规范自己的一言一行,维护和树立新企业的新形象。

同时,他们加大对外宣传力度,努力塑造企业形象。近几年来,先后在长江日报推出了《50年老港改制合资伸展拳脚——武汉港务集团敲定"十一五"目标》、《5年投资14亿构建武汉港口群主骨架》、《《凤凰涅槃之路》、《武汉港:巨轮扬帆正当时》的专题报道,并且在湖北经济广播电台、武汉电视台等多家媒体上,对集团合资改制后的发展变化进行深度报道,形成了良好的舆论氛围和外部形象。

营造浓厚的文化氛围　形成良好的文化风尚

近年来,集团经常组织丰富多彩的职工文化活动,形成了浓厚的企业文化氛围。开展了企业文化网络论坛活动,在一个多月的论坛中,集团491人参与讨论,点击浏览达49700人次;论坛涉及企业文化的方方面面,集团董事长与总经理在网上与员工在线交流,形成了极好的文化氛围。此外,开展了"我与改革"的征文活动,有71篇较有代表性的征文在集团宣传橱窗内展示,参与优秀作品的选评,对形成改革改制的良好思想舆论氛围,转变员工的思想观念起到了积极的推动作用。与此同时,集团还举办了"港口风采"网上摄影作品赛,全集团有290幅作品参赛,全国有近十个省市、院校的摄影爱好者参与了投票;不仅丰富了企业员工的文化生活,而且扩大了集团公司在社会上的知名度。

武汉港集团坚持在青年员工中开展一年读一本好书的活动,用当今最流行的思想和观念武装头脑,推动企业文化建设的深入。几年来他们先后选读了《谁动了我的奶酪》、《没有任何借口》、《细节决定成败》、《执行力》、《你为谁工作》、《第五项修炼》、《世界是平的》等,同时还组织员工到武汉海尔工业园、武汉市海创公司、大桥局等单位进行企业文化的参观交流活动,与武汉理工大学合作,企校联手构建和谐企业课题组,借用外脑来推进和深化和谐港口、和谐文化建设。

今明两年是"十一五"计划的最后两年,也是武汉港发展的黄金时期,集团公司确立了"1365"的发展目标;在"十一五"期间兴建九大项目,投资超过14个亿,再造一个现代规模的武汉港。武汉港正面临着前所未有的发展机遇。在新的起跑线上，他们将以崭新的姿态，大力推进企业文化建设，努力实现用文化力促进生产力，用文化力铸造核心竞争力的目标；塑造和谐文化，构建和谐企业，为长江航运事业发展作出新的更大贡献。

以和谐文化提升企业核心竞争力

——哈尔滨东安发动机(集团)有限公司企业文化建设

企业概况

作为国家“一五”期间156项重点工程之一的中航工业哈尔滨东安发动机(集团)有限公司，成立于1948年，是以生产航空轻型动力及其衍生产品、直升机动力传动系统、航空传动部件产品、以工业燃气轮机及发电机为核心的机电类产品、铝镁合金铸造和模具产品为主的高科技企业集团。

多年来，公司始终秉承老军工文化的优良传统，努力构建企业和谐发展的良好环境，积极打造具有东安特色的和谐文化，力求用和谐文化引领企业又好又快发展。

公司先后荣获“全国五一劳动奖状”、“全国文明单位”、“全国绿化模范单位”、“全国企业文化建设优秀单位”、“建国60周年中国企业文化十佳单位”、“军工质量文化建设示范单位”、“全国质量效益型先进企业”、“黑龙江省和谐劳动关系优秀企业”等荣誉称号。

东安公司开展和谐文化建设的基本条件

1. 开展和谐文化建设具有深厚的企业文化基础。

东安公司企业文化建设起步于2001年。2001年初，公司开始导入CIS系统，规范了对外企业形象；2003年，公司提炼了企业精神；2005年，公司确定了理念文化体系框架，制定了企业文化建设纲要，召开了企业文化建设大会；2009年初，在中航工业集团文化体系的统一引领下，公司重点加强了对“航空报国，强军富民”宗旨和“敬业诚信，创新超越”理念等文化内涵的宣传与实践，为公司全面开展和谐文化建设奠定了坚实的基础。

2. 开展和谐文化建设是构建和谐企业的内在要求。

建设和谐文化，有利于企业进一步处理化解各种矛盾，理顺思想情绪，融洽人际关系；有利于进一步激发全体职工的积极性、创造性，提高企业竞争力；有利于进一步协调好利益相关者的关系，实现和谐发展；有利于树立企业形象，打造企业品牌。因此，东安公司始终把建设和谐文化作为构建和谐企业的着眼点和落脚点，注重企业内部的协调一致，企业与社会、与环境的和谐统一；注重实现与用户合作共赢，建立和谐的市场关系；勇担社会责任，奉献爱心，贡献社会。

3. 开展和谐文化建设是提高企业核心竞争力的客观要求。

和谐文化是企业核心竞争力的重要组成部分，是企业打造核心竞争力，参与市场竞争的必然选择，是一种作用巨大、潜力无穷的文化生产力。公司通过倡导和培育和谐文化理念，能够调动职工的积极性，增强企业的向心力、凝聚力，在公司内树立起敬业勤业的正气，激发出拼搏奉献的士气，形成争先创优的风气，进而迅速提升了核心竞争力。

东安公司和谐文化建设的指导思想和工作目标及基本原则

1. 指导思想

以中航工业集团宗旨和理念为核心，以公司和谐文化建设为主题，以构建和谐企业，促进企业、职工与社会的全面和谐发展为宗旨，深入学习实践科学发展观，广泛深入开展群众性和谐创建活动，努力营造支持改革、促进发展、维护稳定、共建和谐的良好氛围，建设具有鲜明时代特征和企业特色的和谐文化，为实现中航工业“两融、三新、五化、万亿”的战略目标不懈奋斗。

2. 工作目标

铸魂。建立融和谐文化理念、行为规范、制度体制为一体的和谐文化体系，使“共享和谐”的思想深入人心，并成为职工的价值取向和理想追求，引领企业向着更加和谐的方向发展。

聚力。以和谐理念文化为统领，将和谐文化理念渗透到各项规章制度和行为规范中，促进各种制度的优化，保持企业各要素及各种力量之间的协调与稳定，凝聚力量，发挥作用，保障企业沿着和谐的轨道发展。

育人。实施人本管理，尊重职工的个性需求；加强培训，提高职工的岗位技能和综合素质；创造和谐的内外部人际关系和工作氛围，让职工在岗位上激情而快乐地工作；尊重职工的劳动和创造，让职工分享企业发展的成果。

塑形。坚持诚信经营的企业道德，打造国内一流、国际知名的企业品牌；自觉履行社会责任，服务社会，报效国家，努力创建资源节约型、环境友好型、本质安全型企业，构建职工满意、社会欢迎的和谐企业，树立良好的企业形象。

3. 基本原则

(1)统一规划，分步实施

(2)以人为本，全员参与

(3)把握实质，培育精神

(4)夯实基础，注重发展

东安公司建设和谐文化的主要做法

1. 构建和谐理念文化体系，培育和谐价值观，营造和谐氛围。

多年来，公司始终注重对和谐文化理念体系的构建与完善,建立了突出“以人为本”、“共享和谐”等核心理念的理念文化体系,对公司和谐文化建设起到了引领作用。

和谐文化理念体系搭建完成后,为使广大职工认同理念、内化于心并自觉实践,公司广泛开展了理念的宣传推广活动。利用电视、报纸、电子屏、局域网、宣传板等媒介向广大职工充分宣传公司的和谐思想和理念,营造良好的人际环境、和谐的工作氛围。公司还制作了宣传展示板、玻璃画、计算机文化理念屏幕保护系统、理念学习小卡片等,加强职工对和谐文化的认知与理解;组织开展书画比赛、演讲比赛等一系列主题实践活动,凝聚职工。通过开展系列的宣贯活动,在广大职工中培育和谐精神,营造奋发向上的和谐文化氛围,铸就东安人共同的精神支柱。

2. 完善制度文化建设,建立协调的管理机制,提高管理水平。

公司以和谐理念为统领,建立协调、统一、高效的管理机制,加强制度文化建设,构建制度文化平台。

近几年,公司重点修订了岗位标准、工作职责,各单位按照部门职责,对原有规章制度进行梳理、修订和完善。为了使制度文化建设落在实处,公司建立了制度及文件下发前报审会签制度,以确保相关理念的正确宣传。公司还下大力气对职工的行为规范进行了修订,形成了包括工作行为、礼仪行为、仪表行为和公共行为的职工行为规范体系,提升了职工的素养和公司的执行力,为各部门之间的团结协作,提高管理效能奠定了良好的基础。

3. 加强物质文化建设,夯实发展基础,提升企业形象和影响力。

公司积极推进物质文化建设。一是以市场为导向,实施品牌战略和精品工程,努力提高产品和服务质量,实现公司与用户的和谐共赢;二是严格执行视觉识别系统,营造和谐的企业环境,树立规范统一的企业形象;三是广泛开展6S管理和6σ管理活动、成本管理等精益管理工作,在公司内部形成协调、统一、和谐、高效的管理机制;四是搭建活动平台,实现和谐文化建设与生产经营工作的有机结合。公司开展了持续改进、“立目标、找问题、定措施、抓落实、促发展”等主题实践活动,将和谐理念融入到生产经营工作的每一个过程,提升了企业管理水平,使和谐文化建设成为促进公司发展的推动力。

4. 建立健全三项工作机制,确保和谐文化建设顺利推进。

为确保和谐文化建设的健康发展,公司着眼于机制上的创新。在和谐文化建设推进的过程中,逐步建立健全三项工作机制。

组织保障机制。一是公司建立健全了和谐文化建设的领导体制,成立了指导委员会;二是明确和落实了工作责任。从上到下,层层负责;三是注重和谐文化建设的资金投入,为和谐文化建设提供与企业发展阶段相适应的物质基础。

工作指导和载体支撑机制。一是建立走访指导制度,加强对和谐文化建设的指导;二是进一步整合文化资源,创新手段,丰富和谐文化建设的载体;三是重视和加强对各种业余文化社团的管理引导,组织开展健康向上、特色鲜明、形式多样的群众性业余文化活动。

考核评价机制。一是建立考核评价和激励机制,纳入企业考核评价体系的总体部署,与企业其他工作同部署、同检查、同考核、同激励;二是制定符合公司实际、科学、实用的考核标准和考核内容;三是明确定量与定性相结合的考核评价方式,逐步实现和谐文化建设的规范化、制度化、科学化。

5. 丰富载体活动内容,引导职工全员参与和谐文化建设。

为营造人人崇尚和谐、追求和谐、维护和谐、发展和谐的良好氛围,为建设和谐企业构筑坚实的平台,公司广泛开展了形式多样的载体活动:一是以生产经营工作为重点,广泛开展以和谐为主题的“和谐文化年”、“双争竞赛”、“争先创优”、“青工创新创效”等主题实践活动,鼓励广大职工在岗位上建功立业;二是以“人人都能成为人才,让合适的人做适合的事”的人才观为指导,积极推进人才强企战略,实施全员、全过程、全方位的人才培养工作,开展“岗位练兵”、“名师带高徒”、“远程教育培训”、“新人厂大学生三年培养计划”等活动,营造人才辈出的良好氛围,为人才脱颖而出和健康成长创造了和谐的氛围;三是注重加强领导干部的形象工程建设,开展廉洁文化建设和创建四好领导班子活动。大力发扬求真务实、开拓创新、团结奉献的优良作风,努力营造和谐的党群干群关系,形成促进和谐企业建设的中坚力量。

和谐文化建设的成果

实践证明,和谐文化所蕴含的理念和价值观,是现代企业集团提升核心竞争力的保证。和谐文化建设与企业的科研生产经营活动相融互动,能够将文化体系的各项要素为广大职工所认同并在工作中创造性地付诸实践,使理念和价值观的正回馈作用发挥出来,并提升企业的管理层次、整体实力、应变能力及核心竞争力,打造现代化的和谐企业。

1. 通过开展和谐文化建设,有效增强了企业的凝聚力和战斗力。

在和谐文化建设过程中,公司积极宣传和谐文化的主要内容。在潜移默化中,广大职工对和谐文化理念的内涵认识更加清晰,在思想中逐步形成了“爱岗敬业、爱厂如家”、“企业发展、职工富裕”的意识,企业与职工间形成了和谐发展的共赢关系。

在和谐文化的指导下,广大职工致力于建设东安、发展东安的伟业,心往一处想,劲往一处使,攻坚克难,团结协作,追求卓越,公司发展蒸蒸日上,销售收入逐年提高,人均收入水平大幅度上升,职工共享企业发展的成果,激发了职工热爱企业、岗位奉献的激情,极大地增强了企业的凝聚力和战斗力。

2. 通过开展和谐文化建设，有效增强了企业的向心力和亲和力。

公司始终把解决广大职工最关心、最直接、最现实的利益问题作为关心和爱护职工的出发点和落脚点。通过加强6S管理，厂区、生产现场和办公场所整洁、明亮；通过环境和设备改造，有效改善了职工的工作环境；通过改造职工及老年活动中心、体育场、图书馆等文化娱乐设施，丰富了职工及家属的业余文化生活；通过加强职工住宅社区建设，实施“绿化”、“亮化”、“畅通”等工程项目，为职工营造和谐的生活环境；设立“爱心捐助站”、“职工困难补助基金”，对困难、患病的职工进行帮助和救助；公司还建立各种信息交流平台，给职工创造抒发内心感想、发表自身意见的机会，充分体现了人文关怀。如今，公司内部形成了“心相通、情相融、力相和”的浓厚和谐氛围，有效地激发了广大职工的工作激情和创新活力，使文化力转化为向心力和亲和力，有效促进了公司的发展。

3. 通过开展和谐文化建设，有效增强了企业的社会影响力和核心竞争力。

公司以“持续改进、创优质产品、让用户满意”的质量方针为指导，大力实施精品工程，打造东安品牌，同时，践行“一切以用户为中心”的售后服务承诺和“诚信、文明、务实”的售后服务原则，为用户提供高品质、高效率的服务，实现了企业与用户之间的协作关系和谐稳定。为实现企业与环境的和谐，公司重点进行了环境监测站实验室的完善和认证工作，开展了清洁生产项目，大大减少了企业对环境的污染。多年来，公司始终不忘自身的社会责任，积极参加一些社会公益活动，支持地方建设。近两年，公司参与爱心捐助、赈灾捐款近300万元，树立了企业良好的公信形象。

公司还通过广泛开展管理创新、技术创新，使公司的管理层次、经营效率、科研生产能力不断增强，企业整体实力、应变能力及核心竞争能力不断提升。目前，公司经济效益不断增长，综合实力不断增强，正在向建设现代化和谐企业的目标迈进。

以一流的企业文化推动改革和发展

——江西昌河汽车股份有限公司企业文化建设

企业概况

江西昌河汽车股份有限公司是中国小排量汽车科研生产基地，注册资本4.1亿元，资产总额近60亿元。多年来，昌河汽车始终将企业文化建设贯穿于改革调整和发展的全过程，渗透到生产经营管理的每个环节，着力建设一个特别能战斗的团队，一个积极向上、永不言败的团队，一个只争朝夕、顽强拼搏的团队，一个敢于负责、甘于奉献的团队。以建设一流的企业文化为依托，推动了昌河汽车公司的改革和发展。

昌河汽车公司的企业文化建设从发展历史上可分为两个大的阶段，其一是2004年11月以前，昌河汽车公司作为昌河集团的下属公司，倡导的是一种“军民结合、机车齐上”的企业文化；其二是2004年11月昌河汽车与昌河飞机进行分业经营以后，完全置身于市场经济的竞争洪流中，着力打造了一种“树品牌、树形象、积极向上”的企业文化。面临的外部竞争更加激烈，内部组织结构和产品结构处在不断调整之中，各项改革也在不断深化之中，职工的思想观念发生着深刻变化。昌河汽车公司比以往任何时候都更加需要加强企业文化的建设。在此情况下，公司党委、总经理部决定，加快推进企业文化的建设步伐。

提炼文化理念　启动企业文化建设的系统工程

在公司党委的领导下，由宣传部门负责，昌河汽车于2006年着手建立了包括企业价值观、企业精神、企业宗旨、经营理念、企业哲学等在内的昌河汽车企业文化理念体系。

其一是制定并下发了《昌河汽车企业文化建设实施方案》，对企业文化建设的工作任务与时间节点进行了分解安排，提出了宏观思路和具体节点。

其二是完成了昌河汽车企业文化理念体系的顶层设计。在开展企业文化小故事活动的基础上，由宣传部门负责，经过广泛讨论并征求意见，着手建立了包括企业价值观、企业精神、企业宗旨、经营理念、企业哲学等在内的昌河汽车企业文化理念体系，完成了昌河汽车企业文化的顶层设计，并发布了《昌河汽车企业文化理念》诠释，在全公司进行了培训和宣贯。

三是引入学习型组织创建理念，加强了企业文化培训。公司多次举办“创建学习型组织”培训，特邀上海明德学习型组织研究所教授来公司授课，公司本部全体中层以上领导干部、机关处室室主任参加了培训活动，九江与合肥分公司的中层以上领导干部参加了同步视频培训。组织了班组长企业文化培训，并以分子公司为主体分层次启动了企业文化培训。

四是在实践中加强创建和不断创新。为增强企业文化群众基础和实践创建特点，党委宣传部组织开展了“说、讲、写、评”企业文化小故事活动，得到了三地干部职工的积极响应，不少单位领导亲自参与撰写。自2006年底开展此项活动以来，共收到小故事152篇。在此基础上，党委宣传部在《昌河汽车》报开设了“昌河汽车企业文化小故事”专栏，并选编了优秀小故事在《中国航空报》刊发，还联合公司团委举办了企业文化小故事演讲活动。此项活动在广大职工中产生了较广的影响，为推动昌河汽车企业文化建设的深入进行发挥了较好作用。2007年以来，公司将企业文化建设重点转入实践创建上来，围绕昌河汽车复兴目标，编辑出版了“以文化推进管理”系列丛书，即《精益生产》、《学习改善》、《班组建设》和《文化管理》，目前该系列丛书已成为每位职工文化学习的必修教材,同时也成为广大职工开展企业文化实践的理论指导。

五是坚持创建与宣传推广并进。党委宣传部重点围绕昌河汽车的企业文化学习,在《中国航空报》推出了昌河企业文化系列宣传专栏文章,从不同的角度对文化理念进行了宣传展示。2007年11月启动了企业文化的名片制作,即昌河汽车新版专题片《昌河之春》和企业画册。

进入2008年,昌河汽车发出了"打好三大战役、决战2008"的总动员令,提出了"振兴发展"的宏伟构想。为进一步抓住正确的舆论导向,打造面向企业内外的舆论宣传平台,全面展示新时期昌河汽车的新发展和新形象,2008年初,公司又推出了《昌河新时代》专刊。它为昌河汽车提供了一个新的交流思想、碰撞思想、启迪智慧的精神家园。

六是根据企业自身发展的特点和着力建设节约型企业、社会的客观要求,昌河汽车于2008年6月15日在南昌隆重举办了中国"节约型社会与小排量车发展高峰论坛"暨昌河汽车品牌宣言发布仪式。"走节能路、造精品车"品牌主张的发布不仅体现了昌河汽车始终专注于小排量车的产品定位,同时也是昌河人通过不断追求和创新,探索出了一条适应企业自身发展的战略之路。

七是致力于增强企业的社会责任感,向纵深推进企业文化建设。? 企业文化是企业的灵魂,将企业文化建设与企业社会责任结合,是企业之"神"与社会之"形"的有机结合。多年来,昌河汽车始终热心社会公益事业,注重将企业文化建设融入到社会的视角中。2008年5月12日,四川汶川县发生8.0级强烈地震,昌河汽车党委、总经理部果断作出决定,迅速启动了"情动昌河、抗震同行"大型爱心捐赠活动。昌河汽车共向灾区捐出330多万元的爱心物资和现金,以实际行动向灾区人民伸出了援助之手。

近几年来,昌河汽车在企业文化建设上取得了丰硕成果。《昌河汽车企业文化建设实施纲要》、《昌河汽车企业文化手册》(理念体系及其诠释)、《昌河汽车企业文化手册》、《精益生产手册》、《学习改善手册》、《班组建设手册》、《公司质量文化建设实施方案》、《"创建学习型组织"实施方案》、公司品牌管理制度文件、公司管理制度文件汇编、《昌河汽车 VIS 手册》等一一出台,成为规范企业运作和指导企业生产经营的文化旗帜和精神动力。

深化企业文化创建活动　让文化落地生根

坚持抓好企业文化建设的丰富实践使昌河汽车公司认识到,要实现企业文化的落地生根,必须大力开展企业文化的全员创建活动,让文化走进员工的岗位,让理念融入员工的思想。

一是始终坚持全员、全过程的学习改善活动。在充分学习铃木公司"少、小、轻、短、美"的改善精髓基础上,昌河汽车公司确立了四个改善创新的重点,即观念创新、管理创新、技术创新和制度创新。在具体措施上,近几年来昌河汽车重点开展了以"降低成本"为专题的改善活动,以"提一条合理化建议,实施一项改善"为内容的"两个一"合理化建议和改善活动,以"我为节约能源献一计"为号召的全员降耗活动。自2006年以来,共培训职工5600余人次,提出改善提案8190余项,实施6470余项,改进工艺130多项,节约成本2.14亿元,进一步夯实了昌河汽车公司发展的基础。

为了将学习改善活动引向持久,昌河汽车公司截至目前已举办了十五次改善成果现场发布会,及时对改善工作进行总结,对改善成果进行奖励,对特别优秀的成果还以改善者的名字进行命名。同时,自编培训教材《改善启示录》和《技术创新——职工改善成果》,组织员工学习。据不完全统计,近五年来昌河汽车公司员工共提出合理化建议39680条,改善项目8900余项,其中重大技术改进55项,科研课题70项,在降低成本、提高产品质量、改善管理方面做出了很大的贡献。

二是大力推进精益管理活动。多年来昌河汽车公司开展企业文化创建活动的生动例子,就是全面深入地推行精益管理,从基础做起,从源头抓起,从内功练起,坚持走好精益管理的发展路子,积淀了能量,夯实了基础。2005年以来,公司果断地实施"定岗定编定员"(简称"三定")工作。按照组织机构要精干优化的原则,对室主任、一般职员和辅助工人进行了大幅度精减,快速而稳妥地推进了薪酬体系调整,建立了与之对等的用工制度,初步建立了干部能上能下、员工能进能出、收入能高能低的机制。此外,公司自2005年以来全面推行了开放式办公。这种敞开式、集中的办公环境,提高了办公效率,降低了办公成本,融洽了员工关系,加强了劳动纪律管理,促进了团队合作精神。

与此同时,昌河汽车公司全力开展精益化生产。2007年以来,公司从计划安排、进度控制,信息反馈着手,实施"小时产量达产达标",严格小时单位产量考核,管理工作从被动变主动,且一步一个脚印,均衡化生产取得了显著成效。此外,公司还大力推行 TPM 活动,营造全员参与生产维护的良好氛围。公司在车间、工段和班组均实施了设备维护的考核办法,做到周有点巡检,月有考核,季有评比,每年进行全面摸底,调动了全员参与生产维护的积极性,基本实现了停机为零、事故为零、速度损失为零。

三是着力抓好学习型班组建设。班组是企业的"细胞",是企业的有机组成部分,也是企业一切工作的立足点。昌河汽车公司一直把"创建学习型班组"作为一项重要工作来抓,激发员工的学习力和创造力。如今,在昌河汽车公司"三地工厂"的各一线班组,均制作了管理看板,制定了员工培训计划,坚持开展岗位练兵、5S和改善活动,文化氛围、学习活力和工作干劲得到了较好提升。其次,注重抓好班组长的标准化管理,规范了晨会和班前会制度,为每个班组在现场制作悬挂班组管理揭示板,及时通报生产进度、质量报表、改善成果和培训信息等各项内容。此外,切实做好班组长的研修培训、技能培养和素质拓展,提升他们的生产、安全、质量、现场等管理素质,从多个层机提高管理视野和大局意识。

这些扎实的创建活动，很好地将企业文化的理念深化到员工的思想和行动中，促进了公司的管理创新和机制创新，保证了企业的高效运转。

实施昌河汽车企业文化振兴计划

为全力推动昌河汽车实施好“五年振兴”计划，2007 年以来，公司提出并逐步实施了企业文化振兴计划，逐步构建一个包括理念、行为、视觉等三方面内容，有昌河汽车特色的企业文化体系，着力提升全体员工的核心价值观，培育更具有活力和创造力的内部氛围。具体来说，这个计划包含五项内容：

1. 建立昌河汽车的核心价值体系。通过企业文化建设，形成和弘扬具有鲜明时代精神和昌河汽车特点，促进企业和员工共同发展的核心理念。从队伍建设、阵地建设、流程设计和制度完善四个方面建立完善企业文化管理体系；强化员工的核心价值体系培训；强化干部职工的问题意识、灵活运用问题球理论；大力倡导内省的企业文化。

2. 通过理念创新推动管理创新。在企业使命和发展愿景引领下，以学习改善、精益管理、班组建设、学习型组织创建等为基本手段，在文化建设和经营管理的实践中形成独具特色的经营哲学、管理理念和管理原则。着力促进企业文化与管理创新的深度融合，加强制度文化建设，把企业文化建设的落脚点和着力点放在与生产经营主流业务和企业管理实践相结合上来。

3. 塑造昌河汽车良好形象。通过持续加强的企业文化建设，树立诚实守信、服务标准、行为规范、道德高尚的精神风貌，塑造良好的企业品牌形象、产品形象和员工形象，使公司成为新风尚、新形象的发祥地和展示地，成为满足员工发展和精神追求的家园。进一步将企业文化建设落实到岗位，倡导“欲造精品、先塑人品”的企业道德。

4. 员工为本、用户至上，搭建舞台、造就人才。通过企业文化建设，培养员工良好的行为习惯，打造具有鲜明特征的优秀人才，促进员工素质的全面发展，为员工搭建实现人生价值的舞台，共同创造美好生活。牢固树立员工为本的价值观念，从政策和制度上保证企业发展与员工发展目标的一致性；推行员工职业生涯设计活动、员工愿景规划活动、学习型团队活动。

5. 创造价值、造福社会。通过企业文化建设，推动企业创新发展，创造丰厚价值，惠及员工、回报股东、造福社会。深入、持续地开展精品制造工程、精益管理工程、学习改善活动，探索建立价值创造评价体系、激励员工不断求索、追求卓越、创造价值、造福社会。

背负着产业报国之志的昌河汽车人，秉承着军工企业的创新精神和精湛技术，正高举企业文化建设的旗帜，以文化推进管理，以文化促进发展，全力越过新的考验，共同走向新的辉煌。

建设具有九电特色的“同兴”文化

——国电九江发电厂企业文化建设

企业概况

中国国电集团公司九江发电厂是隶属于中国国电集团公司的国有特大型企业，位于江西省九江市东郊，庐山北麓，北临长江，西靠九江长江大桥和京九铁路，水源充足，交通便利，地理环境十分优越，整个厂区占地面积约 351 万平方米。动工兴建于 1977 年 6 月。一期工程安装两台 125Mv 机组。二期工程安装两台 200 万 MV 机组，分别于 1991 年 11 月和 1992 年 9 月并网发电。三期扩建工程利用日本海外协力基金贷款及国内部分融资兴建，采用国际招标建设，两台 350MV 发电机组分别于 2003 年 7 月和 12 月正式进入商业运营。目前，总装机容量 1350MV，是江西暨华中地区最大的火力发电厂。

国电九江发电厂建厂 30 多年来，始终遵循企业文化建设规律，大力开展企业文化建设活动，深入挖掘提炼企业所蕴涵的“精、气、神”，形成了具有鲜明时代特征和九电特色的“同兴”文化，为企业的发展壮大和兴旺发达提供了强有力的文化支撑。

“同兴”文化的产生背景

萌芽阶段。上世纪七十年代，九电的第一批建设者们满怀奉献电力、报效祖国的创业豪情，从四面八方汇聚到庐山脚下，在穷乡僻壤的金鸡坡上安营扎寨，使江西省的第一台 12.5 万千瓦机组在金鸡坡上发出了第一声欢唱，谱写了江西省电力工业由中温中压小容量机组向超高温高压大容量机组跨越的绚丽篇章，留下了九电人艰苦奋斗、无私奉献、务实拼搏等宝贵的精神财富。

初创阶段。进入八、九十年代，九电处于二次创业时期，九电的文化建设也开始起航。该厂开展了“塑造九电企业形象、塑造九电员工形象”活动，形成了九电企业形象标准，以及管理、运行、检修、后勤、多经五大岗位员工的形象标准；制定了包括员工总体、上下班、岗位上、公共场所、生活区、内外礼仪的行为规范；提炼了“团结、严谨、进取、先行”的九电精神。九电文化建设的兴起，凝聚了员工的力量，使企业在奋进中进入了计划经济向社会主义市场经济的转轨期，走上了可持续发展的兴旺之路。

形成阶段。跨入二十一世纪，随着电力体制改革的深化，九江电厂在新一轮的电力体制改革中划归中国国电集团公司，进入了电力市场竞争的行列。为尽快适应和融入中国国电集团公司的管理模式和企业文化，九江电厂踏上了文化再塑的新征程。重新调整充实企业文化建设委员会和办公室,加强领导和组织力量;举办企业文化知识专题讲座,聘请知名专家学者授课辅导,培训企业文化建设骨干;编写《企业文化知识手册》,下发至全厂员工进行学习,普及企业文化知识;开展大型企业文化建设问卷调查,全面了解企业文化建设的历史和现状,掌握文化再塑的第一手资料;组织"企业理念大家创"活动,召开企业理念研讨会,对在全厂员工中广泛征集的企业理念进行反复讨论和提炼。九电文化再塑活动,升华了员工的思想,凝炼了企业的理念,全厂员工发出了一个共同的心声:"与九电同兴旺,与国电同兴旺,与祖国同兴旺",九电"同兴"文化由此正式产生。

"同兴"文化的理念内容

企业理念是企业管理的思想精髓,是企业文化的核心和灵魂。九电"同兴"文化理念,以"同兴"为主线,由"精、气、神"三个部分构成。

"精、气、神"是在中国两千多年的历史进程中逐步形成的一种整体生命观,原意是指人体内的元精、元气、元神,三者是人体生命的三大支柱。其中"精"是构成人体生命组织的精华,"气"是人体生命的动力,"神"是人体生命的主宰和具体体现。人要有"精、气、神",企业同样也要有"精、气、神"。企业的"精、气、神"就是主宰企业兴衰成败、渗透到企业肌体内使企业具有顽强生命力的核心思想观念,促进企业兴旺发达的思想动力,支配员工追求美好愿望所遵从的具体思想意识和观念。

九电之"精"。在"同兴"文化理念中,"精"是指为实现"同兴"而形成的核心思想观念,由"与九电同兴,与国电同兴,与祖国同兴"的九电愿景、"员工为本,效益至上,和谐同兴"的价值观、"做实、做新、做大、做强"的工作方针、"以电兴业,强企报国"的九电精神、"忠诚事业、忠诚集团,爱岗敬业、岗位成才"的职业道德观构成。

九电之"气"。在"同兴"文化理念中,"气"是指为实现"同兴"在思想观念上所形成的动力。它由体现九电人意气风发、昂扬向上、充满活力、奋发有为精神风貌的蓬勃向上的朝气;体现九电人知难而进、不畏艰险、披荆斩棘、勇往直前精神意志的坚如磐石的勇气;体现九电人永不自满、不断创新、奋勇争先、追求卓越精神气势的开拓进取的锐气"三种气概"构成。

九电之"神"。在"同兴"文化理念中,"神"是指支配员工为实现"同兴"所遵从的具体思想意识和观念。由"爱厂如家,为厂尽瘁"的主人意识、"恪尽职守,尽责至善"的责任意识、"厂兴我荣,厂衰我辱"的荣辱意识、"克煤必争,度电必夺,毫厘必算"的效益观、"思想零懈怠,行为零违章,目标零事故"的安全观、"万事敢为先,万化应千变,万难还坚劲"的市场观、"人际和睦,内外和顺、天地和美"的环境观、"人人可成才,岗位铸人才,绩效量人才"的人才观构成。

九电"同兴"文化理念的"精、气、神"是一个整体,它们互相依存,互相转化。精生气、气化精,精气养神、神寓精气,神乘气行、精居其中。三者相融于一体,成为九电的灵魂。

"同兴"文化的实施成效

内化于心,与员工思想深度融会,增强了企业的凝聚力。抓学习,掌握要义。举办学习辅导班,培养"同兴"文化的宣贯骨干;组织"'同兴'文化理念大家谈"活动,将"同兴"文化的每个理念列出课题,撰写出一批理论性强、对实践有指导意义的文章,丰富"同兴"文化理念的内涵;组织员工原原本本地学习、认认真真地讨论"同兴"文化理念,使员工深刻领会其真谛,掌握其要义。

抓宣传,强势推进。组织"同兴"文化巡回宣讲团,举办"讲企业故事"演讲比赛,使员工了解"同兴"文化理念背后许许多多展现九电人"精、气、神"的动人事例,真切地感受九电人形成"同兴"文化理念的心路历程。厂主要媒体加大"同兴"文化理念的宣传力度,集中刊发、报道"同兴"文化理念的评论、访谈、体会、理论文章和宣贯情况。在重要场所、显著位置设置"同兴"文化理念词条牌板、制作"同兴"文化理念宣传网页,使"同兴"文化理念入脑入心、人人皆知、家喻户晓。

抓践行,诠释内涵。举办"践行'同兴'文化理念签名承诺仪式";开展"和谐同兴我先行"等"同兴"文化主题实践活动;组织践行"同兴"文化理念专题宣传板报比赛;召开践行"同兴"文化经验交流会,选树典型,推广先进;汇编《铸造九电之魂》、《和谐同兴我先行》、《精细化管理在基层》等"同兴"文化系列丛书,促进"同兴"文化宣贯活动的不断深化。

外化于形,与塑造形象紧密结合,彰显了企业的形象力。一是实施行为识别系统,塑造九电的员工形象。以"同兴"文化理念为指导,建立了员工的社会公德、职业道德、岗位工作、家庭美德、社交礼仪等公共行为规范,以及厂级领导人员、中层管理人员、机关工作人员、主业工作人员、综合产业人员的具体行为规范。同时,对照行为规范,广泛开展摆查整改陋习活动,提升了员工的内在素质,并凝结成了九电企业的良好形象。二是统一视觉识别标准,塑造九电的外观形象。统一规范地使用企业的形象标识,使充满现代气息而又独具魅力的企业标识在企业随处可见,成为九电的一道靓丽风景线,提升企业的外观形象。三是积极履行社会责任,塑造九电的社会形象。建厂三十多年来,累计发电800多亿千瓦时,连年完成国家下达的发电计划和经营指标,为人民生活用电、地方的经济建设和国民经济的发展作出了重要贡献。在98抗洪、05九江地震、08抗冰等重大自然灾害中安全保电,为夺取抗灾胜利立下了汗马功劳,树立了"人民电业为人民"的良好社会形象。

固化于制,与企业管理无缝对接,提升了企业的竞争力。没有制度保障的文化建设,难以得到有效的实施;没有文化支撑的制度,难以保证企业的有效管理。一方面,在企业文化建设工作的管理上,建立健全了企业文化建设的领导体制、运行机制和相关制度。成立了由党政一把手为主任、其他厂领导和职能部门负责人为成员的企业文化建设委员会，同时下设办公室，形成了党委统一领导、党政共同负责、职能部门齐抓共管、企业文化建设办公室具体负责的领导体制。把文化建设列入企业“十一五”发展战略进行统一规划，制定了《国电九江发电厂企业文化建设实施纲要》，明确企业文化建设的指导思想、基本原则、工作目标、实施步骤和基本方法及措施，并以《纲要》为指导，统筹策划、周密部署、精心组织每年的企业文化具体活动。还制定了《企业文化建设管理办法》，把企业文化建设工作作为部门绩效考核、党总支和支部工作检查、文明单位建设考评的一项重要内容，与企业其它工作同部署、同检查、同考核、同奖惩，形成了企业文化建设工作的长效管理机制，实现了企业文化建设工作的有序化、经常化和制度化。另一方面，九电从规章制度入手，将“同兴”文化12项理念的精髓融入到企业的各项规章制度、操作规程、工作职责之中，修订了党群管理、人力资源管理、财务管理、安全管理、生产管理、科技信息管理、综合管理七大类共158项管理标准和479个工作标准、525个岗位说明书，形成了具有九电特色的制度文化体系，使文化理念的柔性引导和规章制度的刚性约束相辅相成、融合统一，促进了“同兴”文化与企业管理的无缝对接，推动了企业的高效管理，提升了企业的核心竞争力。

九江电厂在实实在在品尝到“同兴”文化给企业带来持续发展的同时，将站在新的起点上，以新的视角，永无止境的探索，锲而不舍的追求，使“同兴”文化向更高的层次迈进，向更广的领域延伸，为企业又好又快发展提供源源不竭的动力。

以特色文化促企业发展

——沈阳铁路局企业文化建设

企业概况

沈阳铁路局位于东北路网的中南部，营业里程9630公里。全局有运输站段68个，非运输直属单位40个，现有职工281960人。一年来，我们坚持以科学发展观为统领，构建了具有铁路行业特色、体现时代内涵、符合沈阳局发展战略的企业文化体系，不断增强了企业凝聚力和竞争力，为推进和谐铁路建设，实现沈局又好又快发展提供了文化支撑和有力保证，促进全局各项工作实现了历史性跨越。安全生产连续五年实现无行车重大大事故，运输经营指标居全路前列，多次被评为辽宁省文明单位、思想政治工作先进单位。2009年再次跻身全国百强企业。

健全机制　为加强企业文化建设提供了有力保证

企业文化建设是凝聚职工思想、展现企业形象、扩大企业社会影响的有效途径和根本保证。全局各级组织高度重视企业文化建设工作，并将其做为一项长期的系统工程，有机融入安全、经营、稳定及企业改革发展等各项工作，健全组织领导、指导考核和主体落实机制，实现了整体推进。

健全组织领导机制，形成了加强企业文化建设的工作合力。路局成立了由党委书记、局长任组长，其他领导班子成员任副组长，机关各部门负责人任成员的企业文化建设领导小组。领导小组负责全局基层单位企业文化建设的检查、指导和考核等工作。领导重视，各部门分工负责，合力共为，确保了全局企业文化建设健康开展。

健全主体落实机制，促进企业文化建设不断深化。我们把基层单位确定为企业文化建设的落实主体，加强指导，强化落实。各单位按照沈局第二个三年发展规划和加强全局企业文化建设实施意见的部署要求，做到目标清晰、任务明确、措施具体、责任到人、有序推进，促进了企业文化建设不断深化。

突出重点　构建了独具特色的企业文化体系

沈阳铁路局坚持以科学发展观为指导，以充分发挥企业文化建设对全局又好又快发展的促进作用为出发点和落脚点，结合实际，突出重点，构建了具有沈局特色、体现时代特征的企业文化体系。

构建安全文化。坚持把牢固树立安全发展理念作为首要任务，引导干部职工牢固树立“违章就是犯罪”的安全荣辱观、“事故是最大损失”的安全效益观、“确保安全是天职”的安全责任观，形成了安全理念体系；坚持把养成标准化作业习惯作为工作重点，把思想工作渗透和贯穿到作业全过程，建立和完善了各工种、岗位的安全行为规范；坚持把落实安全规章制度作为确保安全的基础性工作，构建了安全管理制度体系，成为职工自觉认同的岗位安全行为准则；坚持把安全环境建设作为安全文化的外在表现和基本内容，形成了有利于运输安全的健康文化环境。

构建服务文化。坚持“人民铁路为人民”服务宗旨，以培育旅客货主至上的服务理念为追求，以提供安全、便利、优质服务为目标，构建了干部职工共同认知的服务价值观念和行为规范。开展个性化服务，创造了具有沈局特色的服务精品，展示了良好的服务形象。

构建品牌文化。坚持培育和树立“品牌就是形象、品牌就是竞争力”的铁路运输精品的文化理念，围绕重点列车、重点客运站所经所处的地域特点、历史渊源和民俗风情，加大软硬件投入，打造了一批在全路乃至社会立得住、叫得响的系列站车文化品牌。

构建典型文化。坚持弘扬沈阳铁路局时代精神，培育具有沈阳局特色、体现时代特征的先进典型群体，发挥先进典型的示范引领作用。坚持把提升典型影响力作为企业文化建设的重要抓手,在大力弘扬沈阳局"三个一"企业精神的同时,深度挖掘小东站、孙家养路工区、新民站、T12 次列车等全路闻名老典型的时代内涵,总结提炼了"艰苦奋斗、勇于奉献、挑战自我、争创一流"的通霍精神,"爱岗敬业、高定标准、精检细修"的沈西精神,"设备一流、管理一流、服务一流"的动车精神,实现沈阳局企业精神的升华,极大地丰富和发展了新时期沈局时代精神。

扎实推进　全局企业文化建设取得了明显成效

沈阳铁路局对企业文化建设高度重视、精心指导、严格考核,各单位按照全局企业文化建设总体部署,紧密结合实际,突出各自特色,大力推进,在全局形成了风正气顺、政通人和、昂扬向上的良好文化氛围,取得了实实在在的成效。

各级组织齐抓共管、合力共为,推动企业文化建设不断向纵深发展。路局、局党委高度重视,把企业文化建设纳入全局发展总体部署,完善建设规划,加强督促检查,注重建设投入,狠抓工作落实。各基层单位将企业文化建设摆上重要日程,切实加强领导、精心组织、有序推进,确保了企业文化建设各项工作落到实处。

大力推进安全文化建设,有效激发了全员保安全的内在动力。路局、局党委坚持把确保运输安全持续稳定作为企业文化建设最核心、最根本的任务,注重在培育体现时代要求和企业特色的安全理念、增强全员保安全的内在动力、促进遵章守纪行为养成上下功夫,大力加强安全文化建设,确保了全局运输安全有序可控、基本稳定。

大力推进典型文化建设,丰富了沈局精神新的时代内涵。路局、局党委围绕实施大提速、扩能改造、挖潜提效等攻坚任务,深入挖掘并大力弘扬了具有沈局特色和时代内涵的通霍精神、沈西精神、动车精神。总结推广了通辽车辆段应对金融危机,以安全生产科技化、专业管理科学化为着力点,加强安全管理;以实施精细管理、全成本控制为突破口,加强经营管理;以强化干部专业技术培训带动全员整体素质提升为保障,加强队伍建设;以注重人文关怀、激发内在动力为抓手,加强思想政治工作;以主动承责、合力共为为核心,加强领导班子建设,实现各项工作整体提升的企业管理先进典型,通过对标式、类比式学习推广,在全局形成了学先进、赶先进、当先进的浓厚氛围,全局干部职工以苦干实干拼命干的生动实践,赋予沈局企业精神以更加深刻的时代内涵。

大力推进服务文化建设,促进了客货服务水平的全面提升。路局、局党委坚持以站车窗口单位为重点,以深入开展"诚信服务"实践活动为载体,精心培育"窗口"文化、列车文化,促进了客货服务质量的全面提高,充分展示了沈阳局良好的企业形象。今年,全局有1个单位被评为全国文明单位,4个单位被评为全国精神文明建设工作先进单位,8个单位被评为全路文明单位,20对列车被铁道部授予"红旗列车"称号。

大力推进和谐文化建设,形成了政通人和、人心向上的良好局面。路局、局党委坚持以构建和谐沈局、和谐站段、和谐车间、和谐班组为目标,在全局大力开展"树立和谐理念,倡导和谐精神,创造和谐环境"为主题的和谐文化建设实践活动,形成了企业和谐、干群和谐、职工和谐的可喜局面,为实现沈阳局又好又快发展奠定了坚实基础。

把理念化作行动

——鞍钢股份有限公司企业文化建设

企业概况

鞍钢股份有限公司是鞍山钢铁集团公司的控股上市子公司,是鞍钢集团钢铁产品生产主体和经营中心。公司具有大型烧结、焦化、炼铁、炼钢、轧钢、动力等技术、装备与人员的综合资源配置,公司目前具备钢、铁2100万吨生产能力,能够生产16大类品种、600个牌号、42000个规格的钢材产品和近40种焦化产品,广泛应用于机械、冶金、石油、化工、煤炭、电力、铁路、船舶、汽车、建筑、家电、航空、国防等行业,还可以根据顾客的特殊要求和国家重点工程项目研制、开发、生产特种产品,满足市场需求和顾客的特性需要。

鞍钢股份公司是鞍钢钢铁主体,也是我国精品钢产品生产基地。在企业文化建设方面,公司始终将"如何将公司倡导的理念转化为职工的行为习惯,使职工的思想观念与企业快速发展的形势相适应"作为重点工作来抓,并做了很多有益的尝试,经过几年的努力,逐步实现企业理念教育形象化、故事化、网络化,提高企业理念教育工作不断取得成效。

随着社会的发展进步与信息传播渠道的畅通,企业中的职工理念教育工作遇到了新的挑战。如何使理念教育和灌输工作收到预期效果,成为做好企业文化工作的一大课题。鞍钢股份有限公司是鞍钢钢铁主体,也是我国精品钢产品生产基地。如何将公司倡导的理念转化为职工的行为习惯,使职工的思想观念与企业快速发展的形势相适应,鞍钢股份公司做了一些有益尝试,归纳起来就是:逐步实现企业理念教育形象化、故事化、网络化,不断提高企业理念教育工作的实效。以企业文化建设为先导和主线使鞍钢股份在企业整合、规模扩张和持续发展中保持了稳定、高效与和谐。

充分利用现代影视传媒作用　做到理念教育形象化

为使公司理念教育工作的内容更新,措施更活,效果更实，公司采取理念教育形象化方式，即利用现代影视传媒手段，将公司倡导的企业理念变成职工喜闻乐见的电视宣传片，发到基层党支部，及时组织职工观看，将公司宣言、企业精神、管理理念直接传达到职工中去。每片25分钟左右，使职工在班前、班后及其他工余时间能够很快地观看完，在较短时间里能够比较全面、准确、有效地将公司不同时期的管理理念传达灌输到职工中去，使职工在形象、鲜活的形式中受到教育。目前共制作企业理念电视教育片50余部。

随着危机意识的逐步增强，全体职工清醒地认识到，要想科学防范市场危机，使企业在市场竞争中保持稳定的发展势头，根本出路在于“建精品基地，创世界品牌”，必须树立精品意识。公司党委据此编辑电视教育片《创造精品》。通过这部电视片，把市场和用户的要求形象地传达给职工，让职工了解公司为什么要实施精品战略，什么是精品，用户对公司的产品有什么样的要求，应当怎么办等一系列问题。这部片子的特殊作用是，使一线职工突破了工厂的限制，了解到市场和用户的情况，看到了自己产品的用途，增强了光荣感和责任感。并对什么是创新、企业如何创新等一系列问题达成共识，形成了清晰的思路。

如何让职工转变观念，认清形势，明确任务，公司党委在重工中开展了责任意识教育，专门拍摄电视教育片《跨越之旅》。通过这部电视片，告诉职工企业下一步竞争的主要对象是世界钢铁强企，绝不能有半点盲目乐观情绪；鞍钢股份要成为世界一流钢铁企业，必须在各个方面赶上和超过竞争对手。

通过形象化的教育，职工突破了现代工厂所筑起的“围墙”限制，看到了市场，接触了用户，了解到市场需要什么，用户关心什么，工作中应该做到什么，而不是像过去那样仅仅看到自己眼前的一小块天地。目前，股份公司职工的思想已逐步凝聚到了打造精品，提高竞争力，建设世界一流钢铁企业上面。广大职工统一了思想，形成共同的价值观；统一了行动，形成强大的执行力，使公司得以顺利渡过整合期，逐步迈向稳定发展的新阶段。

以职工身边典型事例阐释先进理念，做到企业理念教育故事化

企业的发展与创新需要以先进的理念引领，将先进的理念转化为职工的思维方式，是企业文化工作的根本任务。针对股份公司直接面向市场、面对用户的实际，鞍钢股份明确将公司宣言定为“创造精品，用户至上”；将“提升个人价值、创造经济价值、实现社会价值”作为公司价值观；经营宗旨为“服务用户、共同发展、造福社会”；将“创建世界一流企业”定为企业目标。依此制定出《鞍钢股份有限公司十一五企业文化建设规划》，并纳入公司整体发展规划。

在此基础上，公司党委把工作重点放在理念的灌输上面。为切实搞好理念培育灌输，使抽象的理念具体化、形象化，他们采取“理念教育故事化”的方式，即利用职工身边的先进事例和职工耳熟能详的现象来阐释公司理念，用事实说话，用典型说话，用群众熟悉的语言和喜闻乐见的方式搞好理念灌输和导入，使比较抽象的理念融化在一个个生动具体的故事当中，变成摸得着、看得见的典型人物和事例。从一个个小道理讲起，久久为功，“积小善而成大德”，收到了事半功倍的效果。为使职工真正做到爱岗敬业，深刻感受竞争的压力与动力，他们选择燃气厂陈国仁、冶金运输厂庞宝川、硅钢厂白晓华、给水厂刘斌四个典型，拍摄制作成理念故事化电视片《身边的故事》，从不同侧面解释“努力寻找新的奶酪”、“不做被温水煮死的青蛙”、“不做木桶上最短的那块木板”等理念，使职工深刻懂得“居安思危、有备无患”的道理。

新的理念成为企业发展的推动力量

为推动群众性创新活动深入开展，公司利用先进典型阐述企业技术创新的一些经验和做法，增强了理念灌输的力度。如鞍钢股份李晏家，他具有60多项技术革新成果，为企业创造效益3500多万元，被誉为工人革新家；鞍钢股份大型厂王军，适应企业技术进步需要，刻苦钻研，成为技术创新型职工的榜样；通过这些典型说明：1、广大员工是企业技术创新的主力军，广大员工中蕴藏着巨大的创新潜力。2、任何设备都不可能尽善尽美，生产过程中出现的各种问题需要广大员工不断去解决，解决好现场技术问题就意味着创新。3、当面临困难时，其实也是面临机遇，解决技术难题也就赢得了进步的机遇。4、要有较强的创新力，必须保持持久的学习力。同时，树立一炼钢厂中层管理人员典型邢贵彬，拍摄电视片《解读邢贵彬》，宣传他以创新的思维解决生产经营中的实际问题的理念。通过这些鲜活的典型故事，引导职工发奋努力、提高素质、强化制度观念、形成新的思维理念，成为企业发展的推动力量。目前，市场意识，创新意识，质量意识，成本意识已在鞍钢股份全体职工的思想中树立起来。

通过理念故事化教育，一些支撑企业在市场经济形势下运行和发展的理念，逐步为职工所了解、掌握和接受，而且达到入脑入心。广大职工已逐步树立起十个理念：一是不做桶壁上最短的那块木板的理念；二是不做被温水煮死的青蛙的理念；三是细节决定成败的理念；四是生于忧患，死于安乐的理念；五是大志非才不就，大才非学不成的理念；六是告别陋习的理念；七是居安思危，思者有备，有备无患的理念；八是创造精品，用户至上的理念；九是建精品基地，创世界品牌的理念；十是诚信守法，忠于企业，追求卓越，向孟泰、雷锋那样学习、工作、奉献的理念。这种转变是历史性的跨越，对股份公司的长远发展有着极大的推动作用。

在企业理念不断健全、丰富的基础上，公司又导入卓越绩效模式，使公司理念进一步规范、明晰和升级，重点规范了股份公司企业使命、愿景、核心价值观等三方面核心理念。企业使命是“钢铁强国，造福社会”，明确回答了企业是干什么的，即企业的宗旨和任务；公司愿景是“建精品基地，

创世界品牌,成为最具国际竞争力的钢铁企业”,明确回答了要把企业办成一个什么样子,即公司的发展方向和战略定位;公司核心价值观(鞍钢精神)是“创新、求实、拼争、奉献”,明确回答了要采取什么样的办法实现愿景、完成使命,即公司使命和愿景的实现途径,很好地把鞍钢精神与公司核心价值观有机统一起来,对公司“成为最具国际竞争力钢铁企业”的愿景进行了诠释,为公司愿景提供了有操作性的支撑。在此基础上,印制3万册《员工手册》,发放到职工人手一册,供职工学习和掌握。又通过企业文化宣讲等形式广泛宣传公司的核心理念,促进职工对企业理念的理解和认同。

公交优先我必优秀

——丹东市公共交通总公司企业文化建设

企业概况

丹东市公共交通总公司是一家国有公益性企业,主要经营市辖行政区域内的公共交通客运业务。现有职工2045人,营运车辆469台,运营线路32条,线路总长614.75公里,每日载客量24万余次,在城市建设发展中发挥着重要基础保障和不可或缺的社会服务作用。长期以来,公司由于受企业性质、价格体制、补贴机制以及管理等诸多因素影响,导致企业资不抵债,亏损严重,生产经营举步维艰,职工月平均工资仅是市社平工资的60%,企业陷入了困境。2007年曾两次出现职工罢工、罢线,两次发生恶性翻车事件,一次重大车辆自燃事故,对此,政府不满意,社会各界意见大,职工队伍牢骚抱怨多,在全市造成了极坏的影响。

2007年底以姜永春经理为首的新领导班子成立伊始,清醒的认识到“企业穷点不怕,就怕没有精气神,没有使人心凝聚的东西。”于是确立了文化兴企的战略,用文化凝聚人心、用文化整合队伍,用文化渗透企业经营管理的全过程,通过文化这个企业灵魂去引领和推动公交二次创业的征程!

完成公交发展的战略思考　树立员工共同的价值理念

面对着公交这样一个人心惶惶、危机重重、问题成堆的困难局面,新领导班子首先通过文化建设,寻求突破困境的思路,完成公司可持续发展的战略思考。在新班子成立的第一个办公会上,姜总经理便组织大家重新审视了公交企业公益性质的定位,对企业宗旨、企业精神、企业经营管理理念、企业文化、团队建设等进行了系统理顺和调整,确定了年度工作方针和实施二次创业等一系列摆脱困境、共谋发展的新思路,新举措。从理论上、思想上强化“公交优先,公交优秀”意识,确定了公交必须“公”营,“为人民建设好公交,为政府经营好公交,为职工管理好公交”是公交义不容辞的企业职责。在“优先发展城市公交”的国家发展战略指导下,在“公交优先就是百姓优先”重要作用鼓舞下,确定用“公交优先我必优秀”的企业核心文化理念来聚集社会与员工力量共同推进企业建设发展的新战略。

针对当时公交职工普遍存在的思想观念落后,等、靠、要意识根深蒂固,公司开展了形势任务教育。亮家底、摆实情,唤醒忧患意识;揭家丑、看精神,唤醒改革意识;明任务、抓机遇,唤醒责任意识。职工受到了震动,大家深切地认识到企业越是困难,越要强化“优秀”意识,打铁还要自身硬,只有解放思想、改革创新,公交才有出路。“公交优先我必优秀”的文化理念进一步固化于员工心中。

上下思想不断交流融合,价值取向趋于认同。2008年公司以丹东市市委、市政府超常规、跨越式发展为主线,开展了“公交跨越式发展”研讨活动,创造性开展思想政治工作、打造和谐向上职工队伍主题实践活动和征集合理化建议活动,搭建起与职工思想交流互动的有效平台,激发普通员工参与企业管理和建设的热情,仅一个月时间就征集合理化建议500多条。摸清了职工的精神状态、思想脉搏和干部“责任与能力”的现状,紧密结合科学发展观学习实践活动,公司进行有计划、有针对性的全员素质培训。公司党政一把手亲自备课、讲授,以《赢在责任》、《能力、文化与素养》、《管理的方法与艺术》等为代表的专题讲座在阐释了企业工作任务与目标、明确全公司员工职责的同时,进一步传播了企业文化的理念,强化了员工共同价值观的内涵,坚定了大家对公交发展的信心,通过上下思想的交流和融合,使干部职工找到了共同的语言,用共同愿景把企业与员工凝结成命运共同体。

创新机制　将文化理念融入到管理服务过程中

班子带头创新表率机制。公司要求职工做到“公交优先我必优秀”,领导班子成员率先履行职责。公司制定并下发了《关于加强领导班子建设的若干意见》,公司两级领导班子形成团结和谐氛围。班子主要领导时常早晨五六点离开家门,晚上11点左右才与职工一同坐上最后一辆通勤车下班。节假日放弃和小家的团聚,总是和职工一起度过。平日里,还自掏腰包乘车下线,明察暗访,进车厢上站点,了解职工关切是什么,不满意是什么,最渴求是什么,掌握职工的思想脉搏和动态,有的放矢强化教育管理。与此同时,很多党员干部也拿出了“五加二、白加黑”拼命三郎般的工作劲头。

建章立制创新管理机制。面对公交十余年的以包代管、人浮于事、基础管理薄弱的工作格局,公司新领导班子首先以“收心、平散、治乱、找差距、明方向、鼓干劲、真抓实干”为强化管理的切入点,逐渐建立、完善、细化了必要的企业制度,让职工把企业的规章视为“高压线”,营造了“以法治企”的氛围;形成一级抓一级,一级对一级负责的管理机制,意味着每个人都要立足岗位,不辱使命,踏踏实实在点滴中践行“公交优先我必优秀”。

典型引路创新激励机制。公司通过开展各具特色的共产党员号、青年文明号、工人先锋号、民兵号竞赛,放心岗位、样板线路优质服务竞赛、评选十大服务标兵等活动,用先进典型传播企业文化,并用物质奖励和精神激励的双重“杠杆”,把代表先进企业文化的人物推上前台。全国工人先锋号驾驶员李才添、全国优秀好儿女祖丽慧已经成为公交甚至丹东市的服务品牌。

求人“挑刺”创新监督机制。2008、2009年公司在社会上组织实施了“携手共建和谐文明城市公交”主题实践活动,结合《行风政风直通车》栏目,就乘客提出的意见举一反三,开展服务整改月活动。由此打造“公交优先我必优秀”的文化品牌和企业诚信服务的品牌。

以人为本创新关怀机制。公司新领导班子坚持以人为本,在公司经济条件稍微好转的情况下,首先想到要为职工解决实际困难。近两年一线职工的工资给予了补贴。烈日当头,一线职工吃上公司领导送来的西瓜。春节职工领到了从未有过的慰问卡,特别令职工欣喜的是在金融危机席卷全球的2009年,公交2000多名员工在几年未涨工资的情况下人均涨工资100多元。通过真情与关爱使职工自觉自愿的把企业精神内化成为企分忧、履职尽责的激情。

文化建设提升了企业形象和企业绩效 有力推动二次创业

在全力践行“公交优秀我必优先”的过程中,“无功就是过,平淡就是错”这一新的评价标准,让干部萌生了紧迫感,公司由此吹响二次创业的号角。

公交优先发展战略取得历史性突破。公交的公益性质、地位、作用终于引起了社会各界的共鸣,“公交优先”在丹东有了历史性重大突破——由政府一次性出资近3000万元,9条线路全部由“私营”理性回归“公营”。《丹东市优先发展城市公共交通实施意见》颁部实施,“公交优先”发展战略终于从纸上变为了现实。让公交人充分体会到“公交优先,我必优秀”的责任感。

公交人在以“公交优先我必优秀”的核心理念引领下,不忘“人民公交为人民、人民公交服务人民”的宗旨,内强素质、外树形象。投巨资引用GPS定位调度与自动报站系统,以解决市民反映强烈的不规范报站、甩站、串车等问题;不断优化公交线网、开辟公交线路,便民利行。举办无车日系列活动,倡导绿色出行;国际旅游节期间实行免费乘坐公交的惠民举措;利用市内繁华地段的公交灯箱站亭及公交车载体义务做公益广告、宣传丹东;对市区主干道公交候车亭进行“精品化”改造,成为城市一道靓丽风景线,展示了公交人向上、向善、向美,立足岗位,报效社会的优良品格。以文化力提升经济力,文化的融合促进了公司各项业务的全面整合。2008年公司同比经济减亏400多万元,创公交减亏之最;公司主要生产经营指标创近10年历史最高水平。乘客投诉大幅下降,社会美誉度不断攀升,在新闻媒体的正面报道近两年达700多篇,公交面貌发生了根本性转变。

两年来公司先后获得省思想政治工作先进单位、省“五一”奖状、省工会《奋战‘十一五’岗位创佳绩》先进单位,省厅、市级文明单位等荣誉称号。

文化凝聚力量 铸就十年辉煌

——首旅集团企业文化建设

企业概况

首旅集团是北京市国资委监管的以经营旅游业为主,涵盖酒店、旅行社、汽车、购物、餐饮、会展、娱乐、景区等业多发展的大型现代旅游服务行业。资产规模235亿元,营业收入193亿元,利润总额16亿元。产业涵盖了吃、住、行、游、购、娱六大旅游要素,形成了“首旅建国”、“如家快捷”、“全聚德”、“东来顺”、“燕莎”、“古玩城”、“康辉”、“首汽”、“神舟”、“首旅股份”等十大主导品牌,成为北京现代服务业龙头企业集团,在全国现代旅游服务企业中名列前茅。

作为北京市国资委监管的大型国有现代旅游服务企业,北京首都旅游集团有限责任公司(以下简称首旅集团)始终高度重视企业文化建设,始终把企业文化建设作为推动企业改革发展的重要凝聚力和强大推动力。正是在这种企业文化巨大张力保障下,在十年潜心砺志的改革发展历程中,首旅集团精神文明建设和物质文明建设取得了同步发展和互促共荣,实现了企业跨越式发展。

十年发展锻造了具有鲜明特色的首旅企业文化

首旅集团经过多年的摸索和实践,已经形成了自己的企业文化核心价值观,这个价值观概括来说就是“人本和谐文化”和“干事创新文化”,具体可以表述为:“业绩为先,创新为源,团队为上,以人为本”和“想事、干事、干成事”。业绩为先:就是我们把不同岗位的工作业绩和工作成果,作为衡量一个管理人员、一个领导班子、一个企业的最终标准,这既是首旅人的思想观念和经营理念,也是大家共同的行为准则,同时也是价值判断标准。创新为源:就是要结合实际,不断解放思想,实事求是,与时俱进。尤其是我们作为服务行业,要在坚持统一标准的基础上,紧跟时代发展步伐并适时进行前瞻性的思维,“存同”的同时要坚持“求异”创新。团队为上:就是要强调团队精神,每个企业、每个班子、每个班组都要强调团队精神,团结共事,合力干事。要以共同的目标和共同的价值观来打造凝聚力。以人为本:就是要坚持以员工为本,尊重人,爱护人,关心人,理解人,重视人的价值。在如何关心人、重视人方面,首旅集团又提出了“三给予两善待”:年老的给予待遇,中年的给予平台,年轻的给予机会。只有善待你的员工,员工才会善待你的顾客。“想事、干事、干成事”则是动机与效果的统一,是过程和结果的统一,干成事是最终的结果。

“人本和谐文化”和“干事创新文化”理念的确立,成为集团内聚力量和外塑形象的共同价值追求,她既是统一指导首旅人的行为准则,也是评判首旅人行为结果的价值标准。这种以人为本的干事文化已经在首旅集团上下形成了一股无形的文化力,这种文化力正成为推动集团改革发展的强大内在驱力和外在塑造力。

统一鲜明的企业文化支撑了首旅跨越式发展

挂牌上市,为集团快速发展插上腾飞的翅膀。首旅企业文化促进了集团十年跨越式发展:十年来,在“首旅大家庭”中,员工时刻禀承集团“干事创新文化”、“人本和谐文化”,“想事、干事、干成事”,推动集团实现了一个又一个跨越式发展。十年来,首旅集团资产、收入和利润实现了三大跨越。资产规模由十年前的83亿元提高到现在的235亿元,增长了近2倍;营业收入由十年前的26亿元提高到现在的193亿元,增长了6.4倍;利润总额由十年前的1亿元跃升到现在的16亿元,增长了15倍。首旅集团资产、收入和利润实现了三大跨越。在“车同轨 书同文”的企业文化构建指导下,使重组后的首旅集团资产规模进一步扩大,经营业态更加丰富,产业链条日趋完整,旗下聚集众多优秀品牌,已形成众星捧月之势,六大板块、十大品牌使集团业务在全国星罗棋布。

首旅集团践行企业文化的主要做法

企业文化是软实力,但软实力要通过硬约束来推行,软实力才能体现出真实力。在这方面,首旅集团主要有以下几点做法。

以制度来规范企业文化:建立起规范的相关制度是推进企业文化建设的重要保障。在制度建设上,首先,进一步明确和完善了集团企业文化建设的责任部门及领导体制,这是企业文化建设非常重要的责任领导制度。第二,就是要积极做好集团企业文化建设规划,规划本身可以理解为一个制度性设计,这是首旅集团在企业文化建设方面着力推进的重要工作。第三,就是逐步建立实施集团企业文化规划的相关保障性制度,在集团企业文化建设规划出台以后,为了保证规划的推行实施,首旅集团还将建立企业文化建设相关保障性的制度。通过建立和完善以上三个方面的制度来不断规范集团企业文化建设。

以培训来灌输企业文化:培训是灌输企业文化理念的重要平台。以培训来灌输企业文化主要包括两个方面的内容:一是关于企业文化本身的培训,企业文化建设是具有一定专业性的系统工程,在这方面,我们连续4年派专人参加了中国企业文化研究会举办的企业文化高峰论坛,通过参加这种权威性高、专业性强的高规格企业文化论坛,开阔了企业文化建设视野,增强了企业文化建设的能力,不断提高相关人员的专业水平。二是关于集团企业文化理念的培训,首旅集团非常重视集团企业文化核心理念的培训和教育,特别是高度重视对于高管人员和年轻后备高管人员进行集团企业文化理念的培训。以培训这种短平快的形式,不断灌输集团企业文化理念,增强凝聚力。

以活动来展示企业文化:各种大型活动是展示企业文化的重要载体。以活动来展示集团企业文化主要体现在两个方面:一方面,通过集团内组织的大型活动来展示集团企业文化。比如,今年以迎接奥运为主题,首旅集团举办了“迎奥运树新风技能比武大赛”、“中国旅游博览会”、“北京国际旅游文化节”、“北京旅游形象大使评选”等大型活动,向广大客户和社会充分展示集团企业文化,通过企业文化的张力来显示集团品牌的社会影响力和号召力。

以管理来融合企业文化:把企业文化理念融入到经营管理各个重要环节中去是企业文化落地的重要保证。努力把企业文化的核心理念直接融入到企业管理的重要环节和重要制度中。企业管理中有很多重要环节如职务晋升、薪酬兑现、评优奖先活动等,我们都有意识地把企业文化设计并涉及进去,管理与企业文化相互融合,相互促进,共同促进企业的改革发展。

关于企业文化建设的几点体会

首旅集团经过十年改革发展,通过抓企业文化建设,我们有以下几点体会:

一是企业文化建设必须要抓住关键,解决好“源动力”问题:要真正干成一件事没有动力不成,企业文化建设也是如此。企业文化建设的源动力有三个方面的来源:一是上级的严格要求;二是企业领导的高度重视;三是企业发展的迫切需要。2006年市国资委出台了《市国资委关于加强企业文化建设的指导意见》。上级的文件要求和重视是我们进行企业文化建设的源动力之一。企业主要领导的高度重视是企业文化建设的重要推动力。另外,从企业发展的内在需求上看,随着企业的做大做强,以及改革发展的不断推进,也迫切需要企业文化来内聚力量和外外塑形象。上级有要求,领导有重视,企业有需求,这是构成企业文化建设的三股源动力。

二是企业文化建设必须要紧贴实际,善于学会“借势融入”:企业文化要落地生根,要解决两张皮的问题,在企业文化建设中,一定要找准企业文化建设与企业其他各项工作的结合点,总体上来说,有这样三个结合点可以考虑:一是企业文化建设与企业经营管理的各个重要环节相结合;二是企业文化建设与企业改革发展的总需求相结合;三是企业文化建设与企业的精神文明建设、思想政治建设、党的建设、和谐企业建设等相结合。做到这样三个紧密结合,搞企业文化建设才更有抓手,同时也才能真正促进企业的经营管理与改革发展。

三是企业文化建设必须要立足长远，持之以恒、长抓不懈：企业文化建设是一项综合性的系统工程。企业核心价值观的形成，以及将这种价值观作用于企业员工，形成大家的共识，化为统一自觉的言行。应该合理安排好企业文化建设的阶段内容，做到阶段分明，松紧有序。比如，在企业文化建设的高潮期，要善于抓重点、抓突破，在企业文化建设相对低潮期，要学会多总结、勤梳理。

总之，经过十年改革发展，首旅集团在企业文化建设方面取得了积极成果和良好效果，在推荐集团改革和实现跨越式发展过程中确实体现出了凝聚力、塑造力和推动力。在这种巨大张力的作用下，首旅集团在精神文明建设与和谐企业建设方面不断取得新成果，两家企业获得全国文明单位，27家企业获得首都文明单位标兵及首都文明单位标兵，5家企业获得市级和谐劳动关系企业。

黑松林文化之“特别粘合剂”

——江苏黑松林粘合剂厂有限公司企业文化建设

企业概况

江苏黑松林粘合剂厂有限公司现为中国胶粘剂工业协会常务理事单位，“黑松林”商标被评为“中国化工行业卓越品牌”，并连续四届被评为“江苏省著名商标”。黑松林系列粘合剂系“江苏省消费者协会推荐产品”、“江苏省质量信得过产品”，2008年申报了“国家免检产品”和“江苏名牌产品”。企业系“中国优秀民营化工企业”、“中国化工思想政治工作先进单位”、“全国企业文化建设先进单位”、“全国化工行业企业文化先进单位”等。

江苏黑松林粘合剂厂有限公司董事长刘鹏凯认为，企业要想赢得员工全身心的热爱，自愿奉献才智、汗水乃至生命，就不能把企业与员工的关系仅仅视为经济雇佣关系。企业与员工不但要有经济契约，还要有“心理契约”，这种契约能将员工个人价值取向与企业主导价值观一致起来，使员工与企业达到高度的文化认同。他推崇“把我的真心放在你的手心”，与员工将心比心、以心换心，共同打造凝聚人心的“特别粘合剂”。

刘鹏凯将企业文化灌注到企业管理全过程的每个细节、企业经营全系统的每个层面。即他将自己的情义爱融注于每个管理细节之上，把自己肩负的社会使命倾注于满足每个客户的需求之中。在黑松林企业盛传着“一、二、三、四、五”的故事。

一顶头盔：员工买了摩托车，公司总要送上一顶头盔，另加两句话——保持冷静头脑，家人盼你平安归。

两份礼品：员工过生日，不仅会收到一份物质礼物，也会收到一份精神礼物。这份精神礼物也许是一段励志的名言，也许是一首幽默的打油诗。

三块津贴：营销员、驾驶员每月出差满18天，家属每天可享受到3元钱的爱人津贴。

四级助学：每年9月，发放一次的员工子女助学津贴。从幼儿园、小学到研究生为四个级别，金额不等。

五十(六十)欢送：女员工50岁、男员工60岁退休时，黑松林将组织全公司员工欢送。

其实，黑松林对职工的关爱更多的是与钱无关，或者远远大于金钱的感召力。例如，财务科老何向公司请假，想为正在参加高考的女儿做好“后勤”。不仅假期顺利获批，刘鹏凯还让他统计全厂有多少员工的孩子高考，各买一箱牛奶另加一束鲜花，派人送去，祝他们金榜题名。

每年9月开学前，有职工向工厂预借工资，刘鹏凯了解到这笔钱是用来支付孩子的学费后，决定每年八月提前两周发工资。并出台了《全年一次性补助员工子女上学的决定》。

这些真实的故事演化成了黑松林的不成文的“规矩”，即黑松林文化。文化不是写在纸上、贴在墙上、说在嘴上的约束员工的好听的言辞条文，而是体现在企业之中的具有浓郁人文情调的氛围。在黑松林企业这个员工处处被尊重，事事受关心的企业文化氛围中，对有传统文化的中国人来说，会滴水之恩，涌泉相报，必然会用一颗企业心，增强责任，自动自发为企业发展卖命卖心。牛奶鲜花能算出价格，但黑松林的爱真是算不出价值！员工很朴实，也很实际，你把他当人看，员工会把自己当牛干。

刘鹏凯感慨地说：管理意味着爱。人心总是肉长的，关爱员工不是挂在嘴上，真爱是从骨子里来的。爱这东西，隐藏起来的，远远比显现在外的要多得多，因为有些爱你看不到，摸不着，甚至不知道，更无法偿还。爱到深处，我们会忽略什么是领导，渗入心灵的只是同事、兄长、朋友，我们是一家人！

在企业中管理需要制度与文化相辅相成，文化并不排斥制度，它需要制度的支持；然而它并不局限于此，它是对于制度的超越。《易经》讲三易：变易，不易，简易。变是宇宙的普遍规律。在企业管理中，“变”也是一个永恒的主题，制度是死的，而人是活的，在执行死的制度的同时，也需要活的人灵活掌握，这是一个有情与无情的度。黑松林公司的说法就是：文化制度化与制度文化化的统一。文化制度化是将价值观转化为实际可操作的管理制度的过程；而制度文化化则是将制度理念化为员工的思维、传统和习惯。通过员工认同，化为个人价值观，以实现企业价值观与个人价值观的统一。通俗的说法是，不仅让员工明白应该做什么，更应该让员工知道如何踏踏实实地做到位。企业管理者的责任，就是引导员工自我教育，提高素质。

强力胶粘接强度再好亦得注意使用方法，就好像执行制度，处理问题不能简单匆忙，要讲究方式，谨慎从事。企业生产经营过程中，常规的问题和非常规的问题时有发生，都事出有因。对管理中发生的“小事”和“细节”不能随意放过,要坚决执行制度和纪律。问题是不少管理者遇到难题不愿意花时间进行认真的调查分析,常常是简单匆忙地进入解决问题的操作阶段,靠权力压人、动辄罚款,重则除名。这必然会伤害和得罪员工,种下衰败和危机的种子。在黑松林大凡遇到此类问题不草率,只要是处罚,一定注意分寸,重在讲清道理:批评口气亲切,有时是"关门教导",给员工留足面子。

琢磨管理就是琢磨人心。员工是自尊的生命体,真正可以调动潜能的只有他自己。企业只有尊重、关心员工、与员工肝胆相照,让员工真正感受自己被尊重、被关心,才能点燃热情,敬业奉献,焕发出积极性与创造性。

刘鹏凯并不局限于将文化作为粘合剂倾注于企业管理细节之中,他的难能可贵之处还在于,能够将企业家所崇尚的价值观和信念,从他所推行的管理实践之中提炼升华出来,撰写成为富寓哲理与文化内涵的企业故事与论著。先后出版和印制了《安全文化小故事》、《质量文化小故事》、《管理文化小故事》、《黑松林,我的太阳》、《细节的响声》、《漫话企业细节管理》、《漫话企业文化管理》和《心力管理》等著作,刘鹏凯不仅在做黑松林的企业文化文章,而且要撰写有中国特色的企业文化大文章,为国家民族争光。

有专家问刘鹏凯:改革开放多年,我们一直在讨论管理问题。东方和西方的管理方式也引进了不少,到头来真正管事儿的并不多,这是为何?他答道:"倒不是洋人的管理方法不行,实在是中国人有自己的生存环境、传统文化,自然也就需要一种能与之相吻合的、属于我们自己的管理办法。"他深知,企业的各种问题都是在自己的"环境"和"文化"中产生的,解决问题的方案,绝然离不开这个"环境"和"文化"。因此,一定要努力探寻一种属于自己的文化管理模式,一种中国式的管理方式。从上述黑松林文化管理案例即可看出,黑松林文化的"特别粘合剂"既有西方人的科学严谨,又有东方人的和谐情怀,既有西方现代化企业管理原则,又有中国传统文化的以情感为核心的人文特色。

黑松林文化的"特别粘合剂"、"关注细节注重问题管理"的"细节管理文化"获得了国内诸多知名专家,例如中国企业文化研究会常务副理事长孟凡驰教授,中国企业文化副理事长、原中宣部理论局副局长贾春峰教授等的充分肯定和高度好评。最近在中国石油和化学工业首届企业文化促进大会上,原化工部副部长、中石化工业学会原会长、中国化工企业文化建设学会会长谭竹洲中肯地评价说,黑松林"小企业,大文化;小故事;大载体;小老板,大贡献。企业虽小,但突出细节管理,在全国胶粘剂的绿洲中培育出了一片'黑松林'"。

传承文化 继往开来

——北内集团企业文化建设

企业概况

北内集团总公司(以下简称北内)是与共和国同龄,有着六十年光荣历史的企业。从 120 人的"华北农业机械厂"到 2 万余人的"北内集团",从生产简单农机具到产销 6 大系列汽车发动机,年产内燃机 25 万台,产值 15 亿,利税 1.3 亿,跨入国家 500 强工业企业行列,北内人创立了"艰苦奋斗、实事求是、团结守纪、创新争先"的北内精神,取得了一次创业的辉煌成就。但从 1996 年起企业连续七年亏损、濒临破产、陷入绝境,但北内人昂起不屈的头颅,凭借无私无畏、自强不息的勇气和毅力,使企业得以浴火重生,取得了二次创业的阶段性成果。纵观北内六十年的发展历程,每一个历史发展阶段中,所形成的具有自身特点的企业文化,始终支撑着北内人以自强不息、顽强拼搏的精神和卧薪尝胆、坚韧不拔的毅力,传承北内思想和文化血脉,实现北内人的理想目标。

改革开放以来,北内在"艰苦奋斗、实事求是、团结守纪、创新争先"企业精神的引领下,抢抓机遇,锐意改革,自主创新,努力拼搏,经历了十几年的快速发展,取得了辉煌的成就。但是在 1996 - 2002 年陷入了连续七年严重亏损的困难境地,特别是实行分兵突围、分灶吃饭的"两分战略"之后,北内处于前所未有的严重无方向、无管理、无秩序状态。那时的北内生产经营几乎停顿,国有资产大量流失,职工收入失去保障,医药、供暖、保险等费用拖欠长达数年,高达数千万元。根据北京科勤会计师事务所 2002 年底审计评估报告,北内资产负债率高达 324%,1996 - 2002 年国有资产流失 12.8 亿元,潜亏 16.6 亿元,七年新增经营亏损 8.9 亿元,已经到了濒临破产边缘。那时的北内一盘散沙、人心涣散、债台高筑、矛盾突出、危机四伏、前景渺茫、怨声载道,职工群众对自己曾经为之骄傲的北内竟沦落到如此境地感到耻辱,长期形成的北内特有的企业文化建设也遭受到严重的削弱和破坏。

重塑北内先进企业文化

2002 年底,北内领导班子得到重大调整。调整后的领导班子拨乱反正,大胆解放思想、实事求是、改革创新。从 2003 年开始了艰苦的二次创业,北内坚持围绕调整发展抓好企业文化建设、以加强企业文化建设促进调整发展;坚持企业文化引领,重塑北内先进企业文化,取得了二次创业阶段性成果。

确立正确的理念。面对北内濒临破产的严峻局面,以马童立同志为核心的党委班子坚持解放思想、实事求是的思想路线,以改革创新、无私无畏、自强不息的精神,确立了"为北内干点什么、为职工带来点什么、为后人留下点什么","北内要不破产,必须自己干不破产的事,自己走不破产的路","北内的问题是发展中的问题,必须用发展的办法解决"的正确执理念和经营指导思想。正是在正确理念和经营指导思想的引领下，唤起了北内人的思想大解放和观念的大转变，对自己的企业重新树立起坚定的信心。北内坚持一手抓调整、一手抓发展，从2003年起通过历时七年的产业结构调整，以艰苦卓绝、超常规的建设速度，改制重组整合优良资产，投资新建了发动机生产基地、零部件生产基地、铸造生产基地、锻造生产基地的发展格局，在北京市委市政府支持下，组建了具有6亿元优良资产的北京北内有限公司，搭建起二次创业的发展平台。经营收入、实现利润大幅增长，同1996－2002七年亏损时期相比，北内发生了翻天覆地的变化。实践证明，有了正确的理念，企业文化建设才会有可靠的保障。

实现观念创新。为医治百孔千疮的企业，适应北内二次创业的要求，我们以观念创新、重塑先进企业文化作为促进企业发展的切入点，引导干部职工解放思想，冲破陈旧思想观念的束缚，不断推动思想观念的突围。我们组建了企业文化建设专门机构，组织干部职工反复讨论，确定了“零起步挑战可能，信至上创造价值”的北内价值观和“诚信为荣、忘义为耻；勤俭为荣、浪费为耻；敬业为荣、安逸为耻；遵纪为荣、违规为耻”的北内荣辱观，对“艰苦奋斗、实事求是、团结守纪、创新争先”的北内精神作出了重新诠释，赋予鲜明的时代内涵。“北内价值观”和“北内荣辱观”是北内精神在新时期的继承和发扬，是对北内企业文化建设的继承和发展。

在这个基础上，我们特别强调“注入理念比注入资金重要”，突出强化执行力，相继提出了“危机意识、责任意识、机遇意识、成效意识”和“高起点、高标准、高效率”，以及“监管到位、服务到家、忠实履职、高效运作”等一系列经营管理理念和思想文化理念。我们进一步把加强企业文化建设提高到突出的战略地位，实现传承北内思想文化血脉的目标，引领北内跨越式发展方向。

党组织政治核心作用和战斗堡垒作用

党组织坚强的政治核心作用是确定和把握企业文化建设正确方向的关键所在；党组织坚强的战斗堡垒作用同样是组织带领职工群众实践企业文化建设的关键所在。

北内党委开展“领跑”工程建设，通过党组织和党员推进“领跑”工程建设，引领、凝聚和带动二次创业“群跑”步伐，发挥党组织推动改革调整发展的作用。将党建工作考核与经济工作考核同步推进，为经济工作提供坚强保证，为企业文化建设把握方向奠定基础。

同时，北内党委以科学发展为指导，宣传北内改革调整发展成果，提高职工凝聚力、向心力和创造力，坚定二次创业的信心，初步形成了具有北内自身特点的企业文化建设体系，鲜明地体现出北内人不屈不挠、能打硬仗的精神风貌。广大职工表现出的不怕困难、勇于吃苦、乐于奉献的精神，实质上是主人翁精神和艰苦创业精神的集中体现，它是北内企业文化的重要根基，成为北内战胜一切困难的宝贵精神财富。

文化活动是推进企业文化建设的有效载体

企业文化建设既要有鲜明的思想理念的定向，又要有形式多样的引导，实现潜移默化的作用，达到“润物细无声”的功效，这样才会有行为的规范和思想的认同。在北内55周年厂庆活动中，北内司旗第一次在新厂区升起，代表着北内人面对严重困难，勇敢地扛起了二次创业这杆大旗，许多职工流下激动的热泪，那个时刻人们的血都在沸腾。在北内各种庆典和重大活动上，北内职工都要唱响“风雨北内人”这首歌，“人前的汗，人后的泪，这就是北内人”。许多了解北内的领导和各界人士听到这首歌时，无不为之感慨动情。

传承血脉继往开来

2008年3月北内第九次党代会胜利召开，北内党委九届二次全会及时作出《关于宣传贯彻北内第九次党代会精神，深刻总结北内改革调整发展历史经验的决议》，在全体党员和职工中深入开展了“二次创业获新生”大讨论活动，以此作为思想政治工作和深化企业文化建设的一条主线。总结北内历史经验，开展大讨论活动的根本目的，是以党的十七大精神和科学发展观为指导，广泛发动职工群众，回顾历史、把握当今、着眼未来，统一职工的思想，凝聚群众的力量，推动北内二次创业不断向前发展。各级党政领导高度重视，发动群众非常广泛、活动计划细致周详、分层分面各具特色、联系实际针对性强、覆盖全局不留死角、职工思想共鸣强烈。广大干部职工通过回顾北内生死两界的历史、认真思考、感受真切、语言朴实，充满对北内的深厚感情、对北内蒙受的灾难深恶痛绝、对北内未来发展的美好愿望。

在二次创业或新生大讨论的基础上，我们组织企业有关人员完成了《北内二次创业若干问题的历史思考》的撰写，引起广泛反响和一致好评，中国工人出版社出版发行，原北京市人大常委会副主任金生官同志为此书撰写了序言。二次创业是北内落实科学发展观的重要实践，是北内人无私无畏、自强不息，面对死亡的严峻挑战顽强抗争的实践，是浴火重生实现企业跨越式发展的实践。北内进一步深化企业文化建设，就是以科学发展观为指导，以《北内二次创业若干问题的历史思考》为核心内容，打牢思想基础，使企业文化建设的思想理念逐步形成不断推动企业发展的思想文化体系，使企业文化建设有着更加深刻的内涵，增强企业发展软实力，把企业文化建设推向一个新的阶段。

培育共同的价值观

——北京石油机械厂企业文化建设

企业概况

北京石油机械厂（简称北石）始建于1955年，

地处北京市中关村高科技园区中心区,伴随着石油工业的发展,目前已成长为一个集开发、设计、制造、销售、服务为一体的现代化石油钻采装备的专业制造企业。北京石油机械厂隶属于中国石油集团钻井工程技术研究院。是中国石油天然气集团公司石油钻采配件一级供应网络成员单位。

北京石油机械厂已经拥有20余项国家专利技术,确保了北石产品即具有较强的技术优势,又具有较强的市场竞争实力。井下单螺杆抽油泵系列以及其它钻井装备产品,覆盖了中石油、中石化、中海油陆上及海上油气田,出口到美国、加拿大、古巴、沙特、伊朗、伊拉克、哈萨克斯坦等40余个国家和地区。“北石”和“BPM”已成为国内外业内人士公认的知名品牌。多项成果先后获得国家、北京市、中国石油天然气集团公司级优质产品、科技进步奖、科技成果奖、技术创新奖等称号。2006年北石厂获“全国企业文化传媒优秀组织奖”,2007年又获“全国企业文化建设优秀单位奖”。

北京石油机械厂党委始终坚持企业生产经营活动与企业文化建设有机结合,努力构建具有时代特征、北石特色的企业文化,引导职工把实现自我价值与实现企业目标紧密联系在一起,以形成与企业发展相适应的经营理念和价值取向,培养职工队伍应有的价值观和精神风貌。

2001年编写了《企业文化手册》,初步建立了企业理念体系。2005年根据企业发展目标和战略的调整,重新修订了《企业文化手册》。进一步明确了企业的“1－3－3－5”的企业发展思路。“一个目标”即:把北京石油机械厂建设成为具有国际竞争力、具有国内外知名品牌的石油钻采装备制造企业;“三化战略”即:大力推进科技化、数字化、国际化,努力创建科技型企业、打造数字化工厂,实施国际化经营;“三品理念”即:品德、品质、品牌的企业经营理念,用员工的优秀品德保产品的品质,以优良品质打造企业知名品牌,用企业品牌去占领更广阔的市场空间;全面实施“五项工程”即:科技工程、精品工程、品牌工程、管理工程和人才工程。

北石厂践行核心价值观,将企业文化建设融入企业经营、班子建设和队伍建设,使优秀的北石文化深入人心。坚持“品德、品质、品牌”经营理念,树立“追求顾客的无悔选择”的企业宗旨;通过强化实践“质量是企业的生命”、“以顾客为关注焦点”等,努力构建了包含质量文化、安全文化、管理文化、廉洁文化、执行文化等诸多要素在内的企业文化体系,用文化力提升企业核心竞争力。

北石十分重视企业文化的宣传,努力让市场了解北石,让顾客熟知北石。为扩大北石品牌的影响,聘请著名书法家刘炳森先生为工厂题写了厂名,还在《中国石油报》和《石油商报》的头版协办了“北石杯”新闻竞赛,努力提升企业的知名度和美誉度。近年来,各大专业媒体对北石的报道达近百篇,有效地宣传了北石品牌,如今,“北石”和“BPM”已成为世界石油钻采装备的知名品牌。

北石厂积极组织企业文化建设活动。在北石网页上开辟企业文化专栏,组织了企业文化的宣讲、开展“企业文化大家谈”征文和知识竞赛等,举办厂庆演讲比赛、企业发展大型回顾展、职工摄影展,组织中秋青年联欢会、春秋两季的职工登山比赛等,从而增强了企业凝聚力。

北石厂扎实推进“科技化、数字化、国际化”的发展战略,坚定地走科技成果产业化之路。努力打造企业领先世界的核心技术,提高企业核心竞争力。

创建科技型企业

目前北石厂承担或参与的国家“863”课题的研究项目3项:中石油集团公司项目4项、钻井院项目3项。并已取得23项国家专利授权。

顶部驱动钻井装置,是20世纪80年代以来世界石油钻井工程界的重大前沿技术,代表着当今时代石油钻井装备的最高水平,是世界钻井装备的发展方向。以前只有国外少数几家公司能够生产,这使得其长期处于垄断地位,从价格上、技术上、服务上处处制约我们,解决中国石油能源紧缺的问题,迫切需要研制具有国际先进水平的国产顶驱。

2003年10月,中国石油集团公司科技发展部、规划计划部果断决策,充分发挥集团公司整体优势,由北京石油机械厂与中国石油科学技术研究院机械所强强联手,下决心攻克这一难题。

北石厂接受这一产业化任务后,迅速抽调精干力量,并注意把最先进的理念融入到产品中。针对顶驱的特点,北石厂坚持走集约化经营的道路,利用CNPC自主知识产权,采用全球采购的方式,也就是“用中国智慧加全球最佳资源打造北石顶驱”,组织了由国内知名学者、教授专家组成的顾问组负责为项目研发把关定向,由对操作使用、维修熟悉的现场人员组成现场顾问组负责在操作上的指导。在设计上采用了当前世界上最先进的交流变频驱动技术,仅用了一年的时间,就成功研制出具有CNPC自主知识产权的北石顶驱。

2004年12月9日,美国Rowan公司定购中国石油北石顶驱的签约仪式在人民大会堂举行。这标志着具有中国石油自主知识产权的北石顶驱开始步入国际石油高端市场。我国石油装备制造业实现了历史性跨越。

2007年8月10日,北石成功举办“百台顶驱庆典”活动,走完了外国某知名公司十年才走完的路,标志着国产顶驱产业化取得了新的历史性突破。

现如今,北石已实现了顶驱产品的系列化,产品遍布我国各大油田,并出口到25个国家和地区。顶驱项目获2005年“中国石油天然气集团公司技术创新一等奖”,并被国家科技部评为2007年度国家重点新产品，还被载入《中国企业新记录》。

打造数字化工厂

为加快信息化进程，北石厂先后引进具有世界先进水平的高端数控加工设备，并将技术、研发部门与数控制造机床联网，实现了DNC网络传输，构建了北石厂网络化制造的平台。在产品研发中，实现了三维数字化设计，开展了数字仿真、有限元分析与工艺辅助设计，大大缩短了研发周期，提高了可靠性。实施了办公自动化系统（OA）、工作流系统（EF）及企业资源计划（ERP），实现了全厂信息资源共享。目前，北石厂已经建立起了一个集研发信息化、制造信息化和管理信息化的综合信息化体系，初步实现了从传统企业向数字化、网络化企业的转变。2004年，北石厂获得了“中国石油天然气集团公司信息化工作先进集体”称号，连续两年被评为“全国企业信息化先进单位”，2006年被评为“中国信息化百强企业”。

实施国际化营销

北石厂积极参与国际竞争，创造了重大钻井技术装备走出国门的奇迹。

近年来一些国外大公司的高层管理人员纷纷来北石厂考察和交流，表达了与北石厂合作的意向。Baker Hughes、National、Weatherford Halliburton等多家知名公司的总裁、副总裁都先后来厂。企业也多次参加在境外举办的石油设备展览会，积极参与国际竞争。在美国休斯敦举办的国际石油技术展览会（OTC）上，北石产品受到了外商的高度称赞，也受到国际石油钻井工程界的普遍关注和认可。

扎实开展企业文化建设，促进了企业又快又好发展。“十五”期间，北石厂产值翻了一番，2007年，又以600多人的规模创造了突破12亿元产值的惊人业绩。近年来，企业年年有新品种推向市场，六大主导产品遍布我国各大油田，并出口到美国、加拿大、俄罗斯、印度、伊朗等40多个国家和地区。北石厂被中国技术监督局评为“全国质量过硬放心品牌企业”，北石厂研制的地面防喷器控制装置2004年、2005年连续荣获“全国用户满意产品”称号，并获中国石油工业满意产品“金手指”奖。研制的交流变频顶部驱动钻井装置获中国石油集团公司2005年度技术创新一等奖，并列为2007年国家重点新产品；北石厂多次获中国石油集团公司先进称号。

文化隽永 基业长青

——青岛澳柯玛股份有限公司企业文化建设

企业概况

青岛澳柯玛股份有限公司于1998年在原青岛澳柯玛电器公司基础上通过股份制改造组建而成，是山东省首家通过中科院和科技部认定的高科技上市公司，自成立以来，通过努力开拓，公司经营取得了稳步发展，尤其是2006年开展第二次创业以来，公司通过调整发展思路和推动全面改革，经营面貌已经焕然一新，当前，公司主要致力于制冷家电、电动车、小家电等系列产品的研发、生产和销售。具有年产制冷家电300万台、电动车100万辆、小家电300万台的能力，是国内最大的冷食、冷饮、啤酒专业配套设备生产商，也是世界上最具影响力的冷饮、冷食配套设备供应商之一，其中冰柜产品已连续14年稳居国内销量第一，电动车从2005年以来一直保持国内行业销量领先，小家电销量业居国内行业前列。

通过积极实施国际化战略，澳柯玛兼容并蓄，积极吸取国际先进的管理思想和方法，全面提升国际竞争力，如推行6Sigma过程控制管理，并广泛与国际接轨，产品已通过欧洲CE认证、美国UL认证、俄罗斯GOST认证、澳大利亚COA认证等100多项国际认证。通过实施“走出去”战略，澳柯玛产品已远销世界100多个国家和地区。

澳柯玛是在中国改革开放和市场经济的大潮中发展壮大起来的。经过18年的激情创业，打造出了一个闻名中外的家电品牌，更缔造出了优秀而内涵深邃的企业文化。透过这种文化，可以感悟到一代创业者的满怀豪情，领略出他们艰苦创业的人生轨迹。这种文化，已成为澳柯玛人克服困难、勇往直前的精神动力，更成为我们社会共同的精神财富，已深入人心，引起共鸣。

伴随着科学发展观和构建和谐社会这一新的时代主旋律，面对经济全球化浪潮，澳柯玛开展起了轰轰烈烈的第二次创业。公司通过思路调整和全面革新，面貌已焕然一新，正在以崭新的姿态迎接新的发展机遇。为体现新时代特征，适应新的企业经营发展战略，澳柯玛对原有的企业文化进行更新和升级，体系也更加完善，使文化焕发出新的生机，绽放出更为绮丽的光彩。

富有哲理的企业信念——没有最好　只有更好

20世纪90年代初，中国开始全面建设市场经济，人们纷纷“下海”，掀起一股经商热潮。但在创业激情得以全面释放的同时，也表现出了极大的不成熟和不理性。有些人急功近利，心态浮躁，不脚踏实地做产品，而是光在产品宣传上下赌注，更有人提出“品牌是宣传出来的”等谬论。因此在宣传上极尽能事，“语不惊人死不休”，社会上盛行“超级”、“最”等虚浮夸张、唯我独尊的张扬式宣传。

澳柯玛人求真务实，对于这种舍本逐末的做法和虚夸风气极为反感：一方面是夸大其辞，有误导消费者之嫌；另外也不符合事物发展和进步的规律。因此,澳柯玛人逆风而上,标新立异,提出了"没有最好,只有更好"这一观念和主张。该主张与澳柯玛人追求进步、勇于进取的精神相吻合,因此也就成为企业迎接挑战、迈向成功的坚定信念。

信念包含的三层含义:以真诚、真实的姿态面对消费者和社会各界;创新永无止境,行业发展永无止境;体现了澳柯玛人不言满足、追求卓越的精神境界和自强不息、乐于奉献、精益求精的作风。

信念的感召作用:澳柯玛人在"没有最好,只有更好"信念感召下,不断推动企业科技进步和产品创新,为振兴民族工业、增进社会福利和人民物质文化生活水平的不断提高作出了不懈努力,并在激烈的行业竞争中迅速壮大,成为制冷家电领域的佼佼者。澳柯玛这一企业信念,符合事物不断发展的客观规律和行业不断进步的事实,极富哲理。

志存高远的经营理念——业精于专　全球信赖

以制冷家电起家的澳柯玛,依托其国家级企业技术中心和国际著名专家技术支持,经过多年的探索和潜心钻研,在制冷技术领域取得了卓越成就,取得了一个又一个突破,如在超低温这一制冷技术的制高点上,在国内率先研发出-50℃深冷冰柜之后,又推出-86℃超低温冰柜,并已掌握了-152℃超低温制备技术;另外,澳柯玛在CO2制冷、深冷速冻、恒温控制、环保、节能、保鲜等技术领域处于国际领先水平。

目前,澳柯玛已建成全球最大的无氟冰柜生产基地,产品包括冷藏、冷冻、保温、展示等多种功能,家用、医用、商用、办公用等多种用途共计20大系列、近千种规格型号,满足了市场多方面需求。

目前,澳柯玛已成为国内最大的冷食、冷饮、啤酒行业专业配套设备生产商,也是世界上最具影响力的制冷产品供应商之一,并与国内外众多知名公司形成长期战略合作伙伴关系,如国外的通用、西门子、可口可乐、雀巢、事百可乐、联合利华,国内的伊利、蒙牛、青啤等。产品销售除了保持在国内名列前茅外,还出口到了包括北美、欧洲、日本在内的一百多个国家和地区。

专注于专业技术进步的澳柯玛,通过励精图治,已成为名符其实的制冷专家,赢得了全球越来越多的消费者的信赖。

独特的诚信文化——诚信是一笔无形资产

人无信不立,企业也一样。要想打造百年品牌,树立良好的国际品牌形象,必须信誉先行,提升企业美誉度。

澳柯玛人历来把诚信当作企业经营的准则和无形资产,处处以诚信为基本行为准则,在具体的经营工作中去恪守、去践行,进而形成独特的诚信文化。

诚待用户。在澳柯玛人眼里,用户才是企业发展之根本,对用户必须做到足够的尊重,以诚相待。而对用户讲诚信,首先要保证产品要有卓越的品质,奉献质量信得过的产品;另外,不搞花架子,不做虚假宣传;还有就是用领先的科技和贴心的服务,为用户营造美好生活,并为他们消费权益的有效保护和良好的市场经济秩序的建立做出自己的贡献。

追求共赢。澳柯玛人就是依照了"诚信共赢"这一理念,才与众多的合作伙伴建立起长期战略合作关系。比如公司在付款方式、价格协商、产品质量、交货期限等方面严格按合约办事,重合同、守信用,维护多方的利益。公司在与业内同行的发展关系上,不低价倾销,不贬低对方。

用户为本的品牌观——"名牌"即"民牌"

对于一个企业来说,名牌就是效益,就是竞争力,就是生命力;对于一个国家来说,拥有名牌的多少,是其经济实力的象征,是国民整体素质的一种体现。所以,打造名牌不仅成为企业发展的重要谋略,更成为发展国民经济的一种战略考量。

问题的关键在于我们该怎样理解名牌。澳柯玛人认为,广大社会民众是品牌成长的沃土,是品牌之根本,是不是名牌,广大消费者说了算;从这个意义上说,"名牌"的确切涵义是"民牌"。

"用户的需求就是我们的追求"。澳柯玛已将企业经营管理的重点从产品转向用户,即对用户需求和期望进行管理,明确用户实际需求,通过多种渠道让更多消费者参与到企业开发规划中来。

制造"零缺陷"产品。为保证产品品质,澳柯玛建立健全了SZDP等质量管理体系,运用3N(即3"NO":"不接收不合格产品,不制造不合格产品,不转序不合格产品")、4M(即质量控制过程中人、机、料、法四要素)、7S(即整理、整顿、清洁、清扫、素养、节约、安全)等现场管理,从各个环节着手,严把质量关,尽力实现产品质量的零缺陷。

顾客满意百分百。通过加大软硬件建设,提升服务手段和水平,不断推动服务升级,为顾客提供全过程一条龙优质服务,追求用户百分之百满意。

高品质低价位。澳柯玛充分考虑到消费者的经济承受能力,在产品定位上强调高品质、中低档价位,突出性价比优势,产品深得广大消费者的青睐。

开放的用人观念——人才无国界

世界经济一体化促进了包括人才在内的经济资源在全球范围内进行配置,这为企业在更大范围内引进和利用人才提供了很大便利。

澳柯玛人认为,公司国际化,首先是人才运用的国际化。要成为世界知名品牌,就必须有虚怀若谷的胸襟和海纳百川的气度,打破国界用人才,吸引国外优秀人才加盟澳柯玛。

澳柯玛通过引进或聘请国际人才,积极吸收国外先进的技术成果和管理经验。如引进日本制冷专家,一起开发了超低温医用产品,在此基础上很快攻克了-152℃超低温技术;在自动化技术方面,聘请了德国专家;同西门子公司的多位博士合作开发出静音酒柜，并使产品达到欧洲B级能耗标准要求，成为国内首家通过VDE认证的冰箱类产品，使产品顺利出口到欧洲等高端市场。

浓情的服务意识——亲情服务　快乐消费

澳柯玛服务紧紧围绕用户需求，一切为用户着想。“想在顾客前面，做在要求前面。”制定了严格的服务规范，建立了高标准服务体系，发扬“辛苦我一人，温暖千万家”的服务精神，以周到细致的工作，为客户提供全方位“亲情”服务、个性化服务，让用户全程无忧，快乐消费。

澳柯玛已在全国形成了“总部服务中心—地区服务分中心—特约维修部”三级服务体系，分布在全国各地的产品维修服务网点1300多个，拥有庞大的售后服务队伍。

建立和实施CRM客户关系管理系统和呼叫中心系统，实现了服务工作各环节的信息化实时监控和操作，使服务工作更加规范，工作效率和服务水平得到明显提高。

讲求公德心的质量意识——产品见证人品

本着对用户和社会负责的态度，澳柯玛在创业之初就注重产品质量。有句厂训：“知道怎样抓质量，才知道怎样做人”，将质量问题提到做人的准则和社会公德的高度。

国内不断曝光的因忽视产品质量甚至为追求经济利益，有意在产品上做手脚而对消费者生命和健康造成威胁的质量事故，引起人们的反思：怎样才能使商家真正履行起应有的社会责任？商家怎样很好地在金钱和良心两者间寻求平衡？一定程度上，产品质量就是一块试金石，体现出商家的职业道德和社会公德，折射出商家们的品行和操守。

2001年，澳柯玛通过GE向北美市场出口了20多万台冰柜，经这家公司1200个监控点的严密监控和统计，反馈回来的信息令GE也喜出望外——“零投诉”，这在GE公司的历史上还是第一次，无论是自己生产，还是从欧洲和日本采购，过去都没有做到这一点。这个优良记录换来了GE公司2002、2003年度的订货量翻番，2002年GE还为澳柯玛颁发了“质量奖”。

陕汽的“德”文化透视

——陕西汽车集团公司企业文化建设

企业概况

陕汽企业文化脱胎于陕西汽车军工概念，成长于与国外的全面技术合作和成功跨所有制、跨地区的重组改制。经过41年的发展壮大，陕汽在企业文化建设中逐步形成了独具特色的“德”文化。用军工概念、欧美技术、“双优工程”打造的陕汽“德”文化全面服务于品牌建设，促进了企业健康持续快速发展，塑造出独具特色的陕汽重卡品牌。

“德”文化理念

陕汽人认为：“德”可以整合各类优质资源，可以抵御风险，可以在风浪面前依然充满激情，可以在荣誉面前不骄不躁，可以让企业品质超群，生生不息。“德”就是品质，不单单是产品品质，还包含人的品质，企业的品质。做好企业、做好产品、做好服务的关键，就是要做好人。

多年来，陕汽坚持一个最朴素的准则——诚信，坚持两个最基本的追求——质量最优和服务最优，培育出陕汽特有的“德”文化，孕育出“品质成就未来”的品牌理念。2006年，陕汽在行业内率先提出了“德赢天下，品质成就未来”的理念，并将其作为陕汽“德”文化的核心内容。

陕汽近几年的若干重大举措归结于“德赢”思想的指导。如加大产品研发力度，大大提高了重卡的经济性能和节油性能；从2006年开始，陕汽联合潍柴动力、法士特变速箱和汉德车桥等领先的零部件厂商，形成了国内最具优势的“黄金供应链”体系，全面提高了整车和零部件的领先地位，提高了工作效率。

同时，出于人文关怀，陕汽联合某调查公司调研和发布了《中国卡车司机生存状况》蓝皮书，创办了中国首届卡车司机节，适时推出了运煤王系列产品，有效地缓解公路超载压力。这些举措除了秉承了“德赢”思想，始终把用户利益、社会利益放在首位，也为陕汽带来了巨大的商业成就和业内赞誉的口碑。

以“德”文化引领管理行为

陕汽把“以人为本，创优报国，追求卓越”确定为企业的核心价值观。在这一核心价值观的指导下，为应对市场竞争，陕汽于2000年初全面推出“双优”工程和“贴心服务”品牌。“双优”工程的核心理念是“以用户满意为宗旨，生产同行业最优产品，提供同行业最优服务。”2006年，陕汽在质量管理工作中还引入了问责制。陕汽要求每一个员工牢固树立“百分之百提供精品”的质量信条，树立“双优工程是企业的生命工程”的质量意识，树立“用户满意是我们工作的标准”的思想，形成“人人心中有用户，个个努力创双优”的机制。

2006年陕汽实施了品质提升工程。企业为此设立了120万元的品质提升工程奖励基金，用于奖励项目完成好的单位和个人。当年企业分两期奖励80多个项目。实施品质提升工程大大提升了产品和服务的质量，市场反响非常好，客户评价非常高，为陕汽重卡市场销量增长超过70%，成为重卡行业增幅全国第一奠定了坚实的基础。

2007年年初，陕汽在全公司推行精益管理。根据《精益生产实施计划》，陕汽开展了15个方面的精益生产管理活动。这些工作的开展，大大提高了生产效率，降低了成本。同年在全公司启动并运行的三标一体化管理体系，也有力地支持了生产经营工作，为提高效率，降低成本，减少浪费发挥了积极作用。

2006年7月20日,陕汽在北京人民大会堂隆重举办了以“驰骋五洲、德赢天下、品质成就未来”为主题的品牌宣言活动。陕汽庄严地向社会发出品牌宣言:构筑自主品牌高地,用“品质成就未来!”“品质成就未来”,就是要保证提供给消费者最优的技术品质;就是要保证提供给消费者最优的产品、服务品质、文化品质、人才品质、团队品质、管理品质、供应链品质。2007年9月,陕汽牌载货汽车和陕汽汉德牌汽车车桥双双荣获中国名牌产品称号,陕汽品牌建设取得阶段性成果。

以“德”文化引导员工行为

企业文化的终极目标是通过价值观的传播,使广大员工认同并执行企业倡导的管理理念,从而达到员工在法规和纪律之外的自我管理。这是文化管理的理想境界。但这种境界不是一蹴而就的,必须通过理念倡导、纪律固化、奖惩引导和规范影响等措施,逐步培育良好的行为习惯。陕汽集团在文化“润物细无声”方面做了大量尝试,力图用“德”文化干预和影响员工的行为,使其逐步养成良好的行为习惯。

为不断提高组织和员工工作绩效,帮助员工提高技能,获得发展,陕汽于2005年7月开始实施绩效管理。2009年开始实施目标管理,陕汽目标管理的思路为所有干部员工每季度必须设置1~3个工作目标,要求必须明确目标值、具体措施、完成时间等。这些目标都是员工与主管上级讨论制定的,都是经过努力能够完成的。每季度末,由主管上级对员工绩效进行打分评价,不合格者需离岗培训。主管还要与下级直接进行面对面的绩效谈话,肯定成绩,指出不足,帮助下属认识自己的长处和短处,从而提高绩效。

经过三年的运行,陕汽绩效管理工作得到了广大干部员工的认同和支持。现在,绩效管理数据在人力资源管理的方方面面得到更广泛的运用。例如,员工技术职务或技能职务的升迁,绩效积分必须达到相应的标准才能办理。员工技能工资的增长与绩效积分挂钩,达到标准分值,随时增加技能工资。员工的劳动合同期限也与绩效积分挂钩。

为肯定和固化优秀的管理行为和工作成绩,国内所有组织将评优树模作为一种重要的管理行为加以反复运用,收效确实很大。陕汽为培育“双优”特色“德”文化,巩固企业管理成果,也采用评选和奖励各类先进单位和先进个人,奖励的力度也越来越大。除了每年一次的评选先进单位、劳动模范、先进工作者、优秀党员、各系统先进人物外,陕汽还每年评选一次系统标兵。作为一种待遇和制度,除高额奖励外,公司每年都组织劳模出境旅游。党委和各单位每年还要组织优秀党员外出参观学习,开阔视野,增长见识。为鼓励技术创新和管理创新,公司不定期评选和命名人数不等的各类专家和学科带头人,奖励技术创新和管理创新方面的先进个人。其中各类专家享受中层正职待遇,可以参加车改,享受车费。其他各类先进人物不同程度得到公司的表彰和奖励。如群众性QC小组的革新活动,重要成果都要给予高额奖励;对创造了效益的职工合理化建议,公司也给予奖励。公司每月还要对评选出的管理系统、技术系统、生产系统、精神文明系统等二十多个系统标兵进行表彰奖励。公司通过按制度奖励和负激励,引导员工养成良好的行为习惯,从而体现陕汽“德”文化的内涵。

为充分贯彻“德”文化理念,规范管理行为,识别并理顺管理过程,提高管理效率,陕汽在全公司范围内重新修订了各类管理文件,用管理制度固化员工行为。同时陕汽在全公司组织员工行为习惯大讨论,最终形成不同岗位或不同部门的《员工行为规范细则》300多个来规范员工行为。此外,为进一步规范干部员工在商务交往中的言行,引导员工规范运用商务礼仪,陕汽从07年年初在全体员工中开展了“陕汽集团商务礼仪规范”宣贯活动。

以“德”文化凝聚队伍

2005年底到2006年底,陕汽用一年多的时间在全公司开展了陕汽企业文化宣贯活动。活动包括企业文化培训、演讲比赛、讲企业文化故事、全员答卷、中层干部企业文化考试、不良行为习惯大讨论、不同岗位和不同部门员工行为规范的制定和宣贯、企业文化评估等。整个宣贯活动扎扎实实,取得了良好的效果。

2006年,陕汽在全体职工中开展了《陕汽之歌》歌词征集活动,收到81篇作品,经过创作小组反复修改,提交2篇作品给公司领导。为提高水平,扩大影响,我们邀请著名词作家王晓岭、著名作曲家臧云飞进行再创作,又邀请著名男高音歌唱家刘斌演唱,于2006年12月28日举办了隆重的发布典礼,在职工群众中产生了巨大的影响。2007年5月,陕汽在全体职工中举办了《陕汽之歌》大合唱比赛和歌手大赛,水平之高,效果之好,超过了我们的预期。

为进一步弘扬陕汽德文化,陕汽于2008年初开展了《感动陕汽人物》评选表彰活动。全公司共推选候选人91名,评委会办公室选择27名候选人,将他们的事迹材料引发全体员工,组织学习。我们精心策划,精心组织,动员包括公司领导在内的近6000名职工参与评选投票。党委常委会最终确定其中6名为“感动陕汽人物”。2月28日,在厂庆40周年大会上隆重表彰,取得了出乎预期的良好效果,受到企业内外一致好评。

2008年,陕汽用一年时间在全公司开展“质量文化宣贯系列活动”,安排了包括“我会用标准吗”测试、“我为双优做贡献”征文与演讲比赛、“我的顾客”识别与了解、“我的过程”半月谈、“质量的代价”问题反思台、“顾客的呼声”信息展、“品质成就未来”质量文化文艺节目大赛等大型质量文化系列宣贯活动,使全体员工受到更大教育和影响,进一步树立“质量就在我手中”、“我的工作质量关系着企业的生存与发展”等观念,让“品质成就未来”的理念深入人心,为企业名牌价值最大化,为陕汽早日获得国家质量奖打下良好的文化基础,加速“品质最优、服务最优,全面打造双优品牌;产品一流、管理一流,建设大型企业集团”宏伟目标的实现。

陕汽在企业文化建设过程中深深体会到,要做好企业文化建设,必须思考和解决好八个方面的问题,即企业发展战略问题、员工的“认同感”问题、干部员工的“执行力”问题、“同心文化”中凝聚力问题、人才队伍的建设问题、产品质量和服务质量问题、营造创新文化,建设创新型企业问题和员工的幸福指数问题。

通过实践我们认识到,每一名管理者的素质、能力、决策所产生的效果都以问题的形式出现在基层。公司发展的原动力来之于基层。我们一定要建立自上而下,自下而上的良好的沟通机制,真正的掌握员工的需求,这样的企业文化建设才能促进企业的改革和发展,为实现陕汽“做强重卡、做大商用车、培育新的利润增长点、实现可持续发展”战略目标提供强大精神动力。

用诚信品牌打造“老百姓放心的商业城”

——沈阳商业城(集团)企业文化建设

企业概况

沈阳商业城作为沈阳商业的龙头企业,成立于1991年底,1996年“4·2”火灾后,经过半年抢建修复于当年10月1日重新开业。重新开业后,面对企业内部重重困难和外部市场竞争激烈的严峻局面,牢牢把握企业改革与发展这条主线,实施了以和谐文化为核心的企业发展“五项战略”,使企业走出困境,步入良性循环的发展轨道,形成了独具特色的商业企业文化。

应对商业竞争挑战,构建和谐文化战略体系

结合商业零售企业的服务特性,我们把培育和形成企业共同价值观的精神文化、名品兴店的品牌文化、“城中求诚”的服务文化、科学规范的管理文化作为企业文化战略的基本内涵,逐步构建了具有商业城特色的和谐文化体系。

一是开展凝聚人心工程,提升士气。重新开业时,面对内紧外压,千头万绪的局面,我们清醒地认识到,只有培养员工万众一心的企业精神,让员工明确共同的价值取向,才能使商业城焕发出勃勃生机和活力。一方面,我们从思想教育人手,让员工树立战胜困难的信心。在商业城重新开业的第一天,我们就升起国旗、城旗、为人民服务宗旨旗三面旗帜,全员集体背诵《为人民服务》主要章节,把“为人民服务”宗旨深深地烙印在每名员工思想之中。并规定和例行每年元旦或重大节日,都组织员工面对三面旗帜庄严宣誓,牢记宗旨,践行誓言。针对员工思想实际,组织开展了以“商业城——我心中的太阳”为主题的思想教育系列演讲活动,发动干部员工结合自己身边的人和事,赞颂商业城辉煌业绩,展望商业城美好明天,并根据员工演讲素材编印了“商业城——我心中的太阳”系列丛书,现已完成《璀璨的群星》、《前进的足迹》、《神奇的动力》、《员工的情怀》、《文明的花簇》、《城中求诚》六本书,对稳定员工思想、理顺经营秩序和提高队伍士气起到了重要作用。为了增强思想教育的感染力和说服力,我们还聘请全国战斗英雄郅顺义,毛主席的好工人尉凤英,全国劳动模范郑忠文、王巧珍到商业城为员工上课,结成帮学对子,进行爱岗敬业教育。

另一方面,从解决员工实际问题人手,增强企业凝聚力。在开业之初资金十分紧缺的情况下,我们投资几百万元集中为员工办了十件实事,拿出100万元资金购置通勤大客车,修建员工浴池、美容美发厅、自行车棚、职工文化娱乐中心,制定各级劳模特别休假、员工工龄假、生日假、旅游假和育龄女职工长假、“五庆贺”等制度。每年多支出500万元为员工调整工资,较好地解决了员工盼望多年的实际问题,极大地激发了干部员工的工作热情,增强了企业的凝聚力和向心力。

二是开展观念更新工程,增强危机意识。观念变,天地宽,企业要发展,转变观念是关键,而观念更新是一个渐进的过程。从开业那天起,我们就培养教育广大干部员工克服“四种观念”,树立“四种意识”,即:克服盲目乐观的观念,满足现状、不思进取的观念,重经营、轻管理的观念,不注重人均效益的观念;牢固树立居安思危意识、危机忧患意识、管理进步意识、创新发展意识。为积极应对入世挑战,使广大干部员工清醒地认识到入世后的压力与危机,集团党委书记张殿华每年为干部员工推荐书籍,如:以《华为的冬天》、《华为的红旗到底能打多久?》两篇文章为教材开展了居安思危大讨论。以“迎接入世,应对挑战,居安思危,不断改进”为主题,将畅销全球的《谁动了我的奶酪?》一书作为教材,开展了新一轮思想解放学教活动,又向全体干部推荐了《把创新当成习惯》一书。通过学习和讨论,使干部员工增强了危机感和创新意识。观念更新工程,为商业城实现变革做好了思想、精神上的准备。

三是开展培养人才工程,提高队伍素质。在重新开业之初,我们实施的第一个工程就是人才工程。根据企业经营发展的实际,我们提出“四个一百”的人才培养目标,即:培养百名经营管理人才、百名外贸人才、百名金融证券人才、百名计算机人才。1997年,我们从集团5600名员工中选拔出100名35岁以下、大专以上文化、综合素质优良、有培养前途的员工分两批送往东北大学深造,现在已有90%的同志走上了管理岗位。我们在商学院成立了员工培训基地,仅2005年一年,就组织员工培训3678人次;对1270名联销员进行了岗前培训;对172名专业技术人员进行了外出委培,36名员工到新玛泰港澳学习考察;对全体科级干部进行了为期一周的全封闭拓展训练;组织中层以上干部学习计算机知识、到市广播电视大学进行金融证券、外贸知识培训;选送15名优秀干部到中国人民大学进行现代商业创新管理培训,培育"共产党员先锋岗"64个,"劳模标兵示范岗"24个,"超值服务示范岗"38个,市级以上劳动模范26个,进一步提升了队伍的综合素质和执行能力。目前,科级以上干部中具有大专以上学历的达81.9%,有22名同志取得了研究生学历。员工队伍中具有大专以上学历的有1124人,占职工总数的58%,全部达到中级营业员资格,其中有55%具有高级营业员资格证书。人才工程的实施,提高了干部队伍整体素质。

创建名品兴店的品牌经营文化

我们认为,商业城作为一个国有大型商业企业,必须走品牌兴店之路,以名品为载体,靠质量信誉树名店形象。因此,重新开业后,我们把品牌经营作为企业发展五项战略之一,围绕品牌战略,首先抓好源头,把住进口。商品进场前,严格检查。通过商品进货、入库、定价、出库、上柜、售货、售后和信息反馈八个环节,把伪劣商品拒之门外。其次,商品销售中,定期抽查。我们与辽宁省和沈阳市产品质量检测站联合成立了沈阳商业城商品质量检验站,对经营商品进行定期检查和不定期抽查。1998年起,我们又邀请省、市专业质检部门对质量敏感度较高的针织、鞋类、服装等商品实行进场前的先行验货制,确保商品质量万无一失。第三,建立质量标准体系,强化基础管理。我们还建立了商品质量管理程序和商品质量管理网络,对商品质量实行全方位监控,对经营业绩差、商品质量不稳定、销售业绩不佳的联代销厂家实行末位淘汰制,及时清理整顿和撤出商场,以净化商品卖场。同时,我们还逐渐完善商品质量跟踪体系,经常开展商品质量跟踪销售活动,为厂家收集商品信息,使厂家了解市场需求,促进商品组合和商品质量不断改进与提高,最大限度地满足消费者个性化定制需求。几年来,我们坚定不移地实施品牌经营战略,通过独具匠心培育品牌,一系列措施扶植品牌,优惠政策吸引品牌,创造了经营工作的优势。目前,商业城已基本形成了以国际知名品牌为龙头,以国内具有成长性品牌为主打,以中外合资企业附加值高的新品为骨干,以大众化商品为基础的商品组合和经营定位。

在狠抓品牌经营,营造品牌效应的同时,我们精心设计了一系列"名厂名品进名店,名人明星聚名城"的营销文化活动,将商品销售与名人效应有机结合。我们把文化艺术界、体育界的作家、明星请到商业城,聘他们为商业城的文化艺术顾问,给商业城注入了文化气息,提高了企业的文化含量和艺术品味。我们还注重挖掘品牌的文化内涵,推出多种品牌文化节,如金履节、羊绒文化节、国际名表博览会、中秋民俗文化节、浪漫情人节,以节造势,以文兴商,探索了一条品牌经营之路。如今,商业城品牌商品销售已占总销80%以上,并有上百个国内外知名品牌在全国和省内取得单品单店销售第一的业绩。

打造"城中求诚"的诚信服务文化

实践中我们认识到,诚信经济就是便民经济。在一个全新的服务时代,谁的信誉高、服务好,谁就能赢得消费者的信赖,从而取得较好的经济效益。重新开业后,我们借鉴欧美等国家较为流行的TCS战略(顾客完全满意),全面实施了以客户为中心的优质服务战略,并作为企业发展的第一战略,不断拓展服务领域,延伸服务内涵,创新服务方式,精心打造和培育"城中求诚"诚信服务文化。制定了营业员服务规范标准化手册,全面规范了售前、售中、售后八个主要服务环节。还在员工中开展诚信服务、文明用语、规范服务、知识服务、提醒式服务和引导服务等六大工程活动,实行营业员星级管理,不断规范服务流程,提高服务水准。目前,商业城已有全国服务明星10名、辽宁省、沈阳市服务品牌集体和个人共计100名,初步形成了服务品牌系列化。为了加强服务质量管理,我们聘请省、市、区三级消协及社会各界知名人士为商业城服务监督员和服务顾问,并设总裁公开电话,随时接受社会各界的指导和监督。开业之初,在省内首家提出"商业城购物无风险,不满意就退换"的承诺。重新开业以来,基本做到了省、市、区三级消协投诉为零,被誉为"老百姓的商业城",连续十年"沈阳商业城 城中求诚"服务品牌被中国商业联合会确定为"中国商业服务品牌"。

靠老传统新文化打造企业软实力

——山西潞安集团石圪节煤业公司企业文化建设

企业概况

山西潞安集团石圪节煤业公司是一个有着光荣革命传统的老企业。1963年以连续多年在全国煤炭战线效率最高、成本最低、质量最好、机构最精干的突出成绩被周总理树为全国工交战线勤俭办企业的五面红旗之一。"艰苦奋斗、勤俭办矿"的石圪节精神享誉全国。1990年再度被树为全煤系统学习的样板,江泽民、李鹏等十一位党和国家领导人为石圪节矿题词赠言。先后荣获"全国经济效益最佳企业"、"全国企业优秀管理奖(金马奖)"、"特级质量标准化矿井"、"中国煤碳一级企业"、"全国高产高效矿井"、"全国五一劳动奖状"、"全国煤炭系统思想政治工作优秀企业"、"全国精神文明建设先进单位""全国文明单位""全国企业文化建设优秀单位"等光荣称号。

改革开放30多年来,石圪节靠着石圪节精神,勇立潮头,创造了煤炭企业的一个又一个奇迹。进入新世纪,石圪节煤业公司从企业持续发展的战略角度出发，全面推进企业文化建设，倾力打造以石圪节精神为核心的企业文化软实力，将建塑具有石圪节特色的企业文化作为石圪节发展的不竭动力和追求目标，全面提升企业的经营管理水平，实现了产业结构、企业规模、管理模式和综合效益的新飞跃。

几年来，公司紧紧围绕企业发展战略，坚持以营造氛围为基础，以完善制度为保证，以推进6S管理为重点，以落实考核为手段，不断加强企业文化建设，从企业理念文化的宣传、渗透，到行为文化的全面推进，再到物质文化的建设，掀起了一个全面建设企业文化的新高潮。文化管理的巨大作用越来越明显的发挥出来。

加强组织建设　不断完善制度

公司早在1998年就成立了企业文化建设领导组，由党委书记、总经理亲自担任组长，各党政职能部门负责人任成员，并成立了专门的企业文化办公室。同时，结合企业文化建设进程，不断建立和完善企业文化运行机制，健全了企业文化建设领导组办公会和办公室例会制度。领导组每季度召开一次企业文化办公会，及时传达上级指示精神，集体研究决定企业文化建设中的各项工作。办公室每月最少召开一次例会，组织学习企业文化知识，及时总结上月企业文化建设工作，通报有关情况，安排下一步工作，及时发现和纠正企业文化建设过程中出现的问题。并及时组织座谈会、研讨会，上下沟通，研究和解决企业文化建设中遇到的困难和问题，保证了企业文化建设的正常运行。并健全了企业文化责任制度，企业文化各个组织机构均有明确的工作目标和工作职责。制定了《企业文化建设考核奖惩制度》《企业文化建设动态巡查制度》《企业文化建设逐月考核制度》等一系列考核制度，构建起了具有特色的精细化管理体系，从领导组成员到文化办，再到各单位，层层明确责任，加大检查落实力度，有效地推进了企业文化建设。

营造文化氛围　奠定坚实基础

公司将营造文化氛围作为企业文化建设的基础工程来抓，充分利用电视、广播、黑板报、简报等宣传阵地大张旗鼓地宣传企业文化，及时反映各试点单位的进展情况，通报各单位出现的问题。围绕企业文化建设，该公司积极开展了歌咏比赛、摄影比赛、趣味竞赛、辩论赛等各种丰富多彩的宣传教育活动，传播企业文化知识，促使广大员工、家属对企业文化建设有了比较全面的认识。与此同时，每年召开一次企业文化推进会，结合企业文化建设进程，有组织、有计划地开展了企业文化培训工作，为全面推行6S管理打下了坚实的基础。

建设三大系统　打造特色文化

公司坚持理念文化、行为文化、物质文化三大系统整体推进，以全面推行6S管理为重点，全面开展了理念灌输，深入推行企业形象识别系统，整体推进，规范员工基本行为，建立起了覆盖每个岗位、每项工作、每个时段、每个区域的标准体系，并不断加大巡查力度和奖惩力度，严格考核，实现了对员工岗位行为的精细化管理，构建起了具有特色的精细化人本管理模式。

确立企业理念，广泛开展企业理念的宣灌渗透活动。该公司在充分调查研究的基础上，确立了新时期企业理念，并通过电视台、广播站，每天讲解一条理念，开展“员工话与画”征集、“理念渗透百日接力”活动，广泛宣传新理念。同时，积极推广队组理念活动，所有的单位均结合工作实际提炼出了自己的理念，设立了固定的“员工话与画”专栏，真正在企业文化建设中发挥了理念的作用，使得企业的理念逐渐融汇为全体员工的共同价值观，成为了员工行为的指南。

积极推行企业文化形象手册，打造企业新形象。专门成立了由党委书记、总经理任组长的形象手册推行小组，研究部署形象手册的具体推行工作，下发了形象手册推行方案，建立推行责任制，统筹规划，分期、分批、有计划、有步骤地推行。截止目前，已经推行四大基本元素、十大类别100多项，用强烈的视觉冲击力感染熏陶员工、凝聚员工，树起了企业新形象。

加快制度文化建设步伐，实现管理方式转变。积极加快制度建设步伐，建立健全各项管理制度，大胆探索，创新管理机制，研究管理业务流程，以“员工都是经营者，岗位就是利润源”为经营理念，全面实行了内部市场化运作，将企业文化建设向管理、向岗位延伸，推行了岗位价值精细化管理，规范企业行为，形成了与理念文化相适应的以人为本的管理体系。同时，积极推进文化管理，狠抓安全生产管理与6S管理的对接，以原有管理制度为基础，实行值班领导、生产业务科室、基层科队长、跟班队干、班组长五级巡查制。同时，群网员、青监员、纪安员、保安员、协管员五大员充分发挥安全监督作用，形成了“双五”安全生产监督网络，提炼、总结出“安全星光大系统管理法”和“双五安全工作法”，安全生产稳步推进，真正达到促进安全生产的目的，实现管理的大融合。截止今年10月20日，已创造了连续安全生产2200天的新纪录。

全面推行6S管理　构建精细化管理模式

公司全面推行了6S管理，并充分发挥6S管理的最大效能，将6S管理与煤矿工作实际紧密结合，确立了主业生产、后勤服务、多经发展三大6S模式的创新目标。以岗位为源头，结合实际制定出了各工种、各岗位的考评细则，建立起了对每个岗位、每项工作、每个时段、每个区域的精细化管理标准体系；抓好三卡运转，对每个岗位、每项工作、每个时段、每个区域实行到现场、到岗位的精细化管理，建立起对全体员工严密严格的考核机制；以现场为根本，推行全系统定置管理，对环境、作业现场、设备、材料、工具、产品、人员进行有效控制，实行了全方位、全过程的精细化管理；以“三工”转换为手段，以岗位现场的劳动实效和工作实绩为依据，进行全员绩效排序，产生优秀员工、合格员工、试用员工,建立起了公平的激励机制,规范了员工基本行为,实现了员工岗位行为的精细化管理,构建起了精细化人本管理模式,实现了管理方式、员工行为方式的转变。

加强环境建设　营造独特文化环境

公司坚持以人为本,致力构建和谐矿区,为广大员工和家属办了实事,使大家真正感到生活上舒心、工作上顺心。同时注重了矿井及地面生产现场环境的建设。新建了环矿工路,改革了班中餐机制,设立了井口餐厅,开通井下架空乘人装置,为井下员工减轻了体力;改建了员工浴室、跑山员工休息室,为员工创造了舒适的环境,提供了方便。按照煤矿质量标准化的具体要求,对井下及地面生产现场进行了整治性刷新,在井口、井下建立了理念和安全知识长廊,进一步对工作场所、仓库、检修工房、作业现场实行了定置管理。营造起了具有特色的文化环境,塑造起了美观亮丽的新型煤矿形象。

公司将企业文化建设作为企业腾飞的一个标志,作为企业战略实施中的重要一环,从企业发展战略上予以重视和加强,整体推进,不断加强企业文化建设,构建特色文化,实施文化管理,为企业的改革与发展注入了生机和活力,全面提升了企业的经营管理水平。

至诚至真 爱普天下

——山东爱普电气设备有限公司企业文化建设

企业概况

山东爱普电气设备有限公司是从事高低压电气设备的研发、制造和销售的股份制高新技术企业,公司下设3个生产基地,总面积16万平方米,目前拥有员工520名,总资产10亿元。公司主导产品有高低压成套开关设备、箱式变电站、隔离开关、微机保护等8大系列,覆盖从0.4KV到220KV等级的电气设备160余种。公司产品在电力系统发电厂、变电站、城农网改造中得到广泛应用,在机场、铁路、房地产、石化、钢铁厂等行业具有良好的市场,同时产品出口国外。自2004年初组建以来,公司以"铸世界名牌,建百年爱普"为宏伟目标,坚持管理提效、科技创新,并先后与施耐德、穆勒、ABB、西门子、阿海珐等国际知名公司进行了多领域合作,实现产品快速升级,不断提升设备性能和质量。

在经营发展历程中,爱普公司致力建立并培育优秀、和谐的企业文化,打造爱普公司的魅力和灵魂,增强企业的凝聚力、向心力。2009年公司销售收入超过5亿元,获得全国企业文化建设先进单位、济南市文明诚信单位等称号。

全员发动　构建爱普文化体系

在爱普电气投产三年后的2006年,公司员工已超过400人,年总收入达到4.3亿元。对于这个蓬勃兴起并致力于持续发展的公司来讲,打造具有个性特征的企业文化,对内统一思想意志、凝聚员工队伍,对外树立企业形象、促进市场开拓,已是摆在公司面前的一大课题。这年9月,公司领导班子全面审视了企业发展历程中形成的企业精神、思维、作风、行为习惯等文化元素,决定着眼于企业未来发展,整体思考爱普文化体系的构建。

为全面、系统地构建爱普文化理念,公司广泛发动,员工共同参与,相继开展了"爱普文化大家谈"、"企业文化调查问卷"、"感动爱普故事征集"、"爱普文化理念大讨论"等活动,通过这些活动,来审视公司历史形成的文化内涵,以及大家的意志和愿望。9月初,公司下发文件,列出13个参考题目,开展了历时一个月的"爱普文化大家谈"活动,收到来稿300余篇,并分别评出先进集体、优秀作者。自此,企业文化建设活动拉开帷幕,并得到大家的积极响应。10月底,公司又聘请了企业形象策划专家为班组长以上人员讲解了《企业文化与品牌战略》,进一步增强了广大员工对于企业品牌和文化的认识。11月初,开展了《爱普文化建设调查问卷》,分为"对本单位的认识、对自身的认识、对爱普文化的认识和愿望、企业文化建设活动"四个部分、共49个选择题。对全体员工进行调查,并进行了系统的分析。同时,公司党支部开始着手编写《爱普文化理念》,组织了3次公司领导班子讨论、3次中层干部以上人员讨论、1次共分9组的涉及到全体员工的讨论。在先后7易其稿的过程中,感觉一次比一次有收获,一次比一次有进展。其间,公司就企业文化理念框架特别是企业精神的确定,请教了全国著名专家、中国企业文化研究会常务副理事长兼秘书长孟繁驰先生,在反复思考的情况下,慎重推出了"至诚至精,爱普天下"的企业精神,很快在全体员工范围内得到共识。

爱普文化理念形成的过程,也是公司广大干部员工思想大激荡、大融合的过程。领导班子成员努力学习国内外著名企业的先进管理思想,深入思考企业发展战略与途径;中层管理人员立足本岗、着眼大局,提炼各方面工作的指导思想,提出了许多中肯的意见;广大员工在讨论中热情洋溢地总结回顾了企业发展历程中的典型事物,以及蕴涵其中的企业精神。经过近半年时间的大讨论,公司构建形成了爱普文化理念框架和内容,包括核心价值观、企业理念、基本观点、员工素养、管理简论等五个主要部分,共31条,约4480字。2007年3月,爱普文化理念文稿交由爱普公司一届二次职代会通过,得到了全体职工代表的一致认可。

协调一致　促进企业关系和谐

在爱普文化理念的构建中,注重其间关系的辩证与融合，使之层次清晰、主次分明、关系和谐、协调一致，成为一个全面、和谐的统一体。其主要特点如下：

1. 爱普文化体现了"以人为本"的核心理念。爱普文化把人视为企业最为根本的因素，提出了"以人为本，人企合一"的管理理念，把"人企合一"视为公司管理目标，即"要让爱普人与爱普公司形成一个极具凝聚力的利益共同体、事业共同体、命运共同体"。从爱普文化理念中，渗透了"依靠人、关心人"的思想，如员工观提出"我是爱普人，我很重要"、安全理念中"把人的安全绝对放在首位"、管理简论中提出了"人性关怀"等等。爱普文化还借助于"爱普"这个公司名称，突出了"爱心"这一人类共性的精神需求。

2. 爱普文化体现了公司发展战略与管理思想。爱普文化将爱普公司"是什么、做什么、怎么做"进行了适当定位。如，企业愿景是"铸世界名牌，建百年爱普"，企业精神即总的思想是"至诚至精，爱普天下"，经营方针是"专注、专业，以成就电气设备行业卓越品质为己任"，发展战略是"强基固本，和谐发展"，等等。在这些核心价值观之下，又以企业理念为经营管理方式，以基本观点、管理简论为思想指导，以员工素养为支撑。从整体内容来看，爱普文化理念环环相扣、相辅相成、散而不乱，涉及到安全、管理、营销、服务、廉洁等各项工作。

3. 爱普文化理念将现代企业管理思想与中国传统优秀文化相结合。爱普文化理念吸取了现代企业管理理论，对本企业管理思想做了恰当的定位。如，企业哲学中将产品、服务两个要素视为开拓市场的凸显点，提出"产品贵于精，服务贵于诚"的思想；在团队观"整体最优才是优"中，为当前企业管理理论中的"木桶理论"赋予了新的含义；在管理简论中应用了动车组实现列车提速的基本原理，提出"动力链接"的思想。同时，中华民族传统文化源远流长，爱普文化理念将其中的忠诚、正义、诚信、明礼、宽容、谦和、和谐、节俭等优秀元素融入企业文化理念，对员工思想修养和行为方式起到了积极的影响。

4. 爱普文化结合公司工作实际，易于员工的理解和认同。为便于员工的理解与认同，公司在文化理念的表现形式上，力求趣味直观、生动形象，文字表述力求言简意赅、通俗易懂，在每条文化理念之后，都有明确的注释。2010 年，公司基于多年来的企业文化实践，又组织编写了 12 万字的《企业文化培训手册》，讲解企业文化基本理论、公司文化的内涵，记述了代表本企业精神品格的先进人物，发到员工人手一册，深受广大干部员工的欢迎。

深入培育　推进爱普文化建设

公司坚持"内化于心、固化于制、外化于形"的建设思路，通过多种形式地宣传贯彻，促进了广大员工的理解、认同、实践。

一是推进爱普文化理念的宣传和学习。公司着手编辑完成了爱普公司《企业文化手册》，下发到员工人手一册，作为日常学习内容。组织了班组长以上人员的企业文化集中培训，全面讲解了企业文化的基本知识、爱普文化的主要内容以及爱普文化建设思路；把领导干部作为企业文化建设的骨干力量，每年进行考试，目前，满分率达到 70% 以上；对于新进公司的员工进行培训的第一课，就是爱普文化教育。同时，开展了企业文化环境建设，在生产厂区、办公地点等张贴爱普文化理念，让员工和客户接受企业文化理念。公司还开展了"新理念、心体验"征文活动，发动广大员工学习《企业文化手册》，谈谈自己的认识和体会。有的员工说："爱普文化的建立，是在爱普公司树立一股正气，企业有了正气，发展就有了动力"。技术部一位人员谈到："原先我总认为自己的工作太多，整天处于忙乱状态，许多事情做不好，看到管理简论中的'条理有序'，我似乎找到了问题的症结"。

二是以丰富多彩的活动为载体，传达爱普文化的核心理念。公司有意识地通过载体活动，体现和传达爱普文化的核心理念。去年冬季，济南市新闻媒体纷纷报道"农民卖菜难"的消息，为培育员工的爱心，11 月下旬，公司组织团员青年到历城唐王镇柴庄以市场价收购了农民的 8000 斤大白菜，体现了企业的爱心和社会责任感。08 年仲秋佳节，公司党支部以"人性关怀"的思考，组织 38 名不能回家团圆的员工，与公司领导班子一同欢度仲秋，呈现出"爱普大家庭"的一派欢乐祥和的氛围。2010 年元旦期间，公司以"感动爱普"主题演讲、体育比赛、书画摄影展、新春联欢会为主要内容，开展了首届文化艺术节，在丰富多彩的文化活动中增强了企业的凝聚力。

三是将爱普文化理念贯彻到各项工作之中。企业文化的培育渗透于企业工作的方方面面，可以说无时不在，无处不在。为提高产品质量，以精良的产品奉献给客户，公司注重产品实现的过程、细节和美感，加强了全过程管理；同时，开展了首届技术比武活动，并重奖比武成绩优秀人员。为了"为员工创造施展才华、实现价值的空间和舞台"，实行了中层干部、班组长竞聘上岗制，为有志向、有能力的员工走上领导岗位提供了机遇和平台。开展"员工意见和建议调查"活动，以此体现工作中"尊重员工的意愿和智慧"，体现"以人为本、人企合一"的管理理念，为公司和谐发展打下良好的基础。

总之，爱普公司以促进公司和谐发展为目标，以"至诚至精，爱普天下"的企业精神为思想内核，努力培育优秀的企业文化，有效提升了企业经营业绩、员工队伍素质和企业凝聚力，为爱普公司的持续、健康发展注入活力与生机。

"螺丝钉"文化的探索和实践

——中国航空工业标准件制造有限责任公司企业文化建设

企业概况

中航工业标准件制造有限责任公司（以下简

称:中航工业航标)是我国航空工业唯一的整机、全系列标准件、高强度紧固件及小零件的专业化科研生产基地。公司组建于1993年12月,由始建于二十世纪六十年代中期的原安湖机械厂和原庆文机械厂合并异地搬迁而成。现位于贵州省贵阳市白云经济技术开发区。

中航工业航标的诞生,改变了我国航空标准件制造分散、低水平重复建设的局面。是行业内较早走上专业化整合、产业化发展道路的企业。

经过十余年的建设,中航工业航标在航空航天新型标准件的制造技术、加工设备国内领先,理化分析实验设备居全国第一流,特别是关键技术、关键检测手段,关键加工设备方面已经接近或达到国际同行业先进水平,是我国名符其实的集研发、生产、服务于一体的标准件最主要的科研生产基地。

塑造先进的企业文化,用思想经营的力量推动企业的快速发展

企业文化是企业在长期的生产经营实践中形成、总结和提炼并被全体员工所认同的价值观念和行为准则的总和,是企业持续发展的精神支柱和动力源泉,是企业核心竞争力的重要组成部分。

企业文化建设是一个复杂、系统的工程,需要组织上下齐抓。润无细无声,虽不能立竿见影,却有迹可寻,在潜移默化中影响着企业的每一步成长。

中航工业航标近些年在企业文化建设的探索和实践中,始终坚持在弘扬中华民族优秀传统文化和继承国有企业优良传统的基础上,积极吸收借鉴国内外现代管理和企业文化的优秀成果,重视制度创新与观念更新相结合,以爱国奉献为追求,以促进发展为宗旨,以诚信经营为基石,以人本管理为核心,以学习创新为动力,努力建设符合社会主义先进文化前进方向,不断构筑具有鲜明时代特征、丰富管理内涵和特色的企业文化。

从"厂合、人合、心合、力合"思想统一下公司成功的合并与搬迁;到"团结、敬业、拼搏、进取"精神鼓舞下的自力更生、艰苦奋斗;再到"以人为本、求实创新、军品做强、民品做大、外贸做好、企业做久、同舟共济,跨越发展"管理理念指引下的改革创新、蓄势待发;以及今天"做,永不生锈的螺丝钉"、"和"以及"安全发展"思想引领下激情奋进、跨越发展。中航工业航标,以其所打造的特色文化理念支撑和推动着企业的每一步成长。

"做永不生锈的螺丝钉"是今天航标人的座右铭

"做,永不生锈的螺丝钉",是中航工业航标将雷锋精神——"做一颗永不生锈的螺丝钉!"融入公司核心价值观体系的特色创举。是今天全体员工践行"航空报国,强军富民"神圣使命的文化"习惯"和"自觉"。

"做,永不生锈的螺丝钉"的思想萌发于提高公司的产品质量。

中航工业航标生产的标准件,品种多、数量多,连结构、接系统,一架飞机或者一台发动机,少则数万件、多则几十万件甚至上百万件,标准件的质量决定着航空武器系统的可靠性和战斗力,连接着"航空人"的生命。

产品质量问题一直以来是困扰中航工业航标发展的"心结",质量问题并非是工艺流程不对,而是人为疏忽所致。2007年,一场声势浩大的"质量·品德"教育活动在公司高调展开。公司董事长、总经理张鑫一针见血的指出,"质量问题绝不是简单的技术、管理问题,而是人的品德出了问题。"换句话说:人品决定着产品,产品反映出人品。

活动收到了良好的效果,据事后不完全统计,公司的一次交检合格率和废品损失率在活动开展前后呈明显的"分水岭"——一次交检合格率由95%左右,上升到99.3%,废品损失率则显著下降,产品质量与配套得到了广大客户的肯定。

在提高质量的道路上永远没有终点!用文化的力量固化和发展已取得的成果,将雷锋精神与公司的产品特点有机的结合。2008年,中航工业航标再次开展了主题更为鲜明的"做,永不生锈的螺丝钉"质量教育活动。不仅把雷锋精神再次传递给每一名职工,更将雷锋同志"做一颗永不生锈的螺丝钉"演变成"生产,高品质的标准件;做,品德高尚的航标人!"的座右铭。使每一名员工都深深地意识到,质量、使命和责任是中航工业航标追求不变的永恒主题。

把"做永不生锈的螺丝钉"的精神无形资产转化为有形资产

经过16年的卓绝努力和苦心经营,中航工业航标在行业内成为首屈一指的企业,企业文化已成为无形的资产,这一卓越的质量文化正在向各个角落不断渗透。把"做,永不生锈螺丝钉"的价值观念转化为量化的制度考核,建立了质量安全工作的评先创优的长效机制,对全体员工的工作、态度、业绩进行考核,每月评出"做,永不生锈的螺丝钉"的星级员工。星级员工除了获得物质奖励外,连续荣任四星级以上的员工,可优先作为年度公司先进评选的候选人。与此同时,被评选出来的星级员工,必须统一佩戴"星级"奖章,时刻提醒自己的工作行为,将质量文化观念深入到员工血液中去。企业文化是动态的,不断发展变化的,没有一个企业的企业文化是绝对静止的。中航标公司的企业文化发展规律是从无到有、从抽象到具体、从散乱到系统、从单一到丰富的变化过程。

中航工业航标以实际例子把抽象的企业哲学变为具体的行为模式、行为规范和行为内容,实现价值观的双向交流,变个人的价值观为团体的价值观,形成了良好的企业风尚,真正起到了企业发展繁荣企业文化,企业文化推动企业

发展的作用。

构筑企业核心价值观　培育和滋润“螺丝钉成长”的沃土

按照“主攻精神文化,规范制度文化,推进行为文化,提升物质文化”的总体思路;本着以人为本、讲求实效、重在领导、突出特色、系统运作、追求卓越的原则;中航工业航标精心培育和不断发展以“做,永不生锈的螺丝钉”为核心的公司精神文化,从而带动物质文化、行为文化、制度文化的整体推进、系统运作,构建一个切合实际、具有时代特性、便于操作的企业文化建设体系,融入到企业发展战略,运用到公司经营管理,惠及到员工物质需要之中。

走进中航工业航标,无处不让人感到具有行业和企业独特文化的存在。“航空报国,强军富民”、“敬业诚信、创新超越”、“做,永不生锈的螺丝钉”等所构成的核心价值体系成为今天中航工业航标一种不懈追求的动力之源,激励航标人追求卓越、承载责任的精神支柱,贯穿到每一个工作环节,渗透到每一个生产角落,扎根于每一名员工心中。

以“生产高品质的标准件;做,品德高尚的航标人!”为追求,争当“航空报国”的闪亮“螺丝钉”;中航工业航标将树立榜样带动人、展示形象激励人,作为构筑先进文化的重要手段,运用到企业文化建设中,精心培育、用心呵护“螺丝钉”成长的沃土。

在2008年度的先进评比工作中,公司在多年一贯的生产标兵、技术能手、优秀党团员等多项评比的基础上,不仅首次设立“十佳员工”的评选。更创新评比方式和表彰形式,一改过去主要由领导说了算,变成基层推荐、组织审查、全民公投,不仅使评比走向大众化、公开化、公正化;更为重要的是,全员参与的过程本身也起到了学习先进、深入人心、鼓舞士气的效果。与此同时,对“十佳员工”给予5000元现金和出国考察的重奖,将他们的大幅工作照悬挂于厂区主干道两旁,更进一步鞭策、调动和激发员工工作的积极性、主动性和创造性。

卓越的企业皆有优秀的文化传承,这些文化因子代表企业在发展中的实践愿景及价值的明证,并能形成一种潜在的约束力,它明确地让员工知道什么行为是在维护公司的理想、信念与价值。在“做,永不生锈的螺丝钉”文化“习惯”的影响和辐射下,中航工业航标不断涌现出一批属于这个时代的“螺丝钉”。在汶川大地震中,“家境”困难的普通老工人李华阳,却毫不犹豫地捐出1000元特殊党费;面对持刀歹徒,毫不畏惧,帮助警察,赤手拿下持刀歹徒的杨冬;见义勇为,搭救落水儿童,却低调的杨智勇等。

和则一　一则多力　多力则强　强则胜物

“一个人的作用,对于革命事业来说,就如一架机器上的一颗螺丝钉。机器由于许许多多的螺丝钉的联结和固定,才成为一个坚实的整体,才能够运转自如,发挥它巨大的工作能力”。——雷锋同志的格言

标准件把两个或者更多的物体连接成为一个整体,这叫一连二,二连三,三连万物。中航工业航标不仅追求物体的连合,更追求“人和”,员工与员工之间,员工和企业之间,我们和客户之间的关系就要靠“螺丝钉”紧密连接。在“做,永不生锈的螺丝钉”的感悟下,“和”的经营理念正逐步渗透到中航工业航标的各项经营管理工作中。“和则一,一则多力,多力则强,强则胜物”。“螺丝钉”虽小,却能小物大为。

让更多的阳光照耀在普通职工身上

“做,永不生锈的螺丝钉”不只是诚信做人、务实做事、甘于奉献的代名词,更是激情奋进、创新超越、实现美好生活的不懈追求。中航工业航标将不断培育企业可持续发展的动力,把实现企业和员工的共同发展作为践行“航空报国,强军富民”的庄严使命。从2006年完成销售收入1.67亿元,人均收入2万余元;到2008年“555”目标(产值5亿元、利润5000万元,员工人均收入5万元)的实现;再到2009年的“5555”目标(产值5.5亿元、销售收入5.5亿元、利润5000万元,员工人均收入5万元),中航工业航标在集团内部首次将员工收入纳入到年度企业经营奋斗目标,对管理者的经营业绩进行考核。在公司高速发展的同时,给每位员工提供稳定的工作,更高的收入、更多的回报、更好的收益,让员工享受更加美好的生活。

生产高品质的标准件不仅是中航工业航标永恒的追求;做品德高尚的航标人更是时代赋予我们的历史责任。让1600名员工感到企业有实现自己理想、抱负、人生价值、社会责任和历史使命的理想环境和空间,从而使企业产生巨大的凝聚力。“做,永不生锈的螺丝钉”,中航工业航标定会在“航空报国,强军富民”的旗帜下,创新超越,亮剑图强,打造“中军工第一标”,进而跻身世界航空标准件顶级供应商前10名的行列。

企业文化是集美发展的强大推动力

——北京集美家具市场集团企业文化建设

企业概况

集美集团是北京单体规模最大的家居市场,具有独特的品牌影响力,拥有大红门集美、定慧桥集美、北苑集美、廊坊集美等四大主力市场,以及榆垡集美生产基地、集美快捷酒店、美晶广告公司等企业;集美天津店将于2010年投入使用;位于法国巴黎的集美国际商贸城,将成为中国制造的家具、建材在欧洲的最大专业展销基地。

集美集团企业文化涵盖了企业核心价值观、企业核心竞争力、党团工会组织建设、经营理念等方方面面。现了新经济组织在改革开放大潮中热爱祖国、奉献社会、艰苦创业、开拓进取的企业精神。

集美集团先后荣获“全国创建和谐劳动关系模仿企业”、“全国民营企业文化建设先进单位”等荣誉称号;连续数年被评为“首都文明单位”、“双评双爱”先进企业;被北京市委授予“思想政治工作优秀单位”等光荣称号。

走进集美,走进集美人。

在五星红旗冉冉升起的时候,在嘹亮的《集美之歌》旋律声中,用心去感受集美企业文化的震撼,感受企业文化载体的丰富多彩、恢宏浩大,感受集美人用自己的勤奋和智慧战胜重重艰难险阻,书写改革创新三十年的鸿篇巨制。

北京集美家居市场集团是集家居卖场经营、房地产开发、外经外贸、家具制造、酒店经营多业态、集团化运作的民营企业,下辖十余家专业化公司,集团总裁赵建国精心打造“集美家居”品牌联盟的同时,创建了以“关爱”为主线的企业文化,在集美集团发展历程中起到了重要的推动作用。

集美企业文化的核心体现是热爱祖国　集美人选择报效祖国　奉献社会

2000年底,人气旺盛的集美五棵松家具城接到有关部门的通知:家具城现有场地为奥运场馆预留地,要求两个月内无条件拆除。无条件拆除意味着集美将承担4000多万元的经济损失,意味着企业发展步伐将倒退十年。按照城市拆迁办法的相关规定,集美向有关部门申请拆迁补偿是合情、合理又合法的。但是,旷日持久的申请审批将引起难以预料的不安定因素,必将影响北京申办奥运的进程,这是赵建国无论如何不愿看到的一幕。

2008年5月,四川汶川发生强烈地震,灾情严重,牵动着全国人民的心。集美总裁赵建国率先为灾区人民捐款110万元的同时,向全体集美同仁发出“与祖国母亲共度国难”的号召,共募集善款320万元人民币。消息传出后,一家中介单位找到集美办公室,要为集美捐赠巨款的事例作商业宣传,赵建国坚定地表示:“集美人捐助汶川灾区人民就是与祖国母亲共度国难,决不可以作商业炒作”。来访者感慨不已,赞叹不已。

“尊师助教”是集美企业文化的独特体现,2009年10月,集美集团举办庆祝建国六十周年歌咏大赛,赵建国总裁当场宣布再次向河北吴桥“建国教育基金”注入50万元,累计基金总额达到305万元。25年来,集美集团就是在报效祖国、奉献社会、尊师重教、扶危济贫的壮举中,实现着企业核心价值观的诉求。

集美企业文化的活力在于不断创新　创新思维指导企业做大做强

集美五棵松家具城开业时只有营业面积600多平方米,五年后,营业规模翻了100倍,营业面积突破6万平方米。为什么会有这样的突飞猛进呢?一位家具厂厂长这样说:“集美提出‘顾客至上,加盟厂商也是顾客’的理念,体现了尊重,凝聚了力量,盘活了市场”。这就是集美当年提出的“两个上帝”的经营准则发挥的历史性推动作用。

进入21世纪后,集美集团提出了“品牌立店”战略构思,实现了诚信服务、诚信经营、诚信管理的品牌联盟,为广大消费者提供了安全、可靠的家居卖场。

在激烈的市场竞争中,家居行业领军人物创新经营思维,拓展经营范畴,努力增强企业竞争活力。“泛家居”理念就是集美集团在新的经营形势下实现的理念飞跃,从而实现了集美家居多业态、多渠道、多模式的集团化经营体系。

国际金融危机带来的阵痛引起了家居行业领军人物的反思,“联合创造新价值”是集美集团走出金融危机阴影后,向行业同仁发出的盛情邀请,一个信息共享、营销共赢的联盟体系必将为广大消费者带来更大的实惠。

在弘扬企业文化的过程中昭示了“以人为本”,体现着员工价值

如果说企业文化是一个分母不变的分子式,企业员工价值是分子式中的分子,分子值越高,分式的值就越大。集美集团拥有两千多名企业员工,他们在人生经历、文化程度、性情性格等诸多方面都存在着明显的差异,而在很短的时间内,他们就融汇于团队之列,作用于工作之中,这是一个值得探讨的企业文化课题。

集美党、团、工会组织在弘扬企业文化中发挥着主渠道作用,本着“用先进思想教育人,用模范事迹感化人,用有效措施带动人”的原则,集团坚持实施了“新员工入职培训”,主旨教育新员工“要想做成事,首先学做人”;集团所属各单位建立了“老带新,一帮一”的帮教制度,使新员工很快接受了集美企业价值观的真谛,争做合格的“集美人”。在此基础上,集团党委适时地组织了党课教育、主题党日活动,一大批年轻员工积极向党组织靠拢,16名入党积极分子在集美加入了党组织,2009年“七一”表彰大会上,26名优秀党员,22名优秀团员受到表彰。

集美员工培训活动的多样性构成了员工业余大学的基本模式。集团每年制定年度培训计划,通过主题党日活动、党课教育、企业文化大讲堂、专题培训、外出参观等形式对员工实施“爱国主义”教育和技能培训;集团还出资选送优秀青年管理干部到高等学府学习深造,2006年以来,20多名企业骨干分批走进市委党校研究生课程班、北京师范大学研究生班,在知识海洋中寻觅提升企业管理的金钥匙。

集美集团每年组织员工外出旅游,2006年以来,先后组织近千人次到国外考察游;两千多人次参加了国内名胜景点游;数千名员工参加了北京周边京郊游;集美员工在大好河山中体会人生、放飞心情,加深“企业爱员工、员工爱企业”的情感。

集美集团历经企业品牌升级、企业文化升级,受到了各级领导的关注。先后荣获多项北京市级、国家级荣誉称号。

履行社会责任 共建和谐企业

——河北津西钢铁集团股份有限公司企业文化建设

企业概况

河北津西钢铁集团股份有限公司始建于1986年。原为天津市与迁西县因“引滦入津”工程联合组建的年产14万吨的县办小铁厂。2001年改制，实现国退民进。2004年在香港联交所主办上市。现已成为拥有员工1万多人、总资产130亿，集采矿、精选、烧结、炼铁、炼钢、轧钢、型钢、发电为一体，年产钢铁材各600万吨，年销售收入超过200亿元的大型钢铁联合企业和海外上市的民营股份制公司，连续7年名列中国企业500强。

自觉倡导“四为”文化 认真履行社会责任

2004年，控股津西的中国东方集团(0581)在香港上市后，津西开展了企业文化创新工程。2005年对企业文化进行全面系统地整合、策划和有效推进，提出和确立了以“四为”文化，即“为社会创造财富、为股东创造回报、为客户创造价值，为员工创造前途”企业使命为核心的企业文化体系。这标志着津西以一个海外上市公司的高站位，引入、确立先进的价值理念和企业道德规范国际标准，将追求经济利益最大化与履行社会责任有机结合，在企业与社会、股东、客户、员工诸多相关利益者之间找到了最佳结合点，构建、形成和谐发展的“利益共同体”。

为社会创造财富，促进社会繁荣与和谐发展。坚持科学发展观，优化产业结构和布局，应用先进的工艺和技术，大力发展循环经济，努力建设资源节约型和环境友好型企业。淘汰落后产能，投入十几亿元淘汰小烧结、小高炉、小转炉，有效地消灭污染源。2000年以来，津西直接用于环保设施的投资高达7亿多元。强力推进清洁生产，发展循环经济，变“三废”等污染物为再生资源。

坚持依法依规纳税，积极回报社会。改制后的8年，津西向国家上缴税金42亿元。津西为当地财政贡献率每年在50%以上。安排劳动力就业10000人，带动了地方铁矿、运输等一大批相关产业的发展。近年来，津西先后捐款4000多万元用于教育、扶贫、救灾等社会公益事业。2005年，捐资110万元，为全县900名在乡老烈属、老残废军人、老复员军人每人购买一台彩电。

坚持两个文明一起抓，做物质财富和精神财富的双重创造者。为引导员工牢固树立社会主义荣辱观，广泛开展“明荣辱、树新风、促发展”主题教育活动。一心为企业、勇于奉献的先进集体、先进人物和见义勇为、拾金不昧、扶危济难等好人好事，如雨后春笋不断涌现。

为股东创造回报，凝聚企业的向心力。股东是企业法人财产的所有者。牢固树立对股东负责，为全体股东谋利益的市场理念，履行受托承诺，注重投资者利益的回报，增强股东对公司的信心。实现股本股金的保值增殖。2003年以来，津西每年以高于20%的分红比率回报股东。

为客户创造价值，实现平等互惠、共赢共享。倡导和确立以“诚信”为核心的企业文化，树立良好的企业形象。在企业文化建设中，津西把“诚信”二字贯穿与理念文化、行为文化等各个方面，八“诚信”作为全体干部员工必须遵守的共同行为准则。

津西秉承“用户满意就是我们的工作标准”的服务信条，不断完善客户服务手段、服务内容，加强与客户的信息沟通与服务。严格合同的管理与履行。重合同、守信誉，津西产品产销率和货款回收率连续11年达到两个百分之百。企业没有产生一笔不良贷款。

为员工创造前途，努力构建和谐劳动关系。员工是企业的主体力量，稳定和谐的劳动关系是创建和谐企业的基础。

完善维权机制，切实维护员工合法权益。完善员工代表大会制度，完善民主管理、民主参与、民主监督机制，员工的参与权和知情权得以落实。落实集体合同制度，在劳动用工、工资分配、劳动时间、社会保障等方面都做了较大调整和进步，并以法律文本形式做出约定。员工人均收入每年递增10%以上，员工社会保障体系进一步完善。

建立激励机制，为员工搭建展示才华的平台。干部层层实行聘任，员工推行“双聘制”，形成能进能出、择优聘用、竞争上岗的新机制，全面推行职业技能鉴定社会化考评并按职级给与相应的津贴补助。

实施“素质工程”，促进员工自身价值的实现。津西确立了“培训是员工的最大福利”理念，强化员工教育、技术素质培训。投入7000万元资金，对办公区、厂区进行硬化、绿化、亮化、美化，全力打造绿色钢城。开展丰富多彩文体活动，丰富员工文化生活，增强员工的幸福感和归属感。

履行社会责任 促进企业的可持续发展

多年的企业生产经营和管理实践，使我们深深体会到，随着社会经济的发展，企业与外部环境、与其他利益相关者的关系日益密切。一个重视并切实履行社会责任的企业，同时也是对自己前途命运负责任的企业；企业履行社会责任的过程，同时也是提升核心竞争力、促进企业可持续发展的过程。

几年来，津西大力倡导“四为”文化，积极履行社会责任，使企业核心竞争力大幅提升。

凝聚力不断增强，员工归属感、幸福感与日俱增。

随着员工收入的不断提高和生产生活条件的改善津西的凝聚力日渐增强，员工民主参与、归属感、幸福感与日俱增。津西被员工誉为“坚强的靠山”、“赖以生存和发展的家园”。在经济危机袭来时,公司及时向全体干部员工发出《坚定信心,迎接挑战,共渡难关》一封信,稳定了员工情绪。广大员工苦练内功、厉行节约、为企分忧的情绪非常高涨,为公司提合理化建议 287 项、7891 条,节余成本 8656 万元。

执行力不断提升,团队精神发扬光大。2005 年以来,总投资 50 亿元、从国外引进的大中小 H 型钢项目,由于工艺先进、科技含量高,“津西牌”型钢广泛应用于鸟巢、央视新大楼等国内外重点工程,被授予“中国 H 型钢市场品质信誉第一品牌”等荣誉称号。

生产力大幅提高,实现跨跃式大发展。改制后的八年,津西总资产、铁钢材产量、产品销售收入分别提高 13 倍、6 倍、13 倍。利润水平位居全国钢铁企业前十位,其它主要生产经营指标也位居全国钢铁企业前列。

形象力大为改观,企业知名度、美誉度日渐提升。从 2003 年起,津西连续 7 年名列“中国企业 500 强”,先后荣获“中国最具成长性企业”、“全国工业重点行业效益十佳企业”、“河北省 AAA 级劳动关系和谐企业”、“全国企业文化建设优秀单位”等一系列殊荣。董事长韩敬远荣获“中国经济十大诚信人物”、“中华慈善事业突出贡献奖”、“中华慈善人物”等称号。

锻铸劳模文化 凝聚企业之魂

——中航工业贵州安大航空锻造有限责任公司企业文化建设

企业概况

中航工业贵州安大航空锻造有限责任公司(简称安大公司)始建于1966 年,是专门从事航空发动机、飞机和燃气轮机锻件生产的专业化公司;同时也为汽车船舶、石油化工、工程机械等行业提供所需的锻件、环轧件。目前,安大公司已获得美国 GE 公司、英国 R · R 公司、日本 IHI 公司锻件供应商资格。在高温合金、钛合金等温锻及环件精密轧制领域拥有较强的技术优势。成功完成了多项国家重点科研项目新材料的应用研究工作,在高温合金环形锻件的精化工艺研究及钛合金的应用研究上居国内领先地位。

安大公司以安大经营观、质量观、创新观、服务观为核心的企业文化建设不断推进,扎实有效,并形成了具有安大企业特点的劳模文化。2009 年被中航工业贵航集团评为党建、思想政治和企业文化建设先进单位,安大公司“劳模文化”被授予“贵航集团 2006 - 2008 年度企业文化建设工作典型案例”,并被选送在 9 月 7 日召开的中国企业文化研究会理事工作会议暨全国企业文化(贵航)现场会上上进行交流发言,意味着安大“劳模文化”登上了全国企业文化建设的舞台。

在安大公司,劳动模范这一特殊群体的作用日渐明显,劳模已成为企业当前最受尊重和关爱的人,成为贵航集团安大公司核心价值观的承载者、传播者和践行者。安大公司上下已经形成了“认识劳模、感悟劳模、学习劳模、争当劳模”的良好风气,劳模文化正成为安大公司企业文化的精品和亮点之一,正成为安大公司企业文化的精髓和导向,为企业的改革与发展凝心聚力。

对劳模文化的认识

贵航集团安大公司经过四十多年的发展,特别是 2000 年改制以来,在全体干部职工的努力拼搏下,生产总值逐年攀高,效益不断提升,已经成为中航重机所属的上市公司。在以人为本价值观的影响下,全体干部职工齐心协力,攻坚克难,在生产经营中涌现出了一大批“劳动模范”,在劳模精神的感召下,安大从最初销售收入的几万元到如今的几亿元,劳模的作用不可低估,他们已成为推动安大公司做强做大、实现跨越式发展的强大动力源泉和精神力量。企业发展到一定程度非常需要企业文化的引领,安大公司在新时期改革发展中,注重总结和提炼企业文化中的特色文化,这时安大的“劳模文化”应运而生。因为劳模作为企业财富的创造者、业绩的代表者、文明的缔造者,他们在企业生产经营实践中形成的先进服务理念、服务理论、服务道德、服务艺术以及由此对企业和广大员工产生的影响和形成的氛围,已经成为安大公司的企业文化中“领军文化”,而体现这种劳模文化的实质是一种报效祖国、无私奉献精神最具体的体现。

对劳模文化的提炼

认识劳模。在劳模的表彰大会上,我们利用宣传短片再现劳模在工作现场的感人事迹,通过评委宣读颁奖词让大家领悟劳模的崇高精神,通过让劳模走上舞台发表自己的获奖感言让大家认识劳模,许多参加表彰会的职工通过切身感受流下了感动的泪水。如我公司热处理生产线上的女将、热处理工邢丽,她没骄人的业绩,在她的考勤表上,几乎没有一天节假日。她说,“最大的愧疚是由于忙工作不能很好照顾年迈的父母和年幼的女儿”,即便如此,她依然无怨无悔,奋斗在平凡的岗位上。她的颁奖词是“巾帼不让须眉,青春闪耀火花,淬火槽里奉献,平凡岗位出彩”。同时利用报刊、闭路电视、网络等大力宣传他们的先进事迹,利用宣传橱窗刊登劳模的照片,让更多的人了解劳模、认识劳模。现在,安大公司各分厂每月都评选出自己的“明星职工”,并将他们的业绩定期在分厂的宣传栏醒目位置进行公示,大力宣传先进典型事迹,营造比、学、赶、超的生产氛围,“劳模文化”已在安大公司蔚然成风。

感悟劳模。劳模在生产经营工作中发挥了典型示范作用。他们身上集中体现了“航空报国、强军富民”的集团宗旨和“创新超越、亮剑图强”的贵航精神。他们在完成重点型号任务中舍小家、顾大家，加班加点，无私奉献，一心一意扑在工作上，毫无半点怨言。在安大公司，劳模精神最突出的一点表现为关心企业的生存与发展，这种强烈的事业心责任感，推动安大人不断开拓进取，推动企业不断向前发展。同时，安大公司把“劳模文化”编进《企业文化手册》里，让广大员工学习感悟，赠送给客户以便他们了解安大的文化。劳模的精神折射着企业的光辉，在当今既要积极参与竞争又在着力打造和谐的时代，社会各界可以通过了解劳模的事迹来了解这个企业的形象，给人以美好的感受，不仅会增强一个企业的关注度，也会增强对企业的信赖。安大公司将以劳模的文化力强化企业的软实力，使企业在竞争之中立于不败之地。

学习劳模。在塑造劳模文化的长期实践中，安大公司十分注重发挥先进模范人物的示范、导向、带动作用，挖掘劳模的精神资源，在全公司大力弘扬劳模主人翁责任感和艰苦创业精神，忘我的劳动热情和无私奉献精神，强烈的开拓进取意识和创新求实精神，良好的职业道德和爱岗敬业精神，不断掀起学习劳模的群众性活动热潮，用他们身上的“闪光点”折射和诠释企业精神，用劳模的先进思想、高尚情操和优秀业绩影响和带动全公司职工，使劳模们在企业发展中发挥重要的作用。同时，企业通过关心，爱护，培植和打造一批劳模，以劳模的思想境界，工作作风，生产技能等方面影响和教育群众，指导群众，使群众学有准则，干有目标，由此而树立新的行为准则与新的道德风尚，形成良好的世界观，人生观和价值观。

争当劳模。在安大公司，劳模已经成为企业最宝贵的“无形资产”，成为企业“文化标本”。劳模的生活与工作圈子在群众之中，威信较高、影响力大、号召力强，其行为直接影响着员工的一举一动。在当代多元化思想活跃，人们的价值取向各异，员工的思想政治工作和行为教育是以引导为主要方式的前提下，培植和打造劳模文化，充分依靠劳模的影响力和积极作用，是加强员工的思想作风建设，企业和谐文化建设的重要内容。在安大，劳模的榜样力量非常之大，劳模精神影响了一代人、一批人，全公司上下把劳模当作自己学习追求的榜样，在学习、工作和生活中，积极向劳模学习，全公司“学劳模、比劳模、赶劳模、做劳模”的氛围已经形成。

对劳模文化的培育

搭建平台。近些年，安大公司坚持每年开展各项主题的劳动立功竞赛活动，公司工会开展“明星职工”的评选、公司党委开展“明星党员”的评选、公司团委开展“青年质量明星”的评选，通过开展各层面的先进评比表彰，为劳模的培养积极搭建平台，为劳模的成长培植沃土。“头雁高飞群雁随”。一个优秀的平台，一只高品德的领头雁，一群高素质的追随者，培植劳模文化的土壤在安大悄然形成！同时，当选为公司级的劳模的将层层推荐参加更高一级劳模的评选，为劳模的成长增添更绚丽的光辉，使之发挥更加有效的典型示范作用。

营造氛围。多年来，安大公司上下已经形成崇尚劳模、尊重劳模的氛围。在劳模的宣传上注重典型事迹，用事实和数字说话，在劳模的绩效考核中注重业绩的考评，工资水平和津贴补助尽量向劳模倾斜，每年坚持组织劳模和优秀党员外出疗养或观光旅游，形成“尊重知识、尊重劳动、尊重创造”的企业文化导向。40 多年来安大公司劳模辈出，共评出近 300 名公司级劳模，2008 年，安大公司用 100 万元重奖 20 名“明星职工”和 12 个先进集体。

劳模文化对企业发展的作用

塑造典型。随着企业的不断改革与发展，安大公司对“劳模文化”的理解和认识逐渐深化。劳模是企业员工的杰出代表，是企业精神的展示，是企业形象的象征。劳模文化是企业精神文明建设的重要内容，是企业文化的重要组成部分，是企业文化个性的反映，并具有独特的魅力，劳模文化已经成为安大公司企业文化独树一帜的“领军文化”。同时我们把“技术是第一生产力”、“尊重知识、尊重人才”等观念注入劳模评选、培养和管理工作中，在激励机制上大胆创新，一些思想作风过硬、技术精湛的佼佼者，不断加入劳模行列。全国“五一”劳动奖章获得者，国家高级技师迟禄滨曾任安大公司自由锻分厂锻造二班班长，他多次在航空新产品、新材料、新工艺等研制试造中，在外贸产品的开发方面以超人智慧和锻造天赋，成为安大公司第一个攻克世界锻造难题的人。全国国防工业系统劳动模范、安大公司副总经理、总工程师张华在历时十多年的技术工作中，充分运用专业基础知识服务于生产实践，在将理论转化为实践成果的过程中，积极从事新材料、新工艺的应用研究工作，在他的带领下安大公司在航空锻造高科技领域取得了一个又一个的令人羡慕的成就，成为了该公司青年科技工作者学习的典范。贵州省“五一”劳动奖章获得者朱金龙，参加工作以来，就一直在三吨模锻锤上当锻工，从没挪过岗位，经过炉火的多年熏陶，他由一名普通工人成长为一名国家高级技师。二十多年来，他热爱自己的本职工作，掌握了许多技术本领，总结出许多生产经验，炼就了一手“绝活”从而成为全公司最年轻的国家高级技师。

引领发展。近几年来，在劳模文化的塑造感召下，安大公司文化建设不断向纵深推进，文化管理发挥重大作用，企业连年超额完成各项生产经营任务，成为贵州航空工业的重要领军企业。安大公司 2008 年完成生产总值比 2002 年增长 412.44%，实现销售收入增长 412.67%，实现利润增长 731.85%，工业增加值增长 406.08%。同时在劳模精神的引领下，企业员工素质全面提升，爱岗敬业的热情倍增，通过“劳模文化”的构建，实现了以点带面，现在员工的业务素质大幅提高，员工的工作积极性空前高涨。在劳模精神的感召下,员工把个人命运与企业命运紧紧地联在一起,把个人荣誉与企业荣誉紧紧地联在一起,用共同的聪明才智全力打造一个世界知名的锻铸企业。

加强企业文化建设 推动企业持续健康发展

——北京建工集团企业文化建设

企业概况

北京建工集团成立于1953年,是北京市成立最早、规模最大的国有建筑企业。55年来,北京建工集团始终保持着中国建筑业的领先地位,为首都和建筑业发展做出突出贡献,并逐步发展成为一家具有国际竞争力的新型企业集团,跻身全球225家最大国际工程承包商、中国500强企业。先后获得44项鲁班奖、8项詹天佑大奖、22项国家优质工程奖、290项省部级以上科学技术奖;近年来,北京建工集团企业文化建设取得累累硕果,先后荣获北京市首届质量管理先进奖、全国质量管理先进企业、全国用户满意企业、全国建设系统精神文明建设先进单位、全国实施卓越绩效先进企业、全国五一劳动奖状、全国建设系统思想政治工作先进单位、全国创建学习型企业成绩突出单位、北京市创建学习型企业先进单位等称号,"六进工地"系列文化活动荣获首都精神文明建设最佳活动奖,企业文化建设走在行业前列,铸就了"北京建工"品牌深厚的文化底蕴,品牌实力大幅提升。

大力加强以理念为核心的精神文化建设

55年来,北京建工集团高度重视企业文化建设,坚持以"建楼育人"为宗旨,在为社会提供精美建筑产品的同时,造就了一大批为社会发展做出重要贡献的栋梁人才,李瑞环、张百发就是其中的杰出代表。

近年来,北京建工集团把历史文化财富与现代社会发展潮流紧密结合,在经济快速发展的同时,把企业文化建设纳入企业发展总体规划和战略,形成了具有北京建工特色的企业文化——"塑造品牌,凝聚人心"。

一是坚持以先进理论教育武装干部职工,促进思想解放,观念更新。集团公司始终坚持以马列主义、毛泽东思想、邓小平理论、"三个代表"重要思想和科学发展观武装干部职工的头脑。特别是突出重点,坚持把领导干部的思想解放作为党委的"一号工程"来抓,在坚持中心组学习、党课教育的同时,每年集中时间对中层以上干部进行脱产培训,并根据不同阶段学习重点,组织举办专题学习辅导报告会。先后从中央党校、北京大学、国家行政管理学院等高等院校邀请专家学者讲授党的思想理论及企业管理理论等;从国务院发展研究中心、建设部、市国资委等邀请有关部门的领导作形势报告;从中建总公司、上海建工、湖南建工等同行业先进企业及江淮汽车集团等国内其他行业先进企业邀请企业领导介绍企业管理及发展的好经验、好做法。自2001年以来,共举办集中学习培训21次,培训领导干部达4265人次。同时,组团赴上海建工、湖南建工、江淮汽车集团、莱钢集团、海尔集团等企业参观交流,虚心向先进企业学习取经。通过"请进来"、"走出去"式的"洗脑",有力地促进了领导干部的思想解放和观念更新,提高了理论思维水平和驾驭企业的能力。

二是完善企业理念识别系统,加强理念灌输。2002年,在集团成立50周年之际,总结提炼了企业精神、企业宗旨、企业哲学、企业作风、企业口号、企业经营方针、企业质量方针、企业安全生产方针、企业环保工作方针等,建立了企业理念识别系统。2006年,在制定《北京建工集团十一五期间(2006—2010年)发展规划》的同时,确立了企业共同愿景和企业核心价值观,进一步完善了企业理念识别系统。围绕"把集团建设成为'三型'、'四跨'、'双强'和'四满意'的具有国际竞争力的新型企业集团"的共同愿景(三型:成为学习型、创新型、质量效益型的企业集团。四跨:成为跨行业、跨地区、跨所有制、跨国经营的企业集团。双强:位居中国企业500强同行业前列;成为全球最大225家承包商中知名企业。四满意:让顾客满意,让股东满意,让员工满意,让社会满意),积极培育"诚信为本、顾客至上、创新领先、和谐发展"的核心价值观,大力倡导"以人为本,创建精品,求实创新,志在一流"的企业精神,"严细求是,团结奋进"的企业作风,"全员精品意识,全过程科学管理,创建优质工程,提供优质服务,持续改进体系,追求顾客满意"的质量方针,增强了广大职工的责任感和使命感,为企业文化建设奠定了思想和文化基础。

三是率先建设学习型企业先进文化,不断提升企业持续竞争力。为适应"建设具有国际竞争力新型企业集团"战略目标的需要,2004年,北京建工集团以系统思考、团队学习、改变心智模式为基模,在全市建筑业集团级企业中率先开展了"创建学习型组织,争做知识型职工"活动,大力倡导"学习为本"、"终身学习"、"学习工作化,工作学习化"、"学用互动"、"创造性学习"等理念。充分利用局域网、《北京建工》报等载体,加强学习型组织理念、创建经验和知识型职工典型事迹的宣传、引导,营造有利于组织和员工学习的氛围。大力开展领导层、管理层和操作层三个层次的团队学习,在"吸收、反思、互动、共享"中,不断改变心智模式,提升队伍整体素质。2006年在全市率先建立了第一家农民工夜校,并自编了《从农民工到工人》的农民工基本素质培训教材,为提高农民工素质搭建了平台。学习力提升了"北京建工"品牌的创新力和竞争力,推动了集团快速发展。集团创建工作的经验先后在全国创建学习型组织典型经验交流会和中国建设职工政研会建筑行业分会上进行了交流。并荣获"全国创建学习型企业成绩突出单位"、"北京市创建学习型企业单位"称号,并被北京市推荐参评"全国学习型组织标兵单位"。

四是注重跨文化理念的整合,提升企业文化的软实力。近年来,北京建工集团加大产权制度改革力度,2002 年,率先对所属的二建公司进行改制重组,由民营企业浙江广厦控股,"嫁接民营资本"的改革在全国建筑行业开了先河。随后,企业产权制度改革不断推进,目前 80% 企业完成改制重组。随着企业以产权制度改革为核心的各项改革的不断深化,民营、外资企业的进入,经营机制、管理思想的重大变化,不可避免要涉及到企业文化的进一步整合。北京建工集团积极吸收民营、外资企业先进的管理思想,进行企业文化的再造,通过广泛宣灌、完善机制等,使员工接受全新的文化理念,促进了观念更新,并转化为自觉的行动。观念更新,推动了企业机制创新,激发了企业活力,改制企业焕发出勃勃生机。

大力加强以职业道德 质量 安全为中心的行为文化建设

北京建工集团始终坚持以培育"四有公民"为目标,大力加强员工职业道德教育和诚信教育。制定完善了企业行为识别系统,明确了不同岗位员工的岗位规范;组织员工学习《公民道德建设实施纲要》、《首都市民文明公约》、《文明礼仪普及知识读本》等。2002 年,集团北国公司李之会青年突击队被树为全国"敬业奉献"的典型。2005 年年初,率先在全市建筑工地来京务工人员中启动"文明礼仪"实践活动,编发了《讲道德、懂礼仪、争做文明北京人》的宣讲教材,宣传普及职工诚信、职业道德建设、文明礼仪知识的主要内容;2006 年以来,以加强奥运宣传为重点,抢抓宣传教育的有利契机,广泛组织开展了"我为奥运添光彩、我为建工立新功"的主题教育系列活动,员工的公德意识、文明意识、奥运意识和职业道德意识明显增强。

北京建工集团以大型国有企业自律,制定了符合国家法规要求或标准要求的企业规章制度或标准,使公司的安全、质量、环境等事关人民利益和生命财产安全的指标始终处于行业领先水平。集团 1997 年通过 GB/T19001 - 2000 质量管理体系认证,2002 年通过 GB/T24001 - 1996 环境管理体系认证和 GB/T28001 - 2001 职业健康体系认证,同时通过"三合一"整合认证。近年来,用于环保的资金达 1600 多万元。自 1999 年全国开展以安全生产、职业健康为主题的"安康杯"竞赛活动以来,集团已经连续 9 年(次)荣获竞赛优胜企业称号。2005 年荣获全国五一劳动奖状。

北京建工集团共同愿景中以"建设学习型、创新型、质量效益型企业"为目标,积极开展科技创新、管理创新、制度创新。目前,集团拥有较强的建筑科技实力。建立了较完善的技术创新体系和技术标准体系;培养了一支素质较高的科技人才队伍,能够承担北京市及国家重大科技课题的研发,取得了一批重大科技成果。在超高层、大跨度等大型建筑工程综合施工技术以及地基基础、钢结构、建筑防水、预应力、机电设备安装、试验检测等专项施工技术方面已形成较强的优势,处于全国领先水平。在市政基础设施、轨道交通、环保施工领域,初步形成了起点较高、前景良好的发展态势。同时拥有管理优势。集团具有依法经营、规范管理的光荣传统,是多项国家标准、北京市标准的发源地,规章制度健全,得到行业主管部门和社会各界的公认。先后荣获全国质量管理先进企业、全国实施卓越绩效先进企业等荣誉。北京建工集团 55 年来累计建造各类建筑 1 亿多平方米,合格率达到 100%,优良率达到 80% 以上。其中,有 44 项工程荣获"中国建筑工程鲁班奖";有 8 项工程荣获中国土木工程(詹天佑)大奖;22 项工程获中国国家优质工程称号;在 20 世纪 50 年代、80 年代、90 年代三次"北京市十大建筑"评选中,共有 19 项工程出自北京建工集团之手;集团还取得省部级以上科学技术奖 290 项,国家级工法 33 项;在同行业内,获奖数量之多、级别之高,位居北京第一,中国前列。

大力加强以塑造品牌为重点的形象文化建设

北京建工集团从 20 世纪九十年代末制定并实施了 CI 战略。经过不懈努力,形成并推行了比较完整的企业视觉识别规范(VI),树立了企业独特、良好的外部形象。

北京建工集团作为首都建筑业内的大型国有建筑企业,年开复工面积达 1700 余万平方米,特别是承建了 29 项奥运工程和多项重点工程的建设任务,倍受社会关注。因此,高度重视北京建工品牌的传播,集团设立了公关宣传部,拥有《北京建工》报、电视记者站、内外网站等宣传阵地。各单位也配备了专兼职宣传人员,设立了局域网、外网,一些单位还开办了企业刊物;各工地,普遍建立了橱窗、黑板报。

近年来,北京建工集团对内对外宣传势头强劲,发生的重要、重大新闻全部刊发在强势主流媒体上,扩大了建工品牌的影响力。集团每年对外发稿 2000 余篇,头版头条数量连年递增。特别是 2005 年以来,集团负责承建的首都机场 T3B、T3C 航站楼、国家体育场、北工大羽毛球艺术体操比赛馆、北京电视中心、A380 飞机维修库等奥运及奥运配套工程,直接用于北京 2008 年奥运会;承建的"翠谷玉景"、"百子湾 1 号""低价不低质"的经济适用房,解决了首都市民的住房难问题;承建的地铁 5 号线、10 号线等为百姓出行提供了便捷……重点工程建设的进展情况各大媒体都进行了跟踪报道。集团产权制度改革成果的大篇幅报道,将集团产权制度改革的成功经验推向了全国。北京市委宣传部给予了高度评价,"建工集团改革的宣传,在全市开了个好头"、"建工集团宣传改革,在全市做得最好"。

2005 年以来,北京建工集团以"构建和谐企业"为主题,组织开展的文明礼仪、图书、文艺演出、科普健康、百场电影和卡拉 OK 进工地的"六进工地"系列文化活动,又成为各新闻媒体关注的热点,30 余家中央和北京市媒体在黄金时间、显著位置进行了多次集中报道,国内各省市媒体广为转发。新华社对134个国家和地区进行了报道。集团施工的北京电视中心工地生活区门牌由“民工之家”变为“员工之家”的“一字之变”引起轰动。来京务工人员首次主动打电话给媒体要求报道;《人民日报》,《工人日报》先后发表了评论和编者按,产生强烈社会反响,掀起一次次宣传报道高潮,不仅企业公信度大幅提升,而且起到了内聚人心,外塑形象的作用。

特别是“百场电影进工地”活动自2005年启动至今,已经成功地举办了四届,共放映电影450余场,观看人员达38万人次,极大地丰富了来京建设者的业余文化生活,深受大家的欢迎。不仅在影片放映内容上精心策划,突出爱党、爱国和爱岗教育,放映了一批如《张思德》、《任长霞》等主旋律影片,而且,紧贴企业施工生产的实际,创新活动载体,推出了“百场电影,百场安全讲话”活动,有效地服务了企业的施工生产,达到了更好地寓教于乐的目的,促进了和谐企业建设。《“六进工地”构和谐》的经验在市国资委宣传思想工作创新奖评选中荣获一等奖,并获得“首都精神文明建设最佳活动奖”。

北京建工集团在发展壮大的同时积极履行社会责任,关心社会公益事业。“非典”时期积极响应政府号召,在极短的时间内建造9300多平方米的抗“非典”用房,并筹资4500多万元用于改善外施队的生活条件。近5年来,用于环保的资金达1600多万元;向社会捐款累计2000余万元。特别是今年5月12日,四川省汶川县发生特大地震。在突如其来的灾难面前,北京建工集团党委立即向全集团发出向灾区捐款的号召,集团公司及各单位捐资1000万元,援建灾区一所职业中学和两所小学。接到1.5万套过渡安置房的援建任务后,紧急动员,迅速部署,抽调精兵强将奔赴灾区,在北京市政府承担的援建任务中发挥了大型国企的骨干带头作用,取得了抗震救灾的重大阶段性胜利。为抗震救灾工作和构建和谐社会做出了贡献。

北京建工集团企业文化建设的大力推进,有力地促进了企业改革发展。产业结构调整取得显著成绩,突破了单一建安主业的局限,在房地产、路桥、地铁、环保、物流、物业管理等领域取得较快发展,“双主业、多板块”的格局基本形成。大力实施“走出去”战略,京内、京外、境外“三大市场”并驾齐驱的市场布局初步形成,由区域型集团向国际型集团转变的步伐明显加快。自2000年以来,主要经济技术指标每年以百分之十几的速度稳步增长,集团综合经营额、新签工程合同额分别由2000年的81亿元、66亿元提高到2007年的254亿元和280亿元,“北京建工品牌”的实力大幅提升。

具有“北京建工”品牌特色的企业文化已成为提升企业竞争力的无形资产和企业生存发展的原动力。北京建工集团将认真贯彻落实党的十七大精神,不断增强企业文化“软实力”,以文化力提升企业核心竞争力,为建设具有国际竞争力新型企业集团而努力奋斗!

文化是活的灵魂

——北京航空制造工程研究所企业文化建设

企业概况

北京航空制造工程研究所为我国新型飞机、发动机研制和航空工厂的技术改造提供了大量先进制造技术和工艺装备,在数控及柔性制造系统、计算机应用软件、高能束流加工、先进电加工、特种焊接、复合材料构件制造、钣金成形、机械连接与装配、无损检测、航空工业生产组织管理、航空制造技术战略研究与规划等专业领域处于国内领先地位和先进水平。建立了包括高能束流加工技术国防科技重点实验室、北京柔性制造系统实验中心、航空连接技术航空科技重点实验室、树脂基复合材料构件制造技术研究开发中心在内的27个实验室。

改革开放以后,我所积极开展国际合作与技术交流,先后与美国、俄罗斯、德国、法国、瑞士、意大利等近30个国家和地区建立技术交流与经济合作关系。同时,我所还大力将科技成果转化为民用工业部门的生产力,迄今已提供了大量数控机床、轮胎成型机械、制药机械、组合机床及自动线、轻工及食品包装机械、特种焊接设备等,为国民经济建设做出了突出贡献。

文化就是活的灵魂,一个企业只有拥有了自己的文化,才能激发生命的活力,才能具备生存、发展和壮大的基础。北京航空制造工程研究所在中国航空工业集团文化的指引下,把文化建设融入到党建、思想政治工作和精神文明建设的全过程。航空报国成为北京航空制造工程研究所人宝贵的精神财富和强大的精神动力;以“敬业,创新,图强”为魂的文化有力地促进并转化成了强大的生产力,成为推进我所“小核心,大产业”发展思路、实现可持续性发展的不竭动力和内在源泉。全体员工循序渐进的养成和实践,逐步形成了具有时代气息、健康向上、独具特色、员工认同的文化。

在文化推进战略中,北京航空制造工程研究所立足“五个着力点”,走出了一条具有鲜明时代特点和本所特色的文化建设之路。

打造一流环境文化

北京航空制造工程研究所的环境文化建设就一直以“一流环境建设”的成功实施为行业内所称道。在生活区,该所善于抓住机遇,主动与地方政府合作,共同建设了“精品生活小区”,并以此为契机拉开了环境文化建设的序幕;在工作区,通过“一流环境”建设的“七步曲”,以6S管理“整理、整顿、清洁、规范、素养、安全”为主要内涵，经过6年的艰苦努力，分别取得了6S管理达标、铜牌和银牌，走在集团前列，办公和工作环境得到很大的改善。

此外，为增强广大职工自觉参与单位管理的主人翁意识，营造自主、创新、和谐的人际关系，研究所还经常性的开展职工合理化建议征集、6S管理创新等活动，现已形成完善的制度，每年都在职工代表大会上审议、答复。基层单位也纷纷在生产、办公区开辟了文化园地，并由职工定期更换内容和版式，职工们亲切地称之为“自家的宣传阵地”。

文化虽是种凝练的精神，但这些看似形式的文化，在潜移默化中也转化为一种内在的动力，促发着研究所职工队伍整体素质的持续提高。

塑造优秀质量文化

北京航空制造工程研究所认为优秀的质量文化就是“塑人品，出精品”。塑人品，就是提高员工诚信意识和责任意识；出精品，就是提高产品质量确保零缺陷。并坚持用该理念推进质量文化建设，制定了“高质量航空报国，重信誉客户满意；抓过程职责明确，求卓越持续改进”的质量方针，先后开展了一系列相关工作，将质量文化建设与质量体系建设配套推进。

加强培训、教育，挖掘宣传各基层单位涌现出的闪光点，用身边人、身边事引导职工质量安全从我做起；编制印发《质量问题案例汇编》，开展质量案例分析活动，重点推进6σ管理和QC小组活动，协助协作厂建立质量管理体系工作；开展质量工作大检查，通过园区网及时报道质量检查中遇到的问题，总结经验，弥补不足。

多年的质量文化建设使“塑人品，出精品”的理念深入人心。质量管理水平才不断完善，产品质量日益求精。2006年北京航空制造工程研究所通过总装备部的装备承制单位资格审核、海军二方审核和空军二方审核，2008年通过了航空航天质量管理体系AS9100的认证，标志着质量管理水平再上新台阶，质量文化开花结果。

助推“一航”品牌文化

职工对企业精神的认同与否将直接决定企业的生死。根据大集团战略的要求，突出集团整体的社会形象，北京航空制造工程研究所大力推进集团“六统一”，做到了理念和VI(视觉形象识别系统)的“两统一”。此外结合自身特点，组织了研究所精神的征集活动，经过充分地研究和讨论，最终将所的精神确定为“敬业，创新，图强”，这六字精神已成为北京航空制造工程研究所文化建设及各项工作的灵魂。

近年来，北京航空制造工程研究所VI推进实现了“四步走”：第一步，2001年正式启动；第二步，2002年各类标识实现“六统一”，并以“红五月”歌咏比赛为契机，在全所范围内开展司歌的学唱活动；第三步，2003年制定了第一个《视觉识别(VI)系统标准》，在全所范围内执行；第四步，2006年根据集团新标准重新修订《VI手册》，并以2007年所庆50周年为契机，对全所相关应用要素进行更换。“两统一”的推进既弘扬了共性文化，又张扬了个性文化，增强了员工的归属感和凝聚力，全面提升了北京航空制造工程研究所的整体形象，推动了品牌建设。2005年，北京航空制造工程研究所轮胎成型机成为集团公司首批被授予“一航”品牌的4个产品之一。

树立良好的信誉文化

人无信则不立。信誉文化建设最高层次的体现是打造企业品牌与产品品牌——军品出精品，民品创名牌。北京航空制造工程研究所制定了《打造诚信航空实施办法》，按照教育与规范结合、自律与他律结合的原则，开展了一系列工作。如：新世纪来临之际，在全所职工中开展了“与新世纪相约——我的人生格言”书写活动，引导职工在新起点上明确人生的新目标，加强自律；制定了《六二五所领导人员行为规范》与《员工手册》，进一步明确了干部职工的行为准则，加强他律。在自律与他律相结合的过程中，干部职工的素质不断提高。打造“诚信航空”的信誉建设已在全所展开，以领导干部诚信承诺，财务、质量人员诚信承诺为载体的教育与规范活动正在深入进行，如设立“质量免检岗”制度，开展领导干部签名承诺等活动。承担军品任务的101室提出“以良好的人品造型号精品”；民品205部提出了“自豪感，使命感，成就感”等目标，指导实际科研生产工作，在业内建立了良好的信誉。

“两观”教育是一场将市场意识和客户意识植根于广大干部职工大脑内的一次思想变革，该项工作的顺利开展为提升市场竞争力，最终与客户形成共赢奠定了良好的思想基础，营造了良好的文化氛围。2005年，北京航空制造工程研究所利用园区网，开设了“市场观用户观教育”专栏，并抓住时机用转包生产案例、用户好评感谢信案例对职工开展对比教育，召开专题研讨会，加深职工对质量问题、诚信问题重要性的认识，取得了较好的教育效果，促进了内部问题查找和工作改进。各基层党支部也紧密结合实际，深入开展丰富多彩的“两观”教育活动。所长亲自带队，走访主机厂所、院校和主要客户，实现“零距离”的回访，及时、准确的掌握客户动态；205部在客户集中地区建立了当地的服务中心，做到24小时内服务人员到位，大大提高了服务效率，降低了客户损失；部分职能机关还开展了“用户满意度调查”等等，特别是质管处党支部开展了以“我为客户把好第一关”为主题的“两观”教育案例征集活动，印制了《我为客户把好第一关》的案例汇编。正确的服务理念，优质到位的服务，创造了产品的知名品牌，在客户中形成了广泛的认知度和忠诚度。

营造和谐的人本文化

人本文化是和谐文化的核心内容。北京航空制造工程研究所始终坚持以社会主义核心价值体系为重点，以文化力增强队伍向心力，以文化力提升核心竞争力，注重以人为本和心理疏导，工作中突出人的重要作用，努力做到尊重人、理解人、关心人、为了人,实现人的全面发展和单位的和谐稳定发展。

在构建和谐研究所的过程中,所党委积极发挥作用,在"三贴近"上下功夫,始终坚持重大事项集体讨论决策的原则,制定了《中共北京航空制造工程研究所委员会议事规则》《中共北京航空制造工程研究所委员会工作条例》等10多项制度,充分发扬民主,定期召开民主生活会,开展批评与自我批评,及时剖析民主管理的薄弱环节,不断提高管理工作的透明度,切实增强班子整体的工作合力。所工会也坚持以职工代表大会制度为实现民主管理的有效形式,不断充实和丰富内容,逐步建立形成企业民主决策、民主管理、民主监督的基本制度,坚持每年为职工办实事、解难题,充分代表和体现广大员工主人翁的地位,先后三次通过了"全国模范职工之家"的复查验收。

研究所的发展一个重要内容就是努力实现职工的自身价值,全面提高职工的综合素质。北京航空制造工程研究所在加强职工队伍建设过程中,努力营造"人尽其才,人尽其用"的大舞台,全面贯彻"尊重劳动、尊重知识、尊重人才、尊重创造"的方针,为各类人才的成长提供健康和谐的环境,努力形成了人心思进、团结和谐、共促发展的良好氛围。

文化是活的灵魂,但并不虚无缥缈,如同花朵,其开放需要水的浇灌、土的栽培。北京航空制造工程研究所就是把抽象的文化当作一项重要的实体工作来抓,宏观布局,细处分解,创新构思,精心谋划,用制度构建文化体系,用活动丰富文化内涵,用实践落实文化成效,使企业文化在企业的发展中绽放光彩。

以文化建设提升企业核心竞争力

——上海铁路局企业文化建设

企业概况

上海铁路局地处东南沿海长江中下游地区,线路主要分布在安徽、江苏、浙江、福建、江西五省和上海市。吸引区内工农业生产发达,内外贸易兴旺。人口稠密,旅游资源丰富,是全国客货运输最繁忙的铁路局之一。营业里程4129.5公里。上海局整体推进各项工作,形成良性发展态势。年运输收入达171.8亿元,年均增长7.3%;换算周转量1888亿吨公里,年均增长7.1%,其中直通货物周转量完成1010亿吨公里,年均增长8.7%;旅客发送量16464万人,年均增长6.1%;货物发送量15458万吨,年均增长7.6%;运输营业收入194.6亿元,实现运输利润5679万元。多元经营完成营业收入72.9亿元,实现利润3.7亿元,年均增长18.8%和10.1%。连续实现资产经营责任制目标。

优秀的企业文化,是企业核心竞争力的重要组成部分。上海铁路有着130多年的历史沿革,上海铁路局作为一个有着长期发展历史的大型铁路运输企业,企业文化底蕴深厚。长期积累的优秀企业文化,成为了我局发展的重要原动力。同时,随着时代的进步和环境的变化,企业文化建设坚持与时俱进、不断创新。近年来,我们以现代企业文化理论为指导,通过梳理、整合、变革与再造,扎实推进企业文化建设,大力提升企业核心竞争力,为促进企业深化改革、加快发展发挥了重要作用。

深入调查研究　奠定企业文化建设的扎实基础

上海铁路局企业历史长,管理范围广,企业员工多,企业文化的状况复杂。要按照现代企业文化理论进行企业文化的梳理与再造,首先必须对企业文化的现状进行全面深入的调查研究,尤其要准确把握当前推进企业文化建设的有利条件和不利因素。我们成立了"上海铁路局企业文化现状调查与思考"课题组,在企业文化建设方面有关专家的指导下,对全局企业文化现状进行了专题调研。最终形成了《上海铁路局企业文化现状调查与思考》的调研报告。通过充分而深入的调查研究,对全局企业文化的现状及推进企业文化建设的条件与困难有了清晰的把握,对如何进行企业文化的梳理与再造、构建我局现代企业文化体系有了清晰的思路和对策,为其后几年我局推进企业文化建设奠定了扎实的基础。

领导高度重视　为企业文化建设提供了有力保障

企业文化在很大程度上就是企业领导者的文化。企业最高管理者的理念、价值观及其行为方式,在企业文化的形成和发展中具有十分重要的地位和作用,对于企业文化建设工作具有重要影响。长期以来,我局主要领导一贯重视对于企业总体发展思路和企业经营管理理念的提炼和阐述,先后明确提出了"建设强局、科教兴局、质量立局、安全稳局"的治局方略,"用心经营、精细管理"的管理理念,"建设和谐铁路局、率先实现现代化"的战略目标等一系列重要理念和战略,成为企业文化的重要源泉。与此同时,我局企业领导者坚持身体力行,在实践中大力倡导和推行企业文化。并要求全局各个单位、党政工团各级组织必须高度重视和切实加强企业文化建设,齐心协力,共同推进,务求实效。路局主要领导及分管领导一起亲自主持召开了"企业文化与和谐铁路建设"专题研讨会;路局成立了企业文化建设工作领导小组,局党政主要领导担任组长,亲自抓好工作推进。领导层的重视和推动,是我局企业文化建设的重要保障。

强力宣传发动　形成了文化建设的浓厚氛围

没有广大干部职工的参与,企业文化就成了无源之水、无本之木。我局党委宣传部(企业文化处)是全局企业文化建设的日常工作机构,近年来,在其直接组织下,全局企业文化建设宣传、推广、发动等各方面工作火热推进。加强企业文化知识普及,编发了《企业文化知识普及读本》,组织干部职工广泛学习;把领导干部的培训作为重点,聘请企业文化建设专家,举办专题报告会,组织路局领导及中层干部参加学习;举办培训班,开展企业文化建设培训,组织局属各单位负责人集中学习;深入基层开展企业文化宣讲,使基层干部职工切实了解企业文化相关知识和全局企业文化建设的目标任务和工作要求;开展企业精神大讨论,广泛发动干部职工参与;组织编写了反映我局发展变化历史的《巨变》、《先行》等局情教育读本,印发全员学习,使干部职工更加深入、全面地了解企业的发展历史与远景目标,增强对企业的认知和认同。与此同时,建成了上海铁路博物馆,成为我局对内对外宣传企业文化的常设窗口和重要平台,每年接待大量的社会参观人员,扩大了企业影响力。

坚持稳扎稳打 企业文化建设取得了实实在在的成效

企业文化建设需要循序渐进。我们一开始就注重从企业实际出发,稳扎稳打,有序推进,逐步积累而形成企业文化建设的显著成效。近年来,我局先后组织了对全局企业文化现状的调查,掌握了情况、明确了思路;开展了针对性的课题研究,形成了企业文化建设方面一系列的共计八份重要的研究报告,为实践推进提供指导;通过举办研讨会、编印企业文化知识普及读本和局情教育读本、聘请专家讲座、进行专题培训、开展宣讲等形式,加强了企业文化建设的工作研究和知识普及;在企业文化专家的指导下,制定了上海铁路局企业视觉识别系统(VIS)手册,并已全面推广、广泛应用;围绕企业管理核心理念及企业精神组织了广泛讨论和宣传,动员了干部职工广泛参与;制定颁布了《上海铁路局企业文化建设规划》,明确了到2012年期间企业文化建设的推进步骤和主要措施,明确了路局企业文化建设工作领导小组、路局党委宣传部(企业文化处)及下属各单位在企业文化建设中的职责和分工,成为近期我局企业文化建设工作的总纲;编制形成了上海铁路局企业文化手册初稿,从整合企业理念识别(MI)、行为识别(BI)、视觉识别(VI)入手,构建了我局企业文化体系。总之,这些年来,正是本着实事求是、脚踏实地的原则,我局企业文化建设稳步推进,并积累形成了显著的工作成果。

融入企业管理 企业文化建设在企业改革发展中发挥了重要作用

企业文化必须融入企业管理,企业文化建设工作的成效最终要通过企业管理的成效、企业改革发展的成效来体现。通过近年来扎实努力的工作,我局企业文化建设切实融入企业管理,对于促进企业改革发展、大力提升企业实力发挥了重要作用。在企业管理中,形成了明确、统一的理念系统。"建设强局、科教兴局、质量立局、安全稳局"的治局方略、"用心经营、精细管理"的管理理念、"建设和谐铁路局、率先实现现代化"的战略目标等深入人心。同时,企业文化理念融入企业管理制度建设中,进一步规范了企业行为,强化企业管理的制度化、规范化和流程化。随着企业改革发展,企业在人力、财力、物力各方面的管理制度以及干部职工在运输、生产、经营、安全等各方面的行为规范都不断更新、强化和完善,形成了富有时代特色的管理文化。坚持建设强局。全局铁路建设工作取得巨大成就,建设投资连年创新记录,全局时速200公里及以上提速线路、配置动车组的数量以及客运专线里程均居全路之首,东部发达的铁路网已见雏形。坚持科教兴局。加快了装备升级换代,机车车辆、线路桥梁、信号供电设备日趋现代化。以人为本的新型人才观在全局基本确立,正逐步建成一支理论知识丰富、具有实践经验、能够处理复杂问题的优秀经营管理人才队伍,一支学有所长、专业精熟、业务精湛、与装备现代化相适应的专业技术人才队伍,一支数量充足、熟练掌握专业技能、具备良好实作能力、能够解决实际问题的高技能人才队伍。坚持质量立局。按照"用心经营、精细管理"的理念,以贯彻ISO9000族标准为抓手,推进了全局管理流程和服务流程的再造,不断改善服务设施、改进服务手段、创新服务产品,大批功能完善的新型客站投入使用,以动车组产品为主导的一批富有特色和社会知名的服务新品牌得到确立,以人为本的服务方式运用于服务全过程,旅客货主满意度明显提升,旅客发送量多年位居全路第一,构建了独具特色的服务文化体系。坚持安全稳局。坚持不懈地倡导"以人为本、严谨细实"的安全理念,营造了人人关心安全、人人保证安全的环境氛围,建立完善了安全生产责任体系以及高速和提速安全保障体系,建成了国内一流的安全技术装备和高度信息化的行车安全监控体系,实现了全局安全"有序可控、持续稳定",构建了与安全管理相匹配的安全文化体系。队伍凝聚力不断增强。近年来铁路企业改革举措接连不断,尤其随着路局直管站段、生产力布局调整、路局管界调整、中间小站关闭、站段重新定编、职工竞争上岗等各项改革直接影响到干部职工切身利益,对干部职工队伍思想造成了较大冲击。在这过程中,我们通过加强企业文化建设,加快企业文化融合,加强思想政治工作,有效提升了干部职工对企业价值观念、制度规章和改革举措的认同,保持了干部职工队伍的稳定。企业实力不断增强,连续多年荣获"全国实施卓越绩效模式先进企业"称号,并先后获得全国五一劳动奖状、中国优秀诚信企业、上海市用户满意企业、全国用户满意服务企业等荣誉称号,连续八年入选中国企业500强。

文化引领 科学发展

——国电东北电力有限公司企业文化建设

企业概况

国电东北电力有限公司是中国国电集团公司

根据深化改革和战略发展需要,于2006年12月成立的区域性子公司。公司注册在辽宁省沈阳市,位于沈阳经济技术开发区,注册资本20亿元人民币。公司依据《公司法》,经辽宁省工商管理局批准,从事电源、热源、煤炭、水资源的开发、建设、经营和管理,组织电力(热力)生产销售、设备检修、科技开发以及投资等相关业务。公司拥有直属单位18个,分布在辽宁、吉林、黑龙江三省和内蒙古自治区,现役装机容量5749MW,资产总额187亿元,员工11977人。

国电集团公司成立五年来相继荣获了辽宁省"思想政治工作先进单位"、"发展贡献奖"、中国能源化学工会"先进工会"等殊荣。公司系统直属单位荣获全国优秀企业文化成果特等奖1个,全国优秀企业文化成果奖3个,全国"文明单位"荣誉称号1个,全国"精神文明建设工作先进单位"荣誉称号2个,集团公司"文明单位"荣誉称号2个,全国"模范劳动关系和谐企业"荣誉称号1个,省级"模范劳动关系和谐企业"荣誉称号2个。

国电东北电力有限公司成立以来,在国电集团公司党组的正确领导下,深入贯彻落实科学发展观,坚持把企业文化建设作为企业发展进步的重要推动和方向引领,深入实施"文化铸企"战略,以"传承集团文化,打造特色文化,落地基层文化"为指导,以实践积淀文化、文化推动实践为方法,着力培育和构建符合公司特征、体现公司特点、富有公司特色的"能想事、能干事、能干成事"的"三能"文化体系,对内凝心聚力、塑魂育人,对外打造品牌、提升形象,有效促进了优秀企业文化与现代企业制度的深度融合,为提升企业核心竞争力,实现建设"四型一化"大型综合性能源公司共同愿景提供了不竭动力。

注重贯彻要求,积极宣贯和践行集团文化

深入贯彻落实国电集团公司"三统一"要求,不断增强广大员工对集团公司的归属感和荣誉感,使员工队伍的凝聚力、向心力进一步提升。通过制作《开创国电东北新基业,争做整体改制排头兵》专题片,组织举办"唱响国电之歌"、员工发展论坛、"国电杯"演讲赛等群众性文化活动,积极倡导"忠诚事业、忠诚集团、爱岗敬业、岗位成才"的职业道德观,引导广大干部员工自觉把成长成才的个体价值观融入到集团公司"做实、做新、做大、做强"的共同愿景当中,与企业共同进步、共同发展,增强了广大员工与国电事业同舟共济,为国电发展献计出力的责任感和使命感,促进了集团文化的落地。

注重文化积淀,积极培育具有东北公司特色的企业文化

几年来,公司植根于国电集团"以电兴业、强企报国"的人文沃土,深入挖掘区域优秀文化资源,着力培育"能想事、能干事、能干成事"的"三能"精神和"快速反应、立即行动、自我加压、出动出击"的执行精神。大力培育和弘扬劳模文化,组成劳模事迹宣讲报告团,赴各直属单位进行了10场次的巡回报告会,把劳动模范爱岗敬业、无私奉献、勇于挑战、敢于超越的优良作风和品质最广泛地传递到基层干部员工当中,在公司系统掀起了学习劳动模范,立足岗位建功的热潮。组织公司系统劳模召开了"弘扬劳模精神,争当执行先锋"座谈会,通过对劳动模范的自我总结和深刻感悟,使劳模精神得到进一步的凝练和升华。组织开展"三能"文化故事征集活动,促进企业文化向人格化方向发展,以典型引路的方式,激励广大干部员工增强"能想事"的意识,提高"能干事"的本领,坚定"能干成事"的信念,在推动"四型一化"建设的实践中建功立业。加强文化主阵地建设,创办了内部月刊—《东北国电》。依托"一网、一刊"两个平台,先后开辟了"发展前沿"、"赢在执行"、"扭亏增盈"等专栏,宣传公司的改革发展的重大战略举措和中心任务,传播和弘扬先进的主流文化,为广大干部员工奉献丰富的精神食粮。积极适应扭亏增盈的新形势、新任务,及时编辑印发了13期《扭亏增盈》专题简报,集中展示广大干部员工克难攻坚、开拓进取的良好作风和精神面貌,深入挖掘"挖潜转型"的好经验、好做法,促进先进管理理念、管理手段和管理方法的交流与推广。

注重整体规划,提升企业文化建设的层次水平

结合公司企业文化建设实际,公司制定了《2008－2010年企业文化建设规划》,明确了企业文化建设年、推进年和提升年的重点工作任务,为企业文化建设扎实推进指明了方向。按照文化建设年的工作安排,组织召开了公司系统企业文化建设研讨会,开展了企业文化理念征集活动,通过自上而下、自下而上的反复研讨和提炼,编制了《国电东北电力有限公司企业文化手册》,形成了建设"四型一化"大型综合性能源公司的发展愿景和发展、经营、管理、安全、人才、执行、党建、廉洁八大理念体系,使"三能"文化在系统总结和哲学思考的基础上得以不断深化和广泛传承,为广大员工在激烈的市场竞争中克难攻坚、开拓进取提供了强大的精神动力和鲜明的价值取向。

注重文化引领,打造企业竞争软实力

几年来,公司坚持以文化引领企业发展,科学制定了公司"十一五"发展战略和规划,明确了在主导工作上做到"一个贯彻",在业务发展上体现"两个坚持",在管理方法上推行"三化管理",在资产经营上实现"四个目标",在项目规划和开发上注重"五个优先",在功能建设上建成"六个中心"的工作思路,保证了公司沿着科学发展道路不断前进。同时,将文化的丰富内涵有机融入到公司生产经营的各个环节之中,附在具体的规章制度和行为规范之上,健全和完善了公司"三大标准"体系和目标责任制绩效考核体系,使文

化理念逐步内化为干部员工自觉的行为习惯,促进了企业文化的“落地生根”,提升了公司的核心竞争力。

公司企业文化建设的深化实践,有效推动了企业科学发展上水平,目前公司资产质量明显提升,经营规模不断扩大,综合实力显著增强,三个文明建设协调并进,发展成就硕果累累,形成了快速健康可持续发展的强劲态势,公司较成立之初新增装机容量1325MW,一批大容量、高参数、低能耗的发电、热电机组正扎实开展前期工作,蒙东和东北地区能源综合开发战略正稳步实施,正逐步由单一的发电集团向集煤电化运港于一体的大型综合性能源公司迈进。

培养“做事要主动”的敬业价值观

——湖北枝江酒业集团企业文化建设

企业概况

湖北枝江酒业集团自前年改制以来,一直奉行“以质为本、服务至上、诚信天下”的经营理念:以诚实守信为荣,以见利忘义为耻,全力培育“诚信为本”的企业文化理念。公司首先是对员工讲诚信,不断改善员工的劳动条件和生产环境,为全体员工按时、足额缴纳养老、医疗等五项社会统筹保险,每年按不低于5%的增幅提高员工收入。其次,公司对社会讲诚信:先后通过了ISO9001质量管理体系和ISO14001环境管理体系认证,在国家质量技术监督部门组织的历次产品质量抽检中名列前矛。在长期的生产经营过程中,枝江酒业集团培育了员工”忠诚敬业、勤奋务实”的价值观,这是枝江酒业集团企业文化建设中难能可贵的精髓;在全国民营企业文化建设中既有代表性,也具独创性。由枝江酒业集团总经理办公室主任蔡兵撰写的文章《弘扬“诚信”文化、构建和谐“枝江”》,已入选全国民营企业文化建设先进单位经验交流材料汇编,湖北枝江酒业集团的诚信文化理念已在全国民营企业界广泛宣传和推广。

今年初,由全国工商联主办的全国民营企业文化建设工作会议在山东济南召开;全国200多家民营企业负责人汇集泉城,交流民营企业文化建设经验,研究探讨新时期民营企业文化建设的工作思路,促进非公有制经济的健康顺利发展。湖北枝江酒业集团等80多家企业在此次大会上受到表彰,分别获得“全国民营企业文化建设先进单位”称号。

湖北枝江酒业集团自前年改制以来,一直奉行“以质为本、服务至上、诚信天下”的经营理念,以诚实守信为荣,以见利忘义为耻,全力培育“诚信为本”的企业文化理念。公司首先是对员工讲诚信,不断改善员工的劳动条件和生产环境,为全体员工按时、足额缴纳养老、医疗等五项社会统筹保险,每年按不底于5%的增幅提高员工收入;其次,公司对社会讲诚信,2006年上缴税金1.3亿元,是宜昌市首家税收过亿元的县域企业;最后,公司对消费者讲诚信,先后通过了ISO9001质量管理体系和ISO14001环境管理体系认证,在国家质量技术监督部门组织的历次产品质量抽检中名列前矛。在长期的生产经营过程中,枝江酒业集团培育了员工”忠诚敬业、勤奋务实”的价值观,这是枝江酒业集团企业文化建设中难能可贵的精髓,在全国民营企业文化建设中既有代表性,也具独创性。此次大会后,由枝江酒业集团总经理办公室主任蔡兵撰写的文章《弘扬“诚信”文化、构建和谐“枝江”》,已入选2006全国民营企业文化建设先进单位经验交流材料汇编,湖北枝江酒业集团的诚信文化理念已在全国民营企业界广泛宣传和推广。

湖北省文化厅厅长杜建国、宜昌市文化局局长冯万林等在枝江市委书记黄金龙的陪同下莅临枝江酒业参观调研。他们充分肯定枝江酒业在创造辉煌业绩的同时,企业文化建设也取得长足发展,2006年,枝江酒业获得全国企业文化建设先进单位,成为全国白酒行业为数不多的获奖者之一。

“做事要主动!”这句话是枝江酒业销售公司总经理曹生武说的,既精炼又深刻,既朴实又有哲理。

现代有一位主动的人对我影响至深,就是“2006年度感动中国十大人物”之一的黄舸,一位重症肌无力患者,医学界说这样的患者最多只能活到18岁。当时看着他父亲用轮椅推着这个需要用绑带支持坐姿平衡的少年来到领奖台的那一刻,之前停留在我心中的不满、委屈、烦恼统统不见了,剩下的只有心酸和感动。我不知道别人怎样理解,而我,看着黄舸,似乎在看一位巨人——每天和死神赛跑的巨人,一个双手甚至连那个代表荣誉的奖杯都拿不动,每天醒来后都不知道还能否看得见明天的太阳的人,却还能那样坦然地面对生活,对我的心灵无疑是一种深深的震撼。在他患病期间,受到了全国各地许多好心人的帮助,他与父亲决定在他生命结束之前,去向所有帮助过他们的人当面道一声谢。在感恩途中,遇到了常人无法想象的困难,父亲想放弃的时候,他却鼓励父亲说:努力不一定成功,不努力一定不会成功!是他惊人的毅力和对人生深刻的理解,支撑着他和父亲走过了坎坷的感恩之旅。可以说,是黄舸顽强而主动地向生命挑战,才赢得这坎坷艰涩的十八年!

像黄舸一样,枝江酒业人是主动的。无论是忙碌在生产车间的工人,还是奔波在销售一线的业务员,或者是辛劳的后勤工作人员,从老总到普通员工,他们无一不是在主动而用心地为企业的繁荣奋力拼搏。

包装三车间的一位普通的贴标操作工在工作中发现包装盒上的防伪标识不容易贴好,建议将盒装酒贴防伪标识处设计一条参照线,以避免在操作过程中出现防伪标识贴歪的现象,大大提高了操作效率;

酿造三车间一位员工发现每次撒曲粉都会因为曲粉太细太轻而四处飞扬,浪费很大也污染环境,就主动想办法,经过多次试验解决了粉尘飞扬的问题,并在试验成功后向其它车间推广,不仅减少浪费节约了成本,而且改善了环境;

每年春节过后,销售公司总经理曹生武就出门,一路风尘,到全国各地查看市场情况,为商家解决实际问题,和商家共议新年大计,为枝江酒业争取主动,每个月在市场上一待就是十天半月,年年如此,月月如此,全国各大小市场,有枝江大曲的地方就留下了他的身影,给予了经销商莫大的支持和鼓励,也给他手下的"铁军"树立了积极主动的榜样;

这些看似普通的行为,枝江酒业人做得主动,做得真实,并且做得越来越好。正是他们的主动,为企业赢得了发展,赢得了荣誉,也赢得了老百姓的信赖,树起了枝江酒业"以质为本,诚信天下"的企业形象。

主动是一种很自然的责任感,面对一件事,有积极的思想和行动。纵观古今,坐在那里等着天上掉馅饼下来砸到自己的人可有成功的? 主动,这个看似简单的词语,在枝江酒业得到了最实际的体现,也是对枝江酒业能快速稳健地发展作出的一个具体的诠释。

学会刚柔相济 构建多样化和谐

——一航自控所企业文化建设

企业概况

中国一航飞行自动控制研究所建于1960年,位于西安高新区电子产业园区,是我国航空工业导航、制导与控制(GNC)技术研究发展中心,集产品设计、开发、生产、服务于一体。产品覆盖了多个行业和军兵种,形成了横向覆盖歼击机、运输机、轰炸机、直升机、无人机、导弹等多类飞行器,纵向从零部件制造到系统集成,技术继承性兼顾"生产、改进、研发、探索"的产品谱系,多项产品填补了国内空白。

建设和而不同的和谐文化

自2000年开始,中国一航自控所在企业文化建设中,即旗帜鲜明地提出了"建设和谐的企业文化"的口号,并探索"刚柔相济"治企之道,取得了一些理论和实践成果。

"和而不同"与"和谐文化"的关系。一个社会的和谐,在本质上体现为一种和谐的文化。因此,要构建社会主义和谐社会,首先应建设与之相适应的先进的和谐文化,引导全社会成员强化共同理想信念,提高思想道德素质,为构建社会主义和谐社会培育良好的文化基因。

但必须看到,今天我们构建社会主义和谐社会,是在工业化、城市化和现代化进程中,全面扩大对外开放、迎接全球化浪潮的背景下,在人民群众民主意识日益增强、社会诉求日益增多、各种思想文化观念的碰撞日益强烈的情况下进行的。这就决定了我们所要构建的和谐不是形式上的统一,而是多种经济形式并存、多种社会诉求并存,思想可以自由驰骋、言论能够充分表达的"和谐",是"和而不同",而不是禁锢各种思想。

在当前社会转型、体制转轨、利益转换、社会阶层成员转化和社会经济成分、社会经济形式、组织形式、就业方式、分配方式日益多样化,人们思想多元、多样、多变情况下,尤其需要通过培育和建设和谐文化来积极引导各种思潮,整合人民内部不同利益诉求,化解各种社会矛盾,提升和规范多样性,在"和而不同"之上追求超越"不同"的"大同",追求众志成城,以抓住战略机遇战胜各种风险,妥善处理各种矛盾,建设和谐美好新生活。

今天的和谐文化是建立在党中央提出的构建和谐社会基础之上的,是科学发展观的必然要求。这种和谐实际上是在各种矛盾冲突中寻求一种平衡,是平衡,但不是平均;是协调,但不是调和;不是要放弃矛盾和斗争,而是寻求矛盾的化解和建立矛盾化解机制。和谐文化是和谐社会的反映和升华,同时也是建设和谐社会的价值导向、智力支撑和精神武装。没有和谐文化,难以建成和谐社会。对企业而言,如何克服不和谐因素,以和谐文化促和谐社会发展,是我们研究和谐文化的目的所在。

建设和谐文化探索五个途径

(一)理解、尊重、沟通,营造和谐环境

企业发生的许多问题,更多的是一种互相融合、理解和平衡的过程,是围绕各种矛盾、利益和诉求进行协调的过程。在此过程中,如何找到最佳的契合点和平衡点?

实践中,我们提出把以人为本作为企业文化建设的主旨原则,突出理解、尊重与沟通。要求所有干部要了解职工的思想,掌握职工的心理,体察职工的需求,尊重职工的人格,理解职工的处境,承认职工的性格,以此来凝聚人心,塑造人品,启迪人智,挖掘人力,从而营造和谐。

(二)强调"刚柔相济",实现多样化的和谐统一

要循序渐进地实施"刚柔相济"的管理模式,必须重视其背后和谐文化的建设。企业是职工实现自身价值与社会价值交换的平台,"刚柔相济"的管理,强调的是每一个员工在组织完善的规章制度基础上,在企业共同价值取向的指引下,主要依靠发自内心对自己的约束,充分发挥自己的特点和创造性。而改变员工的观念最重要的是在潜移默化中让员工养成思考和创新工作的习惯。在这一点上,和谐文化建设无疑是最为重要的手段之一。因此,从中国传统文化出发,实施有中国特色的"刚柔并济"的管理,也是一种有效途径。

对于具体企业而言,由于自身的情况千差万别,所处的行业、规模、基础条件、管理水平、人员素质、自身的发展阶段以及所处的宏观环境、市场环境有许多不同之处。因此，在实现刚柔管理过程中注意把握自身的特点，结合实际开展管理工作，切实建立符合发展客观规律的、符合企业自身特点的刚柔管理体系。自控所作为相对规范和成熟的研究所，应当柔性多一些，比如加强民主管理的参与度，采用适当的柔性的工作时间和工作环境，设计柔性化的激励方案和多元化的报酬体系，并根据每个员工的自身特点进行个性化的职业生涯设计等等。

（三）巧用“民间”组织，发挥“减震器”作用

现代社会的基本特征之一是政府、市场与社会的协调共生。社会稳定，人人有责，政府角色固然重要，但不是唯一角色。职能越多，责任越大。稳定社会，民间组织大有可为。因此我们认为，民间组织的良性发展，也是建设和谐文化的重要一环。

（四）激励方式多样化，考核方式科学化

自控所是以航空工业导航、制导与控制三大高新技术为主业，是一个集科研、生产一体化的开放式经营型研究所。针对自控所的特点，单纯强调刚性管理是行不通的，必须营造宽松和谐的环境，以激励为出发点，采取科学化的考核方式。

我们以激励的心态对待管理，使管理成为激励组织成员的重要手段，坚持公平、公正、公开的原则，并使这种激励真正体现在每一个受众身上，让员工真正感受到激励的力量，以此化作工作中的热忱，更大程度地发挥潜力。关注结果，洞悉结果背后的行为，做好对科研人员的评价以及对科技成果的评价，调动员工积极性，激发企业活力，提升企业价值。

（五）鼓励员工积极参与民主管理，为企业发展献言献策

通过所内论坛和园区网上的员工之声讨论等方式，解决员工和门卫的冲突，通过相互尊重理解的讨论，达成共建和谐家园的共识。针对遵守规则、遵守考勤制度进行思考，开展了关于迟到背后的文化隐忧的讨论，提高了员工自觉遵守规则的意识。为加强对员工社会责任感的教育，制造部开展了关于能力与责任的大讨论，增强了员工的责任感和使命感。

和谐文化建设强调与时俱进，有的放矢。近年来，随着自控所经济效益的提升，所领导及时分析收入的快速增长对员工心态和行为带来的影响，加以正确引导，提倡关心弱势群体，承担社会责任，塑造良好的企业公民形象，使自控所不仅是一个效益好的企业，还是一个高素质、有良好社会声誉的社团，为自控所构筑了一个良性和谐的生态环境。

做好“四个结合” 提升胜利文化

——中国石化胜利油田企业文化建设

企业概况

中国石化胜利油田位于黄河下游的山东省东营市。1961 年 4 月 16 日在这里打出了第一口工业油流井——华 8 井，日产油 8. 1 吨，标志着胜利油田被发现。1964 年 1 月，经党中央正式批准，在这里展开了继大庆石油会战之后又一次大规模的石油会战。胜利油田在 1978 年原油产量达到 1946 万吨，成为我国第二大油田，并一直保持至今。1991 年原油产量达到 3355 万吨，创历史最高水平。1993 年建成了我国第 1 个百万吨级浅海油田。截至 2009 年底，胜利油田已找到不同类型油气田 77 个，累计探明石油地质储量 49. 09 亿吨，投入开发油气田 72 个，累计生产原油 9. 63 亿吨，生产天然气 532 亿立方米；累计实现产值 10081 亿元（现价），实现税费 3085 亿元，为保障国家能源安全，促进国民经济发展做出了重要贡献。截至 2009 年底，胜利油田共有二级单位 58 个，主要石油专业队伍有地震队 12 个，钻井队 176 个，电测队 74 个，综合录井队 70 个，采油队 374 个，采气队 7 个，输油（气）队 91 个；有正式职工 144059 人，拥有固定资产总额 2383. 46 亿元，其中固定资产和油气资产净值 1132. 43 亿元。胜利油田是我国特大型油田之一。

继承传统与创新发展相结合

胜利油田在 40 多年的发展历程中形成了非常深厚的文化积淀。油田会战初期，正值我国在国际上遭到重重封锁，国内遭受三年严重自然灾害后经济尚未恢复时期，参战职工在“青天一顶、碱滩一片”的恶劣环境中，在生产生活极为困难的条件下，发扬大庆精神和铁人气概，众志成城，顽强拼搏，取得了一个又一个石油会战的胜利，并培育形成了具有鲜明时代特色的企业精神。早在 20 世纪 80 年代，油田党委就总结出了胜利人的“五种精神”，即立志改革、开拓前进的创新精神，自觉加压、勇挑重担的进取精神，滚石上山、逆水行舟的拼搏精神，大胆探索、勇于实践的求实精神，同心同德、团结战斗的协作精神。1992 年总结形成了以“坚定不移的政治信念，以国为重的主人意识，以苦为荣的奉献精神，求实创新的科学态度”为主要内容的胜利精神。以胜利精神为核心初步形成了油田的企业文化，它以“闻油则喜，为油而战”，“艰苦为荣、野战为乐”，“自觉加压、滚石上山”，“攻坚啃硬、精雕细刻”，“石油就在地质家的脑海里”，“大干了再大干，超产了再超产，奉献了再奉献”，“献了青春献终身，献了终身献子孙”等形象鲜明的生动语言，诠释了胜利人的政治理念和价值追求。20 世纪 90 年代以来，胜利油田开始了从艰苦创业走向全面创新的新时期。油田党委从企业发展战略的高度，在继承过去优良传统的基础上，创新发展与市场经济相适应、与现代企业制度相吻合、与中石化企业文化相承接的油田企业文化,并将其归纳、凝练,命名为“胜利文化”,这不仅是一种简称,更重要的是它体现了企业的个性特色和丰富内涵。2002 年 3 月,由局党委宣传部牵头成立了胜利文化研究小组,经过内外调研、集中攻关、专家论证和局党委研究讨论等几个阶段,并经局职代会代表团长联席会议审议通过,确立了“从创业走向创新,从胜利走向胜利”的新时期胜利精神和油田的经营理念、经营战略、经营宗旨、经营准则。2006 年油田党委提出了“百年创新,百年胜利”的共同愿景,并明确了“分三个阶段,实现三个目标”的具体构想。第一阶段,“十一五”期间原油年产量保持在 2700 万吨以上;第二阶段,胜利油田成立 60 周年的时候,实现“开发 60 年、探明 60 亿”,油气生产在较高水平上运行;第三阶段,胜利油田成立 100 周年的时候,实现“持续百年创新、建设百年胜利”,继续保持全国大油田的地位,创造胜利百年辉煌。党的十七大召开以后,为深入贯彻落实科学发展观,大力推进和谐油田建设,油田党委提出了“共创百年胜利,共建和谐油田,共享美好生活”的共建共享理念,把油田的长远发展目标和阶段性工作任务结合起来,把企业的发展与职工的发展结合起来,突出了以人为本的发展理念,增强了认同感和凝聚力。

建设内容与载体形式相结合

按照企业文化建设的一般规律性要求,结合胜利油田的实际情况,油田把胜利文化分为观念形态文化、制度行为文化和物质形态文化三个层次。观念形态文化是核心层,占据主导地位,决定着胜利文化建设的性质和方向,体现着职工队伍的价值追求和精神面貌。制度行为文化是中层,是观念形态文化的存在形式,体现着职工的行为规范和油田的管理水平。物质形态文化是外层,是胜利文化建设的物质成果,体现着油田的文明程度和品牌形象。2007 年油田归纳提出了“四个要素”的创建理念,即共同的愿景目标,共同的价值追求,共同的制度规范,共同的行为习惯。这四个要素明确了企业文化建设的目标任务,规定了企业文化建设的主要内容,体现了价值理念与行为规范的统一。2009 年油田党委提出了“人人遵章守纪、事事讲求精细、时时注重创新、处处体现和谐”,把胜利文化理念变成具体的行为准则,着力培养干部职工良好的行为习惯。胜利油田把胜利文化建设作为一项长期战略任务来抓,成立了领导小组和企业文化处,发挥组织、综合、协调和指导的职能作用,立足眼前,着眼长远,先后制定实施了 2003—2005 年、2006—2008 年和 2009 - 2011 年三个胜利文化建设三年规划。从 2003 年起,油田每年组织开展一个主题活动,强力推进胜利文化建设。2003 年组织开展了“企业文化建设年”活动,2004 年为“胜利文化建设深化年”,2005 年为“胜利品牌建设年”,2006 年为“胜利品牌提升年”,2007 和 2008 年连续两年开展“和谐文化建设年”活动。一年突出一个重点,层层展开,深入推进。2007 年油田重点宣传了“百年创新,百年胜利”的共同愿景,2008 年重点宣传贯彻了“共创百年胜利,共建和谐油田,共享美好生活”的价值追求,2009 年以宣传贯彻“人人遵章守纪,事事讲求精细,时时注重创新,处处体现和谐”的四种行为规范为重点,促进文化理念的执行落地,力求取得阶段性的重要成果。不断巩固和扩大文化阵地,先后建成了“胜利油田发现井——华八井”、“九二三厂的由来——营二井”、“中国第一口千吨井——坨 11 井”、孤东海堤、胜采传统教育室等一批爱国家爱油田教育基地。170 多个居民小区都建有文化广场,3000 多个基层队普遍建起了“职工之家”,经常性地组织开展丰富多彩的群众文化活动。充分利用胜利日报、胜利电视台、信息宣传网等媒体阵地,编辑出版胜利文化丛书和《胜利文化》杂志,采取培训研讨、征文活动、演讲比赛、文艺展演等多种形式,大力宣传中国工程院院士顾心怿、“铁人式的好工人”王为民、“新时代青年创业者”国梁、“新时期劳动者的旗帜”陈景世、中华技能大奖获得者吕幸端、新时期知识型工人朱玉雷、新时期胜利人的楷模代旭升等体现胜利精神、代表胜利形象的重大先进典型,把先进模范人物的先进思想和感人故事传遍千家万户,在全油田形成学赶先进、争先创优的良好风气。

强调共性与突出个性相结合

油田始终强调共性文化的战略性、主导型和整合性,突出个性文化的差异性、多样性和创造性,把统一性与多样性结合起来,把局部优化与整体推进结合起来。首先,坚持以中石化企业文化为共性要求,突出胜利文化的“石油”和“胜利”特色。中石化集团公司越来越重视企业文化建设,集团公司的企业文化建设纲要即将颁布,我们将以此为重要契机,按照集团公司的文化体系和主要内容,对胜利文化进行适当的整合,重新修订《胜利文化手册》和职工行为规范,通过与中石化企业文化的对接与融合,与集团公司保持理念一致和形象统一,同时体现胜利文化的个性特点。其次,坚持以胜利文化为共性要求,研究建设胜利行业子系统文化和单位子文化。针对油田行业众多和 70 多个下属单位的不同情况,调动机关处室和各单位的积极性,在油田层面上由机关处室牵头分别成立子系统文化课题研究组,对胜利廉洁文化、安全文化、科技文化、人才文化、社区文化等进行研究和建设,取得了明显成效。特别是胜利廉洁文化建设经验得到了上级部门的肯定,2006 年 7 月国资委在胜利油田召开了中央企业推进廉洁文化现场观摩会。胜利安全文化研究与建设也取得了重要进展,2008 年 12 月油田召开了安全文化建设现场会,2009 年按照中石化集团公司的要求,油田广泛开展“我要安全”活动,组织 DV 短片展播、小故事征集和演讲比赛,营造了浓厚了安全文化氛围。油田各下属单位也都成立企业文化研究小组,对单位子文化进行总结提炼,形成了点高面广的创建局面。如黄河钻井五公司“选准目标,遵从规矩,攻坚啃硬,科学进取,不达目的不罢休”的“钻头文化”,胜利采油厂“用创新成就胜利,让明天胜过今天”的“采油树文化”,胜利发电厂“激情燃烧,铸就胜利”

的“全胜文化”,现河采油厂“家为根、油为业,人为本,和为魂”的“家和文化”等,体现了各具特色的多样性。

内部创造与外部协作相结合

一方面,动员和吸引油田广大干部职工积极参与胜利文化建设。各级领导干部高度重视,确立文化主导企业发展的思想意识,以高度的文化自觉、较强的文化定力和崇高的文化追求,进行谋划决策,创造性地提出文化思想和主张,并大力倡导、率先垂范,发挥了关键主导作用;中层管理者尤其是职能部门设计制作,组织实施,把领导的文化思想变成具体可操作的实施方案,并对油田各下属单位进行指导,督促落实执行,发挥了中枢主力作用;职工群众认知认同,内化于心,外化于行,把胜利精神和文化理念变成干好岗位工作的实际行动,发挥了建设主体作用。另一方面,积极搭建对外合作交流平台,加强与全国企业文化有关机构和部门的业务联系与项目合作,先后聘请山东省社科界专家对胜利文化理念进行论证,与北京大学案例研究中心、中央党校经济学部合作,进行胜利文化案例研究,由中央党校出版社出版了《传承与创新:胜利油田企业文化研究》。2006年10月胜利油田领导应邀到中央党校宣讲胜利文化案例,胜利文化进入中央党校课堂,受到了广泛好评。2008年11月,中国企业文化研究会专家组一行7人专程到胜利油田地质院,通过对胜利地质品牌文化进行考察论证,授予地质院“全国品牌文化建设示范单位”。

胜利文化是油田的竞争优势

胜利文化是一面旗帜,对油田的勘探开发建设和生产经营管理及其它各项工作发挥了重要的引领、支撑和推动作用,显著提升了油田的队伍凝聚力、品牌竞争力和社会影响力。

一是提升了队伍凝聚力。胜利人来自全国四面八方,几代人共同的价值追求,几十年共同的艰苦奋斗,使胜利油田成为休戚相关、荣辱与共的文化共同体。通过大力加强胜利文化建设,特别是深入宣传“百年创新,百年胜利”的共同愿景和“共创百年胜利,共建和谐油田,共享美好生活”的共建共享理念,坚定了广大干部职工的发展信心,增强了归属感和认同感。油田各级党政组织大力实施“送温暖工程”,成立了困难群体帮扶中心,对弱势群体和困难群众及时救助,用爱心架起沟通理解的桥梁。

二是提升了品牌竞争力。胜利油田注重把企业文化优势转化为竞争优势,以品牌为增强企业核心竞争力的重要平台,大力实施“打造胜利品牌,实现持续发展”的经营战略,组织评选了一批知名度高、影响力大、竞争力强、创效益好的行业品牌、技术品牌、服务品牌和文化品牌。特别是胜利油田拥有自主知识产权的技术品牌,如陆相断陷盆地隐蔽油气藏勘探理论,精细油藏描述及剩余油研究技术等,成为胜利油田持续稳定发展的理论先导和技术支撑。胜利定向井技术、胜利修井技术不仅在国内一直处于领先水平,而且在国外也能与大牌公司论伯仲、比高低。胜利井下作业公司攻克了土库曼斯坦30年未能解决的修井难题,令美国、英国、罗马尼亚等外国公司刮目相看,并且受到了土库曼斯坦总统的称赞。胜利的名牌队伍,依靠独有的技术优势、独有的攻坚能力和独有的质量信誉,在新疆、四川、陕北、江苏、海南等外部市场打出了胜利人的威风,赢得了“胜利铁军”的美名,使“胜利物探”、“胜利井下”、“胜利设计”、“胜利油建”等行业品牌享誉全国,持续提升了胜利油田的知名度和美誉度。

三是提升了社会影响力。近年来油田积极组织参加全国企业文化年会和高层论坛,如每年都组织参加中企联主办的全国企业文化年会、中国企业文化研究会举办的“中外企业文化峰会”和山东省企业文化年会以及文化产业博览会企业文化风采展,展示成果,交流经验,扩大影响。2005年8月胜利油田被中国企联授予“全国企业文化示范基地”称号后,大庆油田、辽河油田、中原油田、中国神华集团、新兴铸管集团、山东电力集团等全国企业代表到胜利油田参观考察胜利文化,发挥了“全国企业文化示范基地”的品牌效应,持续提升了胜利油田的知名度和美誉度。同时,胜利油田积极组织参加捐资助学、扶残助残、救助灾区、志愿服务等各种社会公益活动,大力弘扬团结友爱、扶危济困的传统美德,展现新时期胜利人的崇高精神和道德风貌。特别是2008年5月12日四川汶川大地震发生后,油田广大干部职工迅速展开救援行动,为灾区捐款5000多万元,并涌现出了以王绍光、胜利油建川渝项目部为代表的抗震救灾先进个人和英雄群体,践行了胜利油田作为国有特大型企业的经济责任、政治责任和社会责任,为夺取抗震救灾的全面胜利,为保障国家能源安全,做出了胜利人的特有贡献。

从核心价值观的形成到行为文化的养成

——云天化集团云南马龙产业集团企业文化建设

企业概况

云天化集团从1974年建厂开始,逐渐从一个产品单一的化肥企业发展成了如今以化肥为主业,以有机化工、玻纤新材料、盐及盐化工、磷矿采选和磷化工为重要发展方向,总资产551.7亿元,净资产153.6亿元,拥有27家一级子公司、3家上市公司、员工35500多人的特大型国有产业集团。这个发展过程,就是企业文化不断形成、不断发展、不断完善的过程。

企业价值观的核心元素

在云天化核心价值观形成过程中,有几个非常重要的核心文化元素需要认真理清并加以延展。

一是"百日红"精神。云天化从建厂之初就把"安、稳、长、满、优"作为五字箴言,把追求"百日红"作为了提高生产管理能力的载体。从1980年合成氨装置创造第一个"百日红"开始,云天化人就在不断创造历史。投产28年,成功创造了58个"百日红"。其中,1980年创造的合成氨连续运行312天的世界纪录,被云天化自己在2007年以350天的新的世界纪录打破。在这个过程中,"百日红"以她特有的魅力促进了公司的企业管理、沟通协调、经济效益不断完善和提升。58个"百日红",凝聚成一个主题,就是百日红精神。"从来就没有什么救世主",这条被云天化人咀嚼得透彻的道理,筑就了云天化成就更高目标的坚定信念。

从百日红可以延伸出追求卓越、敢为人先的创新精神;精心操作、一丝不苟的生产维护精神;恪尽职守、无私奉献的爱岗敬业精神;群策群力、上下互动的协调管理精神;沟通顺畅、默契配合的服从服务精神。没有这些精神做支撑,也不会有百日红精神。从这个意义上说,百日红精神体现着一种不断创新、不断超越、不断完善、不断奋进的精神。

二是细节决定成败。一位企业管理大师曾经说过,"企业本来没有多少惊天动地的大事。只要坚持把每一件小事做好,也就成就了大事。"要说云天化在管理上有什么独到之处,那就是把细节做细、做深、做精,也就成就了云天化集团的不断发展壮大。报表仿宋化就是一个典型例子。正如部队要坚持新兵三个月的队列训练一样,云天化所有的记录表,都要求用仿宋字,并明确要求四个一:一支钢笔、一瓶墨水、一样大小、一种字体。"一样大小,一种字体"则是要求规则,不能随意写。报表还要求不能有皱,一丝不苟,有时候不小心滴了墨水,会加班熬夜,全抄一遍。不仅如此要求,云天化的报表每个月都要进行评定,这就像部队里练习走路,抓好内务,被子叠"豆腐块"一样,都是从大处着眼,细处着手。云天化在企业管理中不放过任何一个细节,正是从细节抓起,通过细节的锤炼作用,培养和训练一批行为规范、做事认真、作风扎实的员工队伍和管理人员队伍,为集团的持续发展提供了不竭的人力资源支持。

三是规矩与方圆。一个企业没有规矩,是一个长不大的企业。云天化不断确立的自己的规矩,甚至看似苛刻的规矩,才使云天化这个大树不断长大,方圆千里,走向国际。

在生产现场,倒班职工都有夜班睡觉和被检查的经历。值夜班怕睡觉,睡着了搞不好就要出事故,但是睡觉又不太好检查。比如他拉上窗帘睡觉,你从外面看不见,几个人轮流睡觉,轮班放哨,等你到屋里都醒了;还有的岗位把门关上睡觉,你一敲门他也醒来;有查到了顶牛的:坐在那里闭着眼睛,检查到了,他会说,"我在养神,没有睡觉"。诸如此类的问题怎么解决?于是云天化自定"司法解释":"拉上窗帘,视同睡觉;推门不开,视同睡觉;趴在桌上,视同睡觉;眼睛闭上,视同睡觉"。这就是规矩,不需要解释,不需要讨论,就这么办。正是这些看似无聊的规矩,成就了企业一丝不苟的生产管理意识。

四是抽烟的代价。电影《无间道》中有句经典台词:出来混,迟早是要还的。这实际上道出了代价的问题。在云天化,抽一支烟的代价是多少?最高代价是一千元。这在上世纪80年代,这可不是个小数目。并且一个人"犯法"整个单位的总体考评都要受影响,这样下来被罚的就不止一千元了。因为集体都会受影响,所以在单位内也形成了一个,互相监督的氛围。要抽烟可以,但必须付出代价,而且代价很高,很多人吃不消。这就客观上解决了现场抽烟的问题。

五是管制度的制度。云天化有个理念:任何制度,不管制订再好,再完备,随着时间推移,都会出现软化、异化、演化,甚至老化,不管用了,写得硬,执行得软,作用弱化,变成说是说,做是做。最后形成挂在墙上,说在嘴上,徒有其文,执行不下去,落实不到行动上。制度作为一个软性的东西,必须进行维护。在总结多年管理工作的基础上,云天化制订了"以制度为基础、责任制为保证、综合考核为核心"的经济责任综合考核办法,把企业的生产经营、劳动纪律、环境卫生等方方面面的工作都纳入考核范围,考核结果与经济利益挂钩,这就有了管制度的制度。

六是杂交文化。袁隆平的杂交水稻,结束了中国人粮食需要外来供给的历史。云天化开创的杂交文化,也奠定了云天化科学发展、快速发展的基础。

所谓杂交文化,就是让不同文化背景,不同文化结构,不同地域的人在一起共事,相互取长补短,共生出一个更加精粹,更加完善的群体文化。杂交文化,它包含着五湖四海的共生文化,海纳百川的大海文化,不拘一格的用人文化,人才荟萃的向心文化,等等。同时,推行杂交文化,还规范并解决了近亲繁殖问题,人才沉淀问题,使群体文化特征更加多样化、外向化,包容度、吸引力更强。正是在这一文化精神的内驱动下,从1999年开始,云天化通过一系列的行业整合、低成本扩张和资本运作,众多优秀企业汇聚云天旗下,共荣共生,形成了内涵更加丰富、包容更加广泛、影响更加深远的新的云天化文化。也正是在这一文化内驱力的驱动下,云天化逐步走出了单一的氮肥生产局面,涉足磷肥行业、有机化工行业、玻纤行业、磷矿采选、盐及盐化工行业、磷化工行业,形成了六大产业并举,产业关联度高,"以肥为主,相关多元"的全新发展格局,成就了中国化工前三强和中国企业500强第219位的辉煌业绩。

这些核心文化元素,在云天化不断发展的历程中影响着企业的发展方向,规范着全体员工的意识和行为,内涵不断丰富和完善,最终形成了云天化集团特有的"立根大地,志搏云天"的企业精神。从这个意义上说,企业价值观是与企业发展同步发展的,是相生相伴的,但又在意识形态上高于企业的现实行为。这就是企业价值观的渐进性、全员性、引导性和规范性。

企业价值观形成的基本特征

在企业众多价值元素的长期碰撞、融合、变化的过程中，往往会相融相生出不同的价值观。这正如不同的原子，或者同一类型原子，如果按照不同的轨迹运行，形成的分子也不同一样的道理。彼得．德鲁克说："管理的任务就在于使个人的价值观和志向转化为组织的力量和成就"。而这一"转化"的成功关键就在于组织群体价值观的形成。因此，形成企业核心价值观是一个长期的积累过程。从云天化集团企业价值观形成的基本元素看，企业核心价值观形成需要具备以下一些基本特征：

一是长期积累去伪存真。企业价值观是长期积淀的产物，而不是突然产生的。企业价值观是企业文化的核心部分，像文化的产生历程一样，它必须有一个适宜的土壤、温度、阳光和湿度，所以必然是一个长期积累、长期锤炼的过程。在这个过程中，随着外部社会文化环境、企业经营环境、人员结构、主要产品结构的调整，甚至企业改革、发展的影响，企业价值观也有一个逐步去粗取精、去伪存真，不断完善，不断提升的过程。

二是决策领导主动导向。有人说，企业文化是企业决策者的文化；也有人说，就是老板文化。从某种意义上讲，这个提法没错，因为在企业文化，特别是核心价值观的形成过程中，企业决策者，尤其是企业老板的价值行为特别地影响、左右着企业文化的前进方向。一个企业坚持什么、反对什么；什么是美，何谓丑，对一个企业积极向上的核心价值观形成起着至关重要的作用。而这个过程中，决策者的意志作用更加明显。云天化集团从成立至今，企业主要领导换了很多，每一位领导上任，都进行过属于那个阶段的企业改革和发展，但是他们尊奉的一个基本行为准则就是诚信、人本、务实、创新，并且在前任的基础上不断发展，不断完善，不断进步，形成了目前的企业价值观。所以，企业领导者尤其是主要决策者的价值去向，特别地影响着企业文化发展的方向。

三是企业员工共同所有。企业价值观是一个长期积累、去伪存真、主动导向的产物，在这个长期的过程中，企业的每一位员工都会主动或被动地参与、实践、影响企业的价值取向的进程。所以，从这个意义上说，企业价值观不是某一个人，或者某几个人的，它是企业所有员工共同参与实践，参与建设的结果，是共同持有的。就像毛泽东思想一样，主要影响者是毛泽东同志，但毛泽东思想的形成是以毛泽东同志为代表的中国共产党人共同努力的结晶。所以，企业价值观具有公有性特性，它是企业全体员工共同实践的结果。

四是不能自发产生形成。企业价值观是在企业决策者，或者决策群体有意识引导、全体员工共同培育的结果，而不是自发产生形成的。因为文化是一个长期积累的过程，企业价值观作为文化的核心部分也是长期积累形成的。它需要适宜的条件和环境。当然，在其产生和形成的过程中，有一个自觉或不自觉的意识和行为，间接地影响着核心价值观的形成进度。大凡一个自觉、主动的企业，会选择主动导向，主动建设，主动形成，这就会加快企业价值观的形成；相反，不自觉，或者没认识到企业文化重要性的企业，其核心价值观的形成就会在企业感知、导向之后才能推进。

以上四个基本特征，就是企业价值观形成的基本规律。遵守、顺应这些规律开展企业文化建设，则文化的养成会顺利得多，也更加符合企业实际；反之，企业文化的养成会走很多弯路，歧路，有时甚至会陷入死胡同。

企业核心价值观形成的几个关键点

实际上，企业文化是以价值观为核心的，价值观是把所有员工联系到一起的精神纽带；价值观是企业生存、发展的内在动力；价值观是企业行为规范制度的基础。但是，价值观不是自发形成的。在企业价值观形成的过程中，有几个关键点需要引起足够的重视和合理的推进。

核心在于导向。企业价值观是企业全体员工长期实践所形成的共同价值取向的产物。它不会自发形成，必须进行必要的导向。云天化集团的核心价值观形成就是以基本文化元素为指引，不断导向，不断完善的过程，这个过程，实际上就是企业文化建设的过程。如何导向企业自己的核心价值体系，每个企业可以有自己不同的办法，但核心的一点，都必须结合自己的实际。也就是说，核心价值观是非他性的，是企业自己的个性特征，正如不可能找到完全相同的两个人一样，每个企业的个性特征也是不同的，是不可复制的。这是核心价值观导向是否成功的关键点。

关键在于制度。既然企业价值观的形成是个不断实践的过程，那就必须研究在这个过程中什么是起主要作用的。我们都知道企业文化的三层次理论。核心是企业精神，中间层是制度层，最表层是形象层。那么在连接核心和形象的部分就是制度层。可以说，没有制度作支撑，企业的精神是虚空的；没有制度做支撑，企业形象是虚浮的，没有附丽。可见，制度在企业文化中的关键作用。云天化集团从1974年成立以来，一直坚持的核心理念就是诚信、人本、务实、创新。制度设计就是按照这个理念推进的。在制度设计上，创新性设计并全力推行的"经济责任制综合考核办法"，就是一个制度设计的典型代表。随着企业的发展和进步，这个制度还不断修订完善，一直形成了10多个修订版。这就保证了制度的与时俱进和文化的不断发展。

重点在于执行。再好再完美的文化设计，不落实在制度上，不内化于心、固化于制、外化于行，都是空中楼阁，画饼充饥。而要实现文化的三化，就必须有细节支撑。那就是执行。现在企业都在讲执行力，要把执行力打造为企业的核心竞争力。这是一种远见卓识。其实我们稍微研究一下中国共产党的发展史，实际上就是一部执行到位、落实到位的战斗史。中国共产党是把执行力转化为战斗力的典型代表。企业要想把企业价值观落到实处，必须全力打造流程优化、制度导向、落实到位的执行环境。这是企业价值观落到实处、企业文化形成竞争力的重点。

要有先进理论支撑。企业文化建设，必须适应社会文化环境，必须符合国家、社会的前进方向，这是大势。科学发展观,是指导我们国家、社会实现更大发展的强大理论武器,企业在价值观形成过程中,要主动以科学发展观为指导,主动践行科学发展观。离开了这个基本理论支撑,文化养成也可能走入歧途。

一是用科学发展观保证企业文化建设的正确方向。培育和发展与现代企业制度相适应、经得起市场经济考验、具有中国特色的、先进的企业文化,是建设先进企业文化的重要目标。符合科学发展观要求,积极、先进、健康向上的企业文化对企业的经营战略、管理目标、生产方式以及员工的行为习惯等潜移默化地发生着全面而深刻的影响。国有企业在企业文化建设工作中,必须始终贯彻落实科学发展观。

二是用科学发展观提供智力支持。去年以来,国有企业的发展遇到了前所未有的困难和挑战。特别是金融危机带给国有企业的深层次思考,对国有企业深层次的冲击,给国有企业上了一趟生动的风险教育课。面对这样的形势,国有企业如何发展,怎样化危为机,把全体员工的精神和意志凝聚到深化改革、跨越发展上来,关系到国企改革发展目标的胜利实现,关系到企业每一名员工的全面发展。为此,企业必须以科学发展观为指导,加大企业文化的建设力度,真正凝聚起全体员工的意志,为企业发展提供最强大的智力支持。

三是用科学发展观形成企业文化创新的不竭动力。企业文化学的奠基人劳伦斯·米勒说过,未来将是全球竞争的时代,这种时代能够成功的公司,将是采用新企业文化和新文化营销策略的公司。国有企业要在激烈的竞争中立于不败之地,必须立足改革开放和现代化建设的伟大实践,着眼世界文化发展前沿,继承和发展优秀的传统文化,不断从博大精深的传统文化中,从与时俱进的最新实践中,汲取营养和力量,在内容和形式上积极创新,使企业文化始终成为员工精神和意志的凝聚力量,始终成为提升核心竞争力的内在动力。

企业文化建设是一个不断完善,不断改进,不断扬弃的过程。在这个过程中,价值观的形成和发展是最为核心、最为重要的部分。因此,提高对文化养成规律性的认识,对于建设好核心价值观,建设好先进、适用、有效的企业文化体系意义重大。

(作者陈强)

创造更和谐的生活空间

——上海三菱电梯有限公司企业文化建设

企业概况

上海三菱电梯有限公司是由中方控股和管理的中日合资企业,目前已成为中国最大的电梯制造和销售企业。2009 年销售电梯达到了 33387 台,营业收入达到 82.3 亿元。该公司从 1993 年起连续 17 年经营指标和经济效益在中国电梯行业中名列前茅,荣获“全国质量管理奖”,连续两届荣获“全国文明单位”称号,被评为“改革开放 30 年全国企业文化优秀单位”,连续九届获得上海市“文明单位”称号。

上海三菱的企业文化建设经历了计划经济和市场经济、传统和开放、中日文化等的碰撞和融合,最终培育形成了具有上海三菱个性的企业文化体系。以文化力推进竞争力、凝聚力,成为推进企业持续科学发展的原动力。在 2010 年上海市思想政治工作研究会第十一次会员大会上,上海三菱电梯有限公司被命名为上海市首批市级企业文化建设示范基地。

高度重视企业文化建设　充分发挥经营者主导作用

上海三菱公司领导认为,企业文化是一种深层次的管理文化,是企业的灵魂、精神支柱和力量的源泉。为此,该公司在实践中建立了完善的企业文化建设组织体系和工作机制,形成了党政协同推进的工作体制。制定了《企业文化建设五年规划》,并将企业文化建设纳入年度方针目标管理和中长期发展规划中,同步检查和考核。

上海三菱从设计、传播、提升各个方面充分发挥经营者在企业文化建设中的主导作用。“创造更和谐的生活空间”的经营理念,就是由该公司领导班子集体设计倡导提出的。支撑这个经营理念的是由范秉勋董事长亲自倡导的“团结、敬业、自律、创新”的企业精神和“超越自我、从零开始,坚持‘以顾客为中心”’的企业价值观。在企业经营者的带动下,这个理念系统伴随着企业的发展不断深化、提升。同时,全国劳模、全国人大代表、全国企业文化优秀工作者范秉勋以开拓创新、廉洁自律的人格魅力,诠释着企业文化的真谛,使得企业的理念、核心价值观不断深入人心。

提升企业文化建设水平　重在持之以恒和循序渐进

企业文化建设是一项长期的工程,是一个循序渐进,从量变到质变的过程。上海三菱的企业文化也经历了一个从不自觉到自觉的三个阶段的发展历程。

1987 - 1991 年,企业创业阶段,企业文化建设的初创阶段。企业面临着诸多难题,该公司要求大家发扬“精诚团结、努力拼搏”精神,定位在“争当合资企业模范”。1992 - 1997 年,企业持续发展阶段,企业文化建设提高阶段。企业生产经营步人发展的快车道。该公司提出了“再次创业”的理念,把目标提升为“保持国内一流,学习日本三菱,争取成为国际区域性知名企业。”并且确立了以和谐为主旨的企业理念——“创造更和谐的生活空间”。

合资成立10年以后,企业进入高位运行阶段,企业文化也步入深化阶段。该公司确立了企业文化系统,要求广大员工“超越自我,从零开始”,发扬“团结、敬业、自律、创新”精神,争取成为国际区域性知名电梯公司。2007年该公司跨人了新的合资期,面对激烈竞争提出坚持“以顾客为中心”。

在循序渐进中,形成了具有上海三菱个性的企业文化体系:

企业愿景:成为国际区域性知名企业,并力争跨人世界知名电梯企业行列。

企业理念:创造更和谐的生活空间。

企业价值观:超越自我、从零开始,坚持“以顾客为中心”。

企业精神:团结、敬业、自律、创新。

企业文化建设“以人为本” 注重发挥全体员工的主体作用

企业员工是企业发展的主体动力,因此上海三菱在培育建设企业文化的过程中,充分发挥员工的主体作用,做到三个“全员”。

1. 全员教育。一是进行全方位教育渗透。通过《上海三菱通讯》、企业发展史、企业文化展示厅、《企业文化手册》、《员工行为规范手册》,在全员教育、新员工培训上宣讲等形式进行企业文化渗透。二是进行企业文化人格化实践。坚持评比“十佳职工”和“文明职工”,开展“十佳上讲台”活动。出版了《企业文化建设专辑》,其中收集了如徒步攀登2569级台阶登上金茂大厦安装电梯等感人小故事。三是探索企业文化建设手段信息化。建立了命名为“攀登”的“企业文化网站”,取得良好效果。四是推进创建学习型企业进程。依托公司培训中心,仅2002-2009年,举办各类培训1294期,4.98万余人次参加;已有2000多人次出国培训;常年开展全员职工读书活动。

2. 全员构建。三次开展“上海三菱人格言”的征集;开展行为规范、岗位规范以及企业理念及内涵和《上海三菱之歌》歌词的全员征集;开展了四次全员观念大讨论,形成了“营销最前线”、“最危险的对手是自己”、“人才最根本”、“最需要的是责任感”等观念。公司广告语“上上下下的享受——上海三菱电梯”就是从一位普通员工的手中征集而来。

3. 全员实践。一是参与企业的生产经营管理实践。在上海三菱有一个良好的氛围,凡是决定要做的事,上下一定会思想统一,如确保实现,管理体系的认证通过,新产品的开发,重大工程如奥运场馆等的电梯安装,每年生产经营目标的全面完成等都是这样,体现了全员企业文化实践形成团队精神的强大力量。二是积极参与各种群众性活动的实践。全员参与各种劳动竞赛活动、合理化建议活动、QC小组活动。特别是近年开始的以“提高质量、降本增效”为主题的合理化建议活动,共收到合理化建议518条,不仅实现降本3000多万元,更重要的是形成了大家为企业发展建言献策的氛围。三是参与遵守企业理念、行为规范的实践。要求全体员工遵守三种道德(社会公德、职业道德、家庭伦理道德)、做三种人(文明职工、文明市民、文明家庭成员)。四是全员参加文体活动的实践。该公司每两年交替举办职工文化艺术节、职工运动会,陶冶员工情操,展示员工才华,凝聚员工人心。

企业文化建设常抓不懈 做到“五个结合”

上海三菱企业文化建设坚持全方位、多渠道,常抓不懈的原则,在实际操作中注重五个结合。

1. 企业文化建设与企业管理、思政工作相结合。该公司建立了包括十九大类300多个规章制度的企业制度体系,形成了制度文化;汇编了《中外合资企业优化管理探索》、《坚持探索创新》两本文集,形成文化的合力,推动了各项工作的发展。

2. 企业文化建设的硬件和软件相结合。公司不仅在组织机制、宣传教育等软件上下功夫,更在导入企业识别系统设计、建立理念体系、强化文化建设的设施、绿化、美化厂区环境,信息化等等方面都保证了硬件资金的投入。

3. 企业文化建设与民主管理相结合。坚持一年召开两次职代会和工会会员代表大会,两次平等协商,并签订集体合同。通过民主管理不仅增强了员工的民主意识,也不断提升了大家的主人翁精神,如100名职工代表发起倡议活动,在公司里掀起“立足岗位,为全面完成生产经营任务而努力拼搏”的工作热潮。

4. 企业文化建设与回报社会相结合。上海三菱合资初期就开展了“上海三菱同龄人”活动;向地震灾区捐款近400万元;在机电学院设立奖学金;冠名“上海三菱杯”中国电梯轿厢设计大赛;参与赠送《上海市市民手册》活动;坚持参加“电梯困人人道主义援助方案”,实施与“110”电话联动服务;在汶川大地震中,全力做好灾区电梯的维修工作;为迎接世博会,该公司策划开展“上海三菱电梯维保爱心大行动”,专门拨付近1000万元,对上海地区在用的近4.5万台各型上海三菱电梯提供免费检测。

5. 企业文化建设和外方文化相结合。上海三菱在引进消化吸收日本三菱的技术和管理的同时,也借鉴日方的企业文化,请日方管理人员一起参加企业文化建设,争取他们的“了解、理解、支持、参与”。

企业文化建设效果显著 塑造企业“六大”形象

通过多年的企业文化建设,实现了上海三菱“公司可爱、员工可信、产品可靠”的企业形象建设目标。塑造了企业六大形象。

1. 产品形象——引进当今世界最先进的日本三菱电梯技术。拥有国家级技术开发中心。近年来,加大自主开发力度,致力于绿色环保电梯的开发,自主开发产品销售贡献率达到72%以上,累计授权专利95件,专利实施率达到了75%。荣获上海市知识产权示范企业称号,电梯主导产品获全国用户满意产品称号。

2. 经营形象——构筑起完善的经营服务型营销网络,在全国范围内已成立了7大区域和拥有一个包括44个直属分公司、280多个营销代理网点和安装维修队伍的营销网络。产品市场占有率已连续多年在中国电梯市场保持领先地位。

3. 员工形象——领导班子团结、高效、廉洁,范秉勋董事长被评为全国劳模、当选全国人大代表,2009年荣获首届上海市市长质量奖。该公司拥有一支大专以上学历员工占57.4%、平均年龄39岁的高素质员工队伍。

4. 管理形象——实现企业管理与国际接轨,全面实施信息化管理。正着力将IS09001、IS014001和OHSASl8001三个管理体系整合成TMS(全面管理体系)。

5. 外观形象——导入企业识别系统设计,厂房设备,员工着装,对外宣传、包装等都有统一标识。

6. 发展形象——明确"成为国际区域性知名企业,并力争跨人世界知名电梯企业行列"的企业奋斗目标。目前正在为建设世界级工厂而不懈努力。

上海三菱将以更宽阔的视野和国际化经营理念审视新情况,研究新问题,将继续实践"创造更和谐的生活空间"的企业理念,弘扬以"超越自我、从零开始,坚持'以顾客为中心"的企业价值观,竭诚为广大用户提供"上上下下的享受"

(上海电气集团供稿)

以人为本 打造安全文化

——邯郸供电公司企业文化建设

企业概况

邯郸供电公司始建于1958年,是国家特大型企业和河北南部电网骨干企业,供电区域12074平方千米,覆盖人口884.6万,担负着邯郸市区及16个县(市、区)的供电任务。公司荣获全国文明单位、全国五一劳动奖状、全国五四红旗团委、国家一流供电企业、国网公司文明单位、全国企业文化建设优秀单位等荣誉称号。近年来,公司坚持"以人为本"理念,把培育安全文化,营造平安和谐的安全文化氛围,作为做好安全生产工作,保障职工生命和健康最重要的内容;把员工视为企业文化的主体和首要因素,注重在工作实践发挥人的责任和主观能动性,以提高员工的整体素质来提高管理水平和服务社会的能力,用企业文化的力量提升公司的安全管理水平,全员、全方位、全过程打造安全文化,并取得突出实效。

"三树立" 确立安全管理新观念

人是生产力中最活跃的因素,现场操作和设备管理都离不开人,实现安全生产的可控、在控、能控,关键也在人。近年来,公司从人本管理、科学管理、精益管理"三树立"入手,在各级管理者中确立了安全管理新观念。

(一)树立人本管理观念。安全生产实践的主体是人,强调"以人为本"的管理观念,就是把珍视人的生命作为出发点和落脚点。为此,公司在各级管理者中强调必须严格按照"三个百分之百"和安全管理"四全"要求,贯彻国网公司和省公司有关工作部署,认真坚持"安全第一,预防为主"的方针,充分发挥安全保证和监督两大体系工作效能,以安全风险的超前防范为核心,科学评估安全风险,准确辨识危险点和控制点,逐级落实各项防范措施,彻底消除安全隐患。以对员工生命负责、对企业发展负责的态度,加强学习,熟知有关安全方面的法律、法规,成为管理和指导安全生产的"明白人"。

(二)树立科学管理观念。企业安全文化建设要求我们必须具备科学的管理能力和管理方法,要按科学的管理模式,切实实现安全管理方式由经验型管理向科学型管理、粗放型管理向精细型管理的转变。公司按照逐级负责、分层管理与系统负责、专业管理工作的要求,突出以"严"字为核心的安全生产责任制,坚持"谁主管,谁负责;谁组织,谁负责;谁实施,谁负责"的原则,签订安全生产责任状,实施安全生产抵押金制度,层层传递安全生产压力,逐级落实安全责任,形成层次清晰、责任明确、控制有序的安全管理闭环系统。

(三)树立精益管理观念。精益管理是企业加强全面管理,实现生产管理与安全管理相结合的需要。公司坚持把防人身伤亡和人为责任性事故作为安全生产的头等大事,以现场管理为重点,严格执行各级领导和管理到位要求,从细节抓起,规范企业行为,从制度上、机制上、生产作业上实现全员、全过程,全方位的精益管理。坚决杜绝习惯性违章;全面推行标准化作业,规范作业行为,提高工作质量,有效防止"设备性违章"和"技术性违章"的发生,努力实现"零违章"。

"三推进" 培育公司安全文化

企业安全文化建设是确保安全生产长治久安的重要保障。公司从切实做好安全生产工作重要性出发,认真抓好安全文化氛围、环境和制度"三推进",不断培育安全文化,营造浓厚安全氛围,提高员工安全意识,使员工自觉执行规章制度,规范作业行为,提高安全生产水平。

(一)广泛宣传,推进安全文化氛围营造。公司从强化员工安全意识和提高素质出发,以营造安全文化氛围为基础,用企业文化的力量提升公司的安全管理水平,实现安全生产的可控、能控、在控。在春检预试期现场,通过制作安全文化宣传栏、标语、标识等烘托现场气氛;在公司新厂区建设安全文化长廊，在公司信息网、《邯郸供电》报、《邯供宣传》刊物开辟安全文化专栏，在公司党校、培训中心、传统教育室、党员活动室、工会之家、班组安全园地等处宣传安全文化，培育安全理念；印制邯郸供电公司《安全文化手册》、《安全文化管理与探索》期刊，积极培育安全文化，激发员工对安全的内在需求，全方位构筑安全防线；通过举办宣传专栏、印制宣传手册、大屏幕视频播放等方式，大力宣树公司提炼的“十大安全理念”，使之深入人心并融入到职工日常工作中；通过开展安全文明督导、党员先锋岗、“平安、和谐”警句建言征集、“五比五争”劳动竞赛、青年示范岗等主题系列活动，以及开展安全座谈、征集安全漫画、举办安全签名等活动形式，大力宣传培育安全文化，公司上下呈现出文明和谐的安全文化氛围。

（二）注重实效，推进安全文化环境优化。公司从树立“人本”理念出发，注重发挥人在安全文化建设中的作用，利用多种形式培育安全文化，激励员工时时处处关注安全，珍惜生命。通过《邯郸供电》报、《邯供宣传》刊物和信息网等平台把安全文化灌输给员工，定期开展理念渗透专题研讨、讲座、交流活动，提高员工对各种安全理念的认识程度。在公司信息网上开辟“平安、和谐”警句建言专栏，进行全员性安全警示启发式教育。编印《邯郸供电公司电力生产安全文化识别手册》，并积极推进成果转化，通过安全设施标准化来规范生产现场作业环境，指导员工作业行为。在塑造安全文化中，公司党政一把手先后在多种会议和深入基层指导工作等场合带头倡导宣传安全文化，大力宣扬安全文化建设中的突出典型；公司机关“关口”前移，主动到联系点指导工作，深入生产一线化解安全技术难题，开展现场安全文明督导，推进安全文明生产；物业公司主动到检修现场为一线职工送水、送饭，电力医院医务人员经常深入预试现场流动服务，保障了一线职工的生产生活，在全公司营造了安全生产的良好环境。

（三）创新管理，推进安全文化机制完善。公司把安全文化建设作为确保安全生产长治久安的重要保障来抓，建立并完善了安全文化管理、培训、监督考核等工作机制，在安全文化建设上注重常态化修炼，不断创新管理促使安全文化建设常抓常新。把建设安全文化纳入三个文明建设目标之一，建立了公司党政一把手负总责、分管领导具体负责、企业文化协会办公室协调督办、有关部门配合去抓、党政工团齐抓共管、全员参与的安全文化建设工作领导机制，做到责任到部门、单位和个人；把安全文化作为教育培训的重要内容，列入年度培训规划，开展以提高执行力和岗位业务能力为主的管理人员培训，举办以新知识、新技术为主的技术人员培训，突出抓好复合型以及各类紧缺人才的培养，逐步完善了培养、使用、待遇、激励一体化机制建设和系列考核奖惩机制；把安全文化建设纳入公司管理制度体系与《邯郸供电公司精神文明建设指标考核办法》一并量化考核，在工作标准、管理标准、技术标准上强调安全文化执行力，强化月计划、周计划的网络管理，完善指标跟踪预警机制，加大对管理及专业技术岗位的考核力度，签订安全生产责任状，实施安全生产抵押金制度，层层传递安全生产压力，逐级落实安全责任，不断增强全员的安全意识，最大限度发挥“人”在安全文化建设中的能动性，提高了安全文化的持久性。

“五强化” 拓宽安全文化建设新途径

安全文化建设是一项系统的工程，公司从企业的生产、经营实际出发，客观地分析和评价安全文化水平在安全生产中的重要作用，从“五强化”人手积极拓宽安全文化建设新途径。

（一）强化现场安全管理，筑牢安全生产基础。一个企业是否安全，首先表现在生产现场，现场管理是安全管理的出发点和落脚点。公司要求员工在企业生产过程中不仅要同自然环境和机械设备等作斗争，而且还要同自己的不良行为作斗争。制定了邯郸供电公司《班（站）安全活动规范化指导意见》、《现场安全行为审核管理办法》、《未遂事件和事故的闭环管理方案》、《先行安全预控考评办法》运用千分制科学考评，实现安全管理体系从事后管理向超前预控的转变，变被动管理为主动管理。公司还注重加强员工的现场作业行为控制，健全安全监督检查机制，使员工在安全、良好的作业环境和严密的监督监控管理中，没有违章的条件。公司还积极抓好现场安全文明督导，开展现场文明生产、文明施工、文明检修的标准化工作，保证作业环境整洁、安全。规范岗位作业标准化，预防“人”的不安全因素，使员工干标准活、放心活、完美活。

（二）强化制度化管理，规范员工的安全行为。人的行为的养成，一靠教育，二靠约束。约束就必须有标准，有制度，建立健全一整套安全管理制度和安全管理机制，是搞好企业安全生产约有效途径。为此，公司首先从健全安全管理法规着手，让员工明白什么是对的，什么是错的；应该做什么，不应该做什么，违反规定应该受到什么样的惩罚，使安全管理有法可依，有据可查。制定并实施邯郸供电公司《生产检修现场职工行为规范》、《生产作业现场“十二条禁令”》、《施工作业“十不准”》、《安全生产十六字准则》、《安全生产“两票三制”》等，进一步规范员工的安全行为。其次是在管理上实施行之有效的措施，从到工区、班组建立一套层层检查、鉴定、整改的安全预防体系，成立由各专业的专家组成的安全检查鉴定委员会，对公司重点安全部位进行一次检查，对需要整改项目进行归口及时整改。同时，重奖在工作中发现和避免重大隐患的员工，调动每一个员工的积极性，形成一个从上到下的安全预防体系，从而堵塞安全漏洞，防止事故的发生。

（三）强化素质教育，提高员工安全责任意识。人是企业财富的创造者，是企业发展的动力和源泉。公司把安全文化建设的重点放在提高人的素质上，利用多种途径进行安全知识和技能教育、安全文化教育，以创造和建立保护员工身心安全的安全文化氛围为首要条件。同时，加强安全宣传，向员工灌输“以人为本，安全第一”、“安全就是效益、安全创造效益”、“行为源于认识，预防胜于处罚，责任重于泰山"、"安全不是为了别人,而是为了你自己"等安全观,树立"不作没有把握的事"的安全理念,增强员工的安全意识,形成人人重视安全,人人为安全尽责的良好氛围。

(四)强化活动创新,实现安全文化理念认同。开展丰富多彩的安全文化活动,是增强员工凝聚力,培养安全意识的一种好形式。公司从广泛开展安全文化理念认同性活动、娱乐活动、激励性活动、教育活动着手,以张贴安全标语、提合理化建议;提炼并推广《邯郸供电公司十大安全理念》;举办安全论文研讨、安全知识竞赛、安全演讲、事故安全展览;建立光荣台、违章人员曝光台;评选最佳班组、先进个人;开展安全竞赛活动,"安全生产年"、"百日安全无事故"、"爱心活动"、实施"平安工程"、安全文明督导、劳动技能竞赛、党员先锋岗、青年示范岗等系列活动;实行安全考核,一票否决制等多种活动、多种方式向员工灌输渗透安全理念,并取得广大员工的认识认同。

(五)强化执行力,巩固企业安全稳定局面。"人"是生产力发展中最重要、最活跃的因素,任何严格规范的规章制度和严密细致的安全措施,最终都要通过人去落实。为此,公司从强化责任制,提高责任心着手,确立"事故是可以避免的"的理念,逐级明确责任目标,强化制度建设,建立全面、全员、全方位、全过程的安全生产保障体系和监督体系,建立有令必行、有禁必止的工作秩序。教育员工树立"遵章守制、做好本职工作是对企业最大的贡献"的理念,强化员工职业道德教育,提高学习力,培养执行力,形成"人人注重安全、事事首问安全、处处保证安全"的防御体系。

"五机制",推进安全文化建设不断深化

企业安全文化渗透着现代管理的先进理念,公司从安全文化建设的实践中体会到,安全文化塑造只有从具体的管理工作入手,对已有的载体和制度进行修改整合,让广大职工在浓厚的安全氛围内,自觉地遵章守制,潜移默化地提高自身的安全意识,才能实现由"要我安全"到"我要安全"和"我会安全"的转变。公司通过实施以下"五机制",推进安全文化建设不断深化。

(一)完善安全制度落实机制,提高安全文化的执行力。公司在加强安全文化建设,完善制度的基础上,进一步强化安全制度落实机制,创建 EMPC 安全管理体系,健全并严格执行系统的目标责任、监督考核和落实兑现保障体系,不断强化干部在安全生产业绩中的综合考评,并与相关管理干部的奖励分配挂钩,充分发挥"经济杠杆"作用,从而促进员工自觉遵守各种安全制度和措施行为的改变。

(二)完善安全教育培训机制,提高安全文化的能动性。员工安全意识、业务素质和安全操作技能的提高不能只靠制度管理和约束,必须建立完善规范的教育培训机制,采取灵活多样的教育形式,才能达到预期效果。公司根据员工整体安全素质的实际情况,创新安全管理与教育形式,加强员工安全知识、安全技能、安全意识教育,注重培养员工敬业精神、法制观念、职业道德、品德修养等素养教育;完善业务培训机制,学习运用杜邦安全管理理念,最大限度发挥人在安全文化中的能动性,采取知识考试和现场操作相结合等考核方式,不断提高全员整体业务素质和责任意识。

(三)完善安全目标考核机制,提高安全文化的持久性。安全工作是一项长期、复杂、艰巨的工作,必须持之以恒,常抓不懈。公司从建立起一系列切实可行的目标考核机制着手,完善安全业绩评价激励机制,加大奖励力度,实现奖励与安全业绩、工作效率和工作质量的有机结合,从机制上让干部职工始终保持一种对安全工作丝毫不放松、不麻痹的思想状态和强烈的责任感,进而调动全体员工的工作热情,提高公司整体绩效。

(四)完善思想教育宣传机制,提高安全文化的亲和力。公司在把握安全文化的着力点上,注重发挥亲情文化的力量,从深入了解职工在想什么、想说什么、想干什么、需要什么上着手,通过经常组织开展职工队伍思想调研,了解和掌握职工的思想动态,真心真意的分析民意,真心关心职工爱护职工,实实在在地解决问题,增强职工对企业负责、对家庭负责、对同事负责、对自己负责的责任意识,使职工放下思想包袱安心工作,更好的提高安全工作系数。

(五)完善安全理念培育机制,提高安全文化的渗透力。公司为让每个员工都要树立"大安全"的概念,强化"相互关爱、共保平安"安全理念渗透,经常向员工灌输"事故是可以避免的"的理念,要求每位员工都要做到"五关爱"、"自主管理"和"三不伤害"。在工作中加强协调配合,明确责任、恪尽职守,克服麻痹松懈思想,既要充分发挥积极性、主动性、创造性,又要全面掌握技能,严格执行规程,从每时每刻做起,从一点一滴做起,一丝不苟,时时、处处、事事都牢记安全。

公司"以人为本"打造安全文化,从根本上转变了员工的心态和状态,员工从观念上逐渐实现了"要我安全"到"我要安全"和"我会安全"的转变。文化力激活创新力并凝聚企业整体合力,公司安全管理水平得到全面提升,安全生产保持持续稳定态势。

(作者张建国)

军队 学校 家庭

——四川嘉祥实业有限公司企业文化建设

企业概况

十七年前,一个只有 12 人的公司,经过不懈努力,目前已发展成为有 8 家子公司,1500 多名员工,形成了以教育、房地产、旅游等产业为主的多元化经营规模和具有较高文明素质和社会信誉,连续多年的成都市"五十强企业","四川省知名新兴企业"。其成功的"秘诀"何在?"军队、学校、家庭"

的文化模式,发挥了重要作用。

军队——"以服从为天职",铁的纪律。其主要体现在企业制度的严格有力的执行上。制度是路线的保证,任何形式的企业文化都离不开制度的承载和支撑,如果没有制度的支撑,企业先进的理念就会悬在半空,企业文化的理念也只会成为一种摆设和"花瓶"。只有形成科学合理的企业制度文化体系,才能把企业理念在实践中加以贯彻实施。

嘉祥本着"制度制定民主化,制度本身科学化,制度执行严肃化"和"贯彻以人为本的思想"的原则,通过参与企业领导体制、企业组织机构、企业管理制度和企业行为规范的构建工作,确保企业制度设计符合企业理念和反映企业文化建设成果,努力实现企业理念的制度化、制度规范的人性化和企业管理柔性化。

嘉祥要求全体员工正确理解并严格遵守企业各项制度,不做违反企业制度的事情及行为。集团公司一下属单位的总经理第一个开除的是她的直系亲属,就因为他严重违反了企业的制度。

学校——培训,培训,再培训。当今企业之间的竞争已经从传统的资金、技术、机器、设备转化为品牌、文化的竞争。而无形的"文化"的作用,就是要凝聚人气,汇集力量,形成企业的活力。嘉祥非常重视员工的利益,不吝惜在培训方面的投入,全面提升员工的技能。

该公司建立了完善的培训体系。培训内容不只限于技术和专业,还涉及企业价值观、经营理念、道德准则等方面的内容,成为传播企业价值观和经营理念,指导员工的道德和行为,进行职业道德和理想教育的重要手段和沟通精神文化与行为文化、制度文化的重要渠道。

在培训过程中,员工不断了解企业的价值观和使命,明晰企业的规章制度和经营理念,在工作中自觉地以企业经营理念为指导,模范地遵守企业的各项制度。加强了责任感和使命感,使企业的规章制度内化为员工的自觉行为,大大提高了企业的管理水平和工作效率。很多离开嘉祥的员工都对嘉祥的培训津津乐道,对嘉祥表示出自己的敬仰。

家庭——甘苦与共,友爱互助,无限的亲情。企业文化建设除需要给予人员、资金投入和一定的时间、空间等条件外,还需要创造一种环境氛围。要把员工凝聚成一个"精神团队",这就需要为全体员工创造一个团结和谐,充满"人情味"的氛围。只有在一个人际关系融洽,"家庭氛围"浓厚的环境里,员工才会心情舒畅地工作,热情和创造力才会被调动起来。

嘉祥创业以来,凡是重大节日,集团公司领导班子成员都会专程到各下属单位慰问坚守工作岗位的员工;成都七中嘉祥外国语学校是嘉祥集团公司投资3.5亿元创办的一所大型、现代、寄宿式的普通十二年制学校。在创建后的第二年,企业曾一度面临资金困难,这时,以向克坚董事长为首的集团公司领导带头降薪,其中,向克坚董事长降薪30%,其他几位集团公司领导降薪20%,中层管理人员降薪15%,员工降薪10%支持学校发展。这激励人心的举措,较好地保持了教师队伍的稳定,增强了企业的凝聚力。使学校教职工理解自身工作的意义,油然而生出一种自豪感和使命感,从而更加努力工作;当嘉祥一辆小车突遇险情,乘坐该车的企业文化总监向克浪在生死攸关时刻毅然伸出双手护住一位普通员工的头;当嘉祥一位老员工身患重症,想到嘉祥是民营企业,自己不能工作,便递交了辞呈。集团公司向克玉副董事长把辞职书一把撕碎,有些激动地大呼:"谁说民营企业没有保障!"她为那位员工安排了省内最好的医院,让他接受最好的治疗。看着这一切,员工们纷纷流下了眼泪。

嘉祥,温馨的家,不仅对困难、危难、生病中的员工而言,对每一位员工也是如此。在2003年防控"非典"的战斗中,集团公司领导响亮地提出了"绝不让一个嘉祥人倒下"的口号,本着"坚决、积极、严密、到位"的原则,把每一位员工包括工地民工都纳入关爱的范围,果断实施了一系列有效措施,及时为全体员工和民工购发中药、口罩、体温表,注射增强免疫力的药剂。坚持对办公区、员工生活区和民工宿舍区每日进行两次消毒,每日为员工测量体温,还为成都七中、成都七中育才学校专项捐款10万元;"5·12"汶川特大地震、玉树地震、云南旱情发生后,向克坚董事长多次率队奔赴灾区赈灾,在他的倡导下,从公司到普通员工共向灾区捐款365.35万元,捐资助学金额达2600万元。

此外,嘉祥还通过企业两报(《嘉祥报》《七中嘉祥外国语》)一刊(《家祥会》)、艺术团、文化沙龙、网站、运动会、歌咏赛、演讲赛、辩论赛等渠道把企业价值观、企业目标、企业精神、企业道德等企业文化知识和企业文化理念传达到企业的全体员工,并辐射到企业范围以外。将企业文化理念转化为员工的共同认识,培育员工对企业的认同感和忠诚感,形成高度的文化自觉,用文化理念统一员工思想,培育员工的共同意识,进而激发员工的积极性、创造性和工作热情。并通过精心设计和创作,为员工提供健康向上的各种形式的文化产品,提升员工的文化品位,陶冶员工的思想道德情操。

将企业文化作为企业的一种生存方式,嘉祥通过实践,把企业文化内化为员工的信念,外化为员工的行为。从其形成、发展到渐趋稳定和成熟,具有自身特色,做到了对企业文化建设的有为而治,大大推动了企业向前发展。

(作者向晏平)

建设企业文化 引领企业发展

——张运集团张家口汽车站企业文化建设

企业概况

张家口汽车站隶属于张家口通泰运输集团有限公司,以经营客运站为主业,现有职工120余人,营运线路189条,辐射京、津、冀、晋、蒙及全市各县区镇村,日发班次492个,日迎送旅客7000余人次,是华北地区重要客运枢纽之一。

多年来,车站始终致力于企业品牌经营与企业文化建设工作,坚持经济效益和社会效益两手抓,从理念系统、行为系统、视觉系统三个层次发展企业文化,从制度、班组、精神三个方面创建"心心服务"品牌。通过总站干部职工的不懈努力,先后被中华全国妇联授予"巾帼文明岗",交通部授予"全国交通文化示范单位""全国交通行业组织文化建设示范单位""全国交通行业文明示范窗口",中国交通企协授予"全国交通企业文化建设优秀单位",中国企业文化研究会授予"全国企业文化先进单位",交通厅授予"行风建设优秀基层单位",省总工会授予"模范职工之家",市委市政府授予"先进单位"等多项荣誉称号。

营造企业文化氛围　树立品牌服务核心

企业兴旺在管理,管理有效在文化,只有全面统一的企业文化,才能促进企业持续、快速发展,进一步使企业保持旺盛的生命力,以至得到广大群众认可,从而才能站稳市场。基于这样的认识,我站于2003年起,根据车站的行业特点,确立了"在服务中求发展"的企业价值观,创建了"心心服务"品牌,并在国家工商总局进行注册,形成了适应总站科学发展的文化建设核心,使车站的服务水平、服务意识和文明形象开始了质的飞跃。同时,也使车站走上了以"心心服务"品牌为核心的企业文化建设发展之路。

(一)传承文化精髓,深化品牌理念

我站于2008年整体改制成功以后,新员工占到职工总数的六成以上,职工是班组建设的执行者,新员工、新形势、新发展,成为我们工作的重点,注重提高职工队伍的业务素质与文化素质,与时俱进地塑造学习型职工,形成人人、时时、处处都在企业文化建设的环境中。我们充分利用好每天的班前会,赋予新内容新内涵,提醒职工在服务过程中不忘"旅客",同时坚持每月的15、16日为职工固定学习日,按照年度学习计划进行学习培训,同时倡导职工利用业余时间读书学习实践,丰富知识提高素质。为促进职工学习热情,我们每季度进行考核,考核成绩与个人工资挂钩。通过这些活动的开展,达到了调动职工学习热情的目的,同时也使广大职工深刻认识到:一切工作都要以追求旅客满意为第一,以超越旅客希望作为发展根本,无条件的坚守服务原则,牢记"车票是请柬、旅客是贵宾"的服务理念。员工每天置身于"心心服务之歌"的主旋律之中,从而使总站精神、理念、内涵牢牢扎根于每个职工心中,并成为员工的行动指南。

可以说,"心心服务"品牌的创立既是车站员工长期奋斗的缩影,也折射出了员工与时进取的鲜明文化个性特征。

(二)推进文化建设,丰富品牌内涵

企业文化建设并不是提几个口号、贴几张标语的事,而是要根据企业自身特点,结合时代精神,产生源自于全体人员的精神动力。为此,我站适时启动了针对员工的"温暖工程",针对司乘人员的"温馨工程"以及针对旅客的"爱心工程",我们称其为"三温暖工程"。

该活动启动以来,我站在积极组织生产管理的同时,心系员工冷暖,经常到困难职工家中走访,尽力排忧解难;职工生病,派人到家中慰问送去关怀;09年除夕,集团党委及总站领导亲临车站,慰问坚守岗位的员工,并且带去了大量慰问品,让广大职工倍受感动的同时也深刻体会到企业如家般的温暖。与此同时,车站不忘广大司乘人员,在寒冷的冬季向进站的司机发放了印有安全标语的皮棉手套,炎热夏季又为他们及时送上了防暑饮品,并且时刻提醒司机师傅在驾驶过程中,用心服务不忘安全,多次邀请他们参加总站组织的各项活动,使广大司机师傅逐步融入到了"心心服务"的行列。为了给乘客提供更为周到的服务。车站在做好候车服务的同时,为数百名带有婴幼儿的旅客提供了热奶、热饭等服务,并且于今年春运期间救助了一对因丢失钱包而无法回家的康保夫妇和一位年逾六旬的乞讨拾荒老人。

在推进企业文化建设过程中,"三温暖工程"是车站延伸品牌服务、关注社会、关注民生的有益尝试．这一系列活动,使职工感受到了企业热情的关怀,司乘人员感受到了车站无限的温馨,广大旅客体会到了车站真诚的服务,进一步充实了车站"心心服务"品牌的内涵,同时为企业文化建设注入了新的精神动力。

整合企业文化制度　规范客运服务环境

企业文化建设贵在持之以恒,必须建立长效机制,强化责任制度,确保企业文化建设工作高效运转。当前,已进入了服务竞争的时代,只有坚持旅客至上,才能迎接服务竞争时代的挑战;只有真正将旅客放在首位,全心全意为旅客服务,使广大旅客感到舒心、放心,感到真心的满意,我们才会在这个市场争得一个份额。为此,我站确立了一把手负总责,分管领导分工负责,各部门按照职责范围各负其责,班组长对本班组负责的严谨的工作体系,逐步完善了各级领导、各部门及各岗位责任制。并且把企业文化作为一项任务与经营服务一道安排,一道检查,一道考核,落实责任制,有效防止了企业文化建设走形式,"一阵风"现象,保证了各项工作制度的有效进行。我站持续完善星级服务达标制度,采取一、二、三星级梯次评比制度,使那些优秀员工在车站服务舞台上尽情发挥着他们的才智,为构建和谐运输、平安运输做一名出色的"星级员工"。星级服务制开展最终目的,是激发全员的优质服务意识,树立爱岗敬业、拼搏进取精神,建立一支高效、优质、过硬的职工队伍,努力实现"三优三化",即优美的花园式客运环境、优良的人性化服务设施、优秀的温馨系列服务，和无重大服务投诉、无喊客拉客现象、无盗窃打架治安事件，使汽车站真正成为旅客之家。

充实文化活动载体　彰显企业精神风采

企业文化建设的持续推进，最重要的就是要增强职工对企业文化的认同感，通过丰富活动载体，调动职工的主人翁精神和创新精神，激发他们积极向上、争先创优和爱岗敬业精神。我站每年定期在三八妇女节、五一劳动节、七一党的生日等节日，开展诸如“巾帼劳模”、“劳动模范”、“优秀共产党员”的评比表彰活动，树立先进典型，进一步激励广大职工坚定信心、迎难而上、立足岗位、无私奉献的精神。通过举办丰富多彩的文体娱乐活动，如“知识竞赛”“岗位练兵”“心心服务演讲比赛”“向共和国汇报演讲”“庆七一文艺演出”等，不断地推进总站文化建设，有效地增强了企业员工的凝聚力和战斗力。另外，我站以“连心桥”为代表的职工之家，通过设置文化墙、乒乓球室、读书阅览室、棋牌室、健身房、党支部活动室、培训教育室等，为总站员工、各兄弟单位、司乘人员、旅客提供了相互沟通交流的场所，增进了彼此之间的理解和友谊，体现出了总站以文化凝聚人心，发挥员工的巨大潜能的精神风貌。

通过企业文化建设对职工的熏陶，全站领导及职工在思想觉悟有了很大的提高，助人为乐、扶困济危的先进事迹不胜枚举，尤其是在抗震救灾、抗旱求灾等活动中，我站干部职工踊跃参与，累计捐款7万余元。近年来，我站收到旅客表扬信100多封，中央电视台、河北工人报、张家口日报、晚报等媒体宣传报道20余篇次，在全国文明城市测评工作中，总站在河北省同行业测评中获得总分第一。

总之，通过几年来对企业文化建设的成功实践，我们不仅赢得了实实在在的经济效益，而且赢得了跨越式发展的信心，赢得了一个较强劲的发展态势，从而为今后在更高起点上实现新的跨越奠定了基础。在今后企业文化建设中，我站将进一步加强学习和探索，吸纳国内外优秀企业的文化理念和实践经验，与时俱进，不断赋予企业文化新的内涵，将“心心服务”提高到新的水平，推向新的阶段。

“奋进”文化为大化集团励志壮行

——山东明水大化集团企业文化建设

企业概况

山东明水大化集团原属济南市化工局的全民所有制企业，经过2005年的改制，从原来的明水化肥厂发展成为集团公司，员工达到4700人，2008年销售收入25.78亿元，利税2.28亿元。从2002年开始企业文化建设以来企业的生产经营规模和经济效益不断提高。集团的干部职工在企业发展壮大的过程中几经讨论，将原来“艰苦奋斗、拼搏奉献”的企业精神做了一字之改，成为“艰苦奋进、拼搏奉献”，“斗”字改为“进”字，带来的观念、行为大变化。

明水化肥厂是1958年建厂的全民所有制企业，到2000年的42年间，这个厂在年年生产出合成氨肥料向国家上缴了大量利税的同时，也积累了丰厚的人才队伍、技术条件和管理经验，积淀了丰厚的文化资源，企业经济效益连年攀升，工厂面貌不断改观。在章丘、在济南提到明化，厂里的人感到自豪，厂外的人无不羡慕。正是在这样的条件下，接任不久的石建忠等一班中青年领导，从国内外迅猛发生的变革变化中，也积极探寻着厂子要不断进步、加快发展的新的路径。他们找到了企业文化整合这条路，与章丘市企业文化研究会联手，进行了企业文化整体策划建设。

企业文化整体策划建设，既不同于厂里每年都要按照上级要求进行的思想政治教育活动，也不同于逢年过节厂里组织的各种文体活动，它是对明化四十多年思想政治资源、科技文化资源、人文内涵资源的挖掘、整理和提升聚合。这一下可真动了全厂上下千把号人的神经，甚至连退休赋闲在家颐养天年的老干部、老工人也支起耳朵打听起厂里的“文化”来。在企业文化建设所包涵的精神文化、制度文化、行为文化等层面中，全厂上下最关心的是精神文化层面的改造和建设。他们都把目光盯在了厂部大楼上的“艰苦奋斗、拼搏奉献”八个大字上来，他们想起了1958年的艰苦创业、想起了1968年的顶着压力生产农民急需的化肥、想起了1978年改革号角对工厂引起的变化、想起了1988年物价上涨而坚持支农不变的风雨、想起了1998年以来的体制、机制改革。从中他们得出一个共识，明化是在艰苦奋斗中不断成长壮大的，但是进入世纪之交，国内外的政治经济形势发生了大变化，企业的发展趋势也发生了大的变化。那种关起门来、自我封闭发展的路子走不通了，而必须面对国内外两个市场，放开眼界、放开手脚在跨越中前进，才能在市场竞争中有一席之地。他们认识到“艰苦奋斗”的企业精神是在几十年风雨历程中形成的，我们也有责任改进它、提升它。最后的企业文化纲领，他们把“艰苦奋斗”改为“艰苦奋进”。

“斗”字改为“进”字，实现了明化企业精神文化上的一次凤凰涅槃，浴火新生。在“奋进”精神的指导促使下，六年来，明化人知难而进、乘势而进、借力前进，使企业规模越来越大、实力越来越强、队伍越来越优、整体越来越美。“奋进”文化成为明化励志壮行的精神源泉、战略资源、强大力量和金字招牌。

不断奋进　做大规模

以前的明化曾经成为山东小氮肥行业的人才摇篮、技术宝库。是因为由于他们是新中国全省第一批氮肥生产企业，培养了一大批专业技术人才，形成了自己的技术资源。在计划经济条件下，这些人才、技术藏在深闺无人识，但在改革开放、政策松动,各地争着上马小氮肥企业时,经常到明水来取经,或送人来培训、或请人去指导,明化当时的技校成为人们青睐的地方。2003年以后,明化人如梦初醒,我们整天帮着别人上产品、上项目,为什么不可以自己壮大自己呢,再说我们的徒弟有的早已从规模、实力上超过了老师,我们再高枕无忧,师座将有不保之虞。于是他们伸开手脚、撑开架子,在做大规模上迈出了四大步。

第一是依托内力上新项目。冲破了不在老厂区以外发展怕分散管理的束缚,东进普集、西出枣园,在枣园选择破产的老厂房,发展起了为化肥配套的机械维修;在普集选择铁路货场,交通便利的地方,新上了控释肥。在厂区内部,也冲破了化肥企业不能生产别的产品的束缚,以"做强化肥、做优化工"为目标,利用自己的合成氨生产工艺先进、技术成熟的优势条件,积极开拓合成氨的的衍生产品,除了主打产品尿素、碳铵以外,又于2000年先后生产出了甲醇和双氧水等化工产品,这样一是充分发挥了合成氨的生产优势,二是实现了化肥化工相互补充。化肥用量大、价格好时就多产化肥;化肥淡季就多生产化工产品,使产能效益大大提高,人的才能得到了进一步释放。第二是依靠政府扩规模。明化的左邻右舍是章丘的造纸、一化、热电三家企业,连明化在内章丘人称为"北四厂"。过去这四家企业分属两个东家,虽然可以借势,但是由于体制屏障,一直处于同住一条街,互为陌生人的状态。2005年6月,章丘市委市政府果断决策,由明水化肥厂整合其他三家企业,成立山东明水大化集团。四家企业整合统一进行产业布局、产品规划,使明化成了名副其实的大化。紧接着他们于当月又迈出第三步,于6月28日与山西晋城煤业集团有限责任公司签订了合资合作协议。晋煤集团看中了大化的化肥化工生产能力和企业的包括文化在内的综合素质,借大化实现煤化工产业的发展;而大化则看中了晋煤的煤炭资源价格优势,保证了产品主原料的供应,强强联合、相得益彰。大化如同插上了腾飞的翅膀,迅速在章丘北部化工工业园征地新上三十万吨大颗粒尿素,又和加拿大汉枫公司合资开发了多肽尿素,缓释尿素等。2008年实现销售收入25.78亿元,利税过2亿元。2008年下半年,突如其来的全球金融危机,虽然给大化集团的生产经营造成了极大的困难,甲醇不得不停工待机。但是这并没有吓到智慧的大化人,他们敏锐的意识到,经济危机带来的表面上是产品滞销,实质上是产业结构、技术素质改造升级的又一次机会。同时经济危机使一部分管理素质差、综合实力弱的企业成为进一步实现资产重组、产业整合的有利机会。他们一方面抓紧内部的产能整合,一方面又迈开了"走出章丘,在全省范围内整合资源、壮大实力"的第四步。自2009年6月份以来,经过多方观察论证,先后与宁阳明升达公司、滕州瑞达公司实现了合资合作,并与郓城鲁发公司和文登恒盛公司经过深度洽淡后达成合作意向,大化集团的企业规模进一步扩大,员工人数从2000年的1700余人上升到7000人,大化成为了跨区域的大型企业集团。

深挖内涵　做强实力

在资产规模不断扩大、综合实力日益增强的发展过程中,大化集团抓大同时求强。他们切实认识到做企业求大更是为了求强,大是强的基础,而强是大的根本。企业的综合实力、综合竞争力的强要靠企业的产业结构、产品档次来体现。艰苦奋进的企业文化更要求企业不仅走得快,而且要跳得高。为此,大化集团抓住企业的产品开发、技术进步、资金运营链条通畅两大关键,集中人、财、物力全力攻关。在产品开发上,他们紧紧按照"做优化肥、做强化工"的产业定位,集中全集团的技术力量,围绕着合成氨的下游产品,一是把化肥做优,先后新上了控施肥环保产品,让化肥按照农作物的生长规律,分时分段释放肥力,大大缓解了农民兄弟一季庄稼多次施肥的时间压力。新上了大颗粒尿素产品,解决了尿素颗粒小易结块、肥力易挥发的问题。又与加拿大汉枫公司合作,新上了多肽尿素、缓释尿素。现在大化的化肥产品已经结束了尿素、碳铵单一品种的局面。生产出了肥效既高又便于施用的多花色、多品种的肥料,化肥厂也成了百货店,对农业生产市场需求的适应能力大为增强,销售渠道更加宽广、触角伸得更长。"明泉"牌化肥成了农民兄弟的好帮手、好朋友。二是大力开发化工产品,把合成氨的衍生产品多级开发,生产出了三聚氰胺、甲醛和乌托洛品等。化肥化工产品的不断开发,也为晋煤集团的煤化工产业做出了积极贡献。在资金运转上,他们认真吸取国内外企业因资金链条断裂导致经营中断以至破产倒闭的教训,把集团内各工厂的财务集中起来成立财务部,统一集中全集团的现金收支,天天把关,日日清交,不让活钱沉淀,不让自家的钱外流。即便经济危机到来之后,也能保证全集团的生产运转、银行信用和工人工资的发放。资金是企业的血液,血脉的通畅使他们做到了把钱用到最需要的地方、把钱省在最该省的地方,成为迎战危机、危中见机的制胜法宝。特别是在生产形势好,企业效益高的时刻,他们没有拿钱去搞主营业务以外的东西,不去搞房地产、不去搞奢华铺张的项目。丰时思歉,歉时能保,这也成为大化集团敢于在危机中走出去寻求新的合作伙伴、进行资产重组的强力支撑。

以人为本　做美企业

明水大化集团在多年的奋进发展中,在做大规模、做强实力的同时,一刻也没有放松建设一支优秀的员工队伍,把企业做成美好的家园。他们按照科学发展观的要求,紧紧围绕党的中心工作和企业的生产经营,在建设美好形象、塑造美好心灵、创立美好信誉上做了一系列卓有成效的工作。一是他们时刻牢记企业的社会责任,全力为国分忧。2008年5月12日的四川汶川的大地震发生后,大化集团面对这突如其来的灾难,动员全集团干部职工捐资救灾,在章丘市一次捐款385万元,成为全市捐款最多的单位。至今人们仍记得集团董事长石建忠在全市捐款大会上那"为了灾区人民，大化员工要钱出钱、要物出物、要什么干什么”的掷地有声的表态。从2008年下半年以来经济危机使大化也遇到了极大困难。面对危机，不少企业停工放假了，关门歇业了，但是大化集团清楚地记得在集团成立之前原来的章丘第一化肥厂、造纸厂因工厂困难、停工放假使一部分职工流落街头、四处奔波借以谋生的情景，他们果断的做出了不减人、不放假的决定，章丘市城内的五千职工井然有序的到企业培训学习、上班劳作，为维护全市的稳定作出了巨大的贡献。二是他们切实按照以人为本的要求在集团内部建立了一系列民主管理、职工收入、劳动保险制度。他们坚持“办企业依靠员工”的信念，重大事情交由职工代表大会、股工代表大会决定。充分尊重职工的知情权、监督权。每月一次向员工公布集团的生产经营、经济效益情况。坚持民主公开，把物资采购、工资分配、奖惩、公务招待等情况及时公开，接受监督。他们把员工生产条件的改进，安全环境的建设，员工安全和健康条件的创造抓紧抓好，不断改进设备工艺条件，减轻员工劳动强度。生产岗位冬有暖气、夏有冷风。特别是对整合重组过来的热电、一化、造纸等三个企业，原有拖欠职工的集资款、工资、养老保险金等，已陆续偿还近亿元。三年时间，为原来这三家企业的员工增加工资85%以上。三是他们以创建美好企业为目标，充分调动企业员工的积极性、创造性，促进职工的全面成长、全面发展。为培养职工的团结协作精神，成立员工基金会，及时资助家庭遇到困难的职工，帮助员工渡过难关。他们坚持文体活动经常搞、系列化，让员工充分展现自己的才华、发挥自己的特长。才艺展示出来的优秀人才，集团公司充分利用，让在各自的岗位上工作又有书法特长、体育特长、文艺素质的人组织各项竞赛活动，让一线员工担当运动会的总裁判、文艺演出的总策划、总导演等，广大员工对企业向心力不断增强。特别值得大书特书的是，大化集团坚持不懈的开展各种文体活动，大大提高了全体干部员工的争先创优意识、大胆创优意识、整体协作意识。他们上台是精神抖擞的演员，下台是为人喝彩的啦啦队，每次每项活动都精彩纷呈，场面热烈，被市里一位领导称为“章丘最好的啦啦队、亲友团”。各项活动所培育养成的团队协作、奋力争先精神，转化为生产经营的强大动力，在技术攻关、新上项目中，推迟婚期、放弃休假、带病上阵的事例比比皆是。奋进已成为大化集团上下的行为自觉。

大化的“奋进文化”之所以在企业做大、做强、做美中发挥了灵魂作用，大化文化之所以不是一张华丽的皮，而成为集团上下励志壮行的魂，最重要的是大化集团的企业文化始终落实了三个同时，即文化建设与企业同时发展、与员工同时成长、让社会同时认同。内外结合、上下同欲，文化就能落地生根、开花结果。有人说企业的竞争讲到最后是文化，我想说在当今时代，企业的竞争如果一开始就有文化的参与，这样的企业就会有不竭的精神源泉、充足的战略资源、发展的强大动力、无往不胜的金字招牌，愿大化“奋进”的足迹更加铿锵有力。

（作者李万百）

企业形象策划成果选编

【中国南方电网公司】

企业标识

标志外形类似汉字“电”,富有浓厚的中国文化特色,深刻、庄重;点明了行业属性。标志中间的“L”形为“连接”的汉语拼音首字母,也是“连接”英文“LINK”的首字母,标志造型流畅连贯,一气呵成,便于组合应用。标志采用完全开放式的造型,延展的线条形似纵横九州的输电线路,体现“经营电网”的核心业务,寓意无限发展的空间。整个标志在造型上体现一种向上飞翔的态势,表明企业代表先进生产力的发展要求,是开放、充满生机和活力的现代化大电网。采用象征智慧和高科技的深蓝色作为标志主色调,体现出公司科技兴网,自主创新。核心释义:统一开放的电网,宣扬光明的旗帜

理念识别

企业宗旨:对中央负责、为五省区服务

【中粮集团】

企业标识

纯净蔚蓝的天空,阳光普照肥沃的大地,孕育出无穷的生命力,人类在其中生生不息。在天、地和生命的和谐交融中,中粮是一股温和而强大的推动力,把生活带向朝阳升起的方向。标志的上部代表广阔的天空,也象征人类更广阔的未来及中粮发展和上升的空间。阳光耀眼夺目,发射出无穷的光、热和力,它代表自然的力量,也象征中粮的市场影响力和愉悦的企业文化。标志的下部代表丰收的土地,在阳光的普照下充满盎然生机。土地的肥沃与积淀因阳光的照耀而愈发鲜活,象征中粮的深厚底蕴、中粮人的宽广胸怀和满腔热情。标志的中部犹如早春的叶子,又似手牵手、心连心的人们。它代表生命力和人,在自然的围绕中,和谐共生,健康向上。它又象征中粮的团队精神,反映中粮人的使命感和凝聚力。我们拥有我们的颜色:梦想蓝、喜悦橙、青春绿、承诺棕。

理念识别

集团使命:我们奉献营养健康的食品和高品质的生活服务,建立行业领导地位,使客户、股东、员工价值最大化

集团战略定位:全产业链粮油食品企业

集团企业精神:诚信,团队,专业,创新

集团文化:诚信、业绩、专业、团队、学习、创新、公开、公正、透明、简单、处以公心、与人为善

【百联集团有限公司】

企业标识

理念识别

企业使命:服务创造价值

业务组合:形成由核心业务、支撑业务、调整发展业务三大类组成的业务组合。

管控模式:集团总部——事业部——经营单元(公司)三层次的、以战略管控为主的管控模式

企业文化:业绩为导向、创新为核心、包容为特征

发展远景:中国第一、世界一流的流通产业集团

【中国中信集团公司】

企业标识

理念识别

企业精神：勇于创新、多作贡献

【中国邮政集团公司】

企业标识

中国邮政
CHINA POST

理念识别

服务宗旨：人民邮政为人民

【中国航空油料集团公司】

企业标识

中国航空油料集团公司
China National Aviation Fuel

标识由旋转的三条弧线围绕油滴构成圆形图案，标识色彩是国旗红和国旗黄，标识的整体设计理念源于中国传统文化“三生万物”、“圆满和谐”的思想，寓意着中国航油作为中央企业，对国家和社会承担重要责任，寓意着中国航油欣欣向荣、自强不息，为社会贡献不竭的动力源泉。

理念识别

企业使命：竭诚服务全球民航客户，保障国家航油供应安全

企业愿景：公司强大，员工幸福

企业价值观：务实、创新、责任、和谐

经营理念：集约、拓展、诚信、共赢

管理理念：科学、精细、严格、高效

行为准则：安全第一、客户至上、规避风险、强化基础，公平公正、廉洁奉公、尊重人才、注重业绩

员工行为准则：爱企、敬业、积极、尊重、善学、守纪

管理者行为准则：志远、博学、垂范、惜下、自律、沟通

【江苏苏宁电器集团有限公司】

企业标识

理念识别

企业的基本法：以市场为导向，持续增强企业盈利能力，多元化，连锁化，信息化，追求更高的企业价值；以顾客为导向，持续增强企业控制能力，重目标，重执行，重结果，追求更高的顾客满意；矢志不移，持之以恒，打造中国最优秀的连锁服务品牌。

管理理念：制度重于权力，同事重于亲朋。

经营理念：整合社会资源，合作共赢，满足顾客需要，至真至诚。

企业价值观：做百年苏宁，国家、企业、员工，利益共享。树家庭氛围，沟通、指导、协助，责任共当。

企业人才观：人品优先，能力适度，敬业为本，团队第一。

企业服务观：至真至诚，苏宁服务。服务是苏宁的唯一产品，顾客满意是苏宁服务的终极目标。

企业竞争观：创新标准，超越竞争。

企业精神：执著拼搏，永不言败。

员工职业道德：维护企业利益，严禁包庇纵容，交往来礼物，严禁索贿索酬，做人诚实守信，严禁欺瞒推诿，做事勤俭节约，严禁铺张虚荣。

营销人员行为准则：待人热情礼貌，切忌诋毁同行；谈吐有理有节，切忌独断独行；交往互敬互惠，切忌损人利己。

管理人员行为准则：管理就是服务，切忌权力本位；制度重在执行，切忌流于形式；奖惩依据结果，切忌主观印象。

服务人员行为准则：微笑发自内心，切忌虚情假意；服务细致入微，切忌敷衍了事；技能精益求精，切忌得过且过。

【中国机械工业集团有限公司】

企业标识

M造型代表机械工业(machinery),体现了国机集团在行业中的领导者地位,并展现国机集团以振兴中国机械工业,跻身世界先进行列为己任的宏伟目标。稳固的三角造型为基石,辅以伸开的两翼,形象体现了国机集团"一体两翼"的发展战略。三角造型象征着雄伟的山峰,M造型象征展开双翅的雄鹰腾飞于巅峰,寓意国机集团勇攀高峰,腾飞发展。图形凹凸有致、颜色匀称,讲究对称,体现了特有的和谐美和均匀美,展现了"和谐国机"的概念。标志整体似长城造型的演绎,体现了民族特色,梯形造型展现了集团的踏实稳健、诚信可靠。图形中内含"人"的造型,突出国机集团"以人为本"的企业理念,以人的汇聚烘托机械工业未来发展。

理念识别

企业使命:引领机械工业前进方向,创新机械工业发展道路

企业理念:合力同行,创新共赢

企业愿景:机械工业的领跑者,社会价值的创造者

【中国光大集团】

企业标识

理念识别

核心价值观:公、明、严、实、聚

光大发展之道:叶、枝、干、根、土壤五位一体

【天津市物资集团总公司】

企业标识

地球象征天物集团博大胸怀和国际化定位;海蓝底色象征天物文化为海洋文化、开放文化;经纬线象征集团国内外销售网络和内外贸一体、工商银企联盟;英文延伸到地球的两边,象征集团放眼未来的无限延展,蓝色地球寓意着广阔、浩瀚,与烫金的英文组合象征集团的雄厚基础与稳健气魄

理念识别

天物理念:天高志远、物华人杰、集贤聚才、团结精诚

企业精神:团结、拼搏、务实、创新。互相支持、维护大局的团结精神;不畏困难、勇挑重担的拼搏精神;脚踏实地、埋头苦干的务实精神;勇于实践、敢为人先的创新精神

天物集团使命信念:第一、做强做大做好企业,按照供应链理念和模式,做强主业、做精新业;第二、做大产业,引领产业方向,从传统流通产业向现代流通产业转变;第三、做大价值,创造物质财富和精神财富,让供应链成为集团核心竞争力。

发展愿景:将集团建成跨行业、跨地区、跨所有制、跨国界的,具有国际竞争力的现代流通企业集团

共同理想:向千亿集团目标奋进

企业哲学:变困难为机遇、办法总比困难多;看差距比看成绩更重要;差距就是潜力,困难就是机遇,危机就是新生

天物集团发展观:立足天津、服务环渤海、辐射全国、走向世界

天物集团价值观

共同价值观:大中求强、以强促大、又好又快、整体提升

核心价值观:卓越第一、创新创效、永远学习

企业道德:诚实守信、经营守法、言溢守密、履约守责

职业道德:爱岗敬业、忠诚集团、诚信文明、遵纪守法、客户至上、服务社会

经营理念:为客户提供竭诚、增值、多赢的服务

服务形象:靠得住、离不开、少不了

文化观:用集团的诚信聚财、用集团的事业聚人、用集团的文化聚心

和合观:人和、亲和、祥和、内和、外和、聚合、融合、竞合、和合

团队理念:合心、合力、合作,共担责任、共同创造、共赢发展、共享成果、

团队精神:共识、敬业、学习、创新、合作、参与

【中国航空集团公司】

企业标识

中国航空集团公司标识由图形和集团中英文简称组成。该标识融原中国国际航空公司的凤凰图形、原中国航空总公司的中文字体和原西南航空公司的色彩为一体,蕴

涵集团企业的渊源与重组后文化整合的统一性。集团英文简称“AIR CHINA”,中文简称为“中国航空”,言简而意赅。凤凰是太阳之精,光明使者。传说中的凤凰集美聚善,引领群伦,是人间祥瑞的象征。该标识以凤凰为主设计元素,突出了航空运输主业在整个集团完整产业链中的地位,具有明显的行业识别性。同时,祈愿凤凰这一神圣的生灵及其美丽的传说,带给人们无限的吉祥与幸福。标识中的弧线,代表数字“一”,演绎“一生二,二生三,三生万物”、“从一而始,至于无限”的哲理思辩。标识中的弧线,还象征地平线。凤凰飞跃地平线,寓意企业不断超越自我,积极向上,自强不息的精神风貌。红色凸显热烈与激情,是集团事业蒸蒸日上的写照;深蓝色昭示理性与厚重,与集团作为一个国际化大企业所拥有的雄厚综合实力相契合。整个标识庄重稳实,大气优美,内涵深邃,极具视觉表现力,勾勒出溢彩流光的生命轨迹和生生不息的律动意象。

理念识别

核心价值观:和合力行,积健为雄

企业精神:集美聚善,引领群伦

【广东物资集团公司】

企业标识

理念识别

核心价值:为社会作出贡献,为顾客创造价值,与员工分享成长。

企业精神:务实、勤俭、诚信、创新、效能

行为规范:忠信为本的职业品德,严谨认真的工作态度;积极向上的文明举止,开拓创新的进取精神

品牌形象定位:对公众:回报社会,服务大众,一流企业;对顾客:优质服务,诚实守信,互利互惠;对员工:以人为本,团结合作,聚贤纳才

物资人的信念:没有办不成的事,只有办不成事的人,没有不变的事,历史选择善于应变的人

【国美电器控股有限公司】

企业标识

理念识别

国美使命:成就品质生活

国美愿景:在2015年前成为备受尊重的世界家电零售行业第一

核心价值:企业利益高于一切。敬业感恩、诚信正直、知行合一、立规兴业、追求卓越

经营之道:创新、开放、合作、竞争

人才理念:品德为先、文化认同,选贤用能、公平竞争,业绩导向、奖惩分明,团结协作、共同成长

国美精神:待客如友、快乐服务,言行必果、敢于负责,创新务实、精益求精

国美象征:鹰

【广东省广新外贸集团】

企业标识

理念识别

企业宗旨:为合作者和客户创造价值

发展战略:集团化管理,专业化发展,产业链协作

【中国建设银行股份有限公司】

企业标识

员工行为规范

第一章 总 则

第一条 为规范员工行为,提高员工职业素养,依据国家有关法律法规及《中国建设银行股份有限公司章程》,特制定本规范。

第二条 本规范是员工必须遵守的职业行为准则,是评价员工职业言行的标准,是各业务条线、分支机构制定员工行为细则的依据。

第三条 本规范适用于全行所有员工。全体员工在自觉遵守公民道德及家庭美德的同时,必须严格遵守本规范。

第二章　职业道德

第四条　客户至上

牢记客户是本行生存与发展的源泉,自觉践行“以市场为导向,以客户为中心”的经营理念,倾听客户之声,了解客户需求,持续改进服务与管理,始终不渝地致力于本行和客户双赢。

第五条　服务为本

牢固树立“客户至上,注重细节”的服务理念,提高服务技能,注重服务质量和效率,用心、用情、用智服务,竭诚为客户提供差别化、精细化服务;树立上级为下级服务,中后台为前台服务,全行为客户服务的意识,寓服务于履行岗位职责的过程之中。

第六条　爱行敬业

认同并践行本行“诚实、公正、稳健、创造”的核心价值观,热爱工作,珍惜岗位,履职尽责,恪尽职守,忠诚本行事业,维护本行利益。

第七条　诚信守约

诚实正直,言行一致;忠实履行合同与承诺,保持良好的职业操守,恪守商业道德,遵守市场规则,公平竞争,义利并举。

第三章　工作纪律

第八条　依法合规

坚持依法经营,合规操作。树立依法合规意识,凡是法律法规及规章制度已明确规定的事项,应自觉遵守、严格执行;当发现制度规定不适用时,应主动反映,不得擅自行事。

第九条　遵章守纪

严格遵守劳动纪律,不擅离职守;工作期间不做与工作无关、影响他人工作或破坏工作秩序的事情。

严格遵守保密及外事、媒体应对等纪律与制度规定,不做有损股东、客户、公众和本行利益的事情。

第十条　廉洁从业

严格执行廉洁从业的各项规定。坚持严于律己,秉公办事,不以职谋私,不参加超出正常业务联系所需要的交际活动;严禁商业贿赂,不接受贵重物品、现金、有价证券;坚持厉行节俭,在公务消费及营销活动中反对铺张浪费,自觉抵制拜金主义、享乐主义和奢靡之风。

第十一条　服从大局

维护统一法人权威,服从决策和管理,严格按照授权授信范围开展工作,不越权擅权,不自行其是;坚持个人利益服从集体利益,局部利益服从整体利益。

第四章　履职要求

第十二条　勤勉尽责

立足本职,勤奋工作;敢于承担责任,勇于克服困难,不回避矛盾和问题;多提建设性的意见,多做建设性的工作。

第十三条　精通业务

学习新知识、新技能,注重积累实践经验,拓展视野,培养职业敏感性和判断力,努力提升业务水平。

第十四条　团队协作

树立团队意识,相互协作,形成合力,不推诿,不扯皮;彼此信任,相互尊重,充分沟通,和睦相处;共享资源,多担责任,合作共事。

第十五条　认真执行

准确完整地领会上级决策和意图,认真执行,注重细节,讲求实效;明确工作目标,坚持不懈,善始善终,及时纠偏改错,圆满完成自己所承担的任务。

第十六条　控制风险

牢固树立“了解客户,理解市场,全员参与,抓住关键”的风险理念,忠实履行防范和控制风险这一基本职责;遵循全行统一的风险偏好,审慎地对待每一个工作环节,避免差错和纰漏;严格遵循业务流程和操作规程,不随意减省或变更。

第十七条　务实创新

树立“不断创新,追求卓越”的精神,培养精细、务实的作风,注重调查研究,持续改进管理和服务;追求更高标准,把握市场变化与客户需求,积极参与体制、机制改革和制度、管理、流程、产品、服务创新,不断提升创新能力。

第五章　仪表形象

第十八条　精神饱满

积极工作,快乐生活;乐观地面对困难、挫折与失败,正确对待成绩、功劳与荣誉,推功揽过;善于调节和控制个人情绪,始终保持良好的心态和奋发向上的精神风貌。

第十九条　待人友善

待人友好热情,遇人应主动问候或微笑致意,公众场合谦和礼让,讲究秩序;平等待人,与人为善,多做换位思考,注重沟通与理解。

第二十条　仪表大方

举止端庄,落落大方,站姿挺拔,坐姿文雅,行姿稳重;着装庄重,整洁得体,符合职业身份及工作要求;注重妆容、修饰有度,杜绝奇、异、特、怪。

第二十一条　语言规范

用语文明,杜绝服务禁语;为客户介绍业务,应清晰规范,既积极营销推介,又主动提示风险;语言通俗易懂,避免使用生僻难懂的专业术语;提倡使用普通话。

第二十二条　爱护环境

保持办公(营业)场所整洁;办公用品摆放整齐,定点定位;文件资料分类有序,妥善保管,方便取阅;供客户使用的物品,定期整理、消毒,方便使用。

第六章　社会责任

第二十三条　关心公益

支持公益事业,关心弱势群体,主动奉献爱心,承担社会责任;积极参与社区共建、志愿者以及保护自然环境等各种公益活动,对损害公益的项目拒绝提供金融服务。

第二十四条　维护安定

加强理论学习，增强政治敏感性，积极参加和谐社会建设，自觉抵制并反对影响安定团结的活动，自觉维护平安和谐的工作环境。

第二十五条　回报社会

树立“与客户同发展，与社会共繁荣”的责任意识，正确处理个人利益与社会公共利益之间的关系，积极履行纳税义务；立足岗位，维护客户、股东、公众的利益，为建设和谐社会做出贡献。

第七章　附　则

第二十六条　自2007年7月1日起施行。原《中国建设银行员工行为规范管理手册（试行）》即行废止。各业务条线和分支机构可依据本规范，制定相应的实施细则。

第二十七条　本规范由中国建设银行股份有限公司负责修订和解释。

【万科企业股份有限公司】

企业标识

万科

建筑无限生活

四个“V”旋转围合而成中国传统民宅中常见的窗花纹样，体现了万科专注于中国住宅产业的业务战略。四个“V”朝向不同角度，寓意万科理解生而不同的人期盼无限可能的生活空间，积极响应客户的各种需要，创造性的为人们提供各种差异化的理想居住空间。四个“V”形状规整有序，象征万科推进更加工业化的全新建筑模式，从而提高住宅质量水准，减少环境污染和材料浪费。四个“V”相互呼应循环往复，代表万科积极承担社会责任，坚持可持续发展经营理念。四个“V”鲜艳活泼，寓意万科员工生趣盎然、健康丰盛、充满自信的性格特征。

品牌标识语诠释基于对生命的洞察，我们看到为人而存在的建筑本质，所以让人成为惟一的尺度；我们敬畏生命的不屈，所以在生态异常脆弱的今天，让建筑顺应自然共同成长；我们珍视生命的可持续，所以保留更多的生活记忆，让建筑获得人文的滋养。

万科，以建筑的形式，向生命致敬。建筑为了生命。住宅建筑为了生命而存在，又为了生命而发展。只有在适宜于个人的生活空间中，人们才能更多地感受生命的价值。而人类生命的升华又在呼唤着更安全、更方便、更舒适、更优美、更自然的居住空间。我们所有的努力都是为了满足各种人群多样化的居住需要，为人类生命所必需的生活空间提供无限新的可能。建筑延拓生命。住宅的建筑和使用过程充满了人与环境的对话。优秀的建筑不仅倾听人类生命的呼唤，而且也努力响应自然生命的需要，保持与自然的和谐。在自然生态环境变得异常脆弱的今天，万科一直在探索如何让未来住宅的建造和使用都成为自然生命环境的有机组成部分。正在进行的一些试验将有希望大幅度减少建筑过程的资源消耗，也将帮助人们在住房使用中更多地以与自然和谐的方式使用各种资源。建筑充满生命。住宅建筑本身可以因扎根于历史、尊重自然、或因其独特创意而让自身充溢着生命。我们看到，很久以前我们前辈留下的住宅到今天还在为我们提供着关于采光、通风、人居交流的设计灵感；在城市化进程中，人们也越来越重视保留更多“都市的记忆”，以便能够更好地领悟历史的沉积，让新的住宅建筑更多地获得与特定土地紧密关联的人文记忆的滋养。因此万科人越来越以培育生命的心态满怀敬畏地精心建造每一栋住宅。

理念识别

企业宗旨：建筑无限生活

企业愿景：成为中国房地产行业持续领跑者

核心价值观：创造健康丰盛的人生

【中国中煤能源集团有限公司】

企业标识

中煤集团司徽。紫蓝色来源于中煤能源的行业特点，即煤炭、焦炭、煤层气和电力等工业燃料的开发。这些能源在燃烧时效能最高、最环保的颜色为紫蓝色，蓝色内涵深远、辽阔、宽广，寓意着中煤集团有广阔的发展前景，体现着中煤人一往无前，敬业奉献的精神。

理念识别

企业精神：爱国、敬业、求实、奉献

经营理念：讲诚信、谋效益、重人本、求和谐

企业作风：恪尽职守、办事高效，运转协调、管理规范，从严治企、清正廉洁

员工规范：爱祖国、爱企业，遵法规、守纪律，爱岗位、尽职守，勤学习、善创新，讲协作、争一流，树文明、讲公德

【厦门建发集团有限公司】

企业标识

C&D 建发集团

理念识别

企业精神:团结、敬业、诚信、进取

【浙江省国际贸易集团有限公司】

企业标识

理念识别

经营理念:诚信、创新、协同、共享

历史使命:成就顾客、回报股东、富裕职工、福祉社会

企业目标:打造国内一流的现代大企业

【中国诚通控股集团有限公司】

企业标识

标识的构思源于天坛圜丘台造型,以传达规范、开放、不懈追求的集团理念。“CCT”,是中国诚通集团英文名称“China Chengtong Group”的缩写。蓝色寓意博大深邃的企业文化底蕴,红色表达生机勃发的企业创新精神。

理念识别

诚通愿景:通过产业链整合,打造一批同业前三名的产业集团,占据强有力的市场竞争地位,成为新型的相关多元化的特大型战略型投资控股公司。

诚通使命:坚持以邓小平理论和“三个代表”重要思想为指导,在积极完成国务院国资委交给集团公司整合中央企业六类资产的任务基础上,以资产经营为今后的发展方向,促进主业发展,增强核心竞争力,提高资产营运效率,确保国有资产保值增值;积极创建学习型企业,提高员工队伍的综合素质,为履行应尽的社会责任和全面建设小康社会做出贡献。

核心价值观:诚信、务实、开放、创新

核心理念:诚信为本、通商四海

企业精神:创新求变、追求卓越

经营理念:不断努力降低客户成本,持久创造自身利润空间

管理理念:细微之处有标准,整体运作有程序

用人理念:用人所长,鼓励进取

经营策略:以资产经营为核心,以产业发展为基础,以资本运作为纽带,打造拥有全新组织架构与核心竞争力的现代化企业集团。

行为规范:忠诚敬业、业务专业、加强协作、创造价值

【中国通用技术(集团)控股有限责任公司】

企业标识

作为国有大中型重要骨干企业,享有广泛的国际性商誉和具有雄厚的大型外经贸企业集团,中国通用技术集团的国际交流活动非常频繁,这就决定了这个标志要能够明确体现的特征——实力。国际化形象,行业先锋和执牛耳者。面对全球经济一体化和我国加入 WTO 的机遇和挑战,创造长远可持续发展的空间,赋予集团公司的一种国际化的专业形象是必要的手段之一。英语无疑是目前世界上最通用的语言符号,这就决定了它在绝大多数场合可以被快速清晰的识别并且记忆。而这种 国际化的符号又被赋予了鲜明的时代特色,充分体现了一个企业与时俱进的勇气和决心;而蓝色,中国的古语有一句话——海纳百川,有容乃大,它既象征着大海的无边广阔,又代表了睿智和精确稳重的作风。真正的强者不会体现在外面,而是一种精华内敛和朴实的形象。在英文字体的处理上,采用了外圆内方的设计形式,使整个标志毫不张扬但有充满力度;乍一看标志外型圆转如意,如行云流水,其实暗含锋芒,这就是中国通用技术集团的企业标志。

【北京物美商业集团股份有限公司】

企业标识

理念识别

物美的使命与宗旨:发展民族零售产业,提升大众生活品质;为大众提供物美价廉的商品和服务;为努力进取的物美人创造发展与进步的空间为社会及股东创造财富和价值

物美的承诺:天天价廉、永远物美

物美精神:物美为家,顾客至上,合作奋斗

物美的价值观:以人为本、崇尚诚信;戒骄戒躁、学习创新;以身作则、注重合作;快速反应、成本领先;做实做细、强调成果

【海航集团有限公司】

企业标识

理念识别

根本宗旨:爱党爱国　举业为民　感恩社会　和谐发展

基本价值观:心系党、国家和人民,立志成为世界级品牌和世界级企业,以感恩的心回馈社会,致力于促进和谐发展

海航目标:创建世界级企业和世界级品牌

【庞大汽贸集团股份有限公司】

企业标识

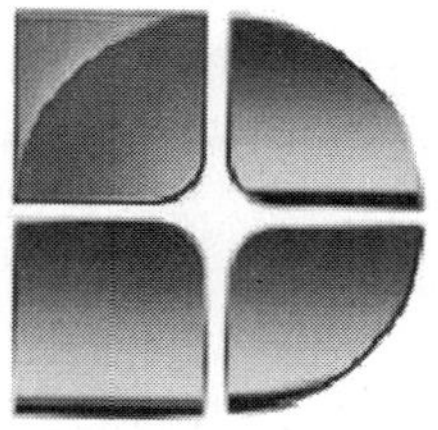

标识释义:生机无限,至尊品质。标识的核心是字母"P"和"D"的重叠组合,是庞大的汉语拼音和英文首字母缩写。左上角的红色部分代表热情、温暖,体现服务型企业对市场和用户的承诺。中间的弧形设计,是字母"P"和"D"的交接,又象征着旭日初升辉煌喷薄一刻的地平线。寓意了企业的未来生机无限,同时也是企业核心精神的重要体现。其余部分赋有金属质感的白金色彩,体现了企业的至尊品质和现代化形象,代表了实力和责任。标识中间的十字线,将整个设计分成不同形状的几何体组合,在此体现了企业吸引、接纳多元化的博大胸怀。同时整体上外圆内方的搭配组合,借鉴了中国传统钱币的造型,在寓意着财力这一主题的同时,又带出中国传统文化的元素。标准色:标识主色彩采用中国红和高级金属灰。中国红:代表热情,激情,豪迈,强劲的生命力,增强了企业形象的亲和力,并给人强烈的视觉冲击感,与企业活力、实力创新、发展壮大的品牌定位相吻合。高级金属灰:原有韵律美感的灰色渐变给人以稳重时尚的高雅气息,代表着科技未来的视觉。标准字:呼应标志的设计思路与形象天圆地方的LOGO,左上角为方,其余是圆,字体也是一样。以"贸"、"股"等字为例,左上角"方",右上角为"圆"。在细微之处,将公司的理念演绎到极致,同时与LOGO结合使用更有如一体,十分和谐美观。

理念识别

企业精神:勤实、严信、拼搏、高效

经营宗旨:诚信经营,顾客至上。一切为了客户,为了客户一切,精心打造"庞大"品牌。

服务理念:即微笑服务、站立服务、跑步服务。

广告语:要买称心如意车,请到庞大来选择。一握庞大手,永远是朋友。

【山东省商业集团总公司】

企业标识

"心相合一"的鲁商之相。鲁商集团品牌标识造型来源于"鲁商"汉语拼音"LUSHANG",此汉语拼音具有国际感。标识整体造型呈长方形,稳重大气、简洁大方,符合当今国际潮流和大众的审美习惯。标识寓意:标识中字母"A"变形提高,象征泰山挺拔屹立,下部一条弧线从第一个字母贯穿标识,象征泉水流润。标识的设计与鲁商集团的"泰山泉水"企业文化妙合,体现了仁智合一的文化主题,同时也解释了标识主体的来历。下方的"鲁商集团"中文便于国内大众的记忆和识别,选择简洁大方的手写字体也突出了时代感,从另一角度再次诠释了鲁商集团稳重仁厚的文化内涵。标识颜色:在颜色的选择上以红金色为主、金黄色为辅,形成比较和谐的组合。红金色是非常醒目的颜色,有一种难得的亲和力,这与鲁商集团从事与大众生活息息相关行业发展的定位项目,体现仁爱、智慧的形象是一致的。金黄色弧线使整个标识更具整体性,更具视觉冲击力,同时也更便于识别。该标识的设计,充分体现了心相合一,相由心生的

哲理内涵。

理念识别

鲁商精神:激情拼搏、全心奉献、快乐工作、健康生活
核心价值观:立在诚信、兴在创新、成在协作、赢在执行
仁智合一篇:仁智合一,商行天下
鲁商愿景:屹立百强,通达八方
鲁商使命:履信尚义,兴商润民

【江苏国泰国际集团有限公司】

企业标识

理念识别

国泰精神:团队、创新、超越
国泰目标:打造百年国泰
国泰价值观:奉献于国泰,报效于社

【浙江远大进出口有限公司】

企业标识

理念识别

企业精神:忠诚、朴实、勤奋、创新

【厦门象屿集团有限公司】

企业标识

理念识别

象屿使命:创造财富、成就梦想
象屿愿景:受人尊敬的中国品牌企业
象屿精神:合作、务实、高效、创新
象屿文化品格:追求卓越、勇担责任

经营理念:战略统领,市场导向。风险第一,利润第二,规模第三。多元化整合,专业化服务。诚信是金,现金为王。

【南京医药股份有限公司】

企业标识

理念识别

企业愿景:成为社会尊重、公众信赖、员工满意的健康企业。

企业使命:为公众和社会提供健康产品与服务,使人们生活得更健康、更安全、更有活力。

企业精神:诚信勤勉、创新创业、和谐共赢。

企业核心价值观:在扬弃中创新,在创新中超越。

企业文化建设路径:在企业使命、愿景、核心价值观的引领下,形成“六位一体”(执行文化、组织文化、经营文化、质量文化、品牌文化、服务文化)的企业文化建设路径。

【厦门国贸集团股份有限公司】

企业标识

理念识别

企业愿景:成为中国服务业内领先的、令人尊敬的绩优上市公司

企业使命:持续创造新价值
核心价值观:坚定,恒信,成长
企业理念:员工的大舞台、大学校、大家庭
企业精神:激扬无限,行稳致高

【广州富力地产股份有限公司】

企业标识

蜂巢，自然界中最不可思议的创造性建筑，异常坚固且空间利用率极高；碳分子，有机世界最不可思议的组合，更是世界上最为坚固的结构，取其二者共通之处“六边形”作为广州富力地产股份有限公司的标识主体，既体现了富力地产的专业特色，也寓意着富力在房地产界稳固的龙头地位以及无坚不摧的发展姿势，而富力人也正以蜜蜂般的勤劳和智慧，为建设人类美好家园不断奋进。同时，富力地产“以人为本”的建筑理念、打造“天人合一”的和谐氛围以及唯才是用的用人之道，均巧妙地被融合于标识中的三条“人”字形线条当中，并呈节节向上的得箭头形，象征着富力人不断向高度挑战的勇气和实力；标识底部的“V”字形线条则象征着富力地产扎根于房地产的沃土，在获得社会与市场双赢的同时，实力不断壮大。蓝色象征着博大精深，如同虚纳百川的大海，而纯洁真诚的白色如同潮尖的浪花，活泼跃动，体现出富力地产诚信稳重的企业精神。来自 RICH & FORCE 开头字母所写的“R&F”，是对富力“富而思进，力创新高”企业理念的最好诠释，体现了一个冉冉上升企业的雄浑气魄。内涵丰富的富力地产标志无不透析着简洁与和谐，抒发着富力人的信念与理想，表达了富力人对社会的承诺与承担，同时也给富力人一片自由想象、发挥与创造的沃土。

理念识别

企业文化雏形：家文化

企业文化发展：给能人一个空间

企业文化补充：没有任何借口

企业文化核心：能人所不能

企业文化创新：富而思进，力创新高

【深圳市天音通信发展有限公司】

企业标识

理念识别

企业愿景：流通领域的领导者

企业使命：通路无限，梦想实现

企业精神：责任、健康、高效、执行

经营理念：经营战略、经营人才、经营客户

管理要略：服务终端、系统致胜、风险控制、成本领先

核心价值观：恒守人本、坚持诚信、服务客户、追求卓越

【弘阳集团】

企业标识

理念识别

经营理念：在商言人

企业承诺：传递关爱，分享成长

【大连万达集团】

企业标识

理念识别

万达愿景：国际万达 百年企业

万达使命：共创财富 公益社会

万达精神：勤学敬业，志在必得

万达价值观：诚信、创新、自律、和谐

基本理念：突出优势、整合资源、效益优先、现金为王

人才理念：人是核心资本

沟通理念：沟通贵在坦诚

学习理念：万达就是学校

服务理念：服务关注细节

领导理念：领导重在执行

质量理念：质量是立身之本

制度理念：制度就是严格

成本理念：成本检验管理水平

【中天发展控股集团有限公司】

企业标识

理念识别

核心理念：诚信、务实、创新、领先

企业目标：品牌中天

企业使命：真心缔造美好家园

企业精神:立志中天、争创一流

价值观:诚信经营,阳光收入

经营方针:合作共赢、客户至上

人本观:人是中天最宝贵的资源

用人观:用人重品质、升迁看业绩

行为观:一点点铸就中天辉煌

团队观:信任、沟通、互勉、共进

职业安全观:安全第一、平安是福

职业修养:“四心六不”。全心全意的事业心;迎难而上、竞争取胜的自信心;不断进步永不满足的进取心;务实求新,讲效率讲效益的责任心。不因循守旧,结合实际创造性工作;不自我封闭,学习新知识,树立新观念;不浮躁浮夸,修身立志成业;不急功近利,重素质持续发展;不光看别人的缺点,多找自己的不足;不光种自己的责任田,从整体出发,创中天伟业

【上海华冶钢铁集团有限公司】

企业标识

华冶钢铁集团
HUAYE IRON & STEEL GROUP

理念识别

核心理念:永远维系人与人、员工与企业的平等与互助

企业精神:开拓、求实、拼搏、创新

做人风格:平等、信任、欣赏、亲情

做事风格:我们信守万事求源的工作态度,实行以过程为中心的管理原则和以制度为行为指南的管理方针

企业道德:诚信为本

华冶八大职业军规:团队至高无上;注重细节;不要解释,要结果;主管必须是架宣传机器;做人要低调,做事要高调;响应是价值的最佳体现;简单、简单、再简单;主动就是效率,主动,主动,再主动

【新华锦集团】

企业标识

理念识别

行动目标:追求卓越,奉献社会

核心价值观:正直做人,用心做事

经营理念:诚信创新、协作共赢,不求最大、但求更强

【大连东展集团有限公司】

企业标识

理念识别

企业精神:诚实做人、信誉创业

企业目标:市场网络化、经营效益化、管理效率化、员工素质化、薪酬价值化、环境温馨化

【广州佳都集团有限公司】

企业标识

理念识别

企业愿景:成为中国现代信息与通讯技术(ICT)增值服务行业领导者,成为一个受市场尊重的,受员工爱戴的,多元化均衡发展的,国际知名的集团企业,成为一个以满足客户需求为目标的,将服务价值直接送达客户的,多元化的,增值服务业的领先者。

企业使命:为客户提供优质的增值服务,并成为客户首选的服务提供者。

企业理念:共同进步,共享丰盛

发展战略:以ICT(信息与通讯)及关联业务为主要发展方向,在ICT(信息与通讯)专业领域多元化经营,在继续服务于渠道客户的基础上,努力提升将有价值的优质服务送达客户的能力

共同价值观:顾客是最终的裁决者。时时处处追求卓越。信赖团队的力量,每一个成功都归于团队

尊敬杰出成就者。视变化为机遇,而非威胁。

【浙江中大集团控股有限公司】

企业标识

理念识别

发展纲目:企业与时代共同前进,企业与客户共创价值,企业与员工共同发展

奋斗目标:致力于建设优秀品质和百年声誉的现代企业集团

核心理念:品质、品位、品格

核心价值观:实现自我,追求奉献

企业精神:和谐、创新、高效、立誉

管控模式:专业化经营,集团化管理

经营思想:依法经营、稳健经营、百年经营,合作经营、专业经营、特色经营

经营理念:诚信互利,知识为本

经营方针:以客户为中心,以市场为导向,以品质为依托

发展理念:变革发展,合作开放

发展战略:国际化经营与国内产业合资合作经营结合,科技研发与产业投资结合,商品经营与酱经营结合,创新人才和信息资源运行机制,创新商务和盈利可持续增长模式

发展潜力:技术创新、制度创新

管理理念:契约化、信息化、精细化

激励机制:绩效优先、贡献优先

人才战略:业务型专家、技术型专家、企业家型经营管理专家

外贸策略:特色经营、责任有限

投资策略:以我为主、责任有限

期货策略:经纪为本、集成服务

地产策略:精品作品、长江战略

创新理念:企业创新,永无止境

员工操守:公德、道德、美德、品德

员工守则:要诚实守信,不要见利忘义,还要损人利己

【苏果超市有限公司】

企业标识

理念识别

经营理念:中国苏果,百姓生活

管理理念:居安思危,不断创新。走自己的路,创苏果特色。

服务理念:为民、便民、利民

企业精神:团结、若干、开拓、奉献

企业精神内涵:坚忍不拔的意志,永不言败的信念,拼搏进取的精神,开拓创新的意识,以情感民的宗旨。

质量承诺:苏果无假货,件件请放心

价格方针:追求顾客满意,为顾客省钱

【山东三联集团有限责任公司】

企业标识

理念识别

企业价值观:三联不仅是一个企业,而且是一种事业

企业精神:领先时代,挑战传统

经营理念:领先半步,超越竞争

管理理念:精心、精细、精确、精致

服务理念:每走一步,首先想到的是顾客

企业愿景:服务的三联,现代化国际化的三联

文化观点:企业都是"文化有机体"。20 年的三联,20 年的文化。文化创造资源,领先超越竞争。发展就要创造美

【中国中纺集团公司】

企业标识

理念识别

发展愿景:成为运营全球化、不断创新、能够提供全面增值服务的学习型企业

战略定位:成为以价值链管理为核心竞争优势,在大宗原料供应及加工领域具有突出竞争力,在纺织服装贸易领域具有增值服务能力的国际化企业集团

经营理念:集团发展目标是成为一家在纺织和油料油脂相关业务领域中占据领先地位,并致力于跨国经营的企业集团;崇尚不断创新,追求卓越的企业家精神;致力于发

展高附加值产品,以客户为导向,全面提供增值服务,以追求企业整体价值的提升;拥有业内最优秀的员工,他们不断学习,不断自我更新,在推动着公司迅速成长的同时实现个人价值的持续提升。

【万向集团有限公司】

企业标识

理念识别

企业目标:经营目标:奋斗十年添个零。管理目标:人尽其才、物尽其用、钱尽其值、各尽其能。

岗位目标:一天做一件实事,一月做一件新事,一年做一件大事,一生做一件有意义的事。

经营哲学:财散则人聚,财聚则人散;取之而有道,用之而同乐。经营理念:大集团战略,小核算体系;资本式经营,国际化运作。

管理原则:人人头上一方天,个个争当一把手。

人本原则:两袋投入,使员工身心与物质受益。

企业宗旨:为顾客创造价值,为股东创造利益,为员工创造前途,为社会创造繁荣。

企业精神:讲真话,干实事

企业道德:外树诚信形象,内育职业忠诚。

企业作风:务实、创新、卓越。不赶时髦,不搞形式,不讲假话,走自己的路,圆自己的梦。思路决定出路,作为决定地位;一切都是人力,时间检验行为。想主人事,干主人活,尽主人责,享主人乐。

万向用人观:有德有才者,大胆聘用,可三顾茅庐,高薪礼聘。有德无才者,委以小用,可教育培训,促其发展。无德无才者,自食其力。无德有才者,坚决不用,如伪装混入,后患无穷。

万向公私观:舍己为公,大公无私,公而忘私,是先进的;先公后私,公私兼顾,是允许的;先私后公,私字当头,是要教育批评的;假公济私,损公肥私,是要制止与打击的;表面为公,暗中为私,是伪君子,不可重用,是要防止的。

万向奖罚观:奖罚分明,多奖少罚

【香江集团有限公司】

企业标识

理念识别

企业价值观:爱、诚、信

企业宗旨:办好实业,回报社会

企业精神:忠诚敬业、开拓进取、学习创新

企业氛围:香江是温馨的家园,香江是育才的学校,香江是施展才华的舞台,香江是奋进的团队。

【北京启明星辰信息技术有限公司】

企业标识

理念识别

企业宗旨:诚信为先、技术领先、服务本地化、用户第一

企业精神:中和、中正、自强、沉静、责任、承诺

企业愿景:提供具有国际竞争力的自主创新的安全产品和最佳实践服务。帮助客户全面提升其IT基础设施的安全性和生产效能。成为中国最具有主导地位的企业级网络安全提供商。稳步迈入国际网络安全领导企业行列。

【经纬集团有限公司】

企业标识

理念识别

企业使命:致力于生产国际领先水平的管材产品,成为客户信赖、社会尊重、员工满意的生产服务型企业。

核心价值观:以人为本、追求卓越

社会责任:构建绿色通道,连接健康生活是经纬的神圣职责;服务社会、造福大众,是经纬的庄严承诺。

经纬人坚信:诚信 = 市场 = 生命

【浙江双羊集团有限公司】

企业标识

理念识别

企业使命：以打造诚信企业为已任，为构建和谐社会尽所能

企业愿景：让每一位员工快乐工作，做一家永续经营的卓越企业，以诚信企业形象深入民心

核心价值观：以诚信之心经营企业，以慈爱之心回报社会

【侨兴集团有限公司】

企业标识

COSUN侨兴集团

理念识别

企业精神：不畏今日晚，敢为天下先

企业目标：国际化的通信终端产品领导企业

质量方针：创最佳品质，树侨兴形象；按国标运作，让用户满意

产品价值：细心的科技，关怀用户的科技

工作标准：团队、创新、高效

【神力集团有限公司】

企业标识

理念识别

企业理念：人才为本、科技兴业、诚信服务、报效社会

企业精神：艰苦奋斗、坚韧不拔、开拓创新、自强不息

质量方针：用户需要是神力永恒的追求，顾客满意是我们神圣的职责

企业愿景：团结奋进，谋求共同发展

【四通集团公司】

企业标识

STONE 四通

理念识别

核心价值观：创新拼搏、团结协作、生产力标准

【东方集团实业股份有限公司】

企业标识

发展战略：以金融业为龙头、继续加大对银行、证券等金融产业的投资规模；做强做大粮油食品、建材流通和港口运输等产业；加大投资矿产资源开发的力度；实现东方集团投资、经营的专业化和规模化。

企业宗旨：最大限度地实现资产证券化、资本国际化、股权社会化，目标是成为具有国际竞争力的大型企业集团，实现企业社会价值的最大化。

【九江联盛实业集团有限公司】

企业标识

简洁的构图象征公司的工作原则：思路清晰，简洁务实，立求创新。图案为的变形，象征公司一贯坚持的诚信、爱心、奉献。变形路线图：→→→→→。图案看上去为两座山，象征公司的稳重和脚踏实地的工作作风。图案中山连山，有“联”之意，以公司名“联盛”相合，象征公司“联您联我联大家”的经营思想。图案中心一块实体三角图案，代表公司，象征公司的稳重和实力又表示公司有一定的号召力，位居商海中央，山山呼应。图案中三角实体以外的形像两只翅膀，象征公司展翅飞翔，有腾飞之意。图案的色彩为“海蓝”和“桔红”搭配，“海蓝”象征海，表示公司事业像大海一样宽阔，又表示公司海的情怀，海的宽容，海的湛蓝纯净，海的深度和成熟，“桔红”象征一种温馨，一种辉煌。

理念识别

企业宗旨：爱国爱民，服务社会

企业信念：企业惟有益于社会，才有其存在的价值

企业精神：诚信、求实、创新、奉献

经营理念：顾客导向，物有所值

【远洋地产控股有限公司】

企业标识

远洋地产

SINO-OCEAN 共同成长 相伴一生

理念识别

企业使命:远洋地产将以“客户专家”为手段,致力于房地产开发及相关领域的经营管理,提供高品质房地产物业产品及增值服务,为人们创造更好的工作与生活环境。

企业愿景:远洋地产致力于成为中国最具客户诚信度和市场竞争力的专业房地产发展运营商和物业服务供应商。

企业价值观:创新、可靠、协作

品牌定位:可靠的伙伴

品牌承诺:远洋地产为那些追求更好生活的人们服务,协助人们成就梦想。

品牌特质:价值、关怀、伙伴关系

品牌核心:共同成长,相伴一生

【华润置地有限公司】

企业标识

华润置地

品质给城市更多改变

理念识别

企业承诺:与您携手,改变生活

集团使命:通过坚定不移的改革和发展,把华润建设成在主营行业有竞争力和领导地位的优秀国有控股企业,并实现股东价值和员工价值最大化。

核心文化:以业绩为核心的,讲团队、讲学习的文化。

企业标语:与您携手,改变生活

企业品牌:实力、诚信和优质创新的产品

企业精神:诚信、团队、务实、积极、专业、创新

【中冶置业有限责任公司】

企业标识

理念识别

企业精神:敬业、忠诚、团结、进取

企业作风:勤以励行,真以明德,灵以益智,雅以修身

企业道德:诚实、诚恳、诚心、名誉、信誉、荣誉

经营理念:诚信社会为本,客户满意为荣

环境方针:依法监管、节能降耗、保护环境,坚持科学发展观,造福社会与未来

职业健康安全方针:依法监管、以人为本、和谐 为荣、坚持预防为主,降低事故发生率

品牌核心质量:诚信第一、质量第一、用户第一

品牌定位:服务社会、创造价值、成为消费者依赖的房地产开发商

品牌个性:创新经营、创意生活、创造价值

品牌愿景:开发梦想、建筑明天

品牌承诺:诚信、创新、共赢

品牌口号:创意生活新坐标

品牌价值:有实力,可信赖

服务观:0 心距服务,361 度满意

人才观:唯德唯才,有为有位

管理观:明确思路、重视过程、强调结果

学习观:学有所长,学人之长学以修心,学以致用

竞争观:竞新竞心,争市争势

创新观:以新求变,以新求恒

【北京富力城房地产开发有限公司】

企业标识

理念识别

管理理念:专业化、自动化、透明化、最优化、系统化

利益观:合法经营,诚信守法。

价值观:员工是企业最宝贵的财富,每位员工都是公司必不可少的一员。

经营理念:高品质、高层次、高要求

发展策略:规划与时俱进,紧扣城市化建设

【北京万通地产股份有限公司】

企业标识

理念识别

核心价值理念:以天下为己任,以企业为本位,创造财富,完善自我

企业自警:勿忘在莒

企业战略原则:守正出奇,顺天应人

经营理念:资本社会化、公司专业化、经理职业化、发展本土化

经营准则:全球观、中国心;专业能力、本土功夫

企业使命:创造最具价值的生活空间

企业宗旨:以天下为己任、以企业为本位;创造财富、完善自我

【北京金隅嘉业房地产开发有限责任公司】

企业标识

金隅嘉业

理念识别

经营理念:选择一次,信任一生

【泛海建设集团股份有限公司】

企业标识

理念识别

企业精神: 敬业、守信、忠诚、奉献、开拓、创新、立志、图强

企业宗旨:为股东创造最大效益,为社会创造最大财富

管理方针:绿色物业、精品工程、守法自律、诚信创新

【广东珠江投资有限公司】

企业标识

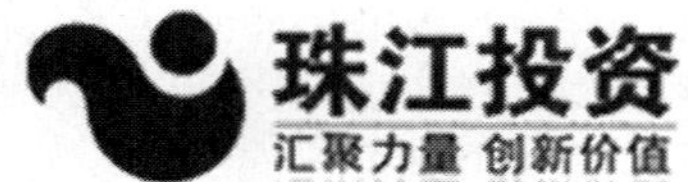

理念识别

企业哲学:惠人达已,守正出奇

企业使命:为社会,开创性地解决社会问题。企业成功取决于其带给社会的贡献和价值,从社会的问题中寻找商业机会。为客户,顾客是我们的老板。顾客对我们的评价是最终极的,要站在终端顾客的角度来评价和思考所有的工作。从不满意的客户身上,学到的东西最多。为员工,建立和培育利益主体。有利益主体才有责任主体和贡献主体。为合作伙伴,多方共赢、共同致富。合作才能生存、协作才能发展。

核心价值观:价值观指导行为。解决问题才有价值、有效劳动创造价值。大家都是运动员。负责赢得发展空间。有创新才能领先。诚信创造生命力。为他人服务是最大的荣幸。

企业愿景:做中国最有价值的房地产开发企业

【绿城房地产集团有限公司】

企业标识

理念识别

企业使命:为员工创造平台,为客户创造价值,为城市创造美丽,为社会创造财富。核心价值观是真诚、善意、精致、完美。

房产开发理念:人与自然、人与人、人与自我的精神世界的和谐;两个要素:安定、美好。

服务理念:以人为本,客户至上

【天地控股有限公司】

企业标识

理念识别

企业精神:天、地、人

企业理念:激情创业,激情生活

【中海地产集团】

企业标识

理念识别

经营理念:诚信卓越,精品永恒

企业宗旨:服务社会、振兴中华、福利员工

核心价值观:诚信、创新、务实、求精,把个人追求融入到企业的发展之中

企业精神:真诚团结、艰苦奋斗、积极进取、严格苛求、自觉奉献

【恒大地产集团】

企业标识

理念识别

企业精神:艰苦创业、无私奉献、努力拼搏、开拓进取

战略目标:中国地产规模一流、品牌一流、团队一流

【合生创展集团有限公司】

企业标识

理念识别

企业愿景:成为以房地产为主体,向泛地产、基础设施等行业延伸的战略性企业,通过改善人居环境、创新城市运营模式来解决社会问题,成为服务于价值链全环节的空间和平台供应商,成为整合和优化资源的品牌输出商,最终成长为高社会责任的、跨区域、跨行业、国际化的世界级企业。

企业使命:为社会:开创性地解决社会问题;为客户:顾客是我们的老板;为员工:建立和培育利益主体;为股东:实现股东价值最大化;为合作伙伴:多方共赢、共同致富

核心价值观:解决问题才有价值,有效劳动创造价值。先用价值论英雄,再以手段比高下。大家都是运动员,同甘共苦齐相帮。有创新才能领先。诚信创造生命力。为他人服务是最大的荣幸。

战略思维:要干就干大,要做就做强。战略统领,布局先行。借力发展,整合资源。问题提供机会,机会推进发展

企业哲学:惠人达己,守正出奇

经营理念:人人都会做生意,人人都要当老板。时间就是金钱,成本就是竞争力。巩固和开发利润源。巩固和开发利润源。寻找空白点,实现差异化。靠经营赚钱,靠系统赚钱。速度致胜,可控发展。优质生活,完美体现。

管理理念:生意头脑,精算管理。对象明确,因地制宜。没有质量,一切都是负数。标准化才能规模化。制度是公司的大生意。责任清楚,大胆做事。令行禁止,奖罚分明。

领导理念:领导要会做生意,会做决策。领导就是服务。领导要帮助员工提升劳动价值。领导要对员工的发展负责。

团队理念:思想统一,行动一致。协同作战,共同发力。团队就像混凝土,合理匹配才坚固。各尽其才,乐于服从。

人才理念:以德为先,德才兼备。要会做事,更要会做生意。对自己负责,对职业负责。要执行力,更要创造力。公司给平台,赛马不相马。位置要和价值相匹配。公司最大的产出是人才。

工作理念:我们永远是小公司,最大的敌人是自己。解决问题而不仅是提出问题。办法总比困难多。手段为目标服务。计划周全,准备充分。目标倒推,反向思维。重点要明确,突破有中心。不能用工作的困难来代替经营的目的。人最重要的是时间,每个动作都要赢。坚持价值信念,输得起、忍得住。学习有意义的失败,不学无意义的成功。

学习理念:学习新知识,永葆思想的青春。用最短的时间学习最有用的知识。随时、随地、随人学习。用知识来解决问题推动发展。

【重庆市金科实业(集团)有限公司】

企业标识

理念识别

金科使命:建筑人居梦想

金科愿景:百年地产,中国榜样

金科精神:求实、创新,每天进一步

金科作风:做好每个细节

金科价值观:实现“三个满意”,奉行“三个大于”“三个满意”即员工满意、客户满意、社会满意。“三个大于”即人

的价值大于物的价 值;团队价值大于个人价值;社会价值大于企业价值。

经营理念:经营企业就是经营客户

利润观:追求持续稳健的赢利能力

品牌理念:意识决定品质,品质铸造品牌

产品理念:人无我有、人有我新、人新我快

营销理念:最好的营销源于对客户的深刻理解

质量理念:高标准、零缺陷;砸质量就是砸饭碗

市场理念:把握市场,引领需求;没有疲软的市场,只有疲软的行动

客户服务理念:服务是我们的天职;迅速反应,创造感动

创新观:创新无处不在;创新的主体是每一位员工;创新的目标就是创造效益;创新的途径是率先性模仿并超越

管理目标:人人事事有责任,时时处处讲效率

管理理念:制度化、规范化,重执行、重监督;管理的难点就是创新的课题

团队理念:创造 1 + 1 >2 的团队价值;创建互补型、学习型、创新型团队

管理使命:缔造利益共同体、事业共同体、感情共同体、命运共同体

管理准则:以人为本,理性公正,责任到位,有效沟通

工作观:把工作当成事业,生活将无限美好。"三大问题"警示:终端的问题是领导的问题;看不出的问题是最大的问题;重复出现的问题是最可怕的问题。

【鑫苑(中国)置业有限公司】

企业标识

整个图案以红心居中,似朝阳徐徐东升,如心灵拳拳赤诚,代表着鑫苑公司的企业理念和核心竞争力,象征着鑫苑把个人的价值与公司的前途紧密联系起来,把公司的前途与国家的命运紧密联系起来,共同创造辉煌未来的执着信念。四个"Y"组合成的"X"变体,隐含着"鑫苑"品牌。交叉重叠,围绕红心,象征着鑫苑人为了美好的事业,为了创建"鑫苑品牌",不断"超越自我、追求进步"的昂扬斗志和团结精神:标识色调以绿色为主,象征着草木葱茏的绿色家园和企业朝气蓬勃的永久生命力。整个标识方正平衡,色彩分明,纵横畅通,气势如虹,象征着鑫苑人稳健经营、追求永恒,共同创建美好家园,立志改善人们的生活品质的美好心愿。

理念识别

企业愿景:成为中国房地产业有价值和影响力的公众公司

企业使命:创建美好家园是我们的共同心愿

企业精神:追求进步,超越自我

核心价值观:崇尚荣誉、捍卫责任、创造价值

经营理念:创造精典,止于至善

企业人格:自信不自大、自强不自傲、超越不优越。我们都是平凡的人,但我们要创造不平凡的事业。

【成都置信实业(集团)有限公司】

企业标识

zhixin成都置信

为您想得更多 · 为您做得更好

理念识别

八大企业文化精神:刚健有为、艰苦创业的奋斗精神,不断学习、求新求变的创新精神,风雨同舟、共谋发展的团队精神,以人为本、高效多能的职业精神,安全第一、精益求精的质量精神,用户至上、我为人人的服务精神,以道制欲、坚守信义的道德精神,扩大联系、诚信合作的和合精神。企业宗旨:立足社会、服务社会、回报社会

企业使命:创造难以置信的业绩,书写造福社会的历史经营理念:为您想得更多、为您做得更好

发展理念:诚信、务实,高效、创新,超前、稳健

管理理念:以严格的规章制度规范人,以严谨的工作作风要求人,以高尚的道德情操引导人,以和谐的人文氛围凝聚人,使每一位置信人都能得到一展抱负的机会

价值理念:实现消费者、股东、员工和社会利益的完美结合,做受人尊敬的伟大企业

人才理念:忠诚、敬业、能力

企业精神:用心细致,情感待人,创新挑战,永葆青春

【高力集团】

企业标识

理念识别

高力精神:同舟共济、高效求实、坚毅拼搏、追求卓越

发展理念:发展是硬道理——赢在管理,赢在发展

经营理念:诚信是企业的经营基石,创新是企业发展的

灵魂

市场管理理念:三分管理,七分服务

市场投资理念:先人一步,超人一筹

品牌管理理念:要做就做最好的

人力资源理念:企业善待员工,员工忠于企业!实践检验是衡量人才的唯一标准

服务理念:使顾客满意、让业主赚钱

质量理念:一流的人才、一流的设计、一流的质量、一流的服务

管理理念:目标清晰、权责明确、日事日清。

【雅居乐地产控股有限公司】

企业标识

理念识别

企业使命:构建未来地标,缔造优质生活

企业愿景:国际领先的城市营运者

企业精神:远见、心建,共建未来

开发理念:精品、绿色、人文、未来

【园城集团】

企业标识

理念识别

经营宗旨:诚信立业、惠及于民

企业精神:开拓进取、拼搏创新、争创一流

经营理念:开创中国居住新文化、建造一流物业品质、提供一流售后服务

【新世界中国地产有限公司】

企业标识

新世界中國地產

理念识别

企业愿景:引领都市生活新观念

企业使命:为城市缔造新天地,为社会引进新商机,为地方建成新社区,为顾客带来新生活

【广州颐和集团有限公司】

企业标识

理念识别

经营法则:我们要的规模,不是账面上数以亿计的资产,不是遍地开花的分支机构,而是基于资源的健康循环,基于良性、灵活的企业架构,基于冷静的战略思维!

【招商局地产控股股份有限公司】

企业标识

家在·情在 招商地產

Home is where the heart is

理念识别

企业愿景:百年招商,家在情在

企业使命:筑造温馨的家,建设温情和谐的社会

核心价值观人本 务实 责任 专业

行为准则

服务原则:诚心、用心、恒心

用人标准:品行端正、事业心强、忠诚勤奋、真才实干

员工品行:诚信、有勇气、无私、品位高雅

员工发展:自我实现、自我完善、自我创造

员工关怀:快乐工作、幸福生活

责任意识:提高个人责任意识、从“我”做起

问责机制:制度为纲、赏罚分明

执行力强:快速行动、说到做到

经营作风:贴近市场才能赢得市场,贴近客户才能赢得客户

处事原则:适应环境变化,扮演多种角色

工作原则:实事求是、一切从实际出发,实践是检验真理的唯一标准

成就专业:让员工成为专业行家,让公司成为行业专家

创新恒远:制度的创新、产品的创新、服务的创新

学习修炼:勤于思考、善于总结、乐于分享

团队协作:各司其职、相互配合、团队和谐、高效运作

【江苏华厦融创置地集团有限公司】

企业标识

华厦集团的新标志主体形态为篆刻的印章配以中国红的底色,由“华厦融创”四个篆体字组成中国传统的印章,配合原创的英文名称“togrand”组成。整个标志深沉隽永,景致而不张扬,稳中透露着大气,充分体现了华厦融创集团浓郁的企业文化和人文气息,也透出华厦融创置地集团诚信经营的理念和大家风范。寓意着华厦集团将以全新的姿态和手法“篆”写现代房地产的世纪篇章。

理念识别

企业宗旨:为政府分忧、为百姓解难

经营百年品质、百年华厦”,用“实力创造价值,品质成就未来”作为企业经营理念

【复地(集团)股份有限公司】

企业标识

FORTE复地®

以人为蓝图

理念识别

企业理念:以人为蓝图

工作文化:负责、积极,结果第一。理性、敏锐、快速反应。坦诚、简单、就事论事。比较、审视、持续改良。阳光、契约、合作共赢。

【江苏新城房产股份有限公司】

企业标识

理念识别

企业愿景:传播幸福,成就卓越

企业使命:让幸福便得简单

企业战略:布局长三角,深入专业化

经营理念:专业创造价值

人才理念:诚实做人,踏实做事

客户理念:客户价值是我们的行为指南

产品理念:精细化产品,人性化服务

社会责任:饮水思源

品牌定位:幸福生活传播者

【上海城开(集团)有限公司】

企业标识

标识由内圆向外圆呈箭状突破图形组合而成。寓意主业房地产之核心构造,并由此呈现向联动、多边产业,物业管理、商贸、建材、教育等产业不断发展之基本势态;体现一业为主,多元多角进取的国企精神。

理念识别

企业宗旨:以人为本、诚信至善、融入市场、创造价值

企业愿景:Unique 独特的城开,Duty 责任的城开,Creative 创新的城开,National 全国的城开

企业价值观:责任、超前、气度、奋发

【天津泰达集团有限公司】

企业标识

火凤凰,浴火重生,彰显着勃勃生机和活力,充满自信和豪迈。它以饱满的热情,开放的英姿,振翅飞翔,搏风击浪,表现出一往无前的气概,越过高山,飞过大海,顽强地融入这缤纷的世界,开创欣欣向荣的未来。火红的三角边,代表着稳固和无限延展,寓意着泰达稳中求变的创新特质。火凤凰,肩并肩,紧密相连,象征着企业共赢发展的和谐文化内涵,它不再是一个普通的图案,而象征着强烈的使命感和社会责任感的坚实基座,表现出泰达人的全球视野与超前思维,给视觉强烈冲击的多维空间感,预示着泰达集团稳

健成长,不断突破发展。

理念识别

企业精神:坦诚、简捷、创新、务实

企业理念:和谐生泰,诚信发达,创新 + 品牌是泰达集团永续发展的核心竞争力

企业使命:做城市资源运营的实践者

【世纪金源集团】

企业标识

理念识别

企业宗旨:诚信创业、造福社会

企业理念:以情服务、用心做事

【北京城建投资发展股份有限公司】

企业标识

理念识别

企业宗旨:重信兴利,服务社会

【重庆华宇集团】

企业标识

理念识别

企业理念:诚信如节,以人为本,开拓创新

企业宗旨:质量第一,取信社会,顾客至上,持续改进

品牌口号:责任创造感动产品路线;精品为大众

企业精神:对社会负责,对企业负责,对自己负责

服务理念:机关为基层服务,后勤为一线服务,全员为客户服务

企业目标:缔造居住文明,构建和谐社区

管理原则:严格管理,善待员工

员工素质:热爱华宇,忠诚华宇;开拓创新,奋发向上;严谨务实,爱业敬业

行为规范:良好的道德素养,严谨的思想作风。认真的工作态度,严格的组织纪律。文明的举止仪表,和谐的人际关系

开发理念:为大多数人造房

华宇誓词:我是华宇人,我信奉华宇理念,认同华宇文化,铭记华宇使命,拼搏奋进,开拓创新,决心为实现华宇的崇高目标而努力奋斗

华宇格言:“创新”,是华宇人的思维主题,创新让企业和产品永葆青春

华宇人的风格:稳、准、快。重学历,但不惟文凭;重才干,更重品德;重专长,更重综合素养。理性加情感的思维是创造华宇双文明社区的最高美学追求。华宇追求的是质量的永久、艺术的永恒,而决不是制造建筑的垃圾

【北京住总集团有限责任公司】

企业标识

理念识别

企业使命:为生民安其居,为建筑立伟业

企业战略:立足北京,辐射全国,进军海外

企业目标:具有国际竞争力的现代企业集团

企业愿景:和谐住总,效益住总,品牌住总

企业精神:视今天为落后,求卓越争一流

企业宗旨:建房人永远想着住房人

企业方针:诚信合作,互利共赢

企业作风:精、严、细、实、好、快

企业质量:建一流楼宇,保百年安居

【绿都控股集团】

企业标识

理念识别

基本道德准则:诚实做人,注重信誉,坦诚相待,开诚

布公

待人之道：取信于客户，取信于员工，取信于合作伙伴

企业理念：创新和发展

【宁波维科置业有限公司】

企业标识

理念识别

企业使命：创百年房产品牌，做城市开发栋梁

企业理想：构筑优质生活空间、倡导健康愉悦理念，真诚回报社会，实现自我价值

核心理念：回报、发展、责任

企业理念：注重回报、强调发展、履行责任

【苏州新区高新技术产业股份有限公司】

企业标识

SND 苏州新区高新技术产业股份有限公司

SUZHOU NEWDISTRICT NEW& HI-TECH INDUSTRIAL CO.,LTD.

理念识别

发展战略：构筑富有竞争力的优势产业群

企业精神：团结拼搏，开拓创新

【浙江国际嘉业房地产开发有限公司】

企业标识

理念识别

核心理念：人本、诚信、卓越

经营战略：做实长三角，构筑全中国，走向国际化

【上海宝华企业集团有限公司】

企业标识

上海宝华企业集团有限公司

SHANGHAI BAOHUA GROUP CO.,LTD

理念识别

文化理念：创一流企业，树一流品牌；建一项工程，立一座丰碑。做一个项目，育一批人才；踏一方热土，留一片赞美。

【苏州中茵集团有限公司】

企业标识

理念识别

企业精神：创造明天的价值

产品理念：真诚专注，精益求精

合作理念：强强联合，合作共赢

【宝龙集团发展有限公司】

企业标识

理念识别

经营理念：诚信、谦恭、创新、敬业

企业使命：作为一家专注于开发及经营优质大型多业态综合商业地产项目的中国领先商业物业开发商，宝龙地产致力于改善、提升和创新国民生活品质，营造高品位的商业环境和城市景观，并为当地居民提供优质住宅物业，把企业自身的发展融入中国城市化进程。

【深圳市长城投资控股股份有限公司】

企业标识

理念识别

企业使命:为中华民族打造最好的居住产品

企业愿景:成为最具竞争力的中国房地产领先企业

企业宣言:长城是温馨家园,长城是价值源泉,长城是机遇宝地,长城是业界典范

企业精神:活力长城,和谐共赢

核心价值观:整合有限资源,创造无限空间

人才观:人才是企业的第一资源

人才标准:德是底线,才是根本

用人之道:用合适的人做合适的事。用机制选培人,用业绩考量人,用前景激励人,用文化凝聚人

职业生涯:独立人格,多彩生活,进取人生,专业致胜

企业与员工关系:共创、共享、共赢。因你的忠诚,长城更辉煌;因长城的辉煌,使你的人生更精彩

经营观:诚信成就基业,战略决定高度,品牌赢得市场

发展观:开拓与稳健并行,制度与文化并举,规模与效益并重。挑战极限,创造机遇

产品观:最大限度地尊重人和自然的价值。品质是生命,创新是超越

效益观:速度就是财富。结果高于一切

市场观:客户的需求是我们永远的动力。市场不能靠等待,而是激活

组织理念:议则百家争鸣,行则步调一致。冷静思考、敏锐反应、快乐沟通。彼此惜缘,相互尊重。分工合作,各负其责

行为操守:对企业,诚信守法。对管理者,胸怀、关怀、责任、团队。对员工。用心做好每项事,充实伴随每一天

宣传用语:长城地产,地产长城。住长城房,安居最理想

【北京北辰实业股份有限公司】

企业标识

理念识别

企业愿景:创建全国大型一流房地产综合运营企业

企业使命:创造物业价值,筑就百年基业

企业宗旨:回报股东、奉献社会、珍惜员工

经营理念:以企业价值最大化为原则,进取不忘稳健,稳健不忘进取;在加速发展中控制风险,在控制风险中加速发展。

【南京栖霞建设股份有限公司】

企业标识

栖霞建设的公司标志名称为“星叶”标识。本标识将“星”与“枫叶”两个主题合而为一,以栖霞山、红枫叶、新建筑为基本要素构成,外形犹如一颗星又如一枚枫叶,籍以诉求企业理念与文化精神。栖霞山是南京标志性风景名胜,标识以多重的山形构成标志的支撑主体,象征着与区域个性融为一体的“崛起”主题。栖霞红枫是南京标志性景观,标识以高度概括的手法构成独具张力的星叶图形,星形寓意“品质”与企业使命,枫叶则寓意“自然”与“和谐”之美的“传播”。新建筑:以简洁、刚性的直线构成的图形轮廓具有建筑架构的形式特性,变形的大写字母“A”由建筑“ARCHITECTURE”的首位字母演化而来,寓意以房地产建设为主业业态的产业特质和“立广厦于天地,奉爱心于人间”的企业理念。多重含义铸成一个简洁有力的图形,整个标识充满奋发向上的力度和开放进取的精神,寓意栖霞建设事业红火,红霞漫天,以及必将在群星闪耀的中国房地产界成为最璀璨夺目的一颗红星的企业自信。

企业吉祥物—河狸博士

吉祥物亦称为“企业造形”,其基本的功能在于通过一个具体、生动、独特的艺术形象来揭示企业的特质及企业理念,从而强化出一个有个性和强烈吸引力的视觉形象来活跃企业的相关活动,加强企业形象的文化内涵,营造企业环境的艺术氛围,增强与公众的亲和力,持久一致的企业造形能够产生强烈的视觉感召力和视觉兴趣,最终形成企业独有的直觉形象。

理念识别

企业理念：立广厦于天地 奉爱心于人间

企业精神：砖石精神——务实的理想主义者

企业口号：星叶品牌：给你一个温馨舒适的家。成就优质生活空间。员工随企业成长 建筑与时代同步

企业宗旨：诚信、专业、创新、完美

企业愿景：做一个最受尊敬的房地产企业

【上海实业发展股份有限公司】

企业标识

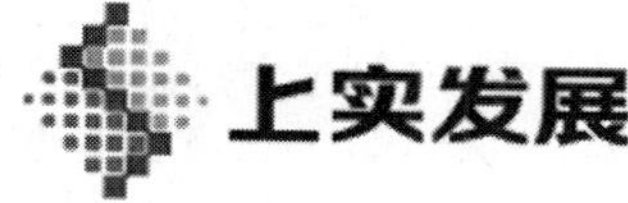

理念识别

企业核心价值（根本使命）：让生活更加美好，让生命更添价值

企业根本目的：办一个高瞻远瞩、永进不止、永盛不衰的企业

企业基本目标：成为最强的房地产集团公司之一；成为最好的资本运营公司之一；成为最佳的公司治理的上市公司之一。

建立“水文化”：“上实发展”奉行一种“水文化”，其特征包括如下内容——宽容、耐久、灵活、透明、沟通、平衡、自洁、化解、滋润、汇聚、流动、汹涌

企业总理念：卓越、创新、诚信、恒久

经营理念：创新管理机制、创新住宅产品、创新企业品牌

管理理念：规范化运作、人本化管理

创新理念：创新造就恒久

发展理念：创新务实、追求卓越

市场理念：适应和引领差异化的市场

品牌理念：品牌是信任和关爱

竞争理念：成为竞争规则的制定者

服务理念：为顾客提供全面的解决方案

产品理念：营造优秀房产、奉献无限体验

人才理念：人才所有与人才所用并举

工作理念：尽责、高效、合作、慎独

学习理念：学习是员工和企业的发展之本

企业灵魂：锐意进取、稳健运作、祥和相处。

企业价值观：忠诚股东、服务顾客、善待员工、奉献社会

企业管理行为风格：勇攀顶峰的无畏气慨和精细务实的稳健作风相统一；坚持规范的原则信念和灵活处置的弹性思维相统一；主动尽责的敬业姿态和服从指挥的团队默契相统一；坦荡真诚的正直性格和祥和善意的宽广胸怀相统一

企业总口号：提升企业核心竞争力；养成企业高度凝聚力；缔结企业外部亲和力；保持企业旺盛生命力。

人际态度：顾全大局、服从组织；献策献力、忠于职守；尊重他人、严以律己；善待生命、相助共乐。

企业文化要素：国际视野；海派风格；创新求变；开放宽容；审美追求；廉洁自律；勤奋敬业；居危思进；关注社会；追求卓越。

【深圳泰然集团股份有限公司】

企业标识

理念识别

企业价值观：人才为本，绩效至上

企业精神：稳健务实、开拓创新，高效率、高效益

核心竞争力：追求卓越、创新价值、持续超越

【厦门国贸集团股份有限公司】

企业标识

理念识别

企业愿景：成为中国服务业内领先的、令人尊敬的绩优上市公司

企业使命：持续创造新价值

核心价值观：坚定，恒信，成长

企业精神：激扬无限，行稳致高

【宁波雅戈尔置业有限公司】

企业标识

理念识别

企业愿景:创国际品牌,铸百年企业

企业价值观:诚信、务实、责任、勤俭、和谐

企业文化的特征:开拓与稳健并举,人才与事业共长,物质与精神齐进,品质与品牌同步

经营理念:装点人生,服务社会

企业精神:奉献、进取、宽仁、合作

企业宗旨:让消费者满意,使合作者发展

企业使命:创国际品牌,铸百年企业

工作宗旨:勇于变革,不断创新

道德理念:勤奋诚实、正直善良、富而不骄、满而不溢、谦而不卑、刚柔相济

【北京市华远地产股份有限公司】

企业标识

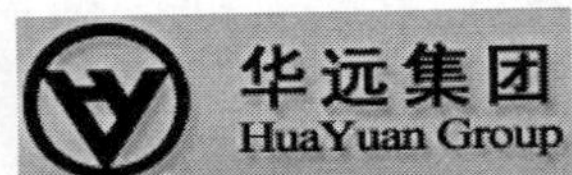

理念识别

华远宗旨:来源于社会,服务于社会

华远精神:坚韧、团结、探索、奋斗

华远原则:总体最优

【首创置业股份有限公司】

企业标识

理念识别

核心理念:目标一致、遵从规则、学习创新

【中国武夷实业股份有限公司】

企业标识

理念识别

企业精神:艰苦创业、开拓进取

企业宗旨:建一流的企业、树一流的品牌、铸一流的管理、立一流的理念、创一流的业绩、造一流的团队

企业经营方针:艰苦创业、严格管理、稳健经营、效益为本

质量方针:科学管理 以质取胜 创新进取 顾客满意

企业价值观:人的价值高于物的价值,共同价值高于个人价值,社会价值高于利润价值

企业作风:团结进取、艰苦奋斗、雷厉风行、求真务实

企业理念:思想要解放,体制要改革,事业要奋斗,生活要简朴

企业口号:人无我有,人有我新,人新我特。以质取胜,以优取信。中国武夷愿与您一道建设和谐美好的家园。

企业发展战略:以人为本,以理念创新为前提,改革创新为动力,管理创新为主题,充分发挥公司技术、人才优势,凝聚全体员工的智慧和力量,依靠科学的管理和适应市场经济的灵活的机制,不断提高企业国际施工管理、投资开发、资本运营能力,不断提高企业的核心竞争力,实现企业发展目标。

【天津永泰红磡集团】

企业标识

理念识别

企业使命:厚德筑家

企业愿景:成为环渤海地区国际化产业投资集团

核心价值观:崇本务实,追求卓越、为客户创造最大价值

【上海景瑞地产(集团)股份有限公司】

企业标识

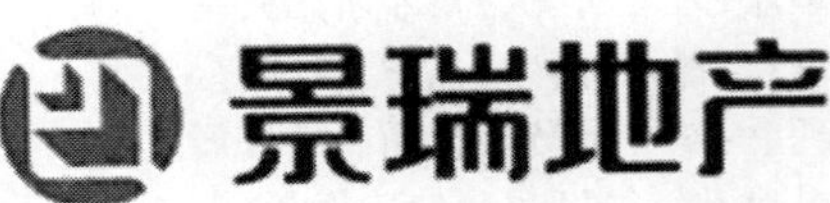

理念识别

核心价值观:永远诚信、恪守专业、锐意进取、共赢未来

企业使命:舒适之道

【中国宝安集团股份有限公司】

企业标识

标徽图案由三个古钱币连接而成为一个整体，表示集团是由多种经济成分结合构成的股份制公众上市公司。钱币是财富的象征，蕴含集团资源增值，实力雄厚之意。三个古钱币的组合又是一个“人”字，寓示集团以人为本，奉行“为顾客创造价值，为股东创造财富，为员工创造机会，为社会创造效益”的企业使命。标徽正中是一颗宝石，象征宝安集团的生命力像宝石一样天长地久，弥足珍贵，无论岁月怎样流逝，世界怎样变化，宝安集团都像宝石一样，永不褪色，永放光彩，永恒不变。标徽图案象征着“天、地、人”三者的合一，寓意着宝安集团聚天地之精华，乘天时、地利、人和之势，超越时空，继往开来，拓展事业，为人类做出更大贡献的宏大气魄。同时，也代表着“知、思、行”的统一，即知识指导思想，思想支配行动，行动检验知识。宝安集团就是在这三者的统一中不断修炼，不断成长。标徽图案又如方向盘，象征公司在企业发展和市场竞争中顺应环境变化，把握战略方向，敢想、敢闯、敢干、敢为天下先、一往无前的领先地位，牢牢把握“以顾客价值为导向，以利润现金为目标”的经营理念，大力弘扬永不满足、永不停顿、不断超越自我的企业精神。标徽整体统一，以圆形为外围造型，蕴含全体员工精诚团结、紧密合作之意。外圆内方，且圆得均衡，方得正直，象征公司在经营活动和社会环境中奉行的为人处事公平、公正、诚信的商业原则。标徽颜色以红色为统一色调，象征热烈吉祥，热情奔放，企业蓬勃向上，事业顺利兴旺，前景灿烂辉煌。

理念识别

企业使命：为顾客创造价值，为股东创造财富，为员工创造机会，为社会创造效益

核心理念：资源增值

经营理念：以顾客价值为导向，以利润现金为目标

管理理念：人才为本，创新为源

团队理念：真诚关怀、敬业负责、务实高效、合作进取

哲学理念：用变的思想认识世界，以和的方法改造世界。

宝安金句

思想：只有思想的创造，才有价值的创造。只有思想领先，才能在行动和结果上领先。

精神：精神在，一切都在。精神不倒，方寸不乱。

修养：克制、谦虚、执着。好学、力行、知耻。建立“自我”，追求“无我”。放下身段，放开胸怀，放宽视野。

学习：永远当好学生。学习的速度就是赚钱的速度。虚心学习、潜心学习、专心学习。只有学习先进，才能成为新的先进。

创业：创业难，守业难，知难不难。在宝安的词典里，从来就没有“困难”这两个字。

目标：每天盯住自己的目标。做不了第一，就跟着第一。只要选对了路，就不怕路远。

创新：思路决定出路。学习别人，走自己的路。使创新成为我们的名片。一个不创新的企业是没有前途的企业。创新是出路、创新是活路、创新是生存和发展的唯一之路。

改变：知变、应变、改变。思变、求变、善变。

竞争：伟大的成功，来自伟大的对手。把别人的长处看够，把自己的短处看透。

方法：用时间换空间，用利益促发展。做事走“窄门”，做人走“矮门”。不为失败找理由，要为成功找方法。一流的人找方法，二流的人找借口。

经营：尽人性、尽物性。正大光明，合法经营。两条腿走路，加减法并举。资产证券化，证券国际化。

投资：投资失败是最大的失败。宁可流口水，不要流泪水。宁可走慢一步，不可走错半步。

质量：有了好质量，才有好品牌。用一流的品质造就一流的产品。

危机：警惕缓慢逼近的危险。看不出问题是最大的问题。前有标兵，后有追兵。标兵不断拉大差距，追兵已经兵临城下。

客户：用心感动客户。人脉就是金脉。全心全意为客户服务。做一笔生意，交一个朋友。心中有客户，时刻想客户，一切为客户。亲近他，了解他，琢磨他，联系他，服务他。

营销：卖不出去的产品就是废品。一切服务销售，一切服从销售。

信息：信息就是财富。信息就是金库。

调整：知进知止，把握趋势。在发展中调整，在调整中发展。

品牌：品牌无价。信誉是价值无限的资产。

制度：制度是第一生产力，制度是第一竞争力。

用人：能上庸下平让。用新励旧去庸。

奖惩：奖得心动，罚得心痛。

行动：心动不如赶快行动。每天一小步，都是新高度。每个问题都是改进的机会。

执行：没有任何借口。落实必须指向具体。

财务：现金为王。财务稳健是长寿企业的关键。没有现金流的生意就不是好生意。宁可利润少一点，也要周转快一点。

成本：把成本当投资。管住每一笔开支。降低成本是每个人的责任。时时刻刻对成本保持高压。削减一分成本，增加成倍利润。控制成本是财务人员的第一要务。

三字经：三专：专心、专业、专注。三见：听意见、无成见、有主见。三看：看市场、看同行、看自己。三自：自我反

省、自我否定、自我批判。三最:最大的稳健是财务稳健,最大的失误是投资失误,最大的节约是时间节约。

五字经:五量:做实是总量,盘活是存量,突破是增量,学习是变量,执行是力量。五化:岗位责任化,工作流程化,行为制度化,奖罚公开化,培训持续化。五子:摸清底子,换好脑子,出好点子,找对路子,调好班子。五优化:数量优化、结构优化、功能优化、系统优化、过程优化。五点:抓紧关键点,克服薄弱点,消除盲点,把握结合点,找准突破点。

态度:站着身子做人,弯着身子做事。世界级企业的背后是员工世界级的敬业。

【浙江展诚建设集团股份有限公司】

企业标识

理念识别

核心理念:责任、诚信、实干、效益、人本

企业理念:有形的丰碑,无限的追求

企业精神:敬业务实、开拓创新、团队协作、争创一流

产品理念:完美建筑、精致品位

竞争理念:构筑强势品牌,树立绿色形象

合作理念:互信、互助、和谐、共享

企业信条:展志兴业、诚铸航母

企业战略:大建设、大市场、大集团、产业化、知识化、国际化

企业目标:创建一家高品位、强实力、讲诚信、现代型企业集团

【西安高科集团公司新西部实业发展公司】

企业标识

理念识别

发展战略:积极投身于加快区域经济发展和完善区域投资环境的建设,以资本运作为手段,以房地产业为核心,以区域服务业、高科技产业为两翼,积极探索新领域,打造决策科学化、投资专业化、管理现代化、效益最大化的令人尊敬的现代企业集团。

经营理念:责任为重、诚信为本、稳健经营、科学管理做令人尊敬的现代企业集团

【吴江市恒达城建开发有限公司】

企业标识

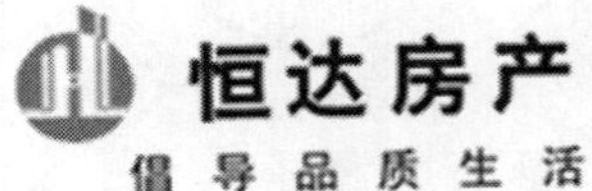

理念识别

企业精神:领创新、诚实守信、专业精细、以人为本

企业理念:倡导品质生活

企业使命:让更多的人住更好的房

企业愿景:百年专业地产,百年品牌企业

【广州时代发展企业集团有限公司】

企业标识

理念识别

核心理念:品质让顾客惊喜,服务让顾客感动

经营哲学:追求卓越

企业精神:负责、团结、创新、奉献

企业风格:贴近员工、贴近顾客

【天地源股份有限公司】

企业标识

理念识别

企业使命:构筑爱心天地

企业愿景:成为价值领先的中国上市公司

核心价值观:客户为天,员工为地,社会为源 诚信为天,稳健为地,学习为源 责任为天,尊重为地,感恩为源

战略定位：以价值创造为核心，以中高端住宅开发为主，以品牌产品开发商为模式，稳健拓展房地产 业务，积极构建和形成第二主业，实现业绩的稳步增长和竞争能力的持续提升，做价值领 先的中国上市公司。

品牌主张：更多价值，更多关爱

商业模式：以中高端住宅开发为主，实施专业化、标准化、高效化、品牌化运作，增强公司产品和服 务的市场竞争力，提升附加值，积极构建第二主业，最终实现双主业发展模式。

【上海宏泉集团有限公司】

企业标识

HOCHANE宏泉

理念识别

企业理念：以人为本、优化组合、和谐发展

企业文化：聚人、聚心、聚德，同结祥和缘

【武汉地产投资开发集团有限公司】

企业标识

理念识别

企业使命：缔造城市价值，建设城市未来

企业精神：团结、务实、诚信、创新

企业作风：戒浮求实，戒庸求卓

管理理念：以人为本，科学管理，民主决策

经营理念：以市场为导向，以客户为中心，科学决策，稳健经营

发展观：致力做强，积极做大。追求高质量的持续发展

市场观：居安思危，抢抓机遇。开发围绕营销转，营销围绕市场转，企业围绕效益转。

产品观：力求量多，更求质优。形成开发规模，占据较大的市场份额；打造地产品牌。用优质的产品赢得市场，用周到的服务赢得客户，用良好的信誉赢得竞争

客户观：尊重客户，服务客户

金杯银杯不如客户口碑；金奖银奖不如客户的夸奖

重视客户的感受和需求，诚实守信地为客户服务。重视客户的感受和需求，诚实守信地为客户服务

按市场需要定位—让客户动心；规划设计创新—让客户倾心；狠抓工程质量和工程兑现—让客户放心；规范运作合理定价—让客户安心；与客户换位思维—将心比心。

【浙江省赞成集团有限公司】

企业标识

赞成标识含义是"运筹帷幄，求实奋进"，该图形简洁大方，视觉冲击力强，线条流畅，粗细相衬，刚柔相济。主色调为红色，象征充满活力、开拓发展和稳定向上的企业精神。商标图案中的延伸意义是一山一水。山即仁的精神，是公司员工刚强、忠诚的象征；水是智慧的象征，能应对整个世界的变化。商标蕴含着公司以人为本、以仁为本、以智为本的思想，体现了集团公司赞成天地之化育的企业价值观。

理念识别

企业精神：务实求真，团结奋进

企业作风：艰苦奋斗，遵纪守法

企业理念：诚实守信，合作共赢

企业行为：顺应规律，争创业绩

【新疆广汇房地产开发有限公司】

企业标识

理念识别

经营理念：做实事、讲实效、诚合作、共发展

创业精神：追求卓越、永无止境

【冠城大通股份有限公司】

企业标识

冠城大通

整体标识由一枚古钱币变形而成，蕴涵吉祥之意。同

时整体造型在古朴之中又洋溢着勃勃的人文气息,体现了冠城大通持续发展,永续经营,永葆生机的企业愿景。标志的四个组成部分为四只互相融合的手,代表精诚合作、有效沟通,凸显了公司“凝聚人文,和谐共赢”的核心价值观。标志以红色为主色调,代表激情迸发、锐意进取。总体结构简洁、流畅,造型线条优美、动感十足、时代感强,昭示着冠城大通基业常青,岁岁向荣。具有较强的识别性和记忆力。

理念识别

企业愿景:持续创造价值,成就百年基业

企业目标:成为中国一流的地产蓝筹企业

核心价值观:凝聚人文,和谐共赢

经营理念:专业、诚信、品质、人本、理解

企业精神:梦想、激情、创新

【力维斯投资集团有限责任公司】

企业标识

“The Lasting Voice of Creation”这句话的直译为“创造是永恒的基调”,作为集团公司名称的含义,它可以被通译成“创造无止境”五个大字。如同父母为新生儿起名字一样,力维斯投资集团的创立者们在赋予集团公司名称含义的同时,必然也寄托了他们的无限期望:力维斯是一家以投资房地产为主的国际投资企业,开发并建设适于人们工作、生活的建筑是它的主要任务。而贯穿于这项任务始终的,就是“创造”。“创造”一词包含了“创新”和“建造”的双重涵义。创新,是指在观念、想法、方式、方法上的改善、更新;而创造是创新的目的和结果,是通过制造和建造,将创新转化出来的成果。它比创新更强调实施和效果。因此,在房地产行业,提倡“创造”,比“创新”更有现实意义。力维斯要创立一流的品牌,势必要在“创造”上下足功夫:要创造出更超前、更科学的居住理念,并力求达到设计超前、产品超前、营销手段超前、服务超前;要创造重视细节、追求完美、精益求精的产品生产流程;创造无微不至、无所不在的服务;更要创造先进的、适合公司发展的企业文化、企业制度,令公司上下齐心、积极进取、无往而不胜!

理念识别

企业使命:建百年精品,创永恒品牌

企业精神:感恩尽责,拼搏创新

企业口号:创造无限,追求卓越

人文理念:仁者乐山、智者乐水、勇者乐土

【宏瑞集团有限公司】

企业标识

理念识别

宏瑞理念:诚心、精业、高效、卓越

宏瑞精神:自强自立、至诚至信、敢为人先、团结拼搏

宏瑞价值观:企业利益至高无上,诚信服务铸就市场,人力资源激发活力,协作团队创造个性

【上海东鼎投资集团有限公司】

企业标识

理念识别

企业精神:开拓、创新、诚信、求实

企业宗旨:对社会的进步发展——鼎力相乘,对社会的承诺——一言九鼎

经营理念:坚持质量第一的价值取向。坚持诚实守信经营作风。坚持效益优先的经济原则。坚持服务至上的工作态度

发展理念:树立正确的发展方向和目标。建立专业化、富有创造力的员工队伍。创造一个和谐、富有挑战性的环境和氛围是企业成功与发展的首要因素。持续提供超越员工期望发展的良好的空间和平台。培育以团结、勤奋、敬业、创新、责任为核心的团队精神

客户理念:客户是企业的永远伙伴。客户是最珍贵的资源,是东鼎生存的全部理由。尊重与理解客户,坚持提供超越客户期望的产品和服务。在客户眼中,我们每一位员工都代表东圣。我们1%的失误,就是客户100%的损失。客户的满意程度,就是衡量我们成功与否的重要标准。与客户共同成长,让东鼎在合作中完善

企业诚信理念:承诺重于泰山,信誉高于生命。创新是发展的助推器,诚信是和谐的润滑剂。宁失万贯,不失诚信。诚信是道德的底线,守法的基础,社交的规则,和谐的前提。发展是硬道理,诚信是软环境。用我们的真心和诚心,换您的放心和舒心。诚信是事业的支点,诚信是成功的起点

质量方针:精益求精、始终如一

质量目标:单位工程合格率100%;顾客满意率95%;合同履行率100%。

【深圳经济特区房地产(集团)股份有限公司】

企业标识

理念识别

企业理念:和谐、责任、创新、诚信

【天津津滨发展股份有限公司】

企业标识

理念识别

核心价值观:用户满意最大化、股东权益最大化、国家税收最大化、员工价值最大化。

津滨理念 :发展是硬道理。经营与管理是发展的基础,市场与服务是发展的途径,质量与信誉是发展的保障,团队与人才是发展的依靠,忠诚与学习是发展的动力。

津滨精神:拼搏务实、敬业奉献、开拓创新、竞争合作

发展目标:努力把公司建设成为"市场化、实业化、国际化"的大型企业集团

发展战略:以工业房地产为基础、以商用和民用房地产为重点、积极培育后备主导产业。把津滨公司真正建设成为主业突出、结构合理、管理规范、基础牢靠、扩张有序、赢利稳定、诚信度高、凝聚力强的大型企业集团公司

【中设建工集团有限公司】

企业标识

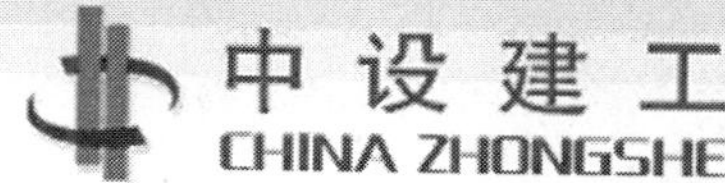

理念识别

经营理念:质量求生存、实力拓市场、人才求卓越、信誉求发展

综合篇

他山之石——国外企业文化建设借鉴

提高心性 拓展经营

稻盛和夫

我于1932年出生于日本西南部的鹿儿岛，大学的专业是应用化学。毕业后就职于日本古都京都的一家电瓷瓶制造公司，当一名技术员。后来在几位友人的支持下，于1959年也就是在我27岁的时候，在京都创立了一家生产新型精密陶瓷零件的“京都陶瓷”公司。

虽然是白手起家，但我开发的新型陶瓷材料深受业界欢迎，京瓷也努力将这种材料应用于各种领域。

50年来，京瓷充分利用新型陶瓷的特性，开发了各色各样的产品，从各种精密陶瓷元器件到太阳能电池、医用材料，以至手机、打印机、复印机等终端产品，京瓷已经成长为日本有代表性的高科技企业之一。在中国，京瓷已在上海、东莞以及天津建立了制造基地，生产电子零部件、打印机、复印机和太阳能电池。另外，在日本还有一家同样也是由我创办的KDDI公司，京瓷是其第一大股东，KDDI从事长途电话和移动通信业务。KDDI公司在通信行业的新准入企业中位居首位，现在已成为日本国内第二大通信营运商。除此之外，京瓷还有宾馆以及电脑系统服务等企业。从材料到元器件、零部件，从机器设备的制造到通信、服务，像这样业务涉及整条产业链、业务领域又如此广泛的企业，我想在全球也是极为罕见的。这些由我创建的企业集团，2009年3月的合并销售额达到约4.6万亿日元，利润约5000亿日元。

在日本的中小企业之中，有很多经营者想要学习我的经营思想。因此，从1983年起，我就义务传授我的经营哲学，并以“盛和塾”这种形式在全国展开。“盛和塾”以日本国内为主，在全世界已经发展到60家，塾生超过了5400名。另外，在无锡设立了中国首家“盛和塾”，现在中国还有不少地方希望学习我的经营哲学，应该怎样来回应这种要求，我们正在认真研究。

执掌企业乘风破浪之舵

美国金融危机爆发以后，世界经济迅速恶化，出现了整个世界同时萧条的局面。直到最近，经济才开始有所恢复。但是，各个方面仍有许多不稳定的因素，形势依然不容乐观。

回顾过去，世界经济的变动起伏是反复出现的，大大小小、各式各样的景气、不景气总是交替产生。比如，二战后日本经济从废墟中崛起，看起来似乎是半个世纪的持续发展，但实际上也是经历了多次反复的变动过程。在这种经济变动的波涛中，日本企业荣枯盛衰的故事不胜枚举。翻开日本战后的产业史，呈现的可谓是“尸骨”累累的景象，其中数量最多的就是经不住波涛冲击的中小企业。

回顾一下日本战后的经济史，或许可供当今中国的企业界参考。1945年日本战败，国民团结一致着手经济的复兴。但是，工厂、运输设备、基础设施已损毁大半，海外的日本人又大量归国，出现了通货膨胀和粮食危机。当时的日本国民，除了向往富裕的愿望之外，几乎一无所有。但正是这种渴望富裕而催生的勤奋，成为了日本从焦土中奋起的原动力，带来了经济复兴的丰硕成果。

1960年，日本政府发布了“国民收入倍增计划”，致力于大幅提高国民的生活水平，“家庭电器化时代”到来了。我们京瓷公司作为电视机陶瓷绝缘品的生产厂家，迎来了创业期。1964年，日本举办了东京奥运会，贯通日本东西的高速公路和高速铁路等社会基础设施快速建成。1970年大阪世博会开幕。这个时期，日本经济由出口产业拉动，以年增长率9%的速度持续发展。

进入上世纪七十年代，日本经济走到了转折的关头。这就是1971年所谓的“尼克松冲击”，美国因为连年的贸易逆差而放弃了美元的固定汇率制度。在此之前的20多年里，汇率一直被人为控制在1美元折合360日元的水准上。习惯了这种汇率的日本出口产业不得不改变经营方向，努力削减成本以维持价格竞争力，同时提高产品质量，开发独创性产品，产业结构被迫向高附价值的方向转变。在这过程中，很多企业被淘汰出局，但从整体而言，日本经济仍然持续增长。不久，因中东原油价格飞涨引发的石油危机，又使日本企业订单急剧减少，原材料成本迅速攀升，一时陷入了巨大的混乱之中。但是由于企业的拼命努力，最终还是克服了这次空前的经济危机。

此后，日本企业进一步加强了竞争能力，出口大幅增加，贸易顺差继续扩大，致使日美贸易失衡问题更加突出。从上世纪七十年代后半期开始，日美贸易摩擦日益加剧。

在美国的强硬要求下,为修正贸易失衡,日本以钢铁、汽车为主,自行限制对美出口,同时采取降低关税等措施,促进美国的进口,再加上日本企业采用在美国建立生产基地等方法,才使得贸易摩擦逐步趋向缓解。

回过头来看,美元浮动汇率制度导致的日元升值,虽然对日本企业是一个很大的挑战,但同时也带来了进口成本和海外投资成本降低的好处。更重要的是,日元升值反而成了日本企业提升国际竞争力的契机,因为日本企业为了消化日元升值的压力,就必须在企业合理化方面做出巨大的努力。1985 年的"广场协议"使日元进一步升值。1995 年日元甚至创纪录地升至 1 美元折合 79 日元。"再绞拧已干了的毛巾!"许多日本企业彻底地提高效率,取得了更大的经营成果。超高的日元汇率,对出口比例超过 40% 的京瓷也是一次严峻的考验。但全公司团结奋斗,彻底削减成本,虽然销售额一时有所减少,但利润率却一直保持在 20% 左右。

日元升值,还使得大量海外资金流入日本。为了救助因日元升值而陷于困境的出口产业,日本实行了宽松的金融政策。因此,从上世纪八十年代后半期开始,日本经济投资热迅速升温,特别是对股票和土地的投资,不仅企业,连个人也都踊跃参与。股票市场的平均股价仅仅 5 年就涨到了 3 倍,6 大城市的地价也在短短几年中飙升到了 3 倍。升值再升值,甚至有人说"东京 23 个区的地价足以买下整个美国国土"。那时,日本很多企业都遵照金融机构的劝导,十分热衷于土地和股票的投机。但是,我们京瓷决不依靠投机获利,我们一如既往,专注于自己的事业,就靠流汗来获取利润。

缺乏实体经济增长的支撑,泡沫经济理所当然地就会崩溃。1990 年,财政当局抑制经济过热的政策一出台,立即成为导火线,股价、地价开始暴跌,不仅许多企业承受了巨额账外损失和负债,而且战后一直支撑日本经济发展的金融系统也开始摇摇欲坠,发出了崩裂的声响。泡沫经济时期,以企业土地作抵押,银行贷出了大量的资金。后来地价下跌,这些贷出的资金都变成了不良债权。银行因拥有大量不良债权而陷入经营危机。截至 2002 年,日本的大型银行被迫处理了高达 88 万亿日元的不良债权。政府注入公共资金,银行处于维持惨淡经营的窘境。银行的困境又导致了"惜贷",银行不愿向企业融资,这就引发了以中小企业为主的连锁性倒闭,其影响波及到了整个日本。结果,1997 年和 1998 年日本经济连续两年负增长,尔后又陷入长期低迷。因此,上世纪九十年代是日本经济的严冬,被称为"失去的 10 年"。

进入新世纪以后,大型银行不良贷款的处理基本完成,企业收益有所改善,日本经济迎来了恢复期。但 2001 年伴随美国 IT 泡沫破裂,以电子工业为中心的日本产业界又遭受打击,许多企业利润大幅下滑。就在日本经济的创伤即将愈合之际,这次美国金融机构破产引发的世界性经济萧条再度袭击了日本企业。现在,很多日本企业还在痛苦中挣扎。

以上,就是战后 60 年日本经济走过的历程,从中我们可以看出日本企业遭遇了多少次经济风浪的冲击。企业的经济环境就是这样变动频繁。不管拥有多么好的独创性技术,不管拥有多么高的市场占有率,不管具备多么完善的经营管理体制,也不管自以为经营基础多么坚如磐石,在突然袭来的经济变动面前,许多企业仍然可能不堪一击。

始终坚持"慎重坚实经营"

经历了如此频繁的经济风浪,我们京瓷今年迎来了创业 50 周年。在这 50 年中,京瓷持续成长发展,没有出现过一次亏损,这是十分罕见的。当然,也有人认为,"那不过是京瓷的产品和事业碰巧赶上了潮流,那只是幸运"。但是我认为,决非如此。靠"幸运"支撑半个世纪之久,是不可能的。京瓷能够不断成长,靠的是指引企业持续发展的"经营要谛"。

京瓷的"经营要谛"决不复杂难懂,它极为单纯,就是经营者的态度,这种态度概括为一句话就是:"慎重坚实经营"。在激烈的市场竞争中,为了保护员工,为了企业的生存,经营者决不能示弱,要有坚韧好胜的性格和积极果断的行动。而为了企业的长期繁荣,经营者还必须小心谨慎,要保持"如履薄冰、如临深渊"的心境。

京瓷创业的第一年,销售额就实现了约 3000 万日元,利润约 300 万日元,利润率 10%。这使得当时既没经营经验又没有经营知识的我特别兴奋,那种心情至今记忆犹新。为什么会那样高兴?因为可以归还借款了。有一位支援我的人,用自家房产作抵押,从银行贷款 1000 万日元,给我作京瓷的创业资金。"与我无亲无故的朋友居然用这种方式来帮助我,我决不能让他蒙受损失,必须尽早归还贷款",这个念头时时督促着我。

急于还款还有一个原因,就是我的性格。我的父亲十分忌讳向人借钱。我小时候,父亲经营家庭印刷厂,有很大的印刷机器,还雇佣了员工,在乡下也算进入了成功者的行列。但是在二战空袭中,家里的房子和工厂都被炸毁了,一时父亲茫然不知所措。战后,他已经完全没有了重建印刷厂的念头,不管家属怎样催促,他都毫不动心。他说:"在这种通货膨胀的时期,借钱背债务,让七个孩子没饭吃,那可不行!"或许是继承了父亲稳重小心的性格吧,我对借钱负债也抱有极端的恐惧。

我是技术员出身,根本不懂经营,甚至连税金的概念也没有。创业第一年赚了钱,我就打开了如意算盘:如果每年都有 300 万利润,那么 1000 万的贷款 3 年就能还清!哪知道,支付了税金后,就剩下 150 万了;再支付了股东分红和董事报酬后,只剩下 100 万了。我犯愁了,这样的话,还清贷款就要花上 10 年的时间啊!再说了,当时用的是二手设备,要购买新设备就更是遥遥无期了。我感到非常惶恐。

万般无奈,我向那位支援者请教:"现有设备不可能用上 10 年,公司向何处去,我完全不得而知。"那位支援者笑着对我说："你说什么呢？你拼命努力，一年就非常了不起，这项事业大有希望。如果估计销售额还能增长，那就应该继续向银行贷款，积极进行设备投资。"我问道："那不是又要增加贷款了吗？"他说："这就叫事业。"但是我仍然说："已经给您添了那么大的麻烦，我很不安，再要贷款我非常惶恐，实在做不到。"这位支援者说："你是优秀的工程师，却成不了优秀的经营者。只强调归还贷款，公司就不可能发展壮大，凡是事业家，都会从别处筹措资金。只要能偿还利息、提取折旧，贷款买设备既不丢人，也不是坏事。"这时我突然意识到："如果不满足于每年100万的纯利，而将纯利提高到300万，不是也能还清贷款吗？"

这一认识成了京瓷高收益经营的起点。从此我就立志要把京瓷办成高收益企业。这并不是出于我的野心和贪欲，而是处于我一贯谨慎小心的性格，出于"慎重坚实经营"的理念。我用心做到"销售额最大、经费最小"，使得利润率有时甚至超过40%。京瓷不但成了日本有代表性的高收入企业，而且成了值得自豪的财务体制宽裕的无贷款企业。

以谨慎态度经营企业，打造高效益的企业体制，形成值得自豪的财务宽裕的企业——这就是京瓷能在多次经济变革中顺利发展至今的原动力。也就是说，高收益是一种"抵抗力"，它可以降低企业的盈亏平衡点，使企业在萧条的形势中照样能够站稳脚跟。

出现经济萧条，首先是客户的订单减少。对企业来讲，如果平时有10%的利润率，即使销售额下滑两成，仍然可以有一定的利润。只有当销售额下降30%、40%时，才可能出现赤字。利润率高，意味着固定费用低。如果利润率达到20%、30%，即使销售额降去一半，企业仍可盈利。1974年7月，由于石油危机的影响，京瓷的订单从原来的每月27亿日元骤减到了3亿日元。尽管遭遇如此急剧的变动，当年京瓷依然没有亏损。因为京瓷不但能制造当时谁也做不了的新型产品，而且平时有超过30%的利润率。

形成高收益的企业体质，还可以保障员工的就业。在经济大萧条的时候，许多日本 大企业纷纷停产，解雇员工，或让员工歇 业待岗。但此时的京瓷，却能保证所有员工正常就业。

我本来就属于谨慎小心又爱操心的那一类人。"一旦遭遇萧条该怎么办呢？"内心一直 为此忐忑不安，所以平时就格格外小心。经济不景气，员工就动 摇，但我充满自信，我说："请大家不要担心，即使一些优秀企业接连破产，我们京瓷也仍然可以生存。哪怕两年、三年销售额为零，大家照样有饭吃，因为我们有足够的储备。让我们沉着应战，继续努力工作。"这话既不是谎言，也没有夸张，所以很能稳定军心。

现在，京瓷随时可以使用的现金约有4700亿日元，还有股票等资产3700亿日元，合计共有8400亿日元的储备，不管遭遇怎样的萧条，都不会很快动摇京瓷经营的根基。

我们要的是企业长期繁荣

近年来，有人对我主张的"慎重坚实经营"提出了异议。他们看重股东资本利润率，即所谓ROE。以美国为中心的投资家们认为我的经营方针是不正常的。他们说，不管你有多么高的销售利润率，如果你把赚到的钱全储存起来，这么多的自有资金只产生这么低的利润，你就是投资效率差。受他们的影响，不少经营者也认为"必须提高R0 E"，于是就用辛苦积攒起来的资金去并购企业、购买股票，追求短期利润最大化。在美国式的资本主义世界里，这样的经营者被评价为优秀。

京瓷的经营高层在美国、欧洲开会时，也经常听到这样的意见："京瓷的ROE太低，存这么多钱干什么，应该去投资，应该赚更多的钱，给股东更多的回报，这是投资家的要求。"我对经营干部们说："完全不必按那些投资家的意见办。"我认为，尽管"ROE高的企业就是好企业"已经成为"常识"，但它充其量也就是个衡量企业短期效益的尺度，而我们要考虑的是企业长期的繁荣。对于我们来说，稳定比什么都重要，没有足够的储备，就经受不住经济萧条的冲击。半个世纪以来，我固执地坚持了这种慎重经营的态度，京瓷也成功实现了持续的发展。

当然，并不是说只要有慎重经营的态度就足够了。在经营企业的过程中，我经常获得各种各样的启示，每次我都会记在本子上，而且一有机会，就向公司内外的人们作解释。我将自己思考的经营原理、原则称为"哲学"，其中有"重视独创性"、"成为开拓者"等主要提倡积极果断向新事物发起挑战的精神；有"怀有渗透到潜意识的强烈而持久愿望"、"不断付出不亚于任何人的努力"，以及"明天胜过今天，后天胜过明天，反复钻研创新"等理念。我还提出经营者必须具备像格斗士那样"燃烧的斗魂"和"洞穿岩石般坚强的意志"。除了经营哲学之外，我也谈到了经营者必须掌握的经营管理手法，包括要精通实用的企业会计，要在企业内部建立管理会计的体制等等。我认为，这些都是基础，归根结底还在于经营者必须具备"慎重坚实经营"的态度，必须构筑绝对安全的经营基础。

必须以关爱之心、利他之心经营企业

回顾半个世纪走过的历程，我强烈而深切地感觉到，正是有了上述的经营态度和思想，才有了我们企业的今天。而为了保证企业长期持续的发展，近来我又强烈地感觉到，还有一条也极其重要，这就是：经营者不能只顾自己的私利，而必须与企业的所有利害相关者和谐相处，必须以关爱之心、利他之心经营企业。

为什么？近年来我们看到，很多企业之所以垮台，并不是外界经济变动即"他律性"的原因，而是经营者自身素质即"自律性"的原因，是经营者"自毁长城"。美国的安然公司、世界通信公司、雷曼兄弟公司，等等，都是因为经营者贪婪地攫取巨额报酬而破产的。我认为这么说并不过分。

企业利润是全体员工共同努力所取得的成果，如果企业领导人把它看成自己一个人的功劳，独享高额报酬，这是极不应该的。这种贪婪必然引发企业内部的不和谐，进而

成为企业破产的原因。一味利己而导致企业破产的事例,不只是出现在美国,可以说古今东西不胜枚举。二战以后,日本一些事业家历经千辛万苦,好不容易筑起了出色的企业,但后来却因为自身变质,使企业陷入衰亡,也玷污了自己的晚节,这样的事例太多了。这些人创业时,也都非常勤奋,质朴谦逊,但一旦功成名就,就开始无节制地追求金钱、名誉,骄傲自大,走向堕落。人们对自身的蜕变一般觉察不出来,如果缺乏正确的哲学,环境一改变,就很容易变质。

因此,必须竭力排斥自以为是、动不动就"我呀我"的利己的欲望,必须让为员工、为客户、为社会的关爱之心和利他之心占据自己的心灵。在这种美好的、善良的心灵之上,再加上拼命努力,那么,不仅"更好地拓展事业"的愿望能够实现,而且能与一切利害相关者协调和谐。

对于这一点,我有切身的体验。KDDII是继京瓷之后我经营的另一家公司。上世纪八十年代中期之前,日本国营通信企业电电公社一直垄断国内市场,通信费用与各国水准相比高得离谱。正当民众感到困扰,我也为此担忧时,政府的方针发生了变化,要将电电公社民营化,而且允许新的企业介入通信事业,希望通过竞争将通讯费用降下来。电电公社民营化后成为NTT,但是却没有一家企业报名参与竞争,因为NTT实在太强大了,与它对抗风险巨大。眼看政府的这一措施就要落空,对于通信事业几乎一无所知的我,经过深思熟虑,决定以京瓷为核心,创建第二电电,介入通信事业。

当时的京瓷,不过是销售额2500亿日元的地方性中坚企业,这样的企业居然要到首都东京去参与国家规模的工程,有人就讽刺我"不自量力"。但是我认为,这样做是"为社会、为世人",所绝对必须的。其实,在我正式报名的前6个月里,每晚临睡前,我都要反复地自问:"你创立第二电电公司,动机是善的吗？有没有夹杂私心？是不是想出风头？是不是想赚大钱?"问完这些,我就反复默念"动机至善、私心了无"这句话,用这句话严格地检点自己。最后,我终于认定:"我的动机纯粹,没有任何私心。日本将迎来信息社会,一定要降低国民负担的通信费用,仅此一心而已。"这样我才正式举手报名。

随后,以国铁为中心的日本TERECOM公司也举手参与。国铁本来就有铁路通信组织,只要沿铁路干线铺设光缆就可以了。还有一家以建设厅和道路公团为中心的企业集团也报名参加,这家企业也是只要顺着高速公 路铺设光缆就行了,他们打出的旗号是"日本高速通信公司"。与这两家公司相比,第二电电没有任何可利用的基础设施,我们的员工只能含着热泪、拼命工作,在一个接一个的山峰上架设抛物面天线。

当时的报刊大肆宣传"胜负已定",预测第二电电很快就将败退。但是,第二电电不仅没有败退,而且通信服务一展开,成绩就名列第一。其原因就是"为民众降低通信费用"这个公司的大义,引起了全体员工的共鸣,获得了客户、交易对象、代理店以及社会的赞同和支持。当初参与通信事业的新企业,现在只有第二电电的化身KDDI继续存在,销售额高达3.5万亿日元,利润高达4400亿日元,已经成为值得自豪的日本第二位的通信运营商,而且兴旺发达、前途无量。

这个事实揭示了一个非常重要的真理,这个真理就是:在纯粹的、高尚的思想里,秘藏着巨大的力量。英国哲学家詹姆斯·埃伦说过,心地肮脏的人因为害怕失败而不敢涉足的领域,心灵纯洁的人随意踏入就轻易获胜,这样的事例并不鲜见。原因是,心灵纯洁的人总是神定气闲,总是以更为明确、更强有力的目的意识来激发自己的能量。

由此看来,利他,是最强有力的。让对方高兴,与人为善,这样的行为最终一定会带来成功,因为利他的行为会让我们获得超越自己的伟大力量。让对方生存、帮助对方、为对方好,还会授予你了不起的智慧,帮助你克服无法预测的、突如其来的经济变动,正好像成功从对面向你走来一样。

其实,这样的真理,中国的思想家们自古以来就教导过我们。《易经》里有句话——"积善之家有余庆",就是说积德行善之家,世世代代都能获得幸福。《尚书》里说"满招损,谦受益",就是告诫我们骄傲会蒙受损失,谦虚将获得利益。我认为,这决不是陈腐的说教,而是处世的真理,是日常生活中必须遵循的规范,是引导企业走向成功并使成功长期持续的哲学。

希望大家都能排斥"只要自己好就行"的利己之心,在关爱心、慈悲心、利他心的基础之上努力奋斗,努力让企业周围所有的人都获得幸福、获得富裕。相反,忘记这些道理,只顾满足自己的私欲,必将招致员工的叛离,还会受到社会的谴责,结局就是企业遭到淘汰的命运。

不管今后还会遭遇怎样的经济变动,引导企业在狂风暴雨的大海中航行的指南针,就是经营者的哲学和思维方式。只有经营者不断提高自己的心性,用正确的哲学、正确的思维方式从事经营,才能避免判断失误,将企业引上不断发展成长的光明大道。

从这个意义出发,我最早著作的题目就是《提升心性拓展经营》,这也是"盛和塾"的信条。现在,已有5000余名塾生在用这一信条指导自己提升企业的业绩,据说他们企业的销售总额已经达到24万亿日元。

我衷心期望中国企业的经营者,在注意"慎重坚实经营"的同时,努力"提高心性",不断"拓展经营",使你们的企业都成为中国经济增长的火车头。你们担负着"经济大国"中国的未来,希望我的话能对大家有所启示。

(作者系日本京瓷公司名誉会长,本文摘自《中外企业文化》2009年12期)

成功方程式

盛　和

"成功方程式"是稻盛先生的一个伟大创造,而他本人就是实践这个方程式的优秀典范。这个方程式以及他的经营哲学,不失为医治中国社会现代浮躁病的一剂良方。

稻盛和夫总结出一个"成功方程式":成功 = 人格·理念×能力×努力

按稻盛先生的解释,这个方程式中的"能力",主要指先天的智力和体力。这种能力的个人差别,用0到100分来表示。"努力",因人而异,有饱食终日无所事事的懒汉,有忘我工作的模范,也用0到100分来表示。但"努力"与"能力"不同,它不是先天的,是可以由自己的意志决定的。

稻盛先生举例说,一个天资聪明又很健康的人,如果他的"能力"可打90分,但他自恃聪明不思进取,"努力"只有30分。那么两者之积:90×30=2700分。而另一个人天赋差些,"能力"只评60分,但他笨鸟先飞,特别勤奋,"努力"可打90分,这样他的乘积为60×90=5400分。后者得分比前者高一倍。这就是说,天资一般而拚命努力的人,可以比天资优良而不肯努力的人取得大得多的成就。

然而,最重要的是"人格·理念",它是矢量,有方向性,对它的表示可从负100分到正100分。一个人能力强,也很努力,但他一味以自我为中心,损公肥私,损人利己,或者理念错误,那么他的人生就会是一个很大的负数,并可能给他人、给社会造成很大损害。这样的例子,古今中外屡见不鲜。

稻盛说,"能力"和"努力"的重要性众所周知,但令人遗憾的是,有许多人却不太明白人生道路上最重要的是"人格·理念",即哲学。对此,稻盛用他的亲身经历作过说明。稻盛大学毕业后找工作,到处受挫。当时的日本,没后台、没后门,有证书也难就职。屡屡碰壁之后,他不免自暴自弃。他想,既然这个社会如此不公,穷人得不到照应,没有出路,还不如干脆投身黑社会,或当个"义贼"算了。后来他说:"如果当时我真的参加了黑社会,或许就成了略有名声的黑帮头目,因为我有不亚于他人的热情,也并不缺少能力,但这个想法是反社会的。若真跨出那一步,我的人生必将呈现很大的负值"。

如果看看社会上腐败现象层出不穷,看看那些才智过人却无出息或者昙花一现的人物,就晓得稻盛先生说得多么正确,多么深刻,多么一针见血了。

现实生活中常有这样的事:有时候事情本身很简单,但因为当事人有私心,又要掩饰私心,于是就掩饰真相,事情就复杂化了,变得扑朔迷离,叫人弄不清,人际关系也因此复杂起来,变得棘手,难以处理。而一个人格高尚、心地纯洁的人,不受私心蒙蔽,就容易看清事实真相,看出事物规律,并勇于按事实、按规律办事。这就是说,只有人格高尚的人才能始终实事求是。

一个才能出众而又不懈努力的人,可以积聚很大的能量,但这能量如果没有人格来管住,就可能制造灾难。如果把能力与努力之积比作巨轮的发动机,那么人格就是巨轮之舵。巨轮是乘风破浪、驶向成功的彼岸,还是倒行逆驶、冲向冰山暗礁,关键全在控制发动机方向的人格之舵。

然而,"人格·理念"是变数,它既能变好也能变坏,既能提升也能下降。"听君一席话,胜读十年书",说的是受人影响使自己的"人格·理念"得到提升。我们看到许多落马的高官,他们并非一开始就是坏人。大多这类人有能力,肯努力,会办事,因此才脱颖而出。但是,地位上升,权力大了,威信高了,所有这些既可当作更大贡献的宝贵资本,也可当作为非作歹的方便条件。也就是说,当一个人的地位、权力、威信达到一定程度时,他就站到了常人不遇的风口浪尖上了。如果这时人格动摇,一念之差就会一落千丈,从功臣变成罪人。因此,一个有本事的人,尤其在有了权威、春风得意时,第一要谦虚,第二要有感激心态,第三要有知足意识。人有私欲,不能否定,但听任私欲膨胀就不正常。"良田万顷,日食三升;广厦万间,夜眠百尺"。知足是睿智。与其追求虚荣,过度挥霍物质财富,不如获取精神的升华和心灵的安宁。那才接近真正的成功和幸福。

稻盛先生说:"回顾自己人生的每一天,其实就是通过经营实践,不间断地提升理念的每一天"。强调高尚人格,强调提升理念,并把这作为成功的第一要素,乍看似乎近于迂腐,但其实这才是我们摆脱烦恼、预防人生危机的最有效的办法。

(本文摘自《中外企业文化》2009年12期)

阿米巴经营

曹岫云

所谓"阿米巴",即变形虫。"阿米巴经营",就是根据产品、工序、客户或地区等不同,将大组织划分成许多独立经营、独立核算的小集团。

稻盛和夫的经营思想大体上可以分为哲学和实学两个部分,这两部分是稻盛创建两家世界500强企业的两根支柱。所谓哲学,涉及人的意识和存在,人的思想行为同人生结果之间的关系,人和企业应有的精神规范,以及经营企业的辩证法等等。稻盛先生的著作《稻盛和夫的哲学》、《活法》、《拯救人类的哲学》、《提高心性、拓展经营》、《敬天爱人》、《人生的王道》等等,重点就是用通俗的语言讲述深刻的哲理。所谓实学,顾名思义,就是经营企业时的管理技术,具体的操作手法。这方面的著作,除了他独创的会计学的专著之外,《阿米巴经营》这本新书是他的又一代表作。

"阿米巴经营"是稻盛在京瓷和KDDI两家企业里实施并获得成功的管理手法,是一种科学的、精致的管理技术。如果没有"阿米巴经营",很难想象京瓷和KDDI会有今日的成功。日本有句话:"中小企业像脓包,变大就破"。就是说企业规模变大、情况日趋复杂后,经营者管不过来,捉襟见肘,企业就可能乱套。稻盛创建京瓷后,从新产品开发到生产、销售,各个环节都由他一人负责。当企业发展到200人左右时,他开始感到力不从心。苦恼之余来了灵感,他想到了《西游记》里的孙悟空。当孙悟空在遭受妖魔重兵围困时,只要拔毛一吹,就能"分身"出许多小孙悟空。那么,企业经营者能否也"分身"出许多小经营者呢?这就是"阿米巴经营"的起源。现在光京瓷公司就有将近3000个"阿米巴"。

比如某陶瓷产品有混和、成型、烧结、精加工四道工序,如果将这四道工序分成四个"阿米巴",那么每个"阿米巴"就像一个小企业,都有经营者,都有销售额、成本和利润。"阿米巴经营"不仅考核每个"阿米巴"的领导人,而且考核到每个"阿米巴"员工每小时产生的附加价值。这样就可以真正落实"全员经营"的方针,充分发挥企业每一位员工的积极性和潜在创造力,把企业经营得有声有色。另外,"阿米巴"可以随环境变化而"变形",即具有适应环境的灵活性。

实施"阿米巴经营"有两个前提条件。第一是企业经营者的人格魅力。经营者必须具备"追求全体员工物质和精神两方面幸福,并为社会做贡献"的明确信念。领导人的公平无私是调动员工积极性的最大动力,也是实施"阿米巴经营"的首要前提条件。第二个前提条件是所谓"哲学共有"。稻盛哲学里有"以心为本的经营"、"伙伴式经营"、"玻璃般透明的经营"以及"动机至善、私心了无"等内容。每一个"阿米巴",每一个"阿米巴"内部的员工,在为自己和自己的"阿米巴"业绩考虑时,如果缺乏为别人、为别的"阿米巴"以及为企业整体着想的"利他之心","阿米巴经营"就将难以推行。换句话说,在实施"阿米巴经营"的管理手法时,需要协调利己和利他,协调部门利益和整体利益的关系,需要进行"作为人,何谓正确"这种高层次的哲学思考。

当然,除了这两条之外,《阿米巴经营》还有许多精妙的思想和方法。稻盛先生用哲学家的头脑整理企业家的经验,使这本讲述具体管理方法的书,字里行间充满着哲学的睿智。

(本文摘自《中外企业文化》2009年12期)

美国企业文化的新载体

艾芮琳·克拉克

精明的企业家非常清楚员工的精神世界:除了作业术语外,员工们还需要企业给予他们强大的精神力量。为了使员工更好地理解与欣赏公司秉承的企业文化信念,尽可能多地了解企业发展过程中在不同阶段出现的关键人物、企业的价值观及其企业文化的形成过程,一些公司通过定期举办野营、嘉年华、讲企业故事等活动,追忆企业的文化传统,给员工创造企业文化交流的有效氛围。显然,这些企业文化的新载体比公司过去搞的那些刻板的数据来得更直接,更能感动人。

从社会学角度讲,人类历史是依靠故事、传说、史诗这类载体一代代传承下去的。美国民俗学家凯瑞恩·迪兹说,在部落时代里,讲述人对于记录与传承历史起着关键作用。讲述人的责任就是保留部落发展的生动故事,那是继承传统文化遗产的核心与灵魂。这些传说确立了部落文化在世界文化遗产中的地位、作用与发展前景。讲述人的使命是,使他们的每个成员都能够理解、继承本部落赖以生存的传统的重要性。

与之相似,企业的生存和发展也要依靠其成员传说、理解其发展过程中关键的人与事,使他们自然而然地融入相同的企业文化氛围中去,自然地形成企业凝聚力。让广大员工传播与接受企业文化故事是当今企业高管必须学习运用的领导艺术。哈佛大学教授赫伍德·加德纳认为:"讲故事是最简单、最有凝聚力的工具"。

"今天过得怎么样?""公司的新产品有什么新的反馈意见吗?""你的项目做得怎么样了?"工作岗位上一般就是这些日常问题。而答复这些问题,往往可以用讲故事的形式表现出来。企业管理者必须十分清醒地意识到:讲故事仅仅是一种企业文化载体,必须冷静思考讲什么故事、什么时候讲、讲给谁听。最重要的是你为什么要讲这个而不是别的故事。

我们看看美国几家著名公司利用讲故事形式,传递着什么样的信息、产生什么样的效果吧。

故事保护了企业历史以及自然生成的文化

耐克公司使用传统故事的力量,以确保其员工能理解公司的传统文化与哲学思想。这家公司至今已走过了40多年,现在仍然使用一个故事激励着全体员工,那就是已故公司创始人之一贝尔·鲍沃曼的故事:他原来是俄勒冈大学的生活教练。一天早晨,他正在家里吃蛋饼早餐,看到妻子用的蛋饼饼铛烫手,他突发奇想,把胶浆注入到饼铛把儿里以防烫手,付诸实践后效果很好。他把这个创意进一步发挥,导致了耐克公司著名的胶浆鞋底跑鞋的诞生。耐克公司教育部主任尼尔森·法利斯说:"这是公司文化内涵的表现,如果我们把自己公司的传统文化与消费者联系起来,幸运之星就一定会光临我们公司而不是其他公司身上了"。

阿姆斯特朗国际公司(Armstrong Internationcel)的第一代CEO戴维·阿姆斯特朗的做法是:把公司的理念与员工的故事编辑成书,作为职工教育的教材。他请应聘者带一本回去读一读,以便于了解公司文化,然后再决定他自己是否愿意来公司工作。他把在职员工的感人故事贴在广告栏内,印在工资支票信封后面,绘制在墙壁上。他还让员工自己扮演角色,生动地再现感人场面,当场录像,刻成CD或VCD片送给员工们相互学习。结果,工作效率大大提高。

用故事颂扬英雄

檀香山FEDEX快递公司的员工邮递员詹姆斯·布什,在暴风雨天气中,递送着一件加急邮包,一阵强风把这个邮包从他的无篷货车上刮了起来,飘落到海里。他毫不犹豫地跳进了海里,捞起了邮包。重新包装之后,他顾不上换下自己的湿衣服，就将邮包送到了客户手里。FEDEX 快递公司在系统内部大力宣传了这位员工的故事，号召员工学习这种崇高行为和优秀品德。这样爱岗敬业的事迹在公司的报纸、网站上广为传播，收到了非常好的效果。

以英雄事迹开展促销

一天，全美装卸仓储公司的德克萨斯州连锁分店的一个销售人员注意到一位顾客正在研究展销中的组合橱柜。他知道顾客自选组合橱柜的电路组合会影响到其成本的计算结果，就主动帮他经济合理地计算他家里到底需要多少组合为宜，顾客对此很是满意。商场经理以此作为一个热情为顾客服务的典范大力宣传。后来，公司发现，销售人员积极而热情地帮助顾客选择适合其需要的产品，可以大大提高销售量。所以，每遇某一核心产品销量滑坡时，公司就以这一事迹鼓励员工开展促销，竟然是立竿见影，屡试不爽。

故事承载着企业的价值观与经营理念

吉姆·辛格很乐意讲他的品牌 Calvin Klein 斜纹布的故事。他说："我们当时正热销 Calvin Klein 牛仔服，每件售价仅 22.99 美元。而一般的市场价格是每件 29.99 美元。我们的竞争对手的报价之所以是每件 29.99 美元，因为他们进货数量少，成本就高，货架上仅有四五条裤子，而我们的架上有 600 条，货源充足，供应及时，价格合理。由于我们进货批量大，单位平均进货成本低，所以，我们打折 14% 还有利可图。我们本来可以按一般的市价销售，但我们的标价始终是 22.99 美元，因为我们的经营原则是薄利多销、让利于民。"

最好的广告是让客户讲出自己的故事

美国 Medtronic 生物医学工程公司是一个生产医疗设备的专业厂家。加利·普拉扎克多年患有帕金森氏病，靠手杖助行，行动仍难以自控。自从外科医生给他嵌入 Medtronic 研发的深脑激发装置后，病情大为好转。这个深脑激发装置至少可以使用 10 年。"真是个奇迹"，加利·普拉扎克说，"不久前，我在门前的小树林遛狗，遇到一位久未谋面的家伙。他问我：'从前我见过这条狗，但那是一个老人拄着拐杖与狗在一起，那是令尊大人吗?'我对他说：'不，那正是我自己呀!'"

（梁水源编译，本文摘自《中外企业文化》2008 年 7 月）

芬兰的企业品格

孙惠玲　张凤琴

芬兰，一个被誉为"森林王国"、"千湖之国"、"欧洲绿色之肺"和"圣诞老人故乡"的美丽国度。这个只有 530 万人口的北欧小国，却成为当今全球最具竞争力的国家之一。以诺基亚为代表的芬兰企业以其出色的表现赢得了全球的关注。芬兰企业传承了芬兰这个国家和国民的品格，塑造了独具特色的企业品格。

认清事实是智慧的开端

要找一个词来形容芬兰，务实是最好的选项之一。芬兰与俄罗斯的特殊经历使得芬兰人牢记前总统帕西奇夫的名言"认清事实是智慧的开端"。务实哲学让芬兰企业能够顺势而为，不断化解危机，不断提升企业竞争力。"既然我们被上帝放到了东西方交界的夹缝中，我们就得学会在夹缝中生存的艺术。"芬兰人是这么说的，也确实是这么做的。过去，芬兰自我定位为"不是东方，也不是西方"。后来，修正为"芬兰介于美国和苏联的中点"。现在则变成"芬兰介于美国和中国的中点"以及"芬兰是欧盟最接近俄罗斯的国家"。

认清了经济全球化的必然性，芬兰企业勇敢地走出去，实施全球化战略。对于芬兰而言，经济和智力资源毕竟有限。20 世纪 60 年代和 70 年代，芬兰产业界的口号是"出口或者死亡"，80 年代这个口号变成了"国际化或者死亡"，而到了 90 年代又变成"全球化或者死亡"。可以看出，对外经济联系对芬兰经济发展具有决定性意义。1995 年加入欧盟后，通过欧盟各种研究计划以及北欧合作等多种渠道，芬兰企业加强了国际科技合作，并帮助企业、研究机构和高等院校寻找国际合作机会和伙伴。近年来，芬兰企业国际化程度大幅提高，在国外分支机构工作的人员数量增长显著，芬兰企业所有雇员中在国外工作雇员的比例从 2005 年的 36% 提高到 2007 年的 42%。

认清了科技创新的重要性，芬兰企业坚定地走上了科技振兴之路。芬兰企业联合会首席经济学家曾说，"保持知识资产的持续增长和科技领先地位，是芬兰惟一的生存和发展机会。"根据自身资源禀赋，芬兰企业认识到必须要成为知识经济的领头羊，芬兰才有出路。经过多年发展，芬兰企业的科技创新能力大大提高。经济学家萨克斯曾称赞，芬兰是全世界最会组织脑力的国家。芬兰著名企业欧芬汇川始终坚持科技创新，是其成为全球排名第一的新闻纸和标签纸跨国森林工业集团的重要原因。

清廉和诚信像呼吸一样

在透明国际发布的 2006 年清廉指数排名中，芬兰位列第一，是腐败程度最低的国家。在芬兰政府官员和公务员滥用职权、以权谋私的现象极为少见。有一个故事流传甚广。据说某次芬兰的一位银行行长举办公务宴会，被媒体通过网络查出有一道菜是"奢侈"的鹅肝，被罩上了"滥用国民财富"大帽子的行长随即黯然辞职。曾经有统计称，芬兰法院每年受理的行贿受贿案件不超过 10 起，而民间更有这样的说法："最近 30 年中只发生过一起官员受贿案"。

芬兰法律不仅禁止工商界人士在国内的经营活动中行

贿和受贿,同时禁止其在国外通过行贿来促进产品出口。芬兰公司在接待客户时,通常只向客人赠送价值不高的小纪念品,这样既可避免客人涉嫌受贿,自己也不会因行贿而违法。芬兰公司因此在某些腐败成风的国家失掉了许多项目和机会。

对于芬兰人来说欺诈是最坏的罪过。在芬兰不会有人告诉你要诚实、要诚信,就像不会有人告诉你,想活着就必须要呼吸一样。人们在公共场所遗失的衣物几乎不会被别人拿走,而且会被放在明显之处等待失主自己来寻认。芬兰人说话算数守信用,朋友之间相互信赖的程度相当高,在口头上达成的君子协议如同正式签订的合同一样有效,使许多事情运作起来既简单又高效。

在北欧,流行着这样一种说法:丹麦人洋里洋气,瑞典人傲里傲气,挪威人土里土气,芬兰人傻里傻气。芬兰人"傻"在哪里;芬兰人说,我们很实在,做生意不会讨价还价。芬兰美卓公司是全球化工程技术公司,为制浆造纸、岩矿加工、能源和其他工业客户提供服务。公司已经有100多年的历史,自1956年美卓进入中国,现在已经成为全球造纸机械业内排名首位的生产供应商。探讨其成功的经验,美卓公司自认为就是"傻实诚"。他们认为,在生意场上,买卖双方必须建立起彼此的理解和信任,只有信任才能坚持长期不懈的合作关系。在一个人们越来越关注企业信誉的时代,芬兰人做市场的经验是值得我们学习的榜样。

以人为本 创造"信任与尊重"

"信任与尊重"的芬兰模式是以人为本的典范。芬兰从上世纪90年代初期的经济衰退中恢复过来之后,创造了一种被称为"芬兰模式"的新型国家共识,即雇主、雇员与政府联合起来,共同做出决定,并共同监督决定的执行。信任与相互尊重为芬兰模式提供了重要的基石。在芬兰,每个人都应该受到公平的对待。芬兰社会不同等级之间的权力差别很小,人们交谈的时候普遍称对方为"你"而极少称"您"。同时,芬兰是男女平等的社会,根据芬兰法律,歧视是一种犯罪。任何人都不能因年龄、种族、国籍、语言、宗教、信仰、观点、健康、残疾、性取向或性认同等原因而被歧视。因财产状况或怀孕而受到的歧视也被禁止。

"科技,以人为本"是诺基亚的品牌核心价值。通过产品和服务,诺基亚向消费者传递的是诺基亚时时处处为消费者着想的精神,科技的人性化是诺基亚最高的追求。诺基亚借助人性化科技,不仅使消费者能够享受沟通的便利,更重要的是使消费者可以由此获得全新的生活感受和体验,为生活增添更精彩的内容。冷冰冰的手机成了一个有生命力的活物,成为生活的精彩演绎。

尊重个人是诺基亚公司四大核心价值观之一。无论是员工、顾客、或事业伙伴,诺基亚都以尊重个体的态度来对待每一个人。信任、开明、公平、接纳、以及拥抱多元化,是诺基亚所重视的价值。

人与自然和谐相处

芬兰人内心向往大自然,尊重大自然。注重人与自然的和谐统一,注重环保,发展清洁技术产业,成绩骄人。芬兰是世界上最早制定环保法的国家,在世界经济论坛评比中,多次被评为世界最注重环保的国家。为保证经济可持续发展,芬兰大力发展循环经济,积极开发多样化能源产品,在利用生物能源方面走在世界前列。芬兰制定了以环保产业立国的发展蓝图,拟在未来四五年内将环保产业打造成支柱产业,使芬兰成为世界竞争力最强的环保产业大国。

芬兰著名运动品牌Rukka,是欧洲最大的著名专业运动服装生产商之一。其设计理念源自芬兰人简单、自然、幸福、崇尚运动的生活方式,源自芬兰人从容、真实,坚持以人为本、自然和谐的生活价值观。正是因为该品牌崇尚理性和实用,杜绝浮华,把对人文的关怀和对自然的热爱有机地统一起来,才使得Rukka成为全球著名品牌。

(本文摘自《中外企业文化》2008年12期)

中美创业文化之比较

张项民

创业文化的差异性对一个社会创业的活跃程度和创业成功率有着至关重要的影响。本文从主动创业理念、宽容失败的氛围、务实的创业精神、社会信任感的培养和冒险精神等几个方面阐述中外创业文化的差异性,提出我国创业文化建设的相关对策。

主动创业

在企业竞争力的研究中,专家们普遍认为,企业竞争力的根本点体现在产品的竞争力,产品竞争力取决于技术竞争力,技术竞争力由制度竞争力决定,而制度竞争力则受文化理念制约。中西方创业文化的差异直接影响着创业人才的成长与发展。清华大学中国创业研究中心高建博士认为,我国创业活跃度总体上是较高的,但其中被动味较浓的生存型创业比例较大(中国60%的创业者属于生存型创业),而主动性强的机会型创业偏少,说明我国主动创业的意识和理念尚未成为主流,这与整个社会尚未形成主动创业的文化氛围和文化动力有密切关系。

创业背后实质上是一种文化现象。一个社会创业意识的强弱取决于该社会的文化背景,特别是人们对自主创业成功价值的评价。创业是个人主体性的弘扬,是对个人智慧和才识的展示。在美国,创业者一旦抓住机遇,创业成功拥有财富,就会得到社会认可,这是因美国社会拥有创业的良好文化环境。从表面上看,美国的创业者是市场经济的产物,而在深层次上则是市场经济文化与资本主义新教伦理相结合的结果,新教伦理的核心就是把合理赚钱作为人的天职。西方文化的个人英雄主义的价值观,自由平等的经济环境,鼓励创新的社会氛围,已成为美国创业者成功的深厚文化根基。

在我国,几千年形成的自然经济小农文化根深蒂固。在中国传统文化中,"学而优则士"、"与世无争"、"君子言义不言利"等观念都是创业的障碍因素。新中国成立以来,形成了"国家创业、政府指令、民众执行"独特的计划经济时代的创业文化。在民众层面上反映出来的是从业文化、就业文化,劳动者自主创业既无必要也不可能,整个社会缺乏萌发主动创业意识的气候和土壤。改革开放后,人们的思想观念有了前所未有的解放和突破,人们的价值观念有了很大转变,市场意识、竞争意识和风险意识不断增强,但主动创造、创新的社会环境依然尚未形成。

文化理念的形成首先来之于家庭,创业者往往有一个自主创业的父母,为子女树立榜样,使其从小就立志创业。在西方社会,人们从小就受到自立、大胆冒险的教育,大人鼓励孩子做登山、攀岩、探险等运动,孩子们也乐于参与这些活动。父母不指望养儿防老,儿女也不需要父母安排前程,人们的心灵自幼时起就埋下了独立意识和自主创业精神。

文化理念的第二个来源是教育,个人受教育对创业者的选择及以后的发展至关重要。社会的教育如果不倡导创业,不研究和传授创业知识,尽管人们的学历普遍很高,但这个社会的创业情况也不可想象。有研究表明,创业者与受教育的程度相关性不强,卡耐基、杜兰特、福特等都是高中辍学的成功创业人才,盖茨是大学辍学的成功创业人才。在西方人看来,与其说创业赚钱是为了生存,不如说是为了证明一生的成就,这就是他们创业动机的深层次文化背景。

宽容失败

创业是硅谷永恒的情节,硅谷给她的创业者们十分宽容的环境。不论是媒体报道、合作者的评价及风险投资家判断,在硅谷没人会以创业的成败来判断创业者的能力,这就会鼓励更多的人去创业,也会鼓励创业失败后重新开始。风险投资家们不会因你失败过而不投钱,在他们看来,失败可以积累更多的经验教训,下次创业成功的可能性会更大。硅谷是以"现在正在做什么"来衡量创业者,而不是衡量他"过去做过什么"。

硅谷文化的包容性还表现在对待人才的流动方面。美国企业界也有过对"出走"不宽容时期,特别是东部制度森严的大公司。但随着硅谷文化渐渐成为美国企业文化的主流,员工流动性也已更多地被赋予了一种积极涵义。硅谷的公司把高流动性看成经营的一种成本,这种成本可为企业带来更多收益。硅谷独特的文化使其成为世界上"跳槽率"最高的地区。活跃的人才流动使人们有机会学到更多新知识和专业技能,建立起广泛的人际网,成为未来再创业的基础。

在我国,"胜者为王败者寇"的文化还有相当市场。这种文化既缺少对成功者理性审视,也缺少对失败者的关爱与支持,因此很多人害怕创业失败的程度超过了害怕创业本身。一些创业园区的管理文化较多地追求思想作风的"整齐划一",使个性发展受到抑制。从中国传统文化看,公司或单位有人出走,要么是单位管理不善,前景黯淡;要么是出走者缺乏忠诚,见异思迁,总之人们大多把公司有人出走看成一种没面子的事。从管理体制角度看,我国人才制度限制了人才的流动。因此,人才管理体制必须由"单位所有"向"社会所有"转化,从宏观上创造适宜人才合理流动的环境,从文化上对人才流动多些理解、宽容和支持,这是创业者成长重要的文化基础。

务　实

务实是创业过程中始终支配着创业者的可贵品德。西方务实文化带给创业者的是清醒、冷静、平和与理性,而我国的文化带给创业者的是兴奋、浮躁、激进、感性。尤其是对一个成功的创业者,一连串的政治光环、媒体炒作使其失去理性创业的环境与氛围,从而偏离创业的主航道。中国巨人集团和美国微软公司都是民营企业,都是靠电脑软件起家,其创业时经营条件十分相似。1989 年 8 月,史玉柱和 3 个伙伴以 4000 元人民币开发出 M—6401 桌面排版印刷系统,开始了巨人的创业史,不到 4 个月就实现利润近百万元。到 1992 年底销售收入近 2 亿元,实现纯利 3500 万元,企业年发展速度 500%。盖茨 1975 年创建美国微软公司,雇员只有 4 人,启动资金 3000 美元,按中美两国消费比价与巨人创业资金相当,产品也只有一种电脑软件,到 1977 年底,销售收入达 382 万美元,年发展速度 636%。尽管创业条件十分相似,但后来两家公司的发展轨迹却有很大不同,导致了两种截然不同的发展结果——微软崛起壮大,巨人衰败。这种结果原因很多,如果从文化高度来审视一下就不难发现,社会也有一定的责任。在 1993 年,巨人集团在中文手写电脑及电脑软件方面销售额便达 3. 6 亿元,时年 31 岁的史玉柱获得了珠海市第二届科技特等奖,珠海市政府颁发给他一辆奥迪轿车、103 平方米住房和奖金 63 万元,成为全国的新闻人物。此后,领导人题词、媒体鼓噪,"优秀科技企业家"、"中国十大改革风云人物"等各种社会头衔、名誉蜂拥而至。与此相比,盖茨就没有史玉柱那样幸运,他没有政府的一连串政治光环,没有媒体铺天盖地的炒作,也没有追星般崇拜的人群,有的只是平和、务实的创业心态。

如果政府对创业者支持的重心,从成功之后加之于一连串的政治光环转移到对每一创业者的创业过程始终如一的关怀和呵护;整个社会从对创业成功者的渲染、崇拜转向对所有创业者创业过程的理解和援助;创业者不是以气吞山河的气魄急于扩张,而是更加理性地找准自己的社会定位,脚踏实地谋求发展,整个社会务实的创业之风将蔚然而成。

社会信任

社会信任是一定社会中社会成员之间相互认同并进行真诚交往的现象。它存在于人们的共同活动之中,支持着人们之间的交往与合作,并发挥着提高交往效率的作用。因此,社会信任是社会的宝贵财富,也是一种社会资本。社会信任在不同社会领域有不同的表现,在经济领域常被称为社会信用,这一概念更多地带有相互诚信地进行经济合作、商品交换的涵义。从社会学角度来看,社会信任是一种关系形式,从宏观上来说是一种社会结构,它反映了有关的社会成员之间可实现的角色期待。经济学认为,社会信任可减少人们之间的交易费用,还具有心理学和美学价值。社会信任给人们带来精神上的愉悦,这是任何人都希望拥有的。从创业角度讲,信任不再是一个心理学概念,而应纳入创业成本的范畴。社会信任度越高,创业成本就越低,创业人才的成长就越顺利;反之,创业人才就难以脱颖而出。

西方文化中重视培养社会信任感,而我国文化则强调亲缘、地缘信任感和权力信任感。在西方社会,人们遇到事情首先会同邻居或同事商量,考虑如何共同解决问题,这促成了社会信任的发展。在我们的文化中,家庭信任占据社会信任的绝对地位,人们在家庭里面能建立信任,是因我们的社会信任还不足以达到人们信赖的程度。据《中国百姓创业调查报告》,创业者倾向于让自己的家人担任财务人员的占53%,担任营销人员的占25.3%,担任行政管理人员的占19%,担任生产技术人员的占16.1%。71.7%的创业者任用亲友参与企业经营的原因是忠实可信。这就是我国信任文化的缩影。

社会信任是我国在社会转型中遇到的重要问题。经济体制改革以来,我国进入由传统社会向现代社会、由农业社会向工业社会的转变。原来的行政化单位对人们的约束作用明显削弱,人们越来越多地通过不确定的市场、不稳定的关系同外界打交道。社会流动的加快考验着人们之间已形成的稳定关系,在市场经济体制的社会规范不健全的情况下,权力寻租、假冒伪劣等现象大量出现,给社会信任带来极大挑战。这样,人们的交往成本就会增大,同时创业成本也会增大。社会信任是创业人才成长不可缺少的文化资源,建立一种公正、平等、丰富、有序的社会信任文化迫在眉睫。

冒　险

创业本身就是一个在风险中追求利益、追求成功的过程,没有冒险精神就没有创业的存在。中国传统文化中,崇尚中庸之道,压制冒尖和创新。新中国成立后,由于极"左"思想泛滥,过分强调了集体而忽视了人们个性的发挥。这些文化都极大地影响了我国创业人才的成长。改革开放后,旧的体制被打破,新的体制逐渐建立,人们挣脱了极"左"的枷锁开始寻找个性回归。上世纪80年代中期,漂流黄河、漂流长江的冒险精神曾在中华大地上掀起轩然大波,同时也激活了中华民族对冒险的热情和崇敬。人们有了更多的自由去选择或创造自己的人生道路,去改变自己的人生轨迹,人的想象力、创造力和创业的勇气被开发出来了,但这只能说是我国创业文化的一种进步,与西方相比还有很大差距。

埃森哲咨询公司"激发中国企业创业精神"报告中,提出了中国企业实现创业精神的障碍有四个——不愿承担风险和失败、税务负担过重、缺乏资源、对变革和适应变革准备不足。在接受调查的中国企业高层管理人员中,83%的人不愿承担风险和失败,而持此观点的全球平均数仅为42%,这说明不愿承担风险和失败是影响创业精神实现的最大障碍。报告指出:中国是调查的所有国家中视风险为最大问题的唯一国家,而大多数国家都把缺乏资源视为最大障碍。而在西方尤其美国人具有很强的冒险精神,因美国本身就是一批冒险者在北美荒漠上的冒险作品,美国的家庭教育也是鼓励子女早点自立和大胆冒险。美国之所以在向知识经济的转变过程中发挥"领头羊"的作用,与美国文化中敢于冒险、寻求变革和鼓励创新有关。这种精神使美国人具有一种超常规探索和迎接挑战的思维定势和架构。

中国和美国是两个处于不同经济发展阶段的国家,从而对创业人才的素质优势有着不同的要求。美国成熟的市场经济条件往往需要"异想天开"而有丰富经验的行业经营者,尚处于市场经济成长期的中国需要的却是领袖和敢闯敢拼的人。冒险精神在这一阶段,对创业人才的成长具有更深层次意义。因此,我国应在鼓励冒险、理解冒险、支持冒险方面下大力气,积极营造创业的文化与社会环境。

(本文摘自《中外企业文化》2008年11期)

文化冲突:沃尔玛的德国遭遇

朱翊敏　周素红　曾觉春

德国是欧洲最大的零售市场之一,作为全球销售额最大的零售商,沃尔玛自然不会错过这个市场。它希望借助进入德国市场的机遇向整个欧洲扩展。1997年12月,沃尔玛以收购拥有21家商场的韦特考夫(WERTKAUF)连锁店的方式进入德国零售市场。1998年又从施帕尔贸易公司手中收购了74家大卖场。

沃尔玛试图在德国推行它在美国的成功经验,却遭到了失败。2002年,沃尔玛在德国的销售额仅29亿欧元,只占有德国零售市场1.1%的份额,在德国零售业中名列13位。进入德国市场后,沃尔玛年年亏损巨大,于是断断续续地关闭了一些店。2006年2月,沃尔玛再次宣布关闭三家商店,使其在德国的零售店数量减少到85家。什么原因导致在美国经营非常成功的沃尔玛在德国经营却损失惨重呢?

开放与保守的文化冲突

美国文化属于典型的适度开放文化,而德国文化则属于保守文化,这使得他们的交流方式有很大不同。偏向开放文化的人们在交流过程中会频繁地使用身体接触、眼神交流、肢体语言和面部表情等形式,而偏向保守文化的人们在交流过程中常使用沉默来表达他们的情感与意见,音调也相对平稳。此外,服务的质量及顾客的满意程度也具有明显的文化倾向,不同文化之间服务质量的概念相差很大,对购物方式、付款方式及产品价格的态度也不尽相同。英特尔公司的调查显示,在德国只有38%的消费者认为"与商场营业员的沟通"十分重要,而在美国这一比例是66%。同时,美国的消费者也比德国的消费者更加重视"能否得到营业员的帮助和回答问题"。因此沃尔玛的"十英尺微笑"对德国消费者的作用大打折扣。德国消费者并不会因微笑和传统的迎宾者而感到亲切,他们不会当着热情的公众表露他们的感情,德国营业员的态度一贯严肃、认真。德国商会主席卡尔·施密特说:"德国人与美国人的友谊观不一样,在德国通过朋友关系进行销售是很难行得通的。在德国,顾客仍然只是那个付款的人,因为德国的消费者在购买之前主要通过自我学习去了解一个产品,因此顾客和销售人员之间的互动是很少的。与南美和远东的习惯不同,德国人做生意不需要花几个月或几年的时间去与对方发展关系,也不需要宴请。"在美国,向顾客露出八颗牙齿绽放笑容,提供亲切的服务会颇为奏效,而在德国效果就没那么理想,甚至适得其反。造成这种差别的另一个原因,可能是德国和美国的消费者对待服务的态度不同。美国式的服务可以说是非常友好,服务人员尽量对顾客表现得亲切。而在德国,人们对服务的厌恶是他们几个世纪以来对精湛工艺和出色质量的极力推崇的反面结果。他们追求使用价值,不崇尚高档名牌产品,倾向于买简装实用的产品。二战结束后,低收入的德国人需要低价格的商品,折扣店以毫无虚饰、可靠的销售服务迎合了他们的需求。如沃尔玛最主要的竞争对手阿尔迪,实行顾客自带购物袋的政策,顾客要用推车还必付租金。除受传统习惯影响外,环保意识很强的德国顾客喜欢用自己的包来装所买的东西,目的是为了节省塑料袋。因此对于沃尔玛提供的"免费购物袋及为顾客装袋"服务,德国消费者并不领情。

也因为文化保守,德国人不喜欢借贷,而喜欢用记账卡、银行转账以及现金支付他们的账单。在美国,人们对借贷比较随意,而德国人一向避免举债,他们将信用卡看作电子支票本而不是可循环使用的信贷。在德国,欠款一词含有罪恶的意思,在他们看来,使用信用卡购物会增加成本,德国的法律甚至禁止有关信用卡的推销活动。因此,在德国只有1%的购买额是使用信用卡付款,而在美国这一比例是18%。沃尔玛为加快信用卡付款速度,甚至不惜花巨资打造自己的卫星系统。然而,提供高效快捷的信用卡付款对德国消费者来说并不重要。

因为文化保守,德国消费者在购买低价品时也会表现得十分谨慎。消费者一般认为价钱高的产品质量才好,他们会选择总体质量比较好的产品。对质量超过中等水平的商品,德国消费者愿意支付较高的价格。如联合利华公司发现德国人愿意为对环境无害的清洁剂支付较高的价格。虽然德国的消费者也许是欧洲对价格最敏感的,但价格对他们并不是决定性因素。总体来说,德国消费者更关注产品质量,他们期望的低价是在保证商品质量的情况下,价格尽量的低而不是便宜的劣质货。

管理方式的文化冲突

德国人有强烈的民族自豪感和种族优越感,严肃、认真、表里一致、讲信用、有较强的组织性和纪律性。德国人秩序高于一切,他们见面的口头禅是:"一切井井有条吗?"德国人喜欢安静,排队购物或买票的地方都是静悄悄的,甚至在火车站和饭店内也听不到大声喧哗。美国人习惯在一个轻松愉快的工作环境中工作,而工作对于德国人来说是严肃的事,如果按照美国标准来判断,德国人就有可能显得毫无风趣。沃尔玛在美国形成的通过自娱自乐、娱乐顾客来激发工作热情的公司文化在德国人眼里显得十分怪异。因此,那些傲慢的美国管理者在德国推行沃尔玛式欢呼,自然会遭到德国员工的反感和抵触,他们甚至会躲在厕所里来逃避美国经理强制要求的早操和沃尔玛式欢呼。

2005年2月,沃尔玛德国公司依照美国标准在德国74个分支贯彻《员工行为及道德规范条例》,其中规定,员工不得接受供应商的任何赠品或礼物,包括员工不可以接受商品附带的小礼品,如打火机、圆珠笔、年历等;规定员工之间不许有亲密关系,不许谈恋爱。发现任何违反本条例的行为,可向主管、通过匿名热线电话或直接向行为条例办公室举报,知情者如不检举揭发就要被解雇。沃尔玛这些管理措施在美国是合情合理的。据美国2002年颁布的萨本斯—奥克斯利法案,经营者建立内部控制体系是上市的必要条件之一。纽约交易所上市公司手册第303A条明确规定,上市公司应建立适用于所有员工的行为道德规范,而不仅限于财务部门的高级职员;一旦公司有所违反,其上市执照将被吊销。而这项条例在德国引起了强烈争议甚至激起众怒。按德国《企业章程法》,如雇主没事先和企业委员会就此相关内容商讨而直接施行措施的话,企业委员会可以向法院起诉,请求法院裁定雇主尊重"共同决策权"并要求雇主"不作为"。于是,企业委员会一纸诉状将沃尔玛德国公司告上法庭,并表示按照德国法律规定,企业总委员会应对该行为规范标准有事先参与决定的权利。之后,法院给予了企业总委员会对其中十项规范事先参与决定的权利。

很多沃尔玛老顾客认为,美国那套清教徒式的管理方式完全违背了欧洲文化和欧洲人的生活方式。而沃尔玛要求员工告密的规定,显然也没考虑到德国的历史。东德在前苏联统治时期,克格勃强迫德国人之间要相互告密。沃尔玛的这一规定无疑触动了德国人心灵深处的伤痛。德国媒体和社会活动人士认为,沃尔玛要求员工之间互相监督举报,甚至制定了与之相应的奖惩措施,此举动摇了战后德国的民主基础,应坚决予以抵制。

即使同是西方文化,而在不同的西方国家也具有很大差异性。因此,进行跨国经营的中国企业既要具备全球化的视野,同时又要有适应本地化的应变能力,避免重蹈"试图将一种文化生搬硬套、直接移植到另一种文化中"的覆辙。

(本文摘自《中外企业文化》2008 年 6 期)

感悟加拿大的企业文化

姜 勤

最近,我随国务院国资委做了一次加拿大企业考察,与加拿大政府有关部门及一些行业协会进行了交流,对加拿大企业文化的现状及特点有了初步的了解。

多元文化,包容并蓄。现在的加拿大,印第安人被尊为"第一民族",印地安文化受到了应有的尊重和保护。与此同时,作为一个英、法裔人口占多数的移民国家,英语、法语同为官方语言。加拿大历届政府都将多元文化确定为基本国策,在联邦、省、市三级政府中设有主管多元文化的部门。

加拿大的企业文化根植于这样的社会文化基础,洋溢着多元文化的气息。加拿大政府倡导企业包容多元文化,努力化解可能的风险和矛盾;倡导企业求同存异,共享经验和知识,在最大程度上形成整体竞争优势;倡导企业平等对待每一位员工,使来自不同国家、具有不同文化背景和信仰的员工和睦相处。企业积极为员工提供平等的工作机会和个人发展空间,引导员工个性化发展,增强了员工对企业的归属感和认同感。这些理念和做法,在我们访问的温哥华港务局、加拿大皇家银行、国际林木产品有限公司等企业,都有深刻体现。

以人为本,尊重员工。在加拿大,企业尊重员工成为风尚,企业为员工提供安全的工作环境,关注员工的身体健康,让员工参与管理,提供有吸引力的薪酬和工作机会,重视员工发展,不轻易解雇员工。企业尊重顾客,诚信为本,服务为上,努力提高顾客满意度和信任度。企业高度重视与员工和顾客的沟通,并尊重他们的意见,对被采纳的建设性意见,给予相应的物质和精神奖励。据温哥华港务局等企业中的中国员工介绍,员工不会因种族、信仰等不同而受到歧视,企业内部工作环境较为宽松。企业最看重的是员工的能力和绩效。

和谐共荣,责任为上。优秀的加拿大企业注重员工的个性化同企业的整体性相和谐,注重顾客利益同企业利益相和谐,注重企业与社会、企业与自然相和谐。为此,企业付出了很高的成本费用,但在经济效益与社会效益、短期利益与长远利益、企业利益与社会利益的权衡取舍上,这些企业总是义不容辞地为社会和经济的协调、可持续发展承担责任。加拿大国际林木产品有限公司为使经济发展与生态保护相协调,先后购进 20 多架直升飞机,专门用来采伐和运输林木。作业时将被采伐的树木直接吊离原地,不致破坏周围其它树木。这样做,成本较高,但这家公司仍然坚持采用这种保护性开发措施。多年来,加拿大相关企业始终遵守"采伐一颗树,栽种两颗树"的规定,从而确保了在取得可观经济效益的同时,也获得了良好的生态效益和社会效益。这里还有一个事例。当我们从温哥华岛南端的维多利亚乘坐海轮返回温哥华时,要经过一段较长的海峡,轮船航行速度很慢。原来,慢速行驶是为了尽量减少海浪对海峡两岸地貌的侵蚀,其人与自然的和谐相处意识及社会责任感之强,由此可见一斑。

安全稳定,健康为怀。加拿大企业尤其是生产企业,十分重视安全生产。在我们考察的生产企业里,每个环节都有明确而清晰的安全条令和警示标识,安全保障措施也很到位,这背后所体现的是对生命的尊重和关爱。加拿大有关法律对工作环境和带薪休假做了严格规定,企业普遍重视员工的身心健康,努力营造宽松、和谐的内部氛围。加拿大法律对企业解雇员工也做了严格规定,若确实需要解雇,必须履行严格的程序。企业从人力资源成本的角度出发,一般也不愿解雇员工。对于员工而言,工作机会难得,一般都比较珍惜自己的工作,不轻易提出辞职。

诚实守信,依法经营。加拿大是个经济高度发达的国家,讲究诚信在这个社会已根深蒂固。加拿大人常说:"做到你所说的"。企业董事会在决策时务必以股东利益最大化、公道正派为原则,如果决策中涉及董事会成员的个人利益,必须向董事会说明,否则,一旦查实将受到严厉处罚。我们考察的加拿大银行及律师事务所,都将诚实信用做为其价值理念的重要组成部分。加拿大皇家银行把"优质服务、团队精神、高度负责、诚实守信、存异求同"作为企业的核心价值观,把"遵守法律、为客户保密、公平、对社会负责、保护客户和公司的财产和资料、客观公正、诚实、信任"作为基本行为准则。这也许就是加拿大能够稳步成为发达的市场经济国家的一个理由吧。

(本文摘自《中外企业文化》2008 年 8 期)

我们向印度企业学什么

项 兵

1860 年,贾姆谢特吉·塔塔创建了印度历史上第一个私营企业集团——塔塔集团。过去 70 多年,尽管身陷英国殖民统治、独立后半封闭半管制、自由化与全球化三个截然不同的发展环境,但印度私营企业总能顺势而为,至今已发展为一个庞大的群体。在印度,最大的 500 家公司中超过

75%由家族掌控。在信息技术、电信、电力、石油化工、钢铁、水泥、化纤、汽车、铝、制药等产业领域,几乎均由家族企业掌控。

得益于畅旺的股市,印度十大家族的财富总值在2006年达到了1925亿美元,占印度2006年GDP(7785.21亿美元)的25%。在《福布斯》杂志"2007年全球最富有的人",有8位印度富豪跻身前百位,有4人跻身前30位。根据2007年11月《福布斯》杂志按国别计算的各国富豪榜数据统计,印度富豪的财富在半年多时间内进一步剧增。其中,印度最大家族企业——信实集团董事长穆克什·安巴尼个人财富达到约500亿美元。目前最富有的印度人是"钢铁大王"拉克什米·米塔尔。米塔尔钢铁集团在2006年以高达320亿美元的价格收购了欧洲第一大钢铁集团卢森堡的阿塞洛公司。米塔尔钢铁集团因此跻身为一个年产钢铁1.16亿吨的行业之王,占全球钢铁市场份额10%,产能比排名第二的日本新日铁公司高出3倍以上。2006年阿塞洛—米塔尔钢铁公司营业额达到685亿美元,排名《Fortune》世界500强的第63位。

在多年发展历程中,印度家族企业在管理水平和财富上都有相当的积累。同时,印度推行改革以来,基本奉行国内改革与审慎开放政策,甚至是不开放的国策,客观上为家族企业的进一步壮大提供了一个较好的国内市场。值得注意的是,在钢铁、石化、软件外包与信息服务、制药等竞争激烈的全球性产业中,一些印度家族企业的生产或服务规模,在全球同行内比较已具有较强的竞争优势;印度家族企业并不过度依赖劳动力为基础的低成本制造能力,而更多是从产业链、全球化经营、商业与技术模式创新、管理等方面,提升企业的综合竞争力,谋求在全球经济一体化中的发展和领导地位。

多元化经营

印度家族企业在多年发展历程中,实现了多元化经营。从它们所进入的产业类别与顺序来看,在早年依靠制造业立足之后,大多能够向服务业拓展。即从钢铁、汽车、化工等制造业向电信、金融、软件、咨询、零售等服务业扩张。近年来,印度的信息技术、金融、文化、教育和医疗等服务业快速发展,服务业收入已成为印度经济的增长点和驱动力,占2006年GDP比重已升至56.1%(中国服务业在2006年贡献了41%的GDP)。

信实集团是多元化程度最高的印度家族企业之一,目前业务范围涵盖石油和天然气勘探、炼油、石化、纺织品、金融服务及保险、电力、电信等产业,其收入80%来自国内市场,同时为印度最大出口企业。信实集团多元化战略开始于上世纪90年代初,其经营理念是:在各部门中引进最先进的技术、进行全球化运营。

近些年,信实集团在能源方面投资比重较大,超过50亿美元,且多为海外市场的战略性收购。在石化行业,信实集团的竞争优势比较突出,目前,信实炼油公司是世界最大的炼油公司之一。2004年,信实集团收购德国Trevira公司,进一步夯实全球最大涤纶制造商地位。在这样的的一系列战略布局之下,信实集团已打造成以石油勘探、开采为基础,以化工产品为核心,并涵盖化纤原料到纺织品生产为一体的全球性产业链结构。

零售业是信实集团新的战略目标。2007年4月前,它已在印度新德里地区开设了100家信实生鲜超市连锁店。目前,信实集团正考虑从家乐福最大股东哈雷家族手中购入家乐福13%股权。

塔塔集团是印度历史最悠久的工业集团,以恪守商业道德而闻名,也是印度最受尊重的私营企业。目前,塔塔集团主要涉猎7个核心产业:工程、原料、能源、化学制品、消费品、服务、电信及服务(包括旅馆和房地产、金融、海外活动和其它业务)。2006年,塔塔集团总收入达到288亿美元,约占印度GDP的3.2%。

近年来,塔塔集团的另一个重要发展战略是全球化经营。借助海外并购,塔塔集团在钢铁、汽车、电力、茶叶、生物技术、保险、生命科学等行业取得了快速发展。目前,塔塔集团是印度市场最大的钢铁和电力企业,最大的豪华饭店连锁网、最大的茶叶生产商、最大的民族轿车生产商。

全球视野的商界人才

印度家族企业十分重视人才培养,关注下一代接班人的栽培。几代人以来,印度大家族习惯将子女送到欧美名校读书。在海外的求学经历有助于提升印度家族企业家群体的全球视野。同时,良好的语言与文化对接能力,可以使印度家族企业在与世界的交流过程中,更自由与自信。

近些年来,许多印度籍职业经理人不仅跻身全球顶尖跨国公司,并有相当出色的表现。例如,新近排名《财富》杂志"美国最具影响力的50位商界女性"首位的英德拉·努伊,她是美国百事可乐公司的CEO兼董事长,在她的领导下,百事可乐在过去3年间取得了强劲增长,2006年营业收入高达351亿美元,特别是全球业务,利润增幅高达21%。

联合利华公司的有许多印度裔的高级管理人员。现任食品业务总裁、印度人曼维恩德·邦加1977年加入公司,并长期担任非执行董事长。

印度高素质职业经理人群体在全球商界的良好表现,充分表明印度文化、教育及印度人的聪明才智与管理头脑,及其所具有的发展潜能。在未来全球化竞争中,具有全球视野与跨国公司实战经验的印度高素质职业经理人群体,将会有助于推动印度企业加速全球资源整合。

事实上,对于那些已经在全球市场崭露头角的印度私营企业而言,依靠印度人自身运营企业已成为常见现象。米塔尔钢铁、塔塔、信实等印度大家族企业,多年来的扩张发展也都是依靠印度人来完成。现在,这些印度企业又开始吸纳那些在顶尖跨国公司任职的高级管理人才,以他们全球视野与管理经验帮助其拓展全球业务。

全球知名人力资源管理咨询公司Hay(合益)集团对印

度30多位卓越企业领导人进行了研究,确立了四个使印度CEO们有别于其他国家卓越企业领导人的关键因素:执著地专注于成长和创新、高度利他主义的经商哲学、高度的坚韧力和诚信度、更为正式和职业化的人际关系取向。

从某种意义上说,企业管理界所取得的成就得益于印度社会独特的文化,而这种文化所带来的独立领导力和穿透力,恰恰成为印度企业在全球市场崛起的独特优势,客观上推动了印度企业"以我为主"的全球资源整合策略能够顺利推行。从长期竞争角度看,印度企业家群体的整体性崛起将成为印度企业在整合全球资源中取得优势地位的有力基础。其多元的阅历与全球视野,将推动印度企业在全球市场成为独特的竞争群体。

印度人才另一个值得关注的方面表现在创业市场。美国杜克大学与加州大学伯克利分校2006年年1月发布的研究报告显示:过去10年,在移民创建的美国科技企业中,26%的企业拥有一名印度裔创始人,比例超过英国、中国、台湾和日本裔总和。从1995年到2005年,硅谷15.5%的初创企业是印度人创立的。报告进一步说明,在美国的印度移民都有很深厚的科学和数学功底,而且本身就说英语。印度人对英语的熟练使用保证他们可以与欧美人很好的交流,实现信息的无缝对接。

与印度家族企业的竞争力相比,中国民营企业近年来也同样进入快速发展阶段。但比较而言,中国私营企业在规模、产业分布、对中国经济的影响力等方面都不及印度家族企业。而在全球竞争、跨国经营、全球视野等方面,也同样可能是逊色于印度家族企业。

全球化竞争时代,全球资源的整合能力是企业生存的一个必要条件。如果考虑到"中国威胁论"的影响,以中国国企作为中国经济整合全球资源来应对全球化挑战是非常困难的。因此,中国民营企业应该成为中国经济参与全球竞争的一个重要力量,承担起更大的历史责任。从中印民营企业目前的发展情况来看,中国民营企业在许多方面可能需要更为积极的向印度家族企业学习,以尽快提高我国民族企业以全球应对全球的能力,进而使民族企业可以更好地分享经济全球化的红利。

任何经济体的成功最终依靠的是为它做经济决策的领袖们的头脑。随着印度经济的发展,中国企业与印度企业建立合作关系的机会将越来越多。要成功建立起这些关系,就需要双方对彼此的价值观和管理取向有更好的理解。因此,有必要将经济的主体企业,特别是其中的领导者放在显微镜下做一番考察。

印度CEO四大特质

2005年印度政府为了更好地发挥印度企业家的作用,特意请知名人力资源管理咨询公司Hay(合益)集团对印度30多位卓越企业领导人进行了研究。通过对这些领导人过去成功与受挫经验的深入访谈,Hay集团的研究者们在长达18个月的调查研究之后给出了《印度卓越企业领导力素质报告》,确立了四个使印度的CEO们有别于其他国家卓越企业领导人的关键因素:执著地专注于成长和创新。印度优秀的CEO们强烈地专注于创新、发展和经营结果。与此同时,与西方的同行相比,印度的CEO会花较少的时间在公司内部政治、个人和私人问题上。他们在访谈中提及过去的经验几乎全部与成长有直接的关系。

高度利他主义的经商哲学。不同于大部分西方企业领导人,印度的企业家们经常在考虑那些对社会有益的事情。虽然外界的人认为他们都是嘴上说说而已,Hay集团的研究者们发现他们的确如此,并会因此而影响到重大经营问题的决策。

高度的坚韧力和诚信度。印度卓越的CEO们展现出了很高的诚信度和很强的内在力量,这两点在印度的商业环境中是十分重要的,因为企业家们可能会经常面对政府部门的严厉评估、面对来自于媒体的刁难和质疑,以及一些冗长的谈判,因此耐心和坚韧力将变得至关重要。

更为正式和职业化的人际关系取向。与西方的同行们比较,印度CEO们,更倾向于保持正规和职业化的商业关系。虽然也会表现出对他人的同情,但他们尽力避免在工作环境中建立亲密的私人关系。

如何合作

"一些在其他国家或者不同文化背景下的企业领导人看来非人情化、令人困惑,甚至自相矛盾的行为,在印度企业家看来也许是正常而必需的。这不仅仅是为了他们企业的成功,也是为了他们的国家和社会的成功。"Hay集团印度CEO研究项目的负责人Tharumah Rajah表示。对于如何与印度企业和企业家共同合作,Rajah提供了如下几点建议:

1. 强调成长、结果和创新。慷慨地提供技术和相关信息,意识到这些技术和信息都将得到良好的应用。

2. 在与印度企业交往的时候,如果遇到因外界机构干预而进展缓慢、耗时过长的情况,你需要有耐心并提供帮助。印度的企业家们把应对这种外界机构干预的行为称之为"边界管理"。在印度语境中,"边界管理"一词特指对与企业相关的政府关系和媒体关系的处理,以及从特别渠道获得所需的信息。所以在进行项目计划时要为这些可能发生的事情预留一些时间。

3. 认识到印度企业家对于工作和人的看法也许和你是不一样的。你需要自己来判断,是接受他们的方式,还是为他们建议一些变通的办法。

4. 当印度的企业领导人在谈论那些对印度有益的事情时,仔细聆听并认真地看待这些事情。探究印度的同行们为何认为这些项目会支持印度的发展,大力强调这些项目对社会的益处。

"如果能够仿效印度CEO的一些领导方式,很多人会受益匪浅。尤其是他们对于成长和创新的专注,以及乐于做那些对社会和国家发展有益的事情。"Mary Fontaine,Hay集团领导力发展全球总监建议更多的西方企业领导人可以采用印度同行们的一些领导方式，“我们通常也支持这些价值观，但考虑到我们所面对的压力而往往很难去实现和执行”。

（作者系长江商学院院长，本文摘自《中国企业文化研究》2009年2期）

国外企业如何开会

李功发

波音翱腾航训公司是全球最大最全面的航空培训提供商。金融危机爆发不久，该公司一反常规会议传统，召开了一个没有中心发言人、没有议事日程、更没有资料的会议。会场是一个空荡荡的大厅，几百只椅子排成一个大圆圈，外加一块空空如也的布告板。虽然如此，会议的反应却异常热烈，员工纷纷提出建议，从而使公司的业务状况大为改观。

对于公司那次会议的效果不感意外的人大概只有一位，那就是欧文先生。他本来是圣公会牧师，曾在政府里担任过若干职务，十五年前改行当了机构管理顾问。多年来，他经常听人谈论，在事先安排的会议之外开的会议效果更好，口碑极佳，因此他就推出了“开放式会议”这个概念：把与会的人临时分成若干小组，他们认为该讨论什么就讨论什么。

欧文先生十分严肃地说：“似乎只有在工间休息喝咖啡的时候大家才能畅所欲言。所以我就创造出一种类似工间喝咖啡的会议形式，只是时间长些。”

开放式会议与常规会议不同之处就在于没有事先安排的演讲人，也没有事先定下的议题。开放式会议也不同于行政人员的私下碰头会，因为后者通常是一种事先安排好议题的会议。

只要有一间面积足够的房间，就可以召开开放式会议。开放式会议行之有效，有两条根本的理由：一是讨论问题的最佳人选是愿意讨论的人，而不是被迫讨论的人；二是愿意讨论问题的人，很可能就是能改进现状的人。

开放式会议没有议程，其组织工作必须细心掌握。首要的一点是椅子一定要摆成一个圆圈。这个概念是欧文先生在非洲传教时学来的，非洲农村开会时总是坐成一个圆圈的。他说：“有谁听说过一家人坐成方阵，朋友聚会坐成长方队形？坐成圆圈才是沟通信息最自然的方式”。

欧文先生承认，开放式会议并不是包治百病的灵丹妙药。他说：“如果管理部门事先有了具体方案，这种会议可就不灵了。开放式会议是个收集倡议的好制度，但是靠它来落实倡议就糟了。”如果提出倡议的雇员后来又失去了热情，或是管理部门没有为贯彻落实提供支持，开放式会议也没法保证倡议不被打入冷宫。

开放式会议只要用之得当，就会取得令人吃惊的成效。波音翱腾航训公司的开放式会议开始刚刚几分钟，雇员们便争先恐后写下了议题。有人写道：公司的头头是些什么人？他们到底在干什么？另一个问道：为什么总部的健身计划比分销中心的优越？

不到30分钟事件里，已经有100多张签了名的议题纸挂到墙上。临时小组一个个成立起来，由带头写下议题的人确定开会时间并担任小组组长。然后，小组组长把各组开会得来的建议输入电脑。开完会回到工作岗位以后，许多小组组长当上了委员会里的积极分子，带头监督建议的贯彻落实。

波音翱腾航训公司本来有举行非正式会议和私下碰头会的传统，所以搞开放式会议可以说是顺乎自然的发展。官僚机构总是把下级工作人员排斥在决策过程之外，开放式会议这样的形式对它来说实在是太激进了。

设在科罗拉多州的从事办公设备分销的艾克斯普莱斯公司，也采取了开放式会议的方式。

这家公司收购了汉森办公设备公司，其实这个原先的竞争对手，规模比现在的母公司还大。艾克斯普莱斯公司举行了一个为期3天的开放式会议，即把今天的同事引导到一致的方向上来。把两家大不相同的公司合并起来所遇到的问题——诸如电脑问题、补偿问题等等，都在会上作了讨论，并找到了临时解决办法。加里·冈萨夫斯原任汉森公司的经理，现在是艾克斯普莱斯公司南加州分公司主管销售的副总裁，他回忆道：“汉森公司的人说，我们不会把我们的名字改成你们的名字，除此以外一切都秉公办理”。艾克斯普莱斯公司派了十位行政人员到欧文先生处接受培训，冈萨夫斯先生说：“刚开始，大家也挺烦躁，可是过了一会儿，就有39个问题写到墙上了”。

会议的结果初步拟定了一套降低安装费的制度，办法是要销售代表和安装工人一起前往客户的工作场地；另外还把三处分支机构的优点结合起来，拟定了一套实际可行的新补偿费制度。冈萨夫斯先生还认为，有些问题尚未列入建议簿便得到了解决。他说：“有人提出问题，就会有人说他能解决。召集开放式会议后，你就会发现，原来你的下属知道他们须要作哪些改进。他们提出建议之后，你只须说一声‘干起来吧’，就行了”。

（本文摘自《现代企业文化》2009年10期）

杜邦：用安全文化提高企业绩效

何　方

对于有着200多年历史的杜邦来说，“安全文化”已经成为其重要的名片。在杜邦看来，上面提到的“90%以上的安全事故都是由不安全的行为所造成”，而其实“所有安全事故都是可以预防的”。作为一家已经把“安全文化”融入员工DNA的企业，杜邦在推动中国企业安全文化建设上做出了令人尊敬的成就。

同中国许多企业一样,杜邦对安全文化的重视,安全管理的制度建设等,经历了从无到有、从被动到主动,超过200多年漫长的发展过程。

从1802年到1880年,杜邦的主营业务主要是黑火药的生产。尽管创始人E.I. 杜邦在厂房选址及车间设计上,充分考虑了将可能的爆炸造成的损失减少到最小,但接二连三的重大伤亡事故仍然发生,以至于E.I. 杜邦的几位亲人也没能逃脱厄运。

刻骨铭心的事故让E.I. 杜邦体会到,设备和厂房的安全并不能完全杜绝安全事故,真正的安全,必须有制度和文化的保证。正是这种冲动和积极的实践造就了今年"安全"的杜邦。2008年,杜邦的安全标准成为世界范围的工业安全标准,并拥有60000名员工,在6大洲拥有70个国家有生产厂。

"安全"的核心价值观

在杜邦内部,有着很多独具特色的企业文化做法:每次公司召开会议,主持人首先要做"安全提示",提醒与会者安全通道出口的位置,如遇紧急情况时应采取的措施;在公司办公室中,坐椅者绝不可使座椅两腿着地;另外,公司更是要求杜邦员工及其家属在乘坐任何机动车辆时,应随时系好安全带。这些做法已经被业内企业所广泛传播。

作为新上任的杜邦中国管理咨询总经理邹飚博士,被杜邦的安全文化深入吸引加入公司,他强调"安全是杜邦员工被雇佣的一个条件,加入杜邦的员工需要理解安全的核心价值,并服从公司对于安全的要求"。杜邦不仅保障员工工作时的安全,还保障工作之外的安全。如果员工在上班途中遇到了交通小事故不能来上班,集团全球总裁及其间接或直接领导都将会得到相应的通知。每位员工不仅对自己的安全负责,而且也要对同事的安全负责。

杜邦提出了实现零伤害、零疾病、零事故的目标。即从每一单位的设计、建造、施工、投产到维修,以至运输各环节,全体人员均力求避免工伤意外的发生,以期达到零的纪录。并深信所有的职业伤害与疾病、安全和环保事故,都是可以避免的。

"职业操守、安全和健康、尊重人、环境"是杜邦的四大核心价值观。"杜邦没有把业绩导向作为核心价值观,因为杜邦相信只要把这四大理念做好了,就能够获得优厚的回报,业绩与这四大核心价值观是正相关的",邹博士这样阐述杜邦的核心价值观与业绩的关系。

如今在杜邦,安全、健康和环境保护(SHE)被认为是业务蓬勃发展的不可分离的一部分。SHE的目标作为整个公司、各个业务部门和分支机构的全面成功的关键因素而融入其企业战略和经营计划中。

做好"有感领导"

杜邦提出了一个非常有意思的安全管理词汇,即"有感领导"。究竟什么是"有感领导",邹博士进行了这样的解释:"即让员工听到,看到,体会到领导对于安全的重视"。领导者不但要跟员工传授安全管理的理念,还需要身体力行,让员工从领导的行为中受到潜移默化的影响。

正确的安全责任归属是建立安全文化的重要基础。在杜邦,除了专门设立安全管理部门外,安全还是管理层的责任,由工厂的最高领导人来负责。这种理念是在200年前形成的。杜邦创始人E·I·杜邦从法国来到美国生产火药时,把家安在工厂里面,以表明对安全承担责任。

现在杜邦的领导人不住在工厂里,但是这个传统理念继承下来了,领导人的主要责任之一,就是对安全的承诺,并不是工厂的最高领导者一定住在工厂里,是领导要对安全负全责,不能下放给手下的官员。

在杜邦的"十大安全原则"里有非常重要的一条即"员工的直接参与是关键",从最高决策者到第一线的生产人员,都必须积极参与。各个部门的负责人是其部门的安全责任人,而且整个公司和各个部门的安全表现与CEO和部门负责人的经济利益及升迁直接挂钩。只有管理者重视安全,并且身体力行,所有的安全教育和措施才能发挥实质的功效,员工才能感受到企业是真正重视安全。

安全不是"成本",而是"投资"

很早的时候,杜邦就对安全问题做出了三项重要决策:一是建立管理层对安全负责的制度,层层把关,层层落实;二是建立公积金制度,从员工工资中拿出一部分,企业拿出一部分,建立公积金,万一发生事故时在经济上就有个缓冲;三是公司做出决定,凡是在事故中受到伤害的员工的家属公司会抚养起来,其小孩抚养到工作为止,如果他们愿意到杜邦工作,杜邦将优先考虑。除此之外,杜邦在安全文化的建设上还做了大量的投入。

"今天,杜邦已将安全投入不再视为成本,而看作是一种回报丰厚的投资。"邹博士对记者说道,这个观点与国内大多数企业认为安全生产"投入多、见效慢"的观念完全不同,更加具有长期的战略眼光。

杜邦认为,一个企业或机构要树立安全文化,关键在于对安全事故所造成的损失的正确认识。

作为安全咨询的资深专家,邹博士认为,安全投入的回报至少可以从两方面加以考察。首先,由安全投入所减少的直接和间接安全事故损失,即是最大的投资回报。一旦发生安全事故,死伤者的后事处理或医疗救治的费用、停工停产等直接损失只是事故所带来的损失的很小一部分;而间接损失,如对员工士气、客户关系、企业形象的影响和伤害往往要比直接经济损失要高5~10倍。虽然表面上来看因为提高安全的管理水平需要做一些投入,但安全其实背后隐藏着非常巨大的商业价值,安全绝对不是投入,而是真正的产出。

杜邦安全文化建设的四个阶段

杜邦企业安全文化建设多年的经验表明,一个企业安全文化的建成往往不是一蹴而就的，而是需要长期不懈努力才能达到。杜邦企业安全文化建设与工业伤害防止和员工安全行为模型描述了杜邦企业安全文化建设过程中经历的四个不同阶段。这四个阶段可概括为：员工的安全行为处于①自然本能反应阶段；②依赖严格的监督；③独立自主管理；④互助团队管理。该模型的建立是基于杜邦历史安全伤害统计记录，以及在这过程中公司和员工在当时对安全认识的条件下曾做出的努力和具备的安全意识，是杜邦安全文化建设实践的理论化总结。该模型表明，只有当一个企业安全文化建设处于过程中的第四阶段时，才有可能实现零伤害、零事故的目标。

为了更好地说明在不同阶段员工的不同表现，我们可以做一个有趣的比喻："在工厂里面搞道路维修，拿掉了一个井盖。处于第一阶段的员工看到会有这样的反应：这里有个洞，我要绕道走，不要掉下去了。处于严格监管阶段的主管看到了会告诉员工：这个很危险，要用东西把它围起来，挂一个警示牌，提醒大家这里正在维修，请绕行。处于第三阶段的员工面对这样的情况会主动把这里围起来，把牌子挂好，而不是等到主管来提醒或者是安排来做这样的事情。处于第四个阶段的员工不仅会把它围起来，当别的员工经过这里的时候，他会自觉地提醒他们这里正在维修，绕道走。"这个比喻充分说明了随着员工对企业文化的理解程度不断加深，员工对规定的认可程度就会越高。

杜邦安全咨询的大量研究表明，中国企业的安全文化建设大多数处在上面所说的第二个阶段初期，即依赖严格的监督阶段，还远远没有形成独立自主的管理。

虽然国内企业也进行全员安全管理，但一旦发生事故，责任就会集中在一两个人身上，这显然与杜邦的目标存在很大的差距。据了解，杜邦全员管理的目标不是在出事故的时候追究责任，而恰恰是在事故没有发生之前如何将每个人预防事故的责任落到实处。他们更重视事故前的失误、缺陷等管理，对事故出现后，主要追究决策者的责任。

此外，杜邦强制要求"各级管理层对各自的安全直接负责、各级主管必须进行安全检查"，虽然也设有安全专职人员，他们的职责是保证条例和规章的被遵守，发现技术问题进行纠正，增加安全防护。而国内企业往往将安全重担压给安全管理部门，这使得该部门感觉茫然，因为他们并不是对所有岗位和环节的安全生产都了如指掌，结果造成了"什么都要管，什么也管不好"。

这些年来国家对安全的重视程度越来越高，但企业安全文化的形成需要很长的时间，不是一蹴而就的，还需要很长的路要走。用邹博士的话来说就是"企业要把安全文化真正融入企业的，不能觉得很难就不去行动，安全文化的关键是建立一个不断提高，不断进取的文化氛围"。

杜邦十大安全原则

1. 所有安全事故都是可以预防的
2. 各级管理层对各自的安全直接负责
3. 所有安全操作隐患是可以得到控制的
4. 安全是被雇佣的一个条件
5. 员工必须接受严格的安全培训
6. 各级主管必须进行安全检查
7. 发现的安全隐患必须及时更正
8. 工作外的安全和工作中的安全同样重要
9. 良好的安全就是良好的业绩
10. 员工的直接参与是关键

（本文摘自《中国企业文化研究》2008 年 6 期）

中国企业文化建设大事记

二〇〇八年中国企业文化建设大事记

1月18日,中国企业文化研究会在京召开了2007年年度工作总结会。研究会领导、各部门主任及部分工作人员参加了会议,会议由常务副理事长、常务副秘书长黄新惠主持。会上各部门汇报了2007年工作情况,并交流了经验和体会。名誉理事长王大明和常务副理事长张同舟、杜子端到会并讲话,秘书长孟凡驰做了总结发言。下午,举行了2008年新春团拜会,团拜会由常务副理事长、常务副秘书长韩旭主持。秘书长孟凡驰向到会嘉宾表示衷心的感谢,并以"丰富"和"稳健"为主题对研究会2007年工作做了总体概括和详细总结,同时对2008年的工作安排做了简要的说明。名誉理事长王大明对研究会的工作给予了充分的肯定和鼓励,并提出了更高的要求。常务副理事长张同舟要求研究会在未来的工作中重视经验总结,进一步提高研究会的社会知名度和美誉度,要以科学发展观为指导争取在新的一年里取得更好的成绩。出席团拜会的有:中国金融、中国建设、中国冶金、中国机械等行业企业文化社团组织领导,中国航空工业第一集团公司、中国保监会政策研究室、中国人寿保险公司、首钢集团、中国铁道建筑总公司、华北电网政工部等单位的领导。众多嘉宾对我会的工作给予了充分肯定并对今后的工作提出了很好的建议。

2月20日上午,有12位著名学者出席的"改革开放三十年回顾与展望"学术委员座谈会召开。会议由学术委员会副主任赵春福教授主持。12位学术委员参加了会议。会议研讨主题是:围绕改革开放30年,中国企业文化应如何推进,在企业文化理论和实践研究方面应该设立哪些课题。

4月9日—12日,在扬州泰兴召开了2008年全国企业文化社团会长、秘书长联席会。会议总结了全国各企业文化社团的优秀经验,探索企业文化社团建设的特点和规律,促进各企业文化社团之间相互学习交流与合作,推动了全国企业文化建设工作的开展。

6月11日,国务院国资委承担的《中央企业企业文化建设评价体系研究》课题进行评审结项,中国企业文化研究会秘书长孟凡驰教授作为课题专家评审组组长出席会议。

7月14日,在京召开《改革开放三十年:中国企业文化成果大典》评审会和全国企业文化示范基地评估会,会议由孟凡驰教授主持,专家们坚持评审原则,对报送的材料进行了认真的审阅和评比。

8月2日—4日,在安徽黄山召开"改革开放三十年:中国企业文化实践理论创新论坛",论坛以"中国企业文化实践理论创新"为主题,进行了"三十年实践理论盘点,三十年文化管理回顾"。国务院国资委副主任王瑞祥、中国企业文化研究会名誉理事长王大明出席本次论坛并发表了重要讲话。安徽省国资委、黄山市领导到会致辞,国内多家专业媒体的记者和全国企业代表共220余人出席了会议,会上宣布了"关于企业文化研究课题立项的决定",会议期间还召开了"企业文化师工作交流研讨会",人力资源和社会保障部职业技能鉴定中心主管企业文化师职业资格的有关领导出席会议并介绍了相关情况,解答了与会代表提出的相关问题。

9月22日—25日,由中国企业文化研究会医药卫生委员会和中国医院协会医院文化专业委员会主办的第六届"中国医院文化论坛(2008)"在厦门市召开,与会代表以"弘扬人文医学与构建和谐医院"为主题进行了研讨。

10月8日由著名学者组成的专家评审委员会对东方地球物理勘探有限责任公司的企业文化建设工作进行了全面评审,评委一致认为东方地球物理公司的"先锋文化"建设取得突出成绩,具有广泛示范作用,决定授予"全国企业文化建设示范基地"的称号。

10月24—26日,"中国企业安全文化建设方法与评价研讨会"在京召开。研讨会目的:为纪念改革开放30年,围绕当前我国企业安全生产现状和安全文化建设的迫切需求,深入研究和探索我国企业安全文化建设的特点和规律,创新企业安全文化建设的方法和路径,创建企业安全文化建设评价体系。

11月3日,由著名学者组成的评审专家组一行七人亲临胜利油田地质院,对其品牌建设情况进行了全面考查、充分论证。在认真考查评审之后,决定授予胜利油田地质院"全国品牌文化示范单位",称号,并举行了揭牌仪式。这是中国企业文化研究会第一家"全国企业文化特色性示范单位",开创了企业文化建设特色发展的新路子。

11月15日—17日"改革开放30年与企业文化建设——中外企业文化2008南宁峰会"在广西南宁召开,中国企业文化研究会名誉理事长、中宣部原常务副部长王大明，中国企业文化研究会顾问、中宣部原常务副部长徐惟诚，全国政协提案委员会副主任、国务院国资委原副主任王瑞祥，广西自治区等有关领导参加会议并分别在开幕式上讲话。会议特邀美国、德国和国内著名学者、知名企业家，围绕会议主题进行探讨交流。此次峰会旨在推进中国企业文化建设健康发展，为广大企业提供交流和总结推广先进经验的平台。我会秘书长孟凡驰做了总结发言。会上举行了“改革开放30年全国企业文化建设”系列表彰颁奖仪式，表彰了全国企业文化杰出品牌组织奖20项、全国企业文化杰出贡献人物奖10项、全国企业文化优秀单位奖258项、全国企业文化优秀工作者奖221项、全国企业文化优秀社团奖13项。

中国企业文化研究会常务副理事长、国家职业资格全国统一鉴定“企业文化师”职业命题专家组组长孟凡驰于4月、10月两次召开命题专家会议，按劳动和社会保障部职业技能鉴定中心的要求，完成“企业文化师”职业全国统一鉴定命题工作。中国企业文化研究会常务副理事长、“企业文化师”职业命题专家组副组长韩旭组织专家参加了国家职业资格全国统一鉴定试题审定会议，对“企业文化师”职业5月、11月全国统一鉴定试题进行了审定。

截止到11月，根据劳动和社会保障部职业技能鉴定中心的部署，“企业文化师职业资格培训办公室”共举办了6期高、中级“企业文化师国家职业资格”鉴定培训班。

11月21日—25日，由中央企业党建政研会主办，企业文明杂志社承办的“创新企业文化，提升企业软实力研讨会暨中央企业企业文化建设培训班”在南昌举办。全国政协提案委员会副主任、原国务院国资委副主任王瑞祥等领导做了专题报告，50多家央企领导，天津、成都、青岛等地方国资委领导以及著名民营企业的代表近250人参加学习，就创新企业文化、提升企业软实力这一课题进行了广泛的交流和探讨。

11月，《中国企业文化年鉴》(2007—2008卷)由中国企业文化研究会编辑，企业管理出版社出版发行。该书由国家图书馆收藏，并颁发了收藏荣誉证书。

12月21日—22日，中国企业联合会、中国企业家协会召开了第七届全国企业文化年会，会议主题为：加强企业道德建设、推进商业文明进程。大会由中国企业联合会执行副会长尹援平主持。

二〇〇九年中国企业文化建设大事记

1月10日，中国企业文化研究会邀请国务院国资委、北京市国资委有关领导，部分行业、部分地区企业文化社团的有关领导，部分企业会员单位领导100余人出席新春团拜会。会议由常务副理事长黄新惠主持，常务副理事长韩旭作了新春致辞。常务副理事长、秘书长孟凡驰教授作了2008年工作总结，研究会名誉理事长王大明同志作重要讲话，并对2009年的工作提出几点建议。

3月24日—26日，中国企业文化研究会与澳大利亚悉尼科技大学共同主办的“澳中企业文化2009悉尼高端论坛”，在澳洲海滨城市悉尼举行。澳大利亚总理陆克文为大会写了贺信，四位政府部长出席了会议。大会主要议题是：“面对金融危机，充分发挥企业文化建设的主要作用，促进企业危中寻机，迅速发展”。悉尼科技大学校长罗斯·密尔本、中国企业文化研究会常务副理事长韩旭分别代表主办方致辞。海尔集团、中国工商银行、中石油大庆炼化公司、首钢总公司、甘肃华亭煤业集团、中国移动北京公司、北京市企业文化建设协会、北京市卫生局等单位的代表登上国际会议讲坛，介绍了中国企业文化建设的经验。澳大利亚政界、学界、新闻界和百强企业代表100余人出席会议。本次会议是中国企业文化社团第一次走出国门举办企业文化建设的高端论坛，受到中澳两国产、学、研各领域代表的好评

4月25日—27日，“学习实践科学发展观创新企业文化”研讨会在上海举办。中国企业文化研究会副理事长、副秘书长华锐，中央党校教授韩庆祥、北京师范大学教授李永瑞、著名经济学家茅于轼教授分别在会上做了报告。中核集团等单位代表共120余人参加了会议。会议期间，与会代表参观了刚刚组建一年、承载着“让中国的大飞机翱翔蓝天”梦想的中国商用飞机有限责任公司。中共中央候补委员、中国商飞总公司经理金壮龙在座谈时表示：大飞机是建设创新型国家的标志性工程。在建设过程中，企业文化是非常重要的软实力，希望研究会将中国商飞公司作为企业文化研究的基地，共同推动中国的企业文化建设。

6月5日—7日，2009年全国企业文化社团会长、秘书长联席会暨“医院文化与人性化服务现场观摩研讨会”召开，会上授予本溪市中心医院“全国医院文化建设示范单位”称号。会议总结了全国各地企业文化社团的优秀经验，推广医院文化建设示范单位的典型经验，推动医院文化建设与人性化服务工作的深入开展，重点探索企业文化社团在应对金融危机的情况下，如何贯彻落实科学发展观新形势下的创新路径，进一步推动我国的企业文化建设事业迈上新台阶。中国企业文化研究会副理事长、副秘书长华锐和医药卫生委员会主任高金声共同主持了会议，中国企业文化研究会副理事长、辽宁省营销文化研究会会长高立胜和东道主本溪市企业文化建设协会会长钱之荣分别致辞。

6月6日，宁波市企业文化协会成立，中国企业文化研究会常务副理事长韩旭在会上宣读了贺信并作了“当前企业文化发展状况及前瞻分析”的主题发言。

6月，国务院国资委机关党委和国资委宣传工作局联合召开部分中央企业企业文化建设座谈会，学习中央企业企业文化建设的先进经验，征求中央企业对国资委构建具有出资人特色的机关文化的意见和建议。

6月，《改革开放30年中国企业文化成果大典》出版发行。

7月18日—20日，“第三届中国企业文化百人学术论

坛暨全国企业文化(同煤)现场会”召开。中国企业文化研究会名誉理事长王大明出席本次会议并做重要讲话,常务副理事长、秘书长孟凡驰教授作了大会总结发言,常务副理事长、常务副秘书长韩旭、副理事长、副秘书长华锐和培训部主任王建分别主持分论坛的讨论。山西省委宣传部副部长杜学文、山西省国资委副主任朱成基到会致辞。与会代表围绕“践行科学发展观,建设中国特色企业文化”的主题,进行了广泛交流、深度探讨和现场参观。中国社科院数量经济与技术经济研究所研究员汪同三教授,研究会学术委员会副主任赵春福教授、学术委员贾春峰教授,副理事长高立胜教授等专家学者围绕“践行科学发展观,建设中国特色企业文化”这一主题进行了深入的论述和点评。国内多家专业媒体的记者和全国企业代表共350余人出席了本次论坛。大会同时宣布了我会的三项决定:一、授予大同煤矿集团公司“全国企业文化建设示范基地”称号;二、表彰2007年至2008年优秀成果;三、宣布2007－2008年度中国特色企业文化课题研究结项评审结果。

8月19日—22日,在福州市召开第五届全国“四实”企业文化暨福建烟草商业“母子文化创新研讨会。会议围绕学习实践科学发展观与企业文化创新,重点研究“母子文化融合”,并推荐福建烟草“母子文化”模式,为企业提供“母子文化融合”借鉴模型及创新路径和方法。会上同时授予福建省烟草专卖局(公司)“全国企业文化建设示范基地”称号。

9月7日—9日,“中国企业文化研究会理事工作会议”暨全国企业文化(贵航)现场会召开。会上,授予中航工业贵州航空工业(集团)有限责任公司“全国企业文化建设示范基地”称号。成为贵州省首家全国企业文化建设示范基地。中国企业文化研究会理事长胡平、常务副理事长孟凡驰、黄新会、学术委员会副主任赵春福教授、中宣部原理论局副局长(正局级)贾春峰教授、中航工业集团副总经理高建设、中航工业集团企业文化部部长刘洪德等120余人出席会议,听取了孟凡驰教授做中国企业文化研究会理事会工作报告,共商《中国企业文化2010—2015年发展规划纲要建议(草案)》。

9月12日,中国企业文化研究会常务副理事长、常务副秘书长韩旭同志参加了黑龙江省医院协会医院文化专业委员会成立大会,会上韩旭同志宣读了贺信,并作了“中国企业文化建设发展趋势及医院文化建设思考”的主题发言。

11月14日—16日,在江西南昌召开“金融危机背景下的企业文化建设与创新——中外企业文化2009南昌峰会”。中国企业文化研究会名誉理事长、中宣部原常务副部长王大明,理事长、原国务院特区办主任、商业部部长胡平,研究会顾问、中宣部原常务副部长徐惟诚,全国政协提案委员会副主任、中国机械工业联合会会长王瑞祥,江西省委宣传部常务副部长陈东有等有关领导参加会议并讲话。研究会学术委员贾春峰、赵春福、唐任伍、王成荣等教授分别主持了会议并对会议发言作精彩点评。常务副理事长、秘书长孟凡驰教授作了会议总结。与会代表共470余人,大会对企业文化建设先进单位和优秀工作者给予表彰。

11月28日—29日,由中国企业联合会、中国企业家协会主办的“第八届全国企业文化年会”在北京举行。会议主题是:后金融危机时代中国企业文化前瞻。大会展示了新中国成立60年来我国企业文化建设成就,围绕企业关心的企业文化建设热点、难点、焦点等问题进行了深入探讨。

根据人力资源和社会保障部的统一部署,截止到12月,“企业文化师职业资格培训办公室”举办了7期全国高、中级“企业文化师国家职业资格认证”培训班,共468人参加培训。

企业文化建设表彰决定

关于“改革开放30年全国企业文化建设系列表彰”的决定

2008年10月31日　中企文研[2008]015号

今年是改革开放30年，也是中国企业文化研究会成立20年，为了推进中国企业文化建设的健康发展，总结改革开放30年来中国企业在企业文化建设方面所做出的成就，中国企业文化研究会决定对30年来在企业文化研究和实践方面做出卓越贡献的企业、社团、企业家及企业文化工作者给予表彰。中国企业文化研究会学术委员会专家评审团秉承公开公正公平的原则，对全国各地区、各系统、各企业申报的材料进行了审慎的评定。

评定结果如下：

改革开放30年全国企业文化杰出贡献人物奖10项

改革开放30年全国企业文化杰出品牌组织奖20项

改革开放30年全国企业文化优秀工作者奖221项

改革开放30年全国企业文化优秀单位奖258项

改革开放30年全国企业文化优秀社团奖13项

希望受到表彰的单位和个人继续努力，为中国企业文化事业做出更大的贡献。

改革开放30年全国企业文化杰出品牌组织获奖名单(排名不分前后)

1. 海尔集团
2. 联想集团
3. 首钢总公司
4. 中国石油天然气集团公司
5. 大同煤矿集团公司
6. 中国第一汽车集团公司
7. 中国航空工业集团公司
8. 东风汽车公司
9. 中国北京同仁堂(集团)有限责任公司
10. 中国全聚德(集团)股份有限公司
11. 中国石化胜利油田
12. 攀枝花钢铁(集团)公司
13. 武汉钢铁(集团)公司
14. 中国大唐电力集团公司
15. 中国航天科技集团公司
16. 中国中铁股份有限公司
17. 青岛啤酒股份有限公司
18. 恒源祥(集团)有限公司
19. 正泰集团股份有限公司
20. 中国电力国际有限公司

改革开放30年全国企业文化杰出贡献人物获奖名单(排名不分前后)

姓　名	单位职务
张瑞敏	海尔集团董事局主席兼首席执行官
杨元庆	联想集团董事长
朱继民	首钢总公司党委书记、董事长
吴永平	大同煤矿集团公司董事长、党委书记
李小琳	中国电力国际有限公司董事长、党组书记、十一届全国政协委员
林左鸣	中国航空工业集团公司党组书记、总经理
石大华	中国中铁股份有限公司党委书记 、董事长、十七届中央候补委员
王玉英	中国石化集团北京燕山石油化工有限公司党委书记兼副董事长
张文学	开滦集团有限责任公司董事长、党委书记
樊政炜	攀枝花钢铁(集团)公司党委书记、董事长

改革开放30年全国企业文化优秀单位获奖名单(排名不分前后)

1. 中国石化集团北京燕山石油化工有限公司
2. 山东电力集团公司
3. 上海宝冶建设有限公司
4. 北汽福田汽车股份有限公司
5. 青岛澳柯玛股份有限公司
6. 东方汽轮机有限公司
7. 青岛港(集团)有限公司
8. 日照港(集团)有限公司
9. 成都飞机工业(集团)有限责任公司
10. 中国人民解放军第五七一九工厂
11. 华电青岛发电有限公司
12. 皖北煤电集团公司
13. 唐山三友集团有限公司
14. 太原钢铁(集团)有限公司
15. 广西玉柴机器集团有限公司
16. 河北津西钢铁股份有限公司
17. 四川宏达集团
18. 北京首都旅游集团有限责任公司
19. 北京粮食集团
20. 北京首汽(集团)股份有限公司
21. 江西昌河汽车股份有限公司
22. 华亭煤业集团有限责任公司
23. 北京金隅集团公司
24. 北京城建集团公司
25. 中国移动通信集团北京有限公司
26. 甘肃省电力公司
27. 中铁电气化局集团有限公司
28. 中国网通(集团)有限公司北京市分公司
29. 中国贵州航空工业(集团)有限责任公司
30. 攀钢集团成都钢铁有限责任公司
31. 许继集团
32. 时风集团
33. 北京市第二建筑工程有限责任公司
34. 北京医药集团公司
35. 北京现代汽车
36. 广西柳工机械股份有限公司
37. 中铁六局集团有限公司
38. 上海三菱电梯有限公司
39. 柳州五菱汽车有限责任公司
40. 北京建工集团有限责任公司
41. 北京红星股份公司
42. 北京京煤集团公司
43. 北京公交集团公司
44. 中国石油大庆油田有限责任公司
45. 中国石油辽河油田公司
46. 中国石油新疆油田公司
47. 中国石油长庆油田公司
48. 中国石油大港油田公司
49. 中国石油塔里木油田公司
50. 中国石油青海油田公司
51. 中国石油大庆石化公司
52. 中国石油大庆炼化公司
53. 中国石油抚顺石化公司
54. 中国石油兰州石化公司
55. 中国石油庆阳石化公司
56. 中国石油东北销售公司
57. 中国石油重庆销售公司
58. 中国石油内蒙古销售公司
59. 中国石油天然气管道局
60. 中国石油东方地球物理公司
61. 内蒙古北方重工业集团有限公司
62. 铜陵有色金属集团控股有限公司
63. 沈阳飞机设计研究所
64. 沈阳黎明航空发动机(集团)有限责任公司
65. 沈阳飞机工业(集团)有限公司
66. 天津碱厂
67. 成都飞机设计研究所
68. 青岛啤酒厂
69. 山东招金集团有限公司
70. 中国兵器工业内蒙古第一机械集团公司
71. 山东电力集团公司东营供电公司
72. 广州电器科学研究院
73. 辽宁省电力有限公司
74. 河北省冀东水泥集团有限责任公司
75. 南京造币厂
76. 北京福田环保动力股份有限公司
77. 北人集团公司
78. 西安航空发动机(集团)有限公司
79. 青岛国际机场集团有限公司
80. 湖南省火电建设公司
81. 北京航空制造工程研究所
82. 中国建设银行股份有限公司山东省分行
83. 莱芜钢铁集团有限公司
84. 北京二商集团有限责任公司
85. 鞍钢建设集团有限公司
86. 中冶东北建设有限公司
87. 陕西金堆城钼业集团有限公司
88. 河南省电力公司洛阳供电公司
89. 天津市机电工业控股集团公司
90. 江苏黑松林粘合剂厂有限公司
91. 百联集团有限公司
92. 上海建设路桥机械设备有限公司
93. 大连船用柴油机有限公司

94. 马钢(集团)控股有限公司
95. 中铁十九局集团华南工程有限公司
96. 平旺物业管理公司
97. 大同煤矿集团有限责任公司晋华宫矿
98. 大同煤矿集团有限责任公司马脊梁矿
99. 大同煤矿集团有限责任公司大唐塔山煤矿公司
100. 大同煤矿集团有限责任公司四台矿
101. 辽宁能发伟业集团
102. 深圳市长城投资控股股份有限公司
103. 沈阳商业城集团
104. 沈阳造币厂
105. 太原铁路局
106. 鞍钢集团矿业公司
107. 中国电信集团湖北有限公司
108. 中国联通有限公司武汉分公司
109. 中国移动通信集团湖北有限公司
110. 中国飞行试验研究院
111. 中国人寿资产管理有限公司
112. 风帆股份有限公司
113. 长城汽车股份有限公司
114. 中国石化股份胜利油田分公司地质科学研究院
115. 中石化青岛石油化工集团有限公司
116. 国营青岛造船厂
117. 福建省烟草专卖局(公司)
118. 山东省广饶县供电公司
119. 北京石油机械厂
120. 邯郸供电公司
121. 中铁十六局集团二公司
122. 哈尔滨东安发动机(集团)有限公司
123. 西安飞机工业(集团)有限责任公司
124. 中国水利水电第一工程局有限公司
125. 青岛交运集团公司
126. 本溪钢铁(集团)路桥建设工程有限公司
127. 本钢(集团)矿业公司设备修造厂
128. 辽宁好护士药业(集团)有限责任公司
129. 辽宁北方曲轴有限公司
130. 上海电器科学研究所(集团)有限公司
131. 中国建设银行湖北省分行
132. 中国农业银行湖北省分行
133. 中国工商银行湖北省分行
134. 中航雷达与电子设备研究院
135. 光大水务(济南)有限公司
136. 德州供电公司
137. 中国工商银行股份有限公司浙江省分行营业部
138. 神华国华太仓发电有限公司
139. 沈阳世润重工有限公司
140. 青岛热电集团公司
141. 中国建设银行股份有限公司沈阳铁路支行
142. 沈阳一运实业有限责任公司
143. 沈阳玫瑰大酒店
144. 唐山三友兴达化纤股份有限公司
145. 中国航空工业集团总公司贵州新艺机械厂
146. 中国中煤能源集团公司平朔煤炭工业公司
147. 山东电力建设第二工程公司
148. 中国铝业河南分公司
149. 青岛供电公司
150. 烟台供电公司
151. 威海供电公司
152. 中国特种飞行器研究所
153. 中国铝业股份有限公司广西分公司
154. 鞍山钻石城股份有限公司
155. 鞍山市煤气总公司
156. 中国第十七冶金建设有限公司
157. 中国工商银行股份有限公司陕西省分行
158. 中国航天科技集团公司烽火机械厂
159. 北京首钢国际工程技术有限公司
160. 中国一航凯天电子股份有限公司
161. 信息产业电子第十一设计研究院有限公司
162. 中国石油化工股份有限公司安庆分公司
163. 湖北省公路客运集团
164. 贵州华阳电工有限公司
165. 湖北宝源集团
166. 中国建筑三局有限公司
167. 湖北九州通医药有限公司
168. 中国建设银行股份有限公司济宁分行
169. 中国建设银行股份有限公司菏泽分行
170. 中国建设银行股份有限公司聊城分行
171. 武汉市公共交通集团
172. 联华超市股份有限公司
173. 中国四联仪器仪表集团有限公司
174. 中国中铁股份有限公司党建思想政治工作研究会
175. 胜利油田纯梁采油厂采油三矿
176. 中石化胜利油田分公司河口采油厂
177. 江苏恒瑞医药股份有限公司
178. 江苏太阳雨新能源集团有限公司
179. 江苏新海发电有限公司
180. 连云港港口集团有限公司
181. 江苏德邦化学工业集团有限公司
182. 中国移动通信集团海南有限公司
183. 中核建中核燃料元件有限公司
184. 国电九江发电厂
185. 山东省利津县供电公司
186. 安徽盈创石化检修安装有限责任公司
187. 青岛海润自来水集团
188. 张家口市汽车客运总站
189. 山东高佐矿业有限公司

190. 石家庄供电公司
191. 张家口发电厂
192. 河北宣工机械发展有限责任公司
193. 河北宣化供水有限责任公司
194. 北京远东仪表有限公司
195. 河北保定交通运输集团有限公司
196. 福建省交通运输(控股)有限责任公司
197. 安徽中烟工业公司蚌埠卷烟厂
198. 河北衡丰发电有限责任公司
199. 海南国营农场金江农场(分公司)
200. 海南国营农场卫星农场(分公司)
201. 中国工商银行股份有限公司定西分行
202. 龙岩电业局
203. 福建省莆田电业局
204. 山东电力设备厂
205. 北京地铁运营公司
206. 冀中能源邯郸矿业集团云驾岭煤矿
207. 山东中烟工业公司青岛卷烟厂
208. 山东省青岛市市立医院
209. 青岛远洋运输有限公司
210. 辽宁省本溪市中心医院
211. 南车株洲电力机车研究所有限公司
212. 莱钢集团莱芜金鼎房地产开发有限公司
213. 鞍钢集团铁路运输公司
214. 鞍山亨通集团
215. 合肥皖能发电有限公司
216. 宜昌交运集团有限责任公司
217. 湖北省荆州供电公司
218. 湖北省电力公司荆门供电公司
219. 荆州市白天鹅家居有限公司
220. 北京自来水集团公司
221. 湖北天成建设发展有限公司
222. 中国移动通信集团广东有限公司珠海分公司
223. 中国网通(集团)有限公司鞍山市分公司
224. 中国移动通信集团湖北有限公司十堰分公司
225. 湖北烟草公司鄂州公司
226. 中国移动通信集团河北有限公司保定分公司
227. 保定供电公司
228. 衡水供电公司
229. 衡水恒通热力有限责任公司
230. 山西焦煤汾西矿业集团公司新柳煤矿
231. 安徽省电力公司淮北供电公司
232. 中冶集团武汉勘察研究院有限公司
233. 江苏省东海县烟草专卖局
234. 中国电信股份有限公司灌云分公司
235. 山西潞安集团公司王庄煤矿
236. 中国人民银行蚌埠市中心支行
237. 国机集团中联西北院
238. 青岛排水管理处
239. 上海大屯能源股份有限公司发电厂
240. 石家庄印钞厂
241. 承德北雁商城
242. 国电电力和禹水电开发公司
243. 安徽淮南平圩发电有限责任公司
244. 中国联通鞍山分公司
245. 鞍钢建设集团机械化运输分公司
246. 鞍钢建设集团有限公司机电安装工程分公司
247. 大唐七台河发电有限责任公司
248. 平顶山煤业集团供水总厂
249. 湖北大田化工股份有限公司
250. 中国人民银行徐州市中心支行
251. 湖北枝江酒业集团
252. 本溪钢铁(集团)起重机制造有限公司
253. 辽宁省本溪市烟草专卖局(公司)
254. 青岛啤酒(珠海)有限公司
255. 交通银行珠海分行
256. 广东省拱北汽车运输有限责任公司
257. 河北西柏坡发电有限责任公司
258. 珠海威丝曼服饰股份有限公司

改革开放30年全国企业文化优秀工作者获奖名单(排名不分前后)

编　号	单位名称	获奖人	职　务
1.	北京市企业文化建设协会	郝　真	顾问
2.	东风汽车公司	徐　平	总经理 、党委书记
3.	青岛港(集团)有限公司	常德传	董事局主席、总裁
4.	特变电工	魏玉贵	党委书记
5.	日照港(集团)有限公司	杜传志	董事长、党委书记、十七大代表
6.	青岛啤酒股份有限公司	金志国	董事长
7.	正泰集团股份有限公司	林可夫	党委书记、副总裁
8.	唐山三友集团有限公司	么志义	董事长、党委书记
9.	安徽省皖北煤电集团有限责任公司	葛家德	董事长 、总经理

续表

编　号	单位名称	获奖人	职　务
10.	沈阳飞机工业(集团)有限公司	杨尤昌	党委书记、副总经理
11.	中国人民解放军第五七一九工厂	向　巧	厂长
12.	内蒙古北方重工业集团有限公司	徐明和	党委书记、董事长
13.	河北津西钢铁股份有限公司	韩敬远	董事长
14.	华亭煤业集团有限责任公司	缪寅生	董事长、总经理
15.	哈尔滨东安发动机(集团)有限公司	王　军	董事长、党委书记
16.	上海三菱电梯有限公司	范秉勋	董事长
17.	广西玉柴机器集团有限公司	晏　平	董事局主席、党委书记、董事长、十一届人大代表
18.	山东招金集团有限公司	路东尚	党委书记、董事长
19.	铜陵有色金属集团控股有限公司	韦江宏	董事长、总经理
20.	沈阳飞机设计研究所	孙　聪	所长
21.	四川宏达集团	刘海龙	董事局副主席
22.	西安航空发动机(集团)有限公司	蔡　毅	董事长、总经理
23.	东风汽车公司	范　仲	党委副书记
24.	华亭煤业集团有限责任公司	朱同印	党委书记、副董事长
25.	中国航空工业集团总公司贵州新艺机械厂	曾　峰	党委书记
26.	青岛热电集团有限公司	张　录	党委书记、董事长、青岛市人大代表
27.	北京建工集团有限责任公司	孙维林	党委书记、董事长
28.	中铁六局集团有限公司	卢建中	党委书记、董事长
29.	沈阳商业城集团	张殿华	总裁、党委书记
30.	山东电力集团公司东营供电公司	刘伟志	党委书记
31.	德州供电公司	赵传东	党委书记
32.	中国石化股份胜利油田分公司地质科学研究院	孙喜新	党委书记
33.	沈阳鼓风机集团有限公司	苏永强	董事长、总经理、党委副书记
34.	中国网通(集团)有限公司北京市分公司	赵继东	党委书记、总经理
35.	首钢总公司	姜兴宏	党委副书记、董事
36.	国电电力发展股份有限公司	蒋兰英	党组成员、纪检组长、工会主席
37.	大同煤矿集团公司	王保玉	董事、党委副书记
38.	沈阳黎明航空发动机(集团)有限责任公司	陈凡奇	董事、党委副书记、工会主席
39.	东方汽轮机有限公司	朱贤滨	党委副书记
40.	中国石油天然气集团公司	贾光生	思想政治工作部副主任
41.	中国石油职工思想政治工作研究会	王权汉	秘书长
42.	中国石油大庆油田有限责任公司	王　昆	党委副书记
43.	中国石油辽河油田公司	孙崇仁	党委书记
44.	中国石油长庆油田公司	冉新权	总经理、党委副书记
45.	中国石油大庆石化公司	郑怀义	党委书记、副总经理
46.	中国石油大庆炼化公司	冷胜军	党委书记
47.	中国石油抚顺石化公司	李若平	总经理、党委副书记
48.	中国石油辽阳石油化纤公司	孙洪来	党委书记、副总经理
49.	中国石油庆阳石化公司	张栋杰	总经理、党委副书记
50.	中国石油工程设计公司	迟尚忠	总经理
51.	中国石油销售公司	上官建新	副总经理
52.	中国石油东北销售公司	李绍双	党委书记、副总经理
53.	中国石油华北销售公司	高栋平	党委书记、副总经理
54.	中国石油内蒙古销售公司	王永和	党委书记、副总经理
55.	中国石油勘探开发研究院	周　颢	党委书记

续表

编 号	单位名称	获奖人	职 务
56.	中国石油西部钻探公司	魏银广	党委副书记
57.	中国石油大庆油田有限责任公司	王显平	宣传部长
58.	中国石油大庆油田公司采油一厂	李懂章	党委书记
59.	中国石油辽河油田公司	张庆东	总经理助理
60.	中国石油辽河油田公司	高树林	企业文化处处长
61.	中国石油长庆油田公司	徐四德	企业文化部主任
62.	中国石油吉林油田公司	米金余	党委工作处处长
63.	中国石油大庆炼化公司	静德纯	企业文化研究会会长
64.	中国石油天然气管道局	杨成生	企业文化部部长
65.	中国石油东方地球物理勘探公司	曾木生	党群工作部主任
66.	中国石油集团公司思想政治工作部思想教育处	沈 中	处长
67.	中国石油集团公司	杨高斐	思想政治工作部党建工作处处长
68.	北京二商集团有限责任公司	孙 杰	党委书记、董事长、北京市委候补委员
69.	江苏黑松林粘合剂厂有限公司	刘鹏凯	董事长
70.	中国燃气涡轮研究院	李继保	党委书记、副院长
71.	湖北大田化工股份有限公司	刘维汉	董事长
72.	首钢总公司	张文喆	党委宣传部(企业文化部)部长
73.	大同煤矿集团公司	李 平	宣传部部长
74.	山东电力集团公司	房茂伟	企业文化处长
75.	鞍山市企业文化研究会	范业忠	理事长
76.	成都企业文化协会	徐发生	副会长兼秘书长
77.	攀钢集团成都钢铁有限责任公司	季柳岷	工会主席
78.	中铁六局集团有限公司	矫希伟	党委副书记、纪委书记
79.	天津碱厂	崔晓博	党委副书记
80.	中国一航凯天电子股份有限公司	朱建设	副董事长、总经理、党委副书记
81.	成都飞机设计研究所	张杰伟	所长助理
82.	胜利石油管理局黄河钻井总公司	曹新华	党委副书记
83.	中国中铁股份有限公司	毛小民	工会副主席、党建政研会副会长
84.	本溪钢铁(集团)路桥建设工程有限责任公司	具本瑾	总经理
85.	北人集团公司	肖茂林	党委副书记
86.	中国石化集团北京燕山石油化工有限公司	索 俐	燕山油化报总编辑、燕山企业文化杂志主编
87.	山东烟台供电公司	罗志远	党委书记兼纪委书记
88.	北汽福田汽车股份有限公司	赵景光	党委副书记、纪委书记、监事长
89.	光大水务(济南)有限公司	陶俊杰	总经理、党委书记
90.	中冶集团武汉勘察研究院有限公司	唐龙根	董事长兼总经理
91.	江铃汽车集团公司	吴 涌	党委书记
92.	中石化青岛石油化工集团有限公司	崔志欣	党委书记
93.	山东广饶县供电公司	盖林农	党委书记、副经理
94.	山东招金集团有限公司	苑香民	党委副书记、常务副总经理
95.	北京石油机械厂	刘广华	厂长、党委副书记
96.	中铁十六局集团二公司	牛士红	企业文化中心主任
97.	昌河飞机工业(集团)有限责任公司	余建华	企业文化办公室主任
98.	辽宁省本溪市中心医院	杨丽娟	党委书记
99.	本钢热力开发公司	孙 杰	董事长兼总经理
100.	辽宁本溪三药有限公司	李金占	党委副书记、纪委书记、工会主席
101.	国家电网辽宁本溪供电公司	曹天维	党委书记

续表

编号	单位名称	获奖人	职务
102.	本溪新事业公司	赵铁臣	董事长、总经理
103.	大连市企业文化研究会	钟祥斌	会长
104.	山东高佐矿业有限公司	魏祥海	董事长
105.	北京远东仪表有限公司	高玉清	党委书记、副董事长
106.	中铁电气化局集团第三工程有限公司	李永龙	董事长
107.	大同煤矿集团公司	郭海	副总经理
108.	大同煤矿集团公司	康颖峰	宣传部副部长
109.	大同煤矿集团平旺物业管理公司	杨国富	经理
110.	大同煤矿集团马脊梁矿	张　勇	矿长
111.	大同煤矿集团地煤公司	徐　成	党委书记
112.	大同煤矿集团公司晋华宫矿	靳　华	党委书记
113.	大同煤矿集团公司	李云玲	工会副主席
114.	大同煤矿集团有限责任公司	丁大同	副总工程师兼安全管理监察局局长
115.	大同煤矿集团公司大唐塔山煤矿有限公司	石锐钦	党委书记
116.	大同煤矿集团公司四台矿	刘建高	矿长
117.	山西潞安集团石圪节煤业公司	张晓川	党委书记
118.	大连船用柴油机有限公司	马仲德	党委书记
119.	山东中烟工业公司青岛卷烟厂	周　健	厂长
120.	北京石油机械厂	王郁群	党委副书记、纪委书记、工会主席
121.	青岛供电公司	刘建旬	总经理
122.	中国中煤能源集团平朔煤炭工业公司	乔云海	党委书记、副总经理
123.	大连房地产业协会	马　杰	常务副会长、秘书长(法人代表)
124.	福建省莆田电业局	方炳伟	党委书记
125.	山东电力设备厂	庞伊静	党委书记
126.	四川宏达集团	刘德山	党委副书记、副总裁
127.	河南省电力公司洛阳供电公司	尚靖平	党委副书记
128.	冀中能源集团有限责任公司	杨佑田	宣传部长、企业文化部部长
129.	冀中能源集团有限责任公司	杨秉华	团委副书记、企业文化副部长
130.	青岛远洋运输有限公司	宋福辉	党委书记、副总经理
131.	北京二商集团有限责任公司	金　铎	集团宣传部长
132.	中国水利水电第一工程局有限公司	左维图	新闻信息中心主任
133.	莱芜钢铁集团有限公司	宋兰祥	董事长、党委书记
134.	安徽中烟工业公司蚌埠卷烟厂	乔宗华	厂长、党委书记、市人大常委
135.	杰克控股集团	阮积祥	总裁
136.	湖南省火电建设公司	钟术蒙	党委书记
137.	山东黄岛电力集团公司	展学平	党委书记、董事
138.	广东省企业文化协会	肖锋鸣	常务副会长
139.	山东电力设备厂	孔庆一	厂长
140.	甘肃省电力公司	刘海峰	思政部处长
141.	中国特种飞行器研究所	刘宜国	党委书记
142.	铁岭华晨橡塑制品有限公司	姚恩波	总经理兼党委书记
143.	青岛交运集团公司	崔尽艳	企业策划部部长
144.	莱钢集团莱芜金鼎房地产开发有限公司	苗立泉	党委书记、副董事长
145.	大唐七台河发电有限责任公司	姜朝兴	总经理
146.	中国网通(集团)有限公司鞍山市分公司	李福玉	党委书记 、总经理
147.	中国电信海城分公司	徐　颂	总经理

续表

编　号	单位名称	获奖人	职　务
148.	鞍山钻石城股份有限公司	张　萍	总经理
149.	鞍钢建设集团有限公司	姜相武	党委书记、副董事长
150.	中国联通鞍山分公司	闫桂君	党委书记、总经理
151.	鞍钢集团矿业公司	杨靖波	党委筹建组组长
152.	中冶东北建设有限公司	赵广利	党委书记、董事长
153.	鞍钢集团自动化公司	李士涛	党委书记兼纪委书记、副经理
154.	张掖供电公司	苗志刚	总经理助理、思政部主任
155.	鞍山市煤化总公司	董迎春	总经理
156.	广西玉柴机器集团有限公司	郭德明	秘书长、纪委副书记
157.	四川宏达集团	王保林	党委副书记
158.	攀钢集团矿业有限公司	范云东	党委书记
159.	荆州市白天鹅家居有限公司	刘学松	董事长
160.	湖北烟草荆州公司	蔡　刚	总经理
161.	湖北柯创高新网络视频股份有限公司	万守杰	董事长
162.	湖北枝江酒业集团	蒋红星	董事长
163.	武汉市公共交通集团	迟旭东	董事长
164.	中国移动通信集团湖北有限公司十堰分公司	董　伟	党委书记、总经理
165.	湖北宝源集团	蔡维金	董事长、总经理
166.	上海百联集团有限公司	黄　岩	党委办公室副主任
167.	湖北省企业文化促进会	周士国	副秘书长
168.	荆门市企业文化促进会	吴有信	常务副会长兼秘书长
169.	中国通信建设第一工程局有限公司	陈秋实	党委副书记、纪委书记、工会主席、监事会主席
170.	河北西柏坡发电有限责任公司	吕秋发	党委书记
171.	巨力集团有限公司	杨建忠	董事长、全国十一届人大代表
172.	信息产业电子第十一设计研究院有限公司	赵振元	董事长、院长兼党委书记
173.	连云港港口集团	俞向阳	董事长、党委书记
174.	兰州供电公司	陈克文	党委工作部、思政部主任
175.	甘肃省电力白银供电公司	宋家荣	副总政工师
176.	刘家峡水电厂	申正忠	政治工作部主任
177.	中国工商银行贵州省分行营业部	黄　力	总经理
178.	甘肃省电力公司天水供电公司	马国栋	思想政治工作部主任
179.	连云港企业文化学会	李万来	会长
180.	武威供电公司	沈明清	思政部主任
181.	上海建设路桥机械设备有限公司	刘锦祥	宣传部长、政研会秘书长
182.	山东省广饶县供电公司	王重新	经理
183.	辽宁省本溪市烟草专卖局(公司)	姜振光	局长(经理)、党组书记
184.	张家口市第一建筑工程有限公司	吴致敏	党委书记、副董事长
185.	河北宣工机械发展有限责任公司	高　顺	纪委书记、工会主席、监事会主席
186.	唐山三友集团钙业公司	邓　兴	党委副书记
187.	莱芜钢铁集团有限公司	李淑华	企业文化部部长
188.	石家庄供电公司	郑爱军	党委副书记兼纪委书记
189.	青岛国际机场集团有限公司	陈明聪	服务质量管理办公室副主任(副处级)
190.	湖南省火电建设公司	陈晓平	政工部主任
191.	国电菏泽发电厂	张晓楠	企业文化中心主任、党委工作部主任
192.	中国工商银行股份有限公司江西省鹰潭分行	黄建明	办公室副主任
193.	中国建设银行股份有限公司聊城分行	王广升	党委书记、行长

续表

编 号	单位名称	获奖人	职 务
194.	光大水务(济南)有限公司	苏美霞	党群管理部经理
195.	中国移动通信集团广东有限公司珠海分公司	熊 勇	总经理
196.	沈阳和佳道桥工程有限公司	李淑芳	董事长兼总经理
197.	沈阳造币厂	赵 峰	宣传部长
198.	沈阳市大东区委宣传部	张春风	区委常委、宣传部长
199.	中国建设银行辽宁省分行	唐进健	党委宣传部部长、企业文化部部长
200.	上海大屯能源股份有限公司发电厂	刘 潮	党委书记
201.	上海大屯能源股份有限公司发电厂	张玉党	党委副书记、纪委书记
202.	神华国华太仓发电有限公司	金英儒	党委副书记、纪委书记兼工会主席
203.	联华超市股份有限公司	陆志强	党委办公室主任
204.	甘肃电力科学研究院	温建珍	党委工作部主任
205.	平顶山煤业集团供水总厂	王寿昌	党委书记
206.	湖北省畜牧良种场	王家圣	场长
207.	中国飞行试验研究院	耿向军	政治部主任
208.	保定市思想政治工作研究会	甄广明	秘书长
209.	山西焦煤汾西矿业新柳煤矿	赵有生	矿长
210.	江苏省东海县烟草专卖局	王 军	高级企业文化师
211.	河北省磁县六合工业有限公司	赵俊楼	党委书记、董事长
212.	中石化胜利油田分公司河口采油厂	舒 建	党委副书记
213.	中国石化股份胜利油田分公司物资供应处	陈 涛	党委书记
214.	国营青岛造船厂	倪维众	党委副书记、纪委书记
215.	华亭煤业集团有限责任公司	马德甲	组织部部长
216.	鞍钢钢铁集团自动化公司	田树魁	企业文化部、党委工作部部长
217.	福建省烟草专卖局(公司)	孙长青	政工处处长
218.	盘锦飞图广告有限公司	邵 洪	副总经理
219.	青岛排水管理处	安宝月	党委书记
220.	本钢建设包装公司	张庆良	总经理
221.	中国飞行试验研究院	赵丹芳	企业文化主管

改革开放30年全国企业文化优秀社团获奖名单(排名不分前后)

1. 贵州省企业文化研究会
2. 浙江省经营管理研究会
3. 安徽省职工思想政治工作研究会
4. 广西企业文化建设协会
5. 沈阳市企业文化研究会
6. 成都企业文化协会
7. 鞍山市企业文化研究会
8. 本溪市企业文化建设协会
9. 大连市企业文化研究会
10. 连云港市企业文化学会
11. 珠海市企业文化协会
12. 中国机械产业文化协会
13. 青岛市职工思想政治工作研究会

关于2009年度全国企业文化建设表彰的决定

2009年10月31日　中企文研[2009]015号

2009年是新中国成立60周年,面对国际金融危机的严峻考验,全国各企业迎难而上,积极推进企业文化建设,取得了显著成果。为了推进中国企业文化建设健康发展,鼓励先进,充分发挥典型示范作用,建设中国特色的企业文化,中国企业文化研究会决定,开展2009年度全国企业文化建设表彰活动。中国企业文化研究会学术委员会专家评审组秉承公开公正公平的原则,对全国各地区、系统、企业申报的材料进行了审慎的评定。

评定结果如下:

全国企业文化建设先进单位奖282项

全国企业文化建设优秀工作者奖206项

希望受到表彰的单位和个人继续努力,为中国企业文化事业做出更大的贡献。

全国企业文化建设先进单位获奖名单(排名不分先后)

编号 单位名称

1. 海尔集团
2. 中国人民保险集团公司
3. 中国石化集团北京燕山石化公司
4. 中国第一汽车集团公司
5. 中国航天科技集团公司
6. 中国中化集团公司
7. 中国中铁股份有限公司.
8. 首钢总公司
9. 北京同仁堂集团
10. 中航工业西安飞机工业(集团)有限责任公司
11. 中航工业沈阳飞机工业(集团)有限公司
12. 秦皇岛港股份有限公司
13. 攀枝花钢铁(集团)公司
14. 太原钢铁(集团)有限公司
15. 北京公共交通控股(集团)有限公司
16. 北京卫星制造厂
17. 武汉钢铁(集团)公司
18. 北京城建投资发展股份有限公司
19. 华夏银行股份有限公司
20. 唐山三友集团有限公司
21. 北汽福田汽车股份有限公司
22. 华电青岛发电有限公司
23. 国电东北电力有限公司
24. 中国水利水电第一工程局有限公司
25. 中国建设银行辽宁省分行
26. 青岛热电集团公司
27. 上海铁路局
28. 神华神东煤炭集团有限责任公司
29. 冀中能源集团有限责任公司
30. 中交第一航务工程局有限公司
31. 内蒙古北方重工业集团有限公司
32. 河北津西钢铁股份有限公司
33. 中国电器科学研究院
34. 招金矿业股份有限公司
35. 中国人民解放军第五七一九工厂
36. 北京首华建设经营有限公司
37. 上海建设路桥机械设备有限公司
38. 福建省烟草专卖局(公司)
39. 华亭煤业集团有限责任公司
40. 皖北煤电集团有限责任公司
41. 中航工业太原航空仪表有限公司
42. 中航雷达与电子设备研究院
43. 河北省冀东水泥集团有限责任公司
44. 本溪市中心医院
45. 山东电力集团公司烟台供电公司
46. 中航工业陕西宝成航空仪表有限责任公司
47. 开滦能源化工股份有限公司
48. 哈尔滨东安发动机(集团)有限公司
49. 北京环境卫生工程集团有限公司
50. 山东爱普电气设备有限公司
51. 中盐运城盐化集团有限公司
52. 铜陵有色金属集团控股有限公司
53. 中国航空工业集团公司西安航空计算技术研究所
54. 沈阳造币有限公司
55. 中航工业西安航空发动机(集团)有限公司
56. 南昌亨得利有限责任公司
57. 冀中能源邯郸矿业集团有限公司
58. 中国工商银行股份有限公司浙江省分行
59. 北京福田环保动力股份有限公司
60. 南京钢铁联合有限公司
61. 江西昌河汽车有限责任公司
62. 中航工业贵州安大航空锻造有限责任公司
63. 中航工业贵州红林机械有限公司
64. 中航力源液压股份有限公司
65. 中航贵州双阳飞机制造厂
66. 中国航空工业标准件制造有限责任公司
67. 山东电力集团公司威海供电公司
68. 中国铝业河南分公司
69. 上海中医药大学附属曙光医院
70. 首钢总公司销售公司
71. 秦皇岛首秦金属材料有限公司
72. 北京集美家居市场集团
73. 日照港(集团)有限公司
74. 上海华谊(集团)公司
75. 云天化集团有限责任公司
76. 巨化集团公司
77. 中国农业发展银行湖北省分行
78. 中国移动通信集团湖北省有限公司
79. 辽宁盼盼集团
80. 郑州铁路局
81. 大唐七台河发电有限责任公司
82. 沈阳市地方税务局
83. 邯郸供电公司
84. 青岛供电公司
85. 沈阳靓马集团有限公司
86. 衡水恒通热力有限责任公司
87. 东北电业管理局第三工程公司
88. 北京公共交通控股(集团)第四客运分公司
89. 中航工业沈阳兴华航空电器有限责任公司
90. 中国建设银行股份有限公司甘肃省分行营业部

91. 沈阳鼓风机集团有限公司
92. 辽宁能发伟业集团
93. 北内集团总公司
94. 铁岭华晨橡塑制品有限公司
95. 石家庄供电公司
96. 沈阳铁路局
97. 南昌铁路局
98. 光大水务(济南)有限公司
99. 中航工业沈阳飞机设计研究所
100. 华北电网承德供电公司
101. 特变电工沈阳变压器集团有限公司
102. 济南市工商行政管理局章丘分局
103. 沈阳煤业集团公司红菱煤矿有限责任公司
104. 鞍钢股份有限公司
105. 鞍钢建设集团有限公司
106. 鞍山市企业文化研究会
107. 河北钢铁集团承德钒钛股份有限公司
108. 北京市地铁运营有限公司
109. 中航工业飞行试验研究院
110. 辽宁大阳物业管理有限公司
111. 保定天威集团有限公司
112. 大连远洋物业管理有限公司
113. 中冶集团武汉勘察研究院有限公司
114. 中核集团公司兰州铀浓缩有限公司
115. 大庆油田公共汽车公司
116. 元宝山发电有限责任公司
117. 丹东市公共交通总公司
118. 辽宁诺康生物制药(集团)有限责任公司
119. 本溪钢铁(集团)信息自动化有限责任公司
120. 厦门市建安集团有限公司
121. 河南省电力公司南阳供电公司
122. 本溪华夏(集团)有限公司
123. 中煤集团平朔煤业有限责任公司安家岭井工二矿
124. 本溪钢铁(集团)建设有限责任公司
125. 河北保定交通运输集团有限公司
126. 保定供电公司
127. 辽宁本溪北台钢铁集团
128. 本溪市自来水总公司
129. 山东电力建设第二工程公司
130. 中航工业西安航空动力控制公司
131. 河北衡丰发电有限责任公司
132. 辽宁省阜新矿业集团恒大煤业有限责任公司
133. 中航工业西安飞行自动控制研究所
134. 潞安集团王庄煤矿
135. 安徽电力建设第二工程公司
136. 鞍钢建设集团第三分公司
137. 中冶东北建设有限公司工业炉建筑安装工程公司
138. 日照供电公司
139. 宁江机床集团股份有限公司
140. 枣庄供电公司
141. 华北电网有限公司北京电力医院
142. 西安铁路局安康机务段党委
143. 中国联合网络通信有限公司鞍山市分公司
144. 张家口市汽车客运总站
145. 莆田市烟草专卖局(公司)
146. 河北广建安装工程集团有限公司
147. 荆州久隆企业集团
148. 鞍钢集团铁路运输公司
149. 北京市朝阳区十里河商业街商业协会
150. 中国葛洲坝集团股份有限公司水泥分公司
151. 江苏省新沂市烟草专卖局
152. 长春水务集团源水有限责任公司
153. 湖北广信企业集团
154. 福州市烟草专卖局(公司)
155. 山西焦煤西山煤电马兰矿
156. 张家口市蓝鲸大厦餐饮娱乐有限公司
157. 湖南冷水江钢铁有限责任公司
158. 贵州开磷(集团)有限责任公司
159. 湖北黄山头酒业有限公司
160. 武汉镇安建设集团有限公司
161. 陕西渭河煤化工集团有限责任公司
162. 浙江新和成股份有限公司
163. 三角集团有限公司
164. 中国工商银行湖北省分行
165. 内蒙古第一机械制造(集团)有限公司
166. 华电国际电力股份有限公司莱城发电厂
167. 辽宁大德实业集团有限公司
168. 中国石化胜利油田井下作业公司
169. 陕西有色金属控股集团有限责任公司
170. 章丘市企业文化研究会
171. 陕西金堆城钼业集团有限公司
172. 北京铁路局党委宣传部
173. 辽宁省电力有限公司辽阳供电公司
174. 中国农业发展银行淮北市分行
175. 中国移动通信集团湖南有限公司株洲分公司
176. 辽宁省沈阳市沈北新区农电局
177. 中国移动通信集团公司安徽有限公司淮北分公司
178. 沈阳市地方税务局大东分局
179. 北京昊华能源股份有限公司木城涧煤矿
180. 江苏连云港港口股份东联港务分公司
181. 珠海市企业文化协会
182. 中铁六局集团有限公司
183. 福建省电力有限公司莆田电业局
184. 山东电力集团蓬莱市供电公司
185. 华能扎赉诺尔煤业有限责任公司

186. 北京昊华能源股份有限公司
187. 辽宁省电力有限公司抚顺供电公司
188. 国电浙江北仑第一发电有限公司
189. 江苏黑松林粘合剂厂有限公司
190. 珠海汉胜科技股份有限公司
191. 本溪钢铁(集团)实业发展有限责任公司
192. 河北省首钢迁安钢铁有限责任公司
193. 辽宁北方曲轴有限公司
194. 山东百脉泉酒业有限公司
195. 新泰市供电公司
196. 珠海机场汽车运输有限公司
197. 本溪木兰花乳业有限责任公司
198. 山东省烟台市牟平区供电公司
199. 湖北省公路客运集团
200. 辽宁省第三地质大队
201. 鞍山钻石城股份有限公司
202. 中国石化胜利油田孤岛采油厂
203. 鞍钢集团自动化公司
204. 中国移动通信集团北京有限公司
205. 福建省长乐市烟草专卖局(分公司)
206. 山东省广饶县供电公司
207. 东北电业管理局第一工程公司
208. 辽宁好护士药业(集团)有限责任公司
209. 中国电信集团湖北有限公司
210. 中国铁建中铁十九局集团华南工程有限公司
211. 河北省孟村回族自治县电力局
212. 中国石化胜利油田供水公司
213. 中国石化胜利油田临盘采油厂
214. 中国铁建中铁十九局集团公司
215. 中国铁建十六局集团有限公司
216. 湖北省烟草公司宜昌市公司
217. 沧州供电公司
218. 中铁十七局集团第六工程有限公司
219. 交通银行股份有限公司珠海分行
220. 际华3509纺织有限公司
221. 北京京煤化工有限公司
222. 荆州市白天鹅家具有限公司
223. 中国移动通信集团福建有限公司莆田分公司
224. 上海大屯能源股份有限公司发电厂
225. 天津渤海化工有限责任公司天津碱厂
226. 中国建设银行股份有限公司北京东四支行
227. 中国建设银行股份有限公司南昌洪都支行
228. 中国建设银行股份有限公司辽宁朝阳分行
229. 中国建设银行股份有限公司东莞市分行
230. 中国人民银行六安市中心支行
231. 中国人民银行连云港市中心支行
232. 中国人民银行三门峡市中心支行
233. 中国工商银行股份有限公司重庆渝北支行
234. 中国工商银行股份有限公司无锡分行
235. 中国工商银行股份有限公司河南安阳分行
236. 中国工商银行股份有限公司廊坊分行
237. 中国工商银行股份有限公司珠海分行
238. 中国工商银行股份有限公司贵阳中西支行
239. 中国工商银行股份有限公司嘉兴分行
240. 中国工商银行股份有限公司黑龙江牡丹江分行
241. 中国工商银行股份有限公司金牛支行
242. 中国工商银行股份有限公司阳泉分行
243. 中国工商银行股份有限公司北京长安支行
244. 中国工商银行股份有限公司抚顺河北支行
245. 中国工商银行股份有限公司湖北省分行营业部
246. 中国工商银行股份有限公司喀什分行
247. 中国工商银行股份有限公司长汀支行
248. 中国工商银行股份有限公司山东东营分行
249. 中国工商银行股份有限公司上海市黄浦支行
250. 中国工商银行股份有限公司内蒙古自治区锡林郭勒盟分行
251. 中国工商银行股份有限公司铜陵分行
252. 中国农业银行股份有限公司大同市分行
253. 中国农业银行股份有限公司四川省分行
254. 中国农业银行股份有限公司肇庆分行
255. 中国农业银行股份有限公司青岛崂山支行
256. 中国农业银行股份有限公司山东济南市历城支行
257. 中国农业银行股份有限公司重庆市分行
258. 中国石油长城钻探工程公司
259. 中国石油西部钻探工程公司
260. 中国石油大港石化公司
261. 中国石油呼和浩特石化公司
262. 中国石油海洋工程有限公司
263. 中国石油大庆油田有限责任公司铁人王进喜纪念馆
264. 中国石油大庆油田有限责任公司电力集团公司
265. 中国石油大庆油田有限责任公司矿区服务事业部
266. 中国石油辽河油田公司欢喜岭采油厂
267. 中国石油新疆油田公司油气储运公司
268. 中国石油长庆油田公司第一采气厂
269. 中国石油塔里木油田公司塔中作业区
270. 中国石油大港油田公司第一采油厂
271. 中国石油华北油田公司第二采油厂
272. 中国石油西南油气田公司重庆气矿
273. 中国石油青海油田公司天然气开发公司
274. 中国石油吉林石化公司碳纤维厂
275. 中国石油抚顺石化公司晴纶化工厂
276. 中国石油兰州石化公司炼油厂
277. 中国石油东北销售公司大庆分公司
278. 中国石油重庆江北销售分公司
279. 中国石油内蒙古鄂尔多斯市销售分公司

280. 中国石油天然气管道局第二工程分公司
281. 中国石油天然气集团公司思想政治工作部
282. 中国石油天然气集团公司安全环保部

全国企业文化建设优秀工作者获奖名单(排名不分先后)

编　号	单位名称	获奖人	职　务
1.	中国人民保险集团公司	吴　焰	总裁
2.	中航工业沈阳飞机工业(集团)有限公司	谢根华	党委书记
3.	云天化集团有限责任公司	李维育	党委副书记、工会主席
4.	中航工业陕西宝成航空仪表有限责任公司	龙　平	董事长、党委书记、总经理
5.	中航工业西安航空发动机(集团)有限公司	颜建兴	党委副书记、纪委书记
6.	中国航天科技集团公司八院	张伟强	党委副书记
7.	攀枝花钢铁(集团)公司	余自甦	总经理
8.	北京地坛医院	腾秀琴	党委书记、高级政工师
9.	福建省烟草专卖局(公司)	杨培森	党组书记、局长
10.	福建省烟草专卖局(公司)	黄星光	党组成员、纪检组长
11.	海尔集团	苏芳雯	企业文化中心主任
12.	中国盐业总公司	万建军	副总经理
13.	中国电器科学研究院	马　坚	院长兼党委书记
14.	中国铁建十九局集团公司	孙公新	总经理
15.	内蒙古北方重工业集团有限公司	陈树清	董事长、党委书记
16.	秦皇岛港股份有限公司	王振法	党委副书记、纪委书记
17.	北汽福田汽车股份有限公司	赵景光	党委副书记
18.	上海建设路桥机械设备有限公司	徐泉明	党委副书记
19.	开滦集团能源化工股份有限公司	高启新	党工委副书记
20.	哈尔滨东安发动机(集团)有限公司	王　军	董事长、总经理
21.	攀枝花钢铁(集团)公司	刘新会	党委副书记
222.	中国人民解放军第五七一九工厂	向　巧	厂长
23.	中国人民解放军第五七一九工厂	梁绍华	党委书记
24.	唐山三友集团有限公司	么志义	董事长、党委书记
25.	中航工业飞行试验研究院	白长义	党委书记兼副院长
26.	中航工业沈阳兴华航空电器有限责任公司	陈　宁	党委书记
27.	北京公共交通控股(集团)有限公司	张国光	党委书记、董事长
28.	北京城建投资发展股份有限公司	陈代华	总经理
29.	招金矿业股份有限公司	乔克敏	党群部经理
30.	鞍山钻石城股份有限公司	张　萍	总经理
31.	北京集美家居市场集团	赵建国	总裁
32.	福建省烟草专卖局(公司)	孙长青	政工处处长
33.	石家庄印钞有限公司	刘建荣	党委书记
34.	中航工业贵州安大航空锻造有限责任公司	郭　虹	董事长、党委书记
35.	光大水务(济南)有限公司	陶俊杰	总经理、党委书记
36.	中航工业贵州红林机械有限公司	朱静波	董事长、总经理、党委副书记
37.	中国联合网络通信有限公司鞍山市分公司	闫桂君	党委书记兼总经理
38.	沈阳市地方税务局大东分局	礼恩龙	党组书记、局长
39.	中铁六局集团有限公司	卢建中	党委书记、董事长
40.	山东省广饶县供电公司	盖林农	经理、党委委员
41.	中铁十七局集团第六工程有限公司	邓光明	党委书记

续表

编号	单位名称	获奖人	职务
42.	中国移动通信集团辽宁有限责任公司本溪分公司	张子军	党委书记、总经理
43.	中国铁建十九局集团公司	富德春	党委副书记
44.	福州市烟草专卖局(公司)	陈艳红	党组成员、纪检组长
45.	国电东北电力有限公司	张玉良	党组成员 、纪检组长、工委主任
46.	江苏黑松林粘合剂厂有限公司	刘鹏凯	董事长
47.	本溪钢铁(集团)起重机制造有限公司	刘汉礼	董事长、总经理
48.	安徽省淮北市邮政局	张衍亮	局长、党委书记
49.	郑州铁路局	杨建祥	党委书记
50.	东北电业管理局第三工程公司	王功杰	党委书记
51.	攀钢集团冶金工程技术有限公司	熊毓梁	党委书记
52.	中国航空工业集团公司西安航空计算技术研究所	赵云忠	党委书记、副所长
53.	北京公共交通控股(集团)有限公司	邵洪升	党委副书记
54.	辽宁省阜新矿业(集团)恒大煤业有限责任公司	海立鑫	董事长、总经理
55.	中国航天科技集团公司第五研究院	王中阳	党委副书记、纪委书记
56.	中国第一汽车集团公司	马富文	策划部策划室主任
57.	华电青岛发电有限公司	秦爱国	副总政工师
58.	鞍钢建设集团有限公司机电安装工程分公司	白永才	党委副书记、纪委书记、工会主席
59.	大唐华银株洲发电有限公司	赵云辉	总经理
60.	沈阳造币有限公司	李永全	党委副书记
61.	莆田市烟草专卖局(公司)	尤清河	党组书记、局长、经理
62.	金杯汽车股份有限公司	关伟林	党委副书记、纪委书记
63.	沈阳鼓风机集团有限公司	邓长辉	党委常务副书记、纪委书记
64.	中冶集团武汉勘察研究院有限公司	宗光辉	党委书记、副董事长
65.	元宝山发电有限责任公司	金庆林	总经理、党委书记
66.	中铁六局集团有限公司	丁耀辉	党委副书记、副总经理
67.	本溪市康宁医院	吕国玲	党委书记
68.	上海大屯能源股份有限公司发电厂	张玉党	党委副书记
69.	丹东市公共交通总公司	姜永春	总经理
70.	攀枝花钢铁(集团)公司	谢玉先	党委宣传部部长
71.	中航工业西安飞行自动控制研究所	张登馨	党委书记
72.	铁岭华晨橡塑制品有限公司	关宏伟	副总经理、工会主席
73.	辽宁能发伟业集团	李　刚	总裁
74.	鞍钢集团铁路运输公司	杨成久	党委副书记兼纪委书记
75.	日照供电公司	李　平	政工部主任
76.	龙岩市烟草专卖局(公司)	上官克攀	党组成员、纪检组长
77.	长春水务集团源水有限责任公司	李惠权	总经理
78.	泸州医学院中西结合学院	李正新	党委书记、副院长
79.	福建省长乐市烟草专卖局(分公司)	周　跃	局长
80.	南宁铁路局	陈　鸣	企业文化处处长
81.	山西焦煤汾西矿业集团公司新柳煤矿	杨大志	党委书记
82.	厦门市烟草专卖局(公司)	陈全志	局长、经理
83.	河北广建安装工程集团有限公司	李瑞新	党委书记、工会主席
84.	荆门市第一人民医院	舒春明	院长
85.	山西焦煤西山煤电马兰矿	王玉玺	党委书记
86.	宣化供水有限责任公司	董连华	党总书记
87.	鞍钢民政企业公司	孙志国	总经理

续表

编 号	单位名称	获奖人	职 务
88.	鞍钢建设集团机械化运输分公司	李茂祥	党委副书记、工会主席
89.	中国航空工业标准件制造有限责任公司	张 鑫	董事长兼总经理
90.	中国石化胜利油田井下作业公司	彭洪军	经理
91.	中国石化胜利油田供水公司	徐金波	党委书记
92.	中国石化胜利油田海洋钻井公司	赵西英	党委书记
93.	中国石化胜利油田孤岛采油厂	王培祥	党委副书记
94.	中国石化胜利油田	邹笃锋	党委宣传部企业文化科长
95.	大连远洋物业管理有限公司	赵金旭	总经理
96.	沈阳和佳道桥工程有限公司	李淑芳	董事长兼总经理
97.	新泰市供电公司	刘国红	党委书记
98.	大庆油田公共汽车公司	马跃先	党委书记
99.	山东电力设备厂	赵永志	党委副书记、副厂长
100.	中国航天科技集团公司	王朝晖	企业文化部副部长
101.	中国航天科技集团公司七院	贾伟民	企业文化部副部长
102.	中国农业银行股份有限公司广东省分行	林 章	副总经理
103.	荆门宏图特种飞行器制造有限公司	钱瑞方	党委书记、董事长
104.	山东省烟台市牟平区供电公司	王晓峰	经理、党委委员
105.	本溪钢铁公司化工厂	闫春来	厂长
106.	本钢建设包装公司	张庆良	总经理
107.	山东省广饶县供电公司	燕清然	党委书记
108.	冀中能源集团有限责任公司	杨佑田	宣传部部长
109.	山东百脉泉酒业有限公司	李成新	党委书记、董事长、总经理
110.	本溪电力设备制造有限责任公司	王继敏	总经理
111.	燕山石化威立雅水务公司	杨文彬	党委书记
112.	沈阳煤业集团公司红菱煤矿有限责任公司	陈世昌	党委书记
113.	济南市工商局章丘分局	何玉明	局长
114.	华亭煤业集团有限责任公司	郭双虎	党委宣传部部长
115.	北京章丘海泰饭店管理有限公司	王 东	董事长兼总经理
116.	中国葛洲坝集团股份公司水泥分公司	令强华	党委书记、副总经理
117.	鞍山市企业文化研究会	赵 宇	常务副理事长兼秘书长
118.	株洲齿轮有限责任公司	孙海宁	企业文化部部长
119.	辽宁省电力有限公司辽阳供电公司	刘名辉	党委书记
120.	本钢板材股份有限公司供水厂	韩亚非	厂长
121.	太原钢铁(集团)有限公司	王笑天	党委宣传部、企业文化部副部长
122.	中国水利水电第一工程局有限公司	刘 利	企业文化建设办公室主任
123.	福建省电力有限公司莆田电业局	曾亨泗	政工部主任
124.	冀中能源集团有限责任公司	杨秉华	企业文化部副部长
125.	山东电力建设第二工程公司	张永江	经理
126.	本溪市铁路医院	吴咏今	院长
127.	沈阳市地方税务局	郑文录	常务副局长
128.	中航工业四川泛华航空仪表电器厂	邓 忠	厂长
129.	中国人民银行黄山市中心支行	王 林	党委书记、行长
130.	冀中能源邯郸矿业集团	韩福明	党委副书记、工会主席
131.	中航工业贵州航空工业(集团)有限责任公司	张 嵩	企业文化部部长
132.	湖南中烟工业有限责任公司长沙卷烟厂	杨卫恩	政工文化部部长、团委书记
133.	招金矿业股份有限公司	薛东峰	企业文化主管

续表

编　号	单位名称	获奖人	职　务
134.	唐山氯碱有限责任公司	张长伟	党群工作部部长
135.	沈阳市地方税务局	段明光	文化办主任
136.	本溪市疾控中心	翟　伟	主任
137.	本溪市第一人民医院	代佩艳	工会主席
138.	山东电力集团烟台供电公司	宋　娟	公司企业文化研究会秘书长
139.	元宝山发电有限责任公司	杨明霞	党群工作部主任
140.	皖北煤电集团公司五沟煤矿	张小求	党委书记
141.	大唐七台河发电有限责任公司	张宝山	党委书记
142.	辽宁省沈阳市沈北新区农电局	孙成宝	局长
143.	攀钢集团攀枝花钢钒有限公司	李泽平	政工部部长
144.	莆田市烟草专卖局(公司)	刘积峰	办公室副主任
145.	潞安集团王庄煤矿	肖亚宁	矿长
146.	中航工业飞行试验研究院	耿向军	政治部主任
147.	阜新惠民集团	李国祥	董事长、党委书记
148.	中航工业沈阳飞机设计研究所	曲宝阳	企业文化部副部长
149.	神华神东煤炭集团有限责任公司	韩浩波	企业文化部经理助理
150.	保定天威集团有限公司	李志恒	党委副书记、纪委书记
151.	中国人民银行常州市中心支行	刘又林	党委书记、行长
152.	大唐华银株洲发电有限公司	石勇科	副总政工师
153.	北京铁路局企业文化处	孙生会	科长
154.	冀中能源邯郸矿业集团	任润山	党委宣传部部长
155.	龙岩市烟草专卖局(公司)	赖玲周	人劳科长
156.	章丘市企业文化研究会	李万百	会长
157.	中国工商银行股份有限公司北京长安支行	樊裕明	党委书记、行长
158.	中国工商银行股份有限公司宁波市鄞州支行	郑东林	行长
159.	中国工商银行股份有限公司河南开封分行	王　莉	党委书记、行长
160.	中国工商银行股份有限公司廊坊分行	李金辉	行长
161.	中国工商银行股份有限公司安徽蚌埠分行	李　燚	副行长
162.	中国工商银行股份有限公司浙江温州永嘉支行	陈久春	副行长
163.	中国工商银行股份有限公司山东枣庄分行	刘国强	行长
164.	中国工商银行股份有限公司辽阳灯塔支行	崔克伟	行长
165.	中国工商银行股份有限公司宁德福鼎支行	陈　松	行长
166.	中国工商银行股份有限公司湖南张家界分行	许　青	党委书记、行长
167.	河北钢铁集团承德钒钛股份有限公司	崔志刚	党委宣传部、企业文化科科长
168.	鞍钢集团自动化公司	田树魁	企业文化部、党委工作部部长
169.	河南省电力公司培训中心	唐　昕	校长
170.	北京首钢国际工程技术有限公司	朱小军	企业文化部部长、工会副主席
171.	中国移动通信集团北京有限公司	徐晓杰	高级主管
172.	成都宁江机床集团股份有限公司	曹文秀	党委办公室主任
173.	中国农业银行股份有限公司大同市分行	石　恺	副行长
174.	中国农业银行股份有限公司青岛市南第三支行	张文波	副行长
175.	中国农业银行股份有限公司东营大王支行	郭　伟	行长
176.	中国农业银行股份有限公司重庆市分行	左文杰	
177.	中国石油新疆油田公司	唐　健	党委书记
178.	中国石油长庆油田公司	曲广学	党委书记
179.	中国石油辽河油田公司	谢文彦	总经理、党委副书记

续表

编号	单位名称	获奖人	职务
180.	中国石油玉门油田公司	高玉江	党委书记
181.	中国石油玉门油田公司	严晓昱	原党委副书记
182.	中国石油吉林石化公司	张兴福	党委副书记
183.	中国石油东方地球物探公司	王铁军	总经理
184.	中国石油西北化工销售公司	火金三	总经理、党委副书记
185.	中国石油长城钻探工程公司	王忠仁	党委书记
186.	中国石油海洋工程有限公司	黄立功	党委书记
187.	中国石油报社	邱宝林	副社长
188.	中国石油天然气集团公司安全环保部	贺荣芳	总经理
189.	中国石油大庆油田有限责任公司	蔡　鑫	历史陈列馆馆长
190.	中国石油大庆油田有限责任公司钻探工程公司	李秀恩	党委副书记、纪委书记、工会主席
191.	中国石油大庆油田有限责任公司采油四厂	张　超	党委书记
192.	中国石油大庆油田有限责任公司	盖立学	宣传部部长
193.	中国石油大庆油田有限责任公司	宋传修	宣传部副部长
194.	中国石油长庆油田公司水电厂	于　军	党委书记、副厂长
195.	中国石油长庆油田公司第二采油厂	孙学锋	党委书记
196.	中国石油塔里木油田公司天然气事业部克拉作业区	张　强	经理兼党总支书记
197.	中国石油大港油田公司第五采油厂	孟庆华	党委书记
198.	中国石油西南油气田公司输气管理处	彭海东	党委书记、副处长
199.	中国石油青海油田公司采油一厂	闫志军	党委副书记
200.	中国石油玉门油田公司	李　亮	宣传部部长
201.	中国石油玉门油田公司	金忠民	原总经理助理
202.	中国石油大庆石化公司热电厂	李　琰	党委书记
203.	中国石油大庆炼化公司企业文化研究会	穆战群	秘书长
204.	中国石油天然气管道局	王　斌	企业文化部科长
205.	中国石油文联	路遥峰	秘书长
206.	中国石油天然气集团公司思想政治工作部综合处	付仲凯	处长

2008年部分中外企业文化著作书目

	书 名	作 者	出版社
2008年出版			
1	《"人和"文化:企业涅槃重生的成功密码》	陈清奎	北京大学出版社
2	《文化、创新与企业文化经营:企业文化操作宝典》	王雪野 原晓冬著	化学工业出版社
3	《第三代管理 - 企业文化》(12盘DVD)	丁远峙	深圳音像公司
4	《造魂工程 - 企业文化建设之道》	王 为	北京高教音像出版社
5	《乐销模式 - 企业文化营销方法》	王 为	九州音像出版公司
6	《现代企业文化通识教程》	李建华	立信会计出版社
7	《21世纪全国高校精品课规划教材 - 企业文化与企业宣传》	王中义	北京大学出版社
8	《企业文化的生产与经营》(原理版)	张永斌	山西经济出版社
9	《私营公司企业文化管理实务必备手册》	石英中 编著	经济科学出版社
10	《企业文化与CI策划》(第三版)	张 德 吴剑平	清华大学出版社
11	《城市公共交通企业文化建设》	薛兴海 济南市公共交通总公司	人民交通出版社
12	《班组文化建设》	沈思牧	中国电力出版社
13	《企业价值观管理与企业文化场》	董平分	航空工业出版社
14	《企业文化的力量:企业文化的结晶是企业竞争力》	阳礼泉 滕方迁	中国经济出版社
15	《日资企业:文化性研究及职场指导》	徐晨阳	上海社会科学院出版社
16	《中小企业文化生态的聚合与嬗变》	李少惠	中国社会科学出版社
17	《文化决定成败:中外企业文化镜鉴案例教程》	齐冬平 白庆祥	中国经济出版社
18	《晋中企业文化》	刘志宏主编	经济管理出版社
19	《中国企业批判》	刘洪刚著	民主与建设出版社
20	《企业文化之中日比较研究》	姜春洁著	中国海洋大学出版社
21	《中职生企业文化读本》	姜汉荣主编	百家出版社
22	《中国创意经济比较研究》	孙福良,张迺英主编	学林出版社
23	《企业文化设计与建设》	安世民,李晓燕,李蕾编著	兰州大学出版社
24	《中国企业文化建设贡献人物与经典案例专辑》	张鸿钧主编	国际文化出版公司
25	《煤炭企业文化与创新党的建设》	方国平著	河南人民出版社
26	《创新型企业文化的结构与重建》	朱凌著	浙江大学出版社
27	《热土上飘扬的旗帜》(新疆油田公司重油开发公司党建企业文化论文集)	李娟主编	新疆人民出版社
28	《交通企业文化》	李宗琦	人民交通出版社
29	《朝气蓬勃的企业文化》	明 焕	天津古籍出版社
30	《现代企业经营与管理新编》	杨 刚 文福华 陈国生 祁德军	对外经济贸易大学出版社
31	《经济全球化引领下的企业文化再造工程》	杨志强 著	冶金工业出版社
32	《素质工程》	杨茂林主编	山西人民出版社
33	《三星文化》	林坚编著	中国人民大学出版社
34	《企业文化案例精选精析》	栾永斌主编	中国社会科学出版社
35	《企业文化的构建及评价》	段万春,王鹏飞,仲崇峰	科学出版社
36	《中国企业与世界企业的文化对接》	王廉等著	暨南大学出版社
37	《2007年企业文化建设集锦》	王德宝	百家出版社
38	《基于企业竞争力的企业文化理论与实证研究》	王文臣著	经济科学出版社
39	《中国企业文化创新》	王瑞祥	中国大百科全书出版社
40	《最卓越的企业文化故事》	王超逸,马树林	中国经济出版社

续表

	书　名	作　者	出版社
41	《文化、创新与企业文化经营》	王雪野，原晓冬	化学工业出版社
42	《21 世纪企业成长与先进企业文化建设研究》	纪德尚	陕西人民出版社
43	《现代企业文化与职业道德》	苏万益	高等教育出版社
44	《国际物流企业文化》	范金魁，孙春华	天津大学出版社
45	《"稻花香精神"论》	蔡宏柱	人民武警出版社
46	《城市公共交通企业文化建设》	薛兴海	人民交通出版社
47	《中国企业文化建设调查研究报告》	解云天，朱竹林	中国经济出版社
48	《企业文化管理的"田陈"模式》	许志伟，靳家伟，宋华岭	煤炭工业出版社
49	《神东年轮》	贺生忠	三秦出版社
50	《卓越的企业文化力、领导力、执行力－－迈向成功之路》	赵千里等	冶金工业出版社
51	《特色企业文化实务与成功案例》	边建强，赵洁	当代世界出版社
52	《企业文化管理》	逯进祥	中国文史出版社
53	《古今智慧与企业文化》（第二辑）	陈光威	天津古籍出版社
54	《胜利电力企业文化丛书》	陈宝寿	长征出版社
55	《企业文化概论》	陈汉湘	武汉出版社
56	《文化驱动力》	雷巧玲	经济管理出版社
57	《企业文化案例评析》	黄河涛，田利民	中国劳动社会保障出版社
58	《企业文化》	黎　群	清华大学出版社：北京交通大学出版社
59	《中国企业文化管理研究报告》	北京同心动力企业管理顾问有限公司	兵器工业出版社
60	《执行力强·凝聚力强·服务好·形象好》	中国南方电网有限责任公司党群工作部	广东世界图书出版公司
61	《适应与发展》	南京信息职业技术学院	江苏科学技术出版社
62	《北大 MBA 核心案例》	北大商学网教育有限公司	中国科学文化音像出版社
63	《2008 企业文化与安全》	铁路企业管理论坛丛书编委会	中国铁道出版社
64	《企业文化原论：经营的艺术力》	村山元英著	文真堂
65	《企业文化：企业生活中的礼仪与仪式》	迪　尔　肯尼迪　李　原 艾伦·肯尼迪　特伦斯·迪尔（美国）	中国人民大学出版社
66	《创新的愿景：日美公司的创新文化》	（英）马丁．弗朗斯曼 译者：马晓星	知识产权出版社

2009 年部分中外企业文化著作书目

	书　名	作　者	出版社
2009 年出版			
1	中国企业文化建设纵横	王瑞祥主编	企业管理出版社
2	《汇源内幕》	刘世英著	机械工业出版社
3	《饭店企业文化塑造》	林璧属　郭艺勋	旅游教育出版社
4	《力量》	何生杰主编　安庆石化公司编著	安徽人民出版社
5	《源泉》	何生杰主编　安庆石化公司编著	安徽人民出版社
6	《企业文化建设理论与实务》	刘伟辉［等］著	中央文献出版社
7	《企业文化与员工心理资本契合关系研究》	刘莹著	辽宁大学出版社
8	《追求·探索》	吴殿信主编	中国文联出版社
9	《改革开放 30 年：中国企业文化成果大典》	中国企业文化研究会　孟凡驰主编	中国工人出版社
10	《生命之树：企业文化三问》	张保振著	中国经济出版社
11	《然而不然：关于企业文化和文化企业的非典型对话》	徐浩然，王少磊著	陕西师范大学出版社
12	《企业文化实务与经典案例评析》	李克梁编著	中国市场出版社

续表

	书　名	作　者	出版社
13	《企业文化建设简论》	李德亮编著	河北大学出版社
14	《企业文化与企业营销》	李红著	沈阳出版社
15	《企业文化变革理论与实务[专著]:基于“浙商”的企业文化实践》	李继先著	经济管理出版社
16	《中小企业文化管理之道》	李长江著	中国经济出版社
17	《冀中能源集团有限责任公司企业文化手册》	杨佑田主编	企业管理出版社
18	《现代企业文化理论与实践》	杨刚,陈国生,王志章主编	西安电子科技大学出版社
19	《履责之义:福建烟草商业责任文化“母子融合”体系探索与实践》	杨培森主编	福建教育出版社
20	《座右铭集锦》	杨德全编著	三晋出版社
21	《薪火相传再创辉煌:上海发电设备成套设计研究院企业文化故事集萃》	栾广富主编;上海发电设备成套设计研究院编著	上海文艺出版社
22	《和合丽水》	段树苍主编	中国文联出版社
23	《企业文化与人本管理》	段维龙著	北京大学出版社
24	《戴尔文化》	毛世英编著	中国人民大学出版社
25	《企业文化建设操作宝典》	牛士红著	中国经济出版社
26	《企业文化与竞争优势:动态战略匹配的视角》	王兰云著	经济科学出版社
27	《雁翔和韵》	王成才主编	中国文联出版社
28	《大庆油田企业文化辞典:50年》	王昆主编　大庆油田有限责任公司编	石油工业出版社
29	《企业文化理论与实务》	王水嫩主编	北京大学出版社　中国农业大学出版社
30	《日本企业文化与跨文化交际》	王秀文主编	世界知识出版社
31	《软实力与文化力管理》	王超逸主编	中国经济出版社
32	《国学与企业文化管理》	王超逸主编	中国经济出版社
33	《黑龙江森工企业文化再造研究》	王越芬著	东北林业大学出版社
34	《川大华西药业企业文化手册》	窦后松主编	四川大学出版社
35	《面向未来的企业文化:中西方员工心理结构和行为特征比较》	聂铁力　张虹著	中国市场出版社
36	《中国平安保险:企业文化与团队管理》	赵守兵　刘俊主编	海天出版社
37	《商业银行企业文化》	陈华蓉主编	中国金融出版社
38	《企业文化与企业伦理》	陈少峰著	复旦大学出版社
39	《金牌服务:电力企业服务文化读本》	陈步峰,李星洲著	新华出版社
40	《物业管理企业文化》	韩　朝,陈凯主编	清华大学出版社
41	《和谐企业文化建设职工教育读本》	高永强编著	红旗出版社
42	《核工业企业文化与职业教育》	麻书琴,徐汉南主编	哈尔滨工程大学出版社
43	《责任比黄金更重要》	白岛编著	天津科学技术出版社
44	《博爱九华》	齐美生主编	中国文联出版社
45	《改革开放与企业文化建设》	福建省炎黄文化研究会,福建省企业与企业家联合会编	福建人民出版社
46	《适应与发展:企业文化与现代大学生》	南京信息职业技术学院编	江苏科学技术出版社
47	《马钢企业文化简明读本》	马钢企业文化建设委员会编	安徽人民出版社
48	《静水深流》	李小琳	新华出版社
49	《天津港企业文化案例集》	《天津港企业文化案例集》编辑委员会编	中国长安出版社
50	《新企业文化:重获工作场所的活力》	特伦斯·E. 迪尔 艾伦·A. 肯尼迪著 孙健敏,黄小勇,李原译	中国人民大学出版社

后　记

继《中国企业文化年鉴》(2004卷)创刊号、2005－2006卷、2007－2008卷出版之后,第四部《中国企业文化年鉴》(2009－2010卷)与读者见面了。本部《年鉴》有以下几个特点:

第一、从理论上分析了企业文化建设在中国历史发展进程中的重要作用,发表了《中国企业文化建设的历史贡献》等文章,对中国企业文化建设作了全面分析。

第二、从实践上总结了在国际金融危机的背景下,企业如何"提高文化软实力,危中寻机"的经验,发表了《金融危机与企业"免疫力"》、《金融危机背景下的企业文化建设与创新》等文章,深入探讨了企业文化在应对危机中的创新问题。

第三、增加了《部分行业和省市企业文化社团工作成果展示》栏目,发表了全国十三家行业和省市企业文化社团组织的文化建设成果,希望广大读者了解,在中国企业文化界有一批几十年如一日默默为企业文化事业辛勤耕耘的社团工作者,我们应该记住他们的功绩。

第四、拓展国际视野,加强了对中外企业文化的比较研究,发表了两家世界500强企业创始人,日本经营之圣稻盛和夫的文章——《提高心性,拓展经营》、《阿米巴经营》,从"道"和"术"两个层面介绍了世界500强企业的成功之路。

本部《年鉴》在编辑过程中,得到了有关领导和专家、相关社团和媒体,众多企业领导的指导、支持和帮助,在此向国务院国资委宣传局、国家国防科技工业局、中国保监会、北京市国资委、中国企业联合会、全国工商联、北京大学、中国机械产业文化研究会、中国冶金职工思想政治工作研究会、中国石油职工思想政治工作研究会、中国化工企业文化建设协会、中国铁路职工思想政治工作研究会、中国建设职工思想政治工作研究会、全国石油物探政研会、福建省企业文化建设协会、贵州省企业文化研究会、沈阳市企业文化研究会、大连市企业文化研究会、成都企业文化协会、连云港市企业文化学会、本溪市企业文化建设协会、鞍山市企业文化研究会等单位,向《企业文明》、《中外企业文化》、《企业文化》、《现代企业文化》、《中国企业文化研究》、《企业文化通讯》等媒体,向中国首钢总公司、中国石化胜利油田、云天化集团、燕山石化公司、福建烟草公司、华煤集团、北京中智信达教育科技有限公司、十里河集团、沈阳飞机设计研究所、西安航空计算技术研究所、石家庄印钞有限公司、沧州供电公司、沧州孟村供电公司、黑龙江省鹤岗市人民医院、江苏黑松林黏合剂有限公司、稻盛和夫(北京)管理顾问有限公司等企业表示衷心感谢!

在编辑出版过程中,吉林出版集团的领导和编辑给予了大力支持和帮助,在此深表谢意!

由于时间仓促,与部分作者未能直接通话,请见本《年鉴》后及时与编辑部联系。

目前第五部《年鉴》征稿工作已经开始,希望读者踊跃投稿。联系方式010－67571446

中国企业文化研究会信息中心
2010年10月20日